ENGLISH-GREEK DICTIONARY

ENGLISH-GREEK Dictionary

A Vocabulary of the Attic Language

Compiled by
S.C. Woodhouse

ROUTLEDGE

London and New York

First published 1910
by Routledge & Kegan Paul Ltd.

Second impression (with a supplement) 1932
Reprinted 1950, 1954, 1960, 1964, 1971, 1979, 1985, 1987

Reprinted 1998
by Routledge
11 New Fetter Lane, London EC4P 4EE
29 West 35th Street, New York, NY 10001

Printed and bound in Great Britain by
T.J. International Ltd
Padstow, Cornwall

ISBN 0-415-15154-6

PREFACE.

My English-Greek Dictionary has this year come of age. The fact that it enjoys a steady sale leads one to hope that it fulfils a useful purpose. Considerations of cost and convenience limit my revision to typographical corrections and such additions to the text as can be made without breaking up unduly the structure of the page. In the days of my youth such a work as this was viewed by teachers with deep distrust, and perhaps not unreasonably. The only example available made little or no distinction between the various Greek dialects, and compositions relying upon its aid were apt to blend the stylistic idiosyncrasies of Thucydides with those of the Pentateuch. On the other hand, experience has shown me that unless some such help, as I try to give, is forthcoming the beginner expends a great deal of unprofitable labour. His reading is not wide enough to enable him to do without assistance. My object is to act as his guide to relevant passages, whence he can select words and phrases of good authority and adapt them to his requirements. Custom, wisely I think, has decided that Greek Compositions shall be done in Attic. How much are we to include under that description? The classical period covers the century and a half from Æschylus to Demosthenes. The fall of Athenian power before the forces of Macedon led to a moral and intellectual collapse that makes the later Attic seem almost a different language from that of the golden age. Only in the New Comedy, of which few specimens survive, and during the short-lived renaissance of Lucian's time did the old traditions survive. Athens, who was called by Pericles the school of Greece, remained the school of Greece far into the Roman period. But with what a difference! In the days of her greatness she taught the world by the production of masterpieces. In her declining years she was content to act as interpreter of her past achievements and to pass to another and less gifted nation the torch that had grown dim in her own hands.

I will not enter upon the question whether Composition in Greek is worth doing at all. That it helps to a clearer conception of the Greek outlook on life is undoubted, and Greece has for the modern world a message we are all too ready to forget. By no surer means can we learn to appreciate the dignity, the flexibility, the rhythm, and the music of Attic speech than by attempting, however ineffectually, to imitate its excellencies.

The writers from whom I have selected my material are, for prose composition, Thucydides, Plato, Xenophon, Demosthenes, and the Orators. For verse I depend upon the authority of Æschylus, Sophocles, and Euripides, excluding the lyrical passages. Occasionally words have been incorporated from Homer, Herodotus, and Aristotle, only, however, when I could find no equivalent in the best Attic. A few late Greek renderings of Latin words, such as names of Roman magistrates, are included. I have not drawn upon Xenophon to any large extent. The abbreviations are simple: P. before a word signifies prose authority; V. indicates verse authority. A word with both P. and V. before it may, as a rule, be used in any species of composition. If a word occurs in Aristophanes, I mark its presence in that author by the letters Ar. before it, but in the case of words occurring frequently in prose and verse, I have not thought it necessary to show that they are found in Aristophanes as well. I have added a Supplement of Proper Names, including Greek equivalents for names famous in Roman History.

August, 1931. S. C. WOODHOUSE.

LIST OF ABBREVIATIONS

absol.	Absolutely.
acc.	Accusative.
act.	Active.
adj.	Adjective.
adv.	Adverb.
Æsch.	Æschylus.
Andoc.	Andocides.
Ant.	Antipho
aor.	Aorist.
Ar.	Aristophanes.
Arist.	Aristotle.
conj.	Conjunction.
cp.	Compare.
dat.	Dative.
Dem.	Demosthenes.
Eur.	Euripides.
fem.	Feminine.
frag.	Fragment.
fut.	Future.
gen.	Genitive
Hdt.	Herodotus.
imperf.	Imperfect.
indic.	Indicative.
infin.	Infinitive.
interj.	Interjection.
intrans.	Intransitive.
Isae.	Isaeus.
Isoc.	Isocrates.
lit.	Literally.
Lys.	Lysias.
masc.	Masculine.
met.	Metaphorically.
mid.	Middle.
neut.	Neuter.
opt.	Optative.
P.	Prose.
part.	Participle.
perf.	Perfect.
pl.	Plural.
Plat.	Plato.
prep.	Preposition.
pres.	Present.
pro.	Pronoun.
sing.	Singular.
Soph.	Sophocles.
subj.	Subjunctive.
subs.	Substantive.
Thuc.	Thucydides.
V.	Verse.
v.	Verb.
v. trans.	Verb transitive.
v. intrans.	Verb intransitive.
voc.	Vocative.
Xen.	Xenophon.

Titles of Æschylus' Plays.

Ag.	Agamemnon.
Choe.	Choephoroe.
Eum.	Eumenides.
Pers.	Persae.
P.V.	Prometheus Vinctus.
Supp.	Supplices.
Theb.	Septem Contra Thebas.

Titles of Aristophanes' Plays.

Ach.	Acharnians.
Av.	Aves.
Eccl.	Ecclesiazusae.
Eq.	Equites.
Lys.	Lysistrata.
Nub.	Nubes.
Pl.	Plutus.
Ran.	Ranae.
Thesm.	Thesmophoriazusae.
Vesp.	Vespae.

Titles of Euripides' Plays.

Alc.	Alcestis.
And.	Andromache.
Bacc.	Bacchae.
Cycl.	Cyclops.
El.	Electra.
Hec.	Hecuba.
Hel.	Helen.
Heracl.	Heraclidae.
H.F.	Hercules Furens.
Hipp.	Hippolytus.
I.A.	Iphigenia in Aulis.
I.T.	Iphigenia in Tauris.
Med.	Medea.
Or.	Orestes.
Phoen.	Phoenissae.
Rhes.	Rhesus.
Supp.	Supplices.
Tro.	Troades.

TITLES OF SOPHOCLES' PLAYS.

Aj.	Ajax.
Ant.	Antigone.
El.	Electra.
O.C.	Œdipus Coloneus.
O.R.	Œdipus Rex.
Phil.	Philoctetes.
Trach.	Trachiniae.

TITLES OF PLATO'S DIALOGUES.

Ap.	Apology.
Alc. I.	Alcibiades I.
Alc. II.	Alcibiades II.
Charm.	Charmides.
Crat.	Cratylus.
Criti.	Critias.
Euth.	Euthyphro.
Euthy.	Euthydemus.
Gorg.	Gorgias.
Hipp. Maj.	Hippias Major.
Hipp. Min.	Hippias Minor.
Lach.	Laches.
Legg.	Leges.
Lys.	Lysis.
Men.	Meno.
Parm.	Parmenides.
Phaedr.	Phaedrus.
Phil.	Philebus.
Pol.	Politicus.
Prot.	Protagoras.
Rep.	Republic.
Soph.	Sophista.
Symp.	Symposium.
Theact.	Theaetetus.
Tim.	Timaeus.

ENGLISH-GREEK DICTIONARY

A

Abandon, v. trans. *Quit:* P. and V. λείπειν, κᾰτᾰλείπειν, ἀπολείπειν, ἐκλείπειν, προλείπειν, ἀμείβειν (Plat. but rare P.), V. ἐξᾰμείβειν, ἐκλιμπάνειν. *Relinquish:* P. and V. ἀφίστασθαι (gen.), ἐξίστασθαι (gen.), μεθῑέναι, Ar. and V. μεθίεσθαι (gen.), V. διᾰμεθῑέναι. *Leave in the lurch:* P. and V. λείπειν, κᾰτᾰλείπειν, προλείπειν, ἀποστᾰτεῖν (gen.) (Plat.), προδῐδόναι, ἐρημοῦν, Ar. and P. προῐέναι or mid. *Give up, yield:* P. and V. ἐκδῐδόναι, πᾰρῑέναι. *Leave empty;* P. and V. κενοῦν, ἐρημοῦν. *Abandon (a feeling, etc.):* P. and V. μεθῑέναι, ἀφῑέναι, V. πᾰρῑέναι. *Abandon oneself (to a feeling, etc.):* P. and V. χρῆσθαι (dat.). *Abandon to slavery:* εἰς δουλείαν προέσθαι (Dem. 102). *They abandoned themselves to their fate:* P. προῐεντο σφᾶς αὐτούς (Thuc. 2, 51). *Abandon one's post:* P. τάξιν λείπειν, V. τάξιν ἐρημοῦν.

Abandoned, adj. *Left empty* or *left alone:* P. and V. ἐρῆμος. *Betrayed:* V. πρόδοτος. *Base (of character):* P. and V. κᾰκός, αἰσχρός, V. πᾰνώλης, πάντολμος, παντότολμος, P. ἀπονενοημένος, Ar. and V. ἐξώλης, πᾰνώλεθρος; see *base.*

Abandonment, subs. P. ἀπόλειψις, ἡ. *Betrayal:* P. and V. προδοσία, ἡ.

Abase, v. trans. P. and V. κᾰθαιρεῖν, κᾰτᾰβάλλειν, συστέλλειν, κολούειν, P. ταπεινοῦν, Ar. and V. ἰσχναίνειν, V. κᾰταρρέπειν, κλίνειν. *Be abased:* use also P. and V. κάμπτεσθαι (Plat.).

Abasement, subs. P. ταπεινότης, ἡ; see *disgrace.*

Abash, v. trans. *Make ashamed:* P. and V. αἰδῶ πᾰρέχειν (dat.). *Be abashed:* P. and V. αἰσχῡνεσθαι, ἐπαισχῡνεσθαι. See *ashamed.*

Abashed, adj. V. κᾰτηφής.

Abate, v. trans. P. and V. μεθῑέναι, κουφίζειν; see *relax.* V. intrans. P. and V. λωφᾶν, ἀνῑέναι, P. ἐπανιέναι. *Abate from:* P. and V. λωφᾶν (gen.), ἀνῑέναι (gen.), Ar. and V. ὑφῑέναι (gen.), V. ἐξᾰνιέναι (gen.).

Abatement, subs. P. λώφησις, ἡ (Thuc.), V. ἀνᾰκούφῐσις, ἡ. *Abatement, relief from:* P. and V. λῠσις, ἡ (gen.), ἀπαλλᾰγή, ἡ (gen.); see *relief, cessation.*

Abbreviate, v. trans. P. and V. συντέμνειν, συστέλλειν, κολούειν.

Abbreviated, adj. P. and V. σύντομος.

Abbreviation, subs. P. συντομία, ἡ (Plat.).

Abdicate, v. trans. P. and V. ἐξίστασθαι (gen.).

Abdomen, subs. Ar. and P. ἦτρον, τό; see *belly.*

Abduction, subs. P. and V. ἁρπᾰγή, or pl., V. ἀγωγή, ἡ (Æsch., *Ag.* 1263).

Aberration, subs. P. and V. πλάνη, ἡ, V. πλάνος, ὁ, P. ταραχή, ἡ; see *madness.*

Abet, v. trans. *Encourage:* P. and V. ἐπῐκελεύειν, πᾰρᾰκᾰλεῖν, ὁρμᾶν, V. ὀτρῡνειν; see *encourage, aid.* *Have a hand in:* P. and V. συμπράσσειν, V. συμφῠτεύειν. *Her father Menelaus abets his daughter herein:* V. πατήρ τε θυγατρὶ Μενέλεως συνδρᾷ τάδε (Eur., *And.* 40).

Abettor, subs. See *accessory, helper.*

Abeyance, leave in, v. trans. P. and V. ἐᾶν, πᾰρᾰλείπειν.

Abhor, v. trans. P. and V. μῖσεῖν, V. στῠγεῖν, ἔχθειν, Ar. and V. ἀποπτύειν, ἐχθαίρειν.

Abhorrence, subs. P. and V. μῖσος, τό, ἔχθος, τό, ἔχθρα, ἡ, V. στύγος, τό, μίσημα, τό. *Object of abhorrence,* subs.: V. μῖσος, τό, μίσημα, τό, στύγος, τό, στύγημα, τό; see *hatred.*

Abhorrent, adj. P. and V. μιᾰρός, κᾰτάπτυστος, V. μισητός, στῠγητός, στυγνός, Ar. and V. ἀπόπτυστος; see *hateful, hated.*

Abide, v. trans. *Wait for:* P. and V. μένειν, ἀνᾰμένειν, Ar. ἐπᾰνᾰμένειν, Ar. and P. περῐμένειν, P. ὑπομένειν, V. προσμένειν (rare P.), ἀμμένειν; see *wait for.* *Endure:* see *endure.* V. intrans. P. and V. μένειν, πᾰρᾰμένειν, Ar. and P. κᾰτᾰμένειν, περῐμένειν, P. διαμένειν, ὑπομένειν, V. προσμένειν, μίμνειν; see *wait.* *Dwell:* P. and V. οἰκεῖν, κᾰτοικεῖν, Ar. and V. ναίειν; see *dwell.* *Abide by (decision, terms, etc.):* P. and V. ἐμμένειν (dat.).

Abiding, adj. *Lasting:* P. μονίμος. *Secure:* P. and V. βέβαιος, ἀσφᾰλής, V. ἔμπεδος. *Lasting long:* P. and V. χρόνιος.

Abiding-place, subs. Ar. and V. ἕδρα, ἡ, V. ἀναστροφή, ἡ; see *dwelling.*

Ability, subs. P. and V. δύνᾰμις, ἡ. *Cleverness:* P. δεινότης, ἡ. *Mental powers:* P. φρόνησις, ἡ. *Have natural ability for:* P. εὐφυὴς εἶναι [εἰς (acc.) or πρός (acc.)].

Abject, adj. P. and V. τἄπεινός. *Of things extreme:* P. and V. ἔσχᾰτος. *Abject poverty:* P. μυρία πενία, ἡ (Plat.), πολλὴ ἔνδεια, ἡ (Dem.).

Abjectly, adv. P. ταπεινῶς.

Abjuration, subs. *Sworn denial:* Ar. and P. ἐξωμοσία, ἡ. *Renunciation:* P. ἀπόρρησις, ἡ.

Abjure, v. trans. *Deny on oath:* P. and V. ἐξομνύναι (or mid.), ἀπομνύναι. *Renounce:* P. and V. ἐᾶν, χαίρειν ἐᾶν.

Able, adj. *Clever:* Ar. and P. φρόνῐμος, P. and V. σῠνετός, δεινός, σοφός. *Having power* or *capacity* (with in-fin.): P. and V. δῠνᾰτός, οἷός τε, ἱκᾰνός. *Having natural ability:* P. and V. εὐφυής (Eur., *Frag.*). *Be able,* v. intrans.: P. and V. δύνασθαι, ἔχειν, οἷός τ' εἶναι, Ar. and V. σθένειν.

Ablution, subs. P. ἀπόλουσις, ἡ.

Ably, adv. *Cleverly:* P. and V σοφῶς. *Well:* P. and V. εὖ, κᾰλῶς.

Aboard, adv. P. and V. ἐπὶ νεώς. *Go aboard, put aboard:* see *embark.*

Aboard, prep. P. and V. ἐπί (gen.).

Abode, subs. *House:* P. and V. οἶκος, ὁ, οἴκησις, ἡ, οἴκημα, τό, Ar. and P. οἰκία, ἡ, Ar. and V. δόμος, ὁ, δῶμα, τό, μέλαθρον, τό, ἕδρα, ἡ; see *house, dwelling.* *Of the gods:* V. ἕδη τά (also Plat. but rare P.).

Abolish, v. trans. P. and V. κᾰθαιρεῖν, λύειν, P. ἀναιρεῖν, Ar. and P. κᾰτᾰλύειν.

Abolition, subs. P. κατάλυσις, ἡ. *Abolition of debts:* P. χρεῶν ἀποκοπή, ἡ (Plat.).

Abominable, adj. See *hateful.*

Abominably, adv. See *hatefully.*

Abominate, v. trans. See *hate.*

Abomination, subs. See *hatred.* *Object of hatred:* V. ἔχθος, τὸ, μῖσος, τό, μίσημα, τό, στύγος, τό, στύγημα, τό, ἀπέχθημα, τό. *Anything polluted:* P. and V. μίασμα, τό, ἄγος, τό, V. μύσος, τό; see *pollution.*

Aboriginal, adj. P. and V. αὐτόχθων.

Abortion, subs. P. ἄμβλωσις, ἡ. *Cause abortion to:* P. ἀμβλίσκειν (acc.) (Plat.), P. and V. ἐξαμβλοῦν (acc.) (Plat.).

Abortive, adj. *Vain:* P. and V. μάταιος, ἀνήνῠτος, P. ἄκαρπος, ἄπρακτος, V. ἀκάρπωτος.

Abortively, adv. *In vain:* P. and V. ἄλλως, μάτην (Plat.), V. μᾰταίως; see *in vain,* under *vain.*

Abound, v. intrans. P. εὐπορεῖν, V. πληθύειν (also Plat. but rare P.), Ar. and V. βρύειν, θάλλειν; see *flourish.* *Abound in:* P. εὐπορεῖν (gen. or dat.), ἀκμάζειν (dat.), V. πληθύειν (gen. or dat.) (Plat. also but rare P.), πλήθειν (gen.), Ar. and V. βρύειν (gen. or dat.). *Flow with :* P. and V. ῥεῖν (dat.). *Let the means of life abound :* V. περιρρείτω βίος (Soph., *El.* 362). *Abounding in :* V. φλέων (dat.); see *rich in.*

About, prep. of time or place. P. and V. περί (acc.), V. ἀμφί (acc.) (rare P.). Of time, also P. and V. κατά (acc.). *About this very time :* P. ὑπ' αὐτὸν τὸν χρόνον. *Near :* P. and V. πρός (dat.), ἐπί (dat.) *About one's knees :* V. ἀμφὶ γούνασι (Eur., *Alc.* 947). *Concerning :* P. and V. περί (acc. or gen.), V. ἀμφί (gen. or dat.). After verbs expressing anxiety, fear, etc. : P. and V. περί (dat.), ἀμφί (dat.), ὑπέρ (gen.). *For the sake of :* P. and V. ἕνεκα (gen.), διά (acc.), χάριν (gen.) (Plat.), ὑπέρ (gen.), Ar. and V. οὕνεκα (gen.), ἕκατι (gen.), V. εἵνεκα (gen.).

About, adv. *Round about, around :* P. and V. πέριξ (rare P.), κύκλῳ. *Nearly :* P. and V. σχεδόν, σχεδόν τι. With numbers : P. μάλιστα, ὡς, or use prep., P. ἀμφί (acc.), περί (acc.), P. and V. εἰς (acc.). *What are you about ?* P. and V. τί πάσχεις ; *Be about to :* P. and V. μέλλειν (infin.). *Bring it about that :* see *effect.* *Come about :* see *happen.*

Above, adv. P. and V. ἄνω, Ar. and P. ἐπάνω. *In a former passage (in a book) :* P. ἄνω. *From above :* P. and V. ἄνωθε(ν), P. καθύπερθε, ἐπάνωθεν, V. ὑψόθεν (Plat. also but rare P.), ἐξύπερθε. *Above ground, on earth :* P. and V. ἄνω, V. ἄνωθε(ν).

Above, prep. of place. P. and V. ὑπέρ (gen.). *Of measure :* P. and V. ὑπέρ (acc.). *In preference to :* P. and V. πρό (gen.), P. ἔμπροσθεν (gen.), V. πρόσθε (gen.), πάρος (gen.). *Superior to :* use P. and V. κρείσσων (gen.), V. ὑπέρτερος (gen.). *Above being bribed :* P. χρημάτων κρείσσων. *Above the law :* P. ἔμπροσθεν τῶν νόμων. *Not to wish to be above the law :* τῶν νόμων γε μὴ πρότερος εἶναι θέλειν (Eur., *Or.* 487). *Remain over and above :* Ar. and P. περιγίγνεσθαι, P. περιεῖναι.

Abreast, adv. *In a line :* P. and V. ἑξῆς, ἐφεξῆς. *Keep abreast of,* v. : use P. and V. ἕπεσθαι (dat.), συνέπεσθαι (dat.).

Abridge, v. trans. P. and V. συντέμνειν, συστέλλειν, κολούειν.

Abridged, adj. P. and V. σύντομος ; see *short.*

Abroad, adv. *Out of doors :* P. and V. ἔξω, Ar. and V. θύρασι. *From abroad :* P. and V. ἔξωθεν, V. θύραθεν. *Of motion to :* Ar. and V. θύραζε. *Away from home :* use adj., P. and V. ἔκδημος, V. θυραῖος. *Go* or *live abroad :* P. and V. ἐκδημεῖν, ἀποξενοῦσθαι (Plat.), Ar. and P. ἀποδημεῖν, V. ξενοῦσθαι. *Going* or *living abroad,* subs. : P. and V. ἐκδημία, ἡ, P. ἀποδημία, ἡ. *Get abroad (of rumour) :* P. and V. διέρχεσθαι ; see *be bruited abroad,* under *bruit.* *Owing to service in the field and occupation abroad :* P. διὰ τὰς στρατείας καὶ τὴν ὑπερόριον ἀσχολίαν (Thuc. 8, 72).

Abrogate, v. trans. P. and V. καθαιρεῖν, λύειν, Ar. and P. καταλύειν, P. ἀναιρεῖν.

Abrogation, subs. P. κατάλυσις, ἡ.

Abrupt, adj. *Sheer, steep :* P. ἀπόκρημνος, κρημνώδης, ἀποτόμος (Plat.), ἀπόρρωξ (Xen.), V. ὑψηλόκρημνος, ὀκρις ; see *steep.* *Of speech :* P. βραχύλογος. *Sudden :* see *sudden.*

Abruptly, adv. *In few words :* P. and V. ἐν βραχεῖ, P. διὰ βραχέων. *Suddenly :* P. and V. ἐξαίφνης, P. αἰφνιδίως.

Abruptness, subs. *Of speech :* P. βραχυλογία, ἡ. *Suddenness :* see *suddenness.*

Abscess, subs. P. φῦμα, τό (Plat.).

Abscond, v. intrans. *Run away :* Ar. and P. ἀποδιδράσκειν. *Desert :* Ar. and P. αὐτομολεῖν ; see *desert.* *Withdraw privily :* P. ὑπεξέρχεσθαι.

Absence, subs. P. and V. ἀπουσία, ἡ. *Living away from home :* P.

and V. ἐκδημία, ἡ, P. ἀποδημία, ἡ. *Absence of mind:* P. and V. λήθη, ἡ.

Absent, adj. P. and V. ἀπών. *From home:* P. and V. ἔκδημος, V. θυραῖος. *Forgetful:* Ar. and P. ἐπιλήσμων. *Be absent:* P. and V. ἀπεῖναι, ἀποστᾰτεῖν (Plat.), P. ἀπογίγνεσθαι. *Be from home:* P. and V. ἐκδημεῖν, Ar. and P. ἀποδημεῖν. *It is nothing. Finish your tale. I was absent in mind:* V. οὐδὲν· πέραινε δ'· ἐξέβην γὰρ ἄλλοσε (Eur., *I.T.* 781).

Absolute, adj. *Entire:* P. and V. παντελής, τέλειος, τέλεος. *Pure, sheer:* P. εἰλικρινής, ἁπλοῦς, ἄκρατος. *Supreme in authority:* P. and V. κύριος. *Despotic*, adj.: P. and V. τῠραννῐκός, P. δεσποτικός. *Arbitrary:* Ar. and P. αὐτοκρᾰτωρ.

Absolutely, adv. P. and V. πάντως, παντελῶς, P. ὅλως, Ar. and P. πάνῠ, ἀτεχνῶς. With a *negative:* P. and V. ἀρχήν. *Despotically:* P. τυραννικῶς, δεσποτικῶς. *Taken by itself:* P. αὐτὸ καθ' αὑτό. *Purely:* P. εἰλικρινῶς. *As opposed to relatively:* P. ἁπλῶς (Arist.).

Absolution, subs. *Pardon:* P. and V. συγγνώμη, ἡ, V. σύγγνοια, ἡ. *Purification:* P. and V. κᾰθαρμός, ὁ, λῦσις, ἡ.

Absolve, v. trans. P. and V. λύειν, ἐκλύειν, ἀφῑέναι, Ar. and P. ἀπολύειν; see *acquit, purify.*

Absorb, v. trans. *Drink:* P. and V. πίνειν. *Use up:* P. and V. ἀνᾰλίσκειν, P. καταναλίσκειν, ἀπαναλίσκειν. *Mix up:* Ar. and P. κᾰτᾰμιγνῦναι. *Be absorbed into:* P. συγκαταμίγνυσθαι εἰς (acc.) (Plat.). *Draw:* P. and V. ἕλκειν. *Absorbed in* (met.): P. ὅλος πρός (dat.), V. ἀνειμένος εἰς (acc.). *Be absorbed in* (met.): P. and V. προσκεῖσθαι (dat.).

Abstain, v. intrans. P. and V. ἀπέχεσθαι, ἀφίστασθαι; see *refrain. Abstain from:* use verbs given with the gen. *Abstain from food:* P. and V. ἀσῑτεῖν.

Abstemious, adj. P. and V. σώφρων. *Sober*, adj.: P. and V. νήφων (Plat.), ἄοινος (Plat.); see *temperate.*

Abstemiously, adv. P. ἐγκρατῶς, P. and V. σωφρόνως; see *temperately.*

Abstemiousness, subs. P. ἐγκράτεια, ἡ, Ar. and P. σωφροσῠνη, ἡ; see *temperance.*

Abstinence, subs. *Self-restraint:* P. ἐγκράτεια, ἡ, Ar. and P. σωφροσῠνη, ἡ; see *temperance. Abstinence from food:* V. ἀσῑτία, ἡ.

Abstinent, adj. P. ἐγκρατής, P. and V. σώφρων; see *temperate.*

Abstract, v. trans. P. and V. ὑφαιρεῖν, ὑπεξαιρεῖν, V. ὑποσπᾶν; see *steal, remove.*

Abstract, subs. *Summary:* P. κεφάλαιον, τό.

Abstract, adj. Opposed to *concrete:* P. αὐτός, e.g. *abstract justice:* P. αὐτὸ τὸ δίκαιον, *abstract beauty:* P. αὐτὸ τὸ καλόν. *The abstract conception* (*of a thing*): P. ἰδέα, ἡ, εἶδος, τό; see *concrete. Existing only in the mind:* P. νοητός.

Abstraction, subs. *Theft:* P. and V. κλοπή, ἡ. *Of mind:* V. πλάνος, ὁ. *Thought:* P. νόησις, ἡ; see *thought.*

Abstruse, adj. P. and V. ἀσᾰφής, ἄδηλος, ποικῖλος, V. δῠσεύρετος, ἄσημος, δυστέκμαρτος; see *obscure.*

Abstrusely, adv. Ar. and V. ποικῖλως; see *obscurely.*

Abstruseness, subs. P. ἀσάφεια, ἡ (Plat.).

Absurd, adj. Ar. and P. ἀνόητος, P. and V. μῶρος, εὐήθης; see *foolish. Strange, odd:* P. and V. ἄτοπος (Eur., *Frag.*). *Ridiculous:* P. and V. γέλοιος, Ar. and P. κᾰτᾰγέλαστος. *Unreasonable:* P. ἄλογος.

Absurdity, subs. *Folly:* P. and V. ἄνοια, ἡ, μωρία, ἡ, P. εὐήθεια, ἡ, V. εὐηθία, ἡ. *Ridiculousness:* Ar. and P. ἀτοπία, ἡ. *It is the height of absurdity:* P. ἔστι πολλὴ ἀλογία.

Absurdly, adv. P. and V. εὐήθως, Ar. and P. ἀνοήτως, P. μώρως (Xen.); see *foolishly. Ridiculously:* P. ἀτόπως, γελοίως, καταγέλαστως.

Abundance, subs. P. εὐπορία, ἡ, ἀφθονία, ἡ, Ar. and P. περιουσία, ἡ. Also with gen. following: P. and V. πλῆθος, τό, V. βάρος, τό.

Abundant, adj. P. and V. πολύς, ἄφθονος, Ar. and P. συχνός, εὔπορος, V. ἐπίρρυτος. *Rich*: V. πλούσιος.

Abundantly, adv. P. and V. ἀφθόνως (Eur., *Frag.*), P. εὐπόρως. *Richly*: Ar. and V. πλουσίως.

Abuse, v. trans. *Misuse*: P. ἀποχρῆσθαι (dat.). *Speak evil of*: P. and V. κακῶς λέγειν, διαβάλλειν, λοιδορεῖν (or mid. with dat.), ὑβρίζειν, ὀνειδίζειν (dat.), P. κακίζειν, βασκαίνειν, βλασφημεῖν (εἰς, acc. or κατά, gen.), ἐπηρεάζειν (dat.), Ar. and P. συκοφαντεῖν, V. ἐξονειδίζειν, κακοστομεῖν, δυσφημεῖν, δεννάζειν, δυστομεῖν, κυδάζεσθαι (dat.).

Abuse, subs. *Reproach, insult*: P. and V. ὕβρις, ἡ, ὄνειδος, τό, διαβολή, ἡ, P. ἐπήρεια, ἡ, βλασφημία, ἡ, κακηγορία, ἡ, βασκανία, ἡ, Ar. and P. συκοφαντία, ἡ, λοιδορία, ἡ. *Mischief, evil*: P. and V. κακόν, τό.

Abusive, adj. Ar. and P. διάβολος, βάσκανος, P. βλάσφημος, κακήγορος, φιλολοίδορος, συκοφαντικός, V. λοίδορος (Eur., *Cycl.*), κακόστομος, P. and V. κακός.

Abusively, adv. P. διαβόλως, συκοφαντικῶς, P. and V. κακῶς.

Abut, v. intrans. *Project*: P. and V. προύχειν; see *project*. *Abut on, be near*: P. ἔχεσθαι (gen.).

Abysmal, adj. Ar. and V. ἄβυσσος.

Abyss, subs. P. and V. χάσμα, τό, V. βάθος, τό, χάρυβδις, ἡ, Ar. and V. βυθός, ὁ. Met. of *grief, trouble, etc.*: use P. and V. πέλαγος, τό (Plat.), V. βάθος, τό. *You have come to such an abyss of folly*: P. εἰς τοῦτο ἀφῖχθε μωρίας.

Academy, subs. Ar. and P. Ἀκαδήμεια, ἡ; see *school*.

Accede, v. intrans. P. and V. συγχωρεῖν, ἐπαινεῖν, συναινεῖν (Plat.). *Accede to*: P. and V. συγχωρεῖν (dat.), καταινεῖν (acc.), V. προσχωρεῖν (dat.); see *assent, agree*.

Accelerate, v. trans. P. and V. ἐπείγειν; see *hasten*.

Accent, subs. *Pitch*: Ar. and P. τόνος, ὁ. *Way of speaking*: P. and V. φωνή, ἡ; see *voice*. *Mark on syllable to show accent*: P. ὀξύτης, ἡ (Plat., *Crat.* 399A). *Have a foreign accent*, v.: P. ξενίζειν.

Accentuate, v. trans. Met. *increase*: P. and V. αὐξάνειν. *Inflame, embitter*: P. and V. παροξύνειν.

Accept, v. trans. P. and V. δέχεσθαι, ἐκδέχεσθαι, προσδέχεσθαι, ἀποδέχεσθαι, Ar. and P. ὑποδέχεσθαι. *Take, receive*: P. and V. λαμβάνειν; see *receive*. *Agree to*: P. and V. δέχεσθαι, ἐκδέχεσθαι, ἐνδέχεσθαι. *Acquiesce in*: P. and V. στέργειν (acc. or dat.), V. αἰνεῖν (acc.), P. ἀγαπᾶν (acc. or dat.) (also Ar. absol.). *Believe, trust*: P. and V. πείθεσθαι (dat.), πιστεύειν (dat.).

Acceptable, adj. P. and V. ἡδύς, ἀρεστός, V. φίλος, θυμηδής; see *agreeable*. *If the same course be acceptable to all*: V. εἰ πᾶσι ταὐτὸν πρᾶγμ' ἀρεσκόντως ἔχει (Eur., *I. T.* 581).

Acceptably, adv. P. and V. ἡδέως; see *agreeably*.

Acceptance, subs. P. and V. λῆψις, ἡ. *Acceptance of bribes*: P. δωροδοκία, ἡ.

Access, subs. P. and V. εἴσοδος, ἡ, πρόσβασις, ἡ, προσβολή, ἡ, Ar. and P. πρόσοδος, ἡ, P. ἔφοδος, ἡ. *To a person*: P. and V. εἴσοδος, ἡ; see *intercourse*. *Visitation, assault*: P. and V. προσβολή, ἡ. *Of illness*: P. καταβολή, ἡ; see *fit*. *In access of passion*: V. ὀργῇ χρώμενος (Soph., *O. R.* 1241). *Access to the walls*: V. τειχέων προσαμβάσεις (Eur., *Phoen.* 744).

Accessible, adj. P. and V. εὔβατος (Plat.), P. προσβατός (Xen.), V. εὐπρόσοιστος. *Of persons*: P. εὐπρόσοδος, P. and V. εὐπροσήγορος; see *affable*.

Accession, subs. *Addition*: P. and V. προσθήκη, ἡ. *Succession*: P. and V. ἐκδοχή, ἡ, διαδοχή, ἡ.

Accessory, adj. P. and V. σῠναίτιος, κοινωνός. *Accessory to*: P. and V. σῠναίτιος (gen.), κοινωνός (gen.), μέτοχος (gen.), μεταίτιος (gen.) (Plat.), V. πᾰραίτιος (gen.), ἴστωρ (gen.). *Be accessory*: P. and V. σῠνειδέναι.

Accessory, subs. *Something added*: P. and V. προσθήκη, ἡ. *Something subordinate*: P. and V. πάρεργον, τό. *Of a person sharing guilt*: see *accomplice*.

Accident, subs. P. and V. τύχη, ἡ, συμφορά, ἡ, P. περίπτωμα, τό, σύμπτωμα, τό. *In case of accident*: P. ἤν τι συμβῇ.

Accidental, adj. *Unintentional*: P. and V. οὐχ ἑκούσιος, P. ἀκούσιος; see *unintentional*.

Accidentally, adv. *By chance*: P. and V. τύχῃ, P. ἐκ τύχης, κατὰ τύχην. *Unintentionally*: P. and V. ἄκουσίως; see *unintentionally*.

Acclaim, v. trans. *Celebrate*: P. and V. ὑμνεῖν. *Shout approval*: Ar. and P. θορῠβεῖν (absol.). *Applaud*: P. κροτεῖν (absol.). *Praise*: P. and V. ἐπαινεῖν.

Acclamation, subs. P. and V. θόρῠβος, ὁ. *Applause*: Ar. and P. κρότος, ὁ. *Praise*: P. and V. ἔπαινος, ὁ.

Acclimatise, v. trans. *Accustom*: P. and V. ἐθίζειν.

Accommodate, v. trans. *Gratify*: P. and V. χᾰρίζεσθαι (dat.). *Hold, have room for*: P. and V. χωρεῖν (acc.). *Accommodate with a loan*: P. εὐπορεῖν (acc. of loan, dat. of person). *Accommodate oneself to*: P. and V. εἴκειν (dat.), P. συγκαθιέναι (dat.); see *yield*.

Accommodating, adj. P. ῥᾴδιος, P. and V. εὐχερής; see *obliging*.

Accommodation, subs. *Lodging*: P. and V. κᾰτάλῠσις, ἡ. *Terms*: P. ὁμολογία, ἡ.

Accompaniment, subs. P. and V. μέλος, τό. *To the accompaniment of*: P. and V. ὑπό (gen.).

Accompany, v. trans. P. and V. ἕπεσθαι, σῠνέπεσθαι, ὁμῑλεῖν, Ar. and P. ἀκολουθεῖν, πᾰρᾰκολουθεῖν, P. συνακολουθεῖν, V. μεθέπεσθαι, ὁμαρτεῖν (all with dat.). *On a journey*: P. and V. συμπορεύεσθαι (absol. or with dat.). *Be with*: P. and V. σῠνεῖναι (dat.), συγγίγνεσθαι (dat.). *In music*: Ar. ὑπᾴδειν (dat.). *On a voyage*: P. and V. συμπλεῖν (absol. or dat.). *On an expedition*: P. συστρατεύειν (absol. or dat.).

Accomplice, subs. P. and V. σῠνεργός, ὁ or ἡ, σῠναίτιος, ὁ or ἡ, κοινωνός, ὁ or ἡ, συλλήπτωρ, ὁ, μέτοχος, ὁ or ἡ, V. σῠνεργάτης, ὁ, σῠνεργᾰτις, ἡ. *The part of an accomplice*: V. τὸ συνδρῶν χρέος (Eur., *And.* 337).

Accomplish, v. trans. P. and V. ἀνῠτειν, κᾰτᾰνύτειν, ἐπεξέρχεσθαι, πράσσειν, διαπράσσειν (or mid. in P.), ἐργάζεσθαι, κᾰτεργάζεσθαι, ἐξεργάζεσθαι, περαίνειν, V. ἐξᾰνύτειν, τελευτᾶν, ἐκπράσσειν, τελεῖν (rare P.), ἐκπεραίνειν, κραίνειν, ἐπικραίνειν, P. ἐπιτελεῖν; see *complete*. *Help to accomplish*: P. and V. συμπεραίνειν (τί, τινι), συγκᾰτεργάζεσθαι (τί, τινι). *Having accomplished these labours*: V. ἄθλων τῶνδ' ὑπερτελής (Soph., *Trach.* 36). *Be accomplished (of an oracle)*: see *be fulfilled*, under *fulfil*.

Accomplished, adj. *Fulfilled*: P. ἐπιτελής, P. and V. τέλειος (rare P.), τέλεος (rare P.), V. ἐκτελής, τελεσφόρος. Met. *clever*: Ar. and P. χᾰρίεις, φῐλόμουσος, P. and V. μουσῐκός.

Accomplishment, subs. P. and V. πρᾶξις, V. ἄνη, ἡ (Æsch., *Theb.* 713). *End*: P. and V. τέλος, τό, τελευτή, ἡ, πέρας, τό. *Skill*: P. and V. τέχνη, ἡ.

Accord, subs. P. ὁμόνοια, ἡ, συμφωνία, ἡ (Plat.). *With one accord*: P. and V. ὁμοῦ, P. μιᾷ ὁρμῇ (Xen.), ἐκ μιᾶς γνώμης, ἀπὸ μιᾶς ὁρμῆς, Ar. and P. ὁμοθῡμᾰδόν; see *unanimously*. *Of one's own accord*: use adj., P. and V. ἑκών· αὐτεπάγγελτος, P. ἑκὼν γε εἶναι. *Of things, without human agency*: use adj., P. and V. αὐτόμᾰτος, P. ἀπὸ ταὐτομάτου. *Be in accord*: see *agree*.

Accord, v. trans. See *grant*. *Accord with*: P. and V. σῠνᾴδειν (dat.), συμφέρειν (dat.), P. συμφωνεῖν (dat.), V. ὁμορροθεῖν (dat.).

Accordance, subs. See *accord*. *In accordance with*: P. and V. κᾰτᾰ́ (acc.), sometimes ἐκ (gen.).

Accordant, adj. P. and V. σύμφωνος (Plat.), σῠνῳδός (Plat.), Ar. and P. ἀκόλουθος, V. προσῳδός, σῠνήγορος.

According to, prep. P. and V. κᾰτᾰ́ (acc.).

Accordingly, adv. *Therefore*: P. and V. οὖν, οὐκοῦν, τοίνῠν, τοίγαρ, τοιγαροῦν, Ar. and V. νῦν (enclitic), Ar. and P. τοιγάρτοι; see *therefore*. *Act accordingly*: P. and V. τὰ δέοντα πράσσειν.

Accost, v. trans. P. and V. προσᾰγορεύειν, προσειπεῖν (2nd aor.), V. αὐδᾶν, προσαυδᾶν, προσφωνεῖν, προσφθέγγεσθαι, ἐννέπειν, προσεννέπειν, προσηγορεῖν; see *address*.

Account, subs. *Narrative*: P. and V. λόγος, ὁ, μῦθος, ὁ. *Give an account of one's career*: P. τοῦ βίου λόγον διδόναι. *Report, description*: P. ἀπαγγελία, ἡ. *Value, consideration*: P. and V. λόγος, ὁ. *Make no account of*: P. περὶ οὐδένος ποιεῖσθαι (acc.), V. οὐδᾰμοῦ τῐθέναι (acc.). *Of no account*: V. ἀναρίθμητος, πᾰρ' οὐδέν. *Be of no account*: V. οὐδᾰμοῦ εἶναι. *Turn to account*: P. and V. χρῆσθαι (dat.). *On account of*: P. and V. διᾰ́ (acc.), ἕνεκα (gen.), χᾰ́ρῐν (gen.) (Plat.), Ar. and V. οὕνεκα (gen.), ἕκᾱτι (gen.), V. εἵνεκα (gen.). *Reckoning*: P. and V. λόγος, ὁ, Ar. and P. λογισμός, ὁ. *Cast accounts*: P. τιθέναι ψήφους (Dem. 304). *I haven't mentioned even a fraction of the sins standing to their account*: P. οὐδὲ πολλοστὸν μέρος εἴρηκα τῶν τούτοις ὑπαρχόντων κακῶν (Lys. 144). *Examination of accounts*: Ar. and P. εὔθῡνα, ἡ, or pl. *Demand one's accounts*: P. λόγον ἀπαιτεῖν. *Render account*: P. εὔθυναν διδόναι. λόγον ἀποφέρειν. *Put down to one's account*, v.: P. καταλογίζεσθαι (τί, τινι), P. and V. ἀνᾰφέρειν (τι, εἴς τινα); see *impute*. *Take into account*: P. ὑπολογίζεσθαι.

Account, v. trans. See *consider*. *Understand*: P. and V. σῠνῑέναι; see *understand*. *Account for*: P. λόγον διδόναι (gen.). *Be cause of*: P. and V. αἴτιος εἶναι (gen.). *Be satisfactorily accounted for* (*of money*): P. δικαίως ἀποφαίνεσθαι.

Accountable, adj. *Liable to give account*: P. and V. ὑπεύθυνος, P. ὑπαίτιος, ὑπόλογος, ἔνοχος. *The cause of*: P. and V. αἴτιος (gen.); see *liable*.

Accountant, subs. P. εὔθυνος, ὁ, λογιστής, ὁ.

Account-book, subs. Ar. and P. γραμμᾰτεῖον, τό, γραμμᾰτα, τά.

Accoutre, v. trans. P. and V. σκευάζειν, στέλλειν (Plat.), P. κατασκευάζειν. *Arm*: P. and V. ὁπλίζειν, ἐξοπλίζειν (Plat.); see *dress*.

Accoutrement, subs. P. and V. σκευή, ἡ, στολή, ἡ (Plat.), V. σᾰγή, ἡ, Ar. and P. ὅπλισις, ἡ; see *dress*.

Accredited, adj. *Be accredited as consul*, v.: P. προξενεῖν. *As ambassador*: Ar. and P. πρεσβεύειν.

Accretion, subs. P. and V. προσθήκη, ἡ.

Accrue, v. intrans. P. and V. προσκεῖσθαι, προσγίγνεσθαι, προσεῖναι.

Accumulate, v. trans. P. and V. συλλέγειν, ἀθροίζειν. *Heap up*: P. and V. νεῖν, P. συννεῖν. V. intrans.: P. and V. συλλέγεσθαι, ἀθροίζεσθαι.

Accumulation, subs. *Heap*: Ar. and V. θωμός, ὁ, Ar. and P. σωρός, ὁ (Xen.); see *heap*. *Quantity*: P. and V. πλῆθος, τό.

Accuracy, subs. P. ἀκρίβεια, ἡ. *Truth*: P. and V. ἀλήθεια, ἡ; see *truth*. *Correctness*: Ar. and P. ὀρθότης, ἡ, V. νᾱμέρτεια, ἡ.

Accurate, adj. P. and V. ἀκρῑβής. *True*: P. and V. ἀληθής, ὀρθός. *Be accurate*: P. ἀκριβολογεῖσθαι. *State as accurate*: V. ἐξακρῑβοῦν.

Accurately, adv. P. and V. ἀκρῑβῶς. *Truly* : P. and V. ἀληθῶς, ὀρθῶς. *Know accurately* : P. and V. ἀκρῑβοῦν (acc.) (Plat.).

Accursed, adj. *Under a curse* : P. ἐναγής, ἐπάρατος, V. ἀραῖος, Ar. and P. ἀλῐτήριος. *Abominable* : P. and V. κᾰτᾰρᾱτος, μιᾰρός, Ar. and V. ἐξώλης, πᾰνώλεθρος, V. δῠσώνῠμος, πᾰνώλης, θεομῠσής, θεοστῠγής, θεόπτυστος, Ar. and P. θεοῖς ἐχθρός, θεομῑσής; see *cursed*.

Accusation, subs. P. κατηγορία, ἡ, κατηγόρημα, τό, P. and V. αἰτία, ἡ, αἰτίᾱμα, τό, ἔγκλημα, τό, V. ἐπίκλημα, τό. *Legal suit* : P. and V. δῐκη, ἡ. *Malicious accusation* : Ar. and P. σῡκοφαντία, ἡ.

Accuse, v. trans. P. and V. κᾰτηγορεῖν (τινός, τι), αἰτιᾶσθαί (τινά, τινος), ἐπαιτιᾶσθαι (τινά, τινος), ἐγκᾰλεῖν (τινί, τι), Ar. and P. ἐπῐκᾰλεῖν (τινί, τι). *Prosecute* : P. and V. διώκειν, Ar. and P. γρᾰφεσθαι. *Join in accusing* : P. συγκατηγορεῖν (τινός, τινι, or τινὸς, μετά τινος). *Accuse maliciously* : Ar. and P. σῡκοφαντεῖν.

Accused, The (judicially), subs. P. and V. ὁ φεύγων.

Accuser, subs. P. and V. κᾰτήγορος, ὁ, ἡ. *Prosecutor* : P. and V. ὁ διώκων. *Malicious accuser* : Ar. and P. σῡκοφάντης, ὁ.

Accustom, v. trans. P. and V. ἐθίζειν, P. συνεθίζειν. *Be accustomed to* (with infin.): P. and V. εἰωθέναι, φῐλεῖν, ἐθίζεσθαι.

Accustomed, adj. *Customary* : P. and V. σῠνήθης, εἰωθώς, νόμῐμος, εἰθισμένος, ἠθάς (Dem. 605), P. σύντροφος, Ar. and P. νομιζόμενος. *Accustomed to* : P. συνήθης (dat.), V. ἠθάς (gen.).

Ace, subs. *The whole army came within an ace of defeat* : P. εἰς ὀλίγον ἀφίκετο πᾶν τὸ στράτευμα νικηθῆναι (Thuc. 4, 129). *He came within an ace of being killed* : P. παρὰ μικρὸν ἦλθεν ἀποθανεῖν (Isoc. 388).

Acerbity, subs. P. and V. πικρότης, ἡ.

Ache, subs. P. and V. λύπη, ἡ, ἀλγηδών, ἡ, ὀδύνη, ἡ, ἄλγημα, τό, Ar. and V. ἄλγος, τό, ἄχος, τό; see *pain*.

Ache, v. intrans. P. and V. ἀλγεῖν, ὀδυνᾶσθαι, V. ἀλγύνεσθαι.

Achieve, v. trans. *Win for oneself* : P. and V. κτᾶσθαι, φέρεσθαι, κομίζεσθαι, ἐκφέρεσθαι, εὑρίσκεσθαι, Ar. and V. φέρειν (also Plat. but rare P.), εὑρίσκειν, V. κομίζειν; see *win*. *Win by labour* : V. ἐκπονεῖν, ἐκμοχθεῖν. *Accomplish* : see *accomplish*.

Achievement, subs. *Acquisition* : P. and V. κτῆσις, ἡ. *Feat* : P. and V. ἀγώνισμα, τό.

Acid, adj. P. αὐστηρός, Ar. and P. στρυφνός.

Acidity, subs. P. αὐστηρότης, ἡ.

Acknowledge, v. trans. *Confess* : P. and V. ὁμολογεῖν (only three times in V.), P. προσομολογεῖν; see *confess*. *Admit as genuine* : P. ὁμολογεῖν. *Recognise, receive* : P. and V. δέχεσθαι, προσδέχεσθαι. *Acknowledge (favours, etc.), repay* : P. and V. ἀποδῐδόναι (χάριν).

Acknowledgment, subs. *Confession* : P. ὁμολογία, ἡ. *Return, recompense* : P. and V. ἀμοιβή, ἡ (Plat.).

Acme, subs. P. and V. ἀκμή, ἡ. Met., P. and V. ὑπερβολή, ἡ. *Be at its acme* : P. and V. ἀκμάζειν. *The acme of madness* : P. ὑπερβολὴ μανίας.

Acorn, subs. P. βᾰλᾰνος, ἡ (Homer and Aristotle).

Acquaint, v. trans. P. and V. δῐδάσκειν; see *inform*. *Be acquainted with* (i.) *things* : P. and V. γνωρίζειν, μανθάνειν, (ii.) *persons* : P. and V. γνωρίζειν, P. χρῆσθαι (dat.), γνωρίμως ἔχειν (dat.). *Have experience of* : P. and V. ὁμῑλεῖν (dat.), χρῆσθαι (dat.).

Acquaintance, subs. *Friendship* : P. οἰκειότης, ἡ, συνήθεια, ἡ, χρεία, ἡ, γνώρισις, ἡ (Plat.). *Friend* : use adj., P. συνήθης, γνώριμος, ἐπιτήδειος, οἰκεῖος; see *friend*. *Acquaintance with, experience of* : P. and V. ἐμπειρία, ἡ (gen.), ἐπιστήμη, ἡ (gen.).

Acquainted with, adj. P. and V. ἔμπειρος (gen.), ἐπιστήμων (gen.), V. ἴδρις (gen.); see *versed in. Knowing:* V. ἵστωρ (gen.) (also Plat. but rare P.). *He made himself acquainted with all he could of the Persian language and the customs of the country:* P. τῆς Περσίδος γλώσσης ὅσα ἠδύνατο κατενόησε καὶ τῶν ἐπιτηδευμάτων τῆς χώρας (Thuc. 1, 138).

Acquiesce, v. P. and V. ἐπαινεῖν, στέργειν, Ar. and P. ἀγᾰπᾶν, V. αἰνεῖν; see *assent. Acquiesce in:* P. and V. στέργειν (acc. or dat.), P. ἀγαπᾶν (acc. or dat.), V. αἰνεῖν (acc.); see *endure.*

Acquiescence, subs. *Endurance:* P. καρτερία, ἡ. *Calm:* Ar. and P. ἡσῠχία, ἡ.

Acquire, v. trans. *Win for oneself:* P. and V. κτᾶσθαι, φέρεσθαι, κομίζεσθαι, εὑρίσκεσθαι, ἐκφέρεσθαι, Ar. and V. φέρειν (also Plat. but rare P.), εὑρίσκειν, V. ἄρνυσθαι (also Plat. but rare P.), ἀνῠτεσθαι. *Obtain:* P. and V. κτᾶσθαι, κᾰτακτᾶσθαι, λαμβᾰ́νειν, P. περιποιεῖσθαι. *Acquire by labour:* V. ἐκπονεῖν, ἐκμοχθεῖν. *Acquire in addition:* P. and V. ἐπικτᾶσθαι, P. προσκτᾶσθαι. *Help to acquire:* P. συγκτᾶσθαι (τί, τινι), συγκατακτᾶσθαι (τί, τινι).

Acquired, adj., opposed to *native.* P. and V. ἔπακτος, ἐπείσακτος.

Acquirement, subs. P. and V. κτῆσις, ἡ. *Receiving:* P. and V. λῆψις, ἡ. *Skill:* P. and V. τέχνη, ἡ.

Acquisition, subs. See *acquirement. Something acquired:* P. and V. κτῆμα, τό. *Advantage, gain:* P. and V. κέρδος, τό.

Acquit, v. trans. P. and V. λῡ́ειν, ἐκλῡ́ειν, ἀφῑέναι, σώζειν, Ar. and P. ἀπολῡ́ειν, P. ἀποχειροτονεῖν (gen.), ἀποψηφίζεσθαι (gen.), ἀπογιγνώσκειν (gen.). *Acquit of blame:* P. ἀπολύειν τῆς αἰτίας. *Acquit oneself (bravely, etc.):* use πᾰρέχειν ἑαυτόν (ἀνδρεῖον); see *behave. Be acquitted:* P. and V. φεύγειν, σώζεσθαι, Ar. and P. ἀποφεύγειν.

Acquittal, subs. P. ἀποψήφισις, ἡ, Ar. and P. ἀπόφευξις, ἡ, P. and V. τὸ φεύγειν.

Acre, subs. Use P. and V. πλέθρον, τό (*about a quarter of an acre*). *Many broad acres shall I leave you:* πολυπλέθρους δὲ σοὶ γύας λείψω (Eur., *Alc.* 687).

Acreage, subs. *Divide by acreage:* Ar. διελεῖν κατὰ γύας.

Acrid, adj. Ar. and P. δρῑμῠ́ς.

Acrimonious, adj. P. and V. πικρός.

Acrimoniously, adv. P. and V. πικρῶς.

Acrimony, subs. P. and V. πικρότης, ἡ.

Acrobat, Be an, v. P. κυβιστᾶν; see *tumbler.*

Acropolis, subs. Ar. and P. ἀκρόπολις, ἡ, V. ἀκρόπτολις, ἡ.

Across, prep. *Through:* P. and V. διᾰ́ (gen.). *Over:* P. and V. ῠ̔πέρ (gen. and acc.). *On the other side of:* P. and V. πέρᾱν (gen.). Adv., P. and V. πέρᾱν. *Crosswise:* P. φορμηδόν. *At right angles:* use adj., P. ἐγκάρσιος. *Build across (so as to intercept),* v. trans.: P. παροικοδομεῖν.

Act, subs. P. and V. πρᾶγμα, τό, πρᾶξις, ἡ, ἔργον, τό, Ar. and V. πρᾶγος, τό, V. ἔργμα, τό. *Legislative act:* P. and V. ψήφισμα, τό, ψῆφος, ἡ. *Catch in the act:* P. and V. ἐπ' αὐτοφώρῳ λαμβᾰ́νειν, P. καταφωρᾶν. *Caught in the act,* adj.: P. αὐτόφωρος, V. ἐπῐ́ληπτος.

Act, v. intrans. P. and V. ποιεῖν, δρᾶν, πράσσειν. *Act on the stage,* v. trans.: P. ὑποκρίνεσθαι (acc.), ἀγωνίζεσθαι (Dem. 418 and 449); see also *play. Act part of Antigone:* P. Ἀντιγόνην ὑποκρίνεσθαι. *Answer, succeed:* P. and V. προχωρεῖν, χωρεῖν; see *answer.*

Action, subs. Opposed to *idleness:* P. and V. πρᾶξις, ἡ; see *act. The hands of the young are braced for action:* V. νέων τοι δρᾶν μὲν ἔντονοι χέρες (Eur., *Frag.*). *At law:* P. and V. δίκη, ἡ, ἀγών, ὁ. *Bring action against:* P. εἰς ἀγῶνα καθιστάναι (acc.). *Virtue, power (of drugs, etc.):* V. δύνᾰσις, ἡ, ἰσχύς, ἡ. *Battle:* P. and V. ἔργον, τό. *Put ships out of action:* P. ναῦς ἄπλους ποιεῖν (Thuc. 7, 34). *Some seven (ships) were put out of action:* P. ἑπτά τινες ἄπλοι ἐγένοντο (Thuc. 7, 34). *Action,* as opposed to *passivity:* P. πρᾶξις, ἡ.

Actionable, adj. P. ὑπόδικος.

Active, adj. *Busy:* P. and V. ἄσχολος, V. πολύπονος; see *industrious. Eager:* P. and V. πρόθῡμος, ἔντονος, σύντονος; see *eager. Of mind:* Ar. and P. ὀξύς. *Nimble:* P. and V. ἐλαφρός (Xen.), Ar. and V. κοῦφος, θοός, V. λαιψηρός. *Energetic:* P. and V. δραστήριος. *An active man (a good walker):* P. ἀνὴρ εὔζωνος (Thuc. 2, 97). *In active service (of ships):* P. ἐνεργός. *Be on active service (of troops):* P. ἐξεστρατεῦσθαι (perf. mid. of ἐκστρατεύειν); see *take the field,* under *field. Take active part in, be busy with:* P. and V. ὁμῑλεῖν (dat.). *Share in:* P. and V. κοινωνεῖν (gen.); see *share. Manage:* P. and V. πράσσειν (acc.).

Active agent, subs. *Ringleader:* P. and V. ἡγεμών, ὁ or ἡ, P. ἐξηγητής, ὁ.

Actively, adv. *Eagerly:* P. and V. προθύμως, σπουδῇ. *Nimbly:* V. κούφως, Ar. ἐλαφρῶς.

Activity, subs. *Eagerness:* P. and V. σπουδή, ἡ, προθῡμία, ἡ. *Energy:* P. τὸ δραστήριον. *Ease of movement:* P. εὐκολία, ἡ (Plat.), εὐχέρεια, ἡ (Plat.). *Agility:* P. ἐλαφρότης, ἡ (Plat.), V. ὠκύτης, ἡ. *Bustle:* P. φιλοπραγμοσύνη, ἡ. *Quickness:* P. ὀξύτης, ἡ.

Actor, subs. Ar. and P. ὑποκρῐτής, ὁ. *Pantomime actor:* P. μῖμος, ὁ. *Third rate actor:* P. τριταγωνιστής, ὁ.

Actual, adj. *Genuine:* P. ἀληθινός. *True:* P. and V. ἀληθής, V. ἔτυμος (also Plat. but rare P.), ἐτήτυμος. *Exact:* P. and V. ἀκρῑβής.

Actually, adv. *Genuinely:* P. ἀληθινως. *Truly:* P. and V. ἀληθῶς, ἐτητύμως. *Really:* P. and V. ὄντως. Opposed to *nominally:* P. and V. ἔργῳ. *Exactly:* P. and V. ἀκρῑβῶς.

Actuate, v. trans. *Induce:* P. and V. προτρέπειν (or mid.), ἐπᾰγειν, πείθειν; see *induce.*

Acumen, subs. P. and V. σύνεσις, ἡ, γνώμη, ἡ, P. φρονησις, ἡ, ἀγχίνοια, ἡ (Plat.).

Acute, adj. *Dangerous:* Ar. and P. χᾰλεπός, P. and V. δεινός; see *dangerous. Extreme:* P. and V. ἔσχᾰτος. *Violent:* P. σφοδρός, ἰσχυρός. *Quick-witted:* P. and V. συνετός, σοφός, δεινός, Ar. and P. ὀξύς, φρόνῐμος, P. ἀγχίνους. *Clever (of things):* P. and V. σοφός, δεινός. *Of an angle, accent, etc.:* P. ὀξύς.

Acutely, adv. *Violently:* P. and V. σφόδρᾰ, δεινῶς, P. ἰσχυρῶς. *Cleverly:* P. and V. σοφῶς. *Very, extremely:* P. ἀμηχάνως.

Acuteness, subs. *Violence:* P. σφοδρότης, ἡ (Plat.). *Quick wit:* see *acumen.*

Adage, subs. P. and V. λόγος, ὁ, πᾰροιμία, ἡ, φήμη, ἡ, V. αἶνος, ὁ; see *saying. According to the adage:* P. τὸ λεγόμενον.

Adamant, subs. P. and V. ἀδάμας, ὁ.

Adamantine, adj. P. and V. ἀδᾰμάντῐνος.

Adapt, v. trans. P. and V. προσαρμόζειν, ἐφαρμόζειν (Xen.), σῠναρμόζειν, Ar. and P. ἐναρμόζειν. *Be adapted for:* P. and V. ἁρμόζειν (dat. or πρός, acc.). *Adapt oneself to:* P. and V. συμφέρεσθαι (dat.). *Yield to:* P. and V. εἴκειν (dat.); see *yield. Adapted for:* P. and V. ἐπῐτήδειος (dat. or πρός, acc.), P. εὐφυής (πρός, acc.).

Adaptable, adj. *Easy to manage:* P. εὐμεταχείριστος.

Add, v. trans. P. and V. προστῐθέναι, προσβάλλειν, προσφέρειν, ἐπᾰγειν.

Be added : P. and V. προσγίγνεσθαι, προσκεῖσθαι, προσεῖναι. *Add up, calculate* : P. and V. λογίζεσθαι. *I added that I had no expectations* : P. προσέθηκα ὅτι οὐδὲ προσδοκῶ (Dem. 355).

Adder, subs. See *snake*.

Addicted to, adj. *Habituated to* : P. συνήθης (dat.). *Inclined to* : P. προπετής (πρός, acc.), V. προνωπής (εἰς, acc.); see *inclined*.

Addition, subs. *What is added* : P. and V. προσθήκη, ἡ. *Act of adding* : P. πρόσθεσις, ἡ. *In addition to*, prep.: P. and V. πρός (dat.), ἐπί (dat.). *In addition*, adv.: P. and V. πρός (rare P.), ἔτι, Ar. and P. προσέτι. *He exacted seventy drachmae and a small sum in addition* : P. εἰσέπραξε δραχμὰς ἑβδομήκοντα καὶ μικρόν τι πρός (Dem. 611). In *compounds*, use P. and V. πρός, e.g. *receive in addition* : P. and V. προσλαμβάνειν.

Additional, adj. Use *in addition*. *Additional pay* : P. ἐπιφορά, ἡ.

Additionally, adv. See *besides*.

Addled, adj. P. ἀνεμιαῖος (Plat.), Ar. ὑπηνέμιος. Met., see *mad*.

Address, subs. P. and V. πρόσρησις, ἡ, λόγος, ὁ, P. πρόσρημα, τό, V. πρόσφθεγμα, τό, προσφώνημα, τό. *Public speech* : P. and V. λόγος, ὁ, P. δημηγορία, ἡ. *Address to troops before battle* : see *exhortation*. *Skill* : P. and V. τέχνη. *Addresses, courting* : P. θεραπεία, ἡ. *Pay one's addresses to* : Ar. and P. θεραπεύειν (acc.); see *court*.

Address, v. trans. P. and V. προσαγορεύειν, προσειπεῖν (2nd aor.), V. αὐδᾶν, προσαυδᾶν, προσφωνεῖν, προσφθέγγεσθαι, ἐννέπειν, προσεννέπειν, προσηγορεῖν. *That I might come to address the goddess Pallas in prayer* : V. Παλλάδος θεᾶς ὅπως ἱκοίμην εὐγμάτων προσήγορος (Soph., *Ant.* 1184). *Addressed by whom?* V. τῷ προσήγορος; (Soph., *Phil.* 1353). *Address (publicly)* : Ar. and P. δημηγορεῖν πρός (acc.). *Of a general addressing troops* : P. παρακελεύεσθαι (dat. or absol.); see *exhort*. *Address oneself to* : P. and V. τρέπεσθαι (πρός, ἐπί, εἰς, acc.), ἔχεσθαι (gen.), νοῦν προσέχειν (dat.), καθίστασθαι εἰς (acc.). *Consult* : P. and V. ἐπέρχεσθαι (acc.). *The servants all addressed their hands to work* : V. δμῶες πρὸς ἔργον πάντες ἵεσαν χέρας (Eur., *El.* 799).

Adduce, v. trans. P. and V. ἐπάγειν, προσφέρειν, παρέχεσθαι.

Adept, subs. and adj. Use P. and V. ἔμπειρος, ἐπιστήμων.

Adequate, adj. P. and V. ἄξιος, ἱκανός, ἀρκῶν; see *sufficient*. *Be adequate*, v. P. and V. ἀρκεῖν, ἐξαρκεῖν; see *be enough*, under *enough*.

Adequately, adv. P. and V. ἀρκούντως, P. ἱκανῶς; see *enough*.

Adhere to, v. intrans. *Cling to* : P. and V. ἔχεσθαι (gen.), ἀντέχεσθαι (gen.). *Be attached to* : P. and V. προσκεῖσθαι (dat.), προσεῖναι (dat.), προσγίγνεσθαι (dat.). *Abide by* : P. and V. ἐμμένειν (dat.).

Adherent, subs. Use adj., P. and V. φίλος, εὔνους. *Ally* : P. and V. σύμμαχος. *Win as adherent*, v.: P. and V. προσποιεῖσθαι. *Receive as adherent*, v.: P. and V. προσλαμβάνειν. *Be adherent of*, v.: P. and V. προστίθεσθαι (dat.). *Be friendly to* : P. and V. εὐνοεῖν (dat.).

Adhesion, subs. *Good-will* : P. and V. εὔνοια, ἡ. *Addition* : P. and V. προσθήκη, ἡ. *Alliance* : Ar. and P. συμμαχία, ἡ.

Adhesive, adj. P. γλισχρός.

Adieu, interj. See *farewell*.

Adjacent, adj. P. and V. πρόσχωρος, P. ὅμορος, Ar. and P. πλησιόχωρος; see *neighbouring*.

Adjoin, v. trans. P. ἔχεσθαι (gen.). *Lie near* : P. and V. προσκεῖσθαι (dat.).

Adjoining, adj. See *adjacent*. *Next* : P. ἐχόμενος.

Adjourn, v. trans. P. and V. ἀναβάλλεσθαι, εἰς αὖθις ἀποτίθεσθαι.

Adjournment, subs. P. and V. ἀνᾰβολή, ἡ, V. ἀμβολή, ἡ.

Adjudge, v. trans. *Decide:* P. and V. δῐκάζειν, διᾰγιγνώσκειν, κρίνειν, διαιρεῖν. *Assign as judge:* P. ἐπιδικάζειν (τί, τινι), V. κρῖνειν (τί, τινι); see *assign*.

Adjudicate, v. intrans. P. and V. δῐκάζειν. *Adjudicate on:* P. and V. διαιρεῖν (acc.), διᾰγιγνώσκειν (acc.), δῐκάζειν (acc.), κρίνειν (acc.).

Adjudication, subs. P. and V. κρῐσῐς, ἡ, P. διάγνωσις, ἡ.

Adjunct, subs. *Addition:* P. and V. προσθήκη, ἡ. *Something secondary:* P. and V. πᾰρεργον, τό.

Adjuration, subs. P. παράκλησις, ἡ, V. πᾰρᾰκέλευσμα, τό; see *entreaty*. *Adjuration of the gods:* P. ἐπιθειασμός, ὁ, θεῶν ἐπίκλησις, ἡ, θεῶν ἐπιμαρτυρία, ἡ, θεῶν ἀνάκλησις, ἡ.

Adjure, v. trans. P. παρακελεύεσθαι, P. and V. πᾰρᾰκᾰλεῖν, ἐπισκήπτειν; see *entreat*. *Call on as witness:* Ar. and P. ἐπῐμαρτῡρεσθαι. *Call to aid:* P. ἐπιβοᾶσθαι.

Adjust, v. trans. *Fit:* P. and V. ἐφαρμόζειν, σῡναρμόζειν. *Put to:* P. and V. προστῐθέναι. *Put in order:* Ar. and P. διᾰτῐθέναι, Ar. and V. κᾰταστέλλειν. *Adjust (a quarrel, etc.):* P. and V. εὖ τῐθέναι or εὖ τῐθεσθαι; see *make up*.

Adjustment, subs. *Arrangement:* P. διάθεσις, ἡ. *Reconciliation:* P. and V. διαλλᾰγή, ἡ, σῠναλλᾰγή, ἡ, P. διάλυσις, ἡ.

Administer, v. trans. P. and V. οἰκεῖν, νέμειν (Thuc. 8, 70), Ar. and P. διοικεῖν, μετᾰχειρίζεσθαι, τᾰμιεύειν, ἐπιτροπεύειν, P. διαχειρίζειν. *Supply:* P. and V. πᾰρέχειν (or mid.); see *supply*. *Administer oath to:* P. ἐξορκοῦν (acc.).

Administration, subs. P. διοίκησις, ἡ, διαχείρισις, ἡ. *Those at the head of the government:* P. and V. οἱ ἐν τέλει, P. οἱ ἐπὶ τοῖς πράγμασι.

Admirable, adj. *Excellent:* P. and V. χρηστός, ἀγᾰθός, σπουδαῖος, κᾰλός, ἄμεμπτος.

Admirably, adv. P. and V. εὖ κᾰλῶς, ἀμέμπτως (Xen.).

Admiral, subs. P. and V. ναύαρχος, ὁ, στρᾰτηγός, ὁ.

Admiralty, subs. *Office of admiral:* P. ναυαρχία, ἡ. *Board of admiralty:* use P. οἱ ἀποστολῆς.

Admiration, subs. P. and V. ζῆλος, ὁ. *Praise:* P. and V. ἔπαινος, ὁ.

Admire, v. trans. P. and V. θαυμάζειν, ζηλοῦν, V. ἐκπαγλεῖσθαι, Ar. and V. ἄγασθαι (also Plat. but rare P.). *Admire (for a thing):* P. and V. θαυμάζειν (gen.), ζηλοῦν (gen.). *Admired by all*, adj.: P. and V. περίβλεπτος. *Be admired and honoured:* V. περιβλέπεσθαι τίμιος.

Admirer, subs. P. ζηλωτής, ὁ. *Lover:* P. and V. ἐραστής, ὁ; see *suitor*.

Admissible, It is, v. impers. P. and V. ἔξεστι, πάρεστι, πάρᾰ, πᾰρεῖκει, P. ἐνδέχεται, ἐγχωρεῖ, Ar. and P. ἐγγίγνεται.

Admission, subs. *Letting in:* P. εἰσαγωγή, ἡ. *Way in* or *right of entrance:* P. and V. εἴσοδος, ἡ. *Confession:* P. ὁμολογία, ἡ, ὁμολόγημα, τό.

Admit, v. trans. *Let in:* P. and V. εἰσφρεῖν, πᾰρῑέναι, εἰσδέχεσθαι, εἰσάγειν, προσδέχεσθαι, V. πᾰρεισδέχεσθαι, ἐπεισφρεῖν, P. παραδέχεσθαι, προσίεσθαι, εἰσιέναι. *Confess:* P. and V. ὁμολογεῖν, P. προσομολογεῖν, συνομολογεῖν. *Accept:* P. and V. δέχεσθαι, προσδέχεσθαι. *Admit (a claim, etc.):* P. and V. δέχεσθαι, προσίεσθαι, P. ἀποδέχεσθαι. *Admit of:* P. ἐνδέχεσθαι (acc.). *To admit of excuse:* P. and V. συγγνώμην ἔχειν.

Admittance, subs. See *admission*.

Admixture, subs. P. and V. κρᾶσις, ἡ, σύγκρᾶσις, ἡ (Eur., *Frag.*). *Without admixture, pure:* P. and V. ἄκρᾱτος.

Admonish, v. trans. P. and V. νουθετεῖν, πᾰραινεῖν (dat.), δῐδάσκειν, συμβουλεύειν (dat.), V. φρενοῦν, πῑνύσκειν (once), πᾰρηγορεῖν. *Bring to book:* P. and V. σωφρονίζειν, ῥυθμίζειν, Ar. and V. ἁρμόζειν.

Admonisher, subs. *Teacher* : P. and V. διδάσκἄλος, ὁ or ἡ. *Chastener* : P. σωφρονιστής, ὁ. *Counsellor* : P. and V. σύμβουλος, ὁ.

Admonition, subs. P. and V. πἄραίνεσις, ἡ, νουθέτησις, ἡ, νουθέτημα, τό, Ar. νουθεσία, ἡ.

Admonitory, adj. P. νουθετητικός.

Adolescence, subs. P. and V. ἥβη, ἡ, ὥρα, ἡ, Ar. and P. ἡλἴκία, ἡ; see *manhood.*

Adolescent, adj. *Full-grown* : P. τέλεος, V. ἐκτελής. *Be adolescent* : P. and V. ἡβᾶν, V. ἐφηβᾶν.

Adopt, v. trans. *Into a family* : P. ποιεῖσθαι, εἰσποιεῖσθαι. *Get adopted* : P. εἰσποιεῖν. *Get oneself adopted* : P. ἑαυτὸν εἰσποιεῖν. *Adopt a course of action* : P. and V. αἱρεῖσθαι, P. προαιρεῖσθαι. *Put into force, use* : P. and V. χρῆσθαι (dat.). *Adopt new manners* : V. μεθαρμόσαι τρόπους νέους (Æsch., *P.V.* 309).

Adopted, adj. P. εἰσποιητός, ποιητός, P. and V. θετός (Plat. and Eur., *Frag.*). *Whoso receives adopted children into his house* : V. ὅστις . . . παῖδας θυραίους εἰς δόμους ἐκτήσατο (Eur., *Frag.*).

Adoption, subs. P. εἰσποίησις, ἡ, ποίησις, ἡ. *Choice* : P. and V. αἵρεσις, ἡ.

Adorable, adj. P. and V. ἐράσμιος (Plat.), P. ἐραστός (Plat.). *Lovable* : P. and V. προσφἴλής. *Dear* : P. and V. φἴλος.

Adoration, subs. *Worship* : P. θεραπεία, ἡ. *Honour* : P. and V. τῖμή, ἡ, V. σέβας, τό. *Love* : P. and V. ἔρως, ὁ.

Adore, v. trans. *Worship* : P. θεραπεύειν, P. and V. σέβειν, σέβεσθαι, προσκῠνεῖν, Ar. and V. σεβίζειν; see *worship. Love* : P. and V. ἐρᾶν (gen.) (Plat.); Ar. and V. ἔρασθαι (gen.).

Adorer, subs. *Worshipper* : P. θεραπευτής, ὁ. *Lover* : P. and V. ἐραστής, ὁ.

Adorn, v. trans. P. and V. κοσμεῖν, V. ἀγάλλειν, ἀσκεῖν, ἐξασκεῖν; see *equip. Adorn oneself* : Ar. and P. καλλωπίζεσθαι.

Adorned, adj. V. εὔκοσμος.

Adornment, subs. P. and V. κόσμος, ὁ. *Ornament* : V. ἄγαλμα, τό. *Personal adornment* : P. σώματος σχηματισμός, ὁ (Plat.). *The art of personal adornment* : P. ἡ κομμωτική (Plat.).

Adroit, adj. P. and V. δεινός, σοφός, ἀγἄθός, Ar. and P. δεξιός, V. εὔχειρ. *Adroit in* : P. and V. ἔμπειρος (gen.); see *versed in.*

Adroitly, adv. *Cleverly* : P. and V. σοφῶς. *Well* : P. and V. εὖ.

Adroitness, subs. P. and V. σοφία, ἡ, τέχνη, ἡ, Ar. and P. δεξιότης, ἡ, P. δεινότης, ἡ.

Adulation, subs. See *flattery.*

Adulatory, adj. See *flattering.*

Adult, adj. *Full grown* : P. τέλεος, V. ἐκτελής.

Adulterate, v. trans. P. and V. κιβδηλεύειν. *Corrupt* : P. and V. διαφθείρειν. *Mix* : P. and V. μιγνῦναι, συμμιγνῦναι, ἀνἄμιγνῦναι. *Defile* : P. and V. μιαίνειν.

Adulterated, adj. P. and V. κίβδηλος.

Adulteration, subs. P. κιβδηλεία, ἡ. *Corruption* : P. and V. διαφθορά, ἡ.

Adulterer, subs. Ar. and P. μοιχός, ὁ; see *paramour.*

Adulteress, subs. P. μοιχεύτρια, ἡ.

Adultery, subs. P. μοιχεία, ἡ. *Commit adultery,* v. : Ar. and P. μοιχεύειν.

Adumbrate, v. trans. *Sketch in outline* : P. ὑπογράφειν, σκιαγραφεῖν.

Adumbration, subs. *Sketch in outline* : P. ὑπογραφή, ἡ, περιγραφή, ἡ, σκιαγραφία, ἡ, τύπος, ὁ.

Advance, v. trans. *Lead* or *bring forward* : P. and V. προάγειν. *Promote, help on* : P. and V. σπεύδειν, ἐπισπεύδειν. With non-personal subject : P. προφέρειν εἰς (acc.). *Promote in rank* : P. and V. αὐξάνειν, προτῖμᾶν, V. τίμιον ἀνάγειν. *Bring to greatness* : P. προάγειν. *Bring to success* : P. and V. κἄτορθοῦν. *Bring forward,* *adduce* : P. and V. ἐπᾰ́γειν, προσφέρειν, πᾰρέχεσθαι. *Increase* : P. and V. αὐξᾰ́νειν. *Lend, advance money* : Ar. and P. δᾰνείζειν.

Advance, v. intrans. P. προέρχεσθαι, Ar. and V. προϊέναι, P. and V. προχωρεῖν, προβαίνειν. *March* : P. and V. πορεύεσθαι. *Improve* : P. and V. προκόπτειν, Ar. and P. ἐπῐδῐδόναι. *Advance against* : P. ἐπεξέρχεσθαι (dat.). *Advance in price* : see *rise*.

Advance, subs. Ar. and P. πρόσοδος, ἡ. *Improvement* : P. ἐπίδοσις, ἡ. *Loan* : P. δάνεισμα, τό. *In advance of* : P. and V. πρό (gen.). *Ships sent in advance* : P. νῆες πρόπλοι αἱ. *Knowing Tissaphernes' intentions far in advance* : P. εἰδὼς ἐκ πλείονος τὴν Τισσαφέρνους γνώμην (Thuc. 8, 88). *Advances (friendly)* : P. θεραπεία, ἡ. *Make advances to* : Ar. and P. θερᾰπεύειν (acc.). *Make advances (to an enemy)* : P. λόγους προσφέρειν (dat.). *Advances (of a lover)* : P. πείρασις, ἡ (Thuc. 6, 56).

Advanced in years, adj. Use P. πόρρω τῆς ἡλικίας, προβεβληκὼς τῇ ἡλικίᾳ. *His life is already far advanced* : V. πρόσω μὲν ἤδη βίοτος (Eur., *Hipp.* 795).

Advanced-guard, subs. P. προφυλακή, ἡ, οἱ προφύλακες.

Advanced-post, subs. P. προτείχισμα, τό.

Advancement, subs. *Improvement* : P. ἐπίδοσις, ἡ. *Increase* : P. αὔξησις, ἡ.

Advantage, subs. *Gain* : P. and V. κέρδος, τό, λῆμμα, τό. *Benefit* : P. and V. ὠφέλεια, ἡ, ὄφελος, τό, ὄνησις, ἡ, Ar. and V. ὠφέλημα, τό, V. ὠφέλησις, ἡ. *Superiority* : P. πλεονεξία, ἡ, πλεονέκτημα, τό. *To the advantage of, in favour of* : P. and V. πρός (gen.). *Have the advantage*, v. : P. περιεῖναι, πλέον ἔχειν. *Get the advantage of*, v. : P. πλεονεκτεῖν (gen.), πλέον φέρεσθαι (gen.), πλέον ἔχειν (gen.). *Take advantage of*, v. : P. and V. ἀπολαύειν (gen.). *Use* : P. and V. χρῆσθαι (dat.). *Derive advantage*, v. : P. and V. κερδαίνειν ὀνῐ́νασθαι. *Have the advantage (benefit) of*, v. : see *benefit*. *Fight at an advantage* : P. ἐκ περιόντος ἀγωνίζεσθαι (Thuc. 8, 46). *It is a great advantage for him to be sole master of the whole position* : τὸ εἶναι ἐκεῖνον ἕνα ὄντα κύριον . . . πολλῷ προέχει (Dem. 10). *Tyrants have no such advantages* : P. τοῖς δὲ τυράννοις οὐδὲν ὑπάρχει τοιοῦτον (Isoc. 15, C). *The borrower has the advantage of us in everything* : P. ὁ δανειζόμενος ἐν παντὶ προέχει ἡμῶν (Dem. 1283). *We have many natural advantages in war* : P. πρὸς πόλεμον πολλὰ φύσει πλεονεκτήματα ἡμῖν ὑπάρχει (Dem. 124). *What advantage is there?* V. τί δ' ἔστι τὸ πλέον; (Eur., *Phoen.* 553). *What advantage will it be to the dead?* P. τί ἔσται πλέον τῷ γε ἀποθανόντι; (Antiphon, 140.)

Advantage, v. trans. See *benefit*.

Advantageous, adj. *Profitable* : Ar. and P. κερδᾰλέος, P. λυσιτελής; superlative, use V. κέρδιστος. *Beneficial* : P. and V. σύμφορος, συμφέρων, χρήσῐμος, πρόσφορος, Ar. and P. ὠφέλῐμος, Ar. and V. ὠφελήσῐμος, V. ὀνήσῐμος. *Suitable* : P. ἐπίκαιρος. *Be advantageous*, v. : P. and V. συμφέρειν, ὠφελεῖν, Ar. and P. λῡσιτελεῖν, V. λῡ́ειν τέλη or λῡ́ειν alone; see *profit*.

Advantageously, adv. *Profitably* : P. κέρδαλέως, λυσιτελούντως. *Beneficially* : P. συμφόρως, χρησίμως, ὠφελίμως, συμφερόντως. *Well* : P. and V. εὖ, κᾰλῶς. *Conveniently* : P. and V. προὔργου.

Advent, subs. P. ἄφιξις, ἡ, P. and V. πᾰρουσία, ἡ.

Adventitious, adj. P. and V. ἐπακτός, ἐπείσακτος, V. θῠραῖος.

Adventure, subs. *Incident* : P. and V. συμφορά, ἡ, πᾰ́θος, τό. *Risk* : P. and V. κίνδῡνος, ὁ; see *risk*.

Adventure, v. trans. and intrans. *Dare* : P. and V. τολμᾶν; see *dare*.

Put to risk: Ar. and P. πᾰρᾰβάλλεσθαι, V. κῠβεύειν; see *risk.*

Adventurer, subs. *One who dares:* P. κινδυνευτής, ὁ, τολμητής, ὁ. *Impudent impostor:* use P. and V. ὑβριστής, ὁ.

Adventurous, adj. P. φιλοκίνδυνος. *Bold:* P. and V. τολμηρός.

Adversary, subs. P. and V. ἀντᾰγωνιστής, ὁ, V. πᾰλαιστής, ὁ, ἀντηρέτης, ὁ, ἐνστᾰ́της, ὁ, or use adj., P. and V. ἐναντίος, P. ὑπεναντίος; see *opponent, enemy.*

Adverse, adj. P. and V. ἐναντίος, προσάντης. *Hostile:* P. and V. ἐχθρός. *Of wind:* P. and V. ἐναντίος, V. ἐναντιούμενος. *Be contrary* (*of wind*), v.: V. ἀντιοστᾰτεῖν.

Adversely, adj. P. and V. ἐναντίως.

Adversity, subs. P. and V. δυσπραξία, ἡ, πᾰ́θος, τό, πᾰ́θημα, τό, συμφορά, ἡ, κᾰκόν, τό, V. πῆμα, τό, πημονή, ἡ, P. δυσδαιμονία, ἡ, δυστυχία, ἡ; see *misfortune.*

Advert to, v. P. and V. τρέπεσθαι (πρός, acc.).

Advertise, v. trans. *Proclaim:* P. ἀναγορεύειν, P. and V. ἀνειπεῖν. *Puff:* P. μεγαλῠ́νειν.

Advertisement, subs. *Public notice:* P. πρόρρησις, ἡ.

Advice, subs. P. and V. βουλή, ἡ, πᾰραίνεσις, ἡ, γνώμη, ἡ, P. συμβουλία, ἡ, Ar. and P. συμβουλή, ἡ. *Admonition:* P. and V. νουθέτησις, ἡ, νουθέτημα, τό. *If you take my advice:* P. ἂν ἐμοὶ χρῆσθε συμβούλῳ (Dem. 659, *cf.* Æsch., *P.V.* 322).

Advisability, subs. P. and V. τὸ σύμφορον.

Advisable, adj. *Advantageous:* P. and V. σύμφορος, πρόσφορος, χρήσιμος, Ar. and P. ὠφέλῐμος. *It is advisable:* see *it profits,* under *profit.*

Advisably, adv. P. συμφόρως, ὠφελίμως, χρησίμως.

Advise, v. trans. P. and V. συμβουλεύειν (τί, τινι), πᾰραινεῖν (τί, τινι), Ar. and P. ὑ̆ποτίθεσθαί (τί, τινι). *Admonish:* P. and V. νουθετεῖν (τινά). *Recommend:* P. and V. ἐξηγεῖσθαί (τί, τινι), Ar. and P. εἰσηγεῖσθαί (τί, τινι). *Advise to do a thing:* P. and V. συμβουλεύειν (dat. and infin.), πᾰραινεῖν (dat. and infin.), P. ὑποτίθεσθαι (dat. and infin.), V. αἰνεῖν (acc. and infin.), ἐπαινεῖν (acc. or dat. and infin.), βουλεύειν (dat. and infin.).

Advised, Be, v. *Be wise:* P. and V. σωφρονεῖν.

Advisedly, adv. P. and V. ἐκ προνοίας, P. ἐκ παρασκευῆς, Ar. and P. ἐπῑ́τηδες; see *intentionally, on purpose,* under *purpose.*

Adviser, subs. P. and V. σύμβουλος, ὁ, P. ἐξηγητής, ὁ.

Advocacy, subs. P. συνηγορία, ἡ. *Recommendation:* P. and V. πᾰραίνεσις, ἡ.

Advocate, v. trans. *Speak on behalf of a person or thing:* P. and V. σῠνηγορεῖν (dat.), ὑπερδῐκεῖν (gen.) (Plat.), P. συναγορεύειν (dat.). *Speak for a person:* P. and V. συνδῐκεῖν (dat.), P. συνειπεῖν (dat.). *Recommend:* P. and V. συμβουλεύειν, πᾰραινεῖν.

Advocate, subs. P. and V. σῠνήγορος, ὁ or ἡ, σύνδῐκος, ὁ or ἡ, P. παράκλητος, ὁ. *One who recommends:* P. ἐξηγητής, ὁ. *Advocate's fee:* Ar. σῠνηγορῐκόν, τό.

Ædile, subs. P. ἀγορανόμος, ὁ (late). *Of ædiles,* adj.: P. ἀγορανομικός (late).

Aerial, adj. P. and V. οὐρᾰ́νιος. *High in air:* Ar. and P. μετέωρος, Ar. and V. μετάρσιος.

Afar, adv. P. and V. μακρᾰ́ν, P. ἄποθεν, Ar. τηλοῦ, Ar. and P. πόρρω, Ar. and V. ἄπωθεν, V. πόρσω, πρόσω, ἑκᾰ́ς (Thuc. also but rare P.). *From afar:* P. πόρρωθεν, ἄποθεν, V. πρόσωθεν, τηλόθεν, Ar. and V. ἄπωθεν; see *far. Sent from afar,* adj.: V. τηλέπομπος.

Affability, subs. P. εὐπροσηγορία, ἡ, φιλανθρωπία, ἡ, V. εὐέπεια, ἡ.

Affable, adj. P. and V. εὐπροσήγορος, φῐλάνθρωπος, φῐλόφρων (Xen.), P. εὐπρόσοδος, ῥᾴδιος, κοινός.

Affably, adv. P. and V. φῐλοφρόνως (Plat.), P. φιλανθρώπως.

Affair, subs. P. and V. πρᾶγμα, τό, χρῆμα, τό, πρᾶξις, ἡ, Ar. and V. πρᾶγος, τό, V. χρέος, τό; see also *act*. *Affairs of state*: P. and V. τὰ πράγμᾰτα. *Affairs, property*: P. and V. οὐσία, ἡ, P. τὰ ὄντα.

Affect, v. trans. *Move, touch*: P. κατακλᾶν, P. and V. ἅπτεσθαι (gen.), V. ἀνθάπτεσθαι (gen.), θιγγάνειν (gen.), ψαύειν (gen.). *Overcome*: P. and V. θέλγειν (Plat. but rare P.), τέγγειν (Plat. but rare P.), V. μαλθάσσειν, νῑκᾶν, Ar. and V. μᾰλάσσειν. *Dispose*: P. διατιθέναι. *Well affected*: P. εὖ διακείμενος, P. and V. εὔνους. *Be affected, moved*: P. μαλακίζεσθαι, κατακάμπτεσθαι, V. μαλθᾰκίζεσθαι, P. and V. κάμπτεσθαι. *Influence*: P. and V. ῥοπὴν ἔχειν (gen.). *Change*: P. and V. μετᾰβάλλειν; see *change*. *Be affected, feel*: P. and V. πάσχειν. *Be similarly affected*: P. ταὐτὸν συμπάσχειν. *How you have been affected by my accusers I know not*: P. ὅ,τι μεν ὑμεῖς . . . πεπόνθατε ὑπὸ τῶν ἐμῶν κατηγόρων, οὐκ οἶδα (Plat., *Ap.* 17 A).

Affect, v. trans. *Pretend to*: Ar. and P. προσποιεῖσθαι (acc. or gen.), μεταποιεῖσθαι (gen.), ἀντιποιεῖσθαι (gen.); see *pretend*.

Affectation, subs. *Pretence*: P. προσποίησις, ἡ. *Over-refinement*: P. and V. τρῦφή, ἡ, ἁβρότης, ἡ (Plat.).

Affected, adj. Ar. and P. τρῦφερός. *Be affected*: P. and V. τρῦφᾶν. *Pretended*: P. προσποιητός, P. and V. πλαστός (Xen.), V. ποιητός.

Affection, subs. P. and V. φῐλία, ἡ. *Love*: P. and V. ἔρως, ὁ. *Desire*: πόθος, ὁ (Plat. but rare P.), ἵμερος, ὁ (Plat. but rare P.). *Goodwill*: P. and V. εὔνοια, ἡ, P. φιλανθρωπία, ἡ. *Parental love*: V. στέργηθρον, τό (Æsch., *Choe.* 241). *Love for one's husband*: V. φῐλανδρία, ἡ. *Bodily affection*: P. πάθος, τό, πάθημα, τό. *Disease*: P. and V. νόσος, ἡ, νόσημα, τό. *The bonds of natural affection*: P. τὰ τῆς φύσεως οἰκεῖα (Dem. 1117).

Affectionate, adj. P. and V. φῐλάνθρωπος, προσφῐλής, φῐλόφρων (Xen.). *Loving one's children*: Ar. and V. φῐλότεκνος. *Loving one's husband*: V. φῐλάνωρ. *Affectionate message*: V. φῐλον ἔπος.

Affectionately, adv. P. φιλανθρώπως, P. and V. φῐλοφρόνως (Plat.), φίλως (Xen. but rare P.), προσφῐλῶς (Plat.), Ar. and P. οἰκείως.

Affiance, v. trans. P. and V. ἐκδῐδόναι (or mid.), ἐγγυᾶν, σῠνοικίζειν, V. ἁρμόζειν; see *betroth*.

Affidavit, subs. Ar. and P. ἀντωμοσία, ἡ, P. διωμοσία, ἡ. *Take an affidavit*: P. ἀντόμνυσθαι, διόμνυσθαι.

Affinity, subs. *Kinship*: P. συγγένεια, ἡ; see *kinship*. *Connection by marriage*: P. and V. κῆδος, τό, κήδευμα, τό. *Connection generally*: P. and V. κοινωνία, ἡ. *Similarity*: P. ὁμοιότης, ἡ.

Affirm, v. trans. *Assert*: P. ἰσχυρίζεσθαι, διισχυρίζεσθαι. Opposed to *deny*: P. and V. φᾰναι, P. καταφάναι. *I know not how to affirm or deny this, my child*: V. οὐκ οἶδ' ὅπως φῶ τοῦτο καὶ μὴ φῶ, τέκνον (Eur., *I.A.* 643). *Affirm in opposition*: P. and V. ἀντῐλέγειν.

Affirmation, subs. Opposed to *negation*: P. φάσις, ἡ (Plat.). *Oath*: P. and V. ὅρκος, ὁ. *Affidavit*: Ar. and P. ἀντωμοσία, ἡ, P. διωμοσία, ἡ.

Affirmative, Answer in the, v. P. and V. φᾰναι.

Affix, v. trans. P. and V. προσάπτειν, προστῐθέναι, προσαρμόζειν. *Nail*: P. προσηλοῦν, V. πασσᾰλεύειν, Ar. and V. προσπασσᾰλεύειν; see *attach*.

Afflatus, subs. P. ἐπίπνοια, ἡ, V. τὸ βακχεύσῐμον.

Afflict, v. trans. P. and V. λῡπεῖν, κᾰκοῦν, πιέζειν; see *distress*. *Be afflicted*: use also P. and V. πονεῖν, νοσεῖν, V. ᾰτᾶσθαι. *Be afflicted with, labour under*: P. and V. σῠνέχεσθαι (dat.), σῠνεῖναι (dat.); see *labour under*.

Afflicted, adj. See *sorrowful*. *Ill, sick* : P. and V. νοσῶν, κάμνων; see also *maimed, mad*.

Affliction, subs. *Anything that causes trouble* : P. and V. κᾰκόν, τό, V. πῆμα, τό. *Distress* : P. and V. λύπη, ἡ, πόνος, ὁ, V. πῆμα, τό, πημονή, ἡ, πένθος, τό, P. ταλαιπωρία, ἡ. *Misfortune* : P. and V. δυσπραξία, ἡ, συμφορά, ἡ, πάθος, τό, πάθημα, τό, P. δυστυχία, ἡ; see *misfortune*. *Disease* : P. and V. νόσος, ἡ, νόσημα, τό.

Affluence, subs. P. εὐπορία, ἡ, ἀφθονία, ἡ. *Riches* : P. and V. πλοῦτος, ὁ, P. εὐπορία, ἡ. *Be in affluence*, v.: P. and V. πλουτεῖν, P. εὐπορεῖν.

Affluent, adj. *Rich* : P. and V. πλούσιος, ὑπέρπλουτος (Plat.), V. ἀφνειός, πολύχρῡσος, ζάχρῡσος, πολυκτήμων, P. εὔπορος; see *rich*. *Abundant* : P. and V. ἄφθονος, πολύς, V. ἐπίρρῡτος.

Affluently, adv. P. εὐπόρως, P. and V. ἀφθόνως (Eur., *Frag.*), Ar. and V. πλουσίως.

Afford, v. trans. *Supply* : P. and V. πᾰρέχειν (or mid.), πᾰρασκευάζειν (or mid.), πορίζειν (or mid.), ἐκπορίζειν (or mid.). *Give* : P. and V. ἐνδῐδόναι, δῐδόναι. *I cannot afford to* : P. and V. οὐχ ἱκᾰνός εἰμι (infin.). *Buy* : P. and V. ὠνεῖσθαι.

Affray, subs. V. συμβολή, ἡ, Ar. and P. σύνοδος, ἡ; see *fight*.

Affright, v. trans. P. and V. φοβεῖν, ἐκπλήσσειν, ἐκφοβεῖν, τᾰράσσειν; see *frighten*.

Affright, subs. P. and V. φόβος, ὁ, ἔκπληξις, ἡ, δεῖμα, τό, δέος, τό; see *fear*.

Affront, v. trans. P. and V. ὑβρίζειν, προπηλᾰκίζειν, αἰκίζεσθαι; see *insult*. *Be affronted* : use P. and V. δεινὰ πάσχειν.

Affront, subs. P. and V. ὕβρῐς, ἡ, ὕβρισμα, τό, αἰκία, ἡ.

Afoot, adv. P. πεζῇ, or use adj., P. and V. πεζός.

Afraid, adj. P. περίφοβος, περιδεής; see also *cowardly*. *Be afraid*, v.: P. and V. φοβεῖσθαι, ὀρρωδεῖν, δεδοικέναι, ἐκφοβεῖσθαι, V. ταρβεῖν, δειμαίνειν (also Plat. but rare P.); see *fear*.

Afresh, adv. *From the beginning* : P. and V. ἐξ ἀρχῆς, ἀπ' ἀρχῆς, ἐξ ὑπαρχῆς; see *again*.

Aft, adv. *At the stern* : P. κατὰ πρύμναν. *From the stern* : V. πρύμνηθεν.

After, prep. Of time, place or degree: P. and V. μετά (acc.). Of time: P. and V. ἐκ (gen.), ἐπί (dat.). *Just after* (of time): Ar. and P. ὑπό (acc.). *After a time* (*interval*) : P. and V. διὰ χρόνου. *After dinner* : Ar. ἀπὸ δείπνου. *Producing argument after argument* : P. λόγον ἐκ λόγου λέγων (Dem.). *One after another* : V. ἄλλος δι' ἄλλου. *In search of* : P. and V. ἐπί (acc.). *On the day after the mysteries* : P. τῇ ὑστεραίᾳ τῶν μυστηρίων (Andoc. 15). *On the day after he was offering sacrifice for victory* : P. τῇ ὑστεραίᾳ ᾗ τὰ ἐπινίκια ἔθυεν (Plat., *Symp.* 173A). *Shortly after this* : P. μετὰ ταῦτα οὐ πολλῷ ὕστερον (Thuc. 1, 114). *Immediately after the naval engagement at Corcyra* : P. εὐθὺς μετὰ τὴν ἐν Κερκύρᾳ ναυμαχίαν (Thuc. 1, 57). (*Be named*) *after* : P. and V. ἐπί (gen. or dat.). *Behind* : P. and V. ὄπισθεν (gen.). *After all* : P. and V. ἄρα, V. ἆρα. *How mad I was after all, (though I did not know it)* : Ar. ὡς ἐμαινόμην ἄρα (*Nub.* 1476).

After, adv. Of time: P. and V. ὕστερον, V. μεθύστερον. *Those who come after* : P. and V. οἱ ἔπειτα, P. οἱ ἐπιγιγνόμενοι, V. οἱ μεθύστεροι; see *descendants*. Of place: P. and V. ὕστερον, ὄπισθεν; see *behind*.

After, conj. P. and V. ἐπεί, ἐπειδή; see *when*.

Afternoon, subs. P. and V. δείλη, ἡ (Soph., *Frag.*). *Late in the afternoon* : P. περὶ δείλην ὀψίαν, δείλης ὀψίας.

Afterwards, adv. *Thereupon* : P.

and V. εἶτα, ἔπειτα. *Later* : P. and V. ὕστερον, V. μεθύστερον. *Hereafter* : P. and V. αὖθις, εἰσαῦθις, V. μεταῦθις.

Again, adv. P. and V. αὖθις, πάλιν, αὖθις αὖ, Ar. and V. αὖθις αὖ πάλιν (Ar., *Nub*. 975), αὖθις πάλιν (Ar., *Pl*. 859), μάλ' αὖθις (Ar., *Nub*. 670), Ar. and P. πάλιν αὖ; see *afresh*. *Again* (turning to a fresh point in argument, etc.) : use Ar. and P. ἔτι δέ. *Twice as much again* : P. δὶς τοσοῦτος, V. δὶς τόσος; see *twice*.

Against, prep. P. and V. ἐπί (acc. or dat.), πρός (acc.), εἰς (acc.). After verbs of speaking, deciding, etc. : P. and V. κατά (gen.). *In opposition to, contrary to* : P. and V. παρά (acc.). (*Stumble, etc.*) *against* : P. and V. πρός (dat.). (*Sin, etc.*) *against* : P. and V. εἰς (acc.). *Over against* : P. and V. κατά (acc.). *Opposite* : P. ἀντίπερας (gen.), καταντικρύ (gen.), or use adj., P. and V. ἐναντίος (dat.). *They piled a bank of earth against the city* : P. χῶμα ἔχουν πρὸς τὴν πόλιν (Thuc. 2, 75). In compounds to express *opposition* : use P. and V. ἀντι, e.g. *Make a stand against* : P. and V. ἀνθίστασθαι (dat.).

Agape, adj. Ar. and P. κεχηνώς (perf. part. of χάσκειν). *Astonished* : P. and V. ἐκπεπληγμένος (perf. part. pass. of ἐκπλήσσειν).

Age, subs. *Period of time* : P. and V. αἰών, ὁ. *Time of life* : Ar. and P. ἡλικία, ἡ, V. αἰών, ὁ. *Generation* : Ar. and P. γενεά, ἡ, V. γονή, ἡ, γέννα, ἡ; see *generation*. *Time (generally)* : P. and V. χρόνος, ὁ. *Old age* : P. and V. γῆρας, τό; see under *old*. *Of what age*, adj. (indirect) : P. and V. ἡλίκος. *Of such an age*, adj. : P. and V. τηλικοῦτος, τηλικόσδε. *Advanced in age* : P. προβεβληκὼς τῇ ἡλικίᾳ, πόρρω τῆς ἡλικίας; see under *advanced*. *Be of age*, v. : P. and V. ἡβᾶν; see *come to manhood*, under *manhood*. *One of the same age* (*contemporary*), subs. : Ar. and P. ἡλικιώτης, ὁ, P. and V. ἧλιξ, ὁ or ἡ, V. ὁμῆλιξ, ὁ or ἡ, συνῆλιξ, ὁ or ἡ; see *contemporary*. *Of marriageable age*, adj. : P. and V. ὡραῖος. *Marriageable age*, subs. : Ar. and P. ἡλικία, ἡ. *He died at the age of sixty-seven* : P. ἔτη γεγονὼς ἑπτὰ καὶ ἑξήκοντα ἀπέθανε. *Be seven years of age* : P. ἑπτὰ ἐτῶν εἶναι. *Being about fifty years of age* : P. γεγονὼς ἔτη περὶ πεντήκοντα (Dem. 564). *Those of the same age* : P. οἱ κατὰ τὴν αὐτὴν ἡλικίαν ὄντες (Dem. 477).

Age, v. intrans. *Grow old* : P. and V. γηράσκειν, Ar. and P. καταγηράσκειν.

Aged, adj. P. and V. γεραιός, V. γηραιός (rare P.), γηραλέος, Ar. and V. παλαιός (rare P.), παλαιγενής, V. μακραίων; see *old*.

Ageless, adj. P. and V. ἀγήρως. *Immortal* : P. and V. ἀθάνατος; see *immortal*.

Agency, subs. V. συναλλαγή, ἡ. *Through the agency of* : P. and V. διά (acc.), Ar. and V. ἕκατι (gen.).

Agent, subs. *Helper, associate* : P. and V. συνεργός, ὁ or ἡ, συλλήπτωρ, ὁ, κοινωνός, ὁ or ἡ, P. συναγωνιστής, ὁ. *State agent* : P. πρόξενος, ὁ. *Steward* : P. and V. ταμίας, ὁ. *Hireling* : Ar. and P. μισθωτός, ὁ. *He who acts* : P. and V. ὁ δρῶν.

Aggrandise, v. intrans. P. πλεονεκτεῖν. V. trans. *Increase* : P. and V. αὐξάνειν.

Aggrandisement, subs. P. πλεονεξία, ἡ, πλεονέκτημα, τό. *Increase* : P. αὔξησις, ἡ.

Aggrandiser, subs. P. πλεονέκτης, ὁ.

Aggravate, v. trans. *Anger* : P. and V. παροξύνειν, V. ὀξύνειν; see *anger*. *Make worse* : P. and V. αὐξάνειν, αὔξειν. *Contribute to* : P. συνεπιλαμβάνεσθαι (gen.), P. and V. συμβάλλεσθαι (gen. or εἰς, acc.).

Aggravating, adj. P. and V. δυσχερής, ὀχληρός, βαρύς.

Aggravation, subs. *Anger* : P. and V. ὀργή, ἡ, θυμός, ὁ; see *anger*. *Vexatiousness* : P. and V. δυσχέρεια, ἡ, P. βαρύτης, ἡ. *Going to further lengths* : P. and V. ὑπερβολή, ἡ. *Is not this an aggravation of his shocking greed?* P. ταῦτ' οὐχ ὑπερβολὴ δεινῆς αἰσχροκερδείας; (Dem. 825).

Aggression, subs. P. πλεονεξία, ἡ, πλεονέκτημα, τό. *Wrong-doing* : P. and V. ἀδῐκία, ἡ, ἀδίκημα, τό, τὸ ἀδῐκεῖν (V. τἀδῐκεῖν). *Pugnacity* : P. φιλονεικία, ἡ.

Aggressive, adj. *Exacting* : P. πλεονεκτικός. *Pugnacious* : P. φιλόνεικος.

Aggressively, adv. *Exactingly* : P. πλεονεκτικῶς. *Pugnaciously* : P. φιλονείκως.

Aggressor, subs. *The wrong-doer* : P. and V. ὁ ἀδῐκῶν. *Be the aggressor, be the first*, v. : P. and V. ἄρχειν, ὑπάρχειν.

Aggrieved, Be, v. *Be injured* : P. and V. ἀδῐκεῖσθαι. *Feel oneself aggrieved* : Ar. and P. ἀγᾰνακτεῖν, P. χαλεπῶς φέρειν, P. and V. ἄχθεσθαι, βᾰρύνεσθαι.

Aghast, adj. P. and V. ἐκπεπληγμένος, ἐκπλᾰγείς (perf. and aor. part. pass. of ἐκπλήσσειν).

Agile, adj. P. and V. ἐλαφρός (Xen.), Ar. and V. κοῦφος, θοός, V. λαιψηρός.

Agility, subs. V. ὠκύτης, ἡ, ἐλαφρότης, ἡ (Plat.).

Agitate, v. trans. *Move, shake* : P. and V. κῑνεῖν, σείειν. Met., *Disturb* : P. and V. τᾰράσσειν, συντᾰράσσειν, ἐκπλήσσειν, θράσσειν (Plat. but rare P.), Ar. and V. στροβεῖν; see *disturb*. *Excite* : P. and V. ἐπαίρειν, ἐξαίρειν (Plat.), ἀναπτεροῦν (Plat.). *Be agitated* : also P. and V. ἐπαίρεσθαι, V. ἀρθῆναι (1st aor. pass. of αἴρειν). *Agitated* : V. πεπαλμένος; see *excited*. *Agitate (politically)* : P. νεωτερίζειν.

Agitation, subs. *Movement* : P. κίνησις, ἡ. *Mental agitation* : P. and V. ἔκπληξις, ἡ, θόρῠβος, ὁ, P. ταραχή, ἡ, V. ἀνᾰκίνησις, ἡ, τᾰραγμός, ὁ, τᾰραγμα, τό. *Disturbance (political or otherwise)* : P. and V. θόρῠβος, ὁ, P. κίνησις, ἡ, ταραχή, ἡ, V. τᾰραγμός, ὁ. *Revolution* : P. νεωτερισμός, ὁ; see *revolution*. *Factiousness*, subs. : P. and V. στᾰσῐς, ἡ.

Agitator, subs. In political sense : P. δημαγωγός, ὁ. *Revolutionist* : use adj., P. νεωτεροποιός.

Ago, adv. Ar. and P. πρότερον. *A year ago* : Ar. and P. πέρῠσι. *Two years ago* : P. προπέρυσι. *Long ago* : P. and V. πᾰλαι, P. ἐκ πολλοῦ, V. ἐκ μακροῦ χρόνου.

Agonising, adj. Ar. and P. ὀδῠνηρός, V. διώδῠνος; see *painful*.

Agony, subs. P. περιωδυνία, ἡ (Plat.); see *pain*.

Agrarian, adj. *Rural* : Ar. and P. γεωργῐκός; see *rural*. *Agrarian law* : P. νόμος κληρουχικός, ὁ (late).

Agree, v. intrans. *Say ditto* : P. and V. συμφᾰναι, Ar. and P. ὁμολογεῖν, P. συνομολογεῖν, Ar. and V. ὁμορροθεῖν. *Agree with (a person or thing said)* : P. and V. συμφᾰναι (dat.), Ar. and P. ὁμολογεῖν (dat.), P. συμφωνεῖν (dat.), συναγορεύειν (dat.), V. προσᾴδειν (dat.), σῠναινεῖν (dat.). *Correspond (with)* : P. and V. συμφέρειν, or pass. (dat.), συμβαίνειν (dat.), συντρέχειν (dat.), συμπίπτειν (dat.), P. συμφωνεῖν (dat.), V. ὁμορροθεῖν (dat.), συγκόλλως ἔχειν (absol.); see *correspond*. *Hold same views* : P. ὁμονοεῖν, P. and V. ταὐτὰ φρονεῖν. *Consent* : P. ὁμολογεῖν, P. and V. συγχωρεῖν, σῠναινεῖν (Plat.), V. συννεύειν. *Consent to* : P. and V. σῠναινεῖν (acc.) (Xen.), ἐπῐνεύειν (acc.), κᾰταινεῖν (acc. or dat.), συγχωρεῖν (dat.): see *consent*. *Promise* : P. and V. ὑπισχνεῖσθαι, ἐπαγγέλλεσθαι; see *promise*. *Make an agreement* : P. and V. συμβαίνειν, συντῐθεσθαι, συγχωρεῖν, P. ὁμολογεῖν, διομολογεῖσθαι. *Agree in wishing* : P. and V. συμβούλεσθαι (Plat.), Ar. and V. συνθέλειν. *Agree to, accept* : P. and V. δέχεσθαι, ἐνδέχεσθαι; see *accept*. *Agree with, suit* : P. and V. ἁρμόζειν (dat.). *Settle with* : P. and V. συντίθεσθαι (dat.), συμβαίνειν (dat.); see *covenant*.

Agreeable, adj. *Pleasing*: P. and V. ἡδύς, ἀρεστός, V. φίλος; see *pleasant*, *acceptable*. *Charming*: Ar. and P. χαρίεις, ἀστεῖος. *Agreeable to, in accordance with*: Ar. and P. ἀκόλουθος (gen. or dat.), or use P. and V. πρός (gen.). *Be agreeable to*: see *please*.

Agreeably, adv. *Pleasantly*: P. and V. ἡδέως, ἀρεσκόντως (Plat.); see also *pleasingly*. *In a friendly way*: P. and V. φῐλοφρόνως (Plat.). *Agreeably to, in accordance with*: P. and V. κᾰτά (acc.). *Agreeably to the law*: P. τοῖς νόμοις ἀκολούθως (Dem. 1100).

Agreed upon, adj. *Fixed*: P. and V. ῥητός.

Agreement, subs. *Assent*: P. ὁμολογία, ἡ. *Concord*: P. ὁμόνοια, ἡ, συμφωνία, ἡ (Plat.). *Written bond*: P. γραμματεῖον, τό, συγγραφή, ἡ, γράμματα, τά. *Covenant*: P. and V. σύμβᾰσις, ἡ, σύνθημα, τό, συνθῆκαι, αἱ, P. ὁμολογία, ἡ. *By agreement*: P. ἐκ συνθήκης. *In agreement with*, adj.: P. ὁμογνώμων (dat.). *Be in agreement with, make common cause with*: P. κοινολογεῖσθαι (dat.).

Agricultural, adj. Ar. and P. γεωργῐκός.

Agriculturalist, subs. Ar. and P. γεωργός, ὁ; see *farmer*.

Agriculture, subs. P. γεωργία, ἡ, Ar. and P. γῆς ἐργᾰσία, ἡ.

Aground, adv. *Run aground*, v. trans.: P. and V. ὀκέλλειν, P. ἐποκέλλειν, V. κέλλειν, ἐξοκέλλειν; v. intrans.: P. ὀκέλλειν, ἐποκέλλειν, V. ἐξοκέλλειν.

Ague, subs. P. ῥῖγος, τό.

Ah, inter. Exclamation of surprise: P. and V. ἆ, ἰοῦ, πᾰπαῖ, βᾰβαί (Eur., *Cycl.*), Ar. and V. ἔᾰ, πᾰπαιάξ (Eur., *Cycl.* 153), V. ὠή (also Xen. but rare P.). *Alas!* P. and V. φεῦ, οἴμοι, ἰοῦ, Ar. and V. αἰαῖ, ἰώ. *Cry ah*, v.: V. οἰμώζειν, αἰάζειν, φεῦξαι (aor. of φεύζειν). *Ah me!* see *alas!*

Ahead, adv. *Onwards*: P. πόρρω, V. πρόσω, πόρσω. *In front*: P. ἔμπροσθεν. *Forward*: P. and V. εἰς τὸ πρόσθεν. *Look ahead, take precautions*: P. and V. εὐλᾰβεῖσθαι. *Anticipate*: P. and V. φθάνειν. *Ahead of*: P. and V. προσθε(ν) (gen.), P. ἔμπροσθεν (gen.). *Be ahead of*: P. and V. φθᾰ́νειν (acc.), προφθᾰ́νειν (acc.), προλαμβᾰ́νειν (acc.), P. προκαταλαμβάνειν (acc.); see also *excel*. *Be ahead, be in front*, v.: P. προὔχειν, προλαμβάνειν; met., *Excel*: P. and V. προὔχειν. *Go ahead, advance*, v.: P. and V. προβαίνειν, προχωρεῖν.

Aid, v. trans. P. and V. ὠφελεῖν (acc. and dat.), ἐπωφελεῖν (acc.), ἐπαρκεῖν (dat.), ἐπῐκουρεῖν (dat.), βοηθεῖν (dat.), Ar. and V. ἀρήγειν (dat.) (also Xen.), ἐπᾰρήγειν (dat.) (also Xen.), V. προσωφελεῖν (acc. or dat.), βοηδρομεῖν (dat.), προσαρκεῖν (dat.), ἀρκεῖν (dat.), P. ἐπιβοηθεῖν (dat.). *Serve*: P. and V. ὑπηρετεῖν (dat.), ὑπουργεῖν (dat.), ἐξῠπηρετεῖν (dat.). *Stand by*: Ar. and V. συμπᾰραστᾰτεῖν (dat.), πᾰρίστασθαι (dat.), V. συμπᾰρίστασθαι (dat.), πᾰραστᾰτεῖν (dat.), συγγίγνεσθαι (dat.). *Fight on the side of*: P. and V. συμμᾰχεῖν (dat.). *Work with*: P. and V. συλλαμβᾰ́νειν (dat.), συμπράσσειν (dat.), σῠνεργεῖν (dat.) (Xen.), V. συμπονεῖν (dat.), συγκάμνειν (dat.), σῠνέρδειν (dat.), σῠνεκπονεῖν (dat.), σῠνεργάζεσθαι (absol.). Ar. and P. σῠνᾰγωνίζεσθαι (dat.). *Aid (a work)*: P. and V. συμπράσσειν (acc.), συνδρᾶν (acc.) (Thuc.), V. σῠνεκπονεῖν (acc.); see *share in*. *Help forward*: P. and V. σπεύδειν, ἐπισπεύδειν. With non-personal subject: P. προφέρειν εἰς (acc.).

Aid, subs. P. and V. ὠφέλεια, ἡ, ἐπῐκουρία, ἡ, τῑμωρία, ἡ, P. βοήθεια, ἡ, V. ὠφέλησις, ἡ, ἐπωφέλημα, τό, προσωφέλησις, ἡ, ἀλκή, ἡ, ἄλέξημα, τό, ἄρκεσις, ἡ, ἐπάρκεσις, ἡ, ἄρηξις, ἡ, προσωφέλημα, τό; see *help*. *By the aid of*: P. and V. διᾰ́ (acc.).

Aider, subs. P. and V. ἐπίκουρος, ὁ or ἡ, τιμωρός, ὁ or ἡ, παραστάτης, ὁ (Plat. and Eur., *Frag.*), P. βοηθός, ὁ or ἡ, Ar. and V. συμπαραστάτης, ὁ, V. βοηδρόμος, ὁ or ἡ, τιμάορος, ὁ or ἡ, ἀρωγός, ὁ or ἡ; see *helper*.

Aiding, adj. See *helping*.

Ail, v. intrans. P. and V. νοσεῖν, κάμνειν, ἀσθενεῖν, P. ἀρρωστεῖν. *What ails you?* P. and V. τί πάσχεις;

Ailing, adj. P. and V. ἀσθενής.

Ailment, subs. P. ἀσθένεια, ἡ. *Sickness:* P. and V. νόσος, ἡ, νόσημα, τό; see *sickness*.

Aim, v. trans. *Direct a weapon:* V. ὀρθοῦν, ἰάπτειν, ἰθύνειν; see *shoot, direct*. *Aim with an arrow:* P. and V. τοξεύειν. Generally, *direct (to certain point):* P. and V. τείνειν (εἰς, acc.).

Aim at, v. trans. *With a weapon:* P. and V. στοχάζεσθαι (gen.). *With an arrow:* P. and V. τοξεύειν (εἰς, acc., rarely acc. alone (Xen.), V. also gen.). *He aimed his arrow at another:* V. ἄλλῳ δ' ἐπεῖχε τόξα (Eur., *H. F.* 984). *Aim at (generally):* P. and V. στοχάζεσθαι (gen.), ἐφίεσθαι (gen.), ὀρέγεσθαι (gen.), ὀριγνᾶσθαι (gen.) (rare P. and V.), V. τοξεύειν (gen.). *The very deed shows us at what we must aim:* V. αὐτὸ δηλοῖ τοὔργον ᾗ τείνειν χρεών (Eur., *Or.* 1129). *He proposes a personal decree aimed against an individual:* ὁ δὲ ἐπ' ἀνδρὶ γράφει ψήφισμα ἴδιον (Dem., 692). *Well-aimed*, adj.: V. εὔστοχος, εὔσκοπος. *Aiming well*, adj.: P. and V. εὔστοχος (Plat.).

Aim, subs. *Mark aimed at:* P. and V. σκοπός, ὁ. *Purpose:* P. and V. γνώμη, ἡ, ὅρος, ὁ, βούλευμα, τό. *Policy:* P. προαίρεσις, ἡ.

Aimless, adj. *Vain:* P. and V. μάταιος, κενός, P. ἄπρακτος. *Random:* V. εἰκαῖος (Soph., *Frag.*).

Aimlessly, adv. *At random:* P. and V. εἰκῇ.

Air, v. trans. *Dry:* P. ἀποξηραίνειν, V. θάλπειν. *Air (opinions):* P. and V. ἀποφαίνεσθαι, P. ἀποδείκνυσθαι. *Show off:* Ar. and P. ἐπιδεικνύναι or mid. (acc.).

Air, subs. P. and V. ἀήρ, ὁ (Plat.), αἰθήρ, ὁ (Plat.). *Sky:* P. and V. οὐρανός, ὁ. *Wind:* P. and V. ἄνεμος, ὁ, πνεῦμα, τό, Ar. and V. πνοή, ἡ, αὔρα, ἡ (rare P.), V. ἄημα, τό. *Tune:* P. and V. μέλος, τό. *Appearance:* see *appearance*. *High in air:* Ar. and P. μετέωρος, Ar. and V. μετάρσιος. *In the open air:* use adj., P. and V. ὑπαίθριος, V. αἴθριος (Soph., *Frag.*); also P. ἐν ὑπαίθρῳ. *Live in the open air;* P. θυραυλεῖν, ἐν καθαρῷ οἰκεῖν. *Take the air, walk:* Ar. and P. περιπατεῖν. *Build castles in the air:* P. ὀνειροπολεῖν.

Airily, adv. *Light-heartedly:* Ar. and P. νεανικῶς.

Airs, subs. *Graces:* P. and V. τρυφή, ἡ (Plat. and Ar.), χλιδή, ἡ (Plat.). *Put on airs and graces*, v.: P. and V. τρυφᾶν, Ar. and P. θρύπτεσθαι. *Give oneself airs:* P. and V. ἁβρύνεσθαι (Plat.), τρυφᾶν, φρονεῖν μέγα, ὑπερφρονεῖν, σεμνύνεσθαι, Ar. and V. χλιδᾶν, V. πνεῖν μέγαλα.

Airy, adj. *High in the air:* Ar. and P. μετέωρος, Ar. and V. μετάρσιος. *In or of the sky:* P. and V. οὐράνιος. *Light:* P. and V. ἐλαφρός, κοῦφος. *Lightly moving:* Ar. and V. αἰόλος. *Fleeting:* P. and V. πτηνός (Plat.); see also *unsubstantial*. *Vain:* P. and V. κενός, μάταιος. *Careless, light-hearted:* P. and V. νεανικός.

Akin, adj. P. and V. συγγενής, οἰκεῖος, προσήκων, ἀναγκαῖος, V. σύγγονος, ἐγγενής, ὁμογενής (also Plat. but rare P.), ὁμόσπορος, σύναιμος, ὁμαίμων, ὅμαιμος; see *kindred*. Met. of *things:* P. and V. συγγενής, ἀδελφός, προσήκων, P. σύννομος.

Alabaster, subs. *Alabaster box:* P. ἀλαβαστοθήκη, ἡ, Ar. ἀλάβαστος, ὁ.

Alack, interj. See *alas!*

Alacrity, subs. P. and V. σπουδή, ἡ, προθυμία, ἡ.

Alarm, v. trans. *Arouse:* P. and V. ἐγείρειν, ἐξεγείρειν, Ar. and P: ἐπεγείρειν. *Frighten:* P. and V. φοβεῖν, ἐκφοβεῖν, ἐκπλήσσειν, τᾰράσσειν, διαπτοεῖν (Plat.), Ar. and P κᾰτᾰφοβεῖν, P. καταπλήσσειν.

Alarm, subs. P. and V. φόβος, ὁ, ἔκπληξις, ἡ, δεῖμα, τό, δέος, τό, ὀρρωδία, ἡ, V. τάρβος, τό. *Confusion, noise:* P. ταραχή, ἡ, P. and V. θόρῠβος, ὁ. *Signal:* Ar. and P. σημεῖον, τό; see *signal*. *Beacon fires to give the alarm:* P. and V. φρυκτοί, οἱ; see *signal*.

Alarm bell, subs. Use P. and V. κώδων, ὁ or ἡ.

Alarming, adj. P. and V. δεινός, φοβερός.

Alarmingly, adv. P. and V. δεινῶς.

Alas, interj. P. and V. φεῦ, οἴμοι, πᾰπαῖ, ἰού, Ar. and V. αἰαῖ, ἰώ. *Cry alas:* V. οἰμώζειν, αἰάζειν, φεῦξαι (1st aor. of φευζειν). *Alas for:* P. and V. φεῦ (gen.), Ar. and V. οἴμοι (gen.), ἰώ (gen.).

Albeit, conj. P. and V. ὅμως, V. ἔμπᾱς; see *although*.

Alchemist, subs. P. and V. φαρμᾰκεύς, ὁ. *Sorcerer:* P. and V. μάγος, ὁ, ἐπῳδός, ὁ, V. ἀοιδός, ὁ.

Alchemy, subs. P. φαρμακεία, ἡ. *Drug:* P. and V. φάρμᾰκον, τό. *Magic arts:* V. μᾰγεύμᾰτα, τά.

Alcove, subs. V. κευθμών, ὁ, κεῦθος, τό, Ar. and V. μῠχός, ὁ (rare P.).

Ale, subs. V. ἐκ κρῑθῶν μέθῠ, τό. *Wine:* P. and V. οἶνος, ὁ, V. μέθῠ, τό.

Alert, adj. P. and V. ὀξῠ́ς. *Ready:* P. and V. ἑτοῖμος. *Zealous:* P. and V. πρόθῡμος, ἔντονος, σύντονος. *Be on the alert:* P. διὰ φυλακῆς ἔχειν, V. ἐν εὐφῠλάκτῳ εἶναι; see *watch*.

Alertness, subs. *Quickness:* P. ὀξύτης, ἡ. *Zeal:* P. and V. προθῡμία, ἡ, σπουδή, ἡ. *Caution:* P. and V. εὐλᾰ́βεια, ἡ.

Alien, adj. P. and V. ἀλλότριος, ἀλλόφῡλος, ὀθνεῖος, V. ξένος, ἀλλόθρους, ἀλλόχρως, Ar. and P. ξενῐκός. *Imported, foreign:* P. and V. ἐπακτός, ἐπείσακτος, V. θῠραῖος. *Barbarous*, adj.: P. and V. βάρβᾰρος. *Alien to:* P. ἀλλότριος (gen.).

Alien, subs. P. and V. ξένος, ὁ, fem. ξένη, ἡ, V. ξεῖνος, ὁ, ἔπηλυς, ὁ or ἡ, P. ἐπηλύτης, ὁ. *Alien resident in an adopted city:* P. and V. μέτοικος, ὁ or ἡ. *Be an alien:* P. and V. μετοικεῖν. *Alien act*, subs.: P. ξενηλασία, ἡ. *Tax on resident aliens:* P. μετοίκιον, τό. *Banish aliens*, v.: Ar. ξενηλᾰτεῖν.

Alienate, v. trans. *Transfer:* P. ἀλλοτριοῦν, ἀπαλλοτριοῦν. *Make hostile:* P. ἀλλοτριοῦν, ἀπαλλοτριοῦν, πολεμοῦσθαι (mid.). *Set at variance:* Ar. and P. διιστάναι.

Alienation, subs. P. ἀλλοτρίωσις, ἡ; see *hostility*.

Alight, v. intrans. *Dismount*, from chariot, etc.: Ar. and P. κᾰτᾰβαίνειν, P. and V. ἀποβαίνειν, ἐκβαίνειν. From a horse, etc.: Ar. and P. κᾰτᾰβαίνειν. Of a bird, insect, etc.: P. ἵζειν. *Alight on*, of a bird, etc.: P. ἐνίζειν (dat.), V. προσιζάνειν (πρός, acc.), Ar. ἐφέζεσθαι (dat.). *Alight on*, generally: see *light on*.

Alight, adj. *Lighted:* P. and V. ἡμμένος.

Alike, adj. *Like:* P. and V. ὅμοιος; see *like*.

Alike, adv. *In like manner:* P. and V. ὁμοῖα, ὁμοίως. *Equally:* P. and V. ὁμοίως, ἴσως, ἐξ ἴσου, P. ἀπὸ τῆς ἴσης. *Together, at the same time:* P. and V. ὁμοῦ, ᾰ̔́μᾰ, ὁμοίως, V. ὁμῶς.

Aliment, subs. P. and V. τροφή, ἡ, σῖτος, ὁ; see *food*.

Alive, adj. P. and V. ζῶν, ἔμψῡχος. *Breathing:* P. and V. ἔμπνους. *Be alive:* see *live*. *Take alive (as prisoner)*, v.: P. ζωγρεῖν (acc.). *Be alive to:* P. and V νοῦν προσέχειν (dat.). *Bear in mind:* P. and V. ἐννοεῖν or mid.

All, adj. P. and V. πᾶς, ᾰ̔́πᾱς, V. πρόπᾱς. *Whole:* P and V. ὅλος. *All together:* P. and V. σύμπᾱς, P. συνάπας (Plat.). *After all:* P.

and V. ἄρᾰ, V. ἆρα. *All but*: P. and V. ὅσον οὔπω, P. ὅσον οὐ. *Nearly*: Ar. and P. ὀλίγου. *They are all but here*: P. ὅσον οὔπω πάρεισι (Thuc.) *They took one ship, crew and all*: P. μίαν (ναῦν) αὐτοῖς ἀνδράσιν εἷλον (Thuc. 2, 90). *The black abyss of Tartarus hides old Cronos, allies and all*: V. Ταρτάρου μελαμβαθὴς κευθμὼν καλύπτει τὸν παλαιγενῆ Κρόνον, αὐτοῖσι συμμάχοισι (Æsch., *P.V.* 219, *cf.* Eur., *Cycl.* 705). *At all events*: P. and V. γε (enclitic), γοῦν. *One's all*: P. τὰ ὅλα. *At all, in any way*: P. and V. πως (enclitic), Ar. and P. πῃ (enclitic). *Not at all*: P. and V. ἀρχὴν οὐ, P. οὐχ ὅλως, Ar. and P. οὐ τὸ πᾰράπᾰν, V. οὐ τὸ πᾶν. *By no means*: P. and V. οὐδᾰμῶς, μηδᾰμῶς, P. οὐδ' ὁπωστιοῦν. *All the more*: P. and V. τοσῷδε μᾶλλον, τοσούτῳ μᾶλλον. *All the less*: P. and V. τοσῷδε ἧσσον. *On all grounds*: P. and V. πανταχῇ. *Run on all fours*: V. τρέχειν χερσίν (Æsch., *Eum.* 37). *It is all over with*: see *over*. *All in all*: see *everything*. *It is all one*: see *one*.

Allay, v. trans. *Stop*: P. and V. παύειν. *Make lighter*: P. and V. ἀπαντλεῖν (Plat.), ἐπῐκουφίζειν, V. ἐξευμᾰρίζειν. *Lull to rest*: V. κοιμᾶν, P. and V. κοιμίζειν (Plat.). *Soften*: P. and V. πρᾱΰνειν. *Allay one's thirst*: see *quench*.

Allayer, subs. V. παυστήρ, ὁ.

Allaying, adj. V. παυστήριος (gen.). *Allaying pain*: V. παυσίλῡπος.

Allegation, subs. *Accusation*: P. and V. αἰτία, ἡ, ἔγκλημα, τό, V. ἐπίκλημα, τό; see *accusation*. *Excuse*: P. and V. πρόφᾰσις, ἡ, σκῆψις, ἡ, πρόσχημα, τό. *Assertion*: P. and V. λόγος, ὁ, ῥῆμα, τό.

Allege, v. trans. *Urge as accusation*: Ar. and P. αἰτιᾶσθαι. *Urge in excuse*: P. προφασίζεσθαι, σκήπτεσθαι, P. and V. προὔχεσθαι, V. σκήπτειν. *Assert*: P. and V. φᾰναι, φάσκειν, P. ἰσχυρίζεσθαι, διϊσχυρίζεσθαι.

Allegiance, subs. *Faith*: P. and V. πίστῐς, ἡ. *Obedience*: P. and V. πειθαρχία, ἡ. *Throw off one's allegiance*: P. ἀφίστασθαι.

Allegorical, adj. *Represented in allegory*: P. ἐν ὑπονοίαις πεποιημένος (Plat., *Rep.* 378D). *Legendary*: P. μυθώδης.

Allegory, subs. P. ὑπόνοια, ἡ. *Legend*: P. and V. μῦθος, ὁ.

Alleviate, v. trans. *Stop*: P. and V. παύειν. *Lighten*: P. and V. κουφίζειν, ἐπῐκουφίζειν, ἀπαντλεῖν (Plat.), V. ἐξευμᾰρίζειν. *Soften*: P. and V. πρᾱΰνειν. *Lull to rest*: P. and V. κοιμίζειν (Plat.), V. κοιμᾶν.

Alleviation, subs. P. and V. ἀνάπαυλα, ἡ, παῦλα, ἡ, πᾰραψῡχή, ἡ (rare P.), P. παραμύθιον, τό, κούφισις, ἡ (Thuc.), V. ἀνᾰκούφῐσις, ἡ. *Relief*, subs.: P. and V. ἀναπνοή, ἡ (Plat.), V. ἀμπνοή, ἡ, P. ῥᾳστώνη, ἡ.

Alley, subs. P. λαύρα, ἡ (Hdt.). *Narrow way*: P. and V. στενωπός, ἡ. *Place to walk*: P. περίπατος, ὁ (Xen.).

Alliance, subs. Ar. and P. συμμᾰχία, ἡ. *Friendship*: P. and V. φῐλία, ἡ. *Treaty*: P. and V. σπονδαί, αἱ. *Alliance by marriage*: P. and V. κῆδος, τό, κηδεία, ἡ, κήδευμα, τό. *Marriage*: P. and V. γάμος, ὁ, V. λέχος, τό, or pl., λέκτρον, τό, or pl. *Defensive alliance*: P. ἐπιμαχία, ἡ. *In alliance with*: P. and V. ἔνσπονδος (dat. or gen.). *In accordance with the terms of the alliance*: P. κατὰ τὸ συμμαχικόν (Thuc.).

Allied, adj. P. and V. σύμμᾰχος, before fem. words, P. συμμαχίς. *Allied with*: P. and V. ἔνσπονδος (gen. or dat.). *Allied friends*: V. σῠνασπισταὶ φίλοι. *Allied forces*: Ar. and P. τὸ συμμᾰχῐκόν. *Be allied*, v.: P. and V. συμμᾰχεῖν. *Be allied with*, v.: P. and V. συμμᾰχεῖν (dat.). *One allied by marriage*, subs.: P. and V. κηδεστής, ὁ, Ar. and V. κηδέμων, ὁ, V. κήδευμα, τό. Met., *Kindred*: P. and V. συγγενής, οἰκεῖος; see *kindred*.

Allocate, v. trans. See *allot*.
Allocation, subs. See *allotment*.
Allot, v. trans. *Distribute*: P. and V. νέμειν, προσνέμειν, Ar. and P. διᾰνέμειν, P. ἀπονέμειν, κατανέμειν, ἐπιμένειν. *Appoint*: P. and V. τάσσειν, προστάσσειν. *Assign by lot*: P. and V. κληροῦν, P. ἐπικληροῦν. *Have allotted to one*: P. and V. κληροῦσθαι, λαγχάνειν; see *obtain by lot*, under *lot*.
Allotment, subs. *Distribution*: P. νομή, ἡ, διανομή, ἡ. *Piece of land allotted*: P. κλῆρος, ὁ. *What is allotted, share*: P. and V. μέρος, τό, V. λάχος, τό. *Land for allotment*: Ar. γῆ κληρουχῐκή.
Allotted, adj. *Appointed*: P. and V. προκείμενος.
Allottee, subs. *Of land*: P. κληροῦχος, ὁ.
Allow, v. trans. *Measure out*: P. and V. μετρεῖν. *Concede*: P. and V. συγχωρεῖν. *Confess*: P. and V. ὁμολογεῖν (rare V.). *Grant*: P. and V. δῐδόναι, νέμειν, P. παραδιδόναι, V. εἴκειν; see *grant*. *Permit (persons)*: P. and V. ἐᾶν, ἐφιέναι (dat.), συγχωρεῖν (dat.), μεθῐέναι (dat.), πᾰρῑέναι (dat.), πᾰρέχειν (dat.), Ar. and P. ἐπιτρέπειν (dat.). *Allow (put up with) things*: P. and V. ἀνέχεσθαι, Ar. and V. ἐξᾰνέχεσθαι; see *endure*. *Allow to* (with infin.): P. and V. ἐᾶν (acc.), πᾰρῑέναι (dat.), ἐφιέναι (dat.), V. πᾰρέχειν (dat.). *Allow a person to be injured*: Ar. and P. περιορᾶν or P. προΐεσθαί τινα ἀδικούμενον. *She will not allow others to bear children*: V. οὐκ ἀνέξεται τίκτοντας ἄλλους (Eur., *And.* 711). *He privily begets sons and allows them to perish*: παῖδας ἐκτεκνούμενος λάθρα θνήσκοντας ἀμελεῖ (Eur., *Ion*, 438). *Allow for, take into account*: P. ὑπολογίζεσθαι, ὑπόλογον, ποιεῖσθαι (gen.). *Allow of, admit of*: P. ἐνδέχεσθαι (acc.); see *admit of*. *Allowed, it is*: P. and V. ἔξεστι, πάρεστι, πάρᾰ, πᾰρείκει, πᾰρέχει, P. ἐγχωρεῖ, Ar. and P. ἐγγίγνεται, ἐκγίγνεται.
Allowable, adj. P. συγγνώμων, Ar. and V. συγγνωστός; see *lawful, right*. *It is allowable*: see *it is allowed*.
Allowance, subs. *Pardon*: P. and V. συγγνώμη, ἡ, V. σύγγνοια, ἡ. *Make allowance for*: P. and V. συγγνώμην, ἔχειν (gen.), V. χᾰλᾶν (dat.). *Something measured out*: V. μέτρημα, τό, P. μέτρον, τό (Plat., *Rep.* 621A). *Receive an allowance of*, v.: P. μετρεῖσθαι (acc.), διαμετρεῖσθαι (acc.). *Allowance for provisions*: P. σιτηρέσιον, τό. *Pay*: P. and V. μισθός, ὁ.
Alloy, subs. P. κιβδηλεία, ἡ. *Without alloy*, adj.: P. and V. ἄκρᾱτος.
Alloy, v. trans. P. and V. κιβδηλεύειν. *Corrupt*: P. and V. διαφθείρειν. *Mix*: P. and V. μιγνῦναι, συμμιγνῦναι, ἀνᾰμιγνῦναι.
Alloyed, adj. P. and V. κίβδηλος.
All-powerful, adj. P. and V. κύριος, Ar. and V. παγκρᾰτής.
All-seeing, adj. Ar. and V. πᾰνόπτης.
Allude to, v. *Mean*: P. and V. λέγειν (acc.). *Mention*: P. and V. μνησθῆναι (aor. pass. μιμνήσκειν) (gen.), ἐπιμνησθῆναι (aor. pass. ἐπιμιμνήσκειν) (gen. or περί and gen.), P. μνημονεύειν (acc.); see *mention*. *Refer to covertly*: Ar. and P. αἰνίσσεσθαι (acc. or εἰς, acc.), P. ὑποσημαίνειν (acc.).
Allure, v. trans. P. and V. ἐπάγειν, ἐφέλκεσθαι, ἐπισπᾶσθαι. *Allure by false arts*: Ar. and P. ψῡχᾰγωγεῖν. *Delight*: P. and V. τέρπειν. *Allure (as with a bait)*: P. δελεάζειν.
Allurement, subs. P. ἐπαγωγή, ἡ. *Bait*: P. and V. δέλεαρ, τό. *Charm*: P. and V. χάρις, ἡ. *Pleasure*: P. and V. ἡδονή, ἡ.
Alluring, adj. P. ἐπαγωγός, ἐφολκός, προσαγωγός. *Pleasing*: P. and V. ἡδύς, τερπνός. *Charming*: Ar. and P. χᾰρίεις.
Alluringly, adv. *Charmingly*: P. χαριέντως.
Allusion, subs. *Mention*: P. and V. μνεία, ἡ, P. μνήμη, ἡ. *Make allusion to*: P. μνείαν ποιεῖσθαι (περί, gen.).

Alluvial deposit, subs. P. προσχωσις, ἡ (Thuc. 2. 102).
All-wise, adj. P. and V. πάνσοφος.
Ally, subs. P. and V. σύμμᾰχος, ὁ or ἡ, ἐπίκουρος, ὁ or ἡ, P. and V. πᾰραστάτης, ὁ (Plat.), Ar. and V. συμπᾰραστάτης, ὁ, V. σῠνασπιστής, ὁ; see *friend, helper. Introduce as allies*, v.: P. ἐπάγεσθαι (acc.). *Take as an ally*, v.: P. and V. προσλάμβανειν (acc.) (mid. in P.).
Ally, v. trans. See *unite. Ally oneself (by marriage) with*: P. and V. κῆδος σῠνάπτειν (dat.); see *connect. Ally oneself with*: Ar. and P. σῠνίστασθαι μετᾰ (gen.), P. and V. προστίθεσθαι (dat.); see *join.*
Almighty, adj. P. and V. κῦριος, Ar. and V. παγκρᾰτής.
Almost, adv. *Nearly*: Ar. and P. ὀλίγου, P. ὀλίγου δεῖν, μικροῦ, P. and V. σχεδόν. *All but*: P. and V. ὅσον οὔπω, P. ὅσον οὐ.
Alms, subs. *Gift*: P. and V. δῶρον, τό; see *gift. Ask alms*: P. and V. προσαιτεῖν.
Aloft, adv. P. and V. ἄνω, ἄνωθεν, Ar. and P. ἐπάνω, V. ἄρδην, ὑψοῦ; see *high. From aloft*: P. and V. ἄνωθεν, V. ὑψόθεν (Plat. also but rare P.), ἐξύπερθε, P. καθύπερθε, ἐπάνωθεν.
Alone, adj. P. and V. μόνος, V. μοῦνος, οἶος, μονάς. *Solitary*: V. μονόστολος, μονόρρυθμος, μονοστῐβής. *Travelling alone*: V. οἰόζωνος. *Let alone*, v. trans.: P. and V. ἐᾶν, πᾰριέναι. *They are useless even for women let alone men*: P. ἄχρηστοί εἰσι καὶ γυναιξὶν . . . μὴ ὅτι ἀνδράσιν (Plat., *Rep.* 398 E).
Alone, adv. P. and V. μόνον.
Along, prep. P. and V. κᾰτᾰ (acc.). *Throughout*: P. and V. διᾰ (gen.), κᾰτᾰ (acc.), ἀνᾰ (acc.) (rare P.). *By side of*: P. and V. πᾰρᾰ (acc. or dat. according as motion or rest is expressed). *All along*: Ar. and P. διᾰ παντός.
Aloof, adv. P. and V. ἐκποδών; see *afar. Stand aloof (from)*: P. and V. ἀφίστασθαι (gen.), ἀποστᾰτεῖν (gen.) (Plat.), ἐξίστασθαι (gen.), V. ἐξᾰφίστασθαι (gen.).
Aloofness, subs. Ar. and P. ἀπραγμοσύνη, ἡ.
Aloud, adv. P. and V. μέγᾰ, P. μεγάλῃ φωνῇ. *Do not say aloud what you mean*: V. ἂν λέγῃς . . . μὴ φωνεῖ μέγα (Soph., *Phil.* 574). *My master prayed the contrary, speaking not the words aloud*: V. δεσπότης ἐμός τἀναντί' ηὔχετ' οὐ γεγωνίσκων λόγους (Eur., *El.* 808).
Alphabet, subs. P. and V. γράμμᾰτα, τά.
Already, adv. P. and V. ἤδη.
Also, adv. P. and V. καί. *And moreover*: P. and V. καὶ δή, P. καὶ δὴ καὶ. *At the same time*: P. and V. ἅμᾰ ὁμοῦ, V. ὁμῶς.
Altar, subs. P. and V. βωμός, ὁ, Ar. and V. ἐσχάρα, ἡ, V. ἑστία, ἡ, θῠμέλη, ἡ. *Of the altar* or *near the altar*: V. βώμιος. *Before the altar*: V. προβώμιος. *Guarding the altar*: Ar. and V. ἑστιοῦχος (also Plat. but rare P.). *Altar of sacrifice*: V. δεξίμηλος ἐσχάρα, ἡ. *Stand by the altar*, v.: V. ἐπιβωμιοστᾰτεῖν. *The altar precincts*: V. προβώμια, τά (Eur., *Heracl.* 79).
Alter, v. trans. P. and V. μετᾰτῐθέναι, μεθιστάναι, μετᾰφέρειν, μεταστρέφειν, μετᾰβάλλειν, ἀλλάσσειν, μεταλλάσσειν, ἀλλοιοῦν, ἀμείβειν (Plat. but rare P.), P. μεταποιεῖν, μετακινεῖν; see *change*. V. intrans. P. and V. μετᾰπίπτειν, P. περιίστασθαι; see *change. Alter one's mind*: P. and V. μετᾰγιγνώσκειν, μετᾰβουλεύεσθαι, P. μετανοεῖν. *Alter what is written*: P. and V. μεταγράφειν.
Alterable, adj. P. μετακίνητος.
Alteration, subs. P. and V. μετᾰβολή, ἡ, μεταλλᾰγή, ἡ (Plat. and Eur., *Frag.*), μετάστᾰσις, ἡ, P. ἀλλοίωσις, ἡ.
Altercation, subs. P. and V. ἔρις, ἡ, διᾰφορά, ἡ, Ar. and P. ἀντῐλογία, ἡ; see *quarrel.*
Alternate with, v. *Succeed to*: P. διαδέχεσθαι (dat.); see *succeed.*

Alternately, adv. Ar. and P. ἐναλλάξ, P. and V. πἄραλλάξ. *In succession:* P. ἐκ διαδοχῆς, κατὰ διαδοχήν.

Alternation, subs. P. and V. ἀμοιβή, ἡ (Plat.). *Succession:* P. and V. διάδοχή, ἡ.

Alternative, subs. *Choice:* P. and V. αἵρεσις, ἡ. *Way of escape:* P. and V. ἀποστροφή, ἡ, ἔξοδος, ἡ, P. ἀναφορά, ἡ. *One of two alternatives:* P. and V. θάτερον δυοῖν. *I see two alternatives:* V. βλέπω δύο ῥοπάς (Eur., *Hel.* 1090).

Although, conj. P. and V. καίπερ, περ (enclitic) (both take the participle and are used when subject of main and subordinate clause are the same). *Even if:* P. and V. εἰ καί, κεἰ, ἐὰν καί, ἤν καί, κἄν; see *though.*

Altitude, subs. See *height.*

Altogether, adv. P. and V. πάντως, πάντῃ, παντελῶς, Ar. and P. πάνυ, ἀτεχνῶς, P. κατὰ πάντα, ὅλως, παντάπασι, V. εἰς τὸ πᾶν, τὸ πάμπαν, παμπήδην. *From top to bottom:* P. and V. κἄτ' ἄκρας. *Utterly:* P. and V. ἄρδην.

Always, adv. P. and V. ἀεί, Ar. and V. αἰέν. *For ever:* P. and V. ἀεί, διὰ τέλους, Ar. and V. αἰέν, V. εἰσαεί, ἐσᾶεί, εἰς τὸ πᾶν χρόνου, τὸν δι' αἰῶνος χρόνον, P. εἰς πάντα χρόνον, εἰς ἀΐδιον. *Through everything:* Ar. and P. διᾶ παντός.

Am, v. intrans. See *be.*

Amain, adv. P. κατὰ κράτος, παντὶ σθένει, Ar. κατὰ τὸ καρτερόν; see *vigorously.*

Amalgamate, v. trans. *Mix together:* P. and V. συγκεραννῦναι, συμμιγνῦναι. *Band together:* P. συνιστάναι, P. and V. σῦνάγειν. *Unite (politically in one city):* P. συνοικίζειν. V. intrans. Use passives of verbs given; also P. and V. σῦνέρχεσθαι, εἰς ταὐτὸν ἔρχεσθαι.

Amalgamation, subs. P. and V. σύγκρᾶσις, ἡ, P. σύμμιξις, ἡ. *Union in a single state:* P. συνοίκισις, ἡ.

Amanuensis, subs. Ar. and P. γραμμᾶτεύς, ὁ.

Amass, v. trans. P. and V. ἀθροίζειν, συλλέγειν, σῦνάγειν, ἀγείρειν.

Amateur, subs. Ar. and P. ἰδιώτης, ὁ.

Amateurish, adj. P. ἰδιωτικός.

Amateurishly, adv. P. ἰδιωτικῶς.

Amatory, adj. P. ἐρωτικός.

Amaze, v. trans. P. and V. ἐκπλήσσειν, P. καταπλήσσειν; see *surprise. Be amazed:* see *wonder.*

Amazement, subs. P. and V. θαῦμα, τό, ἔκπληξις, ἡ, θάμβος, τό (rare P., but used in Plat. and Thuc.).

Amazing, adj. P. and V. θαυμαστός, δεινός, ἀμήχᾶνος, Ar. and P. θαυμάστος, ὑπερφυής, V. ἔκπαγλος.

Amazingly, adv. P. and V. δεινῶς, P. θαυμαστῶς, ἀμηχάνως, Ar. and P. ὑπερφυῶς, θαυμᾶσίως.

Ambassador, subs. P. πρεσβευτής, ὁ, Ar. and V. πρέσβυς, ὁ. For pl. use P. and V. πρέσβεις, οἱ, V. πρεσβεύμᾶτα, τά (Eur., *Supp.* 173). *Be ambassador*, v.: Ar. and P. πρεσβεύειν. *Represent as ambassador:* V. πρεσβεύειν (gen.) (Eur., *Heracl.* 479). *Send ambassadors:* Ar. and P. πρεσβεύεσθαι. *Fellow-ambassador:* see under *fellow.*

Amber, subs. Use P. and V. ἤλεκτρον, τό.

Ambient, adj. V. περιπτῠχής. *The ambient air:* use V. οὐρᾶνοῦ περιπτῠχαί, αἱ.

Ambiguity, subs. P. ἀσάφεια, ἡ.

Ambiguous, adj. P. ἀμφίβολος, V. ἀμφίλεκτος, δῐχόμῡθος. *Not clear:* P. and V. ἀσᾰφής, ἄδηλος, V. ἄσημος, ἀξύμβλητος, αἰολόστομος, αἰνικτός, δυστέκμαρτος, δύσκρῖτος; see *obscure.*

Ambiguously, adv. P. ἀσαφῶς, V. ἀμφῐλέκτως, αἰνικτηρίως, δυσκρίτως, Ar. and V. ποικίλως.

Ambition, subs. P. and V. φῐλοτῑμία, ἡ (Eur., *Phoen.* 532), τὸ φῐλότῑμον (Eur., *I.A.* 342, 345). *Self-aggrandisement:* P. πλεονεξία, ἡ. *Aim, purpose:* P. and V. γνώμη, ἡ; see *purpose.*

Ambitious, adj. P. and V. φῐλότῑμος, P. φιλόδοξυς. *Fond of rule:* P. φίλαρχος. *Pushing, grasping*: P. πλεονεκτικός.

Ambitiously, adv. P. φιλοτίμως. *Graspingly*: P. πλεονεκτικῶς.

Amble, v. intrans. Use P. and V. βᾰδίζειν (rare V.).

Ambrosia, subs. Ar. and P. ἀμβροσία, ἡ.

Ambrosial, adj. Use *divine*.

Ambuscade, subs. See *ambush*.

Ambush, subs. P. ἐνέδρα, ἡ, V. λόχος, ὁ. *Lay an ambush*, v.: P. ἐνεδρεύειν, P. and V. λοχᾶν. *Lie in ambush*, v.: P. ἐνεδρεύειν, ἐλλοχᾶν, P. and V. λοχᾶν. *Lie in ambush for*, v.: P. ἐνεδρεύειν (acc.), ἐλλοχᾶν (acc.), V. λοχᾶν (acc.). *Watch for*: P. and V. φῠλάσσειν (acc.), ἐφεδρεύειν (dat.); see *lie in wait for*, under *wait*. *Occupy with an ambush*, v.: P. προλοχίζειν (acc.). *Be caught in an ambush*, v.: P. λοχίζεσθαι. *We lie in ambush in the leaves of the bushes*: V. θάμνων ἐλλοχίζομεν φόβαις (Eur., *Bacch.* 722). *Demosthenes, fearing he should be surrounded, posts heavy armed troops in ambush on a certain road which ran between banks and was covered with scrub*: P. ὁ Δημοσθένης δείσας μὴ κυκλωθῇ λοχίζει ἐς ὁδόν τινα κοίλην καὶ λοχμώδη ὁπλίτας (Thuc. 3, 107).

Ameliorate, v. trans. Use P. and V. ἀμείνονα ποιεῖν (*make better*), Ar. ἐπὶ τὸ βέλτῑον τρέπειν. *Improve*: P. and V. διορθοῦν, ἐξορθοῦν, Ar. and P. ἐπᾰνορθοῦν.

Amenable, adj. *Docile*: P. εὐάγωγος, εὐήνιος, V. εὔαρκτος; see *docile*. *Amenable to, obedient to*: P. and V. εὐπειθής (dat.). *Liable*: P. and V. ὑπεύθυνος, P. ὑπόδικος, ὑπαίτιος, ἔνοχος. *Be amenable to, allow of*: P. ἐνδέχεσθαι (acc.).

Amend, v. trans. P. and V. διορθοῦν, ἐξορθοῦν, Ar. and P. ἐπᾰνορθοῦν; see also *alter, improve*.

Amendment, subs. P. ἐπανόρθωμα, τό. *Improvement*: P. ἐπίδοσις, ἡ. *Propose an amendment*: P. παρεισφέρειν νόμον (Dem. 484).

Amends, subs. *Retribution*: P. and V. τῖσις, ἡ, δίκη, ἡ, V. ἄποινα, τά (rare P.), ποινή, ἡ or pl. (rare P.). *Remedy*: V. ἄκος, τό; see *remedy*. *Making good*: P. ἀνάληψις, ἡ, V. ἀνᾰφορά, ἡ. *Make amends*, v.: P. ἐξακεῖσθαι (Plat.), ἀκεῖσθαι (Plat.). *Make amends for*: P. and V. ἀνᾰλαμβάνειν (acc.), ἀκεῖσθαι (acc.), ἰᾶσθαι (acc.), ἐξῐᾶσθαι (acc.). *Pay the penalty*: P. and V. δίκην or τῖσιν, τίνειν, ἐκτίνειν, δῐδόναι; see under *penalty*.

Amenity, subs. P. and V. χάρῐς, ἡ; see *docility*.

Amerce, v. trans. See *punish, fine*.

Amiability, subs. P. εὐκολία, ἡ, πραότης, ἡ, φιλανθρωπία, ἡ, P. and V. εὐμένεια, ἡ, V. πρευμένεια, ἡ.

Amiable, adj. P. and V. εὐμενής, πρᾶος, φῐλάνθρωπος, φῐλόφρων (Xen.), Ar. and P. εὔκολος, P. ῥᾴδιος, V. πρευμενής.

Amiably, adv. P. and V. εὐμενῶς, φῐλοφρόνως (Plat.), P. εὐκόλως, πράως, φιλανθρώπως, V. πρευμενῶς.

Amicable, adj. See *friendly*.

Amicably, adv. See *in a friendly way*, under *friendly*.

Amid, prep. P. and V. ἐν (dat.), ἐν μέσῳ (gen.). *Between*: P. and V. ἐν μέσῳ (gen.), μεταξῠ́ (gen.), P. διὰ μέσου (gen.). *Ram amidships*: P. ἐμβάλλειν μέσῃ (νηΐ) (Thuc. 2, 91).

Amiss, adv. P. and V. κᾰκῶς, οὐκ ὀρθῶς. In composition, P. and V. παρα, e.g. πᾰρᾰ́γειν, *lead amiss*. *Take amiss*: P. χαλεπῶς φέρειν (acc.), Ar. and P. χᾰλεπαίνειν (dat.), V. πικρῶς φέρειν (acc.); see *be angry*.

Amiss, adj. P. and V. φλαῦρος.

Amity, subs. See *friendship*.

Amnesty, subs. P. ἄδεια, ἡ. *Binding them by stringent pledges to grant an amnesty*: P. ὁρκώσαντες πίστεσι μεγάλαις μηδὲν μνησικακήσειν (Thuc., 4, 74).

Among, prep. P. and V. ἐν (dat.). *In presence of*: P. and V. πᾰρᾰ́ (dat.), ἐναντίον (gen.), V. ἀντίον (gen.). *To the presence of:* P. and V. πăρă (acc.), ὡς (acc.).

Amongst, prep. See *among*.

Amorous, adj. P. ἐρωτικός, V. φῐλογăμος (Eur., *I.A.* 392).

Amorously, adv. P. ἐρωτικῶς.

Amorousness, subs. P. φιλεραστία, ἡ. *Love:* P. and V. ἔρως, ὁ.

Amorphous, adj. P. ἄμορφος.

Amount, subs. *Quantity:* P. and V. πλῆθος, τό. *Size:* P. and V. μέγεθος, τό. *Number:* P. and V. ἄριθμος, ὁ, V. ἀρίθμημα, τό. *Sum (of money):* P. δύναμις, ἡ. *The whole amount:* P. and V. τὸ σύμπαν. *What amount of, how much,* interrogative: P. and V. πόσος; indirect P. and V. ὅποσος.

Amount to, v. intrans. Lit., P. γίγνεσθαι. Met., Ar. and P. δῠνασθαι. *A demand peremptorily made on one's neighbours before its justice is tested, be it large or small, amounts equally to enslavement:* P. τὴν αὐτὴν δύναται δούλωσιν ἥ τε μεγίστη καὶ ἐλαχίστη δικαίωσις . . . πρὸ δίκης τοῖς πέλας ἐπιτασσομένη (Thuc. 1, 141). *If to yield grudgingly and to yield quickly amount to the same thing:* P. εἰ τὸ αὐτὸ δύναται σχολῇ καὶ ταχὺ συμβῆναι (Thuc. 3, 46).

Amphora, subs. P. and V. ἀμφορεύς, ὁ. *A mixing-bowl to hold ten amphorae:* V. κρᾱτὴρ δεκάμφορος (Eur., *Cycl.* 388). *Holding ten thousand amphorae,* adj.: Ar. μῡριάμφορος.

Ample, adj. *Large in space:* P. and V. μέγăς, μακρός, εὐρύς. *Large in quantity:* P. and V. μέγας, πολύς, ἄφθονος.. *Enough:* P. and V. ῐκᾰνός, ἀρκῶν, V. ἐξαρκής, P. διαρκής. *More than enough:* P. and V. περισσός.

Amplification, subs. *Filling in, completion:* P. ἀπεργασία, ἡ. *Exaggeration:* P. δείνωσις, ἡ.

Amplify, v. trans. *Fill in in detail:* Ar. and P. ἀπεργάζεσθαι. *Exaggerate:* P. μεγαλύνειν, P. and V. κοσμεῖν; see *exaggerate*.

Amply, adv. *Abundantly:* P. and V. ἀφθόνως (Eur., *Frag.*). *Enough:* P. and V. ἅλῐς, ἅδην (Plat.), ἀρκούντως, P. ἱκανῶς; see *enough*. *More than enough:* P. and V. περισσῶς, V. ὑπερμέτρως.

Amputate, v. trans. P. and V. τέμνειν, Ar. and P. ἀποτέμνειν, V. ἀπᾰμᾶν.

Amputation, subs. P. and V. τομή, ἡ. *Need amputation:* V. τομᾶν.

Amulet, subs. P. περίαπτον, τό; see *charm*.

Amuse, v. trans. *Make laugh:* Ar. and P. γέλωτα πᾰρέχειν (dat.), V. γέλωτα τῐθέναι (dat.). *Delight:* P. and V. τέρπειν. *Amuse oneself, pass the time:* P. διάγειν, Ar. and P. διατρί̄βειν. *Amuse oneself with, pass the time over:* Ar. and P. ἐνδιατρί̄βειν (dat.).

Amusement, subs. *Laughter:* P. and V. γέλως, ὁ. *Pleasure:* P. and V. ἡδονή, ἡ. *Pastime:* P. and V. παιδιά, ἡ, διατρῐβή, ἡ. *Way of spending time:* P. and V. διατρῐβή, ἡ. *Holidaymaking:* P. and V. ἑορτή, ἡ. *Spectacle:* Ar. and P. θεωρία, ἡ; see *spectacle*. *Fond of amusement,* adj.: P. φιλοθεάμων (Plat.). *Fond of laughter:* P. φιλόγελως (Plat.).

Amusing, adj. P. and V. γέλοιος.

Amusingly, adv. P. γελοίως.

Analogous, adj. *Like:* P. and V. ὁμοῖος, ἴσος; see *like*. *Analogous to, proportionate to:* P. ἀνὰ λόγον (gen.).

Analogously, adv. *Similarly:* P. and V. ὁμοίως. *In proportion:* P. κατὰ λόγον, κατὰ τὸν αὐτὸν λόγον.

Analogy, subs. *Likeness:* P. ὁμοιότης, ἡ. *Proportion:* P. λόγος, ὁ, ἀναλογία, ἡ (Plat.).

Analyse, subs. *Resolve into elements:* P. διαλύειν. *Examine:* P. and V. ἐξετάζειν, διασκοπεῖν; see *examine*.

Analysis, subs. *Examination:* P. ἐξέτασις, ἡ; see *examination*.

Anapæsts, subs. *Anapæstic verses:* Ar. ἀνάπαιστοι, οἱ.

Anarchic, adj. P. and V. ἄνομος, ἄναρχος.

Anarchy, subs. P. and V. ἀνομία, ἡ, ἀναρχία, ἡ, V. τὸ ἄναρχον.

Anathema, subs. See *curse*.

Anathematise, v. trans. See *curse*.

Ancestor, subs. P. and V. πρόγονος, ὁ. *One's ancestors*: P. and V. οἱ πάλαι, οἱ πρόσθεν, P. οἱ ἄνωθεν, οἱ προπάτορες, V. οἱ πάρος.

Ancestral, adj. P. and V. πατρῷος, πάτριος, Ar. and P. πατρικός.

Ancestress, subs. P. and V. πρόγονος, ἡ.

Ancestry, subs. See *lineage*. Concretely, use *ancestors*.

Anchor, subs. P. and V. ἄγκυρα, ἡ. *At anchor*: P. and V. ἐπ' ἀγκύρας. *Bring to anchor*, v. trans.: P. and V. ὁρμίζειν; see *anchor* (verb). *Come to anchor*, v. intrans.: P. and V. ὁρμίζεσθαι, P. προσορμίζεσθαι. *Drop anchor*: P. ἄγκυραν ἀφιέναι (Xen.), V. ἄγκυραν μεθιέναι. *Lie at anchor*: P. and V. ὁρμεῖν. *Lie at anchor opposite*: P. ἀνθορμεῖν (dat.). *Ride at anchor*: P. and V. ὀχεῖσθαι. *Riding at anchor*, subs.: V. ἀγκυρουχία, ἡ (Æsch., *Supp.* 766). *Weigh anchor, put out to sea*: P. and V. ἀνάγεσθαι, ἐξανάγεσθαι, V. ναῦν ἀφορμίζεσθαι, P. ἐξορμεῖν; see *put out*. *The sailors weighed the ship's anchor*: V. ναῦται δ' ἐμήρυσαντο νηὸς ἰσχάδα (Soph., *Frag.*).

Anchor, v. trans. P. and V. ὁρμίζειν. V. intrans. P. and V. ὁρμίζεσθαι, P. καθορμίζεσθαι, ἐφορμίζεσθαι. *Anchor in front of*, v. trans.: P. προορμίζειν (ναῦν) πρό (gen.). *Anchor round*, v. intrans.: P. περιορμεῖν (absol.).

Anchorage, subs. P. and V. ὅρμος, ὁ, ναύσταθμον, τό, V. ναύλοχοι ἕδραι, αἱ. *Harbour*: P. and V. λιμήν, ὁ. *Affording anchorage*, adj.: V. ναύλοχος, εὔορμος. *Affording bad anchorage*: V. δύσορμος. *Bring round into anchorage*: P. περιορμίζειν (acc.).

Anchoring, *coming to anchor*, subs. P. προσόρμισις, ἡ.

Ancient, adj. P. and V. ἀρχαῖος, πάλαιός, Ar. and V. πάλαιγενής, V. πάλαίφατος. *Long existing*: V. δηναιός; see *old*. *Belonging to former times*: P. and V. ὁ πάλαι, ὁ πρίν, ὁ πρόσθεν. *The ancients*: use P. and V. οἱ πάλαιοί, οἱ πάλαι, οἱ πρόσθεν.

Anciently, adv. P. and V. πάλαι, πάλαι ποτέ, τὸ πρίν; see *formerly*.

And, conj. P. and V. καί, τε (enclitic), V. ἠδέ (rare).

Anecdote, subs. P. and V. λόγος, ὁ, μῦθος, ὁ.

Anger, subs. P. and V. ὀργή, ἡ, θυμός, ὁ, Ar. and V. χολή, ἡ, κότος, ὁ, μένος, τό, V. μῆνις, ἡ, χόλος, ὁ. *By reason of Ares' old anger against Cadmus*: V. Κάδμου παλαιῶν Ἄρεος ἐκ μηνιμάτων (Eur., *Phoen.* 934). *Quick temper*: V. ὀξυθυμία, ἡ. *Quick to anger*: see *angry* (adj.).

Anger, v. trans. P. and V. ὀργίζειν (Plat.), πάροξύνειν, ἐξαγριοῦν (Plat. in pass.), ἀγριοῦν (Xen. and Ar. in pass.), V. ὀξύνειν, ὀργαίνειν, θήγειν.

Angle, subs. Ar. and P. γωνία, ἡ. *At right angles*, adj.: P. ἐγκάρσιος.

Angle, v. intrans. See *fish*.

Angler, subs. See *fisherman*.

Angling, subs. See *fishing*.

Angrily, adv. P. and V. πικρῶς, δι' ὀργῆς, Ar. and P. χάλεπῶς, P. ὀργίλως, Ar. and V. πρὸς ὀργήν, V. ὑπ' ὀργῆς, ἐξ ὀργῆς, ὑπερθύμως, ὑπερκότως.

Angry, adj. P. and V. πικρός, Ar. and P. χάλεπός, P. περιοργής, ὀργίλος, V. ἔγκοτος. *Of looks*: P. and V. σκυθρωπός; see *sullen*. *Quick to anger*: P. and V. ὀξύς, Ar. and P. ἀκράχολος, Ar. and V. ὀξύθυμος, V. δύσοργος. *Be quick to anger*, v.: V. ὀξυθυμεῖν (also pass. in Ar.). *Be angry*, v.: P. and V. ὀργίζεσθαι, θυμοῦσθαι (Plat., also Ar.), V. ὀργαίνειν, χολοῦσθαι, μηνίειν, Ar. and V. δυσφορεῖν, P. δεινὸν ποιεῖν, δεινὸν ποιεῖσθαι; see *be vexed*, under *vex*. *Be angry at* or *with*, v.: P. and V. ὀργίζεσθαι (dat.), θυμοῦσθαι (dat.), Ar. and P. χάλεπαίνειν (dat.), ἀγάνακτεῖν (dat.), V. δυσμεναίνειν (dat.), ὀργαίνειν (dat.), χολοῦσθαι (dat.); see *be vexed at*, under *vex*. *Be angry at*: also P. δυσχεραίνειν (acc., dat. or ἐπί, dat.), χαλεπῶς φέρειν (acc. or dat.), V. δυσφορεῖν (dat.), πικρῶς φέρειν (acc.). *Angry with his father for the deed of blood*: V. πατρὶ μηνίσας φόνου (Soph., *El.* 1177). *Join in being angry*, v.: P. συνοργίζεσθαι (dat.).

Anguish, subs. P. and V. λύπη, ἡ, ἀλγηδών, ἡ, ἀνίᾱ, ἡ, ἄλγημα, τό, P. ταλαιπωρία, ἡ, κακοπάθεια, ἡ, V. δύη, ἡ, πῆμα, τό, πημονή, ἡ, πένθος, τό, οἰζύς, ἡ, Ar. and V. ἄχος, τό, ἄλγος, τό; see *pain*.

Angular, adj. P. γωνιώδης.

Animadversion, subs. See *blame*.

Animadvert on, v. See *blame*.

Animal, subs. P. and V. ζῷον, τό. *Wild beast*: P. and V. θήρ, ὁ, Ar. and P. θηρίον, τό, Ar. and V. κνώδᾰλον, τό, V. δάκος, τό. *Creature generally*: P. and V. θρέμμα, τό (Plat.).

Animal, adj. E.g., *animal (passions)*: P. and V. θηριώδης.

Animate, v. trans. *Refresh*: P. and V. ἀναψῡχειν. *Bring back to life*: P. ἀναβιώσκεσθαι. *Encourage*: see *encourage*.

Animate, adj. P. ψυχὴν ἔχων, P. and V. ἔμψῡχος. *The animate world*: P. τὰ περὶ ἡμᾶς ζῷα (Plat., *Rep.* 510A).

Animated, adj. *Eager*: P. and V. ἔντονος, σύντονος, ὀξύς, πρόθῡμος. *Cheerful (of looks)*: P. and V. φαιδρός, V. φαιδρωπός. *Cheerful (generally)*: P. εὔθυμος; see *cheerful*.

Animation, subs. *Life*: P. and V. ψῡχή, ἡ. *Eagerness*: P. and V. σπουδή, ἡ, προθῡμία, ἡ. *Cheerfulness*: P. and V. εὐθῡμία, ἡ (Xen.).

Animosity, subs. See *anger*, *enmity*.

Animus, subs. See *enmity*. *Envy*: P. and V. φθόνος, ὁ.

Anise, subs. Ar. ἄννηθον, τό.

Ankle, subs. P. and V. σφῡρόν, τό, V. ποδῶν ἄρθρα, τά, τένων, ὁ. *With beautiful ankles*: V. εὔσφῡρος.

Anklets, subs. P. ψέλια, τά (Xen.).

Annalist, subs. P. λογοποιός, ὁ, λογογράφος, ὁ.

Annals, subs. P. and V. λόγοι, οἱ. *History*: P. συγγραφή, ἡ.

Annex, v. trans. Ar. and P. προσποιεῖσθαι. *Appropriate*: P. σφετερίζεσθαι, οἰκειοῦν. *Enslave*: P. καταδουλοῦν. *Subjugate*: P. and V. κᾰταστρέφεσθαι.

Annexation, subs. P. προσποίησις, ἡ. *Enslavement*: P. καταδούλωσις, ἡ. *Subjugation*: P. καταστροφή, ἡ.

Annihilate, v. trans. P. and V. διαφθείρειν, ἀπολλῡναι, ἀναιρεῖν, ἐξολλῡναι, κᾰθαιρεῖν, V. ἀϊστοῦν, ᾀστουν, ἐξαϊστοῦν, ἐκτρῑβειν, ἐκθαμνίζειν; see *destroy*. *Wipe out* (met.): P. and V. ἐξᾰλείφειν. *Do away with*: P. and V. ἀφᾰνίζειν, Ar. and P. διᾰλῡειν.

Annihilation, subs. P. and V. ὄλεθρος, ὁ, διαφθορά, ἡ, P. ἐξώλεια, ἡ; see *destruction*.

Anniversary, subs. *Day*: P. and V. ἡμέρα, ἡ. *Feast*: P. and V. ἑορτή, ἡ.

Annotation, subs. *Note*: P. ὑπόμνημα, τό.

Announce, v. trans. P. and V. ἀγγέλλειν, ἀπαγγέλλειν, ἐξαγγέλλειν, διαγγέλλειν, ἐκφέρειν. *Announce to some one within*: P. and V. εἰσαγγέλλειν. *Proclaim*: P. and V. κηρύσσειν, ἀνᾰκηρύσσειν, προκηρύσσειν, προειπεῖν, ἀνειπεῖν, Ar. and P. ἀνᾰγορεύειν, V. ἐκκηρύσσειν; see *proclaim*. *Declare*: P. and V. σημαίνειν, προσημαίνειν, V. προὐννέπειν, γεγωνεῖν, γεγωνίσκειν, προφωνεῖν, ἐκβάζειν, Ar. and V. θροεῖν. *Announce beforehand*: P. προαγγέλλειν, προεξαγγέλλειν. *Who will announce our arrival?* V. τίς . . . φράσειεν ἂν ἡμῶν . . . παρουσίαν; (Soph., *El.* 1103). *Announcing evil tidings*, adj.: V. κᾰκάγγελος. *Announcing good tidings*, adj.: V. εὐάγγελος.

Announcement, subs. Ar. and P. ἀγγελία, ἡ, P. and V. ἄγγελμα, τό.

Proclamation: P. and V. κήρυγμα, τό; see *tidings*.

Announcer, subs. P. and V. ἄγγελος, ὁ or ἡ.

Annoy, v. trans. λῡπεῖν, ἀνῑᾶν, δάκνειν, ὄχλον πᾰρέχειν (dat.), Ar. and P. ἐνοχλεῖν (acc. or dat.), πράγμᾰτα πᾰρέχειν (dat.), Ar. and V. κνίζειν, V. ὀχλεῖν; see *distress*. *Be annoyed*: P. and V. λῡπεῖσθαι, ἀνῑᾶσθαι, δάκνεσθαι, ἄχθεσθαι, Ar. and P. ἀγᾰνακτεῖν, P. χάλεπως φέρειν; see *be vexed*, under *vex*. *Harass in warfare*: P. and V. λῡπεῖν.

Annoyance, subs. P. and V. λύπη, ἡ, ἀνία, ἡ, δυσχέρεια, ἡ, ἀχθηδών, ἡ; see *distress*, *anger*. *Cause annoyance*, v.: P. and V. ὄχλον πᾰρέχειν (dat.), Ar. and P. πράγμᾰτα πᾰρέχειν (dat.).

Annoying, adj. P. and V. λῡπηρός, βᾰρύς, ἀνῑᾱρός, ἀλγεινός, ἐπαχθής, δυσχερής, ὀχληρός; see *vexatious*.

Annoyingly, adv. P. and V. λῡπηρῶς; see *vexatiously*. *For the purpose of annoying*: P. δι' ἀχθηδόνα (Thuc. 4, 40).

Annual, adj. Ar. and P. ἐπέτειος, P. and V. ἐνιαύσιος, ἐτήσιος, V. ἔτειος.

Annually, adv. P. κατ' ἐνιαυτόν, κατὰ ἔτος ἕκαστον.

Annul, v. trans. P. and V. κᾰθαιρεῖν, λύειν, P. ἄκῡρον, ποιεῖν, ἀναιρεῖν; see *cancel*.

Anoint, v. trans. Ar. and P. ἀλείφειν, P. ἐπαλείφειν, Ar. πᾰρᾰλείφειν, V. χρίειν, προχρίειν. *Anoint with ointment*: Ar. μῠρίζειν, μῠροῦν. *Anoint all round*: Ar. and P. περιᾰλείφειν. *Anoint (the eyes)*: Ar. and P. ὑπᾰλείφειν. *Anoint oneself*: Ar. and P. ἀλείφεσθαι (mid.). *Anointed with*: Ar. κᾰτάλειπτος (dat.).

Anomalous, adj. *Strange*: P. and V. δεινός, ἄτοπος (Eur., *Frag.*).

Anomalously, adv. P. and V. δεινῶς, P. ἀτόπως.

Anomalousness, subs. Ar. and P. ἀτοπία, ἡ.

Anomaly, subs. Use P. ἄτοπον, τό, παράλογος, ὁ.

Anon, adv. *Afterwards*: P. and V. ἔπειτα, ὕστερον, V. μεθύστερον. *Immediately*: P. and V. αὐτίκα, πᾰραυτίκα, εὐθύς, εὐθέως, Ar. and P. πᾰραχρῆμα.

Anonymous, adj. P. and V. ἀνώνῠμος.

Another, adj. P. and V. ἄλλος. *Of two*: P. and V. ἕτερος. *Another's, belonging to or of another*: P. and V. ἀλλότριος, V. θῠραῖος, e.g. *another's prosperity*: V. ὁ θῠραῖος ὄλβος (Æsch., *Ag.* 837). *Of another country*: P. ἀλλοδαπός (Xen.). *In another direction*: P. and V. ἄλλοσε, Ar. and P. ἑτέρωσε. *Of another kind*: P. ἀλλοῖος. *At another place*: see *elsewhere*. *At another time*: P. and V. ἄλλοτε. *Hereafter*: P. and V. εἰσαῦθις. *At one time . . . at another*: P. τότε μέν . . . τότε δέ; see under *time*. *One another*: P. and V. ἀλλήλους (acc. pl.). *In another way*: P. and V. ἄλλως, Ar. and P. ἄλλῃ, ἑτέρως, Ar. and V. ἑτέρᾳ.

Answer, subs. P. and V. ἀπόκρῐσις, ἡ (Eur., *Frag.*). *Defence*: P. ἀπολογία, ἡ. *Oracular answer*: P. and V. χρησμός, ὁ, μαντεῖον, τό, Ar. and V. μάντευμα, τό; see *oracle*. *In answer to*, prep.: P. and V. πρός (acc.). *Send an answer by letter*: P. ἐπιστολὴν ἀντεπιτιθέναι (Thuc. 1, 129). *The answer to the letter was as follows*: P. ἀντεγέγραπτο τάδε (Thuc. 1, 129).

Answer, v. trans. P. and V. ἀποκρίνεσθαι (Eur., *Supp* 516, *Bacch.* 1272), ἀντῐλέγειν, ἀντειπεῖν, V. ἀνταυδᾶν, ἀντῐφωνεῖν, ἀμείβεσθαι, ἀντᾰμείβεσθαι. *Retort*: P. ὑπολαμβάνειν. *Answer on behalf of (another)*: Ar. ὑπερᾰποκρίνεσθαι (gen.). *Of an oracle*: P. and V. χρῆν, ἀναιρεῖν. *Answer (a riddle)*: P. and V. λύειν, V. διειπεῖν; see *solve*. *Answer a knock*: P. ὑπακούειν (absol. or dat. of pers.). *Answer (charges)*: P. and V. ἀπολογεῖσθαι (πρός, acc.) (*cf.* Eur., *Bacch.* 41). *Correspond to*:

P. and V. συνᾴδειν (dat.), συμφέρειν (dat.); see *correspond*. *Equal:* P. and V. ἰσοῦσθαι (dat.), ἐξισοῦσθαι (dat.). *Suit:* P. and V. ἁρμόζειν (dat.). *Answer for:* see *guarantee*. *Defend:* Ar. ὑπερᾰποκρίνεσθαι; see *defend*. *Answer to:* see *correspond to*. *Resemble:* P. and V. ὁμοιοῦσθαι (dat.), ἐξομοιοῦσθαι (dat.). *Obey:* P. and V. πείθεσθαι (dat.). *Bid him sail home to answer the charges the city brought against him:* P. κελεύειν ἀποπλεῖν εἰς ἀπολογίαν ὧν ἡ πόλις ἐνεκάλει (Thuc. 6, 53). V. intrans. *Succeed:* P. and V. εὖ χωρεῖν, προχωρεῖν, ὀρθοῦσθαι, κᾰτορθοῦν (or pass.), εὖ φέρεσθαι, κᾰλῶς φέρεσθαι. *Turn out:* P. and V. ἐκβαίνειν, P. ἀποβαίνειν; see *turn out*.

Answerable, adj. See *responsible*.

Answering, adj. See *corresponding*. *Chant an answering strain:* V. παιᾶνα ἀντηχεῖν.

Ant, subs. P. and V. μύρμηξ, ὁ.

Antagonism, subs. *Hostility:* P. and V. ἔχθρα, ἡ, ἔρῐς, ἡ; see *hostility*.

Antagonist, subs. P. and V. ἀντᾰγωνιστής, ὁ, V. παλαιστής, ὁ, ἐνστάτης, ὁ, ἀντηρέτης, ὁ, or use adj., P. and V. ἐναντίος, P. ὑπεναντίος. *In a law suit:* P. ἀντίδικος, ὁ. *In a speech:* P. ἀντιλέγων, ὁ.

Antagonistic, adj. P. and V. ἐναντίος, P. ὑπεναντίος. *Hostile:* P. and V. ἐχθρός; see *hostile*.

Antagonistically, adv. P. and V. ἐναντίως. *In a hostile way:* P. ἐχθρῶς.

Antecedent, adj. *Prior:* P. and V. ὁ πρότερον, πρότερος. *Antecedent to, before:* P. and V. πρό (gen.).

Antecedents, subs. *Past life:* P. τὰ βεβιωμένα. *Generally:* P. τὰ προϋπηργμένα (Dem. 314).

Ante-chamber, subs. *Fore-court:* V. πᾰραστάς, ἡ, or pl., θῠρών, ὁ, Ar. and P. πρόθῠρον, τό.

Antediluvian, adj. *Old-fashioned:* Ar. and P. κρονικός; see *old-fashioned*.

Antelope, subs. P. and V. δορκάς, ἡ (Xen.), V. βούβᾰλις, ἡ (Æsch., *Frag.*). *Deer:* P. and V. ἔλᾰφος, ὁ or ἡ.

Anterior, adj. P. and V. ὁ πρότερον, πρότερος. *Anterior to, before:* P. and V. πρό (gen.).

Anthem, subs. P. and V. ὕμνος, ὁ. *Song of victory* or *thanksgiving:* P. and V. παιάν, ὁ; see *song*.

Antics, subs. *Sport:* P. and V. παιδιά, ἡ. *Posturing:* P. and V. σχήμᾰτα, τά (Eur., *Cycl.* 221). *Monkey tricks:* Ar. πῐθηκισμοί, οἱ.

Anticipate, v. trans. *Get the start of:* P. and V. προλαμβάνειν, φθάνειν, προφθάνειν, P. προκαταλαμβάνειν. *Perceive beforehand:* P. προαισθάνεσθαι, P. and V. προγιγνώσκειν. *Expect:* P. and V. προσδοκᾶν, ἐλπίζειν, προσδέχεσθαι.

Anticipation, subs. *Expectation:* P. προσδοκία, ἡ, P. and V. ἐλπίς, ἡ.

Antidote, subs. P. and V. φάρμᾰκον, τό, P. ἀλεξιφάρμακον, τό, V. ἄκος, τό; see *remedy*.

Antipathy, subs. P. and V. ἔχθρα, ἡ, ἔχθος, τό; see *dislike*, *hostility*. *Opposition:* P. ἐναντίωσις, ἡ. *Discord:* P. and V. ἔρις, ἡ.

Antiquarian research, subs. P. ἀρχαιολογία, ἡ (Plat.).

Antiquated, adj. *Obsolete:* P. and V. ἀρχαῖος, πᾰλαιός, P. ἕωλος, ἀρχαιότροπος, Ar. ἀρχαϊκός.

Antique, adj. P. and V. ἀρχαῖος, πᾰλαιός; see *ancient*.

Antiquity, subs. P. and V. πᾰλαιότης, ἡ, P. ἀρχαιότης, ἡ. Concretely, *the ancients:* P. and V. οἱ πᾰλαιοί, οἱ πᾰλαι, οἱ πρόσθεν.

Antithesis, subs. P. ἀντίθεσις, ἡ. *Opposition:* ἐναντίωσις, ἡ. *Contrary:* use adj., P. and V. ἐναντίος.

Antler, subs. P. and V. κέρᾰς, τό.

Antlered, adj. P. and V. κερασφόρος (Plat.), V. εὔκερως. With masc. subs.: V. κεράστης. With fem. subs.: V. κεραστίς, κεροῦσσα.

Anvil, subs. V. ἄκμων, ὁ (Soph., *Frag.*). *As with a blow upon an* *anvil, swinging his club above his head, he brought it down upon the child's flaxen head*: V. μυδρόκτυπον μίμημ' ὑπὲρ κάρα βαλὼν ξύλον καθῆκε παιδὸς ἐς ξανθὸν κάρα (Soph., *Frag.*).

Anxiety, subs. P. and V. φροντίς, ἡ, P. ἀγωνία, ἡ, Ar. and V. μέριμνα, ἡ, V. σύννοια, ἡ, μέλημα, τό; see *fear, care*. *Eagerness*: P. and V. προθῡμία, ἡ, σπουδή, ἡ. *Anxieties*: V. τὰ δύσφορα; see *troubles*. *Perturbation*: V. τᾰ́ραγμα, τό, τᾰραγμός, ὁ.

Anxious, adj. *Eager*: P. and V. πρόθῡμος, ἔντονος, σύντονος. *In suspense*: P. μετέωρος. *Fearful*: P. περίφοβος, περιδεής, φοβερός. *Of looks*: P. and V. σκυθρωπός, V. στυγνός, σῠνωφρυωμένος. *Be anxious, in suspense*: V. κηραίνειν, P. αἰωρεῖσθαι, μετέωρος εἶναι. *Be eager*: P. and V. προθῡμεῖσθαι, σπουδάζειν, ἀναπτεροῦσθαι (Xen.). *Be anxious about*: P. and V. μεριμνᾶν (acc.), φροντίζειν (gen. or prep.), σπουδάζειν ὑπέρ (gen.), κήδεσθαι (gen.), V. προκηραίνειν (gen.), προκήδεσθαι (gen.); see *fear for*. *Look anxious*: V. σεμνὸν βλέπειν, πεφροντικὸς βλέπειν.

Anxiously, adv. *Eagerly*: P. and V. σπουδῇ, προθῡ́μως. *In fear*: P. φοβερῶς, περιδεῶς, V. σὺν φόβοις.

Any, adj. P. and V. τὶς (enclitic). *At any rate*: see *however*. *At any time*: P. and V. ποτέ (enclitic). *In any case*: P. and V. πάντῃ, πάντως. *A citizen of any country rather than his native land*: P. πάσης πόλεως πολίτης . . . μᾶλλον ἢ τῆς πατρίδος (Lys. 143).

Anyhow, adv. *By some means*: P. and V. πως (enclitic). *Without order or arrangement*: P. and V. εἰκῇ, P. χύδην, οὐδένι κόσμῳ. *At least*: P. and V. γε (enclitic), γοῦν, γε μήν, ἀλλά.

Any one, pron. P. and V. τὶς (enclitic). *Any one soever*: Ar. and P. ὁστισοῦν. *Any chance comer*: P. and V. ὁ τῠχών, ὁ ἐπῐτῠχών, P. ὁ ἐντυχών, V. ὁ ἐπιών.

Anything, pron. P. and V. τὶ (enclitic). *Any thing soever*: Ar. and P. ὁτιοῦν.

Anywhere, adv. P. and V. που (enclitic), Ar. and P. πῃ (enclitic). *From anywhere*: P. and V. ποθέν (enclitic). *To anywhere*: P. and V. ποι (enclitic). *Anywhere rather than at Thebes*: P. πανταχοῦ μᾶλλον ἢ Θήβησι (Lys. 168).

Apart, adv. P. and V. χωρίς, δίχᾰ. *Set apart*: P. χωρὶς τίθεσθαι. *Aloof*: P. and V. ἐκποδών. *At long distances apart*: P. διὰ πολλοῦ. *Stand apart*: P. and V. ἀφίστασθαι, ἀποστᾰτεῖν (Plat.).

Apart from, prep. *Without*: P. and V. χωρίς (gen.), ἄνευ (gen.), V. δίχᾰ (gen.), νόσφῐ (gen.) (rare), ἄτερ (gen.), ἄτερθεν (gen.). *Outside the scope of*: P. and V. ἔξω (gen.). *Without reckoning*: P. and V. ἄνευ (gen.), χωρίς (gen.), V. δίχᾰ (gen.).

Apartment, subs. P. and V. οἶκος, ὁ, οἴκημα, τό, Ar. and V. δόμος, ὁ, δῶμα, τό, μέλαθρον, τό, or pl., V. στέγη, ἡ, στέγος, τό; see *chamber*. *Men's apartments*: P. and V. ἀνδρών, ὁ (Xen., also Ar.), P. ἀνδρωνῖτις, ἡ. *Women's apartments*: Ar. and P. γῠναικωνῖτις, ἡ, P. γυναικών, ὁ (Xen.).

Apathetic, adj. P. and V. ἀπράγμων. *Idle*: P. and V. ῥᾱθῡμος, ἀργός. *Be apathetic*, v.: P. ῥαθυμεῖν. *Calm*: P. and V. ἥσῠχος, ἡσῠχαῖος (Plat.), P. ἡσῠχιος. *Dulled*: P. and V. ἀμβλῠ́ς.

Apathetically, adv. P. and V. ἀπραγμόνως. *Calmly*: P. and V. ἡσῠχῇ, ἡσῠ́χως.

Apathy, subs. *Idleness*: P. and V. ῥᾱθῡμία, ἡ, ἀργία, ἡ, P. ῥᾳστώνη, ἡ. *Calm*: Ar. and P. ἡσῠχία, ἡ, V. τὸ ἡσυχαῖον. *Inactivity*: Ar. and P. ἀπραγμοσύνη, ἡ, P. τὸ ἄπραγμον.

Ape, subs. Ar. and P. πίθηκος, ὁ.

Ape, v. trans. See *imitate*.

Aperture, subs. P. and V. στόμᾰ, τό. *Outlet*: P. and V. ἔξοδος, ἡ, διέξοδος, ἡ. *Chasm*: P. and V. χάσμᾰ, τό.

Perforation : Ar. and P. τρῆμα, τό.

Apex, subs. P. and V. κορῠφή, ἡ; see *top*.

Aphorism, subs. P. and V. λόγος, ὁ, πᾰροιμία, ἡ, V. αἶνος, ὁ. *Aphorisms* : P. and V. γνῶμαι, αἱ. *Speak in aphorisms*, v. : P. παροιμιάζεσθαι (Plat.); see *maxim*.

Apiece, adv. Use P. καθ' ἕκαστον. *Between two* : P. καθ' ἑκάτερον.

Apocryphal, adj. *Made up* : P. and V. πλαστός (Xen.). *Counterfeit* : P. and V. κίβδηλος, Ar. and P. πᾰρᾰ́σημος. *Legendary* : P. μυθώδης; see *fictitious*.

Apologist, subs. *Advocate* : P. and V. σῠνήγορος, ὁ or ἡ.

Apologise, v. intrans. *Make defence* : P. and V. ἀπολογεῖσθαι (Eur., *Bacch.* 41). *Make excuses* : Ar. and P. προφᾰσίζεσθαι. *Ask pardon* : P. and V. πᾰραιτεῖσθαι, πᾰρίεσθαι.

Apologue, subs. See *fable*.

Apology, subs. *Defence* : P. ἀπολογία, ἡ, ἀπολόγημα, τό. *Excuse* : P. and V. πρόφᾰσις, ἡ, πρόσχημα, τό, σκῆψις, ἡ.

Apophthegm, subs. See *aphorism*.

Apostasy, subs. *Defection* : P. ἀπόστασις, ἡ. *Betrayal* : P. and V. προδοσία, ἡ.

Apostate, subs. *Traitor* : P. and V. προδότης, ὁ.

Apostatise, v. intrans. P. ἀφίστασθαι.

Apostle, subs. *Messenger* : P. and V. ἄγγελος, ὁ or ἡ.

Apothecary, subs. Ar. and P. φαρμᾰκοπώλης, ὁ; see also *doctor*.

Appal, v. trans. P. and V. ἐκπλήσσειν, φοβεῖν, P. καταπλήσσειν; see *frighten*.

Appalling, adj. P. and V. δεινός, φοβερός, V. ἔμφοβος; see *terrible*.

Apparatus, subs. P. κατασκευή, ἡ. *Contrivance* : P. and V. μηχᾰνή, ἡ, P. τέχνημα, τό. *Implements* : P. and V. ὄργᾰνα, τά. *Tackling* : Ar. and P. σκεύη, τά.

Apparel, subs. P. and V. ἐσθής, ἡ, ἐσθήμᾰτα, τά, στολή, ἡ (Plat.), σκευή, ἡ, V. εἷμα, τό, στολμός, ὁ, Ar. and V. πέπλωμα, τό; see *dress*.

Apparel, v. trans. P. and V. σκευάζειν, V. στέλλειν (rare P.), περιστέλλειν; see *dress*.

Apparent, adj. P. and V. δῆλος, ἔνδηλος, ἐναργής, φᾰνερός, σᾰφής, ἐμφᾰνής, ἐκφᾰνής, περῐφᾰνής, P. καταφανής, Ar. and P. κᾰτᾰ́δηλος. *Assumed, not genuine* : P. and V. πλαστός (Xen.), P. προσποιητός. *Seeming* : P. and V. δοκῶν; see *fictitious*.

Apparently, adv. *As it seems* : P. and V. ὡς ἔοικε. *To all seeming* : V. ὡς εἰκᾰ́σαι, ὡς ἐπεικᾰ́σαι. Opposed to *genuinely* : P. and V. λόγῳ, opposed to ἔργῳ.

Apparition, subs. *Phantom* : P. and V. φάσμᾰ, τό, εἰκών, ἡ, εἴδωλον, τό, φάντασμα, τό, V. σκιά, ἡ, ὄψις, ἡ, δόκησις, ἡ.

Appeal to, v. *Invoke* : P. and V. ἀνᾰκᾰλεῖν (acc.), μαρτῠ́ρεσθαι (acc.), πᾰρᾰκᾰλεῖν (acc.), V. ἀγκᾰλεῖν (or mid.) (acc.), Ar. and V. κᾰλεῖν (or mid.) (acc.), κικλήσκειν (acc.), Ar. and P. ἐπῐμαρτῠ́ρεσθαι (acc.), P. ἐπιβοᾶσθαι (acc.), ἐπικαλεῖν (acc.). *Call in as witness* : P. and V. μαρτῠ́ρεσθαι (acc.), P. ἐπικαλεῖν (acc.), Ar. and P. ἐπῐμαρτῠ́ρεσθαι (acc.). *Conjure* : P. and V. ἐπισκήπτειν (dat.), ἱκετεύειν (acc.), Ar. and P. ἐπῐμαρτῠ́ρεσθαι (acc.). *Have recourse to* : P. and V. τρέπεσθαι πρός (acc.). *Please, gratify* : P. and V. τέρπειν, χᾰρίζεσθαι (dat.). *Appeal to (another tribunal)* : P. ἐφιέναι εἰς (acc.). *He wished for the future to pay three obols till he had appealed to the king* : P. τοῦ λοιποῦ χρόνου ἐβούλετο τριώβολον διδόναι ἕως ἂν βασιλέα ἐπέρηται (Thuc. 8, 29).

Appeal, subs. *Invocation* : P. ἀνάκλησις, ἡ, V. κληδών, ἡ. *Appeal to the gods* : P. ἐπιθειασμός, ὁ. *Entreaty* : P. παράκλησις, ἡ, P. and V. ἱκεσία, ἡ, P. ἱκετεία, ἡ, ἀντιβόλησις, ἡ. *Exhortation* : P. παράκλησις, ἡ, παραμυθία, ἡ (Plat.), V. πᾰρᾰκέλευσμα, τό, P. and V. πᾰραίνεσις, ἡ. *Appeal (to another tribunal)*: P. ἔφεσις, ἡ. *Appeal to, use of*: P. and V. χρεία, ἡ (gen.). *Appeal to pity*: P. and V. οἶκτος, ὁ.

Appealing, adj. *Suppliant*: V. ἱκέσιος, ἱκτήριος, προστρόπαιος (rare P.); see *suppliant*.

Appear, v. intrans. *Seem*: P. and V. φαίνεσθαι, P. καταφαίνεσθαι. As opposed to *reality*: P. and V. δοκεῖν. *As it appears*: P. and V. ὡς ἔοικε. *Come into being*: P. and V. φαίνεσθαι, γίγνεσθαι, φῦεσθαι, Ar. and P. ἀνᾰφαίνεσθαι. *Come into prominence*: P. and V. φαίνεσθαι, ἐκφαίνεσθαι, V. προφαίνεσθαι. *Appear in court*: P. ἀπαντᾶν. *Be visible*: P. and V. φαίνεσθαι, ὁρᾶσθαι, φαντάζεσθαι (Plat.), ἐκφαίνεσθαι. *Appear above*: P. ὑπερφαίνεσθαι (gen.) (Thuc. 4, 93). *Be visible above*: P. and V. ὑπερέχειν (gen.). *Appear before (a judge, etc.)*: P. εἰσέρχεσθαι (εἰς or πρός, acc.), ἀπαντᾶν πρός (acc.).

Appearance, subs. P. and V. σχῆμα, τό, εἶδος, τό, ἰδέα, ἡ, ὄψῐς, ἡ, V. πρόσοψις, ἡ. *Shape*: P. and V. μορφή, ἡ (Plat.), τύπος, ὁ, φύσῐς, ἡ, V. μόρφωμα, τό. *Apparition*: P. and V. φάσμα, τό, εἰκών, ἡ, εἴδωλον, τό, φάντασμα, τό, V. σκιά, ἡ, ὄψῐς, ἡ, δόκησις, ἡ. *Approach*: Ar. and P. πρόσοδος, ἡ. *Presence*: P. and V. πᾰρουσία, ἡ. *Arrival*: P. ἄφιξις, ἡ. *Make one's appearance*: P. and V. φαίνεσθαι, ἐκφαίνεσθαι (Plat.). *Appearance, pretence*, opposed to *reality*: P. and V. σχῆμα, τό, πρόσχημα, τό. *Semblance*: P. and V. δόκησις, ἡ, V. δόκημα, τό. *What people think*: P. and V. δόξα, ἡ. *Under the appearance of*: P. ἐπὶ προφάσει (gen.). *They send a man faithful to them and to all appearance no less friendly to the Syracusan generals*: πέμπουσιν ἄνδρα σφίσι μὲν πιστὸν τοῖς δὲ τῶν Συρακοσίων στρατηγοῖς τῇ δοκήσει οὐχ ἧσσον ἐπιτήδειον (Thuc. 6, 64).

Appease, v. trans. P. and V. πρᾰΰνειν, P. παραμυθεῖσθαι, V. πᾰρηγορεῖν, θέλγειν (also Plat. but rare P.), μαλθάσσειν, Ar. and P. μᾰλάσσειν; see *soothe, propitiate*. *Charm*: P. and V. κηλεῖν. *Appease one's hunger*: use P. and V. ἐσθίειν. *Appease one's thirst*: use P. and V. πίνειν; see *quench*. *Hard to appease*, adj.: Ar. δυσκᾰθαρτος; see *inexorable*.

Appeasement, subs. *Soothing*: P. κήλησις, ἡ (Plat.), παραμυθία, ἡ (Plat.). *Something that soothes*: V. θελκτήριον, τό, μείλιγμα, τό, θέλγητρον, τό; see *propitiation*.

Appeasing, adj. V. θελκτήριος, κηλητήριος.

Appellation, subs. P. προσηγορία, ἡ, πρόσρημα, τό; see *name*.

Append, v. trans. See *add, attach*.

Appendage, subs. P. and V. προσθήκη, ἡ. *Something secondary*: P. and V. πᾰρεργον, τό.

Appertain, v. intrans. See *belong*.

Appetite, subs. *Desire*: P. and V. ἐπῐθῡμία, ἡ. *Appetite for food*: P. and V. γαστήρ, ἡ. *Hunger*: P. πεῖνα, ἡ. *Appetite for, desire for*: P. and V. ἐπῐθῡμία, ἡ (gen.), πόθος, ὁ (gen.) (Plat. but rare P.); see *desire*. *A slave to one's appetite*: P. γαστρὸς ἥσσων (Xen.), V. νηδύος ἡσσημένος (Eur., *Frag.*). *Measuring happiness by appetite and base desires*: τῇ γαστρὶ μετροῦντες καὶ τοῖς αἰσχίστοις τὴν εὐδαιμονίαν (Dem. 324).

Applaud, v. trans. *Praise*: P. and V. ἐπαινεῖν, P. ἐγκωμιάζειν, V. αἰνεῖν (also Plat. but rare P.), Ar. and V. εὐλογεῖν. *Clap hands*: P. κροτεῖν (absol.); see *clap*. *Cheer*: P. θορυβεῖν ἐπί (dat.).

Applauder, subs. P. ἐπαινέτης, ὁ.

Applause, subs. *Praise*: P. and V. ἔπαινος, ὁ, Ar. and P. εὐλογία, ἡ. *Clapping*: Ar. and P. κρότος, ὁ. *Cheering*: P. and V. θόρῠβος, ὁ.

Apple, subs. *Tree or fruit*: Ar. and P. μῆλον, τό.

Appliance, subs. *Applying* : P. πρόσθεσις, ἡ, προσφορά, ἡ, P. and V. προσβολή, ἡ. *Instrument* : P. and V. ὄργᾰνον, τό. *Device* : P. and V. μηχᾰνή, ἡ.

Applicable, adj. P. and V. πρέπων, προσήκων, εὐπρεπής, ἐπῐτήδειος. *Be applicable to* : see *apply*.

Application, subs. P. πρόσθεσις, ἡ, προσφορά, ἡ, P. and V. προσβολή, ἡ. *Of the mind* : P. πρόσεξις, ἡ (Plat.). *Diligence* : P. ἐπιμέλεια, ἡ, μελέτη, ἡ. *Request* : P. and V. χρεία, ἡ, P. αἴτημα, τό, αἴτησις, ἡ.

Apply, v. trans. *Put to* : P. and V. προσφέρειν, προστῐθέναι, προσβάλλειν, προσᾰ́γειν, ἐπῐφέρειν. *He applied the goad to the horses* : V. ἐπῆγε κέντρον . . . πώλοις (Eur., *Hipp.* 1194). *Attach* : P. and V. προστῐθέναι, προσάπτειν, προσαρμόζειν. *Use* : P. and V. χρῆσθαι (dat.). *Nor again can I apply the dream to my friends* : V. οὐδ' αὖ συνάψαι τοὔναρ εἰς φίλους ἔχω (Eur., *I. T.* 59). V. intrans. *Suit, fit* : P. and V. ἁρμόζειν, προσήκειν. *In his accusation he spoke those words which now apply to himself* : P. κατηγορῶν ἐκείνους τοὺς λόγους εἶπεν οἳ κατ' αὐτοῦ νῦν ὑπάρχουσι (Dem. 416). *Be in force* : P. and V. ἰσχῡ́ειν, κῡ́ριος εἶναι. *Apply one's mind to* : Ar. and P. προσέχειν (dat.), προσέχειν τὸν νοῦν (dat.), P. and V. νοῦν ἔχειν (πρός, acc. or dat. without prep.). *Apply oneself to* : P. and V. ἔχεσθαι (gen.), ἅπτεσθαι (gen.), προσκεῖσθαι (dat.), ἀνθάπτεσθαι (gen.), P. ἐπιτίθεσθαι (dat.). *Apply for* : see *seek*. *Apply to (a person for help, etc.)* : P. and V. προσέρχεσθαι (dat. or πρός, acc.), ἐπέρχεσθαι (acc.). *Have recourse to* : P. and V. τρέπεσθαι (πρός, acc.), P. καταφεύγειν (πρός, acc. or εἰς, acc.), V. φεύγειν (εἰς, acc.).

Appoint, v. trans. P. and V. κᾰθιστᾰ́ναι or mid., τάσσειν, προστάσσειν. *Set up* : P. and V. τῐθέναι, ἱστᾰ́ναι, προτῐθέναι or mid. *Fix, lay down* : P. and V. ὁρίζειν. *Set over* : P. and V. ἐφιστᾰ́ναι. *Mark off* : P. ἀποδεικνύναι. *Appoint by lot* : P. and V. κληροῦν. *Be appointed* : P. and V. προκεῖσθαι. Of laws, etc. : P. and V. κεῖσθαι. *Appoint beforehand* : V. προτάσσειν. *It is appointed (by fate)* : P. and V. εἵμαρται, V. πέπρωται. *Appointed (by fate)* : P. and V. εἱμαρμένος, V. πεπρωμένος (rare P.). *Appointed, fixed* : P. and V. προκείμενος, κῡ́ριος, P. ῥητός.

Appointment, subs. *Act of appointing* : P. and V. κᾰτάστᾰσις, ἡ. *Duty, office* : P. and V. τάξῐς, ἡ; see also *election*.

Apportion, v. trans. P. and V. νέμειν, προσνέμειν, τάσσειν, προστάσσειν, P. ἀπονέμειν, Ar. and P. διᾰνέμειν.

Apportionment, subs. P. νομή, ἡ, διανομή, ἡ.

Apposite, adj. P. and V. προσήκων, πρέπων, Ar. and P. πρεπώδης; see *suitable*.

Appositely, adv. P. and V. πρεπόντως, P. προσηκόντως; see *suitably*.

Appraise, v. trans. See *appreciate*.

Appreciable, adj. P. and V. ἄξιος λόγου.

Appreciably, adv. Use P. and V. ἄξιον λόγου; (see Plat., *Ap.* 23B).

Appreciate, v. trans. *Esteem* : P. and V. τῑμᾶν; see *value*. *Think highly of* : P. περὶ πολλοῦ ποιεῖσθαι, V. πολλῶν ἀξιοῦν; see *prize*. *Praise:* P. and V. ἐπαινεῖν; see *praise*. *Understand* : P. and V. σῠνῑέναι (acc. or gen.).

Appreciation, subs. *Honour* : P. and V. τῑμή, ἡ. *Praise* : P. and V. ἔπαινος, ὁ; see *praise*.

Apprehend, v. trans. *Arrest* : P. and V. συλλαμβᾰ́νειν, σῠναρπάζειν; see *arrest*. *Grasp with the mind* : P. and V. λαμβᾰ́νειν, κᾰτέχειν, νοεῖν, αἰσθᾰ́νεσθαι, ἅπτεσθαι (gen.), γιγνώσκειν, P. καταλαμβάνειν, ἐφάπτεσθαι (gen.); see *grasp*. *Fear* : P. and V. φοβεῖσθαι; see *fear*. *Anticipate* : P. and V. προσδοκᾶν, προσδέχεσθαι.

Apprehension, subs. *Arrest* : P. σύλληψις, ἡ. *Perception* : P. and V.

αἴσθησις, ἡ. *Fear*: P. and V. φόβος, ὁ. *Expectation*: P. προσδοκία, ἡ.

Apprehensive, adj. *Fearful*: P. περίφοβος, περιδεής.

Apprehensively, adv. P. περιδεῶς.

Apprentice, subs. Ar. and P. μᾰθητής, ὁ.

Apprise, v. trans. P. and V. δῐδάσκειν; see *inform*. *Be apprised of*: P. and V. πυνθάνεσθαι (acc. or gen.); see *hear*, *learn*.

Approach, v. trans. or absol. P. and V. προσέρχεσθαι (πρός, acc., or V. dat. without prep.), προσβαίνειν (dat.), πλησιάζειν (dat.), προσμιγνῦναι (dat.), ἐπέρχεσθαι (dat.), P. προσχωρεῖν (dat.), προσμίσγειν (πρός, acc.), Ar. and V. προσέρπειν (dat.), V. πελάζειν (dat.) (also Xen. but rare P.), πλησιάζεσθαι (dat.), προσμολεῖν (2nd aor. of προσβλώσκειν) (dat.), χρίμπτεσθαι (dat.), ἐγχρίμπτειν (dat.), ἐμπελάζειν or pass. (gen. or dat.), ἐπιστείχειν (acc.); also absol., V. προσστείχειν. *Make to approach*: V. πελάζειν (acc. and dat.), χρίμπτειν (acc. and dat.). *Approach, apply to, a person*: P. and V. ἐπέρχεσθαι (acc.), προσέρχεσθαι (dat. or πρός, acc.). *Approach (with prayers)*: V. μετέρχεσθαι (acc.).

Approach, subs. Ar. and P. πρόσοδος, ἡ, V. ἐπείσοδος, ἡ, προσβολή, ἡ. *Means of approach, access*: P. and V. εἴσοδος, ἡ, πρόσβᾰσις, ἡ, Ar. and P. πρόσοδος, ἡ, P. ἔφοδος, ἡ, προσβολή, ἡ.

Approachable, adj. P. and V. εὔβᾰτος (Plat.), P. πρόσβατος (Xen.), V. πρόσπλᾱτος, εὐπρόσοιστος. *Of persons*: P. εὐπρόσοδος, P. and V. εὐπροσήγορος.

Approbation, subs. See *praise*.

Appropriate, v. trans. *Take as one's own*: P. οἰκειοῦν, or mid., σφετερίζεσθαι, ἀφορίζεσθαι. *Claim as one's own*: P. ἀντιποιεῖσθαι; see *claim*. *Set aside for any purpose*: Ar. and P. κᾰτᾰτίθεσθαι.

Appropriate, adj. *Suitable*: P. and V. πρέπων, προσήκων, σύμμετρος, πρόσφορος, P. οἰκεῖος; see *suitable*.

Appropriately, adv. P. and V. πρεπόντως, συμμέτρως, P. προσηκόντως.

Appropriation, subs. P. οἰκείωσις, ἡ. *Claiming*: P. προσποίησις, ἡ.

Approval, subs. P. and V. ἔπαινος, ὁ. *With your approval, if it seems good to you*: P. and V. εἰ σοὶ δοκεῖ.

Approve, v. P. and V. ἐπαινεῖν, στέργειν, Ar. and P. ἄγᾰπᾶν, V. αἰνεῖν. *Accept*: P. and V. δέχεσθαι, ἐκδέχεσθαι, ἐνδέχεσθαι. *Examine*: Ar. and P. δοκῐμάζειν; see *examine*. *Approve of*: P. and V. στέργειν (acc. or dat.), P. ἀγαπᾶν (acc. or dat.), προσίεσθαι (acc.), V. αἰνεῖν (acc.). *Praise*: P. and V. ἐπαινεῖν (acc.). *Approve itself to*: see *please*. *Join in approving*: P. συνεπαινεῖν (acc. or absol.).

Approximate, adj. *Nearly like or equal*: P. παρόμοιος, παραπλήσιος.

Approximate, v. trans. *Make equal*: P. and V. ἰσοῦν, ἐξῐσοῦν. *Make like*: P. and V. ὁμοιοῦν, ἐξομοιοῦν. V. intrans. *Be made equal*: P. and V. ἰσοῦσθαι, ἐξῐσοῦσθαι. *Be made like*: P. and V. ὁμοιοῦσθαι, ἐξομοιοῦσθαι. *Come near to*: use P. and V. ἐγγὺς εἶναι (gen.).

Approximately, adv. *Nearly*: P. and V. σχεδόν; see *near*, *nearly*.

Approximation, subs. P. ὁμοίωσις, ἡ.

April, subs. Ar. and P. Μουνῠχιών, ὁ.

Apron, subs. Use P. διάζωμα, τό.

Apt, adj. *Suitable*: P. and V. πρέπων, προσήκων, πρόσφορος, ἐπῐτήδειος, σύμμετρος, P. οἰκεῖος. *Easy to manage*: P. εὐμεταχείριστος. *Quick at learning*: P. εὐμαθής. *Possessed of good qualifications*: P. and V. εὐφυής (Eur., *Frag.*). *Apt to, inclined to*: see *inclined*.

Aptitude, subs. *Suitability*: P. ἐπιτηδειότης, ἡ. *Quickness at learning*: P. εὐμάθεια, ἡ.

Aptly, adv. *Suitably*: P. and V. πρεπόντως, συμμέτρως, P. προσηκόντως. *Aptly named after*: V. εὐλόγως ἐπώνῠμος (gen.) (Æsch., *Supp.* 252).

Aptness, subs. *Suitability* : P. ἐπιτηδειότης, ἡ.
Aquatic, adj. *Connected with ships* : P. and V. ναυτικός. *Living in the water* : Ar. and P. ἔνυδρος.
Aqueduct, subs. P. ὀχετός, ὁ; see *conduit*.
Aqueous, adj. P. ὑδατώδης.
Aquiline, adj. *Of features* : P. γρυπός, ἐπίγρυπος.
Arable, adj. P. ἐργάσιμος. *Arable land* : Ar. and V. ἄρουρα, ἡ (also Plat. but rare P.), P. γῆ ἐργάσιμος.
Arbiter, subs. See *arbitrator, judge*. *One who has power over* : P. and V. κύριος, ὁ or ἡ (gen.).
Arbitrament, subs. V. βρᾰβεία, ἡ; see *judgment, arbitration*.
Arbitrarily, adv. *By violence* : P. and V. βίᾳ. *Tyrannically* : P. τυραννικῶς; see *peremptorily*. *They arbitrarily altered the established application of names to deeds* : P. τὴν εἰωθυῖαν ἀξίωσιν τῶν ὀνομάτων ἐς τὰ ἔργα ἀντήλλαξαν τῇ δικαιώσει (Thuc. 3, 82).
Arbitrary, adj. *Irresponsible* : Ar. and P. ἀνῠπεύθυνος. *Acting on one's own authority* : Ar. and P. αὐτοκρᾰτωρ. *Acting with violence* : P. and V. βίαιος. *Tyrannical* : P. δεσποτικός.
Arbitrate, v. intrans. P. βραβεύειν, διαιτᾶν. *Arbitrate between* : P. διαιτᾶν (dat.). *Arbitrate on* : P. and V. βρᾰβεύειν (acc.), P. διαιτᾶν (acc.). *Go to arbitration* : P. εἰς ἐπιτροπὴν ἔρχεσθαι.
Arbitration, subs. Ar. and P. δίαιτα, ἡ, P. δίκη, ἡ, V. βρᾰβεία, ἡ. *Reference to arbitration* : P. ἐπιτροπή, ἡ. *Go to arbitration about* : P. δίκῃ κρίνεσθαι περί (gen.). *Submit to the arbitration of* : Ar. and P. ἐπιτρέπειν (τί τινι). *Settle by arbitration* : P. δίκῃ διαλύεσθαι περί (gen.), δίκῃ λύεσθαι (acc.). *Submit to arbitration before cities mutually agreed upon* : P. δίκας δοῦναι παρὰ πόλεσιν αἷς ἂν ἀμφότεροι συμβῶσι (Thuc. 1, 28).
Arbitrator, subs. P. διαιτητής, ὁ, μέσος δικαστής, ὁ, ἐπιγνώμων, ὁ, βραβευτής, ὁ, P. and V. βρᾰβεύς, ὁ (Plat.), διαλλακτής, ὁ, V. διαλλακτήρ, ὁ. *Decide as arbitrator against a person*, v. : P. καταδιαιτᾶν (gen. or absol.). *Decide as arbitrator in favour of a person*, v. : P. ἀποδιαιτᾶν (gen.).
Arbitress, subs. V. βρᾰβεύς (Eur., *Hel.* 703).
Arbour, subs. V. ψυκτήριον, τό (Eur., *Frag.*; Æsch., *Frag.*), or use V. μῠχός, ὁ, φυλλάς, ἡ.
Arbutus, subs. Ar. κόμᾰρος, ἡ,
Arch, subs. P. ἀψίς, ἡ (also in Ar. in met. sense). *Circle* : P. and V. κύκλος, ὁ.
Arch, v. trans. *Bend* : Ar. and V. κάμπτειν, V. κυρτοῦν.
Arch, adj. *Playful* : Ar. and P. φῐλοπαίσμων. *Be arch*, v. : Ar. and P. θρύπτεσθαι. *Mischievous, gay* : Ar. and P. νεᾱνικός. *Winning* : Ar. and P. χᾰρίεις.
Arched, adj. V. κύρτος; see *bent*.
Archer, subs. P. and V. τοξότης, ὁ. *Mounted archer* : Ar. and P. ἱπποτοξότης, ὁ. *Commander of archers* : P. τόξαρχος. *Nor will he bring back his life to his archer mother* : V. οὐδ' ἀποίσεται βίον τῇ καλλιτόξῳ μητρί (Eur., *Phoen.* 1161). *Armed with the bow*, adj. : V. τοξοτευχής, Ar. τοξοφόρος.
Archery, subs. P. ἡ τοξική (Plat.).
Archetype, subs. *Pattern* : P. τύπος, ὁ (Plat.); see *pattern*. *Abstract form* : P. ἰδέα, ἡ (Plat.).
Architect, subs. P. ἀρχιτέκτων, ὁ; see also *maker*. *Builder* : Ar. and P. οἰκοδόμος, ὁ.
Architectural, adj. P. οἰκοδομικός.
Architecture, subs. *Art of building* : P. ἡ οἰκοδομική. *Structure* : P. κατασκευή, ἡ. *Act of building* : P. οἰκοδομία, ἡ, οἰκοδόμησις, ἡ.
Archives, subs. P. and V. λόγοι, οἱ, γράμμᾰτα, τά; see *records*.
Archly, adv. *Winningly* : P. χαριέντως.
Arctic, adj. *Northern* : Ar. and P. βόρειος, V. βορραῖος, πρόσβορρος.

The Arctic Regions, the North : P. and V. ἄρκτος, ἡ. *Cold* : P. and V. ψυχρός.

Ardent, adj. P. and V. πρόθῡμος, ἔντονος, σύντονος, θερμός, ὀξῠ́ς, σπουδαῖος (Soph., *Frag.*), Ar. and V. θούριος, V. αἴθων, θοῦρος, Ar. and P. ἴτᾰμός, P. σφοδρός. *Bold* : P. and V. θρᾰσῠ́ς, τολμηρός.

Ardently, adv. *Eagerly* : P. and V. προθῡ́μως, σπουδῇ, P. ἐντόνως, συντόνως, σπουδαίως, P. ἰταμῶς. *Boldly* : P. τολμηρῶς. *Desire ardently*, v. : P. γλίχεσθαι (gen., also infin.).

Ardour, subs. *Eagerness* : P. and V. προθῡμία, ἡ, σπουδή, ἡ, ὁρμή, ἡ. *Boldness* : P. and V. θρᾰ́σος, τό, τόλμᾰ, ἡ.

Arduous, adj. P. and V. ἀμήχᾰνος (rare P.), ἄπορος, δυσχερής, προσάντης, V. δυσπετής, δύσχῑμος, Ar. and P. χᾰλεπός; see *difficult, laborious*.

Arduously, adv. *With difficulty* : P. χαλεπῶς, P. and V. μόλῐς, μόγῐς, V. δυσπετῶς; see *laboriously*.

Arduousness, subs. P. and V. ἀπορία, ἡ, δυσχέρεια, ἡ.

Area, subs. *Size* : P. and V. μέγεθος, τό. *Width* : P. and V. εὖρος, τό (Xen.), Ar. and P. πλᾰ́τος, τό. *Length* : P. and V. μῆκος, τό. *Circuit* : P. and V. κύκλος, ὁ, περῐ́βολος, ὁ, περῐβολή, ἡ, P. περιφορά, ἡ. *Extend over a wide area of sea* : P. ἐπὶ πολὺ τῆς θαλάσσης ἐπέχειν (Thuc. 1, 50).

Arena, subs. P. ἀγών, ὁ. *Racecourse* : P. στάδιον, τό. *Contest* : P. and V. ἀγών, ὁ, ἅμιλλα, ἡ. *Enter the arena* : P. and V. εἰσέρχεσθαι, Ar. and P. κᾰτᾰβαίνειν, met., P. εἰς τὸ μέσον προέρχεσθαι, V. εἰς μέσον ἔρχεσθαι. *Enter the political arena* : P. πρὸς τὰ κοινὰ προσέρχεσθαι (Dem. 312).

Argent, adj. See *silver*.

Argue, v. trans. *Argue a question* : see *discuss*. V. intrans. P. and V. ἀγωνίζεσθαι, ἁμιλλᾶσθαι, ἐρίζειν, P. ἀμφισβητεῖν; see *contend*. *Contend that* : P. διαμάχεσθαι, ἰσχυρίζεσθαι, δισχυρίζεσθαι (with infin.). *Argue against* : P. and V. ἀντῐλέγειν (dat.), ἀντειπεῖν (dat.). *Argue out (a thing)* : P. and V. διᾰπεραίνειν (acc.) (Plat.). *Argue with* : P. and V. ἀγωνίζεσθαι (dat. or πρός, acc.), ἁμιλλᾶσθαι (dat. or πρός, acc.), ἐρίζειν (dat.), P. ἀμφισβητεῖν (dat.); see *contend with*.

Argument, subs. *Dispute* : P. and V. ἀγών, ὁ, ἔρῐς, ἡ, ἅμιλλα, ἡ, P. ἀμφισβήτησις, ἡ; see *quarrel*. *Arguments, reasonings* : P. and V. ἐνθῡμήμᾰτα, τά. *Case put forward* : P. and V. λόγος, ὁ. *Plot, story* : P. σύστασις, ἡ (Arist.). *Let us see whether Nicias thinks he is making a point, and whether he is not speaking thus for the sake of argument* : P. ὁρῶμεν μὴ Νικίας οἴεταί τι λέγειν καὶ οὐ λόγου ἕνεκα ταῦτα λέγει (Plat., *Laches*. 196c).

Argumentative, adj. P. ἐριστικός, φιλόνεικος. *Be argumentative*, v. : P. φιλονεικεῖν.

Argumentatively, adv. P. ἐριστικῶς, φιλονείκως.

Argumentativeness, subs. P. φιλονεικία, ἡ.

Arid, adj. See *dry*.

Aright, adv. See *rightly*.

Arise, v. intrans. *Awake* : P. and V. ἐγείρεσθαι, ἐξεγείρεσθαι (Plat.). *Arise from sitting* : P. and V. ἀνίστασθαι, ἐξᾰνίστασθαι, V. ὀρθοῦσθαι. *Arise from bed* : P. and V. ἀνίστασθαι; see *rise*. Of sun, etc. : see *rise*. *Come into being* : P. and V. γίγνεσθαι, φαίνεσθαι, Ar. and P. ἀνᾰφαίνεσθαι, V. ὀρωρέναι (perf. of ὀρνῡ́ναι); see *spring*. *Come to pass* : P. and V. συμπίπτειν, συμβαίνειν, Ar. and P. σῠνίστασθαι. *If occasion arise* : P. ἤν τι δέῃ. *Mutual strife arose* : V. στάσις δ' ἐν ἀλλήλοισιν ὠροθύνετο (Æsch., *P.V.* 200).

Aristocracy, subs. P ἀριστοκρατία, ἡ. *Be governed by an aristocracy*, v. : P. ἀριστοκρατεῖσθαι.

Aristocratical, adj. P. ἀριστοκρατικός.

Arithmetic, subs. P. λογισμός, ὁ, ἡ

ἀριθμητική, ἡ λογιστική, P. and V. ἄριθμός, ὁ.

Arithmetical, adj. P. λογιστικός, ἀριθμητικός.

Arithmetician, subs. P. λογιστικός, ὁ, λογιστής, ὁ.

Ark, subs. Ar. and V. ἄγγος, τό, σκάφη, ἡ, V. κύτος, τό, ἀντίπηξ, ἡ.

Arm, subs. P. and V. βρᾰχίων, ὁ, Ar. and V. ἀγκάλαι, αἱ, ὠλένη, ἡ, V. ἀγκών, ὁ, πῆχυς, ὁ. *Forearm*: P. and V. πῆχυς, ὁ. *In the arms*, adv.: V. ἀγκᾰθεν. *Clasp in the arms*: V. ὑπαγκᾰλίζεσθαι. *Come to my arms*: V. ἕρπε . . . ὑπ' ἀγκάλας (Eur., *And.* 722). *Keep at arm's length*, v. trans.: met., P. πόρρωθεν ἀσπάζεσθαι, V. πρόσωθεν ἀσπάζεσθαι. *Arm of a river*: P. κέρας, τό. *Arm, weapon*, subs.: P. and V. ὅπλον, τό (almost always pl.), ὅπλισμα, τό (Plat.); see *weapon*.

Arm, v. trans. P. and V. ὁπλίζειν, ἐξοπλίζειν (Plat.). *Arm oneself with breast-plate*: P. ἐπιθωρακίζεσθαι (Xen.). *Armed with a breast-plate*: P. τεθωρακισμένος. *Be armed to resist*: P. and V. ἀνθοπλίζεσθαι (dat. or πρός, acc.) (Xen.). *Armed with a spear*: V. ἐστολισμένος δορί (Eur., *Supp.* 659). *A well-armed host*: V. εὖ κεκασμένον δόρυ (Æsch., *Eum.* 766).

Armada, subs. P. and V. στόλος, ὁ, νεῶν στόλος, ὁ, V. ναυβάτης στόλος, ὁ.

Armament, subs. *Equipment*: P. and V. σκευή, ἡ, στολή, ἡ (Plat.), V. σᾰγή, ἡ, Ar. and P. ὅπλῐσις, ἡ. *Force*: P. δύναμις, ἡ, παρασκευή, ἡ; see *army*, *fleet*.

Armed, adj. V. τευχεσφόρος, ἔνοπλος, P. and V. ὡπλισμένος; see under *arm*. *Armed force*: use *army*. *Heavy armed, light armed*: see under *heavy*, *light*. *Well-armed*: Ar. and P. εὔοπλος (Xen.).

Arming, subs. Ar. and P. ὅπλῐσις, ἡ, Ar. and P. πᾰρασκευή, ἡ (Ar., *Ach.* 190).

Armistice, subs. P. and V. σπονδαί, αἱ, Ar. and P. ἐκεχειρία, ἡ, P. ἀνοκωχή, ἡ.

Armlets, subs. P. ψέλια, τά (Xen.).

Armorial bearings, device, crest. Ar. and V. σημεῖον, τό, V. σῆμα, τό, ἐπίσημα, τό.

Armory, subs. P. ἀποθήκη, ἡ, P. and V. σκευοθήκη, ἡ.

Armour, subs. P. and V. ὅπλα, τά, V. τεύχη, τά, σᾰγή, ἡ. *Breast-plate*: P. and V. θώραξ, ὁ. *Full suit of armour*: Ar. and P. πᾰνοπλία, ἡ, V. παντευχία, ἡ. *Dressed in full armour*, adj.: V. πάνοπλος. *Dressed in golden armour*, adj.: χρῡσοτευχής. *In full armour*, adv.: P. πανοπλίᾳ, V. σὺν παντευχίᾳ. *Fighting in armour*, subs.: P. ὁπλομαχία, ἡ.

Armour-bearer, subs. P. and V. ὑπασπιστής, ὁ (Xen.), V. ὑπασπιστήρ, ὁ. *Esquire*: P. and V. ὑπηρέτης, ὁ (Thuc. 3, 17); see *esquire*.

Arm-pit, subs. Ar. μασχάλη, ἡ. *Under the arm-pit*: Ar. and P. ὑπὸ μάλης (Plat.).

Arms, subs. P. and V. ὅπλα, τά, V. τεύχη, τά; see also *war*. *Arms stripped from the dead*: P. and V. σκῦλα, τά (sing. also in V.), σκῡλεύμᾰτα, τά, V. λάφῡρᾰ, τά; see *strip*. *Bear arms against*, v.: P. ὅπλα ἐπιφέρειν (dat.). *By force of arms*: P. κατὰ κράτος. *By violence*: P. and V. βίᾳ. *Carry arms*, v.: P. σιδηροφορεῖν, or mid. *Take up arms*, v.: P. and V. πόλεμον αἱρεῖσθαι. *Under arms*: P. and V. ἐν ὅπλοις, P. σὺν ὅπλοις, V. ἐφ' ὅπλοις. *Wearing similar arms*, adj.: P. ὁμόσκευος.

Army, subs. P. and V. στρᾰτός, ὁ, στράτευμα, τό, στρᾰτόπεδον, τό, P. στρατιά, ἡ, V. (sometimes) δόρυ, τό (Eur., *Phoen.* 1086). *Expedition*: P. and V. στόλος, ὁ; see *expedition*.

Aroma, subs. P. and V. ὀσμή, ἡ, P. εὐωδία ἡ.

Aromatic, adj. P. and V. εὐώδης.

Around, prep. P. and V. περί (acc. or dat.), V. ἀμφί (acc. or dat.) (rare P.), πέριξ (acc.).

Around, adv. P. and V. κύκλῳ, πέριξ (rare P.). In composition: P. and

V. περι. In distributive sense: δια; e.g., *Look around*: P. and V. περισκοπεῖν; *hand around*: P. and V. διᾰδῐδόναι.

Arouse, v. trans. *Awake*: P. and V. ἐγείρειν, ἐξεγείρειν, Ar. and P. ἐπεγείρειν, ἀνεγείρειν (Xen.). *Kindle, excite (persons* or *feelings)*: P. and V. ἐγείρειν, ἐξεγείρειν, ἐπαίρειν, κῑνεῖν, V. ἐξάγειν, ὀρνῡ́ναι, Ar. and V. ζωπῠρεῖν. *Rouse*: see *excite*. *Arouse in (a person)*: P. and V. ἐμβάλλειν (τί τινι), ἐντίκτειν (Plat.) (τί τινι), P. ἐμποιεῖν (τί τινι), V. ἐνορνῡ́ναι (τί τινι).

Arraign, v. trans. See *accuse*.

Arraignment, subs. See *accusation*.

Arrange, v. trans. *Manage*: Ar. and P. διοικεῖν, P. and V. οἰκεῖν, νέμειν, V. νωμᾶν, πορσῡ́νειν; see *administer*. *Set in order*: P. and V. κοσμεῖν, τάσσειν, συντάσσειν, Ar. and P. διᾰτῐθέναι, P. διακοσμεῖν, διατάσσειν. *Prepare*: P. and V. πᾰρασκευάζειν, ἐξαρτῡ́ειν (or mid.); see *prepare*. *Settle*: P. and V. κᾰθιστᾰ́ναι. *Help to arrange*: P. and V. συγκᾰθιστᾰ́ναι. *Settle satisfactorily*: P. and V. εὖ or κᾰλῶς τῐθέναι (or mid.). *Make agreement*: P. and V. συμβαίνειν, συντῐ́θεσθαι. *We cannot arrange how far we wish our empire to extend*: P. οὐκ ἔστιν ἡμῖν ταμιεύεσθαι εἰς ὅσον βουλόμεθα ἄρχειν (Thuc. 6, 18). *Arranged, fixed, agreed upon*: P. and V. προκείμενος, ῥητός.

Arrangement, subs. P. and V. τάξῐς, ἡ, P. διάταξις, ἡ, διάθεσις, ἡ. *Agreement, bargain*: P. and V. σύμβᾰσις, ἡ, συνθῆκαι, αἱ, σύνθημα, τό, P. ὁμολογία, ἡ. *Let one's friends come to some arrangement (in a legal dispute)*: τοῖς φίλοις ἐπιτρέψαι δίαιταν (Dem.). *Let our friends come to some arrangement concerning his dispute with me*: P. ἐν τοῖς φίλοις διαδικάσασθαι τὰ πρὸς ἐμέ (Dem. 864).

Arrant, adj. *Absolute, complete*: P. ἁπλοῦς, ἄκρατος; see *absolute*.

Array, v. trans. *Set out in order*: P. and V. τάσσειν, συντάσσειν, Ar. and P. διᾰτάσσειν. *Arm*: P. and V. ὁπλίζειν; see *arm*. *Adorn*: P. and V. κοσμεῖν, V. ἀσκεῖν, ἐξασκεῖν, ἀγάλλειν; see also *dress, equip*.

Array, subs. P. and V. τάξῐς, ἡ, P. διατάξις, ἡ. *Close array, press*: P. and V. στῖφος, τό. *Adornment*, subs.: P. and V. κόσμος, ὁ. *Dress*: P. and V. σκευή, ἡ, κόσμος, ὁ, στολή, ἡ (Plat.); see *dress*. *Full array, full armour*: V. παντευχία, ἡ, Ar. and P. πᾰνοπλία, ἡ. *In full array*: P. πανοπλίᾳ, V. σὺν παντευχίᾳ, or use adj., V. πᾰ́νοπλος.

Arrear, subs. *Be in arrear (in paying the award of the court)*: P. ὑπερήμερος γίγνεσθαι.

Arrears, subs. P. ἐλλείματα, τά. *Arrears of tribute*: P. φόρων ἔκδειαι, αἱ.

Arrest, subs. *Apprehension*: P. σύλληψις, ἡ. *Summary arrest*: P. ἀπαγωγή, ἡ. *Liable to arrest*: P. ἀγώγιμος.

Arrest, v. trans. *Apprehend*: P. and V. συλλαμβᾰ́νειν. *Arrest summarily*: P. ἀπάγειν. *Seize*: P. and V. σῠναρπάζειν. *Check, stop*: P. and V. παύειν; see *check*. *Arrest (the attention)*: P. and V. κᾰτέχειν (νοῦν).

Arrival, subs. P. ἄφιξις, ἡ. *Presence*, P. and V. πᾰρουσία, ἡ. *By sea*: P. κατάπλους, ὁ, καταγωγή, ἡ. *Newcomer*: P. ἐπηλύτης, ὁ, V. ἔπηλυς, ὁ or ἡ.

Arrive, v. intrans. P. and V. ἀφικνεῖσθαι, εἰσᾰφικνεῖσθαι. Ar. and V. ἱκνεῖσθαι, V. ἵκᾰνειν, ἐξικνεῖσθαι, κᾰταίρειν (rare P.). *Have arrived*: P. and V. ἥκειν, ἐφήκειν (rare P.), ἐξήκειν (Plat.), πᾰρεῖναι, Ar. and P. πᾰρᾰγίγνεσθαι, V. προσήκειν. *Arrive by sea*: P. καταπλεῖν, P. and V. κᾰτάγεσθαι. *Arrive beforehand*: P. προαφικνεῖσθαι. *(Arrive) at*: P. and V. εἰς (acc.), ἐπί (acc.), also V. acc. alone. *Arrive at a conclusion*: P. συλλογίζεσθαι.

Arrogance, subs. P. and V. φρόνημα, τό, ὕβρῐς, ἡ, ὄγκος, ὁ, V. φρόνησις, ἡ, χλῐδή, ἡ, P. ὑπερηφανία, ἡ, μεγαλαυχία, ἡ, ὑπεροψία, ἡ.

Arrogant, adj. P. and V. σεμνός, ὑψηλός, P. ὑπερήφανος, μεγαλόφρων, ὑπεροπτικός, ὀγκώδης, V. ὑπέρφρων, ὑπέρκοπος, ὑψηλόφρων (also Plat. but rare P.), ὑψήγορος, σεμνόστομος, Ar. and V. γαῦρος. *Be arrogant*: P. and V. φρονεῖν μέγᾰ, σεμνύνεσθαι, ὑπερφρονεῖν, Ar. and V. ὀγκοῦσθαι (also Xen.), V. ἐξογκοῦσθαι, χλῐδᾶν, πνεῖν μέγᾰλα.

Arrogantly, adv. P. and V. σεμνῶς, P. μεγαλοφρόνως, ὑπερηφάνως, V. ὑψῐκόμπως, ὑπερκόπως.

Arrogate, v. trans. *Claim for oneself*: Ar. and P. προσποιεῖσθαι (acc. or gen.), P. ἀντιποιεῖσθαι (gen.).

Arrow, subs. P. and V. τόξευμα, τό, οἰστός, ὁ (rare P.), βέλος, τό (rare P.), V. ἰός, ὁ, ἄτρακτος, ἡ, πτερόν, τό, γλῠφῐδες, αἱ. *Bow and arrow*: P. and V. τόξα, τά. *Shoot an arrow*: P. and V. τοξεύειν. *Shoot (a person) with an arrow*: P. and V. τοξεύειν, Ar. and P. κᾰτᾰτοξεύειν. *Shot by an arrow*: V. τοξευτός.

Arrow-head, subs. V. γλωχίς, ἡ.

Arsenal (naval), subs. P. and V. νεώριον, τό, P. ἐπίνειον, τό. *Armory*, subs.: P. and V. σκευοθήκη, ἡ.

Arson, subs. P. πυρκαϊά, ἡ.

Art, subs. P. and V. τέχνη, ἡ; see *craft*. *Refinement*: P. and V. μουσῐκή, ἡ. *Work of art*: Ar. and P. σκεῦος, τό. V. τέχνη, ἡ, τέχνημα, τό, P. ἐργασία, ἡ. *Skill, cleverness*: P. and V. τέχνη, ἡ, σοφία, ἡ. *The whole world of nature and art*: P. πᾶν τὸ φυτευτὸν καὶ τὸ σκευαστὸν γένος (Plat., *Rep.* 510 A). *Producing all arts*, adj.: V. πάντεχνος.

Artery, subs. P. ἀρτηρία, ἡ (Arist.).

Artful, adj. P. and V. ποικῐλος, πᾰνοῦργος, δεινός, πυκνός (Plat.), V. μηχᾰνόρρᾰφος, Ar. and V. αἱμύλος (also once in Plat.).

Artfully, adv. P. πανούργως. *By craft*: Ar. and V. δόλῳ, V. σὺν δόλῳ.

Artfulness, subs. P. and V. πᾰνουργία, ἡ, Ar. πυκνότης, ἡ.

Article, subs. *Thing*: P. and V. χρῆμα, τό, Ar. and P. σκεῦος, τό. *Clause in an agreement*: P. γράμμα, τό (Thuc. 5, 29).

Articulate, adj. *Clear*: P. and V. σᾰφής.

Articulate, v. trans. or absol. *Utter*: P. and V. φθέγγεσθαι; see *utter*.

Articulately, adv. P. and V. σᾰφῶς.

Artifice, subs. *Trick*: P. and V. ἀπᾰτη, ἡ, στροφή, ἡ, σόφισμα, τό, μηχᾰνημα, τό, V. τέχνη, ἡ, τέχνημα, τό, πλοκαί, αἱ; see *trick*. *Contrivance*: P. and V. μηχᾰνή, ἡ, μηχᾰνημα, τό, σόφισμα, τό, εὕρημα, τό, τέχνημα, τό (Plat.), Ar. and V. ἐξεύρημα, τό.

Artificer, subs. P. and V. τέκτων, ὁ; see *workman*.

Artificial, adj. P. χειροποίητος. *Spurious, pretended*: P. προσποιητός; see *fictitious*.

Artillery, subs. *Engine of war*: P. and V. μηχᾰνή, ἡ, P. μηχᾰνημα, τό; see *engine*.

Artisan, subs. P. and V. δημιουργός, ὁ, V. χειρῶναξ, ὁ (Soph. and Eur., *Frag.*), Ar. and P. χειροτέχνης, ὁ.

Artist, subs. P. and V. δημιουργός, ὁ, P. τεχνίτης, ὁ, V. τέκτων, ὁ. *An artist in (etc.)*: use adj., P. τεχνικός περί (gen.) or εἰς (acc.). *Painter*: P. and V. γρᾰφεύς, ὁ, P. ζωγράφος, ὁ. *He is thought the best artist*: P. οὗτος εἶναι δοκεῖ τεχνικώτατος (Plat.).

Artistic, adj. P. φιλόκαλος, φιλότεχνος, τεχνικός. *Skilful (of things)*: P. τεχνικός. *Accomplished*: P. and V. μουσῐκός; see *accomplished*. *Well wrought*: P. and V. ποικῐλος, κᾰλός, V. δαίδᾰλος. *Be artistic (love art)*, v.: P. φιλοκαλεῖν.

Artistically, adv. Ar. and P. μουσῐκῶς, P. τεχνικῶς. *Beautifully*: P. and V. κᾰλῶς; see *skilfully*.

Artless, adj. P. and V. ἁπλοῦς, P. εὐήθης; see *guileless*.

Artlessly, adv. P. and V. ἁπλῶς; see *guilelessly*.

Artlessness, subs. P. ἁπλότης, ἡ.

As, adv. *Of time*, P. and V. ὅτε, ὡς,

ἡνίκᾰ, V. εὖτε. *Of cause, because*: P. and V. ὅτι, P. διότι, V. οὕνεκα, ὁδούνεκα, εὖτε. *Since*: P. and V. ἐπεί, ὡς, ἐπειδή, ἐπείπερ, Ar. and P. ἐπειδήπερ. *Of comparison*: P. and V. ὡς, ὥσπερ, οἷα, Ar. and P. κᾰθάπερ, V. ὥστε, ὅπως, ἅπερ, ὁποῖα; see also *like*. *In the way in which*: P. and V. ὡς, ὥσπερ, V, ὅπως. *As if*: P. and V. ὡσπερεί. *As far as*: see under *far*. *As quickly as possible*: P. and V. ὡς τάχιστα, ὅσον τάχιστα. *As soon as*: P. and V. ὡς τάχιστα, ἐπεὶ τάχιστα, P. ἐπειδὴ τάχιστα, V. ὅπως τάχιστα. *As for*, prep.: P. and V. κᾰτᾰ (acc.), ἐπί (dat.), ἕνεκα (gen.), Ar. and V. ἑκᾱτι (gen.), οὕνεκα (gen.). *As for your question*: V. ὃ δ' οὖν ἐρωτᾶτε (Æsch., *P.V.* 226). *As it is*: P. and V. νῦν, νυνί (Eur., *Supp.* 306, but rare V; also Ar.).

Ascend, v. intrans. Ar. and P. ἀνᾰβαίνειν, V. ἀμβαίνειν, P. and V. ἀνέρχεσθαι. *Be lifted up*: P. and V. αἴρεσθαι, ἄνω φέρεσθαι. *Be raised into the air*: Ar. and P. μετεωρίζεσθαι. V. trans. Ar. and P. ἀνᾰβαίνειν ἐπί (acc.), Ar. ἐπᾰνᾰβαίνειν ἐπί (acc.).

Ascendant. *In the ascendant*: use adj., P. καθυπέρτερος, V. ὑπέρτερος. *Be in the ascendant*, v.: P. and V. κρᾰτεῖν; see *prevail*.

Ascendency, subs. *Superiority in power*: P. and V. κρᾰτος, τό. *Leadership*: P. ἡγεμονία, ἡ. *Influence*: P. and V. δύνᾰμῐς, ἡ.

Ascending (of ground), adj. P. προσάντης; see *rising*.

Ascent, subs. *Going up*: P. ἀνάβασις, ἡ, ἐπάνοδος, ἡ. *Way up*: P. ἀνάβασις, ἡ, V. προσάμβᾰσις, ἡ.

Ascertain, v. trans. P. and V. γιγνώσκειν, πυνθάνεσθαι, V. πεύθεσθαι, Ar. and V. ἐκπυνθάνεσθαι, Ar. and P. ἀνᾰπυνθάνεσθαι; see *learn*. *Discover*: P. and V. εὑρίσκειν, ἐξευρίσκειν, ἐφευρίσκειν.

Ascetic, adj. *Temperate*: P. and V. σώφρων. *Crabbed*: P. and V. δύσκολος. *Sparing*: Ar. and P. φειδωλός.

Asceticism, subs. *Temperateness*: Ar. and P. σωφροσύνη, ἡ, P. and V. τὸ σῶφρον. *Crabbedness*: Ar. and P. δυσκολία, ἡ. *Sparing*: Ar. and P. φειδωλία, ἡ.

Ascribe, v. trans. P. and V. ἀνᾰφέρειν, προστῐθέναι, Ar. and P. ἐπᾰνᾰφέρειν, ἀνᾰτῐθέναι; see *impute*.

Ash, subs. See *ashes*. *Ash-tree*, subs.: V. μελία, ἡ (Soph., *Frag.*, lyric passage).

Ashamed, adj. V. κᾰτηφής. *Be ashamed*: P. and V. αἰσχύνεσθαι, ἐπαισχύνεσθαι, ἐπαιδεῖσθαι (Plat.), V. αἰδεῖσθαι, κᾰταιδεῖσθαι. *I am ashamed*: also P. and V. αἰδώς μ' ἔχει. *Be ashamed before (a person)*: P. and V. αἰσχύνεσθαι (acc.), κᾰταισχύνεσθαι (acc.), Ar. and V. κᾰταιδεῖσθαι (acc.). *Be ashamed of*: P. and V. αἰσχύνεσθαι (dat. or acc. or ὑπέρ, gen.), ἐπαίσχύνεσθαι (acc.), V. δι' αἰσχύνης ἔχειν (acc.). *Be ashamed to*: P. and V. αἰσχύνεσθαι (infin. or part.), ἐπαισχύνεσθαι (infin. or part.), V. αἰδεῖσθαι (infin. or part.).

Ashen, adj. *Of ash*: V. μέλῐνος (Hom.). *Pale*: see *pale*.

Ashes, subs. P. and V. τέφρα, ἡ (Eur., *Cycl.* 641), V. σποδός, ἡ. *Ashes of the dead*: V. σποδός, ἡ. *Reduce to ashes*, v.: Ar. and V. κᾰταιθᾰλοῦν, κᾰταίθειν, V. κᾰτᾰμᾰθύνειν, Ar. σποδίζειν; see *burn*. *Be reduced to ashes*, v.: V. καπνοῦσθαι, κᾰτανθρᾰκοῦσθαι, ἀνθρᾰκοῦσθαι. *He was reduced to ashes*: V. ἐφεψᾰλώθη (aor. of φεψαλοῦσθαι) (Æsch., *P.V.* 362).

Ashore, adv. *On land*: Ar. and P. κᾰτᾰ γῆν. *To the land*: P. and V. πρὸς τὴν γῆν. *Bring ashore (into harbour)*, v. trans.: Ar. and P. κᾰτᾰγειν. *Cast ashore*, v. trans.: P. and V. ἐκφέρειν, V. ἐκβάλλειν. *Cast ashore*, adj.: V. ἔκβλητος. *Be cast ashore*, v.: P. and V. ἐκπίπτειν. *Be driven ashore*, v.: P. καταφέρεσθαι. *Put ashore (land a person)*, v. trans.: P. ἐκβιβάζειν. *Put ashore*, v. intrans: P. καταπλεῖν, P. and V.

προσέχειν ; see also *touch at*. *Run (a boat) ashore*, v. trans. : P. and V. ὀκέλλειν, P. ἐποκέλλειν, V. κέλλειν, ἐξοκέλλειν. *Run ashore*, v. intrans. : P. ὀκέλλειν, ἐποκέλλειν, V. ἐξοκέλλειν.

Ashy, adj. *Pale* : P. and V. ὠχρός.

Aside, adv. *Out of the way* : P. and V. ἐκποδών. In compounds : παρα, ἀπο, e.g. *turn aside* : P. παρατρέπειν, P. and V. ἀποτρέπειν. *In a whisper* : see *whisper*. *Speak aside* : P. and V. λέγειν πρὸς αὑτόν (*to oneself*). *Lay aside*, v. : Ar. and P. ἀποτίθεσθαι. *Set aside*, v. : Ar. and P. ἀποτίθεσθαι. *Reject* : P. and V. ἀπωθεῖν (or mid.), πἄρωθεῖν (or mid.); see *reject*. *Undo, cancel* : P. and V. κἄθαιρεῖν, λύειν ; see *cancel*. *Stand aside*, v. : P. and V. ἀφίστασθαι, ἀποστἄτεῖν (Plat.). *Stand aside for royalty* : V. τυράννοις ἐκποδὼν μεθίστασο (Eur., *Phoen.* 40).

Ask, v. trans. or absol. *Ask a question* : P. and V. ἐρωτᾶν (τινά τι), ἐρέσθαι (τινά τι) (2nd. aor.), ἀνερωτᾶν (τινά τι), ἐπερέσθαι (τινά τι) (2nd aor.), πυνθάνεσθαί (τινός τι), Ar. and P. ἐπερωτᾶν (τινά τι), Ar. and V. ἐκπυνθἄνεσθαί (τινός τι), V. ἱστορεῖν (τινά τι), ἀνιστορεῖν (τινά τι), ἐξιστορεῖν (τινά τι), ἐξερωτᾶν (τινά), ἐξερέσθαι (τινά) (2nd aor.), πεύθεσθαι (τινός τι) ; see *inquire*. *Ask in addition* : P. προσερωτᾶν, προσανερωτᾶν. *Ask again* : Ar. and P. ἐπἄνερωτᾶν. *Ask in return* : P. ἀντερωτᾶν. *Ask as a request* : P. and V. αἰτεῖν (τινά τι), αἰτεῖσθαί (τινά τι), πἄραιτεῖσθαί (τινά τι), ἀπαιτεῖν (τινά τι), δεῖσθαί (τινός τι), προσαιτεῖν (τινά τι), V. ἐξαιτεῖν (τινά τι), ἐξαιτεῖσθαί (τι). *Entreat* : P. and V. αἰτεῖν, ἱκετεύειν, δεῖσθαι (gen.), Ar. and P. ἀντῐβολεῖν V. λίσσεσθαι, ἀντιάζειν, προσπίτνειν, ἐξῐκετεύειν, Ar. and V. ἄντεσθαι, ἱκνεῖσθαι ; see *entreat*. *Ask, entreat in return* : P. ἀντιδεῖσθαι (gen.). *Join in asking* : P. συνδεῖσθαι (gen.). *Ask to do a thing* : P. and V. αἰτεῖν (τινά, infin.), ἀξιοῦν (τινά, infin.), δεῖσθαί (τινος, infin.), πἄραιτεῖσθαί (τινα, infin.), V. ἀπαιτεῖν (τινά, infin.). *Demand* : P. and V. ἀξιοῦν (infin.), δῐκαιοῦν (infin.) ; see *claim*. *Invite* : P. and V. κἄλεῖν, πἄρἄκἄλεῖν. *Ask back, demand back* : P. and V. ἀπαιτεῖν. *Ask for* : P. and V. αἰτεῖν (acc.) or mid., ἀπαιτεῖν (acc.), V. ἐξαιτεῖν (acc.) or mid. *As a favour* : P. and V. πἄραιτεῖσθαι (τινά τι), προσαιτεῖν (τινά τι), V. ἐπαιτεῖν (τινά τι). *Given, not asked for* : V. δωρητὸς οὐκ αἰτητός (Soph., *O.R.* 384). *Ask for in return* : P. ἀνταπαιτεῖν (acc.).

Askance, adv. *Look askance at* : P. and V. ὑποβλέπειν (acc.), Ar. and V. πἄραβλέπειν (acc.), V. πἄρεμβλέπειν εἰς (acc.) ; met., P. ὑφορᾶσθαι (acc.) ; see *suspect*. *Be looked askance at* : V. ὑποβλέπεσθαι.

Askew, adj. P. ἀτάκτως. *Out of order* : use adj., P. ἄτακτος. *Crooked* : P. σκολιός.

Asking, subs. P. αἴτησις, ἡ.

Aslant, adj. P. πλάγιος, V. λοξός. Adv. : P. εἰς πλάγια.

Asleep, adj. Use P. and V. κἄθεύδων, V. ὕπνῳ νῑκώμενος, *Be asleep* : P. and V. κἄθεύδειν, εὕδειν (Plat. but rare P., also Ar.), Ar. and P. κἄτἄδαρθάνειν ; see *sleep*. *Fall asleep* : V. εἰς ὕπνον πίπτειν. *In one's sleep* : P. καθ' ὕπνον, P. and V. ἐν ὕπνῳ, ὄνἄρ.

Asp, subs. See *serpent*.

Aspect, subs. *Appearance* : P. and V. σχῆμα, τό, εἶδος, τό, ἰδέα, ἡ, ὄψις, ἡ. *The aspect of affairs* : P. ἡ τῶν πραγμάτων κατάστασις. *Look at it in this aspect* : P. σκοπεῖτε ὧδε. *Shame is but one aspect of fear* : P. μόριον γὰρ αἰδὼς δέους (Plat., *Euthyd.* 12c).

Asperity, subs. *Of temper* : P. and V. πῑκρότης, ἡ. *Of taste* : P. αὐστηρότης, ἡ. *With asperity, angrily* : P. and V. πικρῶς, Ar. and P. χἄλεπῶς.

Asperse, v. trans. See *slander*.

Aspersion, subs. See *slander*.

Aspirant, subs. P. and V. ὁ ζητῶν. *One who desires*: P. ἐπιθυμητής, ὁ; see also *suitor*.

Aspiration, subs. *Hope*: P. and V. ἐλπίς, ἡ. *Desire*: P. and V. ἐπῐθῡμία, ἡ. *Pious aspiration, castle in the air*: P. εὐχή ἡ.

Aspire, v. intrans.: P. and V. ζητεῖν. *Desire*: P. and V. ἐπῐθῡμεῖν; see *desire*. *Hope*: P. and V. ἐλπίζειν. *Aspire to*: P. and V. μετέρχεσθαι (acc.), ζητεῖν (acc.); see *seek*. *Desire*: P. and V. ἐπῐθῡμεῖν (gen.); see *desire*. *Hope for*: P. and V. ἐλπίζειν (acc.).

Ass, subs. P. and V. ὄνος, ὁ or ἡ. *Pack ass*: Ar. κάνθων, ὁ, κανθήλιος, ὁ, P. ὄνος κανθήλιος, ὁ. As term of reproach: use *fool*. *Of an ass*, adj.: Ar. ὄνειος.

Assail, v. trans. See *attack*.

Assailable, adj. P. ἐπίμαχος, εὐεπίθετος. *Easy to be taken*: P. and V. ἁλώσῐμος.

Assailant, subs. Use P. and V. ὁ προσβάλλων, or participles of other verbs meaning *to attack*.

Assassin, subs. P. and V. φονεύς, ὁ; see *murderer*.

Assassinate, v. trans. P. and V. φονεύειν; see *murder*.

Assassination, subs. P. and V. φόνος, ὁ, Ar. and V. φοναί, αἱ; see *murder*.

Assault, v. trans. See *attack*. *Assault a person*: Ar. and P. ὑβρίζειν.

Assault, subs. See *attack*. *Assault and battery*: P. αἰκία, ἡ, ὕβρις, ἡ. For reference to case of *assault*, see Dem. 524, 525.

Assay, v. trans. Ar. and P. βᾰσᾰνίζειν, δοκῐμάζειν; see *try*.

Assay, subs. Ar. and P. βᾰσᾰνος, ἡ; see *trial*, *test*.

Assemblage, subs. See *assembly*.

Assemble, v. trans. P. and V. συλλέγειν, σῠνᾰγειν, ἀθροίζειν, σῠναθροίζειν, συγκᾰλεῖν, ἀγείρειν, P. συναγείρειν, V. ἁλίζειν (rare; used also in Plat., *Crat.* 409A, in a derivation). V. intrans. Use pass. of verbs given, also P. and V. σῠνέρχεσθαι, σῠνίστασθαι, P. συντρέχειν, συρρεῖν.

Assembled, adj. P. and V. ἀθρόος. *The assembled company*: P. οἱ συνόντες (Dem.). *Assembled in council*, adj.: V. σῠνεδρος.

Assembly, subs. *Act of collecting*: P. and V. συλλογή, ἡ, ἄθροισις, ἡ. *People assembled*: P. and V. σύλλογος, ὁ, σῠνοδος, ἡ. *Crowd*: P. and V. ὅμῑλος, ὁ, ὄχλος, ὁ, ἄθροισμα, τό, ὁμήγῠρις, ἡ; see *crowd*. *Assembly for a festival*: P. and V. πᾰνήγῠρις, ἡ. *Popular assembly*: Ar. and P. ἐκκλησία, ἡ. *Hold an assembly*: Ar. and P. ἐκκλησιάζειν.

Assent, v. intrans. P. and V. συγχωρεῖν, σῠναινεῖν (Plat.), ἐπαινεῖν, P. ὁμολογεῖν, V. συννεύειν. *Assent to*: P. and V. ἐπῐνεύειν (acc.), κᾰταινεῖν (acc. or dat.), συγχωρεῖν (dat.), σῠναινεῖν (acc.) (Xen.), P. ὁμολογεῖν (dat.), προστίθεσθαι (dat.).

Assent, subs. P. ὁμολογία, ἡ.

Assert, v. trans. or absol. P. and V. φᾰναι, φάσκειν, P. διατείνεσθαι, ἰσχυρίζεσθαι, διισχυρίζεσθαι. *Assert confidently*: V. αὐχεῖν (rare P.), ἐξαυχεῖν; see *swear*, *vow*. *Assert in opposition*: P. and V. ἀντῐλέγειν. *Assert (a claim, etc.), make good, secure*, v. trans.: P. βεβαιοῦν. *Assert a claim to*: P. ἀντιποιεῖσθαι (gen.), μεταποιεῖσθαι (gen.), Ar. and P. προσποιεῖσθαι (acc.). *Assert oneself, be bold*: P. and V. τολμᾶν, θρᾰσύνειν. *Be obstinate*: P. αὐθαδίζεσθαι.

Assertion, subs. *Statement*: P. and V. λόγος, ὁ, ῥῆμα, τό. *Claim*: P. προσποίησις, ἡ. *Self-assertion*, subs.: P. and V. τόλμᾰ, ἡ, θρᾰσος, τό, P. θρασύτης, ἡ. *Aggression*: P. πλεονεξία, ἡ. *Obstinacy*: see *obstinacy*.

Assertive, adj. *Bold*: P. and V. θρᾰσύς, τολμηρός. *Aggressive*: P. πλεονεκτικός; see also *obstinate*.

Assertively. *Boldly*: P. τολμηρῶς. *Aggressively*: P. πλεονεκτικῶς; see also *obstinately*.

Assess, v. trans. *Taxes, tribute, etc.*:

P. τάσσειν, συντάσσειν ; see *value*. *Damages (in a law-suit)* : Ar. and P. τῑμᾶν. *Against oneself* : P. τιμᾶσθαι.

Assessment, subs. *Fixing of the amount* : P. τάξις, ἡ, πρόσταξις, ἡ. *Amount fixed* : P. σύνταξις, ἡ, σύνταγμα, τό. *Damages (in a law-suit)* : Ar. and P. τίμημα, τό. *Fixing of the damages* : P. τίμησις, ἡ.

Assessor, subs. *One who assesses damages* : P. τιμητής, ὁ. *One who helps with advice* : P. and V. σῠ́νεδρος, ὁ or ἡ, πάρεδρος, ὁ or ἡ, V. σύνθᾱκος, ὁ or ἡ. *Be assessor (to)*, v. : P. παρεδρεύειν (dat.), συνδικάζειν (absol.), V. ἐφῆσθαι (absol.).

Asseverate, v. intrans. *Protest* : P. and V. μαρτῠ́ρεσθαι, P. διαμαρτύρεσθαι ; see *swear, assert*.

Asseveration, subs. *Oath* : P. and V. ὅρκος, ὁ ; see *assertion*.

Assiduity, subs. *Perseverance* : P. καρτερία, ἡ, καρτέρησις, ἡ. *Industry* : P. φιλοπονία, ἡ, P. and V. σπουδή, ἡ. *Practice* : P. μελέτη, ἡ.

Assiduous, adj. *Persevering* : P. and V. λῑπαρής (Plat.), Ar. γλισχρός. *Industrious* : P. φιλόπονος, φιλεργός. *Of things* : see *continuous*.

Assiduously, adv. *Continuously* : P. συνεχῶς. *Industriously* : P. φιλοπόνως, P. and V. σπουδῇ.

Assign, v. trans. P. and V. νέμειν, προσνέμειν, Ar. and P. διᾰνέμειν, P. ἀπονέμειν, ἐπινέμειν, κατανέμειν. *Assign by lot* : P. and V. κληροῦν, P. ἐπικληροῦν ; see under *lot*. *Appoint* : P. and V. τάσσειν, προστάσσειν. *Everywhere through the domain consecrated lands have been assigned me* : V. πανταχοῦ δέ μοι χθονὸς τεμένη δέδασται (Eur., *H.F.* 1328).

Assignee, subs. *One who receives assignment of land* : P. κληροῦχος, ὁ.

Assignment, subs. *Distribution* : P. νομή, ἡ, διανομή, ἡ. *Land assigned* : P. κλῆρος, ὁ. *Share allotted* : P. and V. μέρος, τό, V. λάχος, τό.

Assimilate, v. trans. P. and V. ὁμοιοῦν, ἐξομοιοῦν, P. ἀφομοιοῦν, προσεικάζειν.

Assimilation, subs. P. ὁμοίωσις, ἡ.

Assist, v. trans. P. and V. ὠφελεῖν (acc. or dat.), ἐπωφελεῖν (acc.), ἐπαρκεῖν (dat.), ἐπῐκουρεῖν (dat.), βοηθεῖν (dat.), Ar. and V. ἀρήγειν (dat.) (also Xen.), ἐπᾰρήγειν (dat.) (also Xen.), V. βοηδρομεῖν (dat.), ἀρκεῖν (dat.), προσαρκεῖν (dat.), προσωφελεῖν (acc. or dat.), P. ἐπιβοηθεῖν (dat.). *Serve* : P. and V. ὑπηρετεῖν (dat.), ὑπουργεῖν (dat.), ἐξῠπηρετεῖν (dat.). *Stand by* : Ar. and V. συμπᾰραστᾰτεῖν (dat.), πᾰρίστασθαι (dat.), V. πᾰραστᾰτεῖν (dat.), συμπᾰρίστασθαι (dat.), συγγίγνεσθαι (dat.). *Fight on the side of* : P. and V. συμμᾰχεῖν (dat.). *Work with* : P. and V. συλλαμβάνειν (dat.), συμπράσσειν (dat.), σῠνεργεῖν (dat.), V. συμπονεῖν (dat.), συγκάμνειν (dat.), σῠνέρδειν (dat.), σῠνεκπονεῖν (dat.), σῠνεργάζεσθαι (absol.), Ar. and P. σῠνᾰγωνίζεσθαι. *Assist (a work)* : P. and V. συμπράσσειν (acc.), συνδρᾶν (acc.) (Thuc.), V. σῠνεκπονεῖν (acc.) ; see *share in*. *Help forward* : P. and V. σπεύδειν, ἐπισπεύδειν. With non-personal subject : P. προφέρειν εἰς (acc.).

Assistance, subs. P. and V. ὠφέλεια, ἡ, ἐπῐκουρία, ἡ, τῑμωρία, ἡ, P. βοήθεια, ἡ, V. ὠφέλησις, ἡ, ἐπωφέλημα, τό, προσωφέλησις, ἡ, ἀλκή, ἡ, ἄλέξημα, τό, ἄρκεσις, ἡ, ἐπάρκεσις, ἡ, ἄρηξις, ἡ, προσωφέλημα, τό ; see *help*.

Assistant, subs. P. and V. ἐπῐ́κουρος, ὁ or ἡ, τιμωρός, ὁ or ἡ, πᾰραστᾰ́της, ὁ (Plat. and Eur., *Frag.*). Fem. V. πᾰραστᾰ́τῐς, ἡ, P. βοηθός, ὁ or ἡ, V. ἀρωγός, ὁ or ἡ, βοηδρόμος, ὁ or ἡ, τῑμάορος, ὁ or ἡ, Ar. and V. συμπᾰραστᾰ́της, ὁ. *Servant* : P. and V. ὑπηρέτης, ὁ. *Partner in work* : P. and V. σῠνεργός, ὁ or ἡ, συλλήπτωρ, ὁ, V. σῠνεργᾰ́της, ὁ. Fem. σῠνεργᾰ́τῐς, ἡ, P. συναγωνιστής, ὁ ; see *partner*.

Assisting, adj. P. and V. ἀρωγός

(Thuc., Plat.), ἐπῐ́κουρος, P. βοηθός, V. βοηδρόμος. *Defending*: V. ἀλεξητήριος.

Associate, adj. P. and V. σύννομος, V. συντελής (Æsch., *Ag.* 532).

Associate, subs. *Partner*: P. and V. κοινωνός, ὁ or ἡ, σῠνεργός, ὁ or ἡ, συλλήπτωρ, ὁ, σύννομος, ὁ or ἡ, Ar. and V. σύζῠγος, ὁ or ἡ; see *partner*. *Companion*: P. and V. ἑταῖρος, ὁ; see *friend*. *One's associates, companions*: P. and V. οἱ σῠνόντες. *One living with another*: use adj., P. and V. σῠ́νοικος (dat.). *One brought up with another*: use adj., P. and V. σύντροφος (dat.).

Associate, v. trans. *Make partner*: P. κοινοῦν. *Alas! for the doom that associates a just man with his more sinful fellows*: V. φεῦ τοῦ συναλλάσσοντος ὄρνιθος βροτοῖς δίκαιον ἄνδρα τοῖσι δυσσεβεστέροις (Æsch., *Theb.* 597). *Associate with oneself, take as associate*: P. and V. προσλαμβᾰ́νειν, προσποιεῖσθαι, προστῐ́θεσθαι, P. προσαιρεῖσθαι. *Unite together*: P. συνιστάναι, P. and V. συνδεῖν; see *unite*. *Associate (mentally)*: P. and V. προστῐθέναι; see *impute*. *Associating folly with the gods*: V. θεοῖσι προσθεὶς ἀμαθίαν (Eur., *Hipp.* 951). *Associate with, have dealings with*: P. and V. συγγίγνεσθαι (dat.), σῠνεῖναι (dat.), σῠναλλάσσειν (dat.), σῠνέρχεσθαι (dat.), κοινοῦσθαι (dat.), κοινωνεῖν (dat.), ὁμῑλεῖν (dat.), προσομῑλεῖν (dat.); see *dealings*. *Associate oneself with*: P. and V. προστῐ́θεσθαι (dat.). *Associated with*, adj.: P. and V. σῠ́νοικος (dat.).

Association, subs. *Dealings*: P. and V. κοινωνία, ἡ, ὁμῑλία, ἡ, σῠνουσία, ἡ. *Political club*: Ar. and P. σῠ́νοδος, ἡ, P. σύστασις, ἡ, ἑταιρεία, ἡ. *Associations, memories*: P. ὑπομνήματα, τά.

Assort, v. trans. P. and V. διιστᾰ́ναι (Eur., *Frag.*); see *arrange*, *separate*.

Assorted, adj. *Of various kinds*: Ar. and P. παντοδᾰπός, P. and V. παντοῖος. *Heaping abuse upon his ill-assorted marriage*: V. τὸ δυσπάρευνον λέκτρον ἐνδατούμενος (Soph., *Trach.* 791).

Assortment, subs. *Arrangement*: P. διάθεσις, ἡ, διάταξις, ἡ. *Batch*: P. and V. πλῆθος, τό, ἀριθμός, ὁ.

Assuage, v. trans. P. and V. πρᾱῠ́νειν. *Stop, check*: P. and V. παύειν. *Make lighter*: P. and V. ἐπῐκουφίζειν, ἀπαντλεῖν (Plat.), V. ἐξευμᾰρίζειν, κουφίζειν. *Lull to rest*: P. and V. κοιμίζειν (Plat.), V. κοιμᾶν. *Assuage one's thirst*: use P. and V. πίνειν; see *quench*.

Assuaged, adj. V. πέπων (Soph., *O.C.* 437). Fem. adj., V. πέπειρα (Soph., *Trach.* 728).

Assume, v. trans. *Put on clothes, etc.*: P. and V. ἐνδῠ́εσθαι, περῐβάλλειν, Ar. and P. ἀμφιεννῠ́ναι (or mid.), V. ἀμφῐβάλλεσθαι, ἀμφῐδῠ́εσθαι, Ar. and V. ἀμφῐτῐθέναι (or mid.), ἀμπίσχειν (or mid.). *Take on oneself*: P. and V. ἀναιρεῖσθαι, προστῐ́θεσθαι, ὑφίστασθαι, P. ἀναλαμβάνειν; see *undertake*. *Assuming the trouble of your rearing*: V. (γῆ) πανδοκοῦσα παιδείας ὄτλον (Æsch., *Theb.* 18). *He assumes and takes upon himself all these men's iniquities*: P. πάντα ἀναδεχόμενος καὶ εἰς αὑτόν ποιούμενος τὰ τούτων ἁμαρτήματά ἐστι (Dem. 352). *Pretend*: P. and V. πλάσσειν, Ar. and P. προσποιεῖσθαι. *A man might assume a fictitious character*: P. δύναιτ' ἄν τις πλάσασθαι τὸν τρόπον τὸν αὑτοῦ (Lys. 157). *Infer*: P. and V. εἰκάζειν, τεκμαίρεσθαι, τοπάζειν; see *infer*. *Assume (hypothetically)*: P. τιθέναι (or mid.). *I will assume it to be so*: P. θήσω γὰρ οὕτω (Dem. 648). *Assume as a principle*: P. ὑπολαμβάνειν, ὑποτίθεσθαι. *Be assumed*: P. ὑπάρχειν, ὑποκεῖσθαι. *This being assumed*: V. ὑπόντος τοῦδε (Eur., *El.* 1036).

Assumed, adj. *Pretended*: P. προσποιητός, P. and V. πλαστός; see *fictitious*.

Assuming, adj. *Insolent*: P. ὑβριστικός. *Meddlesome*: Ar. and P. πολυπράγμων. *Aggressive*: P. πλεονεκτικός. *Assuming that, if*: P. and V. εἰ, ἐάν; see *suppose*.

Assumption, subs. *Pretence*: P. προσποίησις, ἡ. *Insolence*: P. and V. ὕβρῐς, ἡ. *Meddling*: Ar. and P. πολυπραγμοσύνη, ἡ. *Supposition*: P. ὑπόθεσις, ἡ, θέσις, ἡ.

Assurance, subs. *Pledge of good faith*: P. and V. πίστῐς, ἡ, πιστόν, τό, V. πιστώμᾰτα, τά; see *warrant*. *Trust*: P. and V. πίστῐς, ἡ; see *confidence*. *Certainty*: P. βεβαιότης, ἡ, P. and V. ἀσφᾰλεια, ἡ. *Insolence*: P. and V. ὕβρῐς, ἡ. *Promise*: P. and V. ὑπόσχεσις, ἡ. *Perchance to-day will be an assurance of much good fortune*: ἡ δὲ νῦν ἴσως πολλῶν ὑπάρξει κῦρος ἡμέρα καλῶν (Soph., *El.* 918).

Assure, v. trans. *Make sure* or *secure*: P. βεβαιοῦν. *Assert vigorously*: P. ἰσχυρίζεσθαι, διισχυρίζεσθαι. *Promise*: P. and V. ὑπισχνεῖσθαι (τινί τι). *Be assured* (imperative): P. and V. ἴσθι, P. ἀκριβῶς ἴσθι, Ar. and V. σάφ' ἴσθι (also Xen., *Cyr.* 5, 2, 32). *Be assured*: P. and V. σάφ' εἰδέναι (Ant. and Xen. but rare P.); see also *learn*.

Assured, adj. *Safe*: P. and V. βέβαιος, ἀσφᾰλής.

Assuredly, adv. *Yes, in answer to a question*: P. and V. ναί, ναιχί, μάλιστά γε, πῶς γὰρ οὔ; Ar. and P. κομιδῇ γε, ἀμέλει, πάνῠ γε, V. καὶ κάρτᾰ, καὶ κάρτᾰ γε. *At any rate*: P. and V. γε, γοῦν, γε δή, ἀλλά, ἀλλά . . . γε. *Verily*: P. and V. ἦ, Ar. and V. κάρτᾰ (rare P.), ἦ κάρτᾰ. In oaths or strong assertions: P. and V. ἦ μήν.

Astern, adv. P. κατὰ πρύμναν, V. πρύμνηθεν.

Astonish, v. trans. P. and V. ἐκπλήσσειν, P. καταπλήσσειν; see *surprise*. *Be astonished*: see *wonder*.

Astonishing, adj. P. and V. θαυμαστός, δεινός, ἀμήχᾰνος, Ar. and P. θαυμάσιος, ὑπερφυής, V. ἔκπαγλος.

Astonishingly, adv. P. θαυμαστῶς, ἀμηχάνως, Ar. and P. ὑπερφυῶς, θαυμᾰσίως, P. and V. δεινῶς.

Astonishment, subs. P. and V. θαῦμα, τό, ἔκπληξις, ἡ, θάμβος, τό (rare P. but used in Thuc. and Plat.).

Astray, adv. *Lead astray*: P. and V. πᾰράγειν, πλᾰνᾶν, P. ἀποπλανᾶν. *Be lead astray*: also P. παραφέρεσθαι (Plat.). *Go astray*: P. and V. πλᾰνᾶσθαι; see *err*. *Going astray*, subs.: P. and V. πλάνη, ἡ.

Astride, adv. *Seated astride on*: V. βεβὼς ἐπί (gen.), ἐμβεβώς (dat.). *Be seated astride on*: use *sit on*.

Astringency, subs. P. αὐστηρότης, ἡ.

Astringent, adj. P. and V. πικρός, Ar. and P. στρυφνός, P. αὐστηρός.

Astrologer, subs. Ar. μετεωροσοφιστής, ὁ.

Astronomer, subs. P. ἀστρονόμος, ὁ, μετεωρολόγος, ὁ. *Be an astronomer*, v.: Ar. and P. ἀστρονομεῖν.

Astronomical, adj. P. ἀστρονομικός.

Astronomy, subs. Ar. and P. ἀστρονομία, ἡ.

Astute, adj. P. and V. σῠνετός, σοφός, P. ὀξύς, Ar. and P. φρόνῐμος; see *clever*, *prudent*.

Astutely, adv. P. and V. σοφῶς; see *prudently*.

Astuteness, subs. P. and V. σῠνεσις, ἡ, γνώμη, ἡ, σοφία, ἡ, φρόνησις, ἡ; see *cleverness*, *prudence*.

Asunder, adv. P. and V. χωρίς, δῐχᾰ, P. διχῇ. *Tear asunder*: P. and V. διᾰτέμνειν, V. διᾰφέρειν, Ar. and V. διᾰφορεῖν; see *tear*.

Asylum, subs. *Place of refuge*: P. and V. κᾰτᾰφῠγή, ἡ, ἀποστροφή, ἡ, P. ἀποφυγή, ἡ. *Protection*, subs.: P. and V. φῠλᾰκή, ἡ. *Right of asylum*: see *sanctuary*. *What stranger will protect my life, offering an asylum and a home where I may be safe?* V. τίς γῆν ἄσυλον καὶ δόμους ἐχεγγύους ξένος παρασχὼν ῥύσεται τοὐμὸν δέμας; (Eur., *Med.* 387).

At, prep. Of place: P. and V. ἐπί (dat.), πρός (dat.), πἄρά (dat.), ἐν (dat.). Of time: use P. and V. dat. or ἐν and dat. Of price: use P. and V. gen. *Against:* P. and V. ἐπί (acc. or dat.), πρός (acc.), εἰς (acc.). (*Rejoice, be angry, etc.*) *at:* P. and V. ἐπί (dat.). (*Mock*) *at:* P. and V. ὑβρίζειν (εἰς, acc.). (*Throw or aim*) *at:* use gen. *Not at all:* P. and V. ἀρχὴν οὐ, P. οὐχ ὅλως, Ar. and P. οὐ τὸ πἄρἄπαν, V. οὐ τὸ πᾶν; see under *all.* *At enmity:* P. and V. δι' ἔχθρας. *At hazard:* P. and V. τὔχῃ, P. κατὰ τύχην. *At home:* P. and V. οἴκοι, κᾰτ' οἶκον, ἔνδον, V. ἐν δόμοις; see under *home.* *At once:* P. and V. εὐθύς, εὐθέως, αὐτίκᾰ, πἄραυτίκᾰ, Ar. and P. πἄραχρῆμα; see *immediately.*

Atheist, subs. Use adj., P. and V. ἄθεος.

Atheistical, adj. P. and V. ἄθεος.

Athirst, adv. P. and V. διψῶν (Soph., *Frag.*), V. δίψιος. *Be athirst:* P. and V. διψῆν (Soph., *Frag.*).

Athlete, subs. P. and V. ἀθλητής, ὁ (Eur., *Alc.* 1027), P. ἀσκητής, ὁ.

Athletic, adj. P. γυμναστικός. *Athletic contest:* Ar. and P. γυμνἴκὸς ἄγών, P. and V. ἄγών, ὁ, V. ἆθλος, ὁ.

Athletics, subs. P. γυμναστική, ἡ, ἀγωνία, ἡ. *Love athletics,* v.: P. φιλογυμναστεῖν.

Athwart, adv. P. εἰς πλάγια, or use adj., πλάγιος. *At right angles:* P. ἐγκάρσιος.

Atmosphere, subs. P. and V. ἀήρ, ὁ; see *temperature, surroundings.*

Atone (for), v. P. and V. δίκην δἴδόναι (gen.), δίκην τίνειν (gen.), δίκην ἐκτίνειν (gen.), V. δίκην πἄρέχειν (absol.), Ar. λὔειν (acc.), V. ὑποτίνειν (acc.), τίνειν (acc.). *Make good:* P. and V. ἀναλαμβάνειν, ἀκεῖσθαι.

Atoning, adj. V. κἄθάρσιος.

Atonement, subs. *Expiation, purification:* P. and V. κἄθαρμός, ὁ, λὔσῐς, ἡ; see *expiation.* *Compensation:* V. ἄποινα, τά (Plat. but rare P.), ποινή, ἡ or pl. (rare P.), P. and V. τίσῐς, ἡ (Plat.). *Make atonement:* see *atone.* *Purify:* P. and V. κἄθαίρειν; see *purify.*

Atrocity, subs. *Cruelty:* P. and V. ὠμότης, ἡ, P. ἀγριότης, ἡ. *Terribleness:* P. δεινότης, ἡ *Dreadful act:* P. and V. τόλμημα, τό, V. τόλμᾰ, ἡ.

Atrocious, adj. *Savage:* P. and V. ἄγριος, δεινός, ὠμός, σχέτλιος. *Shocking:* P. and V. αἰσχρός. *Terrible:* P. and V. δεινός.

Atrociously, adv. P. ὠμῶς, σχετλίως. *Shockingly:* P. and V. αἰσχρῶς. *Terribly:* P. and V. δεινῶς.

Atrociousness, subs. See *atrocity.*

Atrophy, subs. *Wasting away:* P. φθόη, ἡ; see *numbness.*

Attach, v. trans. *Bind:* P. and V. δεῖν, συνδεῖν, V. ἐκδεῖν. *Fasten:* P. and V. ἀρτᾶν, σὔνάπτειν, προσάπτειν, ἀνάπτειν, προσαρμόζειν, κἄθάπτειν (Xen.), V. ἐξἄνάπτειν, Ar. and V. ἐξάπτειν; see also *fasten.* Met. (*blame, disgrace, etc.*): P. and V. προσβάλλειν, προστἴθέναι, προσάπτειν, V. ἀνάπτειν, Ar. and P. περιάπτειν, περἴτἴθέναι. *Attach to oneself,* met. of *friends, etc.*: P. and V. προσποιεῖσθαι, προσάγεσθαι, προστίθεσθαι. *Attach oneself to:* P. and V. προ-τίθεσθαι (dat.).

Attach to, v. intrans. *Belong to:* P. προσηρτῆσθαι (perf. pass. προσαρτᾶν) (πρός, dat.), P. and V. προσεῖναι (dat.), προσγίγνεσθαι (dat.), προσκεῖσθαι (dat.). *Avoiding the discredit attaching to such conduct:* P. τὴν προσοῦσαν ἀδοξίαν τῷ πράγματι φεύγοντες (Dem. 67).

Attached, adj. *Friendly, loving:* P. and V. φίλιος, εὔνους, προσφἴλής. *Be attached to:* P. and V. φἴλεῖν (acc.), στέργειν (acc.).

Attachment, subs. *Anything that fastens:* P. and V. δεσμός, ὁ, σύνδεσμος, ὁ. *Affection:* P. and V. φἴλία, ἡ, ἔρως, ὁ; see *love.*

Attack, v. trans. P. and V. προσβάλλειν (dat.), εἰσβάλλειν (εἰς or πρός, acc.), προσπίπτειν (dat.), εἰσπίπτειν (πρός, acc.), ἐπέχειν (ἐπί, dat.), ἐπέρχεσθαι (dat. rarely acc.), ἐμπίπτειν (dat.) (Xen. also Ar.), ἐπεισπίπτειν (dat. or acc.) (Xen.), V. ἐφορμᾶν (dat.) or pass. (rare P.), P. προσφέρεσθαι (dat.), ἐπιφέρεσθαι (dat.), ἐπιγίγνεσθαι (dat.), ἐπιπίπτειν (dat.), Ar. and P. ἐπῐτῐθέσθαι (dat.), ἐπῐχειρεῖν (dat.). *Attack by sea*: P. ἐπιπλεῖν (dat.). *March to attack*: P. and V. ἐπιστρᾰτεύειν (dat.). *Join in attacking*: P. συνεπιτίθεσθαι (μετά, gen. and dat. of object attacked). *Lay hands on*: P. and V. ἅπτεσθαι (gen.), ἐπῐλαμβάνεσθαι (gen.). *Attack* (*with words*): P. and V. ἐπιπλήσσειν, P. καθάπτεσθαι (gen.), Ar. and P. ἐγκεῖσθαι (dat.); see *accuse*. *Attack a statement*: P. ἀντιλαμβάνεσθαι (gen.). *Attack* (*of sickness* or *physical sensations*): P. and V. ἅπτεσθαι (gen.), ἀνθάπτεσθαι (gen.), ἐμπίπτειν (dat.), προσπίπτειν (dat.), κᾰτασκήπτειν (εἰς, acc.). *Of a plague*: P. ἐπιπίπτειν (dat.), P. and V. ἐπῐλαμβάνειν (acc.). *Be attacked* (*by disease, misfortune, etc.*): P. and V. σῠνέχεσθαι (dat.).

Attack, subs. P. and V. προσβολή, ἡ, εἰσβολή, ἡ, P. ἐπίθεσις, ἡ, ἐπιχείρησις, ἡ, ἔφοδος, ἡ, ἐπιδρομή, ἡ. *Attack by sea*: P. ἐπίπλους, ὁ. *Of disease, etc.*: P. and V. προσβολή, ἡ, P. καταβολή, ἡ. *Open to attack*: P. ἐπίμαχος, εὐεπίθετος.

Attain, v. trans. *Reach*: P. and V. ἀφικνεῖσθαι (εἰς, acc., or V. acc. alone), εἰσᾰφικνεῖσθαι (εἰς, acc., or V. acc. alone), Ar. and V. ἱκνεῖσθαι (εἰς, acc., or acc. alone), V. ἐξικνεῖσθαι (εἰς, acc., or acc. alone); see *reach*. *Have attained, have reached*: P. and V. ἥκειν (εἰς, acc., or V. acc. alone); see *reach*. *Attain an object*: P. and V. ἐξικνεῖσθαι (gen. or acc.), τυγχάνειν (gen.), ἐφάπτεσθαι (gen.), P. ἐφικνεῖσθαι (gen.); see also *acquire, accomplish, gain*. *Those in Sicily attained to the greatest power*: P. οἱ ἐν Σικελίᾳ ἐπὶ πλεῖστον ἐχώρησαν δυνάμεως (Thuc.).

Attainable, adj. P. καταληπτός.

Attainder, subs. *Loss of civil rights*: P. and V. ᾰ̓τῑμία, ἡ.

Attainment, subs. *Acquirement*: P. and V. κτῆσις, ἡ: *Skill*: P. and V. τέχνη, ἡ.

Attaint, v. trans. *Deprive of civil rights*: Ar. and P. ἀτιμοῦν.

Attainted, adj. *Deprived of civil rights*: P. and V. ᾰ̓τῑμος.

Attemper, v. trans. See *temper*. *Suit*: see *suit*.

Attempt, v. trans. P. and V. ἐπῐχειρεῖν (dat.), ἐγχειρεῖν (dat.), ἅπτεσθαι (gen.); see *undertake*. Absol.: P. and V. ἐπῐχειρεῖν (infin.), ἐγχειρεῖν (infin.), πειρᾶν or mid. (infin.).

Attempt, subs. P. and V. πεῖρα, ἡ, ἐγχείρημα, τό, P. ἐπιχείρημα, τό, ἐπιχείρησις, ἡ, ἐπιβολή, ἡ. *Daring attempt*: P. and V. τόλμημα, τό, κινδῡ́νευμα, τό, V. τόλμᾰ, ἡ. *Preliminary attempt*: P. πρόπειρα, ἡ. *Make an attempt on* (*a fortified place, etc.*): P. πειρᾶν or mid. (gen.), ἀποπειρᾶν (gen.).

Attend, v. trans. *Accompany*: P. and V. ἕπεσθαι (dat.), ἐφέπεσθαι (dat.), σῠνέπεσθαι (dat.), ὁμῑλεῖν (dat.), Ar. and P. ἀκολουθεῖν (dat.), πᾰρᾰκολουθεῖν (dat.), P. συνακολουθεῖν (dat.), V. μεθέπεσθαι (dat.), ὁμαρτεῖν (dat.). *Escort*: P. and V. προπέμπειν. *Wait on*: P. and V. διᾱκονεῖν (dat.), ῡ̔πηρετεῖν (dat.), λατρεύειν (dat.), θερᾰπεύειν (acc.), V. προσπολεῖν (dat.). *Attend* (*school, etc.*): Ar. and P. φοιτᾶν (εἰς, acc.). *Attend* (*school with others*): Ar. and P. συμφοιτᾶν (absol.). *Be present at*: P. and V. πᾰρεῖναι (dat. or εἰς, acc.), Ar. and P. πᾰρᾰγίγνεσθαι (dat.). *Wait for*: see *await*. *Attend medically*: P. and V. θερᾰπεύειν, V. κηδεύειν. *Attend on, be consequent on*: P. and V. ἕπεσθαι (dat.), σῠνέπεσθαι (dat.), P. ἀκολουθεῖν (dat.). *Attend on* (*as a servant on a child*):

P. and V. παιδᾰγωγεῖν (acc.). *Attend to, look after* : Ar. and P. ἐπῐμέλεσθαι (gen.), P. ἐπιμέλειαν, ποιεῖσθαι (gen.), P. and V. φροντίζειν (gen.), τημελεῖν (acc. or gen.) (Plat.), κήδεσθαι (gen.), V. ὤραν ἔχειν (gen.). *Attend to, pay attention to* : Ar. and P. προσέχειν (dat.), προσέχειν τὸν νοῦν (dat.), P. and V. νοῦν ἔχειν (πρός, acc. or dat.).

Attend, absol. *Pay attention* : P. and V. ἐνδέχεσθαι, Ar. and P. προσέχειν, προσέχειν τὸν νοῦν. *Be present* : P. and V. πᾰρεῖναι, Ar. and P. πᾰρᾰγίγνεσθαι.

Attendance, subs. *Service* : P. διακονία, ἡ, Ar. and P. ὑπηρεσία, ἡ, P. and V. λατρεία, ἡ (Plat.), θερᾰπεία, ἡ; see *tendance*. *Presence*, subs. : P. and V. πᾰρουσία, ἡ. *Attendance on children* : P. and V. παιδᾰγωγία, ἡ. *On the sick* : P. and V. θερᾰπεία, ἡ, V. παιδᾰγωγία, ἡ, προσεδρία, ἡ. *Attendance (at a course of teaching, etc.)* : P. συνουσία, ἡ.

Attendant, subs. P. and V. ὑπηρέτης, ὁ, διάκονος, ὁ or ἡ, Ar. and P. θερᾰπων, ὁ, ἀκόλουθος, ὁ, V. πρόσπολος, ὁ or ἡ, ὀπάων, ὁ, ὀπᾱδός, ὁ or ἡ, Ar. and V. πρόπολος, ὁ or ἡ, Ar. ἀμφίπολος, ὁ or ἡ; see *servant, maid*. *Attendant on children* : P. and V. παιδᾰγωγός, ὁ.

Attendant, adj. *Pertaining, consequent* : P. ἐχόμενος, ἀκόλουθος. *Attendant on* : Ar. and P. ἀκόλουθος (gen. or dat.). *Attendant train* : V. ὀπισθόπους κῶμος, ὁ (Eur., *Hipp.* 54).

Attention, subs. *Care* : P. ἐπιμέλεια, ἡ, Ar. and P. μελέτη, ἡ, V. ὤρα, ἡ, P. and V. ἐπιστροφή, ἡ, σπουδή, ἡ. *Respectful treatment* : P. θεραπεία, ἡ. *Pay attention to* : see *attend to*. *Show attention to* : Ar. and P. θερᾰπεύειν (acc.). *Give me your attention* : P. προσέχετε τὸν νοῦν; see *attend*.

Attentive, adj. *Careful* : P. and V. ἐπῐμελής (Soph., *Frag.*). *Thoughtful, considerate* : P. εὐγνώμων. *Be attentive* : see *attend*.

Attentively, adv. *Carefully* : P. ἐπιμελῶς. *Let him listen attentively* : P. προσέχων ἀκουσάτω (Dem. 516).

Attenuated, adj. Ar. and V. λεπτός, ἰσχνός.

Attenuation, subs. P. λεπτότης, ἡ.

Attest, v. trans. *Bear witness to* : P. and V. μαρτῠρεῖν, συμμαρτῠρεῖν, ἐκμαρτῠρεῖν, P. ἐπιμαρτυρεῖν. *Show, prove* : P. and V. δεικνῠ́ναι, ἀποδεικνῠ́ναι, ἐπῐδεικνῠ́ναι, δηλοῦν; see *prove*.

Attestation, subs. *Evidence* : Ar. and P. μαρτῠρία, ἡ, V. μαρτῠ́ρημα, τό.

Attic, subs. Ar. and P. ὑπερῷον, τό.

Attire, subs. P. and V. ἐσθής, ἡ, στολή, ἡ (Plat.), κόσμος, ὁ; see *dress*.

Attire, v. trans. *Adorn* : P. and V. κοσμεῖν, V. ἀσκεῖν, ἐξασκεῖν, ἀγάλλειν; see *dress, equip*.

Attitude, subs. P. and V. σχῆμα, τό. *Way of standing* : P. and V. στάσῐς, ἡ. *Way of sitting* : V. ἕδρα, ἡ, θάκημα, τό. *Adopt an attitude towards, behave towards*, v. : P. and V. προσφέρεσθαι (dat.). *Feel towards* : P. διακεῖσθαι (dat. or πρός, acc.). *Opinion* : P. and V. δόξα, ἡ, γνώμη, ἡ.

Attitudinise, v. intrans. P. σχηματίζεσθαι, Ar. σχημᾰτίζειν.

Attorney, subs. See *lawyer*.

Attract, v. trans. *In physical sense* : P. and V. ἕλκειν, V. προσάγεσθαι (Soph., *Frag.*). Met. P. and V. ἐφέλκεσθαι, ἐπισπᾶσθαι, ἕλκειν, προσάγεσθαι. *Delight* : P. and V. τέρπειν; see *delight*. *A beauty that attracts the eyes of men* : V. ὤρα . . . ἐπίστρεπτος βροτοῖς (Æsch., *Supp.* 997).

Attraction, subs. Lit. P. ὁλκή, ἡ. Met. *charm* : P. and V. χάρῐς, ἡ. *Bait* : P. and V. δέλεαρ, τό.

Attractive, adj. P. ἐπαγωγός, προσαγωγός, ἐφολκός. *Charming* : Ar. and P. χᾰρίεις, P. εὔχαρις, ἐπίχαρις. *Delightful* : P. and V. τερπνός, ἡδῠ́ς.

Attractively, adv. P. χαριέντως, P. and V. ἡδέως.

Attributable, adj. *The fact that they did not all die of hunger was mainly attributable to him*: P. τοῦ μὴ τῷ λιμῷ πάντας αὐτοὺς ἀποθανεῖν αἰτιώτατος ἐγένετο (Dem. 469).

Attribute, v. trans. P. and V. ἀνᾰφέρειν (τί τινι or εἴς τινα), προστῐθέναι (τί τινι), αἰτιᾶσθαι (τινός τινα), ἐπαιτιᾶσθαι (τινός τινα), Ar. and P. ἐπᾰνᾰφέρειν (τι εἴς τινα), ἀνᾰτῐθέναι (τί τινι), V. αἰτίαν νέμειν (τινός τινι). *Assign*: P. and V. ἀποδῐδόναι.

Attribute, subs. *Sign*: P. and V. σημεῖον, τό, τεκμήριον, τό, σύμβολον, τό; see *sign*. *Peculiar quality*: P. and V. ἴδιον, τό. *Part*: P. and V. μέρος, τό. *I must endeavour to say what is the attribute of each divinity*: P. ἃ ἑκάτερος εἴληχε πειρατέον εἰπεῖν (Plat., *Symp.* 180E). *You appear unwilling to explain the essential nature of righteousness, but to state a certain attribute of it*: P. κινδυνεύεις τὴν μὲν οὐσίαν (τοῦ ὁσίου) οὐ βούλεσθαι δηλῶσαι, πάθος δέ τι περὶ αὐτοῦ λέγειν (Plat., *Euth.* 11A). *We shall find all things despised except such as have received a share in this attribute (beauty)*: P. εὑρήσομεν πάντα καταφρονούμενα πλὴν ὅσα ταύτης τῆς ἰδέας κεκοίνωκε (Isoc. 216E).

Attribution, subs. *Assignment*: P. ἐπιφορά, ἡ.

Attrition, subs. P. τρῖψις, ἡ.

Attune, v. trans. P. ἁρμόζειν (Plat.); see *tune*. Met. see *adapt*.

Attuned, adj. P. and V. σύμφωνος; see *harmonious*. *Attuned to*: met. P. σύμφωνος (dat.), V. σῠνῳδός (dat.), προσῳδός (dat.).

Auburn, adj. P. and V. πυρσός, ξανθός.

Auction, subs. *Sell by auction*, v. trans: P. ἀποκηρύσσειν.

Audacious, adj. P. and V. τολμηρός, θρᾰσύς, V. πάντολμος. *Shameless*: P. and V. ἀναιδής. *Impudent*: P. ὑβριστικός. *Audacious in speech*: V. θρᾰσύστομος. *Be audacious*: P. and V. τολμᾶν, ὑβρίζειν, ἐξυβρίζειν. In speech: V. θρᾰσυστομεῖν, ἐλευθεροστομεῖν, ἐξελευθεροστομεῖν.

Audaciously, adv. P. τολμηρῶς, Ar. and P. θρᾰσέως. *Impudently*: P. ὑβριστικῶς. *Shamelessly*: P. and V. ἀναιδῶς.

Audacity, subs. P. and V. τόλμα, ἡ, θράσος, τό, P. θρασύτης, ἡ. *Impudence*: P. and V. ὕβρῐς, ἡ. *Shamelessness*: P. and V. ἀναίδεια, ἡ.

Audible, adj. P. ἀκουστός, V. ἀκούσῐμος (Soph., *Frag.*).

Audience, subs. *Admittance to a hearing*: P. and V. εἴσοδος, ἡ. *Grant audience*: P. λόγον διδόναι, V. λόγον ἐνδῐδόναι (Eur., *And.* 965). *Have an audience with*: see *interview*. *Spectators*: P. and V. θεᾶταί, οἱ, θεωροί, οἱ, οἱ θεώμενοι. *Hearers*: P. ἀκροαταί, οἱ, Ar. and P. οἱ ἀκροώμενοι, P. and V. οἱ ἀκούοντες.

Audit, subs. Ar. and P. εὔθῡνα, ἡ, or plural.

Audit, v. trans. See *examine*.

Auditor, subs. *Accountant*: P. εὔθυνος, ὁ, λογιστής, ὁ. *Hearer*: P. ἀκροατής, ὁ, or use adj., P. and V. ἐπήκοος.

Auger, subs. P. and V. τρῡπᾰνον, τό (Plat. and Eur., *Cycl.* 461).

Aught, pron. See *anything*. *For aught I know*: Ar. ὅσον γ᾽ ἔμ᾽ εἰδέναι.

Augment, v. trans. P. and V. αὐξᾰνειν, αὔξειν, V. ὀφέλλειν; see *increase*.

Augmentation, subs. P. αὔξησις, ἡ, ἐπίδοσις, ἡ.

Augur, subs. V. οἰωνόμαντις, ὁ, οἰωνοσκόπος, ὁ.

Augur, v. trans. *Forebode*: P. and V. μαντεύεσθαι. *Signify, portend*: P. and V. σημαίνειν, φαίνειν (Eur., *El.* 829), V. προσημαίνειν, προφαίνειν. *They took the matter the more to heart because it seemed to augur ill for the success of the expedition*: P. τὸ πρᾶγμα μειζόνως ἐλάμβανον· τοῦ γὰρ ἔκπλου οἰωνὸς ἐδόκει εἶναι (Thuc. 6, 27).

Augury, subs. *Art of augury*: P. ἡ οἰωνιστική (Plat.), V. οἰνωνίσμᾰτα, τά. *Practise augury*: P. οἰωνίζεσθαι (Xen.), V. οἰωνοσκοπεῖν. *Seat of augury*: V. θᾶκος οἰωνοσκόπος, ὁ. *Omen*: P. and V. οἰωνός, ὁ, Ar. and V. ὄρνῖς, ὁ, V. πτερόν, τό.

August, adj. P. and V. σεμνός; see *revered*. *Magnificent*: Ar. and P. μεγᾰλοπρεπής. P. and V. λαμπρός. *In invocations to goddesses*: use fem. adj., Ar. and V. πότνια.

August, subs. P. Μεταγειτνιών, ὁ.

Augustly, adv. P. and V. σεμνῶς.

Augustness, subs. *Dignity*: P. and V. σεμνότης, ἡ. *Magnificence*: P. μεγαλοπρέπεια, ἡ.

Aunt, subs. P. τηθίς, ἡ.

Auspices, subs. See *augury*, *omen*. *Under favourable auspices*: V. ὄρνιθι αἰσίῳ (Soph., *O.R.* 52). *Enjoying favourable auspices*: P. οἰωνοῖς χρησάμενος αἰσίοις (Xen., *Cyr.* 3, 3, 22). *They leagued themselves together under the auspices of some of the best generals*: P. συνίσταντο . . . ἔχοντες ἡγεμόνας τῶν πάνυ στρατηγῶν (Thuc. 8, 89). *Take auspices*, v.: P. οἰωνίζεσθαι (Xen.), V. οἰωνοσκοπεῖν.

Auspicious, adj. Of omens: P. and V. κᾰλός, εὔφημος (Plat.), εὐτῠχής, V. δεξιός, εὐμενής, πρευμενής, Ar. and V. αἴσιος (also Xen. but rare P.). Of persons: P. and V. ἵλεως (sometimes scanned as dissyllable), εὐμενής, φίλιος, Ar. and V. εὔφρων, πρόφρων, V. πρευμενής. *You made it (our land) an auspicious battle-ground for the Greeks to fight in*: P. παρέσχετε αὐτὴν εὐμενῆ ἐναγωνίσασθαι τοῖς Ἕλλησι (Thuc. 2, 74). *Auspicious words*: P. and V. εὐφημία, ἡ. *Use auspicious words*: P. and V. εὐφημεῖν. *Using auspicious words*, adj.: Ar. and V. εὔφημος.

Auspiciously, adv. P. and V. εὖ κᾰλῶς, εὐτῠχῶς, εὐδαιμόνως, V. αἰσίως. *Seasonably*: P. εὐκαίρως, P. and V. εἰς κᾰλόν, ἐν κᾰλῷ; see *seasonably*.

Austere, adj. P. and V. τρᾱχύς, σκληρός, Ar. and P. χᾰλεπός, στρυφνός (Xen.), P. αὐστηρός. *Crabbed*: P. and V. δύσκολος *Frugal*: Ar. and P. φειδωλός.

Austerely, adv. P. τραχέως, Ar. and P. σκληρῶς, χᾰλεπῶς. *Crabbedly*: P. δυσκόλως. *Frugally*: P. φειδωλῶς.

Austerity, subs. P. and V. τρᾱχύτης, ἡ, P. σκληρότης, ἡ, χαλεπότης, ἡ, αὐστηρότης, ἡ. *Crabbedness*: Ar. and P. δυσκολία, ἡ. *Frugality*: Ar. and P. φειδωλία, ἡ.

Authentic, adj. P. and V. ἀληθής, P. ἀληθινός. *Trustworthy*: P. and V. πιστός, βέβαιος, P. ἀξιόπιστος.

Authenticate, v. trans. P. βεβαιοῦν.

Authenticity, subs. *Truth*: P. and V. ἀλήθεια, ἡ. *Trustworthiness*: P. and V. πίστις, ἡ, τὸ πιστόν.

Author, subs. *Creator*: P. and V. δημιουργός, ὁ, αὐτόχειρ, ὁ or ἡ, τέκτων, ὁ. *Doer*: P. and V. πράκτωρ, ὁ, ὁ δρᾱ́σας, V. ἐργάτης, ὁ (also Xen. but rare P.). *Maker*: P. ποιητής, ὁ. *One who causes*: use adj., P. and V. αἴτιος. *Contriver*: P. and V. ἀρχιτέκτων, ὁ, τέκτων, ὁ. *Prime-mover*: P. and V. ἡγεμών, ὁ or ἡ, ἀρχηγός, ὁ or ἡ, P. εἰσηγητής, ὁ, V. ἀρχηγέτης, ὁ. *Of a murder*: see *murderer*. *The author of one's being*: V. ὁ γένους ἀρχηγέτης (Eur., *Or.* 555); see *father*. *Writer*, *prose-writer*: P. συγγραφεύς, ὁ, λογοποιός, ὁ. *Verse-writer*: P. ποιητής, ὁ.

Authorisation, subs. P. and V. ἐξουσία, ἡ; see *authority*.

Authorise, v. trans. Ar. and P ἐπιτρέπειν (dat.), P. ἐξουσίαν διδόναι (dat.); see *allow*.

Authorised, adj. *Having authority*. P. and V. κύριος (Eur., *El.* 259).

Authoritative, adj. *Positive, certain*: P. and V. βέβαιος, πιστός. *Peremptory* (of persons): P. δεσποτικός. Of a command: P. ἰσχυρός; see *peremptory*. *Possessed of authority*: P. and V. κύριος.

Authoritatively, adv. P. κυρίως. *Positively*: P. and V. βεβαίως. *Firmly*: P. ἰσχυρῶς. *Expressly*:

P. διαρρήδην. *Peremptorily*: see *peremptorily*.

Authority, subs. *Power*: P. and V. ἀρχή, ἡ, ἐξουσία, ἡ, δύνᾰμις, ἡ, κῦρος, τό, κρᾰτος, τό, δυναστεία, ἡ. *Influence*: P. and V. δύνᾰμις, ἡ. *Permission*: P. and V. ἐξουσία, ἡ. *Testimony*: Ar. and P. μαρτῠρία, ἡ, V. μαρτῡριον, τό or Pl. Concretely, *witness*: P. and V. μάρτῠς, ὁ or ἡ *Quote as authority*, v.: P. παρατίθεσθαι (acc.). *An authority on*: P. and V. ἐπιστήμων, ὁ or ἡ (gen.), ἔμπειρος, ὁ or ἡ (gen.). *Having authority*, adj.: P. and V. κύριος. *Having full authority*, adj.: Ar. and P. αὐτοκράτωρ. *Without authority*, adj.: P. ἄκυρος. *Without your authority*: P. μὴ σημήναντός σου (Plat., *Phaedo* 62c). *On one's own authority*: P. ἀφ' ἑαυτοῦ γνώμης. *They accused the generals of making terms without their authority*: P. τοὺς στρατηγοὺς ἐπῃτιάσαντο ὅτι ἄνευ αὐτῶν συνέβησαν (Thuc. 2, 70). *The authorities, those in authority*: P. and V. οἱ ἐν τέλει, τὰ κύρια, P. τὰ τέλη, οἱ ἐπὶ τοῖς πράγμασι, V. οἱ ἐν τέλει βεβῶτες, Ar. and P. αἱ ἀρχαί *This period (of history) was omitted by all authorities before me*: τοῖς πρὸ ἐμοῦ ἅπασιν ἐκλιπὲς τοῦτο ἦν τὸ χωρίον (Thuc. 1, 97).

Autochthonous, adj. P. and V. αὐτόχθων.

Autocracy, subs. P. and V. μοναρχία, ἡ, τῠραννίς, ἡ, P. δεσποτεία, ἡ.

Autocrat, subs. P. and V. μόναρχος, ὁ, τύραννος, ὁ, δεσπότης, ὁ.

Autocratic, adj. P. and V. τῠραννῐκός, Ar. and P. αὐτοκρᾰτωρ, P. δεσποτικός.

Autocratically, adv. P. τυραννικῶς, δεσποτικῶς.

Automatic, adj. *Self-acting*: P. and V. αὐτόμᾰτος.

Automatically, adv. P. ἀπὸ ταὐτομάτου.

Autonomous, adj. P. αὐτόνομος. *Be autonomous*: P. αὐτονομεῖσθαι.

Autonomy, subs. P. αὐτονομία, ἡ.

Autumn, subs. P. μετόπωρον, τό, φθινόπωρον, τό, Ar. and V. ὀπώρα, ἡ.

Autumnal, adj. P. μετοπωρινός.

Auxiliary, adj. P. and V. ἐπίκουρος, ἀρωγός (Plat., Thuc.), P. βοηθός. Of things, *subordinate*: P. ὑπηρετικός. *Auxiliary troops*: P. and V. ἐπῐκουρία, ἡ, P. οἱ ἐπίκουροι. *Of auxiliary troops*: P. ἐπικουρικός.

Avail, v. trans. or absol. P. and V. συμφέρειν (dat.), ὠφελεῖν (acc. or dat.), ἐπωφελεῖν (acc. or dat.), ἀρκεῖν (dat.), ὀνῑνάναι (acc.). *Have power*: P. and V. δύνασθαι, ἰσχύειν, Ar. and V. σθένειν. *Avail oneself of*: P. and V. χρῆσθαι (dat.), P. ἀποχρῆσθαι (dat.). *Enjoy fruits of*: P. and V. καρποῦσθαι (acc.), ἀπολαύειν (gen.), V. ἐπαυρίσκεσθαι (gen.).

Avail, subs. *Advantage*: P. and V. κέρδος, τό; see *advantage*. *It is of no avail*: P. οὐδὲν προὔργου ἐστί. *Of what avail is it?* P. and V. τί πλέον ἐστί; *Of no avail, useless*: use adj., P. and V. ἄχρηστος, ἀχρεῖος, ἀνωφελής; see *useless*.

Available, adj. *Ready to hand*: P. and V. πρόχειρος. *Be available*: P. and V. ὑπάρχειν, P. ὑπεῖναι. *The large sums taken at the sack of Iasus were available for the soldiers*: P. τὰ ἐκ τῆς Ἰάσου μεγάλα χρήματα διαρπασθέντα ὑπῆν τοῖς στρατιώταις (Thuc. 8, 36).

Avarice, subs. P. and V. αἰσχροκέρδεια, ἡ, ἀπληστία, ἡ, P. φιλοχρηματία, ἡ, φιλαργυρία, ἡ. *Greediness*: P. πλεονεξία, ἡ.

Avaricious, adj. P. and V. αἰσχροκερδής, φῐλάργῠρος, ἄπληστος, P. φιλοχρήματος. *Greedy*: P. πλεονεκτικός.

Avariciously, adv. P. πλεονεκτικῶς, ἀπλήστως.

Avaunt, interj. Ar. and V. ἔρρε, V. ἔρροις (opt.), Ar. ἄπᾰγε.

Avenge, v. trans. *Persons* or *things*: P. and V. τῑμωρεῖν (dat. of person, acc. or gen. of thing). *Persons*: V. ποινὰς λαμβάνειν (gen.). *Things*: P. and V. δίκην or τῑμωρίαν λαμβᾰ́νειν (gen.), V. ἐκδῐκάζειν, τῑ́νεσθαι, ἐκτῑ́νεσθαι, ἐκπράσσειν, ἄποινα (τά) μετῐέναι (gen.); see *take vengeance for*, under *vengeance*. *Avenge oneself on*: P. and V. τῑμωρεῖσθαι (acc.), ἀντῐτῑμωρεῖσθαι (acc.), ἀμῡ́νεσθαι (acc.), Ar. and V. ἀντᾰμείβεσθαι (acc.), V. ποινᾶσθαι (acc.), τῑ́νεσθαι (acc.); see *take vengeance on*, under *vengeance*.

Avenger, subs. P. and V. τῑμωρός, ὁ or ἡ, V. ποινᾰ́τωρ, ὁ, τῑμᾰ́ορος, ὁ or ἡ, δῐκηφόρος, ὁ or ἡ, πράκτωρ, ὁ. *Avenger of a father's death*: V. πατρὶ τῑμωρὸς φόνου (Soph., *El.* 14). *I will become the avenger of my children's blood*: V. τέκνοις δικαστὴς αἵματος γενήσομαι (Eur., *H.F.* 1150).

Avenging, adj. P. and V. τιμωρός, V. ποίνῐμος, δῐκηφόρος, τῑμᾰ́ορος. *Avenging spirit*: P. and V. ἀλάστωρ, ὁ, P. ἀλιτήριος, ὁ or ἡ.

Avenue, subs. *Grove*: P. and V. ἄλσος, τό (Plat.); see *grove*. *Way, means*: P. and V. πόρος, ὁ. *Avenue of escape*: P. and V. ἔξοδος, ἡ, ἀποστροφή, ἡ.

Aver, v. trans. P. and V. λέγειν, φᾰ́ναι, φάσκειν; see *assent, confess*.

Average, adj. *Lying between two extremes*: P. and V. μέσος. *Moderate, not excessive*: P. and V. μέτριος. *Customary*: P. and V. εἰωθώς, σῠνήθης, εἰθισμένος.

Average, subs. *Middle point*: P. τὸ μέσον. *On the average, for the most part*: P. τὰ πολλά, ὡς ἐπὶ τὸ πολύ; see *mostly*. *To strike the average between the largest and smallest number of ships*: πρὸς τὰς μεγίστας καὶ ἐλαχίστας ναῦς τὸ μέσον σκοπεῖν (Thuc. 1, 10).

Average, v. trans. *Equalise*: P. ἐπανισοῦν; see *equalise*.

Averse, adj. *Hostile*: P. and V. δυσμενής, ἐχθρός, δύσνους, V. δύσφρων; see *hostile*. *Unwilling*: P. and V. ἄκων. *Be averse to (things)*: P. χαλεπῶς φέρειν (acc. or dat.), Ar. and P. ἀγᾰνακτεῖν (dat.), P. and V. ἄχθεσθαι (dat.), V. πικρῶς φέρειν (acc.). *Hate*: P. and V. μισεῖν; see *hate*. *Disapprove*: P. and V. μέμφεσθαι (acc. or dat.). *Be unwilling to* (with infin.): P. and V. οὐ βούλεσθαι, Ar. and P. οὐκ ἐθέλειν, Ar. and V. οὐ θέλειν.

Aversion, subs. *Hostility*: P. and V. ἔχθρα, ἡ, ἔχθος, τό, δυσμένεια, ἡ. *Ill-will*: P. and V. δύσνοια, ἡ, P. κακόνοια, ἡ. *Hatred*: P. and V. μῖσος, τό; see *hatred*. *Dislike*: P. ἀηδία, ἡ. *Have an aversion to*: P. and V. μισεῖν; see *hate*. *View with aversion*: P. χαλεπῶς φέρειν (acc. or dat.); see *dislike*.

Avert, v. trans. P. and V. ἀποτρέπειν, ἀποστρέφειν, ἀπωθεῖν. *Ward off*: P. and V. ἀμῡ́νειν, ἀπείργειν; see *ward off*. *Oh Gods! may ye avert these calamities*: V. ὦ θεοὶ γένοισθε τῶνδ' ἀπότροποι κακῶν (Eur., *Phoen.* 586).

Averted, adj. *Turned away*: V. ἀπόστροφος, πᾰλίντροπος.

Averting, subs. P. and V. ἀποτροπή, ἡ.

Averting, adj. Ar. and P. ἀποτρόπαιος, V. τροπαῖος, ἀπότροπος, ἀλεξητήριος. *Averting evil*: Ar. ἀλεξίκᾰκος.

Avidity, subs. *Eagerness*: P. and V. σπουδή, ἡ, προθῡμία, ἡ. *Greed*: P. and V. ἀπληστία, ἡ.

Avocation, subs. Ar. and P. διατρῐβή, ἡ, P. ἐπιτήδευμα, τό, πραγματεία, ἡ, ἐργασία, ἡ, ἀσχολία, ἡ; see *work*.

Avoid, v. trans. P. and V. φεύγειν, ἐκφεύγειν, διαφεύγειν, ἀποφεύγειν, εὐλᾰβεῖσθαι, ἀφίστασθαι (gen.), ἐξίστασθαι (acc. or gen.). Ar. and V. ἀποστρέφεσθαι (also Xen.), V. φυγγᾰ́νειν, ἐκφυγγᾰ́νειν, ἀλύσκειν, ἐξαλύσκειν. *Shirk*: Ar. and P. διᾰδῡ́εσθαι; see *shirk*. *Not to be avoided*, use adj.: P. and V. ἄφυκτος (Plat.). *Avoid meeting (a person)*: Ar. and P. ἐκτρέπεσθαι (acc.). *Desire to avoid*: V. φευξείειν (acc.).

Avoidance of, subs. P. and V.

φῠγή, ἡ (gen.), P. ἀπόδρασις, ἡ (gen.), ἀπόκνησις, ἡ (gen.), V. ἄλυξις, ἡ.

Avow, v. trans. See *confess, assert.*

Avowal, subs. See *confession, assertion.*

Await, v. trans. P. and V. μένειν, ἀνᾰμένειν, προσδέχεσθαι, Ar. and P. περῐμένειν, P. ὑπομένειν, V. ἀμμένειν, ἐπαμμένειν, μίμνειν, ἐκδέχεσθαι, προσμένειν (rare P. as Thuc. 6, 44), Ar. ἐπᾰνᾰμένειν. *Watch for:* P. and V. τηρεῖν (acc.), προσδοκᾶν (acc.), Ar. and P. ἐπῐτηρεῖν (acc.), V. κᾰρᾱδοκεῖν (acc.) (also Xen.).

Awake, adj. P. and V. ἐγρηγορώς. *Sleepless:* P. and V. ἄγρυπνος, V. ἄϋπνος. *In a state of being awake:* use P. and V. ὕπαρ (opposed to ὄναρ, *in a dream*).

Awake, v. trans. P. and V. ἐγείρειν, ἐξεγείρειν, Ar. and P. ἐπεγείρειν, ἀνεγείρειν (Xen.). Met., see *arouse. Lie awake:* P. ἀγρυπνεῖν, Ar. διαγρυπνεῖν. V. intrans. P. and V. ἐγείρεσθαι, ἐξεγείρεσθαι.

Awaken, v. trans. See *awake.*

Awakening, subs. P. ἔγερσις, ἡ. Met., *surprise:* P. παράλογος, ὁ. *Theirs was a rude awakening:* P. ὁ παράλογος αὐτοῖς μέγας ἦν (Thuc. 7, 55).

Award, v. trans. P. and V. δῐκάζειν, P. ἐπιδικάζειν; see *assign, adjudge.*

Award, subs. P. and V. κρῐ́σῐς, ἡ, P. διάγνωσις, ἡ.

Aware, adj. *Knowing:* P. and V. εἰδώς. *Be aware of:* P. and V. γιγνώσκειν (acc.), εἰδέναι (acc.), αἰσθᾰ́νεσθαι (acc. or gen.); see *know. Learn:* P. and V. πυνθᾰ́νεσθαι (acc. or gen.); see *learn.*

Away, adv. P. and V. ἐκποδών. *Far off:* Ar. and P. πόρρω, V. πρόσω, πόρσω; see *far. Be away:* P. and V. ἀπεῖναι. *Be from home:* P. and V. ἐκδημεῖν, Ar. and P. ἀποδημεῖν; see *be abroad*, under *abroad. Do away with:* P. and V. ἀφαιρεῖν (acc.), see *remove, abolish. Make away with:* P. and V. ὑπεξαιρεῖν (acc.), ἀφᾰνίζειν (acc.).

Away, interj. Ar. and V. ἔρρε, V. ἔρροις (opt.), Ar. ἄπᾰγε. *Away with labours:* V. χαιρόντων πόνοι (Eur., *H.F.* 575).

Awe, v. trans. P. and V. φοβεῖν, ἐκφοβεῖν; see *frighten.*

Awe, subs. *Sanctity:* P. and V. σεμνότης, ἡ, Ar. and V. σέβας, τό. *Reverence:* V. αἰδώς, ἡ, σέβας, τό, P. and V. εὐσέβεια, ἡ. *Fear:* P. and V. φόβος, ὁ, δέος, τό, φρῑ́κη, ἡ (Plat., and Eur., *Tro.* 1026); see *fear. Object of awe:* Ar. and V. σέβας, τό. *View with awe:* P. and V. σέβειν (acc.), σέβεσθαι (acc.), Ar. and V. σεβίζειν; see *fear, respect.*

Awestruck, Be, v. P. and V. ἐκπλήσσεσθαι.

Awful, adj. *Fearful:* P. and V. δεινός, φοβερός, φρῑκώδης, V. δύσχῑμος, ἔμφοβος. *Majestic:* P. and V. σεμνός.

Awfully, adv. P. and V. δεινῶς. *Majestically:* P. and V. σεμνῶς.

Awfulness, subs. P. δεινότης, ἡ. *Majesty:* P. and V. σεμνότης, ἡ.

Awhile, adv. P. and V. τέως. *For a while, for a little while:* use P. and V. μικρὸν χρόνον, ὀλῐ́γον χρόνον, βρᾰχὺν χρόνον.

Awkward, adj. *Clumsy:* P. and V. σκαιός, Ar. and P. ἄγροικος, V. ἀμήχᾰνος. *Uneducated:* P. and V. ἄμουσος, ἀμᾰθής, Ar. and P. ἀπαίδευτος. *Embarrassing:* P. and V. ἄπορος ἀμήχᾰνος (rare P.), Ar. and P. χᾰλεπός.

Awkwardly, adv. *Clumsily:* Ar. and P. σκαίως, ἀγροίκως. *Embarrassingly:* P. and V. ἀπόρως. *Behave awkwardly:* P. and V. ἀσχημονεῖν. *Be awkwardly placed:* P. ἀπόρως διακεῖσθαι.

Awkwardness. *Clumsiness:* P. and V. σκαιότης, ἡ, P. ἀγροικία, ἡ. *Boorishness:* P. and V. ἀμουσία, ἡ, P. ἀπαιδευσία, ἡ. *Embarrassment:* P. and V. ἀπορία, ἡ.

Awning, subs. P. στέγασμα, τό; see

covering. An awning of cloth: V. πτέρυξ πέπλων (Eur., *Ion*, 1143).

Awry, adj. P. σκολιός. *Turned awry:* V. διαστρόφος. *Turn awry,* v. trans.: P. and V. διαστρέφειν, πᾰραστρέφειν. Met., *false, jarring:* P. and V. πλημμελής.

Awry, adv. P. εἰς σκολία. *Falsely, jarringly:* P. πλημμελῶς.

Axe, subs. P. and V. πέλεκυς, ὁ (Xen. also Ar.), ἀξίνη, ἡ (Xen.). *Battle-axe:* P. and V. πέλεκυς, ὁ (Xen.). *Pick-axe:* Ar. and P. σμῑνύη, ἡ, Ar. and V. δίκελλα ἡ, μάκελλα, ἡ, V. γενῆς, ἡ, τύκος, ὁ, σίδηρος, ὁ. *Unhewn by the axe,* adj.: V. ἀσκέπαρνος.

Axiom, subs. *Self-evident proposition:* P. ἀξίωμα, τό (Aristotle).

Axis, subs. P. πόλος, ὁ.

Axle, subs. P. and V. ἄξων, ὁ, V. σῦριγξ, ἡ. *Turning in the axle,* adj.: V. ἀξονήλᾰτος.

Ay, interj. See *yes.* To add emphasis: P. and V. δή, δῆτα.

Aye, adv. See *always.*

Azure, adj. V. κυᾰνεος, P. κυανοῦς (Plat.).

B

Babble, v. intrans. *Talk nonsense:* P. and V. ληρεῖν, Ar. and P. φλυᾱρεῖν. *Chatter:* P. and V. λᾰλεῖν, θρῡλεῖν, V. πολυστομεῖν, Ar. φληνᾰφᾶν, στωμύλλεσθαι; see *chatter. Make a noise:* of inanimate things, P. and V. ψοφεῖν.

Babble, subs. *Nonsense:* Ar. and P. λῆρος, ὁ, φλαῦρία, ἡ, P. ληρήματα, τά. *Chatter:* Ar. and P. λᾰλία, ἡ, ἀδολεσχία, ἡ, V. λᾰλήμᾰτα, τά, P. πολυλογία, ἡ; see *chatter. Noise:* P. and V. ψόφος, ὁ. *Meaningless talk:* P. and V. ψόφος, ὁ.

Babbler, subs. Ar. and P. ἀδολέσχης, ὁ, V. λάλημα, τό, φλέδων, ὁ or ἡ.

Babbling, subs. V. γλωσσαλγία, ἡ; see *babble.*

Babbling, adj. *Talking:* P. and V. λάλος, P. πολύλογος, V. ἄθῠρόγλωσσος, στόμαργος, Ar. λᾰλητῐκός. *Noisy:* V. πολύρροθος, ῥόθιος.

Babe, subs. Ar. and P. παιδίον, τό, παιδάριον, τό. *Child in arms:* P. and V. νήπιος, ὁ or ἡ (Plat., Ant.), V. βρέφος, τό, τυτθός, ὁ or ἡ. *Child* (generally): P. and V. παῖς, ὁ or ἡ, Ar. and V. τέκνον, τό (rare P.). *Of a babe,* adj.: V. νήπιος.

Babel, subs. *Confused noise:* P. and V. θόρῠβος, ὁ, ψόφος, ὁ; see *murmur.*

Baby, subs. See *babe.*

Babyhood, subs. See *childhood. From babyhood:* P. ἐκ μικροῦ παιδαρίου (Dem. 1252).

Babyish, adj. P. and V. παιδῐκός; see *childish.*

Baboon, subs. Ar. and P. πίθηκος, ὁ.

Bacchanal, subs. P. and V. βάκχος, ὁ (Plat.). Fem., P. and V. βάκχη, ἡ (Plat.), V. θυιάς, ἡ, μαινάς, ἡ.

Bacchanalia, subs. P. and V. βακχεῖαι, αἱ (Plat.), V. βάκχευσις, ἡ, βάκχευμα, τό, or pl., βακχεῖον, τό (pl. in Ar.), τελεταὶ εὔιοι, αἱ.

Bacchanalian. See *Bacchic.*

Bacchante, subs. See *Bacchanal.*

Bacchic, adj. Ar. and V. βάκχειος, βακχεύσῐμος, εὔιος. *Bacchic revels,* subs.: see *bacchanalia. Indulge in Bacchic revels:* P. and V. βακχεύειν (Plat., *Io.* 534A), V. βακχιάζειν. *Bacchic frenzy:* V. τὸ βακχεύσῐμον.

Bachelor, subs. Use adj., P. and V. ἄγᾰμος, ἤθεος (Plat.), V. ἄζυξ.

Back, subs. P. and V. νῶτον or pl. *Of the back:* P. and V. νωτιαῖος (Plat.). Of things: P. τὰ ὄπισθεν. *The back legs:* P. τὰ ὀπίσθια σκέλη (Xen.). *At the back, behind,* adv.: P. and V. ὄπισθεν, ὀπίσω, Ar. and P. κᾰτόπιν, ἐξόπισθεν, V. ὄπισθε. *In the rear:* P. κατὰ νώτου. *On horse-back:* P. and V. ἐφ' ἵππου. *On one's back,* adj.: P. and V. ὕπτιος. *Turn one's back,* v. intrans.: V. νωτίζειν. *They turned their backs in flight:* V. πρὸς φυγὴν ἐνώτισαν (Eur., *And.* 1141). *Bind (a person's) hands behind his back:* Ar. and P. ὀπίσω τὼ χεῖρε δεῖν (Ar., *Lys.* 434, and Dem. 356). *Binding his hands behind his back:* P. τὼ χεῖρε περιαγαγὼν εἰς τοὔπισθεν (Lys. 94). *Clasp one's hands behind one's back:* P. τὼ χεῖρε εἰς τοὐπίσω συμπλέκειν (Thuc. 4, 4). *Why do you weep turning your back upon my face:* V. τί μοι προσώπῳ νῶτον ἐγκλίνασα σὸν δύρει (Eur., *Hec.* 739).

Back, adv. P. and V. πάλιν, ἔμπαλιν, εἰς τοὔπισθεν, P. εἰς τοὐπίσω, V. ἄψορρον, or use adj., V. ἄψορρος, παλίσσυτος, παλίντροπος, παλίμπλαγκτος. *Ago:* P. and V. πρότερον. *Come back*, v. intrans.: P. and V. ἐπανέρχεσθαι; see *return*. *Give back*, v. trans.: P. and V. ἀποδιδόναι. *Hang back*, v. intrans.: P. and V. ὀκνεῖν, κατοκνεῖν, μέλλειν; see *hesitate*. *Turn back*, v. trans.: P. and V. ἀποστρέφειν; v. intrans., P. and V. ἀποστρέφειν or pass., ὑποστρέφειν or pass.; see under *turn*.

Back, v. trans. *Back water:* Ar. and P. ἀνακρούεσθαι (*Vesp.* 399), P. κρούεσθαι πρύμναν. *Favour:* P. and V. εὐνοεῖν (dat.). *Support, confirm:* P. βεβαιοῦν. V. intrans. *Go back:* P. and V. ὑποστρέφειν or pass. *Back out (of an undertaking):* P. and V. ἀφίστασθαι (gen.), ἐξίστασθαι (gen.). *Back out of what one has said:* P. ἐξαναχωρεῖν τὰ εἰρημένα (Thuc. 4, 28).

Backbite, v. trans. P. and V. διαβάλλειν, P. βασκαίνειν, Ar. and P. συκοφαντεῖν, V. κερτομεῖν.

Backbiter, subs. Ar. and P. συκοφάντης, ὁ.

Backbiting, subs. P. and V. διαβολή, ἡ, P. βασκανία, ἡ, V. κερτόμησις, ἡ.

Backbone, subs. P. and V. σφόνδυλος, ὁ. *Spine:* P. and V. ῥάχις, ἡ (Plat.), σφόνδυλοι, οἱ (Plat.), V. ἄκανθα, ἡ, νωτιαῖα ἄρθρα, τά. *Of the backbone:* P. and V. νωτιαῖος. *A farmer, one of those that are the backbone of the land:* V. αὐτουργὸς, οἵπερ καὶ μόνοι σῴζουσι γῆν (Eur., *Or.* 920).

Backdoor, subs. P. πυλίς, ἡ.

Background, subs. Use P. τὰ ὀπίσω. *There was one in the background ready to bid against us:* P. ὁ ἀντωνούμενος . . . ὑπῆρχεν ἕτοιμος (Dem. 307). *Keep in the background*, v. trans.: use P. ἐκποδὼν ποιεῖσθαι; see also *hide*; v. intrans.: use P. and V. ἐκποδὼν ἵστασθαι.

Backing, subs. *Support, favour:* P. and V. εὔνοια, ἡ. *Backing water:* P. ἀνάκρουσις, ἡ.

Backward, adj. *Dull, slow:* P. and V. σκαιός, νωθής, ἀμαθής, ἀφυής, P. βλακικός; see *dull*. *Not eager:* P. ἀπρόθυμος, ὀκνηρός. *I am backward in the customs of the Greeks:* V. λέλειμμαι τῶν ἐν Ἕλλησιν νόμων (Eur., *Hel.* 1246).

Backwardly, adv. *Without eagerness:* P. ἀπροθύμως.

Backwardness, subs. *Dullness:* P. and V. ἀμαθία, ἡ, P. βλακεία, ἡ, νώθεια, ἡ. *Hesitation, hanging back:* P. and V. ὄκνος, ὁ.

Backwards, adv. See *back*. *Backwards and forwards:* V. πάλιν τε καὶ πρόσω (Eur., *Hec.* 958); see *to and fro* under *to*.

Bad, adj. *Wicked:* P. and V. κακός, πονηρός, μοχθηρός, πανοῦργος, φαῦλος, φλαῦρος, V. παντουργός. *Utterly bad:* P. and V. πάγκακος, Ar. and P. παμπόνηρος. *Unfortunate:* P. and V. κακός, δυστυχής, δυσδαίμων, ἀτυχής (rare V.), Ar. and V. δύσποτμος. *Spurious:* P. and V. κίβδηλος, Ar. and P. παράσημος. *Incapable:* P. and V. φαῦλος, κακός, Ar. and P. μοχθηρός, πονηρός, ἀδύνατος. *In bad health:* see *ill*. *Injurious:* P. and V. ἀσύμφορος, κακός, P. βλαβερός, Ar. and V. ἀτηρός, V. λυμαντήριος; see *harmful*. *Sorry, mean:* P. and V. φαῦλος, εὐτελής, κακός, Ar. and P. μοχθηρός, Ar. and V. δείλαιος. *Wine that has gone bad:* P. οἶνος ἐξεστηκώς (Dem.). *Rotten:* Ar. and P. σαπρός.

Badge, subs. Ar. and V. σημεῖον, τό, V. σῆμα, τό, ἐπίσημα, τό. *Sign, token:* P. and V. σημεῖον, τό, τεκμήριον, τό, σύμβολον, τό, V. τέκμαρ, τό.

Badger, v. trans. See *worry.*

Badinage, subs. Ar. and P. σκῶμμα, τό, or pl., P. χλευασμός, ὁ, χλευασία, ἡ; see *mockery.*

Badly, adv. P. and V. κἄκῶς, φαύλως. *Unfortunately:* P. and V. κἄκῶς, δυστῠχῶς, V. παγκάκως, δυσπότμως, P. ἀτυχῶς. *In a bad plight:* P. ἀπόρως, μοχθηρῶς, πονηρῶς. *Injuriously,* adv.: P. and V. κἄκῶς, P. ἀσυμφόρως (Xen.). *Be badly off:* P. ἀπόρως ἔχειν; see *poor.*

Badness, subs. *Wickedness:* P. and V. κἄκη, ἡ, πονηρία, ἡ, πᾶνουργία, ἡ, Ar. and P. κἄκία, ἡ, μοχθηρία. ἡ, P. κακότης, ἡ. Of things (*bad condition*): P. μοχθηρία, ἡ, πονηρία, ἡ, φαυλότης, ἡ. *Incompetence:* P. and V. φαυλότης, ἡ, P. ἀδυναμία, ἡ, Ar. and P. μοχθηρία, ἡ.

Bad-tempered, adj. See *ill-tempered.*

Baffle, v. trans. *Escape notice of:* P. and V. λανθάνειν (acc.), V. λήθειν (acc.) (also Xen. but rare P.). *Cause to fail* (of persons or things): P. and V. σφάλλειν. *Baulk of:* P. and V. ψεύδειν (acc. of person, gen. of thing), P. ἐκκρούειν (acc. of person, gen. of thing). *Be baffled in:* P. and V. ψεύδεσθαι (gen.), σφάλλεσθαι (gen.), ἀποσφάλλεσθαι (gen.), ἁμαρτάνειν (gen.). *Be baffled:* P. and V. σφάλλεσθαι (absol.).

Baffled, adj. *Unsuccessful* (of persons): P. ἄπρακτος.

Baffling, adj. *Hard to unravel:* P. and V. ἀσᾰφής, ἄδηλος, V. δύσευρετος, δυστέκμαρτος, ἄσημος, ἀξύμβλητος, ἄσκοπος; see *obscure.* *Baffling description:* P. and V. κρείσσων λόγου.

Bag, subs. Ar. πήρα, ἡ, σάκκος, ὁ, P. and V. ἀσκός, ὁ, θύλᾰκος, ὁ (Eur., *Cycl.*), P. μάρσιπος, ὁ (Xen.).

Baggage, subs. Ar. and P. σκευή, τά, V. σᾰγή, ἡ. *Baggage animals:* P. ὑποζύγιον τό; also in pl., τά σκευοφόρα. *Carrying one's own baggage:* V. αὐτόφορτος οἰκείᾳ σάγῃ (Æsch., *Cho.* 675).

Bail, subs. P. and V. ἐγγύη, ἡ. *Bailing out:* P. ἐξεγγύησις, ἡ. *One who goes bail:* Ar. and P. ἐγγυητής, ὁ. *Offer bail:* Ar. and P. ἐγγυᾶσθαι. *Offer bail for:* P. διεγγυᾶν (acc.). *Offer bail to appear before the court:* P. ἐξεγγυᾶσθαι κριθῆναι (Andoc. 7).

Bail, v. trans. P. ἐγγυᾶσθαι. *Bail out:* P. ἐξεγγυᾶν. *Be bailed:* P. διεγγυᾶσθαι (pass.), ἐξεγγυᾶσθαι (pass.).

Bailiff, subs. Use Ar. and P. ἐπῐμελητής, ὁ.

Bait, subs. P. and V. δέλεαρ, τό, Ar. δέλεασμα, τό. *Now have they spread a tempting bait for my mind:* V. καὶ νῦν καθεῖσαν δέλεαρ ἡδύ μοι φρενῶν (Eur., *I.T.* 1181).

Bait, v. trans. P. δελεάζειν. *Feed:* Ar. and P. χορτάζειν; see *feed.* *Worry:* P. ἕλκειν.

Bake, v. trans. Ar. and P. ὀπτᾶν, πέσσειν, Ar. and V. ἐξοπτᾶν (Eur. *Cycl.*). *Of pottery, bricks, etc.:* P. ὀπτᾶν. *Bake bread:* P. and V. σῖτοποιεῖν (Xen.). *Setting one the task of baking bread:* V. προσθεὶς ἀνάγκην σιτοποιόν (Eur., *Hec.* 362). *Women to bake bread:* P. γυναῖκες σιτοποιοί (Thuc.).

Baked, adj. P. and V. ὀπτός.

Baker, subs. P. ἀρτοκόπος, ὁ or ἡ, σιτοποιός, ὁ or ἡ. *Baker's wife:* Ar. ἀρτόπωλις, ἡ.

Bakery, subs. Ar. ἀρτοπώλιον, τό.

Baking, subs. *Of bread:* Ar. and P. ἀρτοποιΐα, ἡ (Xen.).

Balance, subs. *Pair of scales:* Ar. and V. τάλαντον, τό, σταθμός, ὁ, P. ζυγόν, τό, Ar. and P. τρῠτάνη, ἡ; see *scale.* *Tongue of the balance:* Ar. and P. τρῠτάνη, ἡ. *Lie in the balance:* met., V. ἐν ῥοπῇ κεῖσθαι, P. κινδυνεύεσθαι. *Equilibrium:* P.

ἰσορροπία, ἡ, τὸ ἀντίπαλον. *Surplus:* P. τὸ περιόν, περιουσία, ἡ. *Is the balance of trade so much in our favour?* τοσοῦτον αὐτῶν πλεονεκτοῦμεν κατὰ τὴν ἐμπορίαν; (Plat., *Euth.* 15A). *Come, strike a balance:* V. φέρ' ἀντίθες γάρ (Eur., *Heracl.* 153). *Weigh in the balance:* P. ἐν ζυγῷ ἱστάναι.

Balance, v. trans. *Weigh:* Ar. and P. ἱστάναι. Met., *put one thing as a set off against another:* P. and V. ἀντιτιθέναι (acc. and gen.), V. ἀντισηκοῦν (dat. or gen.), P. ἀντιτάσσεσθαι (mid.) (acc. and πρὸς, acc.); see *counterbalance. Balance in the mind, examine:* P. and V. σκοπεῖν; see *examine. Balance accounts:* P. διαλογίζεσθαι. *Make equal:* P. ἀντίπαλον καθιστάναι; see *counterbalance.* V. intrans. P. εἰς ἀντίπαλα καθίστασθαι. *If the accounts balance:* P. ἂν καθαραὶ ὦσιν αἱ ψῆφοι (Dem. 303).

Balanced, adj. *Equally balanced:* P. and V. ἰσόρροπος, P. ἀντίπαλος. Met., *moderate:* P. and V. μέτριος. *Self-restrained:* P. and V. σώφρων.

Balancing, adj. *Compensating for:* P. ἀντίρροπος (gen.), ἀντίσταθμος (dat.) (Plat.), V. ἀντίσταθμος (gen.).

Balancing, subs. *Of account books:* P. διαλογισμός, ὁ.

Bald, adj. P. and V. φαλακρός (Eur., *Cycl.* 227). Met., *simple:* P. and V. ἁπλοῦς, P. ψιλός.

Baldrick, subs. P. and V. ζώνη, ἡ, V. ζωστήρ, ὁ, Ar. and V. ζῶμα, τό.

Bale, subs. *Bundle:* Ar. and P. φορτίον; see *burden.*

Bale out, v. trans. P. ἐξαντλεῖν. *Baling out the ship:* V. ἄντλον εἴργων ναός (Eur., *Tro.* 686).

Baleful, adj. *Harmful:* P. βλαβερός, Ar. and V. ἀτηρός, V. λυγρός, λυμαντήριος, P. and V. κακός

Balefully, adv. P. and V. κακῶς.

Balk, v. trans.; see *baulk, baffle.*

Ball, subs. *For playing with:* P. σφαῖρα, ἡ. *Disk, round body:* P. and V. κύκλος, ὁ. *Of the eye:* see *eyeball. Play at ball,* v.: P. σφαιρίζειν (Plat.). *Catch a ball:* P. σφαῖραν ἐκδέχεσθαι (Plat.).

Ballad, subs. P. ἔπος, τό; see *song.*

Ballast, subs. Ar. ἕρμα, τό. *Without ballast:* P. ἀνερμάτιστος.

Ballot, subs. *Voting pebble* or *act of voting:* P. and V. ψῆφος, ἡ. *Voting:* P. διαψήφισις, ἡ, V. ψήφου φορά, ἡ. *The secrecy of the ballot:* P. τὸ κρύβδην ψηφίζεσθαι (Dem. 415).

Ballot, v. intrans. P. and V. ψῆφον φέρειν, ψῆφον τίθεσθαι, ψηφίζεσθαι, P. διαψηφίζεσθαι.

Ballot-box, subs. Ar. and P. κάδισκος, ὁ; see *urn.*

Balm, subs. *Ointment:* P. and V. μύρον, τό. Met., *anything that soothes:* P. παραμύθιον, τό, V. ἄκος, τό, P. and V. φάρμακον, τό, ἴαμα, τό, ἴασις, ἡ.

Balmy, adj. *Fragrant:* P. and V. εὐώδης. *Soft:* Ar. and P. μαλακός, Ar. and V. μαλθακός.

Balsam, subs. P. and V. μύρον, τό.

Ban, subs. P. and V. ἀρά, ἡ, V. κατεύγματα, τά; see *curse.*

Ban, v. trans. P. and V. ἐπαρᾶσθαι (dat.), Ar. and P. καταρᾶσθαι (dat.); see *curse. Forbid:* Ar. and P. ἀπαγορεύειν, P. and V. ἀπειπεῖν; see *forbid.*

Band, subs. P. and V. δεσμός, ὁ. V. ἅμμα, τό. *For the head:* P. and V. στέφανος, ὁ, στέμμα, τό (Plat. but rare P.), V. στέφος, τό, ἀνάδημα, τό, ἄνδημα, τό, P. ταινία, ἡ. *For the hair:* Ar. and V. μίτρα, ἡ. *For the waist:* P. and V. ζώνη, ἡ, V. ζωστήρ, ὁ, Ar. and V. ζῶμα, τό. *Twisted bands of thongs:* V. πλεκταὶ ἱμάντων στροφίδες (Eur., *Andr.* 718). *Collection of people:* P. and V. ὅμιλος, ὁ, σύλλογος, ὁ, σύστασις, ἡ, V. χορός, ὁ (rare P.), στόλος, ὁ, λόχος, ὁ, ὁμιλία, ἡ, ὁμήγυρις, ἡ, πανήγυρις, ἡ. *Band of revellers:* P. and V. θίασος, ὁ, V. κῶμος, ὁ. *Band of soldiers:* P. and V. τάξις, ἡ, λόχος, ὁ. *With a large band:* V. πολλῇ χειρί.

Band, v. trans. *Unite together:* P.

and V. σῡνάγειν, P. συνιστάναι. V. intrans. P. and V. σῡνέρχεσθαι, Ar. and P. σῡνίστασθαι.

Bandage, subs. V. τελᾰμών, ὁ, Ar. λαμπάδιον, τό, ὀθόνια, τά.

Bandage, v. trans. *Bind*: P. and V. δεῖν. *We shall find many with their wounds still bandaged*: P. εὑρήσομεν πολλοὺς ἔτι τραύματα ἐπιδεδεμένους (Xen., *Cyr.* 5, 2, 32).

Bandit, subs. P. and V. λῃστής, ὁ; see *robber*.

Bandy, adj. P. βλαισός (Xen.).

Bandy, v. trans. *Bandy words*: V. συμβάλλειν λόγους. *Words of reproach were bandied about*: V. λόγοι . . . ἐρρόθουν κακοί (Soph., *Ant.* 259). *Why do I thus bandy words with you?* V. τί ταῦτα σοῖς ἁμιλλῶμαι λόγοις; (Eur., *Hipp.* 971). *Bandy about, keep talking of*: V. ἀνὰ στόμα ἔχειν, ἐνδᾰτεῖσθαι; see *circulate*.

Bane, subs. *Poison*: P. and V. φάρμᾰκον, τό, V. ἰός, ὁ. *Cause of mischief*: P. and V. κᾰκόν, τό, V. δήλημα, τό, πῆμα, τό. Concretely, *of a person*: P. and V. λῡμεών, ὁ, V. πῆμα, τό, ἄτη, ἡ, λῦμα, τό. Ar. and P. ὄλεθρος, ὁ; see *curse*.

Baneful, adj. P. βλαβερός, P. and V. ἀσύμφορος, νοσώδης, V. λῡμαντήριος, λυγρός, Ar. and V. ἀτηρός.

Bang, subs. *Blow*: P. and V. πληγή, ἡ. *Noise*: P. and V. ψόφος, ὁ, Ar. and V. πάτᾰγος, ὁ, κτύπος, ὁ (rare P.); see *noise*.

Bang, v. trans. *Strike*: P. and V. κρούειν. V. intrans. *Make loud noise*: P. and V. ψοφεῖν, Ar. and V. κτῠπεῖν.

Bangles, subs. P. ψέλια, τά (Xen.).

Banish, v. trans. *Drive into exile*: P. and V. ἐλαύνειν, ἀπελαύνειν, ἐξελαύνειν, ἐκβάλλειν, ὠθεῖν, ἐξωθεῖν, διορίζειν, ἐξορίζειν, ἀπορρίπτειν, ἀνδρηλᾰτεῖν, ἀποικίζειν, P. ἐξοικίζειν, ὑπερορίζειν, Ar. and V. ἀπωθεῖν, V. ῥίπτειν, ἐκρίπτειν. Met. (*get rid of a feeling, etc.*), P. and V. ἀπαλλάσσεσθαι (gen.), ἀπαλλάσσειν (acc.), παύεσθαι (gen.). *Banish with another*: V. σῠνεξελαύνειν (τινά τινι). *Be banished*: use also P. and V. φεύγειν, ἐκπίπτειν, V. ἀποξενοῦσθαι. *Be banished with another*: P. and V. συμφεύγειν (absol. or dat.).

Banished, adj. P. and V. φῠγάς, ἄπολις, P. ἐξόριστος, V. ἀπόξενος, ἀπόπτολις, ἀπωστός, ἔξεδρος.

Banishment, subs. *Driving out*: P. ἐκβολή, ἡ, ἔλασις, ἡ. *Exile*: P. and V. φῠγή, ἡ. *Public banishment*: V. φῠγὴ δημήλᾰτος. *Banishment for life*: P. ἀειφυγία, ἡ; see *exile*.

Bank, subs. *Of a river*: P. and V. ὄχθη, ἡ (Xen.). *Mound*: P. and V. ὄχθη, ἡ (Xen.), Ar. and V. ὄχθος, ὁ; see *mound*. *Bank of earth*: P. and V. χῶμα, τό, P. χοῦς, ὁ. *They arrive at the banks of the Erineus*: P. ἀφικνοῦνται ἐπὶ τὸν ποταμὸν τὸν Ἐρινεόν (Thuc. 7, 82). *The Syracusans lining the other bank of the river*: P. εἰς τὰ ἐπὶ θάτερα τοῦ ποταμοῦ παραστάντες οἱ Συρακόσιοι (Thuc. 7, 84). *Place to deposit money*: P. τράπεζα, ἡ. For references to *banking*, see Dem. 1236 et seqq. *Having one bank of oars*, adj.: P. μονόκροτος (Xen.). *Having two banks of oars*: P. δίκροτος (Xen.). *A ship with three banks of oars*: Ar. and P. τριήρης, ἡ.

Bank, v. trans. *Bank up*: P. προσχωννύναι, προσχοῦν, P. and V. χοῦν. *Banked up with earth*: V. χωστός. *Piling up the banked clouds*: V. συντιθεὶς πυκνὸν νέφος (Eur., *Frag.*).

Banker, subs. P. τραπεζίτης, ὁ. *Be a banker*, v.: P. τραπεζιτεύειν.

Bankrupt, Be, v. P. ἀνασκευάζεσθαι, ἐξίστασθαι τῶν ὄντων (Dem. 981). *They went utterly bankrupt*: P. ἐξέστησαν ἁπάντων τῶν ὄντων (Dem. 959). *Be bankrupt in money*: P. χρήμασιν ἀπειρηκέναι (Dem. 30). Met., *Are we utterly bankrupt even as our fortunes?* V. παντ' ἀνεσκευάσμεθ' ὥσπερ αἱ τυχαί; (Eur., *El.* 602).

Banned, adj. *Accursed:* P. and V. κᾰτάρᾱτος, μιᾰρός, ἐξάγιστος. V. ἀραῖος; see *cursed*.

Banner, subs. P. σημεῖον, τό (Xen.).

Banquet, subs. P. and V. ἑστίᾱμα, τό (Plat.), θοίνη, ἡ (Plat.), δαίς, ἡ (Plat.), P. ἑστίασις, ἡ.

Banquet, v. trans. P. and V. ἑστιᾶν, εὐωχεῖν (Eur., *Cycl.* 346), V. δαινύναι, θοινᾶν V. intrans. Use pass. of verbs given. *Banquet on:* Ar. and P. ἑστιᾶσθαι (acc.), P. εὐωχεῖσθαι (acc.) (Xen.), V. ἐκθοινᾶσθαι (acc.), θοινᾶσθαι (acc.), Ar. and V. δαίνυσθαι (acc.).

Banqueter, subs. P. δαιτύμων, ὁ (Plat.), V. δαιτᾰλεύς, ὁ, θοινάτωρ, ὁ.

Banqueting-hall, subs. P. and V. συσσίτιον, τό, P. θόλος, ἡ.

Banter, v. trans. P. ἐρεσχηλεῖν (acc. or dat.) (Plat.), P. and V. παίζειν πρός (acc.); see *mock*.

Banter, subs. P. χλευασμός, ὁ, P. and V. παιδιά, ἡ; see *mockery*.

Bantling, subs. P. and V. θρέμμα, τό (Plat.); see *child, young*.

Bar, subs. *For fastening:* P. and V. μοχλός, ὁ, Ar. and V. κλῇθρα, τά. *Rail round a chariot:* V. ἄντυξ, ἡ. *Law-court:* Ar. and P. δῐκαστήριον, τό. *Of the bar, judicial*, adj.: Ar. and P. δῐκᾰνῐκός. *Bar (uncoined) gold:* P. χρυσὸς ἄσημος, ὁ. *Across a harbour:* P. ζεῦγμα, τό. *At the mouth of a river:* V. πρόσχωμα, τό. *Hindrance:* P. κώλυμα, τό, διακώλυμα, τό, ἐμπόδισμα, τό, ἐναντίωμα, τό. *Be a bar to:* P. ἐμπόδιος εἶναι (gen.), P. and V. ἐμποδὼν εἶναι (dat.), ἐμποδὼν γίγνεσθαι (dat.).

Bar, v. trans. *Fasten:* P. and V. κλῄειν, συγκλῄειν, ἀποκλῄειν, Ar. and P. κᾰτακλῄειν. *Put bar across:* Ar. μοχλοῦν. *Block up:* P. and V. φράσσειν, P. ἀποφράσσειν, ἐμφράσσειν. *Prevent:* P. and V. κωλύειν, ἐπῐκωλύειν, ἐμποδίζειν; see *prevent*. *Shut out:* P. and V. ἀποκλῄειν, ἐκκλῄειν. *Except:* P. and V. ἐξαιρεῖν.

Barb, subs. P. and V. κνώδων, ὁ (Xen.). *Hook:* P. ἄγκιστρον, τό. *Sharp point:* V. ἀκμή, ἡ, γλωχίς, ἡ, Ar. ἀκίς, ἡ, P. and V. κέντρον, τό. *Horse:* see *horse*.

Barbarian, subs. Use adj., P. and V. βάρβᾰρος.

Barbaric, adj. P. and V. βάρβᾰρος, ὀθνεῖος, P. βαρβαρικός, V. κάρβᾱνος.

Barbarism, subs. *Uncivilised state:* P. ἀπαιδευσία, ἡ. *Savageness:* P. ἀγριότης, ἡ, P. and V. ὠμότης, ἡ.

Barbarity, subs. *Savageness:* P. ἀγριότης, ἡ, P. and V. ὠμότης, ἡ; see *cruelty*.

Barbarous, adj. *Strange, foreign:* P. and V. βάρβᾰρος, ὀθνεῖος, P. βαρβαρικός, V. κάρβᾱνος. *Savage:* P. and V. ἄγριος, ὠμός; see *savage*. *Become barbarous*, v.: P. and V. ἀγριοῦσθαι (Xen. also Ar.). *Neither Greece nor barbarous land:* οὔθ' Ἑλλὰς οὔτ' ἄγλωσσος (Soph., *Trach.* 1060). *Barbarous in speech:* P. ἄγνωστος γλῶσσαν. *Half-barbarous*, adj.: V. μιξοβάρβᾰρος. *Talk in barbarous speech*, v.: P. βαρβαρίζειν, ὑποβαρβαρίζειν.

Barbarously, adv. *Savagely:* P. ὠμῶς; see *cruelly*.

Barbed, adj. Ar. and V. ὀξύστομος, V. λογχωτός. Met., *bitter:* P. and V. πικρός, V. τεθηγμένος.

Barber, subs. P. κουρεύς, ὁ.

Barber's shop, subs. Ar. and P. κουρεῖον, τό.

Bard, subs. P. and V. ῥαψῳδός, ὁ (Plat.), ᾠδός, ὁ (Plat.), V. ἀοιδός, ὁ, ὑμνοποιός, ὁ. *Poet:* P. and V. ποιητής, ὁ (Eur., *Frag.*), V. μουσοποιός, ὁ.

Bare, adj. *Uncovered:* P. and V. γυμνός, ψῑλός. *Of country bare of vegetation, etc.:* P. ψιλός. *Empty:* P. and V. κενός, ἐρῆμος, P. διάκενος. *Bare of:* P. and V. γυμνός (gen.), κενός (gen.), ἐρῆμος (gen.), P. ψιλός (gen.). *Mere:* P. ψιλός. *Barely sufficient:* P. and V. ἀναγκαῖος. *Just listen to a few words, merely a bare outline:* P. μικρὰ ἀκούσατε αὐτὰ τἀναγκαιότατα (Dem. 284). *Scanty, insufficient:* P. and V.

ἐνδεής, σπάνιος. Bare (*unsupported statement*): P. ψιλὸς λόγος. *Laying their sides on the bare ground*: V. ἀστρώτῳ πέδῳ πλευρὰς τιθέντες (Eur., *H.F.* 52).

Bare, v. trans. P. and V. γυμνοῦν, V. γυμνὸν τιθέναι. *Strip off clothes*: P. and V. ἐκδύειν, Ar. and P. ἀποδύειν. *Empty* or *strip* (generally): P. and V. κενοῦν, ἐρημοῦν, ἐξερημοῦν, Ar. and V. ἀποψῑλοῦν, P. ψιλοῦν; see *uncover*.

Barefaced, adj. *Open*: P. and V. φᾰνερός, ἐμφᾰνής. *Impudent*: P. and V. ἀναιδής.

Barefooted, adj. V. νηλίπους, ἀνάρβῡλος (Eur., *Frag.*), Ar. and P. ἀνῡπόδητος.

Bare-headed, adj. P. γυμνῇ τῇ κεφαλῇ.

Barely, adv. *With difficulty*: P. and V. μόλῐς, μόγῐς, Ar. and P. χᾰλεπῶς. *Insufficiently*: P. ἐνδεῶς.

Bareness, subs. *Destitution*: P. and V. ἐρημία, ἡ. *Insufficiency*: P. and V. σπάνῐς, ἡ, P. ἔνδεια, ἡ.

Bargain, v. trans. *Make a covenant*: P. and V. συμβαίνειν, συντῐ́θεσθαι, P. ὁμολογεῖν. *Traffic*: P. ἐμπορεύεσθαι, Ar. and V. ἐμπολᾶν; see *buy, sell*. *Hard to bargain with*: P. δυσξύμβολος.

Bargain, subs. *Covenant*: P. and V. σύμβᾰσις, ἡ, συνθῆκαι, αἱ, σύνθημα, τό, P. ὁμολογία, ἡ. *Purchase*: P. and V. ὠνή, ἡ, ἐμπολή, ἡ (Xen., and Eur., *Cycl.* 254), V. ἐμπόλημα, τό (Eur., *Cycl.* 137). *At a bargain, cheaply*: P. εὐτελῶς (Xen.).

Barge, subs. See *boat*.

Bark, subs. *Of a tree*: P. φλοιός, ὁ. (Xen.). *Boat*: P. and V. πλοῖον, τό; see *boat*. *Of a dog*: P. and V. φθόγγος, ὁ, P. κλαγγή, ἡ (Xen.), ὑλαγμός, ὁ (Xen.), V. ὕλαγμα, τό.

Bark, v. intrans. *Of a dog*: P. and V. ὑλακτεῖν, Ar. and P. κλάζειν (Xen.). *Bark at*: Ar. and P. ὑλακτεῖν (acc.).

Barley, subs. P. and V. κρῑθή, ἡ. *Barley meal*: Ar. and P. ἄλφῐτον, τό, or pl. *Barley meal for sprinkling over victims in sacrifice*: V. προχῦται, αἱ, Ar. ὀλαί, αἱ. *Barley cake*: Ar. and P. μᾶζα, ἡ (Plat.).

Barn, subs. P. ἀποθήκη, ἡ.

Barque, subs. See *boat*.

Barrack, subs. Use P. and V. στρᾰτόπεδον, τό (lit., *camp*), P. τὰ ὅπλα (*place of arms*).

Barrel, subs. P. and V. ἀμφορεύς, ὁ, Ar. and P. ἀγγεῖον, τό.

Barren, adj. *Desolate*: P. and V. ἐρῆμος. *Bare of trees*: P. ψιλός. *Of land*: P. and V. ἄκαρπος. *Of females*: P. and V. ἄτοκος (Plat.), V. ἄτεκνος, ἄγονος (also Plat., met.), ἄκῡμων, χέρσος, στεῖρος, Ar. and P. στέρῐφος (Plat.). *Childless*: P. and V. ἄπαις. *Make barren*, v. trans.: P. and V. ἐξαμβλοῦν. *Vain, barren of result*: P. ἄπρακτος, P. and V. ἀνήνῠτος. *Empty*: P. and V. μᾰ́ταιος, κενός; see *vain*. *Barren of*: P. and V. ἐρῆμος (gen.), κενός (gen.). *His pyre is barren of honours*: V. πυρὰ δὲ χέρσος ἀγλαϊσμάτων (Eur., *El.* 325).

Barrenness, subs. *Desolation*: P. and V. ἐρημία, ἡ. *Of females*: P. ἀφορία, ἡ, ὀλιγογονία, ἡ, V. ἀκαρπία, ἡ. *Childlessness*: P. and V. ἀπαιδία, ἡ. *Cursed with barrenness* (*of land*): V. ἀκάρπως ἐφθαρμένος (Soph., *O.T.* 254). *Uselessness*: P. ἀχρηστία, ἡ.

Barricade, subs. P. and V. ἔρῠμα, τό; see *barrier*.

Barricade, v. trans. P. and V. κλῄειν, συγκλῄειν, ἀποκλῄειν, φράσσειν, P. ἐμφράσσειν, ἀποφράσσειν, Ar. and P. κᾰτακλῄειν. *With a wall*: P. ἀποικοδομεῖν.

Barrier, subs. P. and V. ἔρῠμα, τό, πρόβλημα, τό, P. προβολή, ἡ. *Anything that hinders*: P. κώλυμα, τό, διακώλυμα, τό, ἐμπόδισμα, τό, ἐναντίωμα, τό. *Be a barrier to*, v.: P. ἐμπόδιος εἶναι (gen.), P. and V. ἐμποδὼν εἶναι (dat.), ἐμποδὼν γίγνεσθαι (dat.). *Barrier* (*against*): P. and V. πρόβλημα, τό (gen.), P. προβολή, ἡ (gen.); see *defence*. *Barriers* *against crime*: P. ἐμφράγματα τῶν ἁμαρτημάτων (Isoc. 148A).

Barrister, subs. P. and V. σύνδῐκος, ὁ, σῠνήγορος, ὁ.

Barrow, subs. *Tomb*: Ar. and P. σῆμα, τό, P. and V. τάφος, ὁ, Ar. and V. τύμβος, ὁ, V. χῶμα, τό (rare P.). *Cairn*: V. κολώνη, ἡ, λάϊνα ἐξογκώμᾰτα, τά.

Barter, v. trans. P. and V. ἀλλάσσειν (or mid.), ἀνταλλάσσειν (or mid.), διαλλάσσειν. *Take in exchange*: P. and V. μετᾰλαμβάνειν; see also *buy, sell*. *Barter one's life*: V. ἀπεμπολᾶν ψῡχήν.

Barter, subs. P. ἀλλαγή, ἡ, V. διαλλᾰγή, ἡ.

Base, subs. *Lowest part*: P. and V. κρηπίς, ἡ (Plat.), βάθρον, τό (Xen.), βᾰσῐς, ἡ (Plat.), P. ἔδαφος, τό. *Foundation*: P. θεμέλιοι, οἱ, τὰ κάτωθεν, P. and V. πυθμήν, ὁ, V. ῥίζα, ἡ. *Of a hill*: P. κράσπεδα, τά (Xen.). *Of a triangle*: P. βάσις, ἡ. *Base of operations*: P. and V. ἀφορμή, ἡ, P. ὁρμητήριον, τό: *Fortify (as a base against an enemy)*, v. intrans.: P. ἐπιτειχίζειν. *Making Naupactus their base*: P. ὁρμώμενοι ἐκ Ναυπάκτου (Thuc. 2, 69). *A base against a place*: P. ἐπιτειχισμός, ὁ (dat. or κατά, gen.).

Base, v. trans. *Secure, confirm*: P. βεβαιοῦν. *Statements based on no foundation of truth*: P. ἐπ' ἀληθείας οὐδεμιᾶς εἰρημένα (Dem. 230).

Base, adj. *Morally*: P. and V. αἰσχρός, κᾰκός, πάγκᾰκος, πονηρός, φαῦλος, μοχθηρός, κᾰκοῦργος, ἀνάξιος, Ar. and P. ἀγεννής. *Mean (of birth, rank, etc.)*: P. and V. τᾰπεινός, φαῦλος, κᾰκός, Ar. and P. ἀγεννής, V. ἀγέννητος, Ar. and V. δυσγενής; see *obscure*. *Degrading*: P. and V. τᾰπεινός, ἀνάξιος. *Vulgar*, Ar. and P. φορτῐκός, ἀγοραῖος. *Of money*: P. and V. κίβδηλος, Ar. and P. πᾰράσημος.

Base-born, adj. See *base*.

Baseless, adj. *Vain, empty*: P. and V. μᾰταιος, κενός, P. διάκενος. *False*: P. and V. ψευδής. *Unreasonable*: P. ἄλογος.

Baselessly, adv. *Falsely*: P. and V. ψευδῶς. *Unreasonably*: P. ἀλόγως.

Baselessness, subs. *Unreasonableness*: P. ἀλογία, ἡ.

Basely, adv. P. and V. αἰσχρῶς, κᾰκῶς, πονηρῶς, ἀγεννῶς. *Behave basely*: P. and V. κᾰκῡνεσθαι. *Vulgarly*: P. φορτικῶς. *Humbly*: P. ταπεινῶς.

Baseness, subs. P. and V. πονηρία, ἡ, κᾰκη, ἡ, Ar. and P. κάκία, ἡ, μοχθηρία, ἡ, P. κακότης, ἡ. *Of birth, etc.*: P. ταπεινότης, ἡ, P. and V. δυσγένεια, ἡ (Plat.).

Bashful, adj. P. αἰσχυντηλός, αἰδήμων (Xen.).

Bashfully, adv. P. αἰσχυντηλῶς, αἰδημόνως (Xen.).

Bashfulness, subs. P. and V. αἰδώς, ἡ.

Basin, subs. Ar. and P. ἀγγεῖον, τό, Ar. and V. ἄγγος, τό, V. τεῦχος, τό. *Basin of rock*: V. κρᾱτήρ, ὁ (Soph., *O.C.* 1593).

Basis, subs. *Foundation*: P. and V. πυθμήν, ὁ. *Truth*: P. and V. ἀλήθεια, ἡ. *Starting point*: P. and V. ἀφορμή, ἡ. *Assumption (in reasoning)*, P. ὑπόθεσις, ἡ. *Be assumed as a basis*: P. ὑποκεῖσθαι, V. ὑπεῖναι.

Bask, v. intrans. *Rest, be idle*: P. and V. ἡσῠχάζειν. *Lie*: P. and V. κεῖσθαι.

Basket, subs. P. and V. κᾰνοῦν, τό, Ar. and P. ταρσός, ὁ, Ar. κᾰλᾰθος, ὁ, κᾰλᾰθίσκος, ὁ, τᾰλᾰρος, ὁ, κόφῐνος, ὁ (also Xen.). *Large basket*: Ar. σπῠρίς, ἡ. *Small basket*: P. φορμίσκος, ὁ. *Fishing basket*: P. κύρτος, ὁ (Plat.).

Bass, adj. P. and V. βᾰρύς.

Bastard, adj. P. and V. νόθος, V. νοθᾱγενής. Met., *spurious*: P. and V. κίβδηλος, P. νόθος. *A bastard's portion*: Ar. τὰ χρήματα τὰ νόθεια (*Av.* 1656).

Bastion, subs. P. προμαχεών, ὁ (Xen.); see *bulwark*.

Bat, subs. Ar. and P. νυκτερίς, ἡ (Plat.).

Batch, subs. *Quantity* or *amount*: P. and V. πλῆθος, τό, ἀριθμός, ὁ; see *collection*.

Bath, subs. Ar. and P. βᾰλᾰνεῖον, τό, P. and V. λουτρόν, τό, V. δροίτη, ἡ. *Swimming-bath*: P. κολυμβήθρα, ἡ. *Hot-baths*: P. θερμά, τά (Xen.), V. θερμὰ λοῦτρα, τά. *Bath attendant*: Ar. and P. βᾰλᾰνεύς, ὁ. *Bathing-room*: P. and V. λουτρών, ὁ (Xen.). *Bathing-tub*: Ar. πύελος, ἡ. *Have a bath*, v.: P. and V. λοῦσθαι.

Bathe, v. trans. P. and V. λούειν; see *wash*. *Bathe hands and feet*: V. νίζειν, Ar. and P. ἀπονίζειν. *Cleanse by bathing*: Ar. and P. ἀπολούειν (Plat.), P. and V. ἀπονίζειν (Plat.). *Dip*: P. and V. βάπτειν. *Wet*: P. and V. δεύειν (Plat.), τέγγειν (Plat.), βρέχειν (Plat.). *Bathe in perspiration*: ἱδρῶτι βρέχειν (acc.) (Plat.). *Bathed in tears*: V. κεκλαυμένος; see *weep*. V. intrans. P. and V. λοῦσθαι.

Bathe, subs. P. and V. λουτρόν, τό.

Battalion, subs. P. and V. λόχος, ὁ, τάξῐς, ἡ, P. τάγμα, τό (Xen.).

Batten, v. intrans. V. θοινᾶσθαι, φέρβεσθαι, δαίνυσθαι; see *feed*. *Batten on*: V. θοινᾶσθαι (acc.), ἐκθοινᾶσθαι (acc.), Ar. and V. δαίνυσθαι (acc.); see *be satiated with*. *Live luxuriously*: P. and V. τρῠφᾶν.

Batter, v. trans. *Strike*: P. and V. κρούειν, κόπτειν, συγκόπτειν (Eur., *Cycl.*), Ar. and V. παίειν (rare P.), ἀράσσειν, θείνειν. *Break*: P. and V. ῥηγνύναι, κᾰταρρηγνύναι, ἀπορρηγνύναι, κᾰταγνύναι, συντρίβειν (Eur., *Cycl.*), Ar. and V. θραύειν (rare P.), V. συνθραύειν, σῠνᾰράσσειν. *Batter down*: P. and V. ἀνατρέπειν, κᾰτασκάπτειν, P. κατασείειν, V. ἐρείπειν.

Battering-ram, subs. P. and V. μηχᾰνή, ἡ, P. μηχάνημα, τό, κριός, ὁ. *Head of a battering-ram*: P. ἐμβολή, ἡ.

Battery, subs. See *assault*.

Battle, v. intrans. See *fight*. *Battle with the waves*: V. κάμνειν πρὸς κύματι (Æsch., *Theb.* 210).

Battle, subs. P. and V. μάχη, ἡ, ἀγών, ὁ, V. ἀγωνία, ἡ, ἀλκή, ἡ; see *combat*. *Warfare*: Ar. and V. Ἄρης, ὁ, V. δόρῠ. *Encounter*: V. συμβολή, ἡ, Ar. and P. σύνοδος, ἡ. *Sea battle*: P. ναυμαχία, ἡ. *Land battle*: P. πεζομαχία, ἡ. *Line of battle*: P. παράταξις, ἡ, P. and V. τάξῐς, ἡ, Ar. and V. στῐχες, αἱ. *The god of battles*: V. Ζεὺς ἀγώνιος. *Fallen in battle*, adj.: V. δορῐπετής. *Without a battle*: use adv., P. ἀμαχεί.

Battle-axe, subs. P. and V. πέλεκυς, ὁ (Xen., also Ar.).

Battle-cry, subs. P. and V. παιάν, ὁ. *Raise the battle-cry*, v.: P. and V. παιωνίζειν.

Battle-field, subs. P. μάχη, ἡ (Xen.); see *field*.

Battlements, subs. P. and V. ἐπάλξεις, αἱ, P. παραφράγματα, τά, V. κρήδεμνα, τά, θωρᾱκεῖα, τά.

Bauble, subs. *Plaything*: Ar. and P. παίγνιον, τό (Plat.), V. ἄθυρμα, τό (Eur., *Frag.*).

Baulk, v. trans. *Cause to fail*: P. and V. σφάλλειν. *Baulk of*: P. and V. ψεύδειν (τινά τινος), P. ἐκκρούειν (τινά τινος); see *baffle*. *Be baulked of*: see *lose*. *In sooth much have my hopes baulked me of my reckoning*: V. ἦ πολύ με δόξης ἐξέπαισαν ἐλπίδες (Eur., *H.F.* 460).

Bawl, v. intrans. P. and V. βοᾶν, ἀνᾰβοᾶν, κεκρᾱγέναι (perf. of κράζειν), ὀλολύζειν (rare P.), ἀλᾰλάζειν (Xen.), ἀνᾰλᾰλάζειν (Xen.), V. ἀνολολύζειν, P. λαρυγγίζειν; see *shout*. *Out-bawl*: Ar. κᾰτᾰβοᾶν (acc.). *I will out-bawl the orators*: Ar. λαρυγγιῶ τοὺς ῥήτορας (*Eq.* 358).

Bay, subs. *Bend of the shore*: P. and V. κόλπος, ὁ, V. μῠχός, ὁ (rare P.), πτῠχαί, αἱ. *Laurel tree*: Ar. and V. δάφνη, ἡ; see *laurel*. *Of a dog*: see *bark*.

Bay, Stand at, v. P. πρὸς ἀλκὴν τρέπεσθαι, V. ἐς ἀλκην ἐλθεῖν.

Bay, adj. See *brown*.
Bay, v. intrans. V. κλαγγαίνειν; see *bark*.
Bayonet, subs. Use *sword, spear*.
Bazaar, subs. P. and V. ἀγορά, ἡ, Ar. and P. δεῖγμα, τό.
Be, v. intrans. P. and V. εἶναι, Ar. and V. φῦναι (2nd aor. of φύειν), πεφυκέναι (perf. of φύειν), πέλειν, V. πέλεσθαι, τυγχάνειν, κυρεῖν. With adv.: P. and V. ἔχειν. *It is well*: P. and V. καλῶς ἔχει. *Be in existence*: P. and V. ὑπάρχειν. *Just as I am*: P. and V. ὡς ἔχω. *Are to* (expressing *necessity*): use P. and V. verbals in τέος or δεῖ with infin. *The fleet which was to have co-operated with Cnemus*: P. ναυτικὸν ὃ ἔδει παραγενέσθαι τῷ Κνήμῳ (Thuc. 2, 83).
Beach, subs. Ar. and P. αἰγιαλός, ὁ (rare P.), P. and V. ἀκτή, ἡ (rare P.).
Beach, v. trans. *Run ashore*: P. and V. ὀκέλλειν, P. ἐποκέλλειν, V. κέλλειν, ἐξοκέλλειν. *Draw up on the beach*: P. ἀνέλκειν.
Beacon, subs. P. and V. φρυκτός, ὁ, or pl. *Signalling by beacon fires*: P. and V. φρυκτωρία, ἡ, V. πυρὸς παραλλαγαί, αἱ. *Beacon fire*: V. ἄγγαρον πῦρ, τό, πορευτὸς λαμπάς, ἡ, πῦρ πόμπιμον, τό, λαμπτήρ, ὁ, λαμπάς, ἡ, πυρπόλημα, τό. *A succession of beacon fires*: V. ἐκδοχὴ πομποῦ πυρός (Æsch., *Ag*. 299). *Signal by beacon fires*: P. φρυκτωρεῖν, P. and V. πυρσεύειν (Xen.).
Beak, subs. Ar. ῥάμφος, τό, ῥύγχος, τό, or use P. and V. στόμα, τό, V. χεῖλος, τό (Eur., *Ion*, 1199). *Of a ship*: P. and V. ἔμβολον, τό.
Beaker, subs. See *cup*.
Beam, subs. Ar. and P. δοκός, ἡ, P. κεραία, ἡ. *Of light*: P. and V. αὐγή, ἡ (Plat. but rare P., also Ar.), ἀκτίς, ἡ (Plat. but rare P., also Ar.), σέλας, τό (Plat. but rare P. also Ar.), V. βολή, ἡ, πέμφιξ, ἡ (Æsch., *Frag*.).
Beam, v. intrans. *Shine*: P. and V. ἐκλάμπειν (Plat.), στίλβειν (Plat.); see *shine*. *Beam upon, smile upon*: P. and V. προσγελᾶν (acc.).
Beaming, adj. P. and V. λαμπρός; see *bright*. Of looks: P. and V. φαιδρός, V. φαιδρωπός.
Bean, subs. Ar. and P. κύαμος, ὁ, Ar. φάσηλος, ὁ. *Beans, pulse*: P. ὄσπρια, τά.
Bear, subs. P. ἄρκτος, ἡ. *The Great Bear*: P. and V. ἄρκτος, ἡ.
Bear, v. trans. *Bring forth* (of animals generally): P. and V. τίκτειν, V. ἀνιέναι. Of women: P. and V. γεννᾶν, τίκτειν, V. γείνασθαι (1st aor. of γείνεσθαι) (also Xen. but rare P.), λοχεύεσθαι, ἐκλοχεύεσθαι. *Be born*: see under *born*. Of trees, etc.: P. and V. φέρειν. *A wife to bear children*: V. δάμαρ παιδοποιός, ἡ. *Bear children in a place*: P. and V. ἐντίκτειν (dat.). *Endure*: P. and V. φέρειν, ἀνέχεσθαι, ὑπέχειν, πάσχειν, ὑφίστασθαι, P. ὑπομένειν, V. καρτερεῖν, Ar. and V. τλῆναι (2nd aor. of τλᾶν) (also Isoc. but rare P.), ἀνατλῆναι (2nd aor. of ἀνατλᾶν) (also Plat. but rare P.), ἐξανέχεσθαι. *Bear to the end*: P. and V. διαφέρειν, V. ἀντλεῖν, ἐξαντλεῖν, διαντλεῖν, ἐκκομίζειν. *Help to bear*: P. and V. συμφέρειν (τινί τι), V. συνεκκομίζειν (τινί τι); v. intrans. with infin. following: P. and V. ἀνέχεσθαι (part.), Ar. and V. τλῆναι (2nd aor. of τλᾶν) (infin.), ἐξανέχεσθαι (part.); see *bring oneself to*. *Carry*: P. and V. φέρειν, κομίζειν, V. βαστάζειν; see *carry*. *Bear arms*: P. ὁπλοφορεῖν (Xen.), σιδηροφορεῖν. *Bear arms against*: P. ὅπλα ἐπιφέρειν (dat.), V. δόρυ ἐπιφέρειν (dat.). *Bear (grudge, goodwill, etc.)*: P. and V. ἔχειν; see *harbour*. *Bear in mind*: P. and V. μεμνῆσθαι (perf. infin. of μιμνήσκεσθαι); see *remember*. *Bear malice*: Ar. and P. μνησικακεῖν. *Bear witness*: P. and V. μαρτυρεῖν; see under *witness*. *Bear oneself, behave*: P. and V. προσφέρεσθαι; see *behave*. V. intrans. *Turn*:

P. and V. τρέπεσθαι. Of a road: P. and V. φέρειν, ἄγειν. *Bear along*: P. and V. φέρειν. *Bear away*: P. and V. ἀποφέρειν, P. ἀποκομίζειν; see *carry off*. *Bear down*: P. and V. κᾰθαιρεῖν. *Bear down upon*: Ar. and P. ἐπῐτίθεσθαι (dat.): see *attack*. *Bear forth*: P. and V. ἐκφέρειν. *Bear off*: see *carry off*. *Bear out*: lit., P. and V. ἐκφέρειν, met. (*a statement, etc.*), P. βεβαιοῦν. *Support by evidence* (*a person or thing*): P. and V. συμμαρτῠρεῖν (dat. of person, acc. of thing). *Bear round*: P. and V. περῐφέρειν, P. περικομίζειν. *Bear up*, v. trans.: see *sustain*; v. intrans.: P. and V. καρτερεῖν, ἀνέχεσθαι, P. ὑπομένειν. *Bear up against*: see *endure*. *Bear with*: see *endure*. *Acquiesce in*: P. and V. στέργειν (acc. or dat.), P. ἀγαπᾶν (acc. or dat.), V. αἰνεῖν (acc.). *Bear with a parent's natural anger*: V. χαλᾶ τοκεῦσιν εἰκότως θυμουμένοις (Eur., *Hec.* 403). *Bring to bear*: P. and V. προσφέρειν, προσάγειν, P. προσκομίζειν. *Bringing engines to bear, he besieged* (*the city*): P. μηχανήματ' ἐπιστήσας ἐπολιόρκει (Dem. 254).

Bearable, adj. P. and V. φορητός, ἀνεκτός (usually negative), P. οἰστός (Thuc.); see *tolerable*.

Beard, subs. P. and V. πώγων, ὁ, V. γενειάς, ἡ, Ar. and V. γένειον, τό, ὑπήνη, ἡ (Æsch., *Frag.*). *Have a beard*, v.: Ar. and P. γενειᾶν. *Begin to have a beard*, v.: P. γενειάσκειν.

Beard, v. trans. *Beard the lion*: P. ξυρεῖν λέοντα (Plat., *Rep.* 341c).

Bearded, adj. Ar. and P. γενειῶν, P. εὐγένειος, Ar. δᾰσῠπώγων.

Beardless, adj. Ar. and P. ἀγένειος.

Bearer, subs. *Of news*: P. and V. ἄγγελος, ὁ or ἡ.

Bearing, subs. *Of children*: P. and V. τόκος, ὁ, λοχεία, ἡ (Plat.). *Gait*: P. and V. σχῆμα, τό. *Ways*: P. and V. τρόποι, οἱ. *Past bearing*: use adj., *intolerable*. *Meaning*: P. διάνοια, ἡ; see *meaning*. *It* (*the earthquake*) *was said and indeed seemed to have a bearing on what was to follow*: P. ἐλέγετο καὶ ἐδόκει ἐπὶ τοῖς μέλλουσι γενήσεσθαι σημῆναι (Thuc. 2, 8). *Trend*: P. φορά, ἡ; see *drift*.

Bearings, subs. See *direction*.

Beast, subs. *Animal*: P. and V. ζῷον, τό, θρέμμα, τό (Plat.). *Wild beast*: P. and V. θήρ, ὁ, Ar. and P. θηρίον, τό, Ar. and V. κνώδᾰλον, τό, V. δάκος, τό. *Beast of burden*: P. ὑποζύγιον, τό. *Head of cattle*: P. and V. βόσκημα, τό (Plat.), Ar. and V. βοτόν, τό, P. κτῆνος τό (Xen.). *Of a person*: Ar. and P. θηρίον, τό. *Of wild beasts*, adj.: P. and V. θήρειος. *Haunted by beasts*, adj.: V. ἔνθηρος. *Turn into a beast*, v. intrans.: V. ἐκθηριοῦσθαι.

Beastlike, adj. P. and V. θηριώδης.

Beastliness, subs. P. βδελυρία, ἡ.

Beastly, adj. *Disgusting*: Ar. and P. βδελῠρός, V. βδελύκτροπος; see *loathsome*. *Beast-like*: P. and V. θηριώδης.

Beat, v. trans. *Strike*: P. and V. κρούειν, τύπτειν, κόπτειν, συγκόπτειν (Eur., *Cycl.* 228), πᾰτάξαι (1st aor. of πατάσσειν), Ar. and V. παίειν (rare P.), θείνειν, ἀράσσειν. *Be beaten*: use also P. and V. πληγῆναι, 2nd aor. pass. of πλήσσειν, Ar. and P. πληγὰς λαμβᾰνειν. *Strike noisily*: P. and V. κροτεῖν. *Flog*: Ar. and P. μαστῑγοῦν. *Beat to death*: P. ἀποτυμπανίζειν. *Beat metal*: P. συγκροτεῖν. *Conquer*: P. and V. νῑκᾶν, χειροῦσθαι. *Excel*: P. and V. ὑπερβάλλειν, κρᾰτεῖν (gen.). V. intrans. *Of the pulse, etc*: P. σφύζειν, P. and V. πηδᾶν. *Of the heart*: V. ὀρχεῖσθαι. *Beat the breast*: P. and V. κόπτεσθαι (absol.). *Beat off*: P. and V. ἀπωθεῖν or mid., ἀμύνεσθαι. P. ἀποκρούεσθαι, ἐκκρούειν; see *repulse*. *Beat a retreat*: see *retreat*. *Beat up, procure*: P. παρασκευάζεσθαι. *Beat upon*: see *strike*. *The breath of the horses beat upon them*: V.

εἰσέβαλλον ἱππικαί πνοαί (Soph., *El.* 719).

Beat, subs. *Noise of the foot, etc.*: P. and V. κρότος, ὁ. *Of the heart*: V. πήδημα, τό. P. πήδησις, ἡ. *Rhythmic motion*: V. πῖτῠλος, ὁ. *With beat of plashing oar*: V. κωπῆς ῥοθιάδος σῠνεμβολῇ (Æsch., *Pers.* 396).

Beaten, adj. *Hammered*: V. σφῡρήλᾰτος. *Trodden down* (of ground): P. ἀπόκροτος, στειβόμενος (Xen.), V. στιπτός. *A beaten path*: Ar. ἀτρᾰπὸς τετριμμένη.

Beating, subs. P. and V. πληγαί, αἱ. *Give a beating*: P. πληγὰς διδόναι (dat. of person). *Receive a beating*: Ar. and P. πληγὰς λαμβᾰνειν. *Beating of drums*: Ar. τυμπᾰνισμός, ὁ, V. τυμπᾰνων ἄράγμᾰτα, τά (Eur., *Cycl.*). *Beating of breasts*: V. στέρνων ἄραγμοί, οἱ.

Beau-ideal, subs. *Pattern, example*: P. and V. πᾰρᾰδειγμα, τό.

Beautiful, adj. *Generally*: P. and V. κᾰλός, εὐπρεπής. *Of personal appearance*: also P. and V. εὐειδής (Plat.), V. εὐωπός, καλλίμορφος, εὔμορφος, Ar. and P. εὐπρόσωπος (Plat.), Ar. and V. εὐφυής, Ar. περῐκαλλής. *With beautiful prow*: V. καλλίπρῳρος. *Variegated*: P. and V. ποικῖλος.

Beautifully, adv. P. and V. κᾰλῶς.

Beautify, v. trans. *Adorn*: P. and V. κοσμεῖν, V. ἄγάλλειν, ἀσκεῖν, ἐξασκεῖν. *Make varied*: P. and V. ποικίλλειν. *Make beautiful*: P. καλὸν ποιεῖν.

Beauty, subs. P. and V. κάλλος, τό, εὐμορφία, ἡ (Plat.). *Of personal appearance*: also P. εὐπρέπεια, ἡ, V. καλλονή, ἡ (also Plat. but rare P.), καλλίστευμα, τό. *Bloom*: P. and V. ὥρα, ἡ. *Prize of beauty*, V. καλλιστεῖα, τά (rare sing.). *Take the prize of beauty*, v.: V. καλλιστεύεσθαι.

Beaver, subs. P. κάστωρ, ὁ (Hdt.).

Becalmed, Be, v. P. and V. ἀπλοίᾳ χρῆσθαι.

Because, conj. P. and V. ὅτῐ, P. διότι, V. οὕνεκα, ὁθούνεκα. *Since*: P. and V. ἐπεί, ὡς, ἐπειδή; see *since*.

Because of, prep. P. and V. διά (acc.), ἕνεκᾰ (gen.), χάρῐν (gen.) (Plat.), Ar. and V. οὕνεκᾰ (gen.), ἕκᾱτι (gen.), V. εἵνεκᾰ (gen.).

Beck, subs. *Nod*: P. νεῦμα, τό. *Be at the beck of*: P. and V. εἶναι (gen.). *Stream*: P. and V. ῥεῦμα, τό; see *stream*.

Beckon, v. intrans. P. and V. σημαίνειν, P. νεύματι χρῆσθαι, Ar. and V. νεύειν.

Becloud, v. trans. P. ἐπισκοτεῖν (dat.).

Become, v. trans. P. and V. πρέπειν (dat.), προσήκειν (dat.). V. intrans. P. and V. γίγνεσθαι. *Be brought into a certain state*: P. and V. κᾰθίστασθαι. *What is to become of me*: P. and V. τί γένωμαι, τί πάθω (Eur., *Phœn.* 895, also Ar., *Av.* 1432). *It becomes you (to)*: P. and V. πρὸς σοῦ (ἐστί) (infin.), ἁρμόζει σέ (infin.).

Becoming, adj. P. and V. εὐπρεπής, πρέπων, προσήκων, σύμμετρος, εὐσχήμων, Ar. and P. πρεπώδης, V. ἐπεικώς, προσεικώς, συμπρεπής. *Seasonable*: P. and V. καίριος, ἐπίκαιρος; see *seasonable*.

Becomingly, adv. P. and V. εὐπρεπῶς, συμμέτρως, πρεπόντως, P. προσηκόντως, V. ἐναισίμως. *Seasonably*: P. and V. καιρίως (Xen.); see *seasonably*.

Bed, subs. P. and V. κοίτη, ἡ (Plat.), κλίνη, ἡ, στρωμνή, ἡ, V. λέκτρον, τό, or pl., δέμνιον, τό, or pl., Ar. and V. λέχος, τό, or pl., εὐνή, ἡ (also used in the phrase ἐν ταῖς εὐναῖς, *in their beds*, in Thuc. 3, 112, and 4, 32). *Put to bed*, v.: Ar. and P. κᾰτακλίνειν, V. εὐνάζειν. *Go to bed*: P. and V. κοιμᾶσθαι, κοιμίζεσθαι, V. εὐνάζεσθαι. *Make a bed*, v.: Ar. and V. στορεννῦναι, στορνῦναι. *Truckle-bed*: Ar. and P. σκίμπους, ὁ. *Bed of leaves*: P. and V. στῐβάς, ἡ (Plat.). *Of a mountain stream*: Ar. and P. χᾰράδρα, ἡ. *Of the sea*: use P.

ἔδαφος, τό. *Of a garden:* P. πρασιά, ἡ (Homer). *Marriage bed:* see under *marriage*. *Getting in each other's way in the bed of the river:* P. ἐν κοίλῳ ὄντι τῷ ποταμῷ ἐν σφίσιν αὐτοῖς ταρασσόμενοι (Thuc. 7, 84).

Bedaub, v. trans. Ar. and P. ἀλείφειν, περιᾰλείφειν, P. ἐπαλείφειν, Ar. κᾰταπλάσσειν, V. χρίειν, προχρίειν; see *anoint*.

Bedazzle, v. trans. See *dazzle*.

Bed-clothes, subs. *Bed coverings:* Ar. and P. στρώμᾰτα, τά, V. χλαῖνα, ἡ, φᾶρος, τό, φᾶρος, τό, εἷμα, τό, στρωτὰ φᾶρη, τά.

Bedding, subs. Ar. and P. στρώμᾰτα, τά, P. and V. στρωμνή, ἡ.

Bedeck, v. trans. See *adorn*.

Bedew, v. trans. P. and V. βρέχειν (Plat.), ὑγραίνειν (Plat.), τέγγειν (Plat.), V. κᾰταστάζειν. *Bedewed with tears,* adj.: V. διάβροχος. *Bedewing the eyes,* adj.: V. ὀφθαλμότεγκτος.

Bedfellow, subs. Of a man: V. σύνευνος, ὁ, συνευνέτης, ὁ, ἀκοίτης, ὁ, εὐνᾰτωρ, ὁ, ὁμευνέτης, ὁ, σύλλεκτρος, ὁ; see *husband*. Of a woman: Ar. and V. ἄλοχος, ἡ, V. σύζῠγος, ἡ, σύνευνος, ἡ, συνευνέτις, ἡ, ἄκοιτις, ἡ, εὖνις, ἡ, δάμαρ, ἡ, ὁμευνέτις, ἡ, σύλλεκτρος, ἡ; see *wife*.

Bedim, v. trans. See *dim*.

Bedizen, v. trans. P. and V. κοσμεῖν, ποικίλλειν; see *adorn*.

Bedraggled, adj. P. and V. ἀνειμένος.

Bed-ridden, Be, v. Ar. and P. κᾰτακλίνεσθαι.

Bedroom, subs. Ar. and P. δωμάτιον, τό, V. θάλᾰμος, ὁ, εὐνᾱτήριον, τό; see *chamber*.

Bedstead, subs. P. and V. κλίνη, ἡ, V. δέμνιον, τό, or pl.

Bee, subs. P. and V. μέλισσα, ἡ, V. ἀνθεμουργός, ἡ (Æsch., *Pers.* 612). *Humble-bee:* Ar. βομβῠλιός, ὁ.

Beech, subs. P. and V. φηγός, ἡ. *Spear of beechwood:* V. ὀξύη, ἡ.

Beech-nut, subs. Ar. and P. φηγός, ἡ.

Beef, subs. P. and V. κρέᾰ βόεια, τά (Eur., *Frag.*, and Plat.). *Of beef,* adj.: P. and V. βόειος.

Beehive, subs. P. σμῆνος, τό.

Bee-keeper, subs. P. μελισσουργός, ὁ (Plat.).

Beer, subs. V. ἐκ κρῑθῶν μέθυ, τό, or use *wine*.

Beestings, subs. Ar. πῡός, ὁ.

Beeswax, subs. Ar. and P. κηρός, ὁ, κηρίον, τό.

Beetle, subs. Ar. and V. κάνθᾰρος, ὁ (Æsch., *Frag.*).

Beetling, adj. P. ἀπότομος, ἀπόκρημνος, κρημνώδης, V. αἰπύνωτος, ὑψηλόκρημνος, ὀκρίς, αἰπύς, αἰπεινός; see *steep*.

Beeves, subs. See *cattle*.

Befall, v. trans. P. and V. κᾰτᾰλαμβάνειν, προσπίπτειν (dat.), πᾰρᾰπίπτειν (dat.), V. τυγχάνειν (dat.), κῠρεῖν (dat.), Ar. περιπίπτειν (dat.). *Of misfortunes:* also V. προσπέτεσθαι (dat.). *Befall in addition:* V. προσκῠρεῖν (dat.). V. intrans. P. and V. γίγνεσθαι, συμβαίνειν, πᾰρᾰπίπτειν, τυγχάνειν, V. κῠρεῖν; see *happen*.

Befit, v. trans. P. and V. πρέπειν (dat.), προσήκειν (dat.). *It befits you (to):* P. and V. πρὸς σοῦ (ἐστι) (infin.), ἁρμόζει σέ (infin.).

Befitting, adj. P. and V. εὐπρεπής, πρέπων, προσήκων, σύμμετρος, εὐσχήμων, Ar. and P. πρεπώδης, V. ἐπεικώς, προσεικώς, συμπρεπής. *Seasonable:* P. and V. καίριος, ἐπίκαιρος; see *seasonable*.

Befittingly, adv. P. and V. εὐπρεπῶς, συμμέτρως, πρεπόντως, P. προσηκόντως, V. ἐναισίμως. *Seasonably:* P. and V. καιρίως (Xen.); see *seasonably*.

Befool, v. trans. *Cheat:* P. and V. ψεύδειν. *Deceive:* P. and V. ἀπᾰτᾶν, ἐξᾰπᾰτᾶν, πᾰράγειν, P. παρακρούεσθαι, γοητεύειν, V. φηλοῦν.

Before, prep. Of place: P. and V. πρό (gen.), πρόσθεν (gen.), ἐπίπροσθεν (gen.), Ar. and P. ἔμπροσθεν (gen.), V. πάρος (gen.), πάροιθε (gen.), πᾰροιθεν (gen.), πρόσθε (gen.). Of time: P. and V. πρό (gen.), P. ἔμπροσθεν (gen.), V. πρόσθεν (gen.) (also Xen. but rare P.), πρόσθε (gen.), πάρος (gen.), πάροιθεν (gen.), πάροιθε (gen.). Of preference or superiority: P. and V. πρό (gen.), ἐπίπροσθεν (gen.), V. πάρος (gen.), πρόσθε (gen.), πάροιθεν (gen.), πάροιθε (gen.), P. ἔμπροσθεν (gen.). *In the presence of*: P. and V. ἐναντίον (gen.), V. ἀντίον (gen.). *Into the presence of*: P. and V. πάρα (acc.), ὡς (acc.). *Appear before (a judge, etc.)*: P. and V. εἰσέρχεσθαι εἰς or πρός (acc.). *(Speak, plead) before*: P. and V. ἐν (dat.). *Leochares is the cause of my speaking before you*: P. αἴτιος μέν ἐστι Λεωχαρὴς τοῦ . . . ἐμὲ λέγειν ἐν ὑμῖν (Dem. 1080). *The citizens will become better with this as an example before them*: P. τούτῳ παραδείγματι χρώμενοι βελτίους ἔσονται οἱ πολῖται (Lys. 140). *The day before*: P. τῇ προτεραίᾳ (gen. or absol.). *On the day before the trial*: P. τῇ προτεραίᾳ τῆς δίκης (Plat., *Phaedo*, 58A). *Before heaven* (in adjurations): P. and V. πρὸς θεῶν.

Before, adv. Of place: P. and V. πρόσθεν, ἐπίπροσθεν, P. ἔμπροσθεν. Of time: P. and V. πρόσθεν, πρίν, τὸ πρίν, πρὸ τοῦ, πρότερον, P. ἔμπροσθεν, Ar. and V. πάρος, V. πάροιθεν τὸν πρὸ τοῦ χρόνον. *Formerly, long ago*: P. and V. πάλαι, πάλαι ποτέ; see *formerly*. *Already*: P. and V. ἤδη. *Hitherto*: P. and V. εἰς τὸ νῦν, P. μέχρι τοῦ νῦν; see *hitherto*.

Before, conj. P. and V. πρίν, Ar. and P. πρότερον ἤ, πρότερον πρίν. *The day before he set sail*: P. τῇ προτεραίᾳ ἢ ἀνήγετο (Lys. 153).

Beforehand, adv. See *before*. In compounds: προ. *Prepare beforehand*: P. προπαρασκευάζειν.

Befoul, v. trans. See *foul*.

Befriend, v. trans. P. and V. ὑπουργεῖν (dat.), ὑπηρετεῖν (dat.), ἐξυπηρετεῖν (dat.). *Stand by*: V. παραστατεῖν (dat.), Ar. and V. συμπαραστατεῖν (dat.), παρίστασθαι (dat.); see *aid*.

Beg, v. trans. P. and V. αἰτεῖν (τινά τι), αἰτεῖσθαι (τινί τι), παραιτεῖσθαι (τινά τι), ἀπαιτεῖν (τινά τι), δεῖσθαί (τινός τι); see *ask*, *entreat*. *Ask as a beggar*: P. and V. προσαιτεῖν (τινά τι), V. ἐπαιτεῖν (τινά τι). *Be a beggar*: Ar. and P. πτωχεύειν. *Beg to be excused*: P. and V. παρίεσθαι (absol.), παραιτεῖσθαι (acc. or absol.). *Beg off* (person or thing): P. and V. ἐξαιτεῖσθαι (acc.). *Deprecate*: P. and V. παραιτεῖσθαι. *Beg pardon*: P. and V. παρίεσθαι; see under *pardon*. *Beg the question*: P. τὸ ἐξ ἀρχῆς αἰτεῖσθαι (Arist.).

Beget, v. trans. P. and V. γεννᾶν, τίκτειν, σπείρειν (Plat.), παιδοποιεῖν, or mid. (used absol.), φυτεύειν (rare P.), φύειν (rare P.), φιτύειν (Plat. but rare P.), V. γείνασθαι (1st. aor. of γείνεσθαι) (also Xen. but rare P.), τεκνοῦν, or mid., ἐκφύειν, ἐκτεκνοῦσθαι, κατασπείρειν. Met., *produce*: P. and V. γεννᾶν, τίκτειν, ποιεῖν, V. φυτεύειν, P. ἀπεργάζεσθαι. Met., *beget (in another)*: P. and V. ἐντίκτειν (τινί τι), ἐντιθέναι (τινί τι), ἐμβάλλειν (τινί τι), V. ἐνιέναι (τινί τι), ἐνορνύναι (τινί τι), P. ἐμποιεῖν (τινί τι).

Begetter, subs. P. and V. γεννητής, ὁ (Plat.), γεννήτωρ, ὁ (Plat.), γονεύς, ὁ.

Begetting, subs. P. παιδοποιία, ἡ, τέκνωσις, ἡ, P. and V. γέννησις, ἡ (Plat.), σπορά, ἡ (Plat.). *Begetting children*, adj.: V. παιδοποιός, φυτουργός, φυτοσπόρος.

Beggar, subs. P. and V. πτωχός, ὁ, ἀγύρτης, ὁ. *Beggar woman*: V. ἀγύρτρια, ἡ. *Be a beggar*, v.: Ar. and P. πτωχεύειν.

Beggarly, adj. P. and V. πτωχικός, Ar. and V. πτωχός; see *mean*.

Beggary, subs. Ar. and P. πτωχεία, ἡ. *Poverty*: P. and V. πενία, ἡ, ἀπορία, ἡ, P. ἔνδεια.

Begging, subs. *Request*: P. δέησις, ἡ. *Beggary*: Ar. and P. πτωχεία, ἡ. *Begging off*: P. παραίτησις, ἡ. *Collect by begging*, v. trans.: P. and V. ἀγείρειν.

Begin, v. trans. *Be first to do a thing*: P. and V. ἄρχειν (gen.), ὑπάρχειν (gen.), κᾰτάρχειν (acc. or gen.), P. προϋπάρχειν (gen.). *Start something of one's own*: P. and V. ἄρχεσθαι (gen.), κᾰτάρχειν (acc. or gen.), or mid., ὑπάρχειν (gen.). *Begin the rites*: see under *rites*. *Take in hand*: P. and V. ἐπῐχειρεῖν (dat.), ἐγχειρεῖν (dat.), αἱρεσθαι (acc.). *Set up, institute*: P. and V. κᾰθιστάναι, ἱστάναι, τῐθέναι, Ar. and P. κᾰτᾰδεικνύναι. V. intrans. P. and V. ἄρχεσθαι; see *start*. *Prelude*: P. προοιμιάζεσθαι, V. φροιμιάζεσθαι. *Begin to*: P. and V. ἄρχειν (part.), ἄρχεσθαι (part.). *Begin with*: P. ἄρχεσθαι ἀπό (gen.), V. ἄρχεσθαι ἐκ (gen.).

Beginner, subs. P. and V. ὁ ὑπάρχων, P. ὁ ἀρχόμενος. *Inexperienced person*: P. and V. ἄπειρος, ὁ or ἡ, P. ἀνεπιστήμων, ὁ or ἡ.

Beginning, subs. P. and V. ἀρχή, ἡ. With defining genitive: Ar. and V. εἰσβολή, ἡ. *Starting point*: P. and V. ἀφορμή, ἡ. *Source, origin*: P. and V. πηγή, ἡ (Plat.). *Prelude*: P. and V. προοίμιον, τό, V. φροίμιον, τό. *Be the beginning of*: P. and V. ἄρχειν (gen.), ὑπάρχειν (gen.). *This day will be the beginning of sore trouble for the Greeks*: P. ἥδε ἡ ἡμέρα τοῖς Ἕλλησι μεγάλων κακῶν ἄρξει (Thuc. 2, 12). *This day has been the beginning of many troubles for the house of Œdipus*: V. πολλῶν ὑπῆρξεν Οἰδίπου κακῶν δόμοις τοδ' ἦμαρ (Eur., *Phoen.* 1581). *From the beginning*: P. and V. ἐξ ἀρχῆς, ἐξ ὑπαρχῆς, ἀπ' ἀρχῆς, V. ἀρχῆθεν (Soph., *Frag.*), P. ἄνωθεν. *In the beginning, originally*: P. and V. τὸ ἀρχαῖον, P. κατ' ἀρχάς.

Begone, interj. Ar. and V. ἔρρε, V. ἔρροις (opt.), Ar. ἄπᾰγε. *Woe-begone*, adj.: see *miserable*.

Begrime, v. trans. *Stain*: P. and V. μιαίνειν. *With smoke*: P. καπνίζειν, V. αἰθᾰλοῦν.

Begrudge, v. trans. P. and V. φθονεῖν (gen. of thing, dat. of pers.), V. μεγαίρειν (gen. of thing, dat. of pers.), P. βασκαίνειν (dat. of pers.). *Envy*: P. and V. ζηλοῦν (acc. of pers., gen. of thing), P. ζηλοτυπεῖν (acc. of pers.).

Beguile, v. trans. P. and V. πᾰράγειν, ἀπᾰτᾶν, ἐξᾰπᾰτᾶν, ὑπέρχεσθαι, Ar. and V. δολοῦν, V. πᾰρᾰπᾰτᾶν, φηλοῦν, P. παρακρούεσθαι, γοητεύειν. *Charm*: P. and V. κηλεῖν. *Lead astray*: P. and V. πλᾰνᾶν (Plat.).

Beguiler, subs. P. and V. γόης, ὁ, P. ἀπατεών, ὁ, V. φηλήτης, ὁ.

Behalf. *On behalf of*, prep.: P. and V. πρό (gen.), ὑπέρ (gen.), ἕνεκα (gen.), χάρῐν (gen.) (Plat.), V. εἵνεκα (gen.), Ar. and V. ἕκᾱτι (gen.), οὕνεκα (gen.). *On my behalf*: P. and V. ἐμὴν χάρῐν (Plat.).

Behave, v. intrans. With adv.: P. and V. πᾰρέχειν ἑαυτόν with adj., γίγνεσθαι with adj. *Behave bravely*: παρέχειν ἑαυτόν ἀνδρεῖον or γίγνεσθαι ἀνδρεῖος. *Behave towards a person*: P. and V. χρῆσθαι (τινι), προσφέρεσθαί (τινι or πρός τινα). Absol. P. and V. ἔχειν. *Behave properly*: Ar. κοσμίως ἔχειν. *Behave unfairly towards*: P. ἀνίσως ἔχειν (πρός, acc.). *Behave well*: P. εὐσχημονεῖν. *Behave badly*: P. and V. ἀσχημονεῖν.

Behaviour, subs. *Manners*: P. and V. τρόπος, ὁ, or pl., ἦθος, τό, or pl. *Conduct, action*: P. and V. πρᾶξις, ἡ. *Bad behaviour*: P. ἀσχημοσύνη, ἡ. *Wickedness*: P. and V. πονηρία, ἡ. *Good behaviour*: P. εὐσχημοσύνη, ἡ.

Behead, v. trans. P. ἀποτέμνειν τὴν κεφαλήν (τινος), V. κᾰρᾱτομεῖν, αὐχενίζειν, κᾰρᾱ τέμνειν (τινός), κρᾶτα τέμνειν (τινός), κᾰρᾱ θερίζειν (τινός).

Beheaded, adj. V. κᾰρᾱτομος.

Beheading, subs. *Death by beheading*: V. κᾰρᾱνιστὴς μόρος, ὁ.

Behest, subs. P. πρόσταγμα, τό, ἐπίταγμα, τό, V. ἐντολή, ἡ (Plat. but rare P.), κέλευσμα, τό, κελευσμός, ὁ, ἐφετμή, ἡ, ἐπιστολαί, αἱ.

Behind, prep. P. and V. ὄπισθεν (gen.), V. ὄπισθε (gen.), Ar. and P. κᾰτόπιν (gen.). *Bind (a person's) hands behind his back*: ὀπίσω τὼ χεῖρε δεῖν (Dem. and Ar.).

Behind, adv. P. and V. ὄπισθεν, εἰς τοὔπισθεν, ὀπῐ́σω, Ar. and P. κατόπιν, ἐξόπισθεν, V. ὄπισθε. *In the rear*: P. κατὰ νώτου. *Be left behind*, v.: P. and V. λείπεσθαι. *Stay behind*, v.: see *remain*. *Be behind, be too late*, v.: P. and V. ὑστερεῖν, P. ὑστερίζειν. *Behind, too late*, adj.: P. and V. ὕστερος.

Behindhand, adj. P. and V. ὕστερος. *Deficient*: P. ἐλλιπής. *Be behindhand*: P. and V. λείπεσθαι.

Behold, interj. Ar. and V. ἰδού, ἴδεσθε, ἤν (rare V.). Introducing some new point: P. and V. καὶ μήν.

Behold, v. trans. P. and V. ὁρᾶν (or mid. in V.), ἐφορᾶν, κᾰθορᾶν (or mid.), προσορᾶν (Plat.), σκοπεῖν, θεᾶσθαι, θεωρεῖν, V. εἰσορᾶν (or mid.) (rare P.), προσλεύσσειν, προσδέρκεσθαι, εἰσδέρκεσθαι, Ar. and V. λεύσσειν, δέρκεσθαι, ἐποπτεύειν; see *see, look*.

Beholden to, Be, v. P. and V. χᾰ́ρῐν, ὀφείλειν (dat.).

Beholder, subs. P. and V. θεᾱτής, ὁ, ἐπόπτης, ὁ, θεωρός, ὁ.

Behove, v. *It behoves*: P. and V. πρέπει (acc. and infin. or dat. and infin.), προσήκει (acc. and infin. or dat. and infin.), θέμῐς ἐστί (dat. and infin.), πρέπον ἐστί (acc. and infin. or dat. and infin.).

Being, subs. *Existence*: P. οὐσία, ἡ, τὸ εἶναι. *Life*: P. and V. βίος, ὁ. *Soul, spirit*: P. and V. ψῡχή, ἡ. *Living thing*: P. and V. ζῷον, τό. *Person*: P. and V. ἄνθρωπος, ὁ or ἡ, Ar. and V. φώς, ὁ. *Come into being*, v.: P. and V. γίγνεσθαι, φαίνεσθαι, V. πρὸς φῶς ἀνελθεῖν, Ar. and P. ἀνᾰφαίνεσθαι.

Belabour, v. trans. See *beat*.

Belated, adj. *Behind the time*: P. and V. ὕστερος; see *benighted*.

Belch, v. trans. V. ἐρυγγάνειν (Eur., *Cycl.* 523), Ar. and V. ἐμεῖν (also Xen.), Ar. and P. ἐξεμεῖν. Met., *breathe forth*: V. ἐκπνεῖν. *Emit*: P. and V. ἀνῑέναι, ἀνᾰδῐδόναι; see *emit*.

Beldam, subs. P. and V. γραῦς, ἡ, γραῖα, ἡ, Ar. and P. γρᾴδιον.

Beleaguer, v. trans. Ar. and P. πολιορκεῖν, P. προσκαθῆσθαι, προσκαθέζεσθαι, περιτειχίζειν, τειχήρη ποιεῖν, P. and V. κυκλοῦσθαι. *Be beleaguered*: also V. πυργηρεῖσθαι.

Belfry, subs. P. and V. πύργος, ὁ.

Belie, v. trans. P. and V. ψεύδεσθαι, V. ψεύδειν.

Belief, subs. P. and V. πίστῐς, ἡ. *Opinion*: P. and V. δόξα, ἡ, γνώμη, ἡ.

Believable, adj. P. and V. πιστός.

Believe, v. trans. P. and V. πιστεύειν (dat.), πείθεσθαι (dat.). V. intrans. *Hold, think*: P. and V. νομίζειν, ἡγεῖσθαι, δοξάζειν, ἄγειν, V. νέμειν; see *think*. *Believe in the gods*: P. and V. θεοὺς νομίζειν, θεοὺς ἡγεῖσθαι. *I can well believe it*: P. ἔγωγε νομίζω (Dem. 313).

Believing, adj. *Easily deceived*: P. εὐαπάτητος.

Bell, subs. P. and V. κώδων, ὁ or ἡ.

Belles lettres, subs. See *literature*.

Bellicose, adj. P. and V. μάχῐμος (Soph., *Frag.*), P. πολεμικός.

Belligerent, adj. Use P. and V. πολεμῶν (part. of πολεμεῖν).

Bellow, v. intrans. *As an animal*: P. and V. μῡκᾶσθαι (Ar. also, but rare P.), Ar. and V. βρῡχᾶσθαι, V. ἐκβρῡχᾶσθαι, P. ἀναβρυχᾶσθαι (Plat.); see *shout*.

Bellow, subs. V. μύκημα, τό, P. and V. φθέγμα, τό; see *shout*.

Bellows, subs. P. φῦσα, ἡ. *Blow with bellows*, v.: P. φυσᾶν.

Belly, subs. P. and V. γαστήρ, ἡ, Ar. and P. κοιλία, ἡ, V. νηδῦς, ἡ. *Abdomen*: P. ἦτρον, τό. *Of a vessel*: Ar. and V. κύτος, τό, Ar. ἦτρον, τό.

Belong to, v. intrans. P. and V. εἶναι (gen.), προσήκειν (dat.), ὑπάρχειν (dat.). *Appertain to:* P. and V. προσκεῖσθαι (dat.), προσεῖναι (dat.), P. ἔχεσθαι (gen.). *Be reckoned among (a class):* P. and V. τελεῖν (εἰς, acc.), P. συντελεῖν (εἰς, acc.). *To you belongs the ending of these sorrows:* εἰς σὲ τείνει τῶνδε διάλυσις κακῶν (Eur., *Phoen.* 435).

Belongings, subs. Ar. and P. χρήμᾰτα, τά, σκεύη, τά, P. τὰ ὑπάρχοντα.

Beloved, adj. P. and V. φῐ́λος, προσφῐλής, ἐράσμιος (Plat. but rare P.), εὐφῐλής, P. ἐραστός (Plat.), Ar. and P. ἀγᾰπητός.

Beloved, subs. P. and V. ὁ ἐρώμενος, ἡ ἐρωμένη. *Favourite:* P. and V. παιδῐκά, τά (Eur., *Cycl.* 584).

Below, prep. *Beneath:* P. and V. ὑπό (gen., V. also dat.; see *under*), Ar. and P. ὑπένερθε (gen.), V. ἔνερθε(ν) (gen.), νέρθε(ν) (gen.), κᾰ́τω (gen.). *Inferior to:* use adj., P. and V. ἥσσων (gen.), ὕστερος (gen.).

Below, adv. P. and V. κᾰ́τω, V. ἔνερθε(ν), νέρθε(ν). *From below:* P. and V. κᾰ́τωθεν. *A little below on the left hand you may perchance see a spring of water:* V. βαιὸν δ' ἔνερθεν ἐξ ἀριστερᾶς τάχ' ἂν ἴδοις ποτὸν κρηναῖον (Soph., *Ph.* 20, 21). *Those below, i.e., the dead:* P. and V. οἱ κᾰ́τω, οἱ κᾰ́τωθεν, V. οἱ ἔνερθε, οἱ ἐνέρτεροι, οἱ νέρτεροι, οἱ κᾰτὰ χθονός. *The world below:* P. and V. Ἅιδης, ὁ; see under *world.*

Belt, subs. P. and V. ζώνη, ἡ, V. ζωστήρ, ὁ, Ar. and V. ζῶμα, τό, P. διάζωμα, τό.

Bemoan, v. trans. P. and V. ὀδύρεσθαι, ἀποδύρεσθαι, πενθεῖν, θρηνεῖν, ἀποκλάειν (or mid.), στένειν (rare P., but used by Dem., 300 and 308), στενάζειν (Dem. 835, but rare P.), V. κᾰταστένειν, ἀναστένειν; see *lament.*

Bench, subs. P. and V. βαθρόν, τό. *Seat:* Ar. and V. ἕδρα, ἡ (rare P.). *Benches for rowers:* V. ζῠγά, τά, σέλμᾰτα, τά, ἑδώλια, τά. *The bench (judicially):* P. and V. οἱ δῐκασταί. *Bring (a person) before the bench:* P. εἰς ἀγῶνα καθιστάναι (acc.); see *bring to trial,* under *trial.*

Benched (of ships), adj. V. εὔσελμος.

Bend, v. trans. Ar. and P. κᾰτακάμπτειν, Ar. and V. κάμπτειν. *Incline (in any direction):* P. and V. κλῖνειν. *Turn:* P. and V. στρέφειν; see *turn. Arch:* V. κυρτοῦν. *Bend (a bow):* P. and V. τείνειν, ἐντείνειν (Xen.). *Bend the knee:* V. κάμπτειν γόνυ, or κάμπτειν alone, P. συγκάμπτειν τὸ σκέλος (Plat.). *Worship:* see *worship.* Met., *influence, affect:* P. κατακλᾶν, P. and V. ἅπτεσθαι (gen.), V. γνάμπτειν. *Soften:* Ar. and V. μᾰλάσσειν, V. μαλθάσσειν, θέλγειν (also Plat. but rare P.). *Be bent, crushed:* P. and V. κάμπτεσθαι. V. intrans. P. and V. κάμπτεσθαι; see also *stoop. Incline:* P. and V. κλῖνεσθαι; see *incline. Be formed into an arch:* P. and V. κυκλοῦσθαι. *Be affected:* P. and V. κάμπτεσθαι.

Bend forward, v. trans. Ar. and P. κύπτειν, P. προνεύειν. *Bend towards (a person):* Ar. and P. προσκύπτειν (dat. or absol.).

Bend, subs. P. καμπτήρ, ὁ (Xen.). *Curve, angle:* V. ἀγκών, ὁ. *Bend of a river:* P. κέρας, τό. *Of the coast-line:* P. τὸ κοῖλον (Thuc. 7, 52), V. μῠχός, ὁ (Thuc. 7, 52, but rare P.).

Beneath, prep. P. and V. ὑπό (gen. or dat., but dat. rare in P.); see *under. Inferior to:* use adj., P. and V. ἥσσων (gen.), ὕστερος (gen.).

Benediction, subs. See *blessing. Good words:* P. and V. εὐφημία, ἡ.

Benefaction, subs. P. and V. ὑπηρέτημα, τό, P. εὐεργεσία, ἡ, εὐεργέτημα, τό, ὑπούργημα, τό, V. ὑπουργία, ἡ. *Favour:* P. and V. χᾰ́ρῐς, ἡ; see also *benefit, service.*

Benefactor, subs. P. and V. εὐεργέτης, ὁ.

Benefactress, subs. P. and V. εὐεργέτις, ἡ.

Beneficence, subs. *Kind act:* see

benefaction. Goodness of heart : P. φιλανθρωπία, ἡ ; see *kindness*.

Beneficent, adj. P. and V. φῐλάνθρωπος, χρηστός ; see *kind*.

Beneficently, adv. P. φιλανθρώπως ; see *kindly*.

Beneficial, adj. P. and V. σύμφορος, χρήσῐμος, V. συμφέρων, πρόσφορος, Ar. and P. ὠφέλῐμος, Ar. and V. ὠφελήσιμος, ὀνήσῐμος.

Beneficially, adv. P. συμφόρως, χρησίμως, ὠφελίμως, συμφερόντως.

Benefit, subs. *Advantage* : P. and V. ὠφέλεια, ἡ, ὄφελος, τό, ὄνησις, ἡ, Ar. and V. ὠφέλημα, τό, V. ὠφέλησις, ἡ. *Gain* : P. and V. κέρδος, τό, λῆμμα, τό ; see *advantage*. *Benefaction* : see *benefaction*. *Have the benefit of* : see *benefit*, v. *I heard from some that they will not even give him any longer the benefit of their harbours and markets* : P. ἤκουον ἔγωγέ τινων ὡς οὐδὲ τοὺς λιμένας καὶ τὰς ἀγορὰς ἔτι δώσοιεν αὐτῷ καρποῦσθαι (Dem. 15).

Benefit, v. trans. *Do service to* : P. and V. εὐεργετεῖν, εὖ ποιεῖν, εὖ δρᾶν, ὑπηρετεῖν (dat.), ὑπουργεῖν (dat.). *Confer advantage* : P. and V. συμφέρειν (dat.), ὠφελεῖν (acc. or dat.), ὀνῐνάναι (or mid.), Ar. and P. λῡσῐτελεῖν (dat.), V. τέλη λῡ́ειν (dat.), λῡ́ειν (dat.). V. intrans. *Gain advantage* : P. and V. κερδαίνειν, ὀνῐ́νασθαι. *Benefit from, have benefit of* : P. and V. ἀπολαύειν (gen.), καρποῦσθαι (acc.), ἐκκαρποῦσθαι (acc.), V. ἐπαυρέσθαι (2nd aor. of ἐπαυρίσκειν) (gen.), καρπίζεσθαι (acc.).

Benevolence, subs. *Good-will* : P. and V. εὔνοια, ἡ. *Kindness* : P. φιλανθρωπία, ἡ ; see *kindness*. *Gift from a subject* : P. εὔνοια, ἡ (Dem. 96).

Benevolent, adj. *Kindly disposed* : P. and V. εὔνους, P. εὐνοϊκός. *Kind* : P. and V. φῐλάνθρωπος ; see *kind*.

Benevolently, adv. *In a friendly way* : P. εὐνοϊκῶς. *Kindly* : P. φιλανθρώπως ; see *kindly*.

Benighted, adj. *Be benighted, spend the night* : P. and V. αὐλίζεσθαι. *Desolate* (of places): P. and V. ἐρῆμος, V. ἀπάνθρωπος. *Ignorant, rude* : P. and V. ἀμᾰθής, ἄμουσος.

Benign, adj. See *kind*.

Benignant, adj. See *kind*.

Benignantly, adv. See *kindly*.

Benignly, adv. See *kindly*.

Benison, subs. See *blessing*.

Bent, adj. P. and V. καμπύλος (Plat.), V. στρεπτός, κάμπῐμος ; see *curved*. *Stooping, bent with age* : Ar. κῡφός, V. διπλοῦς, προνωπής. *Be bent on* : P. and V. σπουδάζειν (infin.), προθῡμεῖσθαι (infin.).

Bent, subs. *Inclination* : P. προαίρεσις, ἡ. *Desire* : P. and V. ἐπῐθῡμία, ἡ ; see *inclination*.

Benumb, v. trans. *Chill* : P. and V. ψῡ́χειν. *Dull* : P. and V. ἀμβλῡ́νειν, ἀπαμβλῡ́νειν, V. κᾰταμβλῡ́νειν. *Benumbed with grief* (of Phaedra) : V. λύπῃ παχνωθεῖσα (Eur., *Hipp.* 803). *Be benumbed*, lit. : P. ναρκᾶν (Plat.). *Benumbed* : P. ἀπονεναρκωμένος (Plat.).

Bequeath, v. trans. Ar. and P. κᾰτᾰλείπειν, P. διατίθεσθαι, V. λείπειν (Eur., *Alc.* 688).

Bequest, subs. P. δωρεά, ἡ, δόσις, ἡ. *Receive by bequest*, v. : P. κληρονομεῖν (gen.). *Will, testament* : Ar. and P. διᾰθήκη, ἡ.

Bereave of, v. trans. P. and V. ἀφαιρεῖν (τί τινι), ἀφαιρεῖσθαί (τί τινα), ἀποστερεῖν (τινά τινος), στερεῖν (τινά τινος), στερίσκειν (τινά τινος), σῡλᾶν (τί τινα), ἀποσῡλᾶν (τί τινα), V. ἀποστερίσκειν (τινά τινος), ἀποψῑλοῦν (τινά τινος), νοσφίζεσθαί (τινά τινος), νοσφίσαι (aor. of νοσφίζειν) (τινά τινος), ἀπονοσφίζειν (τινά τινος), ἐρημοῦν (τινά τινος) (rare P.). *Bereave of one's senses* : P. and V. ἐξιστάναι (acc.), V. ἐλαύνειν ἔξω τοῦ φρονεῖν. *Bereave of parents* : V. ὀρφᾰνίζειν. *Be bereft of*, use also : P. and V. στέρεσθαι (gen.), ἀπολείπεσθαι (gen.), V. τητᾶσθαι (gen.).

Bereavement, subs. *Deprivation, loss* : P. στέρησις, ἡ, ἀποστέρησις, ἡ,

V. τὸ τητᾶσθαι. *Taking away*: P. ἀφαίρεσις, ἡ, παραίρεσις, ἡ. *Orphanhood*: V. ὀρφάνευμα, τό.

Bereft, adj. *Of parents*: P. and V. ὀρφᾰνός. *Bereft of* (generally): P. and V. ἐρῆμος (gen.), κενός (gen.), ἄμοιρος (gen.) (Plat.), V. ἄμμορος (gen.). *Bereft of one's senses*: V. κενὸς τοῦ νοῦ; see *mad*.

Berry, subs. Use *fruit*.

Berth, subs. *Mooring place*: P. and V. ὅρμος, ὁ. *Sleeping place*: P. and V. κοίτη, ἡ. *Give a wide berth to*: P. πόρρωθεν ἀσπάζεσθαι (acc.), V. πρόσωθεν ἀσπάζεσθαι (acc.).

Beseech, v. trans. P. and V. αἰτεῖν (or mid.), πᾰραιτεῖσθαι, ἱκετεύειν, δεῖσθαι (gen.), λῐπᾰρεῖν, Ar. and P. ἀντῐβολεῖν, V. λίσσεσθαι, ἀντιάζειν, προσπίτνειν, προστρέπειν, προστρέπεσθαι, ἱκνεῖσθαι, ἐξῐκετεύειν, Ar. and V. ἄντεσθαι. *Ask for*: P. and V. πᾰραιτεῖσθαι (acc.), προσαιτεῖν (acc.), V. ἐπαιτεῖν (acc.).

Beseem, v. trans. P. and V. πρέπειν (dat.), προσήκειν (dat.); see *befit*.

Beset, v. trans. *Encircle, stand round*: P. and V. περιίστασθαι, κυκλοῦσθαι, V. ἀμφίστασθαι. *Set round*: P. and V. περῐβάλλειν. *Occupy, seize*: P. and V. κᾰτᾰλαμβάνειν. *Besiege*: Ar. and P. πολιορκεῖν; see *besiege*. Met., *harass*: P. and V. πιέζειν, λῡπεῖν. *Fear has beset me*: V. φόβος τις εἰσελήλυθε (Eur., *Or.* 1324). *Be beset, haunted by*: P. and V. σῠνεῖναι (dat.), σῠνέχεσθαι (dat.), V. ἔγκεισθαι (dat.). *Beset with, infested with*: P. and V. μεστός (gen.).

Besetting, adj. *Habitual*: P. and V. σῠνήθης, σύμφῠτος, P. σύντροφος.

Beside, prep. P. and V. πᾰρά (acc. for motion, dat. for rest). *Outside of*: P. and V. ἔξω (gen.), ἐκτός (gen.), V. ἐκποδών (gen.) (also Xen., but rare P.). *Beside the point*: P. ἔξω τοῦ πράγματος (Dem. 1318), Ar. and P. ἔξω τοῦ λόγου. *Except*: P. and V. πλήν (gen.), χωρίς (gen.), V. δῐχᾰ (gen.), Ar. and P. πᾰρά (acc.). *Over and above*: P. and V. πρός (dat.), ἐπί (dat.). *Beside oneself*: P. ἔξω ἑαυτοῦ, V. ἔξω φρενῶν, ἔξω γνώμης; see *mad*.

Besides, adv. P. and V. πρὸς τούτοις, ἐπὶ τούτοις, ἔτι, V. καὶ πρός, πρός (rare P.), Ar. and P. προσέτι.

Besiege, v. trans. Ar. and P. πολιορκεῖν, P. προσκαθέζεσθαι, περικαθῆσθαι, προσκαθῆσθαι, περιτειχίζειν, τειχήρη ποιεῖν, P. and V. κυκλοῦσθαι. *Be besieged*: also V. πυργηρεῖσθαι. *Join in besieging*, v. trans.: P. συμπολιορκεῖν. *Besiege in retaliation*, v. trans.: P. ἀντιπολιορκεῖν.

Beslaver (with flattery), v. trans. Ar κᾰτάρδειν (absol.).

Besmear, v. trans. Ar. and P. ἀλείφειν, P. ἐπαλείφειν, Ar. πᾰρᾰλείφειν, V. χρίειν, προχρίειν. *Stain*: P. and V. μιαίνειν.

Besom, subs. Ar. κόρημα, τό.

Besotted, adj. *Dull, stupid*: P. and V. νωθής, ἀμᾰθής, ἀφυής. *Drunk*: P. and V. μεθυσθείς (Eur., *Cycl.*), V. ᾠνωμένος, μέθῃ βρεχθείς, Ar. and V. πεπωκώς; see *drunk*.

Bespangle, v. trans. P. and V. ποικίλλειν. *Adorn*: P. and V. κοσμεῖν; see *adorn*.

Bespangled, adj. P. and V. ποικῐλος. *Bright*: P. and V. λαμπρός.

Bespatter, v. trans. *Soil*: P. and V. μιαίνειν. *Sprinkle*: V. ῥαίνειν, πᾰλῡνειν.

Bespeak, v. trans. *Hire, engage*: Ar. and P. μισθοῦσθαι. *Claim*: P. and V. δῐκαιοῦν.

Besprinkle, v. trans. V. ῥαίνειν, πᾰλῡνειν; see *sprinkle*. *Besprinkle with blood*: P. and V. αἱματοῦν (Thuc. in pass.), κᾰθαιμάσσειν (Plat.), V. αἱμάσσειν, φοινίσσειν, ἐκφοινίσσειν, Ar. and V. κᾰθαιμᾰτοῦν. *Besprinkled with blood*: see *bloody*.

Best, adj. P. and V. ἄριστος, βέλτιστος, κρᾰτιστος, V. φέρτᾰτος, λῷστος (used in Plat., but rare P.), βέλτᾰτος (rare), ἔξοχος. Vocative, also V. φέριστε (used once in Plat.). *Fairest*: P. and V. κάλλιστος. *Be* *best*, v.: V. πρεσβεύειν (Soph., *Ant.* 720). *We will do our best to prevent it:* P. οὐ περιοψόμεθα κατὰ τὸ δυνατόν (Thuc. 1, 53). *The fort was built in the best part of the country for committing depredations:* P. ἐπὶ τῆς χώρας τοῖς κρατίστοις εἰς τὸ κακουργεῖν ᾠδοκομεῖτο τὸ τεῖχος (Thuc. 7, 19). *Have the best of it:* P. περιεῖναι, πλέον ἔχειν. *To the best of one's ability:* P. κατὰ δύναμιν.

Best, adv. P. and V. ἄριστα, βέλτιστα, κάλλιστα. *Best of all* (closing a series of alternatives): P. and V. μάλιστα.

Bestial, adj. P. and V. θηριώδης.

Bestiality, subs. P. and V. τὸ θηριῶδες.

Bestir oneself, v. P. and V. ἐγείρεσθαι. *Make an effort:* P. διατείνεσθαι, συντείνεσθαι, ἐντείνεσθαι, P. and V. τείνειν, V. ἐντείνειν, Ar. σπουδὴν, ποιεῖσθαι; see also *hasten.*

Bestow, v. trans. *Give:* P. and V. δῐδόναι, νέμειν, δωρεῖσθαι (Plat.), πᾰρέχειν, προσφέρειν, προστῐθέναι. *Bring:* P. and V. ἐπῐφέρειν, V. πορσῡνειν, πορεῖν (2nd aor.), Ar. and V. ὀπάζειν. *Attach (to a person):* P. and V. προσάπτειν. *Bestow attention:* Ar. and P. προσέχειν τὸν νοῦν. *Bestow in marriage:* P. and V. ἐκδῐδόναι; see *betroth. Stow:* Ar. and P. κᾰτᾰτῐθεσθαι; see *set.*

Bestrew, v. trans. P. and V. στορεννῡναι, Ar. and P. στορνῡναι, V. σπείρειν.

Bestride, v. trans. P. and V. κάθῆσθαι ἐπί (gen. or dat.), κᾰθέζεσθαι ἐπί (gen. or dat.). *Bestriding:* V. βεβὼς ἐπί (gen.); see *mount. Bestriding a horse*, adj.: Ar. and V. ἱπποβάμων.

Bet, subs. *Stake:* Ar. and P. ἐνέχῠρον, τό; see *pledge. Contest:* P. and V. ἀγών, ὁ.

Bet, v. trans. *Risk, hazard:* Ar. and P. πᾰρᾰβάλλεσθαι, V. προβάλλειν, πᾰραρρίπτειν. Absol. *Make a bet:* Ar. περῐδῐδοσθαι. *Contend:* P. and V. ἀγωνίζεσθαι, ἁμιλλᾶσθαι.

Betake oneself, v. P. and V. τρέπεσθαι, φοιτᾶν, κομίζεσθαι, V. κομίζειν αὑτόν. *Fly for refuge:* P. καταφεύγειν.

Bethink oneself, v. P. and V. ἐννοεῖν (or mid.), σκοπεῖν, φροντίζειν, ἐνθυμεῖσθαι, νοεῖν (or mid.), συννοεῖν (or mid.), Ar. and P. διᾰνοεῖσθαι, Ar. and V. φράζεσθαι; see *consider. Bethink oneself of:* P. and V. μεμνῆσθαι (acc. or gen.) (perf. of μιμνήσκειν).

Betide, v. trans. P. and V. κᾰτᾰλαμβάνειν; see *befall.*

Betimes, adv. *Early:* P. and V. πρῴ. *Seasonably*, adv.: P. εὐκαίρως, P. and V. καιρίως (Xen.), καιρῷ, ἐν καιρῷ, εἰς καιρόν, εἰς δέον, ἐν τῷ δέοντι, εἰς καλόν, V. πρὸς καιρόν, πρὸς τὸ καίριον; see *seasonably.*

Betoken, v. trans. P. and V. σημαίνειν, φαίνειν, δηλοῦν; see *show. Show by signs beforehand:* P. and V. σημαίνειν, φαίνειν, V. προσημαίνειν, προφαίνειν.

Betray, v. trans. P. and V. προδῐδόναι, Ar. and P. κᾰταπροδῐδόναι, προϊέναι (or mid.). *Fling away:* P. and V. προπίνειν, Ar. and P. προϊέναι (or mid.). *Reveal:* P. and V. μηνῡειν, ἐκφέρειν, δηλοῦν, V. προμηνῡειν. *Inform against:* P. καταμηνῡειν (gen.), P. and V. κᾰτειπεῖν (gen.). *Seduce (a woman):* P. and V. διαφθείρειν, V. αἰσχῡνειν, διολλῡναι, λωβᾶσθαι. *Exhibit, give proof of*, see under *show.*

Betrayal, subs. P. and V. προδοσία, ἡ. *Seduction:* P. and V. διαφθορά, ἡ. *Laying of information:* P. μήνυσις, ἡ.

Betrayed, adj. P. and V. ἔκδοτος.

Betrayer, subs. P. and V. προδότης, ὁ; fem., V. προδότις, ἡ. *Seducer:* P. διαφθορεύς, ὁ, V. αἰσχυντήρ, ὁ. *Informer:* P. and V. μηνῡτής, ὁ, V. μηνῡτήρ, ὁ.

Betroth, v. trans. P. and V. ἐκδῐδόναι (also mid.), σῠνοικίζειν, ἐγγυᾶν, V. κᾰτεγγυᾶν, νυμφεύειν, μνηστεύειν, ἁρμόζειν. *Have betrothed to one:* P.

ἐγγυᾶσθαι (acc.). *Creon announces that he will betroth me to him who should discover the riddle of the wise maiden:* V. Κρέων . . . κηρύσσει ὅστις σοφῆς αἴνιγμα παρθένου μάθοι τούτῳ συνάψειν λέκτρα (Eur., *Phoen.* 47).

Betrothal, subs. P. ἔκδοσις, ἡ, ἐγγύη, ἡ, ἐγγύησις, ἡ, V. μνηστεύμᾰτα, τά.

Betrothed bride, subs. V. μελλόνυμφος, ἡ.

Better, adj. P. and V. ἀμείνων, βελτίων, κρείσσων, καλλΐων, V. λῴων (P. rare), φέρτερος, ὑπέρτερος. *Better in health:* P. ῥᾴων. *Be better in health*, v: ῥαΐζειν.

Better, adv. P. and V. ἄμεινον, βέλτιον, κρεῖσσον, κάλλῑον, V. λῷον. *More, rather:* P. and V. μᾶλλον. *Think better of:* see *reconsider, repent. Think better of it:* V. φρόνησιν . . . λῴω . . . λαβεῖν (Soph., *Phil.* 1078). *Get the better:* P. and V. νῑκᾶν, κρᾰτεῖν, P. περιέχειν, ὑπερέχειν. *Get the better of:* P. πλεονεκτεῖν (gen.), πλέον φέρεσθαι (gen.); see *excel, conquer. If they listen to our representations so much the better:* P. ἢν μὲν εἰσακούσωσί τι πρεσβευομένων ἡμῶν ταῦτα ἄριστα (Thuc. 1, 82). *All the better:* P. τοσούτῳ ἄμεινον.

Better, v. trans. *Improve:* P. and V. ἐξορθοῦν, Ar. and P. ἐπᾰνορθοῦν. *Excel:* P. and V. κρᾰτεῖν, ὑπερβάλλειν, ὑπερφέρειν (gen.); see *excel*.

Betters, subs. *One's betters:* P. and V. οἱ κρείσσονες.

Between, prep. or adv. P. and V. μεταξύ (gen.), ἐν μέσῳ (gen.).

Betwixt, prep. or adv. See *between*.

Beverage, subs. P. and V. πόσῐς, ἡ, ποτόν, τό, πῶμα, τό.

Bevy, subs. P. and V. σύλλογος, ὁ, σύνοδος, ἡ, V. ἄθροισμα, τό; see *crowd*.

Bewail, v. trans. P. and V. ὀδύρεσθαι, ἀποδύρεσθαι, κλάειν (or mid. in V.), πενθεῖν, θρηνεῖν, ἀποκλαειν (or mid.), δακρύειν, στένειν (Dem. but rare P.), στενάζειν (Dem. but rare P.), Ar. and V. γοᾶσθαι, κωκύειν, οἰμώζειν, ἀποιμώζειν, V. κᾰτοιμώζειν, κᾰταστένειν, ἀναστένειν, ἀνᾰκωκύειν (absol.), ἀνολολύζειν, δύρεσθαι, P. ἀπολοφύρεσθαι, ἀνολοφύρεσθαι; see *lament, wail*. Met., *Be vexed at:* Ar. and P. ἀγᾰνακτεῖν (dat.), χᾰλεπαίνειν (dat.), V δυσφορεῖν (dat.), πικρῶς φέρειν (acc.); see under *vex*.

Beware, v. intrans. P. and V. φῠλάσσεσθαι, εὐλᾰβεῖσθαι, ἐξευλᾰβεῖσθαι, P. φυλακὴν ἔχειν, V. ἐν εὐφῠλάκτῳ εἶναι. *Beware of:* P. and V. φῠλάσσεσθαι (acc.), εὐλᾰβεῖσθαι (acc.), ἐξευλᾰβεῖσθαι (acc.), P. διευλαβεῖσθαι (acc.), V. φρουρεῖσθαι (acc.). With a clause instead of a subs. use P. and V. φῠλάσσεσθαι μή or ὅπως μή (with subj. or opt.), or εὐλᾰβεῖσθαι μή or ὅπως μή (with subj. or opt.), V. φρουρεῖν μή or ὅπως μή (with subj. or opt.); see also *mind*.

Bewilder, v. trans. P. and V. ἐκπλήσσειν, τᾰράσσειν, συντᾰράσσειν, θράσσειν (Plat.), P. διαταράσσειν. *Be bewildered:* P. and V. ἀπορεῖν, ἀμηχᾰνεῖν (rare P.).

Bewildering, adj. P. and V. ἄπορος. *Full of confusion:* P. ταραχώδης. *Difficult to understand:* P. and V. ἀσᾰφής, ἄδηλος, V. δυσμᾰθής, δύσκρῐτος, δυστέκμαρτος, δυσεύρετος, ψελλός, ἄσημος.

Bewilderingly, adv. P. ἀσαφῶς, V. δυσκρίτως.

Bewilderment, subs. P. and V. ἔκπληξις, ἡ, ἀπορία, ἡ, πλάνη, ἡ.

Bewitch, v. trans. Ar. and P. φαρμάσσειν, P. γοητεύειν, κατεπᾴδειν. *Charm:* P. and V. κηλεῖν (Plat.), θέλγειν (Plat. but rare P.), P. κατακηλεῖν (Plat.).

Bewitching, adj. *Soothing:* V. θελκτήριος, κηλητήριος. *Charming, delightful:* Ar. and P. χᾰρίεις, P. εὔχαρις, ἐπίχαρις, ἐπαφρόδιτος, P. and V. τερπνός, ἡδύς, V. ἐφίμερος.

Bewitchingly, adv. P. χαριέντως, P. and V. ἡδέως.

Beyond, prep. Of time or place: P. and V. πέρᾱ (gen.). Of place only, *across*: P. and V. πέρᾱν (gen.). *The parts beyond*: P. and V. τοὐπέκεινα (gen.). Of measure: P. and V. ὑπέρ (acc.). *Except*: P. and V. πλήν (gen.). *Outside of* (time or place): P. and V. ἔξω. *Beyond description*: P. and V. κρείσσων λόγου, V. κρείσσων ἢ λέξαι. *Beyond expectation*: P. and V. πᾰρ' ἐλπῐ́δα, V. ἐκτὸς ἐλπῐ́δος, ἔξω ἐλπῐ́δος. *Beyond measure*: see *exceedingly*. *Beyond one's strength*: P. παρὰ δύναμιν, ὑπὲρ δύναμιν. *Requiring nothing beyond sufficient support*: πέρα ἱκανῆς τροφῆς οὐδὲν ἀξιοῦντες (Plat., *Critias*, 110D). *Go beyond*: P. and V. ὑπερβάλλειν (acc.); see *exceed*.

Beyond, adv. Of time, place or degree: P. and V. πέρᾱ. Of place only: P. and V. πέρᾱν. *Farther*: P. and V. περαιτέρω. *More*: P. and V. πλέον, V. ὑπέρτερον.

Bias, subs. Of things, *impulse*: P. φορά ἡ. Of persons, *favour*: P. and V. εὔνοια, ἡ. *Hostility*: P. and V. δύσνοια, ἡ, P. κακόνοια, ἡ. *Favouritism*: P. and V. χᾰ́ρῐς, ἡ. *To decide without bias*: P. μηδὲ μεθ' ἑτέρων γενόμενοι . . . οὕτω διαγνῶναι (Dem. 1236).

Bias, v. trans. *Dispose*: P. διατιθέναι. *Persuade*: P. and V. πείθειν.

Biassed, adj. P. οὐ κοινός. *Biassed favourably* (of persons): P. and V. εὔνους. *Biassed unfavourably*: P. and V. δύσνους, Ar. and P. κᾰκόνους. *Give a biassed judgment*: P. and V. κᾰτ' εὔνοιαν κρῑ́νειν.

Bibber, subs. *Wine-bibber*, subs.: P. οἰνόφλυξ, ὁ or ἡ (Xen.), or use adj., P. φίλοινος.

Bicker, v. intrans. P. and V. ἐρίζειν, ἀγωνίζεσθαι, μᾰ́χεσθαι, V. δῐχοστᾰτεῖν, Ar. and P. διᾰφέρεσθαι, Ar. and P. στᾰσιάζειν.

Bickering, subs. P. and V. ἔρῐς, ἡ, διάφορά, ἡ, στᾰ́σῐς, ἡ, Ar. and V. νεῖκος, τό (also Plat. but rare P.).

Bid, v. trans. P. and V. κελεύειν (τινά τι), ἐπῐτάσσειν (τινί τι), προστάσσειν (τινί τι), ἐπιστέλλειν (τινί τι), ἐπισκήπτειν (τινί τι), Ar. and V. ἐφῑ́εσθαί (τινί τι); see *command*. With infin.: P. and V. κελεύειν (acc.), ἐπιστέλλειν (acc. or dat.), ἐπιτάσσειν (dat.), προστάσσειν (dat.), τάσσειν (dat.), ἐπισκήπτειν (dat.), Ar. and V. ἐφῑ́εσθαι (dat.), V. ἀνώγειν (acc.), αὐδᾶν (acc. or dat.), ἐννέπειν (acc. or dat.), λέγειν (dat.), φωνεῖν (acc.), μῡθεῖσθαι (absol.), ἐξεφῑ́εσθαι (absol.). *Bid against at an auction*: P. ἀντωνεῖσθαι (dat. or absol.). *When these men were bidding against one another*: P. τούτων ὑπερβαλλόντων ἀλλήλους (Lys. 165). *Bid for*: P. ὠνεῖσθαι (acc.). *Bid farewell*: see *farewell*.

Bid, subs. *Price offered*: P. and V. ὠνή, ἡ. *Make a bid for*, met.: see *aim at*.

Bidding, subs. P. πρόσταγμα, τό, ἐπίταγμα, τό, V. ἐντολή, ἡ (Plat. but rare P.), κέλευσμα, τό. κελευσμός, ὁ, ἐφετμή, ἡ, ἐπιστολαί, αἱ.

Bide, v. intrans. See *remain*. *Live*: P. and V. διᾰ́γειν, διαιτεῖσθαι. V. trans.; see *wait for*. *Biding his time*: V. καιρὸν εὐλαβούμενος (Eur., *Or.* 699).

Biennial, adj. P. διετής.

Bier, subs. P. κλίνη, ἡ (Thuc. 2, 34), V. λέκτρον, τό.

Big, adj. P. and V. μέγᾰς. *Spacious*: P. and V. μακρός, εὐρῠ́ς. *Very big*: P. ὑπερμεγεθής, Ar. ὑπέρμεγας. *Fat*: P. and V. εὐτρᾰφής, Ar. and P. πᾰχῠ́ς. *Talk big*: see *boast*. *How big*: interrog., P. and V. πόσος, A. and P. πηλῐ́κος; indir., P. and V. ὅσος, ὁπόσος. *So big*: P. and V. τοσοῦτος, τοσόσδε, P. τηλικοῦτος, τηλικόσδε, V. τόσος (rare P.).

Bight, subs. See *bay*.

Bigness, subs. P. and V. μέγεθος, τό. *Bulk*: P. and V. ὄγκος, ὁ.

Bigot, subs. Use adj., P. and V. αὐθᾰ́δης, *obstinate*.

Bigotry, subs. *Obstinacy*: P. αὐθᾰ́δεια, ἡ, Ar. and V. αὐθᾱδία, ἡ.

Bile, subs. P. and V. χολή, ἡ. Met.: see *anger*.

Bilge, subs. *Hull of a ship*: P. and V. σκάφος, τό. *Bilge water*: V. ἄντλος, ὁ.

Bilingual, adj. P. δίγλωσσος.

Bilious, adj. P. χολώδης.

Bill, subs. *Axe*: P. and V. πέλεκυς, ὁ (Xen. also Ar.), ἀξίνη, ἡ (Xen.). *Sickle*: P. and V. δρέπἄνον, τό. *Account*: see *account*. *Measure, decree*: P. and V. ψήφισμα, τό. *Law*: P. and V. νόμος, ὁ. *Measure proposed by the Senate*: P. πρόβούλευμα, τό. *Account books*: Ar. and P. γράμμἄτα, τά, γραμμἄτεῖον, τό. *Of a bird*: see *beak*.

Bill and coo, v. Use P. and V. φῐλεῖν, Ar. and V. κῠνεῖν.

Billet, v. trans. P. καταστρατοπεδεύειν (Xen.). *Be billeted on*: P. καταλύειν παρά (dat.), σκηνεῖν ἐν (dat.); see *quarter*.

Billet, subs. *Log*: P. and V. ξύλον, τό, Ar. and V. κορμός, ὁ, Ar. σχίζα, ἡ.

Billingsgate, subs. *Bad language*: use P. πομπεία, ἡ. *Use Billingsgate*, v.: P. πομπεύειν.

Billow, subs. P. and V. κῦμα, τό, κλύδων, ὁ, κλῠδώνιον, τό. *Surf*: P. and V. ῥόθιον, τό, Ar. and V. οἶδμα, τό, σάλος, ὁ. *Big waves*: P. and V. τρῐκῠμία, ἡ (Plat.).

Billow, v. intrans. P. κυματοῦσθαι, P. and V. κῠμαίνειν (Plat.).

Bin, subs. P. and V. θήκη, ἡ, Ar. κυψέλη, ἡ.

Bind, v. trans. P. and V. δεῖν, συνδεῖν, V. ἐκδεῖν. *Crown, wreathe*: Ar. and P. ἀνᾰδεῖν. *Fasten*: P. and V. σῠνάπτειν, προσάπτειν, ἀνάπτειν, κᾰθάπτειν (Xen.), Ar. and V. ἐξάπτειν, V. ἐξᾰνάπτειν; see *fasten*. *Make fast*: V. ὀχμάζειν, σφίγγειν, κιρκοῦν. Met., *hold together*: P. and V. συνδεῖν, σῠνέχειν. *Bind round*: Ar. and P. περιδεῖν. *Bind under*: Ar. and P. ὑποδεῖν. *Bind up*: see *bandage*. *Put in bonds*: P. and V. δεῖν, συνδεῖν, δεσμεύειν (Plat.), πεδᾶν (Plat. but rare P.). *Bind hand and foot*: P. συνδεῖν τοὺς πόδας καὶ τὰς χεῖρας (Plat., *Euth.* 4c). *Bind (by oath)*: Ar. and P. ὁρκοῦν; see under *oath*.

Binding, adj. *Authoritative*: P. and V. κύριος. *Of an oath*: P. and V. πιστός, V. ἔμπεδος, (Eur., *I.T.* 758). *Of an enchantment*: V. δέσμιος. *Make binding, ratify*, v.: P. and V. κῡροῦν. *Be binding*, v.: P. and V. ἰσχύειν.

Biped, subs. Use adj., P. and V. δίπους.

Bird, subs. P. and V. ὄρνῑς, ὁ or ἡ, Ar. and P. ὄρνεον, τό. For various names of birds, see Ar., *Av.* 302, 303, 304. *Bird of prey*: Ar. and P. οἰωνός, ὁ. *Bird of omen*: P. and V. ὄρνῑς, ὁ or ἡ, οἰωνός, ὁ. *Birds of the air*: P. and V. τὰ πτηνά (Plat.), V. πετεινά, τά (Eur., *Frag.*), πτερωτοί, οἱ. *Of a bird*, adj.: Ar. and P. ὀρνίθειος (Xen.). *Dear to birds*, adj.: V. φίλορνις. *Love of birds*, subs.: Ar. φῐλορνῑθία, ἡ. *Destroying birds*, adj.: V. οἰωνοκτόνος. *Catch birds*, v. intrans.: P. ὀρνιθεύειν (Xen.).

Bird-cage, subs. Ar. αὐλή, ἡ.

Bird-catcher, subs. Ar. and P. ὀρνῑθευτής, ὁ (Plat.), Ar. ὀρνῑθοθήρας, ὁ.

Bird-lime, subs. V. ἰξός, ὁ (Eur., *Cycl.* 433).

Bird's-eye view, subs. P. σύνοψις, ἡ.

Birth, subs. *Child-birth*: P. and V. τόκος, ὁ, or pl. (Plat.), λοχεία, ἡ (Plat.), V. λοχεύμᾰτα, τά, γονή, ἡ. *A coming into being*: P. and V. γένεσις, ἡ, Ar. and V. γονή, ἡ. *Descent*: P. and V. γένος, τό, V. σπορά, ἡ; see *descent*. *By birth*: P. and V. γένει, V. γένεσιν (acc. of γένεσις), γονῇ. *Younger by birth*: V. φύσει νεώτερος. *Father by birth* (as opposed to *adoption*): P. γόνῳ πατήρ. *Origin, beginning*: P. and V. ἀρχή, ἡ. *From birth*: P. ἀπὸ γενεᾶς (Xen.). *High birth*: P. and V. γενναιότης, ἡ, εὐγένεια, ἡ, τὸ γενναῖον. *Low birth*: P. and V. δυσγένεια, ἡ (Plat.), ἀδοξία, ἡ.

Birthday, used as adj. P. and V. γενέθλιος. *Birthday offerings to the gods:* P. and V. γενέθλια, τά. *Hold birthday sacrifice:* P. and V. γενέθλια θύειν.

Birth-place, subs. P. and V. πατρίς, ἡ; see *native land.*

Birthright, subs. Use P. and V. πρεσβεῖα, τά.

Bisect, v. trans. P. διχάζειν, διχοτομεῖν.

Bit, subs. *For a horse, etc.:* P. and V. χᾰλῑνός, ὁ, στόμιον, τό (Xen.). *Take the bit between the teeth:* P. ἐνδάκνειν τὸν χαλινόν (Plat.), V. στόμια ἐνδάκνειν. *Morsel:* P. ψωμός, ὁ (Xen.), Ar. τόμος, ὁ. *Piece:* P. and V. μέρος, τό, P. μόριον, τό. *Piece cut off:* P. τμῆμα; see *fragment. Not a bit:* P. and V. οὐδᾰμῶς, οὔπως, μηδᾰμῶς, μήπως, Ar. and P. οὐδ' ἄκᾰρῆ.

Bitch, subs. P. and V. κύων, ἡ.

Bite, v. trans. P. and V. δάκνειν. *Take between the teeth:* P. and V. ἐνδάκνειν, P. συνδάκνειν (Xen.). *Bite the dust:* V. ὀδὰξ αἱρεῖν γαῖαν (Eur., *Phoen.* 1423). *Make to bite the dust:* Ar. κᾰτασποδεῖν (also Æsch., *Theb.* 809, in perf. part. pass.).

Bite, subs. P. and V. δῆγμα, τό (Xen., also Ar.), V. χάραγμα, τό.

Biting, adj. P. and V. πικρός, δυσχερής; see *harsh.*

Bitter, adj. *Of taste:* P. and V. πικρός, Ar. and P. στρυφνός. Met., *painful:* P. and V. πικρός, λῡπηρός, ἀνῑᾱρός, ἀλγεινός, V. λυπρός. *Distressing:* P. and V. δυσχερής, βᾰρύς, ἐπαχθής. *Of words, etc.:* P. and V. πικρός, V. τεθηγμένος. *Exceeding bitter:* V. ὑπέρπικρος. *Hostile:* P. and V. ἐχθρός; see *hostile. Cruel:* P. and V. ὠμός, σχέτλιος, τρᾱχύς, Ar. and P. χᾰλεπός; see *cruel. Of cold:* use P. and V. πολύς.

Bitterly, adv. *Painfully:* P. and V. λῡπηρῶς, πικρῶς, ἀλγεινῶς, V. λυπρῶς. *Of cold:* use *exceedingly. In a hostile way:* P. ἐχθρῶς, πολεμίως. *Cruelly:* P. and V. πικρῶς, P. σχετλίως, ὠμῶς, Ar. and P. χᾰλεπῶς.

Bitterness, subs. *Of taste:* P. πικρότης, ἡ. Met., P. and V. πικρότης, ἡ; see also *anger. Pain:* P. and V. λύπη, ἡ, ἀνῑᾱ, ἡ; see *pain. Hostility:* P. and V. ἔχθος, τό, ἔχθρα, ἡ, δυσμένεια, ἡ. *Cruelty:* P. χαλεπότης, ἡ, P. and V. ὠμότης, ἡ.

Bitumen, subs. P. ἄσφαλτος, ἡ (Xen.).

Bivouac, v. intrans. P. and V. αὐλίζεσθαι, κᾰταυλίζεσθαι (Xen.), P. ἐπαυλίζεσθαι, ἐναυλίζεσθαι (act. used once in V.), σκηνοῦν, σκηνεῖν. *Encamp:* P. and V. ἱδρῡεσθαι, P. στρατοπεδεύεσθαι, ὅπλα θέσθαι; see *encamp.*

Bivouac, subs. P. and V. στρᾰτόπεδον, τό; see *camp.*

Blab, v. intrans. *Chatter:* P. and V. θρῡλεῖν, λᾰλεῖν, ἐκλᾰλεῖν (Eur., *Frag.*). V. trans., *Disclose:* P. and V. μηνῡειν, P. ἐκλᾰλεῖν.

Blabber, subs. *Betrayer:* P. and V. μηνῡτής, ὁ.

Blabbing, subs. *Betrayal:* P. μήνυσις, ἡ. *Reward for blabbing:* P. μήνυτρα, τά.

Black, adj. P. and V. μέλᾱς, V. κελαινός, ἐρεμνός, μελάγχῑμος; see *dark.* Met., *of crime, etc.:* P. and V. αἰσχρός, Ar. and V. μῡσᾰρός. *Of looks:* P. and V. σκυθρωπός, V. στυγνός. *Black and deep:* V. μελαμβᾰθής. *Black eye:* P. and V. ὑπώπιον, τό (Eur., *Frag.* (Satyrical poem)). *Having black eye:* Ar: ὑπωπιασμένος; see under *eye. Black with leaves:* Ar. and V. μελάμφυλλος.

Black, v. trans. *Black a person's eye:* P. τοὺς ὀφθάλμους συνκλῄειν (Dem. 1259). *Black shoes:* Ar. ἐμβάδια περῐκωνεῖν.

Black, subs. *Colour:* P. μέλαν, τό. *Negro:* use P. μέλας ἄνθρωπος; see *negro.*

Blackbird, subs. Ar. κόψῐχος, ὁ.

Blacken, v. trans. Lit., P. and V.

μελαίνειν. *Make dirty* : V. αἰθἄλοῦν ; see *soil*. Met. : *Blacken the character, etc.* : P. and V. διἄβάλλειν.

Blackguard, subs., used adj. P. and V. πἄνοῦργος, κἄκός, μιἄρός, πάγκἄκος, αἰσχρός ; see *rascal*.

Blackguardly, adj. P. and V. πἄνοῦργος, κἄκός, μιἄρός, πάγκἄκος, αἰσχρός, Ar. and P. παμπόνηρος.

Black-hearted, adj. V. κελαινόφρων, Ar. μελἄνοκάρδιος.

Blackmail, subs. *Malicious accusation* : Ar. and P. σῦκοφαντία, ἡ.

Blackmail, v. trans. *Accuse maliciously* : Ar. and P. σῦκοφαντεῖν.

Blackmailer, subs. Ar. and P. σῦκοφάντης, ὁ.

Blackness, subs. *Darkness* : P. and V. σκότος, ὁ or τό ; see *darkness*.

Black-rimmed, adj. V. μελάνδετος.

Black-robed, adj. V. μελάμπεπλος.

Blacksmith, subs. Ar. and P. χαλκεύς, ὁ, V. σῖδηροτέκτων, ὁ. *Blacksmith's forge* : P. χαλκεῖον, τό.

Black-winged, adj. Ar. μελἄνόπτερος.

Bladder, subs. P. and V. ἀσκός, ὁ. *Gall bladder* : V. χολαί, αἱ, χολῆς δοχαί, αἱ.

Blade, subs. *Stalk of a plant* : Ar. and P. καυλός, ὁ (Plat.) *Of corn* : P. καλάμη, ἡ (Xen.). *Green shoots* : P. and V. χλοή, ἡ. *Demeter who guards the blade*: V. εὔχλους Δημήτηρ (Eur., *Frag.*). *Of a sword*: V. σπάθη, ἡ. *Sharp edge* : V. ἀκμή, ἡ. *Of an oar* : Ar. and V. πλάτη, ἡ ; see *oar*. *Sword* (generally) : P. and V. ξίφος, τό, V. φάσγἄνον, τό, ἔγχος, τό, κνώδων, ὁ. *Leaf* : P. and V. φύλλον, τό. *Shoulder blade* : P. ὠμοπλάτη, ἡ (Xen.).

Blain, subs. Ar. and P. φλύκταινα, ἡ.

Blamable, adj. P. and V. μεμπτός, ἐπαίτιος, P. ψεκτός (Plat.), V. ἐπίμομφος, μωμητός.

Blame, subs. P. and V. μέμψις, ἡ, ψόγος, ὁ, αἰτία, ἡ, P. ἐπιτίμησις, ἡ, Ar. and V. μομφή, ἡ. *Lay blame on* : P. and V. αἰτίαν ἀνἄφέρειν (dat. or εἰς, acc.), P. ψόγον ἐπιφέρειν (dat.) ; see *lay on*, under *lay*. *Loxias will take the blame upon himself* : Λοξίας γὰρ αἰτίαν εἰς αὑτὸν οἴσει (Eur., *El.* 1226).

Blame, v. trans. P. and V. μέμφεσθαι (acc. or dat.), ψέγειν, ἐπαιτιᾶσθαι, αἰτιᾶσθαι, P. ἐπιτιμᾶν, (dat. of person, acc. of thing, or sometimes dat., vid. Dem. 246, 1231), κακίζειν, δι' αἰτίας ἔχειν, καταμέμφεσθαι, Ar. and V. μωμᾶσθαι. *Chide* : V. ἐνίπτειν (Æsch., *Ag.* 590). *Be blamed* : P. and V. ψόγον ἔχειν, μέμψιν ἔχειν. *Blame for a thing* : P. and V. μέμφεσθαί (τί τινι, V. also τινός τινι), ἐπιπλήσσειν (τί τινι).

Blameless, adj. P. and V. ἄμεμπτος, ἀνεπίληπτος, V. ἄμομφος, ἄμωμος, ἀμεμφής. *Guiltless*, adj. : P. and V. ἀναίτιος.

Blamelessly, adv. P. and V. ἀμέμπτως (Xen.).

Blameworthy, adj. P. and V. μεμπτός, ἐπαίτιος, V. ἐπίμομφος, μωμητός, P. ψεκτός (Plat.).

Blaming, adj. V. μεμπτός, ἐπίψογος, ἐπίμομφος (dat.).

Blanch, v. trans. *Make white* : P. λευκοῦν, V. λευκαίνειν. V. intrans. *Turn pale* : Ar. and V. ὠχριᾶν. *They did not blanch* : V. χρῶμα οὐκ ἠλλαξάτην (Eur., *Phoen.* 1246).

Blanched, adj. *White* : P. and V. λευκός, V. λευκανθής. *Pale of face* : P. and V. ὠχρός.

Bland, adj. *Affable* : P. and V. εὐπροσήγορος, φῐλόφρων (Xen.), P. εὐπρόσοδος, ῥᾴδιος, κοινός. *Gentle* : P. and V. πρᾶος, φῐλάνθρωπος ; see *gentle*. *Flattering*, adj. : P. θωπευτικός ; see *flattering*.

Blandish, v. intrans. P. and V. θωπεύειν, Ar. and P. κολἄκεύειν ; see *flatter*.

Blandishment, subs. P. and V. θωπεία, ἡ, P. κολακεία, ἡ, V. θωπεύμἄτα, τα, ἀσπάσμἄτα, τά.

Blandly, adv. P. and V. φῐλοφρόνως (Plat.). *Gently* : P. φιλανθρώπως, πράως ; see *gently*.

Blank, adj. *Empty:* P. and V. κενός, ἐρῆμος, P. διάκενος. *Bare:* P. and V. γυμνός, ψῖλός. Met., *of amazement, etc.:* P. and V. ἀμήχᾰνος. *Vain:* P. and V. μάταιος, ἀνωφελής, *Helpless:* P. and V. ἄπορος. *Life is a blank:* P. and V. ἀβίωτόν (ἐστι). *Point blank:* see *altogether.* *Expressly:* P. διαρρήδην.

Blanket, subs. Ar. and P. στρώμᾰτα, τά, V. χλαῖνα, ἡ, φᾰρος, τό, φᾶρος, τό, εἷμα, τό, στρωτὰ φάρη, τά. Ar. σῐσῦρα, ἡ.

Blare, subs. P. and V. φθόγγος, ὁ, V. βοή, ἡ, ἀϋτή, ἡ, αὐδή, ἡ, ἠχώ, ἡ, ἠχή, ἡ.

Blare, v. intrans. P. and V. φθέγγεσθαι, P. ἐπιφθέγγεσθαι (Xen.), V. κελᾰδεῖν (Eur., *Phoen.* 1102).

Blaspheme, v. intrans. P. βλασφημεῖν. *Be impious:* P. and V. ἀσεβεῖν, V. δυσσεβεῖν, θεοβλᾰβεῖν.

Blasphemous, adj. P. and V. ἀσεβής, ἄθεος, V. δυσσεβής (rare P.); see *impious.*

Blasphemously, adv. P. and V. ἀθέως.

Blasphemy, subs. P. and V. ἀσέβεια, ἡ, βλασφημία, ἡ, V. δυσσέβεια, ἡ.

Blast, subs. P. and V. πνεῦμα, τό, ἄνεμος, ὁ, Ar. and V. πνοή, ἡ (rare P.), αὔρα, ἡ (also Plat. but rare P.), φῦσημα, τό, V. ἄημα, τό, ἄησις, ἡ. *Of a trumpet:* see *blare.*

Blast, v. trans. *Break in pieces:* P. διαθραύειν (Plat.), P. and V. θραύειν (Plat.), V. συνθραύειν. *Destroy, ruin:* P. and V. διαφθείρειν, φθείρειν. *Mar, injure:* P. and V. βλάπτειν, λῡμαίνεσθαι, Ar. and V. διᾰλῡμαίνεσθαι. *His might was blasted by lightning:* V. ἐξεβροντήθη σθένος (Æsch., *P.V.* 362). *Bring to disgrace:* P. and V. αἰσχῠνειν, κᾰταισχῠνειν. *Blast with the thunderbolt,* v.: P. κεραυνοῦν (Plat.).

Blasted, adj. *Desolate:* P. and V. ἐρῆμος. *Blasted with the thunderbolt:* V. κεραύνιος.

Blatant, adj. P. and V. λαμπρός; see *vulgar.*

Blatantly, adv. P. and V. λαμπρῶς; see *vulgarly.*

Blaze, subs. P. and V. φλόξ, ἡ, πῦρ, τό. *Light:* P. and V. φῶς, τό, Ar. and V. φέγγος, τό (also Plat. but rare P.), σέλας, τό (also Plat. but rare P.), αὐγή, ἡ (also Plat. but rare P.), Ar. and V. φάος, τό. *He set the city in a blaze:* met., ἐξέφλεξε τὴν πόλιν (Ar., *Pax,* 608). *They kindled an answering blaze:* V. οἱ δ' ἀντέλαμψαν (Æsch., *Ag.* 294).

Blaze, v. intrans. *Burn:* P. and V. κάεσθαι, ἅπτεσθαι. *Shine:* P. and V. λάμπειν (Plat.), ἐκλάμπειν, (Plat.), ἀστράπτειν (Plat.), στίλβειν (Plat.), Ar. and V. φλέγειν, λάμπεσθαι (Eur., *I.T.* 1156), V. μαρμαίρειν, αἴθειν, αἴθεσθαι. *Blaze up:* V. δαίεσθαι. *Of anger:* see *boil.* *Blaze abroad,* v. trans.: P. and V. διασπείρειν, ἐκφέρειν, Ar. and V. θροεῖν, σπείρειν; see *circulate.* *Be blazed abroad:* P. and V. θρῡλεῖσθαι, διέρχεσθαι, V. κλῄζεσθαι, ῡμνεῖσθαι, P. διαθρυλεῖσθαι (Xen.).

Blazing, adj. P. and V. λαμπρός, Ar. and V. φαεννός, V. φαεσφόρος, πύρπολος, αἰθᾰλοῦς, πάμφλεκτος; see *bright.* Met., λαμπρός.

Blazon, v. trans. See *adorn.* *Blazon abroad:* see *noise abroad.*

Blazoner, subs. V. σημᾰτουργός, ὁ.

Blazonry, subs. *Crest:* P. and V. σημεῖον, τό, V. σῆμα, τό, ἐπίσημα, τό.

Bleach, v. trans. P. λευκοῦν, V. λευκαίνειν.

Bleak, adj. P. and V. ψυχρός. P. χειμερινός, Ar. and V. δυσχείμερος.

Blear-eyed, adj. Ar. and P. γλάμων.

Bleat, v. intrans. Ar. βληχᾶσθαι.

Bleat, subs. V. μῡκηθμός, ὁ (Æsch., *Frag.*), βρῦχημα, τό (Æsch., *Frag.*).

Bleating, adj. μηκάς (Eur., *Cycl.* 189).

Bleed, v. intrans. P. and V. αἱμᾰτοῦσθαι, V. αἱμάσσεσθαι, φοινίσσεσθαι. *Stream with blood:* V. ῥεῖν φόνῳ, στάζειν αἵμᾰτι. Met., *be pained:* P. and V. λῡπεῖσθαι.

Bleeding, adj. V. αἱμορρᾰγής, Ar. and V. αἱμᾰτοστᾰγής

Blemish, subs. *Stain:* P. and V. κηλίς, ἡ (Antipho). *Disgrace:* P. and V. αἰσχύνη, ἡ, ὄνειδος, τό. *Deformity:* P. αἶσχος, τό, πονηρία, ἡ. *Without blemish:* adj. *Of beasts for sacrifice:* V. ἐντελής. *Fault:* P. and V. ἁμαρτία, ἡ, P. ἁμάρτημα, τό.

Blemish, v. trans. P. and V. αἰσχύνειν, κᾰταισχύνειν, V. κηλῑδοῦν, χραίνειν.

Blend, v. trans. P. and V. μιγνύναι, συμμιγνύναι, ἀνᾰμιγνύναι, κεραννύναι, συγκεραννύναι. *Confound:* P. and V. φύρειν. *Blended with:* P. and V. συμπεφυρμένος (dat.), V. ἀνᾰπεφυρμένος (dat.). V. intrans.: use pass. of verbs given. *Coincide:* P. and V. συμπίπτειν, V. συμπίτνειν.

Blend, subs. P. and V. κρᾶσις, ἡ, σύγκρᾱσις, ἡ (Eur., *Frag.*). P. μῖξις, ἡ, σύμμιξις, ἡ.

Blended, adj. P. and V. σύμμικτος, συμμῐγής (Plat.), μῐγάς, Ar. and P. μικτός.

Bless, v. trans. *Invoke blessings on:* P. and V. ἀγᾰθά εὔχεσθαι (dat.). *Consecrate:* P. and V. κᾰθιεροῦν, P. ἱεροῦν; see *consecrate*. *Prosper, promote:* P. and V. σπεύδειν, ἐπισπεύδειν. *Make happy:* V. ὀλβίζειν. *Favour:* see *favour*. *Bless you:* P. and V. εὖ σοὶ γένοιτο, V. εὐδαιμονοίης, ὄναιο. *Bless you for:* V. ὄναιο (gen.). *O Zeus, bless such natures:* ὦ Ζεῦ, διδοίης τοῖσι τοιούτοισιν εὖ (Soph., *O.C.* 642). *Be blessed in:* P. and V. ὄνασθαι (gen.) (aor. mid. of ὀνινάναι).

Blessed, adj. P. and V. μᾰκάριος, Ar. and V. μάκᾰρ (rare P.), ὄλβιος, ζηλωτός, V. εὐαίων; see *fortunate*. *Holy:* P. and V. ἱερός, σεμνός, Ar. and P. ἅγιος, Ar. and V. ἁγνός. In moral sense: see *good*. *The islands of the blessed:* μακάρων νῆσοι, αἱ (Plat.), V. μάκᾰρων αἶα, ἡ (Eur.), μᾰκάρων νῆσος, ἡ (Eur.).

Blessedness, subs. Ar. and P. εὐτῠχία, ἡ, P. εὐδαιμονία, ἡ, P. and V. εὐπραξία, ἡ, V. ὄλβος, ὁ.

Blessing, subs. P. and V. ἀγᾰθά, τά, V. κεδνά, τά, ἐσθλά, τά; see also *advantage*. *Blessings on you:* V. εὐτῠχοίης, εὐδαιμονοίης, ὄναιο. *Blessings on you for your words:* V. ὄναιο μύθων. *They will pray for many blessings on their head:* πολλά ἀγαθὰ αὐτοῖς εὔξονται (Plat., *Phædr.* 233E). *Invoking many blessings on your head and mine:* V. σοὶ πολλὰ κἀμοὶ κέδν' ἀρωμένοι τυχεῖν (Eur., *Or.* 1138).

Blight, subs. *Mildew:* P. ἐρυσίβη, ἡ. *Ruin:* P. and V. φθορά, ἡ, διαφθορά, ἡ, V. ἀποφθορά, ἡ. *Canker:* V. λειχήν, ὁ.

Blight, v. trans. P. and V. μᾰραίνειν. *Destroy:* P. and V. φθείρειν, διαφθείρειν; see *wither*.

Blind, adj. P. and V. τυφλός, V. ἀμαυρός, σκοτεινός, ἄδερκτος, ὀμμᾰτοστερής. *Heedless:* P. and V. ἀσύνετος. *Unreasoning:* P. ἀπερίσκεπτος, ἄλογος, ἀλόγιστος; see *rash*. *Be blind to one's own interests:* P. τυφλῶς ἔχειν πρὸς τὸ ὠφέλιμον (Plat., *Gorg.* 479B). *Ignorant:* P. and V. ἄπειρος, ἀμᾰθής.

Blind, subs. Met., *screen, pretext:* P. and V. πρόβλημα, τό; see *pretext*.

Blind, v. trans. P. and V. τυφλοῦν (Plat.), ἐκτυφλοῦν (Xen., also Ar.), σκοτοῦν (pass. in Plat.).

Blindly, adv. P. τυφλῶς. *Heedlessly:* P. and V. ἀφροντίστως. *Rashly:* P. ἀπερισκέπτως. *Unreasoningly:* P. ἀλόγως, ἀλογίστως. *Ignorantly:* P. and V. ἀμᾰθῶς. *You must not rush blindly into base agreements:* P. χρὴ μὴ προπετῶς ὑμᾶς αὐτοὺς ἐμβαλεῖν εἰς αἰσχρὰς ὁμολογίας (Isoc. 126D).

Blindness, subs. P. τυφλότης, ἡ (Plat.), V. σκότος, ὁ or τό. *Mental blindness:* P. and V. σκότος, ὁ or τό (Dem. 411). *Ignorance:* P. and V. ἄγνοια, ἡ, ἀπειρία, ἡ; see *ignorance*.

Blink, v. intrans. P. and V. σκαρμᾰδύσσειν (Xen.; Eur., *Cycl.*). *Without blinking*: use adv., P. ἀσκαρμαδυκτί (Xen.), or adj., Ar. ἀσκαρμᾰδυκτος.

Bliss, subs. P. εὐδαιμονία, ἡ, Ar. and P. εὐτῠχία, ἡ, P. and V. εὐπραξία, ἡ, ζῆλος, ὁ, V. ὄλβος, ὁ (also Xen., but rare P.); see *happiness*.

Blissful, adj. P. and V. εὐδαίμων, μᾰκᾰριος, εὐτῠχής, Ar. and V. μάκᾰρ, ὄλβιος, V. εὐαίων.

Blissfully, adv. P. and V. εὐτῠχῶς, εὐδαιμόνως, μᾰκᾰρίως.

Blister, subs. Ar. and P. φλύκταινα, ἡ, Ar. φῷδες, αἱ.

Blithe, adj. P. εὔθυμος, Ar. and P. ἱλᾰρός (Xen.), P. and V. ἡδύς. *Cheerful (of looks)*: P. and V. φαιδρός, V. φαιδρωπός, λαμπρός, εὐπρόσωπος. *Making cheerful*: V. εὔφρων, P. and V. ἡδύς; see *happy*.

Blithely, adv. P. and V. εὐθύμως, ἡδέως; see *happily*.

Blizzard, subs. See *storm*.

Bloated, adj. P. ὑπέρογκος, ὑπερμεγέθης, Ar. ὑπέρμεγας. *Excessive*: P. and V. περισσός.

Block, subs. *Of wood*: Ar. and V. κορμός, ὁ. *Of stone*: P. and V. στήλη, ἡ. *Hindrance*: P. κώλυμα, τό; see *hindrance*. *Row*: P. and V. στοῖχος, ὁ. *Blocking up*: P. ἀπόφραξις, ἡ (Xen.), V. φραγμός, ὁ. *Butcher's block*: Ar. ἐλεόν, τό. *Executioner's block*: Ar. and V. ἐπίξηνον, τό.

Block, v. trans. P. and V. φράσσειν, κλῄειν, συγκλῄειν, ἀποκλῄειν, P. ἐμφράσσειν, ἀποφράσσειν, Ar. and P. κᾰτακλῄειν. *Prevent*: P. and V. κωλῡ́ειν; see *prevent*.

Blockade, v. trans. *By land*: Ar. and P. ἀποτειχίζειν, P. περιτειχίζειν, τειχήρη ποιεῖν. *By sea*: P. περιορμεῖν, ἐφορμεῖν (dat.). *Besiege*: Ar. and P. πολιορκεῖν, P. προσκαθῆσθαι, περικαθῆσθαι; see *besiege*.

Blockade, subs. *By a wall*: P. περιτείχισις, ἡ, ἀποτείχισις, ἡ. *By sea*: P. ἐφόρμησις, ἡ, ἔφορμος, ὁ. *Siege*: P. πολιορκία, ἡ. *Keeping watch*: P. and V. φῠλᾰκή, ἡ. *Blockading lines, circumvallation*: P. ἀποτείχισμα, τό, περιτείχισμα, τό.

Blockhead, subs. P. βλάξ, ὁ or ἡ, or use adj., σιδηροῦς, Ar. and P. ἐμβρόντητος; see *stupid*.

Blockhouse, subs. P. περιπόλιον, τό.

Blonde, adj. P. and V. ξανθός.

Blood, subs. P. and V. αἷμα, τό, V. φόνος, ὁ; see *murder*. *Be related by blood*: P. and V. γένει προσήκειν; see *descent, relationship*. *The barbed weapons of the men drew no blood*: V. τοῖς μὲν γὰρ οὐχ ἥμασσε λογχωτὸν βέλος (Eur., *Bacch.* 761). *In cold blood*: P. and V. ἐκ προνοίας (lit., *of set purpose*). *Stain with blood*, v. trans.: P. and V. αἱμᾰτοῦν (Thuc. in pass.), κᾰθαιμάσσειν (Plat.), Ar. and V. κᾰθαιμᾰτοῦν, V. φοινίσσειν, ἐκφοινίσσειν, αἱμάσσειν.

Blood-guilty, adj. P. ἐναγής, V. προστρόπαιος (rare P.), πᾰλαμναῖος, μιαιφόνος.

Blood-guiltiness, subs. P. and V. μίασμα, τό, ἄγος, τό (Thuc.), V. μῠ́σος, τό, P. μιαιφονία, ἡ, μιαρία, ἡ.

Bloodless, adj. P. ἄναιμος, V. ἀναίμᾰτος. *Unstained by blood*: V. ἀναίμακτος. *They thought that a bloodless victory might fairly be attributed to them*: P. ἐνόμιζον αὐτοῖς ὥσπερ ἀκονιτὶ τὴν νίκην δικαίως ἂν τίθεσθαι (Thuc. 4, 73).

Blood-red, adj. P. αἱματώδης; see *red*.

Blood-relation, subs. Use adj., P. and V. ἀναγκαῖος.

Bloodshed, subs. P. and V. φόνος, ὁ, σφᾰγή, ἡ, Ar. and V. φοναί, αἱ, V. αἵμᾰτα, τά.

Blood-stained, adj. See *bloody*.

Blood-sucking, adj. V. αἱμᾰτορρόφος.

Blood-thirsty, adj. P. φονικός, Ar. and V. φοίνιος, V. δᾰφοινός, φῐλαίμᾰτος; see *cruel, murderous*.

Bloody, adj. V. αἱμᾰτηρός, αἱμᾰτωπός, αἱμᾰτοῦς, κᾰθαιμος, φοίνιος, Ar. and V. αἱμᾰτοστᾰγής. *Of a battle*: use

P. καρτερός (lit., *stubbornly contested*) ; see *murderous*.

Bloom, subs. P. and V. ἄνθος, τό. Met., *perfection* : P. and V. ἄνθος, τό, ἀκμή, ἡ. *Bloom of youth* : P. and V. ἥβη, ἡ, ὥρα, ἡ, ἀκμή, ἡ. *Be in full bloom*, v. : P. and V. ἀκμάζειν, ἀνθεῖν. *Be in bloom of youth*, v. : P. and V. ἡβᾶν, ἀκμάζειν, ἀνθεῖν. *Lose bloom*, v. : Ar. and P. ἀπανθεῖν.

Bloom, v. intrans. P. and V. ἀνθεῖν, θάλλειν (Plat. but rare P., also Ar.) ; see *flourish*.

Blooming, adj. Ar. and V. ἀνθηρός, ἀνθεμώδης, V. ἀνθεσφόρος, Ar. and V. εὐανθής. *In one's prime* : P. and V. ἡβῶν, ὡραῖος, V. θᾰλερός, ἀκμαῖος, χλωρός, Ar. ὡρῖκός ; see *fresh*.

Blossom, subs. P. and V. ἄνθος, τό.

Blossom, v. intrans. P. and V. ἀνθεῖν. *Put forth flowers* : P and V. ἐξανθεῖν. *Blossom out into* : met., P. ἐξανθεῖν (dat.).

Blot, subs. P. and V. κηλίς, ἡ. *Blemish* : P. and V. κηλίς, ἡ, P. αἶσχος, τό, ἁμάρτημα, τό. *Disgrace* : P. and V. αἰσχύνη, ἡ, ὄνειδος, τό.

Blot, v. trans. Lit. or met., P. and V. μιαίνειν, V. χραίνειν. *Disgrace* : αἰσχῡνειν, κᾰταισχῡνειν, V. κηλῑδοῦν, P. καταρρυπαίνειν. *Blot out, exterminate* : lit., P. and V. ἐξᾰλείφειν, met., P. and V. ἀφᾰνίζειν, ἐξᾰλείφειν, κᾰθαιρεῖν ; see *destroy*. *A wet sponge blots out the picture* : V. ὑγρώσσων σπόγγος ὤλεσεν γραφήν (Æsch., *Ag.* 1329).

Blotch, subs. See *blot*. *Deformity* : P. αἶσχος, τό ; see *deformity*.

Blow, subs. P. and V. πληγή, ἡ, V. πλῆγμα, τό. *Wound* : P. and V. τραῦμα, τό. *Blow of the sword* : V. φασγάνου τομαί, αἱ. *Deal (blows)*. v. trans. : P. and V. δῐδόναι, P. ἐντείνειν. *Blow of fortune* : P. and V. συμφορά, ἡ, P. ἀτύχημα, τό, δυστύχημα, τό, πταῖσμα, τό, V. πληγή, ἡ. *At one blow* : V. ἐν μιᾷ πληγῇ. *Come to blows (with)* : P. and V. συμβάλλειν (dat.), διᾰ μάχης ἰέναι (dat.), μάχην σύνάπτειν (dat.), εἰς χεῖρας ἔρχεσθαι (absol.), P. συμμιγνύναι (dat.). *Thrasybulus strikes Phrynichus and fells him with a blow* : P. ὁ μὲν Θρασύβουλος τύπτει τὸν Φρύνιχον καὶ καταβάλλει πατάξας (Lys. 136). *The capture of Plemmyrium was a crushing blow to the Athenian force* : P. ἐν τοῖς πρῶτον ἐκάκωσε τὸ στράτευμα τὸ τῶν Ἀθηναίων ἡ τοῦ Πλημμυρίου λῆψις (Thuc. 7, 24). *We must bear the blows of fortune* : P. φέρειν χρὴ τὰ δαιμόνια. *Blow of fortune* : P. παρὰ τῆς τύχης ἐναντίωμα τό (Dem. 328). *They are gone without a blow* : V. φροῦδοι δ᾽ ἄπληκτοι (Eur., *Rhes.* 814). *Take without striking a blow* : P. αὐτοβοεὶ αἱρεῖν (acc.).

Blow, v. trans. *Extend by blowing* : P. and V. φῡσᾶν (also used of musical instruments). *Of the wind* : P. and V. φέρειν. *Blow the nose* : P. and V. ἀπομύσσεσθαι (Xen. ; Eur., *Cycl.*, also Ar.).

Blow, v. intrans. *Puff* : P. and V. φῡσᾶν, V. φῡσιᾶν ; see also *breathe*. *Of the wind* : P. and V. πνεῖν, ἐκπνεῖν. *If the wind should blow from the gulf* : P. εἰ ἐκπνεύσειεν ἐκ τοῦ κολποῦ τὸ πνεῦμα (Thuc. 2, 84). *When the trumpet blew* : P. ἐπεὶ ἐσάλπιξε (Xen.). *Blow about* : P. and V. φέρειν, διᾰφέρειν. V. intrans. V. ᾄσσεσθαι. *Blow away* : P. διαφυσᾶν. *Blow out, extend by blowing* : P. and V. φῡσᾶν. *Extinguish* : P. and V. σβεννύναι ; see *extinguish*. *Blow up, throw up by blowing* : P. ἀναφυσᾶν. *Shatter* : P. and V. ῥηγνύναι. V. intrans. P. and V. ῥήγνυσθαι. *Blow upon* : V. ἐμπνεῖν (dat.).

Bludgeon, subs. Ar. and P. ῥόπᾰλον, τό, V. κορύνη, ἡ, P. and V. ξύλον, τό.

Blue, adj. P. κυανοῦς (Plat.), V. κυᾰνεος. *Blue-grey* : P. and V. γλαυκός.

Blue, subs. *Blue sky* : Ar. and P. αἰθρία, ἡ (Xen.), Ar. and V. αἴθρα, ἡ.

Bluff, subs. *Crag* : P. and V. κρημνός, ὁ, V. ἀγμός, ὁ, σπῐλάς, ἡ, Ar. and V. σκόπελος, ὁ.

Bluff, adj. *Of manner, unpolished:* Ar. and P. ἄγροικος, V. ἄκομψος. *Bold:* P. and V. θρᾰσύς, τολμηρός. *Boastful*, adj.: V. ὑψήγορος, στόμαργος.

Bluffness, subs. P. and V. παρρησία, ἡ (*freedom of speech*). *Boldness:* P. and V. θρᾰ́σος, τό.

Blunder, v. intrans. P. and V. ἁμαρτᾰ́νειν, ἐξᾰμαρτᾰ́νειν, σφάλλεσθαι, ψεύδεσθαι, P. διαμαρτάνειν, πταίειν.

Blunder, subs. P. and V. σφάλμα, τό, ἁμαρτία, ἡ, P. διαμαρτία, ἡ, V. ἐξᾰμαρτία, ἡ.

Blundering, adj. *Dull:* P. and V. σκαιός.

Blunderingly, adv. Ar. σκαιῶς.

Blunt, adj. P. and V. ἀμβλύς. *Rude, unpolished:* Ar. and P. ἄγροικος, V. ἄκομψος. *Be blunt of speech:* P. παρρησιάζεσθαι, V. θρᾰσυστομεῖν, ἐξελευθεροστομεῖν, ἐλευθεροστομεῖν.

Blunt, v. trans. Lit. or met., P. and V. ἀμβλῡ́νειν, ἀπαμβλῡ́νειν, V. κᾰταμβλῡ́νειν, lit., V. ἐκκωφεῖν. *Are their swords blunted at the sight of beauty?* V. ἆρ' εἰς τὸ κάλλος ἐκκεκώφηται ξίφη; (Eur., *Or.* 1287). *With feelings blunted:* P. and V. ἀμβλύς.

Bluntly, adv. *Rudely:* Ar. and P. ἀγροίκως. *In speech:* P. μετὰ παρρησίας, V. παρρησίᾳ. *Speak bluntly:* P. παρρησιάζεσθαι, V. θρᾰσυστομεῖν, ἐλευθεροστομεῖν, ἐξελευθεροστομεῖν.

Bluntness, subs. *Of speech:* P. and V. παρρησία, ἡ. *Rudeness:* P. ἀγροικία, ἡ.

Blur, v. trans. *Make dim:* P. and V. ἀμαυροῦν (Xen.), P. ἐπισκοτεῖν (dat.).

Blurt out, v. P. and V. μηνύειν, ἐκλᾰλεῖν (Eur., *Frag.*). *Fling out (words):* P. and V. ἐκβάλλειν, V. ῥίπτειν, ἀπορρίπτειν, ἐκρίπτειν.

Blush, v. intrans. Ar. and P. ἐρυθριᾶν, P. ἀνερυθριᾶν, ἐρυθραίνεσθαι (Xen.), Ar. ὑπερυθριᾶν.

Blush at, v. See (*be*) *ashamed of*.

Blushing, adj. Use V. οἰνωπός.

Bluster, subs. *Noise:* P. and V. ψόφος, ὁ. *Boasting:* P. κουφολογία, ἡ (Thuc.), αὔχημα, τό (Thuc.), P. and V. κόμπος, ὁ (Thuc.), V. γαύρωμα, τό, Ar. and V. κομπάσμᾰτα, τά; see also *threat*.

Bluster, v. intrans. *Make a noise:* P. and V. ψοφεῖν, Ar. παφλάζειν. *Boast:* P. μεγαλαυχεῖσθαι, Ar. and P. ἀλαζονεύεσθαι, V. αὐχεῖν (Thuc. also, but rare P.), κομπεῖν (rare P.), κομπάζειν (rare P.); see *boast*, *threaten*.

Blustering, adj. *Tempestuous:* P. χειμέριος, Ar. and V. δυσχείμερος, V. λαβρός, δυσκῡ́μαντος. *Boastful:* P. ὑπερήφανος, Ar. and P. ἀλάζων, V. ὑψήγορος, στόμαργος; see *boastful*.

Blusteringly, adv. V. ὑψῐκόμπως; see *boastfully*.

Boa, subs. See *snake*.

Boar, subs. P. and V. ὗς, ὁ (Æsch., *Frag.*), κάπρος, ὁ, V. σῦς, ὁ (Eur., *Supp.* 316).

Board, subs. P. and V. σᾰνίς, ἡ, πίναξ, ὁ. *Plank:* P. and V. ξύλον, τό, P. κεραία, ἡ, Ar. and P. δοκός, ἡ. *Maintenance*, subs.: P. and V. τροφή, ἡ, δίαιτα, ἡ. *Feeding:* Ar. and P. σίτησις, ἡ. *Table:* lit. and met., P. and V. τρᾰ́πεζα, ἡ. *Council:* P. συνέδριον, τό. *Board of ten:* P. οἱ δέκα. *To elect a board of men advanced in years:* P. ἀρχήν τινα πρεσβυτέρων ἀνδρῶν ἑλέσθαι (Thuc. 8, 1). *On the boards (stage):* P. ἐπὶ τῆς σκηνῆς. *On board*, prep.: P. and V. ἐπί (gen.); *of motion:* P. ἐπί (acc.), P. and V. εἰς (acc.); adv., P. and V. ἐπὶ νεώς. *Be on board*, v.: P. ἐπιπλεῖν (absol.), ἐμπλεῖν (absol.). *Go on board*, v.: see *board*, v. *Put on board*, v.: P. ἐπιβιβάζειν, εἰσβιβάζειν, P. and V. εἰστίθεσθαι (Xen.). *Take on board*, v.: P. ἀναλαμβάνειν, ἀναβιβάζεσθαι. *Overboard:* see *overboard*.

Board, v. trans. *Go on board:* P. and V. ἐμβαίνειν (absol. or εἰς, acc.; V. also acc. alone), ἐπεμβαίνειν (absol.), ἐπῐβαίνειν (dat. or gen. or absol.), εἰσβαίνειν (εἰς, acc., V. also acc. alone), P. ἀναβαίνειν ἐπί (acc.).

Board enemy's ship: P. ἐπιβαίνειν (dat.) (Thuc. 7, 70). *Supply with food*: P. and V. τρέφειν (acc.). V. intrans. *Live*: P. and V. διαιτεῖσθαι.

Boast, subs. P. αὔχημα, τό (Thuc.), P. and V. κόμπος, ὁ (Thuc.), Ar. and V. κομπάσμᾰτα, τά, V. γαύρωμα, τό. *The boast of* (concretely of persons or things): P. and V. σχῆμα, τό, V. πρόσχημα, τό, ἄγαλμα, τό, αὔχημα, τό (Eur., *Phoen.* 1131).

Boast, v. intrans. P. and V. μέγᾰ λέγειν, μέγᾰ εἰπεῖν, Ar. and P. ἀλαζονεύεσθαι, P. μεγαλαυχεῖσθαι, ἐπικομπεῖν (Thuc.), Ar and V. εὔχεσθαι, V. ἐξεύχεσθαι, ἐπεύχεσθαι (also Plat. but rare P.), ἐξεπεύχεσθαι, αὐχεῖν (also Thuc. but rare P.), ἐξαυχεῖν, κομπεῖν (rare P.), κομπάζειν (rare P.), ἐκκομπάζειν, φλύειν (Æsch., *P.V.* 504). *Boast of*: P. and V. ἀγάλλεσθαι (dat.), ἁβρύνεσθαι (dat.), P. ἐπικομπεῖν (acc.) (Thuc.), V. κομπεῖν (acc.) (rare P.), κομπάζειν (acc.) (rare P.), ἐξεύχεσθαι (acc.), γαυροῦσθαι (dat.), Ar. and V. ἐπαυχεῖν (dat.).

Boaster, subs. Ar. and P. ἀλάζων, ὁ or ἡ, V. κομπός, ὁ (Eur., *Phoen.* 600).

Boastful, adj. Ar. and P. ἀλάζων. P. μεγαλόφρων, κομπώδης (Thuc.), ὑπερήφανος, V. ὑπέρφρων, ὑψήγορος, στόμαργος, ὑψηλόφρων (also Plat. but rare P.), Ar. and V. γαῦρος. *Of words, etc.*: P. and V. ὑψηλός, V. ὑπέρκοπος.

Boastfully, adv. P. μεγαλοφρόνως, ὑπερηφάνως, V. ὑψῐκόμπως, ὑπερκόπως.

Boastfulness, subs. P. μεγαλαυχία, ἡ, κουφολογία, ἡ (Thuc.), ὑπερηφανία, ἡ, τὸ κομπῶδες, V. τὸ γαῦρον, P. and V. ὄγκος, ὁ; see *boast*.

Boasting, subs. See *boastfulness*.

Boat, subs. P. and V. πλοῖον, τό, σκάφος, τό (Dem. 128), Ar. and P. ἄκᾰτος, ἡ, P. ἀκάτιον, τό, V. πορθμίς, ἡ, δόρῠ, τό, κύμβη, ἡ (Soph., *Frag.*). *Ship*: P. and V. ναῦς, ἡ. *Small boat*: Ar. and P. κέλης, ὁ, πλοιάριον, τό (Xen.), P. κελήτιον, τό, λέμβος, ὁ.

Be in the same boat with: met., P. ἐπί τῆς αὐτῆς ὁρμεῖν (dat.) (Dem. 319).

Boat, v. intrans. See *row*.

Boatman, subs. *Ferryman*: P. and V. πορθμεύς, ὁ. *Sailor*: P. and V. ναύτης, ὁ.

Boatswain, subs. P. and V. κελευστής, ὁ. *Boatswain's signal*: P. and V. κέλευσμα, τό.

Bode, v. trans. *Betoken*: P. and V. σημαίνειν, φαίνειν, V. προσημαίνειν, προφαίνειν. *Presage*: P. and V. μαντεύεσθαι; see *augur*.

Bodily, adj. P. σωματοειδής. *Of the body*: use, P. and V. σώμᾰτος (gen. of σῶμα). *Bodily exercise*: P. σωμασκία, ἡ.

Boding, adj. *Prophetic*: P. and V. μαντῐκός, Ar. and V. μαντεῖος. *Prophetic of*: V. πρόμαντις (gen.), μάντις (gen.).

Bodkin, subs. *Pin*: V. περόνη, ἡ, περονίς, ἡ, πόρπη, ἡ.

Body, subs. P. and V. σῶμα, τό, V. δέμας, τό; see also *flesh*. *Dead body*: P. and V. νεκρός, ὁ, σῶμα, τό, Ar. and V. νέκῠς, ὁ, V. δέμας, τό. *Trunk*: P. and V. κῦτος, τό (Plat.). *Frame* (of things): P. σῶμα, τό; see *frame*. *Group of individuals*: P. and V. σύνοδος, ἡ, σύστᾰσις, ἡ. *The body politic*: Ar. and P. τὸ κοινόν, P. and V. ἡ πόλις. *In a body*: P. and V. ἀθρόοι. *With three bodies*, adj.: V. τρῐσώμᾰτος. *Exercise of the body*: P. σωμασκία, ἡ. *Be strong in body*, v.: Ar. and V. εὐσωμᾰτεῖν.

Bodyguard, subs. P. and V. δορύφοροι, οἱ. *Attend as bodyguard*, v.: P. δορυφορεῖν (acc.).

Bog, subs. P. ἕλος, τό, Ar. and P. τέλμα, τό, P. and V. λίμνη, ἡ.

Bogey, subs. *Goblin*: Ar. and P. Ἔμπουσα, ἡ; see *goblin*.

Boggy, adj. P. λιμνώδης.

Bogus, adj. P. and V. πλαστός (Xen.), κίβδηλος; see *fictitious*.

Boil, subs. Ar. and P. φλύκταινα, ἡ, P. and V. ἕλκος, τό.

Boil, v. trans. P. and V. ἕψειν (Eur., *Cycl.* 404), Ar. ἀναβράσσειν. *Boil (a kettle)*: V. ἐπιζεῖν (Eur., *Cycl.* 392). V. intrans. Lit. or met., P. and V. ζεῖν; see *rage*. *Let one's (anger) boil up*: V. ἐξάναζεῖν χόλον.

Boiled, adj. P. and V. ἑφθός (Eur., *Cycl.* 246), P. ἑψητός (Xen.).

Boiling, subs. P. ἕψησις, ἡ, ζέσις, ἡ.

Boisterous, adj. P. σφοδρός, ταραχώδης, V. λαβρός, θοῦρος, αἴθων (also Plat. but rare P.), Ar. and V. θούριος.

Boisterously, adv. P. σφοδρῶς, ταραχωδῶς, V. λαβρῶς.

Boisterousness, subs. P. σφοδρότης, ἡ. *Rush*: P. and V. ὁρμή, ἡ.

Bold, adj. *Brave*: P. and V. ἀνδρεῖος, ἀγᾰθός, θρᾰσύς, τολμηρός, εὔψῡχος, Ar. and V. ἄλκῐμος (rare P.), V. εὔτολμος, εὐθαρσής (also Xen.), θρᾰσύσπλαγχνος, τᾰλαίφρων, τλήμων, εὐκάρδιος, P. θαρσαλέος; see *fearless*. In bad sense: P. and V. θρᾰσύς, τολμηρός, V. τᾰλαίφρων, τλήμων, P. θαρσαλέος. *Reckless*: Ar. and P. ἰτᾰμός; see *reckless*. *Bold of speech*: V. θρᾰσύστομος, ἐλευθερόστομος. *Be bold*, v.: P. and V. θαρσεῖν, θρᾰσύνεσθαι, τολμᾶν, Ar. and V. τλῆναι (2nd aor. of τλᾶν). *Be bold in speech*, v.: V. θρᾰσυστομεῖν, ἐλευθεροστομεῖν, ἐξελευθεροστομεῖν, P. παρρησιάζεσθαι.

Boldly, adv. P. and V. ἀνδρείως, Ar. and P. θρᾰσέως, P. τολμηρῶς θαρσαλέως, V. θρᾰσυσπλάγχνως, εὐθαρσῶς, εὐτόλμως, εὐκαρδίως. In bad sense: P. τολμηρῶς, θαρσαλέως; see *fearlessly*, *out-spokenly*.

Boldness, subs. *Courage*: P. and V. ἀρετή, ἡ, ἀνδρεία, ἡ; θάρσος, τό, θρᾰ́σος, τό, τόλμᾰ, ἡ, τἀνδρεῖον, εὐψυχία, ἡ, V. εὐανδρία, ἡ, εὐτολμία, ἡ; see *bravery*. In bad sense: P. and V. θρᾰ́σος, τό, τόλμᾰ, ἡ, P. θρασύτης, ἡ. *Boldness of speech*: P. and V. παρρησία, ἡ.

Bole, subs. *Trunk of a tree*: Ar. and P. πρέμνον, το, στέλεχος, τό, Ar. and V. κορμός, ὁ.

Bolt, subs. *Missile*: P. and V. βέλος, τό (rare P.), V. βέλεμνον, τό. *Arrow*: P. and V. τόξευμα, τό, οἰστός, ὁ (rare P.), V. ἰός, ὁ, ἄτρακτος, ἡ, πτερόν, τό; see *arrow*. *Thunderbolt*: P. and V. κεραυνός, ὁ, V. κεραύνιοι βολαί (Eur., *Tro.* 92, cf. Ar., *Av.* 1242); see *thunderbolt*. *Bar for fastening*: P. and V. μοχλός, ὁ, Ar. and V. κλῇθρα, τά. *Bolt-pin*, subs.: Ar. and P. βᾰ́λᾰνος, ἡ. *Rivet*: V. ἁρμός, ὁ, γόμφος, ὁ.

Bolt, v. trans. Ar. βᾰλᾰνοῦν, μοχλοῦν. *Fasten, bar*: P. and V. κλῄειν, συγκλῄειν, ἀποκλῄειν, Ar. and P. κᾰτακλῄειν. *Bolt in*: P. and V. ἐγκλῄειν; see *shut in*. *Bolt out, shut out*: P. and V. ἀποκλῄειν, ἐκκλῄειν. *Be bolted, riveted*: Ar. and V. γομφοῦσθαι, V. ἐφηλοῦσθαι. V. intrans. Ar. and P. ἀποδιδράσκειν; see *run away*. *Bolt upright*: see *upright*.

Bombard, v. trans. P. κατασείειν (*shake down*); see *overwhelm*.

Bombast, subs. P. and V. ὕβρῐς, ἡ, Ar. παφλάσμᾰτα, τά; see *boastfulness*.

Bombastic, adj. P. ὀγκώδης, Ar. and P. χαῦνος; see *boastful*.

Bona fide, adj. P. ἀξιόπιστος, Ar. and P. ἀξιόχρεως (also Eur. but rare V.).

Bond, subs. *Anything that binds*: P. and V. δεσμός, ὁ, σύνδεσμος, ὁ. *Fetter*: P. and V. πέδη, ἡ, V. ἀμφίβληστρα, τά, δεσμώμᾰτα, τά, ψᾰ́λια, τά. *Bonds*: see *bondage*. *Bond of union*, subs.: P. δεσμός, ὁ, σύνδεσμος, ὁ. *Written bond*: P. συγγραφή, ἡ, Ar. and P. γράμμᾰτα, τά, γραμμᾰτεῖον, τό; see *contract*. *Security*: P. and V. ἐγγύη, ἡ. *Pledge*: P. and V. πίστῐς, ἡ, πιστόν, τό, V. πιστώμᾰτα, τά. *They were anxious to do right beyond the letter of their bond*: P. τὸ δίκαιον μᾶλλον τῆς συνθήκης προθύμως παρέσχοντο (Thuc. 4, 61).

Bondage, subs. *Imprisonment*: P.

and V. δεσμά, τά, δεσμοί, οἱ, φὕλάκή, ἡ. *Hold in bondage*: P. ἐν φυλακῇ ἔχειν. *Slavery*: P. and V. δουλεία, ἡ, V. τὸ δοῦλον. *Sold into bondage*, adj.: V. πρᾱτός.

Bond, adj. *In bondage*: P. and V. δοῦλος.

Bondman, subs. P. and V. δοῦλος, ὁ, οἰκέτης, ὁ, Ar. and V. δμώς, ὁ; see *slave*. *Villein*: P. θής, ὁ, P. and V. πενέστης, ὁ. *Prisoner of war*: P. and V. αἰχμάλωτος.

Bondwoman, subs. P. and V. δούλη, ἡ, V. οἰκέτῐς, ἡ, δμώη, ἡ (also Xen. but rare P.), δμωΐς, ἡ, αἰχμᾰλωτίς, ἡ.

Bone, subs. P. and V. ὀστοῦν, τό. *Made of bone*, adj.: ὀστέϊνος (Plat.), Ar. ὄστῐνος.

Bon-fire, subs. See *beacon*.

Bonnet, subs. *Cap*: P. and V. κῠνῆ, ἡ (Plat.), Ar. and P. πῑλίδιον, τό.

Bonus, subs. *Extra pay*: P. ἐπιφορά, ἡ.

Bony, adj. *Lean*: Ar. and P. ἰσχνός, λεπτός.

Book, subs. P. and V. βίβλος, ἡ, P. σύγγραμμα, τό, συγγραφή, ἡ, Ar. and P. βιβλίον, τό, V. πτῠχαί βίβλων, αἱ. *Division of a work*: P. λόγος, ὁ.

Bookish, adj. Ar. and P. πολῠμᾰθής.

Boom, subs. P. and V. ψόφος, ὁ, κτῠπος, ὁ (rare P.), V. βρόμος, ὁ, P. βόμβος, ὁ (Plat.), Ar. and V. πᾰτᾰγος, ὁ. *Obstacle across a harbour, etc.*: P. ζεῦγμα, τό (Thuc. 7, 69).

Boom, v. intrans. P. and V. ψοφεῖν, βομβεῖν, κτῠπεῖν (rare P.), V. βρέμειν.

Boon, subs. *Favour*: P. and V. χάρῐς, ἡ, V. προσφορά, ἡ (Soph., *O.C.* 581). *Grant a boon*: P. and V. χᾰρίζεσθαι, χᾰρῐν δίδοναι, V. χᾰρῐν θέσθαι. *Advantage*: P. and V. ὠφέλεια, ἡ, ὄφελος, τό; see *advantage*.

Boon-companion, subs. P. and V. συμπότης, ὁ.

Boor, subs. P. and V. αὐτουργός, ὁ, ἐργᾰτης, ὁ. Met., use adj., Ar. and P. ἄγροικος.

Boorish, adj. Ar. and P. ἄγροικος, φορτῐκός, Ar. ἀγρεῖος, P. and V. σκαιός. *Ignorant*: P. and V. ἀμᾰθής, ἄμουσος, P. ἀγράμματος, Ar. and P. ἀπαίδευτος.

Boorishly, adv. Ar. and P. ἀγροίκως, Ar. σκαιῶς, P. φορτικῶς.

Boorishness, subs. P. ἀγροικία, ἡ, P. ἀπαιδευσία, ἡ, P. and V. ἀμουσία, ἡ (Eur., *Frag.*), σκαιότης, ἡ.

Boot, v. intrans. *Be of advantage*: P. and V. συμφέρειν, ὠφελεῖν, Ar. and P. λῡσῐτελεῖν, V. λῡειν τελη, or λῡειν alone; see *profit, avail*.

Boot, subs. Ar. κόθορνος, ὁ, V. ἀρβῠλη, ἡ; see *shoe, sandal*.

Bootmaker, subs. See *shoemaker*.

Booth, subs. P. and V. σκηνή, ἡ. *Market booths*: P. γέρρα, τά, Ar. and P. σκηναί, αἱ.

Bootless, adj. See *useless*.

Bootlessly, adv. See *uselessly*.

Booty, subs. P. and V. λεία, ἡ, ἁρπᾰγή, ἡ. *Quarry*: P. and V. ἄγρα, ἡ (Plat. but rare P.), ἄγρευμα, τό (Xen.), θήρα, ἡ (Xen.), V. θήρᾱμα, τό. *Arms taken from the foe*: P. and V. σκῦλα, τά (sing. also in V.), σκευλεύμᾰτα, τά, V. λάφῡρα, τά. *Person* or *thing preyed on*: V. σκῦλον, τό, ἕλωρ, τό, ἕλκημα, τό, διαφθορά, ἡ, ἁρπᾰγή, ἡ. *Thing to be devoured*: Ar. and V. φορβή, ἡ, V. θοινᾱτήριον, τό, θοίνη, ἡ. *Drive off booty*, v.: V. λεηλᾰτεῖν.

Border, subs. *Fringe*: Ar. and V. κράσπεδα, τά. *Edge*: P. χεῖλος, τό. *Of land*: P. ἐσχατία, ἡ; see *edge*. *Fringe*: met., P. and V. κράσπεδα, τά (Xen.). *Boundary*: P. and V. ὅρος, ὁ, ὅρια, τά, V. ὅρισμα, τό, P. μεθόρια, τά (Xen.).

Border, adj. (E.g. *border-town*): P. μεθόριος.

Border, v. trans. P. and V. ὁρίζειν. *Border on, be near*: P. and V. προσκεῖσθαι (dat.), P. ἔχεσθαι (gen.). *Neighbour*: Ar. and P. γειτνιᾶν (dat.), P. and V. γειτονεῖν (dat.) (Plat. but rare P.).

Borderers, subs. Ar. and P. πλησιόχωροι, οἱ.

Bordering, adj. *Neighbouring*: P. and V. πρόσχωρος, P. ὅμορος, Ar. and P. πλησιόχωρος; see *neighbouring*. *The plains bordering on* . . . : V. σύγχορτα πέδια (gen. or dat.).

Border line, subs. *On the border line, between*: use P. μεθόριος, with two genitives.

Bore, v. trans. *Pierce with a hole*: P. and V. τετραίνειν τρῡπᾶν (Soph., *Frag.*). *Weary*: Ar. and P. ἐνοχλεῖν (acc. or dat.).

Borer, subs. *Instrument for boring*: P. and V. τρύπᾰνον, τό.

Born, Be, v. P. and V. γίγνεσθαι, γεννᾶσθαι, φύεσθαι, V. βλαστάνειν, ἐκφύεσθαι, ἐκγίγνεσθαι. *Be born before*: V. προφῦναι (2nd aor. of προφύεσθαι) (Soph., *Aj.* 1291).

Borough, subs. See *city*.

Borrow, v. trans. Ar. and P. δᾰνείζεσθαι, χρήσασθαι (1st aor. mid. κιχράναι). *Borrow in addition*: P. προσδανείζεσθαι.

Borrower, subs. P. χρήστης, ὁ.

Bosom, subs. Ar. and V. κόλπος, ὁ. *Breast*: P. and V. μαστός, ὁ (Xen. but rare P.), στῆθος, τό, or pl. (Plat. but rare P.), στέρνον, τό, or pl. (Xen. but rare P.). *Seat of the feelings*: P. and V. ψῡχή, ἡ, θῡμός, ὁ, V. στέρνον, τό, or pl., ἧπαρ, τό, Ar. and V. φρήν, ἡ, or pl., σπλάγχνον, τό, or pl., καρδία, ἡ, κέαρ, τό.

Boss, subs. ὀμφᾰλός, ὁ (Hom.).

Both, adj. P. and V. ἄμφω, ἀμφότεροι (neuter only in V.). *Both together*: P. συνάμφω, συναμφότεροι. *Tearing her hair with the fingers of both hands*: V. κόμην σπῶσ' ἀμφιδεξίοις ἀκμαῖς (Soph., *O.R.* 1243). *From both sides*, adv.: P. ἀμφοτέρωθεν. *In both ways*, adv.: P. ἀμφοτέρως.

Both . . . and, conj. P. and V. τε . . τε, τε . . καί, καί . . καί.

Bother, v. trans. Ar. and P. πράγμᾰτα πᾰρέχειν (dat.), ἐνοχλεῖν (acc. or dat.); see *trouble, distress*.

Bother, subs. P. and V. ὄχλος, ὁ; see *trouble, distress*.

Bottle, subs. Ar. and P. λήκῡθος, ἡ, ληκύθιον, τό. *For wine*: use P. and V. ἀσκός, ὁ.

Bottom, subs. *Lowest part*: P. and V. κρηπίς, ἡ (Plat.), βάθρον, τό (Xen.), βάσις, ἡ (Plat.). *Foundation*: P. and V. πυθμήν, ὁ, P. ἔδαφος, τό. *Of a hill*: P. κράσπεδα, τά (Xen.). *Of a ship*: P. ἔδαφος, τό. *To live right at the bottom of the sea*: P. ἐν μέσῳ τῷ πυθμένι τοῦ πελάγους οἰκεῖν (Plat., *Phaedo*, 109c). *To the bottom, downwards*: P. and V. κάτω. *Thoroughly*: P. and V. ἀκρῑβῶς. *From top to bottom*: P. and V. κἄτ' ἄκρας; see *utterly*. *Bottom upwards*: use adj., P. and V. ὕπτιος. *Get to the bottom of*: see *discover*.

Bottomless, adj. Ar. and V. ἄβυσσος.

Bottomry, subs. P. ἔκδοσις, ἡ. *Money borrowed or lent on bottomry*: P. ναυτικόν, τό.

Bough, subs. Ar. and V. κλάδος, ὁ, φυλλάς, ἡ, V. ὄζος, ὁ, ἀκρέμων, ὁ (Eur., *Cycl.* 455), ἔρνος, τό, βλάστημα, τό (rare P.). *Young shoot*: P. and V. πτόρθος, ὁ (Plat.), κλών, ὁ (Plat.). *Suppliant bough of olive*: P. and V. θαλλός, ὁ, ἱκετηρία, ἡ, V. κλάδος, ὁ, ἱκτηρία, ἡ.

Boulder, subs. P. and V. λίθος, ὁ, V. χερμάς, ἡ, πέτρος, ὁ (rare P.). *Crag*: P. and V. πέτρα, ἡ, V. λέπας, τό. *Strewn with boulders*, adj.: P. and V. πετρώδης, V. λεπαῖος; see *rocky*.

Bounce, subs. *Jump*: V. πήδημα, τό, ἅλμα, τό (Plat. also but rare P.). Met., *impudence*: P. and V. ὕβρις, ἡ.

Bounce, v. intrans. P. and V. πηδᾶν.

Bouncing, adj. *Very big*: P. ὑπερμεγέθης. *Fat*: Ar. and P. πᾰχύς.

Bound, adj. *In chains*: Ar. and V. δέσμιος, or use pass. part. of *bind*.

Bound, subs. *Limit*: P. and V. πέρᾰς, τό, ὅρος, ὁ, V. τέρμα, τό. *End*: P. and V. τελευτή, ἡ. *Due* *bounds, measure*: P. and V. μέτρον, τό; see also *boundary*. *Leap*: V. πήδημα, τό, ἅλμα, τό (Plat. also but rare P.), ἐκπήδημα, τό, σκίρτημα, τό. *Set bounds to, check*: P. and V. κᾰτέχειν, ἐπέχειν, ἐπίσχειν: *Keep within bounds*, v. intrans.: P. μετριάζειν. *Go beyond bounds*: P. and V. ὑπερβάλλειν, ἐξέρχεσθαι, ἐπεξέρχεσθαι, V. ἐκτρέχειν. *Within bounds, moderately*: P. and V. μετρίως.

Bound, v. trans. *Set bounds to*: P. and V. κᾰτέχειν, ἐπέχειν, ἐπίσχειν. *Fix a limit to*: P. and V. ὁρίζειν. *Border on*: P. and V. προσκεῖσθαι (dat.), P. ἔχεσθαι (gen.). *Form boundary of*: P. and V. ὁρίζειν (acc.). V. intrans. *Leap*: P. and V. πηδᾶν (Plat.), ἅλλεσθαι (Plat.), ἐκπηδᾶν (Plat.), σκιρτᾶν (Plat.), V. θρώσκειν, ἐκθρώσκειν. *I am bound* (with infin.), P. and V. ὀφείλω, (Dem. 753), or use P. and V. δεῖ με, χρή με, Ar. and V. χρεών με (rare P.). *We are all bound to suffer this fate*: V. πᾶσιν γὰρ ἡμῖν τοῦτ᾽ ὀφείλεται παθεῖν (Soph., *El.* 1173). *Be bound to, be sure to*: P. and V. μέλλειν (infin.).

Boundary, subs. P. and V. ὅρος, ὁ, ὅρια, τά, V. τέρμων, ὁ, τέρμα, τό, ὅρισμα, τό; see *end, border*. *Boundary line*: met., P. μεθόριον, τό; see *border line*.

Bounden, adj. *It is my bounden duty* (with infin.): P. and V. δεῖ με, χρή με, προσήκει με, Ar. and V. χρεών με (rare P.); see *I am bound*, under *bound*.

Boundless, adj. P. and V. ἄπειρος, Ar. and P. ἀπέραντος, V. μῡρίος (also Plat. but rare P.), Ar. and V. ἄβυσσος. *Abundant*: P. and V. ἄφθονος, V. ἐπίρρῡτος; see *immeasurable*.

Bounteous, adj. *Generous*: P. φιλόδωρος, V. ἄφθονος. *Abundant*: P. and V. ἄφθονος, V. ἐπίρρῡτος.

Bounteously, adv. *Generously*: P. φιλοδώρως. *Abundantly*: P. and V. ἀφθόνως (Eur., *Frag.*).

Bounteousness, subs. P. ἀφθονία, ἡ.

Bountiful, adj. See *bounteous*.

Bountifully, adv. See *bounteously*.

Bountifulness, subs. See *bounteousness*.

Bounty, subs. *Favour*: P. and V. χᾰρῐς, ἡ. *Gift*: P. and V. δῶρον, τό, δόσῐς, ἡ, δωρεά, ἡ, Ar. and V. δώρημα, τό (also Xen. but rare P.).

Bourgeon, subs. *Sprout*: P. and V. πτορθός (Plat.), V. βλάστημα, τό (rare P.), βλαστή, ἡ (rare P.).

Bourgeon, v. intrans. P. and V. βλαστᾰ́νειν (rare P.), V. κλημᾰτοῦσθαι (Soph., *Frag.*).

Bourn, subs. *Limit*: P. and V. πέρᾰς, τό, V. τέρμα, τό, τερμών, ὁ. *End*: P. and V. τελευτή, ἡ.

Bout, subs. P. and V. ἀγών, ὁ, ἅμιλλα, ἡ, V. ἆθλος, ὁ (Plat. but rare P.). *In wrestling*: P. and V. πᾰ́λαισμα, τό (Plat.). *Drinking bout*: Ar. and P. συμπόσιον, τό, P. πότος, ὁ.

Bow, v. trans. Ar. and P. κᾰτᾰκάμπτειν, Ar. and V. κάμπτειν. *Incline in any direction*: P. and V. κλῑ́νειν. *Crush*: P. and V. πιέζειν, V. γνάμπτειν. *Humble*: P. and V. κᾰθαιρεῖν, συστέλλειν. *Bow the head*: V. νεύειν κᾰ́ρᾱ. *I am bowed down with woe*: V. συνέσταλμαι κακοῖς (Eur., *H.F.* 1417). *Bow the knee*: V. κάμπτειν γόνυ, or κάμπτειν alone. V. intrans. *Bend*: P. and V. κάμπτεσθαι. *Incline*: P. and V. κλῑ́νεσθαι. *Bend forward*: Ar. and P. κύπτειν, Ar. προκύπτειν. *Make obeisance*: P. and V. προσκῠνεῖν, V. προσπίπτειν, προσπίτνειν. *Bow to*: met., P. and V. ὑποπτήσσειν (acc.). *Yield to*: P. and V. εἴκειν (dat.), ὑπείκειν (dat.). *Bowing (to fate) since they thought that all was on the way to being lost*: P. ὑποκατακλινόμενοι ἐπειδὴ τοῖς ὅλοις ἡττᾶσθαι ἐνόμιζον (Dem. 127). *Since I hear you say so, I bow (to your decision)*: P. ἐπειδὴ σοῦ ἀκούω ταῦτα λέγοντος κάμπτομαι (Plat., *Prot.* 320B).

Bow, subs. *Obeisance*: P. προσκύνησις, ἡ.

Bow, subs. *Circular shape*: P. and V. κύκλος, ὁ. *Loop*: P. and V. ἀγκύλη, ἡ (Xen.). *Weapon*: P. and V. τόξον, τό. *Of a bow*, adj.: P. and V. τοξικός, V. τοξήρης. *Armed with the bow*, adj.: V. τοξοτευχής, Ar. τοξοφόρος. *Conquering with the bow*, adj.: V. τοξόδαμνος. *Shoot with the bow*, v. trans. or intrans.: P. and V. τοξεύειν; v. trans., Ar. and P. κᾰτᾰτοξεύειν. *Have two strings to one's bow*: see under *string*. *Rain-bow*: P. Ἶρις, ἡ (Plat., *Rep.* 616B).

Bowed (with age), adj. Ar. κῡφός, V. διπλοῦς, προνωπής.

Bowels, subs. P. and V. ἔντερα, τά (Plat.), σπλάγχνα, τά (Plat.). *Bowels of compassion*: P. and V. ἔλεος, ὁ, V. οἶκτος, ὁ (also Thuc. but rare P.); see *pity*.

Bower, subs. V. κευθμών, ὁ, μῡχός, ὁ, κεῦθος, τό, ψυκτήριον, τό (Æsch., and Eur., *Frag.*); see *arbour*.

Bowery, adj. *Shady*: P. σύσκιος, ἐπίσκιος (Plat.), Ar. and V. κᾰτάσκιος, δάσκιος, μελάμφυλλος, V. ὑπόσκιος.

Bowl, subs. *Hollow of anything*: P. and V. τὸ κοῖλον, Ar. and V. κῦτος, τό. *Cup*: P. and V. κύλιξ, ὁ (Plat.; Eur., *Cycl.*), ἔκπωμα, τό; see *cup*. *Mixing-bowl*: P. and V. κρᾱτήρ, ὁ. *For catching the blood of victims*: Ar. and V. σφᾰγεῖον, τό.

Bowl, v. trans. P. and V. κῠλινδεῖν or κῠλίνδειν (Xen., also Ar.). *Bowl over*: P. and V. κᾰτᾰβάλλειν.

Bowman, subs. P. and V. τοξότης, ὁ. *Mounted bowman*: Ar. and P. ἱπποτοξότης, ὁ.

Bows, subs. *Of a ship*: P. and V. πρῷρα, ἡ. *From the bows*: P. and V. ἐκ πρῴρας, P. πρῴραθεν.

Bowshot, subs. P. and V. τόξευμα, τό. *Within bowshot*: P. and V. ἐντὸς τοξεύμᾰτος. *Out of bowshot*: P. ἔξω τοξεύματος.

Bowstring, subs. P. and V. νευρά, ἡ (Xen.), V. θῶμιγξ, ὁ.

Bow-wow. *Sound made by a dog*: Ar. αὖ αὖ (*Vesp.* 903).

Box, subs. Ar. and P. κᾰδος, ὁ (Plat., *Rep.* 616D), κῑβωτός, ἡ (Lys.), P. and V. θήκη, ἡ, ζῠγαστρον, τό (Xen.), Ar. and V. ἄγγος, τό, V. λέβης, ὁ. *Box on the ear*: Ar. and P. κόνδῠλος, ὁ. *Give (a person) a box on the ear*: P. ἐπὶ κόρρης τύπτειν (acc.). *Witness-box*: see *witness-box*.

Box, v. intrans. P. and V. πυκτεύειν.

Boxer, subs P. and V. πύκτης, ὁ.

Boxing, subs. P. and V. πυγμή, ἡ, P. πυκτική, ἡ. *Boxing match*: P. πυκτικὴ μάχη (Plat.). *Good at boxing*, adj.: P. πυκτικός.

Boxing-gloves, subs. P. ἱμάντες, οἱ (Plat., *Prot.* 342B).

Boy, subs. P. and V. παῖς, ὁ, Ar. and V. κόρος, ὁ (rare P.). *Lad*: Ar. and P. μειρᾰκιον, τό, μειρᾰκύλλιον, τό, P. μειράκισκος, ὁ. *Little boy*: Ar. and P. παιδίον, τό, παιδᾰριον, τό. *Of a boy*, adj.: P. and V. παιδεῖος.

Boyhood, subs. P. παιδεία, ἡ. *From boyhood*: P. ἐκ παιδός, ἐκ παιδαρίου, ἐκ παιδίου (Xen.), ἐκ νέου.

Boyish, adj. Ar. and P. παιδῐκός, P. μειρακιώδης, P. and V. νέος.

Brace, subs. P. and V. δεσμός, ὁ, Ar. and P. τόνος, ὁ.

Brace, v. trans. *Tighten*: P. ἐπιτείνειν. Met., *encourage*: P. ἐπιρρωνῦναι, P. and V. θρᾰσῡνειν, θαρσῡνειν. *Brace oneself*, v.: P. and V. ἐρρῶσθαι (perf. pass. of ῥωννῦναι), P. ἐπερρῶσθαι (perf. pass. of ἐπιρρωνύναι). *Make an effort*: P. and V. τείνειν, P. διατείνεσθαι, συντείνεσθαι, ἐντείνεσθαι, V. ἐντείνειν.

Braced up, adj. Met., P. and V. ἔντονος, σύντονος. *The hands of the young are braced for action*: V. νέων τοι δρᾶν μὲν ἔντονοι χέρες (Eur., *Frag.*).

Bracing, adj. *Cool*: P. and V. ψῡχρός. *Healthy*: P. ὑγιεινός.

Bracelets, subs. P. ψέλια, τά (Xen.).

Brackish, adj. P. and V. ἁλμῡρός.

Brag, v. intrans. P. and V. μέγᾰ λέγειν, μέγᾰ εἰπεῖν, P. μεγαλαυχεῖσθαι, Ar. and P. ἀλαζονεύεσθαι, V. αὐχεῖν (also Thuc. but rare P.), ἐξαυχεῖν, εὔχεσθαι, ἐξεύχεσθαι, ἐξεπεύχεσθαι, ἐπεύχεσθαι (also Plat. but rare P.), κομπεῖν (rare P.), κομπάζειν (rare P.); see *boast*. *Brag of*: see *boast of*.

Brag, subs. P. μεγαλαυχία, ἡ, V. τὸ γαῦρον; see *boast, boastfulness*.

Braggart, subs. Ar. and P. ἀλάζων, ὁ or ἡ. V. κομπός, ὁ (Eur., *Phoen*. 600).

Braggart, adj. Ar. and P. ἀλάζων, P. κομπώδης (Thuc.), V. ὑπέρφρων, ὑψήγορος, στόμαργος, γαῦρος; see *boastful*. *Of words, etc.*: P. and V. ὑψηλός, P. ὑπέρκοπος.

Bragging, adj. See *boastful*.

Braggingly, adv. V. ὑψῐκόμπως, ὑπερκόπως; see *boastfully*.

Braid, v. trans. P. and V. πλέκειν, συμπλέκειν; see also *adorn*.

Braid, subs. Ar. and V. πλόκᾰμος, ὁ, V. πλόκος, ὁ.

Brain, subs. P. and V. ἐγκέφᾰλος, ὁ, V. μυελός, ὁ. Met., P. and V. νοῦς, ὁ, Ar. and V. φρήν, ἡ, or pl. (rare P.); see *mind*.

Brainless, adj. P. and V. ἄνους, ἄφρων, Ar. and P. ἀνόητος.

Brake, subs. See *thicket*. *For checking speed*: use met., P. and V. χᾰλῑνός, ὁ.

Bramble, subs. P. and V. θάμνος, ὁ.

Bran, subs. P. πίτυρα, τά.

Branch, subs. *Bough*: Ar. and V. κλᾰ́δος, ὁ, φυλλάς, ἡ, V. ὄζος, ὁ, ἀκρέμων, ὁ (Eur., *Cycl*. 455), ἔρνος, τό, βλάστημα, τό (rare P.). *Young shoot*: P. and V. πτόρθος, ὁ (Plat.), κλών, ὁ (Plat.). *Suppliant branch of olive*: P. and V. θαλλός, ὁ, ἱκετηρία, ἡ, V. κλᾰ́δος, ὁ, ἱκτηρία, ἡ. *Associated club*: P. συνωμοσία, ἡ. *Division of a family, etc.*: P. and V. μέρος, τό, μερίς, ἡ. *Part*: P. and V. μέρος, τό, P. μόριον, τό. *Of a river*: P. κέρας, τό. *Species, kind*: P. and V. εἶδος, τό. *Tribe*: P. and V. φῦλή, ἡ. *Root and branch (destroy)*: use adj., P. and V. πρόρριζος (also Ar. but rare P.), Ar. and V. αὐτόπρεμνος, or adv., V. πρυμνόθεν; see *utterly*. *Seamanship is a branch of art*: P. τὸ ναυτικὸν τέχνης ἐστί (Thuc. 1, 142).

Branch, v. intrans. *Of a road, river, etc.*: P. and V. σχίζεσθαι.

Branching, adj. V. σχιστός, δίστομος, πολύσχιστος. *Of horns*: P. and V. ὑψηλός.

Branching, subs. P. σχίσις, ἡ.

Brand, subs. *Torch*: P. and V. λαμπάς, ἡ, V. δᾱλός, ὁ, πεύκη, ἡ, πύρσος, ὁ, πᾱνός, ὁ (rare Æsch., *Ag*. 284; Eur., *Rhes*. 988), λαμπτήρ, ὁ, Ar and P. δᾷς, ἡ. *Sword*: P. and V. ξίφος, τό, V. φάσγᾰνον, τό, ἔγχος, τό, κνώδων, ὁ, σίδηρος, ὁ; see *sword*. *Small sword*: P. and V. μᾰ́χαιρα, ἡ. *Mark burnt in*: P. ἔγκαυμα, τό (Plat.). *Disgrace*: P. and V. ὄνειδος, τό, αἰσχύνη, ἡ, κηλῖς, ἡ.

Brand, v. trans. *Mark the body*: Ar. and P. στίζειν. *Set a mark on*: P. and V. ἐπῐσημαίνειν; see *stamp*. *Brand with infamy, disgrace publicly*: Ar. and P. ἀτῑμοῦν. *Disgrace*: P. and V. αἰσχῡ́νειν, κᾰταισχῡ́νειν, V. κηλῖδοῦν. *Branded with infamy, publicly disgraced*: Ar. and P. ἄτῑμος. *Branded as a runaway*: Ar. δρᾱπέτης ἐστιγμένος. *A branded slave*: Ar. and P. στιγμᾰτίας, ὁ (Xen.).

Brandish, v. trans. P. and V. σείειν, Ar. and V. πάλλειν, κρᾰδαίνειν, τῑνάσσειν. *Swing*: V. σφενδονᾶν, διᾰφέρειν, Ar. and V. κυκλεῖν, P. αἰωρεῖν.

Brandishing, subs. P. ἐπανάσεισις, ἡ.

Brasier, subs. See *brazier*.

Brass, subs. P. and V. χαλκός, ὁ. *Brazen vessel*: Ar. and P. χάλχωμα, τό, P. χαλκεῖον, τό. *Chains of brass*: V. χαλκεύμᾰτα, τά. *Worker in brass*: Ar. and P. χαλκεύς, ὁ.

Brass, adj. See *brazen*.

Bravado, subs. *Boasting*: P. κουφολογία, ἡ (Thuc.), αὔχημα, τό (Thuc.), P. and V. κόμπος, ὁ (Thuc.), V. γαύρωμα, τό, Ar. and V. κομπάσμᾰτα, τά; see *threat*.

Brave, v. trans. *Face:* P. and V. ὑφίστασθαι, ὑπέχειν, P. ὑπομένειν. *Withstand:* P. and V. ἀντέχειν (dat.), ἀνθίστασθαι (dat.). *Have no fear of:* P. and V. θαρσεῖν (acc.).

Brave, adj. P. and V. ἀνδρεῖος, ἀγᾰθός, θρᾰσύς, τολμηρός, εὔψῡχος, Ar. and V. ἄλκῐμος (rare P.), V. εὔτολμος, εὐθαρσής (also Xen.), θρᾰσύσπλαγχνος, τᾰλαίφρων, τλήμων, εὐκάρδιος, P. θαρσαλέος; see also *fearless.* *Fine, splendid:* P. and V. λαμπρός, εὐπρεπής, σεμνός.

Bravely, adv. P. and V. ἀνδρείως, Ar. and P. θρᾰσέως, P. τολμηρῶς, θαρσαλέως, V. θρᾰσυσπλάγχνως, εὐθαρσῶς, εὐτόλμως, εὐκαρδίως; see also *fearlessly.* *Splendidly:* P. and V. λαμπρῶς, σεμνῶς.

Bravery, subs. P. and V. ἀρετή, ἡ, ἀνδρεία, ἡ, θάρσος, τό, θράσος, τό, τόλμᾰ, ἡ, τἀνδρεῖον, θῡμός, ὁ, εὐψῡχία, ἡ, V. εὐτολμία, ἡ, τὸ ἐσθλόν, εὐανδρία, ἡ, Ar. and V. λῆμα, τό. *Splendour:* P. λαμπρότης, ἡ, V. ἀγλάϊσμα, τό, χλῐδή, ἡ.

Bravo, interj. Ar. and P. εὖγε.

Brawl, subs. *Noise:* P. and V. ψόφος, ὁ. *Quarrel:* P. and V. ἔρῐς, ἡ, διᾰφορά, ἡ, ἀγών, ὁ, μάχη, ἡ, στάσῐς, ἡ, Ar. and V. νεῖκος, τό (Plat. also but rare P.).

Brawl, v. intrans. *Make a noise:* P. and V. ψοφεῖν. *Quarrel:* P. and V. ἐρίζειν, ἀγωνίζεσθαι, μάχεσθαι, Ar. and P. διᾰφέρεσθαι; see *quarrel.* *Riot:* P. and V. ὑβρίζειν; see *riot.*

Brawler, subs. P. and V. ὑβριστής, ὁ.

Brawn, subs. Met., *strength of body:* P. and V. εὐεξία, ἡ (Eur., *Frag.*).

Brawny, adj. P. and V. εὐτρᾰφής; see *strong.*

Bray, subs. *Of an ass:* use P. and V. φθέγμα, τό, φθόγγος, ὁ, V. φθογγή, ἡ. *Of a trumpet:* see *blare.*

Bray, v. trans. *In a mortar:* Ar. and P. τρίβειν. V. intrans. *Of asses:* use P. and V. φθέγγεσθαι, Ar. βρωμᾶσθαι. *Of a trumpet:* see *blare.*

Braze, v. trans. Ar. and P. κολλᾶν, συγκολλᾶν.

Brazen, adj. P. and V. χαλκοῦς, Ar. and V. χαλκήλᾰτος, V. χάλκεος, εὔχαλκος, πάγχαλκος, χαλκήρης. *A brazen vessel:* see *copper.* *Impudent:* P. and V. ἀναιδής, ἀναίσχυντος, P. ὑβριστικός, ὑπεραναίσχυντος; see *shameless.* *With brazen sides*, adj.: V. χαλκόπλευρος.

Brazen-armed, adj. V. χαλκοπληθής (Eur., *Supp.* 1220).

Brazen-backed, adj. V. χαλκόνωτος.

Brazen-beaked, adj. V. χαλκόστομος.

Brazen-faced, adj. P. and V. ἀναιδής, ἀναίσχυντος, V. κῠνῶπις; see *shameless.*

Brazen-footed, adj. V. χαλκόπους.

Brazen-hoofed, adj. Ar. χαλκόκροτος.

Brazenly, adv. Met., P. and V. ἀναιδῶς; see *shamelessly.*

Brazen-mouthed, adj. V. χαλκόστομος.

Brazenness, subs. Met., P. and V. ἀναίδεια, ἡ; see *shamelessness.*

Brazier, subs. *Worker in brass:* Ar. and P. χαλκεύς, ὁ, P. χαλκοτύπος, ὁ (Xen.). *Pan for coals:* Ar. and V. ἐσχάρα, ἡ.

Breach, subs. *In a wall:* P. τὸ διηρημένον (Thuc. 2, 76). *Hole:* P. τὸ κενούμενον. *Make a breach in (a wall):* P. διαιρεῖν (acc. or partitive gen.). *Of friendship, trust, etc.:* P. διάλυσις, ἡ. *Of a treaty:* P. σύγχυσις, ἡ. *Breach of law:* P. and V. ἀδίκημα, τό. *Commit a breach:* P. and V. πᾰρᾰβαίνειν; see *transgress.* *Quarrel:* P. and V. διᾰφορά, ἡ; see *quarrel.* *Making with the spear a wide breach in the gates:* V. πυλῶν ἔσω λόγχῃ πλατεῖαν εἰσδρομὴν ποιούμενος (Eur., *Rhes.* 603).

Breach (a wall), v. trans. P. διαιρεῖν (acc. or partitive gen.).

Bread, subs. P. and V. σῖτος, ὁ. *Loaf:* Ar. and P. ἄρτος, ὁ. *Barley bread:* Ar. and P. μᾶζα, ἡ (Plat.). *Food* (generally): Ar. and P. σῖτία, τά, P. and V. τροφή, ἡ. *Bake* *bread*: P. and V. σῖτοποιεῖν (Xen.). *Daily bread*: P. and V. ἡ καθ' ἡμέραν τροφή, V. ἡ ἐφ' ἡμέραν βορά, ὁ καθ' ἡμέραν βίος.

Breadth, subs. P. and V. εὖρος, τό, Ar. and P. πλάτος, τό. *Of equal breadth with*, adj.: P. ἰσοπλατής (dat.). *Breadth of view* (met.), subs.: P. and V. πρόνοια, ἡ, φρόνησις, ἡ, σύνεσις, ἡ; see also *liberality*.

Break, v. trans. P. and V. ἀπορρηγνῦναι, καταρρηγνῦναι, καταγνῦναι, ῥηγνῦναι (in P. generally compounded), V. ἀγνῦναι. *Shiver*: P. and V. συντρίβειν (Eur., *Cycl.*), Ar. and V. θραύειν (also Plat. but rare P.), V. συνθραύειν, συναράσσειν, ἐρείκειν, P. διαθραύειν (Plat.); see *shatter*. *Transgress*: P. and V. παραβαίνειν, συγχεῖν, ὑπερβαίνειν, P. λύειν, ὑπερπηδᾶν, διαλύειν, παρέρχεσθαι, V. ὑπερτρέχειν, παρεξέρχεσθαι. *Break* (*the ranks of an army*): P. παραρρηγνῦναι. *Break* (*a seal*): P. and V. λύειν, V. ἀνιέναι. V. intrans. P. and V. ῥήγνυσθαι, καταρρήγνυσθαι, ἀπορρήγνυσθαι, κατάγνυσθαι, V. ἄγνυσθαι. *Be shivered*: Ar. and V. θραύεσθαι (also Plat. but rare P.), V. συνθραύεσθαι (also Xen.), διαρραίεσθαι. *Of day, to dawn*: P. ὑποφαίνειν. *The left wing at once broke and fled*: P. τὸ εὐώνυμον κέρας εὐθὺς ἀπερραγὲν ἔφυγε (Thuc. 5, 10). *When they saw their line broken and not easily brought into order*: P. ὡς ἑώρων σφίσι τὸ στράτευμα διεσπασμένον τε καὶ οὐ ῥᾳδίως συνταςσόμενον (Thuc. 6, 98). *The ranks broke*: P. ἐλύθησαν αἱ τάξεις (Plat., *Laches*. 191c). *Be broken in health*: P. ἀποθρύπτεσθαι, διαθρύπτεσθαι. *Be broken in spirit*: P. ἐπικλασθῆναι (aor. pass. ἐπικλᾶν), P. and V. ἡσσᾶσθαι. *Have one's collar-bone broken*: P. τὴν κλεῖν κατεαγέναι (Dem. 247). *I have got my head broken*: V. τὸ κράνιον . . . κατέαγα (Eur., *Cycl.* 683). *Break one's neck*: Ar. and P. ἐκτραχηλίζεσθαι. *Break camp*: P. ἀνιστάναι τὸ στρατόπεδον; see under *camp*. *Break away*, v. intrans.: see *escape*. *Break down*, v. trans.: P. and V. καθαιρεῖν; see *destroy*. *A bridge*: P. λύειν. V. intrans. *Fail in strength*: P. and V. ἀπειπεῖν, προκάμνειν (rare P.); see *faint*. *Be unmanned*: P. ἐπικλασθῆναι (aor. pass. ἐπικλᾶν); see under *unman*. *Fall short*: P. and V. ἐλλείπειν. *Fail, not succeed*: P. and V. οὐ προχωρεῖν. *Break forth*: see *break out*. *Break in, tame*: V. δαμάζειν, πωλοδαμνεῖν. *Be broken in*: P. and V. καταρτύεσθαι (Plat.). *Newly broken in*: V. νεοζυγής. *Break in, interrupt talk*, v. intrans.: P. ὑπολαμβάνειν. *Break into* (*of attack*), v. trans.: P. and V. εἰσβάλλειν (εἰς, acc.; V. also acc. alone), εἰσπίπτειν (εἰς, acc.; V. also acc. alone); see *burst into*. *Break loose*, v.: see *escape*. *Break off, put end to*, v. trans.: Ar. and P. διαλύειν, P. and V. λύειν; see *discontinue*. *Break short off*: P. and V. ἀπορρηγνῦναι, ἀποκαυλίζειν, P. ἀνακλᾶν, κατακλᾶν, Ar. and V. ἀποθραύειν, Ar. συγκλᾶν. *Break off*, v. intrans.: use pass. of trans. verbs. *Cease speaking*: P. and V. παύεσθαι; see *cease*. *Break open*: P. and V. ἀναρρηγνῦναι, διαρρηγνῦναι. *A seal*: P. and V. λύειν, V. ἀνιέναι. *A door*: Ar. and P. κατασχίζειν, V. διαπαλύνειν. *Break out*, v. intrans.: see *escape*. *Of war, etc.*: Ar. and P. συνίστασθαι, καθίστασθαι, P. συνερρωγέναι (perf. of συρρηγνύναι), V. ἀναρρηγνῦναι, ἐκρηγνῦναι (or pass.), ἐρρωγέναι (perf. of ῥηγνύναι), Ar. καταρρήγνυσθαι. *The plague broke out there too and caused much trouble to the Athenians*: P. ἐπιγενομένη ἡ νόσος καὶ ἐνταῦθα δὴ πάνυ ἐπίεσε τοὺς Ἀθηναίους (Thuc. 2, 58). *Break out into eruptions* (*of the skin*): P. ἕλκεσιν ἐξανθεῖν (Thuc. 2, 49; *cf.* also Soph., *Trach.* 1089). *Break out into* (*lamentations, etc.*): P. and V. καθίστασθαι (εἰς, acc.).

Break through, v. trans.: P. διακόπτειν, *a wall, etc.* P. διαιρεῖν. V. intrans.; see *escape*. *Break up*, v. trans.: lit. Ar. and P. διαλύειν; see *destroy*. *A meeting, army*: P. and V. διᾰλῡ́ειν, Ar. and P. λύειν (Xen.), P. καταλύειν. V. intrans.: Ar. and P. διᾰλύεσθαι. *Of a meeting, army, etc.*: P. and V. διᾰλύεσθαι (Eur., *I.A.* 495). *Break with, rid oneself of*, v.: P. and V. ἀπαλλάσσεσθαι (pass.) (gen.). *Stand aloof from*: P. and V. ἀφίστασθαι (gen.).

Break, subs. *Pause*: P. and V. ἀνάπαυλα, ἡ, παῦλα, ἡ. *Cessation*: P. and V. διάλῡσις, ἡ. *Respite*: P. and V. ἀναπνοή, ἡ, V. ἀμπνοή, ἡ. *Division*: P. διαφυή, ἡ. *Fracture*: P. ῥῆγμα, τό. See also *gap*. *Without a break*: see *continuously*.

Breaker, subs. V. ῥηγμίν, ὁ. *Breakers*: P. and V. ῥόθιον, τό, or pl. *Beach where the breakers discharge themselves*: P. and V. ῥᾰχία, ἡ.

Breakfast, subs. P. and V. ἄριστον, τό.

Breakfast, v. trans. Ar. ἀριστίζειν. V. intrans. Ar. and P. ἀριστᾶν (Xen.), P. ἀριστοποιεῖσθαι. *Breakfast with another*: Ar. and P. σῠνᾱριστᾶν (dat.).

Breaking up, subs. P. κατάλυσις, ἡ, διάλυσις, ἡ.

Breakwater, subs. P. χηλή, ἡ.

Breast, subs. P. and V. μαστός, ὁ (Xen. but rare P.), στῆθος, τό, or pl. (Plat. but rare P.), στέρνον, τό, or pl. (Xen. but rare P.). Also *of women*: V. οὖθαρ, τό. *Bosom*: Ar. and V. κόλπος, ὁ. *Seat of the feelings*: P. and V. ψῡχή, ἡ, θῡμός, ὁ, V. στέρνον, τό, or pl., ἧπαρ, τό, Ar. and V. καρδία, ἡ, κέαρ, τό, φρήν, ἡ, or pl., σπλάγχνον, τό, or pl. *Beat the breast*, v.: P. and V. κόπτεσθαι (absol.). *Give the breast*: V. μαστὸν ἐπέχειν, μαστὸν προσέχειν.

Breast, v. trans. P. and V. ὑπερβαίνειν.

Breast-band, subs. Ar. στρόφιον, τό.

Breast-plate, subs. P. and V. θώραξ, ὁ. *Armed with breast-plate*: P. τεθωρακισμένος.

Breast-work, subs. P. and V. ἐπάλξεις, αἱ, P. παραφράγματα, τά, V. θωρᾱκεῖον, τό; see *defences*.

Breath, subs. P. and V. πνεῦμα, τό, Ar. and V. πνοή, ἡ, φύσημα, τό (also Plat. but rare P.), V. ἀμπνοή, ἡ. *Breath of life*: P. and V. πνεῦμα, τό; see also *breathing*. *Of wind*: see *wind*. *Hold one's breath*, v.: P. ἀπνευστὶ ἔχειν (Plat.). *We are silent, holding our breath*: V. σιγῶμεν ἐγκάψαντες αἰθέρα γνάθοις (Eur., *Cycl.* 629). *In a breath (without taking breath)*: use adv., P. ἀπνευστί. *Be out of breath*, v.: V. φῡσιᾶν, ἀσθμαίνειν. *Pant*: P. and V. φῡσᾶν. *Recover breath*: V. πνεῦμα ἀθροίζειν, P. ἐξαναπνεῖν. *Short of breath*, adj.: V. δύσπνους. *Shortness of breath*: P. δύσπνοια, ἡ (Xen.), P. and V. ἆσθμα, τό. *The restlessness which is the breath of Philip's life*: P. ἡ φιλοπραγμοσύνη ᾗ χρῆται καὶ συζῇ Φίλιππος (Dem. 13).

Breathe, v. trans. *Inhale*: use P. and V. ἕλκειν. Met., *breathe (words, etc.)*: see *whisper*. V. intrans. P. and V. πνεῖν, P. ἀναπνεῖν. *Be alive*: P. and V. ἐμπνεῖν, V. ἔχειν πνοάς. Met., *breathe (slaughter, etc.)*: V. φῡσᾶν (acc.), ἐκπνεῖν (acc.), Ar. and V. πνεῖν (acc.). *Breathe forth*: see *breathe out*. *Breathe into*: P. and V. ἐμπνεῖν (τινί τι). *Breathe on*: P. and V. ἐμπνεῖν (dat.), Ar. and P. ἐπιπνεῖν (dat.) (Plat.). *Breathe one's last*: P. ἀποψύχειν (Thuc.), V. ἐκπνεῖν, ἐκπνεῖν βίον, ἐκπνεῖν ψῡχήν, ἀποψῡ́χειν βίον; see *die*. *Breathe out*, v. trans.: P. and V. ἐκπνεῖν. Met., *breathe out (slaughter, etc.)*: Ar. and V. πνεῖν, V. φῡσᾶν, ἐκπνεῖν.

Breathing, subs. See *breath*. *Hard breathing*: P. and V. ἆσθμα, τό, V. φῡσιάμᾰτα, τά, φύσημα δύστλητον, τό, πνεῦμα ἠρεθισμένον, τό. *He cannot steady his breathing*: V.

ἀμπνοὰς δ' οὐ σωφονίζει (Eur., *H.F.* 869). *Breathing out*: P. and V. ἐκπνοή, ἡ.

Breathing, adj. P. and V. ἔμπνους.

Breathing space, subs. P. and V. ἀναπνοή, ἡ, V. ἀμπνοή, ἡ.

Breathless, adj. V. δύσπνους.

Breathlessness, subs. P. and V. ἆσθμα, τό, P. δύσπνοια, ἡ (Xen.).

Bred, adj. *Well-bred*: P. and V. γενναῖος, εὐγενής (Plat.). *Of manners*: Ar. and P. ἀστεῖος, χἄρίεις. *Ill-bred*: Ar. and V. δυσγενής, Ar. and P. ἀγεννής. *Of manners*: Ar. and P. ἀπαίδευτος, ἄγροικος.

Breeches, subs. P. ἀναξυρίδες, αἱ (Xen.), Ar. and V. θύλἄκοι, οἱ (Eur., *Cycl.* 182).

Breed, v. trans. P. and V. γεννᾶν, τίκτειν, φύειν (rare P.), φυτεύειν (rare P.), V. γείνασθαι (aor. of γείνεσθαι) (also Xen. but rare P.), V. ἐκφύειν; see *beget*. *Of the earth*: P. and V. ἀνῖέναι. *Bring forth*: P. and V. γεννᾶν, τίκτειν; see *bear*. *Breed (produce in a person)*: P. and V. ἐντίκτειν (τινί τι), ἐντῐθέναι (τινί τι), ἐμβάλλειν (τινί τι), V. ἐνῑέναι (τινί τι), ἐνορνύναι (τινί τι), P. ἐμποιεῖν (τινί τι). *Keep, maintain (animals, etc.)*: P. and V. τρέφειν. *Breed horses*: P. ἱπποτροφεῖν (absol.).

Breed, subs. *Descent*: P. and V. γένος, τό, V. γέννημα, τό. *Rearing*: P. and V. τροφή, ἡ. *Something reared*: P. and V. θρέμμα, τό (Plat.).

Breeder, subs. *Of horses*: P. ἱπποτρόφος, ὁ.

Breeding, subs. *Procreation*: P. γέννησις, ἡ, P. and V. σπορά, ἡ (Plat.); see *procreation*. *Manners*: P. and V. τρόπος, ὁ, or pl. *Education*: P. and V. παιδεία, ἡ. *Good-breeding*: P. and V. εὐπαιδευσία, ἡ (Eur., *Frag.*). *High birth*: P. and V. τὸ γενναῖον, εὐγένεια, ἡ (Plat.), γενναιότης, ἡ. *Maintenance*: P. and V. τροφή, ἡ. *Breeding of horses*: P. ἱπποτροφία, ἡ.

Breeding horses, adj. P. ἱπποτρόφος.

Breeze, subs. P. and V. πνεῦμα, τό, Ar. and V. αὔρα, ἡ (Plat. also but rare P.), πνοή, ἡ (rare P.). *Wind*: P. and V. ἄνεμος, ὁ. *Favouring breeze*: V. οὖρος, ὁ (Xen. but rare P.).

Brevity, subs. *Of speech*: P. συντομία, ἡ, βραχυλογία, ἡ. *Shortness*: P. βραχύτης, ἡ. *With brevity, concisely*: use adv., P. and V. συντόμως.

Brew, v. trans. See *boil*. Met., *contrive*: P. and V. μηχἄνᾶσθαι, τεχνᾶσθαι, πλέκειν, V. ῥάπτειν; see *contrive*. *Ignorance of the trouble brewing and gathering to a head*: P. ἄγνοια τοῦ συνισταμένου καὶ φυομένου κακοῦ (Dem. 245).

Bribable, adj. Ar. and P. δωροδόκος.

Bribe, subs. P. and V. μισθός, ὁ, Ar. and P. δῶρον, τό, χρήμἄτα, τά. *Receive bribes*, v.: Ar. and P. δωροδοκεῖν, κἄτἄδωροδοκεῖν. *Taking bribes*, adj.: Ar. and P. δωροδόκος. *Bring bribes*, v.: P. δωροφορεῖν.

Bribe, v. trans. P. δεκάζειν, διαφθείρειν, Ar. and P. πείθειν, ἀνᾰπείθειν. *Bribed*: V. κἄτηγυρωμένος. *Be bribed*: Ar. and P. δωροδοκεῖν.

Bribery, subs.: P. δωροδοκία, ἡ, δωροδόκημα, τό. *Superior to bribery*: P. χρημάτων κρείσσων.

Brick, subs. Ar. and P. πλίνθος, ἡ. *Small brick*: P. πλινθίον, τό. *Make of bricks*, v. trans.: Ar. and P. πλινθεύειν (acc.). *Make bricks*, v.: Ar. πλινθουργεῖν, πλινθοποιεῖν, πλινθεύειν (mid. also in Thuc.). *Lay bricks*, v.: Ar. πλινθοφορεῖν.

Brick, adj. *Made of brick*: P. πλίνθινος (Xen.), V. πλινθῠφής.

Bricklayer, subs. Ar. πλινθοφόρος, ὁ.

Brickmaker, subs. P. πλινθουργός, ὁ.

Bridal, subs. P. and V. γάμος, ὁ, P. τὰ γαμικά, V. νυμφεῖα, τά, νύμφευμα, τό, Ar. and V. ὑμέναιος, ὁ; see *marriage*.

Bridal, adj. Ar. and P. γἄμῐκός, P. and V. νυμφικός (Plat.), Ar. and V. γἄμήλιος, νυμφευτήριος, Ar. νυμφίδιος. *Bridal chamber*, subs.: V. θάλᾰμος, ὁ, νυμφεῖον, τό, εὐνᾱτήριον, τό. *Bridal gifts*, subs.: V. ἕδνα, τά (Eur., *And.* 2 and 153), φερναί, αἱ (Eur., *Med.* 956). *Bridal song*, subs.: Ar. and V. ὑμέναιος, ὁ.

Bride, subs. P. and V. νύμφη, ἡ, V. νύμφευμα, τό, νυμφεῖα, τά (Soph., *Ant.* 568), sometimes V. γάμος, ὁ, or pl., λέχος, τό, or pl., λέκτρον, τό, or pl. (Eur., *Hel.* 1634). *One about to be wedded*: V. μελλόνυμφος, ἡ; see also *wife*. *Leading the bride*, adj.: V. νυμφᾰγωγός. *Bride-chamber*: see *bridal chamber*.

Bridegroom, subs. P. and V. νυμφίος, ὁ.

Bridesmaid, subs. Ar. νυμφεύτρια, ἡ.

Bridge, subs. P. and V. γέφῡρα, ἡ. *They broke down the bridge over the Anapus*: P. τὴν τοῦ Ἀνάπου γέφυραν ἔλυσαν (Thuc. 6, 66).

Bridge, v. trans. P. and V. ζευγνῦναι, P. γεφυροῦν (Plat.).

Bridle, subs. P. and V. χᾰλῑνός, ὁ, στόμιον, τό (Xen.), ἡνία, ἡ (Plat.).

Bridle, v. trans. P. χαλινοῦν (Xen.), V. ὀχμάζειν, met., Ar. and P. ἐπιστομίζειν; see also *check*.

Bridle up, v. intrans. *Be angry*: P. and V. ὀργίζεσθαι, θῡμοῦσθαι; see *angry*.

Brief, subs. *Hold a brief for*: see *advocate*.

Brief, adj. *Short*: P. and V. βρᾰχύς, μικρός, σμικρός, ὀλίγος. *Brief of speech*: P. βραχύλογος. *Concise*: P. and V. σύντομος.

Briefly, adv. P. and V. συντόμως, συλλήβδην, ἐν βρᾰχεῖ, P. διὰ βραχέων, V. βρᾰχεῖ μύθῳ.

Briefness, subs. P. βραχύτης, ἡ. *Of speech*: P. βραχυλογία, ἡ. *Conciseness*: P. συντομία, ἡ.

Brier, subs. *Thorn*: P. and V. θάμνος, ὁ, Ar. and V. ἄκανθα, ἡ (Soph., *Frag.*), πᾰλίουρος, ὁ (Eur., *Cycl.* 394).

Brig, subs. See *boat*.

Brigade, subs. P. and V. λόχος, ὁ, τάξις, ἡ; see *division*.

Brigadier, subs. P. and V. λοχᾱγός, ὁ, Ar. and P. ταξίαρχος, ὁ.

Brigand, subs. P. and V. λῃστής, ὁ.

Brigandage, subs. P. λῃστεία, ἡ, τὸ λῃστικόν.

Bright, adj. P. and V. λαμπρός, Ar. and V. φαεννός, παμφαής, V. φαιδρός, εὐᾱγής (Plat. also but rare P.), φαεσφόρος, φλογωπός, φλογώψ, φοῖβος, εὐφεγγής, καλλῐφεγγής, σελασφόρος, ἐξαυγής (Eur., *Rhes.*); see also *flashing*. *Glossy*: Ar. and P. λῐπᾰρός. *Cheerful of looks*: P. and V. φαιδρός, V. λαμπρός, φαιδρωπός, Ar. and V. εὐπρόσωπος (also Xen.). *Of intellect, quick*: P. εὐφυής, Ar. and P. ὀξύς, P. and V. δρῑμύς (Plat., and Eur., *Cycl.*). *Magnificent*: P. and V. λαμπρός, εὐπρεπής. *Happy*: see *happy*.

Brighten, v. trans. P. and V. λαμπρύνειν (Xen.), V. φαιδρύνειν. *Cheer*: P. and V. φαιδρύνειν (Plat.). *Gladden*: P. and V. εὐφραίνειν (Plat.). V. intrans. *Wear bright looks*: P. φαιδροῦσθαι (Xen.), φαιδρύνεσθαι (Xen.). *Grow bright*: see *shine*.

Brightly, adv. P. and V. λαμπρῶς, P. φαιδρῶς (Xen.). *Cheerfully*: P. and V. εὐθύμως (Xen.); see also *happily*.

Brightness, subs. P. λαμπρότης, ἡ. *Beam, light*: P. and V. φῶς, τό, Ar. and V. αὐγή, ἡ (also Plat. but rare P.), ἀκτίς, ἡ (also Plat. but rare P.), σέλας, τό (also Plat. but rare P.); see *light*. *Cheerfulness*: P. and V. εὐθῡμία, ἡ (Xen.).

Brilliancy, subs. P. λαμπρότης, ἡ, V. ἀγλάϊσμα, τό, χλῐδή, ἡ.

Brilliant, adj. P. and V. λαμπρός, εὐπρεπής, Ar. and P. μεγᾰλοπρεπής. *Pre-eminent*: P. and V. ἐκπρεπής, διαπρεπής, περῐφᾰνής, V. ἔξοχος.

Brilliantly, adv. P. and V. λαμπρῶς, P. μεγαλοπρεπῶς.

Brim, subs. *Edge*: P. χεῖλος, τό. *The brim of*: use P. and V. adj., ἄκρος, agreeing with subs.; e.g., *the brim of the cup*: P. and V. ἄκρα κύλιξ; see also *lip*. *Fill to* *the brim :* P. and V. ἐμπιπλάναι, V. ἐκπιμπλάναι.

Brimming, adj. *Full :* P. and V. πλήρης ; see *full*.

Brimstone, subs. P. θεῖον, τό.

Brindled, adj. P. and V. ποικίλος, V. στικτός, κατάστικτος, Ar. and V. αἰόλος.

Brine, subs. P. and V. ἅλμη, ἡ. *Sea:* P. and V. θάλασσα, ἡ, Ar. and V. ἅλς, ἡ ; see *sea*.

Bring, v. trans. P. and V. φέρειν, ἄγειν, ἐπάγειν, προσάγειν, κομίζειν, V. πορεύειν (rare P. in act.). *Carry :* also, V. βαστάζειν ; see also *lead, guide, escort. Bring (accusation) :* P. and V. ἐπιφέρειν, ἐπάγειν. *Bring about :* P. and V. πράσσειν, V. ἐκπράσσειν ; see *cause, contrive. Bring away :* P. and V. ἀπάγειν, *Bring back :* P. and V. ἀνάγειν, ἀναφέρειν, P. ἐπανάγειν. *From exile :* P. and V. κατάγειν. *Turn back :* P. and V. ἀναστρέφειν (rare P.). *Bring back to life :* see *revive. Bring before :* P. and V. ἐπάγειν (acc. of direct, dat. of indirect object), προσάγειν (acc. of direct object, dat., or πρὸς (acc.), of indirect object). *Bring before the court :* see *hale. Bring down :* P. and V. κατάγειν, Ar. and P. καταφέρειν, P. κατακομίζειν. *Make come down :* P. καταβιβάζειν. *Knock down :* P. and V. καταβάλλειν. *Bring down (a weapon on a person or thing) :* V. καθιέναι (acc.). *Humble :* P. and V. καθαιρεῖν, V. καταρρεπέιν, κλίνειν. *Bring forth :* P. and V. ἐκφέρειν, ἐξάγειν, ἐκκομίζειν, V. ἐκπορεύειν. *Bear, produce (of animals generally) :* P. and V. τίκτειν, V. ἀνιέναι ; *(of human beings) :* P. and V. γεννᾶν, τίκτειν, V. γείνασθαι (aor. of γείνεσθαι) (also Xen. but rare P.), λοχεύεσθαι, ἐκλοχεύεσθαι ; *(of trees, etc.) :* P. and V. φέρειν ; see *yield. Bring forward :* P. προάγειν. *Introduce :* P. and V. παρέχειν (or mid.), ἐπάγειν, εἰσφέρειν, παραφέρειν, παράγειν, προσφέρειν, P. προφέρειν. *Bring in :* P. and V. εἰσάγειν, εἰσφέρειν, εἰσκομίζειν. *Of money :* P. προσφέρειν, φέρειν; see *yield. A law:* P. and V. γράφειν (Eur., *Ion.* 443). *Bring in besides :* P. and V. ἐπεισφέρειν. *Bring on :* P. and V. ἐπάγειν, ἐπιφέρειν ; *consequences, etc. :* P. and V. ἐφέλκεσθαι (Xen.). *Bring on oneself :* P. and V. ἐπάγεσθαι. *Bring oneself to :* P. and V. τολμᾶν (infin.), ἀξιοῦν (infin.), ἀνέχεσθαι (part.), V. ἐπαξιοῦν (infin.), Ar. and V. τλῆναι (infin.) (2nd aor. of τλᾶν), ἐξανέχεσθαι (part.). *Bring out :* P. and V. ἐκφέρειν, ἐκκομίζειν, ἐξάγειν, V. ἐκπορεύειν ; see also *expose, show. Bring out a play :* Ar. and P. διδάσκειν ; *a book :* P. ἐκφέρειν, ἐκδιδόναι. *Bring over, win over to another :* P. προσποιεῖν ; *to oneself :* P. and V. προσποιεῖσθαι, προσάγεσθαι; see *bring round, win. Bring round:* P. περικομίζειν. *I know well that they will all be brought round to this view:* P. εὖ οἶδ' ὅτι πάντες ἐπὶ ταύτην κατενεχθήσονται τὴν ὑπόθεσιν (Isoc. 295A). *Brng to :* P. and V. προσάγειν, προσφέρειν, P. προσκομίζειν. Met., *recover (one who is ill) :* P. ἀναλαμβάνειν, ἀναφέρειν, P. and V. ἀνορθοῦν. *Bring to bear:* P. and V. προσφέρειν, προσάγειν, P. προσκομίζειν. *Bring to land :* P. and V. κατάγειν, P. κατακομίζειν. *Bring to light :* P. and V. εἰς φῶς ἄγειν ; see *expose. Bring to mind, remember :* P. and V. μεμνῆσθαι (perf. pass. μιμνήσκειν) (acc. or gen.), μνημονεύειν ; see *remember. Bring to another's mind :* P. and V. ἀναμιμνήσκειν ; see *recall. Bring to pass :* P. and V. πράσσειν, V. ἐκπράσσειν ; see *cause, contrive. Bring to trial :* P. εἰς δικαστήριον, ἄγειν, ὑπάγειν εἰς δίκην ; see under *trial. Bring together :* P. and V. συνάγειν. *Bring up :* lit., P. and V. ἀνάγειν, ἀνιέναι, V. ἐξανάγειν ; *a question :* P. and V. ἐκφέρειν ; see *introduce. Rear :* P. and V. τρέφειν (or mid.), ἐκτρέφειν. *Educate:* P. and V. παιδεύειν, ἐκπαιδεύειν, παιδἄγωγεῖν. *An orphan:* V. ὀρφἄνεύειν (acc.). *An accusation:* P. and V. ἐπῐφέρει, P. προφέρειν. *Bring up (educate) again:* Ar. and V. ἀνἄπαιδεύειν (Soph., *Frag.*). *Bring up against:* P. and V. ἐπῐφέρειν (τί τινι); see also *apply*. *Be brought up in:* P. and V. ἐντρέφεσθαι (dat.). *Be brought up (with another):* P. and V. συντρέφεσθαι (dat.), σῠνεκτρέφεσθαι (dat.). *Bring upon:* P. and V. ἐπῐφέρειν (τινί τι), V. εἰσφέρειν (τινί τι).

Bringer, subs. V. κομιστής, ὁ, κομιστήρ, ὁ.

Bringing, subs. P. and V. ἀγωγή, ἡ.

Bringing up, subs. *Education, rearing:* P. and V. τροφή, ἡ, παιδεία, ἡ, V. ἐκτροφή, ἡ (Eur., *Frag.*), P. παιδαγωγία, ἡ (Plat.).

Brink, subs. *Edge:* P. χεῖλος, τό. Met., *of danger, etc.:* P. and V. ἀκμή, ἡ. *Bethink you that you are on the brink of doom:* V. φρόνει βεβὼς . . . ἐπὶ ξυροῦ τύχης (Soph., *Ant.* 996). *I have come to sorer trials than Ilium, yea, to the very brink of danger:* V. κρείσσονας γὰρ Ἰλίου πόνους ἀφῖγμαι κἀπὶ κινδύνου βάθρα (Eur., *Cycl.* 351). *Yea, to the very brink of danger:* V. ἀκμήν γ' ἐπ' αὐτήν (Eur., *Phoen.* 1081). *Be on the brink of,* v.: P. and V. μέλλειν (infin.), V. ἐπ' ἀκμῆς εἶναι (infin.).

Briny, adj. P. and V. ἁλμῠρός.

Brisk, adj. *Active:* P. and V. ἐλαφρός (Xen.), Ar. and V. κοῦφος. *Quick generally:* Ar. and P. ὀξῠ́ς; see *active*.

Briskly, adv. *Nimbly:* V. κούφως, Ar. ἐλαφρῶς. *Quickly:* P. ὀξέως; see *quickly*.

Briskness, subs. *Agility:* P. ἐλαφρότης, ἡ (Plat.). *Quickness:* P. ὀξύτης, ἡ; see *quickness*.

Bristle, subs. Use *hair*.

Bristle, v. intrans. Ar. and V. φρίσσειν (also Plat.).

Bristling, adj. *Standing upright:* P. and V. ὀρθός, V. ὄρθιος.

Bristly, adj. *Rough:* P. and V. τρᾱχῠ́ς; see *hairy*.

Brittle, adj. P. κραῦρος (Plat.).

Broach, v. trans. *Bore:* P. and V. τετραίνειν. *A subject:* P. and V. εἰσάγειν, κῑνεῖν; see *introduce*.

Broad, adj. P. and V. εὐρῠ́ς, Ar. and V. πλᾰτῠ́ς, V. εὐρωπός. *Of a river:* V. πλᾰτύρρους. *Broad space,* subs.: P. εὐρυχωρία, ἡ. Met., *generous:* P. and V. ἐλεύθερος, P. ἐλευθέριος; see *generous*. *Coarse:* Ar. and P. ἄγροικος, φορτῐκός. *Take a broader view:* P. περαιτέρω προνοεῖν (Thuc. 3, 43).

Broad-backed, adj. V. πλᾰτῠ́ς, εὐρῠ́νωτος.

Broad-cast, adv. P. and V. πανταχοῦ, V. ἁπανταχοῦ. *Spread broadcast,* v.: see *circulate*.

Broaden, v. trans. P. εὐρύνειν (Xen.), πλατύνειν (Xen.).

Broadly, adv. *Speaking broadly:* P. ὡς ἐπὶ πᾶν εἰπεῖν; see *generally*.

Broad-minded, adj. See *generous*.

Broadmindedness, subs. See *generosity*.

Broadness, subs. P. and V. εὖρος, τό, Ar. and P. πλᾰ́τος, τό. *Thickness, fatness:* P. and V. πᾰ́χος, τό (Eur., *Cycl.*).

Brocaded, adj. P. and V. ὑφαντός.

Brogue, subs. P. and V. γλῶσσα, ἡ.

Broider, v. trans. See *embroider*.

Broil, subs. *Quarrel:* P. and V. διᾰφορά, ἡ, Ar. and V. νεῖκος, τό (also Plat. but rare P.); see *quarrel*.

Broil, v. trans. Ar. and P. ὀπτᾶν.

Broiled, adj. P. and V. ὀπτός.

Broken, adj. *Of ground:* P. and V. τρᾱχῠ́ς. *Broken in two:* V. δῐχορρᾰγής; see *split*.

Broken-hearted, adj. See *wretched*.

Brokenness, subs. *Of ground:* P. τραχύτης, ἡ.

Bronze, subs. P. and V. χαλκός, ὁ. *Bronzes:* Ar. and P. χαλκώμᾰτα, τά (Lys.).

Bronze, adj. P. and V. χαλκοῦς, V. χάλκεος, χαλκήρης, πάγχαλκος, εὔχαλκος, Ar. and P. χαλκήλᾰτος; see *brazen*.

Bronzed, adj. *Sunburnt*: P. ἡλιωμένος (Plat.).

Brooch, subs. V. πόρπη, ἡ, περόνη, ἡ, περονίς, ἡ. *Cloak fastened by a brooch*: V. πορπᾰμᾰτα, τά.

Brood, v. intrans. P. and V. ἐνθυμεῖσθαι, φροντίζειν, συννοεῖν (or mid.). *Look gloomy*: Ar. and V. συννεφεῖν. *Brood on*: P. and V. ἐνθῡμεῖσθαι (acc.), φροντίζειν (acc.), συννοεῖν (or mid.) (acc.), V. ἑλίσσειν (acc.), νωμᾶν (acc.), καλχαίνειν (acc.); see *reflect on*.

Brood, subs. P. and V. θρέμμα, τό, γένος, τό, V. νεοσσοί, οἱ, σπέρμα, τό, γέννα, ἡ, γένεθλον, τό; see *offspring*. *Earth-born brood*: V. γηγενὴς στᾰχυς, ὁ.

Brooding, subs. P. and V. φροντίς, ἡ, σύννοια, ἡ.

Brook, subs. P. and V. ῥοή, ἡ, ῥεῦμα, τό, ῥοῦς, ὁ (V. ῥόος), ῥεῖθρον, τό (Thuc. 7, 74), V. πηγή, ἡ, ῥέος, τό, χεῦμα, τό, νασμός, ὁ, Ar. and V. νᾶμα, τό (also Plat. but rare P.).

Brook, v. trans. P. and V. ἀνέχεσθαι, φέρειν, ὑπέχειν, P. ὑπομένειν, καρτερεῖν, τλῆναι (2nd aor. τλᾶν), Ar. and V. ἀνατλῆναι (2nd aor. ἀνατλᾶν) (also Plat. but rare P.), ἐξᾰνέχεσθαι; see *bear*. *Acquiesce in*: P. and V. στέργειν (acc. or dat.), V. αἰνεῖν (acc.). *Ill brook*: P. χαλεπῶς φέρειν, Ar. and P. ἀγᾰνακτεῖν (dat.), V. πικρῶς φέρειν, P. and V. δυσφορεῖν (acc. or dat.).

Broom, subs. Ar. κόρημα, τό.

Broth, subs. Ar. and P. ζωμός, ὁ, P. ἔμβαμμα, τό (Xen.).

Brothel, subs. P. κλισίον, τό, Ar. and P. πορνεῖον, τό. *Keep a brothel*, v.: Ar. πορνοβοσκεῖν.

Brothel keeper, subs. P. πορνοβοσκός, ὁ.

Brothel keeping, subs. P. πορνοβοσκία, ἡ.

Brother, subs. P. and V. ἀδελφός, ὁ. Ar. and V. κᾰσίγνητος, ὁ, V. κᾰσις, ὁ, ὅμαιμος, ὁ, ὁμαίμων, ὁ, ὁμόσπορος, ὁ, ὁμόσπλαγχνος, ὁ, σύγγονος, ὁ, σύναιμος, ὁ. *Own brother*: V. αὐτάδελφος, ὁ, αὐθόμαιμος, ὁ.

Brotherhood, subs. *Relationship*: P. and V. συγγένεια, ἡ; see *relationship*. *Community*: P. and V. κοινωνία, ἡ.

Brother-in-law, subs. P. and V. κηδεστής, ὁ, V. γαμβρός, ὁ, πενθερός, ὁ.

Brotherless, adj. V. ἀνάδελφος.

Brotherly, adj. P. and V. ἀδελφός (Plat.). *Of one's own brother*: V. αὐτάδελφος.

Brow, subs. P. and V. ὀφρύς, ἡ. *Forehead*: P. and V. μέτωπον, τό (Xen.). *Temple*: Ar. and P. κρόταφος, ὁ. *Of a hill*: P. and V. κορυφή, ἡ, λόφος, ὁ, P. ἀκρωνυχία, ἡ (Xen.), V. ὀφρύη, ἡ. *Knit the brows*: Ar. τὰς ὀφρῦς συνάγειν. *With knitted brows*: V. συνωφρυωμένος; see *knit*. *Knitting his brows in anger*: Ar. δεινὸν ἐπισκύνιον συνάγων (*Ran.* 823). *Lift one's brows*: Ar. and P. ὀφρῦς ἀνασπᾶν. *Relax the brows*: V. κᾰτᾰβάλλειν τὰς ὀφρῦς (Eur., *Cycl.* 167).

Brow-beat, v. trans. See *bully*.

Brown, adj. *Dark*: P. and V. μέλᾱς, P. ὄρφνινος. *Tawny*: P. and V. ξανθός, Ar. and V. ξουθός.

Brown, v. trans. *Fry these (fish) and brown them nicely*: Ar. ὀπτᾶτε ταυτὶ καὶ καλῶς ξανθίζετε (*Ach.* 1047).

Browse, v. trans. and absol. P. and V. νέμεσθαι (Plat.).

Browsing, adj. V. νομάς (Soph., *Frag.*).

Bruise, v. trans. P. and V. τρίβειν, συντρίβειν (Eur., *Cycl.* 705); see *beat*.

Bruise, subs. *Blow*: P. and V. πληγή, ἡ. *Wound*: P. and V. τραῦμα, τό.

Bruit, subs. P. and V. φήμη, ἡ, λόγος, ὁ, V. βάξις, ἡ, κληδών, ἡ, κλέος, τό, Ar. and V. μῦθος, ὁ, φᾰτις, ἡ.

Bruit, v. trans. P. and V. ἐκφέρειν, διασπείρειν, Ar. and V. θροεῖν, σπείρειν; see *circulate*. *Be bruited abroad*: P. and V. θρῡλεῖσθαι, διέρχεσθαι, P. διαθρυλεῖσθαι (Xen.), V. κλῄζεσθαι, ὑμνεῖσθαι.

Brunt, subs. *You bore the brunt of the fighting*: P. προεκινδυνεύετε στρατευόμενοι (Dem. 25). *We say that we bore the brunt of the danger against the Barbarians*: P. φαμὲν . . . προκινδυνεῦσαι τῷ βαρβάρῳ (Thuc. 1, 73).

Brush, subs. *Broom*: Ar. κόρημα, τό. *Tail*: Ar. and P. κέρκος, ὁ. *Skirmish*: P. ἀκροβολισμός, ὁ.

Brush, v. trans. Ar. and P. κορεῖν, V. σαίρειν. *Cleanse*: P. and V. κᾰθαίρειν. *Graze, touch*: P. and V. ἅπτεσθαι (gen.), V. θιγγάνειν (gen.), ψαύειν (gen.), προσθιγγάνειν (gen.), ἐπιψαύειν (gen.), προσψαύειν (gen.). *Skim*: V. ψαίρειν. *Brushing aside a stone that fell beneath his foot*: V. μεταψαίρων πέτρον ἴχνους ὑπόδρομον (Eur., *Phoen*. 1390).

Brushwood, subs. P. and V. ὕλη, ἡ, Ar. and P. κλημᾰτίδες, αἱ, φρῡγᾰνα, τά. *Bush*: P. and V. θάμνος, ὁ. *Thicket*: Ar. and V. λόχμη, ἡ. *Covered with brushwood*, adj.: P. λοχμώδης, Ar. and P. δᾰσύς.

Brusque, adj. *Brief in speech*: P. βραχύλογος.

Brusquely, adv. *In brief*: P. διὰ βραχέων.

Brusqueness, subs. P. βραχυλογία, ἡ.

Brutal, adj. *Of a brute*: P. and V. θήρειος. *Like a brute*: P. and V. θηριώδης. *Unfeeling*: P. and V. ἀγνώμων. *Cruel*: P. and V. ἄγριος, ὠμός; see *cruel*.

Brutalise, v. trans. V. ἀγριοῦν, ἐξαγριοῦν. *Become brutalised*: P. and V. ἀγριοῦσθαι (Xen., also Ar.).

Brutality, subs. P. and V. ὠμότης, ἡ, P. ἀγριότης, ἡ, ἀναλγησία, ἡ, ἀγνωμοσύνη, ἡ; see *cruelty*.

Brutally, adv. P. ὠμῶς, V. νηλεῶς, ἀνοίκτως; see *cruelly*.

Brute, subs. *Animal*: P. and V. ζῷον, τό. *Wild beast*: P. and V. θήρ, ὁ, Ar. and P. θηρίον, τό, Ar. and V. κνώδᾰλον, τό, V. δάκος, τό. *Creature (generally)*: P. and V. θρέμμα, τό (Plat.).

Brute, adj. *Senseless*: P. and V. ἀγνώμων. *Irrational*: P. ἄλογος. *Brute force*, subs.: P. and V. βία, ἡ, ἰσχύς, ἡ, V. τὸ καρτερόν.

Brutish, adj. See *brutal*, *brute*.

Bubble, subs. P. πομφόλυξ, ἡ (Plat.), V. πέμφιξ, ἡ (Æsch., and Soph., *Frag*.).

Bubble, v. intrans. P. and V. ζεῖν. *Foam forth*: V. ἐξανθεῖν, κηκίειν. *Bubble up*: P. ἀνακηκίειν (Plat.).

Bubbling, subs. *Spray*: P. and V. ζάλη, ἡ (Plat.), ἀφρός, ὁ (Plat.), V. πέλᾰνος, ὁ.

Buccaneer, subs. P. and V. λῃστής, ὁ; see *pirate*. *Band of buccaneers*: P. λῃστήριον, τό.

Buccaneering, subs. P. λῃστεία, ἡ, τὸ λῃστικόν.

Buck, subs. P. and V. ἔλᾰφος, ὁ. *Young buck*: Ar. and V. νέβρος, ὁ.

Bucket, subs. Ar. and P. ἀγγεῖον, τό, Ar. and V. ἄγγος, τό, V. τεῦχος, τό.

Buckle, subs. V. περόνη, ἡ, περονίς, ἡ, πορπή, ἡ.

Buckle, v. trans. V. πορπᾶν; see *fasten*.

Buckler, subs. P. and V. ἀσπίς, ἡ, V. σάκος, τό, κύκλος, ὁ; see *shield*.

Bucolic, adj. Ar. and P. ἄγροικος, P. and V. ἀρουραῖος (Æsch., *Frag*.); see *rustic*, *rural*

Bud, subs. Ar. and V. κάλυξ, ἡ, Ar. φῖτυ, τό, P. ὀφθαλμός, ὁ (Xen.). *Nip in the bud*: see *nip*.

Bud, v. intrans. P. and V. ἀνθεῖν, βλαστάνειν (Dem. 1251, and Thuc. 3, 26, but rare P.), P. ἐκβλαστάνειν (Plat.).

Budge, v. intrans. P. and V. κῑνεῖσθαι. *Fly*: P. and V. φεύγειν.

Buff, adj. P. and V. ξανθός.

Buffet, subs. P. and V. πληγή, ἡ. *Box on the ear*: Ar. and P. κόνδῠλος, ὁ.

Buffet, v. trans. See *strike*. *Toss*

to and fro: V. διασφαιρίζειν; see *toss*. *Be buffeted* (*tossed about*): P. and V. χειμάζεσθαι, σᾰλεύειν, P. ἀποσαλεύειν.

Buffoon, subs. Ar. and V. βωμολόχος, ὁ, P. and V. γελωτοποιός, ὁ. *Play the buffoon*, v.: Ar. and P. βωμολοχεύεσθαι, P. γελωτοποιεῖν.

Buffoonery, subs. P. βωμολοχία, ἡ, γελωτοποιία, ἡ (Xen.).

Bug, subs. Ar. κόρῐς, ὁ.

Bugbear, subs. *Goblin*: Ar. Λάμια, ἡ, Ar. and P. Ἔμπουσα, ἡ, Μορμώ, ἡ (Xen.), μορμολῠκεῖον, τό. *Object of hatred*: V. ἔχθος, τό, μῖσος, τό, μῖσημα, τό, στῠ́γος, τό, στῠ́γημα, τό; see *abomination*. *Frighten by a bugbear*, v.: Ar. and P. μορμῠλύσσεσθαι (acc.) (Plat.).

Bugle, subs. P. and V. σάλπιγξ, ἡ, P. κέρας, τό (Xen.); see *trumpet*.

Bugler, subs. P. σαλπιγκτής, ὁ.

Build, v. trans. Ar. and P. οἰκοδομεῖν, P. κατασκευάζειν, V. τεύχειν. *Found*: P. and V. κτίζειν; see also *construct*, *erect*. *Raise by building*: P. and V. ὀρθοῦν (rare P.). *Build (ships)*: Ar. and P. ναυπηγεῖσθαι, Ar. πηγνῠ́ναι. *Build across*: P. παροικοδομεῖν (acc.). *Build in* or *on*: P. ἐνοικοδομεῖν (absol.). *Build on to*: P. προσοικοδομεῖν (τινί τι). *Build up* (met., *power*, *etc.*): P. κατασκευάζειν, P. and V. πᾰρασκευάζειν. *Built by the gods*, adj.: V. θεόδμητος. *Well built* (met., *of the body*): P. εὐπαγής.

Builder, subs. Ar. and P. οἰκοδόμος, ὁ. *Of ships*: P. ναυπηγός, ὁ.

Building, subs. *Act of*: P. οἰκοδομία, ἡ, οἰκοδόμησις, ἡ. *Of ships*: P. and V. ναυπηγία, ἡ (Eur., *Cycl.* 460). *The art of building*: P. ἡ οἰκοδομική. *Thing built*: P. οἰκοδόμημα, τό, κατασκεύσμα, τό, P. and V. οἴκημα, τό; see *house*. *Wood for shipbuilding*: P. ξύλα ναυπηγήσιμα, τά. *Building up*: met., Ar. and P. πᾰρασκευή, ἡ.

Bulge, v. intrans. *Swell*: Ar. and P. οἰδεῖν, P. and V. ἀνοιδεῖν, V. ἐξοιδεῖν (Eur., *Cycl.* 227); see also *project*.

Bulk, subs. P. and V. ὄγκος, ὁ (Plat.). *Size*: P. and V. μέγεθος, τό. *Extent*: P. and V. πλῆθος, τό. *The majority*: P. and V. οἱ πολλοί, τὸ πλῆθος. *The bulk of the property*: P. τὰ πλεῖστα τῆς οὐσίας.

Bulkiness, subs. P. and V. ὄγκος, ὁ (Plat.); see *bulk*.

Bulky, adj. P. and V. μέγᾰς, V. εὔογκος (Eur., *Frag.*), Ar. ὑπέρμεγας, P. ὑπερμεγεθής, ὑπέρογκος. *Fat*: P. and V. εὐτρᾰφής, Ar. and P. πᾰχύς.

Bull, subs. P. and V. ταῦρος, ὁ, βοῦς, ὁ. *Of a bull*, adj.: Ar. and V. ταύρειος. *Like a bull*, adv.: Ar. and P. ταυρηδόν; adj.: V. ταυρόμορφος. *Became like a bull*, v.: V. ταυροῦσθαι. *Kill bulls*, v.: V. ταυροκτονεῖν, ταυροσφᾰγεῖν. *Altars where bulls are sacrificed*: Ar. βούθῠτοι ἐσχάραι (*Av.* 1232). *Killing bulls*, adj.: V. ταυροσφάγος. *Sacrifice bulls*, v.: Ar. and V. βουθῠτεῖν. *Sacrificing bulls*, adj.: V. βούθῠτος.

Bullet, subs. *Of lead*: P. μολυβδίς, ἡ (Xen.).

Bullion, subs. *Uncoined gold*: P. χρυσίον ἄσημον.

Bull-necked, adj. Use P. κρατεραύχην (Plat.).

Bullock, subs. Use *bull*.

Bully, v. trans. P. and V. λῡμαίνεσθαι, λωβᾶσθαι (Plat.), αἰκίζεσθαι, ὑβρίζειν. *Domineer over*: P. and V. δεσπόζειν (gen.).

Bully, subs. P. and V. ὑβριστής, ὁ.

Bullying, adj. P. ὑβριστικός.

Bullying, subs. P. and V. λῦμη, ἡ, (Plat.), λώβη, ἡ (Plat.), αἰκία, ἡ, ὕβρῐς, ἡ.

Bulwark, subs. P. and V. ἔρῠμα, τό, ἔπαλξις, ἡ, τεῖχος, τό, V. ἕρκος, τό. Met., *of a person*: V. ἔρεισμα, τό, πύργος, ὁ; see *defence*. *Bulwark against*: P. and V. πρόβλημα, τό (gen.), V. ἔρῠμα, τό (gen.), ῥῦμα, τό (gen.), ἔπαλξις, ἡ (gen.), ἀλκή, ἡ (gen.), P. προβολή, ἡ (gen.). *Bul-*

warks of a ship: V. πăραρρύσεις νεώς (Æsch., *Supp*. 715).

Bump, v. trans. See *knock, jostle*.

Bump, subs. *Swelling*: P. οἴδημα, τό; see *blow*.

Bumper, subs. Ar. and V. ἄμυστις, ἡ (Eur., *Rhes*. and *Cycl*.). *Drink a bumper*, v.: V. ἀμυστίζειν (Eur., *Cycl*. 565). *Pledging many a bumper*: V. πυκνὴν ἄμυστιν . . . δεξιούμενοι (Eur., *Rhes*. 419).

Bumpkin, subs. Ar. and P. ἄγροικος, ὁ or ἡ; see *countryman*.

Bunch, subs. *Of flowers*: P. and V. στέφăνος, ὁ, στέμμα, τό (Plat.), V. στέφος, τό, πλόκος, ὁ. *Of grapes*: P. and V. βοτρύς, ὁ. P. σταφυλή, ἡ (Plat.). *Plucking bunches of tender myrtle*: δρέπων τερείνης μυρσίνης . . . πλόκους (Eur., *El*. 778).

Bundle, subs. *Of wood*: P. and V. φάκελος, ὁ (Eur., *Cycl*. 242). *Pack*, subs.: Ar. and P. σκεύη, τά; see *burden*.

Bung, subs. Ar. βύσμα, τό.

Bung, v. trans. Ar. ἐμβύειν.

Bungle, subs. P. ἁμάρτημα, τό, διαμαρτία, ἡ; see *mistake*.

Bungle, v. intrans. P. and V. ἁμαρτάνειν.

Buoy, v. trans. *Support*: P. and V. αἴρειν, V. βαστάζειν. *Encourage*: P. and V. ἐπαίρειν, θαρσύνειν, θρăσύνειν. *Buoy up with hope*: P. ἐπελπίζειν (Thuc. 8, 1). *Be buoyed up (on hope, etc.)*: P. and V. ὀχεῖσθαι ἐπί (gen.). *Buoyed up by one hope after another*: P. ἀναρτώμενοι ἐλπίσιν ἐξ ἐλπίδων (Dem. 346). *Hope ever buoyed me up*: V. ἐλπίς μ' ἀεὶ προῆγε (Eur., *And*. 27). *It is hope that buoys up the generality of men*: V. ἐλπὶς γάρ ἡ βόσκουσα τοὺς πολλοὺς βροτῶν (Soph., *Frag*.). *Whosoever is buoyed up by empty hopes*: ὅστις κεναῖσιν ἐλπίσιν θερμαίνεται (Soph., *Aj*. 478).

Buoyancy, subs. *Lightness*: P. κουφότης, ἡ. *Cheerfulness*: P. and V. εὐθῡμία, ἡ (Xen.).

Buoyant, adj. *Light*: P. and V. ἐλαφρός, κοῦφος. *Cheerful*: P. εὔθυμος.

Buoyantly, adv. *Lightly*: V. κούφως, Ar. ἐλαφρῶς. *Cheerfully*: P. and V. εὐθύμως.

Burden, subs. P. and V. ἄχθος, τό, Ar. and V. βάρος, τό, V. βρῖθος, τό, φόρημα, τό, Ar. and P. φορτίον, τό. *Burden carried in the arms*: V. βάσταγμα, τό. Used *of a person*: P. and V. ἄχθος, τό, V. βάρος, τό, ἐφολκίς, ἡ. Met., *of anything that gives trouble*: Ar. and P. φορτίον, τό, V. ἄχθος, τό, βάρος, τό, φόρτος, ὁ. *Hindrance*: P. ἐμπόδισμα, τό. *The burden of sickness*: V. τοὐπίσαγμα τοῦ νοσήματος (Soph., *Phil*. 755). *Freight (of a ship)*: P. and V. γόμος, ὁ; see *freight*. *A ship of six hundred talents burden*: P. πλοῖον εἰς πεντακόσια τάλαντα ἄγον μέτρα (Thuc. 4, 118). *The clerk of the city came forward and read the Athenians (the letter), the burden of which was as follows*: P. ὁ γραμματεὺς τῆς πόλεως παρελθὼν ἀνέγνω τοῖς Ἀθηναίοις (τὴν ἐπιστολὴν) δηλοῦσαν τοιάδε (Thuc. 7, 10). *Beast of burden*: see under *beast*.

Burden, v. trans. P. and V. βăρύνειν. *Load (a ship)*: P. and V. γεμίζειν. Met.: see *distress*. *Burdened with*: V. σεσαγμένος (gen.).

Burdensome, adj. P. and V. βăρύς, ἐπαχθής, δυσχερής, ὀχληρός, Ar. and P. χăλεπός; see *troublesome*.

Burgeon, subs. and v. intrans. See *bourgeon*.

Burgess, subs. See *citizen*.

Burglar, subs. Ar. and P. τοιχωρῠ́χος, ὁ; see *thief*.

Burglarious, adj. See *thievish*.

Burglary, subs. P. τοιχωρυχία, ἡ (Xen.); see *theft*. *Commit burglary*, v.: Ar. and P. τοιχωρῠχεῖν.

Burial, subs. P. and V. τάφος, ὁ, τăφή, ἡ, P. θῆκαι, αἱ (Thuc. 2, 52), V. κăτασκăφαί, αἱ; see *funeral*. For account of burial, see Thuc. 2, 34. *Carry out for burial*, v. trans.: P. and V. ἐκφέρειν, V. κομίζειν; see *bury*. *Carrying out for burial*, subs.: P. and V. ἐκφορά, ἡ. *Com-*

pose for burial, v. trans.: see *compose*. *Pick up for burial (after battle)*: P. and V. ἀναιρεῖσθαι. *Picking up for burial (after battle)*, subs.: P. and V. ἀναίρεσις, ἡ. *Prepare for burial*, v. trans.: V. κηδεύειν. *Burial by hands of friends*: V. τυμβοχόα χειρώματα (Æsch., *Theb.* 1022).

Burial-place, subs. P. and V. τάφος, ὁ; see *tomb*.

Burlesque, subs. Ar. and P. κωμῳδία, ἡ.

Burlesque, v. trans. Ar. and P. κωμῳδεῖν.

Burly, adj. P. and V. εὐτρᾰφής, μέγᾰς, Ar. and P. πᾰχύς; see *stout*.

Burn, v. trans. P. and V. κάειν, ἐμπιπράναι, πιμπράναι (Thuc. 6, 94, but rare P. uncompounded), Ar. and V. κᾰταίθειν, Ar. ἐκφλέγειν, V. αἴθειν, πῡροῦν (also Plat. but rare P.), ἐκπῡροῦν, συμπῡροῦν; see *warm*. Met., *of passion*: Ar. and P. κάειν, φλέγειν (Plat.), P. and V. θερμαίνειν, V. ἐπιφλέγειν, Ar. and V. ζωπῡρεῖν, θάλπειν, P. διαθερμαίνειν. *Join in burning*: V. σῠνεμπιπράναι (Eur., *Rhes.*). *Set fire to*: P. and V. ἅπτειν, ὑφάπτειν, ἀνάπτειν, V. ὑπαίθειν; see *fire*. *Burn (bricks)*: P. ὀπτᾶν. *Burn down*: Ar. and P. κᾰτᾰκάειν, P. καταφλέγειν, V. διᾰπῡροῦσθαι (Eur., *Cycl.* 694). *Burn out*: P. and V. ἐκκάειν (Eur., *Cycl.* 633). *Have one's eyes burnt out*: P. τοὺς ὀφθαλμοὺς ἐκκάεσθαι (Plat.). *Burn to ashes*: V. συμφλέγειν (Eur., *Frag.*), Ar. and V. κᾰταιθᾰλοῦν, κᾰταίθειν; see under *ashes*. *Burn up*: P. συγκάειν (Plat.). V. intrans. P. and V. κάεσθαι, ἅπτεσθαι, V. αἴθειν, αἴθεσθαι. *Burn with fever*: P. and V. κάεσθαι. *Burn with passion, etc.*: Ar. and P. κάεσθαι (Plat.), φλέγεσθαι (Plat.), P. and V. θερμαίνεσθαι (Plat.), Ar. and V. θάλπεσθαι.

Burn, subs See *stream*.

Burning, subs. P. ἔμπρησις, ἡ. *Burning heat*: P. and V. καῦμα, τό.

Burning, adj. V. πύρπολος, αἰθᾰλοῦς; see *hot*. *Blazing*: V. πάμφλεκτος.

Burning glass, subs. Ar. ὕᾰλος, ἡ (*Nub.* 768).

Burnish, v. trans. See *polish*. *Burnished*: Ar. and V. ξεστός.

Burnt, adj. *Of bricks, etc.*: P. and V. ὀπτός. *Burnt up*: V. φλογιστός, ἔμπῡρος. *Be burnt to ashes*: see under *ashes*.

Burnt-offerings, subs. V. ἔμπῡρα, τά. *Divination by burnt offerings*: V. ἔμπῡρος τέχνη, ἡ.

Burr, subs. Ar. τρίβολος, ὁ.

Burrow, v. P. and V. ὀρύσσειν, σκάπτειν. *Burrow through*: Ar. and P. διορύσσειν (acc.).

Burrow, subs. *Hiding-place*: V. κευθμών, ὁ; see *den*.

Burst, v. trans. *Break*: P. and V. ἀπορρηγνύναι, κᾰταρρηγνύναι, κᾰταγνύναι, ῥηγνύναι (P. usually compounded); see *break*. V. intrans. P. and V. διαρρήγνυσθαι, ῥήγνυσθαι. *Of a storm*: V. ἐκπνεῖν. Met., *come on*: P. and V. ἐπέρχεσθαι. *When the storm bursts*: V. σκηπτοῦ 'πιόντος (Eur., *Rhes.* 674). *Burst forth*: V. ἐκρήγνυσθαι. *Burst forth in anger*: V. ἐξᾰναζεῖν χόλον. *So that a bloody foam burst forth from the sea*: V. ὡς αἱματηρὸν πέλανον ἐξανθεῖν ἅλος (Eur., *I.T.* 300). *Burst in* or *into*: Ar. and P. εἰσπηδᾶν (εἰς, acc.), V. εἰσορμᾶσθαι (acc.), ἐπεισπίπτειν (acc. or dat.) (also Xen. but rare P.), εἰσπαίειν (absol.), P. and V. εἰσπίπτειν (P. εἰς, acc.; V. dat. alone), Ar. ἐπεισπαίειν (εἰς, acc.), ἐπεισπηδᾶν (absol.), Ar. and V. ἐμπίπτειν (dat. or εἰς, acc.). *Bursting into tears*: V. δακρύων ῥήξασα . . . νάματα (Soph., *Trach.* 919). *Burst out, rush out*: P. and V. ἐξορμᾶσθαι, ἐκπίπτειν. *Burst out laughing*: P. ἐκγελᾶν. *Burst out into (lamentation, etc.)*: P. and V. κᾰθίστασθαι (εἰς, acc.). *Burst out into eruptions (of the skin)*: P. ἕλκεσιν ἐξανθεῖν (Thuc. 2, 49). *The whole plot would have burst over* *the city like a torrent*: P. ὥσπερ χειμάρρους ἂν ἅπαν τὸ πρᾶγμα εἰς τὴν πόλιν εἰσέπεσεν (Dem. 278).

Burst, subs. *When in a burst of passion she passed within the antechamber*: V. ὅπως γὰρ ὀργῇ χρωμένη παρῆλθ' ἔσω θυρῶνος (Soph., *O.R.* 1241).

Bury, v. trans. *In the tomb*: P. and V. θάπτειν, γῇ κρύπτειν (Thuc. 2, 34), P. καταθάπτειν, V. κηδεύειν, Ar. and V. τυμβεύειν, *Carry out for burial*: P. and V. ἐκφέρειν, V. κομίζειν. *Help to bury*: συγκομίζειν, P. συνεκφέρειν, P. and V. συνθάπτειν. *Bury* (generally): Ar. and P. κατορύσσειν. P. and V. κρύπτειν. *Buried, sunk in the earth*: use adj., V. κατῶρυξ. *Covered with a tomb*: use adj., V. τυμβήρης. *Buried with its owner* (*of arms, etc.*): P. συντεθαμμένος. *One who buries*, subs.: V. τἄφεύς, ὁ.

Bush, subs. P. and V. θάμνος, ὁ. *Thicket*: Ar. and V. λόχμη, ἡ, V. δρῦμός, ὁ. *Uncultivated land*: P. and V. ἐρημία, ἡ. *Scrub*: Ar. and P. τὸ δἄσύ (Xen.).

Bushel, subs. Use Ar. and P. μέδιμνος, ὁ (Dem. 467) (equals about a bushel and a half).

Bushy, adj. Ar. and P. δἄσύς, P. λοχμώδης, λάσιος. *Of hair*: Ar. and P. λάσιος, δἄσύς, V. εὔθριξ, δάσκιος, ταρφύς, ζἄπληθής. *Unkempt* (*of hair*): V. ἔνθηρος.

Busily, adv. P. φιλοπόνως. *Zealously*: P. and V. σπουδῇ. *Be busily engaged*: P. ἀσχόλως ἔχειν. *Be busily engaged in*: Ar. and P. πραγμἄτεύεσθαι (acc., or περί, acc. or gen.).

Business, subs. *Affair, work*: P. and V. πρᾶγμα, τό, ἔργον, τό, πρᾶξις, ἡ, Ar. and V. πρᾶγος, τό, V. ἔργμα, τό. *Occupation*: P. ἐργασία, ἡ, πραγματεία, ἡ, ἀσχολία, ἡ, ἐπιτήδευμα, τό, Ar. and P. διατρἴβή, ἡ. *Handicraft*: Ar. and P. χειρουργία, ἡ, V. χειρωναξία, ἡ, P. and V. τέχνη, ἡ. *Object of attention*: P. and V. σπουδή, ἡ. *Duty, work*: P. and V. ἔργον, τό. *Do business*, v.: Ar. and P. χρημἄτίζειν. *Business dealings*: P. συμβόλαια, τά. *Do business with*, v.: P. συμβάλλειν (dat., or πρός, acc.); see *have dealings with*, under *dealings*. *The business of banking*: P. ἡ ἐργασία τῆς τραπέζης (Dem. 946). *There having been many business transactions between us*: P. πολλῶν συμβολαίων ἡμῖν πρὸς ἀλλήλους γεγενημένων (*Lys.* 102). *Man of business*: P. χρηματιστής, ὁ. *Agent, steward*: P. and V. τἄμίας, ὁ. *Be a bad man of business*: P. μὴ χρηστὸς εἶναι περὶ τὰ συμβόλαια (*Isoc.* 292A). *Mind one's own business*: P. and V. τὰ αὑτοῦ πράσσειν. *None saw them save those whose business it was to know*: P. ᾔσθετο οὐδεὶς εἰ μὴ . . . οἷς ἐπιμελὲς ἦν εἰδέναι (Thuc. 4, 67).

Business-like, adj. P. πρακτικός.

Buskin, subs. Ar. κόθορνος, ὁ; see *boot*.

Bust, subs. P. and V. εἰκών, ἡ, ἄγαλμα, τό; see *statue, breast*.

Bustle, subs. *Confusion*: P. and V. θόρὔβος, ὁ, P. ταραχή, ἡ. *Fuss*: Ar. and P. πολυπραγμοσὔνη, ἡ, P. φιλοπραγμοσύνη, ἡ.

Bustle, v. intrans. Ar. and P. πολυπραγμονεῖν. *Be in confusion*: Ar. and P. θορὔβεῖν; see *hasten*.

Bustling, adj. Ar. and P. πολυπράγμων, P. φιλοπράγμων. *In confusion*: P. θορυβώδης.

Busy, adj. P. and V. ἄσχολος (rare V.) (Eur., *Or.* 93); see *industrious*. *Full of work*: P. ἔνεργος. *Over busy*: Ar. and P. πολυπράγμων, P. φιλοπράγμων, περίεργος. *Be busy*, v.: P. and V. ἄσχολος εἶναι, σπουδάζειν. *Be busy with*, v.: Ar. and P. πραγμἄτεύεσθαι (acc., or περί, acc. or gen.), διατρἴβειν περί (acc. or gen., πρός, acc.), P. and V. σπουδάζειν (acc., or περί, acc. or gen.). *Manage*: P. and V. πράσσειν (acc.). *Be over busy*, v.: Ar. and P. πολυπραγμονεῖν, V. περισσὰ δρᾶν, πράσσειν τι πλέον (Eur., *Frag.*), Ar. and V. πράσσειν πολλά. *Shall I launch my host against them when busy with their meal?* V. ἀλλ' ἀμφὶ δεῖπνον οὖσι προσβάλω δόρυ; (Eur., *Phoen.* 728). *Busy oneself with*, v.: P. and V. ὁμῑλεῖν (dat.), ἅπτεσθαι (gen.).

Busybody, subs. Use adj. Ar. and P. πολυπράγμων, P. φιλοπράγμων. *Busybodies*: V. οἱ περισσοί (Eur., *Frag.*).

But, conj. P. and V. ἀλλά, δέ, Ar. and V. ἀτάρ (also Plat. but rare P.).

But, adv. *Except*: P. and V. εἰ μή, πλήν (gen.). *Nothing but*: P. οὐδὲν ἀλλ' ἤ. *All but*: P. and V. ὅσον οὔπω, P. ὅσον οὐ. *Nearly*: P. ὀλίγου. *But for, had it not been for*: Ar. and P. εἰ μὴ διά (acc.). *We cannot but admire*: P. and V. οὐκ ἔστιν ὅπως οὐ θαυμάζομεν, οὐκ ἔσθ' ὅπως οὐ θαυμάζομεν. *Not but that*: P. οὐ μὴν ἀλλά.

Butcher, subs. P. and V. μάγειρος, ὁ (Eur., *Cycl.*, also Ar.), met., P. and V. φονεύς, ὁ, V. μιαιφόνος, ὁ or ἡ, σφᾰγεύς, ὁ.

Butcher, v. trans. P. and V. σφάζειν; see *kill, murder.*

Butchery, subs. P. and V. φόνος, ὁ, σφᾰγή, ἡ, Ar. and V. φοιναί, αἱ.

Butler, subs. See *servant.*

Butt, v. trans. and intrans. P. and V. κῡρίσσειν (Plat.).

Butt, subs. See *cask*. *Target*: P. and V. σκοπός, ὁ. *Object of laughter*: P. and V. γέλως, ὁ. *Butt-end*: P. στύραξ, ὁ, στυράκιον, τό.

Buttocks, subs. See *rump.*

Buttress, subs. and v. trans. See *support.*

Buxom, adj. P. and V. κᾰλός, εὐπρεπής. *Plump*: P. and V. εὐτρᾰφής; see *beautiful.*

Buy, v. trans. P. and V. ὠνεῖσθαι (aor. πρίασθαι), Ar. and V. ἐμπολᾶν, Ar. and P. ἀγοράζειν. *To be bought, for sale*, adj.: P. and V. ὠνητός. *Bought with money*, adj.: P. and V. ἀργῠρώνητος. *Buy off*: P. ἐξωνεῖσθαι, ὠνεῖσθαι. *Buy up*: P. συνωνεῖσθαι.

Buyer, subs. P. ὠνητής, ὁ.

Buying, subs. P. and V. ὠνή, ἡ (Soph., *Frag.*).

Buzz, v. intrans. P. and V. βομβεῖν (Soph., *Frag.*), V. θωΰσσειν. *Make a noise* (generally): P. and V. ψοφεῖν.

Buzz, subs. P. βόμβος, ὁ. *Noise* (generally): P. and V. ψόφος, ὁ.

Buzzard, subs. Use *hawk.*

By, prep. *Along side of (of rest)*: P. and V. πᾰρά (dat.); *of motion*: P. and V. πᾰρά (acc.). *At*: P. and V. πρός (dat.), πᾰρά (dat. or acc.), ἐπί (dat.). *Near*: P. and V. ἐγγύς (gen.); see *near*. *In adjurations to the gods*: P. and V. μά (acc.), Ar. and P. νή (acc.). *In oaths and entreaties*: P. and V. πρός (gen.). *Distributively*: P. and V. κᾰτά. *Day by day*: P. and V. κᾰθ' ἡμέραν. *By twos, two by two*: P. κατὰ δύο. *By sevens*: Ar. κᾰθ' ἑπτα (*Av.* 1079). *Of the agent*: P. and V. ὑπό (gen.), Ar. and V. πρός (gen.). *Take, seize or drag by*: use gen. (cf. Eur., *El.* 788). *By only three votes did they let him off the death penalty*: P. παρὰ τρεῖς ἀφεῖσαν ψήφους τὸ μὴ θανάτῳ ζημιῶσαι (Dem. 688). *Consider each point by itself*: P. ἕκαστον ἐφ' ἑαυτοῦ σκοπεῖν (Dem.). *He lived by himself*: P. ᾤκει καθ' αὑτόν (Dem. 1083). *By oneself, singly*: P. and V. αὐτὸς κᾰθ' αὑτόν. *By land and sea*: Ar. and P. κᾰτὰ γῆν καὶ θάλασσαν.

By, adv. *Near*: P. and V. πλησίον, πέλᾰς, ἐγγύς; see *near.*

By-and-bye, adv. P. and V. αὐτίκα, διὰ χρόνου; see *presently.*

By-gone, adj. *Past*: P. and V. πᾰρελθών, ὁ πρίν, ὁ πρόσθεν, P. παρεληλυθώς. *Ancient*: P. and V. ἀρχαῖος, πᾰλαιός. *Let by-gones be by-gones*, v.: Ar. and P. μὴ μνησῐκᾰκεῖν.

By-way, subs. Use *path.*

By-word, subs. *Disgrace*: P. and V. ὄνειδος, τό; see *disgrace.*

C

Cabal, subs. P. and V. στάσῐς, ἡ, P. ἑταιρεία, ἡ.
Cabbage, subs. Ar. ῥάφᾰνος, ἡ.
Cabin, subs. *Hut:* P. and V. σκηνή, ἡ, P. καλύβη, ἡ, κλισίον, τό.
Cabinet, subs. *Box:* P. and V. θήκη, ἡ, *Room:* P. and V. οἶκος, ὁ, οἴκημα, τό. *The government:* P. and V. οἱ ἐν τέλει, P. οἱ ἐπὶ τοῖς πράγμασι.
Cabinet-maker, subs. P. κλινοποιός, ὁ.
Cable, subs. P. σπάρτον, τό, Ar. and P. τόνος, ὁ, P. and V. κάλως, ὁ, πεῖσμα, τό (Plat.), δεσμός, ὁ; see *rope*. *Mooring cables:* V. χᾰλῑνωτήρια, τά, πρυμνήσια, τά. *Slip one's cables:* V. ἐξῑέναι κάλως.
Cackle, v. intrans. P. and V. φθέγγεσθαι, Ar. and V. κλάζειν (rare P.), met.; see *chatter*.
Cackle, subs. V. κλαγγή, ἡ, φθογγή, ἡ, P. and V. φθέγμα, τό, φθόγγος, ὁ, met; see *chatter*.
Cadaverous, adj. Ar. and P. ἰσχνός, P. ἄσαρκος (Xen.).
Cadence, subs. P. and V. ῥυθμός, ὁ, P. εὐρυθμία, ἡ. *Of voice:* Ar. and P. τόνος, ὁ.
Cage, subs. P. εἱργμός, ὁ (Plat.). *For birds:* Ar. αὐλή, ἡ; see *prison*.
Cage, v. trans. P. and V. εἴργειν, κᾰτείργειν, V. σῠνειργειν; see *imprison*.
Cairn, subs. V. κολώνη, ἡ, λᾶῖνα ἐξογκώμᾰτα, τά; see *barrow*.
Caitiff, subs. and adj. Use adj. P. and V. πᾰνοῦργος, κᾰκοῦργος, V. λεωργός (also Xen.), αἰσχροποιός.
Cajole, v. trans. P. and V. θωπεύειν, ῠποτρέχειν, ῠπέρχεσθαι, Ar. and P. κολᾰκεύειν, Ar. ῠποθωπεύειν, V. θώπτειν, πᾰρᾰπᾰτᾶν.
Cajolery, subs. P. and V. θωπεία, ἡ, θωπεύμᾰτα, τά, P. κολακεία, ἡ.
Cake, subs. Ar. πλᾰκοῦς, ὁ, ἄμῠλος, ὁ. *Of barley:* Ar. and P. μᾶζα, ἡ. *Cakes of fresh dough:* P. νεήλατα, τά. *Twisted cakes:* P. στρεπτά, τά. *Lump:* P. and V. θρόμβος, ὁ (Plat.).
Cake, v. trans. P. συμφύρειν, P. and V. φύρειν, φῡρᾶν. *Caked with:* P. and V. πεφυρμένος (dat.) (Xen.), συμπεφυρμένος (dat.) (Plat.), V. ἀνᾰπεφυρμένος (dat.).
Caked, adj. V. ἀμφίθρεπτος.
Calamitous, adj. *Unfortunate:* P. and V. δυστῠχής; see *unfortunate*. *Harmful:* P. and V. ἀσύμφορος, κᾰκός; see *harmful*.
Calamitously, adv. *Unfortunately:* P. and V. δυστῠχῶς, κᾰκῶς; see *unfortunately*.
Calamity, subs. P. and V. συμφορά, ἡ, κᾰκόν, τό, πάθος, τό, πάθημα, τό, σφάλμα, τό, P. ἀτύχημα, τό, ἀτυχία, ἡ, δυστύχημα, τό, δυστυχία, ἡ, πταῖσμα, τό; see *misfortune*.
Calcine, v. trans. See *reduce to ashes*, under *ashes*.
Calculate, P. and V. λογίζεσθαι, P. ἐκλογίζεσθαι, διαλογίζεσθαι, ἀπολογίζεσθαι; see also *reckon*, *measure*. *Judge of:* P. and V. τεκμαίρεσθαι (acc.), P. συντεκμαίρεσθαι (acc.). *Take into consideration:* P. and V. ἐνθῡμεῖσθαι, ἐννοεῖν (or mid.); see *consider*. *Calculate on, trust to:* P. and V. πιστεύειν (dat.). *Expect:* P. and V. προσδοκᾶν (acc.); see *expect*, *reckon on*.
Calculation, subs. Ar. and P. λογισμός, ὁ, P. and V. λόγος, ὁ.
Calculator, subs. Ar. and P. λογιστής, ὁ.
Caldron, subs. P. and V. λέβης, ὁ, τρίπους, ὁ, P. χαλκεῖον, τό, Ar. and P. χάλκωμα, τό.
Calf, subs. P. and V. μόσχος, ὁ or ἡ, V. δᾰμάλη, ἡ, πόρτῐς, ἡ, πόρῐς, ἡ. *Of a calf*, adj.: V. μόσχιος, P. μόσχειος (Xen.).
Calk, v. trans. Ar. πακτοῦν.
Call, v. trans. *Name:* P. and V. κᾰλεῖν, ὀνομάζειν, ἐπονομάζειν, ἀνᾰκᾰλεῖν, λέγειν, προσειπεῖν, εἰπεῖν, προσᾰγορεύειν, V. προσεννέπειν, κικλήσκειν, κλῄζειν (also Xen. but rare P.). *Call (insultingly):* P. and V. ἀπο-

κᾰλεῖν. *Be called:* P. and V. ἀκούειν, V. κλύειν. *So-called:* P. λεγόμενος, P. and V. κᾰλούμενος, V. κεκλημένος. *Summon:* P. and V. κᾰλεῖν, προσκᾰλεῖν, P. ἀνακαλεῖν, V. φωνεῖν. *Address:* P. and V. κᾰλεῖν, προσᾰγορεύειν, V. προσεννέπειν; see *address. Invite:* P. and V. κᾰλεῖν, πᾰρᾰκᾰλεῖν. Absol. *Cry out:* P. and V. βοᾶν, ἀνᾰβοᾶν, κεκρᾱγέναι (Perf. κράζειν) (also Ar., rare P.); see *shout. Call after, name after:* P. and V. ἐπονομάζειν (τινά τινος). *Called after,* adj.: P. and V. ἐπώνῠμος (gen. or dat.). *Call back:* P. ἀποκαλεῖν (Xen.), ἀνακαλεῖν. *Call down;* see *invoke. Call for:* P. καλεῖν (Dem. 285); see *demand. Call forth:* P. and V. ἐκκᾰλεῖν, V. προκᾰλεῖσθαι. *Elicit:* P. and V. ἐκκᾰλεῖσθαι, V. ἐξάγειν (Eur., *Supp.* 770). *Call in as ally:* P. ἐπικᾰλεῖσθαι, Ar. and P. πᾰρᾰκᾰλεῖν. *As witnesses:* P. εἰσκαλεῖν, ἐπικαλεῖσθαι, παρακαλεῖν. *One's debts:* P. εἰσπράσσειν, ἐγκαλεῖν. *Call on, invoke:* P. and V. ἀνᾰκαλεῖν (or mid.) (V. also ἀγκᾰλεῖν), μαρτῠ́ρεσθαι, Ar. and P. ἐπῐμαρτῠ́ρεσθαι, πᾰρᾰκᾰλεῖν, P. ἐπικαλεῖν, ἐπιβοᾶσθαι, Ar. and V. κᾰλεῖν (or mid.), κικλήσκειν. *Call on the gods:* P. ἐπιθειάζειν (absol.), V. θεοκλῠτεῖν (absol.); see *call upon. Visit:* P. and V. ἐπέρχεσθαι. *Call out (for service),* v. trans.: P. ἀνιστάναι; v. intrans.: see *shout. Call over,* v. trans.: P. and V. ἀνᾰκᾰλεῖν. *Call together:* P. and V. συγκᾰλεῖν. *Call to mind:* see *remember. Call up, recall:* P. and V. ἀνᾰμιμνήσκειν; see *recall. Raise from the dead:* P. and V. ἀνάγειν; see *raise. Call upon:* see *call on. Demand (that a person should do a thing):* P. and V. ἀξιοῦν (acc. and infin.). *I am called upon (to):* P. and V. προσήκει με (infin.), δεῖ με (infin.).

Call, subs. *Claim:* P. and V. ἀξίωσις, ἡ. *Cry:* P. and V. βοή, ἡ; see *cry. Invocation:* P. ἀνάκλησις, ἡ, V. κληδών, ἡ.; see *voice, command.*

Calling, subs. *Summons:* Ar. and P. κλῆσις, ἡ. *Invocation:* P. ἀνάκλησις, ἡ, V. κληδών, ἡ. *Avocation:* P. ἐπιτήδευμα, τό; see *avocation.*

Callous, adj. P. and V. σχέτλιος, ἀγνώμων, V. δῠσάλγητος. *Pitiless:* V. νηλής. *Blunted in feeling:* P. and V. ἀμβλῠ́ς, ἀνάλγητος. *Make callous,* v.: P. and V. ἀμβλῡ́νειν, ἀπαμβλῡ́νειν, V. κᾰταμβλῡ́νειν. *Grow callous about private misfortunes:* P. ἀπαλγεῖν τὰ ἴδια (Thuc. 2, 61).

Callously, adv. *Pitilessly:* P. ἀνηλεῶς, V. νηλεῶς, ἀναλγήτως, ἀνοίκτως.

Callousness, subs. P. ἀγνωμοσύνη, ἡ.

Callow, adj. P. and V. ἀπτήν (Plat., and Æsch., *Frag.*, also Ar.), V. ἄπτερος. *Callow young:* P. and V. νεοσσός, ὁ.

Calm, adj. *Of character:* P. and V. ἥσῠχος, ἡσῠχαῖος (Plat.), P. ἡσύχιος. *Quiet:* P. ἠρεμαῖος, ἀτρεμής. *Be calm:* v.: P. and V. ἡσῠχάζειν, P. ἠρεμεῖν, V. ἥσῠχως ἔχειν. *Be soothed:* Ar. and V. μᾰλάσσεσθαι, V. μαλθάσσεσθαι. *Free from care:* V. ἔκηλος. *Of weather:* P. εὔδιος (Xen.), Ar. and V. νήνεμος, V. γᾰληνός, εὐήνεμος. *Waveless:* V. ἀκῠ́μων.

Calm, subs. *Of character:* Ar. and P. ἡσῠχία, ἡ, V. τὸ ἡσῠχαῖον. *Peace:* P. and V. γᾰλήνη, ἡ (Plat.), εὐδία, ἡ. *Of weather:* P. and V. εὐδία, ἡ, γᾰλήνη, ἡ, P. νηνεμία, ἡ. *Nonchalance:* Ar. and P. ἡσῠχία, ἡ.

Calm, v. trans. P. and V. πρᾱΰνειν, P. παραμυθεῖσθαι, V. πᾰρηγορεῖν, θέλγειν (also Plat. but rare P.), μαλθάσσειν, Ar. and V. μᾰλάσσειν; see *soothe. Check:* P. and V. παύειν. *Charm:* P. and V. κηλεῖν. *Lull to rest:* P. and V. κοιμίζειν (Plat.), V. κοιμᾶν.

Calmly, adv. P. and V. ἡσῠχῇ, ἡσῠ́χως (rare P.), Ar. and V. ἀτρέμᾰ (rare P.), Ar. and P. ἀτρέμᾰς, ἠρέμᾰ (Plat.). *Peacefully, without care:* P. and V. ἀπραγμόνως (Eur., *Frag.*).

Calmness, subs. Ar. and P. ἡσῠχία, ἡ; see *calm*.

Calumniate, v. trans. P. and V. διᾰβάλλειν, λοιδορεῖν (or mid. with dat.), P. βασκαίνειν, Ar. and P. σῡκοφαντεῖν, V. κᾰκοστομεῖν; see *abuse*.

Calumniator, subs. Ar. and P. σῡκοφάντης, ὁ.

Calumnious, adj. Ar. and P. διάβολος, βάσκᾰνος, P. συκοφαντικός, V. λοίδορος (Eur., *Cycl.*), κᾰκόστομος; see *abusive*.

Calumniously, adv. P. διαβόλως, συκοφαντικῶς.

Calumny, subs. P. and V. διᾰβολή, ἡ, P. βασκανία, ἡ, Ar. and P. σῡκοφαντία, ἡ; see *abuse*.

Cambric, subs. *Fine linen*: P. and V. σίνδων, ἡ.

Camel, subs. P. and V. κάμηλος, ὁ or ἡ (Dem. 185, also Ar.).

Camp, subs. P. and V. στρᾰτόπεδον, τό, σκηναί, αἱ (Xen. also Ar.) P. τὰ ὅπλα. *Break camp*: P. ἀνιστάναι τὸ στρατοπεδον, ἀνασκευάζεσθαι, ἀναζευγνύναι. *Pitch one's camp*: P. στρατοπεδεύεσθαι; see *encamp*.

Camp, v. intrans. P. στρατοπεδεύεσθαι, P. and V. ἱδρῡ́εσθαι; see *encamp*. *Camp out*: P. θυραυλεῖν, P. and V. αὐλίζεσθαι; see *bivouac*.

Campaign, subs. P. and V. στρᾰτεία, ἡ, P. ἐπιστρατεία, ἡ. *March out*: P. and V. ἔξοδος, ἡ. *Go on a campaign*: P. and V. στρᾰτεύειν (or mid.), ἐπιστρᾰτεύειν (or mid.), P. ἐκστρᾰτεύειν (or mid.), V. στέλλεσθαι. *Take the field (of a general)*: P. and V. στρᾰτηγεῖν, V. στρᾰτηλᾰτεῖν. *Join in a campaign*: P. συστρατεύειν (or mid.) (absol.); v. trans.: συνεπιστρατεύειν (dat.).

Camp fires, subs. P. πυρά, τά, V. πυρσά, τά.

Camp followers, subs. P. σκευοφόροι, οἱ, ὄχλος, ὁ (Xen.), ἀκόλουθοι, οἱ (Xen.).

Camp-stool, subs. Ar. and P. δίφρος, ὁ.

Can, subs. Ar. and P. ἀγγεῖον, τό, Ar. and V. ἄγγος, τό, πρόχους, ἡ (also Xen.), V. τεῦχος, τό.

Can, v. intrans. P. and V. δύνασθαι, ἔχειν, οἷός τ᾽ εἶναι, Ar. and V. σθένειν.

Canal, subs. P. διῶρυξ, ὁ, διόρυγμα, τό, P. and V. ὀχετός, ὁ. *Cut (a canal)*, v.: P. τέμνειν.

Cancel, v. trans. P. and V. κᾰθαιρεῖν, λῡ́ειν, P. ἄκυρον ποιεῖν, ἀναιρεῖν, Ar. and P. διᾰλῡ́ειν, κᾰτᾰλῡ́ειν; see *revoke*. *Rule out of court*: Ar. and P. διαγρᾰ́φειν. *What is fated none will ever cancel*: V. ὃ χρὴ γὰρ οὐδεὶς μὴ χρεὼν θήσει ποτέ (Eur., *H.F.* 311).

Cancelling, subs. *Of debts*: P. χρεῶν ἀποκοπή, ἡ.

Cancer, subs. V. φᾰγέδαινα, ἡ (Æsch. *Frag.*, Eur. *Frag.*).

Candid, adj. P. and V. ἁπλοῦς, ἐλεύθερος, P. ἐλευθέριος; see *free*.

Candidate, subs. *Be candidate for*, v.: P. μνηστεύειν (acc.). *Suitor in marriage*: V. μνηστήρ, ὁ (used in Thuc. and Plat. in reference to the suitors in the *Odyssey*).

Candidly, adv. P. and V. ἁπλῶς, ἄντικρῠς, ἐλευθέρως, P. μετὰ παρρησίας, V. παρρησίᾳ. *Speak candidly*, v.: P. παρρησιάζεσθαι.

Candle, subs. Use *torch*.

Candour, subs. P. and V. παρρησία, ἡ, P. ἁπλότης, ἡ (Xen.).

Cane, subs. *Reed*: Ar. and P. κάλᾰμός, ὁ. *Stick*: Ar. and P. βακτηρία, ἡ, V. βάκτρον, τό, σκῆπτρον, τό; see *stick*. *For punishing*: Ar. and P. ῥάβδος, ἡ.

Cane, v. trans. Ar. ῥαβδίζειν; see *beat*.

Canine, adj. Ar. κύνειος.

Canister, subs. P. and V. κᾰνοῦν, τό; see also *box*.

Canker, subs. V. λειχήν, ὁ. *Cancer*: V. φᾰ́γεδαινα, ἡ. *Disease generally*: P. and V. νόσος, ἡ, νόσημα, τό. *Festering sore*: lit. and met., P. and V. ἕλκος, τό. Met., *plague spot*: P. and V. κᾰκόν, τό, νόσος, ἡ, νόσημα, τό.

Canker, v. trans. *Corrupt*: P. and V. διαφθείρειν. *Cause to rot*: P. and V. σήπειν.

Cannibal, adj. V. ἀνδροβρώς (Eur., *Cycl.*), ὠμόσῖτος. *Cannibal fare*: V. βορὰ ἀνθρωποκτόνος (Eur., *Cycl.* 127).

Canoe, subs. Use *boat*.

Canon, subs. *Rule*: P. and V. κἄνων, ὁ, ὅρος, ὁ. *Standard for judging*: P. κριτήριον, τό.

Canopy, subs. *Tent*: P. and V. σκηνή, ἡ. *Taking the sacred hangings from the treasure-house, he made a canopy*: V. λαβὼν ὑφάσμαθ' ἱρὰ θησαυρῶν πάρα κατεσκίαζε (Eur., *Ion*, 1141). *Upon the roof he spreads a canopy of cloth*: V. ὀρόφῳ πτέρυγα περιβάλλει πέπλων (Eur., *Ion*, 1143).

Cant, subs. *Pretence*: Ar. and P. ἀλαζονεία, ἡ.

Cantankerous, adj. P. and V. δύσκολος.

Cantankerously, adv. P. δυσκόλως.

Cantankerousness, subs. Ar. and P. δυσκολία, ἡ.

Canter, v. intrans. P. and V. δρόμῳ ἰέναι.

Canter, subs. P. and V. δρόμος, ὁ, V. δράμημα, τό.

Canting, adj. *Spurious*: P. and V. κίβδηλος. *Making false claims*: Ar. and P. ἀλάζων.

Canton, subs. P. δῆμος, ὁ.

Cantonment, subs. See *camp*.

Canvas, subs. Use P. and V. λίνον, τό. *Sail*: P. and V. ἱστίον, τό (generally pl.), V. λαῖφος, τό. *Tent*: P. and V. σκηνή, ἡ, σκηνώμᾰτα, τά (Xen.). *Be under canvas*, v.: P. and V. αὐλίζεσθαι, κἄταυλίζεσθαι (Xen.), P. σκηνεῖν, σκηνοῦν; see *bivouac*.

Canvass, subs. *Paying court*: P. θεραπεία, ἡ. *Intrigue, lobbying*: P. παραγγελία, ἡ.

Canvass, v. trans. *Examine, discuss*: P. and V. σκοπεῖν, ἐπισκοπεῖν, ἐξετάζειν. *Visit (to ask support)*: P. προσέρχεσθαι (dat.) (Dem. 341). *Canvass for (office)*: P. μνηστεύειν (acc.). *They canvassed the soldiers individually, urging them not to permit it*: P. τῶν στρατιωτῶν ἕνα ἕκαστον μετῆσαν μὴ ἐπιτρέπειν (Thuc. 8, 73).

Canvassing, subs. *Intrigue*: P. παραγγελία, ἡ.

Cap, subs. *For the head*: P. and V. κὕνῆ, ἡ, Ar. and P. πῖλίδιον, τό. *Lid*: Ar. ἐπίθημα, τό. *Cap of darkness*: P. ἡ Ἄϊδος κυνῆ (Plat. from Homer).

Cap, v. trans. *Surpass*: P. and V. ὑπερβάλλειν. *Put finishing touch to*: see *finishing*.

Capability, subs. P. and V. δὕνᾰμις, ἡ; see *ability*.

Capable, adj. *Able*: P. and V. δὕνᾰτός, ἱκᾰνός, οἷός τε. *Possessed of natural gifts*: P. and V. εὐφυής (Eur., *Frag.*). *Clever*: P. and V. δεινός, σοφός, σῠνετός. *Business-like*: P. πρακτικός. *Capable of ruling*: P. ἀρχικός. *Be capable of, admit of*: P. ἐνδέχεσθαι (acc.), P. and V. ἔχειν (acc.). *Dare*: P. and V. τολμᾶν (acc.).

Capably, adv. *Well*: P. and V. εὖ, κᾰλῶς. *Cleverly*: P. and V. σοφῶς.

Capacious, adj. P. and V. μέγᾰς, μακρός, εὐρύς.

Capacity, subs. P. and V. δὕνᾰμις, ἡ; see *ability*. *Have a capacity for*: P. εὐφυὴς εἶναι πρός (acc.), or εἰς (acc.). *Mental power*: P. φρόνησις, ἡ.

Caparison, v. trans. P. and V. κοσμεῖν, V. ἀσκεῖν, ἐξασκεῖν.

Caparisoned, adj. V. εὔκοσμος.

Cape, subs. *Headland*: P. and V. ἄκρα, ἡ, P. ἀκρωτήριον, τό, V. ἀκτή, ἡ, προβλής, ὁ, Ar. and V. ἄκρον, τό, πρών, ὁ. *Mantle*: Ar. and P. ἱμάτιον, τό, χλᾰνίς, ἡ, χλᾰμύς, ἡ (Xen.), Ar. and V. φᾶρος, τό, φάρος, τό, χλᾰνίδιον, τό, χλαῖνα, ἡ, V. εἷμα, τό; see *mantle*.

Caper, v. intrans. *Jump*: P. and V. πηδᾶν (Plat.), ἅλλεσθαι (Plat.). *Dance*: P. and V. χορεύειν, Ar. and P. ὀρχεῖσθαι.

Capers, subs. *In dancing*: P. and V. σχήμᾰτα, τά (Eur., *Cycl.* 221, also Ar.), Ar. στρόβῖλοι, οἱ. *Cut* *capers*, v.: Ar. σχημᾰτίζειν (*Pax*, 324).

Capital, subs. *Chief town*: P. and V. πόλῐς, ἡ (Thuc. 2, 15). *Mother city of colonies*: P. μητρόπολις, ἡ. *Of a pillar*: V. ἐπίκρᾱνον, τό, P. κιόκρανον, τό (Xen.). *As opposed to interest*: Ar. and P. τὰ ἀρχαῖα, P. τὸ κεφάλαιον, τὰ ὑπάρχοντα, ἀφορμή, ἡ. *Make capital out of*: met., use P. and V. χρῆσθαι (dat.).

Capital, adj. *Foremost*: P. and V. μέγιστος; see *principal*. *Excellent*: P. and V. χρηστός, κᾰλός; see *good*. *Capital charge*: P. and V. περὶ ψῡχῆς ἀγών. *Be tried on a capital charge*: P. κρίνεσθαι περὶ θανάτου.

Capital, interj. Ar. and P. εὖγε.

Capitalist, subs. Use P. and V. ὁ πλούσιος; see *rich*.

Capitally, adv. P. and V. εὖ, κᾰλῶς, κάλλιστα.

Capitol, subs. Ar. and P. ἀκρόπολις, ἡ, ἀκρόπτολις, ἡ.

Capitulate, v. intrans. P. προσχωρεῖν ὁμολογίᾳ, προσέρχεσθαι (Thuc. 3, 59). *Force to capitulate*, v. trans.: P. and V. πᾰρίστασθαι (acc.). *Make terms*: P. and V. συμβαίνειν, P. ὁμολογίαν ποιεῖσθαι.

Capitulation, subs. P. and V. σύμβᾰσις, ἡ, P. ὁμολογία, ἡ. *Handing over*: P. παράδοσις, ἡ.

Capon, subs. *Chicken dressed for food*: Ar. ὀρνίθεια, τά, Ar. and P. κρέᾰ ὀρνίθεια τά (Xen.).

Caprice, subs. *Impulse*: P. and V. ὁρμή, ἡ. *Pleasure*: P. and V. ἡδονή, ἡ. *Desire*: P. and V. ἐπῐθῡμία, ἡ. *Mood*: P. and V. ὀργή, ἡ, ἦθος, τό. *Fixing the limit* (*of punishment*) *at the passing caprice of either side*: P. εἰς τὸ ἑκατέροις που ἀεὶ ἡδονὴν ἔχον ὁρίζοντες (τὰς τιμωρίας) (Thuc. 3, 82).

Capricious, adj. P. and V. ἔμπληκτος, Ar. and P. ἀστάθμητος, P. εὐμετάβολος. *Hard to please*: P. and V. δύσκολος, δῠσάρεστος. *Light-minded*: V. κουφόνους. *Inconstant*: P. and V. ἄπιστος.

Capriciousness, subs. *Moroseness*: Ar. and P. δυσκολία, ἡ. *Fickleness*: τὸ ἀστάθμητον. *Inconstancy*: P. and V. ἀπιστία, ἡ.

Capsize, v. trans. P. and V. ἀνατρέπειν, ἀναστρέφειν, V. ἐξᾰναστρέφειν. V. intrans. P. and V. ἀνατρέπεσθαι, ἀναστρέφεσθαι, V. ὑπτιοῦσθαι, ἐξᾰναστρέφεσθαι.

Capstan, subs. See *windlass*.

Captain, subs. *Military*: Ar. and P. ταξίαρχος, ὁ, P. and V. λοχᾱγός, ὁ. *Be a captain*, v.: Ar. and P. ταξιαρχεῖν. *Naval*: V. ναύαρχος, ὁ, ναυκρᾰτωρ, ὁ, νεὼς ἄναξ, ὁ, ναυβᾰτῶν ἁρμόστωρ, ὁ, P. and V. ναύκληρος, ὁ. *Be captain of a ship*, v.: Ar. and P. ναυκληρεῖν. *Of a trireme*: P. τριήραρχος, ὁ. *Captain of a thousand men*: P. and V. χῑλίαρχος, ὁ (Xen.). *Captain of ten thousand*: P. μυρίαρχος, ὁ (Xen.), V. μυριόνταρχος, ὁ. *Leader, chief*: P. and V. ἡγεμών, ὁ or ἡ. *Commander* (*generally*): P. and V. στρᾰτηγός, ὁ, Ar. and V. τᾱγός, ὁ, V. στρᾰτηλᾰτης, ὁ, λοχᾱγέτης, ὁ, ἀρχέλᾱος, ὁ (Ar. also in form ὀρχέλᾱς), βρᾰβεύς, ὁ, ἔπαρχος, ὁ.

Captain, v. trans. P. and V. στρᾰτηγεῖν (gen.), V. στρᾰτηλᾰτεῖν (gen. or dat.), τᾱγεῖν (gen.), ναυκληρεῖν (acc.).

Captaincy, subs. P. and V. στρᾰτηγία, ἡ.

Captious, adj. P. ἐριστικός, σοφιστικός. *Censorious*: P. and V. φῐλαίτιος, φῐλόψογος. *Captious reasoner*: V. ἐξεριστὴς τῶν λόγων (Eur., *Supp.* 894).

Captiously, adv. P. ἐριστικῶς, σοφιστικῶς.

Captivate, v. trans. P. and V. κηλεῖν, V. νῑκᾶν, θέλγειν (also Plat. but rare P.). *Delight*: P. and V. τέρπειν.

Captivating, adj. *Soothing*: V. θελκτήριος, κηλητήριος. *Charming*: Ar. and P. χᾰριείς, P. ἐπίχαρις, εὔχαρις; see *charming*.

Captive, adj. *Taken in war*: P. and V. αἰχμᾰλωτος, V. δουρίληπτος, δορίκτητος, δηάλωτος, P. δοριάλωτος (Isoc.). *Female*, adj.: V. αἰχμαλωτίς. *Bound*: Ar. and V. δέσμιος.

Captive, subs. *In war*: use adj., P. and V. αἰχμάλωτος. *Female*: V. αἰχμαλωτίς, ἡ. *Prisoner*: P. and V. δεσμώτης, ὁ. *Of captives*, adj.: V. αἰχμαλωτικός. *Take captive*, v.: P. ζωγρεῖν (acc.).

Captivity, subs. *Slavery*: P. and V. δουλεία, ἡ. *Bonds*: P. and V. δεσμοί, οἱ, δεσμά, τά. *Ward, bondage*: P. and V. φυλακή, ἡ.

Capture, v. trans. P. and V. λαμβάνειν, συλλαμβάνειν, αἱρεῖν; see *catch*. *Capture (a town)*: P. and V. αἱρεῖν. *Be captured*: P. and V. ἁλίσκεσθαι. *Be captured in turn*: V. ἀνθαλίσκεσθαι. *Captured ships*: V. νῆες αἰχμάλωτοι (Thuc. 8, 107). *Easy to capture*, adj.: P. εὐάλωτος, P. and V. ἁλώσιμος, ἁλωτός. *Help to capture*: P. and V. συνεξαιρεῖν (τινί τι).

Capture, subs. P. and V. λῆψις, ἡ. *Of a town*: P. αἵρεσις, ἡ, P. and V. ἅλωσις, ἡ. *Thing captured*: see *booty*. *Tidings of capture*: V. βάξις ἁλώσιμος, ἡ (Æsch., *Ag.* 10).

Car, subs. P. and V. ἅρμα, τό, V. δίφρος, ὁ (also Plat., *Criti.* 119B, but rare P.), ὄχημα, τό, ὄχος, ὁ, ἀπήνη, ἡ; see *chariot*.

Caravan, subs. See *waggon*.

Caravansary, subs. P. καταγώγιον, τό; see *inn*.

Carbon, subs. *Charcoal*: Ar. and P. ἄνθραξ, ὁ.

Carcass, subs. See *body*.

Card, v. trans. P. and V. ξαίνειν, P. κνάπτειν.

Card, subs. *For writing on*; see *tablet*.

Carder, subs. P. and V. κναφεύς, ὁ.

Cardinal, adj. *Important*: P. and V. μέγιστος, πολλοῦ ἄξιος. *Decisive*: P. and V. κύριος.

Care, subs. *Anxious thought*: P. and V. φροντίς, ἡ, Ar. and V. μέριμνα, ἡ, V. σύννοια, ἡ, μέλημα, τό. *Attention, regard*: P. ἐπιμέλεια, ἡ, Ar. and P. μελέτη, ἡ, P. and V. θεραπεία, ἡ, θεράπευμα, τό (Eur., *H. F.* 633), ἐπιστροφή, ἡ, σπουδή, ἡ, V. ὤρα, ἡ, ἐντροπή, ἡ. *Forethought*: P. and V. πρόνοια, ἡ, P. προμήθεια, ἡ, V. προμηθία, ἡ. *Caution*: P. and V. εὐλάβεια, ἡ, P. φυλακή, ἡ. *Exactness*: P. ἀκρίβεια, ἡ. *Object of care*: Ar. and V. μέλημα, τό, V. τρίβη, ἡ. *Take care, beware*, v.: P. and V. φυλάσσεσθαι, εὐλαβεῖσθαι; see *beware*. *Take care of, guard*: P. and V. φυλάσσειν (acc.); see *guard*. *Beware of*: P. and V. φυλάσσεσθαι (acc.), εὐλαβεῖσθαι (acc.), ἐξευλαβεῖσθαι (acc.), P. διευλαβεῖσθαι (acc.); see *care for*. *Take care that*: P. and V. φροντίζειν ὅπως (aor. subj., or fut. indic.), P. ἐπιμέλεσθαι ὅπως (aor. subj., or fut. indic.), Ar. and P. τηρεῖν ὅπως (aor. subj., or fut. indic.); see also *mind*.

Care, v. intrans. P. and V. φροντίζειν, μεριμνᾶν, or use impersonal verb, P. and V. μέλει (dat.), *it is a care to*. *I do not care*: P. and V. οὔ μοι μέλει. *I care not if the whole city saw me*: V. μέλει μέν οὐδὲν εἴ με πᾶσ' εἶδεν πόλις (Eur., *H.F.* 595). *Care to, wish to* (with infin.): P. and V. βούλεσθαι. *Care for, love*: see *love*. *Pay regard to*: Ar. and P. ἐπιμέλεσθαι (gen.), P. περὶ πολλοῦ ποιεῖσθαι, P. and V. ἐπιστρέφεσθαι (gen.), φροντίζειν (gen.), ἐντρέπεσθαι (gen.) (Plat. but rare P.), τημελεῖν (acc. or gen.) (Plat. but rare P.), V. μέλεσθαι (gen.), ὤραν ἔχειν (gen.). *Be anxious about*: P. and V. κήδεσθαι (gen.) (also Ar. but rare P.), V. προκήδεσθαι (gen.). *Attend to*: P. and V. θεραπεύειν (acc.), V. κηδεύειν (acc.); see *tend*. *Value*: P. and V. κήδεσθαι (gen.) (also Ar. but rare P.), P. περὶ πολλοῦ ποιεῖσθαι, V. ἐναριθμεῖσθαι, Ar. and V. προτιμᾶν (gen.). *For all they cared I was sent away homeless and proclaimed an exile*: V. ἀνάστατος αὐτοῖν (dat.) ἐπέμφθην κἀξεκηρύχθην φυγάς (Soph., *O.C.* 429).

Career, v. intrans. See *rush*.

Career, subs. *Speed in motion*: P. and V. δρόμος, ὁ. *Life*: P. and V. βίος, ὁ. *One's career*: P. τά τινι βεβιωμένα. *Vocation*: P. ἐπιτήδευμα, τό. *You have all you need for a political career*: Ar. ἔχεις ἅπαντα πρὸς πολιτείαν ἃ δεῖ (*Eq.* 219).

Careful, adj. P. and V. ἐπῐμελής (Soph., *Frag.*). *Prudent*: P. and V. σώφρων. *Cautious*: P. εὐλαβής. *Exact*: P. and V. ἀκρῑβής.

Carefully, adv. P. ἐπιμελῶς. *Prudently*: P. and V. σωφρόνως. *Cautiously*: P. and V. εὐλᾰβῶς. *Exactly*: P. and V. ἀκρῑβῶς.

Carefulness, subs. See *care*.

Careless, adj. Ar. and P. ἀμελής, P. ὀλίγωρος, ἀφρόντιστος (Xen.), P. and V. ῥᾴθῡμος; see *heedless*. *Taking no trouble*: P. ἀταλαίπωρος. *Be careless*, v.: P. and V. ἀμελεῖν. *Be careless of*: P. and V. ἀμελεῖν (gen.), V. δι' οὐδένος ποιεῖσθαι (acc.). *Bad, poor*: P. and V. κᾰκός, φαῦλος. *Off one's guard*: P. and V. ἀφῠλακτος.

Carelessly, adv. P. ἀμελῶς, ῥᾳθύμως, ὀλιγώρως, P. and V. ἀφροντίστως (Xen.), V. ἀφρασμόνως. *At random*: P. and V. εἰκῇ, φαύλως.

Carelessness, subs. P. ἀμέλεια, ἡ, ῥαστώνη, ἡ, V. ἀμελία, ἡ, P. and V. ῥᾱθῡμία, ἡ. *Being off one's guard*: P. ἀφυλαξία, ἡ. *Badness*: P. and V. φαυλότης, ἡ.

Caress, v. trans. P. and V. ἀσπάζεσθαι, V. θέλγειν, θιγγᾰνειν (gen.), προσπτύσσεσθαι; see *touch, embrace*. *Stroke*: Ar. and P. κᾰταψᾶν, P. and V. ψήχειν (Xen. also Ar.), V. κᾰταψήχειν. *Fawn on*: Ar. and V. αἰκάλλειν (acc.), V. θώπτειν (acc.).

Caress, subs. V. ἀσπάσμᾰτα, τά, θωπεύμᾰτα, τά; see *kiss, embrace*. *I gave and received caresses*: V. φίλας χάριτας ἔδωκα κἀντεδεξάμην (Eur., *I.A.* 1222).

Caressing, adj. V. θελκτήριος.

Careworn, adj. See *sad, anxious*. *Look careworn*: V. πεφροντῐκὸς βλέπειν.

Cargo, subs. P. and V. γόμος, ὁ, V. φόρτος, ὁ, ἐμπόλημα, τό, φόρημα, τό, Ar. and P. φορτίον, τό, P. τὰ ἀγώγιμα (Dem. 1290), ναῦλον, τό. *Cargo boat*: P. ναῦς στρογγύλη, ἡ, Ar. and P. ὁλκάς, ἡ.

Caricature, subs. Ar. and P. κωμῳδία, ἡ.

Caricature, v. trans. Ar. and P. κωμῳδεῖν.

Carious, adj. See *rotten*.

Carnage, subs. P. and V. φόνος, ὁ, σφᾰγή, ἡ, Ar. and V. φοναί, αἱ.

Carnal, adj. P. σωματοειδής. *Carnal pleasures*: P. αἱ τοῦ σώματος ἡδοναί.

Carnival, subs. P. and V. ἑορτή, ἡ, πᾰνήγῠρις, ἡ, θῠσία, ἡ; see *revel*.

Carnivorous, adj. *Eating raw flesh*: P. ὠμοφάγος, V. ὠμόσῑτος.

Carol, subs. P. and V. ᾠδή, ἡ, μέλος, τό; see *song*.

Carol, v. trans. and intrans. P. and V. ᾄδειν, ὑμνεῖν, Ar. and V. μέλπειν; see *sing*.

Carousal, subs. P. and V. κῶμος, ὁ, Ar. and P. συμπόσιον, τό, P. πότος, ὁ; see *feast*.

Carouse, subs. See *carousal*.

Carouse, v. intrans. P. and V. κωμάζειν, πῑνειν; see *feast*.

Carouser, subs. Ar. and P. κωμαστής, ὁ.

Carp, v. intrans. P. φιλονεικεῖν. *Carp at*: P. and V. μέμφεσθαι (acc. or dat.), ψέγειν (acc.).

Carpenter, subs. P. and V. τέκτων, ὁ. *Of a carpenter*, adj. P. τεκτονικός. *Carpenter's rule*: P. and V. κᾰνών, ὁ.

Carpentry, subs. P. ἡ τεκτονική, V. ξῠλουργία, ἡ. *Do carpentry*, v.: Ar. and P. τεκταίνεσθαι. *Though but a craftsman you turned your hand from carpentry*: V. τέκτων γὰρ ὢν ἔπρασσες οὐ ξῠλουργικά (Eur., *Frag.*).

Carper, subs. P. ψεκτής, ὁ (Plat.).

Carpet, subs. Ar. τάπης, ὁ, Ar. and P. δάπῖς, ἡ (Xen.), V. εἷμα, τό, πετάσμᾰτα, τά.

Carping, subs. P. φιλονεικία, ἡ. *Blame*: P. and V. μέμψῐς, ἡ, ψόγος, ὁ.

Carping, adj. *Censorious*: P. and V. φῐλαίτιος, φῐλόψογος (Plat.). *Sophistical*: P. σοφιστικός, ἐριστικός.

Carpingly, adv. *Sophistically*: P. σοφιστικῶς, ἐριστικῶς.

Carriage, subs. *Deportment*: P. and V. σχῆμα, τό. *Vehicle*: P. πορεῖον, τό (Plat.). *Waggon*: P. and V. ἅμαξα, ἡ. *Chariot*: P. and V. ἅρμα, τό, V. δίφρος, ὁ (Plat. also but rare P.), ὄχος, ὁ, ὄχημα, τό, ἀπήνη, ἡ. *Four horse carriage*: Ar. and V. τέθριππον, τό, or pl. *Covered carriage*: Ar. and P. ἁρμάμαξα (Xen.). *Conveyance, act of carrying*: P. and V. ἀγωγή, ἡ. *Of a carriage*, adj.: V. ἁμαξήρης.

Carriage-road, subs. V. ἁμάξῐτος, ἡ (also Xen. with ὁδός), V. ἁμαξήρης τρῖβος, ὁ or ἡ.

Carrion, subs. *Dead body*: P. and V. νεκρός, ὁ, Ar. and V. νέκῠς, ὁ. *Flesh*: P. and V. σάρξ, ἡ. *Meat*: P. and V. κρέας, τό. *He shall become carrion for the sea birds*: V. ὄρνισι φορβὴ παραλίοις γενήσεται (Soph., *Aj.* 1065); in same sense use V. ἕλωρ, τό, ἕλκημα, τό; see *prey*.

Carrion, adj. *Eating raw flesh*: V. ὠμηστής, ὠμόσῑτος.

Carry, v. trans. P. and V. φέρειν, κομίζειν, V. βαστάζειν. *Bring*: P. and V. ἄγειν, V. πορεύειν (rare P. in act.). *Carry by sea*: Ar. and V. ναυστολεῖν, ναυσθλοῦν; see *convey*. *Carry one's point*: P. and V. κρᾰτεῖν τῇ γνώμῃ, or simply P. and V. νῑκᾶν. *The motion was carried that* . . . . P. and V. ἐνίκησε (infin.). *Carry about one's person* (*as stick, arms, etc.*): P. and V. φορεῖν. *Carry a wall in any direction*; see *run*. V. intrans. *Reach*: P. ἐφικνεῖσθαι, διικνεῖσθαι, P. and V. ἐξικνεῖσθαι. *Carry about*: P. and V. διᾰφέρειν, περῐφέρειν. *Carry about with one*: P. συμπεριφέρειν. *Carry across*: P. διαβιβάζειν. *Carry away*: P. and V. ἀποφέρειν, ἀπάγειν, ἐξάγειν, ἐκκομίζειν, P. ἀποκομίζειν, V. ἀπαίρειν; see *carry off*. Met., *carry away* (*by feeling*): V. ἁρπάζειν. *Be carried away* (*by feeling*): P. ἐξάγεσθαι, P. and V. ἐκφέρεσθαι, V. φέρεσθαι (Eur., *H.F.* 1246). *Carry in*: P. and V. εἰσκομίζειν. *Carry off, kill*: P. διαχρῆσθαι; see *kill*. *Carry off to safety*: P. and V. ὑπεκτίθεσθαι; see *rescue*. *Snatch away*: P. and V. ἁρπάζειν, ἀναρπάζειν, ἀφαρπάζειν, σῠναρπάζειν; see *carry away, seize*. *Be carried off*: V. λελῆσθαι (perf. pass. λῄζεσθαι). Met., *carry off* (*a prize*): P. and V. φέρεσθαι, ἐκφέρεσθαι, κομίζεσθαι, εὑρίσκεσθαι, Ar. and V. φέρειν (also Plat. but rare P.), V. κομίζειν, εὑρίσκειν, ἐπισπᾶν (Soph., *Aj.* 769); see *win*. *Carry on, manage*: Ar. and P. διοικεῖν, μετᾰχειρίζεσθαι. *Carry on a profession*: P. and V. ἐπῐτηδεύειν, ἀσκεῖν, Ar. and P. μελετᾶν. *Carry on war*: P. and V. πολεμεῖν (Eur., *Ion*, 1386), P. πόλεμον διαφέρειν. *Carry out*: P. and V. ἐκφέρειν, ἐκκομίζειν. *Accomplish*: P. and V. ἀνῠ́τειν, κᾰτᾰνῠ́τειν, ἐπεξέρχεσθαι, διαπράσσειν (or mid. in P.); see *accomplish*. *Carry over*: Ar. and P. διᾰγειν, διᾰκομίζειν. *Carry round*: P. and V. περῐφέρειν. *Carry through, bring to success by effort*: P. and V. ἐκπονεῖν, V. ἐκμοχθεῖν; see *work out, accomplish, wage*. *Carry to*: P. and V. προσφέρειν, P. προσκομίζειν.

Carrying, subs. P. and V. ἀγωγή, ἡ. *Carrying in*: P. εἰσαγωγή, ἡ. *Carrying out*: P. ἐξαγωγή, ἡ; see *accomplishment*.

Cart, subs. P. and V. ἅμαξα, ἡ. *Toy cart*: Ar. ἁμαξίς, ἡ.

Cart, v. trans. See *carry*.

Carte-blanche, subs. *Allowed carte-blanche*, adj.: Ar. and P. αὐτοκρᾰ́τωρ.

Cart-load, subs. *Throwing on the ample hearth logs enough for three cart-loads*: V. κορμοὺς πλατείας ἐσχάρας βαλὼν ἔπι τρισσῶν ἁμαξῶν ὡς ἀγώγιμον βάρος (Eur., *Cycl.* 384).

Cartoon, subs. Use *picture*.

Carve, v. trans. *Cut up*: P. and V. τέμνειν, Ar. and P. κᾰτᾰτέμνειν, V. κρεοκοπεῖν, ἀρτᾰμεῖν. *Sculpture*: Ar. and P. γλῠ́φειν, ξεῖν.

Carved, adj. *Carven*: Ar. and V. ξεστός, P. and V. ποικῐ́λος.

Carver, subs. *Of meat*: V. κρεᾱνόμος, ὁ (Eur., *Cycl.* 245). *Sculptor*: P. ἀγαλματοποιός, ὁ, ἀνδριαντοποιός, ὁ.

Carving, subs. *Sculpture*: P. ἀνδριαντοποιΐα, ἡ. *Carved work*: use P. and V. ποίκιλμα, τό.

Cascade, subs. See *waterfall*.

Case, subs. *Box*: P. and V. θήκη, ἡ; see *box*. *Cover*: Ar. and P. ἔλυτρον, τό, P. and V. περῐ́βολος, ὁ. *For a shield*: Ar. and V. σάγμᾰ, τό. *Sheath*: P. and V. κολεός, ὁ (Xen.), V. περῐβολαί, αἱ. *Question, matter*: P. and V. πρᾶγμα, τό. *Case at law*: P. and V. δῐ́κη, ἡ, ἀ̄γών, ὁ, V. κρῖμα, τό. *Ground for legal action*: P. ἀγώνισμα, τό. *When the case comes on*: P. ἐνεστηκυίας τῆς δίκης. *The case having already gone against him*: P. κατεγνωσμένης ἤδη τῆς δίκης (Dem. 872). *Lose one's case*: P. ἀποτυγχάνειν τοῦ ἀγῶνος (Dem. 1175). *Aphobus having already lost his case against me*: P. ὀφλόντος μοι τὴν δίκην Ἀφόβου (Dem. 866). *Win one's case*: P. ἐπιτυγχάνειν τοῦ ἀγῶνος (Dem. 1175), δίκην αἱρεῖν. *Decide cases of murder and wounding*: P. δικάζειν φόνου καὶ τραύματος (Dem. 628). *Excuse, plea*: P. ἀπολογία, ἡ. *Circumstances*: P. and V. πράγμᾰτα, τά. *Have nothing to do with the case*: P. ἔξω τοῦ πράγματος εἶναι (Dem. 1318). *In case (supposing that)*: P. and V. εἴ πως, ἐάν πως. *In any case*: P. and V. πάντως, πάντη. *In my case*: P. τοὐμὸν μέρος. *In the case of*: P. and V. κᾰτᾰ́ (acc.). *In this case*: P. and V. οὕτως. *In that case*: P. ἐκείνως. *This is so in all cases*: P. ἐπὶ πάντων οὕτω τοῦτ' ἔχει (Dem. 635). *It is not a case for*: P. and V. οὐκ ἔργον (gen.). *Since the case stands thus*: P. and V. τούτων οὕτως ἐχόντων, V. ὡς ὧδ' ἐχόντων, ὡς ὧδ' ἐχόντων τῶνδε. *Thus stands my case*: P. and V. οὕτως ἔχει μοι. *And such indeed was the case*: P. καὶ ἦν δὲ οὕτως. *This would now be the case with the Athenians*: P. ὅπερ ἂν νῦν Ἀθηναῖοι πάθοιεν (Thuc. 6, 34). *I myself am in the same case as the majority*: P. αὐτὸς ὅπερ οἱ πολλοὶ πέπονθα (Plat., *Meno.* 95c). *As is generally the case*: P. οἷα . . . φιλεῖ γίγνεσθαι (Thuc. 7, 79). *As is generally the case with large armies*: P. ὅπερ φιλεῖ μεγάλα στρατόπεδα (Thuc. 4, 125). *The facts of the case*: see under *fact*.

Case, v. trans. P. and V. περῐβάλλειν; see *cover*, *sheathe*.

Casement, subs. See *window*.

Cash, subs. *Money*: Ar. and P. ἀργῠ́ριον, τό. *Wealth*: P. and V. πλοῦτος, ὁ, χρήμᾰτα, τά. *Current coin*: P. and V. νόμισμα, τό.

Cashier, v. trans. *Dismiss*: Ar. and P. ἀποπέμπειν.

Casing, subs. P. and V. περῐ́βολος, ὁ, V. περῐβολαί, αἱ.

Cask, subs. P. and V. πῐ́θος, ὁ (Eur., *Cycl.* 217).

Casket, subs. P. and V. θήκη, ἡ, V. λέβης, ὁ, Ar. and V. ἄγγος, τό; see *box*.

Casque, subs. V. κόρῠς, ἡ, P. and V. κρᾰ́νος, τό (Xen. also Ar.).

Cast, v. trans. P. and V. βάλλειν, ῥίπτειν, ἀφῑέναι, μεθῑέναι (rare P.), Ar. and V. ἱέναι, V. δικεῖν (2nd aor.), ἰάπτειν; see *throw*. *Be cast in damages*: Ar. and P. ὀφλισκᾰ́νειν. *Cast in one's mind*: see *ponder*. *Cast lots*: P. and V. κληροῦσθαι; see *lot*. *No lot was cast*: V. κλῆρος . . . οὐκ ἐπάλλετο (Soph., *Ant.* 396). *Cast metal*: Ar. χοανεύειν (absol.); see *mould*. *Cast a vote*: P. and V. ψῆφον φέρειν, ψῆφον τῐ́θεσθαι; see *vote*. *Cast about*: see *scatter*.

Cast about for : see *seek*. *Cast around* : P. and V. περῐβάλλειν. *Cast (glances) around* : V. κυκλοῦν διᾰφέρειν ; see *roll*. *They stood upright and cast glances around* : ἔστησαν ὀρθαὶ καὶ διήνεγκαν κόρας (Eur., *Bacch.* 1087). *Cast ashore* : see under *ashore*. *Cast aside* : P. and V. ἀποβάλλειν, ἐκβάλλειν, ἀπορρίπτειν, μεθῑέναι, ἀφῑέναι, V. ἐκρίπτειν. *Lose wilfully* : P. and V. ἀποβάλλειν, P. προΐεσθαι. *Reject* : P. and V. ἀπωθεῖν (or mid.), πᾰρωθεῖν (or mid.), διωθεῖσθαι ; see *reject*. *Cast away* : P. and V. ἀποβάλλειν, ἀπορρίπτειν ; see *cast aside*. *Cast down* : P. and V. κᾰτᾰβάλλειν, V. κᾰταρρίπτειν ; see *throw down*. *Cast down upon* : V. ἐγκᾰτασκήπτειν (τί τινι), ἐπεμβάλλειν (τι). *Bring low* : P. and V. κᾰθαιρεῖν, V. κᾰταρρέπειν, κλῑ́νειν. *Be cast down* : met., P. and V. ἀθῡμεῖν, V. δυσθῡμεῖσθαι. *Cast in* : P. and V. εἰσβάλλειν, ἐμβάλλειν ; see *throw in*. *Cast in one's teeth* : P. and V. ὀνειδίζειν (τί τινι). *Cast off* : see *cast aside, throw off*. V. intrans. *Of a ship* : P. and V. ἀπαίρειν, ἀνάγεσθαι. *Cast on* : P. and V. ἐπῐβάλλειν (τί τινι). *Cast out* : P. and V. ἐκβάλλειν, ἐξωθεῖν, ἀποβάλλειν, ἀπωθεῖν, ἀπορρίπτειν, V. ἐκρίπτειν. *Cast out as a prey to dogs and birds* : κυσὶν πρόβλητος οἰωνοῖς θ' ἕλωρ (Soph., *Aj.* 830). *Be cast out* : P. and V. ἐκπίπτειν, V. ἐκπίτνειν. *Cast up* : P. and V. ἀνῑέναι, ἀνᾰδῐδόναι (Eur., *Frag.*) ; see *throw up*. *Reckon* : P. and V. λογίζεσθαι. *Of the sea* : see *cast ashore*, under *ashore*. *Cast up in one's teeth* : P. and V. ὀνειδίζειν (τί τινι).

Cast, subs. *Act of throwing* : P. ῥῖψις, ἡ. *Throw, range* : P. and V. βολή, ἡ. *Of the dice* : V. βλῆμα, τό, βολή, ἡ ; see *throw*. *Of a quoit* : V. δίσκημα, τό (Soph., *Frag.*). *Casting of a vote* : P. and V. ψήφου φορά, ἡ. *Of a net in fishing* : V. βόλος, ὁ. *The man approaches within range of our cast* : V. ἀνὴρ εἰς βόλον καθίσταται (Eur., *Bacch.* 847). *Cast in metal* : P. and V. τύπος, ὁ. *Shape, character* : P. and V. τύπος, ὁ, σχῆμα, τό.

Castanets, subs. Use V. κρότᾰλα, τά (Eur., *Cycl.* 205).

Caste, subs. *Class* : P. ἔθνος, τό. See Hdt. II. 164.

Castellated, adj. Use V. ὑψίπυργος, καλλῐπύργωτος, Ar. and V. καλλίπυργος.

Castigate, v. trans. *Beat* : Ar. and P. μαστῑγοῦν. *Punish* : P. and V. κολάζειν. *Bring to one's senses* : P. and V. σωφρονίζειν. *Blame* : P. and V. μέμφεσθαι (acc. or dat.), ψέγειν.

Castigation, subs. *Blows* : P. and V. πληγαί, αἱ. *Punishment* : P. κόλασις, ἡ. *Blame* : P. and V. μέμψῐς, ἡ, ψόγος, ὁ.

Casting-vote, subs. Use P. and V. κῡρία ψῆφος, ἡ.

Castle, subs. P. and V. φρούριον, τό. *Citadel* : Ar. and P. ἀκρόπολις, ἡ, V. ἀκρόπτολις, ἡ. *Royal residence* : P. βασίλεια, τά (Xen.). *Castle in the air* : P. εὐχή, ἡ. *Build castles in the air*, v. : P. ὀνειροπολεῖν.

Castrate, v. trans. P. and V. ἐκτέμνειν.

Castration, subs. P. ἐκτομή, ἡ.

Casual, adj. *Appearing by chance* : P. and V. ὁ τῠχών, ὁ ἐπῐτῠχών, ὁ προστῠχών, ὁ συντῠχών. *The casual observer* : P. ὁ παρατυχών. *Acting without design* : V. εἰκαῖος (Soph., *Frag.*) ; see *careless*.

Casually, adv. *By chance* : P. and V. τύχῃ, P. κατὰ τύχην. *At random* : P. and V. εἰκῇ. *Remark casually*, v. : P. παραφθέγγεσθαι (absol. or acc.).

Casualty, subs. *Disaster* : P. and V. συμφορά, ἡ, πάθος, τό ; see *disaster*. *Losses from an army* : see *loss*.

Casuist, subs. Ar. and P. σοφιστής, ὁ. *Play the casuist* : P. and V. σοφίζεσθαι.

Casuistical, adj. P. σοφιστικός.

Casuistically, adv. P. σοφιστικῶς.

Casuistry, subs. P. ἡ σοφιστική, Ar. and P. σοφίσμᾰτα, τά.

Cat, subs. P. αἴλουρος, ὁ or ἡ (Hdt.) (cf. Ar., *Ach.* 879).

Catalogue, subs. Ar. and P. κᾰτάλογος, ὁ; see *list*.

Catalogue, v. trans. *Enlist*: Ar. and P. κᾰτᾰλέγειν. *Sort*: P. διατάσσειν. *Run through, describe*: P. and V. διεξέρχεσθαι (acc.).

Cataract, subs. P. and V. χειμάρρους, ὁ, V. ῥεῖθρον χείμαρρον, τό, κᾰτᾰβασμός, ὁ.

Catarrh, subs. P. κατάρρους, ὁ.

Catastrophe, subs. *Disaster*: P. and V. συμφορά, ἡ, κᾰκόν, τό, πάθος, τό, πάθημα, τό, σφάλμα, τό, P. ἀτύχημα, τό, ἀτυχία, ἡ, δυστύχημα, τό, δυστυχία, ἡ, πταῖσμα, τό.

Catch, v. trans. P. and V. αἱρεῖν, λαμβάνειν, κᾰτᾰλαμβάνειν, συλλαμβάνειν, Ar. and V. μάρπτειν. *Seize*: P. and V. ἁρπάζειν, σῠναρπάζειν. *Catch by hunting*: P. and V. θηρᾶν (or mid.) (Xen.), θηρεύειν, ἀγρεύειν (Xen.). *Overtake*: P. ἐπικαταλαμβάνειν. *Catch something thrown*: P. and V. ἐκδέχεσθαι. *Catch in the act*: P. and V. ἐπ' αὐτοφώρῳ λαμβάνειν, or use also P. and V. λαμβάνειν, κᾰτᾰλαμβάνειν (Eur., *Cycl.* 260), αἱρεῖν, εὑρίσκειν, ἐφευρίσκειν, φωρᾶν, P. καταφωρᾶν. *Be caught in the act*: use also P. and V. ἁλίσκεσθαι. *Caught in the act*: V. ἐπίληπτος. *Catch (a disease)*: P. λαμβάνειν (Dem. 294), ἀναπίμπλασθαι (gen., P. and V. ἐπῐλαμβάνεσθαι (dat.), V πλησθῆναι (dat.) (aor. pass. of πιμπλάναι), λαμβάνεσθαι (dat.), ἐξαίρεσθαι (Soph., *Trach.* 491), κτᾶσθαι (Eur., *Or.* 305). *So that the former soldiers also caught the disease from Hagnon's force*: P. ὥστε καὶ τοὺς προτέρους στρατιώτας νοσῆσαι ἀπὸ τῆς σὺν Ἅγνωνι στρατιᾶς (Thuc. 2, 58). *Easy to catch*, adj.: P. εὐάλωτος. *Hard to catch*, adj.: P. δυσάλωτος. *This I deem a general's part to know well where his enemy may best be caught*: V. τὸ δὲ στρατηγεῖν τοῦτ' ἐγὼ κρίνω, καλῶς γνῶναι τὸν ἐχθρὸν ᾗ μάλισθ' ἁλώσιμος (Eur., *Frag.*). *Be caught in a storm*: P. and V. χειμάζεσθαι. V. intrans. P. ἐνέχεσθαι; see *be entangled*. *The scythe caught somewhere in the tackling of the ship*: P. τὸ δρέπανον ἐνέσχετό που ἐν τοῖς τῆς νεὼς σκεύεσι (Plat., *Lach.* 183E). *Catch at*: P. and V. λαμβάνεσθαι (gen.), ἐπῐλαμβάνεσθαι (gen.). *Catch fire*: P. and V. ἅπτεσθαι. *Catch in*: see *be entangled in*. *Catch up, overtake*, v. trans.: P. ἐπικαταλαμβάνειν. *Interrupt in speaking*: P. ὑπολαμβάνειν. *Snatch up*: P. and V. ἁρπάζειν, ἀναρπάζειν; see *snatch*.

Catch, subs. *Trick*: P. and V. ἀπάτη, ἡ, δόλος, ὁ (rare P.). *Thing caught*: P. and V. ἄγρα, ἡ (Plat. but rare P.), ἄγρευμα, τό (Xen.), θήρα, ἡ (Xen.), V. θήρᾱμα, τό. *Of a door*: use P. and V. μοχλός, ὁ, Ar. and V. κλῇθρα, τά. *Bolt pin*: Ar. and P. βᾰλᾰνος, ἡ. *Draught of fish*: V. βόλος, ὁ.

Catching, adj. *Infectious*: use P. λοιμώδης.

Catechise, v. trans. *Question*: P. and V. ἐλέγχειν, ἐξελέγχειν.

Categorical, adj. *Absolute*: P. and V. παντελής.

Categorically, adv. *Absolutely*: P. and V. παντελῶς, πάντως, P. ὅλως. *Expressly*: P. διαρρήδην.

Category, subs. *Class*: P. and V. γένος, τό. *In logic*: P. κατηγορία, ἡ (Arist.).

Cater, v. intrans. P. and V. τροφὴν, πᾰρέχειν. *Cater for, feed*: P. and V. τρέφειν (acc.), βόσκειν (acc.) (Thuc. 7, 48, but rare P.). Met., *gratify*: P. and V. χᾰρίζεσθαι (dat.).

Cathedral, subs. Use *temple*.

Cattle, subs. P. and V. βοσκήμᾰτα, τά, Ar. and V. βοτά, τά, P. κτήνη, τά (Plat.). *Small cattle*: Ar. and P. πρόβᾰτα, τά, Ar. and V. μῆλα, τά.

Cattle-driver, subs. See *herdsman*.

Cauldron, subs. See *caldron*.

Caulk, v. trans. See *calk*.

Cause, subs. P. and V. *αἰτία, ἡ*, Ar. and P. *αἴτιον, τό*. *Occasion*: P. and V. *ἀφορμή, ἡ*. *First cause, origin*: P. and V. *ἀρχή, ἡ*. *Cause at law*: P. and V. *ἀγών, ὁ, δίκη, ἡ*. *Source, root*: P. and V. *πηγή, ἡ, ῥίζα, ἡ*. *The cause of*: use adj., P. and V. *αἴτιος* (gen.). *Of these things I am the cause*: V. *τῶνδ' ἐγὼ παραίτιος* (Æsch., *Frag.*). *Joint cause of*: use adj., P. and V. *σῠναίτιος* (gen.). *From what cause*: V. *ἐκ τίνος λόγου*; see *why*. *The common cause*: P. and V. *τὸ κοινόν*. *Make common cause with*, v.: P. *κοινολογεῖσθαι* (dat.), *κοινῷ λόγῳ χρῆσθαι πρός* (acc.). *Making common cause with your father*: V. *κοινόφρων πατρί* (Eur., *Ion*, 577). *Her cause is in the hands of her parents and friends*: V. *τῇ δ' ἐν γονεῦσι καὶ φίλοις τὰ πράγματα* (Eur., *And.* 676). *If the cause of the Medes should prevail*: P. *εἰ τὰ τοῦ Μήδου κρατήσειε* (Thuc. 3, 62). *Ruin one's cause*: P. *ἀπολλύναι τὰ πράγματα* (Thuc. 8, 75).

Cause, v. trans. *Be cause of*: P. and V. *αἴτιος εἶναι* (gen.). *Produce*: P. and V. *γεννᾶν, τίκτειν* (Plat.), *ποιεῖν*, V. *φῠτεύειν, τεύχειν*, P. *ἀπεργάζεσθαι*; see also *contrive*. *Cause to do a thing*: P. and V. *ποιεῖν* (acc. and infin.). *Cause a thing to be done*: P. *ἐπιμέλεσθαι ὅπως τι γενήσεται*. *Start, set in motion*: P. and V. *κινεῖν*.

Causeless, adj. *Vain*: P. and V. *μᾰταιος, κενός*.

Causelessly, adv. *In vain*: P. and V. *ἄλλως*. *Unreasonably*: P. *ἀλόγως*. *Without purpose*: P. and V. *εἰκῇ*.

Causelessness, subs. *Unreasonableness*: P. *ἀλογία, ἡ*.

Causeway, subs. P. *χῶμα, τό*; or use *road*.

Caustic, adj. P. and V. *πικρός*; see *bitter*.

Caustically, adv. P. and V. *πικρῶς*; see *bitterly*.

Cauterise, v. trans. P. and V. *κάειν*.

Cautery, subs. P. *καῦσις, ἡ*.

Caution, subs. P. and V. *εὐλάβεια, ἡ*, P. *φυλακή, ἡ*. *Forethought*: P. and V. *πρόνοια, ἡ*, P. *προμήθεια, ἡ*, V. *προμηθία, ἡ*. *Caution money*: P. *ἀρραβών, ὁ, πρόδοσις, ἡ*, Ar. and P. *θέσῐς, ἡ*.

Cautious, adj. P. *εὐλαβής, προμηθής*, P. and V. *σώφρων*. *More cautious*: V. *προνούστερος*. *Quiet*: P. and V. *ἥσῠχος*. *Be cautious*: P. and V. *εὐλᾰβεῖσθαι*; see *take precautions* under *precaution*.

Cautiously, adv. P. and V. *εὐλᾰβῶς, σωφρόνως*. *Quietly*: P. and V. *ἡσῠχῇ*.

Cautiousness, subs. See *caution*.

Cavalcade, subs. P. and V. *πομπή, ἡ*.

Cavalier, subs. P. and V. *ἱππεύς, ὁ*, V. *ἱππότης, ὁ*. As adj. *Harsh*: P. and V. *τρᾱχύς*. *Despotic*: P. and V. *τῠραννικός*.

Cavalierly, adv. *Harshly*: P. *τραχέως*. *Despotically*: P. *τυραννικῶς*. *Be cavalierly treated*: use P. and V. *ἀνάξια πάσχειν*.

Cavalry, subs. P. and V. *ἵππος, ἡ, τὸ ἱππῐκόν*, P. *ἱππεία, ἡ* (Xen.), V. *ἱππῐκὸς ὄχλος, ὁ, ἱππότης ὄχλος, ὁ*. *Suitable for cavalry* (of ground), adj.: P. *ἱππάσιμος* (Xen.). *Unsuited for cavalry* (of ground), adj.: P. *ἄφιππος* (Xen.). *Cavalry battle*: P. *ἱππομαχία, ἡ*. *Fight cavalry battle*, v.: P. *ἱππομαχεῖν*. *Commander of cavalry*, subs.: Ar. and P. *ἵππαρχος, ὁ*. *Command cavalry*, v.: P. *ἱππαρχεῖν*. *Be superior in cavalry*, v.: P. *ἱπποκρατεῖν*. *Serve in the cavalry*, v.: P. *ἱππεύειν*. *Cavalry transports*, subs.: P. *νῆες ἱππαγωγοί, αἱ*, or Ar. and P. *ἱππᾰγωγοί, αἱ* (alone).

Cave, subs. P. *σπήλαιον, τό* (Plat.), Ar. and V. *ἄντρον, τό, αὔλιον, τό*, V. *θᾰλᾰμαι, αἱ*, P. and V. *σῆραγξ, ἡ* (Soph., *Frag.*; Plat., *Phaedo*, 110 A); see *den*.

Cavern, subs. See *cave*.

Cavernous, adj. P. σπηλαιώδης (Plat.), P. and V. κοῖλος, V. κοιλωπός. *Wide:* P. and V. εὐρύς. *Abysmal:* Ar. and V. ἄβυσσος.

Cavil, subs. V. μῶμος, ὁ; see *blame.* (Personified in Plat., *Rep.* 487A.) *Contentiousness:* P. φιλονεικία, ἡ.

Cavil, v. intrans. P. and V. ἐρίζειν, P. φιλονεικεῖν. *Cavil at, blame:* P. and V. μέμφεσθαι (acc. or dat.), ψέγειν. *Abuse:* P. and V. διᾰβάλλειν.

Caviller, subs. *One who blames:* P. ψεκτής, ὁ (Plat.).

Cavilling, adj. P. ἐριστικός. *Contentious:* P. φιλόνεικος.

Cavity, subs. *Hole:* Ar. and P. τρῆμα, τό. *Chasm:* P. and V. χάσμᾰ, τό; see *hollow.*

Caw, v. intrans. Ar. κρώζειν.

Cease, v. trans. See *cease from.* V. intrans. P and V. παύεσθαι, ἀνᾰπαύεσθαι, ἐκλείπειν, λήγειν (Plat.), Ar. and P. κᾰτᾰπαύεσθαι, P. ἀπολήγειν (Plat.), V. ἐκλιμπάνειν, ἐκλήγειν; see also *abate. Cease from:* P. and V. παύεσθαι (gen.), ἀνᾰπαύεσθαι (gen.), λήγειν (gen.) (Plat.), ἀνῑέναι (acc. or gen.), ἀφίστασθαι (gen.), ἐξίστασθαι (gen.), P. ἀπολήγειν (gen.), V. πᾰρῑέναι (acc.), μεθίστασθαι (gen.). *Cease from hostilities:* Ar. and P. κᾰτᾰλῡειν πόλεμον. *Cease (to do a thing):* P. and V. παύεσθαι (part.), λήγειν (part.) (Plat.), V. ἐκλιμπάνειν (part.), ἐκλήγειν (part.), ἀνῑέναι (part.).

Cease, interj. See *stop.*

Ceaseless, adj. P. ἄπαυστος. *Continuous:* P. συνεχής. *Constant:* P. and V. πυκνός. *Incessant:* V. διᾰτελής.

Ceaselessly, adv. Ar. and P. σῠνεχῶς, V. διᾱνεκῶς (Æsch., *Ag.* 319),

Cedar, subs. V. κέδρος, ἡ. *Of cedar,* adj.: V. κέδρῐνος. *Cedar-wood coffin:* V. κέδρος, ἡ.

Cede, v. trans. *Give up:* P. and V. πᾰρᾰδῐδόναι, ἐκδῐδόναι, P. προΐεσθαι, παραχωρεῖν (gen.).

Ceiling, subs. Ar. and P. ὀροφή, ἡ (Plat., *Rep.* 529B).

Celebrate, v. trans. *A festival, day, etc.:* P. and V. ἄγειν; see *festival. A sacrifice:* P. and V. τελεῖν (acc.), θύειν (acc. or absol.). *Praise:* P. and V. ἐπαινεῖν, V. αἰνεῖν, P. ἐγκωμιάζειν; see *praise. Celebrate (in song):* P. and V. ᾄδειν, ὑμνεῖν, V. ἀείδειν. *Celebrate (in the dance):* V. χορεύειν (acc.), ἀνᾰχορεύειν (acc.). *There the gods celebrated the marriage feast of Peleus:* V. ἐνταῦθ' ἔδαισαν Πηλέως γάμους θεοί (Eur., *I.A.* 707). *He celebrated the victory in revels with the gods:* V. τὸν καλλίνικον μετὰ θεῶν ἐκώμασε (Eur., *H.F.* 180).

Celebrated, adj. P. and V. εὔδοξος, περίβλεπτος, διαπρεπής, ἐκπρεπής, ὀνομαστός, λαμπρός, ἐπίσημος, P. ἀξιόλογος, ἐπιφανής, εὐδόκιμος, περιβόητος, ἔνδοξος, διαφανής, ἐλλόγιμος, Ar. and V. κλεινός (Plat. also but rare P.), V. εὐκλεής; see *famous. Celebrated in song:* Ar. πολύυμνος.

Celebration, subs. *Festival:* P. and V. ἑορτή, ἡ; see *festival Hold a celebration:* P. and V. ἑορτάζειν. *Praise:* P. and V. ἔπαινος, ὁ, Ar. and P. ἐγκώμιον, τό.

Celebrator, subs. *In song:* P. ὑμνητής, ὁ. *Praiser:* P. ἐπαινέτης, ὁ.

Celebrity, subs. P. and V. δόξα, ἡ, εὐδοξία, ἡ, ἀξίωμα, τό, κλέος, τό (rare P.), ὄνομα, τό, Ar. and V. εὔκλεια, ἡ, κῦδος, τό, V. κληδών, ἡ. *Celebrated person:* use adj., *celebrated.*

Celerity, subs. P. and V. τάχος, τό, P. ταχύτης, ἡ; see *speed.*

Celestial, adj. *Divine:* P. and V. θεῖος, Ar. and P. δαιμόνιος, V. δῖος. *Of* or *in the sky:* P. and V. οὐράνιος. *Sent from heaven:* V. θεόσσῦτος, θεήλᾰτος, θέορτος. *Celestial phenomena:* Ar. and P. τὰ μετέωρα.

Celibate, adj. P. and V. ἄγᾰμος, V. ἄζυξ; see *single.*

Cell, subs. *Prison:* P. and V. εἱρκτή, ἡ, or pl., P. δοσμωτήριον, τό, εἱργμός, ὁ (Plat.), V. κᾰτασκᾰφὴς οἴκησις, ἡ; see also *room. Cell in comb of bees, etc.:* Ar. κύττᾰρος, ὁ.

Cellar, subs. *Store-room* : P. ἀποθήκη, ἡ.

Cement, subs. P. and V. πηλός, ὁ.

Cement, v. trans. Met., P. and V. σῠνέχειν, συνδεῖν.

Cemetery, subs. Ar. and P. σῆμα, τό; see also *tomb*.

Cenotaph, subs. P. κενοτάφιον, τό (Xen.), V. κενὸς τᾰ́φος, ὁ. *Honour with a cenotaph*, v.: V. κενοτᾰφεῖν (acc.).

Censer, subs. P. θυμιατήριον, τό.

Censor, subs. *Judge* : P. and V. κρῐτής, ὁ. *One who punishes* : P. σωφρονιστής, ὁ. *Roman magistrate*: P. τιμητής, ὁ (late). *Of the censor*, adj.: P. τιμητικός (late).

Censorious, adj. P. and V. φῐλαίτιος, φῐλόψογος (Plat.). *You are censorious towards your friends* : ἐπίμομφος εἶ φίλοις (Eur., *Rhes.* 327).

Censoriousness, subs. P. φιλονεικία, ἡ.

Censorship, subs. *Roman magistracy* : P. τιμητεία, ἡ (late).

Censurable, adj. P. and V. μεμπτός, ἐπαίτιος, P. ψεκτός (Plat.), V. ἐπίμομφος, μωμητός.

Censure, subs. P. and V. μέμψῐς, ἡ, ψόγος, ὁ, αἰτία, ἡ, P. ἐπιτίμησις, ἡ, Ar. and V. μομφή, ἡ.

Censure, v. trans. P. and V. μέμφεσθαι (acc. or dat.), ψέγειν, ἐπαιτιᾶσθαι, αἰτιᾶσθαι, P. κακίζειν, δι' αιτίας ἔχειν, καταμέμφεσθαι, Ar. and V. μωμᾶσθαι.

Censurer, subs. P. and V. ἐπῐτῑμητής, ὁ, P. ψεκτής, ὁ (Plat.).

Census, subs. *List, register* : Ar. and P. κᾰτᾰ́λογος, ὁ. *Assessment for taxation purposes* : P. τίμημα, τό.

Central, adj. P. and V. μέσος.

Centralise, v. trans. P. and V. εἰς ἓν σῠνάγειν. *Bring under a central government* : P. συνοικίζειν (Thuc. 2, 15).

Centre, subs. P. and V. τὸ μέσον. *The central point of the earth* : P. and V. ὀμφᾰλός, ὁ (Plat., *Rep.* 427C). *The shrine at earth's centre* : V. μεσομφᾰλον ἵδρῡμα, τό (Æsch., *Cho.* 1036). *In the centre of the line of battle* : P. κατὰ τὸ μέσον. Met., *starting-point* : P. and V. ἀφορμή, ἡ.

Centre in, v. *Depend on* : P. ἀρτᾶσθαι ἐκ (gen.); see *depend on*. *All evils centre in a long old age* : V. πάντ' ἐμπέφυκε τῷ μακρῷ γήρᾳ κακά (Soph., *Frag.*). *Much wisdom is centred in short speech*: V. βραχεῖ λόγῳ δὲ πολλὰ πρόσκειται σοφά (Soph., *Frag.*). *All that I spoke of is centred in this* : V. ἐνταῦθα γάρ μοι κεῖνα συγκομίζεται (Soph., *O.C.* 585). *Your pain centres in one only and in him alone* : V. τὸ μὲν γὰρ ὑμῶν ἄλγος εἰς ἕν' ἔρχεται μόνον καθ' αὑτόν (Soph., *O.R.* 62). *Be centred in oneself* : P. εἰς ἑαυτὸν συλλέγεσθαι καὶ ἀθροίζεσθαι (Plat., *Phaedo*, 83A).

Centurion, subs. *Roman* : P. ἑκατοντάρχης, ὁ (late).

Century, subs. *Hundred years* : P. and V. ἑκᾰτὸν ἔτη, τά. *Long period of time* : P. and V. αἰών, ὁ.

Ceramic, adj. Ar. and P. κερᾰμῐκός.

Ceramics, subs. P. ἡ κεραμική.

Cereals, subs. P. and V. σῖτος, ὁ, καρπός, ὁ.

Ceremonial, adj. P. and V. σεμνός.

Ceremonial, subs. See *ceremony*.

Ceremonious, adj. P. and V. σεμνός.

Ceremoniously, adv. P. and V. σεμνῶς.

Ceremoniousness, subs. P. and V. σεμνότης, ἡ, τὸ σεμνόν.

Ceremony, subs. *Rites* : P. and V. τελετή, ἡ, or pl., τέλος, τό, or pl., Ar. and P. τὰ νομιζόμενα; see *rites*. *Solemn procession*: P. and V. πομπή, ἡ. *Outward show* : P. and V. σχῆμα, τό, πρόσχημα, τό.

Certain, adj. *To be relied on* : P. and V. βέβαιος, πιστός, ἀσφᾰλής, φερέγγυος (Thuc. but rare P.), V. ἔμπεδος. *Clear* : P. and V. σᾰφής, δῆλος, ἐμφᾰνής; see *clear*. *It is practically certain* : P. σχεδόν τι δῆλον (Plat., *Crit.* 53B). *Not to be disputed* : P. ἀναμφισβήτητος. *Hastening to certain death* : V.

ὁρμώμενος εἰς προὔπτον Ἅιδην (Soph., *O.C.* 1439). *Accurate, exact*: P. and V. ἀκρῑβής. *Not false*: P. and V. ἀψευδής (Plat.). *Fixed upon, arranged*: P. and V. προκείμενος, P. ῥητός. *A certain* (Latin, *quidam*): P. and V. τις. *Be certain, positive*: P. and V. πεπεῖσθαι (perf. pass. πείθειν), πιστεύειν, V. πιστοῦσθαι, Ar. and V. πεποιθέναι (2nd perf. act. πείθειν). *Be certain to*: P. and V. μέλλειν (infin.). *For certain*: see *certainly*.

Certainly, adv. *Clearly*: P. and V. σᾰφῶς, ἐμφᾰνῶς. *Accurately*: P. and V. ἀκρῑβῶς. *By all means*, in answer to a question: P. and V. ναί, ναιχί, πῶς γὰρ οὔ, μάλιστα γε, Ar. and P. κομιδῇ γε, ἀμέλει, πάνυ γε, V. καὶ κάρτᾰ, καὶ κάρτᾰ γε. *At any rate*: P. and V. γε, γοῦν, γε δή, ἀλλά, ἀλλά . . . γε. *Verily*: P. and V. ἦ, V. κάρτᾰ (rare P.), ἦ κάρτᾰ. *By all means*: P. and V. πάντως, P. παντάπασι.

Certainty, subs. *Assurance*: P. βεβαιότης, ἡ, ἀσφάλεια, ἡ. *Exactness*: P. ἀκρίβεια, ἡ. *Truth*: P. and V. ἀλήθεια, ἡ, Ar. and P. ὀρθότης, ἡ, V. νᾱμέρτεια, ἡ. *Distinctness*: P. and V. σᾰφήνεια, ἡ.

Certify, v. trans. *Confirm*: P. βεβαιοῦν, P. and V. ἐμπεδοῦν (Plat., also Ar.). *Bear witness to*: P. and V. μαρτῠρεῖν (acc.).

Certitude, subs. See *certainty*.

Cerulean, adj. P. κυανοῦς (Plat.), V. κυᾰνεος.

Cessation, subs. P. and V. παῦλα, ἡ, ἀνάπαυλα, ἡ, διάλῠσις, ἡ, P. ἀνάπαυσις, ἡ. *Abatement*: P. λώφησις, ἡ. *Breathing space*: P. and V. ἀναπνοή, ἡ, V. ἀμπνοή, ἡ. *End*: P. and V. τέλος, τό, τελευτή, ἡ, πέρᾰς, τό. *Cessation of hostilities*: P. πολέμου διάλυσις, ἡ, πολέμου κατάλυσις, ἡ, Ar. πολέμου διαλλᾰγή, ἡ; see *truce*.

Cession, subs. P. παράδοσις, ἡ.

Chafe, v. trans. *Rub*: P. and V. τρίβειν. *Gall, annoy*: P. and V. λῡπεῖν, δάκνειν, Ar. and V. κνίζειν, V. ὀχλεῖν; see *annoy*. V. intrans. *Be vexed*: Ar. and P. ἀγᾰνακτεῖν, χᾰλεπαίνειν, P. and V. ὀργίζεσθαι, θῡμοῦσθαι, V. μηνίειν, χολοῦσθαι, Ar. and V. δυσφορεῖν; see *rage*. Of horses, *be restless*: V. ὁρμαίνειν, ἐμβρῑμοῦσθαι. *Chafing against the bit*: V. χαλινῶν κατασθμαίνων (Æsch., *Theb.* 393).

Chaff, subs. Ar. φορῡτός, ὁ. *Badinage*: P. χλευασμός, ὁ, χλευασία, ἡ, Ar. and P. σκῶμμα, τό; see *mockery*.

Chaff, v. trans. *Mock*: Ar. and P. χλευάζειν; see *mock*.

Chaffer, v. trans. P. and V. κᾰπηλεύειν.

Chagrin, subs. P. and V. δυσχέρεια, ἡ; see *vexation, anger*. *Be chagrined*: P. and V. ἄχθεσθαι, P. χαλεπῶς φέρειν, Ar. and P. ἀγᾰνακτεῖν; see *vexed, angry*.

Chain, subs. P. and V. δεσμός, ὁ, V. δεσμώμᾰτα, τά, ἀμφίβληστρα, τά, ψάλια, τά, P. ἅλυσις, ἡ. *Chains of brass*: V. χαλκεύμᾰτα, τά. *Fetter*: P. and V. πέδη, ἡ. *Series*: P. and V. διᾰδοχή, ἡ. *Events long-past I have found to be as I have related, though they involve difficulties as far as trusting every link in the chain of evidence*: P. τὰ μὲν οὖν παλαιὰ τοιαῦτα εὗρον χαλεπὰ ὄντα παντὶ ἑξῆς τεκμηρίῳ πιστεῦσαι (Thuc. 1, 20). *Put in chains*, v. trans.: P. and V. δεῖν, δεσμεύειν. *In chains*: use adj., Ar. and V. δέσμιος, or P. and V. δεδεμένος (perf. part. pass. δεῖν).

Chain, v. trans. P. and V. δεῖν, συνδεῖν, V. ἐκδεῖν; see *bind*. *Fetter*: P. and V. πεδᾶν (Plat. but rare P.), ποδίζειν (Xen., and Soph., *Frag.*), Ar. and P. συμποδίζειν.

Chair, subs. Ar. and P. δίφρος, ὁ. *Chair of state*: P. and V. θρόνος, ὁ. *Seat*: Ar. and V. ἕδρα, ἡ (rare P.), θᾶκος, ὁ (Plat. also but rare P.), V. θάκημα, τό. *Take the chair, be chairman*: Ar. and P. ἐπιστᾰτεῖν.

Chairman, subs. P. ἐπιστάτης, ὁ.

Chaise, subs. See *carriage*.
Chalice, subs. See *cup*.
Chalk, subs. P. γύψος, ἡ (Plat.).
Challenge, v. trans. P. προκαλεῖσθαι. *Have no fear of*: P. and V. θαρσεῖν (acc.); see *oppose*, *doubt*.
Challenge, subs. P. πρόκλησις, ἡ.
Chamber, subs. Ar. and P. δωμάτιον, τό, P. and V. οἶκος, ὁ, οἴκησις, ἡ, οἴκημα, τό, Ar. and V. δόμος, ὁ, δῶμα, τό, μέλαθρον, τό, V. στέγη, ἡ, στέγος, τό; see *room*. *Bridal chamber*: V. θάλαμος, ὁ, νυμφεῖον, τό, εὐνατήριον, τό. *Chamber for men*: P. and V. ἀνδρών, ὁ (Xen., also Ar.), P. ἀνδρωνῖτις, ἡ. *Chamber for women*: Ar. and P. γυναικωνῖτις, ἡ, P. γυναικών, ὁ (Xen.). *Guest-chamber*: P. and V. ξενών, ὁ. *Maiden's chamber*: V. παρθενῶνες, οἱ.
Chamberlain, subs. P. and V. τἄμίᾱς, ὁ.
Champ, v. trans. P. and V. ἐνδάκνειν (Plat.), V. δάκνειν.
Champaign, subs. *Meadow land*: V. ὀργάς, ἡ (also Xen.). *Plain*: P. and V. πεδίον, τό; see *plain*.
Champion, subs. *Protector, defender*: P. and V. προστάτης, ὁ, τιμωρός, ὁ or ἡ, V. τιμάορος, ὁ or ἡ. *Leader*: P. and V. ἡγεμών, ὁ or ἡ. *One who stands first*: use adj., P. and V. πρῶτος. *Advocate, recommender*: P. ἐξηγητής, ὁ. Used adjectivally = *of the highest excellence*: P. and V. ἄκρος. *Be champion, take the first place*: P. πρωτεύειν, P. and V. ἀριστεύειν.
Champion, v. trans. P. and V. προστᾰτεῖν (gen.), τιμωρεῖν (dat.), προΐστασθαι (gen.), V. ὑπερμᾰχεῖν (gen.), ὑπερμᾰχεσθαι (gen.), ὑπερστᾰτεῖν (gen.); see *defend*.
Championing, adj. V. προστᾰτήριος.
Championship, subs. *Leadership, patronage*: P. προστασία, ἡ. *First place*: P. πρωτεῖον, τό, or pl.
Chance, subs. P. and V. τύχη, ἡ. *Accident*: P. and V. συμφορά, ἡ, Ar. and P. συντυχία, ἡ. *Opportunity*: P. and V. καιρός, ὁ. *By chance*: P. and V. τύχῃ, P. κατὰ τύχην, ἐκ τύχης. *If by chance*: P. and V. εἴ πως, ἐάν πως. *Get the chance*, v.: P. and V. δύνασθαι. *Throw away one's chances one by one*: προΐεσθαι καθ' ἕκαστον ἀεί τι τῶν πραγμάτων (Dem. 13). (*They reflected*) *that, if they had not been seen to have arrived, there would have been no chance for them*: P. εἰ μὲν γὰρ μὴ ὤφθησαν ἐλθόντες, οὐκ ἂν ἐν τύχῃ γίγνεσθαι σφίσιν (Thuc. 4, 73).
Chance, v. intrans. *Happen, occur*: P. and V. τυγχάνειν, συντυγχάνειν, συμβαίνειν, γίγνεσθαι, πᾰρᾰπίπτειν, συμπίπτειν, ἐκβαίνειν, P. ἀποβαίνειν, Ar. and P. συμφέρεσθαι, V. κυρεῖν, ἐκπίπτειν (Soph., *Frag.*). *Chance* (*to do a thing*): P. and V. τυγχάνειν (part.), V. κυρεῖν (part.). *Chance upon*: see *light on*.
Chance, adj. *Casual*: P. and V. ὁ τυχών, ὁ ἐπιτυχών, ὁ προστυχών, ὁ συντυχών. Of persons only: P. ὁ ἐντυχών, ὁ παρατυχών, V. ὁ ἐπιών. *The riddle was not one for any chance comer to solve*: τό γ' αἴνιγμ' οὐχὶ τοὐπιόντος ἦν ἀνδρὸς διειπεῖν (Soph., *O.R.* 393). *Making inquiries of any chance comer*: P. ἐκ τοῦ παρατυχόντος πυνθανόμενος (Thuc. 1, 22).
Chancel, subs. Use P. and V. ἄδυτον, τό.
Chandelier, subs. *Lamp stand*: Ar. λυχνοῦχος, ὁ.
Change, v. trans. P. and V. μετᾰτιθέναι, μετᾰφέρειν, μετᾰβαλλειν, μεταστρέφειν, μεθιστάναι, ἀλλάσσειν, μεταλλάσσειν, ἀλλοιοῦν, ἀμείβειν (Plat. but rare P.), P. μεταποιεῖν, μετακινεῖν. *Exchange*: see *exchange*. *Change* (*what is written*): P. and V. μεταγράφειν. V. intrans. P. and V. ἀλλάσσεσθαι, μεταλλάσσεσθαι, ἀλλοιοῦσθαι, μεταστρέφεσθαι, μεθίστασθαι, τρέπεσθαι, μετᾰπίπτειν, P. περιίστασθαι, μεταβάλλειν. *Since your fortunes have changed*: V. ἐπειδὴ περι-

πετεῖς ἔχεις τύχας (Eur., *And.* 982). *Change into*, v. trans.: P. μεταλλάσσειν εἰς (acc.); v. intrans.: P. μεταβαίνειν εἰς (acc), μεταβάλλειν (εἰς, acc., or ἐπί, acc.). *Change one's abode*: P. μετανίστασθαι, V. μετοικεῖν. *Change one's clothes*: V. ἐσθῆτα ἐξαλλάσσειν (Eur., *Hel.* 1297). *Change colour*: see *colour*. *Change one's mind*: P. and V. μεταγιγνώσκειν, μεταβουλεύεσθαι (Eur., *Or.* 1526), P. μεταδοξάζειν (Plat.), μετανοεῖν. *Change money, convert into smaller coins*: Ar. διακερματίζεσθαι (acc.). *Changing money openly at the banks*: P. τὸ χρυσίον καταλλασσόμενος φανερῶς ἐπὶ ταῖς τραπέζαις (Dem. 376). *Change ships*: P. μετεκβαίνειν, μεταβαίνειν. *Change sides* (politically): P. μεθίστασθαι. *Change the form of*: P. and V. μεταρρυθμίζειν (acc.) (Plat.), P. μετασχηματίζειν (acc.); see *transform*. *Change one's wish*: V. μετεύχεσθαι (absol.).

Change, subs. P. and V. μεταβολή, ἡ, μεταλλαγή, ἡ (Plat., and Eur., *Frag.*), μετάστασις, ἡ, P. ἀλλοίωσις, ἡ; see *exchange*. *Small change in money*: Ar. κέρματα, τά. *Change of abode*: P. μετανάστασις, ἡ, μετοίκησις, ἡ. *Change of mind, reconsideration*: P. ἀναλόγισμος, ὁ. *Repentance*: P. μετάνοια, ἡ, P. and V. μεταμέλεια, ἡ (Eur., *Frag.*), V. μετάγνοια, ἡ.

Changeability, subs. See *changeableness*.

Changeable, adj. *Alterable*: P. μετακίνητος. *Fickle*: P. εὐμετάβολος, ἀκατάστατος, P. and V. ἔμπληκτος, ἄπιστος, Ar. μετάβουλος, Ar. and P. ἀστάθμητος.

Changeableness, subs. P. τὸ ἀστάθμητον.

Changeful, adj. See *changeable*. *Varied*: P. and V. ποικίλος, V. αἰόλος.

Changeless, adj. P. and V. βέβαιος, ἀκίνητος, P. μόνιμος, ἀμετάπτωτος, V. ἔμπεδος.

Changeling, subs. V. διάλλαγμα, τό, P., use adj., ὑποβολιμαῖος.

Channel, subs. *Narrow strip of sea*: P. and V. πόρος, ὁ, στενόν, τό, or pl., πορθμός, ὁ, V. γνάθος, ἡ, αὐλών, ὁ, δίαυλος, ὁ, στενωπός, ἡ. *Canal*: P. διῶρυξ, ὁ, διόρυγμα, τό, P. and V. ὀχετός, ὁ; see also *trench*. *Bed (of a river)*: see *bed*. *Conduit*: P. ὀχετός, ὁ, αὐλών, ὁ (Plat.). *Stream*: P. and V. ῥοῦς (V. ῥόος), ὁ, ῥεῦμα, τό; see *stream*. Met., of *thought*: P. and V. ὁδός, ἡ. *Turn into a different channel*, v. trans.: met., P. and V. παροχετεύειν. *He severs with his sword the channel of breath*: V. τέμνει σιδήρῳ πνεύματος διαρροάς (Eur., *Hec.* 567).

Chant, v. trans. or absol. P. and V. ᾄδειν, ὑμνεῖν, V. ἀείδειν, ὑμνῳδεῖν, κατᾴδειν, Ar. and P. μελῳδεῖν (Plat.), Ar. and V. μέλπειν; see *sing*. *Chant incantations over*: Ar. and P. ἐπᾴδειν (τινί τι, or absol.). *Chant in turn*: V. ἀντικλάζειν (acc.). *Chant over*: P. and V. ἐφυμνεῖν (τινί τι) (Plat.), Ar. and P. ἐπᾴδειν (τινί τι). *Chant hymns over*: V. ὕμνους ἐπευφημεῖν (dat.). *Chant the pæan*: P. and V. παιωνίζειν, V. παιᾶνα ἐφυμνεῖν, παιᾶνα ἐπεξιακχάζειν.

Chant, subs. P. and V. ᾠδή, ἡ, μέλος, τό, ὕμνος, ὁ, μελῳδία, ἡ, V. ὑμνῳδία, ἡ, Ar. and V. ἀοιδή, ἡ, μολπή, ἡ; see *song*.

Chaos, subs. Ar. and P. χάος, τό. Met., *confusion*: P. ταραχή, ἡ, V. τάραγμα, τό, ταραγμός, ὁ, P. and V. ἀκοσμία, ἡ.

Chaotic, adj. P. ταραχώδης, V. ἄκοσμος.

Chaotically, adv. P. and V. εἰκῇ, φύρδην (Xen.), P. χύδην, οὐδένι κόσμῳ, V. τύρβα (Æsch., *Frag.*).

Chapel, subs. P. and V. νεώς, ὁ, Ar. and V. ναός, ὁ; see *temple*.

Chaplain, subs. Use *priest*.

Chaplet, subs. P. and V. στέφανος, ὁ, στέμμα, τό (Plat. but rare P.), V. στέφος, τό, πλόκος, ὁ, πλέγμα, τό.

Chapter, subs. Use P. λόγος, ὁ.

Char, v. trans. *Reduce to ashes:* Ar. σποδίζειν, Ar. and V. κᾰταίθειν, κᾰταιθᾰλοῦν, V. κᾰτᾰμᾰθΰνειν; see *burn*. *Be charred:* V. καπνοῦσθαι, κᾰτανθρᾰκοῦσθαι, ἀνθρᾰκοῦσθαι. *Charred:* V. φλογιστός, ἔμπῡρος.

Character, subs. Of a person: P. and V. τρόπος, ὁ, or pl., ἦθος, τό, φῠ́σῐς, ἡ. *Mood:* P. and V. ὀργή, ἡ. *Force of character:* P. φύσεως ἰσχύς, ἡ (Thuc. 1, 138). *Written characters (letters):* P. and V. γρᾰφαί, αἱ, γράμμᾰτα, τά. *Form:* P. and V. τῠ́πος, ὁ. *Kind, description:* P. and V. γένος, τό. *Of what character*, adj.: interrogative, P. and V. ποῖος; indirect, P. and V. ὁποῖος. *Of such character:* P. and V. τοιοῦτος, τοιόσδε, Ar. and V. τοῖος. *Character in a play:* P. σχῆμα, τό. *Reputation:* P. and V. δόξα, ἡ; see *reputation*. *They have become men of repute and public characters:* P. γεγόνασιν . . . ἔνδοξοι καὶ γνώριμοι (Dem. 106).

Characterise, v. trans. See *describe*. *Their proceedings were characterised by indifference and a general dilatoriness:* P. ἀμέλειά τις ἐνῆν καὶ διατριβὴ τῶν πάντων (Thuc. 5, 38).

Characteristic, subs. *Distinguishing feature:* P. and V. ἴδιον (Eur., *El.* 633). *Form:* P. σχῆμα, τό; see *property*.

Characteristic, adj. *Appropriate:* P. and V. προσήκων, πρέπων, σύμμετρος, πρόσφορος; see *appropriate*. *Native, inborn:* P. and V. ἔμφῠτος (Eur., *Frag.*), σύμφῠτος. *It is characteristic of a woman:* P. and V. γῠναικός ἐστι, πρὸς γῠναικός ἐστι.

Characteristically, adv. *Appropriately:* P. and V. πρεπόντως, συμμέτρως, P. προσηκόντως. *By nature:* P. and V. φῠ́σει.

Charcoal, subs. P. and V. ἄνθραξ, ὁ (Eur., *Cycl.* 244).

Charge, v. trans. or absol. *Attack:* P. and V. προσβάλλειν (dat.), εἰσβάλλειν (εἰς or πρός, acc.), προσπίπτειν (dat.), εἰσπίπτειν (πρός, acc.), ἐμπίπτειν (dat.) (Xen., also Ar.), V. ἐφορμᾶν (dat.) or pass. (rare P.), P. προσφέρεσθαι (dat.), Ar. and P. ἐπῐτίθεσθαι (dat.); see *attack*. *Demand as payment:* P. and V. εἰσπράσσεσθαι; see *exact*. *He charges half the amount to himself, the rest is reckoned as theirs:* P. τὸ μὲν ἥμισυ αὑτῷ τίθησι τὸ δὲ τούτοις λελόγισται (Lys. 211.) *Intrust:* Ar. and P. ἐπιτρέπειν (τινί τι), P. πιστεύειν (τινί τι), ἐγχειρίζειν (τινί τι), V. εἰσχειρίζειν (τινί τι). *Exhort, command:* P. and V. κελεύειν (acc.), ἐπῐτάσσειν (dat.), προστάσσειν (dat.), ἐπιστέλλειν (dat.), ἐπισκήπτειν (dat.), Ar. and V. ἐφῑ́εσθαι (dat.), V. ἐξεφῑ́εσθαι (absol.). *Accuse:* see *accuse*. *Fill:* P. and V. πληροῦν, ἐμπιπλάναι, πιμπλάναι (rare P. uncompounded), γεμίζειν.

Charge, subs. *Attack:* P. and V. προσβολή, ἡ, εἰσβολή, ἡ, P. ἐπίθεσις, ἡ, ἐπιχείρησις, ἡ, ἔφοδος, ἡ, ἐπιδρομή, ἡ. *Rush:* P. and V. ὁρμή, ἡ, V. ῥῑπή, ἡ, Ar. and P. ῥῠ́μη, ἡ. *Run:* P. and V. δρόμος, ὁ. *Of ships:* P. and V. ἐμβολή, ἡ. *Like a bull ready for the charge, he bellows fiercely:* V. ταῦρος ὣς εἰς ἐμβολὴν δεινὰ μυκᾶται (Eur., *H.F.* 869). *Price:* P. ὠνή, ἡ, Ar. and P. τῑμή, ἡ; see *price*. *Exaction:* P. εἴσπραξις, ἡ. *Expense:* P. and V. δᾰπάνη, ἡ. *At his own charges:* P. τοῖς αὑτοῦ τέλεσι, τοῖς ἰδίοις τέλεσι. *At the public charge:* P. δημοσίᾳ. *Duty, task:* P. and V. ἔργον, τό; see *task*. *Guardianship:* P. ἐπιτροπεία, ἡ. *Something intrusted to one's care:* V. μέλημα, τό, φρούρημα, τό. *Put in charge of:* Ar. and P. ἐπιτρέπειν (τινί τι); see *intrust*. *Take charge of:* P. and V. ἐπιστᾰτεῖν (dat.), θερᾰπεύειν (acc.), Ar. and P. ἐπῐμέλεσθαι (gen.), V. κηδεύειν (acc.), μέλεσθαι (gen.); see *manage*, *guard*. *Command:* P. πρόσταγμα, τό, ἐπίταγμα, τό, V. ἐντολή, ἡ (Plat. but rare P.), κέλευσμα, τό, κελευσμός, ὁ, ἐφετμή, ἡ, ἐπιστολαί, αἱ. *I impose this service as a charge upon you:*

V. ὑμῖν . . . τήνδ' ἐπισκήπτω χάριν (Soph., *Aj.* 566). *Accusation:* see *accusation. On a charge of:* P. and V. ἐπί (dat.).

Charger, subs. *Dish:* Ar. λεκάνη, ἡ, λοπάς, ἡ. *Horse:* P. and V. ἵππος, ὁ, V. πῶλος, ὁ.

Charily, adv. *Reluctantly:* P. and V. σχολῇ. *Cautiously:* P. and V. εὐλἄβῶς.

Chariness, subs. *Hesitation:* P. and V. ὄκνος, ὁ. *Caution:* P. and V. εὐλάβεια, ἡ.

Chariot, subs. P. and V. ἁρμἄ, τό, V. δίφρος, ὁ (Plat. also but rare P.), ὄχημα, τό, ὄχος, ὁ, ἀπήνη, ἡ. *Four horse chariot:* Ar. and V. τέθριππον, τό, or pl., V. τέθριππον ἅρμα, τό. *Drive chariot*, v.: Ar. and P. ἡνιοχεῖν, V. διφρηλἄτεῖν.

Charioteer, subs. P. and V. ἡνίοχος, ὁ (Eur., *Rhes.* 804), ἁρμἄτηλάτης, ὁ (Xen.), V. τροχηλάτης, ὁ, ἡνιοστρόφος, ὁ, διφρευτής, ὁ, ἁρμάτων ἐπιστάτης, ὁ, ἁρμάτων ἐπεμβάτης, ὁ, ποιμὴν ὄχου, ὁ.

Chariot-rail, subs. P. and V. ἄντυξ, ἡ (Plat., *Theaet.* 207A, but rare P.),

Charitable, adj. P. and V. φῐλάνθρωπος,, ἐπιεικής, Ar. and V. εὔφρων, P. εὐγνώμων; see *kind. Generous:* P. φιλόδωρος, V. ἄφθονος; see *generous.*

Charitably, adv. P. φιλανθρώπως, ἐπιεικῶς, V. εὐφρόνως; see *kindly.*

Charity, subs. P. φιλανθρωπία, ἡ, ἐπιείκεια, ἡ, εὐγνωμοσύνη, ἡ, P. and V. τοὐπιεικές; see *kindness. Alms, gift:* P. and V. δῶρον, τό. *Ask charity*, v.: P. and V. προσαιτεῖν.

Charlatan, subs. P. and V. γόης, ὁ, μάγος, ὁ, ἀγύρτης, ὁ, Ar. φέναξ, ὁ.

Charm, v. trans. *Delight:* P. and V. τέρπειν, εὐφραίνειν. *Please:* P. and V. ἀρέσκειν (dat. or acc.), Ar. and V. ἁνδάνειν (dat.); see *please. Bewitch:* P. and V. κηλεῖν (Plat.), θέλγειν (Plat. but rare P.), Ar. and P. φαρμάσσειν, P. κατεπᾴδειν, γοητεύειν, κατακηλεῖν (Plat.). *Enchant:* met., P. and V. κηλεῖν (Plat.). *Charm away:* P. and V. ἐξεπᾴδειν.

Charm, subs. *Amulet:* P. περίαπτον, τό. *Love-charm:* P. and V. φίλτρον, τό. *Enchantment:* P. and V. φάρμἄκον, τό, ἐπῳδή, ἡ, V. φίλτρον, τό (in P. only, *love-charm*), κήλημα, τό, θέλκτρον, τό, θέλγητρον, τό, θελκτήριον, τό, κηλητήριον, τό, μἄγεύμἄτα, τά. *Charm against:* V. ἐπῳδή, ἡ (gen.), or use P. and V., adj., ἐπῳδός (gen.). *Sing as a charm or incantation*, v.: Ar. and P. ἐπᾴδειν (acc.). *Use charms*, v.: Ar. μαγγἄνεύειν. *Attraction, grace*, subs.: P. and V. χάρῐς, ἡ.

Charmed, adj. *Pleased:* P. and V. ἡδῠς. *Be charmed*, v.: P. and V. ἥδεσθαι. *Be charmed to:* P. and V. ἥδεσθαι (part.).

Charmer, subs. *Enchanter:* P. and V. φαρμἄκεύς, ὁ, μάγος, ὁ, γόης, ὁ, ἐπῳδός, ὁ (Plat.), V. ἀοιδός, ὁ. *Beloved:* P. and V. ἡ ἐρωμένη. *Enchantress:* V. ἀοιδός, ἡ, Ar. φαρμἄκῐς, ἡ.

Charming, adj. *Delightful:* P. and V. ἡδῠς, τερπνός, V. χαρτός (also Plat. but rare P.), θῡμηδής, ἐφίμερος, Ar. and V. γλῠκῠς, Ar. and P. χἄρίεις, ἀστεῖος, P. ἐπίχαρις, ἐπαφρόδιτος, εὔχαρις; see *delightful.*

Charming, subs. P. κήλησις, ἡ (Plat.).

Charmingly, adv. P. and V. ἡδέως, P. χαριέντως.

Chart, subs. *Map:* P. πίναξ, ὁ (Hdt.). *Chart of the world:* Ar. γῆς περίοδος, ἡ.

Charter, subs. *Covenant:* P. and V. σύμβἄσις, ἡ, σύνθημα, τό, συνθῆκαι, αἱ.

Charter, v. trans. *Hire:* Ar. and P. μισθοῦσθαι.

Chary, adj. *Hesitating:* P. ὀκνηρός. *Be chary of (doing a thing):* P. and V. ὀκνεῖν (infin.).

Chase, v. trans. P. and V. διώκειν, P. καταδιώκειν, ἐπιδιώκειν. *Hunt:* P. and V. θηρᾶν (or mid.) (Xen., also Ar.), θηρεύειν, ἀγρεύειν (Xen.), κῠνηγετεῖν (Xen., also Ar.), V. ἐκκῠνηγετεῖν. Met., *seek eagerly:* P. and V. θηρεύειν, V. θηρᾶν (or mid.). *Drive in pursuit:* P. and V. ἐλαύνειν,

V. ἐλαστρεῖν, τροχηλᾰτεῖν. *Chase away*: Ar. and P. ἀποδιώκειν; see *drive away*. *Run after*: P. μεταθεῖν. *Join in chasing*: P. συνδιώκειν (absol.). *Emboss*: P. ἐκτυποῦν.

Chase, subs. *Pursuit*: P. δίωξις, ἡ, V. δίωγμα, τό (also Plat. but rare P.), διωγμός, ὁ, μεταδρομή, ἡ (also Xen.). *Give chase*: see *pursue*. *Hunt*: P. and V. θήρα, ἡ (Plat.), ἄγρα, ἡ (Plat.), V. κῡνηγία, ἡ. *Art of the chase, hunting*: P. ἡ θηρευτική, κυνηγέσιον, τό. *Trophies of the chase*: V. ἀγρεύμᾰτα, τά. *Of the chase*, adj.: Ar. and P. θηρευτῐκός. *Fond of the chase*: P. φιλόθηρος (Plat.). *Good at the chase*: V. εὔθηρος. *Eager pursuit*, subs.: met., P. and V. θήρα, ἡ. *Search*: P. and V. ζήτησις, ἡ.

Chased, adj. *Embossed*: V. εὐκρότητος. *Chased with gold*: V. χρυσόκολλος (Soph. and Eur., *Frag.*).

Chasm, subs. P. and V. χάσμα, τό; see *cave*, *gulf*.

Chaste, adj. P. and V. ἁγνός, κᾰθᾰρός, P. ἀδιάφθορος, V. ἀκήρᾰτος (rare P.), ἀκέραιος. *Virgin*: V. παρθένος. *Continent*: P. and V. σώφρων, P. ἐγκρατής. *Be chaste*, v.: P. and V. ἁγνεύειν, Ar. and P. κᾰθᾰρεύειν.

Chastely, adv. P. ἀδιαφθόρως, ἁγνῶς (Xen.). *Continently*: P. and V. σωφρόνως, P. ἐγκρατῶς.

Chasten, v. trans. P. and V. κολάζειν, νουθετεῖν, σωφρονίζειν, ῥυθμίζειν (Plat.), V. ἁρμόζειν.

Chastener, subs. P. σωφρονιστής, ὁ, P. and V. κολαστής, ὁ, ἐπῐτῑμητής, ὁ (Plat.).

Chastening, subs. P. and V. νουθέτησις, ἡ, νουθέτημα, τό, P. κόλασις, ἡ.

Chastise, v. trans. *Beat, flog*: Ar. and P. μαστῑγοῦν, P. πληγὰς διδόναι (dat.). *Punish*: P. and V. κολάζειν, τῑμωρεῖσθαι, ζημιοῦν, μετέρχεσθαι; see *punish*.

Chastisement, subs. *Blows*: P. and V. πληγαί, αἱ. *Punishment*: P. κόλασις, ἡ, P. and V. τίσις, ἡ, ζημία, ἡ, τῑμωρία, ἡ, or pl.

Chastiser, subs. P. and V. κολαστής, ὁ, ἐπῐτῑμητής, ὁ (Plat.), P. σωφρονιστής, ὁ, V. εὔθῡνος, ὁ.

Chastity, subs. V. ἅγνευμα, τό, P. ἁγνεία, ἡ. *Maidenhood*: V. παρθενεία, ἡ. *Continence*: P. ἐγκράτεια, ἡ, P. and V. τὸ σῶφρον, τὸ σωφρονεῖν (Eur., *El.* 923). Personified: V. Αἰδώς (Eur., *Hipp.* 78).

Chat, v. intrans. Ar. and P. διᾰλέγεσθαι; see *converse*.

Chat, subs. P. διάλογος, ὁ; see *conversation*.

Chattels, subs. P. and V. χρήμᾰτα, τά, Ar. and P. σκεύη, τά, P. τὰ ὑπάρχοντα.

Chatter, v. intrans. P. and V. λᾰλεῖν, θρῡλεῖν, Ar. and P. φλυᾱρεῖν, P. ἀδολεσχεῖν, V. πολυστομεῖν, Ar. φληνᾰφᾶν, στωμύλλεσθαι.

Chatter, subs. Ar. and P. λᾰλία, ἡ, ἀδολεσχία, ἡ, V. λᾰλήμᾰτα, τά, P. πολυλογία, ἡ. *Gossip*: V. λεσχαί, αἱ.

Chatter-box, subs. See *chatterer*.

Chatterer, subs. Ar. and P. ἀδολέσχης, ὁ, V. λάλημα, τό, φλέδων, ὁ or ἡ.

Chattering, adj. P. and V. λάλος, P. πολύλογος, V. στόμαργος, πολύγλωσσος, ἀθῠρόγλωσσος, Ar. λᾰλητῐκός.

Chattering, subs. V. γλωσσαλγία, ἡ, Ar. and P. λᾰλία, ἡ.

Cheap, adj. P. εὐτελής, εὔωνος. *Costing nothing*: Ar. ἀδάπᾰνος. *Worthless, mean*: P. and V. φαῦλος, εὐτελής. *At the cheapest possible rate*: P. ὡς ἀξιώτατον (Lys. 165). *I have never yet seen cheaper anchovies*: Ar. οὐπώποτ' ἀφύας εἶδον ἀξιωτέρας (*Eq.* 645).

Cheapen, v. trans. P. ἐπευωνίζειν.

Cheaply, adv. P. εὐτελῶς (Xen.), V. ἀδᾰπάνως.

Cheapness, subs. Ar. and P. εὐτέλεια, ἡ. *Worthlessness*: P. and V. φαυλότης, ἡ.

Cheat, v. trans. P. and V. ἀπᾰτᾶν, ἐξᾰπᾰτᾶν, πᾰράγειν, κλέπτειν, Ar. and P. φενᾱκίζειν, P. παρακρούεσθαι, γοητεύειν, Ar. and V. δολοῦν, V. φηλοῦν, πᾰρᾰτᾰπᾶν, ἐκκλέπτειν, Ar. περιέρχεσθαι, ἐξᾰπᾰτύλλειν; see *defraud, beguile, deceive. Baffle*: P. and V. σφάλλειν, P. ἐκκρούειν. *Be cheated, baulked of*: P. and V. ψεύδεσθαι (gen.), σφάλλεσθαι (gen.), ἀποσφάλλεσθαι (gen.), ἁμαρτάνειν (gen.). *He died in sorry plight by being cheated of his money*: V. τέθνηκεν αἰσχρὸς χρημάτων ἀπαιόλῃ (Æsch., *Frag.*).

Cheat, subs. *Trick*: P. and V. ἀπάτη, ἡ, στροφή, ἡ, μηχάνημα, τό, σόφισμα, τό, δόλος, ὁ (rare P.), Ar. and P. κλέμμᾰ, τό; see *trick. One who cheats*: P. ἀπατεών, ὁ, Ar. and P. σοφιστής, ὁ, P. and V. γόης, ὁ, V. φηλήτης, ὁ. *Thief*: P. and V. κλέπτης, ὁ; see *deceiver*.

Cheating, subs. *Deception*: P. and V. ἀπάτη, ἡ, P. παράκρουσις, ἡ, Ar. and P. φενᾱκισμός, ὁ. *Fraud*: P. and V. πᾰνουργία, ἡ.

Check, v. trans. P. and V. κᾰτέχειν, ἐπέχειν, Ar. and V. ἴσχειν (rare P.), V. ἐπίσχειν (rare P.), ἐξερῦκειν, ἐρητύειν, ἐρῦκειν, σχάζειν, κᾰταστέλλειν. *Hinder*: P. and V. κωλύειν, ἐπῐκωλύειν, ἀπείργειν; see *hinder. Stop*: P. and V. παύειν. *Check (an attacking force)*: P. and V. ἀναστέλλειν. *Examine*: P. and V. διασκοπεῖν, ἐξετάζειν. *One who checks (accounts)*, subs.: P. ἀντιγραφεύς, ὁ. *Auditor*: P. εὔθυνος, ὁ.

Check, subs. *Hindrance*: P. κώλυμα, τό, διακώλυμα, τό, ἐμπόδισμα, τό. *Be a check to*: P. and V. ἐμποδὼν εἶναι (dat.), ἐμποδὼν γίγνεσθαι (dat.). *Defeat*: P. ἧσσα, ἡ, πάθος, τό. *Audit*: Ar. and P. εὔθῡνα, ἡ, or pl. *Tally*: P. and V. σύμβολον, τό.

Checker, v. trans. See *chequer*.

Checkered, adj. See *chequered*.

Checkmate, v. trans. Met., P. and V. σφάλλειν, P. ἐκκρούειν.

Cheek, subs. P. and V. πᾰρειά, ἡ (Plat. but rare P.), γνάθος, ἡ (lit., *jaw*), V. πᾰρηΐς, ἡ, πᾰρῄς, ἡ, or use γενειάδες, αἱ, γένῠς, ἡ. *Give blow on the cheek*: P. ἐπὶ κόρρης τύπτειν. *Puff out one's cheeks*: P. τὰς γνάθους φυσᾶν (Dem. 442, cf. Ar., *Thesm.* 221). *With beautiful cheeks*, adj.: V. καλλίπρῳρος.

Cheep, v. intrans. Of birds: Ar. πιππίζειν.

Cheer, v. trans. *Encourage*: P. and V. θαρσύνειν, θρᾰσύνειν, πᾰρᾰκᾰλεῖν, P. παραθαρσύνειν, ἐπιρρωννύναι, Ar. and P. πᾰρᾰμῡθεῖσθαι. *Comfort*: P. and V. πᾰρᾰμῡθεῖσθαι (Eur., *Or.* 298), V. πᾰρηγορεῖν. *Praise*: P. and V. ἐπαινεῖν, V. αἰνεῖν, Ar. and V. εὐλογεῖν. *Gladden*: P. and V. εὐφραίνειν, τέρπειν, V. εὐθῡμεῖν (Æsch., *Frag.*). V. intrans. *Shout applause*: Ar. and P. θορῠβεῖν, P. ἀναθορυβεῖν. *Cheer on*, v. trans.: P. and V. ἐπῐκελεύειν, ὁρμᾶν, ἐξορμᾶν, ἐγκελεύειν, ἐποτρῡ́νειν (Thuc.), ἐξοτρῡ́νειν (Thuc.), P. κατεπείγειν, V. ὀτρῡ́νειν, ἐπεγκελεύειν (Eur., *Cycl.*), ὀρνῡ́ναι. *Cheer up*, v. intrans.: P. and V. θαρσεῖν.

Cheer, subs. *Good cheer*: Ar. and P. εὐωχία, ἡ, P. εὐπάθεια, ἡ, Ar. and P. θᾰλία, ἡ (Plat. once). *Enjoy good cheer*, v.: Ar. and P. εὐωχεῖσθαι. *Hospitality*, subs.: P. and V. ξένια, τά *Mirth, joy*: P. and V. ἡδονή, ἡ, τέρψῐς, ἡ, χᾰρά, ἡ. *Shout*: P. and V. βοή, ἡ, θόρῠβος, ὁ, V. κέλᾰδος, ὁ. *So speaking he drew cheers and commendation from many of his hearers*: P. εἰπὼν ταῦτα πολλοῖς θόρυβον πάρεσχε καὶ ἔπαινον τῶν ἀκουόντων (Plat., *Prot.* 339D-E). *Be of good cheer*: P. and V. θαρσεῖν, θρᾰσύνεσθαι, V. εὐθῡμεῖν (Eur., *Cycl.*), θαρσύνειν.

Cheerful, adj. P. εὔθυμος, Ar. and P. ἱλᾰρός (Xen.). *Of looks*: P. and V. φαιδρός, V. λαμπρός, φαιδρωπός, Ar. and V. εὐπρόσωπος (also Xen.). *Hopeful*: P. and V. εὔελπις. *Cheering*: V. εὔφρων. *Bright, happy*: Ar. and P. εὐήμερος. *Zealous, ready*: P. and V. πρόθῡμος. *Be cheerful*: P. and V. θαρσεῖν, V. εὐθῡμεῖν (Eur., *Cycl.*), θαρσύνειν.

Cheerfully, adv. P. and V. εὐθύμως (Xen.), ἡδέως, P. ἱλαρῶς (Xen.).

Zealously : P. and V. προθύμως. *Willingly* : P. and V. ἡδέως, or use adj., P. and V. ἄσμενος, ἑκών. *Bear cheerfully* : P. and V. ῥᾳδίως φέρειν (acc.).

Cheerfulness, subs. P. and V. εὐθῡμία, ἡ (Xen., and Æsch., *Supp.* 959); see *joy*. *Zeal, readiness* : P. and V. προθῡμία, ἡ, σπουδή, ἡ.

Cheering, adj. V. εὔφρων. *Welcome* : P. and V. ἡδύς, ἀρεστός, V. φίλος. *Hopeful* : P. and V. εὔελπις. *Cheering words* : P. παρακέλευσις, ἡ, V. πᾰρᾰκέλευσμα, τό.

Cheerless, adj. V. ἀτερπής (also Thuc. but rare P.).

Cheese, subs. P. and V. τῡρός, ὁ, V. τῡρεύμᾰτα, τά. *The Market for fresh cheese* : P. ὁ χλωρὸς τυρός (Lys. 167[8]).

Cheesemonger, subs. Ar. τῡροπώλης, ὁ.

Cheeseparing. Met., subs. and adj. : see *meanness, mean*.

Cheese-strainer, subs. Ar. τάλᾰρος, ὁ.

Chemist, subs. *Seller of drugs* : Ar. and P. φαρμᾰκοπώλης, ὁ.

Chemistry, subs. *Handling of drugs* : P. φαρμακεία, ἡ.

Cheque, subs. *Ticket* : P. and V. σύμβολον, τό.

Chequer, v. trans. P. and V. ποικίλλειν, P. διαποικίλλειν.

Chequered, adj. P. and V. ποικίλος. *Variegated* : Ar. and V. αἰόλος.

Cherish, v. trans. *Tend* : P. and V. θερᾰπεύειν, V. κηδεύειν ; see *tend*. *Foster* : P. and V. τρέφειν, V. ἀτάλλειν, βόσκειν. *Guard* : P. and V. φῠλάσσειν, περιστέλλειν. *Fondle* : P. and V. ἀσπάζεσθαι, V. προσπτύσσεσθαι. *Cherish (a feeling)* : P. and V. ἔχειν, τρέφειν (Plat.) ; see *harbour*. *Indulge* : P. and V. χᾰρίζεσθαι (dat.). *Cherish in old age*, v. : Ar. and V. γηροβοσκεῖν (acc.), P. γηροτροφεῖν (acc.).

Cherished, adj. *Dear* : P. and V. φίλος, προσφιλής, V. εὐφιλής. *Cherishing in old age* : V. γηροβοσκός, γηροτρόφος.

Chest, subs. *Breast* : P. and V. στῆθος, τό, or pl. (Plat. but rare P.), στέρνον, τό, or pl. (Xen. but rare P.). *Box* : P. and V. θήκη, ἡ, ζῠγαστρον, τό (Xen.), Ar. and P. κῑβωτός, ἡ (Lys.), Ar. and V. ἄγγος, τό, V. λέβης, ὁ.

Chew, v. trans. Ar. and P. τρώγειν, Ar. and V. βρῡκειν (Eur., *Cycl.*), Ar. μᾰσᾶσθαι, κᾰτατρώγειν, V. δάπτειν ; see *eat*. *Chew the cud* : P. μηρυκάζειν (Arist.).

Chicanery, subs. P. γοητεία, ἡ, φενακισμός, ὁ.

Chick, subs. P. and V. νεοσσός, ὁ.

Chicken, subs. P. and V. ὄρνῑς, ὁ or ἡ. *Chicken's flesh* : Ar. and P. κρέᾰ ὀρνίθεια, τά (Xen.), Ar. ὀρνίθεια, τά.

Chide, v. trans. P. and V. μέμφεσθαι (acc. or dat.), ψέγειν, Ar. and V. μωμᾶσθαι, V. ἐνίπτειν (Æsch., *Ag.* 590) ; see *blame, abuse*.

Chief, subs. P. and V. δῠνάστης, ὁ, ἡγεμών, ὁ or ἡ, προστάτης, ὁ, Ar. and V. ἐπιστάτης, ὁ (rare P.), ἄρχων, ὁ, ἄναξ, ὁ, κοίρᾰνος, ὁ, πρόμος, ὁ, τᾱγός, ὁ, V. ἀρχηγός, ὁ, ἀρχηγέτης, ὁ, ἀνάκτωρ, ὁ, ἄκτωρ, ὁ, ἀρχέλᾱος, ὁ (also Ar. in form ἀρχέλᾱς), βρᾰβεύς, ὁ, κύριος, ὁ, κρέων, ὁ, in pl. also V. ἀριστῆς, οἱ. *Chiefs of the Danai and Mycenaeans* : V. Δαναῶν καὶ Μυκηναίων ἄκροι (Eur., *Phoen.* 430).

Chief, adj. *Principal* : P. and V. μέγιστος, πρῶτος. *Select, chosen* : P. and V. ἐξαίρετος. *The chief point* : P. τὸ κεφάλαιον. *Supreme* : P. and V. κύριος.

Chiefly, adv. P. and V. μάλιστα, οὐχ ἥκιστα. *For the most part* : P. ὡς ἐπὶ τὸ πολύ.

Chieftain, subs. See *chief*.

Chieftainship, subs. P. ἡγεμονία, ἡ, προστασία, ἡ, P. and V. ἀρχή, ἡ, κρᾰ́τος, τό.

Chilblain, subs. Ar. χίμετλον, τό.

Child, subs. P. and V. παῖς, ὁ or ἡ, Ar. and V. τέκνον, τό (rare P.), τέκος, τό, γόνος, ὁ, V. γονή, ἡ, γέννημα, τό, γένεθλον, τό, σπέρμα, τό (rare P.), σπορά, ἡ; see *son, daughter*. *Offspring*: P. and V. ἔκγονος, ὁ or ἡ. *Scion*: V. θάλος, τό, βλάστημα, τό. Ar. and V. ἔρνος, τό; see *scion*. *Little child, infant*: P. and V. νήπιος, ὁ or ἡ (Plat., Ant.), Ar. and P. παιδάριον, τό, παιδίον, τό, Ar. τεκνίδιον, τό. *Babe*: V. βρέφος, τό, τυτθός, ὁ or ἡ. *Of children*, adj.: P. and V. παίδειος (Plat.). *Of infants*: V. νήπιος. *Blest in one's children*: Ar. and V. εὔπαις, V. εὔτεκνος. *Be blest in one's children*, v.: V. εὐτεκνεῖν (Eur., *Frag.*). *Blessing of good children*, subs.: Ar. and V. εὐπαιδία, ἡ. *Cursed in one's children*, adj.: V. δύστεκνος. *Having two children*: V. δίπαις. *Having fifty children*: V. πεντηκοντάπαις. *Having fair children*: V. καλλίπαις. *Loving one's children*: Ar. and V. φιλότεκνος. *Murder one's children*, v.: V. παιδοκτονεῖν. *Murdering one's children*, adj.: V. παιδοκτόνος. *The guilt of child-murder*: V. τεκνοκτόνον μῦσος (Eur., *H.F.* 1155). *From a child*: see *from childhood* under *childhood*.

Childbed, subs. P. and V. λοχεία, ἡ (Plat.), τόκος, ὁ, or pl. (Plat.), V. λοχεύματα, τά, ὠδίς, ἡ, γονή, ἡ. *The pains of childbed*: V. ὠδίς, ἡ, λόχια νοσήματα, τά. *A woman who has just been in childbed*: Ar. and V. λεχώ, ἡ.

Childbirth, subs. See *childbed*.

Childhood, subs. P. παιδεία, ἡ; see *youth, boyhood, maidenhood*. *From childhood*: P. ἐκ νέου, ἐκ παιδός, ἐκ παιδίου (Xen.), ἐκ παιδαρίου, ἐκ μειρακίου.

Childish, adj. *Of a child*: P. and V. παίδειος, νέος, Ar. and V. νήπιος. *Like a child*: V. ἀντίπαις. Met., *trifling*: P. and V. παιδικός, V. παιδνός, Ar. and V. νήπιος, P. παιδαριώδης, μειρακιώδης; see *foolish*.

Childishly, adv. P. παιδικῶς; see *foolishly*.

Childishness, subs. P. and V. παιδιά, ἡ, P. παιδεία, ἡ; see *folly*.

Childless, adj. P. and V. ἄπαις, ἄτοκος (Plat.), V. ἄτεκνος.

Childlessness, subs. P. and V. ἀπαιδία, ἡ.

Child's play, subs. P. and V. παιδιά, ἡ (Æsch., *P.V.* 314).

Chill, adj. P. and V. ψυχρός, Ar. κρυερός.

Chill, subs. P. and V. ψῦχος, τό, V. κρυμός, ὁ (Soph. and Eur., *Frag.*), met., κρύος, τό. *Cold in the head*: P. κατάρρους, ὁ.

Chill, v. trans. *Cool*: P. and V. ψύχειν, ἀναψύχειν, V. καταψύχειν. Met., *dull*: P. and V. ἀμβλύνειν, ἀπαμβλύνειν, V. καταμβλύνειν. *Chilled with grief*: V. λύπῃ παχνωθεῖσα (Eur., *Hipp.* 803).

Chilliness, subs. P. ψυχρότης, ἡ; see *chill*.

Chilly, adj. See *chill*.

Chime, subs. Use *sound*.

Chime, v. intrans. Use *sound*. *Chime in*: P. ὑπολαμβάνειν.

Chimera, subs. *Creation of the fancy*: P. εὐχή, ἡ.

Chimerical, adj. *Impossible*: P. and V. ἀδύνατος, ἄπορος, ἀμήχανος (rare P.).

Chimney, subs. Ar. κάπνη, ἡ, ὀπή, ἡ.

Chin, subs. Ar. and V. γένειον, τό, γένυς, ἡ.

Chine, subs. Ar. and V. ὀσφῦς, ἡ, or use P. and V. ῥάχις, ἡ (*spine*), νῶτον, τό, or pl. (*back*).

Chink, subs. Ar. and P. τρῆμα, τό. *Joint*: V. ἁρμός, ὁ. *Rattle*: P. and V. ψόφος, ὁ.

Chink, v. intrans. *Rattle*: P. and V. ψοφεῖν.

Chip, subs. Ar. σχίζα, ἡ. *Chips, shavings*: Ar. φορῦτος, ὁ, κάρφος, τό.

Chip, v. trans. P. περικόπτειν.

Chirp, v. intrans. Ar. πιππίζειν, P. and V. ᾄδειν, V. εὐστομεῖν.

Chisel, subs. Ar. and P. σμίλη, ἡ, V. τύκος, ὁ.

Chisel, v. trans. *Carve*: Ar. and P. γλύφειν. *Shape stones*: Ar. τυκίζειν.

Chivalrous, adj. P. μεγαλόψυχος, P. and V. γενναῖος; see *generous*.

Chivalrously, adv. P. μεγαλοψύχως, P. and V. γένναιως; see *generously*.

Chivalry, subs. *Horsemen*: P. and V. ἵππος, ἡ, ἱππῆς, οἱ, τὸ ἱππῐκόν. *Chiefs*: V. ἄριστῆς, οἱ. *Magnanimity*: Ar. and P. ἀνδᾰγᾰθία, ἡ, P. μεγαλοψυχία, ἡ, P. and V. γενναιότης, ἡ, τὸ γενναῖον.

Choice, adj. P. and V. ἐξαίρετος, ἔκκρῐτος, V. κρῐτός, λεκτός, P. ἐκλεκτός, ἀπόλεκτος. *Pre-eminent*: P. and V. ἐκπρεπής. *Choice troops*: P. and V. λογᾰδες, αἱ.

Choice, subs. P. and V. αἵρεσις, ἡ, P. ἐκλογή, ἡ. *Election to office*: P. χειροτονία, ἡ; see *election*. *Choice by lot*: P. and V. κλήρωσις, ἡ.

Choir, subs. *Band*: P. and V. ὅμῑλος, ὁ, σύλλογος, ὁ, V. χορός, ὁ (rare P.), στόλος, ὁ, λόχος, ὁ, ὁμῑλία, ἡ; see *band*. *Chorus*: P. and V. χορός, ὁ; see *chorus*.

Choke, v. trans. P. and V. ἄγχειν, ἀπάγχειν, Ar. and P. ἀποπνῑγειν, πνῑγειν. *Fill*: see *fill*. *The vast expanse of heaven was choked withal*: V. ἐν δ' ἐμεστώθη μέγας αἰθήρ (Soph., *Ant.* 420). *Choke up a stream, etc.*: P. καταχωννύναι: see *silt up*.

Choking, subs. Ar. and P. πνῖγος, τό. *Throttling*: V. ἀγχόνη, ἡ (Eur., *H.F.* 154).

Choking, adj. Ar. and P. πνῑγηρός.

Choler, subs. *Bile*: P. and V. χολή, ἡ; see *anger*.

Choleric, adj. Met., Ar. and P. ἀκρᾰ́χολος, P. and V. ὀξύς. Ar. and V. ὀξύθῡμος, V. δύσοργος; see *angry*.

Choose, v. trans. *Pick out*: P. and V. ἐξαιρεῖν (or mid.), αἱρεῖσθαι, ἐκκρῑνειν, προκρῑνειν, Ar. and P. ἐκλέγειν (or mid.), ἀπολέγειν (or mid.), V. κρῑνειν, P. ἐπιλέγεσθαι. *Choose (between alternatives)*: P. and V. αἱρεῖσθαι. *Elect (to office, etc.)*: Ar. and P. χειροτονεῖν, P. and V. αἱρεῖσθαι. *Choose in addition*: P. προσαιρεῖσθαι. *Choose in stead*: P. and V. ἀνθαιρεῖσθαι. *Choose by lot*: see under *lot*. *Choose the best, take one's pick of*: V. λωτίζεσθαι (acc.), ἀπολωτίζειν (acc.), ἀκροθῑνιάζεσθαι (acc.). V. intrans. *Be willing*: P. and V. βούλεσθαι. *Deign*: P. and V. ἀξιοῦν, τολμᾶν, δῐκαιοῦν, Ar. and V. τλῆναι (2nd aor. of τλᾶν). *Make it one's purpose*: P. προαιρεῖσθαι (with infin.).

Chop, v. trans. P. and V. τέμνειν, κόπτειν; see *cut*. *Chop up*: P. κερματίζειν (Plat.), κατακερματίζειν (Plat.). *Carve*: Ar. and P. κᾰτᾰτέμνειν, V. κρεοκοπεῖν, ἀρτᾰμεῖν.

Chopper, subs. P. and V. πέλεκυς, ὁ (Xen., also Ar.), ἀξῑνη, ἡ (Xen.).

Choral, adj. Ar. and P. χορῑκός. *Choral dance*: P. and V. χορός, ὁ, χορεία, ἡ (Eur., *Phoen.* 1265).

Chord, subs. P. χορδή, ἡ.

Choric, adj. Ar. and P. χορῑκός.

Chorus, subs. Ar. and P. χορός, ὁ. *Member of the chorus*: Ar. and P. χορευτής, ὁ. *Leader of the chorus*: P. κορυφαῖος, ὁ. *One who provides a chorus*: Ar. and P. χορηγός, ὁ. *Provision of a chorus*: P. χορηγία, ἡ. *Provide a chorus*, v.: Ar. and P. χορηγεῖν. *A chorus of approval*: use P. and V. πολὺς ἔπαινος.

Chosen, adj. P. and V. ἔκκρῐτος, ἐξαίρετος, V. κρῐτός, λεκτός, P. ἐκλεκτός, ἀπόλεκτος. *Chosen troops*: P. and V. λογᾰ́δες, αἱ.

Chough, subs. Ar. κόραξ, ὁ.

Christening, subs. Use Ar. and P. δεκᾰ́τη, ἡ (*Av.* 922, cf. also Eur., *El.* 1126).

Chronic, adj. *Recurring annually*: Ar. and P. ἐπέτειος. *Lasting a long time*: P. and V. χρόνιος. *Become chronic*, v.: P. ἐγχρονίζεσθαι (pass.). *Chronic return (of disease)*: P. περίοδος, ἡ.

Chronicle, subs. P. and V. λόγος, ὁ. *History*: P. συγγραφή, ἡ.

Chronicle, v. trans. P. συγγράφειν; see *narrate*.

Chronicler, subs. P. λογοποιός, ὁ, λογογράφος, ὁ. *Historian*: P. συγγραφεύς, ὁ.

Chronologically, adv. *In order:* P. and V. ἑξῆς. As regards *dates*, P. κατὰ χρόνους.

Chronology, subs. *Time:* P. and V. χρόνος, ὁ. *Dates:* P. οἱ χρόνοι (Thuc. 1, 97).

Chronometer, subs. See *clock*.

Chubby, adj. P. and V. εὐτρᾰφής, Ar. and P. πᾰχύς.

Chuckle, v. intrans. Ar. κᾰχάζειν; see *laugh*.

Church, subs. Use *temple, priests*.

Churl, subs. P. and V. αὐτουργός, ὁ, ἐργάτης, ὁ. Met., use adj., Ar. and P. ἄγροικος.

Churlish, adj. Ar. and P. ἄγροικος, P. and V. δυσχερής, δύσκολος; see *rude*. *Inhospitable:* P. and V. ἄξενος, V. κᾰκόξενος, ἐχθρόξενος.

Churlishly, adv. Ar. and P. ἀγροίκως; see *rudely*.

Churlishness, subs. P. ἀγροικία, ἡ; see *rudeness*.

Cicatrised, adj. P. and V. ὕπουλος.

Cicatrix, subs. See *scar*.

Cincture, subs. *Girdle:* P. and V. ζώνη, ἡ, V. ζωστήρ, ὁ, Ar. and V. ζῶμα, τό.

Cinder, subs. See *ashes*.

Cinerary urn, subs. V. τεῦχος, τό, ἄγγος, τό, κύτος, τό, χαλκός, ὁ, λέβης, ὁ, τύπωμα, τό, P. λάρναξ, ἡ.

Cipher, subs. *Nothing:* P. and V. οὐδέν. *A mere cipher:* Ar. and V. ἀριθμός, ὁ. *Be a mere cipher:* P. and V. οὐδὲν εἶναι. *A dispatch in cipher:* P. σκυτάλη, ἡ.

Ciphering, subs. P. ἡ ἀριθμητική, P. and V. ἀριθμός, ὁ.

Circle, subs. P. and V. κύκλος, ὁ. *Geometrical figure:* Ar. and P. κύκλος, ὁ. *Anything of circular shape:* V. κύκλωμα, τό. *Circular motion:* P. and V. στροφή, ἡ, Ar. and P. περῐφορά, ἡ. *In a circle (all round):* P. and V. κύκλῳ, πέριξ (rare P.).

Circle, v. intrans. P. περιφέρεσθαι, περιστρέφεσθαι, P. and V. κυκλεῖσθαι, στρέφεσθαι, V. ἑλίσσεσθαι, εἱλίσσεσθαι.

Circuit, subs. *Circumference:* P. and V. περίβολος, ὁ, κύκλος, ὁ, περίδρομος, ὁ (Plat.), περῐβολή, ἡ, Ar. and P. περῐφορά, ἡ. *The circuit of the walls:* V. τειχέων περιπτυχαί (Eur., *Phoen.* 1357). *Going round, detour:* P. περίοδος, ἡ. *Make a wide circuit:* P. μακρὰν περιέρχεσθαι (Plat.). *Revolution:* Ar. and P. περῐφορά, ἡ; see *revolution*.

Circuitous, adj. P. and V. μακρός.

Circuitously, adv. V. πέριξ.

Circular, adj. Ar. and P. κυκλοτερής, P. περιφερής, σφαιροειδής, P. and V. εὔκυκλος (Plat.), V. εὔτορνος, κυρτός, κυκλωτός, ἀμφίτορνος; see *round*.

Circular, subs. See *letter*.

Circulate, v. trans. *Spread (news, etc.):* P. and V. διαγγέλλειν, διασπείρειν, Ar. and V. σπείρειν, P. κατασκεδαννύναι; see *blaze abroad*. *Circulate rumours*, absol.: P. διαθροεῖν, λογοποιεῖν. V. intrans. P. and V. διέρχεσθαι, V. ἐπέρχεσθαι. *Circulate among:* P. and V. διέρχεσθαι (acc.), V. διήκειν (acc.). *Move in a circle:* P. περιφέρεσθαι.

Circulation, subs. *Money in circulation:* P. and V. νόμισμα, τό.

Circumambient, adj. V. περιπτῠχής. *The circumambient heaven:* V. οὐρᾰνοῦ περιπτῠχαί, αἱ.

Circumference, subs. P. and V. κύκλος, ὁ, περίβολος, ὁ, περῐβολή, ἡ, περίδρομος, ὁ (Plat.), Ar. and P. περῐφορά, ἡ.

Circumlocution, subs. V. περιπλοκαί λόγων, αἱ (Eur., *Phoen.* 494), Ar. περίλεξις, ἡ. *Long-windedness:* P. μακρολογία, ἡ.

Circumnavigate, v. trans. Ar. and P. περιπλεῖν, P. περιβάλλειν.

Circumnavigation, subs. P. περίπλους, ὁ.

Circumscribe, v. trans. P. and V. ὁρίζειν; see *limit*. *Starting from ground that was not narrow and circumscribed:* P. οὐκ ἐκ βραχέος καὶ περιγραπτοῦ ὁρμώμενοι (Thuc. 7, 49).

Circumspect, adj. P. and V. σώφρων. *Cautious* : P. εὐλαβής. *Orderly* : P. and V. κόσμιος, εὔκοσμος.

Circumspection, subs. P. and V. τὸ σῶφρον, τὸ σωφρονεῖν. *Caution* : P. and V. εὐλάβεια, ἡ, P. περιωπή, ἡ, φυλακή, ἡ. *Forethought* : P. and V. πρόνοια, ἡ, P. προμήθεια, ἡ, V. προμηθία, ἡ. *Orderliness* : P. and V. εὐκοσμία, ἡ, Ar. and P. κοσμιότης, ἡ.

Circumspectly, adv. P. and V. σωφρόνως. *Cautiously* : P. and V. εὐλᾰβῶς. *In an orderly way* : P. κοσμίως, εὐτάκτως.

Circumstance, subs. *Affair* : P. and V. πρᾶγμα, τό, χρῆμα, τό, πρᾶξις, ἡ, Ar. and V. πρᾶγος, τό, V. χρέος, τό. *Event* : P. and V. συμφορά, ἡ, P. συντυχία, ἡ. *Present circumstances* : P. and V. τὰ παρόντα, τὰ καθεστῶτα. *Under these circumstances* : P. and V. οὕτως ἐχόντων (*things being thus*). *Circumstances will be found to be changing, not our city* : P. φανήσεται τὰ πράγματα . . . μεταβαλλόμενα οὐχ ἡ πόλις ἡμῶν (Dem. 206). *Making with the Lacedaemonians the best terms they could under the circumstances* : P. ἐκ τῶν παρόντων κράτιστα πρὸς Λακεδαιμονίους σπονδὰς ποιησάμενοι (Thuc. 5, 40). *War generally contrives from itself the means to meet the circumstances* : P. (πόλεμος) αὐτὸς ἀφ' αὑτοῦ τὰ πολλὰ τεχνᾶται πρὸς τὸ παρατυγχάνον (Thuc. 1, 122). *Circumstances, position, fortune* : V. πρᾶξις, ἡ, P. and V. κᾰτάστᾰσις, ἡ. *Good circumstances* : P. and V. εὐπραξία, ἡ ; see *prosperity*. *Be in good circumstances* : P. εὐπραγεῖν ; see *prosper*. *Be in bad circumstances* : P. and V. δυστῠχεῖν, κᾰκῶς ἔχειν. *Circumstanced, Be* : P. and V. ἔχειν, Ar. and P. διᾰκεῖσθαι.

Circumstantial, adj. *Clear, accurate* : P. and V. ἀκρῑβής, σᾰφής.

Circumstantially, adv. *Clearly, accurately* : P. and V. ἀκρῑβῶς, σᾰφῶς.

Circumvallate, v. trans. P. περιτειχίζειν.

Circumvallation, subs. P. περιτείχισις, ἡ.

Circumvent, v. trans. *Baffle* : P. and V. σφάλλειν ; see *baffle*. *Deceive* : P. and V. ἀπᾰτᾶν, ἐξᾰπᾰτᾶν, κλέπτειν, P. παρακρούεσθαι, Ar. and V. δολοῦν ; see *deceive*.

Cistern, subs. P. δεξαμενή, ἡ, Ar. and P. λάκκος, ὁ.

Citadel, subs. Ar. and P. ἀκρόπολις, ἡ, V. ἀκρόπτολις, ἡ, πέργᾰμα, τά.

Citation, subs. *Summons* : Ar. and P. κλῆσις, ἡ, πρόσκλησις, ἡ.

Cite, v. trans. *Summon into court* : P. ἀνακαλεῖν ; see *summon*. *Call to witness* : P. and V. μαρτῠρεσθαι. *Call (a person) as witness* : P. μάρτυρα προσκαλεῖν (acc.). *Bring forward* : P. and V. πᾰρᾰφέρειν, πᾰρέχειν (or mid.), P. προφέρειν ; see *bring forward*. *Call to mind, mention* : P. μνημονεύειν ; see *mention*.

Citizen, subs. P. and V. πολῑ́της, ὁ, ἀστος, ὁ. *Female citizen* : P. and V. πολῖτις, ἡ. *Be a citizen*, v. : P. πολιτεύειν.

Citizenship, subs. P. πολιτεία, ἡ.

City, subs. P. and V. πόλῐς, ἡ, V. πτόλῐς, ἡ. *Township* : P. and V. πόλισμα, τό. *Town* : P. and V. ἄστῠ, τό. *State* : Ar. and P. πολῑτεία, ἡ, P. and V. πόλῐς, ἡ. *Of the city or town*, adj. : P. and V. ἀστῐκός. *Dwelling in the city* : V. πολισσοῦχος. *Dwelling near the city* : V. ἀγχίπτολις. *Protecting the city* : V. πολισσοῦχος ; see *tutelary*.

Civic, adj. P. πολιτικός.

Civil, adj. *Of a city or state* : P. πολιτικός. *Courteous* : P. and V. φῐλόφρων (Xen.), φῐλάνθρωπος. *Charming* : Ar. and P. ἀστεῖος, χᾰρίεις. *Civil suit* : P. and V. δίκη, ἡ. *Civil rights* : P. ἐπιτιμία, ἡ. *Possessed of civil rights*, adj. : Ar. and P. ἐπίτῑμος. *Deprivation of civil rights*, subs. : P. and V. ἀτῑμία, ἡ. *Deprive of civil rights*, v. trans. : Ar. and P. ἀτῑμοῦν. *Deprived of civil rights*, adj. : P. and V. ἄτῑμος. *Internecine:* P. and V. οἰκεῖος, V. ἐμφῠλιος.

Civilian, subs. P. and V. πολίτης, ὁ.
Civilisation, subs. *Education*: Ar. and P. παιδεία, ἡ; see *education*.
Civilise, v. trans. *Educate*: P. and V. παιδεύειν. *Tame*: P. and V. ἡμεροῦν; see *tame*, *reclaim*.
Civilised, adj. P. and V. ἥμερος. *Educated*: P. πεπαιδευμένος.
Civility, subs. P. φιλανθρωπία, ἡ, V. εὐέπεια, ἡ. *I met with scant civility*: P. ἔτυχον οὐδένος τῶν μετρίων (Lys. 114).
Civilly, adv. P. φιλανθρώπως.
Claim, v. trans. P. ἀντιποιεῖσθαι (gen.), μεταποιεῖσθαι (gen.), Ar. and P. προσποιεῖσθαι (acc. or gen.), ἀντῐλαμβάνεσθαι (gen.); see *exact*. *Claim in return*: P. ἀνταξιοῦν (acc.). *Demand*: see *demand*. *No one will claim the crown (of sorrow) in her stead*: V. οὐδεὶς στέφᾰνον ἀνθαιρήσεται (Eur., *Hec.* 660). *Profess*: P. and V. ἐπαγγέλλεσθαι. *Claim an estate (at law)*: P. ἐπιδίζεσθαι κλήρου, ἀμφισβητεῖν κλήρου. V. intrans. *Think right* (with infin.): P. and V. ἀξιοῦν, δῐκαιοῦν, V. ἐπαξιοῦν. *Profess*: P. and V. ἐπαγγέλλεσθαι.
Claim, subs. *Arrogation to oneself*: P. προσποίησις, ἡ. *Demand*: P. and V. ἀξίωσις, ἡ, P. δικαίωμα, τό, δικαίωσις, ἡ. *Claim to gratitude*: P. ἀξίωσις χάριτος. *Have a claim to nobility in one's personal appearance*: V. τὴν ἀξίωσιν τῶν καλῶν τὸ σῶμ' ἔχειν (Eur., *Frag.*). *Lay claim to*: see v., *claim*.

THEOCL. *Giving my bride to another?*
CHO. *Yes, to those that have a better claim.*
THEOCL. *But who has a claim to what is mine?*
ΘΕΟ. τἀμὰ λεκτρ' ἄλλῳ διδοῦσα;
ΧΟ. τοῖς γε κυριωτέροις.
ΘΕΟ. κύριος δὲ τῶν ἐμῶν τίς; (Eur., *Hel.* 1634.)

'Tis a bold claim: V. μεγάς γ' ὁ κόμπος (Eur., *H.F.* 1116). *Just claim*: P. and V. τὸ δῐκαιον, P. δικαίωσις, ἡ, δικαίωμα, τό. *Have claims on, deserve*: P. and V. ἄξιος εἶναι (gen.). *Have a claim to*: P. and V. δῐκαιος εἶναι (infin.); see *deserve*. *Claim to an estate (at law)*: P. ἐπιδικασία (ἡ) κλήρου. *Claim to half the inheritance*: P. ἀμφισβήτησις (ἡ) τοῦ ἡμικληρίου (Dem. 1174). *Abandon a claim*: P. ἐκλιπεῖν ἀμφισβήτησιν (Dem. 1178). *Thus I made good to you my claim*: P. οὕτως ἐπεδικασάμην παρ' ὑμῖν (Isae. 85). *Rival claims to an estate*: P. διαδικασία (ἡ) τοῦ κλήρου. *Profession*: P. ἐπάγγελμα, τό. *Debt*: Ar. and P. χρέος, τό, P. ὀφείλημα, τό.
Clamber, v. intrans. Ar. and P. ἀνᾰβαίνειν; see *mount*, *climb*. *Clamber down*: Ar. and P. κᾰτᾰβαίνειν.
Clammy, adj. P. and V. ὑγρός, V. μῡδῶν.
Clamorous, adj. P. θορυβώδης, V. πολύρροθος; see *loud*, *noisy*.
Clamour, v. intrans. P. and V. βοᾶν, ἀνᾰβοᾶν, κεκρᾱγέναι (perf. of κράζειν) (also Ar., rare P.), Ar. and P. θορῠβεῖν, V. θροεῖν; see *shout*. *Clamour against*: P. καταβοᾶν (gen.). *Clamour for*: see *demand*.
Clamour, subs. P. and V. θόρῠβος, ὁ, P. θροῦς, ὁ. *Shout*: P. and V. βοή, ἡ, κραυγή, ἡ, Ar. and V. βόᾱμα, τό, V. κέλᾰδος, ὁ; see *shout*. *Clamour against a thing*: P. καταβοή, ἡ. *Ye have inspired base cowardice by your clamour*: V. διερροθήσατ' ἄψυχον κάκην (Æsch., *Theb.* 192).
Clamp, subs. *Rivet*: P. and V. γόμφος, ὁ (Plat., *Tim.* 43A). *Stones fastened together by clamps on the outside and by lead*: P. λίθοι σιδήρῳ πρὸς ἀλλήλους τὰ ἔξωθεν καὶ μολύβδῳ δεδεμένοι (Thuc. 1, 93).
Clan, subs. Ar. and P. φῡλή, ἡ, φρατρία, ἡ. *In the clan*, adj.: V. ἔμφυλος, ἐμφῠλιος. *Heads of the clans*: P. γεννῆται, οἱ.
Clandestine, adj. P. and V. λαθραῖος, κρυπτός, ἀφᾰνής, κρῠφαῖος (Plat.), V. κρῠφιος.
Clandestinely, adv. P. and V. λάθρᾱ, λαθραίως (rare P.), P. κρύφα, Ar. and

P. κρύβδην, V. κρῠφῇ (also Xen.), κρῠφαίως, κρύβδᾰ.

Clang, subs. P. and V. ψόφος, ὁ, κτῠ́πος, ὁ (rare P.), δοῦπος, ὁ (rare P.), V. ἀραγμός, ὁ, ἀράγμᾰτα, τά, κλαγγή, ἡ, βρόμος, ὁ, Ar. and V. πάτᾰγος, ὁ.

Clang, v. intrans. P. and V. ψοφεῖν, Ar. and V. κλάζειν, κτῠπεῖν (also Plat. but rare P.), βρέμειν (Ar. in mid.); see *resound*.

Clank, subs. and v. intrans. See *rattle*.

Clanship, subs. P. and V. ἑταιρεία, ἡ.

Clansman, subs. P. and V. φρᾱτήρ, ὁ, Ar. and P. φῡλέτης, ὁ.

Clap, subs. *Blow*: P. and V. πληγή, ἡ. *Applause*: Ar. and P. κρότος, ὁ, P. and V. θόρῠβος, ὁ. *Clap of thunder*: P. and V. βροντή, ἡ, V. βροντήμᾰτα, τά, βρόμος, ὁ.

Clap, v. trans. *Clap (hands)*: V. κρούειν (acc.), Ar. συγκρούειν (acc.), P. κροτεῖν (acc.) (Xen.), συγκροτεῖν (acc.) (Xen.), Ar. and P. ἀνακροτεῖν (acc.) (Æschines, 33). *Clap (into prison)*: use P. and V. ἄγειν. V. intrans. P. κροτεῖν.

Clap-trap, subs. V. στροφαὶ δημήγοροι, αἱ, P. δημηγορία, ἡ. *Talk clap-trap*, v.: Ar. and P. δημηγορεῖν.

Clarion, subs. P. and V. σάλπιγξ, ἡ. As adj., see *loud*.

Clash, v. trans. P. and V. συμβάλλειν. V. intrans. P. and V. ψοφεῖν, Ar. and P. πᾰτᾰγεῖν (Plat. but rare P.), Ar. and V. κτῠπεῖν (also Plat. but rare P.), κλάζειν, βρέμειν (Ar. in mid.). *Clash together*: P. and V. συμπίπτειν. *Of arms*: P. κρούεσθαι πρὸς ἄλληλα (Thuc. 3, 22). *Be at variance*: P. διαφωνεῖν, V. δῐχοστᾰτεῖν; see *variance*. *Clash with*: P. διαφωνεῖν (dat.). *Coincide with*: P. and V. εἰς ταὐτὸ συμβαίνειν (dat.).

Clash, subs. P. and V. ψόφος, ὁ, κτῠ́πος, ὁ (rare P.), Ar. and V. πάτᾰγος, ὁ, V. ἀραγμός, ὁ, ἀράγμᾰτα, τά, βρόμος, ὁ. *Encounter*: Ar. and P. σύνοδος, ἡ, V. συμβολή, ἡ. *Quarrel*: P. and V. διᾰφορά, ἡ; see *quarrel*.

Clashing, adj. *Opposed, contrary*: P. and V. ἐναντίος; see *loud*.

Clasp, subs. *Pin*: V. περόνη, ἡ, πόρπη, ἡ, περονῑ́ς, ἡ. *Of a necklace*: Ar. βάλᾰνος, ἡ. *Fastening*: P. and V. ἅμμᾰ, τό (Plat.). *Embrace*: V. ἀσπάσμᾰτα, τά, ἀμφιπτῠχαί, αἱ, περιπτῠχαί, αἱ, P. and V. περῐβολαί, αἱ (Xen.); see *embrace*.

Clasp, v. trans. *Cling to*: P. and V. ἔχεσθαι (gen.), ἀντέχεσθαι (gen.), λαμβάνεσθαι (gen.), ἀντῐλαμβάνεσθαι (gen.); see *cling*. *Embrace*: P. and V. ἀσπάζεσθαι, V. περιπτύσσειν (Plat. also but rare P.), προσπτύσσειν (or mid.), ἀμφῐβάλλειν, περῐβάλλειν; see *embrace*. *Clasp in one's arms*: V. ὑπαγκᾰλίζεσθαι; see also *strain*. *Touch*: P. and V. ἅπτεσθαι (gen.), V. θιγγάνειν (gen.) (also Xen.); see *touch*. *Fasten*: P. and V. δεῖν συνάπτειν; see *fasten*. *Clasp one's hands behind one's back*: P. συμπλέκειν εἰς τοὐπίσω τὼ χεῖρε (Thuc. 4, 4). *Clasp and join hand with hand*: V. σύναπτε καὶ συνωρίζου χέρα (Eur., *Bacch.* 198). *Seize her, clasping your hands about her*: V. λάβεσθέ μοι τῆσδ', ἀμφελίξαντες χέρας (Eur., *And.* 425). *He begged me earnestly, clasping my hand*: V. ἐξικέτευσε τῆς ἐμῆς χερὸς θιγών (Soph., *O.R.* 760).

Class, subs. *Rank*: P. and V. τάξῐς, ἡ. *Sort, kind*: P. and V. γένος, τό, εἶδος, τό. *Social division*: P. ἔθνος, τό, P. and V. μερῑ́ς, ἡ. *The wealthy classes*: P. and V. οἱ πλούσιοι, Ar. and V. οἱ ἔχοντες. *The governing classes*: P. and V. οἱ δῠνάμενοι. *To this class you seem to belong*: V. ἧς καὶ σὺ φαίνει δεκάδος (Eur., *Suppl.* 219).

Class, v. trans. *Arrange*: P. and V. τάσσειν, συντάσσειν, P. διατάσσειν, Ar. and P. διᾰτῐθέναι. *Rank, place*: P. and V. τῐθέναι. *Be classed among*: P. and V. τελεῖν εἰς (acc.), P. συντελεῖν εἰς (acc.).

Classiffication, subs. *Arrangement*: P. διάταξις, ἡ.

Classify, v. trans. See *class*.

Clatter, subs. P. and V. ψόφος, ὁ, κτῠ́πος, ὁ (rare P.), δοῦπος, ὁ (rare P.), Ar. and V. πᾰ́τᾰγος, ὁ, V. βρόμος, ὁ, ἄραγμός, ὁ, ἀράγμᾰτα, τά, κροτησμός, ὁ.

Clatter, v. intrans. P. and V. ψοφεῖν, Ar. and V. κτῠπεῖν (also Plat. but rare P.), βρέμειν (Ar. in mid.), Ar. and P. πᾰτᾰγεῖν (Plat. but rare P.); see *resound*.

Clause, subs. P. γράμμα, τό (Thuc., 5, 29). *Add a clause*: P. προσγράφειν (absol.).

Claw, subs. P. and V. ὄνυξ, ὁ, V. χηλαί, αἱ.

Clay, subs. P. and V. πηλός, ὁ. *Potter's clay*: P. κέραμος, ὁ, P. and V. πηλός, ὁ. *Figures in clay*: P. πήλινοι, οἱ. *Fashioned from clay*, adj.: V. πηλόπλαστος (Æsch., *Frag.*), P. πήλινος; see *earthen*.

Clayey, adj. P. πηλώδης.

Claymore, subs. See *sword*.

Clean, adj. P. and V. κᾰθᾰρός. *Glossy*: Ar. and P. λῐπᾰρός. Of *clothes*: Ar. φᾱνός. *Pure (morally)*: P. and V. κᾰθᾰρός, ὅσιος, εὐᾰγής (rare P.), ἀκήρᾰτος (rare P.), ἀκέραιος, ἁγνός (rare P.), V. ἀκραιφνής. *Be clean (morally)*: P. and V. ἁγνεύειν, Ar. and P. κᾰθᾰρεύειν. *With clean hands*: met., use P. καθαρῶς. *Utter, entire*: P. and V. παντελής. *One flock of thrushes shall make a clean sweep of them*: Ar. ἀναλέξει πάντας καθαρῶς αὐτοὺς ἀγέλη μία κιχλῶν (*Av.* 591).

Clean, v. trans. P. and V. κᾰθαίρειν, ἐκκᾰθαίρειν, Ar. and P. διᾰκᾰθαίρειν. *Sweep*: Ar. and P. κορεῖν, V. σαίρειν. See also *wash*.

Cleanliness, subs. P. καθαριότης, ἡ (Xen.).

Cleanly, adj. See *clean*.

Cleanly, adv. P. καθαρῶς.

Cleanse, v. trans. See *clean*. *Cleanse from guilt, etc.*: P. and V. κᾰθαίρειν, ἐκκᾰθαίρειν, V. ἁγνίζειν, νίζειν, Ar. and P. διᾰκᾰθαίρειν; see *purify*.

Cleanser, subs. P. and V. κᾰθαρτής, ὁ.

Cleansing, subs. *Purification*: P. and V. κᾰθαρμός, ὁ, λῠ́σις, ἡ, P. κάθαρσις, ἡ; see *purification*. *A recompense for his cleansing of land and sea*: V. ποντίων καθαρμάτων χέρσου τ' ἀμοιβαί (Eur., *H.F.* 225).

Cleansing, adj. V. κᾰθάρσιος, P. καθαρτικός.

Clear, adj. *Limpid*: P. and V. κᾰθᾰρός, λαμπρός, εὐᾱγής (Plat. but rare P.), Ar. and P. διᾰφᾰνής. Of weather: P. εὔδιος (Xen.), V. γᾰληνός. *Clear weather*: Ar. and P. αἰθρία, ἡ (Xen.). Of sound: P. and V. λαμπρός; see *loud*. Of sight: Ar. and P. ὀξῠ́ς. *Evident, manifest*: P. and V. δῆλος, ἐναργής, σᾰφής, λαμπρός, ἔνδηλος, φᾰνερός, ἐμφᾰνής, ἐκφᾰνής, διᾰφᾰνής, περῐφᾰνής, P. ἐπιφανής, καταφανής, V. σᾰφηνής, τορός, τρᾱνής, Ar. and P. εὔδηλος, κᾰτᾰ́δηλος, Ar. ἐπῐ́δηλος. *Clear beforehand*: P. πρόδηλος. *Intelligible*: see *intelligible*. *Free from trees*: P. ψιλός; see *open*. *Undefiled*: P. and V. κᾰθᾰρός, ὅσιος, εὐᾰγής (rare P.), ἀκήρᾰτος (rare P.), ἅγνος (rare P.), ἀκέραιος, V. ἀκραιφνής. *Net*: P. ἀτελής. *Clear of*: P. and V. ψῑλός (gen.); see *free from*. *Keep clear of*: P. and V. ἀφίστασθαι (gen.), ἐξίστασθαι (gen.). *Stand clear*: P. and V. ἐκποδὼν στῆναι (2nd aor. ἵστασθαι). *Whenever they closed with one another they could not easily get clear*: P. ἐπειδὴ προσβάλλοιεν ἀλλήλοις, οὐ ῥᾳδίως ἀπελύοντο (Thuc. 1, 49).

Clear, v. trans. *Reclaim (from wild state)*: P. and V. ἡμεροῦν, V. ἐξημεροῦν, ἀνημεροῦν (Soph., *Frag.*), κᾰθαίρειν, ἐκκᾰθαίρειν. *Empty*: P. and V. κενοῦν, ἐρημοῦν, ἐξερημοῦν. *Make clear, plain*: P. and V. σᾰφηνίζειν (Xen.), διᾰσᾰφεῖν (Plat.), V. ὀμμᾰτοῦν, ἐξομμᾰτοῦν. *Cross*: P. and V. ὑπερβαίνειν; see *cross*. *Jump over*: see *jump over*. *Acquit*: P. and V. ἀφῑέναι, λῡ́ειν, ἐκλῡ́ειν; see *acquit*. *Double (a cape)*: P. ὑπερβάλλειν. *Clear oneself of (a charge)*: P. ἀπολύεσθαι (acc. or absol.). *Be cleared (acquitted)*: P. and V. φεύγειν, Ar. and P. ἀποφεύγειν. *Clear the way*: see *prepare*. *Clear away, remove*: P. and V. ἐξαιρεῖν, P. ἐκκαθαίρειν. *Get rid of*: Ar. and P. διᾰλύειν. *Clear away the tables*: Ar. ἀποκάθαιρε τὰς τραπέζας (*Pax*, 1193). *Clear off (a debt)*: P. διαλύειν. *Run away*: see *run away*. *Clear up, solve*: P. and V. λύειν, P. διαλύειν; see *solve*.

Clear-headed, adj. P. ἀγχίνους (Plat.); see *shrewd*.

Clear-headedness, subs. P. ἀγχίνοια, ἡ; see *shrewdness*.

Clearly, adv. (*Hear* or *see*) *clearly*: P. and V. σᾰφῶς. *Loudly*: P. and V. μέγᾰ, μεγᾰλᾰ, V. τορῶς. (*Know* or *speak*) *clearly*: P. and V. σᾰφῶς, Ar. and V. σάφᾰ (rare P.), V. τορῶς, τρᾱνῶς, σκεθρῶς, Ar. and P. κᾰθᾰρῶς. *Manifestly*: P. and V. σᾰφῶς, ἐμφᾰνῶς, δηλᾰδή, λαμπρῶς, περῐφᾰνῶς, Ar. and P. φᾰνερῶς, κᾰτᾰφᾰνῶς, P. διαφανῶς, ἐπιφανῶς, V. σᾰφηνῶς, Ar. ἐπῐδήλως.

Clearness, subs. P. and V. σᾰφήνεια, ἡ.

Cleave, v. trans. P. and V. σχίζειν, τέμνειν, διᾰτέμνειν, P. διασχίζειν, V. κείρειν. *Cut (an animal) in twain*: V. ῥᾰχίζειν. *Cleave to*: P. and V. ἔχεσθαι (gen.), ἀντέχεσθαι (gen.), λαμβᾰνεσθαι (gen.), ἀντῐλαμβᾰνεσθαι (gen.); see *cling to*.

Cleaver, subs. *Knife*: P. and V. μᾰχαιρα, ἡ.

Cleft, subs. *Hole*: Ar. and P. τρῆμα, τό. *Chasm*: P. and V. χάσμᾰ, τό. *Gorge*: P. and V. φᾰραγξ, ἡ, V. πτῠχαί, αἱ.

Cleft, adj. P. and V. σχιστός (Plat.), V. δῐχορρᾰγής, διαρρώξ.

Clemency, subs. *Kindness*: P. πραότης, ἡ, ἐπιείκεια, ἡ, φιλανθρωπία, ἡ, P. and V. τοὐπιεικές, V. πρευμένεια, ἡ. *Pity*: P. and V. ἔλεος, ὁ; see *pity*.

Clement, adj. P. and V. πρᾶος, ἤπιος, φῐλάνθρωπος, ἐπιεικής, συγγνώμων, V. πρευμενής; see *pitiful*.

Clerk, subs. Ar. and P. γραμμᾰτεύς, ὁ. *Be a clerk*, v.: Ar. and P. γραμμᾰτεύειν. *Under-clerk*, subs.: P. ὑπογραμματεύς, ὁ. *Be under-clerk*, v.: P. ὑπογραμματεύειν.

Clever, adj. Of persons or things: P. and V. σοφός, κομψός (Plat. and Eur.), Ar. and P. δεξιός, φρόνῐμος. Of persons: P. and V. σῠνετός, δεινός. *Deft*: V. εὔχειρ. *Quick at learning*: P. εὐμαθής. *Very clever*: P. and V. πάνσοφος; see *prudent*.

Cleverly, adv P. and V. σοφῶς; see *prudently*.

Cleverness, subs. P. and V. σοφία, ἡ, σῠνεσις, ἡ, τὸ σῠνετόν, P. δεινότης, ἡ, Ar. and P. δεξιότης, ἡ. *Skill*: P. and V. τέχνη, ἡ. *Excessive cleverness*: P. περίνοια, ἡ; see *prudence*.

Clew, subs. Ar. τολῠπη, ἡ. *Wind into a clew*, v. trans.: Ar. τολῠπεύειν.

Client, subs. *Dependant*: P. πελάτης, ὁ (Plat., *Euthyphro*, 4c).

Cliff, subs. P. and V. πέτρα, ἡ, ἄκρα, ἡ, κρημνός, ὁ, V. σπῐλάς, ἡ, ἀγμός, ὁ, λέπας, τό, Ar. and V. σκόπελος, ὁ. *Ringed with cliffs*, adj.: V. ἀμφίκρημνος.

Climate, subs. *Air*: P. and V. ἀήρ, ὁ. *Seasons*: P. and V. ὧραι, αἱ. *Temperature*: P. and V. κρᾶσις, ἡ (Eur., *Frag.*). *A climate singularly equable*: P. ὥραι μετριώτατα κεκραμέναι (Plat., *Criti.* 111E). *The equability of the climate*: P. ἡ εὐκρασια τῶν ὡρῶν (Plat., *Tim.* 24c). *The climate was regulated to exclude suffering*: P. τὸ τῶν ὡρῶν ἄλυπον ἐκέκρατο (Plat., *Pol.* 272A).

Climax, subs. *Culminating point*: P. and V. θριγκός, ὁ (lit., *coping stone*) (Plat.). *Critical point*: P. and V. ἀκμή, ἡ, ῥοπή, ἡ. *Reach a climax*: P. ἐπ' ἀκμὴν ἥκειν; see *crisis*.

Climb, v. trans. P. and V. ὑπερβαίνειν. V. intrans. Ar. and P. ἀνᾰβαίνειν, V. ἀμβαίνειν (Eur., *Hec.* 1263); see *mount*.

Climb, subs. P. ἄνοδος, ἡ, ἐπάνοδος, ἡ.

Clinch, v. trans. *Ratify:* P. and V. κῡροῦν, ἐπῐκῡροῦν; see *ratify*.

Cling (to), v. P. and V. ἔχεσθαι (gen.), ἀντέχεσθαι (gen.), λαμβᾰ́νεσθαι (gen.), ἀντῐλαμβᾰ́νεσθαι (gen.), P. γλίχεσθαι (gen.), V. ἀντῐλάζυσθαι (gen.). *Abide by:* P. and V. ἐμμένειν (dat.). *Cling fast to:* V. ἄπριξ ἔχεσθαι (gen.), Ar. προσέχεσθαι (dat.). *Embrace:* P. and V. ἀσπάζεσθαι, V. περιπτύσσειν (Plat. also but rare P.), προσπτύσσειν (or mid.), ἐμφῦναι (dat.) (2nd aor. ἐμφύειν), P. ἐκκρεμάννυσθαι (gen.) (Thuc., 7, 75), V. ἐκκρήμνασθαι (gen.), ἐξαρτᾶσθαι (gen.). *Clinging to one another:* V. ἐπ' ἀλλήλοισιν ἀμφικείμενοι (Soph., *O.C.* 1620). *Clinging to one hope after another:* P. ἀναρτώμενοι ἐλπίσιν ἐξ ἐλπίδων (*Dem.* 346).

Clip, v. trans. *Shear:* P. and V. κείρειν, τέμνειν. Of sheep also: Ar. πεκτεῖν. *Dock, shorten:* P. and V. συντέμνειν, κολούειν. *Clipped short* (of hair): V. ξῡρήκης, διᾰτετιλμένος (Soph., *Frag.*).

Clique, subs. P. and V. στᾰ́σῐς, ἡ, P. σύστασις, ἡ.

Cloak, subs. Ar. and P. ἱμᾰ́τιον, τό, χλᾰνῐ́ς, ἡ, χλᾰμῠ́ς, ἡ (Xen.), Ar. and V. χλᾰνῐ́διον, τό, χλαῖνα, ἡ, φᾶρος, τό, φᾰ́ρος, τό, V. εἷμα, τό. *Coarse cloak:* Ar. and P. τρῐ́βων, ὁ, τρῐβώνιον, τό. *Wearing a cloak:* Ar. and P. ἀμπεχόμενος. Met., *pretext:* P. and V. πρόφᾰσις, ἡ, σκῆψις, ἡ, πρόσχημα, τό. *Screen:* P. προκάλυμμα, τό, παραπέτασμα, τό.

Cloak, v. trans. See *hide*. Met., P. and V. ῡ̔ποστέλλεσθαι, ἐπικρύπτεσθαι, P. ἐπηλυγάζεσθαι, V. περιστέλλειν (or mid.).

Clock, subs. Used to regulate length of speeches in court: Ar. κλεψύδρα, ἡ. *Stop the clock:* P. ἐπίλαβε τὸ ὕδωρ (Lys. 166). *What o'clock is it?* Ar. and P. πηνίκ' ἐστί; see *time*.

Clod, subs. Ar. and V. βῶλος, ἡ (also Xen.). *Small clod:* Ar. βώλιον, τό.

Clod-hopper, subs. Use adj., Ar. and P. ἄγροικος, Ar. ἀγρεῖος.

Clog, v. trans. P. and V. ἐμποδίζειν; see *hinder*.

Clog, subs. *Impediment:* P. ἐμπόδισμα, τό; see *hindrance*.

Cloister, subs. Ar. and P. στοά, ἡ, Ar. στοιά, ἡ.

Close, adj. *Solid, dense:* P. and V. πυκνός. *Narrow:* P. and V. στενός, V. στενόπορος. *Close-packed:* P. and V. πυκνός, ἀθρόος. *Stifling:* Ar. and P. πνῑγηρός *Secret:* P. and V. κρυπτός, ᾰ̓φᾰνής, ᾰ̓́δηλος; see also *taciturn*. *Keep close:* see *hide*. *Mean, stingy:* Ar. and P. φειδωλός. *Evenly balanced* (e.g., *a close fight*): P. and V. ἰσόρροπος, P. ἀντίπαλος. *I did not expect the numbers would be so close:* P. οὐκ ᾤμην ἔγωγε οὕτω παρ' ὀλίγον ἔσεσθαι τὸν γεγονότα ἀριθμόν (Plat., *Ap.* 36A). *Near:* P. ὅμορος, Ar. and V. πλησίος, ἀγχῐτέρμων, P. and V. πρόσχωρος; see *near*. *Careful:* see *attentive*. *Close relationship:* P. ἀναγκαία συγγένεια, ἡ; see *near*. *At close quarters:* use adv., P. and V. ὁμόσε, P. συστάδον.

Close, subs. *Consecrated ground:* P. and V. τέμενος, τό, ἄλσος, τό (Plat.), V. σηκός, ὁ, σήκωμα, το. *End:* P. and V. τέλος, τό, κᾰταστροφή, ἡ (Thuc.). *Cessation:* P. and V. διᾰ́λῠσις, ἡ.

Close, v. trans. P. and V. κλῄειν, συγκλῄειν, ᾰ̓ποκλῄειν, Ar. and P. κᾰτακλῄειν. *Put to:* P. προστιθέναι. *Fasten close, etc.:* Ar. and V. πακτοῦν, V. πῠκάζειν. *Block up:* P. and V. φράσσειν, P. ἐμφράσσειν, ἀποφράσσειν. *Bring to an end:* P. and V. τελευτᾶν, P. τέλος ἐπιτιθέναι (dat.); see *end*. *Close (eyes) of another:* P. συλλαμβάνειν (Plat.), V. συμβάλλειν, σῠναρμόζειν, σῠνάπτειν, P. and V. συγκλῄειν. *Close one's eyes:* P. and V. μύειν, P. συμμύειν (Plat.), Ar. κᾰτᾰμύειν. *Close one's mouth:* V. ἐγκλῄειν στόμα, Ar. ἐπῐβύειν στόμα, P. ἐμφράσσειν στόμα.

Keep quiet and close your mouth: V. ἡσυχάζετε συνθέντες ἄρθρα στόματος (Eur., *Cycl.* 624); see also *shut*. *Close ranks*: P. and V. συντάσσεσθαι, P. συστρέφεσθαι. *Close with, accept*: P. and V. δέχεσθαι (acc.). *Close with (an enemy)*: P. and V. προσβάλλειν (dat.), συμβάλλειν (dat.), ὁμόσε ἰέναι (dat.), P. συμμιγνύναι (dat.); see *engage*. V. intrans. *Come to an end*: P. and V. τελευτᾶν, τέλος ἔχειν, τέλος λαμβανειν, V. ἐκτελευτᾶν. Of *combatants*: P. and V. μάχην σῠνάπτειν, συμβάλλειν, P. συμμιγνύναι, συμμίσγειν, εἰς χεῖρας ἰέναι, V. εἰς ταὐτὸν ἥκειν. *Shut*: P. and V. κλῄεσθαι, συγκλῄεσθαι.

Close by, adv. P. and V. ἐγγύς, πλησίον, πέλας (rare P.); see *near*.

Close by, prep. P. and V. ἐγγύς (gen. or dat.), ὁμοῦ (dat.) (rare P.); see *near*.

Closed, adj. P. and V. κλῃστός (Eur., *Frag.*).

Closely, adv. *Securely*: P. and V. βεβαίως, ἀσφᾰλῶς. *Exactly*: P. and V. ἀκρῑβῶς. *Closely related (by blood)*: P. and V. ἀναγκαῖος, οἰκεῖος. *Nearly*: P. and V. ἐγγύς. *Carefully*: see *attentively*.

Closeness, subs. *Narrowness*: P. στενότης, ἡ. *Density*: Ar. and P. πυκνότης, ἡ. *Heat*: Ar. and P. πνῖγος, τό. *Meanness*: Ar. and P. φειδωλία, ἡ. *Evenness, equality*: P. τό ἀντίπαλον. *Closeness of relationship*: Ar. and P. ἀγχιστεία, ἡ, V. ἀγχιστεῖα, τά; see *relationship*.

Close quarters, At. See *near*. *Come to close quarters*: P. and V. ὁμόσε ἰέναι.

Close-shaven, adj. V. ξῠρήκης; see *shaved*.

Closet, subs. See *room*. *Place for storing*: P. ἀποθήκη, ἡ. *Be closeted with*, v.: P. and V. συγγίγνεσθαι (dat.), σῠνέρχεσθαι (dat.); see *interview*.

Close together, adj. P. σύνεγγυς.

Close woven, adj. V. σπᾰθητός (Æsch., *Frag.*).

Closing, adj. *Last*: P. and V. ἔσχᾰτος.

Closing, subs. P. ἀπόκλῃσις, ἡ.

Clot, subs. P. and V. θρόμβος, ὁ (Plat.), V. στᾰγών, ἡ.

Cloth, subs. P. and V. ὕφασμα, τό, ὑφαί, αἱ (Plat.); see *fabric*. *Fine linen*: P. and V. σινδών, ἡ. *Cloths spread on the ground*: V. πετάσμᾰτα, τά, ποδόψηστρα, τά.

Clothe, v. trans. P. and V. ἐνδῠ́ειν, περῐβάλλειν, στέλλειν (rare P.), Ar. and P. ἀμφιεννῠ́ναι, V. ἀμφῐβάλλειν, Ar. and V. ἀμφῐτῐθέναι, ἀμπίσχειν, *Clothe (oneself)*: P. and V. ἐνδῠ́εσθαι, V. ἀμφῐδῠ́εσθαι; see *dress*. Met.. P. and V. κοσμεῖν, V. περιστέλλειν.

Clothes, subs. Ar. and P. ἱμᾰ́τια, τά, P. and V. ἐσθής, ἡ, ἐσθήμᾰτα, τά, σκευή, ἡ, στολή, ἡ (Plat.), V. εἷμα, τό, ἀμφιβλήμᾰτα, τά; see *garment*, *dress*.

Clothing, subs. See *clothes*.

Clotted, adj. Of blood: V. ἀμφίθρεπτος, θρομβώδης. *Clotted with*: P. and V. πεφυρμένος (dat.) (Xen.), συμπεφυρμένος (dat.) (Plat.), V. ἀνᾰπεφυρμένος (dat.).

Cloud, subs. P. and V. νέφος, τό, νεφέλη, ἡ. *Mist*: Ar. and P. ὁμίχλη, ἡ (Plat.). Met., *cloud on the brow*: V. νέφος, τό, σύστᾰσις τῶν φρενῶν (Eur., *Hipp.* 983). *Wear a cloud upon the brow*: V. συννεφεῖν ὄμματα (Eur., *El.* 1078). *Cloud of dust*: Ar. and P. κονιορτός, ὁ. *The dust rose up in clouds*: P. ὁ κονιορτὸς ἐχώρει πολὺς ἄνω (Thuc. 4, 34).

Cloud, v. trans. P. ἐπισκοτεῖν (dat.), V. σκοτοῦν. Met., see *disgrace*. *What is Zeus doing? Is he clearing off the clouds or clouding over?* Ar. τί γὰρ ὁ Ζεὺς ποιεῖ; ἀπαιθριάζει τὰς νεφέλας ἢ συννεφεῖ; (*Av.* 150).

Clouded, adj. *A clouded look*: V. σῠνηρεφὲς πρόσωπον (Eur., *Or.* 957).

Cloudless, adj. *A cloudless sky, clear weather*: Ar. and P. αἰθρία, ἡ (Xen.).

Cloudy, adj. P. συννέφελος, Ar. περῐνέφελος. *The rain and the cloudy state of the weather caused the ships* *to lose their way and get confused in the darkness* : P. ὑετός τε καὶ τὰ ἐκ τοῦ οὐρανοῦ συννέφαλα ὄντα πλάνησιν τῶν νεῶν ἐν τῷ σκότει καὶ ταραχὴν πάρεσχε (Thuc. 8, 42).

Cloven, adj. P. and V. σχιστός. Of a hoof: V. δίχηλος.

Clown, subs. Use adj., Ar. and P. ἄγροικος, P. and V. σκαιός. *Peasant:* P. and V. αὐτουργός, ὁ, ἐργάτης, ὁ. *Buffoon* : P. and V. γελωτοποιός, ὁ. *Play the clown*, v. : P. γελωτοποιεῖν.

Clownish, adj. Ar. and P. ἄγροικος, P. and V. σκαιός, Ar. ἀγρεῖος.

Clownishly, adv. Ar. and P. ἀγροίκως, σκαιῶς.

Clownishness, subs. P. ἀγροικία, ἡ, P. and V. σκαιότης, ἡ.

Cloy, v. intrans. P. and V. κόρον ἔχειν, κόρον πᾰρέχειν.

Club, subs. P. and V. ξύλον, τό, Ar. and P. ῥοπᾰλον, τό (Xen.), V. κορΰνη, ἡ. *Political associations* : Ar. and P. σύνοδος, P. ἑταιρεία, ἡ, ἔρανος, ὁ, σύστασις, ἡ, συνωμοσία, ἡ, τὸ ἑταιρικόν. *Clubs formed to influence trials and elections* : P. συνωμοσίαι ἐπὶ δίκαις καὶ ἀρχαῖς (Thuc. 8, 54). *Club together*, v. trans. : P. συντελεῖν ; see *contribute*.

Clue, subs. *Trace* : P. and V. ἴχνος, τό. *Sign, token* : P. and V. σύμβολον, τό, τεκμήριον, τό, σημεῖον, τό, V. τέκμαρ, τό. *With face whose colour gives no clue to what has passed* : V. χρόᾳ ἀδήλῳ τῶν δεδραμένων πέρι (Eur., *Or.* 1318). *Hint* : V. φρᾰδαί, αἱ.

Clump, subs. *Of trees, coppice* : V. δρῦμός, ὁ, Ar. and V. λόχμη, ἡ ; see *wood*.

Clumsily, adv. Ar. and P. σκαιῶς. *Poorly, badly* : P. and V. φαύλως. *Somewhat clumsily equipped* : P. ἀπειρότερον παρεσκευασμένοι (Thuc. 1, 49).

Clumsiness, subs. P. and V. σκαιότης, ἡ. *Poorness* : P. and V. φαυλότης, ἡ.

Clumsy, adj. P. and V. σκαιός, V. ἀμήχᾰνος. *Untrained* : Ar. and P. ἀπαίδευτος, P. and V. ἀμᾰθής, ἄπειρος. *Poor, bad* : P. and V. φαῦλος.

Cluster, subs. Ar. and P. ὁρμᾰθός, ὁ. *Of grapes* : P. and V. βότρῦς, ὁ, P. σταφυλή, ἡ (Plat.). *Rich in clusters*, adj. : V. εὔβοτρυς, πολύβοτρυς.

Cluster, v. intrans. See *collect*.

Clustering, adj. V. βοτρυώδης.

Clutch, v. trans. P. and V. ἅπτεσθαι (gen.), ἀνθάπτεσθαι (gen.), ἐφάπτεσθαι (gen.), λαμβάνεσθαι (gen.), ἀντῐλαμβάνεσθαι (gen.), ἁρπάζειν, V. ἀντῐλάζυσθαι (gen.), συμμάρπτειν (Eur., *Cycl.*), Ar. and V. λάζυσθαι (acc. or gen.), μάρπτειν.

Clutches, subs. *Fall into any one's clutches* : P. and V. ὑποχείριος γίγνεσθαι (dat.). *Get (a person) into one's clutches* : P. and V. ὑποχείριον λαμβάνειν (acc.), V. χείριον λαμβάνειν (acc.) (Eur., *Cycl.*).

Coach, subs. See *carriage*.

Coachman, subs. P. and V. ἡνίοχος, ὁ ; see *charioteer*.

Coadjutor, subs. P. and V. σῠνεργός, ὁ or ἡ, συλλήπτωρ, ὁ, V. σῠνεργάτης, ὁ (fem., σῠνεργᾰτίς, ἡ), P. συναγωνιστής, ὁ.

Coagulate, v. trans. P. and V. πηγνῦναι. V. intrans. P. and V. πήγνυσθαι.

Coal, subs. Use P. and V. ἄνθραξ, ὁ (Eur., *Cycl.* 244, 671).

Coalesce, v. intrans. P. and V. συγκεράννυσθαι, σῠνέρχεσθαι, P. συμφύεσθαι. Met., of parties : P. and V. σῠνέρχεσθαι, Ar. and P. σῠνίστασθαι.

Coalition, subs. *Association* : P. and V. κοινωνία, ἡ. *Political coalition* : P. σύστασις, ἡ, Ar. σύνοδος, ἡ. *The coalition* (concretely) : Ar. and P. οἱ σῠνιστᾰμενοι.

Coarse, adj. *Boorish* : Ar. and P. ἄγροικος. *Uneducated* : P. and V. ἄμουσος, ἀμᾰθής, Ar. and P. ἀπαίδευτος. *Common, bad* : P. and V. φαῦλος. *Vulgar* : Ar. and P. φορτῐκός.

Coarsely, adv. Ar. and P. ἀγροίκως. *Vulgarly* : P. φορτικῶς.

Coarseness, subs. P. ἀγροικία, ἡ. *Want of education*: P. and V. ἀμουσία, ἡ (Eur., *Frag.*), P. ἀπαιδευσία, ἡ. *Commonness, badness*: P. and V. φαυλότης, ἡ.

Coast, subs. P. and V. πἄρἄλία γῆ, ἡ, ἀκτή, ἡ (rare P.), P. ἡ παραλία, ἡ παραθαλασσία. *Shore*: Ar. and P. αἰγιἄλός, ὁ (rare P.). *Of or on the coast*, adj.: P. and V. πἄρἄλιος, πἄρἄλος, ἀκταῖος (Thuc.), V. ἐπάκτιος, πἄράκτιος, P. παραθαλάσσιος, ἐπιθαλάσσιος, ἐπιθαλασσίδιος. *On the coast*: P. κάτω. *Live on the coast*, v.: P. κάτω οἰκεῖν. *March along the coast*: P. παριέναι. *Sail along the coast*: P. παραπλεῖν.

Coast along, v. P. παραπλεῖν (acc. or absol.), παρακομίζεσθαι (acc. or absol.). *Coasting voyage*, subs.: P. παράπλους, ὁ.

Coat, subs. *Tunic*: P. and V. χἴτών, ὁ, Ar. and P. χἴτωνίσκος, ὁ; see *cloak, tunic, coating*. *Coat of arms*: Ar. and V. σημεῖον, τό, V. σῆμα, τό, ἐπίσημα, τό. *Coat of mail*: P. and V. θώραξ, ὁ, V. πάνοπλα ἀμφιβλήμἄτα, τά. *Clad in coat of mail*: P. τεθωρακισμένος.

Coat, v. trans. *Smear*: Ar. and P. ἀλείφειν, περιἄλείφειν, P. ἐπαλείφειν. *Coat with tin*: P. κασσιτέρῳ περιτήκειν (Plat., *Criti.* 116B).

Coating, subs. Ar. and P. λέμμἄ, τό (Plat., *Tim.* 76A). *A coating of ice had formed not strong enough to give a foothold*: P. κρύσταλλος ἐπεπήγει οὐ βέβαιος ὥστε ἐπελθεῖν (Thuc. 3, 23).

Coax, v. trans. *Persuade*: P. and V. πείθειν, ἀνἄπείθειν, προτρέπειν (or mid.), V. ἐκπείθειν. *Fawn on*: P. and V. ὑποτρέχειν, ὑπέρχεσθαι, θωπεύειν, V. θώπτειν, σαίνειν, προσσαίνειν, Ar. and V. αἰκάλλειν; see *flatter, deceive*.

Coaxing, subs. P. and V. θωπεία, ἡ, θωπεύμἄτα, τά (Plat.).

Coaxing, adj. P. θωπευτικός, Ar. θωπἴκός. *Coaxing words*: P. and V. θῶπες λόγοι (Plat., *Theaet.* 175E, and Eur., *Frag.*).

Cob, subs. Use *horse*.

Cobble, v. trans. Ar. and P. ῥάπτειν. *Cobble shoes*: P. νευρορραφεῖν, Ar. and P. σκῡτοτομεῖν, κασσῡειν.

Cobbler, subs. Ar. and P. νευρορράφος, ὁ, σκῡτοτομος, ὁ, σκῡτεύς, ὁ.

Cobbler's shop, subs. P. σκυτοτομεῖον, τό,

Cobbling, subs. P. σκυτοτομία, ἡ. *Of cobbling*, adj.: Ar. and P. σκῡτοτομἴκός.

Cobweb, subs. P. ἀράχνιον, τό (Arist.).

Cock, subs. Ar. and V. ὄρνῑς, ὁ, Ar. and P. ἀλεκτρυών, ὁ, V. ἀλέκτωρ, ὁ.

Cock, v. trans. *Prick up*: V. ὀρθὸν ἱστἄναι (acc.).

Cockchafer, subs. Ar. μηλολόνθη, ἡ.

Cockle, subs. Ar. and P. κόγχη, ἡ (Xen.), V. κόγχος, ὁ (Æsch., *Frag.*).

Cockroach, subs. See *beetle*.

Cockswain, subs. *Pilot*: P. and V. κῠβερνήτης, ὁ.

Coddle, v. trans. P. and V. θερἄπεύειν. *Be coddled*: P. and V. τρῠφᾶν.

Coddling, subs. P. νοσοτροφία, ἡ; see *nursing*.

Code, subs. *Laws*: P. and V. οἱ νόμοι, V. οἱ θεσμοί (rare P.). *Tables of the law*: Ar. and P. κύρβεις, αἱ.

Codicil, subs. P. ἐπιδιαθήκη, ἡ (late).

Codify, v. trans. P. συγγράφειν.

Coequal, adj. See *equal*.

Coerce, v. trans. *Compel*: P. and V. ἀναγκάζειν, ἐπἄναγκάζειν, κἄτἄναγκάζειν, Ar. and V. ἐξἄναγκάζειν; see *compel, repress*.

Coercion, subs. *Necessity*: P. and V. ἀνάγκη, ἡ; see also *repression, punishment*.

Coercive, adj. *Violent*: P. and V. βίαιος.

Coeval, adj. V. ὁμῆλιξ; see *contemporary*.

Coffer, subs. P. and V. θήκη; see *chest*. *Treasury*: P. ταμιεῖον, τό. *State treasury*: P. τὸ κοινόν, τὸ δημόσιον.

Coffin, subs. Ar. and P. σορός, ἡ, P. λάρναξ, ἡ (Thuc. 2, 34), V. μνῆμα, τό. *Coffin of cedar-wood*: V. κέδρος, ἡ. *May one coffin of wrought cedar-*

wood receive us : V. μνῆμα δέξαιθ' ἓν, κέδρου τεχνάσματα (Eur., *Or.* 1053).

Coffin-maker, subs. Ar. σοροπηγός, ὁ.

Cogency, subs. P. πιθανότης, ἡ.

Cogent, adj. P. and V. πῐθᾰνός, P. ἀναγκαῖος (Thuc. 4, 60).

Cogently, adv. Ar. and P. πῐθᾰνῶς.

Cogitate, v. intrans. See *ponder*.

Cogitation, subs. P. and V. σύννοια, ἡ, φροντίς, ἡ (rare P.); see *reflection*.

Cognate, adj. *Related by blood* : P. and V. συγγενής, οἰκεῖος, ἀναγκαῖος, προσήκων; see *kindred*. Met., of *things* : P. and V. συγγενής, ἀδελφός, προσήκων, P. σύννομος.

Cognisance, subs. *Take cognisance of* : see *notice, examine, punish*.

Cohabit (with), v. P. and V. σῠνοικεῖν (dat.).

Cohabitation, subs. P. συνοίκησις, ἡ.

Cohere, v. intrans. Ar. and P. σῠνίστασθαι. *Make to cohere* : P. and V. σῠνέχειν (acc.).

Coherence, subs. *Intelligibility* : P. and V. σᾰφήνεια, ἡ. *Without coherence* : use P. and V. εἰκῇ (*at random*).

Coherent, adj. *Intelligible* : P. and V. εὐμᾰθής (Xen.), σᾰφής, V. σᾰφηνής, εὔσημος, εὐσύμβολος, εὐσύμβλητος; see *intelligible, clear*.

Coherently, adv. *Intelligibly* : P. and V. σᾰφῶς, γνωρίμως, V. σᾰφηνῶς; see *clearly*.

Cohesion, subs. Met., *unanimity* : P. ὁμόνοια, ἡ.

Cohort, subs. P. and V. τάξῐς, ἡ.

Coil, subs. V. πλεκτή, ἡ, σπεῖρα, ἡ, σπείρᾱμα, τό, περίβολος, ὁ, Ar. and V. πλεκτᾰνη, ἡ. *Having many coils*, adj. : V. πολύπλοκος.

Coil, v. trans. *Twine* : P. and V. πλέκειν, V. ἑλίσσειν, εἱλίσσειν. V. intrans. V. ἑλίσσεσθαι (also Plat. but rare P.), εἱλίσσεσθαι; see *wind*. *Coil round* : P. περιελίσσειν (τι περί τι) (Xen.). *Coil (oneself) round* : P. περιελίσσεσθαι (περί) (acc. or absol.) (Plat.), περιπτύσσεσθαι (absol.) (Plat.).

Coiled, adj. V. ἑλικτός, P. and V. πλεκτός (Xen.).

Coin, v. trans. Ar. κόπτεσθαι. Met., P. and V. πλάσσειν, P. κατασκευάζειν.

Coin, subs. *Piece of money* : use Ar. and P. δραχμή, ἡ. *Money generally* : Ar. and P. ἀργύριον, τό, V. ἄργῠρος, ὁ.

Coinage, subs. *Coined money, currency* : P. and V. νόμισμα, τό, Ar. κόμμα, τό.

Coincide, v. intrans. P. and V. συμπίπτειν, συντρέχειν, συμβαίνειν, V. συμπίτνειν, συμβάλλεσθαι. *Agree* : P. and V. συμφέρεσθαι; see *agree*.

Coincidence, subs. P. and V. συμφορά, ἡ, P. συντυχία, ἡ.

Coincident with, adj. V. σύμμετρος (dat.). *At the same time as* : P. and V. ἅμᾰ (dat.).

Coined, adj. P. ἐπίσημος.

Cold, adj. P. and V. ψυχρός, Ar. κρυερός. Met., P. and V. ψυχρός. *Not eager* : P. ἀπρόθυμος. *Haughty* : P. ὑπερήφανος, V. ὑπέρφρων; see *haughty*. *Be cold* : Ar. and P. ψῡ́χεσθαι (Plat.), ῥῑγῶν (Plat.).

Cold, subs. P. and V. ψῦχος, τό, P. ψυχρότης, ἡ, ῥῖγος, τό. *Ice-cold* : V. κρῡμός, ὁ (Eur., *Frag.*). Met., *chill* : V. κρύος, τό. *Cold in the head* : P. κατάρρους, ὁ. *Have a cold*, v. : P. κατάρρῳ νοσεῖν. *Cold weather*, subs. : P. ψῦχος, τό; see *winter*.

Coldly, adv. Ar. and P. ψυχρῶς. *Haughtily* : P. ὑπερηφάνως; see *haughtily*. *Not eagerly* : P. ἀπροθύμως.

Coldness, subs. See *cold*. Met., P. ψυχρότης, ἡ. *Haughtiness* : P. ὑπερηφανία, ἡ; see *haughtiness*. *Quarrel* : P. and V. διᾰφορά, ἡ.

Collaborate, v. intrans. P. and V. σῠνεργεῖν, συμπράσσειν, συλλαμβάνειν, V. συμπονεῖν.

Collaboration, subs. *Partnership* : P. and V. κοινωνία, ἡ.

Collaborator, subs. P. and V. σῠνεργός, ὁ or ἡ, συλλήπτωρ, ὁ. *Partner* : P. and V. κοινωνός, ὁ or ἡ.

Collapse, v. intrans. P. and V. συμπίπτειν, πίπτειν, Ar. and P. κᾰταρῥήγνυσθαι, κᾰταρρεῖν; see *fall*. *Fail*: P. and V. σφάλλεσθαι; see *fail*.

Collapse, subs. V. ἀναστροφή, ἡ, P. and V. ἀνάστᾰσις, ἡ; see *ruin*. *Failure*: P. and V. σφάλμᾰ, τό; see *failure*. *Fall*: P. and V. πτῶμα, τό (Plat.), V. πέσημα, τό.

Collar, subs. P. στρεπτός, ὁ, V. κλῳός, ὁ (Eur., *Cycl.* 184). *For horses*: V. ζεύγλη, ἡ, πλάστιγξ, ἡ (Eur., *Rhes.* 303). *Wooden collar used for punishment*: P. and V. κλῳός, ὁ (Xen., Ar., and Eur., *Cycl.*), Ar. and P. ξύλον, τό.

Collar-bone, subs. P. κλείς, ἡ. *Have one's collar-bone broken*: P. τὴν κλεῖν κατεαγέναι (Dem.), τὴν κλεῖν συντριβῆναι (Andoc.).

Collate, v. trans. P. παραναγιγνώσκειν.

Collateral descent, subs. Use P. συγγένεια, ἡ.

Colleague, subs. *Fellow magistrate*: P. συνάρχων, ὁ. *Be colleague to*: P. συνάρχειν (dat.). *Fellow general*: P. συστράτηγος, ὁ. *Be fellow general*: συστρατηγεῖν (absol.). *Partner*: P. and V. κοινωνός, ὁ or ἡ.

Collect, v. trans. *Persons* or *things*: P. and V. συλλέγειν, σῠνάγειν, ἀθροίζειν, σῠναθροίζειν, ἀγείρειν. *Persons only*: P. and V. συγκᾰλεῖν, P. συναγείρειν. *Things only*: P. and V. συμφέρειν, συγκομίζειν, P. συμφορεῖν. *Collect (money)*: P. and V. ἀγείρειν. *Collect oneself*: P. συναγείρειν ἑαυτόν. V. intrans. P. and V. σῠνέρχεσθαι, σῠνίστασθαι, or pass. of verbs given above. *Collect your wits*: V. σύλλογον ψυχῆς λαβέ (Eur., *H.F.* 626).

Collected, adj. *Self-possessed*: P. ἐντρεχής; see *calm*.

Collection, subs. *A gathering together of persons* or *things*: P. and V. συλλογή, ἡ, ἄθροισις, ἡ. *Of taxes, etc.*: P. εἴσπραξις, ἡ. *What is collected*: P. ἄθροισμα, τό (Plat., *Theaet.* 157B). *Collection of persons*: P. and V. σύλλογος, ὁ, σύνοδος, ἡ, ὄχλος, ὁ, V. ἄθροισμα, τό; see *crowd*.

Collective, adj. *In a body*: P. and V. ἀθρόος, σύμπας.

Collectively, adv. *Comprehensively*: P. and V. συλλήβδην. *Reflect singly and collectively*: P. ἐνθυμεῖσθε καθ' ἑκάστους τε καὶ σύμπαντες (Thuc. 7, 64).

Collector, subs. *Of taxes*: Ar. and P. τελώνης, ὁ, P. πράκτωρ, ὁ.

College, subs. *School*: P. διδασκαλεῖον, τό; see *school*.

Collide, v. intrans. P. συγκρούειν. *Collide with*: P. προσπίπτειν (dat.), συμπίπτειν (dat., or πρός, acc.), προσβάλλειν (πρός, acc.); see *dash against*.

Collision, subs. Ar. and P. σύνοδος, ἡ, V. συμβολή, ἡ. *Bring into collision*: met., P. συγκρούειν. *Come into collision (with a person)*: met., P. προσκρούειν (absol. or dat.).

Colloquial, adj. P. κοινός (late).

Colloquy, subs. See *conversation*.

Collude with, v. P. παρασκευάζεσθαι (acc.).

Collusion, subs. P. προστασία, ἡ (Dem. 872).

Colonisation, subs. P. οἴκισις, ἡ, κατοίκισις, ἡ.

Colonise, v. trans. P. and V. οἰκίζειν, ἀποικίζειν, κᾰτοικίζειν, κτίζειν. *Join in colonising*. P. and V. σῠνοικίζειν (absol.), P. συγκτίζειν (τινί τι). *Settle in*: P. and V. ἐποικεῖν (acc.).

Coloniser, subs. P. οἰκιστής, ὁ, Ar. and V. κτίστωρ, ὁ.

Colonist, subs. Ar. and P. ἄποικος, ὁ or ἡ, ἔποικος, ὁ or ἡ, P. οἰκήτωρ, ὁ; see *settler*. *Fellow-colonist*: P. σύνοικος, ὁ.

Colonnade, subs. Ar. and P. στοά, ἡ, Ar. στοιά, ἡ. *Surrounded by a colonnade*, adj.: V. περίστῡλος, ἀμφῐκίων.

Colony, subs. P. and V. ἀποικία, ἡ; see *settlement*.

Colossal, adj. See *huge*.

Colour, subs. P. and V. χρῶμα, τό, χρόα, ἡ (Plat.), Ar. and V. χροιά, ἡ, χρώς, ὁ (rare P.). *Pigment*: P. χρῶμα, τό, φάρμακον, τό. For reference to various colours see Plat., *Tim.* 68. *Complexion*: P. and V.

χρῶμα, τό; see *complexion*. *The twain stood in gleaming arms and changed not colour*: V. ἔσταν δὲ λαμπρὼ χρῶμα τ' οὐκ ἠλλαξάτην (Eur., *Phoen*. 1246); see *turn pale*, under *pale*. *Changing neither colour nor expression*: P. διαφθείρας οὔτε τοῦ χρώματος οὔτε τοῦ προσώπου (Plat., *Phaedo*, 117B). *These men will be shown in their true colours*: P. οὗτοι ἐπιδειχθήσονται οἷοί εἰσιν ἄνθρωποι (Dem. 1050).

Colour, v. trans. *Dye*: P. and V. βάπτειν. *Tinge*: P. χρώζειν (Plat.), Ar. χρωτίζεσθαι (*Nub*. 516). *Paint*: P. and V. γρᾰφειν (Dem. 415). Met., *diversify*: P. and V. ποικίλλειν, P. διαποικίλλειν; see also *mix*, *influence*. V. intrans. See *blush*.

Colourable, adj. *Plausible*: P. and V. εὔλογος, εὐπρεπής.

Colouring, subs. *Dyeing*: P. and V. βᾰφή, ἡ.

Colourless, adj. P. ἀχρώματος. *Pale*: P. and V. ὠχρός, χλωρός. Met., see *dull*.

Colt, subs. P. and V. πῶλος, ὁ. *Of a colt*, adj.: V. πωλῐκός.

Column, subs. P. and V. κίων, ὁ, V. στῦλος, ὁ, σταθμός, ὁ, ὀρθοστάτης, ὁ. *Slab*: P. and V. στήλη, ἡ. *Of an army*: P. and V. κέρᾰς, τό. *In column*: P. ἐπὶ κέρως, or use adj., ὄρθιος (Xen.).

Coma, subs. See *sleep*.

Comatose, adj. See *sleepy*, *numb*.

Comb, subs. V. κτείς, ὁ. *Of a cock*: Ar. λόφος, ὁ. *To press the threads in weaving*: P. and V. σπᾰθη, ἡ. *Honey-comb*: Ar. and P. κηρίον, τό.

Comb, v. trans. Ar. and V. κτενίζειν. *Comb (wool)*: P. κνάπτειν; see *card*.

Combat, subs. P. and V. ἀγών, ὁ, μᾰχη, ἡ, ἅμιλλα, ἡ, V. ἀγωνία, ἡ, ἆθλος, ὁ, πᾰλαισμα, τό, δῆρις, ἡ (Æsch.). *Engage in single combat*, v.: P. and V. μονομᾰχεῖν. *Engaged in single combat*, adj.: Ar. and V. μονόμᾰχος.

Combat, v. intrans. P. and V. ἐναντιοῦσθαι (dat.), ἀνθίστασθαι (dat.), ἀγωνίζεσθαι (dat. or πρός, acc.), μᾰχεσθαι (dat. or πρός, acc.), P. ἀνταγωνίζεσθαι (dat.). *Argue against*: P. and V. ἀντῐλέγειν (dat.).

Combatant, subs. *Soldier*: Ar. and P. στρᾰτιώτης, ὁ. *Rival*: P. and V. ἀγωνιστής, ὁ, ἀντᾰγωνιστής, ὁ, V. πᾰλαιστής, ὁ. *Combatants*: use *armies*.

Combative, adj. P. φιλόνεικος, φιλαπεχθήμων. *Warlike*: P. and V. μᾰχῐμος (Soph., *Frag*.).

Combativeness, subs. P. φιλονεικία, ἡ.

Combination, subs. *Putting together*: P. and V. σύνθεσις, ἡ. *Mixing*: P. and V. κρᾶσις, ἡ. *Political association*: P. ἑταιρεία, ἡ, σύστασις, ἡ, Ar. and P. σῠνοδος, ἡ.

Combine, v. trans. P. and V. σῠνᾰγειν, P. συνιστάναι. *Put together*: P. and V. συντῐθέναι. *Mix together*: P. and V. συγκεραννῠναι. V. intrans. P. and V. σῠνέρχεσθαι. *Combine politically*: Ar. and P. σῠνίστασθαι, καθ' ἓν γίγνεσθαι (Thuc. 3, 10), P. and V. σῠνόμνῠναι. *Contribute towards*: P. and V. συμβάλλεσθαι (εἰς, acc., V. gen.); see *contribute*.

Combing, subs. *Of wool*: V. κτενισμός, ὁ.

Combustible, adj. P. καύσιμος.

Combustion, subs. *Burning*: P. ἔμπρησις, ἡ.

Come, v. intrans. P. and V. ἔρχεσθαι, προσέρχεσθαι, ἰέναι, χωρεῖν, V. ἕρπειν, μολεῖν (2nd aor. βλώσκειν), προσμολεῖν (2nd aor. προσβλώσκειν), προσστείχειν, Ar. and V. βαίνειν, στείχειν. *Have come, be come*: P. and V. ἥκειν, πᾰρεῖναι, ἐφήκειν (rare P.), Ar. and P. πᾰρᾰγίγνεσθαι, V. προσήκειν. *Arrive*: P. and V. ἀφικνεῖσθαι, εἰσᾰφικνεῖσθαι, Ar. and V. ἱκνεῖσθαι, V. ἱκᾰνειν, ἐξικνεῖσθαι; see *arrive*. *Keep coming, come and go*: P. and V. φοιτᾶν, V. στρωφᾶσθαι. *Wherefore, come fire! come swords!* V. πρὸς ταῦτ' ἴτω μὲν πῦρ, ἴτω δε φάσγανα (Eur., *Phoen*. 521). *Come*, interj.: P. and V. ἄγε, φέρε, ἴθῐ, φέρε δή, εἶα

(Plat. but rare P., also Ar.), εἶα δή (Plat. but rare P., also Ar.). *Come about, happen*, v. intrans.: P. and V. συμβαίνειν, γίγνεσθαι, συμπίπτειν; see *happen*. *Come across, light on*: P. and V. ἐντυγχάνειν (dat.), τυγχάνειν (gen.); see *light on*. *Come away*: P. and V. ἀπέρχεσθαι, ἀπιέναι, V. ἀποστείχειν; see *depart*. *Come back*: P. and V. ἐπανέρχεσθαι, V. ἐπέρχεσθαι; see *return*. *Come down*: P. and V. κατέρχεσθαι, Ar. and V. καθέρπειν (Soph., *Frag.*), Ar. and P. καταβαίνειν. Of territory, *reach*: P. καθήκειν. *Come forward*: P. προέρχεσθαι, P. and V. προχωρεῖν, προβαίνειν. *Come forward* (*to speak*): P. and V. ἐπέρχεσθαι, Ar. and P. παρέρχεσθαι. *Come in, enter*: P. and V. εἰσέρχεσθαι, ἐπεισέρχεσθαι, Ar. and V. εἰσβαίνειν. Of revenue, etc.: P. προσέρχεσθαι. *Capitulate*: see *capitulate*. *Come off, succeed, fare*, of things: P. and V. προχωρεῖν, χωρεῖν; of persons: P. and V. ἀπαλλάσσειν. *They have come off worse than we did*: P. χεῖρον ἡμῶν ἀπηλλάχασι (Dem. 246). *Come on*: Ar. and P. ἐπιγίγνεσθαι; see also *approach, grow*. Of a storm: P. ἐπιγίγνεσθαι, κατιέναι, γίγνεσθαι. *Come out*: P. and V. ἐξέρχεσθαι, ἐκβαίνειν (rare P. in lit. sense). Met., *turn out, issue*: P. and V. ἐξέρχεσθαι, ἐκβαίνειν, τελευτᾶν, P. ἀποβαίνειν, Ar. and P. συμφέρεσθαι, V. τελεῖν, ἐξήκειν, ἐκτελευτᾶν. *Come out to battle*: P. ἐπεξέρχεσθαι εἰς μάχην. *Come over* (of a feeling coming over one): P. and V. ἐπέρχεσθαι (acc.), V. ὑπέρχεσθαι (acc.), ὑφέρπειν (acc.); see *steal over*. *Join as ally*: P. προσχωρεῖν. *Come round, change*: P. and V. μεθίστασθαι, P. περιίστασθαι. *Recover*: P. ἀναλαμβάνειν ἑαυτόν; see *recover*. *Come round to the same place* (in argument): P. εἰς τὸ αὐτὸ περιφέρεσθαι (Plat., *Gorg.* 517c). *Come short*: see *short*. *Come to, recover*: P. ἀναλαμβάνειν ἑαυτόν; see *recover*. *Come to yourself*: V. ἐν σαυτῷ γενοῦ (Soph., *Phil.* 950). *Coming to yourselves even at the eleventh hour*: ὑμῶν αὐτῶν ἔτι καὶ νῦν γενόμενοι (Dem. 26). *Come to pass*: see *happen*. *Come to the same thing*: Ar. and P. ταὐτὸ δύνασθαι. *Come together*: P. and V. συνέρχεσθαι. *Come up*: P. and V. ἀνέρχεσθαι. *Approach*: P. and V. ἐπέρχεσθαι; see *approach*. *Happen*: see *happen*. *Come up to*: see *reach*. *Come upon, attack*: P. and V. προσβάλλειν (dat.), προσπίπτειν (dat.); see *attack*. Of misfortune, etc.: P. and V. ἐπέρχεσθαι (dat.), προσπίπτειν (dat.). *Light upon*: P. and V. ἐντυγχάνειν (dat.), τυγχάνειν (gen.), προσπίπτειν (dat.), Ar. and P. ἐπιτυγχάνειν (gen. or dat.), P. περιπίπτειν (dat.), V. κιγχάνειν (acc. or gen.).

Comedian, subs. P. κωμῳδός, ὁ, Ar. τρυγῳδός, ὁ. *Comic actor*: P. κωμικὸς ὑποκριτής, ὁ. *Low comedian*: P. μῖμος γελοίων, ὁ (Dem. 23).

Comedy, subs. Ar. and P. κωμῳδία, ἡ, Ar. τρυγῳδία, ἡ.

Comeliness, subs. P. and V. κάλλος, τό, εὐμορφία, ἡ (Plat.), P. εὐπρέπεια, ἡ, V. καλλονή, ἡ (also Plat. but rare P.), καλλίστευμα, τό.

Comely, adj. P. and V. καλός, εὐπρεπής, εὐειδής (Plat.), V. εὐωπός, καλλίμορφος, εὔμορφος, Ar. and P. εὐπρόσωπος (Plat.), Ar. and V. εὐφυής.

Comer, subs. *First-comer*: see under *first*. *New-comer*: use *stranger*.

Comet, subs. Use *star*.

Comfort, v. trans. *Cheer, encourage*: P. and V. θαρσύνειν, θρασύνειν, παρακαλεῖν, P. παραθαρσύνειν, ἐπιρρωννύναι, Ar. and P. παραμυθεῖσθαι. *Console*: P. and V. παραμυθεῖσθαι (Eur. *Or.* 298), V. παρηγορεῖν. *Soothe, assuage*: P. and V. πραΰνειν, V. θέλγειν (also Plat. but rare P.); see *assuage*.

Comfort, subs. *Consolation*: P. παραμυθία, ἡ, παραμύθιον, τό, P. and V. παραψυχή, ἡ (rare P.). *Means of assuaging*: V. ἀνακούφισις, ἡ (gen.); see *alleviation*. *Hope*: P.

and V. ἐλπίς, ἡ. *Easy circumstances*: P. and V. εὐμάρεια, ἡ, P. εὐπάθεια, ἡ. *Comforts, blessings*: P. and V. τἀγαθά. *Be of good comfort*, v.: P. and V. θαρσεῖν, θρασύνεσθαι, V. εὐθυμεῖν (Eur. *Cycl.*), θαρσύνειν. *Go in for greater comfort*: P. εἰς τὸ τρυφερώτερον μεθίστασθαι (Thuc. 1, 6). *This one child was the last remaining comfort of my life*: εἷς παῖς ὅδ' ἦν μοι λοιπὸς ὀφθαλμὸς βίου (Eur. *And.* 406).

Comfortable, adj. *Be comfortable*, v.: P. εὐπαθεῖν. *Causing comfort*: P. and V. ἡδύς. *Soft*: Ar. and P. μαλακός, Ar. and V. μαλθακός; see *pleasant*.

Comfortably, adv. *Easily*: P. and V. ῥᾳδίως, εὐμαρῶς (Plat.). *Softly*: Ar. and P. μαλακῶς. *Place your elbow comfortably*: V. θές νυν τὸν ἀγκῶν' εὐρυθμως (Eur. *Cycl.* 563).

Comforting, adj. V. θελκτήριος.

Comfortless, adj. *Dreary*: V. ἀτερπής, P. ἀηδής; see *miserable*.

Comic, adj. Ar. and P. κωμῳδικός. *Comic actor*: P. κωμικὸς ὑποκριτής, ὁ. *Laughable*: P. and V. γέλοιος, V. γελωτοποιός (Æsch. *Frag.*), Ar. and P. καταγέλαστος. *Comic poet*, subs.: P. κωμῳδός, ὁ, κωμῳδοποιός, ὁ, Ar. κωμῳδοδιδάσκαλος, ὁ.

Comical, adj. See *comic*.

Comicality, subs. P. τὸ γέλοιον.

Comically, adv. P. γελοίως, καταγελάστως.

Coming, adj. *About to occur*: P. and V. μέλλων, ἐπιών.

Coming, subs. *Journey*: P. and V. ὁδός, ἡ, Ar. and V. κέλευθος, ἡ. *Arrival*: P. ἄφιξις, ἡ. *Presence*: P. and V. παρουσία, ἡ.

Comity, subs. P. φιλανθρωπία, ἡ; see *courtesy*.

Command, v. trans. *Bid*: P. and V. κελεύειν (τινά τι), ἐπιτάσσειν (τινί τι), προστάσσειν (τινί τι), ἐπιστέλλειν (τινί τι), ἐπισκήπτειν (τινί τι), Ar. and V. ἐφίεσθαι (τινί τι). *Command in addition*: V. ἐπεντέλλειν (τινί τι. *Command beforehand*: V. προὐξεφίεσθαι (absol.). With infin.: P. and V. κελεύειν (acc.), ἐπιστέλλειν (acc. or dat.), ἐπιτάσσειν (dat.), προστάσσειν (dat.), τάσσειν (dat.), ἐπισκήπτειν (dat.), Ar. and V. ἐφίεσθαι (dat.), V. ἀνώγειν (acc.), αὐδᾶν (acc. or dat.), ἐννέπειν (acc. or dat.), λέγειν (dat.), φωνεῖν (acc.), μυθεῖσθαι (absol.), ἐξεφίεσθαι (absol.). *Join in commanding*: P. and V. συγκελεύειν (absol.). *Be at head of*: P. and V. ἐφίστασθαι (dat.). *Rule over*: P. and V. ἄρχειν (gen.), κρατεῖν (gen.); see *rule*. *Be in command of*: P. and V. ἡγεῖσθαι (gen., V. also dat.), ἄρχειν (gen., V. also dat.), P. ἡγεμονεύειν (gen.). *As general*: P. and V. στρατηγεῖν (gen., V. also dat.), V. στρατηλατεῖν (gen. or dat.). *Command (a view, etc.)*: P. and V. παρέχειν, ἔχειν. *A position that was precipitous and directly commanded the city*: P. χωρίον ἀπόκρημνον καὶ ὑπὲρ τῆς πόλεως εὐθὺς κείμενον (Thuc. 6, 96). *So that, though only a few men were thrown into it (the fort), they could command the entrance*: ὥστε καθεζομένων ἐς αὐτὸ ἀνθρώπων ὀλίγων ἄρχειν τοῦ εἴσπλου (Thuc. 8, 90). *Command the sea*, v.: P. θαλασσοκρατεῖν (Thuc. 7, 48).

Command, subs. P. πρόσταγμα, τό, ἐπίταγμα, τό, V. ἐντολή, ἡ (Plat. also but rare P.), κέλευσμα, τό, κελευσμός, ὁ, ἐφετμή, ἡ, ἐπιστολαί, αἱ. *Word of command*: P. and V. κέλευσμα, τό, P. σημεῖον, τό, παράγγελμα, τό. *Pass word of command*: P. and V. παραγγέλλειν. *Leadership*: P. ἡγεμονία, ἡ. *Rule*: P. and V. ἀρχή, ἡ, κράτος, τό. *Post of general*: P. and V. στρατηγία, ἡ. *Be in command*, v.: P. and V. στρατηγεῖν, V. στρατηλατεῖν. *The command of the sea*, subs.: P. τὸ τῆς θαλάσσης κράτος (Thuc. 1, 143).

Commander, subs. *General*: P. and V. στρατηγός, ὁ, V. στρατηλάτης, ὁ. *Leader*: P. and V. ἡγεμών, ὁ. *Generally*: P. and V. ταγός, ὁ, V. λοχαγέτης, ὁ, ἀρχέλαος, ὁ (also Ar. in form ἀρχέλᾱς), βρᾰβεύς, ὁ, ἔπαρχος, ὁ; see *chief, captain. Commander of a thousand men:* P. and V. χῑλίαρχος, ὁ (Xen.). *Commander of ten thousand men:* P. μυρίαρχος, ὁ (Xen.), V. μυριόνταρχος, ὁ. *Naval commander:* see *captain.*

Commanding, adj. *Inspiring awe:* P. and V. σεμνός. *Fit to rule:* P. ἀρχικός. Of a position, *strong:* P. ἐχυρός; see *strong.*

Commemorate, v. trans. *Celebrate in song:* P. and V. ᾄδειν, ὑμνεῖν; see *celebrate. Have in memory:* P. and V. μνημονεύειν.

Commemoration, subs. *Memorial:* P. and V. μνημεῖον, τό, V. μνῆμα, τό, P. ὑπόμνημα, τό. *Remembrance:* P. and V. μνεία, ἡ, μνήμη, ἡ. *Praise:* P. and V. ἔπαινος, ὁ, Ar. and P. ἐγκώμιον, τό.

Commence, v. trans. *Be first to do a thing:* P. and V. ἄρχειν (gen.), ὑπάρχειν, κᾰτάρχειν (acc. or gen.), ἐξάρχειν (acc. or gen.) (Xen.), P. προϋπάρχειν (gen.); see *begin. Start something of one's own:* P. and V. ἄρχεσθαι (gen.), κᾰτάρχειν (or mid.) (acc. or gen.), ὑπάρχειν (gen.). *Take in hand:* P. and V. ἐπῐχειρεῖν (dat.), ἐγχειρεῖν (dat.), αἱρεσθαι (acc.). *Set up, institute:* P. and V. κᾰθιστᾰναι, ἱστᾰναι, τῐθέναι, Ar. and P. κᾰτᾰδεικνῠναι. V. intrans. P. and V. ἄρχεσθαι; see *start. Prelude:* P. προοιμιάζεσθαι, V. φροιμιάζεσθαι. *Commence to:* P. and V. ἄρχειν (part.), ἄρχεσθαι (part.). *Commence with:* P. ἄρχεσθαι (ἀπό, gen.), V. ἄρχεσθαι (ἐκ, gen.).

Commencement, subs. P. and V. ἀρχή, ἡ. *Starting-point:* P. and V. ἀφορμή, ἡ. *Source, origin:* P. and V. πηγή, ἡ (Plat.); see *beginning.*

Commend, v. trans. *Praise:* P. and V. ἐπαινεῖν, P. ἐγκωμιάζειν, Ar. and V. εὐλογεῖν, V. αἰνεῖν (Plat., *Rep.* 404D, but rare P.). *Intrust:* Ar. and P. ἐπιτρέπειν (τινί τι), P. πιστεύειν (τινί τι), ἐγχειρίζειν (τινί τι), V. εἰσχειρίζειν (τινί τι); see *intrust. Refer (for decision):* Ar. and P. ἀνᾰτῐθέναι (τινί τι), ἐπιτρέπειν (τινί τι); see *refer. Commend oneself to:* see *please.*

Commendable, adj. P. ἐπαινετός (Plat.), P. and V. ἀνεπίληπτος, ἄμεμπτος, P. ἀνεπίφθονος. *Just:* P. and V. δῐκαιος; see *just.*

Commendably, adv. P. ἀνεπιφθόνως. *Justly:* P. and V. δῐκαίως; see *justly. Well:* P. and V. εὖ, κᾰλῶς.

Commendation, subs. P. and V. ἔπαινος, ὁ, Ar. and P. ἐγκώμιον, τό, εὐλογία, ἡ, V. ἐπαίνεσις, ἡ, αἶνος, ὁ. *He was the first of those engaged in the war to receive public commendation in Sparta:* P. πρῶτος τῶν κατὰ τὸν πόλεμον ἐπῃνέθη ἐν Σπάρτῃ (Thuc. 2, 25).

Commender, subs. P. ἐπαινέτης, ὁ.

Commensurate, adj. P. and V. σύμμετρος. *Equal:* P. and V. ἴσος, ὅμοιος, ἰσόρροπος, P. ἰσοπαλής, ἀντίπαλος.

Comment, v. intrans. *Give opinion:* P. and V. γνώμην ἀποφαίνεσθαι. *Comment on, interpret:* P. ἐξηγεῖσθαι, P. and V. ἑρμηνεύειν. *Blame:* P. and V. μέμφεσθαι (acc. or dat.); see *blame.*

Comment, subs. *Opinion:* P. and V. γνώμη, ἡ, δόξα, ἡ. *Interpretation:* P. ἐξήγησις, ἡ, ἑρμηνεία, ἡ, V. ἑρμήνευμα, τό, or pl.

Commentary, subs. *Notes:* P. ὑπομνήματα, τά.

Commentator, subs. *Interpreter:* P. and V. ἑρμηνεύς, ὁ, P. ἐξηγητής, ὁ.

Commerce, subs. Ar. and P. ἐμπορία, ἡ. *Money-making:* P. χρηματισμός, ὁ. *Engage in commerce:* P. ἐμπορεύεσθαι. *Make money:* P. χρηματίζεσθαι.

Commercial, adj. Ar. and P. ἐμπορῐκός. *Have commercial dealings with:* P. συμβόλαια συμβάλλειν (dat.).

Commercial centre, subs. *Trading-station:* Ar. and P. ἐμπόριον, τό.

Commingle, v. trans. P. and V. μιγνῦναι, συμμιγνῦναι, ἀνᾰμιγνῦναι, κερηννύναι, συγκεραννύναι; see *mix.* V. intrans. Use pass. of verbs given.

Commiserate, v. trans. P. and V. ἐλεεῖν, οἰκτείρειν, V. οἰκτίζειν (rare P.), κᾰτοικτίζειν, ἐποικτίζειν, ἐποικτείρειν, Ar. and V. κᾰτοικτείρειν, P. κατελεεῖν; see *pity.*

Commiseration, subs. P. and V. ἔλεος, ὁ, οἶκτος, ὁ (Thuc. 7, 77).

Commissariat, subs. *Provisions:* P. τὰ ἐπιτήδεια, Ar. and P. σῑτία, τά, P. and V. σῖτος, ὁ, τροφή, ἡ.

Commission, subs. *Command:* P. πρόσταγμα, τό, ἐπίταγμα, τό. *Task, duty:* P. and V. ἔργον, τό; see *task.* *Embassy:* Ar. and P. πρεσβεία, ἡ. *Body of commissioners:* P. συγγραφῆς, οἱ; see *commissioner.* *Council:* P. συνέδριον, τό. *Performance, act of committing:* P. πρᾶξις, ἡ.

Commission, v. trans. See *charge.*

Commissioner, subs. P. σύνεδρος, συγγραφεύς. *Manager, overseer:* P. and V. τᾰμίας, ὁ, ἐπιστάτης, ὁ. *Ambassador:* P. πρεσβευτής, ὁ, Ar. and V. πρέσβῠς, ὁ; pl., use P. and V. πρέσβεις, οἱ. *Special commissioners to examine offences against the state:* P. ζητηταί, οἱ.

Commit, v. trans. *A crime, etc.:* P. and V. πράσσειν, ἐργάζεσθαι, ἐξεργάζεσθαι, V. ἐκπράσσειν, Ar. and V. τολμᾶν. *Be committed:* P. and V. γίγνεσθαι. *Intrust:* Ar. and P. ἐπιτρέπειν, P. πιστεύειν, ἐγχειρίζειν, διαπιστεύειν, V. εἰσχειρίζειν. *Deposit:* Ar. and P. κᾰτᾰτῐθέναι (or mid.). *Give:* P. and V. δῐδόναι; see *give.* *Hand over:* P. and V. πᾰρᾰδῐδόναι. *Refer:* Ar. and P. ἀνᾰτῐθέναι, ἐπιτρέπειν, P. ἐφιέναι. *Commit oneself, make a promise.* P. and V. ὑπισχνεῖσθαι, ὑφίστασθαι. *Commit to writing:* use *write.*

Committee, subs. *Commissioners:* P. συγγραφῆς, οἱ, σύνεδροι, οἱ; see *board.* *Elect a committee of five men:* P. προέδρους ἑλέσθαι πέντε ἄνδρας (Thuc. 8, 67). *Committee meeting:* P. συνέδριον, τό.

Commix, v. trans. See *mix.*

Commodious, adj. *Ample:* P. and V. μέγας, μακρός, εὐρύς. *Convenient:* P. ἐπίκαιρος, P. and V. ἐπῐτήδειος.

Commodiously, adv. P. ἐπιτηδείως. *Well:* P. and V. κᾰλῶς, εὖ.

Commodiousness, subs. *Convenience:* P. ἐπιτηδειότης, ἡ.

Commodity, subs. *Thing:* Ar. and P. σκεῦος, τό, P. and V. χρῆμα, τό. *Articles for sale:* P. ὤνια, τά, ἀγοράσματα, τά.

Commodore, subs. P. and V. ναύκληρος, ὁ; see *captain.*

Common, adj. *Shared by others:* P. and V. κοινός, V. ξῠνός, πάγκοινος. *Public:* P. and V. κοινός, Ar. and P. δημόσιος; see *public.* *Customary:* P. and V. σῠνήθης, εἰωθώς, νόμῐμος, εἰθισμένος, ἠθάς, P. σύντροφος, Ar. and V. νομιζόμενος. *Vulgar:* Ar. and P. φορτῐκός, ἀγοραῖος. *Inferior:* P. and V. φαῦλος. *The common people, the commons,* subs.: P. and V. οἱ πολλοί, πλῆθος, τό, δῆμος, ὁ. *Of the common people,* adj.: Ar. and P. δημοτῐκός. *Ordinary, everyday:* P. and V. τῠχών, ἐπῐτῠχών; see *ordinary.* *Make common cause with:* P. κοινολογεῖσθαι (dat.), κοινῷ λόγῳ χρῆσθαι (πρός, acc.). *Making common cause with your father:* V. κοινόφρων πατρί (Eur., *Ion.* 577). *'Twixt us and this man is nothing in common:* V. ἡμῖν δὲ καὶ τῷδ' οὐδέν ἐστιν ἐν μέσῳ (Eur., *Heracl.* 184; cf. *Ion,* 1285). *What is there in common between?* P. and V. τίς κοινωνία; (with two gens.). *Have nothing in common with:* P. οὐδὲν ἐπικοινωνεῖν (dat.). *In common, jointly:* P. and V. κοινῇ, εἰς κοινόν, ὁμοῦ, V. κοινῶς. *For the common good:* P. and V. εἰς τὸ κοινόν.

Commonalty, subs. See *commons.*

Commoner, subs. P. and V. δημότης, ὁ (Xen.), V. ἀνὴρ δημότης, ὁ.

Commonly, adv. *Usually:* P. ὡς ἐπὶ τὸ πολύ. *Commonly speaking:* P. ὡς ἐπὶ πᾶν εἰπεῖν. *Vulgarly:* P. φορτικῶς.

Commonness, subs. See *prevalence*. *Grossness*: see *grossness*.

Commonplace, adj. P. ἐπιπόλαιος. *Everyday, ordinary*: P. and V. τυχών, ἐπιτυχών. *Poor*: P. and V. φαῦλος.

Commons, subs. P. and V. οἱ πολλοί, πλῆθος, τό, δῆμος, ὁ, τὸ κοινόν, Ar. and V. λαός, ὁ, λεώς, ὁ.

Common-sense, subs. P. and V. σύνεσις, ἡ, τὸ συνετόν, γνώμη, ἡ, φρόνησις, ἡ.

Commonwealth, subs. P. and V. πόλις, ἡ, τὸ κοινόν, Ar. and P. πολιτεία, ἡ. *Democracy*: Ar. and P. δημοκρατία, ἡ.

Commotion, subs. P. ταραχή, ἡ, V. τάραγμός, ὁ, τάραγμα, τό, P. and V. ἔκπληξις, ἡ, Ar. τάραξις, ἡ. *Noise*: P. and V. θόρυβος, ὁ.

Commune with. Ar. and P. διαλέγεσθαι (dat. or πρός, acc.), V. εἰς λόγους ἔρχεσθαι (dat.) (cf. Ar. *Nub.* 470), διὰ λόγων ἀφικνεῖσθαι (dat.). *Have intercourse with*: P. and V. ὁμιλεῖν (dat.), προσομιλεῖν (dat.); see under *intercourse*. *Commune with oneself*: P. and V. ἐνθυμεῖσθαι, νοεῖσθαι, συννοεῖσθαι; see *reflect*.

Communicable, adj. *That may be taught*: P. and V. διδακτός, P. μαθητός, παιδευτός. *That may be spoken*: P. and V. ῥητός, Ar. and V. λεκτός.

Communicate, v. trans. P. and V. κοινοῦν, or mid. *Announce*: P. and V. ἀγγέλλειν; see *announce, disclose*. *Communicate with, have dealings with*: P. and V. ὁμιλεῖν (dat.), προσομιλεῖν (dat.), κοινοῦσθαι (dat.), κοινωνεῖν (dat.), συναλλάσσειν (dat.), συμμίγνυσθαι (dat.), πλησιάζειν (dat.); see under *dealings*. *Communicate with by herald*: P. διακηρυκεύεσθαι (πρός, acc.). *Take advice of*: Ar. and P. ἀνακοινοῦν (dat.), or mid. *Give a passage*: use P. δίοδον ἔχειν.

Communication, subs. *What is announced*: P. and V. ἄγγελμα, τό, Ar. and P. ἀγγελία, ἡ; see *letter*. *Proclamation*: P. and V. κήρυγμα, τό. *Disclosure, act of disclosing*: P. μήνυσις, ἡ. *Thing disclosed*: P. μήνυμα, τό. *Intercourse, dealings*: P. and V. ὁμιλία, ἡ, κοινωνία, ἡ, συνουσία, ἡ, P. ἐπιμιξία, ἡ, V. συναλλαγαί, αἱ. *Passage*: Ar. and P. δίοδος, ἡ. *Have communication with*: see *communicate with*.

Communicative, adj. *Talkative*: P. and V. λάλος; see *sociable*.

Communicativeness, subs. *Talkativeness*: Ar. and P. λαλία, ἡ.

Communion, subs. *Intercourse*: P. and V. ὁμιλία, ἡ, κοινωνία, ἡ, συνουσία, ἡ. *Share, partnership*: P. and V. κοινωνία, ἡ, Ar. and P. μετουσία, ἡ; see *intercourse*.

Community, subs. P. and V. κοινωνία, ἡ. *Body politic*: P. and V. πόλις, ἡ, τὸ κοινόν, Ar. and P. πολιτεία, ἡ.

Commutation, subs. See *change*. *Remission*: P. ἄνεσις, ἡ.

Commute, v. trans. See *change*. *Remit*: P. and V. ἀνιέναι.

Compact, adj. P. and V. πυκνός. Of the limbs: P. εὐπαγής.

Compact, subs. P. and V. συνθήκη, ἡ, or pl., σύνθημα, τό, σύμβασις, ἡ, P. ὁμολογία, ἡ.

Compact, v. trans. P. and V. συμπηγνύναι; see *construct*. *Compacted of*: P. συγκείμενος (ἐκ, gen.).

Compactness, subs. Ar. and P. πυκνότης, ἡ.

Companion, subs. P. and V. ἑταῖρος, ὁ, ἧλιξ, ὁ or ἡ, Ar. and P. ἡλικιώτης, ὁ, V. συνῆλιξ, ὁ or ἡ, ὁμῆλιξ, ὁ or ἡ. *Companions*: P. and V. οἱ συνόντες. *Associate*: P. and V. σύννομος, ὁ or ἡ, σύντροφος, ὁ or ἡ, Ar. and V. σύζυγος, ὁ or ἡ. *Partner*: P. and V. κοινωνός, ὁ or ἡ, συνεργός, ὁ or ἡ, συλλήπτωρ, ὁ. *Helper*: P. and V. παραστάτης, ὁ (Plat.), Ar. and V. συμπραάστάτης, ὁ; see *assistant*. *Boon-companion*: P. and V. συμπότης, ὁ. *Companion in arms*: P. συστρατιώτης, ὁ, σύσκηνος, ὁ. Fem.: Ar. συσκηνητήρια, ἡ, P. and V.

λοχίτης, ὁ (Xen.), V. σῠνασπιστής, ὁ, πᾰρασπιστής, ὁ. *Be companion in arms to:* V. σῠνασπίζειν (dat.) (Eur. *Cycl.* 39), P. συσκηνεῖν (absol., or dat.) (Xen.). *Travelling companion:* P. and V. σῠνέμπορος, ὁ or ἡ (Plat.).

Companionship, subs. P. and V. ὁμῑλία, ἡ, κοινωνία, ἡ, σῠνουσία, ἡ. *Friendship:* P. and V. φῐλία, ἡ, ἑταιρεία, ἡ.

Company, subs. *Intercourse, society:* P. and V. ὁμῑλία, ἡ, κοινωνία, ἡ, σῠνουσία, ἡ; see *society*. *Did they avoid your company for want of money?* P. ἆρ' ἐνδείᾳ χρημάτων ἔφευγον τὴν σὴν ὁμιλίαν; (Plat., *Hipp. Maj.* 283D). *Division of an army:* P. and V. λόχος, ὁ, τάξῐς, ἡ. *Band:* P. and V. ὅμῑλος, ὁ, σύλλογος, ὁ, σύστᾰσις, ἡ, V. χορός, ὁ (rare P.), στόλος, ὁ, λόχος, ὁ, ὁμῑλία, ἡ, ὁμήγῠρις, ἡ, πᾰνήγῠρις, ἡ. *Keep company with*, v.: P. and V. ὁμῑλεῖν (dat.), προσομῑλεῖν (dat.), σῠνεῖναι (dat.), συγγίγνεσθαι (dat.).

Comparable, adj. V. εἰκαστός; see *like*.

Comparative, adj. *Moderate:* P. and V. μέτριος.

Comparatively, adv. *Moderately:* P. and V. μετρίως.

Compare, v. trans. P. and V. εἰκάζειν, ἀπεικάζειν, προσεικάζειν, P. παρεικάζειν, V. ἐπεικάζειν. *Set side by side:* P. and V. ἀντῐτῐθέναι, P. παρατιθέναι, συμβάλλειν, Ar. and P. πᾰρᾰβάλλειν; see *contrast*. *Compared with:* use prep., P. and V. πρός (acc.). *Compare oneself with:* Ar. ἀντῐφερίζειν (dat.) (*Eq.* 813).

Comparison, subs. P. παραβολή, ἡ. *In comparison with:* use prep., P. and V. πρός (acc.).

Compass, subs. *Limit:* P. and V. μέτρον, τό, ὅρος, ὁ. *Circuit:* P. and V. περίβολος, ὁ, κύκλος, ὁ, περίδρομος ὁ (Plat.), περῐβολή, ἡ, Ar. and P., περῐφορά, ἡ. *Pair of compasses:* Ar. and P. διᾰβήτης, ὁ (Plat.). *Fetch a compass*, v.: P. περιβάλλειν, περιπλεῖν. *It is easy to pray, gathering together in a small compass all one's desire:* P. εὔξασθαι ῥᾴδιον εἰς ταὐτὸ πάνθ' ὅσα βούλεταί τις ἀθροίσαντα ἐν ὀλίγῳ (Dem. 33). *Within the compass of:* P. and V. ἐντός (gen.).

Compass, v. trans. *Encompass:* P. and V. περῐβάλλειν, V. ἀμπέχειν, ἀμπίσχειν, ἀμφῐβάλλειν, πῠκάζειν; see *cover*. *Compass an object:* P. περιβάλλεσθαι; see *contrive, accomplish*. *Compass (a person's) death:* P. παρασκευάζειν θάνατον (dat.). *If, however, we compass not the death of Helen:* V. ἢν δ' οὖν τὸν Ἑλένης μὴ κατάσχωμεν φόνον (Eur., *Or.* 1149). *If we compass our wishes:* P. ἐὰν κατάσχωμεν ἃ βουλομεθα (Andoc. 6). *Include:* see *include*.

Compassion, subs. P. and V. ἔλεος, ὁ, οἶκτος, ὁ (Thuc. 7, 77).

Compassionate, adj. P. and V. φῐλοικτίρμων (Plat.), P. ἐλεεινός, Ar. and P. ἐλεήμων.

Compassionate, v. trans. P. and V. ἐλεεῖν, οἰκτείρειν, V. οἰκτίζειν (rare P.), κᾰτοικτίζειν, ἐποικτίζειν, ἐποικτείρειν, P. κατελεεῖν, Ar. and V. κᾰτοικτείρειν.

Compassionately, adv. V. ἐλεινῶς.

Compatibility, subs. *Suitability:* P. ἐπιτηδειότης, ἡ. *Accordance:* P. συμφωνία, ἡ.

Compatible, adj. *Suitable:* P. and V. ἐπῐτήδειος, σύμφορος, πρόσφορος. *Compatible with, consistent with:* P. and V. σύμφωνος (dat.) (Plat.), σῠνῳδός (dat.) (Plat.), Ar. and P. ἀκόλουθος (gen. or dat.), V. προσῳδός (dat.).

Compatriot, subs. P. and V. πολίτης, ὁ, V. συμπολίτης, ὁ, Ar. and V. δημότης, ὁ.

Compeer, subs. Ar. and P. ἡλῐκιώτης, ὁ, P. and V. ἧλιξ, ὁ or ἡ, V. σῠνῆλιξ, ὁ or ἡ, ὁμῆλιξ, ὁ or ἡ.

Compel, v. trans. P. and V. ἀναγκάζειν, ἐπᾰναγκάζειν, κᾰτᾰναγκάζειν, βιάζεσθαι, Ar. and P. προσᾰναγκάζειν, P. καταβιάζεσθαι, Ar. and V. ἐξᾰναγκάζειν, V. διᾰβιάζεσθαι.

Compendious, adj. P. and V. σύντομος, βρᾰχύς.

Compendiously, adv. P. and V. συντόμως, ἐν βρᾰχεῖ, συλλήβδην, P. διὰ βραχέων, V. βρᾰχεῖ μύθῳ.

Compendiousness, subs. P. βραχυλογία, ἡ, συντομία, ἡ.

Compensate, v. trans. *Requite*: P. and V. ἀμείβεσθαι. *Compensate for, make good*: P. and V. ἀκεῖσθαι (acc.), ἀνᾰλαμβάνειν (acc.), P. ἐξακεῖσθαι (acc.) (Xen.). *Make atonement for*: P. and V. δίκην δῐδόναι (gen.), δίκην τίνειν (gen.), δίκην ἐκτίνειν (gen.); see *atonement*. *Compensating for*, adj.: P. ἀντίρροπος (gen.), ἀντίσταθμος (dat.) (Plat.), V. ἀντίσταθμος (gen.). *Counterbalance*: see *counterbalance*.

Compensation, subs. *Atonement*: V. ποινή, ἡ, or pl. (rare P.), ἄποινα, τά (Plat. also but rare P.), P. and V. τίσις, ἡ (Plat.). *Recompense*: P. and V. ἀμοιβή, ἡ (Plat.), μισθός, ὁ. *Remedy*: V. ἀκός, τό.

Compete, v. intrans. P. and V. ἀγωνίζεσθαι, ἁμιλλᾶσθαι, Ar. and P. διᾰγωνίζεσθαι, P. διαμιλλᾶσθαι, V. ἐξᾰγωνίζεσθαι, ἐξᾰμιλλᾶσθαι; see *contend*. *Compete with*: see *contend with*.

Competence, subs. *Suitability*: P. ἐπιτηδειότης, ἡ. *Capacity*: P. and V. δύνᾰμις, ἡ. *Property*: P. and V. οὐσία, ἡ. *Authority*: P. and V. ἐξουσία, ἡ.

Competent, adj. *Fit, suitable*: P. and V. ἐπῐτήδειος, πρόσφορος, σύμφορος. *Adequate*: P. and V. ἱκᾰνός. *Able*: P. and V. δῠνᾰτός; see *able*. *With sufficient power to*: P. and V. ἱκᾰνός (infin.), ἀξιόχρεως (infin.) (Eur., *Or*. 597). *Having authority*: P. and V. κύριος.

Competently, adv. P. ἱκανῶς. *Sufficiently*: P. and V. ἀρκούντως.

Competition, subs. *Rivalry*: P. and V. ἔρις, ἡ, ζῆλος, ὁ, P. φιλονεικία, ἡ; see *rivalry*. *Contest*: P. and V. ἀγών, ὁ, ἅμιλλα, ἡ; see *contest*.

Competitor, subs. P. and V. ἀγωνιστής, ὁ, ἀντᾰγωνιστής, ὁ, V. πᾰλαιστής, ὁ; see *rival*.

Compilation, subs. *Act of composing*: P. σύνθεσις, ἡ. *Work composed*: P. συγγραφή, ἡ, σύγγραμμα, τό.

Ccmpile, v. trans. P. συγγράφειν, P. and V. συντῐθέναι.

Compiler, subs. P. συγγραφεύς, ὁ, συνθέτης, ὁ.

Complacency, subs. *Good temper*: P. εὐκολία, ἡ. *Pleasure*: P. and V. ἡδονή, ἡ. *Affability*: P. φιλανθρωπία, ἡ, εὐπροσηγορία, ἡ. *Hear with complacency*: P. and V. ἡδέως ἀκούειν. *Bear with complacency*: P. and V. ῥᾳδίως φέρειν.

Complacent, adj. *Good-tempered*: Ar. and P. εὔκολος. *Affable*: P. and V. εὐπροσήγορος, φῐλόφρων (Xen.), P. ῥᾴδιος. *Easy to deal with*: P. and V. εὐχερής.

Complacently, adv. *Good-temperedly*: P. εὐκόλως. *Easily, lightly*: P. and V. ῥᾳδίως. *With pleasure*: P. and V. ἡδέως.

Complain, v. intrans. Ar. and P. σχετλιάζειν. *Complain to (a person)*: P. σχετλιάζειν (πρός, acc.). *Be annoyed*: P. and V. ἄχθεσθαι, Ar. and P. ἀγᾰνακτεῖν, P. δυσχεραίνειν, δεινὸν ποιεῖσθαι, χαλεπῶς φέρειν, Ar. and P. δεινὰ ποιεῖν. *Complain of, accuse*: P. and V. κᾰτηγορεῖν (gen.), αἰτιᾶσθαι (acc.), ἐπαιτιᾶσθαι (acc.). *Blame*: P. and V. μέμφεσθαι (acc. or dat.), ψέγειν (acc.). *Make lamentation*: P. and V. ὀδῡρεσθαι, ἀποδῡρεσθαι, πενθεῖν, θρηνεῖν or mid., δακρῡειν or mid. (Dem. but rare P.), στένειν (Dem. but rare P.), στενάζειν (Dem. but rare P.), V. κᾰταστένειν, ἀναστένειν, Ar. and V. οἰμώζειν; see *lament*.

Complaining, adj. See *querulous*.

Complaint, subs. *Accusation*: P. and V. αἰτία, ἡ, αἰτίᾱμα, τό, ἔγκλημα, τό, V. ἐπίκλημα, τό. *Blame*: P. and V. μέμψις, ἡ, ψόγος, ὁ. *Disease*: P. and V. νόσος, ἡ, νόσημα, τό, P. ἀσθένεια, ἡ. *Expression of annoy-*

ance : P. σχετλιασμός, ὁ, θροῦς, ὁ. *Lamentation* : P. and V. ὀδυρμός, ὁ, οἶκτος, ὁ, οἰμωγή, ἡ (Thuc. but rare P.), στόνος, ὁ (Thuc. but rare P.), Ar. and P. ὀλοφυρμός, ὁ, P. ὀλόφυρσις, ἡ, V. οἰκτίσμᾰτα, τά, οἴμωγμα, τό, Ar. and V. στέναγμα, τό; see *lamentation*.

Complaisant, adj. See *complacent*.

Complement, subs. P. and V. πλήρωμα, τό.

Complete, adj. P. and V. τέλειος, τέλεος, παντελής, ἐντελής, P. ἐπιτελής. *Full* : P. and V. πλήρης; see also *absolute, finished*.

Complete, v. trans. *Accomplish* : P. and V. ἀνύτειν, κᾰτᾰνύτειν, πράσσειν, διαπράσσειν (or mid., P.), ἐργάζεσθαι, κᾰτεργάζεσθαι, περαίνειν, διᾰπεραίνειν (Plat.), τελεοῦν (V. τελειοῦν), V. ἐξᾰνύτειν, τελεῖν (rare P.), τελευτᾶν, ἐκτελευτᾶν, ἐκπράσσειν, ἐκπεραίνειν, κραίνειν, ἐπικραίνειν, P. ἐπιτελεῖν, Ar. and P. ἀπεργάζεσθαι; see *work out*. *Fill up, make complete* : P. and V. πληροῦν, ἐκπληροῦν, V. ἐκπιμπλάναι, P. ἀναπληροῦν. *The other labours he has completed*: V. καὶ τοὺς μὲν ἄλλους ἐξεμόχθησεν πόνους (Eur., *H. F.* 22).

Completely, adv. P. and V. πάντως, παντελῶς, διὰ τέλους, Ar. and P. πάνυ, τελέως, P. ὅλως, παντάπασι, V. εἰς τὸ πᾶν; see *altogether*.

Completion, subs. *End* : P. and V. τέλος, τό, τελευτή, ἡ, πέρας, τό, V. τέρμᾰ, τό, τέρμων, ὁ. *Finishing off* : P. ἀπεργασία, ἡ.

Complex, adj. P. and V. ποικίλος, πολύπλοκος. *Hard to understand* : P. and V. ἀσᾰφής, ἄδηλος, ποικίλος, V. δυσμᾰθής, δυστέκμαρτος, ἄσημος, ἀξύμβλητος, ἄσκοπος, δυσεύρετος. *Make complex* : P. and V. ποικίλλειν.

Complexion, subs. P. and V. χρῶμα, τό, χροιά, ἡ (Plat.), Ar. and V. χρώς, ὁ (rare P.), χροιά, ἡ. *Of good complexion*, adj.: Ar. and P. εὔχρως (Xen.). *Have good complexion*, v.: Ar. εὐχροεῖν. Met., *the complexion of affairs* : P. ἡ τῶν πραγμάτων κατάστασις.

Complexity, subs. P. ποικιλία, ἡ, V. περιπλοκαί, αἱ. *Obscurity* : P. ἀσάφεια, ἡ (Plat.).

Compliance, subs. *Giving way* : P. ὑπεῖξις, ἡ (Plat.), συγχώρησις, ἡ (Plat.). *Obedience* : P. and V. πειθαρχία, ἡ. *Good nature* : P. εὐκολία, ἡ.

Compliant, adj. *Obedient* : P. and V. εὐπειθής (Plat.), κᾰτήκοος (Plat.), V. εὐπῐθής, πείθαρχος. *Obliging* : P. and V. εὐχερής.

Complicate, v. trans. P. and V. ποικίλλειν.

Complicated, adj. P. and V. ποικίλος, πολύπλοκος.

Complication, subs. P. ποικιλία, ἡ.

Compliment, subs. *Praise* : P. and V. ἔπαινος, ὁ. *This is a great compliment to you, Athenians* : ὃ καὶ μέγιστόν ἐστι καθ' ὑμῶν ἐγκώμιον, ὦ ἄνδρες Ἀθηναῖοι (Dem. 68).

Compliment, v. trans. *Praise* : P. and V. ἐπαινεῖν, P. ἐγκωμιάζειν; see *praise*. *Compliment on* : P. and V. εὐδαιμονίζειν (τινά τινος), Ar. and P. μᾰκᾰρίζειν (τινά τινος).

Complimentary, adj. *Polite* : Ar. and P. ἀστεῖος, χᾰρίεις, P. εὔχαρις.

Comply, v. intrans. *Obey* : P. and V. πείθεσθαι, πειθαρχεῖν. *Yield* : P. and V. συγχωρεῖν, εἴκειν, ὑπείκειν. *Consent* : P. and V. σῠναινεῖν (Plat.), ὁμολογεῖν, V. συννεύειν. *Acquiesce* : P. and V. ἐπαινεῖν. *Comply with* : P. and V. συγχωρεῖν (dat.), κᾰταινεῖν (acc. or dat.), σῠναινεῖν (acc.) (Xen.). *Oblige* : P. and V. χᾰρίζεσθαι (dat.).

Comport oneself, v. With adv. : P. and V. προσέχειν ἑαυτόν. With adj. : γίγνεσθαι; see *behave*.

Compose, v. trans. P. and V. συντῐθέναι, Ar. and P. σῠνιστάναι, P. κατασκευάζειν. *Calm* : P. and V. πρᾱΰνειν, Ar. and V. μᾰλάσσειν, V. μαλθάσσειν. *Settle (a quarrel, etc.)* : P. and V. εὖ τίθεσθαι, κᾰλῶς τίθεσθαι, P. διαλύεσθαι, κατατίθεσθαι, λύεσθαι, Ar. and P. κᾰτᾰλύεσθαι. *Compose (a book)* : P. συντιθέναι (acc.), συγγράφειν (acc. or absol.), λογοποιεῖν (absol.). *Compose poetry*: Ar. and P. ποιεῖν (acc. or absol.). *Compose songs*: Ar. μελοποιεῖν (absol.). *Compose (for burial)*: P. and V. περιστέλλειν, προτῐ́θεσθαι V. συγκᾰθαρμόζειν. *Be composed (for burial)*: P. and V. προκεῖσθαι. *Compose oneself*: P. and V. ἡσῠχάζειν, Ar. and V. μᾰλάσσεσθαι, V. μαλθάσσεσθαι, ἡσῠ́χως ἔχειν. *Be composed of*: P. συνίστασθαι ἐκ (gen.), συγκεῖσθαι ἐκ (gen.). *Words specially composed to meet the occasion*: P. λόγοι πρὸς τὸ παρὸν μεμηχανημένοι (Dem. 847). *Men with composed features*: P. οἱ πεπλασμένοι (Dem. 1122). *Composing his features to hide his knowledge of the calamity*: P. ἀδήλως τῇ ὄψει πλασάμενος πρὸς τὴν συμφοράν (Thuc. 6, 58).

Composed, adj. *Calm*: P. and V. ἥσῠχος, ἡσῠχαῖος, P. ἡσύχιος, ἠρεμαῖος, ἀτρεμής.

Composedly, adv. *Calmly*: P. and V. ἡσῠχῇ, ἡσῠ́χως, Ar. and V. ἀτρέμᾰ, Ar. and P. ἀτρέμᾰς, ἠρέμᾰ.

Composer, subs. *Of songs*: Ar. and P. μελοποιός, ὁ. *Writer*: P. συνθέτης, ὁ, συγγραφεύς, ὁ. *Of poetry*: P. and V. ποιητής, ὁ (Eur., *Frag.*; also Ar.).

Composite, adj. P. σύνθετος.

Composition, subs. *Putting together*: P. and V. σύνθεσις, ἡ. *Framework, organisation*: P. and V. κᾰτάστᾰσις, ἡ, κᾰτασκευή, ἡ (once Eur.), P. σύνταξις, ἡ, σύστασις, ἡ. *Of a book*: P. σύνθεσις, ἡ. *Book composed*: P. σύγγραμμα, τό. *Of poetry*: Ar. and P. ποίησις, ἡ. *Of music*: P. μελοποιία, ἡ.

Composure, subs. *Calm*: Ar. and P. ἡσυχία, ἡ, V. τὸ ἡσῠχαῖον. *With composure*: see *composedly*. *Bear with composure*, v. trans.: P. and V. ῥᾳδίως φέρειν.

Compound, v. trans. *Put together*: P. and V. συντῐθέναι. *Mix*: P. and V. μιγνῠ́ναι, κεραννῠ́ναι; see *mix*.

Compound, adj. P. σύνθετος. *Compound interest*: P. τόκοι ἐπίτοκοι, οἱ. *Compounded of*: P. συγκείμενος ἐκ. *Be compounded of*: P. συγκεῖσθαι ἐκ (gen.).

Comprehend, v. trans. P. and V. ἔχειν, συλλαμβᾰ́νειν, P. περιέχειν, περιλαμβάνειν. *Comprehend under one name*: P. εἰς ἓν ὄνομα συνάγειν. *Understand*: P. and V. μανθᾰ́νειν, συνῑέναι (acc. or gen.), ἐπᾱΐειν, ὑπολαμβᾰ́νειν (rare V.), ἐννοεῖν or mid., P. καταλαμβάνειν, καταμανθάνειν, κατανοεῖν; see *understand*.

Comprehensible, adj. P. and V. εὐμᾰθής (Xen.), σᾰφής, V. σῠνετός, εὐσύμβολος, εὔσημος, εὐσύμβλητος.

Comprehension, subs. *Intelligence, mind*: P. and V. νοῦς, ὁ, σῠ́νεσις, ἡ, γνώμη, ἡ, Ar. and P. διᾰ́νοια, ἡ, Ar. and V. φρήν, ἡ, or pl. (rare P.). *Power of understanding*: P. and V. μᾰ́θησις, ἡ.

Comprehensive, adj. *Full*: P. and V. πλήρης. *Complete*: P. and V. τέλεος, τέλειος.

Comprehensively, adv. P. and V. συλλήβδην.

Compress, subs. Ar. κᾰτάπλασμα, τό.

Compress, v. trans. P. συνωθεῖν (Plat.), συμπιέζειν (Plat.), Ar. and P. θλίβειν, πιέζειν. *Shorten*: P. and V. συντέμνειν, συστέλλειν, κολούειν.

Compressed, adj. *Shortened*: P. and V. σύντομος.

Compression, subs. *Squeezing*: P. συμπίεσις, ἡ (Plat.). *Shortening*: P. συντομία, ἡ.

Comprise, v. trans. P. and V. ἔχειν, συλλαμβᾰ́νειν, P. περιέχειν, περιλαμβᾰ́νειν.

Compromise, subs. *Arrangement*: P. and V. σύμβᾰσις, ἡ, σύνθημα, τό, συνθῆκαι, αἱ, P. ὁμολογία, ἡ. *Make a compromise*: P. and V. συγχωρεῖν.

Compromise, v. trans. *Give information against*: P. μηνύειν κατά (gen.); see *accuse*. *Put in danger*: Ar. and P. πᾰρᾰβάλλεσθαι, V. πᾰραρρίπτειν. *Injure*: P. and V. βλάπτειν, διαφθείρειν. *Compromise (an action at law)*: P. καθυφιέναι (acc.). *Be* *compromised in* : P. and V. ἐνέχεσθαι (dat.). *Be compromised in the violation of the mysteries* : P. μεμηνῦσθαι περὶ τῶν μυστηρίων ὡς ἀσεβῶν (Thuc. 6, 53). V. intrans. *Make an agreement* : P. and V. συμβαίνειν, συντίθεσθαι, συγχωρεῖν, P. ὁμολογεῖν, διομολογεῖσθαι.

Compromised, adj. *Accessory to* : P. and V. σῠναίτιος (gen. or absol.), μέτοχος (gen. or absol.).

Compromising, adj. *Suspicious* : P. and V. ὕποπτος.

Comptroller, subs. P. and V. τᾰμίᾱς, ὁ.

Compulsion, subs. P. and V. ἀνάγκη, ἡ. *Under compulsion* : P. ἐπάναγκες, δι' ἀνάγκης, P. and V. ἀνάγκῃ, βίᾳ, ἐξ ἀνάγκης, V. ἐκ βίας.

Compulsorily, adv. See *under compulsion*.

Compulsory, adj. P. and V. ἀναγκαῖος, P. βίαιος.

Compunction, subs. P. φειδώ, ἡ (Thuc. 7, 81). *Shame* : P. and V. αἰδώς, ἡ. *Remorse* : P. and V. μετᾰμέλεια, ἡ (Eur., *Frag.*), P. μετάνοια, ἡ, V. μετάγνοια, ἡ. *Pity* : P. and V. ἔλεος, ὁ. οἶκτος, ὁ.

Computation, subs. Ar. and P. λογισμός, ὁ. *Number* : P. and V. ἀριθμός, ὁ.

Compute, v. trans. P. and V. λογίζεσθαι, P ἐκλογίζεσθαι, διαλογίζεσθαι, ἀπολογίζεσθαι. *Number* : P. and V. ἀριθμεῖν, κᾰτᾰριθμεῖν, P. ἐξαριθμεῖν; see also *measure*.

Comrade, subs. P. and V. ἑταῖρος, ὁ, Ar and P. ἡλῐκιώτης, ὁ, V. σῠνῆλιξ, ἧλιξ, ὁ or ἡ (also Ar.), ὁ or ἡ, ὁμῆλιξ, ὁ or ἡ. *Associate* : P. and V. σύννομος, ὁ or ἡ, σύντροφος, ὁ or ἡ, Ar. and V. σύζῠγος, ὁ or ἡ ; see *companion*.

Con over, v. Ar. and P. μελετᾶν (acc.).

Concave, adj. P. and V. κοῖλος.

Concavity, subs. P. and V. τὸ κοῖλον, As opposed to *convexity* : P. κοιλότης, ἡ (Arist.).

Conceal, v. trans. P. and V. κρύπτειν, ἀποκρύπτειν, συγκρύπτειν, ἐπικρύπτεσθαι, κλέπτειν, P. κατακρύπτειν, ἐπικαλύπτειν, ἐπηλυγάζεσθαι, Ar. and V. κᾰλύπτειν, V. συγκᾰλύπτειν (rare P.), στέγειν, κεύθειν, ἐκκλέπτειν, ἀμπέχειν (rare P.), ἀμπίσχειν (rare P.), σῠναμπέχειν, σῠναμπίσχειν. *Help in concealing* : V. σῠνεκκλέπτειν (acc.). *Easy to conceal*, adj. : V. εὔκρυπτος.

Concealed, adj. P. and V. κρυπτός, ἀφᾰνής ; see *secret*. *Each with a dagger concealed about his person* : P. μετὰ ξιφιδίου ἀφανοῦς ἕκαστος (Thuc. 8, 69).

Concealment, subs. V. κρύψῐς, ἡ. *Secrecy* : P. and V. τὸ κρυπτόν. *Lie in concealment* : P. and V. κρύπτεσθαι, V. κεύθειν ; see *hide*.

Concede, v. trans. *Yield* : P. and V. συγχωρεῖν, ἐφῑέναι, πᾰρῑέναι, Ar. and P. πᾰρᾰχωρεῖν (gen.). *Give* : P. and V. δῐδόναι ; see *give, allow*.

Conceit, subs. *Pride* : P. and V. φρόνημα, τό, ὄγκος, ὁ, P χαυνότης, ἡ, ὑπερηφανία, ἡ, μεγαλαυχία, ἡ, μεγαλοφροσύνη, ἡ, V. χλῐδή, ἡ, φρόνησις, ἡ. *Idea, thought* : Ar. and P. νόημα, τό, P. and V. ἔννοια, ἡ ; see *fancy*. *Conceit of language* : P. κομψεία, ἡ.

Conceited, adj. P. ὑπερήφανος, μεγαλόφρων, ὑπεροπτικός, Ar. and P. χαῦνος ; see *boastful*.

Conceitedly, adv. P. μεγαλοφρόνως ; see *boastfully*.

Conceivable, adj. P. νοητός. *Every conceivable form of death* : P. ἰδέα πᾶσα ὀλέθρου (Thuc. 7, 29).

Conceivably, adv. *Perhaps* : P. and V. ἴσως, τάχᾰ.

Conceive, v. trans. *Understand, grasp in the mind* : P. and V. μανθᾰ́νειν, σῠνῑέναι (acc. or gen.), ὑπολαμβᾰ́νειν (rare V.), ἐννοεῖν (or mid.), νοεῖν (or mid.), Ar. and P. διᾰνοεῖσθαι, P. καταλαμβάνειν, κατανοεῖν, καταμανθάνειν. *Devise* : see *devise*. *Picture to oneself* : P. and V. νοεῖν (or mid.), ἐννοεῖν (or mid.). *Become pregnant* : P. κυεῖν, Ar. and V. κύειν (Eur., *Frag.* ; also Xen.), V. φέρειν ὑπὸ ζωνήν.

Concentrate, v. trans. P. and V. εἰς ἓν σῠνάγειν. V. intrans. P. and

V. σῠνίστασθαι; see *collect*. *Concentrate for defence*: P. συμβοηθεῖν. *Concentrate (one's thoughts)*: Ar. and P. προσέχειν (τὸν νοῦν).

Concentration, subs. P. συναγωγή, ἡ. *Collection*: P. and V. συλλογή, ἡ, ἄθροισις, ἡ. *Attention*: P. and V. ἐπιστροφή, ἡ.

Concept, subs. Ar. and P. νόημα, τό.

Conception, subs. *Pregnancy*: P. κύησις, ἡ. *Idea, thought*: Ar. and P. νόημα, τό. *Form a conception of*: P. ὑπολαμβάνειν (acc.) (rare V.); see *idea*.

Concern, subs. *Business*: P. and V. πρᾶγμα, τό, ἔργον, τό; see *work*. *Anxiety*: P. and V. φροντίς, ἡ, P. ἀγωνία, ἡ, Ar. and V. μέριμνα, ἡ, V. σύννοια, ἡ, μέλημα, τό; see *fear*. *You have no concern in*: P. and V. οὐ σοὶ μέτεστι (gen.).

Concern, v. trans. *Have to do with*: P. and V. προσήκειν (dat.), τείνειν εἰς (acc.). *It concerns, it is a care to*: P. and V. μέλει (dat.). *Be concerned about*: P. and V. μεριμνᾶν (acc.), φροντίζειν (gen. or prep.), σπουδάζειν ὑπέρ (gen.), κήδεσθαι (gen.) (also Ar. but rare P.), V. προκήδεσθαι (gen.), προκηραίνειν (gen.). *Be concerned in, have a share in*: P. and V. κοινωνεῖν (gen.), κοινοῦσθαι (acc. or gen.), μετέχειν (gen.), συμμετέχειν (gen.), μετᾰλαμβᾰ́νειν (gen.). *Concerned in, joint cause of*, adj.: P. and V. σῠναίτιος (gen.), μέτοχος (gen.); see *accessory*. *As far as you are concerned*: P. and V. τὸ σὸν μέρος; see under *far*. *As far as he is concerned*: V. τοὐκείνου . . . μέρος (Eur., *Hec.* 989). *As far as . . . is concerned*: P. and V. ἕνεκα (gen.), V. οὕνεκα (gen.) (Eur., *Phoen.* 865; also *And.* 759), ἕκᾱτι (gen.) (Eur., *Cycl.* 655). *As far as decrees are concerned he would long ago have paid the penalty*: P. πάλαι ἂν ἕνεκά γε ψηφισμάτων ἐδεδώκει δίκην (Dem. 32).

Concerning, prep. P. and V. περί (acc. or gen.), ὑπέρ (gen.), V. ἀμφί (gen. or dat.). *In reference to*: P. and V. κᾰτᾰ́ (acc.).

Concert, v. trans. Ar. and P. σῠνιστάναι, P. κατασκευάζειν, V. ῥάπτειν, κᾰταρράπτειν, ὑπορράπτειν, πλέκειν; see *contrive*. *Concert measures with*: P. κοινολογεῖσθαι (πρός, acc.).

Concert, subs. *Agreement*: P. συμφωνία, ἡ, ὁμόνοια, ἡ. *In concert, jointly*: P. and V. κοινῇ. *Music*: Ar. and P. μουσῐκή, ἡ.

Concerted, adj. *Joint*: P. and V. κοινός.

Concession, subs. P. συγχώρησις, ἡ. *Admission*: P. ὁμολογία, ἡ.

Conciliate, v. trans. *Win over*: P. and V. προσᾰ́γεσθαι, προστῐ́θεσθαι, προσποιεῖσθαι, P. εὐτρεπίζεσθαι. *Persuade*: P. and V. πείθειν. *Soften*: P. and V. πρᾱΰνειν.

Conciliation, subs. *Mediation*: P. and V. σῠναλλᾰγή, ἡ. *Persuasion*: P. and V. πειθώ, ἡ. *Gentleness*: P. φιλανθρωπία, ἡ.

Conciliatory, adj. *Gentle*: P. and V. φῐλάνθρωπος; see *gentle*. *Friendly*: P. and V. φῐ́λιος. *Persuasive*: V. πειστήριος.

Concise, adj. P. and V. σύντομος. *Short*: P. and V. βρᾰχῠ́ς. *Laconic*: P. βραχύλογος.

Concisely, adv. P. and V. συντόμως, συλλήβδην. *Shortly*: P. διὰ βραχέων, συνελόντι, P. and V. ἐν βρᾰχεῖ.

Conciseness, subs. P. συντομία, ἡ. *Briefness*: P. βραχυλογία, ἡ.

Conclave, subs. See *assembly*.

Conclude, v. trans. *Complete*: P. and V. περαίνειν, διᾰπεραίνειν (Plat.), τελεοῦν (V. τελειοῦν), V. τελεῖν (rare P.), τελευτᾶν, ἐκπεραίνειν, ἐκτελευτᾶν, P. ἐπιτελεῖν; see *end*. *Infer*: P. and V. τεκμαίρεσθαι, P. συλλογίζεσθαι; see *infer*. *Decide*: P. and V. διᾰγιγνώσκειν, Ar. and P. διακρίνειν. *Conclude a treaty*: P. and V. ποιεῖσθαι σύμβᾰσιν, or P. and V συμβαίνειν (absol.). V. intrans. P. and V. τέλος ἔχειν, τέλος λαμβᾰ́νειν, τελευτᾶν, V. ἐκτελευτᾶν; see *end*.

Concluding, adj. *Last:* P. and V. τελευταῖος, ἔσχᾰτος, ὕστᾰτος.

Conclusion, subs. *End:* P. and V. τέλος, τό, τελευτή, ἡ, πέρας, τό, κᾰταστροφή, ἡ (Thuc. but rare P.), V. τέρμα, τό, τέρμων, ὁ; see *end*. *Conclusion from premisses:* P. συλλόγισμος, ὁ. *Draw a right conclusion:* P. συλλογίζεσθαι ὀρθῶς. *I draw an opposite conclusion:* P. τἀναντία γιγνώσκω (Thuc. 3, 44). *Decision:* P. and V. γνώμη, ἡ; see *judgment*.

Conclusive, adj. *Clear:* P. and V. σᾰφής. *Incontrovertible:* P. ἀνεξέλεγκτος, ἀναμφισβήτητος. Of a victory: P. and V. λαμπρός.

Conclusively, adv. *Clearly:* P. and V. σᾰφῶς, λαμπρῶς.

Conclusiveness, subs. *Clearness:* P. and V. σᾰφήνεια, ἡ.

Concoct, v. trans. P. and V. συντῐθέναι, μηχᾰνᾶσθαι, τεχνᾶσθαι, V. πλέκειν, ῥάπτειν, ὑπορράπτειν, κᾰταρράπτειν. *Trump up:* P. and V. πλάσσειν, P. συμπλάσσειν, κατασκευάζειν, συσκευάζειν. *Be concocted:* P. and V. συγκεῖσθαι.

Concocter, subs. V. μηχᾰνορρᾰ́φος, ὁ or ἡ; see *deviser*.

Concoction, subs. Met., *act of concocting:* P. σκευωρία, ἡ. *What is concocted:* P. πλάσμα, τό, σκευώρημα, τό.

Concomitant, adj. Ar. and P. ἀκόλουθος, P. ἑπόμενος, συνεπόμενος, προσφυής.

Concord, subs. *Musical:* Ar. and P. ἁρμονία, ἡ, V. συγχορδία, ἡ. Met., P. συμφωνία, ἡ (Plat.), ἁρμονία, ἡ (Plat.), ὁμόνοια, ἡ.

Concordant, adj. P. and V. σύμφωνος (Plat.), σύνῳδός (Plat.), V. σύμφθογγος. *Agreeing:* P. ὁμογνώμων, ὁμονοητικός.

Concordantly, adv. P. ὁμονοητικῶς.

Concourse, subs. *Crowd:* P. and V. σύλλογος, ὁ, σύνοδος, ἡ, ὅμῑλος, ὁ, ὄχλος, ὁ, V. ὁμῑλία, ἡ, ἄθροισμα, τό. See *crowd*.

Concrete, subs. *Rubble:* Ar. and P. χάλιξ, ὁ or ἡ. *Cement:* P. and V. πηλός, ὁ.

Concrete, adj. Opposed to *abstract*. *Did you not just say that the upholsterer makes not the abstract conception which, as we say, constitutes the bed, but the concrete bed:* P. οὐκ ἄρτι ἔλεγες ὅτι . . . (ὁ κλινοποιός) . . . οὐ τὸ εἶδος ποιεῖ ὃ δή φαμεν εἶναι ὃ ἔστι κλίνη ἀλλὰ κλίνην τινά (Plat. *Rep.* 597A).

Concubine, subs. Ar. and P. παλλᾰκή, ἡ.

Concupiscence, subs. P. and V. ἐπῐθῡμία, ἡ.

Concupiscent, adj. P. ἐπιθυμητικός.

Concur, v. intrans. *Coincide:* P. and V. συμπίπτειν, συντρέχειν, συμβαίνειν, V. συμπίτνειν, συμβάλλεσθαι. *Agree:* P. and V. συμφέρεσθαι, συμφᾰ́ναι, Ar. and P. ὁμολογεῖν. *Concur with:* use verbs given with dat.

Concurrence, subs. *Agreement:* P. ὁμολογία, ἡ.

Concurrently, adv. *At the same time:* P. and V. ἅμᾰ. *Concurrently with:* P. and V. ἅμᾰ (dat.).

Concussion, subs. *Shock:* P. σεισμός, ὁ. *Collision:* Ar. and P. σύνοδος, ἡ, V. συμβολή, ἡ. *Earthquake:* P. and V. σεισμός, ὁ. *To have got concussion of the brain:* Ar. τὸν ἐγκέφᾰλον σεσεῖσθαι (*Nub.* 1276).

Condemn, v. trans. *Sentence to punishment:* P. and V. κᾰτᾰγιγνώσκειν (τινός τι), P. κατακρίνειν (τινός τι), καταχειροτονεῖν (τινός τι), καταψηφίζεσθαί (τινός τι). *Convict:* P. and V. αἱρεῖν, κᾰθαιρεῖν. *Be condemned, convicted:* P. and V. ἁλίσκεσθαι. *Condemn beforehand:* P. προκᾰτᾰγιγνώσκειν (gen. or absol.). *Condemned to die:* V. ἐψηφισμένος θανεῖν (Eur., *Heracl.* 141). *The lot condemns me to:* V. ἐμὲ . . . πᾰ́λος κᾰθαιρεῖ (infin.) (Soph., *Ant.* 275). *Blame:* P. and V. μέμφεσθαι (acc. or dat.), ψέγειν.

Condemnation, subs. *Sentence to punishment:* P. κατάγνωσις, ἡ, καταχειροτονία, ἡ. *Blame:* P. and V. μέμψῐς, ἡ, ψόγος, ὁ.

Condense, v. trans. *Shorten*: P. and V. συντέμνειν, συστέλλειν. *Solidify*: P. and V. πηγνύναι. V. intrans. *Become solid*: P. and V πήγνυσθαι.

Condensed, adj. *Solidified*: P. and V. πηκτός. *Shortened*: P. and V. σύντομος.

Condescend, v. intrans. With infin.: P. and V. ἀξιοῦν, δῐκαιοῦν, V. τολμᾶν, Ar. and V. τλῆναι (2nd aor. τλᾶν). *Condescend (to)*: P. συγκαθιέναι (dat. or absol.).

Condescending, adj. *Affable*: P. and V. εὐπροσήγορος, φῐλάνθρωπος, P. εὐπρόσοδος, κοινός, ῥᾴδιος. *Pompous*: P. and V. σεμνός.

Condescendingly, adv. P. and V. φιλοφρόνως (Plat.), P. φιλανθρώπως. *Pompously*: P. and V. σεμνῶς.

Condescension, subs. *Affability*: P. εὐπροσηγορία, ἡ, φιλανθρωπία, ἡ. *Pompousness*: P. and V. τὸ σεμνόν.

Condign, adj. *Deserved*: P. and V. ἄξιος, V. ἐπάξιος.

Condiment, subs. Ar. and P. ὄψον, τό, ἥδυσμα, τό.

Condition, subs. *State*: P. and V. κᾰτάστᾰσις, ἡ, κᾰτασκευή, ἡ (once Eur.), P. ἕξις, ἡ, διάθεσις, ἡ. *Good condition*: P. and V. εὐεξία, ἡ (Eur., *Frag.*). *Bad condition*: P. καχεξία, ἡ. *Be in a certain condition*: P. and V. ἔχειν, Ar. and P. διᾰκεῖσθαι. *Affection*: P. πάθος, τό, πάθημα, τό. *In good condition*, adj.: P. and V. ἐντελής. *Rank, station*: P. and V. ἀξίωμα, τό, τάξῐς, ἡ. *Stipulation*: P. and V. λόγοι, οἱ; see *terms*. *Clause in an agreement*: P. γράμμα, τό. *On condition that*: Ar. and P. ἐφ' ᾧτε (infin.), P. and V. ὥστε (infin.). *On fixed conditions*: P. and V. ἐπὶ ῥητοῖς. *On these conditions*: P. and V. ἐπὶ τούτοις, ἐπὶ τοῖσδε. *On what conditions?* P. and V. ἐπὶ τῷ; *Are we held to this condition for our safety?* V. ἐν τῷδε κἀχόμεσθα σωθῆναι λόγῳ; (Eur., *Heracl.* 498). *Under these conditions, under these circumstances*: P. and V. οὕτως ἐχόντων (*things being thus*). *Under present conditions*: P. ἐκ τῶν παρόντων.

Conditionally, adv. Use P. and V. ἐπὶ ῥητοῖς (*on fixed terms*).

Condole (with), v. trans. P. and V. σῠναλγεῖν (dat. or absol.), P. συλλυπεῖσθαι (dat. or absol.); see *sympathise*.

Condolence, subs. *Pity*: P. and V. ἔλεος, ὁ, οἶκτος, ὁ; see *sympathy*.

Conduce to, v. P. and V. συμβάλλεσθαι (εἰς, acc., or πρός, acc.), τείνειν (εἰς, acc.), φέρειν (εἰς, acc.), P. προφέρειν (εἰς, acc.).

Conducive to, adj. P. ὑπουργός (dat.) (Xen.).

Conduct, v. trans. *Lead*: P. and V. ἄγειν, ἡγεῖσθαι (dat.). *Escort*: P. and V. πέμπειν, προπέμπειν. *Manage*: P. and V. οἰκεῖν, Ar. and P. διοικεῖν, μετᾰχειρίζεσθαι, V. νωμᾶν, πορσῦνειν; see *manage*. *Conduct (inquiry, etc.)*: P. and V. ποιεῖσθαι. *Conduct oneself*: see *behave*.

Conduct, subs. *Escort*: V. πομπή ἡ. *Safe-conduct*: Ar. and P. δίοδος, ἡ, P. ἄδεια, ἡ, P. and V. ἀσφᾰλεια, ἡ. *Management*: P. διοίκησις, ἡ, διαχείρισις, ἡ. *Behaviour*: P. and V. τρόπος, ὁ, or pl., ἦθος, τό. *Action*: P. and V. πρᾶξις, ἡ.

Conducting, adj. *Escorting on the way*: V. πόμπῐμος, πόμπαῖος, εὔπομπος. *Conducting the souls of the dead*: V. ψῡχοπομπός.

Conductor, subs. P. and V. ἡγεμών, ὁ, V. κομιστής, ὁ, κομιστήρ, ὁ; see *escort*.

Conductress, subs. P. and V. ἡγεμών, ἡ.

Conduit, subs. P. ὀχετός, ὁ. *Canal*: P. διῶρυξ, ἡ, διόρυγμα, τό. *Pipe*: P. αὐλών, ὁ, Ar. ὑδρορρόα, ἡ.

Confectionery, subs. P. πέμματα, τά.

Confederacy, subs. *League*: P. συνωμοσία, ἡ. *Alliance*: Ar. and P. συμμᾰχία, ἡ. *Form a confederacy*: P. and V. σῠνομνῠναι, σῠνέρχεσθαι, Ar. and P. σῠνίστασθαι.

Confederate, adj. *Allied*: P. and V. σύμμᾰχος. *Of allies*: Ar. and P. συμμᾰχῐκός.

Confederate, subs. *Allied*: P. and V. σύμμᾰχος, ὁ or ἡ. *Conspirator*: P. and V. σῠνωμότης, ὁ. *Accessory*: P. and V. σῠναίτιος, ὁ or ἡ, μέτοχος, ὁ or ἡ. *Be confederate*, v.: P. and V. σῠνειδέναι. *The confederate forces*: Ar. and P. τὸ συμμᾰχῐκόν.

Confederation, subs. See *confederacy*.

Confer, v. trans. P. and V. προστῐθέναι, προσφέρειν, P. ἀπονέμειν; see *give*. *A foolish favour did Adrastus confer on you*: V. ἀμαθεῖς Ἄδραστος χάριτας ἐς σ' ἀνήψατο (Eur. *Phoen.* 569). *Confer (with), have conference (with)*: P. and V. συγγίγνεσθαι (dat.), σῠνέρχεσθαι (dat.), συμμιγνῦναι (dat.), Ar. and P. διαλέγεσθαι (dat.), P. κοινολογεῖσθαι (dat.), V. εἰς λόγους ἔρχεσθαι (dat.), (cf. Ar. *Nub.* 470), διᾰ λόγων ἀφικνεῖσθαι (dat.). *I would confer with him touching my own and state affairs*: V. οἰκεῖα καὶ κοινὰ χθονὸς θέλω πρὸς αὐτὸν συμβαλεῖν βουλεύματα (Eur. *Phoen.* 692).

Conference, subs. P. and V. σύνοδος, ἡ, λόγοι, οἱ. *When I met Polynices in conference*: V. ὡς ἐς λόγους συνῆψα Πολυνείκει μολών (Eur. *Phoen.* 702).

Confess, v. trans. P. and V. ὁμολογεῖν (Soph. *Phil.* 980; Eur. *I. A.* 1142, and *Frag.*), P. προσομολογεῖν, συνομολογεῖν.

Confessedly, adv. P. ὁμολογουμένως.

Confession, subs. P. ὁμολογία, ἡ, ὁμολόγημα, τό.

Confetti, subs. *Thrown at weddings, etc.*: Ar. and P. κᾰτᾰχύσμᾰτα, τά (Dem. 1123).

Confidant, subs. Use P. and V. σῠνειδώς (part. of συνειδέναι); see *confederate*.

Confide, v. trans. *Intrust*: Ar. and P. ἐπιτρέπειν, P. πιστεύειν, διαπιστεύειν, V. εἰσχειρίζειν; see *intrust*. *Communicate*: P. and V. κοινοῦν (or mid.). *Deposit*: Ar. and P. κᾰτᾰτῐθέναι (or mid.). *Confide in, trust*: P. and V. πιστεύειν (dat.), πείθεσθαι (dat.).

Confidence, subs. *Trust*: P. and V. πίστῐς, ἡ. *Boldness*: P. and V. θάρσος, τό, θρᾰ́σος, τό; see *boldness*. *Assurance*: P. and V. πίστῐς, ἡ. *Have confidence in*: P. and V. πίστιν ἔχειν (dat.); see *confide*. *Inform in strict confidence*: P. ἐν ἀπορρήτῳ λέγειν (dat.) (Plat. *Theaet.* 152c). *Regain confidence*, v.: Ar. and P. ἀνᾰθαρσεῖν.

Confident, adj. *Bold*: P. and V. θρᾰσύς, P. θαρσαλέος; see *bold*. *Confident in*: P. and V. πίσῠνος (dat.), V. πιστός (dat.). *Be confident (that)*: P. and V. πιστεύειν, πείθεσθαι, θαρσεῖν, V. πιστωθῆναι (aor. pass. of πιστοῦν), αὐχεῖν.

Confidential, adj. *Secret*: P. and V. κρυπτός, κρῠφαῖος, ἀφᾰνής.

Confidentially, adv. *Inform confidentially*: P. ἐν ἀπορρήτῳ λέγειν (dat.) (Plat., *Theaet.* 152c). *Secretly*: P. and V. λάθρᾱ.

Confidently, adv. Ar. and P. θρᾰσέως, ἀδεῶς, P. θαρσαλέως; see *boldly*. *Assert confidently*, v.: P. ἰσχυρίζεσθαι, διισχυρίζεσθαι, V. αὐχεῖν (rare P.), ἐξαυχεῖν; see *assert*.

Confiding, adj. *Simple, guileless*: P. and V. εὐήθης, P. ἄκακος.

Configuration, subs. P. and V. σχῆμα, τό.

Confine, v. trans. *Check*: P. and V. κᾰτέχειν, ἐπέχειν, Ar. and V. ἴσχειν (rare P.), V. ἐπίσχειν (rare P.), ἐρῦκειν; see *check*. *Shut in*: P. and V. εἴργειν, κᾰτείργειν, ἐγκλῄειν, V. σῠνείργειν, Ar. and P. κᾰτακλῄειν. *Limit*: P. and V. ὁρίζειν. *They were confined to their ships*: P. ταῖς ναυσὶ κατεκλῄσθησαν (Thuc. 1. 117).

Confinement, subs. *Ward*: P. and V. φῠλᾰκή, ἡ. *Put in confinement*: P. εἰς φυλακὴν ποιεῖσθαι. *Prison*: P. and V. δεσμοί, οἱ, εἱρκτή, ἡ, P. δεσμωτήριον, τό; see *prison*. *Childbed*: see *childbed*.

Confines, subs. *Boundary*: P. and V. ὅρια, τά, P. μεθόρια, τά; see *border*.

Confirm, v. trans. *Make a thing sure*: P. βεβαιοῦν. *Verify*: P. ἐπαληθεύειν. *Ratify*: P. and V. κῦροῦν, ἐπῐκῦροῦν, ἐμπεδοῦν (Plat., also Ar.). *Encourage*: P. and V. θρᾰσύνειν, θαρσύνειν, P. ἐπιρρωνύναι; see *encourage*.

Confirmation, subs. P. βεβαίωσις, ἡ. *Ratification*: P. κύρωσις, ἡ, V. κῦρος, τό.

Confiscate, v. trans. P. δημεύειν, δημοσιοῦν, δημοσιεύειν (Xen.).

Confiscation, subs. P. δήμευσις, ἡ.

Conflagration, subs. P. and V. φλόξ, ἡ, πῦρ, τό; see *fire*.

Conflict, subs. P. and V. ἀγών, ὁ, μάχη, ἡ, ἅμιλλα, ἡ, V. ἀγωνία, ἡ, ἆθλος, ὁ, πάλαισμα, τό, Ar. and P. σύνοδος, ἡ. *Conflict of feeling*: P. ἀγωνία, ἡ. *Doubt*: P. and V. ἀπορία, ἡ. *Conflict of opinion*: Ar. and P. ἀντῐλογία, ἡ. *Come into conflict (with)*: P. προσκρούειν (absol. or dat.).

Conflict, v. intrans. *Be opposed*: P. and V. ἐναντίος εἶναι, P. διαφωνεῖν (Plat.), V. δῐχοστᾰτεῖν; see *be at variance*, under *variance*.

Conflicting, adj. *Opposed*: P. and V. ἐναντίος. *Not agreeing*: P. ἀσύμφωνος (Plat.).

Conform, v. trans. *Adapt*: P. and V. προσαρμόζειν, ἐφαρμόζειν, σῠναρμόζειν. *Conform to, obey*: P. and V. πείθεσθαι (dat.), πειθαρχεῖν (dat.).

Conformable, adj. Ar. and P. ἀκόλουθος, P. ἑπόμενος, οἰκεῖος; see *suitable*.

Conformably, adv. P. ἀκολούθως.

Conformation, subs. P. and V. σχῆμα, τό.

Conformity, subs. *Agreement*: P. συμφωνία, ἡ. *Similarity*: P. ὁμοιότης, ἡ. *In conformity with*: use adj., Ar. and P. ἀκόλουθος (gen. or dat.), or P. adv., ἀκολούθως (dat.).

Confound, v. trans. *Throw into disorder*: P. and V. συγχεῖν, τᾰράσσειν, συντᾰράσσειν, φύρειν (Plat.), κῠκᾶν (Plat.), Ar. and V. δονεῖν (Æsch., *Frag.*), Ar. and P. συγκῠκᾶν (Plat.). *Bring to nought*: P. and V. συγχεῖν, σφάλλειν, P. ἐκκρούειν; see also *destroy*. *Astonish*: P. and V. ἐκπλήσσειν.

Confounded, adj. *Mixed in a heap*: V. συμφυρτός.

Confront, v. trans. *Meet*: P. and V. ἀπαντᾶν (dat.), συμβάλλειν (dat.), ἀντῐτάσσεσθαι (dat.). *Oppose*: P. and V. ἀνθίστασθαι (dat.); see *oppose*. *Confront with, bring up against*: P. and V. ἐπῐφέρειν (τί τινι).

Confronting, adj. P. and V. ἐναντίος, V. ἀντίος.

Confuse, v. trans. *Throw in disorder*: P. and V. τᾰράσσειν, συντᾰράσσειν, συγχεῖν, Ar. and P. θορῠβεῖν; see *confound*. *Perplex*: P. and V. τᾰράσσειν, συντᾰράσσειν, ἐκπλήσσειν, θράσσειν (Plat. but rare P.); see *perplex*. *Render obscure*: P. and V. συγχεῖν. *Mix up*: P. and V. συγχεῖν.

Confused, adj. *Indistinct*: P. and V. ἀσᾰφής, ἄδηλος, V. ἄσημος, δυστέκμαρτος, δυσμᾰθής. *Without order*: P. ἄτακτος; see *disorderly*. *Shamefaced*: V. κᾰτηφής; see *ashamed*. *Mixed together*: P. and V. συμμῐγής, σύμμικτος, μῐγάς.

Confusedly, adv. P. τεταραγμένως. *At random*: P. and V. εἰκῆ, φύρδην (Xen.), P. χύδην. *In disorder*: P. ἀτάκτως, οὐδένι κόσμῳ, ταραχωδῶς. Of the mind: P. ταραχωδῶς. *Helplessly*: P. and V. ἀπόρως.

Confusing, adj. P. ταραχώδης, P. and V. ἄπορος.

Confusion, subs. *Disorder*: P. ταραχή, ἡ, ἀταξία, ἡ, Ar. τάραξις, ἡ, P. and V. θόρῠβος, ὁ, V. τᾰραγμός, ὁ, τάραγμα, τό. *All was in confusion*: V. σύμφυρτα δ' ἦν ἅπαντα (Eur., *Hipp.* 1234). *Perplexity*: P. and V. ἀπορία, ἡ. *Agitation*: P. and V. ἔκπληξις, ἡ, P. ταραχή, ἡ, V. τᾰραγμός, ὁ. *How ye all come to one point with confusion and distress in your looks*: V. ὡς μοι *πάντες εἰς ἓν ἥκετε σύγχυσιν ἔχοντες καὶ ταραγμὸν ὀμμάτων* (Eur., *I. A.* 1127). *Shame*: P. and V. *αἰδώς, ἡ, αἰσχύνη, ἡ*. *Throw into confusion*: P. and V. *τἄράσσειν*; see *confuse, confound*.

Confutation, subs. P. and V. *ἔλεγχος, ὁ*.

Confute, v. trans. P. and V. *ἐλέγχειν. ἐξελέγχειν*, P. *διελέγχειν*. *Not to be confuted*, adj.: P. *ἀνέλεγκτος, ἀνεξέλεγκτος*. *Easy to confute*: P. *εὐεξέλεγκτος, εὐέλεγκτος*.

Congeal, v. trans. P. and V. *πηγνῦναι*, Ar. *ἀποπηγνῦναι*. V. intrans. P. and V. *πήγνυσθαι, πεπηγέναι*, P. *ἀποπήγνυσθαι* (Xen.).

Congealed, adj. P. and V. *πηκτός*.

Congenial, adj. *Pleasant*: P. and V. *ἡδύς, ἀρεστός*. *Suitable*: P. and V. *ἐπῐτήδειος, σύμφορος, πρόσφορος, σύμμετρος*

Congenially, adv. *Pleasantly*: P. and V. *ἡδέως*.

Congenital, adj. P. and V. *σύμφῠτος, ἔμφῠτος*, P. *σύντροφος*, V. *συγγενής σύγγονος*.

Congratulate, v. trans. Ar. and P. *μᾰκᾰρίζειν*, P. and V. *εὐδαιμονίζειν*, Ar. and V. *ὀλβίζειν*. *Congratulate on*: Ar. and P. *μᾰκᾰρίζειν* (gen.), P. and V. *εὐδαιμονίζειν* (gen.). *Rejoice with another*: P. and V. *σῠνήδεσθαι* (dat.), P. *συγχαίρειν* (dat.), *συνευφραίνεσθαι* (dat.), V. *συγγεγηθέναι* (dat.) (perf. of *συγγηθεῖν*).

Congratulation, subs. P. *μακαρισμός, ὁ*.

Congregate, v. intrans. P. and V. *σῠνέρχεσθαι, ἀθροίζεσθαι, σῠναθροίζεσθαι, συλλέγεσθαι*, Ar. and P. *σῠνίστασθαι*.

Congregation, subs. *Assembly at a religious festival*: P. and V. *πᾰνήγῠρις, ἡ*; see *assembly*.

Congress, subs. P. and V. *σύνοδος, ἡ, σύλλογος, ὁ*, P. *συνέδριον, τό*; see *assembly*. *Hold a congress*: P. *σύνοδον ποιεῖσθαι*.

Congruity, subs. *Suitability*: P. *ἐπιτηδειότης, ἡ*.

Congruous, adj. *Suitable*: P. and V. *ἐπῐτήδειος, σύμφορος, πρόσφορος, σύμμετρος*, P. *οἰκεῖος*; see *suitable*.

Conjectural, adj. P. *δοξαστός* (Plat.).

Conjecturally, adv. *As far as one can guess*: V. *ὡς εἰκᾰσαι, ὡς ἐπεικᾰσαι, ὡς ἀπεικᾰσαι*.

Conjecture, v. trans. and intrans. P. and V. *εἰκάζειν, συμβάλλειν, στοχάζεσθαι* (gen. or absol.), *τεκμαίρεσθαι, δοξάζειν, τοπάζειν*, V. *ἐπεικάζειν*. *Estimate*: P. and V. *σταθμᾶσθαι*. *Suspect*: P. and V. *ὑποπτεύειν, ὑπονοεῖν*. *Easy to conjecture*, adj.: V. *εὐσύμβολος, εὐσύμβλητος*. *Hard to conjecture*: V. *δυστόπαστος*.

Conjecture, subs. P. *δόξασμα, τό*, P. and V. *δόξα, ἡ, δόκησις, ἡ*. *Suspicion*: P. and V. *ὑπόνοια, ἡ, ὑποψία, ἡ*. *Many conjectures are made to explain why (the ships) did not arrive*: P. *διότι οὐκ ἦλθον αἱ νῆες πολλαχῇ εἰκάζεται* (Thuc. 8, 87).

Conjecturer, subs. P. *εἰκαστής, ὁ, δοξαστής, ὁ*. *Prophet*: P. and V. *μάντῐς, ὁ* or *ἡ*.

Conjoin, v. trans. See *join*.

Conjointly, adv. See *jointly*.

Conjugal, adj. *Of marriage*: Ar. and P. *γᾰμῐκός*, Ar. and V. *γᾰμήλιος*; see *marriage*.

Conjunction, subs. *In conjunction with*: use P. and V. *μετά* (gen.), *σύν* (dat.) (rare P.), *ἅμᾰ* (dat.).

Conjuncture, subs. *Occurrence*: Ar. and P. *συντῠχία, ἡ*, V. *σῠναλλᾰγή, ἡ*. *Crisis*: P. and V. *καιρός, ὁ*.

Conjure, v. trans. P. and V. *πᾰρᾰκᾰλεῖν, ἐπισκήπτειν*, P. *παρακελεύεσθαι*. *Call upon*: P. and V. *μαρτῠρεσθαι*, Ar. and P. *ἐπῐμαρτῠρεσθαι*, P. *διαμαρτύρεσθαι, ἐπιβοᾶσθαι*; see also *entreat*. V. intrans. *Play the conjurer*: P. *γοητεύειν*. *Conjure away*: P. and V. *ἐξεπᾴδειν*. *Conjure up the dead*: Ar. and P. *ψῡχᾰγωγεῖν* (acc. or absol.). *Conjure up*: met., P. and V. *ἐκκᾰλεῖσθαι* (acc.).

Conjurer, subs. P. *θαυματοποιός, ὁ*, P. and V. *γόης, ὁ, μάγος*, *Sorcerer*:

P. and V. ἐπῳδός, ὁ, φαρμᾰκεύς, ὁ. *One who conjures up the dead*: V. ψῡχᾰγωγός, ὁ.

Conjuring, subs. P. θαυματοποιία, ἡ, γοητεία, ἡ, μαγγανεία, ἡ, V. μᾰγεύμᾰτα, τά.

Connect, v. trans. *Fasten together*: P. and V. σῠνάπτειν. *Unite*: P. and V. σῠνᾰ́γειν. *Apply in mind*: P. and V. προστῐ́θεναι; see *apply*. *Connect oneself (by marriage) with*: V. κῆδος (τό) σῠνάπτειν (dat.), λέχος (τό) σῠνάπτειν (dat.), λέκτρα (τά) σῠνάπτειν (dat.). *Be connected with* (of persons), *associate with*: P. and V. σῠνεῖναι (dat.), συγγίγνεσθαι (dat.), σῠναλλάσσειν (dat.), ὁμῑλεῖν (dat.), προσομῑλεῖν (dat.); see *associate*. Of things: P. and V. προσήκειν (dat.).

Connected, adj. *By marriage*: P. and V. προσήκων. *By blood*: P. and V. ἀ̆ναγκαῖος, οἰκεῖος. *Connected with (generally)*: P. and V. προσήκων (dat.). *The cause of*: P. and V. αἴτιος (gen.), σῠναίτιος (gen.).

Connection, subs. P. and V. κοινωνία, ἡ. *What is the connection between?* P. and V. τίς κοινωνία; (with double gen.). *I have no connection with*: P. and V. οὐδέν μοι μέτεστι (gen.), οὐδέν μοι προσήκει (gen.). *Have connection with*: P. and V. μετέχειν (gen.). *Relation*, subs.: P. χρεία, ἡ; see *relation*. *In connection with*: P. and V. κᾰτᾰ́ (acc.). *Relationship by marriage*: P. and V. κῆδος, τό, κήδευμα, τό, κηδεία, ἡ. *By blood*: P. and V. τὸ συγγενές, συγγένεια, ἡ; see *relationship*. *Persons related, by marriage*: P. and V. κηδεστής, ὁ, V. κήδευμα, τό; *by blood*: use adj., P. and V. ἀ̆ναγκαῖος, οἰκεῖος.

Connivance, subs. *Permission*: P. and V. ἐξουσία, ἡ. *They were wont with the connivance of the governor . . . .*: P. εἰώθεσαν . . . πείθοντες τὸν ἄρχοντα . . . (Thuc. 4, 67).

Connive at, v. Ar. and P. περιορᾶν (with part.), προῒεσθαι (with part.), V. ἀ̆μελεῖν (with part.). *Begging (them) not to connive at their destruction*: P. δεόμενοι μὴ σφᾶς περιορᾶν φθειρομένους (Thuc. 1, 24). *He privily begets sons and connives at their death*: V. παῖδας ἐκτεκνούμενος λάθρα θνήσκοντας ἀμελεῖ (Eur., *Ion*, 438).

Connote, v. trans. See *mean*.

Connubial, adj. Ar. and P. γᾰμῐκός, Ar. and V. γᾰμήλιος.

Conquer, v. trans. P. and V. νῑκᾶν, κρᾰτεῖν (acc. or gen.), χειροῦσθαι, Ar. and P. ἐπικρᾰτεῖν (gen.), περῐγίγνεσθαι (gen.), P. περιεῖναι (gen.), V. ὑ̔περβάλλεσθαι. Met., of feelings: P. οὐκ ἐνδιδόναι (dat.), V. νῑκᾶν, οὐκ εἴκειν (dat.). V. intrans. P. and V. νῑκᾶν, κρᾰτεῖν, ὑπερέχειν, Ar. P. ἐπικρᾰτεῖν, περῐγίγνεσθαι, P. περιεῖναι. *Help in conquering*: P. and V. συννῑκᾶν (dat. or absol.). *Conquer in turn*: V. ἀντῐνῑκᾶν (absol.). *Be conquered*: P. and V. νῑκᾶσθαι, κρᾰτεῖσθαι, ἡσσᾶσθαι, Ar. and V. δᾰμῆναι (2nd aor. pass. of δαμάζειν), V. δᾰμασθῆναι (1st aor. pass. of δαμάζειν).

Conquerable, adj. P. and V. ἁ̆λωτός, ἁ̆λώσῐμος.

Conquered, The. Use P. and V. οἱ ἥσσονες.

Conquering, adj. V. νῑκηφόρος (also Plat. but rare P.), ὑ̔πέρτερος; see *victorious*.

Conqueror, subs. P. and V. ὁ νῑκῶν, ὁ κρᾰτῶν, ὁ κρείσσων; see *victor*.

Conquest, subs. *Victory*: P. and V. νίκη, ἡ, κρᾰ́τος, τό. *Conquering*: P. ἐπικράτησις, ἡ. *What is conquered*: P. and V. τὸ νῑκώμενον, V. χείρωμα, τό; see *prey*.

Consanguineous, adj. See *kindred*.

Consanguinity, subs. P. and V. συγγένεια, ἡ, τὸ συγγενές. *Nearness of relationship*: Ar. and P. ἀγχιστεία, ἡ; see *relationship*.

Conscience, subs. V. σῠ́νεσις, ἡ (Eur., *Or.* 396), P. τὸ συνειδέναι. *To have guilt on one's conscience*: P. and V. σῠνειδέναι ἑαυτῷ ἀ̆δῐκῶν or ἀ̆δῐκοῦντι. *Something that weighs on one's conscience*: P. and V. ἐνθῡ́μιον, τό.

Satisfying their consciences with this at least, that they had not voted anything harmful to the city : P. τοῦτο γοῦν σφίσιν αὐτοῖς συνειδότες ὅτι οὐδὲν κακὸν τῇ πόλει ἐψηφίσαντο (Lys. 127). *His determination never reached to this point, but shrank back, for a guilty conscience kept it in thrall* : P. οὔκουν προσῄει πρὸς ταῦθ' ἡ διάνοια ἀλλ' ἀνεδύετο· ἐπελαμβάνετο γὰρ αὐτῆς τὸ συνειδέναι (Dem. 406). *Keep a clear conscience*, v. : use P. and V. εὐσεβεῖν. *A clear conscience*, subs. : use P. and V. εὐσέβεια, ἡ, τὸ εὐσεβές. *With a clear conscience* : use adv., P. and V. εὐσεβῶς.

Conscientious, adj. P. and V. ὅσιος, εὐσεβής, εὔορκος; see *just*.

Conscientiously, adv. P. and V. ὁσίως, εὐσεβῶς; see *justly*.

Conscientiousness, subs. P. ὁσιότης, ἡ, P. and V. εὐσέβεια, ἡ.

Conscious, adj. *Knowing* : P. and V. εἰδώς, V. ἵστωρ (gen.) (rare P.), σῠνίστωρ (absol.) (rare P.). *Be conscious of, know* : P. and V. εἰδέναι (acc.), γιγνώσκειν (acc.), ἐπίστασθαι (acc.), οὐκ ἀγνοεῖν (acc.); see *know*. *Be conscious of doing wrong* : P. and V. σῠνειδέναι ἑαυτῷ ἄδῐκῶν or ἄδῐκοῦντι. *By suffering we shall become conscious that we have sinned* : V. παθόντες ἂν συγγνοῖμεν ἡμαρτηκότες (Soph., *Ant.* 926). *Conscious*, as opposed to *insensible* : P. and V. ἔμφρων.

Consciously, adv. Use P. and V. εἰδώς (perf. part. εἰδέναι). *Voluntarily* : use P. and V., adj., ἑκών.

Consciousness, subs. *Perception, feeling* : P. and V. αἴσθησις, ἡ, V. αἴσθημα, τό, P. φρόνησις, ἡ. *Consciousness of guilt* : P. τὸ συνειδέναι, V. σύνεσις, ἡ. *Life* : P. and V. ψῡχή, ἡ. *Lose consciousness*, v. : P. λιποψυχεῖν, V. προλείπειν; see *faint*.

Consecrate, v. trans. P. and V. κᾰθῐεροῦν, V. ἁγνίζειν, Ar. and V. κᾰθοσιοῦσθαι, Ar. and P. κᾰθᾰγίζειν, P. ἱεροῦν; see *dedicate*. *Dedicate (as an offering)* : P. and V. ἀνᾰτῐθέναι (Eur., *Ion*, 1384). *Consecrate (a person)* : P. and V. τελεῖν. *Consecrate (land)* : P. τεμενίζειν (acc.), ἀνιέναι (acc.).

Consecrated, adj. P. and V. ἱερός, ἀνειμένος, V. ἱρός. *Consecrated to* : P. and V. ἱερός (gen.), ἀνειμένος (dat.), V. ἱρός (gen.). *Consecrated land*, subs. : P. and V. τέμενος, τό, ἄλσος, τό (Plat.), V. σηκός, ὁ, σήκωμα, τό.

Consecration, subs. P. καθιέρωσις, ἡ. *Initiation* : P. and V. τελετή, ἡ, or pl.

Consecutive, adj. *Continuous* : P. συνεχής. *Successive* : P. and V. διάδοχος.

Consecutively, adv. *In order* : P. and V. ἑξῆς, ἐφεξῆς. *Continuously* : Ar. and P. σῡνεχῶς.

Consent, v. intrans. P. and V. συγχωρεῖν, σῠναινεῖν (Plat.), συμφέρεσθαι, P. ὁμολογεῖν, ἐπαινεῖν, συνεπαινεῖν, V. νεύειν, συννεύειν, Ar. and V. ὁμορροθεῖν. *Consent to* : P. and V. κᾰταινεῖν (acc. or dat.), σῠναινεῖν (acc.) (Xen.), ἐπῐνεύειν (acc.), συγχωρεῖν (dat.), V. αἰνεῖν (acc.), ἐπαινεῖν (acc.). *Accept* : P. and V. δέχεσθαι, ἐνδέχεσθαι. *Consent to* (with infin.) : P. and V. βούλεσθαι, ἀξιοῦν, Ar. and V. συνθέλειν, V. τολμᾶν; see *deign*.

Consent, subs. *Agreement* : P. ὁμολογία, ἡ. *Permission* : P. and V. ἐξουσία, ἡ. *Get the consent of* : P. and V. πείθειν (acc.). *It is not with my consent* : P. οὐ βουλομένῳ μοί ἐστι. *I will construe your silence into consent* : P. τὴν σιγήν σου συγχώρησιν θήσω (Plat., *Crat.* 435B). *His silence gives consent* : V. φασὶν σιωπῶν (Eur., *Or.* 1592). *With one consent* : Ar. ἐξ ἑνὸς λόγου (*Plut.*, 760); see *unanimously, together*.

Consequence, subs. P. τὸ ἀποβαῖνον, τὸ συμβαῖνον, τὸ ἐκβαῖνον. *Result* : P. and V. τέλος, τό; see *result*. *Be the consequence*, v. : P. and V. συμβαίνειν, ἐκβαίνειν, P. ἀποβαίνειν, περιγίγνεσθαι. *Importance*, subs.: of persons, P. and V. ἀξίωμα, τό; of things, P. and V. μέγεθος, τό, ὄγκος, ὁ. *Be of consequence*, v.: P. and V. διᾰφέρειν. *Of no consequence*, adj.: V. ἀνᾰρίθμητος, πᾰρ' οὐδέν, P. οὐδένος ἄξιος. *Of much consequence:* P. and V. πολλοῦ ἄξιος; see *important*. *Consider of much consequence*, v.: P. περὶ πολλοῦ ποιεῖσθαι (acc.). *In consequence of*, prep.: P. and V. διᾰ́ (acc.), ἕνεκα (gen.), χᾰ́ριν (gen.) (Plat.), Ar. and V. οὕνεκα (gen.), ἕκᾱτι (gen.), V. εἵνεκα (gen.).

Consequent, adj. Ar. and P. ἀκόλουθος, P. ἑπόμενος, συνεπόμενος. *Be consequent on*, v.: P. and V. ἕπεσθαι (dat.), **σῡνέπεσθαι** (dat.), Ar. and P. **ἀκολουθεῖν** (dat.).

Consequential, adj. P. and V. σεμνός.

Consequentially, adv. P. and V. σεμνῶς.

Consequently, adv. *Therefore:* P. and V. οὖν, οὐκοῦν; see *therefore*.

Conserve, v. trans. See *preserve*.

Consider, v. trans. or intrans. P. and V. ἐνθῡμεῖσθαι, νοεῖν (or mid.), ἐννοεῖν (or mid.), συννοεῖν (or mid.), φροντίζειν, λογίζεσθαι, P. ἐκλογίζεσθαι. *Examine:* P. and V. σκοπεῖν, ἐπισκοπεῖν, ἀποσκοπεῖν (εἰς, acc. or πρός, acc.), περισκοπεῖν, ἀθρεῖν, θεωρεῖν, θεᾶσθαι, Ar. and V. λεύσσειν, Ar. and P. ἀνασκοπεῖν. *Think, deem*, v. trans.: P. and V. νομίζειν, ἡγεῖσθαι, ἄγειν (Thuc. 8, 81), V. νέμειν; see *think*. *Think, believe*, v. intrans.: P. and V. νομίζειν, ἡγεῖσθαι, οἴεσθαι; see *think*. *Be considered, seem:* P. and V. δοκεῖν.

Considerable, adj. P. ἀξιόλογος. *Great:* P. and V. πολύς, μέγᾰς.

Considerably, adv. P. and V. πολύ, Ar. and V. πολλᾰ́, P. διαφερόντως. With comparatives or superlatives: P. and V. πολύ, πολλῷ.

Considerate, adj. P. and V. φῐλάνθρωπος, ἐπιεικής, P. εὐγνώμων; see *kind*.

Considerately, adv. P. φιλανθρώπως, ἐπιεικῶς; see *kindly*.

Considerateness, subs. P. φιλανθρωπία, ἡ, εὐγνωμοσύνη, ἡ, ἐπιείκεια, ἡ; see *kindness*.

Consideration, subs. *Reflection:* P. and V. σύννοια, ἡ, φροντίς, ἡ (rare P.), ἐνθύμησις, ἡ (Eur., *Frag.*), P. ἔννοια, ἡ. *Examination:* P. and V. σκέψις, ἡ (Eur., *Hipp.* 1323), P. ἐπίσκεψις, ἡ. *Calculation:* Ar. and P. λογισμός, ὁ. *Take into consideration:* see *consider*. *Respect, deference:* P. and V. αἰδώς, ἡ. *They treated (them) with the greatest consideration:* P. ἐν θεραπείᾳ εἶχον πολλῇ (Thuc. 1, 55). *Importance, reputation:* P. and V. ἀξίωμα, τό, δόξα, ἡ. *Esteem, account:* P. and V. λόγος, ὁ. *In consideration of, in return for:* P. and V. ἀντί (gen.). *Considerateness:* see *kindness*.

Consign, v. trans. Ar. and P. ἐπιτρέπειν, P. πιστεύειν, ἐγχειρίζειν, V. εἰσχειρίζειν. *Hand over:* P. and V. δῐδόναι, πᾰρᾰδῐδόναι. *Send:* P. and V. πέμπειν; see *send*.

Consist, v. intrans. *Be composed of:* P. συγκεῖσθαι ἐκ (gen.), συνίστασθαι ἐκ (gen.). *Now the reviewing of negotiations consists in this:* P. τοῦτο γάρ εἰσι πρεσβείας εὔθυναι (Dem. 367).

Consistency, subs. *Composition:* P. and V. κᾰτάστᾰσις, ἡ, κᾰτασκευή, ἡ (once Eur.), P. σύνταξις, ἡ, σύστασις, ἡ. *Density:* Ar. and P. πυκνότης, ἡ. *Consistency of opinion:* P. τὸ ἑαυτῷ συμφωνεῖν.

Consistent, adj. *Be consistent* (of persons): use P. and V. ταὐτὰ λέγειν, P. ἑαυτῷ συμφωνεῖν. *Nothing of what has been done seems rational or honest or consistent:* P. οὐδὲν τῶν πεπραγμένων οὔτ' εὔλογον οὔθ' ἁπλοῦν οὔθ' ὁμολογούμενον αὐτὸ αὑτῷ φαίνεται (Dem. 1114). *Consistent with:* P. ὁμολογούμενος (dat.), σύμφωνος (dat.). *Conformable to:* Ar. and P. ἀκολούθος (gen. or dat.); see *consonant*.

Consistently, adv. *Properly, fitly:* P. and V. πρεπόντως, P. προσηκόντως.

Consistently with : P. ἀκολούθως (dat.). *Continuously* : Ar. and P. σῠνεχῶς.

Consolation, subs. P. παραμυθία, ἡ, παραμύθιον, τό, P. and V. πᾰραψῡχή, ἡ (rare P.). *Alleviation* : P. and V. ἀνᾰπαυλα, ἡ, παῦλα, ἡ (Plat.), V. ἀνᾰκούφῐσις, ἡ ; see *alleviation*.

Console, v. trans. *Cheer* : P. and V. πᾰρᾰκᾰλεῖν, θαρσῡνειν, θρᾰσῡνειν, P. παραθαρσύνειν, ἐπιρρωνῦναι, Ar. and P. πᾰρᾰμῡθεῖσθαι. *Comfort* : P. and V. πᾰρᾰμῡθεῖσθαι (Eur., *Or.* 298), V. πᾰρηγορεῖν. *Assuage* : P. and V. πρᾱΰνειν, ἐπῐκουφίζειν, V. θέλγειν (also Plat. but rare P.), ἐξευμᾰρίζειν ; see *assuage*.

Consolidate, v. trans. *Organise* : P. and V. συντάσσειν. *Strengthen* : P. κρατύνειν. *Consolidate your existing power* : P. τὴν ὑπάρχουσαν δύναμιν σύνεχειν (Dem. 108).

Consolidation, subs. *Organisation* : P. σύνταξις, ἡ.

Consoling, adj. V. θελκτήριος.

Consonant with, adj. Ar. and P. ἀκόλουθος (gen. or dat.), P. σύμφωνος (dat.), P. and V. σῠνῳδός (dat.), σύμμετρος (dat.).

Consonants, subs. Opposed to *vowels* : P. and V. ἄφωνα, τά (Eur., *Frag.*).

Consort, subs. *Husband* : P. and V. ἀνήρ, ὁ, Ar. and V. πόσῐς, ὁ, ἀκοίτης, ὁ, εὐνάτωρ, ὁ, σύλλεκτρος, ὁ, σῠνάορος, ὁ ; see *husband*. *Wife* : P. and V. γῠνή, ἡ, Ar. and V. ἄλοχος, ἡ, V. σῠνευνος, ἡ, ἄκοιτις, ἡ, δᾰμᾰρ, ἡ, εὖνις, ἡ, σύλλεκτρος, ἡ ; see *wife*.

Consort with, v. P. and V. κοινωνεῖν (dat.), σῠναλλάσσειν (dat.), κοινοῦσθαι (dat.), σῠνέρχεσθαι (dat.), πλησιάζειν (dat.), συμμίγνυσθαι (dat.), ὁμῑλεῖν (dat.), προσομῑλεῖν (dat.), σῠνεῖναι (dat.), συγγίγνεσθαι (dat.).

Conspicuous, adj. P. and V. περῐφᾰνής, ἐκπρεπής, διαπρεπής, ἐπῐσημος, P. καταφανής, ἐπιφανής, V. εὔσημος, εὐπρεπτος. *Clear* : P. and V. λαμπρός ; see *clear*. *Visible* : P. and V. φᾰνερός, δῆλος, P. κάτοπτος, V. ἐπόψιος. *Be conspicuous*, v. : V. πρέπειν, Ar. and V. ἐμπρέπειν.

Conspicuously, adv. P. and V. περῐφᾰνῶς, P. ἐπιφανῶς, Ar. and P. φᾰνερῶς, κᾰτᾰφᾰνῶς. *Clearly* : P. and V. λαμπρῶς ; see *clearly*.

Conspicuousness, subs. P. περιφάνεια, ἡ.

Conspiracy, subs. Ar. and P. σῠνωμοσία, ἡ, P. σύστασις, ἡ, ἐπιβουλή, ἡ.

Conspirator, subs. P. and V. σῠνωμότης, ὁ, V. ἐπῐβουλευτής, ὁ.

Conspire, v. intrans. P. and V. σῠνομνῦναι. *Band together* : P. and V. σῠνέρχεσθαι, Ar. and P. σῠνίστασθαι. *Plot* : P. and V. ἐπῐβουλεύειν. *Conspire against* : P. and V. ἐπῐβουλεύειν (dat.). *Conspire with* : Ar. and P. σῠνίστασθαι (dat.).

Constancy, subs. *Faithfulness* : P. and V. πίστῐς, ἡ. *Steadfastness* : P. βεβαιότης, ἡ.

Constant, adj. *Faithful* : P. and V. πιστός. *Sure* : P. and V. βέβαιος, ἀσφᾰλής, V. ἔμπεδος ; see *steadfast*. *Unchanging* : P. μόνιμος, ἀμετάπτωτος. *Frequent* : P. and V. πυκνός, Ar. and P. συχνός. *Continuous* : P. συνεχής, ἐνδελεχής. *Incessant* : V. διᾰτελής, P. ἄπαυστος.

Constantly, adv. *Often* : P. and V. πολλάκις. *Continuously* : Ar. and P. σῠνεχῶς, P. ἐνδελεχῶς. *Steadfastly* : P. and V. βεβαίως, V. ἐμπέδως.

Constellation, subs. Use *star*.

Consternation, subs. *Confusion* : P. and V. ἔκπληξις, ἡ, θόρῠβος, ὁ, P. ταραχή, ἡ, V. τᾰραγμός, ὁ, τάραγμα, τό. *Fear* : P. and V. φόβος, ὁ, δεῖμα, τό, δέος, τό, ὀρρωδία, ἡ, V. τάρβος, τό.

Constitute, v. trans. *Appoint* : P. and V. κᾰθιστᾰναι, τάσσειν, προστάσσειν. *Amount to* : met., P. δύνασθαι (acc.). *Help in forming* : P. συγκατασκευάζειν. *Be constituted, disposed* : Ar. and P. διᾰκεῖσθαι, P. and V. ἔχειν. *Be* : P. and V. εἶναι, ὑπάρχειν, κᾰθεστηκέναι (perf. act. καθιστᾰναι).

Constitution, subs. *Arrangement, organisation* : P. and V. κἄτάστἄσις, ἡ, κἄτασκευή, ἡ, (once Eur.), P. σύνταξις, ἡ, σύστασις, ἡ. *Nature* : P. and V. φὕσῖς, ἡ. *Bodily constitution* : P. and V. σῶμα, τό. *Political constitution* : Ar. and P. πολῖτεία, ἡ, P. κατάστασις, ἡ. *Form of government* : P. κόσμος, ὁ. *Change the city from its present constitution* : P. ἐκ τοῦ παρόντος κόσμου τὴν πόλιν μεθιστάναι (Thuc. 8, 48). *Enjoy a good constitution*, v. : P. εὐνομεῖσθαι, P. and V. εὖ οἰκεῖσθαι. *Accuse (a person) of violating the constitution* : P. γράφεσθαι (τινα) παρανόμων. *Charge of violating the constitution*: P. γραφὴ παρανόμων, ἡ.

Constitutional, adj. *In accordance with law* : P. and V. ἔννομος. *Affecting the state* : P. πολιτικός. *Of the body* : P. and V. σώμᾰτος (gen. of σῶμα). *Ingrained* : P. and V. σύμφῠτος, ἔμφῠτος (Eur., *Frag.*). *Befitting a citizen* : P. πολιτικός. *Constitutional state* : P. πολῖτεία, ἡ (Dem. 71).

Constitutionally, adv. *In accordance with law* : P. ἐννόμως *Politically* : P. πολιτικῶς. *By nature* : P. and V. φὕσει. *As befits a citizen* : P. πολιτικῶς. *Constitutionally delicate*: P. ἀσθενὴς τῷ σώματι (Dem.).

Constrain, v. trans. P. and V. ἀναγκάζειν, ἐπᾰναγκάζειν, κἄτᾰναγκάζειν, βιάζεσθαι, Ar. and P. προσᾰναγκάζειν, Ar. and V. ἐξᾰνάγκαζειν, V. διᾰβιάζεσθαι; see *compel*.

Constraint, subs. *Compulsion* : P. and V. ἀνάγκη, ἡ. *Feeling of constraint* : P. and V. αἰδώς, ἡ.

Construct, v. trans. P. and V. συντῐθέναι, συμπηγνῦναι, σῠναρμόζειν, P. κατασκευάζειν, συνιστάναι. *Devise* : P. and V. σῠνάπτειν ; see *devise*. *Found* : P. and V. κτίζειν. *Build* : Ar. and P. οἰκοδομεῖν ; see *build*.

Construction, subs. *Act of building* : P. οἰκοδομία, ἡ, οἰκοδόμησις, ἡ, κατασκευή, ἡ. *Composition, putting together* : P. and V. σύνθεσις, ἡ. *Frame-work, organisation* : P. and V. κἄτάστἄσις, ἡ, κἄτασκευή, ἡ (once Eur.), P. σύνταξις, ἡ, σύστασις, ἡ. *Making* : P. ἐργασία, ἡ, ποίησις, ἡ, δημιουργία, ἡ. *Interpretation* : P. ἑρμηνεία, ἡ.

Construe, v. trans. *Interpret* : P. and V. ἑρμηνεύειν ; see *interpret*. *I will construe your silence as consent* : P. τὴν σιγήν σου συγχώρησιν θήσω (Plat., *Crat.* 435B).

Consul, subs. *Roman magistrate* : P. ὕπατος (late). *Be consul*, v. : ὑπατεύειν (late). *State agent residing abroad*, subs. : P. and V. πρόξενος, ὁ. *Be consul*, v. : P. and V. προξενεῖν. *Ex-consul*, subs. : use P. ὑπατευκώς, ὁ (late).

Consular, adj. P. ὑπατικός (late).

Consulship, subs. P. ὑπατεία, ἡ (late).

Consult, v. trans. *Ask advice* : Ar. and P. συμβουλεύεσθαι (dat.). *Communicate with*: Ar. and P. ἀνᾰκοινοῦν (dat.) (or mid.), P. ἐπικοινοῦν (dat.). *Consult (oracle)* : P. and V. χρῆσθαι (dat.). *Go to for advice* : P. and V. ἐπέρχεσθαι (acc.). *Pay attention to* : Ar. and P. θερᾰπεύειν (acc.). *You will best consult your own interests* : P. τὰ ἄριστα βουλεύσεσθε ὑμῖν αὐτοῖς (Thuc. 1, 43). V. intrans. *Deliberate* : P. and V. βουλεύεσθαι, P. διαβουλεύεσθαι. *Consult with, have interview with* : P. and V. συμμιγνῦναι (dat.), συγγίγνεσθαι (dat.), σῠνέρχεσθαι (dat.).

Consultation, subs. P. συμβουλή, ἡ. *Interview* : P. and V. σύνοδος, ἡ, λόγοι, οἱ.

Consume, v. trans. *Burn* : P. and V. κάειν, ἐμπιπρᾰ́ναι, πιμπρᾰ́ναι (Thuc. 6, 94, but rare P. uncompounded), Ar. and V. κἄταίθειν, V. πῠροῦν (poetical word used in Plat.), ἐκπῠροῦν, συμπῠροῦν, αἴθειν. *Spend, use up (money, etc.)* : P. and V. ἀνᾱλίσκειν, P. καταχρῆσθαι. *Pass (time, etc.)*: P. and V. διάγειν, τρῖβειν, Ar. and P. κἄτατρῖβειν ; see *spend*. *Eat, devour* : P. and V. ἐσθίειν, κἄτεσθίειν (Eur., *Cycl.* 341), P. καταβιβρώσκειν, V. δάπτειν, βιβρώσκειν, Ar. and V. βρῡ́κειν, Ar. δαρδάπτειν. *Wear out:* P. and V. τρίβειν, Ar. and P. κᾰτατρῑ́βειν, ἀποκναίειν, Ar. and V. τείρειν. *Be consumed, worn out:* Ar. and P. κᾰτατρῑ́βεσθαι, P. and V. τρῡ́χεσθαι, Ar. and V. τείρεσθαι, V. κᾰταξαίνεσθαι; see *waste away*. *Destroy:* P. and V. φθείρειν, διαφθείρειν, ἀπολλῡ́ναι, διολλῡ́ναι, κᾰθαιρεῖν, ἀναιρεῖν, ἀνᾱλίσκειν, ἀνᾱλοῦν, ἀποφθείρειν (Thuc. but rare P.), V. ὀλλῡ́ναι, ἐξᾰπολλῡ́ναι, ἐξᾰποφθείρειν, πέρθειν, ἀΐστοῦν, ᾀστοῦν, ἐξαϊστοῦν; see *destroy*.

Consuming, adj. *Destructive:* P. and V. ὀλέθριος (Plat. but rare P.), V. πολυφθόρος; see *destructive*. *Devouring:* V. διᾰβόρος, παμφᾰ́γος; see *devouring*. *Insatiable:* P. ἄπαυστος, P. and V. ἄπληστος.

Consummate, adj. *Perfect:* P. and V. τέλειος, τέλεος, ἄκρος; see *perfect*.

Consummate, v. trans. P. τελεοῦν, ἐπιτελεῖν, V. τελειοῦν, τελεῖν (rare P.), τελευτᾶν, ἐκτελευτᾶν.

Consummately, adv. Ar. and P. τελέως, P. and V. παντελῶς.

Consummating, adj. V. τελεσφόρος.

Consummation, subs. *Conclusion:* P. and V. τέλος, τό, τελευτή, ἡ. *Finishing touch:* P. κολοφών, ὁ, κεφάλαιον, τό, P. and V. θριγκός, ὁ (Plat.).

Consumption, subs. *Expenditure:* P. ἀνάλωσις, ἡ. *Eating:* P. βρῶσις, ἡ. *Phthisis:* P. φθόη, ἡ.

Contact, subs. *Touch:* P. ἁφή, ἡ. *Intercourse:* P. and V. ὁμῑλία, ἡ, σῠνουσία, ἡ, κοινωνία, ἡ, P. ἐπιμιξία, ἡ. *Come in contact with*, v: P. and V. ὁμῑλεῖν (dat.), προσομῑλεῖν (dat.), P. ἐπιμίσγεσθαι (dat.). *Fall in with:* P. and V. ἐντυγχάνειν (dat.). *Collide with:* see *collide*.

Contagion, subs. *Defilement:* P. and V. μίασμα, τό, V. μῠ́σος, τό. *Disease:* P. and V. νόσος, ἡ, νόσημα, τό, λοιμός, ὁ. Met., P. and V. νόσος, ἡ. *When you have caught the disease by contagion* (lit., *by being with it*): V. ὅταν δε πλησθῇς τῆς νόσου συνουσίᾳ (Soph., *Phil.* 520).

Contagious, adj. P. λοιμώδης.

Contain, v. trans. *Comprise:* P. and V. ἔχειν, συλλαμβᾰ́νειν, P. περιέχειν, περιλαμβάνειν. *Have room for:* P. and V. χωρεῖν (acc.) (Eur., *Hipp.* 941). *Restrain:* P. and V. κᾰτέχειν, ἐπέχειν. *Hold, keep in:* P. and V. στέγειν.

Contaminate, v. trans. Lit. and met., P. and V. μιαίνειν. Met., *disgrace:* V. κηλῑδοῦν, P. and V. αἰσχῡ́νειν, κᾰταισχῡ́νειν. *Corrupt:* P. and V. διαφθείρειν. *With disease:* P. ἀναπιμπλάναι.

Contaminated, adj. *Defiled:* P. and V. μιᾰρός, Ar. and V. μῠσᾰρός. *With blood:* V. μιαιφόνος, πᾰλαμναῖος, P. ἐναγής; see *blood-guilty*. *Contaminated with:* P. ἀνάπλεως (gen.), P. and V. πλέως (gen.), V. πλήρης (gen.).

Contamination, subs. *Of guilt:* P. and V. μίασμα, τό, ἄγος, τό, V. μῠ́σος, τό, λῦμα, τό, κηλίς, ἡ. Met., *disgrace:* P. and V. κηλίς, ἡ, αἰσχῡ́νη, ἡ, V. αἶσχος, τό. *Disease:* P. and V. νόσος, ἡ, νόσημα, τό. *Corruption:* P. and V. διαφθορά, ἡ.

Contaminator, subs. P. διαφθορεύς, ὁ.

Contemn, v. trans. P. and V. κᾰταφρονεῖν (acc. or gen.), ὑπερφρονεῖν (acc. or gen.), P. ὀλιγωρεῖν (gen.), ὑπερορᾶν (acc. or gen.), Ar. and V. ἀποπτῡ́ειν (acc.). *Neglect:* P. and V. ἀμελεῖν (gen.), πᾰρᾰμελεῖν (gen.); see *disregard*.

Contemner, subs. P. ὑπερόπτης, ὁ.

Contemplate, v. trans. P. and V. σκοπεῖν, θεᾶσθαι, θεωρεῖν, ἐπισκοπεῖν, ἀθρεῖν, ἀποσκοπεῖν (εἰς, acc.), ἀποβλέπειν (εἰς, acc.); see *behold*. *Contemplate mentally:* P. and V. ἐνθῡμεῖσθαι, λογίζεσθαι, συννοεῖν (or mid.), φροντίζειν, νοεῖν (or mid.), ἐννοεῖν (or mid.), σκοπεῖν, ἐπισκοπεῖν; see *consider*. *Expect:* P. and V. προσδοκᾶν.

Contemplation, subs. *View, sight:* P. and V. θέα, ἡ. *Mental contem-*

plation: P. θέα, ἡ, θεωρία, ἡ, P. and V. σκέψῐς, ἡ. *Speculation* (in philosophic sense): P. θεωρία, ἡ.

Contemplative, adj. As opposed to *practical*: P. θεωρητικός (Arist.). *Meditative*: P. σύννους.

Contemporaneously (with), adv. P. κατὰ τὸν αὐτὸν χρόνον (dat.).

Contemporary, subs. Ar. and P. ἡλῐκιώτης, ὁ, V. σῠνῆλιξ, ὁ or ἡ, ὁμῆλιξ, ὁ or ἡ, P. and V. ἧλιξ, ὁ or ἡ. *One's contemporaries*: P. οἱ κατὰ τὴν αὐτὴν ἡλικίαν ὄντες (Dem. 477). *Contemporary with, at same time as*: use P. and V. ἅμᾰ (dat.).

Contempt, subs. P. καταφρόνησις, ἡ, ὀλιγωρία, ἡ, ὑπεροψία, ἡ. *Contemptuousness, pride*: P. and V. φρόνημα, τό, ὄγκος, ὁ, ὕβρῐς, ἡ, V. φρόνησις, ἡ, χλῐδή, ἡ, P. ὑπερηφανία, ἡ, μεγαλαυχία, ἡ. *Dishonour*: P. and V. ἀτῑμία, ἡ.

Contemptible, adj. *Poor, mean*: P. and V. φαῦλος, εὐτελής, ἀνάξιος, P. οὐδένος ἄξιος. *Base*: P. and V. αἰσχρός.

Contemptibly, adv. *Basely*: P. and V. αἰσχρῶς, ἀναξίως.

Contemptuous, adj. P. and V. σεμνός, ὑψηλός, P. ὀλίγωρος, ὑπερήφανος, μεγαλόφρων, ὑπεροπτικός, V. ὑπέρφρων, ὑπέρκοπος, ὑψηλόφρων (also Plat. but rare P.), ὑψήγορος, σεμνόστομος, Ar. and V. γαῦρος. *Contemptuous of*: P. ὑπεροπτικός (gen.), ὀλίγωρος (gen.).

Contemptuously, adv. P. καταφρονητικῶς, μεγαλοφρόνως, ὑπερηφάνως, ὀλιγώρως, V. ὑπερκόπως, ὑψῐκόμπως.

Contemptuousness, subs. P. and V. φρόνημα, τό, ὄγκος, ὁ, ὕβρῐς, ἡ, V. φρόνησις, ἡ, χλῐδή, ἡ, P. ὑπερηφανία, ἡ, μεγαλαυχία, ἡ.

Contend, v. intrans. P. and V. ἀγωνίζεσθαι, μάχεσθαι, διᾰμάχεσθαι, ἁμιλλᾶσθαι, ἐρίζειν, V. ἐξᾰγωνίζεσθαι, ἐξᾰμιλλᾶσθαι, Ar. and P. διᾰγωνίζεσθαι, P. διαμιλλᾶσθαι. *Contend* (*in words*): P. and V. ἀγωνίζεσθαι, ἁμιλλᾶσθαι, μάχεσθαι, ἐρίζειν. *Contend* (*in races*): P. and V. ἀγωνίζεσθαι, ἁμιλλᾶσθαι. *Contend with*: P. and V. ἀγωνίζεσθαι (dat. or πρός, acc.), μάχεσθαι (dat. or πρός, acc.), ἁμιλλᾶσθαι (dat. or πρός, acc.), ἐρίζειν (dat.), V. ἐξᾰγωνίζεσθαι (dat.), ἐξᾰμιλλᾶσθαι (dat.), P. διαμιλλᾶσθαι (dat. or πρός, acc.), ἀνταγωνίζεσθαι (dat.). *Affirm*: P. ἰσχυρίζεσθαι, διισχυρίζεσθαι, διαμάχεσθαι. *Affirm in opposition*: P. and V. ἀντῐλέγειν.

Content, v. trans. *Please*: P. and V. ἀρέσκειν (acc. or dat.), Ar. and V. ἁνδάνειν (dat.). *Be enough for*: P. and V. ἀρκεῖν (dat.); see also *satisfy*. *Be contented*: see *be content*, under *content*, adj.

Content, adj. *Pleased*: P. and V. ἡδύς. *I am content*: P. and V. ἀρκεῖ μοι, ἐξαρκεῖ μοι, Ar. and P. ἀπόχρη μοι. *He wasn't content with this* (*he went further than this*): P. οὐκ ἀπέχρησεν αὐτῷ τοῦτο (Dem. 520). *Be content with*, v.: P. and V. στέργειν (acc. or dat.), P. ἀγαπᾶν (acc. or dat.), V. αἰνεῖν (acc.), ἡδέως ἔχειν (acc.). *Be content* (absol.): P. and V. ἐπαινεῖν, στέργειν, Ar. and P. ἀγᾰπᾶν, V. αἰνεῖν. *One must be content if . . .*: P. ἀγαπητόν ἐστιν εἰ . . .

Content, subs. *Calm*: Ar. and P. ἡσῠχία, ἡ, V. τὸ ἡσῠχαῖον. *Good temper*: P. εὐκολία. *Comfort*: P. εὐπάθεια, ἡ; see also *happiness*. *To one's heart's content, satisfactorily*: P. and V. κᾰτὰ γνώμην, P. κατὰ νοῦν. *Contents, what is in a thing*: P. and V. τὰ ἐνόντα. *Of a letter*: P. and V. τάγγεγραμμένα. *The contents of the letter were as follows*: P. ἐνεγέγραπτο τάδε ἐν αὐτῇ (τῇ ἐπιστολῇ) (Thuc. 1, 128).

Contented, adj. *Pleased*: P. and V. ἡδύς. *Good-tempered*: P. εὔκολος, V. ἔκηλος; see *content*.

Contentedly, adv. P. ἀγαπητῶς.

Contentedness, subs. P. εὐκολία, ἡ.

Contention, subs. *Rivalry*: P. and V. ἔρῐς, ἡ, ἀγών, ὁ, ἅμιλλα, ἡ, P. φιλονεικία, ἡ, Ar. and V. νεῖκος, τό (also Plat. but rare P.). *Opinion*:

P. and V. γνώμη, ἡ, δόξα, ἡ. *Argument*: P. and V. λόγος, ὁ. *Opposing argument*: Ar. and P. ἀντῐλογία, ἡ; see *discussion*. *Basis of legal action*: P. ἀγώνισμα, τό.

Contentious, adj. P. φιλόνεικος, ἐριστικός, φιλαπεχθήμων. *Be contentious*, v.: P. φιλονεικεῖν.

Contentiously, adv. P. φιλονείκως, ἐριστικῶς.

Contentiousness, subs. P. φιλονεικία, ἡ.

Contentment, subs. *Calm*: Ar. and P. ἡσῠχία, ἡ, V. τὸ ἡσῠχαῖον. *Good temper*: P. εὐκολία, ἡ; see *content*.

Conterminous, adj. P. ὅμορος.

Contest, subs. P. and V. ἀγών, ὁ, μάχη, ἡ, ἅμιλλα, ἡ, V. ἀγωνία, ἡ, πᾰλαισμα, τό, ἆθλος, ὁ, δῆρις, ἡ (Æsch.); see *struggle*, *argument*. *Gymnastic contest*: P. and V. ἀγών, ὁ, ἅμιλλα, ἡ, V. ἆθλος, ὁ.

Contest, v. trans. *Oppose*: P. and V. ἐναντιοῦσθαι (dat.), ἀνθίστασθαι (dat.). *Argue against*: P. and V. ἀντῐλέγειν (dat.). *Contest a claim*: P. ἀμφισβητεῖν (gen.); see *dispute*. V. intrans. *Be competitor*: P. and V. ἀγωνίζεσθαι, ἁμιλλᾶσθαι; see *compete*. *Join in contesting*: P. συναγωνίζεσθαι (absol.).

Contested, adj. *In dispute*: P. ἀμφισβητήσιμος, ἀμφίλογος. *A contested point*: P. ἀμφισβήτημα, τό (Plat.). *Contested points*: P. τὰ διαφέροντα.

Contiguity, subs. P. τὸ ἐγγὺς εἶναι.

Contiguous, adj. P. ὅμορος, Ar. and P. πλησιόχωρος, P. and V. πρόσχωρος, V. ἀγχῐτέρμων; see *neighbouring*. *Be contiguous to*, v.: P. and V. προσκεῖσθαι (dat.), P. ἔχεσθαι (gen.). *Contiguous to*, adj.: see *near*.

Contiguously, adv. P. and V. ἐγγύς; see *near*.

Continence, subs. P. and V. τὸ σῶφρον, P. ἐγκράτεια, ἡ, Ar. and P. σωφροσύνη, ἡ.

Continent, subs. *Mainland*: P. and V. ἤπειρος, ἡ.

Continent, adj. P. and V. σώφρων, P. ἐγκρατής.

Continental, adj. P. ἠπειρωτικός. Fem. adj., P. and V. ἠπειρωτίς.

Continently, adv. P. and V. σωφρόνως, P. ἐγκρατῶς.

Contingency, subs. *Chance, accident*: P. and V. συμφορά, ἡ, τύχη, ἡ, Ar. and P. συντῠχία, ἡ, V. σύναλλᾰγή, ἡ. *Affair, circumstance*: P. and V. πρᾶγμα τό. *In this contingency*: P. and V. οὕτως ἐχόντων (*things being thus*).

Contingent, adj. *Be contingent on, depend on*, v.: P. ἀρτᾶσθαι ἐκ (gen.), ἀναρτᾶσθαι ἐκ (gen.).

Contingent, subs. *Quota*: P. and V. τάξῐς, ἡ.

Contingently, adv. *On fixed conditions*: P. and V. ἐπὶ ῥητοῖς.

Continual, adj. *Frequent*: P. and V. πυκνός, Ar. and P. συχνός. *Incessant*: V. διᾰτελής. *Continuous*: P. συνεχής, ἐνδελεχής. *Eternal*: P. αἰώνιος, ἀΐδιος.

Continually, adv. *Frequently*: P. and V. πολλάκῐς, θᾰμᾰ (Plat.), Ar. and V. πολλά, P. συχνόν. *Without break*: Ar. and P. σῠνεχῶς, P. ἐνδελεχῶς, V. διᾱνεκῶς (Æsch., *Ag.* 319). *Through all*: Ar. and P. διὰ παντός. *Always*: P. and V. ἀεί.

Continuance, subs. *Succession*: P. and V. διᾰδοχή, ἡ. *Perseverance*: P. καρτερία, ἡ. *Through the continuance of the war*: P. χρονισθέντος πολέμου (gen. absol.).

Continuation, subs. See *continuance*. *That which comes next to*: P. τὸ ἑξῆς (gen. or dat.). *The continuation of the argument*: P. ὁ ἑξῆς λόγος.

Continue, v. trans. *Resume*: P. ἀναλαμβάνειν, ἐπαναλαμβάνειν. *Abide by*: P. and V. ἐμμένειν (dat.). *Persevere in*: P. ἐγκαρτερεῖν (dat.). V. intrans. *Keep on*: P. διατελεῖν (part.), διαμένειν (part. or infin.), διαγίγνεσθαι (part.), P. and V. καρτερεῖν (part.). *Go forward*: P. προέρχεσθαι. *Last*: P. and V. μένειν, ἀντέχειν, πᾰρᾰμένειν, P. διαμένειν, συμμένειν, Ar. and P. διᾰγίγνεσθαι. *Be prolonged*: P. and V. χρονίζεσθαι, V. χρονίζειν. *Persevere*: P. and V. καρτερεῖν. P. διατελεῖν. *Extend*: P. διήκειν. *Continue with*: P. συνδιατελεῖν (dat.).

Continuous, adj. P. συνεχής, ἐνδελεχής. *Incessant*: P. ἄπαυστος, V. διᾰτελής; see *continual*.

Continuously, adv. Ar. and P. σῠνεχῶς, P. ἐνδελεχῶς, V. διᾱνεκῶς (Æsch., *Ag*. 319); see *continually*. *Without interruption*: Ar. and P. σῠνεχῶς.

Contort, v. trans. P. and V. διαστρέφειν.

Contorted, adj. V. διάστροφος.

Contour, subs. *Shape*: P. and V. σχῆμα, τό. *Outline*: P. περιγραφή, ἡ, τύπος, ὁ.

Contract, subs. *Written agreement*: P. συγγραφή, ἡ, συμβόλαιον, τό, συνάλλαγμα, τό. *Convention*: P. and V. σύμβᾰσις, ἡ, συνθῆκαι, αἱ, σύνθημα, τό, P. ὁμολογία, ἡ. *Promise*: P. and V. ὑπόσχεσις, ἡ. *Break contract with*, v.: P. παρασυγγραφεῖν (acc.).

Contract, v. trans. *Make narrow*: P. and V. σῠνάγειν. *Abridge*: P. and V. συστέλλειν, συντέμνειν. *Acquire*: P. and V. κτᾶσθαι, λαμβάνειν; see *acquire*. *Contract (the brows)*: Ar. σῠνάγειν; see *knit*. *Contract (debt)*: P. λαμβάνειν. *Contract (a disease)*: P. λαμβάνειν (Dem. 294), ἀναπίμπλασθαι (gen.); see *catch*. *Contract (hatred, odium, etc.)*: see *incur*. *Contract (a marriage)*: V. σῠνάπτειν, P. συνάπτεσθαι; see *betroth*. *Contract for, give out on contract*: P. ἐκδιδόναι κατὰ συγγραφήν (acc.) (Dem. 268). *Be contractor for*: P. ἐργολαβεῖν (acc.) (Xen.). *Contract with*: P. συμβόλαιον συμβάλλειν (dat. or πρός, acc.). *Make agreement with*: P. and V. συμβαίνειν (dat.). V. intrans. *Become narrow*: P. and V. σῠνάγεσθαι, συστέλλεσθαι. *Promise*: P. and V. ὑφίστασθαι, ὑπισχνεῖσθαι, V. ὑπίσχεσθαι. *Make an agreement*: P. and V. συμβαίνειν, συντῐθεσθαι. *Be a contractor*: P. ἐργολαβεῖν.

Contracted, adj. *Abridged*: P. and V. σύντομος.

Contraction, subs. P. συναγωγή, ἡ.

Contractor, subs. P. ἐργολαβός, ὁ.

Contradict, v. trans. *A person*: P. and V. ἀντῐλέγειν (dat.), ἀντειπεῖν (dat.), P. ἐναντιολογεῖν (dat.), V. ἀντῐφωνεῖν (absol.). *Deny*: see *deny*. *Falsify*: V. ψεύδειν. *Contradict oneself*: P. ὑπεναντία λέγειν αὐτὸς αὑτῷ (Dem. 1179).

Contradiction, subs. Ar. and P. ἀντῐλογία, ἡ.

Contradictorily, adv. P. and V. ἐναντίως.

Contradictory, adj. Ar. and P. ἀντῐλογῐκός. *Contrary*: P. and V. ἐναντίος.

Contrariety, subs. P. ἐναντιότης, ἡ.

Contrarily, adv. See *contrariwise*.

Contrariness, subs. P. ἐναντιότης, ἡ. *Ill-temper*: Ar. and P. δυσκολία, ἡ.

Contrariwise, adv. P. and V. ἐναντίως, ἔμπᾰλιν, τοὔμπᾰλιν, P. ἀνάπαλιν.

Contrary, adj. P. and V. ἐναντίος, P. ὑπεναντίος, V. ἀντίος. *Adverse*: P. and V. προσάντης. *Reverse*: P. and V. ἐναντίος; see *reverse*. Of temper: P. and V. δύσκολος, δυσχερής, V. ἀνάρσιος. Of wind: P. and V. ἐναντίος. *Be contrary* (of wind), v.: V. ἀντιοστᾰτεῖν, P. and V. ἐναντιοῦσθαι (Thuc. 3, 49). *Let none think the contrary*: V. μηδέ τῳ δόξῃ πάλιν (Æsch., *Theb*. 1040). *On the contrary*: see *contrariwise*. *On the other hand*: P. and V. αὖ, Ar. and V. αὖτε. *Contrary to*, prep.: P. and V. πᾰρᾰ́ (acc.).

Contrast, subs. *Difference*: P. and V. διάφορον, τό, P. διαφορά, ἡ; see *difference*.

Contrast, v. trans. P. and V. ἀντῐτῐθέναι, P. ἀντιπαρατιθέναι, ἀντιπαραβάλλειν, παρατιθέναι; see *compare*.

Contravene, v. trans. P. and V. πᾰρᾰβαίνειν, συγχεῖν, ὑπερβαίνειν, P.

λύειν, ὑπερπηδᾶν, παρέρχεσθαι, διαλύειν, V. ὑπερτρέχειν, πᾰρεξέρχεσθαι.

Contravention, subs. P. σύγχυσις, ἡ. *In contravention of*, prep.: P. and V. πᾰρά (acc.).

Contributary, adj. *Paying taxes*: P. συντελής (also met. in V.).

Contribute, v. trans. *Money, etc.*: P. συντελεῖν, εἰσφέρειν. *Contribute voluntarily*: Ar. and P. ἐπῐδῐδόναι. *Generally*: P. and V. συμφέρειν, συμβάλλεσθαι. *Contribute to the common store*: V. εἰς κοινὸν φέρειν (acc.). *Contribute to*: P. and V. συμβάλλεσθαι (εἰς, acc.; V. gen. alone), P. συνεπιλαμβάνεσθαι (gen.), συλλαμβάνεσθαι (gen.), V. σῠνάπτεσθαι (gen.); see *help to*.

Contribution, subs. *Of money*: P. σύνταξις, ἡ, συντέλεια, ἡ, εἰσφορά, ἡ. *Generally*: P. ἔρανος, ὁ. *Voluntary contribution*: P. ἐπίδοσις, ἡ.

Contributor, subs. Use adj., P. συντελής.

Contributory, adj. *Contributory to, conducive to*: P. ὑπουργός (dat.) (Xen.). *Helping to cause*: P. and V. σῠναίτιος (gen.).

Contrite, adj. *Humbled*: P. and V. τᾰπεινός. *Be contrite*, v.: P. and V. μετᾰγιγνώσκειν; see *repent*.

Contrition, subs. P. and V. μετᾰμέλεια, ἡ (Eur., *Frag.*), P. μετάνοια, ἡ, V. μετάγνοια, ἡ.

Contrivance, subs. *Act of contriving*: Ar. and P. πᾰρασκευή, ἡ. *Thing contrived*: P. and V. τέχνημα, τό (Plat.), μηχᾰνή, ἡ, μηχάνημα, τό, σόφισμα, τό, πόρος, ὁ. *Invention*: P. and V. εὕρημα, τό, Ar. and V. ἐξεύρημα, τό.

Contrive, v. trans. P. and V. συντῐθέναι, μηχᾰνᾶσθαι, τεχνᾶσθαι, τεκταίνεσθαι, πορίζειν, ἐκπορίζειν, P. ἐκτεχνᾶσθαι, παρασκευάζειν, Ar. and V. μήδεσθαι; see *devise*. *Contrive (plots, etc.)*: P. κατασκευάζειν, σκευωρεῖσθαι, συσκευάζειν, P. and V. πλέκειν, V. ῥάπτειν, ὑπορράπτειν, κᾰταρράπτειν, μηχᾰνορρᾰφεῖν, ἐμπλέκειν. *Invent*: P. and V. εὑρίσκειν, ἐξευρίσκειν, ἐφευρίσκειν, V. ἐξᾰνευρίσκειν. *Help in contriving*: P. συμπαρασκευάζειν (acc.), συγκατασκευάζειν (acc.), V. συμφῠτεύειν (acc.). V. intrans. *Contrive to*: P. and V. πράσσειν ὅπως (fut. or aor. subj.), P. μηχᾰνᾶσθαι ὅπως (fut. or aor. subj.). *Help me to contrive that ye be saved yourselves and this land too*: V. συνεξεύρισχ' ὅπως αὐτοί τε σωθήσεσθε καὶ πέδον τόδε (Eur., *Heracl.* 420).

Contriver, subs. P. and V. δημιουργός, ὁ, τέκτων, ὁ, V. ῥᾰφεύς, ὁ. *Inventor*: P. εὑρέτης, ὁ. *Inventress*: V. εὑρέτῐς, ἡ (Soph., *Frag.*). *Contrivers of mischief*: V. μηχᾰνορρᾰφοι κακῶν (Eur., *And.* 447).

Contriving, adj. P. and V. εὔπορος, Ar. and P. εὐμήχᾰνος (Plat.). *Cunning*: V. μηχᾰνορρᾰφος; see *cunning*.

Contriving, subs. *Artifices*: P. and V. μηχᾰναί, αἱ, τέχναι, αἱ.

Control, v. trans. *Govern*: P. and V. ἄρχειν (gen., V. also dat.), κρᾰτεῖν (gen.), χειροῦσθαι; see *govern*. *Be master of*: P. and V. κύριος εἶναι (gen.). *Check*: P. and V. κᾰτέχειν, ἐπέχειν. *Control oneself, be calm*: P. and V. ἡσῠχάζειν, V. ἥσῠχως ἔχειν. *Manage*: Ar. and P. τᾰμιεύειν; see *manage, arrange*.

Control, subs. *Rule*: P. and V. ἀρχή, ἡ, κρᾰτος, τό. *Authority*: P. and V. κῦρος, τό, ἐξουσία, ἡ. *Management*: P. ταμιεία, ἡ; see *management*. *Under control*: P. and V. ὑπήκοος, ὑποχείριος, V. χείριος. *Self-control*: P. and V. τὸ σῶφρον, Ar. and P. σωφροσύνη, ἡ, P. ἐγκράτεια, ἡ.

Controller, subs. P. and V. τᾰμίας, ὁ. *Ruler*: P. and V. ὁ κρᾰτῶν.

Controversial, adj. P. ἀμφισβητήσιμος.

Controversy, subs. P. and V. ἔρῐς, ἡ, P. ἀμφισβήτησις, ἡ; see *discussion*. *Quarrel*: P. and V. διᾰφορά, ἡ, Ar. and V. νεῖκος, τό (also Plat. but rare P.).

Controvert, v. trans. *Confute*: P. and V. ἐλέγχειν, ἐξελέγχειν.

Controvertible, adj. P. ἀμφισβητήσιμος, ἀμφίλογος.

Contumacious, adj. *Obstinate*: P. and V. αὐθάδης. *Disobedient*: P. ἀπειθής, δυσπειθής (Plat.).

Contumaciously, adv. Ar. and P. αὐθάδως.

Contumaciousness, subs. P. αὐθάδεια, ἡ, Ar. and V. αὐθαδία, ἡ.

Contumacy, subs. See *contumaciousness*.

Contumelious, adj. P. ὑβριστικός; see *insulting, contemptuous*.

Contumeliously, adv. P. ὑβριστικῶς; see *insultingly, contemptuously*.

Contumely, subs. P. and V. ὕβρις, ἡ; see *insult, contempt*.

Conundrum, subs. P. and V. αἴνιγμα, τό, Ar. and V. αἰνιγμός, ὁ (also Plat. but rare P.).

Convalescence, subs. *Recovery*: P. ἀνάληψις, ἡ.

Convalescent, adj. *Become convalescent*, v.: P. ῥαΐζειν.

Convene, v. trans. P. and V. συλλέγειν, συνάγειν, συγκαλεῖν, ἀθροίζειν, συναθροίζειν, ἀγείρειν, P. συναγείρειν; see *assemble*.

Convenience, subs. *Suitability*: P. ἐπιτηδειότης, ἡ. *Ease, comfort*: P. and V. εὐμάρεια, ἡ, P. ῥᾳστώνη, ἡ.

Convenient, adj. *Suitable*: P. and V. ἐπιτήδειος, πρόσφορος, σύμφορος; see *suitable*. *Befitting*: P. and V. εὐπρεπής, πρέπων, προσήκων, σύμμετρος, Ar. and P. πρεπώδης, V. σύμπρεπης. *Easy*: P. and V. εὔπορος, ῥᾴδιος, V. εὐμαρής. *Adapted (for)*: P. εὐφυής (πρός, acc.). *Be convenient (for)*: P. πρoὔργου εἶναι πρός (acc.).

Conveniently, adv. P. ἐπιτηδείως, συμφόρως, P. and V. πρoὔργου (Eur., *I. T.* 309). *Befittingly*: P. and V. εὐπρεπῶς, συμμέτρως, πρεπόντως, P. προσηκόντως. *Easily*: P. and V. ῥᾳδίως, εὐμαρῶς (Plat. but rare P.). (*The island*) *lies conveniently for the coasting voyage from both Italy and Sicily*: P. τῆς τε γὰρ Ἰταλίας καὶ Σικελίας καλῶς παράπλου κεῖται (ἡ νῆσος) (Thuc. 1, 36).

Convention, subs. *Assembly*: P. and V. σύλλογος, ὁ, σύνοδος, ἡ. For a religious object: P. and V. πανήγυρις, ἡ. *Agreement*: P. and V. σύμβασις, ἡ, συνθῆκαι, αἱ, σύνθημα, τό, P. ὁμολογία, ἡ. As opposed to *nature*: P. συνθήκη, ἡ, νόμος, ὁ (Plat., *Gorg.* 483A).

Conventional, adj. *Customary*: P. and V. συνήθης, νόμιμος. *Does this theory please you better, that names are merely conventional symbols*: P. ἢ ὅδε μᾶλλον ἀρέσκει ὁ τρόπος . . . τὸ συνθήματα εἶναι τὰ ὀνόματα (Plat., *Crat.* 433E).

Conventionality, subs. *Custom*: P. and V. ἔθος, τό, νόμος, ὁ, τὰ καθεστῶτα.

Conventionally, adv. P. κατὰ συνθήκην.

Converge, v. intrans. P. and V. συμπίπτειν, συντρέχειν, συμβαίνειν, V. συμβάλλεσθαι, συμπίτνειν. *Just where two branching roads of wayfarers converge*: V. ἔνθα δίστομοι μάλιστα συμβάλλουσιν ἐμπόρων ὁδοί (Soph., *O. C.* 900).

Convergence, subs. P. and V. συμβολή, ἡ.

Conversant, adj. *Acquainted with*: P. and V. ἐπιστήμων (gen.), ἔμπειρος (gen.), V. ἴδρις (gen.); see *versed in*. *Be conversant with*: P. and V. ὁμιλεῖν (dat.).

Conversation, subs. P. and V. λόγοι, οἱ, P. διάλογος, ὁ, διάλεκτος, ἡ, V. λέσχαι, αἱ.

Converse, v. intrans. Ar. and P. διαλέγεσθαι; see *speak*. *Converse with*: V. εἰς λόγους ἔρχεσθαι (dat.) (cf. Ar., *Nub.* 470), διὰ λόγων ἀφικνεῖσθαι (dat.), Ar. and P. διαλέγεσθαι (dat.). *Have intercourse with*: P. and V. σύνειναι (dat.), συγγίγνεσθαι (dat.), συνέρχεσθαι (dat.), συμμιγνύναι (dat.), ὁμιλεῖν (dat.), προσομιλεῖν (dat.).

Converse, subs. See *conversation*. *Intercourse*: P. and V. κοινωνία, ἡ, συνουσία, ἡ, ὁμιλία, ἡ, P. ἐπιμιξία, ἡ. *The converse, the opposite*: P. and V. τοὔμπαλιν, τοὐναντίον.

Conversely, adv. P. and V. ἔμπᾰλιν, P. ἀνάπαλιν.

Conversion, subs. See *change*. *Change of mind*: P. μετάνοια, ἡ, V. μετάγνοια, ἡ.

Convert, v. trans. See *change*. *Change a person's opinions*: Ar. and P. μετᾰπείθειν (acc.). *Convert into money*: P. ἐξαργυρίζειν.

Convertible, adj. P. ἀντίστροφος.

Convex, adj. *Round*: P. κυρτός (Arist.); see also *round*.

Convexity, subs. P. κυρτότης, ἡ (Arist.).

Convey, v. trans. P. and V. φέρειν, κομίζειν, V. βαστάζειν, πορεύειν (rare P. in act.), πορθμεύειν; see *carry*. *Send*: P. and V. πέμπειν. *Convey by water*: Ar. and V. ναυστολεῖν, ναυσθλοῦν, V. πορεύειν, P. and V. πορθμεύειν, Ar. and P. διᾰ́γειν. *Impart (news, etc.)*: P. and V. ἀγγέλλειν, ἀπαγγέλλειν, ἐκφέρειν. *Hand over*: P. and V. πᾰρᾰδῐδόναι. *Convey across*: Ar. and P. διᾰκομίζειν, διᾰ́γειν, διᾰπέμπειν, P. διαβιβάζειν. *Convey (to a place)*: P. προσκομίζειν, V. εἰσπορεύειν. *Convey (to a place of safety)*: P. and V. ἐκκομίζεσθαι, ὑπεκτῐ́θεσθαι, ὑπεκπέμπειν; see *rescue*. *Suggest*: see *suggest*.

Conveyance, subs. *Carrying*: P. and V. ἀγωγή, ἡ, P. κομιδή, ἡ. *Bringing in*: P. εἰσαγωγή, ἡ, εἰσκομιδή, ἡ, παρακομιδή, ἡ. *Bringing out*: P. ἐξαγωγή, ἡ. *Transference*: P. παράδοσις, ἡ. *Vehicle*: P. πορεῖον, τό (Plat.), P. and V. ὄχημα, τό (Plat. but rare P.); see *carriage*.

Convict, v. trans. P. and V. αἱρεῖν, ἐλέγχειν, ἐξελέγχειν. *Condemn*: P. and V. αἱρεῖν, κᾰθαιρεῖν. *Be convicted*: P. and V. ἁλίσκεσθαι. *Get a person convicted*: Ar. and P. αἱρεῖν (acc.).

Conviction, subs. *Condemnation*: P. κατάγνωσις, ἡ. *Confutation*: P. and V. ἔλεγχος, ὁ. *Persuasion*: P. and V. πειθώ, ἡ. *Belief*: P. and V. πίστῐς, ἡ. *Secure a conviction against*: καταδικάζεσθαι δικήν (gen.), or omit δίκην. *Secure a conviction*: P. καταδικάζεσθαι, δίκην αἱρεῖν. *Carry conviction to*: P. and V. πείθειν (acc.); see *persuade*.

Convince, v. trans. P. and V. πείθειν, ἀνᾰπείθειν (Eur., *Hel.* 825), V. ἐκπείθειν. *Be convinced, be sure*: see under *sure*.

Convincing, adj. Of persons or arguments: P. and V. πῐθᾰνός. Of arguments: P. ἀναγκαῖος, V. εὐπειθής, πειστήριος.

Convincingly, adv. Ar. and P. πῐθᾰνῶς.

Convincingness, subs. P. πιθανότης, ἡ.

Convivial, adj. Ar. and P. συμποτῐκός. *Merry*: P. εὔθυμος, V. εὔφρων.

Conviviality, subs. P. and V. κῶμος, ὁ, Ar. and P. εὐωχία, ἡ; see *revelry*. *Drinking party*: Ar. and P. συμπόσιον, τό.

Convivially, adv. *Merrily*: P. and V. εὐθῡ́μως (Xen.).

Convocation, subs. See *assembly*.

Convoke, v. trans. P. and V. συγκᾰλεῖν, σῠνᾰ́γειν; see *assemble*.

Convoy, v. trans. Ar. and P. πᾰρᾰπέμπειν. *Escort*: P. and V. προπέμπειν; see *escort*.

Convoy, subs. *Guides*: P. ἀγωγοί, οἱ, V. πομποί, οἱ, προπομποί, οἱ.

Convoying, subs. P. παραπομπή, ἡ.

Convulse, v. trans. Lit. and met., P. and V. τᾰράσσειν, συντᾰράσσειν, σείειν, κῑνεῖν. Met., P. and V. κῠκᾶν (Plat. and Ar.), συγχεῖν, θράσσειν (Plat. but rare P.). *Be convulsed*: P. and V. σφᾰδᾴζειν (Xen.), V. σπᾶσθαι. *Be convulsed with laughter*: use v. *laugh*.

Convulsion, subs. Lit. and met., P. and V. σεισμός, ὁ, P. κίνησις, ἡ; see *disturbance*. Of the body: P. and V. σπασμός, ὁ, P. σφαδασμός, ὁ (Plat.), V. σπᾰραγμός, ὁ.

Convulsive, adj. V. ἀντίσπαστος (Soph., *Trach.* 770).

Cook, subs. P. and V. μάγειρος, ὁ (Eur., *Cycl.* 397, also Ar.), P. ὀψοποιός, ὁ. *Of a cook*, adj.: Ar. and

P. μᾰγειρῐκός. *Like a good cook*: use adv. Ar. μᾰγειρῐκῶς.

Cook, v. trans. Ar. and P. ὀπτᾶν, πέσσειν. *Boil*: P. and V. ἕψειν (Eur., *Cycl.* 404).

Cooked, adj. P. and V. ὀπτός. *Boiled*: P. and V. ἑφθός (Eur., *Cycl.* 246).

Cookery, subs. P. ἡ μαγειρική, ὀψοποιία, ἡ, ὀψοποιική, ἡ.

Cooking, subs. P. ἕψησις, ἡ; see *cookery*.

Cooking-pot, subs. Ar. and P. ἀγγεῖον, τό.

Cool, adj. P. and V. ψυχρός. Met., *calm*: P. and V. ἥσῠχος, ἡσυχαῖος, P. ἡσύχιος. *Impudent*: P. and V. ἀναιδής. *Not eager*: P. ἀπρόθυμος. *Dulled*: P. and V. ἀμβλῠ́ς.

Cool, v. trans. P. and V. ψῠ́χειν, ἀναψῠ́χειν, V. κᾰταψῠ́χειν. Met., *dull*: P. and V. ἀμβλῠ́νειν, ἀπαμβλῠ́νειν, V. κᾰταμβλῠ́νειν. V. intrans. Met., *become cool*: P. and V. ἀμβλῠ́νεσθαι, ἀπαμβλῠ́νεσθαι, V. κᾰταμβλῠ́νεσθαι. *Not to let one's zeal cool*: P. οὐδὲν ἀπολείπειν προθυμίας (Thuc. 8, 22). *Let one's anger cool*: Ar. ὀργῆς ἀνῑέναι, V. ὀργῆς ἐξᾰνῑέναι.

Coolly, adv. Ar. and P. ψυχρῶς. *Calmly*: P. and V. ἡσῠχῇ, ἡσῠ́χως (rare P.). *Impudently*: P. and V. ἀναιδῶς. *Not eagerly*: P. ἀπροθύμως.

Coolness, subs. P. ψυχρότης, ἡ. *Cold*: P. and V. ψῦχος, τό. *Calm*: Ar. and P. ἡσῠχία, ἡ, V. τὸ ἡσῠχαῖον. *Impudence*: P. and V. ἀναίδεια, ἡ. *Quarrel*: P. and V. δῐᾰφορά, ἡ, Ar. and V. νεῖκος, τό (also Plat. but rare P.); see *quarrel*.

Coop, subs. Ar. αὐλή, ἡ; see *cage*.

Coop, v. trans. P. and V. εἴργειν, κᾰτείργειν, V. σῠνειργειν; see *confine*.

Co-operate, v. trans. P. and V. συμπράσσειν, συνδρᾶν, σῠνεργεῖν, συλλαμβᾰ́νειν, V. συμπονεῖν, συγκάμνειν, σῠνεκπονεῖν, P. συναγωνίζεσθαι; see *aid*. *Co-operate with*: use verbs given with dat. *The fleet which was to have co-operated with Cnemus*: P. ναυτικὸν ὃ ἔδει παραγενέσθαι τῷ Κνήμῳ (Thuc. 2, 83).

Co-operation, subs. *Assistance*: P. and V. ὠφέλεια, ἡ, V. ὠφέλησις, ἡ; see *assistance*. *Partnership*: P. and V. κοινωνία, ἡ.

Co-operator, subs. P. and V. σῠνεργός, ὁ or ἡ, συλλήπτωρ, ὁ, P. συναγωνιστής, ὁ. *Partner*: P. and V. κοινωνός, ὁ or ἡ; see *assistant*, *partner*.

Co-ordinate, adj. P. ἀντίστροφος.

Co-ordinately, adv. P. ἀντιστρόφως.

Coot, subs. Ar. φᾰλᾱρίς, ἡ.

Cope with, v. intrans. P. and V. ἀγωνίζεσθαι (dat. or πρός, acc.). *Equal*: P and V. ἰσοῦσθαι (dat.), ἐξῐσοῦσθαι (dat.). *Able to cope with*: P. **ἀξιόμαχος** (dat.), ἀντίπαλος (dat.), **ἐνάμιλλος** (dat.); see *match*, *deal with*.

Coping-stone, subs. P. and V. θριγκός, ὁ (Plat.), V. γεῖσα, τά. Met., P. κολοφών, ὁ, P. and V. θριγκός, ὁ (Plat.). *Put coping-stone to*: met., P. κολοφῶνα ἐπιτιθέναι (dat.) (Plat.), V. θριγκοῦν (acc.); see *crown*.

Copious, adj. P. and V. πολῠ́ς, ἄφθονος, V. ἐπίρρῠτος.

Copiously, adv. P. and V. ἀφθόνως (Eur., *Frag.*), P. εὐπόρως.

Copiousness, subs. P. εὐπορία, ἡ, ἀφθονία, ἡ, Ar. and P. περιουσία, ἡ, P. and V. πλῆθος, τό.

Copper, subs. P. and V. χαλκός, ὁ. *Copper vessel*: P. χαλκεῖον, τό, Ar. and P. χάλκωμα, τό, V. χαλκός, ὁ, Ar. χαλκίον, τό. *Small coin*: Ar. and P. χαλκοῦς, ὁ.

Copper, adj. P. and V. χαλκοῦς, Ar. and V. χαλκήλᾰτος, V. χάλκεος, εὔχαλκος, πάγχαλκος, χαλκήρης.

Coppersmith, subs. Ar. and P. χαλκεύς, ὁ.

Coppice, subs. V. δρῡμός, ὁ, Ar. and V. λόχμη, ἡ (Eur., *Bacch.* 730); see *wood*.

Copse, subs. See *coppice*.

Copy, subs. *Image*: P. and V. μίμημα, τό, P. ἀφομοίωμα, τό, ὁμοίωμα, τό. *Duplicate in writing*: P.

ἀντίγραφον, τό. *Register*: P. ἀναγραφή, ἡ.

Copy, v. trans. *Imitate*: P. and V. μιμεῖσθαι, ἐκμιμεῖσθαι (Xen. also Ar.). *Register*: P. ἀναγράφειν. *Copy down*: Ar. and P. ἐκγράφεσθαι. *Have a thing copied* (*in writing*): P. ἀπογράφεσθαι (acc.).

Coquet, v. intrans. Ar. and P. θρύπτεσθαι, P. and V. τρῠφᾶν, παίζειν.

Coquetry, subs. P. and V. τρῠφή, ἡ.

Coracle, subs. Use P. and V. πλοῖον, τό; see *boat*.

Cord, subs. P. and V. δεσμός, ὁ, κάλως, ὁ, πεῖσμα, τό (Plat.), P. σπάρτον, τό, Ar. and P. τόνος, ὁ, V. πλεκτή, ἡ, ἀρτάνη, ἡ; see *rope*. *Small cord*: Ar. σπαρτίον, τό. *Noose*: P. and V. βρόχος, ὁ. *Cord for supporting a bed*: Ar. κειρία, ἡ.

Cord, v. trans. P. and V. δεῖν; see *bind*.

Cordial, adj. P. and V. πρόθῡμος, φῐλόφρων (Xen.), Ar. and V. πρόφρων. *Strong, vehement*: P. σφοδρός.

Cordiality, subs. P. and V. προθῡμία, ἡ, P. φιλοφροσύνη, ἡ (Plat.).

Cordially, adv. P. and V. προθύμως, φῐλοφρόνως (Plat.). *Vehemently*: P. σφοδρῶς.

Core, subs. *Centre*: use P. and V. τὸ μέσον.

Cork, subs. P. and V. φελλός, ὁ.

Corn, subs. P. and V. σῖτος, ὁ, καρπός, ὁ, Ar. and V. στάχῠς, ὁ. *Wheat*: Ar. and P. πῡρός, ὁ. *Wheat-meal*: Ar. and P. ἄλευρα, τά. *Barley*: P. and V. κρῑθή, ἡ. *Barley-meal*: Ar. and P. ἄλφῐτον, τό, or pl. *Of corn, wheaten*, adj.: P. and V. πύρῐνος (Xen. and Eur., *Frag.*). *Import corn*, v.: P. σιτηγεῖν. *Importation of corn*, subs.: P. σιτηγία, ἡ. *Buying of corn*: P. σιτωνία, ἡ. *Carrying of corn*: P. σιτοπομπία, ἡ.

Corn-commissioner, subs. P. σιτοφύλαξ, ὁ.

Corn-dealer, subs. P. σιτοπώλης, ὁ.

Corn-transports, subs. P. πλοῖα σιτηγά, τά, νῆες σιταγωγοί, αἱ.

Cornel, subs. V. κράνεια, ἡ (Eur., *Frag.*).

Cornel, adj. *Made of cornel wood*: P. κρανέϊνος (Xen.).

Corner, subs. *Angle*: Ar. and P. γωνία, ἡ. *Nook*: Ar. and V. μῠχός, ὁ (also Thuc. but rare P.). *Three-cornered*, adj.: P. and V. τρίγωνος. *Get a person into a corner*: met., P. εἰς ἀπορίαν καθιστάναι (τινά). *The challenge has not been made in a corner, but in the middle of the market*: P. οὐχ ὑπὸ μάλης ἡ πρόκλησις γέγονεν ἀλλ' ἐν τῇ ἀγορᾷ μέσῃ (Dem. 848). *Make a corner in, buy up*, v.: P. συνωνεῖσθαι (acc.) (see Lys. 164, 35, 165, 8). *Turn a corner*, v. intrans.: Ar. and V. κάμπτειν.

Cornet, subs. See *horn*. *Cavalry officer*: use Ar. and P. φύλαρχος, ὁ.

Corollary, subs. Use P. τὸ ἀκόλουθον.

Coronal, subs See *garland*.

Coronet, subs. See *crown*.

Corporal, adj. Use P. and V. σώμᾰτος (gen. of σῶμα). *Corporal punishment*: P. and V. πληγαί, αἱ. *Non-commissioned officer*: use Ar. and P. ταξίαρχος, ὁ.

Corporate, adj. *Belonging to citizens*: P. πολιτικός. *Shared by all*: P. and V. κοινός.

Corporately, adv. *Jointly*: P. and V. κοινῇ.

Corporation, subs. *Magistracy*: P. and V. ἀρχή, ἡ.

Corporeal, adj. P. σωματοειδής.

Corps, subs. *Body of troops*: P. and V. λόχος, ὁ, τάξῐς, ἡ.

Corpse, subs. P. and V. νεκρός, ὁ, σῶμα, τό (Dem. 1071), Ar. and V. νέκῠς, ὁ, V. δέμᾰς, τό. *Fallen body*: V. πτῶμα, τό (Eur., *Phoen.* 1697), πέσημα, τό (*ibid.* 1701).

Corpulence, subs. P. and V. πάχος, τό (Eur., *Cycl.* 380), P. παχύτης, ἡ, πολυσαρκία, ἡ (Xen.).

Corpulent, adj. P. and V. εὐτρᾰφής (Plat.), Ar. and P. πᾰχύς, πίων, σάρκινος, Ar. γαστρώδης.

Correct, adj. *Accurate (of persons or things)*: P. and V. ἀκρῑβής. *True*: P. and V. ἀληθής, ὀρθός, V. νᾱμερτής; see *true*. *Proper, becoming*: P. and V. εὐπρεπής, πρέπων, προσήκων, εὐσχήμων, Ar. and P. πρεπώδης. *Be correct, judge rightly*: P. and V. ὀρθῶς γιγνώσκειν.

Correct, v. trans. *Put right*: P. and V. ἐξορθοῦν, διορθοῦν, ἀνορθοῦν, Ar. and P. ἐπᾰνορθοῦν, V. μεθαρμόζειν. *Punish*: P. and V. κολάζειν, νουθετεῖν, σωφρονίζειν, ῥυθμίζειν (Plat.), Ar. and V. ἁρμόζειν. *Correct, alter (what is written)*: P. and V. μεταγρᾰ́φειν.

Correction, subs. P. ἐπανόρθωμα, τό. *Chastening*: P. and V. νουθέτησις, ἡ, νουθέτημα, τό, P. κόλασις, ἡ.

Corrective, adj. P. κολαστικός (Plat.).

Correctly, adv. *Accurately*: P. and V. ἀκρῑβῶς. *Truly*: P. and V. ἀληθῶς, ὀρθῶς, V. κᾰτ' ὀρθόν. *Becomingly*, adv.: P. and V. εὐπρεπῶς, πρεπόντως, P. προσηκόντως.

Correctness, subs. Ar. and P. ὀρθότης, ἡ, V. νᾱμέρτεια, ἡ. *Accuracy*: P. ἀκρίβεια, ἡ; see *truth*.

Corrector, subs. *Chastiser*: P. and V. κολαστής, ὁ, ἐπῐτῑμητής, ὁ (Plat.), P. σωφρονιστής, ὁ, V. εὔθῡνος, ὁ.

Correspond, v. intrans. P. and V. συμβαίνειν, συντρέχειν, συμπίπτειν, V. συμβάλλεσθαι, συμπίτνειν, συγκόλλως ἔχειν. *Correspond with, agree with*: P. and V. συμφέρειν (or pass.) (dat.), συμβαίνειν (dat.), συντρέχειν (dat.), συμπίπτειν (dat.), P. συμφωνεῖν (dat.), V. ὁμορροθεῖν (dat.). *In many would you find hair to correspond*: V. πολλοῖς ἂν εὕροις βοστρύχους ὁμοπτέρους (Eur., *El.* 530). *Write*: P. and V. γρᾰ́φειν. *Correspond with, have intercourse with*: P. and V. κοινωνεῖν (dat.).

Correspondence, subs. *Letters*: P. and V. ἐπιστολαί, αἱ, γράμμᾰτα, τά, γρᾰφαί, αἱ. *Agreement*: P. συμφωνία, ἡ. *Resemblance*: P. ὁμοιότης, ἡ.

Correspondent, adj. P. and V. σῠνῳδός, σύμμετρος, P. σύμφωνος, V. προσῳδός, σῠνήγορος. *Of like kind*: P. σύννομος.

Corresponding, adj. See *correspondent*. *Similar*: P. and V. ὅμοιος. *Equal*: P. and V. ἴσος, P. παραπλήσιος. *Proportionate*: P. ἱκνούμενος.

Correspondingly, adv. *Similarly*: P. and V. ὁμοίως. *Proportionately*: P. κατὰ λόγον.

Corridor, subs. Use Ar. and P. δίοδος, ἡ (*way through*).

Corroborate, v. trans. P. ἐπαληθεύειν, βεβαιοῦν.

Corroboration, subs. P. βεβαίωσις, ἡ.

Corrode, v. trans. P. καταβιβρώσκειν (Plat., *Phaedo*, 110A). Met., P. and V. διαφθείρειν.

Corrupt, v. trans. P. and V. διαφθείρειν, λωβᾶσθαι, λῡμαίνεσθαι (acc. or dat.). *Bribe*: P. δεκάζειν, διαφθείρειν, Ar. and P. πείθειν, ἀνᾰπείθειν. *Seduce*: P. and V. διαφθείρειν, λωβᾶσθαι, V. διολλῡ́ναι, αἰσχῡ́νειν, P. καταισχύνειν. *Corrupt beforehand*: P. προδιαφθείρειν.

Corrupt, adj. P. διεφθαρμένος. *Wicked*: P. and V. κᾰκός, πονηρός, μοχθηρός. *Taking bribes*: Ar. and P. δωροδόκος, P. and V. φῐλάργῠρος. *In an unhealthy state*: P. and V. σαθρός, ὕπουλος. *Be corrupt, be in an unhealthy state*, v.: P. and V. νοσεῖν.

Corrupted, adj. *Bribed*: V. κᾰταργῠρωμένος.

Corrupter, subs. P. διαφθορεύς, ὁ, P. and V. λῡμεών, ὁ, Ar. λωβητής, ὁ. *Seducer*: V. αἰσχυντήρ, ὁ.

Corruptibility, subs. *Taking bribes*: P. δωροδοκία, ἡ. *Perishableness*: P. φθορά, ἡ.

Corruptible, adj. *Open to bribery*: Ar. and P. δωροδόκος. *Liable to death*: P. and V. θνητός.

Corruption, subs. P. and V. διαφθορά, ἡ. *Wickedness*: P. and V. πονηρία, ἡ, Ar. and P. κᾰκία, ἡ, μοχθηρία, ἡ. Philosophically, as opposed to *growth*: P. φθορά, ἡ (Plat.). *Dank-*

ness, mould: P. and V. εὐρώς, ὁ. *Bribery*: P. δωροδοκία, ἡ, δωροδόκημα, τό. *Be open to corruption, take bribes*, v.: Ar. and P. δωροδοκεῖν.

Corsair, subs. P. and V. λῃστής, ὁ. *Be a corsair*, v.: P. λῃστεύειν.

Corse, subs. See *corpse*.

Corselet, subs. P. and V. θώραξ, ὁ.

Cortege, subs. P. and V. πομπή, ἡ.

Coruscate, v. intrans. P. and V. στίλβειν (Plat.), ἐκλάμπειν (Plat.), ἀστράπτειν (Plat.); see *glitter*. Met., see *excel*.

Coruscation, subs. P. μαρμαρυγή, ἡ (Plat.), Ar. and V. σέλᾰς, τό (also Plat. but rare P.), αὐγή, ἡ (also Plat. but rare P.); see *glitter*. Met., *brilliant effort*: P. and V. ἀγώνισμα, τό.

Cost, subs. *Price*: Ar. and P. τῑμή, ἡ, P. ὠνή, ἡ, P. and V. ἀξία, ἡ, V. τῖμος, ὁ; see *price*. *Legal costs* (*paid by the loser in an action*): P. ἐπωβελία, ἡ. *Expense*: P. and V. ἀνάλωμα, τό, δᾰπάνη, ἡ (Eur., *H. F.* 592). *You shall speak to your cost*: V. κλάων ἐρεῖς (Soph., *O. R.* 1152; same construction often in Aristophanes). *To make plans to avoid death at all costs*: P. μηχανᾶσθαι ὅπως (τις) ἀποφεύξεται πᾶν ποιῶν θάνατον (Plat., *Ap.* 39A). *Without cost*, adj.: Ar. ἀδάπᾰνος, or use adv., V. ἀδᾰπάνως; see *free*. *At the cost of*: P. and V. ἀντί (gen.). *At what cost?* P. and V. πόσου;

Cost, v. trans. *Be valued at*: P. τιμᾶσθαι (gen.). Met., *deprive of*: P. and V. στερίσκειν (τινά τινος). *I refused to charge more than they cost me*: P. οὐκ ἠθέλησα πράξασθαι πλέον ἢ ὅσου ἐμοὶ κατέστησαν (Andoc. 21). *Be at a price*: use Ar. and P. γίγνεσθαι (gen.). *Costing nothing*, adj.: Ar. ἀδάπᾰνος, or adv., V. ἀδᾰπάνως.

Costliness, subs. P. πολυτέλεια, ἡ.

Costly, adj. P. πολυτελής, δαπανηρός, P. and V. τίμιος. *In a costly way*: P. πολυτελῶς.

Costume, subs. P. and V. σκευή, ἡ, κόσμος, ὁ, στολή, ἡ, ἐσθής, ἡ, ἐσθήμᾰτα, τά, V. εἷμα, τό; see *dress*.

Cot, subs. See *cottage, bed*.

Coterie, subs. P. and V. στᾰσις, ἡ, P. ἑταιρεία, ἡ; see *faction*.

Co-trustee, subs. P. συνεπίτροπος, ὁ.

Cottage, subs. Ar. and P. οἰκίδιον, τό, or use *house*.

Cotton, subs. P. ἔρια ἀπὸ ξύλου, τά (Hdt.); see *wool, linen*.

Couch, subs. P. and V. κλῑνη, ἡ, στρωμνή, ἡ, Ar. and V. λέχος, τό (or pl.), εὐνή, ἡ, V. λέκτρον, τό (or pl.); see *bed*.

Couch, v. trans. *Lean, rest*: P. and V. ἐρείδειν (Plat. but rare P.). *Couch in dark language*, v.: P. and V. αἰνίσσεσθαι (acc.). *Couched in dark language*, adj.: P. and V. αἰνιγμᾰτώδης, V. αἰνικτός. *Couch in fine language*: P. and V. καλλῡνειν. V. intrans. P. and V. αὐλίζεσθαι.

Cough, subs. P. βήξ, ὁ. *A bad cough*: P. βὴξ ἰσχυρός.

Cough, v. intrans. Ar. βήσσειν.

Council, subs. P. συνέδριον, τό. *Senate*: P. and V. βουλή, ἡ. *Spartan senate*: P. and V. γερουσία, ἡ. *Assembly*: P. and V. σύλλογος, ὁ, σύνοδος, ἡ. *Of the council*, adj: P. βουλευτικός.

Council-hall, subs. P. and V. βουλευτήριον, τό.

Councillor, subs. Ar. and P. βουλευτής, ὁ, Ar. and V. πρόβουλος, ὁ.

Counsel, subs. P. and V. βουλή, ἡ, πᾰραίνεσις, ἡ, γνώμη, ἡ, P. συμβουλία, ἡ, Ar. and P. συμβουλή, ἡ; see also *intention*. *Admonition*, subs.: P. and V. νουθέτησις, ἡ, νουθέτημα, τό. *Take counsel*, v.: P. and V. βουλεύεσθαι, P. διαβουλεύεσθαι; see *consult*.

Counsel, v. trans. P. and V. συμβουλεύειν (τί τινι), πᾰραινεῖν (τί τινι), Ar. and P. ὑποτίθεσθαι (τί τινι). *Recommend*: P. and V. ἐξηγεῖσθαι (τί τινι), Ar. and P. εἰσηγεῖσθαι (τί τινι). *Admonish*: P. and V. νουθετεῖν. *Counsel to do a thing*: P. and V. συμβουλεύειν (dat. and infin.), πᾰραἰνεῖν (dat. and infin.), P. ὑποτίθεσθαι (dat. and infin.), V. αἰνεῖν (acc. and infin.), ἐπαινεῖν (acc. or dat. and infin.), βουλεύειν (dat. and infin.).

Counsellor, subs. P. and V. σύμβουλος, ὁ, P. ἐξηγητής, ὁ. *Counsellors of craft*: V. δόλια βουλευτήρια (Eur., *And.* 446). *Adrastus' counsellor in these mischiefs*: V. κακῶν Ἀδράστῳ τῶνδε βουλευτήριος (Æsch., *Theb.* 575).

Count, v. trans. *Number*: P. and V. ἀριθμεῖν, λογίζεσθαι, δῐᾰριθμεῖν (mid. in P.), V. πεμπάζειν. *Hold, consider*: P. and V. ἡγεῖσθαι, νομίζειν, ἄγειν (Thuc. 8, 81), V. νέμειν. *Count among*: P. and V. κᾰτᾰριθμεῖν (ἐν, dat. or μετά, gen.). *Be counted among*: P. and V. τελεῖν (εἰς, acc.), V. ἀριθμεῖσθαι (gen. or ἐν and dat.). *Count on, trust*: P. and V. πιστεύειν (dat.), πείθεσθαι (dat.). *Calculate on, expect*: P. and V. προσδοκᾶν (acc.). *No one any longer calculates on his own death*: V. οὐδεὶς ἔθ' αὑτοῦ θάνατον ἐκλογίζεται (Eur., *Supp.* 482). *Count out*: P. ἐξαριθμεῖν, ἀριθμεῖν. *Count up*: P. and V. ἀριθμεῖν, δῐᾰριθμεῖν (mid. in P.), P. καταριθμεῖσθαι, ἀναριθμεῖσθαι, ἀναλογίζεσθαι. V. intrans. *Be of importance*: P. and V. δῐᾰφέρειν.

Count, subs. *In an indictment*: use P. and V. λόγος, ὁ.

Countenance, subs. *Face*: P. and V. πρόσωπον, τό, ὄψῐς, ἡ; or use V. ὀφθαλμός, ὁ, ὄμμᾰ, τό. *Approval*, subs.: P. and V. ἔπαινος, ὁ. *Favour, support*: P. and V. εὔνοια, ἡ.

Countenance, v. trans. *Approve of, praise*: P. and V. ἐπαινεῖν (acc.). *Acquiesce in*: P. and V. στέργειν (acc. or dat.), P. ἀγαπᾶν (acc. or dat.), V. αἰνεῖν (acc.). *Favour, support*: P. and V. εὐνοεῖν (dat.).

Counter, subs. *For reckoning*: P. and V. ψῆφος, ἡ. *Ticket*: P. and V. σύμβολον, τό. *In a shop*: use P. τράπεζα, ἡ.

Counter, adj. *Opposite*: P. and V. ἐναντίος. *Run counter to*: P. and V. ἐναντιοῦσθαι (dat.); see *oppose*. *Clash with*: P. διαφωνεῖν (dat.). *A counter charm to sleep*: V. ὕπνου . . . ἀντίμολπον ἄκος (Æsch., *Ag.* 17). *Anticipate a plot rather than meet it by counter-plots*: P. προεπιβουλεύειν μᾶλλον ἢ ἀντεπιβουλεύειν (Thuc. 1, 33).

Counteract, v. trans. *Baffle*: P. and V. σφάλλειν. *Oppose*: P. and V. ἐναντιοῦσθαι (dat.), ἀνθίστασθαι (dat.), ἀντῐτείνειν (dat.). *Make amends for*: P. and V. ἀκεῖσθαι (acc.).

Counterbalance, v. trans. *Make amends for*: P. and V. ἀκεῖσθαι, ἰᾶσθαι (acc.), ἐξῐᾶσθαι (acc.). *Be equivalent to*: P. ἀντίρροπος εἶναι (gen.), P. and V. ἀντίσταθμος εἶναι (V. gen., P. dat.) (Plat.), V. ἀντιρρέπειν (absol.); see *balance*. *I consider their disadvantages counterbalance our numbers*: P. τὰς τούτων ἀπορίας ἀντιπάλους ἡγοῦμαι τῷ ἡμετέρῳ πλήθει (Thuc. 4, 10). *Some god ruins you to counterbalance your former happiness*: V. ἀντισηκώσας δέ σε φθείρει θεῶν τις τῆς πάροιθ' εὐπραξίας (Eur., *Hec.* 57).

Countercharge, subs. Ar. and P. ἀντιγρᾰφή, ἡ.

Counterclaim, subs. P. ἀντίληψις, ἡ (Xen.).

Counterfeit, adj. P. and V. κίβδηλος, πλαστός (Xen.), Ar. and P. πᾰρᾰσημος, P. νόθος; see *spurious*. Of money: P. and V. κίβδηλος, Ar. and P. πᾰρᾰσημος.

Counterfeit, v. trans. *Forge*: P. and V. πλάσσειν (or mid.), P. παραποιεῖσθαι. *Money, etc.*: Ar. and P. κιβδηλεύειν. *Simulate*: Ar. and P. προσποιεῖσθαι.

Counterfeit, subs. *Forgery*: P. πλάσμα, τό. *Imitation*: P. and V. μίμημα, τό.

Countermand, v. trans. P. and V. ἀπειπεῖν, Ar. and P. ἀπᾰγορεύειν.

Counter-manœuvring, subs. P. ἀντιτέχνησις, ἡ.

Counterpane, subs. Ar. and P.

στρώμᾰτα, τά, V. χλαῖνα, ἡ, φᾶρος, τό, φᾰ́ρος, τό, εἷμα, τό.

Counterpart, subs. P., use adj., ἀντίστροφος. *Music was a counterpart of gymnastic*: P. ἦν (μουσική) ἀντίστροφος τῆς γυμναστικῆς (Plat., *Rep.* 522A).

Counterpoise, v. trans. See *counterbalance.*

Counterpoise, subs. Use adj., P. ἀντίρροπος (gen.), P. and V. ἀντίσταθμος (V. gen., P. dat.) (Plat.).

Countersign, subs. *Watchword*: P. and V. σύνθημα, τό, V. σῆμα, τό, σύμβολον, τό, P. σημεῖον, τό.

Counting, subs. Ar. and P. λογισμός, ὁ.

Countless, adj. P. and V. ἀνᾰρίθμητος, V. ἀνᾰ́ριθμος, ἀνήριθμος, μῡρίος (Plat. also but rare P.).

Countrified, adj. See *rustic, rural.*

Country, subs. *Land*: P. and V. χώρα, ἡ, γῆ, ἡ, Ar. and V. χθών, ἡ, πέδον, τό, γαῖα, ἡ, V. αἶα, ἡ, οἶμος, ὁ. As opposed to *town*: P. and V. ἀγρός, ὁ, or pl., χώρα, ἡ. *From the country*, adv.: V. ἀγρόθεν. *Up country*: see *inland. Native land*, subs.: P. and V. πατρίς, ἡ, Ar. and V. πάτρα, ἡ. *Of what country?* P. and V. ποδᾰπός; indirect, P. ὁποδαπός. *Be in the country* (*in one's native land*), v.: Ar. and P. ἐπῐδημεῖν. *Be out of the country*: Ar. and P. ἀποδημεῖν, P. and V. ἐκδημεῖν, ἀποξενοῦσθαι (Plat.). *State*, subs. P. and V. πόλῐς, ἡ.

Country, adj. *Rural*: Ar. and P. ἄγροικος, V. ἀγρώστης (Soph., *Frag.*), ἄγραυλος. *Provincial*: P. and V. ἀρουραῖος (Æsch., *Frag.*). *Country life*, subs.: Ar. βίος ἄγροικος, ὁ. *Of one's native land*, adj.: P. and V. πάτριος, πατρῷος; see *native. Of the state*: P. πολιτικός.

Countryman, subs. Opposed to *townsman*: Ar. and P. ἄγροικος, ὁ, γεωργός, ὁ, P. and V. αὐτουργός, ὁ, ἐργᾰ́της, ὁ, V. ἀγρώστης, ὁ, χωρίτης, ὁ (Soph., *Frag.*), γητης, ὁ, γᾱπόνος, ὁ. *Fellow-countryman*: P. and V. πολίτης, ὁ, δημότης, ὁ.

Country-side, subs. Use *country. Cease to tell me the petty fortunes of the countryside*: V. παῦσαι λέγων μοι τὰς προσαυλείους τύχας (Eur., *Rhes.* 273).

Countrywoman, subs. *Fellow-countrywoman*: Ar. δημότῐς, ἡ.

County, subs. Use P. δῆμος, ὁ.

Couple, subs. P. συζυγία, ἡ, Ar. and V. ζεῦγος, τό, V. ζῠγόν, τό, σῠνωρίς, ἡ. *Wedded couple*: P. ζεῦγος, τό (Xen.); see *pair.*

Couple, v. trans. P. and V. συζευγνῡ́ναι, ζευγνῡ́ναι (rare P. uncompounded). *Attach*: P. and V. προστῐθέναι, προσάπτειν. V. intrans. *Pair*: P. and V. σῠνέρχεσθαι, συμμίγνυσθαι.

Couplet, subs. *Elegiac couplet*: P. ἐλεγεῖον, τό.

Courage, subs. P. and V. ἀρετή, ἡ, ἀνδρεία, ἡ, θάρσος, τό, θρᾰ́σος, τό, τόλμᾰ, ἡ, τἀνδρεῖον, θῡμός, ὁ, εὐψυχία, ἡ, Ar. and V. λῆμα, τό, V. εὐτολμία, ἡ, εὐανδρία, ἡ. *Take courage*, v.: P. and V. θαρσεῖν, θρᾰσῠ́νεσθαι, V. θαρσῠ́νειν. *Regain courage*: Ar. and P. ἀνᾰθαρσεῖν,

Courageous, adj. P. and V. ἀνδρεῖος, ἀγᾰθός, θρᾰσῠ́ς, τολμηρός, εὔψῡχος, Ar. and V. ἄλκῐμος (rare P.), V. εὔτολμος, εὐθαρσής (also Xen.), θρᾰσύσπλαγχνος, τᾰλαίφρων, τλήμων, εὐκάρδιος, P. θαρσαλέος; see also *fearless.*

Courageously, adv. P. and V. ἀνδρείως, Ar. and P. θρᾰσέως, P. τολμηρῶς, θαρσαλέως, V. θρᾰσυσπλάγχνως, εὐθαρσῶς, εὐτόλμως, εὐκαρδίως; see also *fearlessly.*

Courageousness, subs. See *courage.*

Courier, subs. P. ἡμεροδρόμος, ὁ. *Messenger*: P. and V. ἄγγελος, ὁ or ἡ, V. πομπός, ὁ.

Course, subs. *Running*: P. and V. δρόμος, ὁ, V. δρᾰ́μημα, τό, τρόχος, ὁ. *Heat, lap*: Ar. and V. δρόμος, ὁ, Ar. and P. στάδιον, τό. *Race-course*: Ar. and P. στᾰ́διον, τό, Ar. and V. δίαυλος, ὁ. *For chariots, etc.*: P. ἱππόδρομος, ὁ. *Movement*: P. φορά, ἡ. *Orbit*: P. and V. δρόμος, ὁ, ὁδός, ἡ, V. διέξοδος, ἡ, στροφή, ἡ (Soph., *Frag.*), περιστροφή, ἡ (Soph., *Frag.*), Ar. and P. περῐφορά, ἡ. *Path, way:* P. and V. ὁδός, ἡ, πορεία, ἡ, Ar. and V. κέλευθος, ἡ. *Flight (of a weapon):* P. πορεία, ἡ. *Channel:* P. and V. ὀχετός, ὁ. *Change from its course,* v.: met., P. and V. πᾰροχετεύειν (acc.) (Plat.). *Course of life,* subs.: P. and V. βίος, ὁ. *Method:* P. μέθοδος, ἡ; see *method. Layer (of bricks):* P. ἐπιβολή, ἡ. *Course of action:* P. προαίρεσις, ἡ. *Dinner course:* P. περίοδος, ἡ (Xen.). *We have come to your land, being driven out of our course:* V. σὴν γαῖαν ἐξωσθέντες ἥκομεν (Eur., *Cycl.* 279). *In course of time:* P. προελθόντος τοῦ χρόνου. *Follow the course of events:* P. παρακολουθεῖν τοῖς πράγμασι (Dem. 285). *Of course,* adv.: P. and V. δήπου, Ar. and P. δήπουθεν. *Ironically:* P. and V. δῆθεν. In answer to a question, *assuredly:* P. and V. πῶς γὰρ οὔ, μάλιστά γε, Ar. and P. κομῐδῇ γε, ἀμέλει, V. καὶ κάρτᾰ, καὶ κάρτᾰ γε. *In the course of,* prep.: P. and V. διά (gen.). *Let these things take their course:* P. ἐᾶν ταῦτα φέρεσθαι (Dem. 106).

Course, v. trans. See *chase.* V. intrans. *Run:* P. and V. τρέχειν, θεῖν (Eur., *Ion,* 1217), ἵεσθαι.

Courser, subs. Use *horse.*

Court, subs. *Of a house:* P. and V. αὐλή, ἡ (Plat.). *Of the court,* adj.: P. and V. αὔλειος (Plat.), V. ἕρκειος; see *fore-court. Room,* subs.: see *room. Palace:* Ar. and P. βασῐλεια, τά. *Court of justice:* Ar. and P. δῐκαστήριον, τό. Concretely, *the judges:* P. and V. δῐκασταί, οἱ. *Bring into court,* v.: P. εἰς δικαστήριον ἄγειν. *Produce in court:* P. ἐμφανῶς παρέχειν (acc.). *Rule out of court:* Ar. and P. διαγρᾰφειν. *In court,* adv.: P. ἐνθάδε (lit. *here*). *Courtship,* subs.: V. μνηστεύμᾰτα, τά. *Pay court to:* see v., *court. Pay your court to another woman:* ἄλλης ἐκπόνει μνηστεύματα γυναικός (Eur., *Hel.* 1514).

Court, v. trans. *Seek in marriage:* P. and V. μνηστεύειν (Plat.). Generally, *seek one's favour:* Ar. and P. θερᾰπεύειν (acc.). *Seek after:* P. and V. μετέρχεσθαι (acc.), ζητεῖν (acc.), θηρεύειν (acc.), V. θηρᾶν (or mid.). *Challenge:* P. προκαλεῖσθαι. *Flatter:* P. and V. θωπεύειν, ὑποτρέχειν, ὑπέρχεσθαι, Ar. and P. κολᾰκεύειν. *Suitors foremost in the land of Greece courted her:* V. μνηστῆρες ᾔτουν Ἑλλάδος πρῶτοι χθονός (Eur., *El.* 21). *A thankless crew are ye who court the honours paid to demagogues:* V. ἀχάριστον ὑμῶν σπέρμ' ὅσοι δημηγόρους ζηλοῦτε τιμάς (Eur., *Hec.* 254).

Courteous, adj. P. and V. φῐλάνθρωπος, εὐπροσήγορος, φῐλόφρων (Xen.), Ar. and P. ἀστεῖος, P. ῥᾴδιος, κοινός.

Courteously, adv. P. and V. φιλοφρόνως (Plat.), P. φιλανθρώπως.

Courtesan, subs. Ar. and P. ἑταίρα, ἡ.

Courtesy, subs. P. εὐπροσηγορία, ἡ, φιλανθρωπία, ἡ, V. εὐέπεια, ἡ. *Pay courtesies to,* v.: P. φιλανθρωπεύεσθαι πρός (acc.). *Call by courtesy:* Ar. and P. ὑποκορίζεσθαι (acc.).

Courtier, subs. *Attendant:* Ar. and P. θερᾰπων, ὁ, ἀκόλουθος, ὁ, P. and V. διᾰκονος, ὁ, V. πρόσπολος, ὁ or ἡ, ὀπάων, ὁ; see *attendant. Flatterer:* Ar. and P. κόλαξ, ὁ. *The king's courtiers:* P. οἱ ἀμφὶ τὸν βασιλέα.

Courting, subs. *Paying court:* P. θεραπεία, ἡ.

Courtliness, subs. P. and V. τὸ σεμνόν.

Courtly, adj. P. and V. σεμνός.

Courtship, subs. V. μνηστεύμᾰτα, τά.

Courtyard, subs. P. and V. αὐλή, ἡ (Plat.). *Of the courtyard,* adj.: P. and V. αὔλειος, V. ἑρκεῖος.

Cousin, subs. P. and V. ἀνεψιός, ὁ. Fem., P. ἀνεψιά, ἡ. *Own cousin:* P. and V. αὐτᾰνέψιος, ὁ. *Second cousin:* P. ἀνεψιαδοῦς, ὁ.

Cousinship, subs.. P. ἀνεψιότης, ἡ.

Cove, subs. *Bay*: P. and V. κόλπος, ὁ, Ar. and V. μῠχός, ὁ (rare P.), V. πτῠχαί, αἱ.

Covenant, subs. P. and V. σύμβᾰσις, ἡ, συνθῆκαι, αἱ, σύνθημα, τό. *Bond*: P. συγγραφή, ἡ, συμβόλαιον, τό, συνάλλαγμα, τό. *Promise*: P. and V. ὑπόσχεσις, ἡ. *Make a covenant*: P. and V. σύμβᾰσιν ποιεῖσθαι; see v. *covenant*.

Covenant, v. intrans. P. and V. συμβαίνειν, συντῐ́θεσθαι. *Promise*: P. and V. ὑπισχνεῖσθαι, ὑφίστασθαι, V. ὑπίσχεσθαι. *Covenant with*: P. and V. συμβαίνειν (dat.), συντῐ́θεσθαι (dat.).

Cover, v. trans. P. and V. κρύπτειν, ἀποκρύπτειν, συγκρύπτειν, P. κατακρύπτειν, ἐπικαλύπτειν, Ar. and V. κᾰλύπτειν, V. συγκᾰλύπτειν (rare P.), στέγειν, κεύθειν, ἀμπέχειν (rare P.), ἀμπίσχειν (rare P.), σῠναμπέχειν, σῠναμπίσχειν, πῠκάζειν; see also *encompass*. *Cover all round*: P. περιαμπέχειν (also Ar. in form περιαμπίσχειν). *Cover over*: P. and V. περῐκᾰλύπτειν, προκᾰλύπτεσθαι, V. κᾰταμπίσχειν, κᾰτασκιάζειν (Plat. also but rare P.). *Cover (so as to protect)*: P. σκεπάζειν (Xen.); see *shelter*. *Cover a distance*: P. and V. ἀνύτειν, P. τελεῖν (Thuc. 2, 97), V. κᾰτᾰνύτειν. *More quickly than a racer ever covered two laps*: V. θᾶσσον . . . ἢ δρομεὺς δισσοὺς διαύλους ἵππιος διήνυσε (Eur., *El.* 824). *Cover with reproaches*: P. ὀνείδει περιβάλλειν (Dem. 604). *Cover with disgrace*: P. αἰσχύνην περιάπτειν (dat.) (cf. Ar., *Plut.* 590). *Include*: P. περιέχειν, περιλαμβάνειν, P. and V. συλλαμβᾰ́νειν. *Be enough for*: P. and V. ἱκᾰνὸς εἶναι (dat.).

Cover, subs. *Lid*: Ar. ἐπῐ́θημα, τό. *Case*: Ar. and P. ἔλυτρον, τό (Plat.), P. and V. περῐ́βολος, ὁ; see *covering*. *Cover for arms*: Ar. and V. σάγμα, τό, or pl. *Shelter*: P. σκέπη, ἡ. *Protection, shield*: P. and V. πρόβλημα, τό. *Under cover*, adj.: V. ὑπόστεγος. *Through a covered pipe*: use adv., P. στεγανῶς (Thuc. 4, 100). *In a place of safety*: P. and V. ἐν ἀσφαλείᾳ. *Under cover (pretence) of*: P. ἐπὶ προφάσει (gen.). *Receive indemnity under cover of his profession*: P. τῷ τῆς τέχνης προσχήματι τυγχάνειν ἀδείας (Dem. 58).

Covered, adj. *Roofed in*: P. κατάστεγος, στεγανός, V. κᾰτηρεφής. *Covered with cloth*: V. στρωτός. *Covered in* (of a boat): P. ἐστεγασμένος. *Veiled*: Ar. κᾰλυπτός (*Thesm.* 890).

Covering, subs. Ar. and V. κᾰ́λυμμα, τό, Ar. ἐγκᾰ́λυμμος, ὁ. *That which gives shelter*: P. στέγασμα, τό. *Cloth spread as a covering*: Ar. and P. στρώμᾰτα, τά. *Covering of earth*: V. περῐβολαὶ χθονός. In same sense use V. περιπτῠχαί, αἱ, περίπτυγμα, τό. *Covering of flesh*: V. σαρκὸς ἔνδῠτα, τά.

Covering, adj. V. κᾰλυπτός. *Sheltering*: V. ἐπῆλυξ.

Coverlet, subs. Ar. and P. στρώμᾰτα, τά, V. χλαῖνα, ἡ, εἷμα, τό, φᾶρος, τό, φᾰ́ρος, τό, στρωτὰ φᾰ́ρη, τά.

Covert, adj. P. and V. λαθραῖος, κρυπτός, ἀφᾰνής, κρῠφαῖος (Plat.), V. κρῠ́φιος.

Covert, subs. *Hiding-place*: V. κευθμών, ὁ. *Den*: Ar. and V. ἄντρον, τό, V. σηκος, ὁ, θᾰλᾰ́μαι, αἱ.

Covertly, adv. P. and V. λάθρᾱ, λαθραίως (rare P.), P. κρῠ́φᾰ, Ar. and P. κρύβδην, V. κρῠφῇ (also Xen.), κρῠφαίως, κρύβδᾰ.

Covet, v. trans. P. and V. ἐφίεσθαι (gen.), ἐπῐθῡμεῖν (gen.), ὀρέγεσθαι (gen.), P. γλίχεσθαι (gen.); see *desire*.

Covetous, adj. P. πλεονεκτικός. *Miserly*: P. and V. αἰσχροκερδής, φῐλάργῠρος, Ar. and P. φῐλοκερδής.

Covetously, adv. P. πλεονεκτικῶς.

Covetousness, subs. P. πλεονεξία, ἡ. *Miserliness*: P. and V. αἰσχροκέρδεια, ἡ, P. φιλοκέρδεια, ἡ, φιλαργυρία, ἡ, φιλοχρηματία, ἡ.

Cow, subs. P. and V. βοῦς, ἡ. *Of a cow*, adj.: P. and V. βόειος.

Cow, v. trans. P. and V. φοβεῖν, ἐκφοβεῖν, ἐκπλήσσειν, P. καταπλήσσειν, Ar. and P. κᾰτᾰφοβεῖν; see *frighten*. *Subdue*: P. and V. κᾰταστρέφεσθαι.

Coward, subs. Use adj. *cowardly*. *Play the coward*, v.: P. and V. κᾰκίζεσθαι, μαλθᾰκίζεσθαι (Plat., also Ar.), φῐλοψῡχεῖν, P. ἀποδειλιᾶν, μαλακίζεσθαι.

Cowardice, subs. P. and V. δειλία, ἡ, κάκη, ἡ, ἀνανδρία, ἡ, πονηρία, ἡ, P. ἀτολμία, ἡ, φιλοψυχία, ἡ, κακότης, ἡ, κακία, ἡ, V. ἀψῡχία, ἡ, κᾰκανδρία, ἡ.

Cowardly, adj. P. and V. δειλός, κᾰκός, ἄτολμος, πονηρός, P. φοβερός, ἄνανδρος, Ar. and P. μᾰλᾰκός, V. ἄψῡχος, φῐλόψῡχος, ἄναλκις, ἄσπλαγχνος, κᾰκόσπλαγχνος, Ar. and V. μαλθᾰκός. *In a cowardly way*: P. ἀνάνδρως, φοβερῶς. *Make cowardly*, v. trans.: V. κᾰκίζειν

Cower, v. intrans. P. and V. κᾰταπτήσσειν, Ar. and V. πτήσσειν (Plat. also but rare P.), V. πτώσσειν, συστᾰλῆναι (2nd aor. pass. συστέλλειν), ῠποπτήσσειν. *Cower before*: met., P. and V. ῠποπτήσσειν (acc.), V. πτήσσειν (acc.). *Like a young bird cowering under my wings*: V. νεοσσὸς ὡσεὶ πτέρυγας εἰσπίτνων ἐμάς (Eur., *Tro.* 746).

Cowering, adj. *Humble*: P. and V. τᾰπεινός.

Cowherd, subs. See *herdsman*.

Coxcomb, subs. P. καλλωπιστής, ὁ, or use adj. P. and V. κομψός (also Ar.). *Be a coxcomb*, v.: Ar. κομᾶν.

Coy, adj. *Shy*: P. αἰσχυντηλός. *Be coy*, v.: Ar. and P. θρύπτεσθαι, P. καλλωπίζεσθαι. *Fortune is coy*: V. τρυφᾷ δ' ὁ δαίμων (Eur., *Supp.* 552.)

Cozen, v. trans. *Deceive*: P. and V. ἀπᾰτᾶν, ἐξᾰπᾰτᾶν, πᾰράγειν, κλέπτειν, P. παρακρούεσθαι, Ar. and V. δολοῦν, V. φηλοῦν, πᾰρᾰπᾰτᾶν, ἐκκλέπτειν. *Flatter*: P. and V. θωπεύειν, ῠποτρέχειν, ῠπέρχεσθαι, V. θώπτειν, Ar. and P. κολᾰκεύειν.

Crab, subs. Ar. and P. καρκῖνος, ὁ.

Crabbed, adj. P. and V. σκληρός, δύσκολος, δῠσάρεστος, δυσχερής, P. δύστροπος.

Crabbedly, adv. P. δυσκόλως.

Crabbedness, subs. Ar. and P. δυσκολία, ἡ.

Crack, v. trans. *Split*: P. and V. σχίζειν, τέμνειν, διᾰτέμνειν. *Break*: P. and V. ῥηγνύναι (P. generally compounded), κᾰταρρηγνύναι, κᾰταγνύναι, Ar. and V. θραύειν (Plat. but rare P.), V. συνθραύειν. *I have cracked my skull with the blow*: τὸ κρᾶνιον παίσας κατέᾱγα (Eur., *Cycl.* 683). V. intrans. P. and V. ῥήγνυσθαι, κᾰταρρήγνυσθαι, κᾰτάγνυσθαι, V. ἄγνυσθαι, Ar. and V. θραύεσθαι (also Plat. but rare P.), συνθραύεσθαι (also Xen.). *Make a noise*: P. and V. ψοφεῖν.

Crack, subs. *Hole*: Ar. and P. τρῆμα, τό. *Chasm*: P. and V. χάσμᾰ, τό. *Noise*: P. and V. ψόφος, ὁ.

Cracked, adj. *Unsound*: P. and V. σαθρός.

Crackle, v. intrans. Use P. and V. ψοφεῖν.

Crackle, subs. Use P. and V. ψόφος, ὁ.

Cradle, subs. V. κῦτος, τό, σκάφη, ἡ, ἄγγος, τό, ἀντίπηξ, ἡ. Met., *place of origin*: use P. and V. πατρίς, ἡ, Ar. and V. πάτρα, ἡ.

Craft, subs. *Trade*: P. and V. τέχνη, ἡ, Ar. and P. χειρουργία, ἡ, P. χειροτεχνία, ἡ, V. χειρωναξία, ἡ. *Ply one's craft*, v.: P. δημιουργεῖν (Plat.). *Cunning*, subs.: P. and V. δόλος, ὁ (rare P.), ἀπάτη, ἡ, σόφισμα, τό, μηχάνημα, τό, V. τέχνη, ἡ, τέχνημα, τό; see *craftiness*. *Plot, treachery*: P. ἐπιβουλή, ἡ. *Boat*: see *boat*.

Craftily, adv. Ar. and V. δόλῳ, V. ἐν δόλῳ, δόλοις, σὺν δόλῳ, P. πανούργως. *By treachery*: P. ἐξ ἐπιβουλῆς, V. μεμηχᾰνημένως.

Craftiness, subs. Ar. πυκνότης, ἡ, P. and V. πᾰνουργία, ἡ.

Craftsman, subs. P. and V. δημιουργός, ὁ, Ar. and P. χειροτέχνης, ὁ, P. τεχνίτης, ὁ, V. χειρῶναξ, ὁ (Soph. and Eur., *Frag.*).

Crafty, adj. P. and V. ποικίλος (Plat.), πᾰνοῦργος, ἐπίτριπτος, πυκνός (Plat.), Ar. and V. δόλιος, αἱμύλος (once in Plat.), V. πᾰλιντρῖβής, μηχᾰνορρᾰφος. Fem.: V. δολῶπις.

Crag, subs. *Steep rock*: P. and V. ἄκρα, ἡ, κρημνός, ὁ, V. λέπᾰς, τό, ἀγμός, ὁ, σπῖλάς, ἡ, Ar. and V. σκόπελος, ὁ. *Boulder*: P. and V. λῖθος, ὁ, V. χερμάς, ἡ, πέτρος, ὁ (rare P.).

Craggy, adj. P. and V. πετρώδης, P. κρημνώδης, V. ὑψηλόκρημνος, λεπαῖος; see *rocky, precipitous.*

Cram, v. trans. *Push*: P. and V. ὠθεῖν. *Fill*: P. and V. ἐμπιπλᾰναι, πληροῦν, V. μεστοῦν; see *fill.*

Crammed, adj. See *full.*

Cramp, subs. Use Ar. and P. τέτᾰνος, ὁ.

Cramp, v. trans. *Confine*: P. and V. εἴργειν, κᾰτείργειν. *Hinder, shackle*: P. and V. ἐμποδίζειν. *Restrain*: P. and V. κᾰτέχειν, ἐπέχειν. *They are sorely warped and cramped by having recourse to falsehood and mutual injuries*: P. ἐπὶ τὸ ψεῦδος τε καὶ τὸ ἀλλήλους ἀνταδικεῖν τρεπόμενοι πολλὰ κάμπτονται καὶ συγκλῶνται (Plat., *Theaet.* 173A).

Crane, subs. *Bird*: P. and V. γέρᾰνος, ὁ (Plat., Soph. *Frag.*, Ar.).

Crane forward, v. trans. V. προβάλλειν. V. intrans. Ar. προκύπτειν, P. προνεύειν. *Craning his head from the horsed chariot*: V. κάρα προβάλλων ἱππικῶν ὀχημάτων (Soph., *El.* 740).

Cranny, subs. Ar. and V. μῠχός, ὁ (rare P.). *Hiding-place*: V. κευθμών, ὁ. *Hole*: Ar. and P. τρῆμα, τό.

Crash, subs. P. and V. ψόφος, ὁ, κτῦπος, ὁ (rare P.), V. ἄραγμός, ὁ, ἀράγμᾰτα, τά, βρόμος, ὁ, δοῦπος, ὁ (also Xen. but rare P.), Ar. and V. πᾰτᾰγος, ὁ. Met., *overthrow*: P. and V. διαφθορά, ἡ, ἀνάστᾰσις, ἡ, P. ἀνατροπή, ἡ, V. ἀναστροφή, ἡ.

Crash, v. intrans. P. and V. ψοφεῖν, Ar. and P. πᾰτᾰγεῖν (Plat. but rare P.), Ar. and V. κτῠπεῖν (also Plat. but rare P.), κλάζειν, βρέμειν (Ar. in mid.). *Crash together*: P. and V. συμπίπτειν.

Crate, subs. Ar. and P. ταρσός, ὁ.

Crave, v. trans. *Ask for*: P. and V. αἰτεῖν (or mid.) (acc.), ἀπαιτεῖν (acc.), V. ἐξαιτεῖν (or mid.) (acc.). *Crave as a favour*: P. and V. πᾰραιτεῖσθαι (acc.), προσαιτεῖν (acc.), V. ἐπαιτεῖν (acc.). *Crave a thing of a person*: P. and V. δεῖσθαι (τινός τι); see *ask. Desire*: P. and V. ἐπῖθῡμεῖν (gen.), ἐφίεσθαι (gen.), ὀρέγεσθαι (gen.), V. χρῄζειν (gen.), χᾰτίζειν (gen.); see *desire. Yearn for*: P. and V. ποθεῖν (acc.), Ar. and V. ἱμείρειν (gen.), V. ἱμείρεσθαι (gen.). *Crave for food, be hungry*: P. and V. πεινῆν (Soph. and Eur., *Frag.*).

Craven, subs. and adj. See *coward, cowardly.*

Craving, subs. *Desire*: P. and V. ἐπῖθῡμία, ἡ. *Craving for*: P. and V. ἐπῖθῡμία, ἡ (gen.), ἔρως, ὁ (gen.) (rare P.), πόθος, ὁ (gen.) (rare P.). *Craving for food, hunger*: P. πεῖνα, ἡ.

Crawl, v. intrans. Ar. and V. ἕρπειν. *Crawl like a snake*: P. ἰλυσπᾶσθαι. *Run on all fours*: V. τρέχειν χερσί. *Crawl out*: Ar. and V. ἐξέρπειν. *Crawling things,* subs.: P. and V. ἕρπετα, τά (Xen., also Ar.).

Craze, v. trans. P. and V. ἐκπλήσσειν, ἐξιστᾰναι, Ar. and V. ἐκμαίνειν; see *madden.*

Craze, subs. See *madness.*

Crazed, adj. See *crazy.*

Craziness, subs. P. and V. μᾰνία, ἡ, ἀφροσῠνη, ἡ, Ar. and P. πᾰρᾰνοια, ἡ; see *madness.*

Crazy, adj. P. and V. ἄφρων, ἀπόπληκτος, μᾰνιώδης, Ar. and P. ἐμβρόντητος, V. ἐπιβρόντητος; see *mad.*

Creak, v. intrans. P. and V. ψοφεῖν.

Creak, subs. P. and V. ψόφος, ὁ.

Cream, subs. P. τὸ ἐφιστάμενον (Hdt. 4, 2). Met., *the best part*: P. and V. ἄνθος, τό, V. λώτισμα, τό. *Skim the cream of,* v.: met.,

V. λωτίζεσθαι (acc.), ἀκροθινιάζεσθαι (acc.), ἀπολωτίζειν (acc.).

Crease, v. trans. *Fold* : V. συμπτύσσειν.

Crease, subs. *Fold of a dress* : V. στολίδες, αἱ.

Create, v. trans. *Bring into existence*: P. and V. γεννᾶν, ποιεῖν, τίκτειν (Plat.), φῠτεύειν, V. τεύχειν, Ar. and P. ἀπεργάζεσθαι; see also *contrive, produce, engender*. *Help to create* : P. συναπεργάζεσθαι (acc.). *Found* : P. and V. κτίζειν. *Set up, establish* : P. and V. κᾰθιστάναι, ἱστάναι. *Elect*: Ar. and P. χειροτονεῖν, P. and V. αἱρεῖσθαι.

Creation, subs. *Making* : P. δημιουργία, ἡ. *Appointment* : P. and V. κᾰτάστᾰσις, ἡ. *Founding* : P. κτίσις, ἡ. *Election* : P. αἵρεσις, ἡ, χειροτονία, ἡ. *The created world* : P. κόσμος, ὁ, γένεσις, ἡ. *The creations (of painting)* : P. τὰ (τῆς ζωγραφίας) ἔκγονα (Plat., *Phaedr.* 275D).

Creative, adj. *The glow of creative fire he stole and gave to mortals* : V. παντέχνου πυρὸς σέλας θνητοῖσι κλέψας ὤπασεν (Æsch., *P. V.* 7).

Creator, subs. P. and V. δημιουργός, ὁ, P. ποιητής, ὁ. *The creator of the world* : P. δημιουργός, ὁ.

Creature, subs. *Living thing* : P. and V. ζῷον, τό. *Wild beast* : P. and V. θήρ, ὁ, Ar. and P. θηρίον, τό, Ar. and V. κνώδᾰλον, τό, V. δάκος, τό. Used contemptuously or pityingly: P. and V. φῠτόν, τό (Plat.). *O shameless creature !* V. ὦ θρέμμ' ἀναιδές. *O base creature !* P. ὦ κακὴ κεφαλή. *Creatures of clay* : Ar. πλάσματα πηλοῦ (*Ar.* 686). *Good heavens ! where do these creatures come from ?* Ar. ὦ Ἡρακλεῖς, ταυτὶ ποδαπὰ τὰ θηρία; (*Nub.* 184). *Tool, hireling* : Ar. and P. μισθωτός, ὁ, μισθοφόρος, ὁ. *Slave* : P. and V. δοῦλος, ὁ.

Credence, subs. P. and V. πίστῐς, ἡ.

Credentials, subs. P. and V. πίστῐς, ἡ, τὸ πιστόν, or pl.

Credibility, subs. P. and V. πίστῐς, ἡ.

Credible, adj. P. and V. πιστός.

Credit, v. trans. P. and V. πιστεύειν (dat.), πείθεσθαι (dat.).

Credit, subs. *Belief, trust* : P. and V. πίστῐς, ἡ. *Reputation* : P. and V. δόξα, ἡ, εὐδοξία, ἡ, δόκησις, ἡ. *Have the credit (for a thing)* : P. and V. δόξαν ἔχειν (gen.). *Praise* : P. and V. ἔπαινος, ὁ, V. αἶνος, ὁ, ἐπαίνεσις, ἡ. *Deferring of payment on trust* : P. πιστίς, ἡ.

Creditable, adj. *Praiseworthy* : P. ἐπαινετός. *Good* : P. and V. σπουδαῖος, κᾰλός, χρηστός. *Befitting* : P. and V. εὐπρεπής. *Glorious* : P. and V. εὔδοξος.

Creditably, adv. *Well* : P. and V. εὖ, κᾰλῶς. *Befittingly* : P. and V. εὐπρεπῶς. *Gloriously* : P. εὐδόξως.

Creditor, subs. Ar. and P. χρήστης, ὁ, P. δανειστής, ὁ.

Credulity, subs. *Simplicity* : P. εὐήθεια, ἡ, V. εὐηθία, ἡ.

Credulous, adj. *Simple* : P. and V. ἁπλοῦς. *Easy to deceive* : P. εὐεξαπάτητος, εὐαπάτητος; see *guileless*.

Credulously, adv. Ar. εὐπίστως. *Guilelessly* : P. and V. ἁπλῶς; see *guilelessly*.

Creed, subs. *Belief* : P. and V. πίστῐς, ἡ.

Creek, subs. P. and V. κόλπος, ὁ, Ar. and V. μῠχός, ὁ (rare P.), V. πτῠχαί, αἱ.

Creep, v. intrans. P. and V. ἕρπειν. *Go slowly* : Ar. and P. βᾰδίζειν (rare V.). *Creep away* : V. ἀφέρπειν. *Creep in* (met., of abuses, etc.) : P. and V. ὑπορρεῖν (Eur., *Frag.*). *Creep into* : Ar. and P. εἰσδῠεσθαι (εἰς, acc.); see *slip into*. *Creep on* : Ar. and V. προσέρπειν. *Creep out* : Ar. and V. ἐξέρπειν. *Creep over* (met., of a feeling): V. ὑπέρχεσθαι (acc.), ὑφέρπειν (acc.), P. and V. εἰσέρχεσθαι (acc.). *Creep past* : Ar. πᾰρέρπειν (absol.). *Creep under* : Ar. and P. ὑποδῠεσθαι ὑπό (acc.). *Creep up* : Ar. and V. ἀνέρπειν. *Creep up to* : Ar. ἐφέρπειν ἐπί (acc.). *Quiver* : P. and V.

τρέμειν. *Creeping thing*, subs.: P. and V. ἑρπετόν, τό (Xen., also Ar.).

Crescent, adj. *Crescent-shaped*: P. μηνοειδής.

Cresset, subs. Use *lamp*.

Crest, subs. *Device*: Ar. and V. σημεῖον, τό, V. σῆμα, τό, ἐπίσημα, τό. *Of a bird*: Ar. λόφος, ὁ. *On a helmet*: P. and V. λόφος, ὁ (Xen., also Ar.). *Of a hill*: P. and V. λόφος, ὁ, κορυφή, ἡ; see *top*.

Crested, adj. Of a helmet: V. εὔλοφος.

Crevice, subs. *Hole*: Ar. and P. τρῆμα, τό. *Chasm*: P. and V. χάσμα, τό.

Crew, subs. *Sailors*: P. and V. οἱ ναῦται, V. ναυτικὸς λεώς, ὁ. *Those on board*: P. οἱ ἐμπλέοντες. As distinct from *officers*: P. ὑπηρεσία, ἡ. *Staff generally*: P. πλήρωμα, τό (Dem. 1211). *Crew of a trireme*: P. οἱ τριηρῖται. *They took one (ship), crew and all*: P. μίαν (ναῦν) αὐτοῖς ἀνδράσιν εἷλον (Thuc. 2, 90). Contemptuously: P. and V. ὄχλος, ὁ, γένος, τό, V. σπέρμα, τό (Eur., *Hec.* 254).

Crib, subs. Use *bed*. *Stall for horses*: P. and V. φάτνη, ἡ; see *stall*.

Crib, v. trans. See *confine*.

Crier, subs. P. and V. κῆρυξ, ὁ.

Crime, subs. P. and V. ἀδικία, ἡ, ἀδίκημα, τό (Eur., *Ion*, 325), P κακουργία, ἡ. *Sin*: P. and V. ἁμαρτία, ἡ, V. ἐξαμαρτία, ἡ, ἀμπλάκημα, τό. *Guilt*: P. and V. αἰτία, ἡ.

Criminal, subs. Use adj., P. and V. κακοῦργος, V. λεωργός, or P. and V. part. ὁ ἀδικῶν.

Criminal, adj. P. and V. ἄδικος, κακός, ἀνόσιος, κακοῦργος, παράνομος (Eur., *Med.* 1121). *Criminal prosecution*, subs.: Ar. and P. γραφή, ἡ.

Criminality, subs. *Guilt*: P. and V. αἰτία, ἡ.

Criminally, adv. P. παρανόμως, P. and V. κακῶς, ἀδίκως, V. ἀνοσίως. *Prosecute criminally*, v.: Ar. and P. γράφεσθαι (acc.).

Criminate, v. trans. See *accuse*.

Crimson, adj. P. and V. ἁλουργής (Plat.), P. φοινικοῦς (Xen.), V. πορφυροῦς, φοινικόβαπτος; see also *red*.

Crimson, subs. *Colour*: P. and V. πορφύρα, ἡ.

Cringe, v. intrans. P. and V. θωπεύειν, Ar. and P. κολακεύειν; see *flatter*. *Cringe to*: P. and V. θωπεύειν (acc.), ὑποτρέχειν (acc.), ὑπέρχεσθαι (acc.), V. σαίνειν (acc.), προσσαίνειν (acc.), θώπτειν (acc.), Ar. and P. ὑποπίπτειν (acc. or dat.), Ar. and V. αἰκάλλειν (acc.).

Cringer, subs. *Flatterer*: Ar. and P κόλαξ, ὁ.

Cringing, adj. Ar. and P. ἀνελεύθερος, P. and V. ταπεινός.

Cringing, subs. P. and V. θωπεία, ἡ, θωπεύματα, τά (Plat., also Ar.).

Cringingly, adv. P. ἀνελευθέρως (Xen.).

Cripple, subs. Use adj., P. and V. χωλός, P. ἀνάπηρος.

Cripple, v. trans. Ar. and P. πηροῦν. Met., *impair, disable*: P. and V. βλάπτειν, κακοῦν. *Be crippled*: P. πηροῦσθαι, ἀναπηροῦσθαι, ἀποχωλοῦσθαι, χωλαίνειν, χωλεύεσθαι.

Crippled, adj. P. and V. χωλός, P. ἀνάπηρος, V. ἀκράτωρ.

Crisis, subs. P. and V. καιρός, ὁ. *Critical moment*: P. and V. ἀκμή, ἡ, ἀγών, ὁ. *To have reached a crisis*: P. εἰς ἀνάγκην ἀφῖχθαι, ἐπ' ἀκμὴν ἥκειν. *Is it not now the crisis?* V. οὐ γὰρ νῦν ἀκμή; (Eur., *El.* 275). *In the crisis of fate*: V. ἐν χρείᾳ τύχης (Æsch., *Theb.* 506). *The trouble is at its beginning, and not yet at the crisis*: V. ἐν ἀρχῇ πῆμα, κοὐδέπω μεσοῖ (Eur., *Med.* 60). *Be at a crisis*: V. ἐν ῥοπῇ κεῖσθαι (Soph., *Trach.* 82), P. ἐπὶ ῥοπῆς μιᾶς εἶναι (Thuc. 5, 103). *At so dread a crisis do ye stand*: V. ὧδ' ἔβητ' ἐπὶ ξυροῦ (Eur., *H. F.* 630).

Crisp, adj. *Brittle*: P. κραῦρος (Plat.). *Cold*: P. and V. ψυχρός.

Criterion, subs. P. and V. κανών, ὁ, P. κριτήριον, τό (Plat.).

Critic, subs. P. use adj. κριτικός. *One who blames*: P. and V. ἐπῐτῑμητής, ὁ (Plat.).
Critical, adj. *Precarious*: P. ἐπικίνδυνος, ἐπισφαλής. *Critical point*: P. and V. ἀκμή, ἡ; see *crisis*. *Censorious*: P. and V. φῐλαίτιος, φῐλόψογος. *Exact*: P. and V. ἀκρῑβής.
Critically, adv. *Precariously*: P. and V. ἐπῐκινδῡνως. *Exactly*: P. and V. ἀκρῑβῶς.
Criticise, v. trans. *Examine*: P. and V. ἐξετάζειν. *Judge*: P. and V. κρῑ́νειν. *Blame*: P. and V. μέμφεσθαι (acc. or dat.), ψέγειν, P. ἐπιτιμᾶν (dat.); see *blame*.
Criticism, subs. *Examination*: P. ἐξέτασις, ἡ; see *examination*. *Blame*: P. and V. μέμψῐς, ἡ, ψόγος, ὁ, P. ἐπιτίμησις, ἡ.
Croak, v. intrans. Ar. κεκρᾱγέναι (perf. of κράζειν), κρώζειν, or use P. and V. φθέγγεσθαι.
Croak, subs. Use P. and V. φθόγγος, ὁ, φθέγμᾰ, τό, V. φθογγή, ἡ. *Sound of croaking*: Ar. βρεκεκέκεξ; see *Ran.* 209.
Crockery, subs. Ar. κέρᾰμος, ὁ.
Crocodile, subs. P. κροκόδειλος, ὁ (Hdt.).
Crocus, subs. Ar. κρόκος, ὁ.
Crofter, subs. P. and V. αὐτουργός, ὁ; see *peasant*.
Crook, subs. *Stick*: Ar. and P. βακτηρία, ἡ, V. βάκτρον, τό, σκῆπτρον, τό. *Curve, bend*: V. ἀγκών, ὁ, P. καμπτήρ, ὁ (Xen.). *By hook or by crook*: P. παντὶ τρόπῳ. *Strive to avoid death by hook or by crook*: P. μηχανᾶσθαι ὅπως ἀποφεύξεται πᾶν ποιῶν θάνατον (Plat., *Ap.* 39A).
Crooked, adj. P. σκολιός (Plat.). *Bent*: P. and V. καμπῠ́λος (Plat.), V. κάμπῐμος, στρεπτός. *Arched*: V. κυρτός. *Deceitful*: P. and V. ποικῐ́λος, P. σκολιός (Plat.), V. ἑλικτός, πλᾰ́γιος. *Distorted*: V. διάστροφος. *Hard to understand*: P. and V. ἀσᾰφής, V. ἀσῠ́νετος, ἄσημος, ἀξύμβλητος. *Having crooked thoughts, never honest but tortuous every way*: V. ἑλικτὰ κοὐδὲν ὑγιὲς ἀλλὰ πᾶν πέριξ φρονοῦντες (Eur., *And.* 448). *With crooked talons*, adj.: V. γαμψῶνυξ.
Crookedly, adv. P. εἰς σκολιά (Plat.), εἰς πλάγια (Plat.). Met., V. πέριξ. *Act crookedly*: P. πράσσειν σκολιά (Plat.).
Crop, subs. *Fruit of the soil*: P. and V. καρπός, ὁ, Ar. and V. ἄροτος, ὁ, στᾰ́χῠς, ὁ, V. γῆς βλαστήμᾰτα, τά, γῆς φῠτά τά, P. τὰ ἐκ τῆς γῆς φυόμενα (Plat.), τὰ ὡραῖα. *He who provides the seed is responsible for the crop*: P. ὁ τὸ σπέρμα παρασχὼν οὗτος τῶν φύντων αἴτιος (Dem. 280.). *Harvest*: P. and V. θέρος, τό. *Crop of birds*: Ar. πρηγορών, ὁ. Met., *crop of traitors*: P. φορὰ προδοτῶν, ἡ (Dem. 245). *Crop (of troubles)*: use V. κλῠ́δων, ὁ, P. and V. τρῐκῡμία, ἡ (Plat.), πέλᾰγος, τό (Plat.).
Crop, v. trans. *Browse*: P. and V. νέμεσθαι (Plat., also Ar.). *Crop (hair)*: P. and V. κείρεσθαι, Ar. and P. ἀποκείρεσθαι; see *clip*. *With mane close-cropped in dishonour*: V. κουραῖς ἀτίμως διατετιλμένης φόβης (Soph., *Frag.*). *Crop up*: P. and V. φαίνεσθαι, Ar. and P. ἀνᾰφαίνεσθαι.
Cross, subs. *Upright stake*: P. σταυρός, ὁ. *Stake for impaling*: V. σκόλοψ, ὁ. *A cross between a man and beast*: use V. adj., μιξόθηρ.
Cross, adj. *Transverse*: P. πλάγιος, V. λοξός (Eur., *Frag.*). *Oblique*: P. ἐγκάρσιος. *Peevish*: P. and V. δύσκολος, δυσχερής, δυσᾰ́ρεστος. Of looks: P. and V. σκυθρωπός, V. στυγνός. *Opposing*: P. and V. ἐναντίος. *Cross-wall*, subs.: P. παρατείχισμα, τό, ὑποτείχισμα, τό. *Build a cross-wall*: P. ἐγκάρσιον τεῖχος ἄγειν (Thuc. 6, 99). *Be at cross purposes*: use P. and V. οὐ ταὐτὰ φρονεῖν.
Cross, v. trans. *Baulk*: P. and V. σφάλλειν. *Be crossed in, be baulked of*: P. and V. ψεύδεσθαι (gen.), σφάλλεσθαι (gen.), ἀποσφάλλεσθαι (gen.), ἁμαρτάνειν (gen.). *Oppose*:

P. and V. ἐναντιοῦσθαι (dat.), ἀνθίστασθαι (dat.), ἀντῐτείνειν (dat.). *Hinder, prevent* : P. and V. ἐμποδίζειν. *Pass, go over* : P. and V. ὑπερβαίνειν, διᾰβάλλειν, διᾰπερᾶν, ὑπερβάλλειν, Ar. and P. διᾰβαίνειν, περαιοῦσθαι. P. διαπεραιοῦσθαι (absol.), διαπορεύεσθαι, Ar. and V. περᾶν, V. ἐκπερᾶν. *Make to cross* : P. περαιοῦν, διαβιβάζειν. *Sail across* : Ar. and P. διαπλεῖν (absol.). *Cross into* : V. διεκπερᾶν εἰς (acc.). *Cross off, put one's pen through* : Ar. and P. διαγρᾰ́φειν. *Cross with others* : P. συνδιαβαίνειν (absol.). *Easy to cross*, adj. : P. and V. εὔπορος.

Cross-examination, subs. P. and V. ἔλεγχος, ὁ.

Cross-examine, v. trans. P. and V. ἐλέγχειν, ἐξελέγχειν, P. διερωτᾶν.

Crossing, subs. P. διάβασις, ἡ, Ar. and P. δίοδος, ἡ. *Sailing across* : P. διάπλους, ὁ.

Crossly, adv. P. δυσκόλως.

Crossness, subs. Ar. and P. δυσκολία, ἡ.

Cross-question, v. trans. P. διερωτᾶν; see *cross-examine*.

Crosswise, adv. P. φορμηδόν.

Crouch, v. intrans. P. and V. κᾰταπτήσσειν, Ar. and V. πτήσσειν (Plat. also but rare P.), V. πτώσσειν, συστᾰλῆναι (2nd aor. pass., συστέλλειν), ὑποπτήσσειν; see *cower*. *They crouched beneath their rounded shields* : V. ὑφίζανον κύκλοις (Eur., *Phoen.* 1382).

Crow, subs. Ar. κόραξ, ὁ, κορώνη, ἡ. *Sound made by a cock* : use P. and V. φθόγγος, ὁ, φθέγμᾰ, τό, V. φθογγή, ἡ.

Crow, v. intrans. Ar. and P. ᾄδειν, Ar. φθέγγεσθαι (*Eccles.* 391). *Crow over* : P. and V. ἐπεγγελᾶν (dat.); see *mock*.

Crow-bar, subs. P. and V. μοχλός, ὁ. *Prise open with a crow-bar* : V. μοχλεύειν (acc.), ἀνᾰμοχλεύειν (acc.), Ar. ἐκμοχλεύειν (acc.).

Crowd, subs. P. and V. ὄχλος, ὁ, σύνοδος, ἡ, σύλλογος, ὁ, ὅμῑλος, ὁ, V. ὁμήγῠρις, ἡ, ὁμῑλία, ἡ; see *troop, band*. *The crowd*, contemptuously : P. and V. ὄχλος, ὁ, πλῆθος, τό, οἱ πολλοί. *Press, mass* : P. and V. στῖφος, τό. Of things : P. and V. πλῆθος, τό, ὄχλος, ὁ.

Crowd, v. trans. *Throng* : P. and V. πληροῦν. *Be crowded* (of a place) : P. and V. πληροῦσθαι. *Be crowded with* : P. and V. γέμειν (gen.), V. πλήθειν (gen.), πληθύειν (gen.) (Plat. also but rare P.). V. intrans. *Crowd together* : P. and V. σῠνέρχεσθαι, ἀθροίζεσθαι, σῠναθροίζεσθαι. *Crowded together* : Ar. συμβεβυσμένος. *Crowd round* : P. περιρρεῖν (acc.).

Crowded, adj. P. and V. πλήρης; see *full*. *In a body* : P. and V. ἁθρόος.

Crowding, adj. P. and V. ἁθρόος, πυκνός.

Crown, subs. *Skull* : P. and V. κρᾰ́νιον, τό (Eur., *Cycl.* 647). *Crown of the head* : V. κορῠφή, ἡ (also Xen. but rare P.). *Garland, etc.* : P. and V. στέφᾰνος, ὁ, στέμμα, τό (Plat. but rare P.), Ar. στεφᾰ́νη, ἡ, V. στέφος, τό; see also *wreath*. *Diadem of eastern kings* : P. διάδημα, τό (Xen.). *Tiara* : P. and V. τιᾰ́ρᾱ, ἡ (Plat. and Soph., *Frag.*). Met., *power, rule* : P. and V. κρᾰ́τος, τό, ἀρχή, ἡ, V. use also σκῆπτρα, τά, θρόνοι, οἱ. *Reward of victory* : P. and V. στέφᾰνος, ὁ. *Contest where a crown is the prize* : P. ἀγὼν στεφανίτης, ὁ. Met., *finishing touch* : P. κεφαλαῖον, τό, κολοφών, ὁ, P. and V. θριγκός, ὁ (Plat.) (lit., *coping-stone*).

Crown, v. trans. P. and V. στεφᾰνοῦν, στέφειν (Plat. but rare P.), V. ἐκστέφειν, ἀναστέφειν, κᾰταστέφειν, ἐρέφειν, στεμμᾰτοῦν, πῠκάζειν, ἐξᾰναστέφειν. *Crown (as victor)* : Ar. and P. ἀνᾰδεῖν, ταινιοῦν. Met., *put the finishing touch to* : P. κεφαλαῖον ἐπιτιθέναι ἐπί (dat.), κολοφῶνα ἐπιτιθέναι (dat.), τέλος ἐπιτιθέναι (dat.), V. θριγκοῦν (acc.). *Crown with success* : P. and V. ὀρθοῦν (acc.), κᾰτορθοῦν (acc.).

Crowned, adj. V. περιστεφής, πολυστεφής, κἄταστεφής.

Crowning, adj. *Final, ultimate:* P. and V. τελευταῖος. *The crowning act:* P. τὸ κεφαλαῖον. *When I see the crowning insolence of all:* V. ὅταν . . . ἴδω . . . τούτων τὴν τελευταῖαν ὕβριν (Soph., *El.* 271).

Crucial, adj. *Sure, certain:* P. and V. πιστός. *Exact, searching:* P. and V. ἀκρῑβής. *Critical:* P. ἐπικίνδυνος. *Important:* P. ἀξιόλογος.

Crucify, v. trans. P. ἀνασταυροῦν (lit., *impale*). *Be crucified:* P. προσηλοῦσθαι.

Crude, adj. *Raw, unripe:* Ar. ὠμός. *Imperfect:* P. and V. ἀτελής. *Evolve crude schemes*, v.: P. αὐτοσχεδιάζειν (absol.).

Cruel, adj. Of persons: P. and V. ὠμός, ἄγριος, ἀγνώμων, δεινός, πικρός, σκληρός, σχέτλιος, τρᾶχύς, Ar. and P. χᾶλεπός, V. ὠμόφρων, δῠσάλγητος. *Merciless:* P. ἀπαραίτητος, V. νηλής, δυσπᾶραίτητος, Ar. and V. ἄτεγκτος. Of things: P. and V. δεινός, ὠμός, πικρός, σκληρός, σχέτλιος, Ar. and P. χᾶλεπός.

Cruelly, adv. P. and V. πικρῶς, P. ὠμῶς, σκληρῶς, σχετλίως, Ar. and P. χᾶλεπῶς. *Mercilessly:* V. νηλεῶς, ἀνοίκτως, ἀναλγήτως, P. ἀνηλεῶς.

Cruelty, subs. P. and V. ὠμότης, ἡ, πικρότης, ἡ, P. χαλεπότης, ἡ, ἀγριότης, ἡ, ἀγνωμοσύνη, ἡ, σκληρότης, ἡ, V. τρᾶχύτης, ἡ.

Cruet, subs. Ar. ὀξίς, ἡ.

Cruise, v. intrans. P. and V. πλεῖν.

Cruise, subs. P. and V. πλοῦς, ὁ.

Crumb, subs. P. ψωμός, ὁ (Xen.). *Give a crumb of comfort:* P. μικρὰν ὑποφαίνειν ἐλπίδα ἡντινοῦν (Dem. 379).

Crumble, v. trans. P. and V. τρῑ́βειν. V. intrans. P. διαχεῖσθαι, Ar. and P. διᾶπίπτειν, P. and V. διαρρεῖν, ἀπορρεῖν.

Crumbling, adj. P. and V. ὑγρός. *Rotten:* P. and V. σαθρός.

Crunch, v. trans. Ar. and P. τρώγειν, Ar. κᾰτατρώγειν, Ar. and V. βρῡ́κειν (Eur., *Cycl.*).

Crusade, subs. Use *war. Sacred war:* Ar. ἱερὸς πόλεμος, ὁ.

Cruse, subs. Ar. and P. ληκῠ́θιον, τό, λήκῠθος, ἡ.

Crush, v. trans. *Break in pieces:* συντρῑ́βειν (Eur., *Cycl.*), Ar. and V. θραύειν (Plat. but rare P.), V. συνθραύειν, σῠνᾰράσσειν, ἐρείκειν. *Squeeze:* Ar. and P. πιέζειν, θλῑ́βειν, P. συμπιέζειν. Met., *weigh down:* P. and V. πιέζειν. *Be crushed:* P. and V. πιέζεσθαι, βᾰρῡ́νεσθαι. *Subdue:* P. and V. χειροῦσθαι, κᾰταστρέφεσθαι, κᾰτεργάζεσθαι. *Put an end to, check:* P. and V. παύειν, κᾰτέχειν, Ar. and P. κᾰτᾰπαύειν. *Crush by war:* P. καταπολεμεῖν (acc.). *Crushed beneath the roots of Etna:* V. ἰπούμενος ῥίζαισιν Αἰτναίαις ὕπο (Æsch., *P. V.* 365). *Ere ye be crushed by blows, why tarry ye to rise and dash together at the gates?* V. πρὶν κατεξάνθαι βολαῖς τί μέλλετ' ἄρδην πάντες ἐμπίπτειν πύλαις (Eur., *Phoen.* 1145). *Easy to crush:* P. εὔληπτος, εὐκαθαίρετος.

Crush, subs. *Crowd:* P. and V. ὄχλος, ὁ; see *crowd*.

Crushing, adj. *Bitter:* P. and V. πικρός. *Oppressive:* P. and V. βᾰρύς. *Win a crushing victory:* P. and V. πολὺ νῑκᾶν.

Crust, subs. *Of bread:* use *bread*. *A thin crust of ice had formed in it (the trench):* P. κρύσταλλος ἐπεπήγει οὐ βέβαιος ἐν αὐτῇ (Thuc. 3, 23).

Crutch, subs. Ar. and P. βακτηρία, ἡ, V. βάκτρον, τό; see *stick*.

Cry, v. intrans. *Shed tears:* P. and V. δακρῡ́ειν, κλάειν, V. ἐκδακρῡ́ειν, δακρυρροεῖν; see *lament, cry*. *Call aloud:* P. and V. βοᾶν, ἀνᾰβοᾶν, κεκρᾱγέναι (perf. κραζειν) (also Ar., rare P.), φθέγγεσθαι, ὀλολύζειν (also Ar., rare P.), Ar. and P. ἀνακρᾰγεῖν (2nd aor. ἀνακραζειν), Ar. and V. θροεῖν, λάσκειν, ἀῡτεῖν, V. αὔειν, ἰύζειν, ἀνολολύζειν, φωνεῖν, θωΰσσειν, ἐξορθιάζειν, ὀρθιάζειν, κλάζειν; see *shout*. Of animals: P. and V. φθέγγεσθαι, V. κλάζειν. *Truth and the facts* *themselves cry aloud* : P. ἡ ἀλήθεια καὶ τὰ πεπραγμένα αὐτὰ βοᾷ (Dem. 366). *Cry down* : Ar. κᾰτᾰβοᾶν ; met., see *decry*. *Be shouted down* : P. καταθορυβεῖσθαι (Plat.). *Cry for* : see *demand*. *Cry out* : see *cry*. *Cry out against* : P. καταβοᾶν (gen.). *Cry up* : see *praise*.

Cry, subs. *Shout* : P. and V. βοή, ἡ, κραυγή, ἡ, ὀλολῡγή, ἡ (also Ar., rare P.), V. ὀλολυγμός, ὁ, ἀϋτή, ἡ, Ar. and V. βόῑμα, τό ; see also *lamentation*. *Shouting, din* : P. and V. θόρῠβος, ὁ, V. κέλᾰδος, ὁ. *Voice* : P. and V. φωνή, ἡ, φθέγμᾰ, τό (Plat. but rare P.) ; see *voice*. *Cry of triumph* : P. and V. παιάν, ὁ, V. ὀλολυγμός, ὁ. *Prophetic cry* : V. κληδών, ἡ, Ar. and V. φᾰ́τῐς, ἡ, P. and V. φήμη, ἡ. *Cry of animals* : P. and V. φθέγμᾰ, τό (Plat.), φθόγγος, ὁ (Plat.), V. βοή, ἡ, φθογγή, ἡ.

Crying, adj. *Crying injustice, etc.* : P. and V. ἐμφᾰνής, περῐφᾰνής.

Crypt, subs. See *vault*.

Crystal, subs. Use Ar. and P. ὕᾰλος, ἡ.

Crystal, adj. Ar. ὑᾰ́λῐνος. *Transparent* : Ar. and P. διᾰφᾰνής ; see also *clear*.

Crystallise, v. intrans. *Freeze* : P. and V. πήγνυσθαι.

Cub, subs. P. and V. σκύλαξ, ὁ or ἡ, Ar. and V. σκύμνος, ὁ or ἡ.

Cube, subs. P. κύβος, ὁ (used also in Ar. and V. for a *die*).

Cubical, adj. P. κυβικός.

Cubit, subs. P. and V. πῆχυς, ὁ (Eur., *Cycl.*). *A cubit long* : P. πηχυαῖος. *Two cubits long* : P. δίπηχυς. *Three cubits long* : P. and V. τρίπηχυς (Xen. and Eur., *Cycl.*).

Cuckoo, subs. Ar. κόκκυξ, ὁ. *The sound of the cuckoo* : Ar. κόκκῡ. *Cry cuckoo*, v. intrans. : Ar. κοκκύζειν.

Cucumber, subs. Ar. σῐ́κυος, ὁ.

Cud, subs. *Chew the cud*, v. : P. μηρυκάζειν (Arist.).

Cudgel, subs. Ar. and P. ῥάβδος, ἡ ; see *stick*.

Cudgel, v. trans. Ar. ῥαβδίζειν ; see *beat*. *Cudgel one's brains* : use *ponder*.

Cue, subs. *Watchword* : P. and V. σύνθημα, τό. *Give the cue to*, v. : P. and V. ὑποτῐθέναι (mid. more common in P.) (dat.) ; see *suggest*. *Take one's cue from* : use *imitate*.

Cuff, subs. Ar. and P. κόνδῠλος, ὁ. *Blow* : P. and V. πληγή, ἡ.

Cuff, v. trans. P. ἐπὶ κόρρης τύπτειν (acc.).

Cuirass, subs. P. and V. θώραξ, ὁ.

Culinary, adj. Ar. and P. μᾰγειρῐκός. *The culinary art* : P. ἡ μαγειρική.

Cull, v. trans. P. and V. δρέπειν (or mid.) (Plat.) ; see also *choose*.

Culminate, v. intrans. *End* : P. and V. τελευτᾶν, P. ἀποτελευτᾶν. *Issue, turn out* : P. and V. ἐξέρχεσθαι, ἐκβαίνειν, τελευτᾶν, P. ἀποβαίνειν, V. τελεῖν, ἐξήκειν, ἐκτελευτᾶν, Ar. and P. συμφέρεσθαι. *Culminate in* : P. and V. τελευτᾶν εἰς (acc.), P. ἀποτελευτᾶν εἰς (acc.).

Culminating, adj. P. and V. τελευταῖος.

Culmination, subs. *End* : P. and V. τέλος, τό, τελευτή, ἡ, πέρᾰς, τό, κᾰταστροφή, ἡ (Thuc.) ; see *end*. *Culminating point* : P. and V. θριγκός, ὁ (Plat.) (lit., *coping-stone*) ; see *height*.

Culpability, subs. P. and V. αἰτία, ἡ ; see *guilt*.

Culpable, adj. P. and V. μεμπτός, ἐπαίτιος, V. ἐπῐ́μομφος, P. ψεκτός (Plat.).

Culprit, subs. Use adj., P. and V. αἴτιος, αὐτόχειρ, or use P. and V. ὁ ἀδῐκῶν, ὁ δρᾱ́σας. *Perpetrator of a murder* : P. and V. αὐθέντης, ὁ, αὐτόχειρ, ὁ or ἡ ; see *murderer*.

Cultivate, v. trans. *Cultivate (land, etc.)* : P. and V. γεωργεῖν (Eur., *Rhes.* 176), P. ἐργάζεσθαι, ἐξεργάζεσθαι, V. γᾱπονεῖν (Eur., *Rhes.* 75). *Plough* : P. and V. ἀροῦν. *Reclaim* : P. and V. ἡμεροῦν, V. ἐξημεροῦν, ἀνημεροῦν (Soph., *Frag.*). *Civilise* : P. and V. παιδεύειν. *Practise* : P.

and V. ἀσκεῖν, ἐπῐτηδεύειν, Ar. and P. ἐπασκεῖν. *Help to cultivate:* P. συνασκεῖν (absol. or acc.). *Labour at:* P. and V. διᾰπονεῖν (acc.). *Foster:* P. and V. τρέφειν. *Cultivate the acquaintance of:* Ar. and P. θερᾰπεύειν (τινά). *Cultivate the arts:* P. φιλοκαλεῖν (absol.).

Cultivated, adj. Of land: P. ἐργάσιμος. Of plants, etc.: P. ἥμερος. Of the mind: P. and V. μουσῐκός, Ar. and P. φῐλόμουσος.

Cultivation, subs. *Of land:* P. γεωργία, ἡ, Ar. and P. ἐργᾰσία, ἡ. *Education:* P. and V. παιδεία, ἡ. *Practice:* P. ἄσκησις, ἡ, ἐπιτήδευσις, ἡ.

Cultivator, subs. *Of the soil:* P. and V. αὐτουργός, ὁ, ἐργάτης, ὁ, Ar. and P. γεωργός, ὁ, V. γήτης, ὁ, γάπονος, ὁ.

Culture, subs. See *cultivation. Mental culture:* Ar. and P. παιδεία, ἡ, παίδευσις, ἡ. *Love of art:* P. φιλοτεχνία, ἡ, τὸ φιλόκαλον.

Cultured, adj. P. and V. μουσῐκός, Ar. and P. φῐλόμουσος, P. φιλόκαλος, φιλότεχνος, πεπαιδευμένος.

Cumber, v. trans. *Hinder:* P. and V. ἐμποδίζειν. *Trouble, weigh down:* P. and V. πιέζειν. *Be cumbered:* also P. and V. βᾰρύνεσθαι.

Cumber, subs. See *cumbrance.*

Cumbersome, adj. P. and V. βᾰρύς, δυσχερής, χᾰλεπός, V. ἀχθεινός, ἐμβρῑθής; see *troublesome, burdensome. Heavy:* P. and V. βᾰρύς, ἐμβρῑθής (Plat.). *Unwieldy:* P. ὑπέρογκος; see *bulky.*

Cumbrance, subs. *Burden:* P. and V. ἄχθος, τό, Ar. and V. βάρος, τό, V. βρῖθος, τό, φόρημα, τό, Ar. and P. φορτίον, τό. Used of a person: P. and V. ἄχθος, τό, V. βάρος, τό, ἐφολκίς, ἡ. Met., of anything that gives trouble: Ar. and P. φορτίον, τό, V. ἄχθος, τό, βάρος, τό, φόρτος, ὁ; see *burden.*

Cumbrous, adj. See *cumbersome, heavy.*

Cumbrously, adv. *Heavily:* Ar. and P. βᾰρέως.

Cunning, adj. P. and V. ποικίλος (Plat.), πᾰνοῦργος, ἐπίτριπτος, πυκνός (Plat.), διπλοῦς (Plat.), Ar. and V. δόλιος, αἱμύλος (once in Plat.), V. πᾰλιντρῐβής, μηχᾰνορρᾰφος. Fem. adj., V. δολῶπις; see also *skilful.* Of workmanship: P. and V. ποικίλος, V. δαίδᾰλος. εὔχειρ.

Cunning, subs. P. and V. δόλος, ὁ (rare P.), ἀπάτη, ἡ, σόφισμα, τό, μηχάνημα, τό, V. τέχνη, ἡ, τέχνημα, τό; see *trick. Craftiness:* Ar. πυκνότης, ἡ, P. and V. πᾰνουργία, ἡ; see also *skill.*

Cunningly, adv. P. πανούργως, Ar. and V. δόλῳ, V. ἐν δόλῳ, σὺν δόλῳ. *Skilfully:* P. and V. σοφῶς, P. τεχνικῶς, V. οὐκ ἀφρασμόνως.

Cup, subs. P and V. κύλιξ, ἡ (Plat. and Eur., *Cycl.* 164), ἔκπωμα. τό, φιᾰλή, ἡ, κύᾰθος, ὁ (Xen. and Eur., *Frag.*), Ar. ποτήριον, τό, τρύβλιον, τό, V. ποτήρ, ὁ, σκῠφος, ὁ or τό (Eur., *Cycl.* 256), σκῠφώμᾰτα, τά (Æsch., *Frag.*), καρχήσιον, τό (Soph., *Frag.*), τεῦχος, τό, δέπας, τό (Eur., *Hec.* 527). *Small cup:* P. κυμβίον, τό. *Gold cup:* Ar. χρυσίς, ἡ. Met., *of a flower:* Ar. and V. κάλυξ, ἡ. *The hollow part of anything:* use P. and V. τὸ κοῖλον. *The conduct of this monster in his cups is horrible:* P. ἡ παροινία τοῦ καθάρματος τουτουῒ δεινή (Dem. 403). *He taunts me in his cups with being no true son of my father:* καλεῖ παρ' οἴνῳ πλαστὸς ὡς εἴην πατρί (Soph., *O. R.* 780).

Cup-bearer, subs. P. and V. οἰνοχόος, ὁ (Plat. and Eur., *Cycl.* 560).

Cupboard, subs. Use P. ἀποθήκη, ἡ.

Cupidity, subs. P. πλεονεξία, ἡ. *Miserliness:* P. and V. αἰσχροκέρδεια, ἡ, P. φιλοκέρδεια, ἡ, φιλαργυρία, ἡ, φιλοχρηματία, ἡ.

Cur, subs. See *dog.* As epithet of abuse: use Ar. and P. θηρίον, τό; see *creature.*

Curable, adj. P. and V. ἰάσῐμος, P. ἰατός. Of things: P. ἀκεστός.

Curator, subs. Ar. and P. ἐπῐμελητής, ὁ.

Curb, v. trans. *Bridle a horse*: P. χαλινοῦν (Xen.), V. ὀχμάζειν. Met., Ar. and P. ἐπιστομίζειν. *Put an end to*: P. and V. παύειν. *Check*: P. and V. κᾰτέχειν, ἐπέχειν, Ar. and V. ἴσχειν (rare P.), V. ἐπίσχειν (rare P.), ἐρῠκειν, ἐξερῠκειν, ἐρητῠειν, σχάζειν, κᾰταστέλλειν. *Control*: P. and V. κρᾰτεῖν (acc. or gen.)

Curb, subs. P. and V. χᾰλῑνός, ὁ, στόμιον, τό (Xen.), Ar. and V. ψάλιον (also Plat., met.). Met., V. χᾰλῑνός, ὁ. *Check, preventive*: P. ἐμπόδιον, τό.

Curdle, v. trans. Use P. and V. πηγνῠναι. V. intrans. P. and V. πήγνυσθαι, πεπηγέναι (2nd perf.).

Curdled, adj. V. πηκτός (Eur., *Cycl.* 190).

Curds, subs. V. πηκτὸν γάλᾰ (Eur., *Cycl.* 190).

Cure, v. trans. P. and V. ἰᾶσθαι (ῐ rare), ἐξῐᾶσθαι, ἀκεῖσθαι, P. ἰατρεύειν. *Salt, pickle*: P. ταριχεύειν.

Cure, subs. P. and V. ἴᾰμα, τό, ἴᾰσις, ἡ, Ar. ἐξάκεσις, ἡ, V. ἄκος, τό, ἀκέσμᾰτα, τά; see *remedy*. *Drug*: P. and V. φάρμᾰκον, τό. *Cure for*: P. and V. λῠσις, ἡ (gen.), φάρμᾰκον, τό (Plat.) (gen.), V. ἄκος, τό (gen.), μῆχος, τό (gen.).

Cureless, adj. P. and V. ἀνήκεστος, δῠσίᾱτος (Plat.), P. ἀνίατος.

Curer, subs. P. and V. ἰᾱτρός, ὁ (ῐ rare), V. ἰᾱτήρ, ὁ, ἀκέστωρ, ὁ.

Curiosity, subs. *Eagerness for knowledge*: P. φιλομάθεια, ἡ. *Meddlesomeness*: Ar. and P. πολυπραγμοσῠνη, ἡ. *Wonder*: P. and V. θαῦμα, τό. *Something strange*: use P. and V. νέον τι.

Curious, adj. *Inquisitive*: V. λιχνός (Eur., *Hipp.* 913). *Eager for knowledge*: P. φιλομαθής. *Eager to hear*: P. φιλήκοος. *Meddlesome*: Ar. and P. πολυπράγμων, P. περιέργος, φιλοπράγμων. *Strange*: P. and V. θαυμαστός, δεινός, νέος, καινός, ἄτοπος (Eur., *Frag.*), Ar. and P θαυμάσιος, ὑπερφυής. *Curiously made*: P. and V. ποικίλος, V. δαίδᾰλος.

Curiously, adv. *Strangely*: P. and V. δεινῶς, Ar. and P. θαυμᾰσίως, ὑπερφυῶς.

Curl, v. trans. P. and V. στρέφειν, P. περιελίσσειν, V. ἑλίσσειν (rare P.), εἱλίσσειν. *Twine*: P. and V. πλέκειν. V. intrans. P. and V. στρέφεσθαι, κυκλεῖσθαι, P. περιελίσσεσθαι, V. ἑλίσσεσθαι, εἱλίσσεσθαι; see *wind*.

Curl, subs. *Of hair*: Ar. and V. πλόκᾰμος, ὁ, βόστρῠχος, ὁ, V. φόβη, ἡ, πλόκος, ὁ. *Of a fop*: Ar. κίκιννος, ὁ; see also *wreath*.

Curling, adj. See *twisted*. *Curling smoke*, subs.: Ar. πλεκτάνη καπνοῦ (*Av.* 1717).

Curly, adj. Of hair: use P. οὖλος (Hdt.).

Curmudgeon, subs. Use adj., P. and V. αἰσχροκερδής; see *skinflint*.

Currency, subs. *Monetary*: P. and V. νόμισμα, τό. *Come into currency*, v.: met., P. ἐκνικᾶν; see *current*.

Current, adj. *Be current*, v.: P. and V. κρᾰτεῖν, ἰσχῠειν, V. πληθῠειν, P. ἐπικρατεῖν, περιτρέχειν, διαφέρειν (Thuc. 3, 83). *Become current*: P. ἐκνικᾶν. *As the story is current among men*: V. ὡς μεμύθευται βροτοῖς (Eur., *Ion*, 265). *Current prices*: P. αἱ τιμαὶ αἱ καθεστηκυῖαι (Dem. 1285). *He hires from us at the current rate of interest*: P. μισθοῦται οὑτοσὶ παρ' ἡμῶν τοῦ γιγνομένου τόκου τῷ ἀργυρίῳ (Dem. 967).

Current, subs. *Of a river, etc.*: P. ῥεῦμα, τό (Thuc. 2, 102), ῥοή, ἡ (Plat., *Crat.* 402A); see *stream*. *Full of currents*, adj.: P. ῥοώδης. *With the current*: P. κατὰ ῥοῦν. *Flow with a strong current*: P. and V. πολὺς ῥεῖν. *Of air*: P. and V. πνεῦμα, τό. *Turn current*: met., P. and V. πᾰροχετεύειν, V. πᾰρεκτρέπειν ὀχετόν.

Currently, adv. *Commonly*: P. ὡς ἐπὶ τὸ πολύ. *As is currently reported*: V. ὥσπερ ἡ φάτις κρατεῖ (Soph., *Aj.* 978).

Curricle, subs. See *chariot*.

Curry, v. trans. *Rub down*: P. and V. ψήχειν (Xen., also Ar.), V. κăτα-ψήχειν, κτενίζειν, Ar. and P. κăταψῆν (Xen.). *Curry favour (with)*: P. and V. χăρίζεσθαι (dat.), ὑποτρέχειν (acc.), ὑπέρχεσθαι (acc.), θωπεύειν (acc.), V. σαίνειν (acc.), προσσαίνειν (acc.), θώπτειν (acc.), Ar. and P. ὑποπίπτειν (acc. or dat.), Ar. and V. αἰκάλλειν (acc.); see *flatter*.

Curse, v. trans. Ar. and P. κăτăρâσθαι (dat.), P. and V. ἐπăρâσθαι (dat.), κăτεύχεσθαι (absol. or gen.) (Plat., *Rep.* 393A), ἀρὰς ἀρâσθαι (dat.), V. ἀρâσθαι (dat.), ἀρὰς ἐξανῑέναι (dat.), κăκὰς πράξεις ἐφυμνεῖν (dat.) (Soph., *Ant.* 1304), ἐπεύχεσθαι (absol.). *Be cursed with*: met., P. and V. νοσεῖν (dat.). *Cursed with barrenness* (of land): V. ἀκάρπως ἐφθαρμένος (Soph., *O. R.* 254).

Curse, subs. *Imprecation*: P. and V. ἀρά, ἡ, V. κăτεύγμăτα, τά. Concretely, of a person: P. and V. ἀλάστωρ, ὁ (Dem.), V. Ἐρῑνύς, ἡ, μιάστωρ, ὁ, Ar. and P. ἀλῐτήριος (adj.) (Dem. 280). *Pollution*: P. and V. ἄγος, τό (Thuc.), μίασμα, τό; see *pollution*. *Ruin*: V. ἄτη, ἡ. *Under a curse*: use adj., V. ἀραῖος, P. and V. κăτάρāτος, P. ἐναγής, Ar. and P. ἀλῐτήριος. *Lay under a curse*, v.: P. ἐπάρατον ποιεῖσθαι (acc.), V. ἀραῖον λαμβάνειν (acc.). *Under the curse of the goddess*: Ar. and P. ἀλῐτήριος τῆς θεοῦ. *One under a curse*, subs.: P. and V. ἀλάστωρ, ὁ. *Bringing a curse on*: V. ἀραῖος (dat.) (also Plat. but rare P.). *A curse on you*: Ar. and V. φθείρου, ἔρρε, ἄπερρε, Ar. οἴμωζε, V. ὄλοιο, οὐκ εἰς ὄλεθρον; οὐκ εἰς φθόρον: *These (children), alas! bring a curse upon your head*: V. οἵδ' εἰσὶν, οἴμοι, σῷ κάρᾳ μιάστορες (Eur., *Med.* 1371). *I say that Zeus was never your father, curse as you are to many both barbarians and Greeks*: V. οὐ γάρ ποτ' αὐχῶ Ζῆνά γ' ἐκφῦσαι σ' ἐγώ πολλοῖσι κῆρα βαρβάροις Ἕλλησί τε (Eur., *Tro.* 765).

Cursed, adj. *Under a curse*: P. ἐπάρατος, ἐναγής, V. ἀραῖος, Ar. and P. ἀλῐτήριος. *Abominable*: P. and V. κăτάρāτος, μιăρός, κăτάπτυστος, Ar. and V. ἀπόπτυστος, V. ἐχθροδαίμων, θεοστῠγής, Ar. and P. θεοῖς ἐχθρός, θεομῑσής, P. ἐξάγιστος, Ar. παγκăτάρāτος; see *accursed*.

Cursorily, adv. *Off-hand*: P. and V. φαύλως, P. ἐξ ἐπιδρομῆς. *Shortly*: P. and V. ἐν βρăχεῖ.

Cursory, adj. *Short*: P. and V. βρăχύς.

Curt, adj. P. βραχύλογος. *Concise*: P. and V. σύντομος.

Curtail, v. trans. P. and V. συντέμνειν, συστέλλειν, κολούειν.

Curtly, adv. *Shortly*: P. βράχεως, P. and V. ἐν βρăχεῖ.

Curtness, subs. P. βραχυλογία, ἡ.

Curule, adj. *Curule chair*, subs.: P. ἀγκυλόπους δίφρος, ὁ (late).

Curve, v. trans. *Incline in any direction*: P. and V. κλίνειν. *Turn*: P. and V. στρέφειν. *Bend*: Ar. and P. κăτăκάμπτειν, Ar. and V. κάμπτειν. *Arch*: V. κυρτοῦν. V. intrans. P. and V. κυκλοῦσθαι.

Curve, subs. P. καμπτήρ, ὁ (Xen.). *Angle*: V. ἀγκών, ὁ; see *bend*.

Curved, adj. P. and V. καμπύλος (Plat.), V. στρεπτός, κάμπῑμος. *Stooping with age*: Ar. κῡφός, V. διπλοῦς, προνωπής. *Round*: P. κυκλοτερής, P. and V. εὔκυκλος (Plat.), V. κυκλωτός, κύρτος, εὔτορνος, ἀμφίτορνος.

Curvet, v. trans. Use P. and V. σκιρτâν.

Curving, adj. See *curved*.

Cushat, subs. Ar. and P. φάσσα, ἡ; see *dove*.

Cushion, subs. Ar. and P. προσκεφάλαιον, τό. *For rowers to sit on*: P. ὑπηρέσιον, τό.

Custodian, subs. P. and V. φύλαξ, ὁ or ἡ. *Curator*: Ar. and P. ἐπῐμελητής, ὁ. *Of a temple*: V. κληδοῦχος, ὁ or ἡ.

Custody, subs. *Watch*: P. and V. φῠλάκή, ἡ, φρουρά, ἡ, τήρησις, ἡ (Eur., *Frag.*), V. φρούρημα, τό. *Place of* *custody* : P. and V. εἱρκτή, ἡ, or pl., P. δεσμωτήριον, τό. *Keep in custody* : P. ἐν φυλακῇ ἔχειν.

Custom, subs. P. and V. ἔθος, τό, νόμος, ὁ, νόμῐμον, τό (Eur., *Hel.* 1270; but generally pl.), P. συνήθεια, ἡ, ἐπιτήδευμα, τό, V. νόμισμα, τό. *Customs* : P. and V. τὰ κᾰθεστῶτα, Ar. and P. τὰ νομιζόμενα. *Hereditary customs* : Ar. and P. τὰ πάτρια. *The custom of the country* : Ar. and P. τὸ ἐπῐχώριον. *Alas! how bad the custom that prevails in Greece* : οἴμοι καθ' Ἑλλάδ' ὡς κακῶς νομίζεται (Eur., *And.* 693). *We will say it is not the custom in Greece to bury on land such as die at sea* : V. ἀλλ' οὐ νομίζειν φήσομεν καθ' Ἑλλάδα χέρσῳ καλύπτειν τοὺς θανόντας ἐναλίους (Eur., *Hel.* 1065). *It is a custom* : P. and V. νομίζεται. *Buying* : P. and V. ὠνή, ἡ.

Customarily, adv. *In the usual way* : P. and V. εἰωθότως, P. συνήθως. *For the most part* : P. ὡς ἐπὶ τὸ πολύ; see *usually*.

Customary, adj. P. and V. σῠνήθης, εἰωθώς, νόμῐμος, εἰθισμένος, ἠθάς (Dem. 605), P. σύντροφος, Ar. and P. νομιζόμενος. *It is customary* : P. and V. νομίζεται; see *usual*.

Customer, subs. *Buyer* : P. ὠνητής, ὁ. *Was he a customer of yours?* P. ἆρα καὶ ἐχρῆτο ὑμῖν (Dem. 1237).

Customs, subs. *Taxes* : Ar. and P. τέλος, τό. *Customs' regulations* : P. τελωνικοὶ νόμοι. *Collector of customs* : Ar. and P. τελώνης, ὁ.

Cut, v. trans. P. and V. τέμνειν, κόπτειν. *Hew* : P. and V. τέμνειν, κόπτειν, ἐκτέμνειν, V. κείρειν. *Divide, sever* : P. and V. σχίζειν, ἀποσχίζειν, τέμνειν, διᾰτέμνειν. *Cut a road or canal* : P. τέμνειν. Met., *affect deeply* : P. and V. δάκνειν. *Cut one's hair* : P. and V. κείρεσθαι, Ar. and P. ἀποκείρεσθαι; see *cut off*. *Cut (teeth)* : use P. and V. φύειν (acc.). *Cut down* : P. and V. τέμνειν, Ar. and P. κᾰτᾰτέμνειν, κᾰτᾰκόπτειν, ἐκκόπτειν; see also *kill*. Met., *curtail* : P. and V. συντέμνειν, συστέλλειν, κολούειν. *Cut off* : P. and V. τέμνειν, κόπτειν, Ar. and P. ἀποτέμνειν, V. θερίζειν, ἀπᾰμᾶν. *Cut clean off* : P. and V. ἀποκαυλίζειν (Thuc. 2, 76). *Cut off (hair)* : P. and V. κείρεσθαι, V. ἀποθρῖσαι (1st aor. ἀποθερίζειν), τέμνειν. *Intercept* : P. ἀπολαμβάνειν, διαλαμβάνειν. *Cut off by a wall* : P. ἀποικοδομεῖν (acc.). *Shut out* : P. and V. ἀποκλῄειν. *Destroy* : P. and V. κᾰθαιρεῖν, διαφθείρειν; see *destroy*. *Cut open* : P. διακόπτειν (used of cutting open a lip, Dem. 1259). *Cut out* : P. and V. ἐκτέμνειν. *Cut short* : P. and V. συντέμνειν; see also *destroy*. *Interrupt a person speaking* : P. ὑπολαμβάνειν, Ar. ὑποκρούειν; see *interrupt*. *Cut through* (generally): P. and V. διᾰτέμνειν, P. διακόπτειν. *Cut through enemy's ranks, etc.* : P. διακόπτειν (acc.) (Xen.). *Force (a passage)* : P. βιάζεσθαι (acc.). *Cut up* : P. and V. κόπτειν, τέμνειν, Ar. and P. κᾰτᾰκόπτειν, κᾰτᾰτέμνειν. *Carve* : V. κρεοκοπεῖν, ἀρτᾰμεῖν. *Cut up small* : P. κερματίζειν. *Cut up (a force)* : see *destroy*.

Cut, adj. *Cut off* : V. τομαῖος.

Cut, subs. *Slice* : Ar. τόμος, ὁ, P. τμῆμα, τό (Plat.), περίτμημα, τό (Plat.). *Blow* : P. and V. πληγή, ἡ, V. τομή, ἡ. *Wound* : P. and V. τραῦμα, τό. *If the cut be deep* : P. εἰ βαθὺ τὸ τμῆμά (ἐστι) (Plat., *Gorg.* 476c). *Short cut* : Ar. ἀτρᾰπὸς σύντομος, ἡ. *By the shortest cut* : P. τὰ συντομώτατα (Thuc. 2, 97).

Cutlass, subs. Use *sword*.

Cutler, subs. Ar. and P. μᾰχαιροποιός, ὁ. *Cutler's factory* : P. μαχαιροποιεῖον, τό.

Cut-purse, subs. Ar. and P. βαλλαντιοτόμος, ὁ. *Be a cut-purse*, v. : P. βαλλαντιοτομεῖν.

Cut-throat, subs. See *murderer*.

Cutting, subs. *Act of cutting* : P. and V. τομή, ἡ; see *passage*. *Slip* (of plants) : Ar. and P. κλῆμα, τό. *Of the hair* : V. κουρά, ἡ.

Cutting, adj. *Severe*: P. and V. πικρός.

Cuttingly, adv. *Severely*: P. and V. πικρῶς.

Cuttle-fish, subs. Ar. σηπία, ἡ.

Cycle, subs. P. and V. κύκλος, ὁ, P. περίοδος, ἡ, V. περιδρομή, ἡ.

Cymbal, subs. P. κύμβαλον, τό (Xen.). *Clashing of cymbals*: V. κρότᾰλα χαλκοῦ (Eur., *Cycl*. 205).

Cynosure, subs. *The cynosure of every eye*: use adj., P. and V. περίβλεπτος.

Cypress, subs. P. κυπάρισσος, ἡ (Plat.). *Of cypress*, adj.: P. κυπαρίσσινος.

D

Dabble, v. trans. *Wet*: P. and V. τέγγειν (Plat.). *Dabble in, spend one's time in*: Ar. and P. ἐνδιατρῑ́βειν (dat.).

Dabbler, subs. *Amateur*, as opposed to *professional*: Ar. and P. ἰδιώτης, ὁ. *A dabbler in disputation*: V. πᾰρεργάτης λόγων (Eur., *Supp*. 426).

Dactyl, subs. Ar. and P. δάκτῠλος, ὁ.

Dagger, subs. Ar. and P. ξῑφίδιον, τό, P. ἐγχειρίδιον, τό, P. and V. μάχαιρα, ἡ. *Armed with a dagger*, adj.: P. μαχαιροφόρος.

Daily, adj. Use P. and V. κᾰθ' ἡμέραν. *Daily food*: P. and V. ἡ κᾰθ' ἡμέραν τροφή, ὁ κᾰθ' ἡμέραν βίος, V. ἡ ἐφ' ἡμέραν βορά. *Coming every day*: V. πᾰνήμερος.

Daily, adv. P. and V. κᾰθ' ἡμέραν, Ar. and P. ὁσημέραι

Daintily, adv. *Elegantly*: Ar. and P. κομψῶς; see *elegantly*. *Stepping daintily with milk-white foot*: V. ἁβρὸν βαίνουσα παλλεύκῳ ποδί (Eur., *Med*. 1164).

Daintiness, subs. *Elegance*: P. κομψεία, ἡ. *Grace*: P. and V. χᾰρῐς, ἡ. *Fastidiousness*: P. and V. τρῠφή, ἡ, ἁβρότης; ἡ (Plat.), χλῐδή, ἡ (Plat.).

Dainty, adj. *Elegant*: P. and V. κομψός, V. ἁβρός; see *delicate*. *Luxurious*: Ar. and P. τρῠφερός. *Be dainty*, v.: P. and V. τρῠφᾶν, V. ἁβρῡ́νεσθαι. *Soft*, adj.: Ar. and P. μᾰλᾰκός, ἅπᾰλός, Ar. and V. μαλθᾰκός. *Dainty morsel*, subs.: P. and V. ὄψον, τό (Æsch., *Frag*.), V. πᾰροψώνημα, τό. *Buy dainties*, v.: Ar. ὀψωνεῖν, πᾰροψωνεῖν. *Dainties*, subs.: P. εὐπάθειαι, αἱ (Plat., *Rep*. 404D).

Dais, subs. *Throne*: P. and V. θρόνος, ὁ.

Dale, subs. P. and V. νάπη, ἡ (Plat. and Xen., but rare P.), νάπος, τό (Xen. but rare P.), ἄγκος, τό (Xen. but rare P.), Ar. and V. γύᾰλα, τά. *Woodland dales*: V. νᾰπαῖαι πτῠχαί.

Dalliance, subs. *Amusement*: P. and V. παιδιά, ἡ, διατρῐβή, ἡ. *Pleasure*: P. and V. ἡδονή, ἡ. *Delay*: P. and V. διατρῐβή, ἡ, τρῐβή, ἡ.

Dallier, subs. *Loiterer*: P. μελλητής, ὁ.

Dally, v. intrans. *Trifle*: P. and V. παίζειν. *Delay*: P. and V. τρῑ́βειν, Ar. and P. διατρῑ́βειν; see *delay*.

Dam, subs. Of animals: use P. and V. μήτηρ, ἡ. Of a river, etc.: use P. χῶμα, τό.

Dam, v. trans. *Throw up earth*: P. προσχοῦν (absol.). *Block up*: P. and V. φράσσειν, P. ἐμφράσσειν; see *block*.

Damage, v. trans. P. and V. βλάπτειν, ἀδῐκεῖν, κᾰκοῦν, κᾰκουργεῖν, διαφθείρειν, αἰκίζεσθαι, P. καταβλάπτειν (Plat.).

Damage, subs. P. and V. βλᾰβή, ἡ, διαφθορά, ἡ, ζημία, ἡ, βλάβος, τό. *Doing no damage*: P. and V. ἀβλᾰβής, P. ἀσινής (Plat.); see *harmless*. *Damages (at law)*: P. and V. ζημία, ἡ, P. καταδίκη, ἡ, Ar. and P. τίμημα, τό. *Assessment of damages*: P. τίμησις, ἡ. *Be cast in damages*, v.: P. τὴν ἐπωβελίαν ὀφλισκάνειν.

Damaging, adj. See *harmful*. Met., P. and V. φλαῦρος.

Damask, subs. Use P. and V. σινδών, ἡ.

Damask, adj. Use *red*.

Dame, subs. P. and V. γῠνή, ἡ. *Old woman*: P. and V. γραῦς, ἡ, γραῖα, ἡ (Plat. but rare P.); see *lady*.

Damn, v. trans. See *condemn*. *Disparage*: P. and V. διᾰβάλλειν, P. διασύρειν.

Damnable, adj. P. and V. κᾰτάρᾱτος, μιᾰρός, κᾰτάπτυστος; see *cursed*.

Damning, adj. *Damning proof*: P. φανερὸν σημεῖον (Thuc. 1, 132).

Damp, adj. P. and V. νοτερός, ὑγρός, διάβροχος, V. ὑδρηλός.

Damp, subs. P. and V. νοτίς, ἡ (Plat.); see *moisture*. *Dampness*: P. ὑγρότης, ἡ.

Damp, v. trans. P. and V. ὑγραίνειν (Plat.), τέγγειν (Plat.), βρέχειν (Plat.), δεύειν (Plat.), νοτίζειν (Plat. and Æsch., *Frag.*), V. ὑγρώσσειν. *Sprinkle*: V. ῥαίνειν, ὑδραίνειν. Met., *Damp ardour, etc.*: P. and V. ἀμβλῠ́νειν, ἀπαμβλῠ́νειν, V. κᾰταμβλῠ́νειν.

Dampness, subs. P. ὑγρότης, ἡ.

Damsel, subs. P. and V. κόρη, ἡ, παρθένος, ἡ (Plat.), παῖς, ἡ, Ar. and V. νεᾶνις, ἡ; see *girl, child*.

Dance, v. intrans. P. and V. χορεύειν, Ar. and P. ὀρχεῖσθαι, P. ἐπορχεῖσθαι, V. ἀνορχεῖσθαι, ὑπορχεῖσθαι, Ar. διορχεῖσθαι. *Circle in the dance*: V. ἑλίσσειν. *Dance in honour of*: V. χορεύειν (acc.). *Dance with others*: Ar. συγχορεύειν (absol.).

Dance, subs. P. and V. χορός, ὁ, χορεία, ἡ (Eur., *Phoen.* 1265). *Loving the dance*, adj.: Ar. and V. φῐλόχορος. *Without the dance*: V. ἄχορος (Eur., *Cycl.*). *War-dance*, subs.: P. and V. πυρρίχη, ἡ (Eur., *And.* 1135; also Ar.). *Dance of satyrs*: V. σίκῑνις, ἡ (Eur., *Cycl.* 37).

Dancer, subs. Ar. and P. ὀρχηστής, ὁ, χορευτής, ὁ; see *dancing-girl*.

Dancing, subs. P. ὄρχησις, ἡ, V. ὀρχηστῠ́ς, ἡ (Eur., *Cycl.* 171). *The art of dancing*: P. ἡ ὀρχηστική. *Celebrate with dancing*, v.: V. ἀνᾰχορεύειν (acc.), χορεύειν (acc.).

Dancing-girl, subs. Ar. and P. ὀρχηστρίς, ἡ.

Dancing-master, subs. P. ὀρχηστροδιδάσκαλος, ὁ (Xen.), Ar. and P. χοροδῐδάσκᾰλος, ὁ.

Dandified, adj. P. and V. κομψός (also Ar.).

Dandle, v. trans. V. πάλλειν, P. σείειν (Plat., *Leg.* 790D).

Dandy, subs. P. καλλωπιστής, ὁ, or use adj., P. and V. κομψός (also Ar.). *Be a dandy*, v.: Ar. κομᾶν.

Danger, subs. P. and V. κίνδῡνος, ὁ, τὸ δεινόν, or pl., ἀγών, ὁ. *Dangerous enterprise*: P. and V. κινδῠ́νευμα, τό (Plat.). *In time of danger*: P. and V. ἐν τοῖς δεινοῖς, ἐπὶ τοῖς δεινοῖς. *In danger*: use adj., P. ἐπικίνδυνος, or adv., P. and V. ἐπῐκινδῠ́νως. *Be in danger*, v.: V. ἐπῐκινδῠ́νως ἔχειν (Eur., *Frag.*), ἐν ῥοπῇ κεῖσθαι, Ar. and P. κινδῡνεύειν. *Loving danger*, adj.: P. φιλοκίνδυνος. *Share dangers (with)*, v.: P. συγκινδυνεύειν (absol. or dat.), συνδιακινδυνεύειν (μετά, gen.). *Without danger*, adj.: P. ἀκίνδυνος; adv.: P. and V. ἀκινδῠ́νως.

Dangerous, adj. P. and V. δεινός, σφᾰλερός, Ar. and P. χᾰλεπός, P. ἐπικίνδυνος, παράβολος. *Harmful*: P. and V. ἀσύμφορος; see *harmful*. Of a wound: P. and V. καίριος (Xen.).

Dangerously, adv. P. and V. ἐπῐκινδῠ́νως. *Being dangerously wounded he fainted*: P. τραυματισθεὶς πολλὰ ἐλιποψύχησε (Thuc. 4, 12).

Dangle, v. trans. and intrans. See *hang*. *Sway*, v. intrans.: P. and V. αἰωρεῖσθαι.

Dangling, adj. Ar. and P. μετέωρος, Ar. and V. μετάρσιος.

Dank, adj. See *damp*. *Rotten*: Ar. and P. σαπρός. *Be dank*, v.: V. μῠδᾶν.

Dankness, subs. P. and V. εὐρώς, ὁ (Plat.).

Dapple, v. trans. P. and V. ποικίλλειν, P. διαποικίλλειν.

Dappled, adj. P. and V. ποικίλος, Ar. and V. αἰόλος, V. στικτός, κατάστικτος.

Dare, v. trans. *Challenge* : P. προκαλεῖσθαι. *Have no fear of* : P. and V. θαρσεῖν (acc.). *Face* : P. and V. ἀνέχεσθαι, ὑπέχειν, ὑφίστασθαι, θαρσεῖν, P. ὑπομένειν, V. τλῆναι (2nd aor. τλᾶν) (rare P.), καρτερεῖν, Ar. and V. ἀνατλῆναι (2nd aor. of ἀνατλᾶν) (also Plat. but rare P.), ἐξανέχεσθαι. *Venture* : P. and V. τολμᾶν, V. τλῆναι (2nd aor. of τλᾶν) (rare P.). V. intrans. With infin., P. and V. τολμᾶν, P. ἀποτολμᾶν, Ar. and V. τλῆναι (2nd aor. τλᾶν) (rare P.). *Be bold* : P. and V. θαρσεῖν. *Run risks* : Ar. and P. κινδυνεύειν, P. διακινδυνεύειν ; see *venture*. *I dare say* : use *perhaps*.

Daring, subs. P. and V. τόλμα, ἡ, θράσος, τό ; see *boldness*. *Daring act* : P. and V. τόλμημα, τό, κινδύνευμα, τό (Plat.), V. τόλμα, ἡ (rare P.).

Daring, adj. P. and V. θρασύς, τολμηρός, V. ταλαίφρων, τλήμων. *Fond of danger* : P. φιλοκίνδυνος ; see *bold, rash, venturesome*.

Daringly, adv. P. τολμηρῶς, θαρσαλέως ; see *boldly*.

Dark, adj. Of skin : P. μέλας (Dem. 537), μελάγχρως, V. ἐρεμνός, κελαινός, μελάγχιμος. Of colour generally : P. and V. μέλας, V. μελάγχιμος, κελαινός, ἐρεμνός. *Grey* : P. φαιός (Plat.), ὄρφνινος (Plat.) ; see *black*. *Without light* : P. and V. σκοτεινός, P. σκοτώδης, V. ἀμαυρός, λυγαῖος, κνεφαῖος, ὀρφναῖος, δνοφώδης, ἀνήλιος, ἀφεγγής, ἀναύγητος. *In shadow* : P. ἐπίσκιος (Plat.). *It grows dark*, v. : P. συσκοτάζει. Met., *obscure, hard to understand*, adj. : P. and V. ἀσαφής, ἄδηλος, αἰνιγματώδης, V. δυσμαθής, ἄσημος, ἀξύμβλητος, ἄσκοπος, αἰολόστομος, ἐπάργεμος, δυστόπαστος, δυστέκμαρτος, δυσεύρετος, ψελλός, αἰνικτός ; see *obscure, ambiguous*. *Secret* : P. and V. κρυπτός, λαθραῖος, ἀφανής, κρυφαῖος, V. κρύφιος. *Keep in the dark*, v. : P. and V. κρύπτειν (acc.), P. ἀποκρύπτεσθαι (acc.) ; see under *keep*. *Keep dark* : P. and V. κρύπτειν, Ar. and P. ἀποκρύπτεσθαι (acc.). Of looks : see *gloomy*.

Dark, subs. P. and V. σκότος, ὁ or τό ; see *darkness*. *March in the dark* : P. σκοταῖος προσέρχεσθαι (Xen.). *He appeared in the dark* : Ar. ἀνέφανη κνεφαῖος (*Vesp*. 124).

Darken, v. trans. *Blacken* : P. and V. μελαίνειν. *Cast shadow over* : P. ἐπισκοτεῖν (dat.), V. σκιάζειν (acc.), σκοτοῦν (acc.) (pass. used in Plat.), P. and V. συσκιάζειν.

Dark-eyed, adj. P. μελανόμματος (Plat.).

Darkly, adv. *Obscurely* : V. δυσκρίτως, αἰνικτηρίως, P. ἀσαφῶς, Ar. and V. ποικίλως ; see *ambiguously*. *Secretly* : P. and V. λάθρᾳ, λαθραίως (rare P.), P. κρύφα, Ar. and P. κρύβδην, V. κρυφῇ (also Xen.), κρυφαίως, κρύβδα. *Hint darkly at*, v. : Ar. and P. αἰνίσσεσθαι (acc. or εἰς, acc.), P. ὑπαινίσσεσθαι (acc.), ὑποσημαίνειν (acc.).

Darkness, subs. P. and V. σκότος, ὁ or τό, P. τὸ σκοτεινόν, Ar. and V. κνέφας, τό (also Xen.), ὄρφνη, ἡ. Of the under-world : V. ζόφος, ὁ, Ar. and V. ἔρεβος, τό. *Steeped in darkness*, adj. : V. μελαμβαθής. *The cap of darkness* : P. ἡ Ἄϊδος κυνῆ (Plat. from Homer).

Darling, subs. *Favourite* : P. and V. παιδικά, τά (Eur., *Cycl*. 584, and Soph., *Frag*.), Ar. and V. μέλημα, τό, V. φῶς, τό, φάος, τό, τριβή, ἡ. *One's darlings* : P. and V. τὰ φίλτατα.

Darling, adj. See *dear*.

Darn, v. trans. Ar. and P. ῥάπτειν.

Dart, subs. P. and V. βέλος, τό (rare P.), παλτόν, τό (Xen. and Æsch., *Frag*.), Ar. and P. ἀκόντιον, τό, V. ἄκων, ὁ. *Spear* : P. and V. δόρυ, τό, Ar. and V. λογχή, ἡ, V. αἰχμή, ἡ, μεσάγκυλον, τό, βέλεμνον, τό. *Throw the dart*, v. : P. and V. ἀκοντίζειν,

P. εἰσακοντίζειν. *Throwing the dart*, subs.: P. ἀκόντισις, ἡ (Xen.).

Dart, v. trans. P. and V. ἀφιέναι, V. ἰάπτειν, ἐξἄκοντίζειν; see *shoot*. V. intrans. P. and V. ὁρμᾶν, ὁρμᾶσθαι, ἵεσθαι (rare P.), φέρεσθαι, Ar. and V. ᾄσσειν (rare P.), V. ὀρούειν, θοάζειν, ἀΐσσειν; see *rush*. *Swoop*: Ar. and V. κἄταίρειν, V. σκήπτειν; see *swoop*. *Dart out*: P. and V. ἐξορμᾶσθαι.

Dash, v. trans. *Fling*: P. and V. βάλλειν, ῥίπτειν, ἀφῑέναι, Ar. and V. ἱέναι, V. ἰάπτειν. *Dashed upon the rocks*: V. σποδούμενος πρὸς πέτρας. *Be dashed to the ground*: V. φορεῖσθαι πρὸς οὖδας. *Strike*: P. and V. κρούειν, Ar. and V. παίειν (rare P.), θείνειν, ἀράσσειν. Met., *dash (one's hopes, etc.)*: P. and V. σφάλλειν. *Dash (one thing) against (another)*: V. προσβάλλειν (τινί τι), ἐγκἄτασκήπτειν (τινί τι). *Dash in pieces*: P. and V. συντρῖβειν (Eur., *Cycl.*), Ar. and V. θραύειν (also Plat. but rare P.), V. συνθραύειν, σῠνἄράσσειν, ἐρείκειν. *Dash off, extemporise*: P. αὐτοσχεδιάζειν (acc.). *Dash out*.—*He dashed his brains out*: V. ἐγκέφαλον ἐξέρρανε (Eur., *Cycl.* 402). V. intrans. P. and V. ὁρμᾶν, ὁρμᾶσθαι, ἵεσθαι (rare P.), φέρεσθαι, Ar. and V. ᾄσσειν (rare P.), V. ἀΐσσειν, ὀρούειν, θοάζειν; see *rush*, *swoop*. *Dash against*: P. and V. πταίειν πρός (dat.), P. προσπίπτειν (dat.), συμπίπτειν (dat. or πρός, acc.); see *collide*. *Dash into*: P. and V. εἰσπίπτειν (P. εἰς, acc., V. dat. alone), Ar. and V. ἐμπίπτειν (dat.), V. εἰσορμᾶσθαι (acc.), ἐπεισπίπτειν (dat.), Ar. and P. εἰσπηδᾶν (εἰς, acc.), Ar. ἐπεισπαίειν (εἰς, acc.); see *burst in*. *Dashing into the sea all armed as they were*: P. ἐπεισβαίνοντες σὺν τοῖς ὅπλοις εἰς τὴν θάλασσαν (Thuc. 2, 90). *Dash out*: P. and V. ἐξορμᾶσθαι, ἐκπίπτειν. *Dash over, inundate*: P. and V. κἄτακλύζειν, P. ἐπικλύζειν. *Dash upon*: P. and V. προσβάλλειν (dat.), προσπίπτειν (dat.); see *attack*.

Dash, subs. P. and V. ὁρμή, ἡ, Ar. and P. ῥύμη, ἡ, V. ῥῑπή, ἡ. *Run*: P. and V. δρόμος, ὁ, V. δρᾶμημα, τό. *Eagerness*: P. and V. σπουδή, ἡ, προθῡμία, ἡ.

Dashing, adj. *Fiery, impetuous*: P. σφοδρός, Ar. and V. θούριος, V. θοῦρος, αἴθων (also Plat. but rare P.). *Gay*: Ar. and P. νεᾶνῐκός. *Zealous*: P. and V. πρόθῡμος.

Dastard, subs. See *coward*.

Dastardly, adj. See *cowardly*.

Data, subs. Use P. and V. ἀφορμή, ἡ (lit., *starting-point*).

Date, subs. *Time*: P. and V. χρόνος, ὁ. *Day*: P. and V. ἡμέρα, ἡ. *At no distant date*: V. οὐ μάλ' εἰς μακράν (Æsch., *Supp.* 925), P. οὐκ εἰς μακράν. *Not distinguishing the date*: P. τὸ πότε οὐ διορίζων (Dem. 414). *Hellanicus has mentioned (these things) shortly, and without due accuracy as regards dates*: P. Ἑλλάνικος βραχέως τε καὶ τοῖς χρόνοις οὐκ ἀκριβῶς ἐπεμνήσθη (Thuc. 1, 97). *Out of date*, adj: P. and V. ἀρχαῖος, πἄλαιός, P. ἕωλος, ἀρχαιότροπος; see *old-fashioned*. *The interest to date*: P. οἱ γιγνόμενοι τόκοι (Dem.).

Date, subs. *Fruit*: P. βάλἄνος, ἡ (Xen.). *Date-palm*: P. φοῖνιξ, ὁ (Hdt.).

Daub, v. trans. Ar. and P. ἀλείφειν, P. ἐπαλείφειν, Ar. πἄρἄλείφειν, κἄταπλάττειν, V. χρῑειν; see *anoint*. *Daub with plaster*: P. κονιᾶν.

Daughter, subs. P. and V. θῠγάτηρ, ἡ, παῖς, ἡ, Ar. and V. κόρη, ἡ. *Offspring*: P. and V. ἔκγονος, ἡ; see *child*. *Little daughter*: P. θυγάτριον, τό.

Daunt, v. intrans. P. and V. φοβεῖν, ἐκφοβεῖν, ἐκπλήσσειν; see *frighten*.

Dauntless, adj. P. and V. ἄφοβος, V. ἄταρβής, ἄτρεστος, ἀδείμαντος, ἀτάρβητος (Æsch., *Frag.*); see *bold*.

Dauntlessly, adv. Ar. and P. ἀδεῶς, V. ἀδειμάντως; see *boldly*.

Dauntlessness, subs. P. ἀφοβία, ἡ; see *boldness*.

Daw, subs. Ar. κολοιός, ὁ.

Dawdle, v. intrans. P. and V. μέλλειν; see *delay.*

Dawdler, subs. P. μελλητής, ὁ.

Dawdling, adj. P. and V. βρᾰδύς.

Dawn, subs. P. and V. ἕως, ἡ. *Time just before daybreak :* P. and V. ὄρθρος, ὁ, P. τὸ περίορθον. *At dawn :* P. and V. ἅμ' ἡμέρᾳ (Eur., *El.* 78), P. ἅμ' ἕῳ, Ar. and P. ἕωθεν, V. ἡλίου, τέλλοντος, or use adj., P. and V. ἑωθῐνός (Eur., *Rhes.* 771, and Soph., *Frag.*), V. ἑῷος. *Of dawn,* adj. : V. ἑῷος, Ar. and P. ὄρθριος. *Rising from bed at dawn :* ἑῷοι ἐξαναστάντες λέχους (Eur., *El.* 786) *Those who do not come at dawn :* Ar. οἱ μὴ παρόντες ὄρθριοι (*Eccl.* 283). *Having arrived at dawn :* P. ὄρθριος ἥκων (Plat., *Prot.* 313B). *From early dawn :* Ar. and P. ἐξ ἑωθῐνοῦ. Met., *beginning :* P. and V. ἀρχή, ἡ.

Dawn, v. intrans. P. ὑποφαίνειν, Ar. διᾰλάμπειν. *Day was beginning to dawn :* P. ὑπέφαινέ τι ἡμέρας (Plat., *Prot.* 312A). *Dawn on one, occur to one :* P. and V. εἰσέρχεσθαι (acc. or dat.), πᾰρίστασθαι (dat.), ἐπέρχεσθαι (acc. or dat.), ἐμπίπτειν (dat.).

Day, subs. P. and V. ἡμέρα, ἡ, V. ἦμαρ, τό ; sometimes V. ἥλιος, ὁ. *All day :* use adj., Ar. and V. πᾰνήμερος. *By day :* P. and V. μεθ' ἡμέραν, or use adj., P. μεθημερινός. *Day by day :* P. and V. κᾰθ' ἡμέραν, V. ἐπ' ἦμαρ (Soph., *Frag.*), κᾰτ' ἦμαρ. *By day or by night :* V. νύχιος ἢ καθ' ἡμέραν (Eur., *El.* 603). *Every day :* P. καθ' ἑκάστην τὴν ἡμέραν. *Of the day,* adj. : Ar. and P. ἡμερῐνός, P. and V. ἡμερήσιος. *A day's journey :* P. ἡμερησία ὁδός (Plat.). *Some day :* P. and V. ποτέ. *Spend the day,* v. : P. and V. ἡμερεύειν, P. διημερεύειν. *The other day, lately,* adv. : P. and V. νέον, νεωστί, Ar. and P. ἔναγχος. *The self-same day :* P. and V. αὐθήμερον. *On the day before :* P. τῇ προτεραίᾳ (gen.). *The day before yesterday :* Ar. and P. πρώην. *Gain the day,* v. : P. and V. νῑκᾶν, κρᾰτεῖν. *In voting :* also V. πληθύνεσθαι. *Be the order of the day :* P. and V. κρᾰτεῖν. *Living but a day,* adj. : P. and V. ἐφήμερος.

Day-break, subs. See *dawn.*

Day-dream, subs. P. and V. ὕπαρ, τό.

Daylight, subs. P and V. φῶς, τό, Ar. and V. φάος, τό. *He indulged in dissipation in broad daylight :* P. ἐκώμαζε μεθ' ἡμέραν (Lys. 142).

Daze, v. trans. P. and V. ἐκπλήσσειν, τᾰράσσειν, συγχεῖν, P. καταπλήσσειν.

Dazzle, v. trans. *Blind :* P. and V. τυφλοῦν (Plat.), ἐκτυφλοῦν (Xen., also Ar.). Met., *lead astray :* P. and V. πᾰρᾰγειν, ἀπᾰτᾶν, ἐξᾰπᾰτᾶν ; see *deceive.*

Dazzle, subs. P. μαρμαρυγή, ἡ (Plat.).

Dazzling, adj. P. and V. λαμπρός, Ar. and V. φαεννός, παμφαής, V. φαιδρός, εὐᾱγής (also Plat. but rare P.), φαεσφόρος, φλογώψ, φλογωπός, φοῖβος, εὐφεγγής, ἐξαυγής (Eur., *Rhes.*), καλλῐφεγγής, σελασφόρος, Ar. μαρμάρεος. *Glossy :* Ar. and P. λῐπᾰρός ; see *white.*

Dead, adj. P. and V. τεθνεώς (Æsch., *Choe.* 682), τεθνηκώς, V. θᾰνών, κατθᾰνών ; see *fallen. Lifeless :* P. and V. ἄψῡχος. *A dead body,* subs. : P. and V. νεκρός, ὁ, Ar. and V. νέκῠς, ὁ ; see *corpse. Be dead,* v. : P. and V. τεθνηκέναι, τεθνᾰναι, Ar. and V. οἴχεσθαι (rare P.), or use P. and V. οὐκ' εἶναι, οὐκέτ' εἶναι. *The dead, killed in battle,* subs. : P. and V. νεκροί, οἱ. Generally : P. and V. οἱ τεθνηκότες, οἱ οὐκ ὄντες, οἱ κᾰτω, οἱ ἐκεῖ, V. οἱ θᾰνόντες, οἱ κατθᾰνόντες, οἱ κᾰμόντες, οἱ κεκμηκότες, οἱ ὀλωλότες, οἱ ἐξολωλότες, οἱ φθῐτοί, οἱ ἔνεροι (Plat. but rare P.), οἱ ἐνέρτεροι, οἱ νέρτεροι, οἱ ἔνερθε, οἱ κᾰτὰ χθονός. *He is dead and gone :* V. οἴχεται θᾰνών. *Dead, withered* (of leaves, etc.), adj. : Ar. αὖος, Ar. and P. σαπρός. *Dead to pity :* see *pitiless. A dead letter :* see under *letter. At dead of night :* P. πολλῆς νυκτός, ἀωρὶ τῆς νυκτός, V. ἄκρας νυκτός, νυκτὸς ἐν κᾰταστᾰ́σει, Ar. ἀωρὶ νύκτωρ.

Deaden, v. trans. *Make dull*: P. and V. ἀμβλύνειν, ἀπαμβλύνειν, V. κᾰταμβλύνειν. *Custom will work with time to deaden this feeling*: V. ἀλλ' ὁ νόμος αὐτὰ τῷ χρόνῳ συνισχνανεῖ (Eur., *I. A.* 694).

Deadlock, subs. P. and V. ἀπορία, ἡ.

Deadly, adj. P. and V. θᾰνᾰ́σῐμος, ὀλέθριος (Plat. but rare P.), V. πολυφθόρος; see also *harmful*. Of a blow: P. and V. καίριος (Xen.). *Strike with a deadly blow*: P. θανασίμως τύπτειν (acc.).

Deaf, adj. P. and V. κωφός. *Deaf to entreaties*: P. ἀπαραίτητος, V. δυσπᾰραίτητος.

Deafen, v. trans. P. ἐκκωφοῦν, Ar. ἐκκωφεῖν. *Be deafened with talk*: P. διαθρυλεῖσθαι. *The noise was wide-spread and deafening*: P. ἦν θόρυβος πολὺς καὶ ἐκπληκτικός (Thuc., 8, 92).

Deafness, subs. P. κωφότης, ἡ.

Deal, v. trans. *Give*: P. and V. δῐδόναι, νέμειν. *Distribute*: P. and V. διᾰδῐδόναι, Ar. and P. διᾰνέμειν; see *distribute*. *Deal (a person) a blow*: P. πληγὴν ἐντείνειν (dat.). *Deal (a person) a further blow*: P. πληγὴν προσεντείνειν (dat.). *I deal the fallen man a third blow besides*: V. τῷ πεπτωκότι τρίτην ἐπενδίδωμι (Æsch., *Ag.* 1385). *Deal in, use*: P. and V. χρῆσθαι (dat.). *Traffic in*: Ar. and V. ἐμπολᾶν (acc.), διεμπολᾶν (acc.), P. and V. κᾰπηλεύειν (acc.); see *traffic in*. *Deal with*: P. and V. χρῆσθαι (dat.); see *have dealings with*, under *dealings*. *Trade with*: Ar. ἀγοράζειν πρός (acc.). *Take in hand*: P. and V. ἐπῐχειρεῖν (dat.), ἐγχειρεῖν (dat.), Ar. and P. μετᾰχειρίζεσθαι. *Discuss*: see *discuss*. *Transact business with*: P. συμβάλλειν (dat.) (Plat.). *Easy to deal with*, adj.: P. εὐμεταχείριστος.

Deal, adj. *Made of pine*: V. πεύκῐνος, ἐλᾰ́τῐνος.

Deal, subs. *Business transaction*: P. συμβόλαιον, τό. *At the close of the deal*: P. ἐν τῇ διαλύσει τῆς κοινωνίας (Plat., *Rep.* 343D). *A great deal*, adv.: P. and V. πολύ, σφόδρᾰ, κάρτᾰ (Plat. but rare P.). *A great deal of*: use P. and V. adj., πολύς, agreeing with subs.

Dealer, subs. *Trader*: P. and V. ἔμπορος, ὁ, κάπηλος, ὁ. *Seller*: P. πρατήρ, ὁ.

Dealings, subs. *Intercourse*: P. and V. ὁμῑλία, ἡ, κοινωνία, ἡ, σῠνουσία, ἡ, P. ἐπιμιξία, ἡ, κοινωνήματα, τά, V. σῠναλλᾰγαί, αἱ; see *intercourse*. *Have dealings with*, v.: P. and V. ὁμῑλεῖν (dat.), προσομῑλεῖν (dat.), κοινωνεῖν (dat.), κοινοῦσθαι (dat.), σῠναλλάσσειν (dat.), σῠνέρχεσθαι (dat.), πλησιάζειν (dat.) (Dem. 925), συμμίγνυσθαι (dat.), P. ἐπιμιγνύναι (dat.) (or pass.), Ar. and P. συμμιγνύναι (dat.). *Business dealings*, subs.: P. συμβόλαια, τά.

Dear, adj. *Loved*: P. and V. φῐ́λος, προσφῐλής, ἐράσμιος (Plat. but rare P.), P. ἐραστός (Plat.), Ar. and P. ἀγᾰπητός, V. εὐφῐλής. *Pleasing*: P. and V. τερπνός, ἡδύς, ἀρεστός, V. χαρτός (Plat. also but rare P.), θῡμηδής, ἐφίμερος, φῐ́λος, Ar. and V. γλῠκύς. *Dear to the gods*: P. and V. θεοφῐλής. *Expensive*: P. and V. τίμιος, P. πολυτελής. *One's nearest and dearest*: P. and V. τὰ φίλτᾰτα.

Dearly, adv. *At a high price*: use P. and V. πολλοῦ. *Exceedingly*: P. and V. σφόδρᾰ, μᾰ́λᾰ, πολύ; see *exceedingly*, *much*.

Dearness, subs. *Expensiveness*: P. πολυτέλεια, ἡ (Xen.).

Dearth, subs. P. and V. σπᾰ́νῐς, ἡ, ἀπορία, ἡ, ἐρημία, ἡ, P. ἔνδεια, ἡ, V. ἀχηνία, ἡ. *Need*: P. and V. χρεία, ἡ.

Death, subs. P. and V. θᾰ́νᾰτος, ὁ, ὄλεθρος, ὁ, τελευτή, ἡ, V. μόρος, ὁ, μοῖρα, ἡ, Ἅιδης, ὁ, τὸ θνήσκειν, πότμος, ὁ; see *destruction*. *On the point of death*, adj.: P. ἐπιθάνατος; see *dying. When the blood has ebbed in painless death :* V. αἱμάτων εὐθνησίμων ἀπορρυέντων (Æsch., *Ag.* 1293).

Deathless, adj. P. and V. ἀθάνατος, Ar. and V. ἄφθιτος, V. ἀείζως (Æsch., *Frag.*), ἀείζωος (Æsch., *Frag.*). *Immortal :* P. ἀΐδιος, αἰώνιος. *Ageless :* P. and V. ἀγήρως: see *immortal*.

Debar, v. trans. *Exclude :* P. and V. εἴργειν, ἐξείργειν, ἀπείργειν, ἐκκλῄειν, ἀποκλῄειν. V. κατείργειν. *Prevent :* P. and V. κωλύειν, ἐπικωλύειν, Ar. and P. διακωλύειν, κατακωλύειν, P. ἀποκωλύειν. *Hinder :* P. and V. ἐμποδίζειν, ἐμποδὼν εἶναι (dat.).

Debark, v. intrans. See *disembark*.

Debase, v. trans. *Corrupt :* P. and V. διαφθείρειν. *Debase money :* Ar. and P. κιβδηλεύειν.

Debased, adj. *Corrupt :* P. διεφθαρμένος. *Base :* P. and V. αἰσχρός, κακός, ἀνάξιος. Of money : P. and V. κίβδηλος, Ar. and P. παράσημος.

Debatable, adj. P. ἀμφισβητήσιμος, ἀμφίλογος.

Debate, v. trans. *Discuss, examine :* P. and V. ἐξετάζειν, σκοπεῖν, ἐπεξέρχεσθαι, ἐπισκοπεῖν, διαπεραίνειν. V. intrans. *Meditate :* P. and V. βουλεύεσθαι, φροντίζειν, λογίζεσθαι, ἐννοεῖν (or mid.), συννοεῖν (or mid.), P. διαβουλεύεσθαι. *Be in doubt :* P. and V. ἀπορεῖν. *Debating whether to be wroth with the city :* V. ὡς ἀμφίβουλος οὖσα θυμοῦσθαι πόλει (Æsch., *Eum.* 733). *Take counsel :* P. and V. βουλεύεσθαι, P. διαβουλεύεσθαι. *Dispute :* P. ἀμφισβητεῖν.

Debate, subs. *Reflection :* P. and V. σύννοια, ἡ, P. ἔννοια, ἡ, Ar. and V. φροντίς, ἡ (rare P.). *Perplexity, doubt :* P. and V. ἀπορία, ἡ. *Dispute :* P. ἀμφισβήτησις, ἡ. *Talk :* P. and V. λόγοι, οἱ. *Let us hold debate together :* V. εἰς κοινοὺς λόγους ἔλθωμεν (Eur., *Or.* 1098).

Debater, subs. Politically : use P. ἀγωνιστής, ὁ. *Orator :* P. and V. ῥήτωρ, ὁ.

Debauch, v. trans. P. and V. διαφθείρειν, λωβᾶσθαι (Plat.), P. καταισχύνειν, V. αἰσχύνειν, διολλύναι.

Debauch, subs. *Feasting :* Ar. and P. εὐωχία, ἡ. *Revelry :* P. and V. κῶμος, ὁ.

Debauchee, subs. Use adj., P. ἀσελγής, P. and V. ἀκόλαστος.

Debauchery, subs. See *debauch*. *Intemperance :* P. ἀσέλγεια, ἡ, ἀκολασία, ἡ.

Debility, subs. P. and V. ἀσθένεια, ἡ (once Eur., *H. F.* 269).

Debouch, v. intrans. P. and V. ἐξέρχεσθαι. Of a river : P. ἐξίεναι (ἐξίημι), ἐκβάλλειν.

Debris, subs. V. ἐρείπια, τά; see *ruin*.

Debt, subs. Ar. and P. χρέος, τό, P. ὀφείλημα, τό. *Be in debt*, v. : P. and V. ὀφείλειν. *In debt*, adj. : Ar. and P. ὑπόχρεως. *Deeply in debt :* P. ὑπέρχρεως. *The debt due to parents for one's rearing :* P. and V. τροφεῖα, τά. *Cancelling of debts :* P. χρεῶν ἀποκοπή, ἡ. *Be imprisoned for debt :* P. δεθῆναι ἐπὶ χρήμασι (Dem. 610).

Debtor, subs. P. χρήστης, ὁ, P. and V. ὀφειλέτης, ὁ. Fem., V. ὀφειλέτις, ἡ. *Be a debtor*, v. : P. and V. ὀφείλειν.

Decadent, adj. *Inferior :* P. and V. χείρων, ἥσσων, P. καταδεέστερος.

Decamp, v. intrans. Ar. and P. αὐτομολεῖν, ἀποτρέχειν (Xen.), ἀποδιδράσκειν.

Decapitate, v. trans. P. ἀποτέμνειν τὴν κεφαλήν (τινός), V. καρατομεῖν, αὐχενίζειν, κάρα τέμνειν (τινός), κρᾶτα τέμνειν (τινός), κάρα θερίζειν (τινός).

Decay, v. intrans. *Waste away :* P. and V. μαραίνεσθαι, φθίνειν (Plat.), V. ἀποφθίνειν, καταφθίνειν, P. ἀπομαραίνεσθαι (Plat.); see *pine*. *Rot, fall to pieces :* P. and V. τήκεσθαι (Plat.), σήπεσθαι, ἀπορρεῖν, Ar. and P. κατασήπεσθαι. Met., *pass away :* P. and V. διαρρεῖν, ἀπορρεῖν, V. φθίνειν.

Decay, subs. As opposed to *growth :* P. φθορά, ἡ, φθίσις, ἡ. *Dankness,* *mould*: P. and V. εὐρώς, ὁ. *Rottenness*: P. σηπεδών, ἡ. *Rust*: P. ἰός, ὁ. Met., *ruin*: P. and V. διαφθορά, ἡ, ὄλεθρος, ὁ.

Decease, subs. P. and V. θάνατος, ὁ, τελευτή, ἡ; see *death*.

Decease, v. intrans. P. and V. ἀπαλλάσσεσθαι (with or without βίου), ἐκλείπειν βίον (βίον sometimes omitted in P.).

Deceased, adj. See *dead*.

Deceit, subs. P. and V. ἀπάτη, ἡ, στροφή, ἡ, δόλος, ὁ (rare P.), μηχάνημα, τό, σόφισμα, τό, Ar. and P. κλέμμα, τό; see *deceitfulness*, *trick*.

Deceitful, adj. P. and V. διπλοῦς (Plat.), P. ἀπατηλός. *Cunning*: P. and V. ποικίλος (Plat.), πανοῦργος, πυκνός (Plat.), ἐπίτριπτος, V. παλιντριβής, μηχανορράφος, Ar. and V. δόλιος, αἱμύλος (once in Plat.). Fem. adj., V. δολῶπις.

Deceitfully, adv. P. πανούργως, Ar. and V. δόλῳ, V. ἐν δόλῳ, σὺν δόλῳ. *Darkly, obscurely*: Ar. and V. ποικίλως.

Deceitfulness, subs. P. and V. δόλος, ὁ (rare P.), ἀπάτη, ἡ, Ar. and P. φενακισμός, ὁ, P. παράκρουσις, ἡ, ἐξαπατή, ἡ. *Fraud*: P. and V. πανουργία, ἡ. *Artfulness*: Ar. πυκνότης, ἡ.

Deceive, v. trans. P. and V. ἀπατᾶν, ἐξαπατᾶν (Eur., *Hipp.* 1406), παράγειν, κλέπτειν, Ar. and P. φενακίζειν, P. παρακρούεσθαι, Ar. and V. δολοῦν, V. φηλοῦν, παραπατᾶν, ἐκκλέπτειν; see *cheat*. *Join in deceiving*: P. συνεξαπατᾶν (dat. or absol.). *Lead astray*: P. and V. πλανᾶν. *Easy to deceive*, adj: P. εὐεξαπάτητος, εὐαπάτητος. *Hard to deceive*: P. δυσεξαπάτητος. *Be deceived in, be baulked of*, v.: P. and V. ψεύδεσθαι (gen.), σφάλλεσθαι (gen.), ἀποσφάλλεσθαι (gen.), ἁμαρτάνειν (gen.).

Deceiver, subs. P. ἀπατεών, ὁ, V. φηλήτης, ὁ, Ar. and P. σοφιστής, ὁ. *Charlatan*: P. and V. γόης, ὁ, μάγος, ὁ, ἀγύρτης, ὁ, Ar. φέναξ, ὁ.

December, subs. Use P. Ποσειδεών, ὁ.

Decemvir, subs. P. δεκάδαρχος, ὁ (late).

Decemvirate, subs. P. δεκαδαρχία, ἡ (late).

Decency, subs. P. and V. εὐκοσμία, ἡ, τὸ κόσμιον, τὸ πρέπον, τὸ προσῆκον, Ar. and P. κοσμιότης, ἡ. *Shame*: P. and V. αἰδώς, ἡ.

Decennial, adj. P. δεκέτης, δεκαέτης.

Decent, adj. P. and V. εὐσχήμων, εὔκοσμος, κόσμιος. *Befitting*: P. and V. πρέπων, προσήκων, εὐπρεπής. *From which one could not buy formerly even a decent slave*: P. ὅθεν οὐδ' ἀνδράποδον σπουδαῖον οὐδὲν ἦν πρότερον πρίασθαι (Dem. 119).

Decently, adv. Ar. and P. κοσμίως, εὐσχημόνως (Xen.), V. εὐσχήμως. *Befittingly*: P. and V. εὐπρεπῶς, πρεπόντως, P. προσηκόντως.

Deception, subs. P. and V. ἀπάτη, ἡ, Ar. and P. φενακισμός, ὁ, P. παράκρουσις, ἡ; see *deceit*, *deceitfulness*.

Deceptive, adj. P. ἀπατηλός. Met., of things, *hollow, unsound*: P. and V. ὕπουλος, σαθρός. *Indistinct*: P. and V. ἀσαφής. *Delusive*: V. κέρτομος.

Deceptiveness, subs. P. πλανή, ἡ; see *deceitfulness*.

Decide, v. trans. P. and V. δικάζειν, διαγιγνώσκειν, κρίνειν, διαιρεῖν, γιγνώσκειν, Ar. and P. διακρίνειν, V. διειδέναι. *Arbitrate on*: P. and V. βραβεύειν (acc.) (Eur., *Hel.* 996), P. διαιτᾶν (acc.). *Determine, fix*: P. and V. ὁρίζειν, διορίζειν. *Bring to an end, settle*: Ar. and P. διαλύειν; see *end*. *Come to a decision*: P. ἐπιγιγνώσκειν (absol.). *Resolve* (with infin. following): P. and V. βουλεύειν, ἐννοεῖν, νοεῖν, P. γνώμην ποιεῖσθαι, Ar. and P. διανοεῖσθαι, ἐπινοεῖν (all with infin.). *It is decided*: P. and V. δέδοκται, δεδογμένον (ἐστί) (both with infin.). *Be speedily decided* (of a battle): P. ταχεῖαν τὴν κρίσιν ἔχειν (Thuc. 1, 23). *Easy to decide*, adj.: V. εὔκριτος. *Hard to decide*: P. and V. δύσκριτος (Plat.).

Decided, adj. *Obstinate*: P. and V. αὐθάδης. Of things: P. ἰσχυρός.

Unquestionable: P. ἀναμφισβήτητος. *Clear*: P. and V. σᾰφής. *Gain a decided victory*: P. and V. πολὺ νῑκᾶν.

Decidedly, adv. *Unquestionably*: P. ἀναμφισβητήτως. *Clearly*: P. and V. σᾰφῶς. *Much*: P. and V. πολύ, σφόδρᾰ, κάρτᾰ (Plat. but rare P.). In answer to a question: P. and V. μάλιστά γε, Ar. and P. ἀμέλει, κομῐδῇ γε; see *yes*.

Decimate, v. trans. Use *kill, destroy*.

Decipher, v. trans. *Interpret*: P. and V. ἑρμηνεύειν. *Read*: Ar. and P. ἀνᾰγιγνώσκειν.

Decision, subs. *Resolve, purpose*: P. and V. γνώμη, ἡ, βούλευμα, τό, βουλή, ἡ, V. γνῶμα, τό; see *determination*. *Decree*: P. and V. ψήφισμα, τό, P. δόγμα, τό, διαγνώμη, ἡ. *Judgment*: P. and V. κρῐσις, ἡ, P. διάγνωσις, ἡ, διάκρισις, ἡ, διαψήφισις, ἡ. *Finding, sentence*: P. ἀπόφασις, ἡ. *Give a decision against* (in an arbitration): P. καταδιαιτᾶν (gen. or absol.). *Give a decision in favour of*: P. ἀποδιαιτᾶν (gen.). *Come to a decision*: P. διαψηφίζεσθαι; see *decide*.

Decisive, adj. P. and V. κύριος; see *decided*. *The decisive time*, subs.: P. and V. καιρός, ὁ; see *crisis*. *Win a decisive victory*: P. and V. πολὺ νῑκᾶν, P. παρὰ πολὺ νικᾶν.

Decisively, adv. See *decidedly*.

Deck, subs. P. κατάστρωμα, τό, V. σᾰνῐς, ἡ. *Boats with decks*: P. πλοῖα κατάφρακτα, τά.

Deck, v. trans. *Adorn*: P. and V. κοσμεῖν, V. ἀγάλλειν, ἀσκεῖν, ἐξασκεῖν; see *trick out*. *Deck oneself out*: Ar. and P. καλλωπίζεσθαι.

Decked, adj. *Adorned*: V. εὔκοσμος. *Covered in* (of a boat): P. κατάφρακτος, ἐστεγασμένος.

Declaim, v. trans. Ar. and P. δημηγορεῖν (acc. or absol.). *Recite*: Ar. and P. ῥαψῳδεῖν (acc. or absol.). *Recite in a tragic manner*: P. τραγῳδεῖν (acc.). *Practise rhetoric*: P. ῥητορεύειν, μελετᾶν. *Train the voice*: P. φωνασκεῖν (absol.).

Declamation, subs. *Recitation*: P. ῥαψῳδία, ἡ. *Public speaking*: P. δημηγορία, ἡ. *Speech made for show*: P. ἐπίδειξις, ἡ. *Training of the voice*: P. φωνασκία, ἡ. *The art of declamation*: P. ἡ ῥητορική.

Declamatory, adj. P. ῥητορικός, δημηγορικός.

Declaration, subs. *Exposition*: P. ἀπόδειξις, ἡ. *Proclamation*: P. and V. κήρυγμα, τό. *Evidence before a magistrate*: P. ἀπογραφή, ἡ. *Assertion*: P. and V. λόγος, ὁ.

Declare, v. trans. *Make known, explain*: P. and V. φαίνειν, ἐξηγεῖσθαι, ἑρμηνεύειν, συμβάλλειν, δηλοῦν, σημαίνειν (Plat.), δεικνῦναι, φράζειν, διειπεῖν (Plat.), V. ἐκφράζειν, σᾰφηνίζειν (also Xen.). *Express (an opinion)*: P. and V. ἀποφαίνεσθαι, P. ἀποδείκνυσθαι. *Announce*: P. and V. ἀγγέλλειν, ἀπαγγέλλειν, διαγγέλλειν, ἐξαγγέλλειν, ἐκφέρειν, σημαίνειν, προσημαίνειν, V. προὐννέπειν, γεγωνεῖν, γεγωνίσκειν, προφωνεῖν, ἐκβάζειν, Ar. and V. θροεῖν; see also *proclaim, say*. *Narrate*: P. and V. λέγειν, ἐξηγεῖσθαι, διέρχεσθαι, ἐπεξέρχεσθαι, φράζειν, ἐξειπεῖν, Ar. and P. διηγεῖσθαι, διεξέρχεσθαι, V. ἐκφράζειν, πῐφαύσκειν (Æsch.). *Assert*: P. and V. φάσκειν, φᾰναι, P. διατείνεσθαι, ἰσχυρίζεσθαι, διισχυρίζεσθαι, V. αὐχεῖν (rare P.), ἐξαυχεῖν. *Declare as a witness*: P. and V. μαρτῠρεῖν. *Declare on oath*: see *swear*. *Declare for, take the side of*: P. and V. προστίθεσθαι (dat.). *Declare (war)*: P. προαγορεύειν (πόλεμον). *Waiting to see on which side victory would declare itself*: P. περιορώμενοι ὁποτέρων ἡ νίκη ἔσται (Thuc. 4, 73).

Declared, adj. *Open, manifest*: P. and V. φᾰνερός, σᾰφής.

Decline, v. trans. P. and V. ἀπωθεῖν (or mid.), πᾰρωθεῖν (or mid.), διωθεῖσθαι, οὐ δέχεσθαι, ἀναίνεσθαι (Dem. but rare P.), ἀρνεῖσθαι (Dem. 319), ἀπαρνεῖσθαι (Thuc. 6, 56), Ar. and P. οὐκ ἀποδέχεσθαι. *Avoid*: P. and

V. ἀφίστασθαι (gen.), εὐλἄβεῖσθαι; see *avoid*. *Decline* (*an invitation*): P. ἐπαινεῖν (acc.) (Xen.; cf. Ar., *Ran.* 508). V. intrans. *Not to be willing*: Ar. and P. οὐκ ἐθέλειν, Ar. and V. οὐ θέλειν, V. ἀναίνεσθαι. *Sink, set*: P. and V. δύνειν, δύεσθαι, V. φθίνειν. *Degenerate*: P. ἐκπίπτειν, ἀποκλίνειν, ἐξίστασθαι. *Decay*: P. and V. διαρρεῖν, ἀπορρεῖν, V. φθίνειν.

Decline, subs. *Consumption*: P. φθόη, ἡ.

Declivity, subs. P. and V. λόφος, ὁ, V. κλῖτύς, ἡ; see *slope*.

Decompose, v. trans. *Rot*: P. and V. σήπειν. *Break up*: Ar. and P. διἄλύειν. V. intrans. P. and V. τήκεσθαι, σήπεσθαι, Ar. and P. κἄτἄσήπεσθαι.

Decomposed, adj. P. διεφθαρμένος.

Decorate, v. trans. P. and V. κοσμεῖν, V. ἀγάλλειν, ἀσκεῖν, ἐξασκεῖν. *Crown*: P. and V. στεφἄνοῦν; see *crown, adorn*.

Decoration, subs. P. and V. κόσμος, ὁ. *Ornament*: V. ἄγαλμα, τό. *Crown* (as reward for merit): P. and V. στέφἄνος, ὁ; see *adornment*.

Decorous, adj. P. and V. κόσμιος, εὐσχήμων, εὔκοσμος.

Decorously, adv. Ar. and P. κοσμίως, εὐσχημόνως (Xen.), V. εὐσχήμως.

Decorousness, subs. See *decorum*.

Decorum, subs. P. and V. εὐκοσμία, ἡ, τὸ κόσμιον, Ar. and P. κοσμιότης, ἡ.

Decoy, v. trans. P. δελεάζειν. *Lead on*: P. and V. ἐπάγειν; see *beguile*.

Decoy, subs. *Bait*: P. and V. δέλεαρ, τό, Ar. δελέασμα, τό.

Decrease, v. trans. P. μειοῦν, ἐλασσοῦν. V. intrans. P. μειοῦσθαι, ἐλασσοῦσθαι. Met., *fade*: P. and V. διαρρεῖν, ἀπορρεῖν, V. φθίνειν.

Decree, v. trans. Ar. and P. ψηφίζεσθαι. *It is decreed*: P. and V. δοκεῖ. *Command*: P. and V. κελεύειν; see *command*. *Proclaim*: P. and V. κηρύσσειν, προειπεῖν, ἀνἄκηρύσσειν; see *proclaim*.

Decree, subs. *Vote of the people*: P. and V. ψήφισμα, τό, ψῆφος, ἡ. Generally: P. διαγνώμη, ἡ, δόγμα, τό. *Proclamation*: P. and V. κήρυγμα, τό.

Decrepit, adj. P. and V. ἀσθενής, P. ἄρρωστος, V. ἄναρθρος, Ar. σαπρός. *Become decrepit, grow old*: P. and V. γηράσκειν, Ar. and P. κἄτἄγηράσκειν.

Decrepitude, subs. *Weakness*: P. and V. ἀσθένεια, ἡ (once Eur., *H. F.* 269). *Old age*: P. and V. γῆρας, τό.

Decry, v. trans. P. and V. διἄβάλλειν, P. διασύρειν. *Blame*: P. and V. μέμφεσθαι (acc. or dat.); see *blame*.

Dedicate, v. trans. P. and V. κἄθῖερουν, Ar. and V. κἄθοσιοῦσθαι, V. ἁγνίζειν, Ar. and P. κἄθἄγίζειν, P. ἱεροῦν; see also *devote*. *Dedicate offerings*: P. and V. ἀνἄτῐθέναι (Eur., *Ion*, 1384). *Be dedicated*: P. ἀνακεῖσθαι. *Set up in honour of a god*: P. and V. ἱδρύειν. *Dedicate* (*land to a god*): P. τεμενίζειν (acc.), ἀνιέναι (acc.). *Dedicating my body to death*: V. Ἅιδῃ προστιθεῖσ' ἐμὸν δέμας (Eur., *Hec.* 368). *Polynices dedicated these shields to the gods*: V. τάσδε Πολυνείκης θεοῖς ἀσπίδας ἔθηκε (Eur., *Phoen.* 575).

Dedication, subs. *Act of dedication*: P. ἀνάθεσις, ἡ.

Dedicatory offering, subs. P. and V. ἀνάθημα, τό.

Deduce, v. trans. *Infer*: P. and V. εἰκάζειν, τεκμαίρεσθαι; see *infer*. *Draw a conclusion*: P. συλλογίζεσθαι.

Deduct, v. trans. P. and V. ἀφαιρεῖν (Dem. 824).

Deduction, subs. *Inference*: P. συλλογισμός, ὁ.

Deductive, adj. P. συλλογιστικός (Arist.).

Deductively, adv. P. συλλογιστικῶς (Arist.).

Deed, subs. P. and V. πρᾶγμα, τό, πρᾶξις, ἡ, ἔργον, τό, Ar. and V. πρᾶγος, τό, V. ἔργμᾰ, τό. *In deed*, as opposed to *word*: P. and V. ἔργῳ, V. ἔργοις. *Legal document*:

Ar. and P. γράμμᾰτα, τά, γραμμᾰτεῖον, τό.

Deem, v. trans. P. and V. νομίζειν, ἡγεῖσθαι, ἄγειν (Thuc. 8, 81), V. νέμειν. *Be deemed*: P. and V. δοκεῖν.

Deep, adj. P. and V. βᾰθύς. Of sound: P. and V. βᾰρύς (Eur., *Hipp.* 1202). *A deep cut*: P. βαθὺ τμῆμα (Plat.). *Abstruse*: P. and V. ποικίλος, πολύπλοκος. *Cunning*: P. and V. ποικίλος, πυκνός. *Wise*: P. and V. σοφός. Of sorrow, etc.: use P. and V. πολύς. *Deep silence*: P. and V. πολλὴ σιωπή. *Deep and dark*: V. μελαμβᾰθής. *Deep-flowing*: V. βᾰθύρρους. *Deep-rooted*: lit., V. βᾰθύρριζος; met., *innate*: P. and V. σύμφῠτος, ἔμφῠτος (Eur., *Frag.*). *To draw up one's line four deep*: P. ἐπὶ τεσσάρων τάσσεσθαι (mid.) (Thuc. 2, 90). *The Thebans arranged their line twenty-five shields deep*: ἐπ' ἀσπίδας πέντε μὲν καὶ εἴκοσι Θηβαῖοι ἐτάξαντο (Thuc. 4, 93). *The Athenians having their ships drawn up one deep*: P. οἱ Ἀθηναῖοι κατὰ μίαν ναῦν τεταγμένοι (Thuc. 2, 84). *Deep down in*: P. and V. ὑπό (gen.).

Deep, subs. *Sea*: P. and V. θάλασσα, ἡ, Ar. and V. ἅλς, ὁ, V. ἅλμη, ἡ. *Open sea*: P. and V. πέλᾰγος, τό, Ar. and V. πόντος, ὁ (rare P.). *Deeps*: Ar. and V. βύθος, ὁ.

Deepen, v. trans. *Make deeper*: use P. βαθύτερον ποιεῖσθαι. *Increase*: P. and V. αὐξάνειν, αὔξειν. V. intrans. *Become deeper*: use P. βαθύτερος γίγνεσθαι. *Increase*: P. and V. αὐξάνεσθαι, αὔξεσθαι, V. ὀφέλλεσθαι.

Deeply, adv. Met., *much*: P. and V. πολύ, σφόδρᾰ, κάρτᾰ (Plat. but rare P.), P. ἰσχυρῶς. *Wisely*: P. and V. σοφῶς. *Abstrusely*: Ar. and V. ποικίλως.

Deepness, subs. Of a voice: P. βαρύτης, ἡ; see *depth.*

Deer, subs. P. and V. ἔλᾰφος, ὁ or ἡ. *Fawn*: Ar. and V. νεβρός, ὁ.

Deface, v. trans. *Obliterate*: P. and V. ἐξᾰλείφειν, ἀφᾰνίζειν. *Mar*: P. and V. διαφθείρειν, αἰκίζεσθαι, λῡμαίνεσθαι, λωβᾶσθαι (Plat.). *Mutilate*: P. περικόπτειν.

Defacement, subs. *Obliteration*: Ar. and P. ἀφάνισις, ἡ. *Ruin*: P. and V. διαφθορά, ἡ. *Outrage*: P. and V. αἰκία, ἡ, λώβη, ἡ (Plat.), λῦμη, ἡ (Plat.). *Mutilation*: P. περικοπή, ἡ.

Defalcate, v. intrans. P. and V. κλέπτειν; see *embezzle.*

Defalcation, subs. P. κακουργία, ἡ, κακούργημα, τό. *Theft*: P. and V. κλοπή, ἡ.

Defamation, subs. P. and V. ὕβρις, ἡ, διᾰβολή, ἡ, P. κακηγορία, ἡ, βλασφημία, ἡ, βασκᾰνία, ἡ, Ar. and P. σῡκοφαντία, ἡ, λοιδορία, ἡ; see *abuse.*

Defamatory, adj. Ar. and P. διάβολος, βάσκᾰνος, P. βλάσφημος, συκοφαντικός; see *abusive.*

Defame, v. trans. P. and V. διᾰβάλλειν, κᾰκῶς λέγειν, λοιδορεῖν (or mid. with dat.), ὑβρίζειν, Ar. and P. σῡκοφαντεῖν, P. διασύρειν, βασκαίνειν, βλασφημεῖν (εἰς, acc. or κατά, gen.), V. κᾰκοστομεῖν, δυστομεῖν; see *abuse.*

Default, subs. *Deficiency*: P. ἔνδεια, ἡ, ἔλλειψις, ἡ. *Default in payment*: P. ὑπερημερία, ἡ. *Make default, go bankrupt,* v.: P. ἀνασκευάζεσθαι. *In default of, without*: P. and V. ἄνευ (gen.), χωρίς (gen.) (Plat. and Isoc.), V. δίχᾰ (gen.); see *without.* *Judgment by default*: P. ἐρήμη δίκη, or ἐρήμη alone. *Let judgment go by default*: P. τὴν δίκην ἐρῆμον ὀφλισκάνειν (Dem. 889).

Default, v. intrans. *Not to appear in court*: P. οὐκ ἀπαντᾶν. *Go bankrupt*: P. ἀνασκευάζεσθαι.

Defaulter, subs. *Defaulting debtor*: use adj., P. ὑπερήμερος.

Defeat, v. trans. *Conquer*: P. and V. νῑκᾶν, V. ὑπερβάλλεσθαι; see *conquer.* *Baffle*: P. and V. σφάλλειν, P. ἐκκρούειν. *Defeat a plot*: P. καταπαύειν ἐπιβουλήν (Thuc. 8, 24). *Defeat at sea*: P. καταναυμαχεῖν (acc.). *Be defeated*: P. and V. ἡσσᾶσθαι, σφάλλεσθαι.

Defeat, subs. P. ἧσσα, ἡ, πταῖσμα, τό. *Failure*: P. and V. σφάλμᾰ, τό, P. πταῖσμα, τό.

Defect, subs. *Deficiency*: P. ἔνδεια, ἡ, ἔλλειψις, ἡ. *Imperfection*: P. and V. ἁμαρτία, ἡ, P. ἁμάρτημα, τό, πλημμέλεια, ἡ. *Bodily defect*: P. πονηρία, ἡ (Plat.), αἶσχος, τό (Plat.); see *blemish*. *Defects, shortcomings*: P. ἐλλείμματα, τά.

Defection, subs. *Revolt*: P. ἀπόστασις, ἡ.

Defective, adj. *Deficient*: P. and V. ἐνδεής, οὐχ ἱκᾰνός, P. ἐλλιπής. *Faulty*: P. and V. πλημμελής.

Defectively, adv. *Deficiently*: P. ἐνδεῶς, οὐχ ἱκανῶς. *Faultily*: P. πλημμελῶς.

Defence, subs. *Bulwark*: P. and V. ἔρῠμα, τό, ἔπαλξις, ἡ, V. ἕρκος, τό. Used concretely of a person: V. ἔρεισμα, τό, πύργος, ὁ. *Defence against*: P. and V. πρόβλημα, τό (gen.), V. ἔρῠμα, τό (gen.), ῥῦμα, τό (gen.), ἔπαλξις, ἡ (gen.), ἀλκή, ἡ (gen.), P. προβολή, ἡ (gen.). *Defences (of a town, etc.)*: P. and V. ἔρῠμα, τό, τεῖχος, τό, P. τείχισμα, τό, V. ἕρκη, τά. *These are the defences I threw up to protect Attica*: P. ταῦτα προὐβαλόμην πρὸ τῆς Ἀττικῆς (Dem. 325). *Protection*: P. and V. φῠλᾰκή, ἡ, σωτηρία, ἡ, V. ῥῦμα, τό, ἔρῠμα, τό; see *protection*. *Means of defence*: P. and V. σωτηρία, ἡ, V. ἀλκή, ἡ. *Assistance*: P. and V. ἐπῐκουρία, ἡ, P. βοήθεια, ἡ; see *assistance*. *Come to the defence of*, v.: P. and V. βοηθεῖν (dat.); see *assist*. *Reply to charges*, subs.: P. ἀπολογία, ἡ, ἀπολόγημα, τό. *Advocacy*: P. συνηγορία, ἡ. *Justification*: P. δικαίωμα, τό.

Defenceless, adj. P. and V. ἀφύλακτος, ἄφρακτος, P. ἀφρούρητος. *Bare*: P. and V. ἐρῆμος. *Unwalled*: P. ἀτείχιστος. *Unarmed*: P. and V. γυμνός, P. ἄοπλος, V. ψῑλός, ἄσκευος, ἀτευχής.

Defencelessness, subs. P. and V. ἐρημία, ἡ.

Defend, v. trans. P. and V. ἀμύνειν (dat.), Ar. and P. ἐπᾰμύνειν (dat.). *Guard*: P. and V. φῠλάσσειν, φρουρεῖν, διᾰφῠλάσσειν, Ar. and P. τηρεῖν, V. ἐκφῠλάσσειν, ῥύεσθαι; see also *fortify*. *Champion*: P. and V. προστᾰτεῖν (gen.), προΐστασθαι (gen.), V. ὑπερμαχεῖν (gen.); see *aid*, *champion*. *Vindicate*: P. ἀπολογεῖσθαι περί (gen.), ὑπεραπολογεῖσθαι (gen.), P. and V. ἀπολογεῖσθαι ὑπέρ (gen.) (once Eur., *Bacch.* 41). *Join in defending*: P. συναπολογεῖσθαι (dat.). *Advocate*: P. and V. σῠνηγορεῖν (dat.); see *advocate*. *Answer for*: Ar. ὑπερᾰποκρίνεσθαι (gen.). *Defend, praise (an action)*: P. and V. ἐπαινεῖν, V. αἰνεῖν (Eur., *Or.* 499). *Defend an action at law*: P. πρὸς δίκην ἀπαντᾶν. *Defend oneself*: P. and V. ἀμύνεσθαι. *Defend oneself in court*: Ar. and P. ἀπολογεῖσθαι. *Defend oneself against*: P. and V. ἀμῠνεσθαι (acc.), V. ἐξᾰμύνεσθαι (acc.), ἀλέξεσθαι (acc.) (also Xen. but rare P.); see *ward off*.

Defendant, subs. P. ἀντίδικος, ὁ or ἡ, P. and V. ὁ φεύγων (Eur., *El.* 1269); or use in referring to the *defendant in court*, P. οὗτος, οὑτοσί. *Be defendant*, v.: P. and V. φεύγειν, Ar. and P. ἀντιδῐκεῖν.

Defender, subs. V. ἀμύντωρ, ὁ. *Guard*: P. and V. φύλαξ, ὁ or ἡ, φρουρός, ὁ. *Champion*: P. and V. προστᾰ́της, ὁ.

Defensible, adj. Of a military position: P. ἐχυρός (lit., *strong*). *Be defensible* (of conduct): P. ἀπολογίαν ἔχειν, P. and V. συγγνώμην ἔχειν (*admit of excuse*). *Pardonable*: V. σύγγνωστος, P. συγγνώμων.

Defensive, adj. P. ἀμυντήριος, V. ἀλεξητήριος. *Act on the defensive*, v.: P. and V. ἀμῠνεσθαι. *Defensive alliance*, subs.: P. ἐπιμαχία, ἡ. *Make an alliance with the Argives for defensive purposes*: P. πρὸς Ἀργείους συμμαχίαν ποιεῖσθαι ὥστε τῇ ἀλλήλων ἐπιμαχεῖν (Thuc. 5, 27).

Defer, v. trans. P. and V. ἀνᾰβάλλεσθαι (Eur., *Alc.* 526), εἰς αὖθις ἀποτίθεσθαι, P. παρωθεῖσθαι, ἐπέχειν (Thuc. 5, 63). *Defer to*: P. and V. συγχωρεῖν (dat.), ὑπείκειν (dat.), Ar. and P. πᾰρᾰχωρεῖν (dat.), ὑποχωρεῖν (dat.); see *yield to*. *Pay respect to*: Ar. and P. θερᾰπεύειν (acc.).

Deference, subs. *Paying respects*: P. θεραπεία, ἡ. *Respectfulness*: V. αἰδώς, ἡ. *Think ye in truth that he will pay deference or heed to the blind man*: V. ἦ καὶ δοκεῖτε τοῦ τυφλοῦ τιν' ἐντροπὴν ἢ φροντίδ' ἕξειν (Soph., *O. C.* 299).

Deferential, adj. P. θεραπευτικός (Xen.); see *modest*. *Fawning*: P. θωπευτικός.

Defiance, subs. *Challenge*: P. πρόκλησις, ἡ. *In defiance of*: P. and V. βίᾳ (gen.), V. πρὸς βίαν (gen.). *Courage*: P. and V. θάρσος, τό. *Bid defiance to*, v.: P. and V. θαρσεῖν (acc.). *Self-will*: P. αὐθάδεια, ἡ, Ar. and V. αὐθᾱδία, ἡ.

Defiant, adj. *Self-willed*: P. and V. αὐθάδης; see *bold, boastful*.

Defiantly, adv. *Obstinately*: Ar. and P. αὐθάδως; see *boldly, boastfully*.

Deficiency, subs. P. ἔνδεια, ἡ, ἔλλειψις, ἡ. *Want*: P. and V. ἀπορία, ἡ, σπάνῐς, ἡ. *Deficiencies, shortcomings*: P. ἐλλείμματα, τά.

Deficient, adj. P. and V. ἐνδεής, οὐχ ἱκᾰνός, P. ἐλλιπής. *Deficient in*: P. and V. ἐνδεής (gen.), P. ἐλλιπής (gen.), ἐπιδεής (gen.) (Plat.), V. χρεῖος (gen.). *Be deficient in*, v.: P. and V. ἐλλείπειν (gen.), ἀπολείπεσθαι (gen.), V. λείπεσθαι (gen.), πένεσθαι (gen.); see *lack*. *Be deficient*: P. and V. ἐλλείπειν, ἐκλείπειν, V. λείπειν.

Deficiently, adv. P. ἐνδεῶς, οὐχ ἱκανῶς.

Deficit, subs. P. ἔλλειμμα, τό.

Defile, v. trans. *Sully*: P. and V. μιαίνειν, διαφθείρειν, P. καταρρυπαίνειν, V. χραίνειν (also Plat. but rare P.), κηλῖδοῦν, χρώζειν. *Bring to dishonour*: P. and V. αἰσχῡ́νειν, κᾰταισχῡ́νειν. *Infect*: P. ἀναπιμπλάναι. *Defile with*: V. φύρειν (dat.) (Eur., *Hec.* 496). *Defiled with*, adj.: P and V. συμπεφυρμένος (dat.) (Plat.), πεφυρμένος (dat.) (Xen.), V. ἀνᾰπεφυρμένος (dat.). *Defile with blood*, v.: P. and V. αἱμᾰτοῦν (Thuc. in pass.), κᾰθαιμάσσειν (Plat.), Ar. and V. κᾰθαιμᾰτοῦν, V. φοινίσσειν, ἐκφοινίσσειν, αἱμάσσειν. V. intrans. *March*: P. and V. πορεύεσθαι.

Defile, subs. *Pass*: P. στενόπορα, τά, στενά, τά, P. and V. εἰσβολή, ἡ, ἄγκος, τό (Xen.), V. στενωπός, ἡ.

Defiled, adj. P. and V. μιᾰρός, Ar. and V. μῠσᾰρός; see *tainted*. *Defiled with blood*: V. μιαιφόνος. Met., *blood-guilty*: V. μιαιφόνος, πᾰλαμναῖος, προστρόπαιος (rare P.), P. ἐναγής. *One defiled with blood*, subs.: V. μιάστωρ, ὁ.

Defilement, subs. P. and V. μίασμα, τό, ἄγος, τό (Thuc., 2, 13), V. μῦσος, τό, λῦμα, τό. *Pollution*: P. μιαρία, ἡ. Met., *taint*: P. and V. κηλίς, ἡ; see *taint*.

Defiler, subs. P. and V. λῡμεών, ὁ, P. διαφθορεύς, ὁ, V. μιάστωρ, ὁ.

Define, v. trans. P. and V. ὁρίζειν, διορίζειν; see *decide, limit*.

Definite, adj. P. and V. σᾰφής. *Exact*: P. and V. ἀκρῑβής. *Well-defined, fixed*: P. and V. βέβαιος.

Definitely, adv. P. and V. σᾰφῶς. *Exactly*: P. and V. ἀκρῑβῶς. *Expressly*: P. διαρρήδην.

Definition, subs. P. λόγος, ὁ (Plat.), ὁρισμός, ὁ (Arist.), ὅρος, ὁ (Arist.).

Deflower, v. trans. P. and V. διαφθείρειν, λωβᾶσθαι (Plat.), P. καταισχύνειν, V. αἰσχύνειν, διολλύναι.

Deform, v. trans. P. and V. διαφθείρειν, λῡμαίνεσθαι (acc. or dat.), αἰκίζεσθαι, λωβᾶσθαι (Plat.), V. αἰκίζειν, κᾰταικίζεσθαι. *Distort*: P. and V. διαστρέφειν. *Impair, disable*: P. and V. βλάπτειν.

Deformed, adj. *Crippled*: P. and V. χωλός, P. ἀνάπηρος. *Distorted*:

V. διάστροφος. *Ugly*: P. and V. αἰσχρός (Plat.), δυσειδής (Soph., *Frag.*, Plat.), V. δύσμορφος.

Deformity, subs. P. πονηρία, ἡ (Plat.), αἶσχος, τό (Plat.).

Defraud, v. trans. *Cheat*: P. and V. ἀπᾰτᾶν, ἐξᾰπᾰτᾶν, πᾰράγειν, κλέπτειν, P. παρακρούεσθαι, Ar. and V. δολοῦν, V. φηλοῦν, πᾰρᾰπᾰτᾶν, ἐκκλέπτειν. *Defraud of*: P. and V. συλᾶν (τινά τι), ἀποσυλᾶν (τινά τι); see *deprive*. *Be defrauded of*: P. and V. σφάλλεσθαι (gen.), ἀποσφάλλεσθαι (gen.), ψεύδεσθαι (gen.).

Defrauder, subs. *Thief*: P. and V. κλέπτης, ὁ. *One who deprives*: P. ἀποστερητής, ὁ (Plat.).

Defray, v. trans. *Provide*: P. and V. πᾰρέχειν. *Pay*: P. and V. τελεῖν; see *pay*. *Defray the expenses*: P. τὰ ἀναλώματα δαπανᾶν. *Defray the expenses of a chorus (at festivals)*: Ar. and P. χορηγεῖν (dat. or absol.).

Deft, adj. P. and V. σοφός, κομψός (Plat.), Ar. and P. δεξιός, P. τεχνικός, V. εὔχειρ; see *skilful*.

Deftly, adv. P. and V. σοφῶς, P. τεχνικῶς.

Deftness, subs. See *skill*.

Defunct, adj. See *dead*.

Defy, v. trans. *Challenge*: P. προκαλεῖσθαι. *Have no fear of*: P. and V. θαρσεῖν (acc.). *Baffle*: P. and V. σφάλλειν, P. ἐκκρούειν.

Degenerate, adj. P. and V. χείρων, κᾰκίων, P. καταδεέστερος. *Base*: Ar. and P. ἀγεννής.

Degenerate, v. intrans. P. ἐκπίπτειν, ἐξίστασθαι, ἀποκλίνειν, ἐπὶ τὸ χεῖρον μεταβάλλεσθαι. *He did not degenerate into inaction*: P. οὐκ ἐπὶ τὸ ῥᾳθυμεῖν ἀπέκλινεν (Dem. 13).

Degeneration, subs. Use P. ἐπὶ τὸ χεῖρον μεταβολή, ἡ.

Degradation, subs. *Dishonour*: P. and V. ἀτῑμία, ἡ, δύσκλεια, ἡ (Thuc., Plat.), ὄνειδος, τό, ἀδοξία, ἡ. *Disgrace*: P. and V. αἰσχύνη, ἡ. V. αἶσχος, τό; see *ignominy*. *Baseness*: P. and V. πονηρία, ἡ, κάκη, ἡ.

Degrade, v. trans. P. and V. ἀτῑμάζειν, ἀτῑμοῦν. *Bring low*: P. and V. κᾰθαιρεῖν, κᾰτᾰβάλλειν, συστέλλειν; see *abase*. *Bring to shame*: P. and V. αἰσχῡνειν, κᾰταισχῡνειν.

Degraded, adj. *Punished with degradation*: P. and V. ἄτῑμος. *Disgraceful*: P. and V. αἰσχρός. *Base*: P. and V. φαῦλος, πονηρός; see *base*. Of degree: P. and V. τᾰπεινός, ἀδόκῐμος.

Degrading, adj. P. and V. αἰσχρός, ἀνάξιος, τᾰπεινός; see *unseemly*, *ignominious*.

Degree, subs. *Measure*: P. and V. μέτρον, τό. *Limit*: P. and V. ὅρος, ὁ. *Amount*: P. and V. πλῆθος, τό. *Both in warmth and cold there are degrees both of more and less*: P. ἔν τε τῷ θερμοτέρῳ καὶ ψυχροτέρῳ τὸ μᾶλλόν τε καὶ ἧσσον ἔνι (Plat., *Phil.* 24B). *To come to such a degree of*: P. and V. εἰς τοσοῦτο ἀφικνεῖσθαι or ἥκειν (gen.). *To the last degree*: P. εἰς τὸ ἔσχατον, V. εἰς τοὔσχᾰτον. *By degrees*: Ar. and P. κᾰτὰ μικρόν, P. κατ' ὀλίγον, κατὰ βραχύ.

Degree, subs. *Rank*: P. and V. τάξῐς, ἡ, ἀξίωμα, τό. *High degree, nobility*: P. and V. εὐγένεια, ἡ, γενναιότης, ἡ, εὐδοξία, ἡ, τῑμή, ἡ, δόξα, ἡ. *Of high degree*, adj.: P. and V. γενναῖος, εὐγενής (Plat.), εὔδοξος. *Low degree*, subs.: P. and V. δυσγένεια, ἡ (Plat.), ἀδοξία, ἡ. *Of low degree*, adj.: P. ἄδοξος, Ar. and V. δυσγενής, P. and V. ἀδόκῐμος. *Degree of relationship*, subs.: Ar. and P. ἀγχιστεία, ἡ (see *Isae.* 83), V. ἀγχιστεῖα, τά (Soph., *Ant.* 174).

Deify, v. trans. Use P. δαίμονα ποιεῖσθαι (acc.). *Be deified*: P. δαίμων γίγνεσθαι (Plat., *Crat.* 398B). *A deified mortal*: use adj., V. ἀνθρωποδαίμων (Eur., *Rhes.* 971).

Deign, v. intrans. P. and V. ἀξιοῦν, δῐκαιοῦν (Soph. *Aj.* 1072), V. τολμᾶν, Ar. and V. τλῆναι (2nd aor. τλᾶν).

Deity, subs. P. and V. θεός, ὁ, δαίμων, ὁ or ἡ. *The deity* (impersonally): P. and V. τὸ θεῖον, P. δαιμόνιον, τό.

Dejected, adj. P. and V. ἄθῡμος (Xen., also Ar.), V. δύσθῡμος, κἄτηφής, δύσφρων, βἄρύψῡχος. *Be dejected*: P. and V. ἀθῡμεῖν, V. δυσθῡμεῖσθαι.

Dejectedly, adv. P. ἀθύμως (Xen.), δυσθύμως (Plat.).

Dejection, subs. P. and V. ἀθῡμία, ἡ, δυσθῡμία, ἡ (Plat.), P. κατήφεια, ἡ (Thuc.).

Delay, v. trans. *Defer*: P. and V. ἀνἄβάλλεσθαι (Eur., *Alc.* 526), εἰς αὖθις ἀποτίθεσθαι, P. ἐπέχειν (Thuc. 5, 63), παρωθεῖσθαι. *Hinder*: P. and V. κωλύειν, ἐμποδίζειν; see *hinder*.

Delay, v. intrans. P. and V. μέλλειν, ὀκνεῖν, χρονίζειν, σχολάζειν, τρίβειν, ἐπέχειν, ἐπίσχειν, βρἄδύνειν (Plat., *Polit.* 277B), P. διαμέλλειν, Ar. and P. διατρίβειν, V. κἄτασχολάζειν.

Delay, subs. P. and V. διατρϊβή, ἡ, τρϊβή, ἡ, μονή, ἡ, ἕδρα, ἡ, μελλήμἄτα, τά, P. μέλλησις, ἡ, ἐπιμονή, ἡ, ἐπίσχεσις, ἡ, V. μελλώ, ἡ (Æsch., *Ag.* 1356). *Hesitation*: P. and V. ὄκνος, ὁ. *Postponement*: P. and V. ἀνἄβολή, ἡ, V. ἀμβολή, ἡ.

Delectable, adj. P. and V. τερπνός, ἡδύς, V. χαρτός (also Plat. but rare P.); see *charming*, *delightful*.

Delectation, subs. *Pleasure*: P. and V. ἡδονή, ἡ.

Delegate, subs. *Commissioner*: P. συγγραφεύς, ὁ. *Ambassador*: P. πρεσβευτής, ὁ, Ar. and V. πρεσβύς, ὁ; pl., P. and V. πρέσβεις, οἱ; see *ambassador*.

Delegate, v. trans. *Intrust*: Ar. and P. ἐπιτρέπειν, P. πιστεύειν, ἐγχειρίζειν, V. εἰσχειρίζειν. *Hand over*: P. and V. πἄρἄδἴδόναι. *Choose*: P. and V. αἱρεῖσθαι.

Delegation, subs. *Embassy*: Ar. and P. πρεσβεία, ἡ.

Delete, v. trans. P. διαγράφειν, P. and V. ἐξἄλείφειν.

Deleterious, adj. P. and V. ἀσύμφορος, νοσώδης, P. βλαβερός, ἐπιζήμιος, ζημιώδης; see *harmful*.

Deliberate, v. intrans. P. and V. βουλεύεσθαι, φροντίζειν, λογίζεσθαι, συννοεῖν (or mid.), ἐννοεῖν (or mid.), P. διαβουλεύεσθαι, V. φράζεσθαι.

Deliberate, adj. *Prudent*: P. and V. σώφρων, Ar. and P. φρόνϊμος. *Cautious*: P. εὐλαβής. *Slow*: P. and V. βρἄδύς. *Intentional*: P. and V. ἑκούσιος; see *deliberately*. *Deliberate purpose*, subs.: P. προαίρεσις, ἡ.

Deliberately, adv. *Prudently*: P. and V. σωφρόνως, Ar. and P. φρονίμως. *Cautiously*: P. and V. εὐλἄβῶς. *Slowly*: P. βραδέως. *On purpose*: P. and V. ἐκ προνοίας (Eur., *H. F.* 598), P. ἐκ παρασκευῆς, βεβουλευμένως, ἐσκεμμένως, Ar. and P. ἐξεπίτηδες, ἐπίτηδες.

Deliberation, subs. P. and V. σύννοια, ἡ, P. ἔννοια, ἡ, Ar. and V. φροντίς, ἡ (rare P.). *Talk*: P. and V. λόγοι, οἱ. *Caution*: P. and V. εὐλἄβεια, ἡ. *Forethought*: P. and V. πρόνοια, ἡ, P. προμήθεια, ἡ, V. προμηθία, ἡ. *Slowness*: P. βραδύτης, ἡ.

Deliberative, adj. P. βουλευτικός.

Delicacy, subs. *Fastidiousness*: P. and V. τρῠφή, ἡ, ἁβρότης, ἡ (Plat.), χλῐδή, ἡ (Plat.). *Effeminacy*: P. μαλακία, ἡ. *Fineness* (of texture, etc.): P. λεπτότης, ἡ. *Scruple*: P. and V. ὄκνος, ὁ; see *scruple*. *Tenderness, softness*: P. ἁπαλότης, ἡ (Plat.). *Tact*: P. φιλανθρωπία, ἡ. *Weakness*: P. and V. ἀσθένεια, ἡ (rare V.), P. ἀρρωστία, ἡ. *Delicacies* (*in eating*): P. εὐπαθεῖαι, αἱ (Plat., *Rep.* 404D), P. and V. ὄψον, τό (Æsch., *Frag.*).

Delicate, adj. *Soft*: Ar. and P. μἄλἄκός, ἁπἄλός, V. ἁβρός, τέρην, Ar. and V. μαλθἄκός. *Fastidious*: Ar. and P. τρῠφερός. *Be delicate, fastidious*, v.: P. and V. τρῠφᾶν, V. ἁβρύνεσθαι. *Fine* (of texture), adj.: P. and V. λεπτός. *Weak*: P. and V. ἀσθενής. *Be delicate*, v.: P. and V. ἀσθενεῖν. *Causing scruples*, adj.: P. and V. ἐνθύμιος. *Pretty, elegant*: P. and V. κομψός. *Tactful*: Ar. and P. ἐμμελής. *Kind*: P. and V. φἴλάνθρωπος.

The matter is a delicate one: Ar. τὸ πρᾶγμα κομψόν (*Thesm.* 93).

Delicately, adv. *Elegantly*: Ar. and P. κομψῶς. *Stepping delicately with milk-white foot*: V. ἁβρὸν βαίνουσα παλλεύκῳ ποδί (Eur., *Med.* 1164). Of health: P. ἀσθενῶς, ἀρρώστως. *Tactfully*: P. φιλανθρώπως. *Hint at delicately*, v.: P. ὑπαινίσσεσθαι (acc.); see *hint*.

Delicious, adj. P. and V. ἡδύς, Ar. and V. γλὔκύς; see *delightful*.

Delight, v. trans. P. and V. εὐφραίνειν, τέρπειν, Ar. and V. προσγελᾶν (Æsch., *Eum.* 253). *Please*: P. and V. ἀρέσκειν (dat. or acc.), Ar. and V. ἁνδάνειν (dat.), V. προσσαίνειν, Ar. προσίεσθαι. *Delight in*: P. and V. ἥδεσθαι (dat.), χαίρειν (dat., or ἐπί, dat.), τέρπεσθαι (dat.), εὐφραίνεσθαι (dat.), ἀγάλλεσθαι (dat.) (rare P.). *Gloat over*: P. and V. γεγηθέναι ἐπί (dat.) (Dem. 332, and Plat. but rare P.), ἐπῐχαίρειν (dat.); see *gloat over*. *Delight in (doing a thing)*: P. and V. ἥδεσθαι (part.), χαίρειν (part.).

Delight, subs. P. and V. ἡδονή, ἡ, τέρψῐς, ἡ, χἄρά, ἡ, V. χαρμονή, ἡ (Plat. also but rare P.), χάρμᾰ, τό. *Cheerfulness*: P. and V. εὐθῡμία, ἡ (Xen.). Concretely, of a person: V. χάρμᾰ, τό, χαρμονή, ἡ.

Delighted, adj. See *pleased*, *joyful*.

Delightful, adj. P. and V. ἡδύς, τερπνός, V. χαρτός (also Plat. but rare P.), θῡμηδής, ἐφίμερος, Ar. and V. γλὔκύς; see *pleasant*. *Pleasing*: P. and V. ἀρεστός, Ar. and P. ἀγἄπητός. *Charming*: Ar. and P. χἄρίεις, ἀστεῖος, P. εὔχαρις; see *charming*.

Delightfully, adv. P. and V. ἡδέως, P. χαριέντως.

Delineate, v. trans. *Sketch in outline*: P. ὑπογράφειν, σκιαγραφεῖν; see *describe*.

Delineation, subs. *Sketch*: P. ὑπογραφή, ἡ, περιγραφή, ἡ, σκιαγραφία, ἡ; see *description*.

Delinquency, subs. P. and V. ἁμαρτία, ἡ, ἀδῐκία, ἡ, ἀδίκημα, τό (Eur., *Ion*, 325), P. κακουργία, ἡ, V. ἐξἄμαρτία, ἡ, ἀμπλάκημα, τό; see *sin*.

Delinquent, subs. Use adj., P. and V. κἄκοῦργος, V. λεωργός, or P. and V. part., ὁ ἀδῐκῶν, ὁ δράσας.

Delirious, adj. P. and V. ἀπόπληκτος, Ar. and V. πἄρἄπεπληγμένος; see *mad*.

Deliriously, adv. P. μανικῶς.

Delirium, subs. See *madness*.

Deliver, v. trans. *Free*: P. and V. ἐλευθεροῦν, λύειν, ἀφῑέναι, ἀπαλλάσσειν, ἐκλύειν (or mid.), ἀπολύειν (Eur., *Or.* 1236), ἐξαιρεῖσθαι, V. ἐξἄπαλλάσσειν. *Help to deliver*: P. συνελευθεροῦν (acc.). *Save*: P. and V. σώζειν, ἐκσώζειν, διἄσώζειν, V. ῥύεσθαι. *Deliver (a woman in child-birth)*: Ar. and P. μαιεύεσθαι, V. λοχεύειν. *Be delivered of, bring forth*: P. and V. τίκτειν (acc.), V. λοχεύεσθαι (acc.). *Hand over*: P. and V. πἄρἄδῐδόναι, ἐκδῐδόναι; see *surrender*, *intrust*. *Deliver (a letter)*: P. and V. ἀποδῐδόναι (Dem. 915). *I gave him letters to deliver to my son*: P. ἐπιστολὰς ἔδωκ᾽ αὐτῷ ἀπενεγκεῖν τῷ παιδὶ τῷ ἐμῷ (Dem. 909). *Deliver (an attack)*: P. and V. ποιεῖσθαι. *The attack was delivered*: P. ἡ προσβολὴ ἐγένετο. *Deliver (a blow)*: P. and V. δῐδόναι, P. ἐντείνειν. *Deliver (an opinion or judgment)*: P. and V. ἀποφαίνεσθαι, P. ἀποδείκνυσθαι. *Deliver (a speech)*: P. and V. (λόγον) ποιεῖσθαι, Ar. and P. δημηγορεῖν.

Deliverance, subs. P. and V. λύσῐς, ἡ, ἀπαλλἄγή, ἡ, V. ἔκλῠσις, ἡ, ἐκτροπή, ἡ, P. ἀπόλυσις, ἡ, ἐλευθέρωσις, ἡ. *Salvation*: P. and V. σωτηρία, ἡ.

Deliverer, subs. P. and V. σωτήρ, ὁ. Fem., σώτειρα, ἡ (Plat.).

Delivering, adj. V. λῠτήριος, ἐκλῠτήριος. *Saving*: P. and V. σωτήριος.

Delivery, subs. Of a woman in child-bed: P. μαίευσις, ἡ; see *child-bed*. *Handing over*: P. παράδοσις, ἡ. *A* *good delivery* (in speaking) : P. εὐφωνία, ἡ.

Dell, subs. P. and V. νάπη, ἡ (Plat. and Xen. but rare P.), νάπος, τό (Xen. but rare P.), ἄγχος, τό (Xen. but rare P.), Ar. and V. γύᾰλα, τά. *Woodland dells* : V. νᾰπαῖαι πτῠχαί, αἱ.

Delude, v. trans. *Deceive* : P. and V. ἀπᾰτᾶν, ἐξᾰπᾰτᾶν, πᾰράγειν, κλέπτειν, P. παρακρούεσθαι, γοητεύειν, Ar. and V. δολοῦν, V. φηλοῦν, πᾰρᾰπᾰτᾶν, ἐκκλέπτειν ; see *cheat*. *Lead astray* : P. and V. πλᾰνᾶν. *Mock, baffle* : P. and V. σφάλλειν.

Deluge, subs. P. κατακλυσμός, ὁ, ἐπίκλυσις, ἡ ; see *flood*.

Deluge, v. trans. P. κατακλύζειν. Met., P. and V. κᾰτακλύζειν ; see *overwhelm*. *Having deluged our ears with a continuous stream of talk* : P. ἡμῶν καταντλήσας κατὰ τῶν ὤτων ἀθρόον καὶ πολὺν τὸν λόγον (Plat., *Rep.* 344D). *Having my ears deluged with talk* : P. διατεθρυλημένος τὰ ὦτα (Plat., *Rep.* 358C).

Delusion, subs. P. and V. πλάνη, ἡ ; see *mistake*.

Delusive, adj. P. ἀπατηλός, V. κέρτομος. *False* : P. and V. ψευδής. *Empty* : P. and V. κενός, μάταιος. *Hollow, unsound*: P. and V. ὕπουλος, σαθρός.

Delve, v. trans. P. and V. ὀρύσσειν, σκάπτειν.

Demagogic, adj. Ar. δημᾰγωγῐκός, V. δημήγορος. *Lead by demagogic arts*, v. : P. δημαγωγεῖν (acc.) (Dem. 98).

Demagogue, subs. P. δημήγορος, ὁ, δημαγωγός, ὁ.

Demand, v. trans. *Ask for* : P. and V. αἰτεῖν (or mid.), ἀπαιτεῖν, V. ἐξαιτεῖν (or mid.). *Require* : P. and V. δεῖσθαι (gen.). *Claim* : P. ἀντιποιεῖσθαι (gen.), Ar. and P. προσποιεῖσθαι (acc. or gen.) ; see *claim, exact*. With infin. following : P. and V. ἀξιοῦν (infin.), δῐκαιοῦν (infin.), V. ἐπαξιοῦν (infin.). *Demand back* : P. and V. ἀπαιτεῖν. *Demand for some particular purpose* (as *punishment, torture, etc.*) : P. ἐξαιτεῖν. *Requisition* : P. and V. ἐπῐτάσσειν (τί τινι).

Demand, subs. *Request* : P. αἴτησις, ἡ, δέησις, ἡ, αἴτημα, τό, P. and V. χρεία, ἡ. *Claim* : P. and V. ἀξίωσις, ἡ, P. δικαίωμα, τό, δικαίωσις, ἡ. *Need*: P. and V. χρεία, ἡ. *In demand, in request* : V. ζητητός. *Be in demand*, v. : P. and V. ζητεῖσθαι.

Demarcation, subs. P. and V. ὅρος, ὁ.

Demean (oneself), v. *Behave* : P. and V. προσέχειν ἑαυτόν (with adj.). *Condescend* : P. συγκαθιέναι.

Demeanour, subs. *Manners* : P. and V. τρόπος, ὁ, or pl., ἦθος, τό, or pl. *Conduct, action* : P. and V. πρᾶξις, ἡ.

Demented, adj. P. and V. ἀπόπληκτος, μᾰνιώδης, Ar. and P. πᾰράπληξ, μᾰνῐκός, V. ἐμμᾰνής (Plat. also but rare P.), Ar. and V. πᾰρᾰπεπληγμένος, see *mad*.

Demesne, subs. *Sacred enclosure* : P. and V. τέμενος, τό, ἄλσος, τό (Plat.), V. σηκός, ὁ, σήκωμα, τό ; see *estate*. *A leafy demesne* : V. τεμενία φυλλάς, ἡ.

Demigod, subs. Ar. and P. ἡμῐθεος, ὁ (Plat.). *Hero* : P. and V. ἥρως, ὁ.

Demise, subs. P. and V. θάνᾰτος, ὁ ; see *death*.

Demise, v. trans. *Bequeath* : Ar. and P. κᾰτᾰλείπειν, P. διατίθεσθαι, V. λείπειν (Eur., *Alc.* 688).

Democracy, subs. Ar. and P. δημοκρᾰτία, ἡ. *Put down the democracy* : P. δῆμον καταλύειν.

Democratic, adj. Ar. and P. δημοτῐκός, δημοκρᾰτῐκός.

Democratically, adv. *Be governed democratically*, v. : Ar. and P. δημοκρᾰτεῖσθαι.

Demolish, v. trans. P. and V. κᾰθαιρεῖν, κᾰτασκάπτειν, ἀνατρέπειν. *Help to demolish* : P. and V. συγκᾰτασκάπτειν (acc.).

Demolition, subs. P. and V. κᾰτασκᾰφή, ἡ (Lys.), P. καθαίρεσις, ἡ, διάλυσις, ἡ.

Demon, subs. P. and V. δαίμων, ὁ, P. δαιμόνιον, τό. *Evil spirit*: P. and V. κᾰκὸς δαίμων, ὁ. *Be possessed by a demon*, v.: P. and V. δαιμονᾶν (Xen.), ἐνθουσιᾶν, P. ἐνθουσιάζειν (Plat.). *The demon of revenge*, subs.: use V. Ἐρῑνύς, ἡ.

Demoniac, subs. *Inspired person*: use P. and V., adj., ἔνθεος.

Demonstrate, v. trans. P. and V. δεικνύναι, ἀποδεικνύναι, ἐπῐδεικνύναι, δηλοῦν, φαίνειν, ἐνδείκνυσθαι, Ar. and P. ἀποφαίνειν. *Bring home, prove*: P. and V. ἐλέγχειν, ἐξελέγχειν.

Demonstration, subs. *Proof, sign*: P. and V. σημεῖον, τό, τεκμήριον, τό, δεῖγμα, τό, P. ἔνδειγμα, τό. *Showing*: P. ἀπόδειξις, ἡ. *Display, show*: Ar. and P. ἐπῐδειξις, ἡ. *Test*: P. and V. ἔλεγχος, ὁ. *Make a (naval or military) demonstration*: P. ἐπίδειξιν ποιεῖσθαι (Thuc. 3, 16).

Demonstrative, adj. *Enthusiastic*: P. and V. πρόθῡμος. *Excitable*: P. σφοδρός.

Demonstratively, adv. *Enthusiastically*: P. and V. προθύμως. *Excitably*: P. σφοδρῶς.

Demonstrativeness, subs. *Enthusiasm*: P. and V. προθῡμία, ἡ. *Excitability*: P. σφοδρότης, ἡ.

Demoralisation, subs. *Corruption*: P. and V. διαφθορά, ἡ. *The effect produced*: P. and V. πονηρία, ἡ. κᾰκη, ἡ, Ar. and P. κᾰκία, ἡ, μοχθηρία, ἡ.

Demoralise, v. trans. *Corrupt*: P. and V. διαφθείρειν, λῡμαίνεσθαι (acc. or dat.); see *corrupt*. *Become demoralised* (of troops, etc.), *play the coward*: P. μαλακίζεσθαι, ἀποδειλιᾶν, P. and V. κᾰκίζεσθαι; see *degenerate*.

Demoralising, adj. P. and V. ἀσύμφορος; see *harmful*.

Demur, v. intrans. P. and V. ὀκνεῖν; see *hesitate*.

Demur, subs. P. and V. ὄκνος, ὁ; see *hesitation*.

Demure, adj. P. αἰσχυντηλός, αἰδήμων (Xen.).

Demurely, adv. P. αἰσχυντηλῶς, αἰδημόνως (Xen.).

Demureness, subs. P. and V. αἰδώς, ἡ.

Demurrer, subs. P. διαμαρτυρία, ἡ, παραγραφή, ἡ.

Den, subs. P. σπήλαιον, τό (Plat.), Ar. and V. ἄντρον, τό, V. σηκός, ὁ, θᾰλάμαι, αἱ, λέχος, τό (Æsch., *Ag.* 1224). *Hiding-place*: V. κευθμών, ὁ.

Denial, subs. P. ἀπόφασις, ἡ (Plat.), ἐξάρνησις, ἡ (Plat.), P. and V. ἄρνησις, ἡ. *Refusal*: P. and V. φθόνος, ὁ, V. φθόνησις, ἡ (Soph., *Trach.* 1212).

Denizen, subs. P. and V. οἰκήτωρ, ὁ, ἔνοικος, ὁ or ἡ; see *inhabitant*.

Denominate, v. trans. P. and V. κᾰλεῖν, ὀνομάζειν; see *call*.

Denote, v. trans. *Mean, signify*: Ar. and P. νοεῖν, P. σημαίνειν, βούλεσθαι, φρονεῖν (Thuc. 5, 85); see *mean*. *Show*: P. and V. σημαίνειν, δηλοῦν, δεικνύναι, φαίνειν; see *show*. *Portend*: P. and V. σημαίνειν, φαίνειν (Eur., *El.* 829), V. προφαίνειν, προσημαίνειν.

Denounce, v. trans. P. and V. κᾰτειπεῖν (gen. of person, acc. of thing), V. κᾰταυδᾶν (absol.); see *accuse*. *Inform against*: P. καταμηνύειν (gen.), ἐνδεικνύναι (acc.) (Dem. 126); see *inform*. *Denounce one person to another*: P. κατειπεῖν (τινὸς πρός τινα) (Plat.). *Blame*: P. and V. μέμφεσθαι (acc. or dat.), ψέγειν. *Threaten*: P. and V. ἀπειλεῖν. *Denounce as, call by way of abuse*: P. and V. ἀποκᾰλεῖν (acc.).

Dense, adj. P. and V. πυκνός. *Crowded together*: P. and V. ἀθρόος. *Dull* (of intellect): P. and V. νωθής, σκαιός. ἀμᾰθής, ἀφυής, P. ἀναίσθητος; see *dull*.

Densely, adv. *In crowds*: use adj., P. and V. πυκνός, ἀθρόος. *Densely populated*, adj.: P. πολυάνθρωπος, Ar. πολυάνωρ.

Denseness, subs. Ar. and P. πυκνότης, ἡ. *Dulness*: P. νώθεια, ἡ (Plat.), ἀναισθησία, ἡ, P. and V. ἀμᾰθία, ἡ.

Density, subs. Ar. and P. πυκνότης, ἡ; see *denseness*.

Dent, subs. Use P. and V. τραῦμα, τό, V. χάραγμα, τό. *Cut*: P. τμῆμα, τό.

Dent, v. trans. Use P. and V. τιτρώσκειν, V. χᾰράσσειν.

Denude, v. trans. P. and V. κενοῦν, ἐρημοῦν, ἐξερημοῦν, P. ψιλοῦν, Ar. and V. ἀποψῑλοῦν, ἐκκενοῦν (Plat. also but rare P.). *Denuded of*, adj.: P. and V. γυμνός (gen.), κενός (gen.), ἐρῆμος (gen.), P. ψιλός (gen.).

Denunciation, subs. *Accusation*: P. κατηγορία, ἡ, κατηγόρημα, τό, P. and V. αἰτία, ἡ, αἰτίᾱμα, τό, ἔγκλημα, τό, V. ἐπίκλημα, τό. *Giving of information*: P. μήνυσις, ἡ. *Blame*: P. and V. μέμψῐς, ἡ, ψόγος, ὁ, Ar. and V. μομφή, ἡ; see *blame*. *Threat*: P. and V. ἀπειλή, ἡ, V. ἀπειλήμᾰτα, τά.

Deny, v. trans. or absol. P. and V. ἀρνεῖσθαι, ἀπαρνεῖσθαι, ἐξαρνεῖσθαι, V. κᾰταρνεῖσθαι, ἄπαρνος κᾰθίστασθαι (gen.), Ar. and P. ἔξαρνος εἶναι (acc. or absol.). *Say no*: P. and V. οὐ φᾰναι, οὐ φάσκειν, ἀποφᾰναι. *Deny on oath*: P. and V. ἀπομνῦναι, ἐξομνῦναι (or mid.). *Disown*: P. and V. ἀπειπεῖν, ἀπαξιοῦν (Eur., *El.* 256), ἀναίνεσθαι (Dem. but rare P.), V. ἀπεύχεσθαι (Æsch., *Eum.* 608). *Grudge, refuse*: P. and V. φθονεῖν (gen., V. also acc.). *Surely the fairest of women. Who will deny it?* V. πῶς δ' οὐκ ἀρίστη; τίς δ' ἐναντιώσεται (Eur., *Alc.* 152). *None of these things are denied by me*: V. ἐμοὶ δὲ τούτων οὐδέν ἐστ' ἀρνήσιμον (Soph., *Phil.* 74). *Lo, I stretch forth (my hand), and nothing shall be denied* (i.e., *refused*): V. ἰδοὺ προτείνω, κοὐδὲν ἀντειρήσεται (Soph., *Trach.* 1184). *The ship shall take you and shall not be denied* (i.e., *refused*): V. ἡ ναῦς γὰρ ἄξει κοὐκ ἀπαρνηθήσεται (Soph., *Phil.* 527). *Inclined to deny*: use adj., Ar. ἐξαρνητῐκός.

Depart, v. intrans. P. and V. ἀπέρχεσθαι, ἀποχωρεῖν, ἀφορμᾶσθαι, V. μεθίστασθαι, ἀποστέλλεσθαι, ἀφέρπειν, ἀποστείχειν, Ar. and V. ἀπαλλάσσεσθαι (rare P. in lit. sense), ἐκβαίνειν (rare P. in lit. sense), P. ἀποκομίζεσθαι. *Depart beforehand*: P. προαπέρχεσθαι. *Depart with another*: P. συναπιέναι (absol.). *Have departed, be gone*: P. and V. οἴχεσθαι, ἀποίχεσθαι, V. ἐξοίχεσθαι, Ar. and V. διοίχεσθαι (Plat. also but rare P.). *Depart from (a course of action*: P. and V. ἀφίστασθαι (gen.), ἐξίστασθαι (gen.), V. ἐξᾰφίστασθαι (gen.). *Depart from life*: P. and V. ἐκλείπειν βίον, ἀπαλλάσσεσθαι βίου (or omit βίου); see *die*. *To have departed from life*: P. and V. οἴχεσθαι. *The departed*, subs.: P. οἱ κατοιχόμενοι; see *dead*.

Department, subs. *Part, division*: P. and V. μέρος, τό. *Sphere of action*: P. and V. τάξῐς, ἡ, P. προαίρεσις, ἡ (Dem. 245); see *function*.

Departure, subs. P. and V. ἔξοδος, ἡ, P. ἀποχώρησις, ἡ. *New departure, something new*: P. and V. καινόν τι. *A departure from, change from*: P. and V. μετᾰβολή, ἡ (gen.), μετάστᾰσις, ἡ (gen.).

Depend, v. intrans. *Hang*: P. and V. κρέμασθαι, ἀρτᾶσθαι, αἰωρεῖσθαι. *Depend on*: met., P. and V. ἐξαρτᾶσθαι (gen., or ἐκ, gen.), ἀνᾰκεῖσθαι (P. εἰς, acc. or ἐπί, dat., V. dat. alone), εἶναι ἐν (dat.), P. ἀναρτᾶσθαι ἐκ (gen.), ἀρτᾶσθαι ἐκ (gen.), V. κεῖσθαι ἐν (dat.). *You depend on one witness*: P. σὺ δ' ἑνὶ σκήπτει μάρτυρι (Dem. 915). *As far as depends on*: use P. and V. ἕνεκα (gen.) (Dem. 32).

Dependant, subs. *Client*: P. πελάτης, ὁ (Plat.). *Servant*: P. and V. ὑπηρέτης, ὁ, οἰκέτης, ὁ. *Subject*: use adj., P. and V. ὑπήκοος.

Dependence, subs. *State of subordination*: Ar. and P. ὑπηρεσία, ἡ. *Slavery*: P. and V. δουλεία, ἡ. *Trust*: P. and V. πίστῐς, ἡ. *Reduce to dependence*, v.: P. and V. κᾰταστρέφεσθαι, χειροῦσθαι, P. ὑφ' ἑαυτῷ ποιεῖσθαι.

Dependent, adj. *Subject to the power of any one*: P. and V. ὑπήκοος (gen. or dat.), ὑποχείριος (dat.), V. χείριος (dat.). *Liable to give account to*: P. and V. ὑπεύθυνος (dat.) (Dem. 306). *Subject* (of states): P. and V. ὑπήκοος, P. ὑποτελής. *Make one thing dependent on another*: P. ἀνακρεμαννύναι τι ἔκ τινος (Plat., *Ion*, 536A). *We must leave this dependent on the gods*: V. ἀλλ' ἐς θεοὺς χρὴ ταῦτ' ἀναρτήσαντ' ἔχειν (Eur., *Phoen*. 705).

Depict, v. trans. *Paint*: P. and V. γράφειν, Ar. and P. ζωγρἄφεῖν. *Describe*: P. and V. ἐξηγεῖσθαι, διέρχεσθαι, ἐπεξέρχεσθαι, Ar. and P. διηγεῖσθαι, διεξέρχεσθαι; see *describe*.

Deplete, v. trans. P. and V. ἐρημοῦν, ἐξερημοῦν, κενοῦν.

Deplorable, adj. P. and V. δεινός, ἄθλιος; see *miserable*.

Deplorably, adv. P. and V. δεινῶς, ἀθλίως; see *miserably*.

Deplore, v. trans. *Regret, be sorry for*: P. χαλεπῶς φέρειν (acc.), Ar. and P. χἄλεπαίνειν (dat.), V. πικρῶς φέρειν (acc.), δυσφορεῖν (dat.). *Bewail*: P. and V. ὀδύρεσθαι, ὑποδύρεσθαι, πενθεῖν, θρηνεῖν, ἀποκλάειν (or mid.); see *bewail*.

Deploy, v. trans. P. παρατείνειν (Thuc. 8, 104), ἐξελίσσειν (Xen.), P. and V. ἐκτείνειν (Xen.). V. intrans. P. ἐπὶ φάλαγγος καθίστασθαι (Xen.). *March out*: P. and V. ἐξέρχεσθαι.

Depopulate, v. trans. P. and V. ἐξἄνιστάναι (Dem. 208), ἀνιστάναι, V. ἐξοικίζειν (Eur., *Hec*. 887). *Desolate*: P. and V. ἐρημοῦν, ἐξερημοῦν, κενοῦν, Ar. and V. ἐκκενοῦν (also Plat. but rare P.).

Depopulated, adj. P. and V. ἀνάστἄτος, ἐρῆμος, V. ἄνανδρος, κένανδρος.

Depopulation, subs. P. and V. ἀνάστἄσις, ἡ. *Want of men*: P. ὀλιγανθρωπία, ἡ, V. κενανδρία, ἡ.

Deport, v. trans. *Remove from one country to another*: P. and V. ἀνιστάναι. *Deport oneself*: see *behave*.

Deportation, subs. P. and V. ἀνάστἄσις, ἡ, P. ἐξαγωγή, ἡ.

Deportment, subs. P. and V. τρόπος, ὁ, or pl., σχῆμα, τό.

Depose, v. trans. P. and V. παύειν, Ar. and P. κἄτἄπαύειν, κἄτἄλύειν. *Depose from*: use verbs given with gen., also P. and V. ἐκβάλλειν ἐκ (gen.), P. παραλύειν (gen.). *Depose* (*by voting*): P. ἀποχειροτονεῖν (acc.). *Is he deposed from his throne by his wife?* ἢ πρὸς δάμαρτος ἐξανίσταται θρόνων; (Æsch., *P. V.* 767). V. intrans. *Give evidence*: P. and V. μαρτῠρεῖν.

Deposit, subs. *At a bank*: P. παρακαταθήκη, ἡ. *Mortgage*: P. ὑποθήκη, ἡ. *Caution-money*: Ar. and P. θέσῐς, ἡ, P. ἀρραβών, ὁ. *Money paid into court before an action*: P. παρακαταβολή, ἡ, Ar. πρῠτἄνεῖα, τά. *Pay a deposit into court*, v.: P. παρακαταβάλλειν. *Deposit brought down by a river*, subs.: P. πρόσχωσις, ἡ. *The river being large is always forming deposits*: P. μέγας ὢν ὁ ποταμὸς προσχοῖ ἀεί (Thuc. 2, 102).

Deposit, v. trans. Ar. and P. κἄτἄτῐθέναι (or mid.), P. καταβάλλειν. *Deposit with*: P. κατατιθέναι (or mid.) (εἰς, acc., or παρά, dat.). *Place*: P. and V. τῐθέναι; see *place*.

Deposition, subs. *Putting down*: P. κατάλυσις, ἡ. *Evidence*: Ar. and P. μαρτῠρία, ἡ, V. μαρτῠρια, τά. *Sworn evidence*: P. διωμοσία, ἡ. *Make a deposition*, v.: P. διόμνυσθαι. *Declaration before a magistrate*: P. ἀπογραφή, ἡ.

Depositor, subs. *At a bank*: use P. ὁ θείς. *To write down a depositor's name*: τοῦ θέντος τοὔνομα γράφειν (Dem. 1236).

Depository, subs. P. ἀποθήκη, ἡ.

Deprave, v. trans. P. and V. διαφθείρειν, λῡμαίνεσθαι (acc. or dat.), λωβᾶσθαι.

Depraved, adj. P. διεφθαρμένος, P. and V. κἄκός, πονηρός, μοχθηρός, αἰσχρός, φαῦλος; see *wicked*. *Unworthy*: P. and V. ἀνάξιος.

Depravity, subs. P. and V. πονηρία, ἡ, κάκη, ἡ, πανουργία, ἡ, Ar. and P. κακία, ἡ, μοχθηρία, ἡ, P. κακότης, ἡ.

Deprecate, v. trans. P. and V. παραιτεῖσθαι, ἐξαιτεῖσθαι. *Forbid*: P. and V. ἀπειπεῖν, οὐκ ἐᾶν. *Pray against*: P. and V. ἀπεύχεσθαι (acc.).

Deprecating, adj. *Suppliant*: V. ἱκέσιος, ἱκτήριος; see *suppliant*. *Humble*: P. and V. ταπεινός.

Deprecatingly, adv. *Humbly*: P. ταπεινῶς.

Deprecation, subs. P. παραίτησις, ἡ.

Deprecatory, adj. See *deprecating*.

Depreciate, v. trans. *Run down*: P. and V. διαβάλλειν, P. διασύρειν. *Find fault with*: P. καταμέμφεσθαι. *Wear out*: Ar. and P. κατατρίβειν. V. intrans. *Wear out*: P. κατατρίβεσθαι; see also *degenerate*.

Depreciation, subs. *Abuse*: P. and V. διαβολή, ἡ. *Self-depreciation*: P. κατάμεμψις ἑαυτοῦ, ἡ. *Wear and tear*: P. ἀποτριβή, ἡ.

Depredation, subs. P. and V. ἁρπαγή, ἡ, P. λῃστεία, ἡ.

Depredator, subs. P. and V. λῃστής, ὁ, V. πορθήτωρ, ὁ, συλήτωρ, ὁ, ἐκπορθήτωρ, ὁ.

Depress, v. trans. *Make dejected*: P. καταπλήσσειν. *Depress the balance of the scale*: V. τάλαντα βρῖσαι (Æsch., *Pers*. 346); see *weigh down*.

Depressed, adj. P. and V. ἄθυμος (Xen.), V. δύσθυμος, κατηφής, δύσφρων. *Be depressed*, v.: P. and V. ἀθυμεῖν, δυσθυμεῖσθαι.

Depression, subs. P. and V. ἀθυμία, ἡ, δυσθυμία, ἡ (Plat.), P. κατήφεια, ἡ (Thuc.). *Depression between hills*: use P. and V. τὸ κοῖλον; see *valley*.

Deprivation, subs. *A being deprived*: P. στέρησις, ἡ, ἀποστέρησις, ἡ, V. τὸ τητᾶσθαι. *Taking away*: P. ἀφαίρεσις, ἡ, παραίρεσις, ἡ. *Deprivation of food*: P. and V. λιμός, ὁ, V. ἀσιτία, ἡ.

Deprive, v. trans. P. and V. ἀφαιρεῖν (τινί τι), ἀφαιρεῖσθαι (τινά τι), ἀποστερεῖν (τινά τινος, or acc. of thing if standing alone), στερεῖν (τινά τινος), στερίσκειν (τινά τινος), συλᾶν (τινά τι), ἀποσυλᾶν (τινά τι), V. ἀποστερίσκειν (τινά τινος), νοσφίσαι (1st aor. νοσφίζειν) (τινά τινος), νοσφίζεσθαι (τινά τινος), ἀπονοσφίζειν (τινά τινος), ἐρημοῦν (τινά τινος) (rare P.), Ar. and V. ἀποψιλοῦν (τινά τινος). *Help (a person) in depriving*: P. συναποστερεῖν (τινά τινος with dat. of the person helped). *Be deprived of*: use also P. and V. στέρεσθαι (gen.,) ἀπολείπεσθαι (gen.), V. τητᾶσθαι (gen.). *Be deprived of in addition*: P. προσαποστερεῖσθαι (gen.). *Deprived of*: P. and V. ἐρῆμος (gen.), κενός (gen.), ἄμοιρος (gen.) (Plat.), V. ἄμμορος (gen.).

Depriver, subs. P. ἀποστερητής, ὁ.

Depth, subs. P. and V. βάθος, τό. *The depths of the sea*: Ar. and V. βυθός, ὁ. Met., *depth of woe*: V. βάθος κακῶν. *Depth of mind*: P. βάθος, τό (Plat., *Theaet*. 183E). *In the depths of the earth*: V. ἐν μυχοῖς χθονός. *To sink to such a depth of*: P. and V. εἰς τοσοῦτο ἥκειν (gen.). *Wisdom*: P. and V. σοφία, ἡ, σύνεσις, ἡ, τὸ συνετόν. *Get out of one's depth*: met., P. βαπτίζεσθαι (Plat., *Euthyd*. 277D). *They did not range themselves all in lines of the same depth*: P. ἐπὶ βάθος ἐτάξαντο οὐ πάντες ὁμοίως (Thuc. 5, 68).

Deputation, subs. *Embassy*: Ar. and P. πρεσβεία, ἡ. *To a festival*: P. θεωρία, ἡ.

Depute, v. trans. *Choose*: P. and V. αἱρεῖσθαι. *Intrust*: Ar. and P. ἐπιτρέπειν; see *intrust*. *Send*: P. and V. πέμπειν; see *send*.

Deputy, subs. *Ambassador*: P. πρεσβευτής, ὁ, Ar. and V. πρέσβυς, ὁ; pl., P. and V. πρέσβεις, οἱ. *Envoy to represent a state at a festival*: P. and V. θεωρός, ὁ. *Commissioner*: P. συγγραφεύς, ὁ, P. and V. πρόβουλος, ὁ. *Vice-regent*: P. and V. ὕπαρχος, ὁ (Xen.).

Derange, v. trans. P. and V. ταράσσειν, συντἄράσσειν, συγχεῖν. *Derange (the mind)* : P. and V. ἐξιστἄναι, ἐκπλήσσειν.

Deranged, adj. P. and V. ἀπόπληκτος, μᾰνιώδης, P. ἔκφρων, Ar. and P. πᾰράπληξ, μᾰνῐκός, V. ἐμμᾰνής (Plat. also but rare P.), Ar. and V. πᾰρᾰπεπληγμένος ; see *mad*.

Derangement, subs. P. ταραχή, ἡ, ἀταξία, ἡ, V. τᾰραγμός, ὁ, τάραγμα, τό. *Mental derangement* : P. and V. μᾰνία, ἡ, τὸ μᾰνιῶδες, Ar. and P. πᾰράνοια, ἡ.

Derelict, adj. *Derelict ships* : use V. ναυτῐκὰ ἐρείπια, τά.

Dereliction, subs. *Neglect* : P. ἀμέλεια, ἡ.

Deride, v. trans. P. and V. γελᾶν (ἐπί, dat., or dat. alone), κᾰτᾰγελᾶν (gen.), σκώπτειν (Eur., *Cycl.* 675) (absol.), Ar. and P. χλευάζειν (acc.), ἐπισκώπτειν (acc.), V. κερτομεῖν (acc.), διᾰγελᾶν (acc.) ; see *mock*.

Derider, subs. V. γελαστής, ὁ, ἐγγελαστής, ὁ.

Derision, subs. P. and V. γέλως, ὁ, κᾰτᾰγέλως, ὁ, V. κερτόμησις, ἡ, P. χλευασία, ἡ, χλευασμός, ὁ.

Derisive, adj. V. κέρτομος.

Derivation, subs. *Origin* : P. and V. ἀρχή, ἡ.

Derive, v. trans. P. and V. λαμβάνειν. *Derive from* : P. and V. λαμβάνειν ἐκ (gen.). *Derive (profit, etc.)* : P. and V. λαμβἄνειν, κτᾶσθαι, δέχεσθαι. *Attribute to* : P. and V. ἀνᾰφέρειν (dat. or εἰς, acc.). *Be derived from, spring from* : P. and V. ὁρμᾶσθαι ἐκ (gen.). Of revenues, etc. : P. γίγνεσθαι ἐκ (gen.).

Derived, adj. Of a name formed from another name : P. παρώνυμιος, V. πᾰρώνῠμος.

Derogate from, v. *Detract from* : P. ἐλασσοῦν (gen.).

Derogatory, adj. P. and V. ἀνάξιος.

Descant, v. intrans. *Talk* : Ar. and P. διᾰλέγεσθαι. *Descant on, repeat over and over* : P. and V. ὑμνεῖν (acc.), θρῦλεῖν, (acc.), V. ἐξᾴδειν (acc.).

Descend, v. intrans. Ar. and P. κᾰτᾰβαίνειν, P. and V. κᾰτέρχεσθαι, Ar. and V. κᾰθέρπειν (Soph., *Frag.*). *Fall* : P. and V. πίπτειν, κᾰτᾰπίπτειν (Eur., *Cycl.*), Ar. and P. κᾰταρρεῖν. *Descend to, stoop to* : P. συγκαθιέναι (dat.) ; see *condescend*. *Be descended from* : P. and V. γίγνεσθαι ἐκ (gen.) or ἀπό (gen.), πεφῡκέναι ἐκ (gen.) or ἀπό (gen.), or in V. gen. alone.

Descendant, subs. P. and V. ἔκγονος, ὁ or ἡ, P. ἀπόγονος, ὁ or ἡ, V. γονή, ἡ, σπέρμᾰ, τό (rare P.), σπορά, ἡ ; see *child*. *Descendants, posterity* : P. and V. οἱ ἔπειτα, P. οἱ ἐπιγιγνόμενοι, V. ὕστεροι, οἱ, μεθύστεροι, οἱ, ἔκγονα, τά, οἱ ἐπίσποροι.

Descent, subs. *Coming down* or *way down* : P. κατάβασις, ἡ. *Declivity* : P. and V. λόφος, ὁ, V. κλῖτύς, ἡ. *Precipice* : P. and V. κρημνός, ὁ. *Attack* : P. and V. εἰσβολή, ἡ. *By sea* : P. ἐπίπλους, ὁ. *Landing* : P. ἀπόβασις, ἡ. *A descent on the coast* : P. ἀπόβασις τῆς γῆς (Thuc. 1, 108). *Make a descent on*, v. : ἀπόβασιν ποιεῖσθαι εἰς (acc.). *Lineage*, subs. : P. and V. γένος, τό, γενεά, ἡ (Eur. *Frag.*, Plat., and Ar.), V. γένεθλον, τό, σπορά, ἡ, σπέρμᾰ, τό.

Describe, v. trans. *Trace round* : Ar. and P. περιγράφειν. *Narrate* : P. and V. λέγειν, ἐξηγεῖσθαι, διέρχεσθαι, φράζειν, ἐπεξέρχεσθαι, Ar. and P. διηγεῖσθαι, διεξέρχεσθαι, V. ἐκφράζειν ; see *narrate*. *Write history of* : P. συγγράφειν (acc.). *No one could adequately describe the misery of their present plight there* : P. οὐδ' ἂν εἷς δύναιτ' ἐφίκεσθαι τῷ λόγῳ τῶν ἐκεῖ κακῶν νῦν ὄντων (Dem. 361).

Description, subs. P. διήγησις, ἡ, διέξοδος, ἡ (Plat.). *Story, narrative* : P. and V. λόγος, ὁ, μῦθος, ὁ (Plat.), V. αἶνος, ὁ. *Report* : P. ἀπαγγελία, ἡ. *Beyond description* : use P. and V. κρείσσων λόγου. *Kind* : P. and V. γένος, τό ; see *kind*.

Descry, v. trans. See *see*.

Desecrate, v. trans. P. and V. μιαίνειν, V. κηλῖδοῦν, χρώζειν, χραίνειν (also Plat. but rare P.). *Disgrace:* P. and V. αἰσχύνειν, κăταισχύνειν, λῡμαίνεσθαι.

Desecrater, subs. V. μιάστωρ, ὁ, P. and V. λῡμεών, ὁ.

Desecration, subs. P. and V. μίασμα, τό, ἄγος, τό (Thuc. 2, 13), V. μύσος, τό, λῦμα, τό; see *sacrilege.*

Desert, v. trans. *Quit:* P. and V. λείπειν, κăτăλείπειν, ἀπολείπειν, ἐκλείπειν, προλείπειν, ἀμείβειν (Plat. but rare P.), V. ἐξăμείβειν, ἐκλιμπάνειν. *Leave in the lurch:* P. and V. λείπειν, κăτăλείπειν, προλείπειν, προδιδόναι, ἐρημοῦν, ἀποστăτεῖν (gen.) (Plat.), Ar. and P. προϊέναι (or mid.). *Leave empty:* P. and V. κενοῦν, ἐρημοῦν. *Desert one's post:* P. τάξιν λείπειν, V. τάξιν ἐρημοῦν. V. intrans. *Run away:* Ar. and P. αὐτομολεῖν, ἀποδιδράσκειν, P. ἀπαυτομολεῖν. *Desert to, go over to (an enemy):* P. μεθίστασθαι παρὰ (acc.) (Thuc. 1, 107).

Desert, adj. P. and V. ἐρῆμος.

Desert, subs. P. and V. ἐρημία, ἡ.

Desert, subs. *What one deserves:* use P. and V. ἀξία, ἡ. *Meet one's deserts:* P. and V. ἄξια πάσχειν, V. τυγχάνειν ἀξίων or τῶν ἐπαξίων κῦρεῖν, Ar. τῆς ἀξίας τυγχάνειν. *Beyond one's deserts:* P. παρὰ τὴν ἀξίαν, P. and V. ὑπὲρ τὴν ἀξίαν. *According to one's deserts:* P. and V. κăτ' ἀξίαν.

Deserted, adj. P. and V. ἐρῆμος; see *empty.*

Deserter, subs. P. αὐτόμολος, ὁ.

Desertion, subs. *Running away:* P. αὐτομολία, ἡ. *Desertion from the army:* P. λιποταξία, ἡ, λιποστρατία, ἡ. *Abandonment:* P. ἀπόλειψις, ἡ. *Betrayal:* P. and V. προδοσία, ἡ, ἀπόστăσις, ἡ.

Deserve, v. trans. P. and V. ἄξιος εἶναι (gen.). V. intrans. With infin.: P. and V. δίκαιος εἶναι (infin.), ἄξιος εἶναι (infin.), ἐπάξιος εἶναι (infin.) (Plat.).

Deserved, adj. P. and V. ἄξιος, V. ἐπάξιος. *Just:* P. and V. δίκαιος.

Deservedly, adv. P. and V. ἀξίως, V. ἐπαξίως, κăταξίως. *Justly:* P. and V. δῐκαίως.

Deserving, adj. P. and V. ἄξιος; see *good. Deserving of:* P. and V. ἄξιος (gen.), ἐπάξιος (gen.) (Plat.), V. κăτάξιος (gen.).

Design, subs. *Plan:* P. and V. γνώμη, ἡ, βούλευμα, τό, βουλή, ἡ, ἐπίνοια, ἡ, ἔννοια, ἡ (Plat.), Ar. and P. διάνοια, ἡ. *Crafty design:* P. and V. σόφισμα, τό, μηχάνημα, τό, δόλος, ὁ (rare P.), V. τέχνη, ἡ, τέχνημα, τό; see *trick. Crest:* see *crest. Purpose, policy:* P. προαίρεσις, ἡ. *Outline:* P. ὑπογραφή, ἡ, περιγραφή, ἡ, τύπος, ὁ. *Representation, picture:* P. and V. γρăφή, ἡ. *Plot:* P. ἐπιβουλή, ἡ, ἐπιβούλευμα, τό. *Have designs on*, v.: P. and V. ἐπῐβουλεύειν (dat.). *Impression:* P. and V. τύπος, ὁ. *With ulterior designs:* see *designedly.*

Design, v. trans. *Sketch in outline:* P. ὑπογράφειν. *Contrive:* P. and V. μηχăνᾶσθαι, τεκταίνεσθαι, τεχνᾶσθαι, βουλεύειν, P. ἐκτεχνᾶσθαι, Ar. and V. μήδεσθαι.

Designate, v. trans. *Appoint:* P. and V. κăθιστάναι; see *appoint. Call:* P. and V. κăλεῖν, ὀνομάζειν; see *call.*

Designation, subs. *Appointment:* P. and V. κăτάστăσις, ἡ. *Name:* P. and V. ὄνομα, τό, P. προσηγορία, ἡ, πρόσρημα, τό, ἐπίκλησις, ἡ.

Designedly, adv. P. and V. ἐκ προνοίας (Eur., *H. F.* 598), Ar. and P. ἐξεπίτηδες, ἐπίτηδες, P. βεβουλευμένως, ἐσκεμμένως, ἐκ παρασκευῆς.

Designing, adj. P. ἐπίβουλος, V. μηχăνορράφος.

Desirable, adj. P. and V. αἱρετός (Æsch., *Frag.*). *Pleasant:* P. and V. ἡδύς. *Desired:* P. and V. ποθεινός (rare P.), εὐκτός (rare P.).

Desire, v. trans. P. and V. ἐπῐθῡμεῖν (gen.), ἐφίεσθαι (gen.), ὀρέγεσθαι (gen.), V. χρῄζειν (gen.), προσχρῄζειν (gen.), χăτίζειν (gen.), μενοινᾶν (acc.) (Soph., *Aj.* 341). *Yearn for:* P.

and V. ποθεῖν (acc.), Ar. and V. ἱμείρειν (gen.), V. ἱμείρεσθαι (gen.). *Be enamoured of*: P. and V. ἐρᾶν (gen.), Ar. and V. ἔρασθαι (gen.). *Seek*: P. and V. ζητεῖν. *Desire ardently*: P. γλίχεσθαι (gen.). V. intrans. Also with infin.: P. and V. ἐπῐθῡμεῖν, ἐφίεσθαι, βούλεσθαι, ὀρέγεσθαι, Ar. and P. ἐθέλειν, V. ἱμείρειν, ἱμείρεσθαι, ποθεῖν, ἐρᾶν, ἔρασθαι, προσχρῄζειν, Ar. and V. μενοινᾶν (Eur., *Cycl.* 448), θέλειν, χρῄζειν (rare P.). *Desire ardently* (with infin.): P. γλίχεσθαι. *Seek* (with infin.): P. and V. ζητεῖν.

Desire, subs. P. and V. ἐπῐθῡμία, ἡ. *Request*: P. and V. χρεία, ἡ. *Love*: P. and V. ἔρως, ὁ, πόθος, ὁ (Plat. but rare P.), ἵμερος, ὁ (Plat. but rare P.). *Desire of*: P. and V. ἐπῐθῡμία, ἡ (gen.), ἔρως, ὁ (rare P.) (gen.), πόθος, ὁ (rare P.) (gen.).

Desired, adj. P. and V. ποθεινός (rare P.), εὐκτός (rare P.), V. πολύζηλος.

Desirer, subs. P. ἐπιθυμητής, ὁ. *Lover*: P. and V. ἐραστής, ὁ.

Desirous, adj. *Be desirous*, v.: use *desire*. *Desirous of honour*, adj.: P. and V. φῐλότῑμος. *Desirous of money*: P. φιλοχρήματος.

Desist, v. intrans. P. and V. παύεσθαι, ἀνᾰπαύεσθαι, ἐκλείπειν, λήγειν (Plat.), Ar. and P. κᾰτᾰπαύεσθαι, P. ἀπολήγειν (Plat.), V. ἐκλιμπάνειν, ἐκλήγειν. *Desist from*: P. and V. παύεσθαι (gen.), ἀνᾰπαύεσθαι (gen.), λήγειν (gen.) (Plat.), ἀνῑέναι (acc. or gen.), ἀφίστασθαι (gen.), ἀπέχεσθαι (gen.), ἐξίστασθαι (gen.), P. ἀπολήγειν (gen.), V. πᾰρῑέναι (acc.), μεθίστασθαι (gen.). *Desist from* (*doing a thing*): P. and V. παύεσθαι (part.), λήγειν (part.) (Plat.), V. ἐκλιμπάνειν (part.), ἐκλήγειν (part.), ἀνῑέναι (part.).

Desist, interj. See *stop*.

Desk, subs. P. βάθρον, τό.

Desolate, adj. Of places, etc.: P. and V. ἐρῆμος, ἀνάστᾰτος. *Uninhabited*: P. ἀοίκητος. *Inhospitable*: V. ἀγείτων, ἀπάνθρωπος, P. and V. ἄξενος. *Empty of men*: V. κένανδρος, ἄνανδρος. *Lonely* (of persons): P. and V. μόνος, ἐρῆμος, V. οἶος, οἰόζωνος, μοῦνος, μονόστολος.

Desolate, v. trans. P. and V. ἐρημοῦν, ἐξερημοῦν. *Lay waste*: P. and V. δῃοῦν, πορθεῖν, ἐκπορθεῖν, τέμνειν; see *devastate*.

Desolation, subs. P. and V. ἐρημία, ἡ. *Lack of men*: P. ὀλιγανθρωπία, ἡ, V. κενανδρία, ἡ.

Despair, subs. P. ἀπόνοια, ἡ. *Helplessness*: P. and V. ἀπορία, ἡ. *Despondency*: P. and V. ἀθῡμία, ἡ, δυσθῡμία, ἡ (Plat.). *Despair of*: P. ἀπόγνοια, ἡ (gen.). *Drive to despair*, v.: P. εἰς ἀπόνοιαν καθιστάναι, ἀθυμῆσαι ποιεῖν. *Despair argues a coward*: V. τὸ δ' ἀπορεῖν ἀνδρὸς κακοῦ (Eur., *H. F.* 106). *Be in despair*: P. ἀνελπίστως ἔχειν.

Despair, v. intrans. P. ἀπογιγνώσκειν. *Be at a loss*: P. and V. ἀπορεῖν, V. ἀμηχᾰνεῖν (rare P.). *Despond*: P. and V. ἀθῡμεῖν. *Despair of* (*persons or things*): P. ἀπογιγνώσκειν (acc.). *Despaired of, hopelessly debased*: P. ἀπονενοημένος. *Despairing of safety*: V. σωτηρίας ἄνελπις.

Despairing, adj. P. and V. ἄθῡμος (Xen.), V. δύσθῡμος. *Hopeless*: P. ἀνέλπιστος. *Helpless*: P. and V. ἄπορος, V. ἀμήχᾰνος (rare P.).

Despairingly, adv. P. ἀθύμως (Xen.), δυσθύμως (Plat.). *Hopelessly*: P. ἀνελπίστως. *Helplessly*: P. and V. ἀπόρως.

Despatch, v. trans. P. and V. πέμπειν, ἐκπέμπειν, ἀποστέλλειν, Ar. and P. ἀποπέμπειν, Ar. and V. ἱέναι, V. στέλλειν, ἰάλλειν; see *send*. *Execute*: P. and V. περαίνειν, ἐπεξέρχεσθαι, ἐργάζεσθαι, κᾰτεργάζεσθαι, ἐξεργάζεσθαι; see *execute*. *Kill*: P. and V. ἀνᾱλίσκειν, ἀνᾱλοῦν, ἀποκτείνειν, P. διαχρῆσθαι; see *kill*.

Despatch, subs. *Sending*: P. πέμψις, ἡ, ἔκπεμψις, ἡ, ἀποστολή, ἡ, πομπή, ἡ, ἐκπομπή, ἡ. *Speed*: P. and V. σπουδή, ἡ, τάχος, τό. *Carrying on* (of business, etc.): P. and V. πρᾶξις, ἡ. *Document:* P. and V. ἐπιστολή, ἡ; see *letter. Despatch in cipher:* P. σκυτάλη, ἡ.

Desperado, subs. Use P. and V. λῃστής, ὁ, Ar. and P. λωποδύτης, ὁ.

Desperate, adj. *Hopeless:* P. ἀνέλπιστος. *Impossible to deal with:* P. and V. ἄπορος, V. ἀμήχᾰνος (rare P.). Of persons: P. ἀπονενοημένος; see *despairing. Precarious:* P. ἐπικίνδυνος, ἐπισφαλής. *Incurable:* P. and V. ἀνήκεστος, V. δύσκηλος; see *incurable. Fierce, obstinate:* P. ἰσχυρός. *Be in desperate straits,* v.: P. ἀπόρως διακεῖσθαι. *Desperate straits,* subs.: P. and V. ἄπορον, τό, or pl., V. ἀμήχᾰνον, τό, or pl. (rare P.). *Desperate remedies:* P. διακεκινδυνευμένα φάρμακα (Isoc.).

Desperately, adv. *Hopelessly:* P. ἀνελπίστως. *Precariously:* P. and V. ἐπῐκινδῡνως. *Severely:* P. ἰσχυρῶς. *Incurably:* P. ἀνηκέστως.

Desperation, subs. P. and V. ἀπορία, ἡ, P. τὸ ἀνέλπιστον; see *despair.*

Despicable, adj. P. and V. φαῦλος, εὐτελής, ἀνάξιος, P. οὐδένος ἄξιος. *Base:* P. and V. αἰσχρός.

Despicably, adv. *Basely:* P. and V. αἰσχρῶς, ἀναξίως.

Despise, v. trans. P. and V. κᾰταφρονεῖν (acc. or gen.), ὑπερφρονεῖν (acc. or gen.), P. ὀλιγωρεῖν (gen.), ὑπεροpᾶν (acc. or gen.), Ar. and V. ἀποπτύειν. *Neglect:* P. and V. ἀμελεῖν (gen.), πᾰρᾰμελεῖν (gen.); see *disregard. This course is not to be despised:* P. οὐ τοῦτο εὐκαταφρόνητον ἐστι (Dem. 45).

Despised, adj. P. and V. κᾰτάπτυστος, Ar. and V. ἀπόπτυστος. *Without honour:* P. and V. ἄτῑμος.

Despiser, subs. P. ὑπερόπτης, ὁ.

Despite, adv. Prep. (with personal object): P. and V. βίᾳ (gen.), V. πρὸς βίαν (gen.). *In your despite:* use P. and V. σοῦ ἄκοντος (gen. absol.); see *in spite of,* under *spite.*

Despiteful, adj. *Despiteful treatment,* subs.: P. and V. αἰκία, ἡ, ὕβρις, ἡ, λύμη, ἡ (Plat.), λώβη, ἡ (Plat.), αἴκισμα, τό, P. αἰκισμός, ὁ.

Despitefully, adv. *Treat despitefully,* v.: P. and V. αἰκίζεσθαι, λῡμαίνεσθαι (acc. or dat.), λωβᾶσθαι (Plat.), ὑβρίζειν (acc. or εἰς, acc.).

Despoil, v. trans. See *rob, plunder. Despoil the dead of arms:* P. and V. σκῡλεύειν.

Despoiler, subs. See *devastator, robber.*

Despond, v. intrans. P. and V. ἀθῡμεῖν, V. δυσθῡμεῖσθαι; see *despair.*

Despondency, subs. P. and V. ἀθῡμία, ἡ, δυσθῡμία, ἡ (Plat.), P. κατήφεια, ἡ (Thuc.); see *despair.*

Despondent, adj. P. and V. ἄθῡμος (Xen.), V. δύσθῡμος, δύσφρων, κᾰτηφής.

Despondently, adv. P. ἀθύμως (Xen.), δυσθύμως (Plat.).

Despot, subs. P. and V. τύραννος, ὁ, δεσπότης, ὁ. *Be a despot,* v.: P. and V. τῠραννεύειν, δεσπόζειν. *Be governed by a despot:* P. τυραννεύεσθαι, δεσπόζεσθαι, P. and V. τῠραννεῖσθαι.

Despotic, adj. P. and V. τῠραννῐκός, P. δεσποτικός, V. τύραννος.

Despotically, adv. P. τυραννικῶς, δεσποτικῶς.

Despotism, subs. P. and V. τύραννις, ἡ, P. δεσποτεία, ἡ.

Dessert, subs. Ar. and P. τρᾰγήμᾰτα, τά, Ar. τρωγάλια, τά.

Destination, subs. *Place:* P. and V. τόπος, ὁ. *To what destination?* P. and V. ποῖ; (lit., *whither?*).

Destine, v. trans. *Appoint for a purpose:* P. and V. κᾰθιστάναι εἰς (acc.), τάσσειν ἐπί (acc. or dat.). *I am destined:* P. and V. εἵμαρταί μοι (Dem. 293), V. πέπρωταί μοι (rare P.). *It is destined:* P. and V. χρή, χρεών, V. μόρσῐμον (with or without ἐστί). Of persons or things, *be likely to* (with infin.): P. and V. μέλλειν.

Destined, adj. *Appointed:* P. and V. προκείμενος. *Fated:* P. and V. εἱμαρμένος, V. πεπρωμένος (rare P.), μόρσῐμος, μοιρόκραντος, Ar. and V. θέσφᾰτος.

Destiny, subs. P. ἡ εἱμαρμένη, P. and V. τὸ χρεών (Plat. but rare P.), μοῖρα, ἡ (Plat. but rare P.), V. ἡ πεπρωμένη, μόρος, ὁ, πότμος, ὁ, αἶσα ἡ, τὸ μόρσῐμον, τὸ χρῆν (Eur., *I. T.* 1486). *One's lot*: P. and V. δαίμων, ὁ, τῠ́χη, ἡ; see *fate*.

Destitute, adj. P. and V. ἐρῆμος. *Without resources*: P. and V. ἄπορος; see *poor*. *Destitute of*: P. and V. ἐρῆμος (gen.). *Leave destitute*, v.: P. and V. ἐρημοῦν, ἐξερημοῦν.

Destitution, subs. P. and V. ἐρημία, ἡ. *Poverty*: P. and V. ἀπορία, ἡ; see *poverty*.

Destroy, v. trans. P. and V. φθείρειν, διαφθείρειν, κᾰταφθείρειν (Plat. but rare P.), ἀπολλῠ́ναι, διολλῠ́ναι, ἐξολλῠ́ναι, κᾰθαιρεῖν, ἀναιρεῖν, ἀνᾱλίσκειν, ἀνᾱλοῦν, ἐξᾰνᾱλίσκειν, κᾰτεργάζεσθαι, ἀποφθείρειν (Thuc. but rare P.), V. ὀλλῠ́ναι, ἐξᾰπολλῠ́ναι, ἀϊστοῦν, ᾳστοῦν, ἐξαϊστοῦν, ἐξᾰποφθείρειν, κᾰταφθῖσαι (1st aor. of καταφθίνειν), ἀποφθῖσαι (1st aor. of ἀποφθίνειν), πέρθειν, διεργάζεσθαι, ἐξεργάζεσθαι, διαπράσσειν, ἐκπράσσειν, P. διαχρῆσθαι; see *kill*, *ravage*, *corrupt*, *ruin*, *annihilate*. *Destroy beforehand*: P. προδιαφθείρειν. *Be destroyed beforehand*: P. προαπόλλυσθαι. *Destroy in addition*: P. and V. προσδιαφθείρειν. *Destroy in return*: P. and V. ἀντᾰπολλῠ́ναι. *Destroy together*: V. συνδιολλῠ́ναι (Eur., *Frag.*). *Help to destroy*: P. συγκαθαιρεῖν (acc.), συναπολλύναι (acc.). *Destroyed utterly*, adj.: Ar. and P. ἐξώλης, P. προώλης, V. ἄϊστος, πᾰνώλης, Ar. and V. πᾰνώλεθρος; see *ruined*.

Destroyer, subs. P. and V. λῡμεών, ὁ, P. διαφθορεύς, ὁ, διαλυτής, ὁ. V. ἀναστᾰτήρ, ὁ, λωβητήρ, ὁ; see *murderer*.

Destroying, adj. P. and V. ὀλέθριος (Plat. but rare P.), Ar. and V. ἀτηρός, V. πολυφθόρος, πᾰνώλης, πᾰνώλεθρος. *Destroying men*: V. βροτοφθόρος, ἀνδροφθόρος.

Destructible, adj. *Liable to death*: P. and V. θνητός (Plat.).

Destruction, subs. P. and V. διαφθορά, ἡ, φθορά, ἡ, ὄλεθρος, ὁ, κᾰτασκᾰφή, ἡ, ἀνάστᾰσις, ἡ, V. ἀποφθορά, ἡ, P. καθαίρεσις; see *ruin*. *Utter destruction*: P. ἐξώλεια, ἡ. *Such things (injustice, perjury and deceit) are their own destruction*: P. τὰ τοιαῦτα περὶ αὑτὰ καταρρεῖ (Dem. 21).

Destructive, adj. *Harmful*: P. and V. ἀσύμφορος, νοσώδης, ὀλέθριος (Plat. but rare P.), V. λῡμαντήριος, πολυφθόρος, πᾰνώλης, πᾰνώλεθρος, Ar. and V. ἀτηρός.

Desultorily, adv. P. σπανίως.

Desultory, adj. P. and V. σπᾰ́νιος (Eur., *Frag.*).

Detach, v. trans. *Untie*: P. and V. λῡ́ειν. *Detach from main body*: P. ἀποχωρίζειν. *Detach from an alliance*: P. ἀφιστάναι, παρασπᾶσθαι. *Thinking the only safety lay in detaching Tissaphernes for them from the Peloponnesians*: P. νομίζων μόνην σωτηρίαν εἰ Τισσαφέρνην αὐτοῖς μεταστήσειεν ἀπὸ Πελοποννησίων (Thuc. 8, 81). *Separate off*: P. ἀφορίζεσθαι; see *separate*. *Be detached (parted) from*: V. ἀποζῠγῆναι (gen.) (2nd aor. pass. ἀποζευγνύναι).

Detached, adj. *Aloof*: P. and V. ἀπράγμων; see *unbiassed*.

Detachment, subs. *Body of soldiers*: P. and V. λόχος, ὁ, τάξῐς, ἡ. *Quota*: P. and V. μέρος, τό. *Fight in detachments*: P. κατ' ὀλίγον μάχεσθαι. *Sail in detachments*: P. διάδοχοι πλεῖν. *Aloofness*: Ar. and P. ἀπραγμοσῠ́νη, ἡ.

Detail, v. trans. P. and V. διέρχεσθαι, ἐξηγεῖσθαι, ἐπεξέρχεσθαι, Ar. and P. διηγεῖσθαι, διεξέρχεσθαι, P. ἀκριβολογεῖσθαι.

Detail, subs. *In detail*: use P. καθ' ἕκαστον, καθ' ἕκαστα. *Go into detail*, v.: P. ἀκριβολογεῖσθαι (absol.). *Exact details of*, subs.: P. ἡ ἀκρίβεια (gen.). *Tell us clearly the details of what happened in the* *house* : V. σαφῶς λέγ' ἡμῖν αὔθ' ἕκαστα τὰν δόμοις (Eur., *Or*. 1393.).

Detain, v. trans. P. and V. κἄτέχειν; see also *check*. *Keep in ward* : P. ἐν φυλακῇ ἔχειν. *Be detained, be long* : P. and V. χρονίζειν, V. χρόνιος εἶναι.

Detect, v. trans. *Catch in the act* : P. and V. ἐπ' αὐτοφώρῳ λαμβάνειν, λαμβάνειν, κἄτἄλαμβάνειν (Eur., *Cycl*. 260), αἱρεῖν, φωρᾶν, P. καταφωρᾶν. *Be detected in the act* : P. and V. ἁλίσκεσθαι. *Perceive* : P. and V. αἰσθάνεσθαι, ἐπαισθάνεσθαι, γιγνώσκειν, ἐπῐγιγνώσκειν, μανθάνειν, γνωρίζειν, P. καταμανθάνειν. *Discover* : P. and V. εὑρίσκειν, ἐφευρίσκειν, ἐξευρίσκειν, ἀνευρίσκειν. *Detected in the act* : V. ἐπῐληπτος.

Detection, subs. *Discovery* : P. εὕρεσις, ἡ. *Disclosure* : P. μήνυσις, ἡ. *Perception* : P. and V. αἴσθησις. ἡ. *Cause detection*, v. : P. αἴσθησιν παρέχειν (Thuc. 3, 22). *Fear detection* : P. φοβεῖσθαι τὸ κατάδηλον (Thuc. 4, 123). *Escape detection (of)* : P. and V. λανθάνειν (acc. or absol.), V. λήθειν (acc. or absol.).

Detention, subs. *Delay* : P. ἐπίσχεσις, ἡ. *Keeping in ward* : P. φυλακή, ἡ.

Deter, v. trans. Ar. and P. ἀποτρέπειν, P. and V. ἀποστρέφειν, V. πἄρασπᾶν. *Prevent* : P. and V. κωλῡ́ειν; see *prevent*.

Deteriorate, v. intrans. P. ἐπὶ τὸ χεῖρον μεταβάλλεσθαι, ἐξίστασθαι, ἐκπίπτειν, ἀποκλίνειν.

Deterioration, subs. Use P. ἐπὶ τὸ χεῖρον μεταβολή, ἡ.

Determination, subs. *Resolve* : P. and V. γνώμη, ἡ, βουλή, ἡ, βούλευμα, τό, V. γνῶμα, τό, φρόνησις, ἡ, Ar. and P. διάνοια, ἡ. *Judgment* : P. and V. κρῐ́σις, ἡ, P. διάκρισις, ἡ, διάγνωσις, ἡ. *Obstinacy* : P. αὐθάδεια, ἡ, σκληρότης, ἡ, Ar. and V. αὐθᾱδία, ἡ.

Determine, v. trans. *Decide* : P. and V. δῐκάζειν, διᾰγιγνώσκειν, κρῑ́νειν, διαιρεῖν, γιγνώσκειν, Ar. and P. διακρίνειν, V. διειδέναι. *Arbitrate on* : P. and V. βρᾰβεύειν (acc.) (Eur., *Hel*. 996). *Fix* : P. and V. ὁρίζειν, διορίζειν. *Appoint* : P. and V. τάσσειν, προστάσσειν. *Determine beforehand* : V. προτάσσειν. V. intrans. *Resolve* (with infin.) : P. and V. βουλεύειν, ἐννοεῖν, νοεῖν, P. γνώμην ποιεῖσθαι, Ar. and P. διᾰνοεῖσθαι, ἐπῐνοεῖν. *I have determined* : P. and V. δοκεῖ μοι, δέδοκταί μοι, δεδογμένον (ἐστί) μοι (all with infin.). *Lapse* : P. and V. ἐξέρχεσθαι, ἐξήκειν; see *lapse*.

Determined, adj. *Fixed, appointed* : P. and V. προκείμενος. *Obstinate* : P. and V. αὐθάδης, σκληρός. Of things : P. ἰσχυρός.

Deterrent, subs. P. ἀποτροπή, ἡ. *As a deterrent* : P. ἀποτροπῆς ἕνεκα (Plat., *Prot*. 324B).

Deterring, subs. P. ἀποτροπή, ἡ.

Detest, v. trans. P. and V. μῑσεῖν, V. στῠγεῖν, ἔχθειν, Ar. and V. ἐχθαίρειν, ἀποπτῡ́ειν. *Dislike* : P. and V. ἄχθεσθαι (dat.), Ar. and P. δυσχεραίνειν (acc. or dat.), ἀγᾰνακτεῖν (dat.), P. χαλεπῶς φέρειν (acc. or dat.), V. πικρῶς φέρειν; see *dislike*.

Detestable, adj. P. ἀηδής. *Loathsome* : P. and V. μιᾰρός, κᾰτάπτυστος, V. μῑσητός, στῠγητός, στυγνός, παντομῑσής, Ar. and V. ἀπόπτυστος; see *hateful*.

Detestably, adv. P. ἀηδῶς, Ar. and P. μιᾰρῶς.

Detestation, subs. P. and V. μῖσος, τό, ἔχθρα, ἡ, ἔχθος, τό (Thuc.); see *hatred*. *Dislike* : P. ἀηδία, ἡ, P. and V. δυσχέρεια, ἡ. *Object of detestation* : V. ἔχθος, τό, μῖσος, τό, μίσημα, τό, στῠ́γος, τό, στῠ́γημα, τό, ἀπέχθημα, τό.

Dethrone, v. trans. See *depose*.

Dethronement, subs. See *deposition*.

Detour, subs. P. περίοδος, ἡ. *Make a wide detour* : P. μακρὰν περιέρχεσθαι (Plat.).

Detract from, v. P. ἐλασσοῦν (gen.). *Take away* : P. and V. ἀφαιρεῖν (acc.). *Disparage* : P. and V. διᾰβάλλειν, P. διασύρειν.

Detraction, subs. *Calumny*: P. and V. διᾰβολή, ἡ, Ar. and P. σῡκοφαντία, ἡ; see *calumny*.

Detractor, subs. Ar. and P. σῡκοφάντης, ὁ.

Detriment, subs. P. and V. βλάβος, τό, βλᾰβή, ἡ, ζημία, ἡ.

Detrimental, adj. P. and V. ἀσύμφορος, κᾰκός, P. κακοῦργος, ζημιώδης, ἐπιζήμιος.

Detrimentally, adv. P. ἀσυμφόρως (Xen.).

Deus ex machina. *Timocrates alone like a deus ex machina gives evidence*: P. Τιμοκράτης μόνος ὥσπερ ἀπὸ μηχανῆς μαρτυρεῖ (Dem. 1025; cf. Plat., *Crat.* 425D).

Devastate, v. trans. P. and V. δῃοῦν, πορθεῖν, ἐκπορθεῖν, τέμνειν, ἐρημοῦν, λῄζεσθαι, P. κείρειν, ἀδικεῖν, κακουργεῖν, V. πέρθειν.

Devastation, subs. *Plundering*: P. and V. ἁρπᾰγή, ἡ, P. πόρθησις, ἡ. *Ruin*: P. and V. διαφθορά, ἡ, ἀνάστᾰσις, ἡ. *Destroying of crops, etc.*: P. τμῆσις, ἡ.

Devastator, subs. V. πορθήτωρ, ὁ, ἐκπορθήτωρ, ὁ, ἀναστᾰτήρ, ὁ.

Develop, v. trans. *Put on a right footing*: P. and V. εὖ τῐθέναι (or mid.), κᾰλῶς τῐθέναι (or mid.). *Bring to perfection*: Ar. and P. ἀπεργάζεσθαι, P. and V. ἐκπονεῖν, ἐξεργάζεσθαι. *Make to grow from oneself*: P. and V. φύειν. *Train*: P. and V. γυμνάζειν. V. intrans. *Progress*: Ar. and P. ἐπῐδῐδόναι, P. and V. προκόπτειν. *Grow*: P. and V. φύεσθαι; see *grow*.

Development, subs. P. ἐπίδοσις, ἡ. *Growth*: P. αὔξησις, ἡ, αὔξη, ἡ (Plat.).

Deviate, v. intrans. P. παρατρέπεσθαι, παραλλάσσειν, ἀποκλίνειν; see *swerve*. *Wander*: P. and V. πλᾰνᾶσθαι.

Deviation, subs. P. and V. ἐκτροπή, ἡ. *Wandering*: P. and V. πλάνη, ἡ.

Device, subs. P. and V. μηχάνημα, τό, σόφισμα, τό, πόρος, ὁ, τέχνημα, τό (Plat.), μηχᾰνή, ἡ. *Invention*: P. and V. εὕρημα, τό, Ar. and V. ἐξεύρημα, τό. *Crest*: Ar. and V. σημεῖον, τό, V. σῆμα, τό, ἐπίσημα, τό. *Without device*, adj.: V. ἄσημος.

Devil, subs. Use Ar. and V. Ἐρῑνύς, ἡ, P. and V. ἀλάστωρ, ὁ (cf. Æsch., *Pers.* 354).

Devilish, adj. *Horrible*: P. and V. δεινός. *Cruel*: P. and V. ἄγριος, ὠμός; see *hellish*.

Devious, adj. *Crooked*: P. σκολιός (Plat.); see *crooked*. *Dishonest*: P. σκολιός (Plat.), V. πλάγιος. *A devious route*: P. περίοδος, ἡ.

Deviously, adv. *In a round-about way*: V. πέριξ.

Devise, v. trans. P. and V. συντῐθέναι, μηχᾰνᾶσθαι, τεχνᾶσθαι, τεκταίνεσθαι, πορίζειν, ἐκπορίζειν, βουλεύειν, P. ἐκτεχνᾶσθαι, Ar. and P. ἐπῐνοεῖν, Ar. and V. μήδεσθαι, V. σῠνάπτειν. *Invent*: P. and V. εὑρίσκειν, ἐξευρίσκειν, ἐφευρίσκειν, ἀνευρίσκειν, V. ἐξᾰνευρίσκειν. *Devise (plots, etc.)*: P. κατασκευάζειν, σκευωρεῖσθαι, συσκευάζειν, P. and V. πλέκειν (Plat.), V. ἐμπλέκειν, ῥάπτειν, κᾰταρράπτειν, ὑπορράπτειν, μηχᾰνορρᾰφεῖν. *Help in devising*: P. συμπαρασκευάζειν (acc.), συγκατασκευάζειν (acc.), V. συμφῠτεύειν (acc.); see *contrive*. *Bequeath*: Ar. and P. κᾰτᾰλείπειν, P. διατίθεσθαι, V. λείπειν (Eur., *Alc.* 688).

Deviser, subs. P. and V. δημιουργός, ὁ, τέκτων, ὁ, V. ῥᾰφεύς, ὁ. *Inventor*: P. εὑρέτης, ὁ. *Inventress*: V. εὑρέτῐς, ἡ (Soph., *Frag.*). *Devisers of mischief*: V. μηχᾰνορρᾰφοι κακῶν (Eur., *And.* 447).

Devoid of, adj. P. and V. ἐρῆμος (gen.), κενός (gen.). *Deficient in*: P. and V. ἐνδεής (gen.), P. ἐλλιπής (gen.). *Be devoid of*, v.: P. and V. ἐλλείπειν (gen.), ἀπολείπεσθαι (gen.).

Devolve on, v. P. and V. προσκεῖσθαι (dat.), προσγίγνεσθαι (dat.), P. περιίστασθαι εἰς (acc.), V. ῥέπειν εἰς (acc.). *Revert to*: P. ἀναχωρεῖν εἰς (acc.). *This task has devolved on me*: πρᾶγμα δεῦρ' ἐπέσκηψεν τόδε (Æsch., *Eum.* 482).

Devote, v. trans. *Assign*: P. and V. νέμειν, προσνέμειν, δῐδόναι. *Dedicate*: P. and V. κᾰθῐεροῦν, Ar. and V. κᾰθοσιοῦσθαι, P. ἱεροῦν, Ar. and P. κᾰθᾰγίζειν; see *dedicate*. *Devote an offering to a deity*: P. and V. ἀνᾰτῐθέναι (Eur., *Ion*, 1384), V. τῐθέναι (Eur., *Phoen*. 576). *Devoting my body to death*: V. Ἅιδῃ προστιθεῖσ' ἐμὸν δέμας (Eur., *Hec*. 368). *I scruple to reproach the goddess to whom your body hath been devoted*: V. δυσφημεῖν γὰρ ἅζομαι θεάν ᾗ σὸν κατῆρκται σῶμα (Eur., *Heracl*. 600). *Devote attention to*: Ar. and P. νοῦν προσέχειν (dat.), P. and V. νοῦν ἔχειν πρός (acc. or dat.). *Devote oneself to*: P. and V. ἔχεσθαι (gen.), ἅπτεσθαι (gen.), προσκεῖσθαι (dat.), Ar. and P. προσέχειν (dat.), P. σχολάζειν (dat.). *Devoting himself unsparingly to the work*: P. ἑαυτὸν εἰς τὰ πράγματα ἀφειδῶς διδούς (Dem. 255). *Be devoted to*: see *love*. *Their children are devoted to war*: V. τὰ γὰρ τέκν' αὐτῶν Ἄρεος ἐκκρεμάννυται (Eur., *El*. 950).

Devoted, adj. *Affectionate*: P. and V. προσφῐλής; see *affectionate*. *Loving one's children*: V. φῐλότεκνος. *Loving one's husband*: V. φῐλάνωρ. *Zealous*: P. and V. πρόθῡμος. *Frequent*: P. and V. πυκνός. *Under a curse*: V. ἀραῖος, P. and V. κᾰτᾰρᾶτος, P. ἐναγής, Ar. and P. ἀλῐτήριος; see under *curse*. *Devoted to (pursuits, etc.)*: P. and V. προσκείμενος (dat.), V. ἀνειμένος εἰς (dat.), P. προσφυής (dat.) (Plat.). *Sacred to (a god)*: P. and V. ἱερός (gen.).

Devotedly, adv. *Zealously*: P. and V. προθύμως.

Devotee, subs. *Worshipper*: P. θεραπευτής, ὁ. *One who loves*: P. and V. ἐραστής, ὁ: see *votary*.

Devotion, subs. *Zeal*: P. and V. σπουδή, ἡ, προθῡμία, ἡ. *Love*: P. and V. ἔρως, ὁ; see *love*. *Religious devotion, piety*: P. and V. εὐσέβεια, ἡ, τὸ εὐσεβές, P. ὁσιότης, ἡ. *Devotions, worship*: P. θεραπεία, ἡ; see also *prayer*. *Perform one's devotions (to a god)*: P. θεραπεύειν (acc.), P. and V. σέβειν (acc.) (Plat., Thuc., also Ar.), Ar. and V. σεβίζειν; see also *pray*.

Devotional, adj. P. and V. εὐσεβής, θεοσεβής.

Devour, v. trans. P. and V. ἐσθίειν, κᾰτεσθίειν (Eur., *Cycl*. 341), P. καταβιβρώσκειν, V. δάπτειν, βιβρώσκειν, Ar. and V. βρῡκειν, Ar. δαρδάπτειν; see *consume*. *Devour (waste) one's substance*: P. τὰ ὄντα κατεσθίειν (Dem. 992).

Devoured, adj. V. ἐδεστός, διάβορος. *Leave (one) to be devoured by dogs*: V. ἐᾶν (τινά) πρὸς κυνῶν ἐδεστόν (Soph., *Ant*. 206).

Devouring, adj. V. διᾰβόρος, παμφάγος, ἀδηφάγος, βρωστήρ. *Devouring men*: V. ἀνδροβρώς (Eur., *Cycl*. 93). Met., *insatiable*: P. ἄπαυστος, P. and V. ἄπληστος. *Destructive*: V. πολυφθόρος; see *destructive*.

Devout, adj. P. and V. εὐσεβής, θεοσεβής, ὅσιος.

Devoutly, adv. P. and V. εὐσεβῶς, ὁσίως, P. θεοσεβῶς (Xen.). *Exceedingly*: P. and V. σφόδρᾰ, κάρτᾰ (rare P.).

Dew, subs. P. and V. δρόσος, ἡ. *Be sprinkled with dew*, v.: Ar. δροσίζεσθαι.

Dewy, adj. V. δροσώδης, ἔνδροσος, Ar. εὔδροσος.

Dexterity, subs. P. δεινότης, ἡ, Ar. and P. δεξιότης, ἡ. *Skill*: P. and V. τέχνη, ἡ.

Dexterous, adj. P. and V. δεινός, σοφός, Ar. and P. δεξιός. V. εὔχειρ.

Dexterously, adv. P. and V. σοφῶς.

Diadem, subs. *Of Eastern kings*: P. διάδημα, τό (Xen.). *Garland*: P. and V. στεφᾰνός, ὁ, στέμμᾰ, τό (Plat. but rare P.), V. στέφος, τό; see *crown*.

Diagonal, subs. P. διάμετρος, ἡ.

Diagram, subs. In geometry: P. διάγραμμα, τό. *Sketch, outline*: P. σκιαγραφία, ἡ, ὑπογραφή, ἡ.

Dial, subs. Ar. and P. πόλος, ὁ (Hdt.); see *sundial*.

Dialect, subs. P. and V. γλῶσσα, ἡ. *Speaking the same dialect as*, adj.: P. ὁμόφωνος (dat.). *Speak in the Attic dialect*: P. τῇ φωνῇ λέγειν Ἀττικῶς (Dem. 202); see Thuc. 6, 5.

Dialectic, subs. P. ἡ διαλεκτική.

Dialectical, adj. P. διαλεκτικός.

Dialogue, subs. P. διάλογος, ὁ. In a play, as opposed to *chorus*: P. τὰ ἀμοιβεῖα.

Diameter, subs. P. διάμετρος, ἡ.

Diametrically, adv. *Altogether*: P. and V. πάντως, παντελῶς, P. ὅλως; παντάπασι, Ar. and P. ἀτεχνῶς.

Diaphanous, adj. Ar. and P. διᾰφᾰνής; see *clear*.

Diaphragm, subs. P. διάφραγμα, τό.

Diarrhœa, subs. Ar. and P. διάρροια, ἡ. *They suffered from diarrhœa*: κάτω διεχώρει αὐτοῖς (Xen., *Anab.* 4, 8, 20).

Diatribe, subs. See *abuse*.

Dice, subs. P. and V. κύβος, ὁ, or pl., Ar. and P. ἀστρᾰγᾰλοι, οἱ. *Throw of the dice*: see under *throw*.

Dice, v. intrans. Ar. and P. κῠβεύειν, P. ἀστραγαλίζειν.

Dice-player, subs. P. and V. κῠβευτής, ὁ (Xen., Soph. *Frag.*).

Dicing, subs. P. κυβεία, ἡ.

Dictate, v. trans. *Read out for dictation*: P. ἐξηγεῖσθαι, ἀποστοματίζειν. *Dictate a form of words*: P. and V. ἐξηγεῖσθαι, V. ἐξάρχειν. *Suggest*: P. and V. ῠποβάλλειν, ῠποτῐθέναι; see *suggest*. *Fix, determine*: P. and V. ὁρίζειν, διορίζειν. *Give orders* (absol.): P. and V. ἐπῐτάσσειν. *Dictate to*: P. and V. ἐξηγεῖσθαι (dat.), προστάσσειν (dat.), ἐπῐτάσσειν (dat.); see *command*. *Be dictated to*: P. and V. ἐπῐτάσσεσθαι. *We cannot dictate as to how far we wish our empire to extend*: P. οὐκ ἔστιν ἡμῖν ταμιεύεσθαι εἰς ὅσον βουλόμεθα ἄρχειν (Thuc. 6, 18).

Dictates, subs. Use *command*. *The dictates of justice*: P. and V. τὸ δῐκαιον; see *justice*. *The dictates of religion*: P. and V. τὰ θεῖα.

Dictation, subs. *Meddling*: Ar. and P. πολυπραγμοσῠνη, ἡ. *Command*: P. πρόσταγμα, τό, ἐπίταγμα, τό, V. ἐντολή, ἡ (Plat. also but rare P.), κέλευσμα, τό; see *command*. *Considering* (such terms) *dictation, not a compromise*: P. νομίζοντες προστάγματα καὶ μὴ συνθήκας εἶναι (Isoc., *Pan.* 77).

Dictator, subs. *Roman magistrate*: P. αὐτοκράτωρ, ὁ (late), δικτάτωρ, ὁ (late). Met., use *tyrant*. *Concerning the rights of Greeks the strong become dictators to the weak*: P. τῶν Ἑλληνικῶν δικαίων οἱ κρατοῦντες ὁρισταί τοῖς ἥσσοσι γίγνονται (Dem. 199).

Dictatorial, adj. Of a dictator (Roman magistrate): P. αὐτοκρατορικός (late). Met., *tyrannical*: P. and V. τῠραννῐκός, P. δεσποτικός.

Dictatorship, subs. P. δικτατωρεία, ἡ (late).

Diction, subs. P. λέξις, ἡ.

Die, subs. See *dice*. *The die is cast*: P. ἀνέρριπται κύβος (late). *Stamp*: P. and V. χᾰρακτήρ, ὁ, τῠπος, ὁ, Ar. κόμμᾰ, τό.

Die, v. intrans. Ar. and P. ἀποθνήσκειν, P. and V. τελευτᾶν, ἀπαλλάσσεσθαι (with or without βίου), ἐκλείπειν βίον (βίον sometimes omitted in P.), V. θνήσκειν (rarely Ar.), κατθᾰνεῖν (2nd aor. καταθνήσκειν) (rarely Ar.), φθῐνειν, κᾰταφθῐνειν, ἀποφθῐνειν. *Be killed*: P. and V. ἀπόλλυσθαι, διαφθείρεσθαι, ἐξόλλυσθαι, διόλλυσθαι. *Fall in battle*: V. πίπτειν. *Die for*: V. προθνήσκειν (gen.), ῠπερθνήσκειν (gen.), P. προαποθνήσκειν ὑπέρ (gen.), ὑπεραποθνήσκειν ὑπέρ (gen.). *Die in* or *upon*: P. ἐναποθνήσκειν (dat. or absol.), V. ἐνθνήσκειν (dat. or absol.). *Die in return*: P. ἀνταποθνήσκειν, V. ἀντᾰπόλλυσθαι. *Die out*: of a family, Ar. and P. ἐξερημοῦσθαι; generally, P. and V. ἐξῐτηλος γίγνεσθαι (Isoc.). *Die together*: V. συνθνήσκειν. *Die with*: P. συνἀποθνήσκειν (absol.), συναπόλλυσθαι (absol.), Ar. and V. συνθνήσκειν (dat.), V. σῠνόλλυσθαι (dat.), σῠνεκπνεῖν (dat.). *Die a lingering death:* P. δυσθανατεῖν. *Dying a lingering death :* V. δυσθνήσκων.

Diet, subs. *Food:* P. and V. τροφή, ἡ, δίαιτα, ἡ.

Diet, v. trans. P. and V. θεράπεύειν.

Differ, v. intrans. P. and V. διᾰφέρειν. *In sound:* P. διαφωνεῖν. *Quarrel:* Ar. and P. διᾰφέρεσθαι, P. διίστασθαι, P. and V. ἐρίζειν. *Differ with (quarrel with):* P. διαφέρεσθαι (dat.), διαφόρως ἔχειν (dat.) ; see *quarrel. Differ from :* P. and V. διᾰφέρειν (gen.). *So greatly do I differ from your other counsellors :* P. τοσοῦτόν γε ἀφέστηκα τῶν ἄλλων τῶν συμβουλευόντων (Dem. 115).

Difference, subs. P. διαφορά, ἡ, διάστασις, ἡ, P. and V. διᾰ́φορον, τό. *Dissimilarity :* P. ἀνομοιότης, ἡ. *How great is the difference between rule and service :* V. ὅσον τό τ᾽ ἄρχειν καὶ τὸ δουλεύειν δίχα (Æsch., *P. V.* 927). *How great is the difference between war waged here or there, it needs, I think, no word of mine to explain :* P. ἡλίκα γ᾽ ἐστὶ τὰ διάφορα ἐνθάδ᾽ ἢ ἐκεῖ πολεμεῖν οὐδὲ λόγου προσδεῖν ἡγοῦμαι (Dem. 16). *There is a difference between speaking much and speaking to the mark :* V. χωρὶς τό τ᾽ εἰπεῖν πολλὰ καὶ τὰ καίρια (Soph., *O. C.* 808). *It makes a difference,* v. : P. and V. διᾰφέρει. *Quarrel,* subs. : P. and V. διᾰφορά, ἡ, ἔρῐς, ἡ, Ar. and V. νεῖκος, τό (also Plat., *Soph.* 243A, but rare P.).

Different, adj. P. and V. διᾰ́φορος. *Unlike :* P. ἀνόμοιος. *Other :* P. and V. ἄλλος, ἕτερος. *Of another kind :* P. ἀλλοῖος. *In a different direction :* P. and V. ἀλλόσε ; see *another. At a different time :* P. and V. ἀλλότε.

Differentiate, v. trans. *Mark off :* P. ἀφορίζεσθαι ; see *separate.*

Differently, adv. P. διαφόρως, διαφερόντως. *Dissimilarly :* P. ἀνομοίως. *In another way :* P. and V. ἄλλως, Ar. and P. ἑτέρως, P. ἀλλοίως. *Differently from :* use prep., P. and V. δῐ́χᾰ (gen.), χωρῐ́ς (gen.).

Difficult, adj. P. and V. δυσχερής, ἄπορος, ἀμήχᾰνος (rare P.), προσάντης, V. δυσπετής, Ar. and P. χᾰλεπός. Of ground : P. and V. τρᾱχῠ́ς, P. χαλεπός. *It is difficult to do it :* V. δρᾶν ἀμηχανως ἔχει (Eur., *Frag.*).

Difficulty, subs. P. and V. ἀπορία, ἡ. Of ground : P. χαλεπότης, ἡ. *Difficulties :* P. and V. ἄπορον, τό, or pl., V. ἀμηχᾰ́νον, τό, or pl., P. τὰ δυσχερῆ ; see *straits. This is my difficulty :* V. κεῖνό μοι . . . πρόσαντες (Eur., *Or.* 790). *Consider his difficulties your opportunities :* P. τὴν ἀκαιρίαν τὴν ἐκείνου καιρὸν ὑμέτερον νομίζειν (Dem. 16). *Be in difficulties,* v. : P. and V. ἀπορεῖν, P. ἀπόρως διακῖσθαι. *Of troops,* πονεῖν. *With difficulty,* adv. : P. and V. μόλῐς, μόγῐς, Ar. and P. χᾰλεπῶς, τᾰλαιπώρως, P. ἐπιπόνως, V. δυσπετῶς. *Without difficulty :* P. and V. ῥᾳδίως, V. ἀμοχθί, P. ἀκονιτί ; see *easily.*

Diffidence, subs. P. and V. αἰδώς, ἡ, ὄκνος, ὁ.

Diffident, adj. P. αἰσχυντηλός. *Hesitating :* P. ὀκνηρός. *Be diffident of :* P. and V. ὀκνεῖν (infin.), κᾰτοκνεῖν (infin.) ; see *shrink from, be ashamed to.*

Diffidently, adv. P. αἰσχυντηλῶς. *Hesitatingly :* P. ὀκνηρῶς (Xen.).

Diffuse, v. trans. P. and V. διασπείρειν, διᾰδῐδόναι, V. ἐνδᾰτεῖσθαι, Ar. and P. σπείρειν ; see *circulate.*

Diffuse, adj. *Long-winded :* P. μακρολόγος. *Be diffuse,* v. : P. μακρολογεῖν, P. and V. μακρηγορεῖν.

Diffusion, subs. *Prevalence :* P. κοινότης, ἡ (Isoc., *Antid.* 127).

Diffusive, adj. See *diffuse.*

Diffusiveness, subs. P. μακρολογία, ἡ.

Dig, v. trans. P. and V. ὀρύσσειν, σκάπτειν. *Dig beside :* P. παρορύσσειν. *Dig round :* P. περιορύσσειν.

Dig through : Ar. and P. διορύσσειν. *Dig up* : Ar. and P. ἐξορύσσειν, Ar. ἀνορύσσειν. *Dug*, adj. : P. and V. ὀρυκτός (Xen.). *Deep-dug* : V. βᾰθυσκᾰφής. *I will go to break the earth and dig a grave for him* : V. ἀλλ' εἶμ' ὀρυκτὸν τῷδ' ἀναρρήξων τάφον (Eur., *Tro.* 1153).

Digest, v. trans. *Arrange* : Ar. and P. διᾰτῐθέναι, P. διατάσσειν. *Ponder on* : P. and V. ἐνθῡμεῖσθαι, ἐπισκοπεῖν ; see *ponder*. *Digest* (*food*) : P. ἐκπονεῖν (Xen.), Ar. κᾰτᾰπέσσειν (*Vesp.* 795). *Digested* (of food) : P ἐξικμασμένος (Plat., *Tim.* 33c).

Digestible, adj. P. εὐκατέργαστος (Xen.).

Digestion, subs. *The process of digestion* : P. ἡ τοῦ σίτου κάθαρσις (Plat., *Tim.* 52E).

Digger, subs. V. σκᾰφεύς, ὁ.

Diggings, subs. See *mine*.

Dight, v. trans. See *adorn*.

Dignified, adj. P. and V. σεμνός.

Dignify, v. trans. *Honour* : P. and V. τῑμᾶν ; see *honour*. *Exalt* : P. and V. μεγᾰλῡ́νειν (Eur., *Bacch.* 320), αἴρειν, ἐξαίρειν, V. ὀγκοῦν, ἀνάγειν ; see *exalt*. *Dignify as, call by fine names* : P. ὑποκορίζεσθαι (acc.).

Dignity, subs. *Grandeur* : P. and V. σεμνότης, ἡ, τὸ σεμνόν. *Rank, position* : P. and V. ἀξίωμα, τό, τῑμή, ἡ ; see also *honour*. *Magnificence, pomp* : P. and V. σχῆμα, τό, V. χλῐδή, ἡ. *Weight* : P. and V. ὄγκος, ὁ.

Digress, v. intrans. P. and V. ἐκτρέπεσθαι, P. ἐκβαίνειν, μεταβαίνειν, πλανᾶσθαι. *I wish to return to the point from which I digressed to these subjects* : P. ἐπανελθεῖν ὁπόθεν εἰς ταῦτα ἐξέβην βούλομαι (Dem. 298).

Digression, subs. P. and V. ἐκτροπή, ἡ, πλάνη, ἡ. *Make a digression* : P. ἐκβολὴν τοῦ λόγου ποιεῖσθαι (Thuc. 1, 97).

Dike, subs. P. and V. χῶμα, τό, P. χοῦς, ὁ, V. πρόσχωμα, τό ; see *mound*.

Dilapidated, adj. Use P. καταπεπτωκώς, V. ἐρείψῐμος ; see *rotten*.

Dilate, v. intrans. *Grow in size* : P. and V. αὐξάνεσθαι, αὔξεσθαι. *Talk at length* : P. μακρολογεῖν, P. and V. μακρηγορεῖν. *Dilate upon* : P. and V. διέρχεσθαι (acc.), Ar. and P. διεξέρχεσθαι (acc.). *I have dilated upon the affairs of the city* : P. ἐμήκυνα τὰ περὶ τῆς πόλεως (Thuc. 2, 42).

Dilatorily, adv. P. βραδέως, ῥᾳθύμως, σχολαίως, P. and V. σχολῇ.

Dilatoriness, subs. P. and V. σχολή, ἡ, ῥᾳθῡμία, ἡ, P. βραδύτης, ἡ ; see *delay*.

Dilatory, adj. P. and V. σχολαῖος (Soph., *Frag.*), βρᾰδύς, ῥᾴθῡμος. *Be dilatory*, v. : P. and V. βρᾰδῡ́νειν (Plat.), σχολάζειν.

Dilemma, subs. P. and V. ἀπορία, ἡ. *Be in a dilemma*, v. : P. and V. ἀπορεῖν, V. ἀμηχᾰνεῖν (rare P.).

Dilettante, subs. As opposed to *professional* : Ar. and P. ἰδιώτης, ὁ.

Diligence, subs. P. φιλεργία, ἡ, φιλοπονία, ἡ. *Care* : P. ἐπιμέλεια, ἡ, μελέτη, ἡ. *Zeal* : P. and V. σπουδή, ἡ, προθῡμία, ἡ.

Diligent, adj. P. φιλόπονος, φιλεργός. *Careful* : P. and V. ἐπῐμελής (Soph., *Frag.*). *Zealous* : P. and V. πρόθῡμος, σπουδαῖος (Soph., *Frag.*).

Diligently, adv. P. φιλοπονῶς. *Carefully* : P. ἐπιμελῶς. *Zealously* : P. and V. σπουδῇ, προθύμως, P. σπουδαίως.

Dilute, v. trans. *Mix* : P. and V. κεραννῡ́ναι ; see *mix*.

Dim, adj. P. ἀμυδρός, V. ἀμαυρός, P. and V. ἀσᾰφής. *Dark, without light* : P. and V. σκοτεινός, P. σκοτώδης, V. ἀμαυρός, κνεφαῖος, ἀφεγγής, λῠγαῖος ; see *dark*. Of colour : P. and V. μέλᾱς, V. μελάγχῐμος, κελαινός, ἐρεμνός. *Gray* : P. φαιός (Plat.). Of sight : V. ἀμαυρός, ἀμβλώψ (Eur., *Rhes.*). *Be dim-sighted* : P. ἀμβλυώσσειν, ἀμβλὺ ὁρᾶν, V. βλέπειν βρᾰχύ (Eur., *Ion*, 744). *Vague* : P. and V. ἀσᾰφής, ἄδηλος, V. ἄσημος, ἄσκοπος, ἐπάργεμος. *Tarnished* : Ar. and V. δυσπῑνής, V. πῑνώδης, P. and V. αὐχμηρός.

Dim, v. trans. V. ἀμαυροῦν (also Xen. but rare P.), V. σκοτοῦν (pass. in Plat.), P. ἐπισκοτεῖν (dat.). *Dimmed:* V. μαυρούμενος (Æsch., *Ag.* 296). *Tarnish* : P. and V. μιαίνειν. Met., *sully* : P. and V. αἰσχύνειν, κᾰταισχύνειν.

Dimension, subs. *Measure* : P. and V. μέτρον, τό. *Circumference* : Ar. and P. περῐφορά, ἡ, P. and V. περῐβολή, ἡ. *Bulk* : P. and V. ὄγκος, ὁ. *Extent* : P. and V. πλῆθος, τό. *Size* : P. and V. μέγεθος, τό. In geometry : P. αὔξη, ἡ (Plat.). *Reduce to the smallest possible dimensions* : P. ὡς εἰς ἐλάχιστα συστέλλειν (Dem. 309).

Diminish, v. trans. P. μειοῦν, ἐλασσοῦν. *Reduce* : P. and V. συντέμνειν, συστέλλειν. V. intrans. P. μειοῦσθαι, ἐλασσοῦσθαι.

Diminution, subs. *On the march he had no diminution of his force, save a slight loss due to sickness, but an increase* : P. πορευομένῳ δὲ αὐτῷ ἀπεγίγνετο μὲν οὐδὲν τοῦ στρατοῦ εἰ μή τι νόσῳ, προσεγίγνετο δέ (Thuc. 2, 98).

Diminutive, adj. P. and V. μικρός, σμικρός, λεπτός, βρᾰχύς.

Diminutiveness, subs. P. μικρότης, ἡ.

Dimly, adv. *Indistinctly* : P. ἀσαφῶς, V. δυσκρίτως. *I see but dimly with my eyes* : V. λεπτὰ γὰρ λεύσσω κόραις (Eur., *Or.* 224) ; see adj., *dim*. *With difficulty* : P. and V. μόλῐς, μόγῐς, Ar. and P. χᾰλεπῶς.

Dimness, subs. *Darkness* : P. and V. σκότος, ὁ or τό, Ar. and V. κνέφας, τό (also Xen.), ὄρφνη, ἡ, P. τὸ σκοτεινόν. *Indistinctness* : P. ἀσάφεια, ἡ. *Dimness of sight* : P. ἀμβλυωπία, ἡ.

Dimple, subs. Use V. γέλασμα, τό. Used of *the dimpled waves of the sea* (Æsch., *P. V.* 90).

Din, subs. P. and V. ψόφος, ὁ, κτῦπος, ὁ (rare P.), V. ἄραγμός, ὁ, ἀράγμᾰτα, τά, βρόμος, ὁ, Ar. and V. πᾰτᾰγος, ὁ. *Shout* : P. and V. θόρῠβος, ὁ, βοή, ἡ, κραυγή, ἡ.

Din, v. trans. *Din into one* : P. and V. θρῡλεῖν (τινί τι).

Dine, v. intrans. Ar. and P. δειπνεῖν, P. δειπνοποιεῖσθαι. *Dine with* : P. συνδειπνεῖν (dat. or absol.).

Dinginess, subs. *Darkness* : P. and V. σκότος, ὁ or τό. *Unpleasantness* : P. ἀηδία, ἡ, βαρύτης, ἡ.

Dingle, subs. See *glen*.

Dingy, adj. *Black* : P. and V. μέλᾱς. *Gray* : P. φαιός (Plat.). *Unpleasant* : P. ἀηδής, P. and V. βᾰρύς. *Unlovely* : P. and V. ἀτερπής.

Dining-hall, subs. P. and V. συσσῖτιον, τό.

Dinner, subs. P. and V. δεῖπνον, τό.

Dinnerless, adj. Ar. and P. ἄδειπνος (Xen.).

Dint, subs. P. and V. τραῦμα, τό, V. χᾰραγμα, τό. *By dint of* : P. and V. διά (gen.), or use χρώμενος (dat.), agreeing with subject of sentence.

Dint, v. trans. P. and V. τιτρώσκειν. *Be dinted* : V. χᾰράσσεσθαι.

Dip, v. trans. P. and V. βάπτειν. *Wash* : P. and V. λούειν. *Dip in* : Ar. ἐμβάπτειν (τι εἰς τι). V. intrans. *Wash oneself* : P. and V. λοῦσθαι. *Dip into (a subject)* : P. and V. ἅπτεσθαι (gen.). *A plain surrounded by mountains that dipped right down to the sea* : P. πέδιον . . . περιεχόμενον ὄρεσι μέχρι πρὸς τὴν θάλασσαν καθειμένοις (Plat., *Crit.* 118A). *A ship strained perforce by the sheet, dips, but rights herself again if one slacken the sheet* : V. καὶ ναῦς γὰρ ἐνταθεῖσα πρὸς βίαν ποδί ἔβαψεν, ἔστη δ' αὖθις ἢν χαλᾷ πόδα (Eur., *Or.* 706).

Dip, subs. *Immersion* : P. and V. βᾰφή, ἡ. *Bathe* : P. and V. λουτρόν, τό. *Hollow between hills* : see *valley*.

Diplomacy, subs. *Cleverness* : Ar. and P. δεξιότης, ἡ, P. δεινότης, ἡ. *Cunning* : P. and V. δόλος, ὁ (rare

P.), V. τέχνη, ἡ; see *cunning*. *By diplomacy and decrees*: P. πολιτείᾳ καὶ ψηφίσμασι (Dem. 254). *Embassy*: Ar. and P. πρεσβεία, ἡ. *The results of one's diplomacy*: P. τὰ πεπρεσβευμένα (Dem. 347).

Diplomatic, adj. *Political*: P. πολιτικός. *Tactful*: Ar. and P. ἐμμελής. *Hold diplomatic intercourse with*: P. διακηρυκεύεσθαι πρός (acc.).

Diplomatically, adv. *Tactfully*: P. ἐμμελῶς.

Diplomatist, subs. *Ambassador*: P. πρεσβευτής, ὁ. *Statesman*: P. πολιτικός, ὁ.

Dire, adj. P. and V. δεινός, φοβερός, φρῑκώδης (Dem. 644), V. δύσχῑμος, ἔμφοβος. *Suffer some dire calamity*: P. ἀνήκεστόν τι πάσχειν.

Direful, adj. See *dire*.

Direfully, adv. P. and V. δεινῶς.

Direfulness, subs. P. δεινότης, ἡ.

Direct, adj. *Straight*: P. and V. εὐθύς, ὀρθός. *Simple, plain*: P. and V. ἁπλοῦς.

Direct, v. trans. *Guide (a person)*: P. and V. ἄγειν, ἡγεῖσθαι (dat.), ὑφηγεῖσθαι (dat.), Ar. and P. ἡγεμονεύειν (gen.), V. ὁδηγεῖν, ὁδοῦν; see *guide*. *Steer*: P. and V. κυβερνᾶν, ἀπευθύνειν (Plat.), V. οἰᾱκοστροφεῖν. *Aim (a weapon, etc.)*: P. and V. εὐθύνειν, ἀπευθύνειν, P. κατευθύνειν, V. ἰθύνειν, ἐπῐθύνειν, ὀρθοῦν. *Manage*: P. and V. οἰκεῖν, νέμειν (Thuc. 8, 70), V. νωμᾶν, πορσύνειν, Ar. and P. μεταχειρίζεσθαι, τᾰμιεύειν, διοικεῖν, P. διαχειρίζειν; see *administer*. *Guide aright*: P. and V. εὐθύνειν, ἀπευθύνειν, κᾰτορθοῦν, P. κατευθύνειν, V. ὀρθοῦν (pass. also in P., act. rare). *Govern*: P. and V. ἄρχειν (gen. or V. dat.), κρᾰτεῖν (gen.), κοσμεῖν (acc.); see *govern*. *Direct (towards an object)*: P. and V. ἐπέχειν (τί τινι or τι ἐπί τινι). *Turn*: P. and V. τρέπειν, στρέφειν, ἐπιστρέφειν. *Direct one's attention to*: P. γνώμην προσέχειν (dat.); see *attend to*. *Command*: P. and V. προστάσσειν (dat.), ἐπῐτάσσειν (dat.); see *command*.

Direction, subs. *Guidance, act of guiding*: P. ὑφήγησις, ἡ. *Management*: P. διοίκησις, ἡ, διαχείρισις, ἡ. *Rule*: P. and V. ἀρχή, ἡ, κρᾰ́τος, τό. *Leadership*: P. ἡγεμονία, ἡ. *Command*: P. πρόσταγμα, τό, ἐπίταγμα, τό; see *command*. *Road*: P. and V. ὁδός, ἡ. *In what direction?* P. and V. ποῖ; V. ποτέρας τῆς χερός; (Eur., *Cycl.* 681); indirect, P. and V. ὅποι. *In any direction*: P. and V. ποι (enclitic). *In another direction*: P. and V. ἄλλοσε, Ar. and P. ἑτέρωσε. *In every direction*: P. πανταχόσε, Ar. and P. πανταχοῖ. *From every direction*: P. and V. πανταχόθεν, Ar. and P. πανταχόθεν. *In the direction of*: P. and V. ἐπί (gen.); see *towards*. *Take a certain direction*: P. and V. τρέπεσθαί (ποι); of a road, see *lead*. *One in one direction, one in another*: P. and V. ἄλλος ἄλλοσε. *Keeping his eyes in one direction, his thoughts in another*: ἄλλοσ᾽ . . . ὄμμα θἀτέρᾳ δὲ νοῦν ἔχων (Soph., *Tr.* 272). *Out of its true direction* (of a weapon): P. ἔξω τῶν ὅρων τῆς αὑτοῦ πορείας (Antiphon, 121).

Directly, adv. *Straight*: P. and V. εὐθύ, εὐθύς (rare). *Directly towards*: Ar. and P. εὐθύ (gen.), V. εὐθύς (gen.). *Immediately*: P. and V. εὐθύς, εὐθέως, ὡς τάχιστα, αὐτίκᾰ, πᾰραυτίκᾰ, Ar. and P. πᾰραχρῆμα; see *immediately*. *Expressly*: P. διαρρήδην. *Simply*: P. and V. ἁπλῶς.

Directness, subs. *Simplicity*: P. ἁπλότης, ἡ.

Director, subs. See *guardian, manager*.

Dirge, subs. P. and V. θρῆνος, ὁ (Plat.), P. θρηνῳδία, ἡ (Plat.), V. θρηνήμᾰτα, τά. *Sing a dirge*: P. and V. θρηνεῖν. *Sing a dirge over*: P. and V. θρηνεῖν (acc.) (Plat.), V. θρηνῳδεῖν (acc.).

Dirgelike, adj. P. θρηνώδης.

Dirk, subs. P. ἐγχειρίδιον, τό, Ar. and P. ξῐφίδιον, τό, P. and V. μάχαιρα, ἡ.

Dirt, subs. *Mud*: P. and V. πηλός, ὁ, βόρβορος, ὁ. *Squalor*: Ar. and P. αὐχμός, ὁ, P. ῥύπος, τό, V. πῖνος, ὁ, ἀλουσία, ἡ. *Taint, stain*: V. λῦμᾰτα, τά.

Dirtiness, subs. See *dirt*.

Dirty, adj. *Muddy, turbid*: P. and V. θολερός, P. βορβορώδης, πηλώδης. *Squalid*: P. and V. αὐχμηρός, Ar. and V. ἄλουτος, δυσπῖνης, V. πῖνώδης, αὐχμώδης. *Be dirty*, v.: Ar. ῥῠπᾶν, Ar. and P. αὐχμεῖν. Of weather: P. χειμέριος. Met., *base, mean*: P. and V. αἰσχρός, φαῦλος. *Foul*: P. and V. αἰσχρός. *Shameless*: P. and V. ἀναιδής, ἀναίσχυντος.

Dirty, v. trans. P. and V. μιαίνειν; see *defile*.

Disable, v. trans. P. and V. βλάπτειν, κᾰκοῦν. *Cripple*: Ar. and P. πηροῦν. *Disable a ship*: P. τιτρώσκειν (Thuc. 4, 14), κατατραυματίζειν (Thuc. 7, 41), Ar. and P. κᾰτᾰδῠ́ειν. *Be disabled* (of a ship): P. πονεῖν.

Disabled, adj. P. ἀνάπηρος, ἀδύνατος, V. ἀκρᾰ́τωρ. *Lame*: P. and V. χωλός.

Disablement, subs. P. πήρωσις, ἡ.

Disabuse, v. trans. *If I were able to disabuse your minds of this misrepresentation*: P. εἰ οἷος τ' εἴην ὑμῶν ταύτην τὴν διαβολὴν ἐξελέσθαι (Plat., *Ap.* 24A).

Disadvantage, subs. P. ἐλάσσωμα, τό. *Be at a disadvantage*: P. ἐλασσοῦσθαι, ἔλασσον ἔχειν. *Injury, loss*: P. and V. βλᾰβή, ἡ, βλᾰ́βος, τό, ζημία, ἡ.

Disadvantageous, adj. P. and V. ἀσύμφερος, P. ἀνεπιτήδειος. *Harmful*: P. βλαβερός, ἐπιζήμιος.

Disadvantageously, adv. P. ἀσυμφέρως (Xen.), ἀνεπιτηδείως.

Disaffected, adj. P. and V. δύσνους, δυσμενής, Ar. and P. κᾰκόνους, V. κᾰκόφρων; see *hostile*.

Disaffection, subs. P. and V. δύσνοια, ἡ, δυσμένεια, ἡ, P. κακόνοια, ἡ; see *enmity*. *Revolt*: P. ἀπόστασις, ἡ.

Disagree, v. intrans. *Quarrel*: Ar. and P. διᾰφέρεσθαι, στᾰσιάζειν, P. διίστασθαι, P. and V. ἐρίζειν. *Differ in opinion*: P. διαφωνεῖν (Plat.). Of things, *clash*: P. διαφωνεῖν, V. δῐχοστᾰτεῖν. *Disagree with, quarrel with*: P. and V. ἐρίζειν (dat. or πρός, acc.), δῐχοστᾰτεῖν (πρός, acc.) (rare P.), P. διαφέρεσθαι (dat. or πρός, acc.), Ar. and P. στᾰσιάζειν (dat. or πρός, acc.); see *quarrel*. *Differ in opinion from*: P. διαφωνεῖν (dat.) (Plat.). Met., *not to suit*: use P. and V. οὐχ ἁρμόζειν (dat.).

Disagreeable, adj. P. ἀηδής, P. and V. ἄχᾰρις (Plat., also Ar.), ἀτερπής (Thuc.), βᾰρύς, δυσχερής, προσάντης (Plat.; Eur., *I. T.* 1012), V. δυστερπής. *Distressing*: P. and V. λῡπηρός, ὀχληρός, V. λυπρός; see *distressing*. *Ill-tempered*: P. and V. δύσκολος, δυσχερής, δῠσάρεστος, Ar. and V. πᾰλίγκοτος.

Disagreeableness, subs. P. ἀηδία, ἡ, βαρύτης, ἡ, P. and V. δυσχέρεια, ἡ. *Ill-temper*: Ar. and P. δυσκολία, ἡ.

Disagreeably, adv. P. ἀηδῶς. *Distressingly*: P. and V. λῡπηρῶς. *Ill-temperedly*: P. δυσκόλως.

Disagreement, subs. P. and V. διᾰφορά, ἡ, ἔρῐς, ἡ, στᾰ́σῐς, ἡ, Ar. and V. νεῖκος, τό (also Plat. but rare P.).

Disallow, v. trans. *Reject*: P. ἀποδοκιμάζειν, P. and V. οὐ δέχεσθαι; see *reject*. *Forbid*: P. and V. οὐκ ἐᾶν, ἀπειπεῖν, Ar. and P. ἀπᾰγορεύειν.

Disappear, v. intrans. P. and V. ἀφᾰνίζεσθαι, ἐξῐ́τηλος εἶναι, ἐξῐ́τηλος γίγνεσθαι, ἀφᾰνής εἶναι, ἀφᾰνής γίγνεσθαι, Ar. and V. ἔρρειν (rare P.), V. ἄφαντος ἔρρειν. *Make to disappear*: P. and V. ἀφᾰνίζειν. *To have disappeared*: P. and V. οἴχεσθαι, V. ἄφαντος οἴχεσθαι. *Run away*: Ar. and P. ἀποδιδράσκειν. *Fly*: P. and V. φεύγειν. Met., *fade*: P. and V. διαρρεῖν, ἀπορρεῖν, V. φθῖνειν (rare P.), P. ἐκρεῖν.

Disappeared, adj. *Vanished*: P. and V. ἀφᾰνής, Ar. and V. φροῦδος (rare P.), V. ἄφαντος.

Disappearance, subs. *Flight:* P. and V. φῠγή, ἡ. *Destruction:* P. καθαίρεσις, ἡ. *Death:* P. and V. θάνατος, ὁ, τελευτή, ἡ.

Disappoint, v. trans. P. παρακρούειν, ἀντικρούειν (dat.). *Frustrate:* P. and V. σφάλλειν. *Disappoint of:* P. and V. ψεύδειν (τινά τινος), P. ἐκκρούειν (τινά τινος). *Vex:* P. and V. λῡπεῖν, ἀνῑᾶν. *Be disappointed:* P. παρακρούεσθαι, P. and V. πταίειν; see *fail*. *Be disappointed of:* P. and V. σφάλλεσθαι (gen.), ψεύδεσθαι (gen.), ἀποσφάλλεσθαι (gen.), ἁμαρτάνειν (gen.). *Be disappointed with, be vexed with:* P. χαλεπῶς φέρειν (acc.); see under *vex*.

Disappointment, subs. *Frustration:* P. and V. σφάλμᾰ, τό, P. πταῖσμα, τό. *Vexation:* P. ἀγανάκτησις, ἡ.

Disapprobation, subs. *Blame:* P. and V. μέμψῐς, ἡ, ψόγος, ὁ, Ar. and V. μομφή, ἡ. *Vexation:* P. ἀγανάκτησις, ἡ.

Disapproval, subs. See *disapprobation*.

Disapprove, v. intrans. P. and V. μέμφεσθαι, ψέγειν, οὐκ ἐπαινεῖν, Ar. and V. μωμᾶσθαι.

Disarm, v. trans. V. γυμνοῦν ὅπλων (Eur., *H. F.* 1382). *Strip (the dead) of arms:* P. and V. σκῡλεύειν (Eur., *Phoen*, 1417). *They disarmed me of both my coverings:* V. γυμνόν μ' ἔθηκαν διπτύχου στολίσματος (Eur., *Hec.* 1156). *They consented to be disarmed, and each ransomed for a fixed sum:* P. συνέβησαν ῥητοῦ ἕκαστον ἀργυρίου ἀπολυθῆναι ὅπλα παράδοντας (Thuc. 4, 69). *Be disarmed:* P. ἀφαιρεθῆναι τὰ ὅπλα (Lys.). *Disarmed:* P. παρῃρημένος τὰ ὅπλα (Dem.). Met., *disarm (anger, suspicion, etc.):* P. and V. ἐξαιρεῖν, πᾰραιρεῖν (or mid.), V. ἀφαιρεῖν. *Gentleness meeting violence and rage disarms them of their excess:* V. τῷ γὰρ βιαίῳ κἀγρίῳ τὸ μαλθακόν εἰς ταὐτὸν ἐλθὸν τοῦ λίαν παρείλετο (Eur., *Frag.*).

Disarrange, v. trans. P. and V. τᾰράσσειν, συντᾰράσσειν, συγχεῖν; see *confuse*.

Disarranged, adj. P. ἄτακτος.

Disarrangement, subs. P. ταραχή, ἡ, ἀταξία, ἡ, P. and V. ἀκοσμία, ἡ.

Disarray, subs. P. ταραχή, ἡ, ἀταξία, ἡ, P. and V. ἀκοσμία, ἡ.

Disarray, v. trans. P. and V. τᾰράσσειν, συντᾰράσσειν, συγχεῖν; see *confound*.

Disaster, subs. P. and V. συμφορά, ἡ, κᾰκόν, τό, σφάλμᾰ, τό, πάθος, τό, πάθημα, τό, P. ἀτυχία, ἡ, ἀτύχημα, τό, δυστυχία, ἡ, δυστύχημα, τό, πταῖσμα, τό.

Disastrous, adj. P. and V. δυστῠχής, ἀτῠχής (rare V.), Ar. and V. δύσποτμος; see *unfortunate*. *Harmful:* P. and V. ἀσύμφορος; see *harmful*.

Disastrously, adv. P. and V. δυστῠχῶς, κᾰκῶς, P. ἀτυχῶς, V. δυσπότμως; see *unfortunately*.

Disavow, v. trans. P. and V. ἀπαξιοῦν (Eur., *El.* 256). *Disown:* P. and V. ἀπειπεῖν, ἀναίνεσθαι (Dem. but rare P.), V. ἀπεύχεσθαι (Æsch., *Eum.* 608). *Deny:* P. and V. ἀρνεῖσθαι, ἀπαρνεῖσθαι, ἐξαρνεῖσθαι, V. κᾰταρνεῖσθαι; see *deny*. *Stand aloof from:* P. and V. ἀφίστασθαι (gen.).

Disavowal, subs. *Disowning:* P. ἀπόρρησις, ἡ. *Denial:* P. and V. ἄρνησις, ἡ, P. ἐξάρνησις ἡ (Plat.).

Disband, v. trans. P. and V. διᾰλύειν (Eur., *I. A.* 495), P. καταλύειν.

Disbanding, subs. P. διάλυσις, ἡ.

Disbelief, subs. P. and V. ἀπιστία, ἡ.

Disbelieve, v. trans. P. and V. ἀπιστεῖν (acc. of thing, dat. of pers.).

Disburden, v. trans See *relieve*, *free*.

Disburse, v. trans. *Pay:* P. and V. τελεῖν. *Expend:* P. and V. ἀνᾱλίσκειν, ἀνᾱλοῦν, Ar. and P. δᾰπᾰνᾶν.

Disbursement, subs. *Expenditure:* P. ἀνάλωσις, ἡ. *Expense:* P. and V. δᾰπάνη, ἡ.

Disc, subs. Use P. and V. κύκλος, ὁ.

Discard, v. trans. P. and V. ἀποβάλλειν, ἀπορρίπτειν, ἐκβάλλειν, ἀπωθεῖν (or mid.), πἄρωθεῖν (or mid.), διωθεῖσθαι, Ar. and V. ἀποπτΰειν. *Not to choose* : P. ἀποκρίνειν (Plat.). *Despise* : P. and V. κἄταφρονεῖν (acc. or gen.), ὑπερφρονεῖν (acc. or gen.), P. ὀλιγωρεῖν (gen.). *Neglect* : P. and V. ἀμελεῖν (gen.), πἄρἄμελεῖν (gen.).

Discern, v. trans. *Perceive* : P. and V. αἰσθάνεσθαι, ἐπαισθάνεσθαι, γιγνώσκειν, διἄγιγνώσκειν, μανθἄνειν, νοεῖν (or mid.) (Plat.), ἐννοεῖν (or mid.) (Plat.), P. καταμανθάνειν. *Discern beforehand* : P. προαισθάνεσθαι, προνοεῖν, P. and V. προγιγνώσκειν. *See* : P. and V. ὁρᾶν, κἄθορᾶν, σκοπεῖν, θεᾶσθαι, θεωρεῖν; see *see*.

Discerning, adj. *Shrewd* : P. and V. σῠνετός, δρῑμΰς (Plat.; Eur., *Cycl.* 104), Ar. and P. φρόνῐμος. *A discerning mind* : V. φρὴν ὠμματωμένη (Æsch., *Choe.* 854).

Discernment, subs. P. and V. σῠνεσις, ἡ, τὸ σῠνετόν, γνώμη, ἡ, φρόνησις, ἡ. *Foresight* : P. and V. πρόνοια, ἡ, P. προμήθεια, ἡ, V. προμηθία, ἡ. *Power to distinguish* : P. and V. διάγνωσις, ἡ. *Perception* : P. and V. αἴσθησις, ἡ.

Discernible, adj. *Easy to distinguish* : P. εὔγνωστος. *Visible* : P. and V. θεᾶτός. *Plain, manifest* : P. and V. φᾰνερός, δῆλος, ἐμφᾰνής, P. κάτοπτος.

Discharge, v. trans. *Manumit* : P. ἀπελευθεροῦν, ἀφιέναι. *Acquit* : P. and V. λΰειν, ἐκλΰειν, ἀφῑέναι, Ar. and P. ἀπολΰειν. *Dismiss* : Ar. and P. ἀποπέμπειν, P. and V. ἀφῑέναι. *Let go* : P. and V. ἀφῑέναι, ἀπαλλάσσειν; see *free*. *Discharge (a missile)* : P. and V. βάλλειν, ῥίπτειν, ἀφῑέναι, Ar. and V. ῑέναι, V. ἰάπτειν; see *throw*. *Emit, throw up* : P. and V. ἀνῑέναι, ἀνᾰδῐδόναι (Eur., *Frag.*). *Fulfil* : P. and V. πράσσειν, διαπράσσειν (or mid., P.), ἐξεργάζεσθαι, περαίνειν, V. ἐκπράσσειν, τελεῖν; see *fulfil*. *Discharge (a cargo)* : P. ἐξαιρεῖσθαι. *Discharge (a debt)* : P. διαλύειν; see *pay*. *Discharge (a debtor), give him quittance* : see *quittance*. *Discharge an office* : Ar. and P. ἀρχὴν ἄρχειν. *Turn out (of office, etc.)* : P. and V. ἐκβάλλειν.

V. intrans. *Discharge itself* (of a river) : P. ἐκβάλλειν, ἐξιέναι (ἐξίημι). *Discharge itself into* : P. ἐμβάλλειν εἰς (acc.).

Discharge, subs. *Acquittal* : P. and V. τὸ φεύγειν, Ar. and P. ἀπόφευξις, ἡ. *Deliverance* : P. and V. λῠσις, ἡ, ἀπαλλᾰγή, ἡ, V. ἔκλῠσις, ἡ, P. ἀπόλυσις, ἡ. *Outlet* : P. and V. ἔξοδος, ἡ, P. ἐκβολή, ἡ. *Discharge* (of debts) : P. διάλυσις, ἡ, ἀπόδοσις, ἡ. *Quittance* : P. ἄφεσις, ἡ. *Putrid matter* : V. κηκίς, ἡ, νοσηλεία, ἡ.

Discharged, adj. *Paid off* : P. ἀπόμισθος.

Disciple, subs. Ar. and P. μᾰθητής, ὁ, P. φοιτητής, ὁ; see *pupil*.

Discipline, v. trans. *Train* : P. and V. παιδεύειν, κᾰταρτΰειν (Plat.). *Chasten* : P. and V. κολάζειν, νουθετεῖν, σωφρονίζειν, ῥυθμίζειν (Plat.), V. ἁρμόζειν. *Bring into order* : P. and V. κοσμεῖν.

Discipline, subs. P. εὐταξία, ἡ. *Want of discipline* : P. ἀταξία, ἡ. *Order* : P. and V. τάξῐς, ἡ, κόσμος, ὁ. *Practice* : P. μελέτη, ἡ. *Obedience* : P. and V. πειθαρχία, ἡ. *Chastening* : P. and V. νουθέτησις, ἡ, νουθέτημα, τό, P. κόλασις, ἡ.

Disciplined, adj. Ar. and P. εὔτακτος. *Be disciplined*, v. : P. εὐτακτεῖν.

Disclaim, v. trans. P. and V. ἀπαξιοῦν, ἀπειπεῖν; see *deny*. *Stand aloof from* : P. and V. ἀφίστασθαι (gen.).

Disclose, v. trans. *Show* : P. and V. φαίνειν, δηλοῦν, δεικνΰναι, ἐκφαίνειν (Plat.), ἀποδεικνΰναι, ἐπῐδεικνΰναι, Ar. and P. ἀποφαίνειν, V. ἐκδεικνΰναι; see *show*. *Reveal* : P. and V. ἀποκᾰλΰπτειν, Ar. and V. ἐκκᾰλΰπτειν, V. διαπτΰσσειν (Plat. also but rare P.), ἀναπτΰσσειν, ἀνοίγειν. *Publish, betray* : P. and V. ἐκφέρειν, μηνΰειν, κᾰτειπεῖν, V. προμηνΰειν.

Disclosure, subs. *Act of disclosing*: P. μήνυσις, ἡ. *What is disclosed*: P. μήνυμα, τό. *Confession*: P. ὁμολογία, ἡ.

Discolour, v. trans. P. and V. μιαίνειν; see *defile*.

Discomfited, Be, v. intrans. P. and V. σφάλλεσθαι. *In battle*: P. and V. ἡσσᾶσθαι.

Discomfiture, subs. P. and V. σφάλμᾰ, τό, P. πταῖσμα, τό. *Defeat*: P. ἧσσα, ἡ, πταῖσμα, τό.

Discomfort, subs. P. and V. δυσχέρεια, ἡ, ὄχλος, ὁ. *Troubles*: P. and V. κᾰκᾰ́, τά, P. τὰ δυσχερῆ; see *troubles*. *Suffering*: P. κακοπάθεια, ἡ. *Suffer discomfort*, v.: P. and V. πονεῖν, κάμνειν, P. κακοπαθεῖν.

Discomfort, v. trans. *Cause discomfort to*: P. and V. ὄχλον πᾰρέχειν (dat.), Ar. and P. ἐνοχλεῖν (acc. or dat.), P. διοχλεῖν (acc.), V. ὀχλεῖν (acc.); see *trouble*

Discomfortable, adj. P. and V. δυσχερής, βᾰρῠ́ς, ἀτερπής (Thuc.), V. δυστερπής.

Disconcert, v. trans. *Agitate*: P. and V. τᾰράσσειν, ἐκπλήσσειν, συντᾰράσσειν. *Frustrate*: P. and V. σφάλλειν. *Throw into confusion*: P. and V. συγχεῖν.

Disconnect, v. trans. See *separate*. *Free*: P. and V. ἀπολῡ́ειν. *Disconnect oneself from, disown*: P. and V. ἀπαξιοῦν (acc.).

Disconnectedly, adv. *At random*: P. and V. εἰκῇ.

Disconsolate, adj. *Miserable*: P. and V. ἄθλιος, τᾰλαίπωρος, Ar. and V. τάλᾱς, τλήμων, δύστηνος; see *miserable*. *Desolate*: P. and V. ἐρῆμος. *Pitiable*: P. and V. οἰκτρός, P. ἐλεεινός, Ar. and V. ἐλεινός. *Despondent*: P. and V. ἄθυμος (Xen.), V. δυσθῡ́μος, κᾰτηφής, δύσφρων.

Disconsolately, adv. P. and V. ἀθλίως, οἰκτρῶς, P. ἐλεεινῶς, Ar. and V. ἐλεινῶς; see *miserably*. *Despondently*: P. ἀθύμως (Xen.), δυσθύμως (Plat.).

Discontent, subs. P. and V. δυσχέρεια, ἡ. *Ill-temper*: Ar. and P. δυσκολία, ἡ *Indignation*: P. ἀγανάκτησις, ἡ; see *anger*.

Discontented, adj. *Morose*: P. and V. δύσκολος, δυσχερής, δῠσάρεστος, P. δύστροπος. *Angry*: Ar. and P. χᾰλεπός, P. and V. πικρός. *Be discontented*, v.: P. δυσχεραίνειν, Ar. and P. σχετλιάζειν, δυσκολαίνειν (Plat.).

Discontentedly, adv. P. δυσκόλως.

Discontentment, subs. See *discontent*.

Discontinuance, subs. *Cessation*: P. and V. διάλῠσις, ἡ.

Discontinue, v. trans. Ar. and P. διᾰλῡ́ειν. *Bring to an end*: P. and V. παύειν; see *break off*. V. intrans. P. and V. παύεσθαι, λήγειν (Plat.); see *cease*. *You discontinued your preparations for war*: P. ἐξελύσασθε τὰς παρασκευὰς τὰς τοῦ πολέμου (Dem. 234).

Discord, subs. *Musical*: P. ἀναρμοστία, ἡ (Plat.). *Strife*: P. and V. ἔρῐς, ἡ, στάσῐς, ἡ, διαφορά, ἡ, Ar. and V. νεῖκος, τό (Plat. also but rare P.). *Disagreement, clashing*: P. διαφωνία, ἡ (Plat.), ἀσυμφωνία, ἡ (Plat.).

Discordance, subs. See *discord*.

Discordant, adj. P. ἀνάρμοστος (Plat.), ἀσύμφωνος (Plat.). *Jarring*: P. and V. πλημμελής. *Ill-omened*: P. and V. δύσφημος (Plat. but rare P.). *At variance*: P. and V. διάφορος, P. ἀσύμφωνος (Plat.). *A discordant cry*: V. βοὴ ἄμικτος.

Discordantly, adv. P. παρὰ μέλος (Plat.), ἀναρμόστως (Plat.), ἀσυμφώνως (Plat.). *Shouting discordantly*: V. ἄμουσ' ὑ̄λακτῶν (of Hercules) (Eur., *Alc.* 760).

Discount, v. trans. *Detract from*: P. ἐλασσοῦν (gen.).

Discountenance, v. trans. P. and V. μέμφεσθαι, οὐκ ἐπαινεῖν.

Discourage, v. trans. P. ἀθυμῆσαι ποιεῖν, εἰς ἀθυμίαν καθιστάναι. *Dissuade*: P. and V. ἀποστρέφειν, Ar.

and P. ἀποτρέπειν; see *deter*. *Disapprove (a course of action)*: P. and V. μέμφεσθαι, οὐκ ἐπαινεῖν. *Be discouraged*: P. and V. ἀθῡμεῖν; see *despond*.

Discouraged, adj. P. and V. ἄθῡμος (Xen.), V. δύσθῡμος, δύσφρων, κἄτηφής.

Discouragement, subs. P. and V. ἀθυμία, ἡ, δυσθῡμία, ἡ (Plat.). *Blame*: P. and V. μέμψῐς, ἡ. *Dissuasion*: P. ἀποτροπή, ἡ.

Discourse, subs. P. and V. λόγος, ὁ. *Speech*: P. and V. ῥῆσις, ἡ. *Conversation*: P. διάλογος, ὁ, P. and V. λόγοι, οἱ, V. λέσχαι, αἱ.

Discourse, v. intrans. Ar. and P. διᾰλέγεσθαι; see *speak*. *Discourse with*: Ar. and P. διᾰλέγεσθαι (dat. or πρός, acc.), V. εἰς λόγους ἔρχεσθαι (dat.) (cf. Ar., *Nub.* 470), διᾰ λόγων ἀφικνεῖσθαι (dat.); see *converse*.

Discourteous, adj. P. and V. πλημμελής, Ar. and P. ἄγροικος; see *rude*.

Discourteously, adv. Ar. and P. ἀγροίκως; see *rudely*.

Discourtesy, subs. P. and V. ἀμουσία, ἡ (Eur., *Frag.*), P. ἀγροικία, ἡ; see *rudeness*.

Discover, v. trans. *Find*: P. and V. εὑρίσκειν, ἐφευρίσκειν, ἀνευρίσκειν, ἐξευρίσκειν, V. προσευρίσκειν. *Catch in the act*: P. and V. ἐπ' αὐτοφώρῳ λαμβᾰ́νειν, φωρᾶν, λαμβᾰ́νειν, κᾰτᾰλαμβᾰ́νειν (Eur., *Cycl.* 260), αἱρεῖν, P. καταφωρᾶν. *Light upon*: P. and V. ἐντυγχᾰ́νειν (dat.), τυγχᾰ́νειν (gen.), προσπίπτειν (dat.), Ar. and P. ἐπῐτυγχᾰ́νειν (dat.), P. περιπίπτειν (dat.), V. κῠρεῖν (gen.), κιγχᾰ́νειν (acc. or gen.). *Perceive*: P. and V. αἰσθᾰ́νεσθαι, ἐπαισθάνεσθαι, γιγνώσκειν, γνωρίζειν, μανθάνειν, νοεῖν (or mid.) (Plat.), ἐννοεῖν (or mid.) (Plat.), P. καταμανθάνειν. *Disclose*: P. and V. ἀποκᾰλύπτειν, V. διαπτύσσειν (Plat. also but rare P.), ἀναπτύσσειν, ἐκκᾰλύπτειν; see *disclose*.

Discoverable, adj. V. εὑρετός (Soph., *Frag.*; also Xen.).

Discoverer, subs. P. εὑρετής, ὁ. Fem., V. εὑρέτῐς, ἡ.

Discovery, subs. P. εὕρεσις, ἡ, V. ἀνεύρεσις, ἡ. *Disclosure*: P. μήνυσις, ἡ. *Invention, thing discovered*: P. and V. εὕρημα, τό, Ar. and V. ἐξεύρημα, τό.

Discredit, v. trans. *Disbelieve*: P. and V. ἀπιστεῖν (acc. of thing, dat. of pers.). *Disgrace*: P. and V. αἰσχῡ́νειν, κᾰταισχῡ́νειν. *Discredit one person with another*: P. and V. διᾰβάλλειν τινά τινι or εἰς τινα.

Discredit, subs. *Shame*: P. and V. αἰσχῡ́νη, ἡ, V. αἶσχος, τό. *Dishonour*: P. and V. ἀτῑμία, ἡ, δύσκλεια, ἡ (Thuc., Plat.), ἀδοξία, ἡ. *Reproach*: P. and V. ὄνειδος, τό. *A discredit to* (used of a person): P. and V. ὄνειδος, τό, V. αἰσχῡ́νη, ἡ. *Disbelief*: P. and V. ἀπιστία, ἡ. *Suffer discredit*, v.: P. and V. ἀδοξεῖν.

Discreditable, adj. P. and V. αἰσχρός, ἐπονείδιστος, ἀνάξιος; see *disgraceful*.

Discreditably, adv. P. and V. αἰσχρῶς, ἀναξίως, P. ἐπονειδίστως.

Discredited, adj. *Disgraced*: P. and V. ἄτῑμος.

Discreet, adj. P. and V. σώφρων, εὔβουλος, Ar. and P. φρόνῐμος; see *prudent*. *Be discreet*, v.: P. and V. σωφρονεῖν.

Discreetly, adv. P. and V. σωφρόνως, Ar. and P. φρονίμως, V. φρονούντως, σεσωφρονισμένως.

Discrepancy, subs. *Difference*: P. διαφορά, ἡ, διάστασις, ἡ, P. and V. διᾰ́φορον, τό. *Contrariness*: P. ἐναντιότης, ἡ.

Discrepant, adj. *Contrary*: P. and V. ἐναντίος. *Different*: P. and V. διᾰ́φορος.

Discretion, subs. P. and V. τὸ σῶφρον, τὸ σωφρονεῖν, εὐβουλία, ἡ, φρόνησις, ἡ, γνώμη, ἡ, Ar. and P. σωφροσῠ́νη, ἡ. *At one's discretion*: P. and V. ὡς δοκεῖ (τινί) (*as it seems good to one*).

Discriminate, v. trans. P. and V. διαιρεῖν, διορίζειν, διᾰγιγνώσκειν, διειδέναι (Plat.), δῐαλαμβάνειν, Ar. and P. διακρῖνειν.

Discriminating, adj. *Prudent*: P. and V. σώφρων, σῠνετός, Ar. and P. φρόνῐμος.

Discrimination, subs. P. and V. γνώμη, ἡ, φρόνησις, ἡ, τὸ σῶφρον, τὸ σῠνετόν, σῠ́νεσις, ἡ. *Power of distinguishing*: P. and V. διάγνωσις, ἡ.

Discursively, adv. P. and V. εἰκῇ; see *at length*, under *length*.

Discuss, v. trans. *Consider, examine*: P. and V. ἐξετάζειν, σκοπεῖν, ἐπισκοπεῖν, ἀθρεῖν, θεωρεῖν, ἐπεξέρχεσθαι; see *examine*. *Discuss fully*: P. and V. δῐαπεραίνειν (Plat.). *Talk of*: P. διαλέγεσθαι περί (gen.). *To discuss first the question of Euripides*: Ar. χρηματίζειν πρῶτα περὶ Εὐριπίδου (*Thesm.* 377). V. intrans. *Argue*: P. and V. ἀγωνίζεσθαι, ἁμιλλᾶσθαι, ἐρίζειν, P. ἀμφισβητεῖν. *Talk*: Ar. and P. δῐαλέγεσθαι. *Discuss with*: P. and V. ἀγωνίζεσθαι (dat. or πρός, acc.), ἁμιλλᾶσθαι (dat. or πρός, acc.), ἐρίζειν (dat. or πρός, acc.), P. ἀμφισβητεῖν (dat.), V. διὰ λόγων ἀφικνεῖσθαι (dat.).

Discussion, subs. *Examination*: P. and V. σκέψῐς, ἡ, P. ἐπίσκεψις, ἡ. *Dispute*: P. and V. ἀγών, ὁ, ἔρῐς, ἡ, ἅμιλλα, ἡ, P. ἀμφισβήτησις, ἡ, Ar. and P. ἀντῐλογία, ἡ, νεῖκος, τό (Plat. also but rare P.). *Talk*: P. and V. λόγοι, οἱ, P. διάλεκτος, ἡ. *Opposing argument*: Ar. and P. ἀντῐλογία, ἡ. *Remove from the discussion*: P. ἀναιρεῖν ἐκ μέσου (Dem. 323).

Disdain, v. trans. P. and V. κᾰταφρονεῖν (acc. or gen.), ῠ̔περφρονεῖν (acc. or gen.), P. ὀλιγωρεῖν (gen.), ὑπερορᾶν (acc. or gen.), Ar. and V. ἀποπτῠ́ειν (acc.). *Neglect*: P. and V. ἀμελεῖν (gen.), πᾰρᾰμελεῖν (gen.). *Hold in little honour*: P. and V. ἀτῑμάζειν (Plat.), V. ἀτίζειν. V. intrans. With infin., P. and V. οὐκ ἀξιοῦν (infin.), οὐ δῐκαιοῦν.

Disdain, subs. *Contempt*: P. καταφρόνησις, ἡ, ὀλιγωρία, ἡ, ὑπεροψία, ἡ. *Dishonour*: P. and V. ἀτῑμία, ἡ.

Disdainfulness: P. and V. φρόνημα, τό, ὄγκος, ὁ, ὕβρῐς, ἡ, V. φρόνησις, ἡ, χλῐδή, ἡ, P. ὑπερηφανία, ἡ, μεγαλαυχία, ἡ.

Disdainful, adj. P. and V. σεμνός, ὑψηλός, P. ὀλίγωρος, ὑπερήφανος, μεγαλόφρων, ὑπεροπτικός, V. ῠ̔πέρφρων, ῠ̔πέρκοπος, ὑψηλόφρων (also Plat. but rare P.), ὑψήγορος, σεμνόστομος, Ar. and V. γαῦρος. *Disdainful of*: P. ὑπεροπτικός (gen.), ὀλίγωρος (gen.).

Disdainfully, adv. P. καταφρονητικῶς, ὑπερηφάνως, ὀλιγώρως, μεγαλοφρόνως, V. ῠ̔περκόπως, ὑψῐκόμπως.

Disdainfulness, subs. See *disdain*.

Disease, subs. P. and V. νόσος, ἡ, νόσημα, τό. *Plague*: P. and V. λοιμός, ὁ. *Indisposition*: P. ἀσθένεια, ἡ, ἀρρωστία, ἡ.

Diseased, adj. P. and V. νοσῶν, P. νοσώδης; see *ill*. *Be diseased*, v.: lit., P. and V. νοσεῖν, κάμνειν; met., P. and V. νοσεῖν. *Unsound*, adj.: P. and V. σαθρός, Ar. and P. σαπρός; see *unsound*.

Disembark, v. trans. Ar. and P. ἀποβῐβάζειν, ἐκβῐβάζειν. V. intrans. P. and V. ἐκβαίνειν, ἀποβαίνειν (Eur., *Frag.*), P. ἀπόβασιν ποιεῖσθαι; see *land*.

Disembarkation, subs. P. ἀπόβασις, ἡ, V. ἔκβᾰσις, ἡ.

Disembodied, adj. *Now I flit above my dear mother Hecuba, disembodied of my mortal frame*: V. νῦν ὑπὲρ μητρὸς φίλης Ἑκάβης ἀΐσσω σῶμ᾽ ἐρημώσας ἐμόν (Eur., *Hec.* 30).

Disenchant, v. trans. Use P. ἀηδίαν παρέχειν (dat.) (lit., *produce disgust*). *Be disenchanted with, have had a surfeit of*: Ar. and V. κορεσθῆναι (gen.) (1st aor. pass. of κορεννύναι), P. and V. πλησθῆναι (gen.) (1st aor. pass. of πιμπλάναι) (Plat.), V. κόρον ἔχειν (gen.); see *surfeit*.

Disenchantment, subs. *Dislike*: P. ἀηδία, ἡ. *Satiety*: P. and V. κόρος, ὁ (Plat.), πλησμονή, ἡ (Plat.).

Disencumber, v. trans. See *free*.

Disengage, v. trans. P. and V. ἀπολῡ́ειν; see *free, disentangle*.

She tried to disengage her hand: Ar. τὴν χεῖρ' ὑφῄρει (*Pl.* 689). *Be disengaged, be at leisure*: P. and V. σχολάζειν.

Disentangle, v. trans. P. and V. λύειν, V. ἀναπτύσσειν, ἐξελίσσειν. *Make clear*: P. and V. σαφηνίζειν (Xen. but rare P.). *Whenever they closed with one another they could not easily get disentangled*: P. ἐπειδὴ προσβάλοιεν ἀλλήλοις οὐ ῥᾳδίως ἀπελύοντο (Thuc. 1, 49).

Disentanglement, subs. P. and V. λῦσις, ἡ.

Disfavour, subs. *Hostility*: P. and V. δυσμένεια, ἡ, δύσνοια, ἡ, P. κακόνοια, ἡ. *Odium*: P. and V. φθόνος, ὁ. *Disgust*: P. ἀηδία, ἡ, P. and V. δυσχέρεια, ἡ. *View with disfavour*: P. χαλεπῶς φέρειν (acc.), Ar. and P. ἀγανακτεῖν (dat.), P. δυσχεραίνειν (acc. or dat.), V. πικρῶς φέρειν (acc.).

Disfigure, v. trans. P. and V. αἰκίζεσθαι, λυμαίνεσθαι, διαφθείρειν, λωβᾶσθαι (Plat.), V. αἰκίζειν, καταικίζεσθαι.

Disfigurement, subs. *Act of disfiguring*: P. and V. διαφθορά, ἡ, λώβη, ἡ (Plat.), λύμη, ἡ (Plat.), αἰκία, ἡ, αἴκισμα, τό, P. αἰκισμός, ὁ. *Deformity*: P. αἶσχος, τό (Plat.), πονηρία, ἡ (Plat.). *Ugliness*: P. αἶσχος, τό (Plat.); see *ugliness*.

Disfranchise, v. trans. Ar. and P. ἀτιμοῦν, P. ἄτιμον καθιστάναι, ἀποψηφίζεσθαι.

Disfranchised, adj. P. and V. ἄτιμος.

Disfranchisement, subs. P. and V. ἀτιμία, ἡ. *Act of disfranchising*: P. ἀποψήφισις, ἡ.

Disfurnish, v. trans. P. ἐκσκευάζειν.

Disgorge, v. trans. Met., Ar. ἐξεμεῖν (*Ach.* 6).

Disgrace, v. trans. *Bring to shame*: P. and V. αἰσχύνειν, καταισχύνειν, V. κηλιδοῦν. *Dishonour*: P. and V. ἀτιμάζειν, ἀτιμοῦν, V. ἀτίζειν, ἐξατιμάζειν. *Disgrace oneself*: P. and V. ἀσχημονεῖν.

Disgrace, subs. *Shame*: P. and V. αἰσχύνη, ἡ, V. αἶσχος, τό. *Dishonour*: P. and V. ἀτιμία, ἡ, δύσκλεια, ἡ (Thuc. and Plat.), ἀδοξία, ἡ. *Be in disgrace*, v.: P. and V. ἀδοξεῖν. *Reproach*, subs.: P. and V. ὄνειδος, τό. *A disgrace to* (used of a person): P. and V. ὄνειδος, τό, V. αἰσχύνη, ἡ.

Disgraced, adj. P. and V. ἄτιμος, ἀκλεής (Plat.), V. δυσκλεής (also Xen. but rare P.).

Disgraceful, adj. P. and V. αἰσχρός, ἐπονείδιστος, ἀνάξιος. *Base*: P. and V. κακός, πονηρός. *Unseemly*: V. αἰκής, ἀεικής. *Ignominious*: P. and V. κακός, V. δυσκλεής (also Xen.); see *ignominious*.

Disgracefully, adv. P. and V. αἰσχρῶς, ἀναξίως, P. ἐπονειδίστως. *Basely*: P. and V. κακῶς, πονηρῶς. *Ignominiously*: P. and V. κακῶς, ἀτίμως, ἀκλεῶς, V. δυσκλεῶς.

Disguise, v. trans. P. and V. ἐπικρύπτεσθαι, ὑποστέλλεσθαι, P. ἐπηλυγάζεσθαι. *Conceal*: P. and V. κρύπτειν, συγκρύπτειν; see *hide*. *Disguise oneself, dress oneself up*: Ar. and P. ἐνσκευάζεσθαι (Plat., *Crito*, 53D).

Disguise, subs. *Mask*: P. πρόσωπον, τό. *Pretence*: P. and V. πρόσχημα, τό. *I have spoken my mind freely without disguise*: P. οὐδὲν ὑποστειλάμενος πεπαρρησίασμαι (Dem. 54).

Disgust, v. trans. Use P. ἀηδίαν παρέχειν (dat.). *Annoy*: P. and V. λυπεῖν, ἀνιᾶν, ὄχλον παρέχειν (dat.), Ar. and P. ἐνοχλεῖν (acc. or dat.), V. ὀχλεῖν. *Be disgusted*: P. and V. ἄχθεσθαι, P. δυσχεραίνειν, Ar. and P. ἀγανακτεῖν. *Be disgusted with*: P. and V. ἄχθεσθαι (dat.), P. χαλεπῶς φέρειν (acc.), δυσχεραίνειν (acc. or dat.), Ar. and P. ἀγανακτεῖν (dat.). *Have had a surfeit of*: P. and V. πλησθῆναι (1st aor. pass. of πιμπλάναι) (gen.) (Plat.), Ar. and V. κορεσθῆναι (1st aor. pass. of κορεννύναι) (gen.).

Disgust, subs. P. and V. δυσχέρεια, ἡ, P. ἀηδία, ἡ, V. ἄση, ἡ (Eur., *Med.* 245; also Plat. but rare P.). *Satiety*: P. and V. κόρος, ὁ (Plat.), πλησμονή, ἡ (Plat.).

Disgusting, adj. P. ἀηδής, Ar. and P. βδελυρός. V. βδελύκτροπος. *Distressing*: P. and V. βαρύς, ὀχληρός, δυσχερής.

Dish, subs. Ar. λεκάνη, ἡ, λοπάς, ἡ. *Food on the dish*: P. and V. ὄψον, τό (Æsch., *Frag.*).

Dishearten, v. trans. P. εἰς ἀθυμίαν καθιστάναι, ἀθυμῆσαι ποιεῖν. *Be disheartened*: P. and V. ἀθυμεῖν, V. δυσθυμεῖσθαι, P. ἐπικλασθῆναι (1st aor. pass. of ἐπικλᾶν).

Disheartened, adj. P. and V. ἄθυμος (Xen.), V. δύσθυμος, δύσφρων.

Dishevelled, adj. V. ἀκτένιστος; see *squalid*.

Dishonest, adj. P. and V. κακός, πονηρός, μοχθηρός, ἄδικος, κακοῦργος, πανοῦργος.

Dishonestly, adv. P. and V. κακῶς, ἀδίκως, Ar. and P. πανούργως.

Dishonesty, subs. P. and V. κάκη, ἡ, πονηρία, ἡ, πανουργία, ἡ, ἀδικία, ἡ, Ar. and P. μοχθηρία, ἡ, P. κακουργία, ἡ.

Dishonour, subs. *Shame*: P. and V. αἰσχύνη, ἡ, V. αἶσχος, τό. *Disgrace*: P. and V. ἀτιμία, ἡ, δύσκλεια, ἡ (Thuc., Plat.), ἀδοξία, ἡ. *Reproach*: P. and V. ὄνειδος, τό. *Outrage*: P. and V. ὕβρις, ἡ, αἰκία, ἡ, λύμη, ἡ (Plat.), λώβη, ἡ (Plat.). *Stain, defilement*: met., P. and V. κηλίς, ἡ.

Dishonour, v. trans. *Bring to shame*: P. and V. αἰσχύνειν, καταισχύνειν, V. κηλιδοῦν. *Degrade*: P. and V. ἀτιμοῦν, ἀτιμάζειν, V. ἀτίζειν, ἐξατιμάζειν. *Outrage*: P. and V. ὑβρίζειν, αἰκίζεσθαι, λυμαίνεσθαι, λωβᾶσθαι (Plat.). *Seduce*: P. and V. διαφθείρειν, ὑβρίζειν, λωβᾶσθαι (Plat.), P. καταισχύνειν, V. αἰσχύνειν, διολλύναι.

Dishonourable, adj. P. and V. αἰσχρός, κακός, πονηρός, μοχθηρός, ἐνονείδιστος, ἀνάξιος. *Ignominious*: P. and V. κακός, δυσκλεής (Xen.); see *ignominious*.

Dishonourably, adv. P. and V. αἰσχρῶς, κακῶς, ἀναξίως. *Ignominiously*: P. and V. κακῶς, ἀτίμως, ἀκλεῶς, V. δυσκλεῶς.

Dishonoured, adj. P. and V. ἄτιμος, V. δυσκλεής (also Xen.), Ar. and V. ἀκλεής.

Dishonourer, subs. V. ἀτιμαστήρ, ὁ, αἰσχυντήρ, ὁ, καταισχυντήρ, ὁ.

Disillusion, v. trans. See *disappoint*.

Disinclination, subs. *Unreadiness*: P. and V. ὄκνος, ὁ.

Disincline, v. trans. *Deter*: Ar. and P. ἀποτρέπειν. *Be disinclined*: P. and V. οὐ βούλεσθαι, Ar. and P. οὐκ ἐθέλειν, Ar. and V. οὐ θέλειν. *Be disinclined to*: use also P. and V. ὀκνεῖν (infin.), κατοκνεῖν (infin.).

Disinfect, v. trans. P. and V. καθαίρειν.

Disinfection, subs. P. κάθαρσις, ἡ.

Disingenuous, adj. P. and V. διπλοῦς; see *cunning*. Of things: P. σκολιός (Plat.), V. ἑλικτός, πλάγιος.

Disingenuously, adv. See *cunningly*.

Disingenuousness, subs. See *cunning*.

Disinherit, v. trans. P. ἀποκηρύσσειν.

Disintegrate, v. trans. Ar. and P. διαλύειν.

Disintegration, subs. P. διάλυσις, ἡ.

Disinter, v. trans. P. ἀναιρεῖν. *They disinterred the bones and cast them out*: P. τὰ ὀστᾶ ἀνελόντες ἐξέβαλον (Thuc. 1, 126).

Disinterested, adj. *Honest*: P. and V. ἁπλοῦς. *Unbiassed*: P. and V. κοινός, ἴσος.

Disinterestedly, adv. P. and V. ἁπλῶς. *Gratis*: P. and V. ἀμισθί.

Disjoin, v. trans. P. and V. χωρίζειν, διιστάναι (Eur., *Frag.*), Ar. and P. διασπᾶν, διαχωρίζειν; see *separate*.

Disjointedly, adv. *At random*: P. and V. εἰκῇ.

Disk, subs. P. and V. κύκλος, ὁ.

Dislike, subs. P. ἀηδία, ἡ, P. and V. δυσχέρεια, ἡ. *Satiety*: P. and V. κόρος, ὁ (Plat.), πλησμονή, ἡ (Plat.). *Hatred* (of persons): P. and V. μῖσος, τό; see *hatred, hostility*. *Be viewed with dislike*: P. ἐπιφθόνως διακεῖσθαι, P. and V. ἀπεχθάνεσθαι.

Viewed with dislike: use adj., P. and V. ἐπίφθονος.

Dislike, v. trans. P. and V. ἄχθεσθαι (dat.), Ar. and P. ἀγᾰνακτεῖν (dat.), δυσχεραίνειν (acc. or dat.), P. χαλεπῶς φέρειν, δυσκόλως διακεῖσθαι πρός (acc.), V. πικρῶς φέρειν, ἀποστέργειν; see also *hate.*

Dislocate, v. trans. Use Ar. ἐκκοκκίζειν. Met., *throw into confusion:* P. and V. τᾰράσσειν, συντᾰράσσειν, συγχεῖν.

Dislocated, adj. P. διεστραμμένος.

Dislocation, subs. *Sprain:* P. σπάσμα, τό, στρέμμα, τό.

Dislodge, v. trans. P. ἐκκρούειν, ὠθεῖσθαι, P. and V. ἐξελαύνειν, ἐκβάλλειν. *Throw down:* P. and V. κᾰτᾰβάλλειν.

Disloyal, adj. P. and V. δυσμενής, δύσνους, Ar. and P. κᾰκόνους, V. κᾰκόφρων. *Faithless:* P. and V. ἄπιστος.

Disloyally, adv. P. δυσμενῶς.

Disloyalty, subs. P. and V. δυσμένεια, ἡ, δύσνοια, ἡ, P. κακόνοια, ἡ. *Faithlessness:* P. and V. ἀπιστία, ἡ.

Dismal, adj. Of looks: P. and V. σκυθρωπός, V. στυγνός. Of colour, *black:* P. and V. μέλᾱς, V. μελάγχῐμος. *Despondent:* P. and V. ἄθῡμος (Xen.), V. δύσθῡμος, δύσφρων. *Miserable, wretched:* P. and V. οἰκτρός, ἄθλιος, τᾰλαίπωρος, Ar. and V. τάλᾱς, V. δυστάλᾱς; see *miserable.* *Mournful* (of things): P. and V. ἄθλιος, οἰκτρός, τᾰλαίπωρος, V. πολύστονος, δύσοιστος, πένθῐμος. *Troublesome, dreary:* P. and V. ὀχληρός, βᾰρύς, δυσχερής, V. πολύπονος.

Dismally, adv. *Despondently:* P. ἀθύμως (Xen.), δυσθύμως (Plat.). *Miserably:* P. and V. ἀθλίως, οἰκτρῶς, V. τλημόνως.

Dismantle, v. trans. P. ἀνασκευάζειν. *Walls, etc.:* P. and V. κᾰθαιρεῖν, P. περιαιρεῖν. *Disfurnish:* P. ἐκσκευάζειν.

Dismay, subs. P. and V. φόβος, ὁ, ἔκπληξις, ἡ, δεῖμα, τό, δέος, τό, ὀρρωδία, ἡ, V. τάρβος, τό, P. κατάπληξις, ἡ. *Confusion:* P. ταραχή, ἡ, V. τᾰραγμός, ὁ, τάραγμα, τό.

Dismay, v. trans. P. and V. φοβεῖν, ἐκφοβεῖν, ἐκπλήσσειν, τᾰράσσειν, διαπτοεῖν (Plat.), Ar. and P. κᾰτᾰφοβεῖν, P. καταπλήσσειν. *Be dismayed:* V. ἐπτοῆσθαι (perf. pass. πτοεῖν), δειμᾰτοῦσθαι (also Ar. in act.).

Dismember, v. trans. P. and V. σπᾰράσσειν (Plat.), Ar. and V. διᾰφορεῖν, διασπᾰράσσειν, διασπᾶσθαι, V. σπᾶν, διᾰφέρειν, ἀρτᾰμεῖν, διαρτᾰμεῖν; see *mangle.* Met., P. διασπᾶν.

Dismiss, v. trans. P. and V. ἀφῑέναι, ἐκπέμπειν, μεθῑέναι, Ar. and P. ἀποπέμπειν. *Turn out:* P. and V. ἐκβάλλειν. *Dismiss an assembly, etc.:* P. and V. διᾰλῡειν, Ar. λῡειν (also Xen.). *Say farewell to:* P. and V. χαίρειν ἐᾶν (acc.); see *farewell.* *Dismiss (a feeling):* P. and V. ἀφῑέναι, μεθῑέναι, V. πᾰρῑέναι.

Dismount, v. intrans. *From horse or carriage:* Ar. and P. κᾰτᾰβαίνειν. *From a carriage:* P. and V. ἀποβαίνειν (Eur., *Tro.* 622), ἐκβαίνειν.

Disobedience, subs. P. ἀνηκουστία, ἡ (Plat.), V. τὸ μὴ κλύειν.

Disobedient, adj. P. ἀπειθής, δυσπειθής, V. ὁ μὴ πειθάνωρ (Æsch., *Ag.* 1639). *Is it a duty to honour the disobedient?* V. ἔργον γάρ ἐστι τοὺς ἀκοσμοῦντας σέβειν; (Soph., *Ant.* 730).

Disobey, v. trans. P. and V. ἀπειθεῖν (dat.), ἀνηκουστεῖν (gen.) (Thuc.), ἀπιστεῖν (dat.); see also *transgress.*

Disoblige, v. trans. P. and V. οὐ χᾰρίζεσθαι (dat.), P. ἀγνωμονεῖν εἰς or πρός (acc.).

Disobliging, adj. P. and V. ἀγνώμων.

Disorder, subs. P. and V. θόρῠβος, ὁ, ἀκοσμία, ἡ, P. ταραχή, ἡ, ἀταξία, ἡ, V. τᾰραγμός, ὁ, τάραγμα, τό. *Disease:* P. and V. νόσος, ἡ, νόσημα, τό, P. πόνος, ὁ (Thuc. 2, 49). *Throw into disorder,* v.: P. and V. τᾰράσσειν, συντᾰράσσειν, Ar. and P. θορῠβεῖν. *In disorder:* use P. οὐδένι κόσμῳ, ἀτάκτως. *Without disorder:* V. οὐκ ἀκόσμως.

Disorder, v. trans. P. and V. τᾰράσσειν, συντᾰράσσειν, συγχεῖν, φύρειν (Plat. also Ar.), κῠκᾶν (Plat. also Ar.).

Disordered, adj. Met., see *mad*.

Disorderliness, subs. P. ἀταξία, ἡ, P. and V. ἀκοσμία, ἡ; see *disorder*.

Disorderly, adj. P. ταραχώδης, ἄτακτος, ἀσύντακτος, V. ἄκοσμος, οὐκ εὔκοσμος. *Be disorderly*, v.: P. ἀτακτεῖν, P. and V. ἀκοσμεῖν.

Disorganisation, subs. P. ταραχή, ἡ.

Disorganise, v. trans. P. and V. τᾰράσσειν, συντᾰράσσειν, συγχεῖν.

Disown, v. trans. P. and V. ἀπειπεῖν, ἀναίνεσθαι (Dem. 954; also Plat. but rare P.), V. ἀπεύχεσθαι (Æsch., *Eum.* 608). *Disclaim*: P. and V. ἀπαξιοῦν (Eur., *El.* 256). *Disinherit*: P. ἀποκηρύσσειν. *Deny*: P. and V. ἀρνεῖσθαι, ἀπαρνεῖσθαι, ἐξαρνεῖσθαι, V. κᾰταρνεῖσθαι. *Disown* (*a course of action*): P. and V. ἀφίστασθαι (gen.). *Disowned by me, your father*: V. ἀπάτωρ ἐμοῦ (Soph., *O. C.* 1383).

Disparage, v. trans. P. and V. διᾰβάλλειν, P. διασύρειν, βασκαίνειν; see also *abuse*.

Disparagement, subs. P. and V. διᾰβολή, ἡ, P. βασκανία, ἡ; see *abuse*. *Self-disparagement*: P. κατάμεμψις ἑαυτοῦ.

Disparaging, adj. P. κακήγορος, Ar. and P. διάβολος, V. λοίδορος (Eur., *Cycl.*), κᾰκόστομος.

Disparagingly, adv. P. διαβόλως.

Disparity, subs. P. ἀνισότης, ἡ, ἀνομοιότης, ἡ.

Dispassionate, adj. *Fair, just*: P. and V. ὀρθός, ἐπιεικής. *Temperate*: P. and V. σώφρων, μέτριος.

Dispassionately, adv. *Fairly*: P. and V. ὀρθῶς, P. ἐπιεικῶς. *Temperately*: P. and V. μετρίως, σωφρόνως, V. σεσωφρονισμένως.

Dispel, v. trans. *Avert*: P. and V. ἀποτρέπειν, ἀποστρέφειν, ἀπωθεῖν. *Disperse, scatter*: P. and V. σκεδαννύναι, διασκεδαννύναι, ἀποσκεδαννύναι. Met., *dispel* (*fear, etc.*): P. and V. λύειν; see *get rid of*, under *rid*. Met., *scatter to the winds*: V. σκεδαννύναι, ἀποσκεδαννύναι, διασκεδαννύναι, Ar. ἐκσκεδαννύναι.

Dispensary, subs. P. ἰατρεῖον, τό.

Dispensation, subs. *System*: P. and V. κᾰτάστᾰσις, ἡ, κᾰτασκευή, ἡ (Eur., *Supp.* 214, but rare V.), P. σύνταξις, ἡ. *By divine dispensation*: P. θείᾳ μοίρᾳ (Plat.); see *interposition*. *Immunity*: P. and V. ἄδεια, ἡ. *Distribution*: P. νομή, ἡ, διανομή, ἡ.

Dispense, v. trans. P. and V. νέμειν, διᾰδιδόναι, προσνέμειν, Ar. and P. διᾰνέμειν, P. ἀπονέμειν, ἐπινέμειν, V. ἐνδᾰτεῖσθαι, διαστοιχίζεσθαι. *Dispense with*: P. and V. ἐᾶν (acc.), μεθῑέναι (acc.). *Say farewell to*: met., P. and V. χαίρειν ἐᾶν (Eur., *El.* 400).

Dispenser, subs. P. and V. τᾰμίᾱς, ὁ. *Distributor*: P. νομεύς, ὁ.

Dispeople, v. trans. See *depopulate*.

Dispersal, subs. P. πλάνησις, ἡ (Thuc. 8, 42). *Rout*: P. and V. τροπή, ἡ.

Disperse, v. trans. *Scatter*: P. and V. σκεδαννύναι, διασκεδαννύναι, ἀποσκεδαννύναι; see *scatter*. *Spread about*: P. and V. σπείρειν, διασπείρειν. *Rout*: P. and V. τρέπειν. *Break up*: P. and V. διᾰλύειν (Eur., *I. A.* 495). V. intrans. Use pass. of trans. verbs.

Dispersed, adj. *Scattered*: P. and V. σποράς, P. διεσπασμένος.

Dispersion, subs. See *dispersal*.

Dispirit, v. trans. See *dishearten*.

Dispirited, adj. See *disheartened*.

Displace, v. trans. P. and V. μεθιστάναι, V. ἐξ ἕδρας μεθορμίζειν, P. μετακινεῖν. *Depose from office*: P. ἀπαλλάσσειν, P. and V. ἐκβάλλειν; see *depose*. *Displace* (*a population*): P. and V. ἀνιστάναι, ἐξᾰνιστάναι.

Displacement, subs. Of population: P. and V. ἀνάστᾰσις, ἡ. *Tonnage*: see *tonnage*.

Display, v. trans. *Show*: P. and V. φαίνειν, δεικνύναι, δηλοῦν, σημαίνειν

(Plat.), ἐπῐδεικνύναι, ἀποδεικνύναι, ἐκφαίνειν (Plat.), V. ἐκδεικνύναι, ἐκσημαίνειν, Ar. and V. προφαίνειν. *Give proof of* : P. and V. ἐνδείκνυσθαι (acc.), πᾰρέχειν (or mid.) (acc.), προτῐ́θεσθαι (acc.), V. τῐ́θεσθαι (acc.), Ar. and P. ἐπῐδείκνυσθαι (acc.), Ar. and V. ἐνδῐδόναι; see *show*. *Show forth* : V. πῐφαύσκειν (Æsch.). *Use, employ* : P. and V. χρῆσθαι (dat.), προσφέρειν. *Make show of* : Ar. and P. ἐπῐδεικνύναι (or mid.) (acc.).

Display, subs. P. ἀπόδειξις, ἡ, Ar. and P. ἐπῐ́δειξις, ἡ; see also *manifestation*. *Showing off* : Ar. and P. ἐπῐ́δειξις, ἡ *Pomp, magnificence* : P. and V. σχῆμα, τό, πρόσχημα, τό; see *show*.

Displease, v. trans. P. ἀπαρέσκειν (dat.), V. ἀφανδάνειν (dat.); see *annoy*. *Be displeased (with)* : P. and V. ἄχθεσθαι (dat.), Ar. and P. ἀγᾰνακτεῖν (dat.), P. δυσχεραίνειν (acc. or dat.).

Displeasing, adj. See *disagreeable*.

Displeasure, subs. *Anger* : P. and V. ὀργή, ἡ; see *anger*. *Annoyance* : P. and V. δυσχέρεια, ἡ, ἀχθηδών, ἡ. *Odium* : P. and V. φθόνος, ὁ, P. ἀπέχθεια, ἡ.

Disport oneself, v. *Play* : P. and V. παίζειν. *Pass one's time* : P. and V. διάγειν, Ar. and P. διατρίβειν.

Disposable, adj. *Ready to hand* : P. and V. πρόχειρος.

Disposal, subs. *Arrangement* : P. διάταξις, ἡ, διάθεσις, ἡ, P. and V. τάξῐς, ἡ. *Sale* : P. διάθεσις, ἡ; see *sale*. *At my disposal* : P. and V. ἐπ' ἐμοί (lit., *in my power*). *Have at one's disposal* : P. and V. πρόχειρον ἔχειν (acc.). *Having the leading men always at his disposal* : P. χρώμενος ἀεὶ τοῖς πρώτοις (Thuc. 4, 132). *With the means at one's disposal* : P. ἐκ τῶν ὑπαρχόντων. *Put oneself at some one's disposal* : P. παρέχειν ἑαυτόν τινι χρῆσθαι ὅ,τι βούλεται (Lys. 111). *My money is at your disposal* : P. σοὶ δὲ ὑπάρχει τὰ ἐμὰ χρήματα (Plat., *Crito*, 45B).

Dispose, v. trans. *Arrange* : P. and V. κοσμεῖν, τάσσειν, συντάσσειν, P. διακοσμεῖν, διατάσσειν, Ar. and P. δῐᾰτῐθέναι. Of persons (*make friendly* or the reverse): P. διατιθέναι (with adj.). *Be disposed* (*well* or *otherwise*) : P. διακεῖσθαι (with adv.), P. and V. ἔχειν (with adv.). *I am well disposed to you* : V. εὖ φρονῶ τὰ σά (Soph., *Aj*. 491); see *favour*. *Be disposed to* (with infin.), *be willing to* : P. and V. βούλεσθαι (infin.). *Be wont to* : P. and V. φῐλεῖν (infin.). *Dispose of* : by trading, P. διατίθεσθαι (acc.); by will, Ar. and P. διατῐ́θεσθαι (acc.). *Use* : P. and V. χρῆσθαι (dat.). *Get rid of* : P. and V. ἀπαλλάσσεσθαι (gen.). *By this means do I dispose of this count* : V. ἐνταῦθα . . . τόνδ' ἀπαλλάσσω λόγον (Eur., *Med*. 790).

Disposed to, adj. *Prone to* : P. προπετής πρός (acc.); see *inclined to*.

Disposition, subs. *Arrangement* : P. and V. τάξῐς, ἡ, P. διάταξις, ἡ, διάθεσις, ἡ. *Character* : P. and V. τρόπος, ὁ, or pl., ἦθος, τό, φῠ́σῐς, ἡ. *Mood* : P. and V. ὀργή, ἡ, or pl. *State of mind* : P. διάθεσις, ἡ, ἕξις, ἡ. *Testament* : Ar. and P. δῐᾰθήκη, ἡ.

Dispossess, v. trans. *Drive out* : P. and V. ἐκβάλλειν, ἐξωθεῖν, ἐξελαύνειν. *Deprive* : P. and V. ἀφαιρεῖν (τινί τι), ἀφαιρεῖσθαι (τινά τι); see *deprive*. *Drive from one's home* : P. and V. ἐξοικίζειν. *Dispossess* (*of office*) : P. ἀπαλλάσσειν (Thuc. 1, 129); see *depose*. *Being now dispossessed, she will fret over her fate with inward brooding* : ἀπολαχοῦσα νῦν αὐτὴ καθ' αὑτὴν τὴν τύχην οἴσει πικρῶς (Eur., *Ion*, 609).

Dispossession, subs. *Deprivation* : P. στέρησις, ἡ, ἀποστέρησις, ἡ. *Taking away*: P. ἀφαίρεσις, ἡ, παραίρεσις, ἡ.

Dispraise, subs. and v. trans. See *blame*.

Disproof, subs. P. and V. ἔλεγχος, ὁ.

Disproportion, subs. *Inequality* : P. ἀνισότης, ἡ.

Disproportionate, adj. *Unequal* : P. ἄνισος. *Too much* : P. and V. περισσός. *Deficient* : P. and V. ἐνδεής, P. ἐλλιπής. *Not well balanced* : P. ἄμετρος, ἀσύμμετρος.

Disproportionately, adv. *Unequally:* P. ἀνίσως. *Too much* : P. and V. ἄγᾱν, λίᾱν, περισσῶς. *Deficiently* : P. ἐνδεῶς.

Disprove, v. trans. P. and V. ἐλέγχειν, ἐξελέγχειν.

Disputable, adj. P. ἀμφισβητήσιμος, ἀμφίλογος; see *doubtful.*

Disputant, subs. Use P. ὁ ἀγωνιζόμενος. In a lawsuit: P. use ἀντίδικος, ὁ or ἡ.

Disputation, subs. *Discussion* : P. and V. ἀγών, ὁ, ἔρῐς, ἡ, P. ἀμφισβήτησις, ἡ, Ar. and P. ἀντῐλογία, ἡ; see *discusson, dispute.*

Disputatious, adj. P. ἐριστικός, V. ἀμφίλεκτος.

Dispute, v. trans. *Oppose in words* : P. and V. ἀντῐλέγειν (dat.), V. ὁμόσε χωρεῖν (dat.), P. ὅμοσε ἰέναι (dat.), Ar. and V. ἅπτεσθαι (gen.). *Dispute this matter with others* : V. ἄλλοις ἁμιλλῶ τοῦτο (Eur., *I. A.* 309). *Dispute (a claim)* : P. ἀμφισβητεῖν (gen.). *He disputed with us the possession of the whole estate* : P. ἠμφισβήτει ἡμῖν ἅπαντος τοῦ κλήρου (Isae. 51). *Dispute (a case at law)* : P. and V. ἀγωνίζεσθαι (acc.), Ar. and P. διᾰγωνίζεσθαι (absol.). *Discuss* : see *discuss. Oppose* : P. and V. ἐναντιοῦσθαι (dat.), ἀνθίστασθαι (dat.). V. intrans. P. and V. ἀγωνίζεσθαι, ἐρίζειν, ἁμιλλᾶσθαι, μάχεσθαι, P. ἀμφισβητεῖν *Quarrel* : Ar. and P. διᾰφέρεσθαι; see *quarrel. Dispute with* : P. and V. ἀγωνίζεσθαι (dat. or πρός, acc.), ἐρίζειν (dat. or πρὸς, acc.), ἁμιλλᾶσθαι (dat. or πρός, acc.), μάχεσθαι (dat. or πρός, acc.), P. ἀμφισβητεῖν (dat.).

Dispute, subs. P. and V. ἀγών, ὁ, ἔρῐς, ἡ, P. ἀμφισβήτησις, ἡ, Ar. and P. ἀντῐλογία, ἡ; see *contest. Quarrel* : P. and V. διᾰφορά, ἡ, Ar. and V. νεῖκος, τό (Plat. also but rare P.). *The property is in dispute* : P. ἐπίδικός ἐστιν ὁ κλῆρος (Isae. 52). *Point in dispute* : P. ἀμφισβήτημα, τό. *The points in dispute* : P. τὰ διαφέροντα, τὰ ἀμφίλογα. *It is a disputed point* : P. ἀμφισβητεῖται. *Beyond dispute, indisputably* : P. ἀναμφισβητήτως, V. οὐκ ἀμφῐλέκτως, οὐ δῐχορρόπως.

Disputed, adj. P. ἀμφισβήτητος, ἀμφισβητήσιμος.

Disqualified, adj. P. and V. οὐκ ἄξιος. *Through being disqualified to contend* : P. κατὰ τὴν οὐκ ἐξουσίαν τῆς ἀγωνίσεως (Thuc. 5, 50).

Disqualify, v. trans. *Reject as unfit* : P. ἀποδοκιμάζειν. *Prevent* : P. and V. κωλῡ́ειν; see *prevent.*

Disquiet, v. trans. P. and V. τᾰράσσειν, ἐκπλήσσειν, V. θολοῦν (Eur., *Alc.* 1067); see *disturb, frighten, distract. Why do you stand disquieted when all is well with you?* V. τί συγχυθεῖσ' ἕστηκας ἡνίκ' εὐτυχεῖς; (Eur., *Med.* 1005).

Disquiet, subs. P. ταραχή, ἡ, V. τᾰραγμός, ὁ, τάραγμα, τό, P. and V. ἔκπληξις, ἡ. *Fear* : P. and V. φόβος, ὁ, δέος, τό; see *fear.*

Disquieting, adj. P. and V. δεινός, φοβερός, P. ἐκπληκτικός.

Disquisition, subs. P. and V. λόγος, ὁ; see *discussion.*

Disregard, v. trans. P. and V. ἀμελεῖν (gen.), πᾰρᾰμελεῖν (gen.), κᾰτᾰμελεῖν (gen.), P. ὀλιγωρεῖν (gen.), παρορᾶν, ἐν οὐδένι λόγῳ ποιεῖσθαι (acc.), V. δι' οὐδένος ποιεῖσθαι, ἀκηδεῖν (gen.), ἐν σμικρῷ ποιεῖσθαι, ἐν εὐχερεῖ τίθεσθαι, Ar. and V. φαύλως φέρειν. *Slight* : P. and V. ἀτῑμάζειν πᾰρέρχεσθαι, V. ἀτίζειν.

Disregard, subs. P. ἀμέλεια, ἡ, ὀλιγωρία, ἡ, V. ἀμελία, ἡ.

Disregarded, adj. P. and V. ἀτημέλητος (Xen.). *Uncared for* : V. ἀνᾰρίθμητος.

Disreputable, adj. P. and V. αἰσχρός, φαῦλος; see *disgraceful.*

Disreputably, adv. P. and V. αἰσχρῶς; see *disgracefully*.

Disrepute, subs. P. and V. δύσκλεια, ἡ (Thuc., Plat.), ἀδοξία, ἡ, ἀτῑμία, ἡ. *Shame:* P. and V. αἰσχύνη, ἡ, V. αἶσχος, τό. *Wishing to bring the Lacedaemonians and Peloponnesians into disrepute with the Greeks in that quarter:* P. Λακεδαιμονίους καὶ Πελοποννησίους διαβαλεῖν εἰς τοὺς ἐκείνῃ χρῄζων Ἕλληνας (Thuc. 3, 109).

Disrespect, subs. P. and V. ὕβρῐς, ἡ. *Dishonour:* P. and V. ἀτῑμία, ἡ.

Disrespectful, adj. P. ὑβριστικός; see *shameless, disorderly*.

Disrespectfully, adv. P. ὑβριστικῶς. *Behave disrespectfully,* v.: P. and V. ὑβρίζειν. *Speak disrespectfully of:* P. λέγειν τι φλαῦρον περί (gen.) (Dem. 1022).

Disrobe, v. trans. P. and V. ἐκδύειν, Ar. and P. ἀποδύειν. V. intrans. P. and V. ἐκδύεσθαι, Ar. and P. ἀποδύεσθαι.

Disruption, subs. P. and V. σύγχῠσις, ἡ.

Dissatisfaction, subs. *Vexation:* P. and V. δυσχέρεια, ἡ, ἀχθηδών, ἡ, P. ἀγανάκτησις, ἡ; see *anger*. *Blame:* P. and V. μέμψῐς, ἡ, ψόγος, ὁ.

Dissatisfied, adj. P. and V. δῠσάρεστος, δυσχερής, δύσκολος. *Censorious:* P. and V. φῐλόψογος (Plat.), φῐλαίτιος; see also *angry*. *Be dissatisfied,* v.: P. δυσχεραίνειν, Ar. and P. ἀγᾰνακτεῖν, P. and V. ἄχθεσθαι. *Be dissatisfied with:* P. δυσχεραίνειν (acc. or dat.), χαλεπῶς φέρειν, P. and V. ἄχθεσθαι (dat.), Ar. and P. ἀγᾰνακτεῖν (dat.), V. δυσφόρως ἄγειν (acc.).

Dissatisfy, v. trans. *Displease:* P. ἀπαρέσκειν (dat.), V. ἀφανδάνειν (dat.). *Not be enough for:* P. and V. οὐκ ἀρκεῖν (dat.).

Dissect, v. trans. P. and V. τέμνειν. Met., *dissect an argument:* P. and V. διασκοπεῖν, P. διαθεᾶσθαι. *Break up:* Ar. and P. διᾰλύειν. *Cut up (meat):* V. ἀρτᾰμεῖν.

Dissection, subs. P. and V. τομή, ἡ. *Examination:* P. διάσκεψις, ἡ (Plat.). *Breaking up:* P. διάλυσις, ἡ.

Dissemble, v. trans. P. and V. ἐπικρύπτεσθαι, ὑποστέλλεσθαι (Eur., *Or.* 607), P. ἐπηλυγάζεσθαι; see *hide*. *Feign ignorance:* Ar. and P. εἰρωνεύεσθαι.

Dissembling, adj. *Feigning ignorance:* P. εἰρωνικός.

Dissemblingly, adv. Ar. and P. εἰρωνῐκῶς.

Disseminate, v. trans. P. and V. διασπείρειν, ἐκφέρειν, διᾰδῐδόναι, Ar. and V. σπείρειν, θροεῖν; see *circulate*. *Disseminate rumours:* P. διαθροεῖν (absol.), λογοποιεῖν (absol.). *Be disseminated:* P. and V. διέρχεσθαι, V. ἐπέρχεσθαι. *Be disseminated among:* P. and V. διέρχεσθαι (acc.), V. διήκειν (acc.).

Dissension, subs. P. and V. ἔρῐς, ἡ, διᾰφορά, ἡ, στᾰσις, ἡ, Ar. and V. νεῖκος, τό (Plat. also but rare P.).

Dissent, v. intrans. P. and V. ἀντῐλέγειν. *Vote against:* Ar. and P. ἀντιχειροτονεῖν (absol.). *Dissent from:* P. and V. ἀντῐλέγειν (dat.). *Not to accept:* P. and V. οὐ δέχεσθαι (acc.).

Dissertation, subs. P. and V. λόγος, ὁ; see *discussion*.

Disservice, subs. See *injury*.

Dissever, v. trans. *Separate:* P. and V. χωρίζειν, διαιρεῖν; see *separate*. *Cut:* P. and V. τέμνειν, διᾰτέμνειν, σχίζειν, ἀποσχίζειν.

Disseverance, subs. See *separation*.

Dissimilar, adj. P. ἀνόμοιος, P. and V. διάφορος.

Dissimilarity, subs. P. ἀνομοιότης, ἡ. *Difference:* P. διαφορά, ἡ, P. and V. διάφορον, τό.

Dissimilarly, adv. P. ἀνομοίως, διαφόρως.

Dissimulate, v. trans. See *dissemble*.

Dissimulation, subs. *Pretence of ignorance:* P. εἰρωνεία, ἡ. *Deceit:* P. and V. ἀπᾰτη, ἡ, δόλος, ὁ (rare P.).

Dissipate, v. trans. *Scatter:* P.

and V. σκεδαννύναι, διασκεδαννύναι, ἀποσκεδαννύναι. *Avert* : P. and V. ἀποτρέπειν, ἀποστρέφειν, ἀπωθεῖν. *Put an end to* : Ar. and P. διᾰλύειν, P. and V. λύειν. *Squander* : P. and V. ἐκχεῖν (Plat.), V. ἀντλεῖν, διασπείρειν. *Fling away* : P. and V. προπίνειν, P. προΐεσθαι.

Dissipated, adj. P. and V. ἀκόλαστος, Ar. and P. ἀκρᾰτής, τρῠφερός *Be dissipated,* v.: P. and V. τρῠφᾶν.

Dissipation, subs. P. ἀκολασία, ἡ, ἀκράτεια, ἡ, P. and V. τρῠφή, ἡ. *Revelry* : P. and V. κῶμος, ὁ. *Indulge in dissipation,* v. : P. and V. κωμάζειν, Ar. and P. ἀκολασταίνειν.

Dissociate, v. trans. See *separate.* *Dissociate oneself from* : P. and V. ἀφίστασθαι (gen.).

Dissoluble, adj. P. διαλυτός.

Dissolute, adj. P. and V. ἀκόλαστος, Ar. and P. ἀκρᾰτής, τρῠφερός. *Shameless* : P. and V. ἀναιδής. *Be dissolute,* v.: Ar. and P. ἀκολασταίνειν.

Dissolutely, adv. P. ἀκολάστως, ἀκρατῶς. *Shamelessly* : P. and V. ἀναιδῶς.

Dissoluteness, subs. P. ἀκράτεια, ἡ, ἀκολασία, ἡ, P. and V. τρῠφή, ἡ. *Shamelessness* : P. and V. ἀναίδεια, ἡ.

Dissolution, subs. P. λύσις, ἡ, διάλυσις, ἡ. *Dissolution of the body* : P. ἡ ἀπαλλαγὴ τοῦ σώματος (Plat., *Phaedo,* 84B). *Breaking up (of meetings, etc.)* . P. διάλυσις, ἡ.

Dissolve, v. trans. *Break up* : Ar. and P. διᾰλύειν, διαιρεῖν. *Melt* : P. and V. τήκειν, Ar. and P. διᾰτήκειν (Xen.), P. διαχεῖν (Plat., *Tim.* 46D) ; see *melt.* Met., *break up a meeting, etc.* : P. and V. διᾰλύειν, Ar. and P. λύειν (Xen.) V. intrans. Ar. and P. διᾰλύεσθαι. *Be melted* : P. and V. τήκεσθαι, τετηκέναι (2nd perf. act. τήκειν), P. χεῖσθαι, διαχεῖσθαι ; see *melt.* Of a meeting, etc.: P. and V. διᾰλύεσθαι, Ar. and P. λύεσθαι (Xen.).

Dissonance, subs. P. ἀναρμοστία, ἡ (Plat.).

Dissonant, adj. P. ἀνάρμοστος (Plat.); see *discordant.*

Dissonantly, adv. P. ἀναρμόστως (Plat.) ; see *discordantly.*

Dissuade, v. trans. *Deter* : Ar. and P. ἀποτρέπειν, P. and V. ἀποστρέφειν, V. ἀντισπᾶν (Æsch., *P. V.* 337) ; see *divert, deter.* *Persuade not to* : P. and V. πείθειν τινὰ μή (infin.) or ὥστε μή (infin.).

Dissuasion, subs. *Deterring* : P. ἀποτροπή, ἡ.

Distaff, subs. P. ἠλακάτη, ἡ (Plat.), Ar. and P. ἄτρακτος, ἡ (Plat.).

Distance, subs. *Interval* : P. διάστασις, ἡ, ἀπόστασις, ἡ, διάστημα, τό ; see *interval.* *Journey, way* : P. and V. ὁδός, ἡ, Ar. and V. κέλευθος, ἡ. *Cover a distance,* v. : P. and V. ἀνύτειν, P. τελεῖν (Thuc. 2, 97), V. κᾰτᾰνύτειν ; see *cover.* *Distance of time* : see *interval.* *A short distance off* : P. διὰ βραχέος, P. and V. δι᾽ ὀλίγου (Eur., *Phoen.* 1098). *At a less distance* : P. δι᾽ ἐλάσσονος. *At so great a distance* : P. διὰ τοσούτου. *At long distances apart* : P. διὰ πολλοῦ (Thuc. 3, 94). *They were some distance from one another* : P. διεῖχον πολὺ ἀπ᾽ ἀλλήλων (Thuc. 2, 81). *From a distance* : P. ἄποθεν, πόρρωθεν, V. πρόσωθεν, τηλόθεν, Ar. and V. ἄπωθεν.

Distance, v. trans. P. and V. προὔχειν (gen.), ὑπερβάλλειν, ὑπερφέρειν (gen.); see *surpass.* *Get ahead of* : P. προλαμβάνειν (acc.), P. and V. φθάνειν (acc.), προφθάνειν (acc.). *Be distanced, be left behind* : P. and V. ἀπολείπεσθαι.

Distant, adj. *Long* : P. and V. μακρός. *Far off* : V. ἔκτοπος, ἄποπτος, τηλουρός, τηλωπός ; see *far.* *Most distant* : P. and V. ἔσχᾰτος. *Take part in distant expeditions* : P. ἐκδήμους στρατείας ἐξίεναι (ἔξειμι) (Thuc. 1, 15). *Be distant,* v.: P. and V. ἀπεῖναι, ἀπέχειν, ἀφίστασθαι, ἀποστᾰτεῖν (Plat.), P. διέχειν. *Be distant from* : P. and V. ἀπέχειν (gen.), P. διέχειν (gen.). Met., *haughty*, adj.: P. and V. σεμνός, P. ὑπερήφανος, V. ὑπέρφρων; see *haughty*. *Slight*: P. and V. ὀλίγος, βραχύς, μικρός, σμικρός. *At no distant date*: P. οὐκ εἰς μακράν, V. οὐ μάλ' εἰς μακράν (Æsch., *Supp.* 925). *On behalf of no distant friends, but for myself*: V. ὑπὲρ . . . οὐχὶ τῶν ἀπωτέρω φίλων ἀλλ' αὐτὸς αὑτοῦ (Soph., *O. R.* 137).

Distantly, adv. *Far off*: P. and V. μακράν, P. ἄποθεν, Ar. and P. πόρρω; Ar. and V. ἄπωθεν, V. πρόσω, πόρσω, ἑκάς (also Thuc. but rare P.). *Being more distantly related*: P. γένει ἀπωτέρω ὄντες (Dem. 1066).

Distaste, subs. P. and V. δυσχέρεια, ἡ, P. ἀηδία, ἡ; see *dislike*. *Have a distaste for*: P. and V. ἄχθεσθαι (dat.), P. χαλεπῶς φέρειν, V. πικρῶς φέρειν; see *dislike*.

Distasteful, adj. P. and V. βαρύς, δυσχερής, P. ἀηδής; see *unpleasant*.

Distemper, subs. See *disease*, *madness*.

Distempered, adj. See *diseased*, *mad*.

Distend, v. trans. *Puff out*: P. and V. φυσᾶν. *Stretch*: P. and V. τείνειν, ἐκτείνειν. *Be distended*: V. ἐξογκοῦσθαι.

Distention, subs. P. διάτασις, ἡ; see *bulk*.

Distil, v. trans. V. στάζειν, καταστάζειν; see *drop*.

Distillation, subs. *What is distilled*: V. σταγών, ἡ, στάγμα, τό, στάλαγμα, τό; see *drop*, *exudation*. *The flesh fell from her bones like the distillation of a pine*: V. σάρκες δ' ἀπ' ὀστέων ὥστε πεύκινον δάκρυ . . . ἀπέρρεον (Eur., *Med.* 1200).

Distinct, adj. *Separate*: P. κεχωρισμένος. *Different*: P. and V. διάφορος. *Clear*: P. and V. δῆλος, σαφής, ἔνδηλος, φανερός, ἐμφανής, διαφανής, V. σαφηνής, τορός, τρανής; see *clear*. Of sound: P. and V. λαμπρός, μέγας, ὀξύς, V. λιγύς (also Plat. but rare P.); see *loud*.

Distinction, subs. *Difference*: P. διαφορά, ἡ, P. and V. διάφορον, τό. *Distinction of meaning*: P. διαίρεσις τῶν ὀνομάτων (Plat., *Prot.* 358A). *Power of distinguishing*: P. and V. διάγνωσις, ἡ. *Separation*: P. χωρισμός, ὁ. *Honour*: P. and V. τιμή, ἡ, ἀξίωμα, τό, δόξα, ἡ; see *honour*, *fame*.

Distinctive, adj. *Different*: P. and V. διάφορος. *Separate*: P. κεχωρισμένος. *Private*, *personal*: P. and V. οἰκεῖος, ἴδιος.

Distinctly, adv. *Expressly*: P. διαρρήδην. *Clearly*: P. and V. σαφῶς, Ar. and V. σάφα (rare P.), τορῶς, τρανῶς, σκεθρῶς. *Manifestly*: P. and V. λαμπρῶς, σαφῶς, ἐμφανῶς, περιφανῶς, Ar. and P. φανερῶς, P. διαφανῶς, V. σαφηνῶς. Of sound: P. and V. σαφῶς, V. τορῶς; see *loudly*.

Distinctness, subs. P. and V. σαφήνεια, ἡ.

Distinguish, v. trans. *Know apart*: P. and V. διαγιγνώσκειν, διειδέναι (Plat.). *Separate*: P. and V. διαιρεῖν, διαλαμβάνειν, διορίζειν, κρίνειν, Ar. and P. διακρίνειν; see *separate*. *Perceive*: P. and V. αἰσθάνεσθαι, ἐπαισθάνεσθαι, γιγνώσκειν, μανθάνειν; see *perceive*, *see*. *Raise to honour*: P. and V. τιμᾶν, προτιμᾶν, ἀξιοῦν; see *honour*. *Distinguish oneself*: Ar. and P. εὐδοκιμεῖν, P. and V. εὐδοξεῖν (Eur., *Rhes.*). *Win first place in honour*: P. and V. ἀριστεύειν.

Distinguishable, adj. P. διαιρετός. *Clear*: P. and V. σαφής.

Distinguished, adj. P. and V. εὔδοξος, περίβλεπτος, διαπρεπής, ἐκπρεπής, ὀνομαστός, λαμπρός, ἐπίσημος, P. ἀξιόλογος, ἐπιφανής, εὐδόκιμος, περιβόητος, ἔνδοξος, διαφανής, ἐλλόγιμος, Ar. and V. κλεινός (Plat. also but rare P.), V. εὐκλεής, ἔξοχος. *Render distinguished service to*: use P. μέγαλα εὐεργετεῖν (acc.) (Xen.). *Be distinguished*: Ar. and P. εὐδοκιμεῖν, P. and V. εὐδοξεῖν (Eur., *Rhes.* 496).

Distort, v. trans. Lit. and met., P. and V. διαστρέφειν. Met., also P. and V. λῠμαίνεσθαι, V. πᾰραλλάσσειν.

Distorted, adj. V. διάστροφος. Met., *crooked, askew*: P. σκολιός (Plat.), V. πλάγιος.

Distract, v. trans. P. διασπᾶν. *Confuse*: P. and V. τᾰράσσειν, συντᾰράσσειν, ἐκπλήσσειν, θράσσειν (Plat. but rare P.), Ar. and V. κλονεῖν, στροβεῖν. *Be distracted, be in doubt*: P. and V. ἀπορεῖν, V. ἀμηχᾰνεῖν (rare P.); see *be in difficulties*, under *difficulty*. Of the state: P. and V. νοσεῖν, Ar. and P. στᾰσιάζειν. *Be mad*: P. and V. ἐξίστασθαι, οὐ φρονεῖν, πᾰραφρονεῖν, μαίνεσθαι, λυσσᾶν (Plat.), Ar. and V. ἀλῠειν; see *mad*.

Distracted, adj. *Mad*: P. and V. ἀπόπληκτος, μᾰνιώδης, V. λυσσώδης, μαργῶν, ἐμμᾰνής (also Plat. but rare P.), θεομανής, Ar. and P. μᾰνῐκός; see *mad*. *Distorted*: V. διάστροφος.

Distractedly, adv. *Madly*: P. μανικῶς.

Distraction, subs. *Perplexity*: P. and V. ἀπορία, ἡ. *Alarm*: P. and V. ἔκπληξις, ἡ, P. ταραχή, ἡ, V. τᾰραγμός, ὁ, τᾰραγμα, τό, φρενῶν κᾰταφθορά, ἡ. *Sedition*: P. and V. στᾰσῐς, ἡ. *Amusement*: P. and V. παιδιά, ἡ, διατρῐβή, ἡ.

Distrain, v. trans. P. ἐπιλαμβάνεσθαι (gen.), Ar. and P. ἐνεχῠράζεσθαι.

Distraint, subs. *Seizure of goods*: P. ἐνεχυρασία, ἡ.

Distraught, adj. See *distracted*.

Distress, v. trans. *Vex, annoy*: P. and V. λῡπεῖν, ἀνῑᾶν, δάκνειν, ὄχλον πᾰρέχειν (dat.), Ar. and P. πράγμᾰτα πᾰρέχειν (dat.), ἐνοχλεῖν (acc. or dat.), ἀποκναίειν, Ar. and V. κνίζειν, πημαίνειν (also Plat. but rare P.), τείρειν, V. ὀχλεῖν, γυμνάζειν, ἀλγῡνειν; see *vex*. *Harass*: P. and V. πιέζειν. *Be distressed*: P. and V. βᾰρῡνεσθαι, κάμνειν, πονεῖν, P. ἀδημονεῖν, ἀγωνιᾶν, κακοπαθεῖν, V. θῡμοφθορεῖν, μογεῖν, ἀσχάλλειν (Dem. 555, but rare P.), ἄτᾶσθαι; see *be vexed*, under *vex*. *Be in difficulties*: P. and V. ἀπορεῖν, V. ἀμηχᾰνεῖν (rare P.).

Distress, subs. *Vexation*: P. and V. λῡπη, ἡ, ἀνία, ἡ, ἀχθηδών, ἡ. *Sorrow, trouble*: P. ταλαιπωρία, ἡ, κακοπάθεια, ἡ, V. ἆθλος, ὁ, πῆμα, τό, πημονή, ἡ, δύη, ἡ, οἰζύς, ἡ, Ar. and V. πόνος, ὁ, ἄχος, τό. *Difficulty, perplexity*: P. and V. ἀπορία, ἡ.

Distressing, adj. P. and V. λῡπηρός, βᾰρῠς, ἀνῑᾱρός, ἀλγεινός, ἐπαχθής, δυσχερής, ὀχληρός, V. δύσφορος (also Xen. but rare P.), ἀχθεινός (also Xen. but rare P.), λυπρός; see *grievous, sad*.

Distressingly, adv. P. and V. λῡπηρῶς, ἀλγεινῶς. ἀνῑᾱρῶς (Xen.), κᾰκῶς; see *grievously*.

Distribute, v. trans. P. and V. νέμειν, διᾰδῐδόναι, P. ἐπινέμειν, ἀπονέμειν, κατανέμειν, Ar. and P. διᾰνέμειν, V. ἐνδᾰτεῖσθαι. *Measure out*: P. and V. μετρεῖν, P. διαμετρεῖν. *Distribute between oneself and others*: P. νέμεσθαι, κατανέμεσθαι. *They distributed the land among themselves*: P. συγκατενείμαντο τὴν γῆν (Thuc. 6, 4). *They distributed this also among themselves*: P. προσδιενείμαντο τοῦθ' οὗτοι (Dem. 393).

Distribution, subs. P. νομή, ἡ, διανομή, ἡ. *Allowance*: V. μέτρημα, τό.

Distributor, subs. P. νομεύς, ὁ.

District, subs. Ar. and P. δῆμος, ὁ, χωρίον, τό. *Quarter of a town*: P. κώμη, ἡ. *Division of land in Egypt*: P. νομός, ὁ (Plat., *Tim.* 21E).

Distrust, v. trans. P. and V. ἀπιστεῖν (acc. of thing, dat. of person). *Suspect*: P. and V. ὑποπτεύειν; see *suspect*.

Distrust, subs. P. and V. ἀπιστία, ἡ. *Suspicion*: P. and V. ὑποψία, ἡ (Eur., *Hel.* 1549).

Distrustful, adj. P. and V. ἄπιστος. *Suspicious*: P. and V. ὕποπτος.

Distrustfully, adv. P. ἀπίστως. *Suspiciously*: P. ὑπόπτως.

Disturb, v. trans. *Meddle with*: P. and V. κῑνεῖν, V. ἐκκῑνεῖν. *Rouse* *from sleep*: P. and V. ἐγείρειν, ἐξεγείρειν, Ar. and P. ἐπεγείρειν. *Trouble*: P. and V. τᾰράσσειν, θράσσειν (Plat. but rare P.), ὄχλον πᾰρέχειν (dat.), Ar. and P. ἐνοχλεῖν (acc. or dat.), πράγμᾰτα πᾰρέχειν (dat.), V. ὀχλεῖν, Ar. and V. στροβεῖν, κλονεῖν; see *distress, agitate*. *Disturb the constitution, be revolutionary*: P. νεωτερίζειν. *Disturbed by haunting terrors of the night*: V. ἐκ νυκτιπλάγκτων δειμάτων πεπαλμένη (Æsch., *Choe.* 524).

Disturbance, subs. *Confusion*: P. ταραχή, ἡ, V. τᾰραγμός, ὁ, τᾰ́ραγμα, τό. *Noise*: P. and V. θόρῠβος, ὁ. *Distress, alarm*: P. and V. ἔκπληξις, ἡ, P. ταραχή, ἡ, V. τᾰραγμός, ὁ, τᾰ́ραγμα, τό, ᾰ̓νᾰκῑ́νησις, ἡ. *Political disturbance*: P. νεωτερισμός, ὁ, κίνησις, ἡ. *Make a disturbance*, v.: Ar. and P. θορῠβεῖν. *Create disturbances (politically)*: P. παρακινεῖν, νεωτερίζειν, νεώτερόν τι πράσσειν.

Disturber, subs. V. τᾰράκτωρ, ὁ.

Disunion, subs. P. and V. στᾰ́σῐς, ἡ. *Strife*: P. and V. ἔρῐς, ἡ.

Disunite, v. trans. *Set at variance*: Ar. and P. διιστᾰ́ναι.

Disuse, subs. *Fallen into disuse*: use adj., P. and V. ἀρχαῖος, πᾰλαιός. *Fall into disuse, disappear*, v.: P. and V. ᾰ̓φᾰνίζεσθαι.

Ditch, subs. P. and V. τάφρος, ἡ, ὄρυγμα, τό, V. αὐλών, ὁ.

Dithyramb, subs. Ar. and P. δῑθῠ́ραμβος, ὁ.

Dithyrambic, adj. P. διθυραμβώδης. *Dithyrambic poet*, subs.: Ar. δῑθῠραμβοδιδάσκαλος, ὁ.

Ditty, subs. See *song*.

Dive, v. intrans. P. κολυμβᾶν, κατακολυμβᾶν. *Dive from*: V. ἐκκολυμβᾶν (gen.). *Dive (from a ship)*: P. ἀποκολυμβᾶν (absol.).

Diver, subs. P. κολυμβητής, ὁ, V. κολυμβητήρ, ὁ. *Diver bird*: Ar. κόλυμβος, ὁ, κολυμβῐ́ς, ἡ.

Diverge, v. intrans. Of roads, etc.: P. and V. σχίζεσθαι. *Turn aside*: P. παρατρέπεσθαι. *Digress*: P. and V. ἐκτρέπεσθαι, P. ἐκβαίνειν, μεταβαίνειν. *Differ*: P. and V. δῐᾰφέρειν.

Divergence, subs. *Difference*: P. διαφορά, ἡ, διάστασις, ἡ (Plat.). *Discordance*: P. ἀσυμφωνία, ἡ (Plat.).

Divergent, adj. *Different*: P. and V. δῐᾰ́φορος. *Discordant*: P. ἀσύμφωνος (Plat.).

Divers, adj. P. and V. πυκνός, πολῠ́ς, Ar. and P. συχνός.

Diverse, adj. P. and V. ποικῐ́λος. *Different*: P. and V. δῐᾰ́φορος.

Diversely, adv. *Differently*: P. διαφόρως, διαφερόντως.

Diversified, adj. P. and V. ποικῐ́λος.

Diversify, v. trans. P. and V. ποικίλλειν, P. καταποικίλλειν, διαποικίλλειν.

Diversion, subs. *Turning aside, averting*: P. and V. ᾰ̓ποτροπή, ἡ. Of a stream: P. ἐκτροπή, ἡ. *Amusement*: P. and V. παιδιά, ἡ, διατρῐβή, ἡ. *Create a diversion, lead from a subject*, v.: P. and V. ᾰ̓πᾰ́γειν.

Diversity, subs. *Variety*: P. ποικιλία, ἡ; see *variety*. *Difference*: P. διαφορά, ἡ.

Divert, v. trans. *Turn in a different direction*: P. παρατρέπειν, V. παρεκτρέπειν. *Turn aside*: P. and V. ᾰ̓ποτρέπειν, ᾰ̓ποστρέφειν, ἐκτρέπειν, V. διαστρέφειν, πᾰρασπᾶν, ἐναλλάσσειν (Soph., *Aj.* 1060); see *turn aside*. *Lead away (the thoughts, etc.)*: P. and V. ᾰ̓πᾰ́γειν. *Divert from its course*: P. ἀποχετεύειν. Met., P. and V. ἐκτρέπειν, πᾰροχετεύειν. *Amuse*: Ar. and P. γέλωτα πᾰρέχειν (dat.); see *amuse*.

Diverted, adj. *Turned aside*: V. ᾰ̓πόστροφος.

Diverting, adj. *Amusing*: P. and V. γέλοιος.

Divertingly, adv. *Amusingly*: P. γελοίως.

Divest, v. trans. *Strip (of clothes)*: Ar. and P. ᾰ̓ποδύειν, P. περιαιρεῖν, P. and V. ἐκδῠ́ειν. Met., see *deprive*. *Divest (the dead, of arms)*: P. and V. σκῡλεύειν. *Divested of*: lit. and met , P. ψιλός (gen.); see *bare of*

Divide, v. trans. Mathematically: P. διασχίζειν (Plat.). Generally: P. and V. διαιρεῖν, δῐαλαμβάνειν, δι-ιστάναι (Eur., *Frag.*), διείργειν (Eur., *Frag.*), P. μερίζειν. *Separate:* P. and V. χωρίζειν, V. νοσφίσαι (1st aor. act. of νοσφίζεσθαι), Ar. and P. δῐαχωρίζειν (Plat.). *Divide into two parts:* P. τέμνειν δίχα. *Cleave asunder:* P. and V. σχίζειν, P. διασχίζειν; see *cleave. Distribute:* P. and V. νέμειν; see *distribute. Divide between oneself and others:* P. διαιρεῖσθαι, διανέμεσθαι, νέμεσθαι, μερίζεσθαι. *Divide by lot:* P. and V. δῐαλαγχάνειν (Plat.). *Set at variance:* Ar. and P. διιστάναι, P. διασπᾶν. V. intrans. *Separate:* P. and V. χωρίζεσθαι, διίστασθαι. Of roads, etc.: P. and V. σχίζεσθαι. *Go different ways:* see *separate. A civil war is wont to arise among townsfolk if a city is divided against itself:* V. οἰκεῖος ἀνθρώποισι γίγνεσθαι φιλεῖ πόλεμος ἐν ἀστοῖς ἢν διχοστατῇ πόλις (Eur., *Frag.*). *Be divided in opinion:* P. διίστασθαι, Ar. and P. στᾰσιάζειν, V δῐχοστᾰτεῖν.

Dividing, adj. *The dividing line between:* P. μεθόριον (with two genitives.)

Divination, subs. P. and V. μαντεία, ἡ, μαντῐκή, ἡ; see *augury, oracle. Of divination,* adj.: P. and V. μαντῐκός, Ar. and V. μαντεῖος. *Practise divination,* v.: P. θειάζειν (Thuc., 8, 1); see *divine. Practice of divination,* subs.: P. θειασμός, ὁ.

Divine, v. trans. *Presage:* P. and V. μαντεύεσθαι, V. θεσπίζειν, P. ἀπο-μαντεύεσθαι; see *prophecy. Conjecture:* P. and V. εἰκάζειν, συμβάλλειν, στοχάζεσθαι (gen. or absol.), τεκμαίρεσθαι, δοξάζειν, τοπάζειν, V. ἐπεικάζειν; see *conjecture. Easy to divine,* adj.: V. εὐσύμβολος, εὐσύμβλητος. *Hard to divine:* V. δυστόπαστος.

Divine, adj. P. and V. θεῖος, Ar. and P. δαιμόνιος, V. δῖος. *Sent from heaven:* V. θεόσσῦτος, θέορτος, θεήλᾰτος. *Born of Zeus:* Ar. and V. διογενής. *Divine law,* subs.: P. ὁσία, ἡ.

Divinely, adv. P. θείως, δαιμονίως. *Divinely inspired,* adj.: P. and V. ἔνθεος.

Diviner, subs. P. and V. μάντῐς, ὁ, προφήτης, ὁ, Ar. and V. θυηπόλος, ὁ, Ar. and P. χρησμολόγος, ὁ, P. χρησμῳδός, ὁ; see *prophet. Augur:* V. τερασκόπος, ὁ, οἰωνόμαντις, ὁ, οἰωνοσκόπος, ὁ, P. τερατοσκόπος, ὁ. *One who guesses:* P. εἰκαστής, ὁ.

Diving, subs. P. ἡ κολυμβητική.

Divinity, subs. P. and V. θεός, ὁ, δαίμων, ὁ. *Goddess:* P. and V. θεός, ἡ, δαίμων, ἡ, Ar. and V. θεά, ἡ; see *goddess. Theology:* P. θεολογία, ἡ.

Divisible, adj. P. διαιρετός.

Division, subs. In mathematics: P. σχίσις, ἡ (Plat.). *Act of dividing:* P. and V. διαίρεσις, ἡ. *Separation:* P. χωρισμός, ὁ. *Cutting:* P. τομή, ἡ. *Disunion:* P. and V. στάσῐς, ἡ. *Distribution:* P. νομή, ἡ, διανομή, ἡ. *Voting:* P. χειροτονία, ἡ. *Part separated:* P. and V. μέρος, τό, μοῖρα, ἡ, μερίς, ἡ, P. μόριον, τό. *Division of an army:* P. and V. λόχος, ὁ, τάξῐς, ἡ, P. τέλος, τό, V. φῦλον, τό (Eur., *Supp.* 653). *Of a fleet:* P. τέλος, τό, V. τάξῐς, ἡ. *Making three divisions of their ships:* P. τρία τέλη ποιήσαντες τῶν νεῶν (Thuc. 1, 48). *Commander of a division:* P. and V. λοχᾱγός, ὁ.

Divorce, subs. V. διάλῠσις, ἡ, ἀπαλλᾰγή, ἡ. *Where the husband divorces the wife:* P. ἀπόπεμψις, ἡ. *Where the wife divorces the husband:* P. ἀπόλειψις, ἡ. Met., *separation:* P. διάλυσις, ἡ.

Divorce, v. trans. *Where the husband divorces the wife:* P. ἐκπέμπειν, ἐκβάλλειν. *Where the wife divorces the husband:* P. ἀπολείπειν. Met., *separate:* P. and V. διαιρεῖν, δῐαλαμβάνειν; see *separate. Virtue is nothing when divorced from sense:* V. γνώμης γὰρ οὐδὲν ἀρετὴ μονουμένη (Eur., *Frag.*).

Divulge, v. trans. P. and V. ἐκφέρειν, μηνύειν, κᾰτειπεῖν, V. προμηνύειν; see *disclose*. *Reveal*: P. and V. ἀποκᾰλύπτειν, Ar. and V. ἐκκᾰλύπτειν, V. διαπτύσσειν (also Plat. but rare P.), ἀναπτύσσειν, ἀνοίγειν. *That may be divulged*, adj.: P. and V. ἔκφορος, V. ῥητός, Ar. and V. λεκτός.

Dizziness, subs. P. ἴλιγγος, ὁ, σκοτοδινία, ἡ.

Dizzy, adj. *Be dizzy*, v.: Ar. and P. ἰλιγγιᾶν, σκοτοδῑνιᾶν, P. σκοτοῦσθαι. Of a height: use *precipitous*.

Do, v. trans. P. and V. ποιεῖν, πράσσειν, δρᾶν, V. ἔρδειν. *Accomplish*: P. and V. ἀνύτειν, κᾰτᾰνύτειν, ἐπεξέρχεσθαι, διαπράσσειν (or mid. in P.), ἐργάζεσθαι, ἐξεργάζεσθαι, κᾰτεργάζεσθαι, περαίνειν, V. ἐξᾰνύτειν, ἐκπράσσειν, τελεῖν (rare P.), ἐκπεραίνειν, κραίνειν, ἐπικραίνειν, P. ἐπιτελεῖν. *Wish to do*: Ar. and V. δρᾱσείειν. *Help to do*: P. and V. συμπράσσειν (τινί τι), συλλαμβάνειν (τινί τι), σῠνεκπονεῖν (τινί τι). V. intrans. *Succeed*: P. and V. προχωρεῖν; see *succeed*. *Turn out*: P. and V. ἐκβαίνειν, P. ἀποβαίνειν; see *turn out*. *Be enough*: P. and V. ἀρκεῖν, ἱκᾰνὸς εἶναι. *Fare*: P. and V. πράσσειν. *Do (one) an injury*: P. and V. κᾰκῶς ποιεῖν (acc.), κᾰκῶς δρᾶν (acc.). *Have an injury done one*: P. and V. κᾰκῶς πάσχειν. *Do (one) a favour*: P. and V. εὖ ποιεῖν (acc.), εὖ δρᾶν (acc.). *Have a favour done one*: P. and V. εὖ πάσχειν. *Do away with*: P. and V. ἀφᾰνίζειν (acc.); see *abolish*, *remove*. *Do to (a person)*, *treat*: P. and V. χρῆσθαι (dat.). *They know what he did to those of the Amphipolitans who gave the city up to him*: P. ἴσασι ἃ Ἀμφιπολιτῶν ἐποίησε τοὺς παραδόντας αὐτῷ τὴν πόλιν (Dem. 10). *Do with (a person or thing)*: P. and V. χρῆσθαι (dat.). *What shall I do with?* P. and V. τί χρήσομαι; (dat.). *Not knowing what to do with him*: P. οὐκ ἔχων ὅ,τι χρήσαιτο αὐτῷ (Plat., *Prot.* 320A). *What have you to do with . . .?* P. and V. τί σοι μέτεστι; (gen.), P. σοι τίς μετουσία; (gen.). *It has nothing to do with this law*: P. οὐδὲν κοινωνεῖ τῷ νόμῳ τῷδε (Dem. 759). *I think none of these things have anything to do with me*: P. οὐδὲν ἡγοῦμαι τούτων εἶναι πρὸς ἐμέ (Dem. 245). *Have done with*: P. and V. χαίρειν ἐᾶν (acc.). *Tell me and have done with it*: P. εἰπὼν ἀπαλλάγηθι (Plat., *Gorg.* 491C). *Do without*, *dispense with*: P. and V. ἐᾶν (acc.), μεθιέναι (acc.). *Be lacking in*: P. and V. ἀπορεῖν (gen.), δεῖσθαι (gen.).

Docile, adj. P. εὐάγωγος, εὐμαθής, εὐήνιος, χειροήθης. *Obedient*: P. and V. εὐπειθής (Plat.), κᾰτήκοος (Plat.), V. εὔαρκτος, εὐπῐθής, πείθαρχος, φῐλήνιος; see *gentle*.

Docility, subs. P. εὐμάθεια, ἡ. *Obedience*: P. and V. πειθαρχία, ἡ; see also *gentleness*.

Dock, subs. P. and V. νεώριον, τό, or pl., Ar. and P. νεώσοικος, ὁ, or pl. *Place where a defendant stood in court*: Ar. and P. βῆμα, τό.

Dock, v. trans. P. and V. συντέμνειν, κολούειν.

Docked, adj. *Cut short*: P. and V. σύντομος. *Docked of its horns*: P. κολαβὸς κεράτων (Plat.).

Doctor, subs. P. and V. ἰᾱτρός, ὁ (ῐ, Eur., *Hipp.* 296, *Tro.* 1233, and Ar., *Pl.* 406); see *healer*. *Learned man*: P. and V. σοφός, ὁ, σοφιστής, ὁ. *Who shall decide when doctors disagree?* ὅπου δʼ Ἀπόλλων σκαιὸς ᾖ, τίνες σοφοί; (*Where Apollo is at fault, who are wise?*) (Eur., *El.* 972).

Doctor, v. trans. P. and V. θερᾰπεύειν, P. ἰατρεύειν; see *heal*. Met., *adulterate*: P. and V. κιβδηλεύειν.

Doctoring, subs. P. ἰάτρευσις, ἡ.

Doctrine, subs. P. δόγμα, τό. *Opinion*: P. and V. γνώμη, ὁ; see *opinion*. *The writings of Anaxagoras of Clazomenae are full of these doctrines*: P. τὰ Ἀναξαγόρου βιβλία τοῦ Κλαζομενίου γέμει τούτων τῶν λόγων (Plat., *Ap.* 26D).

Document, subs. Ar. and P. γραμμᾰτεῖον, τό, γράμμᾰτα, τά.

Documentary, adj. *Documentary evidence of this*: τὰ γράμματα τούτων.

Dodge, subs. P. and V. στροφή, ἡ, σόφισμα, τό; see *trick*.

Dodge, v. trans. *Follow*: P. and V. ἕπεσθαι, σῠνέπεσθαι, V. μεθέπεσθαι, Ar. and P. ἀκολουθεῖν, P. συνακολουθεῖν; see *follow*. *Pursue*: P. and V. διώκειν; see *pursue*. *Track*: P. and V. ἰχνεύειν, μετέρχεσθαι; see *track*. *Elude*: P. διακρούεσθαι, ἐκκρούειν; see *ward off*. *Dodge about*: Ar. and P. στρέφεσθαι, στροφὰς στρέφεσθαι.

Doe, subs. P. and V. ἔλᾰφος, ἡ, δορκάς, ἡ (Xen.).

Doer, subs. P. and V. ὁ δρῶν, use partic. of verb *do*, V. ἐργάτης, ὁ (also Xen. but rare P.); see *author*.

Doff, v. trans. *Take off*: P. and V. ἐκδύεσθαι, Ar. and P. ἀποδύεσθαι, P. περιαιρεῖσθαι.

Dog, subs. P. and V. κύων, ὁ. *Young dog*: P. and V. σκύλαξ, ὁ. *Of a dog*, adj.: Ar. κύνειος. *Like a dog*: Ar. κῠνηδόν.

Dog, v. trans. P. and V. διώκειν, ἰχνεύειν; see *dodge, hunt*.

Dogged, adj. P. and V. αὐθάδης, σκληρός.

Doggedly, adv. Ar. and P. αὐθάδως, σκληρῶς.

Doggedness, subs. P. αὐθάδεια, ἡ, σκληρότης, ἡ, Ar. and V. αὐθᾱδία, ἡ.

Dogma, subs. *Doctrine*: P. δόγμα, τό. *Opinion*: P. and V. γνώμη, ἡ, δόξα, ἡ.

Dogmatic, adj. *Obstinate*: P. and V. αὐθάδης, σκληρός. *Exact*: P. and V. ἀκρῑβής.

Dogmatically, adv. *Obstinately*: Ar. and P. αὐθάδως, P. σκληρῶς. *Exactly*: P. and V. ἀκρῑβῶς. *Positively*: P. παγίως (Plat.). *Assert dogmatically*, v.: P. ἰσχυρίζεσθαι, δυσχυρίζεσθαι.

Dogmatise, v. intrans. *Assert positively*: P. ἰσχυρίζεσθαι, δυσχυρίζεσθαι.

Dogmatism, subs. *Obstinacy*: P. αὐθάδεια, ἡ. *Exactness*: P. ἀκρίβεια, ἡ.

Dog-star, subs. V. κύων, ὁ (Soph., *Frag.*), Σείριος κύων, ὁ (Soph., *Frag.*).

Doings, subs. See *act*.

Dole, subs. *Allowance*: V. μέτρημα, τό. *Gift*: P. and V. δῶρον, τό. *Share*: P. and V. μέρος, τό, μοῖρα, ἡ. *State payment*: ὀβολός, ὁ; see Lys. 169.

Dole, v. trans. P. and V. μετρεῖν, P. διαμετρεῖν. *Have doled out to one*: P. διαμετρεῖσθαι (acc.), μετρεῖσθαι (acc.).

Doleful, adj. *Sad*: P. and V. τᾰλαίπωρος, ἄθλιος, οἰκτρός, Ar. and V. τλήμων, τάλᾱς, δύστηνος, V. δυστάλᾱς, παντάλᾱς, παντλήμων, μέλεος, δάϊος; see *miserable*.

Dolefully, adv. P. and V. ἀθλίως, οἰκτρῶς, V. τλημόνως; see *miserably*.

Dolefulness, subs. P. ταλαιπωρία, ἡ, ἀθλιότης, ἡ, V. δύη, ἡ, πένθος, τό, οἰζύς, ἡ; see *misery*.

Doll, subs. P. κόρη, ἡ. *Clay figures*: P. πήλινοι, οἱ.

Dolorous, adj. See *sad*.

Dolour, subs. See *sadness*.

Dolphin, subs. Ar. and P. δελφίς, ὁ (Plat.).

Dolt, subs. P. βλᾶξ, ὁ or ἡ; see *fool*.

Domain, subs. *Territory*: P. and V. χώρα, ἡ, γῆ, ἡ, Ar. and V. χθών, ἡ, γαῖα, ἡ, V. αἶα, ἡ. *Private estate*: Ar. and P. χωρίον, τό, P. and V. ἀγρός, ὁ, or pl. *Sacred enclosure*: P. and V. τέμενος, τό, ἄλσος, τό (Plat.), V. σηκός, ὁ, σήκωμα, τό.

Domestic, adj. *Private*: P. and V. ἴδιος, οἰκεῖος. *Pertaining to a household*: P. and V. οἰκεῖος, V. ἐφέστιος. Opposed to *foreign*: P. and V. οἰκεῖος, V. ἐμφύλιος, ἔμφῡλος, ἐγγενής. *Domestic fowl*, subs.: V. ἐνοίκιος ὄρνις, ὁ or ἡ. *Tame*, adj.: P. and V. τῐθᾰσός (Soph., *Frag.*), ἥμερος, P. χειροήθης; see *tame*. *Domestic economy*: P. ἡ οἰκονομική.

Domestic, subs. *Servant:* P. and V. οἰκέτης, ὁ, ὑπηρέτης, ὁ. Fem., P. and V. ὑπηρέτις, ἡ, V. οἰκέτις, ἡ; see *servant.*

Domesticate, v. trans. P. and V. ἡμεροῦν, P. τιθασεύειν; see *tame.*

Domesticated, adj. Of animals: see *domestic.* *Staying at home:* P. and V. οἰκουρός.

Domestication, subs. P. τιθασεία, ἡ.

Domicile, subs. P. and V. οἶκος, ὁ, οἴκησις, ἡ, οἴκημα, τό, Ar. and P. οἰκία, ἡ, Ar. and V. δόμος, ὁ, or pl., δῶμα, τό, or pl.; see *house.*

Dominance, subs. *Rule:* P. and V. ἀρχή, ἡ, κρᾰ́τος, τό.

Dominant, adj. P. and V. κῡ́ριος.

Dominate, v. trans. and intrans. *Rule:* P. and V. κρᾰτεῖν (gen.); see *rule.* *Surpass:* P. and V. ὑπερθεῖν, πᾰρέρχεσθαι. V. ὑπερτρέχειν. *Command (a position):* see *command.*

Domination, subs. P. and V. ἀρχή, ἡ, κρᾰ́τος, τό, κῦρος, τό, δῠναστεία, ἡ. *Tyranny:* P. and V. τῠραννίς, ἡ, P. δεσποτεία, ἡ.

Domineer over, v. P. and V. δεσπόζειν (gen., V. also acc), προστᾰτεῖν (gen.). *Domineered over,* adj.: V. δεσποτούμενος.

Domineering, adj. P. and V. τῠραννικός, P. δεσποτικός.

Domineeringly, adv. P. τυραννικῶς, δεσποτικῶς.

Dominion, subs. *Empire:* P. and V. ἀρχή, ἡ. *Territory:* P. and V. χώρα, ἡ, γῆ, ἡ.

Don, v. trans. P. and V. ἐνδύειν (or mid.), περῐβάλλειν (or mid.), V. ἀμφῐδύεσθαι, ἀμφῐβάλλειν (or mid.), Ar. and V. ἀμφῐτῐθέναι (or mid.), ἀμπίσχειν (or mid.); see *assume.*

Donation, subs. P. and V. δῶρον, τό, δωρεά, ἡ, δόσῐς, ἡ; see *gift.*

Donative, subs. P. ἐπιφορά, ἡ.

Donjon, subs. See *dungeon.*

Donkey, subs. P. and V. ὄνος, ὁ or ἡ; see *ass.*

Donor, subs. V. δοτήρ, ὁ, or use P. and V. ὁ δῐδούς.

Doom, subs. *Fate, destiny:* P. ἡ εἱμαρμένη, P. and V. τὸ χρεών (Plat. but rare P.), μοῖρα, ἡ (Plat. but rare P.), V. ἡ πεπρωμένη, πότμος, ὁ, αἶσα, ἡ, τὸ μόρσῐμον, τὸ χρῆν (Eur., *I. T.* 1486); see also *death.* *One's lot:* P. and V. δαίμων, ὁ. *Judgment pronounced:* P. and V. κρίσῐς, ἡ, P. κατάγνωσις, ἡ. *Ruin, destruction:* P. and V. διαφθορά, ἡ, ὄλεθρος, ὁ; see *destruction.* *Appointed by doom,* adj.: P. and V. εἱμαρμένος, V. πεπρωμένος (rare P.), μόρσῐμος, μοιρόκραντος, Ar. and V. θέσφᾰτος. *My doom is sealed:* P. and V. οἴχομαι (Plat.), V. διοίχομαι; see *be undone.*

Doom, v. trans. *Condemn:* P. and V. κᾰτᾰγιγνώσκειν, P. κατακρίνειν, καταψηφίζεσθαι; see *condemn.* *Be doomed to:* P. and V. μέλλειν (infin.); see *destine.*

Door, subs. P. and V. θῠ́ρα, ἡ, P. θυρώματα, τά, V. σᾰνίς, ἡ, θύρετρα, τά. *Wicket:* P. πυλίς, ἡ. *Gate:* P. and V. πῠ́λη, ἡ, V. πῠλώμᾰτα, τά. *Having two doors,* adj.: P. ἀμφίθυρος. *Out of doors:* P. and V. ἔξω, Ar. and V. θῠ́ρᾱσι, θῠ́ραζε, or use V., adj., θῠραῖος, agreeing with subject. *Indoors:* P. and V. ἔνδον, εἴσω, ἔσω, οἴκοι. *Lay at one's door:* P. and V. ἀνᾰφέρειν (τί τινι or εἴς τινα); see *ascribe.*

Door-keeper, subs. P. and V. θῠρωρός, ὁ or ἡ (Plat.), φῠ́λαξ, ὁ or ἡ, V. πῠλωρός, ὁ or ἡ.

Door-post, subs. Ar. and V. σταθμός, ὁ.

Dormant, adj. P. ἠρεμαῖος; see *quiet.* *Idle:* P. and V. ἀργός. *Be dormant,* v.: P. ἠρεμεῖν. *Be laid to sleep:* met., P. and V. κοιμίζεσθαι (Plat.). *Be idle:* P. and V. ἀργεῖν.

Dormitory, subs. See *bedroom.*

Dose, subs. *Medicine:* P. and V. φάρμᾰκον, τό.

Dose, v. trans. P. and V. φαρμᾰκεύειν.

Dot, subs. P. στιγμή, ἡ.

Dot, v. trans. *Diversify:* P. and V. ποικίλλειν. *Dotted with:* use P. and V. ποικίλος (dat.), πυκνός (dat.).

Dotage, subs. P. and V. γῆρας, τό.

Dotard, subs. P. and V. γέρων, ὁ (Soph., *Ant.* 281; cf. Ar., *Eq.* 1349).

Dote, v. trans. *Be old*: P. and V. γηράσκειν. *Talk folly*: P. and V. ληρεῖν, Ar. and P. φλυᾱρεῖν; see *prate*. *Dote on*: P. and V. ἐρᾶν (gen.).

Double, adj. P. and V. διπλοῦς, V. δίπτῠχος. *Twice as great*: Ar. and P. διπλάσιος. *Two*: P. and V. δισσοί; see *two*. *Play a double game*, v.: met., P. ἐπαμφοτερίζειν. *Become double*: P. διπλασιάζειν, διπλασιοῦσθαι, V. διπλάζειν. *Advance at the double* (of soldiers): P. δρόμῳ χωρεῖν.

Double, v. trans. P. διπλασιάζειν, V. διπλοΐζειν. *Double (a cape)*: P. περιβάλλειν (acc.), ὑπερβάλλειν (acc.), Ar. κάμπτειν περί (acc.). *Redouble, increase*: P. ἐπιτείνειν. V. intrans. *Become double*: P. διπλασιάζειν, διπλασιοῦσθαι, V. διπλάζειν. *Turn sharp round*: P. and V. ὑποστρέφειν.

Double up, v. trans. P. and V. κάμπτειν (Eur., *Phoen.* 1414). V. intrans. P. and V. κάμπτεσθαι, P. συγκλᾶσθαι. *Doubled up*, adj.: V. διπλοῦς.

Double-dealing, subs. P. and V. δόλος, ὁ (rare P.), ἀπάτη, ἡ; see *deceit*.

Double-edged, adj. See *two-edged*.

Double-faced, adj. P. and V. διπλοῦς, Ar. and V. δόλιος; see *deceitful*.

Doublet, subs. P. and V. χῐτών, ὁ.

Doubly, adv. Ar. and P. διπλασίως. *In two ways*: P. διχῇ, V. δῐχῶς, δισσῶς.

Doubt, subs. *Dispute*: P. ἀμφισβήτησις, ἡ. *Perplexity*: P. and V. ἀπορία, ἡ. *Distrust*: P. and V. ἀπιστία, ἡ. *Suspicion*: P. and V. ὑποψία, ἡ (Eur., *Hel.* 1549). *Who is there of my friends near or far who will solve my doubt?* V. τίς ἐγγὺς ἢ πρόσω φίλων ἐμῶν δύσγνοιαν ὅστις τὴν ἐμὴν ἰάσεται (Eur., *H. F.* 1106). *Be in doubt, be called in question*: P. ἀμφισβητεῖσθαι. *Be in perplexity*: P. and V. ἀπορεῖν, ἀμηχᾰνεῖν (rare P.), Ar. and V. δυσκρῐ́τως ἔχειν.

Doubt, v. trans. *Mistrust*: P. and V. ἀπιστεῖν (acc. of thing, dat. of pers.). *Suspect*: P. and V. ὑποπτεύειν. V. intrans. *Be in doubt*: P. ἐνδοιάζειν, ἀμφισβητεῖν, διστάζειν (Plat.), ἀμφιγνοεῖν; see *hesitate*. *Be perplexed*: P. and V. ἀπορεῖν, ἀμηχᾰνεῖν (rare P.). *Be in doubt about*: V. δυσκρῐ́τως ἔχειν περί (gen.) (Eur., *Frag.*).

Doubtful, adj. *Disputed*: P. ἀμφισβητήσιμος. *Ambiguous*: P. ἀμφίβολος, V. ἀμφῐ́λεκτος, δῐχόμῡθος. *Not clear*: P. and V. ἀσᾰφής, ἄδηλος, δύσκρῐτος, ἀφᾰνής. *Inconclusive*: P. ἄκριτος. *A doubtful victory*: P. νίκη ἀμφιδήριτος, ἡ. *A doubtful battle*: P. μάχη ἀγχώμαλος, ἡ, P. and V. μᾰ́χη ἰσόρροπος, ἡ, ἀγὼν ἰσόρροπος, ὁ. *Undecided* (of a person): V. ἀμφῐ́βουλος, δίφροντις. *Wavering*: P. and V. ἄπορος, ἀμήχᾰνος (rare P.). *Hesitating*: P. ὀκνηρός. *Suspected*: P. and V. ὕποπτος.

Doubtfully, adv. P. ἐνδοιαστῶς, V. ἀμφῐλέκτως. *Not clearly*: P. ἀσαφῶς, Ar. and V. δυσκρῐ́τως. *Not doubtfully*: V. οὐ δῐχορρόπως. *Irresolutely*: P. ὀκνηρῶς (Xen.).

Doubtless, adv. *Of course*: P. and V. δήπου, Ar. and P. δήπουθεν. Ironically: P. and V. δῆθεν. In answer to a question, *assuredly*: P. and V. πῶς γὰρ οὔ; μᾰ́λιστᾰ́ γε, Ar. and P. κομῐδῇ γε, ἀμελεῖ, V. καὶ κάρτᾰ, καὶ κάρτᾰ γε; see *yes*.

Doughty, adj. *Strong*: Ar. and V. μεγασθενής, V. κρᾰταιός, ὄβρῐμος, σθενᾰρός; see *strong*. *Brave*: P. and V. ἀνδρεῖος, V. εὔτολμος, Ar. and V. ἄλκῐμος (rare P.); see *brave*. *Trustworthy*: P. and V. πιστός, φερέγγυος (Thuc. but rare P.).

Douse, v. trans. P. and V. τέγγειν (Plat.).

Dove, subs. P. and V. περιστερά, ἡ (Soph., *Frag.*), Ar. and V. πέλεια, ἡ, V. πελειᾰ́ς, ἡ. *Ringdove*: Ar.

and P. φάσσα, ἡ. *Term of endearment*: P. φάσσα, ἡ, Ar. φάττιον, τό. *Breeding doves*, adj.: V. πελειοθρέμμων.

Dove-cot, subs. P. περιστερεών, ὁ.

Dowdy, adj. See *shabby*.

Dower, subs. See *dowry*.

Dower, v. trans. *Give in marriage*: P. and V. ἐκδιδόναι (or mid.). *Give as a dowry*: P. ἐπιδιδόναι. Met., *enrich*: P. and V. πλουτίζειν (Xen.). *Dowered with, endowed with*: P. and V. ἐπήβολος (gen.) (Plat.).

Dowerless, adj. P. ἄπροικος.

Down, subs. Ar. χνοῦς, ὁ, V. λάχνη, ἡ, ἴουλος, ὁ. *Downs, heights*: P. and V. τὰ ἄκρα, V. κλιτύς, ἡ; see *hill*.

Down, adv. P. and V. κάτω. *Up and down*: see under *up*.

Down, prep. P. and V. κατά (gen.) (as *hurl down*), V. κάτω (gen.) (Eur., *Cycl.* 448). *Down* (*a river* or *stream*): P. κατά (acc.). *Down hill*: P. εἰς τὸ κάταντες (Xen.), κατὰ πρανοῦς (Xen.). *He has continued to do this down to this very day*: P. τοῦτο διατετέλεκε ποιῶν μέχρι ταύτης τῆς ἡμέρας (Dem. 1087). *Upside down*: see *upside*. *Run down* (*a ship*), v.: Ar. and P. καταδῦσαι (1st aor. act. of καταδύειν). *Depreciate*: P. and V. διαβάλλειν, P. διασύρειν. *Trample on one who is down*: Ar. ἐπεμπηδᾶν κειμένῳ (*Nub.* 550). *Go down*: see *abate*.

Downcast, adj. V. κατηφής; see also *despondent*. *Why are your looks downcast?* V. τί δὴ κατηφεῖς (v. κατηφεῖν) ὄμμα (Eur., *Med.* 1012).

Downfall, subs. P. and V. διαφθορά, ἡ, φθορά, ἡ, ὄλεθρος, ὁ, κατασκαφή, ἡ, ἀνάστασις, ἡ; see *ruin*. *Fall*: P. and V. πτῶμα, τό (Plat.), V. πέσημα, τό.

Downright, adj. Of persons or things: P. and V. ἁπλοῦς; see *free*. Of things: P. and V. εὐθύς. *Sheer, unmixed*: P. ἄκρατος; see *absolute*. *Downright slavery*: P. ἄντικρυς (adv.) δουλεία (Thuc. 1, 122).

Downs, subs. See under *down*.

Down-trodden, adj. Use P. δεδουλωμένος. *Oppressed*: P. and V. ἠδικημένος.

Downward, adv. P. and V. κάτω.

Downy, adj. V. λαχνώδης (Eur., *Cycl.* 541).

Dowry, subs. P. προίξ, ἡ, P. and V. φερνή, ἡ. *Bridal gifts*: V. ἕδνα, τά (Eur., *And.* 2, 153, 873). *Bring a dowry with one* (of a wife): P. ἐπιφέρεσθαι προῖκα. *He took my mother to wife though she brought no dowry*: P. τὴν ἐμὴν μητέρα ἔλαβεν οὐδὲν ἐπιφερομένην. *Give as a dowry*, v.: P. ἐπιδιδόναι. *Giving her a dowry of twenty-five minae, besides clothes and ornaments*: P. σὺν ἱματίοις καὶ χρυσίοις πέντε καὶ εἴκοσι μνᾶς ἐπιδούς (Isae. 69). *Without a dowry*, adj.: P. ἄπροικος.

Doze, v. intrans. Ar. and P. νυστάζειν, V. βρίζειν; see *sleep*.

Dozen, subs. P. δωδεκάς, ἡ. Adj. P. and V. δώδεκα; see *twelve*.

Drab, adj. *Gray*: P. φαιός (Plat.).

Draft, subs. *Reinforcement*: P. βοήθεια, ἡ. *Picked body*: P. and V. λογάδες, αἱ. *Division*: P. and V. τάξις, ἡ. *Outline*: P. τύπος, ὁ, ὑπογραφή, ἡ, περιγραφή, ἡ, σκιαγραφία, ἡ. *Document*: Ar. and P. γραμματεῖον, τό, γράμματα, τά. *Duplicate in writing*: P. ἀντίγραφον, τό.

Draft, v. trans. *Choose*: Ar. and P. ἐκλέγειν (or mid.). *Despatch*: P. and V. πέμπειν. *Sketch in outline*: P. ὑπογράφειν, σκιαγραφεῖν. *Draft* (*a document*): P. and V. γράφειν.

Drag, v. trans. P. and V. ἕλκειν, ἐφέλκειν, ἐπισπᾶν, Ar. and V. σπᾶν. *Drag by the hair*: V. ἀποσπᾶν κόμης, κόμης ἐπισπᾶν. *I fear lest hereafter you may drag me into the matter, though quite guiltless*: P. δέδοικα μὴ συνεπισπάσησθέ με τὸν μηδ᾽ ὁτιοῦν ἀδικοῦντα (Dem. 411). *Drag about, drag around*: P. περιέλκειν. *Drag away*: P. and V. ἀποσπᾶν, ἀφέλκειν. *Drag back*: P. and V. ἀνασπᾶν, Ar.

and V. ἀντισπᾶν. *Drag down*: P. and V. κᾰθέλκειν, κᾰτασπᾶν. *Be dragged down* (*with others*): V. συγκᾰθέλκεσθαι (absol.). *Drag from under*: P. and V. ὑποσπᾶν, Ar. and P. ὑφέλκειν. *Drag in an opposite direction*: P. ἀνθέλκειν (acc.), Ar. and V. ἀντισπᾶν (acc. or absol.). *Drag off*: P. and V. ἀφέλκειν, ἀποσπᾶν. *Drag on*: Ar. εἰσέλκειν; met., *life, etc.*: P. and V. τείνειν; see *prolong*. *Drag out*: P. and V. ἐξέλκειν (Plat. but rare P.), Ar. and V. ἐκσπᾶν; met., see *prolong*. *Drag over, haul over*: P. ὑπερφέρειν (two accs.). *Drag through*: Ar. διέλκειν (τι διά τινος). *Drag up*: Ar. and P. ἀνέλκειν, P. and V. ἀνασπᾶν. *Drag with one*: P. συνεφέλκειν (absol.) (Plat.).

Draggled, adj. Of hair: V. ἀκτένιστος. *Squalid*: P. and V. αὐχμηρός, Ar. and V. δυσπῐνής, V. πῐνώδης; see *squalid*.

Dragon, subs. Ar. and V. δρᾰκων, ὁ. *She-dragon*: V. δρᾰκαινα, ἡ. *A swarming brood of dragons*: V. δρᾰκοι θόμῑλος σῠνοικία (Æsch., *Supp.* 267).

Drain, v. trans. *Dry*: P. ξηραίνειν (Thuc. 1, 109). *Reclaim*: P. and V. ἡμεροῦν, V. ἐξημεροῦν; see *reclaim*. *Drain a country* (used of a river): P. διαρρεῖν (acc.). *Empty*: P. and V. ἐρημοῦν, ἐξερημοῦν, κενοῦν, ἐκκενοῦν (Plat.), V. ἐκκεινοῦν. *Use up*: P. and V. ἀνᾱλίσκειν. *Drain a cup*: P. and V. ἐκπίνειν (Plat., *Symp.* 214A; Soph., *Frag.*), Ar. ῥοφεῖν. *Quaff*: P. and V. ἐκπίνειν (Dem.), V. σπᾶν, ἀνάσπᾶν, Ar. and V. ῥοφεῖν, ἕλκειν, Ar. ἐκροφεῖν. *Drain to the dregs* (met., *endure to the end*): V. ἐξαντλεῖν, διαντλεῖν, ἀντλεῖν.

Drain, subs. *Conduit*: P. αὐλών, ὁ, Ar. ὑδρορρόα, ἡ. *Drain on one's resources, expense*: P. and V. δᾰπάνη, ἡ.

Drama, subs. Ar. and P. δρᾶμα, τό.

Dramatic, adj. Ar. and P. τρᾰγῐκός, Ar. τρᾰγῳδῐκός; see *theatrical*.

Dramatically, adv. P. τραγικῶς. *Recite dramatically*: P. τραγῳδεῖν (acc.).

Dramatist, subs. Ar. and P. ποιητής, ὁ (rare V.). *Tragic poet*: Ar. and P. τρᾰγῳδός, ὁ, τρᾰγῳδοποιός, ὁ.

Drape, v. trans. See *cover*.

Drastic, adj. P. ἰσχυρός; see *strong, effective*.

Draught, subs. *Drink*: P. and V. πόσῐς, ἡ, πῶμα, τό, ποτόν, τό. *Deep draught*: Ar. and V. ἄμυστις, ἡ (Eur., *Rhes.* and *Cycl.*). *Take deep draught*, v.: V. ἀμυστίζειν (Eur., *Cycl.* 565). *Liquid*: V. χεῦμα, τό. *Draught of fishes*: V. βόλος, ὁ. *Draught of air*: P. and V. πνεῦμα, τό, Ar. and V. πνοή, ἡ.

Draught, adj. *Draught* (*horse*): Ar. ζῠγιος.

Draughts, subs. Game: P. and V. πεσσοί, οἱ (Plat.). *The art of draughts*: P. ἡ πεσσευτική (Plat.). *Play at draughts*, v.: P. πεσσεύειν (Plat.). *Game of draughts*, subs.: P. πεσσεία, ἡ (Plat.). *Draught-player*: P. πεσσευτής, ὁ (Plat.). *A good draught-player*: P. ὁ πεσσευτικός (Plat.).

Draw, v. trans. P. and V. ἕλκειν, ἐφέλκειν, ἐπισπᾶν, Ar. and V. σπᾶν. *Attract*: P. and V. ἐφέλκεσθαι, ἐπισπᾶσθαι, ἕλκειν, προσάγεσθαι. *Represent by lines*: P. and V. γράφειν. *Draw* (*a line*): P. ἄγειν (Arist.). *Draw* (*pay*): see *receive*. *Draw* (*tears, etc.*): V. ἐκκᾰλεῖσθαι. *With him* (*is gone*) *Andromache, drawing many a tear from my eyes*: V. μετ' αὐτοῦ δ' Ἀνδρομάχη πολλῶν ἐμοί δακρύων ἀγωγός (Eur., *Tro.* 1130). *Draw* (*a bow*): P. and V. τείνειν, ἐντείνειν (Xen.). *Draw lots*: see under *lot*. *Draw* (*a sword*): V. σπᾶν, ἕλκειν, ἐξέλκειν, P. and V. σπᾶσθαι (Xen., also Ar.). *Drawn swords sprang from the sheath*: V. κολεῶν ἐρυστὰ διεπεραιώθη ξίφη (Soph., *Aj.* 730). *Draw water*: P. ὕδωρ ἀνασπᾶν (Thuc. 4, 97), ἀρύτειν (or mid.) (acc.) (mid. also in Ar.).

Draw away: P. and V. ἀποσπᾶν, ἀφέλκειν. *Draw back*: P. and V. ἀνασπᾶν. *He draws back his left foot*: V. λαιὸν μὲν εἰς τοὔπισθεν ἀμφέρει πόδα (Eur., *Phoen.* 1410). V. intrans. Ar. and P. πᾰρᾰχωρεῖν. *Shrink*: P. and V. ὀκνεῖν; see *shrink*. *Draw down*: P. and V. κᾰθέλκειν, κᾰτασπᾶν. *Draw from under*: P. and V. ὑποσπᾶν, Ar. and P. ὑφέλκειν. *Draw near*: P. and V. προσέρχεσθαι (πρός, acc., or V. dat. alone), προσβαίνειν (dat.), προσμιγνῦναι (dat.), V. πελάζειν (or pass.) (dat.) (also Xen. but rare P.), πλησιάζεσθαι (dat.), χρίμπτεσθαι (dat.), ἐγχρίμπτειν (dat.); see *approach*. *The ship drew nearer, ever nearer to the rocks*: V. μᾶλλον δε μᾶλλον πρὸς πέτρας ᾔει σκάφος (Eur., *I. T.* 1406). *Draw off*: P. and V. ἀφέλκειν, ἀποσπᾶν; met., P. and V. ἀπαντλεῖν (Plat.). *Draw off an enemy*: P. ἀπάγειν (Thuc. 1, 109). V. intrans. See *retire*. *Draw on, lead on*: P. and V. ὑπάγειν, προάγειν. *Draw out*: P. and V. ἐξέλκειν (Plat. but rare P.), Ar. and V. ἐκσπᾶν; see also *protract*. *Draw over to one's side*: see *win over*. *Draw a veil over*: see *veil*. *Draw the line, lay down limits*: P. and V. ὁρίζειν. *Draw through*: Ar. διέλκειν (τι διά τινος). *Draw to oneself*: P. and V. προσέλκεσθαι; see *attract*. *Draw together*: Ar. and P. σῠνέλκειν, P. and V. σῠνάγειν. *Come together*, v. intrans.: P. and V. σῠνέρχεσθαι. *Draw up*: P. and V. ἀνασπᾶν, Ar. and P. ἀνέλκειν. *Arrange troops, etc.*: P. and V. τάσσειν, συντάσσειν, Ar. and P. πᾰρᾰτάσσειν. *Compose*: P. συγγράφειν. *Draw up an indictment*: Ar. and P. γρᾰφὴν γρᾰ́φεσθαι.

Draw-back, subs. *Disadvantage*: P. ἐλάσσωμα, τό.

Drawers, subs. P. διάζωμα, τό.

Drawing, subs. P. and V. γρᾰφή, ἡ; see *picture*. *Drawing of lots*: see *lot*.

Drawn, adj. Of a battle: P. ἀμφιδήριτος, ἀγχώμαλος, P. and V. ἰσόρροπος. *Having fought a drawn battle*: P. ναυμαχήσαντες ἀντίπαλα (Thuc. 7, 34). Of a sword: V. ἐρυστός, πρόκωπος. *Wrinkled*: P. and V. ῥῡσός.

Dray, subs. See *cart*.

Dread, subs. P. and V. φόβος, ὁ, ὀρρωδία, ἡ, δεῖμα, τό, δέος, τό, ἔκπληξις, ἡ, V. τάρβος, τό; see *fear*. *Hesitation*: P. and V. ὄκνος, ὁ.

Dread, v. trans. P. and V. φοβεῖσθαι, ὀρρωδεῖν, δεῖσαι (1st aor. act. of δείδειν), δεδοικέναι (perf. act. of δείδειν), ἐκφοβεῖσθαι, Ar. and P. κᾰτᾰδεῖσαι (1st aor. of καταδείδειν), V. ταρβεῖν, δειμαίνειν (also Plat. but rare P.), τρέσαι (1st aor. of τρεῖν) (also Plat. but rare P.), Ar. and V. τρέμειν (also Plat. but rare P.). *Shrink from*: P. and V. ὀκνεῖν (acc.), P. ἀποκνεῖν (acc.). *Dread to* (with infin.): P. and V. φοβεῖσθαι, δεδοικέναι, V. ὀρρωδεῖν, τρέμειν, ταρβεῖν. *Shrink from*: P. and V. ὀκνεῖν (infin.), κᾰτοκνεῖν (infin.).

Dread, adj. See *dreadful*.

Dreadful, adj. P. and V. δεινός, φοβερός, φρῑκώδης (Dem. 644). V. δύσχῑμος, ἔμφοβος, σμερδνός. *With dreadful looks*: V. δεινώψ; see *grim*.

Dreadfully, adv. P. and V. δεινῶς.

Dreadfulness, subs. P. δεινότης, ἡ.

Dream, subs. P. and V. ἐνύπνιον, τό, ὄνᾰρ, τό, ὄνειρος, ὁ, ὄνειρον, τό (Plat.). Plur., ὀνείρᾰτα, τά (Plat.). *In a dream* (adverbially): P. and V. ὄνᾰρ. *Aspiration*: P. εὐχη, ἡ. *Skilled in dreams*, adj.: V. ὀνειρόφρων.

Dream, v. intrans. Ar. and P. ὀνειροπολεῖν, P. ὀνειρώσσειν. *Dream of*: Ar. and P. ὀνειροπολεῖν (acc.). *Dream of, deign to*: P. and V. ἀξιοῦν (infin.), δῐκαιοῦν (infin.); see *deign, conceive*. *None of whom, while our navy was intact, ever dreamt of resisting us*: P. ὧν οὐδ' ἀντιστῆναι οὐδεὶς ἕως ἤκμαζε τὸ ναυτικὸν ἡμῖν ἠξίωσεν (Thuc. 7, 63). *Dream that*: P. and V. δοκεῖν ἑαυτῷ (infin.), or δοκεῖν alone (Eur., *I. T.* 44).

Drearily, adv. P. and V. λῡπηρῶς; see *dismally*. *Unpleasantly*: P. ἀηδῶς.

Dreariness, subs. *Disagreeableness*: P. ἀηδία, ἡ. *Desolation*: P. and V. ἐρημία, ἡ.

Dreary, adj. *Desolate*: P. and V. ἐρῆμος, ἄξενος, V. ἀγείτων, ἀπάνθρωπος; see also *dark*. *Dismal*: P. and V. λῡπηρός, ὀχληρός, βᾰρύς, δυσχερής, V. πολύπονος; see *dismal*. *Unpleasant*: P. ἀηδής.

Dregs, subs. *Of wine*: Ar. τρύξ, ἡ. *Sediment*: P. ὑποσταθμή, ἡ (Plat.). *This man is the cause, who has emptied over me, as it were, the dregs of his own iniquity and crimes*: P. αἴτιος δʼ οὗτος, ὥσπερ ἑωλοκρασίαν τινά μου τῆς πονηρίας ἑαυτοῦ καὶ τῶν ἀδικημάτων κατασκεδάσας (Dem. 242). *Drain to the dregs*, v.: met. (of sorrow, etc.): V. ἀντλεῖν, διαντλεῖν, ἐξαντλεῖν. *The dregs of the people*: use Ar. and P. οἱ ἀγοραῖοι.

Drench, v. trans. P. and V. τέγγειν (Plat.), βρέχειν (Plat.), ὑγραίνειν (Plat.), νοτίζειν (Plat. and Æsch., *Frag.*), δεύειν (Plat.), V. ὑγρώσσειν, ὑδραίνειν. *Sprinkle*: V. ῥαίνειν.

Drenched, adj. P. and V. διάβροχος; see *wet*.

Dress, v. trans. *Prepare (food, etc.)*: P. and V. σκευάζειν, V. ἀρτύειν, ὁπλίζειν, πορσύνειν. *Dress (wool)*: P. and V. ξαίνειν. *Dress (a wound, etc.)*: P. and V. θερᾰπεύειν. *Clothe*: P. and V. ἐνδύειν, περῐβάλλειν, στέλλειν (rare P.), Ar. and P. ἀμφιεννύναι, Ar. and V. ἀμφῐτῐθέναι, ἀμπίσχειν, V. περιστέλλειν, ἀμφῐβάλλειν. *Dress oneself in*: P. and V. ἐνδύεσθαι (acc.), V. ἀμφῐδύεσθαι (acc.), Ar. and P. ἀμφιέννυσθαι (acc.), Ar. and V. ἀμφῐτῐθέναι (acc.) (or mid.), V. ἀμφῐβάλλειν (acc.). *Dress up*: P. and V. σκευάζειν, Ar. and P. ἐνσκευάζειν. *Dress oneself up*: Ar. and P. ἐνσκευάζεσθαι. *Dress one's hair*: V. σχημᾰτίζεσθαι κόμην.

Dress, subs. P. and V. ἐσθής, ἡ, ἐσθήμᾰτα, τά, κόσμος, ὁ, σκευή, ἡ, στολή, ἡ (Plat.), V. εἷμα, τό, στολμός, ὁ, στόλισμα, τό, ἀμφιβλήμᾰτα, τά, Ar. and V. πέπλος, ὁ, πέπλωμα, τό.

Dressed skin, subs. P. and V. διφθέρα, ἡ (Eur., *Frag.*).

Dresser, subs. *For cutting up meat, etc.*: Ar. ἐλεόν, τό; see also *hairdresser*, *tire-woman*.

Dressing, subs. *Of food*: P. σκευασία, ἡ. *Of wounds, etc.*: P. and V. θερᾰπεία, ἡ.

Dressing-room, subs. *At the public baths*: P. ἀποδυτήριον, τό.

Drift, v. intrans. P. and V. φέρεσθαι. *Drift with the breeze*: V. ἰέναι κατʼ οὖρον.

Drift, subs. *Meaning of a word, etc.*: P. διάνοια, ἡ, βούλησις, ἡ; see *intention*. *Tendency*: P. φορά, ἡ. *Purpose, aim*: P. προαίρεσις, ἡ. *What is the drift of this mischief?* P. ποῖ τείνει τὸ κακόν τοῦτο; (Plat., *Crit.* 47c).

Drill, v. trans. P. and V. γυμνάζειν; see *exercise*. *Drill holes in*: P. and V. τετραίνειν (acc.), τρῡπᾶν (acc.) (Soph., *Frag.*).

Drill, subs. *Exercise*: P. γυμνασία, ἡ. *Instrument for drilling holes*: P. and V. τρῡπᾰνον, τό (Eur., *Cycl.*).

Drily, adv. *Humorously*: P. γελοίως. *Harshly*: P. and V. πικρῶς.

Drink, subs. P. and V. πόσῐς, ἡ, πῶμα, τό, ποτόν, τό; see *draught*. *Without drink*, adj.: P. and V. ἄποτος.

Drink, v. trans. P. and V. πίνειν, ἐμπίνειν (Xen. also Ar.; Eur., *Cycl.*). *Quaff, drink off*: P. and V. ἐκπίνειν (Dem.), V. σπᾶν, ἀνασπᾶν, Ar. and V. ἕλκειν, ῥοφεῖν, Ar. ἐκροφεῖν. *Drink (a cup)*: P. and V. ἐκπίνειν (Plat., *Symp.* 214A, and Soph., *Frag.*), Ar. ῥοφεῖν. *Tipple*: P. and V. μεθύειν (Eur., *Cycl.*). *Drink with others*: P. συμπίνειν (dat. or absol.). *Drink as an after-draught*: V. ἐπεκπίνειν (acc.). *Drink a long draught*: V. ἀμυστίζειν (Eur., *Cycl.*).

Drink moderately: Ar. and P. ὑποπίνειν. *Drink a health to*: Ar. and P. προπίνειν (dat. or absol.) (Xen.), φιλετησίας προπίνειν (dat.) (Dem.). *Drink up, absorb*: P. and V. πίνειν. *Drunk by the earth* (of libations): V. γάποτος. *Be drunk*: see *drunk*.

Drinkable, adj. P. and V. ποτός, P. πότιμος, V. εὔποτος.

Drinking, subs. P. πόσις, ἡ.

Drinking bout, subs. Ar. and P. συμπόσιον, τό, P. πότος, ὁ.

Drink offering, subs. P. and V. σπονδή, ἡ, Ar. and V. πέλᾰνος, ὁ, V. λοῦτρα, τά; see *libation*. *Pour drink offerings*, v.: P. and V. σπένδειν.

Drip, subs. See *drop, flow*.

Drip, v. intrans. P. and V. λείβεσθαι (Plat. but rare P.), κᾰταστάζειν (Xen.), στάζειν (Plat. but rare P.), V. ἀποστάζειν, στᾰλάσσειν, διαρραίνεσθαι. *Drip with*: P. and V. ῥεῖν (dat.), V. στάζειν (dat.), κᾰταστάζειν (dat.), κᾰταρρεῖν (dat.), μῦδᾶν (dat.).

Dripping, adj. See *wet*. *Dripping with blood*: Ar. and V. αἱμᾰτοστᾰγής; see *bloody*.

Drive, v. trans. P. and V. ἐλαύνειν. *Push*: P. and V. ὠθεῖν; see also *harry*. *Fix*: P. and V. πηγνύναι, P. καταπηγνύναι. *Compel*: P. and V. ἀναγκάζειν, ἐπᾰναγκάζειν, κᾰτᾰναγκάζειν, βιάζεσθαι, Ar. and P. προσᾰναγκάζειν, Ar. and V. ἐξᾰναγκάζειν, V. διᾰβιάζεσθαι; see *compel*. *Drive* (*a weapon*), *plunge*: P. and V. κᾰθῑέναι, V. ὠθεῖν, ἱέναι, μεθῑέναι, βάλλειν, ἐμβάλλειν; see *plunge*. *He drove his sword through the heart of Eteocles*: ἐξέτεινεν εἰς ἧπαρ ξίφος Ἐτεοκλέους (Eur., *Phoen.* 1421). *He drove the sword into his side*: V. ἤρεισε πλευραῖς . . . ἔγχος (Soph., *Ant.* 1236). *He drove the sword through his breast*: V. ξίφος λαιμῶν διῆκε (διίημι) (Eur., *Phoen.* 1091). *Drive away*: P. and V. ἐλαύνειν, ἀπελαύνειν, ἐξελαύνειν, ἐκβάλλειν, ὠθεῖν, ἐξωθεῖν, ἀπωθεῖν, ἀπορρίπτειν, Ar. and V. ῥίπτειν, V. ἐκρίπτειν. *Drive back, repulse*: P. and V. τρέπειν; see *repulse*. *Drive into the ground*: P. καταπηγνύναι. *Drive off*: P. and V. ἀμῡ́νεσθαι, V. ἐξᾰμῡ́νεσθαι, ἐξᾰπωθεῖν (Eur., *Rhes.*). *Drive out*: see *drive away*. *Eject*: P. and V. ἀνιστᾰ́ναι, ἐξᾰνιστᾰ́ναι. *Be driven out*: P. and V. ἐκπίπτειν. *Who of the citizens are driving you out of the land*: V. τίνες πολιτῶν ἐξαμιλλῶνταί σε γῆς (Eur., *Or.* 431). *Drive out of one's mind*: P. and V. ἐξιστᾰ́ναι; see *madden*. *Drive to* (*despair, etc.*): P. and V. κᾰθιστᾰ́ναι (εἰς, acc.). *Drive* (*horses, chariot, etc.*): P. and V. ἐλαύνειν, V. ἐξελαύνειν. διφρηλᾰτεῖν, ἡνιοστροφεῖν, Ar. and P. ἱππάζεσθαι, ἡνιοχεῖν (absol.), Ar. ἱππηλᾰτεῖν. *Drive past*: Ar. and P. πᾰρελαύνειν (acc. of direct object, or used intransitively with acc. of indirect object) (Xen.). *Drive through*: V. διελαύνειν (acc. of direct object).

Drivel, v. intrans. P. κορυζᾶν (Plat.). *Talk nonsense*: P. and V. ληρεῖν, Ar. and P. φλυᾱρεῖν (also Ar.).

Drivel, subs. Ar. and P. λῆρος, ὁ, φλυᾱρία, ἡ, P. ληρήματα, τά; see *nonsense*.

Driveller, subs. Ar. and P. ἀδολέσχης, ὁ (also Ar.).

Driver, subs. P. and V. ἡνίοχος, ὁ (Eur., *Rhes.* 804), ἁρμᾰτηλᾰ́της, ὁ (Xen.), V. ἡνιοστρόφος, ὁ, ἱππηλᾰ́της, ὁ, διφρευτής, ὁ, διφρηλᾰ́της, ὁ, τροχηλᾰ́της, ὁ; see *charioteer*. *Driver of oxen*: P. and V. βοηλᾰ́της, ὁ; see *herdsman*.

Driving, subs. P. ἡνιοχεία, ἡ, ἡνιόχησις, ἡ.

Drizzle, subs. P. and V. ψᾰκάς, ἡ (Xen., also Ar.).

Drizzle, v. intrans. Ar. ψᾰκάζειν, ἐπιψᾰκάζειν, V. κᾰταψᾰκάζειν.

Droll, adj. P. and V. γέλοιος, Ar. and P. κᾰτᾰγέλαστος.

Drolly, adv. P. γελοίως, καταγελάστως.

Drollery, subs. Use P. τὸ γέλοιον; see *absurdity*. *Monkey tricks*: Ar.

πῐθηκισμοί, οἱ. *Sport, play*: P. and V. παιδιά, ἡ.

Drone, subs. P. and V. κηφήν, ὁ. *Noise*: P. βόμβος, ὁ.

Drone, v. intrans. P. and V. βομβεῖν (Soph., *Frag.*), V. θωΰσσειν. *Repeat over and over*: P. and V. ὑμνεῖν, θρῡλεῖν.

Drone-like, adj. P. κηφηνώδης.

Droop, v. trans. *Let fall*: P. and V. κλίνειν. *Why do you droop your head?* Ar. τί κύπτεις; V. intrans. *Fall forward*: P. and V. κλίνεσθαι. Met., *fade away*: P. and V. μᾰραίνεσθαι (Plat.), φθίνειν (Plat.), V. ἀποφθίνειν, κᾰταφθίνειν, P. ἀπομαραίνεσθαι (Plat.); see *wither*. *Come to nothing*: P. and V. διαρρεῖν, ἀπορρεῖν. *Lose courage*: P. and V., ἀθῡμεῖν. *Abate*: P. and V. λωφᾶν, ἀνῑέναι; see *abate*. *Be weighed down*: P. and V. βᾰρύνεσθαι.

Drooping, adj. V. πᾰλίρροπος, προνωπής.

Drop, subs. V. στᾰγών, ἡ, στάγμᾰ, τό, στάλαγμα, τό, λῐβάδες, αἱ, Ar. and V. στᾰλαγμός, ὁ, ῥᾰνίς, ἡ. *Of rain*: P. and V. ψᾰκάς, ἡ (Xen.), Ar. and V. ῥᾰνίς, ἡ. Of tears: use *tear*.

Drop, v. trans. *Liquid*: P. and V. λείβειν (Plat. but rare P.), V. στάζειν, κᾰταστάζειν. *Let fall*: P. and V. μεθῑέναι, ἐκβάλλειν, V. πᾰρῑέναι. *Let drop*: met., P. and V. μεθῑέναι. *Let down*: P. and V. κᾰθῑέναι. *Drop (a word)*: P. and V. ἐκβάλλειν; see *utter*. *Drop (a hint)*: use v., *hint*. *Drop (an action at law)*: P. καθυφιέναι (absol. or with acc.), διαγράφεσθαι (absol.) (Dem. 501), Ar. and P. διαγρᾰφειν δίκην. *If we drop any of our plans*: P. εἰ καθυφείμεθά τι τῶν πραγμάτων (Dem. 30). *Drop into*: Ar. ἐνστάζειν (τί τινι), ἐνστᾰλάζειν (τι εἴς τι). Met., *fall into*: see *fall into*. *Drop (let fall) over*: V. κᾰταστάζειν (τί τινος). V. intrans. *Fall*: P. and V. πίπτειν, ἐκπίπτειν; see *fall*. *Drop with*: see *drip*. *Drip*: P. and V. λείβεσθαι (Plat. but rare P.), κᾰταστάζειν (Xen.), στάζειν (Plat. but rare P.), V. ἀποστάζειν, στᾰλάσσειν, διαρραίνεσθαι. *Go down* (of wind, etc.): see *abate*. *Drop off*: lit., P. and V. πᾰραρρεῖν, ἀπορρεῖν, Ar. and P. ἐκρεῖν, P. περιρρεῖν; met., P. and V. ἀπορρεῖν, διαρρεῖν.

Dross, subs. P. σκωρία, ἡ (Arist.). *Anything worthless*: use P. and V. κᾰθαρμα, τό.

Dropsical, adj. P. ὑδρωπικός (Arist.).

Dropsy, subs. P. ὕδρωψ, ὁ (Arist.). *Suffer from dropsy*, v.: P. ὑδρωπιᾶν (Arist.).

Drought, subs. P. and V. αὐχμός, ὁ (Eur., *Frag.*), P. ἀνυδρία, ἡ. *Cause a drought*, v.: V. ἐπαυχμεῖν (used of Zeus causing a drought) (Soph., *Frag.*).

Drove, subs. P. and V. ἀγέλη, ἡ (Plat. but rare P.), βοσκήμᾰτα, τά; see *flock*.

Drover, subs. P. and V. βούκολος, ὁ, βοηλᾰ́της, ὁ, βούφορβος, ὁ (Plat.), νομεύς, ὁ (Plat.), V. βοτήρ, ὁ; see *shepherd*.

Drown, v. trans. P. καταποντίζειν. Met., *drown (sorrow, etc.)*: P. and V. κοιμίζειν (Plat.); see *alleviate*. *Not hearing because the wind drowned the noise of their approach*: P. ψόφῳ τῷ ἐκ τοῦ προσιέναι αὐτοὺς ἀντιπαταγοῦντος τοῦ ἀνέμου οὐ κατακούσαντες (Thuc. 3, 22). V. intrans. P. ἀποπνίγεσθαι, καταποντοῦσθαι, P. and V. ἀφᾰνίζεσθαι.

Drowning, subs. P. καταποντισμός, ὁ. *Death by drowning*: V. Ἅιδης πόντιος.

Drowsiness, subs. P. χάσμη, ἡ.

Drowsy, adj. P. ὑπνώδης. *Be drowsy*, v.: P. and V. ὑπνώσσειν (Plat. but rare P.), Ar. and P. νυστάζειν, P. ὑπονυστάζειν, V. βρίζειν. *Yawn*: Ar. and P. χασμᾶσθαι.

Drub, v. trans. See *beat, defeat*.

Drudge, v. intrans. See *toil*.

Drudge, subs. P. and V. δοῦλος, ὁ; see *slave*.

Drudgery, subs. *Toil*: P. and V.

πόνος, ὁ; see *toil*. *Slavery*: P. and V. δουλεία, ἡ.

Drug, subs. P. and V. φάρμᾰκον, τό, V. ἀκέσμᾰτα, τά.

Drug, v. trans. P. and V. φαρμᾰκεύειν.

Drugging, subs. P. φαρμακεία, ἡ.

Druggist, subs. See *chemist*.

Drum, subs. P. and V. τύμπᾰνον, τό (Dem. 415; also Ar.). *The noise of the drum*: V. βύρσης κτύπος, ὁ (Eur., *Bacch.* 513). *Beating of drums*: Ar. τυμπᾰνισμός, ὁ.

Drum, v. intrans. *Make a noise*: P. and V. ψοφεῖν, Ar. and P. κροτεῖν.

Drunk, adj. P. and V. μεθύων (Eur., *Cycl.*), μεθυσθείς (Eur., *Cycl.*), Ar. μεθῠ́ση (only in fem.), V. οἰνωθείς, ᾠνωμένος, κᾰ́τοινος, ῠ̔περπλησθεὶς μέθῃ, μέθῃ βρεχθείς, Ar. and V. πεπωκώς (Eur., *Cycl.*). *Make drunk*, v.: P. καταμεθύσκειν. *Be drunk*: P. and V. μεθύειν (Eur., *Cycl.*), μεθύσκεσθαι (Eur., *Cycl.*).

Drunkard, subs. Ar. φῐλοπότης, ὁ, or use adj., *drunken*.

Drunken, adj. P. πάροινος, οἰνόφλυξ (Xen.), Ar. πᾰροίνιος, πᾰροινῐκός. *In a drunken frolic*: P. μετὰ παιδιᾶς καὶ οἴνου (Thuc. 6, 28). *Drunken behaviour*, subs.: P. παροινία, ἡ. *Behave in a drunken way*, v.: Ar. and P. πᾰροινεῖν.

Drunkenness, subs. P. and V. μέθη, ἡ.

Dry, adj. P. and V. ξηρός, P. αὐχμηρός. Of land: P. ξηρός, V. χέρσος. *Thirsty*: V. δίψιος. *Waterproof*: P. στεγανός, V. στεγνός (Eur., *Cycl.*). *Withered*: P. and V. ξηρός, Ar. and P. αὖος, ἰσχνός, σαπρός. *Tearless*: V. ξηρός, ἄκλαυστος; see *tearless*. *Dry land*, subs.: P. τὸ ξηρόν (Thuc.), V. χέρσος, ἡ. *Of or on dry land*: P. and V. χερσαῖος. Met., *dull*: see *dull*. *Harsh*: P. and V. πικρός. *Humorous*: P. and V. γέλοιος.

Dry, v. trans. P. and V. ξηραίνειν, P. ἀποξηραίνειν. *Dry (clothes)*: V. θάλπειν. *Dry up, wither up*: P. and V. ἰσχναίνειν, κᾰτισχναίνειν. V. intrans. P. and V. ξηραίνεσθαι.

Dryness, subs. P. ξηρότης, ἡ.

Dubious, adj. *Not clear*: P. and V. ἀσᾰφής, ᾰ̓φᾰνής, ἄδηλος, δύσκρῐτος. *Disputed*: P. ἀμφισβητήσιμος. *Ambiguous*: P. ἀμφίβολος, V. ἀμφῐ́λεκτος, δῐχόμῡθος. *Inconclusive*: P. ἄκριτος. *Undecided* (of persons): V. ἀμφῐ́βουλος, δίφροντις. *Wavering*: P. and V. ἄπορος.

Dubiously, adv. *Not clearly*: P. ἀσαφῶς, Ar. and V. δυσκρῐ́τως. *Doubtfully*: P. ἐνδοιαστῶς, V. ἀμφῐλέκτως.

Dubiousness, subs. *Doubt*: P. ἀμφισβήτησις, ἡ. *Wavering*: P. and V. ἀπορία, ἡ.

Duck, subs. Ar. νῆττα, ἡ. As term of endearment: Ar. νηττᾰ́ριον, τό.

Duck, v. trans. *Dip in water*: P. and V. βάπτειν; see *wet*. V. intrans. *Go under water*: Ar. and P. κᾰτᾰδῠ́εσθαι. *Stoop*: Ar. and P. κύπτειν; see *stoop*.

Dudgeon, subs. See *anger, indignation*.

Due, adj. *Suitable, becoming*: P. and V. πρέπων, προσήκων, κᾰθήκων, εὐπρεπής, σύμμετρος, εὐσχήμων, Ar. and P. πρεπώδης, V. ἐπεικώς; see *becoming*. *Deserved*: P. and V. ἄξιος, V. ἐπάξιος. *Just*: P. and V. δῐ́καιος. *Be due, be owed*, v.: P. and V. ὀφείλεσθαι. *Their escape was due to the violence of the storm*: P. ἐγένετο ἡ διάφευξις αὐτοῖς διὰ τοῦ χειμῶνος τὸ μέγεθος (Thuc. 3, 23). *Seasonable*, adj.: P. and V. καίριος, ἐπῐ́καιρος; see *seasonable*. *Be due, be expected*, v.: P. and V. προσδοκᾶσθαι. *It is due time to*: P. and V. ὥρα (ἐστί) (with infin.); see *time*. *In due time, at length*: P. and V. διὰ χρόνου, χρόνῳ. *(To do) what is due*: P. and V. ἃ χρὴ ποιεῖν.

Due, subs. *Tax*: Ar. and P. τέλος, τό. *One's due, one's deserts*: P. and V. ἀξία, ἡ; see *desert*.

Duel, subs. P. μονομαχία, ἡ (Hdt.). *Fight a duel (with)*, v.: P. and V. μονομᾰχεῖν (absol. or dat.); see *single combat*, under *single*.

Duellist, subs. Use adj., Ar. and V. μονομάχος.

Dulcet, adj. P. and V. τερπνός, ἡδύς; see *delightful.*

Dulcimer, subs. Use P. and V. πηκτίς, ἡ (Plat., Soph. *Frag.*; also Ar.); see *harp.*

Dull, adj. Of the senses: P. and V. κωφός. *Blunt*: P. and V. ἀμβλύς. Of sound: P. and V. βᾰρύς. *Tarnished*: see *tarnished.* Of the intelligence: P. and V. σκαιός, ἀμᾰθής, νωθής, ἀφυής, P. ἀναίσθητος, βλακικός, Ar. and P. δυσμᾰθής. *Irksome*: P. and V. δυσχερής, βᾰρύς. *Uninteresting*: P. ἕωλος, Ar. and P. ψυχρός. *Dark*: see *dark, dreary. Sad*: see *sad.*

Dull, v. trans. *Blunt*: P. and V. ἀμβλύνειν, ἀπαμβλύνειν, V. κᾰταμβλύνειν; see *blunt. Tarnish*: use P. and V. μιαίνειν.

Dullard, subs. P. βλάξ, ὁ or ἡ, or use adj., *dull.*

Dully, adv. P. ἀναισθήτως; see also *stupidly.*

Dulness, subs. Of the mind: P. βλακεία, ἡ, νώθεια, ἡ, δυσμάθεια, ἡ, ἀναισθησία, ἡ, P. and V. ἀμᾰθία, ἡ; see *stupidity. Deafness*: P. κωφότης, ἡ. *Irksomeness*: P. and V. δυσχέρεια, ἡ.

Duly, adv. *Becomingly*: P. and V. εὐπρεπῶς, συμμέτρως, πρεπόντως, P. προσηκόντως; see *becomingly. Deservedly*: P. and V. ἀξίως, V. ἐπαξίως, κᾰταξίως. *Seasonably*: P. and V. καιρίως (Xen.); see *seasonably.*

Dumb, adj. P. and V. ἄφωνος, V. ἄφθεγκτος, ἄφθογγος, ἄναυδος, ἀφώνητος, ἀπόφθεγκτος. *I am struck dumb*: Ar. and V. ἀφᾰσία μ' ἔχει.

Dumbly, adv. V. ἄφωνα (Æsch., *Pers.* 819).

Dumbness, subs. P. ἀφωνία, ἡ, P. and V. ἀφασία, ἡ.

Dumfound, v. trans. P. and V. ἐκπλήσσειν; see *astonish. Dumfounded*, adj.: P. and V. ἀπόπληκτος.

Dummy, subs. Ar. and P. ἀνδριάς, ὁ; see *image, doll.*

Dumpy, adj. Ar. and P. πᾰχύς.

Dun, v. trans. *Demand money from*: P. εἰσπράσσειν (acc.).

Dun, subs. *Creditor*: Ar. and P. χρήστης, ὁ.

Dun, adj. P. φαιός; see *black.*

Dunce, subs. P. βλάξ, ὁ or ἡ; see *fool.*

Dune, subs. See *hill.*

Dung, subs. Ar. and P. κόπρος, ἡ, Ar. σκῶρ, τό.

Dungeon, subs. P. δεσμωτήριον, τό, P. and V. εἱρκτή, ἡ, or pl.; see *prison.*

Dupe, subs. *One easily deceived*: use adj., P. εὐεξαπάτητος. *The deceived*: P. and V. ὁ ἠπᾰτημένος (perf. part. pass. of ἀπατᾶν).

Dupe, v. trans. P. and V. ἀπᾰτᾶν, ἐξᾰπᾰτᾶν, πᾰράγειν, V. πᾰρᾰπᾰτᾶν; see *deceive.*

Duplicate, subs. *Of a document*: P. ἀντίγραφον, τό.

Duplicate, adj. P. ἀντίγραφος (Dem. 468).

Duplicity, subs. *Deceit*: P. and V. ἀπάτη, ἡ, δόλος, ὁ (rare P.), P. παράκρουσις, ἡ; see *deceit. Treachery*: P. and V. ἀπιστία, ἡ.

Durability, subs. P. βεβαιότης.

Durable, adj. P. and V. βέβαιος, P. μόνιμος, V. ἔμπεδος.

Durance, subs. P. φυλακή, ἡ. *Imprisonment*: use P. and V. δεσμός, ὁ, or pl.

Duration, subs. Use P. and V. τὸ χρονίζειν.

During, prep. With nouns expressing time, use acc.; with other nouns, use P. and V. διά (gen.), sometimes ἐν (dat.), P. παρά (acc.). *Rising up during dinner*: P. ἐξαναστάντες μεταξὺ δειπνοῦντες (Dem. 284).

Dusk, subs. *Just before night*: Ar. and V. κνέφᾰς, τό (also Xen.). *Just before daybreak*: P. and V. ὄρθρος, ὁ, P. τὸ περίορθρον; see *darkness.*

Dusky, adj. *Without light*: P. and V. σκοτεινός, P. σκοτώδης, V. ἀμαυρός, λῦγαῖος, κνεφαῖος, ὀρφναῖος, δνοφώδης, ἀνήλιος, ἀφεγγής, ἀναύγητος; see *dark.* Of colour, *black:* P. and V. μέλᾱς, V. μελάγχῐμος, ἐρεμνός, κελεινός. *Gray:* P. φαιός (Plat.), ὄρφνινος (Plat.). Of skin: P. μέλας (Dem. 537), μελάγχρως.

Dust, subs. P. and V. κόνῐς, ἡ. *Ashes:* P. and V. τέφρα, ἡ (Eur., *Cycl.* 641), V. σποδός, ἡ. *Ashes of the dead:* V. σποδός, ἡ; see *ashes. Cloud of dust:* Ar. and P. κονιορτός, ὁ. *Raise dust,* v.: V. κονίειν (absol.). *Covered with dust:* Ar. κεκονῐμένος. *Bite the dust:* V. ὀδὰξ αἱρεῖν γαῖαν. *Make to bite the dust:* Ar. κᾰτασποδεῖν (also Æsch., *Theb.* 809, in perf. part. pass.).

Dusty, adj. Ar. κεκονῐμένος.

Dutiful, adj. P. and V. ὅσιος, εὐσεβής.

Dutifully, adv. P. and V. ὁσίως, εὐσεβῶς.

Dutifulness, subs. P. and V. εὐσέβεια, ἡ, τὸ εὐσεβές, P. ὁσιότης, ἡ. *Respectfulness:* V. αἰδώς, ἡ.

Duty, subs. *What is fitting:* P. and V. τὸ πρέπον, τὸ προσῆκον. *What is necessary:* P. and V. τὰ δέοντα. *No plea or excuse is left to you for refusing to do your duty:* P. οὐδὲ λόγος οὐδὲ σκῆψις ἔθ' ὑμῖν τοῦ μὴ τὰ δέοντα ποιεῖν ἐθέλειν ὑπολείπεται (Dem. 10). *Do one's duty:* P. and V. πράσσειν ἃ χρή. *One's duty towards the gods:* P. and V. τὸ εὐσεβές. *Task:* P. and V. ἔργον, τό, V. χρέος, τό, τέλος, τό; see *task. Allotted task:* P. τάξις, ἡ. *His hand sees its duty:* V. χεὶρ ὁρᾷ τό δράσιμον (Æsch., *Theb.* 554). *I have exceeded my duty in speaking of these points:* P. περιείργασμαι ἐγὼ περὶ τούτων εἰπών (Dem. 248). *It is the duty of children to:* P. and V. παίδων ἐστί (with infin.). *It is your duty:* P. and V. χρή σε, δεῖ σε, προσήκει σε or σοι, V. σόν ἐστι, σὸν ἔργον ἐστί.

Duty, subs. *Tax:* Ar. and P. τέλος, τό.

Dwarf, subs. Ar. νᾶνος, ὁ.

Dwarf, v. trans. *Overtop:* P. and V. ὑπερέχειν (gen.); see *excel.*

Dwarfish, adj. Ar. νᾱνοφυής.

Dwell, v. intrans. P. and V. οἰκεῖν, κᾰτοικεῖν, οἰκίζεσθαι, ἀναστρέφεσθαι, Ar. and V. ναίειν, V. στρωφᾶσθαι. *Lodge:* P. and V. αὐλίζεσθαι, ἐπαυλίζεσθαι, ἐναυλίζεσθαι, κᾰταυλίζεσθαι (Xen.). Of a resident alien: P. and V. μετοικεῖν. *Dwell around:* Ar. and P. περιοικεῖν (acc. or absol.). *Dwell away from:* P. and V. ἀποικεῖν (gen. or absol.). *Dwell in:* P. and V. ἐνοικεῖν (dat. or absol.), V. ἐνναίειν (dat. or absol.), ἐγκᾰτοικεῖν (dat.); see *inhabit. Dwell near:* P. προσοικεῖν (dat. or absol.), παροικεῖν (dat. or absol.). *Dwell upon a subject:* Ar. and P. ἐνδιατρίβειν (dat.); see *harp on. Dwell with:* P. and V. σῠνοικεῖν (dat.), V. συνναίειν (dat.).

Dweller, subs. Use adj., P. and V. ἔνοικος; see *inhabitant. A dweller with me:* V. σῠνοικήτωρ ἐμοί.

Dwelling, subs. P. and V. οἶκος, ὁ, οἴκησις, ἡ, οἴκημα, τό, Ar. and P. οἰκία, ἡ, Ar. and V. ἕδρα, ἡ, δόμος, ὁ, or pl., δῶμα, τό, or pl., ἑστία, ἡ, μέλαθρον, τό, or pl., V. στέγη, ἡ, or pl., στέγος, τό, or pl., οἰκητήριον, τό, εἰσοίκησις, ἡ, σκηνή, ἡ, ἀναστροφή, ἡ, ἑδώλια, τά, ἤθη, τά, αὐλή, ἡ. *Sojourn:* P. οἴκησις, ἡ, ἐνοίκησις, ἡ; see *sojourn.*

Dwelling near, adj. P. and V. πάροικος, πρόσχωρος, P. πρόσοικος; see *neighbouring.*

Dwelling with, adj. P. and V. σύνοικος (dat.), V. σύντροφος (dat.).

Dwindle, v. intrans. P. μειοῦσθαι, ἐλασσοῦσθαι. *Fade:* P. and V. μᾰραίνεσθαι; see *fade.* Met., *pass away:* P. and V. διαρρεῖν, ἀπορρεῖν, φθίνειν (Plat.).

Dye, v. trans. P. and V. βάπτειν.

Dye, subs. P. and V. βᾰφή, ἡ, Ar. and P. βάμμᾰ, τό. *Purple dye:* P. and V. κηκίς, ἡ (Dem. 816), πορφύρα, ἡ.

Dyed, adj. Ar. βαπτός. *Fast-dyed:* P. δευσοποιός. Met., *dyed deep in sin:* Ar. περιᾰλουργὸς τοῖς κακοῖς (*Ach.* 856).

Dyeing, subs. P. and V. βᾰφή, ἡ.

Dyer, subs. P. βαφεύς, ὁ.

Dying, adj. Of persons: P. and V. θᾰνᾰσῐμος, P. ἐπιθάνατος, V. ψῡχορρᾰγής. *Be dying*, v.: V. ψῡχορρᾰγεῖν. *She like a swan chanting her last dying plaint*: ἡ δέ τοι κύκνου δίκην τὸν ὕστατον μέλψασα θανάσιμον γόον (Æsch., *Ag.* 1444).

Dyke, subs. See *dike*.

Dynasty, subs. P. and V. τῠραννίς, ἡ. *Royal house*: use P. and V. βασῐλῐκὸν γένος, τό.

Dysentery, subs. P. δυσεντερία, ἡ.

E

Each, adj. P. and V. ἕκαστος. *Each of two*: Ar. and P. ἑκᾰτερος. *Each one*: P. and V. πᾶς τις. *From each of two sides*: P. ἑκατέρωθεν. *In each of two directions*: P. ἑκατέρωσε. *Each time*: Ar. and P. ἑκάστοτε. *From each place*: P. ἑκασταχόθεν. *To each place*: P. ἑκασταχοῖ, ἑκασταχόσε. *Each other*: P. and V. ἀλλήλους (acc. pl.).

Eager, adj. P. and V. πρόθῡμος, σπουδαῖος (Soph., *Frag.*), θερμός, ἔντονος, σύντονος, ὀξῠς, Ar. and V. θούριος, V. θοῦρος, αἴθων (rare P.), Ar. and P. ἰτᾰμός, P. σφοδρός. *Be eager*, v. intrans.: P. and V. σπεύδειν, σπουδάζειν, προθῡμεῖσθαι, ὁρμᾶσθαι, V. μαίεσθαι, ἐκπροθῡμεῖσθαι (all also used with infin. following); see *desire*. *Be eager for*: P. and V. σπουδάζειν (acc.), σπεύδειν (acc.); see *desire*. *Eager for*, adj.: V. λελιμμένος (gen.), μαιμῶν (gen.). *Unhesitating*: P. and V. ἄοκνος; see *unhesitating*.

Eagerly, adv. P. and V. σπουδῇ, προθῡμως, P. σπουδαίως, ἐντόνως, συντόνως. *Pursue, eagerly labour at*, v.: P. and V. σπουδάζειν (acc.), σπεύδειν (acc.).

Eagerness, subs. P. and V. σπουδή, ἡ, προθῡμία, ἡ, ὁρμή, ἡ.

Eagle, subs. P. and V. ἀετός, ὁ (Plat.). *Sea-eagle*: Ar. and V. ἁλιάετος, ὁ (Eur., *Frag.*).

Ear, subs. P. and V. οὖς, τό. *Hearing*: P. and V. ἀκοή, ἡ. *Give ear*, v.: P. παρέχειν τά ὦτα. *Give ear to*: P. and V. ἐνδέχεσθαι (acc. or absol.), P. ὑποδέχεσθαι (acc.), V. ἀκοὴν δῐδόναι (dat.); see *hear*. *He is within earshot*: V. σύμμετρος γὰρ ὡς κλύειν (Soph., *O. R.* 84). *To within earshot*: P. εἰς ἐπήκοον (Xen.). *Riding up to within earshot*: P. προσελάσαντες ἐξ ὅσου τις ἔμελλεν ἀκούσεσθαι (Thuc. 7, 73). *Wishing to hear with their own ears*: P. αὐτήκοοι βουληθέντες γένεσθαι (Thuc. 1, 133). *Leaning forward a little to catch my ear*: P. προσκύψας μοι σμικρὸν πρὸς τὸ οὖς (Plat., *Euthyd.* 275E). *Set by the ears*, v. trans.: Ar. and P. δυιστᾰναι, P. διασπᾶν, πρὸς αὑτοὺς ταράσσειν. *Box on the ear*, subs.: Ar. and P. κόνδῠλος, ὁ. *Give (a person) a box on the ear*: P. ἐπὶ κόρρης τύπτειν (acc.).

Ear, subs. *Of corn*: Ar. and V. στᾰχῠς, ὁ, κᾰλυξ, ἡ. *Be in the ear*, v.: P. ἐν ἀκμῇ εἶναι, ἀκμάζειν. *In the sprouting of the ear*: P. κᾰλῠκος ἐν λοχεύμασι (Æsch., *Ag.* 1392). *About the time when the corn puts forth ears*: P. περὶ σίτου ἐκβολήν (Thuc. 4, 1).

Early, adj. *In the morning*: P. and V. ἑωθῐνός (Eur., *Rhes.* 771, and Soph., *Frag.*), V. ἑῷος, Ar. and P. ὄρθριος. *Premature*: P. and V. ἄωρος. Of crops, etc.: Ar. πρῷος. *It is early*: P. πρῴ ἐστι. *Belonging to former times*: P. and V. ἀρχαῖος, πᾰλαιός, V. πᾰλαίφᾰτος, Ar. and V. πᾰλαιγενής. *From the earliest times*: P. ἐκ τοῦ ἐπί πλεῖστον (Thuc. 1, 2), ἐκ παλαιτάτου (Thuc. 1, 18). *Earlier, former*: P. and V. πρότερος.

Early, adv. *In the morning*: Ar. and P. πρῴ, ἕωθεν, ἐξ ἑωθῐνοῦ. *In the year*: Ar. and P. πρῴ. *Prematurely*: P. and V. πρῴ. *So early*: P. τηνικάδε.

Earn, v. trans. *As pay:* Ar. and P. μισθοφορεῖν (acc. or absol.), P. and V. μισθαρνεῖν (absol.). Generally: V. ἄρνυσθαι (Plat. but rare P.), ἐκπονεῖν, ἀλφάνειν; see *win. Procure for oneself:* P. περιποιεῖσθαι, P. and V. πορίζεσθαι, εὑρίσκεσθαι (or mid.); see *procure. Incur:* P. and V. ὀφλισκάνειν.

Earnest, adj. P. and V. σπουδαῖος (Soph., *Frag.*), ἔντονος, σύντονος; see *eager. Be earnest*, v.: P. and V. σπουδάζειν (Eur., *Hec.* 337). *To speak not in earnest, but in jest:* P. εἰπεῖν οὐ σπουδάζων ἀλλὰ παίζων (Lys. 170). *Importunate:* P. and V. λῑπἄρής.

Earnest, subs. *Earnest-money:* P. ἀρραβών, ὁ, πρόδοσις, ἡ, Ar. and P. θέσῐς, ἡ. *Pledge:* P. and V. ἐγγυή, ἡ, πίστῐς, ἡ, V. ῥῦσιον, τό; see *pledge. Specimen:* P. and V. πἄράδειγμα, τό, δεῖγμα, τό. *Assurance:* P. and V. πίστῐς, ἡ.

Earnestly, adv. P. σπουδαίως, ἐντόνως, συντόνως; see *eagerly. Importunately:* P. λιπαρῶς. *Beg earnestly*, v.: P. and V. λῐπἄρεῖν (acc.).

Earnestness, subs. P. and V. σπουδή, ἡ; see *eagerness.*

Earnings, subs. P. and V. μισθός, ὁ.

Earring, subs. Ar. and P. ἑλικτήρ, ὁ, V. ἐνώτιον, τό (Æsch., *Frag.*).

Earshot, subs. See under *ear.*

Earth, subs. P. and V. γῆ, ἡ, Ar. and V. γαῖα, ἡ, χθών, ἡ, πέδον, τό, V. οὖδας, τό, αἶα, ἡ; see also *ground. From the earth:* V. γῆθεν, *To the earth:* V. ἔραζε (Æsch., *Frag.*); see under *ground. Soil*, subs.: P. and V. γῆ, ἡ, Ar. and V. ἄρουρα, ἡ (also Plat. but rare P.). *Clay:* P. and V. πηλός, ὁ. *Potter's earth:* P. κεραμός, ὁ, P. and V. πηλός, ὁ. *The inhabited world:* P. ἡ οἰκουμένη; see *world. On earth, in this world*, adv.: P. and V. ἄνω, V. ἄνωθεν; see under *world. Where on earth are they?* V. οἱ δ' εἰσὶ ποῦ γῆς; (Soph., *O. R.* 108). *Planted in the earth*, adj.: P. ἔγγειος (Plat.). *Treading the earth:* V. χθονοστῐβής, πεδοστῐβής. *Made of earth:* see *earthen.*

Earthborn, adj. P. and V. γηγενής (Plat.).

Earthen, adj. P. κεραμεοῦς, πήλινος, γήϊνος, V. πηλόπλαστος (Æsch., *Frag.*).

Earthenware, subs. Ar. κερἄμός, ὁ. *Of earthenware*, adj.: see *earthen.*

Earthly, adj. *Terrestrial:* P. ἐπίγειος. *Human:* P. and V. ἀνθρώπειος, P. ἀνθρώπινος, V. βρότειος, βροτήσιος.

Earthquake, subs. P. and V. σεισμός, ὁ, γῆς σεισμός, ὁ, V. σεισμὸς χθονός, ὁ. *Suffer from a shock of earthquake:* P. σείεσθαι, κινεῖσθαι, V. σεισθῆναι σάλῳ (Eur., *I. T.* 46). *There was an earthquake:* P. ἔσεισε (absol.).

Earthwork, subs. P. and V. ἔρῦμα, τό, V. ἕρκη, τά; see *defences. Mound:* P. χῶμα, τό, χοῦς, ὁ, πρόσχωσις, ἡ.

Earthy, adj. P. γεώδης; see *earthen.*

Ease, v. trans. P. and V. κουφίζειν, ἐπῐκουφίζειν, ἀπαντλεῖν, V. ἐξευμἄρίζειν.

Ease, subs. P. and V. εὐμάρεια, ἡ (Plat.). *Comfortable circumstances:* P. and V. εὐμάρεια, ἡ (Plat.), P. εὐπάθεια, ἡ (Plat.). *Leisure:* P. and V. σχολή, ἡ, P. ῥᾳστώνη, ἡ. *Peace of mind:* Ar. and P. ἡσῠχία, ἡ; see *peace. At ease:* P. and V. ἥσυχος, ἡσῠχαῖος, P. ἡσύχιος, V. ἕκηλος. *Be at ease*, v.: P. and V. ἡσῠχάζειν, V. ἡσῠχως ἔχειν. *With ease*, adv.: V. δι' εὐπετείας, P. μετ' εὐπετείας (Plat.); see *easily.*

Easily, adv. P. and V. ῥᾳδίως, εὐμᾰρῶς (Plat.), εὐπετῶς, V. κούφως, δι' εὐπετείας, P. μετ' εὐπετείας (Plat.). *Without trouble:* P. ἀπόνως, V. ἀμοχθί. *Quietly:* P. and V. ἀπραγμόνως (Eur., *Frag.*); see *quietly.*

Easiness, subs. See *ease.*

East, subs. V. ἡλίου ἀντολαί, αἱ, P. and V. ἕως, ἡ. Concretely, *Eastern peoples:* use P. and V. οἱ βάρβἄροι, τὸ βάρβἄρον. *I will watch* *this path to the east* : V. τρίβον τόνδ' ἐκφυλάξω τὸν πρὸς ἥλιον βολάς (Eur., *Or.* 1258).

Eastern, adj. V. ἀντήλιος. *Barbaric:* P. and V. βάρβἄρος, P. βαρβαρικός. *An Eastern woman* : V. ἠπειρῶτις, ἡ (Eur., *And.* 159, 652).

Eastwards, adv. V. ἡλίου πρὸς ἀντολάς, πρὸς ἡλίου βολάς, P. πρὸς ἥλιον ἀνίσχοντα, πρὸς ἕω.

East wind, subs. P. and V. ἀπηλιώτης (Eur., *Cycl.* 19).

Easy, adj. P. and V. ῥᾴδιος, εὐπετής (Plat.), εὔπορος, V. εὐμἄρής. *Light* : P. and V. κοῦφος, ἐλαφρός. *Easy to carry* : V. εὐάγκἄλος. *Untroubled* : P. and V. ἄπονος. *In easy circumstances* : Ar. and P. εὔπορος. *Easy in one's mind* : P. and V. ἥσῠχος, ἡσῠχαῖος, P. ἡσύχιος, V. ἕκηλος. *Be easy (in one's mind)*, v.: P. and V. ἡσῠχάζειν. *Easy victory* : P. ἀκονιτὶ νίκη (Thuc. 4, 73). *I shall feel easier when I have told you the pitiful story of my many misfortunes* : P. ἐγὼ τῶν γεγενημένων ἀποδυράμενος τὰ πλεῖστα ὥσπερ ῥᾴων ἔσομαι (Dem. 1118).

Easy-tempered, adj. P. and V. ἀπράγμων (Eur., *Frag.*), P. ῥᾴθυμος, Ar. and P. εὔκολος.

Eat, v. trans. P. and V. ἐσθίειν, κἄτεσθίειν (Eur., *Cycl.* 341), P. καταβιβρώσκειν, V. δάπτειν, βιβρώσκειν, Ar. and V. βρύκειν, Ar. δαρδάπτειν; see also *feed*. *Munch* : Ar. and P. τρώγειν, Ar. κἄτατρώγειν. *Something to eat* : P. ἐδώδιμόν τι (Thuc. 7, 78). *Leave (one) to be eaten by dogs* : V. ἐᾶν (τινά) πρὸς κυνῶν ἐδεστόν (Soph., *Ant.* 206). *Eat away (as a disease does)* : V. ἐξεσθίειν. Met., *wear away* : P. and V. τρίβειν, Ar. and P. κἄτατρίβειν. *Eat (take food) together* : Ar. and P. συσσῖτεῖν (dat. or absol.). *Eat up* (met., *consume*): P. and V. ἀνᾱλίσκειν; see *consume*. *Teams of horses eating their heads off* : P. ζεύγη ἵππων ἀδηφαγούντων (Isoc. 127c).

Eatable, adj. P. ἐδώδιμος, V. βρώσῐμος.

Eatables, subs. P. and V. σῖτος, ὁ, P. τὰ ἐπιτήδεια, ἐδώδιμα, τά; see *food*. *provisions*.

Eating, subs. P. βρῶσις, ἡ, ἐδωδή, ἡ (Plat.).

Eaves, subs. Use *roof*.

Eavesdropper, subs. *Spy* : P. and V. κἄτάσκοπος, ὁ. *Be an eavesdropper*, v.: P. ὠτακουστεῖν.

Ebb, v. intrans. *Flow back* : use P. and V. πάλιν ῥεῖν. Met., *fall away* : P. and V. ἀπορρεῖν, διαρρεῖν. *When the blood has ebbed in painless death* : V. αἱμάτων εὐθνησίμων ἀπορρυέντων (Æsch., *Ag.* 1293).

Ebb, subs. V. πᾰλίρροια, ἡ, or παλιρροίᾱ, ἡ (Soph., *Frag.*). *Tossed by the constant ebb and flow of the tide* : V. πολλοῖς διαύλοις κυμάτων φορούμενος (Eur., *Hec.* 29). *In Peparethus too there was a strong ebb tide, but no inundation occurred:* P. ἐγένετο δὲ καὶ ἐν Πεπαρήθῳ κύματος ἐπαναχώρησίς τις οὐ μέντοι ἐπέκλυσέ γε (Thuc. 3, 89). *Be at a low ebb*, v.: met., use P. μοχθηρῶς διακεῖσθαι.

Ebbing, adj. V. πᾰλίρρους.

Ebony, subs. P. ἔβενος, ἡ (Hdt.).

Ebullient, adj. Met., *hot* : P. and V. θερμός. *Be ebullient, boil*, v.: P. and V. ζεῖν.

Ebullition, subs. *Boiling* : met., P. ζέσις, ἡ (Plat.); see also *fit*.

Eccentric, adj. P. and V. ἄτοπος (Eur., *Frag.*).

Eccentrically, adv. P. ἀτόπως.

Eccentricity, subs. Ar. and P. ἀτοπία, ἡ.

Echo, subs. P. and V. ἠχώ, ἡ; see *noise*.

Echo, v. trans. *A sound* : V. ἀντιφθέγγεσθαι, ἀντᾰλᾰλάζειν. *Give back* : P. and V. ἀποδῐδόναι; see *repeat*. *Echo (a sentiment)* : P. and V. ἐπαινεῖν; see *approve, support*. V. intrans. P. and V. ἐπηχεῖν (Plat.), V. ἀντικλάζειν; see *resound*. *So that the earth echoed* : V. ὥσθ' ὑπηχῆσαι χθόνα (Eur., *Supp.* 710).

Echoing, adj. See *loud*.

Eclipse, subs. P. ἔκλειψις, ἡ. *Be eclipsed* (of the sun, moon, etc.): P. ἐκλείπειν. *There was a partial eclipse of the sun*: P. τοῦ ἡλίου ἐκλιπές τι ἐγένετο (Thuc. 4, 52). *The moon was eclipsed*: Ar. ἡ σελήνη ἐξέλιπε τὰς ὁδούς (*Nub*. 584). *Darkness*: P. and V. σκότος, ὁ or τό.

Eclipse, v. trans. *Surpass*: P. and V. ὑπερφέρειν (gen.), προὔχειν (gen.), ὑπερέχειν (gen.), P. περιεῖναι (gen.), Ar. and P. περῐγίγνεσθαι (gen.); see *surpass*. *Be eclipsed*: see under *eclipse*, subs.

Economic, adj. *Connected with the household*: P. οἰκονομικός.

Economical, adj. *Frugal*: Ar. and P. φειδωλός. *Cheap*: P. εὐτελής, εὔωνος; see *cheap*.

Economically, adv. *Frugally*: P. φειδωλῶς. *Cheaply*: P. εὐτελῶς (Xen.), μετ' εὐτελείας; see *cheaply*.

Economise, v. trans. *Cut down*: P. and V. συντέμνειν. Absol. *Cut down expenses*: P. δαπάνας συντέμνειν (Xen.).

Economist, subs. *One who manages a household*: P. οἰκονόμος, ὁ.

Economy, subs. *Management of a household*: P. οἰκονομία, ἡ, ἡ οἰκονομική. *Frugality*: Ar. and P. φειδωλία, ἡ. *Cheapness*: Ar. and P. εὐτέλεια, ἡ. *Retrenching generally with a view to economy*: P. τὰ ἄλλα συστελλόμενοι εἰς εὐτέλειαν (Thuc. 8, 4). *Constitution, composition*: P. and V. κᾰτάστᾰσις, ἡ, κᾰτασκευή, ἡ (Eur. but rare V.). *Political economy*: use P. ἡ πολιτική.

Ecstasy, subs. *Of joy*: P. and V. ἡδονή, ἡ, χᾰρά, ἡ, V. χαρμονή, ἡ (Plat. but rare P.), χάρμᾰ, τό; see *joy*. *Possession (by a god)*: P. κατοκωχή, ἡ, ἐνθουσιασμός, ὁ. *Eagerness*: P. and V. σπουδή, ἡ, προθῡμία, ἡ.

Ecstatic, adj. *Pleased*: P. and V. περῐχᾰρής; see *joyful*. *Eager*: P. and V. πρόθῡμος. *Inspired*: P. and V. ἔνθεος.

Ecstatically, adv. *Eagerly*: P. and V. προθύμως, σπουδῇ; see *joyfully*.

Eddy, subs. P. and V. δίνη, ἡ (Plat. but rare P.; also Ar.).

Eddy, v. intrans. P. and V. δῑνεῖσθαι (Plat. but rare P.).

Edge, subs. *Of a weapon*: V. ἀκμή, ἡ. *Of a sword*: V. κνώδων, ὁ. *Of an axe*: V. γένῠς, ἡ, γνᾰ́θος, ἡ. *Brink*: P. χεῖλος, τό; see *border*. *Brim*: V. κρᾶτα (acc. sing.) (Soph., *O. C.* 473); see *lip*. *The edge of*: use P. and V., adj., ἄκρος (agreeing with subs.); e.g., *the edge of the cup*: P. and V. ἄκρα κύλιξ. *Brow of a hill*: V. ὀφρύη, ἡ, P. and V. κορῠφή, ἡ; see *brow*. *Extreme point*: P. and V. τὰ ἔσχατα. *At the edge of the camp*: V. πρὸς κρασπέδοισι στρατοπέδου (Eur., *Supp*. 661). *Edge of the sea*: see *coast*. *Take the edge off*, v.: met., P. and V. ἀμβλῡ́νειν, ἀπαμβλῡ́νειν, V. κᾰταμβλῡ́νειν. *They took the edge off operations in the field*: P. τὰ ἐν τῷ στρατοπέδῳ ἀμβλύτερα ἐποίουν (Thuc. 2, 65). *Having lost its edge*, adj.: P. and V. ἀμβλῠ́ς (Thuc. 3, 38). *Worn down*: V. προστετριμμένος (perf. part. pass. of προστρίβειν).

Edge, v. intrans. *Edge away*: P. ὑπεξέρχεσθαι. *It is edged with snakes like the aegis*: V. κεκρασπέδωται δ' ὄφεσιν αἰγίδος τρόπον (Eur., *Ion*, 1423).

Edged, adj. See *sharp*.

Edgewise, adv. *Slip in (a word) edgewise*: P. παρείρειν (Xen.).

Edible, adj. See *eatable*.

Edict, subs. *Decree*: P. and V. ψήφισμα, τό, ψῆφος, ἡ. *Word of command*: P. παράγγελμα, τό. *Proclamation*: P. and V. κήρυγμα, τό. *Issue an edict*: P. and V. πᾰραγγέλλειν (absol.); see *command, proclaim*.

Edification, subs. *Admonition*: P. and V. νουθέτησις, ἡ, νουθέτημα, τό. *Instruction*: Ar. and P. παίδευσις, ἡ.

Edifice, subs. P. οἰκοδόμημα, τό, κατασκεύασμα, τό; see *house*.

Edify, v. trans. *Admonish*: P. and V. νουθετεῖν. *Instruct*: P.

and V. δῐδάσκειν, παιδεύειν; see *instruct.*

Edit, v. trans. P. ἐκδιδόναι.

Educate, v. trans. P. and V. παιδεύειν, ἐκπαιδεύειν (Plat.), δῐδάσκειν, ἐκδῐδάσκειν, τρέφειν (or mid.), ἐκτρέφειν; see *instruct.* *Train*: P. and V. γυμνάζειν, παιδᾰγωγεῖν. *To have (one) educated*: P. and V. δῐδάσκεσθαι (acc.), V. ἐκδῐδάσκεσθαι (acc.), P. παιδεύεσθαι (acc.).

Educated, adj. P. πεπαιδευμένος. *Refined*: P. and V. μουσῐκός, Ar. and P. φῐλόμουσος.

Education, subs. Ar. and P. παίδευσις, ἡ, P. and V. παιδεία, ἡ, τροφή, ἡ. *Instruction*: P. μάθησις, ἡ. *The art of education*: P. ἡ παιδευτική. See Plat. *Ap.* 19E. *Time is the fullest education*: V. ὁ γὰρ χρόνος δίδαγμα ποικιλώτατον (Eur., *Frag.*).

Educator, subs. P. and V. δῐδάσκᾰλος, ὁ or ἡ, P. παιδευτής, ὁ.

Eel, subs. Ar. ἔγχελυς, ἡ. *Conger-eel*: Ar. and V. μῡραινα, ἡ.

Efface, v. trans. *Blot out*: P. and V. ἐξᾰλείφειν, ἀφᾰνίζειν, κᾰθαιρεῖν. *Remove from oneself*: P. ἀποτρίβεσθαι, ἀπολύεσθαι. *Undo*: P. and V. λῡειν. *I could not efface your sad plight from my mind*: V. τὸ σὸν . . . πάθος οὐκ ἂν δυναίμην ἐξαλείψασθαι φρενός (Eur., *Hec.* 589).

Effaceable, adj. P. and V. ἔκπλῠτος (Plat.).

Effect, subs. *Virtue, operativeness*: P. δύναμις, ἡ. *Result*: P. and V. τέλος, τό, ἔργον, τό. *That which happens*: P. τὰ ἀποβαίνοντα, τὰ ἐκβαίνοντα. *Produce an effect, do good* (of persons), v.: P. and V. πλέον πράσσειν, V. πλέον ἐργάζεσθαι, P. πλέον ποιεῖν. *I produce no effect by my counsel*: V. παραινουσ' οὐδὲν εἰς πλέον ποιῶ (Soph., *O. R.* 918). *Have effect*: P. προὔργου εἶναι, P. and V. ὠφελεῖν. *Have no effect*: P. οὐδὲν προὔργου εἶναι, P. and V. οὐκ ὠφελεῖν. *Of no effect*, adj.: P. and V. μᾰ́ταιος; see *vain.* *To no effect*, adv.: P. and V. μᾰ́την, ἄλλως, V. μᾰταίως; see *in vain*, under *vain.* *Have the effect of, bring it about that*, v.: P. and V. πράσσειν ὥστε (infin.). *Take effect*: use P. ἐνεργός εἶναι. *(Speak) to this effect*: P. and V. τοιαῦτα or τοιάδε λέγειν.

Effect, v. trans. *Accomplish*: P. and V. ἀνῠ́τειν, κᾰτᾰνῠ́τειν, πράσσειν, διαπράσσειν (or mid. in P.), ἐργάζεσθαι, κᾰτεργάζεσθαι, ἐπεργάζεσθαι; see *accomplish.* *Bring it about that*: P. and V. πράσσειν ὥστε (infin.), V. ἐκπράσσειν ὥστε (infin.); see also *see to it that.* *Effect a landing*: P. ἀπόβασιν ποιεῖσθαι.

Effective, adj. *Hitting the mark*: P. ἐπιτυχής. *Accomplish its object*: P. and V. δραστήριος, V. πρακτήριος. *Fit for action*: P. ἐνεργός, δυνατός. *Authoritative*: P. and V. κῡ́ριος.

Effectively, adv. P. ἐπιτυχῶς. *Securely*: P. and V. βεβαίως, ἀσφᾰλῶς, V. ἐμπέδως.

Effects, subs. *Belongings*: Ar. and P. χρήμᾰτα, τά, σκευή, τά, P. τὰ ὑπάρχοντα; see *property.*

Effectual, adj. P. ἀνύσιμος; see *effective.*

Effectually, adv. P. ἀνυσίμως; see *effectively.*

Effeminacy, subs. P. μαλακία, ἡ, P. and V. τρῠφή, ἡ, ἀνανδρία, ἡ; see *unmanliness.*

Effeminate, adj. Ar. and P. μᾰλᾰκός, τρῠφερός, P. ἄνανδρος, P. and V. γῠναικεῖος, Ar. and V. μαλθᾰκός (also Plat. but rare P.), V. γῠναικόμῑμος, γῠναικόφρων (Eur., *Frag.*), θηλῠ́νους, Ar. θηλύφρων. *Woman-shaped*: V. θηλῠ́μορφος, γῠναικόμορφος. *Be effeminate*, v.: P. and V. τρῠφᾶν. *Whence comes this effeminate creature?* V. ποδαπὸς ὁ γύννις; (Æsch., *Frag.*).

Effeminately, adv. Ar. and P. μᾰλᾰκῶς, P. γυναικείως, ἀνάνδρως, Ar. and V. μαλθᾰκῶς.

Effervesce, v. intrans. P. and V. ζεῖν; see *boil.*

Effervescence, subs. *Foam*: P. and V. ἀφρός, ὁ (Plat.), V. πέλᾰνος, ὁ.

Spray: P. and V. ζάλη, ἡ (Plat.). *Boiling*: P. ζέσις, ἡ.

Effete, adj. *Worn-out*: P. ἀπειρηκώς. *Old-fashioned*: P. and V. ἀρχαῖος, πᾰλαιός, P. ἀρχαιότροπος. *Stale*: P. ἕωλος. *Be effete*, v.: P. and V. ἀπειπεῖν. *Be relaxed*: P. and V. ἀνίεσθαι.

Efficacious, adj. See *effective*.

Efficaciously, adv. See *effectively*.

Efficacy, subs. P. and V. δύνᾰμις, ἡ. Of drugs, etc.: V. δύνᾰσις, ἡ, ἰσχύς, ἡ.

Efficiency, subs. *He impaired the efficiency of their navy*: P. τὴν ἀκμὴν τοῦ ναυτικοῦ αὐτῶν ἀφείλετο (Thuc. 8, 46).

Efficient, adj. See *effective*.

Efficiently, adv. See *effectively*, *well*.

Effigy, subs. P. and V. εἰκών, ἡ, ἄγαλμα, τό, Ar. and P. ἀνδριάς, ὁ. *Of a god*: Ar. and V. βρέτᾰς, τό, P. and V. ἄγαλμα, τό.

Effluence, subs. P. and V. ἀπορροή, ἡ.

Effort, subs. *Labour*: P. and V. πόνος, ὁ, Ar. and V. μόχθος, ὁ; see *work*. *Zeal*: P. and V. σπουδή, ἡ, προθῡμία, ἡ. *Attempt*: P. and V. πεῖρα, ἡ, ἐγχείρημα, τό, P. ἐπιχείρημα, τό; see *attempt*. *With great effort (with difficulty)*: P. and V. μόλῐς, μόγῐς, Ar. and P. χᾰλεπῶς, P. μετὰ πολλοῦ πόνου, V. πολλῷ πόνῳ; see *with difficulty*, under *difficulty*. *Without effort*: P. ἀπόνως, V. ἀμοχθί; see *easily*. *Make an effort*, v.: P. and V. τείνειν, P. συντείνειν (or pass.), διατείνεσθαι, V. ἐντείνειν.

Effrontery, subs. P. and V. ὕβρῐς, ἡ, ἀναίδεια, ἡ, θρᾰσος, τό, P. θρασύτης, ἡ; see *shamelessness*.

Effulgence, subs. See *brightness*.

Effulgent, adj. See *bright*.

Effusion, subs. *Eagerness*: P. and V. σπουδή, ἡ, προθῡμία, ἡ. *Effusion of blood*: V. αἱμᾰτος ἀπορροαί, αἱ; see *bloodshed*.

Effusive, adj. P. and V. πρόθῡμος.

Effusively, adv. P. and V. σπουδῇ, προθύμως.

Egg, subs. Ar. and P. ᾠόν, τό.

Egg on, v. trans. P. and V. ἐπῐκελεύειν, ἐγκελεύειν, ἐποτρῡ́νειν (Thuc.), ἐξοτρῡ́νειν (Thuc.), P. κατεπείγειν, V. ὀτρῡ́νειν, ἐπεγκελεύειν (Eur., *Cycl.*).

Egg-shell, subs. Ar. λεπίς, ἡ, V. ὄστρᾰκον, τό (Æsch., *Frag.*). *A white egg-shell*: V. τεῦχος νεοσσῶν λευκόν (Eur., *Hel.* 258).

Egotistical, adj. See *selfish*.

Egregious, adj. Ar. and P. θαυμᾰ́σιος, ἀμήχᾰνος.

Egregiously, adv. Ar. and P. θαυμᾰ́σιως, P. ἀμηχάνως.

Egress, subs. P. and V. ἔξοδος, ἡ. *By sea*: P. and V. ἔκπλους, ὁ.

Eight, adj. P. and V. ὀκτώ.

Eighth, adj. P. and V. ὄγδοος (Soph., *El.* 706).

Eightfold, adj. Ar. and P. ὀκταπλᾰ́σιος.

Eight hundred, adj. P. ὀκτακόσιοι.

Eighty, adj. P. ὀγδοήκοντα.

Either, adj. *Of two*: Ar. and P. ἑκᾰ́τερος, P. ὁπότερος. *If you reject either of these courses, I fear the expedition may be useless to you*: P. εἰ θατέρου τούτων ὀλιγωρήσετε ὀκνῶ μὴ μάταιος ὑμῖν ἡ στρατεία γένηται (Dem. 14).

Either, conj. *Either . . . or*: P. and V. ἤ . . . ἤ. With emphasis on the first alternative: P. and V. ἤτοι . . . ἤ (Thuc. 2, 40, and 6, 38; Dem. 603; Plat., *Prot.* 331B).

Ejaculate, v. trans. P. and V. λέγειν, εἰπεῖν; see *utter*.

Ejaculation, subs. P. and V. λόγος, ὁ; see *word*.

Eject, v. trans. P. and V. ἐκβάλλειν, ἀπελαύνειν, ἐξελαύνειν, ἐξωθεῖν, ἀνιστᾰ́ναι, ἐξᾰνιστᾰ́ναι. *Be ejected*: P. and V. ἐκπίπτειν. *Dismiss*: P. and V. ἐκβάλλειν. Law term: P. ἐξάγειν.

Ejectment, subs. P. and V. ἐκβολή, ἡ. Law term: P. ἐξαγωγή, ἡ. *Action for ejectment*: P. ἐξούλης δίκη, ἡ.

Eke, adv. P. and V. καί. *Besides*: καὶ πρός, πρός (rare P.); see *besides*.

Eke out, v. trans. *Prolong* : P. and V. ἐκτείνειν, μηκῦνειν, τείνειν, P. ἀποτείνειν. *Eke out a livelihood* : V. συλλέγειν βίον (Eur., *El.* 81). *He shall eke out a life of misery* : V. λυπρὸν ἀντλήσει βίον (Eur., *Hipp.* 898). *I eked out a precarious existence* : Ar. ἡμικάκως ἐβοσκόμην (*Thesm.* 449). *The luckless Orestes ekes out a poor subsistence* : V. τλήμων Ὀρέστης δυστυχῆ τρίβει βίον (Soph., *El.* 602).

Elaborate, adj. P. and V. ποικῖλος.

Elaborate, v. trans. Ar. and P. ἀπεργάζεσθαι, P. and V. ἐκπονεῖν, σπουδάζειν.

Elaborately, adv. Ar. and V. ποικίλως. *Taking up such poems of theirs as seemed to me to have been most elaborately treated* : P. ἀναλαμβάνων αὐτῶν τὰ ποιήματα ἅ μοι ἐδόκει μάλιστα πεπραγματεῦσθαι αὐτοῖς (Plat., *Ap.* 22B).

Elaboration, subs. P. ἀπεργασία, ἡ.

Elapse, v. intrans. P. and V. πᾰρέρχεσθαι, διέρχεσθαι. *Intervene* : P. διαγίγνεσθαι, ἐγγίγνεσθαι; see *pass*.

Elastic, adj. *Pliant* : P. and V. ὑγρός.

Elasticity, subs. P. ὑγρότης, ἡ.

Elate, v. trans. P. and V. ἐπαίρειν, θρᾰσῦνειν, θαρσῦνειν; see *encourage*. *Be elated* : also P. and V. ἐξαίρεσθαι, Ar. and V. ὀγκοῦσθαι (also Xen.), V. ἐξογκοῦσθαι, αἴρεσθαι.

Elation, subs. *Joy* : P. and V. ἡδονή, ἡ, χᾰρά, ἡ, V. χαρμονή, ἡ (Plat. also but rare P.). *Pride* : P. and V. ὄγκος, ὁ (Plat.). *Cheerfulness* : P. and V. εὐθῦμία, ἡ (Xen.).

Elbow, subs. P. and V. ἀγκών, ὁ (Dem. 1259; Eur., *Cycl.* 563).

Elbow one's way, v. Ar. ὠστίζεσθαι; see *jostle*.

Eld, subs. See *old age*.

Elder, adj. P. and V. πρεσβῦτερος. *Be elder*, v. : P. and V. πρεσβεύειν.

Elderly, adj. Use P. πορρὼ τῆς ἡλικίας; see *advanced*.

Elders, subs. P. and V. οἱ πρεσβῦτεροι, οἱ γέροντες, οἱ γεραίτεροι. *Ye elders of Argos* : V. πρέσβος Ἀργείων τόδε (Æsch., *Ag.* 855).

Eldest, adj. P. and V. πρεσβῦτᾰτος, V. προφέρτᾰτος, πρέσβιστος. Fem. adj., Ar. and V. πρέσβειρα (of a goddess). *Because he was his eldest son* : P. διὰ τὸ πρεσβεύειν ἀπ' αὐτοῦ (Thuc. 6, 55). *The share of the eldest* (in inheritance) : P. πρεσβεῖον, τό.

Elect, v. trans. *Choose* : P. and V. αἱρεῖσθαι. *Elect to office* : P. and V. αἱρεῖσθαι, Ar and P. χειροτονεῖν, P. προχειρίζεσθαι. *Select* : P. and V. ἐξαιρεῖν (or mid.), αἱρεῖσθαι, ἐκκρῖνειν, προκρῖνειν, Ar. and P. ἐκλέγειν (or mid.), ἀπολέγειν (or mid.), P. ἐπιλέγεσθαι, V. κρῖνειν. *Be elected to the senate* : P. εἰς τὴν γερουσίαν ἐγκρίνεσθαι (Dem. 489).

Elect, adj. P. and V. ἔκκρῖτος, ἐξαίρετος, V. κρῖτός, λεκτός; see *chosen*.

Election, subs. *Choice* : P and V. αἵρεσις, ἡ. *Election to office* : P. χειροτονία, ἡ, αἵρεσις, ἡ, ἀρχαιρεσίαι, αἱ. *Election by lot* : P. and V. κλήρωσις, ἡ.

Elective, adj. P. αἱρετός, χειροτονητός.

Elegance, subs *Beauty* : P. and V. κάλλος, τό; see *beauty*. *Grace* : P. and V. χᾰρις, ἡ. *Luxury* : P. and V. τρῦφή, ἡ, χλῐδή, ἡ (Plat.). *Love of art* : P. φιλοτεχνία, ἡ.

Elegant, adj. P. and V. κᾰλός; see *beautiful*. *Graceful* : Ar. and P. χᾰρίεις. *Dainty, refined* : P. and V. κομψός, Ar. and P. ἀστεῖος. *Luxurious* : Ar. and P. τρῦφερός. *Artistic* : P. φιλόκαλος, φιλότεχνος; see *artistic*. *Accomplished* : P. and V. μουσῐκός.

Elegantly, adv. *Gracefully* : P. χαριέντως. *Daintily* : Ar. and P. κομψῶς. *Artistically* : Ar. and P. μουσῐκῶς. *Beautifully* : P. and V. κᾰλῶς.

Elegiac poem, subs. P. ἐλεγεῖον, τό.

Elegy, subs. P. and V. θρῆνος, ὁ (Plat.), P. θρηνῳδία, ἡ (Plat.), V. θρηνήμᾰτα, τά. *Sing an elegy*, v. : P. and V. θρηνεῖν; see *dirge*.

Element, subs. *Part*: P. and V μέρος, τό. *Germ*: P. and V. σπέρμᾰ, τό. *Beginning, origin*: P. and V. ἀρχή, ἡ, ῥίζα, ἡ, πηγή, ἡ. *Be in one's element, enjoy oneself*, v.: P. εὐπαθεῖν, P. and V. εὐφραίνεσθαι. *The Elements*, subs.: P. τὰ γένη. *The primal elements*: P. τὰ πρῶτα (Plat., *Theaet*. 205C). *The Elements personified*: use P. and V. οἱ θεοί (*the gods*). *There being four elements of which the body is compacted, earth, air, fire, and water*: P. τεσσάρων ὄντων γενῶν ἐξ ὧν συμπέπηγε τὸ σῶμα, γῆς, πυρὸς, ὕδατός τε καὶ ἀέρος (Plat., *Tim*. 81E). *I show that of the two elements appointed for the use of man, namely, sea and land, of the one you are complete masters*: P. ἐγὼ ἀποφαίνω δύο μερῶν εἰς χρῆσιν φανερῶν, γῆς καὶ θαλάσσης, τοῦ ἑτέρου ὑμᾶς παντὸς κυριωτάτους ὄντας (Thuc., 2, 62).

Elemental, adj. *Simple*: P. and V. ἁπλοῦς.

Elementary, adj. *Easy*: P. and V. ῥᾴδιος. *Simple*: P. and V. ἁπλοῦς. *Primal*: P. and V. πρῶτος.

Elephant, subs. P. ἐλέφας, ὁ (Plat., *Criti*. 114E).

Elevate, v. trans. *Raise*: P. and V. αἴρειν, ἐπαίρειν, ἐξαίρειν, ἀνᾰ́γειν, ἀνέχειν; see *raise*. *Heighten*: P. and V. αἴρειν, Ar. and P. μετεωρίζειν; see *heighten*. Met., *exalt*: P. and V. αἴρειν, ἐπαίρειν, ἐξαίρειν, αὐξᾰ́νειν, αὔξειν, Ar. and V. ὀγκοῦν, πυργοῦν, V. ἀνᾰ́γειν; see *exalt*. *Prefer to honour*: P and V. προτῑμᾶν. *Elevate (the voice)*: P. ἐπαίρειν, ἐντείνεσθαι. *Elevate (the mind), instruct*: P. and V. παιδεύειν. *Civilise*: P. and V. ἡμεροῦν, V. ἐξημεροῦν.

Elevated, adj. *Raised in air*: Ar. and P. μετέωρος, Ar. and V. μετάρσιος; see *high*. *High-minded*: P. μεγαλόψυχος, μεγαλόφρων.

Elevation, subs. *Height*: P. and V. ὕψος, τό. *Elevation of mind*: P. μεγαλοψυχία, ἡ, μεγαλοφροσύνη, ἡ. *Appointment*: see *appointment*.

Eleven, adj. Ar. and P. ἕνδεκα.

Eleventh, adj. P. ἑνδέκατος. *Or she shall learn even at the eleventh hour that 'tis labour lost to honour what is dead*: ἢ γνώσεται γοῦν ἀλλὰ τηνικαῦθ' ὅτι πόνος περισσός ἐστι τὰν Ἅιδου σέβειν (Soph., *Ant*. 779).

Elf, subs. Use perhaps P. and V. Πᾱ́ν, ὁ; or if a feminine noun serves, use P. and V. νύμφη, ἡ.

Elicit, v. trans. *Learn (from some one)*: P. and V. πυνθᾰ́νεσθαί (τινός τι), Ar. and V. ἐκπυνθᾰ́νεσθαί (τινός τι), V. πεύθεσθαί (τινός τι). *Evoke, call forth*: P. and V. ἐκκᾰλεῖσθαι, V. ἐξᾰ́γειν (Eur., *Supp*. 770).

Eligible, adj. P. and V. αἱρετός. *Suitable*: P. and V. ἐπῐτήδειος, σύμφορος.

Eliminate, v. trans. P. and V. ἀφαιρεῖν, ἐξαιρεῖν.

Ell, subs. P. and V. πῆχυς, ὁ (Eur., *Cycl*.); see *cubit*.

Elm, subs. Ar. πτελέα, ἡ.

Elocution, subs. P. φωνασκία, ἡ. *Practise elocution*, v.: P. φωνασκεῖν.

Elongate, v. trans. P. and V. ἐκτείνειν, μηκῡ́νειν, P. ἀποτείνειν.

Elongation, subs. P. ἔκτασις, ἡ.

Elope, v. intrans. Use Ar. and P. ἀποδιδρᾴσκειν; see *run away*. *Elope with, carry off*: P. and V. ἁρπάζειν.

Elopement, subs. *Rape*: P. and V. ἁρπᾰγή, ἡ; see *rape*.

Eloquence, subs. P. δεινότης, ἡ, Ar. and V. εὐγλωσσία, ἡ (Eur., *Frag*.). *Persuasion*: P. and V. πειθώ, ἡ. *Oratory*: P. ῥητορική, ἡ, ῥητορεία, ἡ.

Eloquent, adj. Of persons: P. and V. δεινὸς λέγειν, Ar. and V. εὔγλωσσος. *Persuasive*: P. and V. πῐθᾰνός.

Else, adv. *Other*: use P. and V. ἄλλος, ἕτερος. *From no one else*: P. οὐδαμόθεν ἄλλοθεν. *Otherwise*: P. and V. ἄλλως.

Else, conj. Use P. and V. εἰ δὲ μή, or sometimes ἐπεί. *One who is blind in his seer-craft. Else tell me where you show yourself a true prophet*: V. ὅστις . . . τὴν τέχνην ἔφυ τυφλός. ἐπεί, φέρ' εἰπέ, ποῦ σὺ μάντις εἶ σαφής (Soph., *O. R.* 389). *This seems to me to be the case with this man, else how is it just . . . ?* P. ὅπερ καὶ οὗτος ἐμοί γε δοκεῖ πάσχειν· ἐπεί, φέρε, πῶς ἐστι δίκαιον . . . ; (Dem. 879). *You had no better advice to offer, else they would not have followed mine:* P. σὺ οὐχ ἕτερα εἶπες βελτίω τούτων· οὐ γὰρ τούτοις ἂν ἐχρῶντο (Dem. 294). *I love my own children, else were I mad:* φιλῶ ἐμαυτοῦ τέκνα· μαινοίμην γὰρ ἄν (Eur., *I. A.* 1256).

HEC. *Did not (the god) prophesy to you any of the woes you now endure?*

POLY. *No. Else you would not have trapped me thus by stratagem.*

ἙΚ. σοὶ δ' οὐκ ἔχρησεν οὐδὲν ὧν ἔχεις πόνων;

ΠΟΛΥ. οὐ γάρ ποτ' ἂν σύ μ' εἷλες ὧδε σὺν δόλῳ (Eur., *Hec.* 1268).

Elsewhere, adv. P. and V. ἄλλοθι (Eur., *I. A.* 647), ἄλλῃ, V. ἀλλᾰχοῦ (also Xen.), P. ἑτέρωθι, Ar. and P. ἀλλᾰχῇ (Xen.). *From elsewhere:* P. and V. ἄλλοθεν, P. ἀλλαχόθεν, ἑτέρωθεν.

Elsewhither, adv. P. and V. ἄλλοσε, Ar. ἑτέρωσε.

Elucidate, v. trans. *Make clear:* P. and V. σᾰφηνίζειν (Xen.), διᾰσᾰφεῖν (Plat.). *Clear up:* P. and V. λῡ́ειν, P. διαλύειν.

Elucidation, subs. P. λύσις, ἡ.

Elude, v. trans. *Escape notice of:* P. and V. λανθάνειν (acc.), V. λήθειν (acc.). *Evade:* P. διακρούεσθαι, ἐκκρούειν, Ar. and P. διᾰδῡ́εσθαι. *Escape:* P. and V. φεύγειν, ἐκφεύγειν, διᾰφεύγειν, ὑπεκφεύγειν; see *escape*. *Steal a march on:* P. and V. πᾰρέρχεσθαι (acc.). *Slip out of:* P. and V. ἐκδύεσθαι (gen.), V. ὑπεκδῡ́εσθαι (acc.) (Eur., *Cycl.*). *Philip was in fear lest his object should elude him:* P. ἦν ὁ Φίλιππος ἐν φόβῳ . . . μὴ . . . ἐκφύγοι τὰ πράγματα αὐτόν (Dem. 236).

Emaciated, adj. Ar. and P. ἰσχνός, λεπτός; see *thin*.

Emaciation, subs. P. λεπτότης, ἡ.

Emanate, v. intrans. *Come into being:* P. and V. γίγνεσθαι, φαίνεσθαι, Ar. and P. ἀνᾰφαίνεσθαι; see *appear*.

Emanation, subs. P. ἀπορροή, ἡ (Plat.).

Emancipate, v. trans. *Manumit:* P. ἀπελευθεροῦν. Generally: P. and V. ἐλευθεροῦν, λύειν, ἀφῑέναι, ἀπαλλάσσειν, ἐκλῡ́ειν, ἀπολῡ́ειν, ἐξαιρεῖσθαι; see *free*. *An emancipated slave*, subs.: P. ἀπελεύθερος, ὁ, ἀπελευθέρα, ἡ.

Emancipation, subs. *Freeing:* P. ἐλευθέρωσις, ἡ, ἀπόλυσις, ἡ, P. and V. ἀπαλλᾰγή, ἡ, λῡ́σῐς, ἡ, V. ἔκλῡσις, ἡ; see also *freedom*.

Emasculate, v. trans. P. and V. ἐκτέμνειν.

Emasculation, subs. P. ἐκτομή, ἡ.

Embalm, v. trans. P. ταριχεύειν.

Embank, v. trans. P. and V. χοῦν, P. προσχωννύναι, προσχοῦν; see *bank*.

Embankment, subs. P. and V. χῶμα, τό, P. χοῦς, ὁ.

Embark, v. trans. P. εἰσβιβάζειν, ἐπιβιβάζειν, ἐμβιβάζειν, ἐντιθέναι, P. and V. εἰστίθεσθαι (Xen.). Also in V. use ἐμβήσειν (fut. act.), ἐμβῆσαι (1st aor. act. of ἐμβαίνειν). V. intrans. P. and V. ἐμβαίνειν, εἰσβαίνειν, ἐπεμβαίνειν. *Embark on:* P. and V. ἐμβαίνειν (εἰς, acc., or V. acc. alone), εἰσβαίνειν (εἰς, acc.; V. also acc. alone), Ar. and P. ἀνᾰβαίνειν ἐπί (acc.); met.: see *enter on*. *Embark with a person:* P. and V. σῠνεισβαίνειν (εἰς πλοῖον) (with dat.).

Embarkation, subs. P. εἴσβασις, ἡ.

Embarrass, v. trans. *Trouble:* P. and V. ὄχλον πᾰρέχειν, Ar. and P. ἐνοχλεῖν (acc. or dat.), πράγμᾰτα πᾰρέχειν (dat.). *Impede:* P. and V. ἐμποδίζειν. *Confuse, perplex:* P. and V. τᾰράσσειν, συντᾰράσσειν, ἐκπλήσσειν, θράσσειν (Plat. but rare P.). *Be embarrassed:* P. and V.

ἀπορεῖν, V. ἀμηχᾰνεῖν (rare P.). *Hesitate*: P. and V. ὀκνεῖν, κᾰτοκνεῖν.

Embarrassing, adj. P. and V. ὀχληρός, βᾰρύς, ἄπορος, P. πραγματώδης. *Put in an embarrassing position*: P. ἀπόρως διατιθέναι (acc.). *Be in an embarrassing position*: P. ἀπόρως διακεῖσθαι.

Embarrassingly, adv. P. and V. ἀπόρως.

Embarrassment, subs. *Trouble, bother*: P. and V. ὄχλος, ὁ. *Perplexity*: P. and V. ἀπορία, ἡ. *Hesitation*: P. and V. ὄκνος, ὁ. *Confusion of face*: V. σύγχῠσις, ἡ; see *shame*. *Pecuniary embarrassment*: see *poverty*.

Embassy, subs. Ar. and P. πρεσβεία, ἡ. *Go on an embassy*, v.: Ar. and P. πρεσβεύειν. *Go on an embassy with others*: P. συμπρεσβεύειν (dat.). *Send an embassy*: Ar. and P. πρεσβεύεσθαι. *Send a counter-embassy*: P. ἀντιπρεσβεύεσθαι. *Join in an embassy*: P. συμπρεσβεύεσθαι (absol.). Concretely, of the ambassadors: P. and V. πρέσβεις, οἱ, V. πρεσβεύμᾰτα, τά, Ar. and P. πρεσβεία, ἡ. *Sacred embassy to a shrine*: P. θεωρία, ἡ; see *envoy*.

Embattled, adj. *Furnished with battlements*: Ar. and V. καλλίπυργος. *Armed*: V. ἔνοπλος, τευχεσφόρος, P. and V. ὡπλισμένος. *Drawn up in line*: Ar. and P. πᾰρᾰτεταγμένος, P. and V. συντεταγμένος.

Embellish, v. trans. P. and V. κοσμεῖν, V. ἀγάλλειν, ἀσκεῖν, ἐξασκεῖν. *Diversify*: P. and V. ποικίλλειν, P. καταποικίλλειν; see *adorn*. *Embellish a story*: P. and V. κοσμεῖν, ποικίλλειν.

Embellishment, subs. P. and V. κόσμος, ὁ. Met., P. ποικιλία, ἡ (Dem. 844). *Ornament*: V. ἄγαλμα, τό, P. καλλωπισμός, ὁ; see *adornment*.

Embers, subs. P. and V. τέφρα, ἡ (Eur., *Cycl.* 641), V. σποδός, ἡ. *Hot embers*: Ar. φέψᾰλοι, οἱ. *Embers of charcoal*: Ar. μᾰρίλη, ἡ.

Embezzle, v. trans. Ar. and P. ὑφαιρεῖν (or mid.), P. and V. κλέπτειν. *Embezzle public money*: P. παρεκλέγειν τὰ κοινά (Dem. 435).

Embezzlement, subs. P. and V. κλοπή, ἡ. *Those guilty of embezzlement*: P. οἱ τὰ κοινὰ ὑφαιρούμενοι (Dem. 613). *Be accused of embezzlement*: P. εὐθύνας ὀφλισκάνειν.

Embezzler, subs. P. and V. κλέπτης, ὁ.

Embitter, v. trans. P. and V. πᾰροξῡ́νειν, V. ὀξῡ́νειν, ἀγριοῦν (also Ar. and Xen. in pass.), ἐξαγριοῦν (also Plat. in pass.), θήγειν.

Embittered, adj. P. and V. πικρός. *Embittered words*: V. λόγοι τεθηγμένοι.

Emblazon, v. trans. Use *adorn*.

Emblazoner, subs. V. σημᾰτουργός, ὁ.

Emblem, subs. *Badge, crest*: Ar. and V. σημεῖον, τό, V. σῆμα, τό, ἐπίσημα, τό. *Sign, token*: P. and V. σημεῖον, τό, τεκμήριον, τό, σύμβολον, τό, V. τέκμαρ, τό. *Image, representation*: P. and V. εἰκών, ἡ.

Emblematically, adv. *Figuratively*: P. δι' εἰκόνων (Plat., *Rep.* 487E).

Embodiment, subs. *Organisation*: P. σύνταξις, ἡ. *Example, specimen*: P. and V. πᾰρᾰ́δειγμα, τό.

Embody, v. trans. *Organise*: Ar. and P. σῠνιστᾰ́ναι. *Bring together*: P. and V. σῠνᾰ́γειν. *Embody in writing*: P. συγγράφειν; see *write*.

Embolden, v. trans. P. and V. θαρσῡ́νειν, θρᾰσῡ́νειν, P. ἐπιρρωνύναι, παραθαρσύνειν.

Embossed, adj. V. ἔκκρουστος.

Embowered, adj. V. ὑπόσκιος; see *bowery*.

Embrace, v. trans. P. and V. ἀσπάζεσθαι, V. περιπτύσσειν (Plat. also but rare P.), προσπτύσσειν (or mid.), ἀμφῐβάλλειν, περῐβάλλειν, ἀμπίσχειν, Ar. and P. περῐλαμβάνειν. *Cling to*: P. and V. ἔχεσθαι (gen.), ἀντέχεσθαι (gen.), λαμβᾰ́νεσθαι (gen.), ἀντῐλαμβᾰ́νεσθαι (gen.). *Clasp in one's arms*: V. ὑπαγκᾰλίζεσθαι.

Met., *embrace* (*opportunity, etc.*): P. and V. λαμβάνειν. *Embrace* (*the cause of some one*): P. and V. φρονεῖν τά (τινος). *Practise*: see *practise*. *Include*: P. and V. ἔχειν, συλλαμβάνειν, P. περιέχειν, περιλαμβάνειν; see *include*. *So they embraced all these matters in one decree*: P. διόπερ ἅπαντα ταῦτα εἰς ἓν ψήφισμα συνεσκεύεσαν (Dem. 358).

Embrace, subs. V. ἀσπάσμᾰτα, τά, ἀμφιπτῠχαί, αἱ, περιπτῠχαί, αἱ, P. and V. περῐβολαί, αἱ (Xen.). *O sweet embrace*: V. ὦ γλυκεῖα προσβολή (Eur., *Med.* 1074). *Lying in each other's embrace*: V. ἐπ' ἀλλήλοισιν ἀμφικείμενοι (Soph., *O. C.* 1620).

Embroider, v. trans. P. and V. ποικίλλειν, P. καταποικίλλειν. Met., P. and V. ποικίλλειν, κοσμεῖν.

Embroidered, adj. P. and V. ποικῐλος, ὑφαντός (Thuc. 2, 97).

Embroiderer, subs. P. ποικιλτής, ὁ

Embroidery, subs. P. ποικιλία, ἡ, P. and V. ποίκιλμα, τό. Met., P. ποικιλία, ἡ.

Embroil, v. trans. *Bring into conflict*: Ar. and P. διιστᾰ́ναι, V. σῠνάπτειν (Eur., *Supp.* 480); see *set at variance*, under *variance*. *To embroil Philip with the Olynthians*: P. Ὀλυνθίους ἐκπολεμῆσαι Φιλίππῳ (Dem. 11). *Confound*: P. and V. τᾰράσσειν, συντᾰράσσειν, συγχεῖν. *Be embroiled in*: P. and V. ἐμπλέκεσθαι (dat.), V. συζῠγῆναι (dat.) (2nd aor. pass. of συζευγνύναι). *If you are come not to embroil, but to help unravel*: V. εἰ μὴ συνάψων ἀλλὰ συλλύσων πάρει (Soph., *Aj.* 1317).

Embryo, subs. *Unborn babe*: P. κύημα, τό, V. κῦμα, τό.

Emendation, subs. P. ἐπανόρθωμα, τό.

Emerald, subs. P. σμάραγδος, ἡ (Plat.).

Emerge, v. intrans. P. and V. ἐκδῠ́εσθαι, ἐκβαίνειν, P. ἐξαναδύεσθαι, Ar. and P. ἀνᾰκῠ́πτειν, Ar. ἀνᾰδῠ́εσθαι. *So we have emerged from this difficulty with an effort*: P. ταῦτα ἄρα . . . μόγις διανενεύκαμεν (διανεῖν) (Plat., *Rep.* 441c).

Emergency, subs. P. and V. καιρός, ὁ. *In case of emergency*: Ar. and P. ἤν τι δέῃ. *To provide for the emergency*: P. περὶ τῶν παρόντων προβουλεύειν (Thuc. 8, 1). *In this emergency*: P. and V. οὕτως ἐχόντων (lit., *things being thus*).

Emigrant, subs. Ar. and P. ἄποικος, ὁ.

Emigrate, v. intrans. P. ἀποικεῖν, ἀποικίζεσθαι, μετανίστασθαι, ἐξοικεῖν, Ar. ἐξοικίζεσθαι, P. and V. ἐκδημεῖν, Ar. and P. ἀποδημεῖν.

Emigration, subs. P. μετανάστασις, ἡ, μετοικία, ἡ, ἀποδημία, ἡ, P. and V. ἐκδημία, ἡ.

Eminence, subs. *Distinction*: P. and V. τῖμή, ἡ, ἀξίωμα, τό, δόξα, ἡ, εὐδοξία, ἡ, κλέος, τό (rare P.), Ar. and V. εὔκλεια, ἡ, V. κληδών, ἡ; see *fame*. *Hill*: P. and V. λόφος, ὁ; see *hill*.

Eminent, adj. P. and V. εὔδοξος, περίβλεπτος, διαπρεπής, ἐκπρεπής, ὀνομαστός, λαμπρός, ἐπίσημος, P. ἀξιόλογος, ἐπιφανής, εὐδόκιμος, ἔνδοξος, διαφανής, ἐλλόγιμος, Ar. and V. κλεινός (Plat. also but rare P.), V. εὐκλεής. *Pre-eminent*: V. ἔξοχος; see *pre-eminent, superior*.

Eminently, adv. P. and V. μάλιστα, οὐχ ἥκιστα, P. διαφερόντως, ἐν τοῖς μάλιστα, V. ἐξόχως.

Emissary, subs. *Messenger*: P. and V. ἄγγελος, ὁ or ἡ, V. πομπός, ὁ; see also *ambassador*. *Go-between*: P. διάγγελος, ὁ. *Spy*: P. and V. κᾰτάσκοπος, ὁ, σκοπός, ὁ (Thuc. but rare P.), V. ὀπτήρ, ὁ, κᾰτοπτήρ, ὁ, κᾰτόπτης, ὁ.

Emit, v. trans. P. and V. ἀνῑέναι, ἀνᾰδῐδόναι (Eur., *Frag.*), ἐξῑέναι, ἀφῑέναι, ἐκβάλλειν, V. μεθῑέναι, προπέμπειν, ἐκπέμπειν, ἐξᾰνῑέναι.

Emolument, subs. P. and V. μισθός, ὁ; see *reward*.

Emotion, subs. P. πάθος, τό, πάθημα, τό. *Disturbance of the mind*: P. and V. ἔκπληξις, ἡ, P. ταραχή, ἡ, V. ἀνακίνησις φρενῶν; see also *distress*.

Emotional, adj. *Excitable*: P. σφοδρός.

Emperor, subs. Use *king*.

Emphasis, subs. *Since he lays such emphasis on the past*: P. ἐπειδὴ πολὺς τοῖς συμβεβηκόσιν ἔγκειται (Dem. 294).

Emphasise, v. trans. *Lay stress on*: P. ἰσχυρίζεσθαι περί (gen.), ἐγκεῖσθαι (dat.).

Emphatic, adj. P. ἰσχυρός. *Vehement*: P. σφοδρός. *Self-opinionated*: P. and V. αὐθάδης.

Emphatically, adv. P. ἰσχυρῶς, P. and V. σφόδρα. *Assert emphatically*, v.: P. ἰσχυρίζεσθαι, διισχυρίζεσθαι. *Expressly*, adv.: P. διαρρήδην.

Empire, subs. P. and V. ἀρχή, ἡ. *Sovereignty*: P. and V. ἀρχή, ἡ, κράτος, τό.

Empirically, adv. *To produce health and strength, not empirically, but on scientific principles*: P. μὴ τριβῇ μόνον καὶ ἐμπειρίᾳ ἀλλὰ τέχνῃ . . . ὑγίειαν καὶ ῥώμην ἐμποιεῖν (Plat., *Phaedr.* 270B).

Empiricism, subs. P. ἐμπειρία, ἡ.

Employ, v. trans. *Use*: P. and V. χρῆσθαι (dat.). *Practise*: Ar. and P. μελετᾶν, ἐπασκεῖν, P. and V. ἀσκεῖν, ἐπιτηδεύειν. *Employ (one's time)*: P. and V. διάγειν, τρίβειν, Ar. and P. διατρίβειν. *Employ oneself*: Ar. and P. διατρίβειν (absol.), P. πραγματεύεσθαι (absol.). *Apply, bring into use*: P. and V. προσφέρειν, προστιθέναι, προσβάλλειν, προσάγειν, ἐπιφέρειν. *Hire*: Ar. and P. μισθοῦσθαι.

Employment, subs. *Use made of anything*: P. χρῆσις, ἡ. *Application*: P. πρόσθεσις, ἡ, προσφορά, ἡ, P. and V. προσβολή, ἡ. *Business*: P. ἐπιτήδευμα, τό, πραγματεία, ἡ, ἐργασία, ἡ; see *business*. *Trade*: P. and V. τέχνη, ἡ, Ar. and P. χειρουργία, ἡ, V. χειρωναξία, ἡ.

Emporium, subs. Ar. and P. ἐμπόριον, τό.

Empower, v. trans. Use P. and V. ἐξουσίαν διδόναι (dat.), Ar. and P. ἐπιτρέπειν; see *allow*. *I am empowered to*: P. and V. ἔξεστί μοι (infin.).

Empress, subs. See *queen*.

Emprise, subs. See *enterprise*.

Emptiness, subs. *Desolation*: P. and V. ἐρημία, ἡ. *Want of men*: V. κενανδρία, ἡ, P. ὀλιγανθρωπία, ἡ. *A being empty*: P. κένωσις, ἡ; see also *vanity*.

Empty, v. trans. P. and V. κενοῦν, ἐκκενοῦν (Plat.), ἐρημοῦν, ἐξερημοῦν, V. ἐκκεινοῦν. *Drain (a cup, etc.)*: P. and V. ἐκπίνειν (Plat., *Sym.* 214A; Soph., *Frag.*), Ar. ῥοφεῖν. *Empty over one*: Ar. and P. κατασκεδαννύναι (τί τινος or τι κατά τινος), καταχεῖν (τί τινος); see *pour*. V. intrans. *Empty itself* (of a river): P. ἐκβάλλειν, ἐξιέναι (ἐξίημι). *Empty itself into*: P. ἐμβάλλειν εἰς (acc.).

Empty, adj. P. and V. κενός, P. διάκενος. *Desolate*: P. and V. ἐρῆμος. *Vain, useless*: P. and V. μάταιος, κενός, ἀνωφελής, V. ἀνωφέλητος (also Xen.); see *vain*. *Empty of*: P. and V. κενός (gen.), ἐρῆμος (gen.). *Empty of men*: V. κένανδρος.

Empty-handed, adj. P. and V. κενός (Plat., *Rep.* 370E). *I will not send you from the land empty-handed*: V. καί σ' οὐ κεναῖσι χερσὶ γῆς ἀποστελῶ (Eur., *Hel.* 1280).

Empty-headed, adj. P. and V. νωθής, V. κενόφρων; see *stupid*.

Empyreal, adj. Use *celestial*.

Empyrean, subs. Use *heaven*.

Emulate, v. trans. *Emulate a person*: P. and V. ζηλοῦν (acc.), ἀγωνίζεσθαι (dat. or πρός, acc.), ἐρίζειν (dat.), ἁμιλλᾶσθαι (dat. or πρός, acc.), V. ἐξαγωνίζεσθαι (dat.), ἐξαμιλλᾶσθαι (dat.), P. ζηλοτυπεῖν (acc.), φιλονεικεῖν (dat. or πρός, acc.). *Equal*: P. and V. ἰσοῦσθαι (dat.), ἐξισοῦσθαι (dat.). *Imitate*: P. and V.

μῑμεῖσθαι, ἐκμῑμεῖσθαι (Xen., also Ar.).

Emulation, subs. P. and V. ζῆλος, ὁ, P. φιλονεικία, ἡ, ζηλοτυπία, ἡ, ζηλώματα, τά, ζήλωσις, ἡ; see *rivalry*. *Contest*: P. and V. ἀγών, ὁ, ἅμιλλα, ἡ, ἔρῖς, ἡ.

Emulator, subs. P. ζηλωτής, ὁ; see *rival*.

Emulous, adj. P. φιλόνεικος.

Emulously, adv. P. φιλονείκως.

Enable, v. trans. P. and V. ἐξουσίαν δῐδόναι (dat.). *I am enabled to*: P. and V. ἔξεστί μοι (infin.). *This boon enabled you to triumph over the Æginetans*: P. ἡ εὐεργεσία αὕτη . . . πάρεσχεν ὑμῖν Αἰγινητῶν ἐπικράτησιν (Thuc. 1, 41).

Enact, v. trans. With law-giver as subject: P. and V. τῐθέναι. With whole people as subject: P. and V. τίθεσθαι. Absol. *Frame laws*: P. νομοθετεῖν. *Give orders*: P. and V. κελεύειν; see *command*.

Enactment, subs. *Law*: P. and V. νόμος, ὁ, P. νομοθέτημα, τό. *Vote of the people*: P. and V. ψήφισμα, τό, ψῆφος, ἡ.

Enamoured of, adj. V. εὐφῐλής (gen.). *Be enamoured of*, v.: P. and V. ἐρᾶν (gen.), Ar. and V. ἔρασθαι (gen.).

Encamp, v. trans. P. and V. κᾰθίζειν (Eur., *Heracl.* 664), P. ἱδρύειν (Thuc. 4, 104). V. intrans. P. and V. ἱδρῡέσθαι, P. στρατοπεδεύεσθαι, ὅπλα τίθεσθαι; see *bivouac*. *Encamp against*: P. ἀντιστρατοπεδεύεσθαι (dat. or absol.), ἀντικαθέζεσθαι (absol.). *Encamp in (a place)*: P. ἐνστρατοπεδεύειν (absol.), ἐγκαθέζεσθαι (absol.), ἐναυλίζεσθαι (absol.) (act. used once in V.). *Be encamped*: P. and V. κᾰθῆσθαι, P. καθέζεσθαι.

Encampment, subs. P. and V. στρᾰτόπεδον, τό, σκηναί, αἱ (Xen,. also Ar.), P. τὰ ὅπλα. *Formation of a camp*: P. στρατοπέδευσις, ἡ (Plat.).

Enchain, v. trans. See *bind*. Met., P. and V. κᾰτέχειν.

Enchant, v. trans. P. γοητεύειν, κατεπᾴδειν, Ar. and P. φαρμάσσειν. *Charm*: P. and V. κηλεῖν, θέλγειν (Plat. but rare P.), P. κατακηλεῖν (Plat.). *Delight*: P. and V. τέρπειν, εὐφραίνειν. *Please*: P. and V. ἀρέσκειν (acc. or dat.), V. ἁνδᾰ́νειν (dat.). *Gratify*: P. and V. χᾰρίζεσθαι (dat.).

Enchanted, adj. *Pleased*: P. and V. ἡδῠ́ς. *Be enchanted*, v.: P. and V. ἥδεσθαι, P. ἀρέσκεσθαι. *Magic*: P. μαγευτικός; see *magic*.

Enchanter, subs. P. and V. φαρμᾰκεύς, ὁ, μᾰ́γος, ὁ, γόης, ὁ, ἐπῳδός, ὁ (Plat.), V. ἀοιδός, ὁ; see *charmer*.

Enchanting, subs. *Act of enchanting*: P. κήλησις, ἡ (Plat.).

Enchanting, adj. P. and V. ἡδῠ́ς, τερπνός, V. χαρτός (Plat. also but rare P.), θῡμηδής, ἐφῑ́μερος, Ar. and V. γλῠκῠ́ς, Ar. and P. χᾰ́ρίεις, ἀστεῖος, P. ἐπαφρόδιτος, εὔχαρις, ἐπίχαρις.

Enchantingly, adv. P. and V. ἡδέως, P. χαριέντως.

Enchantment, subs. *Charm*: P. and V. φάρμᾰκον, τό, ἐπῳδή, ἡ, V. φίλτρον, τό (in P. only *love-charm*), κήλημα, τό, θέλκτρον, τό, θέλγητρον, τό, θελκτήριον, τό, κηλητήριον, τό, μᾰγεύμᾰτα, τά; see *charm*. *Act of enchanting*: P. κήλησις, ἡ. *Attraction, grace*: P. and V. χᾰ́ρῐς, ἡ. *Pleasure*: P. and V. ἡδονή, ἡ, τέρψῐς, ἡ; see *pleasure*.

Enchantress, subs. V. ἀοιδός, ἡ, Ar. φαρμᾰκῐ́ς, ἡ. *Beloved*: P. and V. ἡ ἐρωμένη.

Encircle, v. trans. P. and V. κυκλοῦσθαι, περῐβάλλειν, V. ἀμπέχειν, ἀμπίσχειν, περιπτύσσειν, ἀμφῐβάλλειν; see *surround*. *Be spread round*: V. ἀμφῐβαίνειν (acc.). *Stand round*: P. and V. περιίστασθαι (Eur., *Bacch.* 1106), V. ἀμφίστασθαι. *Be round*: P. περιεῖναι (acc.), περιέχειν; see *enclose*. *We are encircled all round by brazen arms*: V. κύκλῳ γὰρ εἰλισσόμεθα παγχάλκοις ὅπλοις (Eur., *Or.* 444). *Encircle (an enemy)*:

P. and V. κυκλοῦσθαι, P. περικλῄειν (or mid.); see also *besiege*.

Encircling, adj. *Encircling walls*: V. τειχέων περιπτῠχαί, αἱ, ἀμφίβληστρα τοίχων, τά. *Encircling arms*: V. χειρῶν περῐβολαί, αἱ. *Encircling movement* (in military or naval sense): P. κύκλωσις, ἡ.

Enclose, v. trans. *Shut in*: P. and V. εἴργειν, κᾰτείργειν, ἐγκλῄειν, V. σῠνείργειν, Ar. and P. κᾰτακλῄειν, P. περικλῄειν. *Hedge round*: P. and V. φράσσειν, P. ἐμφράσσειν, ἀποφράσσειν. *Encompass*: P. περιέχειν, Ar. and P. περιείργειν; see *encircle*. *Enclose with a wall*: P. περιοικοδομεῖν (acc.).

Enclosure, subs. P. τόπος περιβεβλημένος (Dem. 1077), P. and V. περίβολος, ὁ. *Sacred enclosure*: P. and V. τέμενος, τό, ἄλσος, τό (Plat.), V. σηκός, ὁ, σήκωμα, τό. *Here is the enclosure surrounding the Achaean ships*: V. αἵδ' Ἀχαιῶν ναύλοχοι περιπτυχαί (Eur., *Hec.* 1015).

Encomium, subs. See *praise*.

Encompass, v. trans. P. περιέχειν, Ar. and P. περῐλαμβάνειν, V. ἀμφῐβαίνειν; see *encircle, enclose*.

Encore, interj. P. αὖθις (Xen., *Symp.* 9).

Encounter, v. trans. *Meet persons*: P. and V. τυγχάνειν (gen.), συντυγχάνειν (dat., V. gen.), ἐντυγχάνειν (dat.), ἀπαντᾶν (dat.), σῠναντᾶν (dat.) (Xen., also Ar.), P. περιτυγχάνειν (dat.), Ar. and P. ἐπῐτυγχάνειν (dat. or gen.), V. ἀντᾶν (dat.), σῠναντιάζειν (dat.), ὑπαντιάζειν (dat.), ἀντῐκῠρεῖν (dat.), σῠνάντεσθαι (dat.); see *meet*. *Encounter* (*things*): P. and V. τυγχάνειν (gen.), ἐντυγχάνειν (dat.), ἐμπίπτειν (εἰς, acc.), περῐπίπτειν (dat.), Ar. and V. κῠρεῖν (gen.), V. συγκῠρεῖν (dat.), ἀντᾶν (dat.). *Experience*: P. and V. χρῆσθαι (dat.). *Face*: P. and V. ὑπέχειν, ὑφίστασθαι; see *face*. *Encounter in battle*: P. and V. ἀπαντᾶν (dat.), συμφέρεσθαι (dat.), συμβάλλειν (dat.), ἀντῐτάσσεσθαι (dat.), V. συμβάλλειν μάχην (dat.); see also *engage*.

Encounter, subs. *Meeting*: V. ἀπάντημα, τό, σῠνάντησις, ἡ. *Coming together*: P. and V. ὁμῑλία, ἡ, σῠνουσία, ἡ. *Conflict*: P. and V. ἀγών, ὁ, μάχη, ἡ, ἅμιλλα, ἡ, V. ἀγωνία, ἡ, ἆθλος, ὁ, πάλαισμα, τό, συμβολή, ἡ, Ar. and P. σύνοδος, ἡ.

Encourage, v. trans. P. and V. θαρσῡ́νειν, θρᾰσῡ́νειν, ἐπαίρειν, πᾰρᾰκᾰλεῖν, P. ἐπιρρωννύναι, παραθαρσύνειν, Ar. and P. πᾰρᾰμῡθεῖσθαι; see *exhort*. *Be encouraged*: also P. and V. ἐξαίρεσθαι, θαρσεῖν. *Cheer on*: P. and V. ἐπῐκελεύειν, ἐγκελεύειν, ὁρμᾶν, ἐξορμᾶν, ἐποτρῡ́νειν (Thuc.), ἐξοτρῡ́νειν (Thuc.), P. κατεπείγειν, V. ὀτρῡ́νειν, ἐπεγκελεύειν (Eur., *Cycl.*), ὀρνύναι; see *urge*. *Help in encouraging*: P. συμπαρακελεύεσθαι. *Encourage one another*: P. παρακελεύεσθαι. *Encourage* (*things*): P. ἐνάγειν; see *promote*.

Encouragement, subs. *Boldness*: P. and V. θράσος, τό, θάρσος, τό. *Exhortation*: P. παρακέλευσις, ἡ, παράκλησις, ἡ, ἐπικέλευσις, ἡ, διακελευσμός, ὁ, V. πᾰρᾰκέλευσμα, τό.

Encouraging, adj. *Hopeful*: P. and V. εὔελπις. *Encouraging words*: P. παρακέλευσις, ἡ, V. πᾰρᾰκέλευσμα, τό.

Encroach, v. intrans. *Go beyond bounds*: P. and V. ὑπερβάλλειν, P. πλεονάζειν; see *trespass*. *Encroach on* (*any one's land*): P. ἐπεργάζεσθαι (acc.); see *trespass*. Met., *overstep*: P. and V. ὑπερβαίνειν (acc.). *Take advantage of*: see under *advantage*.

Encroachment, subs. P. ἐπεργασία, ἡ. *Taking advantage*: P. πλεονεξία, ἡ. *Charging the Megarians with encroachments on the sacred land*: P. ἐπικαλοῦντες ἐπεργασίαν Μεγαρεῦσι τῆς γῆς τῆς ἱερᾶς (Thuc. 1, 139).

Encumber, v. trans. *Hinder*: P. and V. ἐμποδίζειν. *Trouble, weigh down*: P. and V. πιέζειν. *Be en-*

cumbered: also P. and V. βᾰρύνεσθαι; see *burden*.

Encumbrance, subs. *Burden*: P. and V. ἄχθος, τό, Ar. and V. βᾰ́ρος, τό, V. βρῖθος, τό, φόρημα, τό; see *burden*. *Hindrance*: P. ἐμπόδισμα, τό. Used of a person: P. and V. ἄχθος, τό, V. βᾰ́ρος, τό, ἐφολκίς, ἡ. Met., of anything that gives trouble: Ar. and P. φορτίον, τό, V. ἄχθος, τό, βᾰ́ρος, τό, φόρτος, ὁ.

End, subs. *Conclusion*: P. and V. τέλος, τό, τελευτή, ἡ, πέρᾰς, τό, κᾰταστροφή, ἡ (Thuc.), V. τέρμᾰ, τό, τέρμων, ὁ. Met., *death*: P. and V. θᾰ́νᾰτος, ὁ, τελευτή, ἡ. *About the end of the year*: P. περὶ λήγοντα τὸν ἐνιαυτόν (Dem. 731). *End of anything that has been cut*: P. and V. τομή, ἡ. *Extreme point*: P. and V. τὸ ἔσχᾰτον, or use adj., ἔσχᾰτος, agreeing with substantive; e.g., *the end of the line*: P. and V. τάξις ἐσχάτη. *Point*: Ar. and V. ἀκμή, ἡ; see *point*. *Their line had now all but passed the end of the Athenian wall*: P. ἤδη ὅσον οὐ παρεληλύθει τὴν τῶν Ἀθηναίων τοῦ τείχους τελευτὴν ἡ ἐκείνων τείχεσις (Thuc. 7, 6). *They at once closed the great harbour with triremes set end to end*: P. ἔκλῃον τὸν λιμένα εὐθὺς τὸν μέγαν . . . τριήρεσι πλαγίαις (Thuc. 7, 59). *Aim, object*: P. προαίρεσις, ἡ. *Purpose*: P. and V. γνώμη, ἡ, βούλευμα, τό. *For personal ends*: P. δι' ἴδια κέρδη. *Come to an end*: P. and V. τέλος ἔχειν, τέλος λαμβᾰ́νειν; see *end*, v. *Where the construction of both walls came to an end*: P. ᾗπερ τῶν τειχῶν ἀμφοτέρων αἱ ἐργασίαι ἔληγον (Thuc. 7, 6). *Come to an end at a place*: P. τελευτᾶν ἐπί (acc.) (Thuc. 8, 90). *This is the action of an unscrupulous trickster who will come to a bad end*: P. πονηροῦ ταῦτ' ἐστι σοφιστοῦ καὶ οἰμωξομένου (Dem. 937). *In the end, at last*: P. and V. τέλος; see *at last*, under *last*. *Put an end to*: P. τέλος ἐπιτιθέναι (dat.); see *end*, v. *Stand on end*: P. ὀρθὸς ἵστασθαι (Plat.), V. ὄρθιος ἑστηκέναι.

End, v. trans. P. and V. παύειν, περαίνειν, λύειν, Ar. and P. διᾰλύειν, κᾰτᾰλύειν, κᾰτᾰπαύειν. *Conclude*: P. τελεοῦν, V. τελειοῦν, τελεῖν (rare P.), τελευτᾶν, ἐκτελευτᾶν; see *conclude*. *End one's life*: P. and V. τελευτᾶν (with βίον or absol.). *End (a speech)*: P. and V. τελευτᾶν (acc. or gen.). *Night ended the action*: P. νὺξ ἐπεγένετο τῷ ἔργῳ (Thuc. 4, 25). *Night having ended the action*: P. ἀφελομένης νυκτὸς τὸ ἔργον (Thuc. 4, 134). V. intrans. P. and V. τέλος ἔχειν, τέλος λαμβᾰ́νειν, τελευτᾶν, V. ἐκτελευτᾶν. *Lapse, expire*: P. and V. ἐξέρχεσθαι, ἐξήκειν. *Cease*: P. and V. παύεσθαι, λήγειν (Plat.); see *cease*. *End in*: P. and V. τελευτᾶν εἰς (acc.). *End off in*: P. ἀποτελευτᾶν εἰς (acc.).

Endanger, v. trans. P. εἰς κίνδυνον καθιστάναι, Ar. and P. κινδῡνεύειν (dat. or περί, gen.). V. κινδῡ́νῳ βάλλειν. *Hazard*: Ar. and P. πᾰρᾰβάλλεσθαι, V. πᾰραρρίπτειν, προβάλλειν, προτείνειν, P. ὑποτιθέναι. *Be endangered*: P. κινδυνεύεσθαι (pass.).

Endear oneself to, v. *Win over*: P. and V. προσποιεῖσθαι (acc.), προστίθεσθαι (acc.). *Be dear to*: P. and V. φίλος εἶναι (dat.).

Endearing, adj. V. φίλος (Eur., *I. A.* 1222). *Call by endearing names*: Ar. and V. ὑποκορίζεσθαι (acc.).

Endearments, subs. V. ἀσπάσμᾰτα, τά, θωπεύμᾰτα, τά; see *caress*. *Term of endearment*: P. ὑποκόρισμα, τό.

Endeavour, v. intrans. P. and V. ἐπῐχειρεῖν, ἐγχειρεῖν, πειρᾶν (or mid.). *Exert oneself*: P. and V. σπουδάζειν, P. διατείνεσθαι.

Endeavour, subs. P. and V. πεῖρα, ἡ, ἐγχείρημα, τό, P. ἐπιχείρημα, τό, ἐπιχείρησις, ἡ, ἐπιβολή, ἡ. *Daring deed*: P. and V. τόλμημα, τό, κινδῡ́νευμα, τό, V. τόλμᾰ, ἡ.

Ending, subs. See *end*. *Putting an end to*: P. and V. διάλῦσις, ἡ. *End letters of words*: P. τὰ τελευταῖα (Hdt.).

Endless, adj. Ar. and P. ἀπέραντος, P. and V. ἄπειρος, V. ἀτέρμων. Of a circle: V. ἀπείρων (Æsch., *Frag.*). *Continuous*: P. συνεχής, ἐνδελεχής. *Frequent*: P. and V. πυκνός, Ar. and P. συχνός. *Incessant*: V. διᾶτελής. *Eternal*: P. αἰώνιος, ἀΐδιος.

Endlessly, adv. *Frequently*: P. and V. πολλάκῐς, θᾰμᾰ (Plat.), Ar. and V. πολλά, P. συχνόν. *Continuously*: Ar. and P. σῠνεχῶς, P. ἐνδελεχῶς, V. διᾱνεκῶς (Æsch., *Ag.* 319); see *continually*. *Eternally*: P. εἰς πάντα χρόνον, V. εἰς τὸ πᾶν χρόνου; see *eternally*.

Endorse, v. trans. *Approve*: P. and V. ἐπαινεῖν; see *approve*, *agree with*. *Confirm*: P. βεβαιοῦν.

Endorsement, subs. See *approval*, *consent*, *confirmation*.

Endow, v. trans. *Enrich*: P. and V. πλουτίζειν (Xen.). *Equip*: P. and V. πᾰρασκευάζειν, P. κατασκευάζειν; see *equip*. *Endow with*, *produce in a person*: P. ἐμποιεῖν (τί τινι); see *engender*.

Endowed with, adj. P. and V. ἐπήβολος (gen.) (Plat.).

Endowment, subs. *Natural ability*: P. and V. δῠνᾰμις, ἡ; see *ability*.

Endue, v. trans. See *endow*.

Endurable, adj. P. and V. φορητός, ἀνεκτός (generally negatived), P. οἰστός (Thuc.); see *tolerable*.

Endurably, adv. P. ἀνεκτῶς (Isoc. 208).

Endurance, subs. P. καρτερία, ἡ, καρτέρησις, ἡ. *Forbearance*: P. and V. συγγνώμη, ἡ.

Endure, v. trans. P. and V. φέρειν, ἀνέχεσθαι, ὑπέχειν, πάσχειν, ὑφίστασθαι, P. ὑπομένειν, V. καρτερεῖν, Ar. and V. τλῆναι (2nd aor. of τλᾶν) (Isoc. also but rare P.), ἐξᾰνέχεσθαι, ἀνατλῆναι (2nd aor. of ἀνατλᾶν) (Plat. also but rare P.). *Endure to the end*: P. and V. διᾰφέρειν, V. ἀντλεῖν, ἐξαντλεῖν, διαντλεῖν, ἐκκομίζειν. *Help to endure*: P. and V. συμφέρειν (τινί τι), σῠνεκκομίζειν (τινί τι). V. intrans. *Hold out*: P. and V. ἀντέχειν, καρτερεῖν; with infin. following: P. and V. ἀνέχεσθαι (part.), Ar. and V. τλῆναι (2nd aor. of τλᾶν) (infin.), ἐξᾰνέχεσθαι (part.). *Acquiesce*: P. and V. στέργειν, ἐπαινεῖν, Ar. and P. ἀγᾰπᾶν, V. αἰνεῖν. *Last*: P. and V. μένειν, πᾰρᾰμένειν, ἀντέχειν, P. συμμένειν, διαμένειν, V. ζῆν. *Hold good*: P. and V. ἐμμένειν.

Enduring, adj. *Patient*: V. τλήμων; see *patient*. *Unchanging*: P. μόνιμος. *Secure*: P. and V. βέβαιος, V. ἔμπεδος. *Enduring long*: P. and V. χρόνιος, P. πολυχρόνιος (Plat.).

Enemy, subs. Use adj., P. and V. πολέμιος, ἐχθρός, ἐναντίος, Ar. and V. δάϊος, δᾷος, δυσμενής.

Energetic, adj. P. and V. πρόθῡμος, σπουδαῖος (Soph., *Frag.*), δραστήριος, ἔντονος, σύντονος, ὀξῠς, P. σφοδρός.

Energetically, adv. P. and V. προθῡμως, σπουδῇ, σφόδρᾰ, P. σπουδαίως, ἐντόνως, συντόνως.

Energy, subs. P. and V. προθῡμία, ἡ, σπουδή, ἡ, P. σφοδρότης, ἡ.

Enervate, v. trans. Ar. and P. θρύπτειν (rare in act.), P. διαθρύπτειν. *Corrupt*: P. and V. διαφθείρειν. *Be enervated*: Ar. and P. θρύπτεσθαι, P. διαθρύπτεσθαι, ἀποθρύπτεσθαι, μαλακίζεσθαι.

Enfeeble, v. trans. Ar. and P. θρύπτειν (rare in act.), P. διαθρύπτειν, P. and V. τήκειν. *Be enfeebled*: Ar. and P. θρύπτεσθαι, P. διαθρύπτεσθαι, παραλύεσθαι.

Enfeebled, adj. P. ἐκνενευρισμένος, ἄρρωστος, P. and V. ἀσθενής..

Enfeeblement, subs. *Weakness*: P. and V. ἀσθένεια, ἡ (rare V.), P. ἀρρωστία, ἡ.

Enfold, v. trans. P. and V. περῐβάλλειν, V. περιπτύσσειν, ἀμφῐβάλλειν; see *embrace*.

Enfolding, adj. V. περιπτῠχής.

Enfolding, subs. V. περιπτῠχαί, αἱ, P. and V. περῐβολαί, αἱ (Xen.).

Enforce, v. trans. *Put into execution:* P. and V. χρῆσθαι (dat.). *Confirm:* P. βεβαιοῦν. *Compel:* see *compel, requisition.*

Enforced, adj. *Done under compulsion:* P. and V. ἀναγκαῖος, P. βίαιος. *Enforced contributions:* P. βίαιοι εἰσφοραί, αἱ.

Enfranchise, v. trans. Use Ar. and P. ἐπίτῑμον ποιεῖσθαι (acc.).

Enfranchised, adj. Ar. and P. ἐπίτῑμος.

Enfranchisement, subs. *Rights of a citizen:* P. ἐπιτιμία, ἡ.

Engage, v. trans. *Hire:* Ar. and P. μισθοῦσθαι. *Engage (the attention):* P. and V. κᾰτέχειν. *Attack:* P. and V. εἰς χεῖρας ἔρχεσθαι (dat.), συμβάλλειν (dat.), πόλεμον σῠνάπτειν (dat. or πρός, acc.), Ar. and V. σῠνίστασθαι (dat.), V. μάχην συμβάλλειν (dat.), μάχην σῠνάπτειν (dat.), εἰς ἀγῶνα συμπίπτειν (dat.); see *encounter. It happened in many places that two, or at some parts even more ships were perforce engaged with one:* P. συνετύγχανε πολλαχοῦ . . . δύο περὶ μίαν καὶ ἔστιν ᾗ καὶ πλείους ναῦς κατ' ἀνάγκην συνηρτῆσθαι (Thuc. 7, 70). *Bring into conflict:* P. συμβάλλειν, V. σῠνάγειν, σῠνάπτειν, συμφέρειν, P. and V. ἀντῐτάσσειν, Ar. and V. ἀντῐτῐθέναι. *Betroth:* see *betroth.* V. intrans. *Promise, undertake:* P. and V. ὑπισχνεῖσθαι, ὑφίστασθαι, ἐπαγγέλλεσθαι, V. ὑπίσχεσθαι, P. ὑποδέχεσθαι, Ar. and P. ἐγγυᾶσθαι; see *promise. Engage in, be engaged in:* Ar. and P. πραγμᾰτεύεσθαι (acc., or περί, acc. or gen.), διατρίβειν (περί, acc. or gen., or πρός, acc.), P. and V. σπουδάζειν (acc., or περί, acc. or gen.). *Engage in an enterprise:* P. and V. ὁμῑλεῖν (dat.), ἅπτεσθαι (gen.); see *share. I am engaged:* P. ἀσχολία μοί ἐστι. *Manage:* P. and V. πράσσειν.

Engaged, adj. *Busy:* P. and V. ἄσχολος (Eur. but rare V.); see *busy.*

Engagement, subs. *Business:* P. πραγματεία, ἡ, ἀσχολία, ἡ, ἐργασία, ἡ; see *business. Betrothal:* see *betrothal. Conflict:* P. and V. ἀγών, ὁ, μάχη, ἡ, ἅμιλλα, ἡ, V. συμβολή, ἡ, ἀγωνία, ἡ, ἆθλος, ὁ, Ar. and P. σῠνοδος, ἡ. *In the heat of the engagement they deserted to the Lacedaemonians:* P. μετέστησαν ἐν τῷ ἔργῳ παρὰ τοὺς Λακεδαιμονίους (Thuc. 1, 107). *Promise:* P. and V. ὑπόσχεσις, ἡ. *Agreement, covenant:* P. and V. σύμβᾰσις, ἡ, συνθῆκαι, αἱ, σύνθημα, τό, P. συμβόλαιον, τό.

Engaging, adj. Ar. and P. χᾰρίεις, ἀστεῖος; see *attractive.*

Engender, v. trans. *Produce:* P. and V. γεννᾶν, τίκτειν; see *beget. Produce in persons or things:* P. and V. ἐντίκτειν (Plat.) (τινί τι), ἐντῐθέναι (τινί τι), ἐμβάλλειν (τινί τι), P. ἐμποιεῖν (τινί τι), ἐνεργάζεσθαί (τινί τι), V. ἐνορνύναι (τινί τι), ἐνῑέναι (τι). *Be engendered in:* P. and V. ἐμφύεσθαι (τινι) (Plat.).

Engine, subs. *Engine of war:* P. and V. μηχᾰνή, ἡ, P. μηχάνημα, τό (Dem. 115, 124, etc.). *Battering ram:* P. κριός, ὁ. For reference to *military engines*, see Thuc. 2, 76; 4, 100 and 115.

Engineer, subs. *Maker of engines of war:* Ar. and P. μηχᾰνοποιός, ὁ. Generally: use P. τεχνίτης, ὁ.

Engineer, v. trans. Met., P. κατασκευάζειν; see *contrive.*

Engineering, subs. *Good at military engineering:* P. τειχομαχεῖν δυνατοί (Thuc. 1, 102).

Engraft, v. trans. See *ingraft.*

Engrave, v. trans. Ar. and P. γλύφειν. *Engrave on:* P. ἀναγράφειν (τι εἰς τι or ἔν τινι), P. and V. ἐγγρᾰφειν (τι εἰς τι or ἔν τινι). Met., *engrave on the memory:* V. ἐγγρᾰφεσθαι, γρᾰφεσθαι, δελτοῦσθαι.

Engross, v. trans. P. and V. κᾰτέχειν. *Be engrossed in:* P. and V. προσκεῖσθαι (dat.). *Engrossed in*: P. ὅλος πρός (dat.), V. ἀνειμένος εἰς (acc.).

Engulf, v. trans. *Swallow down*: P. and V. κᾰτᾰπίνειν (Eur., *Cycl.*; also Ar.). *Overwhelm with a deluge*: P. and V. κᾰτακλύζειν.

Enhance, v. trans. *Increase*: P. and V. αὐξάνειν, αὔξειν, P. ἐπαυξάνειν. *Exalt*: P. and V. μεγᾰλύνειν (Eur., *Bacch.* 320); see *exalt*. *Exaggerate*: P. and V. κοσμεῖν, Ar. and V. πυργοῦν; see *exaggerate*.

Enhancement, subs. *Increase*: P. αὔξησις, ἡ. *Exaggeration*: P. δείνωσις, ἡ (Plat.).

Enigma, subs. P. and V. αἴνιγμα, τό, αἰνιγμός, ὁ (Plat.). *Speak in enigmas*, v.: P. and V. αἰνίσσεσθαι.

Enigmatical, adj. P. and V. αἰνιγμᾰτώδης (Plat.); see *obscure*.

Enigmatically, adv. V. αἰνικτηρίως; see *obscurely*.

Enjoin, v. trans. P. and V. κελεύειν (τινά τι), ἐπισκήπτειν (τινί τι), ἐπῐτάσσειν (τινί τι), προστάσσειν (τινί τι), ἐπιστέλλειν (τινί τι), Ar. and V. ἐφῑέσθαι (τινί τι); see *command*, *requisition*.

Enjoy, v. trans. *Have use of*: P. and V. χρῆσθαι (dat.). *Have benefit of*: P. and V. ἀπολαύειν (gen.) (Eur., *H. F.* 1224), καρποῦσθαι (acc.), ἐκκαρποῦσθαι (acc.), V. ἐπαυρέσθαι (2nd aor. mid. of ἐπαυρίσκειν) (gen.), καρπίζεσθαι (acc.) (Eur., *Hipp.* 432). *Have one's joy of*: Ar. and V. ὄνασθαι (1st aor. mid. of ὀνινάναι) (gen.). *Take pleasure in*: P. and V. ἥδεσθαι (dat.), χαίρειν (dat. or ἐπί, dat.), τέρπεσθαι (dat.), εὐφραίνεσθαι (dat.). *Enjoy (doing a thing)*: P. and V. ἥδεσθαι (part.), χαίρειν (part.). *Enjoying the draught (of wine)*: V. ἀποκερδαίνων ποτοῦ (Eur., *Cycl.* 432). *Enjoy oneself*: P. and V. εὐφραίνεσθαι, V. εὐθῡμεῖν (Eur., *Cycl.* 530), P. εὐπαθεῖν.

Enjoyable, adj. P. and V. ἡδύς, τερπνός, V. χαρτός (Plat. also but rare P.).

Enjoyably, adv. P. and V. ἡδέως.

Enjoyment, subs. *Act of enjoying*: P. and V. ἀπόλαυσις, ἡ (Eur., *H. F.* 1370). *Pleasure*: P. and V. ἡδονή, ἡ, τέρψῐς, ἡ, χᾰρά, ἡ, V. χαρμονή, ἡ (Plat. also but rare P.), χάρμᾰ, τό. *Comfort*: P. εὐπάθεια, ἡ. *Profit, advantage*: P. and V. ὄνησις, ἡ; see *advantage*. *Cheerfulness*: P. and V. εὐθῡμία, ἡ (Xen.).

Enlarge, v. trans. *Increase*: P. and V. αὐξάνειν, αὔξειν, P. ἐπαυξάνειν. *Enlarge upon, exalt*: P. and V. μεγᾰλύνειν (acc.); see *exalt*. *Exaggerate*: P. ἐπὶ τὸ μεῖζον δεινοῦν, τῷ λόγῳ αἴρειν, P. and V. κοσμεῖν. *Speak at length*: P. μακρολογεῖν, P. and V. μακρηγορεῖν.

Enlargement, subs. *Increase*: P. αὔξησις, ἡ.

Enlighten, v. trans. *Instruct*: P. and V. δῐδάσκειν; see *instruct*.

Enlightened, adj. *Cultured*: P. and V. μουσῐκός, Ar. and P. φῐλόμουσος, P. φιλόκαλος, φιλότεχνος, πεπαιδευμένος; see also *wise*.

Enlightenment, subs. P. διδαχή, ἡ. *Culture*: Ar. and P. παιδεία, ἡ, παίδευσις, ἡ. *Refinement*: P. φιλοτεχνία, ἡ. *Wisdom*: P. and V. σοφία, ἡ.

Enlist, v. trans. *Enlist soldiers*: Ar. and P. κᾰτᾰλέγειν; see *collect*. *Bring over to one's side*: P. and V. προσᾰγεσθαι, προσποιεῖσθαι, προστῐθεσθαι. V. intrans. *Go for a soldier*: P. and V. στρᾰτεύειν.

Enlistment, subs. *Collection*: P. συλλογή, ἡ (Xen.). *List of troops for service*: Ar. and P. κᾰτᾰλογος, ὁ.

Enliven, v. trans. P. and V. εὐφραίνειν, τέρπειν, V. εὐθῡμεῖν (Æsch., *Frag.*).

Enmity, subs. P. and V. ἔχθρα, ἡ, ἔχθος, τό (Thuc.), δυσμένεια, ἡ, P. ἀπέχθεια, ἡ; see *hatred*. *Disaffection*: P. and V. δύσνοια, ἡ, P. κακόνοια, ἡ. *Be at enmity with*, v.: V. δι' ἔχθρας μολεῖν (dat.), εἰς ἔχθος ἐλθεῖν (dat.), P. ἐλθεῖν εἰς ἔχθραν (dat.), διαφόρως ἔχειν (dat.), Ar. δι' ἔχθρας γίγνεσθαι (dat.). *Be at enmity*: P. διίστασθαι, Ar. and P. στᾰσιάζειν, διᾰφέρεσθαι, V. δῐχοστᾰτεῖν, δι' ἔχθρας ἀφικνεῖσθαι; see under *variance*.

Ennoble, v. trans. *Honour*: P. and V. τῑμᾶν, προτῑμᾶν, Ar. and V. γεραίρειν, V. τῑμαλφεῖν, τίειν, ἐκτῑμᾶν. *Exalt*: P. and V. αἴρειν, αὐξάνειν, αὔξειν, Ar. and V. ὀγκοῦν, πυργοῦν, V. ἀνάγειν.

Ennui, subs. *Satiety*: P. and V. κόρος, ὁ (Plat.), πλησμονή, ἡ (Plat.). *Lassitude*: P. and V. κόπος, ὁ.

Enormity, subs. P. δεινότης, ἡ, P. and V. ὑπερβολή, ἡ.

Enormous, adj. P. and V. μέγᾰς, μέγιστος, ὑπερφυής (Æsch., *Frag.*), P. ὑπερμεγεθής; see *huge, excessive, vast*.

Enormously, adv. P. and V. μέγᾰ, μέγιστα, Ar. and P. ὑπερφυῶς. *In an extraordinary degree*: V. εἰς ὑπερβολήν; see *hugely, excessively, vastly*.

Enough, adv. P. and V. ἅλῐς, ἅδην (Plat.), ἀρκούντως, P. ἱκανῶς, ἀποχρώντως, Ar. and P. ἐξαρκούντως.

Enough, adj. P. and V. ἱκᾰνός, ἀρκῶν, P. διαρκής, V. ἐξαρκής. *Be enough*, v.: P. and V. ἀρκεῖν, ἐξαρκεῖν, Ar. and P. ἀποχρῆν, V. ἀπαρκεῖν, κᾰταρκεῖν. *Have had enough of*: P. ἅδην ἔχειν (gen.), P. and V. πλησθῆναι (1st aor. pass. of πιμπλάναι) (gen.) (Plat.), Ar. and V. κορεσθῆναι (1st aor. pass. of κορεννύναι) (gen.).

Enquire, v. See *inquire*.

Enrage, v. trans. P. and V. πᾰροξύνειν, ὀργίζειν (Plat.), V. ἐξαγριοῦν (also Plat. in pass.), ἀγριοῦν (also Ar. and Xen. in pass.), ὀργαίνειν, ὀξύνειν, θήγειν.

Enrapture, v. trans. See *delight*.

Enraptured, adj. P. and V. περῐχᾰρής.

Enrich, v. trans. πλουτίζειν (Xen.). Met., of the soil: P. and V. πῑαίνειν (Plat. in pass.).

Enrol, v. trans. P. ἀναγράφειν. *Enlist*: Ar. and P. κᾰτᾰλέγειν. *Enrol as citizens*: P. ἐπιγράφεσθαι πολίτας. *Enrol among.—Enrol me also among your pupils*: P. ἕνα τῶν μαθητῶν . . . καὶ ἐμὲ γράφου (Plat., *Crat.* 428B). *Be enrolled among*: P. and V. τελεῖν εἰς (acc.), P. συντελεῖν εἰς (acc.). *Be enrolled among the townsmen*: P. ἐγγράφεσθαι εἰς τοὺς δημότας (Dem. 314; cf. Ar., *Eq.* 925-926).

Enrolment, subs. P. ἀναγραφή, ἡ. *List of troops for service*: Ar. and P. κᾰτάλογος, ὁ. *Collecting of troops*: P. συλλογή, ἡ (Xen.).

Ensample, subs. See *example*.

Ensconce oneself, v. Ar. and V. δύεσθαι, Ar. and P. κᾰτᾰδύεσθαι; see *hide*.

Enshrine, v. trans. Met., *store up*: Ar. and P. κᾰτᾰτίθεσθαι; see *store, consecrate*. *Their memory is enshrined in the hearts of each one*: P. μνήμη παρ' ἑκάστῳ . . . ἐνδιαιτᾶται (Thuc. 2, 43).

Ensign, subs. P. σημεῖον, τό (Xen.). *Officer*: see *officer*.

Enslave, v. trans. P. and V. δουλοῦν (or mid.), P. καταδουλοῦν (or mid.), ἀνδραποδίζειν (or mid.). *Subjugate*: P. and V. κᾰταστρέφεσθαι. *Help to enslave*: P. συγκαταδουλοῦν (τινί τινα or absol.).

Enslavement, subs. P. δούλωσις, ἡ, καταδούλωσις, ἡ, ἀνδραποδισμός, ὁ. *Subjugation*: P. καταστροφή, ἡ.

Ensnare, v. trans. P. and V. αἱρεῖν, P. συμποδίζειν; see *deceive, snare*.

Ensue, v. intrans. Ar. and P. ἐπῐγίγνεσθαι; see *happen*.

Entail, v. trans. P. and V. φέρειν, V. εἰσφέρειν, ἐφέλκειν (or mid.).

Entangle, v. trans. P. and V. ἐμπλέκειν, P. συμποδίζειν. Met., see *snare*. *He is entangled in the pierced straps*: V. σὺν δ' ἑλίσσεται τμητοῖς ἱμᾶσι (Soph., *El.* 746). *Be entangled with*: met., P. and V. συμπλέκεσθαι (dat.), ἐμπλέκεσθαι (dat.), V. συζυγῆναι (2nd aor. pass. of συζευγνύναι).

Entanglement, subs. *Difficulty*: P. and V. ἀπορία, ἡ.

Enter, v. trans. or absol. *Go into*: P. and V. εἰσέρχεσθαι (εἰς, acc.; V. also acc. alone), ἐπεισέρχεσθαι (εἰς, acc.; V. acc. alone or dat. alone), V. πἄρέρχεσθαι (acc.). εἰσβάλλειν (acc.), Ar. and V. δύεσθαι (acc.), εἰσβαίνειν (absol. or acc.). *Sail into*: P. and V. εἰσπλεῖν (εἰς, acc. or acc. alone). *Enter a ship*: see *embark*. *Enter with another*: P. and V. σὔνεισέρχεσθαι (εἰς, acc. or V. also acc. alone). *Enter violently*: P. and V. εἰσπίπτειν (P. εἰς, acc.; V. dat. alone); see *dash into*. *Enter the mind, occur to one*: P. and V. εἰσέρχεσθαι (acc.), ἐπέρχεσθαι (acc. or dat.); see *occur*. *Enter public life*: P. πρὸς τὰ κοινὰ προσέρχεσθαι (Dem. 312). *Register*: P. ἀπογράφειν, Ar. and P. ἐγγρᾰ́φειν. *Give in, have registered*: P. ἀποφέρειν. *Enter in one's account*: P. εἰς τὸν λόγον ἐγγράφειν (Lys. 211). *Enter (put down) for a competition*: P. καθιέναι. *Enter for a competition*, v. intrans.: P. and V. εἰσέρχεσθαι. *Enter into (a discussion, etc.)*: P. and V. ἅπτεσθαι (gen.), ἐμπίπτειν (εἰς, acc.). *Enter into (a feeling)*: see *sympathise with, understand*. *Enter into possession of*: see under *possession*. *Enter on office, etc.*: P. εἰσέρχεσθαι (acc.). *Embark on*: P. and V. ἐμβαίνειν (εἰς, acc.), ἅπτεσθαι (gen.). *Take in hand*: P. and V. ἐπῐχειρεῖν (dat.), ἐγχειρεῖν (dat.). *Begin*: P. and V. ἄρχεσθαι (gen.).

Enterprise, subs. *Zeal*: P. and V. σπουδή, ἡ, προθῡμία, ἡ. *Attempt*: P. and V. πεῖρα, ἡ, ἐγχείρημα, τό, P. ἐπιχείρημα, τό, ἐπιχείρησις, ἡ, ἐπιβολή, ἡ. *Bold enterprise*: P. and V. τόλμημα, τό, κινδῡ́νευμα, τό, V. τόλμᾰ, ἡ.

Enterprising, adj. P. and V. τολμηρός.

Entertain, v. trans. *Receive hospitably*: P. and V. δέχεσθαι, ξενίζειν (Dem.), ξενοδοκεῖν (Plat.) (absol.), Ar. and P. ὑποδέχεσθαι, V. ξενοῦσθαι (mid.). *Feast*: P. and V. ἑστιᾶν, εὐωχεῖν (Eur., *Cycl.* 346), V. δαινῡ́ναι, θοινᾶν. *Amuse*: P. and V. τέρπειν. *Entertain (a feeling)*: P. and V. ἔχειν, τρέφειν (Plat.), φῠλάσσειν. *Entertain a proposal*: P. and V. δέχεσθαι, προσδέχεσθαι, P. ὑποδέχεσθαι.

Entertainer, subs. P. and V. γελωτοποιός, ὁ. See also *host*.

Entertaining, adj. P. and V. γέλοιος.

Entertainingly, adv. P. γελοίως.

Entertainment, subs. P. and V. ξένια, τά. *Entertaining*: P. ξένισις, ἡ, ξενισμός, ὁ. *Welcome*: P. and V. ὑποδοχή, ἡ. *Feast*: P. and V. ἑστίᾱμα, τό (Plat.), θοίνη, ἡ (Plat.), δαίς, ἡ (Plat.), P. ἑστίασις, ἡ. *Feeding, board*: Ar. and P. σίτησις, ἡ, P. and V. δίαιτα, ἡ, τροφή, ἡ. *Amusement*: P. and V. παιδιά, ἡ, διατρῐβή, ἡ. *Laughter*: P. and V. γέλως, ὁ.

Enthral, v. trans. See *inthral*.

Enthusiasm, subs. P. and V. σπουδή, ἡ, προθῡμία, ἡ.

Enthusiastic, adj. P. and V. πρόθῡμος, σπουδαῖος (Soph., *Frag.*).

Enthusiastically, adv. P. and V. σπουδῇ, προθῡ́μως, P. σπουδαίως.

Entice, v. trans. *Attract*: P. and V. ἐφέλκεσθαι, ἐπισπᾶσθαι, ἕλκειν, προσᾰ́γεσθαι. *Lead on*: P. and V. ἐπᾰ́γειν, προᾰ́γειν; see *persuade, induce*. *Talk over*: V. πᾰρηγορεῖν. *Charm*: P. and V. κηλεῖν. *Entice as with a bait*: P. δελεάζειν.

Enticement, subs. P. ἐπαγωγή, ἡ. *Bait*: met., P. and V. δέλεαρ, τό. *Charm, grace*: P. and V. χᾰ́ρῐς, ἡ.

Enticing, adj. P. ἐπαγωγός, προσαγωγός, ἐφολκός. *Charming*: Ar. and P. χᾰρίεις, P. εὔχαρις, ἐπίχαρις. *Delightful*: P. and V. τερπνός, ἡδύς.

Enticingly, adv. P. χαριέντως. *Delightfully*: P. and V. ἡδέως.

Entire, adj. *Whole*: P. and V. ὅλος. *All*: P. and V. πᾶς, ἅπᾱς, V. πρόπᾱς. *All together*: P. and V. σύμπᾱς, P. συνάπας (Plat.). *Com-*

plete, perfect : P. and V. τέλειος, τέλεος, παντελής, ἐντελής, P. ἐπιτελής. *Full* : P. and V. πλήρης. *Pure, unmixed* : P. εἰλικρινής, ἁπλοῦς, ἄκρατος. *Untouched, uninjured* : P. and V. ἀκέραιος, P. ἀνέπαφος; see *untouched, intact*.

Entirely, adv. P. and V. πάντως, πάντῃ, παντελῶς, Ar. and P. πάνυ, ἀτεχνῶς, P. παντάπασι, κατὰ πάντα, ὅλως, V. εἰς τὸ πᾶν, τὸ πάμπαν, παμπήδην. *From top to bottom* : P. and V. κἄτ' ἄκρας. *Utterly* : P. and V. ἄρδην.

Entitle, v. trans. *Call* : P. and V. κἄλεῖν, ὀνομάζειν, ἐπονομάζειν, ἀνἄκἄλεῖν; see *call*. *Give permission* : P. and V. ἐξουσίαν δἴδόναι (dat.). *I am entitled to* : P. and V. ἔξεστί μοι (infin.). *He urges that the boy is entitled to half the estate* : P. ἰσχυρίζεται τῷ παιδὶ τοῦ ἡμικληρίου προσήκειν (Isae. 83). *Entitled to* : use adj., P. and V. κύριος (infin.), δἴκαιος (infin.).

Entomb, v. trans. P. and V. θάπτειν, γῇ κρύπτειν (Thuc. 2, 34), P. καταθάπτειν; see *bury*.

Entombed, adj. V. τυμβήρης.

Entombment, subs. *Burial* : P. and V. τἄφος, ὁ, τἄφή, ἡ, V. κἄτασκἄφαί, αἱ.

Entrails, subs. P. and V. σπλάγχνα, τά (Plat.), ἔντερα, τά (Plat.).

Entrance, subs. *Going in* : P. and V. εἴσοδος, ἡ. *Way in* : P. and V. εἴσοδος, ἡ, εἰσβολή, ἡ, V. εἴσβἄσις, ἡ. *Entrance to a harbour, etc.* : P. εἴσπλους, ὁ. *Mouth* : P. and V. στόμἄ, τό, στόμιον, τό.

Entrance, v. trans. P. and V. κηλεῖν; see *bewitch, delight*.

Entrance-gates, subs. Ar. and P. προπύλαια, τά, V. πρόπὔλα, τά.

Entrancement, subs. *Act of bewitching* : P. κήλησις, ἡ (Plat.). *Pleasure, delight* : P. and V. ἡδονή, ἡ, τέρψις, ἡ, χἄρά, ἡ, V. χαρμονή, ἡ (also Plat. but rare P.), χάρμἄ, τό.

Entrap, v. trans. P. and V. αἱρεῖν, P. συμποδίζειν. *Lead on treacherously* : P. and V. ὑπάγειν. *Lie in wait for* : P. ἐνεδρεύειν (acc.), ἐλλοχᾶν (acc.), V. λοχᾶν (acc.); see *inveigle*.

Entreat, v. trans. P. and V. αἰτεῖν, πἄραιτεῖσθαι, ἱκετεύειν, δεῖσθαι (gen.), λῖπἄρεῖν, Ar. and P. ἀντἴβολεῖν, V. λίσσεσθαι, ἀντιάζειν, προσπίτνειν, προστρέπειν, προστρέπεσθαι, ἐξῐκετεύειν, Ar. and V. ἱκνεῖσθαι, ἄντεσθαι. *Entreat the gods* : see *supplicate, pray*. *Ask for* : P. and V. αἰτεῖν (acc.) (or mid.), ἀπαιτεῖν (acc.), V. ἐξαιτεῖν (acc.). *As a favour* : P. and V. πἄραιτεῖσθαι (acc.), προσαιτεῖν (acc.), ἐπαιτεῖν (acc.). *Entreat something of a person* : P. and V. αἰτεῖν (τινά τι) (or mid.), πἄραιτεῖσθαί (τινά τι), ἀπαιτεῖν (τινά τι), δεῖσθαί (τινός τι), προσαιτεῖν (τινά τι), V. ἐξαιτεῖν (τινά τι), κἄθῐκετεύειν (τινός τι); see *ask*. *Join in entreating* : P. συνδεῖσθαί (τινι, also τινός τι). *Entreat in return* : P. ἀντιδεῖσθαί (τινός τι).

Entreaty, subs. P. and V. προστροπή, ἡ, or pl. (rare P.), ἱκεσία, ἡ, V. λῖταί, αἱ, P. δέησις, ἡ, ἀντιβολία, ἡ, ἀντιβόλησις, ἡ, ἱκετεία, ἡ. *Entreaty made to the gods* : see *prayer*. *Request* : P. αἴτησις, ἡ, αἴτημα, τό, P. and V. χρεία, ἡ, Ar. δέημα, τό.

Entrench, v. trans. *Fortify* : Ar. and P. τειχίζειν, διἄτειχίζειν, ἐκτειχίζειν. *Dig trench round* : P. περιταφρεύειν (Xen.), ἀποταφρεύειν (Xen.). *Surround with a palisade* : P. ἀποσταυροῦν, σταυροῦν, περισταυροῦν.

Entrenchment, subs. *Ditch* : P. and V. τάφρος, ἡ. *Fort* : P. τείχισμα, τό, P. and V. ἔρῦμα, τό, τεῖχος, τό. ***Palisade*** : P. **σταύρωμα, τό, χαρακωμα**, τό. *Act of fortifying* : P. τείχισις, ἡ, τειχισμός, ὁ, σταύρωσις, ἡ. *Digging of entrenchments* : P. ταφρεία, ἡ.

Entrust, v. trans. See *intrust*.

Entry, subs. See *entrance*. *Right of entry* : P. and V. εἴσοδος, ἡ. *No entry was made (in the account books) for shoes* : P. εἰς ὑποδήματα . . . οὐκ ἦν γεγραμμένα (Lys. 210).

Entwine, v. trans. P. and V. ἐμπλέκειν, συμπλέκειν, πλέκειν, V. ἑλίσσειν, εἱλίσσειν; see *twine*. *Entwine one's arms about*: see *embrace*.

Enumerate, v. trans. *Count up*: P. and V. ἀριθμεῖν, διᾰριθμεῖν (mid. in P.), P. καταριθμεῖσθαι, ἀναριθμεῖσθαι; see *count, reckon*. *Narrate*: P. and V. ἐξηγεῖσθαι, διέρχεσθαι, ἐπεξέρχεσθαι, Ar. and P. διηγεῖσθαι, διεξέρχεσθαι.

Enumeration, subs. *Calculation*: Ar. and P. λογισμός, ὁ. *Narration*: P. διήγησις, ὁ.

Enunciate, v. trans. *Announce, declare*: P. and V. ἐκφέρειν, P. ἀποδείκνυσθαι; see *declare*.

Enunciation, subs. P. ἀπόδειξις, ἡ.

Enure, v. trans. See *inure*.

Envelop, v. trans. *Shut in*: P. and V. εἴργειν, κᾰτείργειν, ἐγκλῄειν, V. σῠνείργειν. *Surround*: P. and V. κυκλοῦσθαι, περῐβάλλειν, V. ἀμπέχειν, ἀμφῐβάλλειν, περιπτύσσειν. *Envelop (an enemy)*: P. and V. κυκλοῦσθαι, P. περικλῄειν (or mid.). *Cover*: Ar. and V. κᾰλύπτειν, V. συγκᾰλύπτειν (rare P.), πῠκάζειν, P. and V. περῐκᾰλύπτειν; see *cover*. *Enveloped in a cloak*: Ar. and P. ἀμπεχόμενος. *Enveloping garment*: V. ἐνδῠτὴρ πέπλος, ὁ.

Envelopment, subs. *Envelopment (of an enemy)*: P. κύκλωσις, ἡ.

Envenom, v. trans. P. and V. πᾰροξύνειν; see *embitter*.

Envenomed, adj. P. and V. πικρός.

Enviable, adj. P. and V. ζηλωτός, Ar. and P. μᾰκᾰριστός, V. ἐπίζηλος; see *happy*. *Enviable fortune*: V. ζηλώμᾰτα, τά.

Envied, adj. P. and V. ἐπίφθονος.

Envious, adj. P. and V. ἐπίφθονος, φθονερός.

Enviously, adv. P. ἐπιφθόνως, φθονερῶς.

Environment, subs. Use P. τὰ περιόντα.

Environs, subs. *Surrounding country*: use P. ἡ περιοικίς.

Envoy, subs. *Ambassador*: P. πρεσβευτής, ὁ, Ar. and V. πρέσβῠς, ὁ. *Envoys*: P. and V. πρέσβεις, οἱ, V. πρεσβεύμᾰτα, τά. *Messenger*: P. and V. ἄγγελος, ὁ or ἡ, V. πομπός, ὁ. *Envoy sent to consult an oracle or to a festival*: P. and V. θεωρός, ὁ, V. θεοπρόπος, ὁ. *Go as envoy to a shrine or festival*, v.: P. θεωρεῖν (Thuc., 5, 18). *Sending of envoys to a shrine*: P. θεωρία, ἡ. *Go between*: P. διάγγελος, ὁ.

Envy, v. trans. P. and V. φθονεῖν (dat. of pers., gen. of thing), P. ζηλοτυπεῖν (acc. of pers.); see *grudge*. Not in bad sense: P. and V. ζηλοῦν (acc. of pers., gen. of thing). *Think happy*: P. and V. εὐδαιμονίζειν, Ar. and P. μᾰκᾰρίζειν, Ar. and V. ὀλβίζειν.

Envy, subs. P. and V. φθόνος, ὁ, P. ζηλοτυπία, ἡ. *Emulation*: P. and V. ζῆλος, ὁ.

Ephemeral, adj. P. and V. ἐφήμερος (Plat.). *Short-lived*: P. βραχύβιος (Plat.). *Lasting a short time*: P. ὀλιγοχρόνιος. *Fleeting*: P. and V. πτηνός (Plat.).

Ephor, subs. P. ἔφορος, ὁ. *Be ephor*, v.: P. ἐφορεύειν.

Epic poem, subs. Ar. and P. ἔπη, τά.

Epicure, subs. See *gourmand*.

Epidemic, subs. *Plague*: P. and V. νόσος, ἡ, νόσημα, τό, λοιμός, ὁ. Met., *bad habit*: use P. τὸ κακόηθες (Plat.).

Episode, subs. *Event*: P. and V. συμφορά, ἡ, P. συντυχία, ἡ. *Digression*: P. and V. ἐκτροπή, ἡ. *Something secondary*: P. and V. πάρεργον, τό.

Epistle, subs. P. and V. ἐπιστολή, ἡ, or pl., γράμμᾰτα, τά, γρᾰφή, ἡ, or pl.

Epitaph, subs. P. ἐπιγραφή, ἡ, P. and V. ἐπίγραμμα, τό, γράμμᾰ, τό, γρᾰφή, ἡ.

Epitome, subs. P. κεφάλαιον, τό.

Epitomise, v. trans. *Cut short*: P. and V. συντέμνειν. *Give an epitome of*: P. ἐν κεφαλαίῳ εἰπεῖν (acc.), διὰ βραχέων εἰπεῖν (acc.).

Epoch, subs. *Time, season* : P. and V. χρόνος, ὁ.

Epoch-making, adj. Use *important*.

Equability, subs. *Equability of temper* : P. εὐκολία, ἡ, Ar. and P. ἡσῠχία, ἡ, V. τὸ ἡσῠχαῖον. *Equability of temperature* : P. εὐκρασία, ἡ.

Equable, adj. Of temper: P. and V. ἥσῠχος, ἡσῠχαῖος, P. ἡσύχιος, Ar. and P. εὔκολος. Of temperature: P. εὐκράς (Plat.; also met., Eur., *Frag.*), V. εὔκρᾶτος (Eur., *Frag.*); see *climate*.

Equably, adv. *Calmly* : P. and V. ἡσῠχῇ, ἡσύχως, P. εὐκόλως, Ar. and P. ἠρέμᾰ.

Equal, adj. P. and V. ἴσος, V. ἰσήρης. *Equal in number* : P. ἰσοπληθής, ἰσάριθμος. *Nearly equal* : P. παραπλήσιος. *They were found nearly equal in the voting* : P. ἐγένοντο ἐν τῇ χειροτονίᾳ ἀγχώμαλοι (Thuc. 3, 49). *Equal to, worth* : see *equivalent to*. *Equally matched* : P. and V. ἰσόρροπος, P. ἰσοπαλής, ἀντίπαλος. *Equal to meeting danger* : P. ἰσοκίνδυνος. *Equal to, a match for* : P. ἀξιόμαχος (dat.), ἱκανός (dat.); see *match*. *Competent to* : P. and V. ἱκᾰνός (infin.), ἀξιόχρεως (infin.) (rare V.). *On equal terms* : P. ἀπὸ τοῦ ἴσου, ἐξ ἴσου.

Equal, subs. *One's equal (in age)* : Ar. and P. ἡλῐκιώτης, ὁ, P. and V. ἧλιξ, ὁ or ἡ, V. ὁμῆλιξ, ὁ or ἡ, σῠνῆλιξ, ὁ or ἡ. *One's equals in rank* : P. οἱ ἐξ ἴσου.

Equal, v. trans. *Be equal to* : P. and V. ἰσοῦσθαι (dat.), ἐξῐσοῦσθαι (dat.), P. ἰσάζεσθαι (dat.). *Be like* : P. and V. ὁμοιοῦσθαι (dat.), ἐξομοιοῦσθαι (dat.). *Be equivalent to* : Ar. and P. δύνασθαι (acc.). *Make equal* : see *equalise*.

Equalise, v. trans. P. and V. ἐξῐσοῦν, P. ἐπανισοῦν. *Make like* : P. and V. ὁμοιοῦν, ἐξομοιοῦν.

Equality, subs. P. ἰσότης, ἡ. *Political equality* : P. and V. ἰσότης, ἡ, τὸ ἴσον (Eur., *Phoen.* 538), P. ἰσονομία, ἡ, ἰσηγορία, ἡ. *Be on an equality with the multitude* : P. μετὰ πολλῶν ἰσονομεῖσθαι (Thuc. 6, 38).

Equally, adv. P. and V. ἴσως, ἐξ ἴσου, P. ἀπὸ τῆς ἴσης. *Alike* : P. and V. ὁμοῖα, ὁμοίως. *Together, at the same time* : P. and V. ὁμοῦ, ἅμᾰ, V. ὁμῶς.

Equanimity, subs. Ar. and P. ἡσῠχία, ἡ, V. τὸ ἡσῠχαῖον. *Bear with equanimity* : P. and V. ῥᾳδίως φέρειν (acc.), V. κούφως φέρειν (acc.).

Equerry, subs. *Squire* : P. and V. ὑπηρέτης, ὁ, ὑπασπιστής, ὁ (Xen.), V. ὀπάων, ὁ, ὀπᾱδός, ὁ, ὑπασπιστήρ, ὁ.

Equestrian, adj. P. and V. ἱππῐκός, Ar. and V. ἵππιος. *Mounted on horseback* : P. and V. ἔφιππος.

Equestrian, subs. P. and V. ἱππεύς, ὁ, V. ἱππότης, ὁ, ἱππηλάτης, ὁ.

Equilateral, adj. P. ἰσόπλευρος.

Equilibrium, subs. *Equipoise* : P. ἰσορροπία, ἡ (Plat.), τὸ ἀντίπαλον.

Equine, adj. P. and V. ἱππῐκός, Ar. and V. ἵππιος.

Equip, v. trans. P. and V. σκευάζειν, πᾰρασκευάζειν, στέλλειν (rare P.), ἐξαρτύειν, V. ὁπλίζειν, ἐξοπλίζειν, ἐκστέλλειν, P. κατασκευάζειν. *Equipped*, adj.: also use V. ἐστολισμένος. *Equipped with* : use adj., V. κᾰτήρης (dat.). *Well equipped* : P. and V. εὐστᾰλής. *Be well equipped*, v.: V. εὐσκευεῖν (Soph., *Aj.* 823).

Equipment, subs. Ar. and P. πᾰρασκευή, ἡ (rare V.), P. κατασκευή, ἡ. *Dress* : P. and V. σκευή, ἡ, στολή, ἡ (Plat.), V. στόλισμα, τό; see *dress*. *Armour, etc.* : V. σᾰγή, ἡ; see *arms*, *armour*. *Equipment of shield* : V. φεράσπῐδες σᾰγαί (Æsch., *Pers.* 240).

Equipoise, subs. P. ἰσορροπία, ἡ.

Equipoised, adj. P. and V. ἰσόρροπος.

Equitable, adj. P. and V. ἴσος, ἐπιεικής. *Just* : P. and V. δίκαιος, ὀρθός, ἔνδῐκος.

Equitably, adv. P. ἴσως, ἐπιεικῶς. *Justly* : P. and V. δῐκαίως, ὀρθῶς, ἐνδῐκως; see *justly*.

Equity, subs. P. ἐπιείκεια, ἡ, V. τοὐπιεικές; see *justice.*

Equivalent to, adj. *Equal to in worth*: P. ἀντάξιος (gen.). *Equal to*: P. and V. ἴσος (dat.); see *equal. Be equivalent to, amount to*: Ar. and P. δύνασθαι (acc.).

Equivocal, adj. P. ἀμφίβολος, V. ἀμφίλεκτος, δῐχόμῡθος. *Not clear*: P. and V. ἀσαφής, ἄδηλος.

Equivocally, adv. P. ἀσαφῶς, V. ἀμφῐλέκτως.

Equivocate, v. intrans. *Shuffle*: P. διακρούεσθαι.

Equivocation, subs. *Want of clearness*: P. ἀσάφεια, η. *Prevarication*: P. διάκρουσις, ἡ.

Era, subs. *Time*: P. and V. χρόνος, ὁ.

Eradicate, v. trans. *Annihilate*: P. and V. ἐξᾰλείφειν, V. ἐκτρίβειν; see also *destroy. Eradicate from the mind*: P. and V. ἐξᾰλείφειν.

Erase, v. trans. P. and V. ἐξᾰλείφειν, P. ἐκκολάπτειν, ἀπαλείφειν. *Make to disappear*: P. and V. ἀφᾰνίζειν, κᾰθαιρεῖν. *Erase from the mind*: P. and V. ἐξᾰλείφειν. *Cross out*: Ar. and P. διαγρᾰ́φειν. *Hard to erase*, adj.: P. δυσέκνιπτος, V. δύσνιπτος.

Ere, conj. P. and V. πρίν, Ar. and P. πρότερον ἤ . . ., πρότερον . . . πρίν.

Ere, prep. P. and V. πρό (gen.). *Ere long*: P. and V. ἐν τάχει, V. οὐ μακράν; see *soon. Ere now*: P. and V. ἤδη, πρὸ τοῦ, ποτέ; see *formerly.*

Erebus, subs. Ar. Ἔρεβος, τό.

Erect, v. trans. *Set upright*: P. and V. ἱστᾰ́ναι, ἀνιστᾰ́ναι. *Raise*: P. and V. ὀρθοῦν (rare P.). *Set up, establish*: P. and V. κᾰθιστᾰ́ναι. *Build*: Ar. and P. οἰκοδομεῖν, P. κατασκευάζειν, V. τεύχειν. *Found*: P. and V. κτίζειν. *Erect (a statue, temple, etc.)*: P. and V. ἱδρύειν (or mid.), V. κᾰθιδρῡ́εσθαι; see *set up. Erect (a trophy)*: P. and V. ἱστᾰ́ναι (or mid.).

Erect, adj. P. and V. ὀρθός, V. ὄρθιος; see *upright. Standing erect*, adv.: V. ὀρθοστᾰ́δην. *Sit erect*: V. στᾰδαῖος ἧσθαι (Æsch., *Theb.* 513).

Erection, subs. *Setting up, establishment*: P. and V. κᾰτάστᾰσις, ἡ. *Act of building*: P. οἰκοδομία, ἡ, οἰκοδόμησις, ἡ. *Building erected*: P. οἰκοδόμημα, τό, κατασκεύασμα, τό.

Erectly, adv. V. ὀρθοστᾰ́δην.

Erectness, subs. P. ὀρθότης, ἡ (Xen.).

Erotic, adj. P. ἐρωτικός.

Err, v. intrans. P. and V. ἁμαρτᾰ́νειν, ἐξᾰμαρτᾰ́νειν, σφάλλεσθαι, πλημμελεῖν, P. πταίειν, διαμαρτάνειν, V. ἀμπλᾰκεῖν (2nd aor.); see *mistake. Wander*: P. and V. πλᾰνᾶσθαι; see *wander.*

Errand, subs. *Mission*: Ar. and V. στόλος, ὁ. *Message*: P. and V. ἄγγελμα, τό, Ar. and P. ἀγγελία, ἡ. *Business*: P. and V. ἔργον, τό, P. πραγματεία, ἡ. *Go on an errand*, v.: V. στέλλεσθαι, P. and V. πέμπεσθαι.

Errant, adj. *Wandering*: V. διάδρομος, φοιτᾰ́ς, πολῠ́δονος, πλᾰνήτης, P. πλανητός, Ar. and V. νομᾰ́ς.

Erratic, adj. P. ἀκατάστατος. *Not to be depended on*: Ar. and P. ἀστάθμητος. *Changeable* (of persons): Ar. μετᾰ́βουλος, V. κουφόνους.

Erratically, adv. P. ἀκαταστάτως. *At random*: P. and V. εἰκῇ.

Erroneous, adj. P. and V. ψευδής, οὐκ ὀρθός.

Erroneously, adv. P. and V. ψευδῶς, οὐκ ὀρθῶς.

Error, subs. P. and V. ἁμαρτία, ἡ, σφάλμᾰ, τό, P. ἁμάρτημα, τό, διαμαρτία, ἡ, V. ἐξᾰμαρτία, ἡ, ἀμπλᾰ́κημα, τό. *Be in error*, v.: see *be mistaken. Error of judgment*: P. γνώμης ἁμάρτημα (Thuc. 2, 65).

Erst, adv. P. and V. ποτέ, πᾰ́λαι ποτέ, ἤδη ποτέ, πρόσθεν, πρότερον, πρίν, V. ποτ᾽ ἤδη; see *formerly.*

Erudite, adj. Ar. and P. πολῠμᾰθής, P. and V. σοφός; see *learned.*

Eruditely, adv. P. and V. σοφῶς.

Erudition, subs. P. πολυμαθία, ἡ, P. and V. σοφία, ἡ; see *learning*.

Eruption, subs. *Eruption of a volcano.—This eruption is said to have occurred fifty years after the former one*: P. λέγεται δὲ πεντηκοστῷ ἔτει ῥυῆναι τοῦτο μετὰ τὸ πρότερον ῥεῦμα (Thuc. 3, 116). *In this very spring there was an eruption of lava from Etna*: P. ἐρρύη περὶ αὐτὸ τὸ ἔαρ τοῦτο ὁ ῥύαξ τοῦ πυρὸς ἐκ τῆς Αἴτνης (Thuc. 3, 116). *Eruption of the skin*: V. λειχήν, ὁ, P. ἕλκος, τό. *Break out into eruptions*: P. ἕλκεσιν ἐξανθεῖν (Thuc 2, 49).

Escapade, subs. P. and V. τόλμημα, τό, κινδῦνευμα, τό, V. τόλμᾰ, ἡ.

Escape, v. trans. or absol. P. and V. φεύγειν, ἐκφεύγειν, διαφεύγειν, ἀποφεύγειν, πᾰρέρχεσθαι, ἐκδιδράσκειν (Eur., *Heracl.* 14) (absol.), Ar. and P. ἀποδιδράσκειν, διᾰδιδράσκειν (absol.), V. φυγγάνειν, ἐκφυγγάνειν, ἀλύσκειν, ἐξᾰλύσκειν, ὑπεκτρέχειν, ἐκκῠλίνδεσθαι (gen.) (also Xen.). *Escape notice of*: P. and V. λανθάνειν (acc.), V. λήθειν (acc.), P. διαλανθάνειν (acc.). *Slip through the fingers*: see under *slip*. *It escapes my memory*: P. διαφεύγει με. *Slip out of*: P. and V. ἐκδῠεσθαι (acc. or gen.), V. ὑπεκδῠεσθαι (acc.) (Eur., *Cycl.*); see also *back out*. V. intrans. *Get off*: P. and V. ἀπαλλάσσειν, ἐξᾰπαλλάσσεσθαι. *Escape in safety to*: P. and V. σώζεσθαι εἰς (acc.), V. ἐκσώζεσθαι εἰς (acc.). *Escape privily*: P. and V. ὑπεκφεύγειν.

Escape, subs. P. and V. φῠγή, ἡ, P. διαφυγή, ἡ, ἀποφυγή, ἡ. *Way of escape*: P. and V. ἀποστροφή, ἡ, ἔξοδος, ἡ, V. ἐκτροπή, ἡ, ἄλυξις, ἡ, ἔκβᾰσις, ἡ. *Have a narrow escape*: see under *narrow*. *Escape is not easy*: V. ἐστὶ δʼ οὐκ εὐέξοδον (Æsch., *Pers.* 688).

Eschew, v. trans. See *avoid*.

Escort, v. trans. P. and V. προπέμπειν, πέμπειν. *Lead*: P. and V. ἄγειν, ἡγεῖσθαι (dat.); see *guide*. *Accompany*: P. and V. ἕπεσθαι (dat.), σῠνέπεσθαι (dat.), ὁμῑλεῖν (dat.); see *accompany*. *Attend as bodyguard*: P. δορυφορεῖν (acc.). *Guard on the way* (of a large boat escorting a smaller one): Ar. and P παρᾰπέμπειν, P. συμπροπέμπειν.

Escort, subs. *Guidance*: P. ὑφήγησις, ἡ, V. πομπή, ἡ (Eur., *I. A.* 351). *Guide*: P. and V. ἡγεμών, ὁ or ἡ, V. πομπός, ὁ, πρόπομπος, ὁ, P. ἀγωγός, ὁ. *Bodyguard*: P. and V. δορῠφοροι, οἱ. *Attendant*: V. ὀπᾱδός, ὁ, ὀπάων, ὁ.

Escorting, adj. V. πομπαῖος, πόμπῐμος, εὔπομπος, ὠκῠπομπος.

Escutcheon, subs. Ar. and V. σημεῖον, τό, V. σῆμα, τό, ἐπίσημα, τό.

Especial, adj. P. and V. ἐξαίρετος, V. ἔξοχος; see *special*.

Especially, adv. P. διαφερόντως, ἐν τοῖς μάλιστα, P. and V. μάλιστα, οὐχ ἥκιστα, V. ἐξόχως. With a clause following: P. and V. ἄλλως τε καί, V. ἄλλως τε πάντως καί.

Espionage, subs. P. and V. κᾰτασκοπή, ἡ.

Espousal, subs. *Betrothal*: P. ἔκδοσις, ἡ, ἐγγύη, ἡ, ἐγγύησις, ἡ, V. μνηστεύμᾰτα, τά. *Marriage*: P. and V. γάμος, ὁ, V. νυμφεῖα, τά, νύμφευμα, τό, εὐνεύμᾰτα, τά, Ar. and V. ὑμεναῖος, ὁ.; see *marriage*.

Espouse, v. trans. *Betroth*: P. and V. ἐκδῐδοναι (or mid.), σῠνοικίζειν, ἐγγυᾶν, V. κᾰτεγγυᾶν, νυμφεύειν, μνηστεύειν; see *betroth*. *Marry*: of the man, P. and V. γᾰμεῖν, ἄγεσθαι; of the woman, P. and V. γᾰμεῖσθαι, V. νυμφεύειν (or pass.) (dat.); see *marry*. Met., *espouse a cause*: see *side with*.

Espy, v. trans. P. and V. ὁρᾶν, ἐφορᾶν, κᾰθορᾶν, σκοπεῖν, θεᾶσθαι, θεωρεῖν, V. εἰσορᾶν (or mid.) (rare P.); see *see, look at*. *Spy out*: P. and V. κᾰτασκοπεῖν, κᾰτοπτεύειν (Xen.), V. παπταίνειν.

Esquire, subs. *Attendant*: P. and V. ὑπηρέτης, ὁ, ὑπασπιστής, ὁ (Xen.), V. ὀπᾱδός, ὁ, ὀπάων, ὁ, ὑπασπιστήρ, ὁ. *Serve as esquire to*, v.: V. ὑπασπίζειν (dat.).

Essay, subs. *Attempt*: P. and V. πεῖρα, ἡ, ἐγχείρημα, τό, P. ἐπιχείρημα, τό, ἐπιβολή, ἡ; see *attempt*. *Essay* (in literary sense): use P. and V. λόγος, ὁ.

Essay, v. trans. P. and V. ἐπιχειρεῖν (dat.), ἐγχειρεῖν (dat.), ἅπτεσθαι (gen.), γεύεσθαι (gen.). With infin.: P. and V. ἐπιχειρεῖν (infin.), ἐγχειρεῖν (infin.), πειρᾶν (or mid.) (infin.).

Essence, subs. *That which constitutes the nature of anything*: P. οὐσία, ἡ (Plat.). *Unguent*: P. and V. μύρον, τό. *Jar for essences*: V. μυρηρὸν τεῦχος (Æsch., *Frag*.).

Essential, adj. *Necessary*: P. and V. ἀναγκαῖος.

Essentially, adv. *Necessarily*: P. and V. ἀναγκαίως. *By nature*: P. and V. φύσει.

Establish, v. trans. P. and V. κἄθιστάναι, ἱστάναι, ἱδρύειν, ποιεῖν, τιθέναι, προτιθέναι (or mid.). *There is an honoured court which Zeus once established for Ares*: V. ἔστιν γὰρ ὁσία ψῆφος ἣν Ἄρει ποτὲ Ζεὺς εἵσατο (aor. mid. ἵζειν) (Eur., *I. T*. 945). *Found (colonies, etc.)*: P. and V. κτίζειν, οἰκίζειν, κἄτοικίζειν; see *found*. *Ratify*: P. and V. κῡροῦν, ἐπικῡροῦν. *Establish the truth of*: P. βεβαιοῦν (acc.), ἐπαληθεύειν. *Establish by evidence*: see *prove*. *Make to dwell*: P. and V. οἰκίζειν, ἱδρύειν, κἄθιδρύειν, κἄτοικίζειν. *Establish (one) in a place*: P. and V. ἐγκἄθιστάναι (acc. or dat.). *Establish oneself, settle*: P. and V. ἱδρύεσθαι; see *settle oneself*. In military sense: P. and V. ἱδρύεσθαι, κἄθῆσθαι, P. καθίζεσθαι. *Be established* (of law, custom, etc.): P. and V. κεῖσθαι. *The established laws*: P. and V. οἱ νόμοι οἱ κείμενοι. *Established, customary*: P. and V. κἄθεστώς, κἄθεστηκώς, νόμῐμος. *The established government*: P. τὰ καθεστηκότα πράγματα.

Establishment, subs. *Setting up*: P. and V. κἄτάστἄσις, ἡ. *Founding*: P. κτίσις, ἡ, οἴκισις, ἡ, κατοίκισις, ἡ. *Confirmation*: P. βεβαίωσις, ἡ. *Household*: P. and V. οἶκος, ὁ. *Run two establishments*: P. δυ' οἰκίας οἰκεῖν (Dem. 1002).

Estate, subs. *Position, rank*: P. and V. τάξις, ἡ. *Man's estate, manhood*: Ar. and P. ἡλῐκία, ἡ, P. and V. ἥβη, ἡ; see *manhood*. *Land*: P. χώρα, ἡ (Xen.), P. and V. ἀγρός, ὁ, or pl. *Small estate*: Ar. and P. χωρίον, τό, γήδιον, τό (Xen.). *Inhabited property*: P. and V. οἶκος, ὁ. *Property for inheritance*: P. and V. κλῆρος, ὁ. *Claim an estate*: P. ἐπιδικάζεσθαι κλήρου. *Property in real estate*: P. οὐσία ἔγγειος, ἡ.

Esteem, v. trans. *Prize*: P. and V. τῑμᾶν, ἐπιστρέφεσθαι (gen.), φροντίζειν (gen.), κήδεσθαι (gen.) (rare P.), V. προκήδεσθαι (gen.), ἐνἄριθμεῖσθαι. *Value*: P. and V. τῑμᾶν, ἀξιοῦν. *Value highly*: P. περὶ πολλοῦ ποιεῖσθαι, περὶ παντὸς ἡγεῖσθαι, V. πολλῶν ἀξιοῦν (Æsch., *Supp*. 490). *Esteem not at all*: P. περὶ οὐδένος ἡγεῖσθαι; see also *slight*. *Consider*: P. and V. νομίζειν, ἡγεῖσθαι, ἄγειν, V. νέμειν. *Be esteemed, considered*: P. and V. δοκεῖν. *Be highly esteemed*: Ar. and P. εὐδοκῐμεῖν.

Esteem, subs. *Account*: P. and V. λόγος, ὁ. *Honour*: P. and V. τῑμή, ἡ. ἀξίωμα, τό. *Reputation*: P. and V. δόξἄ, ἡ.

Esteemed, adj. P. εὐδόκιμος, P. and V. εὔδοξος.

Estimable, adj. P. and V. χρηστός, ἀγἄθός, κἄλός.

Estimably, adv. P. and V. εὖ, κἄλῶς.

Estimate, v. trans. *Make a valuation of*: P. τιμᾶν (acc.). *Calculate*: P. and V. λογίζεσθαι, P. διαλογίζεσθαι; see *reckon*.

Estimate, subs. P. and V. τίμημα, τό. *Act of estimating*: P. τίμησις, ἡ. *Calculation*: P. λογισμός, ὁ. *Judgment, opinion*: P. and V. δόξἄ, ἡ.

Estimation, subs. *Account*: P. and V. λόγος, ὁ. *Opinion*: P. and V. δόξᾰ, ἡ, γνώμη, ἡ. *Reputation*: P. and V. δόξᾰ, ἡ, ἀξίωμα, τό.

Estrange, v. trans. *Make hostile*: P. ἀλλοτριοῦν, ἀπαλλοτριοῦν, πολεμοῦσθαι (mid.). *Set at variance*: Ar. and P. διιστάναι. *Estranged from*: P. ἀλλότριος (dat.).

Estrangement, subs. P. ἀλλοτρίωσις, ἡ. *Hostility*: P. and V. ἔχθρα, ἡ, ἔχθος, τό, δυσμένεια, ἡ. *What is the meaning of this estrangement*: V. τίς ὁ τρόπος ξενώσεως τῆσδε (Eur., *H. F.* 965).

Estuary, subs. *Gulf*: P. and V. κόλπος, ὁ. *Mouth (of a river, etc.)*: P. and V. στόμᾰ, τό.

Eternal, adj. P. αἰώνιος, ἀΐδιος, V. ἀείζως, ἀείζωος. *Immortal*: P. and V. ἀθάνατος, Ar. and V. ἄφθῐτος; see *immortal*. *Continuous*: P. συνεχής, V. διᾰτελής.

Eternally, adv. *For ever*: P. and V. ἀεί, Ar. and V. αἰέν, V. εἰσαεί, ἐσᾱεί, εἰς τὸ πᾶν χρόνου, δι' αἰῶνος, τὸν δι' αἰῶνος χρόνον, P. εἰς πάντα χρόνον, εἰς ἀΐδιον. *Continuously*: Ar. and P. σῠνεχῶς. *Eternally remembered*, adj.: P. and V. ἀείμνηστος.

Eternity, subs. V. μῡρίος χρόνος, ὁ, or use P. and V. ὁ πᾶς χρόνος (Plat., *Ap.* 40E), ὁ ἀεὶ χρόνος.

Etesian winds, subs. P. ἐτησίαι, οἱ.

Ether, subs. P. and V. αἰθήρ, ὁ; see *air*.

Ethereal, adj. *Divine*: P. and V. θεῖος, Ar. and P. δαιμόνιος, V. δῖος. *Airy*: Ar. and V. αἰόλος

Ethical, adj. See *moral*.

Ethics, subs. *Conduct*: P. and V. πρᾶξις, ἡ. See *morality*.

Etiquette, subs. *Propriety*: P. and V. τὸ κόσμιον, τὸ πρέπον.

Eulogise, v. trans. P. and V. ἐπαινεῖν, P. ἐγκωμιάζειν, Ar. and V. εὐλογεῖν, V. αἰνεῖν (also Plat., *Rep.* 404D, but rare P.).

Eulogy, subs. P. and V. ἔπαινος, ὁ, Ar. and P. ἐγκώμιον, τό, εὐλογία, ἡ, V. ἐπαίνεσις, ἡ, αἶνος, ὁ.

Eunuch, subs. Ar. and P. εὐνοῦχος, ὁ.

Euphemism, subs. P. εὐφημία, ἡ. *Call by a euphemism*, v. trans.: Ar. and P. ὑποκορίζεσθαι (acc.).

Euphony, subs. P. εὐστομία, ἡ.

Evacuate, v. trans. P. and V. ἐρημοῦν, P. ἀπανίστασθαι (ἐκ, gen., or gen. alone); see also *leave, empty*.

Evacuation, subs. P. ἀπόλειψις, ἡ.

Evade, v. trans. P. ἐκκρούειν, διακρούεσθαι, Ar. and P. διᾰδύεσθαι. *Escape*: P. and V. φεύγειν, ἐκφεύγειν, ἀποφεύγειν, διᾰφεύγειν, πᾰρέρχεσθαι; see *escape*.

Evanescent, adj. *Short-lived*: P. and V. ἐφήμερος, P. βραχύβιος. *Lasting a short time*: P. ὀλιγοχρόνιος. *Fleeting*: P. and V. πτηνός (Plat.).

Evaporate, v. intrans. *Dry up*: P. and V. ξηραίνεσθαι. Met., P. and V. ἀπορρεῖν, διαρρεῖν.

Evasion, subs. *Excuse*: P. and V. πρόφᾰσις, ἡ. *Shift, artifice*: P. and V. στροφή, ἡ, P. διαδύσεις, αἱ. *Putting off* (of punishment): P. διάκρουσις, ἡ. *Practise evasions*, v.: P. διακρούεσθαι. *Make excuses*: Ar. and P. προφᾰσίζεσθαι.

Evasive, adj. *Not clear*: P. and V. ἀσᾰφής. *Obscure*: V. δυσμᾰθής, ἄσημος, ἀξύμβλητος, δυστόπαστος, ἄσκοπος. *Ambiguous*: P. ἀμφίβολος, V. ἀμφίλεκτος, δῐχόμῡθος.

Evasively, adv. P. ἀσαφῶς. *Ambiguously*: V. ἀμφιλέκτως.

Eve, subs. See *evening*. *The day before*: P. ἡ προτεραία (gen. or absol.). Met., *be on the eve of*: P. and V. μέλλειν (infin.).

Even, adj. *Equal*: P. and V. ἴσος. *Level*: P. ὁμαλός, ἐπίπεδος, V. λευρός. *Straight*: P. and V. ὀρθός. *Evenly contested* (of a battle): P. and V. ἰσόρροπος, P. ἀγχώμαλος. *Even (number)*: P. ἄρτιος. *Smooth*: P. and V. λεῖος. *Cyclopean walls, made even by plumb-line and chisel*: V. τὰ Κυκλώπων βάθρα . . . κανόνι καὶ τύκοις ἡρμοσμένα (Eur., *H. F.* 944).

Even, adv. P. and V. καί. *Even as*: P. and V. ὥσπερ, ὡς. *Not even*: P. and V. οὐδέ, μηδέ. *Even so, yes*: P. and V. ναί, ναιχί; see *yes*.

Evening, subs. P. and V. ἑσπέρα, ἡ. *Late afternoon*: P. and V. δείλη, ἡ (Soph., *Frag.*); see *night*. *Late in the evening*: P. ὀψὲ τῆς ἡμέρας; see *late*. *Of evening*, adj.: V. ἕσπερος.

Evening-star, subs. V. Ἕσπερος, ὁ.

Evenly, adv. P. ὁμαλῶς. *Smoothly*: P. λείως.

Evenness, subs. P. τὸ ὁμαλόν, P. and V. λειότης, ἡ.

Event, subs. P. and V. συμφορά, ἡ, Ar. and P. συντῠχία, ἡ. *Issue, result*: P. and V. συμφορά, ἡ, τέλος, τό; see *result*. *He will wait the turn of events*: P. προσεδρεύσει τοῖς πράγμασι (Dem. 14). *The future*: P. and V. τὸ μέλλον. *At all events*: P. and V. γε, γοῦν, γε μήν, πάντως, V. ἔμπᾱς. *In the event of*: use *if*.

Eventful, adj. P. ἀξιόλογος.

Eventuality, subs. P. and V. συμφορά, ἡ, P. συντυχία, ἡ.

Eventually, adv. *In time*: P. and V. χρόνῳ, διὰ χρόνου, V. χρόνῳ ποτέ, σὺν χρόνῳ, ἐν χρόνῳ; see *hereafter*. *At last*: P. and V. τέλος.

Ever, adv. *At any time*: P. and V. ποτέ. *Always*: P. and V. ἀεί, Ar. and V. αἰέν. With relatives: P. and V. ποτέ, δή, P. δήποτε, δηποτοῦν. *Whosoever*: Ar. and P. ὁστισοῦν; see *whoever*. *Ever yet*: P. and V. πώποτε. *For ever*: P. and V. ἀεί, διᾰ τέλους, V. εἰσαεί, ἐσᾱεί, εἰς τὸ πᾶν χρόνου, δι' αἰῶνος, τὸν δι' αἰῶνος χρόνον, P. εἰς πάντα χρόνον, εἰς ἀΐδιον, Ar. and V. αἰέν. *Be bolder than ever*: P. αὐτοὶ ἑαυτῶν θαρραλεώτεροι εἶναι (Plat., *Prot.* 350D).

Everlasting, adj. *Eternal*: P. αἰώνιος, ἀΐδιος, V. ἀείζως, ἀείζωος. *Immortal*: P. and V. ἀθᾰ́νᾰτος, Ar. and V. ἄφθῐτος. *Ageless*: P. and V. ἀγήρως. *Ceaseless*: Ar. and P. ἀπέραντος, V. διᾰτελής.

Everlastingly, adv. See *for ever*, under *ever*. *Continuously*: Ar. and P. σὐνεχῶς.

Ever-memorable, adj. P. and V. ἀείμνηστος.

Evermore, adv. See *for ever*, under *ever*.

Ever since, conj. P. and V. ἐξ οὗ, ἀφ' οὗ, ἐξ ὅτου, V. ἀφ' οὗπερ, ἐξ οὗτε, ἐπεί, Ar. and V. ἐξ οὗπερ, P. ἐπειδήπερ; see *since*.

Every, adj. P. and V. πᾶς, ἕκαστος. *At every tenth battlement were large towers*: P. διὰ δέκα ἐπάλξεων πύργοι ἦσαν μεγάλοι (Thuc. 3, 21). *Twice every year*: P. δὶς τοῦ ἐνιαυτοῦ. *Every fifth year*: P. δι' ἐνιαυτοῦ πεμπτοῦ, Ar. δι' ἔτους πεμπτοῦ (*Pl.* 584). *Every day*, adv.: P. and V. κᾰθ' ἡμέραν, V. κᾰτ' ἦμαρ; see *daily*; as adj., *ordinary*: see *ordinary*. *Of every kind*, adj.: P. and V. παντοῖος, Ar. and P. παντοδᾰπός. *Every time that, as often as*: P. ὁσάκις. *Every time*: Ar. and P. ἑκάστοτε. *In every way*: P. and V. πανταχῇ, P. πανταχῶς.

Everybody, subs. See *every one*.

Every one, subs. P. and V. πᾶς, πᾶς τις, ἕκαστος, οὐδεὶς ὅστις οὐ, V. οὐδεὶς ὃς οὐ.

Everything, subs. P. and V. πᾶν, πάντᾰ. *Euboea, now that Attica was cut off, was everything to them*: P. Εὔβοια αὐτοῖς ἀποκεκλῃμένης τῆς Ἀττικῆς πάντα ἦν (Thuc. 8, 95; cf. also Dem. 240).

Everywhere, adv. P. and V. πανταχοῦ, πανταχῇ, Ar. and P. πάντῃ, P. ἑκασταχοῦ, V. ἁπανταχοῦ, ἁπανταχῇ. *From everywhere*: P. and V. πάντοθεν (Plat., Andoc., Isae.), Ar. and P. πανταχόθεν. *To everywhere*: P. πανταχόσε, Ar. and P. πανταχοῖ.

Evict, v. trans. P. ἐξάγειν; see *eject*.

Eviction, subs. P. ἐξαγωγή, ἡ; see *ejectment*.

Evidence, subs. *Testimony*: Ar. and P. μαρτῠρία, ἡ, V. μαρτῠ́ρια, τά, μαρτῠ́ρημα, τό. *Give evidence*, v.: P. and V. μαρτῠρεῖν, ἐκμαρτῠρεῖν.

Proof, subs. : P. and V. σημεῖον, τό, τεκμήριον, τό, δεῖγμα, τό, V. τέκμαρ, τό, P. μαρτύριον, τό, ἔνδειγμα, τό. *Give evidence of*, v. : P. δεῖγμα ἐκφέρειν (gen.) (Dem. 679), P. and V. ἐνδείκνυσθαι (acc.), Ar. and P. ἐπῐδείκνυσθαι (acc.) ; see *show*. *Be in evidence* : P. ἐπιπολάζειν (Dem. 117) ; see *current*.

Evident, adj. P. and V. δῆλος, ἐναργής, σᾰφής, λαμπρός, ἔνδηλος, φᾰνερός, ἐμφᾰνής, ἐκφᾰνής, διᾰφᾰνής, περῐφᾰνής, Ar. and P. εὔδηλος, P. ἐπιφανής, καταφανής, V. σᾰφηνής, τορός, τρᾰνής ; see *clear*.

Evidently, adv. P. and V. σᾰφῶς, ἐμφᾰνῶς, δηλᾰδή, λαμπρῶς, περῐφᾰνῶς, Ar. and P. φᾰνερῶς, κᾰτᾰφᾰνῶς, P. διαφανῶς, ἐπιφανῶς, V. σᾰφηνῶς ; see *clearly*.

Evil, adj. *Wicked* : P. and V. κᾰκός, πονηρός, μοχθηρός, πάγκᾰκος, πᾰνοῦργος, φαῦλος, φλαῦρος, ἀνόσιος ; see *wicked*. *Unfortunate* : P. and V. κᾰκός, δυστῠχής, δυσδαίμων, ἀτῠχής (rare V.), Ar. and V. δύσποτμος ; see *unfortunate*. *Unjust* : P. and V. ἄδῐκος, ἄνομος, πᾰράνομος, V. ἔκδῐκος. *Sorry, mean* : P. and V. φαῦλος, κᾰκός, Ar. and P. μοχθηρός, Ar. and V. δείλαιος (rare P.).

Evil, subs. P. and V. κάκη, ἡ, πονηρία, ἡ, πᾰνουργία, ἡ, Ar. and P. κᾰκία, ἡ, μοχθηρία, ἡ, P. κακότης, ἡ ; see *wickedness*. *Calamity* : P. and V. συμφορά, ἡ, κᾰκόν, τό, πάθος, τό, πάθημα, τό, σφάλμᾰ, τό, P. ἀτύχημα, τό, ἀτυχία, ἡ. *Sin* : P. and V. ἁμαρτία, ἡ, ἀδῐκία, ἡ, ἀδίκημα, τό, V. ἀμπλάκημα, τό ; see *wrong*. *Speak evil of* : P. and V. κᾰκῶς λέγειν (acc.) ; see *abuse*. *Be spoken evil of* : P. and V. κᾰκῶς ἀκούειν, V. κᾰκῶς κλύειν.

Evil-doer, subs. P. and V. κᾰκοῦργος, ὁ, or ἡ ; see *sinner*.

Evilly, adv. P. and V. κᾰκῶς, ἀδίκως, P. ἀνόμως, V. ἐκδίκως, παγκάκως ; see *wickedly*. *Evilly entreat*, v. : P. and V. κᾰκῶς ποιεῖν (acc.), κᾰκῶς δρᾶν (acc.). *Be evilly entreated* : P. and V. κᾰκῶς πάσχειν. *Unfortunately*, adv. : P. and V. κᾰκῶς, δυστῠχῶς ; see *unfortunately*.

Evilly-disposed, adj. P. and V. δύσνους, δυσμενής, Ar. and P. κᾰκόνους, V. κᾰκόφρων.

Evil-minded, adj. P. and V. δύσνους, δυσμενής, Ar. and P. κᾰκόνους, V. κᾰκόφρων.

Evil-speaking, subs. See *abuse*.

Evince, v. trans. *Show, give proof of* : P. and V. πᾰρέχειν (or mid.), ἐνδείκνυσθαι, προτῐθεσθαι, V. τῐθεσθαι, Ar. and P. ἐπῐδείκνυσθαι ; see *show*.

Evoke, v. trans. *Elicit* : P. and V. ἐκκᾰλεῖσθαι, V. ἐξάγειν (Eur., *Supp.* 770). *Excite, arouse* : P. and V. ἐγείρειν, κῑνεῖν, ἐξεγείρειν. *Evoke (the dead)* : Ar. and P. ψῡχᾰγωγεῖν, P. and V. ἀνάγειν (Soph., *Frag.*), V. ἀνιστάναι, ἐξανιστάναι ; see *raise*.

Evolve, v. trans. *Disentangle* : P. and V. λύειν, V. ἐξελίσσειν, ἀναπτύσσειν. *Produce* : P. and V. ἐκφέρειν. *Devise* : P. and V. μηχᾰνᾶσθαι, τεχνᾶσθαι ; see *devise*.

Ewe, subs. Ar. and V. οἶς, ἡ.

Ewer, subs. Ar. and V. πρόχους, ἡ (also Xen.), V. κρωσσοί, οἱ ; see *jar*.

Ex, as prefix. *Ex-general* : ἀποστράτηγος ὁ.

Exacerbate, v. trans. P. and V. πᾰροξῡνειν ; see *embitter*.

Exact, v. trans. P. and V. πράσσειν, ἐκπράσσειν, εἰσπράσσεσθαι, Ar. and P. πράσσεσθαι, ἀναπράσσειν, P. εἰσπράσσειν. *Exact (something from a person)* : Ar. and P. πράσσειν (or mid.) (τί τινα or τι ἀπό τινος or τι ἔκ τινος), P. εἰσπράσσειν (τί τινα or τι παρά τινος). *Exact vengeance from* : see *take vengeance on*, under *vengeance*.

Exact, adj. P. and V. ἀκρῑβής. *Be exact* (in definition, etc.), v. : P. ἀκριβολογεῖσθαι. *Make exact* : P. and V. ἀκρῑβοῦν, V. ἐξακρῑβοῦν.

Exacter, subs. P. and V. πράκτωρ, ὁ.

Exacting, adj. *Greedy* : P. πλεονεκτικός. *Hard to please* : P. and V. δυσάρεστος ; see *peevish*. *Unfeeling* : P. and V. ἀγνώμων. *Be* *exacting*, v.: P. πλεονεκτεῖν. *Difficult to deal with*: Ar. and P. χᾰλεπός, P. and V. ἄπορος.

Exaction, subs. P. πρᾶξις, ἡ, εἴσπραξις, ἡ. *Greed*: P. πλεονεξία, ἡ.

Exactitude, subs. P. ἀκρίβεια, ἡ.

Exactly, adv. P. and V. ἀκρῑβῶς. *Absolutely*: Ar. and P. ἀτεχνῶς, κομῐδῇ. In answer to a question: Ar. and P. ἀμέλει, κομῐδῇ γε, πάνῡ γε. *Exactly ten years*: P. αὐτόδεκα ἔτη (Thuc. 5, 20).

Exactness, subs. P. ἀκρίβεια, ἡ.

Exaggerate, v. trans. P. τῷ λόγῳ αἴρειν, ἐπὶ τὸ μεῖζον δεινοῦν, ἄνω ἐξαίρειν, P. and V. κοσμεῖν, Ar. and V. πυργοῦν. *Exalt*: P. and V. μεγᾰλῡ́νειν; see *exalt*. *Exaggerate a petty smart*: V. τὸ μηδὲν ἄλγος εἰς μέγα φέρειν (Soph., *O. R.* 638).

Exaggerated, adj. *Excessive*: P. and V. περισσός.

Exaggeration, subs. P δείνωσις, ἡ. *Extravagance*: P. and V. ὑπερβολή, ἡ.

Exalt, v. trans. P. and V. αἴρειν, αὐξᾰ́νειν, αὔξειν, μεγᾰλῡ́νειν (Eur., *Bacch.* 320), Ar. and V. ὀγκοῦν, πυργοῦν, V. ἀνᾰ́γειν, P. σεμνύνειν, ἐπαυξάνειν; see also *puff up*. *Praise*: P. and V. ἐπαινεῖν, Ar. and V. εὐλογεῖν. *Prefer to honour*: P. and V. προτῑμᾶν. *Honour a god*: Ar. and P. ἀγάλλειν (Plat.).

Exaltation, subs. See *excitement*. *Dignity*: P. and V. σεμνότης, ἡ, τὸ σεμνόν. *Rank, position*: P. and V. τῑμή, ἡ, ἀξίωμα, τό.

Exalted, adj. See *excited*. P. and V. ἐπίσημος, σεμνός; see also *conspicuous, celebrated*. *Honoured*: P. and V. ἔντῑμος, τίμιος; see *honoured*.

Examination, subs. P. and V. σκέψῐς, ἡ (Eur., *Hipp.* 1323), P. ζήτησις, ἡ, ἐξέτασις, ἡ, ἐπίσκεψις, ἡ, V. ἔρευνα, ἡ *Examination as test of eligibility for office*: P. δοκιμασία, ἡ. *Judicial*: P. γνῶσις, ἡ. *Preliminary investigation (before trial)*: P. ἀνάκρισις, ἡ, V. ἄγκρῐσις, ἡ. *Cross-examination*: P. and V. ἔλεγχος, ὁ.

Examine, v. trans. *Scrutinise*: P. and V. ἐξετάζειν, ζητεῖν, σκοπεῖν, διασκοπεῖν, περισκοπεῖν, ἀναθρεῖν, ἀποσκοπεῖν (εἰς, acc. or πρός, acc.), ἀποβλέπειν (εἰς, acc. or πρός, acc.), ἐπισκοπεῖν, θεᾶσθαι, P. διαθεᾶσθαι, Ar. and P. ἀναζητεῖν. Ar. διαθρεῖν. *Examine with others*: P. συσκοπεῖν (τι), συνδιασκοπεῖν (τί τινι), συζητεῖν (τινι). *Search*: P. and V. ἐρευνᾶν, V. ἐξερευνᾶν, P. διερευνᾶν. *Examine (a place)*: P. and V. ἐρευνᾶν (Eur., *Hec.* 1174). *Examine (a place) beforehand*: V. προὐξερευνᾶν. *Test as to eligibility for office*: Ar. and P. δοκῐμάζειν. *Test, cross-question*: P. and V. ἐλέγχειν, ἐξελέγχειν, ἐξετάζειν, Ar. and P. βᾰσᾰνίζειν. *Examine as a preliminary to granting a trial*: P. ἀνακρίνειν (acc.).

Examiner, subs. P. δοκιμαστής, ὁ; see *inspector*.

Example, subs. *Example (to follow or avoid)*: P. and V. πᾰρᾰ́δειγμα, τό. *Warning*: P. and V. ἐπῐ́δειξις, ἡ. *Specimen*: P. and V. δεῖγμα, τό, πᾰρᾰ́δειγμα, τό, P. ἐπίδειγμα, τό; see *specimen*. *Follow a person's example*: P. ἀκολουθεῖν (dat. of pers.) (Dem. 461). *Make an example of a person*: P. παράδειγμα ποιεῖν τινά (Dem. 767), παράδειγμα καθιστάναι (τινά) (Thuc. 3, 40). *Set an example*: P. παράδειγμα διδόναι. *For example*: Ar. and P. αὐτῐ́κα. *I must not spurn the example of my lord*: V. ἐμοί τε μίμημ' ἀνδρὸς οὐκ ἀπωστέον (Eur., *H. F.* 294).

Exasperate, v. trans. P. and V. ὀργίζειν (Plat.), πᾰροξῡ́νειν, V. ὀξῡ́νειν, ὀργαίνειν, ἐξαγριοῦν (also Plat. in pass.), ἀγριοῦν (also Xen. and Ar. in pass.), θήγειν; see *embitter*.

Exasperation, subs. P. and V. ὀργή, ἡ, P. παροξυσμός, ὁ.

Excavate, v. trans. *Hollow out*: P. κοιλαίνειν. *Dig*: P. and V. ὀρύσσειν, σκάπτειν, Ar. and P. διορύσσειν.

Excavated, adj. P. and V. κοῖλος, V. κăτασκăφής, κăτῶρυξ.

Excavation, subs. P. and V. ὄρυγμα, τό.

Exceed, v. trans. P. and V. ὑπερβάλλειν, ὑπερέχειν (gen.), ὑπερφέρειν (acc. or gen.), P. ὑπερβαίνειν, ὑπεραίρειν ; see *surpass*. *Exceed all limits, go too far* : P. and V. ὑπερβάλλειν, ἐξέρχεσθαι, ἐπεξέρχεσθαι, V. ἐκτρέχειν.

Exceeding, adj. V. ἔξοχος, ὑπέροχος, P. and V. ἀμήχἄνος.

Exceedingly, adv. P. and V. σφόδρă, μάλă, Ar. and V. κάρτă (rare P.), V. ἐξόχως, P. ὑπερβαλλόντως, διαφερόντως, ἀμηχάνως, Ar. and P. ὑπερφυῶς.

Excel, v. trans. P. and V. κρăτεῖν, ὑπερβάλλειν, προὔχειν (gen.), ὑπερέχειν (gen.), ὑπερφέρειν (acc. or gen.), ὑπερθεῖν, P. διαφέρειν (gen.), περιεῖναι (gen.), ὑπεραίρειν, Ar. and P. περῐγίγνεσθαι (gen.), V. ὑπερτρέχειν. *Go beyond* : P. and V. πăρέρχεσθαι (acc.). Absol. P. and V. ὑπερβάλλειν, ὑπερφέρειν, προὔχειν, P. διαφέρειν, προφέρειν, ὑπεραίρειν.

Excellence, subs. Of persons or things: P. and V. ἀρετή, ἡ. *The excellence of the soil* : P. ἀρετὴ γῆς (Thuc. 1, 2).

Excellent, adj. P. and V. ἀγăθός, χρηστός, κăλός, ἄμεμπτος, σπουδαῖος ; see *good*.

Excellently, adv. P. and V. εὖ, κăλῶς, ἀμέμπτως (Xen.).

Except, v. trans. P. and V. ἐξαιρεῖν, P. ὑπεξαιρεῖν. *I except Socrates from the question* : P. Σωκράτη ἐξαιρῶ λόγου (Plat., *Symp.* 176c).

Except, prep. P. and V. πλήν (gen.). *Outside of* : P. ἔξω (gen.), ἐκτός (gen.), ἄνευ (gen.), P. and V. χωρίς (gen.), V. δῐχă (gen.). *Beside* : Ar. and P. πăρά (acc.).

Except, conj. P. and V. πλήν, πλήν εἰ, εἰ μή, P. ἀλλ' ἤ, ὅτι μή. *Except that* : Ar. and P. πλὴν ὅτῐ ; see *unless*.

Excepted, adj. P. and V. ἐξαίρετος.

Exception, subs. *Make an exception of* : P. ἐξαίρετον ποιεῖσθαι (acc.) (Thuc. 3, 68), V. ἐξαίρετον δῐδόναι (acc.). *Take exception to* : P. χαλεπῶς φέρειν (acc.), Ar. and P. ἀγăνακτεῖν (dat.) ; see *dislike, blame*.

Exceptional, adj. *Unusual* : P. ἀήθης. *Novel* : P. and V. καινός, νέος. *Different* : P. and V. διάφορος.

Exceptionally, adv. P. διαφερόντως. *Unusually* : P. παρὰ τὸ εἰωθός.

Excess, subs. P. and V. ὑπερβολή, ἡ, τὸ λίāν. *Superfluity* : Ar. and P. περιουσία, ἡ. *Satiety* : P. and V. κόρος, ὁ (Plat.), πλησμονή, ἡ (Plat.). *Go to excess*, v. : P. and V. ὑπερβάλλειν, ἐξέρχεσθαι, ἐπεξέρχεσθαι, V. ἐκτρέχειν. *Excesses, licence*, subs. : P. ἀκολασία, ἡ, ἀκράτεια, ἡ, P. and V. ὕβρῐς, ἡ. *Indulge in excesses*, v. : P. and V. ὑβρίζειν, Ar. and P. ἀκολασταίνειν ; see *wanton*.

Excessive, adj. P. and V. περισσός, ὑπέρπολυς, P. ὑπέρμετρος. *Very great* : P. and V. ὑπερφυής (Æsch., *Frag.*), P. ὑπερμεγεθής, ὑπέρογκος ; see *vast*.

Excessively, adv. P. and V. ἄγāν, λίāν, περισσῶς, πέρā (Plat.), V. εἰς ὑπερβολήν, ὑπέρφευ, ὑπερμέτρως (Eur., *Frag.*), P. καθ' ὑπερβολήν, Ar. and P. ὑπερφυῶς ; see *vastly*.

Exchange, v. trans. P. and V. ἀλλάσσειν (or mid.), μεταλλάσσειν, ἀνταλλάσσειν (or mid.), ἀμείβειν (or mid.) (Plat. but rare P.), διαλλάσσειν, P. διαμείβειν (or mid.). *Take in exchange* : P. and V. μετăλάμβăνειν (Eur., *Bacch.* 302). *Put in exchange* : V. ἀντῐτῐθέναι. *Exchange one thing for another* : P. and V. ἀλλάσσειν (or mid.) (τί τινος or ἀντί τινος), ἀνταλλάσσειν (or mid.) (τί τινος or ἀντί τινος), διαλλάσσειν (P. τι ἀντί τινος, V. τί τινι). *I will exchange my white dress for black* : V. πέπλων δὲ λευκῶν μέλανας ἀνταλλάξομαι (Eur., *Hel.* 1088). *Exchange your tears for her wedding strains* : V. δάκρυα δ' ἀνταλλάσσετε τοῖς τῆσδε μέλεσι . . . γαμηλίοις (Eur., *Tro.* 351).

Exchange, subs. P. ἀλλαγή, ἡ, μεταλλαγή, ἡ, V. διαλλἄγή, ἡ, P. and V. ἀμοιβή, ἡ (Plat.). *A taking in exchange*: P. ἀντίληψις, ἡ. *Something taken in exchange*: V. ἀντάλλαγμα, τό. *Numbers are but a poor exchange for a true friend*: V. ἀλόγιστον δέ τι τὸ πλῆθος ἀντάλλαγμα γενναίου φίλου (Eur., *Or.* 1156). *They were liberated by an exchange of prisoners*: P. ἀνὴρ ἀντ' ἀνδρὸς ἐλύθησαν (Thuc. 2, 103). *Exchange of property*: P. ἀντίδοσις, ἡ (*There had been included in the bill*) *what the rate of exchange was*: P. (ἐγέγραπτο) ὁπόσου ἡ καταλλαγή ἦν τῷ ἀργυρίῳ (Dem. 1216). *In exchange for*, prep.: P. and V. ἀντί (gen.). *In exchange* (in compounds): P. and V. ἀντι; e.g., *give in exchange*: P. and V. ἀντῐδῐδόναι.

Exchequer, subs. P. ταμιεῖον, τό. *The public exchequer*: P. τὸ κοινόν, τὸ δημόσιον.

Excise, subs. *Tax*: Ar. and P. τέλος, τό.

Excise-officer, subs. *Tax-collector*: P. τελώνης, ὁ

Excitability, subs. P. σφοδρότης, ἡ.

Excitable, adj. P. σφοδρός; see *vehement*.

Excite, v. trans. *Excite persons* or *feelings*: P. and V. ἐγείρειν, ἐξεγείρειν, κῑνεῖν, V. ἐξάγειν, ὀρνύναι. Ar. and V. ζωπῠρεῖν; see also *encourage*, *rouse*. *Excite odium against*: P. συνάγειν φθόνον (dat.). *Agitate*: P. and V. ἐπαίρειν, ἐξαίρειν (Plat.), ἀναπτεροῦν (Plat.); see *agitate*. *Disturb*: P. and V. τἄράσσειν, συντἄράσσειν, ἐκπλήσσειν, θράσσειν (Plat. but rare P.); see *disturb*. *Excite* (*in a person*): P. and V. ἐμβάλλειν (τί τινι), ἐντίκτειν (τί τινι) (Plat.), P. ἐμποιεῖν (τί τινι), V. ἐνορνύναι (τί τινι); see *engender*.

Excited, adj. P. μετέωρος, ὀρθός. *Be excited*, v.: P. αἰωρεῖσθαι, P. and V. ἐπαίρεσθαι, ἀναπτεροῦσθαι (Xen., also Ar.), ἐξαίρεσθαι.

Excitement, subs. P. and V. ἔκπληξις, ἡ, P. ταραχή, ἡ, V. τἄραγμός, ὁ, τἄραγμα, τό. *The city was full of excitement*: P. ἀνηρέθιστο (ἀνερεθίζειν) ἡ πόλις (Thuc. 2, 21).

Exciting, adj. *Terrible*: P. and V. δεινός. *Dangerous*: P. ἐπικίνδυνος; see *dangerous*. *Noteworthy*: P. ἀξιόλογος. *Vehement*: P. σφοδρός.

Exclaim, v. trans. *Cry out*: P. and V. βοᾶν, ἀνᾰβοᾶν, φθέγγεσθαι, Ar. and V. θροεῖν, V. φωνεῖν; see *cry*. *Say*: P. and V. λέγειν, εἰπεῖν, φάναι. *Exclaim against*: P. καταβοᾶν (gen.).

Exclamation, subs. *Shout*: P. and V. βοή, ἡ; see *cry*. *Voice*: P. and V. φωνή, ἡ, φθέγμα, τό (rare P.). *Word*: P. and V. λόγος, ὁ.

Exclude, v. trans. P. and V. εἴργειν, ἐξείργειν, ἀπείργειν, ἐκκλῄειν, ἀποκλῄειν. *Drive away*: P. and V. ἀπελαύνειν. *Except*: P. and V. ἐξαιρεῖν, P. ὑπεξαιρεῖν.

Exclusion, subs. P. ἀπόκλησις, ἡ.

Exclusive, adj. *Private*: P. and V. οἰκεῖος, ἴδιος. *Unsociable*: P. and V. ἄμικτος, P. δυσπρόσοδος, V. δυσπρόσῐτος, ἀπροσήγορος; see *unsociable*. *Exclusive of*: use prep., P. ἄνευ (gen.), P. and V. χωρίς (gen.), V. δίχᾰ (gen.).

Exclusively, adv. *Privately*: P. and V. ἰδίᾳ. *Only, alone*: P. and V. μόνον.

Excogitate, v. trans. See *devise*.

Excommunicate, v. trans. Use *outlaw*; vid. Soph., *O. R.* 235-251.

Excrement, subs. Ar. and P. κόπρος, ἡ, Ar. σκῶρ, τό.

Excrescence, subs. P. ἔκφυσις, ἡ (Plat.). Met., *appendage*: P. and V. προσθήκη, ἡ. *Something secondary*: P. and V. πάρεργον, τό.

Excruciating, adj. Of pain, etc.: P. and V. ἔσχᾰτος.

Exculpate, v. trans. *Pardon*: P. and V. συγγιγνώσκειν (dat.), συγγνώμην ἔχειν (dat.); see *pardon*. *Acquit*: P. and V. λῡ́ειν, ἐκλῡ́ειν, ἀφιέναι, Ar. and P. ἀπολῡ́ειν; see *acquit.* *Exculpate oneself* : Ar. and P. ἀπολογεῖσθαι ; see *defend.*

Exculpation, subs. *Acquittal* : Ar. and P. ἀπόφευξις, ἡ ; see *acquittal.* *Pardon* : P. and V. συγγνώμη, ἡ, V. σύγγνοια, ἡ. *Defence* : P. ἀπολογία ἡ. *Excuse* : P. and V. πρόφᾰσις, ἡ, σκῆψις, ἡ.

Excursion, subs. P. and V. πορεία, ἡ, ἔξοδος, ἡ ; see *journey.*

Excusable, adj. P. συγγνώμων, Ar. and V. συγγνωστός. *Be excusable,* v. : P. and V. συγγνώμην ἔχειν.

Excuse, v. trans. P. and V. συγγιγνώσκειν (dat. of pers., acc., gen., or dat. of thing), συγγνώμην ἔχειν (dat. of pers., gen. of thing), V. σύγγνοιαν ἴσχειν (absol.) ; see *pardon.* *Overlook* : P. ὑπερορᾶν. *Justify, defend* : P. ἀπολογεῖσθαι περί (gen.) ; see *defend.* *Let off* : P. and V. ἀφῑέναι. *Excuse oneself* : Ar. and P. ἀπολογεῖσθαι. *Excuse oneself* (*from a public duty*) : P. ἐξόμνυσθαι (acc. or absol.). *Decline* (*an invitation*) : P. ἐπαινεῖν (acc.) (Xen. ; cf. Ar., *Ran.* 508).

Excuse, subs. P. and V. πρόφᾰσις, ἡ, σκῆψις, ἡ, πρόσχημα, τό. *An excuse for* : P. πρόσχημα, τό (gen.). *Make excuses,* v. : Ar. and P. προφᾰσίζεσθαι. *Make excuses for* : see *excuse.* *Urge as an excuse* : P. and V. σκήπτειν (mid. in P.), προβάλλειν (mid. also P.), προὔχεσθαι, προΐστασθαι (Eur., *Cycl.* 319), P. προφασίζεσθαι, προΐσχεσθαι, V. προτείνειν. *You may make such excuses* : V. σύ μὲν τάδ' ἂν προὔχοιο (Soph., *Ant.* 80). *Way of escape* : P. and V. ἀποστροφή, ἡ, κᾰτάφῠγη, ἡ. *Defence* : P. ἀπολογία, ἡ.

Execrable, adj. P. and V. μιᾰρός ; see *hateful.* *Bad* : P. and V. κᾰκός, φαῦλος.

Execrably, adv. Ar. and P. μιᾰρῶς ; see *hatefully.* *Badly* : P. and V. κᾰκῶς, φαύλως.

Execrate, v. trans. *Curse* : P. and V. ἐπᾰρᾶσθαι (dat.), κᾰτεύχεσθαι (absol. or gen.) (Plat., *Rep.* 393A), V. ἀρᾶσθαι (dat.), Ar. and P. κᾰτᾰρᾶσθαι (dat.) ; see *curse.* *Hate* : P. and V. μῑσεῖν, V. στῠγεῖν, ἔχθειν, Ar and V. ἐχθαίρειν, ἀποπτῠειν ; see *hate.*

Execrated, adj. See *cursed, hated.*

Execration, subs. *Curse* : P. and V. ἀρά, ἡ, V. κᾰτεύγμᾰτα, τά. *Detestation* : P. and V. μῖσος, τό, ἔχθρα, ἡ, ἔχθος, τό ; see *hatred.* *Object of execration* : V. ἔχθος, τό, μῖσος, τό, μίσημα, τό, στῠγος, τό, στῠγημα, τό, ἀπέχθημα, τό.

Execute, v. trans. P. and V. ἐπεξέρχεσθαι, διαπράσσειν (or mid. P.), ἐργάζεσθαι, κᾰτεργάζεσθαι, ἐξεργάζεσθαι ; see *accomplish.* *Put to death* : P. θανατοῦν ; see *kill.*

Execution, subs. *Accomplishment* : P. and V. πρᾶξις, ἡ. *The execution of the measures taken in each case* : P. ἡ διακονία ἡ ἐφ' ἑκάστοις τῶν πεπραγμένων (Dem. 296). *Putting to death* : P. θανάτωσις, ἡ. *Death* : P. and V. θάνᾰτος, ὁ.

Executioner, subs. Ar. and P. ὁ δήμιος, P. and V. δημόκοινος, ὁ (Soph., *Frag.*).

Executive, subs. *The executive, magistrates* : Ar. and P. αἱ ἀρχαί, P. τὰ τελή. *Committee of the Ecclesia who managed public business* : P. οἱ πρόεδροι.

Executor, subs. Use Ar. and P. ἐπίτροπος, ὁ. *Heir* : P. κληρονόμος, ὁ.

Exemplary, adj. *Good, honest* : P. and V. ἀγᾰθός, χρηστός. *Worthy, deserved* : P. and V. ἄξιος, V. ἐπάξιος ; see *just.*

Exemplify, v. trans. *Give example of* : use P. παράδειγμα διδόναι (gen.) ; see also *show, prove.*

Exempt, v. trans. P. and V. ἀφῑέναι ; see *free.*

Exempt, adj. *Free* (*from*) : P. and V. ἐλεύθερος (gen.). *Be exempt from* : P. and V. ἔξω εἶναι (gen.), ἐκτὸς εἶναι (gen.). *Exempt from tribute, taxes, etc.* : P. ἀτελής. *Exempt from military service* : Ar. and P. ἀστρᾰ́τευτος.

Exemption, subs. P. ἀτέλεια, ἡ. *Freedom, deliverance*: P. and V. ἀπαλλᾰγή, ἡ. *Exemption from military service*: Ar. and P. ἀστρᾰτεία, ἡ.

Exercise, subs. *Training*: Ar. and P. μελέτη, ἡ, P. ἄσκησις, ἡ, γυμνασία, ἡ. *Practice* (*of qualities*): P. ἄσκησις, ἡ. *Physical exercise*: P. σωμασκία, ἡ. *Use*: P. and V. χρεία, ἡ. *Gymnastic exercises*: Ar. and P. γυμνᾰσια, τά.

Exercise, v. trans. *Train*: P. and V. ἀσκεῖν (Eur., *Rhes.* 947), γυμνάζειν, Ar. and P. μελετᾶν, ἐπασκεῖν; see *train*. *Exercise qualities, etc.*: P. and V. ἀσκεῖν, ἐπῐτηδεύειν, Ar. and P. ἐπασκεῖν; see *practise*. *Show, exhibit*: P. and V. ἐνδείκνυσθαι, προτῐθεσθαι, πᾰρέχειν (or mid.), V. τίθεσθαι. *Put into operation*: P. and V. χρῆσθαι (dat.). *Exercise oneself*: P. and V. γυμνάζεσθαι (pass.).

Exert, v. trans. *Put in force*: P. and V. χρῆσθαι (dat.); see *exercise*. *Exert oneself*: P. διατείνεσθαι, συντείνειν (or pass.), P. and V. τείνειν, V. ἐντείνειν (pass. also in P.); see *labour, struggle*. *Exert yourself*: P. σύντεινε σαυτόν (Plat., *Euthyphr.* 12A).

Exertion, subs. *Labour*: P. and V. πόνος, ὁ, Ar. and V. μόχθος, ὁ. *Industry, zeal*: P. and V. σπουδή, ἡ, προθῡμία, ἡ. *With great exertion, with difficulty*: use adv., P. and V. μόλῐς, μόγῐς, Ar. and P. χᾰλεπῶς, τᾰλαιπώρως, P. ἐπιπόνως.

Exhalation, subs. *Breath*: P. and V. πνεῦμα, τό, Ar. and V. πνοή, ἡ. *Vapour*: P. ἀτμίς, ἡ (Plat.), V. ἀτμός, ὁ. *Spray, foam*: P. and V. ζᾰλη, ἡ (Plat.), ἀφρός, ὁ (Plat.), V. πέλᾰνος, ὁ. *Smoke*: P. and V. καπνός, ὁ.

Exhale, v. trans. P. and V. ἐκπνεῖν. *Emit*: P. and V. ἀνῑέναι, ἐξῑέναι; see *emit*.

Exhaust, v. trans. *Use up*: P. and V. ἀνᾱλίσκειν, P. καταναλίσκειν, V. ἀντλεῖν, ἐξαντλεῖν; see *use up*. *Wear out*: P. and V. πιέζειν, τρῡχειν (only pass. P.), P. ἐκτρυχοῦν, τρίβειν, V. τρῡειν (pass. also used in Plat., but rare P.). *Be exhausted, worn out*: P. ἀπαγορεύειν, παραλύεσθαι, ἀποκάμνειν, Ar. and P. τᾰλαιπωρεῖσθαι, κᾰτατρῖβεσθαι, P. and V. ἀπειπεῖν, κάμνειν (rare P.), Ar. and V. τείρεσθαι, V. κᾰταξαίνεσθαι; see *flag, wear out*. *Exhausted*: use also part., P. τετρυχωμένος.

Exhaustion, subs. *Weariness*: P. and V. κόπος, ὁ, P. ταλαιπωρία, ἡ, V. κᾰμᾰτος, ὁ.

Exhaustive, adj. See *full*. *Exact*: P. and V. ἀκρῑβής.

Exhaustively, adv. See *fully*. *Exactly*: P. and V. ἀκρῑβῶς.

Exhaustless, adj. See *inexhaustible*.

Exhibit, v. trans. *Show*: P. and V. δεικνῦναι, ἀποδεικνῦναι, ἐπῐδεικνῦναι, ἐνδείκνυσθαι, δηλοῦν, φαίνειν, Ar. and P. ἀποφαίνειν, V. ἐκδεικνῦναι; see *show*. *Display, give proof of*: Ar. and P. ἐπῐδείκνυσθαι (acc.), P. and V. ἐνδείκνυσθαι (acc.), πᾰρέχειν (or mid.) (acc.), προτῐθεσθαι (acc.), V. τῐθεσθαι (acc.). *Use, employ*: P. and V. χρῆσθαι (dat.), προσφέρειν. *Exhibit* (*a play*): Ar. and P. δῐδάσκειν. *Exhibit in a bad light*: P. κακῶς εἰκάζειν περί (gen.) (Plat. *Rep.* 377E); see also *represent*.

Exhibition, subs. Ar. and P. ἐπίδειξις, ἡ, P. ἀπόδειξις, ἡ. *Spectacle*: P. and V. θέα, ἡ, θέᾱμα, τό; see *spectacle*. *Dramatic exhibition*: Ar. and P. δρᾶμα, τό. *Showing off*: Ar. and P. ἐπῐδειξις, ἡ. *Example*: P. and V. δεῖγμα, τό, πᾰράδειγμα, τό. *Make an exhibition of oneself*, v.: Ar. and P. ἐπῐδείκνυσθαι (mid.).

Exhilarate, v. trans. *Cheer*: P. and V. εὐφραίνειν; see *cheer*.

Exhilarating, adj. See *cheering, delightful*. *Bracing, cool*: P. and V. ψῡχρός.

Exhilaration, subs. *Joy*: P. and V. ἡδονή, ἡ, χᾰρά, ἡ, τέρψῐς, ἡ, V. χαρμονή, ἡ (Plat. also but rare P.), χάρμᾰ, τό.

Exhort, v. trans. *Embolden*: P. and V. θαρσύνειν, θρᾰσύνειν, ἐπαίρειν, πᾰρᾰκᾰλεῖν, P. ἐπιρρωννύναι, παραθαρσύνειν, Ar. and P. πᾰρᾰμῡθεῖσθαι. *Exhort in return*: P. ἀντιπαρακαλεῖν. *Urge on*: P. and V. ἐπῐκελεύειν, ἐγκελεύειν, ἐποτρύνειν (Thuc.), ἐξοτρύνειν (Thuc.), P. κατεπείγειν, V. ὀτρύνειν, ἐπεγκελεύειν (Eur., *Cycl.*); see *urge*. *Counsel*: P. and V. πᾰραινεῖν (dat.), νουθετεῖν, V. πᾰρηγορεῖν. *Exhort troops*: P. παρακελεύεσθαι (dat. or absol.).

Exhortation, subs. P. παρακέλευσις, ἡ, παράκλησις, ἡ, παραμυθία, ἡ, ἐπικέλευσις, ἡ, V. πᾰρᾰκέλευσμα, τό. *Mutual exhortation*: P. διακελευσμός, ὁ. *Counsel*: P. and V. πᾰραίνεσις, ἡ, νουθέτησις, ἡ, νουθέτημα, τό.

Exhume, v. trans. P. ἀναιρεῖν (Thuc. 1, 126).

Exigence, subs. *Need*: P. and V. χρεία, ἡ, ἀπορία, ἡ; see *need*. *Necessity*: P. and V. ἀνάγκη, ἡ.

Exigent, adj. See *exacting*.

Exile, v. trans. P. and V. ἐλαύνειν, ἀπελαύνειν, ἐξελαύνειν, ἐκβάλλειν, ὠθεῖν, ἐξωθεῖν, διορίζειν, ἐξορίζειν, ἀπορρίπτειν, ἀνδρηλᾰτεῖν, ἀποικίζειν, P. ἐξοικίζειν, ὑπερορίζειν, Ar. and V. ἀπωθεῖν, V. ῥίπτειν, ἐκρίπτειν. *Be exiled*: use also P. and V. φεύγειν, ἐκπίπτειν, V. ἀποξενοῦσθαι. *Be exiled with another*: P. and V. συμφεύγειν (absol. or dat.).

Exile, subs. *Exiled person*: P. and V. φῠγάς, ὁ or ἡ. *Banishment*: P. and V. φῠγή, ἡ. *Driving out*: P. ἐκβολή, ἡ, ἔλασις, ἡ. *Public exile*: V. φῠγὴ δημήλᾰτος. *Exile for life*: P. ἀειφυγία, ἡ. *I will live in exile with my hapless father*: V. συμφεύξομαι τῷδ' ἀθλιωτάτῳ πατρί (Eur., *Phoen.* 1679).

Exiled, adj. P. and V. φῠγάς, ἄπολις, P. ἐξόριστος, V. ἀπόξενος, ἀπόπτολις, ἀπωστός, ἔξεδρος.

Exist, v. intrans. P. and V. εἶναι, ὑπάρχειν; see *live*. *The existing laws*: P. and V. οἱ κᾰθεστῶτες νόμοι, οἱ νόμοι οἱ κείμενοι, P. οἱ ὄντες νόμοι, οἱ ὑπάρχοντες νόμοι. *Previously existing*: P. προϋπάρχων.

Existence, subs. P. οὐσία, ἡ, τὸ εἶναι. *Life*: P. and V. βίος, ὁ, ζωή, ἡ (Plat. and Æsch., *Frag.*), V. ζόη, ἡ (Eur., *Hec.* 1108). *Believe in the existence of the gods*: P. and V. θεοὺς νομίζειν, θεοὺς ἡγεῖσθαι.

Exit, subs. P. and V. ἔξοδος, ἡ. *By sea*: P. and V. ἔκπλους, ὁ.

Exonerate, v. trans. P. and V. λῡ́ειν, ἐκλῡ́ειν, ἀφῑέναι, Ar. and P. ἀπολῡ́ειν; see *free*.

Exorbitance, subs. P. and V. ὑπερβολή, ἡ.

Exorbitant, adj. P. and V. περισσός; see *excessive*.

Exorbitantly, adv. P. and V. περισσῶς; see *excessively*.

Exorcise, v. trans. P. and V. ἐξεπᾴδειν.

Exordium, subs. See *prelude*.

Exotic, adj. P. and V. ἐπακτός, ἐπείσακτος; see *imported*, *foreign*.

Expand, v. trans. *Spread out*: P. and V. ἐκτείνειν, τείνειν, P. ἀποτείνειν. *Increase*: P. and V. αὐξᾰ́νειν, αὔξειν, P. ἐπαυξάνειν. *Prolong*: P. and V. μηκῡ́νειν, τείνειν, ἐκτείνειν, P. ἀποτείνειν. *Puff out*: P. and V. φῡσᾶν.

V. intrans. Use pass. of verbs given above.

Expanse, subs. *Open space*: P. εὐρυχωρία, ἡ. *Wide stretch of space*: V. πλάξ, ἡ. *They pass over wide expanses of plain*: V. χωροῦσι . . . πεδίων ὑποτάσεις (Eur., *Bacch.* 748). *Circumference*: P. and V. κύκλος, ὁ, περῐβολή, ἡ, περῐ́βολος, ὁ, Ar. and P. περῐφορά, ἡ. *The expanse of heaven*: V. αἰθέρος κύκλος, ὁ, οὐρᾰνοῦ περιπτῠχαί, αἱ.

Expansion, subs. P. ἔκτασις, ἡ. *Increase*: P. αὔξησις, ἡ, ἐπίδοσις, ἡ.

Expansive, adj. *Broad*: P. and V. εὐρῠ́ς. Met., see *communicative*, *long-winded*.

Expatiate, v. intrans. P. and V. μακρηγορεῖν, P. μακρολογεῖν.

Expatiation, subs. P. μακρολογία, ἡ.

Expatriate, v. trans. See *banish.*

Expatriation, subs. See *banishment.*

Expect, v. trans. *Await:* P. and V. μένειν, ἀνᾰμένειν, προσδέχεσθαι, Ar. and P. περῐμένειν, P. ὑπομένειν, V. ἀμμένειν, ἐπαμμένειν, μίμνειν, προσμένειν (rare P. as Thuc. 6, 44); see *await.* *Watch for:* P. and V. τηρεῖν (acc.), προσδοκᾶν (acc.), Ar. and P. ἐπῐτηρεῖν (acc.), V. κᾰρᾰδοκεῖν (acc.) (also Xen.). *Anticipate, look forward to,* v. trans. or with infin.: P. and V. προσδέχεσθαι (acc.), προσδοκᾶν (acc.), ἐλπίζειν (acc.), Ar. and V. δοκεῖν (rare P., only used with acc. and infin.). *Claim, demand:* P. and V. ἀξιοῦν, δῐκαιοῦν, V. ἐπαξιοῦν; see *demand.*

Expectancy, subs See *expectation.*

Expectant, adj. *Hopeful:* P. and V. εὔελπις. *In suspense:* P. μετέωρος, ὀρθός.

Expectation, subs. P. προσδοκία, ἡ, P. and V. ἐλπίς, ἡ. *Opinion, view:* P. and V. δόξᾰ, ἡ, γνώμη, ἡ. *Contrary to expectation:* P. and V. πᾰρὰ γνώμην; or use adj., P. παράδοξος. *Beyond expectation:* P. and V. πᾰρ' ἐλπῐ́δα, V. ἐκτὸς ἐλπῐ́δος, ἔξω ἐλπῐ́δος. *On the tiptoe of expectation:* use adj., P. μετέωρος, ὀρθός.

Expected, adj. P. προσδόκιμος, V. προσδοκητός. *Expected to:* P. ἐπίδοξος (infin.).

Expectorate, v. trans. See *spit.*

Expediency, subs. P. and V. τὸ συμφέρον, τὸ σύμφορον, or pl., P. τὸ λυσιτελοῦν. *Advantage:* P. and V. ὠφέλεια, ἡ, ὄφελος, τό, ὄνησις, ἡ, Ar. and V. ὠφέλημα, τό, V. ὠφέλησις, ἡ. *Gain, profit:* P. and V. κέρδος, τό, λῆμμα, τό.

Expedient, adj. P. and V. σύμφορος, πρόσφορος, συμφέρων, χρήσῐμος, Ar. and P. ὠφέλῐμος, Ar. and V. ὠφελήσιμος, V. ὀνήσῐμος. *Be expedient,* v.: P. and V. συμφέρειν, ὠφελεῖν, Ar. and P. λῡσῐτελεῖν, P. προὔργου εἶναι, V. λῡ́ειν, τέλη λῡ́ειν, ἀρήγειν. *Profitable:* Ar. and P. κερδᾰλέος, P. λῡσῐτελής; see *profitable.*

Expedient, subs. *Device:* P. and V. μηχάνημα, τό, σόφισμα, τό, πόρος, ὁ, τέχνημα, τό (Plat.), μηχᾰνή, ἡ; see *device.*

Expediently, adv. See *profitably, conveniently.*

Expedite, v trans. P. and V. σπεύδειν, ἐπισπεύδειν. With non-personal subject: P. προφέρειν (εἰς, acc.).

Expedition, subs. *Speed:* P. and V. τᾰ́χος, τό, σπουδή, ἡ. *March of an army:* P. and V. ἔξοδος, ἡ. *Campaign:* P. and V. στόλος, ὁ, στρᾰτεία, ἡ, P. ἐπιστρατεία, ἡ. *Go on an expedition:* P. and V. στρᾰτεύειν (or mid.), ἐπιστρᾰτεύειν (or mid. in V.), P. ἐκστρατεύειν (or mid.), V. στέλλεσθαι. *Join in an expedition:* P. συστρατεύειν (or mid.) (absol.), συνεπιστρατεύειν (dat. of pers.). *Army:* P. and V. στόλος, ὁ, στρᾰτεία, ἡ; see *army.* *Fleet:* P. and V. στόλος, ὁ, P. ἀπόστολος, ὁ. *Expedition by sea:* P. and V. πλοῦς, ὁ, στόλος, ὁ, ἔκπλους, ὁ, P. ἐπίπλους, ὁ, ἀπόστολος, ὁ.

Expeditious, adj. *Quick:* P. and V. τᾰχύς; see *quick.*

Expeditiously, adv. Ar. and P. τᾰχέως; see *quickly.*

Expel, v. trans. P. and V. ἐκβάλλειν, ἀπελαύνειν, ἐξελαύνειν, ὠθεῖν, ἀπωθεῖν, ἐξωθεῖν, ἀπορρίπτειν, V. ἐκρίπτειν. *Drive from one's home:* P. ἐξοικίζειν. *Drive out (inhabitants from a place):* P. and V. ἐξᾰνιστᾰ́ναι, ἀνιστᾰ́ναι.

Expelled, adj. *Driven from one's country:* P. and V. ἀνάστᾰτος; see *exiled.*

Expend, v. trans. P. and V. ἀνᾱλίσκειν, ἀνᾱλοῦν; see *spend.* *Expend money:* also Ar. and P. δᾰπᾰνᾶν (acc. or absol.). *Use:* P. and V. χρῆσθαι (dat.).

Expenditure, subs. *Act of spending:* P. ἀνάλωσις, ἡ, P. and V. δᾰπᾰ́νη, (Eur., *H. F.* 592.). *What is expended:* P. and V. ἀνᾱ́λωμα, τό. *Expenditure of time:* P. and V. τρῐβή, ἡ, διατρῐβή, ἡ; see *delay.*

Expense, subs. P. and V. ἀνάλωμα, τό, δαπάνη, ἡ. *Incur expense*, v.: P. δαπανᾶν. *At the public expense*: P. δημοσίᾳ, ἀπὸ κοινοῦ. *At one's own expense*: P. τοῖς αὑτοῦ τέλεσι, τοῖς ἰδίοις τέλεσι. *Share the expense of*: P. συναναλίσκειν (acc.).

Expensive, adj. P. δαπανηρός, πολυτελής, P. and V. τίμιος. Of habits: P. δαπανηρός; see *extravagant*.

Expensively, adv. P. πολυτελῶς; see *dearly*, *extravagantly*.

Expensiveness, subs. P. πολυτέλεια, ἡ (Xen.); see *extravagance*.

Experience, subs. P. and V. ἐμπειρία, ἡ. *Knowledge*: P. and V. ἐπιστήμη, ἡ. *Have experience of*: P. and V. ὁμιλεῖν (dat.); see *experience*, v. *I speak not by seer-craft but by experience*: V. μαντικῇ μὲν οὐ λέγω τοῖς πράγμασιν δέ (Eur., *Bacch.* 368).

Experience, v. trans. *Meet with*: P. and V. χρῆσθαι (dat.). *Encounter*: P. and V. τυγχάνειν (gen.), ἐντυγχάνειν (dat.), ἐμπίπτειν (εἰς, acc.), περιπίπτειν (dat.), Ar. and V. κυρεῖν (gen.), V. συγκυρεῖν (dat.), ἀντᾶν (dat.). *Experience (a feeling)*: P. and V. ἔχειν, χρῆσθαι (dat.). *To have had experience of*: P. and V. γεγεῦσθαι (gen.) (perf. infin. pass. of γεύειν), πεπειρᾶσθαι (gen.) (perf. infin. mid. of πειρᾶν) (Eur., *Frag.*), P. διαπεπειρᾶσθαι (gen.) (perf. infin. mid. of διαπειρᾶν). *Be acquainted with*: P. and V. ὁμιλεῖν (dat.).

Exerienced, adj. P. and V. ἔμπειρος, ἐπιστήμων, Ar. and V. τρίβων. *Experienced in*: P. and V. ἔμπειρος (gen.), ἐπιστήμων (gen.), ἐντριβής (dat.), Ar. and V. τρίβων (acc. or gen.), V. ἴδρις (gen.); see *versed in*.

Experiment, subs. P. and V. πεῖρα, ἡ. *Make an experiment on*: P. πεῖραν ποιεῖσθαι (gen.). *You would never see them making new experiments*: Ar. οὐχὶ μεταπειρωμένας ἴδοις ἂν αὐτάς (*Eccles.* 217.)

Experimentally, adv. Use P. τριβῇ καὶ ἐμπειρίᾳ (Plat., *Phaedr.* 270B).

Expert, subs. Ar. and P. χειροτέχνης, ὁ (Thuc. 6, 72), or use adj., P. and V. ἔμπειρος.

Expert, adj. *Experienced*: P. and V. ἔμπειρος, ἐπιστήμων, Ar. and V. τρίβων. *Expert in*: P. and V. ἔμπειρος (gen.), ἐπιστήμων (gen.); see *experienced in*. *Clever*: P. and V. δεινός, V. εὔχειρ; see *clever*. *Clever in*: P. and V. δεινός (infin.).

Expertly, adv. See *skilfully*.

Expertness, subs. See *skill*.

Expiable, adj. V. κἄθάρσιος.

Expiate, v. trans. P. and V. δίκην διδόναι (gen.), δίκην τίνειν (gen.), δίκην ἐκτίνειν (gen.), V. δίκην πἄρέχειν (absol.), Ar. and V. λύειν (acc.), V. ἀποτίνειν (acc.), τίνειν (acc.).

Expiation, subs. P. and V. κἄθαρμός, ὁ, λῦσις, ἡ. *Compensation*: P. and V. τίσις, ἡ (Plat.), V. ποινή, ἡ, or pl. (rare P.), ἄποινα, τά (Plat. but rare P.). *I am ready to die as an expiation for my country*: V. θνήσκειν ἑτοιμός πατρίδος ἐκλυτήριον (Eur., *Phoen.* 969).

Expiatory, adj. V. κἄθάρσιος, λῦτήριος.

Expiration, subs. *Breathing out*: P. and V. ἐκπνοή, ἡ. *End*: P. and V. τέλος, τό, τελευτή, ἡ. *Their treaty with them was on the point of expiration*: P. ἐπ' ἐξόδῳ πρὸς αὐτοὺς αἱ σπονδαὶ ἦσαν (Thuc. 5, 28).

Expire, v. intrans. *Lapse, come to an end*: P. and V. ἐξέρχεσθαι, ἐξήκειν. *Breathe one's last*: V. ἐκπνεῖν or ἐκπνεῖν βίον, ἐκπνεῖν ψῦχήν, ἀποψύχειν βίον, P. ἀποψύχειν (Thuc.), P. and V. τελευτᾶν; see *die*.

Expiry, subs. See *expiration*.

Explain, v. trans. P. and V. φαίνειν, ἐξηγεῖσθαι, φράζειν, ἑρμηνεύειν, συμβάλλειν, δηλοῦν, σημαίνειν (Plat.), δεικνῦναι, διειπεῖν (Plat.), V. ἐκφράζειν, σἄφηνίζειν (also Xen. but rare P.), Ar. and P. διηγεῖσθαι; see *interpret*.

Explanation, subs. P. ἐξήγησις, ἡ, ἑρμηνεία, ἡ, V. ἑρμήνευμα, τό, or pl.

Explicit, adj. *Simple*: P. and V. ἁπλοῦς. *Clear*: P. and V. σἄφής.

Explicitly, adv. P. διαρρήδην, P. and

V. ἄντικρυς. *Clearly*: P. and V. σἄφῶς.

Explode, v. trans. See *burst*. Met., *destroy*: P. and V. κἄθαιρεῖν. V. intrans. P. and V. ῥήγνυσθαι, διαρρήγνυσθαι.

Exploit, subs. P. and V. ἀγώνισμα, τό. *Daring deed*: P. and V. τόλμημα, τό, κινδῦνευμα, τό, V. τόλμᾰ, ἡ.

Exploration, subs. *Spying out*: P. and V. κἄτασκοπή, ἡ.

Explore, v. trans. *Spy out*: P. and V. κἄτασκοπεῖν, κἄτοπτεύειν (Xen.). *Examine (ground, etc.)*: P. and V. ἐρευνᾶν (Eur., *Hec.* 1174); see *examine, search*. *Explore beforehand*: V. προὐξερευνᾶν. *Travel through*: P. διαπορεύεσθαι (acc.).

Explorer, subs. *Spy*: P. and V. κἄτάσκοπος, ὁ; see *spy*. *Traveller*: P. and V. ὁδοιπόρος, ὁ.

Explosion, subs. *Noise*: P. and V. ψόφος, ὁ, κτῠπος, ὁ (rare P.), Ar. and V. πἄτἄγος, ὁ, V. βρόμος, ὁ, δοῦπος, ὁ (also Xen. but rare P.), ἄραγμός, ὁ, ἀράγμἄτα, τά.

Exponent, subs. P. ἐξηγητής, ὁ. *Interpreter*: P. and V. ἑρμηνεύς, ὁ. *Exponent (of the will of a god)*: P. and V. προφήτης, ὁ, V. προφῆτις, ἡ.

Export, v. trans. P. and V. ἐξᾰγειν, P. ἐκκομίζεσθαι.

Export, subs. P. ἐξαγωγή, ἡ, κατακομιδή, ἡ. *Exports*: P. τὰ ἐξαγώμιμα (Arist.).

Exportation, subs. P. ἐξαγωγή, ἡ.

Expose, v. trans. *Make known*: P. and V. ἐκφέρειν, μηνῦειν, φαίνειν, ἐκφαίνειν (Plat.); see *show*. *Disclose, reveal*: P. and V. ἀποκἄλύπτειν, V. διαπτύσσειν (also Plat. but rare P.), ἀναπτύσσειν, Ar. and V. ἐκκἄλύπτειν. *Expose (infants)*: P. and V. ἐκβάλλειν, Ar. and V. ἐκτῐθέναι. *Make bare*: P. and V. γυμνοῦν. *Expose to, subject to*: P. and V. ὑποβάλλειν (τινά τινι). *Expose (to beasts etc.)*: V. προτῐθέναι. *Expose to danger, endanger*: Ar. and P. πἄρἄβάλλεσθαι, P. ὑποτιθέναι, V. πἄραρρίπτειν, προβάλλειν, προτείνειν.

Exposed, adj. *Without defensive armour*: P. and V. γυμνός (Eur., *Phoen.* 1396). *Desolate*: P. and V. ἐρῆμος. *Harbourless*: P. and V. ἄλῐμενος. *Assailable*: P. ἐπίμαχος. *An exposed (situation)*: P. (χωρίον) χειμερινόν; in same sense use Ar. and V. δυσχείμερος. *The rest of the site is exposed*: P. ἐξήρτηται (ἐξαρτᾶν) τὸ ἄλλο χωρίον (Thuc. 6, 96). *Exposed to the open air*: P. and V. ὑπαίθριος. Of a child: V. ἔκβολος. *Exposed to, liable to*: P. ἔνοχος (dat.); see *liable*.

Exposition, subs. P. ἀπόδειξις, ἡ; see *explanation*.

Expostulate, v. intrans. *Be annoyed*: P. χαλεπῶς φέρειν, Ar. and P. ἀγᾰνακτεῖν; see *protest*. *Expostulate with*: P. and V. πἄραιτεῖσθαι (acc.).

Expostulation, subs. P. παραίτησις, ἡ; see *entreaty, protest*.

Exposure, subs. *Act of disclosing*: P. μήνυσις, ἡ. *What is disclosed*: P. μήνυμα, τό; see *disclosure*. *Exposure of children*: V. ἔκθεσις, ἡ. *Exposure to the weather*: V. δῠσαυλία, ἡ (Æsch., *Ag.* 555). *The sun and heat caused them trouble through exposure*: P. οἵ τε ἥλιοι καὶ πνῖγος ἐλύπει διὰ τὸ ἀστέγαστον (Thuc. 7, 87).

Expound, v. trans. See *explain, interpret*.

Expounder, subs. See *interpreter*.

Express, v. trans. *Declare in words*: P. and V. λέγειν, εἰπεῖν, φράζειν, V. ἐννέπειν; see *say*. *Indicate*: P. and V. δηλοῦν, δεικνῦναι, φαίνειν; see *show*. *Portray, represent*: P. and V. εἰκάζειν, P. παραδεικνύναι. *Express (views, feelings, etc.)*: P. and V. πἄρέχειν (or mid.), προτῐθεσθαι; see *exhibit, bring forward*. *Express thanks*: P. and V. χάριν εἰδέναι. *Express (an opinion)*: P. and V. ἀποφαίνεσθαι, P. ἀποδείκνυσθαι.

Express, adj. *Clear, explicit*: P. and V. σἄφής. *For the express purpose*: use *expressly*. *Quick*: P. and V. τἄχύς.

Express, subs. Use *messenger*.

Expressible, adj. *Able to be told*: P. and V. ἔκφορος, V. ῥητός, Ar. and V. λεκτός, Ar. φᾰτός. *Capable of being pronounced*: P. ῥητός.

Expression, subs. *Way of speaking*: P. λέξις, ἡ. *Word spoken*: P. and V. λόγος, ὁ, ῥῆμα, τό. *Look*: P. and V. πρόσωπον, τό, βλέμμᾰ, τό, ὄψῐς ἡ. *Exposition*: P. ἀπόδειξις, ἡ.

Expressly, adv. *For this very purpose*: P. and V. ἐπ' αὐτὸ τοῦτο, P. αὐτοῦ τούτου ἕνεκα, εἰς αὐτὸ τοῦτο. *On purpose*: P. and V. ἐκ προνοίας, Ar. and P. ἐπῑ́τηδες, P. ἐκ παρασκευῆς; see under *purpose*. *Explicitly*: P. and V. ἄντῐκρυς, P. διαρρήδην. *By name*: P. ὀνομαστί.

Expulsion, subs. P. ἐκβολή, ἡ, ἔλασις, ἡ.

Expunge, v. trans. P. and V. ἐξᾰλείφειν, P. ἀπαλείφειν; see *erase*. *Not to be expunged*, adj.: P. δυσέκνιπτος, V. δύσνιπτος.

Expurgate, v. trans. *Cleanse*: P. and V. κᾰθαίρειν, ἐκκᾰθαίρειν.

Expurgation, subs. *Cleansing*: P. and V. κᾰθαρμός, ὁ, P. κάθαρσις, ἡ.

Exquisite, adj. *Beautiful*: P. and V. κᾰλός. *Dainty*: P. and V. κομψός, V. ἁβρός; see *delicate*. *Luxurious*: Ar. and P. τρῠφερός. *Effeminate*: Ar. and P. μᾰλᾰκός, Ar. and V. μαλθᾰκός (also Plat. but rare P.). *Charming*. Ar. and P. χᾰρίεις, ἀστεῖος. Of pain, etc.: P. and V. ἔσχᾰτος. As subs., *dandy*: P. καλλωπιστής, ὁ.

Exquisitely, adv. P. and V. κᾰλῶς. *Elegantly*: Ar. and P. κομψῶς. *Gracefully*: P. χαριέντως. *Extremely*: P. and V. σφόδρᾰ.

Extant, Be, v. intrans. P. περιεῖναι. *Exist*: P. and V. εἶναι.

Extemporaneously, adv. *Off-hand*: P. and V. φαύλως, P. ἐξ ἐπιδρομῆς, ἐξ ὑπογυίου.

Extempore, adj. See *extemporaneously*.

Extemporise, v. trans. P. αὐτοσχεδιάζειν.

Extend, v. trans. *Hold out*: P. and V. προτείνειν, ὀρέγειν. Met., *offer* (*welcome, etc.*): P. and V. πᾰρέχειν. *Lengthen, prolong*: P. and V. μηκῡ́νειν, τείνειν, ἐκτείνειν, P. ἀποτείνειν. *Extend the wing* (*of an army* or *fleet*): P. παρατείνειν τὸ κέρας (Thuc. 8, 104). V. intrans. P. καθήκειν, διήκειν, προσήκειν (Xen.), P. and V. τείνειν. *Extend alongside*: P. παρατείνειν (absol.), παρήκειν (absol.), Ar. πᾰρᾰτείνεσθαι (absol.). *Extend over a wide area of sea* (of ships): P. ἐπὶ πολὺ τῆς θαλάσσης ἐπέχειν (Thuc. 1, 50).

Extension, subs. P. ἔκτασις, ἡ. *Extension of time*: use *delay*.

Extensive, adj. *Large*: P. and V. μέγᾰς, πολῠ́ς. *Long*: P. and V. μακρός. *Wide*: P. and V. εὐρῠ́ς; see *wide*. *Abundant*: P. and V. ἄφθονος.

Extensively, adj. *Over a wide space*: P. ἐπὶ πολύ. *Abundantly*: P. and V. ἀφθόνως (Eur., *Frag.*). *Everywhere*: P. and V. πανταχοῦ, πανταχῇ; see *everywhere*.

Extent, subs. *Greatness*: P. and V. μέγεθος, τό, πλῆθος, τό. *Breadth*: P. and V. εὖρος, τό; see *breadth*. *Length*: P. and V. μῆκος, τό. Met., *importance, greatness*: P. and V. μέγεθος, τό. *To such an extent*: P. and V. εἰς τοσοῦτο, εἰς τοσοῦτον.

Extenuate, v. trans. *Pardon*: P. and V. συγγιγνώσκειν (acc., gen., or dat.). *Diminish*: P. μειοῦν.

Extenuation, subs. *Excuse*: P. and V. πρόφᾰσις, ἡ. *Pardon*: P. and V. συγγνώμη, ἡ. *Admit of extenuation*: P. and V. συγγνώμην ἔχειν.

Exterior, adj. Use P. and V. ὁ ἔξω.

Exterior, subs. Use P. and V. τὸ ἔξω.

Exterminate, v. trans. P. and V. ἐξᾰλείφειν, κᾰθαιρεῖν, ἀναιρεῖν, V. ἐκτρῑ́βειν, ἐκθαμνίζειν; see *destroy*.

Exterminated, adj. Ar. and P. ἐξώλης, P. προώλης, V. ἄϊστος, πᾰνώλης, Ar. and V. πᾰνώλεθρος.

Extermination, subs. P. and V.

ὄλεθρος, ὁ, διαφθορά, ἡ, P. ἐξώλεια, ἡ; see *destruction.*

External, adj. *Foreign, alien:* P. and V. ἐπακτός, ἐπείσακτος, ἀλλότριος, V. θυραῖος. *Outside:* use adv., P. and V. ἔξω, ἔξωθεν.

Externally, adv. P. and V. ἔξω, ἔξωθεν.

Externals, subs. Use P. and V. τὰ ἔξω, τὰ ἔξωθεν.

Extinct, adj. P. and V. ἐξίτηλος (Æsch., *Frag.*); see *dead. Be extinct:* use P. and V. οὐκέτ' εἶναι.

Extinction, subs. *Destruction:* P. and V. ὄλεθρος, ὁ, διαφθορά, ἡ.

Extinguish, v. trans. P. and V. σβεννύναι (Thuc. 2, 77), κατασβεννύναι, ἀποσβεννύναι; see *quench. Put down:* P. and V. καθαιρεῖν, κατέχειν, παύειν.

Extirpate, v. trans. V. ἐκθαμνίζειν; see *exterminate.*

Extirpation, subs. See *extermination.*

Extol, v. trans. *Praise:* P. and V. ἐπαινεῖν, Ar. and V. εὐλογεῖν, V. αἰνεῖν (rare P.), P. ἐγκωμιάζειν. *Magnify:* P. and V. μεγαλύνειν (Eur., *Bacch.* 320); see *exalt. Celebrate in song:* P. and V. ᾄδειν, ὑμνεῖν.

Extort, v. trans. *Exact:* P. and V. πράσσειν, ἐκπράσσειν, εἰσπράσσεσθαι, P. εἰσπράσσειν, Ar. and P. πράσσεσθαι, ἀναπράσσειν. *Take away:* P. and V. ἐξαιρεῖσθαι, βίᾳ ἐξαιρεῖσθαι. Met., *evoke (tears, etc.):* P. and V. ἐκκαλεῖσθαι, V. ἐξάγειν (Eur., *Supp.* 770). *Perchance this reproach may have slipped out, extorted from him by anger:* V. ἀλλ' ἦλθε μὲν δὴ τοῦτο τοὔνειδος τάχ' ἂν ὀργῇ βιασθέν (Soph., *O.R.* 523).

Extorted, adj. *Compulsory:* P. βίαιος, P. and V. ἀναγκαῖος.

Extortion, subs. *Robbery, theft:* P. and V. κλοπή, ἡ. *Greed:* P. πλεονεξία, ἡ. *Love of base gain:* P. and V. αἰσχροκέρδεια, ἡ. *Exaction:* P. πρᾶξις, ἡ, εἴσπραξις, ἡ.

Extortionate, adj. *Greedy:* P. πλεονεκτικός, P. and V. αἰσχροκερδής. *Excessive:* P. and V. περισσός.

Extortionately, adv. *Excessively:* P. and V. περισσῶς; see *excessively. Greedily:* P. πλεονεκτικῶς.

Extortioner, subs. Use adj., P. and V. αἰσχροκερδής.

Extra, adv. *In addition:* P. and V. ἔτι, πρὸς τούτοις, ἐπὶ τούτοις, V. καὶ πρός, πρός (rare P.), Ar. and P. προσέτι. *Extra pay*, subs.: P. ἐπιφορά, ἡ.

Extract, v. trans. P. and V. ἐξέλκειν (Plat. but rare P.), Ar. and V. ἐκσπᾶν. *Evoke:* P. and V. ἐκκαλεῖσθαι, V. ἐξάγειν. *Choose:* P. and V. αἱρεῖσθαι, ἐξαιρεῖν (or mid.).

Extract, subs. See *juice. Passage in a book:* use P. λόγος, ὁ. *Passage in a play:* Ar. and P. ῥῆσις, ἡ.

Extraction, subs. *Lineage:* P. and V. γένος, τό; see *lineage.*

Extraneous, adj. P. and V. ἐπακτός, ἐπείσακτος, ἀλλότριος, V. θυραῖος. *Extraneous to:* P. ἀλλότριος (gen.).

Extraordinarily, adv. P. and V. δεινῶς, P. θαυμαστῶς, ἀμηχάνως, Ar. and P. ὑπερφυῶς, θαυμασίως. *Eccentrically:* P. ἀτόπως.

Extraordinariness, subs. Ar. and P. ἀτοπία, ἡ; see *strangeness.*

Extraordinary, adj. P. and V. θαυμαστός, ἀμήχανος, ἐξαίσιος (Plat.), περισσός, Ar. and P. δαιμόνιος, θαυμάσιος, ὑπερφυής, ἀλλόκοτος, V. ἔκπαγλος. *Novel:* P. and V. καινός, νέος; see *strange. Eminent, remarkable:* P. and V. ἐκπρεπής, V. ἔξοχος. *Eccentric:* P. and V. ἄτοπος (Eur., *Frag.*). *An extraordinary meeting of the Assembly:* P. σύγκλητος Ἐκκλησία, ἡ.

Extravagance, subs. *Want of control:* P. ἀκράτεια, ἡ, P. and V. ὕβρις, ἡ. *Excess:* P. and V. ὑπερβολή, ἡ. *Extraordinariness:* Ar. and P. ἀτοπία, ἡ. *Squandering (of money, etc.):* P. ἀσωτία, ἡ, πολυτέλεια, ἡ. *Luxury:* P. and V. τρυφή, ἡ. *Novelty:* P. καινότης, ἡ. *Their private means through idleness are lost and wasted* *in extravagance*: V. τὰ δ' ἐν δόμοις δαπάναισι φροῦδα διαφυγόνθ' ὑπ' ἀργίας (Eur., *H. F.* 591).

Extravagant, adj. *Spending too much*: P. δαπανηρός, ἄσωτος. *Out of the way, extraordinary*: Ar. and P. ὑπερφυής. *Excessive*: P. and V. περισσός.

Extravagantly, adv. *Wastefully*: P. ἀσώτως. *Expensively*: P. πολυτελῶς. *In an extraordinary way*: P. ἀτόπως. *Excessively*: P. and V. περισσῶς, πέρᾱ (Plat.), ἄγᾱν, λίᾱν, V. εἰς ὑπερβολήν, P. καθ' ὑπερβολήν, Ar. and P. ὑπερφυῶς; see *excessively*.

Extreme, adj. *Furthest*: P. and V. ἔσχᾰτος. *Topmost*: P. and V. ἄκρος. Of degree: P. and V. μέγιστος, V. ὑπέρτᾰτος. Of evils: P. and V. ἔσχᾰτος, τελευταῖος. *Last*: P. and V. τελευταῖος, ἔσχᾰτος, ὕστᾰτος. *The extreme of*: P. and V. ὑπερβολή (gen.). *Go to extremes*, v.: P. and V. ἐξέρχεσθαι, ὑπερβάλλειν, ἐπεξέρχεσθαι, V. ἐκτρέχειν. *To suffer the extreme penalty of the law*: P. ταῖς ἐσχάταις ζημίαις κολάζεσθαι (Lys. 123). *Take extreme measure*: P. and V. ἀνήκεστόν τι δρᾶν, P. ἀνήκεστόν τι βουλεύειν (Thuc. 1, 132).

Extremely, adv. P. and V. σφόδρᾰ, μάλᾰ, Ar. and V. κάρτᾰ (rare P.), V. ἐξόχως, Ar. and P. ὑπερφυῶς, P. ἀμηχάνως, διαφέροντως, ὑπερβαλλόντως.

Extremity, subs. *The extremity of*: use P. and V. adj ἔσχᾰτος, ἄκρος in agreement with subs., e.g., *the extremity of the line*: P. and V. τάξις ἐσχάτη; see *verge*. *The extremities of the feet*: P. πόδες ἄκροι, V. ποδοῖν ἀκμαί. *The extremity of the island*: P. τῆς νήσου τὰ ἔσχατα (Thuc. 4, 30). *Stump left in cutting*: P. and V. τομή, ἡ. *The extremities, furthest points*: P. and V. τὰ ἔσχᾰτα. *The extremities of the body*: P. ἀκρωτήρια, τά (Thuc. 2, 49). Met., *extravagance, excess*: P. and V. ὑπερβολή, ἡ; see also *pitch*. *Extreme point*: P. and V. τὸ ἔσχᾰτον. *You are come to the extremity of sorrow*: V. ἥκεις συμφορᾶς πρὸς τοὔσχατον (Eur., *Or.* 447). *Go to extremities*: see *go to extremes*, under *extreme*. *To the last extremity*: P. εἰς τὸ ἔσχατον, V. εἰς τοὔσχᾰτον.

Extricate, v. trans. P. and V. λῡ́ειν, ἐκλῡ́ειν, ἀφῑέναι, Ar. and P. ἀπολῡ́ειν. *Be extricated from*: also V. ἐκκῠλίνδεσθαι (gen.) (also Xen.); see *escape*.

Exuberance, subs. *Abundance*: P. ἀφθονία, ἡ, Ar. and P. περιουσία, ἡ, P. and V. πλῆθος, τό. *Fruitfulness*: P. πολυκαρπία, ἡ (Xen.).

Exuberant, adj. *Abundant*: P. and V. ἄφθονος, V. ἐπίρρῠτος. *Overabundant*: P. and V. περισσός. *Fruitful*: P. and V. ἔγκαρπος (Plat.), εὔκαρπος (Plat.), Ar. and P. πολῠ́καρπος (Plat.); see *fruitful*. Of spirits: Ar. and P. νεᾱνῐκός.

Exuberantly, adv. P. and V. ἀφθόνως (Eur., *Frag.*). *Overmuch*: P. and V. περισσῶς. *In exuberant spirits*: Ar. and P. νεᾱνῐκῶς.

Exudation, subs. *Exudation from trees*: V. ἱδρώς, ὁ, δάκρῠ, τό, στᾰλαγμός, ὁ.

Exude, v. trans. *Let drop*: P. and V. λείβειν (Plat. but rare P.), V. στάζειν, κᾰταστάζειν. V intrans. *Drip*: P. and V. λείβεσθαι (Plat. but rare P.), κᾰταστάζειν (Xen.), στάζειν (Plat. but rare P.), V. ἀποστάζειν, στᾰλάσσειν; see *drip*.

Exult, v. intrans. P. and V. χαίρειν, ἀγάλλεσθαι (also Ar. but rare P.), γεγηθέναι (also Ar. but rare P.) (perf. of γηθεῖν). *Exult in*: P. and V. ἥδεσθαι (dat.), τέρπεσθαι (dat.), εὐφραίνεσθαι (dat.), ἀγάλλεσθαι (dat.) (also Ar. but rare P.), V. κᾰταυχεῖν (dat.). *Exult over*: P. and V. χαίρειν (dat. or ἐπί, dat.), ἐπῐχαίρειν (dat.), γεγηθέναι (dat. or ἐπί, dat.) (also Ar. but rare P.) (perf. of γηθεῖν), V. ὑπερχαίρειν (dat.), γαυροῦσθαι (dat.), χλῐδᾶν (dat. or ἐπί, dat.), P. ἐφήδεσθαι (dat. or absol.); see also *mock*.

Exultant, adj. P. and V. περῐχᾰρής, γεγηθώς (also Ar. but rare P.); Ar. and V. γαῦρος.

Exultantly, adv. *Cheerfully*: P. and V. εὐθύμως (Xen.). *Gladly*: P. and V. ἡδέως, ἀσμένως.

Exultation, subs. P. and V. χᾰρά, ἡ, χαρμονή, ἡ (Plat. but rare P.), V. χάρμᾰ, τό, τὸ γαῦρον, P. περιχάρεια, ἡ. *Object of exultation*: V. ἐπίχαρμα, τό.

Eye, subs. P. and V. ὀφθαλμός, ὁ, ὄμμᾰ, τό (Thuc. and Plat. but rare P.), ὄψῐς, ἡ, Ar. and V. κόρη, ἡ, V. also use αὐγή, ἡ, κύκλος, ὁ, βλέφᾰρα, τά, δέργμᾰτα, τά, φῶς, τό (Eur., *Cycl.* 633); also in V. are found a dat. pl., ὄσσοις, and gen. pl., ὄσσων; see also *look*. *Shut the eyes*, v.: P. and V. μύειν (Plat.), P. συμμύειν (Plat.), Ar. κᾰτᾰμύειν. *Black eye*: P. and V. ὑπώπιον, τό (Eur., *Frag.*, Satyrical poem; also Ar.). *Having a black eye*: Ar. ὑπωπιασμένος. *Give a black eye*: P. τοὺς ὀφθαλμοὺς συγκλήειν (Dem. 1259).

Eye, v. trans. P. and V. βλέπειν (εἰς, acc.), ἀποβλέπειν (εἰς, acc.), Ar. and V. λεύσσειν (acc.), δέρκεσθαι (acc.), V. προσδέρκεσθαι (acc.), εἰσδέρκεσθαι (acc.); see *look at*.

Eye-ball, subs. P. and V. κόρη, ἡ, V. γλήνη, ἡ.

Eye-brow, subs. Ar. ἐπισκύνιον, τό.

Eye-disease, subs. Ar. and P. ὀφθαλμία, ἡ. *Suffer from eye-disease*, v.: Ar. and P. ὀφθαλμιᾶν (Xen.).

Eye-holes, subs. *Eye-holes in a shield*: V. κεγχρώμᾰτα, τά (Eur., *Phoen.* 1386).

Eye-lash, subs. Ar. and P. βλεφᾰρίς, ἡ (Xen.).

Eye-lid, subs. P. and V. βλέφᾰρον, τό (Plat., *Tim.* 45E; also Ar.) (generally pl.).

Eye-sight, subs. P. and V. ὄψῐς, ἡ. *When he saw his eyesight failing him*: P. ἐπειδὴ ᾔσθετο . . . τὸν ὀφθαλμὸν αὐτὸν προδίδοντα (Dem. 1239). *Recover one's eyesight*: Ar. and P. ἀναβλέπειν.

Eye-witness, subs. P. ὀπτήρ, ὁ, αὐτόπτης, ὁ, P. and V. ἐπόπτης, ὁ, V. κᾰτόπτης, ὁ.

Eyot, subs. See *island*.

Eyry, subs. See *nest*.

F

Fable, subs. P. and V. λόγος, ὁ, μῦθος, ὁ. *Fiction*: P. and V. μῦθος, ὁ. *Old wives' fables*: P. γραῶν ὕθλος, ὁ (Plat.). *To have passed into the region of fable*: P. ἐπὶ τὸ μυθῶδες ἐκνενικηκέναι (Thuc. 1, 21). *Narrate in fables*, v. trans.: P. μυθολογεῖν (acc.).

Fabric, subs. Of cloth: P. and V. ὕφασμα, τό, πλοκή, ἡ (Plat.), ὑφαί, αἱ (Plat.), V. ἐξύφασμα, τό. *Composition*: P. and V. κᾰτάστᾰσις, ἡ, P. σύνταξις, ἡ, σύστασις, ἡ.

Fabricate, v. trans. *Construct*: P. and V. συντῐθέναι, συμπηγνῦναι, σῠναρμόζειν, P. κατασκευάζειν *Mould*: P. and V. πλάσσειν. *Trump up*: P. and V. πλάσσειν, P. συμπλάσσειν, κατασκευάζειν, συσκευάζειν.

Fabricated, adj. *Fictitious*: P. and V. πλαστός (Xen.).

Fabrication, subs. *Construction*: P. κατασκευή, ἡ. *Act of concocting*: P. σκευωρία, ἡ. *Concoction*: P. πλάσμα, τό, σκευώρημα, τό.

Fabricator, subs. *Maker*: P. and V. τέκτων, ὁ, δημιουργός, ὁ, V. μηχᾰνορράφος, ὁ or ἡ.

Fabulous, adj. P. μυθώδης. *Fabulous creatures*: P. φύσεις μεμυθολογημέναι (Plat.).

Face, subs. P. and V. πρόσωπον, τό, ὄψῐς, ἡ; in V. also use ὀφθαλμός, ὁ, ὄμμᾰ, τό. *Face of a wall, etc.*: P. μέτωπον, τό. *The front of anything*: use P. and V. τὸ πρόσθεν, P. τὸ ἔμπροσθεν. *Of an army*: P. and V. μέτωπον, τό (Xen.). *With beautiful face*, adj.: Ar. and P. εὐπρόσωπος (Plat.); see *beautiful*. *Face to* *face*: use adj., P. and V. ἐναντίος, V. ἀντίος (Plat., *Tim.* 43E, but rare P.), ἀντήρης; adv., P. and V. ἐναντίον, V. κᾰτὰ στόμᾰ (also Xen.). *When brought face to face with the crisis*: V. καταστὰς εἰς ἀγῶν' ἐναντίον (Eur., *Frag.*). *Lurking in secret or engaging him face to face*: V. κρυπτὸς καταστὰς ἢ κατ' ὄμμ' ἐλθὼν μάχῃ (Eur., *And.* 1064). *Face to face with*: P. and V. κᾰτὰ στόμᾰ (gen.) *To one's face*: P. κατ' ὀφθαλμούς (Xen.), V. κᾰτ' ὄμμᾰ, κᾰτ' ὄμμᾰτα (Eur., *Or.* 288), P. and V. ἐναντίον. *In face of, in consideration of*, prep.: P. and V. πρός (acc.). *They stood shaking their spears in the face of the foe*: V. ἔστησαν ἀντίπρῳρα σείοντες βέλη (Eur., *El.* 846). *On one's face, face forward*: V. πρηνής. *Look in the face*: P. and V. βλέπειν εἰς (acc.), V. ἐναντίον βλέπειν (acc.), προσβλέπειν ἐναντίον (acc.), ἀντῐδέρκεσθαι (acc.), Ar. βλέπειν ἐναντία (*Eq.* 1239) (absol.). *Do you then lift up your voice and dare to look these men in the face?* P. εἶτα σὺ φθέγγει καὶ βλέπειν εἰς τουτωνὶ πρόσωπα τολμᾷς; (Dem. 320). *What face can I show to my father?* V. ποῖον ὄμμα πατρὶ δηλώσω; (Soph., *Aj.* 462). *Have the face to* (with infin.): P. and V. τολμᾶν (infin.), ἀξιοῦν (infin.), P. ἀποτολμᾶν (infin.), Ar. and V. τλῆναι (infin.) (2nd aor. of τλᾶν).

Face, v. trans. *Endure*: P. and V. ὑπέχειν, ὑφίστασθαι, αἱρεσθαι, P. ὑπομένειν, V. καρτερεῖν, ἐγκαρτερεῖν; see *endure*. *Have no fear of*: P. and V. θαρσεῖν (acc.). *Dare*: P. and V. τολμᾶν (Eur., *H. F.* 307). *Oppose*: P. and V. ἀνθίστασθαι (dat.), ἐναντιοῦσθαι (dat.); see *oppose*. *Meet in battle*: P. and V. ἀπαντᾶν (dat.), συμβάλλειν (dat.), ἀντῐτάσσεσθαι (dat.); see *meet*. *Be opposite*: P. ἐξ ἐναντίας καθίστασθαι (Thuc. 4, 33). *Look towards* (of situation): P. ὁρᾶν πρός (acc.), βλέπειν πρός (acc.) (Xen.). *Face south*: P. πρὸς νότον τετράφθαι (perf. pass. of τρέπειν) (Thuc. 2, 15). *Face round*: P. and V. μεταστρέφεσθαι.

Facetious, adj. P. and V. γέλοιος; see *witty*.

Facetiously, adv. P. γελοίως; see *wittily*.

Facetiousness, subs. P. γελωτοποιΐα, ἡ (Xen.).

Facile, adj. *Nimble, active*: P. and V. ἐλαφρός (Xen.), Ar. and V. κοῦφος. *Ready, glib*: Ar. and V. εὔγλωσσος, V. εὔτροχος. *Obliging*: P. and V. εὐχερής, P. ῥᾴδιος.

Facilitate, v. trans. With personal subject: P. and V. σπεύδειν, ἐπισπεύδειν. With non-personal subject: P. προφέρειν (εἰς, acc.).

Facility, subs. *Ease*: P. and V. εὐμᾰρεια, ἡ, P. εὐχέρεια, ἡ. *With facility, easily*: P. μετ' εὐπετείας, V. δι' εὐπετείας. *Facilities for*: P. εὐπορία, ἡ (gen.); see *means*. *Permission, authority*: P. and V. ἐξουσία, ἡ.

Facing, adj. P. and V. ἐναντίος (dat.), V. ἀντίος (dat.) (Plat. also but rare P.). *Overlooking*: V. κᾰτόψιος (gen.). Prep. *Opposite*: P. and V. κᾰτά (acc.), P. ἀντιπέρας (gen.), καταντικρύ (gen.); or use adv., P. and V. ἐναντίον, V. κᾰταντίον, P. ἀντιπέρας, καταντικρύ.

Facing, subs. (*The wall*) *had a facing of skins and dressed hides*: P. (τὸ τεῖχος) προκαλύμματα εἶχε δέρρεις καὶ διφθέρας (Thuc. 2, 75).

Fact, subs. P. and V. ἔργον, τό, πρᾶγμα, τό. *Event*: P. and V. συμφορά, ἡ, Ar. and P. συντῠχία, ἡ. *Truth*: P. and V. ἀλήθεια, ἡ, τἀληθές. *As a matter of fact* (as opposed to *apparently*): P and V. ἔργῳ. *Those who look for the facts of the case*: P. οἱ τὴν ἀκρίβειαν ζητοῦντες τῶν πράγματων (Antiphon, 139). *You seek to discover the facts of the case*: P. ζητεῖτε εὑρεῖν τὴν ἀλήθειαν τῶν γεγενημένων (Isae 70). *Really*: P. and V. ὄντως, P. τῷ ὄντι. *As the facts themselves proved*: P. ὡς αὐτο τὸ ἔργον ἐδήλωσε (Dem. 928). *It is* *not the same thing to state a surmise and proclaim what is said as a fact :* V. τοὐτὸ δ' οὐχὶ γίγνεται δόκησιν εἰπεῖν κἀξακριβῶσαι λόγον (Soph., *Trach.* 425).

Faction, subs. P. and V. στάσις, ἡ. *People forming a faction :* P. and V. στάσις, ἡ, P. σύστασις, ἡ. *The Syracusan faction :* P. οἱ τὰ Συρακοσίων φρονοῦντες. *Free from faction,* adj. : P. ἀστασίαστος. *Be torn by faction,* v. : Ar. and P. στασιάζειν. *Join in faction :* P. συστασιάζειν (absol.).

Factious, adj. P. στασιωτικός, στασιαστικός.

Factiously, adv. P. στασιαστικῶς.

Factiousness, subs. P. and V. στάσις, ἡ, P. τὸ στασιωτικόν.

Factor, subs. *Part :* P. and V. μέρος, τό. *Be a factor in, contribute towards a result :* P. and V. συμβάλλεσθαι (εἰς, acc.; V. gen. without prep.) ; see *contribute.*

Factory, subs. Ar. and P. ἐργαστήριον, τό.

Faculty, subs. *Capacity :* P. and V. δύναμις, ἡ. *Power, licence :* P. and V. ἐξουσία, ἡ. *The faculties of the body :* P. αἱ δυνάμεις.

Fade, v. trans. *Make to wither :* P. and V. μαραίνειν, V. ἀμαυροῦν (also Xen. but rare P.) ; see *waste.* V. intrans. P. and V. μαραίνεσθαι, φθίνειν (Plat.), V. ἀποφθίνειν, καταφθίνειν, P. ἀπομαραίνεσθαι (Plat.) ; see *waste. Pine away :* Ar. and V. τήκεσθαι, V. ἐκτήκεσθαι, συντήκεσθαι, κατασκέλλεσθαι. Ar. and P. κατατήκεσθαι (Xen.) ; see *wither. Lose bloom :* Ar. and P. ἀπανθεῖν. Of colour : P. ἐξίτηλος γίγνεσθαι (Plat.). Met., *pass away :* P. and V. ἀπορρεῖν, διαρρεῖν, V. φθίνειν (rare P.).

Faded, adj. Ar. and P. σαπρός. *Wrinkled :* P. and V. ῥυσός ; see *wasted.*

Fagot, subs. P. and V. φάκελος, ὁ (Eur., *Cycl.* 242). *Fagots :* Ar. and P. φρύγανα, τά, V. ἐκκαύματα, τά (Soph., *Frag.*).

Fail, v. trans. With non-personal subject : P. ἐκλείπειν, Ar. and P. ἐπιλείπειν. *Leave in the lurch :* P. and V. λείπειν, προλείπειν, καταλείπειν, προϊέναι (or mid.), προδιδόναι. *You fail your friends in time of trouble :* V. ἀπαυδᾶς ἐν κακοῖς φίλοισι σοῖς (Eur., *And.* 87). *When he saw his eyesight failing him :* P. ἐπειδὴ ᾔσθετο . . . τὸν ὀφθαλμὸν αὐτὸν προδίδοντα (Dem. 1239). V. intrans. Of persons, *meet with ill-success :* P. and V. ἁμαρτάνειν, σφάλλεσθαι, ἐξαμαρτάνειν, πταίειν, P. ἀποτυγχάνειν, διαμαρτάνειν, V. ἀμπλακεῖν (2nd aor.), ἀπαμπλακεῖν (2nd aor.). *Be unlucky :* P. and V. δυστυχεῖν, Ar. and P. ἀτυχεῖν. Of things, *not to succeed :* P. and V. κακῶς χωρεῖν, οὐ προχωρεῖν. *His plan will succeed and mine will fail :* V. τὰ τοῦδε μὲν πεπραγμέν' ἔσται τἀμὰ δ' ἡμαρτημένα (Soph., *O. R.* 620). *Give out :* P. and V. ἐκλείπειν, ἐλλείπειν, Ar. and V. λείπειν (rare P.), Ar. and P. ἐπιλείπειν. *Go bankrupt :* P. and V. ἀνασκευάζεσθαι ; see *bankrupt. Flag :* P. and V. ἀπειπεῖν, παρίεσθαι ; see *flag. My limbs fail :* V. λύεται δέ μου μέλη (Eur., *Hec.* 438). *Bent spine and failing knee :* V. διπλῆ ἄκανθα καὶ παλίρροπον γόνυ (Eur., *El.* 492). *Fail (to do a thing) :* P. and V. οὐ δύνασθαι (infin.), οὐκ ἔχειν (infin.). *Fail in, not succeed in :* P. διαμαρτάνειν (gen.), ἀποτυγχάνειν (gen.), P. and V. ἁμαρτάνειν (gen.), σφάλλεσθαι (gen.), ἀποσφάλλεσθαι (gen.), V. ἀμπλακεῖν (gen.) (2nd aor.). *The gloom of night is dangerous to fail in :* V. ἐνδυστυχῆσαι δεινὸν εὐφρόνης κνέφας (Eur., *Phoen.* 727). *Be wanting in :* P. and V. ἐλλείπειν (gen.), ἀπολείπεσθαι (gen.), V. λείπεσθαι (gen.).

Failing, prep. *Except :* P. and V. πλήν. *Failing this :* P. and V. εἰ δὲ μή. *Best of all, let us make terms for ever. Failing that . . . :* P. μάλιστα μὲν εἰς ἀΐδιον συμβῶμεν, εἰ δὲ μή . . . (Thuc. 4, 63).

Failure, subs. P. and V. σφάλμα, τό, ἁμαρτία, ἡ, P. ἁμάρτημα, τό, πταῖσμα, τό. *Piece of ill-luck*: P. ἀτύχημα, τό, δυστύχημα, τό, ἀτυχία, ἡ, δυστυχία, ἡ. *Unsuccessfulness*: P. ἀπραξία, ἡ, P. and V. δυσπραξία, ἡ. *Deficiency*: P. ἔνδεια, ἡ, ἔλλειψις, ἡ.

Fain, adj. *I would fain see*: use P. and V. ἡδέως ἂν ἴδοιμι, ἄσμενος or ἀσμένως ἂν ἴδοιμι.

Faint, adj. *Indistinct*: P. ἀμυδρός, V. ἀμαυρός; see *dim*. *Weak physically*: P. and V. ἀσθενής, P. ἀπειρηκώς, ἄρρωστος, V. ἄναλκις, ἄναρθρος. *Limp*: V. ὑγρός, ἔκλυτος. Met., *slight*: P. and V. λεπτός, ὀλίγος, βραχύς, μικρός, σμικρός.

Faint, subs. See *swoon*.

Faint, v. intrans. *Flag*: P. and V. ἀπειπεῖν, παρίεσθαι, κάμνειν (rare P.), προκάμνειν (rare P.), P. παραλύεσθαι, ἐκλύεσθαι, ἀποκάμνειν, ἀπαγορεύειν. *Swoon*: P. λιποψυχεῖν, V. προλείπειν, ἀποπλήσσεσθαι, P. and V. ἐκθνήσκειν (Plat.), Ar. ὡρακιᾶν. *I swoon and my limbs faint*: V. προλείπω λύεται δέ μου μέλη (Eur., *Hec.* 438). *Lose heart*: P. and V. ἀθυμεῖν; see *despond*.

Faint-hearted, adj. P. and V. ἄτολμος, ἄθυμος, P. ἄνανδρος, V. ἄψυχος, ἄσπλαγχνος, κακόσπλαγχνος; see *cowardly*. *Not eager*: P. ἀπρόθυμος.

Faint-heartedly, adv. P. ἀνάνδρως. *Not eagerly*: P. ἀπροθύμως.

Faint-heartedness, subs. P. and V. ἀνανδρία, ἡ, V. ἀψυχία, ἡ, κακανδρία, ἡ; see *cowardice*. *Hesitation*: P. and V. ὄκνος, ὁ.

Faintly, adv. *Not clearly*: P. ἀσαφῶς, V. δυσκρίτως. *Slightly, weakly*: P. ἀσθενῶς.

Faintness, subs. *Weariness*: P. and V. κόπος, ὁ. *Weakness*: P. and V. ἀσθένεια, ἡ (rare V.).

Fair, adj. Of colour, as opposed to *dark*: P. and V. λευκός, V. πάλλευκος. *Beautiful*: P. and V. καλός, εὐπρεπής. Of personal appearance: P. and V. εὐειδής (Plat.), V. εὐωπός, καλλίμορφος, εὔμορφος, Ar. and V. εὐφυής. *Favourable, auspicious*: P. and V. καλός, εὔφημος (Plat.), εὐτυχής, V. δεξιός, εὐμενής, πρευμενής, Ar. and V. αἴσιος (also Xen. but rare P.). Of wind: P. and V. οὔριος. *A fair wind*: V. οὖρος, ὁ (also Xen.). Of weather: P. εὔδιος (Xen.). *Fair weather*: P. and V. εὐδία, ἡ. *If all be fair now between you and Thebes*: V. ταῖσι Θήβαις εἰ τανῦν εὐημερεῖ καλῶς τὰ πρὸς σέ (Soph., *O. C.* 616). *Just*: P. and V. δίκαιος, ἔνδικος, ὀρθός. *Equitable*: P. and V. ἴσος, ἐπιεικής. *Impartial*: P. and V. κοινός. *By fair means*: see *fairly*. *Reasonable*: P. and V. εὔλογος, εἰκώς, εὐπρεπής; see *specious*. *When he comes I will speak him fair*: V. μολόντι δ' αὐτῷ μαλθακοὺς λέξω λόγους (Eur., *Med.* 776). *Moderate*: P. and V. μέτριος. *Fair words*: use subs., P. and V. εὐφημία, ἡ. *Use fair words*, v.: P. and V. εὐφημεῖν.

Fair, subs. *Gathering of people for merry-making, etc.*: use P. and V. ἑορτή, ἡ, πανήγυρις, ἡ; see *feast*.

Fair-armed, adj. V. καλλίπηχυς.

Fairly, adv. *Auspiciously*: P. and V. εὖ, καλῶς, εὐτυχῶς, εὐδαιμόνως, V. αἰσίως. *Justly*: P. and V. δικαίως, ἐνδίκως, ὀρθῶς, P. ἴσως, ἐπιεικῶς; see *justly*. *Moderately*: P. and V. μετρίως; see *tolerably*. *Reasonably*: P. and V. εἰκότως, εὐλόγως. *Much, exceedingly*: P. and V. σφόδρα, μάλα.

Fairness, subs. *Whiteness*: P. λευκότης, ἡ. *Justice*: P. δικαιοσύνη, ἡ. *Correctness*: Ar. and P. ὀρθότης, ἡ. *Eqitableness*: P. ἐπιείκεια, ἡ, V. τοὐπιεικές.

Fair-spoken, adj. P. and V. εὔφημος (Plat.).

Fairy, subs. Use P. and V. νύμφη, ἡ. *Fairies of the stream*: V. πηγαῖοι κόραι; see *elf*. *Naid, Nereid.*

Fairy, adj. Use Ar. and V. αἰόλος.

Fairylike, adj. Use Ar. and V. αἰόλος; or use *winged, divine*.

Faith, subs. P. and V. πίστῐς, ἡ.

Faithful, adj. P. and V. πιστός, V. κεδνός. *Trustworthy:* P. ἀξιόπιστος, P. and V. βέβαιος. *Keeping one's oath:* P. and V. εὔορκος.

Faithfully, adv. P. πιστῶς.

Faithfulness, subs. P. and V. πίστῐς, ἡ, P. πιστότης, ἡ.

Faithless, adj. P. and V. ἄπιστος. *Perjured:* Ar. and P. ἐπίορκος. *Crafty:* Ar. and V. δόλιος; see *crafty.*

Faithlessly, adv. *Craftily:* Ar. and V. δόλῳ, V. σὺν δόλῳ, ἐν δόλῳ, P. ἐξ ἐπιβουλῆς; see *craftily.*

Faithlessness, subs. P. and V. ἀπιστία, ἡ. *Perjury:* P. ἐπιορκία, ἡ.

Falchion, subs. Use *sword.*

Falcon, subs. P. and V. ἱέραξ, ὁ (Plat.), V. κίρκος, ὁ.

Fall, v. intrans. P. and V. πίπτειν, κᾰτᾰπίπτειν (Eur., *Cycl.*), V. πίτνειν. *Falling star:* V. διοπετὴς ἀστήρ, ὁ (Eur., *Frag.*). *Fall in ruins:* P. and V. συμπίπτειν, Ar. and P. κᾰταρρεῖν, κᾰταρρήγνυσθαι, P. περικαταρρεῖν, V. ἐρείπεσθαι; met., *be ruined:* P. and V. σφάλλεσθαι, πίπτειν (rare P.); see under *ruin.* *Die:* P. and V. τελευτᾶν; see *die.* *Fall in battle:* V. πίπτειν. *Drop, go down:* P. and V. ἀνῑέναι; see *abate.* Of price: P. ἀνίεναι, ἐπανίεναι. *The price of corn fell:* P. ἐπανῆκεν (ἐπανίεναι) ὁ σῖτος (Dem. 889). *Fall against:* P. and V. πταίειν πρός (dat.). *Fall asleep:* V. εἰς ὕπνον πίπτειν, or use v. *sleep.* *Fall at (the knees of a person):* see under *knee.* *Fall away:* P. and V. ἀπορρεῖν, διαρρεῖν. *Stand aloof:* P. and V. ἀφίστασθαι, ἀποστᾰτεῖν (Plat.). *Fall back:* P. and V. ἀνᾰπίπτειν; of an army: see *retire.* *Fall back on, have recourse to:* P. and V. τρέπεσθαι πρός (acc.). *Fall behind:* P. and V. ὑστερεῖν, λείπεσθαι. *Fall down:* P. and V. κᾰτᾰπίπτειν (Eur., *Cycl.*), or use *fall.* *Fall down at or before:* Ar. and V. προσπίπτειν (acc. or dat.) (also Xen. but rare P.), V. προσπίτνειν (acc. or dat.); see *worship.* *Fall foul of:* P. συμπίπτειν (dat. or πρός, acc), προσπίπτειν (dat.), προσβάλλειν (πρός, acc.); see *dash against.* Met., P. προσκρούειν (dat. or absol.). *Fall from (power, etc.):* P. and V. ἐκπίπτειν (gen. or ἐκ, gen.). *Fall in, subside:* P. ἱζάνειν (Thuc. 2, 76). *Collapse:* P. and V. συμπίπτειν, πίπτειν, Ar. and P. κᾰταρρήγνυσθαι, κᾰταρρεῖν. Of debts: P. ἐπιγιγνεσθαι. *Fall in love with:* P. and V. ἐρᾶν (gen.), V. εἰς ἔρον πίπτειν (gen.); see *love.* *Fall in with, meet:* P. and V. τυγχάνειν (gen.), συντυγχάνειν (dat.; V. gen.), ἐντυγχάνειν (dat.), ἀπαντᾶν (dat.); see *meet, light upon;* met., ~~accept~~: P. and V. δέχεσθαι, ἐνδέχεσθαι. *Fall into:* P. and V. εἰσπίπτειν (P. εἰς, acc.; V. acc. alone or dat. alone), πίπτειν (εἰς, acc.), ἐμπίπτειν (εἰς, acc.); met., *fall into misfortune, etc.:* P. and V. περῐπίπτειν (dat.), ἐμπίπτειν (εἰς, acc.), πίπτειν εἰς (acc.), V. συμπίπτειν (dat.); of a river: see *discharge itself into.* *Fall off:* P. ἀποπίπτειν; see *tumble off.* *Slip off:* P. περιρρεῖν. *Fall away:* P. and V. διαρρεῖν, ἀπορρεῖν; met., *stand aloof:* P. and V. ἀφίστασθαι, ἀποστᾰτεῖν (Plat.). *Deteriorate:* P. ἀποκλίνειν, ἐκπίπτειν, ἐξίστασθαι. *Become less:* P. μειοῦσθαι. *Fall on:* see *fall upon.* *Fall out:* P. and V. ἐκπίπτειν, P. ἀποπίπτειν; met., see *quarrel, happen.* *Fall over, stumble against:* P. and V. πταίειν (πρός, dat.). *Fall overboard:* P. and V. ἐκπίπτειν. *Fall short:* see under *short.* *Fall through:* P. and V. οὐ προχωρεῖν; see *fail.* *Fall to (one's lot):* P. and V. προσγίγνεσθαι (dat.), συμβαίνειν (dat.), λαγχάνειν (dat.) (Plat. but rare P.), V. ἐπιρρέπειν (absol.), P. ἐπιβάλλειν (absol.). *Fall to* (in eating).—*Ye who hungered before, fall to on the hare:* Ar. ἀλλ' ὦ πρὸ τοῦ πεινῶντες ἐμβάλλεσθε τῶν λαγῴων (*Pax*, 1312). *Fall to pieces:* Ar. and P. διᾰπίπτειν; see *fall away, collapse.* *Fall to work:* P. and V. ἔργου ἔχεσθαι; see *address oneself to.* *Fall upon a weapon:* Ar. and P. περῐπίπτειν (dat.), V. πίπτειν περί (dat.). *Fall on one's knees:* Ar. and V. προσπίπτειν (also Xen. but rare P.), V. προσπίτνειν; see under *knee.* *Attack:* P. and V. προσπίπτειν (dat.). εἰσπίπτειν (πρός, acc.), ἐπέχειν (ἐπί, dat.), ἐπέρχεσθαι (dat., rarely acc.), προσβάλλειν (dat.), εἰσβάλλειν (εἰς or πρός, acc.), ἐμπίπτειν (dat.) (Xen., also Ar.), ἐπεισπίπτειν (dat. or acc.) (Xen.), V. ἐφορμᾶν (or pass.) (dat.) (rare P.), P. προσφέρεσθαι (dat.), ἐπιφέρεσθαι (dat.), Ar. and P. ἐπῐτίθεσθαι (dat.), ἐπῐχειρεῖν (dat.). *Night fell upon the action:* P. νὺξ ἐπεγένετο τῷ ἔργῳ (Thuc. 4, 25).

Fall, subs. P. and V. πτῶμα, τό (Plat.), V. πέσημα, τό. Met., *downfall:* P. and V. διαφθορά, ἡ, ὄλεθρος, ὁ; see *downfall.* *Capture (of a town):* P. and V. ἅλωσις, ἡ, P. αἵρεσις, ἡ. In wrestling: P. and V. πάλαισμα, τό. *Fall of snow.—It was winter and there was a fall of snow:* P. χειμὼν ἦν καὶ ὑπένιφε (Thuc. 4, 103). *Fall of rain:* Ar. and P. ὑετός, ὁ, ὕδωρ, τό; see *rain.* *Fall of the year, autumn:* P. μετόπωρον, τό, φθινόπωρον, τό, Ar. and V. ὀπώρα, ἡ.

Fallacious, adj. *False:* P. and V. ψευδής. *Deceptive:* P. ἀπατηλός. *Hollow, unsound:* P. and V. ὕπουλος, σαθρός. *Delusive:* V. κέρτομος.

Fallaciously, adv. *Falsely:* P. and V. ψευδῶς.

Fallacy, subs. *False argument:* P. παραγωγή, ἡ. *Sophism:* Ar. and P. σόφισμα, τό; see also *falsehood.*

Fallen, adj. Lit., V. χᾰμαιπετής, πτώσῐμος, P. and V. κείμενος. Met., *sinful:* see *sinful.* *Fallen by the spear:* V. δορῐπετής. *Fallen from heaven:* V. διοπετής.

Fallibility, subs. P. and V. πλάνη, ἡ (Plat.).

Fallible, adj. P. εὐαπάτητος, εὐεξαπάτητος.

Fallow, adj. P. ἀργός. *Lie fallow:* P. ὀργεῖν (Xen.). *Fallow land:* P. νεός, ἡ (Xen.).

False, adj. P. and V. ψευδής. *Falsely named, called by a false name:* V. ψευδώνῠμος. *Made up:* P. and V. πλαστός (Xen.); see *fictitious.* *Spurious:* P. νόθος, Ar. and P. πᾰράσημος, P. and V. κίβδηλος. Of money: P. and V. κίβδηλος, Ar. and P. πᾰράσημος. Of hair: P. πρόσθετος (Xen.). *Supposititious:* V. ὑπόβλητος. *Untrustworthy:* P. and V. ἄπιστος. *False to one's oath:* see *forsworn.*

Falsehood, subs. P. and V. ψεῦδος, τό, V. ψῦθος, τό, P. ψευδολογία, ἡ. *Tell falsehoods*, v.: P. and V. ψεύδεσθαι, V. ψευδηγορεῖν, ψευδοστομεῖν. *Tell falsehoods against:* Ar. and P. κᾰταψεύδεσθαι (gen.). *Telling falsehoods*, adj.: Ar. ψευδολόγος.

Falsely, adv. P. and V. ψευδῶς. *Speak falsely:* see *tell falsehoods*, under *falsehood.*

Falseness, subs. *Untrustworthiness:* P. and V. ἀπιστία, ἡ.

False prophet, subs. V. ψευδόμαντις, ὁ or ἡ.

False witness, subs. P. ψευδομαρτυρία, ἡ. *One who bears false witness:* P. ψευδόμαρτυς, ὁ. *Bear false witness*, v.: P. ψευδομαρτυρεῖν.

Falsify, v. trans. *Tamper with:* P. and V. λῡμαίνεσθαι (Eur., *Frag.*). *Disappoint, frustrate:* P. and V. σφάλλειν. *Belie:* P. and V. ψεύδεσθαι, V. ψεύδειν.

Falsity, subs. Use P. and V. τὸ ψευδές. *Disappointment, frustration:* P. and V. σφάλμᾰ, τό, P. πταῖσμα, τό.

Falter, v. intrans. P. and V. ὀκνεῖν, κᾰτοκνεῖν, P. ἀποκνεῖν.

Faltering, adj. P. ὀκνηρός. *Undecided:* V. ἀμφίβουλος, δίφροντις.

Faltering, subs. P. and V. ὄκνος, ὁ.

Falteringly, adv. P. ὀκνηρῶς (Xen.).

Fame, subs. *Rumour*: P. and V. φήμη, ἡ, λόγος, ὁ, V. βάξις, ἡ, κληδών, ἡ, κλέος, τό, Ar. and V. φάτις, ἡ, μῦθος, ὁ. *Celebrity*: P. and V. δόξα, ἡ, εὐδοξία, ἡ, ἀξίωμα, τό, κλέος, τό (rare P.), ὄνομα, τό. Ar. and V. εὔκλεια, ἡ, κῦδος, τό, V. κληδών, ἡ. *Honour*: P. and V. τιμή, ἡ; see *honour*.

Familiar, subs. *One's familiar genius*: P. and V. δαίμων, ὁ or ἡ, P. δαιμόνιον, τό.

Familiar, adj. *Intimate*: P. οἰκεῖος, γνώριμος, συνήθης. *Be on familiar terms with (a person)*: P. χρῆσθαι (dat.), γνωρίμως ἔχειν (dat.), συνήθως ἔχειν (dat.). *Well-known*: P. and V. εὔγνωστος, γνωστός, P. γνώριμος, V. εὐμαθής (also Xen.). *Customary*: P. and V. σύνηθης, εἰωθώς, νόμιμος, εἰθισμένος, ἠθάς (Dem. 605), P. σύντροφος. *Affable*: P. ῥᾴδιος, εὐπρόσοδος, κοινός, P. and V. εὐπροσήγορος, φιλάνθρωπος, φιλόφρων (Xen.). *Familiar with (things), experienced in*: P. and V. ἔμπειρος (gen.), ἐπιστήμων (gen.), ἐντριβής (dat.), Ar. and V. τρίβων (acc. or gen.), V. ἴδρις (gen.). *Knowing*: V. ἵστωρ (gen.) (also Plat. but rare P.). *Be familiar with, have experience of*, v.: P. and V. ὁμιλεῖν (dat.).

Familiarise, v. trans. *Accustom*: P. and V. ἐθίζειν, P. συνεθίζειν. *They familiarise their rhythms and harmonies to the minds of the children*: P. τοὺς ῥυθμούς τε καὶ τὰς ἁρμονίας ἀναγκάζουσιν οἰκειοῦσθαι ταῖς ψυχαῖς τῶν παίδων (Plat., *Prot.* 326B). *Familiarised with*: P. συνήθης (dat.).

Familiarity, subs. *Intimacy*: P. οἰκειότης, ἡ, συνήθεια, ἡ, χρεία, ἡ. *Affability*: P. εὐπροσηγορία, ἡ, φιλανθρωπία, ἡ. *Familiarity with, experience in*: P. and V. ἐμπειρία, ἡ (gen.), ἐπιστήμη, ἡ (gen.), P. συνήθεια, ἡ (gen.). *This over-familiarity with tyrants is not safe for constitutional states*: P. οὐκ ἀσφαλεῖς ταῖς πολιτείαις αἱ πρὸς τοὺς τυράννους αὗται λίαν ὁμιλίαι (Dem. 71).

Familiarly, adv. *Intimately*: Ar. and P. οἰκείως. *Habitually*: P. συνήθως. *Affably*: P. and V. φιλοφρόνως, P. φιλανθρώπως.

Family, subs. *Race*: P. and V. γένος, τό, Ar. and V. γέννα, ἡ, V. γονή, ἡ, σπέρμα, τό, ῥίζα, ἡ, ῥίζωμα, τό; see *stock*. *Household*: P. and V. οἶκος, ὁ, P. οἰκία, ἡ, Ar. and V. δῶμα, τό, δόμος, ὁ. *The reigning family*: P. ἡ τυραννικὴ οἰκία (Dem. 22). *With all one's family*: use adv., P. πανοικησίᾳ. *Offspring, child*: P. and V. παῖς, ὁ or ἡ, ἔκγονος, ὁ or ἡ; see *offspring* *Of the same family*, adj.: P. and V. συγγενής, ὁμογενής (Plat.); see *kindred*. *Family troubles*: V. ἐγγενῆ κακά, τά. *Of good family*: see *high-born*.

Famine, subs. P. and V. λιμός, ὁ, V. ἀσιτία, ἡ, P. σιτόδεια, ἡ.

Famish, v. intrans. *Be hungry*: P. and V. πεινῆν (Soph., *Frag.*).

Famished, adj. P. and V. ἄσιτος, V. λιμοθνής, νῆστις βορᾶς. *Be famished*, v.: Ar. and P. βουλιμιᾶν (Xen.).

Famous, adj. P. and V. εὔδοξος, περίβλεπτος, διαπρεπής, ἐκπρεπής, ὀνομαστός, λαμπρός, ἐπίσημος, P. ἀξιόλογος, ἐπιφανής, εὐδόκιμος, περιβόητος, ἔνδοξος, διαφανής, ἐλλόγιμος, Ar. and V. κλεινός (Plat. also but rare P.), V. εὐκλεής, πρεπτός. *Be famous*, v.: Ar. and P. εὐδοκιμεῖν, P. and V. εὐδοξεῖν (Eur., *Rhes.*). *Be famous for*: P. and V. δόξαν ἔχειν (gen.). *Splendid, fine*: P. and V. λαμπρός.

Famously, adv. P. and V. λαμπρῶς, εὐκλεῶς (Xen.).

Fan, subs. *Fan for winnowing*: V. λίκνον, τό (Soph., *Frag.*), πτύον, τό (Æsch., *Frag.*). *Fan for raising a flame*: Ar. ῥιπίς, ἡ.

Fan, v. trans. *Raise to a flame*: Ar. ῥιπίζειν. *Had there been a wind to fan the flame*: P. πνεῦμα εἰ ἐπεγένετο ἐπίφορον (Thuc. 2, 77). Met., *stir up*: P. and V. ἐγείρειν, κῑνεῖν, ἐξεγείρειν; see *stir*. *To such an extent did these men fan the flame of enmity*: P. οὕτω μέχρι πόρρω προήγαγον οὗτοι τὴν ἔχθραν (Dem. 282). *Cool*: P. and V. ψῡ́χειν, ἀναψῡ́χειν, V. κᾰταψῡ́χειν.

Fanatic, subs. Use *fanatical*, adj.

Fanatical, adj. *Obstinate*: P. and V. αὐθάδης, σκληρός. *Mad*: P. and V. μᾰνιώδης, Ar. and P. μᾰνῐκός. *Wild*: P. and V. βάρβᾰρος, V. ἀνήμερος. *Made savage*: P. and V. ἀπηγριωμένος.

Fanatically, adv. *Obstinately*: Ar. and P. αὐθάδως. *Madly*: P. μανικῶς.

Fanaticism, subs. *Obstinacy*: P. αὐθάδεια, ἡ, Ar. and V. αὐθᾰδία, ἡ. *Madness*: P. and V. μᾰνία, ἡ. *Wildness*: P. ἀγριότης, ἡ.

Fanciful, adj. *Fastidious*: P. δυσχερής, Ar. and P. τρῠφερός. *Be fanciful*, v.: P. and V. τρῠφᾶν. *Imaginary*, adj.: P. and V. δοκῶν, οὐκ ὤν. *Hard to please*: P. and V. δῠσάρεστος; see *peevish*. Of design, pattern, etc.: P. and V. ποικῐλος. *Graceful, pretty*: Ar. and P. χᾰρίεις, P. and V. κομψός.

Fancifulness, subs. *Fastidiousness*: P. δυσχέρεια, ἡ, P. and V. τρῠφή, ἡ. *Grace, beauty*: P. and V. χᾰρῐς, ἡ.

Fancy, subs. *Imagination* (the faculty): P. φαντασία, ἡ. *Conceit, notion*: P. and V. δόξᾰ, ἡ, δόκησις, ἡ, δόξασμα, τό, ἔννοια, ἡ, V. δόκημα, τό, Ar. and P. νόημα, τό. *Imagination* (as opposed to *reality*): P. and V. δόξᾰ, ἡ, δόκησις, ἡ. *False picture* (as opposed to *truth*): P. εἴδωλον, τό. *Heard ye a cry or has some vain fancy cozened me*: V. βοῆς ἠκούσατ' ἢ δοκὼ κενὴ ὑπῆλθέ με (Eur., *El.* 747). *Castle in the air*: P. εὐχή, ἡ. *Mind*: P. and V. νοῦς, ὁ, Ar. and P. διάνοια, ἡ, Ar. and V. φρήν, ἡ, or pl. (rare P.); see *mind*. *Suspicion*: P. and V. ὑπόνοια, ἡ, ὑποψία, ἡ. *Speculation*: P. θεωρία, ἡ. *Take a fancy* (*to things*): P. and V. ἐπῐθῡμεῖν (gen.); see *desire, like*. *Take a fancy* (*to persons*): P. φιλοφρονεῖσθαι (acc.). *Take* (*a person's*) *fancy*: use *attract, please*.

Fancy, v. trans. P. and V. δοξάζειν, Ar. and V. δοκεῖν (rare P.) (absol.). *Suspect*: P. and V. ὑποπτεύειν, ὑπονοεῖν. *Like*: P. ἡδέως ἔχειν (dat.); see *like*.

Fane, subs. See *temple*.

Fang, subs. P. and V. ὀδούς, ὁ, or use V. γνᾰ́θος, ἡ.

Fanged, adj. Ar. and V. ὀξύστομος.

Fantastic, adj. P. and V. ἄτοπος (Eur., *Frag.*).

Fantastically, adv. P. ἀτόπως.

Far, adj. *Long*: P. and V. μακρός. *Distant*: V. ἔκτοπος, ἄποπτος, τηλουρός, τηλωπός; see *distant*. *On the far side of*: P. and V. τἀπέκεινα (gen.), V. τοὐκεῖθεν (gen.).

Far, adv. P. and V. μακρᾱ́ν, Ar. and P. πόρρω, P. ἄποθεν, Ar. and V. ἄπωθεν, V. πρόσω, πόρσω, ἑκᾱ́ς (Thuc. also but rare P.), Ar. τηλοῦ. With comparatives: P. and V. πολύ, πολλῷ, μακρῷ. *So far, at so great a distance*: P. διὰ τοσούτου. *Be far, be distant*, v.: P. and V. ἀπεῖναι, ἀπέχειν, ἀφίστασθαι, ἀποστᾰτεῖν (Plat.), P. διέχειν. *About how far off is the Argive host*: V. πόσον τι δ' ἐστ' ἄπωθεν Ἀργεῖον δόρυ (Eur., *Heracl.* 674). *From far*: P. πόρρωθεν, ἄποθεν, V. πρόσωθεν, τηλόθεν, Ar. and V. ἄπωθεν. *Sent from far*, adj.: V. τηλέπομπος. *Far from*: Ar. and V. ἄπωθεν (gen.), Ar. and P. πόρρω (gen.), P. ἄποθεν (gen.), V. πρόσω (gen.), πόρσω (gen.), μακρᾱ́ν (gen.), τηλοῦ (gen.) (Eur., *Cycl.* 689; also Ar. absol.), τηλόθεν (gen.), ἑκᾱ́ς (gen.). *Be far from, distant from*, v.: P. and V. ἀπέχειν (gen.), P. διέχειν (gen.); met., *be so far from . . . that* . . . . P. τοσοῦτον ἀπέχειν τοῦ (infin.) . . . ὥστε (infin.), or τοσούτου δεῖν (infin.) . . . ὥστε (infin.). *I am far from doing so*: P. πολλοῦ γε καὶ δέω. *Far from it*: Ar. and P. πολλοῦ δεῖ (cf. Ar., *Ach.*

543). *Too far*: P. μακροτέραν, P. and V. περαιτέρω; met., *go too far, go to extremes*, v.: P. and V. ὑπερβάλλειν, V. ἐκτρέχειν. *As far as*, prep.: P. μέχρι (gen.), ἄχρι (gen.) (rare). *As far as possible* (of place). —*Send me as far away as possible from this land*: V. πέμψον με χώρας τῆσδ' ὅποι προσωτάτω (Eur., *And.* 922). *As far as possible from Greece*: V. ὡς προσωταθ' Ἑλλάδος (Eur., *I. T.* 712). *As far as*, adv.: P. and V. ὅσον, ὅσονπερ. *As far as possible*: P. ὅσον δυνατόν, εἰς τὸ δυνατόν, V. ὅσον μάλιστα. *As far as . . . is concerned*: P. and V. ἕνεκα (gen.) (Dem. 32; Eur., *Hel.* 1254), V. οὕνεκα (gen.) (Eur., *And.* 759, *Phoen.* 865), ἕκāτι (gen.) (Eur., *Cycl.* 655). *As far as you are concerned*: P. and V. τὸ σὸν μέρος (Plat., *Crito,* 50B). *As far as he was concerned*: V. τοὐκείνου . . . μέρος (Eur., *Hec.* 989). *As far as he was concerned you were saved*: P. τὸ γε ἐπ' ἐκεῖνον εἶναι ἐσώθης (Lys. 135), cf. τοὐπὶ σέ (Eur., *Rhes.* 397). *As far as I know*: Ar. ὅσον γ' ἔμ' εἰδέναι (*Nub.* 1252). *In so far as*: P. καθ' ὅσον. *So far, to such an extent*: P. and V. εἰς τοσοῦτο, εἰς τοσοῦτον. *So far so good*: P. and V. τοιαῦτα μὲν δὴ ταῦτα, P. ταῦτα μὲν οὖν οὕτως (Isoc.), V. τούτων μὲν οὕτω, τοιαῦτα μὲν τάδ' ἐστί. *Far advanced in years*: P. πόρρω τῆς ἡλικίας, προβεβλήκως τῇ ἡλικίᾳ. *His life is already far advanced*: V. πρόσω μὲν ἤδη βίοτος (Eur., *Hipp.* 795). *Far and wide*: see under *wide*. *Far into the night*: P. πόρρω τῶν νυκτῶν.

Farce, subs. Ar. and P. κωμῳδία, ἡ.

Farcical, adj. Ar. and P. κωμῳδικός. *Laughable*: P. and V. γέλοιος.

Fare, subs. *Passage-money*: Ar. and P. ναῦλον, τό; see also *passenger*. *Food*: P. and V. σῖτος, ὁ, τροφή, ἡ, Ar. and V. βορά, ἡ; see *food*.

Fare, v. intrans. Of persons: P. and V. πράσσειν, ἔχειν, πάσχειν, V. κυρεῖν, τυγχάνειν. Of things: P. and V. χωρεῖν, ἔχειν, προχωρεῖν. *Fare well*: P. and V. εὐτυχεῖν, εὖ πράσσειν, εὖ πάσχειν. *Fare ill*: P. and V. δυστυχεῖν, κακῶς πράσσειν, κακῶς πάσχειν, Ar. and P. ἀτυχεῖν. *Fare ill with*: P. and V. κακῶς ἔχειν (dat.). *Journey*: see *journey*.

Farewell, interj. P. and V. χαῖρε. *Bid farewell to*: P. and V. χαίρειν ἐᾶν (acc.) (Eur., *El.* 400), χαίρειν λέγειν (acc.), Ar. and P. χαίρειν κελεύειν (acc.), V. χαίρειν κăταξιοῦν (dat.). *Having taken a last farewell of their friends*: P. τὰ ὕστατα ἀσπασάμενοι τοὺς αὑτῶν (Lys. 133). *Farewell, my former resolves*: V. χαιρέτω βουλεύματα τὰ πρόσθεν (Eur., *Med.* 1044). *Take a long farewell of*: P. πολλὰ εἰπεῖν χαίρειν (dat.) (Plat., *Phaedr.* 272E). *Taking a long farewell of the wise Sophocles*: P. ἐρρῶσθαι πολλὰ φράσας τῷ σοφῷ Σοφοκλεῖ (Dem. 419). *Take a friendly farewell of*: V. φίλως εἰπεῖν (acc.) (Soph., *O. C.* 758).

Far-fetched, adj. P. and V. ἄτοπος.

Farm, subs. P. and V. ἀγρός, ὁ, P. γεωργία, ἡ. *Of a farm*, adj.: Ar. and P. γεωργικός.

Farm, v. trans. P. ἐργάζεσθαι, P. and V. γεωργεῖν (or absol.) (Eur., *Rhes.* 176), V. γāπονεῖν (Eur., *Rhes.* 75); see *cultivate*. *Farm out*: P. ἐκδιδόναι; see *contract*. *Buy the right of farming the revenues*: P. τὰ τέλη ὠνεῖσθαι (Dem. 746).

Farmer, subs. P. and V. αὐτουργός, ὁ, ἐργάτης, ὁ, Ar. and P. γεωργός, ὁ, V. γήτης, ὁ, γāπόνος, ὁ. *Farmer of revenues*: Ar. and P. τελώνης, ὁ.

Farming, subs. P. γεωργία, ἡ, Ar. and P. ἐργασία, ἡ. *Farming of taxes*: P. τελωνία, ἡ.

Farm-land, subs. P. γῆ ἐργάσιμος.

Farm-servant, subs. P. and V. οἰκέτης, ὁ (Thuc. 3, 73).

Farm-yard, subs. V. αὔλιον, τό (Eur., *Cycl.*; also Xen.).

Far-seeing, adj. See *provident*.

Far-shooting, adj. V. ἑκηβόλος.

Farther, adv. Of distance: P. πορρωτέρω, μακροτέραν, P. and V. πέρᾱ, περαιτέρω; see *further*.

Farthing, subs. Ar. and P. χαλκοῦς, ὁ. *He hasn't paid a single farthing*: P. οὐδὲ χαλκοῦν ἐκτέτικε (Dem. 543). *He answered that he wouldn't lend me a farthing*: P. ἀπεκρίνατό μοι ὅτι οὐδ' ἀκαρῆ δανείσοι (Dem. 1223).

Fascinate, v. trans. *Bewitch*: Ar. and P. φαρμάσσειν, P. γοητεύειν, κατεπᾴδειν. *Charm*: P. and V. κηλεῖν (Plat.), θέλγειν (Plat. but rare P.). *Delight*: P. and V. τέρπειν, εὐφραίνειν. *Please*: P. and V. ἀρέσκειν (acc. or dat.), Ar. and V. ἁνδάνειν (dat.). *Gratify*: P. and V. χᾰρίζεσθαι (dat.).

Fascinating, adj. *Charming*: P. and V. ἡδύς, τερπνός, V. χαρτός (Plat. also but rare P.), θῡμηδής, ἐφίμερος, Ar. and V. γλῠκύς, Ar. and P. χᾰρίεις, ἀστεῖος, P. ἐπαφρόδιτος, ἐπίχαρις, εὔχαρις.

Fascinatingly, adv. P. and V. ἡδέως, P. χαριέντως.

Fascination, subs. *Act of enchanting*: P. κήλησις, ἡ (Plat.). *Charm, enchantment*: P. and V. φάρμᾰκον, τό, ἐπῳδή, ἡ, V. φίλτρον, τό (in P. only *love-charm*), κήλημα, τό, θέλκτρον, τό, θέλγητρον, τό, θελκτήριον, τό, κηλητήριον, τό, μᾰγεύμᾰτα, τά. *Attraction, grace*: P. and V. χᾰρις, ἡ. *Pleasure*: P. and V. ἡδονή, ἡ, τέρψις, ἡ: see *pleasure*.

Fashion, v. trans. P. and V. πλάσσειν, V. σχημᾰτίζειν. *Model*: P. τυποῦν; see *make, construct, devise*.

Fashion, subs. *Manner*: P. and V. τρόπος, ὁ, σχῆμα, τό, ἰδέα, ἡ, εἶδος, τό, σχέσις, ἡ, V. ῥυθμός, ὁ. *Shape*: P. and V. μορφή, ἡ (Plat.), σχῆμα, τό, τύπος, ὁ; see *shape*. *Way*: P. and V. τρόπος, ὁ, ὁδός, ἡ. *Kind*: P. and V. γένος, τό. *Style of dress*: P. and V. σκευή, ἡ, στολή, ἡ (Plat.). *Custom*: P. and V. νόμος, ὁ, νόμῐμον, τό (generally pl.), ἔθος, τό; see *custom*. *Established usages*: P. and V. τὰ κᾰθεστῶτα. *Be in fashion, be current*, v.: P. and V. κρᾰτεῖν, ἰσχῡ́ειν, V. πληθύειν, P. ἐπικρατεῖν, περιτρέχειν, διαφέρειν (Thuc. 3, 83). *Come into fashion*: P. ἐκνικᾶν. *Out of fashion*, adj.: P. and V. ἀρχαῖος, πᾰλαιός, P. ἀρχαιότροπος.

Fashionable, adj. *Customary*: P. and V. νόμῐμος. Of people, *stylish*: Ar. and P. ἀστεῖος, χᾰρίεις.

Fashionably, adv. *Stylishly*: P. χαριέντως.

Fast, adj. *Firmly fixed, secure*: P. and V. βέβαιος, ἀσφᾰλής, V. ἔμπεδος. *Quick*: P. and V. τᾰχύς, Ar. and P. ὀξύς, V. λαιψηρός, κραιπνός, ὠκύπους, τᾰχύπορος, σπερχνός, τᾰχύρροθος, Ar. and V. θοός, τᾰχύπους, ὠκύς. *Active, nimble*: P. and V. ἐλαφρός (Xen.), Ar. and V. κοῦφος. Of colours (that will not run): P. δευσοποιός. *Trustworthy*: P. and V. πιστός; see *trustworthy*.

Fast, adv. *Firmly*: P. and V. βεβαίως, ἀσφᾰλῶς, V. ἐμπέδως, ἀρᾱρότως (also Plat. but rare P). *Quickly*: P. and V. τᾰχύ, ἐν τάχει, διὰ τάχους, σπουδῇ, Ar. and P. τᾰχέως, P. ὀξέως, V. τάχος, σὺν τάχει, ἐκ τᾰχείας, θοῶς. *As fast as possible*: P. and V. ὡς τάχιστα, Ar. and V. ὡς τάχος, ὅσον τάχος. *Hold fast to*, v.: V. ἄπριξ ἔχεσθαι (gen.), P. ἄπριξ λαμβάνεσθαι (gen.) (Plat.).

Fast, v. intrans. P. and V. ἀσῑτεῖν, Ar. νηστεύειν.

Fast, subs. Ar. ἀπαστία, ἡ, V. ἀσῑτία, ἡ.

Fasten, v. trans. *Bind*: P. and V. δεῖν, συνδεῖν, V. ἐκδεῖν. *Attach*: P. and V. σῠνάπτειν, προσάπτειν, ἀνάπτειν, κᾰθάπτειν (Xen.), V. ἐξανάπτειν, Ar. and V. ἐξάπτειν; see also *yoke*. *Make fast*: V. ὀχμάζειν, σφίγγειν (also Plat. but rare P.), πασσᾰλεύειν, πορπᾶν, Ar. and V. προσπασσᾰλεύειν. *Be fastened*: V. ἀρᾱρέναι (2nd perf. ἀραρίσκειν). *Hold together*: P. and V. σῠνέχειν, συνδεῖν. *Plant firmly*: P. and V. πηγνύναι, P. καταπηγνύναι. *Lock, secure*: P. and V. κλῄειν, συγκλῄειν, Ar. and V. πακτοῦν, V. πῠκάζειν,

Ar. and P. κᾰτακλῄειν. *Fit* : P. and V. ἐφαρμόζειν, προσαρμόζειν, V. ἁρμόζειν, κᾰθαρμόζειν. Met., *attach* (*blame, etc.*) : P. and V. προσβάλλειν, προστῐθέναι, προσάπτειν, V. ἀνάπτειν, Ar. and P. περιάπτειν, περῐτῐθέναι. *Fasten around* : Ar. and P. περῐτῐθέναι (τί τινι), περιάπτειν (τί τινι), Ar. and V. ἀμφῐτῐθέναι (τί τινι). *Fasten in* : Ar. and V. ἐναρμόζειν (τινί τι). *Fasten on* : P. and V. προσαρμόζειν (τινί τι), προσάπτειν (τινί τι). *Fastened on* : V. προσμεμηχᾰνημένος. Met., *pounce on, attack* : P. ἐφίστασθαι ; see *attack*. *Whenever (the disease) fastened on the stomach* : P. ὁπότε (ὁ πόνος) εἰς τὴν καρδίαν στηρίξειε (Thuc. 2, 49). *Fasten up (what has come down)* : Ar. and V. ἀναστέλλεσθαι. *Fasten up (a letter, etc.)* : V. συνδεῖν ; see *seal*. *Fasten upon* : see *fasten on*.

Fastening, subs. *Bolt* : P. and V. μοχλός, ὁ, Ar. and V. κλῇθρα, τά, V. ἁρμός, ὁ. *That which binds* : P. and V. δεσμός, ὁ, σύνδεσμος, ὁ, ἅμμᾰ, τό (Plat.), V. ἁρμός, ὁ. *A fastening of golden grasshoppers (to bind the hair)* : P. χρυσῶν τεττίγων ἔνερσις (Thuc. 1, 6). *Fastening of a necklace* : Ar. βᾰλᾰνος, ἡ (*Lys.* 410).

Fastidious, adj P. δυσχερής, Ar. and P. τρῠφερός. *Be fastidious*, v. : P. and V. τρῠφᾶν. *Hard to please* : P. and V. δῠσάρεστος.

Fastidiousness, subs. P. δυσχέρεια, ἡ, P. and V. τρῠφή, ἡ.

Fasting, adj. P. and V. ἄσῑτος, V. νῆστις βορᾶς.

Fastness, subs. *Speed* : P. and V. τάχος, ὁ, P. ταχύτης, ἡ, V. ὠκύτης, ἡ ; see *speed*. *Strong place* : P. χωρίον ἐχυρόν (Xen.). *Fastnesses, strong places* : use P. τὰ κάρτερα, τὰ ἐχυρά.

Fat, adj. Ar. and P. πᾰχύς, πίων, σάρκῐνος, P. and V. εὐτρᾰφής (Plat.), Ar. γαστρώδης. *Fertile* : P. and V. κάρπῐμος, V. πίων ; see *fertile*. *Sleek* : Ar. and P. λῐπᾰρός.

Fat, subs. Ar. δημός, ὁ, P. ἀλοιφή, ἡ (Plat.), V. ἄλειφα, τό. *Richness* : V. λῖπος, τό. *Fat in which flesh was wrapped in sacrifice* : V. πῑμελή, ἡ, Ar. and V. κνῖσα, ἡ.

Fatal, adj. *Deadly* : P. and V. θᾰνᾰσῐμος, ὀλέθριος (Plat. but rare P.). Of a blow : P. and V. καίριος (Xen.). *Ruinous* : P. and V. ὀλέθριος (Plat. but rare P.), ἀσύμφορος, V. πᾰνώλεθρος, πολυφθόρος, πᾰνώλης, λῡμαντήριος, Ar. and V. ἀτηρός. *Appointed by fate* : P. and V. εἱμαρμένος, V. πεπρωμένος (rare P.), μόρσῐμος, μοιρόκραντος, Ar. and V. θέσφᾰτος.

Fatality, subs. *Necessity* : P. and V. ἀνάγκη, ἡ. *Fate* : see *fate*. *Disaster* : P. and V. πᾰθος, τό, πᾰθημα, τό, συμφορά, ἡ.

Fatally, adv. In reference to *wounding, striking, etc.* : V. καιρίως. *Strike fatally* : P. θανασίμως τύπτειν. *It (the plague) did not fatally attack the same person twice* : P. δὶς τὸν αὐτὸν ὥστε καὶ κτείνειν οὐκ ἐπελάμβανε (Thuc. 2, 51).

Fate, subs. *Destiny* : P. and V. τὸ χρεών (Plat. but rare P.), μοῖρα, ἡ (Plat. but rare P.), P. ἡ εἱμαρμένη, V. ἡ πεπρωμένη, μόρος, ὁ, πότμος, ὁ, αἶσα, ἡ, τὸ μόρσῐμον, τὸ χρῆν (Eur., *I. T.* 1486). *The Fates* : P. and V. Μοῖραι (Plat., *Rep.* 617c). *One's lot* : P. and V. δαίμων, ὁ, πᾰθος, τό, πᾰθημα, τό. *Fortune* : P. and V. τῠχη, ἡ, συμφορά, ἡ. *Death* : P. and V. θᾰνᾰτος, ὁ, τελευτή, ἡ ; see *death*. *Foreseeing the fate to which they are hurrying* : P. προορώμενοι εἰς οἷα φέρονται (Thuc. 5, 111).

Fated, adj. See *fatal*. *It is fated* : P. and V. χρή, χρεών, V. μόρσῐμον (with or without ἐστι). *I am fated* : P. and V. εἵμαρταί μοι, χρή με, χρεών με, V. πέπρωταί μοι. Of things or persons, *be likely to* : P. and V. μέλλειν (infin.). *What is fated none shall ever cancel* : V. ὃ χρὴ γὰρ οὐδεὶς μὴ χρεὼν θήσει ποτέ (Eur., *H. F.* 311).

Father, subs. P. and V. πᾰτήρ, ὁ, γεννήτωρ, ὁ (Plat.), ὁ φῡτεύσας (rare P.), ὁ φῡ́σας (rare P., also Ar.), V. ὁ τεκών. *Of a father*, adj.: P. and V. πατρῷος. *Loving one's father*: V. φῐλοπάτωρ. *Kill a father*, v.: V. πατροκτονεῖν. *Having the same father*, adj.: P. ὁμοπάτριος. *On the father's side*: P. and V. πατρόθεν, πρὸς πατρός, V. τὰ πατρόθεν.

Father, v. trans. *Father upon, ascribe to*: P. and V. προστῐθέναι (τινί τι), ἀνᾰφέρειν (τι εἴς τινα), Ar. and P. ἐπᾰνᾰφέρειν (τι εἴς τινα); see *impute*.

Fatherhood, subs. Use V. τὸ φῡτεύειν, τὸ γεννᾶν.

Father-in-law, subs. P. and V. κηδεστής, ὁ, V. γαμβρός, ὁ, πενθερός, ὁ.

Fatherland, subs. P. and V. πατρίς, ἡ, Ar. and V. πάτρα, ἡ. *City*: P. and V. πόλῐς, ἡ.

Fatherless, adj. P. and V. ἀπάτωρ, ὀρφᾰνος, V. πατροστερής.

Fatherly, adj. See *paternal, kind*.

Fathers, subs. *Ancestors*: P. and V. πρόγονοι, οἱ, P. προπάτορες, οἱ. *Of one's fathers, ancestral*, adj.: P. and V. πατρῷος, πάτριος, Ar. and P. πατρῐκός. *Senators at Athens*: Ar. and P. βουλευταί, οἱ. *Senators at Sparta*: P. and V. γέροντες, οἱ.

Fathom, subs P. ὄργυια, ἡ (Xen.).

Fathom, v. trans. Met., P. and V. εὑρίσκειν, ἐξευρίσκειν, μανθᾰ́νειν, ἐκμανθᾰ́νειν, P. κατανοεῖν; see *discover, search, track*.

Fatigue, subs. P. and V. κόπος, ὁ, P. ταλαιπωρία, ἡ, V. κᾰ́μᾰτος, ὁ.

Fatigue, v. trans. P. and V. πιέζειν, τρῡ́χειν (only pass. in P.), ὄχλον πᾰρέχειν (dat.), Ar. and P. ἐνοχλεῖν (acc. or dat.), ἀποκναίειν, P. ἐκτρυχοῦν, τρίβειν, V. τρῡ́ειν (pass. also in Plat., but rare P.), ὀχλεῖν, Ar. and V. τείρειν; see *weary, distress*. *Be fatigued*: use also P. and V. βᾰρύνεσθαι, ἀπειπεῖν, κάμνειν (rare P.), P. ἀπαγορεύειν, ἀποκάμνειν, παραλύεσθαι, Ar. and P. τᾰλαιπωρεῖσθαι, Ar. and V. τείρεσθαι, V. κᾰταξαίνεσθαι, Ar. κοπιᾶν.

Fatiguing, adj. P. and V. βᾰρύς.

Fatling, subs. Use P. and V. θρέμμᾰ, τό, βοσκήμᾰτα, τά.

Fatness, subs. P. and V. πᾰ́χος, τό (Eur., *Cycl.* 380), P. παχύτης, ἡ; see also *fat*.

Fatted, adj. V. εὔθηλος, εὐθηλούμενος (Æsch., *Frag.*). *The fatted calf*: V. εὔθηλος πόρις (Eur., *Bacch.* 737).

Fatten, v. trans. Ar. and P. πᾰχῡ́νειν, σῑτίζειν, χορτάζειν, P. and V. πῑαίνειν (Plat. in pass.). *Feed*: P. and V. τρέφειν; see *feed*.

Fattened, adj. V. εὔθηλος, εὐθηλούμενος (Æsch., *Frag.*).

Fatuity, subs. See *folly*.

Fatuous, adj. See *foolish*.

Fatuously, adv. See *foolishly*.

Faugh, interj. Ar. φῦ.

Fault, subs. *Mistake*: P. and V. ἁμαρτία, ἡ, σφάλμᾰ, τό, P. ἁμάρτημα, τό, διαμαρτία, ἡ, πλημμέλεια, ἡ, V. ἐξᾰμαρτία, ἡ, ἀμπλᾰ́κημα, τό. *Sin*: P. and V. ἁμαρτία, ἡ, ἀδῐκία, ἡ, ἀδίκημα, τό, P. ἁμάρτημα, τό, πλημμέλεια, ἡ, πλημμέλημα, τό, V. ἐξᾰμαρτία, ἡ, ἀμπλᾰ́κημα, τό. *Defect, blemish*: P. and V. ἁμαρτία, ἡ, P. ἁμάρτημα, τό, πλημμέλεια, ἡ. *Shortcomings*: P. ἐλλείμματα, τά. *Blame*: P. and V. μέμψῐς, ἡ; see *blame*. *Be at fault*, v.: P. and V. ἁμαρτᾰ́νειν, ἐξᾰμαρτᾰ́νειν, σφάλλεσθαι, πλημμελεῖν, P. πταίειν, διαμαρτάνειν, V. ἀμπλᾰκεῖν (2nd aor.). *My eye is at fault*: V. τὸ δ' ὄμμα μου νοσεῖ (Eur., *Hel.* 575). *Where Apollo is at fault who are wise?* V. ὅπου δ' Ἀπόλλων σκαιὸς ᾖ τίνες σοφοί; (Eur., *El.* 972). *Find fault with*: P. and V. μέμφεσθαι (acc. or dat.), P. ἐπιτιμᾶν (dat. of person, acc. of thing; sometimes dat. of thing); see *blame*.

Fault-finding, subs. See *blame*.

Fault-finding, adj. V. μεμπτός, ἐπίψογος, P. and V. φῐλαίτιος, φῐλόψογος (Plat.).

Faultily, adv. Ar. and P. σκαιῶς, P. and V. κ ικῶς, P. πλημμελῶς.

Faultless, adj. P. and V. ἄμεμπτος, P. ἀναμάρτητος; see *guiltless. Perfect*: P. and V. τέλεος, τέλειος. *Without blemish* (of a victim for sacrifice): V. ἐντελής.

Faultlessly, adv. P. and V. ἀμέμπτως (Xen.).

Faulty, adj. P. and V. πλημμελής, σκαιός.

Favour, subs. *Good-will*: P. and V. εὔνοια, ἡ, εὐμένεια, ἡ, V. πρευμένεια, ἡ, P. φιλοφροσύνη, ἡ. *Boon, service*: P. and V. χάρις, ἡ, ἔρανος, ὁ, P. εὐεργεσία, ἡ, εὐεργέτημα, τό; see *service, benefaction. Curry favour with*: P. and V. χαρίζεσθαι (dat.), ὑποτρέχειν (acc.), ὑπέρχεσθαι (acc.), θωπεύειν (acc.), V. σαίνειν (acc.), προσσαίνειν (acc.), θώπτειν (acc.), Ar. and P. ὑποπίπτειν (acc. or dat.), Ar. and V. αἰκάλλειν (acc.). *Do a favour to*, v.: P. and V. εὐεργετεῖν (acc.), V. χάριν ὑπουργεῖν (dat.), χάριν διδόναι (dat.), χάριν τίθεσθαι (dat.), Ar. and V. χάριν νέμειν (dat.), P. χάριν δρᾶν (absol.); see *serve. Theseus asks you as a favour to bury the dead*: V. Θήσευς σ' ἀπαιτεῖ πρὸς χάριν θάψαι νεκρούς (Eur., *Supp.* 385). *In favour of*: P. and V. πρός (gen.). *Thinking that a battle at sea in a small space was in their (the enemy's) favour*: P. νομίζοντες πρὸς ἐκείνων εἶναι τὴν ἐν ὀλίγῳ ναυμαχίαν (Thuc. 2, 86). *I will speak in your favour, not in mine*: V. πρὸς σοῦ γὰρ, οὐδ' ἐμου, φράσω (Soph., *O. R.* 1434; cf Plat., *Prot.* 336D). *He has suddenly become in favour of Philip*: P. γέγονεν ἐξαίφνης ὑπὲρ Φιλίππου (Dem. 438). *Vote in favour of a person's acquittal*: P. ἀποψηφίζεσθαι (gen. of pers.). *Vote in favour of a thing*: Ar. and P. ψηφίζεσθαι (acc.). *Make a favour of justice*: P. καταχαρίζεσθαι τὰ δίκαια (Plat., *Ap.* 35C).

Favour, v. trans. *Gratify*: P. and V. χαρίζεσθαι (dat.), P. καταχαρίζεσθαι (dat.); see also *benefit. Be friendly disposed to*: P. and V. εὐνοεῖν (dat.), P. εὐνοικῶς διακεῖσθαι πρός (acc.); see *side with. Be on the side of*: V. συνεῖναι (dat.). *Favour the Lacedaemonians*: P. τὰ Λακεδαιμονίων φρονεῖν (Thuc. 5, 84), or use P. Λακωνίζειν. *I favour your cause*: V. εὖ φρονῶ τὰ σὰ (Soph., *Aj.* 491). *Favour the Athenians*: P. Ἀττικίζειν. *Favour the Persians*: P. Μηδίζειν. *On a charge of favouring the Athenians*: P. ἐπ' Ἀττικισμῷ (Thuc. 8, 38). Of things, *help on*: P. προφέρειν (εἰς, acc.).

Favourable, adj. *Friendly*: P. and V. εὔνους, εὐμενής, φίλιος, ἵλεως (sometimes scanned as dissyllable), Ar. and V. φίλος, εὔφρων, πρόφρων, V. πρευμενής, P. εὐνοϊκός. *Be favourable to*, v.: P. and V. εὐνοεῖν (dat.), P. ἡδέως ἔχειν (dat.). *Be favourable* (of fortune): V. εὐροεῖν. *Favourable to Athens*: Ar. and P. φιλαθήναιος. *Auspicious*: P. and V. καλός, εὔφημος (Plat.), εὐτυχής, V. δεξιός, εὐμενής, πρευμενής, Ar. and V. αἴσιος (also Xen. but rare P.). *Obtain favourable omens in sacrificing*, v.: Ar. and P. καλλιερεῖσθαι. Of wind: P. and V. οὔριος (Thuc. 7, 53; also Plat.). *A favourable wind*: V. οὖρος, ὁ (also Xen.), P. οὔριος ἄνεμος, ὁ. *If the wind is always favourable*: P. ἐὰν ἀεὶ κατὰ πρύμναν ἵστηται τὸ πνεῦμα (Thuc. 2, 97). *May our voyage be favourable*: V. γένοιτο δὲ πλοῦς οὔριος (Soph., *Phil.* 779). *Favourable for*: P. and V. ἐπιτήδειος (dat.), σύμφορος (dat.); see *suitable. When after long negotiations they failed to get a favourable answer from the Athenians*: P. ἐπειδὴ ἐξ Ἀθηναίων ἐκ πολλοῦ πράσσοντες οὐδὲν ηὕροντο ἐπιτήδειον (Thuc. 1, 58).

Favourably, adv. *In a friendly way*: P. and V. εὐμενῶς, φιλοφρόνως (Plat.), P. φιλικῶς (Plat.), εὐνοϊκῶς, V. εὐφρόνως, πρευμενῶς. *Auspiciously*:

P. and V. εὖ, κᾰλῶς, εὐτῠχῶς, εὐδαιμόνως, V. αἰσίως. *Suitably*: P. ἐπιτηδείως; see *suitably*.

Favourite, subs. *Dearest*: use P. and V. φίλτᾰτος (rare P.). *A beloved one*: P. and V. παιδῐκά, τά (Eur., *Cycl.* 584).

Favouritism, subs. P. and V. εὔνοια, ἡ. *Decide under influence of favouritism*: P. κατ' εὔνοιαν κρίνειν.

Fawn, subs. Ar. and V. νεβρός, ὁ.

Fawn upon, v. As a dog: Ar. and V. σαίνειν (acc.). Met., P. and V. ὑποτρέχειν (acc.), ὑπέρχεσθαι (acc.), Ar. and P. ὑποπίπτειν (acc. or dat.), Ar. and V. αἰκάλλειν (acc.), V. προσσαίνειν (acc.), σαίνειν (acc.). *Flatter*: P. and V. θωπεύειν (acc.) Ar. and P. κολᾰκεύειν (acc.), V. θώπτειν (acc.).

Fawning, adj. *Flattering*: P. θωπευτικός, κολακευτικός, Ar. θωπῐκός.

Fawning, subs. P. and V. θωπεία, ἡ, θωπεύμᾰτα, τά (Plat.).

Fawn-skin, subs. V. νεβρίς, ἡ. *Wear fawn-skin*, v.: P. νεβρίζειν.

Fealty, subs. P. and V. πίστῐς, ἡ.

Fear, subs. P. and V. φόβος, ὁ, ἔκπληξις, ἡ, ὀρρωδία, ἡ, δεῖμα, τό, δέος, τό, V. τάρβος, τό, τρόμος, ὁ (also Plat. but rare P.). *Hesitation*: P. and V. ὄκνος, ὁ. *Have no fear of*, v.: P. and V. θαρσεῖν (acc.).

Fear, v. trans. P. and V. φοβεῖσθαι, ὀρρωδεῖν, δεδοικέναι (perf. act. of δείδειν), δεῖσαι (aor. act. of δείδειν), ἐκφοβεῖσθαι, Ar. and P. κᾰτᾰδεῖσαι (1st aor. of καταδείδειν), V. δειμαίνειν (also Plat. but rare P.), τρέσαι (1st aor. of τρεῖν) (also Plat. but rare P.), ταρβεῖν, Ar. and V. τρέμειν (also Plat. but rare P.). *Shrink from*: P. and V. ὀκνεῖν (acc.), P. ἀποκνεῖν (acc.). *Fear beforehand*: V. προταρβεῖν. *Fear for*: use P. and V. verbs given with περί (dat.), ἀμφί (dat.), ὑπέρ (gen.), or in V. use προταρβεῖν (gen.), ὑπερδεδοικέναι (gen.). *Fear over-much*: V. ὑπερφοβεῖσθαι, ὑπερορρωδεῖν (Eur., *Supp.* 344). *Fear to* (with infin.): P. and V. φοβεῖσθαι, δεδοικέναι, ὀκνεῖν, κᾰτοκνεῖν, V. ὀρρωδεῖν, τρέμειν, ταρβεῖν (all with infin.).

Fearful, adj. *Afraid*: P. περιδεής, περίφοβος, φοβερός; see also *cowardly*. *Dreadful*: P. and V. δεινός, φοβερός, φρῑκώδης (Dem. 644), V. δύσχῑμος, ἔμφοβος, σμερδνός. *With fearful looks*: V. δεινώψ.

Fearfully, adv. *In a frightened way*: P. περιδεῶς, φοβερῶς. *Dreadfully*: P. and V. δεινῶς.

Fearfulness, subs. See *fear*, *cowardice*. *Dreadfulness*: P. δεινότης, ἡ.

Fearless, adj. P. and V. ἄφοβος, V. ἀταρβής, ἀτάρβητος (Æsch., *Frag.*), ἀδείμαντος, ἄτρεστος (also Plat. but rare P.); see *bold*. *Fearless of*: P. ἀδεής (gen.), V. ἀταρβής (gen.). *Be fearless of*: P. and V. θαρσεῖν (acc.).

Fearlessly, adv. Ar. and P. ἀδεῶς, V. ἀδειμάντως, ἀτρέστως, ἄτρεστα; see *boldly*.

Fearlessness, subs. P. ἀφοβία, ἡ; see *boldness*.

Feasible, adj. P. and V. δῠνᾰτός, V. ἀνυστός.

Feast, subs. P. and V. ἑστίᾱμα, τό (Plat.), θοίνη, ἡ (Plat.), δαίς, ἡ (Plat.), P. ἑστίασις, ἡ. *Festival in honour of a god*: P. and V. ἑορτή, ἡ; see *festival*, *sacrifice*. *Meal*: P. and V. δεῖπνον, τό; see also *food*. *Marriage feast*: P. and V. γάμος, ὁ, P. γαμηλία, ἡ. *Celebrate a marriage feast*: P. and V. ἑστιᾶν γάμους (Isae.). *Join (one) in a marriage feast*: V. συνδαινύναι γάμοις (dat.) (Eur., *Hel.* 1439). *Drinking party*: Ar. and P. συμπόσιον, τό.

Feast, v. trans. P. and V. ἑστιᾶν εὐωχεῖν (Eur., *Cycl.* 346), V. δαινύναι θοινᾶν. V. intrans. Use pass. of verbs given. *Feast on*: Ar. and P. ἑστιᾶσθαι (acc.), P. εὐωχεῖσθαι (acc.) (Xen.), Ar. and V. δαίνυσθαι (acc.), V. θοινᾶσθαι (acc.), ἐκθοινᾶσθαι (acc.).

Feaster, subs. P. δαιτύμων, ὁ (Plat.), V. δαιτᾰλεύς, ὁ, θοινάτωρ, ὁ.

Feasting, subs. Ar. and P. εὐωχία, ἡ; see *feast, revelry*.

Feat, subs. P. and V. κινδύνευμα, τό, τόλμημα, τό, V. τόλμᾰ, ἡ. *Enterprise to be proud of*: P. and V. ἀγώνισμα, τό.

Feather, subs. P. and V. πτερόν, τό. *A feather in one's cap*: P. and V. ἀγώνισμα, τό. *Shed one's feathers*, v.: Ar. and P. πτερορρυεῖν. *Birds of a feather flock together*: use P. ὁ ὅμοιος τῷ ὁμοίῳ (Plat., *Gorg.* 510B).

Feather, v. trans. P. and V. πτεροῦν (also Ar.). *Feather one's nest, take bribes*: Ar. and P. δωροδοκεῖν.

Feathered, adj. P. and V. πτερωτός (Plat.), πτηνός (Plat.), ὑπόπτερος (Plat.), Ar. and V. εὔπτερος, πτεροῦς; see *winged*. *Feathered alike*: P. and V. ὁμόπτερος.

Featherless, adj. P. and V. ἀπτήν (Æsch., *Frag.*; also Plat. and Ar.), V. ἄπτερος.

Feathery, adj. See *feathered*. *Light, small*: P. and V. λεπτός. *Flitting*: Ar. and V. αἰόλος.

Feature, subs. *Outline*: P. τύπος, ὁ. *Appearance*: P. and V. σχῆμα, τό εἶδος, τό, ἰδέα, ἡ, ὄψις, ἡ; see also *shape*. *The main features, the chief points*: P. τὸ κεφάλαιον. *A new feature*: use P. and V. καινόν τι. *Features*: see *face*. *Natural features, conformation*: P. and V. σχῆμα, τό.

February, subs. P. Ἀνθεστηριών, ὁ.

Fecund, adj. See *fruitful*.

Fecundity, subs. Of animals: P. πολυγονία, ἡ. Of land: P. πολυφορία, ἡ (Xen.). Of either: P. φορά, ἡ (Plat., *Rep.* 546A).

Federal, adj. P. and V. σύμμᾰχος.

Federate, v. trans. P. and V. σῠνάγειν, P. συνιστάναι. V. intrans. P. and V. σῠνομνύναι, σῠνέρχεσθαι, Ar. and P. σῠνίστασθαι; see *unite*.

Federation, subs. *Alliance*: Ar. and P. συμμᾰχία, ἡ. *League*: P. συνωμοσία, ἡ.

Fee, subs. P. and V. μισθός, ὁ. *Hold in fee*: use *rule, possess*.

Feeble, adj. P. and V. ἀσθενής, ἀδῠνᾰτός, P. ἄρρωστος, V. ἀμαυρός, ἄναλκις, ἄναρθρος; see *weak*. *Be feeble*, v.: P. and V. ἀσθενεῖν, P. ἀρρωστεῖν. Of things: P. and V. ἀσθενής. *Failing, flagging*: V. ὑγρός, ἔκλῠτος. Met., *small*: P. and V. λεπτός, ὀλίγος, μικρός, σμικρός. *Poor*: P. and V. φαῦλος, κᾰκός. *Hesitating*: P. ὀκνηρός, ἀπρόθυμος. *Without energy*: Ar. and P. μᾰλᾰκός, Ar. and V. μαλθᾰκός (also Plat. but rare P.).

Feebleness, subs. P. and V. ἀσθένεια, ἡ (rare V.), P. ἀρρωστία, ἡ. *Badness*: P. and V. φαυλότης, ἡ. *Want of energy*: P. μαλακία, ἡ; see *weakness*.

Feebly, adv. P. ἀσθενῶς. *Hesitatingly*: P. ἀπροθύμως, ὀκνηρῶς (Xen.). *Without energy*: Ar. and P. μᾰλᾰκῶς, Ar. and V. μαλθᾰκῶς; see *weakly*.

Feed, v. trans. P. and V. τρέφειν, τροφὴν πᾰρέχειν (dat.), Ar. and V. βόσκειν (in P. only of maintaining an army, etc.), V. φέρβειν. Of shepherds feeding flocks, etc.: P. and V. ποιμαίνειν (Plat.), νέμειν (Plat.), V. φέρβειν, Ar. and P. χορτάζειν. V. intrans. Of men: P. and V. τρέφεσθαι, Ar. and P. σῑτεῖσθαι, Ar. and V. βόσκεσθαι, V. φέρβεσθαι; see also *eat*. Of cattle: P. and V. νέμεσθαι. *Feed on*: P. and V. τρέφεσθαι (dat.), Ar. and V. βόσκεσθαι (dat.), σῑτεῖσθαι (acc.) (also Xen.), V. φέρβεσθαι (dat.). *Browse*: P. and V. νέμεσθαι (acc.). *Feed on hope*: V. ἐλπίσι βόσκεσθαι. *Feeding on hope*: V. ἐλπίδας σῑτούμενος (Æsch., *Ag.* 1668). *Feed up*, v. trans.: Ar. and P. σῑτίζειν; see *fatten*.

Feeder, subs. *One who feeds*: V. βοτήρ, ὁ.

Feeding, subs. Ar. and P. σίτησις, ἡ. *Eating*: P. βρῶσις, ἡ.

Feel, v. trans. *Touch*: P. and V. ἅπτεσθαι (gen.), ἐφάπτεσθαι (gen.) (Plat.), V. θιγγάνειν (gen.) (also

Xen.), ψαύειν (gen.) (rare P.), ἐπιψαύειν (gen.); see *touch*. *Feel* (*sorrow, anger, joy, etc.*): P. and V. ἔχειν. *Feel gratitude*: P. and V. χάρῐν εἰδέναι, χάρῐν ἔχειν. *Be vexed at*: Ar. and P. ἀγανακτεῖν (dat.), P. χαλεπῶς φέρειν (acc.), P. and V. ἄχθεσθαι (dat.). *Appreciate*: P. περὶ πολλοῦ ποιεῖσθαι, V. πολλῶν ἀξιοῦν. *Feel one's way*: Ar. and P. ψηλᾰφᾶν. *Feeling his way with a stick*: V. σκήπτρῳ προδεικνύς (Soph., *O. R.* 456). V. intrans. *Be affected*: P. and V. πάσχειν. *How do you feel?* P. and V. πῶς ἔχεις; *Feel well* or *ill*: P. and V. εὖ ἔχειν, κᾰκῶς ἔχειν. *Perceive*: P. and V. αἰσθάνεσθαι, ἐπαισθάνεσθαι; see *perceive*. *Feel friendly towards*: P. εὐνοϊκῶς διακεῖσθαι πρός (acc.). *I feel that I did wrong*: use P. and V. σύνοιδα ἐμαυτῷ ἀδῐκῶν or ἀδῐκοῦντι. *How most Macedonians feel towards Philip one could have no difficulty in discovering from this*: P. οἱ πολλοὶ Μακεδόνων πῶς ἔχουσι Φιλίππῳ ἐκ τούτων ἂν τις σκέψαιτο οὐ χαλεπῶς. *Just as fractures and sprains make themselves felt when the body catches any disease*: P. ὥσπερ τὰ ῥήγματα καὶ τὰ σπάσματα ὅταν τι κακὸν τὸ σῶμα λάβῃ τότε κινεῖται (Dem. 294). *Feel oneself* (*injured, etc.*): use *consider*. *Feel for, grope for*: P. ἐπιψηλαφᾶν (gen.), Ar. ψηλᾰφᾶν (acc.). Met., *sympathise with*: P. and V. συναλγεῖν (dat.); see *sympathise*.

Feeling, subs. *Sense of touch*: P. ἁφή, ἡ, ἐπαφή, ἡ. *Sensation*: P. πάθος, τό, πάθημα, τό. *Distress*: P. and V. ἔκπληξις, ἡ. *Perception*: P. and V. αἴσθησις, ἡ, V. αἴσθημα, τό; see *perception*. *Good feeling*: P. εὐγνωμοσύνη, ἡ. *Friendly feeling*: P. and V. εὔνοια, ἡ. *I understand your feeling*: use P. and V. γιγνώσκω ἃ πάσχετε. *A feeling of anger*: use simply *anger*. *Opinion*: P. and V. δόξᾰ, ἡ, γνώμη, ἡ; see *opinion*.

Feeling, adj. *Considerate*: P. and V. φῐλάνθρωπος, ἐπιεικής, P. εὐγνώμων. *Touching*: P. and V. οἰκτρός.

Feelingly, adv. P. φιλανθρώπως, ἐπιεικῶς. *Touchingly*: P. and V. οἰκτρῶς.

Feign, v. trans. Ar. and P. προσποιεῖσθαι. *Urge in excuse*: P. προφασίζεσθαι, P. and V. σκήπτειν (mid. in P.), προβάλλειν (mid. in P.). *Make up*: P. and V. πλάσσειν (P. also mid.). *Pretend* (used absol.): P. σχηματίζεσθαι, Ar. and P. προσποιεῖσθαι, σκήπτεσθαι.

Feigned, adj. P. προσποιητός. *Sham*: P. and V. πλαστός (Xen.), V. ποιητός (Eur., *Hel.* 1547). *Seeming* (as opposed to *real*): P. and V. δοκῶν.

Feint, subs. *Pretence*: P. and V. πρόσχημα, τό. *Pretending*: P. προσποίησις, ἡ. *Always shaving close by the enemy's ships and making a feint of intending to attack at once*: P. ἐν χρῷ ἀεὶ παραπλέοντες καὶ δόκησιν παρέχοντες αὐτίκα ἐμβαλεῖν (Thuc. 2, 84).

Felicitate, v. trans. See *congratulate*.

Felicitation, subs. See *congratulation*.

Felicitous, adj. P. and V. εὐπρεπής, σύμμετρος.

Felicitously, adv. P. and V. εὐπρεπῶς, συμμέτρως.

Fell, adj. P. and V. δεινός, φοβερός, φρῑκώδης, δυσχερής, V. δύσχῑμος, ἔμφοβος; see *fearful*. *Cruel*: P. and V. ἄγριος, ὠμός, πικρός; see *cruel*.

Fell, v. trans. P. and V. κόπτειν, κᾰτᾰβάλλειν. Of trees: P. and V. τέμνειν, κόπτειν.

Fell, subs. See *hill*.

Felloe, subs. V. ἁψίς, ἡ.

Fellow, subs. *Companion*: P. and V. ἑταῖρος, ὁ, σύννομος, ὁ or ἡ, σύντροφος, ὁ or ἡ, Ar. and V. συζῠγος, ὁ or ἡ. *One of the same age*: Ar. and P. ἡλῐκιώτης, ὁ, P. and V. ἧλιξ, ὁ or ἡ, V. ὁμῆλιξ, ὁ or ἡ, σύνηλιξ, ὁ or ἡ. *One of a pair*: P. and V. ἅτερος (ὁ ἕτερος). Contemptuously, *this fellow*: P. and V. οὗτος, Ar.

and P. οὑτοσί. *Ho! fellow*: P. and V. οὗτος σύ or οὗτος alone. *Fellow-ambassador*: P. συμπρεσβευτής, ὁ. *Be fellow-ambassador*, v.: P. συμπρεσβεύειν. *Fellow-arbitrator*, subs.: P. συνδιαιτητής, ὁ. *Fellow-citizen*: P. and V. πολίτης, ὁ, δημότης, ὁ, V. συμπολίτης, ὁ, ἔμπολις, ὁ or ἡ. *Be fellow-citizen with*, v.: P. συμπολιτεύεσθαι (dat.). *Fellow-commander*, subs.: P. and V. συστράτηγος, ὁ. *Fellow-commissioners*: P. συμπρέσβεις, οἱ. *Fellow-conspirators*: P. οἱ συμπράσσοντες. *Fellow-countryman*: use *fellow-citizen*. *Fellow-craftsman*: P. ὁμότεχνος, ὁ. *Fellow-exile*: P. συμφυγάς, ὁ or ἡ. *Fellow-farmer*: Ar. συγγέωργος, ὁ. *Fellow-feeling*: P. and V. τὸ ταὐτὰ πάσχειν. *Fellow-guard*: P. συμφύλαξ, ὁ. *Fellow-guardian* or *trustee*: P. συνεπίτροπος, ὁ. *Fellow-hunter* or *huntress*: V. συγκῠνᾱγός, ὁ or ἡ. *Fellow-inhabitant*: P. and V. σύνοικος, ὁ or ἡ. *Fellow-juryman*: Ar. συνδῐκαστής, ὁ. *Fellow-labourer*: P. ὁμότεχνος, ὁ, P. and V. σῠνεργός, ὁ or ἡ; see also *partner*. *Fellow-magistrate*: P. συνάρχων, ὁ. *Fellow-prisoner*: P. συνδεσμώτης, ὁ *Fellow-reveller*: Ar. and V. σύγκωμος, ὁ or ἡ. *Fellow-sailor*: P. and V. συναύτης, ὁ, σύμπλους, ὁ, V. συνναυβάτης, ὁ. *Fellow-slave*: P. and V. σύνδουλος, ὁ or ἡ, P. ὁμόδουλος, ὁ or ἡ. *Fellow-soldier*: P. συστρατιώτης, ὁ, σύσκηνος, ὁ, V. σῠνασπιστής, ὁ, πᾰρασπιστής, ὁ, P. and V. λοχίτης, ὁ (Xen.). *Be fellow-soldier with*, v.: V. σῠνασπίζειν (dat.) (Eur., *Cycl.* 39); see *companion*. *Fellow-spectator*, subs.: P. σῠνθεατής, ὁ. *Fellow-traveller*: P. and V. σῠνέμπορος, ὁ or ἡ, V. συμπράκτωρ ὁδοῦ. *Fellow-traveller on board ship*: P. and V. σύμπλους, ὁ, συνναύτης, ὁ, V. συνναυβάτης, ὁ. *Fellow-worker*: P. and V. σῠνεργός, ὁ or ἡ.

Fellowship, subs. P. and V. ἑταιρεία, ἡ, σύνουσία, ἡ, ὁμῑλία, ἡ. *Partnership*: P. and V. κοινωνία, ἡ. *Fellowship in*: P. and V. κοινωνία, ἡ (gen.).

Felly, subs. See *felloe*.

Felon, subs. Use P. and V. adj., κᾰκοῦργος.

Felonious, adj. P. and V. κᾰκοῦργος, πᾰράνομος.

Feloniously, adv. P. παρανόμως, κακούργως.

Felony, subs. P. κακουργία, ἡ.

Felt, subs. Ar. and P. πῖλος, ὁ.

Felt, adj. *Made of felt*: P. πιλητός. *A felt cap*: Ar. and P. πῖλος, ὁ, πῑλίδιον, τό.

Female, subs. P. and V. θήλεια, ἡ. *The female sex*: P. and V. τὸ θῆλυ, V. τὸ θῆλυ γένος; see also *woman*.

Female, adj. P. and V. θῆλυς, V. θηλύσπορος.

Feminine, adj. P. and V. θῆλυς. *Like a woman*: P. and V. γῠναικεῖος; see *womanish*. Grammatically: Ar. θῆλυς.

Fen, subs. P. and V. λίμνη, ἡ, P. ἕλος, το, Ar. and P. τέλμᾰ, τό. *Of the fen*, adj.: P. and V. ἕλειος, Ar. λιμναῖος.

Fence, subs. P. and V. ἕρκος, τό (Plat.), V. περῐβολή, ἡ. *Stockade*: P. σταύρωμα, τό, χαράκωμα, τό. *Sit on the fence*—met., *be a trimmer*: P. ἐπαμφοτερίζειν.

Fence, v. trans. *Block up*: P. and V. φράσσειν, P. ἐμφράσσειν. *Fortify with a stockade*: P. σταυροῦν, περισταυροῦν, ἀποσταυροῦν. *Fence round an estate*: P. χωρίον περιοικοδομεῖν (Dem. 1272). *Fence off*: P. ἀποφράσσειν, ἀπολαμβάνειν. *Fence with (a question)*: P. διακρούεσθαι (acc.).

Fenced, adj. P. and V. εὐερκής (Plat.), ἐρυμνός.

Fencing-match, subs. Use *duel*.

Fennel, subs. P. and V. νάρθηξ, ὁ (Xen. and Eur., *Bacch.* 251, 706), P. μάραθον, τό.

Fenny, adj. P. λιμνώδης, ἑλώδης.

Ferment, v. intrans. Use P. and V. ζεῖν.

Ferment, subs. Met., *confusion*: P.

ταραχή, ἡ, V. τᾰραγμός, ὁ, τάραγμα, τό. *Be in a ferment*, v.: P. and V. ἐκπλήσσεσθαι, τᾰράσσεσθαι, συντᾰράσσεσθαι, P. αἰωρεῖσθαι; see *excitement*. *In a ferment*, adj.: P. μετέωρος, ὀρθός.

Fermentation, subs. P. ζύμωσις, ἡ (Plat.).

Ferocious, adj. P. and V. ἄγριος, ὠμός, σχέτλιος, πικρός, σκληρός, τρᾱχύς, Ar. and P. χᾰλεπός, V. ὠμόφρων. *Pitiless*: P. ἀπαραίτητος, V. νηλής, δυσπᾰραίτητος; see *fierce*, *cruel*.

Ferociously, adv. P. and V. πικρῶς, P. ὠμῶς, σκληρῶς, σχετλίως, Ar. and P. χᾰλεπῶς. *Pitilessly*: P. ἀπαραιτήτως, V. νηλεῶς; see *fiercely*, *cruelly*.

Ferocity, subs. P. and V. ὠμότης, ἡ, πικρότης, ἡ, P. χαλεπότης, ἡ, ἀγριότης, ἡ, σκληρότης, ἡ, V. τρᾱχύτης, ἡ.

Ferret out, v. trans. P. and V. μετέρχεσθαι (acc.), ἰχνεύειν (acc.), V. ἐξιχνεύειν (acc.), μαστεύειν (acc.), Ar. and V. μᾰτεύειν (acc.); see also *discover*.

Ferry, subs. P. and V. πορθμός, ὁ, P. διάβασις, ἡ, V. πόρος, ὁ.

Ferry, v. trans. P. and V. πορθμεύειν, Ar. and P. διάγειν, V. πορεύειν (also pass. in P.), P. διαβιβάζειν. V. intrans. Use pass. of verbs given. See also *cross*.

Ferry-boat, subs. P. πορθμεῖον, τό (Xen.), V. πορθμίς, ἡ.

Ferryman, subs. Ar. and V. πορθμεύς, ὁ.

Fertile, adj. Of land. P. and V. πάμφορος (Plat.), ἔγκαρπος (Plat.), εὔκαρπος (Plat.), Ar. and P. καρποφόρος (Xen.), πολύκαρπος (Plat.), P. πολυφόρος (Plat.), Ar. and V. κάρπῐμος, πολύσπορος, V. καλλίκαρπος. Of animals: P. γόνιμος, V. φῠτάλμιος.

Fertilise, v. trans. P. and V. πιαίνειν.

Fertiliser, subs. V. πίασμα, τό (of a river that fertilises a land) (Æsch., *Pers.* 806).

Fertilising, adj. V. καρποποιός (Eur. *Rhes.* 964).

Fertility, subs. Of land: P. πολυφορία, ἡ (Xen.). Of animals: P. πολυγονία, ἡ. Of either: P. φορά, ἡ (Plat., *Rep.* 546A).

Ferule, subs. Ar. and P. ῥάβδος, ἡ.

Fervency, subs. See *fervour*.

Fervent, adj. P. σφοδρός, P. and V. πρόθῡμος, σπουδαῖος, ἔντονος, σύντονος.

Fervently, adv. P. and V. προθύμως, σπουδῇ, σφόδρᾰ, P. ἐντόνως, συντόνως, σπουδαίως.

Fervid, adj. *Hot*: P. and V. θερμός; see also *fervent*.

Fervour, subs. *Heat*: P. and V. καῦμα, τό, θάλπος, τό (Xen.), P. θερμότης, ἡ. *Zeal*: P. and V. προθῡμία, ἡ, σπουδή, ἡ. *Vehemence*: P. σφοδρότης, ἡ.

Festal, adj. *Cheerful*: P. εὔθυμος. *Suitable to a festival*: V. θεωρῐκός. *Festal meeting*, subs.: P. and V. πᾰνήγῠρις, ἡ; see *festival*, *feast*.

Fester, v. intrans. P. ἑλκοῦσθαι (Xen.), V. ἑλκαίνειν.

Festering, subs. P. ἕλκωσις, ἡ, V. νοσηλεία, ἡ.

Festering, adj. P. and V. ἔμπυος. Met., *festering beneath but sound to the eye*: P. and V. ὕπουλος

Festival, subs. P. and V. ἑορτή, ἡ, πᾰνήγῠρις, ἡ. *Sacrifice*: P. and V. θυσία, ἡ. *Rites of initiation*: P. and V. τελετή, ἡ, or pl.; see also *feast*. *Spectacle, show*: Ar. and P. θεωρία, ἡ. *Night festival*: Ar and P. παννῠχίς, ἡ. *Keep festival*, v.: P. and V. ἑορτάζειν. *Keep a night festival*: Ar. παννῠχίζειν (absol.). *Money spent on festivals*: P. τὰ θεωρικά (Dem. 31). *From whom will you receive the honour of festival?* V. πόθεν . . . ἕξεις . . . εὔθοινον γέρας (Æsch., *Choe.* 257). *Finish the festival of the Isthmian games*: P. τὰ Ἴσθμια διεορτάζειν (Thuc. 8, 9).

Festive, adj. See *festal*.

Festivity, subs. Ar. and P. εὐωχία, ἡ; see *feast*. *Indulge in festivity*, v.: Ar. and P. εὐωχεῖσθαι. *Debarred from all festivity*: V. ἀνέορτος ἱρῶν (Eur., *El.* 310). *Fes-*

tivities, merry-making : P. ἑόρτασις, ἡ.

Festoon, subs. See *wreath*.

Fetch, v. trans. *Bring* : P. and V. φέρειν, κομίζειν, ἄγειν, V. πορεύειν; see *bring*. *Send for* : Ar. and P. μεταπέμπεσθαι, P. and V. μεταπέμπειν (Thuc. but rare P.), V. πέμπεσθαι, στέλλεσθαι, στέλλειν. *Fetch out a thing* : P. and V. ἐκφέρειν, ἐξάγειν, ἐκκομίζειν, V. ἐκπορεύειν. *Fetch out a person* : V. ἐκπέμπειν (or mid.). *Go and fetch* : P. and V. μετέρχεσθαι (acc.), V. μεταστείχειν (acc.), Ar. and V. μεθήκειν (acc.). *To fetch.—In search of*, prep. : P. and V. ἐπί (acc.). *Fetch a compass* : P. περιβάλλειν, περιπλεῖν. *Fetch (a price)* : P. εὑρίσκειν (acc.). *A farm that would easily fetch a talent* : P. ἀγρὸς ταλάντου ῥᾳδίως ἄξιος (Isae. 72).

Fetid, adj. P. and V. δυσώδης.

Fetlocks, subs. P. κυνηπόδες, οἱ (Xen.).

Fetter, subs. P. and V. πέδη, ἡ. *Bonds* : P. and V. δεσμός, ὁ, V. ψάλια, τά, ἀμφίβληστρα, τά, δεσμώματα, τά; see *chain*.

Fetter, v. trans. Ar. and P. συμποδίζειν, P. and V. πεδᾶν (Plat. but rare P.), ποδίζειν (Xen. and Soph., *Frag.*); see *bind*. Met., *impede* : P. and V. ἐμποδίζειν, ἐμποδὼν εἶναι (dat.).

Fettered, adj. Use Ar. and V. δέσμιος.

Feud, subs. P. and V. διαφορά, ἡ, στάσις, ἡ, ἔρις, ἡ, Ar. and V. νεῖκος, τό (Plat., *Soph.* 243A, but rare P.). *Be at feud*, V.: Ar. and P. διαφέρεσθαι, P. διίστασθαι, P. and V. ἐρίζειν; see *quarrel*, and *be at variance*, under *variance*. *Being at feud concerning the supremacy* : V. ἀμφίλεκτος ὢν κράτει (Æsch., *Ag.* 1585).

Fever, subs. Ar. and P. πυρετός, ὁ, P. θέρμη, ἡ, καῦμα, τό. *Be in a fever* : P. and V. πυρέσσειν (Eur., *Cycl.* 228), P. καίεσθαι, Ar. and V. φλεγμαίνειν. Met., *be excited* : P. αἰωρεῖσθαι; see *excited*. *Intermittent attack of fever* : P. περίοδος πυρετοῦ, ἡ (Dem. 118).

Feverish, adj. P. and V. θερμός. Met., *excited, vehement* : P. σφοδρός.

Feverishly, adv. Met., *vehemently* : P. and V. σφόδρα.

Few, adj. P. and V. ὀλίγος, Ar. and V. παῦρος, βαιός. *In a few words* : P. βραχέως, δι' ὀλίγων, ἐν βραχέσι, διὰ βραχέων, P. and V. ἐν βραχεῖ, συντόμως, V. βραχεῖ μύθῳ. *Some few* : P. ὀλίγοι τινές. *A few, some* : Ar. and P. ἔνιοι; see *some*. *In few places* : P. ὀλιγαχοῦ. *Few times* : P. and V. ὀλιγάκις.

Fibre, subs. Use Ar. and P. νεῦρον, τό (Plat.).

Fibrous, adj. *Made of fibre* : P. νεύρινος (Plat.).

Fickle, adj. P. and V. ἔμπληκτος, ἄπιστος, P. εὐμετάβολος, ἀκατάστατος, Ar. μετάβουλος, Ar. and P. ἀστάθμητος. *So fickle are the ways of fortune* : V. ὡς ἐφήμεροι τύχαι (Eur., *Heracl.* 866).

Fickleness, subs. P. τὸ ἀστάθμητον. *Faithlessness* : P. and V. ἀπιστία, ἡ.

Fiction, subs. *Invention, forgery* : P. πλάσμα, τό. *Lie* : P. and V. ψεῦδος, τό. *Fictitious story* : P. and V. μῦθος, ὁ.

Fictitious, adj. *Pretended* : P. προσποιητός. *Counterfeit* : P. and V. κίβδηλος, Ar. and P. παράσημος. *Made up* : P. and V. πεπλασμένος, πλαστός (Xen.), V. σύνθετος, ποιητός (Eur., *Hel.* 1547). *False* : P. and V. ψευδής. *Legendary* : P. μυθώδης.

Fictitiously, adv. P. πεπλασμένως. *Falsely* : P. and V. ψευδῶς.

Fidelity, subs. P. and V. πίστις, ἡ, P. πιστότης, ἡ.

Fidget, v. trans. Ar. and P. ἐνοχλεῖν (acc. or dat.), P. and V. ὄχλον παρέχειν (dat.). V. intrans. Ar. and P. στρέφεσθαι, δυσκολαίνειν.

Fidgety, adj. P. and V. δύσκολος; see *restless*.

Fie, interj. Use P. and V. εὐφήμει: pl. εὐφημεῖτε.

Field, subs. P. and V. ἀγρός, ὁ, γῆ, ἡ, Ar. and V. ἄρουρα, ἡ (also Plat. but rare P.), γύαι, αἱ; see *land*. *Meadow*: P. and V. λειμών, ὁ; see *meadow*. *Field of battle.—Conquer in the field*: P. and V. μάχῃ κρᾰτεῖν. *Take the field*, v.: P. and V. στρᾰτεύειν (or mid.), ἐπιστρᾰτεύειν (or mid.), P. ἐκστρατεύειν (or mid.); see *campaign*. *Service in the field*: P. and V. στρᾰτεία, ἡ. *In the field*: P. ἐπὶ στρατείας, Ar. ἐπὶ στρᾰτίας. Met., *as soon as we enter the field (as claimants in a suit)*: P. ἐπειδὴ ἡμεῖς . . . ἥκομεν εἰς τὸ μέσον (Dem. 1088). *Opportunity for enterprise*: P. and V. καιρός, ὁ, ἀγών, ὁ, ἀφορμή, ἡ. *A good field for*: P. εὐπορία, ἡ (gen.). *The orators who delight us by their words will have a field for display in other less important cases*: P. οἱ τέρποντες λόγῳ ῥήτορες ἕξουσι καὶ ἐν ἄλλοις ἐλάσσοσιν ἀγῶνα (Thuc. 3, 40).

Fiend, subs. P. and V. ἀλάστωρ, ὁ, V. ἐρῑνύς, ἡ; see *curse*, *devil*.

Fiendish, adj. *Horrible*: P. and V. δεινός, V. δύσχῑμος. *Cruel*: P. and V. ἄγριος, ὠμός, πικρός; see *ferocious*, *hellish*.

Fiendishly, adv. P. and V. πικρῶς, P. ὠμῶς; see *ferociously*.

Fiendishness, subs. P. and V. ὠμότης, ἡ, πικρότης, ἡ; see *ferocity*.

Fierce, adj. P. and V. ἄγριος, δεινός, ὠμός, σχέτλιος, πικρός, σκληρός, τρᾱχύς, Ar. and P. χᾰλεπός; see *savage*, *wild*. Of a battle: P. καρτερός. *Pitiless*: P. ἀπαραίτητος, V. νηλής, δυσπᾰραίτητος.

Fierce-looking, adj. P. and V. γοργός (Xen.), V. γοργωπός, γοργώψ, δεινώψ, ἀγριωπός.

Fiercely, adv. P. and V. πικρῶς, P. ὠμῶς, σκληρῶς, σχετλίως, Ar. and P. χᾰλεπῶς. *Pitilessly*: P. ἀπαραιτήτως, V. νηλεῶς. *Stubbornly*: P. ἰσχυρῶς. *With might and main*: P. κατὰ κράτος.

Fierceness, subs. P. and V. ὠμότης, ἡ, πικρότης, ἡ, P. χαλεπότης, ἡ, ἀγριότης, ἡ, σκληρότης, ἡ, V. τρᾱχύτης, ἡ.

Fiery, adj. *Carrying fire*: P. and V. πυρφόρος. Generally: Ar. and P. πῠρώδης, V. πύρπνοος, πύρπνους, πυρπόλος, αἰθᾰλοῦς, φλογώψ, φλογωπός, πῠρωπός, Ar. φλόγεος. *Vehement*: P. σφοδρός, V. αἴθων (also Plat., *Rep.* 559D, but rare P.), θοῦρος, P. and V. θερμός, Ar. and V. θούριος. *Quick to anger*: Ar. and V. ὀξύθῡμος, V. δύσοργος, P. and V. ὀξύς.

Fife, subs. See *flute*.

Fifteen, adj. P. πεντεκαίδεκα.

Fifteenth, adj. P. πεντεκαιδέκατος.

Fifth, adj. P. and V. πέμπτος. *On the fifth day*: use Ar. and P., adj., πεμπταῖος, in agreement with subject (vid. Ar., *Av.* 474).

Fiftieth, adj. P. πεντηκοστός.

Fifty, adj. P. and V. πεντήκοντα. *Fifty years old*: P. πεντηκονταετής. *Fifty years truce*, subs.: P. πεντηκονταέτιδες σπονδαί. *A family of fifty children*: V. γέννα πεντηκοντάπαις. *A ship with fifty oars*: P. and V. ναῦς πεντηκόντορος.

Fifty, subs. The number: V. πεντηκοντάς, ἡ (Soph., *Frag.*).

Fig, subs. P. and V. σῦκον, τό (Eur., *Frag.*). *Dried fig*: Ar. ἰσχάς, ἡ. *Fig-juice*: Ar. ὀπός, ὁ. *Fig-tree*: Ar. and P. σῡκῆ, ἡ. *Made of fig-wood*, adj.: Ar. and P. σύκῐνος (Plat.) *Gather figs*, v.: Ar. σῡκολογεῖν, Ar. and P. σῡκάζειν (Xen.).

Fight, subs. P. and V. μάχη, ἡ, ἀγών, ὁ, V. ἀλκή, ἡ. *Contest*: P. and V. ἅμιλλα, ἡ, V. ἀγωνία, ἡ, πάλαισμα, τό, ἆθλος, ὁ, δῆρις, ἡ (Æsch.). *Encounter*: V. συμβολή, ἡ, Ar. and P. σύνοδος, ἡ. *Warfare*: Ar. and V. Ἄρης, ὁ, V. δόρυ, τό. *Sea fight*: P. ναυμαχία, ἡ. *Land fight*: P. πεζομαχία, ἡ. *Without a fight*: use adv., P. ἀμαχεί.

Fight, v. trans. P. and V. μάχεσθαι (dat. or πρός, acc.), ἀγωνίζεσθαι (dat. or πρός, acc.), V. συμβάλλειν μάχην (dat.). *Oppose*: P. and V. ἐνἀντιοῦσθαι (dat.), ἀνθίστασθαι (dat.). *Engage*: see *engage*. *Fight a battle*: P. μάχην μάχεσθαι (Isoc.). *Be fought* (of a battle): P. and V. γίγνεσθαι. *Fight a losing battle with*: V. δυσμᾰχεῖν (dat.). *Fight a land battle*: P. πεζομαχεῖν. *Fight a sea battle*: Ar. and P. ναυμᾰχεῖν, P. διαναυμαχεῖν. *Fight a sea battle with others*: Ar. and P. συνναυμᾰχεῖν. V. intrans. P. and V. μᾰχεσθαι, ἀγωνίζεσθαι, Ar. and P. διᾰγωνίζεσθαι, V. μάρνασθαι, αἰχμάζειν. *Go to war*: P. and V. πολεμεῖν. *Fight it out*: P. and V. διᾰμᾰχεσθαι, P. διαπολεμεῖν. *Fight again, renew the fight*: P. ἀναμάχεσθαι. *Fight against*: see *fight*. *Oppose*: P. and V. ἐναντιοῦσθαι (dat.), ἀνθίστασθαι (dat.), ἀντῐτείνειν (dat.), P. ἀνταγωνίζεσθαι (dat.); see *oppose*. *You indeed did shamelessly fight against dying*: V. σύ γοῦν ἀναιδῶς διεμάχου τὸ μὴ θανεῖν (Eur., *Alc.* 694). *Fight against the gods*: V. θεομᾰχεῖν. *Fight by side of*: V. πᾰρασπίζειν (dat.). *Fight for*: P. προπολεμεῖν (gen. or absol.), Ar. προμᾰχεσθαι (gen.), V. ὑπερμᾰχεσθαι (gen.), ὑπερμᾰχεῖν (gen.). *The cause was worth fighting for*: P. ἦν δὲ ἄξιος ὁ ἀγών (Thuc. 7, 56). *Fight in*: P. ἐναγωνίζεσθαι. *You made it (the land) a fair field for the Greeks to fight in*: P. παρέσχετε αὐτὴν (τὴν γῆν) εὐμενῆ ἐναγωνίσασθαι τοῖς Ἕλλησι (Thuc. 2, 74). *Fight with*: see *fight*. *Fight on the side of*: P. συμμάχεσθαι (dat.), συναγωνίζεσθαι (dat.).

Fighter, subs. *Soldier*: Ar. and P. στρᾰτιώτης, ὁ, P. and V. ὁπλῑτης, ὁ, αἰχμητής, ὁ (Plat. but rare P.), V. ἀσπιστήρ, ὁ, τευχηστής, ὁ, ἀσπῐδῑτης, ὁ (Soph., *Frag.*), or use adj., V. ἀσπῐδηφόρος.

Fighting, subs. P. and V. μᾰχη, ἡ. *An object for fighting about*: use adj., Ar. and P. περῐμᾰχητος, agreeing with subject.

Figment, subs. P. πλάσμα, τό. *Falsehood*: P. and V. ψεῦδος, τό.

Figuratively, adv. P. δι' εἰκόνων (Plat., *Rep.* 487E).

Figure, v. intrans. *Appear, be seen*: P. and V. φαίνεσθαι; see *appear*.

Figure, subs. *Shape*: P. and V. σχῆμα, τό, εἶδος, τό, ἰδέα, ἡ, μορφή, ἡ (Plat.), V. μόρφωμα, τό. *Appearance*: P. and V. ὄψῐς, ἡ. *Effigy*: P. and V. ἄγαλμα, τό, εἰκών, ἡ, Ar. and P. ἀνδριᾰς, ὁ. *Effigy of a god*: P. and V. ἄγαλμα, τό, Ar. and V. βρέτᾰς, τό. *Moulded figure*: Ar. and P. πλάσμᾰ, τό. *Number*: P. and V. ἄριθμος, ὁ. *The figure one*: P. μονάς, ἡ. *The figure two*: P. δυάς, ἡ. *Figure in geometry*: P. διάγραμμα, τό. *A square figure*: P. χωρίον τετράγωνον. *Figure of speech*: Ar. and P. εἰκών, ἡ. *To use a figure of speech*: P. ὡς ἔπος εἰπεῖν, V. ὡς εἰπεῖν ἔπος. *Figures in dancing*: P. and V. σχήμᾰτα, τά (Eur., *Cycl.* 221). *Perform figures*: P. σχήματα σχηματίζειν (Plat.), or Ar. σχημᾰτίζειν alone (*Pax*, 324). *Figures in relief on shields, etc.*: V. τῠποί, οἱ (Eur., *Phoen.* 1130).

Figure-head, subs. P. and V. σημεῖον, τό, V. σῆμα, τό. Met., P. and V. πρόσχημα, τό.

Filch, v. trans. P. and V. ὑφαιρεῖν, ὑπεξαιρεῖν, Ar. and P. ὑφαρπάζειν, V. ὑποσπᾶν; see *steal*.

File, subs. *File of soldiers*: P. and V. στοῖχος, ὁ; see *row, line*. *In single file*: P. ἐφ' ἑνός (Xen.). *Of ships*: P. κατὰ μιὰν ναῦν (Thuc. 2, 84). *Rasp*: P. ῥίνη, ἡ (Xen.).

File, v. intrans. *March*: P. and V. πορεύεσθαι.

Filial, adj. See *affectionate*.

Filibuster, subs. P. and V. λῃστής, ὁ.

Filings, subs. V. ῥῑνήμᾰτα, τά (Eur., *Frag.*).

Fill, v. trans. P. and V. ἐμπιπλᾰναι, πληροῦν, πιμπλᾰναι (rare P. uncompounded), P. ἀναπληροῦν, V. ἐκπιμπλᾰναι. *Crowd, throng*: P. and V. πληροῦν. Met., *fill with (anger, etc.)*: P. and V. ἐμπιπλᾰναι (τινά τινος), V. μεστοῦν (τινά τινος). *Be filled with (anger, etc.)*: P. and V. ἐμπίπλασθαι (gen.), μεστοῦσθαι (gen.) (Plat. but rare P.). *Fill in (an outline)*: Ar. and P. ἀπεργάζεσθαι. *Fill up*: P. and V. πληροῦν, ἐμπιπλάναι, P. ἀναπληροῦν, συμπληροῦν, V. ἐκπιμπλάναι, ἐκπληροῦν, Ar. and P. ἀναπιμπλάναι. *Complete*: P. and V. πληροῦν, ἐκπληροῦν, V. ἐκπιμπλάναι, P. ἀναπληροῦν. *Fill up (a hole)*: Ar. ἐμβύειν, πακτοῦν.

Fill, subs. *Have one's fill of*: P. and V. πλησθῆναι (gen.) (1st aor. pass. of πιμπλάναι) (Plat.), Ar. and V. κορεσθῆναι (gen.) (1st aor. pass. of κορεννύναι), V. κόρον ἔχειν (gen.).

Filled, adj. See *full*.

Fillet, subs. P. and V. στέφανος, ὁ, στέμμα, τό (Plat. but rare P.), V. στέφος, τό, ἀνάδημα, τό, ἄνδημα, τό, Ar. στεφάνη, ἡ, P. ταινία, ἡ; see also *chaplet*. *Wreathe with a fillet*, v. trans: Ar. and P. ἀναδεῖν, ταινιοῦν; see *crown*.

Filling up, subs. *Filling up (with earth)*: P. χῶσις, ἡ (Thuc. 3, 2).

Filly, subs. P. and V. πῶλος, ὁ or ἡ.

Filter, v. trans. *Strain*: P. διηθεῖν. V. intrans. P. ἠθεῖσθαι. *Cleanse*: P. and V. καθαίρειν. *Filter through (of rumour)*: V. ὀχετεύεσθαι (Æsch. *Ag.* 867); see *penetrate*.

Filth, subs. *Mud*: P. and V. πηλός, ὁ βόρβορος, ὁ *Squalor*: Ar. and P. αὐχμός, ὁ, P. ῥυπός, τό, V. πίνος, ὁ, ἀλουσία, ἡ. *Dirt, scourings*: V. λύματα, τά; see also *indecency*.

Filthily, adv. P. and V. κακῶς; see *squalidly*.

Filthiness, subs. See *filth*. *Indecency*: ἀκαθαρσία, ἡ.

Filthy, adj. *Muddy*: P. and V. θολερός, P. βορβορώδης, πηλώδης. *Squalid*: P. and V. αὐχμηρός, Ar. and V. ἄλουτος, δυσπινής, V. πινώδης, αὐχμώδης; see *squalid*. *Indecent*: P. ἀκάθαρτος. *Disgraceful*: P. and V. αἰσχρός.

Fin, subs. P. πτερύγια, τά (Arist.).

Final, subs. *Last*: P. and V. τελευταῖος, ὕστατος, ἔσχατος, Ar. and V. πανύστατος; see *last*. *Occurring after a long time*: Ar. and V. χρόνιος. *Complete*: P. and V. τέλειος, τέλεος; see *complete*.

Finality, subs. P. and V. τέλος, τό, πέρας, τό, τελευτή, ἡ.

Finally, adv. *At last*: P. and V. τέλος, Ar. and P. τὸ τελευταῖον, V. εἰς τέλος. *After a time*: P. and V. διὰ χρόνου, χρόνῳ, V. χρόνῳ ποτέ, σὺν χρόνῳ, ἐν χρόνῳ. *For the last time*: P. and V. ὕστατον, ἔσχατον, Ar. and V. πανύστατον, V. πανύστατα. *Lastly*: Ar. and P. τὸ τελευταῖον, V. λοίσθιον, τὸ λοίσθιον. *Completely*: P. and V. παντελῶς, Ar. and P. τελέως; see *completely*.

Finance, subs. *Money-making*: P. χρηματισμός, ὁ. *State finance*: P. διοίκησις, ἡ.

Finance, v. trans. Use P. χρήματα πορίζειν (or mid.) (dat.), δαπάνην πορίζειν (or mid.) (dat.).

Finances, subs. *Money*: P. and V. χρήματα, τά, P. χρημάτων πόροι.

Financial, adj. P. χρηματιστικός.

Financially, adv. *As far as money is concerned*: use P. χρημάτων ἕνεκα.

Financier, subs. P. χρηματιστής, ὁ.

Finch, subs. V. σπίζα, ἡ (Soph. *Frag.*).

Find, v. trans. *Discover*: P. and V. εὑρίσκειν, ἀνευρίσκειν, ἐφευρίσκειν, ἐξευρίσκειν, V. προσευρίσκειν. *Catch in the act*: P. and V. φωρᾶν, λαμβάνειν, καταλαμβάνειν (Eur., *Cycl.* 260), αἱρεῖν, ἐπ' αὐτοφώρῳ λαμβάνειν, P. καταφωρᾶν. *Light upon*: P. and V. ἐντυγχάνειν (dat.), τυγχάνειν (gen.), προσπίπτειν (dat.), Ar. and P. ἐπιτυγχάνειν (gen. or dat.), P. περιπίπτειν (dat.), V. κυρεῖν (gen.), κιγχάνειν (acc. or gen.), *We shall find him a more troublesome and powerful enemy*: P. χαλεπωτέρῳ καὶ ἰσχυροτέρῳ χρησόμεθα ἐχθρῷ (Dem. 102). *Nor can I praise Greece, finding her base towards my son*: V. οὐδ' Ἑλλάδ' ᾔνεσα . . . κακίστην λαμβάνων πρὸς παῖδ' ἐμόν (Eur., *H. F.* 222). *You* *yourself would find the Achaeans kinder*: V. αὐτή τ' Ἀχαιῶν πρευμενεστέρων τύχοις (ἄν) (Eur., *Tro.* 734) (same construction Plat. *Charm.* 175c). *I found you the dearest of my friends*: V. ἐμῶν γὰρ φίλτατον σ' ηὗρον φίλων (Eur., *I. T.* 708). *Be found, prove oneself*: P. and V. φαίνεσθαι; see under *prove*. *Find* (*money, etc.*), *provide*: P. and V. πᾰρέχειν (or mid.), πορίζειν (or mid.); see *provide*. *Deliver a verdict*: P. and V. κρίνειν, δῐκάζειν; see *decide*. *Find fault*: Ar. and P. σχετλιάζειν. *Find fault with*; see *blame*. *Find guilty* P. and V. αἱρεῖν, κᾰθαιρεῖν. *Be found guilty*: P. and V. ἁλίσκεσθαι. *Find out*; see *find*. *Solve* (*a riddle*): P. and V. λῡ́ειν, V. διειπεῖν; see *solve*.

Finder, subs. P. εὑρετής, ὁ. Fem. εὑρέτῐς, ἡ.

Finding, subs. P. εὕρεσις, ἡ, V. ἀνεύρεσις, ἡ. *Verdict*: P. and V. κρῐ́σις, ἡ, δῐ́κη, ἡ; see *decision, verdict*.

Fine, subs. P. and V. ζημία, ἡ, Ar. and P. ἐπῐβολή, ἡ, P. ὄφλημα, τό. *In fine*: P. and V. ἁπλῶς, P. συνελόντι, τὸ κεφάλαιον.

Fine, v. trans. P. and V. ζημιοῦν, P. χρήμασι ζημιοῦν. *They fined him fifty talents*: P. πεντήκοντα ἐπράξαντο τάλαντα (Dem 429). *Be fined ten talents*: P. τάλαντα δέκα ὀφλισκάνειν (Dem. 431).

Fine, adj. *Thin, delicate*: P. and V. λεπτός. *Pure* (of gold): P. ἄπεφθος. *Handsome*: P. and V. κᾰλός, εὐπρεπής; see *beautiful*. *Splendid*: P. and V. λαμπρός. *Well-grown*: P. and V. εὐτρᾰφής. *Elegant*: Ar. and P. χᾰρίεις. Of weather: P. εὔδιος (Xen.). *Fine weather*: P. εὐδία, ἡ. Ironically: P. and V. χρηστός. *All else is vaunting and fine talk*: V. τὰ δ' ἄλλα κόμποι καὶ λόγων εὐμορφίαι (Eur., *Cycl.* 317). *Fine words*: P. εὐφημία, ἡ (Dem. 356). *Specious*: P. and V. εὔλογος, εὐπρεπής; see *specious*.

Finely, adv. P. and V. εὖ, κᾰλῶς, λαμπρῶς.

Fineness, subs. *Thinness, delicacy*: P. λεπτότης, ἡ. *Brilliancy*: P. λαμπρότης, ἡ. *Beauty*: P. and V. κάλλος, τό.

Finery, subs. P. καλλωπισμός, ὁ, V. τὰ ποικῐ́λα. *Adornment*: P. and V. κόσμος, ὁ.

Finesse, subs. Ar. and P. δεξιότης, ἡ, P. εὐχέρεια, ἡ. *Stratagem*: P and V. τέχνη, ἡ, σόφισμα, τό, μηχᾰ́νημα, τό, ἀπᾰ́τη, ἡ, δόλος, ὁ (rare P.).

Finger, subs. P. and V. δάκτῠλος, ὁ. *Reckon on one's fingers*: Ar. λογίζεσθαι . . . ἀπὸ χειρός. *He killed men who had never raised a finger against him and were not enemies*: P. διέφθειρε οὔτε χεῖρας ἀνταιρομένους οὔτε πολεμίους (Thuc. 3, 32).

Finger, v. trans. P. and V. ἅπτεσθαι (gen.), V. ψαύειν (gen.) (rare P.), θιγγᾰ́νειν (gen.) (also Xen.), προσθιγγᾰ́νειν (gen.); see *touch*.

Finical, adj. *Fastidious*: P. δυσχερής, Ar. and P. τρῠφερός. *Affected*: P. and V. κομψός.

Finish, v. trans P. and V. ἀνῠ́τειν, κᾰτᾰνῠ́τειν, πράσσειν, διαπράσσειν (or mid. in P.), ἐργάζεσθαι, κᾰτεργάζεσθαι, περαίνειν, διᾰπεραίνειν, τελεοῦν (V. τελειοῦν), P. ἐπιτελεῖν, ἀποτελεῖν, V. ἐξᾰνῠ́τειν, τελεῖν (rare P.), τελευτᾶν, ἐκτελευτᾶν, ἐκπράσσειν, ἐκπεραίνειν; see also *end*. V. intrans. *Come to an end*: P. and V. τέλος ἔχειν, τέλος λαμβᾰ́νειν, τελευτᾶν, V. ἐκτελευτᾶν; see also *end, cease*. *Finish off*: Ar. and P. ἀπεργάζεσθαι; met., see *kill, destroy*. *Finish up*: Ar. and P. ἀπεργάζεσθαι. *When they remained to finish up the work*: P. παραμεινάντων ἐκείνων πρὸς τὰ ὑπόλοιπα τῶν ἔργων (Thuc. 3, 10).

Finish, subs. P. and V. τέλος, τό, τελευτή, ἡ, πέρᾰς, τό, κᾰταστροφή, ἡ (Thuc.). *Finishing touch*: see *finishing*. *Perfecting*: P. ἀπεργασία, ἡ. *Fight to the finish*, v. intrans.: P. and V. διᾰμᾰ́χεσθαι.

Finished, adj. *Complete:* P. and V. τέλειος, τέλεος, παντελής, V. ἐκτελής; see *complete*. Of an artist, *consummate:* P. and V. ἄκρος. *Finished off:* P. ἀπηκριβωμένος, ἀπειργασμένος.

Finishing, subs. *Perfecting:* P. ἀπεργασία, ἡ. *Finishing touch:* P. and V. θριγκός, ὁ (Plat.), P. κολοφών, ὁ. *Put the finishing touch to:* P. κεφάλαιον ἐπιτιθέναι (ἐπί, dat.), κολοφῶνα ἐπιτιθέναι (dat.), τέλος ἐπιτιθέναι (dat.), V. θριγκοῦν (acc.). *One further thing he did which put the finishing touch to all his former acts:* P. ἓν ἐπεξειργάσατο ὃ πᾶσι τοῖς προτέροις ἐπέθηκε τέλος (Dem. 274).

Finite, adj. P. περατοειδής, πέρας ἔχων.

Fir, subs. P. and V. ἐλάτη, ἡ (Plat.), πεύκη, ἡ (Plat.), πίτυς, ἡ (Plat. and Æsch., *Frag.*).

Fir, adj. V. ἐλάτινος, πεύκινος.

Fire, subs. P. and V. πῦρ, τό, φλόξ, ἡ, V. φλογμός, ὁ, αἶθος, ὁ. *Conflagration:* P. ἔμπρησις, ἡ. *Burning heat:* P. and V. καῦμα, τό. *Watch-fires:* P. πύρα, τά, V. πυρσά, τά; see *beacon*. *Breathing fire*, adj.: V. πύρπνοος, πύρπνους. *Carry fire*, v.: V. πυρφορεῖν. *Carrying fire*, adj.: P. and V. πυρφόρος. *Untouched by fire:* P. and V. ἄπυρος. *Set fire to:* see *fire*, v. *Be under fire*, v.: use P. and V. βάλλεσθαι (lit., *be shot at*). *Be between two fires* (*have enemies on each side*): P. ἀμφίβολος εἶναι, ἐν ἀμφιβόλῳ εἶναι. *Catch fire:* P. and V. κάεσθαι, ἅπτεσθαι. Met., *vehemence:* P. σφοδρότης, ἡ. *Zeal:* P. and V. σπουδή, ἡ, προθυμία, ἡ. *Love:* P. and V. ἔρως, ὁ

Fire, v. trans. *Set fire to:* P. and V. ἅπτειν, ὑφάπτειν, ἀνάπτειν, πῦρ ἐμβάλλειν (dat.), P. ἐπιφλέγειν, V. ὑπαίθειν, Ar. ἐμπυρεύειν, ἐκφλέγειν; see *burn*, *kindle*. Met., *excite*, *kindle:* Ar. and P. κάειν, φλέγειν, P. διαθερμαίνειν, V. ἐπιφλέγειν, Ar. and V. ζωπυρεῖν, θάλπειν, P. and V. θερμαίνειν (Plat.); see *excite*. *He is fired with love:* V. ἐντεθέρμανται πόθῳ (Soph., *Trach.* 368).

Fire-brand, subs. P. and V. λαμπάς, ἡ, V. πεύκη, ἡ, δᾶλος, ὁ, πυρσός, ὁ, πανός, ὁ (rare) (Æsch., *Ag.* 284; Eur., *Rhes.* 988), λαμπτήρ, ὁ, Ar. and P. δᾴς, ἡ.

Fire-light, subs. V. ἐφέστιον σέλας, τό.

Fire-place, subs. P. and V. ἑστία, ἡ, Ar. and V. ἐσχάρα, ἡ.

Fire-ship, subs. For description see Thuc. 7, 53.

Fire-side, subs. P. and V. ἑστία, ἡ; see *home*.

Fire-signal, subs. P. and V. φρυκτός, ὁ; see *beacon*.

Fire-wood, subs. Ar. and P. φρύγανα, τά. *Go and collect fire-wood:* P. ἐπὶ φρυγανισμὸν ἐξέρχεσθαι (Thuc. 7, 4).

Firkin, subs. Ar. and P. ἀμφορεύς, ὁ; see *amphora*.

Firm, adj. *Hard* (of ground); P. στεριφός. *Firmly fixed:* P. and V. βέβαιος, ἀσφαλής, V. ἔμπεδος. *Trustworthy:* P. and V. πιστός, βέβαιος, φερέγγυος (Thuc. but rare P.), ἐχέγγυος (Thuc. but rare P.), ἀσφαλής. *Steadfast:* P. and V. καρτερός, ἀκίνητος, P. μόνιμος, V. ἔμπεδος. *Be firm*, v.: P. and V. καρτερεῖν; see *endure*. *Of consistency:* P. and V. πυκνός, P. εὐπαγής. *Obstinate:* P. and V. αὐθάδης. *In order to get a firm footing in the mud:* P. ἀσφαλείας ἕνεκα τῆς πρὸς τὸν πηλόν (Thuc. 3, 22).

Firmament, subs. P. and V. οὐρανός, ὁ, P. κόσμος, ὁ (Isoc.). *In* or *of the firmament*, adj.: P. and V. οὐράνιος.

Firmly, adv. P. and V. βεβαίως, ἀσφαλῶς, V. ἐμπέδως, ἀραρότως (also Plat. but rare P.). *Indissolubly:* P. ἀλύτως, V. δυσεκλύτως. *Cling firmly to:* V. ἅπριξ ἔχεσθαι (gen.), P. ἅπριξ λαμβάνεσθαι (gen.) (Plat.); see *cling to*. *Steadfastly:* P. and

V. βεβαίως, V. ἐμπέδως. *Faithfully*: P. πίστως. *Obstinately*: Ar. and P. αὐθάδως.

Firmness, subs. P. βεβαιότης, ἡ. *Hardness*: P. στερεότης, ἡ, *Steadfastness*: P. καρτερία, ἡ, καρτέρησις, ἡ. *Obstinacy*: P. αὐθάδεια, ἡ, Ar. and V. αὐθᾱδία, ἡ. Of consistency: Ar. and P. πυκνότης, ἡ.

First, adj. In all senses: P. and V. πρῶτος. *First in importance*, use also V. πρεσβῠτᾰτος, πρέσβιστος. *First-born*: P. and V. πρεσβῠτᾰτος, V. πρέσβιστος. *Be first born*, v.: P. and V. πρεσβεύειν. *You must go first*: V. σοὶ βαδιστέον πάρος (Soph., *El.* 1502). *The first comer, any chance person*: P. and V. ὁ τῠχών, ὁ ἐπῐτῠχών, ὁ προστῠχών, ὁ συντῠχών, P. ὁ ἐντυχών, ὁ παρατυχών, V. ὁ ἐπιών, ὁ φθᾰσας. *The first place, primacy*: P and V. πρεσβεῖα, τα; see *primacy*. *Have the first place*, v.: P. πρωτεύειν, V. πρεσβεύειν, πρεσβεύεσθαι. *Give the first place to*: P. and V. πρεσβεύειν (acc.) (Plat.). *First prize*: P. πρωτεῖον (or pl.). *The first day of the month*: Ar. and P. ἕνη καὶ νέα. *Those who are the first to confer a favour*: P. οἱ προϋπάρχοντες τῷ ποιεῖν εὖ (Dem. 471). *Be the first to do a thing*: P. and V. ἄρχειν; see *begin*. *In the first place*: P. and V. πρῶτον, τὸ πρῶτον, πρώτιστον, Ar. and V. πρῶτα, πρώτιστα. *For the first time*: P. and V. πρῶτον, Ar. and V. πρῶτα. *At first*: P. and V. τὸ πρῶτον. *Originally*: P. and V. τὸ ἀρχαῖον, P. κατ' ἀρχάς.

First, adv. P. and V. πρῶτον, τὸ πρῶτον, πρώτιστον, Ar. and V. πρῶτα, πρώτιστα. *Earlier, before something else*: P. and V. πρότερον. *Be first*: P. and V. φθᾰνειν, προφθᾰνειν; see also *begin*. *First and foremost*: P. and V. τὸ μὲν μέγιστον, μᾰλιστα μέν.

First-fruits, subs. P. and V. ἀκροθίνια, τά (sing. sometimes in V.), ἀπαρχαί, αἱ (sing., Plat., *Prot.* 343B), Ar. ἀπαργμᾰτα, τά.

Firth, subs. P. and V. πορθμός, ὁ; see *strait*.

Fiscal, adj. *Financial*: P. χρηματιστικός. *Fiscal system*: P. χρημάτων πόρος, ὁ.

Fish, subs. P. and V. ἰχθῦς, ὁ. *Dried fish*: Ar and P. τᾰρῖχος, ὁ or τό. *Sell dried fish*, v.: P. ταριχοπωλεῖν.

Fish, v. trans. Use P. and V. ἰχθῦς θηρεύειν. *Fish for*: met., see *seek*.

Fish basket, subs. P. κύρτος, ὁ.

Fish bone, subs. Ar. and V. ἄκανθα, ἡ.

Fisher, subs. See *fisherman*.

Fisherman, subs. P. and V. ἁλιεύς, ὁ, V. ἁλῐτυπος, ὁ. *Angler*: P. ἀσπαλιευτής, ὁ.

Fish-hook, subs. P. ἄγκιστρον, τό.

Fishing, subs. P. ἡ ἁλιευτική. *Angling*: P. ἀσπαλιευτική, ἡ. For reference to methods of fishing, see Plat., *Soph.* 220B-221C.

Fishing-boat, subs. P. ἁλιευτικὸν πλοῖον, τό (Xen.).

Fishing-line, subs. V. ὁρμιά, ἡ.

Fishing-net, subs. P. and V. δίκτυον, τό.

Fishing-rod, subs. P. ῥάβδος, ἡ, κάλαμος, ὁ.

Fish-market, subs. Ar. οἱ ἰχθύες.

Fishmonger, subs. Ar. ἰχθυοπώλης, ὁ.

Fishy, adj. Ar. ἰχθυηρός. Met., see *tricky, deceptive*.

Fissure, subs. P. and V. χάσμᾰ, τό.

Fist, subs. P. and V. πυγμή, ἡ. *Strike with the fist*: P. πὺξ παίειν (absol.) (Dem 1252), Ar. πὺξ πᾰτάσσειν. *Fists met in loud conflict*: V. πυγμαὶ δ' ἦσαν ἐγκροτούμεναι (Eur., *I. T.* 1368). *Who used his fist on your head?* V. τίς ἐς σὸν κρᾶτ' ἐπύκτευσεν; (Eur., *Cycl.* 229).

Fit, subs. *Convulsion*: P. and V. σπασμός, ὁ, V. σπᾰραγμός, ὁ, P. σφαδασμός, ὁ (Plat.). *Sudden impulse*: P. and V. ὁρμή, ἡ. *Fit* (of illness): P. καταβολή, ἡ (gen.). *By fits and starts*: P. and V. εἰκῇ (lit., *at random*). *When the fit of madness abates*: V. ὅταν ἀνῇ νόσος μανίας (Eur., *Or.* 227). *Fit of madness*: V. πίτυλος μανίας (Eur., *I. T.* 307); see *madness*. *Perchance (the people) may exhaust their fit of anger*: V. ἴσως ἂν ἐκπνεύσειεν (ὁ δῆμος) (Eur., *Or.* 700). *Do a thing in a fit of anger*: P. ἡσσηθεὶς ὀργῇ πράσσειν τι (Plat., *Leg.* 868A). *In a fit of passion*: V. ὀργῇ χρώμενος (Soph., *O. R.* 1241).

Fit, adj. *Suitable*: P. and V. ἐπιτήδειος, σύμφορος, πρόσφορος. *Opportune*: P. and V. καίριος, ἐπίκαιρος, V. εὔκαιρος. *Becoming*: P. and V. εὐπρεπής, πρέπων, προσήκων, σύμμετρος, εὐσχήμων, καθήκων, Ar. and P. πρεπώδης, V. ἐπεικώς, προσεικώς, συμπρεπής. *It is fit*, v.: P. and V. πρέπει, προσήκει, ἁρμόζει. *In fit condition*, adj.: P. and V. εὐτραφής (Plat.). *Fit for, capable of*: P. εὐφυής (πρός, acc. or εἰς, acc.). *Fit to, competent to*: P. and V. ἱκανός (infin.); see *competent*. *Worthy to*: P. and V. ἄξιος (infin.). *Think fit (to)*: P. and V. ἀξιοῦν (infin.), δικαιοῦν (infin.), Ar. and V. τλῆναι (infin.) (2nd aor. of τλᾶν), V. ἐπαξιοῦν (infin.), τολμᾶν.

Fit, v. trans. *Adapt*: P. and V. προσαρμόζειν, ἐφαρμόζειν (Xen.), συναρμόζειν, Ar. and P. ἐναρμόζειν. *Fasten, attach*: V. ἁρμόζειν, καθαρμόζειν, P. and V. προσαρμόζειν. *Fit out*: see *equip*. *Fit together*: P. and V. συναρμόζειν. V. intrans. *Correspond*: P. and V. συμβαίνειν, συμπίπτειν, V. συμβάλλεσθαι, συμπίτνειν; see *correspond*. *They put the stones together as each piece happened to fit*: P. συνετίθεσαν (λίθους) ὡς ἕκαστον τι συμβαίνοι (Thuc. 4, 4). Of clothes: Ar. and P. ἁρμόζειν (absol. or with dat.). *Well-fitting*, adj.: V. εὔθετος. *Fit in*, v. intrans.: Ar. and P. ἐναρμόζειν. *Like boxes fitting into one another*: P. καθάπερ οἱ κάδοι οἱ εἰς ἀλλήλους ἁρμόζοντες (Plat., *Rep.* 616D).

Fitful, adj. P. and V. σπάνιος.

Fitfully, adv. P. σπανίως. *Seldom*: P. and V. ὀλιγάκις. *At random*: P. and V. εἰκῇ.

Fitly, adv. P. ἐπιτηδείως, συμφόρως. *Becomingly*: P. and V. εὐπρεπῶς, πρεπόντως, συμμέτρως, P. προσηκόντως, V. ἐναισίμως. *Seasonably*: P. εὐκαίρως, P. and V. καιρίως (Xen.); see *seasonably*.

Fitness, subs. *Suitability*: P. ἐπιτηδειότης, ἡ. *Physical fitness*: P. εὐτροφία τοῦ σώματος; see *health*.

Fitting, adj. See *fit*.

Fittingly, adv. See *fitly*.

Fittings, subs. Ar. and P. σκευή, τά, P. κατασκευή, ἡ; see *equipment*.

Five, adj. P. and V. πέντε. *Lasting five years*: P. πενταετής, Ar. πεντετής. *A festival held every five years*: P. πεντετηρίς, ἡ. *Five years old*: P. πενταετής. *Five times*, adv: P. and V. πεντάκις.

Five, subs. The number: P. πεμπάς, ἡ.

Fix, v. trans. P. and V. πηγνύναι; see also *plant*. *Fix in the ground*: P. καταπηγνύναι. *Be fixed*: P. and V. πεπηγέναι, V. στηρίζεσθαι. *Fix alongside*: P. παρακαταπηγνύναι. *Be fixed in*: Ar. ἐμπήγνυσθαι (dat.). *Attach, fasten*: P. and V. συνάπτειν, προσάπτειν, ἀνάπτειν, καθάπτειν (Xen.), V. ἐξανάπτειν; see *fasten*. *Make fast*: V. ὀχμάζειν, σφίγγειν (also Plat. but rare P.), πασσαλεύειν, πορπᾶν, Ar. and V. προσπασσαλεύειν. *Be fixed*: V. ἀρᾱρέναι (2nd. perf. ἀραρίσκειν). *Make secure*: P. βεβαιοῦν. Met., *lay down*: P. and V. ὁρίζειν, διορίζειν. *This resolve is fixed*: V. τοῦτ' ἄρᾱρε or ἄρᾱρε alone (Eur., *Or.* 1330). *Appoint*: P. and V. τάσσειν, προστάσσειν. *Be fixed, appointed*: P. and V. προκεῖσθαι. *Fix beforehand*: V. προτάσσειν. *Fix in*: Ar. and V. ἐναρμόζειν (τί τινι). *Fix on, determine, appoint*: P. and V. τάσσειν, προστάσσειν. *Be fixed on*: P. and V. προκεῖσθαι. *Fix the attention on*: P. and V. νοῦν ἔχειν (πρός acc. or dat.), Ar. and P. προσέχειν τον νοῦν (dat.), προσέχειν (dat.). *Fix the eyes on:* V. ἐρείδειν ὄμμα εἰς (acc.) (Eur., *I. A.* 1123). *Fixing a gloomy look upon the ground:* V. συνηρεφὲς πρόσωπον ἐς γῆν . . . βαλοῦσα (Eur., *Or.* 957). *As the eyes are fixed on the motions of the stars:* P. ὡς πρὸς ἀστρονομίαν ὄμματα πέπηγε (Plat. *Rep.* 530D). *Fix blame on:* P. and V. αἰτίαν προσβάλλειν (dat), V. αἰτίαν νέμειν (dat.); see *impute.*

Fixed, adj. Of stars: P. ἀπλανής. *Stationary:* P. στάσιμος. *Firmly planted:* Ar. and V. πηκτός. *Unalterable:* P. and V. ἀκίνητος. *Fixed doom:* V. τελεία ψῆφος. *Appointed, settled:* P. and V. τεταγμένος, προκείμενος. *A fixed quantity of bread:* P. σῖτος τακτός (Thuc. 4, 16). *For a fixed period:* P. χρόνον τακτόν (Dem. 45). *Fixed sum of money:* P. ἀργύριον ῥητόν (Thuc. 4, 69). *Be fixed, be settled:* V. ἀρᾱρέναι (perf. of ἀραρίσκειν).

Fixedly, adv. *Look fixedly at:* P. and V. ἀποβλέπειν (εἰς, acc.).

Fixity, subs. *Security:* P. βεβαιότης, ἡ. As opposed to *motion:* P. στάσις, ἡ.

Fixture, subs. *Be a fixture:* P. and V. ἱδρῦσθαι (perf. pass. of ἱδρύειν), μένειν. *Fixtures (in a house, etc.),* P. κατασκευή, ἡ.

Fizz, v. intrans. P. and V. σῡρίζειν, ψοφεῖν.

Fizz, subs. P. and V. ψόφος, ὁ.

Flabby, adj. See *limp.*

Flaccid, adj. See *limp.*

Flag, v. intrans P. and V. ἀπειπεῖν, πᾰρίεσθαι, κάμνειν (rare P.), προκάμνειν (rare P.), P. παραλύεσθαι, ἐκλύεσθαι, ἀποκάμνειν, ἀπαγορεύειν. *Shrink:* P. and V. ὀκνεῖν, κᾰτοκνεῖν, P. ἀποκνεῖν. *Despond:* P. and V. ἀθῡμεῖν.

Flag, subs. P. σημεῖον, τό (Xen.). *Under a flag of truce:* use adj., P. and V. ὑπόσπονδος, V. ἔνσπονδος. *Without a flag of truce:* use adv., P. ἀκηρύκτως, ἀκηρυκτί.

Flagellate, v. trans. See *beat.*

Flagging, subs. P. and V. ὄκνος, ὁ. *Weariness:* P. and V. κόπος, ὁ.

Flagging, adj. See *faint*

Flagitious, adj. See *wicked.*

Flagon, subs. Ar. and P. λήκῠθος, ἡ, ληκύθιον, τό. *Flagon for wine:* P. and V. ἀσκός, ὁ.

Flagrant, adj. *Manifest:* P. and V. φᾰνερός, λαμπρός; see *manifest. Outrageous:* P. and V. δεινός, P. πάνδεινος. *Shameless:* P. and V. ἀναιδής.

Flagrantly, adv. *Manifestly:* P. and V. λαμπρῶς, Ar. and P. φᾰνερῶς; see *manifestly. Outrageously:* P. and V. δεινῶς. *Shamelessly:* P. and V. ἀναιδῶς.

Flag-ship, subs. P. ναῦς στρατηγίς, ἡ.

Flake, subs. *Flake of foam:* use Ar. and V. στᾰλαγμός, ὁ. *Flake of snow:* V. νῐφάς, ἡ. *Flakes of snow:* V. χιονός βολαί (Eur., *Bacch.* 662).

Flambeau, subs. See *torch.*

Flame, subs. P. and V. φλόξ, ἡ, πῦρ, τό, V. αἶθος, ὁ, φλογμός, ὁ. *Light:* P. and V. φῶς, τό, φέγγος, τό (also Plat. but rare P.), Ar. and V. φάος, τό, αὐγή, ἡ (also Plat. but rare P.), σέλᾰς, τό (also Plat. but rare P.).

Flame, v. intrans. *Blaze:* P. and V. λάμπειν (Plat.), ἐκλάμπειν (Plat.), ἀστράπτειν (Plat.), στίλβειν (Plat.), Ar. and V. φλέγειν, λάμπεσθαι, V. αἴθειν, αἴθεσθαι; see *shine. Burn:* P. and V κᾱ́εσθαι. Met., *flame with excitement* or *passion:* Ar. and P. φλέγεσθαι (Plat.), κᾱ́εσθαι (Plat.), P. and V. θερμαίνεσθαι (Plat.), V. θάλπεσθαι.

Flaming, adj. See *flashing, bright. Flame-coloured:* P. and V. πυρσός. Met., *conspicuous:* P. and V. περῐφᾰνής.

Flank, subs. P. and V. λᾰγών, ἡ (Xen., also Ar.), πλευρά, ἡ (generally pl.), Ar. and V. πλευρόν, τό (generally pl.). *Flank of an army:*

P. and V. κέρᾰς, τό, P. πλευρόν, τό (Xen.), or use P. οἱ πλάγιοι. *Take in flank*: P. πλάγιόν (τινα) λαμβάνειν (Xen.). *Outflank*: see under *outflank*.

Flap, v. trans. P. and V. κῑνεῖν, σείειν, V. σᾰλεύειν (Eur., *Cycl.* 434). *Flap the wings*: Ar. πτερῠγίζειν (absol.). V. intrans. P. and V. σείεσθαι. *Wave to and fro*: P. and V. αἰωρεῖσθαι. *Make a noise*: P. and V. ψοφεῖν.

Flap, subs. *Part of a dress hanging loose*: P. πτέρυξ, ἡ (Xen.).

Flapping, subs. *Noise*: P. and V. ψόφος, ὁ.

Flare, subs. See *flame*.

Flare, v. intrans. See *flame*.

Flaring, adj. See *flashing*.

Flash, subs. P. and V. ἀστρᾰπή, ἡ (Plat.), Ar. and V. σέλᾰς, τό (also Plat. but rare P.), αὐγή, ἡ (Plat. in sense of *ray*), V. πέμφιξ, ἡ (Soph. and Æsch., *Frag*), P. μαρμαρυγή, ἡ (Plat.). *Flash from the eyes*: Ar. and V. ἀστρᾰπή, ἡ.

Flash, v. trans. *Reflect*: P. ἐμφαίνειν. V. intrans. P. and V. λάμπειν (Plat.), ἐκλάμπειν (Plat.), ἀστράπτειν (Plat.), στίλβειν (Plat.), Ar. and V. φλέγειν, λάμπεσθαι, V. αἴθειν, αἴθεσθαι, μαρμαίρειν; see *shine*. *Flash* (*of the eyes*): P. and V. ἀστράπτειν (Plat.). *Flash upon* (*the mind*): see *occur*.

Flashiness, subs. *Speciousness*: P. εὐπρέπεια, ἡ.

Flashing, adj. P. and V. λαμπρός, Ar. and V. φαεννός, παμφαής, αἴθων, V. φαιδρός, εὐᾱγής (Plat. also but rare P.), φλογώψ, φλογωπός, φαεσφόρος, πυρπόλος, εὐφεγγής, καλλῐφεγγής, σελασφόρος, ἀστρᾰπηφόρος. *Variegated*: P. and V. ποικῐλος, Ar. and V. αἰόλος.

Flashy, adj. P. and V. εὐπρεπής. *Conspicuous*: P. and V. περῐφᾰνής.

Flask, subs. Ar. and P. λήκῠθος, ἡ, ληκύθιον, τό. *Flask for wine*: P. and V. ἀσκός, ὁ.

Flat, adj. *Level*: P. πλατύς, ὁμαλός, V. λευρός. *Smooth*: P. and V. λεῖος. Met., *insipid*: P. ἕωλος. *Downright*: P. and V. ἁπλοῦς, P. ἄκρατος, Ar. πλᾰτύς. *Consisting of plain*: P. and V. πεδιάς (Plat.), P. πεδιεινός.

Flat, subs. See *plain*. *House let out into tenements*: P. συνοικία, ἡ.

Flat-fish, subs. Ar. and P. ψῆσσα, ἡ.

Flatly, adv. *Expressly*: P. διαρρήδην.

Flatness, subs. *Smoothness*: P. and V. λειότης, ἡ.

Flatten, v. trans. P. ὁμαλίζειν.

Flatter, v. trans. P. and V. θωπεύειν, ὑπέρχεσθαι, ὑποτρέχειν, Ar. and P. ὑποπίπτειν, κολᾰκεύειν, V. σαίνειν, προσσαίνειν, θώπτειν, Ar. and V. αἰκάλλειν, Ar. ὑποθωπεύειν. *Flatter excessively*: P. ὑπερκολακεύειν (acc.).

Flatterer, subs. Ar. and P. κόλαξ, ὁ.

Flattering, adj. P. κολακικός, κολακευτικός, θωπευτικός, Ar. θωπῐκός. *Flattering words*: P. and V. θῶπες λόγοι (Eur., *Frag.*).

Flattery, subs. P. and V. θωπεία, ἡ, θωπεύμᾰτα, τά (Plat., *Rep.* 590c), P. κολακεία, ἡ.

Flatulence, subs. P. φῦσαι, αἱ (Plat.).

Flaunt, v. trans. *Make display of*: Ar. and P. ἐπῐδεικνύναι (or mid.) (acc.). *Plume oneself on*: P. and V. ἀγάλλεσθαι (dat.), ἁβρῡ́νεσθαι (dat.), λαμπρῡ́νεσθαι (dat.); see *plume oneself*.

Flaunting, adj. *Boastful*: Ar. and P. ἀλάζων, P. ὑπερήφανος, V. ὑπέρφρων. *Conspicuous*: P. and V. περῐφᾰνής.

Flavour, subs. *Sense of flavour*: P. γεῦσις, ἡ (Arist.). *Something tasted*: Ar. and V. γεῦμα, τό (Eur., *Cycl.* 150).

Flavour, v. trans. P. ἡδύνειν.

Flavouring, subs. Ar. and P. ἥδυσμα, τό.

Flaw, subs. *Imperfection*: P. ἁμάρτημα, τό, πλημμέλεια, ἡ, P. and V. ἁμαρτία, ἡ. *Blemish, stain*: P. and V. κηλίς, ἡ. *Deformity*: P. πονηρία, ἡ (Plat.), αἶσχος, τό (Plat.). *Mistake*: P. and V. σφάλμᾰ, τό, ἁμαρτία, ἡ, P. ἁμάρτημα, τό, διαμαρτία, ἡ, V. ἐξἄμαρτία, ἡ, ἀμπλάκημα, τό.

Flawless, adj. P. and V. ἄμεμπτος, τέλειος, τέλεος. *Without blemish* (*of a victim*): V. ἐντελής. *Without sin*: P. ἀναμάρτητος.

Flawlessly, adv. P. and V ἀμέμπτως (Xen.).

Flax, subs. P. and V. λῖνον, τό. *Where your ship rides at anchor bound by ropes of flax*: V. οὗ ναῦς χαλινοῖς λινοδέτοις ὁρμεῖ σέθεν (Eur., *I. T.* 1043).

Flaxen, adj. *Made of flax*: P. λινοῦς. Of the colour of the hair: P. and V. ξανθός.

Flay, v. trans. Ar. and P. δέρειν, ἀποδέρειν (Xen.), P. and V. ἐκδέρειν (Plat., *Euthyd.* 301c). *Strip off*: P. περιαιρεῖν, V. ἐκδέρειν. Met., *beat*: Ar. ἀποδέρειν, Ar. and P. ἐκδέρειν.

Flea, subs. Ar. κόρῖς, ὁ, Ar. and P. ψύλλᾰ, ἡ (Xen.).

Flecked, adj. *Flecked with foam*: V. ἀφρῷ διάβροχος.

Fledged, Be, v. intrans. Ar. and P. πτεροῦσθαι.

Fledgling, subs. Use P. and V. νεοσσός, ὁ.

Flee, v. trans. and intrans.; see *fly*.

Fleece, subs. Ar. and P. κῴδιον, τό, Ar. and V. πόκος, ὁ. *Wool*: Ar. and P. ἔριον, τό (cr pl.), V. μαλλός, ὁ, λῆνος, τό. *Skin*: P. and V. δέρμᾰ, τό, δορά, ἡ (Plat.), V. δέρος, τό, δέρᾰς, τό.

Fleece, v. trans. Ar. πεκτεῖν. Met., *be fleeced, cheated*: Ar. πεκτεῖσθαι, πτερορρυεῖν, τίλλεσθαι.

Fleecy, adj. Ar. and V. εὔερος, V. εὔποκος, Ar. οὖλος.

Fleet, adj. P. and V. τᾰχύς, Ar. and P. ὀξύς, V. λαιψηρός, κραιπνός, ὠκύπους, τᾰχύπορος, σπερχνός, τᾰχύρροθος, Ar. and V. δρομαῖος, θοός, τᾰχύπους, ὠκύς. *Active, nimble*: P. and V. ἐλαφρός (Xen.), Ar. and V. κοῦφος.

Fleet, subs. Ar. and P. ναυτῖκόν, τό, or use P. and V. νῆες, αἱ. *Expedition by sea*: P. and V. στόλος, ὁ, P. ἀπόστολος, ὁ. *Of a fleet*, adj.: P. and V. ναυτῖκός.

Fleeting, adj. P. and V. ἐφήμερος. *Short-lived*: P. βραχύβιος (Plat.). *Lasting short time*: P. ὀλιγοχρόνιος (Plat.). *Short*: P. and V. βρᾰχύς. *Soon passing*: P. and V. πτηνός (Plat.).

Fleetly, adv. P. and V. τᾰχύ, ἐν τάχει, διὰ τάχους, Ar. and P. τᾰχέως, P. ὀξέως, V. σὺν τάχει, θοῶς, κούφως, Ar. ἐλαφρῶς.

Fleetness, subs. P. and V. τάχος, τό, P. ταχύτης, ἡ, V. ὠκύτης, ἡ.

Flesh, subs. P. and V. σάρξ, ἡ (often in pl.), Ar. and V. χρώς, ὁ (rare P.); see *skin*. *Meat*: P. and V. κρέᾰς, τό. *Body* (as opposed to *soul*): P. and V. σῶμα, τό. *Tear flesh*, v.: Ar. σαρκάζειν (absol.).

Fleshed, adj. Of a sword: see *newly-fleshed*, under *newly*.

Fleshiness, subs. P. πολυσαρκία, ἡ (Xen.).

Fleshless, adj. P. ἄσαρκος (Xen.). *Thin*: V. ξηρός; see *lean*.

Fleshly, adj. *Carnal*: P. σωματοειδής.

Fleshy, adj. P. σαρκώδης. *Well-covered with flesh*: Ar. and P. σάρκῖνος.

Flexibility, subs. P. ὑγρότης, ἡ. *Docility*: P. εὐμάθεια, ἡ. *Versatility*: P. εὐτραπελία, ἡ.

Flexible, adj. P. and V. ὑγρός, V. στρεπτός, P. καμπτός. Met., *docile*: P. εὐάγωγος, εὐμαθής, εὐήνιος, V. φῖλήνιος; see *docile*. *Versatile*: P. πολύτροπος.

Flicker, v. intrans. See *oscillate*.

Flicker, subs. See *flame*.

Flickering, adj. Ar. and V. αἰόλος.

Flight, subs. *Running away*: P. and V. φῠγή, ἡ, V. δρασμός, ὁ (rare P.). *Rout*: P. and V. τροπή, ἡ. *Put to flight*, v. trans.: P. and V. τρέπειν (or mid. in the aor.), εἰς φῠγὴν κᾰθιστάναι, V. ἀπονωτίζειν. *Take to flight*: P. and V. τρέπεσθαι (pass.), φεύγειν, V. φῠγὴν αἱρεσθαι.

Flight, subs. *Motion of birds*: V.

πτῆσις, ἡ, ποτήμᾰτα, τά. *A flight of (stones, arrows, etc.)*: V. νῐφάς, ἡ. *A flight (flock) of doves*: V. κῶμος πελειῶν (Eur., *Ion*, 1197).

Flightiness, subs. *Carelessness*: P. and V. ῥᾳθῡμία, ἡ.

Flighty, adj. *Careless*: P. and V. ῥᾴθῡμος. *Light-minded*: V. κουφόνους. *Fickle*: P. and V. ἔμπληκτος. *Now are you flighty and your wisdom is as folly*: V. νῦν γὰρ πέτει τε καὶ φρονῶν οὐδὲν φρονεῖς (Eur., *Bacch.* 332).

Flimsiness, subs. Of texture: P. λεπτότης, ἡ. Met., P. φαυλότης, ἡ.

Flimsy, adj. Of texture: P. and V. λεπτός. Met., P. and V. φαῦλος, φλαῦρος. *Frivolous*: P. and V. κενός.

Flinch, v. intrans. P. and V. ὀκνεῖν, κᾰτοκνεῖν, P. ἀποκνεῖν. *Flinch from*: P. and V. ὀκνεῖν (acc.), ἐξίστασθαι (acc.), ἀφίστασθαι (gen.), V. ἐξᾰφίστασθαι (gen.), P. ἀποκνεῖν (acc.); see *shrink from*. *Not to flinch from (face bravely)*: P. and V. θαρσεῖν (acc.).

Flinching, subs. P. and V. ὄκνος, ὁ.

Fling, v. trans. P. and V. βάλλειν, ῥίπτειν, ἀφῑέναι, μεθῑέναι (rare P.), Ar. and V. ῑ̔έναι, V. δῐκεῖν (2nd aor.), ἰάπτειν; see *throw*. *Flinging the thyrsi from their hands*: V. θύρσους ἐξανιεῖσαι χερῶν (Eur., *Bacch.* 762). *Fling about*: Ar. and P. διαρριπτεῖν (Xen.). *Fling around*: P. and V. περῐβάλλειν, V. ἀμφῐβάλλειν, ἀμφῐτῐθέναι. *Fling away*: P. and V. ἀποβάλλειν, ἀπορρίπτειν, ἐκβάλλειν, μεθῑέναι, ἀφῑέναι, V. ἐκρίπτειν. *Give away for nothing*: P. and V. προπίνειν, P. προΐεσθαι. *Fling down*: P. and V. κᾰτᾰβάλλειν, V. κᾰταρρίπτειν. *Bring low*: P. and V. κᾰθαιρεῖν, V. κᾰταρρέπειν, κλίνειν. *Fling into*: P. and V. ἐμβάλλειν (τί τινι or τι εἴς τι), εἰσβάλλειν (τι εἴς τι). *Fling fire (into a place)*: P. and V. πῦρ ἐνῑέναι (εἰς, acc.). *Fling oneself into*: see *dash into*. *Fling out (words)*: P. and V. ἐκβάλλειν, V. ῥίπτειν, ἐκρίπτειν, ἀπορρίπτειν. *Flinging out words of reproach*: V. λόγους ὀνειδιστῆρας ἐνδατούμενος (Eur., *H. F.* 218). *Fling upon*: P. and V. ἐπῐβάλλειν (τί τινι), V. ἐγκᾰτασκήπτειν (τί τινι). *Fling oneself upon*: P. and V. προσπίπτειν (dat.), ἐμπίπτειν (dat.) (Xen., also Ar.); see *attack*.

Fling, subs. *Act of throwing*: P. ῥῖψις, ἡ. *Throw, range*: P. and V. βολή, ἡ. *Have one's fling, run riot*, v.: P. and V. ὑβρίζειν.

Flint, subs. Use *stone*. *Flint for striking a spark*: use P. and V. πῦρεῖα, τά (which were pieces of wood, not stone) (Plat., *Rep.* 435A; Soph., *Phil.* 36). *Rubbing flint against flint, I produced with labour a dim spark*: V. ἀλλ' ἐν πέτροισι πέτρον ἐκτρίβων μόλις ἔφην' ἄφαντον φῶς (Soph., *Phil.* 296).

Flippancy, subs. *Indifference*: P. and V. ῥᾳθῡμία, ἡ. *Sport* (as opposed to *earnest*): P. and V. παιδιά, ἡ.

Flippant, adj. *Indifferent*: P. and V. ῥᾴθῡμος. *Sportive* (as opposed to *earnest*): P. παιδικός. *Be flippant*, v.: P. and V. παίζειν.

Flippantly, adv. *Indifferently*: P. ῥᾳθύμως. *Sportively*: P. παιδικῶς.

Flirt, v. intrans. Ar. and P. θρύπτεσθαι.

Flit, v. intrans. P. and V. πέτεσθαι. *Of a ghost*: V. ἀΐσσειν (Eur., *Hec.* 31). *Float in the air*: P. and V. αἰωρεῖσθαι. *Flit around*: Ar. περῐπέτεσθαι (absol.). *Change one's abode*: P. μετανίστασθαι.

Flitting, adj. Ar. and V. αἰόλος, or use P. and V. κοῦφος, πτηνός (Plat.).

Float, v. intrans. *Swim*: Ar. and P. νεῖν. *Be carried along*: P. and V. φέρεσθαι. *Stream, wave*: P. and V. φέρεσθαι, αἰωρεῖσθαι, V. ᾄσσεσθαι, ἀΐσσειν, ᾄσσειν. *Then will float around you a strain of flutes*: Ar. ἐντεῦθεν αὐλῶν τίς σε περίεισιν πνοή (*Ran.* 154).

Flock, subs. Of wool: P. and V.

κᾰταγμα, τό (Plat.), V. μαλλός, ὁ, λάχνη, ἡ, Ar. and V. κρόκη, ἡ. *Flock of sheep*: P. and V. ποίμνη, ἡ, ποίμνιον, τό, βοσκήμᾰτα, τά, V. νομεύμᾰτα, τά, Ar. and V. μῆλα, τά, βοτά, τά. *Flock of birds*: V. ἑσμός, ὁ, κῶμος, ὁ.

Flock, v. intrans. *Collect*: P. and V. σῠνέρχεσθαι, ἀθροίζεσθαι, σῠναθροίζεσθαι, συλλέγεσθαι. *Flock around*: P. περικεχύσθαι (dat.) (Plat.) (perf. pass. of περιχεῖν), περιρρεῖν (acc.) (Plat.).

Flock-master, subs. See *shepherd*.

Flog, v. trans. Ar. and P. μαστιγοῦν; see *beat*.

Flogging, subs. *Blows*: P. and V. πληγαί, αἱ.

Flood, subs. P. κατακλυσμός, ὁ, ἐπίκλυσις, ἡ. *Wave*: P. and V. κλύδων, ὁ, κῦμα, τό. *Stream*: P. and V. ῥοή, ἡ, ῥεῦμα, τό; see *stream*. *Be in full flood*: P. μέγας ῥεῖν, P. and V. πολὺς ῥεῖν. *Flood of tears*: V. νᾶμα, τό, πλημμῦρίς, ἡ, νοτίς, ἡ, ἐπιρροαί, αἱ (Eur. *Frag.*), πηγή, ἡ. *In floods* (used of the flow of tears), adv.: P. and V. ἀστακτί. Met., *a flood of troubles, etc.*: P. and V. κλύδων, ὁ, τρῖκῦμία, ἡ (Plat.), V. κῦμα τό, ἐπιρροαί, αἱ, P. κατακλυσμός, ὁ. *Indulge in a flood of eloquence*: P. πολὺς ῥεῖν (Dem. 272).

Flood, v. trans. P. κατακλύζειν; see *inundate*. Met., *overwhelm*: P. and V. κᾰτακλύζειν. *Fill full*: P. and V. ἐμπιπλάναι; see *fill*. *Having my ears flooded with talk*: P. δῐατεθρυλημένος τὰ ὦτα (Plat., *Rep.* 358C); see *deluge*.

Floor, subs. P. ἔδαφος, τό, V. οὖδας, τό. *Storey*: P. οἴκημα, τό (Xen.); see *storey*.

Floor, v. trans. P. and V. κᾰτᾰβάλλειν.

Florid, adj. *Red*: Ar. and P. ἐρυθρός. *Of style*: use P. and V. ποικίλος; see *flowery*.

Flotilla, subs.; see *fleet*.

Flotsam, subs. Use V. ἐκβολή, ἡ.

Flounder, v. intrans. P. and V. κῠλινδεῖσθαι, Ar. and V. κῠλινδεσθαι. *Get out of one's depth*. Met., P. βαπτίζεσθαι (Plat., *Euthyd.* 277D).

Flour, subs. Ar. and P. ἄλευρα, τά.

Flourish, v. trans. *Brandish*: P. and V. σείειν, Ar. and V. πάλλειν, κρᾰδαίνειν, τῐνάσσειν. V. intrans. *Prosper*: P. and V. εὖ πράσσειν, εὖ ἔχειν, εὖ φέρεσθαι (or substitute κᾰλῶς for εὖ), εὐθενεῖν, ἀνθεῖν, εὐτῠχεῖν, ἀκμάζειν, θάλλειν (Plat. but rare P.; also Ar.), εὐδαιμονεῖν, ὀρθοῦσθαι, P. εὐπραγεῖν.

Flourish, subs. *Flourish of trumpets*: P. and V. φθογγός, ὁ, V. βοή, ἡ, ἀῡτή, ἡ, αὐδή, ἡ, ἠχώ, ἡ, ἠχή, ἡ. *Brandishing*: P. ἐπανάσεισις, ἡ (Thuc. 4, 126). *Pomp*: P. and V. σχῆμα, τό, χλῐδή, ἡ (Plat.).

Flourishing, adj. P. and V. εὐδαίμων, εὐτῠχής, Ar. and V. ὄλβιος, V. οὔριος; see *prosperous*.

Flout, v. trans. *Neglect*: P. and V. ἀμελεῖν (gen.), πᾰρᾰμελεῖν (gen.). *Despise*: P. and V. κᾰταφρονεῖν (acc. or gen.), ὑπερφρονεῖν (acc. or gen.), P. ὀλιγωρεῖν (gen.), ὑπερορᾶν (acc. or gen.), Ar. and V. ἀποπτύειν (acc.). *Disregard*: P. ἐν οὐδένι λόγῳ ποιεῖσθαι, V. δι' οὐδένος ποιεῖσθαι, ἐν σμικρῷ ποιεῖσθαι; see also *reject*. *Slight*: P. and V. ἀτῑμάζειν, πᾰρέρχεσθαι, V. ἀτίζειν. *Insult*: P. and V. ὑβρίζειν; see *insult*.

Flow, subs. P. and V. ῥοή, ἡ, ῥεῦμα, τό, ῥοῦς, ὁ (V. ῥόος), ῥεῖθρον, τό, V. χεῦμα, τό, χῠσις, ἡ, ῥέος, τό, νασμός, ὁ, ἐπιρροή, ἡ, Ar. and V. νᾶμα, τό (also Plat. but rare P.); see also *abundance*, *stream*. *Indulge in a flow of eloquence*: P. πολὺς ῥεῖν (Dem. 272). *Flow of blood*: V. αἵματος ἀπορροαί, αἱ (Eur., *Hel.* 1587); see *stream*. *Flow of tears*: V. πλημμῦρίς, ἡ, νᾶμα, τό, δακρύων ἐπιρροαί, αἱ (Eur., *Frag.*). *Ebb and flow*: see under *ebb*.

Flow, v. intrans. P. and V. ῥεῖν. *Be carried along*: P. and V. φέρεσθαι. *Drip*: P. and V. λείβεσθαι (Plat. but rare P.), κᾰταστάζειν

(Xen.), στάζειν (Plat. but rare P.), V. ἀποστάζειν, στᾰλάσσειν, διαρραίνεσθαι. Met., of words: P. and V. ῥεῖν. *Flow away*: Ar. and P. ἐκρεῖν, P. and V. ἀπορρεῖν. *Flow down*: P. and V. κᾰταρρεῖν. *Flow from*: lit., P. and V. ἀπορρεῖν ἐκ (gen.). Met., *emanate from*: P. and V. γίγνεσθαι ἐκ (gen.); see *emanate*. *Flow in*: P. and V. εἰσρεῖν, ἐπιρρεῖν. *Flow off*: P. and V. ἀπορρεῖν, Ar. and P. ἐκρεῖν. *Flow out*: P. and V. ἀπορρεῖν, Ar. and P. ἐκρεῖν. *Flow over*: V. κᾰταστάζειν (gen.). *Flow round*: P. περιρρεῖν (acc. or absol.). *Flow together*: P. συρρεῖν. *Flow through*: P. διαρρεῖν (acc.). *Flow up*: P. ἀναρρεῖν. *Flow with*: P. and V. ῥεῖν (dat.), V. στάζειν (dat.), κᾰταστάζειν (dat.), κᾰταρρεῖν (dat.), μῦδᾶν (dat.). *Flow with a strong stream*: lit., P. μέγας ῥεῖν.

Flower, subs. P. and V. ἄνθος, τό. Met., *perfection*: P. and V. ἄνθος, τό, ἀκμή, ἡ. *The flower of youth, prime*: P. and V. ἥβη, ἡ, ἀκμή, ἡ, ὥρα, ἡ, P. ὥρα ἡλικίας. Ar. and P. ἡλῐκία, ἡ. *In the flower of youth*, adj.: P. and V. ἡβῶν, ὡραῖος, V. ἀκμαῖος, χλωρός, θᾰλερός. *Be in the flower of youth*, v.: P. and V. ἡβᾶν, ἀκμάζειν. *Flower of an army, etc., best part*: P. and V. ἄνθος, τό, V. λωτίσμᾰτα, τά.

Flower, v. intrans. P. and V. ἀνθεῖν.

Flowerless, adj. P. ἀνανθής.

Flowery, adj. Ar. and V. ἀνθηρός, ἀνθεμώδης, V. ἀνθεσφόρος, Ar. and P. εὐανθής. *The flowery treasure of the yellow mountain bee*: V. τῆς ὀρείας ἀνθεμόρρῠτον γάνος ξουθῆς μελίσσης (Eur., *I. T.* 634). Met., of style: P. and V. ποικῐλος. *Speak in flowery language*: P. ἀνθηρῶς λέγειν (Isoc.).

Flowing, adj. V. εὔρους, καλλίρροος, ἀείρῠτος, ῥῠτός, νᾱρός, P. ναματιαῖος, Ar. and P. ἀέναος. Met., of dress: P. and V. ποδήρης (Xen.), or use *long*. Of hair: V. τᾰναός, κεχῠμένος.

Of style of speech: P. εὔρους, Ar. and V. εὔγλωσσος, V. εὔτροχος. *Abundant*: P. and V. πολύς, ἄφθονος, V. ἐπίρρῠτος.

Fluctuate, v. intrans. P. and V. μεταστρέφεσθαι, μετᾰπίπτειν, μεθίστασθαι; see *change*. *Waver in mind*: P. ἐνδοιάζειν, ἀμφισβητεῖν, διστάζειν (Plat.), ἀμφιγνοεῖν, P. and V. ἀπορεῖν.

Fluctuating, adj. P. ἀκατάστατος, Ar. and P. ἀστάθμητος; see *fickle*. *Wavering*: P. and V. ἄπορος.

Fluctuation, subs. *Change*: P. and V. μετᾰβολή, ἡ, μεταλλᾰγή, ἡ (Plat. and Eur., *Frag.*). *Wavering, irresolution*: P. and V. ἀπορία, ἡ.

Fluency, subs. P. εὔροια, ἡ, Ar. εὐγλωσσία, ἡ.

Fluent, adj. P. εὔρους, Ar. and V. εὔγλωσσος, V. εὔτροχος.

Fluid, adj. P. and V. ὑγρός.

Fluidity, subs. P. ὑγρότης, ἡ.

Flurry, subs. P. ταραχή, ἡ; see *agitation*.

Flurry, v. trans. P. and V. τᾰράσσειν; see *agitate*.

Flush, v. intrans. Ar. and P. ἐρυθριᾶν, P. ἀνερυθριᾶν, ἐρυθραίνεσθαι (Xen.), Ar. ὑπερυθριᾶν. *Be flush of*: P. εὐπορεῖν (gen. or dat.).

Flushed, adj. Of the cheek: V. οἰνωπός.

Fluster, v. trans. See *agitate*.

Fluster, subs. See *agitation*.

Flute, subs. P. and V. αὐλός, ὁ, P. σῦριγξ, ἡ (Plat.), V. λωτός, ὁ. *Play the flute*, v.: P. and V. αὐλεῖν. *Play flute to*: P. καταυλεῖν (gen.), Ar. προσαυλεῖν (*Eccl.* 892). *All the house is filled with the strains of the flute*: V. αὐλεῖται δε πᾶν μέλαθρον (Eur., *I. T.* 367).

Flute-girl, subs. Ar. and P. αὐλητρίς, ἡ.

Flute-maker, subs. P. αὐλοποιός, ὁ.

Flute-making, subs. P. αὐλοποιική, ἡ.

Flute-player, subs. Ar. and P. αὐλητής, ὁ, Ar. αὐλητήρ, ὁ. Fem., Ar. and P. αὐλητρίς, ἡ.

Flute-playing, subs. P. αὔλησις, ἡ, ἡ αὐλητική, Ar. and P. αὐλήμᾰτα, τά, Ar. and V. σῡρίγμᾰτα, τά.

Flutter, v. trans. *Flap*: P. and V. σείειν, κῑνεῖν, V. σᾰλεύειν (Eur., *Cycl.* 434); see *flap*. *Agitate*: P. and V. τᾰράσσειν, συντᾰράσσειν, ἐκπλήσσειν, θράσσειν (Plat. but rare P.), ἀναπτεροῦν (Plat.), Ar. and V. στροβεῖν. V. intrans. *Shake*: P. and V. σείεσθαι. *Fly*: P. and V. πέτεσθαι. *Be agitated*: P. and V τᾰράσσεσθαι, ἐκπλήσσεσθαι, ἐπτοῆσθαι (perf. pass. πτοεῖν) (Plat.), ἀναπτεροῦσθαι (Xen.); see *agitate*. *Fluttered*, adj.: use also V. πεπαλμένος. *She was fluttered*: V. ἐξεπτοήθη (Eur., *Cycl.* 185). *Palpitate*, v.: P. and V. πηδᾶν, V. ὀρχεῖσθαι.

Flutter, subs. Of wings: V. ῥῑπή, ἡ. *Agitation*: P. ταραχή, ἡ, P. and V. ἔκπληξις, ἡ, V. τᾰραγμός, ὁ, τάραγμα, τό, ἀνᾰκίνησις, ἡ. *Be in a flutter*: use *be fluttered*, v.

Flux, subs. P. and V. ῥοῦς, ὁ, ῥοή, ἡ. *Be in a state of flux*: P. and V. ῥεῖν.

Fly, subs. Ar. and P. μυῖα, ἡ (Xen.). *Gadfly*: P. and V. μύωψ, ὁ (Plat.), V. οἶστρος, ὁ.

Fly, v. trans. *Avoid*: P. and V. φεύγειν, ἐκφεύγειν, διᾰφεύγειν, ἀποφεύγειν, εὐλᾰβεῖσθαι, ἀφίστασθαι (gen.), ἐξίστασθαι (gen.), Ar. and P. ἐκτρέπεσθαι, P. ὑποχωρεῖν, ὑποφεύγειν, Ar. and V. ἀποστρέφεσθαι (also Xen.), V. φυγγάνειν, ἐκφυγγάνειν, ἀλύσκειν, ἐξᾰλύσκειν. *Desire to fly*: V. φευξείειν (acc.). V. intrans. *Run away*: P. and V. φεύγειν, ἐκφεύγειν, ἀποφεύγειν, διᾰφεύγειν, ἐκδιδράσκειν (Eur., *Heracl.* 14), Ar. and P. ἀποδιδράσκειν. *Of an army being routed*: P. and V. φεύγειν, τρέπεσθαι, V. φῠγὴν αἴρεσθαι. *Fly for refuge*: P. and V. κᾰτᾰφεύγειν. *Fly from one's country*: P. and V. φεύγειν (absol.). *Fly to, have recourse to*: P. and V. τρέπεσθαι (πρός, acc.), P. καταφεύγειν (εἰς or πρός, acc.), V. φεύγειν (εἰς, acc.).

Fly, v. intrans. As a bird: P. and V. πέτεσθαι, Ar. and V. ποτᾶσθαι. *Fly away*: lit. and met., P. and V. ἀνᾰπέτεσθαι (Plat.), ἐκπέτεσθαι (Plat.), διᾰπέτεσθαι (Plat.), Ar. and P. ἀποπέτεσθαι (Plat.). *Fly down*: Ar. κᾰτᾰπέτεσθαι. *Fly in*: Ar. εἰσπέτεσθαι. *Fly over*: Ar. ἐπῐπέτεσθαι (acc. or dat.). *Fly round*: Ar. περῐπέτεσθαι (absol.). *Fly through*: Ar. and V. διᾰπέτεσθαι (acc., or διά, gen.).

Fly, v. intrans. *Rush, burst*: P. and V. ὁρμᾶν, ὁρμᾶσθαι; see *rush*. *Fly apart*: P. and V. διαρρήγνυσθαι, ῥήγνυσθαι. *Fly at*: see *attack*. *Fly into, rush into*: P. and V. εἰσπίπτειν (P. εἰς, acc., V. dat. alone); see *rush*. *Fly into a passion*: V. πρὸς ὀργὴν ἐκφέρεσθαι (Soph., *El.* 628), εἰς ὀργὴν πίπτειν (Eur., *Or.* 696).

Flying, adj. P. and V. πτηνός (Plat.), V. πετηνός (Eur., *Rhes.* 515); see *winged*. *Flying column* (*of an army*): P. πρόδρομοι, οἱ.

Foal, subs. P. and V. πῶλος, ὁ or ἡ. *Of a foal*, adj.: V. πωλῐκός.

Foam, subs. P. and V. ἀφρός, ὁ (Plat., *Tim.* 83D). *Spray*: P. and V. ζάλη, ἡ (Plat.), V. πέλᾰνος, ὁ. *Pour mingled draughts of honey and milk and foam of wine*: V. μελίκρατ' ἄφες γάλακτος οἰνωπόν τ' ἄχνην (Eur., *Or.* 115).

Foam, v. intrans. V. ἀφρίζειν. *Burst forth into foam*: V. ἐξανθεῖν, ἐξαφρίζεσθαι, ἀφρὸν καχλάζειν. Met., *foam with anger, etc.*: P. and V. ζεῖν.

Foaming, adj. P. and V. ἀφρώδης (Plat.).

Fodder, subs. P. and V. χόρτος, ὁ (Xen.), τροφή, ἡ, V. βοσκή, ἡ (Æsch., *Frag.*), P. βοτάνη, ἡ, χιλός, ὁ (Xen.).

Foe, subs. Use adj., P. and V. πολέμιος, ἐχθρός, ἐναντίος, Ar. and V. δάϊος, δᾷος, δυσμενής.

Foeman, subs. See *foe*.

Foetus, subs. P. κύημα, τό, V. κῦμα, τό.

Fog, subs. Ar. and P. ὀμίχλη, ἡ (Plat.). *Cloud*: P. and V. νεφέλη, ἡ, νέφος, τό.

Foggy, adj. *Cloudy*: P. συννέφελος.

Fogey, subs. Ar. τῡφογέρων, ὁ.

Foible, subs. Use P. πλημμέλεια, ἡ; see *habit*.

Foil, v. trans. P. and V. σφάλλειν, P. ἐκκρούειν. *Confound*: P. and V. συγχεῖν. *Escape notice of*: P. and V. λανθάνειν (acc.), V. λήθειν (acc.), P. διαλανθάνειν (acc.). *Be foiled in*: P. and V. ψεύδεσθαι (gen.), σφάλλεσθαι (gen.), ἀποσφάλλεσθαι (gen.), ἁμαρτάνειν (gen.). *Be foiled*: P. and V. σφάλλεσθαι (absol.).

Foiled, adj. *Unsuccessful*: P. ἄπρακτος.

Foist, v. trans. P. and V. ὑποβάλλειν (τινί τι), V. ἐπεμβάλλειν (τινί τι). In a document: P. παρεγγράφειν (τι ἔν τινι). *Foist oneself on*: Ar. and P. εἰσδύεσθαι (εἰς, acc.).

Fold, subs. *Fold of a dress*: V. στολίδες, αἱ. *Fold of the dress over the bosom*: Ar. and V. κόλπος, ὁ. *Coil*: V. σπεῖρα, ἡ, σπείρᾱμα, τό, περίβολος, ὁ; see *coil*. *Anything folded* or *folding*: V. πτῠχαί, αἱ, περιπτῠχαί, αἱ, διαπτῠχαί, αἱ. *Fold for sheep*: V. σταθμός, ὁ. αὔλιον, τό (also Xen.), σηκός, ὁ, ἔπαυλα, τά.

Fold, v. trans. V. συμπτύσσειν. *Encompass*: P. and V. περῐβάλλειν, Ar. and V. ἀμπέχειν (rare P.), V. περιπτύσσειν, ἀμφῐβάλλειν. *Fold to one in an embrace*: Ar. and V. προσέλκεσθαι (acc.); see *embrace*. *Fold round*: see *coil*. *Shut in*: P. and V. εἴργειν, κᾰτείργειν, V. σῠνείργειν.

Folded, adj. V. ἑλικτός, P. and V. πλεκτός (Xen.). *Folded round*: V. περιπτῠχής.

Foliage, subs. V. φόβη, ἡ, Ar. and V. φυλλάς, ἡ; see *leaf*.

Folk, subs. *Race*: P. and V. ἔθνος, τό, γένος, τό, φῦλον, τό; see *people*.

Folk-lore, subs. P. μυθολογία, ἡ.

Follow, v. trans. P. and V. ἕπεσθαι (dat.), σῠνέπεσθαι (dat.), ἐφέπεσθαι (dat.), Ar. and P. ἀκολουθεῖν (dat.), πᾰρᾰκολουθεῖν (dat.), ἐπᾰκολουθεῖν (dat.), P. συνακολουθεῖν (dat.), V. ὁμαρτεῖν (dat.), μεθέπεσθαι (dat.). *Pursue*: P. and V. διώκειν, P. καταδιώκειν, ἐπιδιώκειν. *Heed, obey*: P. and V. ἐφέπεσθαι (dat.); see *obey*. *Follow (a profession, etc.)*: P. and V. ἀσκεῖν, ἐπῐτηδεύειν, Ar. and P. μελετᾶν. *Follow (a person's example)*: P. ἀκολουθεῖν (dat. of person) (Dem. 461). *Follow (an argument, etc.)*: P. ἕπεσθαι (dat.), ἀκολουθεῖν (dat.), παρακολουθεῖν (dat.), συνακολουθεῖν (dat.). *Follow on (as a consequence)*: P. and V. ἕπεσθαι (dat.), σῠνέπεσθαι (dat.), P. ἀκολουθεῖν (dat.). *Follow* (absol.), *come after*: Ar. and P. ἐπῐγίγνεσθαι. *It follows that*: P. συμβαίνει (infin.). *Follow up (a success), push to the utmost*: P. ἐπεξέρχεσθαι (dat.) (Thuc. 4, 14).

Follower, subs. *Attendant*: Ar. and P. ἀκόλουθος, ὁ; see *attendant*. *Disciple*: Ar. and P. μᾰθητής, ὁ. *The followers of Protagoras*: P. οἱ ἀμφὶ Πρωταγόραν (Plat.). *Followers, partisans*: P. οἱ συνόντες.

Following, subs. *Train of attendants*: P. ἀκολουθία, ἡ, Ar. and P. ἀκόλουθοι, οἱ. *Adherents*: P. and V. εὖνοι, οἱ.

Following, adj. P. and V. ἐπιών, Ar. and P. ἐπῐγιγνόμενος. *On the following day*: P. τῇ ὑστεραίᾳ. *On the day following . . .*: P. τῇ ὑστεραίᾳ (gen.).

Folly, subs. P. and V. μωρία, ἡ, ἄνοια, ἡ, ἀμᾰθία, ἡ, ἀφροσύνη, ἡ, ἀβουλία, ἡ, ἀσῠνεσία, ἡ (Eur., *Frag.*), P. ἠλιθιότης, ἡ, ἀβελτερία, ἡ, εὐήθεια, ἡ, V. εὐηθία, ἡ, Ar. and V. δυσβουλία, ἡ. *Join with the foolish in folly*: V. συνασοφεῖν τοῖς μὴ σοφοῖς (Eur., *Phœn.* 394).

Foment, v. trans. *Stir up*: P. and V. κῑνεῖν. *Foment disturbances*: P. νεωτερίζειν (absol.).

Fomenter, subs. P. and V. ἡγεμών, ὁ or ἡ, P. ἐξηγητής, ὁ.

Fond, adj. P. and V. προσφῐλής, φῐλάνθρωπος, φῐλόφρων (Xen.). *Loving one's children*: Ar. and V. φῐλότεκνος. *Loving one's husband*: V. φῐλάνωρ. *Fond message*: V. φίλον ἔπος. *Foolish*: see *foolish*. *Fond of (pursuits, etc.)*: P. and V. προσκείμενος (dat.), V. ἀνειμένος (εἰς, acc.). *Be fond of*: see *love*, v.

Fondle, v. trans. P. and V. ἀσπάζεσθαι, V. θιγγάνειν (gen.), προσπτύσσεσθαι; see *embrace*. *Stroke*: P. and V. ψήχειν, Ar. and P. κᾰταψῆν, V. κᾰταψήχειν.

Fondly, adv. *Affectionately*: P. φιλανθρώπως, P. and V. φῐλοφρόνως, φίλως (Xen. but rare P.), προσφῐλῶς (Plat.). *Foolishly*: see *foolishly*.

Fondness, subs. P. and V. φῐλία, ἡ. *Love*: P. and V. ἔρως, ὁ. *Goodwill*: P. and V. εὔνοια, ἡ. *Parental fondness*: V. στέργηθρον, τό (Æsch., *Choe.* 241). *Fondness for one's husband*: V. φῐλανδρία, ἡ. *Fondness (for things)*: P. and V. ἔρως, ὁ (gen.). *Folly*: see *folly*.

Food, subs. P. and V. τροφή, ἡ, σῖτος, ὁ, P. ἐδωδή, ἡ (Plat.), ἔδεσμα, τό (Plat.), βρῶσις, ἡ, Ar. and P. βρῶμα, τό, σῖτία, τά, Ar. and V. βορά, ἡ, φορβή, ἡ, βόσκημα, τό, V. θρεπτήρια, τά. *Things to eat*: P. and V. ἐδεστά, τά (Plat. and Eur., *Frag.*), V. βρωτά, τά. *Diet*: P. and V. δίαιτα, ἡ. *Get food* (of troops foraging): P. ἐπισιτίζεσθαι. *Fodder*: P. and V. χόρτος, ὁ (Xen.); see *fodder*. *Want of food*: P. σιτοδεία, ἡ, V. ἀσῖτία, ἡ, Ar. ἀπαστια, ἡ. *Food for*: V. θοινᾱτήριον, τό (dat.), βόσκημα, τό (gen.), Ar. and V. φορβή, ἡ (dat.), βορά, ἡ (gen. or dat.); see *prey*; met., P. and V. ἀφορμή, ἡ (gen.).

Fool, subs. P. βλάξ, ὁ or ἡ, Ar. and P. ἐμβρόντητος, ὁ or ἡ; or use *foolish*, adj. *Clown*: P. and V. γελωτοποιός, ὁ. *Play the fool*: see *fool*, v.

Fool, v. trans. See *deceive*. *Play the fool*: P. εὐηθίζεσθαι, ἀποληρεῖν Ar. and P. φλυᾱρεῖν, P. and V. μωραίνειν (Xen.). Ar. ἠλιθιάζειν. *Fool away*: see *squander*.

Fool-hardiness, subs. See *rashness*.

Fool-hardy, adj. See *rash*.

Foolish, adj. Of persons or things: P. and V. μῶρος, εὐήθης, ἠλίθιος (Eur, *Cycl.* 537), ἀσῦνετος, ἄβουλος, ἀμᾰθής, Ar. and P. ἀνόητος, ἀβέλτερος, V. κενόφρων. Of persons only: P. and V. ἄνους, ἄφρων, σκαιός, V. κᾰκόφρων. *Foolish talk*, subs.: Ar. and P. λῆρος, ὁ, φλυᾱρία, ἡ.

Foolishly, adv. P. and V. εὐήθως, ἀφρόνως, P. ἠλιθίως, μώρως (Xen.), Ar. and P. ἀνοήτως, εὐηθῐκῶς, V. ἀβούλως, ἀσύνετᾰ. *Talk foolishly*, v.: P. and V. ληρεῖν, Ar. and P. φλυᾱρεῖν, P. ἀποληρεῖν, V. φλύειν, Ar. φληνᾰφᾶν.

Foolishness, subs. See *folly*.

Foot, subs. P. and V. πούς, ὁ. *Step*: P. and V. βάσῐς, ἡ (Plat. but rare P.), V. ἔμβᾰσις, ἡ. *Measure*: P. πούς, ὁ. In scansion: Ar. and P. πούς, ὁ. *Base, lowest part*: P. and V. κρηπίς, ἡ (Plat.), βάθρον, τό (Xen.), βάσῐς, ἡ (Plat), P. ἔδαφος, τό. *Foundation*: P. θεμέλιος, ὁ, P. and V. πυθμήν, ὁ, V. ῥίζᾰ, ἡ. *Foot of a hill*: P. κράσπεδα, τά (Xen.). *At the foot of*, prep.: P. and V. ὑπό (dat.). *At the foot of Mt. Gerania*: P. ὑπὸ τῷ ὄρει τῇ Γερανίᾳ (Thuc. 4, 70). *At the foot*, adv.: V. νέρθεν (Eur., *Bacch.* 752), ἔνερθεν. *Foot (of a piece of furniture)*, subs.: Ar. and P. πούς, ὁ (Xen.). *On foot*: P. πεζῇ, or use adj., P. and V. πεζός, agreeing with subject. *Fight on foot*, v.: Ar. and P. πεζομᾰχεῖν. *Battle between foot-soldiers*, subs.: P. πεζομαχία, ἡ. *Spring to one's feet*, v.: Ar. and P. ἀνᾰπηδᾶν. *Trample under foot*: V. λὰξ πᾰτεῖν (acc.); see *trample*. *Set on foot*: P. and V. κᾰθιστάναι, προτῐθέναι; see *institute*. *Set foot on*: P. and V. ἐπῐβαίνειν (gen.), ἐμβαίνειν (P. εἰς, acc., V. acc., gen., or dat.), V. ἐπεμβαίνειν (acc., gen., or dat.), ἐμβᾰτεύειν (acc. or gen.); see *tread*. *With bare feet*, adj.: Ar. and P. ἀνῠπόδητος, V. νηλίπους, ἀνάρβῠλος (Eur., *Frag.*). *How many feet long?* P. ποσάπους; *Two feet long*, adj.: P. δίπους. *Three feet long*: P. τρίπους. *Ten feet long*: Ar. δεκᾰ́πους. *A stool with silver feet*: P. δίφρος ἀργυρόπους, ὁ (Dem. 741).

Foot-guards, subs. P. πεζέταιροι, οἱ (Dem. 23).

Foothold, subs. See *footing*.

Footing, subs. *Station*: P. and V. στᾰ́σῐς, ἡ. *Position, rank*: P. and V. τάξῐς, ἡ. *Base of operations*: P. and V. ἀφορμή, ἡ, V. ὁρμητήριον, τό. *When the Athenian army seemed to have got a secure footing with an entrenched position*: P. ὡς ἡ στρατιά τῶν Ἀθηναίων βεβαίως ἔδοξε μετὰ τείχους ἱδρῦσθαι (Thuc. 8, 40). *In order to secure a firm footing in the mud*: P. ἀσφαλείας ἕνεκα πρὸς τὸν πηλόν (Thuc. 3, 22). *Ice not strong enough to give a footing*: P. κρύσταλλος . . . οὐ βέβαιος ὥστε ἐπελθεῖν (Thuc. 3, 23). *Applying to the houses a footing of firm ladders*: V. λαβὼν πηκτῶν πρὸς οἴκους κλιμάκων προσαμβάσεις (Eur., *Bacch.* 1212).

Footman, subs. Ar. and P. ἀκόλουθος, ὁ; see *servant*.

Foot-mark, subs. P. and V. ἴχνος, τό, V. στῐ́βος, ὁ (also Xen.).

Foot-pad, subs. Ar. and P. λωποδῠ́της, ὁ.

Foot-path, subs. Ar. and P. ἀτρᾰπός, ἡ, P. and V. τρῐ́βος, ὁ or ἡ (Xen.), V. στῐ́βος, ὁ; see *path*.

Foot-print, subs. P. and V. ἴχνος, τό, V. στῐ́βος, ὁ (also Xen.).

Foot-race, subs. P. and V. δρόμος, ὁ.

Foot-soldier, subs. P. and V. πεζός, ὁ. *Of foot-soldiers*, adj.: P. πεζικός.

Foot-sore, adj. Use *weary*.

Foot-step, subs. Ar. and V. βᾰ́σῐς, ἡ.

Fop, subs. P. καλλωπιστής, ὁ. *Be a fop*, v.: Ar. κομᾶν, Ar. and P. καλλωπίζεσθαι.

Foppery, subs. P. καλλωπισμός, ὁ, P. and V. τρῠφή, ἡ.

For, prep. *On account of*: P. and V. δῐᾰ́ (acc.), ἕνεκα (gen.), χᾰ́ρῐν (gen.) (Plat.), V. εἵνεκα (gen.), Ar. and V. οὕνεκα (gen.), ἕκᾱτι (gen.). *On the ground of*: P. and V. ἐπῐ́ (dat.). *Be pitied for*: P. ἐλεεῖσθαι ἐπί (dat.). *Be admired for*: P. θαυμάζεσθαι ἐπί (dat.). *Renowned for*: P. εὐδόκιμος εἰς (acc.) (Plat., *Ap.* 29D). *Have reputation for*: P. εὐδοκιμεῖν ἐπί (dat.). *On a charge of*: P. and V. ἐπῐ́ (dat.). *For the sake of*: P. and V. ἕνεκα (gen.), δῐᾰ́ (acc.), πρό (gen.), ὑπέρ (gen.), χᾰ́ρῐν (gen.) (Plat.), Ar. and V. οὕνεκα (gen.), ἕκᾱτι (gen.), V. εἵνεκα (gen.). (*Fear*) *for*: P. and V. περῐ́ (dat.), ἀμφῐ́ (dat.), ὑπέρ (gen.). (*Contend*) *for one's life*: P. and V. περὶ ψῡχῆς. *In place of*, or *in exchange for*: P. and V. ἀντῐ́ (gen.). *In favour of*: P. and V. ὑπέρ (gen.), πρός (gen.) (Plat., *Prot.* 336D); see *favour*. *Against*: see *against*. *For the purpose of*: P. and V. εἰς (acc.), ἐπῐ́ (dat.). *He levied money for the navy*: P. ἠγυρολόγησεν εἰς τὸ ναυτικόν (Thuc. 8, 3). *He would have asked twenty drachmas for a cloak*: Ar. δραχμὰς ἂν ᾔτησ' εἴκοσιν εἰς ἱμάτιον (*Plut.*, 982). *To fetch*: P. and V. ἐπῐ́ (acc.). *In search of*: P. and V. κᾰτᾰ́ (acc.). Expressing duration of time, use the acc. *Provisions for three days*: P. σιτία τριῶν ἡμερῶν. Expressing space traversed, put the acc. *For six or seven furlongs the Plataeans took the road for Thebes*: P. ἐπὶ ἓξ ἢ ἕπτα σταδίους οἱ Πλαταιῆς τὴν ἐπί τῶν Θηβῶν ἐχώρησαν (Thuc. 3, 24). In limiting sense: P. and V. ὡς. *Faithful for a herdsman*: V. πιστὸς ὡς νομεὺς ἀνήρ (Soph., *O. R.* 1118). *As for*: P. and V. κᾰτᾰ́ (acc.), ἐπῐ́ (dat.). *Had it not been for*: P. εἰ μὴ διά (acc.) (Dem. 370).

For, conj. P. and V. γάρ, καὶ γάρ. *Because*: P. and V. ὅτῐ, P. διότι, V.

οὕνεκα, ὁθούνεκα. *Since*: P. and V. ἐπεί, ὡς, ἐπειδή.

Forage, subs. P. and V. χόρτος, ὁ (Xen.); see *fodder*. *Provisions*: P. and V. τροφή, ἡ, σῖτος, ὁ. Ar. and P. σιτία, τά, P. τὰ ἐπιτήδεια.

Forage, v. intrans. P. ἐπισιτίζεσθαι.

Foraging, subs. P. ἐπισιτισμός, ὁ (Xen.). *Foraging expedition* or *foraging party*: P. προνομή, ἡ (Xen.).

Foray, subs. P. and V. εἰσβολή, ἡ, P. καταδρομή, ἡ; see *attack*. *Foraging expedition*: P. προνομή, ἡ (Xen.).

Forbear, v. intrans. P. and V. ἀπέχεσθαι, ἀφίστασθαι. *Forbear*, interj.: P. and V. ἐπίσχες, παῦε, P. ἔχε. V. ἴσχε, σχές, παῦσαι; see also *refrain*. *Refrain from bad words*: P. and V. εὐφήμει, pl. εὐφημεῖτε.

Forbearance, subs. *Patience*: P. καρτέρησις, ἡ, καρτερία, ἡ. *Pardon*: P. and V. συγγνώμη, ἡ, V. σύγγνοια, ἡ.

Forbearing, adj. *Forgiving*: P. and V. συγγνώμων.

Forbearingly, adv. *Patiently*: V. τλημόνως.

Forbid, v. trans. P. and V. οὐκ ἐᾶν, ἀπειπεῖν, Ar. and P. ἀπᾰγορεύειν, Ar. and V. ἀπαυδᾶν, V. ἀπεννέπειν; see also *hinder*. *Heaven forbid!* P. and V. εὐφήμει, pl. εὐφημεῖτε. *Which heaven forbid!* P. and V. ὃ μὴ γένοιτο. *I was forbidden food*: P. τῶν σιτίων ἀπεκεκλήμην (Dem. 1260).

Forbidden, adj. P. and V. ἀπόρρητος.

Forbidding, subs. P. ἀπόρρησις, ἡ.

Forbidding, adj. *Ugly*: P. and V. δύσειδής (Soph., *Frag.*, and Plat.), αἰσχρός (Plat.), V. δύσμορφος. *Horrible*: P. and V. δεινός, V. δύσχῐμος, δυσθέᾱτος.

Force, subs. *Compulsion*: P. and V. βία, ἡ, ἀνάγκη, ἡ. *Motion*: P. φορά, ἡ. *Rush*: Ar. and P. ῥῡμή, ἡ, V. ῥῑπή, ἡ. *Violence*: P. and V. βία, ἡ, ἰσχῦς, ἡ, V. τὸ καρτερόν. *Strength*: P. and V. δῠνᾰμις, ἡ, ἰσχῦς, ἡ, ῥώμη, ἡ, V. σθένος, τό, ἀλκή, ἡ, μένος, τό (also Plat. but rare P.). *Military force*: P. δύναμις, ἡ, παρασκευή, ἡ; see *army*. *Be present in force*: P. πλήθει παρεῖναι (Thuc. 8, 22). *In full force*: P. πανδημεί, πανστρατιᾷ, παντὶ σθένει, V. πολλῇ χειρί, σὺν πολλῇ χερί. *Meaning*: P. and V. δῠνᾰμις, ἡ, P. διάνοια, ἡ, βούλησις, ἡ. *Force of character*: P. φύσεως ἰσχύς, ἡ (Thuc. 1, 138). *Force of circumstances*: ἀνάγκη τῶν πραγμάτων (Andoc. 28). *The same principles you laid down when you brought Timarchus to trial surely may be put into force by others against you*: P. ἃ ὡρίσω σὺ δίκαια ὅτε Τίμαρχον ἔκρινες, ταὐτὰ δήπου ταῦτα καὶ κατὰ σοῦ προσήκει τοῖς ἄλλοις ἰσχύειν (Dem. 416). *The force of this argument you can understand from the following*: P. τοῦτο ὅσον δύναται, γνοῖτ' ἂν ἐκ τωνδί (Dem. 524). *By force*: P. and V. βίᾳ, βιαίως, πρὸς βίαν, ἀνάγκῃ, ἐξ ἀνάγκης, V. ἐκ βίας, κᾰτ' ἰσχῦν, σθένει, πρὸς τὸ καρτερόν, πρὸς ἰσχύος κρᾰτος. *By force of arms*: P. κατὰ κράτος. *In force* (of laws, etc.): use adj., P. and V. κῡριος. *Put in force, exercise*, v.: P. and V. χρῆσθαι (dat.). *Be in force*: P. and V. ἰσχῡειν. *Use force*: P. and V. βιάζεσθαι (absol.). *With all one's force, by might and main*: P. κατὰ κράτος, Ar. κᾰτᾰ τὸ καρτερόν.

Force, v. trans. *Compel*: P. and V. ἀναγκάζειν, ἐπᾰναγκάζειν, κᾰτᾰναγκάζειν, βιάζεσθαι, Ar. and P. προσᾰναγκάζειν, P. καταβιάζεσθαι, Ar. and V. ἐξᾰναγκάζειν, V. διᾰβιάζεσθαι. *Force (an entrance)*: P. βιάζεσθαι (acc.) (Thuc. 4, 9). *Force one's way*: P. βιάζεσθαι (absol.). *Force one's way in*: Ar. and P. εἰσβιάζεσθαι. *Force one's way out*: P. βιάζεσθαι εἰς τὰ ἔξω. *Force back*: see *repulse*. *Force open*: see *prise*.

Forced, adj. See *forcible*, *extorted*. *Unnatural*: see *feigned*. *Forced march.—He went on by a forced march, never stopping*: P. ἐχώρει οὐδὲν ἐπισχὼν δρόμῳ (Thuc. 4, 78). *There will be forced marches both night and day equally*: P. σπουδὴ ὁμοίως καὶ νύκτα καὶ ἡμέραν ἔσται τῆς ὁδοῦ (Thuc. 7, 77).

Forcible, adj. *Compulsory*: P. βίαιος, P. and V. ἀναγκαῖος. *Violent*: P. and V. βίαιος. *Cogent*: P. and V. πῐθᾰνός, P. ἀναγκαῖος (Thuc. 4, 60). *Firm, strong*: met., P. ἰσχυρός.

Forcibly, adv. See *by force*, under *force*. *Cogently*: Ar. and P. πῐθᾰνῶς. *In forcible language*: P. ἰσχυρῶς.

Ford, subs. P. διάβασις, ἡ, V. πόρος, ὁ; see *ferry*.

Ford, v. trans. Ar. and P. διᾰβαίνειν, P. and V. διᾰπερᾶν, Ar. and V. περᾶν; see *cross*.

Fordable, adj. P. διαβατός, P. and V. εὔβᾰτος (Plat.), πορεύσῐμος (Plat.).

Fore, adj. P. and V. πρόσθιος (Eur., *Rhes.*), P. ἐμπρόσθιος. *To the fore*, met., adj.: see *conspicuous*.

Forearm, subs. P. and V. πῆχυς, ὁ.

Forearmed, adj. P. προπαρεσκευασμένος (Thuc. 1, 68).

Forebear, subs. See *ancestor*.

Forebode, v. trans. *Have a presentiment of*: P. and V. μαντεύεσθαι (acc.), P. ἀπομαντεύεσθαι (acc.). *Prophesy*: P. and V. προλέγειν, μαντεύεσθαι, V. θεσπίζειν, προθεσπίζειν, προμαντεύεσθαι (Eur., *Frag.*); see *prophesy*. *Betoken (by signs beforehand)*: P. and V. σημαίνειν, φαίνειν, V. προσημαίνειν, προφαίνειν. *Suspect*: P. and V. ὑποπτεύειν; see also *conjecture*.

Foreboding, subs. *Suspicion*: P. and V. ὑποψία, ἡ; see *suspicion*. *Conjecture*: P. δόξασμα, τό, P. and V. δόκησις, ἡ, δόξᾰ, ἡ.

Foreboding, adj. *Prophetic of*: V. μάντῐς (gen. or absol.), πρόμαντις (gen. or absol.).

Forecast, v. trans. *Guess*: P. and V. εἰκάζειν, συμβάλλειν, στοχάζεσθαι (gen.), τεκμαίρεσθαι, δοξάζειν, τοπάζειν, V. ἐπεικάζειν; see *conjecture*. *Predict*: P. and V. προλέγειν, μαντεύεσθαι, P. ἀπομαντεύεσθαι.

Forecast, subs. *Guess, conjecture*: P. and V. δόξᾰ, ἡ, δόκησις, ἡ, P. δόξασμα, τό. *Prediction*: P. and V. μαντεία, ἡ.

Fore-court, subs. V. πᾰραστάς, ἡ, or pl., θῦρών, ὁ; see *court*.

Forefather, subs. P. and V. πρόγονος, ὁ. *One's forefathers*: P. and V. οἱ πάλαι, οἱ πρόσθεν, P. οἱ ἄνωθεν, οἱ προπάτορες, V. οἱ πάρος.

Forefront, subs. Use *front*.

Foreground, subs. P. and V. τὸ πρόσθεν, P. τὸ ἔμπροσθεν.

Forehead, subs. P. and V. μέτωπον, τό (Xen.). *Brow*: P. and V. ὀφρῦς, ἡ. *Temple*: Ar. and V. κρόταφος, ὁ.

Foreign, adj. P. and V. ἀλλότριος, ἀλλόφῦλος, ὀθνεῖος, V. ξένος, ἀλλόθρους, ἀλλόχρως, Ar. and P. ξενῐκός. *Barbarous*: P. and V. βάρβᾰρος. *Imported*: P. and V. ἐπακτός, ἐπείσακτος, V. θῠραῖος. *Foreign to, alien to*: P. ἀλλότριος (gen.), or use prep. ἔξω (gen.). *Provisions such as would be needed for foreign service*: P. τὰ ἐπιτήδεια οἷα εἰκὸς ἐπὶ ἔξοδον ἔκδημον ἔχειν (Thuc. 2, 10). *In foreign parts*: see *abroad*. *Foreign affairs*: P. and V. τὰ ἔξω.

Foreigner, subs. P. and V. ξένος, ὁ, fem. ξένη, ἡ, V. ξεῖνος, ὁ, ἔπηλυς, ὁ or ἡ, P. ἐπηλύτης, ὁ; see *stranger*. *Foreigner residing in an adopted city*: P. and V. μέτοικος, ὁ or ἡ. *Be a foreigner*, v.: P. and V. μετοικεῖν. *Tax on foreigners*: P. μετοίκιον, τό.

Forejudge, v. trans. P. προκρίνειν, Ar. and P. προκᾰτᾰγιγνώσκειν.

Foreknow, v. trans. P. and V. προγιγνώσκειν, P. προειδέναι, προεπίστασθαι, V. προὐξεπίστασθαι.

Foreknowledge, subs. See *prescience*.

Foreland, subs. P. and V. ἄκρα, ἡ, P. ἀκρωτήριον, τό, V. ἀκτή, ἡ, προβλής, ὁ, Ar. and V. ἄκρον, τό, πρών, ὁ.

Forelock, subs. P. προκόμιον, τό (Xen.).

Foremost, adj. In place or importance: P. and V. πρῶτος, V. πρεσβῠτᾰτος, πρέσβιστος. *Chief*: P. and V. κῡ́ριος. *First and foremost*, adv.: P. and V. τὸ μὲν μέγιστον, μᾰ́λιστα μέν.

Forenoon, subs. *In the forenoon*: P. ἀγορᾶς πληθούσης (Xen.).

Forensic, adj. Ar. and P. δῐκᾰνῐκός.

Forerunner, subs. Use adj, P. πρόδρομος, ὁ (also Eur., *I. A.* 424, but the passage is doubtful). *Messenger*: P. and V. ἄγγελος, ὁ or ἡ, V. πομπός, ὁ.

Foresee, v. trans. P. προορᾶν (or mid.), P. and V. προνοεῖν (or mid.; V. only mid.), μαντεύεσθαι, V. προδέρκεσθαι, προλεύσσειν.

Foreseen, adj. P. and V. προὖπτος.

Foreshadow, v. trans. P. and V. σημαίνειν, φαίνειν, V. προσημαίνειν, προφαίνειν.

Foreshow, v. trans. P. and V. σημαίνειν, φαίνειν, V. προσημαίνειν, προφαίνειν.

Foresight, subs. P. and V. πρόνοια, ἡ, P. προμήθεια, ἡ, V. προμηθία, ἡ.

Foresighted, adj. See *prudent*.

Forest, subs. P. and V. ὕλη, ἡ.

Forestall, v. trans. P. and V. φθᾰ́νειν, προφθᾰ́νειν, προλαμβᾰ́νειν, P. προκαταλαμβάνειν.

Forestay, subs. V. πρότονος, ὁ.

Forester, subs. V. ὑλουργός, ὁ.

Foretaste, subs. Met., *experience, proof*: P. and V. πεῖρα, ἡ, P. πρόπειρα, ἡ. *Give a foretaste of*: P. and V. γεύειν (τινά τινος). *To have had a foretaste of*: P. and V. γεγεῦσθαι (gen.) (perf. infin. pass. of γεύειν), πεπειρᾶσθαι (gen.) (perf. infin. pass. of πειρᾶν) (Eur., *Frag.*), P. διᾰπεπειρᾶσθαι (gen.) (perf. infin. pass. of διαπειρᾶν).

Foretell, v. trans. Ar. and P. προᾰγορεύειν, προειπεῖν, P. and V. προλέγειν, V. προσημαίνειν, προφαίνειν, προφωνειν. By oracles: P. and V μαντεύεσθαι, P ἀπομαντεύεσθαι, Ar. and P. χρησμῳδεῖν, V προμαντεύεσθαι (Eur., *Frag.*), θεσπίζειν, προθεσπίζειν, φημίζειν, Ar. and V. θεσπιῳδεῖν.

Forethought, subs. P. and V. πρόνοια, ἡ, P. προμήθεια, ἡ, V. προμηθία, ἡ.

Forewarn, v. trans. P. and V. νουθετεῖν, πᾰραινεῖν (dat.), δῐδάσκειν, Ar. and P. ὑποτῐ́θεσθαι (dat.). *Forewarned*: P. προειδώς. *Be forewarned*: P. προειδέναι.

Forewarning, subs. P. προάγγελσις, ἡ (Thuc. 1, 137). *Warning*: P. and V. πᾰραίνεσις, ἡ; see *warning*.

Forfeit, subs. *Fine*: P. and V. ζημία, ἡ.

Forfeit, v. trans. Ar. and P. ἀποβάλλειν. P. and V. ἀπολλῡ́ναι. *By grudging you the recovery of what is your own they have forfeited their own liberty*: P. τοῦ κομίσασθαι τὰ ὑμέτερα ὑμῖν φθονήσαντες. τὴν ἑαυτῶν ἐλευθερίαν ἀπολωλέκασι (Dem. 194).

Forfeiture, subs. *Confiscation*: P. δήμευσις, ἡ. *Loss*: P. ἀποβολή, ἡ.

Forfend, v. trans. See *prevent*. *Which heaven forfend*: P. and V. ὃ μὴ γένοιτο.

Forgather, v. intrans. P. and V. σῠνέρχεσθαι; see *assemble*. *Going to the barber's shop where the Deceleans forgather*: P. ἐλθὼν ἐπὶ τὸ κουρεῖον ἵνα οἱ Δεκελῆς προσφοιτῶσι (Lys. 166).

Forge, v. trans. *Make by forging*: P. and V. χαλκεύειν, Ar and V. ἐπῐχαλκεύειν (Æsch., *Frag.*). *Forge iron*: V. μυδροκτῠπεῖν (absol). *Forging iron*: use adj. V. μυδροκτῠ́πος. *Counterfeit*: P. and V. πλάσσειν (or mid), P. συμπλάσσειν, παραποιεῖσθαι, κατασκευάζειν, συσκευάζειν. *Contrive*: see *contrive*. *Forge (money)*: Ar. and P. κιβδηλεύειν.

Forge, v. intrans. *Forge ahead*: P. and V. προβαίνειν, P. προέρχεσθαι.

Forge, subs. P. χαλκεῖον, τό. *The natives think that Hephaestus has his forge in Hiera*: P. νομίζουσιν οἱ ἐκείνῃ ἄνθρωποι ἐν τῇ Ἱερᾷ ὡς ὁ Ἥφαιστος χαλκεύει (Thuc. 3, 88).

Forged, adj. *Spurious:* P. and V. πλαστός (Xen.), κίβδηλος, ὁ, Ar. and P. πăράσημος, V. ὑπόβλητος. *Forged in the fire,* adj.: V. πῠρογενής.

Forger, subs. *Contriver:* P. and V. τέκτων, ὁ, δημιουργός, ὁ.

Forgery, subs. *Anything spurious:* P. πλάσμα, τό, σκευώρημα, τό.

Forget, v. trans. P. and V. ἐπῐλανθάνεσθαι (Eur., *Hel.* 265) (acc. or gen.), ἀμνημονεῖν (acc. or gen), Ar. and V. ἐπῐλήθεσθαι (Eur., *Hec.* 279), V. λανθάνεσαι (gen.), (also Plat, *Phaedr.* 252A, but rare P.), λήθεσθαι (gen.), ἐκλανθάνεσθαι (gen.), διολλῠναι (acc.), διαφθείρειν (acc.). *I almost forgot to mention this:* P. ταυτὶ μικροῦ παρῆλθέ με εἰπεῖν (Dem. 550). *Forgotten:* P. ἀμνηστούμενος (Thuc. 1, 20), V. ἄμνημων. *Forget to:* P. ἐπιλανθάνεσθαι (infin.).

Forgetful, adj. P. and V. ἀμνήμων, Ar. and P. ἐπῐλήσμων. *Forgetful of:* P. and V. ἀμνήμων (gen.).

Forgetfulness, subs. P. and V. λήθη, ἡ, V. λῆστις, ἡ.

Forgive, v. trans. P. and V. συγγιγνώσκειν (dat. of pers., acc., gen. or dat. of thing), συγγνώμην ἔχειν (dat. of pers., gen. of thing), V. σύγγνοιαν ἴσχειν (absol.). *Overlook:* P. ὑπεροραν. *Be remiss in punishing:* V. χăλαν (dat.); see *pardon.*

Forgiveness, subs. P. and V. συγγνώμη, ἡ, V. σύγγνοια, ἡ.

Forgiving, adj. P. and V. συγγνώμων.

Forgo, v. trans P. and V. ἐᾶν, χαίρειν ἐᾶν (acc.) (Eur., *El.* 400), χαίρειν λέγειν (acc.). *Renounce:* P. and V. ἀπειπεῖν. *Abstain from:* P. and V. ἀπέχεσθαι (gen.), ἀφίστασθαι (gen.). *Forgo doing a thing:* P. ἀπειπεῖν (part.).

Fork, subs. Ar. and P. σμῐνύη, ἡ, Ar. and V. δίκελλα, ἡ. *Bend of a river:* P. κέρας, τό. *Bend of a road:* P. σχίσις, ἡ.

Fork, v. intrans. Of a road, etc.: P. and V. σχίζεσθαι.

Forked, adj. Of a road: V. σχιστός. Generally: Ar. and P. δίκρους.

Forlorn, adj. P. and V. οἰκτρός, ἄθλιος, τăλαίπωρος, Ar. and V. τάλāς, V. δυστάλāς: see *miserable. Mournful* (of things): P. and V. ἄθλιος, οἰκτρός, τăλαίπωρος, V. πŏλύστονος, δύσοιστος, πένθῐμος. *Helpless:* P. and V. ἄπορος, ἀμήχăνος (rare P.). *Solitary:* P. and V. ἐρῆμος.

Forlornly, adv. P. and V. ἀθλίως, οἰκτρῶς, V. τλημόνως.

Forlornness, subs. P. ταλαιπωρία, ἡ, ἀθλιότης, ἡ; see *misery. Solitude:* P. and V. ἐρημία, ἡ.

Form, subs. *Shape:* P. and V. εἶδος, τό, ἰδέα, ἡ, μορφή, ἡ (Plat.), σχῆμα, τό, σχέσῐς, ἡ, τύπος, ὁ, φύσῐς, ἡ, V. μόρφωμα, τό. *Fashion:* P. and V. τρόπος, ὁ, σχῆμα, τό, σχέσῐς, ἡ, εἶδος, τό, ἰδέα, ἡ. *Kind:* P. and V. γένος, τό, εἶδος, τό, ἰδέα, ἡ. *Every conceivable form of death:* P. ἰδέα πᾶσα ὀλέθρου (Thuc. 7, 29). *Appearance:* P. and V. ὄψῐς, ἡ, V. πρόσοψις, ἡ. *Apparition:* P. and V. φάσμă, τό, εἰκών, ἡ, εἴδωλον, τό, φάντασμα, τό, V. σκιά, ἡ, ὄψῐς, ἡ, δόκησις, ἡ. *Outward show* (as opposed to *reality*): P. and V. σχῆμα, τό. *Organisation:* P. and V. κăτάστăσις, ἡ; see also *arrangement. Form of government:* P. κόσμος πολιτείας, ὁ, or τάξις πολιτείας, ἡ. *Inspiration is a form of madness:* P. μανία τις ὁ ἐνθουσιασμός. *According to the usual forms:* P. κατὰ τὰ νομιζόμενα. *Seat, bench:* P. and V. βάθρον, τό.

Form, v. trans. *Mould, shape:* P. and V. πλάσσειν, P. τυποῦν (Plat.); see also *make. Arrange:* P. and V. τάσσειν, συντάσσειν, κοσμεῖν, P. διατάσσειν, διακοσμεῖν, Ar. and P. διăτῐθέναι. *Form (a plan):* P. and V. μηχăνᾶσθαι, τεχνᾶσθαι, συντῐθέναι, τεκταίνεσθαι, βουλεύειν; see *devise. Form plots (against):* P. and V. ἐπῐβουλεύειν (absol. or dat.). *Train, instruct:* P. and V. παιδεύειν; see *instruct. Appoint:* P. and V. κăθιστάναι; see *appoint. Draw up (troops, etc.):* P. and V. τάσσειν, συντάσσειν, Ar. and P. πᾰρᾰτάσσειν. *Constitute, be*: P. and V. εἶναι, κᾰθεστηκέναι (perf. act. of καθιστάναι), ὑπάρχειν. *The houses of the suburb being supplied with battlements themselves formed a defence*: P. αἱ οἰκίαι τοῦ προαστείου ἐπάλξεις λαμβάνουσαι αὐταὶ ὑπῆρχον ἔρυμα (Thuc. 4, 69). *Form up* (of troops), v. intrans.: P. and V. τάσσεσθαι, συντάσσεσθαι, Ar. and P. πᾰρᾰτάσσεσθαι.

Formal, adj. *In accordance with usage*: P. and V. νόμῐμος. *Precise*: P. and V. ἀκρῑβής. *Ceremonious*: P. and V. σεμνός.

Formality, subs. *Preciseness*: P. ἀκρίβεια, ἡ. *Customary usage*: P. and V. νόμῐμον, τό (or. pl.), τὰ κᾰθεστῶτα, Ar. and P. τὰ νομιζόμενα. *Without formality*: P. and V. ἁπλῶς. *Ceremoniousness*: P. and V. σεμνότης, ἡ, τὸ σεμνόν.

Formally, adj. *According to usage*: P. and V. κατὰ νόμον. *With preciseness*: P. and V. ἀκρῑβῶς. *Ceremoniously*: P. and V. σεμνῶς.

Formation, subs. *Arrangement*: P. διάθεσις, ἡ, σύνταξις, ἡ. *Military arrangement*: P. and V. τάξῐς, ἡ, P. σύνταξις, ἡ, παράταξις, ἡ. *Constitution*: P. and V. κᾰτάστᾰσις, ἡ, κᾰτασκευή, ἡ (rare V.), P. σύνταξις, ἡ. *Nature*: P. and V. φὕσῐς, ἡ.

Former, adj. P. and V. ὁ πρόσθεν, ὁ πρίν, ὁ πάλαι, P. ὁ ἔμπροσθεν, V. ὁ πάρος, ὁ πάροιθε(ν). *Ancient*: P. and V. ἀρχαῖος, πᾰλαιός, Ar. and V. πᾰλαιγενής, V. πᾰλαίφᾰτος. *The former* (as opposed to *the latter*): P. and V. ἐκεῖνος, Ar. and V. κεῖνός.

Formerly,, adv. P. and V. πρίν, τὸ πρίν, πάλαι, ποτέ, πάλαι ποτέ, ἤδη ποτε, πρόσθεν, πρότερον, πρὸ τοῦ, Ar. and V. πάρος, V. πάροιθε(ν), ποτ' ἤδη, τὸν πρὸ τοῦ χρόνον.

Formidable, adj. P. and V. δεινός, φοβερός; see *terrible*. *Of defences, forces, etc.*: see *strong*.

Formidableness, subs. P. δεινότης, ἡ.

Formidably, adv. P. and V. δεινῶς. *Strongly*: P. ἰσχυρῶς.

Formless, adj. P. ἀσχημάτιστος (Plat.); see *shapeless, vague*.

Formula, subs. *Set of words*: P. and V. λόγος, ὁ. *Ordinance*: P. and V. νόμος, ὁ. *Prescribe a formula*, v.: P. and V. ἐξηγεῖσθαι. *The Thirty pronounced to Polemarchus the usual formula that he must drink hemlock*: P. Πολεμάρχῳ παρήγγειλαν οἱ Τριάκοντα τὸ εἰθισμένον παράγγελμα πίνειν κώνειον (Lys. 121).

Formulate, v. trans. See *devise*. *Dictate, prescribe*: P. and V. ἐξηγεῖσθαι.

Fornication, subs. P. πορνεία, ἡ.

Forsake, v. trans. *Quit*: P. and V. λείπειν, ἀπολείπειν, ἐκλείπειν, κᾰτᾰλείπειν, προλείπειν, ἀμείβειν (Plat. but rare P.), V. ἐξᾰμείβειν, ἐκλιμπάνειν. *Relinquish*: P. and V. ἀφίστασθαι (gen.), ἐξίστασθαι (gen.), μεθῑέναι, Ar. and V. μεθίεσθαι (gen.), V. διᾰμεθῑέναι. *Leave in the lurch*: P. and V. λείπειν, κᾰτᾰλείπειν, προλείπειν, προδῐδόναι, ἐρημοῦν, Ar. and P. προϊέναι (or mid.). *Leave empty*: P. and V. ἐρημοῦν, κενοῦν.

Forsaken, adj. P. and V. ἐρῆμος; see also *lonely*.

Forsooth, adv. Expressing irony: P. and V. δῆθεν.

Forswear, v. trans. *Deny on oath*: P. and V. ἀπομνύναι, ἐξομνύναι (or mid.). *Renounce, give up*: P. and V. ἀπειπεῖν, ἀνῑέναι (acc. or gen.), V. ἀπαυδᾶν; see *renounce*. *Forswear oneself, swear falsely*, v. intrans.: Ar. and P. ἐπιορκεῖν.

Forsworn, adj. Ar. and P. ἐπίορκος. *I am come, though forsworn by oath against it*: ἥκω δι' ὅρκων καίπερ ὢν ἀπώμοτος (Soph., *Ant.* 394).

Fort, subs. P. and V. τεῖχος, τό, ἔρῠμα, τό, P. τείχισμα, τό, διατείχισμα, τό. *Guard post*: P. and V. φρούριον, τό. *A fort built in an enemy's country*: P. ἐπιτείχισμα, τό. *Build a fort in an enemy's country*, v.: P. ἐπιτειχίζειν.

Forth, adv. P. and V. ἔξω, P. πόρρω. Ar. and V. θύραζε, V. πρόσω, πόρσω, ἐκτός (rare P.). In compounds use: P. and V. ἐκ or ἐξ. *And so forth*: P. καὶ πᾶν ὅτι τοιοῦτον.

Forth-coming, adj. *About to occur*: P. and V. ὁ μέλλων. *Ready to hand*: P. and V. πρόχειρος. *Be forth-coming, appear*: P. and V. φαίνεσθαι. *Be in reserve*: P. and V. ὑπάρχειν.

Forthwith, adv. See *immediately*.

Fortieth, adj. Ar. and P. τεσσἄρακοστός.

Fortification, subs. *Act of fortifying*: P. τείχισις, ἡ, τειχισμός, ὁ; see *fort*.

Fortified, adj. P. and V. ἐρυμνός, εὐερκής (Plat.).

Fortify, v. trans. Ar. and P. τειχίζειν, διᾰτειχίζειν, ἐκτειχίζειν. *Strengthen*: P. κρατύνειν. *Block up*: see *block up*. Met., see *encourage*. *Fortify all round*: Ar. and P. περῐτειχίζειν. *Fortify as a base in an enemy's country*: P. ἐπιτειχίζειν. *Help in fortifying*: P. συντειχίζειν (absol.). *Fortify with towers*: V. πυργοῦν.

Fortitude, subs. P. καρτερία, ἡ, καρτέρησις, ἡ. *Courage*: P. and V. ἄρετή, ἡ, ἀνδρεία, ἡ; see *courage*.

Fortress, subs. See *fort*.

Fortuitously, adv. *By chance*: P. and V. τύχῃ, P. ἐκ τύχης, κατὰ τύχην.

Fortunate, adj. Of persons: P. and V. εὐτῠχής, εὐδαίμων, μᾰκᾰριος, Ar. and V. μᾰκᾰρ, ὄλβιος, V. εὐαίων. *Be fortunate*, v.: P. and V. εὐτῠχεῖν, εὐδαιμονεῖν, εὖ πράσσειν, κᾰλῶς πράσσειν, P. εὐπραγεῖν. *Fortunate (of things*: P. and V. εὐτῠχής, κᾰλός, εὐδαίμων, V. δεξιός, Ar. and V. αἴσιος (also Xen. but rare P.) *Seasonable*: P. and V. καίριος; see *seasonable*.

Fortunately, adv. P. and V. εὐτῠχῶς, εὐδαιμόνως, μᾰκᾰρίως. (*Turn out*) *fortunately*: use also P. and V. εὖ, κᾰλῶς, V. αἰσίως. *As luck would have it*: P. κατὰ τύχην. (Thuc. 3, 49).

Fortune, subs. *Chance*: P. and V. τύχη, ἡ, συμφορά, ἡ, Ar. and P. συντῠχία, ἡ. *One's lot*: P. and V. τύχη, ἡ, δαίμων, ὁ. *Plight*: V. πρᾶξις, ἡ. *Fortune personified*: P. and V. Τύχη, ἡ. *Good fortune*: P. and V. εὐπραξία, ἡ, Ar. and P. εὐτῠχία, ἡ, P. εὐδαιμονία, ἡ, V. ὄλβος, ὁ, εὐεστώ, ἡ; see *prosperity*. *Piece of good fortune*: P. and V. εὐτύχημα, τό. *Possessions, property*: P. and V. χρήμᾰτα, τά, οὐσία, ἡ. *Wealth*: P. and V. πλοῦτος, ὁ.

Forty, adj. Ar. and P. τεσσᾰρᾰκοντα.

Forward, adv. P. and V. εἰς τὸ πρόσθεν, P. πόρρω, V. πρόσω, πόρσω. In compounds use P. and V. προ. *Backward and forward*: V. πάλιν τε καὶ πρόσω (Eur., *Hec*. 958).

Forward, v. trans. *Send on*: see *convey*. Met., *help on, advance*: P. and V. σπεύδειν, ἐπισπεύδειν. With non-personal subject: P. προφέρειν εἰς (acc.).

Forward, adj. *Precocious*: P. προφερής. *Pushing*: P. and V. θρᾰσύς, ἀναιδής, V. πρόλεσχος. *Be forward in speech*: V. θρᾰσυστομεῖν; see *bold*. *Eager*: P. and V. πρόθῡμος.

Forwardness, subs. *Boldness*: P. and V. θρᾰσος, τό. *Zeal*: P. and V. προθῡμία, ἡ, σπουδή, ἡ.

Fosse, subs. See *ditch*.

Foster, v. trans. P. and V. τρέφειν, θερᾰπεύειν, V. ἀτάλλειν, ἀλδαίνειν, Ar. and V. βόσκειν; see *tend*. *Foster (a feeling, etc., in a person)*: P. and V. ἐντίκτειν (Plat.) (τινί τι), ἐμβάλλειν (τινί τι) ἐντῐθέναι (τινί τι), P. ἐμποιεῖν (τινί τι), ἐνεργάζεσθαί (τινί τι).

Foster-child, subs. P. and V. θρέμμᾰ, τό, P. τρόφιμος, ὁ or ἡ.

Foster-father, subs. P. and V. τροφος, ὁ (Plat.), τροφεύς, ὁ (Plat.).

Foster-mother, subs. P. and V. τροφός, ἡ (Plat.), V. τροφεύς, ἡ.

Foster-parents, subs. P. and V. τροφῆς, οἱ (Plat., *Crit*. 51E).

Foul, adj. *Turbid*: P. and V. θολερός. *Squalid*: P. and V. αὐχμηρός,

Ar. and V. ἄλουτος, δυσπῖνής, V. πῖνώδης, αὐχμώδης. Met., P. and V. αἰσχρός, ἄναγνος, ἀνόσιος, μιᾰρός; see *disgraceful*. Of weather: P. χειμέριος. *Evil-smelling*: P. and V. δῠσώδης, Ar. and V. κᾰκοσμος (Æsch., *Frag.*, and Soph., *Frag.*). *Fall foul of*, v.: P. προσπίπτειν (dat.), συμπίπτειν (dat. or πρός, acc.), συμβάλλειν πρός (acc.); see *dash against*. Met., P. προσκρούειν (dat. or absol.). *Ships falling foul of one another*: P. νῆες ταραχθεῖσαι περὶ ἀλλήλας (Thuc. 7, 23).

Foul, v. trans. P. and V. μιαίνειν; see *defile*. *Collide with*: see *collide*.

Foully, adv. P. and V. αἰσχρῶς, κᾰκῶς, Ar. and P. μιᾰρῶς, V. ἀνοσίως. *Ignominiously*: P. and V. ἀτίμως, ἀκλεῶς, V. δυσκλεῶς.

Foulness, subs. *Squalor*: Ar. and P. αὐχμός, ὁ, P. ῥύπος, τό, V. πῖνος, ὁ, ἀλουσία, ἡ. *Infamy*: P. ἀνοσιότης, ἡ.

Found, v. trans. *Found* (*a colony, etc.*): P. and V. κτίζειν, οἰκίζειν, κᾰτοικίζειν. *Join in founding*: P. and V. σύνοικίζειν (acc or absol.), P. συγκτίζειν (acc. of direct, dat. of indirect object), συγκατοικίζειν (absol.). *Set up, institute*: P. and V. κᾰθιστᾰναι, ποιεῖν, ἱστᾰναι. *Help to found*: P. and V. συγκᾰθιστᾰναι (acc.). *Secure, confirm*: P. βεβαιοῦν.

Foundation, subs. P. θεμέλιοι, οἱ, τὰ κάτωθεν (Dem. 21), P. and V. πυθμήν, ὁ, V. ῥίζᾰ, ἡ. *Lowest part*: P. and V. κρηπίς, ἡ (Plat.), βάθρον, τό (Xen.), βᾰσῐς, ἡ (Plat.), P. ἔδαφος, τό. *From the foundation*: use P. and V. κατ' ἄκρας. Met., *beginning*: P. and V. ἀρχή, ἡ. *Cause*: P. and V. αἰτία, ἡ. *Truth*: P. and V. ἀλήθεια, ἡ. *The foundation principles of conduct*: P. πράξεων ὑποθέσεις, αἱ (Dem. 21). *Foundation stones*: Ar. θεμέλιοι λίθοι, οἱ, P. θεμέλιοι, οἱ. *Lay* (*a foundation*), v.: lit., P. and V. κᾰτᾰβάλλεσθαι. *Lay the foundations of*: met., P. and V. ἄρχειν (gen.) (lit., *begin*).

Act of founding (*colonies, etc*), subs.: P. κτίσις, ἡ, οἴκισις, ἡ, κατοίκισις, ἡ. *Statements based on no foundation of truth*: P. ἐπ' ἀληθείας οὐδεμιᾶς εἰρημένα (Dem. 230).

Founder, subs. *Of a colony, etc.*: P. οἰκιστής, ὁ, Ar. and V. κτίστωρ, ὁ. *Of a family*: P. and V. ἀρχηγός, ὁ, ἀρχηγέτης, ὁ.

Founder, v. intrans. *Sink*: Ar. and P. κᾰτᾰδύεσθαι, P. and V. ἀφᾰνίζεσθαι. *Founder on*: P. and V. πταίειν πρός (dat.).

Foundling, subs. Use V. ἔκβολον, τό, εὕρημα, τό.

Fount, subs. See *fountain*.

Fountain, subs. P. and V. κρήνη, ἡ, πηγή, ἡ, Ar. and V. κρουνός, ὁ, V. κρηναῖον γάνος. Met., *origin*: P. and V. ἀρχή, ἡ, πηγή, ἡ (Plat.). *Of a fountain*, adj.: P. and V. πηγαῖος (Plat.), V. κρηναῖος.

Four, adj. P. and V. τέσσᾰρες. *Four-footed*: P. and V. τετρᾰπους. *Four-horsed*: Ar. and V. τέθριππος, V. τετρᾰορος, τέτρωρος, τετράζῠγος. *Four-horsed-chariot*, subs.: Ar. and V. τέθριππον, τό (or pl.). *Four-legged*, adj.: V. τετρασκελής. *Four times*, adv.: Ar. and P. τετρᾰκις. *Four-winged*, adj.: V. τετράπτερος (Soph., *Frag.*), Ar. τετράπτῖλος. *I run on all fours*: V. τρέχω χερσίν (Æsch., *Eum.* 37). *Stand on all fours*: Ar. τετραποδηδὸν ἑστάναι (*Pax*, 896). *Lasting four months*, adj.: P. τετράμηνος. *Worth four staters*: Ar. τετραστᾰτηρος. *Four hundred*: P. τετρακόσιοι.

Fourteen, adj. P. τεσσαρεσκαίδεκα, V δὶς ἑπτα (Eur., *H. F.* 1327). *Fourteen years old*: P. τετρακαιδεκέτις (with fem. subs.).

Fourth, adj. P. and V. τέταρτος.

Fowl, subs. P. and V. ὄρνῖς, ὁ or ἡ, Ar. and P. ὄρνεον, τό. *Fowls of the air*: P. and V. τὰ πτηνά (Plat.), V. πετεινά, τά (Eur., *Frag.*), πτερωτοί, οἱ. *Chicken*: see *chicken*.

Fowler, subs. Ar. and P. ὀρνῖθευτής, ὁ, Ar. ὀρνῖθοθήρας, ὁ.

Fox, subs. Ar. and P. ἀλώπηξ, ἡ. *Little fox:* Ar. and P. ἀλωπέκιον, τό. Used of a cunning person: P. and V. κίναδος, τό. *Fox-cub:* Ar. ἀλωπεκίς, ἡ. *Play the fox*, v: Ar. ἀλωπεκίζειν. *Cap of fox-skin:* P. ἀλωπεκίς, ἡ (Xen.).

Fracas, subs. See *brawl.*

Fraction, subs. *Part:* P. and V. μέρος, τό, P. μόριον, τό. *I haven't mentioned even a fraction of the sins standing to their account:* P. οὐδὲ πολλοστὸν μέρος εἴρηκα τῶν τούτοις ὑπαρχόντων κακῶν (Lys. 144). *You will live to wish that you might see even a fraction of it (our force sent to help you):* P. ἔτι βουλήσεσθε καὶ πολλοστὸν μόριον αὐτῆς (τῆς ἐπικουρίας) ἰδεῖν (Thuc. 6, 86).

Fractious, adj. P. and V. δύσκολος, δυσάρεστος.

Fractiously, adv. P. δυσκόλως.

Fractiousness, subs. Ar. and P. δυσκολία, ἡ.

Fracture, subs. P. ῥῆγμα, τό.

Fracture, v. trans. P. and V. ῥηγνύναι; see *break.*

Fragile, adj. *Brittle:* P. κραῦρος (Plat.). *Weak:* P. and V. ἀσθενής.

Fragment, subs. *Part:* P. and V. μέρος, τό, P. μόριον, τό. *Fragment of:* use P. ὀλίγον τι (gen.). *Piece cut off:* P. τμῆμα, τό, Ar. τόμος, ὁ. *Pieces:* P. περιτμήματα, τά. *Piece torn off:* V. θραῦσμα, τό, σπάραγμα, τό, ἀγή, ἡ. *Morsel:* P. ψωμός, ὁ (Xen.). *My ship is shivered upon the rocks into countless fragments of wreckage:* V. ναῦς δὲ πρὸς πέτρας πολλοὺς ἀριθμοὺς ἄγνυται ναυαγίων (Eur., *Hel.* 409). *Fragments of wreck:* P. and V. ναυάγια, τά.

Fragmentary, adj. *Incomplete:* P. and V. ἀτελής.

Fragrance, subs. P. and V. ὀσμή, ἡ, P. εὐωδία, ἡ.

Fragrant, adj. P. and V. εὐώδης. *Be fragrant of:* P. and V. ὄζειν (gen.).

Frail, adj. P. and V. ἀσθενής; see *weak, sinful.*

Frailty, subs. P. and V. ἀσθένεια, ἡ (rare V.). *Sin:* P. πλημμέλεια, ἡ.

Frame, subs. *That which encloses anything:* P. and V. περίβολος, ὁ, κύτος, τό (Plat.). *A frame of wicker:* P. πλέγμα, τό. *Frame of a carriage (as opposed to wheels):* P. ὑπερτερία, ἡ (Plat.). *Framework, structure:* P. and V. κατάστασις, ἡ, P. σύστημα, τό, σύστασις, ἡ, σύνταξις, ἡ, V. ἁρμόσματα, τά. *Wood-work of a building:* P. ξύλωσις, ἡ. *Body:* P. and V. σῶμα, τό. V. δέμας, τό. *Trunk:* P. and V. κύτος, τό (Plat.). *Frame for weaving:* P. and V. ἱστός, ὁ. *Shape:* P. and V. σχῆμα, τό; see *shape. Frame of mind:* P. διάθεσις, ἡ. *Put in a certain frame of mind*, v.: P. διατιθέναι πως. *Be in a certain frame of mind:* P. διακεῖσθαί πως, P. and V. ἔχειν πως.

Frame, v. trans. *Enclose:* P. and V. περιβάλλειν. *Construct:* P. and V. συντιθέναι, συμπηγνύναι, συναρμόζειν, συνάπτειν, P. κατασκευάζειν; see *organise. Contrive:* P. and V. συντιθέναι, μηχανᾶσθαι, τεχνᾶσθαι, τεκταίνεσθαι, P. ἐκτεχνᾶσθαι, Ar. and V. μήδεσθαι. *Make up:* P. κατασκευάζειν, συσκευάζειν, P. and V. πλέκειν, V. ἐμπλέκειν, ῥάπτειν, ὑπορράπτειν, καταρράπτειν; see *contrive. Invent:* P. and V. εὑρίσκειν; see *invent. Frame (laws):* P. and V. γράφειν; with law-giver as subject: P. and V. τιθέναι.

Framer, subs. P. συνθέτης, ὁ.

Framework, subs. See *frame.*

Franchise, subs. P. ἐπιτιμία, ἡ. *Possessed of the franchise:* use adj., Ar. and P. ἐπίτιμος.

Frank, adj. P. and V. ἁπλοῦς, ἐλεύθερος, P. ἐλευθέριος.

Frankincense, subs. Ar. and P. λιβανωτός, ὁ. *Incense for burning:* P. and V. θυμιάματα, τά.

Frankly, adv. P. and V. ἁπλῶς, ἄντικρυς, ἐλευθέρως. *Outspokenly:* P. μετὰ παρρησίας, V. παρρησίᾳ. *Speak frankly*, v.: P. παρρησιάζεσθαι.

Frankness, subs. P. ἁπλότης, ἡ (Xen.). *Outspokenness*: P. and V. παρρησία, ἡ.

Frantic, adj. P. and V. ἔμπληκτος, ἀπόπληκτος, μᾰνιώδης, Ar. and P. ἐμβρόντητος, πᾰραπλήξ, μᾰνῐκός, V. μαργός (Plat. also but rare P.), μαργῶν, λυσσώδης, ἐπιβρόντητος, ἐμμᾰνής (also Plat. but rare P.); see *mad*. *Be frantic*: P. and V. ἐξίστασθαι, λυσσᾶν (Plat. but rare P.), μαίνεσθαι, ἐνθουσιᾶν, βακχεύειν (Plat.), οἰστρᾶν (Plat.), ἐκβακχεύεσθαι (Plat.), V. ἐκμαργοῦσθαι, Ar. and V. ἀλύειν; see *be mad*, under *mad*.

Frantically, adv. P. μανικῶς, ἐμπλήκτως.

Fraternal, adj. V. ἀδελφός.

Fraternisation, subs. P. ἐπιμιξία, ἡ.

Fraternise, v. intrans. Use P. ἐπιμίσγεσθαι ἀλλήλοις (*have dealings with one another*).

Fraternity, subs. *Political equality*: P. and V. ἰσότης, ἡ, τὸ ἴσον. *Good, will*: P. and V. εὔνοια, ἡ. *Community, society*: P. and V. κοινωνία, ἡ.

Fratricidal, adj. V. αὐθέντης, αὐτόχειρ, αὐτοκτόνος.

Fratricide, subs. *Murder of a brother*: use P. and V. ἀδελφοῦ φόνος, ὁ. *Murderer of a brother*: P. and V. ἀδελφοῦ αὐθέντης, ὁ; see *murderer*.

Fraud, subs. P. and V. ἀπᾰ́τη, ἡ, πᾰνουργία, ἡ, δόλος, ὁ (rare P.), Ar. and P. κλέμμᾰ, τό, φενᾱκισμός, ὁ, P. κακοτεχνίαι, αἱ; see *imposture*. *Practise fraud*, v.: P. κακοτεχνεῖν. *Without fraud*, adj.: Ar. and P. ἄδολος; adv.: P. ἀδόλως.

Fraudulent, adj. P. and V. πᾰνοῦργος, P. ἀπατηλός. *False, counterfeit*: Ar. and P. πᾰρᾰ́σημος, P. and V. κίβδηλος.

Fraudulently, adv. P. πανούργως, Ar. and V. δόλῳ, V. ἐκ κᾰκῆς τέχνης.

Fraught with, adj. P. and V. μεστός (gen.), πλέως (gen.), πλήρης (gen.); see *full*. *Fraught with doom*: V. μοιρόκραντος. *Fraught with ruin*: V. πολυφθόρος.

Fray, subs. P. and V. ἀγών, ὁ, μάχη, ἡ, ἅμιλλα, ἡ, V. ἀγωνία, ἡ, πᾰ́λαισμα, τό, ἆθλος, ὁ, δῆρις, ἡ (Æsch.).

Fray, v. trans. *Wear out*: Ar. and P. κᾰτατρῑ́βειν, V. intrans. Ar. and P. κᾰτατρῑ́βεσθαι.

Freak, subs. *Caprice, impulse*: P. and V. ὁρμή, ἡ. *Rash act*: P. and V. τόλμημα, τό, κινδῡ́νευμα, τό, V. τόλμᾰ, ἡ. *Monster, portent*: P. and V. τέρᾰς, τό.

Freakish, adj. *Capricious*: P. and V. ἔμπληκτος. *Monstrous*: Ar. and P. τερᾰτώδης.

Free, adj. P. and V. ἐλεύθερος. *At large*: P. and V. ἄφετος, ἀνειμένος. *Free politically*: P. and V. ἐλεύθερος P. αὐτόνομος. *Generous*: P. ἐλευθέριος, V. ἄφθονος. *Open to all*: P. ἐλεύθερος. *Free of speech*: P. and V. ἐλεύθερος, ἁπλοῦς, V. ἐλευθερόστομος, θρᾰσύστομος. *Be free of speech*, v.: P. παρρησιάζεσθαι, V. ἐλευθεροστομεῖν, ἐξελευθεροστομεῖν, θρᾰσυστομεῖν. (*You*) *are free to*: P. and V. πᾰ́ρεστί (σοι) (with infin.), ἔξεστί (σοι) (with infin.), ἐξουσία ἐστί (σοι) (with infin.). *Have a free hand in*: P. ἐξουσιαν ἔχειν (gen.). *Make free with*: use P. and V. χρῆσθαι (dat.). *Insult*: P. and V. ὑβρίζειν (acc., or εἰς, acc.). *Right of free speech*, subs.: P. ἰσηγορία, ἡ. *Free, gratis*, adj.: V. ἄμισθος; adv.: Ar. and P. προῖκα, P. and V. ἀμισθί. *Without cost*, adv.: V. ἀδᾰπᾰ́νως; adj.: Ar. ἀδᾰ́πᾰνος. *Voluntary*: P. and V. ἑκούσιος. *Self-chosen*: P. and V. αὐθαίρετος. *Free from*: P. and V. ἐλεύθερος (gen.), ἄμοιρος (gen.) (Plat.), or use prep., P. and V. ἐκτός (gen.), ἔξω (gen.), V. ἐκποδών (gen.) (also Xen. but rare P.), ἔξωθεν (gen.). Often use prefix ἀ- as *free from pain*: P. and V. ἄλυπος. *Get free from*, v.: P. and V. ἀπαλλάσσεσθαι (gen.), ἐξᾰπαλλάσσεσθαι (gen.) (Thuc.). *Whenever they attacked one another they could not easily get free*:

ἐπειδὴ προσβάλοιεν ἀλλήλοις οὐ ῥᾳδίως ἀπελύοντο (Thuc. 1, 49).

Free, v. trans. P. and V. ἐλευθεροῦν, λύειν, ἀφῑέναι, ἀπαλλάσσειν, ἐκλύειν (or. mid.), ἀπολύειν (Eur., *Or.* 1236), ἐξαιρεῖσθαι, V. ἐξἄπαλλάσσειν (pass. in Thuc.). *Help in freeing:* P. συνελευθεροῦν (acc.). *They freed themselves from reproach:* P. αἰτίαν ἀπελύσαντο (Thuc. 5, 75).

Freebooter, subs. P. and V. λῃστής, ὁ.

Free-born, adj. P. and V. ἐλεύθερος. *Like a free born man*, adv: P. and V. ἐλευθέρως.

Freedman, subs. P. ἀπελεύθερος, ὁ.

Freedom, subs. P. ἐλευθερία, ἡ, V. τοὐλεύθερον. *Political freedom:* P. αὐτονομία, ἡ, ἐλευθερία, ἡ, V. τοὐλεύθερον. *Deliverance:* P. and V. λῠσις, ἡ, ἀπαλλἄγή, ἡ, V. ἔκλῠσις, ἡ, P. ἀπόλυσις, ἡ, ἐλευθέρωσις, ἡ; see *deliverance*. *Freedom of speech:* P. and V. παρρησία, ἡ. *Licence, permission:* P. and V. ἐξουσία, ἡ.

Freedwoman, subs. P. ἀπελευθέρα, ἡ.

Freely, adv. P. and V. ἐλευθέρως. *Without stint:* P. and V. ἀφθόνως, P. ἀφειδῶς. *Outspokenly:* P. and V. ἁπλῶς, P. μετὰ παρρησίας, V. παρρησίᾳ. *Speak freely*, v.: P. παρρησιάζεσθαι. *Without restraint:* P. ἀνειμένως, ἀνέδην.

Free-spoken, adj. See *free of speech*, under *free*.

Free will, subs. *Of one's own free will:* use adj., P. and V. ἑκών, αὐτεπάγγελτος, ἐθελοντής (Soph., *Aj.* 24), P. ἑκών γε εἶναι.

Freeze, v. trans. P. and V. πηγνῠναι, Ar. ἀποπηγνῠναι. V. intrans. P. and V. πήγνυσθαι, πεπηγέναι (2nd perf. of πηγνύναι), P. ἀποπήγνυσθαι (Xen.).

Freezing, adj. See *cold*.

Freight, subs. P. and V. γόμος, ὁ, V. φόρτος, ὁ, ἐμπόλημα, τό, φόρημα, τό, Ar. and P. φορτίον, τό, P. τὰ ἀγώγιμα (Dem. 1290), ναῦλον, τό.

Freight, v. trans. P. and V. γεμίζειν. *Freight with:* P. and V. γεμίζειν (gen.). *Be freighted with:* P. and V. γέμειν (gen.), γεμίζεσθαι (gen.).

Frenzied, adj. P. and V. ἀπόπληκτος, ἔμπληκτος, μᾰνιώδης, Ar. and P. ἐμβρόντητος, πᾰραπλήξ, μᾰνικός, V. μαργός (Plat. also but rare P.), μαργῶν, λυσσώδης, ἐπιβρόντητος, ἐμμᾰνής (Plat. also but rare P.); see *mad*. *Be frenzied*, v.: P. and V. ἐξίστασθαι, λυσσᾶν (Plat. but rare P.), μαίνεσθαι, ἐνθουσιᾶν, βακχεύειν (Plat.), οἰστρᾶν (Plat.), ἐκβακχεύεσθαι (Plat.), Ar. and V. ἀλῠειν, V. ἐκμαργοῦσθαι; see *be mad*, under *mad*.

Frenzy, subs. P. and V. μᾰνία, ἡ, τὸ μᾰνιῶδες, λύσσᾰ, ἡ (Plat. but rare P.), οἶστρος, ὁ (Plat. but rare P.), βακχεία, ἡ (Plat. but rare P.), V. λυσσήμᾰτα, τά, μαργότης, ἡ, βακχεύμᾰτα, τά, τὸ βακχεύσῑμον.

Frequency, subs. P. πυκνότης, ἡ.

Frequent, adj. P. and V. πυκνός, Ar. and P. συχνός.

Frequent, v. trans. V. ἐπιστρωφᾶσθαι, πολεῖν, πᾰτεῖν, ἐμβᾰτεύειν (acc. or gen.), P. and V. ἀναστρέφεσθαι (ἐν, dat.), περῑπολεῖν. *Come frequently to:* P. and V. φοιτᾶν (εἰς, acc. or ἐπί, acc.), P. θαμίζειν (εἰς, acc.). *Dwell in:* P. and V. ἔχειν (acc.), νέμειν (acc.) (or mid.) (rare P.), Ar. and V. ναίειν (acc.); see *inhabit*. *A tiller of the soil, frequenting but little the town and market place:* V. ὀλιγάκις ἄστυ κἀγορᾶς χραίνων κύκλον αὐτουργός (Eur., *Or.* 919).

Frequently, adv. P. and V. πολλάκις, θᾰμά (Plat.), P. συχνόν, Ar. and P. πυκνά, Ar. and V. πολλά.

Fresh, adj. *New:* P. and V. νέος, καινός, Ar. and V. νεοχμός, V. νεώρης, νεόκοτος. *Other:* P. and V. ἄλλος, ἕτερος. *Blooming:* P. and V. νέος, ὡραῖος, V. ἀκμαῖος, θᾰλερός, χλωρός. *We shall travel more easily when fresh:* P. νεαλέστεροι ὄντες ῥᾷον πορευσόμεθα (Plat., *Pol.* 265B). *Recent:* P. and V. νέος, καινός, πρόσφᾰτος, P. ὑπόγυιος, V. ποταίνιος. *Fresh* (of complexion): Ar. and P. εὔχρως (Xen.). Of cheese: Ar. and

P. χλωρός. Of water: P. and V. ποτός, P. πότιμος, V. εὔποτος; see *pure*.

Freshen, v. trans. *Cool*: P. and V. ψύχειν, ἀναψύχειν, V. κἄταψύχειν. *Refresh*: P. and V. ἀναψύχειν. V. intrans. *When the wind freshened*: P. ὡς τὸ πνεῦμα κατῄει (Thuc. 2, 84).

Freshly, adv. *Recently*: P. and V. νέον, ἄρτι, νεωστί, ἀρτίως, V. ἁρμοῖ; see *newly*.

Freshness, subs. *Coolness*: P. ψυχρότης, ἡ. *How delightful is the freshness of the place*: P. τὸ εὔπνουν τοῦ τόπου ὡς ἀγαπητόν (Plat., *Phaedr.* 230c). *Novelty, newness*: P. καινότης, ἡ.

Fret, subs. See *worry*.

Fret, v. trans. *Rub away*: P. and V. τρίβειν, Ar. and P. κἄτατρίβειν. *Vex*: P. and V. δάκνειν, Ar. and V. κνίζειν, τείρειν, Ar. and P. ἀποκναίειν; see *vex*. V. intrans. P. and V. ἀλγεῖν, βἄρύνεσθαι, Ar. and V. τείρεσθαι, κνίζεσθαι, V. θῡμοφθορεῖν.

Fretful, adj. P. and V. δύσκολος, δυσχερής, δῠσάρεστος; see also *bristly*. *Be fretful*, v.: Ar. and P. δυσκολαίνειν.

Fretfully, adv. P. δυσκόλως.

Fretfulness, subs. Ar. and P. δυσκολία, ἡ, P. and V. δυσχέρεια, ἡ.

Fretted, adj. P. and V. ποικίλος.

Fretted work, subs. Use P. and V. ποικίλμᾰτα, τά.

Friable, adj. P. and V. ὑγρός.

Friction, subs. P. τρῖψις, ἡ. Met., *quarrel*: P. and V. διἄφορά, ἡ; see *quarrel*. *Reflect that the city will fall a prey to internal friction*: P. νομίσατε . . . τὴν πόλιν . . . τρίψεσθαι αὐτὴν περὶ αὑτήν (Thuc. 6, 18).

Friend, subs. P. and V. φίλος, ὁ. *Acquaintance*: use adj., P. γνώριμος, ὁ, συνήθης, ὁ, οἰκεῖος, ὁ, ἐπιτήδειος, ὁ. *Companion*: see *companion*. *Friend made in war*: V. δορύξενος, ὁ. *Guest, friend*: P. and V. ξένος, ὁ, V. ξεῖνος, ὁ. *Good friend* (addressed to a person): P. and V. ὦ τᾶν, Ar. and P. ὦ μέλε.

Friendless, adj. P. and V. ἄφῐλος,

Friendlessness, subs. Use P. and V. ἐρημία, ἡ.

Friendliness, subs. P. and V. εὔνοια, ἡ, εὐμένεια, ἡ, V. πρευμένεια, ἡ, P. φιλοφροσύνη, ἡ (Plat.).

Friendly, adj. P. and V. φίλιος, εὔνους, εὐμενής, ἵλεως, πρόθῡμος, φῐλάνθρωπος, προσφῐλής, φῐλόφρων (Xen.), P. εὐνοϊκός, οἰκεῖος, ἐπιτήδειος, φιλικός, Ar. and V. εὔφρων, φίλος, πρόφρων, V. πρευμενής. *In a friendly way*: P. and V. εὐμενῶς, φῐλοφρόνως (Plat.), προσφῐλῶς (Plat.), P. φιλικῶς, εὐνοϊκῶς, φιλανθρώπως, V. εὐφρόνως, φίλως (also Xen. but rare P.), πρευμενῶς, Ar. and P. οἰκείως. *Be friendly to*, v.: P. and V. εὐνοεῖν (dat.); see *side with*. *Friendly society*: P. ἔρᾰνος, ὁ. *Contributor to a friendly society*: P. πληρωτὴς ἐράνου, ὁ (Dem. 574).

Friendship, subs. P. and V. φῐλία, ἡ, ἑταιρεία, ἡ. *Intercourse*: P. and V. ὁμῑλία, ἡ, σῠνουσία, ἡ. *Acquaintance*: P. οἰκειότης, ἡ, συνήθεια, ἡ, χρεία, ἡ, γνώρισις, ἡ (Plat.).

Frigate, subs. Use Ar. and P. τριήρης, ἡ.

Fright, subs. P. and V. φόβος, ὁ, ἔκπληξις, ἡ, ὀρρωδία ἡ, δεῖμα, τό, δέος, τό, V. τάρβος, τό, τρόμος, ὁ (also Plat. but rare P.).

Frighten, v. trans. P. and V. φοβεῖν, ἐκφοβεῖν, τᾰράσσειν, ἐκπλήσσειν, διαπτοεῖν (Plat.), P. καταπλήσσειν, Ar. and P. κᾰτᾰφοβεῖν. *Be frightened*: also V. δειμᾰτοῦσθαι (also Ar. in act.), ἐπτοῆσθαι (perf. pass. πτοεῖν); see also *fear*. *Frighten away (birds)*: Ar. and P. ἀποσοβεῖν (Xen.), Ar. σοβεῖν.

Frightened, adj. P. περιδεής, περίφοβος, φοβερός.

Frightful, adj. P. and V. δεινός, φοβερός, φρῑκώδης, V. δύσχῐμος, ἔμφοβος, σμερδνός. *Ugly*: P. and V. αἰσχρός, δῠσειδής (Plat. and Soph., *Frag.*), V. δύσμορφος, δυσθέᾱτος; see *ugly*.

Frightfully, adv. P. and V. δεινῶς.

Frightfulness, subs. P. δεινότης, ἡ. *Ugliness*: P. αἶσχος, τό (Plat.).

Frigid, adj. Met., P. and V. ψυχρός. *Formal*: P. and V. σεμνός. *Haughty*: P. ὑπερήφανος; see *haughty*.

Frigidity, subs. P. ψυχρότης, ἡ. *Haughtiness*: P. ὑπερηφανία, ἡ; see *haughtiness*.

Frigidly, adv. Ar. and P. ψυχρῶς. *Haughtily*: P. ὑπερηφάνως.

Fringe, subs. Ar. and V. κράσπεδα, τά, P. θύσανος, ὁ (Hdt.). *Edge, border*: P. and V. κράσπεδα, τά (Xen.). *Something that encompasses*: P. and V. περίβολος, ὁ. *Boundary*: P. and V. ὅρος, ὁ.

Fringe, v. trans. See *encompass*. *Be fringed with*: V. κρασπεδοῦσθαι (dat.).

Fringed, adj. P. θυσανωτός (Hdt.).

Frisk, v. intrans. P. and V. σκιρτᾶν; see *play*.

Frisky, adj. *Playful*: Ar. and P. φῐλοπαίσμων. *Wanton*: P. ὑβριστικός, V. κρῑθῶν.

Frith, subs. See *strait*.

Fritter away, v. trans. *Fritter away* (*time*): P. κατατρίβειν; see *waste*. *Throw away for nothing*: P. προΐεσθαι, P. and V. προπίνειν. *You will recover what has been frittered away*: P. τὰ κατερρᾳθυμημένα πάλιν ἀναλήψεσθε (Dem. 42).

Frivolity, subs. P. μικρολογία, ἡ. *Trifling, nonsense*: Ar. and P. λῆρος, ὁ, φλυᾱρία, ἡ, P. ληρήματα, τά. *Unreasonableness*: P. ἀλογία, ἡ.

Frivolous, adj. P. μικρολόγος. *Inclined to trifle*: P. ληρώδης. Of things, *unreasonable*: P. ἄλογος. *Absurd*: P. and V. ἄτοπος. *Be frivolous*, v.: P. and V. ληρεῖν, Ar. and P. φλυᾱρεῖν.

Frivolously, adv. *Unreasonably*: P. ἀλόγως.

Fro, adv. *To and fro*: see under *to*.

Frock, subs. See *dress*. *Tunic*: P and V. χῐτών, ὁ. *Frock for women*: Ar. χῐτώνιον, τό.

Frog, subs. Ar. and P. βάτρᾰχος, ὁ (Plat.).

Frolic, subs. P. and V. παιδιά, ἡ. *In a drunken frolic*: P. μετὰ παιδιᾶς καὶ οἴνου (Thuc. 6, 28).

Frolic, v. intrans. P. and V. παίζειν, V. ἀθύρειν (also Plat. but rare P.), P. προσπαίζειν. *Frisk*: P. and V. σκιρτᾶν.

Frolicsome, adj. Ar and P. φῐλοπαίσμων.

From, prep. P. and V. ἀπό (gen.), πᾰρά (gen.). *Out of*: P. and V. ἐκ (gen.), ἐξ (gen.). *At the hands of*: P. and V. πρός (gen.). *Owing to* (*a feeling, etc.*): P. and V. ὑπό (dat.). *I am driven from land to land*: V. γῆν πρὸ γῆς ἐλαύνομαι (Æsch., *P. V.* 682; cf. Ar., *Ach.* 235). *From day to day*: P. and V. κᾰθ' ἡμέραν, V. κᾰτ' ἦμαρ.

Front, v. trans. See *face*.

Front, subs. *Forehead*: P. and V. μέτωπον, τό (Xen.). *Brow*: P. and V. ὀφρῦς, ἡ. *Fore-part*: P. and V. τὸ πρόσθεν, P. τὸ ἔμπροσθεν. *Front of an army*: P. and V. μέτωπον, τό (Xen.), στόμᾰ, τό (Xen.). *When we ranged our armed forces against each other, extending our line in front*: V. ἐπεὶ γὰρ ἀλλήλοισιν ὁπλίτην στρατὸν κατὰ στόμ' ἐκτείνοντες ἀντετάξαμεν (Eur., *Heracl.* 800). *Front of a house*: V. προνώπια, τά. Met., *change of front, change of view*: P. μετάνοια, ἡ. *Change front* (met., *change one's views*), v.: P. μετανοεῖν. *In front*, adv.: P. ἔμπροσθεν, κατὰ πρόσωπον. *Forward*: P. πόρρω, V. πρόσω, πόρσω. *Go in front to guide me*: V. ἡγοῦ πάροιθε (Eur., *Phoen.* 834). *In front of, facing*, adj.: P. and V. ἐναντίος (dat.), V. ἀντίος (dat.) (Plat. also but rare P.). *Opposite*, prep.: P. and V. κᾰτᾰ (acc.), P. ἀντιπέρας (gen.), καταντικρυ (gen.). *Before*: P. and V. πρό (gen.), πρόσθεν (gen.); see *before*. *In presence of*: P. and V. ἐναντίον (gen.), V. ἀντίον (gen.).

Hold in front of one: P. προίσχεσθαι, P. and V. προτείνειν.

Front, adj. *Fore*: P. and V. πρόσθιος (Eur., *Rhes.*), P. ἐμπρόσθιος. *Every man is jostling for a front seat*: Ar. εἰς τὴν προεδρίαν πᾶς ἀνὴρ ὠστίζεται (*Ach.* 42). *Placed first*: P. and V. πρῶτος.

Frontal, adj. P. and V. ἐναντίος.

Frontier, subs. P. and V. ὅρος, ὁ, ὅρια, τά, V. ὅρισμα, τό, P. μεθόριον, τό, or pl.

Fronting, adj. P. and V. ἐναντίος (dat.), κᾰτὰ στόμᾰ (gen.), V. ἀντίος (dat.) (Plat. also but rare P.); see *opposite*.

Frontispiece, subs. Met., P. πρόθυρα, τά (Plat., *Rep.* 365c).

Frontlet, subs. See *band*. *Frontlet for a horse*: V. ἀμπυκτήρ, ὁ.

Frost, subs. P. and V. πάγος, ὁ, V. κρῡμός, ὁ (Eur., *Frag.*). *Hoar-frost*: P. and V. πάχνη, ἡ (Plat.). *Ice*: P. and V. κρύσταλλος, ὁ (Soph., *Frag.*).

Frost-bound, adj. P. and V. πηκτός, V. κρυσταλλόπηκτος, κρυσταλλοπήξ.

Frosty, adj. *Cold*: P. and V. ψυχρός.

Froth, subs. P. and V. ἀφρός, ὁ (Plat., *Tim.* 83D). *Spray*: P. and V. ζάλη, ἡ (Plat.), V. πελᾰνος, ὁ.

Froth, v. intrans. V. ἀφρίζειν. *Burst into froth*: V. ἐξανθεῖν, ἀφρὸν καχλάζειν, ἐξαφρίζεσθαι.

Frothy, adj. P. and V. ἀφρώδης (Plat.). Met., *empty*: P. and V. κενός; see also *boastful*.

Froward, adj. *Perverse*: P. and V. δυσχερής. *Obstinate*: P. and V. αὐθάδης. *Disobedient*: P. ἀπειθής, δυσπειθής.

Frowardly, adv. *Obstinately*: Ar. and P. αὐθάδως.

Frowardness, subs. *Obstinacy*: P. αὐθάδεια, ἡ, Ar. and V. αὐθᾱδία, ἡ, V. αὐθᾱδίσμᾰτα, τά. *Disobedience*: P. ἀνηκουστία, ἡ (Plat.).

Frown, subs. V. ὀφρύων νέφος, τό, στυγνὴ ὀφρῦς, ἡ, σύστᾰσις φρενῶν, ἡ τὸ σῠνεστὸς φρενῶν, P. and V. τὸ σκυθρωπόν. *Relax your frown*: V. μεθές νυν ὀφρύν (Eur., *I. A.* 648).

Frown, v. intrans. Ar. ὀφρῦς σῠνᾰ́γειν, V. ὄμμᾰτα συννεφεῖν. *Look gloomy*: Ar. and P. σκυθρωπάζειν, V. σκυθράζειν. *Frown on*: met., Ar. and P. ἀγᾰνακτεῖν (dat.), P. χαλεπῶς φέρειν (acc.), V. πικρῶς φέρειν (acc.).

Frowning, adj. P. and V. σκυθρωπός, V. σῠνωφρυωμένος, στυγνός. Met., of hills, etc.: P. ἀπότομος (Plat.), ἀπόκρημνος, κρημνώδης, V. αἰπῠ́νωτος, ὑψηλόκρημνος, ὀκρίς, αἰπῠ́ς, αἰπεινός.

Frozen, adj. P. and V. πηκτός, V. κρυσταλλόπηκτος, κρυσταλλοπήξ. *Be frozen*, v.: P. and V. πήγνυσθαι, πεπηγέναι (2nd perf. of πηγνύναι), P. ἀποπήγνυσθαι (Xen.; also Ar. in act.).

Frugal, adj. Of persons, *sparing*: Ar. and P. φειδωλός (also with gen. following). *Temperate*: P. and V. μέτριος, σώφρων. Of things, *spare*: P. and V. σπᾰ́νιος, V. σπᾰνιστός.

Frugality, subs. Ar. and P. φειδωλία, ἡ. *Temperance*: P. and V. τὸ σῶφρον.

Frugally, adv. P. φειδωλῶς. *Temperately*: P. and V. μετρίως, σωφρόνως. *Sparsely*: P. σπανίως.

Fruit, subs. P. and V. καρπός, ὁ. *Fruit of all kinds*: V. παγκαρπία, ἡ. *Fruits of the earth*: P. and V. καρπός, ὁ, Ar. and V. ἄροτος, ὁ, στᾰ́χῠς, ὁ, V. γῆς βλαστήμᾰτα, τά, γῆς φῠτά, τὰ, P. τά ἐκ τῆς γῆς φυόμενα, τὰ ὡραῖα. *Corn*: P. and V. σῖτος, ὁ. *Tree fruit*: P. and V. ὀπώρα, ἡ, P. δένδρων καρπός, ὁ (Plat., *Prot.* 321B). *Offspring*: see *offspring*. *Time of fruit*: P. and V. ὀπώρα, ἡ. *First fruits*: P. and V. ἀκροθίνια, τά (sing. sometimes in V.), ἀπαρχαί, αἱ (sing. Plat., *Prot.* 343B). Met., *fruits, results*: P. and V. καρπός, ὁ (or pl.) (Dem. 328). *You have enjoyed the fruits of his benevolence*: P. τῆς φιλανθρωπίας . . . ὑμεῖς . . . τοὺς καρποὺς κεκόμισθε (Dem 304). *Reap the fruits of*, v.: P. and V. καρποῦσθαι (acc.), ἐκκαρποῦσθαι (acc.), ἀπολαύειν (gen.), V. ἐπαυρέσθαι (2nd aor. of ἐπαυρίσκειν) (gen.), καρπίζεσθαι (acc.) (Eur., *Hipp.* 432). *Bear fruit:* V. καρποῦν (acc.). Met., *be of advantage:* P. and V. ὠφελεῖν. *Result:* P. and V. συμβαίνειν, P. περιγίγνεσθαι. *Now the curse bears fruit:* V. νῦν ἀραὶ τελεσφόροι (Æsch., *Theb.* 655).

Fruiterer, subs. P. ὀπωρώνης, ὁ.

Fruitful, adj. Of land, etc.: P. and V. ἔγκαρπος (Plat.), εὔκαρπος (Plat.), πάμφορος (Plat.), Ar. and P. καρποφόρος (Xen.), πολύκαρπος (Plat.), πολυφόρος (Plat.), Ar. and V. κάρπῐμος, πολύσπορος, V. καλλίκαρπος. *Making fruits grow:* V. καρποποιός (Eur., *Rhes.*). Of animals: P. γόνιμος, V. φῠτάλμιος, γενέθλιος. Met., *frequent:* P. and V. πυκνός, Ar. and P. συχνός. *Fruitful in, rich in:* P. and V. πλούσιος (gen.). *Full of:* P. and V. μεστός (gen.); see *full*.

Fruitfulness, subs. Of land: P. πολυφορία, ἡ (Xen.). Of animals: P. πολυγονία, ἡ. Of either: P. φορά, ἡ (Plat., *Rep.* 546A).

Fruition, subs. *Come to:* P. and V. τέλος ἔχειν, τέλος λαμβάνειν.

Fruitless, adj. P. and V. κενός, μάταιος, ἀνωφελής, ἀνόνητος, P. ἄκαρπος, V. ἀκάρπωτος; see *vain*.

Fruitlessly, adv. P. and V. μάτην, ἄλλως, V. μᾰταίως; see *in vain*, under *vain*.

Fruit-trees, subs. P. ἀκρόδρυα, τά.

Frustrate, v. trans. A person or thing: P. and V. σφάλλειν, P. ἐκκρούειν. A thing: P. and V. συγχεῖν; see *baffle*. *Prevent:* P. and V. κωλύειν; see *prevent*.

Frustration, subs. *Prevention:* P. διακώλυσις, ἡ. *Failure:* P. and V. σφάλμᾰ, τό.

Fry, v. trans. Ar. and P. ὀπτᾶν, φρῠγειν.

Frying-pan, subs. Ar. τάγηνον, τό.

Fuddle, v. trans. P. and V. τᾰράσσειν; see *confuse*. *Fuddled with wine:* see *drunk*.

Fuel, subs. *Brush-wood:* Ar. and P. φρῠγᾰνα, τά, κληματίδες, αἱ, P. and V. ὕλη, ἡ. *Go and collect fuel:* P. ἐπὶ φρυγανισμὸν ἐξέρχεσθαι (Thuc. 7, 4).

Fugitive, subs. P. and V. δρᾱπέτης, ὁ (Plat., *Meno*, 97E), P. αὐτόμολος, ὁ or ἡ. *Exile:* P. and V. φῠγάς, ὁ or ἡ. *The fugitives from an army:* P. and V. οἱ φεύγοντες. *Be a fugitive, run away*, v.: P. δραπετεύειν, Ar. and P. αὐτομολεῖν. *Be an exile:* P. and V. φεύγειν.

Fulfil, v. trans. *Accomplish:* P. and V. ἀνύτειν, κᾰτᾰνύτειν, ἐπεξέρχεσθαι, πράσσειν, διαπράσσειν (or mid. in P.), ἐργάζεσθαι, κᾰτεργάζεσθαι, ἐξεργάζεσθαι, περαίνειν, V. τελειοῦν, ἐξᾰνύτειν, τελευτᾶν, ἐκπράσσειν, τελεῖν (rare P.), ἐκπεραίνειν, κραίνειν, ἐπικραίνειν, P. ἐπιτελεῖν, τελεοῦν. *Complete, fill up:* P. and V. πληροῦν, ἐκπληροῦν, P. ἀναπληροῦν, V. ἐκπιμπλάναι. *Be fulfilled, come to an end:* P. and V. τέλος ἔχειν, τέλος λαμβάνειν. Of an oracle, etc.: V. ἐξέρχεσθαι, ἐξήκειν, P. and V. ἐκβαίνειν, P. ἀποβαίνειν.

Fulfilled, adj. P. ἐπιτελής, P. and V. τέλειος (rare P.), τέλεος (rare P.), V. ἐκτελής, τελεσφόρος.

Fulfilment, subs. P. and V. πρᾶξις, ἡ, V. ἄνη, ἡ (Æsch., *Theb.* 713). *End:* P. and V. τέλος, τό, τελευτή, ἡ, πέρᾱς, τό.

Fulgent, adj. See *bright*.

Full, adj. Lit. and met., P. and V. μεστός, πλήρης, πλέως, P. ἔμπλεως, περίπλεως, Ar. and P. ἀνάπλεως, V. ἔκπλεως (Eur., *Cycl.*). *Full to the brim:* Ar. ἐπιχειλής. *Full of:* use adj. given with gen. *Be full of*, v.: P. and V. γέμειν (gen.), V. πληθύειν (gen. or dat.) (Plat. also but rare P.), πλήθειν (gen.), Ar. and V. βρύειν (gen. or dat.). *Complete*, adj.: P. and V. τέλειος, τέλεος, παντελής, ἐντελής, P. ἐπιτελής. *Full pay*, subs.: Ar. and P. μισθὸς ἐντελής, ὁ. *In receipt of full pay*, adj.: P. ἐντελόμισθος. *He said he would pay the drachma in full:* P. ἔφη δώσειν ἐντελῆ τὴν δράχμην (Thuc.

8, 29). *Abundant* : P. and V. πολύς, ἄφθονος, V. ἐπίρρῠτος. *Be in full flood*, v.: P. and V. πολὺς ῥεῖν, P. μέγας ῥεῖν. *Look full at a thing* : P. κατάντικρυ θεᾶσθαί τι, as opposed to ἐκ πλαγίου, *sideways* (Plat.).

Full, v. trans. As a fuller does: P. κνάπτειν, P. and V. ξαίνειν, Ar. κνᾰφεύειν (absol.).

Fuller, subs. P. and V. κνᾰφεύς, ὁ or ἡ.

Fuller's earth, subs. Ar. κῑμωλία γῆ.

Fuller's shop, subs. P. κναφεῖον, τό.

Full-grown, adj. See *grown*.

Fulling, subs. *The art of fulling* : P. ἡ κναφευτική.

Fully, adv. *Completely* : P. and V. πάντως, παντελῶς, διὰ τέλους, Ar. and P. πάνῠ, τελέως, P. ὅλως, παντάπασι, V. εἰς τὸ πᾶν. *Quite* : Ar. and P. ἀτεχνῶς. *Abundantly* : P. and V. ἀφθόνως (Eur., *Frag.*), P. εὐπόρως; see *abundantly*.

Full moon, subs. See under *moon*.

Fulminate, v. intrans. Met., Ar. βροντᾶν. *Threaten* : P. and V. ἀπειλεῖν; see *threaten*.

Fulmination, subs. *Threat* : P. and V. ἀπειλή, ἡ, V. ἀπειλήμᾰτα, τά.

Fulness, subs. *Repletion* : P. and V. πλησμονή, ἡ. *A being full* : P. πλήρωσις, ἡ. *Abundance* : P. and V. πλῆθος, τό, P. εὐπορία, ἡ; see *abundance*. *In the fulness of time* : P. and V. χρόνῳ, διὰ χρόνου, V. ἐν χρόνῳ, σὺν χρόνῳ, χρόνῳ ποτέ.

Fulsome, adj. *Excessive* : P. and V. περισσός.

Fulsomely, adv. *Excessively* : P. and V. περισσῶς. *Flatter fulsomely* : P. ὑπερκολακεύειν (acc.). *Praise fulsomely* : Ar. and P. ὑπερεπαινεῖν.

Fulsomeness, subs. *Extravagance* : P. and V. ὑπερβολή, ἡ.

Fumble, v. intrans. Ar. and P. ψηλᾰφᾶν. *He came and fumbled at my door* : Ar. ἔκνυεν ἐλθὼν τὴν θύραν (*Thesm.* 481).

Fume, subs. *Smoke* : P. and V. καπνός, ὁ, Ar. and V. λιγνύς, ἡ. *Vapour* : P. ἀτμίς, ἡ (Plat.), V. ἀτμός, ὁ. *Incense-fumes* : P. and V. θῡμιάματα, τά. *Till the fumes of wine stole over him and warmed him* : V. ἕως ἐθέρμην' αὐτὸν ἀμφιβᾶσα φλὸξ οἴνου (Eur., *Alc.* 758).

Fume, v. intrans. *Smoke* : P and V. ἀτμίζειν (Xen.), Ar. and V. τῡ́φειν, V. τῡ́φεσθαι. *Be angry* : P. and V. ὀργίζεσθαι, θῡμοῦσθαι, V. χολοῦσθαι, Ar. and P. ἀγᾰνακτεῖν, χᾰλεπαίνειν; see *angry*.

Fumigate, v. trans. V. θειοῦν (Eur., *Hel.* 866).

Fumigation, subs. P. περιθείωσις, ἡ (Plat.).

Fun, subs. P. and V. παιδιά, ἡ, γέλως, ὁ. *Jest* : Ar. and P. σκῶμμα, τό. *In fun* : P. παιδικῶς. *Be in fun*, v.: P. and V. παίζειν, Ar and P. σκώπτειν. *Make fun of* : P. and V. παίζειν πρός (acc.), Ar. and P. σκώπτειν (acc., or εἰς, acc.), κωμῳδεῖν (acc.); see *mock*. *Make fun* : P. γελωτοποιεῖν.

Function, subs. *Task* : P. and V. ἔργον, τό, V. χρέος, τό, τέλος, τό. *Duty* : P. and V. τάξῐς, ἡ; see *task*. *Faculty* : P. and V. δῠ́νᾰμις, ἡ.

Functionary, subs. *Official* : Ar. and P. ἄρχων, ὁ; see *magistrate*, *servant*.

Fund, subs. *Contribution* : P. ἔρανος, ὁ, συντέλεια, ἡ. *Abundance* : P. ἀφθονία, ἡ, εὐπορία, ἡ, Ar. and P. περιουσία, ἡ. *Funds, resources* : P. and V. χρήμᾰτα, τά. *Revenues* : P. πρόσοδοι, αἱ.

Fundamental, adj. *Necessary* : P. and V. ἀναγκαῖος. *Supreme* : P. and V. κύριος. *Entire, complete* : P. and V. παντελής.

Fundamentally, adv. P. κυρίως. *Entirely* : P. ὅλως, παντάπασι, Ar. and P. ἀτεχνῶς.

Funeral, subs. P. and V. τάφος, ὁ, τᾰφή ἡ, κῆδος, τό (Plat.). For *funeral ceremonies* see Thuc. 2, 34, and Eur., *Hel.* 1240-1277. *Carrying out for burial* : P. and V. ἐκφορά, ἡ. *Carry in funeral procession*, v.

trans.: P. and V. ἐκφέρειν (acc.), V. κομίζειν (acc.). *Attend a funeral:* P. συνεκφέρειν (absol.). *Funeral feast,* subs.: P. περίδειπνον, τό. *Funeral gifts:* V. κτερίσμᾰτα, τά, P. and V. ἐντάφια, τά. *Funeral honours:* V. κτερισμᾰτα, τά. *Give funeral honours to,* v.: V. κτερίζειν (acc.), ἁγνίζειν (acc.). *Deprived of funeral honours,* adj.: V. ἀκτέριστος, ἄμοιρος. *Funeral oration,* subs.: P. λόγος ὁ ἐπὶ τοῖς θαπτομένοις (Thuc. 2, 35), λόγος ἐπιτάφιος (Dem. 499). *Funeral pile:* P. and V. πῦρά, ἡ, V. πυρκαιά, ἡ. *Funeral rites:* P. and V. νόμῖμα, τά (Eur., *Hel.* 1277), P. τὰ νομιζόμενα. *When any of them died and his funeral was taking place:* P. ἐπειδὴ τελευτήσειέ τις αὐτῶν καὶ τὰ νομιζόμενα φέροιτο (Dem. 308).

Funereal, adj. V. κήδειος, ἐπῐτύμβιος, P. ἐπικήδειος. Met., see *gloomy.*

Fungus, subs. Ar. μῡκης, ὁ.

Funnel, subs. P. χώνη, ἡ, Ar. χοάνη, ἡ.

Funnily, adv. P. γελοίως, καταγελάστως.

Funny, adj. P. and V. γέλοιος, Ar. and P. κᾰτᾰγέλαστος. *Strange, odd:* P. and V. ἄτοπος (Eur., *Frag.*).

Fur, subs. *Skin stripped from an animal:* P. and V. δέρμᾰ, τό, δορά, ἡ (Plat.), V. δέρος, τό. *Hair of animals:* P. and V. θρίξ, ἡ, V. χαίτη, ἡ. *Garment of fur:* V. σῐσυρνώδης στόλος (Soph., *Frag.*).

Furbish, v. trans. *Polish:* P. λαμπρύνεσθαι (Xen.).

Furious, adj. *Impetuous:* P. and V. ἔντονος, σύντονος, Ar. and V. θοῦρος, V. θούριος, αἴθων (also Plat., *Rep.* 559D, but rare P.). *Angry:* Ar. and P. χᾰλεπός, P. and V. πικρός, P. περιοργής, ὀργίλος, V. ἔγκοτος. *Mad:* P. and V. μᾰνιώδης, ἀπόπληκτος, ἔμπληκτος, Ar. and P. μᾰνῐκός, V. μαργός (Plat. also but rare P.), μαργῶν, λυσσώδης, ἐμμᾰνής (Plat. also but rare P.); see also *mad.*

Furiously, adv. *Impetuously:* P. ἐντόνως, συντόνως. *Angrily:* P. and V. πικρῶς, Ar. and P. χᾰλεπῶς, P. ὀργίλως. *Madly:* P. μανικῶς, ἐμπλήκτως; see *madly.*

Furiousness, subs. *Rush, violence:* P. and V. ὁρμή, ἡ; see *fury.*

Furl, v. trans. Ar. συστέλλειν, V. στέλλειν, κᾰθῑέναι. *Shorten sail:* Ar. and V. ὑφίεσθαι (absol.).

Furlong, subs. Ar. and P. στᾰδιον, τό.

Furlough, subs. *Exemption from service:* Ar. and P. ἀστρᾰτεία, ἡ.

Furnace, subs. Ar. ἰπνός, ὁ, V. κάμῑνος, ἡ (Æsch., *Frag.*).

Furnish, v. trans. *Supply:* P. and V. πᾰρέχειν (or mid.), πορίζειν (or mid. in P.), ἐκπορίζειν (or mid. in P.), πᾰρασκευάζειν. *Equip:* P. and V. σκευάζειν, πᾰρασκευάζειν, στέλλειν (rare P.), ἐξαρτύειν, V. ὁπλίζειν, ἐξοπλίζειν, ἐκστέλλειν, P. κατασκευάζειν. *Furnished with,* adj.: V. κᾰτήρης (dat.); see *well furnished.*

Furniture, subs. P. κατασκευή, ἡ, ἔπιπλα, τά, Ar. and P. σκεύη, τά. *Equipment:* Ar. and P. πᾰρασκευή, ἡ, P. κατασκευή, ἡ.

Furrow, subs. Ar. and P. ὁλκός, ὁ (Xen.), Ar. and V. ἄλοξ, ἡ. *Wrinkle:* Ar. and P. ῥῡτίς, ἡ.

Furrow, v. trans. V. χᾰράσσειν.

Furrowed, adj. *Wrinkled:* P. and V. ῥῡσός.

Further, v. trans. *Help on, advance:* P. and V. σπεύδειν, ἐπισπεύδειν. With non-personal subject: P. προφέρειν εἰς (acc.).

Further, adj. *More:* P. and V. πλείων, V. ὑπέρτερος. Of distance: use adv. *On the further side:* P. ἐν τῷ πέραν. *On the further side of:* P. and V. τἀπέκεινα (gen.), V. τοὐκεῖθεν (gen.). *That there should be no further unpleasantness:* P. μηδεμίαν εἶναι ἀηδίαν περαιτέρω (Dem. 1169).

Further, adv. Of distance; P. and V. πέρᾱ, περαιτέρω, P. πορρωτέρω, μακροτέραν. *Besides, furthermore:*

P. and V. ἔτι, πρὸς τούτοις, ἐπὶ τούτοις, V. καὶ πρός, πρός (rare P.), Ar. and P. προσέτι. *More, in addition* : P. and P. περαιτέρω, πέρα.

Furthest, adj. P. and V. ἔσχατος. *In the furthest part of the tomb* : V. ἐν . . . λοισθίῳ τυμβεύματι (Soph., *Ant.* 1220).

Furtive, adj. P. and V. λαθραῖος, κρυπτός, ἀφανής, κρυφαῖος (Plat.), V. κρύφιος. *Of looks* ; see *askance*.

Furtively, adv. P. and V. λάθρα, λαθραίως (rare P.), P. κρύφα, Ar. and P. κρύβδην, V. κρυφῇ (also Xen.), κρυφαίως, κρύβδα.

Fury, subs. P. and V. ὁρμή, ἡ. *Rage* : P. and V. ὀργή, ἡ, θυμός, ὁ; see *anger*. *Frenzy* : P. and V. μανία, ἡ, λύσσα, ἡ (Plat. but rare P.) ; see *frenzy*.

Fuse, v. trans. *Melt* : P. and V. τήκειν. *Fuse together* : P. συντήκειν ; see also *mix*.

Fusible, adj. P. τηκτός (Plat.), χυτός (Plat.).

Fusion, subs. *A being mixed together* : P. and V. σύγκρασις, ἡ (Eur , *Frag.*). Met., see *union*.

Fuss, subs. *Confusion* : P. ταραχή, ἡ, P. and V. θόρυβος, ὁ, ὄχλος, ὁ. *Bustle* : Ar. and P. πολυπραγμοσύνη, ἡ. *Make a fuss about* : P. χαλεπῶς φέρειν (acc.).

Fuss, v. trans. *Be agitated* : P. and V. ταράσσεσθαι. *Bustle* : Ar. and P. πολυπραγμονεῖν.

Fussiness, subs. Ar. and P. πολυπραγμοσύνη, ἡ.

Fussy, adj. *Peevish* : P. and V. δύσκολος, δυσάρεστος. *Bustling* : Ar. and P. πολυπράγμων.

Futile, adj. P. and V. κενός, μάταιος, ἀνήνυτος, ἀνωφελής, ἀνόνητος, V. ἀνωφέλητος (also Xen.) ; see *useless*.

Futility, subs. *Uselessness* : P. ἀχρηστία, ἡ.

Future, adj. P. and V. μέλλων, P. ἐσόμενος. *Coming directly* : P. and V. ἐπιών. *A future life of happiness awaits him* : V. ὁ δ' ἐπιὼν νιν βίοτος εὐδαίμων μένει (Eur., *Or.* 1659)

Future (time) : P. and V. λοιπός, μέλλων, P. ἐπίλοιπος. *Future generations* : P. and V. οἱ ἔπειτα, P. οἱ ἐπιγιγνόμενοι, V. ὕστεροι, οἱ, μεθύστεροι, οἱ, οἱ ἐπίσποροι, ἔκγονα, τά.

Future, subs. P. and V. ὁ μέλλων χρόνος, ὁ λοιπὸς χρόνος, τὸ μέλλον, τὰ μέλλοντα, V. τοὐπιόν (Eur., *Frag.*). *For the sake of the future* : P. τῶν ἐπιόντων ἕνεκα (Dem. 423). *In the future* : P. ἐν τῷ ἔπειτα. *For the future* : P. and V. τοῦ λοιποῦ χρόνου (Thuc. 8, 29), P. εἰς τὸν ἔπειτα χρόνον, εἰς τὸν ἐπίλοιπον χρόνον, V. χρόνον τὸν μέλλοντα, τὸν λοιπὸν χρόνον, εἰς τό λοιπόν, Ar. and V. τὸ λοιπόν. *Of the future he takes no heed* : V. τοὐπίσω δ' οὐδὲν σκοπεῖ (Eur., *Frag.*).

G

Gabble, v. intrans. *Chatter* : P. and V. λαλεῖν, θρυλεῖν, V. πολυστομεῖν, Ar. φληνάφαν, στωμύλλεσθαι. *Talk nonsense* : P. and V. ληρεῖν, Ar. and P. φλυαρεῖν.

Gabble, subs. *Chatter* : Ar. and P. λαλία, ἡ ; see *chatter*.

Gabbler, subs. See *chatterer*.

Gable, subs. Ar. ἀετός, ὁ (*Av.* 1110).

Gad, v. intrans. *Wander about* : P. and V. πλανᾶσθαι.

Gadfly, subs. P. and V. μύωψ, ὁ (Plat.), V. οἶστρος, ὁ. *Driven by the gadfly*, adj. : Ar. and V. οἰστροδίνητος, V. οἰστρήσας (aor. part.), οἰστροπλήξ.

Gag, v. trans. Ar. ἐμβάλλειν πάσσαλον (dat.) (*Thesm.* 222). Met., *silence* : P. κατασιωπᾶν (Xen.).

Gag, subs. Ar. πάσσαλος, ὁ.

Gage, subs. *Pledge* : P. and V. πίστις, ἡ, πιστόν, τό, ἐγγυή, ἡ, V. ῥύσιον, τό.

Gage, v. trans. *Pledge* : Ar. and P. ἐγγυᾶσθαι ; see *pledge*.

Gaiety, subs. P. and V. εὐθυμία, ἡ (Xen.). *Pleasure, delight* : P. and V. τέρψις, ἡ, ἡδονή, ἡ, χαρά, ἡ ; see *delight*.

Gaily, adv. *Cheerfully*: P. and V. εὐθύμως (Xen.), ἡδέως, P. ἱλαρῶς (Xen.). *Finely, splendidly*: P. and V. λαμπρῶς. *Spiritedly*: Ar. and P. νεᾱνῐκῶς.

Gain, subs. *Act of acquiring*: V. ἐπίκτησις, ἡ, P and V. κτῆσις, ἡ. *Profit*: P. and V. κέρδος, τό, λῆμμα, τό. *Advantage*: P. and V. ὠφέλεια, ἡ, ὄφελος, τό, ὄνησις, ἡ. Ar. and V. ὠφέλημα, τό, V. ὠφέλησις, ἡ; see *advantage*. *Superiority*: P. πλεονεξία, ἡ, πλεονέκτημα, τό. *What gain is there?* V. τί δ' ἔστι τὸ πλέον; (Eur., *Phœn.* 553). *What gain will it be to the dead?* P. τί δ ἔσται πλέον τῷ γε ἀποθανόντι; (Ant. 140). *Love of base gain*: P. and V. αἰσχροκέρδεια, ἡ. *Loving base gain*, adj.: P. and V. αἰσχροκερδής, Ar. and P. φῐλοκερδής.

Gain, v. trans. *Acquire*: P. and V. κτᾶσθαι, κᾰτακτᾶσθαι, λαμβᾰ́νειν, P. περιποιεῖσθαι; see *win*. *W n for oneself*: P. and V. κτᾶσθαι, φέρεσθαι, κομίζεσθαι, εὑρίσκεσθαι, ἐκφέρεσθαι, Ar. and V. φέρειν (al-o Plat. but rare P.), εὑρίσκειν, V. ἄρνυσθαι (also Plat. but rare P.), κομίζειν. *Gain in addition*: P. and V. ἐπικτᾶσθαι, P. προσκτᾶσθαι. *Help to gain*: P. συγκτᾶσθαί (τινι), συγκατακτᾶσθαι (τί τινι). *Gain as profit*: P. and V. κερδαίνειν, ὀνῐνάναι. *Rea h*: P. and V. ἀφικνεῖσθαι (εἰς, or πρ ς, acc.; V. also acc. alone). *Attain to*: P. and V. ἐφάπτεσθαι (gen.), ἐξικνεῖσθαι (gen. or acc.), τυγχάνειν (gen.). *A swift runner would have gained his goal*: V. ἂν . . . ταχὺς βαδιστὴς τερμόνων ἀνθήπτετο (Eur., *Med.* 1182). *Gain the heights*: P. ἀντιλαμβάνεσθαι τῶν μετεώρων (Thuc. 4, 128). *Gain the mountains*. P. λαμβάνεσθαι τῶν ὀρῶν (Thuc. 3, 24).

Gain, v. intrans. *Get advant ge*: P. and V. κερδαίνειν, ὀνῐνασθαι, P. πλεονεκτεῖν, πλέον ἔχειν; see *advantage*. *Gain the day*: P. and V νῑκᾶν, κρᾰτεῖν. *Gain ground*: P. and V. προβαίνειν; met., P. and V. προκόπτειν. *Gain on, overtake*: P. ἐπικαταλαμβάνειν. *Gain over*: P. and V. προσποιεῖσθαι, προστίθεσθαι, προσᾰγέσθαι; see *win over*. *Persuade*: P. and V. πείθειν; see *persuade*.

Gainful, adj. See *advantageous*.

Gainsay, v. trans. *Contradict*: P. and V. ἀντῐλέγειν (dat.), ἀντειπεῖν (dat.), P. ἐναντιολογεῖν (dat.), V. ἀντῐφωνεῖν (absol.). *Oppose*: P. and V. ἐναντιοῦσθαι (dat.); see *oppose*. *Deny*: P. and V. ἀρνεῖσθαι, ἀπαρνεῖσθαι, κᾰταρνεῖσθαι; see *deny*.

Gait, subs. P. βαδισμός, ὁ, βάδισμα, τό, Ar. and P. βᾰ́δῐσις, ἡ (Xen), V. κέλευθος, ἡ, ἤλῠσις, ἡ. *Appearance, manner*: P. and V. σχῆμα, τό, τρόπος, ὁ.

Galaxy, subs. See *assembly*.

Gale, subs. P. ἄνεμος μέγας, ὁ, πολὺς ἄνεμος, ὁ, P. and V. χειμών, ὁ, Ar. and V. θύελλα, ἡ, τῡφώς, ὁ, V. σκηπτός, ὁ, χεῖμα. τό. *Be caught in a gale*, v.: P. and V. χειμάζεσθαι.

Gall, v. intrans. P. and V. δάκνειν, λῡπεῖν, Ar. and V. κνίζειν, Ar. and P. ἐπιτρίβειν; see *annoy*.

Gall, subs. P. and V. χολή, ἡ. Met, *anger*: P. and V. ὀργή, ἡ, V. χόλος, ὁ, Ar. and V. χολή, ἡ; see *anger*.

Gall-bladder, subs. V. χολή, ἡ (or pl.), δοχαὶ χολῆς, αἱ.

Gallant, adj. *Brave*: P. and V. ἀνδρεῖος, ἀγαθός, εὔψῡχος; see *brave*. *Noble*: P. and V. γενναῖος, ἄγᾰθός, χρηστός, Ar. and V. ἐσθλός. *Gay*: P. and V. νεᾱνῐκός. *Well-bred*: Ar. and P. χᾰρίεις, ἀστεῖος, P. εὔχαρις. *Gallant ship*: use V. εὔσελμος ναῦς, ἡ. *Splendid*: P. and V. λαμπρός.

Gallant, subs. Use P. and V. νεᾱνίᾱς, ὁ. *Play the gallant*, v.: Ar. and P. νεᾱνιεύεσθαι.

Gallantly, adv. *Bravely*: P. and V. ἀνδρείως; see *bravely*. *Nobly*: P. and V. γενναίως, εὐκλεῶς (Xen.). *Well*: P. and V. εὖ, κᾰλῶς. *Gracefully*: P. χαριέντως. *Splendidly*: P. and V. λαμπρῶς.

Gallantry, subs. *Bravery*: P. and V. ἀρετή, ἡ, ἀνδρεία, ἡ, τἀνδρεῖον, εὐψῡχία, ἡ; see *bravery*. *Nobility*: P. and V. γενναιότης, ἡ, P. ἀνδραγαθία, ἡ. *Courtesy*: P. φιλανθρωπία, ἡ, V. εὐέπεια, ἡ. *Wanton conduct*: P. and V. ὕβρῐς, ἡ.

Gallery, subs. Ar. and P. περίδρομος, ὁ (Xen.).

Galley, subs. See *ship*.

Galling, adj. P. and V. βᾰρύς, ὀχληρός; see *vexatious*.

Gallon, subs. Use Ar. and P. χοῦς, ὁ (*about three-quarters of a gallon*).

Gallop, v. intrans. Use P. and V. τρέχειν.

Gallop, subs. Use P. and V. δρόμος, ὁ. *At a gallop*: P. and V. δρόμῳ.

Galloping, adj. Use Ar. and V. δρομαῖος.

Gallows, subs. Met., *gallows for hanging*: Ar. and V. ἀγχονή, ἡ (rare P.).

Gamble, v. intrans. Ar. and P. κῠβεύειν. *Having gambled away his property*: P. κατακυβεύσας τὰ ὄντα (Lys. 142).

Gambler, subs. P. and V. κῠβευτής, ὁ (Xen. and Soph., *Frag.*).

Gambling, subs. *Spend one's time in gambling*: P. περὶ κύβους τὰς διατριβὰς ποιεῖσθαι (Lys. 146). *Fond of gambling*, adj. Ar. φῐλόκῠβος.

Gambling-den, subs. P. σκιραφεῖον, τό.

Gambol, v. intrans. P. and V. σκιρτᾶν. *Play*: P. and V. παίζειν, V. ἀθύρειν (also Plat. but rare P.).

Gambol, subs. P. and V. παιδιά, ἡ.

Game, subs. P. and V. παιδιά, ἡ, P. παίγνιον, τό. *Make game of*, v.: P. and V. παίζειν πρός (acc.), Ar. and P. σκώπτειν (acc., or εἰς, acc.), κωμῳδεῖν (acc.); see *mock*. *Public games*, subs.: P. and V. ἀγών, ὁ, V. ἆθλος, ὁ. *Contend in the games*, v.: P. and V. ἀγωνίζεσθαι. *Animals for hunting*, subs.: Ar. and P. θηρία, τά, P. and V. θήρα, ἡ (Xen.), V. θήρευμα, τό, ἄγρα, ἡ, ἄγρευμα, τό. *Since I am surfeited with feasts of game*: V. ὡς ἔκπλεώς γε δαιτός εἰμ' ὀρεσκόου (Eur., *Cycl.* 247).

Game, v. intrans. *Gamble*: Ar. and P. κῠβεύειν.

Gamester, subs. P. and V. κῠβευτής, ὁ (Xen. and Soph., *Frag.*).

Gander, subs. P. and V. χήν, ὁ (Soph., *Frag.*).

Gang, subs. P. and V. ὄχλος, ὁ, σύστᾰσις, ἡ. *There are gangs of rascally men herding in the Piraeus*: P. ἔστιν ἐργαστήρια μοχθήρων ἀνθρώπων συνεστηκότων ἐν τῷ Πειραεῖ (Dem. 885).

Gangrene, subs. P. σηπεδών, ἡ.

Gangrened, adj. *Become gangrened*, v.: P. σφακελίζειν, P. and V. σήπεσθαι.

Gangway, subs. *Gangway for embarking or disembarking*: P. ἀποβάθρα, ἡ, V. κλῖμαξ, ἡ, κλῑμακτήρ, ὁ, σᾰνίς, ἡ.

Gantlet, subs. See *gauntlet*.

Gaol, subs. P. δεσμωτήριον, τό, εἱργμός, ὁ (Plat.), P. and V. εἱρκτή, ἡ, or pl. *Public gaol*: P. τὸ δημόσιον, V. πάνδημος στέγη; see *prison*. *Be thrown into gaol*: P. εἰς εἱρκτὴν εἰσπίπτειν.

Gaoler, subs. P. and V. φύλαξ, ὁ or ἡ.

Gap, subs. P. τὸ διάκενον, διάλειμμα, τό. *Breach in a wall*: P. τὸ διηρημένον. *Leave a gap*, v.: Ar. and P. διᾰλείπειν.

Gape, v. intrans. *Yawn*: Ar. and P. χάσκειν, χασμᾶσθαι. *Open* (of the earth): Ar. and V. διίστασθαι, P. ῥήγνυσθαι.

Gape, subs. *Yawn*: P. χάσμη, ἡ, Ar. χάσμημα, τό.

Gaping, adj. *I shall put upon my head the gaping jaws of a beast*: V. χάσμα θηρὸς ἀμφ' ἐμῷ θήσω κάρᾳ (Eur., *Rhes.* 209).

Garb, subs. P. and V. ἐσθής, ἡ, ἐσθήμᾰτα, τά, κόσμος, ὁ, σκευή, ἡ, στολή, ἡ (Plat.), V. εἷμα, τό, στολμός, ὁ, στόλισμα, τό, Ar and V. πέπλος, ὁ, πέπλωμα, τό; see *dress*.

Garbage, subs. Ar. τρᾰχήλια, τά, V. κᾰθάρμᾰτα, τά.

Garble, v. trans. P. and V. λῡμαίνεσθαι, P. μεταποιεῖν.

Garbled, adj. *False*: P. and V. ψευδής. *Fictitious*: P. and V. πεπλασμένος.

Garden, subs. P. and V. κῆπος, ὁ (Eur., *El.* 777). *To tend like a garden*, v.: V. κηπεύειν. *Flowers tended in a garden*, subs.: Ar. κηπεύμᾰτα, τά.

Gardener, subs. V. φῑτῠποίμην, ὁ.

Gardening, subs. P. κηπεία, ἡ.

Gargle, v. intrans. P. ἀνακογχυλιάζειν.

Garish, adj. P. and V. εὐπρεπής.

Garishness, subs. V. χλῐδη, ἡ; see *pomp*.

Garland, subs. P. and V. στέφᾰνος, ὁ, στέμμᾰ, τό (Plat. but rare P.), V. στέφος, τό, Ar. στεφᾰνη, ἡ; see also *wreath*. *Wear garlands*, v.: P. στεφανηφορεῖν. *Weave garlands*: Ar. στεφᾰνηπλοκεῖν.

Garlanded, adj. V. περιστεφής, πολυστεφής.

Garlic, subs. Ar. σκόροδον, τό.

Garment, subs. P. and V. ἐσθής, ἡ, ἐσθήμᾰτα, τά, σκευή, ἡ, στολή, ἡ (Plat.), V. εἷμα, τό, στολμός, ὁ, στόλισμα, τό, ἀμφιβλήμᾰτα, τά, Ar. and V. πέπλος, ὁ, πέπλωμα, τό. *Garment of*: V. ἐνδῠτον, τό (gen.).

Garner, v. trans. Ar. and P. κᾰτᾰτῐθεσθαι, P. and V. θησαυρίζειν (or mid.). *Be garnered*: P. ἀποκεῖσθαι.

Garner, subs. P. ἀποθήκη, ἡ.

Garnish, v. trans. P. and V. κοσμεῖν, ποικίλλειν; see *adorn*. *Season*: P. ἡδύνειν.

Garrison, subs. P. and V. φρούριον, τό, φρουροί, οἱ, φρουρά, ἡ, φῠλᾰκες, οἱ, Ar. and P. φῠλᾰκή, ἡ.

Garrison, v. trans. P. and V. φρουρεῖν.

Garrote, v. trans. P. and V. ἄγχειν, Ar. and P. ἀποπνίγειν.

Garrulity, subs. Ar. and P. λᾰλία, ἡ, ἀδολεσχία, ἡ, V. λᾰλήμᾰτα, τά, P. πολυλογία, ἡ.

Garrulous, adj. P. and V. λᾰλος. P. πολύλογος, V. ἀθῠρόγλωσσος στόμαργος.

Gash, subs. *Wound*: P. and V. τραῦμα, τό, ἕλκος, τό. *Cut*: P. τμῆμα (Plat., *Gorg.* 476c).

Gash, v. trans. *Wound*: P. and V. τιτρώσκειν, τραυμᾰτίζειν, ἑλκοῦν; see *wound*. *Cut*: P. and V. τέμνειν, κόπτειν.

Gasp, v. intrans. V. ἀσθμαίνειν, φῡσιᾶν. *Gasp with astonishment*: use Ar. κεχηνέναι (2nd perf. act., χάσκειν).

Gasp, subs. P. and V. ἆσθμα, τό. *Shortness of breath*: P. δύσπνοια, ἡ (Xen.). *Thus he pants out his life in gasps*: V. οὕτω τὸν αὑτοῦ θυμὸν ὁρμαίνει (Æsch., *Ag.* 1388). *I pant out hot breath in gasps unsteadily*: V πνοὰς θερμὰς πνέω μετάρσι' οὐ βέβαια (Eur., *H. F.* 1092). *Be at one's last gasp*, v.: V. ψῡχορρᾰγεῖν. *At one's last gasp*, adj.: P. and V. θᾰνᾰσῐμος, P. ἐπιθάνατος, V. ψῡχορρᾰγής.

Gasping, adj. V. δύσπνους.

Gate, subs. P. and V. πῠλη, ἡ, V. πῠλώμᾰτα, τά. *Door*: P. and V. θῠρα, ἡ, P. θυρώματα, τά, V. σᾰνῐς, ἡ, θῠρετρα, τά. *Small gate, wicket*: P. πυλίς, ἡ. *Entrance*: P. and V. εἴσοδος, ἡ. *Entrance-gates*: Ar. and P. προπύλαια, τά, V. πρόπῠλα, τά. *With seven gates*, adj.: V. ἑπτᾰπῠλος, ἑπτάστομος.

Gate-keeper, subs. P. and V. θῠρωρός, ὁ or ἡ (Plat.), φῠλαξ, ὁ or ἡ, V. πῠλωρός, ὁ or ἡ, πᾰραστᾰτης πῠλῶν, ὁ (Eur., *Rhes.*).

Gather, v. trans. *Collect*: persons or things, P. and V. συλλέγειν, σῠνᾰγειν, ἀθροίζειν, σῠναθροίζειν, ἀγείρειν; persons only, P. and V. συγκᾰλεῖν, P. συναγείρειν; things only, P. and V. συμφέρειν, συγκομίζειν, P. συμφορεῖν. *Pluck, cull*: P. and V. δρέπειν (or mid.) (Plat.); see also *choose*. *Gather fruit*: Ar. and P. τρῠγᾶν (acc. or absol.). *Infer, deduce*: P. and V. εἰκάζειν, συμβάλλειν, τεκμαίρεσθαι, δοξάζειν, τοπάζειν, V. ἐπεικάζειν. *Gather oneself together*: P. συστρέφειν ἑαυτόν, συστρέφεσθαι, Ar. and V. συστᾰλῆναι (2nd aor. pass. of συστέλλειν). *Gather in (the harvest)* : P. συγκομίζειν (Xen.). V. intrans. *Collect* : P. and V. σῠνέρχεσθαι, σῠνίστασθαι (or use pass. of trans. verbs). *Suppurate* : P. ἑλκοῦσθαι (Xen.), V. ἑλκαίνειν.

Gathering, subs. *Act of gathering* : P. and V. συλλογή, ἡ, ἄθροισις, ἡ. Of the harvest : P. συγκομιδή, ἡ. *Crowd* : P. and V. σύλλογος, ὁ, σῠ́νοδος, ἡ, ὅμῑλος, ὁ, σύστᾰσις, ἡ ; see *crowd*. *Social gathering* : Ar. and P. σῠνουσία, ἡ. *Sore* : P. and V. ἕλκος, τό.

Gauche, adj. P. and V. σκαιός ; see *awkward*.

Gaucherie, subs P. and V. σκαιότης, ἡ.

Gaud, subs. Use V. χλῐδή, ἡ ; see also *toy*.

Gaudily, adv. P. and V. λαμπρῶς.

Gaudiness, subs, P. λαμπρότης, ἡ.

Gaudy, adj. P. and V. λαμπρός.

Gauge, subs. *Measure* : P. and V. μέτρον, τό.

Gauge, v. trans. *Measure* : P. and V. μετρεῖν (or mid.), συμμετρεῖσθαι, ἀνᾰμετρεῖν (or mid.), σταθμᾶσθαι (Plat.), V. σταθμᾶν, ἐκμετρεῖν (or mid.). *Infer, guess* : P. and V. συμβάλλειν, τεκμαίρεσθαι, τοπάζειν ; see *guess*.

Gaunt, adj. Ar. and P. ἰσχνός, λεπτός.

Gauntlet, subs. P. χειρίς, ἡ (Xen.). *Throw down the gauntlet to, challenge*, v. : P. προκαλεῖσθαι (acc.). *Run the gauntlet, run the risk* : Ar. and P. κινδῡνεύειν, πᾰρᾰκινδῡνεύειν, V. τρέχειν ἀγῶνα, P. διακινδύνευειν. *Run the gauntlet of* : see *face*.

Gauntness, subs. P. λεπτότης, ἡ.

Gauze, subs. P. and V. σινδών, ἡ.

Gay, adj. *Cheerful* : P. εὔθυμος, Ar. and V. ῑ̔λᾰρός (Xen.). Of looks : P. and V. φαιδρός, V. λαμπρός, φαιδρωπός, Ar. and V. εὐπρόσωπος (also Xen.). Of clothes : V. θεωρῐκός. *Fine, splendid* : P. and V. λαμπρός. *High-spirited* : Ar. and P. νεᾱνῐκός. *Pleasant* : P. and V. ἡδῠ́ς. *Self-indulgent* : Ar. and P. τρῠφερός.

Gaze, v. intrans. P. and V. ὁρᾶν, θεᾶσθαι, θεωρεῖν, ἀθρεῖν, βλέπειν, ἀποβλέπειν, σκοπεῖν, V. εἰσορᾶν (or mid.) (rare P.), προσδέρκεσθαι, εἰσδέρκεσθαι, Ar. and V. λεύσσειν, δέρκεσθαι. *Gaze at* : P. and V. βλέπειν εἰς (acc.), ἀποβλέπειν εἰς (acc.) or πρός (acc.), ἐμβλέπειν (dat.), προσβλέπειν (acc.) (Plat., *Rep.* 336D), P. ἐπιβλέπειν πρός (acc.) or ἐπί (acc.).

Gaze, subs. P. and V. βλέμμᾰ, τό, ὄψῐς, ἡ, V. δέργμᾰ, τό. *Eye* : P. and V. ὀφθαλμός, ὁ, ὄψῐς, ἡ, ὄμμᾰ, τό (Thuc. and Plat., but rare P.).

Gazelle, subs. P. and V. δορκάς, ἡ (Xen.).

Gear, subs. Ar. and P. σκεύη, τά. *Throw out of gear*, v. : P. and V. τᾰράσσειν.

Gem, subs. Ar. and P. λίθος, ὁ or ἡ, P. λιθίδιον, τό. See Plat., *Phaedo*, 110D-E for reference to *gems*. See also *jewel*.

Gem, v. trans. Use P. and V. ποικίλλειν.

Gender, subs. P. γένος, τό. For a discussion on *gender*, see Ar., *Nub.* 658-692.

Genealogy, subs. P. γενεαλογία, ἡ. *Family, race* : P. and V. γένος, τό. *Trace a genealogy*, v. : P. γενεαλογεῖν (acc.) ; see *pedigree*.

General, adj. *Common, shared by all* : P. and V. κοινός, V. ξῡνός, πάγκοινος. *Public* : P. and V. κοινός, Ar. and P. δημόσιος. *Customary* : P. and V. σῠνήθης, εἰωθώς, νόμῐμος, εἰθισμένος, ἠθάς, P. σύντροφος, Ar. and P. νομιζόμενος. *What is this general assertion that you make ?* V. ποῖον τοῦτο πάγκοινον λέγεις ; (Soph., *Ant.* 1049). *Keeping as near as possible to the general tenor of the words really spoken* : P. ἐχόμενος ὅτι ἐγγύτατα τῆς συμπάσης γνώμης τῶν ἀληθῶς λεχθέντων (Thuc. 1, 22). *Do you mean the ruler and superior in the general sense or in the exact* *signification*: P. ποτέρως λέγεις τὸν ἄρχοντά τε καὶ τὸν κρείσσονα τὸν ὡς ἔπος εἰπεῖν ἢ τὸν ἀκριβεῖ λόγῳ (Plat., *Rep.* 341B). *The plague was such in its general manifestations*: P. τὸ νόσημα . . . τοιοῦτον ἦν ἐπὶ πᾶν τὴν ἰδέαν (Thuc. 2, 51). *In general*: see *generally*. *People in general*: P. and V. οἱ πολλοί, τὸ πλῆθος. *Judging from my assertions and my public life in general*: P. ἐνθυμούμενοι ἐκ τῶν εἰρημένων καὶ τῆς ἄλλης πολιτείας (Lys. 111). *On general grounds*: P. and V. ἄλλως (Eur., *I. A.* 491).

General, subs. P. and V. στρᾰτηγός, ὁ, V. στρᾰτηλάτης, ὁ, Ar. and V. τᾱγός, ὁ. *Leader*: P. and V. ἡγεμών, ὁ; see also *commander*. *Be general*, v.: P. and V. στρᾰτηγεῖν, V. στρᾰτηλᾰτεῖν. *Of a general*, adj.: P. στρατηγικός. *Like a good general*, adv.: Ar. στρᾰτηγῐκῶς. *General's quarters*: P. and V. στρᾰτήγιον, τό. *The opening of the general's tent*: V. στρᾰτηγίδες πύλαι, αἱ.

Generality, subs. *The generality of people*: P. and V. τὸ πλῆθος, οἱ πολλοί. *Generalities*: P. τὰ ὡς ἐπὶ τὸ πολύ.

Generally, adv. *In common*: P. and V. κοινῇ. *For the most part*: P. ὡς ἐπὶ πολύ, τὰ πολλά (Thuc. 1, 122). *To speak generally, in general terms*: P. ὡς ἐπὶ πᾶν εἰπεῖν. *As is generally the case*: P. οἷα . . . φιλεῖ γίγνεσθαι (Thuc. 7, 79). *Generally and in detail*: κατὰ πᾶν καὶ καθ' ἕκαστον. *Broadly, in outline*: P. ἁπλῶς, οὐκ ἀκριβῶς, τύπῳ. *On general grounds*: P. and V. ἄλλως (Eur., *I. A.* 491). *Customarily*: P. and V. εἰωθότως, P. συνήθως.

Generalship, subs. *Office of general*: P. and V. στρᾰτηγία, ἡ, τὸ στρᾰτηγεῖν. *Skill in command*: P. στρᾰτηγία, ἡ. *Expert in generalship*, adj.: P. στρατηγικός.

Generate, v. trans. P. and V. γεννᾶν, τίκτειν, φύειν (Plat.); see *beget*. *Generate a feeling, etc.* (in persons or things): P. and V. ἐντίκτειν (τινί τι), ἐντῐθέναι (τινί τι), ἐμβάλλειν (τινί τι), P. ἐμποιεῖν (τινί τι), ἐνεργάζεσθαι (τινί τι); see *engender*.

Generating, adj. Of a parent: V. φῠτουργός.

Generation, subs. *Act of generating*: Ar. and P. γένεσις, ἡ, P. γέννησις, ἡ, P. and V. σπορά, ἡ (Plat. but rare P.). *A coming into being* (as opposed to *decay*): P. γένεσις, ἡ. *Period of time*: Ar. and P. γενεά, ἡ, V. γονή, ἡ, γέννᾰ, ἡ; see *age*. *Many generations later*: P. πολλαῖς γενεαῖς ὕστερον. *The third generation*: V. τρῐτόσπορος γονή. *Future generations*: P. and V. οἱ ἔπειτα, P. οἱ ἐπιγιγνόμενοι, V. ὕστεροι, οἱ, μεθύστεροι, οἱ, οἱ ἐπίσποροι, ἔκγονα, τά. *Family*: P. and V. γένος, τό, V. γονή, ἡ, Ar. and V. γέννᾰ, ἡ; see *family*.

Generative, adj. P. γόνιμος, V. γενέθλιος, φῠτάλμιος.

Generosity, subs. *In giving*: P. ἀφθονία, ἡ, ἐλευθεριότης, ἡ. *High-mindedness*: P. and V. γενναιότης, ἡ, τὸ γενναῖον, P. μεγαλοψυχία, ἡ, μεγαλοφροσύνη, ἡ. *Humanity*: P. φιλανθρωπία, ἡ.

Generous, adj. *Munificent*: P. φιλόδωρος, Ar. μεγᾰλόδωρος. *Abundant*: P. and V. ἄφθονος, πολύς, V. ἐπίρρῠτος. *Ungrudging*: V. ἄφθονος. *Free, liberal*: P. and V. ἐλεύθερος, P. ἐλευθέριος. *High-minded*: P. and V. γενναῖος, P. μεγαλόφρων, μεγαλόψυχος, V. εὐγενής. *Humane*: P. and V. φῐλάνθρωπος. *Good* (of persons or things): P. and V. χρηστός, γενναῖος.

Generously, adv. *Munificently*: P. φιλοδώρως. *Abundantly*: P. and V. ἀφθόνως (Eur., *Frag.*). *Liberally*: P. and V. ἐλευθέρως. *Nobly*: P. and V. γενναίως, P. μεγαλοψύχως, V. εὐγενῶς.

Genial, adj. *Cheerful*: P. εὔθυμος, Ar. and P. ἱλᾰρός (Xen.). *Affable*: P. and V. φῐλόφρων (Xen.), εὐπροσήγορος, φῐλάνθρωπος, P. εὐπρόσοδος ῥᾴδιος, κοινός. Of looks: P. and V. φαιδρός, V. λαμπρός, φαιδρωπός. Of climate: P. εὔκρας (Plat.); see *equable*. *Generative*: V. φυτάλμιος.

Geniality, subs. *Cheerfulness*: P. and V. εὐθυμία, ἡ (Xen.). *Affability*: P. εὐπροσηγορία, ἡ, φιλανθρωπία, ἡ.

Genially, adv. P. and V. εὐθύμως (Xen.), P. ἱλαρῶς (Xen.). *Affably*: P. and V. φιλοφρόνως (Plat.), P. φιλανθρώπως.

Genius, subs. *Familiar spirit*: P. and V. δαίμων, ὁ or ἡ, P. δαιμόνιον, τό. *Disposition*: P. διάθεσις, ἡ. *Nature, character*: P. and V. φύσις, ἡ. *Intellectual power*: P. and V. γνώμη, ἡ, σύνεσις, ἡ, σοφία, ἡ, φρόνησις, ἡ. *Have a genius for*: P. εὐφυὴς εἶναι πρός (acc.) or εἰς (acc.). Concretely, *a clever person*: P. and V. σοφιστής, ὁ, or use adj., P. and V. σοφός, συνετός. *The evil genius of Greece*: V. Ἑλλάδος μιάστωρ, ὁ; in same sense, P. and V. ἀλάστωρ, ὁ (Dem. 324). *If I must speak the truth without reserve I should not hesitate to call him the evil genius of all that perished thereafter*: P. εἰ μηδὲν εὐλαβηθέντα τἀληθὲς εἰπεῖν δέοι, οὐκ ἂν ὀκνήσαιμι ἔγωγε κοινὸν ἀλιτήριον τῶν μετὰ ταῦτα ἀπολωλότων ἁπάντων εἰπεῖν (Dem. 280).

Gentility, subs. P. and V. γενναιότης, ἡ, εὐγένεια, ἡ (Plat.), τὸ γενναῖον.

Gentle, adj. P. and V. πρᾶος, ἤπιος, φιλάνθρωπος, ἥμερος, ἐπιεικής, V. πρευμενής, πέπων. *Soft*: Ar. and P. μαλακός, Ar. and V. μαλθακός, P. and V. λεῖος (Plat.). *Quiet*: P. and V. ἥσυχος, ἡσυχαῖος (Plat.), P. ἡσύχιος, ἠρεμαῖος. *Moderate*: P. and V. μέτριος. *On a gentle slope*: P. ἐν ἠρέμα προσάντει (Plat., *Phaedr.* 230c). *Of motion*: P. and V. ἥσυχος. *Of gentle birth*: P. and V. γενναῖος, εὐγενής (Plat. and Thuc.), Ar. and V. ἐσθλός.

Gentleman, subs. Use Ar. and P. καλός κἀγαθός, Ar. καλός τε κἀγαθός. *Well-born*: use adj. P. and V. γενναῖος, εὐγενής (Plat. and Thuc.), Ar. and V. ἐσθλός. *Your master's a gentleman*: Ar. γεννάδας ἀνὴρ ὁ δεσπότης σου (*Ran.* 738).

Gentleness, subs. P. πρᾳότης, ἡ, φιλανθρωπία, ἡ, ἐπιείκεια, ἡ, V. πρευμένεια, ἡ, εὐοργησία, ἡ. *Quiet*: Ar. and P. ἡσυχία, ἡ.

Gently, adv. P. and V. ἠπίως, P. φιλανθρώπως, πρᾴως, V. εὐφρόνως, πρευμενῶς. *Softly*: Ar. and P. μαλακῶς, Ar. and V. μαλθακῶς. *Quietly*: P. and V. ἡσυχῇ, ἡσύχως (rare P.), Ar. and V. ἀτρέμα (rare P.), Ar. and P. ἀτρέμας, ἠρέμα. *Slightly, moderately*: P. and V. μετρίως.

Genuine, adj. P. ἀληθινός, ἀκίβδηλος, P. and V. γνήσιος. Of character: P. and V. ἁπλοῦς, Ar. and P. ἄδολος.

Genuinely, adv. P. ἀληθινῶς, ἀκιβδήλως, P. and V. γνησίως. *Openly, guilelessly*: P. and V. ἁπλῶς, P. ἀδόλως.

Genuineness, subs. *Correctness*: Ar. and P. ὀρθότης, ἡ, V. νημέρτεια, ἡ. *Truth*: P. and V. ἀλήθεια, ἡ, τἀληθές.

Genus, subs. P. γένος, τό (Plat.).

Geography, subs. Use τὰ περὶ τῆς γῆς. *Acquainted with the geography of a place*: P. ἔμπειρος τῆς γῆς.

Geometer, subs. P. γεωμέτρης, ὁ.

Geometrical, adj. P. γεωμετρικός.

Geometry, subs. Ar. and P. γεωμετρία, ἡ, P. γεωμετρική, ἡ. *Practise geometry*: V., Ar. and P. γεωμετρεῖν.

Germ, subs. Use P. and V. σπέρμα, τό. *Beginning, origin*: P. and V. ἀρχή, ἡ.

German, germane, adj. Met., *akin, nearly allied*: P. and V. συγγενής, ἀδελφός, προσήκων, P. οἰκεῖος, σύννομος.

Germinate, v. trans. *Produce*: P. and V. γεννᾶν, φύειν (Plat.). V. intrans. *Bud*: P. and V. βλαστάνειν (Dem. but rare P.).

Gesticulate, v. intrans. Ar. and P. σχηματίζειν (or mid.) (Xen.), P. χειρονομεῖν. *Even gesticulating with their bodies in sympathy with their* *feelings*: P. τοῖς σώμασιν αὐτοῖς ἴσα τῇ δόξῃ συναπονεύοντες (Thuc. 7, 71).

Gesture, subs P. and V. σχῆμα, τό.

Get, v. trans. P. and V. κτᾶσθαι, κăτακτᾶσθαι, λαμβάνειν, Ar. and V. πεπᾶσθαι (perf. infin. of πάεσθαι) (also Xen. but rare P.); see also *receive*. *Win for oneself*: P. and V. φέρεσθαι, ἐκφέρεσθαι, κομίζεσθαι, εὑρίσκεσθαι, Ar. and V. φέρειν (also Plat. but rare P.), εὑρίσκειν, V. ἄρνυσθαι (also Plat. but rare P.), ἀνύτεσθαι, κομίζειν. *Fetch*: P. and V. φέρειν, κομίζειν, ἄγειν, V. πορεύειν. *Attain to, reach, obtain*: P. and V. τυγχάνειν (gen.), Ar. and V. κῠρεῖν (gen.). *Get in addition*: P. and V. ἐπικτᾶσθαι, προσλαμβάνειν, P. προσκτᾶσθαι. *Get in return*: P. ἀντιτυγχάνειν (gen.). *Help to get*: P. συγκτᾶσθαι (τινί), συγκατακτᾶσθαί (τινί τι). *Get a person to do a thing*: P. and V. πείθειν τινα ποιεῖν τι or ὥστε ποιεῖν τι. *Get a thing done*: P. and V. πράσσειν ὅπως τι γενήσεται. V. intrans. *Become*: P. and V. γίγνεσθαι. *Get at, reach*, v. trans.: P. and V. ἐξικνεῖσθαι (gen. or acc.); see *reach*; met., *intrigue with*: P. κατασκευάζειν (acc.). *Get back, recover*: P. and V. ἀνακτᾶσθαι, κομίζεσθαι, ἀνăλαμβάνειν, P. ἀνακομίζεσθαι, V. κομίζειν; see *recover*. *Get on with, have dealings with*: P. and V. συγγίγνεσθαι (dat.); see *have dealings with*, under *dealings*. *Difficult to get on with*: V. σῠναλλάσσειν βăρύς. *Get off, be acquitted*: P. and V. φεύγειν, σώζεσθαι, Ar. and P. ἀποφεύγειν. *Fare (after any enterprise)*: P. and V. ἀπαλλάσσειν, ἀπέρχεσθαι, V. ἐξăπαλλάσσεσθαι. *Do you think after cheating us that you should get off scot free*: Ar. μῶν ἀξιοῖς φενακίσας ἡμᾶς ἀπαλλαγῆναι ἀζήμιος (*Pl.* 271). *Get oneself into trouble*: P. εἰς κακὸν αὑτὸν ἐμβάλλειν (Dem. 32). *What troubles I've got myself into*: Ar. εἰς οἷ' ἐμαυτὸν εἰσεκύλισα πράγματα (*Thesm.* 651). *Get out of*: see *quit, escape*. *Get out of what one has said*: P. ἐξαπαλλάσσεσθαι τῶν εἰρημένων (Thuc. 4, 28), ἐξαναχωρεῖν τὰ εἰρημένα (Thuc. 4, 28). *Get round, cheat*: Ar. περιέρχεσθαι (acc.). *Get over*: see under *over*. *Get the better of*: P. πλεονεκτεῖν (gen.), πλέον ἔχειν (gen.), πλέον φέρεσθαι (gen.); see *conquer*. *Get the worst of it*: P. and V. ἡσσᾶσθαι, P. ἔλασσον ἔχειν, ἐλασσοῦσθαι. *Get to*: see *reach*. *Get together*, v. trans.: P. συνιστάναι; see *collect*. *Get up, contrive fraudulently*: P. κατασκευάζειν; see *trump up*. *Prepare*: P. and V. πăρασκευάζειν; see *prepare*. *I got you up (dressed you up) as Hercules in fun*: Ar. σὲ παίζων . . . Ἡρακλέα 'νεσκεύασα (*Ran.* 523). V. intrans. *Rise up*: P. and V. ἀνίστασθαι, ἐξăνίστασθαι, V. ὀρθοῦσθαι.

Ghastliness, subs. *Paleness*: P. ὠχρότης, ἡ. *Terribleness*: P. δεινότης, ἡ.

Ghastly, adj. *Pale*: P. and V. ὠχρός. *Horrible*: P. and V. δεινός, φοβερός, φρῑκώδης, V. δυσθέāτος, ἔμφοβος, δύσχῑμος.

Ghost, subs. P. and V. φάσμă, τό, εἰκών, ἡ, εἴδωλον, τό, φάντασμα, τό, V. σκιά, ἡ, ὄψις, ἡ, δόκησις, ἡ. *Give up the ghost*: P. τὴν ψυχὴν ἀφιέναι (Dem. 1225); see *die*.

Ghostly, adj. *Dim, shadowy*: Ar. and P. σκιοειδής, V. ἀμαυρός, P. ἀμυδρός. *Flitting*: P. and V. κοῦφος, πτηνός (Plat.), Ar. and V. αἰόλος. *Summoning the dead*: V. ψῡχăγωγός.

Ghoul, subs. *Hobgoblin*: Ar. and P. μορμολῠκεῖον, τό (Plat.), Μορμώ, ἡ (Xen.).

Giant, subs. P. and V. γίγāς, ὁ; use also V. Τῑτάν, ὁ, Ar. and V. γηγενής, ὁ. *Battle with giants*: P. γιγαντομαχία, ἡ.

Giantess, subs. Use V. Τῑτāνίς, ἡ.

Gibber, v. intrans. Use P. and V. ψοφεῖν.

Gibbet, subs. Use V. σκόλοψ, ὁ (lit., *stake for impaling*) Met., *for hanging*: Ar. and V. ἀγχόνη, ἡ (rare P.).

Gibbet, v. trans. P. ἀνασταυροῦν (lit. *impale*).

Gibe, subs. Ar. and P. σκῶμμα, τό, P. χλευασία, ἡ, χλευασμός, ὁ, πομπεία, ἡ, V. κερτόμησις, ἡ; see *mockery*.

Gibe, v. intrans. P. and V. σκώπτειν (Eur., *Cycl.* 675), Ar. and P. χλευάζειν; see *mock*.

Giddiness, subs. P. ἴλιγγος, ὁ, σκοτοδινία, ἡ. Met., *silliness*: P. and V. ἄνοια, ἡ, ἀφροσύνη, ἡ. *Thoughtlessness*: P. and V. ῥᾳθυμία, ἡ. *Wantonness*: P. and V. τρυφή, ἡ.

Giddy, adj. Ar. and P. ἰλιγγιῶν, σκοτοδινιῶν. *Be giddy*, v.: Ar. and P. ἰλιγγιᾶν, σκοτοδινιᾶν. Met., *silly*: P. and V. ἄφρων *Thoughtless, careless*: P. and V. ῥάθυμος. *Light-hearted*: V. κουφόνους, ἐλαφρός. *Flitting*: P. and V. κοῦφος; see *flitting*. As applied to a height, use P. ἀπότομος, κρημνώδης, ἀπόκρημνος; see *precipitous*. *Self-indulgent, wanton*: Ar. and P. τρυφερός.

Gift, subs. P. and V. δῶρον, τό, δωρεά, ἡ, δόσις, ἡ, Ar. and V. δώρημα, τό (also Xen. but rare P.), Ar. and V. γέρας, τό. *Free gift*: P. and V. δωρεά, ἡ. *Bring gifts*, v.: Ar. and P. δωροφορεῖν. *Receive gifts (bribes)*: Ar. and P. δωροδοκεῖν. *Nor shall he be without a gift at his friends' hands*: V. οὐδ' ἀδώρητος φίλων ἔσται πρὸς ἀνδρῶν (Eur., *Hec.* 42). *Natural capacity*: P. and V. δύναμις, ἡ. *Have a gift for*: P. εὐφυὴς εἶναι πρός (acc.) or εἰς (acc.).

Gifted, adj. P. and V. εὐφυής (Eur., *Frag.*); see *clever*. *Gifted with*: P. and V. ἐπήβολος (gen.) (Plat.).

Gig, subs. *Light boat*: Ar. and P. κέλης, ὁ, P. κελήτιον, τό. *Carriage*: see *carriage*.

Gigantic, adj. P. and V. μέγας, μέγιστος, ὑπερφυής (Æsch., *Frag.*), P. ὑπερμεγεθής, Ar. ὑπέρμεγας. Ironically: Ar. πελώριος; see *vast*.

Giggle, v. intrans. Ar. κιχλίζειν.

Gild, v. trans. Ar. καταχρυσοῦν. *Be gilded*: Ar. and P. χρυσοῦσθαι.

Gilded, adj. V. ἀμφίχρυσος.

Gimlet, subs. Use P. and V. τρύπανον, τό (Plat. and Eur., *Cycl.*).

Gin, subs. *Snare*: P. and V. ἄρκυς, ἡ (Plat.), πάγη, ἡ (Plat.), δίκτυον, τό (Xen. also Ar.), βρόχος, ὁ (Plat.), P. θήρατρον, τό (Xen.).

Gipsy, subs. Ar. and V. νομάς ὁ or ἡ. *Roving impostor*: P. and V. ἀγύρτης, ὁ. Fem., V. ἀγύρτρια, ἡ. *Wanderer*: P. and V. πλανήτης, ὁ.

Gird, v. trans. *Encircle*: P. and V. περιβάλλειν, V. ἀμπέχειν, ἀμφιβάλλειν; see also *surround*. *Gird at*: met., see *abuse, attack*. *Gird on*: P. παραζωννύναι; see *don*. *Gird oneself up*: Ar. συζώννυσθαι, συστέλλεσθαι. *Gird round oneself*: Ar. περιζώννυσθαι (acc.), V. καταζώννυσθαι (acc.). *Gird up (clothes)*: Ar. σύστελλεσθαι, συζωννύναι, Ar. and V. ἀναστέλλεσθαι.

Girded, adj. *Wearing a girdle*: P. διεζωσμένος.

Girdle, subs. P. and V. ζώνη, ἡ (Plat.), V. ζωστήρ, ὁ, Ar. and V. ζῶμα, τὸ, P. διάζωμα, τό, Ar. ζώνιον, τό.

Girdle, v. trans. *Surround*: P. and V. περιβάλλειν, V. ἀμπέχειν; see *surround*.

Girl, subs. P. and V. παῖς, ἡ, κόρη, ἡ, παρθένος, ἡ (Plat.), Ar. and V. νεᾶνις, ἡ. *Little girl*: Ar. μεῖραξ, ἡ, μειρακίσκη, ἡ. *Of a girl*, adj.: Ar. and V. παρθένειος.

Girlhood, subs. V. παρθενεία, ἡ.

Girlish, adj. Ar. and V. παρθένειος; see *childish*. *Effeminate*: P. and V. γυναικεῖος. *With the face of a girl*: V. παρθενωπός.

Girt, adj. P. διεζωσμένος. *Girt for action*: Ar. συσταλείς, P. εὔζωνος. *A hill girt with sea foam*: V. ὄχθον περίρρυτον ἀφρῷ θαλάσσης (Eur., *Frag.*). *A house girt with battlements*: V. δῶμα περιφερὲς θριγκοῖς (Eur., *Hel.* 430). *Shut in*: P. and V. εἴργειν, κατείργειν.

Girth, subs. *Size* : P. and V. μέγεθος, τό. *Bulk* : P. and V. ὄγκος, ὁ. *Circumference* : P. and V. περίβολος, ὁ, περῐβολή, ἡ, Ar. and P. περῐφορά, ἡ.

Gist, subs. P. κεφάλαιον, τό.

Give, v. trans. P. and V. δῐδόναι, νέμειν, δωρεῖσθαι (Plat.), πᾰρέχειν, V. πορσῡ́νειν, πορεῖν (2nd aor.), Ar. and V. ὀπάζειν. *Confer* : P. and V. προσφέρειν, προστῐθέναι, P. ἀπονέμειν. *Lend, afford* : P. and V. ἐνδῐδόναι. *Give voluntarily* : Ar. and P. ἐπῐδῐδόναι. *They would attack us in conjunction with the Sicilians whose alliance they would have given much to secure ere this* : P. συνεπιθεῖντο ἂν μετὰ Σικελιωτῶν οὓς πρὸ πολλῶν ἂν ἐτιμήσαντο συμμάχους γενέσθαι ἐν τῷ πρὶν χρόνῳ (Thuc. 6, 10; cf. also Dem. 299). *Give away, fling away without return* : P. and V. προπίνειν, P. προΐεσθαι. *Give away in marriage* : P. and V. ἐκδῐ́δοναι (or mid.). *Give back* : P. and V. ἀποδῐδόναι. *Give besides* : P. and V. προσδῐδόναι, ἐπῐδῐδόναι. *Give forth, emit* : P. and V. ἀφῑέναι, ἐξῑέναι, ἀνῑέναι, ἀνᾰδῐδόναι, ἐκβάλλειν, V. μεθῑέναι, ἐξᾰνῑέναι, προπέμπειν, ἐκπέμπειν; see also *utter*. *Give in* : P. ἀποφέρειν; v. intrans. : P. and V. ἐνδῐδόναι; see *give way*. *Give in return*, v. trans. : P. and V. ἀντῐδῐδόναι, ἀντῐδωρεῖσθαι (Plat.). *Give out* : see *distribute, announce*. *Fail*, v. intrans. : P. and V. ἐκλείπειν, ἐλλείπειν, Ar. and V. λείπειν (rare P.), Ar. and P. ἐπῐλείπειν. *Give over*, v. trans. : P. and V. πᾰρᾰδῐδόναι, ἐκδῐδόναι. *Cease*, v. intrans. : P. and V. παύεσθαι, ἀνᾰπαύεσθαι; see *cease*. *Give a share in* : P. and V. μετᾰδῐδόναι (τινί τινος) (Eur., *Or.* 281, 450). *Give up, deliver up*, v. trans. : P. and V. πᾰρᾰδῐδόναι, ἐκδῐδόναι, ἀφῑέναι, ἐφιέναι, πᾰρῑέναι. *Give up (for torture)* : P. ἐκδιδόναι. *Relinquish* : P. and V. ἀφίστασθαι (gen.), ἐξίστασθαι (gen.), μεθῑέναι, Ar. and V. μεθίεσθαι (gen.), V. διᾰμεθῑέναι; see also *renounce*. *Betray* : P. and V. προδῐδόναι, Ar. and P. προῑέναι (or mid.). *It is not yet seven years since I have given up sea-faring* : P. οὔπω ἔτη ἐστὶν ἑπτὰ ἀφ' οὗ τὸ πλεῖν καταλέλυκα (Dem. 893). *Give oneself up for lost* : P. προΐεσθαι ἑαυτόν (Thuc. 2, 51). *Give up, cease*, v. intrans. : P. and V. παύεσθαι, ἀνᾰπαύεσθαι; see *cease*. *Give way* : P. and V. εἴκειν, ὑπείκειν, συγχωρεῖν, ἐκχωρεῖν, Ar. and P. πᾰρᾰχωρεῖν, ὑποχωρεῖν; see under *way*. *Give way to* : P. and V. ἐνδῐδόναι (dat.) (Eur., *Tro.* 687), συγχωρεῖν (dat.), εἴκειν (dat.), ὑπείκειν (dat.), Ar. and P. ὑποχωρεῖν (dat.), πᾰρᾰχωρεῖν (dat.), V. ἐκχωρεῖν (dat.), ἐξίστασθαι (dat.), προσχωρεῖν (dat.), P. ὑποκατακλίνεσθαι (dat.). *Give way (to feelings)* : P. and V. εἴκειν (dat.), ἡσσᾶσθαι (gen.), P. ἐνδιδόναι (dat.). *Give play to* : P. and V. χρῆσθαι (dat.). *Indulge* : P. and V. χᾰρίζεσθαι (dat.). *Given, not asked* : V. δωρητὸς οὐκ αἰτητός (Soph., *O. R.* 384).

Giver, subs. V. δοτήρ, ὁ.

Glad, adj. *Cheerful* : P. εὔθυμος, Ar. and P. ἱλᾰρός (Xen.). *Joyful* : P. and V. ἡδύς, περῐχᾰρής, γεγηθώς (rare P.). Of looks : P. and V. φαιδρός, V. λαμπρός, φαιδρωπός, Ar. and V. εὐπρόσωπος (also Xen.). *Be glad* : P. and V. ἥδεσθαι, χαίρειν, τέρπεσθαι; see *rejoice*. *Willing* : P. and V. ἑκών, ἄσμενος. *Welcome* : P. and V. ἡδύς, ἀρεστός, V. φίλος; see *delightful, acceptable*. *Glad (of news)* : V. κεδνός. *Cheering* : V. εὔφρων.

Gladden, v. trans. P. and V. εὐφραίνειν, τέρπειν, Ar. and V. προσγελᾶν (Æsch., *Eum.* 253); see *please*.

Glade, subs. P. and V. νάπη, ἡ (Plat. and Xen. but rare P.), νάπος, τό (Xen. but rare P.), ἄγκος, τό (Xen. but rare P.), Ar. and V. γύᾰλα, τά. *Woodland glades* : V. νᾰπαῖαι πτῠχαί, αἱ.

Gladiator, subs. μονόμαχος, ὁ (late).

Gladly, adj. P. and V. ἀσμένως, ἡδέως, or use P. and V. adj., ἄσμενος, ἑκών (in agreement with subject).

Gladness, subs. P. and V. ἡδονή, ἡ, τέρψῐς, ἡ, χᾰρά, ἡ, V. χαρμονή, ἡ (Plat. also but rare P.), χάρμᾰ, τό.

Gladsome, adj. See *glad*.

Glamour, subs. P. εὐπρέπεια, ἡ; see also *attraction*. *Glory*: P. and V. σχῆμα, τό, πρόσχημα, τό.

Glance, subs. P. and V. βλέμμᾰ, τό, ὄψῐς, ἡ, V. δέργμᾰ, τό. *Eye*: P. and V. ὀφθαλμός, ὁ, ὄψῐς, ἡ, ὄμμᾰ, τό (Thuc. and Plat. but rare P.); see also *face*. *A tender glance of the eyes*: V. ὄμματος θελκτήριον τόξευμα (Æsch., *Supp.* 1004). *Flash of light*: P. and V. ἀστρᾰπή, ἡ. *At a glance, immediately*: P. and V. εὐθύς. *See at a glance*, v.: P. συνορᾶν (acc. or absol.). *Cast a glance*: V. ὄψιν προσβάλλειν (dat.) (Eur., *Ion*, 43).

Glance, v. intrans. *Look*: P. and V. βλέπειν, ἀποβλέπειν. *Peep*: Ar. πᾰρᾰκύπτειν. διᾰκύπτειν (also Xen.), πᾰραβλέπειν. *Glance at, peep at*, v. trans: P. and V. ὑποβλέπειν (acc.), V. πᾰραβλέπειν (acc.), πᾰρεμβλέπειν εἰς (acc.). *Glance casually at*: met., P. παρακύπτειν ἐπί (acc.) (Dem. 46). Met., *touch upon (a subject)*: P. and V. ἅπτεσθαι (gen.) (Eur., *Hec.* 586). *Hint at*: see *hint at*. *Flash*, v. intrans.: P. and V. λάμπειν (Plat.), ἐκλάμπειν (Plat.), ἀστράπτειν (Plat.), στίλβειν (Plat.), Ar. and V. φλέγειν, λάμπεσθαι, V. αἴθειν, αἴθεσθαι, μαρμαίρειν; see *shine*. *Glance aside* (of a weapon, etc.): V. ἐξολισθάνειν, P. ἀπολισθάνειν; see *turn aside*.

Glancing, adj. *Flashing*: P. and V. λαμπρός, Ar. and V. αἴθων, αἰόλος; see *flashing*.

Glare, subs. *Brightness*: P. μαρμαρυγή, ἡ (Plat.), Ar. and V. σέλᾰς, τό (also Plat. but rare P.), αὐγή, ἡ (also Plat. in sense of *ray*); see *flash*. *Angry look*: use V. σκυθρωπὸν ὄμμα, στυγνὸν πρόσωπον. *Heat*: P. and V. καῦμα, τό, θάλπος, τό (Xen.).

Glare, v. intrans. *Look angry*: Ar. and P. σκυθρωπάζειν, V. σκυθράζειν. *Glare at*, v. trans.: P. and V. ὑποβλέπειν (acc., or πρός, acc.), V. παπταίνειν (acc.).

Glaring, adj. *Open, manifest*: P. and V. λαμπρός, ἐμφᾰνής.

Glaringly, adv. *Openly*: P. and V. λαμπρῶς, ἐμφᾰνῶς.

Glass, subs. Ar. and P. ὕᾰλος, ἡ. *Of glass*, adj.: Ar. ὑάλῐνος. *Mirror*: P. and V. κάτοπτρον, τό. *Cup*: see *cup*.

Glassy, adj. *Smooth*: P. and V. λεῖος. *Fixed*: use P. and V. πεπηγώς (perf. part. of πηγνύναι).

Glazed, adj. Of the eyes in death: use V. σκοτεινός, ἀμαυρός.

Gleam, subs. P. and V. ἀστρᾰπή, ἡ (Plat.), Ar. and V. σέλᾰς, τό (also Plat. but rare P.) αὐγή, ἡ (also Plat. in sense of *ray*), P. μαρμαρυγή, ἡ (Plat.). *Beam*: P. and V. ἀκτίς, ἡ (Plat.), V. βολή, ἡ; see also *light*, *fire*. Met., *gleam in the eye*: Ar. and V. ἀστρᾰπή, ἡ.

Gleam, v. intrans. P. and V. λάμπειν (Plat.), ἐκλάμπειν (Plat.), ἀστράπτειν (Plat.), στίλβειν (Plat.), Ar. and V. φλέγειν, λάμπεσθαι, V. αἴθειν, αἴθεσθαι, μαρμαίρειν. Of the eyes: P. and V. ἀστράπτειν (Plat.).

Gleaming, adj. P. and V. λαμπρός, Ar. and V. φαεννός, παμφαής, αἴθων, V. φαιδρός, εὐᾱγής (Plat. also but rare P.), φλογώψ, φλογωπός, φαεσφόρος, πύρπολος, εὐφεγγής, καλλῐφεγγής, σελασφόρος, ἀστρᾰπηφόρος. *Variegated*: P. and V. ποικίλος, Ar. and V. αἰόλος.

Glean, v. trans. P. and V. σῠνάγειν, συλλέγειν; see *collect*.

Glebe, subs. *Clod of earth*: Ar. and V. βῶλος, ἡ (also Xen.). *Soil*: P. and V. γῆ, ἡ, Ar. and V. ἄρουρα, ἡ (also Plat. but rare P.).

Glee, subs. P. and V. ἡδονή, ἡ, τέρψῐς, ἡ, χᾰρά, ἡ, χαρμονή, ἡ (Plat. also but rare P.), V. χάρμᾰ, τό. *Song*: P. and V. ᾠδή, ἡ; see *song*.

Gleeful, adj. P. and V. περῐχᾰρής, γεγηθώς (rare P.); see *glad*. Of looks: P. and V. φαιδρός, V. λαμπρός, φαιδρωπός, Ar. and V. εὐπρόσωπος (also Xen.).

Gleefully, adv. P. and V. ἡδέως, ἀσμένως.

Glen, subs. P. and V. νάπη, ἡ (Plat. but rare P.), νάπος, τό (Xen. but rare P.), ἄγκος, τό (Xen. but rare P.), Ar. and V. γύαλα, τά, V. πτῠχαί, αἱ. *Woodland glens*: V. νᾰπαῖαι, πτῠχαί, αἱ.

Glib, adj. Ar. and V. εὔγλωσσος (Æsch., *Supp.* 775), Ar. εὔπορος, V. εὔτροχος.

Glibness, subs. Ar. and V. εὐγλωσσία, ἡ (Eur., *Frag.*), P. εὔροια, ἡ.

Glide, v. intrans. P. and V. φέρεσθαι, Ar. and V. ἕρπειν; see *creep*, *steal*. *Slip*: P. and V. ὀλισθάνειν. *Glide into*: Ar. and P. εἰσδύεσθαι (εἰς, acc.); met., P. and V. ὑπορρεῖν (πρός, acc.; V. dat.) (Eur., *Frag.*). *Glide over, steal over*: V. ὑπέρχεσθαι (acc.), ὑφέρπειν (acc.), ἀμφῐβαίνειν (acc.), P. and V. ἐπέρχεσθαι (acc.).

Glimmer, subs. *Light*: P. and V. φῶς, τό, Ar. and V. φάος, τό, φέγγος, τό (also Plat. but rare P.). *Flash*: Ar. and V. σέλᾰς, τό (also Plat. but rare P.), αὐγή, ἡ (Plat. but rare P.). *Beam*: P. and V. ἀκτίς, ἡ, V. βολή, ἡ. *A glimmer of hope*: V. ἀρχὴ ἐλπίδος. *Had you but given them a tiny glimmer of hope they would have been saved*: P. εἰ μικρὰν ὑπεφήνατ' ἐλπίδ' ἡντινοῦν αὐτοῖς ἐσώθησαν ἄν (Dem. 379).

Glimmer, v. intrans. *Just appear*: P. ὑποφαίνεσθαι; see also *gleam*.

Glimmering, adj. See *dim*.

Glimpse, subs. See *glance*. *Take a glimpse*: Ar. πᾰρᾰκύπτειν; see *peep*. *Allow a glimpse of*: Ar. πᾰρᾰφαίνειν (acc.).

Glisten, v. intrans. P. and V. στίλβειν (Plat.), ἐκλάμπειν (Plat.), λάμπειν (Plat.), V. μαρμαίρειν; see *shine*.

Glitter, v. intrans. P. and V. στίλβειν (Plat.); see *shine*.

Glitter, subs. *Brightness*: P. μαρμαρυγή, ἡ (Plat.). *Gleam*: Ar. and V. σέλᾰς, τό (Plat. also but rare P.), αὐγή, ἡ (Plat. also but rare P.); see *flash*. *Pomp, splendour*: P. λαμπρότης, ἡ, V. χλῐδή, ἡ. *Show*: P. and V. σχῆμα, τό, πρόσχημα, τό.

Glittering, adj. See *gleaming*.

Gloaming, subs. *Twilight*: Ar. and V. κνέφᾰς, τό (also Xen.).

Gloat over, v. trans. P. and V. ἐπῐχαίρειν (dat.), γεγηθέναι ἐπί (dat.) (Dem. 332, but rare P.), χαίρειν ἐπί (dat.), V. ὑπερχαίρειν (dat.), γαυροῦσθαι (dat.), P. ἐφήδεσθαι (dat. or absol.), γαυριᾶν (dat.) (Dem. 308).

Globe, subs. *Ball*: P. σφαῖρα, ἡ. *Disc, round body*: P. and V. κύκλος, ὁ. *The earth*: P. and V. γῆ, ἡ. *The inhabited world*: P. ἡ οἰκουμένη.

Globular, adj. Ar. and P. κυκλοτερής; see *round*.

Gloom, subs. P. and V. σκότος, ὁ or τό, Ar. and V. κνέφᾰς, τό (also Xen.), ὄρφνη, ἡ. *The gloom of the underworld*: V. ζόφος, ὁ, Ar. and V. ἔρεβος, τό. Met., of looks: V. στύγος, τό. *Melancholy*: P. and V. ἀθῡμία, ἡ, δυσθῡμία, ἡ (Plat.). *Bring them not near their mother in her hour of gloom*: V. μὴ πέλαζε μητρὶ δυσθυμουμένῃ (Eur., *Med.* 91).

Gloomily, adv. *Despondently*: P. ἀθύμως (Xen.), δυσθύμως (Plat.). *Bitterly*: P. and V. πικρῶς. *Unfortunately*: P. and V. δυστῠχῶς, κᾰκῶς, P. ἀτυχῶς, V. δυσπότμως.

Gloomy, adj. *Dark*: P. and V. σκοτεινός, P. σκοτώδης, V. ἀμαυρός, λῠγαῖος, κνεφαῖος, ὀρφναῖος, δνοφώδης, ἀνήλιος, ἀφεγγής, ἀναυγητος. Of colour: P. and V. μέλᾱς, V. μελάγχῐμος, κελαινός, ἐρεμνός. *Gray*: P. φαιός (Plat.), ὄρφνινος (Plat.); see also *black*. *Deep and gloomy*: V. μελαμβᾰθής. Of looks: P. and V. σκυθρωπός, V. στυγνός, δύσφρων, σῠνωφρυωμένος. *Gloomy looks*: see also *frown*. *Look gloomy*, v.: Ar.

and P. σκυθρωπάζειν, V. σκυθράζειν. *Melancholy*: P. and V. ἄθῡμος (Xen.), V. δύσθῡμος. *Unfortunate*: P. and V. δυστῠχής, ἀτῠχής (rare V.), Ar. and V. δύσποτμος. *Comfortless*: V. ἀτερπής, P. ἀηδής.

Glorification, subs. *Exaggeration*: P. δείνωσις, ἡ. *Boasting*: P. τὸ κομπῶδες, ὑπερηφανία, ἡ, V. τὸ γαῦρον. *Extravagance*: P. and V. ὑπερβολή, ἡ. *Praise*: P. and V. ἔπαινος, ὁ; see *praise*.

Glorify, v. trans. P. and V. κοσμεῖν, καλλύνειν (Plat.). *Exalt*: P. and V. μεγᾰλῡ́νειν. *Celebrate in song*: P. and V. ᾄδειν, ὑμνεῖν. *Exaggerate*: P. τῷ λόγῳ αἴρειν, ἐπὶ τὸ μεῖζον δεινοῦν, ἄνω ἐξαίρειν, P. and V. κοσμεῖν, Ar. and V. πυργοῦν.

Glorious, adj. P. and V. λαμπρός, εὐπρεπής, Ar. and P. μεγᾰλοπρεπής. *Pre-eminent*: P. and V. διαπρεπής, ἐκπρεπής, περῐφᾰνής, V. ἔξοχος, πρεπτός. *Famous*: P. and V. εὔδοξος, περίβλεπτος, ὀνομαστός, ἐπίσημος, P. ἀξιόλογος, Ar. and V. κλεινός (also Plat. but rare P.), V. εὐκλεής; see *famous*. *Full of honour*: P. and V. τίμιος, V. πάντῑμος.

Gloriously, adv. P. and V. λαμπρῶς, εὐκλεῶς (Xen.), P. μεγαλοπρεπῶς.

Gloriousness, subs. P. λαμπρότης, ἡ, μεγαλοπρέπεια, ἡ; see *glory*.

Glory, subs. *Honour, fame*: P. and V. δόξᾰ, ἡ, τῑμή, ἡ, κλέος, τό (rare P.), εὐδοξία, ἡ, ἀξίωμα, τό, ὄνομα, τό, Ar. and V. εὔκλεια, ἡ, κῦδος, τό, V. κληδών, ἡ. *The general wins all the glory*: V. ὁ στρατηγὸς τὴν δόκησιν ἄρνυται (Eur., *And.* 696). *Splendour, magnificence*: P. λαμπρότης, ἡ, P. and V. σχῆμα, τό, πρόσχημα, τό, V. χλῐδή, ἡ, ἀγλάϊσμα, τό, ἄγαλμα, τό, P. μεγαλοπρέπεια, ἡ. *The glory of, boast of*: P. and V. σχῆμα, τό, V. πρόσχημα, τό, ἄγαλμα, τό, φάος, τό, φῶς, τό, αὔχημα, τό.

Glory in, v. trans. P. and V. χαίρειν ἐπί (dat.), γεγηθέναι ἐπί (dat.) (rare P.), ἀγάλλεσθαι (dat.), ἁβρῡ́νεσθαι (dat.), λαμπρῡ́νεσθαι (dat.), P. φιλοτιμεῖσθαι ἐπί (dat.), σεμνύνεσθαι ἐπί (dat.), V. χλῐδᾶν (ἐπί, dat., or dat. alone), γαυροῦσθαι (dat.).

Gloss over, v. trans. P. and V. καλλῡ́νειν (acc.) (Plat.), Ar. and P. ὑποκορίζεσθαι.

Gloss, subs. *Brightness*: P. λαμπρότης, ἡ. *Smoothness*: P. and V. λειότης, ἡ.

Glossy, adj. Ar. and P. λῐπᾰρός.

Glove, subs P. χειρίς, ἡ.

Glow, subs. *Light*: P. and V. φῶς, τό, Ar. and V. φάος, τό, φέγγος, τό (Plat. also but rare P.); see *light*. *Flame*: P. and V. φλόξ, ἡ, V. αἶθος, ὁ, φλογμός, ὁ. *Heat*: P. and V. καῦμα, τό, θάλπος, τό (Xen.), P. θερμότης, ἡ. Met., *vehemence*: P. σφοδρότης, ἡ. *The glow of passion*: use P. and V. ἔρως, ὁ, πόθος, ὁ (Plat. but rare P.), ἵμερος, ὁ (Plat. but rare P.).

Glow, v. intrans. *Burn*: P. and V. κάεσθαι. Met., *glow with passion, etc.*: Ar. and P. κάεσθαι (Plat.), φλέγεσθαι (Plat.), P. and V. θερμαίνεσθαι (Plat.), V. θάλπεσθαι. *Shine*: see *shine*.

Glower, v. intrans. Ar. and P. σκυθρωπάζειν, V. σκυθράζειν; see *frown*.

Glowing, adj. V. πύρπολος, αἰθᾰλοῦς. *Red hot*: P. and V. διάπῡρος. *Glowing coals*: P. ἄνθρακες ἡμμένοι (Thuc. 4, 100). Met., P. and V. θερμός. *Vehement*: P. σφοδρός. *Enthusiastic*: P. and V. πρόθῡμος, σπουδαῖος; see also *flattering*. *Glowing with, adorned with*: use P. πεποικιλμένος (dat.), P. and V. ποικίλος (dat.); see *bright*.

Glowingly, adv. *Enthusiastically*: P. and V. προθῡ́μως.

Gloze, v. trans. See *flatter*.

Glue, v. trans. Ar. and P. κολλᾶν.

Glue, subs. P. κόλλα, ἡ (Hdt.).

Glum, adj. See *gloomy*.

Glut, subs. *Satiety*: P. and V. κόρος, ὁ (Plat.), πλησμονή, ἡ (Plat.). *Overabundance*: Ar. and P. περιουσία, ἡ.

Glut, v. trans. P. and V. ἐμπιπλάναι, ἐκπιμπλάναι, P. ἀποπιμπλάναι. *Be glutted with*: P. and V. πλησθῆναι (1st aor. pass. of πιμπλάναι) (Plat.) (gen.), Ar. and V. κορεσθῆναι (1st aor. pass. of κορεννύναι) (gen.). *Glutted with*: P. and V. μεστός (gen.).

Glutinous, adj. P. γλισχρός, γλοιώδης.

Glutton, subs. Ar. γάστρις, ὁ, γάστρων, ὁ, ὀψοφάγος, ὁ (also Xen.).

Gluttonous, adj. P. λίχνος, V. λαβρός, μάργος, μαργῶν.

Gluttonously, adv. V. λαβρῶς.

Gluttony, subs. P. ὀψοφαγία, ἡ, γαστριμαργία, ἡ, λιχνεία, ἡ λαιμαργία, ἡ, V. τὸ μάργον.

Gnarled, adj. Use V. διάστροφος. *Bent, twisted*: V. στρεπτός.

Gnash, v. trans. Ar. πρίειν. *Don't gnash your teeth*: Ar. μὴ πρῖε τοὺς ὀδόντας (*Ran.* 927).

Gnat, subs. Ar. and V. κώνωψ, ὁ, Ar. ἐμπίς, ἡ.

Gnaw, v. trans. Ar. and P. τρώγειν, Ar. κᾰτατρώγειν, Ar. and V. βρῦκειν (Eur., *Cycl.*), V. δάπτειν, Ar. δαρδάπτειν; see *devour*. Met., P. and V. δάκνειν, V. δάπτειν. *Gnaw away*: Ar. ἐκτρώγειν (acc.). *Gnaw through*: Ar. διατρώγειν (acc.).

Gnawed, adj. V. διάβορος, κελαινόβρωτος, ἐδεστός.

Gnawing, adj. V. διᾰβόρος; see *devouring*.

Gnome, subs. P. and V. λόγος, ὁ, πᾰροιμία, ἡ; see *maxim*. *Elf*: see *elf*.

Go, v. intrans. P. and V. ἔρχεσθαι, χωρεῖν, ἰέναι, Ar. and V. βαίνειν, στείχειν, V. ἕρπειν, μολεῖν (2nd aor. of βλώσκειν). *Walk*: Ar. and P. βᾰδίζειν (V. only in Soph., *El.* 1502 and Eur., *Phœn.* 544). *Journey*: P. and V. πορεύεσθαι. *Be going to, be about to*: P. and V. μέλλειν (infin.). *Go frequently*: P. and V. φοιτᾶν. *Let go*: P. and V. ἀφῑέναι; see *release*. Met. (of things), *fare, turn out*: P. and V. ἐκβαίνειν, P. ἀποβαίνειν. *Go well or ill*: P. and V. χωρεῖν εὖ or κᾰκῶς. *Go too far*: met., P. and V. ὑπερβάλλειν, ἐξέρχεσθαι, ἐπεξέρχεσθαι, V. ἐκτρέχειν. *Be gone*: P. and V. οἴχεσθαι, ἀποίχεσθαι, V. ἐξοίχεσθαι, Ar. and V. διοίχεσθαι (Plat. also but rare P.), ἔρρειν (also Plat. but rare P.). *Go about*: Ar. and P. περιέρχεσθαι (acc. or absol.). *Go away*: P. and V. ἀπέρχεσθαι, ἀποχωρεῖν, ἀφορμᾶσθαι, V. μεθίστασθαι, ἀποστέλλεσθαι, ἀφέρπειν, ἀποστείχειν, Ar. and V. ἀπαλλάσσεσθαι (rare P. in lit. sense), ἐκβαίνειν (rare P. in lit. sense.). *Go back*: see *retire*. *Return*: P. and V. ἐπᾰνέρχεσθαι, V. ἐπέρχεσθαι, Ar. and P. ἐπᾰνᾰχωρεῖν. *Go back to a point in a discussion*: P. and V. ἐπᾰνέρχεσθαι, ἀνέρχεσθαι. Of things, *revert*: P. ἀναχωρεῖν; see *devolve*. *Go back on one's word*: Ar. and P. ἐπιορκεῖν. *Go before (a judge:)* P. εἰσέρχεσθαι εἰς (acc.), πρός (acc.), ἀπαντᾶν πρός (acc.). *Go by*: P. and V. πᾰρέρχεσθαι (acc. or absol.), πᾰριέναι (acc. or absol.), P. παραμείβεσθαι (acc.) (Plat., *Lach.* 183E), V. πᾰραστείχειν (acc. or absol.), Ar. and V. περᾶν (acc. or absol.). *Go down*: P. ἐπικαταβαίνειν; see also *abate*. Of a ship: see *sink*. *Go down to death*: Ar. and V. κᾰτέρχεσθαι. *Go into, enter*: P. and V. εἰσέρχεσθαι (εἰς, acc; V. also acc. alone), ἐπεισέρχεσθαι (εἰς, acc.; V. acc. alone or dat. alone), V. πᾰρέρχεσθαι (acc.), εἰσβάλλειν (acc.), Ar. and V. δύεσθαι (acc.), εἰσβαίνειν (acc. or absol.). *Go in often*: Ar. and V. εἰσφοιτᾶν. Met., *examine*: P. and V. σκοπεῖν; see *examine* *Embark on*: P. and V. ἐμβαίνειν (εἰς, acc.), ἅπτεσθαι (gen.); see *enter on*. *Go on, continue*: P. διατελεῖν; see *continue*; met., *rely on*: see *rely on*. *Go over*, v. trans.: see *examine*. *Recapitulate*: P. ἐπαναλαμβάνειν, V. ἀνᾰμετρεῖσθαι. *Go over, desert*, v.

intrans.: Ar. and P. αὐτομολεῖν. *Go over to (the enemy)*: P. μεθίστασθαι παρά (acc.). *Go out*: P. and V. ἐξέρχεσθαι, ἐκβαίνειν (rare P. in lit. sense), Ar. and V. ἐξέρπειν, V. ἐκφοιτᾶν. *Go round*: Ar. and P. περιέρχεσθαι (acc. or absol.). *Be enough*: see *suffice*. *Go through*: (lit.) P. and V. διέρχεσθαι (acc.), Ar. and V. διᾰπερᾶν (acc.) (rare P.), V. διέρπειν (acc.), διαστείχειν (acc.). *Go through life*: see *pass*. *Pierce*: V. διέρχεσθαι (gen.), διᾰπερᾶν (acc.). *Travel through*: P. διαπορεύεσθαι (acc.). Met., *narrate* or *examine*: P. and V. διέρχεσθαι (acc.). *Complete*: P. and V. διεξέρχεσθαι (acc.). *Endure*: P. and V. φέρειν, ἀνέχεσθαι, ὑπέχειν, ὑφίστασθαι; see *endure*. *Go to*, interj.: Ar. and V. ἔρρε, ἄπερρε, Ar. ἄπᾰγε; see *avaunt*. *Go to and fro*: P. and V. φοιτᾶν, V. ἐπιστρέφεσθαι. *Go up*: P. and V. ἀνέρχεσθαι, Ar. and P. ἀνᾰβαίνειν. *Go without*: see *lack*.

Goad, subs. Lit. and met., P. and V. κέντρον, τό. *(Reproaches) are as goads to the wise*: (ὀνείδη) τοῖς σώφροσιν . . . ἀντίκεντρα γίγνεται (Æsch., *Eum.* 136.).

Goad, v. trans. P. κεντρίζειν (Xen.). *Urge on*: P. and V. ἐπῐκελεύειν, ἐγκελεύειν, ἐποτρῡ́νειν (Thuc.), ἐξοτρῡ́νειν (Thuc.), P. κατεπείγειν, V. ὀτρῡ́νειν. *Prick*: P. and V. κεντεῖν.

Goal, subs. *Line drawn at the winning-post*: Ar. and V. γραμμή, ἡ, V. τέρμᾰ, τό. Met., *end*: P. and V. τέλος, τό, τελευτή, ἡ, πέρᾰς, τό, V. τέρμᾰ, τό, τέρμων, ὁ. *Aim*: P. and V. σκοπός, ὁ. *Purpose*: P. and V. ὅρος, ὁ, P. προαίρεσις, ἡ.

Goat, subs. *He-goat*: Ar. and V. τράγος, ὁ (Æsch., *Frag.*), Ar. χῑ́μᾰρος, ὁ *She-goat*: P. and V. χῑ́μαιρα, ἡ (Soph., *Frag.* and Xen.).

Goat-herd, subs. P. αἰπόλος, ὁ.

Goat-like, adj. P. τραγοειδής.

Gobble, v. trans. See *devour*.

Go-between, subs. P. διάγγελος, ὁ.

Goblet, subs. P. and V. κύλιξ, ἡ (Plat. and Eur., *Cycl.* 164), ἔκπωμα, τό, φιᾰ́λη, ἡ, κύᾰθος, ὁ (Xen. and Eur., *Frag.*), Ar. ποτήριον, τό, τρύβλιον, τό, V. σκῠφώμᾰτα, τά (Æsch., *Frag.*), καρχήσιον, τό (Soph., *Frag.*), τεῦχος, τό, δέπᾰς, τό (Eur., *Hec.* 527), ποτήρ, ὁ, σκῦφος, ὁ or τό (Eur., *Cycl.* 256).

Goblin, subs. Ar. and P. Ἔμπουσα, ἡ, μορμολῠκεῖον, τό, Μορμώ, ἡ (Xen.), Ar. Λᾰ́μια, ἡ.

God, subs. P. and V. θεός, ὁ, δαίμων, ὁ. *Providence*: P. and V. τὸ θεῖον. *By the will or help of the gods*: Ar. and V. θεόθεν (Eur., *Hec.* 593). *Fight against the gods*, v.: V. θεομᾰχεῖν. *Battle between gods*, subs.: P. θεομαχία, ἡ. *Built by gods*, adj.: V. θεόδμητος. *Devised by the gods*: V. θεοπόνητος. *Loved by God*: P. and V. θεοφῐλής. *Sent by God*: V. θεόσσῡτος, θέορτος, θεήλᾰτος.

Goddess, subs. P. and V. θεός, ἡ, δαίμων, ἡ, Ar. and V. θεά, ἡ (in P. only in such phrases as μὰ τοὺς θεοὺς καὶ τὰς θεάς (Dem. 362)).

God-fearing, adj. P. and V. εὐσεβής, θεοσεβής, ὅσιος.

Godhead, subs. Use P. and V. τὸ θεῖον.

Godless, adj. P. and V. ἄθεος (Eur., *Or.* 925), ἀνόσιος, ἀσεβής, δυσσεβής (Dem. 332, but rare P.), V. δύσθεος, ἄσεπτος.

Godlessly, adv. P. and V. ἀθέως (Plat., *Gorg.* 481A), V. ἀνοσίως. *Act godlessly*, v.: P. and V. ἀσεβεῖν, V. δυσσεβεῖν, θεοβλᾰβεῖν.

Godlessness, subs. P. and V. ἀσέβεια, ἡ, P. ἀνοσιότης, ἡ, V. δυσσέβεια, ἡ.

God-like, adj. P. and V. θεῖος, ἰσόθεος, P. θεοειδής.

Godliness, subs. P. and V. εὐσέβεια, ἡ, τὸ εὐσεβές, P. ὁσιότης, ἡ, θεοσέβεια, ἡ (Xen.).

Godly, adj. P. and V. εὐσεβής, θεοσεβής, ὅσιος.

Godsend, subs. P. and V. εὕρημα, τό, ἕρμαιον, τό.

Going, subs. P. and V. ὁδός, ἡ, πορεία, ἡ, V. κέλευθος, ἡ.

Gold, subs. P. and V. χρῡσός, ὁ. *Piece of money*: P. and V. χρῡσίον, τό (Eur., *Cycl.* 161). *Anything made of gold*: V. χρύσωμα, τό. *Rich in gold*, adj.: V. πολύχρῡσος. Of soil: V. χρυσόβωλος. *Flowing with gold*: V. χρῡσόρρῡτος. *Gleaming with gold*: Ar. χρῡσαυγής. *Adorned with gold*: V. χρῡσόστολμος, Ar. χρῡσοδαίδαλτος. *Like gold*: P. χρυσοειδής. *A dress powdered with gold*: P. χρυσόπαστος κόσμος ὁ (Dem. 1217). *Studded with gold*: V. χρῡσοκόλλητος.

Gold, adj. See *golden*.

Golden, adj. P. and V. χρῡσοῦς, V. χρύσεος, χρῡσήρης, πάγχρῡσος, χρῡσότευκτος, ζάχρῡσος, Ar. and V. χρῡσήλᾰτος. Of hair: P. and V. ξανθός. *With golden bridle*: Ar. and P. χρῡσόχᾰλῑνος (Xen.). *With golden spear*: Ar. and V. χρῡσόλογχος. *With golden trident*: Ar. χρῡσοτρίαινος. *Golden-crested*: Ar. χρῡσόλοφος. *Golden-eyed*: Ar. χρῡσῶπις (only with fem. subs.). *Golden-haired*: Ar. χρῡσοκόμης, P. and V. ξανθός. *Golden-throned*: Ar. χρῡσόθρονος. *Golden-winged*: Ar. χρῡσόπτερος.

Gold-mine, subs. P. χρυσεῖα, τά (Xen.), χρύσεια μέταλλα, τά (Thuc.).

Gold-plate, subs. P. χρυσίον, τό, Ar. χρῡσίς, ἡ.

Goldsmith, subs. Ar. and P. χρῡσοχούς, ὁ. *Be a goldsmith*, v.: Ar. and P. χρῡσοχοεῖν.

Gone, adj. Ar. and V. φροῦδος (also Antiphon but rare P.). *Be gone*: see under *go*.

Good, adj. Of persons or things: P. and V. ἀγᾰθός, χρηστός, κᾰλός, σπουδαῖος, Ar. and V. ἐσθλός, V. κεδνός. *Pious*: P. and V. εὐσεβής, θεοσεβής, ὅσιος. *Serviceable*: P. and V. σύμφορος, χρήσῐμος, πρόσφορος, Ar. and P. ὠφέλῐμος, V. ὀνήσῐμος, Ar. and V. ὠφελήσῐμος. *Be good (serviceable)*: P. and V. συμφέρειν, ὠφελεῖν, Ar. and P. προὔργου εἶναι, V. ἀρήγειν; see *be of use* under *use*. *Well born*: P. and V. γενναῖος, εὐγενής, Ar. and V. ἐσθλός. *Kind*: P and V. πρᾶος, ἤπιος, φῐλάνθρωπος; see *kind*. *Skilful*: P. and V. σοφός, δεινός, ἀγᾰθός, ἄκρος. *Good (skilful) at*: Ar. and P. δεινός (acc.), P. ἄκρος (gen. or εἰς, acc). *Good at speaking*: P. and V. δεινὸς λέγειν. *Fit for food or drink*: see *eatable*, *drinkable*. *Favourable* (of news, etc.), P. and V. κᾰλός, V. κεδνός; see *auspicious*. *Considerable in amount*, *etc.*: P. and V. μέτριος. *So far so good*: see under *far*. *Be any good*, v.: see *avail*. *Do good to*: see *benefit*. *Make good, confirm*, v. trans.: P. βεβαιοῦν. *Ratify*: P. and V. κῡροῦν, ἐπῐκῡροῦν, ἐμπεδοῦν (Plat.). V. ἐχέγγυον ποιεῖν. *Prove*: P. and V. ἐλέγχειν, ἐξελέγχειν. *Accomplish*: see *accomplish*. *Make good (losses, etc.)*: P. and V. ἀνᾰλαμβᾰ́νειν, ἀκεῖσθαι, ἰᾶσθαι, ἐξῑᾶσθαι. *For good and all*: see *for ever* under *ever*. *Resolve to have uttered for good and all the words you spoke concerning this woman*: V. βούλου λόγους οὓς εἶπας εἰς τήνδ' ἐμπέδως εἰρηκέναι (Soph., *Trach.* 486).

Good, subs. *Advantage*: P. and V. ὄφελος, τό, ὄνησις, ἡ, ὠφέλεια, ἡ, Ar. and V. ὠφέλημα, τό, V. ὠφέλησις, ἡ. *Gain, profit*: P. and V. κέρδος, τό. *I have tried all means and done no good*: V. εἰς πᾶν ἀφῖγμαι κοὐδὲν εἴργασμαι πλέον (Eur., *Hipp.* 284). *What good is this to me?* V. καὶ τί μοι πλέον τόδε; (Eur., *Ion.* 1255). *What good will it be to the dead?* P. τί ἔσται πλέον τῷ γε ἀποθανόντι; (*Ant.* 140). *For the good of*: Ar. and P. ἐπ' ἀγᾰθῷ (gen. or dat.). *The good (in philosophical sense)*: P. τἀγαθόν, ἰδέα τἀγαθοῦ, ἡ.

Good, interj. P. and V. εἶεν. *Bravo*: Ar. and P. εὖγε.

Good-bye, interj. See *farewell*.

Good-humour, subs. P. εὐκολία, ἡ, V. εὐοργησία, ἡ.

Good-humoured, adj. Ar. and P. εὔκολος.

Good-humouredly, adv. P. εὐκόλως, εὐοργήτως.

Good-looking, adj. See *handsome*.

Goodly, adj. P. and V. κᾰλός, εὐπρεπής. *Abundant*: P. and V. ἄφθονος.

Good-nature, subs. P. εὐήθεια, ἡ, ῥᾳστώνη, ἡ.

Good-natured, adj. P. εὐηθικός, ῥᾴδιος, Ar. and P. εὔκολος.

Good-naturedly, adv. P. εὐκόλως.

Goodness, subs. Of persons or things: P. and V. ἀρετή, ἡ. Of persons: P. and V. χρηστότης, ἡ, τὸ χρηστόν. *Kindness*: P. φιλανθρωπία, ἡ; see *kindness*.

Goods, subs. P. τἀγαθά. *Property*: P. and V. χρήμᾰτα, τά. *Wares*: P. ἀγοράσματα; see *wares*.

Good-temper, subs. P. εὐκολία, ἡ, V. εὐοργησία, ἡ.

Good-tempered, adj. Ar. and P. εὔκολος.

Good-temperedly, adv. P. εὐκόλως, εὐοργήτως.

Good-will, subs. P. and V. εὔνοια, ἡ, εὐμένεια, ἡ, P. φιλοφροσύνη, ἡ, V. πρευμένεια, ἡ. *Feel good-will towards*, v.: P. and V. εὐνοεῖν (dat.); see *favour*, v.

Goose, subs. P. and V. χήν, ὁ or ἡ (Plat. and Soph., *Frag.*).

Gore, subs. P. and V. αἷμα, τό, V. φόνος, ὁ.

Gore, v. trans. Like bulls, etc., P. and V. κῡρίσσειν; or use *wound*.

Gorge, subs. *Gullet*: P. and V. φάρυγξ, ὁ or ἡ (Eur., *Cycl.*), Ar. and V λαιμός, ὁ, or pl. Met., *anger*: Ar. and V. χολή, ἡ. *Ravine*: P. and V. φάραγξ, ἡ, Ar. and P. χᾰράδρα, ἡ.

Gorge, v. trans. See *eat*.

Gorgeous, adj. P. and V. λαμπρός, Ar. and P. μεγᾰλοπρεπής. *Of many colours*: P. and V. ποικῖλος.

Gorgeously, adv. P. and V. λαμπρῶς, P. μεγαλοπρεπῶς.

Gorgeousness, subs. P. λαμπρότης, ἡ, μεγαλοπρέπεια, ἡ, V. χλῐδή, ἡ. *Pomp, display*: P. and V. σχῆμα, τό, πρόσχημα, τό.

Gorgon, subs. Ar. and V. Γοργώ, ἡ. See *Vocabulary of Proper Names*.

Gormand, subs. Ar. and P. ὀψοφάγος, ὁ (Xen.), or use adj., P. λίχνος.

Gormandise, v. intrans. Ar. ὀψοφᾰγεῖν.

Gory, adj. V. αἱμᾰτηρός, αἱμᾰτωπός, φοίνιος, κᾰθαιμος, αἱμᾰτοῦς, Ar. and V. αἱμᾰτοστᾰγής.

Gossamer, adj. Use P. and V. λεπτός.

Gossip, subs. Ar. and P. λᾰλία, ἡ, V. λᾰλήμᾰτα, τά, λεσχαί, αἱ. *Person who gossips*: V. λάλημα, τό, or use adj., P. and V. λάλος, V. στόμαργος, P. σπερμολόγος.

Gossip, v. intrans. P. λογοποιεῖν. *Chatter*: P. and V. λᾰλεῖν, θρῡλεῖν, ἐκλᾰλεῖν (Eur., *Frag.*). *Listen, Odysseus, let us have some gossip with you*: V. ἄκου' Ὀδυσσεῦ διαλαλήσωμέν τί σοι (Eur., *Cycl.* 175).

Gossiping, adj. V. πολύγλωσσος; see *chattering*.

Gouge out, v. trans. Ar. and P. ἐκκόπτειν.

Gourd, subs. Ar. σῐκυος, ὁ.

Gourmand, subs. See *gormand*.

Gout, subs. *Gout of blood*: P. and V. θρόμβος, ὁ (Plat.), V. στᾰγών, ἡ. *Have the gout*, v.: Ar. and P. ποδαγρᾶν.

Govern, v. trans. *Rule*: P. and V. ἄρχειν (gen.; V. also dat.), κρᾰτεῖν (gen.), κοσμεῖν, V. κρᾰτῡνειν (gen.), εὐθῡνειν, V. ναυκληρεῖν, κραίνειν (gen.). *Govern (as king* or *commander)*: P. and V. τῠραννεύειν (gen.), βᾰσῐλεύειν (gen.) (Eur., *El.* 12), δεσπόζειν (gen. or acc.) (Eur., *H. F.* 28) (Plat. but rare P.), V. ἀνάσσειν (gen.), κοιρᾰνεῖν (gen.), τᾱγεῖν (gen.), Ar. and V. τῠραννεῖν (absol.). *Administer, manage*: P. and V. οἰκεῖν, νέμειν (Thuc. 8, 70), κῠβερνᾶν, Ar. and P. διοικεῖν, μεταχειρίζεσθαι, τᾰμιεύειν, P.

διαχειρίζειν, διακυβερνᾶν (Plat.), V. νωμᾶν. *Well-governed*, adj.: P. and V. εὔνομος (Æsch., *Frag.*). *Be well-governed*, v.: P. εὐνομεῖσθαι, P. and V. εὖ οἰκεῖσθαι. *A house well-governed*: V. οἶκος . . . ἄριστα διαπονούμενος Æsch., *Ag.* 18-19). *Control, check*: P. and V. κατέχειν, ἐπέχειν, Ar. and V. ἴσχειν rare P.), V. ἐπίσχειν (rare P.).

Governance, subs. See *government.*

Government, subs. *Rule*: P. and V. ἀρχή, ἡ, κράτος, τό, or use V. σκῆπτρα, τά, θρόνοι, οἱ. *Kingship*: P. and V. τυραννίς, ἡ. *Affairs*: P. and V. τὰ πράγματα, Ar. and V. πρᾶγος, τό. *Constitution*: Ar. and P. πολιτεία, ἡ. *Magistrates*: P. τὰ τέλη, οἱ ἐπὶ τοῖς πράγμασι, P. and V. οἱ ἐν τέλει, τὰ κύρια, V. οἱ ἐν τέλει βεβῶτες, Ar. and P. αἱ ἀρχαί. *Form of government*: P. κόσμος, ὁ, or use τάξις πολιτείας, ἡ. *The government that was then being established*: P. τὰ τότε καθιστάμενα πράγματα. *I am friendly to the established government*: P. εὔνους εἰμὶ τοῖς καθεστηκόσι πράγμασι (Lys. 145, 37). *Carry on the government*, v.: Ar. and P. πολιτεύεσθαι, P. and V. τὰ τῆς πόλεως πράσσειν. *The nine Archons at that time carried on most of the duties of government*: P. τότε τὰ πολλὰ τῶν πολιτικῶν οἱ ἐννέα ἄρχοντες ἔπρασσον (Thuc. 1, 126). *Has the government been left to the people?* V. δεδήμευται κράτος; (Eur., *Cycl.* 119). *Good government*, subs.: Ar. and P. εὐνομία, ἡ. *Enjoy good government*, v.: P. εὐνομεῖσθαι.

Governor, subs. P. and V. ἄρχων, ὁ, ὕπαρχος, ὁ. *Spartan governor sent to control subject towns*: P. ἁρμοστής, ὁ. *Persian governor*: P. σατράπης, ὁ (Xen.).

Governorship, subs. P. and V. ἀρχή, ἡ, κράτος, τό. *Satrapy*: P. σατραπεία, ἡ (Thuc.).

Gown, subs. P. and V. ἐσθής, ἡ, ἐσθήματα, τά, κόσμος, ὁ; see *dress.*

Grab, v. trans. P. and V: λαμβάνεσθαι (gen.), ἀντιλαμβάνεσθαι (gen.); see *seize. Take more than one's share*: P. πλεονεκτεῖν.

Grab, subs. *Taking more than one's share*: P. πλεονεξία, ἡ.

Grace, subs. *Kindness*: P. and V. χάρις, ἡ. *Favour, good-will*: P. and V. εὔνοια, ἡ, εὐμένεια, ἡ. *Gracefulness, elegance*: P. and V. χάρις, ἡ. *Beauty*: P. and V. κάλλος, τό. *They started up* (*from sleep*), *a marvel of grace to behold*: V. ἀνῇξαν ὀρθαὶ θαῦμ' ἰδεῖν εὐκοσμίας (Eur., *Bacch.* 693). *By the grace of Artemis*: V. Ἀρτέμιδος εὐνοίαισι (Æsch., *Theb.* 450). *With a good grace*: V. πρὸς χάριν. *Willingly*: use adj., P. and V. ἄσμενος, ἑκών.

Grace, v. trans *Adorn*: P. and V. κοσμεῖν, V. ἀγάλλειν. *Honour*: P. and V. τιμᾶν, Ar. and V. γεραίρειν, V. τιμαλφεῖν.

Graceful, adj. P. and V. εὐσχήμων, Ar. and P. χαρίεις, εὔρυθμος.

Gracefully, adv. P. χαριέντως, Ar. and P. εὐσχημόνως (Xen.), P. and V. εὐρύθμως (Eur., *Cycl.*), V. εὐσχήμως.

Gracefulness, subs. P. εὐσχημοσύνη, ἡ, εὐρυθμία, ἡ, P and V. χάρις, ἡ.

Graceless, adj. P. and V. κακός, αἰσχρός: see *wicked. Ungrateful*: P. and V. ἀχάριστος, V. δυσχάριστος (Æsch., *Frag.*).

Gracelessness, subs. P. and V. κάκη, ἡ; see *wickedness. Ingratitude*: P. ἀχαριστία, ἡ.

Gracious, adj. P. and V. εὔνους, εὐμενής, φίλιος, ἵλεως, Ar. and V. φίλος, εὔφρων, πρόφρων, V. πρευμενής, P. εὐνοϊκός. *Graceful*: see *graceful, beautiful. Kind*: P. and V. πρᾶος, ἤπιος, φιλάνθρωπος; see *kind, affable. Good gracious*, interj.: use Ar. and V. παπαιάξ (Eur., *Cycl.*), P. and V. βαβαί (Eur., *Cycl.*).

Graciously, adv. P and V. εὐμενῶς, φιλοφρόνως (Plat.), P. φιλικῶς, εὐνοϊκῶς, V. εὐφρόνως, πρευμενῶς. *Kindly*: P. and V. ἠπίως, P. φιλανθρώπως, πράως; see *kindly, affably.*

Graciousness, subs. P. and V. εὔνοια, ἡ, εὐμένεια, ἡ, P. φιλοφροσύνη, ἡ, V. πρευμένεια, ἡ. *Kindness*: P. φιλανθρωπία, ἡ, πραότης, ἡ; see *kindness*, *affability*. *Beauty, grace*: P. and V. χᾰρῐς, ἡ.

Gradation, subs. *Succession*: P. and V. διᾰδοχή, ἡ. *Order, arrangement*: P. and V. τάξῐς, ἡ. *In gradation*: use adv., P. and V. ἑξῆς, ἐφεξῆς.

Grade, subs. *Rank*: P. and V. τάξῐς, ἡ.

Gradual, adj. *Slow*: P. and V. βρᾰδύς.

Gradually, adv. Ar. and P. κᾰτὰ μικρόν, P. κατ' ὀλίγον, κατὰ βραχύ.

Graft, v. trans. P. ἐμφυτεύειν. *Grafted*: P. ἐμβεβλημένος (Dem. 1251).

Grain, subs. P. and V. σῖτος, ὁ; see *corn*. *Seed*: P. and V. σπέρμᾰ, τό. *Pip in fruit*: P. πυρήν, ὁ (Hdt.). *Clod*: Ar. and V. βῶλος, ἡ (also Xen.). *Grain (of salt)*: P. χόνδρος, ὁ (Hdt.). *Against the grain*, adj.: P. and V. δυσχερής, P. ἀηδής.

Grammar, subs. P. ἡ γραμματικὴ τέχνη (Plat.).

Grammarian, subs. P. γραμματικός, ὁ (Plat.).

Granary, subs. P. ἀποθήκη, ἡ, P. and V. σῑρός, ὁ (Eur., *Frag*.).

Grand, adj. P. and V. σεμνός, Ar. and P. μεγαλοπρεπής. *Splendid*: P. and V. λαμπρός; see also *proud*.

Grandchild, subs. *Son's son*: P. ῠἱδοῦς, ὁ. *Daughter's son*: P. θυγατριδοῦς, ὁ. *Daughter's daughter*: P. θυγατριδῆ, ἡ. *Grandchildren, descendants*: P. and V. ἔκγονοι, οἱ, P. ἀπόγονοι, οἱ.

Grand-daughter, subs. *Son's daughter*: P. and V. παιδὸς θῠγᾰτήρ, ἡ. *Daughter's daughter*: P. θυγατριδῆ, ἡ.

Grandee, subs. P. and V. δῠνάστης, ὁ, P. δυνατός, ὁ.

Grandeur, subs. P. and V. σεμνότης, ἡ, τὸ σεμνόν. *Splendour*: P. λαμπρότης, ἡ, V. χλῐδή, ἡ. *Pomp*: P. and V. σχῆμα, τό, πρόσχημα, τό; see also *pride*.

Grandfather, subs. Ar. and P. πάππος, ὁ, V. πατρὸς πᾰτήρ, ὁ, μητρὸς πᾰτήρ, ὁ. *Of a grandfather*, adj.: Ar. and P. παππῷος.

Grandiloquence, subs. P. κουφολογία, ἡ (Thuc.), μεγαλαυχία, ἡ, τὸ κομπῶδες, V. τὸ γαῦρον, P. and V. ὄγκος, ὁ; see *boast*.

Grandiloquent, adj. P. and V. σεμνός, ὑψηλός, V. σεμνόστομος, ὑψήγορος, ὑπέρκοπος, Ar. and V. γαῦρος; see *boastful*.

Grandiloquently, adv. P. and V. σεμνῶς, V. ὑψικόμπως, ὑπερκόπως.

Grandly, adv. P. and V. σεμνῶς, P. μεγαλοπρεπῶς. *Splendidly*: P. and V. λαμπρῶς; see also *proudly*.

Grandmother, subs. Ar. and P. τήθη, ἡ.

Grandsire, subs. See *grandfather*.

Grandson, subs. *Son's son*: P. ῠἱδοῦς, ὁ, V. παῖς παιδός (Eur., *And*. 1073). *Daughter's son*: P. θυγατριδοῦς, ὁ.

Grant, v. trans. *Give*: P. and V. δῐδόναι, νέμειν, δωρεῖσθαι (Plat.), πᾰρέχειν, V. πορσύνειν, πορεῖν (2nd aor.), Ar. and V. ὀπάζειν. *Confer*: P. and V. προσφέρειν, προστῐθέναι. *Lend, afford*: P. and V. ἐνδῐδόναι. *Allow*: see *allow*. *Concede*: P. and V. συγχωρεῖν (τινί τι), ἐφῑέναι (τινί τι), πᾰρῑέναι (τινί τι), ὁμολογεῖν (τινί τι) (rare V.), Ar. and P. πᾰρᾰχωρεῖν (τινί τινος). *Grant (a request)*: P. and V. ἐπῐνεύειν. *Grant me a small boon besides*: V. πρόσνειμαι δέ μοι χάριν βραχεῖαν (Soph., *Trach*. 1216). *Grant me to slay my brother*: V. δός μοι κτανεῖν ἀδελφόν (Eur., *Phoen*. 1367).

Grant, subs. *Gift*: P. and V. δῶρον, τό, δόσῐς, ἡ, Ar. and V. δώρημα, τό. *Free gift*: P. and V. δωρεά, ἡ. *Allowance*: V. μέτρημα, τό.

Grape, subs. P. and V. ῥάξ, ἡ (Plat. and Soph., *Frag*.). *Bunch of grapes*: P. and V. βότρυς, ὁ, P. σταφυλή, ἡ (Plat.). *Dried grapes*: P. ἀσταφίς, ἡ (Plat.). *Sour grapes*:

V. ὄμφαξ, ἡ. *Rich in grapes*, adj.: V. εὔβοτρυς, πολύβοτρυς. *As when the rich juice of the ripe grape streams to earth from the vine of Bacchus*: V. γλαυκᾶς ὀπώρας ὥστε πίονος ποτοῦ χυθέντος εἰς γῆν βακχίας ἀπ' ἀμπέλου (Soph., *Trach.* 703).

Grape-picker, subs. P. τρυγήτρια, ἡ.

Graphic, adj. P. and V. σαφής, ἀκριβής; see *clear*.

Graphically, adv. P. and V. σαφῶς, ἀκριβῶς; see *clearly*.

Grapnel, subs. *Grappling-iron*: P. χεὶρ σιδηρᾶ (Thuc. 4, 25); see also *anchor*.

Grapple, v. trans. *Make fast*: P. and V. συνάπτειν, προσάπτειν, V. ὀχμάζειν; see *fasten*. *Grapple with, seize hold of*: P. and V. λαμβάνεσθαι (gen.), ἀντιλαμβάνεσθαι (gen.). *Take in hand*: P. and V. ἔχεσθαι (gen.), ἅπτεσθαι (gen.), ἀνθάπτεσθαι (gen.). *Come to close quarters with*: lit. or met., Ar. and P. ὁμόσε ἰέναι (dat. or absol.), Ar. and V. ὁμόσε χωρεῖν (dat.).

Grappling-iron, subs. P. χεὶρ σιδηρᾶ (Thuc. 4, 25).

Grasp, v. trans. P. and V. λαμβάνεσθαι (gen.), ἐπιλαμβάνεσθαι (gen.), ἀντιλαμβάνεσθαι (gen.), ἀνθάπτεσθαι (gen.), Ar. and V. λάζυσθαι (acc. or gen.), V. ἀντιλάζυσθαι (gen.); see *seize*. *Touch*: P. and V. ἅπτεσθαι (gen.), V. ψαύειν (gen.) (rare P.), θιγγάνειν (gen.) (Xen. also but rare P.), προσθιγγάνειν (gen.); see *touch*. *Embrace*: P. and V. ἀσπάζεσθαι, V. περιπτύσσειν (Plat. also but rare P.), προσπτύσσειν, ἀμφιβάλλειν, περιβάλλειν, ἀμπίσχειν. *Grasp with the mind*: P. and V. μανθάνειν, συνιέναι (acc. or gen.), ὑπολαμβάνειν (rare V.), ἅπτεσθαι (gen.), νοεῖν (or mid.), ἐννοεῖν (or mid.), Ar. and P. διανοεῖσθαι, P. καταλαμβάνειν, συλλαμβάνειν, κατανοεῖν, καταμανθάνειν, ἐφάπτεσθαι (gen.), V. συναρπάζειν φρενί. V. intrans. *Be grasping*: P. πλεονεκτεῖν.

Grasp, subs. *Embrace*: P. and V. περιβολαί, αἱ (Xen.), V. ἀσπάσματα, τά, περιπτυχαί, αἱ, ἀμφιπτυχαί, αἱ. *Hand*: P. and V. χείρ, ἡ. *Mental grasp, perception*: P. and V. αἴσθησις, ἡ. *Mental capacity*: P. and V. φρόνησις, ἡ.

Grasping, adj. *Greedy*: P. πλεονεκτικός. *Miserly*: P. and V. αἰσχροκερδής, Ar. and P. φιλοκερδής.

Grasping, subs. P. πλεονεξία, ἡ. *Miserliness*: P. and V. αἰσχροκέρδεια, ἡ.

Graspingly, adv. P. πλεονεκτικῶς.

Grass, subs. P. and V. πόα, ἡ, χλόη, ἡ, Ar. and V. ποία, ἡ (Eur., *Cycl.* 333). *Grass for pasture*: P. βοτάνη, ἡ; see also *meadow*.

Grass-green, adj. P. and V. χλωρός.

Grasshopper, subs. Ar. and P. τέττιξ, ὁ.

Grassy, adj. V. ποιηρός, χλωρός, εὔλειμος.

Grate, subs. *Fireplace*: P. and V. ἐσχάρα, ἡ, ἑστία, ἡ.

Grate, v. trans. *Rub*: P. and V. τρίβειν. *Grate over*: Ar. ἐπικνῆν. *Cheese grated over it (wine)*: P. τυρὸς ἐπιξυσθείς (Plat., *Rep.* 405E). *Grate on, annoy*: P. and V. δάκνειν, λυπεῖν, Ar. and V. κνίζειν; see *annoy*.

Grateful, adj. P. εὐχάριστος (Xen.). *Unforgetting*: P. and V. μνήμων, V. πολύμνηστος. *Be grateful to*: P. and V. χάριν εἰδέναι (dat.), χάριν ἔχειν (dat.). *Pleasant*: P. and V. ἡδύς, τερπνός, V. χαρτός (Plat. also but rare P.), θυμηδής, ἐφίμερος, Ar. and V. γλυκύς. *Pleasing*: P. and V. ἀρεστός, Ar. and P. ἀγαπητός.

Gratefully, adv. *With gratitude*: use P. μετὰ χάριτος. *Pleasantly*: P. and V. ἡδέως.

Gratefulness, subs. P. and V. χάρις, ἡ; see *gratitude*.

Gratification, subs. *Pleasure*: P. and V. ἡδονή, ἡ, τέρψις, ἡ, χαρά, ἡ. *Satisfying*: P. πλήρωσις, ἡ.

Gratify, v. trans. P. and V. χαρίζεσθαι (dat.), P. καταχαρίζεσθαι (dat.).

Humour : P. ὀργὰς ἐπιφέρειν (dat.). *Please* : P. and V. ἀρέσκειν (acc. or dat.), Ar. and V. ἁνδάνειν (dat.); see *please*. *Satiate* : P. and V. ἐκπιμπλάναι ; see *satiate*.

Gratifying, adj. *Pleasing* : P. and V. ἀρεστός, Ar. and P. ἀγαπητός.

Grating, subs. *Enclosed place* : P. and V. εἱρκτή, ἡ. *Small opening* : Ar. and P. θυρίς, ἡ.

Grating, adj. Of sound : use P. τραχύς. Met., *jarring* : P. and V. πλημμελής.

Gratingly, adv. *Jarringly* : P. πλημμελῶς.

Gratis, adv. Ar. and P. προῖκα, P. δωρεάν, P. and V. ἀμισθί.

Gratitude, subs. P. and V. χάρις, ἡ. *Feel gratitude to* : P. and V. χάριν εἰδέναι (dat.), χάριν ἔχειν (dat.). *Receive gratitude* : P. κομίζεσθαι χάριν. *Lay up a store of gratitude* : P. χάριν κατατίθεσθαι. *Remembrance* : P. and V. μνήμη, ἡ, μνεία, ἡ, V. μνῆστις, ἡ. *Remembrance of a favour* : P. τὸ μεμνῆσθαι τὴν χάριν (Dem. 12).

Gratuitous, adj. V. ἄμισθος. *Not properly belonging* : P. and V. οὐ προσήκων. *Not proved* : P. ἀνεξέταστος.

Gratuitously, adv. See *gratis*. *They attacked us gratuitously* (*unprovoked*) : P. ἐπέθεντο ἡμῖν οὐκ ἀδικούμενοι (Thuc. 3, 39).

Gratuity, subs. P. ἐπιφορά, ἡ.

Gratulation, subs. See *congratulation*.

Grave, adj. Of manners or looks : P. and V. σεμνός. *Why do you look solemn and grave?* V. τί σεμνὸν καὶ πεφροντικὸς βλέπεις; (Eur., *Alc.* 773). *Be grave, earnest*, v. : P. and V. σπουδάζειν. *Heavy, severe*, adj. : P. and V. βαρύς. *Serious, alarming* : P. and V. δεινός. *Dangerous* : P. ἐπικίνδυνος. *Grave* (*accent*) : P. βαρύς (Plat.).

Grave, subs. P. and V. θήκη, ἡ, μνῆμα, τό, τάφος, ὁ (Dem. 187, 426), Ar. and P. σῆμα, τό, Ar. and V. τάφή, ἡ, τύμβος, ὁ, V. χῶμα, τό (rare P.), τύμβευμα, τό.

Grave, v. trans. See *engrave*.

Grave-clothes, subs. P. ἐντάφιον, τό, V. φᾶρος, τό, φάρος, τό, πέπλος, ὁ.

Gravel, subs. P. κάχληξ, ὁ. *The disease* : P. νεφρῖτις, ἡ.

Gravely, adv. Of manner, etc. : P. and V. σεμνῶς. *Earnestly* : P. σπουδαίως. *Seriously, alarmingly* : P. and V. δεινῶς. *Dangerously* : P. and V. ἐπικινδύνως.

Graven, adj. Ar. and V. ξεστός. *Graven image* : see *idol*.

Gravestone, subs. Ar. and P. στήλη, ἡ.

Gravitate, v. intrans. P. and V. ῥέπειν, φέρεσθαι, τείνειν.

Gravitation, subs. Use P. ῥοπή, ἡ, φορά, ἡ.

Gravity, subs. Of manners, etc. : P. and V. τὸ σεμνόν. *Seriousness, terribleness* : P. δεινότης, ἡ. *Extent, greatness* : P. and V. μέγεθος, τό. *Weight* : P. and V. βάρος, τό.

Gray, adj. P. and V. γλαυκός (Plat., *Tim.* 68C), P. φαιός, ὄρφνινος. *Gray with age* : P. and V. πολιός (Plat., *Parm.* 127B), V. λευκανθής.

Gray, subs. Use P. τὸ φαιόν, etc.

Gray-eyed, adj. P. γλαυκόμματος (Plat.), Ar. γλαυκῶπις (as epithet of Athene).

Gray-haired, adj. P. and V. πολιός (Plat., *Parm.* 127B), V. λευκανθής.

Graze, v. trans. *Touch* : P. and V. ἅπτεσθαι (gen.); see *touch*. *Wound* : P. and V. τιτρώσκειν, τραυματίζειν. V. intrans. *Graze* (as cattle) : P. and V. νέμεσθαι (Plat.). *Send out to graze* : P. νομεύειν (acc.). *Haunts where oxen graze* : V. βούνομοι ἐπιστροφαί (Æsch., *Frag.*).

Graze, subs. *Wound* : P. and V. τραῦμα, τό.

Grazier, subs. P. and V. βουκόλος, ὁ, νομεύς, ὁ; see *herdsman*.

Grazing, adj. V. νομάς (Soph., *Frag.*). *Grazing herds* : V. ἀγέλαι βουνόμοι.

Grazing-land, P. and V. νομή, ἡ; see *pasture*.

Grease, subs. *Fat*: V. ἄλειφα, τό, P. ἀλοιφή (Plat.). *Oil*: Ar. and P. ἔλαιον, τό.

Grease, v. trans. P. ἀλείφειν, ἐπαλείφειν, Ar. πᾰρᾰλείφειν, V. χρίειν, προχρίειν; see *anoint*.

Greasy, adj. Ar. and P. λῐπᾰρός. Of wool: Ar. οἰσῠπηρός. *Slippery*: P. ὀλισθηρός.

Great, adj. P. and V. μέγᾰς. *So great*: P. and V. τοσοῦτος, τοσόσδε, P. τηλικοῦτος, τηλικόσδε, V. τόσος (rare P.). *How great*, interrog.: P. and V. πόσος, Ar. and P. πηλίκος; indirect.: P. and V. ὅσος, ὁπόσος. *Abundant*: P. and V. πολύς, ἄφθονος. *Long*: P. and V. μακρός. *Broad*: P. and V. εὐρύς. *Important*: P. ἀξιόλογος, διάφορος, P. and V. μέγιστος. *Noble*: P. and V. γενναῖος, εὐγενής (Plat. and Thuc.). *Powerful*: P. and V. δῠνᾰτός, Ar. and V. μεγασθενής. *Famous*: P. and V. εὔδοξος, περίβλεπτος, διαπρεπής, ἐκπρεπής, ὀνομαστός, λαμπρός, ἐπίσημος, P. ἀξιόλογος, ἐπιφανής, εὐδόκιμος, ἐλλόγιμος, Ar. and V. κλεινός (also Plat. but rare P.), V. εὐκλεής; see *famous*.

Great-grandfather, subs. P. πρόπαππος, ὁ.

Great-hearted, adj. P. μεγαλόφρων, P. and V. γενναῖος.

Great-heartedness, subs. P. μεγαλοφροσύνη, ἡ, P. and V. γενναιότης, ἡ.

Greatly, adv. P. and V. μέγᾰ, μεγάλᾰ, σφόδρᾰ, κάρτᾰ (Plat. but rare P.), πολύ, Ar. and V. πολλά, Ar. μεγάλως. *Not a little*: P. and V. οὐχ ἥκιστα.

Great-minded, adj. P. μεγαλόφρων, P. and V. γενναῖος.

Great-mindedness, subs. P. μεγαλοφροσύνη, ἡ, P. and V. γενναιότης, ἡ.

Greatness, subs. P. and V. μέγεθος, τό. *Bulk*: P. and V. ὄγκος, ὁ. *Abundance*: P. and V. πλῆθος, τό, P. ἀφθονία, ἡ. *Importance*: P. and V. μέγεθος, τό. *Nobility*: P. and V. γενναιότης, ἡ, εὐγένεια, ἡ (Plat.). *High rank*: P. and V. ἀξίωμα, τό, τῑμή, ἡ. *Be raised to greatness*: P. αἴρεσθαι μέγας (Dem. 20). *Raise to greatness*: V. τίμιον ἀνάγειν (τινά) (Eur., *H. F.* 1333). *Power*: P. and V. δῠνᾰμις, ἡ, κρᾰτος, τό, ἰσχύς, ἡ. *Renown*: P. and V. δόξᾰ, ἡ, εὐδοξία, ἡ, κλέος, τό (rare P.), Ar. and V. εὔκλεια, ἡ.

Great-souled, adj. P. μεγαλόφρων, P. and V. γενναῖος.

Greaves, subs. Ar. and V. κνημῖδες, αἱ (Æsch., *Theb.* 676).

Greed, subs. *Gluttony*: P. ὀψοφαγία, ἡ, γαστριμαργία, ἡ, λιχνεία, ἡ, λαιμαργία, ἡ, V. τὸ μάργον. *Insatiability*: P. and V. ἀπληστία, ἡ. *Taking more than one's share*: P. πλεονεξία, ἡ. *Greed of money*: P. φιλοχρηματία, ἡ, P. and V. αἰσχοκέρδεια, ἡ.

Greedily, adv. *Gluttonously*: V. λαβρῶς. *Insatiably*: P. ἀπλήστως. *Graspingly*: P. πλεονεκτικῶς.

Greediness, subs. See *greed*.

Greedy, adj. *Gluttonous*: P. λίχνος, V. λαβρός, μάργος, μαργῶν. *Insatiable*: P. and V. ἄπληστος. *Greedy of*: P. and V. ἄπληστος (gen.). *Grasping*: P. πλεονεκτικός. *Be greedy*, v.: P. πλεονεκτεῖν. *Greedy of money*: P. and V. φῐλάργῠρος, αἰσχροκερδής, P. φιλοχρήματος, Ar. and P. φῐλοκερδής.

Green, adj. P. and V. χλωρός. Met., *fresh, vigorous*: V. χλωρός.

Green, subs. *Sward, grass*: P. and V. πόα, ἡ, χλόη, ἡ; see *grass*. *Meadow*: P. and V. λειμών, ὁ, V. ὀργάς, ἡ (also Xen.).

Greengrocer, subs. Ar. λᾰχᾰνοπωλήτρια, ἡ, λᾰχᾰνόπωλῐς, ἡ.

Greens, subs. *Vegetables*: Ar. and P. λάχᾰνον, τό (or pl.).

Greet, v. trans. *Accost*: P. and V. προσᾰγορεύειν, προσειπεῖν, V. αὐδᾶν, προσαυδᾶν, προσφωνεῖν, προσφθέγγεσθαι, ἐννέπειν, προσεννέπειν, προσηγορεῖν. *Welcome*: P. and V. ἀσπάζεσθαι, δεξιοῦσθαι, V. σαίνειν, προσσαίνειν, P. φιλοφρονεῖσθαι

(Plat.). *I greet the herald:* V. χαίρειν δε τὸν κήρυκα προὐννέπω (Soph., *Trach.* 227). Also with non-personal subjects, *meet:* P. and V. ἀπαντᾶν (dat.). *Will not a loud outcry from the jurymen themselves greet me?* P. οὐ πολλὴ κραυγὴ παρὰ τῶν δικαστῶν αὐτῶν ἀπαντήσεται; (Æschines, 23).

Greeting, subs. *Address:* P. and V. πρόσρησις, ἡ, λόγος, ὁ, P. πρόσρημα, τό, V. πρόσφθεγμα, τό, προσφώνημα, τό. *Kindly greeting:* V. εὐέπεια, ἡ. In letters, *Cyrus to Cyaxeres greeting:* P. Κῦρος Κυαξάρῃ χαίρειν (Xen., *Cyr.* 4, 5, 27).

Gregarious, adj. P. ἀγελαῖος, Ar. and P. σύννομος.

Grey, adj. See *gray.*

Gridiron, subs. Ar. λάσἄνα, τά.

Grief, subs. P. and V. λῦπη, ἡ, ἀνία, ἡ, P. ταλαιπωρία, ἡ, V. δύη, ἡ, πῆμα, τό, πημονή, ἡ, οἰζύς, ἡ, πένθος, τό (in P., *outward signs of mourning*), Ar. and V. ἄλγος, τό, ἄχος, τό. *Lamentation:* Ar. and P. ὀλοφυρμός, ὁ, P. ὀλόφυρσις, ἡ, P. and V. οἰμωγή, ἡ (Thuc. but rare P.), στόνος, ὁ (Thuc. but rare P.), ὀδυρμός, ὁ (Isoc. and Plat.), οἶκτος, ὁ, V. οἴμωγμα, τό, στεναγμός, ὁ (Plat. also but rare P.), οἰκτίσμᾰτα, τά, Ar. and V. στέναγμα, τό, γόος, ὁ (or pl.); see *lamentation.* *Come to grief,* v.: P. and V. πταίειν; see *be ruined, fail.* *Come to grief on* (as a ship on a reef): P. and V. πταίειν πρός (dat.). *Griefs:* see *troubles.*

Grievance, subs. *Injustice:* P. and V. ἀδίκημα, τό. *Make it a grievance that:* Ar. and P. ἀγᾰνακτεῖν, εἰ ... P. χαλεπῶς φέρειν εἰ ... δεινὸν ποιεῖσθαι εἰ; see *complain.*

Grieve, v. trans. *Distress:* P. and V. λῡπεῖν, ἀνιᾶν, δάκνειν, Ar. and P. ἀποκναίειν, Ar. and V. κνίζειν, πημαίνειν (rare P.), τείρειν, V. γυμνάζειν, ἀλγύνειν. V. intrans. Use pass. of verbs given above or P. and V. βᾰρύνεσθαι, πονεῖν, P. ἀδημονεῖν, ἀγωνιᾶν, V. θῡμοφθορεῖν, ἀσχάλλειν (Dem. 555, but rare P.), ἀτᾶσθαι. *Be annoyed:* P. and V. ἄχθεσθαι, Ar. and P. ἀγᾰνακτεῖν. *Lament:* P. and V. ὀδύρεσθαι, ἀποδύρεσθαι, πενθεῖν; see *lament.* *Grieve for, be vexed at,* v. trans.: Ar. and P. ἀγᾰνακτεῖν (dat.), P. χαλεπῶς φέρειν (acc.), V. πικρῶς φέρειν (acc.), δυσφορεῖν (dat.). *Lament:* see *lament.*

Grievous, adj. P. and V. λῡπηρός, βᾰρύς, ἄθλιος, οἰκτρός, ἀνῑᾱρός, ἀλγεινός, ἐπαχθής, δυσχερής, ὀχληρός, πικρός, V. λυπρός, δύσφορος (Xen. also but rare P.), δύσοιστος, ἀχθεινός (also Xen. but rare P.), Ar. ἀργᾰλέος. *Lamentable:* V. πολύστονος, πανδάκρῡτος, εὐδάκρῡτος, πάγκλαυτος, δυσθρήνητος, βᾰρύστονος. *Unfortunate* (of things): P. and V. κᾰκός, δυστῠχής. *Terrible:* P. and V. δεινός.

Grievously, adv. P. and V. λῡπηρῶς, ἀλγεινῶς, πικρῶς, ἀθλίως, ἀνῑᾱρῶς (Xen.), οἰκτρῶς. *Terribly:* P. and V. δεινῶς. *Unfortunately:* P. and V. κᾰκῶς, δυστῠχῶς.

Grievousness, subs. P. and V. δυσχέρεια, ἡ, V. βάρος, τό. *Terribleness:* P. δεινότης, ἡ.

Griffin, subs. V. γρύψ, ὁ.

Grill, v. trans. Ar. and P. ὀπτᾶν.

Grim, adj. Of appearance: P. and V. σκυθρωπός, γοργός (Xen.), V. στυγνός, δύσχῑμος, γοργώψ, γοργωπός; see also *fierce.* *Alarming:* P. and V. δεινός. *Harsh:* P. and V. πικρός, σχέτλιος; see *harsh.* *Determined:* P. and V. αὐθάδης, σκληρός. Of things: P. ἰσχυρός.

Grime, subs. See *dirt.*

Grimly, adv. *Harshly:* P. and V. πικρῶς, P. σχετλίως. *Obstinately:* Ar. and P. αὐθάδως, σκληρῶς. *Look grimly on:* V. γοργὸν ἀναβλέπειν (dat.) (Eur., *Supp.* 322).

Grimness, subs. *Harshness:* P. and V. πικρότης, ἡ; see *harshness.* *Obstinacy:* P. αὐθάδεια, ἡ, Ar. and V. αὐθᾱδία, ἡ.

Grimy, adj. See *dirty*.

Grin, v. intrans. *Grin as a dog*: Ar. σαίρειν; see also *laugh*. *Grin at*: Ar. ἐγχάσκειν (dat.).

Grind, v. trans. Ar. and P. ἀλεῖν. *Rub*: P. and V. τρίβειν. *Sharpen*: Ar. and V. θήγειν, Ar. and P. ἀκονᾶν (Xen.). *Grind one's teeth*: Ar. πρίειν τοὺς ὀδόντας. *Grind against*, v. intrans.: P. τρίβεσθαι πρός (acc.). *Grind down*: met., Ar. and P. ἐπιτρίβειν; see *ruin*.

Grindstone, subs. V. θηγάνη, ἡ.

Grip, subs. *Hand*: P. and V. χείρ, ἡ. *Embrace*: P. and V. περϊβολαί, αἱ (Xen.), V. περιπτῦχαί, αἱ; see *embrace*. *Something to hold by*: P. ἀντιλαβή, ἡ. *Get a grip*: P. ἀντιλαβὴν ἔχειν (Thuc. 7, 65). *Mental grip, perception*: P. and V. αἴσθησις, ἡ. *Mental capacity*: P. and V. φρόνησις, ἡ.

Grip, v. trans. *Seize hold of*: P. and V. λαμβάνεσθαι (gen.), ἀντϊλαμβάνεσθαι (gen.); see *grasp*. *Hold fast*: P. and V. ἔχεσθαι (gen.), ἀντέχεσθαι (gen.), V. ὀχμάζειν. *Touch*: P. and V. ἅπτεσθαι (gen.), V. θιγγάνειν (gen.) (Xen. but rare P.), ψαύειν (gen.) (rare P.); see *touch*. *Leprosies that grip the flesh*: V. λειχῆνες . . . σαρκῶν ἐπαμβατῆρες (Æsch., *Choe.* 280).

Grisly, adv. P. and V. δεινός, φοβερός, γοργός (Xen.), V. δύσχῖμος, γοργώψ, γοργωπός. *Fierce*: P. and V. ἄγριος, V. ἀγριωπός.

Grist, subs. *Corn*: P. and V. σῖτος, ὁ. Met., *gain*: P. and V. κέρδος, τό, λῆμμα, τό.

Gristle, subs. P. χόνδρος, ὁ (Arist.).

Gristly, adj. P. χονδρώδης (Arist.).

Grit, subs. *Dust*: P. and V. κόνῖς, ἡ. Met., *spirit, courage*: P. and V: θῦμός, ὁ, φρόνημα, τό, Ar. and V. λῆμα, τό.

Grizzled, adj. P. ἐπιπόλιος; see *gray*.

Grizzly, adj. See *gray*.

Groan, subs. P. and V. οἰμωγή, ἡ (Thuc. but rare P.), στόνος, ὁ (Thuc. but rare P.), Ar. and P. ὀλοφυρμός, ὁ, P. ὀλόφυρσις, ἡ, V. οἴμωγμα, τό, στεναγμός, ὁ (Plat. also but rare P.), κωκῦτός, ὁ, κωκῦμᾰτα, τά, Ar. and V. γόος, ὁ, or pl., στέναγμα, τό. *Without a groan*: use adj., V. ἀστένακτος, or adv., Ar. and V. ἀστενακτί (Æsch., *Frag.*).

Groan, v. intrans. P. and V. στένειν (Dem. 300, 308, but rare P.), στενάζειν (Dem. 835, but rare P.), ἀνοιμώζειν (Thuc. 3, 113, but rare P.), V. αἰάζειν, φεύζειν, ἀναστένειν, κᾰταστένειν, ἀνᾰκωκῦειν, ἀνᾰμυχθίζεσθαι, ἐξοιμώζειν, κᾰτοιμώζειν, ἀνολολύζειν, P. ὀλοφύρεσθαι, ἀνολοφύρεσθαι, Ar. and V. οἰμώζειν, ἀποιμώζειν, γοᾶσθαι, κωκῦειν. *Groan over*: see *lament*. *Groan under*: met., P. and V. πιέζεσθαι (dat.).

Groom, subs. P. ἱπποκόμος, ὁ, V. ἱπποβουκόλος, ὁ. *Attendant on a knight*: V. ὀπᾱδός, ὁ, ὀπάων, ὁ, ὑπασπιστήρ, ὁ, P. and V. ὑπασπιστής, ὁ (Xen.), ὑπηρέτης, ὁ. *Bridegroom*: see *bridegroom*.

Groom, v. trans. Ar. ἱπποκομεῖν (acc.).

Groove, subs. Use P. αὐλός, ὁ. *Furrow*: Ar. and P. ὁλκός, ὁ (Xen.), Ar. and V. ἄλοξ, ἡ. *War least of all moves in a groove*: P. ἥκιστα πόλεμος ἐπὶ ῥητοῖς χωρεῖ (Thuc. 1, 122).

Grope, v. intrans. Ar. and P. ψηλᾰφᾶν. *Groping his way with a stick*: V. σκήπτρῳ προδεικνῦς (Soph., *O. R.* 456). *Grope for*: P. ἐπιψηλαφᾶν (gen.), Ar. ψηλᾰφᾶν (acc.).

Gross, adj. *Boorish*: Ar. and P. ἄγροικος, Ar. ἀγρεῖος. *Ignorant*: P. and V. ἀμᾰθής, ἄμουσος, P. ἀγράμματος, Ar. and P. ἀπαίδευτος. *Common, bad* (of persons or things): P. and V. φαῦλος. *Vulgar*: Ar. and P. φορτῖκός. *Absolute, entire*: P. ἁπλοῦς, ἄκρατος.

Grossly, adv. Ar. and P. ἀγροίκως, P. φορτικῶς. *Absolutely*: P. ἁπλῶς. *Entirely*: P. ὅλως.

Grossness, subs. P. ἀγροικία, ἡ, ἀπαιδευσία, ἡ, P. and V. ἀμουσία, ἡ. *Commonness, badness*: P. φαυλότης, ἡ.

Grot, subs. P. σπηλαῖον, τό (Plat.), Ar. and V. ἄντρον, τό, αὔλιον, τό, V. θἄλἄμαι, αἱ, P. and V. σῆραγξ, ἡ (Plat., *Phaedo*. 110A and Soph., *Frag.*).

Grotesque, adj. P. and V. γέλοιος, ἄτοπος (Eur., *Frag.*).

Grotesquely, adv. P. ἀτόπως.

Grotesqueness, subs. Ar. and P. ἀτοπία, ἡ.

Grotto, subs. See *grot.*

Ground, subs. P. and V. γῆ, ἡ, P. ἔδαφος, τό, Ar. and V. γαῖα, ἡ, χθών, ἡ, πέδον, τό, δἄπεδον, τό (Eur., *Ion*, 576, *Or.* 1645) (also Xen.), V. οὖδας, τό. *Land for cultivating*: P. and V. γῆ, ἡ, ἀγρός, ὁ (or pl.), Ar. and V. ἄρουρα, ἡ (Plat. also but rare P.), γύαι, οἱ. *On the ground*: use adv., Ar. and V. χἄμαί, πέδοι (also Plat. but rare P.). *Sleeping on the ground*, adj.: V. χἄμαικοίτης, *Fallen on the ground*: V. χἄμαιπετής. *Walking the ground*: V. πεδοστῖβής, χθονοστῖβής. *To the ground*: use adv., Ar. and V. χἄμᾶζε, V. πέδονδε, ἔραζε (Æsch., *Frag.*). *From the ground*: V. γῆθεν, Ar. χἄμᾶθεν. *Under the ground*: see *underground. He is an enemy to the whole city and the very ground it stands on*: P. ἐχθρός (ἐστιν) ὅλῃ τῇ πόλει καὶ τῷ τῆς πόλεως ἐδάφει (Dem. 99). *The city stood on high ground*: P. (ἡ πόλις) ἦν ἐφ' ὑψηλῶν χωρίων (Thuc. 3, 97). Met., *Excuse*: P. and V. πρόφἄσις, ἡ. *Reason, plea*: P. and V. λόγος, ὁ. *Cause*: P. and V. αἰτία, ἡ. *Principle*: P. and V. ἀρχή, ἡ, P. ὑπόθεσις, ἡ. *Ground for, pretext for*: P. and V. ἀφορμή, ἡ (gen.). *On the ground of*: P. and V. κἄτά (acc.). *On all grounds*: P. and V. πανταχῇ. *On neither ground*: P. κατ' οὐδέτερον. *On what ground?* V. ἐκ τίνος λόγου; *Why?* P. and V. τί; τοῦ χἄρῖν; P. τοῦ ἕνεκα; διὰ τί; V. πρὸς τί; εἰς τί; τί χρῆμα; τίνος χἄρῖν; τίνος ἕκᾶτι; ἐκ τοῦ; see *why. Go over old ground constantly*: P. θάμα μεταστρέφεσθαι ἐπὶ τὰ εἰρημένα (Plat., *Crat.* 428D). *Gain ground*, v.: P. and V. προχωρεῖν. *Lose ground*: P. ἐλασσοῦσθαι. *Stand one's ground*: P. and V. ὑφίστασθαι, μένειν, P. μένειν κατὰ χώραν. *Recover ground lost through indolence*: P. τὰ κατερραθυμημένα πάλιν ἀναλαμβάνειν (Dem. 42).

Ground, v. trans. *Secure, make firm*: P. βεβαιοῦν. *Plant, fix*: P. and V. πηγνῦναι, V. ἐρείδειν, ἀντερείδειν. *Ground arms*: P. ὅπλα τίθεσθαι. *Instruct*: P. and V. δῐδάσκειν, παιδεύειν; see *instruct. Run (a ship) aground*: P. and V. ὀκέλλειν, P. ἐποκέλλειν, V. κέλλειν, ἐξοκέλλειν. *Run aground*, v. intrans.: P. ὀκέλλειν, ἐποκέλλειν, V. ἐξοκέλλειν. *Ground on* (as a ship on a reef): P. and V. πταίειν πρός (dat.).

Ground, adj. Of corn: P. ἀληλεμένος.

Groundless, adj. P. and V. μάταιος, κενός.

Groundlessly, adv. P. and V. μάτην, P. ἀλόγως, V. μᾶταίως.

Groundlessness, subs. P. ἀλογία, ἡ.

Ground-work, subs. See *foundation.* Met., P. and V. ἀρχή, ἡ, ἀφορμή, ἡ.

Group, subs. P. and V. σύστἄσις, ἡ; see also *crowd.* (*He said*) *they stood in a circle in groups of fifteen*: (ἔφη) ἑστάναι κύκλῳ ἀνὰ πέντε καὶ δέκα ἄνδρας (Andoc. 6).

Group, v. trans. P. and V. σῠνάγειν, συντάσσειν; see *arrange.*

Grove, subs. P. and V. ἄλσος, τό (Plat.), V. φυλλάς, ἡ.

Grovel, v. intrans. *Cower*: P. and V. κἄταπτήσσειν, V. πτήσσειν (Plat. also but rare P.), πτώσσειν, ὑποπτώσσειν. *Do obeisance*: P. and V. προσκῠνεῖν, Ar. and V. προσπίπτειν (also Xen. but rare P.), V. προσπίτνειν; see also *wallow. Grovel before, cower before*: met., P. and V. ὑποπτήσσειν (acc.), V. πτήσσειν (acc.). *Do obeisance to*: P. and

V. προσκῡνεῖν (acc.). *Fawn upon:* P. and V. ὑποτρέχειν (acc.), ὑπέρχεσθαι (acc.), Ar. and P. ὑποπίπτειν (acc.); see *fawn*. *Fall down before:* Ar. and V. προσπίπτειν (acc. or dat.) (also Xen. but rare P.), V. προσπίτνειν (acc. or dat.).

Grovelling, adj. P. and V. τᾰπεινός. *Supplicating:* V. ἱκέσιος, ἱκτήριος.

Grow, v. trans. P. and V. φύειν (rarely ῠ). *Rear, foster:* P. and V. τρέφειν. *Let grow (hair, beard, etc.):* P. and V. φύειν (rarely ῠ), Ar. and V. τρέφειν, κᾰθῑέναι. *Grow wings:* P. πτεροφυεῖν. V. intrans. Generally: P. and V. φύεσθαι. As a plant: P. and V. βλαστάνειν (Thuc., Plat., Dem., but rare P.). *I thought he had grown very much:* P. πολὺ μάλα ἐπιδεδωκέναι μοι ἔδοξε (Plat., *Euthyd.* 271B). *Increase:* P. and V. αὐξάνεσθαι, αὔξεσθαι, P. ἐπαυξάνεσθαι, Ar. and P. ἐπῐδῐδόναι, V. ὀφέλλεσθαι. *Become:* P. and V. γίγνεσθαι. *He grew (in power) to the detriment of all:* P. κατὰ πάντων ἐφύετο (Dem. 231). *Grow up* (of crops): P. ἀναφύεσθαι. Of children, *be reared:* P. and V. τρέφεσθαι, αὐξάνεσθαι. *Come of age:* P. τελεοῦσθαι, P. and V. ἐφηβᾶν (Xen.); see *come to manhood*, under *manhood*. *Grow upon:* lit., P. and V. προσφύεσθαι (dat.); met., *steal upon gradually:* P. and V. ὑπορρεῖν (πρός, acc., or dat. alone). *Grow with:* P. and V. συναυξάνεσθαι (dat.), συναύξεσθαι (dat.). *Growing again*, adj.: V. πᾰλιμβλαστής.

Growl, v. intrans. P. and V. μῑκᾶσθαι (also Ar.; rare P.).

Growl, subs. V. μύκημα, τό.

Grown, adj. *Full-grown:* P. τέλεος, V. ἐκτελής. *Well-grown:* P. and V. εὐτρᾰφής (Plat.), Ar. and V. εὐφυής.

Growth, subs. P. αὔξησις, ἡ, αὔξη, ἡ (Plat.), ἐπίδοσις, ἡ. *Coming into being:* Ar. and P. γένεσις, ἡ. *Tumour:* P. φῦμα, τό.

Grub, v. intrans. See *dig*.

Grub, subs. See *worm*.

Grudge, subs. P. and V. φθόνος, ὁ. *Enmity:* P. and V. ἔχθρα, ἡ, ἔχθος, τό (Thuc.). *Have a grudge against:* P. ἐλθεῖν εἰς ἔχθραν (dat.), V. δι' ἔχθρας μολεῖν (dat.), εἰς ἔχθος ἐλθεῖν (dat.). *Bear a grudge, remember past injuries:* Ar. and P. μνησῐκᾰκεῖν.

Grudge, v. trans. P. and V. φθονεῖν (τινί τινος), V. μεγαίρειν (τινί τινος). *Be grudging of:* P. and V. φείδεσθαι (gen.).

Grudging, subs. P. and V. φθόνος, ὁ.

Grudging, adj. *Envious:* P. and V. ἐπίφθονος, φθονερός; see also *mean*.

Grudgingly, adv. *Enviously:* P. ἐπιφθόνως, φθονερῶς. *With reluctance:* P. and V. σχολῇ.

Gruel, subs. Ar. χόνδρος, ὁ.

Gruff, adj. P. τραχύς.

Grumble, v. intrans. Ar. and P. σχετλιάζειν, γρύζειν. *Be annoyed:* P. and V. ἄχθεσθαι, Ar. and P. ἀγᾰνακτεῖν, P. δυσχεραίνειν, δεινὸν ποιεῖσθαι, χαλεπῶς φέρειν; see *complain*. *Grumble at:* P. and V. ἄχθεσθαι (dat.), Ar. and P. ἀγᾰνακτεῖν (dat.), P. χαλεπῶς φέρειν (acc.).

Grumbling, subs. P. σχετλιασμός, ὁ, θροῦς, ὁ, P. and V. θόρῠβος, ὁ.

Grumbling, adj. *Peevish:* P. and V. δύσκολος, δυσχερής, δῠσάρεστος.

Grunt, v. intrans. Ar. γρῡλίζειν.

Gryphon, subs. V. γρύψ, ὁ.

Guarantee, v. trans. Ar. and P. ἐγγυᾶσθαι. *Promise:* P. and V. ὑπισχνεῖσθαι, P. ὑποδέχεσθαι, V. ὑπίσχεσθαι; see *promise*. *Give security:* P. and V. πίστιν δῐδόναι or πιστᾰ δῐδόναι.

Guarantee, subs. P. and V. πίστῐς, ἡ, πιστά, τά, ἐγγύη, ἡ. *Promise:* P. and V. ὑπόσχεσις, ἡ. *One who guarantees:* Ar. and P. ἐγγυητής, ὁ.

Guard, v. trans. P. and V. φῠλάσσειν, φρουρεῖν, διᾰφῠλάσσειν, περιστέλλειν, V. ἐκφῠλάσσειν, ῥύεσθαι,

Ar. and P. τηρεῖν. *Defend* : P. and V. ἀμύνειν (dat.). *Champion* : P. and V. προστᾰτεῖν (gen.), προΐστασθαι (gen.), V. ὑπερστᾰτεῖν (gen). *Guard a place (as a tutelary deity does)* : Ar. and V. προστᾰτεῖν (gen.), ἐπισκοπεῖν (acc.), V. ἀμφέπειν (acc.), P. and V. ἔχειν (acc.) (Dem. 274), P. λαγχάνειν (acc.) (Plat.). *Easy to guard*, adj. : P. and V. εὐφύλακτος. *Watch* : P. and V. φῠλάσσειν, φρουρεῖν, Ar. and P. τηρεῖν. *Save* : P. and V. σώζειν, ἐκσώζειν, διᾰσώζειν. *Join in guarding* : P. συμφυλάσσειν (absol.). *Guard against* : P. and V. φῠλάσσεσθαι (acc.), εὐλᾰβεῖσθαι (acc.), ἐξευλᾰβεῖσθαι (acc.), P. διευλαβεῖσθαι (acc.), V. φρουρεῖσθαι (acc.). *Hard to guard against*, adj. : V. δυσφύλακτος.

Guard, subs. *One who guards* : P. and V. φύλαξ, ὁ or ἡ, φρουρός, ὁ, ἐπίσκοπος, ὁ (Plat. but rare P.), V. φρούρημα, τό. *Body of guards, garrison* : P. and V. φρουρά, ἡ, φρούριον, τό, V. φρούρημα, τό, Ar. and P. φῠλᾰκή, ἡ. *Warder, porter* : P. and V. θῠρωρός, ὁ or ἡ (Plat.), V. πῠλωρός, ὁ or ἡ; see *warder*. *Champion* : P. and V. προστᾰ́της, ὁ. *Body-guard* : P. and V. δορῠ́φοροι, οἱ. *Advance-guard* : P. προφυλακή, ἡ, οἱ προφύλακες. *Rear-guard* : P. οἱ ὀπισθοφύλακες (Xen.). *Be the rear-guard* : P. ὀπισθοφυλακεῖν (Xen.). *Act of guarding* : P. and V. φῠλᾰκή, ἡ, φρουρά, ἡ, τήρησις, ἡ (Eur., *Frag.*), V. φρούρημα, τό. *Be on one's guard*, v. : P. and V. φῠλάσσεσθαι, εὐλᾰβεῖσθαι, ἐξευλᾰβεῖσθαι, φρουρεῖν, P. φυλακὴν ἔχειν, Ar. and P. τηρεῖν, V. ἐν εὐφῠλάκτῳ εἶναι, φῠλᾰκὰς ἔχειν (Eur., *And.* 961). *Be on guard (in a place)*, v. : P. ἐμφρουρεῖν (absol.). *(I see) a sword keeping guard over my daughter's neck* : V. (ὁρῶ) ξίφος ἐμῆς θυγατρὸς ἐπίφρουρον δέρῃ (Eur., *Or.* 1575). *Off one's guard*, adj. : P. and V. ἀφῠ́λακτος, ἄφρακτος (Thuc.), P. ἀπαράσκευος, ἀπροσδόκητος. *Put on one's guard, warn*, v. : P. and V. νουθετεῖν ; see *forewarn*. *Detention under guard* : P. φυλακή, ἡ. *Keep under guard* : P. ἐν φυλακῇ ἔχειν (acc.). *Put under guard* : P. εἰς φυλακὴν ποιεῖσθαι. *Be under guard*, v. : P. and V. φῠλάσσεσθαι, Ar. and P. τηρεῖσθαι, P. ἐν φυλακῇ εἶναι.

Guarded, adj. *Cautious* : P. εὐλαβής.

Guardedly, adv. P. and V. εὐλᾰβῶς.

Guardedness, subs. P. and V. εὐλᾰ́βεια, ἡ.

Guardian, subs. *One who has charge, overseer* : Ar. and P. ἐπῐμελητής, ὁ, κηδεμών, ὁ (Plat.), P. and V. ἐπιστᾰ́της, ὁ, ἐπίσκοπος, ὁ, V. σκοπός, ὁ. *Protector* : P. and V. φῠ́λαξ, ὁ or ἡ. *Champion* : P. and V. προστᾰ́της, ὁ. In legal sense, *guardian of (minors, etc.)* : Ar. and P. ἐπίτροπος, ὁ, P. κύριος, ὁ, V. ὀρφᾰνιστής, ὁ; see *trustee*. *Be guardian to* : Ar. and P. ἐπιτροπεύειν (acc.). *Tutelary guardian* : P. and V. ἐπίσκοπος, ὁ or ἡ; or use adj., Ar. and P. πολιοῦχος (Plat.), P. and V. ἑστιοῦχος (Plat.; also Ar.), V. δημοῦχος, πολισσοῦχος.

Guardianship, subs. *Office of legal guardian* : P. ἐπιτροπεία, ἡ, ἐπιτρόπευσις, ἡ. *Protection* : P. and V. φῠλᾰκή, ἡ.

Guarding, adj. P. and V. σωτήριος, V. ἀλεξητήριος, προστᾰτήριος.

Guard-post, subs. P. and V. φρουρά, ἡ, φρούριον, τό, P. περιπόλιον, τό, φυλακτήριον, τό.

Guard-ship, subs. P. φρουρίς, ἡ, προφυλακὶς ναῦς, ἡ.

Guerdon, subs. *Reward* : P. and V. μισθός, ὁ. *Privilege* : P. and V. γέρᾰς, τό; see *reward*.

Guess, v. trans. P. and V. εἰκάζειν, συμβάλλειν, στοχάζεσθαι (gen. or absol.), τεκμαίρεσθαι, δοξάζειν, τοπάζειν, V. ἐπεικάζειν. *Estimate* : P. and V. σταθμᾶσθαι. *Suspect* : P. and V. ὑπονοεῖν, ὑποπτεύειν. *Easy to guess*, adj. : V. εὐσύμβολος, εὐσύμβλητος. *Hard to guess*: V. δυστόπαστος.

Guess, subs. P. and V. δόξα, ἡ, δόκησις, ἡ, P. δόξασμα, τό. *Suspicion*: P. and V. ὑποψία, ἡ, ὑπόνοια, ἡ; see *conjecture*.

Guesser, subs. P. δοξαστής, ὁ, εἰκαστής, ὁ. *Prophet*: P. and V. μάντις, ὁ or ἡ.

Guest, subs. P. and V. ξένος, ὁ (fem., ξένη, ἡ), V. ξεῖνος, ὁ, or use adj., ἐφέστιος, σὐνέστιος. *Guest of*: V. ἐφέστιος (gen.). *Guest at a feast*: P. and V. σύνδειπνος, ὁ or ἡ (Xen.), V. δαιτᾰλεύς, ὁ, θοινάτωρ, ὁ, συνθοινάτωρ, ὁ, P. δαιτύμων, ὁ (Plat.). *Now must ye stay with us as guest of mine for the feast*: V. νῦν μὲν παρ' ἡμῖν χρὴ συνεστίους ἐμοί θοίνῃ γενεσθαι (Eur., *El.* 784). *Kill a guest*, v.: V. ξενοκτονεῖν (absol.). *Receive as guest*: P. and V. ξενίζειν, ξενοδοκεῖν (Plat.) (absol.), V. ξενοῦσθαι (mid.). *Be received as guest*: V. ξενοῦσθαι (pass.). *Received as guest*: V. κᾰτεξενωμένος.

Guest-chamber, subs. P. and V. ξενών, ὁ.

Guidance, subs. P. ὑφήγησις, ἡ. *Escort*: V. πομπή, ἡ (Eur., *I. A.* 351); see *direction*. *Under the guidance of this man*: P. κατὰ τὴν τούτου ὑφήγησιν (Dem. 277).

Guide, v. trans. *Guide a person*: P. and V. ἄγειν, ἡγεῖσθαι (dat.), ὑφηγεῖσθαι (dat.), Ar. and P. ἡμεγονεύειν (gen.), προηγεῖσθαι (dat.) (Xen.), V. ὁδηγεῖν, ὁδοῦν. *Bring on one's way, escort*: P. and V. πέμπειν, προπέμπειν. *Show strangers about*: P. ξεναγεῖν. *Steer*: P. and V. κῠβερνᾶν, ἀπευθύνειν (Plat.), V. οἰᾱκοστροφεῖν. *Direct (a weapon, etc.)*: P. and V. εὐθύνειν, ἀπευθύνειν, P. κᾰτευθύνειν, V. ἰθύνειν, ἐπῑθύνειν, ὀρθοῦν; see *direct*. *Manage*: P. and V. οἰκεῖν, νέμειν, V. νωμᾶν, πορσύνειν, Ar. and P. μετᾰχειρίζεσθαι, διοικεῖν, P. διαχειρίζεσθαι; see *manage*. *Guide aright*: P. and V. εὐθύνειν, ἀπευθύνειν, κᾰτορθοῦν, P. κατευθύνειν, V. ὀρθοῦν (rare act. in P. but pass. used). *Turn (in any direction)*: P. and V. τρέπειν, στρέφειν, ἐπιστρέφειν.

Guide, subs. P. and V. ἡγεμών, ὁ or ἡ, P. ἀγωγός, ὁ, V. ὁδουρός, ὁ or ἡ, ποδᾱγός, ὁ, ἡγητής, ὁ, ἡγητήρ, ὁ, προηγητής, ὁ, προηγητήρ, ὁ, ὑφηγητής, ὁ; see also *pilot*. *Escort*: V. πομπός, ὁ, πρόπομπος, ὁ.

Guiding, adj. *Escorting*: V. πόμπῐμος, πομπαῖος, εὔπομπος. *Directing, ruling*: V. εὐθυντήριος. *The guiding helm*: V. οἴαξ εὐθυντήρ, ὁ (Æsch., *Supp.* 717). *Guiding principle*, subs.: P. προαίρεσις, ἡ, P. and V. ὅρος, ὁ.

Guild, subs. Use P. ἑταίρεια, ἡ, συνωμοσία, ἡ. *Association*: P. and V. κοινωνία, ἡ.

Guile, subs. P. and V. δόλος, ὁ (Ar. also but rare P.), ἀπάτη, ἡ, σόφισμα, τό, μηχάνημα, τό, V. τέχνη, ἡ, τέχνημα, τό; see *craft*. *Craftiness*: P. and V. πᾰνουργία, ἡ.

Guileful, adj. P. and V. ποικίλος, πᾰνοῦργος, ἐπίτριπτος, πυκνός, Ar. and V. δόλιος, αἱμύλος (once in Plat.), πᾰλιντρῐβής, μηχᾰνορράφος. Fem. adj.: V. δολῶπις.

Guilefully, adv. P. πανούργως, V. δόλῳ, ἐν δόλῳ, σὺν δόλῳ; see *craftily*.

Guilefulness, subs. P. and V. πᾰνουργία, ἡ.

Guileless, adj. P. ἄκακος, Ar. and P. ἄδολος, V. ἀφυής (Soph., *Phil.* 1014). *Simple*: P. and V. ἁπλοῦς, P. εὐήθης. *Unspoiled*: P. and V. ἀκέραιος.

Guilelessly, adv. P. ἀδόλως. *Simply*: P. and V. ἁπλῶς.

Guilelessness, subs. *Simplicity*: P. ἁπλότης, ἡ, τὸ ἀπειρόκακον.

Guilt, subs. P. and V. αἰτία, ἡ. *Crime*: P. and V. ἀδῐκία, ἡ, ἀδίκημα, τό (Eur., *Ion*, 325), P. κακουργία, ἡ. *Sin*: P. and V. ἁμαρτία, ἡ, V. ἐξᾰμαρτία, ἡ, ἀμπλάκημα, τό. *Pollution, blood guiltiness*: P. and V. μίασμα, τό, ἄγος, τό (Thuc.), V.

μῦσος, τό, P. μιαιφονία, ἡ, μιαρία, ἡ. *A murder involving no guilt*: P. ὅσιος φόνος, ὁ.

Guiltily, adv. P. and V. κᾰκῶς, ἀδῐκως, V. ἀνοσίως, P. παρανόμως. *Disgracefully*: P. and V. αἰσχρῶς.

Guiltiness, subs. See *guilt*.

Guiltless, adj. P. and V. ἀναίτιος, κᾰθᾰρός, ἄθῳος, ἁγνός (Plat.), P. ἀναμάρτητος; see *sinless*. *Guiltless of*: P. and V. ἀναίτιος (gen.), κᾰθᾰρός (gen.), ἁγνός (gen.) (Plat. but rare P.).

Guiltlessness, subs. Use P. and V. τὸ ἀναίτιον. *Purity*: P. καθαρότης, ἡ.

Guilty, adj. P. and V. αἴτιος. *Blood-guilty*: P. ἐναγής, V. προστρόπαιος (rare P.), πᾰλαμναῖος, μιαιφόνος. *Criminal, wicked*: P. and V. ἄδῐκος, κᾰκός, ἀνόσιος, κᾰκοῦργος, πᾰρᾰνομος (Eur., *Med.* 1121). *Disgraceful*: P. and V. αἰσχρός. *Guilty of*: P. and V. αἴτιος (gen.), ἐπαίτιος (gen.). *The guilty man*: P. and V. ὁ ἀδῐκῶν, ὁ δρῶν, ὁ δράσας. *Partly guilty*: see *accessory*. *Wholly guilty*: V. πᾰναίτιος. *Find guilty, convict*, v.: P. and V. αἱρεῖν, ἐλέγχειν, ἐξελέγχειν. *Condemn*: P. and V. αἱρεῖν, κᾰθαιρεῖν. *Be found guilty*: P. and V. ἁλίσκεσθαι.

Guise, subs. P. and V. σχῆμα; see *appearance*. *Dress*: P. and V. σκευή, ἡ, στολή, ἡ (Plat.); see *dress*.

Guitar, subs. Use P. and V. λύρα, ἡ (lit. *lyre*).

Gulf, subs. P. and V. κόλπος, ὁ. *Abyss*: P. and V. χάσμᾰ, τό, V. βᾰθος, τό, χᾰρυβδις, ἡ, Ar. and V. βῠθός, ὁ.

Gull, v. trans. See *deceive*.

Gull, subs. Use Ar. κόλυμβος, ὁ, κολυμβίς, ἡ.

Gullet, subs. P. and V. φᾰρυγξ, ἡ, (rarely ὁ), Ar. and V. λᾰρυγξ, ὁ (Eur., *Cycl.*), λαιμός, ὁ (sing. Eur., *Ion*, 1037 and *Hec.* 565, but generally pl.).

Gully, subs. *Ravine*: P. and V. φᾰραγξ, ἡ, Ar. and P. χᾰράδρα, ἡ.

Gulp, v. trans. Ar. κᾰτᾰβροχθίζειν, κάπτειν, ἐγκάπτειν, Ar. and V. ῥοφεῖν (also Xen.), κᾰτᾰπίνειν (Eur., *Cycl.*).

Gum, subs. *Distillation from a tree*: V. δάκρῠ, τό, ἱδρώς, ὁ, στᾰλαγμός, ὁ.

Gumption, subs. P. and V. σύνεσις, ἡ; see *tact*.

Gums, subs. P. and V. οὖλα, τά.

Gurgle, subs. P. and V. ψόφος, ὁ.

Gurgle, v. intrans. P. and V. ψοφεῖν, V. καχλάζειν. *Did (the wine) gurgle nicely down your throat?* V. μῶν τὸν λάρυγγα διακάναξέ σου καλῶς; (Eur., *Cycl.* 158).

Gush, v. intrans. P. and V. ῥεῖν, ἀπορρεῖν, στάζειν (Plat. but rare P.), V. κηκίειν, ἐκπηδᾶν. Of tears: P. and V. λείβεσθαι (Plat. but rare P.); see *well*. *Make to gush*: V. φῡσᾶν (Soph., *Aj.* 918).

Gush, subs. V. κηκίς, ἡ. Of tears: V. νᾶμα, τό, πλημμῡρίς, ἡ, ἐπιρροαί (Eur., *Frag.*). Of blood: V. ῥοαί, αἱ, ἀπορροαί, αἱ. *A gush of blood followed*: V. κροῦνοι δ' ἐχώρουν (Eur., *Hec.* 568).

Gushing, adj. V. ἐπίσσῠτος. *A gushing stream*: V. πηγαῖον ῥέος.

Gust, subs. P. and V. πνεῦμα, τό, ἄνεμος, ὁ, Ar. and V. πνοή, ἡ (rare P.), αὔρα, ἡ (also Plat. but rare P.), φῦσημα, τό, V. ἄησις, ἡ, ἄημα, τό.

Gusty, adj. *Stormy*: P. χειμέριος.

Gut, subs. *Gut for strings of instruments*: P. χορδή, ἡ.

Guts, subs. See *entrails*.

Gutter, subs. *Conduit*: P. ὀχετός, ὁ, αὐλών, ὁ (Plat.). *Pipe for conveying water*: Ar. ὑδρυρρόα, ἡ. *Sweepings of the gutter*: met., Ar. and P. κᾰθαρμα, τό, περίτριμμα, τό. *You were reared in the gutter*: P. μετὰ πολλῆς ἐνδείας ἐτράφης (Dem. 313). *Spring from the gutter*: use P. and V. οὐδὲν εἶναι, V. ἐξ οὐδένων εἶναι, οὐδεὶς εἶναι.

Guzzle, v. intrans. Ar. ὀψοφαγεῖν.

Guzzler, subs. Ar. and P. ὀψοφᾰγος, ὁ (Xen.); see *glutton*.

Guzzling, subs. P. ὀψοφαγία, ἡ, γαστριμαργία, ἡ, λιχνεία, ἡ, λαιμαργία, ἡ, V. τὸ μάργον.

Gymnasium, subs. P. and V. γυμνάσιον, τό. *Wrestling-school :* P. and V. πᾰλαίστρα, ἡ.

Gymnast, subs. P. and V. ἀθλητής, ὁ (Eur., *Frag.*), P. ἀσκητής, ὁ.

Gymnastic, adj. Ar. and P. γυμνῐκός, P. γυμναστικός. *Gymnastic exercises*, subs.: Ar. and P. γυμνάσια, τά, P. ἀγωνία, ἡ.

Gymnastics, subs. P. γυμναστική, ἡ.

Gyrate, v. intrans. P. and V. στρέφεσθαι, κυκλεῖσθαι, P. περιφέρεσθαι, περιστρέφεσθαι; see *wheel.*

Gyration, subs. P. and V. στροφή, ἡ, P. περιαγωγή, ἡ.

Gyves, subs. See *fetters.*

H

Ha, interj. P. and V. ἆ, βᾰβαί (Eur., *Cycl.* 156), πᾰπαῖ, Ar. and V. ἔᾱ, πᾰπαιάξ (Eur., *Cycl.* 153), V. ὠή (also Xen. but rare P.); see *ah.* To express mirth: Ar. and V. ἆ ἆ (Eur., *Cycl.* 157).

Habiliment, subs. See *dress.*

Habit, subs. *Dress :* P. and V. ἐσθής, ἡ, ἐσθήμᾰτα, τά, σκευή, ἡ, κόσμος, ὁ, στολή, ἡ (Plat.); see *dress. Custom :* P. and V. ἔθος, τό, νόμος, ὁ, νόμῐμον, τό (generally pl.), P. συνήθεια, ἡ, ἐπιτήδευμα, τό, V. νόμισμα, τό. *Habits, usages :* P. and V. τὰ νόμῐμα, τὰ κᾰθεστῶτα, Ar. and P. τὰ νομιζόμενα. *Personal habits, manners :* P. and V. τρόπος, ὁ, or pl., ἦθος, τό. *Acquired habit :* P. ἕξις, ἡ.

Habitable, adj. Use P. and V. οἰκούμενος, V. ἐξοικήσῐμος. *The habitable globe :* P. ἡ οἰκουμένη.

Habitation, subs. *Sojourn :* P. and V. μονή, ἡ, διατρῐβή, ἡ; see *sojourn. Dwelling-place :* P. and V. οἶκος, ὁ, οἴκησις, ἡ, οἴκημα, τό, Ar. and P. οἰκία, ἡ, V. οἰκητήριον, τό, ἀναστροφή, ἡ, ἤθη, τά, Ar. and V. ἕδρα, ἡ; see *dwelling.*

Habitual, adj. P. and V. σῠνήθης, εἰωθώς, νόμῐμος, εἰθισμένος, ἠθάς (Dem. 605), Ar. and P. νομιζόμενος, P. σύντροφος. *Continuous :* P. συνεχής.

Habitually, adv. P. συνηθῶς. *Continuously :* Ar. and P. σῠνεχῶς.

Habituate, v. trans. P. and V. ἐθίζειν, P. συνεθίζειν.

Habituation, subs. P. συνήθεια, ἡ. *Habituation with wrong :* P. συνήθεια τῶν ἀδικημάτων (Dem. 342).

Hack, subs. See *horse.* Met., of one who writes. *A miserable hack :* P. ὄλεθρος γραμμάτευς (Dem. 269). *Wound :* P. and V. τραῦμα, τό. *Blow :* P. and V. πληγή, ἡ.

Hack, v. trans. *Cut :* P. and V. τέμνειν, κόπτειν, V. ῥᾰχίζειν. *Hack in pieces :* P. and V. διᾰτέμνειν, V. κρεοκοπεῖν, ἀρτᾰμεῖν; see also *mangle.*

Hackneyed, adj. P. and V. ἀρχαῖος, πᾰλαιός, P. ἀρχαιότροπος, ἕωλος. *Talk of hackneyed things :* P. ἀρχαιολογεῖν.

Haft, subs. *Handle :* P. and V. λᾰβή, ἡ. Of a sword: V. κώπη, ἡ.

Hag, subs. P. and V. γραῦς, ἡ, Ar. and P. γρᾴδιον, τό; see *witch.*

Haggard, adj. *Thin :* Ar. and P. ἰσχνός. *Withered :* V. ξηρός. *Unkempt :* P. and V. αὐχμηρός, Ar. and V. ἄλουτος, δυσπῐνής, V. πῐνώδης, αὐχμώδης.

Haggle, v. intrans. P. and V. κᾰπηλεύειν.

Hail, subs. P. and V. χᾰλαζα, ἡ. Met., *hail (of weapons, etc.)*; see *shower.*

Hail, interj. P. and V. χαῖρε.

Hail, v. trans. See *greet.*

Hail-stones, subs. Ar. and P. χᾰλαζαι, αἱ.

Hair, subs. *Single hair :* P. and V. θρίξ, ἡ. Collectively, *hair of the head :* P. and V. θρίξ, ἡ, or pl., κόμη, ἡ (Plat. but rare P.), V. ἔθειρα, ἡ, or pl., χαίτη, ἡ, τρῐ́χωμα, τό; see also *beard. Hair of animals, mane :* P. and V. χαίτη, ἡ

(Xen. also Ar.), V. ἔθειρα, ἡ. *Made of hair*, adj.: P. τρίχινος. *Let the hair grow*, v.: Ar. and P. κομᾶν. *With long hair*, adj., Ar. and P. κομήτης. *Having his hair just streaked with white*: V. χνοάζων ἄρτι λευκανθὲς κάρα (Soph., *O. R.* 742). *Down*, subs.: see *down*. *Lock of hair*: see *lock*. *Split hairs*, v.: P. and V. λεπτουργεῖν, Ar. στενολεσχεῖν, λεπτολογεῖν.

Hairbreadth, subs. *Have a hair-breadth escape*: use V. ἐπὶ ξυροῦ, βεβηκέναι (perf. of βαίνειν); see *narrow*.

Hairdresser, subs. P. κουρεύς, ὁ; see *barber*, *tire-woman*.

Hairless, adj. *Bald*: P. and V. φαλακρός (Eur., *Cycl.* 227), Ar. and P. ψιλός.

Hairy, adj. Ar. and P. δᾰσύς, λάσιος, V. δάσκιος, εὔθριξ, δαυλός (Æsch., *Frag.*). *With shaggy breast*: V. δᾰσύστερνος. *Become hairy*, v.: Ar. δᾰσῦνεσθαι.

Halcyon days, Ar. Ἀλκυονίδες ἡμέραι, αἱ.

Hale, v. trans. See *drag*. *Bring (before the court)*: Ar. and P. εἰσάγειν. *I haled him before the polemarch*: P. προσεκαλεσάμην αὐτὸν πρὸς τὸν Πολέμαρχον (Lys. 166).

Hale, adj. *Healthy*: P. and V. ὑγιής. *Vigorous*: P. and V. ὡραῖος, V. ἀκμαῖος, θᾰλερός, χλωρός, Ar. and P. νεᾶλής.

Half, subs. P. and V. τὸ ἥμισυ.

Half, adj. P. and V. ἥμῐσυς. *Half the land*: P. and V. ἡ ἡμίσεια τῆς γῆς or τὸ ἥμῐσυ τῆς γῆς. *In half, in two*: P. and V. δίχᾰ, V. διχῇ. *Saw in half*: P. δίχα πρίειν. *You said you would cut yourself in half*: Ar. ἔφησθα σαυτῆς κἂν παρατεμεῖν θἤμισυ (Lys. 132). *The height when completed was about half what he intended*: P. τὸ ὕψος ἥμισυ μάλιστα ἐτελέσθη οὗ διενοεῖτο (Thuc. 1, 93). *Half an estate*: P. ἡμικλήριον, τό. *Be honest by halves*: P. ἐφ' ἡμισείᾳ χρηστὸς εἶναι (Dem. 430). *He bade them raise a shield when half way across*: P. εἶπεν ἆραι ἀσπίδα κατὰ μέσον τὸν πλοῦν (Xen., *Hell.* II. 1, 27).

Half-broken, adj. V. ἡμίθραυστος.

Half-brother, subs. P. ἀδελφὸς οὐχ ὁμοπάτριος or ἀδελφὸς οὐχ ὁμομήτριος.

Half-caste, adj. P. and V. σύμμικτος.

Half-dead, adj. P. and V. ἡμιθνής.

Half-done, adj. P. ἡμιτέλεστος, ἡμίεργος.

Half-eaten, adj. P. ἡμίβρωτος (Xen.).

Half-finished, adj. See *half-done*.

Half a head, subs. Ar. ἡμίκραιρα, ἡ.

Half-human, adj. V. μιξόθηρ.

Half-sister, subs. P. ἀδελφὴ οὐχ ὁμοπάτριος or ἀδελφὴ οὐχ ὁμομήτριος (Dem. 1304).

Half a slave, adj. V. ἡμίδουλος.

Half-witted, adj. See *silly*.

Hall, subs. P. and V. αὐλή, ἡ (Plat.). *Fore-court*: V. πᾰραστάς, ἡ, or pl., θῠρών, ὁ; see also *house*, *room*. *Dining-hall*: P. and V. συσσίτιον, τό. *Town hall*: P. ἀρχεῖον, τό, Ar. and P. πρῠτᾰνεῖον, τό, P. θόλος, ἡ.

Hall-mark, subs. *Official stamp*: Ar. κόμμᾰ, τό.

Halloo, v. intrans. See *shout*.

Halloo, subs. See *shout*.

Hallow, v. trans. P. and V. κᾰθιεροῦν, V. ἁγνίζειν, Ar. and V. κᾰθοσιοῦσθαι, Ar. and P. κᾰθᾰγίζειν, P. ἱεροῦν; see *dedicate*.

Hallowed, adj. P. and V. ἱερός, V. ἱρός, ἁγνός, σεπτός, Ar. and P. ἅγιος; see *sacred*. *Hallowed to, consecrated to*: P. and V. ἱερός (gen.), ἀνειμένος (dat.), V. ἱρός (gen.).

Hallucination, subs. P. and V. πλάνη, ἡ.

Halt, adj. P. and V. χωλός, P. ἀνάπηρος, V. ἄπους.

Halt, v. trans. *Stop (troops, etc.)*: P. and V. ἱστάναι. V. intrans. P. and V. ἵστασθαι. Of ships: P. ἴσχειν, ἐφίστασθαι τοῦ πλοῦ (Thuc. 2, 91); see also *stop*, *remain*. *Limp*: P. χωλαίνειν, χωλεύεσθαι, V. εἱλῡέσθαι. *Waver*: P. and V. ἀπορεῖν, ὀκνεῖν; see *waver*, *doubt*. *Halt between* *two opinions*: P. ἐπαμφοτερίζειν. *Know you what part of your tale halts the most?* V. οἶσθ' οὖν ὃ κάμνει τοῦ λόγου μάλιστά σοι; (Eur., *Ion*, 363).

Halt, subs. P. ἐπίστασις, ἡ (Xen.), ἐπίσχεσις, ἡ; see *delay*.

Halter, subs. P. φορβεία, ἡ (Xen.). *Noose for hanging*: P. and V. βρόχος, ὁ, V. αἰώρα, ἡ, ἀρτάνη, ἡ.

Halting, adj. See *halt*. *Hesitating*: P. ὀκνηρός, P. and V. ἄπορος.

Halve, v. trans. P. διχάζειν; see *divide*.

Ham, subs. Ar. and P. κωλῆ, ἡ (Xen.).

Hamlet, subs. P. κώμη, ἡ.

Hammer, subs. Ar. and V. σφῦρα, ἡ (Æsch., *Frag.*), V. ῥαιστήρ, ὁ, τύκος, ὁ, τυπάς, ἡ (Soph., *Frag.*).

Hammer, v. trans. Ar. τυκίζειν; see *strike, fasten*.

Hammered, adj. *Wrought by the hammer*: P. and V. σφυρήλατος (Plat.).

Hamper, v. trans. P. and V. ἐμποδίζειν, ἐμποδὼν εἶναι (dat.), ἐμποδὼν γίγνεσθαι (dat.). Met., *distress*: P. and V. πιέζειν, Ar. and P. ἐνοχλεῖν (acc. or dat.), ὀχλεῖν, Ar. and V. τείρειν. *Be hampered by*: met., P. and V. συνέχεσθαι (dat.). *Prevent, check*: P. and V. κωλύειν, ἐπέχειν;

Hamper, subs. See *basket*.

Hand, subs. P. and V. χείρ, ἡ. *Left hand*: P. and V. ἀριστερά, V. λαιά, ἡ. *Right hand*: P. and V. δεξιά, ἡ. *On which hand?* V. ποτέρας τῆς χερός; (Eur., *Cycl.* 681). *On the right hand*: P. and V. ἐν δεξιᾷ, Ar. and P. ἐκ δεξιᾶς. *On the left hand*: P. and V. ἐξ ἀριστερᾶς; see under *left*. *On either hand*: P. ἑκατέρωθεν. *On the one hand, on the other*: P and V. τῇ μέν, τῇ δέ. *On the other hand, on the contrary*: P. and V. αὖ, Ar. and V. αὖτε. *At the hands of*: P. and V. πρός (gen.), ἐκ (gen.). *At second hand*: see under *second*. *At hand, ready*, adj.: P. and V. πρόχειρος. *Near*: use adv. P. and V. ἐγγύς, πλησίον, πέλας; see *near*. *Be at hand*: P. and V. πἀρεῖναι; see *be present*. *Hand to hand*, adj.: P. στάδιος; adv.: P. συσταδόν. *The battle was stubborn, and hand to hand throughout*: P. ἦν ἡ μάχη καρτερά καὶ ἐν χερσὶ πᾶσα (Thuc. 4, 43). *Off-hand, short in speech*, adj.: P. βραχύλογος; *on the spur of the moment*, adv.: P. and V. φαύλως, P. ἐξ ἐπιδρομῆς, ἐξ ὑπογυίου. *Get the upper hand*: P. and V. κρἄτεῖν, νῑκᾶν, P. πλεονεκτεῖν; see *conquer*. *Die by one's own hand*: V. αὐτόχειρ θνήσκειν. *You dared not do this deed of murder with your own hand*: V. δρᾶσαι τόδ' ἔργον οὐκ ἔτλης αὐτοκτόνως (Æsch., *Ag.* 1635). *Made by hand, artificial*, adj.: P. χειροποίητος. *Lay hands on*, v.: P. and V. ἅπτεσθαι (gen.), ἐφάπτεσθαι (gen.), λαμβάνεσθαι (gen.), ἀντῐλαμβάνεσθαι (gen.), ἐπῐλαμβάνεσθαι (gen.), V. θιγγάνειν (gen.) (Xen. but rare P.), ψαύειν (gen.) (rare P.). *Don't lay hands on me*: Ar. μὴ πρόσαγε τὴν χεῖρά μοι (*Lys.* 893). *They ought to bear evidence against me with their hands laid on the victims*: P. δεῖ αὐτοὺς . . . ἁπτομένους τῶν σφαγίων καταμαρτυρεῖν ἐμοῦ (Ant. 130). *Have a hand in, share in*, v.: P. and V. μετέχειν (gen.), μετἄλαμβάνειν (gen.), κοινοῦσθαι (gen. or acc.), συμμετέχειν (gen.), V. συμμετίσχειν (gen.). *Meddle with*: P. and V. ἅπτεσθαι (gen.), V. ψαύειν (gen.), θιγγάνειν (gen.), ἐπιψαύειν (gen.); see *touch*. *Lift hand against*: see *raise finger against*, under *finger*. *Put in a person's hands*, v.: P. ἐγχειρίζειν (τινί, τι). *Take in hand*, v.: Ar. and P. μετἄχειρίζειν (or mid.), P. and V. ἐγχειρεῖν (dat.), ἐπῐχειρεῖν (dat.), ἀναιρεῖσθαι, αἱρεσθαι, ἅπτεσθαι (gen.); see *manage, undertake*. *Having one's hands full*, adj.: P. and V. ἄσχολος; see *busy*. *Because they had so many dead on their hands already*: P. διὰ τὸ συχνοὺς ἤδη προτεθνάναι σφίσι (Thuc. 2, 52). *They began to get out of hand*: P. ἤρξαντο ἀτακτότεροι γενέσθαι (Thuc. 8, 105). *Keep a tight hand on the allies*: P. τὰ τῶν συμμάχων διὰ χειρὸς ἔχειν (Thuc. 2, 13). *Rule with a high hand*: P. ἄρχειν ἐγκρατῶς (absol.) (Thuc. 1, 76) *Those present carried matters with such a high hand*: P. εἰς τοῦτο βιαιότητος ἦλθον οἱ παρόντες (Lys. 167). *Hand in marriage*: use V. γάμος, or pl., λέκτρον, or pl., λέχος, or pl. *A suitor for your hand*: V. τῶν σῶν γάμων μνηστήρ (Æsch., *P. V.* 739). *Give your sister's hand to Pylades*: V. Πυλάδῃ δ' ἀδελφῆς λέκτρον δός (Eur., *Or.* 1658).

Hand, v. trans. P. and V. πἄρἄδῐδόναι. *Hold out, offer*: P. and V. ὀρέγειν. *Hand down*: P. and V. πἄρἄδῐδόναι. *Hand in* (*accounts, etc.*): P. ἀποφέρειν. *Hand over*: P. and V. πἄρἄδῐδόναι, ἐκδῐδόναι, προστῐθέναι. *Give up*: P. and V. ἀφῑέναι. *Hand round*: P. and V. περῐφέρειν.

Handful, subs. *A handful of men*: use P. ὀλίγοι ἄνθρωποι, οἱ. *A handful against a host*: P. ὀλίγοι πρὸς πολλούς.

Handily, adv. *Usefully*: P. χρησίμως; see also *seasonably, conveniently.*

Handicap, v. trans. *Hamper*: P. and V. ἐμποδίζειν.

Handicap, subs. *Hindrance*: P. ἐμπόδιον, τό, ἐμπόδισμα, τό. *Disadvantage*: P. ἐλάσσωμα, τό.

Handicraft, subs. P. and V. τέχνη, ἡ, Ar. and P. χειρουργία, ἡ, P. χειροτεχνία, ἡ, V. χειρωναξία, ἡ.

Handicraftsman, subs. P. and V. δημιουργός, ὁ, Ar. and P. χειροτέχνης, ὁ, P. τεχνίτης, ὁ, V. χειρῶναξ, ὁ (Soph. and Eur., *Frag.*).

Handiwork, subs. P. and V. ἔργον, τό, V. χείρωμα, τό.

Handkerchief, subs. P. χειρόμακτρον, τό (Xen.).

Handle, subs. P. and V. λἄβή, ἡ. *Handle of a sword*: V. κώπη, ἡ. *Handle of a shield*: Ar. and V. πόρπαξ, ὁ. Met., *opportunity* (*for attack, etc.*): P. ἀντιλαβή, ἡ, P. and V. λἄβή, ἡ, or pl., ἀφορμή, ἡ, or pl. *A handle for gossip*: V. ἀφορμαί λόγων (Eur., *Phoen.* 199). *With two handles* (of a jar), adj.: P. δίωτος, V. ἀμφίστομος.

Handle, v. trans. *Touch*: P. and V. ἅπτεσθαι (gen.), V. θιγγάνειν (gen.) (also Xen. but rare P.), ψαύειν (gen.) (rare P.), ἐπιψαύειν (gen.), προσθιγγάνειν (gen.), προσψαύειν (absol.), ποτιψαύειν (absol.). *Take in hand*: Ar. and P. μετἄχειρίζειν (or mid.), P. and V. ἐγχειρεῖν (dat.), ἐπῐχειρεῖν (dat.). *Manage*: P. and V. οἰκεῖν, Ar. and P. διοικεῖν, τἄμιεύειν, P. διαχειρίζειν. *Treat*: P. and V. χρῆσθαι (dat.), P. διατιθέναι, Ar. and P. μετἄχειρίζειν (or mid.).

Handmaid, subs. P. and V. ὑπηρέτῐς, ἡ, P. θεράπαινα, ἡ, θεραπαινίς, ἡ, V. λάτρῐς, ἡ, πρόσπολος, ἡ, δμωή, ἡ, δμωΐς, ἡ, οἰκέτῐς, ἡ.

Handsome, adj. Of persons: P. and V. κἄλός, εὐπρεπής, εὐειδής (Plat.), Ar. and P. εὐπρόσωπος (Plat.); see *beautiful*. Of things: P. and V. κἄλός; see *generous*. Met., *splendid*: P. and V. λαμπρός.

Handsomely, adv. P. and V. κἄλῶς, εὖ. *Splendidly*: P. and V. λαμπρῶς; see *generously*.

Handwriting, subs. P. and V. γρἄφή, ἡ, or pl.

Handy, adj. *Ready to hand*: P. and V. πρόχειρος, εὐτρεπής. *Convenient*: P. and V. ἐπῐτήδειος, ἐπῐκαιρος; see also *seasonable, convenient. Useful*: P. and V. χρήσῐμος; see *useful*. *Dexterous*: Ar. and P. δεξιός, P. τεχνικός, V. εὔχειρ.

Hang, v. trans. P. and V. κρεμαννύναι. *Make fast on anything*: P. and V. ἀρτᾶν. *Strangle*: Ar. and P. ἄγχειν. *Kill by strangling the neck*: V. ἀπαρτᾶν δέρην, ἀρτᾶν δέρην. *Hang fire* (met., *delay*): P. and V. μέλλειν. *Hang the head*: Ar. and P. κύπτειν (absol.), V. νεύειν κάρᾱ.

Be hung up : P. ἀναρτᾶσθαι. *Be hanged* : V. κρεμασθῆναι (1st. aor. pass. of κρεμαννύναι. *Go and hang yourself*, interj. : Ar. φθείρου ἐς κόρακας. *Those who made laws I would have go and hang themselves* : V. οἳ δὲ τοὺς νόμους ἔθεντο . . . κλάειν ἄνωγα (Eur., *Cycl*. 338). *Hang up, let alone*, v. trans. : P. and V. ἐᾶν. *Defer* : P. and V. ἀνᾰβάλλεσθαι. V. intrans. P. and V. κρέμασθαι, αἰωρεῖσθαι, ἀρτᾶσθαι. *Be fastened* : P. and V. ἀρτᾶσθαι, ἐξαρτᾶσθαι. *My weapons hanging to my side will speak thus* : V. (ὅπλα) πλευρὰ τἀμὰ προσπίτνοντ᾽ ἐρεῖ τάδε (Eur., *H. F*. 1379). *Hang over, threaten* : P. and V. ἐφίστασθαι (dat.) ; see *overhang*. *Hang upon, cling to* : P. and V. ἐκκρεμάννυσθαι (gen.), V. ἐκκρήμνασθαι (gen.), ἐξηρτῆσθαι (perf. pass. ἐξαρτᾶν) (gen.) ; see *cling* ; met., *depend on* : P. and V. ἐξαρτᾶσθαι (gen., or ἐκ, gen.), P. ἀναρτᾶσθαι (ἐκ, gen.), ἀρτᾶσθαι (ἐκ, gen.).

Hanger on, subs. Ar. and P. κόλαξ, ὁ.

Hanging, adj. V. κρεμαστός. *Hanging in the air* : Ar. and P. μετέωρος, Ar. and V. μετάρσιος.

Hanging, subs. Ar. and V. ἀγχόνη, ἡ (rare P.).

Hangings, subs. Ar. τάπης, ὁ, πᾰρᾰπετάσμᾰτα, τά.

Hangman, subs. Use Ar. and P. ὁ δήμιος ; see *executioner*.

Hanker for, v. See *desire*.

Hankering, subs. See *desire*.

Hap, subs. P. and V. τύχη, ἡ, συμφορά, ἡ, Ar. and P. συντῠχία, ἡ.

Haphazard, At, adv. P. and V. εἰκῇ.

Hapless, adj. P. and V. δυστῠχής, δυσδαίμων, ἀτῠχής (Eur., *Heracl*. 460, but rare V.), Ar. and V. δύσποτμος, δύσμορος (also Ant. but rare P.), V. ἄμοιρος, (also Plat. but rare P.), ἄμμορος, ἄνολβος. *Unhappy* : P. and V. τᾰλαίπωρος, ἄθλιος, οἰκτρός, Ar. and V. τλήμων, τάλᾱς, σχέτλιος, δύστηνος, V. δάϊος, δυστάλᾱς ; see *miserable*.

Haplessly, adv. P. and V. δυστῠχῶς, ἀθλίως, οἰκτρῶς, κᾰκῶς, V. δυσπότμως, τλημόνως, P. ἀτυχῶς.

Haplessness, subs. P. ἀτυχία, ἡ, δυστυχία, ἡ. *Misery* : P. ταλαιπωρία, ἡ, κακοπάθεια, ἡ, ἀθλιότης, ἡ ; see *misery*.

Haply, adv. *By chance* : P. and V. τύχῃ, P. κατὰ τύχην, ἐκ τύχης. *If haply* : P. and V. εἴ πως, ἐάν πως. *Perhaps* : P. and V. ἴσως, τάχᾰ ; see *perhaps*.

Happen, v. intrans. P. and V. τυγχάνειν, συντυγχάνειν, συμβαίνειν, γίγνεσθαι, συμπίπτειν, πᾰρᾰπίπτειν, ἐκβαίνειν, V. κῠρεῖν, ἐκπίπτειν, P. ἀποβαίνειν, Ar. and P. συμφέρεσθαι. *Happen (to do a thing)* : P. and V. τυγχάνειν (part.), V. κῠρεῖν (part.). *Happen to, befal* : P. and V. κᾰτᾰλαμβάνειν, προσπίπτειν (dat.), πᾰρᾰπίπτειν (dat.), V. τυγχάνειν (dat.), κῠρεῖν (dat.), Of misfortunes also, V. προσπέτεσθαι (absol. or dat.).

Happily, adv. P. and V. εὐτῠχῶς, εὐδαιμόνως, μᾰκᾰρίως. (*Turn out*) *happily* : use also P. and V. εὖ, κᾰλῶς, V. αἰσίως. *Felicitously*, adv. : P. and V. εὐπρεπῶς, συμμέτρως.

Happiness, subs. P. and V. εὐπραξία, ἡ, ζῆλος, ὁ, Ar. and P. εὐτῠχία, ἡ, P. εὐδαιμονία, ἡ, V. ὄλβος, ὁ (also Xen. but rare P.), εὐεστώ, ἡ, εὔσοια, ἡ ; see also *joy*.

Happy, adj. P. and V. εὐτῠχής, εὐδαίμων, μᾰκᾰριος, Ar. and V. μάκᾰρ, ὄλβιος, V. εὐαίων ; see also *joyful*. *Be happy*, v. : P. and V. εὐτῠχεῖν, εὐδαιμονεῖν. *Consider happy* : P. and V. εὐδαιμονίζειν, Ar. and P. μᾰκᾰρίζειν, Ar. and V. ὀλβίζειν. *Satisfied* : P. and V. ἡδύς. *Auspicious* : P. and V. εὐτῠχής, κᾰλός, εὐδαίμων, δεξιός, Ar. and V. αἴσιος (also Xen. but rare P.). *Seasonable* : P. and V. καίριος ; see *seasonable* *Felicitous*, adj. : P. and V. εὐπρεπής, σύμμετρος.

Harangue, subs. P. and V. λόγος, ὁ, ῥῆσις, ἡ, P. δημηγορία, ἡ. *Exhortation*: P. παρακέλευσις, ἡ, παράκλησις, ἡ, παραμυθία, ἡ, V. πᾰρᾰκέλευσμα, τό.

Harangue, v. trans. *Exhort*: P. and V. πᾰρᾰκᾰλεῖν, Ar. and P. πᾰρᾰμῡθεῖσθαι, P. παρακελεύεσθαι (dat. or absol.). *Address in a public speech*: P. δημηγορεῖν πρός (acc.). *Make a speech*: P. λόγον ποιεῖσθαι, Ar. and P. δημηγορεῖν, P. and V. λέγειν.

Harass, v. trans. *Drive to and fro*: P. and V. ἐλαύνειν, V. τροχηλᾰτεῖν, ἐλαστρεῖν. *Harass (an enemy)*: P. and V. λῡπεῖν. *Vex, trouble*: P. and V. πιέζειν, Ar. and V. τείρειν, V. γυμνάζειν, ὀχλεῖν; see *trouble*. *Be harassed by (misfortunes, etc.)*: P. and V. πιέζεσθαι (dat.), σῠνέχεσθαι (dat.), σῠνεῖναι (dat.).

Harassing, adj. P. and V. λῡπηρός, βᾰρῠ́ς, ἐπαχθής, δυσχερής, ὀχληρός, V. δύσφορος (also Xen. but rare P.), ἀχθεινός; see *troublesome*.

Harbinger, subs. Use adj., P. πρόδρομος. *Messenger*: P. and V. ἄγγελος, ὁ or ἡ, V. πομπός, ὁ. *Alas you utter a word that is a harbinger of sorrow*: V. αἰαῖ κακῶν ἀρχηγὸν ἐκφαίνεις λόγον (Eur., *Hipp.* 881).

Harbour, subs. P. and V. λῐμήν, ὁ, ὅρμος, ὁ, ναύσταθμον, τό (Eur., *Rhes.*). *With good harbour*, adj: V. εὔορμος. *Place of refuge*: P. and V. κᾰτᾰφῠγή, ἡ, ἀποστροφή, ἡ, P. ἀποφυγή, ἡ, V. πύργος, ὁ. *Bring into harbour*, v.: Ar. and P. κᾰτᾰ́γειν (acc.), P. κατακομίζειν (acc.). *Sail into harbour*: P. καταπλεῖν.

Harbour, v. trans. *Receive*: P. and V. δέχεσθαι, εἰσδέχεσθαι, Ar. and P. ῠ̔ποδέχεσθαι; see *admit*. *Harbour (feelings, etc.)*: P. and V. ἔχειν, φῠλάσσειν, τρέφειν (Plat.).

Harbour-dues, subs. P. ἐλλιμενικὰ τέλη. *Collector of harbour dues*: P. ἐλλιμενιστής, ὁ.

Harbouring, subs. *Harbouring (of criminals, etc.)*: P. and V. ῠ̔ποδοχή, ἡ.

Harbourless, adj. P. and V. ἀλῐ́μενος, V. ἄνορμος, δῠ́σορμος.

Hard, adj. P. and V. σκληρός, στερεός. V. στυφλός, περισκελής, Ar. and V. στερρός. *Difficult*: P. and V. δυσχερής, ἄπορος, ἀμήχᾰνος (rare P.), προσάντης, V. δυσπετής, Ar. and P. χᾰλεπός. *Painful*: P. and V. λῡπηρός, πικρός, βᾰρῠ́ς, δυσχερής, V. δυσπόνητος, πολῠ́πονος, ἀχθεινός, λυπρός. *Cruel*: P. and V. ὠμός, ἄγριος, ἀγνώμων, δεινός, πικρός, σκληρός, σχέτλιος, τρᾱχῠ́ς, V. ὠμόφρων, Ar. and P. χᾰλεπός. *Severe (of things)*: P. ἰσχυρός. *Die hard*, v.: P. δυσθανατεῖν. *Dying hard*: V. δυσθνήσκων. *Be hard of hearing*: P. ἀμβλὺ ἀκούειν (Plat.). *Be hard-pressed*: P. and V. βιάζεσθαι, πονεῖν, τᾰλαιπωρεῖν, πιέζεσθαι, κάμνειν, νοσεῖν (rare P.), Ar. and P. τᾰλαιπωρεῖσθαι, P. πονεῖσθαι.

Hard by, adv. and prep. See *near*.

Harden, v. trans. Use P. and V. σκληρὸν ποιεῖν. *Harden (the body)*: use P. and V. γυμνάζειν (acc.). V. intrans. Use P. and V. σκληρὸς γίγνεσθαι.

Hardened, adj. *Obstinate*: P. and V. αὐθᾰ́δης, σκληρός.

Hard-fought, adj. P. καρτερός, ἰσχυρός.

Hard-hearted, adj. P. and V. ἀγνώμων, V. δῠσάλγητος, σῐδηρόφρων.

Hardihood, subs. *Courage*: P. and V. τόλμᾰ, ἡ, θρᾰ́σος, τό; see *courage*. In bad sense: P. and V. θρᾰ́σος, τό, τόλμᾰ, ἡ, P. θρασύτης, ἡ. *Insolence*: P. and V. ὕβρῐς, ἡ.

Hardily, adv. See *strongly, austerely*.

Hardiness, subs. *Strength*: P. and V. ῥώμη, ἡ, ἰσχῠ́ς, ἡ; see *strength, austerity*.

Hardly, adv. *Rigidly*: Ar. and P. σκληρῶς. *Cruelly*: P. and V. πικρῶς, P. ὠμῶς, σκληρῶς, σχετλίως; see *cruelly*. *Barely*: P. and V. μόλῐς, μόγῐς, Ar. and P. χᾰλεπῶς. *Recently, just*: P. and V. ἄρτῐ ἀρτίως. Ar. and P. ἔναγχος; see *just*.

Equivalent to *not*: P. and V. σχολῇ.

Hardness, subs. P. σκληρότης, ἡ, στερεότης, ἡ. *Cruelty*: P. and V. ὠμότης, ἡ, πικρότης, ἡ, P. χαλεπότης, ἡ, ἀγριότης, ἡ, ἀγνωμοσύνη, ἡ, σκληρότης, ἡ, V. τρᾱχύτης. ἡ.

Hardship, subs. P. and V. κᾰκόν, τό, Ar. and V. πόνος, ὁ, or pl., μόχθος, ὁ, or pl., V. ἆθλος, ὁ, or pl. *Hardships*: P. and V. πᾰ́θη, τά, πᾰθήμᾰτα, τά, κᾰκά, τά, V. τὰ δύσφορα, τὰ δυσφόρως ἔχοντα, μοχθήμᾰτα, τά, πᾰθαί, αἱ. *Think it a hardship*: P. δεινὸν ποιεῖσθαι, Ar. δεινὰ ποιεῖν.

Hardy, adj. P. and V. ἰσχῡρός, V. κρᾰταιός, καρτερός, P. ἐρρωμένος; see *strong, austere*. *Bold*: P. and V. θρᾰσύς, τολμηρός, σχέτλιος; see *bold*.

Hare, subs. P. and V. λᾰγώς, ὁ. *Of hare*, adj.: Ar. λᾰγῷος. *Hunt hares*, v.: Ar. λᾰγοθηρεῖν.

Hare-brained, adj.: V. κουφόνους; see *rash, foolish*.

Harem, subs. *Women's quarters*: Ar. and P. γῠναικωνῖτις, ἡ.

Hark, v. intrans. See *hear*.

Harken, v. intrans. See *hear*.

Harlot. subs. Ar. and P. πόρνη, ἡ.

Harlotry, subs. P. πορνεία, ἡ.

Harm, subs. P. and V. βλᾰβή, ἡ, βλᾰ́βος, τό, ζημία, ἡ. *Evil*: P. and V. κᾰκόν, τό. *Mischief*: V. πῆμα, τό, πημονή, ἡ, ἄτη, ἡ. *Corruption*: P. and V. διαφθορά, ἡ.

Harm, v. trans. P. and V. βλάπτειν, κᾰκοῦν, ἀδῐκεῖν, κᾰκουργεῖν, ζημιοῦν, κᾰκῶς ποιεῖν, κᾰκῶς δρᾶν, αἰκίζεσθαι, Ar. and V. πημαίνειν (also Plat. but rare P.). *Corrupt*: P. and V. διαφθείρειν, λωβᾶσθαι (Plat.), λῡμαίνεσθαι.

Harmful, adj. P. ζημιώδης, ἐπιζήμιος, βλαβερός, ἀνεπιτήδειος, P. and V. ἀσύμφορος, κᾰκός, κᾰκοῦργος, νοσώδης, V. λῡμαντήριος, Ar. and V. ἀτηρός.

Harmfully, adv. P. ἀνεπιτηδείως, P. and V. κᾰκῶς.

Harmless, adj. P. and V. ἀβλᾰβής, ἀζήμιος (Eur., *El.* 295), P. ἀσινής (Plat.), V. ἄνᾱτος, ἀπήμων. *Not producing sickness*: V. ἄνοσος.

Harmlessly, adv. P. ἀβλαβῶς.

Harmonious, adj. *Tuneful*: P. ἐμμελής; see *tuneful*. *In accord*: P. and V. σύμφωνος (Plat.), σῠνῳδός (Plat.), V. σύμφθογγος. *Agreeing*: P. ὁμογνώμων, ὁμονοητικός.

Harmoniously, adv. P. ἐμμελῶς. *Concordantly*: P. ὁμονοητικῶς.

Harmonise, v. trans. *Reconcile* (*conflicting things*): P. and V. εὖ τῐθέναι (or mid.), κᾰλῶς τῐθέναι (or mid.). V. intrans. P. συμφωνεῖν; see *correspond*. *Harmonise with, correspond with*: P. and V. συμφέρειν (or pass.) (dat.), συμβαίνειν (dat.), συντρέχειν (dat.), συμπίπτειν (dat.), P. συμφωνεῖν (dat.), V. ὁμορροθεῖν (dat.), συγκόλλως ἔχειν (dat.), συμβάλλεσθαι σύν (dat.).

Harmony, subs. Ar. and P. ἁρμονία, ἡ. Met., P. συμφωνία, ἡ, ἁρμονία, ἡ, ὁμόνοια, ἡ. *Be in harmony, agree in opinion*, v.: P. ὁμονοεῖν, Ar. and P. ὁμολογεῖν, P. and V. ταὐτὰ φρονεῖν; see *harmonise*. *In harmony with*, adj.: P. σύμφωνος (dat.), V. σῠνῳδός (dat.), προσῳδός (dat.). *Be out of harmony*, v.: P. διαφωνεῖν, ἀναρμοστεῖν. *Be out of harmony with*: P. διαφωνεῖν (dat.).

Harness, subs. Ar. and P. σκεύη, τά, V. ἔντη, τά, σᾰγή, ἡ.

Harness, v. trans. P. and V. ζευγνύναι, V. ἐντύνειν (Eur., *Hipp.* 1183).

Harp, subs. P. and V. κῐθᾰ́ρα, ἡ, (Eur., *Cycl.* 444), πηκτίς, ἡ (Soph., *Frag.*), λύρα, ἡ (Plat. and Eur., *Alc.* 430), Ar. φόρμιγξ, ἡ, κίθᾰρις, ἡ, Ar. and V. βάρβῐτος, ὁ or ἡ (Eur., *Alc.* 345). *Play the harp*, v. intrans.: Ar. and P. κῐθᾰρίζειν. *Sing to the harp*: P. κιθαρῳδεῖν.

Harp on, v. P. and V. ὑμνεῖν (acc. or absol.), θρῡλεῖν (acc. or absol.).

Harper, subs. Ar. and P. κῐθᾰριστής, ὁ, P. κιθαρῳδός, ὁ. *Female harper*: P. ψάλτρια, ἡ, Ar. κῐθᾰρῳδός, ἡ (*Ecc.* 739).

Harping, subs. P. κιθαρῳδία, ἡ, κιθάρισις, ἡ, κιθαρῳδική, ἡ. *Of harping*, adj.: Ar. and P. κῐθᾰρῳδῐκός.

Harpoon, subs. P. τριόδους, ὁ (Plat.), Ar. and V. τρίαινα, ἡ.

Harpy, subs. Ar. ἅρπυια, ἡ. Met., *extortioner*: use adj. P. and V. αἰσχροκερδής.

Harridan, subs. Ar. and P. γρᾴδιον.

Harrow, subs. Use *plough*.

Harrow, v. trans. *Grieve*: P. and V. λῡπεῖν, ἀνῑᾶν, δάκνειν, V. ἀλγῡ́νειν; see *grieve*. *Disturb*: P. and V. τᾰράσσειν, συντᾰράσσειν.

Harrowing, adj. P. and V. βᾰρύς, λῡπηρός, ἀλγεινός, δυσχερής, V. δύσφορος, δῠ́σοιστος; see *grievous*.

Harry, v. trans. *Drive to and fro*: P. and V. ἐλαύνειν, V. ἐλαστρεῖν, τροχηλᾰτεῖν. *Pillage*: P. and V. πορθεῖν, ἐκπορθεῖν, δῃοῦν, τέμνειν, φέρειν, P. κακουργεῖν, ἀδικεῖν, κείρειν, ἄγειν καὶ φέρειν, διαφορεῖν, V. πέρθειν, ἐκπέρθειν (also Plat. but rare P.); see *plunder*.

Harsh, adj. Of sound: P. τραχύς. Of flavour: P. and V. πικρός, Ar. and P. δρῑμύς, P. στρυφνός, αὐστηρός. Of style: P. αὐστηρός. *Severe*: P. and V. πικρός, τρᾱχύς, σκληρός, βᾰρύς, ἀγνώμων, σχέτλιος, Ar. and P. χᾰλεπός; see *cruel*. Of looks: P. and V. σκυθρωπός, V. στυγνός. *Crabbed*: Ar. and P. στρυφνός (Xen.), P. αὐστηρός.

Harshly, adv. P. τραχέως, σχετλίως, P. and V. πικρῶς, Ar. and P. χᾰλεπῶς, P. σκληρῶς. *Act harshly towards*: P. ἀγνωμονεῖν πρός (acc.).

Harshness, subs. *Roughness*: P. τραχύτης, ἡ. Of taste: P. αὐστηρότης, ἡ. *Cruelty*: P. and V. πῐκρότης, ἡ, P. χαλεπότης, ἡ, σκληρότης, ἡ, ἀγνωμοσύνη, ἡ, V. τρᾱχῠ́της, ἡ.

Hart, subs. P. and V. ἔλᾰφος, ὁ.

Harvest, subs. *Crop*: P. and V. καρπός, ὁ, θέρος, τό, Ar. and V. ἄροτος, ὁ, στᾰ́χυς, ὁ. *In gathering*: P. συγκομιδή, ἡ. *Reap the harvest*: Ar. ἀμᾶν θέρος, V. ἐξᾰμᾶν θέρος, P. θέρος ἐκθερίζειν, καρπὸν θερίζειν (mid. in Ar.). *They were engaged in gathering in the harvest*: P. ἐν καρποῦ συγκομιδῇ ἦσαν (Thuc. 3, 15).

Harvest, v. trans. P. συγκομίζειν (Xen.).

Hash up, v. Ar. and P. περῐπέσσειν; see *concoct*.

Hasp, subs. See *fastening*.

Haste, subs. P. and V. τᾰ́χος, τό, σπουδή, ἡ. *In haste*: P. κατὰ σπουδήν; see *hastily*.

Haste, v. intrans. See *hasten*.

Hasten, v. trans. P. and V. σπεύδειν, ἐπισπεύδειν, ἐπείγειν, ὁρμᾶν, P. κατεπείγειν. V. intrans. P. and V. ὁρμᾶν, ὁρμᾶσθαι, ἐπείγεσθαι, ἵεσθαι (rare P.), ἁμιλλᾶσθαι (rare P.), φέρεσθαι, Ar. and P. κᾰτεπείγειν, Ar. and V. τείνειν, ἐγκονεῖν, τᾰχῡ́νειν, σπεύδειν (rare P.), ᾄσσειν (also Plat. but rare P.), V. θοάζειν, σῠθῆναι (1st aor. pass. σεύειν), σπέρχεσθαι, ἀΐσσειν, ὀρούειν, ἐπισπεύδειν; see also *run*, *speed*. *Hasten*: in imperative, use also Ar. and V. σοῦσθε (2nd pers. pl.). *Hasten away*: Ar. ἐκσπεύδειν, V. ἀπᾴσσειν. *Hasten on an errand*: V. ἐπόρνυσθαι στόλον (Æsch., *Supp.* 187).

Hastily, adv. P. and V. τᾰχῠ́, ἐν τᾰ́χει, διὰ τᾰ́χους, σπουδῇ, Ar. and P. τᾰχέως, P. κατὰ τάχος, ὀξέως, V. σὺν τᾰ́χει, σῠ́δην, τᾰ́χος. *Rashly*: P. προπετῶς, ἀσκέπτως; see *rashly*.

Hastiness, subs. P. and V. τᾰ́χος, τό, σπουδή, ἡ, P. ταχύτης, ἡ, V. ὠκῠ́της, ἡ. *Rashness*: P. προπέτεια, ἡ; see *rashness*. Of temper: V. ὀξῠθῡμία, ἡ, τᾰ́χος φρενῶν, τό.

Hasty, adj. P. and V. τᾰχύς, Ar. and P. ὀξύς, V. λαιψηρός, κραιπνός, σπερχνός, Ar. and V. θοός, ὠκύς; see *swift*. *Hurried, quickly finished*: P. and V. τᾰχύς. *Rash*: of persons, P. προπετής, σφοδρός, εὐχερής, ἀλόγιστος, Ar. and P. ἰτᾱμός, P. and V. θρᾰσύς, σχέτλιος, θερμός, V. θοῦρος, δυσλόγιστος, Ar. and V. θούριος; of things, P.

ἀπερίσκεπτος, ἄσκεπτος, ἀλόγιστος, P. and V. θρᾰσύς, νεᾱνἴκός, V. περισπερχής; see *rash*. *Hasty in temper*: P. and V. ὀξύς, Ar. and V. ὀξύθῡμος, V. δύσοργος, Ar. and P. ἀκρᾰ́χολος. *Be hasty in temper*, v.: V. ὀξῠθῡμεῖν (pass. in Ar.), σπέρχεσθαι, Ar. and P. νεᾱνιεύεσθαι.

Hat, subs. P. and V. κῠνῆ, ἡ, Ar. and P. πῑλίδιον, τό.

Hatch, v. trans. Ar. and P. ἐννεοσσεύειν, Ar. νεοσσεύειν, ἐκλέπειν. Met., *contrive*: P. σκευωρεῖσθαι, κατασκευάζειν, συσκευάζειν, P. and V. πλέκειν, V. ῥάπτειν, ἐμπλέκειν, κᾰταρράπτειν, ὑπορράπτειν, μηχᾰνορρᾰφεῖν. *No mischief is hatched in the city unknown to me*: Ar. καί μ' οὐ λέληθεν οὐδὲν ἐν τῇ πόλει συνιστάμενον (*Eq*. 862).

Hatchet, subs. P. and V. πέλεκυς, ὁ (Xen.), ἀξίνη, ἡ (Xen.).

Hate, v. trans. P. and V. μῑσεῖν, V. στῠγεῖν, ἔχθειν, Ar. and V. ἐχθαίρειν, ἀποπτύειν. *Dislike*: P. and V. ἄχθεσθαι (dat.), P. δυσχεραίνειν (acc. or dat., or ἐπί, dat.), Ar. and P. ἀγᾰνακτεῖν (dat.), V. πικρῶς φέρειν. *Hate in return*: Ar. ἀντῐμῑσεῖν.

Hate, subs. See *hatred*.

Hated, adj. V. στῠγητός, στυγνός; see *hateful*. *Hated by the gods*: Ar. and P. θεομῑσής, θεοῖς ἐχθρός, V. θεοστῠγής, ἐχθροδαίμων.

Hateful, adj. P. and V. μιᾰρός, κᾰτάπτυστος, Ar. and V. ἀπόπτυστος, V. μῑσητός, στῠγητός, στυγνός, παντομῑσής, ἄπευκτος, δυσφῐλής, ἀπεχθής. *Unpleasant*: P. and V. βᾰρύς, P. ἀηδής.

Hatefully, adv. Ar. and P. μιᾰρῶς, P. ἀηδῶς.

Hatefulness, subs. P. ἀηδία, ἡ.

Hating. *Hating the city*: Ar. μῑσόπολις. *Hating the Lacedaemonians*: Ar. μῑσολᾰ́κων. *Hating men*: V. στῠγᾰ́νωρ. *Hating mortals*: V. βροτοστῠγής. *Hating the people*: Ar. and P. μῑσόδημος.

Hatred, subs. P. and V. μῖσος, τό, ἔχθρα, ἡ, ἔχθος, τό (Thuc.), V. στύγος, τό, μίσημα, τό. *Dislike*: P. and V. δυσχέρεια, ἡ, P. ἀηδία, ἡ; see *dislike*. *Odium*: P. and V. φθόνος, ὁ, P. τὸ ἐπίφθονον, ἀπέχθεια, ἡ. *Enmity*: P. and V. ἔχθρα, ἡ, ἔχθος, τό (Thuc.), δυσμένεια, ἡ. *Object of hatred*: V. ἔχθος, τό, μῖσος, τό, μίσημα, τό, στύγος, τό, στύγημα, τό, ἀπέχθημα, τό. *Be an object of hatred*, v.: P. and V. ἀπεχθᾰ́νεσθαι.

Hauberk, subs. Use P. and V. θώραξ, ὁ.

Haughtily, adv. P. and V. σεμνῶς, P. ὑπερηφάνως, μεγαλοφρόνως, V. ὑψῐκόμπως, ὑπερκόπως.

Haughtiness, subs. P. and V. φρόνημα, τό, ὕβρῐς, ἡ, ὄγκος, ὁ, P. ὑπερηφανία, ἡ, μεγαλαυχία, ἡ; see *pride*.

Haughty, adj. P. and V. σεμνός, ὑψηλός, P. ὑπερήφανος, μεγαλόφρων, V. ὑπέρφρων, σεμνόστομος, ὑψηλόφρων (also Plat. but rare P.), ὑψήγορος, ὑπέρκοπος, Ar. and V. γαῦρος.

Haul, v. trans. P. and V. ἕλκειν, ἐφέλκειν; see *drag*. *Haul across*: P. ὑπερφέρειν (absol. or two accs.) (Thuc. 8, 7), διαφέρειν (two accs.) (Thuc. 8, 8). *Haul up*: Ar. and P. ἀνέλκειν. *They hauled up the stakes by putting ropes round them*: P. ὤνευον ἀναδούμενοι τοὺς σταυρούς (Thuc. 7, 25). *Engine for hauling ships*: P. and V. ὁλκοί, οἱ (Eur., *Rhes*.).

Haul, subs. *Haul of fish*: V. βόλος, ὁ.

Hauling, subs. P. ὁλκή, ἡ. *Hauling up*: P. ἀνολκή, ἡ.

Haunch, subs. P. ἰσχία, τά. *Joint of meat*: use Ar. and P. κωλῆ, ἡ (Xen.). *Bring both the horses on to their haunches*: P. ἐπὶ τὰ ἰσχία ἄμφω καθίσαι τὼ ἵππω (Plat., *Phaedr*. 254c).

Haunt, v. trans. P. and V. ἀναστρέφεσθαι (ἐν, dat.), περῐπολεῖν, V. ἐπιστρωφᾶσθαι, πολεῖν, πᾰτεῖν, ἐμβᾰτεύειν (acc. or gen.). *Come frequently to*: P. and V. φοιτᾶν (εἰς, acc. or ἐπί, acc.), P. θαμίζειν (εἰς, acc.). *Dwell in*: P. and V. ἔχειν (acc.), νέμειν (acc.) (or mid.) (rare P.), Ar. and V. ναίειν (acc.); see *inhabit*. *Haunt as a ghost* or *dream*: P. and V. φοιτᾶν (absol. or dat.). *Would he not in hatred haunt me with his curse?* V. οὐκ ἂν με μισῶν ἀνεχόρευ' Ἐρινύσιν; (Eur., *Or*. 582). *Be haunted* (*by ghosts, dreams, etc.*), v.: P. and V. σῠνέχεσθαι (dat.), σῠνεῖναι (dat.), V. ἐπισκοπεῖσθαι (dat.) (Æsch., *Ag*. 13). *Be haunted by feelings*: P. and V. σῠνοικεῖν (dat.), σῠνεῖναι (dat.).

Haunt, subs. *Way of occupying oneself*: Ar. and P. διατρῐβή, ἡ. *Place of refuge*: P. and V. κᾰτᾰφῠγή, ἡ. *Place one frequents*: Ar. and V. ἐπιστροφαί, αἱ, V. ἀναστροφή, ἡ, πορεύμᾰτα, τά, ἤθη, τά; see *abode*. *Hiding-place*: V. κευθμών, ὁ, μῠχός, ὁ.

Haunting, adj. *Haunting terrors of the night*: V. νυκτίπλαγκτα δείματα (Æsch., *Choe*. 524).

Have, v. trans. P. and V. ἔχειν, Ar. and V. ἴσχειν (also Plat. and Thuc., but rare P.). *Possess*: P. and V. κεκτῆσθαι (perf. of κτᾶσθαι); see also *hold*. *Have to, be obliged to*: P. and V. ἀναγκάζεσθαι (use pass. of *compel*). *I have to*: P. and V. δεῖ με, χρή με, ἀνάγκη ἐστί μοι. *Have a person punished*: use P. and V. πράσσειν ὅπως τις δώσει δίκην. *Would you have me tell you?* P. and V. βούλει σοὶ εἴπω; (aor. subj.). *Have* (*a person*) *taught*: P. and V. δῐδάσκεσθαί, τινα (mid.). *Have to wife*: P. and V. ἔχειν (acc.).

Haven, subs. P. and V. λῐμήν, ὁ, ὅρμος, ὁ, ναύσταθμον, τό, V. ναύλοχοι, ἕδραι. *Place of refuge*: P. and V. κᾰτᾰφῠγή, ἡ; see *refuge*. *With good haven*, adj.: V. εὔορμος. *Affording no haven*: V. δύσορμος; see *harbourless*.

Havoc, subs. *Ruin*: P. and V. φθορά, ἡ, διαφθορά, ἡ, ὄλεθρος, ὁ. *Damage*: P. and V. βλᾰβή, ἡ, βλάβος, τό. *Make havoc of*: P. and V. συγχεῖν, πορθεῖν, διᾰπορθεῖν, ἐκπορθεῖν; see *injure, ruin*. *The gods make havoc of them* (*fame and prosperity*) *tossing them to and fro*: V. φύρουσι δ' αὐτὰ Θεοὶ πάλιν τε καὶ πρόσω (Eur., *Hec*. 958).

Hawk, subs. P. and V. ἱέραξ, ὁ (Plat.), V. κίρκος, ὁ. *Vulture*: Ar. and V. γύψ, ὁ.

Hawk about, v. trans. P. and V. κᾰπηλεύειν, P. περιάγειν (Plat., *Prot*. 313D).

Hawker, subs. P. and V. κάπηλος, ὁ.

Hawser, subs. P. and V. κᾰλως, ὁ, πεῖσμα, τό (Plat.), P. σπάρτον, τό, Ar. and P. τόνος, ὁ; see *rope*.

Hay, subs. P. and V. χόρτος, ὁ (Xen.). *Grass*: P. and V. πόα, ἡ; see *grass*.

Hazard, subs. P. and V. κίνδῡνος, ὁ, ἀγών, ὁ, τὸ δεινόν, or pl. *Chance*: P. and V. συμφορά, ἡ, τῠχη, ἡ, Ar. and P. συντῠχία, ἡ. *At haphazard*, adv.: P. and V. εἰκῇ.

Hazard, v. trans. *Risk*: Ar. and P. πᾰρᾰβάλλεσθαι, πᾰρᾰκινδῡνεύειν, κινδῡνεύειν (dat., or περί, gen., or cognate acc.), P. ὑποτιθέναι, V. πᾰραρρίπτειν, προβάλλειν, προτείνειν; see *risk*. *Hazard everything*: P. διακινδυνεύειν (absol.). *Be at hazard*: V. ἐν ῥοπῇ κεῖσθαι, P. κινδυνεύεσθαι.

Hazardous, adj. *Dangerous*: P. and V. δεινός, σφᾰλερός, Ar. and P. χᾰλεπός, P. ἐπικίνδυνος, παράβολος. *Venturesome*: P. and V. τολμηρός, P. φιλοκίνδυνος, Ar. πᾰρᾰβολος.

Hazardously, adv. P. and V. ἐπῐκινδῡνως.

Haze, subs. Ar. and P. ὁμίχλη, ἡ (Plat.); see also *cloud*.

Hazy, adj. See *cloudy*. Met., *not clear*: P. and V. ἀσᾰφής; see also *perplexed*.

He, pron. P. and V. ὅδε, οὗτος, ἐκεῖνος, Ar. and V. κεῖνος. *Him*: use also P. and V. αὐτόν, V. νιν (enclitic), σφε (enclitic). *Are you he?* P. and V. ἐκεῖνος εἶ σύ; V. ἦ σὺ κεῖνος εἶ (Soph., *El*. 1355). *I am* *he* : V. ἐκεῖνος οὗτός εἰμι (Eur., *Cycl.* 105), ὅδ' εἰμί (Æsch., *Choe.* 219), ὅδ' εἰμ' ἐγώ σοι κεῖνος (Soph., *Phil.* 261).

Head, subs. P. and V. κεφᾰλή, ἡ, V. κορῠφή, ἡ (Eur., *Or.* 6 ; also Xen. but rare P.), κάρᾱ, τό, acc. also κρᾶτα, τόν, gen. κρᾱτός, τοῦ, dat. Ar. and V. κρᾱτί, τῷ. *Overhead*, adv. : P. and V. ἄνω, ἄνωθεν. *With two heads*, adj. : V. ἀμφίκρᾱνος. *With three heads* : V. τρίκρᾱνος, Ar. τρῐκέφᾰλος. *With a hundred heads* : V. ἑκᾰτογκάρᾱνος, Ar. ἑκᾰτογκέφᾰλος. *With many heads* : P. πολυκέφαλος. *Nod the head (in assent)*, v. : P. and V. ἐπῐνεύειν. *Shake the head (in refusal)* : Ar. and P. ἀνᾰνεύειν. *Throw back the head* : P. and V. ἀνᾰκύπτειν (Eur., *Cycl.* 212). *On my head let the interference fall* : Ar. πολυπραγμοσύνη νυν εἰς κεφαλὴν τρέποιτ' ἐμοί (*Ach.* 833). *Why do you say things that I trust heaven will make recoil on the heads of you and yours ?* P. τί λέγεις ἃ σοὶ καὶ τοῖς σοῖς οἱ θεοὶ τρέψειαν εἰς κεφαλήν ; (Dem. 322). *Bringing a curse on a person's head*, adj. : V. ἀραῖος (dat. of person) (also Plat. but rare P.). *Put a price on a person's head* : P. χρήματα ἐπικηρύσσειν (dat. of person). *They put a price on their heads* : P. ἐπανεῖπον ἀργύριον τῷ ἀποκτείναντι (Thuc. 6, 60). *He put a price upon his head* : V. χρυσὸν εἶφ' ὃς ἂν κτάνῃ (Eur., *El.* 33). *Mind, brain*, subs. : P. and V. νοῦς, ὁ, Ar. and V. φρήν, ἡ, or pl. (rare P.). *Come into one's head*, v. : see *occur*. *Do whatever comes into one's head* : P. διαπράσσεσθαι ὅτι ἂν ἐπέλθῃ τινί (Dem. 1050). *Turn a person's head* : P. and V. ἐξιστᾰ́ναι (τινά). *Head of an arrow*, subs. : V. γλωχίς, ἡ. *Head (of a plant)* : Ar. κεφᾰλή, ἡ, κεφᾰ́λαιον, τό. *Head of a spear* : P. and V. λογχή, ἡ (Plat.). *Headland* : see *headland*. *Projecting point of anything* : P. τὸ πρόεχον. *Bring to a head*, v. trans. : V. κᾰρᾱνοῦν ; see *accomplish*. *Come to a head*, v. intrans. : of a sore, P. ἐξανθεῖν ; met., P. and V. ἐξανθεῖν, V. ἐκζεῖν, ἐπιζεῖν, P. ἀκμάζειν. *Ignorance of the trouble gathering and coming to a head* : P. ἄγνοια τοῦ συνισταμένου καὶ φυομένου κακοῦ (Dem. 245). *Make head against*, v. : see *resist*. *Heads of a discourse, etc.*, subs. : P. κεφάλαια, τά. *Source, origin* : P. and V. ἀρχή, ἡ ; see *origin*. *Chief place* : P. and V. ἀρχή, ἡ, P. ἡγεμονία, ἡ. *Head* (concretely), *leader* : P. and V. ἡγεμών, ὁ or ἡ ; see also *chief*. *At the head of, in front of*, prep. : P. and V. πρό (gen.). *Superintending* : P. and V. ἐπί (dat.). *Put at the head of*, v. : P. and V. ἐφιστᾰ́ναι (τινά τινι). *Be at the head of* : P. and V. ἐφίστασθαι (dat.), προστᾰτεῖν (gen.) (Plat.), Ar. and P. προΐστασθαι (gen.). *Those at the head of affairs*: P. οἱ ἐπὶ τοῖς πράγμασι.

Head, adj. *Principal* : P. and V. πρῶτος. *Supreme* : P. and V. κῡ́ριος. *Head (wind)* : P. and V. ἐναντίος ; see *contrary*.

Head, v. trans. *Be leader of* : P. ἡγεῖσθαι (dat. of person, gen. of thing), Ar. and P. προΐστασθαι (gen. of person). *Lead the way* : P. and V. ἡγεῖσθαι (dat.). *Start, begin* : P. and V. ἄρχειν (gen.) ; see *begin*.

Headache, subs. P. διάτασις κεφαλῆς, ἡ. *Have a headache*, v. : P. βαρύνεσθαι τὴν κεφαλήν. *Headache after drinking*, subs. : Ar. κραιπᾰ́λη, ἡ. *Suffer from headache after drinking*, v. : Ar. and P. κραιπᾰλᾶν.

Head-dress, subs. *Head-dress for women* : Ar. and V. μίτρα, ἡ, Ar. κεκρῠ́φᾰλος, ὁ.

Head-foremost, adv. See *headlong*.

Headland, subs. P. and V. ἄκρα, ἡ, P. ἀκρωτήριον, τό, V. ἀκτή, ἡ, πρών, ὁ, Ar. and V. ἄκρον, τό, προβλής, ὁ.

Headless, adj. P. ἀκέφαλος (Plat.).

Headlong, adv. *Head-foremost* : P. ἐπὶ κεφαλήν. *At a run* : P. and V. δρόμῳ. *Hastily* : P. προπετῶς, προτροπάδην (Plat.).

Headlong, adj. *Rash* : P. προπετής. *Swift* : P. and V. τᾰχύς, V. λαιψηρός, Ar. and V. θοός, δρομαῖος. *Vehement* : P. σφοδρός, Ar. and V. θούριος, V. θοῦρος.

Head-quarters, subs. *Base of operations* : P. and V. ἀφορμή, ἡ, P. ὁρμητήριον τό. *Making Naupactus his head-quarters* : P. ὁρμώμενος ἐκ Ναυπάκτου (Thuc. 2, 69). *General's quarters* : P. and V. στρᾰτήγιον, τό.

Headship, subs. P. and V. ἀρχή, ἡ, P. ἡγεμονία, ἡ.

Headstrong, adj. P. and V. αὐθάδης, σκληρός, P. προπετής; see *rash*.

Headway, subs. *Improvement* : P. ἐπίδοσις, ἡ. *Make headway*, v. intrans. : P. and V. προκόπτειν. *Improve* : Ar. and P. ἐπῐδῐδόναι.

Heal, v. trans. P. and V. ἰᾶσθαι (ῐ rare), ἐξῐᾶσθαι, ἀκεῖσθαι, P. ἰατρεύειν.

Healer, subs. P. and V. ἰᾱτρός, ὁ (ῐ Eur., *Hipp.* 296, *Tro.* 1233, and Ar. *Pl.* 406), V. ἰᾱτήρ, ὁ, ἀκέστωρ, ὁ, ἰᾱτρόμαντις, ὁ.

Healing, adj. V. ἀκεσφόρος, λῡτήριος, Ar. and V. παιώνιος. *Stopping pain* : V. πανσίλῡπος.

Healing, subs. P. and V. ἴᾱμα, τό, ἴᾱσις, ἡ, V. ἄκος, τό. Ar. ἐξᾰκεσις, ἡ.

Health, subs. P. and V. ὑγίεια, ἡ (Eur., *Or.* 235). *Good condition* : P. and V. εὐεξία, ἡ (Eur., *Frag.*). *Be in good health*, v. : Ar. and P. ὑγιαίνειν. *The laws of health* : P. τὸ ὑγίεινον. *Constitution, body* : P. and V. σῶμα, τό. *Drink a health to* : Ar. and P. προπίνειν (dat. or absol.) (Xen.), φιλετησίας προπίνειν (dat.) (Dem.).

Healthily, adv. P. ὑγιεινῶς, ὑγιῶς.

Healthiness, subs. P. τὸ ὑγιεινόν.

Healthy, adj. *Producing good health* : P. ὑγιεινός. *Sound, in good health* : P. and V. ὑγιής, ἄνοσος (Plat.), P. ὑγιεινός. Met., P. and V. ὑγιής.

Heap, subs. Ar. and P. σωρός, ὁ (Xen.), Ar. and V. θωμός, ὁ, V. θίς, ὁ or ἡ. *Quantity* : P. and V. πλῆθος, τό. *In a heap* : use adj., P. and V. ἀθρόος. *It is kept in this house among a heap of arms* : V. σκύλων ἐν ὄχλῳ ταῖσδε σῴζεται στέγαις (Eur., *Hec.* 1014).

Heap, v. trans. P. and V. νεῖν, P. συννεῖν. *Heap (earth)* : P. and V. χοῦν. *Collect* : P. and V. συλλέγειν, συμφέρειν; see *collect*. *Heap on* : P. and V. ἐπῐτῐθέναι (τί, τινι), ἐπῐβάλλειν (τί, τινι). *Heap up* : P. ἐπιπαρανεῖν, Ar. ἐπῐνεῖν. *Axles were heaped up on axles and dead on dead* : V. ἄξονές τ' ἐπ' ἄξοσι νεκροί τε νεκροῖς ἐξεσωρεύονθ' ὁμοῦ (Eur., *Phoen.* 1194). *Others heap up a pyre* : V. οἱ δὲ πληροῦσιν πυράν (Eur., *Hec.* 574).

Hear, v. trans. P. and V. ἀκούειν (gen. of person, acc. or gen. of thing), ἐπᾰκούειν (gen. of person, acc. or gen. of thing), Ar. and P. ἀκροᾶσθαι (gen. of person, acc. or gen. of thing), κᾰτᾰκούειν (acc. or gen. of person or thing), Ar. and V. ἐξᾰκούειν (gen. of person, acc. of thing), κλύειν (gen. of person, acc. or gen. of thing), αἰσθάνεσθαι (acc. or gen.), V. ἐπαισθάνεσθαι (gen.), εἰσᾰκούειν (gen. of person, acc. of thing). *Receive intelligence, learn* : P. and V. μανθάνειν, πυνθάνεσθαι, ἀκούειν, V. πεύθεσθαι, Ar. and V. ἐκπυνθάνεσθαι, κλύειν. *Hear (learn) besides* : P. and V. προσμανθάνειν. *Listen* : P. and V. ἐνδέχεσθαι, ἀκούειν, Ar. and V. κλύειν; see *heed, obey*. *Hear (a case at law), judge* : P. and V. κρίνειν. *Hear from* : use *hear* with gen. of person. *Hear in advance* : P. προακούειν. *Hear incorrectly* : P. παρακούειν (absol.). *Hear in return* : P. and V. ἀντᾰκούειν (Plat., *Tim.* 27A), Ar. ἀντακροᾶσθαι. *Hear of* : P. and V. ἀκούειν περί (gen.), V. ἐπαισθάνεσθαι (acc.). *Hear out (to the end)* : P. διακούειν (acc.). *Hear (with others)* : V. σῠνεξᾰκούειν (acc.).

Hear, hear, interj. *Shout hear, hear*: P. ἐπιθορυβεῖν (Xen.).

Heard, adj. *Able to be heard*: V. ἀκουστός. Of prayer: P. ἐπήκοος (Plat.).

Hearer, subs. P. and V. ὁ ἀκούων, P. ἀκροατής, ὁ.

Hearing, subs. *Sense of hearing*: P. and V. ἀκοή, ἡ, P. ἀκρόασις, ἡ; see also *earshot*. *Right of being heard*: P. ἀκρόασις, ἡ. *Give a hearing to all who come forward*: P. πᾶσι τοῖς παριοῦσι λόγον διδόναι (Dem. 27). *Prevent from getting a hearing*: P. ἐκκλῄειν λόγου τυγχάνειν (Dem. 349). *Hard of hearing*, adj.: see *deaf*. *Be hard of hearing*, v.: P. ἀμβλὺ ἀκούειν (Plat.).

Hearing, adj. *Listening to*: P. and V. ἐπήκοος (gen., sometimes also dat.) (Plat.).

Hearken, v. intrans. See *hear, heed*.

Hearsay, subs. P. ἀκοή, ἡ; see *rumour*. *I know by hearsay*: V. ἔξοιδ' ἀκούων (Soph., *O. R.* 105).

Heart, subs. P. and V. καρδία, ἡ (rare P.), Ar. and V. κέαρ, τό. *Centre*: P. and V. τὸ μέσον. *Interior of a country*: P. μεσογεία, ἡ. *Seat of the feelings*: P. and V. ψῡχή, ἡ, Ar. and V. καρδία, ἡ, θῡμός, ὁ, κέαρ, τό, φρήν, ἡ, or pl., V. σπλάγχνον, τό, or pl., ἧπαρ, τό. *Have the heart to*, v.: P. and V. ἀξιοῦν (infin.), δῐκαιοῦν (infin.), V. τολμᾶν (infin.), ἐπαξιοῦν (infin.), Ar. and V. τλῆναι (2nd aor. of τλᾶν) (infin.). *Lay to heart*, v. trans.: P. and V. φῠλάσσειν, σῴζειν, V. θῡμῷ βάλλειν; see *heed*. *Take to heart*: P. ἐνθύμιον ποιεῖσθαί (τί). *Be vexed at*: P. χαλεπῶς φέρειν (acc.), V. πικρῶς φέρειν (acc.). *Taken to heart*, adj.: P. and V. ἐνθῡμιος. *An honest grief I know goes to the heart*: V. χωρεῖ πρὸς ἧπαρ, οἶδα, γενναία δύη (Soph., *Aj.* 938). *Lose heart*, v.: P. and V. ἀθῡμεῖν. *Take heart*: P. and V. θαρσεῖν, θρᾰσῡνεσθαι, V. θαρσῦνειν, P. ἀναρρωσθῆναι (aor. pass. of ἀναρρωννύναι). (*Know*) *by heart*, adv.: P. and V. ἀκρῑβῶς. *Learn by heart*, v.: P. and V. ἐκμανθάνειν. *Smitten to the heart*: V. φρένας . . . εἰς αὐτὰς τυπείς (Æsch., *P. V.* 361). *Speak from the heart*: V. λέγειν . . . τὸν ἐκ φρενὸς λόγον (Æsch., *Choe.* 107). *Through cowardice you give rein to your tongue, though you think not thus at heart*: V. δειλίᾳ γλώσσῃ χαρίζει τἄνδον οὐχ οὕτω φρονῶν (Eur., *Or.* 1514). *To make her weep though she rejoice at heart*: V. ὥστ' ἐκδακρῦσαι γ' ἔνδοθεν κεχαρμένην (Eur., *Or.* 1122). (*I swear*) *that I will speak truly to you from my heart*: V. ἦ μὴν ἐρεῖν σοι τἀπὸ καρδίας σαφῶς (Eur., *I. A.* 475). *With a light heart*: P. and V. ῥᾳδίως, P. εὐχερῶς, V. κούφως. *They were going to have experience of Lacedaemonians whose heart was in their work*: P. Λακεδαιμονίων ὀργώντων ἔμελλον πειράσεσθαι (Thuc. 4, 108).

Heart-broken, adj. P. and V. τᾰλαίπωρος, ἄθλιος; see *sad*. *Be heart-broken*, v.: V. θῡμοφθορεῖν.

Hearten, v. trans. See *encourage*.

Hearth, subs. P. and V. ἑστία, ἡ, Ar. and V. ἐσχάρα, ἡ. *By the hearth*, adj.: V. ἐφέστιος. *The hearth of home*, subs.: V. δωμᾰτῖτις ἑστία, ἡ.

Heartily, adv. *Zealously*: P. and V. προθῡμως, σπουδῇ. *Exceedingly*: P. and V. σφόδρᾰ, πολύ, Ar. and V. κάρτᾰ (rare P.).

Heartiness, subs. P. and V. προθῡμία, ἡ, σπουδή, ἡ.

Heartless, adj. P. and V. ὠμός, ἄγριος, ἀγνώμων, σχέτλιος, πικρός; see *cruel, pitiless*.

Heartlessly, adv. P. ὠμῶς, σχετλίως, P. and V. πικρῶς, V. ἀνοίκτως, ἀναλγήτως; see *cruelly, pitilessly*.

Heartlessness, subs. P. and V. ὠμότης, ἡ, πικρότης, ἡ, P. ἀγνωμοσύνη, ἡ; see *cruelty*.

Hearty, adj. *Zealous*: P. and V. πρόθῡμος, σπουδαῖος (Soph., *Frag.*). *Hale*: P. and V. ὑγιής, V. χλωρός.

Hearty laughter: P. ἰσχυρὸς γέλως, ὁ.

Heat, subs. P. and V. καῦμα, τό, θάλπος, τό (Xen.), P. θερμότης, ἡ. *Choking heat*: Ar. and P. πνῖγος, τό. *Fever-heat*: P. θέρμη, ἡ, καῦμα, τό. *Zeal*: P. and V. σπουδή, ἡ, προθυμία, ἡ. *Vehemence*: P. σφοδρότης, ἡ. *Anger*: P. and V. ὀργή, ἡ, θυμός, ὁ; see *anger*. *Heat in a race*: Ar. and P. στάδιον, τό, Ar. and V. δρόμος, ὁ.

Heat, v. trans. Lit., P. and V. θερμαίνειν, θάλπειν (Xen. also Ar.). Met., P. διαθερμαίνειν, P. and V. θερμαίνειν, Ar. and V. θάλπειν; see *fire*. *Till the fire of the wine stole over him and heated him*: V. ἕως ἐθέρμην' αὐτὸν ἀμφιβᾶσα φλὸξ οἴνου (Eur., *Alc.* 758). *Be heated* (*with wine*), v.: P. διαθερμαίνεσθαι.

Heated, adj. *Heated in the fire*: P. and V. διάπυρος (Plat., *Tim.* 58c and Eur., *Cycl.* 631), V. ἐγκεκαυμένος (Eur., *Cycl.* 393), καυστός (Eur., *Cycl.* 633). Met., P. and V. θερμός; see also *angry*.

Heath, subs. See *heather*. *Open country*: P. and V. πεδίον, τό, V. πλάξ, ἡ.

Heather, subs. V. ἐρείκη, ἡ.

Heave, v. trans. *Throw*: P. and V. βάλλειν, ῥίπτειν, ἀφιέναι, μεθιέναι (rare P.), Ar. and V. ἱέναι, δικεῖν (2nd aor.), ἰάπτειν; see *throw*, *lift*. *Drag*: P. and V. ἕλκειν, ἐφέλκειν; see *drag*. *Heave a sigh*: P. and V. ἀνοιμώζειν (rare P.). Ar. and V. οἰμώζειν; see *sigh*. *Heave up* (*with crowbar*): V. μοχλεύειν (acc.), ἀναμοχλεύειν (acc.), Ar. ἐκμοχλεύειν (acc.). V. intrans. *Palpitate*: P. and V. πηδᾶν, V. ὀρχεῖσθαι. *Toss up and down*: P. and V. σαλεύειν, P. ἀποσαλεύειν; see *toss*. *Seethe, boil*: P. and V. ζεῖν.

Heave, subs. *Throw*: P. and V. βολή, ἡ; see *heaving*.

Heaven, subs. P. and V. οὐρανός, ὁ, Ar. and V. αἰθήρ, ὁ (sometimes ἡ). *The heaven above us*: V. ὁ ἄνω κύκλος. *The dew of heaven*: V. ὑπαίθριος δρόσος, ἡ. *Fallen from heaven*, adj.: V. διοπετής. Met., *providence*: P. and V. τὸ θεῖον, P. τὸ δαιμόνιον, or use P. and V. οἱ θεοί, V. Ζεύς.

Heavenly, adj. *Divine*: P. and V. θεῖος, Ar. and P. δαιμόνιος, V. δῖος. *Of or in the sky*: P. and V. οὐράνιος. *Things in heaven*: P. τὰ ἐπουράνια, Ar. and P. τὰ μετέωρα.

Heavenly body, subs. See *star*.

Heaven-sent, adj. P. and V. θεῖος, Ar. and P. δαιμόνιος, V. θεόσσυτος, θεήλατος, θέορτος.

Heavily, adv. Ar. and P. βαρέως. *Strongly*: P. and V. ἐρρωμένως. *Seriously*: P. and V. δεινῶς. *Grievously*: P. and V. λυπηρῶς, ἀλγεινῶς; see *grievously*. *Exceedingly*: P. and V. σφόδρα, P. ἰσχυρῶς, V. κάρτα (rare P.). *Despondently*: P. ἀθύμως (Xen.), δυσθύμως (Plat.).

Heaviness, subs. P. βαρύτης, ἡ, V. βάρος, τό. Met., *despondency*: P. and V. ἀθυμία, ἡ, δυσθυμία, ἡ (Plat.). *Distress*: P. and V. λύπη, ἡ, P. ταλαιπωρία, ἡ, Ar. and V. ἄλγος, τό, ἄχος, τό, V. δύη, ἡ, πῆμα, τό, πημονή, ἡ; see *distress*.

Heaving, subs. *Heaving of the sea*: Ar. and V. σάλος, ὁ. *Heaving motion*: P. αἰώρησις, ἡ (Plat.). *Throb*: P. πήδησις, ἡ, V. πήδημα, τό.

Heavy, adj. Lit., P. and V. βαρύς, ἐμβριθής (Plat. but rare P.), Ar. βαρύσταθμος. Met., *despondent*: P. and V. ἄθυμος (Xen.), V. δύσθυμος, δύσφρων. *Grievous*: P. and V. βαρύς, ἐπαχθής, λυπηρός, ἀλγεινός, δυσχερής, ὀχληρός, V. λυπρός, δύσφορος (Xen. also but rare P.), δύσοιστος, ἀχθεινός; see *grievous*. *Heavy with sleep*: P. ὑπνώδης. *Be heavy with sleep*, v.: P. and V. ὑπνώσσειν. *Dull*: of intellect, P. and V. νωθής, ἀμαθής, ἀφυής, P. ἀναίσθητος; of sound, P. and V. βαρύς. *Great, serious*: P. and V. μέγας, δεινός. *Deep* (of grief, etc.): use P. and V. πολύς.

Heavy-armed, adj. P. and V. ὡπλισμένος. *Heavy-armed soldier*, subs.: P. and V. ὁπλίτης, ὁ. *Heavy-armed force*: P. τὸ ὁπλιτικόν.

Hecatomb, subs. Use P. and V. θῠσία, ἡ, *sacrifice*.

Heckle, v. trans. P. and V. ἐλέγχειν, ἐξελέγχειν.

Hector, v. intrans. *Threaten*: P. and V. ἀπειλεῖν (dat.); see *threaten*, *bluster*.

Hedge, subs. P. and V. ἕρκος, τό (Plat.).

Hedge, v. trans. P. and V. φράσσειν, P. ἐμφράσσειν; see *surround*. *Hedge oneself round*: P. περιφράσσειν ἑαυτόν. *Guard*: P. and V. φῠλάσσειν, φρουρεῖν; see *guard*. V. intrans. *Support both sides*: P. ἐπαμφοτερίζειν.

Hedgehog, subs. Ar. ἐχῖνος, ὁ.

Heed, subs. *Attention, care*: P. ἐπιμέλεια, ἡ, Ar. and P. μελέτη, ἡ, P. and V. θερᾰπεία, ἡ, θερᾰπευμα, τό (Eur., *H. F.* 633), ἐπιστροφή, ἡ, σπουδή, ἡ, φροντίς, ἡ, V. ὤρα, ἡ, ἐντροπή, ἡ. *Forethought*: P. and V. πρόνοια, ἡ, P. προμήθεια, ἡ, V. προμηθία, ἡ. *Take heed*: see *heed*, v. *Beware*: P. and V. φῠλάσσεσθαι, εὐλᾰβεῖσθαι; see *beware*. *Take heed of*: see *heed*, v. *Beware of*: P. and V. φῠλάσσεσθαι (acc.), εὐλᾰβεῖσθαι (acc.), ἐξευλᾰβεῖσθαι (acc.), P. διευλαβεῖσθαι (acc.). *Take heed that*: P. and V. φροντίζειν ὅπως (aor. subj. or fut. indic.), P. ἐπιμέλεσθαι ὅπως (aor. subj. or fut. indic.). *Pay no heed to*: see *disregard*.

Heed, v. trans. P. ἐπιμέλειαν ποιεῖσθαι (gen.), Ar. and P. ἐπῐμέλεσθαι (gen.), P. and V. ἐπιστρέφεσθαι (gen.), φροντίζειν (gen.), τημελεῖν (acc. or gen.) (Plat. but rare P.), ἐντρέπεσθαι (gen.) (Plat. but rare P.), V. μέλεσθαι (gen.), ὤραν ἔχειν (gen.), ὤραν νέμειν (gen.), Ar. and V. προτῑμᾶν (gen.). *Pay attention to*: Ar. and P. προσέχειν (dat.), προσέχειν τὸν νοῦν (dat.), P. and V. νοῦν ἔχειν πρός (acc. or dat.). *Value*: P. περὶ πολλοῦ ποιεῖσθαι, V. ἐνᾰριθμεῖσθαι, προκήδεσθαι (gen.), P. and V. τῑμᾶν, κήδεσθαι (gen.) (also Ar.; rare P.). *Obey*: P. and V. πείθεσθαι (dat.), πειθαρχεῖν (dat.), Ar. and P. ῠ̔πᾰκούειν (gen. or dat.), ἀκροᾶσθαι (gen.), V. κλύειν (gen.), ἀκούειν (gen.); see *obey*. *Mark, notice*: P. and V. ἐπισκοπεῖν, ἐννοεῖν (or mid.), νοεῖν (or mid.). Used absolutely, *give ear*: P. and V. ἐνδέχεσθαι, Ar. and P. προσέχειν.

Heedful, adj. P. and V. ἐπῐμελής (Soph., *Frag.*). *Cautious*: P. εὐλαβής.

Heedfully, adv. P. ἐπιμελῶς. *Cautiously*: P. and V. εὐλᾰβῶς.

Heedfulness, subs. *Caution*: P. and V. εὐλᾰ́βεια, ἡ. *Forethought*: P. and V. πρόνοια, ἡ; see *heed*.

Heedless, adj. Ar. and P. ἀμελής, P. ὀλίγωρος, ἀπερίσκεπτος, ἀλόγιστος, ἀφρόντιστος (Xen.), P. and V. ῥᾴθῡμος, V. κᾰκόφρων (Eur., *I. A.* 391). *Taking no trouble*: P. ἀταλαίπωρος. *Heedless of*: P. ἀμελής (gen.), ὀλίγωρος (gen.), V. ἄφροντις (gen.) (Eur., *Frag.*). *Be heedless of*, v: P. and V. ἀμελεῖν (gen.), P. ἀσκέπτως ἔχειν (gen.), V. δι' οὐδένος ποιεῖσθαι (acc.). *Have no fear of*: P. and V. θαρσεῖν (acc.).

Heedlessly, adv. P. ἀμελῶς, ῥᾳθύμως, ὀλιγώρως, P. and V. ἀφροντίστως (Xen.). *At random*: P. and V. εἰκῇ, φαύλως.

Heedlessness, subs. P. ἀμέλεια, ἡ, ῥᾳστώνη, ἡ, V. ἀμελία, ἡ, P. and V. ῥᾳθῡμία, ἡ.

Heel, subs. V. πτέρνα, ἡ, ἄκρος πούς (Eur., *Cycl.* 400). *Take to one's heels*: P. and V. εἰς φῠγὴν κᾰθίστασθαι. *Follow on the heels of*: P. ἰέναι κατὰ πόδας (gen.).

Heel, v. intrans. *Lean in any direction*: P. κλίνεσθαι, ἀποκλίνειν. *Heel over, be upset*: P. and V. ἀνατρέπεσθαι, V. ῠ̔πτιοῦσθαι; see *upset*.

Heifer, subs. P. and V. μόσχος, ἡ, V. δᾰμᾰ́λη, ἡ, πόρτῐς, ἡ, πόρῐς, ἡ. *Of* *a heifer*, adj.: V. μόσχιος, P. μόσχειος (Xen.).

Height, subs. P. and V. ὕψος, τό. Of persons: P. and V. μέγεθος, *Hill*: P. and V. λόφος, ὁ, V. πάγος, ὁ, αἶπος, τό, ἄκρα, ἡ (Eur., *Or.* 871), Ar. and V. ὄχθος, ὁ. *Heights, high ground*: P. ὑψηλὰ χωρία, τὰ μετέωρα, P. and V. τὰ ἄκρα. *Eminence, high rank*: P. and V. ἀξίωμα, τό, τῑμή, ἡ. *Highest point*, met.: P. and V. ἀκμή, ἡ, ἄκρον, τό. *Be at its height*, v.: P. and V. ἀκμάζειν. *Come to such a height* (*of folly, etc.*): P. and V. εἰς τοσοῦτο (or τοσόνδε or τόδε) μωρίας ἀφικνεῖσθαι. *It is the height of folly to go to war*: P. πολλὴ ἄνοια πολεμῆσαι (Thuc. 2, 61). *The height of madness*: P. ὑπερβολή μανίας. *You are come to the height of suffering*: V. ἥκεις συμφορᾶς πρὸς τοὔσχατον (Eur., *Or.* 447).

Heighten, v. trans. P. and V. αἴρειν, Ar. and P. μετεωρίζειν. *Be heightened*: use P. ὕψος λαμβάνειν. *Increase*: P. and V. αὐξάνειν, αὔξειν, P. ἐπαυξάνειν. *Exaggerate*: P. τῷ λόγῳ αἴρειν, ἄνω ἐξαίρειν, P. and V. κοσμεῖν, Ar. and V. πυργοῦν.

Heinous, adj. P. and V. αἰσχρός, δεινός.

Heinously, adv. P. and V. αἰσχρῶς, δεινῶς.

Heinousness, subs. P. δεινότης, ἡ.

Heir, subs. P. κληρονόμος, ὁ, V. ἔγκληρος, ὁ. *Be heir to* (*inherit*): P. κληρονομεῖν (gen.). *Be heir at law to* (*a person*): P. ἀγχιστεύειν (dat.). *The house is left without an heir*: P. γίγνεται ἐρῆμος ὁ οἶκος (Dem. 1094).

Heiress, subs. Ar. and P. ἐπίκληρος, ἡ, V. ἔγκληρος, ἡ.

Heirloom, subs. V. κειμήλιον, τό, or pl.

Heirship, subs. P. κληρονομία, ἡ. *A being next of kin*: Ar. and P. ἀγχιστεία, ἡ, V. ἀγχιστεῖα, τά.

Hell, subs. *Place of the departed*: P. and V. Ἅιδης, ὁ. *In hell*: P. and V. ἐν Ἅιδου. *Place of punishment*: Ar. and V. Τάρτἄρος, ὁ.

Hellebore, subs. Ar. and P. ἐλλέβορος, ὁ. *Why don't you dose yourself with hellebore*: P. τί σαυτὸν οὐχ ἐλλεβορίζεις (Dem. 268).

Hellish, adj. *Of the underworld*: P. and V. χθόνιος (Plat.), V. νέρτερος. Met., *loathsome*: P. and V. μιἄρός, κἄτάπτυστος; see *loathsome*.

Helm, subs. P. and V. πηδάλιον, or pl., V. οἴαξ, ὁ (also Plat. but rare P.), or pl., πλῆκτρα, τά (Soph., *Frag.*). *Helm of state*, met.: V. οἴαξ, ὁ (Æsch., *Theb.* 3). *Hind part of a ship*: P. and V. πρύμνᾰ, ἡ, Ar. and V. also πρύμνη, ἡ. *Helmet*: see *helmet*.

Helm, v. trans. P. and V. κῦβερνᾶν, V. οἰᾱκοστροφεῖν; see *guide*.

Helmet, subs. V. κόρῠς, ἡ, P. and V. κρᾶνος, τό (Xen. also Ar.). *Cap*: P. and V. κῠνῆ, ἡ. *With golden helmet*, adj.: V. χρῡσοπήληξ.

Helmet-maker, subs. Ar. κρᾰνοποιός, ὁ.

Helmsman, subs. P. and V. κῠβερνήτης, ὁ, V. οἰᾱκοστρόφος. ὁ, πρυμνήτης, ὁ, νᾱοφύλαξ, ὁ (Soph., *Frag.*).

Helot, subs. P. Εἱλώτης, ὁ; pl. also Εἵλωτες. Met., *slave*: P. and V. δοῦλος. *Of helots*, adj.: P. εἱλωτικός.

Help, subs. P. and V. ὠφέλεια, ἡ, ἐπῐκουρία, ἡ, τῑμωρία, ἡ, P. βοήθεια, ἡ, V. ὠφέλησις, ἡ, ἐπωφέλημα, τό, προσωφέλησις, ἡ, ἀλκή, ἡ, ἀλέξημα, τό, ἄρκεσις, ἡ, ἐπάρκεσις, ἡ, ἄρηξις, ἡ, προσωφέλημα, τό. *By the help of*: P. and V. διά (acc.). *Help against*: P. and V. ἐπῐκούρησις, ἡ (gen.) (Plat.). Concretely of a person: use *helper*.

Help, v. trans. P. and V. ὠφελεῖν (acc. or dat.), ἐπωφελεῖν (acc.), ἐπαρκεῖν (dat.), ἐπῐκουρεῖν (dat.), βοηθεῖν (dat.), Ar. and V. ἀρηγεῖν (dat.) (also Xen.), ἐπᾰρήγειν (dat.) (also Xen.), V. προσωφελεῖν (acc. or dat.), βοηδρομεῖν (dat.), προσαρκεῖν (dat.), ἀρκεῖν (dat.), P. ἐπιβοηθεῖν (dat.). *Serve*: P. and V. ὑπηρετεῖν (dat.), ὑπουργεῖν (dat.), ἐξυπηρετεῖν (dat.). *Stand by*: Ar. and V. πᾰρίστασθαι (dat.), συμπᾰραστᾰτεῖν (dat.), V. συμπᾰρίστασθαι (dat.), συγγίγνεσθαι (dat.), πᾰραστᾰτεῖν (dat.). *Fight on the side of*: P. and V. συμμᾰχεῖν (dat.). *Work with*: P. and V. συλλαμβᾰ́νειν (dat.), συμπράσσειν (dat.), σῠνεργεῖν (dat.) (Xen.), V. συμπονεῖν (dat.), συγκάμνειν (dat.), σῠνέρδειν (dat.), σῠνεκπονεῖν (dat.), σῠνεργάζεσθαι (absol.), Ar. and P. σῠνᾰγωνίζεσθαι (dat.). *Help (a work)*: P. and V. συμπράσσειν (acc.), συνδρᾶν (acc.) (Thuc.), V. σῠνεκπονεῖν (acc.). *Help forward*: P. and V. σπεύδειν, ἐπισπεύδειν; with non-personal subject, P. προφέρειν εἰς (acc.). *Help to, contribute towards (a result)*: P. and V. συμβάλλεσθαι (εἰς, acc.; V. gen.), P. συνεπιλαμβάνεσθαι (gen.), συλλαμβάνεσθαι (gen.), συναγωνίζεσθαι (πρός, acc.) (Dem. 231), V. σῠνάπτεσθαι (gen.). *Help to*: in compounds, use συν; e.g., *help to kill*: V. συμφονεύειν; *help to attack*: P. συνεισβάλλειν. *I cannot help (doing a thing)*: P. and V. οὐκ ἔσθ' ὅπως οὐ (ποιήσω τι) (cf. Eur., *I. T.* 684). *How could a person of such a character help being like his peers?* P. πῶς γὰρ οὐ μέλλει ὁ τοιοῦτος ὢν καὶ ἐοικέναι τοῖς τοιούτοις; (Plat., *Rep.* 349D). *How can I help it?* P. and V. τί γὰρ πάθω; (Eur., *Phoen.* 895; also Ar., *Lys.* 884). *How could it help being so?* P. πῶς γὰρ οὐ μέλλει; (Plat., *Phaedo*, 78B). *Determined, if he could help it, to put in nowhere but at the Peloponnese*: P. ὡς γῇ ἑκούσιος οὐ σχήσων ἄλλῃ ἢ Πελοποννήσῳ (Thuc. 3, 33). In same construction, use P. and V. ἑκών, P. ἑκών γ' εἶναι. *Could we help agreeing?* P. ἄλλο τι ἢ ὁμολογῶμεν; (Plat., *Crito*, 52D).

Helper, subs. P. and V. ἐπῐ́κουρος, ὁ or ἡ, τῑμωρός, ὁ or ἡ, πᾰραστᾰτής, ὁ (Plat., and Eur., *Frag.*), Ar. and V. συμπᾰραστᾰ́της, ὁ, V. βοηδρόμος, ὁ or ἡ, τῑμάορος, ὁ or ἡ, ἀρωγός, ὁ or ἡ, P. βοηθός, ὁ or ἡ; fem., V. πᾰραστᾰ́τῐς, ἡ. *Associate (in work)*: P. and V. κοινωνός, ὁ or ἡ, σῠνεργός, ὁ or ἡ, συλλήπτωρ, ὁ, Ar. and V. σύννομος, ὁ or ἡ, V. σῠνεργᾰ́της, ὁ; fem., V. σῠνεργᾰ́τῐς, ἡ.

Helpful, adj. *Useful*: P. and V. χρήσῐμος, χρηστός, σύμφορος, πρόσφορος, Ar. and P. ὠφέλῐμος, Ar. and V. ὠφελήσῐμος.

Helpfully, adv. P. χρησίμως, συμφόρως, συμφερόντως, ὠφελίμως, P. and V. προὔργου.

Helpfulness, subs. P. and V. ὠφέλεια, ἡ, ὄφελος, τό; see *help*, *advantage*.

Helping, adj. P. and V. ἀρωγός (Thuc. and Plat.), ἐπῐ́κουρος, P. βοηθός, V. βοηδρόμος. *Defending*: V. ἀλεξητήριος.

Helpless, adj. P. and V. ἄπορος, ἀμήχᾰνος (rare P.), V. ἀμαυρός. *Be helpless*, v.: P. and V. ἀπορεῖν, ἀμηχᾰνεῖν (rare P.). *Powerless*, adj.: P. and V. ἀδῠ́νᾰτος; see also *weak*.

Helplessly, adv. P. and V. ἀπόρως.

Helplessness, subs. P. and V. ἀπορία, ἡ. *Inability*: P. ἀδυναμία, ἡ.

Helpmate, subs. Use *helper* *Husband* or *wife*: see *consort*.

Hem, subs. Ar. and V. κράσπεδα, τά.

Hem, v. trans. *Hem in*: P. and V. εἴργειν, κᾰτείργειν, ἐγκλῄειν, V. σῠνείργειν, P. περικλῄειν, ἐγκαταλαμβάνειν. *Be hemmed in*: also P. ἐνειλεῖσθαι (Thuc. 7, 81). *Hedge round*: P. and V. φράσσειν, P. ἐμφράσσειν, ἀποφράσσειν.

Hemlock, subs. Ar. and P. κώνειον, τό, or pl.

Hemp, subs. P. στυππεῖον, τό (Xen.). *Seller of hemp*: Ar. στυππειοπώλης, ὁ.

Hen, subs. Ar. and V. ὄρνῑς, ἡ, Ar. ἀλεκτρυών, ἡ.

Hence, adv. Of place or source: P. and V. ἐνθένδε, ἐντεῦθεν. *From the very spot*: Ar. and P. αὐτόθεν.

Avaunt, interj.: Ar. ἄπἄγε, Ar. and V. ἔρρε, V. ἔρροις (opt.).

Henceforth, adj. P. and V. ἐντεῦθεν, ἐνθένδε, τἀπὸ τοῦδε (Soph., *Aj.* 1376), V. ἐκ τῶνδε, τοὐντεῦθεν, τοὐνθένδε. *For the future*: P. and V. τὸ λοιπόν; see under *future*.

Henchman, subs. P. and V. ὑπασπιστής, ὁ (Xen.), ὑπηρέτης, ὁ, V. ὀπᾱδός, ὁ, ὀπάων, ὁ, ὑπασπιστήρ, ὁ; see *companion, servant*. *Taking (these) as his henchmen and fellow-labourers*: P. συναγωνιστὰς καὶ συνεργοὺς λαβών (Dem. 245).

Herald, subs. P. and V. κῆρυξ, ὁ, V. κλητήρ, ὁ. *Female herald*: Ar. κηρῦκαινα, ἡ. *Messenger*: P. and V. ἄγγελος, ὁ, V. πομπός, ὁ. *Forerunner*: P. πρόδρομος, ὁ. *Herald of falsehood*: V. ψευδοκῆρυξ, ὁ. *Of a herald*, adj.: P. κηρυκικός. *Herald's staff*, subs. P. κηρύκειον, τό, Ar. κηρῦκιον. *Negotiate by heralds*, v.: Ar. and P. ἐπῐκηρῡκεύεσθαι, P. διακηρυκεύεσθαι.

Herald, v. trans. *Proclaim as herald*: P. and V. κηρύσσειν, ἀνᾰκηρύσσειν, προειπεῖν, ἀνειπεῖν, Ar. and P. ἀνᾰγορεύειν, V. ἐκκηρύσσειν. *Declare, announce*: P. and V. ἀγγέλλειν, ἀπαγγέλλειν, ἐξαγγέλλειν, διαγγέλλειν, ἐκφέρειν; see *announce*. *Summon by herald*: Ar. and V. εἰσκηρύσσειν. *Escort*: P. and V. πέμπειν, προπέμπειν. *Dawn heralding the day*: V. φωσφόρος Ἕως, ἡ. *Portend*: P. and V. σημαίνειν, φαίνειν, V. προσημαίνειν, προφαίνειν.

Herb, subs. P. and V. φῠτόν, τό. *Medicinal*: V. φύλλον, τό.

Herd, subs. P. and V. ἀγέλη, ἡ (Plat. but rare P.), βοσκήμᾰτα, τά. *Herds of oxen*: V. βουφόρβια, τά. *Grazing herds*: V. ἀγέλαι βουνόμοι, αἱ. *Roaming in herds*, adj.: P. and V. ἀγελαῖος. Met., *gang*: P. and V. ὄχλος, ὁ, σύστᾰσις, ἡ. *The common herd*: P. and V. ὄχλος, ὁ, πλῆθος, τό, οἱ πολλοί.

Herd, v. trans. *Tend cattle*: P. νομεύειν, P. and V. ποιμαίνειν (Plat.), νέμειν (Plat.), V. φέρβειν, προσνέμειν (Eur., *Cycl.* 36); see *tend*. *Herd together*, v. intrans. Met., P. and V. σῠνίστασθαι.

Herding, adj. *Gregarious*: Ar. and P. σύννομος, P. ἀγελαῖος. *Herding without a shepherd*: V. ἄνευ βοτῆρος αἰπολούμεναι (Æsch., *Eum.* 196).

Herdsman, subs. P. and V. βουκόλος, ὁ, βουφορβός, ὁ (Plat.), νομεύς, ὁ (Plat.), βοηλάτης, ὁ, V. βοτήρ, ὁ. *Be a herdsman*, v.: V. βουφορβεῖν (absol.).

Here, adv. P. and V. ἐνθάδε, ἐνταῦθα, ταύτῃ, τῇδε, V. ὧδε. *On the spot*: P. and V. αὐτοῦ. *Here . . . there*: P. and V. τῇ μέν . . . τῇ δέ. *One here . . . one there*: P. ἄλλος . . . ἄλλῃ. *Here and there, in scattered groups*: P. σποράδην.

Hereafter, adv. *Henceforth*: P. and V. ἐντεῦθεν, ἐνθένδε, τἀπὸ τοῦδε, V. ἐκ τῶνδε, τοὐντεῦθεν, τοὐνθένδε. *At another time*: P. and V. αὖθις, εἰσαῦθις, V. μεταῦθις. *Later*: P. and V. ὕστερον. *Some day*: P. and V. ποτέ. *For the future*: see *future*. *The hereafter*: see *future*. *After this, then*: P. and V. ἔπειτα, εἶτα.

Hereditary, adj. P. and V. πάτριος, πατρῷος, Ar. and P. πατρῐκός. *Congenital*: P. σύντροφος, P. and V. σύμφῠτος, ἔμφῠτος, V. συγγενής, σύγγονος.

Heretofore, adv. *Up till now*: P. μεχρὶ τοῦ νῦν; see *formerly*.

Hereupon, adv. P. and V. ἐνταῦθα, ἔπειτα.

Hermit, subs. Use adj., P. and V. ἐρῆμος.

Hero, subs. *Demi-god*: P. and V. ἥρως, ὁ; see *chief*. *Heroes, chiefs*: V. ἀριστῆς, οἱ; see *chief*. *Tutelary hero*: P. and V. ἀρχηγός, ὁ (Plat.); see *tutelary*. *Temple of a hero*: Ar. and P. ἡρῷον, τό. *Brave man*: use adj., P. and V. γενναῖος, Ar. and V. ἐσθλός, or subs., V. φώς, ὁ. *He said that the poems have Odysseus and Achilles respectively for their* *heroes* : P. ἑκάτερον τῶν ποιημάτων τὸ μὲν εἰς Ὀδυσσέα ἔφη πεποιῆσθαι τὸ δὲ εἰς Ἀχιλλέα (Plat., *Hipp. Min.* 363B)

Heroic, adj. Of demi-gods: P. ἡρωϊκός. Met., *noble* : P. and V. γενναῖος, P. μεγαλόφρων; see *noble*. *Stagey* : P. and V. σεμνός. Of metre: P. ἡρωϊκός. *Take heroic measures* : P. ἀνήκεστόν τι βουλεύειν.

Heroically, adv. *Nobly* : P. and V. γενναίως, εὐκλεῶς (Xen.).

Heroine, subs. *Demi-goddess* : Ar. ἡρῴνη, ἡ.

Heroism, subs. *Bravery* : P. and V. ἀρετή, ἡ, ἀνδρεία, ἡ; see *bravery*. *Nobility* : P. and V. γενναιότης, ἡ, τὸ γενναῖον. *Act of heroism* : P. and V. τόλμημα, τό.

Heron, subs. Ar. and V. ἐρωδιός, ὁ (Æsch., *Frag.*).

Hesitancy, subs. See *hesitation*.

Hesitate, v. intrans. *Be in doubt* : P. ἐνδοιάζειν, διστάζειν (Plat.), ἀμφιγνοεῖν. *Be perplexed* : P. and V. ἀπορεῖν, ἀμηχᾰνεῖν (rare P.). *Delay* : P. and V. μέλλειν, χρονίζειν, σχολάζειν, τρί̆βειν, βρᾰδῡ́νειν (Plat., *Pol.* 277B); see *delay*. *Shrink* : P. and V. ὀκνεῖν, κᾰτοκνεῖν, P. ἀποκνεῖν. *Hesitate to* (with infin.): P. and V. ὀκνεῖν (infin.), κᾰτοκνεῖν (infin.), P. ἀποκνεῖν (infin.).

Hesitating, adj. P. ὀκνηρός. *Perplexed* : P. and V. ἄπορος, ἀμήχᾰνος (rare P.). *Doubtful* : V. ἀμφί̆βουλος, δίφροντις. *Not eager* : P. ἀπρόθυμος.

Hesitatingly, adv. P. ὀκνηρῶς (Xen.). *Not eagerly* : P. ἀπροθύμως.

Hesitation, subs. P. and V. ἀπορία, ἡ. *Delay* : P. and V. διατρῐβή, ἡ, τρῐβή, ἡ, P. μέλλησις, ἡ; see *delay*. *Shrinking* : P. and V. ὄκνος, ὁ.

Heterodox, adj. *False* : P. and V. ψευδής.

Heterogeneous, adj. *Dissimilar* : P. ἀνόμοιος, P. and V. διάφορος. *Of all kinds* : P. and V. παντοῖος, Ar. and P. παντοδᾰπός.

Hew, v. trans. *Cut* : P. and V. τέμνειν, κόπτειν, V. κείρειν. *Hew down* : P. and V. τέμνειν, Ar. and P. κᾰτᾰτέμνειν, κᾰτᾰκόπτειν. *Hew in pieces* : P. and V. διᾰτέμνειν, V. κρεοκοπεῖν, ἀρτᾰμεῖν, ῥᾰχίζειν. *Hew out* : V. κείρειν. *Hollow out* : P. κοιλαίνειν.

Hexameter verse, subs. P. ἔπη ἑξάμετρα (Plat., *Legg.* 810E).

Heyday, subs. *Flower, prime of life* : P. and V. ἥβη, ἡ, ἀκμή, ἡ, ὥρα, ἡ. *Be in the heyday* (*of life, prosperity, etc.*), v.: P. and V. ἀκμάζειν.

Hiatus, subs. *Gap* : P. διάλειμμα, τό; see also *pause*.

Hibernal, adj. See *wintry*.

Hibernate, v. intrans. Ar. and P. χειμάζειν, P. ἐπιχειμάζειν, διαχειμάζειν, παραχειμάζειν.

Hiccough, subs. P. λυγξ, ἡ.

Hidden, adj. P. and V. κρυπτός, ἀφᾰνής. *Clandestine* : P. and V. λαθραῖος, κρῠφαῖος (Plat.), V. κρύ̆φιος. *Abstruse* : P. and V. ἀσαφής, ἄδηλος, αἰνιγμᾰτώδης, V. δυσμᾰθής, ἄσημος; see *dark*.

Hide, v. trans. P. and V. κρύπτειν, ἀποκρύπτειν, συγκρύπτειν, ἐπικρύπτεσθαι, κλέπτειν, Ar. and V. κᾰλύπτειν, V. στέγειν, συγκᾰλύπτειν (rare P.), κεύθειν, ἐκκλέπτειν, ἀμπέχειν (rare P.), ἀμπίσχειν, σῠναμπέχειν, P. κατακρύπτειν, ἐπικαλύπτειν, ἐπηλυγάζεσθαι. *Easy to hide*, adj.: V. εὔκρυπτος. *Hide oneself* : Ar. and P. ἀποκρύπτεσθαι (pass.). *Hide* (*a thing from a person*) : P. and V. κρύπτειν (τί τινα), P. ἀποκρύπτεσθαί (τί τινα). *Help in hiding* : V. σῠνεκκλέπτειν (acc.). V. intrans. *Be in hiding* : P. and V. κρύπτεσθαι (pass.). *Lie hid* : V. κεύθειν, κεκευθέναι (perf. infin.), Ar. and P. κᾰτᾰδεδῡκέναι (perf. of καταδύειν). *Hide under the bed* : P. ὑποδύεσθαι ὑπὸ κλίνην.

Hide, subs. *Skin* : P. and V. δορά, ἡ (Plat.), δέρμᾰ, τό, βύρσᾰ, ἡ, V. δέρος, τό, δέρᾰς, τό, ῥῑνός, ἡ (Eur., *Rhes.*). *Undressed hides* : P. δέρρεις, αἱ. *Dressed hides* : P. and V. διφθέραι, αἱ (Eur., *Frag.*). *Shield of hide:* Ar. ῥῑνός, ἡ. *Cover with hides:* P. καταβυρσοῦν (acc.). *Made of sevenfold hide,* adj.: V. ἑπτάβοιος, Ar. ἑπτᾰβόειος.

Hideous, adj. *Ugly:* P. and V. αἰσχρός, δῠσειδής (Soph., *Frag.*), V. δύσμορφος, δυσπρόσοπτος. Of a spectacle: V. δυσθέᾱτος, δυσπρόσοπτος; see also *horrible.*

Hideously, adv. *Dreadfully:* P. and V. δεινῶς.

Hideousness, subs. *Ugliness:* P. αἶσχος, τό, V. ἀμορφία, ἡ. *Terribleness:* P. δεινότης, ἡ.

Hiding, subs. See *beating.* *Be in hiding,* v.: P. and V. κρύπτεσθαι; see *hide.*

Hiding-place, subs. P. and V. κᾰτᾰφῠγή, ἡ, V. κευθμών, ὁ, μῠχός, ὁ.

Hie, v. intrans. P. and V. χωρεῖν, ἰέναι, Ar. and V. βαίνειν, στείχειν. V. ἕρπειν, μολεῖν (2nd aor. βλώσκειν), κομίζεσθαι; see also *hasten, journey.* *Hie you hence:* V. ἐκκομίζου. *Hie from:* V. ἐξοδοιπορεῖν (gen.). *Hie oneself:* V. κομίζειν ἑαυτόν, κομίζεσθαι.

Hieroglyphics, subs. P. ἱερὰ γράμματα, τά (Hdt.).

High, adj. P. and V. ὑψηλός, V. ὑψῐγέννητος, ὑψαύχην, ὀρθόκρᾱνος. *Towering, steep:* V. αἰπύς. αἰπεινός; see *steep.* *High and craggy:* V. ὑψηλόκρημνος. *Raised in the air:* Ar. and P. μετέωρος, Ar. and V. μετάρσιος. *High ground:* P. and V. τὰ ἄκρα, P. τὰ μετέωρα. *On high,* adv.: P. and V. ἄνω, Ar and P. ἐπάνω, V. ὑψοῦ, ἄρδην. *From on high:* P. and V. ἄνωθεν, V. ὑψόθεν (Plat. also but rare P.), ἐξύπερθε, P. ἐπάνωθεν. *Ruling on high,* adj.: Ar. ὑψῐμέδων. *Exalted:* P. and V. λαμπρός, ἐπίσημος, ἐκπρεπής, διαπρεπής, ὑψηλός (Plat.). *Proud:* P. and V. σεμνός, P. ὑπερήφανος, V. ὑψήγορος, ὑπέρκοπος, Ar. and V. γαῦρος; see *proud.* Of birth: see *high-born.* Of tone, sound: P. and V. ὀξύς, Ar. and V. ὄρθιος; see *sharp.* Of opinion.—*Have a high opinion of,* v.: P. περὶ πολλοῦ ποιεῖσθαι (acc.). Of price: P. and V. πολύς.

High birth, subs. P. and V. γενναιότης, ἡ, εὐγένεια, ἡ (Plat.).

High-born, adj. P. and V. γενναῖος, εὐγενής, (Plat. and Thuc.), Ar. and V. ἐσθλός, V. λαμπρὸς ἐς γένος.

Higher, adv. P. and V. ἀνωτέρω.

Highest, adj. Ar. and V. ὑπερτᾰτος. Met., *extreme:* P. and V. ἔσχᾰτος. *Supreme:* V. ὕψιστος, ὕπᾰτος. *In the highest degree:* see *exceedingly.*

High-handed, adj. P. and V. βίαιος.

High handedness, subs. P. βιαιότης, ἡ.

Highlands, subs. P. and V. τὰ ἄκρα, P. ὑψηλὰ χωρία, τὰ μετέωρα.

Highly, adv. *Much:* P. and V. πολύ, σφόδρᾰ, Ar. and V. κάρτᾰ (rare P.). *Exceedingly:* P. διαφερόντως, V. ἐξόχως. *Think highly of:* P. περ πολλοῦ ποιεῖσθαι (acc.); see *value.* *Highly connected,* adj.: use *high-born.*

High-minded, adj. P. and V. γενναῖος, ἐλεύθερος, P. ἐλευθέριος, μεγαλόψυχος, μεγαλόφων, V. εὐγενής.

High mindedness, subs. P. and V. γενναιότης, τὸ γενναῖον, P. μεγαλοψυχία, ἡ, μεγαλοφροσύνη, ἡ.

High-priced, adj. See *dear.*

High-principled, adj. P. and V. χρηστός, κᾰλός; see *high-minded.*

High rank, subs. P. and V. ἀξίωμα, τό, τῑμή, ἡ.

High road, subs. P. and V. ἁμάξῐτος, ἡ (Xen.), V. ἁμαξήρης τρίβος, ὁ or ἡ.

High seas, subs. P. and V. πέλᾰγος, τό. *On the high seas,* adj.: P. and V. πελάγιος, P. μετέωρος.

High-sounding, adj. See under *sounding.*

High spirit, subs. P. and V. φρόνημα, τό, θῡμός, ὁ, Ar. and V. λῆμα, τό.

High-spirited, adj. Ar. and P. νεᾱνῐκός; see also *bold.*

High tide, subs. *Be at high tide,* v.: use P. μέγας ῥεῖν. Met., P. and V. πολὺς ῥεῖν.

High time, subs. P. and V. καιρός, ὁ, ἀκμή, ἡ, ὥρα, ἡ.

High treason, subs. *Betrayal:* P. and V. προδοσία, ἡ.

Highway, subs. *Street:* Ar. and V. ἄγυια, ἡ; see *road. High road:* P. and V. ἁμάξῐτος, ἡ (Xen.), V. ἁμαξήρης τρῖβος, ὁ or ἡ.

Highwayman, subs. Ar. and P. λωποδύτης, ὁ; see *robber.*

High wind, subs. Use P. and V. πολὺς ἄνεμος; see *storm.*

High words, subs. Use P. and V. λόγοι κᾰκοί; see *quarrel.*

Hilarious, adj. Ar. and P. ἱλᾰρός (Xen.), P. εὔθυμος, P. and V. περῐχᾰρής. *High-spirited:* Ar. and P. νεᾶνῐκός.

Hilarity, subs. *Joy:* P. and V. χᾰρά, ἡ, ἡδονή, ἡ. *Laughter:* P. and V. γέλως, ὁ. *Revelry:* P. and V. κῶμος, ὁ.

Hill, subs. P. and V. λόφος, ὁ, V. πάγος, ὁ, αἶπος, τό, ἄκρα, ἡ (Eur., *Or.* 871), Ar. and V. ὄχθος, ὁ. *Mountain:* P. and V. ὄρος, τό. *The hills, hilly country:* P. and V. τὰ ἄκρα, P. τὰ μετέωρα. *Up hill,* adj.: P. ἐπικλινής, ἀνάντης, προσάντης, P. and V. ὄρθιος. Met., P. and V. προσάντης; see *difficult. Up hill,* adv.: P. πρὸς ὄρθιον, (Xen.), πρὸς ἄναντες, V. πρὸς αἶπος. *Down hill,* adj.: P. εἰς τὸ κάταντες (Xen.), κατὰ πρανοῦς (Xen.). *Down hill,* adj.: Ar. κᾰτάντης.

Hillock, subs. P. γήλοφος, ὁ (Plat.), μαστός, ὁ (Xen.).

Hilly, adj. P. and V. ὑψηλός. *Mountainous:* P. ὀρεινός.

Hilt, subs. V. κώπη. *Handle:* P. and V. λᾰβή, ἡ.

Himself, pron. Emphatic: P. and V. αὐτός. Reflexive: P. and V. ἑαυτόν, αὑτόν.

Hind, subs. *Peasant:* P. and V. αὐτουργός, ὁ, ἐργάτης, ὁ, Ar. and P. ἄγροικος, ὁ, V. γήτης, ὁ, γᾱπόνος, ὁ, ἀγρώστης, ὁ, χωρίτης, ὁ (Soph., *Frag.*). *Deer:* P. and V. ἔλᾰφος, ἡ, δορκάς, ἡ (Xen.).

Hind, adj. P. ὀπίσθιος (Xen.), or use P. and V. ὁ ὄπισθεν. *The hind-quarters of an animal,* subs: Ar. and P. κωλῆ, ἡ (Xen.). *Hinder, further behind,* adj.: P. and V. ὕστερος. *Hindmost:* P. and V. ὕστᾰτος, ἔσχᾰτος.

Hinder, v. trans. P. and V. ἐμποδίζειν. *Prevent:* P. and V. κωλύειν, ἐπῐκωλύειν, εἴργειν, ἀπείργειν, ἐξείργειν, V. κᾰτείργειν, P. ἀποκωλύειν, Ar. and P. διᾰκωλύειν; see *prevent. Check:* P. and V. κᾰτέχειν, ἐπέχειν, Ar. and V. ἴσχειν (rare P.); V. ἐπίσχειν (rare P.), ἐξερῦκειν, ἐρῦκειν, ἐρητύειν; see also *stop.*

Hindrance, subs. P. κώλυμα, τό, διακώλυμα, τό, ἐμπόδισμα, τό, ἐναντίωμα, τό. *Be a hindrance to,* v.: Ar. and P. ἐμπόδιος εἶναι (dat. of person, gen. of thing), P. and V. ἐμποδὼν εἶναι (dat.), ἐμποδὼν γίγνεσθαι (dat.).

Hinge, subs. Ar. and V. στρόφιγξ, ἡ (Eur., *Phoen.* 1126), Ar. στροφεύς, ὁ. Met., *turning point:* P. and V. ῥοπή, ἡ. *Tear the doors from their hinges:* P. τὰ θυρώματα ἀποσπᾶν (Dem. 845).

Hinge upon, v. trans. See *depend upon.*

Hint, v. trans. *Suggest:* P. and V. ὑπειπεῖν (2nd aor.), ὑποτείνειν (Thuc. 8, 48; Dem. 625, but commonly mid. in P.), ὑποτῐθέναι (Thuc. 4, 65, but commonly mid. in P.), ὑποβάλλειν, V. ὑφιστάναι (Soph., *Aj.* 1091). *Hint at* (met., *glance at*): Ar. and P. αἰνίσσεσθαι (acc., or εἰς, acc.), P. ὑπαινίσσεσθαι (acc.), ὑποσημαίνειν (acc.), παραδηλοῦν (acc.).

Hint, subs. P. and V. ὑπόνοια, ἡ, P. ὑποθήκη, ἡ. *Dark saying:* P. and V. αἴνιγμα, τό, αἰνιγμός, ὁ (Plat. but rare P.). *Warning:* V. φρᾰδαί, αἱ.

Hip, subs. P. ἰσχία, τά. *Flank:* P. and V. λᾰγών, ἡ (Xen.; also Ar.). *Thigh:* P. and V. μηρός, ὁ (Plat.).

Hire, v. trans. Ar. and P. μισθοῦσθαι. *Let out for hire:* Ar. and P. μισθοῦν,

P. ἐκμισθοῦν, ἀπομισθοῦν. *Hire in addition :* P. προσμισθοῦσθαι.

Hire, subs. P. and V. μισθός, ὁ. *Letting out for hire :* P. μίσθωσις, ἡ. *Receipt of hire :* P. μισθαρνία, ἡ, Ar. and P. μισθοφορά, ἡ. *Do something for hire :* P. πράσσειν τι μισθοῦ (Dem. 242). *Work for hire,* v.: P. and V. μισθαρνεῖν, Ar. and P. μισθοφορεῖν.

Hired, adj. P. ἔμμισθος.

Hired servant, subs. P. θής, ὁ, V. λάτρῐς, ὁ or ἡ.

Hired service, subs. P. and V. θητεία, ἡ, V. λατρεία, ἡ, λατρεύμᾰτα, τά.

Hired soldier, subs. See *mercenary.*

Hireling, subs. Use adj., Ar. and P. μισθωτός, μισθοφόρος. *Hired soldier :* see *mercenary. Be a hireling,* v.: P. and V. μισθαρνεῖν.

Hiring, subs. P. μίσθωσις, ἡ.

Hirsute, adj. See *hairy.*

Hiss, v. trans. *Hiss anyone unpopular :* P. συρίζειν, κλώζειν (Dem. 586). *Hiss off (the stage) :* P. συρίζειν, ἐκκρούειν, ἐκσυρίσσειν, Ar. and P. ἐκβάλλειν. *Be hissed off :* P. ἐκπίπτειν. *Hiss out, slaughter :* V. σῡρίζειν φόνον (Æsch., *P. V.* 355). V. intrans. P. and V. σῡρίζειν, ψοφεῖν, Ar. σίζειν.

Hiss, subs. P. and V. ψόφος, ὁ, V. κλαγγή, ἡ. As opposed to *applause :* P. σῦριγξ, ἡ.

Historian, subs. P. συγγραφεύς, ὁ. *Chronicler :* P. λογοποιός, ὁ, λογογράφος, ὁ.

Historic, adj. *Memorable :* P. and V. ἀείμνηστος.

History, subs. P. συγγραφή, ἡ. *Account :* P. and V. λόγος, ὁ. ***Things that have happened : τὰ γεγενημένα. Come, my son, now also you must learn the history of the island : V. φέρ' ὦ τέκνον νῦν καὶ τὸ τῆς νήσου μάθῃς*** (Soph., *Phil.* 300).

Hit, subs. *Blow :* P. and V. πληγή, ἡ. *Lucky chance :* P. and V. εὐτῠχημα, τό.

Hit, v. trans. *Strike :* P. and V. κρούειν, τύπτειν, κόπτειν, πᾰτάξαι (1st. aor. of πατάσσειν), Ar. and V. παίειν (rare P.), θείνειν, ἀράσσειν. *Be hit :* P. and V. πληγῆναι (2nd aor. pass. of πλήσσειν). *Hit with a weapon :* P. and V. βάλλειν. *Reach a mark :* P. and V. τυγχᾰνειν (gen. or absol.), P. ἐφικνεῖσθαι (gen.), Ar. and V. κῠρεῖν (gen.). *Hitting the mark,* adj.: P. ἐπιτυχής. *Hit off, meet :* P. and V. τυγχᾰνειν (gen.). *Imitate :* P. and V. μῑμεῖσθαι (acc.). *Burlesque :* Ar. and P. κωμῳδεῖν (acc.). *Hit upon :* P. and V. ἐντυγχᾰνειν (dat.), τυγχᾰνειν (gen.), προσπίπτειν (dat.), Ar. and P. ἐπῐτυγχᾰνειν (gen. or dat.), P. περιπίπτειν (dat.), Ar. and V. κῠρεῖν (gen.), κιγχᾰνειν (acc. or gen.). *Devise :* see *devise.*

Hitch, subs. *Impediment :* P. ἐμπόδισμα, τό ; see *impediment. Mistake :* P. and V. ἁμαρτία, ἡ, P. ἁμάρτημα, τό, πλημμέλεια, ἡ. *If any hitch occur :* P. ἤν τι συμβῇ.

Hither, adv. P. and V. ἐνθᾰδε, δεῦρο, Ar. and P. δευρί, V. ὧδε, ἐνταῦθα. *To the very spot :* Ar. and P. αὐτόσε. As interj.: P. and V. δεῦρο (Plat. also Ar.) ; in pl. also V. δεῦτε (Eur., *Med.* 894). *Hither and thither :* V. ἐκεῖσε κἀκεῖσε, κἀκεῖσε καὶ τὸ δεῦρο ; see *thither. Up and down :* P. and V. ἄνω κάτω, ἄνω τε καὶ κάτω, P. ἄνω καὶ κάτω.

Hitherto, adv. P. and V. εἰς τὸ νῦν, δεῦρ' ἀεί (Plat.), δεῦρο (Plat. and Eur., *Heracl.* 848), P. μέχρι τοῦ νῦν, V. ἐς τόδ' ἡμέρας (Eur., *Alc.* 9).

Hive, subs. P. σμῆνος, τό. *Swarm :* P. and V. ἑσμός, ὁ, σμῆνος, τό.

Ho, interj. P. and V. ἆ, βᾰβαί (Eur., *Cycl.* 156), πᾰπαῖ, Ar. and V. ἔᾱ πᾰπαιάξ (Eur., *Cycl.* 153), V. ὠή (also Xen. but rare P.). *Ho there :* Ar. and V. οὗτος σύ, οὗτος.

Hoar, adj. See *hoary.*

Hoard, subs. P. and V. θησαυρός, ἡ, V. θησαύρισμα, τό. *Abundance :* P. εὐπορία, ἡ ; see *abundance.*

Hoard, v. trans. P. and V. θησαυρίζεσθαι (mid.), Ar. and P. ἀποτίθεσθαι (mid.) (Xen.), κᾰτᾰτίθεσθαι (mid.). *Be hoarded*: P. ἀποκεῖσθαι.

Hoar frost, subs. P. and V. πάχνη, ἡ.

Hoarse, adj. Of sound: use P. τραχύς.

Hoarseness, subs. P. βράγχος, ὁ.

Hoary, adj. *White*: P. and V. λευκός. *White with age*: P. and V. πολιός (Plat.), V. λευκανθής, λευκός. Met., P. and V. σεμνός, πολιός (Plat. but rare P.); see *ancient*.

Hoax, subs. P. and V. ἀπάτη, ἡ, δόλος, ὁ (rare P.), Ar. and P. φενακισμός, ὁ, κλέμμᾰ, τό.

Hoax, v. trans. P. and V. ἀπᾰτᾶν, πᾰράγειν, Ar. and V. δολοῦν, P. παρακρούεσθαι, Ar. and P. φενᾱκίζειν; see *deceive*.

Hobble, v. intrans. P. χωλεύεσθαι, χωλαίνειν, V. εἱλῡ́εσθαι.

Hobby, subs. *Pursuit*: P. and V. διατρῐβή, ἡ, P. ἐπιτήδευμα, τό.

Hobgoblin, subs. Ar. and P. Ἔμπουσα, ἡ, μορμολῠκεῖον, τό, Μορμώ, ἡ (Xen.), Ar. Λᾰ́μια, ἡ. *Frighten with hobgoblins*, v.: Ar. and P. μορμῠλύσσεσθαι (acc.).

Hocus pocus, subs. *Juggler's tricks*: P. γοήτευμα, τό. *Jugglery*: P. γοητεία, ἡ.

Hod, subs. P. ἀγγεῖον (Thuc. 4, 4).

Hoe, subs. Ar. and P. σμῑνύη, ἡ, Ar. and V. δῐ́κελλα, ἡ, V. γενῄς, ἡ.

Hoe, v. trans. See *dig*.

Hog, subs. P. and V. χοῖρος, ὁ (Æsch., *Frag.*), ὗς, ὁ (Æsch., *Frag.*), κάπρος, ὁ, V. σῦς, ὁ.

Hoist, v. trans. P. and V. αἴρειν, ἐπαίρειν, ἀνᾰ́γειν, ἀνέχειν, V. βαστάζειν; see *lift*.

Hoisting, subs. P. ἀνολκή, ἡ. *For the hoisting of stones*: P. πρὸς λίθων ἀνολκήν (Thuc. 4, 112).

Hold, v. trans. *Have*: P. and V. ἔχειν, Ar. and V. ἴσχειν (rare P.). *Occupy*: P. and V. ἔχειν, κᾰτέχειν. *Contain, keep in*: P. and V. στέγειν. *Have room for*: P. and V. χωρεῖν (acc.) (Eur., *Hipp.* 941). *The city can't hold him (isn't big enough for him)*: P. ἡ πόλις αὐτὸν οὐ χωρεῖ (Dem. 579). *Maintain, preserve*: P. and V. φῠλάσσειν, σῴζειν. *Stop, check*: P. and V. κᾰτέχειν, ἐπέχειν, Ar. and V. ἴσχειν (rare P.), V. ἐπίσχειν (rare P.), ἐρῡ́κειν, ἐξερῡ́κειν, ἐρητῡ́ειν. *Grasp*: P. and V. λαμβᾰ́νειν, λαμβᾰ́νεσθαι (gen.), ἐπῐλαμβᾰ́νεσθαι (gen.), ἀντῐλαμβᾰ́νεσθαι (gen.); see *grasp*. *Hold fast*: see *cling to*. *Be held fast*: V. προσέχεσθαι (pass.) (Eur., *Med.* 1213). *Consider, deem*: P. and V. νομίζειν, ἡγεῖσθαι, ἄγειν, V. νέμειν. *Be held*: P. and V. δοκεῖν. *Hold (a feast, sacrifice, etc.)*: P. and V. ἄγειν, ποιεῖν, τῐθέναι. *Hold a meeting*: P. and V. σύλλογον ποιεῖν (or mid.). *Hold an office*: Ar. and P. ἄρχειν ἀρχήν, or ἄρχειν alone. *Hold one's peace*: P. and V. σῑγᾶν, σιωπᾶν; see *keep silence*, under *silence*.

V. intrans. *Remain firm*: P. and V. μένειν. *All that they put upon their shoulders held there without fastenings*: V. ὅποσα δʼ ἐπʼ ὤμοις ἔθεσαν οὐ δεσμῶν ὕπο προσείχετο (Eur., *Bacch.* 755). *Maintain an opinion*: P. and V. νομίζειν, ἡγεῖσθαι, οἴεσθαι, P. ἰσχυρίζεσθαι, διισχυρίζεσθαι. *Hold good*: P. and V. μένειν, ἐμμένειν. *Hold back*: see *restrain*. *Hold by, abide by*: P. and V. ἐμμένειν (dat.). *Hold down*.—*They held me down by the hair*: V. κόμης κατεῖχον (Eur., *Hec.* 1166). *Hold forth*: see *offer*. *Make a speech*: Ar. and P. δημηγορεῖν. *Hold out, stretch forth*: P. and V. προτείνειν (acc.), ἐκτείνειν (acc.), ὀρέγειν (Plat.). *Hold out (hopes, etc.)*: P. and V. ὑποτείνειν (acc.), P. παριστάναι (acc.). *Hold out (as a threat)*: P. ἀνατείνεσθαι. *Hold out (as an excuse)*: P. and V. σκήπτειν (mid. in P.), προβάλλειν (mid. also P.), προὔχεσθαι, προΐστασθαι (Eur., *Cycl.* 319.), V. προτείνειν, P. προφασίζεσθαι. *Hold out, not to yield* : P. and V. ἀντέχειν, καρτερεῖν, ὑφίστασθαι. *Last* : P. and V. ἀντέχειν, Ar and P. ἀνταρκεῖν, P. διαρκεῖν. *Hold out against* : P. and V. ἀντέχειν (dat.), ὑφίστασθαι (acc.), V. καρτερεῖν (acc.). *Hold over* : Ar. ὑπερέχειν (τί τινος). *As a threat* : P. ἀνατείνεσθαί (τί τινι). *Hold together*, v. trans. : P. and V. σῠνέχειν ; v. intrans. : P. συμμένειν. *For a little while the alliance held together* : P. ὀλίγον μὲν χρόνον συνέμεινεν ἡ ὁμαιχμία (Thuc. 1, 18). *Hold up* : P. and V. ἀνέχειν, Ar. and P. ἀνᾰτείνειν (Xen.) ; see *lift*. *Hold up* (*as example*) : P. παράδειγμα ποιεῖσθαι (acc.).

Hold, interj. *Stop* : P. and V. ἐπίσχες, παῦε, Ar. and P. ἔχε, V. ἴσχε, σχές, παῦσαι (all 2nd pers. sing. of the imperative).

Hold, subs. *Thing to hold by* : P. ἀντιλαβή, ἡ. *Get a hold or grip* : P. ἀντιλαβὴν ἔχειν. *Support* : P. and V. ἔρεισμα, τό (Plat.). Met., *handle* : ἀντιλαβή, ἡ, P. and V. λᾰβή, ἡ ; see *handle*, *influence*. *Custody* : P. and V. φῠλᾰκή, ἡ. *Lay hold of* : P. and V. λαμβᾰ́νεσθαι (gen.), ἐπῐλαμβᾰ́νεσθαι (gen.), ἀντῐλαμβᾰ́νεσθαι (gen.) ; see *grasp*. *Hold* (*of a ship*) : Ar. and V. ἀντλία, ἡ, P. ναῦς κοίλη (Dem. 883).

Hole, subs. Ar. and P. τρῆμα, τό. *Chasm* : P. and V. χάσμᾰ, τό ; see also *cave*. *Hole in the roof for the smoke to escape* : Ar. ὀπή, ἡ. *Hole in the ground* : P. and V. ὄρυγμα, τό. *He tried to make a hole in the ship's bottom* : P. διέκοπτε τοῦ πλοίου τὸ ἔδαφος (Dem. 883). *Pierced with holes* : use adj., P. and V. τετρημένος. *Pick holes in*, v. : met., P. διασύρειν (acc.).

Holiday, subs. *Leisure* : P. and V. σχολή, ἡ. *Have a holiday*, v. : P. and V. σχολάζειν. *Festival*, subs. : P. and V. ἑορτή, ἡ. *Sacrifice* : P. and V. θῠσία, ἡ. *Keep holiday*, v. : P. and V. ἑορτάζειν. *Holiday* (*attire, etc.*), adj. : V. θεωρῐκός.

Holiness, subs. *Piety* : P. and V. εὐσέβεια, ἡ, P. ὁσιότης, ἡ. *Sanctity* : P. and V. σεμνότης, ἡ, τὸ σεμνόν, Ar. and V. σέβᾰς, τό. *Practise holiness*, v. : P. and V. εὐσεβεῖν.

Holloa, v. intrans. P. and V. βοᾶν ; see *shout*.

Hollow, v. trans. P. κοιλαίνειν.

Hollow, adj. P. and V. κοῖλος, V. κοιλωπός, κοιλογάστωρ. Met., *empty*, *vain* : P. and V. κενός, μᾰ́ταιος. *Unsound* : P. and V. ὕπουλος, σαθρός. *A hollow truce* : P. ὕποπτος ἀνοκωχή, ἡ (Thuc.).

Hollow, subs. *Dell* : P. and V. νᾰ́πη, ἡ (Plat. and Xen. but rare P.), νᾰ́πος, τό (Xen. but rare P.), ἄγχος, τό (Xen. but rare P.), Ar. and V. γῠ́ᾰλα, τά, αὐλών, ἡ (Soph., *Frag.*). *Hollows, cavities* : P. and V. κοῖλα, τά. *The hollow* (*of anything*) : Ar. and V. κῠ́τος, τό (gen.), P. and V. τὰ κοῖλα (gen.), P. τὰ ἔγκοιλα (gen.).

Holocaust, subs. Use *sacrifice*. *Burnt-offerings* : V. ἔμπῡρα, τά.

Holy, adj. P. and V. ἱερός, ὅσιος (when used with ἱερός, ὅσιος = *profane, secular*), σεμνός, V. ἱρός, ἁγνός, σεπτός, Ar. and P. ἅγιος. *On holy ground* : V. ἐν ἁγνῷ. *Inviolate* : P. and V. ἄσῡλος, V. ἀσῠ́λητος ; see *inviolate*. *Pious* : P. and V. εὐσεβής, ὅσιος, θεοσεβής. *Free from stain of guilt* : V. εὐᾰγής.

Homage, subs. P. θεραπεία, ἡ. *Honour* : P. and V. τῑμή, ἡ, V. σέβᾰς, τό. *Obeisance* : P. προσκύνησις, ἡ. *Do homage to, court*, v. : Ar. and P. θερᾰπεύειν (acc.). *Honour* : P. and V. τῑμᾶν (acc.). *Reverence, worship* : P. and V. σέβειν (acc.), σέβεσθαι (acc.), Ar. and V. σεβίζειν (acc.). *Make obeisance to* : P. and V. προσκῠνεῖν (acc.).

Home, subs. P. and V. οἶκος, ὁ, οἴκησις, ἡ, οἴκημα, τό, Ar. and P. οἰκία, ἡ, Ar. and V. δόμος, ὁ, δῶμα, τό, ἕδρα, ἡ ; see *dwelling*. *Place of refuge* : P. and V. κᾰτᾰφῠγή, ἡ.

The land of home : V. ἑστιοῦχος γαῖα. *The hearth of the home* : V. δωμᾰτῖτις ἑστία. *Home, to home*, adv. : P. and V. οἴκᾰδε, P. ἐπ' οἴκου. *At home* : P. and V. οἴκοι, ἔνδον, κᾰτ' οἶκον, V. ἐν δόμοις, or use adj., V. ὑπόστεγος. *Keep at home*, v. intrans. : P. and V. οἰκουρεῖν. *At home* (as opposed to *abroad*) : use adj., V. ἔνδημος. *Be at home* (as opposed to *be abroad*), v. : Ar. and P. ἐπῐδημεῖν. Met., *at home* (*in a subject*) : P. and V. ἔμπειρος (gen.), ἐπιστήμων (gen.). *Stay-at-home* (contemptuously), adj. : P. and V. οἰκουρός, P. ἔνδημος. *From home* : P. and V. οἴκοθεν. *Abroad* : see *abroad*. *Guarding the home* : P. and V. ἑστιοῦχος (Plat.). Met., (*drive*) *home, etc.* : use adv., V. διάμπαξ. *Bring a charge home to a person*, v. : P. and V. ἐλέγχειν (acc. of person or thing), ἐξελέγχειν (acc. of person or thing). *Bring* (*a feeling*) *home to a person* : P. παριστάναι (τί τινι). *Bring nearer home to the Athenians their fear of losing command of the sea* : P. ἐγγύτερω καταστῆσαι τοῖς Ἀθηναίοις τὸν φόβον περὶ τῆς θαλάσσης (Thuc. 2, 89). *The peril was brought nearer home to them than when they voted for the sailing of the expedition* : P. μᾶλλον αὐτοῖς εἰσῄει τὰ δεινὰ ἢ ὅτε ἐψηφίζοντο πλεῖν (Thuc. 6, 30).

Home, adj. *Of the home* : V. ἐφέστιος. As opposed to *foreign* : P. and V. οἰκεῖος.

Home-bred, adj. Ar. and P. οἰκογενής.

Home-coming, subs. V. νόστος, ὁ; adj. : V. νόστῐμος.

Home-grown, adj. P. and V. οἰκεῖος, Ar. and P. οἰκογενής.

Homeless, adj. P. and V. ἄοικος, ἀνάστᾰτος, ἄπολις, Ar. and V. ἀνέστιος.

Homeliness, subs. *Simplicity* : P. ἁπλότης. *Gaucheness* : P. and V. σκαιότης, ἡ.

Homely, adj. *Simple* : P. and V. ἁπλοῦς. *Gauche* : P. and V. σκαιός. *Poor* : P. and V. μέτριος.

Homestead, subs. See *farm*.

Homeward, adv. P. and V. οἴκᾰδε, P. ἐπ' οἴκου. *Bethink you of your homeward journey* : V. τῆς πάλιν μεμνησ' ὁδοῦ (Eur., *Or.* 125).

Homicide, subs. *Murderer* : P. and V. φόνευς, ὁ or ἡ, P. ἀνδροφόνος, ὁ, V. ἀνθρωποκτόνος, ὁ; see *murderer*. *Be a homicide*, v. : V. βροτοκτονεῖν, ἀνδροκτονεῖν. *Murder*, subs. : P. and V. φόνος, ὁ, Ar. and V. φοναί, αἱ; see *murder*.

Homicidal, adj. P. φονικός, Ar. and V. φοίνιος, V. ἀνδροφθόρος; see *murderous*.

Homogenous, adj. P. ὁμογενής (Arist.).

Hone, subs. V. θηγάνη, ἡ.

Honest, adj. P. and V. χρηστός, ἁπλοῦς, ὀρθός, δίκαιος, ἔνδῐκος, ἴσος, ἐπιεικής, Ar. and V. ἐσθλός. Of things also : P. and V. ὑγιής.

Honestly, adv. P. and V. δῐκαίως, ἐνδίκως, ὀρθῶς, ἁπλῶς, κᾰλῶς, P. ἴσως, ἐπιεικῶς. *He won't honestly admit that he is talking nonsense* : P. οὐκ ἐθέλει γενναίως ὁμολογεῖν ὅτι οὐδὲν λέγει (Plat., *Lach.* 196A-B).

Honesty, subs. P. and V. χρηστότης, ἡ, V. τοὐπιεικές, P. ἐπιείκεια, ἡ, ἁπλότης, ἡ.

Honey, subs. P. and V. μέλῐ, τό, V. μέλισσα, ἡ. *Mixed with honey*, adj. : P. μεμιλιτωμένος. *Pour mingled draughts of honey and milk* : V. μελίκρατ' ἄφες γάλακτος (Eur., *Or.* 115). *Honey seller* : Ar. μελῐτοπώλης, ὁ.

Honey cake, subs. Ar. μελῐτοῦσσα, ἡ.

Honeycomb, subs. Ar. and P. κηρίον, τό.

Honeycombed, adj. Use P. and V. τετρημένος.

Honied, adj. Met., Ar. μελίγλωσσος, P. and V. λεῖος.

Honour, subs. P. and V. τῑμή, ἡ, *Respect, reverence, regard* : V. σέβᾰς, τό, αἰδώς, ἡ, ἐντροπή, ἡ, P. θεραπεία, ἡ. *Rank* : P. and V. ἀξίωμα, τό, τῑμή, ἡ, P. ἀξία, ἡ. *Reputation*: P. and V. δόξᾰ, ἡ, εὐδοξία, ἡ, κλέος, τό (rare P.), ὄνομα, τό, Ar. and V. εὔκλεια, ἡ, κῦδος, τό, V. κληδών, ἡ. *Adornment*: P. and V. κόσμος, ὁ. Concretely (applied to persons or things), *the honour (boast) of*: P. and V. σχῆμα, τό, V. πρόσχημα, τό, ἄγαλμα, τό, αὔχημα, τό. *Chastity*: V. ἄγνευμα, τό, παρθενεία, ἡ. *Word of honour*: P. and V. πίστῐς, ἡ, τὸ πιστόν. *Hold in honour*, v.: P. ἐντίμως ἔχειν (acc.), V. πρεσβεύειν (acc.) (also Plat. but rare P.); see *honour*, v. *Pay honour to*: P. and V. τῑμὴν δῐδόναι (dat.). *Last honours (to the dead)*, subs.: P. τὰ νόμιμα. *Pay last honours to*, v.: P. τὰ νομιζόμενα φέρειν (dat.), V. ἀγᾰπάζειν (acc.) (Eur., *Phoen.* 1327), ἀγᾰπᾶν (acc.) (Eur., *Supp.* 764, *Hel.* 937). *Raise to honour*: P. and V. αἴρειν, αὐξάνειν, αὔξειν, V. τίμιον ἀνάγειν.

Honour, v. trans. P. and V. τῑμᾶν, ἀξιοῦν, Ar. and V. γεραίρειν, V. τῑμαλφεῖν, ἐκτῑμᾶν, τίειν. *Prefer to honour*: P. and V. προτῑμᾶν. *Honour exceedingly*: V. ὑπερτῑμᾶν. *Exalt*: P. and V. αἴρειν, αὐξάνειν, αὔξειν, μεγᾰλύνειν (Eur., *Bacch.* 320), Ar. and V. ὀγκοῦν, πυργοῦν, P. σεμνύνειν, ἐπαυξάνειν, V. ἀνάγειν. *Adorn*: P. and V. κοσμεῖν. *Reverence, worship*: P. and V. σέβειν, σέβεσθαι, Ar. and V. σεβίζειν, P. θεραπεύειν. *Honour in addition*: V. προσσέβειν. *Value highly*: P. περὶ πολλοῦ ποιεῖσθαι, V. πολλῶν ἀξιοῦν, ἐνᾰριθμεῖσθαι.

Honourable, adj. *Conferring honour*: P. and V. τίμιος, V. πάντῑμος. *Good, noble*: P. and V. γενναῖος, εὐγενής (Plat.), κᾰλός, Ar. and V. ἐσθλός. *Honest*: P. and V. χρηστός; see *honest*. *Illustrious*: P. and V. λαμπρός, ὀνομαστός, ἐπίσημος, P. εὐδόκιμος, ἀξιόλογος, V. εὐκλεής; see *illustrious*.

Honourably, adv. P. and V. γενναίως, κᾰλῶς, V. εὐγενῶς; see also *honestly*.

Honoured, adj. P. and V. ἔντῑμος, τίμιος, V. πάντῑμος. *Venerable*: V. γερᾰ́σῐμος; see *revered*.

Hood, subs. Ar. and V. κᾰ́λυμμα, τό. *Cap*: P. and V. κῠνῆ, ἡ.

Hood-wink, v. trans. See *deceive*.

Hoof, subs. Ar. and P. ὁπλή, ἡ, V. χηλή, ἡ. *With cloven hoof*, adj.: V. δίχηλος.

Hook, subs. P. ἄγκιστρον, τό. *Reaping-hook*: P. and V. δρέπᾰνον, τό (Eur., *Cycl.* 394); see *crook*.

Hooked, adj. *Curved*: P. and V. καμπῠ́λος (Plat.), V. στρεπτός, κάμπῐμος; see *curved*.

Hook-nosed, adj. P. γρυπός (Plat.), ἐπίγρυπος (Plat.).

Hoop, subs. P. and V. κύκλος, ὁ, τροχός, ὁ. Of a ring: P. and V. σφενδόνη, ἡ.

Hoopoe, subs. P. and V. ἔποψ, ὁ (Plat., *Phaedo*, 85A, also Ar.).

Hoot, v. trans. Ar. and P. θορῠβεῖν (dat. or absol.). *Hoot off the stage*: P. συρίζειν, Ar. and P. ἐκβάλλειν. *Be hooted off the stage*: P. ἐκπίπτειν. Of an owl: Ar. κικκᾰβάζειν.

Hoot, subs. P. and V. θόρῠβος, ὁ.

Hop, v. intrans. *Limp*: P. χωλαίνειν; see *limp*. Of a bird: use *walk*.

Hope, subs. P. and V. ἐλπίς, ἡ (also used concretely of a person, *cf.* Thuc. 3, 57); see *buoy*. *Expectation* P. προσδοκία, ἡ.

Hope, v. intrans. P. and V. ἐλπίζειν, V. ἐπελπίζειν. *Expect*: P. and V. προσδέχεσθαι, προσδοκᾶν. *Hope for*: P. and V. ἐλπίζειν (acc.). *Expect*: P. and V. προσδέχεσθαι (acc.), προσδοκᾶν (acc.).

Hopeful, adj. P. and V. εὔελπις. *Auspicious*: P. and V. κᾰλός, V. δεξιός, Ar. and V. αἴσιος (also Xen.); see *auspicious*.

Hopefully, adv. *Cheerfully*: P. and V. εὐθύμως (Xen.). *Auspiciously*: P. and V. εὖ, κᾰλῶς, V. αἰσίως; see *auspiciously*.

Hopefulness, subs. *Hope*: P. and V. ἐλπίς, ἡ. *Cheerfulness*: P. and V. εὐθῡμία, ἡ (Xen.).

Hopeless, adj. *Despairing:* P. and V. ἄθυμος (Xen.), V. δύσθῦμος, P. ἀνέλπιστος. *Hopeless of safety:* V. σωτηρίας ἄνελπις. *Despaired of, hopelessly debased:* P. ἀπονενοημένος. *Desperate* (of condition), P. and V. ἄπορος, V. ἀμήχᾰνος (rare P.), P. ἀνέλπιστος. *Impossible to deal with* (of a person): V. ἀτελεύτητος.

Hopelessly, adv. P. ἀνελπίστως. *Despondently:* P. ἀθύμως (Xen.), δυσθύμως (Plat.). *In a hopeless way:* P. and V. ἀπόρως. *Perish hopelessly:* V. παγκάκως ὀλέσθαι or τεθνᾰναι.

Hopelessness, subs. *Despair:* P. ἀπόνοια, ἡ; see *despair*. *Despondency:* P. and V. ἀθῡμία, ἡ, δυσθῡμία, ἡ (Plat.). Of conditions, etc.: P. and V. ἀπορία, ἡ.

Hoplite, subs. P. and V. ὁπλίτης, ὁ. *Serve as hoplite*, v.: P. ὁπλιτεύειν. *Force of hoplites*, subs.: P. τὸ ὁπλιτικόν.

Horde, subs. P. and V. ὄχλος, ὁ, P. συρφετός, ὁ; see *crowd, gang*.

Horizon, subs. *Range of sight:* P. ἔποψις, ἡ. *Boundary:* P. and V. ὅρος, ὁ; see *boundary*.

Horizontal, adj. Use P. ἐπικεκλιμένος (Thuc. 2, 76).

Horn, subs. P. and V. κέρᾰς, τό. *Horn for drinking:* P. and V. κέρᾰς, τό (Xen.). *Musical instrument:* P. and V. σάλπιγξ, ἡ; see *trumpet*. *Made of horn*, adj.: P. κεράτινος (Xen.). *Lift up one's horn*, met., v.: Ar. κερουτιᾶν.

Horned, adj. P. and V. κερασφόρος (Plat.), V. κεράστης, εὔκερως, εὔκραιρος, κεροφόρος. Fem. adj, V. κεραστίς, κεροῦσσα (Soph., *Frag.* and Eur., *Frag.*). *Horned like an ox:* V. βούκερως (Soph., *Frag.*). *He made sore havoc of the horned beasts:* V. ἔκειρε πολύκερων φόνον (Soph., *Aj.* 55).

Hornet, subs. Ar. ἀνθρήνη, ἡ, ἀνθρήνιον, τό.

Hornless, adj. P. ἄκερως, ἀκέρατος.

Horny, adj. *Made of horn:* P. κεράτινος (Xen.). *Made hard:* use P. τετυλωμένος (Xen.).

Horrible, adj. P. and V. δεινός, φοβερός, φρῑκώδης, V. δύσχῑμος, ἔμφοβος, σμερδνός, δυσθέᾱτος. *With horrible looks:* V. δεινώψ; see also *loathesome*.

Horribleness, subs. P. δεινότης, ἡ.

Horribly, adv. P. and V. δεινῶς.

Horrid, adj. See *horrible*. *Unpleasant:* P. ἀηδής, P. and V. βᾰρύς, δυσχερής.

Horrify, v. trans. *Frighten:* P. and V. φοβεῖν, ἐκφοβεῖν, Ar. and P. κᾰτᾰφοβεῖν. *Shock:* P. and V. ἐκπλήσσειν, P. καταπλήσσειν. *Disturb:* P. and V. τᾰράσσειν, συντᾰράσσειν.

Horror, subs. *Fear:* P. and V. φόβος, ὁ, ὀρρωδία, ἡ, δέος, τό, δεῖμα, τό, V. τάρβος, τό. *Shock:* P. and V. ἔκπληξις, ἡ. *Shudder:* P. and V. τρόμος, ὁ (Plat.), φρίκη, ἡ.

Horse, subs. P. and V. ἵππος, ὁ, V. πῶλος, ὁ. *Young horse:* P. and V. πῶλος, ὁ. *Race-horse:* Ar. and P. κέλης, ὁ. *Cavalry:* P. and V. ἵππος, ἡ, τὸ ἱππῐκόν, P. ἱππεία (Xen.), V. ἱππῐκὸς ὄχλος, ὁ, ἱππότης ὄχλος, ὁ; see *cavalry*. *Master of the horse:* Ar. and P. ἵππαρχος, ὁ. *Of a horse*, adj.: P. and V. ἱππῐκός, Ar. and V. ἵππιος, V. πωλῐκός. *Four-horsed*, adv. V. τετράορος, τέτρωρος, τετράζῠγος, Ar. and V. τέθριππος. *Having fine horses*, adj.: V. εὔιππος. *Having white horses:* V. λεύκιππος, λευκόπωλος. *Loving horses:* adj.: V. φίλιππος. *Pasture for horses*, subs.: V. ἱπποφόρβιον, τό.

Horseback, subs. *On horseback:* P. and V. ἐφ' ἵππου. *Ride on horseback*, v.: see *ride*. *Riding on horseback, mounted*, adj.: P. and V. ἔφιππος; see *mounted*.

Horse breeder, subs. P. ἱπποτρόφος, ὁ. *Be a horse-breeder*, v.: P. ἱπποτροφεῖν.

Horse breeding, subs. P. ἱπποτροφία, ἡ.

Horsed, adj. See *mounted*.
Horseless, adj. Ar. and V. ἄνιππος.
Horseman, subs. P. and V. ἱππεύς, ὁ, V. ἱππότης, ὁ, ἱππηλάτης, ὁ, Ar. and V. ἱππονώμας, ὁ; see *rider*.
Horsemanship, subs. Ar. and P. ἱππική, ἡ; see *riding*.
Horse race, subs. Ar. and P. ἱπποδρομία, ἡ, P. and V. ἱππικὸς δρόμος, ὁ, ἱππικὸς ἀγών, ὁ.
Horse tender, subs. *Groom* : P. ἱπποκόμος, ὁ, V. ἱπποβουκόλος, ὁ.
Horticulture, subs. P. κηπεία, ἡ.
Hospice, subs. See *inn*.
Hospitable, adj. P. and V. φιλόφρων (Xen.), V. εὔξενος, εὔξεινος, Ar. and V. φιλόξενος. *Receiving everyone* : V. πάνδοκος.
Hospitably, adv. P. and V. φιλοφρόνως (Plat.), P. φιλοξένως (Isoc.).
Hospitality, subs. P. and V. ξένια, τά. *Entertaining* : P. ξένισις, ἡ, ξενισμός, ὁ. *Welcome* : P. and V. ὑποδοχή, ἡ. *Gifts from one's host* : P. and V. ξένια, τά. *Treat with hospitality*, v. trans. : P. and V. δέχεσθαι, ξενίζειν (Dem. 414), ξενοδοκεῖν (absol.) (Plat.), Ar. and P. ὑποδέχεσθαι, V. ξενοῦσθαι (mid.). *Rights of hospitality*, subs. : P. and V. ξενία, ἡ (Eur., *Rhes.* 842). *Zeus who presides over hospitalities* : V. Ζεὺς ξένιος. *They gave me hospitality at a table set apart* : V. ξένια μονοτράπεζά μοι πάρεσχον (Eur., *I. T.* 949). *I commend the hospitality of this man's house* : V. αἰνῶ μὲν οὖν τοῦδ' ἀνδρὸς ἐσδοχὰς δόμων (Eur., *El.* 396).
Host, subs. P. and V. ξένος, ὁ, V. ξεῖνος, ὁ. *At a dinner* : P. ἑστιάτωρ, ὁ (Plat.). *Inn-keeper* : P. πανδοκεύς, ὁ (Plat.). *One who deceives his host* : V. ξεναπάτης, ὁ. *Slay one's host*, v. : V. ξενοφονεῖν (absol.). *Army*, subs. ; P. and V. στρατός, ὁ, στράτευμα, τό, στρατόπεδον, τό, P. στρατιά, ἡ. *Expedition* : P. and V. στόλος, ὁ. *Crowd* : P. and V. ὄχλος, ὁ, σύλλογος, ὁ, σύνοδος, ἡ, ὅμιλος, ὁ. *The host of the stars* : V. ἄστρων ὁμήγυρις ἡ (Æsch., Ag. 4).
Hostage, subs. P. and V. ὅμηρος, ὁ or ἡ (Eur., *Or.* 1189), V. ῥύσιον, τό. *Be a hostage*, v. : P. ὁμηρεύειν. *Take as a hostage*, v. : V. ὁμηρεύειν (acc.) (Eur., *Rhes.* 434), ῥυσιάζειν (acc.). *Not to be seized as a hostage*, adj. : V. ἀρρυσίαστος. *They wished any prisoner they took to serve as a hostage for their friends within* : P. ἐβούλοντο σφίσιν εἴ τινα λάβοιεν ὑπάρχειν ἀντὶ τῶν ἔνδον (Thuc., 11, 5).
Hostelry, subs. καταγώγιον, τό.
Hostess, subs. *Mistress of a house* : V. οἰκουρός, ἡ. *Of an inn* : Ar. πανδοκεύτρια, ἡ, καπηλίς, ἡ.
Hostile, adj. P. and V. πολέμιος, ἐχθρός, ἐναντίος, δυσμενής, P. ὑπεναντίος, V. ἀνάρσιος, Ar. and V. παλίγκοτος. *Disaffected* : P. and V. δύσνους, Ar. and P. κακόνους, V. δύσφρων, κακόφρων. *Be hostile to*, v. : P. ἐχθρῶς διατεθῆναι πρός (acc). *In a hostile spirit* : P. πολεμίως, ἐναντίως.
Hostility, subs. P. and V. ἔχθρα, ἡ, δυσμένεια, ἡ, ἔχθος, τό (Thuc.), P. ἀπέχθεια, ἡ. *Strife* : P. and V. ἔρις, ἡ. *Envy* : P. and V. φθόνος, ὁ. *Disaffection* : P. and V. δύσνοια, ἡ, P. κακόνοια, ἡ. *Hostilities, war* : P. and V. πόλεμος, ὁ, P. τὰ πολέμια.
Hostler, subs. P. ἱπποκόμος, ὁ; see *groom*.
Hot, adj. P. and V. θερμός. *Be hot*, v. : P. and V. θερμαίνεσθαι. *Red-hot*, adj. : P. and V. διάπυρος (Plat., *Tim.* 58c and Eur., *Cycl.* 631), V. καυστός (Eur., *Cycl.* 633), ἐγκεκαυμένος (Eur., *Cycl.* 393), κεκαυμένος (Eur., *Cycl.* 457). *Vehement* : P. and V. ὀξύς, θερμός, P. σφοδρός. *Impetuous* : P. and V. ἔντονος, σύντονος, Ar. and V. θούριος, V. θοῦρος, αἴθων (also Plat. but rare P.). Of taste : Ar. and P. δριμύς. Of temper : P. and V. ὀξύς, V. δύσοργος, Ar. and V. ὀξύθυμος. *In hot haste* : P. and V. ὡς τάχιστα, σπουδῇ : see *quickly*.

Hotel, subs. See *inn*.
Hotly, adv. *Impetuously* : P. ἐντόνως, συντόνως. *Angrily* : P. and V. πικρῶς, V. ὑπερθύμως, P. ὀργίλως. *Hotly contested* (*of a battle*) : P. καρτερός, ἰσχυρός. *Pursue hotly* : P. κατὰ πόδας διώκειν.
Hough, subs. See *ham*.
Hound, subs. P. and V. κύων, ὁ or ἡ. *Young hound* : P. and V. σκύλαξ, ὁ or ἡ. *Hound for hunting* : V. κύων λάκαινα, ἡ (Soph., *Aj.* 8). *Pack of hounds* : P. κυνηγέσιον, τό (Xen.).
Hound, v. trans. *Urge on* : P. and V. ἐπικελεύειν, ἐγκελεύειν (Eur., *Cycl.*), ἐποτρύνειν, ἐξοτρύνειν, V. ὀτρύνειν, ἐπεγκελεύειν (Eur., *Cycl.*), ἐπισείειν, ἐπιθωΰσσειν ; see *urge on*.
Hour, subs. P. and V. ὥρα, ἡ. *Fit time* : P. and V. καιρός, ὁ, ὥρα, ἡ, ἀκμή, ἡ. *At what hour?* Ar. and P. πηνίκα ; *What hour is it?* Ar. and P. πηνίκ' ἐστί ; *At what hour* : (indirect) P. and V. ὁπηνίκα. *At this* or *that hour* : P. and V. τηνικαῦτα, P. τηνικάδε, V. τηνίκα. *Or she shall learn even at the eleventh hour that 'tis labour lost to honour the dead* : V. ἢ γνώσεται γοῦν ἀλλὰ τηνικαῦθ' ὅτι πόνος περισσός ἐστι τἀν Ἅιδου σέβειν (Soph., *Ant.* 779).
Hourly, adj. See *continual*.
Hourly, adv. P. καθ' ἑκάστην ὥραν.
House, subs. P. and V. οἶκος, ὁ, οἴκησις, ἡ, οἴκημα, τό (Æsch., *Ag.* 334), Ar. and P. οἰκία, ἡ, V. στέγη, ἡ, στέγος, τό, οἰκητήριον, τό, Ar. and V. δόμος, ὁ, or pl., δῶμα, τό, or pl. ἑστία, ἡ, μέλαθρον, τό, or pl. ; see *dwelling*. *Small house* : Ar. and P. οἰκίδιον, τό. *Building* : P. οἰκοδόμημα, τό. *Family* : P. and V. οἶκος, ὁ, P. οἰκία, ἡ, Ar. and V. δόμος, ὁ, δῶμα, τό. *Race* : P. and V. γένος, τό. *At house of* : P. and V. πᾰρά (dat.). *Keep house*, v. : P. and V. οἰκουρεῖν, P. οἰκονομεῖν (acc.). *Audience*, subs. : P. and V. θεᾶται, οἱ, θεωροί, οἱ, οἱ θεώμενοι.
House, v. trans. *Settle, establish* : P. and V. εἰσοικίζειν, οἰκίζειν, κᾰτοικίζειν. *Receive* : P. and V. δέχεσθαι, εἰσδέχεσθαι. *Housed* : use adj., V. ὑπόστεγος. *Be housed*, v. : V. δωμᾰτοῦσθαι.
House breaker, subs. Ar. and P. τοιχωρῠχος, ὁ.
Household, subs. P. and V. οἶκος, ὁ, P. οἰκία, ἡ, Ar. and V. δόμος, ὁ, δῶμα, τό. *Of the household*, adj. : P. and V. οἰκεῖος, V. ἐφέστιος, ἐγγενής. *Guarding the household* : P. and V. ἑστιοῦχος (Plat.). *Manage a household*, v. : P. οἰκονομεῖν (acc.).
Housekeeper, subs. P. οἰκονόμος, ὁ or ἡ, V. οἰκουρός, ὁ or ἡ.
House keeping, subs. P. οἰκονομία, ἡ, V. οἰκουρίαι, αἱ, οἰκούρημα, τό.
House maid, subs. See *maid*.
Housewife, subs. P. οἰκονόμος, ἡ, V. οἰκουρός, ἡ.
Hovel, subs. P. καλύβη, ἡ, κλισίον, τό.
Hover, v. intrans. P. and V. αἰωρεῖσθαι, πέτεσθαι, Ar. and V. ποτᾶσθαι. Of a ghost : V. ἀΐσσειν (Eur , *Hec.* 31). *Hovering in air*, adj. : Ar. and P. μετέωρος, Ar. and V. μετάρσιος. *Hover round* (*a person*), met. : P. περιχεῖσθαι (dat).
How, adv. Interrogative : P. and V. πῶς ; τίνα τρόπον ; τίνι τρόπῳ ; ποίῳ τρόπῳ ; P. πῇ ; Indirect : P. and V. ὅπως, ὅπῃ, ὡς, ᾗ, ὅτῳ τρόπῳ. Exclamatory : P. and V. ὡς. *Somehow* : see *somehow*. *How much* or *how great*, interrog. adj. : P. and V. πόσος. Indirect : P. and V. ὅσος, ὁπόσος.
Howbeit, cunj. See *nevertheless*.
However, adv. *In whatever way* : P. and V. ὅπως, ὡς. ὅτῳ τρόπῳ. *Although* : with adj., adv. and part., P. and V. καίπερ, περ ; see *although*. *At least, at any rate* : P. and V. γε, γοῦν, γε μήν, V. γε μὲν δή. *But, at any rate* : P. and V. ἀλλ' οὖν, δ' οὖν. *Nevertheless. yet*, conj. : **P. and V. ὅμως, μέντοι, V. ἔμπᾱς.**
Howl, v. intrans. Of men : P. and V. ὀλολύζειν, V. ἀνολολύζειν, αὔειν,

ἰύζειν, θωΰσσειν, λᾰκάζειν, Ar. and V. κωκῡ́ειν; see *cry*, *groan*. Of animals: P. and V. φθέγγεσθαι, V. κλάζειν. Of the wind: P. and V. ψοφεῖν.

Howl, subs. P. and V. ὀλολῡγή, ἡ (rare P.), V. ὀλολυγμός, ὁ, ἀῡτή, ἡ, κωκῡτός, ὁ, κωκῡ́μᾰτα, τά; see *cry*, *groan*. Of animals: P. and V. φθέγμᾰ, τό (Plat.), φθόγγος, ὁ (Plat.), V. φθογγή, ἡ, βοή, ἡ. *Noise*: P. and V. ψόφος, ὁ.

Howsoever, adv. See *however*.

Hubbub, subs. P. and V. θόρῠβος, ὁ, P. ταραχή, ἡ, θροῦς, ὁ, V. τᾰραγμός, ὁ, τᾰ́ραγμα, τό. *Outcry*: P. and V. βοή, ἡ, κραυγή, ἡ, P. καταβοή, ἡ.

Huckster, subs. P. and V. κᾰ́πηλος, ὁ.

Huckster, v. trans. P. and V. κᾰπηλεύειν (acc. or absol.).

Huddle together, v. intrans. P. συστρέφεσθαι, Ar. and V. συστᾰλῆναι (2nd aor. pass. συστέλλειν). *Huddled together*: use adj., P. and V. ἀθρόος.

Hue, subs. P. and V. χρῶμα, τό, χρόα, ἡ (Plat.), Ar. and V. χροιά, ἡ, χρώς, ὁ. *Hue and cry*: use P. and V. θόρῠβος, ὁ.

Hug, v. trans. *Embrace*: P. and V. ἀσπάζεσθαι, V. περῐβάλλειν, περιπτύσσειν (Plat. also but rare P.), προσπτύσσειν (or mid.), ἀμφῐβάλλειν, ἀμπίσχειν. Met., *cling to*: P. and V. ἔχεσθαι (gen.), ἀντέχεσθαι (gen.).

Hug, subs. *Embrace*: P. and V. περῐβολαί, αἱ (Xen.), V. περιπτῠχαί, αἱ, ἀσπάσμᾰτα, τά; see *embrace*.

Huge, adj. P. and V. ῡ̔περφυής (Æsch., *Frag.*), P. ὑπερμεγέθης, ὑπέρογκος, ὑπέρμετρος, πάμμεγας. Of number or measure: P. and V. πολῡ́ς, ῡ̔πέρπολυς, Ar. and P. πάμπολυς, V. μῡρίος (also Plat. but rare P.); see *vast*. *Extraordinary*: P. and V. θαυμαστός, ἀ̄μήχᾰνος; see *extraordinary*.

Hugely, adv. P. and V. μέγᾰ, μέγιστα. *Exceedingly*: P. and V. σφόδρᾰ, Ar. and V. κάρτᾰ (rare P.); see *exceedingly*, *much*. *In an extraordinary degree*: P. θαυμαστῶς, ἀμηχάνως, Ar. and P. ῡ̔περφυῶς, V. εἰς ῡ̔περβολήν.

Hugeness, subs. P. and V. μέγεθος, τό, ὄγκος, ὁ.

Hulk, subs. *Hulk of a ship*: P. and V. σκᾰ́φος, τό.

Hulking, adj. P. and V. ῡ̔περφυής. *Hulking boy*: Ar. βούπαις, ὁ.

Hull, subs. P. and V. σκᾰ́φος, τό.

Hum, v. trans. Ar. μῐνῡ́ρεσθαι, μῐνῡρίζειν. V. intrans. P. and V. βομβεῖν (Plat.), V. θωΰσσειν, Ar. and V. μῐνῡ́ρεσθαι, Ar. and P. μῐνῡρίζειν. *Make a noise* (generally): P. and V. ψοφεῖν.

Hum, subs. P. βόμβος, ὁ. *Noise* (generally): P. and V. ψόφος, ὁ.

Human, adj. P. and V. ἀνθρώπειος, P. ἀνθρώπινος, Ar. and P. ἀνθρωπῐκός (rare). *Human sacrifices*, subs.: V. θῠσίαι βροτοκτόνοι. *Half-human*, adj.: V. μιξόθηρ. *Mortal*: P. and V. θνητός, V. βρότειος, βροτήσιος. *More than human*: P. and V. μείζων ἢ κᾰτ' ἄνθρωπον (Isoc.), V. οὐ κᾰτ' ἄνθρωπον. *In all human probability*: P. κατὰ τὸ ἀνθρώπειον.

Humane, adj. P. and V. φῐλάνθρωπος, πρᾶος, ἤπιος; see *gentle*.

Humanely, adv. P. φιλανθρώπως, πράως, P. and V. ἠπίως; see *gently*.

Humanise, v. trans. P. and V. πρᾱΰνειν; see *civilise*.

Humanity, subs. *Human kind*: P. and V. οἱ ἄνθρωποι, Ar. and V. βροτοί, οἱ, θνητοί, οἱ. *Gentleness*: P. φιλανθρωπία, ἡ, πραότης, ἡ, V. πρευμένεια, ἡ; see *gentleness*. *Culture*: Ar. and P. παιδεία, ἡ, παίδευσις, ἡ.

Human kind, subs. See *humanity*.

Humanly, adv. Ar. and P. ἀνθρωπείως, P. ἀνθρωπίνως. *Humanly speaking*: P. κατὰ τὸ ἀνθρώπειον.

Humble, adj. P. and V. τᾰπεινός; see also *poor*. *Mean, obscure*: P. and V. φαῦλος, V. βρᾰχῡ́ς, βαιός, ἀ̄μαυρός. *In my humble opinion*: P. and V. ὡς γ' ἐμοὶ δοκεῖ.

Humble, v. trans. P. and V. κᾰθαιρεῖν, συστέλλειν, κολούειν, P. ταπεινοῦν, Ar. and V. ἰσχναίνειν, V. κλίνειν, κἄταρρέπειν, κἄτισχναίνειν. *Put down*: Ar. and P. κἄτἄλῦειν. *Be humbled*: P. and V. κάμπτεσθαι (Plat.).

Humble-bee, subs. Ar. βομβῦλιός, ὁ.

Humbleness, subs. P. ταπεινότης, ἡ. *Obscurity*: P. and V. ἀδοξία, ἡ.

Humbly, adv. P. ταπεινῶς.

Humbug, subs. and v. trans. See *deceit, deceiver, deceive*.

Humid, adj. See *damp*.

Humidity, subs. See *dampness*.

Humiliate, v. trans. P. ταπεινοῦν; see *humble*. *Insult*: P. and V. ὑβρίζειν, Ar. and V. κἄθυβρίζειν. *Dishonour*: P. and V. ἀτῑμοῦν, ἀτῑμάζειν, V. ἀτίζειν, ἐξἄτῑμάζειν. *Outrage*: P. and V. αἰκίζεσθαι, λῦμαίνεσθαι, λωβᾶσθαι (Plat.).

Humiliation, subs. *Shame*: P. and V. αἰσχῦνη, ἡ, V. αἶσχος, τό. *Disgrace*: P. and V. ἀτῑμία, ἡ. *Insult*: P. and V. ὕβρῐς, ἡ. *Outrage*: P. and V. αἰκία, ἡ, λῦμη, ἡ (Plat.), λώβη, ἡ (Plat.).

Humility, subs. P. ταπεινότης, ἡ.

Hummock, subs. *Hummock of ground*: P. and V. λόφος, ὁ, P. γήλοφος, ὁ (Plat.), μαστός, ὁ (Xen.); see *hill*.

Humour, subs. *Moisture*: P. τὸ ὑγρόν, P. and V. νοτῐ́ς, ἡ (Plat. but rare P.), ἰκμάς, ἡ (Plat. but rare P. and Æsch., *Frag.*), Ar. and V. δρόσος, ἡ. *Mood*: P. and V. ὀργή, ἡ, τρόπος, ὁ, ἦθος, τό. *Fun*: P. and V. γέλως, ὁ, παιδιά, ἡ. *Humours (in medical sense)*: P. ῥεύματα, τά. *Good-humour*: P. εὐκολία, ἡ, V. εὐοργησία, ἡ. *Good-humoured*, adj.: Ar. and P. εὔκολος. *Good-humouredly*, adv.: P. εὐκόλως, εὐοργήτως. *Ill-humour*, subs.: Ar. and P. δυσκολία, ἡ. *Ill-humoured*, adj.: P. and V. δύσκολος. *Ill-humouredly*, adv.: P. δυσκόλως.

Humour, v. trans. P. and V. χἄρίζεσθαι (dat.), P. ὀργὰς ἐπιφέρειν (dat.); see *indulge*. *Please*: P. and V. ἀρέσκειν (acc. or dat.), Ar. and V. ἁνδἄνειν (dat.). *Give way to*: P. and V. εἴκειν (dat.), ὑπείκειν (dat.). *Cringe to*: P. and V. ὑποτρέχειν (acc.), ὑπέρχεσθαι (acc.).

Humourous, adj. P. and V. γέλοιος.

Humourously, adv. P. γελοίως.

Hump-backed, adj. Ar. κῡφός.

Hunch-backed, adj. Ar. κῡφός.

Hundred, adj. P. and V. ἑκἄτόν (Soph., *Trach.* 762, Eur., *Phoen.* 1135, etc.).

Hundred-headed, adj. Ar. ἑκἄτογκέφἄλος, V. ἑκἄτογκἄρᾱνος.

Hundredth, adj. Ar. and P. ἑκἄτοστός.

Hunger, subs. P. and V. λῑμός, ὁ, P. πεῖνα, ἡ. Met., *desire*: P. and V. ἔρως, ὁ, ἐπῐθῡμία, ἡ; see *desire*. *Dying of hunger*, adj.: V. λῑμοθνής. *The pangs of hunger*: V. νήστῐδες δύαι αἱ.

Hunger, v. intrans. P. and V. πεινῆν (Soph., *Frag.* and Eur., *Frag.*). *Fast*: P. and V. ἀσῑτεῖν. *Hunger after*: P. πεινῆν (gen.), P. and V. ἐπῐθῡμεῖν (gen.), ἐφίεσθαι (gen.), ὀρέγεσθαι (gen.), ἐρᾶν (gen.), Ar. and V. ἔρασθαι (gen.).

Hungry, adj. *Fasting*: P. and V. ἄσῑτος, V. νῆστις βορᾶς. *Be hungry*, v.: P. and V. πεινῆν (Soph., *Frag.* and Eur., *Frag.*). *Greedy*, adj.: V. λαβρός; see *greedy*. *Ravening*: V. κοιλογάστωρ, ὠμηστής, ὠμόσῑτος.

Hunt, subs. P. and V. θήρα, ἡ (Plat.), ἄγρα, ἡ (Plat.), V. κῡνηγία, ἡ. *Pursuit*: P. δίωξις, ἡ, V. δίωγμα, τό (also Plat. but rare P.), διωγμός, ὁ, μεταδρομή, ἡ (also Xen.). Met., *eager pursuit*: P. and V. θήρα, ἡ. *Search*: P. and V. ζήτησις, ἡ.

Hunt, v. trans. P. and V. θηρεύειν, θηρᾶν (or mid.) (Xen. also Ar.), ἀγρεύειν. (Xen.), κῡνηγετεῖν (Xen. also Ar.), V. ἐκκῡνηγετεῖν. *Pursue*: P. and V. διώκειν, P. καταδιώκειν, ἐπιδιώκειν. *Drive in pursuit*: P. and V. ἐλαύνειν, V. ἐλαστρεῖν. *Seek eagerly*: P. and V. θηρεύειν, V.

θηρᾶν (or mid.). *Hunt for, seek:* P. and V. ζητεῖν, ἐρευνᾶν. *Hunt up:* P. and V. ἐρευνᾶν; see *search, examine.*

Hunter, subs. P. and V. κῡνηγέτης, ὁ, P. θηρευτής, ὁ, V. κῡνᾱγός, ὁ. *Fellow hunter:* V. συγκῡνᾱγός, ὁ.

Hunting, subs. See *hunt. Art of hunting:* P. ἡ θηρευτική, κυνηγέσιον, τό. *Hounds for hunting:* Ar. and P. κύνες θηρευτῐκαί αἱ. *Good at hunting,* adj.: V. εὔθηρος. *Fond of hunting:* P. φιλόθηρος (Plat.).

Huntress, subs. Ar. and V. κῡνᾱγός, ἡ. *Fellow huntress:* V. συγκῡνᾱγός, ἡ.

Huntsman, subs. See *hunter.*

Hurdle, subs. Ar. and P. τάρσος, ὁ.

Hurl, v. trans. P. and V. βάλλειν, ῥίπτειν, ἀφῑέναι, μεθῑέναι (rare P.), Ar. and V. ἱέναι, V. δῑκεῖν (2nd aor.), ἰάπτειν. *Hurl away:* P. and V. ἀποβάλλειν, ἐκβάλλειν, μεθῑέναι, ἀφῑέναι, ἀπορρίπτειν, V. ἐκρίπτειν. Met., *lose wilfully:* P. and V. ἀποβάλλειν, P. προΐεσθαι. *Hurl down:* P. and V. κᾰτᾰβάλλειν, V. κᾰταρρίπτειν. *Bring low:* P. and V. κᾰθαιρεῖν, V. κᾰταρρέπειν, κλίνειν. *Hurl down upon:* V. ἐγκᾰτασκήπτειν (τι τινι), ἐπεμβάλλειν (τι).

Hurrah, interj. P. and V. ἰοῦ (Eur., *Cycl.*).

Hurrah, subs. *Cheer:* P. and V. θόρῠβος, ὁ, V. κέλᾰδος, ὁ. *Shout hurrah,* v.: Ar. and P. θορῠβεῖν, P. ἀναθορυβεῖν.

Hurricane, subs. P. πολὺς ἄνεμος, ὁ, Ar. and P. πρηστήρ, ὁ (Xen.). *Storm:* P. and V. χειμών, ὁ, Ar. and V. θύελλα, ἡ; see *storm.*

Hurried, adj. *Quick:* P. and V. τᾰχύς. *Short:* P. and V. βρᾰχύς; see *quick.*

Hurriedly, adv. P. and V. τᾰχύ, ἐν τάχει, διὰ τάχους, σπουδῇ, Ar. and P. τᾰχέως, P. κατὰ τάχος, ὀξέως, V. σὺν τάχει, τάχος, σύδην.

Hurry, subs. P. and V. τάχος, τό, σπουδή, ἡ. *In a hurry:* P. κατὰ σπουδήν (Thuc. 1, 93).

Hurry, v. trans. P. and V. σπεύδειν, ἐπισπεύδειν, ἐπείγειν, ὁρμᾶν, P. κατεπείγειν (intrans. in Ar.). V. intrans. P. and V. ὁρμᾶν, ὁρμᾶσθαι, ἐπείγεσθαι, ἵεσθαι (rare P.), ἁμιλλᾶσθαι (rare P.), φέρεσθαι, Ar. and V. τείνειν, ἐγκονεῖν, τᾰχύνειν, ᾄσσειν (also Plat. but rare P.), σπεύδειν (rare P.), V. ἐπισπεύδειν, ὀρούειν, ἀΐσσειν, θοάζειν, σῠθῆναι (1st aor. pass. of σεύειν), σπέρχεσθαι; see also *run, rush, speed. Foreseeing the fate to which they are hurrying:* P. προορώμενοι εἰς οἷα φέρονται (Thuc. 5, 111).

Hurt, v. trans. *Wound:* P. and V. τιτρώσκειν, τραυμᾰτίζειν. *Maim:* P. and V. αἰκίζεσθαι, λῡμαίνεσθαι, λωβᾶσθαι (Plat.), διαφθείρειν. *Harm:* P. and V. βλάπτειν, κᾰκοῦν, ἀδῐκεῖν, κᾰκουργεῖν, ζημιοῦν, κᾰκῶς ποιεῖν, κᾰκῶς δρᾶν, αἰκίζεσθαι, Ar. and V. πημαίνειν. *Pain, distress:* P. and V. λῡπεῖν; see *distress. Sting, chafe.* P. and V. δάκνειν. *Corrupt:* P. and V. διαφθείρειν, λῡμαίνεσθαι, λωβᾶσθαι (Plat.).

Hurt, subs. *Wound:* P. and V. τραῦμα, τό. *Harm:* P. and V. βλᾰβή, ἡ, βλάβος, τό, ζημία, ἡ. *Evil:* P. and V. κᾰκόν, τό. *Mischief:* V. πῆμα, τό, πημονή, ἡ, ἄτη, ἡ. *Corruption:* P. and V. διαφθορά, ἡ.

Hurtful, adj. P. ζημιώδης, ἐπιζήμιος, βλαβερός, ἀνεπιτήδειος, P. and V. κᾰκός, κᾰκοῦργος, ἀσύμφορος, V. νοσώδης, Ar. and V. ἀτηρός, V. λῡμαντήριος.

Hurtle, v. intrans. *Rush:* P. and V. ἵεσθαι (rare P.), φέρεσθαι, V. ἀΐσσειν, Ar. and V. ᾄσσειν (also Plat. but rare P.). *Clash:* P. and V. ψοφεῖν. Ar. and V. κτῠπεῖν (also Plat. but rare P.).

Husband, subs. P. and V. ἀνήρ, ὁ, Ar. and V. πόσις, ὁ, σύνευνος, ὁ, V. ἀκοίτης, ὁ, εὐνάτωρ, ὁ, σύλλεκτρος, ὁ, σῠνάορος, ὁ, σύννομος, ὁ, σῠνευνέτης, ὁ, ὁμευνέτης, ὁ. *Loving one's husband,* adj.: V. φῐλάνωρ.

Husband, v. trans. *Regulate*: Ar. and P. ταμιεύειν. *Use well*: P. and V. καλῶς χρῆσθαι (dat.). *Be sparing of*: P. and V. φείδεσθαι (gen.).

Husbandless, adj. P. and V. ἄνανδρος (Plat.). *Widowed*: use P. and V. χήρα.

Husbandman, subs. P. and V. αὐτουργός, ὁ, ἐργάτης, ὁ, Ar. and P. γεωργός, ὁ, V. γήτης, ὁ, γαπόνος, ὁ.

Husbandry, subs. *Farming*: Ar. and P. ἐργασία, ἡ, P. γεωργία, ἡ. *Implements of husbandry*: Ar. τὰ γεωργικὰ σκεύη. *Frugality*: Ar. and P. φειδωλία, ἡ.

Hush, subs. P. and V. σιγή, ἡ, σιωπή, ἡ.

Hush, interj. P. and V. σῖγα, σιώπα, V. σῖγα. *Abstain from evil words*: P. and V. εὐφήμει.

Hush, v. trans. *Silence*: P. κατασιωπᾶν (Xen.). *Make to cease*: P. and V. παύειν. *Hush up*: P. ἀποκρύπτεσθαι, P. and V. σιωπᾶν, σιγᾶν, συγκαλύπτειν (rare P.).

Hushed, adj. *Noiseless*: V. ἄψοφος, ἀψόφητος. *Dumb*: P. and V. ἄφωνος, V. ἄφθεγκτος, ἄφθογγος, ἄναυδος, ἀφώνητος, ἀπόφθεγκτος. *Be hushed*, v.: P. and V. σιγᾶν, V. σιγὴν ἔχειν.

Hush money, subs. Use *bribe*.

Husk, subs. Ar. and P. λέμμα, τό, Ar. and V. κάλυξ, ἡ, Ar. κέλυφος, τό. *Case, covering*: Ar. and P. ἔλυτρον, τό, P. and V. κύτος, τό.

Huskiness, subs. P. βράγχος, ὁ.

Husky, adj. Use P. τραχύς.

Hustings, subs. Use *election*.

Hustle, v. trans. Ar. ὠστίζεσθαι (dat.), P. and V. ὠθεῖν, ἐλαύνειν, V. βίᾳ ὠθεῖν, πρὸς βίαν ἐλαύνειν, P. περιωθεῖν.

Hustling, subs. P. ὠθισμός, ὁ.

Hut, subs. P. and V. σκηνή, ἡ, P. καλύβη, ἡ, κλισίον, τό.

Hutch, subs. P. εἰργμός, ὁ.

Huzza, interj. See *hurrah*.

Hyaena, subs. P. ὕαινα, ἡ (Hdt.).

Hybrid, adj. P. and V. σύμμικτος.

Hydra, subs. P. and V. ὕδρα, ἡ. Proverb, *cut off the heads of the Hydra*: P Ὕδραν τέμνειν (Plat., *Rep*. 426E).

Hygiene, subs. *Treatment of disease*: P. and V. θεραπεία, ἡ.

Hygienic, adj. *Healthy*: P. ὑγιεινός. *Connected with treatment of disease*: P. θεραπευτικός.

Hymeneal, adj. Ar. and P. γαμικός, P. and V. νυμφικός (Plat.), Ar. and V. γαμήλιος, V. νυμφευτήριος, Ar. νυμφίδιος.

Hymn, subs. P. and V. ὕμνος, ὁ, V. ὑμνῳδία, ἡ; see *song*. *Paean, hymn of praise or victory*: P. and V. παιάν, ὁ. *Sing paean*, v.: P. and V. παιωνίζειν (absol.). *Marriage hymn*, subs.: Ar. and V. ὑμέναιος, ὁ.

Hymn, v. trans. *Celebrate*: P. and V. ὑμνεῖν, ᾄδειν; see *chant*.

Hyperbole, subs. P. and V. ὑπερβολή, ἡ, P. δείνωσις, ἡ.

Hypocrisy, subs. *Deceit*: P. and V. ἀπάτη, ἡ. *Dissimulation*: P. εἰρωνεία, ἡ.

Hypocrite, subs. *Deceiver*: P. ἀπατεών, ὁ. *Dissembler*: use adj., P. εἰρωνικός.

Hypocritical, adj. *Deceiving*: P. ἀπατηλός, Ar. and V. δόλιος. *Dissembling*: P. εἰρωνικός. *Pretended, feigned*: P. and V. πλαστός (Xen.), P. προσποιητός, V. ποιητός. *False*: P. and V. ψευδής. *Seeming* (as opposed to *real*): P. and V. δοκῶν.

Hypocritically, adv. *Dissemblingly*: Ar. and P. εἰρωνικῶς. *Falsely*: P. and V. ψευδῶς.

Hypothecate, v. trans. See *mortgage*.

Hypothesis, subs. *Assumption*: P. ὑπόθεσις, ἡ, θέσις, ἡ. *Assume* (*as hypothesis*), v.: P. ὑπολαμβάνειν, ὑποτίθεσθαι. *Be assumed as hypothesis*: P. ὑπάρχειν, ὑποκεῖσθαι, V. ὑπεῖναι.

Hypothetical, adj. *Assumed as hypothesis*: P. ὑποκείμενος. *Un-*

certain : P. and V. ἀφᾰνής, ἄδηλος. *Unknown* : P. and V. ἀγνώς.

Hypothetically, adv. P. ἐξ ὑποθέσεως.

Hysteria, subs. Use P. νοσοτροφία, ἡ.

Hysterical, adj. *Fanciful* : P. δυσχερής. *Diseased* : P. νοσώδης.

I

I, pron. P. and V. ἐγώ, V. often ἡμεῖς. Also of a man: use V. ὅδε or ὅδ' ἀνήρ. Of a woman: ἥδε or ἥδε γυνή. *I for my part* : P. and V. ἔγωγε.

Iambic verse, subs. Ar. and P. ἴαμβος, ὁ, ἰαμβεῖον, τό.

Ice, subs. P. and V. κρύσταλλος, ὁ (Soph., *Frag.*).

Ice-bound, adj. P. and V. πηκτός, V. κρυσταλλοπήξ, κρυσταλλόπηκτος.

Icy, adj. *Cold* : P. and V. ψυχρός.

Idea, subs. *Opinion* : P. and V. γνώμη, ἡ, δόξᾰ, ἡ, V. γνῶμα, τό, Ar. and P. διάνοια, ἡ. *Conceit, notion* : P. and V. δόξᾰ, ἡ. δόξασμα, τό, δόκησις, ἡ, ἔννοια, ἡ, V. δόκημα, τό. *Mental picture* : P. and V. εἰκών, ἡ, P. εἴδωλον, τό. *Thought* : Ar. and P. νόημα, τό. *Suspicion* : P. and V. ὑποψία, ἡ, ὑπόνοια, ἡ. *Have an idea (inkling) of*, v. : P. and V. ὑποπτεύειν (acc.), ὑπονοεῖν (acc.). *Have no idea, not to know*, v. : P. and V. ἀγνοεῖν. *Form an idea of* : P. and V. νοεῖν (or mid.) (acc.), ὑπολαμβάνειν (acc.) (rare V.). *The Platonic idea*, subs. : P. ἰδέα, ἡ, εἶδος, τό.

Ideal, adj. *Ideal justice, abstract justice* : P. τὸ δίκαιον αὐτό. *Perfect* : P. and V. τέλειος, τέλεος, ἄμεμπτος; see *perfect*. *Existing only in the mind* : P. νοητός. *Beyond human capacity* : P. and V. μείζων ἢ κἀτ' ἄνθρωπον, V. οὐ κἀτ' ἄνθρωπον.

Ideal, subs. *The ideal good* : P. τὸ ἀγαθόν. *Example* : P. and V. πᾰράδειγμα, τό. *Aim, goal* : P. and V. ὅρος, ὁ, σκοπός, ὁ, P. προαίρεσις, ἡ. *Castle in the air* : P. εὐχή. *Pursuing an ideal though incapable of appreciating even realities* : P. ζητοῦντες ἄλλο τι, ὡς εἰπεῖν, ἢ ἐν οἷς ζῶμεν, φρονοῦντες δὲ οὐδὲ περὶ τῶν παρόντων ἱκανῶς (Thuc. 3, 38).

Idealise, v. trans. *Make beautiful* : P. and V. καλλύνειν; see also *worship*.

Ideally, adv. *Perfectly* : P. and V. ἀμέμπτως. *In accordance with one's ideals* : use P. κατ' εὐχήν.

Identical, adj. P. and V. ὁ αὐτός.

Identify, v. trans. *Recognise* : P. and V. γιγνώσκειν, ἐπιγιγνώσκειν, γνωρίζειν; see *recognise*. *Identify oneself with (a thing)* : P. and V. κοινωνεῖν (gen.), κοινοῦσθαι (acc. or gen.); see *share*. *Identify oneself with (a party)* : P. and V. προστίθεσθαι (dat.), P. προσχωρεῖν (dat.); see *join*. *Become identified with* : P. and V. ὁμοιοῦσθαι (dat.), ἐξομοιοῦσθαι (dat.).

Idiocy, subs. P. and V. μωρία, ἡ, ἄνοια, ἡ, ἀφροσύνη, ἡ; see *folly, madness*.

Idiosyncrasy, subs. *Temperament* : P. and V. ἦθος, τό, τρόπος, ὁ, or pl. *Caprice, pleasure* : P. and V. ἡδονή, ἡ; see *characteristic*.

Idiot, subs. P. βλάξ, ὁ or ἡ, or use adj., P. and V. ἄνους, ἄφρων, μῶρος; see *foolish*.

Idiotic, adj. P. and V. μῶρος, ἠλίθιος (Eur., *Cycl.*), Ar. and P. ἀνόητος, ἀβέλτερος; see *foolish*.

Idle, adj. P. and V. ἀργός (Eur., *El.* 80), ῥάθυμος, P. ἄπονος. *Vain, useless* : P. and V. μάταιος, κενός, ἀνήνυτος. *He made no idle boast* : V. οὐχ ἡλίωσε τοὔπος (Soph., *Trach.* 258). *Idle talk, babble* : Ar. and P. λῆρος, ὁ, φλυᾱρία, ἡ, P. ληρήματα, τά. *Boast* : P. κουφολογία, ἡ (Thuc.), V. κόμπος, ὁ, Ar. and V. κομπάσμᾰτα, τά.

Idle, v. intrans. P. and V. ἀργεῖν (Eur., *Phoen.* 625), P. ἀργῶς ἔχειν, ῥαθυμεῖν, Ar. and V. ἐλῑνύειν. *Sit idle* : P. and V. κᾰθῆσθαι. *Let* *one's hand be idle*: V. κᾰταργεῖν χέρα (Eur., *Phoen.* 753).

Idleness, subs. P. and V. ἀργία, ἡ, ῥᾳθῡμία, ἡ, P. ῥᾳστώνη, ἡ. *Leisure*: P. and V. σχολή, ἡ.

Idler, subs. Use adj., *idle*.

Idly, adv. P. ἀργῶς. *In vain*: P. and V. μάτην, V. μᾰταίως; see *in vain*, under *vain*. *At random*: P. and V. εἰκῇ.

Idol, subs. *Image of a god*: P. and V. ἄγαλμα, τό, Ar. and V. βρέτᾰς, τό; see *image*. *Object of affection*: see *darling*.

Idolise, v. trans. Use *love, worship*.

If, conj. P. and V. εἰ, εἴπερ, ἐάν (subj.), ἤν (subj.), ἐάνπερ (subj.), ἤνπερ (subj.). *As if*: P. and V. ὡσπερεί.

Igneous, adj. Ar. and P. πῠρώδης. *Carrying fire*: P. and V. πυρφόρος; see *fiery*.

Ignite, v. trans. P. and V. ἅπτειν, ὑφάπτειν, ἀνάπτειν, V. ἐπαιθειν. V. intrans.: P. and V. ἅπτεσθαι; see *burn*.

Ignition, subs. P. ἔμπρησις, ἡ.

Ignoble, adj. *Mean, base*: P. and V. αἰσχρός, κᾰκός, ἀνάξιος, Ar. and P. ἀγεννής; see *base*. *Inglorious*: P. and V. ἀδόκῐμος, ἀκλεής, δυσκλεής (Xen.), V. ἄσημος; see *inglorious, obscure*.

Ignobleness, subs. P. and V. ἀδοξία, ἡ; see *disgrace, obscurity*.

Ignobly, adv. *Basely*: P. and V. αἰσχρῶς, κᾰκῶς, ἀγεννῶς, ἀκλεῶς, V. δυσκλεῶς.

Ignominious, adj. P. and V. αἰσχρός, ἄτῑμος, ἀκλεής, ἐπονείδιστος, δυσκλεής (Xen.), ἀνάξιος, V. ἀεικής, αἰκής.

Ignominiously, adv. P. and V. αἰσχρῶς, ἀτίμως, ἀκλεῶς, κᾰκῶς, ἀναξίως, V. δυσκλεῶς.

Ignominy, subs. P. and V. αἰσχύνη, ἡ, ὄνειδος, τό, ἀτῑμία, ἡ, δύσκλεια, ἡ, ἀδοξία, ἡ, V. αἶσχος, τό. *Loss of civil rights, public disgrace*: P. and V. ἀτῑμία, ἡ.

Ignoramus, subs. Use adj., P. ἀγράμματος, ὁ or ἡ.

Ignorance, subs. P. and V. ἄγνοια, ἡ (V. sometimes ἀγνοίᾱ), ἀγνωσία, ἡ, V. δύσγνοια, ἡ. *Inexperience*: P. and V. ἀπειρία, ἡ, P. ἀνεπιστημοσύνη, ἡ, ἀηθεία, ἡ, V. ἀηθία, ἡ. *Want of education*: P. and V. ἀμᾰθία, ἡ, P. ἀπαιδευσία, ἡ. *They sinned in ignorance*: V. ἥμαρτον ἀμᾰθῶς (Eur., *Phoen.* 874).

Ignorant, adj. P. and V. ἀγνώς, ἀμᾰθής, ἄπειρος. *Ignorant of*: P. and V. ἄπειρος (gen.), ἀμᾰθής (gen.), P. ἀνεπιστήμων (gen.), V. ἀΐστωρ (gen.), ἄϊδρις (gen.). *Wanting in education*: P. and V. ἀμᾰθής, ἄμουσος, Ar. and P. ἀπαίδευτος. *Be ignorant*, v.: P. and V. ἀγνοεῖν. *Be ignorant of*: P. and V. ἀγνοεῖν (acc.). *I am ignorant of the customs of Greece*: V. λέλειμμαι τῶν ἐν Ἕλλησιν νόμων (Eur., *Hel.* 1246).

Ignorantly, adv. P. and V. ἀμᾰθῶς, P. ἀπείρως, ἀνεπιστημόνως.

Ignore, v. trans. *Disregard*: P. and V. ἀμελεῖν (gen.), πᾰρᾰμελεῖν (gen.), κᾰτᾰμελεῖν (absol.), P. ὀλιγωρεῖν (gen.), παρορᾶν, ἐν οὐδένι λόγῳ ποιεῖσθαι, V. δι' οὐδένος ποιεῖσθαι, ἀκηδεῖν (gen.); see *disregard*. *Slight*: P. and V. ἀτῑμάζειν, πᾰρέρχεσθαι, V. ἀτίζειν.

Ill, adj. *Sick*: P. νοσώδης, P. and V. ἀσθενής. *Be ill*, v.: P. and V. νοσεῖν, κάμνειν, ἀσθενεῖν, P. ἀρρωστεῖν. *He fell ill*: P. ἠσθένησε (Dem. 13). *Wicked*: P. and V. κᾰκός, πάγκᾰκος, πονηρός, μοχθηρός, φαῦλος, φλαῦρος, πᾰνοῦργος, V. παντουργός. *Unfortunate*: P. and V. κᾰκός, δυστῠχής, δυσδαίμων, ἀτῠχής (rare V.), Ar. and V. δύσποτμος; see *unfortunate*. *Injurious*: P. βλαβερός, P. and V. ἀσύμφορος, κᾰκός, Ar. and V. ἀτηρός, V. λῡμαντήριος; see *harmful*.

Ill, adv. *Wickedly*: P. and V. κᾰκῶς, φαύλως. *Unfortunately*: P. and V. κᾰκῶς, δυστῠχῶς, V. παγκάκως, δυσπότμως, P. ἀτυχῶς. *Injuriously*: P. and V. κᾰκῶς, P. ἀσυμφόρως. *Go ill with*: P. and V. κᾰκῶς ἔχειν (dat.). *Take it ill*: P. χαλεπῶς φέρειν, δεινόν ποιεῖσθαι, V. πικρῶς φέρειν, Ar. and P. ἀγανακτεῖν, Ar. δεινὰ ποιεῖν. *Speak ill of*: P. and V. κακῶς λέγειν (acc.). *Be spoken ill of*: P. and V. κακῶς ἀκούειν, V. κακῶς κλύειν. *Hardly, with difficulty*: Ar. and P. χαλεπῶς, P. and V. μόλις, μόγις.

Ill, subs. *Harm*: P. and V. κακόν, τό, βλαβή, ἡ, βλάβος, τό; see *harm*. *Misfortune*: P. and V. κακόν, τό, συμφορά, ἡ, πάθος, τό, πάθημα, τό, σφάλμα, τό, P. ἀτυχία, ἡ, ἀτύχημα, τό. *Mischief*: P. and V. κακόν, τό, V. πῆμα, τό, πημονή, ἡ, ἄτη, ἡ.

Ill-advised, adj. Ar. κακόβουλος; see *foolish*.

Ill-assorted, adj. Use *hostile*. Of a marriage: V. δυσπάρευνος.

Ill-bred, adj. Ar. and P. ἀπαίδευτος, P. and V. σκαιός, ἄμουσος. *It is not ill-bred on your part to express wonder at my tears*: V. τὸ μὲν σὸν οὐκ ἀπαιδεύτως ἔχει εἰς θαύματ' ἐλθεῖν δακρύων ἐμῶν πέρι (Eur., *Ion*. 247).

Ill-clad, adj. V. δυσείματος; see *squalid*.

Ill-considered, adj. P. ἀπερίσκεπτος, ἀλόγιστος, V. ἄκριτος; see *rash*.

Ill-disposed, adj. P. and V. δύσνους, δυσμενής, V. δύσφρων, κακόφρων, Ar. and V. κακόνους; see *hostile*.

Illegal, adj. P. and V. παράνομος.

Illegality, subs. P. παρανομία, ἡ. *Illegal act*: P. παρανόμημα, τό.

Illegally, adv. P. παρανόμως. *Act illegally*, v.: P. παρανομεῖν.

Illegible, adj. *Faint*: P. ἀμυδρός; see *faint*.

Illegitimate, adj. P. and V. νόθος, V. νοθαγενής.

Ill-fated, adj. P. and V. δυστυχής, δυσδαίμων, ἀτυχής (Eur., *Heracl*. 460, but rare V.), Ar. and V. δύσποτμος, δύσμορος (also Antipho. but rare P.), V. ἄμοιρος (also Plat. but rare P.), ἄμμορος; see *unfortunate*.

Ill-favoured, adj. *Ugly*: P. and V. δυσειδής (Plat. and Soph., *Frag*.), αἰσχρός (Plat. also Ar.), V. δύσμορφος, δυσπρόσοπτος; see *ugly*.

Ill-gotten, adj. P. and V. αἰσχρός. *Making ill-gotten gains*: P. and V. αἰσχροκερδής. *Desire of ill-gotten gains*, subs.: P. and V. αἰσχροκέρδεια, ἡ.

Ill health, subs. P. ἀσθένεια, ἡ; see *illness*. *Be in ill health*: P. and V. ἀσθενεῖν; see *be ill*, under *ill*.

Illiberal, adj. Ar. and P. ἀνελεύθερος, ἀγεννής. *Mechanic* (*of a trade*): P. and V. βάναυσος.

Illiberally, adv. P. ἀνελευθέρως (Xen.), P. and V. ἀγεννῶς.

Illicit, adj. *Forbidden*: P. and V. ἀπόρρητος. *Wrong*: P. and V. οὐκ ὀρθός, οὐ δίκαιος. *Not to be pursued*: V. οὐ θηράσιμος.

Illimitable, adj. P. and V. ἄπειρος, V. μυρίος (also Plat. but rare P.); see *immeasurable*.

Illiterate, adj. P. and V. ἀμαθής, ἄμουσος, Ar. and P. ἀπαίδευτος, P. ἀγράμματος.

Ill-matched, adj. Of a wedded pair: V. δυσπάρευνος. Of fighters: P. οὐκ ἀξιόμαχος, οὐκ ἀντίπαλος.

Ill-mated, adj. Of a husband: V. δύσδαμαρ.

Ill-natured, adj. P. and V. δύσκολος, δυσχερής, Ar. and P. κακοήθης, P. δύστροπος.

Illness, subs. P. and V. νόσος, ἡ, νόσημα, τό, P. ἀσθένεια, ἡ, ἀρρωστία, ἡ, ἀρρώστημα, τό.

Illogical, adj. P. ἄλογος, ἀλόγιστος.

Illogicality, subs. P. ἀλογία, ἡ.

Illogically, adv. P. ἀλόγως, ἀλογίστως.

Ill-omened, adj. P. and V. κακός, δυστυχής, δύσφημος (Plat. but rare P.), V. κακόγλωσσος, σκαιός, εὐώνυμος (Æsch., *P. V*. 490). *Ill-omened words*: P. and V. βλασφημία, ἡ (Plat.), V. δυσφημία, ἡ. *Utter ill-omened words*, v.: P. βλασφημεῖν, V. δυσφημεῖν.

Ill-spread, adj. Of a bed: V. κακόστρωτος.

Ill-starred, adj. See *ill-fated*.

Ill success, subs. P. ἀπραξία, ἡ.
Ill temper, subs. Ar. and P. δυσκολία, ἡ.
Ill-tempered, adj. P. and V. δύσκολος, δὔσάρεστος, δυσχερής, πικρός, Ar. and P. κἄκοήθης, P. δύστροπος, V. δύσοργος.
Ill-temperedly, adv. P. δυσκόλως.
Ill-timed, adj. P. and V. ἄκαιρος, V. ἔξωρος; see *unseasonable*.
Ill-treat, v. trans. P. and V. αἰκίζεσθαι, ὑβρίζειν, κἄκῶς ποιεῖν, κἄκῶς δρᾶν; see *maltreat*.
Ill treatment, subs. See *ill usage*.
Ill turn, subs. Use P. and V. κἄκόν, τό. *Do (some one) an ill turn*: P. and V. κἄκόν τί (τινα), δρᾶν or ποιεῖν; see also *injure*.
Illuminate, v. trans. P. καταλάμπειν (gen.), V. φλέγειν. *Make plain*: P. and V. σἄφηνίζειν (Xen.), διἄσἄφεῖν (Plat.), V. ὀμμἄτοῦν, Ar. and V. ἐξομμἄτοῦν. *Adorn*: P. and V. κοσμεῖν, ποικίλλειν. *Instruct*: P. and V. παιδεύειν; see *instruct*.
Illumination, subs. *Brightness*: P. λαμπρότης, ἡ; see *brightness*. Met., see *knowledge*.
Illumine, v. trans. See *illuminate*. *The mind when sleeping has its eyes illumined*: V. εὕδουσα γὰρ φρὴν ὄμμασιν λαμπρύνεται (Æsch., *Eum*. 104).
Ill usage, subs. P. and V. ὕβρῐς, ἡ, αἰκία, ἡ, ὕβρισμα, τό. *Law against ill usage*: P. ὁ τῆς κακώσεως νόμος; see also *injury*.
Ill-use, v. trans. P. and V. αἰκίζεσθαι, ὑβρίζειν; see also *injure*.
Illusion, subs. *Appearance* (as opposed to *reality*): P. φάντασμα, τό; see *appearance*. *Deceptiveness*: P. πλανή, ἡ. *Deception, cheat*: P. and V. ἀπάτη, ἡ, P. γοητεία.
Illusive, adj. *Deceptive*: P. ἀπατηλός, V. κέρτομος, δύσφορος (Soph., *Aj*. 51). *Vain, empty*: P. and V. μάταιος, κενός. *Hollow, unsound*: P. and V. ὕπουλος, σαθρός.
Illusory, adj. See *illusive*.

Illustrate, v. trans. *Show*: P. and V. φαίνειν, δηλοῦν, σημαίνειν (Plat.), δεικνύναι. *Explain*: P. and V. ἐξηγεῖσθαι, ἑρμηνεύειν, φράζειν; see *explain*. *Give an example of*: P. παράδειγμα διδόναι (gen.). *He will choose the most suitable of the events that illustrate his subject*: P. τῶν πράξεων τῶν συντεινουσῶν πρὸς τὴν ὑπόθεσιν ἐκλέξεται τὰς πρεπωδεστάτας (Isoc., *Antid*. 121).
Illustration, subs. *Explanation*: P. ἐξήγησις, ἡ, ἑρμηνεία, ἡ. *Example*: P. and V. δεῖγμα, τό, πἄρἄδειγμα, τό.
Illustrious, adj. P. and V. εὔδοξος, περίβλεπτος, διαπρεπής, ἐκπρεπής, ὀνομαστός, λαμπρός, ἐπίσημος, P. ἀξιόλογος, ἐπιφανής, εὐδόκιμος, περιβόητος, ἔνδοξος, διαφανής, ἐλλόγιμος, Ar. and V. κλεινός (also Plat. but rare P.), V. πρεπτός, εὐκλεής.
Illustriously, adv. P. and V. λαμπρῶς, εὐκλεῶς (Xen.).
Illustriousness, subs. P. and V. δόξα, ἡ, εὐδοξία, ἡ, ἀξίωμα, τό, κλέος, τό (rare P.), ὄνομα, τό, Ar. and V. εὔκλεια, ἡ, κῦδος, τό, V. κληδών, ἡ.
Ill will, subs. P. and V. δύσνοια, ἡ, δυσμένεια, ἡ, P. κακόνοια, ἡ; see *enmity*. *Envy*: P. and V. φθόνος, ὁ.
Image, subs. *Statue of a man*: P. and V. εἰκών, ἡ, ἄγαλμα, τό, Ar. and P. ἀνδριάς, ὁ. *Image of a god*: P. and V. ἄγαλμα, τό, Ar. and V. βρέτας, τό, V. ξόἄνον, τό (Eur., *Ion*. 1403 and *I. T*. 1359). *Resemblance, reflection*: P. and V. εἰκών, ἡ. *The very image of you*: Ar. αὐτέκμαγμα σόν (Thes. 514). *Mental picture*: P. εἴδωλον, τό, P. and V. εἰκών, ἡ. *Form, appearance*: P. and V. εἶδος, τό, ἰδέα, ἡ, σχῆμα, τό; see *form*.
Image maker, subs. P. εἰδωλοποιός, ὁ.
Imaginary, adj. P. and V. δοκῶν, οὐκ ὤν. *False*: P. and V. ψευδής. *Trumped up*: P. and V. πλαστός (Xen.).

Imagination, subs. *The faculty*: P. φαντασία, ἡ (Plat.). *Fancy, conceit*: P. and V. δόξᾰ, ἡ, δόκησις, ἡ, δόξασμα, τό, ἔννοια, ἡ, V. δόκημα, τό. *Opposed to reality*: P. and V. δόξᾰ, ἡ, δόκησις, ἡ. *He was at Mycenae in imagination*: V. ἦν ἐν Μυκήναις τῷ λόγῳ (Eur., *H. F.* 963). *False picture* (as opposed to *truth*): P. εἴδωλον, τό. *Mind*: P. and V. νοῦς, ὁ, Ar. and P. διᾰνοια, ἡ, Ar. and V. φρήν, ἡ, or pl.; see *mind*. *Suspicion*: P. and V. ὑπόνοια, ἡ, ὑποψία, ἡ. *Speculation*: P. θεωρία, ἡ.

Imagine, v. trans. *Conceive in the mind*: P. and V. νοεῖν, (or mid.), ὑπολαμβάνειν (rare V.); see *understand*. *Fancy*: P. and V. δοξάζειν. *Suspect*: P. and V. ὑποπτεύειν, ὑπονεῖν. *Guess*: P. and V. εἰκάζειν, συμβάλλειν, τεκμαίρεσθαι, τοπάζειν, V. ἐπεικάζειν; see *guess*. *Think*: (absol.). P. and V. νομίζειν, ἡγεῖσθαι, οἴεσθαι, δοξάζειν, Ar. and V. δοκεῖν (rare P.).

Imbecile, subs. P. βλάξ, ὁ or ἡ, or use adj.

Imbecile, adj. P. and V. ἄφρων, ἄνους, ἠλίθιος (Eur., *Cycl.*); see *foolish, mad*.

Imbecility, subs. P. and V. ἀφροσύνη, ἡ, ἄνοια, ἡ; see *folly, madness*.

Imbed, v. trans. P. and V. ἐντῐθέναι. *Be imbedded in*: P. and V. ἐγκεῖσθαι (dat.).

Imbibe, v. trans. P. and V. πίνειν; see *drink*. Met., P. and V. δέχεσθαι, εἰσδέχεσθαι.

Imbitter, v. trans. See *embitter*.

Imbrue, v. trans. P. and V. τέγγειν (Plat.), δεύειν (Plat.). *Defile*: P. and V. μιαίνειν.

Imbue with, v. trans. P. and V. ἐντῐθέναι (τί τινι), P. ἐμποιεῖν (τι τινι).

Imbued with, adj. P. and V. μεστός (gen.), πλήρης (gen.), πλέως (gen.).

Imitate, v. trans. P. and V. μῑμεῖσθαι, Ar. and V. ἐκμῑμεῖσθαι (also Xen.). *Easy to imitate*: P. εὐμίμητος (Plat.).

Imitation, subs. Ar. and P. μίμησις, ἡ. *What is imitated*: P. and V. μῑμημα, τό.

Imitative, adj. P. μιμητικός.

Imitator, subs. P. μιμητής, ὁ.

Immaculate, adj. P. and V. κᾰθᾰρός, ἁγνός (Plat.), ἀκήρᾰτος (Plat.), ἀκέραιος, V. ἄθικτος. *Sinless*: P. and V. ἀναίτιος, P. ἀναμάρτητος.

Immaculately, adv. P. καθαρῶς.

Immaterial, adj. *Not consisting of matter*: ἀειδής (Plat.). *Without body*: P. ἀσώματος. *Shadowy*: P. σκιοειδής, ἀμυδρός, V. ἀμαυρός. *Not necessary*: P. and V. οὐκ ἀναγκαῖος. *Secondary*: P. ὕστερος; see *secondary*. *Nothing to do with the subject*: P. οὐδὲν πρὸς λόγον.

Immature, adj. *Premature*: P. and V. ἄωρος. *Unseasonable*: P. and V. ἄκαιρος. *Not fully grown*: P. ἄνηβος. *Imperfect*: P. and V. ἀτελής.

Immaturely, adv. *Prematurely*: P. and V. πρῴ.

Immeasurable, adj. P. ἄμετρος, Ar. and V. ἀμέτρητος (Eur., *Hec.* 783). *Boundless*: P. and V. ἄπειρος, V. μῡρίος (also Plat. but rare P.); see *unfathomable*. *Oh, sorrow immeasurable*: V. ὦ πένθος οὐ μετρητόν (Eur., *Bacch.* 1244).

Immeasurably, adv. P. ἀμέτρως. With comparatives: P. and V. πολλῷ, μῡρίῳ (Plat.). *Immeasurably wiser*: V. μυρίῳ σοφώτερος (Eur., *And.* 701).

Immediate, adj. *Momentary*: P. and V. ὁ πᾰραυτίκα, ὁ αὐτίκα, P. ὁ παραχρῆμα.

Immediately, adv. P. and V. αὐτίκᾰ, πᾰραυτίκᾰ, αὐτόθεν, εὐθύς, εὐθέως, Ar. and P. πᾰραχρῆμα, V. ἄφᾰρ (rare). *Quickly*: P. and V. τάχᾰ, ὡς τάχιστα; see *quickly*. *Those immediately concerned*: P. οἱ μάλιστα προσήκοντες. *Adjoin immediately*: P. εὐθὺς ἔχεσθαι (gen.) (Thuc. 8, 90).

Immemorial, adj. P. and V. πᾰλαιός, ἀρχαῖος, Ar. and V. πᾰλαιγενής, V.

πᾰλαίφᾰτος. *Long existing*: V. δηναιός. *From time immemorial*: P. ἐκ παλαιτάτου.

Immense, adj. P. and V. ὑπερφυής (Æsch., *Frag.*), P. ὑπερμεγεθής, ὑπέρογκος, ὑπέρμετρος; see also *large*. Of number or measure: P. and V. πολύς, ὑπέρπολυς, Ar. and P. πάμπολυς, V. μῡρίος (also Plat. but rare P.); see *vast*. *Extraordinary*: P. and V. ἀμήχᾰνος, θαυμαστός.

Immensely, adv. P. and V. μέγᾰ, μέγιστα. *Exceedingly*: P. and V. σφόδρᾰ, Ar. and V. κάρτᾰ (rare P.); see *exceedingly*. *In an extraordinary degree*: P. θαυμαστῶς, ἀμηχάνως, Ar. and P. ὑπερφυῶς, V. εἰς ὑπερβολήν.

Immensity, subs. P. and V. μέγεθος, τό, πλῆθος, τό. *Bulk*: P. and V. ὄγκος, ὁ.

Immerse, v. trans. *Dip*: P. and V. βάπτειν, Ar. ἐμβάπτειν. *Wet*: P. and V. τέγγειν (Plat.), δεύειν (Plat.). *immersed in*, met.: *absorbed in*: P. ὅλος πρός (dat.), V. ἀνειμένος εἰς (acc.). *Be immersed in*, v.: P. and V. προσκεῖσθαι (dat.).

Immersion, subs. P. and V. βαφή, ἡ.

Immigrant, subs. P. and V. μέτοικος, ὁ or ἡ, V. ἔπηλυς, ὁ or ἡ, P. ἐπηλύτης, ὁ.

Immigrate, v. intrans. P. μετανίστασθαι.

Immigration, subs. P. μετανάστασις, ἡ.

Imminent, adj. *All but present*: P. ὅσον οὐ παρών. *Threatening*: Ar. and P. ἐνεστώς. *Be imminent*, v.: Ar. and P. ἐνεστηκέναι (perf. of ἐνιστάναι), P. ἐπικρέμασθαι, P. and V. ἐφίστασθαι; see *impend*. *About to take place*: P. and V. μέλλων.

Immoderate, adj. P. and V. ἀκόλαστος, Ar. and P. ἀκρᾰτής, P. ἄμετρος. *Excessive*: P. and V. περισσός, P. ὑπέρμετρος.

Immoderately, adv. P. ἀκολάστως, ἀμέτρως (Xen.). *Too much*: P. and V. ἄγᾱν, λίᾱν, περισσῶς, V. ὑπερμέτρως.

Immodest, adj. P. and V. ἀναιδής, ἀναίσχυντος, θρᾰσύς, P. ἀσελγής, ὑβριστικός.

Immodestly, adv. P. and V. ἀναιδῶς, P. ἀναισχύντως, ὑβριστικῶς, Ar. and P. ἀσελγῶς.

Immodesty, subs. P. and V. ἀναίδεια, ἡ, ὕβρῐς, ἡ, θράσος, τό, V. τὸ ἀναίσχυντον, Ar. and P. ἀναισχυντία, ἡ, P. ἀσέλγεια, ἡ.

Immolate, v. trans. P. and V. θύειν, V. ἐκθύειν, ῥέζειν, ἔρδειν; see *sacrifice*, *kill*.

Immoral, adj. P. and V. κᾰκός, πονηρός, ἀνόσιος, ἀσεβής, αἰσχρός, μιᾰρός. *Improper*: P. ἀπρεπής, P. and V. οὐ πρέπων, οὐ προσήκων. *Impure*: P. and V. ἄναγνος, P. ἀκάθαρτος.

Immorality, subs. P. and V. κάκη, ἡ, πονηρία, ἡ, ἀσέβεια, ἡ, τὸ κᾰκοῦργον, Ar. and P. κᾰκία, ἡ, P. κακότης, ἡ. *Impurity*: P. ἀκαθαρσία, ἡ.

Immorally, adv. P. and V. αἰσχρῶς, Ar. and P. μιᾰρῶς, V. ἀνοσίως.

Immortal, adj. P. and V. ἀθάνᾰτος, Ar. and V. ἄφθῐτος; see *deathless*. *Eternal*: P. αἰώνιος, ἀΐδιος; see *eternal*. *Ageless*: P. and V. ἀγήρως. *Ever-remembered*: P. and V. ἀείμνηστος.

Immortalise, v. trans. *Celebrate*: P. and V. ὑμνεῖν, ᾄδειν.

Immortality, subs. P. ἀθανασία, ἡ.

Immortally, adv. See *for ever*, under *ever*.

Immovable, adj. P. and V. ἀκίνητος, βέβαιος, ἀσφᾰλής. *Firm*: P. and V. καρτερός, V. ἔμπεδος; see *firm*. *Not to be influenced*: P. and V. ἀκίνητος, P. ἀπαραίτητος, Ar. and V. ἄτεγκτος, V. δυσπᾰραίτητος. *Obstinate*: P. and V. αὐθάδης.

Immovably, adv. P. and V. βεβαίως, ἀσφᾰλῶς, P. ἀκινήτως, V. ἐμπέδως, ἀρᾱρότως (also Plat. but rare P.). *Stubbornly*: Ar. and P. αὐθάδως.

Immune, adj. See *exempt*.

Immunity, subs. *Exemption from burdens*: P. ἀτέλεια, ἡ; see *exemption*. *Procure immunity at* *little expense*: P. ἀτελὴς ἀπὸ μικρῶν ἀναλωμάτων γίγνεσθαι (Dem. 260). *Freedom from danger*: P. and V. ἄδεια, ἡ, ἀσφάλεια, ἡ. *Permission*: P. and V. ἐξουσία, ἡ.

Immure, v. trans. See *imprison*. *Immure in a tomb*: V. ἐν τάφῳ κατοικίζειν.

Immutable, adj. P. and V. ἀκίνητος, βέβαιος, ἀσφαλής, P. μόνιμος, ἀμετάπτωτος, V. ἔμπεδος.

Immutability, subs. P. βεβαιότης, ἡ.

Immutably, adv. P. ἀκινήτως, P. and V. βεβαίως, ἀσφαλῶς, V. ἐμπέδως.

Impact, subs. Use P. and V. προσβολή, ἡ, ἐμβολή, ἡ.

Impair, v. trans. P. and V. βλάπτειν, διαφθείρειν, φθείρειν, λυμαίνεσθαι (acc. or dat.), P. κακοῦν, V. ἀμαυροῦν. *Lessen*: P. ἐλασσοῦν; see *injure*.

Impale, v. trans. P. ἀνασταυροῦν, V. σκόλοπι πηγνύναι or σκόλοψι πηγνύναι.

Impaled, adj. V. ὑπὸ ῥάχιν παγείς (Æsch., *Eum.* 190).

Impalpable, adj. P. ἀναφής. *Shadowy*: P. σκιοειδής, V. ἀμαυρός.

Impanel, v. trans. *Impanel a jury*: P. καθίζειν (acc.) (Dem. 585).

Impart, v. trans. *Communicate*: P. and V. κοινοῦν (or mid.). *Announce*: P. and V. ἀγγέλλειν, λέγειν, φράζειν; see *announce*. *Give*: P. and V. διδόναι, νέμειν; see *give*. *Give a share in*: P. and V. μεταδιδόναι (dat. of person, gen. of thing).

Impartial, adj. P. and V. ἴσος, κοινός. *Fair, just*: P. and V. ὀρθός, δίκαιος, ἐπιεικής. *Equal*: P. and V. ἴσος.

Impartiality, subs. *Fairness*: P. ὀρθότης, ἡ, ἐπιείκεια, ἡ, V. τοὐπιεικές.

Impartially, adv. P. ἴσως, κοινῶς. *Fairly*: P. and V. δικαίως, ὀρθῶς, P. ἐπιεικῶς. *Equally*: P. and V. ἴσως.

Impassable, adj. P. δύσβατος, ἀδιάβατος (Xen.), ἀνέκβατος, P. and V. ἄβατος (Xen.), V. ἀστιβής, ἄστιπτος. Of the sea: P. ἄπλους.

Impassioned, adj. Of persons or things: P. σφοδρός, P. and V. νεανικός, ἔντονος, σύντονος.

Impassive, adj. P. and V. ἥσυχος, ἡσυχαῖος, P. ἡσύχιος; see *calm*.

Impassively, adv. P. and V. ἡσυχῇ, ἡσύχως (rare P.); see *calmly*.

Impassivity, subs. Ar. and P. ἡσυχία, V. τὸ ἡσυχαῖον.

Impatience, subs. *Vehemence*: P. σφοδρότης, ἡ, προπέτεια, ἡ. *Quick temper*: V. ὀξυθυμία, ἡ, τάχος φρενῶν, τό. *Impatience of*: P. and V. δυσχέρεια (gen.). *Hear (a thing) with impatience*: P. δυσχερῶς ἀκούειν (τι).

Impatient, adj. P. and V. ὀξύς. *Vehement*: σφοδρός, προπετής. *Quick to anger*: P. and V. ὀξύς, Ar. and V. ὀξύθυμος, V. δύσοργος; see *angry*. *Be impatient of*: P. and V. ἄχθεσθαι (dat.), Ar. and P. ἀγανακτεῖν (dat.), P. χαλεπῶς φέρειν (acc.), δυσχεραίνειν (acc. or dat.), V. δυσφορεῖν (dat.), πικρῶς φέρειν (acc.), δυσλόφως φέρειν (acc.).

Impatiently, adv. P. προπετῶς. *Angrily*: Ar. and P. χαλεπῶς, P. and V. πικρῶς; see *angrily*.

Impeach, v. trans. P. εἰσαγγέλλειν; see *accuse*.

Impeachment, subs. P. εἰσαγγελία, ἡ; see *accusation*.

Impede, v. trans. P. and V. ἐμποδίζειν. *Check*: P. and V. ἐπέχειν, κατέχειν, Ar. and V. ἴσχειν (rare P.), V. ἐπίσχειν (rare P.), ἐρύκειν, ἐξερύκειν. *Prevent*: P. and V. κωλύειν, ἐπικωλύειν, εἴργειν, ἀπείργειν, ἐξείργειν, V. κατείργειν; see *prevent*.

Impediment, subs. P. κώλυμα, τό, διακώλυμα, τό, ἐμπόδισμα, τό, ἐναντίωμα, τό. *Be an impediment to*: Ar. and P. ἐμπόδιος εἶναι (dat.), P. and V. ἐμποδὼν εἶναι (dat.), ἐμποδὼν γίγνεσθαι (dat.).

Impedimenta, subs. Ar. and P. σκεύη, τά.

Impel, v. trans. P. and V. ἐπάγειν, προτρέπειν (or mid.), ἐπαίρειν, προάγειν, P. ἐπισπᾶν. *Persuade*: P. and V.

πείθειν, ἀνᾰπείθειν (Eur., *Hel.* 825), V. ἐκπείθειν. *Urge on*: P. and V. ὁρμᾶν, ἐποτρύνειν, ἐξοτρύνειν; see *urge on*. *Compel, force*: P. and V. ἀναγκάζειν, ἐπᾰναγκάζειν, κᾰτᾰναγκάζειν, βιάζεσθαι, Ar. and V. ἐξᾰναγκάζειν, V. διᾰβιάζεσθαι; see *force*.

Impend, v. intrans. P. and V. ἐφίστασθαι, P. ἐπικρέμασθαι, ἐπηρτῆσθαι (perf. pass. of ἐπαρτᾶν), Ar. and P. ἐνεστηκέναι (perf. of ἐνιστάναι). *Some of the dangers were impending, others were already upon us*: P. τὰ μὲν ἤμελλε τῶν δεινῶν τὰ δ' ἤδη παρῆν (Dem. 292).

Impending, adj. *All but present*: P. ὅσον οὐ παρών. *Imminent*: Ar. and P. ἐνεστώς. *About to take place*: P. and V. μέλλων.

Impenetrable, adj. *Inaccessible*: ἄβᾰτος (Xen.), P. δύσβατος, δυσπρόσοδος. *Unbreakable*: V. ἄρρηκτος. *Thick*: P. and V. πυκνός. *Lying in an impenetrable forest*: V. ἐν ὕλῃ κείμενος δυσευρέτῳ (Eur., *Bacch.* 1221). *Undiscoverable*: P. and V. ἀσᾰφής, ἀφᾰνής, ἄδηλος, V. δύσεύρετος, δυστέκμαρτος, ἀξύμβλητος, δυσμᾰθής; see also *secret*.

Impenetrably, adv. *Undiscoverably*: V. δυσκρίτως. *Altogether*: see *altogether*.

Impenitence, subs. *Obstinacy*: P. αὐθάδεια, ἡ, σκληρότης, ἡ, Ar. and V. αὐθᾰδία, ἡ.

Impenitent, adj. *Obstinate*: P. and V. αὐθάδης, σκληρός.

Impenitently, adv. *Obstinately*: Ar. and P. αὐθάδως, P. σκληρῶς.

Imperative, adj. *Decisive*: P. and V. κύριος, P. ἰσχυρός. *Necessary*: P. and V. ἀναγκαῖος.

Imperatively, adv. P. and V. κῡρίως, P. ἰσχυρῶς.

Imperator, subs. *Imperator* (*in Roman sense*): P. στρατηγός, ὁ (late).

Imperceptible, adj. *Secret*: P. and V. λαθραῖος. *Impalpable*: P. ἀναφής. *Insensible*: P. ἀναίσθητος.

Imperceptibly, adv. P. and V. λάθρᾳ, λαθραίως (rare P.). *Little by little*: P. κατ' ὀλίγον, κατὰ βραχύ; see *gradually*. *Do a thing imperceptibly*: P. and V. λανθάνειν ποιῶν τι, V. λήθειν ποιῶν τι.

Imperfect, adj. P. and V. ἀτελής. *Deficient*: P. and V. ἐνδεής, P. ἐλλιπής.

Imperfection, subs. *Deficiency*: P. ἔνδεια, ἡ. *Flaw*: P. ἁμάρτημα, τό, πλημμέλεια, ἡ. *Blemish, stain*: P. and V. κηλίς, ἡ. *Deformity*: P. πονηρία, ἡ (Plat.), αἶσχος, τό (Plat.). *Imperfections, shortcomings*: P. ἐλλείμματα, τά.

Imperfectly, adv. *Deficiently*: P. ἐνδεῶς.

Imperial, adj. *Despotic*: P. and V. τῠραννῐκός, V. τύραννος (also Thuc. but rare P. as adj.). *Royal*: P. and V. τῠραννῐκός, βᾰσῐλῐκός, βᾰσίλειος, ἀρχῐκός. *Connected with empire*: P. ἀρχικός.

Imperially, adv P. τυραννικῶς.

Imperil, v. trans. P. εἰς κίνδυνον, καθιστάναι, Ar. and P. κινδῡνεύειν (dat. or περί gen.), V. κινδύνῳ βάλλειν. *Hazard*: Ar. and P. πᾰρᾰβάλλεσθαι, V. πᾰραρρίπτειν, προβάλλειν, προτείνειν; see *risk*. *Be imperilled*: P. κινδυνεύεσθαι.

Imperious, adj. P. and V. τῠραννῐκός, V. τύραννος. *Haughty*: P. and V. σεμνός, V. ὑπέρφρων, P. ὑπερήφανος; see *haughty*. Of things, *authoritative*: P. and V. κύριος. *I fear your too imperious mood*: V. δέδοικα . . . τὸ βασιλικὸν λίαν (Eur., *Bacch.* 670).

Imperiously, adv. P. τυραννικῶς. *Haughtily*: P. and V. σεμνῶς, P. ὑπερηφάνως; see *haughtily*.

Imperiousness, subs. *Haughtiness*: P. and V. φρόνημα, τό, ὄγκος, ὁ, ὕβρῐς, ἡ, P. ὑπερηφανία, ἡ.

Imperishable, adj. *Immortal*: P. and V. ἀθάνᾰτος, Ar. and V. ἄφθῐτος. *Indestructible*: P. ἀδιάφθορος (Plat.), ἀνώλεθρος (Plat.), Ar. and V. ἄφθῐτος. *Ageless*: P. and V.

ἀγήρως. *Eternal*: P. αἰώνιος, ἀΐδιος. *Ever-remembered*: P. and V. ἀείμνηστος.

Imperishably, adv. *Eternally*: P. εἰς ἀΐδιον.

Impersonate, v. trans. *Play a part*: P. ὑποκρίνεσθαι (acc.); see *act*.

Impersonator, subs. *Actor*: Ar. and P. ὑποκρῐτής, ὁ.

Impertinence, subs. P. and V. ὕβρῐς, ἡ. *Shamelessness*: P. and V. ἀναίδεια, ἡ, Ar. and P. ἀναισχυντία, ἡ, V. τὸ ἀναίσχυντον. *Meddling*: Ar. and P. πολυπραγμοσύνη, ἡ, P. φιλοπραγμοσύνη, ἡ.

Impertinent, adj. *Insulting*: P. ὑβριστικός. *Shameless*: P. and V. ἀναιδής, ἀναίσχυντος. *Meddlesome*: Ar. and P. πολυπράγμων, P. φιλοπράγμων.

Impertinently, adv. P. ὑβριστικῶς. *Shamelessly*: P. and V. ἀναιδῶς.

Imperturbability, subs. Ar. and V. ἡσῠχία, ἡ, V. τὸ ἡσῠχαῖον.

Imperturbable, adj. P. and V. ἥσῠχος, ἡσῠχαῖος, P. ἡσύχιος.

Imperturbably, adv. P. and V. ἡσῠχῇ, ἡσῠχως, Ar. and P. κᾰθ' ἡσῠχίαν.

Impervious, adj. V. ἄρρηκτος. *Immovable*: Ar. and V. ἄτεγκτος. *Waterproof*: P. στεγανός, V. στεγνός (Eur., *Cycl.*). *Be impervious to, keep out*, or *keep off*, v.: P. and V. στέγειν (acc.). Met., use *disregard*. *Impervious to bribery*: P. κρείσσων χρημάτων, V. κερδῶν ἄθικτος.

Impetuosity, subs. P. σφοδρότης, ἡ, προπέτεια, ἡ. *Zeal*: P. and V. σπουδή, ἡ, προθῡμία, ἡ. *Rush*: P. and V. ὁρμή, ἡ, Ar. and P. ῥύμη, ἡ.

Impetuous, adj. P. σφοδρός, προπετής, Ar. and P. ἴτᾰμός, V. θοῦρος, αἴθων (also Plat. but rare P.), Ar. and V. θούριος, P. and V. νεᾱνῐκός, ὀξῠς, θερμός; see *rash*. *Zealous*: P. and V. σπουδαῖος, πρόθῡμος.

Impetuously, adv. P. προπετῶς, ἰταμῶς, Ar. and P. νεᾱνῐκῶς. *Eagerly*: P. and V. σπουδῇ, προθῡμως.

Impetuousness, subs. See *impetuosity*.

Impetus, subs. P. and V. ὁρμή, ἡ, Ar. and P. ῥύμη, ἡ.

Impiety, subs. P. and V. ἀσέβεια, ἡ, P. ἀνοσιότης, ἡ, V. δυσσέβεια, ἡ. *Impious act*: P. ἀσέβημα, τό. *Commit impieties against*, v.: P. and V. ἀσεβεῖν (εἰς, acc.).

Impinge upon, v. P. and V. προσβάλλειν (dat. or πρός, acc.), P. προσπίπτειν (dat. or πρός, acc.).

Impious, adj. P. and V. ἄθεος, ἀνόσιος, ἀσεβής, δυσσεβής (Dem., 332, but rare P.), V. δύσθεος, ἄσεπτος. *Be impious*, v.: P. and V. ἀσεβεῖν, V. δυσσεβεῖν, θεοβλᾰβεῖν.

Impiously, adv. P. and V. ἀθέως (Plat., *Gorg.* 481A), V. ἀνοσίως.

Implacability, subs. *Stubbornness*: P. αὐθάδεια, ἡ, σκληρότης, ἡ, Ar. and V. αὐθᾱδία, ἡ. *Cruelty*: P. and V. πικρότης, ἡ, ὠμότης, ἡ, V. τρᾱχῠτης, ἡ.

Implacable, adj. *Stubborn*: P. and V. αὐθάδης, σκληρός. *Pitiless*: P. ἀπαραίτητος, V. νηλής, δυσπᾰραίτητος, δῠσάλγητος, ἀνοικτίρμων (Soph., *Frag.*), P. and V. σχέτλιος, πικρός, Ar. and V. ἄτεγκτος, ἄνοικτος; see *cruel, pitiless*. Of war: P. and V. ἄσπονδος, P. ἀκήρυκτος. *Implacable anger*: V. ἀστεργὴς ὀργή, ἡ. *Unforgetting*: V. μνήμων.

Implacably, adv. *Stubbornly*: Ar. and P. αὐθάδως, P. σκληρῶς. *Mercilessly*: V. νηλεῶς, ἀνοίκτως, ἀναλγήτως, P. σχετλίως, P. and V. πικρῶς.

Implant, v. trans. P. and V. ἐντῐθέναι (τί τινι), ἐντίκτειν (τί τινι), ἐμβάλλειν (τί τινι), P. ἐμφυτεύειν (τι), ἐμποιεῖν (τινί τι), παριστάναι (τί τινι), V. ἐνορνῦναι (τινί τι). *Implanted*: use adj., P. and V. ἔμφῠτος. *Be implanted*, v.: P. and V. ἐμφῠεσθαι. *So deeply is love of life implanted in men*: V. οὕτως ἔρως βροτοῖσιν ἔγκειται βίου (Eur., *Frag.*).

Implement, subs. P. and V. ὄργᾰνον, τό, Ar. and P. σκεῦος, τό, also in pl. use P. ἔπιπλα, τά.

Implicate, v. trans. P. συγκαταπιμπλάναι. *Wishing to implicate as many as possible*: P. βουλόμενοι ὡς πλείστους ἀναπλῆσαι αἰτιῶν (Plat., *Ap.* 32c). *Implicated (in)*, v.: use adj., P. and V. σῠναίτιος (gen.), κοινωνός (gen.), μέτοχος (gen.), μεταίτιος (gen.) (Plat.), V. πᾰραίτιος (gen.), ἵστωρ (gen.). *Be implicated in*: P. and V. σῠνειδέναι (acc. or absol.). *Take part in*: P. and V. κοινοῦσθαι (acc. or gen.), κοινωνεῖν (gen.), μετᾰλαμβάνειν (gen.), μετέχειν (gen.).

Implication, subs. *Guilt*: P. and V. αἰτία, ἡ. *By implication* (as opposed to *directly*): P. δι' αἰνιγμάτων. *Make known by implication*: P. παραδηλοῦν (acc.); see *hint at*.

Implicit, adj. P. and V. βέβαιος, V. ἔμπεδος.

Implicitly, adv. P. and V. βεβαίως, V. ἐμπέδως.

Implied, adj. *Not open*: use P. and V. οὐ φᾰνερός. *Hidden*: P. and V. κρυπτός.

Implore, v. trans. *Entreat*: P. and V. αἰτεῖν, ἱκετεύειν, δεῖσθαι (gen.), λῐπᾰρεῖν, Ar. and P. ἀντῐβολεῖν, V. λίσσεσθαι, ἀντιάζειν, προσπίτνειν, προστρέπειν, προστρέπεσθαι, Ar. and V. ἱκνεῖσθαι, ἄντεσθαι; see *entreat*. *Ask for (a thing)*: P. and V. αἰτεῖν (or mid.), ἀπαιτεῖν, πᾰραιτεῖσθαι, προσαιτεῖν, ἐπαιτεῖν, V. ἐξαιτεῖν. *Pray to (the gods)*: P. and V. εὔχεσθαι (dat. or πρός, acc.), ἐπεύχεσθαι (dat.), προσεύχεσθαι (dat., V. also acc.), V. ἐξεύχεσθαι (absol.), κᾰτεύχεσθαι (dat.), Ar. and V. ἀρᾶσθαι (dat.) (Eur., *Heracl.* 851).

Imploring, adj. See *suppliant*.

Imply, v. trans. *Mean, signify*: Ar. and P. νοεῖν, P. σημαίνειν, φρονεῖν. *Show*: P. and V. δηλοῦν, δεικνῦναι; see *show*. *Hint at*: P. παραδηλοῦν (acc.). *Accusation implies wrong-doing*: P. ἡ κατηγορία ἀδικήματ' ἔχει (Dem. 268).

Impolicy, subs. P. and V. ἀβουλία, ἡ, Ar. and V. δυσβουλία, ἡ.

Impolite, adj. Ar. and P. ἄγροικος.

Impolitely, adv. Ar. and P. ἀγροίκως.

Impoliteness, subs. P. ἀγροικία, ἡ.

Impolitic, adj. P. and V. ἄβουλος; see *foolish*.

Import, v. trans. P. and V. εἰσάγειν, εἰσκομίζειν (or mid.), P. εἰσφέρεσθαι. *Import corn*: P. σιτηγεῖν (absol.). *Be imported*: P. and V. ἐπεισέρχεσθαι. *Signify, mean*: Ar. and P. νοεῖν, P. φρονεῖν; see *mean*. *Show*: P. and V. δεικνῦναι, δηλοῦν; see *show*. V. intrans. *Be of consequence*: P. and V. διᾰφέρειν.

Import, subs. *Meaning*: P. and V. δῠνᾰμις, ἡ, P. διάνοια, ἡ. *Such was the import of the letter*: P. τοσαῦτα ἡ γραφὴ ἐδήλου (Thuc. 1, 129).

Importance, subs. P. and V. μέγεθος, τό, ὄγκος, ὁ. *High position*: P. and V. ἀξίωμα, τό. *Influence (power of affecting things)*: P. and V. ῥοπή, ἡ. *Self importance*: P. and V. τὸ σεμνόν, σεμνότης, ἡ. *Be of importance, matter*, v.: P. and V. διᾰφέρειν. *Be a person of importance*: P. and V. εἶναί τις. *Of importance*: use *important*. *Consider of importance*: P. περὶ πολλοῦ ποιεῖσθαι (acc.). *Prior in importance*: P. πρότερος τῇ δυνάμει (Dem. 32). *When their position rose to one of importance*: P. προχωρησάντων ἐπὶ μέγα τῶν πραγμάτων (Thuc. 1, 16).

Important, adj. Of things: P. and V. μέγιστος, πολλοῦ ἄξιος, P. διάφορος. Of persons or things: P. ἀξιόλογος; see *eminent*. *More important*: P. and V. πρεσβῦτερος (rare P.), Ar. and P. προὐργιαίτερος. *They considered their own interests more important*: P. τὸ ἑαυτῶν προὐργιαίτερον ἐποιήσαντο (Thuc. 3, 109). *I think this is important for us*: P. οἶμαι εἶναί τι ἡμῖν τοῦτο (Plat.,

Prot. 353B). *Pompous*: P. and V. σεμνός.

Importation, subs. P. εἰσαγωγή, ἡ, εἰσκομιδή, ἡ. *Importation of corn*: P. σιτηγία, ἡ.

Imported, adj. *Foreign* (as opposed to *home-grown*): P. and V. ἐπακτός, ἐπείσακτος, εἰσᾰγώγῐμος (Plat. and Eur., *Frag.*).

Imports, subs. P. τὰ ἐπεισαγώγιμα.

Importunate, adj. P. and V. λῐπᾰρής (Plat.), ὀχληρός, Ar. γλισχρός.

Importunately, adv. P. λιπαρῶς (Plat.), V. πρὸς τὸ λῐπᾰρές.

Importune, v. trans. P. and V. λῐπᾰρεῖν (Plat.); see *implore, press*.

Importunity, subs. P. ἀκαιρία, ἡ (Plat., *Symp.* 182A); see *entreaty*.

Impose, v. trans. P. and V. ἐπῐβάλλειν, προστῐθέναι, προσβάλλειν, ἐπῐτῐθέναι, V. ἐπιρρίπτειν. *Be imposed*: P. and V. προσκεῖσθαι, P. ἐπικεῖσθαι. *Impose (a thing on a person)*: use acc. of thing and dat. of person. *Enjoin*: P. and V. προστάσσειν, ἐπῐτάσσειν, ἐπιστέλλειν, ἐπισκήπτειν. *Impose (give) a name*: P. and V. ὄνομα τίθεσθαι. *Impose, be a cheat* (absol.): Ar. and P. ἀλαζονεύεσθαι. *Impose on, cheat*: P. and V. πᾰράγειν, ἀπᾰτᾶν, ἐξᾰπᾰτᾶν, V. φηλοῦν, P. γοητεύειν; see *cheat*.

Imposing, adj. P. and V. σεμνός, Ar. and P. μεγᾰλοπρεπής.

Imposingly, adv. P. and V. σεμνῶς, P. μεγαλοπρεπῶς.

Imposition, subs. *Deception*: P. γοητεία, ἡ, Ar. and P. ἀλαζονεία, ἡ, ἀλαζονεύμᾰτα, τά. *Imposition of names*: P. θέσις ὀνομάτων, ἡ.

Impossibilty, subs. P. and V. ἀπορία, ἡ. *Impossibilities*: P. and V. ἄπορα, τά, ἀδῠνᾰτα, τά, ἀμήχᾰνα, τά (rare P.).

Impossible, adj. P. and V. ἀδῠνᾰτος, ἄπορος, ἀμήχᾰνος (rare P.).

Impost, subs. Ar. and P. τέλος, τό; see *tribute, tax*.

Imposter, subs. P. and V. γόης, ὁ, μάγος, ὁ, ἀγύρτης, ὁ, Ar. φέναξ, ὁ, Ar. and P. ἀλάζων, ὁ.

Imposture, subs. P. γοητεία, ἡ, Ar. and P. φενᾱκισμός, ὁ, ἀλαζονεία, ἡ, ἀλαζονεύμᾰτα, τά.

Impotence, subs. P. ἀδυναμία, ἡ, ἀρρωστία, ἡ, P. and V. ἀπορία, ἡ.

Impotent, adj. P. and V. ἀδῠνᾰτος, ἄπορος, ἀμήχᾰνος, (rare P.). *Weak*: P. and V. ἀσθενής. *Disabled, maimed*: P. ἀνάπηρος, V. ἀκρᾰτωρ. *Lame*: P. and V. χωλός.

Impotently, adv. P. ἀδυνάτως, P. and V. ἀπόρως.

Impoverish, v. trans. Use P. and V. πένητα ποιεῖν (acc.); see also *spoil, weaken*.

Impoverished, adj. See *poor*.

Impracticability, subs. P. and V. ἀπορία, ἡ.

Impracticable, adj. P. and V. ἄπορος, ἀμήχᾰνος, (rare P.).

Imprecate, v. trans. P. and V. ἐπεύχεσθαι, κᾰτεύχεσθαι (Plat.), ἐπᾰρᾶσθαι, Ar. and P. κᾰτᾰρᾶσθαι, V. ἀρᾶσθαι, ἐφυμνεῖν. *Imprecate curses on*: use acc. of *curse*, dat. of person.

Imprecation, subs. P. and V. ἀρά, ἡ, V. κᾰτεύγμᾰτα, τά.

Impregnable, adj. P. ἀνάλωτος. *Inaccessible*: P. δυσπρόσβατος; see *inaccessible*.

Impregnate, v. trans. P. ὀχεύειν. Met., P. and V. ἐμπιπλάναι; see *mix*. *Impregnated with*, met., use P. and V. πλέως (gen.).

Impress, subs. *Mark, stamp*: P. and V. χᾰρακτήρ, ὁ, τῠπος, ὁ; see *impression*.

Impress, v. trans. *Stamp with a mark*: P. χαρακτῆρα ἐπιβάλλειν (dat.). *Impress the mind, astonish*: P. and V. ἐκπλήσσειν. *Persuade*: P. and V. πείθειν. *Affect*: P. and V. ἅπτεσθαι (gen.), V. ἀνθάπτεσθαι (gen.); see *affect*. *Impress on a person, remind*: P. and V. ἀνᾰμιμνήσκειν (τινά τινος). *Enjoin*: P. and V. ἐπιστέλλειν (τινί τι), ἐπισκήπτειν (τινί τι); see *enjoin*. *Impress on one's mind*: V. ἐγγρᾰφεσθαι (τινί τι), θῡμῷ βάλλειν (τι), P. εἰς μνήμην κατατίθεσθαί (τι). *What is* *this pledge that you would wish impressed upon my mind* : V. τί δ' ἂν θέλοις, τὸ πιστὸν ἐμφῦναι φρενί (Soph., *O. C.* 1488). *Impress* (*favourably*) : P. (εὖ) διατιθέναι. *Impress into one's service, win over* : P. and V. προσποιεῖσθαι (acc.), προστίθεσθαι (acc.). *Be impressed to serve in the army* : P. ἀναγκαστὸς στρατεύειν (Thuc 7, 58). *Those who were impressed to serve in the ships* : P. οἱ ἀναγκαστοὶ εἰσβάντες (Thuc. 7, 13).

Impression, subs. *Stamp, mark* : P. and V. χᾰρακτήρ, ὁ, τῠ́πος, ὁ, V. χᾰ́ραγμα, τό. *Impression on a seal* : Ar. and P. σημεῖον, τό; see *seal*. *Impression on a coin* : Ar. κόμμᾰ, τό. *At that age the impression one wishes to stamp on each is most easily taken and assimilated* : P. μάλιστα δὴ τότε πλάσσεται καὶ ἐνδύεται τύπος ὃν ἄν τις βούληται ἐνσημαίνεσθαι ἑκάστῳ (Plat., *Rep.* 377B). *Take an impression of* : P. ἀπομάσσειν (acc.). *Impression of a foot* : V. περιγρᾰφή, ἡ, ὑπογρᾰφή, ἡ, ἔκμακτρον, τό, στῖβος, ὁ (also Xen.), P. and V. ἴχνος, τό. Met., *idea, mental picture* : P. εἴδωλον, τό, P. and V. εἰκών, ἡ. *Give a false impression of*, v. : P. κακῶς εἰκάζειν περί (gen.) (Plat., *Rep.* 377E). *Make an impression on* : P. and V. ἅπτεσθαι (gen.), V. ἀνθάπτεσθαι (gen.); see v. *impress*, *Astonishment*, subs. : P. and V. θαῦμα, τό, ἔκπληξις, ἡ. *Opinion, belief* : P. and V. δόξᾰ, ἡ, δόκησις, ἡ; see *opinion*. *Remembrance* : P. and V. μνήμη, ἡ. *Have an impression* (*foreboding*), v. : P. and V. μαντεύεσθαι. *Be under the impression* : P. and V. δοξάζειν; see *believe*. *Give one the impression of being* : P. and V. δοκεῖν εἶναι. *Giving the impression they meant to attack at once* : P. δόκησιν παρέχοντες αὐτίκα ἐμβαλεῖν (Thuc. 2, 84). *Make an impression, have effect*, v. : P. and V. πλέον πράσσειν; see *effect*. *Making no impression*, adj. : P. ἄπρακτος.

Impressionable, adj. Ar. and P. ἁπᾰλός.

Impressive, adj. P. and V. σεμνός.

Impressively, adv. P. and V. σεμνῶς.

Impressiveness, subs. P. and V. σεμνότης, ἡ, τὸ σεμνόν.

Imprint, v. trans. *Stamp* : P. and V. ἐπῐσημαίνειν, P. ἐνσημαίνεσθαι. *Imprint on one's mind* : V. ἐγγρᾰ́φεσθαί (τί τινι), θῡμῷ βάλλειν (τι), P. εἰς μνήμην κατατίθεσθαί (τι). *Imprint* (*kisses*) : P. and V. δῐδόναι, V. τῐθέναι. *Newly-imprinted* (*of footsteps*), V. νεοχᾰ́ρακτος.

Imprint, subs. P. and V. χᾰρακτήρ, ὁ, τῠ́πος, ὁ, V. χᾰ́ραγμα, τό; see *impression*.

Imprison, v. trans. P. and V. εἴργειν, δεῖν, δεσμεύειν (Plat. and Eur., *Bacch.* 616), P. καταδεῖν; see *confine*. *Imprison in*: P. ἐνδεῖν εἰς (acc.).

Imprisonment, subs. P. and V. δεσμός, ὁ, or pl. *Confinement* : P. and V. φῠλᾰκή, ἡ.

Improbability, subs. P. τὸ οὐκ εἰκός.

Improbable, adj. *It is improbable* : P. and V. οὐκ εἰκός ἐστι.

Impromptu, adv. P. and V. φαύλως, P. ἐξ ἐπιδρομῆς, ἐξ ὑπογυίου. *Devise impromptu*, v. : P. αὐτοσχεδιάζειν (acc.).

Improper, adj. P. and V. ἀσχήμων, P. ἀπρεπής, V. ἀεικής, αἰκής, δυσπρεπής. *Shameless* : P. and V. ἀναιδής. *Incorrect* : P. and V. οὐκ ὀρθός.

Improperly, adv. P. ἀπρεπῶς. *Shamelessly* : P. and V. ἀναιδῶς. *Incorrectly* : P. and V. οὐκ ὀρθῶς.

Impropriety, subs. P. ἀσχημοσύνη, ἡ, ἀπρέπεια, ἡ.

Improve, v. trans. Ar. and P. ἐπᾰνορθοῦν, P. and V. ἐξορθοῦν, Ar. ἐπὶ τὸ βέλτῐον τρέπειν. *Improve* (*the mind*) : P. and V. παιδεύειν. *Improve* (*the occasion*) : P. and V. χρῆσθαι (dat.). V. intrans. Ar. and P. ἐπῐδῐδόναι, P. ἐπὶ τὸ βέλτιον χωρεῖν, P. and V. προκόπτειν.

Improvement, subs. P. ἐπίδοσις, ἡ. *Improvement of the mind*: Ar. and P. παίδευσις, ἡ, P. and V. παιδεία, ἡ. *Correction*: P. ἐπανόρθωμα, τό.

Improvidence, subs. P. ἀμέλεια, ἡ, ἀφυλαξία, ἡ. *Extravagance*: P. ἀσωτία, ἡ.

Improvident, adj. Ar. and P. ἀμελής, P. ἀφρόντιστος (Xen.), ἀπερίσκεπτος. *Extravagant*: P. ἄσωτος, δαπανηρός.

Improvidently, adv. P. ἀμελῶς, ἀπερισκέπτως, P. and V. ἀφροντίστως (Xen.), Ar. ἀπερῐμερίμνως. *Extravagantly*: P. ἀσώτως.

Improvise, v. trans. P. αὐτοσχεδιάζειν; see *devise*.

Imprudence, subs. P. and V. ἀβουλία, ἡ, ἀφροσύνη, ἡ, Ar. and V. δυσβουλία, ἡ; see *folly, rashness*. *Carelessness*: P. ἀμέλεια, ἡ, P. and V. ῥᾳθυμία, ἡ. *Being off one's guard*: P. τὸ ἀφύλακτον, ἀφυλαξία, ἡ.

Imprudent, adj. P. and V. ἄβουλος; see *foolish, rash*. *Careless*: Ar. and P. ἀμελής, P. ἀπερίσκεπτος, ἀφρόντιστος (Xen.). *Off one's guard*: P. and V. ἀφύλακτος, ἄφρακτος.

Imprudently, adv. *Carelessly*: P. ἀμελῶς, ἀπερισκέπτως, P. and V. ἀφροντίστως (Xen.); see *rashly*.

Impudence, subs. P. and V. ὕβρῐς, ἡ, θράσος, τό, ἀναίδεια, ἡ, Ar. and P. ἀναισχυντία, ἡ, V. τὸ ἀναίσχυντον.

Impudent, adj. P. and V. ἀναιδής, ἀναίσχυντος, θρᾰσύς, P. ὑβριστικός. *Very impudent*: P. ὑπεραναίσχυντος.

Impudently, adv. P. and V. ἀναιδῶς, P. ἀναισχύντως, ὑβριστικῶς.

Impugn, v. trans. *Call in question*: P. and V. ἐλέγχειν, ἐξελέγχειν. *Suspect*: P. and V. ὑποπτεύειν. *Distrust*: P. and V ἀπιστεῖν. *Attack*: P. καθάπτεσθαι (gen.).

Impulse, subs. P. and V. ὁρμή, ἡ; see *caprice*.

Impulsion, subs. P. and V. ῥοπή, ἡ.

Impulsive, adj. P. and V. ὀξύς, νεᾱνῐκός, P. προπετής, σφοδρός.

Impulsively, adv. P. προπετῶς, Ar. and P. νεᾱνῐκῶς. *Act impulsively*, v.: Ar. and P. νεᾱνιεύεσθαι.

Impulsiveness, subs. P. σφοδρότης, ἡ, προπέτεια, ἡ.

Impunity, subs. P. and V. ἄδεια, ἡ. *With impunity*: V. ἀνοιμωκτί, Ar. and V. ἀνᾱτί (rare P.), or use adj. agreeing with subject, P. and V. ἀθῷος, ἀζήμιος, χαίρων, V. γεγηθώς, ἄκλαυτος, P. ἀπαθής, ἀτιμώρητος. *Think you always to speak thus with impunity?* V. ἦ καὶ γεγηθὼς ταῦτ' ἀεὶ λέξειν δοκεῖς. (Soph., *O. R.* 368). *You shall not do this with impunity*: Ar. οὐ καταπροίξει . . . τοῦτο δρῶν (*Vesp.* 1366). *Let off with impunity*: P. ἀθῷόν (τινα) παριέναι.

Impure, adj. *Turbid*: P. and V. θολερός. Met., P. and V. αἰσχρός, μιᾰρός, ἄναγνος, ἀνόσιος, P. ἀκάθαρτος.

Impurely, adv. P. and V. αἰσχρῶς, Ar. and P. μιᾰρῶς, V. ἀνοσίως.

Impurity, subs. P. ἀκαθαρσία, ἡ. Met., P. and V. κάκη, ἡ, πονηρία, ἡ. τὸ κᾰκοῦργον, P. ἀκαθαρσία, ἡ. *Dirt*: see *dirt*.

Imputation, subs. See *charge*.

Impute, v. trans. *Impute (a thing to a person)*: P. and V. ἀνᾰφέρειν (τι εἴς τινα or τί τινι) (V. also ἀμφέρειν), προστῐθέναι (τί τινι), ἐπαιτιᾶσθαί (τινά τ νος), Ar. and P. ἐπαναφέρειν (τι εἴς τινα), ἀνᾰτῐθέναι (τί τινι), P. καταιτιᾶσθαί (τι). *Attach (blame, etc.)*, P. and V. προσβάλλειν, προστῐθέναι, προσάπτειν, V. νέμειν, ἀνάπτειν, Ar. and P. περιάπτειν, περῐτῐθέναι.

In, prep. P. and V. ἐν (dat.). Of time: e.g., *in a few days*: use gen. *Inside of*: P. and V. ἐντός (gen.), εἴσω (gen.), ἔσω (gen.); see *within*. To express feelings, *In anger*: P. and V. δι' ὀργῆς. *In the hands*: V. διᾶ χερῶν. *Be in*, v.: P. and V. ἐνεῖναι (dat.). *There is in*: P. and V. ἔνεστι (dat.), ἔνῐ (dat.) (Eur., *Or.* 702).

In, adv. *At home*: P. and V. ἔνδον οἴκοι, κἄτ' οἶκον; see under *home*.

Inability, subs. P. ἀδυναμία, ἡ, ἀρρωστία, ἡ. *Inability to do wrong*: P. ἀρρωστία τοῦ ἀδικεῖν (Plat.), ἀδυναμία τοῦ ἀδικεῖν (Plat.).

Inaccessibility, subs. *The inaccessibility of the place*: P. τοῦ χωρίου τὸ δυσέμβατον (Thuc. 4, 10).

Inaccessible, adj. P. and V. ἄβᾰτος, P. δύσβατος δυσπρόσοδος, δυσπρόσβατος. *Not to be invaded*: P. δυσείσβολος. Of persons: P. δυσπρόσοδος, V. δυσπρόσῐτος, ἄπλᾱτος, ἀπροσήγορος, δυσπρόσοιστος. *Be inaccessible*, v.: P. ἀπροσοίστως ἔχειν; see *unapproachable*.

Inaccuracy, subs. *Want of clearness*: P. ἀσάφεια, ἡ. *Falsity*: P. and V. τὸ ψευδές.

Inaccurate, adj. *False*: P. and V. ψευδής. *Not exact*: P. and V. οὐκ ἀκρῑβής. *Not clear*: P. and V. ἀσᾰφής.

Inaccurately, adv. P. and V. ψευδῶς. *Without exactness*: P. and V. οὐκ ἀκρῑβῶς.

Inaction, subs. P. and V. ἀργία, ἡ. σχολή, ἡ, ῥᾳθῡμία, ἡ, ἀπραξία, ἡ, P ῥᾳστώνη, ἡ, Ar. and P. ἡσῠχία, ἡ. *Sitting still*: P. and V. ἕδρα, ἡ, P. καθέδρα, ἡ.

Inactive, adj. P. and V. ἀργός, ῥᾴθῡμος, ἀπράγμων. *Slow*: P. and V. βρᾰδύς. *Quiet*: P. and V. ἥσῠχος, ἡσῠχαῖος, P. ἡσύχιος. *Be inactive*, v.: P. and V. ἀργεῖν, κᾰθῆσθαι, P. ῥᾳθυμεῖν.

Inactively, adv. P. ἀργῶς. *Quietly*: P. and V. ἡσῠχῇ, ἡσύχως (rare P.).

Inactivity, subs. See *inaction*.

Inadequacy, subs. Use P. and V. τὸ ἐνδεές. *Lack*: P. and V. ἀπορία, ἡ, σπάνῐς, ἡ, P. ἔνδεια, ἡ.

Inadequate, adj. P. and V. ἐνδεής, οὐχ ἱκᾰνός, P. ἐλλιπής.

Inadequately, adv. P. ἐνδεῶς, οὐχ ἱκανῶς.

Inadmissible, adj. *It is inadmissible*, v.: P. and V. οὐκ ἔξεστι, P. οὐκ ἐνδέχεται.

Inadvertence, subs. *Want of precaution*: P. ἀφυλαξία, ἡ, τὸ ἀφύλακτον; see *forgetfulness*.

Inadvertent, adj. *Unintentional*: P. and V. οὐχ ἑκούσιος, P. ἀκούσιος. *Off one's guard*: P. and V. ἀφύλακτος, ἄφρακτος; see *forgetful*.

Inadvertently, adv. *Unintentionally*: P. and V. οὐχ ἑκουσίως, ἀκουσίως. *Do a thing inadvertantly*: P. and V. λανθάνειν ποιῶν τι.

Inane, adj. *Empty*: P. and V. κενός. *Vain*: P. and V. μάταιος, κενός; see also *foolish*.

Inanely, adv. See *foolishly*. *Talk inanely*: Ar. and P. φλυᾱρεῖν, P. ἀδολεσχεῖν.

Inanimate, adj. P. and V. ἄψῡχος.

Inanition, subs. P. and V. τροφῆς ἀπορία, ἡ, V. ἀσῑτία, ἡ; see *famine*.

Inanity, subs. *Idle chatter*: Ar. and P. λῆρος, ὁ, φλυᾱρία, ἡ, ἀδολεσχία, ἡ.

Inapplicable, adj. P. and V. οὐ πρέπων, οὐ προσήκων.

Inapposite, adj. P. and V. οὐ πρέπων, οὐ προσήκων.

Inappropriate, adj. P. and V. οὐ πρέπων, οὐ προσήκων. *Jarring*: P. and V. πλημμελής.

Inappropriately, adv. P. and V. οὐ πρεπόντως, P. οὐ προσηκόντως.

Inaptitude, subs. P. ἀδυναμία, ἡ, P. and V. φαυλότης, ἡ (Eur., *Frag.*).

Inarticulate, adj. *Dumb*: P. and V. ἄφωνος, V. ἄφθογγος, ἄναυδος, ἀφώνητος, ἀπόφθεγκτος. *Not understood*: P. and V. ἀσᾰφής, ἀφᾰνής, V. ψελλός.

Inarticulately, adv. *Dumbly*: V. ἄφωνα. *Not clearly*: P. ἀσαφῶς.

In as much as, conj. See *since*.

Inattention, subs. *Carelessness*: P. and V. ῥᾳθῡμία, ἡ. *Want of precaution*: P. ἀφυλαξία, ἡ, τὸ ἀφύλακτον. *Rudeness*: P. ἀγροικία, ἡ.

Inattentive, adj. *Heedless*: P. and V. ῥᾴθῡμος. *Off one's guard*: P. and V. ἀφύλακτος, ἄφρακτος. *Rude*: Ar. and P. ἄγροικος; see *forgetful*.

Inaudible, adj. P. οὐκ ἀκουστός.

Inaudibly, adv. *Speaking inaudibly*: V. ἄπυστα φωνῶν (Soph., *O. C.* 489).

Inaugurate, v. trans. *Begin (with solemnities)*: P. and V. κἄτάρχεσθαι (gen.). *Introduce, initiate*: Ar. and P. εἰσηγεῖσθαι.

Inauspicious, adj. P. and V. κἄκός, δυστὔχής, δύσφημος (Plat. but rare P.), V. κἄκόγλωσσος, σκαιός, εὐώνὔμος (Æsch., *P. V.* 490). *Inauspicious words*: P. and V. βλασφημία, ἡ (Plat.), V. δυσφημία, ἡ. *Utter inauspicious words*, v.: P. βλασφημεῖν, V. δυσφημεῖν.

Inauspiciously, adv. P. and V. κἄκῶς, δυστὔχῶς.

In-born, adj. P. and V. ἔμφὔτος (Eur., *Frag.*), σύμφὔτος, V. ἐγγενής, συγγενής, σύγγονος.

In-bred, adj. P. and V. ἔμφὔτος (Eur., *Frag.*), σύμφὔτος, V. ἐγγενής, συγγενής, σύγγονος.

Incalculable, adj. *Countless*: P. and V. ἀνᾰρίθμητος, V. ἀνᾰριθμος, ἀνήριθμος, μῡρίος (also Plat. but rare P.). *Inconceivable*: P. and V. ἀμήχᾰνος. *Boundless*: P. and V. ἄπειρος. *Immeasurable*: P. ἄμετρος, Ar. and V. ἀμέτρητος (Eur., *Hec.* 783).

Incalculably, adv. P. ἀμηχάνως; see also *immeasurably*.

Incantation, subs. P. and V. ἐπῳδή, ἡ; see *spell*. *Sing incantations*, v.: Ar. and P. ἐπᾴδειν (acc. or absol.). *Remove by incantations*: P. and V. ἐξεπᾴδειν (acc.).

Incapability, subs. See *incapacity*.

Incapable, adj. Ar. and P. ἀδῠνᾰτος. *Without natural ability*: P. and V. φαῦλος, ἀφυής; see *incompetent*. *Be incapable of (doing a thing)*: V. ἀμήχᾰνος εἶναι (with infin.). *Moreover we are women incapable where good is concerned*: V. πρὸς δὲ καὶ πεφύκαμεν γυναῖκες ἐς μὲν ἐσθλ' ἀμηχανώτατοι (Eur., *Med.* 406).

Incapably, adv. P. and V. κἄκῶς, φαύλως, P. ἀδυνάτως.

Incapacitate, v. trans. Ar. and P. πηροῦν. *Injure*: P. and V. βλάπτειν, διαφθείρειν, κἄκοῦν. *Wound*: P. and V. τραυμᾰτίζειν, τιτρώσκειν. *Incapacitate (a ship)*: P. τιτρώσκειν (Thuc. 4, 14), κατατραυμᾰτίζειν (Thuc. 7, 41), Ar. and P. κᾰτᾰδῡειν.

Incapacitated, adj. P. ἀνάπηρος, ἀδῠνατος, V. ἀκρᾰτωρ.

Incapacity, subs. P. ἀδυναμία, ἡ, μοχθηρία, ἡ, P. and V. φαυλότης, ἡ (Eur., *Frag.*).

Incarcerate, v. trans. See *imprison*.

Incarceration, subs. See *imprisonment*.

Incase, v. trans. P. and V. περῐβάλλειν, περῐκᾰλύπτειν, V. πῠκάζειν; see *cover*.

Incautious, adj. P. ἀπερίσκεπτος, ἄσκεπτος, ἀφρόντιστος (Xen.), ἀλόγιστος, P. and V. ἄβουλος, V. δυσλόγιστος; see *rash*. *Daring*: P. and V. θρᾰσῠς, τολμηρός, P. θαρσαλέος. *Off one's guard*: P. and V. ἀφῠλακτος, ἄφρακτος (Thuc.).

Incautiously, adv. P. ἀπερισκέπτως, ἀσκέπτως, ἀλογίστως, P. and V. ἀφροντίστως (Xen.). *Unwarily*: P. ἀφυλάκτως (Xen.). *Boldly*: P. τολμηρῶς, θαρσαλέως; see *boldly*.

Incautiousness, subs. P. and V. ἀβουλία, ἡ, Ar. and V. δυσβουλία, ἡ; see *rashness*. *Want of precaution*: P. ἀφυλαξία, ἡ. *Daring*: P. and V. τόλμᾰ, ἡ, θρᾰσος, τό.

Incendiarism, subs. *Arson*: P. πυρκαϊά, ἡ.

Incendiary, adj. Met., *incendiary (of speeches, etc.)*: P. στασιαστικός.

Incense, subs. P. and V. θῡμιᾰμᾰτα, τά, V. ἐπῐθῡμιᾰμᾰτα, τά. *Fill with incense*, v. trans. V. θειοῦν (Eur., *Hel.* 866). *Burn as incense*: V. ἐκθῡμιᾶν. *Reeking with incense*, adj.: V. θυοδόκος.

Incense, v. trans. *Anger*: P. and V. πᾰροξῡνειν, ὀργίζειν (Plat.), V. ὀξῡνειν, ὀργαίνειν, ἐξαγριοῦν (also Plat. in pass.), ἀγριοῦν (also Xen. and Ar. in pass.), θήγειν. *Incensed*: see *angry*.

Incentive, subs. P. and V. κέντρον,

τό. *Impulse*: P. and V. ὁρμή, ἡ. *Bait, attraction*: P. and V. δέλεαρ, τό.

Inception, subs. *Initiation*: P. ἐξήγησις, ἡ. *Beginning*: P. and V. ἀρχή, ἡ; see *beginning*.

Incessant, adj. V. διᾰτελής. *Ceaseless*: P. ἄπαυστος. *Continuous*: P. ἐνδελεχής, συνεχής. *Constant*: P. and V. πυκνός.

Incessantly, adv. Ar. and P. σῠνεχῶς, P. ἐνδελεχῶς, V. διᾱνεκῶς (Æsch., *Ag*. 319); see *continually*.

Incest, subs. Use P. and V. ἀνόσιος σῠνουσία, ἡ, V. συγγενὴς γάμος, ὁ.

Incestuous, adj. P. and V. ἀνόσιος, ἄναγνος. *Incestuous marriage*: V. συγγενὴς γάμος, ὁ.

Inch, subs. Use P. δάκτυλος, ὁ (*about three-quarters of an inch*). For larger measure, use P. and V. πῆχυς, ὁ (*about eighteen inches*) (Eur., *Cycl*.). *Mark now whether you see me move a single inch*: Ar. σκόπει νυν ἤν μ' ὑποκινησαντ' ἴδῃς (*Ran*. 644).

Incident, subs. P. and V. συμφορά, ἡ, πάθος, τό, πάθημα, τό, Ar. and P. συντῠχία, ἡ. *Subordinate event*: P. and V. πάρεργον, τό.

Incident to, adj. Ar. and P. ἀκόλουθος (gen. or dat.), P. ἑπόμενος (dat.), συνεπόμενος (dat.). *Be incident to*, v.: P. and V. ἕπεσθαι (dat.).

Incidental, adj. See *incident*. *Subordinate, secondary*: P. and V. πάρεργος; see *secondary*.

Incidentally, adv. P. and V. ἐν πάρέργῳ, ὡς ἐν πάρέργῳ, P. ἐκ παρέργου.

Incipient, adj. Use Ar. and P. ἀρχόμενος.

Incision, subs. P. τμήμα, τό; or use *wound*.

Incisive, adj. *Bitter*: P. and V. πικρός. *Vigorous*: P. ἰσχυρός.

Incisively, adv. *Bitterly*: P. and V. πικρῶς; see *vigorously*.

Incisiveness, subs. P. and V. πικρότης, ἡ; see *vigour, vehemence*.

Incite, v. trans. P. and V. ἐπῐκελεύειν, ἐγκελεύειν, ἐποτρῡ́νειν (Thuc.), ἐξοτρῡ́νειν (Thuc.), ὁρμᾶν, ἐξορμᾶν, V. ὀτρῡ́νειν, ἐπεγκελεύειν (Eur., *Cycl*.), ὀρνῡ́ναι; see *urge*.

Incitement, subs. *Exhortation*: P. παρακέλευσις, ἡ, παράκλησις, ἡ, ἐπικέλευσις, ἡ, V. πᾰρᾰκέλευσμα, τό. *Incentive*: P. κέντρον, τό.

Incivility, subs. *Boorishness*: P. ἀγροικία, ἡ. *Insolence*: P. and V. ὕβρῐς, ἡ.

Inclemency, subs. See *harshness*. *Inclemency of the weather*: use P. τὸ χειμέριον.

Inclement, adj. See *harsh*. Of the weather: P. χειμέριος, Ar. and V. δυσχείμερος. *Inclement weather*, subs.: P. and V. χειμών, ὁ, V. χεῖμα, τό.

Inclination, subs. Lit., P. and V. ῥοπή, ἡ. *Slope, declivity*: V. κλῑτῠ́ς, ἡ. *Desire*: P. and V. ἐπῐθῡμία, ἡ; see *desire*. *Impulse*: P. and V. ὁρμή, ἡ. *Disposition*: P. and V. γνώμη, ἡ, φῠ́σῐς, ἡ. *Indulge one's inclinations*: P. τῇ φύσει χρῆσθαι (Isoc.).

Incline, v. trans. P. and V. κλῑ́νειν, Ar. and V. κάμπτειν (pass. used in P.). *Incline the head*: V. νεύειν κάρᾱ. *Think of something else in the way of weighty words to incline the scale your way*: Ar. ἕτερον αὖ ζήτει τι τῶν βαρυστάθμων ὅτι σοι καθέλξει (*Ran*. 1397). *Dispose* (*favourably or otherwise*): P. διατιθέναι. V. intrans. P. and V. κλῑ́νεσθαι, ῥέπειν. *Inclining as in a balance to the side of profit*: P. ὥσπερ ἂν εἰ ἐν τρυτάνῃ ῥέπων ἐπὶ τὸ λῆμμα (Dem. 325). *Tend*: P. and V. τείνειν, φέρειν; see *tend*. Of disposition, *incline towards*: P. ἀποκλίνειν πρός (acc.), or εἰς (acc.); see under *inclined*. *Be inclined* (*favourably or otherwise*): P. διακεῖσθαι, P. and V. ἔχειν. *Till this day heaven is favourably inclined*: V. ἐς τόδ' ἦμαρ εὖ ῥέπει θεός (Æsch., *Theb*. 21).

Be inclined to, be naturally disposed to : P. and V. φύεσθαι (infin.). *Be willing to* : P. and V. βούλεσθαι (infin.). *Mean to* : Ar. and P. διᾰνοεῖσθαι (infin.). *Be accustomed to* (of persons or things) : P. and V. φῐλεῖν (infin.). *They were less inclined to come to terms with the Athenians* : P. πρὸς τοὺς Ἀθηναίους ἧσσον εἶχον τὴν γνώμην ὥστε συμβαίνειν (Thuc. 3, 25).

Incline, subs. *Declivity* : V. κλῐτύς, ἡ. *Hill* : P. and V. λόφος, ὁ ; see *slope*. *On an incline, sloping* : use adj., P. ἐπικλινής ; see *sloping*.

Inclined to, *addicted to*, adj. : P. προπετής (πρός, acc.), V. προνωπής εἰς (acc.). *Be inclined to, be addicted to* : P. ῥέπειν ἐπί (acc.), ῥεῖν ἐπί (acc.) ; see under *incline*, v.

Inclose, v. trans. See *enclose*.

Inclosure, subs. See *enclosure*.

Include, v. trans. P. and V. ἔχειν συλλαμβάνειν (Eur., *I. T.* 528), P. περιέχειν, περιλαμβάνειν ; see *embrace*. *Include besides* : P. προσπεριλαμβάνειν (acc.). *Do not thus include the whole race of women in your reproaches* : V. (μὴ) τὸ θῆλυ συνθεὶς ὧδε πᾶν μέμψῃ γένος (Eur., *Hec.* 1184).

Incoherent, adj. P. and V. ἀσᾰφής, ἄδηλος, V. δυσμᾰθής, ἄσημος, ἀξύμβλητος, δυστόπαστος, δῠσεύρετος, ψελλός.

Incoherently, adv. V. δυσκρῐ́τως. *At random* : P. and V. εἰκῇ.

Income, subs. P. πρόσοδος, ἡ.

Income-tax, subs. Ar. and P. εἰσφορά, ἡ. *Pay income tax*, v. : P. εἰσφέρειν (absol.).

Incommensurable, adj. P. ἀσύμμετρος.

Incommensurate, adj. See *unequal*, *inadequate*.

Incommode, v. trans. Ar. and P. ἐνοχλεῖν (acc. or dat.), πράγμᾰτα πᾰρέχειν (dat.), P. and V. ὄχλον πᾰρέχειν (dat.) ; see *trouble*.

Incommodious, adj. *Unsuitable* : P. ἀνεπιτήδειος ; see *narrow*, *small*.

Incommunicable, adj. *Not to be divulged* : P. and V. ἀπόρρητος, ἄρρητος.

Incomparable, adj. *Preeminent* : P. and V. διαπρεπής, V. ἔξοχος.

Incomparably, adv. P. διαφερόντως, V. ἐξόχως.

Incompatability, subs. P. ἀσυμφωνία, ἡ.

Incompatible, adj. P. ἀσύμφωνος.

Incompetence, subs. P. ἀδυναμία, ἡ, μοχθηρία, ἡ, P. and V. φαυλότης, ἡ (Eur., *Frag.*).

Incompetent, adj. Ar. and P. ἀδῠ́νᾰτος, πονηρός, μοχθηρός, P. and V. ἀφυής, φαῦλος, κᾰκός, V. φλαυρουργός ; see *incapable*.

Incompetently, adv. P. and V. κᾰκῶς, φαύλως.

Incomplete, adj. P. and V. ἀτελής. *Deficient* : P. and V. ἐνδεής.

Incompletely, adv. *Deficiently* : P. ἐνδεῶς.

Incompleteness, subs. *Deficiency* : P. ἔνδεια, ἡ.

Incomprehensible, adj. P. δυσκαταμάθητος. *Astonishing* : P. and V. θαυμαστός, Ar. and P. θαυμᾰ́σιος ; see *unintelligible*.

Inconceivable, adj. P. ἀδιανόητος. *Extraordinary* : P. and V. ἀμήχᾰνος, V. ἄφραστος.

Inconceivably, adv. *Extraordinarily* : P. ἀμηχάνως.

Inconclusive, adj. P. ἄκριτος.

Inconclusively, adv. P. ἀκρίτως.

Incongruity, subs. P. ἀσυμφωνία, ἡ. *Absurdity* : Ar. and P. ἀτοπία, ἡ.

Incongruous, adj. P. ἀσύμφωνος. *Absurd, odd* : P. and V. ἄτοπος (Eur., *Frag.*).

Incongruously, adv. *Absurdly* : P. ἀτόπως.

Inconsiderable, adj. P. οὐκ ἀξιόλογος ; see *small*.

Inconsiderate, adj. *Thoughtless* : P. and V. ἀγνώμων. *Rash* : see *rash*, *unfeeling*.

Inconsiderately, adv. See *unfeelingly*. *Behave inconsiderately*, v. : P. ἀγνωμονεῖν.

Inconsiderateness, subs. P. ἀγνωμοσύνη, ἡ.

Inconsistency, subs. *Changeableness* : P. τὸ ἀστάθμητον. *Who would not be sorry when he sees such inconsistencies in household economy* : P. τίς . . . οὐκ ἂν ἀλγήσειεν ὅταν ἴδῃ . . . τοιαύτας ἐναντιώσεις πρὸς τὴν διοίκησιν (Isoc. 150D).

Inconsistent, adj. *Changeable* : Ar. and P. ἀστάθμητος, P. ἀκατάστατος. *Incompatible* : P. ἀσύμφωνος. *Inconsistent with, contrary to* : P. and V. ἐναντίος (dat.).

Inconstancy, subs. P. τὸ ἀστάθμητον. *Faithlessness* : P. and V. ἀπιστία, ἡ.

Inconstant, adj. Ar. and P. ἀστάθμητος, P. and V. ἔμπληκτος, P. εὐμετάβολος, ἀκατάστατος. *Untrustworthy* : P. and V. ἄπιστος; see *fickle*.

Incontestible, adj. P. ἀναμφισβήτητος, ἀνέλεγκτος, ἀνεξελέγκτος.

Incontestibly, adv. P. ἀναμφισβητήτως.

Incontinence, subs. P. ἀκράτεια, ἡ, ἀκολασία, ἡ, P. and V. ὕβρῐς, ἡ.

Incontinent, adj. Ar. and P. ἀκρᾰτής, P. and V. ἀκόλαστος, ὑβριστής (used with masc. subs.).

Incontinently, adv. P. ἀκρατῶς, ἀκολάστως.

Incontrovertible, adj. P. ἀναμφισβήτητος, ἀνέλεγκτος, ἀνεξέλεγκτος, οὐκ ἀντίλεκτος.

Incontrovertibly, adv. P. ἀναμφισβητήτως.

Inconvenience, adj. *Unseasonableness* : P. ἀκαιρία, ἡ. *Trouble* : P. and V. δυσχέρεια, ἡ, ὄχλος, ὁ.

Inconvenience, v. trans. Ar. and P. ἐνοχλεῖν (acc. or dat.), πράγμᾰτα πᾰρέχειν (dat.), P. and V. ὄχλον πᾰρέχειν (dat.).

Inconvenient, adj. *Unseasonable* : P. and V. ἄκαιρος. *Annoying* : P. and V. βᾰρύς, ὀχληρός. *Unsuitable* : P. ἀνεπιτήδειος. *Unprofitable* : P. and V. ἀσύμφορος.

Inconveniently, adv. *Unseasonably* : P. ἀκαίρως. *Unsuitably* : P. ἀνεπιτηδείως.

Incorporate, v. trans. P. συνιστάναι. *Incorporate villages into a town* : P. συνοικίζειν (Thuc. 2, 15). *Incorporate the dowry into the property of Aphobus* : P. καταμῖξαι τὴν προῖκα εἰς τὴν οὐσίαν τὴν Ἀφόβου (Dem. 866).

Incorporeal, adj. P. ἀσώματος.

Incorrect, adj. P. and V. οὐκ ὀρθός. *Inaccurate* : P. and V. οὐκ ἀκρῑβής. *False* : P. and V. ψευδής.

Incorrectly, adv. P. and V. οὐκ ὀρθῶς. *Inaccurately* : P. and V. οὐκ ἀκρῑβῶς. *Falsely* : P. and V. ψευδῶς.

Incorrigible, adj. P. and V. ἀκόλαστος. *Incurable* : P. and V. ἀνήκεστος, P. ἀνίατος; see *incurable*.

Incorrigibly, adv. P. ἀκολάστως. *Incurably* : P. ἀνηκέστως, ἀνιάτως.

Incorruptible, adj. *Imperishable* : P. ἀδιάφθορος. *Immortal* : P. and V. ἀθᾰνᾰτος, Ar. and V. ἄφθῐτος. *Not to be bribed* : P. ἀδιάφθορος, ἀδωροδόκητος, χρημάτων ἄδωρος, χρημάτων κρείσσων, V. κερδῶν ἄθικτος.

Incorruptibly, adv. P. ἀδιαφθόρως. *Without taking bribes* : P. ἀδωροδοκήτως.

Increase, v. trans. P. and V. αὐξᾰνειν, αὔξειν, P. ἐπαυξάνειν, V. ἀλδαίνειν. V. intrans. P. and V. αὐξᾰνεσθαι, αὔξεσθαι, P. ἐπαυξάνεσθαι, Ar. and P. ἐπῐδῐδόναι, V. ὀφέλλεσθαι.

Increase, subs. P. αὔξησις, ἡ, αὔξη, ἡ (Plat.), ἐπαύξησις, ἡ (Plat.), ἐπαύξη, ἡ (Plat.), ἐπίδοσις, ἡ.

Incredibility, subs. P. and V. ἀπιστία, ἡ.

Incredible, adj. P. and V. ἄπιστος.

Incredibly, adv. P. ἀπίστως.

Incredulity, subs. P. and V. ἀπιστία, ἡ. *Suspicion* : P. and V. ὑποψία, ἡ.

Incredulous, adj. P. ἄπιστος. *Suspicious* : P. and V. ὕποπτος.

Incredulously, adv. P. ἀπίστως. *Suspiciously* : P. ὑπόπτως.

Incredulousness, subs. See *incredulity*.

Increment, subs. See *increase*. *Revenue*: P. πρόσοδος, ἡ.

Incriminate, v. trans. *Implicate*: P. συγκαταπιμπλάναι; see *implicate*, *accuse*.

Incrust, v. trans. *Grow round*: Ar. and P. περῐφύεσθαι (dat.) (Plat., *Rep.* 612A).

Incubate, v. trans. See *hatch*.

Incubus, subs. P. and V. ἄχθος, τό, Ar. and V. βᾰρος, τό, V. ἐφολκίς, ἡ; see *burden*.

Inculcate, v. trans. *Teach*: P. and V. δῐδάσκειν. *Engender*: P. and V. ἐντίκτειν (τινί τι), P. ἐμποιεῖν (τινί τι); see *engender*.

Inculpate, v. trans. *Implicate*: P. συγκαταπιμπλάναι; see *implicate*. *Accuse*: P. and V. αἰτιᾶσθαι, ἐπαιτιᾶσθαι; see *accuse*.

Inculpated, adj. *Accessory*: use adj. P. and V. αἴτιος, σῠναίτιος, μεταίτιος.

Incumbent, adj. *Becoming, proper*: P. and V. εὐπρεπής, πρέπων, προσήκων. *Necessary*: P. and V. ἀναγκαῖος. *It is incumbent on*: P. and V. πρέπει (dat.), προσήκει (dat.), Ar. and V. θέμῐς (dat.) (with or without ἐστί) (rare P.). *It is necessary*: P. and V. ἀνάγκη (with or without ἐστί) (dat.), χρή (acc.), δεῖ (acc.).

Incumber, v. trans. See *encumber*.

Incumbrance, subs. See *encumbrance*.

Incur, v. trans. *Incur (disgrace, etc.)*: P. and V. ἀναιρεῖσθαι, λαμβάνειν (Thuc. 2, 64; Soph., *R. O.* 1494). *Face*: P. and V. ὑπέχειν, ὑφίστασθαι; see *face*. *Earn*: V. ἄρνυσθαι (Plat. but rare P.), ἐκπονεῖν, ἀλφάνειν. *Incur a charge of*: P. and V. ὀφλισκάνειν (acc.). *Incur risk*: P. and V. κινδῡνεύειν (absol.), V. κίνδῡνον ἀνᾰβάλλειν, πᾰραρρίπτειν (absol.). *Incur in addition*: P. προσοφλισκάνειν (acc.). *He incurred a fine of ten thousand drachmae*: P. ὤφλησε μυρίας δράχμας. *Incur expense*: P. δαπανᾶν (absol.).

Incurable, adj. P. and V. ἀνήκεστος, δῠσίᾱτος (Plat.), V. δύσκηλος, P. ἀνίατος.

Incurably, adv. P. ἀνηκέστως, ἀνιάτως.

Incursion, subs. P. and V. εἰσβολή, ἡ, P. ἐπιδρομή, ἡ; see *attack*. *Make an incursion*: P. and V. εἰσβάλλειν.

Indebted, adj. Lit., *in debt*: Ar. and P. ὑπόχρεως. *Be indebted to a person*: P. and V. χάρῐν ὀφείλειν (dat.).

Indecency, subs. P. ἀκαθαρσία, ἡ, ἀσχημοσύνη, ἡ, ἀπρέπεια, ἡ. *Shamelessness*: P. and V. ὕβρῐς, ἡ, ἀναίδεια, ἡ; see *shamelessness*.

Indecent, adj. P. ἀκάθαρτος, ἀπρεπής, P. and V. ἀσχήμων, V. δυσπρεπής. *Disgraceful*: P. and V. αἰσχρός. *Shameless*: P. and V. ἀναιδής, ἀναίσχυντος.

Indecently, adv. P. ἀπρεπῶς. *Disgracefully*: P. and V. αἰσχρῶς. *Behave indecently*, v.: P. and V. ἀσχημονεῖν.

Indecision, subs. P. and V. ὄκνος, ὁ.

Indecisive, adj. P. ἄκριτος.

Indecisively, adv. P. ἀκρίτως.

Indecorous, adj. P. and V. ἀσχήμων, P. ἀπρεπής, V. ἀεικής, αἰκής.

Indecorously, adv. P. ἀπρεπῶς. *Behave indecorously*, v.: P. and V. ἀσχημονεῖν, ἀκοσμεῖν.

Indecorum, subs. P. and V. ἀκοσμία, ἡ, P. ἀπρέπεια, ἡ, ἀσχημοσύνη, ἡ.

Indeed, adv. *Really*: P. and V. ἀληθῶς, ὄντως, P. τῷ ὄντι. Strengthening particle often used with superlatives: P. and V. δή. To emphasise a statement: P. and V. δῆτα (Plat.). *Alas, unhappy man, unhappy indeed*: V. ἰὼ ἰὼ δύστηνε σύ δύστηνε δῆτα (Soph., *Phil.* 759). *Verily*: P. and V. ἦ, V. ἦ κάρτᾰ, Ar. and V. κάρτᾰ (rare P.); see *verily*. *At any rate*: P. and V. γε, γοῦν, γε μήν ; see *at least*, under *least*. *For indeed* : P. and V. καὶ γάρ. In indignant questions : Ar. and V. ἄληθες ; (Soph., *O. R.* 350 ; Ar., *Ran.* 840).

Indefatigable, adj. P. and V. λῑπαρής (Plat.), Ar. γλισχρός ; see *incessant*. *Be indefatigable* (*in doing a thing*), v. : P. and V. οὐ κάμνειν (part.).

Indefatigably, adv. P. λιπαρῶς (Plat.), Ar. and P. γλισχρῶς (Plat.).

Indefensible, adj. *Easy to take* : P. and V. ἁλώσῐμος. *Unjust* : P. and V. ἄδῐκος, P. ἀνεπιεικής. *Be indefensible, have no excuse* : P. ἀπολογίαν οὐκ ἔχειν.

Indefinable, adj. P. ἀόριστος. Met., *obscure* : Ar. and P. ἀτέκμαρτος ; see *obscure*, or use P. and V. τις (enclitic.).

Indefinite, adj. *Not clear* : P. and V. ἀσἄφής. *Not fixed* : P. ἀόριστος. *Inconclusive* : P. ἄκριτος.

Indefinitely, adv. *Not clearly* : P. ἀσαφῶς. *Inconclusively* : P. ἀκρίτως.

Indelible, adj. *Not to be erased* : P. ἀνεξάλειπτος, δυσέκνιπτος (Plat.), ἀνέκπλυτος (Plat.), V. δύσνιπτος. Of colours : P. δευσοποιός (Plat). Met., *ever-remembered* : P. and V. ἀείμνηστος ; see also *lasting*.

Indelibly, adv. *Firmly, fast* : V. ἐμπέδως, ἀρᾱρότως (also Plat. but rare P.). *Eternally* : P. εἰς ἀΐδιον.

Indelicacy, subs. P. and V. ἀκοσμία, ἡ, P. ἀπρέπεια, ἡ, ἀσχημοσύνη, ἡ ; see also *shamelessness*.

Indelicate, adj. P. ἀπρεπής, P. and V. ἀσχήμων. *Disgraceful* : P. and V. αἰσχρός ; see also *shameless*.

Indelicately, adv. P. ἀπρεπῶς. *Disgracefully* : P. and V. αἰσχρῶς ; see also *shamelessly*.

Indemnify, v. trans. *Compensate* : use P. τὰ ἴσα διδόναι (dat.). *Make good* : P. and V. ἀκεῖσθαι, ἀνἄλαμβἄνειν.

Indemnity, subs. *Fine* : P. and V. ζημία, ἡ. *Impunity* : P. and V. ἄδεια. *Thinking that they would secure complete indemnity for the past* : P. ἡγούμενοι πολλὴν ἄδειάν σφισιν ἔσεσθαι τῶν πεπραγμένων (Lys. 128).

Indent, v. trans. Use P. and V. τιτρώσκειν.

Indentation, subs. Use P. and V. τραῦμα, τό. *Cut* : P. τμῆμα, τό.

Indenture, subs. *Bond, agreement* : P. συγγραφή, ἡ.

Independence, subs. P. αὐτονομία, ἡ. *Freedom* : P. ἐλευθερία, ἡ, V. τοὐλεύθερον. *Ability to support oneself* : P. αὐτάρκεια, ἡ. *Outspokenness* : P. and V. παρρησία, ἡ. *Aloofness* : Ar. and P. ἀπραγμοσύνη, ἡ.

Independent, adj. P. αὐτόνομος. *Free* : P. and V. ἐλεύθερος. *Be independent*, v. : P. αὐτονομεῖσθαι. *Able to support oneself* : P. and V. αὐταρκής. *Frank* : P. ἐλευθέριος. *Separate* : P. κεχωρισμένος. *Private* : P. and V. οἰκεῖος, ἴδιος. *Independent of* : see *free from*.

Independently, adv. P. and V. ἐλευθέρως. *Separately* : P. and V. χωρίς, δῐχα. *Privately* : P. and V. ἰδίᾳ (Eur., *Supp.* 129). *Independently of* : see *apart from*.

Indescribable, adj. P. and V. κρείσσων λόγου, P. ἀμύθητος, V. ἄφραστος, Ar. οὐ φᾰτός, Ar. and V. ἀνωνόμαστος ; see *strange*.

Indescribably, adv. *Strangely* : P. ἀμηχάνως ; see also *exceedingly*.

Indestructible, adj. P. ἀδιάφθορος, ἀνώλεθρος, Ar. and V. ἄφθῐτος.

Indeterminate, adj. *Indefinite* : P. ἀόριστος. *Undecided* : P. ἄκριτος. *Not clear* : P. and V. ἀσἄφής.

Indeterminately, adv. *Indecisively* : P. ἀκρίτως. *Not clearly* : P. ἀσαφῶς.

Index, subs. See *indication*.

Indicate, v. trans. P. and V. φαίνειν, δηλοῦν, δεικνύναι, σημαίνειν, ἀποδεικνύναι, ἐπῐδεικνύναι, ἐκφαίνειν (Plat.), Ar. and P. ἀποφαίνειν ; see *show*. *Indicate beforehand* : P.

and V. προφαίνειν. *Indicate by signs*: P. and V. ἐπῐνεύειν (acc. or absol.); see *nod*.

Indication, subs. *Trace*: P. and V. ἴχνος, τό. *Sign, proof*: P. and V. σημεῖον, τό, τεκμήριον, τό, σύμβολον, τό, V. σῆμα, τό, τέκμᾰρ, τό. *Specimen*: P. and V. δεῖγμα, τό, πᾰράδειγμα, τό.

Indict, v. trans. Ar. and P. γράφεσθαι; see *accuse*.

Indictment, subs. Ar. and P. γρᾰφή, ἡ; see *accusation*. *Draw up an indictment*: Ar. and P. γρᾰφὴν γράφεσθαι.

Indifference, subs. *Heedlessness*: P. and V. ῥᾳθῡμία, ἡ, P. ἀμέλεια, ἡ, ῥαστώνη, ἡ, V. ἀμελία, ἡ. *Calmness*: Ar. and P. ἡσῠχία, ἡ. *Treat with indifference*, v.: P. and V. ἀμελεῖν (gen.), πᾰρᾰμελεῖν (gen.), P. ὀλιγωρεῖν (gen.), παρορᾶν, ἐν οὐδένι λόγῳ ποιεῖσθαι, V. δι' οὐδένος ποιεῖσθαι, φαύλως φέρειν; see *disregard*.

Indifferent, adj. P. and V. ῥᾳθῡμος, Ar. and P. ἀμελής. *Indifferent to, heedless of*: P. ἀμελής (gen.), ὀλιγωρός (gen.), V. ἄφροντις (gen.), (Eur., *Frag.*). *Calm, peaceful*: P. and V. ἀπράγμων. *Be indifferent*, v.: P. καταρρᾳθυμεῖν. *Make no difference*: P. and V. οὐ διᾰφέρειν, V. ἀμφῐδεξίως ἔχειν (Æsch., *Frag.*). *Be indifferent to*: see *disregard*. *Callous*, adj.: P. and V. ἀμβλῡς, ἀνάλγητος. *Calm*: P. and V. ἥσῠχος, ἡσῠχαῖος, P. ἡσύχιος. *Poor in quality*: P. and V. φαῦλος, μέτριος, φλαῦρος, εὐτελής. *It is indifferent to me whether you desire to praise or blame me*: V. σὺ δ' αἰνεῖν εἴτε με ψέγειν θέλεις ὁμοῖον (Æsch., *Ag.* 1403). *It is indifferent to me*: P. and V. οὔ μοι μέλει.

Indifferently, adv. *Heedlessly*: P. ἀμελῶς, ῥᾳθύμως, P. and V. ἀφροντίστως (Xen.). *Poorly*: P. and V. μετρίως, φαύλως. *Calmly*: P. and V. ἡσῠχῇ, ἡσῠχως; see *calmly*. *Callously*: V. ἀναλγήτως. *Equally alike*: P. and V. ὁμοῦ, ἅμα, ὁμοίως, V. ὁμῶς.

Indigenous, adj. P. and V. αὐτόχθων. *Native*: P. and V. ἐπῐχώριος, ἐγχώριος; see *native*.

Indigence, subs. P. and V. πενία, ἡ, ἀπορία, ἡ, P. ἔνδεια, ἡ; see *poverty*.

Indigent, adj. P. and V. πένης, ἄπορος; see *poor*.

Indigestion, subs. P. ἀπεψία, ἡ (Arist.).

Indignant, adj. *Angry*: Ar. and P. χᾰλεπός, P. and V. πικρός, P. περιοργής, ὀργίλος, V. ἔγκοτος. *Be indignant*, v.: Ar. and P. χᾰλεπαίνειν, ἀγᾰνακτεῖν, P. δεινὸν ποιεῖσθαι, V. ἀτλητεῖν, βᾰρυστόνως φέρειν; see *be angry*. *Be indignant at*: Ar. and P. χᾰλεπαίνειν (dat.), ἀγᾰνακτεῖν (dat.), P. δυσχεραίνειν (acc. or dat.), χαλεπῶς φέρειν (acc.), V. δυσφορεῖν (dat.), πικρῶς φέρειν (acc.), ἀσχάλλειν (dat.) (also Dem. 555, but rare P.); see *be angry at*.

Indignantly, adv. Ar. and P. χᾰλεπῶς, P. ὀργίλως, P. and V. δι' ὀργῆς, πικρῶς, V. ἐξ ὀργῆς, ὑπερθύμως, ὑπερκότως, ὑπ' ὀργῆς, Ar. and V. πρὸς ὀργήν.

Indignation, subs. P. and V. ὀργή, ἡ, θῡμός, ὁ, V. χόλος, ὁ, μῆνις, ἡ, Ar. and V. χολή, ἡ, κότος, ὁ, μένος, τό. *Disgust*: P. and V. δυσχέρεια, ἡ, P. ἀγανάκτησις, ἡ.

Indignity, subs. *Affront*: P. and V. ὕβρῐς, ἡ, ὕβρισμα, τό, αἰκία, ἡ. *Outrage*: P. and V. λώβη, ἡ (Plat.), λῡμη, ἡ (Plat.). *Suffer indignities*: P. and V. ἀνάξια πάσχειν.

Indirect, adj. *Not open*: use P. and V. οὐ φᾰνερός. *Crooked*, met.: P. σκολιός (Plat.); see *crooked*. *Secret*: P. and V. ἀφᾰνής, κρυπτός; see *secret*. *Vague*: P. and V. ἀσᾰφής, V. πᾰρῳδός.

Indirectly, adv. *Not openly*: P. οὐ φανερῶς. *In a round about way*: V. πέριξ. *Hint at indirectly*, v.: P. παραδηλοῦν (acc.), ὑπαινίσσεσθαι (acc.), ὑποσημαίνειν (acc.), Ar. and P. αἰνίσσεσθαι (acc. or εἰς, acc.).

Indiscreet, adj. P. and V. ἄβουλος, Ar. and P. ἀνόητος, P. ἀπερίσκεπτος, V. ἄκρῖτος; see *rash, foolish. Off one's guard*: P. and V. ἀφύλακτος, ἄφρακτος.

Indiscreetly, adv. Ar. and P. ἀνοήτως, P. ἀπερισκέπτως, V. ἀβούλως; see *rashly, foolishly.*

Indiscretion, subs. P. and V. ἀβουλία, ἡ, Ar. and V. δυσβουλία, ἡ; see *folly, rashness.*

Indiscriminate, adj. *Unreasoning*: P. ἄλογος, ἀλόγιστος. *Promiscuous*: P. and V. σύμμικτος, συμμῖγής (Plat.), μῖγάς.

Indiscriminately, adv. *At random*: P. and V. εἰκῇ, φαύλως. *Promiscuously*: P. and V. φύρδην, P. χύδην, ἀναμίξ.

Indispensible, adj. P. and V. ἀναγκαῖος.

Indisposed, adj. *Not eager*: P. ἀπρόθυμος. *Be indisposed to*: P. and V. οὐ βούλεσθαι (infin.), Ar. and P. οὐκ ἐθέλειν (infin.), Ar. and V. οὐ θέλειν (infin.). *Unwell*: P. νοσώδης, P. and V. ἀσθενής. *Be indisposed, be ill*: P. and V. νοσεῖν, κάμνειν, ἀσθενεῖν, P. ἀρρωστεῖν.

Indisposition, subs. See *refusal. Illness*: P. ἀσθένεια, ἡ, ἀρρωστία, ἡ, ἀρρώστημα, τό.

Indisputable, adj. P. ἀναμφισβήτητος, ἀνέλεγκτος, ἀνεξέλεγκτος, οὐκ ἀντίλεκτος.

Indisputably, adv. P. ἀναμφισβητήτως, V. οὐ δῖχορρόπως, οὐκ ἀμφῖλέκτως. *Confessedly*: P. ὁμολογουμένως.

Indissoluble, adj. P. ἄλυτος (Plat.), ἀδιάλυτος (Plat.), V. ἄρρηκτος, δύσλῦτος, δυσεξήνυστος.

Indissolubly, adv. P. ἀλύτως (Plat.), Ar. ἀρρήκτως, V. δυσεκλύτως.

Indistinct, adj. P. and V. ἀσἄφής, δύσκρῖτος (Plat.), P. ἀμυδρός, V. δυσμἄθής, ἄσημος; see *obscure.*

Indistinctly, adv. P. ἀσαφῶς, V. δυσκρίτως; see *obscurely.*

Indistinctness, subs. P. ἀσάφεια, ἡ.

Indistinguishable, adj. P. ἄκριτος; see *indistinct. Be indistinguishable from*, v.: use P. and V. οὐ διἄφέρειν (gen.). *Promiscuous*: P. and V. σύμμικτος, συμμῖγής (Plat.), μῖγάς. *Not clear*: P. and V. ἀσἄφής, ἄδηλος.

Indistinguishably, adv. *Promiscuously*: P. and V. φύρδην, P. χύδην, ἀναμίξ. *At random*: P. and V. εἰκῇ.

Indite, v. trans. P. συγγράφειν, συντιθέναι. *Indite a poem*: Ar. and P. ποιεῖν (acc. or absol.).

Individual, subs. Ar. and P. ἰδιώτης, ὁ. *Each* (as opposed to *all*): P. and V. ἕκαστος.

Individual, adj. *Private*: P. and V. ἴδιος, οἰκεῖος.

Individuality, subs. See *character.*

Individually, adv. *Each separately*: P. καθ' ἕκαστον. *Privately*: P. and V. ἰδίᾳ.

Indivisible, adj. P. ἀμέριστος (Plat.).

Indolence, subs. P. and V. ἀργία, ἡ, ῥᾳθῦμία, ἡ, P. ῥᾳστώνη, ἡ. *Leisure*: P. and V. σχολή, ἡ.

Indolent, adj. P. and V. ἀργός, ῥάθῦμος, P. ἄπονος. *Slow*: P. and V. βρἄδύς.

Indolently, adv. P. ἀργῶς.

Indomitable, adj. *Unconquerable*: P. and V. ἀνίκητος. *Persevering*: P. and V. καρτερός.

Indorse, v. trans. See *endorse.*

Indubitable, adj. P. ἀναμφισβήτητος, ἀνέλεγκτος, ἀνεξέλεγκτος.

Indubitably, adv. P. ἀναμφισβητήτως, V. οὐ δῖχορρόπως, οὐκ ἀμφῖλέκτως. *Confessedly*: P. ὁμολογουμένως.

Induce, v. trans. P. and V. προτρέπειν (or mid.), ἐπάγειν, ἐπαίρειν, προάγειν, P. ἐπισπᾶν. *Induce by force*: V. γνάμπτειν. *Persuade*: P. and V. πείθειν, ἀνἄπείθειν (Eur., *Hel.* 825), V. ἐκπείθειν. *What induced you to act thus?* use Ar. and P. τί μαθὼν ταῦτα ἐποίησας.

Inducement, subs. *Bait*: met., P. and V. δέλεαρ, τό, Ar. δελέασμα, τό. *Persuasion*: P. and V. πειθώ, ἡ.

Induction, subs. See *guess*. Logically: P. ἐπαγωγή, ἡ (Arist.).
Inductive, adj. P. ἐπακτικός (Arist.).
Inductively, adv. P. ἐπακτικῶς (Arist.).
Indue, v. trans. *Equip*: P. and V. πᾰρασκευάζειν, P. κατασκευάζειν; see *equip*. *Indued with*: P. and V. ἐπήβολος (gen.) (Plat.).
Indulge, v. trans. P. and V. χᾰρίζεσθαι (dat.), P. ὀργας ἐπιφέρειν (dat.), φιλοφρονεῖσθαι (dat.) (Plat.). *Please*: P. and V. ἀρέσκειν (acc. or dat.), Ar. and V. ἁνδάνειν (dat.). *Give way to*: P. and V. εἴκειν (dat.), ὑπείκειν (dat.), V. χᾰλᾶν (dat.). *Make use of*: P. and V. χρῆσθαι (dat.). *Indulge one's natural bent*: P. τῇ φύσει χρῆσθαι (Isoc.). *Indulge in, enjoy*: P. and V. ἀπολαύειν (gen.). *Take delight in*: P. and V. ἥδεσθαι (dat.), τέρπεσθαι (dat.). *Employ, use*: P. and V. χρῆσθαι (dat.). *Indulge in violent laughter*: P. ἐφιέναι ἰσχυρῷ γέλωτι (Plat., *Rep.* 388E).
Indulgence, subs. *Kindness*: P. πραότης, ἡ, φιλανθρωπία, ἡ, V. πρευμένεια, ἡ. *Favour, boon*: P. and V. χάρῐς, ἡ. *Pardon*: P. and V. συγγνώμη, ἡ, V. σύγγνοια, ἡ. *Indulgence in*: P. and V. χρεία, ἡ (gen.). *Enjoyment of*: P. and V. ἀπόλαυσις, ἡ (gen.).
Indulgent, adj. *Kind*: P. and V. πρᾶος, ἤπιος, φῐλάνθρωπος, V. πρευμενής. *Inclined to pardon*: P. and V. συγγνώμων.
Indulgently, adv. P. and V. ἠπίως, P. πράως, φιλανθρώπως, V. εὐφρόνως, πρευμενῶς.
Industrial, adj. Ar. and P. χειροτεχνῐκός.
Industrious, adj. P. and V. ἄσχολος (rare V.), P. φιλόπονος, φιλεργός, V. πολῠ́πονος. *Zealous*: P. and V. σπουδαῖος (Soph., *Frag.*), πρόθῡμος.
Industriously, adv. P. φιλοπόνως. *Zealously*: P. and V. σπουδῇ, προθύμως, P. σπουδαίως.
Industry, subs. *Diligence*: P. φιλοπονία, ἡ, φιλεργία, ἡ. *Zeal*: P. and V. σπουδή, ἡ, προθῡμία, ἡ. *Handicraft*: Ar. and P. χειρουργία, ἡ, P. and V. τέχνη, ἡ, V. χειρωναξία, ἡ, P. χειροτεχνία, ἡ.
Indwelling, adj. Use V. σῠ́νοικος; see also *inbred*. *An indwelling taint of evil*: V. κηλὶς κακῶν σύνοικος (Soph., *O. C.* 1134).
Inebriated, adj. See *drunk*.
Inebriation, subs. See *drunkenness*.
Ineffable, adj. V. ἄφραστος, Ar. and V. ἀνωνόμαστος, P. ἀμύθητος, Ar. οὐ φᾰτός. *Extraordinary*: P. and V. ἀμήχᾰνος.
Ineffably, adv. *Extraordinarily*: P. ἀμηχάνως; see also *exceedingly*.
Ineffaceable, adj. P. ἀνεξάλειπτος, δυσέκνιπτος (Plat.), δυσέκπλυτος (Plat.), V. δύσνιπτος. *Ever-remembered*: P. and V. ἀείμνηστος; see also *lasting*.
Ineffaceably, adv. *Firmly, fast*: V. ἐμπέδως, ἀρᾱρότως (also Plat. but rare P.). *Eternally*: P. εἰς ἀΐδιον.
Ineffective, adj. *Accomplishing nothing*: P. ἄπρακτος, P. and V. ἀνήνῠτος. *Useless*: P. and V. μάταιος, κενός, ἄχρειος, ἀνωφελής; see *useless*. *Fruitless*: P. ἄκαρπος, V. ἀκάρπωτος.
Ineffectively, adv. P. ἀπράκτως, V. ἀνηνύτως. *In vain*: P. and V. μάτην, ἄλλως, V. μᾰταίως, ἄκραντα.
Ineffectual, adj. See *ineffective*.
Ineffectually, adv. See *ineffectively*.
Inefficacious, adj. *Inadequate*: P. and V. οὐχ ἱκᾰνός.
Inefficiency, subs. *Incapacity*: P. and V. φαυλότης, ἡ (Eur., *Frag.*).
Inefficient, adj. *Poor, indifferent*: P. and V. φαῦλος, φλαῦρος, μέτριος. *Inadequate*: P. and V. οὐχ ἱκᾰνός.
Inefficiently, adv. *Incapably*: P. and V. κάκῶς, φαύλως, P. ἀδυνάτως.
Inelegance, subs. P. ἀσχημοσύνη, ἡ.
Inelegant, adj. P. and V. ἀσχήμων.
Inept, adj. *Uusuitable*: P. and V. οὐ πρέπων, οὐ προσήκων. *Foolish*:

P. and V. μῶρος, εὐήθης, ἀσύνετος, Ar. and P. ἀνόητος, ἀβέλτερος.

Ineptitude, subs. *Incapacity*: P. ἀδυναμία, ἡ, P. and V. φαυλότης, ἡ (Eur., *Frag.*). *Folly*: P. and V. μωρία, ἡ; see *folly*.

Ineptly, adv. *Foolishly*: P. μώρως (Xen.), Ar. and P. ἀνοήτως, εὐηθικῶς. *Talk ineptly*, v.: P. and V. ληρεῖν, Ar. and P. φλυᾱρεῖν, P. ἀποληρεῖν.

Inequality, subs. P. ἀνισότης, ἡ. *Unevenness*: P. ἀνωμαλία, ἡ, τὸ ἀνώμαλον.

Inequitable, adj. P. ἀνεπιεικής; see *unjust*.

Inequitably, adv. See *unjustly*.

Ineradicable, adj. See *indelible*.

Ineradicably, adv. See *indelibly*.

Inert, adj. *Idle*: P. and V. ἀργός, ῥᾴθῡμος. *Immovable*: P. and V. ἀκίνητος. *Dull, heavy*: P. and V. βᾰρύς. *Lifeless*: P. and V. ἄψυχος; see also *torpid*.

Inertly, adv. *Idly*: P. ἀργῶς.

Inertness, subs *Idleness*: P. and V. ἀργία, ἡ, ῥᾳθῡμία, ἡ, P. ῥᾳστώνη, ἡ. *Torpor*: Ar. and P. νάρκη, ἡ.

Inestimable, adj. Use P. and V. κρείσσων λόγου; see *invaluable*.

Inevitable, adj. *Not to be avoided*: P. and V. ἄφυκτος. *Necessary*: P. and V. ἀναγκαῖος.

Inevitably, adv. *Necessarily*: P. and V. ἀναγκαίως. *By constraint*: P. and V. ἀνάγκῃ, ἐξ ἀνάγκης. *You will inevitably fail*: P. and V. οὐκ ἔσθ' ὅπως οὐ κᾰκῶς πράξεις.

Inexcusable, adj. Use Ar. and V. οὐ σύγγνωστος, P. οὐ συγγνώμων. *Be inexcusable*, v.: use P. and V. οὐ συγγνώμην ἔχειν.

Inexhaustible, adj. *Constant*: P. and V. πυκνός. *Abundant*: P. and V. ἄφθονος; see *abundant*.

Inexhaustibly, adv. *Abundantly*: P. and V. ἀφθόνως (Eur., *Frag.*); see *abundantly*.

Inexorable, adj. P. ἀπαραίτητος, P. and V. σχέτλιος, Ar. and V. ἄτεγκτος, ἄνοικτος, V. νηλής, ἀνοικτίρμων (Soph., *Frag.*), δυσπᾰραίτητος, δῡσάλγητος.

Inexorably, adv. P. ἀνηλεῶς, σχετλίως, V. νηλεῶς, ἀνοίκτως, ἀναλγήτως.

Inexpediency, subs. Use P. and V. τὸ ἀσύμφορον.

Inexpedient, adj. P. and V. ἀσύμφορος, ἀνόνητος, ἀνωφελής, P. ἀλυσιτελής, ἀνεπιτήδειος.

Inexpensive, adj. P. εὐτελής, εὔωνος; see *cheap*.

Inexpensively, adv. P. εὐτελῶς, V. ἀδᾰπάνως.

Inexpensiveness, subs. Ar. and P. εὐτέλεια, ἡ.

Inexperience, subs. P. and V. ἀπειρία, ἡ, P. ἀνεπιστημοσύνη, ἡ, ἀήθεια, ἡ, V. ἀηθία, ἡ.

Inexperienced, adj. P. and V. ἄπειρος, P. ἀνεπιστήμων. *Inexperienced in*: P. and V. ἄπειρος (gen.), ἀγύμναστος (gen.), P. ἀήθης (gen.), ἀνεπιστήμων (gen.).

Inexpiable, adj. P. and V. ἀνήκεστος.

Inexplicable, adj. *Extraordinary*: P. and V. θαυμαστός, δεινός, Ar. and P. θαυμάσιος. *Hard to fathom*: P. and V. ἀσᾰφής, V. ἀνερεύνητος, δῠσεύρετος, δυστέκμαρτος, Ar. and P. ἀτέκμαρτος; see *obscure*.

Inexplicably, adv. V. δυσκρίτως.

Inexpressible, adj. P. and V. κρείσσων λόγου, V. ἄφραστος; see *ineffable*. *Extraordinary*: P. and V. θαυμαστός, ἀμηχᾰνος, Ar. and P. θαυμάσιος, δαιμόνιος, ὑπερφυής.

Inexpressibly, adv. *Extraordinarily*: Ar. and P. θαυμᾰσίως, ὑπερφυῶς, P. ἀμηχάνως.

Inextinguishable, adj. *Eternal*: P. ἀΐδιος. *Indelible*: P. ἀνεξάλειπτος, δυσέκνιπτος, V. δύσνιπτος. *Always remembered*: P. and V. ἀείμνηστος. *Inextinguishable laughter*: use P. ἰσχυρὸς γέλως.

Inextricable, adj. P. and V. ἄπορος, ἀμηχᾰνος (rare P.), V. ἄπειρος, ἀτέρμων. *Indissoluble*: P. ἄλυτος (Plat.), ἀδιάλυτος (Plat.), V. ἄρρηκτος, δύσλῠτος, δῠσεξήνυστος.

Inextricably, adv. *Indissolubly* : P. ἀλύτως (Plat.), V. δυσεκλύτως, Ar. ἀρρήκτως.

Infallible, adj. P. and V. ἀψευδής, P. ἀναμάρτητος. *Safe* : P. and V. ἀσφᾰλής.

Infallibly, adv. P. ἀναμαρτήτως (Xen.); see *inevitably*.

Infamous, adj. P. and V. αἰσχρός, ἐπονείδιστος, κᾰκός, ἀνόσιος, μιᾰρός, ἀνάξιος, V. δυσκλεής (also Xen.).

Infamously, adv. P. and V. αἰσχρῶς, κᾰκῶς, ἀναξίως, P. ἐπονειδίστως, Ar. and P. μιᾰρῶς, V. ἀνοσίως.

Infamy, subs. *Disgrace* : P. and V. αἰσχύνη, ἡ, ὄνειδος, τό, ἀτῑμία, ἡ, δύσκλεια, ἡ, ἀδοξία, ἡ, P. κακοδοξία, ἡ, V. αἶσχος, τό. *Baseness* : P. and V. πονηρία, ἡ, κάκη, ἡ. *Loss of civil rights, public disgrace* : P. and V. ἀτῑμία, ἡ. *Punish with infamy*, v. trans.: Ar. and P. ἀτῑμοῦν. *Punished with infamy*, adj.: P. and V. ἄτῑμος.

Infancy, subs. P. παιδεία, ἡ. *From infancy* : P. ἐκ νέου, ἐκ παιδός, ἐκ παιδίου (Xen.), ἐκ παιδαρίου.

Infant, subs. P. and V. νήπιος, ὁ or ἡ (Plat., Antipho.), Ar. and P. παιδᾰριον, τό, παιδίον, τό. *Babe* : V. βρέφος, τό, τυτθός, ὁ or ἡ.

Infantile, adj. P. and V. παίδειος, νέος, Ar. and V. νήπιος. *Trifling* : P. and V. παιδῐκός, V. παιδνός, Ar. and V. νήπιος; see *childish*.

Infantry, subs. P. and V. πεζοί, οἱ. *Force of infantry* : P. πεζὴ στρατιά, ἡ. *Of infantry*, adj.: P. and V. πεζός, P. πεζικός. *Infantry battle*, subs.: P. πεζομαχία, ἡ, Ar. πεζὴ μάχη, ἡ. *Fight infantry battle*, v.: Ar. and P. πεζομαχεῖν (absol.).

Infatuated, adj. P. and V. ἀπόπληκτος, μᾰνιώδης, Ar. and P. ἐμβρόντητος, V. ἐπιβρόντητος; see *mad, foolish*.

Infatuation, subs. P. and V. μᾰνία, ἡ; see *madness, folly*.

Infect, v. trans. *Infect with disease* : P. ἀναπιμπλάναι. *Soil* : lit. and met., P. and V. μιαίνειν. *Disgrace* : P. and V. αἰσχύνειν, κᾰταισχύνειν, V. κηλῖδοῦν. *Corrupt* : P. and V. διαφθείρειν; see *corrupt*.

Infected with, adj. *Diseased* : P. and V. νοσώδης. *Defiled* : P. and V. μιᾰρός, Ar. and V. μῠσᾰρός. *Infected (with disease, etc.)* : P. ἀνάπλεως (gen.), P. and V. πλέως (gen.), V. πλήρης (gen.).

Infection, subs. *Disease* : P. and V. νόσος, ἡ, νόσημα, τό. *Corruption* : P. and V. διαφθορά, ἡ. *Defilement* (of guilt): P. and V. μίασμα, τό, ἄγος, τό, V. μῦσος, τό, λῦμα, τό, κηλῖς, ἡ. *Catch infection* : see *catch*.

Infectious, adj. Use P. λοιμώδης.

Infectious disease, subs. P. and V. λοιμός, ὁ.

Infelicitous, adj. P. ἀνεπιτήδειος.

Infelicitously, adv. P. ἀνεπιτηδείως.

Infer, v. trans. P. and V. εἰκάζειν, τεκμαίρεσθαι, συμβάλλειν, στοχάζεσθαι (gen. or absol.), δοξάζειν, τοπάζειν, V. ἐπεικάζειν; see *guess*. *Suspect* : P. and V. ὑπονοεῖν, ὑποπτεύειν. *Draw a conclusion* : P. συλλογίζεσθαι; see *conclusion*.

Inference, subs. *Guess* : P. and V. δόξᾰ, ἡ, δόκησις, ἡ, P. δόξασμα, τό. *Suspicion* : P. and V. ὑποψία, ἡ, ὑπόνοια, ἡ. *Presumption* : P. ὑπόληψις, ἡ. *Logical conclusion* : P. συλλογισμός, ὁ.

Inferential, adj. *Conjectural* : P. δοξαστός (Plat.).

Inferentially, adv. *As far as one can guess* : use V. ὡς εἰκάσαι, ὡς ἐπεικάσαι, ὡς ἀπεικάσαι.

Inferior, adj. P. and V. ἥσσων, χείρων, ἐνδεής (or comparative), P. καταδεέστερος, ὑποδεέστερος. *Secondary* : P. and V. ὕστερος. *Indifferent, poor* : P. and V. φαῦλος, φλαῦρος, εὐτελής, μέτριος. *Inferior to* : P. and V. ἥσσων (gen.), χείρων (gen.), ὕστερος (gen.). *Be inferior (to)*, v.: P. and V. ἡσσᾶσθαι (gen.), λείπεσθαι (gen. or absol.) (rare P.), P. ἐλλείπειν (gen. or absol.), ὑστερεῖν (gen. or absol.), ὑστερίζειν (gen.).

Inferiority, subs. Use P. and V. τὸ ἐνδεές.

Infernal, adj. *Of the underworld*: P. and V. χθόνιος (Plat.), V. νέρτερος. Met., *horrible*: P. and V. δεινός, φοβερός, V. ἔμφοβος. *Loathesome*: P. and V. μιᾰρός, κᾰτάπτυστος; see *loathesome*. *The infernal regions*: P. and V. Ἅιδης, ὁ; see *the underworld*.

Infest, v. trans. *Harass*: P. and V. λῡπεῖν, κᾰκοῦν. *Overrun*: P. κατατρέχειν, καταθεῖν. *Infested with*: P. and V. μεστός (gen.).

Infidelity, subs. P. and V. ἀπιστία, ἡ. *Betrayal*: P. and V. προδοσία, ἡ.

Infinite, adj. P. and V. ἄπειρος, Ar. and P. ἀπέραντος, V. μῡρίος (also Plat. but rare P.). *Inconceivable*: P. and V. ἀμήχᾰνος. *The infinite*, subs.: P. τὸ ἄπειρον (Arist.).

Infinitely, adv. *Inconceivably*: P. ἀμηχάνως. With comparatives: P. and V. μῡρίῳ (Plat.).

Infinitesimal, adj. P. and V. ἐλάχιστος, Ar. and P. πολλοστός.

Infinity, subs. P. τὸ ἄπειρον (Arist.).

Infirm, adj. *Weak*: P. and V. ἀσθενής, P. ἄρρωστος, ἀπειρηκώς, V. ἄναλκις, ἀμαυρός, ἄναρθρος. *Infirm of purpose*: Ar. and P. μᾰλᾰκός, Ar. and V. μαλθᾰκός; see *cowardly*. *Be infirm*, v.: P. and V. ἀσθενεῖν, P. ἀρρωστεῖν.

Infirmity, subs. P. and V. ἀσθένεια, ἡ (rare V.), P ἀρρωστία, ἡ. *Disease*: P. and V. νόσος. ἡ νόσημα, τό P. πόνος, ὁ. *Evil*: P. and V. κᾰκόν, τό.

Inflame, v. trans. Met., P. and V. θερμαίνειν (Plat.). Ar. and P. κάειν, φλέγειν, P. διαθερμαίνειν, Ar. and V. θάλπειν, ζωπῠρεῖν, V. ἐπιφλέγειν; see *excite*. *He is inflamed with love*: V. ἐντεθέρμανται πόθῳ (Soph., *Trach.* 368). Of wine: V. θερμαίνειν. *Be inflamed with wine*: P. διαθερμαίνεσθαι. *Embitter*: P. and V. πᾰροξῠ́νειν, V. ὀξῠ́νειν, θήγειν, ἀγριοῦν (also Ar. and Xen. in pass.), ἐξαγριοῦν (also Plat. in pass.). *Be inflamed* (*with fever*): P. κάεσθαι (Thuc. 2, 49), Ar. and V. φλεγμαίνειν; see under *fever*.

Inflammable, adj. P. καύσιμος.

Inflammation, subs. P. φλόγωσις, ἡ.

Inflammatory, adj. *Causing inflammation*: P. φλεγματώδης. Met., P. στασιαστικός.

Inflate, v. trans. P. and V. φῡσᾶν. *Fill with pride*: P. and V. χαυνοῦν, V. ἐκχαυνοῦν. *Be inflated* (*with pride*): Ar. and V. ὀγκοῦσθαι (also Xen.), V. ἐξογκοῦσθαι, P. and V. φρονεῖν μέγᾰ

Inflated, adj. *Swollen*: P. ὀγκώδης. *Conceited*: Ar. and P. χαῦνος, P. ὑπερήφανος, P. and V. ὑψηλός.

Inflation, subs. *Conceit*: P. and V. ὄγκος, ὁ, φρόνημα, τό, P. χαυνότης, ἡ (Plat.). Met., see *increase*.

Inflection, subs. *Inflection of the voice*: Ar. and P. τόνος, ὁ.

Inflexibility, subs. *Obstinacy*: P. αὐθάδεια, ἡ, Ar. and V. αὐθᾰδία, ἡ. *Harshness*: P. σκληρότης, ἡ. *Firmness*: P. καρτερία, ἡ.

Inflexible, adj. P. ἀπαραίτητος, V. δυσπάραίτητος, Ar. and V. ἄτεγκτος, P. and V. σχετλίος; see *inexorable*. *Obstinate*: P. and V. αὐθάδης. *Persevering*: P. and V. καρτερός, V. ἔμπεδος.

Inflexibly, adv. P. σχετλίως; see *inexorably*. *Obstinately*: Ar. and P. αὐθάδως. *Fast, firmly*: V. ἐμπέδως, ἀρᾱρότως (also Plat. but rare P.).

Inflict, v. trans. P. and V. ἐπῐβάλλειν (τί τινι), προστῐθέναι (τί τινι), ἐπῐφέρειν (τί τινι), προσβάλλειν (τί τινι), ἐπῐτῐθέναι (τί τινι), Ar. and P. προστρῑ́βεσθαι (mid.) (τί τινι). *Inflict as punishment for*: V. ἀντῐτῑ́νεσθαι (acc. and gen.). *Be inflicted* (of a fine): P. ἐπικεῖσθαι. *Punishment is inflicted on a prating tongue*: V. γλώσσῃ ματαίᾳ ζημία προστρίβεται (Æsch., *P. V.* 329). *Newly inflicted* (of blows), adj.: V. νεότομος.

Infliction, subs. Ar. and P. ἐπῐβολή, ἡ. *Visitation*: P. and V. προσβολή, ἡ. *Infliction of punishment*: P. and V. ζημία, ἡ, τῑμωρία, ἡ. Met., *trouble, worry*: P. and V. κᾰκόν, τό, συμφορά, ἡ, V. πῆμα, τό.

Inflow, subs. P. and V. ἐπιρροή, ἡ (Plat.).

Influence, subs. *Authority*: P. and V. δῠνᾰμις, ἡ. *Power of affecting anything*: P. and V. ῥοπή, ἡ. *Leading on*: P. ἀγωγή, ἡ (Plat., *Rep.* 604B). *Have influence with*, v.: P. δύνασθαι παρά (dat.), ἰσχύειν παρά (dat.). *Having complete influence over*: P. and V. κῡριος (gen.). *Without influence over*: P. ἄκυρος (gen.). *Men of influence*, subs.: P. and V. οἱ δῠνάμενοι.

Influence, v. trans. *Persuade*: P. and V. ἐπᾰγειν, πείθειν; see *persuade*. *Affect*: P. and V. ἅπτεσθαι (gen.); see *affect*. *Influence events*: P. and V. ῥοπὴν ἔχειν (gen.). *Dispose*: P. διατιθέναι. *Change*: P. and V. μετᾰβάλλειν; see *change*.

Influential, adj. Of persons: P. and V. δῠνᾰτός, P. ἀξιόλογος, εὐδόκιμος. *Persuasive*: P. and V. πῐθᾰνός. *Influential people*, subs.: P. and V. οἱ δῠνᾰμενοι. *Supreme*, adj.: P. and V. κῡριος.

Influx, subs. P. and V. ἐπιρροή, ἡ (Plat.). *Inundation*: P. κατακλυσμός, ὁ.

Infold, v. trans. See *enfold*.

Inform, v. trans. *Instruct, teach*: P. and V. δῐδάσκειν, παιδεύειν. *Announce*: P. and V. ἀγγέλλειν (τί τινι), ἀπαγγέλλειν (τί τινι), σημαίνειν (τί τινι), ἐξαγγέλλειν (τί τινι). *Inform against* (*a person*): P. μηνύειν κατά (gen.), καταμηνύειν (gen.), P. and V. κᾰτειπεῖν (gen.), Ar. and P. ἐνδεικνῦναι (acc). *Be informed*: P. and V. πυνθάνεσθαι, ἀκούειν, μανθάνειν, V. πεύθεσθαι, Ar. and V. ἐκπυνθᾰνεσθαι, κλύειν.

Informal, adj. *An informal truce*: P. ἀνοκωχὴ ἄσπονδος (Thuc. 5, 32).

Informally, adv. *Without restraint*: P. ἀνέδην. *Informally they fixed the dates when all who refused to become parties to the treaty should be declared enemies to both sides*: P. χρόνους προὔθεντο ἄνευ συγγραφῆς, ἐν οἷς χρῆν τοὺς μὴ εἰσιόντας ἀμφοτέροις πολεμίους εἶναι (Thuc. 5, 35).

Informant, subs. *The man who tells a thing*: P. and V. ὁ λέγων.

Information, subs. *What is announced*: P. and V. ἄγγελμα, τό, Ar. and P. ἀγγελία, ἡ. *Tidings*: P. and V. πύστῐς, ἡ (Thuc. but rare P.), V. πευθώ, ἡ. *Means of getting knowledge*: P. and V. μᾰθησις, ἡ. *Learning, wisdom*: P. and V. ἐπιστήμη, ἡ. *Laying of information*: P. μήνυσις, ἡ. *Reward for laying information*: P. μήνυτρα, τά. *Information* (*laid against a person*): P. μήνυμα, τό. *Lay information*, v.: P. ἐνδεικνῦναι. *Lay information against*: Ar. and P. ἐνδεικνῦναι (acc.).

Informer, subs. P. and V. μηνῡτής, ὁ, V. μηνῑτήρ, ὁ.

Infraction, subs. P. σύγχυσις, ἡ.

Infrequency, subs. *Lack, want*: P. and V. σπᾰνῐς ἡ.

Infrequent, adj. P. and V. σπᾰνιος (Eur., *Frag.*), V. σπαρνός, σπᾰνιστός.

Infrequently, adv. P. and V. ὀλῐγᾰκῐς, P. σπανίως.

Infringe, v. trans. P. and V. πᾰρᾰβαίνειν, συγχεῖν, ὑπερβαίνειν, P. λύειν, διαλύειν, παρέρχεσθαι, ὑπερπηδᾶν, V. ὑπερτρέχειν, πᾰρεξέρχεσθαι. *Infringe the law*: P. παρανομεῖν (absol.), or νόμον παρανομεῖν.

Infringement, subs. P. σύγχυσις, ἡ. *Infringement of the law*: P. παρανόμημα, τό.

Infuriate, v. trans. See *anger*.

Infuse, v. trans. *Pour in*: Ar. and P. ἐπῐχεῖν, P. and V. ἐγχεῖν. Met., *produce in a person*: P. and V. ἐντίκτειν (τί τινι), ἐντῐθέναι (τί τινι), ἐμβάλλειν (τί τινι), P. ἐμποιεῖν (τί τινι), V. ἐνορνύναι (τί τινι). *Be infused, flow in*: P. and V. ἐπιρρεῖν.

Infusion, subs. *Inflow*: P. and V. ἐπιρροή, ἡ (Plat.).

Ingathering, subs. P. συγκομιδή, ἡ.

Ingender, v. trans. See *engender.*

Ingenious, adj. Ar. and P. εὐμήχᾰνος, πόρῐμος, P. τεχνικός, P. and V. εὔπορος; see also *clever. An ingenious device*, subs.: P. and V. σόφισμα, τό.

Ingeniously, adv. P. τεχνικῶς; see also *cleverly.*

Ingenuity, subs. P. περιτέχνησις, ἡ, ἐπιτέχνησις, ἡ; see also *cleverness.*

Ingenuous, adj. P. and V. ἁπλοῦς; see also *honest. Of noble birth:* P. and V. γενναῖος, εὐγενής.

Ingenuously, adv. P. and V. ἁπλῶς; see also *honestly.*

Ingenuousness, subs. P. ἁπλότης, ἡ; see also *honesty.*

Inglorious, adj. P. and V. ἄτῑμος, ἀδόκῐμος, ἀφᾰνής, ἀκλεής, ἀνώνῠμος, P. ἄδοξος, V. δυσκλεής (also Xen.), ἄσημος. *Humble, obscure:* P. and V. τᾰπεινός, φαῦλος, V. βρᾰχύς, βαιός, ἀμαυρός, ἀγέννητος. *Be inglorious*, v.: P. and V. ἀδοξεῖν.

Ingloriously, adv. P. and V. ἀτίμως, ἀκλεῶς, V. δυσκλεῶς.

Ingloriousness, subs. P. and V. ἀδοξία, ἡ, P. ἀφάνεια, ἡ.

Ingot, subs. Use V. μυδρός, ὁ.

Ingraft, v. trans. P. ἐμφυτεύειν; see *graft. Introduce:* P. ἐπεισάγειν.

Ingrafted, adj. *Not natural:* P. and V. ἐπακτός, ἐπείσακτος, εἰσᾰγώγῐμος (Plat. and Eur., *Frag.*).

Ingrained, adj. P. and V. σύμφῠτος, ἔμφῠτος (Eur., *Frag.*), V. συγγενής, ἐγγενής, σύγγονος; see *implanted.*

Ingratiate, v. trans. *Ingratiate oneself with:* P. and V. ὑποτρέχειν (acc.), ὑπέρχεσθαι (acc.); see *flatter*, Ar. and P. ὑποπίπτειν (acc.), θερᾰπεύειν (acc.).

Ingratitude, subs. P. ἀχαριστία, ἡ. *Forgetfulness:* P. and V. λήθη, ἡ.

Ingredient, subs. *Part:* P. and V. μέρος, τό, P. μόριον, τό. *Be made up of many ingredients:* P. ἐκ πολλῶν συγκεῖσθαι.

Ingress, subs. *Going in:* P. and V. εἴσοδος, ἡ. *Way in:* P. and V. εἴσοδος, ἡ, εἰσβολή, ἡ, V. εἴσβᾰσις, ἡ.

Ingulf, v. trans. See *engulf.*

Inhabit, v. trans. P. and V. οἰκεῖν, κᾰτοικεῖν, ἐνοικεῖν (dat.), ἔχειν, νέμειν (rare P.), νέμεσθαι (mid.), Ar. and V. ναίειν, V. ἐνναίειν dat.), ἐγκᾰτοικεῖν (dat.).

Inhabitable, adj. P. and V. οἰκούμενος, V. ἐξοικήσῐμος.

Inhabitant, subs. P. and V. οἰκήτωρ, ὁ, ἔνοικος, ὁ or ἡ, οἰκητής, ὁ (Plat.), ἐπῐχώριος, ὁ or ἡ, ἐγχώριος, ὁ or ἡ, V. οἰκητήρ, ὁ, κτίτης, ὁ. *Inhabitants:* P. and V. οἱ ἐνοικοῦντες.

Inhabited, adj. P. and V. οἰκούμενος, V. οἰκητός.

Inhale, v. trans. Use P. and V. ἕλκειν. V. intrans. P. and V. πνεῖν, P. ἀναπνεῖν.

Inharmonious, adj. P. ἀσύμφωνος, ἀνάρμοστος, P. and V. πλημμελής; see *discordant.*

Inharmoniously, adv. P. ἀσυμφώνως, ἀναρμόστως, πλημμελῶς; see *discordantly.*

Inharmoniousness, subs. P. ἀναρμοστία, ἡ; see *discord.*

Inhere, v. intrans. P. and V. ἐγκεῖσθαι.

Inherent, adj. *Innate:* P. and V. ἔμφῠτος (Eur., *Frag.*), σύμφῠτος, σύνοικος (Plat.); see *innate.*

Inherently, adv. P. and V. φύσει.

Inherit, v. trans. *Inherit by will:* P. κληρονομεῖν (gen.). *Receive from another:* P. διαδέχεσθαι, P. and V. πᾰρᾰλαμβάνειν.

Inheritance, subs. *Right of inheriting:* P. κληρονομία, ἡ, Ar. and P. ἀγχιστεία, ἡ, V. ἀγχιστεῖα, τά. *Property:* P. and V. κλῆρος, ὁ, οὐσία, ἡ, V. παγκληρία, ἡ, Ar. and V. παμπησία, ἡ. *Patrimony:* Ar. and P. τὰ πατρῷα, V. πατρῐκή, ἡ. *Half the inheritance:* P. ἡμικλήριον, τό. *You will tread the land that is your inheritance:* V. κλήρους ἐμβατεύσετε χθονός (Eur., *Heracl.* 876). *Succession, taking over:* P. and V. διάδοχή, ἡ.

Inherited, adj. V. ἔγκληρος, πάγκληρος.

Inheritor, subs. P. κληρονόμος, ὁ, V. ἔγκληρος, ἡ. *Successor:* P. and V. διάδοχος, ὁ or ἡ.

Inheritrix, subs. Ar. and P. ἐπίκληρος, ἡ, V. ἔγκληρος, ἡ.

Inhibit, v. trans. See *forbid.*

Inhospitable, adj. P. and V. ἄξενος, V. κακόξενος, ἐχθρόξενος; see *desolate.* Of a coast: P. and V. ἀλίμενος, V. ἄνορμος, δύσορμος.

Inhuman, adj. P. and V. ἀγνώμων, ἄγριος, θηριώδης, P. μισάνθρωπος; see *cruel.*

Inhumane, adj. See *cruel.*

Inhumanity, subs. P. ἀγνωμοσύνη, ἡ, ἀγριότης, ἡ, μισανθρωπία, ἡ; see *cruelty.*

Inhumanly, adv. See *cruelly.*

Inimical, adj. *Harmful:* P. and V. ἀσύμφορος, P. ἀνεπιτήδειος. *Hostile:* P. and V. πολέμιος, ἐχθρός; see *hostile.*

Inimically, adv. *Harmfully:* P. ἀνεπιτηδείως. *In a hostile way:* P. πολεμίως, ἐναντίως.

Iniquitous, adj. P. and V. αἰσχρός, κακός, πάγκακος, ἀνόσιος. ἄδικος, πονηρός, πάρανομος, V. ἔκδικος.

Iniquitously, adv. P. and V. αἰσχρῶς, κακῶς, ἀδίκως, V. ἀνοσίως, ἐκδίκως.

Iniquity, subs. P. and V. ἀδικία, ἡ, P. κακουργία, ἡ; see *wickedness. Sinful act:* P. and V. ἀδίκημα, τό (Eur., *Ion,* 325). *Baseness:* P. and V. κάκη, ἡ, πονηρία, ἡ. *Sin:* P. and V. ἁμαρτία, ἡ, V. ἐξαμαρτία, ἡ, ἀμπλάκημα, τό.

Initial, adj. *First:* P. and V. πρῶτος.

Initiate, v. trans. *Introduce:* Ar. and P. εἰσηγεῖσθαι. *Institute:* P. and V. προτιθέναι, καθιστάναι, ἱστάναι, Ar. and P. καταδεικνύναι. *Begin:* P. and V. ἄρχειν (gen.); see *begin. Instruct in mysteries:* Ar. and P. τελεῖν, μυεῖν.

Initiated, subs. *One instructed in the mysteries:* Ar. and V. μύστης, ὁ.

Initiation, subs. *Introducing:* P. εἰσήγησις, ἡ. *Institution:* P. and V. κατάστασις, ἡ. *Instruction in mysteries:* P. and V. τελετή, ἡ.

Initiative, subs. *Daring:* P. and V. τόλμα, ἡ. *Lacking in initiative,* adj.: P. and V. ἄτολμος. *Since the initiative always rests with them:* P. ἐπ' ἐκείνοις ὄντος ἀεὶ τοῦ ἐπιχειρεῖν (Thuc. 3, 12). *On his own initiative:* P. ἀφ' ἑαυτοῦ γνώμης. *Take the initiative,* v.: P. and V. ἄρχειν. *Be first:* P. and V. φθάνειν.

Initiator, subs. *Introducer:* P. εἰσηγητής, ὁ.

Initiatory, adj. Of rites: P. τελεστικός, P. and V. μυστικός. *Initiatory sacrifices,* subs.: P. and V. προτέλεια, τά (Plat.). *Initiatory offerings:* V. κατάργματα, τά.

Inject, v. trans. P. and V. ἐμβάλλειν. *Pour in:* P. and V. ἐγχεῖν, Ar. and P. ἐπιχεῖν.

Injudicious, adj. P. and V. ἄβουλος, ἀσύνετος, Ar. and P. ἀνόητος; see *foolish. Off one's guard:* P. and V. ἀφύλακτος.

Injudiciously, adv. Ar. and P. ἀνοήτως, V. ἀβούλως; see *foolishly.*

Injudiciousness, subs. P. and V. ἀβουλία, ἡ, ἀσυνεσία, ἡ (Eur., *Frag.*), ἀφροσύνη, ἡ, Ar. and V. δυσβουλία, ἡ.

Injunction, subs. See *command.*

Injure, v. trans. P. and V. βλάπτειν, κακοῦν, ἀδικεῖν, κακουργεῖν, ζημιοῦν, κακῶς ποιεῖν, κακῶς δρᾶν, αἰκίζεσθαι, Ar. and V. πημαίνειν (also Plat. but rare P.). *Do bodily injury to:* P. and V. αἰκίζεσθαι (acc.), λυμαίνεσθαι (acc. or dat.), λωβᾶσθαι (Plat.) (acc.). *Mar, spoil:* P. and V. λυμαίνεσθαι (acc. or dat.); see *mar. Injure in return:* P. ἀντικακουργεῖν (acc.). *Join in injuring:* P. συναδικεῖν (dat. or absol.).

Injurious, adj. P. ζημιώδης, ἐπιζήμιος, βλαβερός, ἀνεπιτήδειος, P. and V. ἀσύμφορος, κακός, κακοῦργος, νοσώδης, V. λυμαντήριος, Ar. and V. ἀτηρός.

Injuriously, adv. P. and V. κακῶς, P. ἀνεπιτηδείως.

Injury, subs. P. and V. βλάβη, ἡ, βλάβος, τό, ζημία, ἡ. *Evil:* P. and

V. κἄκόν, τό. *Mischief:* V. πῆμα, τό, πημονή, ἡ, ἄτη, ἡ. *Corruption:* P. and V. διαφθορά, ἡ. *Ill treatment:* P. and V. αἰκία, ἡ, αἴκισμα, τό, λῦμη, ἡ (Plat.), λώβη, ἡ (Plat.), ὕβρῐς, ἡ, ὕβρισμα, τό, P. αἰκισμός, ὁ, κάκωσις, ἡ.

Injustice, subs. P. and V. ἀδῐκία, ἡ, τὸ ἄδῐκον, τὰ ἄδῐκα. *Unjust act:* P. and V. ἀδίκημα, τό. *Wrongfulness:* P. παρανομία, ἡ.

Ink, subs. P. τὸ μέλαν (Dem. 313).

Inkling, subs. *Perception:* P. and V. αἴσθησις, ἡ, V. αἴσθημα, τό. *Suspicion:* P. and V. ὑποψία, ἡ, ὑπόνοια, ἡ. *Have an inkling of*, v.: P. and V. μαντεύεσθαι (acc.). *Suspect:* P. and V. ὑπονοεῖν, ὑποπτεύειν; see also *guess. Give an inkling of:* P. ὑποσημαίνειν (acc.).

Inlaid, adj. Use P. and V. ποικίλος. *Inlaid with gold:* V. χρῡσοκόλλητος.

Inland, adv. P. ἄνω. *From inland:* P. ἄνωθεν, ἐπάνωθεν. *March inland*, v.: P. ἀναβαίνειν, ἀνέρχεσθαι (Thuc. 8, 50). *Send inland:* P. ἀναπέμπειν. *Up to this time they still live inland:* P. μέχρι τοῦδε ἔτι ἀνῳκισμένοι εἰσι (Thuc. 1, 7).

Inland, adj. P. μεσόγεως. *The inland country*, subs.: P. μεσογεία, ἡ.

Inlay, v. trans. Use P. and V. ποικίλλειν.

Inlet, subs. P. and V. κόλπος, ὁ, V. μῠχός, ὁ (rare P.), πτῠχαί, αἱ. *Mouth:* P. and V. στόμᾰ, τό; see *mouth.*

Inmate, subs. Use adj., P. and V. ἔνοικος, σύνοικος, συνέστιος, V. ἐφέστιος ὑπόστεγος.

Inmost, adj. V. ἔσχᾰτος, ἄκρος. *Inmost recesses:* V. μυχός, ὁ (rare P.). *Inmost soul:* P. τὸ ἐντὸς τῆς ψυχῆς (Plat.). *To make her weep though she rejoice in her inmost soul:* V. ὥστ' ἐκδακρῦσαι γ' ἔνδοθεν κεχαρμένην (Eur., *Or.* 1122).

Inn, subs. Ar. and P. πανδοκεῖον, τό, ἀνάπαυλα, ἡ, P. καταγωγή, ἡ, καταγώγιον, τό. *Tavern:* Ar. and P. κᾰπηλεῖον, τό.

Innate, adj. P. and V. σύμφῠτος, ἔμφῠτος (Eur., *Frag.*), V. συγγενής, ἐγγενής, σύγγονος.

Innately, adv. P. and V. φύσει.

Inner, adj. Use P. and V. ὁ εἴσω, ὁ ἐντός (adv.), ὁ ἔσω.

Innkeeper, subs. P. πανδοκεύς, ὁ, Ar. and P. κάπηλος, ὁ.

Innocence, subs. *Purity:* P. καθαρότης, ἡ. *Establish one's innocence:* P. αἰτίαν ἀπολύεσθαι. *Guilelessness:* P. ἁπλότης, ἡ, τὸ ἀπειρόκακον.

Innocent, adj. *Guiltless:* P. and V. ἀναίτιος, κᾰθᾰρός, ἁγνός (Plat.), ἀθῷος, P. ἀναμάρτητος. *Innocent of:* P. and V. ἀναίτιος (gen.), κᾰθᾰρός (gen.), ἁγνός (gen.) (Plat. but rare P.). *Harmless:* P. and V. ἀβλᾰβής, P. ἀσινής (Plat.). ἀζήμιος, V. ἄνᾱτος, ἀπήμων. *Guileless:* P. ἄκακος, Ar. and P. ἄδολος, V. ἀφυής, P. and V. ἁπλοῦς. *Inoffensive:* P. ἀνεπίφθονος.

Innocently, adv. *Guilelessly:* P. ἀδόλως. *With pure motives:* P. καθαρῶς. *Unintentionally:* see *unintentionally. Inoffensively:* P. ἀνεπιφθόνως.

Innocuous, adj. P. and V. ἀβλᾰβής, P. ἀσινής (Plat.), ἀζήμιος, V. ἄνᾱτος, ἀπήμων. *Not producing sickness:* V. ἄνοσος.

Innocuously, adv. P. ἀβλαβῶς.

Innovate, v. trans. P. νεωτερίζειν.

Innovation, subs. P. νεωτερισμός, ὁ, V. ξένωσις, ἡ. *Make innovations:* P. νεωτερίζειν, νεώτερόν τι ποιεῖν. *Make innovations in:* P. νεωτερίζειν περί (acc.). *The return of the Greeks from Ilium being so long delayed caused many innovations:* P. ἡ . . . ἀναχώρησις τῶν Ἑλλήνων ἐξ Ἰλίου χρονία γενομένη πολλὰ ἐνεόχμωσε (Thuc. 1, 12).

Innovator, subs. Use adj., P. νεωτεροποιός.

Innuendo, subs. *Suspicion:* P. and V. ὑποψία, ἡ, ὑπόνοια, ἡ. *Dark saying:* P. and V. αἴνιγμα, τό (Eur., *I. A.* 1147), αἰνιγμός, ὁ (Plat but rare P.). *Hint at by innuendo:*

P. παραδηλοῦν (acc.), ὑποσημαίνειν (acc.), ὑπαινίσσεσθαι (acc.), Ar. and P. αἰνίσσεσθαι (acc. or εἰς acc.).

Innumerable, adj. P. and V. ἀνᾰρίθμητος, V. ἀνάριθμος, ἀνήριθμος, μῡρίος (Plat., also but rare P.).

Inoffensive, adj. P. ἀνεπίφθονος.

Inoffensively, adv. P. ἀνεπιφθόνως, ἀνεπαχθῶς.

Inoperative, adj. See *ineffective*.

Inopportune, adj. P. and V. ἄκαιρος, V. ἔξωρος. *Premature*: P. and V. ἄωρος; see *unseasonable*.

Inopportunely, adv. P. ἀκαίρως, ἀπὸ καιροῦ, V. ἄκαιρα, καιροῦ πέρα; see *unseasonably*.

Inopportuneness, subs. P. ἀκαιρία, ἡ.

Inordinate, adj. P. and V. περισσός, ὑπέρπολυς, P. ὑπέρμετρος, ὑπέρογκος.

Inordinately, adv. P. and V. ἄγᾱν, λίᾱν, περισσῶς, V. εἰς ὑπερβολήν, ὑπέρφευ, ὑπερμέτρως, P. καθ' ὑπερβολήν, Ar. and P. ὑπερφυῶς.

Inordinateness, subs. P. and V. ὑπερβολή, ἡ.

Inquest, subs. *Preliminary examination*: P. ἀνάκρισις, ἡ.

Inquietude, subs. P. and V. ἔκπληξις, ἡ, P. ταραχή, ἡ, V. τᾰραγμός, ὁ, τάραγμα, τό.

Inquire, v. trans. *Ask*: P. and V. ἐρωτᾶν, πυνθάνεσθαι, ἀνερωτᾶν, Ar. and P. ἀνᾰπυνθάνεσθαι, P. διαπυνθανέσθαι, V. πεύθεσθαι, Ar. and V. ἐκπυνθάνεσθαι; see *ask*. *Inquire after*: see *search for*. *Inquire into*: P. and V. ἐξετάζειν (acc.), ζητεῖν (acc.), σκοπεῖν (acc.) διασκοπεῖν (acc.), περισκοπεῖν (acc.), ἐρευνᾶν (acc.), V. ἐξερευνᾶν (acc.), Ar. and P. ἀναζήτειν (acc.). *Inquire of*: P. and V. ἐρωτᾶν (acc.), ἀνερωτᾶν (acc.), ἐπερέσθαι (acc.), πυνθάνεσθαι (gen.), Ar. and P. ἀνᾰπυνθάνεσθαι (gen.), P. ἐπερωτᾶν (acc.), διαπυνθάνεσθαι (gen.), Ar. and V. ἐκπυνθάνεσθαι (gen.), V. ἱστορεῖν (acc.), ἀνιστορεῖν (acc.), ἐξιστορεῖν (acc.), ἐξερωτᾶν (acc.), ἐξερέσθαι (acc.), πεύθεσθαι (gen.). *Inquire of (an oracle)*: P. and V. χρῆσθαι (dat.).

Inquirer, subs. P. ζητητής, ὁ.

Inquiring, adj. P. ζητητικός.

Inquiry, subs. *Judicial*: P. γνῶσις. Generally: P. and V. ζήτημα, τό, σκέψῐς, ἡ (Eur., *Hipp.* 1323), P. ἐξέτασις, ἡ, ζήτησις, ἡ, V. ἔρευνα, ἡ. *Cross-examination*: P. and V. ἔλεγχος, ὁ. *Preliminary inquiry*: P. ἀνάκρισις, ἡ, V. ἄγκρῐσις, ἡ. *Commission of inquiry*: use P. ζητηταί, οἱ. *Question*: P. and V. ζήτημα, τό, P. ἐρώτημα, τό, ἐρώτησις, ἡ.

Inquisitive, adj. P. φιλήκοος, V. λιχνός (Eur., *Hipp.* 913). *Eager to learn*: P. φιλομαθής. *Meddlesome*: Ar. and P. πολυπράγμων, P. περίεργος, φιλοπράγμων.

Inquisitiveness, subs. P. φιλομάθεια, ἡ. *Meddling*: Ar. and P. πολυπραγμοσύνη, ἡ.

Inroad, subs. P. and V. εἰσβολή, ἡ, P. ἐπιδρομή, ἡ: see *attack*. *Influx*: P. and V. ἐπιρροή, ἡ (Plat.). *Encroachment*: P. ἐπεργασία, ἡ.

Insalubrious, adj. P. and V. νοσώδης.

Insane, adj. P. and V. ἄφρων, ἀπόπληκτος, ἔμπληκτος, μᾰνιώδης, Ar. and P. ἐμβρόντητος, πᾰραπλήξ, μᾰνῐκός, V. λυσσώδης, μαργῶν, μαργός (Plat. also but rare P.), ἐπιβρόντητος, ἐμμᾰνής (also Plat. but rare P.), Ar. and V. πᾰραπεπληγμένος; see *mad*. *Out of one's senses*: V. πᾰράκοπος φρενῶν.

Insanely, adv. P. μανικῶς. *Foolishly*: P. and V. ἀφρόνως.

Insanity, subs. P. and V. μᾰνία, ἡ, τὸ μᾰνιῶδες, λύσσᾰ, ἡ (Plat. but rare P.), V. λυσσήμᾰτα, τά, μαργότης, ἡ; see *madness*.

Insatiable, adj. P. and V. ἄπληστος. *Insatiable thirst*: P. δίψα ἄπαυστος, ἡ.

Insatiably, adv. P. ἀπλήστως.

Insatiability, subs. P. and V. ἀπληστία, ἡ.

Insatiate, adj. See *insatiable*.

Inscribe, v. trans. P. and V. ἐγγρἄφειν, Ar. and P. ἐπιγρᾰ́φειν, P. ἀναγράφειν; see *write*. *Inscribe instead*: P. ἀντεπιγράφειν (acc.). *Inscribe on (the mind)*: V. ἐγγρᾰ́φεσθαι (τί τινι). *Know this and inscribe it on your mind*: V. ταῦτ' ἐπίστω καὶ γράφου φρενῶν ἔσω (Soph., *Phil.* 1325). *Inscribe geometrically (one figure in another)*: P. ἐντείνειν (τι εἴς τι).

Inscription, subs. P. and V. ἐπίγραμμα, τό, γρᾰφή, ἡ, P. ἐπιγραφη, ἡ.

Inscrutability, subs. P. ἀσάφεια, ἡ.

Inscrutable, adj. P. and V. ἀσᾰφής, ἀφᾰνής, ἄδηλος, Ar. and P. ἀτέκμαρτος, V. δύσκρῐτος, δυσμᾰθής, δυστέκμαρτος, ἄσκοπος, δῠσεύρετος, ἀξύμβλητος.

Inscrutably, adv. P. ἀσαφῶς, V. δυσκρίτως.

Insect, subs. Use P. and V. ζῷον, τό. *Creeping thing*: P. and V. ἑρπετόν, τό (Xen. also Ar.). *Creature that stings*: Ar. δᾰ́κετον, τό. *Insects that destroy fruit*: Ar. κνῖπες, οἱ, ψῆνες, οἱ.

Insecure, adj. P. and V. σφᾰλερός, P. ἐπικίνδυνος, ἐπισφαλής.

Insecurely, adv. P. and V. ἐπῐκινδύνως.

Insecurity, subs. *Danger*: P. and V. κίνδῡνος, ὁ.

Insensate, adj. P. and V. μᾰνιώδης, Ar. and P. μᾰνῐκός; see *mad*.

Insensately, adv. P. μανικῶς; see *madly*.

Insensibility, subs. P. ἀναισθησία, ἡ, τὸ ἀναίσθητον, ἀναλγησία, ἡ. *Inconsiderateness*: P. ἀγνωμοσυνη, ἡ. *Numbness*: Ar. and P. νάρκη, ἡ.

Insensible, adj. *Devoid of feeling*: P. ἀναίσθητος. *Insensible to*: P. ἀναίσθητος (gen.). *Wanting in intelligence*: P. ἀναίσθητος; see *stupid*. *Gradual*: P. and V. βρᾰχύς. *Unnoticed*: P. and V. λαθραῖος. *With one's feelings dulled*: P. and V. ἀμβλύς, P. ἀνάλγητος. *Become insensible, faint*, v.: P. λιποψυχεῖν, V. προλείπειν, ἀποπλήσσεσθαι; see *faint*. *Grow numb*: P. ναρκᾶν.

Insensibly, adv. *Gradually*: Ar. and P. κατὰ μικρόν, P. κατ' ὀλίγον, κατὰ βραχύ. *Imperceptibly*: P. and V. λάθρᾱ. *Do a thing insensibly*: P. and V. λανθάνειν τι ποιῶν.

Inseparable, adj. P. ἀχώριστος. Met., of friendship, etc.: use P. and V. βέβαιος. *Be inseparable from* (met., *follow upon*): P. and V. ἕπεσθαι (dat.).

Inseparably, adv. *Indissolubly*: P. ἀλύτως, V. δῠσεκλῠ́τως.

Insert, v. trans. P. and V. ἐντῐθέναι, εἰστῐθέναι, ἐμβάλλειν, ἐπεμβάλλειν, εἰσβάλλειν, Ar. and P. πᾰρεμβάλλειν.

Insertion, subs. P. ἐμβολή, ἡ, παρεμβολή, ἡ.

Inside, adv. P. and V. ἐντός, εἴσω, ἔσω. *In the house*: P. and V. ἔνδον, οἴκοι. *From within*: P. and V. ἔσωθεν, ἔνδοθεν.

Inside, prep. P. and V. εἴσω (gen.), ἐντός (gen.), ἔσω (gen.); see *within*.

Inside, adj. P. and V. ὁ ἐντός, ὁ εἴσω, ὁ ἔσω.

Inside, subs. P. τὰ ἐντός; see *entrails*.

Insidious, adj. *Secret, imperceptible*: P. and V. λαθραῖος. *Crafty*: Ar. and V. δόλιος. *Treacherous*: P. ἐπίβουλος, V. μηχᾰνορρᾰ́φος. *Unsound*: P. and V. ὕπουλος, σαθρός.

Insidiously, adv. *Imperceptibly*: P. and V. λαθρᾷ. *Craftily*: Ar. and V. δόλῳ, V. σὺν δόλῳ, ἐν δόλῳ. *Enter insidiously* (of diseases, etc.): P. and V. ὑπορρεῖν. *Treacherously*: P. ἐξ ἐπιβουλῆς.

Insight, subs. P. and V. γνώμη, ἡ, σύνεσις, ἡ, νοῦς, ὁ, φρόνησις, ἡ. *Foresight*: P. and V. πρόνοια, ἡ, P. προμήθεια, ἡ, V. προμηθία, ἡ. *Have insight into*, v.: P. διορᾶν (acc.); see *understand*. *Insight into*, subs.: P. and V. αἴσθησις, ἡ (gen.), P. φρόνησις, ἡ (gen.), V. αἴσθημα, τό (gen.).

Insignia, subs. *Adornment*: P. and V. κόσμος, ὁ. *Device*: Ar. and V. σημεῖον, τό, V. σῆμα, τό, ἐπίσημα, τό.

Insignificance, subs. P. βραχύτης, ἡ.

Insignificant, adj. P. οὐδένος ἄξιος, ὀλίγου ἄξιος, P. and V. μικρός, σμικρός, λεπτός, ὀλῐγος, ἀσθενής, βρᾰχῠς, Ar. and V. βαιός.

Insincere, adj. P. and V. ἄπιστος. *Deceitful*: P. ἀπατηλός, Ar. and V. δόλιος. *Unsound, not genuine*: P. and V. ὕπουλος, σαθρός. *Counterfeit*: P. and V. κίβδηλος, Ar. and P. παράσημος.

Insincerely, adv. Ar. and V. δόλῳ, V. σὺν δόλῳ, ἐν δόλῳ, P. ἐξ ἐπιβουλῆς.

Insincerity, subs. *Faithlessness*: P. and V. ἀπιστία, ἡ. *Craft*: P. and V. πᾰνουργία, ἡ, δόλος, ὁ (rare P.), ἀπάτη, ἡ.

Insinuate, v. trans. Ar. and P. πᾰρεμβάλλειν. *Hint*: P. ὑπαινίσσεσθαι, παραδηλοῦν. *Insinuate oneself into*: Ar. and P. εἰσδύεσθαι (εἰς, acc. or absol.). P. παραδύεσθαι (εἰς, acc.), P. and V. ὑπορρεῖν (πρός, acc., V. dat. alone). *Insinuate oneself into a person's favour*: P. and V. ὑποτρέχειν (τινα). ὑπέρχεσθαί (τινα); see *fawn on*.

Insinuating, adj. P. θωπευτικός, Ar. θωπῐκός: see *flattering*.

Insinuation, subs. *Hint, implication*: P. and V. αἴνιγμα, τό, αἰνιγμός, ὁ (rare P.); see *hint*, *accusation*. *Make insinuations*, v.: see *insinuate*. *Make insinuations against*: see *accuse*.

Insipid, adj. P. ἕωλος, Ar. and P. ψυχρός.

Insipidly, adv. Ar. and P. ψυχρῶς.

Insist, v. intrans. P. ἰσχυρίζεσθαι, διισχυρίζεσθαι, διαμάχεσθαι. *Insist on, lay stress on*: Ar. and P. ἐγκεῖσθαι (dat.), P. ἰσχυρίζεσθαι περί (gen.). *Demand* (with infin. following): P. and V. ἀξιοῦν, δῐκαιοῦν; see *demand*.

Insistence, subs. *Importunity*: use P. and V. τὸ λῖπᾰρές.

Insistent, adj. P. and V. λῖπᾰρής, ὀχληρός, Ar. γλισχρός.

Insistently, adv. P. λιπαρῶς (Plat.).

Insnare, v. trans. See *snare*, *deceive*.

Insobriety, subs. P. and V. μέθη, ἡ.

Insolence, subs. P. and V. ὕβρῐς, ἡ, ἀναίδεια, ἡ, θρᾰσος, τό, Ar. and P. ἀναισχυντία, ἡ, P. ἐπήρεια, ἡ, ἀσέλγεια, ἡ, V. τὸ ἀναίσχυντον, χλῐδή, ἡ.

Insolent, adj. P. and V. ἀναιδής, ἀναίσχυντος, ὑβριστής (with masc. subs.), θρᾰσῠς, P. ὑβριστικός, ἀσελγής, Ar. and P. νεᾱνῐκός, V. πάντολμος, παντότολμος, ὑπέρκοπος.

Insolently, adv. P. and V. ἀναιδῶς, P. ἀναισχύντως, ὑβριστικῶς, Ar. and P. ἀσελγῶς. *Act insolently*: P. and V. ὑβρίζειν, ἐξυβρίζειν, P. ἐπηρεάζειν, ἀσελγαίνειν.

Insoluble, adj. *Not to be dissolved*: P. ἄτηκτος. *Not to be discovered*: Ar. and P. ἀτέκμαρτος, V. δυσμᾰθής, δυστέκμαρτος, ἀξύμβλητος, δῠσεύρετος, ἄσκοπος.

Insolvent, adj. See *bankrupt*.

Inspect, v. trans. P. and V. ἐξετάζειν, σκοπεῖν, ἐπισκοπεῖν, θεᾶσθαι, Ar. and V. ἐποπτεύειν (rare P.), Ar. and P. ἐφορᾶν; see also *examine*. *Inspect a person's accounts*: P. εὐθύνειν (τινά). *Inspect (troops, etc.)*: P. and V. ἐξετάζειν.

Inspection, subs. P. ἐξέτασις, ἡ, ἐπίσκεψις, ἡ, P. and V. σκέψῐς, ἡ. *Inspection of troops*: P. ἐξέτασις, ἡ. *Hold an inspection*: P. ἐξέτασιν ποιεῖσθαι. *Speeches about to be delivered were first submitted to their inspection*: P. τὰ ῥηθησόμενα πρότερον αὐτοῖς προὐσκέπτετο (Thuc. 8, 66). *Send a committee of inspection*: P. κατασκόπους τινὰς πέμπειν (Thuc. 4, 27). *Inspection of accounts*: Ar. and P. εὔθυνα, ἡ, or pl.

Inspector, subs. P. and V. ἐπιστάτης, ὁ, ἐπίσκοπος, ὁ, ἐπόπτης, ὁ. *Examiner*: P. δοκιμαστής, ὁ.

Inspiration, subs. P. ἐπίπνοια, ἡ, θεία ὁρμή, ἡ, ἐνθουσιασμός, ὁ, V. τὸ βακχεύσῐμον, τοὐκ θεοῦ παρόν (Soph., *O. C.* 1540).

Inspire, v. trans. P. and V. ἐκβακχεύειν (Plat.), V. βακχεύειν. *Inspire hopes*: P. παριστάναι ἐλπίδας. *Inspire fear*: P. and V. φόβον πᾰρέχειν. *Engender*: P. and V. ἐντίκτειν (τί τινι), ἐμβάλλειν (τί τινι), ἐντῐθέναι (τί τινι), P. ἐμποιεῖν (τί τινι), ἐνεργάζεσθαι (τί τινι), V. ἐνῑέναι (τι), ἐνορνῡ́ναι (τί τινι). *Arouse, kindle*: P. and V. ἐπαίρειν, ἐγείρειν, ἐξεγείρειν, κῑνεῖν, V. ἐξᾰ́γειν, ὀρνῡ́ναι, Ar. and V. ζωπῠρεῖν. *Be inspired*: P. and V. ἐνθουσιᾶν, βακχεύειν (Plat.). *Be inspired by (a god, etc.)*: P. and V. κᾰτέχεσθαι, ἐκ (gen.).

Inspired, adj. P. and V. ἔνθεος (Plat.), P. ἐπίπνους (Plat.). *Inspired to madness by the breath of the god*: V. θεοῦ πνοαῖσιν ἐμμᾰνής. *Inspired by Phœbus* (of a woman): V. φοιβᾰ́ς.

Inspirit, v. trans. P. and V. θαρσῡ́νειν, θρᾰσῡ́νειν, πᾰρᾰκᾰλεῖν, Ar. and P. πᾰρᾰμῡθεῖσθαι, P. ἐπιρρωννύναι, παραθαρσύνειν.

Instability, subs. P. τὸ ἀστάθμητον.

Instal, v. trans. P. and V. ἱδρῡ́ειν, κᾰθίζειν.

Instalment, subs. *Pay by instalments*: P. ταξάμενος ἀποδιδόναι (Thuc. 3, 70) or κατὰ χρόνους ταξάμενος ἀποδιδόναι (Thuc. 1, 117).

Instance, subs. *Example*: P. and V. πᾰρᾰ́δειγμα, τό, δεῖγμα, τό. *For instance*: Ar. and P. αὐτίκᾰ. *In the first instance*: P. and V. πρῶτον μὲν. *Prove by many instances*: P. πολλαχόθεν δεικνύναι.

Instance, v. trans. *Bring forward*: P. and V. πᾰρέχειν (or mid.), ἐπᾰ́γειν, εἰσφέρειν, προσφέρειν, P. προφέρειν. *Prove*: P. τεκμηριοῦν.

Instant, adj. *Importunate*: P. and V. λῐπᾰρής, ὀχληρός, Ar. γλισχρός. *Be instant, vehement*, v.: Ar. and P. ἐγκεῖσθαι. *Immediate*: use P. and V. ὁ αὐτίκᾰ, ὁ πᾰραυτίκᾰ, P. ὁ παραχρῆμα.

Instant, subs. *In an instant*: Ar. and P. ἐν ἀκᾰρεῖ χρόνου.

Instantaneous, adj. P. and V. τᾰ́χιστος.

Instantaneously, adv. See *instantly*.

Instantly, adv. *Importunately*: P. λιπαρῶς; see *importunately*. *Immediately*: P. and V. αὐτίκα, πᾰραυτίκα, αὐτόθεν, εὐθῠ́ς, εὐθέως, Ar. and P. πᾰραχρῆμα, V. ἄφᾰρ (rare). *Quickly*: P. and V. τᾰ́χᾰ, ὡς τᾰ́χιστα; see *quickly*.

Instate, v. trans. P. and V. ἱδρῡ́ειν, κᾰθίζειν; see *settle*.

Instead, adv. *Instead of this*: use P. and V. ἀντὶ τούτων, ἀντὶ τῶνδε.

Instead of, prep. P. and V. ἀντί (gen.), sometimes P. and V. ἐκ. *Blind instead of seeing*: V. τυφλὸς ἐκ δεδορκότος (Soph., *O. R.* 454). *A rich man instead of a beggar*: P. πλούσιος ἐκ πτωχοῦ (Dem. 270). In compounds: ἀντι; e.g., *give instead*: P. and V. ἀντῐδῐδόναι.

Instigate, v. trans. *Urge on*: P. and V. ἐπῐκελεύειν, ὁρμᾶν, ἐξορμᾶν, ἐγκελεύειν, ἐποτρῡ́νειν (Thuc.), ἐξοτρῡ́νειν (Thuc.), ἐπαίρειν, P. κατεπείγειν, V. ὀτρῡ́νειν, ἐπεγκελεύειν (Eur., *Cycl.*), ὀρνῡ́ναι. *Initiate*: Ar. and P. εἰσηγεῖσθαι. *Devise*: P. and V. μηχᾰνᾶσθαι, τεχνᾶσθαι; see *devise*. *Persuade*: see *persuade*.

Instigation, subs. *Encouragement*: P. παρακέλευσις, ἡ, ἐπικέλευσις, ἡ, διακελευσμός, ὁ, V. πᾰρᾰκέλευσμα, τό. *At this man's instigation*: P. κατὰ τὴν ὑφήγησιν τὴν τούτου (Dem. 277). *Initiation*: P. εἰσήγησις, ἡ.

Instigator, subs. P. εἰσηγητής, ὁ, P. and V. ἡγεμών, ὁ or ἡ.

Instil, v. trans. *Pour in*: Ar. and P. ἐπῐχεῖν, P. and V. ἐγχεῖν. Met., *inculcate*: P. and V. ἐμβάλλειν, ἐντῐθέναι, P. ἐμποιεῖν; see *engender*.

Instinct, subs. Use P. and V. φῠ́σις, ἡ. *By the power of instinct, with a minimum of training he showed himself supreme in extemporising* *ways and means*: P. φύσεως μὲν δυνάμει, μελέτης δὲ βραχύτητι κράτιστος δὴ οὗτος αὐτοσχεδιάζειν τὰ δέοντα ἐγένετο (Thuc. 1, 138). *Instinct with, possessed with*, adj.: P. and V. ἐπήβολος (gen.) (Plat.). *Full of*: P. and V. μεστός (gen.); see *full*.

Instinctive, adj. *Not reasoned*: P. ἄλογος. *Spontaneous*: P. and V. αὐτόμᾰτος. *Innate*: P. and V. σύμφῠτος, ἔμφῠτος (Eur., *Frag.*), V. συγγενής, ἐγγενής, σύγγονος.

Instinctively, adv. *Spontaneously*: P. ἀπὸ τοῦ αὐτομάτου. *By nature*: P. and V. φύσει. *Divine instinctively*, v. trans.: P. and V. μαντεύεσθαι (acc.).

Institute, v. trans. P. and V. ἱστάναι, κᾰθιστάναι, προτῐθέναι, (or mid.), ποιεῖν, ἱδρύειν, Ar. and P. κᾰτᾰδεικνύναι, V. κτίζειν.

Institution, subs. *Establishment*: P. and V. κᾰτάστᾰσις, ἡ. *Practice*: P. ἐπιτήδευμα, τό. *Institutions, customs*: P. and V. τὰ νόμῐμα, τὰ κᾰθεστῶτα, Ar. and P. τὰ νομιζόμενα; see *custom*. *Hereditary institutions*: Ar. and P. τὰ πάτρια.

Instruct, v. trans. P. and V. δῐδάσκειν, ἐκδῐδάσκειν, παιδεύειν, ἐκπαιδεύειν (Plat.), V. φρενοῦν. *Instruct (a person to do a thing)*: see *command*. *Instruct in*: P. and V. δῐδάσκειν (τινά τι), ἐκδῐδάσκειν (τινά τι), P. παιδεύειν (τινά τινι or τινὰ ἔν τινι). *Dionysus instructed us herein*: V. Διόνῡσος ἡμᾶς ἐξεμούσωσεν τάδε (Eur., *Bacch.* 825). *Have (a person) instructed*: P. and V. δῐδάσκεσθαι (acc.), P. παιδεύεσθαι (acc.), V. ἐκδῐδάσκεσθαι (acc.).

Instruction, subs. P. διδασκαλία, ἡ, διδαχή, ἡ, Ar. and P. παίδευσις, ἡ, V. δίδαξις, ἡ. *Learning*: P. and V. μάθησις, ἡ. *Instructions, orders*: P. πρόρρησις; see *order*. *Give instructions to*, v.: P. and V. προστάσσειν (dat.); see *order*.

Instructive, adj. *It is instructive to*: use P. and V. ἄξιόν (ἐστι).

Instructor, subs. P. and V. δῐδάσκᾰλος, ὁ, P. παιδευτής, ὁ.

Instructress, subs. P. and V. δῐδάσκᾰλος, ἡ.

Instrument, subs. P. and V. ὄργᾰνον, τό. *Tool*: P. ἐργαλεῖον, τό, σιδήριον, τό; see *tool*. Met., of a person, *hireling*: use adj., Ar. and P. μισθωτός, ὁ. *Slave*: P. and V. δοῦλος, ὁ. *Musical instrument*: P. and V. ὄργᾰνον, τό (Eur., *Rhes.* 922).

Instrumental, adj. *Helping towards a result*: P. and V. σῠναίτιος (gen.), μεταίτιος (gen.) (Plat.). *Causing a result*: P. and V. αἴτιος (gen.). *Be instrumental in, contribute towards*: P. and V. συμβάλλεσθαι (εἰς, acc., V. gen.), P. συνεπιλαμβάνεσθαι (gen.), συλλαμβάνεσθαι (gen.), V. σῠνάπτεσθαι (gen.). *Bring it about that*: P. and V. πράσσειν ὅπως (fut. indic. or aor. subj.).

Instrumentality, subs. *Agency*: V. σῠναλλᾰγή, ἡ. *Through the instrumentality of*: P. and V. διά (acc.), Ar. and V. ἕκᾱτι (gen.).

Insubordinate, adj. P. ἀπειθής, δυσπειθής, V. ὁ μὴ πειθάνωρ (Æsch., *Ag.* 1639). *Be insubordinate*, v.: P. and V. ἀκοσμεῖν. *Disorderly*: P. ἄτακτος.

Insubordination, subs. *Disobedience*: P. ἀνηκουστία, ἡ (Plat.), V. τὸ μὴ κλύειν. *Disorderliness*: P. and V. ἀκοσμία, ἡ.

Insufferable, adj. P. and V. οὐκ ἀνεκτός, οὐκ ἀνασχετός (rare P.), οὐ φορητός, V. οὐχ ὑποστᾰτός, οὐχ ὁμῑλητός (Æsch., *Theb.* 189), δύσοιστος, δύσφορος, ἄτλητος, ἄφερτος, P. ἀφόρητος, Ar. and V. οὐ τλητός. *Grievous*: P. and V. βᾰρύς, λῡπηρός.

Insufferably, adv. P. οὐκ ἀνεκτῶς (Xen.). *Grievously*: P. and V. λῡπηρῶς.

Insufficiency, subs. *Want*: P. and V. ἀπορία, ἡ, σπάνῑς, ἡ, P. ἔνδεια, ἡ; see *want*.

Insufficient, adj. P. and V. ἐνδεής, οὐχ ἱκᾰνός.

Insufficiently, adv. P. ἐνδεῶς, οὐχ ἱκανῶς.

Insular, adj. P. and V. νησιωτῐκός, V. νησιώτης (with masc. subs.), νησιῶτις (with fem. subs.), νησαῖος. Met., *unsociable* : P. ἀνομίλητος, δυσκοινώνητος; see *unsociable*.

Insult, v. trans. P. and V. ὑβρίζειν (acc., or εἰς, acc.), ἐφυβρίζειν (acc., dat., or εἰς, acc.) (rare P.), προπηλᾰκίζειν, P. ἐπηρεάζειν (dat.), Ar. and V. κᾰθυβρίζειν (acc. or gen.). *Abuse* : P. and V. κᾰκῶς λέγειν, ὀνειδίζειν (dat.), λοιδορεῖν (or mid. with dat.); see *abuse*. *Be insulted, abused* : P. and V. κᾰκῶς ἀκούειν, V. κᾰκῶς κλύειν. *Mock at* : P. and V. ἐπεγγελᾶν (dat.); see *mock*. *Insult besides* : P. προσυβρίζειν (acc.). *Be insulted in return* : V. ἀνθυβρίζεσθαι.

Insult, subs. P. and V. ὕβρῐς, ἡ, P. προπηλακισμός, ὁ, ἐπήρειά, ἡ; see *abuse*.

Insulter, subs. P. and V. ὑβριστής, ὁ.

Insulting, adj. P. ὑβριστικός, P. and V. ὑβριστής (with masc. subs.); see also *abusive*.

Insultingly, adv. P. ὑβριστικῶς, προπηλακιστικῶς; see *abusively*.

Insuperable, adj. P. and V. ἄπορος, ἀμήχᾰνος (rare P.). *Unconquerable* : P. and V. δύσμᾰχος (Plat.), ἀνίκητος, V. δυσπάλαιστος, Ar. and P. ἄμᾰχος (Plat.); see *unconquerable*.

Insupportable, adj. See *insufferable*.

Insupportably, adv. See *insufferably*.

Insurance, subs. See *safety, guarantee*.

Insure, v. trans. *Guarantee* : Ar. and P. ἐγγυᾶσθαι. *Give security* : P. and V. πίστῐν δῐδόναι, πιστὰ δῐδόναι, *Provide* : P. and V. πᾰρέχειν. *Make certain* : P. βεβαιοῦν. *Insure that* : P. and V. πράσσειν ὅπως (fut.).

Insurgents, subs. P. οἱ ἀποστάντες.

Insurmountable, adj. P. and V. ἄπορος, ἀμήχᾰνος (rare P.).

Insurrection, subs. P. and V. στάσῐς, ἡ, ἐπᾰνάστᾰσις, ἡ, P. ἀπόστασις, ἡ.

Intact, adj. P. and V. ἀθῷος, ἀκέραιος, ἀκηρᾰτος, ἀκραιφνής. *Give up (a town) intact* : P. (πόλιν) ὀρθὴν παραδιδόναι (Thuc. 5, 42).

Intangible, adj. P. ἀναφής.

Integral, adj. *Necessary* : P. and V. ἀναγκαῖος; see also *complete*.

Integrity, subs. *Honesty* : P. and V. χρηστότης, ἡ. *Safety* : P. and V. σωτηρία, ἡ. *Autonomy* : P. αὐτονομία, ἡ.

Intellect, subs. *Mind, thinking principle* : P. and V. νοῦς, ὁ; see *intelligence*.

Intellectual, adj. *Mental* (as opposed to *visible*) : P. νοητός. *Scholarly* : P. and V. μουσῐκός.

Intelligence, subs. *Mind* : P. and V. νοῦς, ὁ, γνώμη, ἡ, Ar. and V. φρήν, ἡ, or pl. (rare P.), Ar. and P. διάνοια, ἡ. *Wisdom* : P. and V. σοφία, ἡ, φρόνησις, ἡ. *Shrewdness* : P. and V. σῠνεσις, ἡ, τὸ σῠνετόν. *Information, news* : P. and V. πύστῐς, ἡ (Thuc. but rare P.), V. πευθώ, ἡ; see *news*. *Knowledge* : P. and V. μάθησις. *Quickness in learning* : P. εὐμάθεια, ἡ.

Intelligent, adj. *Quick at learning* : P. εὐμαθής. *Wise, clever* : P. and V. σοφός, σῠνετός, ἔννους, ἔμφρων, Ar. and P. φρόνῐμος. Of things : Ar. and P. φρόνῐμος.

Intelligently, adv. Ar. and P. φρονίμως, P. εὐμαθῶς.

Intelligibility, subs. P. σαφήνεια, ἡ (Plat.).

Intelligible, adj. P. and V. εὐμᾰθής (Xen.), σᾰφής, V. σῠνετός, εὐσύμβολος, εὐσύμβλητος, σᾰφηνής, εὔσημος; see *clear*.

Intelligibly, adv. P. and V. σᾰφῶς, γνωρίμως, V. σᾰφηνῶς; see *clearly*.

Intemperance, subs. P. ἀκολασία, ἡ, ἀκράτεια, ἡ. *Drunkenness* : P. and V. μέθη, ἡ. *Insolence* : P. and V. ὕβρῐς, ἡ.

Intemperate, adj. P. and V. ἀκόλαστος, ἄκρᾱτος, Ar. and P. ἀκρᾰτής, P. ἄμετρος. *Excessive* : P. and V. περισσός, P. ὑπέρμετρος.

Intemperately, adv. P. ἀκρατῶς, ἀκολάστως. *Excessively*: P. and V. ἄγᾱν, λίᾱν, περισσῶς, V. ὑπερμέτρως (Eur., *Frag.*); see *excessively*.

Intend, v. trans. or absol. With infin.: P. and V. βουλεύειν, νοεῖν ἐννοεῖν, Ar. and P. διᾰνοεῖσθαι, ἐπῐνοεῖν. *Be about to*: P. and V. μέλλειν (infin.). *Intend to do*: Ar. and V. δρᾱσείειν (acc.), V. ἐργᾰσείειν (acc.).

Intense, adj. P. and V. σύντονος, ἔντονος, P. ἰσχυρός. *Vehement*: P. σφοδρός; see also *eager*.

Intensely, adv. P. συντόνως ἐντόνως, ἰσχυρῶς. *Exceedingly*: P. and V. σφόδρᾰ, μάλᾰ; see *exceedingly*.

Intensity, subs. *Vehemence*: P. σφοδρότης, ἡ.

Intent, adj. P. σύντονος.

Intent on, adj. P. ὅλος πρός (dat.), V. ἀνειμένος, εἰς (acc.). *Be intent on*: P. and V. προσκεῖσθαι (dat.). *Eager for*: V. λελιμμένος (gen.), μαιμῶν (gen.). *Be eager to*: P. and V. σπεύδειν (infin.), σπουδάζειν (infin.), προθῡμεῖσθαι (infin.), ὁρμᾶσθαι (infin.), V. μαίεσθαι (infin.), ἐκπροθῡμεῖσθαι (infin.).

Intent, subs. See *intention*. *To all intents and purposes*: P. ὡς ἁπλῶς εἰπεῖν.

Intention, subs. P. and V. γνώμη, ἡ, ἀξίωμα, τό, βούλευμα, τό, ἔννοια, ἡ, ἐπίνοια, ἡ, Ar. and P. διάνοια, ἡ, V. φρόνησις; see *meaning*. *Wish*: P. and V. βούλησις, ἡ, P. βούλημα, τό.

Intentional, adj. P. and V. ἑκούσιος.

Intentionally, adv. P. and V. ἑκουσίως, ἐκ προνοίας (Eur., *H. F.* 598), P. ἐκ παρασκευῆς, V. ἐξ ἑκουσίας; see *deliberately*. Or use adj., P. and V. ἑκών; e.g., *kill a person intentionally*: P. and V. ἑκὼν ἀποκτείνειν (τινά).

Intentioned, adj. *Well intentioned*: P. and V. εὔνους, φίλιος; see *friendly*.

Intently, adv. P. συντόνως.

Inter, v. trans. P. and V. θάπτειν, γῇ κρύπτειν (Thuc. 2, 34), P. καταθάπτειν, Ar. and V. τυμβεύειν; see *bury*.

Intercalary, adj. P. ἐμβόλιμος (Hdt.).

Intercalate, v. trans. P. ἐπεμβάλλειν (Hdt.), ἐπάγειν (Hdt.); see *insert*.

Intercede, v. intrans. P. and V. πᾰραιτεῖσθαι. *Intercede with*: P. and V. πᾰραιτεῖσθαι (acc.). *Intercede for*: P. and V. ἐξαιτεῖσθαι (acc., or V. also ὑπέρ, gen.). *Beg off*: P. and V. πᾰραιτεῖσθαι (acc.).

Intercept, v. trans. P. ἀπολαμβάνειν, διαλαμβάνειν, Ar. and P. περῐλαμβάνειν. *Wishing to have a chance of intercepting their passage*: P. αὐτοὺς βουλόμενοι ἀποκλῄσεσθαι τῆς διαβάσεως (Thuc. 6, 101).

Intercepting wall, subs. P. ὑποτείχισμα, τό, παρατείχισμα, τό. *Build an intercepting wall*, v.: P. ὑποτειχίζειν (absol.).

Intercession, subs. P. παραίτησις, ἡ; see *prayer*. *Arbitration*: Ar. and P. δίαιτα, ἡ, V βρᾰβεία, ἡ.

Intercessor, subs. *Arbitrator*: P. διαιτητής, ὁ, P. and V. βρᾰβεύς, ὁ, διαλλακτής, ὁ, V. διαλλακτήρ, ὁ.

Intercessory, adj. *Supplicatory*: V. ἱκέσιος, ἱκτήριος; see *suppliant*.

Interchange, subs. P. and V. πᾰραλλᾰγή, ἡ, V. διαλλᾰγή, ἡ, P. μεταλλαγή, ἡ; see *exchange*.

Interchange, v. trans. P. and V. ἀνταλλάσσειν (or mid.), μεταλλάσσειν; see *exchange*.

Intercommunication, subs. See *intercourse*. *Intercommunication by sea became easier*: P. πλωιμώτερα ἐγένετο παρ᾽ ἀλλήλους (Thuc. 1, 8).

Intercommunion, subs. P. ἐπιμιξία, ἡ, κοινωνήματα, τά; see *intercourse*.

Intercommunity, subs. P. and V. κοινωνία, ἡ.

Intercourse, subs. P. and V. ὁμῑλία, ἡ, κοινωνία, ἡ, σῠνουσία, ἡ, P. ἐπιμιξία, ἡ, κοινωνήματα, τά, V. σῠναλλᾰγαί, αἱ. *Want of mutual intercourse*: P. ἀμιξία ἀλλήλων (Thuc. 1, 3). *I bear with me a curse that bars all friendly intercourse*: V. οὐ γὰρ ἄτας εὐπροσηγόρους φέρω (Eur., *H. F.*

1284). *Friendship* : P. and V. φῐλία, ἡ, ὁμῑλία, ἡ, P. χρεία, ἡ, συνήθεια, ἡ. *Have intercourse with*, v.: P. and V. ὁμῑλεῖν (dat.), προσομῑλεῖν (dat.), κοινωνεῖν (dat.), κοινοῦσθαι (dat.), σῠναλλάσσειν (dat.), σῠνέρχεσθαι (dat.), σῠνεῖναι (dat.), συγγίγνεσθαι (dat.), πλησιάζειν (dat.) (Dem. 925), συμμίγνυσθαι (pass.) (dat.), P. ἐπιμιγνύναι (or pass.) (dat.), ἐπιμίσγειν (absol.), Ar. and P. συμμιγνῦναι (dat.).

Interdict, subs. *Prohibition* : P. ἀπόρρησις, ἡ. *Curse* : P. and V. ἀρά, ἡ. *Put under an interdict, curse* : Ar. and P. κᾰτᾰρᾶσθαι (dat.), P. and V. ἐπᾰρᾶσθαι (dat.) ; see *curse*.

Interdict, v. trans. Ar. and P. ἀπᾰγορεύειν, P. and V. ἀπειπεῖν, οὐκ ἐᾶν ; see *forbid*.

Interdicted, adj. P. and V. ἀπόρρητος.

Interest, subs. *Benefit, gain* : P. and V. κέρδος, τό, λῆμμα, τό. *Advantage*: P. and V. ὠφέλεια, ἡ, ὄφελος, τό, ὄνησις, ἡ, Ar. and V. ὠφέλημα, τό, V. ὠφέλησις, ἡ. *One's interests* : P. and V. τὸ συμφέρον, τὰ συμφέροντα. *The public interests* : P. τὸ πᾶσι συμφέρον, P. and V. τὸ κοινόν. *Private interests* : P. and V. τὰ ἴδια, τὰ οἰκεῖα. *He has some private interests to serve* : P. ἰδίᾳ τι αὐτῷ διαφέρει (Thuc. 3, 42). *Her interests are committed to her parents and friends* : V. τῇ δʼ ἐν γονεῦσι καὶ φίλοις τὰ πράγματα (Eur., *And.* 676). *You will best consult your own interests* : P. τὰ ἄριστα βουλεύσεσθε ὑμῖν αὐτοῖς (Thuc. 1, 43). *He said that it was not words that confirmed friendship, but community of interests* : P. οὐ τὰ ῥήματα οἰκειότητας ἔφη βεβαιοῦν ἀλλὰ τὸ ταὐτὰ συμφέρειν (Dem. 237). *Attention to your interests* : P. ἐπιμέλεια τῶν ὑμετέρων πραγμάτων (Andoc. 21). *Providing only for their own interests* : P. τὸ ἐφʼ ἑαυτῶν μόνον προορωμένοι (Thuc. 1, 17). *Considering only his own interest* : P. τὸ ἑαυτοῦ μόνον σκοπῶν (Thuc. 6, 12). *In the interest of* : P. and V. πρός (gen.), ὑπέρ (gen.) (Dem. 1232) ; see *favour*. *For the good of* : P. ἐπʼ ἀγαθῷ (gen.). *Against the interests of* : P. and V. κᾰτᾰ (gen.) (Dem. 1232). *Material interests*, subs. : P. and V. χρήμᾰτα, τά ; see *property*. *Influence* : P. and V. δῠνᾰμις, ἡ. *Be promoted by interest* : P. ἀπὸ μέρους προτιμᾶσθαι (Thuc. 2, 37). *Good will* : P. and V. εὔνοια, ἡ. *Zeal, exertion* : P. and V. σπουδή, ἡ. *Care* : P. and V. φροντίς, ἡ. *Take an interest in*, v. : P. and V. φροντίζειν (gen.), σπουδάζειν περί (gen.). *I take no interest in* : P. and V. οὔ μοι μέλει (gen.). *Meletus has never taken any interest in these things, either little or great* : P. Μελήτῳ τούτων οὔτε μέγα οὔτε σμικρὸν πώποτε ἐμέλησεν (Plat., *Ap.* 26B). *What interest have you in ?* P. and V. τί σοι μέτεστι ; (gen.). *Power of pleasure*, subs. : P. and V. τέρψις, ἡ. *With a view rather to stimulate the interest than tell the truth* : P. ἐπὶ τὸ προσαγωγότερον τῇ ἀκροάσει ἢ ἀληθέστερον (Thuc. 1, 21). *Interest on money* : Ar. and P. τόκος, ὁ, or pl. *At high interest* : P. ἐπὶ μεγάλοις τόκοις. *Compound interest* : P. τόκοι ἐπίτοκοι, οἱ. *Bring in no interest*, v. : P. ἀργεῖν. *Bringing in interest*, adj. : P. ἐνεργός. *Bringing in no interest* : P. ἀργός.

Interest, v. trans. *Please, delight* : P. and V. τέρπειν, ἀρέσκειν (acc. or dat.). *Be interested* : P. and V. ἡδέως ἀκούειν (*hear with pleasure*). *Interest oneself in* : use P. and V. σπουδάζειν περί (gen.).

Interested, adj. *Biassed* : P. οὐ κοινός ; see *biassed*. *From interested motives* : P. and V. ἐπὶ κέρδεσι. *Partly responsible* : P. and V. σῠναίτιος, μεταίτιος (gen.).

Interesting, adj. *Attractive* : P. προσαγωγός, ἐπαγωγός ; see *attractive*. *Worth hearing* : P. ἄξιος ἀκούειν, ἄξιος ἀκοῆς. *Worth seeing* :

P. ἀξιοθέατος (Xen.). *Noteworthy*: P. ἀξιόλογος.

Interfere, v.intrans. *Meddle*: Ar. and P. πολυπραγμονεῖν. *Interfere with, meddle with*: P. and V. ἅπτεσθαι (gen.), κῑνεῖν (acc.). *Oppose*: P. and V. ἐναντιοῦσθαι (dat.), ἀνθίστασθαι (dat.). *Be an obstacle to*: P. and V. ἐμποδὼν εἶναι (dat.), ἐμποδὼν γίγνεσθαι (dat.). *They feared that winter might interfere with their blockade*: P. ἐδεδοίκεσαν μὴ σφῶν χειμὼν τὴν φυλακὴν ἐπιλάβοι (Thuc. 4, 27).

Interference, subs. *Meddling*: Ar. and P. πολυπραγμοσύνη. *Opposition*: P. ἐναντίωμα, τό.

Interfering, adj. *Meddling*: Ar. and P. πολυπράγμων. *Be interfering*, v.: Ar. and P. πολυπραγμονεῖν, V. περισσὰ δρᾶν, πράσσειν τι πλέον (Eur., *Frag.*), Ar. and V. πράσσειν πολλά.

Interim, adj. Use P. ὁ διὰ μέσου. *In the interim*: P. and V. τέως; see *meanwhile*.

Interior, adj. Use P. and V. ὁ ἔσω, ὁ εἴσω, ὁ ἐντός.

Interior, subs. *Interior of a country*: P. μεσογεία, ἡ. *In the interior*: use adv., P. ἄνω; see *inland*.

Interject, v. trans. and absol. *Interject (in conversation)*: P. ὑπολαμβάνειν.

Interlace, v. trans. P. and V. συμπλέκειν. V. intrans. P. and V. συμπλέκεσθαι.

Interlard, v. trans. *Variegate*: P. and V. ποικίλλειν.

Interloper, subs. See *alien*. *Enter as an interloper*: Ar. and P. εἰσδύεσθαι (εἰς, acc.).

Interlude, subs. See *interval, intermission*.

Intermarriage, subs. P. ἐπιγαμία, ἡ. *They had gone to war with the people of Selinus about certain rights of intermarriage*: P. τοῖς Σελινουντίοις εἰς πόλεμον καθέστασαν περὶ γαμικῶν τινῶν (Thuc. 6, 6).

Intermeddle, v. intrans. See *meddle*.

Intermediary, subs. P. διάγγελος, ὁ; see *arbitrator*.

Intermediate, adj. P. and V. μέσος, ὁ μεταξύ, ὁ ἐν μέσῳ, P. ὁ διὰ μέσου. *Intermediate point*: V. μεταίχμιον, τό. *Grown men and women and intermediate age*: V. ἀνὴρ γυνή τε χὤτι τῶν μεταίχμιον (Æsch., *Theb.* 197).

Intermediately, adv. P. and V. ἐν μέσῳ.

Interment, subs. P. and V. τάφος, ὁ, τᾰφή, ἡ, P. θῆκαι, αἱ (Thuc. 2, 52), V. κᾰτασκᾰφαί, αἱ; see *burial*. *Carrying out for burial*: P. and V. ἐκφορά, ἡ.

Interminable, adj. Ar. and P. ἀπέραντος, P. and V. ἄπειρος, V. ἀτέρμων. *Continuous*: P. συνεχής, ἐνδελεχής. *Incessant*: V. διᾰτελής. *Eternal*: P. αἰώνιος, ἀΐδιος.

Interminably, adv. *Continuously*: Ar. and P. σῠνεχῶς, P. ἐνδελεχῶς, V. διᾱνεκῶς (Æsch., *Ag.* 319).

Intermingle, v. trans. and intrans. See *intermix*.

Intermission, subs. P. and V. παῦλα, ἡ, ἀνάπαυλα, ἡ, διάλῠσις, ἡ, P. ἀνάπαυσις, ἡ. *Abatement*: P. λώφησις, ἡ.

Intermit, v. trans. P. and V. ἀνᾰπαύειν, ἀνῑέναι.

Intermittent, adj. *Occasional*: P. and V. σπᾰνιος. *Chronic, recurring annually*: Ar. and P. ἐπέτειος.

Intermittently, adv. *Occasionally*: P. σπανίως. *In a scattered way*: P. σποράδην.

Intermix, v. trans. P. and V. μιγνῦναι, ἀνᾰμιγνῦναι, συμμιγνῦναι, κεραννῦναι, συγκεραννῦναι, Ar. and P. ἀνᾰκεραννῦναι; see *mix*. *Mix in*: P. ἐγκεραννύναι. V. intrans. Use pass. of verbs given. *Intermix with, have intercourse with*: P. and V. συμμίγνυσθαι (dat.), P. ἐπιμιγνῦναι (or pass.) (dat.), Ar. and P. συμμιγνῦναι (dat.); see under *intercourse*.

Intermixed, adj. P. and V. σύμμικτος, συμμῐγής (Plat.), μῐγάς.

Intermixture, subs. P. and V. κρᾶσις, ἡ, σύγκρᾶσις, ἡ (Eur., *Frag.*), P. μῖξις, ἡ, σύμμιξις, ἡ.

Internal, adj. P. and V. ὁ ἐντός. *Domestic:* P. and V. οἰκεῖος, V. ἐμφύλιος, ἔμφῦλος, ἐγγενής. *Be a prey to internal disputes*, v.: Ar. and P. στᾰσιάζειν. *Internal disputes:* P. and V. στάσις, ἡ, P. στασιασμός, ὁ.

Internally, adv. P. and V. ἐντός.

International, adj. Use P. and V. κοινός. *International law:* P. ὁ κοινὸς ἁπάντων ἀνθρώπων νόμος (Dem. 639), V. ὁ Πανελλήνων νόμος (Eur., *Supp.* 526).

Internecine, adj. P. and V. οἰκεῖος, V. ἐμφύλιος, ἔμφῦλος, ἐγγενής.

Interpellate, v. trans. See *question.*

Interpellation, subs. See *question.*

Interpolate, v. trans. Ar. and P. πᾰρεμβάλλειν. *Interpolate (in writing):* P. παρεγγράφειν.

Interpolation, subs. P. παρεμβολή, ἡ.

Interpose, v. trans. *Slip in:* Ar. and P. πᾰρεμβάλλειν. *Put in front:* P. and V. προβάλλειν, Ar. and P. προὔχειν (Xen.). *Arbitrate*, absol.: P. βραβεύειν, διαιτᾶν. In conversation: P. ὑπολαμβάνειν. *Nothing could have interposed to prevent our being at once engaged in hostilities against the Cardians and Cersobleptes:* P. οὐδὲν ἂν ἦν ἐν μέσῳ πολεμεῖν ἡμᾶς πρὸς Καρδιανοὺς ἤδη καὶ Κερσοβλέπτην (Dem. 682). *Oppose:* P. and V. ἀνθίστασθαι; in words: P. and V. ἀντῐλέγειν; see *oppose.*

Interposition, subs. *Arbitration:* Ar. and P. δίαιτα, ἡ. *By the interposition of the gods:* P. and V. θείᾳ τύχῃ, V. ἐκ θείας τύχης, Ar. κᾰτᾰ θεῖον. *Agency:* V. σῠναλλᾰγή, ἡ, or pl. *Opposition:* P. ἐναντίωμα, τό.

Interpret, v. trans. P. and V. ἑρμηνεύειν. *Interpret (dreams, etc.):* P. and V. κρίνειν (Plat., *Ion*, 539D) Ar. ὑποκρίνεσθαι. *Interpret an oracle:* Ar. ἀνᾰδιδάσκειν (*Eq.* 153). *Explain:* P. and V. φαίνειν, συμβάλλειν, ἐξηγεῖσθαι, φράζειν, σημαίνειν (Plat.), δηλοῦν, δεικνύναι, διειπεῖν (Plat.) V. ἐκφράζειν, σᾰφηνίζειν (also Xen. but rare P.), Ar. and P. διηγεῖσθαι. *Take in any particular sense:* P. ὑπολαμβάνειν, ἐκλαμβάνειν; see *construe. Who is there to interpret the will of the god?* V. τίς προφητεύει θεοῦ; (Eur., *Ion*, 413).

Interpretation, subs. P. ἐξήγησις, ἡ, ἑρμηνεία, ἡ, V. ἑρμήνευμα, τό, or pl.

Interpreter, subs. P. and V. ἑρμηνεύς, ὁ, P. ἐξηγητής, ὁ. *Interpreter of dreams:* V. κρῐτής, ὁ. *Interpreter of divine will:* P. and V. προφήτης, ὁ.

Interregnum, subs. P. μεσοβασιλεία, ἡ (late.).

Interrex, subs. P. μεσοβασιλεύς, ὁ (late).

Interrogate, v. trans. *Cross examine:* P. and V. ἐλέγχειν, ἐξελέγχειν. *Ask:* P. and V. ἐρωτᾶν, ἀνερωτᾶν, V. ἱστορεῖν, ἀνιστορεῖν, ἐξιστορεῖν; see *ask.*

Interrogation, subs. *Cross examination:* P. and V. ἔλεγχος, ὁ. *Question:* P. ἐρώτημα, τό, ἐρώτησις, ἡ.

Interrupt, v. trans. P. and V. λύειν, Ar. and P. διᾰλύειν. *Interrupt (in speaking):* P. ὑπολαμβάνειν, Ar. ὑποκρούειν. *It often interrupted me in the middle of speaking:* P. πολλαχοῦ δή με ἐπέσχε λέγοντα μεταξύ (Plat., *Ap.* 40B). *Interrupt me in the middle if you like:* P. μεταξὺ ἐπιλαβοῦ ἂν βούλῃ (Plat., *Sym.* 214E). *Hinder:* P. and V. ἐμποδίζειν. *Prevent:* P. and V. κωλύειν, ἐπῐκωλύειν; see *prevent. Put a stop to:* P. and V. παύειν; see *end.*

Interruption, subs. P. and V. διάλῠσις, ἡ. *Noise, confusion:* P. and V. θόρῠβος, ὁ. *Hindrance:* P. κώλυμα, τό, ἐμπόδισμα, τό, ἐναντίωμα, τό. *Be an interruption to:* P. and V. ἐμποδὼν εἶναι (dat.), ἐμποδὼν γίγνεσθαι (dat.). *Without interruption, continuously* : use adv., Ar. and P. σῠνεχῶς, P. ἐνδελεχῶς, V. διᾰνεκῶς (Æsch., *Ag.* 319).

Intersect, v trans. *Divide* : P. and V. διᾰλαμβᾰ́νειν.

Intersecting, adj. *At right angles* : P. ἐγκάρσιος. *An intersecting wall*, subs.: P. ὑποτείχισμα. *Build an intersecting wall*, v.: P. ὑποτειχίζειν (absol.).

Intersperse, v. trans. *Variegate* : P. and V. ποικίλλειν. *Mix* : P. and V. μιγνῦναι, συμμιγνῦναι; see *mix*. *Mix in* : P. ἐγκεραννύναι. *Scatter* : see *scatter*.

Interstice, subs. *Hole* : Ar. and P. τρῆμα, τό. *Interval* : P. διάλειμμα, τό.

Intertwine, v. trans. P. and V. συμπλέκειν, ἐμπλέκειν; see *entwine*.

Interval, subs. P. διάλειμμα, τό, διάστημα, τό. *Intervening space between two armies* : V. μεταίχμιον, τό, or pl. *Rest, breathing space* : P. and V. παῦλα, ἡ, ἀνᾰ́παυλα, ἡ, ἀναπνοή, ἡ, P. ἀνάπαυσις, ἡ, V. ἀμπνοή, ἡ. *Cessation* : P. and V. διᾰ́λῠσις, ἡ. *Stand at intervals*, v.: P. διαλείπειν, διίστασθαι. *At intervals of* (for space or time): P. διά (gen.). *At long intervals* (of space or time): P. διὰ πολλοῦ. *At short intervals* (of space or time): P. δι' ὀλίγου. *After an interval* (of time): P. and V. διὰ χρόνου, P. χρόνου διελθόντος. *After a long interval* : Ar. διὰ πολλοῦ χρόνου. *After an interval of two or three years* : P. διελθόντων ἐτῶν δύο καὶ τριῶν. *After a moment's interval I go to law* : Ar. ἀκαρῇ διαλιπὼν δικάζομαι (*Nub.* 496). *In the interval* : of time, P. ἐν τῷ μεταξύ; see *meantime*; of space, P. and V. μεταξύ, ἐν μέσῳ. *There is no special season which he leaves as an interval* : P. οὐδ' ἐστὶν ἐξαίρετος ὥρα τις ἣν διαλείπει (Dem. 124). *They set out with a considerable interval between each man and his neighbour* : P. διέχοντες πολὺ ἦσαν (Thuc. 3, 22). *He placed the merchantmen at intervals of about two hundred feet from one another* : P. διαλιπούσας τὰς ὁλκάδας ὅσον δύο πλέθρα ἀπ' ἀλλήλων κατέστησεν (Thuc. 7, 38). *At intervals of ten battlements there were large towers* : P. διὰ δέκα ἐπάλξεων πύργοι ἦσαν μεγάλοι (Thuc. 3, 21).

Intervene, v. intrans. *Lie between* : P. and V. ἐν μέσῳ εἶναι, μεταξὺ εἶναι. *Before some disaster intervene and overwhelm us* : P. πρίν τι ἀνήκεστον διὰ μέσου γενόμενον ἡμᾶς καταλαβεῖν (Thuc. 4, 20). *Elapse* (of time): P. διαγίγνεσθαι, ἐγγίγνεσθαι. *Arbitrate* : P. βραβεύειν, διαιτᾶν. *Oppose* : P. and V. ἀνθίστασθαι; see *oppose*. *Oppose in words* : P. and V. ἀντῐλέγειν. *Be an obstacle* : P. and V. ἐμποδὼν εἶναι, ἐμποδὼν γίγνεσθαι; see *prevent*.

Intervening, adj. P. and V. ὁ ἐν μέσῳ, ὁ μεταξύ, P. ὁ διὰ μέσου; see *intermediate*. *Intervening space between two armies* : V. μεταίχμιον, τό, or pl.

Intervention, subs. *Agency* : V. σῠναλλᾰγή, ἡ, or pl. *By divine intervention* : P. and V. θείᾳ τῠ́χῃ. *Arbitration* : Ar. and P. δίαιτα, ἡ. *Opposition* : P. ἐναντίωμα, τό.

Interview, subs. P. and V. λόγοι, οἱ, σῠ́νοδος, ἡ. *Have interview with* : see *interview*, v.

Interview, v. trans. P. and V. συμμιγνῦναι (dat.), συγγίγνεσθαι (dat.), σῠνέρχεσθαι (dat.), Ar. and P. διᾰλέγεσθαι (dat.), P. κοινολογεῖσθαι (dat.), V. εἰς λόγους ἔρχεσθαι (dat.) (cf. Ar., *Nub.* 470), διᾰ̀ λόγων ἀφικνεῖσθαι (dat.).

Interweave, v. trans. P. and V. συμπλέκειν, ἐμπλέκειν.

Intestate, adj. P. ἀδιάθετος (late). *If he had died intestate* : P. εἰ . . . μηδὲν ἐκεῖνος διαθέμενος ἐτελεύτησεν (Isae. 72).

Intestine, adj. *Civil, internecine* : P. and V. οἰκεῖος, V. ἐμφῠ́λιος, ἐμφῦλος, ἐγγενής. *Intestine discord*, subs.: P. and V. στάσῐς, ἡ, P. στασιασμός, ὁ.

Intestines, subs. P. and V. σπλάγχνα, τά (Plat.), ἔντερα, τά (Plat.), P. τὰ ἐντός.

Inthral, v. trans. *Enslave*: P. and V. δουλοῦν, (or mid.), P. καταδολοῦν (or mid.), ἀνδραποδίζειν (or mid.). *Subjugate*: P. and V. κᾰταστρέφεσθαι. Met., *charm*: P. and V. κηλεῖν, V. θέλγειν (also Plat. but rare P.). *Overcome* (of feelings): V. νῑκᾶν. *Be inthralled*: Ar. and V. δᾰμῆναι (2nd aor. pass. δᾰμᾶν). *Keep down, repress*: P. and V. κᾰτέχειν.

Inthralment, subs. *Enslavement*: P. δούλωσις, ἡ, καταδούλωσις, ἡ, ἀνδραποδισμός, ὁ. *Enchantment*: P. κήλησις, ἡ. *Spell*: P. and V. ἐπῳδή, ἡ, V. κήλημα, τό; see *spell*.

Intimacy, subs. P. οἰκειότης, ἡ, συνήθεια, ἡ, χρεία, ἡ. *Intimacy with, intimate knowledge of*: P. συνήθεια, ἡ (gen.). *Experience of*: P. and V. ἐμπειρία, ἡ (gen.).

Intimate, adj. P. οἰκεῖος, γνώριμος, συνήθης. *Be intimate with*: P. γνωρίμως ἔχειν (dat.), συνήθως ἔχειν (dat.), χρῆσθαι (dat.).

Intimate, subs. Use adj.

Intimate, v. trans. *Hint*: P. παραδηλοῦν, ὑποσημαίνειν; see *hint*, *announce*.

Intimately, adv. Ar. and P. οἰκείως.

Intimation, subs. See *announcement*, *hint*.

Intimidate, v. trans. P. and V. φοβεῖν, ἐκφοβεῖν, ἐκπλήσσειν, P. καταπλήσσειν; see *frighten*.

Intimidation, subs. *Fear*: P. and V. φόβος, ὁ, ἔκπληξις, ἡ, P. κατάπληξις, ἡ.

Into, prep. P. and V. εἰς (acc.), ἐς (acc.). *Far into the night*: P. πόρρω τῶν νυκτῶν.

Intolerable, adj. P. and V. οὐκ ἀνεκτός, οὐκ ἀνασχετός (rare P.), οὐ φορητός, Ar. and V. οὐ τλητός, V. οὐχ ὑποστᾰτός, δύσοιστος, δύσφορος, ἄτλητος, ἄφερτος, P. ἀφόρητος. *Greivous*: P. and V. βᾰρύς, λῡπηρός.

Intolerably, adv. P. οὐκ ἀνεκτῶς (Xen.). *Grievously*: P. and V. λῡπηρῶς.

Intolerance, subs. P. ἀγνωμοσύνη, ἡ. With gen. following: P. and V. δυσχέρεια, ἡ, P. ἀηδία, ἡ.

Intolerant, adj. P. and V. ἀγνώμων. *Be intolerant of*: P. χαλεπῶς φέρειν (acc.), V. πικρῶς φέρειν (acc.).

Intomb, v. trans. See *entomb*.

Intonation, subs. *Tone*: Ar. and P. τόνος, ὁ.

Intone, v. trans. P. and V. ᾄδειν, V. ἀείδειν, κᾰτᾴδειν; see *chant*.

Intoxicate, v. trans. P. καταμεθύσκειν. Met., *puff up*: P. and V. χαυνοῦν (Plat.), V. ἐκχαυνοῦν; see *puff up*.

Intoxicated, adj. See *drunk*. *Be intoxicated, puffed up*: Ar. and V. ὀγκοῦσθαι, V. ἐξογκοῦσθαι, χλῐδᾶν.

Intoxication, subs. P. and V. μέθη, ἡ. *Delight*: P. and V. ἡδονή, ἡ, χᾰρά, ἡ, τέρψῐς, ἡ; see *delight*. *Pride*: P. and V. φρόνημα, τό, V. χλῐδή, ἡ; see *pride*.

Intractability, subs. P. σκληρότης, ἡ, χαλεπότης, ἡ. *Obstinacy*: P. αὐθάδεια, ἡ, Ar. and V. αὐθᾱδία, ἡ.

Intractable, adj. *Stubborn*: P. and V. σκληρός, αὐθάδης. *Disobedient*: P. ἀπειθής, δυσπειθής, V. ὁ μὴ πειθάνωρ. *Troublesome*: Ar. and P. χᾰλεπός; see *troublesome*. *Be intractable* (of horses): P. and V. σκιρτᾶν.

Intractably, adv. *Obstinately*: P. σκληρῶς, Ar. and P. αὐθάδως.

Intrap, v. trans. See *entrap*.

Intrench, v. trans. See *entrench*.

Intrenchment, subs. See *entrenchment*.

Intrepid, adj. P. and V. ἄφοβος, V. ἄταρβής, ἀτάρβητος (Æsch., *Frag.*), ἀδείμαντος, ἄτρεστος (also Plat. but rare P.); see *bold*.

Intrepidity, subs. P. ἀφοβία, ἡ; see *boldness*.

Intrepidly, adv. Ar. and P. ἀδεῶς, V. ἀδειμάντως, ἀτρέστως, ἄτρεστα; see *boldly*.

Intricacy, subs. P. ποικιλία, ἡ. *Intricacies of discussion*: V. περιπλοκαὶ λόγων, αἱ (Eur., *Phoen.* 494).

Intricate, adj. P. and V. ποικίλος. *Of many folds*: P. and V. πολύπλοκος (Plat.). *Obscure*: P. and V. ἀσᾰφής, ἄδηλος, V. δῠσεύρετος, δυστέκμαρτος, ἀξύμβλητος, δυσμᾰθής, ἄσκοπος, δύσκρῐτος; see *obscure*.

Intricately, adj. Ar. and V. ποικίλως. *Obscurely*: P. ἀσαφῶς, V. δυσκρίτως.

Intrigue, v. intrans. P. παρασκευάζεσθαι. *Intrigue with*: P. and V. πράσσειν (dat. or πρός, acc. or εἰς, acc.); see *tamper with*. *Intrigue against*: P. and V. ἐπῐβουλεύειν (dat.). *Be intrigued against*: P. and V. ἐπῐβουλεύεσθαι.

Intrigue, subs. P. παρασκευή, ἡ, κατασκεύασμα, τό. *Wiles*: P. and V. μηχᾰναί, αἱ. *Plot*: P. ἐπιβουλή, ἡ. *Lobbying, canvassing*: P. παραγγελία, ἡ. *Party intrigue*: P. παράταξις, ἡ. *Be victim of intrigue*: v.: P. καταστασιάζεσθαι (pass.), P. and V. ἐπῐβουλεύεσθαι (pass.). *Certain men of Eretria and of Oropus itself seconded the movement intriguing for the revolt of Euboea*: P. συνέπραξαν Ἐρετριέων τε ἄνδρες καὶ αὐτῶν Ὠρωπίων ἐπιβουλεύοντες ἀπόστασιν τῆς Εὐβοίας (Thuc. 8, 60). *Had there not been some intrigue afoot here with bribery*: V. εἴ τι μὴ σὺν ἀργύρῳ ἐπράσσετ' ἐνθένδε (Soph., *O. R.* 124). *They had in their favour certain intrigues which were afoot on the spot in Argos*: P. ὑπῆρχέ τι αὐτοῖς καὶ ἐκ τοῦ Ἄργους αὐτόθεν πρασσόμενον (Thuc. 5, 83).

Intriguing, adj. P. ἐπίβουλος, V. μηχᾰνορρᾰ́φος.

Intrinsic, adj. *Real, genuine*: P. ἀληθινός.

Intrinsically, adv. P. ἀληθινῶς. *Of itself*: use P. αὐτὸ καθ' αὑτό.

Introduce, v. trans. *Bring in*: P. and V. ἐπᾰ́γειν, εἰσᾰ́γειν, εἰσφέρειν, προσφέρειν, V. εἰσβῆσαι (1st aor. of εἰσβαίνειν. *Introduce besides*: P. ἐπεισάγειν, P. and V. ἐπεισφέρειν. *Introduce instead*: P. ἀντεισάγειν. *Send in*: P. and V. εἰσπέμπειν, *Admit, let in*: P. and V. εἰσφρεῖν. πᾰρῑέναι, εἰσδέχεσθαι, εἰσᾰ́γειν, προσδέχεσθαι; see *admit*. *Introduce into a family*: V. εἰσοικίζειν (Eur., *Ion* 841). *Introduce (law, subject, etc.)*: Ar. and P. εἰσφέρειν, εἰσηγεῖσθαι. *Bring forward, cite*: P. and V. πᾰρᾰφέρειν, προσφέρειν, πᾰρέχειν (or mid.), P. προφέρειν. *Introduce as allies*: P. ἐπάγεσθαι. *Initiate*: Ar. and P. εἰσηγεῖσθαι. *Institute*: P. and V. προτῐθέναι, κᾰθιστᾰ́ναι, ἱστᾰ́ναι, Ar. and P. κᾰτᾰδεικνῠ́ναι. *Introduce changes in*: P. νεωτερίζειν περί (acc.). *Introduce (into an assembly, court, etc.)*: P. and V. προσᾰ́γειν, Ar. and P. πᾰρᾰ́γειν. *Recommend*: P. συνιστᾰ́ναι, προξενεῖν. *I wish to introduce him to a doctor*: P. βούλομαι αὐτὸν ἰατρῷ συστῆσαι (Plat., *Charm.* 155B).

Introducer, subs. *Initiator*: P. εἰσηγητής, ὁ.

Introduction, subs. P. ἐπαγωγή, ἡ. *Initiation*: P. εἰσήγησις, ἡ, *Establishment*: P. and V. κᾰτάστᾰσις, ἡ. *Prelude*: P. and V. προοίμιον, τό, V. φροίμιον, τό.

Intrude, v. trans. use P. and V. εἰσᾰ́γειν βίᾳ. *Intrude oneself*: P. εἰσποιεῖν ἑαυτόν, V. ἐπεμβάλλειν ἑαυτόν. V. intrans. P. εἰς ἀλλότρια ἐμπίπτειν (Dem. 1004), Ar. and P. εἰσβιάζεσθαι. *Intrude on*: P. and V. εἰσπίπτειν (εἰς, acc., V. dat.), V. ἐπεισπίπτειν (dat.), Ar. and P. εἰσδύεσθαι (εἰς, acc.). *Encroach on*: P. ἐπεργάζεσθαι (acc.).

Intruder, subs. Use *alien*.

Intrusion, subs. *Encroachment*: P. ἐπεργασία, ἡ. *Meddling*: Ar. and P. πολυπραγμοσῠ́νη, ἡ. *Entrance*: P. and V. εἴσοδος, ἡ (Eur., *And.* 930).

Intrusive, adj. *Meddlesome*: Ar. and P. πολυπράγμων. *Vexatious, troublesome*: P. and V. βᾰρῠ́ς.

Intrust, v. trans. Ar. and P. ἐπιτρέπειν, P. πιστεύειν, διαπιστεύειν, ἐγχειρίζειν, V. εἰσχειρίζειν. *Hand over*: P. and V. πἄρἄδῐδόναι. *Father Zeus intrusts these oracles to Loxias*: V. ταῦτα γὰρ πατὴρ Ζεὺς ἐγκαθίει Λοξίᾳ θεσπίσματα (Æsch., *Frag.*). *Refer (for someone's decision)*: Ar. and P. ἐπιτρέπειν (τινί τι), ἀνᾰτῐθέναι (τινί τι), P. ἐφιέναι (τι εἴς τινα).

Intuition, subs. *Instinct, nature*: P. and V. φῠ́σῐς; see *instinct*. *Suspicion*: P. and V. ῠ̔ποψία, ἡ, ῠ̔πόνοια, ἡ.

Intuitive, adj. *Not reasoned*: P. ἄλογος. *Spontaneous*: P. and V. αὐτόμᾰτος.

Intuitively, adv. *By nature*: P. and V. φῠ́σει. *Spontaneously*: P. ἀπὸ τοῦ αὐτομάτου. *Divine intuitively*, v. trans.: P. and V. μαντεύεσθαι (acc.).

Inundate, v. trans. Ar. and P. κᾰτακλῠ́ζειν. Met., *overwhelm*: P. and V. κᾰτακλῠ́ζειν. *The sea forming into a wave inundated part of the city*: P. ἡ θάλασσα . . . κυματωθεῖσα ἐπῆλθε τῆς πόλεως μέρος τι (Thuc. 3, 89).

Inundation, subs. P. κατακλυσμός, ὁ, ἐπίκλυσις, ἡ. *There was a retreat of the water but no inundation*: P. ἐγένετο . . . κύματος ἐπαναχώρησίς τις οὐ μέντοι ἐπέκλυσέ γε (Thuc. 3, 89).

Inure, v. trans. P. and V. ἐθίζειν, P. συνεθίζειν. *Inured to*: P. συνήθης (dat.), V. ἠθάς (gen.). *Inured to no good habits*: V. ἔθη γὰρ οὐκ ἐθισθέντες καλά (Eur., *Frag.*).

Inutility, subs. P. ἀχρηστία, ἡ.

Invade, v. trans. P. and V. εἰσβάλλειν, ἐπέρχεσθαι, ἐπιστρᾰτεύειν (or mid.) (εἰς, acc., ἐπί, acc., or dat. alone; V. also acc. alone); see also *attack*. *Encroach on*: P. ἐπεργαζεσθαι (acc.). *Join in invading*: P. συνεισβάλλειν (absol.).

Invader, subs. Use P. and V. ὁ εἰσβάλλων, or use *enemy*.

Invalid, adj. P. ἄκυρος.

Invalid, subs. Use adj., P. and V. ἀσθενής, P. ἄρρωστος. *Be an invalid*, v.: P. and V. κάμνειν, ἀσθενεῖν, P. ἀρρωστεῖν.

Invalidate, v. trans. P. ἄκυρον ποιεῖν. *Cancel*: P. and V. λῡ́ειν, κᾰθαιρεῖν; see *cancel*.

Invaluable, adj. P. and V. πολλοῦ ἄξιος. *Costly*: P. and V. τίμιος, P. πολυτελής.

Invariable, adj. P. and V. βέβαιος, P. μόνιμος, ἀμετάπτωτος, V. ἔμπεδος. *The same*: P. and V. ὁ αὐτός.

Invariably, adv. See *always*.

Invasion, subs. P. and V. εἰσβολή, ἡ; see *attack*.

Invective, subs. *Abuse*: P. and V. διᾰβολή, ἡ, P. ἐπήρεια, ἡ, βλασφημία, ἡ, βασκανία, ἡ; see *abuse*. *Blame*: P. and V. μέμψῐς, ἡ, ψόγος, ὁ. *Accusation*: P. κατηγορία, ἡ; see *accusation*.

Inveigh against, v. P. and V. κᾰκῶς λέγειν, διᾰβάλλειν, λοιδορεῖν (or mid. with dat.), P. κακίζειν, βασκαίνειν; see *abuse*. *Blame*: P. and V. μέμφεσθαι (acc. or dat.), ψέγειν; see *blame, attack*.

Inveigle, v. trans. *Entrap*: P. and V. αἱρεῖν. *Lead on treacherously*: P. and V. ῠ̔πάγειν. *Cajole*: P. and V. ῠ̔ποτρέχειν, ῠ̔πέρχεσθαι, θωπεύειν; see *cajole, deceive*. *Entice*: P. and V. ἐφέλκεσθαι, ἐπισπᾶσθαι, ἕλκειν.

Invent, v. trans. *Discover*: P. and V. εὑρίσκειν, ἐφευρίσκειν, ἀνευρίσκειν, ἐξευρίσκειν, V. ἐξᾰνευρίσκειν. *Contrive*: P. and V. μηχᾰνᾶσθαι, τεχνᾶσθαι, τεκταίνεσθαι, Ar. and V. μήδεσθαι. *Trump up*: P. and V. πλάσσειν, P. συμπλάσσειν, συσκευάζειν, κατασκευάζειν; see *trump up*. *You will find them inventing things about me*: P. ὄψεσθε . . . τούτους περὶ ἐμοῦ λογοποιοῦντας (Lys. 146). *Men here are inventing tales of what is not happening and never will happen*: P. ἐνθένδε ἄνδρες οὔτε ὄντα οὔτ' ἂν γενόμενα λογοποιοῦσι (Thuc. 6, 38).

Invention, subs. *Act of invention*: P. εὕρεσις, ἡ, V. ἀνεύρεσις, ἡ. *Thing invented*: P. and V. εὕρημα, τό, Ar. and V. ἐξεύρημα, τό. *Contrivance*: P. and V. μηχάνημα, τό, σόφισμα, τό, τέχνημα, τό (Plat.), μηχᾰνή, ἡ, πόρος, ὁ. *Fabrication*: P. πλάσμα, τό, σκευώρημα, τό. *Act of fabricating*: P. σκευωρία, ἡ.

Inventive, adj. P. and V. εὔπορος, Ar. and P. εὐμήχᾰνος, πόρῐμος, P. τεχνικός.

Inventiveness, subs. P. περιτέχνησις, ἡ, ἐπιτέχνησις, ἡ.

Inventor, subs. P. εὑρέτης, ὁ. *Deviser*: P. and V. δημιουργός, ὁ, τέκτων, ὁ, V. ῥᾰφεύς, ὁ.

Inventory, subs. P. ἀπογραφή, ἡ; see *list*. *Make inventory of*: P. ἀπογράφειν (acc.).

Inventress, subs. V. εὑρέτῐς, ἡ (Soph., *Frag*.).

Inverse, adj. *Contrary*: P. and V. ἐναντίος.

Inversely, adv. *In a contrary way*: P. and V. ἔμπᾰλιν, P. ἀνάπαλιν.

Inversion, subs. V. ἀναστροφή, ἡ. *Change*: P. and V. μετᾰβολή, ἡ, μετάστᾰσις, ἡ.

Invert, v. trans. P. and V. ἀναστρέφειν. *Upset*: P. and V. ἀναστρέφειν, ἀνατρέπειν, ἄνω κάτω τῐθέναι, ἄνω κάτω στρέφειν, V. ἐξᾰναστρέφειν; see *upset*. *Change*: P. and V. μεταστρέφειν, μετᾰφέρειν.

Invertebrate, adj. Met., P. ἐκνενευρισμένος. *Weak*: Ar. and P. μᾰλᾰκός.

Inverted, adj. *Bottom upwards*: P. and V. ὕπτιος.

Invest, v. trans. Ar. and P. περῐτῐθέναι (τί τινι), περιάπτειν (τί τινι), P. and V. προστῐθέναι (τί τινι), προσάπτειν (τί τινι). *Clothe*: P. and V. ἐνδῡ́ειν, περῐβάλλειν, στέλλειν (rare P.), Ar. and P. ἀμφιεννῦναι, V. ἀμφῐβάλλειν, Ar. and V. ἀμφῐτῐθέναι, ἀμπίσχειν; see *clothe*. *Intrust*: see *intrust*. *Adorn*: P. and V. κοσμεῖν; see *adorn*. *Blockade*: by land, Ar. and P. ἀποτειχίζειν, P. περιτειχίζειν, τειχήρη ποιεῖν; by sea, P. περιορμεῖν, ἐφορμεῖν (dat.); see *besiege*. *Dispose of*: P. διατίθεσθαι, P. and V. χρῆσθαι (dat.). *Invest (money)*: P. ἔνεργον ποιεῖν (acc.). *Invest in*: see *buy*. *Invested, out at interest*: P. ἔνεργος.

Investigate, v. trans. P. and V. σκοπεῖν, διασκοπεῖν, ἐξετάζειν, ζητεῖν, ἐρευνᾶν, περισκοπεῖν, V. ἐξερευνᾶν, Ar. and P. ἀναζητεῖν; see *examine*. *Speculate on*: P. θεωρεῖν (acc.). *Track out*: P. and V. ἰχνεύειν (Plat.), V. ἐξιχνεύειν; see *track*. *Investigate judicially*: P. and V. ἐξετάζειν, ζητεῖν, Ar. and P. ἀναζητεῖν.

Investigation, subs. P. and V. σκέψῐς, ἡ, P. ζήτησις, ἡ, ἐπίσκεψις, ἡ, ἐξέτασις, ἡ, V. ἔρευνα, ἡ. *Judicial investigation*: P. γνῶσις, ἡ. *Preliminary investigation (before trial)*: P. ἀνάκρισις, ἡ, V. ἄγκρισις, ἡ.

Investigator, subs. P. ζητητής, ὁ.

Investment, subs. P. διάθεσις, ἡ. *Blockade*: by land, P. περιτείχισις, ἡ, ἀποτείχισις, ἡ; by sea, P. ἐφόρμησις, ἡ, ἔφορμος, ὁ. *Siege*: P. πολιορκία, ἡ.

Inveterate, adj. *Lasting*: P. and V. χρόνιος. *Strong, fierce*: P. ἰσχυρός. *Hard to resist*: P. and V. δύσμᾰχος, V. δυσπᾰ́λαιστος.

Inveterately, adv. *Strongly*: P. ἰσχυρῶς.

Invidious, adj. P. and V. ἐπίφθονος, ἐπαχθής.

Invidiously, adv. P. ἐπιφθόνως.

Invidiousness, subs. P. τὸ ἐπίφθονον.

Invigorate, v. trans. *Refresh*: P. and V. ἀναψῡ́χειν, V. κᾰταψῡ́χειν. *Encourage*: P. ἐπιρρωννύναι; see *encourage*.

Invigorating, adj. P. ἄκοπος (Plat.).

Invincible, adj. P. and V. δύσμᾰχος, ἀνίκητος (Plat.), Ar. and P. ἄμαχος (Plat.), P. δυσπολέμητος, V. δυσπᾰ́λαιστος, ἀπρόσμᾰχος, ἀδήρῐτος. *Impossible to deal with*: P. and V. ἄπορος, ἀμήχᾰνος (rare P.). *Obstinate*: see *obstinate*.

Inviolability, subs. V. ἀσῡλία, ἡ, P. and V. ἄδεια, ἡ. *Sanctity*: Ar. and V. σέβᾰς, τό.

Inviolable, adj. P. and V. ἄσῡλος (Plat.), ἀκίνητος (Plat.), P. ἄψαυστος (Thuc. 4, 97), V. ἀσύλητος, ἄθικτος. *Holy*: P. and V. ἱερός, V. ἱρός; see *holy*. *Not to be trodden*: V. ἄβἄτος. *Firm, not to be shaken*: P. and V. βέβαιος, V. ἔμπεδος.

Inviolably, adv. *Securely*: P. and V. βεβαίως, V. ἐμπέδως.

Inviolate, adj. See *inviolable*. *Uninjured*: P. and V. ἀθῷος, ἀκέραιος, ἀκήρᾰτος (rare P.), ἀκραιφνής; see *inviolable*.

Invisible, adj. P. and V. ἀφᾰνής, ἄδηλος, V. ἄφαντος.

Invisibly, adv. *Secretly*: P. and V. λάθρᾳ, P. ἀφανῶς, ἀδήλως.

Invitation, subs. P. κλῆσις, ἡ. *Calling in*: P. παράκλησις, ἡ. *Our invitation to you to remain inactive you did not accept*: P. πρόκλησιν εἰς ἡσυχίαν ἡμῶν . . . οὐκ ἐδέχεσθε (Thuc. 3, 64).

Invite, v. trans. P. and V. κᾰλεῖν, πᾰρᾰκᾰλεῖν. *Call in*: P. ἐπικαλεῖσθαι, παρακαλεῖν. *Call in (as allies)*: P. ἐπικαλεῖσθαι, προσπαρακαλεῖν, ἐπάγεσθαι, Ar. and P. πᾰρᾰκᾰλεῖν. *Invite in return*: P. ἀντιπαρακαλεῖν. *Join in inviting*: P. συνεπάγειν (absol.). *Invite (to do a thing)*: P. προκαλεῖσθαι (infin.). *The Lacedaemonians invite you to make a truce and end the war*: P. Λακεδαιμόνιοι ὑμᾶς προκαλοῦνται εἰς σπονδὰς καὶ διάλυσιν πολέμου (Thuc. 4, 19).

Inviting, adj. *Attractive*: P. ἐπαγωγός, προσαγωγός, ἐφολκός; see *attractive*.

Invocation, subs. P. ἀνάκλησις, ἡ, V. κληδών, ἡ. *Prayer*: P. and V. εὐχή, ἡ. *Invocation to the gods*: P. ἐπιθειασμός, ὁ.

Invoice, subs. P. ἀπογραφή, ἡ.

Invoke, v. trans. P. and V. ἀνᾰκᾰλεῖν (or mid.) (V. also ἀγκᾰλεῖν), μαρτῠρεσθαι, Ar. and P. ἐπῐμαρτῠρεσθαι, πᾰρᾰκᾰλεῖν, P. ἐπιβοᾶσθαι, ἐπικαλεῖν, Ar. and V. κᾰλεῖν (or mid.), κικλήσκειν. *Pray to*: P. and V. εὔχεσθαι (dat., or πρός, acc.), ἐπεύχεσθαι (dat.), προσεύχεσθαι (dat., or V., acc.); see *pray*. *Invoke the gods*: P. ἐπιθειάζειν (absol.), V. θεοκλῠτεῖν (absol.). *Invoke a curse on*: P. and V. ἐπᾰρᾶσθαι (dat.), ἀρὰς ἀρᾶσθαι (dat.), V. κᾰκὰς πράξεις ἐφυμνεῖν (dat.); see *curse*. *Invoking utter destruction on yourself, family, and house*: P. ἐξώλειαν αὑτῷ καὶ γένει καὶ οἰκίᾳ τῇ σῇ ἐπαρώμενος (Antipho 130; cf. Lys. 121). *Invoking many blessings on your head and mine*: V. σοὶ πολλὰ κἀμοὶ κέδν' ἀρώμενοι τυχεῖν (Eur., *Or*. 1138). *Invoked by prayer*: use adj., P. and V. εὐκταῖος (Plat. also Ar.).

Involuntarily, adv. P. and V. ἀκουσίως, or use P. and V. ἄκων or οὐχ ἑκών, agreeing with subject; e.g., *do a thing involuntarily*: P. and V. ἄκων ποιεῖν τι.

Involuntary, adj P. ἀκούσιος, P. and V. οὐχ ἑκούσιος, V. ἄκων.

Involve, v. trans. *Envelop*: P. and V. περῐβάλλειν. *Implicate*: P. συγκαταπιμπλάναι; see *implicate*. *Involve in ruin*: P. συμφορᾷ περιβάλλειν. *Persuasive enough to involve them even yet in some mischief*: V. πιθανὸς ἔτ' αὐτοὺς περιβαλεῖν κακῷ τινί (Eur., *Or*. 906). *Wherefore he involved all in one ruin*: V. τοιγὰρ συνῆψε πάντας ἐς μιὰν βλάβην (Eur., *Bacch*. 1304). *You, unhappy city, are involved in their ruin*: V. σύ τ' ὦ τάλαινα συγκατασκάπτει πόλις (Eur., *Phoen*. 884). *Involve the city in disgrace*: P. αἰσχύνην τῇ πόλει περιάπτειν (Plat., *Apol*. 35A). *Entangle*: P. and V. ἐμπλέκειν. *Complicate*: P. and V. ποικίλλειν. *Comprise*: P. and V. ἔχειν. *Involve disgrace*: P. and V. αἰσχύνην φέρειν. *Mentioning all the advantages that are involved in the repulse of an enemy*: P. λέγων ὅσα ἐν τῷ τοὺς πολεμίους ἀμύνεσθαι ἀγαθὰ ἔνεστι (Thuc. 2, 43). *Involved in, implicated in (guilt, etc.)*: P. and V. μεταίτιος (Plat.) (gen.), σῠναίτιος (gen.), κοινωνός (gen.), μέτοχος (gen.). *Be involved in, have happen to one*: P. and V. σῦνεῖναι (dat.), σῦνέχεσθαι (dat.), ἐμπλέκεσθαι (ἐν, dat.), P. συνίστασθαι (dat.), προσέχεσθαι (dat.), V. προσζεύγνυσθαι (dat.), συζεύγνυσθαι (dat.), ἐνζεύγνυσθαι (dat.), ἐγκεῖσθαι (dat.).

Involved, adj. *Complicated*: P. and V. ποικῖλος, πολύπλοκος. *Saddled with debt*: Ar. and P. ὑπόχρεως.

Invulnerable, adj. P. and V. ἄτρωτος. *Has he a body so invulnerable to the sword?* V. οὕτω σιδήρῳ τρωτὸν οὐκ ἔχει δέμας; (Eur., *Hel.* 810).

Inward, adv. P. and V. εἴσω, ἔσω.

Inwardly, adv. *At heart*: V. ἔνδον, ἔνδοθεν. *Secretly*: P. and V. λάθρᾳ. *Really*: P. and V. ἔργῳ.

Inwrought, adj. Use P. and V. ποικῖλος.

Irascibility, subs. V. ὀξῦθῡμία, ἡ. *Vehemence*: P. σφοδρότης, ἡ. *Ill-temper*: Ar. and P. δυσκολία, ἡ, P. and V. πικρότης, ἡ.

Irascible, adj. P. and V. ὀξύς, πικρός, Ar. and P. ἀκρᾱ́χολος, Ar. and V. ὀξύθῡμος, V. δύσοργος; see *angry*. *Ill-tempered*: P. and V. δύσκολος, δῠσάρεστος.

Irascibly, adv. P. and V. δι' ὀργῆς, πικρῶς, V. ὑπερθύμως; see *angrily*. *Ill-temperedly*: P. δυσκόλως.

Ire, subs. P. and V. ὀργή, ἡ, θῡμός, ὁ, V. χόλος, ὁ, μῆνις, ἡ, Ar. and V. μένος, τό, χολή, ἡ, κότος, ὁ.

Irk, v. trans. P. and V. λῡπεῖν, ἀνῑᾶν, δάκνειν, Ar. and V. κνίζειν, τείρειν, V. ὀχλεῖν; see *distress*.

Irksome, adj. P. and V. λῡπηρός, ἀνῑᾱρός, βᾰρύς, ὀχληρός, ἐπαχθής, προσάντης (Plat.), P. πραγματώδης, V. πολύπονος, δυσπόνητος, λυπρός; see *troublesome*.

Irksomely, adv. P. and V. λῡπηρῶς, ἀλγεινῶς, ἀνῑᾱρῶς (Xen.), κάκῶς.

Irksomeness, subs. P. βαρύτης, ἡ, P. and V. δυσχέρεια, ἡ.

Iron, subs. P. and V. σίδηρος, ὁ. *Red hot iron*: V. μύδρος, ὁ. *Forge iron*, v.: V. μυδροκτῠπεῖν (absol.) *Bar of iron*, subs.: P. σιδήριον, τό. *Be covered with iron*, v.: P. σιδηροῦσθαι. *Heavy with iron*, adj.: V. σῐδηροβρῑθής (Eur., *Frag.*). *Land producing iron*,: V. σῐδηρομήτωρ αἶα ἡ.

Iron, adj. P. and V. σῐδηροῦς (Eur., *Bacch.* 231).

Iron-backed, adj. V. σῐδηρόνωτος.

Iron-hearted, adj. Ar. and P. σῐδηροῦς, V. σῐδηρόφρων.

Ironical, adj. P. εἰρωνικός.

Ironically, adv. Ar. and P. εἰρωνῐκῶς.

Iron-worker, subs. V. σῐδηροτέκτων, ὁ.

Irony, subs. P. εἰρωνεία, ἡ.

Irradiate, v. trans. See *illuminate*.

Irrational, adj. P. ἄλογος, ἀλόγιστος,

Irrationality, subs. P. ἀλογία, ἡ.

Irrationally, adv. P. ἀλόγως.

Irreclaimable, adj. See *incurable, wild*.

Irreconcilable, adj. P. ἀδιάλλακτος. *Contrary*: P. and V. ἐναντίος. *Truceless*: P. and V. ἄσπονδος; see also *implacable*. *Irreconcilable with*: use P. and V. ἐναντίος (dat.).

Irrefragable, adj. P. ἀνέλεγκτος, ἀνεξέλεγκτος, ἀναμφισβήτητος.

Irrefragably, adv. P. ἀναμφισβητήτως.

Irrefutable, adj. P. ἀνέλεγκτος, ἀνεξέλεγκτος, ἀναμφισβήτητος.

Irrefutably, adv. P. ἀναμφισβητήτως, V. οὐ δῐχορρόπως, οὐκ ἀμφῐλέκτως.

Irregular, adj. P. ἄτακτος. *Lawless*: P. and V. πᾰρᾰ́νομος. *Not correct*: P. and V. οὐκ ὀρθός. *Faulty*: P. and V. πλημμελής. *Uneven* (of ground): P. ἀνώμαλος. *Irregular troops*: P. and V. πελτασταί, οἱ (Eur., *Rhes.*), γυμνῆτες, οἱ (Xen.), ψῑλοί, οἱ.

Irregularity, subs. P. ἀταξία, ἡ. *Fault, flaw*: P. πλημμέλεια, ἡ. *Unevenness*: P. ἀνωμαλία, ἡ. *Irregularities, lawless conduct*: P. παρανομία, ἡ.

Irrelevant, adj. P. and V. οὐ προσήκων. *Be irrelevant to*: P. and V. ἔξω εἶναι (gen.).

Irreligion, subs. P. and V. ἀσέβεια, ἡ, P. ἀνοσιότης, ἡ, V. δυσσέβεια, ἡ.

Irreligious, adj. P. and V. ἄθεος, ἀνόσιος, ἀσεβής, δυσσεβής (Dem. 332 but rare P.), V. δύσθεος, ἄσεπτος.

Irreligiously, adv. P. and V. ἀθέως, V. ἀνοσίως.

Irremediable, adj. P. and V. ἀνήκεστος; see *incurable*.

Irremediably, adv. P. ἀνηκέστως.

Irreparable, adj. P. and V. ἀνήκεστος.

Irreparably, adv. P. ἀνηκέστως.

Irrepressible, adj. *Importunate*: P. and V. λῐπᾰρής (Plat.), Ar. γλισχρός.

Irrepressibly, adv. P. λιπαρῶς (Plat.).

Irreproachable, adj. P. and V. ἄμεμπτος, ἀνεπίληπτος, V. ἄμομφος, ἄμωμος, ἀμεμφής.

Irreproachably, adv. P. and V. ἀμέμπτως (Xen.).

Irresistible, adj. Ar. and P. ἄμᾰχος (Plat.), P. δυσπολέμητος, ἀνυπόστατος, P. and V. δύσμᾰχος, V. ἀδήρῖτος, ἀπρόσμᾰχος, δυσπᾰλαιστος. *Not to be avoided*: P. and V. ἄφυκτος. *Impossible to deal with*: P. and V. ἄπορος, ἀμήχᾰνος (rare P.).

Irresolute, adj. P. ὀκνηρός, V. ἀμφίβουλος, δίφροντις, P. and V. ἄπορος. *Be irresolute*, v.: P. and V. ὀκνεῖν, κᾰτοκνεῖν, ἀπορεῖν, ἀμηχᾰνεῖν (rare P.).

Irresolutely, adv. P. ὀκνηρῶς (Xen.).

Irresolution, subs. P. and V. ὄκνος, ὁ, ἄπορία, ἡ.

Irresponsible, adj. P. ἀνεύθυνος, Ar. and P. ἀνῠπεύθῡνος.

Irretrievable, adj. P. and V. ἀνήκεστος.

Irretrievably, adv. P. ἀνηκέστως.

Irreverence, subs. *Impiety*: P. and V. ἀσέβεια, ἡ, V. δυσσέβεια, ἡ. *Shamelessness*: P. and V. ἀναίδεια, ἡ, ὕβρῐς, ἡ.

Irreverent, adj. *Impious*: P. and V. ἄθεος, ἀσεβής, δυσσεβής (rare P.), V. δύσθεος. *Shameless*: P. and V. ἀναιδής, P. ὑβριστικός.

Irreverently, adv. *Impiously*: P. and V. ἀθέως. *Shamelessly*: P. and V. ἀναιδῶς, P. ὑβριστικῶς. *Act irreverently (impiously)*, v.: P. and V. ἀσεβεῖν, V. δυσσεβεῖν.

Irrevocable, adj. P. and V. ἀκίνητος. *Fixed*: P. and V. βέβαιος, ἀσφᾰλής, V. ἔμπεδος.

Irrevocably, adv. P. and V. βεβαίως, ἀσφᾰλῶς, V. ἀρᾱρότως (also Plat. but rare P.), ἐμπέδως.

Irrigate, v. trans. P. and V. ἄρδειν (Plat.), V. ἀρδεύειν, ὑγραίνειν. *Irrigated*: use adj., V. κᾰτάρρῡτος. *Irrigated by streams*: V. ὕδασι διάβροχος (Eur., *Bacch.* 1051).

Irrigation, subs. P. ὑδρεία, ἡ.

Irritability, subs. Ar. and P. δυσκολία, ἡ, V. ὀξῠθῡμία, ἡ, P. and V. πικρότης, ἡ.

Irritable, adj. P. and V. δύσκολος, δῠσάρεστος, ὀξύς, πικρός, Ar. and V. ὀξύθῡμος, V. δύσοργος.

Irritably, adv. P. δυσκόλως, P. and V. πικρῶς.

Irritate, v. trans. *Sting, prick*: P. and V. δάκνειν. *Anger*: P. and V. πᾰροξῡ́νειν, V. ὀργαίνειν, ὀξῡ́νειν; see *anger*.

Irritation, subs. *Tickling*: P. ψώρα, ἡ (Plat.), γαργαλισμός, ὁ (Plat.), V. ἀδαγμός, ὁ. *Inflammation*: P. φλόγωσις, ἡ. *Annoyance*: P. παροξυσμός, ὁ, P. and V. δυσχέρεια, ἡ; see *annoyance*, *anger*.

Irruption, subs. P. and V. εἰσβολή, ἡ, P. καταδρομή, ἡ. *Influx*: P. and V. ἐπιρροή, ἡ (Plat.). *Inundation*: P. κατακλυσμός, ὁ.

Island, subs. P. and V. νῆσος, ἡ, V. χθὼν περίρρῠτος ἡ. *Of an island*, adj.: P. and V. νησιωτῐκός, V. νησιώτης (with masc. subs.), νησιῶτις (with fem. subs.), νησαῖος. *Fellow inhabitants of one island home*: P. σύνοικοι μιᾶς χώρας καὶ περιρρύτου (Thuc. 4, 64).

Islander, subs. Ar. and P. νησιώτης, ὁ.

Isle, subs. See *island*.

Islet, subs. P. νησίδιον, τό, νησίς, ἡ.

Isosceles, adj. P. ἰσοσκελής (Plat.).

Isolate, v. trans. P. ψιλοῦν, P. and V. ἐρημοῦν. *Cut off*: P. ἀπολαμβάνειν. *Be isolated*: P. and V. μονοῦσθαι.

Isolated, adj. P. and V. ἐρῆμος. *Alone*: P. and V. μόνος. *Single, one*: P. and V. εἷς. *Others perished in different parts of the city in isolated parties*: P. ἄλλοι δε ἄλλῃ τῆς πόλεως σποράδην ἀπώλλυντο (Thuc. 2, 4).

Isolation, subs. P. and V. ἐρημία, ἡ.

Issue, subs. P. and V. συμφορά, ἡ, τέλος, τό, τελευτή, ἡ, ἔργον, τό. *Result*: P. τὸ ἀποβαῖνον. *Issues, risks*: P. and V. ἀγών, ὁ. *Herein lies a great issue*: V. κἀν τῷδ' ἀγὼν μέγιστος (Eur., *Med.* 235). *Grave is the crisis and I see two issues*: V. μεγὰς γὰρ ἀγὼν καὶ βλέπω δύο ῥοπάς (Eur., *Hel.* 1090). *Side issue*: P. and V. πάρεργον, τό. *Point at issue, subject in dispute*: P. and V. ἀγών, ὁ. *Come to an issue*: P. and V. ἀγωνίζεσθαι (pass.), P. κρίσιν ἔχειν. *Shrewd in wishing to join issue with the arguments*: V. συνετὸς δὲ χωρεῖν ὁμόσε τοῖς λόγοις θέλων (Eur., *Or.* 921). *If any one dares to join issue with the argument*: P. ἐὰν δέ γε τις . . . ὁμόσε τῷ λόγῳ τολμᾷ ἰέναι (Plat., *Rep.* 610c). *Giving out*: use P. παράδοσις, ἡ. *Flowing out*: P. and V. ἀπορροή, ἡ, P. ἐκροή, ἡ (Plat.). *Offspring*: subs.: P. and V. ἔκγονος, ὁ, or ἡ; see *offspring*. *Die without male issue*: P. ἄπαις τελευτᾶν ἀρσένων παίδων (Andoc. 15).

Issue, v. trans. *Give out*: P. and V. ἐκφέρειν. *Issue orders*: P. and V. πᾰραγγέλλειν; see *order*, v.
V. intrans. *Happen*: P. and V. V. συμβαίνειν, γίγνεσθαι, συμπίπτειν, πᾰρᾰπίπτειν, τυγχάνειν, V. κῠρεῖν, ἐκπίπτειν, Ar. and P. συμφέρεσθαι. *Result*: P. and V. ἐκβαίνειν, τελευτᾶν, P. ἀποβαίνειν, V. τελεῖν. *Turn out*: P. and V. ἐξέρχεσθαι, V. ἐξήκειν. *Break out*: V. ἐρρωγέναι (2nd perf. of ῥηγνύναι); see *break out*. *Start from*: P. and V. ὁρμᾶσθαι (ἀπό, gen. or ἐκ gen.). *Flow out*: P. and V. ἀπορρεῖν.

Isthmus, subs. P. and V. ἰσθμός, ὁ. *Shaped like an isthmus*, adj.: P. ἰσθμώδης.

Itch, subs. P. κνῆσις, ἡ, V. ἄδαγμός, ὁ. *Mange*: P. ψώρα, ἡ (Plat.). Met., *desire*: P. and V. ὁρμή, ἡ, ἐπῐθῡμία, ἡ; see *desire*.

Itch, v. intrans. Ar. and P. κνησιᾶν. *Cause an itching*: P. γαργαλίζεσθαι (Plat.). *Desire*: P. and V. ἐπῐθῡμεῖν; see *desire*.

Itinerant, adj. P. πλανητός; see *wandering*.

Ivory, subs. P. ἐλέφας, ὁ. *Of ivory*, adj.: Ar. and P. ἐλεφάντῐνος. *Inlaid with ivory*, adj.: Ar. ἐλεφαντόδετος.

Ivy, subs. P. and V. κισσός, ὁ (Plat., *Sym.* 212E). *Of ivy*, adj.: V. κίσσῐνος. *Wreathing my head with ivy*: V. κρᾶτα κισσώσας ἐμόν (Eur., *Bacch.* 205).

J

Jack-daw, subs. Ar. κολοιός, ὁ.

Jaded, adj. P. and V. τᾰλαίπωρος. *Be jaded*, v.: P. and V. κάμνειν (rare P.), ἀπειπεῖν, τᾰλαιπωρεῖν, P. ἀποκάμνειν, Ar. and V. τείρεσθαι; see *weary*.

Jagged, adj. P. and V. τρᾱχύς, V. κᾰταρρώξ.

Jail, subs. P. δεσμωτήριον, τό, εἱργμός, ὁ (Plat.), P. and V. εἱρκτή, ἡ, or pl. *Public jail*: P. τὸ δημόσιον, V. πάνδημος στέγη, ἡ; see *prison*.

Jailor, subs. P. and V. φύλαξ, ὁ or ἡ, P. ὁ τοῦ δεσμωτηρίου φύλαξ.

Jamb, subs. Ar. and V. σταθμός, ὁ.

Jangle, subs. and v. intrans. See *rattle*.

Janitor, subs. P. and V. θῠρωρός, ὁ, or ἡ (Plat.), φύλαξ, ὁ, or ἡ, V. πῠλωρός, ὁ, or ἡ.

January, subs. P. Γαμηλιών, ὁ.

Jar, subs. P. and V. ἀμφορεύς, ὁ (Eur., *Cycl.*), Ar. and P. ὑδρία, ἡ, κᾶδος, ὁ, ἀγγεῖον, τό, Ar. and V. πρόχους, ἡ, ἄγγος, τό, V. κύτος, τό, τεῦχος, τό (also Xen. but rare P.), κρωσσοί, οἱ; see *pitcher*. *Large jar*: P. and V. πίθος, ὁ (Eur., *Cycl.*). *Jar for wine*: Ar. and P. στάμνος, ὁ, Ar. σταμνίον, τό. *Jar for oil or wine*: P. κεράμιον, τό. *Quarrel*: P. and V. δἴαφορά, ἡ, *Surprise*: P. παράλογος ὁ. *Noise*: P. and V. ψόφος, ὁ, κτύπος, ὁ (rare P.), Ar. and V. πάτἄγος, ὁ, V. ἀραγμός, ὁ, ἀράγμἄτα, τά, βρόμος, ὁ.

Jar, v. intrans. *Clash, be at variance*: P. διαφωνεῖν (Plat.), V. δἴχοστἄτεῖν. *Make loud noise*: P. and V. ψοφεῖν, Ar. and V. κτὔπεῖν (also Plat. but rare P.), βρέμειν (Ar. in mid.). *Cause offence*: P. and V. πλημμελεῖν.

Jargon, subs. Use P. and V. γλῶσσα βάρβἄρος ἡ.

Jarring, adj. *Discordant*: P. ἀνάρμοστος, ἀσύμφωνος. Met., P. and V. πλημμελής. *Opposed, contrary*: P. and V. ἐναντίος.

Jasper, subs. P ἴασπις, ἡ

Jaundice, subs. P. ἴκτερος, ὁ.

Jaundiced, adj. Use diseased.

Jaunty, adj. See *gay*.

Javelin, subs. P. and V. βέλος, τό (rare P.), παλτόν, τό (Xen. and Æsch., *Frag.*), Ar. and P. ἀκόντιον, το, V. ἄκων, ὁ. *Spear*: P. and V. δόρυ, τό, Ar. and V. λόγχη, ἡ, (Ar.), V. αἰχμή, ἡ, μεσάγκὔλον, τό, βέλεμνον, τό. *Throw the javelin*, v.: P. and V. ἀκόντιζειν, P. εἰσακοντίζειν.

Javelin-man, subs. P. ἀκοντιστής, ὁ, V. ἀκοντιστήρ, ὁ.

Jaw, subs. P. and V. γνάθος, ἡ, V. γναθμός, ὁ, Ar. and V. γένὔς, ἡ, γαμφηλαί, αἱ.

Jaw-bone, subs. P. σιαγών, ἡ (Plat.).

Jealous, adj. P. and V. ἐπίφθονος, φθονερός, Ar. ζηλότὔπος. *Suspicious*: P. and V. ὕποπτος. *Be jealous of*, v.: see *envy*.

Jealously, adv. P. ἐπιφθόνως, φθονερῶς. *Suspiciously*: P. ὑπόπτως.

Jealousy, subs. P. and V. φθόνος, ὁ, P. ζηλοτυπία, ἡ, φιλονεικία, ἡ. *Suspicion*: P. and V. ὑποψία, ἡ. *Looked on with jealousy*, adj.: P. and V. ἐπίφθονος.

Jeer, subs. P. χλευασία, ἡ, χλευασμός, ὁ, Ar. and P. σκῶμμα, τό, V. κερτόμησις, ἡ; see *mockery*.

Jeer, v. intrans. P. and V. σκώπτειν (Eur., *Cycl.* 675), Ar. and P. χλευάζειν, ἐπισκώπτειν. *Jeer at*: Ar. and P. σκώπτειν (acc.), τωθάζειν (acc.), χλευάζειν (acc.), ἐπισκώπτειν (acc.), V. κερτομεῖν (acc.), Ar. ἐγχάσκειν (dat.).

Jejune, adj. *Meagre*: P. and V. λεπτός. *Small, little*: P. and V. μικρός, σμικρός, ὀλίγος, βρἄχύς. *Barren, fruitless*: P. ἄκαρπος.

Jeopardise, v. trans *Risk, hazard*: Ar. and P. πἄρἄβάλλεσθαι, V. πἄραρρίπτειν, προβάλλειν, προτείνειν; see *risk*. *Endanger*: P. εἰς κίνδυνον καθιστάναι, Ar. and P. κινδῡνεύνειν (dat., or περί, gen.), V. κινδύνῳ βάλλειν. *Be jeopardised*: P. κινδυνεύεσθαι (pass.).

Jeopardy, subs. P. and V. κίνδῡνος, ὁ; see *danger*. *Be in jeopardy*, v.: Ar. and P. κινδῡνεύειν, V. ἐν ῥοπῇ κεῖσθαι, ἐπῐκινδύνως ἔχειν (Eur., *Frag.*).

Jerk, v. trans. *Pull*: P. and V. ἕλκειν. *Shake*: P. and V. σείειν. *Tighten*: P. and V. τείνειν, ἐντείνειν. *Jerk off* (of a horse throwing a rider): P. and V. ἀνἄχαιτίζειν.

Jerkin, subs. P. and V. χῐτών, ὁ; see *tunic*.

Jest, subs. Ar. and P. σκῶμμα, τό. *Amusement*: P. and V. παιδιά, ἡ. *Laughter*: P. and V. γέλως, ὁ. *Speak in jest*: P. and V. παιζων εἰπεῖν.

Jest, v. intrans. P. and V. σκώπτειν (Eur., *Cycl.* 675), Ar. and P. ἐπισκώπτειν, χἄριεντίζεσθαι, P. προσπαίζειν. *Sport*: P. and V. παίζειν.

Jester, subs. P. and V. γελωτοποιός, ὁ.

Jestingly, adv. Use P. μετὰ παιδιᾶς.

Jet, subs. *Stream*: P. and V. ῥοή, ἡ, ῥεῦμα, τό, V. χεῦμα, τό, ἐπιρροή, ἡ; see *flow*.

Jet-black, adj. Use *black*.

Jetsam, subs. Use V. ἐκβολή, ἡ.

Jetty, subs. P. χηλή, ἡ, χῶμα, τό.

Jewel, subs. Ar. and P. λίθος, ὁ, or ἡ, P. λιθίδιον, τό; see Plat., *Phaedo* 110D and E for reference to jewels. Met., *precious possession*: P. and V. κτῆμα. *Ornament, glory*: P. and V. **σχῆμα, τὸ**, V. **πρόσχημα**, τό, ἄγαλμα, τό. *Darling*: V. φῶς, τό, φάος, τό.

Jewel, v. trans. P. and V. ποικίλλειν; see *adorn*.

Jewelled, adj. P. and V. ποικίλος, V. δαίδἄλος.

Jib, v. intrans. *Be restive*: P. and V. σκιρτᾶν (Plat.).

Jibe, subs. See *gibe*.

Jingle, subs. P. and V. κρότος, ὁ; see *rattle*.

Jingle, v. intrans. V. κλάζειν; see *rattle*.

Job, subs. P. and V. ἔργον, τό, πρᾶγμα, τό, P. ἐργασία, ἡ, πραγματεία, ἡ. *Put up job*: P. παρασκευή, ἡ.

Jobbery, subs. See *intrigue*.

Jocose, adj. Ar. and P. φῐλοπαίσμων.

Jocosely, adv. P. μετὰ παιδιᾶς.

Jocular, adj. Ar. and P. φῐλοπαίσμων.

Jocularity, subs. P. and V. παιδιά, ἡ. *Laughter*: P. and V. γέλως, ὁ. *Jest*: Ar. and P. σκῶμμα, τό.

Jocund, adj. *Making happy*: V. εὔφρων, P. and V. ἡδύς. *Pleasant*: P. and V. ἡδύς, τερπνός. *Bright, smiling*: P. and V. φαιδρός, V. λαμπρός, φαιδρωπός, εὐπρόσωπος (also Xen.).

Jog, v. trans. *Shake*: P. and V. σείειν. *Jog (the memory)*: use P. and V. πᾰρᾰκᾰλεῖν, ἐγείρειν. *Jog along*, v. intrans.: Ar. and P. βᾰδίζειν.

Join, v. trans. *Unite*: P. and V. σῠνάπτειν, σῠναρμόζειν, συνδεῖν, V. σῠναρτᾶν. *In marriage*: P. and V. συζευγνύναι (Xen.), V. ζευγνύναι; see *marry*. *Hold together*: P. and V. σῠνέχειν. *Join battle (with)*: P. and V. εἰς χεῖρας ἔρχεσθαι (dat.), συμβάλλειν (dat.), V. μάχην συμβάλλειν (dat.), μάχην σῠνάπτειν (dat.), εἰς ἄγῶνα συμπίπτειν (dat.), Ar. and V. σῠνίστασθαι (dat.); see *engage*. *Join issue with*: see under *issue*. *Associate oneself with*: P. and V. προστίθεσθαι (dat.). *Join as ally*: P. προσχωρεῖν (dat.), ὅπλα θέσθαι μετά (gen.); see *side with*. *Meet*: P. and V. σῠναντᾶν (dat.) (Xen. also Ar.); see *meet*. *Of detachments joining a main body*: P. συμμιγνύναι (dat.), συμμίσγειν (dat.), προσμιγνύναι (dat.). *From Leucas Cnemus and his ships from that quarter, which were to have joined these, only reached Cyllene after the battle at Stratus*: P. ἀπὸ Λευκάδος Κνῆμος καὶ αἱ ἐκεῖθεν νῆες, ἃς ἔδει ταύταις συμμῖξαι, ἀφικνοῦνται μετὰ τὴν ἐν Στράτῳ μάχην εἰς τὴν Κυλλήνην (Thuc. 2, 84). V. intrans. *Come together*: P. and V. σῠνέρχεσθαι. *Join in, take part in*: P. and V. μετᾰλαμβᾰνειν (gen.), μετέχειν (gen.), κοινωνεῖν (gen.); see *share*. *Join in doing a thing*: in compounds use P. and V. συν. *Join in saving*: P. and V. συσσῴζειν. *It is mine to join not in hating but in loving*: V. οὔτοι συνέχθειν ἀλλὰ συμφιλεῖν ἔφυν (Soph., *Ant.* 523). *It is mine to join in wise measures, not insane*: V. συσσωφρονεῖν γὰρ οὐχὶ συννοσεῖν ἔφυν (Eur., *I. A.* 407). *Join with, ally oneself with*: Ar. and P. σῠνίστασθαι μετᾰ (gen.); see *side with*.

Joiner, subs. P. and V. τέκτων, ὁ.

Joinery, subs. P. ἡ τεκτονική, V. ξῠλουργία, ἡ.

Joint, adj. P. and V. κοινός, V. ξῡνός, κοινωνός (Eur., *I. T.* 1173).

Joint, subs. *Joint of the limbs*: P. and V. ἄρθρον, τό (Plat.). *Place where things join*: P. and V. συμβολή, ἡ, V. ἁρμός, ὁ. *Put out of joint*, v.

trans. : Ar. ἐκκοκκίζειν. *Out of joint*, adj. : use P. διεστραμμένος; Met., use *diseased*.

Jointly, adv. P. and V. κοινῇ, εἰς κοινόν, V. κοινῶς, εἰς τὸ κοινόν (Eur., *Tro.* 696), ξῡνῇ. *Alike, at the same time* : P. and V. ἅμα, ὁμοῦ.

Joke, subs. Ar. and P. σκῶμμα, τό, γέλοιον, τό. *Laughter* : P. and V. γέλως, ὁ. *Sport* : P. and V. παιδιά, ἡ. *Speak in joke* : P. and V. παίζων εἰπεῖν.

Joke, v. intrans. P. and V. σκώπτειν (Eur., *Cycl.* 675), Ar. and P. ἐπισκώπτειν, χᾰριεντίζεσθαι, P. προσπαίζειν. *Sport* : P. and V. παίζειν.

Joker, subs. P. and V. γελωτοποιός, ὁ.

Joking, adj. *Sportive* : Ar. and P. φῐλοπαίσμων.

Jokingly, adv. Use P. μετὰ παιδιᾶς

Jollity, subs. *Revelry* : P. and V. κῶμος, ὁ. *Joy* : P. and V. χᾰρά, ἡ, ἡδονή, ἡ, τέρψῐς, ἡ; see *joy*. *Cheerfulness* : P. and V. εὐθῡμία, ἡ (Xen.). *Good cheer* : Ar. and P. εὐωχία, ἡ, P. εὐπάθεια, ἡ. *Laughter* : P. and V. γέλως, ὁ.

Jolly, adj. *Cheerful* : P. εὔθυμος, Ar. and P. ἱλᾰρός (Xen.). *Making cheerful*, v. : V. εὔφρων. *High-spirited, gay* : Ar. and P. νεᾱνῐκός. *Delighted, pleased* : P. and V. περῐχᾰρής (Plat.).

Jolt, v. trans. *Shake* : P. and V. σείειν.

Jostle, v. trans. Ar. ὠστίζεσθαι (dat.), P. and V. ὠθεῖν, ἐλαύνειν, V. βίᾳ ὠθεῖν, πρὸς βίαν ἐλαύνειν, P. περιωθεῖν.

Jostling, subs. P. ὠθισμός, ὁ.

Jot, subs. Use P. στιγμή, ἡ, σκιά, ἡ. *Not a jot* : Ar. and P. οὐδ' ὁτιοῦν.

Journey, subs. P. and V. ὁδός, ἡ, πορεία, ἡ, V. πόρος, ὁ (rare P.), Ar. and V. στόλος, ὁ (rare P.), κέλευθος, ἡ. *Journey up country* : P. ἄνοδος, ἡ (Xen.), ἀνάβασις, ἡ (Xen.). *Absence on a journey* : P. and V. ἐκδημία, ἡ, P. ἀποδημία, ἡ. *Complete one's journey*, v. : P. and V. ἀνύτειν (absol.), V. κᾰτᾰνύτειν (absol.), P. τελεῖν (absol.). *Be absent on a journey* : Ar. and P. ἀποδημεῖν, P. and V. ἐκδημεῖν.

Journey, v. intrans. P. and V. πορεύεσθαι, V. ἐμπορεύεσθαι, ὁδοιπορεῖν, στέλλεσθαι; see *go, travel*. *Journey through* : P. διαπορεύεσθαι (acc.). *Journey with (another)* : P. and V. συμπορεύεσθαι (absol. or dat.).

Journey money, subs. Ar. and P. ἐφόδιον, τό, or pl.

Joust, subs. See *tournament*.

Joust, v. intrans. See *contend*.

Jovial, adj. P. and V. φῐλόφρων (Xen.), φῐλάνθρωπος.

Joviality, subs. P. φιλοφροσύνη, ἡ, φιλανθρωπία, ἡ.

Jovially, adv. P. and V. φῐλοφρόνως (Plat.), P. φιλανθρώπως.

Joy, subs. P. and V. ἡδονή, ἡ, τέρψῐς, ἡ, χᾰρά, ἡ, χαρμονή, ἡ (Plat., *Phil.* 43c, but rare P.), V. χάρμᾰ, τό. *Tears of joy* : V. γεγηθὸς δάκρυον (Soph., *El.* 1231). *Cheerfulness* : P. and V. εὐθῡμία, ἡ (Xen.). *Happiness* : P. and V. εὐπραξία, ἡ, Ar. and P. εὐτῠχία, ἡ, P. εὐδαιμονία, ἡ, V. ὄλβος, ὁ (also Xen. but rare P.), εὐεστώ, ἡ; see also *joy*. *Wish a person joy (of)* : Ar. and P. μᾰκᾰρίζειν (τινά τινος), P. and V. εὐδαιμονίζειν (τινά τινος), Ar. and V. ὀλβίζειν τινά. *Have one's joy of* : Ar. and V. ὄνασθαι (1st aor. mid. of ὀνῑνάναι) (gen.), P. and V. ἀπολαύειν (gen.). *Object of malicious joy* : V. ἐπῐ́χαρμα, τό, or use adj., P. ἐπίχαρτος.

Joy, v. intrans. See *rejoice*. *Joy in*. P. and V. ἥδεσθαι (dat.), χαίρειν (dat. or ἐπῐ́, dat.), τέρπεσθαι (dat.), εὐφραίνεσθαι (dat.), ἀγάλλεσθαι (dat.) (rare P.). *Gloat over* : P. and V. γεγηθέναι ἐπῐ́ (dat.) (Dem. 332, but rare P.), ἐπῐχαίρειν (dat.).

Joyful, adj. P. and V. ἡδύς, περῐχᾰρής (Plat.), γεγηθώς (Dem. but rare P.). Of looks : P. and V. φαιδρός, V. λαμπρός, φαιδρωπός, εὐπρόσωπος (also Xen. but rare P.). *Cheerful* : P.

εὔθυμος, Ar. and P. ἱλᾰρός (Xen.). *Making glad*: V. εὔφρων. *Welcome*: P. and V. ἡδύς, ἀρεστός, V. φίλος. *Happy*: P. and V. εὐτῠχής, εὐδαίμων, μᾰκᾰριος, Ar. and V. μάκᾰρ, ὄλβιος, V. εὐαίων.

Joyfully, adv. *Cheerfully*: P. and V. εὐθῡμως (Xen.), ἡδέως, P. ἱλαρῶς (Xen.). *Happily*: P. and V. εὐτῠχῶς, εὐδαιμόνως, μᾰκᾰρίως. *Readily, willingly*: P. and V. ἡδέως, ἀσμένως, or use adj., P. and V. ἄσμενος, ἑκών, in agreement with subject.

Joyless, adj. P. and V. ἀτερπής (rare P.); see *unhappy*. *Despondent*: P. and V. ἄθῡμος (Xen.), V. δύσθῡμος, δύσφρων, κᾰτηφής.

Joylessly, adv. *Despondently*: P. ἀθύμως (Xen.), δυσθύμως (Plat.); see also *unhappily*.

Joylessness, subs. *Despondency*: P. and V. ἀθῡμία, ἡ, δυσθῡμία, ἡ. *Misery*: P. ταλαιπωρία, ἡ, κακοπάθεια, ἡ.

Joyous, adj. See *joyful*.

Joyously, adv. See *joyfully*.

Joyousness, subs. See *joy*.

Jubilant, adj. See *joyful*.

Jubilation, subs. See *joy*.

Judge, subs. *One who tries a case*: P. and V. κρῐτής, ὁ, δῐκαστής, ὁ. *Arbitrator*, subs.: P. διαιτητής, ὁ, μέσος δικαστής, ὁ, ἐπιγνώμων, ὁ, βραβευτής, ὁ, P. and V. βρᾰβεύς, ὁ (Plat.); διαλλακτής, ὁ, V. διαλλακτήρ, ὁ. *Umpire (in a race, etc.)*: P. and V. βρᾰβεύς, ὁ (Plat.). *A good judge of*: use P. and V. γνώμων, ὁ (gen.), or use adj., P. and V. ἔμπειρος (gen.), ἐπιστήμων (gen.).

Judge, v. trans. *Try in court*: P. and V. κρῑ́νειν (acc. of person or thing), δῐκάζειν (acc. of thing, dat. of person). *Decide*: P. and V. κρῑ́νειν, διαιρεῖν, γιγνώσκειν, διᾰγιγνώσκειν, Ar. and P. διακρῑ́νειν, V. διειδέναι. *Form an opinion*: P. and V. κρῑ́νειν, δοξάζειν. *Judge of*: P. and V. τεκμαίρεσθαι (acc.). *Judge by*: P. and V. τεκμαίρεσθαι (dat.).

Judgment, subs. *Trial*: P. and V. κρῐ́σῐς, ἡ, ἀγών, ὁ, δῐ́κη, ἡ. *Decision*: P. and V. κρῐ́σῐς, ἡ, P. διάγνωσις, ἡ, διάκρισις, ἡ. *In an arbitration*: P. ἀπόφασις, ἡ. *Condemnation*: P. κατάγνωσις, ἡ. *Power of judging, discernment*: P. and V. διάγνωσις, ἡ. *Discretion, prudence*: P. and V. εὐβουλία, ἡ, γνώμη, ἡ, σῠ́νεσις, ἡ, τὸ σῠνετόν; see *prudence*. *Error of judgment*: P. γνώμης ἁμάρτημα, τό (Thuc. 2, 65). *Opinion*: P. and V. δόξᾰ, ἡ, γνώμη, ἡ; see *opinion*. *In my judgment*: V. ἐν γ' ἐμοί, or simply P. and V. ἐμοί. *Whoso of men trusts a slave in our judgment stands arraigned of great folly*: V. ὅστις δε δούλῳ φωτὶ πιστεύει βροτῶν πολλὴν παρ' ἡμῖν μωρίαν ὀφλισκάνει (Eur., *Frag.*).

Judgment hall, subs. Ar. and P. δῐκαστήριον, τό.

Judicial, adj. Ar. and P. δῐκᾰνῐκός.

Judicially, adv. P. δικανικῶς.

Judicious, adj. Of persons: P. and V. εὔβουλος, σῠνετός, ἔμφρων, σώφρων, Ar. and P. φρόνῐμος. Of things: P. and V. ἔμφρων, σώφρων, Ar. and P. φρόνῐμος.

Judiciously, adv. P. and V. σωφρόνως, Ar. and P. φρονίμως, V. φρονούντως, σεσωφρονισμένως.

Judiciousness, subs. P. and V. εὐβουλία, ἡ, τὸ σῶφρον, Ar. and P. σωφροσῠ́νη, ἡ; see *prudence*.

Jug, subs. Ar. and P. λήκῠθος, ἡ, ληκῠ́θιον, τό; see also *jar*.

Juggle, v. intrans. P. γοητεύειν.

Juggler, subs. P. and V. γόης, ὁ, μᾰ́γος, ὁ, P. θαυματοποιός, ὁ, Ar. φέναξ, ὁ.

Jugglery, subs. P. γοητεία, μαγγανεία, ἡ, θαυματοποιία, ἡ, Ar. and P. φενᾱκισμός, ὁ.

Juice, subs. Ar. and P. χῡλός, ὁ, P. χυμός, ὁ, Ar. and P. ὀπός, ὁ, or use Ar. and V. δρόσος, ἡ, P. and V. ποτόν, τό. *Moisture*: P. and V. ἰκμᾰ́ς, ἡ (Plat. and Æsch., *Frag.*).

Juicy, adj. P. ἔγχυμος.

July, subs. P. Ἑκατομβαιών, ὁ.

Jumble, subs. *Confusion* : P. ταραχή, ἡ, ἀταξία, ἡ. *In a jumble* : use adv., P. and V. φύρδην (Xen.), P. χύδην.

Jumble, v. trans. P. and V. συγχεῖν, φῦρειν (Plat.), κῡκᾶν (Plat.), Ar. and P. συγκῡκᾶν. *Jumble up together* : P. ἄνω καὶ κάτω διακυκᾶν (Dem. 263).

Jumbled, adj. Use P. and V. σύμμικτος, συμμῐγής (Plat.), μῐγάς

Jump, v. intrans. P. and V. πηδᾶν (Plat.), ἅλλεσθαι (Plat.), ἐκπηδᾶν (Plat.), σκιρτᾶν (Plat.), V. θρώσκειν, ἐκθρώσκειν. *Jump aside* : P. ἀποπηδᾶν (Plat.). *Jump down* : P. καταπηδᾶν (Xen.). *Jump off* : Ar. and V. ἀφάλλεσθαι (ἐκ, gen.). *Jump on* : P. and V. ἐνάλλεσθαι (dat. or εἰς, acc. or absol.), Ar. and P. ἐπῐπηδᾶν (dat.), V. ἐνθρώσκειν (dat.), ἐπενθρώσκειν (dat.), ἐπιθρώσκειν (gen.). *Jump out* : P. and V. ἐκπηδᾶν (Plat.), V. ἐκθρώσκειν. *Jump over* : Ar. ὑπερπηδᾶν (acc.), Ar. and P. δῐαπηδᾶν (acc. or absol.), V. ὑπερθρώσκειν (acc. or gen.). *Jump up* : Ar. and P. ἀνᾰπηδᾶν.

Jump, subs. V. πήδημα, τό, ἅλμᾰ, τό (also Plat. but rare P.), ἐκπήδημα, τό, σκίρτημα, τό.

Junction, subs. *Where two things join* : V. ἁρμός, ὁ. *Junction of roads* : P. and V. συμβολή, ἡ. *Coming together* : P. σύνοδος, ἡ. *Form a junction with* : see *join*.

Juncture, subs. See *emergency*.

June, subs. P. Σκιροφοριών, ὁ.

Junior, adj. P. and V. νεώτερος. *Be junior*, v. : V. νεάζειν.

Junketing, subs. See *merry-making*.

Jurisdiction, subs. *Authority* : P. and V. κῦρος, τό, ἐξουσία, ἡ. *The case falls under the jurisdiction of the court* : P. εἰσαγώγιμός ἐστιν ἡ δίκη (Dem. 939).

Jurisprudence, subs. *Laws* : P. and V. νόμοι, οἱ. *Knowledge of law* : use P. and V. νόμων ἐμπειρία, ἡ.

Jurist, subs. Use adj., Ar. and P. δῐκᾰνῐκός, ὁ.

Jury, subs. P. and V. δῐκασταί, οἱ. *Gentlemen of the jury* : P. ἄνδρες δικασταί. *Citizens liable to serve as a jury* : Ar. and P. ἡλιασταί, οἱ. *Serve on a jury*, v. : Ar. and P. δῐκάζειν.

Just, adj. P. and V. δῐκαιος, ἔνδῐκος, ὀρθός, ἴσος, ἔννομος, ἐπιεικής. *Exceeding just* : V. πάνδῐκος, ὑπέρδῐκος. *Pious* : P. and V. εὐσεβής, ὅσιος. *Deserved* : P. and V. ἄξιος, V. ἐπάξιος.

Just, adv. *Exactly* : P. and V. μάλιστα, Ar. and P. ἀτεχνῶς. *Just as I am* : P. and V. ὡς ἔχω. *Just as I was* : P. and V. ὥσπερ εἶχον. *Just about* : P. and V. σχεδόν τι. *Just now* : P. and V. νῦν, ἄρτῐ, νέον, νεωστῐ, ἀρτίως (Dem. 463 and 737, also Plat.), Ar. and P. ἔναγχος, V. ἁρμοῖ. *To be just doing a thing* : P. and V. τυγχάνειν ποιῶν τι. *To be just about to* : P. and V. μέλλειν (infin.). *A war just about to begin* : P. ὅσον οὐ παρῶν πόλεμος.

Justice, subs. P. and V. τὸ δῐκαιον, θέμῐς, ἡ (rare P.), P. δικαιοσύνη, ἡ, V. τὸ μάδῐκεῖν, τοὔνδῐκον (Eur., *Frag.*). *Justice personified* : V. Δίκη, ἡ. *Legal justice* : P. and V. δίκη, ἡ. *Equity* : P. ἐπιείκεια, ἡ, V. τοὐπιεικές. *On grounds of justice* : P. and V. κᾰτᾰ δίκην ; see *justly*. *Bring to justice* : P. εἰς δικαστήριον ἄγειν, V. πρὸς τὴν δίκην ἄγειν. *Do justice to* (met., *describe adequately*) : P. ἐφικνεῖσθαι (gen.), τῷ λόγῳ ἐφικνεῖσθαι (gen.). *Have justice done to one, get one's deserts* : P. and V. ἄξια πάσχειν, V. τυγχάνειν ἀξίων, τῶν ἐπαξίων κῦρεῖν, Ar. τῆς ἀξίας τυγχάνειν.

Justifiable, adj. P. συγγνώμων, Ar. and V. συγγνωστός.

Justifiably, adv. See *justly*.

Justification, subs. P. δικαίωμα, τό, δικαίωσις, ἡ. *Excuse* : P. ἀπολογία, ἡ, P. and V. πρόφᾰσις, ἡ.

Justify, v. trans. *Defend an action* : P. ἀπολογεῖσθαι περί (gen.). *Justify*

a person: P. and V. ἀπολογεῖσθαι ὑπέρ (gen.) (Eur., *Bacch.* 41); see *defend. Require, demand*: P. and V. δεῖσθαι (gen.). *Justify oneself*: Ar. and P. ἀπολογεῖσθαι. *Be justified (in doing a thing)*: P. and V. δίκαιος εἶναι (infin.). *Give an excuse for*: P. πρόφασιν διδόναι (with infin.), πρόφασιν ἔχειν (with infin.).

Justly, adv. P. and V. δικαίως, ἐνδίκως, ὀρθῶς, P. ἴσως, ἐπιεικῶς, Ar. and V. ἐν δίκῃ, V. δίκῃ, πρὸς δίκης, σὺν δίκῃ, οὐκ ἄνευ δίκης. *On grounds of justice*: P. and V. κατὰ δίκην (Thuc. 7, 57). *Reasonably*: P. and V. εἰκότως. *Deservedly*: P. and V. ἀξίως, V. ἐπαξίως, καταξίως. *Exceeding justly*: V. πανδίκως, ὑπερδίκως.

Justness, subs. P. and V. τὸ δίκαιον.

Jut, v. intrans. P. and V. προὔχειν, Ar. and P. ἐξέχειν, P. ἀνέχειν, ὑπερτείνειν.

Juvenile, adj. See *youthful*.

K

Keel, subs. Ar. and V. τρόπις, ἡ (Eur., *Hel.* 411).

Keen, adj. *Stinging*: P. and V. πικρός, Ar. and P. δριμύς. *Sharp (of an edge, etc.)*: P. and V. τομός (Plat.), Ar. and V. ὀξύστομος, θηκτός, ὀξύθηκτος, τεθηγμένος; see *sharp*. *Bitter*: P. and V. πικρός. Of sight: Ar. and P. ὀξύς. *Be keen-sighted*, v.: Ar. and P. ὀξὺ βλέπειν. *Clever, quick*: P. and V. δριμύς, Ar. and P. ὀξύς. *Eager*: P. and V. πρόθυμος, σπουδαῖος (Soph., *Frag.*), ὀξύς, ἔντονος, σύντονος; see *eager*. *Be keen, eager*, v.: P. and V. προθυμεῖσθαι, σπουδάζειν, σπεύδειν.

Keenly, adv. *Bitterly*: P. and V. πικρῶς. Of sight: P. ὀξέως. *Eagerly*: P. and V. σπουδῇ, προθύμως, P. σπουδαίως, ἐντόνως, συντόνως. *Keenly contested* (of a battle): P. καρτερός.

Keenness, subs. *Bitterness*: P. and V. πικρότης, ἡ. *Sharpness of senses or intellect*: P. ὀξύτης, ἡ. *Eagerness*: P. and V. σπουδή, ἡ, προθυμία, ἡ.

Keen-scented, adj. Of a dog: V. εὔρις.

Keep, v. trans. *Preserve, retain*: P. and V. σώζειν, φυλάσσειν. *Hold*: P. and V. ἔχειν, Ar. and V. ἴσχειν (rare P.). *Protect*: P. and V. φυλάσσειν, φρουρεῖν, V. ἐκφυλάσσειν, ῥύεσθαι, Ar. and P. τηρεῖν; see *guard*. *Observe, maintain*: P. and V. σώζειν, φυλάσσειν, διαφυλάσσειν, διασώζειν. *Prevent*: P. and V. κωλύειν, ἐπικωλύειν, ἀπείργειν, ἐξείργειν; see *prevent*. *Detain*: P. and V. κατέχειν, ἐπέχειν, Ar. and V. ἴσχειν (rare P.), V. ἐπίσχειν (rare P.), ἐρητύειν; see *check*. *Support (with food, etc.)*: P. and V. τρέφειν, βόσκειν (Thuc. but rare P.), V. φέρβειν. *Keeping Sicily on the left*: P. ἐν δεξιᾷ λαβόντες τὴν Σικελίαν (Thuc. 7, 1). *Keep (peace, etc.)*: P. and V. ἄγειν. *Keep (a festival, etc.)*: P. and V. ἄγειν. *Keep quiet*: P. and V. ἡσυχάζειν, Ar. and P. ἡσυχίαν ἄγειν, V. ἡσύχως ἔχειν.

V. intrans. *Keep (doing a thing), continue*: P. διατελεῖν (part.), διαμένειν (part. or infin.), διαγίγνεσθαι (part.), P. and V. καρτερεῖν (part.). *You keep talking nonsense*: P. φλυαρεῖς ἔχων (Plat., *Gorg.* 490E.; cf. Ar., *Ran.* 202). *Remain*: P. and V. μένειν; see *remain*. *Keep well* or *ill*: P. and V. εὖ or κακῶς ἔχειν. *Keep back*, v. trans.: see *hide, reserve, check*. *Shall I tell you openly what happened there or keep back the tale*: V. πότερά σοι παρρησίᾳ φράσω τὰ κεῖθεν ἢ λόγον στειλώμεθα (Eur., *Bacch.* 668). *Keep down*: P. and V. κατέχειν. *Subdue*: P. and V. καταστρέφεσθαι, χειροῦσθαι. *Keep from, refrain from*: P. and V. ἀπέχεσθαι (gen.), ἀφίστασθαι (gen.); see *refrain*. *Keep in mind*: P. and V. σώζειν (or mid.), φυλάσσειν (or mid.); see *remember.* *Keep in the dark* : P. and V. κρύπτειν (τινά τι), P. ἀποκρύπτεσθαι (τινά τι). *We are keeping him in the dark touching this matter* : V. σιγῇ τοῦθ' ὑφαιρούμεσθά νιν (Eur., *El.* 271). *Keep off*, v. trans.: P. and V. ἀπέχειν, ἀμύνειν, Ar. and P. ἀπαμύνειν; see *ward off*. *Hard to keep off*, adj.: V. δυσφύλακτος. *Refrain from* : P. and V. ἀπέχεσθαι (gen.). *Keep on*, v. intrans.: P. and V. καρτερεῖν, P. διατελεῖν. *Last* : P. and V. μένειν, παραμένειν, ἀντέχειν, P. διαμένειν, συμμένειν. *Go forward* : P. and V. προβαίνειν, προχωρεῖν, P. προέρχεσθαι. *Be prolonged* : P. and V. χρονίζεσθαι, V. χρονίζειν. *Keep out* : see *keep off*. *Keep out* (*rain, water or missiles*) : P. and V. στέγειν (acc.). *Keep to, abide by* : P. and V. ἐμμένειν (dat.). *They kept more to the sea* : P. τῆς θαλάσσης μᾶλλον ἀντείχοντο (Thuc. 1, 13). *He would both have kept to the law and shown his piety* : V. καὶ τοῦ νόμου τ' ἂν εἴχετ' εὐσεβής τ' ἂν ἦν (Eur., *Or.* 503). *Keep together*, v. trans.: P. and V. συνέχειν. *Keep under* : see *keep down*. *Keep up, maintain* : P. and V. σώζειν, φυλάσσειν, διασώζειν; see *maintain*. *Keep up one's spirits* : P. and V. θαρσεῖν, θρασύνεσθαι, V. εὐθυμεῖν (Eur., *Cycl.*), θαρσύνειν. *Keep up* (*another's*) *spirits* : see *encourage*. *Keep up* (*a noise, shouting, etc.*) : P. and V. χρῆσθαι (dat.). *Keep up, hold out*, v. intrans.; P. and V. ἀντέχειν. *Keep up with* : P. and V. ἕπεσθαι (dat.), συνέπεσθαι (dat.), V. ὁμαρτεῖν (dat.).

Keep, subs. *Maintenance* : P. and V. τροφή, ἡ, Ar. and P. σίτησις, ἡ. *Keep of a castle* : use P. and V. πύργος, ὁ.

Keeper, subs. P. and V. φύλαξ, ὁ, or ἡ.

Keeping, subs. *Custody* : P. and V. φυλακή, ἡ.

Keepsake, subs. V. κειμήλιον, τό, or pl.

Keg, subs. See *cask*.

Ken, subs. *Range of vision* : P. ἔποψις, ἡ, P. and V. ὄψις, ἡ.

Kennel, subs. Use V. σταθμός, ὁ, σηκός, ὁ, αὔλιον, τό (also Xen.).

Kerchief, subs. *Headdress* : Ar. and P. μίτρα, ἡ; see *handkerchief*.

Kernel, subs. *Stone of fruit* : P. πυρήν, ὁ (Hdt.). Met., *chief point* : P. κεφάλαιον, τό.

Kettle, subs. Use P. and V. λέβης, ὁ, P. χαλκεῖον, τό, Ar. and P. χάλκωμα, τό, Ar. χαλκίον, τό, V. χαλκός, ὁ.

Kettle drum, subs. See *drum*.

Key, subs. P. and V. κλῄς, ἡ. *Small keys with three teeth* : Ar κλειδία . . . τρεῖς ἔχοντα γομφίους (*Thesm.* 421). Met., see *interpretation*. *Seeing that the place was the key of Sicily* : P. ὁρῶντες προσβολὴν ἔχον τὸ χωρίον τῆς Σικελίας (Thuc. 4, 1).

Kick, v. trans. and absol. P. and V. λακτίζειν. *Kick against* : V. λακτίζειν, πρός (acc.), Ar. ἀντιλακτίζειν (dat.). Met., P. ζυγομαχεῖν, περί (gen.). *Kick against the pricks* : V. πρὸς κέντρα λακτίζειν (Æsch., *Ag.* 1624), πρὸς κέντρα κῶλον ἐκτείνειν (Æsch., *P. V.* 323).

Kid, subs. V. ἔριφος, ὁ (Homer). *Flesh of kids* : P. κρέα ἐρίφεια (Xen.).

Kidnap, v. trans. P. and V. κλέπτειν, ἁρπάζειν, ἀναρπάζειν, P. ἀνδραποδίζειν (or mid.).

Kidnapper, subs. Ar. and P. ἀνδραποδιστής, ὁ.

Kidnapping, subs. P. and V. ἁρπαγή, ἡ, P. ἀνδραποδισμός, ὁ.

Kidneys, subs. Ar. and P. νεφροί, οἱ. *Kidney disease* : P. νόσος νεφρῖτις, ἡ (Thuc. 7, 15).

Kill, v. trans. P. and V. ἀποκτείνειν, φονεύειν, ἀναλίσκειν, ἀναλοῦν, ἐξαναλίσκειν, φθείρειν, διαφθείρειν, καταφθείρειν (Plat. but rare P.), σφάζειν, ἐπισφάζειν, ἀπολλύναι, ἐξολλύναι, διολλύναι, κατεργάζεσθαι, Ar. and V. κτείνειν (also Plat. but rare P.), V. κατακτείνειν, ἐξαπολλύναι, ὀλλύναι, διαπράσσειν, ἐκπράσσειν, διεργάζεσθαι, ἐξεργάζεσθαι, κᾰτασφάζειν, κᾰτᾰφονεύειν, καίνειν (also. Xen.), ἐναίρειν, ἐνᾰρίζειν, νοσφίσαι (1st aor. νοσφίζειν), αἱρεῖν (Eur., *Hec.* 886), Ar. and P. ἀποσφάζειν, P. ἀποκτιννύναι, διαχρῆσθαι; see *destroy*. *Killed*: see *dead, fallen*. *Be killed*: Ar. and P. ἀποθνήσκειν, V. θνήσκειν (rare Ar.); see *die*. *Kill in return*: P. and V. ἀντᾰποκτείνειν, V. ἀντᾰνᾱλίσκειν. *Help in killing*: V. συμφονεύειν, συγκᾰτακτείνειν. *Kill with others*: V. συμφονεύειν (acc. and dat.). *Be killed with others*: V. συσφᾰγῆναι (dat.) (2nd aor. pass. συσφάζειν).

Killer, subs. See *murderer*.

Killing, adj. P. and V. βᾰρύς *Murderous*: see *murderous*. Met.; see *winning*.

Kiln, subs. *Kiln for bricks*: Ar. πλινθεῖον, τό.

Kin, adj. See *kindred*.

Kin, subs. See *kindred, kinship*. *Be next of kin*, v.: P. ἀγχιστεύειν.

Kind, subs. P. and V. γένος, τό, εἶδος, τό, ἰδέα, ἡ. *Manner*: P. and V. τρόπος, ὁ, V. ῥυθμός, ὁ. *Nature*: P. and V. φῠσῐς, ἡ. In logical sense: P. γένος, τό. *Of all kinds*, adj.: P. and V. παντοῖος, Ar. and P. παντοδᾰπός. *Of other kinds*: P. ἀλλοῖος. *Of such a kind*: P. and V. τοιοῦτος, τοιόσδε, P. τοιουτότροπος; see *such*. *Of what kind?* P. and V. ποῖος; indirect: P. and V. οἷος, ὁποῖος.

Kind, adj. P. and V. πρᾶος, ἤπιος, φῐλάνθρωπος, ἥμερος, ἐπιεικής, προσφῐλής, V. πρευμενής, Ar. and V. μαλθᾰκός; see *gentle*. *Considerate*: P. εὐγνώμων. *Friendly*: P. and V. εὔνους, εὐμενής, φίλιος, Ar. and V. εὔφρων, πρόφρων, φῐλος; see *friendly*.

Kindle, v. trans. P. and V. ἅπτειν, ἀνάπτειν, ὑφάπτειν, κάειν, V. αἴθειν, ἀναίθειν, ὑπαίθειν, δαίειν, ἀνδαίειν, ἀναιθύσσειν, ἀνᾰκάειν (Eur., *Cycl.*), ἐκκάειν. Met., Ar. and P. κάειν, φλέγειν (Plat.), P. διαθερμαίνειν, V. ἐπιφλέγειν, P. and V. θερμαίνειν, Ar. and V. ζωπῠρεῖν, θάλπειν; see *excite*. *Arouse*: P. and V. κῑνεῖν, ἐγείρειν, ἐξεγείρειν, V. ἐξᾰγειν, ὀρνῠναι; see *arouse*. *Kindle an answering blaze*: V. ἀντῐλάμπειν (absol.).

Kindliness, subs. See *kindness*.

Kindly, adv. *Gently*: P. and V. ἠπίως, προσφῐλῶς (Plat.), P. πράως, φιλανθρώπως. *In a friendly way*: P. εὐνοϊκῶς, φιλικῶς, Ar. and P. οἰκείως, P. and V. εὐμενῶς, φῐλοφρόνως (Plat.), V. εὐφρόνως, φῐλως (also Xen. but rare P.), πρευμενῶς. *Think kindly of*, v.: P. and V. εὐνοεῖν (dat.). With imperatives, etc., *kindly (tell me)*: P. and V. εἰ δοκεῖ (λέγε).

Kindly, adj. See *kind, generous*.

Kindness, subs. *Gentleness*: P. πραότης, ἡ, φιλανθρωπία, ἡ, ἐπιείκεια, ἡ, V. πρευμένεια, ἡ; see *gentleness*. *Consideration*: P. εὐγνωμοσύνη, ἡ. *Good-will*: P. and V. εὔνοια, ἡ, εὐμένεια, ἡ, P. φιλοφροσύνη, ἡ. *Kind act, favour*: P. and V. χᾰρῐς, ἡ, ἔρανος, ὁ, P. εὐεργεσία, ἡ, εὐεργέτημα, τό; see *service, benefaction*. *Confer a kindness on*, v.: P. and V. εὐεργετεῖν (acc.), V. χᾰρῐν ὑπουργεῖν (dat.), χᾰρῐν δῐδόναι (dat.), χᾰρῐν τῐθεσθαι (dat.), P. χάριν δρᾶν (absol.), Ar. and V. χᾰρῐν νέμειν (dat.); see *serve*.

Kindred, adj. P. and V. συγγενής, οἰκεῖος, ἀναγκαῖος, προσήκων, V. σύγγονος, ἐγγενής, γενέθλιος, ὁμογενής (also Plat. but rare P.), ὁμόσπορος, σύναιμος, ὅμαιμος, ὁμαίμων. Of nations: P. and V. ὁμόφῡλος. *Murder of kindred*: P. ἐμφύλιον αἷμα (Plat.), V. ἔμφῡλον αἷμα, αἷμα κοινόν, αἷμα γενέθλιον, αὐθέντης φόνος. *Murdering kindred*, adj.: V. αὐτόχειρ. Met., of things: P. and V. συγγενής, ἀδελφός, προσήκων, P. σύννομος.

Kindred, subs. Use adj. *'Tis a Greek custom ever to honour one's kindred*: V. Ἑλληνικόν τοι τὸν ὁμόθεν τιμᾶν ἀεί (Eur., *Or.* 486).

King, subs. P. and V. βᾰσῐλεύς, ὁ, Ar. and V. ἄναξ, ὁ, κοίρᾰνος, ὁ, V. ἀνάκτωρ, ὁ, κῡ́ριος, ὁ; see also *chief*. *Tyrant*: P. and V. τῠ́ραννος, ὁ, μόναρχος, ὁ, δεσπότης, ὁ. *Be king of*, v.: P. and V. βᾰσῐλεύειν (gen.), κρᾰτεῖν (gen.), ἄρχειν (gen.); see *rule*.

Kingdom, subs. P. and V. ἀρχή, ἡ.

King-fisher, subs. Ar. ἀλκυών, ἡ.

Kingly, adj. *Royal*: P. and V. βᾰσῐλῐκός, ἀρχῐκός, βᾰσῐ́λειος (Thuc. 1, 132), τῠραννῐκός, V. τῠ́ραννος. *Fit to rule*: P. ἀρχικός. *Dignified*: P. and V. σεμνός.

Kingship, subs. Ar. and P. βᾰσῐλεία, ἡ, P. and V. μοναρχία, ἡ (rare P.). *Rule*: P. and V. ἀρχή, ἡ, κρᾰ́τος, τό. *Despotism*: P. and V. τῠραννίς, ἡ; see *throne*.

Kinsfolk, subs. P. and V. οἱ ἀναγκαῖοι, οἱ προσήκοντες; see *kindred*.

Kinship, subs. *Relationship*: P. and V. συγγένεια, ἡ, τὸ συγγενές, P. οἰκειότης, ἡ. *Kinship between nations*: V. θοὐμόφῡλον; see *relationship*. *Kinship by marriage*: P. and V. κῆδος, τό, κήδευμα, τό, κηδεία, ἡ.

Kinsman, subs. Use *kindred*. *Kinsman by marriage*: P. and V. κηδεστής, ὁ, V. γαμβρός, ὁ, κήδευμα, τό, Ar. and V. κηδεμών, ὁ.

Kinswoman, subs. Use *kindred*. *Kinswoman by marriage*: V. κηδεμών, ἡ.

Kiss, subs. P. and V. φί̆λημα, τό (Xen.).

Kiss, v. trans. P. and V. φῐλεῖν, V. φί̆λημα δῐδόναι (dat.), Ar. and V. κῠνεῖν. *Kissing his lips*: V. ἀμφῐπίπτων στόμασι (Soph., *Trach.* 938). *I did not kiss my sister*: V. οὐ κασιγνήτῃ στόμα συνῆψα (Eur., *I. T.* 374).

Kit, subs. P. and V. σκευή, ἡ.

Kitchen, subs. Ar. ὀπτᾰ́νιον, τό.

Kite, subs. P. and V. ἰκτῖνος, ὁ (Soph., *Frag.*); see *hawk*.

Kith and kin, subs. P. and V. οἱ ἀναγκαῖοι, οἱ προσήκοντες.

Knack, subs. *Art, skill*: P. and V. τέχνη, ἡ. *Cleverness*: Ar. and P. δεξιότης, ἡ.

Knapsack, subs. Ar. πήρα, ἡ.

Knave, subs. Use adj., P. and V. κᾰκοῦργος, πᾰνοῦργος, V. λεωργός, παντουργός, Ar. and V. ἐπίτριπτος; see also *cheat*, *rascal*, *rogue*. *Servant*: P. and V. ῡ̔πηρέτης, ὁ. *Play the knave*, v.: P. and V. πᾰνουργεῖν.

Knavery, subs. P. and V. πᾰνουργία, ἡ, P. κακουργία, ἡ.

Knavish, adj. P. and V. κᾰκοῦργος, μοχθηρός, πᾰνοῦργος, ἐπίτριπτος, V. λεωργός, παντουργός.

Knavishly, adv. Ar. and P. πᾰνούργως, P. and V. κᾰκῶς.

Knead, v. trans. P. and V. φῡρᾶν, ὀργάζειν (Soph., *Frag.*), μάσσειν (Thuc., Plat. and Soph., *Frag.*). *Be kneaded*: Ar. συμπλάσσεσθαι (*Pax.* 869).

Knee, subs. P. and V. γόνῠ, τό. *Fall on one's knees*, v.: P. and V. προσκῠνεῖν. *Bend the knee*: V. κάμπτειν γόνῠ, or use κάμπτειν alone. *They bowed their knees to earth in weariness*: V. ἐς δε γῆν γόνυ καμάτῳ καθεῖσαν (Eur., *I. T.* 332). *Bring (an enemy) to his knees*: P. and V. πᾰρίστασθαι (acc.). *Fall at a person's knees*: P. and V. προσκῠνεῖν (τινά), P. πίπτειν πρὸς τὰ γόνατά (τινός), V. γόνᾰσι προσπίπτειν (τινός), προσπίπτειν γόνῠ (τινός), ἀμφὶ γόνῠ πίπτειν (τινός), προσπίτνειν γόνῠ (τινός), Ar. and V. προσπίπτειν (τινά or τινί) (also Xen. but rare P.).

Kneel, v. intrans. P. and V. προσκῠνεῖν. *Kneeling on the ground*: V. καθεῖσα πρὸς γαῖαν γόνῠ (Eur., *Hec.* 561). *Kneel to*: P. and V. προσκῠνεῖν (acc.), Ar. and V. προσπίπτειν (acc. or dat.); see *fall at a person's knees*, under *knee*.

Knell, subs. Use V. θᾰνᾰ́σῐμος γόος, ὁ.

Knife, subs. P. and V. μᾰ́χαιρα, ἡ, κοπίς, ἡ (Xen. also Ar.). *Knife for* *leather work*: P. τομεύς, ὁ. *Knife for pruning or carving*: Ar. and P. σμίλη, ἡ. *Sacrificial knife*: V. σφᾰγίς, ἡ, σφᾰγεύς, ὁ. *Dagger*: Ar. and P. ξιφίδιον, τό, P. ἐγχειρίδιον, τό, P. and V. μάχαιρα, ἡ. *War to the knife*: P. and V. πόλεμος ἄσπονδος, ὁ, P. πόλεμος ἀκήρυκτος, ὁ. *It is not like a wise physician to mutter charms over a wound that needs the knife*: V. οὐ πρὸς ἰατροῦ σοφοῦ θρηνεῖν ἐπῳδὰς πρὸς τομῶντι πήματι (Soph., *Aj.* 581).

Knight, subs. P. and V. ἱππεύς, ὁ, V. ἱππότης, ὁ. *Be a knight*, v.: Ar. and P. ἱππεύειν.

Knit, v. trans. Use P. and V. πλέκειν, συμπλέκειν; see *weave*. Met., *unite*: P. and V. συνδεῖν; see *unite*. *Knit the brows*: Ar. ὀφρῦς σῠνάγειν, V. ὄμμᾰτα συννεφεῖν, Ar. and P. τὰς ὀφρῦς ἀνασπᾶν. *With knitted brows*: V. σῠνωφρυωμένος. *Knitting his brows in anger*: Ar. δεινὸν ἐπισκύνιον συνάγων (Ran. 823). *Well-knit*, adj.: P. εὐπαγής.

Knob, subs. Ar. and P. τύλος, ὁ (Xen.).

Knock, subs. *Blow*: P. and V. πληγή, ἡ, V. πλῆγμα, τό.

Knock, v. trans. P. and V. κρούειν, τύπτειν, κόπτειν, πᾰτάξαι (1st aor. of πατάσσειν), Ar. and V. παίειν (rare P.), θείνειν, ἀράσσειν; see also *beat*. *Knock at (a door)*: Ar. and P. κρούειν (acc.), κόπτειν (acc.), πᾰτάξαι, (acc.) (1st aor. of πατάσσειν), Ar. and V. ἀράσσειν. *Knock down*: P. and V. κᾰτᾰβάλλειν. *Knock off, break off*: P. ἀνακλᾶν, P. and V. ἀποκαυλίζειν; see *break off*. *Dislodge*: P. ἐκκρούειν. *Knock out*: Ar. and P. ἐκκόπτειν. *Have one's eyes knocked out*: Ar. and P. ἐκκοπῆναι τοὺς ὀφθαλμούς. *Knock over*: P. and V. ἀνατρέπειν, ἀναστρέφειν.

Knocker, subs. P. and V. ῥόπτρον, τό.

Knoll, subs. P. and V. λόφος, ὁ, P. γήλοφος, ὁ (Plat., *Critias* 111B), μαστός, ὁ (Xen.).

Knot, subs. P. and V. ἅμμᾰ, τό (Plat.). Met., *difficulty*: P. and V. ἀπορία, ἡ. *If you are here not to tighten but to help loose the knot*: V. εἰ μὴ συνάψων ἀλλὰ συλλύσων πάρει (Soph., *Aj.* 1317). *Knot of people*: P. and V. σύστᾰσις, ἡ, σύλλογος, ὁ. *Gather in knots*: P. κατὰ συστάσεις γίγνεσθαι (Thuc. 2, 21). *Bond*: P. and V. δεσμός, ὁ, σύνδεσμος, ὁ. *Making a knot of their hair by the insertion of golden grasshoppers*: P. χρυσῶν τεττίγων ἐνέρσει κρωβύλον ἀναδούμενοι τῶν ἐν τῇ κεφαλῇ τριχῶν (Thuc. 1, 6). *Knob*: Ar. and P. τύλος, ὁ (Xen.).

Knot, v. trans. See *tie*.

Knotty, adj. *Intricate*: P. and V. ποικίλος, ἄπορος, ἀμήχᾰνος (rare P.), ἀσᾰφής, V. δύσκρῐτος, ἄσκοπος, δυστέκμαρτος, δυσμᾰθής; see *intricate*.

Know, v. trans. P. and V. εἰδέναι, ἐπίστασθαι, ἐξεπίστασθαι γιγνώσκειν, V. ἐξειδέναι, κᾰτειδέναι (also Plat. but rare P.), ἱστορεῖν. *Be acquainted with (things)*: use also P. and V. γνωρίζειν (acc.), μανθάνειν (acc.), ἐκμανθάνειν (acc.), P. καταμανθάνειν (acc.); see also *learn*. *Be acquainted with (persons)*: P. and V. γιγνώσκειν (acc.), εἰδέναι (acc.), P. γνωρίζειν (acc.), V. ἱστορεῖν (acc.). *Know beforehand*: P. and V. προγιγνώσκειν, P. προειδέναι, προεπίστασθαι, V. προὐξεπίστασθαι. *Know besides*: P. προσεπίστασθαι. *Know by heart*: P. and V. ἐξεπίστασθαι. *Know how to*: P. and V. εἰδέναι (infin.), ἐπίστασθαι (infin.), V. γιγνώσκειν (infin.), ἐξεπίστασθαι (infin.), κᾰτειδέναι (infin.). *Not to know, be at a loss*: P. and V. ἀπορεῖν, ἀμηχᾰνεῖν (rare P.). *Make known*: P. and V. φαίνειν, ἐκφαίνειν (Plat.), ἀνᾰφαίνειν, ἐκφέρειν, V. γνωρίζειν. *Point out*: P. and V. δῐδάσκειν; see *publish, show, explain*.

Knowable, adj. *Capable of being known* (philosophically): P. γνωστός (Plat.).

Knowing, adj. *Acquainted with (things)*: P. and V. ἔμπειρος (gen.), ἐπιστήμων (gen.), V. ἵστωρ (gen.) (also Plat. but rare P.), ἴδρις (gen.). *Clever, cunning*: P. and V. δεινός, ποικίλος, πυκνός.

Knowingly, adv. *Intentionally*: P. and V. ἑκουσίως, or use P. and V. ἑκών, εἰδώς, V. φρονῶν, all agreeing with subject.

Knowledge, subs. *Science*: P. and V. ἐπιστήμη, ἡ. *Branch of knowledge*: Ar. and P. μάθημα, τό. *Information*: P. and V. μάθησις, ἡ. *Understanding*: P. γνῶσις, ἡ, γνώρισις, ἡ, P. and V. ἐπιστήμη, ἡ. *Knowledge of, acquaintance with (things)*: P. and V. ἐπιστήμη, ἡ (gen.), ἐμπειρία, ἡ (gen.). *Acquaintance with (persons)*: P. γνώρισις, ἡ (gen.). *Have no knowledge of*, v.: P. and V. ἀγνοεῖν (acc.). *Without the knowledge of*: use prep., P. κρύφα (gen.), Ar. and V. λάθρᾳ (gen.), V. σῑγῇ (gen.).

Known, adj. P. and V. εὔγνωστος, γνωτός, P. γνώριμος, V. εὐμαθής (also Xen.).

Knuckle, subs. Ar. and P. κόνδυλος, ὁ.

L

Label, subs. Use P. and V. γράμμα, τό

Laborious, adj. Ar. and P. ἐπίπονος, χαλεπός, P. πραγματώδης, P. and V. βαρύς, ὀχληρός, ἐπαχθής, προσάντης (Plat.), V. πολύπονος, δυσπόνητος. *Industrious*: P. and V. ἄσχολος, P. φιλόπονος, φιλεργός.

Laboriously, adv. *Industriously*: P. φιλοπόνως. *With difficulty*: Ar. and P. χαλεπῶς, ταλαιπώρως, P. ἐπιπόνως, V. δυσπετῶς, P. and V. μόγις, μόλις.

Laboriousness, subs. P. βαρύτης, ἡ. *Industry*: P. φιλοπονία, ἡ, φιλεργία, ἡ. *Difficulty*: P. and V. ἀπορία, ἡ, δυσχέρεια, ἡ.

Labour, subs. P. and V. πόνος, ὁ, Ar. and V. μόχθος, ὁ, V. μοχθήματα, τά, ἆθλος, ὁ, κάματος, ὁ; see also *task*. *It is labour lost to*: V. πόνος περισσός ἐστι (infin.) (Soph., *Ant.* 780). *With labour*: see *laboriously*. *Industry*: P. φιλοπονία, ἡ, φιλεργία, ἡ. *Exertion*: P. and V. σπουδή, ἡ. *Handicraft*: P. and V. τέχνη, ἡ, Ar. and P. χειρουργία, ἡ, P. χειροτεχνία, ἡ, V. χειρωναξία, ἡ. *Child-bed*: P. and V. λοχεία, ἡ (Plat.), τόκος, ὁ, or pl. (Plat.), V. λοχεύματα, τά, ὠδίς, ἡ, γονή, ἡ. *The pangs of labour*: V. λόχια νοσήματα, τά, ὠδίς, ἡ. *A woman who has just been in labour*: Ar. and V. λεχώ, ἡ. *Be in labour (child-bed)*, v: P. and V. ὠδίνειν (Plat.), V. λοχεύεσθαι.

Labour, v. intrans. P. and V. ἐργάζεσθαι, πονεῖν, ἐκπονεῖν, μοχθεῖν (rare P.), κάμνειν (rare P.). *Do work*: P. δημιουργεῖν. *All the folk who labour with their hands*: V. πᾶς ὁ χειρῶναξ λεώς (Soph., *Frag.*). *I fear I may seem to be troubling you by labouring a point that is only too obvious*: P. δέδοικα μὴ λίαν ὁμολογούμενα λέγων ἐνοχλεῖν ὑμῖν δόξω (Isae. 72, 33). *Be distressed*: P. and V. κάμνειν, πονεῖν, ταλαιπωρεῖν, Ar. and P. ταλαιπωρεῖσθαι (pass.), P. πονεῖσθαι (pass.), V. μογεῖν. *When the ship labours with the sea waves*: V. νεὼς καμούσης ποντίῳ πρὸς κύματι (Æsch., *Theb.* 210). *Labour at*: P. and: V. ἐργάζεσθαι (acc.), σπουδάζειν (acc.), διαπονεῖν (acc.), V. πονεῖν (acc.) (rare P.), μοχθεῖν (acc.), *Labour for (on behalf of)*: V. ὑπερκάμνειν (gen.), προκάμνειν (gen.), ὑπερπονεῖσθαι (gen.). *Labour out*: P. and V. ἐκπονεῖν (or mid.) (acc.), ἐξεργάζεσθαι (acc.), διαπονεῖν (or mid.) (acc.), V. ἐκμοχθεῖν (acc.), Ar. and P. ἀπεργάζεσθαι (acc.). *Labour under (a disease)*: P. and V. κάμνειν (absol. or dat.), νοσεῖν (dat.). Generally: P. and V. συνέχεσθαι (dat.), συνεῖναι (dat.), συνοικεῖν (dat.). *You labour under the worst kind of ignorance*: P. ἀμαθίᾳ συνοικεῖς τῇ αἰσχίστῃ (Plat., *Alc. I.* 118B). *Labour with (others)*: P. and V. συμπονεῖν (dat.) (Xen.), V. συμμοχθεῖν (dat.), συγκάμνειν (dat.).

Laboured, adj. *Over-refined*: P. and V. κομψός, P. πεπραγματευμένος. *Sending forth a laboured breath*: V. φύσημ' ἀνεὶς δύστλητον (Eur., *Phoen.* 1438); see *unsteady*.

Labourer, subs. *Labourer in the fields*: P. and V. ἐργάτης, ὁ, αὐτουργός, ὁ. *Workman*: P. and V. δημιουργός, ὁ, P. τεχνίτης, ὁ, V. χειρῶναξ, ὁ (Soph. and Eur., *Frag.*). *Hired labourer*: P. θής, ὁ. *Fellow labourer*: P. and V. σῠνεργός, ὁ, or ἡ, V. σῠνεργάτης, ὁ. Fem., σῠνεργάτῐς, ἡ.

Labyrinth, subs. P. λαβύρινθος, ὁ. *A labyrinth of words*: V. περιπλοκαί λόγων αἱ.

Labyrinthine, adj. Use P. and V. πολύπλοκος (Plat.).

Lace, subs. Use P. and V. σινδών, ἡ (lit., *fine linen*). *Laces for shoes*: Ar. ἡνίαι, αἱ.

Lace, v. trans. See *fasten*.

Lacerate, v. trans. P. and V. σπᾰράσσειν (Plat.), Ar. and V. διασπᾶσθαι, διασπᾰράσσειν, κᾰταξαίνειν, V. ἀρτᾰμεῖν, διαρτᾰμεῖν, κνάπτειν, σπᾶν. *Wound*: P. and V. τιτρώσκειν, τραυμᾰτίζειν, V. ἑλκοῦν. Met., *distress*: P. and V. λῡπεῖν, ἀνῑᾶν, δάκνειν; see *distress*.

Laceration, subs. V. σπᾰραγμα, τό, σπᾰραγμός, ὁ. *Distress*: P. ταλαιπωρία, ἡ, P. and V. ἀχθηδών, ἡ; see *distress*.

Lack, subs. P. and V. σπᾰνῐς, ἡ, ἀπορία, ἡ, ἐρημία, ἡ, P. ἔνδεια, ἡ, V. ἀχηνία, ἡ. *Need*: P. and V. χρεία, ἡ.

Lack, v. trans. P. and V. σπᾰνίζειν (gen.) (also pass. in V.), ἀπορεῖν (gen.), P. ἐνδεῖν (or mid.) (gen.), V. πένεσθαι (gen.); see *want*. *Be deficient in*: P. and V. ἐλλείπειν (gen.), ἀπολείπεσθαι (gen.), V. λείπεσθαι (gen.). V. intrans. *Be lacking, fall short*: P. and V. ἐκλείπειν, ἐλλείπειν, V. λείπειν, Ar. and P. ἐπῐλείπειν.

Lackey, subs. P. and V. ὑπηρέτης, ὁ, V. λάτρῐς, ὁ, Ar. and P. ἀκόλουθος, ὁ.

Lacking, adj. P. and V. ἐνδεής, P. ἐλλιπής. *Lacking in*: P. and V. ἐνδεής (gen.), P. ἐλλιπής (gen.), V. χρεῖος (gen.).

Laconic, adj. P. βραχύλογος.

Laconically, adv. P. διὰ βραχέων.

Lachrymose, adj. V. δακρύρροος, Ar. and V. πολῠδακρυς; see *tearful*.

Lad, subs. Ar. and P. μειρᾰκιον, τό, μειρᾰκύλλιον, τό, P. μειρακίσκος, ὁ. *Boy*: P. and V. παῖς, ὁ, Ar. and V. κόρος, ὁ (rare P.).

Ladder, subs. P. and V. κλῖμαξ, ἡ; see also *rung*. *Scaling ladder*: see under *scaling*.

Lade, v. trans. P. and V. γεμίζειν; see also *fill*. *Lade with*: P. and V. γεμίζειν (τί τινος). *Be laden with*: P. and V. γεμίζεσθαι (gen.), γέμειν (gen.). *Laden with*: P. and V. γέμων (gen.), V. σεσαγμένος (gen.); see *full*.

Ladle, subs. Ar. and P. τορῠνη, ἡ, Ar. ἐτνήρυσις, ἡ.

Lady, subs. P. and V. γῠνή, ἡ. *Mistress*: P. and V. δέσποινα, ἡ, δεσπότῐς, ἡ (Plat.). *In invocations to goddesses*: Ar. and V. πότνια, ἡ, ἄνασσα, ἡ (rare P.), δέσποινα, ἡ (rare P.). *Lady of the house*: P. and V. οἰκουρός, ἡ.

Lady's maid, subs. Ar. and P. κομμώτρια, ἡ.

Lag, v. intrans. *Be left behind*: P. and V. ἀπολείπεσθαι. *Fall behind*: P. and V. ὑστερεῖν. *Delay*: P. and V. μέλλειν, ὀκνεῖν, χρονίζειν, σχολάζειν, τρῖβειν, ἐπέχειν, ἐπίσχειν, βρᾰδύνειν (Plat., *Pol.* 277B), P. διαμέλλειν, Ar. and P. διατρῖβειν. Of work: V. μᾰτᾶν.

Laggard, subs. P. μελλητής, ὁ, or use adj. P. and V. βρᾰδύς, P. ὀκνηρός.

Lagging, adj. P. and V. βρᾰδύς, P. ὀκνηρός; see *slow*.

Laggingly, adv. P. βραδέως; see *slowly*.

Lagoon, subs. P. τέναγος, τό; see *lake, marsh*.

Lair, subs. *Cave*: P. σπήλαιον, τό (Plat.), Ar. and V. ἄντρον, τό, V. σηκός, ὁ, θἄλἄμαι, αἱ. *Den*: V. λέχος, τό (Æsch., *Ag.* 1224). *Hiding-place*: V. κευθμών, ὁ. *Refuge*: P. and V. κἄτἄφῠγή, ἡ.

Laissez faire, adj. See *indifferent*.

Laissez faire, subs. See *indifference*.

Lake, subs. P. and V. λίμνη, ἡ. *Of a lake*, adj.: Ar. λιμναῖος. *Form a lake round* (of a river), v.: P. περιλιμνάζειν (acc.).

Lamb, subs. Ar. and V. ἄμνος, ὁ (Soph., *Frag.*), P. ἀρνίον, τό, Ar. and P. προβἄτιον, τό. Gen. also use P. and V. ἀρνός, τῆς (Plat., *Pol.* 268E; Eur., *I. T.* 813, *Cycl.* 189 in gen. pl.). *Lamb's flesh*: P. κρέα ἄρνεια, τά (Xen.). *Of lambs*, adj.: P. and V. ἄρνειος (Xen.).

Lambent, adj. Ar. and V. αἰόλος.

Lame, adj. P. and V. χωλός, P. ἀνάπηρος, V. ἄπους. Met., *poor*: P. and V. φαῦλος, Ar. and P. μοχθηρός. *Be lame*, v.: P. χωλαίνειν, χωλεύεσθαι, V. εἰλῡ́εσθαι.

Lame, v. trans. Ar. and P. πηροῦν. Met., P. and V. βλάπτειν, κἄκοῦν; see *injure*.

Lameness, subs. P. χωλεία, ἡ. *Poorness*: P. and V. φαυλότης, ἡ.

Lament, v. trans. and absol. P. and V. ὀδῡ́ρεσθαι, ἀποδῡ́ρεσθαι, πενθεῖν, θρηνεῖν, ἀποκλάειν (or mid.), στένειν (rare P. but used Dem. 300 and 308), στενάζειν (Dem. 835 but rare P.), δακρῡ́ειν, κλάειν (or mid. in V.), P. ὀλοφύρεσθαι, ἀπολοφύρεσθαι, ἀνολοφυρεσθαι, Ar. and V. οἰμώζειν, ἀποιμώζειν, κωκῡ́ειν, γοᾶσθαι, V. ἀναστένειν, κἄταστένειν, ἀνἄκωκῡ́ειν (absol.), δῡ́ρεσθαι, θρηνῳδεῖν, ἀνολολύζειν, κἄτοιμώζειν, ἐξοιμώζειν (absol.); see *wail*. *Beat the breast*: P. and V. κόπτεσθαι, V. ἀποκόπτεσθαι. *Be vexed at*: Ar. and P. ἀγἄνακτεῖν (dat.), χἄλεπαίνειν (dat.), P. δυσχεραίνειν, (dat.), V. δυσφορεῖν (dat.), πικρῶς φέρειν (acc.). *Lament over*: V. ἐπιστένειν (dat.), ἐπιστενάζειν (dat.), ἐποιμώζειν (dat.), ἐπῐκωκῡ́ειν (acc.). *Lament with*: V. συστενάζειν (dat.).

Lament, subs. See *lamentation*.

Lamentable, adj. P. and V. ἀνῐᾱρός, λῡπηρός, ἄθλιος, ἀλγεινός, πικρός, οἰκτρός, V. δύσφορος (also Xen. but rare P.), λυπρός, ἀχθεινός (also Xen. but rare P.), πολύστονος, πανδάκρῡτος, εὐδάκρῡτος, δυσθρήνητος, πάγκλαυτος, βἄρύστονος; see also *piteous*. *Unfortunate*: P. and V. κἄκός, δυστῠχής; see *unfortunate*. *Terrible*: P and V. δεινός.

Lamentably, adv. P. and V. λῡπηρῶς, ἀλγεινῶς, πικρῶς, ἀθλίως, οἰκτρῶς. *Unfortunately*: P. and V. κἄκῶς, δυστῠχῶς; see *unfortunately*. *Terribly*: P. and V. δεινῶς.

Lamentation, subs. P. and V. οἰμωγή, ἡ (Thuc.), στόνος, ὁ (Thuc.), ὀδυρμός, ὁ (Isoc. and Plat.), οἶκτος, ὁ, Ar. and P. ὀλοφυρμός, ὁ, P. ὀλόφυρσις, ἡ, Ar. and V. στέναγμα, τό, γόος, ὁ, V. οἰκτίσμἄτα, τά, οἴμωγμα, τό, στεναγμός, ὁ (also Plat. but rare P.), ὀδύρμἄτα, τά, κωκῡτός, ὁ, κωκῡ́μἄτα, τά. *Dirge*: P. and V. θρῆνος, ὁ (Plat.), P. θρηνῳδία, ἡ (Plat.), V. θρηνήμἄτα, τά. *Mourning*: P. and V. πένθος, τό, V. πένθημα, τό. *Sorrow*: P. and V. λῡπή, ἡ, ἀνῑ́ᾱ, ἡ, Ar. and V. ἄλγος, τό, V. δύη, ἡ, πῆμα, τό, πημονή, ἡ; see *sorrow*.

Lamp, subs. Ar. and P. λύχνος, ὁ. *Torch*: P. and V. λαμπάς, ἡ, Ar. and P. δᾷς, ἡ, V. δᾱλός, ὁ, πεύκη, ἡ; see *torch*.

Lamp-maker, subs. Ar. λυχνοποιός, ὁ.

Lampoon, v. trans. Ar. and P. κωμῳδεῖν.

Lampoon, subs. Ar. and P. ἴαμβοι, οἱ.

Lamp-stand, subs. Ar. λυχνοῦχος, ὁ.

Lance, subs. P. and V. παλτόν, τό (Xen. and Æsch., *Frag.*), βέλος, τό (rare P.). Ar. and P. ἀκόντιον, τό, V. ἄκων, ὁ. *Spear*: P. and V. δόρυ, τό, Ar. and V. λόγχη, ἡ, V. αἰχμή, ἡ, μεσάγκυλον, τό, βέλεμνον, τό.

Lance, v. trans. Ar. and P. σχάζειν. *Cut*: P. and V. τέμνειν.

Lancet, subs. Use *knife*.

Land, v. trans. P. ἐκβιβάζειν, ἀποβιβάζειν, V. ἐκβῆσαι (1st aor. act. of ἐκβαίνειν). *Land* (*a fish*). P. ἀνασπᾶσθαι (Plat.), V. ἐκσπᾶσθαι. *Land in* (*troubles, etc.*): P. and V. καθιστάναι, εἰς (acc.). V. intrans. P. and V. ἐκβαίνειν, ἀποβαίνειν (Eur., *Frag.*), P. ἀπόβασιν ποιεῖσθαι, ἐπεκβαίνειν. *Put ashore*: P. and V. κατάγεσθαι, P. καταπλεῖν. *Land at*: P. σχεῖν (dat. or πρός, acc.) (2nd aor. of ἔχειν), προσβάλλειν (dat. or πρός, acc. or εἰς, acc.), P. and V. προσσχεῖν (2nd aor. of προσέχειν) (dat or εἰς, acc.; V. also acc. alone), κατάγεσθαι (εἰς, acc.; V. acc. alone); see *put in*. *Easy to land at*, adj.: P. εὐαπόβατος.

Land, subs. *Country*: P. and V. γῆ, ἡ, χώρα, ἡ, Ar. and V. χθών, ἡ, πέδον, τό, γαῖα, ἡ, V. αἶα, ἡ, οἶμος, ὁ. *Native land*: P. and V. πατρίς, ἡ, Ar. and V. πάτρα, ἡ. *Land for cultivation*: P. and V. γῆ, ἡ, ἀγρός, ὁ, Ar. and V. ἄρουρα, ἡ (also Plat. but rare P.), γύαι, οἱ; see also *estate*. *Property in land*: P. ἔγγειος οὐσία, ἡ. *Land* (as opposed to *water*): P. and V. γῆ, ἡ, V. χέρσος, ἡ. *Mainland*: P. and V. ἤπειρος, ἡ. *By land, on foot*: P. πεζῇ. *From the land*: V. χερσόθεν. *Dry land*: P. τὸ ξηρόν. *On land* (as opposed to *on sea*): Ar. and P. κατὰ γῆν, P. κατ' ἤπειρον. *Bring to land*, v. trans.: see *put in at*.

Land, adj. *Land* (*forces*): P. and V. πεζός. *Living on land*: P. and V. χερσαῖος. *Agricultural*: Ar. and P. γεωργικός. *Land battle*: P. πεζομαχία, ἡ, Ar. πεζὴ μάχη. *Fight a land battle*, v.: Ar. and P. πεζομαχεῖν (absol.).

Landed estate, subs. P. ἔγγειος οὐσία, ἡ.

Landed proprietor, subs. P. γεωμόρος, ὁ, V. γαμόρος, ὁ.

Land holder, subs. P. γεωμόρος, ὁ, V. γαμόρος, ὁ.

Landing, subs. *Disembarkation*: P. ἀπόβασις, ἡ, V. ἔκβασις, ἡ.

Landing net, subs. P. and V. δίκτυον, τό (Plat.).

Landing place, subs. P. ἀπόβασις, ἡ, προσβολή, ἡ, κάταρσις, ἡ, καταγωγή, ἡ, V. ἔκβασις, ἡ, ἐπιδρομή, ἡ.

Landing stage, subs. Use P. χῶμα, τό.

Landlady, subs. *Landlady of an inn*: Ar. πανδοκεύτρια, ἡ, καπηλίς, ἡ.

Landlord, subs. *Landlord of an inn*: P. πανδοκεύς, ὁ (Plat.), Ar. and P. κάπηλος, ὁ; see also *landowner*. *One who lets anything on hire*: use Ar. and P. ὁ μισθῶν.

Landlubber, subs. Use adj., P. and V. χερσαῖος (Thuc. 7, 67; Eur., *And.* 457); see *lubber*.

Landmark, subs. *Prominent sign*: P. and V. σημεῖον, τό, V. σῆμα, τό. *Boundary*: P. and V. ὅρος, ὁ, ὅρια, τά.

Landowner, subs. P. γεωμόρος, ὁ, V. γαμόρος, ὁ.

Landscape, subs. *Country*: P. and V. χώρα, ἡ. *Sight, view*: P. and V. ὄψις, ἡ; see *sight*. *Picture*: see *picture*.

Landsman, subs. Use adj., P. and V. χερσαῖος (Thuc. 7, 67; Eur., *And.* 457).

Lane, subs. Use V. στενωπός, ἡ; see also *road*. *Making a wide lane with his spear*: V. λόγχῃ πλατεῖαν ἐσδρομὴν ποιούμενος (Eur., *Rhes.* 604).

Language, subs. P. and V. γλῶσσα, ἡ, φωνή, ἡ, V. φάτις, ἡ, φθόγγος, ὁ. *Speech*: P. and V. λόγος, ὁ. *Style of speaking*: P. λέξις, ἡ. *Words*: P. and V. λόγοι, οἱ, ῥήματα, τά; see *word*. *Speaking two languages*, adj.: P. δίγλωσσος. *Speaking the same language as*: P. ὁμόφωνος (dat.).

Languid, adj. P. ἀπειρηκώς, ἄρρωστος, P. and V. ἀσθενής, V. ἄναλκις, ἄναρθρος. *Limp*: V. ὑγρός, ἔκλυτος. Met., *slight*: P. and V. λεπτός, ὀλίγος, βρᾰχύς, μικρός, σμικρός. *Without energy*: met., Ar. and P. μᾰλᾰκός, Ar. and V. μαλθᾰκός (rare P.). *Without eagerness*: P. ἀπρόθυμος.

Languidly, adv. P. ἀσθενῶς. *Without eagerness*: P. ἀπροθύμως. *Without energy*: Ar. and P. μᾰλᾰκῶς, Ar. and V. μαλθᾰκῶς.

Languish, v. intrans. P. and V. ἀπειπεῖν, πᾰρίεσθαι, κάμνειν (rare P.), προκάμνειν (rare P.), P. παραλύεσθαι, ἐκλύεσθαι, ἀποκάμνειν, ἀπαγορεύειν.

Languishing, adj. See *languid*. *Soft alluring*: Ar. and P. μᾰλᾰκός, Ar. and V. μαλθᾰκός (rare P.); see *tender*.

Languor, subs. P. ἀρρωστία, ἡ, P. and V. ἀσθένεια, ἡ (rare V.). *Weariness*: P. and V. κόπος, ὁ. *Lack of energy*: P. μαλακία, ἡ, V. τὸ μαλθᾰκόν.

Lank, adj. *Long*: P. and V. μακρός. *Loose*: P. μᾱνός. *Thin*: P. and V. λεπτός.

Lankness, subs. *Looseness*: P. μανότης, ἡ. *Thinness*: P. λεπτότης, ἡ.

Lantern, subs. Use *lamp*.

Lap, subs. Use P. and V. γόνᾰτα, τά, lit., *knees*. *Bosom*: Ar. and V. κόλπος, ὁ. *In a race*: Ar. and V. δρόμος, ὁ. *More quickly than a horse racer ever covered two laps*: V. θᾶσσον . . . ἢ δρομεὺς δισσοὺς διαύλους ἵππιος διήνυσεν (Eur., *El.* 824).

Lap, v. trans. *Enfold*: P. and V. περῐβάλλειν, V. ἀμφῐβάλλειν, ἀμπέχειν; see *surround*. Of waves lapping the shore: see *wash*. *Lick up*: Ar. and V. λείχειν, ῥοφεῖν (also Xen.), Ar. ἐκλάπτειν, ἀπολάπτειν. *Lap over*: see *overlap*.

Lapse, subs. *Interval*: P. διάλειμμα, τό. *Fault*: P. πλημμέλεια, ἡ, P. and V. ἁμαρτία, ἡ, V. ἀμπλάκημα, τό; see *fault*. *Owing to lapse of time*: P. διὰ χρόνου πλῆθος. *After a considerable lapse of time*: P. προελθόντος πολλοῦ χρόνου. *After a sufficient lapse of time*: P. χρόνου ἐπελθόντος ἱκανοῦ. *After the lapse of three years*: P. διαλιπόντων ἐτῶν τριῶν.

Lapse, v. intrans. *Pass, elapse*: P. and V. πᾰρέρχεσθαι, διέρχεσθαι, P. διαγίγνεσθαι, προέρχεσθαι. *Lapse into*: P. περιίστασθαι εἰς (acc.), ἀποκλίνειν, πρός (acc.), ἐκπίπτειν εἰς (acc.). *Fall into*: P. and V. πίπτειν εἰς (acc.). *Lapse to, devolve on*: P. and V. προσκεῖσθαι (dat.), V. ῥέπειν εἰς (acc.); see *devolve*. *Come to an end*: P. and V. ἐξέρχεσθαι, ἐξήκειν. *It happened that their thirty years truce with the Argives was on the point of lapsing*: P. συνέβαινε πρὸς τοὺς Ἀργείους αὐτοῖς τὰς τριακονταέτεις σπονδὰς ἐπ' ἐξόδῳ εἶναι (Thuc. 5, 14; cf. also Thuc. 5, 28).

Larceny, subs. See *theft*.

Larch, subs. Use *fir*.

Lard, subs. P. ἀλοιφή, ἡ; see *fat*.

Large, adj. P. and V. μέγᾰς. *Abundant*: P. and V. πολύς, ἄφθονος. *Long*: P. and V. μακρός. *Broad*: P. and V. εὐρύς. *So large*: P. and V. τοσοῦτος, τοσόσδε, P. τηλικοῦτος, τηλικόσδε, V. τόσος (rare P.). *How large?* P. and V. πόσος, Ar. and P. πηλίκος. *Indirect*: P. and V. ὅσος, ὁπόσος. *At large*: use adj., P. and V. ἄφετος, ἀνειμένος. *Range at large*: P. ἄφετος νέμεσθαι (Plat., *Rep.* 498c).

Large-hearted, adj. P. μεγαλόφρων, P. and V. γενναῖος.

Largely, adv. P. and V. μέγᾰ, μεγάλᾰ, σφόδρᾰ, κάρτᾰ (Plat. but rare P.), πολύ, V. πολλά. *Not a little*: P. and V. οὐχ ἥκιστα. *Especially*: P. and V. μάλιστα.

Large-minded, adj. P. μεγαλόφρων, P. and V. γενναῖος.

Large-mindedness, subs. P. μεγαλοφροσύνη, ἡ, P. and V. γενναιότης, ἡ, τὸ γενναῖον.

Largeness, subs. P. and V. μέγεθος, τό. *Abundance:* P. and V. πλῆθος, τό, P. ἀφθονία, ἡ. *Bulk:* P. and V. ὄγκος, ὁ.

Largess, subs. See *gift*. *Extra pay:* P. ἐπιφορά, ἡ.

Lark, subs. Ar. and P. κορῠδός, ὁ.

Larva, subs. *Larva (of insects):* Ar. σκώληξ, ὁ.

Larynx, subs. Ar. and V. λάρυγξ, ὁ (Eur., *Cycl.*).

Lascivious, adj. Ar. and P. ἀκρᾰτής, P. ἀσελγής, σπαργῶν, ὑβριστικός, P. and V. ἀκόλαστος, V. μαργός; see *wanton*.

Lasciviously, adv. P. ἀκρατῶς, ἀκολάστως, ὑβριστικῶς, Ar. and P. ἀσελγῶς; see *wantonly*.

Lasciviousness, subs. P. ἀκράτεια, ἡ, ἀκολασία, ἡ, ἀσέλγεια, ἡ, P. and V. ὕβρῐς, ἡ, V. μαργότης, ἡ; see *wantonness*.

Lash, subs. P. and V. μάστιξ, ἡ, ἱμάς, ὁ, V. μάραγνα, ἡ (Eur., *Rhes.*). *Blow:* P. and V. πληγή, ἡ; see *blow*.

Lash, v. trans. *Flog:* Ar. and P. μαστῑγοῦν. *Strike:* P. and V. κρούειν, τύπτειν, πᾰτάξαι (1st. aor. of πατάσσειν), Ar. and V. παίειν (rare P.), θείνειν, ἀράσσειν. Met., *attack:* P. and V. ἐπιπλήσσειν, P. καθάπτεσθαι (gen.), Ar. and P. ἐγκεῖσθαι (dat.). *Bind, fasten:* P. and V. δεῖν, συνδεῖν, σῠνάπτειν, προσάπτειν; see *fasten*. *Lash the oar to the rowlock:* V. τροποῦσθαι κώπην ἀμφὶ σκαλμόν (Æsch., *Pers.* 376). *Be lashed by the sea*, v.: P. περικλύζεσθαι. *Lashed by the sea*, adj.: V. ἁλίρροθος, ἀμφίκλυστος, ἁλίστονος.

Lass, subs. See *girl*.

Lassitude, subs. P. and V. κόπος, ὁ.

Last, subs. *Shoemaker's last:* P. καλάπους, ὁ.

Last, adj. Of time or position: P. and V. τελευταῖος, ἔσχᾰτος, ὕστᾰτος, V. λοίσθιος, λοῖσθος. *The very last:* Ar. and V. πᾰνύστᾰτος. Of degree: P. and V. ἔσχᾰτος, τελευταῖος. *At last:* P. and V. τέλος, V. εἰς τέλος, Ar. and P. τὸ τελευταῖον, or use P. and V. τελευτῶν, agreeing with subject. *A blow would have been dealt at last:* V. κἂν ἐγίγνετο πληγὴ τελευτῶσα (Soph., *Ant.* 260). *After a time:* P. and V. διὰ χρόνου, χρόνῳ, V. χρόνῳ ποτέ, σὺν χρόνῳ, ἐν χρόνῳ. *Breathe one's last:* P. ἀποψύχειν (Thuc.), V. ἐκπνεῖν, ἐκπνεῖν βίον, ἐκπνεῖν ψῡχήν, ἀποψῡχειν βίον; see also *die*. *For the last time:* P. and V. ὕστᾰτον, ἔσχᾰτον, Ar. and V. πᾰνύστᾰτον, V. πᾰνύστᾰτα. *To the last:* P. εἰς τοὔσχατον (Thuc. 3, 46). *Last night:* V. ἥδε νύξ, ἡ νῦν νύξ, P. ἡ παρελθοῦσα νύξ. *Last year:* Ar. and P. πέρῠσι(ν). *Last year's:* Ar. and P. περῠσῖνός. *The year before last:* P. προπέρυσι. *Last winter:* P. τοῦ προτέρου χειμῶνος. *For about the last four hundred years the Lacedaemonians have enjoyed the same constitution:* P. ἔτη ἐστι μάλιστα τετρακόσια . . . ἀφ' οὗ οἱ Λακεδαιμόνιοι τῇ αὐτῇ πολιτείᾳ χρῶνται (Thuc. 1, 18). *In the last few days:* P. ἐν ταῖσδε ταῖς ὀλίγαις ἡμέραις (Plat., *Crito*, 49A). *For the last ten years I have wasted in misery:* V. ἀπόλλυμαι τάλας ἔτος τόδ' ἤδη δέκατον (Soph., *Phil.* 311). *Last offices to the dead:* P. τὰ νομιζόμενα, V. κτερίσμᾰτα, τὰ, τὰ πρόσφορα. *Pay last offices to*, v.: V. ἀγᾰπᾶν (acc.) (Eur. *Supp.* 764; *Hel.* 937), ἀγᾰπάζειν (Eur., *Phoen.* 1327), P. νομιζόμενα ποιεῖν (dat.).

Last, v. intrans. P. and V. μένειν, πᾰρᾰμένειν, ἀντέχειν, P. συμμένειν. V. ζῆν, Ar. and P. διᾰγίγνεσθαι, *Hold good:* P. and V. ἐμμένειν. *Be prolonged:* P. and V. χρονίζεσθαι, V. χρονίζειν. V. trans. *Suffice:* P. and V. ἀρκεῖν (dat.), ἐξαρκεῖν (dat.); see *suffice*.

Lasting, adj. P. μόνιμος. *Secure*: P. and V. βέβαιος, V. ἔμπεδος. *Lasting a long time*: P. and V. χρόνιος, P. πολυχρόνιος. *Be lasting*, v.: V. χρονίζειν; see *last*, v.

Lastly, adv. Ar. and P. τὸ τελευταῖον, V. λοίσθιον, τὸ λοίσθιον.

Latch, subs. Use Ar. and V. κλῇθρα, τα.

Latchet, subs. Use P. and V. ἱμάς, ὁ.

Late, adj. *Behind the time*: P. and V. ὕστερος, βρᾰδύς. *Delayed*: Ar. and V. χρόνιος. *Be late, be delayed*, v.: P. and V. χρονίζειν. *Be too late*: P. and V. ὑστερεῖν, P. ὑστερίζειν. *Too late for*, adj.: P. and V. ὕστερος (gen.). *Be too late for*, v.: P. and V. ὑστερεῖν (gen.), P. ὑστερίζειν (gen.). *Recent*, adj.: P. and V. πρόσφᾰτος; see *recent*. *Deceased*: P. and V. τεθνηκώς, τεθνεώς. *Of late*: see *lately*. With words of time: P. ὄψιος. *Late in the afternoon*: P. περὶ δείλην ὀψίαν. *Late in learning*: P. ὀψιμαθής (gen. or absol.).

Late, adv. P. and V. ὀψέ. *It was late in the day*: P. τῆς ἡμέρας ὀψὲ ἦν (Thuc. 4, 93). *Late in life*: P. πόρρω τῆς ἡλικίας. *Late at night*: P. πόρρω τῶν νυκτῶν. *Till late*: P. ἕως ὀψέ, εἰς ὀψέ. *As late as possible*: P. ὡς ὀψιαίτατα. *Too late*: V. ὀψέ, ὄψ' ἄγαν, ὕστερον (Eur., *Rhes.* 333), μεθύστερον. *I have come too late for*: V. ὕστερος ἀφῖγμαι (gen.) (Eur., *H. F.* 1174). *He arrives at Delium too late*: P. ὕστερος ἀφικνεῖται ἐπὶ τὸ Δήλιον (Thuc. 4, 90).

Lately, adv. *Just now*: P. and V. ἄρτι, νῦν, νέον, νεωστί, ἀρτίως (Dem. 463 and 737 also Plat.), Ar. and P. ἔναγχος, V. ἁρμοῖ.

Latent, adj. P. and V. ἀφᾰνής, ἄδηλος; see *secret*.

Later, adj. P. and V. ὕστερος; adv., P. and V. ὕστερον. *Much later*: P. πολλῷ ὕστερον. *A little later*: P. ὀλίγῳ ὕστερον.

Lateral, adj. P. πλάγιος.

Laterally, adv. P. ἐκ πλαγίου.

Latest, adj. P. and V. ὕστᾰτος. *Most recent*: P. καινότατος.

Lath, subs. *Board, plank*: P. and V. ξύλον, τό. *Beam*: Ar. and P. δοκός, ἡ.

Lathe, subs. P. and V. τόρνος, ὁ (Eur., *Bacch.* 1067). *Turn with a lathe*, v. trans.: P. τορνεύειν (also met. in Ar.).

Lather, subs. See *foam*.

Latitude, subs. *Space*: P. εὐρυχωρία, ἡ. *Freedom licence*: P. and V. ἐξουσία, ἡ. *Freedom of speech*: P. and V. παρρησία, ἡ.

Latter, adj. P. and V. οὗτος. *Later*: see *later*.

Latterly, adv. See *lately*.

Lattice, subs. *Window*: Ar. and P. θυρίς.

Lattice work, subs. Use P. and V. πλέγμᾰ, τό.

Laud, v. trans. P. and V. ἐπαινεῖν, P. ἐγκωμιάζειν, Ar. and V. εὐλογεῖν, V. αἰνεῖν (Plat., *Rep.* 404D but rare P.). *Extol, celebrate*: P. and V. μεγᾰλύνειν (Eur., *Bacch.* 320). *Celebrate in song*: P. and V. ὑμνεῖν, ᾄδειν.

Laudable, adj. P. ἐπαινετός (Plat.), P. and V. ἀνεπίληπτος, ἄμεμπτος, P. ἀνεπίφθονος. *Just*: P. and V. δίκαιος.

Laudably, adv. P. ἀνεπιφθόνως. *Justly*: P. and V. δικαίως. *Well*: P. and V. εὖ, κᾰλῶς.

Laudation, subs. P. and V. ἔπαινος, ὁ, Ar. and P. ἐγκώμιον, τό, εὐλογία, ἡ, V. ἐπαίνεσις, ἡ, αἶνος, ὁ.

Laugh, v. intrans. P. and V. γελᾶν. *Laugh aloud*: P. ἐκγελᾶν. *Burst out laughing*: P. ἀνακαγχάζειν (Plat.). *You have made me laugh, Socrates, though I am in no laughing mood at present*: P. ὦ Σώκρατες οὐ πάνυ γέ με νῦν δὴ γελασείοντα ἐποίησας γελάσαι (Plat., *Phaedo*, 64B). *Laugh at*: P. and V. γελᾶν (ἐπί, dat., or dat. alone), κᾰτᾰγελᾶν (gen.), ἐπεγγελᾶν (dat.), V. ἐγγελᾶν (dat., or κᾰτά, gen.), διᾰγελᾶν (acc.). *Mock*: P. and V. σκώπτειν (acc.) (Eur., *Cycl.* 675 absol.), Ar. and P. χλευάζειν (acc.), ἐπισκώπτειν (acc.), V. κερτομεῖν (acc.); see *mock*. *Simplicity was laughed down and disappeared*: P. τὸ εὔηθες . . . καταγελασθὲν ἠφανίσθη (Thuc. 3, 83). *Without laughing*: use adv., P. ἀγελαστί.

Laughable, adj. P. and V. γέλοιος, Ar. and P. κᾰτᾰγέλαστος, V. γελωτοποιός (Æsch., *Frag.*).

Laughably, adv. P. γελοίως, καταγελάστως.

Laughing stock, subs. P. and V. γέλως, ὁ. *Make a laughing stock of*: V. γέλων τίθεσθαι (acc.).

Laughter, subs. P. and V. γέλως, ὁ. *Mockery*: P. and V. γέλως, ὁ, κᾰτᾰγέλως, ὁ, V. κερτόμησις, ἡ, P. χλευασία, ἡ, χλευασμός, ὁ. *Object of malicious laughter*: V. ἐπίχαρμα, τό.

Laughter-loving, adj. P. φιλόγελως.

Launch, v. trans. *Hurl*: P. and V. ἀφίεναι, ῥίπτειν, βάλλειν, Ar. and V. ἱέναι; see *throw*. *Launch a ship*: P. and V. κᾰθέλκειν. *Launch against*: P. and V. ἐφιέναι (τί τινι), ἐπιφέρειν (τί τινι), προσβάλλειν (τί τινι), ἐμβάλλειν (τί τινι), V. ἐφορμᾶν (τί τινι) (Soph., *Frag.*), P. ἐπιπέμπειν (τί τινι). *Launch not against me the maidens with looks of blood and snaky hair*: V. μὴ 'πίσειέ μοι τὰς αἱματωποὺς καὶ δρακοντώδεις κόρας (Eur., *Or.* 255). *Launch out into*: P. and V. ἄρχεσθαι (gen.).

Laurel, subs. Ar. δάφνη, ἡ.

Laurelled, adj. V. δαφνώδης, δαφνηφόρος.

Lava, subs. P. ῥύαξ τοῦ πυρός, ὁ (Thuc. 3, 116), or ῥύαξ, ὁ alone (Plat., *Phaedo*, 111E).

Lave, v. trans. See *wash*. *Laved by the sea* (of a coast), adj.: V. ἀμφίκλυστος, ἁλίρροθος.

Laver, subs. V. ἀπορραντήρια, τά; see *vessel*.

Lavish, v. trans. P. and V. ἀνᾱλίσκειν, ἀνᾱλουν, ἐκχεῖν, (Plat.), V. ἀντλεῖν, διασπείρειν, Ar. and P. δᾰπᾰνᾶν. *Fling away*: P. προΐεσθαι, P. and V. προπίνειν.

Lavish, adj. *Extravagant, spending too much*: P. δαπανηρός, ἄσωτος. *Abundant*: P. and V. ἄφθονος πολύς, V. ἐπίρρῠτος. *Generous, ungrudging*: V. ἄφθονος. *Excessive*: P. and V. περισσός. *Be lavish of*, v.: P. and V. ἀφειδεῖν (gen.). *Heaven is lavish of misfortune toward me*: V. ὁ δαίμων ἔς με πλούσιος κακῶν (Eur., *Or.* 394).

Lavishly, adv. *Wastefully*: P. ἀσώτως. *Abundantly*: P. and V. ἀφθόνως (Eur., *Frag.*). *Unsparingly*: P. ἀφειδῶς. *Excessively*: P. and V. περισσῶς.

Lavishness, subs. *Extravagance*: P. ἀσωτία, ἡ, πολυτέλεια, ἡ. *Luxury*: P. and V. τρῠφή, ἡ. *Abundance*: P. ἀφθονία, ἡ. Ar. and P. περιουσία, ἡ, P. and V. πλῆθος, τό.

Law, subs. *Divine law*: P. and V. ὁσία, ἡ. *Human law*: P. and V. νόμος, ὁ. *Ordinance*: P. and V. νόμῐμον, τό, or pl., θεσμός, ὁ (rare P.). *Equality is man's law*: V. τὸ γὰρ ἴσον νόμιμον ἀνθρώποις ἔφυ (Eur., *Phoen.* 538). *Since it is a law of nature for the weaker to be kept down by the stronger*: P. ἀεὶ καθεστῶτος τὸν ἥσσω ὑπὸ τοῦ δυνατωτέρου κατείργεσθαι (Thuc. 1, 76). *Make laws*: of a people making their own laws, P. and V. νόμον τίθεσθαι; of a legislator: P. and V. νόμον τῐθέναι, P. νομοθετεῖν, V. θεσμοποεῖν. *Break the law*, v.: P. παρανομεῖν. *Enjoy good laws*: P. εὐνομεῖσθαι. *Enjoyment of good laws*, subs.: Ar. and P. εὐνομία, ἡ. *Lay down the law, domineer*, v.: P. and V. δεσπόζειν, τῠραννεύειν. *Bring to law*: P. εἰς δικαστήριον ἄγειν, V. πρὸς τὴν δίκην ἄγειν. *Go to law*: Ar. and P. δῐκάζεσθαι. *Go to law against*: P. ἀντιδικεῖν πρός (acc.), ἀγωνίζεσθαι πρός (acc.), Ar. and P.

δῐκάζεσθαι (dat.). *The laws of health*: P. τὸ ὑγιεινόν. *The laws of nature*: P. τὰ τῆς φύσεως.

Law-abiding, adj. P. and V. ἔννομος; see *orderly*.

Lawful, adj. *Permitted by divine law*: P. and V. ὅσιος. Generally: P. and V. ἔννομος, νόμῐμος. *Just*: P. and V. δῐ́καιος, ὀρθός, ἔνδῐκος. *(It is) lawful*: P. and V. ὅσιον, θεμῐτόν (negatively) (rare P.), θέμῐς (rare P.). Of children (as opposed to *bastard*): P. and V. γνήσιος, V. ἰθᾱγενής. Of a wife: P. γνήσιος (Xen.). *Lawful wedlock*: V. γνήσια νυμφεύματα τά (Eur., *And.* 193).

Lawfully, adv. P. and V. κᾰτᾰ̀ νόμους, P. νομίμως, ἐννόμως. *Justly*: P. and V. δῐκαίως, ἐνδῐ́κως, ὀρθῶς. *In accordance with divine law*: P. and V. ὁσίως. *In lawful wedlock*: P. and V. γνησίως.

Lawfulness, subs. *Justice*: P. and V. τὸ δῐ́καιον.

Law giver, subs. P. νομοθέτης, ὁ.

Law giving, subs. See *legislation*.

Lawless, adj. P. and V. ἄνομος, πᾰρᾰ́νομος (Eur., *Med.* 1121), V. ἀπᾰ́λαμνος (Eur., *Cycl.* 598). *Disorderly, anarchic*: P. and V. ἄναρχος. *Be lawless*, v.: P. and V. ἀκοσμεῖν, P. παρανομεῖν.

Lawlessly, adv. P. ἀνόμως.

Lawlessness, subs. P. and V. ἀνομία, ἡ, ἀναρχία, ἡ, P. παρανομία, ἡ, V. τὸ ἄναρχον.

Law maker, subs. See *law giver*.

Lawn, subs. *Grass*: P. and V. πόα, ἡ; see *grass*. *Meadow*: P. and V. λειμών, ὁ. *Sacred enclosure*: P. and V. ἄλσος, τό (Plat.), τέμενος, τό. *Fine linen*: P. and V. σινδών, ἡ. *Robes of lawn*: V. βύσσῐνοι πέπλοι.

Lawsuit, subs. P. and V. δῐ́κη, ἡ, ἀγών, ὁ. *Be engaged in a lawsuit with*: Ar. and P. δῐκάζεσθαι (dat.), P. ἀγωνίζεσθαι πρός (acc.), ἀντιδικεῖν πρός (acc.).

Lawyer, subs. Use adj., Ar. and P. δῐκᾱνῐκός. *Advocate*: P. and V. σῠνήγορος, ὁ, or ἡ, σύνδῐκος, ὁ, or ἡ, P. παράκλητος, ὁ.

Lax, adj. *Loose, slack*: Ar. and P. χᾰλᾰρός. *Unenergetic*: P. ἀπρόθυμος. *Lax morally*: P. and V. ἀνειμένος (Thuc. 1, 6). Ar. and P. τρῠφερός. *Be lax morally*, v.: P. and V. τρῠφᾶν. *Careless*: P. and V. ῥᾴθῡμος, Ar. and P. ἀμελής; see *careless*.

Laxity, subs. *Moral*: P. and V. τρῠφή, ἡ. *Remissness*: P. and V. ῥᾳθῡμία, ἡ, P. ἀμέλεια, ἡ, ῥᾳστώνη, ἡ; see *carelessness*.

Lay, v. trans. P. and V. τῐθέναι. *Make to recline*: Ar. and P. κᾰτακλῑ́νειν, V. κλῑ́νειν. *Lay a wager*: Ar. περῐδῐ́δοσθαι (absol.). *Lay (eggs)*: use Ar. and P. τίκτειν. *Lay (a foundation)*: P. and V. ὑποβάλλειν, κᾰτᾰβάλλεσθαι, P. ὑποτιθέναι. *Be laid (of foundations)*: P. ὑποκεῖσθαι. *When the foundation of a race is not fairly laid*: V. ὅταν δὲ κρηπὶς μὴ καταβληθῇ γένους ὀρθῶς (Eur., *H. F.* 1261). *The foundations are laid*: P. οἱ θεμέλιοι . . . ὑπόκεινται (Thuc. 1, 93). *Lay an ambush*: P. and V. λοχᾶν, P. ἐνεδρεύειν; see *ambush*. *Lay a (plot)*: P. κατασκευάζειν, συσκευάζειν, P. and V. πλέκειν, V. ἐμπλέκειν, ῥάπτειν; see *contrive*. *Lay aside*: P. and V. ἀποβάλλειν, ἀφῑέναι, μεθῑέναι, Ar. and P. ἀποτῐ́θεσθαι. *Lay aside (clothes)*: see *put off*. *Put by for reserve*: P. χωρὶς τίθεσθαι, Ar. and P. ἀποτῐ́θεσθαι. *Lay bare*: P. and V. γυμνοῦν. Met.; see *disclose*. *Lay before*: P. and V. προτῐθέναι (τί τινι). *Lay (a question) before the people to vote on*: P. ἐπιψηφίζειν, τι (εἰς acc). *Lay by*: Ar. and P. κᾰτᾰτῐ́θεσθαι, *Lay down*: P. and V. κᾰτᾰτῐθέναι (Eur., *Cycl.*). *Renounce*: P. and V. μεθῐέναι, ἐξίστασθαι (gen.); see *renounce*. *Lay down a law*: of a legislator, P. and V. νόμον τῐθέναι; of a people, P. and V. νόμον τῐ́θεσθαι. *Be laid down*: P. and V. κεῖσθαι. *Lay* *down the law*: met.; see *domineer*. *Determine*: P. and V. ὁρίζειν. *Lay down (a principle)*: P. τιθέναι (or mid.), ὑπολαμβάνειν, ὑποτίθεσθαι, ὁρίζεσθαι. *Be laid down*: P. ὑπάρχειν, ὑποκεῖσθαι, κεῖσθαι. *This being laid down*: V. ὑπόντος τοῦδε (Eur., *El.* 1036). *Lay down as a foundation*: P. and V. κᾰτᾰβάλλεσθαι. *Lay hands on*: Ar. χεῖρας ἐπῐβάλλειν (dat.), P. and V. ἅπτεσθαι (gen.), ἐφάπτεσθαι (gen.), λαμβάνεσθαι (gen.), ἀντῐλαμβάνεσθαι (gen.); see under *hand*. *Lay hold of*: see *lay hands on*. *Lay in, store up*: Ar. and P. κᾰτᾰτίθεσθαι. *Lay low*: P. and V. κᾰθαιρεῖν, V. κλΐνειν, κᾰταστρωννῦναι; see *destroy*. *Lay on*: P. and V. ἐπῐτιθέναι (τί τινι). *Impose*: P. and V. ἐπῐβάλλειν (τί τινι), προστῐθέναι (τί τινι), προσβάλλειν (τί τινι). *Be laid on, imposed*: P. and V. προσκεῖσθαι, P. ἐπικεῖσθαι. *Enjoin*: P. and V. προστάσσειν (τί τινι), ἐπῐτάσσειν (τί τινι), ἐπιστέλλειν (τί τινι), ἐπισκήπτειν (τί τινι). *Lay (blame) on*: P. and V. (αἰτίαν), ἀνᾰφέρειν (dat., or εἰς, acc.), προστῐθέναι (dat.), Ar. and P. ἐπᾰνᾰφέρειν (εἰς, acc.), ἀνᾰτῐθέναι (dat.); see *attribute*. *Lay open*: see *disclose*. *Lay oneself open to*: see *incur*. *Lay out, arrange*: Ar. and P. διᾰτῐθέναι. *Expend*: P. and V. ἀνᾱλίσκειν, ἀνᾱλοῦν. *Prepare*: P. and V. πᾰρασκευάζειν. *Prepare for burial*: P. and V. περιστέλλειν, προτίθεσθαι, V. συγκᾰθαρμόζειν. *Straighten the limbs*: V. ἐκτείνειν. *By no wife's hand were they laid out in their winding sheets*: V. οὐ δάμαρτος ἐν χεροῖν πέπλοις συνεστάλησαν (Eur., *Tro.* 377). *Be laid out for burial*: P. and V. προκεῖσθαι. *Lay oneself out to*: P. and V. σπουδάζειν (infin.). *Lay siege to*: see *besiege*. *Lay to*: see *impute*. *Lay to heart*: P. and V. ἐνθῡμεῖσθαι, V. θυμῷ βάλλειν; see *heed*. V. intrans. *Come to anchor*: P. and V. ὁρμίζεσθαι. *Lay to rest*: P. and V. κοιμίζειν, V. κοιμᾶν. *Lay under contribution*: P. ἀργυρολογεῖν (acc.). *Lay up*: Ar. and P. κᾰτᾰτίθεσθαι. *Be laid up*: P. ἀποκεῖσθαι (met.). *Be ill*: P. and V. κάμνειν, νοσεῖν. *Lay waste*, v. trans.: see *devastate*.

Lay, subs. *Poem*: P. ποίημα, τό, ποίησις, ἡ. *Song*: P. and V. ᾠδή, ἡ, μέλος, τό, μελῳδία, ἡ, Ar. and V. ἀοιδή, ἡ; see *song*.

Layer, subs. *Layer of bricks*: P. ἐπιβολή, ἡ (Thuc. 3, 20). *In layers cross-wise*, adv.: P. φορμηδόν.

Laying out, subs. *Laying out of the dead*: P. πρόθεσις, ἡ.

Layman, subs. Ar. and P. ἰδιώτης, ὁ. *Of a layman*, adj.: P. ἰδιωτικός. *Like a layman*, adv.: P. ἰδιωτικῶς. *Be a layman*, v.: P. ἰδιωτεύειν.

Lazily, adv. P. ἀργῶς.

Laziness, subs. P. and V. ἀργία, ἡ, ῥᾳθῡμία, ἡ.

Lazy, adj. P. and V. ἀργός, ῥᾴθῡμος, P. ἄπονος. *Be lazy*, v.: P. and V. ἀργεῖν, P. ἀργῶς ἔχειν, ῥᾳθυμεῖν, Ar. and V. ἐλῑνεύειν. *Sit doing nothing*. P. and V. κἄθῆσθαι.

Lea, subs. *Meadow*: P. and V. λειμών, ὁ, V. ὀργάς, ἡ; see also *pasture*.

Lead, subs. P. and V. μόλυβδος, ὁ (Dem. 766; Eur., *And.* 267). *White lead*: Ar. and P. ψῑμύθιον, τό. *Leaden weight*: P. and V. μολυβδίς, ἡ (Soph., *Frag.*).

Lead, v. trans. P. and V. ἄγειν, ἡγεῖσθαι (dat.), ἐξηγεῖσθαι (acc. or dat.). *Guide*: P. and V. ὑφηγεῖσθαι (dat.), Ar. and P. ἡγεμονεύειν (gen.), V. ὁδηγεῖν, ὁδοῦν, Ar. and P. προηγεῖσθαι (dat.) (Xen). *Lead the way*: P. and V. ἡγεῖσθαι, ὑφηγεῖσθαι, P. καθηγεῖσθαι, V. ὁδηγεῖν, ὁδοῦ κᾰτάρχειν, ἐξῡφηγεῖσθαι. *Induce*: P. and V. προτρέπειν (or mid.), ἐπάγειν, ἐπαίρειν, προάγειν, P. ἐπισπᾶν. *Be at the head of*: P. and V. προστᾰτεῖν (gen.), προΐστασθαι (gen.), P. ἡγεμονεύειν (gen.). *Spend, pass*: P. and V. διάγειν, τρίβειν, Ar. and V. ἄγειν; see *pass*.

Be the first: P. πρωτεύειν. V. intrans. *Tend*: P. and V. τείνειν, φέρειν. *Tend* (of roads): P. and V. φέρειν, ἄγειν. *Lead against*: P. and V. ἐπάγειν (τινά τινι). *Lead astray*: P. and V. πᾰράγειν, πλᾰνᾶν. *Lead away*: P. and V. ἀπάγειν. *Lead back*: P. ἐπανάγειν. *Lead in*: P. and V. εἰσάγειν. *Lead on*: P. and V. ἐπάγειν, προάγειν, ὑπάγειν. *Lead out*: P. and V. ἐξάγειν. *Lead out against*: P. ἐπεξάγειν (absol.). *Lead round*: P. περιάγειν. *Lead through*: Ar. and P. διάγειν (τινὰ διά τινος). *Lead to*: see *cause*. *Lead up*: P. and V. ἀνάγειν.

Lead, subs. *Guidance*: P. ὑφήγησις, ἡ. *Take the lead*: P. and V. ἡγεῖσθαι, P. ἡγεμονεύειν.

Leader, subs. *Guide*: P. and V. ἡγεμών, ὁ, or ἡ, P. ἀγωγός, ὁ; see *guide*. *Chief*: P. and V. ἡγεμών, ὁ, or ἡ, προστάτης, ὁ; see *chief*. *Ringleader*: P. and V. ἡγεμών, ὁ, or ἡ.

Leadership, subs. P. ἡγεμονία, ἡ, προστασία, ἡ.

Leading, adj. *Chief*: P. and V. πρῶτος. *Dominant*: P. and V. κύριος. *Occupy the leading place*, v.: P. πρωτεύειν. *The leading cities*: P. αἱ προεστῶσαι πόλεις.

Leaf, subs. P. and V. φύλλον, τό. *Young leaves*: P. and V. χλόη, ἡ.

Leafage, subs. Ar. and V. φυλλάς, ἡ, V. φόβη, ἡ.

Leafless, adj. V. ἀφύλλωτος. *Bare*: P. and V. ψῑλός.

Leafy, adj. Use P. σύσκιος, Ar. and V. δάσκιος, μελάμφυλλος, Ar. and P. δᾰσύς.

League, subs. Ar. and P. σῠνωμοσία, ἡ, P. σύστασις, ἡ, τὸ συνώμοτον. *Alliance*: Ar. and P. συμμᾰχία, ἡ. *Faction*: P. and V. στάσις, ἡ. *Plot*: P. ἐπιβουλή, ἡ. *In league with*, adj.: P. and V. ἔνσπονδος (dat.). *Be in league with*, v.: Ar. and P. σῠνίστασθαι (dat.); see *conspire*. *He is uniting all men in league against us*: P. συσκευάζεται πάντας ἀνθρώπους ἐφ' ἡμᾶς (Dem. 91). *Member of a league*, subs.: P. and V. σῠνωμότης, ὁ. *Eighth of a mile*: Ar. and P. στάδιον, τό.

League, v. trans. P. and V. σῠνάγειν, P. συνιστάναι. *Bring together*: V. σῠναλλάσσειν. V. intrans. P. and V. σῠνομνῦναι, σῠνέρχεσθαι, Ar. and P. σῠνίστασθαι.

Leaguer, v. trans. See *beleaguer*.

Leak, subs. *Hole*: Ar. and P. τρῆμα, τό. *Spring a leak*: V. ἄντλον δέχεσθαι.

Leak, v. intrans. P. οὐδὲν στέγειν. *Flow out*: P. and V. ἀπορρεῖν. *Leak out* (*of a secret*): use P. and V. ἐκφέρεσθαι, γνωρίζεσθαι.

Leaky, adj. P. διάβροχος, οὐδὲν στέγων.

Lean, v. trans. P. and V. κλίνειν, ἐρείδειν (Plat., *Tim.* 43E, but rare P.); see *bend*, *support*. V. intrans. P. κλίνεσθαι, ἀποκλίνειν, P. and V. ῥέπειν. *Stoop*: Ar. and P. κύπτειν. *Lean forward*: v. trans., V. προβάλλειν; v. intrans., P. προνεύειν, Ar. προκύπτειν. *Lean on*: P. ἐπικλίνεσθαι (absol.). *Support oneself on*: Ar. and P. ἐπερείδεσθαι (dat.), P. ἀπερείδεσθαι (dat.); met., *trust to*: P. and V. πιστεύειν (dat.), πείθεσθαι (dat.), πεποιθέναι (dat.), (2nd perf. of πείθειν). *Lean towards, be inclined to*: P. and V. ῥέπειν (πρός, acc., εἰς, acc. or ἐπί, acc.), P. ἀποκλίνειν πρός (acc.). *Tend towards*: P. and V. τείνειν εἰς (acc.). *Lean upon*: see *lean on*.

Lean, adj. Ar. and P. ἰσχνός, λεπτός. *Withered*: P. and V. ξηρός.

Leaning, adj. *Sloping*: P. ἐπικλινής.

Leaning, subs. *Have a leaning towards*: P. ἀποκλίνειν πρός (acc.), ῥέπειν ἐπί (acc.), ῥεῖν ἐπί (acc.); see *inclined to*.

Leanness, subs. P. λεπτότης, ἡ.

Leap, subs. V. πήδημα, τό, ἅλμα, τό (also Plat. but rare P.), ἐκπήδημα, τό, σκίρτημα, τό.

Leap, v. intrans. P. and V. πηδᾶν (Plat.), ἅλλεσθαι (Plat.), ἐκπηδᾶν (Plat.), σκιρτᾶν (Plat.), V. θρώσκειν, ἐκθρώσκειν. *Leap aside:* P. ἀποπηδᾶν (Plat.). *Leap down:* P. καταπηδᾶν (Xen.). *Leap off:* Ar. and V. ἀφάλλεσθαι (ἐκ, gen.). *Leap on:* P. and V. ἐνάλλεσθαι (dat. or εἰς, acc. or absol.), Ar. and P. ἐπῐπηδᾶν (dat.), V. ἐνθρώσκειν (dat.), ἐπενθρώσκειν (dat.), ἐπιθρώσκειν (gen.). *Leap out:* P. and V. ἐκπηδᾶν (Plat.), V. ἐκθρώσκειν. *Leap over:* Ar. ὑπερπηδᾶν (acc.), Ar. and P. διᾰπηδᾶν, (acc. or absol.), V. ὑπερθρώσκειν (acc. or gen.). *Leap up:* Ar. and P. ἀνᾰπηδᾶν.

Learn, v. trans. P. and V. μανθάνειν, ἐκμανθάνειν. *Be taught:* P. and V. δῐδάσκεσθαι. *Be informed:* P. and V. μανθάνειν, ἀκούειν, πυνθάνεσθαι, V. πεύθεσθαι, Ar. and V. ἐκπυνθάνεσθαι, κλύειν, P. διαπυνθάνεσθαι. *He learnt all that he could of the Persian tongue:* P. τῆς Περσίδος γλώσσης ὅσα ἠδύνατο κατενόησε (Thuc. 1, 138). *Learn beforehand:* P. and V. προμανθάνειν, P. προπυνθάνεσθαι (absol.). *Learn besides:* Ar. and V. προσμανθάνειν. *Learn by heart:* P. and V. ἐκμανθάνειν. *Learn subsequently:* P. ἐπιμανθάνειν.

Learned, adj. P. and V. σοφός, P. φιλόσοφος, Ar. and P. πολῠμᾰθής. *Learned in:* P. and V. ἐπιστήμων (gen.), ἔμπειρος (gen.). *Learned man*, subs.: P. and V. σοφιστής, ὁ.

Learnedly, adv. P. and V. σοφῶς.

Learner, subs. Ar. and P. μᾰθητής, ὁ.

Learning, subs. *Wisdom:* P. and V. σοφία, ἡ. *Science:* P. and V. ἐπιστήμη, ἡ. *Knowledge:* P. and V. ἐπιστήμη, ἡ. *Branch of knowledge:* Ar. and P. μάθημα, τό. *Culture:* Ar. and P. παιδεία, ἡ. *Act of learning:* P. and V. μᾰθησις, ἡ. *Erudition:* P. πολυμαθία, ἡ. *Quick at learning*, adj.: P. εὐμαθής. *Quickness at learning*, subs.: P. εὐμάθεια, ἡ. *Fond of learning*, adj.: P. φιλομαθής. *Fondness for learning*, subs.: P. φιλομάθεια, ἡ.

Lease, v. trans. *Hire:* Ar. and P. μισθοῦσθαι. *Let out on hire:* Ar. and P. μισθοῦν.

Lease, subs. P. μίσθωσις, ἡ. *Bond:* P. συγγραφή, ἡ.

Leash, subs. Use P. and V. ἱμάς, ὁ.

Least, adj. P. and V. ἐλάχιστος. *Not in the least:* P. and V. οὐδᾰμῶς, μηδᾰμῶς, οὔπως, μήπως, ἀρχὴν οὐ, ἀρχὴν μή. *Not in the least degree:* P. οὐδὲ κατὰ μικρόν. *At least:* P. and V. γε, γοῦν, γε μήν, ἀλλά, ἀλλά . . . γε.

Least, adv. P. ἐλάχιστα, P. and V. ἥκιστα.

Leather, subs. Ar. and P. σκῦτος, τό. *Dressed leather:* P. and V. διφθέρα, ἡ (Eur., *Frag.*).

Leather dresser, subs. P. σκυτόδεψος, ὁ, Ar. σκῦλοδέψης, ὁ.

Leather garment, subs. Ar. and P. διφθέρα, ἡ.

Leathern, adj. Ar. and P. σκῦτῐνος. *Of dressed leather:* P. διφθέρινος (Xen.).

Leather seller, subs. Ar. βυρσοπώλης, ὁ.

Leather worker, subs. Ar. and P. σκῦτοτόμος, ὁ.

Leave, subs. *Permission:* P. and V. ἐξουσία, ἡ. *Get leave to introduce a suit:* P. δίκην λαγχάνειν. *Get leave to speak:* P. λόγου τυγχάνειν. *Take leave of:* P. and V. χαίρειν ἐᾶν (acc.), χαίρειν λέγειν (acc.), Ar. and P. χαίρειν κελεύειν (acc.), V. χαίρειν κᾰταξιοῦν (acc.). *Take a friendly leave of:* V. φίλως εἰπεῖν (acc.). *Take leave of one's senses:* P. and V. ἐξίστασθαι; see *be mad.* *By your leave:* P. and V. εἴ σοι δοκεῖ (*if it seems good to you*).

Leave, v. trans. *Quit:* P. and V. λείπειν, ἀπολείπειν, ἐκλείπειν, κᾰτᾰλείπειν, προλείπειν, ἀμείβειν (Plat. but rare P.), P. μεταλλάσσειν, V. ἐκλιμπάνειν, ἐξᾰμείβειν. *Leave vacant:* P. and V. κενοῦν, ἐρημοῦν.

You have left no hope among us: V. οὐδ' ἐλλέλοιπας ἐλπίδα (Eur., *El.* 609). *Bequeath*: Ar. and P. κᾰτᾰλείπειν, V. λείπειν (Eur., *Alc.* 688). *Leave alone, let be*: P. and V. ἐᾶν. *Leave behind*: Ar. and P. ὑπολείπειν. *Be left behind (in a contest)*: P. and V. λείπεσθαι, V. ἐλλείπεσθαι, Ar. and P. ὑπολείπεσθαι. *Leave for decision*: see *leave to*. *Leave go of*: P. and V. μεθῑέναι (acc.), ἀφῑέναι (acc.), ἀφίεσθαι (gen.), Ar. and V. μεθίεσθαι (gen.). *Leave in (a place)*: P. ἐγκαταλείπειν (absol.). *Leave in the lurch*: P. and V. λείπειν, κᾰτᾰλείπειν, προλείπειν, προδῐδόναι, ἐρημοῦν, Ar. and P. προϊέναι (or mid.). *Leave off*: v. trans., P. and V. μεθῑέναι; v. intrans., see *cease*. *Leave out*: P. and V. πᾰρᾰλείπειν (Eur., *Hel.* 773), πᾰρῑέναι, ἐκλείπειν, ἐλλείπειν. *Be left over*: Ar. and V. περῐλείπεσθαι; see *remain*. *Leave to (for decision, etc.)*: Ar. and P. ἐπιτρέπειν (τί τινι), V. πᾰρῑέναι (τί τινι); see *refer*.

Leaven, subs. P. ζύμη, ἡ (Arist.).

Leavings, subs. P. and V. λείψᾰνα, τά (Plat.).

Lecture, subs. P. σχολή, ἡ. *Attend a person's lectures*: P. ἀκροᾶσθαί (τινος). *Rebuke*: P. and V. νουθέτημα, τό, νουθέτησις, ἡ.

Lecture, v. trans. *Rebuke*: P. and V. νουθετεῖν, σωφρονίζειν, ῥυθμίζειν.

Ledge, subs. *Ledge of rock*: V. χοιράς, ἡ. *Projection*: P. πρόβολος, ὁ.

Ledger, subs. Use Ar. and P. γραμμᾰτεῖον, τό, γράμμᾰτα, τά.

Leech, subs. P. βδέλλα, ἡ (Hdt.). *Physician*: P. and V. ῑ̓ᾱτρός, ὁ; see *doctor*.

Leek, subs. Ar. πρᾰ́σον, τό.

Leer, v. intrans. *Scoff*: Ar. and P. χλευάζειν.

Leering, adj. Use P. and V. ἀναιδής (*shameless*).

Lees, subs. *Lees of wine*: Ar. τρύξ, ἡ; see *dregs*.

Leeward, adv. P. ἐκ τοῦ ὑπηνέμου (Xen.). *We sat to leeward*: V. καθήμεθα ὑπήνεμοι (Soph., *Ant.* 411).

Left, adj. P. and V. ἀριστερός, εὐώνῠμος, V. λαιός. *On the left*: P. ἐν ἀριστερᾷ, P. and V. ἐξ ἀριστερᾶς, V. λαιᾶς χειρός. *To the left*: V. πρὸς τἀριστερά (Eur., *Cycl.* 686). *Left, remaining*: P. and V. λοιπός, V. λοίσθιος, λοῖσθος; see *remaining*. *Be left over*: Ar. and V. περῐλείπεσθαι; see *remain*.

Leg, subs. P. and V. σκέλος, τό, κῶλον, τό (Plat.). *Lower part of the leg*: P. and V. κνήμη, ἡ. *Of a piece of furniture*: Ar. and P. πούς, ὁ. *Having two legs*, adj.: P. and V. δῐ́πους. *Having three legs*: P. and V. τρῐ́πους. *Having four legs*: P. and V. τετρᾰ́πους, V. τετρασκελής.

Legacy, subs. P. and V. δωρεά, ἡ, δόσῐς, ἡ. *Leave as a legacy*, v.: Ar. and P. κᾰτᾰλείπειν; see *leave*.

Legal, adj. *Concerning law*: P. νομῐκός. *In conformity with law*: P. and V. νόμῐμος, ἔννομος.

Legalise, v. trans. Use P. and V. κῡροῦν (*ratify*).

Legality, subs. Use P. and V. τὸ ἔννομον.

Legally, adv. P. ἐννόμως, νομίμως, P. and V. κᾰτᾰ̀ νόμους.

Legate, subs. P. πρεσβευτής, ὁ, V. πρέσβῠς, ὁ; pl., P. and V. πρέσβεις, οἱ; see *messenger*. *Deputy*: P. and V. ὕπαρχος, ὁ (Xen.).

Legatee, subs. P. κληρονόμος, ὁ.

Legend, subs. P. and V. λόγος, ὁ, μῦθος, ὁ, φήμη, ἡ, V. αἶνος, ὁ, P. μυθολόγημα, τό. *Work of fiction*: P. and V. μῦθος, ὁ. *Tell legends*, v.: P. μυθολογεῖν. *Telling of legends*: P. μυθολογία, ἡ. *Writer of legends*: P. μυθολόγος, ὁ, μυθοποιός, ὁ.

Legendary, adj. P. μυθώδης, μυθικός. *Legendary monsters*: P. φύσεις μεμυθολογημέναι (Plat.).

Legerdemain, subs. P. γοητεία, ἡ, θαυματοποιΐα, ἡ.

Legion, subs. In Roman sense: use P. τάγμα, τό (late), τέλος, τό (late); see *crowd*.

Legislate, v. intrans. P. νομοθετεῖν, V. θεσμοποιεῖν, P. and V. νόμον τῐθέναι (or mid., in the case of a sovereign people legislating for itself).

Legislation, subs. P. νομοθεσία, ἡ, νόμων θέσις, ἡ. *Laws:* P. and V. νόμοι, οἱ.

Legislative, adj. P. νομοθετικός.

Legislator, subs. P. νομοθέτης, ὁ.

Legitimate, adj. Opposed to *bastard:* P. and V. γνήσιος, V. ἰθᾱγενής. *Lawful:* P. and V. νόμῐμος, ἔννομος. *Fair, reasonable:* P. and V. εὔλογος, εἰκώς.

Legitimately, adv. P. ἐννόμως, νομίμως, P. and V. κᾰτὰ νόμους. *In lawful wedlock:* P. and V. γνησίως. *Fairly:* P. and V. εἰκότως, εὐλόγως.

Leisure, subs. P. and V. σχολή, ἡ. P. ῥᾳστώνη, ἡ, Ar. and P. ἡσῠχία, ἡ. *Idleness:* P. and V. ἀργία, ἡ. ῥᾳθῡμία, ἡ. *Be at leisure*, v.: P. and V, σχολάζειν, σχολὴν ἔχειν. *Be idle:* P. and V. ἀργεῖν, P. ῥᾳθυμεῖν. *At leisure*, adv.: P. and V. σχολῇ, ἐπὶ σχολῆς, Ar. and P. κᾰτὰ σχολήν; adj., P. and V. ἀργός. *Quiet:* P. and V. ἥσῠχος; see *quiet*.

Leisurely, adj. P. and V. σχολαῖος (Soph., *Frag.*). *Slow:* P. and V. βρᾰδύς. *In a leisurely way:* Ar. and P. κᾰθ' ἡσῠχίαν.

Lend, v. trans. *Money:* Ar. and P. δᾰνείζειν, κιχρᾰναι. *Furnish:* P. and V. πᾰρέχειν, πορίζειν. *Afford, grant:* P. and V. ἐνδῐδόναι. *Lend ear:* P. παρέχειν τὰ ὦτα; see under *ear*. *The god lent readiness to her hands:* V. ὁ θεὸς εὐμάρειαν ἐπεδίδου χεροῖν (Eur., *Bacch.* 1128).

Lender, subs. P. δανειστής, ὁ (Dem. 885).

Lending, subs. P. δανεισμός, ὁ.

Length, subs. P. and V. μῆκος, τό; of time: also P. and V. πλῆθος, τό. *Measure:* P. and V. μέτρον, τό. *Go to such lengths:* P. τοσαύτῃ χρῆσθαι ὑπερβολῇ, εἰς τοσαύτην ὑπερβολὴν ἥκειν; see *extremity*. *At length:* see *at last*. *At full length, on one's back:* use adj., P. and V. ὕπτιος. *They two lie at full length before you:* V. τώδ' ἐκτάδην σοι κεῖσθον (Eur., *Phoen.* 1698). *At length, in many words:* V. μῆκος. *Tell me not at length but shortly:* V. εἰπέ μοι μὴ μῆκος ἀλλὰ συντόμως (Soph., *Ant.* 446). *Speak at length*, v.: P. and V. μακρηγορεῖν (Thuc.), P. μακρολογεῖν.

Lengthen, v. trans. P. and V. μηκῡνειν; see *prolong*.

Lengthy, adj. P. and V. μακρός.

Leniency, subs See *lenity*.

Lenient, adj. Of persons: P. and V. ἤπιος, πρᾶος, φῐλάνθρωπος, ἥμερος, ἐπιεικής, συγγνώμων, V. πρευμενής. Of punishment: P. and V. ἐπιεικής, μέτριος.

Leniently, adv. P. and V. ἠπίως, P. φιλανθρώπως, πράως, V. εὐφρόνως, πρευμενῶς. *Moderately:* P. and V. μετρίως, P. ἐπιεικῶς.

Lenity, subs. P. πραότης, ἡ, φιλανθρωπία, ἡ, ἐπιείκεια, ἡ, V. πρευμένεια, ἡ. *Moderateness (of punishment, etc.):* P. μετριότης, ἡ.

Lentil, subs. P. φακός, ὁ (Hdt.). *Lentil soup:* Ar. φᾰκῆ, ἡ.

Leopard, subs. Ar. and P. πάρδᾰλις, ἡ.

Leopard-skin, subs. V. παρδᾰλήφορον δέρος (Soph., *Frag.*).

Leprosy, subs. P. λευκὴ ἀλφός (Plat., *Tim.* 85A) *Leprosies:* V. λειχῆνες, οἱ (Æsch., *Choe.* 281).

Less, adj. P. and V. ἐλάσσων, ἥσσων, V. μείων.

Less, adv. P. and V. ἔλασσον, ἧσσον, V. μεῖον. *Much less, let alone:* P. μή τί γε.

Lessen, v. trans. P. ἐλασσοῦν, μειοῦν (Xen.). V. intrans. P. ἐλασσοῦσθαι, μειοῦσθαι (Plat.). *Depreciate:* P. and V. διᾰβάλλειν, P. διασύρειν.

Lesser, adj. See *less*.

Lesson, subs. P. and V. μᾰ́θημα, τό, P. διδασκαλία, ἡ. *Example, warning:* P. and V. πᾰρᾰ́δειγμα, τό, ἐπίδειξις, ἡ (Eur., *Phoen.* 871).

Our former mistakes . . . will teach us a lesson: P. ὅσα ἡμάρτομέν πρότερον . . . διδασκαλίαν παρέξει (Thuc. 2, 87). *Yet a good upbringing teaches the lesson of virtue*: V. ἔχει γε μέντοι καὶ τὸ θρεφθῆναι καλῶς δίδαξιν ἐσθλοῦ (Eur., *Hec.* 600). (*A cloth*) *unfinished, but serving as a lesson in weaving*: V. (ὕφασμα) οὐ τέλεον οἷον δ' ἐκδίδαγμα κερκίδος (Eur., *Ion*, 1419). *Read* (*a person*) *a lesson*: P. and V. σωφρονίζειν (acc.), ῥυθμίζειν (acc.) (Plat.). *Have lessons of* (*a person*): Ar. and P. φοιτᾶν πᾰρᾰ́ (acc.).

Lest, conj. After verbs of fearing: P. and V. μή. *In order that not*: P. and V. ὅπως μή.

Let, v. trans. *Let for hire*: Ar. and P. μισθοῦν, P. ἀπομισθοῦν, ἐκμισθοῦν. *Be let* (*of a house*): P. μισθοφορεῖν (*bring in rent*). *Let off, let go*: P. and V. ἀφῑέναι (acc.), μεθῑέναι (acc.). *Acquit*: P. and V. λῡ́ειν, ἐκλῡ́ειν, ἀφῑέναι, Ar. and P. ἀπολῡ́ειν. *Pardon*: P. and V. συγγιγνώσκειν (dat.); see *pardon*. *Be let off, be acquitted*: P. and V. φεύγειν, Ar. and P. ἀποφεύγειν. *Let out, allow out*: P. and V. ἐξῑέναι; see also *release*. *Let out* (*a rope*): Ar. and V. ἐξῑέναι. *Dismiss*: Ar. and P. ἀποπέμπειν. *Let out on hire*: Ar. and P. μισθοῦν, P. ἐκμισθοῦν, ἀπομισθοῦν. *Let out on contract*: P. ἐκδιδόναι. *Let slip* (*an opportunity*): P. ἀφιέναι, παριέναι. *Tell, betray*: P. and V. ἐκφέρειν, μηνῡ́ειν. *Allow*: P. and V. ἐᾶν ἐφῑέναι (dat.), πᾰρῑέναι (dat.). *Let a person be injured*: Ar. and P. περιορᾶν, or P. προΐεσθαί τινα ἀδικούμενον. *She will not let others bear children*: V. οὐκ ἀνέξεται τίκτοντας ἄλλους (Eur., *And.* 711). *He privily begets sons and lets them perish*: V. παῖδας ἐκτεκνούμενος λάθρα θνήσκοντας ἀμελεῖ (Eur., *Ion*, 438). *Let alone*: P. and V. ἐᾶν (acc.). *Let be*: P. and V. ἐᾶν (acc. or absol.). Exclamatory: V. ἴτω, ἔᾰ, ἔᾱσον. *Let down*: P. and V. κᾰθῑέναι (acc.). *Let down one's hair*: V. κᾰθῑέναι κόμας. *Let oneself down*: P. and V. κᾰθῑέναι ἑαυτόν, P. συγκαθιέναι ἑαυτόν. Ar. κᾰθῑμᾶν ἑαυτόν. *Let fall*: P. and V. πᾰρῑέναι (acc.) (Thuc. 4, 38), ἀφῑέναι (acc.) (Thuc. 2, 76): see *drop*. Of tears: see *shed*. *Let go*: P. and V. ἀφῑέναι, ἀνῑέναι, μεθῑέναι, V. ἐξᾰνῑέναι. *Let go of*: P. and V. ἀφίεσθαι (gen.), Ar. and V. μεθίεσθαι (gen.). *Let in*: P. and V. εἰσφρεῖν, πᾰρῑέναι, εἰσδέχεσθαι, εἰσᾰ́γειν, προσδέχεσθαι, V. πᾰρεισδέχεσθαι, ἐπεισφρεῖν, P. παραδέχεσθαι, προσίεσθαι, εἰσιέναι. *Let loose*: P. and V. λῡ́ειν, ἀφῑέναι; see *release*. *Let loose upon*: P. and V. ἐφῑέναι (τί τινι), P. ἐπιπέμπειν (τί τινι); see *launch against*. *Let through*: P. and V. διῑέναι, Ar. and P. διαφρεῖν.

Lethargic, adj. *Idle*: P. and V. ἀργός, ῥᾴθῡμος. *Slow*: P. and V. βρᾰδῡ́ς. *Unenergetic*: P. ἀπρόθυμος.

Lethargically, adv. *Idly*: P. ἀργῶς. *Unenergetically*: P. ἀπροθύμως. *Slowly*: P. βραδέως.

Lethargy, subs. *Idleness*: P. and V. ἀργία, ἡ, ῥᾳθυμία, ἡ, P. ῥᾳστώνη, ἡ. *Weariness*: P. and V. κόπος, ὁ. *Numbness*: Ar. and P. νάρκη, ἡ.

Letter, subs. P. and V. ἐπιστολή, ἡ, or pl., γράμμᾰτα, τά, γρᾰφή, ἡ, or pl. *Tablet for writing*: P. and V. πῖναξ, ὁ, Ar. and V. δέλτος, ἡ. *Letters of the alphabet*: P. and V. γράμμᾰτα, τά. *Letters, literature*: P. and V. μουσῐκή, ἡ (Eur., *Frag.*). *A man of letters*: use adj., *lettered*. *A dead letter, not enforced*: use adj., P. ἄκυρος. *Obsolete*: Ar. and P. σαπρός, P. ἕωλος.

Lettered, adj. *Acquainted with literature*: P. and V. μουσῐκός, Ar. and P. φῐλόμουσος.

Lettuce, subs. P. θρίδαξ, ἡ (Hdt.).

Level, adj. P. ὁμαλός, ἐπίπεδος, V. λευρός; see *flat*. *Consisting of* *plain*: P. and V. πεδιάς (Plat.), P. πεδιεινός. *Smooth*: P. and V. λεῖος. *Equal*: P. and V. ἴσος.

Level, v. trans. P. ὁμαλύνειν (Plat.), ὁμαλίζειν. *Put on a level with*: P. and V. ἐξισοῦν (τινά τινι), P. ἐπανισοῦν (τινὰ πρός τινα). *Level to the ground*: P. and V. κᾰθαιρεῖν, κᾰτασκάπτειν. *Aim*: see *aim*. *Level reproaches at*: see *reproach*.

Level, subs. P. τὸ ὁμαλόν. *On a level with*: P. and V. ἐξ ἴσου (dat.).

Lever, subs. P. and V. μοχλός, ὁ. Met., *means of influence*: P. ἀντιλαβή, ἡ, P. and V. λᾰβή, ἡ, ἀφορμή, ἡ.

Leveret, subs. Ar. λᾰγῴδιον, τό.

Levity, subs. *Inconstancy*: P. τὸ ἀστάθμητον. *Faithlessness*: P. and V. ἀπιστία, ἡ. *Unreasonableness*: P. ἀλογία, ἡ. *Sport, jest*: P. and V. παιδιά, ἡ. *Nonsense*: Ar. and P. λῆρος, ὁ, φλυᾱρία, ἡ. *Treat with levity*: P. ἐν οὐδένι λόγῳ ποιεῖσθαι, V. δι' οὐδένος ποιεῖσθαι; see *disregard*, *mock*.

Levy, v. trans. *Requisition*: P. and V. ἐπῐτάσσειν, προστάσσειν, τάσσειν, P. ἐκλέγειν. *Levy money*: P. ἀργυρολογεῖν (absol.). *He levied money for the navy*: P. ἠγυρολόγησεν εἰς τὸ ναυτικόν (Thuc. 8, 3). *Levy tribute from the Greeks*: P. δασμολογεῖν τοὺς Ἕλληνας (Isoc. 184c). *Exact*: Ar. and P. ἀναπράσσειν; see *exact*. *Collect*: P. and V. συλλέγειν, σῡνάγειν; see *collect*. *Levy war on*: P. πόλεμον ἐπιφέρειν (dat.), πόλεμον ἐκφέρειν πρός (acc.).

Levy, subs. *Muster*: P. and V. σῠνοδος, ἡ, σύλλογος, ὁ, V. ἄθροισμα, τό. *Hold a levy (for the army)*: P. καταλόγους ποιεῖσθαι. *Levying money*, subs.: P. ἀργυρολογία, ἡ (Xen.); adj., Ar. and P. ἀργῠρολόγος.

Lewd, adj. P. and V. ἀκόλαστος, Ar. and P. ἀκρᾰτής, V. μάργος. *Shameless*: P. and V. ἀναιδής, ἀναίσχυντος.

Lewdly, adv. P. ἀκολάστως, ἀκρατῶς. *Shamelessly*: P. and V. ἀναιδῶς, P. ἀναισχύντως.

Lewdness, subs. P. ἀκολασία, ἡ, ἀκράτεια, ἡ, V. μαργότης, ἡ, P. and V. αἰσχρουργία, ἡ, ὕβρις, ἡ. *Shamelessness*: P. and V. ἀναίδεια, ἡ; see *shamelessness*.

Liability, subs. *To render account*: use P. τὸ ὑπεύθυνον. *Liabilities, debts*: P. χρήματα, τά, ὀφειλήματα, τά.

Liable, adj. *Accountable*: P. and V. ὑπεύθῡνος, P. ὑπαίτιος, ὑπόδικος, ὑπόλογος, ἔνοχος. *Liable for the security*: P. τῆς ἐγγύης ὑπόδικος. *Be liable for*: P. and V. ἐνέχεσθαι (dat.) (Eur., *Or.* 516). *Liable to, accountable to*: P. ὑπεύθυνος (dat.), ἔνοχος (dat.), ὑπόδικος (dat.). *Liable to tribute*: P. ὑποτελὴς φοροῦ. *Liable to punishment*: P. ζημίᾳ ἔνοχος. *Be liable to*: P. and V. ἐνέχεσθαι (dat.). *Be liable to a charge of*, v.: P. and V. ὀφλισκάνειν (acc.). *Not liable to military service*, adj.: Ar. and P. ἀστρᾰ́τευτος. *Be liable to (states of feeling, etc.)*, v.: P. and V. χρῆσθαι (dat.). *Men's natures are liable to confusion*: V. ἔχουσι γὰρ ταραγμὸν αἱ φύσεις βροτῶν (Eur., *El.* 368). *If a man envies or indeed fears us (for superiority is liable to be the target of both passions) ...*: P. εἴ τις φθονεῖ ἢ καὶ φοβεῖται, ἀμφότερα γὰρ τάδε πάσχει τὰ μείζῳ ... (Thuc. 6, 78). *Be liable to (do a thing)* (with infin.): P. and V. φῐλεῖν. *Large armies are liable to be seized by unaccountable panics*: P. φιλεῖ μεγάλα στρατόπεδα ἀσαφῶς ἐκπλήγνυσθαι (Thuc. 4, 125). *Be inclined to*: P. and V. φῡ́εσθαι (infin.); see *inclined*.

Liar, subs. P. and V. ψεύστης, ὁ. *Be a liar*, v.: P. and V. ψεύδεσθαι.

Libation, subs. P. and V. σπονδή, ἡ, or pl., V. λοιβαί, αἱ (rare in sing.), Ar. and V. πέλᾰνος, ὁ. *Libations to the dead or the gods of the dead*: V. χοαί, αἱ (also Xen. but rare P.), λοῦτρα, τά, γἄποτος χῦσις, ἡ. *Have no share in the pouring of libations*: V. μετασχεῖν οὐ φιλοσπόνδου λιβός (Æsch., *Choe.* 292). *Make or pour libations*, v.: Ar. and P. σπονδὰς ποιεῖσθαι, P. and V. σπένδειν, ἀποσπένδειν, V. σπονδὰς λείβειν (or mid.), ἐκσπένδειν, Ar. and V. κἄτασπένδειν. *Make libations to the dead*: V. χοὰς χεῖν, χοὰς χεῖσθαι, χοὰς ἐπισπένδειν. *Join in making libations*: P. συσπένδειν (dat.).

Libel, subs. P. βλασφημία, ἡ.

Libel, v. trans. P. βλασφημεῖν (εἰς, acc. or κατά, gen.).

Libellous, adj. P. βλάσφημος. *It is not technically libellous to say that a man has killed his father*: P. οὐκ ἔστι τῶν ἀπορρήτων ἐάν τίς τιν' εἴπῃ τὸν πατέρα ἀπεκτονέναι (Lys. 116).

Liberal, adj. *Generous in giving*: P. φιλόδωρος, Ar. μεγἄλόδωρος. *Ungrudging*: V. ἄφθονος. *Abundant*: P. and V. ἄφθονος, πολύς, V. ἐπίρρῦτος. *Befitting a free man*: P. and V. ἐλεύθερος, P. ἐλευθέριος. *Democratic*: Ar. and P. δημοκρἄτἴκός. *High-minded*: P. and V. γενναῖος, P. μεγαλόψυχος, μεγαλόφρων, V. εὐγενής. *Humane*: P. and V. φἴλάνθρωπος.

Liberality, subs. *Munificence*: P. ἀφθονία, ἡ, ἐλευθεριότης, ἡ. *Abundance*: P. ἀφθονία, ἡ, εὐπορία, ἡ, *Highmindedness*: P. and V. γενναιότης, ἡ, τὸ γενναῖον, P. μεγαλοψυχία, ἡ, μεγαλοφροσύνη, ἡ. *Humanity*: P. φιλανθρωπία, ἡ.

Liberally, adv. *Munificently*: P. φιλοδώρως. *Abundantly*: P. and V. ἀφθόνως (Eur., *Frag.*). *As befits a freeman*: P. and V. ἐλευθέρως. *Nobly*: P. and V. γενναίως, P. μεγαλοψύχως, V. εὐγενῶς.

Liberate, v. trans. P. and V. ἐλευθεροῦν, ἀφῖέναι, ἐκλῦειν, or mid., ἀπολῦειν (Eur., *Or.* 1236), ἀπαλλάσσειν, ἐξαιρεῖσθαι, V. ἐξἄπαλλάσσειν (pass. in Thuc.). *Help in liberating*: P. συνελευθεροῦν (acc.).

Liberation, subs. P. and V. λῦσις, ἡ, ἀπαλλἄγή, ἡ, V. ἔκλῦσις, ἡ, P. ἀπόλυσις, ἡ, ἐλευθέρωσις, ἡ.

Liberator, subs. Use P. and V. ὁ ἐλευθερῶν, or other participles of verbs *to liberate*.

Libertine, subs. P. and V. ὑβριστής, ὁ.

Liberty, subs. P. ἐλευθερία, ἡ, V. τοὐλεύθερον. *Political independence*: P. αὐτονομία, ἡ. *Licence, permission*: P. and V. ἐξουσία, ἡ, *Immunity*: P. and V. ἄδεια, ἡ. *Dangers that threaten our personal liberty*: P. οἱ περὶ τοῦ σώματος κινδῦνοι (Lys. 110). *Complete personal liberty for all as regards private life*: P. ἀνεπίτακτος πᾶσιν εἰς τὴν δίαιταν ἐξουσία (Thuc. 7, 69). *Set at liberty*, v.: see *liberate*. *You are at liberty to*: P. and V. ἔξεστί σοι (infin.). *Take liberties with*: P. and V. ὑβρίζειν (acc., or εἰς, acc.). *Tamper with*: P. λυμαίνεσθαι (acc.).

Libidinous, adj. P. and V. ἀκόλαστος, Ar. and P. ἀκρἄτής, V. μάργος.

Libidinously, adv. P. ἀκολάστως, ἀκρατῶς.

Libidinousness, subs. P. ἀκολασία, ἡ, ἀκράτεια, ἡ, V. μαργότης, ἡ.

Licence, subs. *Permission*: P. and V. ἐξουσία, ἡ. *Indemnity*: P. and V. ἄδεια, ἡ. *Want of restraint*: P. ἀκολασία, ἡ, ἀκράτεια, ἡ, ἄνεσις, ἡ. *Wantonness*: P. and V. ὕβρῖς, ἡ. *Shamelessness*: P. and V. ἀναίδεια, ἡ; see *shamelessness*. *Lawlessness*: P. and V. ἀνομία, ἡ, ἀναρχία, ἡ, V. τὸ ἄναρχον.

Licence, v. trans. *Give permission for*: use P. and V. ἐξουσίαν δῖδόναι (dat. of pers.; gen. of thing). *Licence a play*: P. χορὸν διδόναι (absol.) (Plat., *Rep.* 383c). *You will have voted them full licence to do whatever they like*: P. πολλὴν ἄδειαν αὐτοῖς ἐψηφισμένοι ἔσεσθε ποιεῖν ὅτι ἂν βούλωνται (Lys. 166).

Licentious, adj. P. and V. ἀκόλαστος, ἀχάλῖνος (Eur. *Frag.*), Ar. and P.

ἀκρᾰτής, P. ἀσελγής, ὑβριστικός, V. μάργος. *Lawless*: P. and V. ἄνομος, ἄναρχος. *Impious*: P. and V. ἀνόσιος. *Shameless*: P. and V. ἀναιδής; see *shameless*. *Be licentious*, v.: P. and V. ὑβρίζειν; see *wanton*.

Licentiously, adv. P. ἀκολάστως, ἀκρατῶς, ὑβριστικῶς, A. and V. ἀσελγῶς. *Lawlessly*: P. ἀνόμως. *Impiously*: V. ἀνοσίως. *Shamelessly*: P. and V. ἀναιδῶς; see *shamelessly*.

Licentiousness, subs. P. ἀκολασία, ἡ, ἀκρατεία, ἡ, ἀσέλγεια, ἡ, P. and V. ὕβρῐς, ἡ, V. μαργότης, ἡ. *Lawlessness*: P. and V. ἀνομία, ἡ, ἀναρχία, ἡ, V. τὸ ἄναρχον. *Shamelessness*: P. and V. ἀναίδεια, ἡ; see *shamelessness*.

Lick, v. trans. Ar. διᾰλείχειν, Ar. and V. λιχμᾶν. *Lick round*: Ar. περῐλείχειν (acc.). *Lick up*: Ar. and V. λείχειν (acc.).

Lictor, subs. P. and V. ῥαβδοῦχος, ὁ (late.).

Lid, subs. Ar. ἐπίθημα, τό; see *cover*. *Eye-lid*: P. and V. βλέφᾰρον, τό (Plat., *Tim.* 45E also Ar.), generally pl.

Lie, subs. P. and V. ψεῦδος, τό, V. ψῦθος, τό. *Tell lies of*, v.: Ar. and P. κᾰταψεύδεσθαι (gen.).

Lie, v. intrans. P. and V. ψεύδεσθαι, κᾰταψεύδεσθαι, V. ψευδηγορεῖν. *Lying, false*, use adj.: P. and V. ψευδής.

Lie, v. intrans. *Be in a certain situation*: P. and V. κεῖσθαι. *Geographically*: P. and V. κεῖσθαι, ἱδρῦσθαι (perf. pass. ἱδρύειν). *Of a ship*: P. and V. ὁρμεῖν, ὁρμίζεσθαι. *Recline*: Ar. and P. κᾰτακλίνεσθαι, V. κλίνεσθαι. *Lie buried*: P. and V. κεῖσθαι. *Lie down*: Ar. and P. κᾰτᾰκεῖσθαι. *Go to bed*: P. and V. κοιμᾶσθαι. *Lie hid*: see *hide*. *Lie in ambush for*: P. and V. ἐφεδρεύειν (dat.), P. ἐνεδρεύειν (acc.), V. λοχᾶν (acc.); see under *ambush*. *Lie in state (awaiting burial)*: P. and V. προκεῖσθαι. *Lie in wait for*: P. and V. φῠλάσσειν (acc.), τηρεῖν (acc.). *Lie off* (of islands off a coast): P. ἐπικεῖσθαι (dat. or absol.). Of a ship: P. ἐφορμεῖν (dat.). *Lie on*: P. ἐπικεῖσθαι (dat.). *Lie under*: P. ὑποκεῖσθαι (dat. or absol.). Met., P. and V. σῠνέχεσθαι (dat.), σῠνεῖναι (dat.). *Lie under suspicion*: P. and V. ὕποπτος εἶναι. *Lie up*: Ar. and P. κᾰτακλίνεσθαι. *Lie upon*: P. ἐπικεῖσθαι (dat.).

Lieu, subs. *In lieu of*: see *stead*.

Lieutenant, subs. Use P. and V. λοχᾱγός, ὁ; see *captain*. *Subordinate*: P. and V. ὕπαρχος, ὁ.

Life, subs. *Existence*. P. and V. βίος, ὁ, ζωή, ἡ (Plat. and Æsch., *Frag.*), V. ζοή, ἡ (Eur., *Hec.* 1108). *Time of life*: Ar. and P. ἡλῐκία, ἡ, V. αἰών, ὁ. *Way of living*: P. and V. βίος, ὁ, δίαιτα, ἡ, Ar. and V. βίοτος, ὁ. *Age, generation*: P. and V. αἰών, ὁ. *Vital principle*: P. and V. ψῡχή, ἡ. *Animation, courage*: P. and V. θῡμός, ὁ. *Prime of life*: P. and V. ἥβη, ἡ, ὥρα, ἡ, ἀκμή, ἡ. *Be in the prime of life*, v.: P. and V. ἡβᾶν, ἀκμάζειν. *The events of one's life*: P. τὰ βεβιωμένα (τινί). *Be tried for one's life*: P. περὶ τοῦ σώματος ἀγωνίζεσθαι (Lys. 167). *For one's life*: P. and V. περὶ ψῡχῆς. *(Describe) to the life*: P. and V. ἀκρῑβῶς. *Money and lives will be put to the hazard against each city*: P. πρὸς ἑκάστην πόλιν ἀποκεκινδυνεύσεται τά τε χρήματα καὶ αἱ ψυχαί (Thuc. 3, 39). *Come to life again*, v.: Ar. and P. ἀναβιώσκεσθαι. *Regain life*: V. ἀνᾰλᾰβεῖν φῶς. *Love of life*, subs.: P. φιλοψυχία, ἡ. *Loving life*, adj.: V. φῐλόψῡχος, φῐλόζωος (Soph. and Eur., *Frag.*).

Life blood, subs. P. and V. αἷμα, τό, V. ψυχῆς ἄκρατον αἷμα (Soph., *El.* 786).

Life-giving, adj. V. φερέσβιος (Æsch., *Frag.*).

Life exile, subs. P. ἀειφυγία, ἡ.

Lifeless, adj. P. and V. ἄψῡχος; see *dead*. Met., Ar. and P. μᾰλᾰκός, Ar. and V. μαλθᾰκός. *Unenergetic*: P. ἀπρόθυμος; see *torpid*.

Lifelessly, adv. Ar. and P. μᾰλᾰκῶς, Ar. and V. μαλθᾰκῶς. *Unenergetically*: P. ἀπροθύμως.

Lifelessness, subs. P. μαλακία, ἡ; see *torpor*.

Lifelike, adj. P. ζωτικός (Xen.).

Lifetime, subs. P. and V. αἰών, ὁ; see *life*.

Lift, v. trans. P. and V. αἴρειν, ἐξαίρειν, ἐπαίρειν, ἀνᾰγειν, ἀνέχειν, V. βαστάζειν. *Raise*: P. and V. ἀνίστᾰναι, ἐξᾰνιστᾰναι, ὀρθοῦν (rare P.), V. ἀνᾰκουφίζειν, Ar. and V. κουφίζειν (rare P.); see *raise*. *Take up*: P. and V. ἀναιρεῖσθαι. *Lift one's brows*: Ar. and P. ὀφρῦς ἀνασπᾶν. *I will stay the spear which I lift against the strangers*: V. παύσω δε λόγχην ἣν ἐπαίρομαι ξένοις (Eur., *I. T.* 1484). *Lift up (the voice, etc.)*: P. ἐπαίρειν, Ar. and P. ἐντείνεσθαι. *Lift up the voice*: V. ὀρθιάζειν (absol.). *Lift up the voice in a shout*: V. ὀλολυγμὸν ἐπορθιάζειν.

Ligament, subs. See *band, bandage*.

Light, subs. P. and V. φῶς, τό, Ar. and V. φέγγος, τό (also Plat. but rare P.), φάος, τό. *Gleam*: Ar. and V. σέλᾰς, τό (also Plat. but rare P.), αὐγή, ἡ (also Plat. in sense of *ray*). *Lamp*: Ar. and P. λύχνος, ὁ. Concretely of persons or things, *the light of, the glory of*: V. ἄγαλμα, τό, φῶς, τό, φάος, τό; see *glory*. *See the light, live*, v.: V. φῶς βλέπειν, φάος βλέπειν, or βλέπειν alone. *As soon as it was light*: P. and V. ἅμ' ἡμέρᾳ, P. ἅμ' ἕῳ. *Light was beginning to break*: P. ὑπέφαινέ τι ἡμέρας (Plat., *Prot.* 312A). *Bringing light*, adj.: Ar. and V. φωσφόρος. *Bring to light*, v.: P. and V. ἀνᾰφαίνειν, εἰς μέσον φέρειν, P. πρὸς φῶς ἄγειν, εἰς τὸ φανερὸν ἄγειν; see *disclose*. *Come to light*: P. and V. φαίνεσθαι, ἀνᾰφαίνεσθαι, ἐκφαίνεσθαι (Plat.). *Give a light*: Ar. and P. φαίνειν (absol.). *Shed light on*, met.: P. and V. σᾰφηνίζειν (acc.) (Xen.), διᾰσᾰφεῖν (acc.); see *explain*. *Shine on*: P. καταλάμπειν (gen.) (Plat.). *Stand in a person's light*: P. and V. ἐμποδὼν εἶναι (dat.). *In the light of*: P. and V. ἐκ (gen.), ἀπό (gen.). *Each of the former favours is viewed in the light of the final result*: P. πρὸς τὸ τελευταῖον ἐκβὰν ἕκαστον τῶν προϋπαρξάντων κρίνεται (Dem. 12). *Represent in a bad light*: P. κακῶς εἰκάζειν περί (gen.) (Plat., *Rep.* 377E).

Light, v. trans. *Kindle*: P. and V. ἅπτειν, ἀνάπτειν, ὑφάπτειν, κάειν, V. αἴθειν, ἀναίθειν, ὑπαίθειν, δαίειν, ἀνδαίειν, ἀναιθύσσειν, ἀνᾰκάειν (Eur., *Cycl.*), ἐκκάειν. *Have lighted*: P. ἀνάπτεσθαι (Lys. 93). *A lighted torch*, subs.: Ar. δᾲς ἡμμένη. *A lighted lamp*: P. λύχνος ἡμμένος (Thuc. 4, 133). *Give light to*: Ar. and P. φαίνειν (dat.). *Make bright*, v.: V. φλέγειν. *Fall*: P. and V. πίπτειν, κᾰτασκήπτειν. *Light on, descend on*: P. and V. κᾰτασκήπτειν (εἰς, acc.). *Envy is wont to light on things exalted*: V. εἰς τἀπίσημα δ' ὁ φθόνος πηδᾶν φιλεῖ (Eur., *Frag.*). *Light on, chance on*: P. and V. ἐντυγχᾰνειν (dat.), τυγχανειν (gen.), προσπίπτειν (dat.), Ar. and P. ἐπῐτυγχᾰνειν (gen. or dat.), P. περιπίπτειν (dat.), Ar. and V. κῠρεῖν (gen.), V. κιγχᾰνειν (acc. or gen.). Of events: see *befall*. *Settle on*: see *settle*.

Light, adj. Ar. and P. φᾱνός (Plat.), Of colour: P. and V. λαμπρός; see *bright*. As opposed to *heavy*: P. and V. κοῦφος, ἐλαφρός. *Easy to carry*: V. εὐάγκᾰλος. *Small, slight*: P. and V. λεπτός. *Active, nimble*: P. and V. ἐλαφρός (Xen.), Ar. and V. κοῦφος, θοός, V. λαιψηρός. *Light troops*: see *light-armed*. *Light conduct*: P. and V.

ὕβρῐς, ἡ. *Not serious*: P. and V. κοῦφος, ἐλαφρός. *Easy*: P. and V. ῥᾴδιος, εὐπετής (Plat.), εὔπορος, κοῦφος, ἐλαφρός, V. εὐμᾰρής. *Make light of*: P. and V. ῥᾳδίως φέρειν (acc.), Ar and V. φαύλως φέρειν (acc.), V. εὐπετῶς φέρειν (acc.) (Soph., *Frag.*); see *disregard, despise*. *Disparage*: P. and V. διᾰβάλλειν (acc). *With a light heart*: P. εὐχερῶς, P. and V. ῥᾳδίως.

Light-armed, adj. P. κούφως ἐσκευασμένος, P. and V. ψῑλός, γυμνής (Xen.). *Light-armed troops*: P. and V. ψῑλοί, οἱ, γυμνῆτες, οἱ (Xen.), πελτασταί, οἱ (Eur., *Rhes.*), P. οἱ ἐλαφροί (Xen.).

Lighten, v. trans. P. and V. ἐπῐκουφίζειν, κουφίζειν, V. ἐξευμᾰρίζειν. *Lighten by drawing off*: P. and V. ἀπαντλεῖν (Plat.). *Remit*: P. and V. ἀνῑέναι. V. intrans. Of lightning: P. and V. ἀστράπτειν (Plat.).

Lightening, subs. P. κούφισις, ἡ.

Light-fingered, adj. See *thievish*.

Light-headed, adj. V. κουφόνους ἐλαφρός. *Inconstant*: P. ἀκατάστατος. *Delirious*: P. and V. ἀπόπληκτος, Ar. and V. πᾰρᾰπεπληγμένος.

Light-hearted, adj. *Cheerful*: P. εὔθυμος, Ar. and P. ἱλᾰρός (Xen.). *Gay*: Ar. and P. νεᾱνῐκός; see *gay, joyful*. *Reckless*: P. εὐχερής.

Light-heartedly, adv. *Gaily*: P. and V. εὐθύμως (Xen.), ἡδέως, P. ἱλαρῶς (Xen.). *Recklessly*: P. εὐχερῶς. *Heedlessly*: V. κούφως.

Light-heartedness, subs. *Gaiety*: P. and V. εὐθῡμία, ἡ. *Delight, joy*: P. and V. ἡδονή, ἡ, χᾰρά, ἡ. *Recklessness*: P. εὐχέρεια, ἡ.

Lightly, adv. P. and V. κούφως. *Easily*: P. and V. ῥᾳδίως, εὐμᾰρῶς (Plat.), εὐπετῶς, V. κούφως. *Recklessly*: P. εὐχερῶς. *Treat lightly*, v.: see *disregard*. *Lightly equipped as regards arms*: P. εὐσταλὴς τῇ ὁπλίσει (Thuc. 3, 22). *Lightly armed*: see *light armed*.

Lightness, subs. P. κουφότης, ἡ (Plat.), ἐλαφρότης, ἡ (Plat.). *Lightness of conduct*: P. and V. ὕβρῐς, ἡ.

Lightning, subs. P. and V. ἀστρᾰπή, ἡ (Plat.). *Lightning flash*: V. ἀστρᾰπηφόρον πῦρ. *Strike with lightning*, v.: V. κᾰταστράπτειν κᾰτά (gen.). *Carry lightning*: Ar. ἀστρᾰπηφορεῖν. *Be struck by lightning*: P. ἐμβροντᾶσθαι (Xen.); see also *thunderbolt*. *His might was blasted by the lightning*: V. ἐξεβροντήθη σθένος (Æsch. *P. V.* 362).

Like, adj. *Resembling*: P. and V. ὅμοιος (dat.), προσφερής (dat.), Ar. and V. ἐμφερής (dat.) (also Xen.), εἰκώς (dat.) (rare P.), V. προσεμφερής (Eur., *Frag.*) (also Xen. but rare P.) (dat.), ἀλίγκιος (Æsch., *P. V.* 449), P. προσεοικώς (dat.). *Nearly like*: P. παρόμοιος (dat.), παραπλήσιος (dat.), Ar. and P. προσόμοιος (dat.). *Just like*: P. and V. ἀδελφός (gen. or dat.) (Plat.). *In like manner*: see *similarly*. *Alike*: P. and V. ὁμοῖος. *Like cleave to like*: P. ὁ ὁμοῖος τῷ ὁμοίῳ (Plat., *Gorg.* 510B). *Equal*: P. and V. ἴσος. *Nearly equal*: P. παραπλήσιος. *Make like*, v.: P. and V. ὁμοιοῦν, ἐξομοιοῦν, P. ἀφομοιοῦν. *Be like*: P. and V. ἐοικέναι (dat.) (rare P.), ὁμοιοῦσθαι (dat.), ἐξομοιοῦσθαι (dat.), V. πρέπειν (dat.), Ar. and V. προσεικέναι (dat.) (προσέοικα), εἰκέναι (dat.) (ἔοικα); see *resemble*. *Made like*: use also V. ἐξῃκασμένος (dat.), κᾰτεικασθείς (dat.). *Be like to*: see *likely*. *There is nothing like hearing the law itself*: P. οὐδὲν οἷον ἀκούειν αὐτοῦ τοῦ νόμου (Dem. 529). *In like manner*: P. and V. ὁμοῖα, ὁμοίως, ὡσαύτως, V. αὔτως; see *similarly*.

Like, adv. *In the manner of*: P. and V. δίκην (gen.), P. ἐν τρόπῳ (gen.), V. ἐν τρόποις (gen.), τρόπον (gen.). *As*: P. and V. ὡς, ὥσπερ, ὡσπερεί, οἷα, Ar. and P. κᾰθάπερ, V. ὥστε, ὅπως, ὁποῖα, ἅπερ, ὡσεί. *It was* *like a woman to:* V. πρὸς γυναικὸς ἦν (with infin.) (Æsch., *Ag.* 1636), same construction in Ar. and P.

Like, v. trans. *Regard with liking:* P. and V. φἴλεῖν, στέργειν, P. ἀγαπᾶν, ἡδέως ἔχειν (dat.). *Put up with:* P. and V. ῥᾳδίως φέρειν (acc.). *I should like to ask:* P. ἡδέως ἂν ἐροίμην, same construction in V. *Would you like me to tell you:* P. and V. βούλει σοὶ εἴπω (cp. Eur., *Bacc.* 719).

Likelihood, subs. P. and V. τὸ εἰκός. *In all likelihood:* P. κατὰ τὸ εἰκός, ὡς τὸ εἰκός, ἐκ τοῦ εἰκότος, P. and V. εἰκότως.

Likely, adj. P. and V. εὔλογος. *Probable:* P. ἀληθείᾳ ἐοικώς. *As is likely:* P. and V. ὡς ἔοικε, ὡς εἰκός. *Likely to, expected to:* P. ἐπίδοξος (infin.). *Be likely to:* P. and V. μέλλειν (infin.). *They are very likely to be wrong:* P. κινδυνεύουσιν ἁμαρτάνειν.

Like-minded, adj. P. ὁμονοητικός, ὁμογνώμων.

Liken, v. trans. P. and V. εἰκάζειν, ἀπεικάζειν, προσεικάζειν, V. ἐπεικάζειν, P. παρεικάζειν; see *compare.*

Likeness, subs. *Resemblance:* P. ὁμοιότης, ἡ. *Portrait, representation:* P. and V. εἰκών, ἡ, μίμημα, τό, P. ἀφομοίωμα, τό, ἀπείκασμα, τό. *In the likeness of:* use *like*, adj.

Likewise, adv. P. and V. ὁμοίως, ὅμοια, ὡσαύτως. *At the same time:* P. and V. ὁμοῦ, ἅμα, V. ὁμῶς.

Liking, subs. *Goodwill:* P. and V. εὔνοια, ἡ. *Have a liking for:* use verb *like.*

Lilt, subs. Use P. and V. μέλος, τό.

Lily, subs. Ar. and P. κρἴνον, τό.

Limb, subs. P. and V. κῶλον, τό (Plat.). *Limbs:* P. and V. μέλη, τά (Plat.), V. γυῖα, τά; see *member. Tear limb from limb*, v.: use *mangle.*

Lime, subs. *Lime for cement:* P. and V. πηλός, ὁ. *Bird lime:* V. ἰξός, ὁ (Eur., *Cycl.* 433). *Lime tree:* P. φιλύρα, ἡ (Hdt.). *Of the lime tree*, adj.: Ar. φἴλὕρἴνος.

Limit, subs. P. and V. ὅρος, ὁ. *End:* P. and V. πέρᾰς, τό, V. τέρμᾰ, τό. *Due limit, measure:* P. and V. μέτρον, τό.

Limit, v. trans. P. and V. ὁρίζειν. *Check:* P. and V. κᾰτέχειν; see *check. I thought such honours were limited to successful operations:* P. τῶν κατορθουμένων ἔγωγε ἡγούμην ἔργων τὰς τοιαύτας ὡρίσθαι τιμάς (Dem. 598).

Limitation, subs. See *limit. Statute of limitations:* use P. προθεσμία, ἡ (Dem. 269).

Limited, adj. *Short:* P. and V. βρᾰχύς. *Small:* P. and V. ὀλίγος, μικρός, σμικρός. Ar. and V. παῦρος, βαιός. *Narrow:* P. and V. στενός. *From a small and limited space:* P. ἐκ βραχέος καὶ περιγραπτοῦ (Thuc. 7, 49). *Owing to the limited space:* P. διὰ τὴν στενοχωρίαν (Thuc. 4, 30).

Limitless, adj. P. and V. ἄπειρος, V. μῡρίος (also Plat. but rare P.). *Abundant:* P. and V. ἄφθονος, V. ἐπίρρῡτος.

Limn, v. trans. See *portray.*

Limp, adj. V. ὑγρός, ἔκλῡτος. *Weak:* P. and V. ἀσθενής, V. ἄναλκις. Met., *invertebrate:* Ar. and P. μᾰλᾰκός, Ar. and V. μαλθᾰκός.

Limp, v. intrans. P. χωλαίνειν, χωλεύεσθαι, V. εἰλῡεσθαι.

Limpet, subs. Ar. λεπάς, ἡ.

Limpid, adj. P. and V. κᾰθᾰρός, λαμπρός, εὐᾱγής (Plat., rare P.), Ar. and P. διᾰφᾰνής.

Limping, adj. P. and V. χωλός, P. ἀνάπηρος, V. ἄπους.

Linch pins, subs. V. ἐνήλᾰτα, τά (Eur., *Hipp.* 1235).

Linden, subs. See *lime tree.*

Line, subs. P. and V. γραμμή, ἡ (Eur., *Frag.*). *Carpenter's line:* P. and V. στάθμη, ἡ. *Row:* P. and V. τάξις, ἡ, στοῖχος, ὁ, P. στίχος, ὁ. *In a line:* P. κατὰ στοῖχον. *In order:* P. and V.

ἑξῆς, ἐφεξῆς. *Line to mark the winning point*: Ar. and V. γραμμή, ἡ. *Fishing line*: V. ὁρμιά, ἡ. *Line of a fishing net*: V. κλωστὴρ λίνου. *Wrinkle*: Ar. and P. ῥυτίς, ἡ. *Line of battle*: P. and V. τάξις, ἡ, P. παράταξις, ἡ, Ar. and V. στίχες, αἱ. *File, row*: P. and V. στοῖχος, ὁ. *Troops in line of battle*: P. φάλαγξ, ἡ. *Draw up in line*, v.: Ar. and P. πᾰρᾰτάσσειν. *In line*: of ships, P. μετωπηδόν, opposed to *in column*; of troops, P. ἐπὶ φάλαγγος (Xen.). *Win all along the line*: P. νικᾶν διὰ παντός. *Break the enemy's line of ships*, v.: P. διεκπλεῖν (absol.); see *break*. *Lines of circumvallation*: P. περιτείχισμα, τό, περιτειχισμός, ὁ, *Line of poetry*: Ar. and P. στίχος, ὁ, ἔπος, τό. *Line of march*: P. and V. ὁδός, ἡ, πορεία, ἡ. *Family*: P. and V. γένος, τό, V. σπέρμᾰ, τό, ῥίζᾰ, ἡ, ῥίζωμα, τό; see *family*. *Being thus related through the male and not the female line*: P. πρὸς ἀνδρῶν ἔχων τὴν συγγένειαν ταύτην καὶ οὐ πρὸς γυναικῶν (Dem. 1084). *Line of action*: P. προαίρεσις, ἡ. *Draw the line, lay down limits*, v.: P. and V. ὁρίζειν (absol.). *Strike out a new line*: Ar. and P. καινοτομεῖν (absol.). *The founders must know the lines they wish poets to follow in their myths*: P. οἰκισταῖς τοὺς τύπους προσήκει εἰδέναι ἐν οἷς δεῖ μυθολογεῖν τοὺς ποιητάς (Plat., *Rep*. 379A). *It's a pretty scheme and quite in your line*: Ar. τὸ πρᾶγμα κομψὸν καὶ σφόδρ' ἐκ τοῦ σοῦ τρόπου (*Thesm*. 93).

Line, v. trans. *Fill, man*: P. and V. πληροῦν. *Guard*: P. and V. φῠλάσσειν, φρουρεῖν. *Mark, furrow*: V. χᾰράσσειν.

Lineage, subs. P. and V. γένος, τό, γενεά, ἡ (Plat., Eur. *Frag*. and Ar.), V. γένεθλον, τό, γονή, ἡ, σπέρμᾰ, τό, σπορά, ἡ.

Lineal, adj. *Lineal descent*, use subs.: P. and V. γένος, τό. *Lineal descendant*: P. and V. ἔκγονος, ὁ or ἡ, P. ἀπόγονος, ὁ or ἡ; see *descendant*.

Lineaments, subs. Use P. and V. τύπος, ὁ. *Features*: see *face*.

Lined, adj. *Wrinkled*: P. and V. ῥυσός. *Well-lined*: use *full*.

Linen, subs. P. and V. λίνον, τό. *Fine linen*: P. and V. σινδών, ἡ. *Linen bandages*: Ar. ὀθόνια, τά.

Linen, adj. P. λινοῦς, V. βύσσῐνος.

Linger, v. intrans. P. and V. μέλλειν, σχολάζειν, χρονίζειν, τρίβειν, ἐπέχειν ἐπίσχειν, βρᾰδύνειν, P. διαμέλλειν, Ar. and P. διατρίβειν, V. κᾰτασχολάζειν.

Lingerer, subs. P. μελλητής, ὁ.

Lingering, adj. *Slow*: P. and V. βρᾰδύς. *Long drawn out*: P. and V. μακρός. *Dying by a lingering death*: P. δυσθανατῶν, V. δυσθνήσκων.

Lingering, subs. See *delay*.

Liniment, subs. P. ἄλειμμα, τό; see *ointment*.

Lining, subs. Use P. and V. τὸ εἴσω, τὸ ἔσω.

Link, subs. *Joint*: V. ἁρμός, ὁ. Met., *bond*: P. and V. δεσμός, ὁ, σύνδεσμος, ὁ. *Part*: P. and V. μέρος, τό. *This is the link that holds together the cities of men*: V. τὸ γὰρ τοι σύνεχον ἀνθρώπων πόλεις τοῦτ' ἔστι (Eur., *Supp*. 312). *Events long past I have found to be as I said, though they involve difficulties as far as trusting every link in the chain of evidence*: P. τὰ μὲν οὖν παλαιὰ τοιαῦτα ηὗρον χαλεπὰ ὄντα παντὶ ἑξῆς τεκμηρίῳ πιστεῦσαι (Thuc. 1, 20). *Torch*: see *torch*.

Link, v. trans. P. and V. συνάπτειν; see *join*. Met., P. and V. συνδεῖν. *Hold together*: P. and V. συνέχειν. *To what a destiny are you linked*: V. οἵᾳ συμφορᾷ συνεζύγης (Eur., *Hipp*. 1389).

Linseed, subs. P. λίνου σπέρμα, τό.

Lint, subs. P. and V. λίνον, τό. *Bandages*: Ar. ὀθόνια, τά; see *bandage*.

Lintel, subs. P. ὑπέρθυρον, τό (Hdt.).

Lion, subs. P. and V. λέων, ὁ. *Like a lion*, adj.: P. λεοντώδης.

Lioness, subs. Ar. and V. λέαινα, ἡ.

Lion-hearted, adj. See *brave*.

Lionskin, subs. Ar. and P. λεοντῆ, ἡ.

Lip, subs. P. and V. χεῖλος, τό. *Mouth*: P. and V. στόμᾰ, τό, or pl. *Edge*: P. χεῖλος, τό. *Lip of a cup*: Ar. χεῖλος, τό (*Ach.* 459), V. κρᾶτα (acc. sing. masc.) (Soph., *O. C.* 473), or use adj.: P. and V. ἄκρος, agreeing with subs. *The lip of the cup*: P. and V. ἄκρα κῠλιξ. *Bite the lips*: V. ὀδόντι πρίειν στόμα (Soph., *Frag.*). *Biting the lips*: V. χείλεσιν διδοὺς ὀδόντας (Eur., *Bacch.* 621). *Biting the lips with anger*: Ar. ὑπ' ὀργῆς τὴν χελύνην ἐσθίων (*Vesp.* 1083). *Close the lips (of another)*: P. ἐμφράσσειν στόμα, V. ἐγκλῄειν στόμα, γλῶσσαν ἐγκλῄειν. *Lo! I am silent and close my lips*: V. ἰδοὺ σιωπῶ κἀπιλάζυμαι στόμα (Eur., *And.* 250). *Open one's lips*: P. διαίρειν τὸ στόμα, V. λῦειν στόμα. *No word of lamentation was on their lips*: V. οἶκτος δ' οὔτις ἦν διὰ στόμα (Æsch., *Theb.* 51). *With the lips, as opposed to with the heart*: P. and V. λόγῳ, V. λόγοις; see *in word*.

Liquefy, v. trans. and intrans. See *melt*.

Liquid, adj. P. and V. ὑγρός.

Liquid, subs. P. ὑγρόν, τό, Ar. and V. νᾶμα, τό (also Plat. but rare P.), δρόσος, ἡ, V. χεῦμα, τό; see *water*.

Liquidate, v. trans. See *pay*.

Liquidation, subs. See *payment*. *Go into liquidation*: see *go bankrupt*, under *bankrupt*.

Liquor, subs. P. and V. ποτόν, τό; see *draught*.

Lisp, v. intrans. Ar. τραυλίζειν, P. ψελλίζεσθαι.

Lissom, adj. See *lithe*.

List, subs. Ar. and P. κᾰτάλογος, ὁ, P. ἀπογραφή, ἡ. *Register*: Ar. and P. σᾰνίδες, αἱ, P. σανίδιον, τό. *Write a list of*, or *enter in a list*, v.: P. ἀπογράφειν (acc.). *Go through the list of*: P. and V. διεξέρχεσθαι (acc.). *Send in a list of*: P. ἀποφέρειν (acc.).

List, v. intrans. See *wish*. *If you list*: P. and V. εἴ σοι δοκεῖ. See *listen*.

Listen, v. intrans. P. and V. ἐνδέχεσθαι, ἀκούειν, Ar. and V. κλύειν. *As an eaves-dropper*: P. ὠτακουστεῖν. *Listen to, hear*: P. and V. ἀκούειν (gen. of person, acc. or gen. of thing), ἐπᾰκούειν (gen. of person, acc. or gen. of thing), Ar. and P. ἀκροᾶσθαι (gen. of person, acc. or gen. of thing), κᾰτᾰκούειν (acc. or gen. of person or thing), Ar. and V. ἐξᾰκούειν (gen. of person, acc. of thing), κλύειν (gen. of person, acc. or gen. of thing); see *hear*. *Obey*: P. and V. πείθεσθαι (dat.), πειθαρχεῖν (dat.), εἰσᾰκούειν (gen.) (Thuc. 1, 82 but rare P.), Ar. and V. κλύειν (gen.), ἀκούειν (gen.), Ar. and P. ὑπᾰκούειν (gen. or dat.), ἀκροᾶσθαι (gen.); see *obey*. *Heed*: Ar. and P. προσέχειν (dat.), τὸν νοῦν προσέχειν (dat.), P. and V. νοῦν ἔχειν πρός (acc. or dat.), ἀποδέχεσθαι (acc.) (Eur., *Hel.* 832); see *heed*. *Listen in return*: P. and V. ἀντᾰκούειν.

Listener, subs. P. ἀκροατής, ὁ.

Listening to, adj. P. and V. ἐπήκοος (gen.).

Listless, adj. P. and V. ῥᾴθῡμος, P. ἀπρόθυμος.

Listlessly, adv. P. ῥᾳθύμως, ἀπροθύμως.

Listlessness, subs. P. and V. ῥᾳθῡμία, ἡ, P. ῥᾳστώνη, ἡ.

Lists, subs. *Contest*: P. and V. ἀγών, ὁ. *Enter the lists*: P. and V. εἰσέρχεσθαι.

Litany, subs. See *prayer*.

Literal, adj. P. and V. ἀκρῑβής.

Literally, adv. P. and V. ἀκρῑβῶς.

Literalness, subs. P. ἀκρίβεια, ἡ.

Literary, adj. P. and V. μουσῐκός, Ar. and P. φῐλόμουσος, P. φιλόλογος. *Literary tastes*: P. φιλολογία, ἡ.

Literature, subs. P. and V. μουσική, ἡ (Eur., *Frag.*).

Lithe, adj. P. and V. ὑγρός, V. στρεπτός.

Litigant, subs. P. ἀντίδικος, ὁ or ἡ. *Be a litigant*, v.: Ar. and P. ἀντιδικεῖν.

Litigation, subs. P. and V. δίκη, ἡ, ἀγών, ὁ.

Litigious, adj. P. φιλόδικος. *Be litigious*, v.: P. φιλοδικεῖν.

Litter, subs. P. φορεῖον, τό. *I came home in a litter:* P. φοράδην ἦλθον οἴκαδε (Dem. 1263). *Heap:* Ar. and V. θωμός, ὁ, Ar. and P. σωρός, ὁ (Xen.), V. θίς, ὁ or ἡ. *A litter of straw:* P. and V. στιβάς, ἡ. *A litter of leaves:* V. φυλλάς, ἡ. *Rubbish:* Ar. φορυτός, ὁ. *In a litter, muddle:* P. χύδην, P. and V. φύρδην (Xen.), or use adj., P. and V. συμμιγής (Plat.), σύμμικτος, μιγάς.

Litter, v. trans. *Strew:* P. and V. στορεννύναι (Plat.), Ar. and V. στορνύναι. *Mix together:* P. and V. φύρειν (Plat.), κυκᾶν (Plat.), Ar. and P. συγκυκᾶν (Plat.).

Little, adj. P. and V. μικρός, σμικρός. *Few:* P. and V. ὀλίγος, Ar. and V. παῦρος, βαιός. *Short:* P. and V. βραχύς. *Slight:* P. and V. λεπτός. *Little or nothing:* P. μικρὰ καὶ οὐδέν (Dem. 260). *Young:* P. and V. νήπιος, V. τυτθός; see *young*. *Mean, petty:* P. and V. φαῦλος.

Little, adv. With comparatives: P. and V. μικρῷ, σμικρῷ, Ar. and P. ὀλίγῳ. *A little:* P. and V. ὀλίγον, μικρόν, σμικρόν, V. βαιόν. *Hardly at all:* P. and V. μόλις, μόγις. *Moderately:* P. and V. μέσως, μετρίως; see *slightly*. *Little by little:* Ar. and P. κατὰ μικρόν, P. κατ᾽ ὀλίγον, κατὰ βραχύ. *Within a little, nearly:* Ar. and P. ὀλίγου, P. ὀλίγου δεῖν, μικροῦ. *Be within a little of:* P. εἰς ὀλίγον ἀφικνεῖσθαι (infin.), παρὰ μικρὸν ἔρχεσθαι (infin.); see under *ace*. *Think little of:* P. ὀλιγωρεῖν (gen.); see *despise*. *Not a little:* P. and V. οὐχ ἥκιστα.

Little-minded, adj. P. μικρόψυχος.

Little-mindedness, subs. P. μικροψυχία, ἡ.

Littleness, subs. P. μικρότης, ἡ.

Littoral, subs. P. ἡ παραθαλασσία, ἡ παραλία.

Liturgy, subs. Use P. and V. τελετή, ἡ, or pl. τέλη, τά. *Prayer:* P. and V. εὐχή, ἡ; see *prayer*.

Live, v. intrans. *Exist:* P. and V. ζῆν, εἶναι. *Breathe:* P. and V. ἐμπνεῖν (Plat.), V. ἔχειν πνοάς, or use V. φῶς ὁρᾶν (cf. P. οἱ νῦν ὁρῶσι τοῦ ἡλίου τὸ φῶς δι᾽ ἐμέ) (Andoc. 9), φάος βλέπειν, or βλέπειν alone, λεύσσειν φάος, αὐγὰς εἰσορᾶν. *Short in any case was the time left you to live:* V. βραχὺς δέ σοι. πάντως ὁ λοιπὸς ἦν βιώσιμος χρόνος (Eur., *Alc.* 649). *Pass one's life:* P. and V. βιῶναι (2nd aor. of βιοῦν), διάγειν, διαιτᾶσθαι, P. διαβιῶναι (2nd aor. of διαβιοῦν), V. καταζῆν βίον, ἡμερεύειν. *Live one's life to the end:* P. and V. βίον διαζῆν, or διαζῆν alone, Ar. and P. διαγίγνεσθαι, V. βίον διαφέρειν, or διαφέρειν alone (or mid.). *Endure, last:* P. and V. μένειν, παραμένειν, ἀντέχειν, P. συμμένειν, V. ζῆν. *Dwell:* see *dwell*. *Live in the open:* P. and V. αὐλίζεσθαι, καταυλίζεσθαι (Xen.), ἐναυλίζεσθαι (Act. used once in V.). *Make a living:* P. βιοτεύειν, Ar. and P. ζῆν, P. and V. διαζῆν. *He lives on what he collects, begs and borrows:* P. ἀφ᾽ ὧν ἀγείρει καὶ προσαιτεῖ καὶ δανείζεται ἀπὸ τούτων διάγει (Dem. 96). *Live as a citizen:* P. and V. πολιτεύεσθαι (Eur., *Frag.*). *You will live to wish:* P. ἔτι βουλήσεσθε (Thuc. 6, 86). *Which of these bad forms of government is the least trying to live under:* P. τίς τῶν οὐκ ὀρθῶν πολιτειῶν ἥκιστα χαλεπὴ συζῆν (Plat., *Pol.* 302B). *Live with:* P. and V. συνοικεῖν (absol. or dat.), συνεῖναι (absol. or dat.), V. συνναίειν (dat.), P. συμβιῶναι (dat. or absol.) (2nd aor. of συμβιοῦν), Ar. and P. συζῆν (dat.

or absol.). *Live with in marriage*: P. and V. σῠνοικεῖν (dat.), σῠνεῖναι (dat.). *Disagreeable to live with*: P. συνημερεύειν ἀηδής (Plat.). *If you are unfitted to live with*: V. εἰ σὐνεῖναι μὴ 'πιτηδεία κυρεῖς (Eur., *And.* 206). *Worth living*, adj.: see under *living*.

Livelihood, subs. P. and V. βίος, ὁ, Ar. and V. βίοτος, ὁ; see *living*.

Liveliness, subs. P. and V. εὐθῡμία, ἡ (Xen.). *Joy*: P. and V. χᾰρά, ἡ; see *joy*. *Power of amusing*: P. εὐτραπελία, ἡ.

Livelong, adj. *Long*: P. and V. μακρός, V. μακραίων. *Whole*: P. and V. ὅλος, πᾶς, ἅπᾱς; see *whole*.

Lively, adj. Ar. and P. νεᾱνῐκός, P. εὔθυμος; see *gay*. Of looks: P. φαιδρός, V. λαμπρός, φαιδρωπός, Ar. and V. εὐπρόσωπος (also Xen.). *Cheering*: P. and V. ἡδύς, V. εὔφρων. *Pleased*: P. and V. ἡδύς. *Versatile*: P. πολύτροπος.

Liver, subs. P. and V. ἧπαρ, τό. *Lobe of the liver*: P. and V. λοβός, ὁ (Plat.).

Livery, subs. Use *dress*.

Livestock, subs. See *cattle*.

Livid, adj. P. πελιτνός.

Living, adj. P. and V. ζῶν, ἔμψῡχος. *Breathing*: P. and V. ἔμπνους, use also V. βλέπων φάος, ὁρῶν.

Living, subs. *Means of support*: P. and V. βίος, ὁ, Ar. and V. βίοτος, ὁ. *Make a living*, v.: P. βιοτεύειν, Ar. and P. ζῆν, P. and V. διαζῆν, V. συλλέγειν βίον. *Worth living*, adj.: Ar. and P. βιωτός, V. βιώσῐμος. *Life is not worth living*: P. and V. ἀβίωτόν (ἐστι), Ar. and P. οὐ βιωτόν ἐστι. *How is life worth living*: V. τί μοι βιώσιμον. *Or else he says life is not worth living*: Ar. ἢ φησιν οὐ βιωτὸν αὐτῷ τὸν βίον (*Pl.* 197).

Lizard, subs. Ar. ἀσκᾰλᾰβώτης, ὁ, γᾰλεώτης, ὁ.

Lo, interj. See *behold*.

Load, v. trans. *Fill*: P. and V. γεμίζειν; see *fill*. *Burden*: P. and V. βᾰρύνειν. *Be loaded*: also V. βρῑθεσθαι. *Be loaded with*: P. and V. γέμειν (gen.). *A weight enough to load three waggons*: V. τρισσῶν ἁμαξῶν ὡς ἀγώγιμον βάρος (Eur., *Cycl.* 385). *Loaded with money*: P. πλήρης ἀργυρίου. Met., *load with honours*: P. and V. τῑμαῖς αὐξάνειν, τῑμαῖς αὔξειν. *Load with reproaches*: P. ὀνείδεσι περιβάλλειν (Dem. 740). V. ἀράσσειν ὀνείδεσι; see *reproach, abuse*. *Distress*: P. and V. πιέζειν. *Be distressed*: also P. and V. βᾰρύνεσθαι.

Load, subs. P. and V. ἄχθος, τό, Ar. and V. βάρος, τό, V. βρῖθος, τό, φόρημα, τό, Ar. and P. φορτίον, τό. *Anything that gives trouble*: Ar. and P. φορτίον, τό, V. ἄχθος, τό, βάρος, τό, φόρτος, ὁ; see *burden*. *Freight*: P. and V. γόμος, ὁ; see *freight*.

Loadstar, subs. Met., use V. φῶς, τό, φάος, τό.

Loadstone, subs. See *magnet*.

Loaf, subs. Ar. and P. ἄρτος, ὁ.

Loaf, v. intrans. *Waste time*: P. and V. σχολάζειν; see *idle, lounge*.

Loan, subs. P. δάνεισμα, τό, δάνειον, τό. *Loan made by friends*: P. ἔρανος, ὁ.

Loan, v. trans. *Lend*: Ar. and P. δᾰνείζειν; see *lend*.

Loath, adj. *Be loath to do a thing*, v.: P. and V. ἄκων ποιεῖν τι, οὐχ ἑκὼν ποιεῖν τι.

Loathe, v. trans. P. and V. μῑσεῖν, V. στῠγεῖν, ἔχθειν, Ar. and V. ἐχθαίρειν, ἀποπτῠ́ειν; see *hate*.

Loathing, subs. P. and V. μῖσος, τό, ἔχθρα, ἡ, ἔχθος, τό (Thuc.), V. στῠ́γος, τό, μίσημα, τό. *Dislike*: P. and V. δυσχέρεια, ἡ, P. ἀηδία, ἡ; see *dislike*. *Odium*: P. and V. φθόνος, ὁ, P. τὸ ἐπίφθονον, ἀπέχθεια, ἡ. *Object of loathing*: V. ἔχθος, τό, μῖσος, τό, μίσημα, τό, στῠ́γος, τό, στῠ́γημα, τό, ἀπέχθημα, τό. *Be an object of loathing*, v.: P. and V. ἀπεχθάνεσθαι.

Loathsome, adj. P. and V. μιᾰρός, κᾰτάπτυστος, V. μῑσητός, στῠγητός, στυγνός, παντομῑσής, ἄπευκτος, δυσφῐλής, ἀπεχθής, βδελύκτροπος, Ar. and P. βδελῠρός, Ar. and V. ἀπόπτυστος. *Unpleasant*: P. and V. βᾰρύς, P. ἀηδής.

Loathsomeness, subs. P. ἀηδία, ἡ.

Lobe, subs. P. and V. λοβός, ὁ (Plat.).

Local, adj. P. and V. ἐπῐχώριος, ἐγχώριος.

Localise, v. trans. *Fix, define*: P. and V. ὁρίζειν. *Establish in a place*: P. and V. ἐγκᾰθιστάναι (τί τινι).

Locality, subs. P. and V. τόπος, ὁ, Ar. and P. χωρίον, τό; see *place*.

Locate, v. trans. P. and V. ἱδρύειν; see *place*. *Do you seek to locate the seat of my trouble*: V. ῥυθμίζεις τὴν ἐμὴν λύπην ὅπου (Soph., *Ant.* 318).

Lock, subs. Ar. and V. κλῇθρα, τά. *Bolt for fastening*: P. and V. μοχλός, ὁ. *Lock of hair*: Ar. and V. πλόκᾰμος, ὁ, βόστρῠχος, ὁ, V. πλόκος, ὁ, φόβη, ἡ. *A lock of shorn hair*: V. κουρὰ τρῐχός, ἡ.

Lock, v. trans. P. and V. κλῄειν, συγκλῄειν, ἀποκλῄειν, Ar. and P. κᾰτακλῄειν; see *keep*. *Foot locked with foot, and foeman fronting foe*: V. ποὺς ἐπαλλαχθεὶς ποδὶ ἀνὴρ δ᾽ ἐπ᾽ ἀνδρὶ στάς (Eur., *Heracl.* 836). *Locked in one another's arms*: V. ἐπ᾽ ἀλλήλοισιν ἀμφικείμενοι (Soph., *O. C.* 1620). *Lock in*: P. and V. εἴργειν, κᾰτείργειν, ἐγκλῄειν (Plat.), V. σῠνείργειν. *Lock out*: P. and V. εἴργειν, ἐξείργειν, ἀπείργειν, ἐκκλῄειν, ἀποκλῄειν. *Lock together*: P. and V. συγκλῄειν. *Lock up*: P. and V. ἐγκλῄειν; see *lock in*.

Locomotion, subs. P. κίνησις, ἡ.

Locust, subs. Ar. πάρνοψ, ὁ, ἀκρίς, ἡ.

Lodge, v. trans. *Hand in*: P. ἀποφέρειν. *No accusation was lodged*: P. κατηγορία οὐδεμία προετέθη (Thuc. 3, 52). V. intrans. Ar. and P. κᾰτᾰλῡ́ειν, P. κατάγεσθαι. *Lodge with*: P. καταλύειν παρά (dat.), κατάγεσθαι παρά (dat.). *Bivouac*: P. and V. αὐλίζεσθαι; see *bivouac*, *dwell*, *settle*.

Lodging, subs. P. and V. κᾰτάλῠσις, ἡ, V. ξενόστᾰσις, ἡ. *Let us accept a lodging in this house*: V. δεξώμεθ᾽ οἴκων καταλύσεις (Eur., *El.* 393).

Lodging house, subs. See *inn*.

Loft, subs. *Upper room*: Ar. and P. ὑπερῷον, τό. *Place to store things*: P. ἀποθήκη, ἡ.

Loftily, adv. *In a stately way*: P. and V. σεμνῶς. *Proudly*: P. ὑπερηφάνως, μεγαλοφρόνως, V. ὑψῐκόμπως, ὑπερκόπως.

Loftiness, subs. *Height*: P. and V. ὕψος, τό. *Magnificence*: P. μεγαλοπρέπεια, ἡ, V. χλῐδή, ἡ. *Pride*: P. and V. φρόνημα, τό, ὄγκος, ὁ, P. ὑπερηφανία, ἡ, μεγαλαυχία, ἡ; see *pride*. *Stateliness*: P. and V. σεμνότης, ἡ, τὸ σεμνόν.

Lofty, adj. P. and V. ὑψηλός, V. ὑψῐγέννητος, ὑψαύχην, ὀρθόκρᾱνος; see *high*. *Raised in air*: Ar. and P. μετέωρος, Ar. and V. μετάρσιος. *Exalted*: P. and V. λαμπρός, ἐπίσημος, ἐκπρεπής, διαπρεπής, ὑψηλός (Plat.). *Proud*: P. and V. σεμνός, P. ὑπερήφανος, V. ὑψήγορος, ὑπέρκοπος, Ar. and V. γαῦρος; see *proud*.

Log, subs. P. and V. ξύλον, τό, Ar. and V. κορμός, ὁ.

Loggerheads, subs. See *variance*.

Logic, subs. *Process of reasoning*: use Ar. and P. λογισμός, ὁ.

Logical, adj. *Reasonable*: P. and V. εὔλογος.

Logically, adv. *Reasonably*: P. and V. εὐλόγως.

Loin, subs. P. and V. ὀσφῦς, ἡ (Xen., also Ar.). Met., *be sprung from the loins of*: P. and V. σπείρεσθαι, ἐκ (gen.), or ἀπό (gen.) (Plat.).

Loiter, v. intrans. P. and V. μέλλειν, σχολάζειν, χρονίζειν, τρίβειν, ἐπέχειν, ἐπίσχειν, βρᾰδῡ́νειν, P. διαμέλλειν,

Ar. and P. διατρίβειν, V. κăτασχολάζειν.

Loiterer, subs. P. μελλητής, ὁ.

Loitering, adj. *Slow* : P. and V. βρăδύς, σχολαῖος (Soph., *Frag.*).

Loitering, subs. See *delay*.

Loll, v. intrans. *Recline* : Ar. and P. κăτακλίνεσθαι. *Be luxurious* : P. and V. τρῡφâν. *Be idle* : P. and V. ἀργεῖν, κăθῆσθαι. *Lolling in covered chariots* : Ar. ἐφ' ἁρμαμαξῶν μαλθακῶς κατακείμενοι (*Ach.* 70).

Lone, adj. See *lonely*.

Loneliness, subs. P. and V. ἐρημία, ἡ.

Lonely, adj. P. and V. ἐρῆμος. *Inhospitable* : V. ἀπάνθρωπος, ἀγείτων. *Alone* : P. and V. μόνος, V. μοῦνος, οἶος, μονόρρυθμος, οἰόζωνος, μονόστολος, μονοστĭβής, μονάς.

Lonesome, adj. See *lonely*.

Long, adj. Of space or time : P. and V. μακρός. *Very long* : P. and V. παμμήκης (Plat.), V. ὑπερμήκης. Of time: also use P. and V. πολύς, Ar. and P. συχνός. *Lasting long* : V. δᾱρός, μακραίων, P. and V. χρόνιος. *Streaming (of hair)* : V. τăναός κεχῠμένος.

Long, adv. *For a long time* : P. and V. μακρὸν χρόνον, V. δᾱρόν, δᾱρὸν χρόνον. *Be long, be a long time*, v. : P. and V. χρονίζειν. *Be long away* : V. χρόνιος ἀπεῖναι. *As long as* : P. μέχρι οὗ, ὅσον χρόνον, μέχριπερ, V. ὅσονπερ ; see also *provided that*. *While* : P. and V. ἕως. *Long ago, long since* : P. and V. πάλαι, P. ἐκ πολλοῦ, V. ἐκ μακροῦ χρόνου. *After a long time* : P. and V. διὰ μακροῦ. *So long* : P. and V. χρόνον τοσοῦτον. *A long way off* : P. and V. μακράν ; see *far*. *Longer, any longer* : P. and V. ἔτῐ. *No longer* : P. and V. οὐκέτῐ, μηκέτῐ.

Long, v. intrans. P. and V. ἐπῐθῡμεῖν, ἐφίεσθαι, βούλεσθαι, ὀρέγεσθαι, Ar. and P. ἐθέλειν, V. ἱμείρειν, ἱμείρεσθαι, ποθεῖν, ἐρâν, ἔρασθαι, προσχρῄζειν (rare P.), Ar. and V. μενοινâν (Eur., *Cycl.* 448), θέλειν, χρῄζειν (rare P.). *Long for* : P. and V. ἐπῐθῡμεῖν (gen.), ἐφίεσθαι (gen.), ὀρέγεσθαι (gen.), V. χρῄζειν (gen.), προσχρῄζειν (gen.), χăτίζειν (gen.), μενοινâν (acc.) (Soph., *Aj.* 341). *Yearn for* : P. and V. ποθεῖν (acc.), Ar. and V. ἱμείρειν (gen.), V. ἱμείρεσθαι (gen.). *Longed for*, adj. : P. and V. ποθεινός (rare P.), εὐκτός (rare P.), V. πολύζηλος.

Longer, adv. See under *long*.

Longing, subs. P. and V. ἐπῐθῡμία, ἡ, πόθος, ὁ (Plat. but rare P.), ἵμερος, ὁ (Plat. but rare P.).

Longing, adj. See *eager*.

Longingly, adv. See *eagerly*.

Long-legged, adj. V. μακροσκελής (Æsch., *Frag.*).

Long-lived, adj. P. πολυχρόνιος, V. μακραίων, δηναιός.

Long-necked, adj. V. μακραύχην.

Long-suffering, adj. See *patient*.

Long-suffering, subs. See *patience*.

Long-winded, adj. P. and V. μακρός, P. μακρολόγος. *Be long winded*, v. : P. μακρολογεῖν, P. and V. μακρηγορεῖν (Thuc.).

Long-windedness, subs. P. μακρολογία, ἡ.

Look, v. intrans. P. and V. ὁρâν, θεᾶσθαι, θεωρεῖν, ἀθρεῖν, βλέπειν, ἀποβλέπειν, σκοπεῖν, V. εἰσορâν (or mid., rare P.), V. προσλεύσσειν, προσδέρκεσθαι, εἰσδέρκεσθαι, Ar. and V. λεύσσειν, δέρκεσθαι. *Have a certain appearance* : Ar. and V. βλέπειν, δέρκεσθαι. *Look thoughtful* : V. πεφροντῐκὸς βλέπειν. *Look stern* : P. δεινὸν ἐμβλέπειν (Plat.). *Look thievish* : Ar. κλέπτον βλέπειν. *Look lovely* : V. κăλὸν βλέπειν (Eur., *Cycl.* 553). *Seem* : P. and V. φαίνεσθαι, δοκεῖν. *Look (in any direction)* : see *face*. *Look about one* : P. and V. περισκοπεῖν, V. παπταίνειν. *Look after* : Ar. and P. ἐπιμέλεσθαι (gen.), P. and V. ἐπιστρέφεσθαι (gen.), φροντίζειν (gen.), τημελεῖν (acc. or gen.) (Plat. but rare P.), κήδεσθαι (gen.) (also Ar. but rare P.), V. μέλεσθαι (gen.). *Attend to:* P. and V. θερᾰπεύειν (acc.), V. κηδεύειν (acc.); see *tend. Superintend:* P. and V. ἐπιστᾰτεῖν (dat. or gen.), ἐφίστασθαι (dat.). *Look at:* P. and V. βλέπειν εἰς (acc.), ἀποβλέπειν εἰς, or πρός (acc.), προσβλέπειν (acc.) (Plat.), ἐμβλέπειν (dat.), σκοπεῖν (acc.), ἀποσκοπεῖν εἰς, or πρός (acc.), P. ἐπιβλέπειν εἰς (acc.), or ἐπί (acc.), V. εἰσβλέπειν (acc.), εἰσδέρκεσθαι (acc.), προσδέρκεσθαι (acc.). *Look down on:* Ar. and P. κᾰθορᾶν (acc.); see *despise. Look for:* P. and V. ζητεῖν; see *seek, expect. Look in the face:* P. and V. ἐμβλέπειν (dat.), προσβλέπειν (acc.), P. εἰς πρόσωπον ἐμβλέπειν. *Look into:* P. and V. ἐμβλέπειν (εἰς, acc.). *Examine:* P. and V. σκοπεῖν, V. διοπτεύειν; see *examine. Look on:* see *look upon. Be a spectator:* P. and V. θεᾶσθαι, θεωρεῖν. *Wait and see how events are going:* P. περιορᾶσθαι. *Look out, beware:* P. and V. φῠλάσσεσθαι, εὐλᾰβεῖσθαι; see *beware. Look out of window:* Ar. ἐκ θῠρίδος πᾰρᾰκύπτειν (*Thesm.* 797). *Look out for, be on the watch for:* P. and V. φῠλάσσειν (acc.), προσδοκᾶν (acc.), Ar. and P. ἐπῐτηρεῖν (acc.), V. κᾰρᾰδοκεῖν (acc.). *Look round:* see *look about one. Look to:* P. and V. ἀποβλέπειν πρός (acc.), βλέπειν πρός (acc.). *We look to our neighbours:* P. πρὸς τοὺς πλησίον βλέπομεν (Dem. 120). *Care for:* V. μέλεσθαι (gen.); see *care for. Provide for:* P. and V. προσκοπεῖν (acc.); see *provide for. Look through:* P. διορᾶν. *Look towards (of direction):* P. ὁρᾶν πρός (acc.); see *face. Look up,* v. intrans.: P. and V. ἀναβλέπειν, ἄνω βλέπειν. *Look up (precedents, etc.),* v. trans.: Ar. and P. ἀναζητεῖν. *Look up to,* met.: see *respect. They looked up to them, emulated and honoured them:* P. ἀπέβλεπον, ἐζήλουν, ἐτίμων (Dem. 426). *Look upon:* P. and V. προσορᾶν (acc.) (Plat.), ἐμβλέπειν (εἰς, acc.), V. εἰσβλέπειν (acc.). *Consider:* P. and V. ἡγεῖσθαι, ἄγειν.

Look, subs. P. and V. βλέμμᾰ, τό, ὄψῐς, ἡ, V. δέργμᾰ, τό. *Appearance:* P. and V. ὄψῐς, ἡ, V. πρόσοψις, ἡ. *Face:* P. and V. πρόσωπον, τό, ὄψῐς, ἡ, or use V. ὀφθαλμός, ὁ, ὄμμᾰ, τό. *Good looks:* see *beauty.*

Looking glass, subs. P. and V. κᾰ́τοπτρον, τό, V. ἔνοπτρον, τό.

Look-out, subs. *Place for looking out:* P. περιωπή, ἡ, P. and V. σκοπία, ἡ, σκοπή, ἡ (Xen.). *Watch, guard:* P. and V. φῠλᾰκή, ἡ, φρουρά, ἡ, τήρησις, ἡ, V. φρούρημα, τό. *Keep a look out,* v.: P. and V. φῠλάσσειν, τηρεῖν. *Keep a look-out for:* P. and V. φῠλάσσειν (acc.), τηρεῖν (acc.). *Be on the look-out:* Ar. and P. προφῠλάσσειν.

Loom, subs. P. and V. ἱστός, ὁ (Plat., *Lys.* 208D). *Ply the loom,* v.: V. ἱστουργεῖν (absol.). *Preside at the loom:* V. κερκίσιν ἐφεστάναι (Eur., *Hec.* 363).

Loom, v. intrans. *Appear:* P. and V. φαίνεσθαι. *Impend:* P. and V. ἐφίστασθαι, P. ἐπικρέμασθαι, ἐπηρτῆσθαι (perf. pass. of ἐπαρτᾶν), Ar. and P. ἐνεστηκέναι (perf. of ἐνιστάναι),

Loop, subs. Use P. and V. βρόχος, ὁ.

Loop-hole, subs. V. στόμᾰ, τό (Eur., *Phoen.* 1166). *Means of escape:* P. and V. ἀποστροφή, ἡ, ἔξοδος, ἡ, V. ἐκτροπή, ἡ, ἄλυξις, ἡ.

Loose, adj. Of consistency: P. μανός. *Slack:* Ar. and P. χᾰλᾰρός, P. and V. ἀνειμένος. *Your girdle is loose:* V. ζῶναι . . . χαλῶσι (Eur., *Bacch.* 935). *Inexact:* P. and V. οὐκ ἀκρῑβής. *Not firm:* P. and V. οὐ βέβαιος. *At liberty, at large:* P. and V. ἄφετος, ἀνειμένος. *Wanton:* P. and V. ἀκόλαστος, ἀνειμένος, Ar. and P. τρῠφερός. *Break loose,* v.: see *escape. Let loose:* see *loose,* v. *Let loose upon:* see *launch against.*

Loose, v. trans. P. and V. λύειν, ἐκλύειν; see *undo Free, deliver*: P. and V. ἐλευθεροῦν, ἀφῑέναι, ἀπαλλάσσειν, ἐκλύειν (or mid.), λύειν, ἀπολύειν (Eur., *Or.* 1236), V. ἐξαπαλλάσσειν (also Thuc. in pass.). *Relax*: P. and V. ἀνῑέναι, χἄλᾶν, μεθῑέναι, P. ἐπανιέναι, V. ἐξανῑέναι. *Help to loose*: V. συλλύειν. *Help to deliver*: P. συνελευθεροῦν (acc.).

Loosely, adv. *Inexactly*: P. and V. οὐκ ἀκρῑβῶς. *Not firmly*: P. and V. οὐ βεβαίως. *Anyhow, at random*: P. and V. εἰκῇ. *Freely, unrestrainedly*: P. ἀνέδην. *Wantonly*: P. ἀκολάστως.

Loosen, v. trans. See *loose.*

Looseness, subs. Of consistency: P. μανότης, ἡ. *Slackness*: P. χαλαρότης, ἡ (Xen.). Of morals: P. ἄνεσις, ἡ, P. and V. τρῦφή, ἡ.

Loosening, subs. P. ἄνεσις, ἡ, χάλασις, ἡ.

Loot, v. trans. and subs. See *plunder.*

Lop, v. trans. Ar. and P. ἀποτέμνειν; see *cut.*

Lopping, subs. P. κουρά, ἡ (Plat.).

Lop-sided, adj. *Distorted*: V. διάστροφος. *Crooked*: P. σκολιός (Plat.).

Loquacious, adj. P. and V. λάλος, P. πολύλογος. V. στόμαργος, πολύγλωσσος, ἀθῠρόγλωσσος.

Loquacity, subs. Ar. and P. λᾰλία, ἡ, P. πολυλογία, ἡ, V. γλωσσαλγία, ἡ.

Lord, subs. *Nobleman*: P. and V. δῠνάστης, ὁ. *Master*: P. and V. δεσπότης, ὁ. *Chief*: P. and V. ἡγεμών, ὁ, προστάτης, ὁ, Ar. and V. ἐπιστάτης, ὁ (rare P.), ἄρχων, ὁ, ἄναξ, ὁ, κοίρᾰνος, ὁ, πρόμος, ὁ, τᾱγός, ὁ, V. ἀρχηγός, ὁ, ἄκτωρ, ὁ, ἀνάκτωρ, ὁ; see *chief. King*: P. and V. βᾰσῐλεύς, ὁ, τύραννος, ὁ, V. κύριος, ὁ, κρέων, ὁ. *Lords, chief men*: also use V. ἀριστῆς, οἱ. *Husband*: see *husband.*

Lord, v. intrans. *Lord it over*: P. and V. δεσπόζειν (gen.; V. also acc.), προστᾰτεῖν (gen.); see also *rule. Lorded over*: V. δεσποτούμενος.

Lordliness, subs. P. and V. σεμνότης, ἡ, τὸ σεμνόν.

Lordly, adj. *Kingly, royal*: P. and V. βᾰσῐλῐκός, ἀρχῐκός, βᾰσίλειος, τῠραννῐκός. *Proud*: P. and V. σεμνός; see *proud.*

Lordship, subs. P. and V. δῠναστεία, ἡ, P. δεσποτεία, ἡ, ἡγεμονία, ἡ, προστασία, ἡ. *Kingship*: Ar. and P. βᾰσῐλεία, ἡ, P. and V. μοναρχία, ἡ (rare P.). *Rule*: P. and V. ἀρχή, ἡ, κρᾰτος, τό.

Lore, subs. P. and V. μῦθος, ὁ. *Learning*: P. and V. ἐπιστήμη, ἡ. *Folk lore*: P. μυθολογία, ἡ.

Lose, v. trans. P. and V. ἀπολλύναι, ἁμαρτάνειν (gen.) (rare P.), σφάλλεσθαι (gen.), Ar. and P. ἀποβάλλειν, P. διαμαρτάνειν (gen.), V. ὀλλύναι, ἀμπλᾰκεῖν (2nd aor. infin.) (gen.). *Lose (by death)*: P. and V. ἀπολλύναι (Eur., *Hel.* 408), Ar. and P. ἀποβάλλειν, V. ἁμαρτάνειν (gen.), ἀμπλᾰκεῖν (2nd aor. infin.) (gen.), σφάλλεσθαι (gen.). *Lose an opportunity*: P. παριέναι καιρόν, ἀφιέναι καιρόν. *Be deprived of*: P. and V. ἀποστερεῖσθαι (gen.); see *deprive. Be driven from*: P. and V. ἐκπίπτειν (ἐκ gen.; V. gen. alone), V. ἐκπίτνειν (gen.). *Lose a battle*: P. and V. ἡσσᾶσθαι. *Lose in addition*: Ar. and P. προσαποβάλλειν (Xen.). *Lose one's case*: Ar. and P. δίκην ὀφλισκάνειν. *Lose one's senses*: P. and V. ἐξίστασθαι; see *be mad. Lose one's temper*: P. and V. ὀργῇ ἐκφέρεσθαι. *Lose one's way*: P. and V. πλᾰνᾶσθαι, P. διαμαρτάνειν τῆς ὁδοῦ, Ar. τῆς ὁδοῦ ἁμαρτάνειν. *Lose sight of land*: P. ἀποκρύπτειν γῆν (Plat.). *Suffer loss*: P. ἐλασσοῦσθαι, P. and V. ζημιοῦσθαι. *The losing side*: P. and V. οἱ ἥσσονες, V. οἱ λελειμμένοι. *Be lost, disappear*: P. and V. ἀφᾰνίζεσθαι, ἀφᾰνής γίγνεσθαι. *Be ruined*: P. and V. σφάλλεσθαι, ἀπολωλέναι (Eur., *Phoen.* 922) (perf. of ἀπολλύναι), ἐξολωλέναι (Plat.) (perf. of ἐξολλύναι), V. ὀλωλέναι (perf. of ὀλλύναι), διαπεπορθῆσθαι (perf. pass. of διαπορθεῖν), ἔρρειν (rare P.) ; see *be undone. They thought that all was lost :* P. τοῖς ὅλοις ἡσσᾶσθαι ἐνόμιζον (Dem. 127). *All was lost :* P. and V. ἅπαντ' ἀπώλετο. *Why are you lost in thought :* V. τί . . . ἐς φροντίδας ἀπῆλθες (Eur., *Ion,* 583). *Give oneself up for lost :* P. προΐεσθαι ἑαυτόν.

Loss, subs. P. and V. ζημία, ἡ, βλάβη, ἡ, βλάβος, τό. *Loss of :* P. ἀποβολή, ἡ (gen.), ὄλεθρος, ὁ (gen.). *Loss of money :* P. ἀποβολὴ χρημάτων, ἡ (Plat., *Lach.* 195E), χρημάτων ὄλεθρος, ὁ (Thuc. 7, 27). *Loss of possessions :* P. κτημάτων ἀπόστασις (Dem. 386). *Loss of men :* P. ἀνθρώπων φθορά (Thuc. 7, 27). *Deprivation :* P. στέρησις, ἡ. *Cost, expenditure :* P. and V. ἀνάλωμα, τό. *The allies of the Lacedaemonians suffered no losses worth mentioning :* P. Λακεδαιμονίων οἱ σύμμαχοι οὐκ ἐταλαιπώρησαν ὥστε καὶ ἀξιόλογόν τι ἀπογενέσθαι (Thuc. 5, 74). *At a loss,* adj. : P. and V. ἄπορος, ἀμήχανος (rare P.). *Be at a loss,* v. : P. and V. ἀπορεῖν, ἀμηχανεῖν (rare P.), V. δυσμηχανεῖν, ἀλᾶσθαι. *Suffer loss :* P. and V. ζημιοῦσθαι (absol.), P. ἐλασσοῦσθαι (absol.).

Lost, adj. Of persons, *abandoned :* P. ἀπονενοημένος. *It is labour lost to :* V. πόνος περισσός ἐστι (infin.) (Soph., *Ant.* 780). *Lost in, absorbed in :* P. ὅλος πρός (dat.), V. ἀνειμένος εἰς (acc.).

Lot, subs. *Destiny :* P. ἡ εἱμαρμένη, P. and V. τὸ χρεών (Plat. but rare P.), μοῖρα, ἡ (Plat. but rare P.), V. ἡ πεπρωμένη, μόρος, ὁ, πότμος, ὁ, αἶσα, ἡ, τὸ μόρσιμον, τὸ χρῆν (Eur., *I. T.* 1486). *Fortune :* P. and V. τύχη, ἡ, συμφορά, ἡ, δαίμων, ὁ. *It is my lot :* P. and V. χρή με, χρεών με, εἵμαρταί μοι, V. πέπρωταί μοι. *Cast in one's lot with,* v. : P. συνίστασθαι (dat.), P. and V. ἵστασθαι μετά (gen.). *What is allotted, share :* P. and V. μέρος, τό, V. λάχος, τό. *Allotment of land :* P. κλῆρος, ὁ. *Lot used in determining chances :* P. and V. κλῆρος, ὁ, V. πάλος, ὁ. *Assign by lot,* v. : P. and V. κληροῦν, P. ἐπικληροῦν. *Office assigned by lot,* P. κληρωτὸς ἀρχή, ἡ. *Cast lots,* v. : P. and V. κληροῦσθαι, P. διακληροῦσθαι. *No lot was cast :* V. κλῆρος οὐκ ἐπάλλετο (Soph., *Ant.* 396). *Choose by lot,* v. : P. and V. κληροῦν, P. ἀποκληροῦν. *Chosen by lot,* adj. : P. κληρωτός. *Draw lots,* v. : P. and V. κληροῦσθαι, P. διακληροῦσθαι, V. σπᾶν πάλον. *Draw lots for :* P. and V. κληροῦσθαι (acc. ; P. also gen.). *Drawing of lots,* subs. : P. and V. κλήρωσις, ἡ. *Fall to one's lot,* v. : P. ἐπιβάλλειν (dat.) ; see *befall. The share which falls to our lot :* P. τὸ ἐπιβάλλον ἐφ' ἡμᾶς μέρος (Dem. 312). *Obtain by lot,* v. : P. and V. λαγχάνειν (acc.), διαλαγχάνειν (acc.) (Plat.), κληροῦσθαι (acc. or gen.), V. ἀπολαγχάνειν (acc.), Ar. and V. ἐκλαγχάνειν (acc.). *Without appeal to lot :* use adv., P. ἀκληρωτί.

Loth, adj. See *loath.*

Lotion, subs. Use P. and V. φάρμακον, τό.

Lotus, subs. P. and V. λωτός, ὁ (Hdt.).

Loud, adj. P. and V. μέγας. *Shrill :* P. and V. ὀξύς, V. λιγύς (also Plat. but rare P.), ὄρθιος, πικρός, διάτορος, γεγωνός, Ar. and V. ὑπέρτονος ; see *boastful. Clear :* P. and V. λαμπρός. *Noisy :* P. θορυβώδης, V. ῥόθιος, πολύρροθος. *Be loud,* v. : V. πρέπειν, ῥοθεῖν ; see also *resound. Then censures grow loud against us :* V. κἄπειτ' ἐν ἡμῖν ὁ ψόγος λαμπρύνεται (Eur., *El.* 1039). *Then with good cause is the house loud with cries :* V. ἐπ' ἀξίοισι τἄρ' ἀνευφημεῖ δόμος (Eur., *Or.* 1335). *Have a loud voice*: P. μέγα φθέγγεσθαι.

Loudly, adv. P. and V. μέγᾰ, μεγάλᾰ, V. τορῶς, λῐγύ. *In a loud voice*: P. μεγάλῃ φωνῇ.

Loudness, subs. P. μέγεθος, τό.

Loud-voiced, adj. P. μεγαλόφωνος, λαμπρόφωνος, Ar. and P. εὔφωνος, Ar. λῐγύφθογγος.

Lounge, v. intrans. *Recline*: Ar. and P. κᾰτακλίνεσθαι. *Lounge in the market place*: Ar. ἀγοράζειν. *Be luxurious*: P. and V. τρῠφᾶν. *Idle*: P. and V. ἀργεῖν, κᾰθῆσθαι. *Lounger in the market place*: use adj., Ar. and P. ἀγοραῖος.

Louse, subs. Ar. φθείρ, ὁ.

Lovable, adj. P. and V. προσφῐλής, ἐράσμιος (Plat. but rare P.), P. ἐραστός (Plat.). *Amiable*: P. and V. φῐλάνθρωπος, φῐλόφρων (Xen.).

Love, v. trans. *Love (persons or things)*: P. and V. φῐλεῖν, P. ἀγαπᾶν. *Be enamoured of*: P. and V. ἐρᾶν (gen.), Ar. and V. ἔρασθαι (gen.). *As parents love children* and vice versâ: P. and V. στέργειν, P. ἀγαπᾶν. *Love in return*: P. ἀντιφιλεῖν (acc.), P. and V. ἀντερᾶν (gen.) (Xen.). *Love exceedingly*: Ar. and P. ὑπερφῐλεῖν (Xen.), P. ὑπεραγαπᾶν. *Join in loving*: V. συμφῐλεῖν (absol.). *Love to* (with infin.): P. and V. φῐλεῖν (infin.), χαίρειν (part.), ἥδεσθαι (part.).

Love, subs. P. and V. ἔρως, ὁ (acc. sometimes ἔρον in V.). *Desire*: P. and V. πόθος, ὁ (Plat. but rare P.), ἵμερος, ὁ (Plat. but rare P.). *Friendship*: P. and V. φῐλία, ἡ. *Good-will*: P. and V. εὔνοια, ἡ. *Parental love*: V. στέργηθρον, τό (Æsch., *Choe.* 241). *Object of love*: see *darling*. *Love for one's husband*: V. φῐλανδρία, ἡ. *Goddess of love*: P. and V. Ἀφροδίτη, ἡ. *Gratification of love*: P. τὰ ἀφροδίσια. *Be in love*: P. and V. ἐρᾶν, Ar. and V. ἔρασθαι. *Of love*, adj.: P. ἐρωτικός. *A love affair*: P. ἐρωτικὴ συντυχία (Thuc. 6, 54). *Love-charm*: P. and V. φίλτρον, τό, V. στέργημα, τό.

Loved, adj. P. and V. φίλος, προσφῐλής, ἐράσμιος (Plat. but rare P.), P. ἐραστός (Plat.), Ar. and P. ἀγᾰπητός, V. εὐφῐλής. *Loved by the gods*: P. and V. θεοφῐλής.

Loveless, adj. P. and V. ἄφῐλος (Plat.).

Loveliness, subs. P. and V. κάλλος, τό; see *beauty*.

Lovely, adj. P. and V. κᾰλός; see *beautiful*. *Delightful*: Ar. and P. ἀγᾰπητός; see *delightful*. *Charming* (of persons): P. ἐπαφρόδιτος.

Lover, subs. P. and V. ἐραστής, ὁ. *Desirer*: P. ἐπιθυμητής, ὁ. *Like a lover*: use adj., P. ἐρωτικῶς.

Love-sick, adj. Use part., P. and V. ἐρῶν.

Loving, adj. P. and V. προσφῐλής, φῐλόφρων (Xen.), φῐλάνθρωπος, V. φῐλος. *A loving message*: V. φῐλον ἔπος (Eur., *I. A.* 1450). *Loving one's children*: Ar. and V. φῐλότεκνος. *Loving one's father*: V. φῐλοπάτωρ. *Loving one's husband*: V. φῐλάνωρ.

Loving-cup, subs. Ar. and P. φῐλοτησία, ἡ, Ar. κύλιξ φῐλοτησία, ἡ.

Loving-kindness, subs. P. φιλοφροσύνη, ἡ, φιλανθρωπία, ἡ, P. and V. εὔνοια, ἡ.

Lovingly, adv. P. and V. φῐλοφρόνως (Plat.), φίλως (Xen. but rare P.), P. φιλανθρώπως.

Low, v. intrans. P. and V. μῡκᾶσθαι (Plat. but rare P., also Ar.), Ar. and V. βρῡχᾶσθαι, V. ἐκβρῡχᾶσθαι.

Low, subs. Of cattle: V. μύκημα, τό.

Low, adj. As opposed to *high*: P. and V. βρᾰχύς. *Level*: P. ὁμαλός, V. λευρός, P. and V. πεδιάς, ἡ (Plat. but rare P.). *Small*: P. and V. μικρός, σμικρός. Of degree, rank, etc.: P. and V. τᾰπεινός, ἀδόκῐμος, φαῦλος, ἀφᾰνής, ἀνώνῠμος, P. ἄδοξος, V. βρᾰχύς, βαιός, ἄσημος; see *mean*. Of price: P. εὔωνος, εὐτελής. Of sound: P. and V. λεῖος. *Speak low*: see *whisper*. *Base, dishonourable*: P. and V. αἰσχρός, κᾰκός, πονηρός, φαῦλος, μοχθηρός, κᾰκοῦργος, ἀνάξιος, Ar. and P. ἀγεννής. *Vulgar, common*: Ar. and P. φορτῐκός, ἀγοραῖος. *Dejected* (*of spirits*): P. and V. ἄθῡμος (Xen.), V. δύσθῡμος. *Bring low*, v.: P. and V. κᾰθαιρεῖν, κᾰτᾰβάλλειν, συστέλλειν, κολούειν, P. ταπεινοῦν, Ar. and V. ἰσχναίνειν, V. κᾰτισχναίνειν, κλίνειν, κᾰταρρέπειν. *Be brought low*: also P. and V. κάμπτεσθαι (Plat.). *Have a low opinion of*: see *despise*. *Lay low*: see *bring low*. *One word will lay you low*: V. ἓν γὰρ ἐκτενεῖ σ' ἔπος (Eur., *Med.* 585).

Low-born, adj. P. and V. φαῦλος, τᾰπεινός, κᾰκός, Ar. and P. ἀγεννής, V. ἀγέννητος, Ar. and V. δυσγενής. *You are low born*: Ar. γέγονας κακῶς (*Eq.* 218).

Lower, adj. *Inferior*: P. and V. ἥσσων, χείρων. *Lower than, inferior to*: P. and V. ἥσσων (gen.), χείρων (gen.), ὕστερος (gen.). *The Lower World*: P. and V. οἱ κᾰ́τω, οἱ κᾰ́τωθεν, V. οἱ ἔνερθε, οἱ ἐνέρτεροι, οἱ νέρτεροι, οἱ κᾰτὰ χθονός. *The place where the dead go*: P. and V. Ἅιδης, ὁ.

Lower, adv. *Further down*: Ar. κᾰτωτέρω.

Lower, v. trans. *Let down*: P. and V. κᾰθῑέναι. *Abase*: P. and V. κᾰθαιρεῖν, συστέλλειν, κολούειν; see *abase*. *Abate*: P. and V. μεθῑέναι, ὑφῑέσθαι (gen.), ἀνῑέναι. *Lessen*: P. ἐλασσοῦν. *Impair*: P. and V. βλάπτειν, διαφθείρειν. *Disgrace*: P. and V. αἰσχῡ́νειν, κᾰταισχῡ́νειν. *Lower your voices*: Ar. ὕφεσθε τοῦ τόνου (*Vesp.* 337). *Lower your tone*: met., V. ἄνες (2nd aor. imper. act. of ἀνιέναι), λόγον (Eur., *Hel.* 442). *Lower* (*sails*): see *reef*. *In time of trouble methinks I should voyage with lowered sails* (met.), V. ἐν κακοῖς μοι πλεῖν ὑφειμένῃ δοκεῖ (Soph., *El.* 335). *Lower oneself, let oneself down*: P. and V. κᾰθῑέναι ἑαυτόν, P. συγκαθιέναι ἑαυτόν, Ar. κᾰθῑμᾶν ἑαυτόν. Met., *condescend*: P. συγκαθιέναι. V. intrans. *Impend*: P. and V. ἐφίστασθαι, P. ἐπικρέμασθαι, ἐπηρτῆσθαι (perf. pass. of ἐπαρτᾶν). *Frown*: Ar. ὀφρῦς σῠνάγειν, V. ὄμμᾰτα συννεφεῖν.

Lowering, adj. *Cloudy*: P. συννέφελος. *Frowning*: P. and V. σκυθρωπός; see *frowning*.

Lowing, subs. Of cattle: V μῡ́κημα, τό.

Lowlands, subs. P. and V. πεδία, τά.

Lowliness, subs. P. ταπεινότης, ἡ.

Lowly, adj. P. and V. τᾰπεινός; see *obscure*.

Low-lying, adj. P. πεδιεινός.

Lowness, subs. Of degree: P. ταπεινότης, ἡ, P. and V. ἀδοξία, ἡ. Of birth: P. and V. δυσγένεια, ἡ (Plat.). *Meanness, baseness*: P. πονηρία, ἡ, κᾰ́κη, ἡ. *Vulgarity*: P. ἀγροικία, ἡ.

Low-spirited, adj. P. and V. ἄθῡμος (Xen.), V. δύσθῡμος.

Low spirits, subs. P. and V. ἀθῡμία, ἡ, δυσθῡμία, ἡ (Plat.). *Be in low spirits*, v.: P. and V. ἀθῡμεῖν.

Loyal, adj. P. and V. πιστός, βέβαιος. *Friendly*: P. and V. εὔνους, P. εὐνοϊκός.

Loyally, adv. P. πιστῶς, P. and V. βεβαίως. *In a friendly way*: P. εὐνοϊκῶς.

Loyalty, subs. P. and V. πίστῐς, ἡ. *Good-will*: P. and V. εὔνοια, ἡ.

Lubber, subs. *Land lubber*: use adj., P. and V. χερσαῖος (Thuc. 7, 67; Eur., *And.* 457), Ar. ἀθᾰλάσσωτος (*Ran.* 204).

Lucid, adj. P. and V. σᾰφής, ἐμφᾰνής; see *clear*. *Sensible, in one's senses*: P. and V. ἔμφρων.

Lucidity, subs. P. and V. σᾰφήνεια, ἡ.

Lucidly, adv. P. and V. σᾰφῶς, ἐμφᾰνῶς; see *clearly*.

Luck, subs. P. and V. τύχη, ἡ. *Chance*: P. and V. τῠ́χη, ἡ, συμφορά, ἡ, Ar. and P. συντῠχία, ἡ. *One's* *lot* : P. and V. τύχη, ἡ, δαίμων, ὁ. *Good luck* : P. and V. εὐπραξία, ἡ, Ar. and P. εὐτῠχία, ἡ, P. εὐδαιμονία, ἡ, V. ὄλβος, ὁ (also Xen. but rare P.), εὐεστώ, ἡ. *Piece of good luck* : P. and V. εὐτύχημα, τό. *Good luck attend you* : V. εὐδαιμονοίης, εὐτῠχοίης, ὄναιο.

Luckily, adv. P. and V. εὐτῠχῶς, εὐδαιμόνως, μᾰκᾰρίως. *As luck would have it* : P. κατὰ τύχην (Thuc. 3, 49). *Auspiciously* : P. and V. εὖ, κᾰλῶς, V. αἰσίως.

Luckless, adj. P. and V. δυστῠχής, δυσδαίμων, ἀτῠχής (Eur., *Heracl.* 460, but rare V.), Ar. and V. δύσποτμος, δύσμορος (also Antiph. but rare P.), δύστηνος, V. δάϊος, ἄμμορος, ἄμοιρος (also Plat. but rare P.); see *hapless, miserable.*

Lucklessly, adv. P. and V. δυστῠχῶς, ἀθλίως, V. δυσπότμως, τλημόνως, P. ἀτυχῶς; see *haplessly, miserably.*

Lucklessness, subs. P. ἀτυχία, ἡ, δυστυχία, ἡ; see *misery.*

Lucky, adj. P. and V. εὐτῠχής, εὐδαίμων. *Auspicious* : P. and V. εὐτῠχής, εὐδαίμων, κᾰλός, δεξιός, Ar. and V. αἴσιος (also Xen. but rare P.). *Seasonable* : P. and V. καίριος. *Be lucky*, v. : P. and V. εὐτῠχεῖν, εὐδαιμονεῖν.

Lucrative, adj. P. λυσιτελής, Ar. and P. κερδᾰλέος.

Lucratively, adv. P. λυσιτελούντως, κερδαλέως.

Lucre, subs. P. and V. κέρδος, τό, λῆμμα, τό. *Love of lucre* : P. and V. αἰσχροκέρδεια, ἡ. *Loving lucre*, adj. : P. and V. αἰσχροκερδής.

Ludicrous, adj. P. and V. γέλοιος, Ar. and P. κᾰτᾰγέλαστος.

Ludicrously, adv. P. γελοίως, καταγελάστως.

Ludicrousness, subs. Ar. and P. ἀτοπία, ἡ.

Lug, v. trans. See *drag.*

Luggage, subs. Ar. and P. σκευή, τά.

Lugubrious, adj. See *sad.*

Lugubriously, adv. See *sadly.*

Lugubriousness, subs. See *sadness.*

Luke-warm, adj. Met., *backward, hesitating* : P. ἀπρόθυμος, ὀκνηρός. *Dull* : P. and V. ἀμβλύς.

Luke-warmly, adv. Met., P. ἀπροθύμως.

Luke-warmness, subs. *Hesitation* : P. and V. ὄκνος, ὁ.

Lull, v. trans. *Put to sleep* : P. and V. κοιμίζειν (Plat.), V. κοιμᾶν. *Sooth* : P. and V. πρᾱΰνειν, Ar. and V. μᾰλάσσειν, V. μαλθάσσειν ; see *soothe. Lighten* : P. and V. ἐπῐκουφίζειν. V. intrans. *Abate* : P. and V. λωφᾶν, ἀνῑέναι, P. ἐπανιέναι.

Lull, subs. *Rest* : P. and V. ἀνᾰπαυλα, ἡ, παῦλα, ἡ, διᾰλῠσις, ἡ, P. ἀνάπαυσις, ἡ. *Abatement* : P. λώφησις, ἡ. *Breathing space* : P. and V. ἀναπνοή, ἡ, V. ἀμπνοή, ἡ. *Lull in a storm* : P. and V. εὐδία, ἡ, γᾰλήνη, ἡ.

Lulling, adj. V. θελκτήριος ; see *soothing. Lulling pain* : V. παυσίλῡπος.

Lumber, subs. *Wood* : P. and V. ὕλη, ἡ, ξύλον, τό. *Rubbish* : Ar. φορῡτός, ὁ. *Baggage* : Ar. and P. σκευή, τά.

Luminous, adj. *Bright* : P. and V. λαμπρός ; see *bright. Transparent* : Ar. and P. διᾰφᾰνής. *Lucid, clear* : P. and V. σᾰφής, ἐμφᾰνής.

Luminously, adv. *Brightly* : P. and V. λαμπρῶς. *Lucidly* : P. and V. σᾰφῶς, ἐμφᾰνῶς.

Lump, subs. Of metal : V. μυδρός, ὁ. Of earth : Ar. and V. βῶλος, ἡ (also Xen.). *Clot* : P. and V. θρόμβος, ὁ (Plat.). *Knot on the flesh* : P. τύλος, ὁ (Xen.). *In a lump*, adv. : P. and V. συλλήβδην.

Lump together, v. trans. : P. and V. συντῐθέναι, φύρειν (Plat.), P. συμφέρειν εἰς ταὐτό.

Lumpy, adj. *Uneven* : P. ἀνώμαλος.

Lunacy, subs. P. and V. μᾰνία, ἡ, ἀφροσύνη, ἡ, τὸ μᾰνιῶδες ; see *madness. Folly* : P. and V. μωρία, ἡ, ἄνοια, ἡ, ἀβουλία, ἡ, ἀσῠνεσία, ἡ (Eur., *Frag.*); see *folly.*

Lunar, adj. *At the beginning of a new lunar month* : P. νουμηνίᾳ κατὰ σελήνην (Thuc. 2, 28).

Lunatic, subs. Use adj., Ar. and P. ἐμβρόντητος; see also *mad.*

Lunch, subs. P. and V. ἄριστον, τό.

Lunch, v. trans. Ar. ἀριστίζειν. V. intrans. Ar. and P. ἀριστᾶν (Xen.), P. ἀριστοποιεῖσθαι.

Lung, subs. P. and V. πλεύμων, ὁ.

Lunge, v. intrans. Use P. and V. ἐξᾰκοντίζειν (Xen.).

Lurch, v. intrans P. and V. πταίειν (lit., *stumble*). *Shake* : P. and V. σείεσθαι.

Lurch, subs. *Leave in the lurch*, v. : P. and V. λείπειν, κᾰταλείπειν προδῐδόναι, προλείπειν, ἐρημοῦν, Ar. and P. προῑέναι (or mid.).

Lure, v. trans. P. and V. ἐφελκεσθαι, ἐπισπᾶσθαι, προσάγεσθαι, ἕλκειν. *Lead on* : P. and V. ἐπάγειν, προάγειν. *Lure as with a bait* : P. δελεάζειν.

Lure, subs. *Enticement* : P. ἐπαγωγή, ἡ. *Bait* : P. and V. δέλεαρ, τό, Ar. δελέασμα, τό.

Lurid, adj. *Gloomy* : V. δνοφώδης, κνεφαῖος, λῡγαῖος; see *gloomy. Red:* P. and V. πυρσός, Ar. and P. ἐρυθρός. Met., *grim, horrible* : P. and V. δεινός.

Lurk, v. intrans. *Lie hid* : V. κεύθειν, κεκευθέναι (perf.), Ar. and P. κᾰτᾰδεδῡκέναι (perf. of καταδύειν). *Lie in ambush* : P. ἐνεδρεύειν, ἐλλοχᾶν, P. and V. λοχᾶν; see *ambush. Lie* : P. and V. κεῖσθαι. *Lie in wait for*, met. : P. ὑποκεῖσθαι (dat.). *Escape notice* : P. and V. λανθάνειν, V. λήθειν. *Lurking like a snake* : V. ὡς ἔχιδν' ὑφειμένη (Soph., *Ant.* 531).

Lurking, adj. *Secret* : P. and V. λαθραῖος; see *secret. Lurking place* : V. κευθμών, ὁ, μῠχός, ὁ. *Den* : P. σπήλαιον, τό (Plat.), Ar. and V. ἄντρον, τό, V. σηκός, ὁ, λέχος, τό (Æsch., *Ag.* 1224), θᾰλάμαι, αἱ.

Place of refuge : P. and V. κᾰτᾰφῠγή, ἡ; see *refuge.*

Luscious, adj. P. and V. ἡδύς, γλῠκύς.

Lust, subs. *Desire* : P. and V. ἐπῐθῡμία, ἡ. *Incontinence* : P. ἀκολασία, ἡ, ἀσέλγεια, ἡ. *Wantonness* : P. and V. ὕβρῐς, ἡ, V. μαργότης, ἡ. *Lust of* : P. and V. ἔρως, ὁ (gen.), ἵμερος ὁ (gen.) (rare P.); see *desire.*

Lust after, v. P. and V. ἐπῐθῡμεῖν (gen.). *Desire* : P. and V. ὀρέγεσθαι (gen.), ἐφίεσθαι (gen.); see *desire.*

Lustful, adj. *Incontinent* : P. and V. ἀκόλαστος, Ar. and P. ἀκρᾰτής, P. ἀσελγής, ὑβριστικός, V. μάργος.

Lustily, adv. P. ἰσχυρῶς, P. and V. ἐρρωμένως. *Vehemently* : P. and V. σφόδρᾰ, P. συντόνως, ἐντόνως.

Lustiness, subs. *Strength* : P. and V. ἰσχύς, ῥωμή, V. σθένος, τό, ἀλκή, ἡ. *Vehemence* : P. σφοδρότης, ἡ.

Lustral, adj *Purifying* : V. κᾰθάρσιος, P. καθαρτικός. *Lustral water* : P. and V. χέρνιψ, ἡ. *Wash in lustral water*, v. : P. and V. χερνίπτεσθαι (absol.)

Lustrate, v. trans. P. and V. κᾰθαίρειν, V. νίζειν.

Lustration, subs. P. and V. κᾰθαρμός, ὁ, P. κάθαρσις, ἡ, ἀπόλουσις (Plat., *Crat.* 405B).

Lustre, subs. *Brightness* : P. λαμπρότης, ἡ. *Glory, show* : V. ἀγλάϊσμα, τό, χλῐδή, ἡ. *Flash* : Ar. and V. σέλᾰς, τό (also Plat. but rare P.). *Fame, renown* : P. and V. δόξᾰ, ἡ, κλέος, τό (rare P.), Ar. and V. εὔκλεια, ἡ, κῦδος, τό. *Shed lustre on*, v. : P. and V. κοσμεῖν.

Lustrous, adj. *Bright* : P. and V. λαμπρός; see *bright. Glossy* : Ar. and P. λῐπᾰρός.

Lusty, adj. *Strong* : P. and V. μέγᾰς, ἰσχῡρός, V. σθενᾰρός, κρᾰταιός, Ar. and V. ἄλκῐμος (rare P.); see *strong.* Of a cry : P. and V. μέγᾰς. *Vehement* : P. σφοδρός, P. and V. σύντονος, ἔντονος.

Lute, subs. Use *lyre.*

Luxuriance, subs. *Abundance*: P. ἀφθονία, ἡ. *Fruitfulness*: P. πολυφορία, ἡ (Xen.).

Luxuriant, adj. *Abundant*: P. and V. ἄφθονος, V. ἐπίρρῠτος. *Fruitful*: P. and V. ἔγκαρπος (Plat.), εὔκαρπος (Plat.), πάμφορος (Plat.); see *fruitful*. *Luxuriant with foliage*: Ar. and V. μελάμφυλλος. *A luxuriant glen*: V. εὔλειμος νάπη (Eur., *Bacch.* 1084).

Luxuriantly, adv. *Abundantly*: P. and V. ἀφθόνως (Eur., *Frag.*).

Luxuriate, v. intrans. P. and V. τρῠφᾶν, Ar. and V. χλῐδᾶν, V. χλίειν.

Luxurious, adj. Ar. and P. τρῠφερός, V. ἁβρός, εὐτράπεζος (Eur., *Frag.*). *Costly*: P. and V. τίμιος, P. πολυτελής, δαπανηρός. *Rich*: V. πλούσιος. *Soft*: Ar. and P. μᾰλᾰκός. Ar. and V. μαλθᾰκός.

Luxuriously, adv. *Sumptuously*: P. πολυτελῶς. *Richly*: Ar. and V. πλουσίως. *Reclining luxuriously in covered carriages*: Ar. ἐφ' ἁρμαμαξῶν μαλθακῶς κατακείμενοι (*Ach.* 70).

Luxury, subs. P. and V. τρῠφή, ἡ, χλῐδή, ἡ (Plat.), ἁβρότης, ἡ (Plat.), P. τὸ ἁβροδίαιτον. *Costliness*: P. πολυτέλεια, ἡ. *Wealth*: P. and V. πλοῦτος, ὁ.

Lye, subs. Ar. and P. κονία, ἡ.

Lying, adj. P. and V. ψευδής; see *false*.

Lynx, subs. V. λύγξ, ὁ or ἡ (Eur., *Frag.*).

Lyre, subs. P. and V. λύρα, ἡ (Plat. and Eur., *Alc.* 430), χέλυς, ἡ (Æsch., *Frag.*). *Little lyre*: Ar. λύριον, τό. *Harp*: P. and V. κῐθᾰρα, ἡ (Eur., *Cycl.* 444), Ar. φόρμιγξ, ἡ, Ar. and V. βάρβῐτος, ὁ, or ἡ (Eur., *Alc.* 345, and *Cycl.* 40); see *harp*. *Maker of lyres*: P. λυροποιός, ὁ. *Making of lyres*: P. λυροποιική, ἡ.

Lyric poet, subs. Ar. and P. μελοποιός, ὁ.

Lyric poetry, subs. Use Ar. and P. μέλος, τό.

M

Mace, subs. Ar. and V. σκῆπτρον, τό. *Club*: V. κορύνη, ἡ; see *club*.

Machina, Deus ex. See under *Deus*.

Machination, subs. *Artifice*: P. and V. μηχάνημα, τό, V. τέχνη, ἡ, τέχνημα, τό, πλοκαί, αἱ. *Plot*: P. ἐπιβουλή, ἡ, ἐπιβούλευμα, τό, κατασκεύασμα, τό, P. and V. δόλος, ὁ (rare P.).

Machine, subs. P. and V. μηχᾰνή, ἡ, μηχάνημα, τό, ὄργᾰνον, τό.

Machinery, subs. See *machine*. *Means, contrivance*: P. and V. σόφισμα, τό, πόρος, ὁ.

Mad, adj. P. and V. μᾰνιώδης, ἔμπληκτος, ἀπόπληκτος, Ar. and P. ἐμβρόντητος, πᾰραπλήξ, μᾰνῐκός, P. ἔκφρων, V. ἐμμᾰνής (Plat. also but rare P.), μάργος (also Plat. but rare P.), μαργῶν, λυσσώδης, ἐπιβρόντητος, μᾰνιάς, πᾰράκοπος φρενῶν, οἰστροπλήξ, Ar. and V. πᾰραπεπληγμένος. Also with fem. subs.: V. μαινάς, δρομάς; see also *foolish*. Of things: P. and V. μᾰνιώδης, Ar. and P. μᾰνῐκός; see also *foolish*. *Mad words*: V. λόγοι . . . ἔξεδροι φρενῶν (Eur., *Hipp.* 935). *Drive mad*, v.: see *madden*. *Driven mad by the gods*: V. θεομᾰνής. *Mad for battle*, adj.: V. δορῐμᾰνής. *Be mad for*, v.: see *long for*. *Be mad*: P. and V. οὐ φρονεῖν, ἐξίστασθαι, πᾰραφρονεῖν, πᾰρᾰνοεῖν, πᾰραλλάσσειν, μαίνεσθαι, P. τετυφῶσθαι (perf. pass. of τυφοῦν), *Be frantic*: P. and V. λυσσᾶν (Plat. but rare P.), βακχεύειν (Plat.), οἰστρᾶν (Plat.), ἐκβακχεύεσθαι (Plat.), ἐνθουσιᾶν (Plat.), P. ἐνθουσιάζειν (Plat.), V. ἐκμαργοῦσθαι, βακχᾶν, μαργαίνειν (Æsch., *Frag.*), Ar. and V. ἀλΰειν.

Madden, v. trans. P. and V. ἐξιστᾰναι, ἐκπλήσσειν, Ar. and V. ἐκμαίνειν. *Make frantic*: P. and V. ἐκβακχεύειν (Plat.), V. βακχεύειν, οἰστρᾶν. *Anger*: P. and V. ὀργίζειν (Plat.), πᾰροξύνειν; see *anger*.

Madly, adv. P. μανικῶς, ἐμπλήκτως; see *foolishly, intensely. Impetuously*: P. προπετῶς, ἰταμῶς, Ar. and P. νεᾱνῐκῶς.

Madness, subs. P. and V. μᾰνία, ἡ, τὸ μᾰνιῶδες, Ar. and P. πᾰρᾰνοια, ἡ; see also *folly. Frenzy*: P. and V. λύσσᾰ, ἡ (Plat. but rare P.), οἶστρος, ὁ (Plat. but rare P.), βακχεία, ἡ (Plat. but rare P.), V. λυσσήμᾰτα, τά, μαργότης, ἡ, βακχεύμᾰτα, τά, τὸ βακχεύσῐμον.

Magazine, subs. P. ἀποθήκη, ἡ, ταμιεῖον, τό. *Magazine for corn*: P. and V. σῑρός, ὁ (Dem. 100 and Eur., *Frag.*).

Maggot, subs. P. εὐλή, ἡ (Hdt.).

Magic, adj. P. μαγευτικός, V. κηλητήριος, θελκτήριος. *Deadly*: V. λυγρός; see also *monstrous.*

Magic, subs. *Art of magic*: P. ἡ μαγευτική, φαρμακεία, ἡ, V. μᾰγεύμᾰτα, τά. *Enchantment, charm*: P. and V. φάρμᾰκον, τό, ἐπῳδή, ἡ, V. κήλημα, τό, θέλκτρον, τό, θέλγητρον, τό, θελκτήριον, τό, κηλητήριον, τό. *Enchantment*: P. κήλησις, ἡ. Met., *grace, charm*: P. and V. χᾰρῐς, ἡ. *Use magic*, v.: V. μᾰγεύειν, Ar. μαγγᾰνεύειν. *Remove by magic*: P. and V. ἐξεπᾴδειν.

Magician, subs. P. and V. μᾰγος, ὁ, φαρμᾰκεύς, ὁ, γόης, ὁ, ἐπῳδός, ὁ, V. ἀοιδός, ὁ.

Magistracy, subs. P. and V. ἀρχή, ἡ, τῑμή, ἡ. *Hold a magistracy*: Ar. and P. ἀρχὴν ἄρχειν, or ἄρχειν alone. *Body of magistrates*: see *magistrate.*

Magistrate, subs. Ar. and P. ἄρχων, ὁ. *The magistrates*: Ar. and P. αἱ ἀρχαί, P. τὰ τέλη, οἱ ἐπὶ τοῖς πράγμασιν, P. and V. οἱ ἐν τέλει, τὰ κῡρια, V. οἱ ἐν τέλει βεβῶτες.

Magnanimity, subs. P. and V. γενναιότης, τὸ γενναῖον, P. καλοκαγαθία, ἡ, μεγαλοφροσύνη, ἡ, μεγαλοψυχία, ἡ.

Magnanimous, adj. P. and V. γενναῖος, Ar. and P. μεγᾰλόφρων, P. μεγαλόψυχος, Ar. and P. κᾰλὸς κᾰγᾰθός.

Magnanimously, adv. P. and V. γενναίως, P. μεγαλοψύχως.

Magnate, subs. P. and V. δῠνάστης, ὁ.

Magnet, subs. P. λίθος Ἡρακλεία, ἡ (Plat., *Ion*, 533D), λίθος Ἡρακλεῶτις, ἡ (Plat., *Ion*, 535E), V. Μαγνῆτις λῐθος, ἡ (Eur., *Frag.*), Λῡδία λῐθος, ἡ (Soph., *Frag.*).

Magnificence, subs. P. λαμπρότης, ἡ, P. and V. σεμνότης, ἡ, τὸ σεμνόν. *Pomp*: P. and V. σχῆμα, τό, πρόσχημα, τό, χλῐδή, ἡ (Plat.), V. ἀγλάϊσμα, τό.

Magnificent, adj. P. and V. λαμπρός, σεμνός, εὐπρεπής, Ar. and P. μεγᾰλοπρεπής. *Preeminent*: P. and V. ἐκπρεπής, διαπρεπής, περῐφᾰνής, V. ἔξοχος.

Magnificently, adv. P. and V. λαμπρῶς, σεμνῶς, P. μεγαλοπρεπῶς.

Magnify, v. trans. *Exalt*: P. and V. μεγᾰλῡνειν (Eur., *Bacch.* 320); see *exalt. Celebrate in song*: P. and V. ὑμνεῖν, ᾄδειν. *Exaggerate*: P. μεγαλύνειν, τῷ λόγῳ αἴρειν, ἄνω ἐξαίρειν, ἐπὶ τὸ μεῖζον δεινοῦν, P. and V. κοσμεῖν, Ar. and V. πυργοῦν.

Magniloquence, subs. P. κουφολογία, ἡ, μεγαλαυχία, ἡ, τὸ κομπῶδες, V. τὸ γαῦρον, P. and V. ὄγκος, ὁ; see *boast.*

Magniloquent, adj. P. and V. σεμνός, ὑψηλός, V. σεμνόστομος, ὑψήγορος, ὑπέρκοπος, Ar. and V. γαῦρος.

Magniloquently, adv. P. and V. σεμνῶς, V. ὑψῐκόμπως, ὑπερκόπως.

Magnitude, subs. P. and V. μέγεθος, τό, πλῆθος, τό (Thuc. 3, 70). *Magnitudes and numbers*: P. μεγέθη καὶ πλήθη (Plat., *Charm.* 168E).

Maid, subs. P. and V. κόρη, ἡ, παῖς, ἡ, παρθένος, ἡ (Plat.), Ar. and V. νεᾶνις, ἡ. *Little girl*: Ar. μεῖραξ, ἡ, μειρᾰκίσκη, ἡ. *Unmarried girl*: P. and V. παρθένος, ἡ (Plat.). *Be a maid*, v.: V. παρθενεύεσθαι. See *maid servant.*

Maiden, subs. See *maid*.

Maiden, adj. Ar. and V. παρθένειος, V. παρθένος. *Maiden pastimes*, subs. : V. παρθενεύμᾰτα, τά. *Maiden's chamber* : V. παρθενῶνες, οἱ. *With maiden face*, adj. : V. παρθενωπός. *Oh maiden work of my loom, wrought long ago* : V. ὦ χρόνιον ἱστῶν παρθένευμα τῶν ἐμῶν (Eur., *Ion*, 1425). *We launched a ship of Sidon on her maiden voyage*: V. Σιδωνίαν ναῦν πρωτόπλουν καθείλκομεν (Eur., *Hel*. 1531).

Maidenhood, subs. P. παρθενία, ἡ, V. παρθενεία, ἡ, κορεύμᾰτα, τά. *Spend one's maidenhood*, v. : V. παρθενεύεσθαι, κορεύεσθαι.

Maidenly, adj. Ar. and V. παρθένειος, V. παρθένος.

Maid servant, subs. P. and V. ὑπηρέτῐς, ἡ (Plat.), P. θεράπαινα, ἡ, θεραπαινίς, ἡ, V. λάτρῐς, ἡ, πρόσπολος, ἡ, οἰκέτῐς, ἡ, δμωή, ἡ, δμωΐς, ἡ.

Mail, subs. *Coat of mail* : P. and V. θώραξ, ὁ, V. πάνοπλα ἀμφιβλήμᾰτα, τά.

Mail-clad, adj. V. τευχεσφόρος, P. τεθωρακισμένος.

Maim, v. trans. *Cripple* : Ar. and P. πηροῦν. *Injure* : P. and V. βλάπτειν, κᾰκοῦν, διαφθείρειν, λῡμαίνεσθαι, λωβᾶσθαι (Plat.), αἰκίζεσθαι.

Maimed, adj. P. ἀνάπηρος, ἀδύνατος, V. ἀκρᾰτωρ. *Halt, lame* : P. and V. χωλός.

Maiming, subs. P. and V. αἰκία, ἡ, αἴκισμα, τό, λῡμη, ἡ (Plat.), λώβη, ἡ (Plat.).

Main, adj. *Chief* : P. and V. μέγιστος, πρῶτος. *Supreme* : P. and V. κῡριος. *The main point* : P τὸ κεφάλαιον. *With might and main* : see under *might*.

Main, subs. See *sea*.

Mainland, subs. P. and V. ἤπειρος, ἡ. *Of the mainland*, adj. : P. ἠπειρωτικός, ἠπειρώτης. Fem. adj., P. and V. ἠπειρῶτις. *The people of the mainland* : P. οἱ ἠπειρῶται.

Mainly, adv. *Especially* : P. and V. μάλιστα, οὐχ ἥκιστα. *For the most part* : P. ὡς ἐπὶ πολύ, τὰ πολλά.

Maintain, v. trans. *Support with food* : P. and V. τρέφειν, P. διατρέφειν (Dem. 419), V. φέρβειν. *Maintain (an army, fleet, etc.)* : P. and V. τρέφειν, βόσκειν (Thuc. 7, 48, but rare P.), V. φέρβειν. *Keep, preserve* : P. and V. σώζειν, διᾰσώζειν, περιστέλλειν, φῠλάσσειν, διᾰφυλάσσειν ; see also *defend*. *Cling to* : P. and V. ἀντῐλαμβᾰνεσθαι (gen.). *Maintain (silence, etc.)* : P. and V. ἔχειν. *Keep up (a war, etc.)* : Ar. and P. ἀνέχειν. *Maintain (a feeling)* : P. and V. ἔχειν, τρέφειν (Plat.), φῠλάσσειν. *Maintain (a cause), be friendly to it* : P. and V. εὐνοεῖν (dat.) ; see *support*. Absol., *maintain by argument* : P. ἰσχυρίζεσθαι, διισχυρίζεσθαι, διαμάχεσθαι. *Maintain one's ground* : P. and V. μένειν (absol.), ἀντέχειν (absol.), καρτερεῖν (absol.). *Maintain oneself, make a living* : Ar. and P. ζῆν, P. and V. διαζῆν, P. βιοτεύειν, V. συλλέγειν βίον. *Hold out* : P. and V. ἀντέχειν.

Maintainer, subs. *Saviour* : P. and V. σωτήρ, ὁ. Fem., P. and V. σώτειρα, ἡ (Plat.).

Maintenance, subs. *Support* : P. and V. τροφή, ἡ, Ar. and P. ἐφόδια, τά. *Keep* : Ar. and P. σίτησις, ἡ. *Living, livelihood* : P. and V. βίος, ὁ, Ar. and V. βίοτος, ὁ. *Preservation* : P. and V. σωτηρία, ἡ, φῠλᾰκή, ἡ.

Majestic, adj. P. and V. σεμνός, ὑψηλός (Plat.) ; see *proud*.

Majestically, adv. P. and V. σεμνῶς ; see *proudly*.

Majesty, subs. P. and V. σεμνότης, ἡ, τὸ σεμνόν, Ar. and V. σέβᾰς, τό ; see *pride*.

Majority, subs. *The greater number* : P. and V. οἱ πλείονες. *The majority, the multitude* : P. and V. οἱ πολλοί, τὸ πλῆθος. *Attain one's majority*, v. : see *come to manhood*, under *manhood*.

Make, v. trans. P. and V. ποιεῖν, ἐργάζεσθαι, ἐξεργάζεσθαι. *Make (acquire) money*: Ar. and P. ἐργάζεσθαι χρήμᾰτα (Ar., *Eq.* 840). *Make a living*: V. συλλέγειν βίον; see *live*. *Reap as profit*: P. and V. κερδαίνειν; see *gain*. *Construct*: P. and V. συντῐθέναι, συμπηγνῦναι, σῠναρμόζειν, P. κατασκευάζειν, συνιστάναι, V. τεύχειν; see also *build*. *Mould, fashion*: P. and V. πλάσσειν, V. σχημᾰτίζειν. *Render*: P. and V. ποιεῖν, κᾰθιστάναι, πᾰρέχειν (or mid.), P. παρασκευάζειν, ἀπεργάζεσθαι, Ar. and P. ἀποδεικνῦναι, ἀποφαίνειν, Ar. and V. τῐθέναι (rare P.), V. κτίζειν, τεύχειν. *Make oneself (show oneself)*: P. and V. πᾰρέχειν ἑαυτόν (with acc. of adj.). *Compel*: P. and V. ἀναγκάζειν, ἐπᾰναγκάζειν, βιάζεσθαι, κᾰτᾰναγκάζειν, Ar. and P. προσᾰναγκάζειν, Ar. and V. ἐξᾰναγκάζειν, V. διᾰβιάζεσθαι. *What makes you say this?* P. τί παθών ταῦτα λέγεις; *Bring it about that*: P. and V. πράσσειν ὅπως (aor. subj. or fut. indic.). *Produce, cause*: P. and V. ποιεῖν, V. τεύχειν, P. ἀπεργάζεσθαι. In periphrastic expressions, use P. and V. ποιεῖσθαι, V. τῐθέναι, τῐθεσθαι; e.g., *make haste*: P. σπουδὴν ποιεῖσθαι. *Make amends for*: see under *amends*. *Make away with*: P. and V. ἀφᾰνίζειν, ὑπεξαιρεῖν. *Steal*: P. διακλέπτειν; see *steal*. *Make for, hasten to*: P. and V. ὁρμᾶσθαι εἰς (acc.). *Seek*: P. and V. ζητεῖν (acc.). *Tend towards*: P. and V. τείνειν εἰς (acc.), πρός (acc.), P. συντείνειν εἰς (acc.), or ἐπί (acc.), or πρός (acc.); see *tend*. *Public support made rather for the Lacedaemonians*: P. ἡ εὔνοια ἐποίει τῶν ἀνθρώπων μᾶλλον εἰς τοὺς Λακεδαιμονίους (Thuc. 2, 8). *Make free with*: P. and V. χρῆσθαι (dat.). *Make good (losses, etc.)*: P. and V. ἀνᾰλαμβᾰνειν, ἀκεῖσθαι, ἐξῐᾶσθαι; see *retrieve*. *Carry out (a promise, etc.)*: see *accomplish*. *Make light of*: see *disregard*. *Make merry*: P. and V. εὐωχεῖσθαι, κωμάζειν. *Make of, understand, interpret*: P. ὑπολαμβᾰνειν (acc.), ἐκλαμβάνειν (acc.). *Construct of*: P. and V. συντῐθέναι ἐκ (gen.). *Be made of, be constructed of*: P. συγκεῖσθαι ἐκ (gen.). *Make out, pretend*: Ar. and P. προσποιεῖσθαι; see *understand, interpret, represent*. *Make over, hand over*: P. and V. πᾰρᾰδῐδόναι, ἐκδῐδόναι. *Make up, dress up*, v. trans.: P. and V. σκευάζειν, Ar. and P. ἐνσκευάζειν; v. intrans.: Ar. and P. ἐνσκευάζεσθαι. *Complete (a number, etc.)*: P. and V. ἐκπληροῦν, P. ἀναπληροῦν. *Trump up*: P. and V. πλάσσειν (acc.), P. κατασκευάζειν (acc.), συσκευάζειν (acc.). *Help to make up*: P. συγκατασκευάζειν (acc.). *Constitute*: P. and V. εἶναι, κᾰθεστηκέναι (perf. of καθιστάναι). *Help in forming*: P. συγκατασκευάζειν. *Make up (a quarrel, etc.)*: P. and V. εὖ τῐθέναι (or mid.), κᾰλῶς τῐθέναι (or mid.), P. λύεσθαι, κατατίθεσθαι, διαλύεσθαι, Ar. and P. κᾰτᾰλῡεσθαι. *Straightway a widespread rumour was bruited in our ears that you and your lord had made up your former quarrel*: V. δι' ὤτων δ' εὐθὺς ἦν πολὺς λόγος σὲ καὶ πόσιν σὸν νεῖκος ἐσπεῖσθαι τὸ πρίν (Eur., *Med.* 1139). *Make it up, be reconciled*: P. and V. κᾰταλλάσσεσθαι, διᾰλῡεσθαι; see under *reconcile*. *Make up for, make amends for*: P. and V. ἀκεῖσθαι (acc.), ἀνᾰλαμβᾰνειν (acc.), ἰᾶσθαι (acc.), ἐξῐᾶσθαι (acc.).

Make, subs. *Form*: P. and V. σχῆμα, τό; see *form*.

Maker, subs. P. and V. δημιουργός, ὁ, τέκτων, ὁ, P. ποιητής, ὁ.

Makeshift, subs. P. ἀναγκαία παρασκευή (Thuc. 6, 37).

Makeshift, adj. P. ἀναγκαῖος (Thuc. 5, 8).

Making, subs. *Manufacture*: P. ἐργασία, ἡ, ποίησις, ἡ, δημιουργία, ἡ. *Organisation*: P. and V. κᾰτάστᾰσις, ἡ. *Beginning:* P. and V. ἀρχή, ἡ. *Be the making of*, Met.: P. and V. κἄτορθοῦν.

Malady, subs. P. and V. νόσος, ἡ, νόσημα, τό, P. ἀσθένεια, ἡ, ἀρρωστία, ἡ, ἀρρώστημα, τό.

Malcontent, adj. *Disloyal:* P. and V. δύσνους, Ar. and P. κἄκόνους.

Male, adj. P. and V. ἄρσην. *The nearest relations in the male line:* P. οἱ ἐγγυτάτω πρὸς ἀνδρῶν (Dem. 1084).

Malediction, subs. See *curse.*

Malefactor, subs. Use adj., P. and V. κἄκοῦργος, V. λεωργός (also Xen.).

Malevolence, subs. P. and V. φθόνος, ὁ. *Ill-will:* P. and V. δύσνοια, ἡ, δυσμένεια, ἡ, P. κακόνοια, ἡ, κακοήθεια, ἡ; see *enmity.*

Malevolent, adj. P. and V. ἐπίφθονος, φθονερός. *Unfriendly:* P. and V. δύσνους, δυσμενής, Ar. and P. κἄκόνους, κἄκοήθης, V. δύσφρων, κἄκόφρων; see also *hostile, malignant. Bitter:* P. and V. πικρός.

Malevolently, adv. P. ἐπιφθόνως, φθονερῶς. *Bitterly:* P. and V. πικρῶς.

Malformation, subs. See *defect.*

Malice, subs. P. and V. φθόνος, ὁ. *Ill-will:* P. and V. δύσνοια, ἡ, δυσμένεια, ἡ, P. κακόνοια, ἡ, κακοήθεια, ἡ. *Bear malice, remember injuries:* Ar. and P. μνησῐκἄκεῖν. *With malice prepense*, use P. and V. ἐκ προνοίας, P. ἐκ παρασκευῆς, ἐξ ἐπιβουλῆς.

Malicious, adj. *Envious:* P. and V. φθονερός, ἐπίφθονος. *Mischievous:* P. and V. κἄκοῦργος. *Bitter:* P. and V. πικρός. *Malevolent:* P. and V. δύσνους, δυσμενής, Ar. and P. κἄκόνους, κἄκοήθης, V. δύσφρων, κἄκόφρων. *Of an accusation:* P. συκοφαντικός. *A malicious accuser*, subs.: Ar. and P. σῦκοφάντης, ὁ. *Malicious accusation:* Ar. and P. σῦκοφαντία, ἡ, P. συκοφάντημα, τό.

Maliciously, adv. *Enviously:* P. φθονερῶς, ἐπιφθόνως. *Mischievously:* P. κακούργως. *Bitterly:* P. and V. πικρῶς. *Accuse maliciously*, v. trans.: Ar. and P. σῦκοφαντεῖν.

Malign, adj. P. and V. κἄκοῦργος, νοσώδης, ἀσύμφορος, V. λῦμαντήριος; see *harmful.*

Malign, v. trans. P. and V. διἄβάλλειν, Ar. and P. σῦκοφαντεῖν, P. διασύρειν, βασκαίνειν.

Malignant, adj. P. and V. πικρός, δυσχερής, V. κἄκόφρων, δύσφρων, ἔγκοτος, Ar. and P. χἄλεπός, Ar. and V. πἄλίγκοτος. *Of a disease:* use P. and V. ἀνήκεστος; see *incurable.*

Malignantly, adv. P. and V. πικρῶς, Ar. and P. χἄλεπῶς.

Malignity, subs. P. and V. πικρότης, ἡ. *Spite:* P. and V. φθόνος, ὁ; see *malice.*

Mallet, subs. Use *hammer.*

Mallow, subs. Ar. μἄλἄχη, ἡ.

Malpractice, subs. P. κακουργία, ἡ.

Maltreat, v. trans. P. and V. κἄκῶς ποιεῖν, κἄκῶς δρᾶν, αἰκίζεσθαι, ὑβρίζειν, λῦμαίνεσθαι (acc. or dat.), λωβᾶσθαι (Plat.), κἄκουργεῖν, κἄκοῦν, P. παρανομεῖν εἰς (acc.).

Maltreatment, subs. P. and V. αἰκία, ἡ, ὕβρῐς, ἡ, ὕβρισμα, τό, λῦμη, ἡ (Plat.), λώβη, ἡ (Plat.), P. αἰκισμός, ὁ.

Malversation, subs. See *peculation. Malpractices:* P. κακουργία, ἡ.

Mammon, subs. Use P. and V. Πλοῦτος, ὁ.

Man, subs. As opposed to *woman:* P. and V. ἀνήρ, ὁ, Ar. and V. φώς, ὁ. *Of a man*, adj.: P. and V. ἀνδρεῖος, Ar. and P. ἀνδρῐκός. *Become a man*, v.: see *come to manhood*, under *manhood. In a man's voice:* use adv., Ar. ἀνδριστί. *Fight man to man*, v: P. and V. μονομἄχεῖν. *Human being:* P. and V. ἄνθρωπος, ὁ. *Men, human beings:* P. and V. ἄνθρωποι, οἱ, Ar. and V. βροτοί, οἱ θνητοί, οἱ. *Of men*, adj.: P. and V. ἀνθρώπειος; see *human. A man* (indef.): P. and V. τις. *Like a man:* see *manfully. Man by man:* P. καθ' ἕνα. *Play the* *man*, v.: P. ἀνδραγαθίζεσθαι, ἀνδρίζεσθαι (Plat.). *Men's quarters in a house*: P. and V. ἀνδρών, ὁ (Xen.), P. ἀνδρωνῖτις, ἡ. *Empty of men*, adj.: V. ἄνανδρος, κένανδρος. *Lack of men*, subs.: V. κενανδρία, ἡ, P. ὀλιγανθρωπία, ἡ. *Love of men*: V. φῐλανδρία, ἡ (Eur., *And.* 229). *Men at arms*: P. and V. ὁπλῖται, οἱ.

Man, v. trans. P. and V. πληροῦν. *Man fully*: P. συμπληροῦν. *Man against (an enemy)*: P. ἀντιπληροῦν (absol.). *Man in addition*: P. προσπληροῦν. *Fully-manned*, adj.: P. and V. πλήρης.

Manacle, subs. P. and V. δεσμός, ὁ, πέδη, ἡ; see *chain*.

Manage, v. trans. *Regulate*: P. and V. οἰκεῖν, νέμειν (Thuc. 8, 70), κῠβερνᾶν, Ar. and P. μετᾰχειρίζεσθαι, τᾰμιεύειν, διοικεῖν, ἐπιτροπεύειν, P. διαχειρίζειν, V. νωμᾶν, πορσῠνειν, ἀμφέπειν. *Settle satisfactorily*: P. and V. εὖ τῐθέναι (or mid.), κᾰλῶς τῐθέναι (or mid.). *Manage a household*: P. οἰκονομεῖν οἰκίαν. *Control*: P. and V. ἄρχειν (gen. V. also dat.), κρᾰτεῖν (gen. V. also dat.). *Have the care of*: P. and V. ἐπιστᾰτεῖν (dat. or gen.), Ar. and P. ἐπῐμέλεσθαι (gen.). *Bring it about that*: P. and V. πράσσειν ὅπως (fut. indic. or aor. subj.). *You have but to speak, we will manage the rest for you*: V. λέγοις ἄν· ἡμεῖς τἄλλα προξενήσομεν (Eur., *Ion*, 335). *Manage (to do a thing)*: use *be able*.

Manageable, adj. *Easy to deal with*: P. εὐμεταχείριστος. *Docile*: P. εὐάγωγος, εὐμαθής, εὐήνιος, V. εὔαρκτος, εὐπῐθής, φιλήνιος.

Management, subs. P. διοίκησις, ἡ, διαχείρισις, ἡ. *Skill*: P. and V. τέχνη, ἡ. *Management of a household*: P. οἰκονομία, ἡ.

Manager, subs. Ar. and P. ἐπῐμελητής, ὁ. *Steward*: P. and V. τᾰμίᾱς, ὁ. *Manager of the festivals, theatre, etc.*: P. ἀρχιτέκτων, ὁ.

Mandate, subs. See *command*.

Mandrake, subs. P. μανδραγόρας, ὁ.

Mane, subs. P. and V. χαίτη, ἡ (Xen also Ar.), V. αὐχένων φόβη, ἡ (Eur., *Alc.* 429), or φόβη, ἡ alone. *His mane close cropped in dishonour*: V. κουραῖς ἀτίμως διατετιλμένης φόβης (Soph., *Frag.*).

Manful, adj. Ar. and P. ἀνδρῐκός; see *brave*.

Manfully, adv. Ar. and P. ἀνδρῐκῶς; see *bravely*.

Manfulness, subs. P. and V. ἀνδρεία, ἡ; see *bravery*.

Mange, subs. P. ψώρα, ἡ (Plat.).

Manger, subs. P. and V. φάτνη, ἡ; see *stable*.

Mangle, v. trans. P. and V. σπᾰράσσειν (Plat.), V. σπᾶν, κνάπτειν, ἀρτᾰμεῖν, διαρτᾰμεῖν, Ar. and V. διασπᾶσθαι, διασπᾰράσσειν, κᾰταξαίνειν. *Tear in pieces*: V. διᾰφέρειν, Ar. and V. διᾰφορεῖν. *Outrage*: P. and V. λῡμαίνεσθαι (acc. or dat.), αἰκίζεσθαι, λωβᾶσθαι (Plat.). Met., *mangle a speech in reciting it*: P. λυμαίνεσθαι (Dem. 315).

Mangled, adj. V. διασπάρακτος; see *torn*, under *tear*. *Mangled by dogs*: V. κῠνοσπάρακτος. *Mangled remains*: V. σπᾰράγμᾰτα, τά.

Mangling, subs. V. σπᾰραγμός, ὁ, σπάραγμα, τό.

Mangy, adj. P. ψωραλέος (Xen.). *Be mangy*, v.: P. ψωρᾶν (Plat.).

Manhood, subs. P. and V. ἥβη, ἡ, ὥρα, ἡ, ἀκμή, ἡ, Ar. and P. ἡλῐκία, ἡ. *Bravery*: see *bravery*. *A youth arrived at manhood*: P. ἔφηβος, ὁ (Dem. 438). *Not yet come to manhood*, adj.: P. ἄνηβος. *Come to manhood*, v.: P. and V. ἀνδροῦσθαι, P. τελεοῦσθαι, Ar. and V. ἐξανδροῦσθαι, V. ἀπανδροῦσθαι. *Have reached manhood*: P. and V. ἡβᾶν, ἐφηβᾶν (Xen.). Concretely, *band of youths*: P. ἡλῐκία, ἡ, Ar. and V. ἥβη, ἡ.

Mania, subs. See *madness*. *Impulse*: P. and V. ὁρμή, ἡ.

Maniac, subs. Use adj., *mad*.

Maniacal, adj. See *mad*.

Manifest, adj. P. and V. δῆλος, ἔνδηλος, σᾰφής, ἐναργής, λαμπρός, φᾰνερός, διᾰφᾰνής, ἐκφᾰνής, ἐμφᾰνής, περῐφᾰνής, Ar. and P. εὔδηλος, κᾰτάδηλος, P. ἐπιφανής, καταφανής, V. σᾰφηνής, Ar. ἐπίδηλος. *Manifest beforehand*: P. πρόδηλος.

Manifest, v. trans. *Give proof of*: P. and V. ἐνδείκνυσθαι, πᾰρέχειν (or mid.), προτίθεσθαι, V. τίθεσθαι, Ar. and P. ἐπῐδείκνυσθαι.

Manifestation, subs. Ar. and P. ἐπίδειξις, ἡ, P. ἀπόδειξις, ἡ. *Evidence, proof*: P. and V. σημεῖον, τό, τεκμήριον, τό, δεῖγμα, τό, V. τέκμαρ, τό, P. ἔνδειγμα, τό. *This manifestation of anger against me on your part has occured as I expected*: P. προσδεχομένῳ μοι τὰ τῆς ὀργῆς ὑμῶν εἰς ἐμὲ γεγένηται (Thuc. 2, 60).

Manifestly, adv. P. and V. σᾰφῶς, ἐμφᾰνῶς, δηλάδη, λαμπρῶς, περῐφᾰνῶς, P. ἐπιφανῶς, διαφανῶς, Ar. and P. κᾰτᾰφᾰνῶς, φᾰνερῶς, V. σᾰφηνῶς, Ar. ἐπῐδήλως.

Manifesto, subs. *Proclamation*: P. and V. κήρυγμα, τό.

Manifold, adj. P. and V. παντοῖος, ποικίλος, Ar. and P. παντοδᾰπός.

Manikin, subs. P. and V. ἀνθρώπιον, τό (Eur., *Cycl.* 185), ἀνθρωπίσκος, ὁ (Eur., *Cycl.* 316).

Manipulate, v. trans. *Use* P. and V. χρῆσθαι (dat.). *Tamper with*: P. παρασκευάζειν; see *tamper with*.

Manipulation, subs. Use *employment*, P. and V. χρεία, ἡ. *Intrigue*: P. παρασκευή, ἡ, κατασκεύασμα, τό.

Mankind, subs. Use P. and V. ἄνθρωποι, οἱ, Ar. and V. βροτοί, οἱ, θνητοί, οἱ.

Manlike, adj. Ar. and P. ἀνδρῐκός; adv., Ar. and P. ἀνδρῐκῶς.

Manliness, subs. P. and V. ἀνδρεία, ἡ; see *bravery*.

Manly, adj. *Of man*: P. and V. ἀνδρεῖος, Ar. and P. ἀνδρῐκός.

Manner, subs. *Way*: P. and V. τρόπος, ὁ, ὁδός, ἡ, ἰδέα, ἡ, V. ῥυθμός, ὁ. *Shape, style*: P. and V. σχῆμα, τό, σχέσῐς, ἡ, εἶδος, τό, ἰδέα, ἡ. *Manner of dress*: P. and V. σκευή, ἡ, στολή, ἡ (Plat.); see *dress*. *Manner of life*: P. and V. δίαιτα, ἡ. *In what manner?* P. and V. πῶς; τῐνὶ τρόπῳ; τίνα τρόπον; ποίῳ τρόπῳ; see *how?* *In the manner of*: P. and V. δίκην (gen.), P. ἐν τρόπῳ (gen.), V. ἐν τρόποις (gen.), τρόπον (gen.); see *like*.

Mannerly, adj. Ar. and P. ἀστεῖος, χᾰρίεις.

Manners, subs. P. and V. τρόποι, οἱ. *Customs*: P. and V. νόμῐμα, τά; see *custom*.

Manning, subs. *Manning of ships*: P. πλήρωσις, ἡ.

Manœuvre, subs. *Scheme, plot*: P. ἐπιβουλή, ἡ, P. and V. μηχάνημα, τό, V. τέχνη, ἡ, τέχνημα, τό. *Wise devise*: P. and V. σόφισμα, τό. *Practice*: P. ἄσκησις, ἡ. *Review (of troops)*: P. ἐξέτασις, ἡ. *Practice manœuvres (with ships)*: P. ἀναπειρᾶσθαι (absol.) (Thuc. 7, 12). *(They thought) the Athenians would have no opportunity in the narrow space either of sailing round them or breaking their line, the part of their manœuvres on which they most relied*: P. τοῖς Ἀθηναίοις οὐκ ἔσεσθαι σφῶν ἐν στενοχωρίᾳ οὔτε περίπλουν οὔτε διέκπλουν ᾧπερ τῆς τέχνης μάλιστα ἐπίστευον (Thuc. 7, 36). *Counter manœuvre*: P. ἀντιτέχνησις, ἡ.

Manœuvre, v. trans. *Handle, control*: P. and V. κῡβερνᾶν. V. intrans. P. and V. μηχᾰνᾶσθαι, τεχνᾶσθαι; see *contrive*. *A large number of hoplites on both sides were manœuvring in a small space*: P. ὁπλῖται ἀμφοτέρων οὐκ ὀλίγοι ἐν στενοχωρίᾳ ἀνεστρέφοντο (Thuc. 7, 44).

Manservant, subs. Use *servant*.

Mansion, subs. Use *house*.

Mantle, subs. Ar. and P. ἱμάτιον, τό, χλᾰνίς, ἡ, χλᾰμύς, ἡ (Xen.), Ar. and V. χλᾰνίδιον, τό, χλαῖνα, ἡ, φᾶρος, τό, φᾶρος, τό, V. εἷμα, τό. *Coarse* *cloak*: Ar. and P. τρίβων, ὁ, τρῐβώνιον, τό. *Wearing a mantle*: use Ar. and P. ἀμπεχόμενος.

Mantling, adj. *Frothy*: P. and V. ἀφρώδης (Plat.). *The mantling juice of the grape*: V. βότρυος γάνος τό (Eur., *Bacch.* 261). *Mantling wine*: V. οἰνωπὸς ἄχνη, ἡ (Eur., *Or.* 115).

Manual, adj. Ar. and P. χειροτεχνῐκός; see *mechanic*. *Manual labour*, subs.: Ar. and P. χειρουργία, ἡ, P. χειροτεχνία.

Manufactory, subs. Ar. and P. ἐργαστήριον, τό.

Manufacture, v. trans. P. and V. ἐργάζεσθαι; see *make*. *Trump up*: P. and V. πλάσσειν, P. συμπλάσσειν, κατασκευάζειν. *Manufactured, not genuine*: P. μεμηχανημένος; see *sham*.

Manufacture, subs. P. ἐργασία, ἡ, ποίησις, ἡ. *Construction*: P. δημιουργία, ἡ (Plat.).

Manumission, subs. P. ἀπελευθέρωσις, ἡ.

Manumit, v. trans. P. ἀπελευθεροῦν, ἀφιέναι (Dem. 1309).

Manure, subs. Ar. and P. κόπρος, ἡ.

Manuscript, subs. Use P. and V. γράμμᾰτα, τά.

Many, adj. P. and V. πολύς, Ar. and P. συχνός. *Frequent*: P. and V. πυκνός. *Abundant*: P. and V. ἄφθονος; see *abundant*. *Very many*: P. παμπληθής, Ar. and P. πάμπολυς, P. and V. ὑπέρπολυς. *Countless*: P. and V. ἀνᾰρίθμητος, V. ἀνάριθμος, ἀνήριθμος, μῡρίος (also Plat. but rare P.). *How many*, interrog.: P. and V. πόσοι; indirect: P. and V. ὁπόσοι. *So many*: P. and V. τοσοῦτοι, τοσοίδε, V. τόσοι (rare P.). *As many as*: P. and V. ὅσοι. *Equal in numbers to*: P. ἰσοπληθής (dat.), ἰσάριθμος (dat.). *In many ways*: P. and V. πολλᾰχῇ, πολλᾰχοῦ. *In many places*: P. and V. πολλᾰχοῦ. *From many places*: P. πολλαχόθεν. *To many places*: P. πολλαχόσε. *On many grounds* (*reasons*): P. πολλαχόθεν. *Many times*: P. and V. πολλάκῐς, θᾰμά, P. συχνόν, Ar. and V. πολλά; see *often*. *Twice as many*: V. δὶς τόσοι, P. δὶς τοσοῦτοι. *Many times as great*: P. πολλαπλάσιος. *Many times as great as*: P. πολλαπλάσιος (gen.).

Many-sided, adj. Met., P. and V. ποικίλος; see *versatile*.

Map, subs. Ar. γῆς περίοδος, ἡ, P. πίναξ, ὁ (Hdt. 5, 49). *Boundaries*: P. and V. ὅροι, οἱ; see *boundary*.

Maple, subs. P. σφένδαμνος, ἡ, *Tough as maple*, met.: Ar. σφενδάμνῐνος (*Ach.* 181).

Map out, v. trans. P. and V. ὁρίζειν, διορίζειν.

Mar, v. trans. *Spoil*: P. and V. διαφθείρειν, λῡμαίνεσθαι (acc. or dat.); see also *injure*. *Disgrace*: P. and V. αἰσχύνειν, κᾰταισχύνειν. *Defile*: P. and V. μιαίνειν, V. κηλῖδοῦν, χραίνειν, χρώζειν, P. καταρρυπαίνειν. *You ought not to mar your reputation*: P. χρεὼν . . . τὴν ἀξίωσιν μὴ ἀφανίζειν (Thuc. 2, 61).

Marauder, subs. P. and V. λῃστής, ὁ. *Be a marauder*, v.: P. λῃστεύειν.

Marauding, subs. P. λῃστεία, ἡ.

Marauding, adj. P. λῃστικός.

Marble, subs. Use P. πάριος λίθος, ὁ (Hdt.), μάρμορος, ὁ (late.). *Of marble*, adj.: P. μαρμάρινος (late).

March, subs. P. and V. πορεία, ἡ, ὁδός, ἡ. *Be on the march*: P. ἐν ὁδῷ εἶναι. *March out*: P. and V. ἔξοδος, ἡ. *Rythm* (*in poetry*): P. ἀγωγή, ἡ (Plat, *Rep.* 400C). *A tune to march to*: P. ἐμβατήριον, τό (late). *The month*: P. Ἐλαφηβολιών, ὁ.

March, v. trans. *Set a force in motion*: P. and V. ἐλαύνειν, πορεύειν (Thuc. 4, 132). V. intrans. P. and V. πορεύεσθαι, ἰέναι. *March out*: P. and V. ἐξιέναι. *Take the field*: P. and V. στρᾰτεύειν (or mid.), ἐπιστρᾰτεύειν (or mid.), P. ἐκστρατεύειν (or mid.); see *campaign*.

Marches, subs. *Borders*: P. and V. ὅρια, τά, P. μεθόρια, τά (Xen.). *On or of the marches*, adj.: P. μεθόριος.
Mare, subs. P. and V. ἵππος, ἡ, P. θήλεια ἵππος, ἡ (Plat.).
Marge, subs. See *margin*.
Margin, subs. *Edge*: P. χεῖλος, τό; see *edge*. *Border line*: P. and V. ὅρος, ὁ, P. μεθόρια, τά (Xen.). Met., *surplus*: Ar. and P. περιουσία, ἡ. *Difference*: P. and V. διάφορον, τό.
Marine, adj. P. and V. θἄλάσσιος (Plat.), Ar. and P. πόντιος, ἐνάλιος, *Near the sea*, adj.: P. παραθαλάσσιος, ἐπιθαλάσσιος, ἐπιθαλασσίδιος. P. and V. πἄρἄλιος, πάρἄλος, ἀκταῖος (Thuc.), V. ἐπάκτιος, πἄράκτιος.
Marine, subs. *A soldier serving on board ship*: P. ἐπιβάτης, ὁ. *Serve as a marine*, v.: P. ἐπιβατεύειν.
Mariner, subs. See *sailor*.
Maritime, adj. *On the sea*: P. παραθαλάσσιος, ἐπιθαλάσσιος, ἐπιθαλασσίδιος, P. and V. πάρἄλος, πἄρἄλιος, ἀκταῖος (Thuc.), V. ἐπάκτιος, πἄράκτιος. *Maritime empire*: P. τὸ τῆς θαλάσσης κράτος. *Nautical*: P. and V. ναυτῐκός. *An agricultural, not a maritime people*: P. ἄνδρες γεωργοὶ καὶ οὐ θαλάσσιοι (Thuc., 1, 142).
Marjoram, subs. Ar. ὀρῖγἄνος, ἡ.
Mark, subs. *Impression*: P. and V. χἄρακτήρ, ὁ, τῦπος, ὁ, V. χἄραγμα, τό. *Mark on the body*: P. and V. χἄρακτήρ, ὁ (Eur., *El.* 572). *Marks of blows*: P. ἴχνη πληγῶν (Plat., *Gorg.* 524c). *Brand*: P. ἔγκαυμα, τό. *Scar*: P. and V. οὐλή, ἡ, V. σήμαντρον, τό; see also *wound*. *The attack that the disease made on the (sufferers') extremities left its mark*: P. τῶν ἀκρωτηρίων ἀντίληψις αὐτοῦ (τοῦ κακοῦ) ἐπεσημαίνεν (Thuc. 2, 49). *Object at which one aims*: P. and V. σκοπός, ὁ. *Beside the mark*: P. ἔξω τοῦ πράγματος, Ar. and P. ἔξω τοῦ λόγου. *To the mark*: P. πρὸς λόγον. *There is a difference between speaking much and speaking to the mark*: V. χωρὶς τό τ' εἰπεῖν πολλὰ καὶ τὰ καίρια (Soph., *O. C.* 808). *A man of mark*: use adj., P. εὐδόκιμος, ἀξιόλογος; see *famous*. *Make one's mark*: Ar. and P. εὐδοκῐμεῖν. *Be wide of the mark*: see *err*.
Mark, v. trans. *Brand*: Ar. and P. στίζειν. *Scratch*: V. χἄράσσειν. *Marked, scarred*: V. ἐσφρāγισμένος (perf. part. of σφραγίζειν). *Set a mark on*: P. and V. ἐπῐσημαίνειν (τινί), P. ἐνσημαίνεσθαι (τινί τι); see *stamp*. *Wound*: P. and V. τραυμἄτίζειν, τιτρώσκειν. *Notice*: P. and V. νοῦν ἔχειν πρός (dat. or acc.), ἐπισκοπεῖν, ἐννοεῖν (or mid.), νοεῖν (or mid.), Ar. and P. προσέχειν (dat.), προσέχειν τὸν νοῦν (dat.). Absol., P. and V. ἐνδέχεσθαι; see *notice*. *He found himself marked down for slaughter*: P. αὐτὸν ηὗρεν ἐγγεγραμμένον κτείνειν (Thuc. 1, 132). *Mark off, appoint*: P. ἀποδεικνύναι. *Mark out (by boundaries)*: P. and V. ὁρίζειν (or mid.).
Market, v. trans. and intrans. Ar. and P. ἀγοράζειν.
Market, subs. P. and V. ἀγορά, ἡ. *Market overseers*: Ar. and P. ἀγορāνόμοι, οἱ. *There is no market for our manufactures*: P. τῶν ἔργων ἀπρασία ἐστί (Dem. 820). *Market dues*: P. τέλη ἀγορανομικά, τά. *Market place*: P. and V. ἀγορά, ἡ.
Marketable, adj. P. and V. ὠνητός.
Marksman, subs. *A good marksman*: use adj., P. and V. εὔστοχος (Plat.).
Marksmanship, subs. *Archery*: P. ἡ τοξική (Plat.).
Maroon, v. trans. V. ἐκβάλλειν, προβάλλεσθαι, ἐκτῐθέναι, προτῐθέναι.
Marriage, subs. P. and V. γάμος, ὁ, P. τὰ γαμικά, V. νυμφεῖα, τά, νύμφευμα, τό, εὐνήμἄτα, τά, Ar. and V. ὑμέναιος, ὁ, or use V. λέχος, τό, or pl., λέκτρον, τό, or pl., εὐνή, ἡ, or pl.; see also *alliance*. *Of marriage*,

adj.: P. and V. νυμφῐκός (Plat.), Ar. and P. γᾰμῐκός, Ar. and V. γᾰμήλιος, V. νυμφευτήριος, Ar. νυμφίδιος.

Marriageable, adj. P. ἐπίγαμος, P. and V. ὡραῖος, V. ὡραῖος γάμων. *Marriageable age*, subs.: Ar. and P. ἡλῐκία, ἡ.

Marriage bed, subs. Ar. and V. λέχος, τό, or pl., V. λέκτρον, τό, or pl., εὐνή, ἡ, or pl., P. and V. κοίτη, ἡ (Plat.).

Marriage chamber, subs. V. θάλᾰμος, ὁ, νυμφεῖον, τό, εὐνᾱτήριον, τό.

Marriage feast, subs. P. and V. γάμος, ὁ, or pl., P. γαμηλία, ἡ. *Give a marriage feast*, v: P. and V. ἑστιᾶν γάμους (Isae.); see *feast*.

Marriage gifts, subs. V. ἕδνα, τά (Eur., *And.* 2 and 153), φερναί, αἱ (Eur., *Med.*, 956). *Dowry*: see *dowry*. *Give in marriage*, v.: P. and V. ἐκδῐδόναι (or mid.), V. νυμφεύειν; see *betroth*. *Take in marriage* (with man as subject): P. λαμβάνειν (acc.) (Dem. 1311). *Unite in marriage*: see under *marry*. *They refused the landowners all rights, nor were any of the popular party any longer to give in marriage or contract alliances from among them or into their families*: P. τοῖς γεωμόροις μετεδίδοσαν οὔτε ἄλλου οὐδένος, οὔτε ἐκδοῦναι οὐδ' ἀγαγέσθαι παρ' ἐκείνων, οὐδ' εἰς ἐκείνους οὐδένι ἔτι τοῦ δήμου ἐξῆν (Thuc. 8, 21).

Marriage song, subs. Ar. and V. ὑμέναιος, ὁ, Ar. γᾰμήλιος παιάν, ὁ.

Marring, subs. P. and V. διαφθορά, ἡ; see *ruin*.

Marrow, subs. P. and V. μυελός, ὁ.

Marry, interj. Use Ar. and P. νὴ Δία, νὴ τοὺς θεούς.

Marry, v. trans. Of the man: P. and V. γᾰμεῖν, ἄγεσθαι, Ar. and V. μίγνυσθαι (dat.), V. νυμφεύειν (dat.) (rare P.). *Marry* (*as second husband or wife*): P. and V. ἐπῐγᾰμεῖν (acc.). Of the woman: P. and V. γᾰμεῖσθαι (dat.), V. νυμφεύειν (or pass.) (dat.). *Take in marriage*: P. λαμβάνειν (acc.). *Unite in marriage*: P. and V. συζευγνῡναι (Xen.), V. ζευγνῡναι, νυμφεύειν, πᾰραζευγνῡναι; see also *betroth*.

Marsh, subs. P. and V. λίμνη, ἡ, P. ἕλος, τό, Ar. and P. τέλμᾰ, τό. *Of a marsh*, adj.: P. and V. ἕλειος, Ar. λιμναῖος.

Marshal, subs. *General*: P. and V. στρᾰτηγός, ὁ. *Superintendent*: Ar. and P. ἐπῐμελητής, ὁ, P. and V. ἐπιστάτης, ὁ.

Marshal, v. trans. *Draw up in order*: P. and V. τάσσειν, συντάσσειν, κοσμεῖν, κᾰθιστάναι, Ar. and P. διᾰτάσσειν, πᾰρᾰτάσσειν, V. τᾱγεύεσθαι, P. διακοσμεῖν; see *arrange*. *Conduct*: P. and V. ἄγειν, ἡγεῖσθαι (dat.).

Marshalling, subs. P. and V. κᾰτάστᾰσις, ἡ. *Drawing up in order*: P. παράταξις, ἡ.

Marshy, adj. P. ἑλώδης, λιμνώδης.

Mart, subs. P. and V. ἀγορά, ἡ, Ar. and P. ἐμπόριον, τό.

Martial, adj. *Connected with war*: P. πολεμικός, Ar. and P. πολεμιστήριος, V. ἀρείφᾰτος, P. and V. πολέμιος. *Warlike*: P. and V. μάχῐμος (Soph., *Frag.*). P. πολεμικός, φιλοπόλεμος, Ar. and V. ἄλκῐμος (rare P.).

Martyr, subs. *Be a martyr, be wronged*: P. and V. ἀδῐκεῖσθαι. *Be a martyr to, die for*: V. προθνήσκειν (gen.), ὑπερθνήσκειν (gen.), P. ὑπεραποθνήσκειν ὑπέρ (gen.), προαποθνήσκειν ὑπέρ (gen.). Met., *be a martyr to (a disease)*: P. and V. κάμνειν (acc.); see *suffer from*.

Martyrdom, subs. *Death*: P. and V. θάνᾰτος, ὁ; see *death, torture*.

Marvel, subs. P. and V. θαῦμα, τό, ἔκπληξις, ἡ, θάμβος, τό (rare P. but used in Thuc. and Plat.). *An object of wonder*: P. and V. θαῦμα, τό. *Portent*: P. and V. τέρᾱς, τό (Plat.).

Marvel, v. intrans. P. and V. θαυμάζειν, ἀποθαυμάζειν, ἐκπλήσσεσθαι, V. θαμβεῖν. *Marvel at*: P. and V. θαυμάζειν (acc.), ἀποθαυμάζειν (acc.), ἐκπλήσσεσθαι (dat.).

Marvellous, adj. P. and V. θαυμαστός, δεινός, ἀμήχᾰνος, Ar. and P. θαυμάσιος, ὑπερφυής, V. ἔκπαγλος. *New*: P. and V. κᾰινός, νέος, V. νεόκοτος, Ar. and V. νεοχμός.

Marvellously, adv. P. and V. δεινῶς, θαυμαστά, Ar. and P. ὑπερφυῶς, θαυμᾰσίως, P. θαυμαστῶς, ἀμηχάνως.

Masculine, adj. P. and V. ἄρσην. *Looking like a man*: P. ἀρσενωπός. *Grammatically*: Ar. ἄρσην.

Mash, v. trans. P. and V. μάσσειν (Soph., *Frag.*).

Mask, subs. P. πρόσωπον, τό, Ar. κεφᾰλὴ περίθετος, ἡ (*Thesm.* 258). Met, *cloak, pretence*: P. and V. πρόσχημα, τό; see *pretence*.

Mask, v. trans. see *hide*.

Mason, subs. P. λιθολόγος, ὁ, Ar. and P. λῐθουργός, ὁ. *Mason's shop*: P. λιθουργεῖον, τό. *Mason's tools*: P. σιδήρια λιθουργά, τά (Thuc. 4, 4).

Masonry, subs. *Stones*: P. and V. λῐθοι, οἱ. *Walls*: P. and V. τείχη, τά; see *wall*.

Mass, subs. P. and V. ὄγκος, ὁ. *Lump* (*of metal*): V. μύδρος, ὁ. *Heap*: Ar. and P. σωρός, ὁ (Xen.), Ar. and V. θωμός, ὁ, V. θίς, ὁ, or ἡ. *Abundance*: P. and V. πλῆθος, τό, Ar. and P. περιουσία, ἡ, P. ἀφθονία, ἡ, εὐπορία, ἡ, V. βάρος, τό. *Press, crowd*: P. and V. στῖφος, τό. *In a mass, in a body*: use adj., P. and V. ἀθρόος. *The masses*: P. and V. οἱ πολλοί, τό πλῆθος.

Mass, v. trans. *Collect*: P. and V. συλλέγειν, ἀθροίζειν; see *collect*. *Be massed together* (*of troops*): P. συστρέφεσθαι.

Massacre, subs. P. and V. σφᾰγή, ἡ, φόνος, ὁ, Ar. and V. φοναί, αἱ.

Massacre, v. trans. P. and V. φονεύειν, σφάζειν, V. κᾰτασφάζειν, κᾰτᾰφονεύειν; see *kill*.

Massive, adj. *Heavy*: P. and V. βᾰρύς. *Solid*: P. and V. στερεός; see *bulky*.

Massiveness, subs. *Heaviness*: P. βαρύτης, ἡ. *Solidity*: P. στερεότης, ἡ; see *bulk*.

Massy, adj. See *massive*.

Mast, subs. P. and V. ἱστός, ὁ.

Master, subs. P. and V. δεσπότης, ὁ. *Lord*: P. and V. δῠνάστης, ὁ, Ar. and V. ἄναξ, ὁ, V. ἀνάκτωρ, ὁ; see *lord*. *Oh, kind master*: V. ὦ δεσποτίσκε (Eur., *Cycl.* 267). *Teacher*: P. and V. δῐδάσκᾰλος, ὁ, P. παιδευτής, ὁ. *Master of*: use adj., P. and V. ἐγκρᾰτής (gen.), κῡ́ριος (gen.), ἐπήβολος (gen.) (Plat. but rare P.). *Controlling*: P. and V. κρείσσων (gen.). *Be master of*, v.: P. and V. κρᾰτεῖν (gen.). *That he might not make himself master of Thrace*: P. ἵνα . . . μὴ . . . κύριος τῆς Θρᾴκης καταστaίη (Dem. 234). *When Brasidas made himself master of the heights*: P. Βρασίδας ὡς ἀντελάβετο τῶν μετεώρων (Thuc. 4, 128). *Master of, skilled in*, met.: use adj., P. and V. ἔμπειρος (gen.), ἐπιστήμων (gen.); see *skilled*. *A past master in*: use adj., P. and V. ἄκρος (gen. or acc.). *Master of the horse* (*magister equitum*): P. ἵππαρχος, ὁ (late).

Master, v. trans. P. and V. κρᾰτεῖν (gen.), χειροῦσθαι, δεσπόζειν (gen.) (Plat.). *Conquer*: P. and V. νῑκᾶν, κρᾰτεῖν (acc. or gen.), Ar. and P. ἐπικρᾰτεῖν (gen.). *Subdue*: P. and V. κᾰταστρέφεσθαι. Met., *learn*: P. and V. μανθάνειν; see *learn*.

Masterful, adj. P. and V. τῠραννῐκός, P. δεσποτικός, V. τύραννος.

Masterfully, adv. P. τυραννικῶς, δεσποτικῶς.

Masterly, adj. Use P. and V. ἄκρος; see also *wise*.

Masterpiece, subs. Use P. and V. ἀγώνισμα, τό.

Mastery, subs. *Rule*: P. and V. ἀρχή, ἡ, κράτος, τό. *Victory*: P. and V. νίκη, ἡ, κράτος, τό. *Mastery over*: P. ἐγκράτεια, ἡ (gen.), P. and

V. κρᾰτος, τό (gen.). *Have the mastery over*, v.: P. and V. κρᾰτεῖν (gen.).

Mast-head, subs. V. καρχήσια, τά (Eur., *Hec.* 1261).

Masticate, v. trans. *Chew*: Ar. and P. τρώγειν, Ar. μᾰσᾶσθαι, κᾰτατρώγειν.

Mastiff, subs. Use P. and V. κύων, ὁ; see *dog*.

Mat, subs. Ar. φορμός, ὁ, ψίᾰθος, ἡ.

Mat, v. trans. *Mix up*: P. and V. φῡρειν. *Be matted together*: P. συμπιλεῖσθαι. *Matted with*: use P. and V. συμπεφυρμένος (dat.) (Plat.), πεφυρμένος (dat.) (Xen.), V. ἀνᾰπεφυρμένος (dat.). *Matted hair*: V. αὐχμώδης κόμη, ἡ.

Match, subs. *A match for*: use adj., P. ἀντίπαλος (dat.), ἐνάμιλλος (dat.). *In fighting*: also use P. ἀξιόμαχος (dat.). *Lightly armed I would be a match for you in full panoply*: V. κἂν ψιλὸς ἀρκέσαιμι σοί γ' ὡπλισμένῳ (Soph., *Aj.* 1123). *Unaided we are a match for our enemies*: P. αὐτοὶ ἀρκοῦμεν πρὸς τοὺς πολεμίους (Thuc. 6, 84). *Contest*: P. and V. ἀγών, ὁ, ἅμιλλα, ἡ, V. πάλαισμα, τό, ἆθλος, ὁ; see *contest*. *Union by marriage*: P. and V. κῆδος, τό, κήδευμα, τό, κηδεία, ἡ.

Match, v. trans. *Equal*: P. and V. ἰσοῦσθαι (dat.), ἐξῐσοῦσθαι (dat.), P. ἰσάζεσθαι (dat.). *Be like*: P. and V. ὁμοιοῦσθαι (dat.), ἐξομοιοῦσθαι (dat.). *Engage, bring into conflict*: P. and V. ἀντῐτάσσειν, P. συμβάλλειν, V. σῠνάγειν, σῠνάπτειν, συμφέρειν, Ar. and V. ἀντῐτῐθέναι. *Be matched against*: P. and V. ἀντῐτάσσεσθαι (dat. or πρός, acc.). *Well matched*, adj.: P. and V. ἰσόρροπος. *He who has come to match her powers*: V. ὃς δ' ἦλθεν ἐπὶ τἀντίπαλον (Eur., *Bacch.* 278). *Set one thing against another (as equivalent)*: P. and V. ἀντῐτιθέναι (τί τινος). Absol., *tally*: P. and V. συμβαίνειν, συντρέχειν, συμπίπτειν, V. συμβάλλεσθαι, συμπίτνειν, συγκόλλως ἔχειν.

Matchless, adj. *Choice*: P. and V. ἐξαίρετος, ἔκκρῐτος. *Preeminent*: P. and V. ἐκπρεπής, V. ἔξοχος. *Consummate*: P. and V. ἄκρος.

Matchlessly, adv. V. ἐξόχως, P. διαφερόντως.

Match-maker, subs. P. and V. προμνήστρια, ἡ (Plat.). *Be a match-maker*, v.: P. προμνᾶσθαι (Plat.).

Mate, subs. *Consort*: P. and V. σύννομος, ὁ, or ἡ. *Fellow*: P. and V. κοινωνός, ὁ, or ἡ, σύννομος, ὁ, or ἡ, σῠνεργός, ὁ, or ἡ, σύντροφος, ὁ, or ἡ, Ar. and V. σύζῠγος, ὁ, or ἡ.

Mate, v. trans. *Unite in marriage*: P. and V. συζευγνῦναι (Xen.), σῠνοικίζειν (Plat.), V. ζευγνῦναι, νυμφεύειν, πᾰραζευγνῦναι; see also *betroth*. *Marry*, of the man: P. and V. γᾰμεῖν; of the woman: P. and V. γᾰμεῖσθαι (dat.); see *marry*. *Mate* (of animals): P. and V. συμμίγνυσθαι, σῠνέρχεσθαι. *Mate with*: P. and V. συμμίγνυσθαι (dat.), V. συγκοιμᾶσθαι (dat.). *Ill-mated* (of a man), adj.: V. δύσδᾰμαρ.

Material, subs. *Composition*: P. σύστασις, ἡ; see *composition*. *Cloth*: P. and V. ὕφασμα, τό. *Both embroidered and plain materials*: P. ὑφαντά τε καὶ λεῖα (Thuc. 2, 97). *Material for*: P. and V. ἀφορμή, ἡ (gen.). *He who has supplied the material for my speech would most justly incur this charge*: P. ὁ τὰ ἔργα παρεσχηκὼς περὶ ὧν εἰσὶν οἱ λόγοι δικαιότατ' ἂν ταύτην ἔχοι τὴν αἰτίαν (Dem. 576). *Wood*: P. and V. ξύλον, τό; see *wood*.

Material, adj. *Essential*: P. and V. ἀναγκαῖος. *To the point*: P. πρὸς λόγον. *Important*: P. and V. πολλοῦ ἄξιος, P. διάφορος, ἀξιόλογος. *Material interests, property*: P. and V. χρήμᾰτα, τά. *Gain*: P. and V. κέρδος, τό. Philosophically, *consisting of matter*: P. σωματοειδής (Plat.).

Materially, adv. *In an important degree*: P. διαφερόντως. *Especially*: P. and V. μάλιστα, οὐχ ἥκιστα.
Maternal, adj. P. and V. μητρῷος. *Maternal uncle*: P. ὁ πρὸς μητρὸς θεῖος. *Maternal great-grandfather*: P. ὁ πατρὸς πρὸς μητρὸς πάππος.
Maternity, subs. P. and V. τὸ τέκτειν, Ar. τὸ τεκεῖν (Lys. 884).
Mathematical, adj. P. λογιστικός.
Mathematician, subs. Use adj., P. λογιστικός. *Mathematicians*: P. οἱ περὶ . . . λογισμοὺς πραγματευόμενοι (Plat., *Rep.* 510c).
Mathematics, subs. P. μαθήματα, τά (Plat.).
Matin, subs. See *morning*.
Matricidal, adj. V. μητροκτόνος.
Matricide, subs. *One who kills his mother*: P. and V. μητρᾰλοίας, ὁ, μητροκτόνος, ὁ (Plat. but rare P.), V. μητροφόντης, ὁ. *Commit matricide*, v.: V. μητροκτονεῖν.
Matrimony, subs. See *marriage*.
Matrix, subs. P. μήτρα, ἡ; see *womb*.
Matron, subs. *Mother*: P. and V. μητήρ, ἡ. *Woman*: P. and V. γῠνή, ἡ. *Old woman*: P. and V. γραῦς, ἡ.
Matronly, adj. *Sedate*: P. and V. σεμνός. *Old*: P. and V. γεραιός.
Matted, adj. See under *mat*.
Matter, subs. *Thing*: P. and V. χρῆμα, τό. *Affair*: P. and V. πρᾶγμα, τό πρᾶξις, ἡ, Ar. and V. πρᾶγος, τό, V. χρέος, τό. *Cause*: P. and V. αἰτία, ἡ, Ar. and P. αἴτιον, τό. *Subject*: P. and V. λόγος, ὁ, P. ὑπόθεσις, ἡ. *Nothing to do with the matter*: P. οὐδὲν πρὸς λόγον. *Be a matter of opinion*, v.: P. ἀμφισβητεῖσθαι. Philosophically, *matter* as opposed to *mind*: P. ὕλη, ἡ (Arist.). *Suppuration*: V. νοσηλεία, ἡ. *What is the matter?* P. and V. τί ἐστι; *What is the matter with you?* P. and V. τί πάσχεις;
Matter, v. intrans. *Be of importance*: P. and V. διᾰφέρειν. *It matters not*: V. ἀμφιδεξίως ἔχει (Æsch., *Frag.*). *Matter little*: V. διαφέρειν βρᾰχύ (Eur., *Tro.* 1248).
Mattock, subs. Ar. and P. σμῑνύη, ἡ, Ar. and V. δῐκελλα, ἡ, V. γενῄς, ἡ.
Mattress, subs. P. and V. στῐβάς, ἡ (Plat.).
Mature, adj. *Ripe*: P. and V. ὡραῖος, πέπων (Æsch., *Frag.*; Xen. also Ar.). *Brought to perfection*: P. and V. τέλειος, τέλεος. *In the prime of life*: P. and V. ὡραῖος, ἡβῶν, ἀκμαῖος. *Advanced in life*: P. πόρρω τῆς ἡλικίας. *Mature years, prime of life*, subs.: P. and V. ὥρα, ἡ, ἀκμή, ἡ, ἥβη, ἡ, Ar. and P. ἡλῐκία, ἡ. *Ready, prepared*, adj.: P. and V. ἕτοιμος. *Mature consideration*: P. σκέψις συχνή (Plat.).
Mature, v. trans. *Ripen*: P. and V. πεπαίνειν (Eur., *Frag.*; Xen.). *Prepare*: P. and V. ἑτοιμάζειν, πᾰρασκευάζειν. *Hasten on*: P. and V. σπεύδειν, ἐπισπεύδειν. *Bring to perfection*: P. and V. τελειοῦν, P. τελεοῦν. V. intrans. *Ripen (of grapes)*: V. ἀποπερκοῦσθαι (Soph., *Frag.*), Ar. πεπαίνειν. *Come to perfection*: P. and V. τελειοῦσθαι, P. τελεοῦσθαι. *Be at perfection*: P. and V. ἀκμάζειν. *Be matured, be ready*: P. and V. ἑτοιμάζεσθαι (pass.).
Maturity, subs. *Perfection*: P. and V. ἀκμή, ἡ. *Years of maturity*: Ar. and P. ἡλῐκία, ἡ. *Prime*: P. and V. ὥρα, ἡ, ἥβη, ἡ, ἀκμή, ἡ. *Come to maturity*: see *mature*, v.
Maudlin, adj. *Weak, effeminate*: Ar. and P. μᾰλᾰκός, Ar. and V. μαλθᾰκός. *Be maudlin*, v.: P. διαθρύπτεσθαι.
Maul, v. trans. P. and V. αἰκίζεσθαι, λῡμαίνεσθαι (acc. or dat.), λωβᾶσθαι (acc.) (Plat.); see also *mangle*.
Mausoleum, subs. See *tomb*.
Mavis, subs. See *thrush*.
Maw, subs. *Stomach*: P. and V.

γαστήρ, ἡ, or use V. γνάθος, ἡ (lit. *jaw.*).

Mawkish, adj. *Insipid:* Ar. and P. ψυχρός. *Disgusting:* P. ἀηδής.

Maxim, subs. P. and V. πăροιμία, ἡ, λόγος, ὁ, V. αἶνος, ὁ; see *aphorism. Maxims:* P. and V. γνῶμαι, αἱ; see *saying. Invent maxims,* v.: Ar. γνωμοτῠπεῖν. *Inventing maxims,* adj.: Ar. γνωποτῠ́πος.

May, subs. P. Θαργηλιών, ὁ.

May, v. intrans. *You may, you are allowed to:* P. and V. ἔξεστί σοι (infin.), πăρεστί σοι (infin.), or πăρă σοι (infin.), ἔνεστί σοι (infin.). In wishes: see *would that. You may be right:* P. κινδυνεύεις ἀληθῆ λέγειν (Plat., *Sym.* 205D). *You may never have seen a state governed by a tyrant:* P. ὑμεῖς δὲ τάχα οὐδὲ τεθέασθε τυραννουμένην πόλιν (Plat., *Legg.* 711A). *This reproach may perhaps have come extorted by anger:* V. ἀλλ' ἦλθε μὲν δὴ τοῦτο τοὔνειδος τάχ' ἂν ὀργῇ βιασθέν (Soph., *O. R.* 523). *You may get you gone where you will:* V. σὺ μὲν κομίζοις ἂν σεαυτὸν ᾗ θέλεις (Soph., *Ant.* 444). *My method may be worse or it may be better:* P. ἴσως μὲν γὰρ (ὁ τρόπος) χείρων, ἴσως δε βελτίων ἂν εἴη (Plat., *Ap.* 18A).

May be, adv. See *perhaps.*

Mayor, subs. Use P. and V. ἄρχων, ὁ. *Mayor of a village:* P. κωμάρχης, ὁ (Xen.).

Maze, subs. *Labyrinth:* P. λαβύρινθος, ὁ. *A maze of words:* V. περιπλοκαὶ λόγων, αἱ.

Mazy, adj. P. and V. πολύπλοκος (Plat.), ποικῐ́λος.

Mead, subs. See *meadow. Fermented drink:* V. μελίκρāτα, τά, or use *wine.*

Meadow, subs. P. and V. λειμών, ὁ, V. ὀργάς, ἡ (also Xen.). *Of a meadow,* adj.: V. λειμώνιος.

Meadowed, adj. V. εὔλειμος.

Meagre, adj. *Thin, lean:* Ar. and P. λεπτός, ἰσχνός. *Withered:* P. and V. ξηρός. *Scanty:* P. and V. σπάνιος (Eur., *Frag.*), V. σπăνιστός, σπαρνός. *Small, little:* P. and V. μικρός, σμικρός, ὀλῐ́γος, βρăχύς, Ar. and V. βαιός. *Deficient:* P. and V. ἐνδεής. *Barren:* P. and V. ἄκαρπος.

Meagrely, adv. *Scantily:* P. σπανίως. *Deficiently:* P. ἐνδεῶς.

Meagreness, subs. *Leanness:* P. λεπτότης, ἡ. *Scantiness:* P. and V. σπάνις, ἡ. *Deficiency:* P. ἔνδεια, ἡ.

Meal, subs. *Barley meal:* Ar. and P. ἄλφῐτον, τό, or pl. *Wheat meal:* Ar. and P. ἄλευρα, τά. *Meal for bread:* V. Δήμητρος ἀκτή (Eur., *Frag.*). *Meal for sprinkling on victims in sacrifice:* V. προχύται, αἱ, Ar. ὀλαί, αἱ. *Repast:* P. and V. δεῖπνον, τό, τράπεζα, ἡ (Xen.). *Food:* P. and V. τροφή, ἡ, σῖτος, ὁ. *Take one's meals:* Ar. and P. σῖτεῖσθαι.

Meal tub, subs. Ar. σιπύη, ἡ.

Mean, adj. *Low of degree:* P. and V. τăπεινός, φαῦλος, κăκός, πονηρός, Ar. and P. ἀγεννής, V. ἀγέννητος, Ar. and V. δυσγενής. *Obscure:* P. and V. ἄδοκῐμος, ἀφăνής, ἀνώνῠμος, P. ἄδοξος, V. βρăχύς, βαιός, ἄσημος, ἀμαυρός. *Dishonourable:* P. and V. αἰσχρός, κăκός, πονηρός, φαῦλος, μοχθηρός, κăκοῦργος, ἀνάξιος, Ar. and P. ἀγεννής. *Poor, humble:* P. and V. τăπεινός, φαῦλος, μικρός, σμικρός; see *poor. Shabby, worthless:* P. and V. κăκός, φαῦλος, εὐτελής. *Stingy:* P. and V. αἰσχροκερδής, φῐλάργῠρος, Ar. and P. φῐλοκερδής, φειδωλός.

Mean, subs. *Middle point:* use P. and V. μέσον, τό. *Strike the mean between the largest and smallest number of ships given:* P. πρὸς τὰς μεγίστας καὶ ἐλαχίστας ναῦς τὸ μέσον σκοπεῖν (Thuc. 1, 10). *The golden mean:* P. and V. τὸ μέτριον, τὰ μέτρια.

Mean, v. trans. *Signify,* with

personal subject: P. and V. λέγειν, φράζειν, εἰπεῖν, V. ἐννέπειν, Ar. and P. διᾰνοεῖσθαι; with non-personal subject: Ar. and P. νοεῖν, δύνασθαι, P. βούλεσθαι, σημαίνειν, φρονεῖν (Thuc. 5, 85), V. θέλειν (Eur., *Hipp.* 865 and *Supp.* 1055). Absol. with infin., *intend*: P. and V. βουλεύειν, νοεῖν, ἐννοεῖν, Ar. and P. διᾰνοεῖσθαι, ἐπῐνοεῖν. *Be about to*: P. and V. μέλλειν. *Mean to do (a thing)*: Ar. and V. δρᾱσείειν (τι), V. ἐργᾰσείειν (τι). *To whom their survival and success meant most*: P. ᾧ ἐκείνους σωθῆναι καὶ κατορθῶσαι μάλιστα διέφερεν (Dem. 321).

Meander, v. intrans. *Flow*: P. and V. ῥεῖν. *Go slowly*: Ar. and P. βᾰδίζειν (rare V.). *Wander*: P. and V. πλᾰνᾶσθαι, περῐπολεῖν; see *wander*. Met., *wander from the point*: P. πλανᾶσθαι; see *digress*.

Meaning, subs. P. and V. δῠνᾰμις, ἡ (Soph., *O. R.* 938), P. διάνοια, ἡ, βούλησις, ἡ. *Have a double meaning*, v.: P. ἐπαμφοτερίζειν. *Hidden meaning*: P. ὑπόνοια, ἡ. *Till you learn the meaning of joy and sorrow*: V. ἕως τὸ χαίρειν καὶ τὸ λυπεῖσθαι μάθῃς (Soph., *Aj.* 555). *What was the meaning of this?* P. τί τοῦτ' ἠδύνατο (Dem. 233). *We know that this is the meaning of your bringing us before a committee*: P. γιγνώσκομεν ὅτι τοῦτο φρονεῖ ὑμῶν ἡ εἰς τοὺς ὀλίγους ἀγωγή (Thuc. 5, 85).

Meanly, adv. Of degree: P. ταπεινῶς, P. and V. κᾰκῶς. *Dishonourably*: P. and V. αἰσχρῶς, κᾰκῶς, πονηρῶς, φαύλως, ἀγεννῶς. *Poorly*: P. and V. φαύλως, κᾰκῶς. *Stingily*: P. γλισχρῶς, φειδωλῶς. *Think meanly of*, v.: see *despise*.

Meanness, subs. Of degree: P. ταπεινότης, ἡ, φαυλότης, ἡ, P. and V. δυσγένεια, ἡ (Plat.). *Dishonourableness*: P. and V. πονηρία, ἡ, κάκη, ἡ, P. κακότης, ἡ, φαυλότης, ἡ, Ar. and P. κᾰκία, ἡ, μοχθηρία, ἡ. *Shabbiness*: P. φαυλότης, ἡ; see *shabbiness*. *Stinginess*: P. and V. αἰσχροκέρδεια, ἡ, Ar. and P. φειδωλία, ἡ, P. φιλοκέρδεια, ἡ.

Means, subs. P. and V. πόρος, ὁ, or pl.; see *resource*. *Resources*: Ar. and P. ἐφόδιον, or pl., P. ἀφορμή, ἡ. *Income*: P. πρόσοδος, ἡ; see *property*. *Ways and means*: P. and V. πόροι, οἱ. *By all means, certainly (in answer to a question)*: P. and V. μάλιστά γε, Ar. and P. κομῐδῇ γε, ἀμέλει, πᾶνῠ γε, V. καὶ κάρτᾰ, καὶ κάρτα γε. *Come what may*: P. and V. πάντως. *By any or some means*: P. and V. πως (enclitic), Ar. and P. πῃ (enclitic). *By some means or other*: Ar. and P. ἁμωσγέπως, ἁμηγέπῃ, P. ὁπωσοῦν, ὁπωσδήποτε. *By no means*: P. and V. οὐδᾰμῶς, οὐδᾰμῇ, μηδᾰμῶς, μηδᾰμῇ, V. οὐδᾰμά, οὔπως, μήπως, Ar. and V. μηδᾰμά. *By no means at all*: P. οὐδ' ὁπωστιοῦν, μηδ' ὁπωστιοῦν.

Mean-spirited, adj. P. μικρόψυχος.

Mean-spiritedness, subs. P. μικροψυχία, ἡ.

Meantime, adv. See *meanwhile*.

Meanwhile, adv. *In the interim*: P. and V. τέως. *In the meanwhile*: P. and V. ἐν τούτῳ, P. ἐν τῷ μεταξύ, V. ἐν τῷδε (Eur., *Phoen.* 285 and *I. T.* 1379), τὰ μεταξὺ τούτου (Soph., *O. C.* 290).

Measurable, adj. P. and V. μετρητός, P. σταθμητός (Plat.).

Measure, subs. P. and V. μέτρον, τό. *Measures and weights*: V. μέτρα . . . καὶ μέρη σταθμῶν (Eur., *Phoen.* 541; cf. Ar., *Av.* 1040-1041). *Criterion*: P. and V. κᾰνών, ὁ. *Limit*: P. and V. ὅρος, ὁ, πέρᾱς, τό. *Due limit*: P. and V. μέτρον, τό. *Beyond measure*: use adv., V. ὑπερμέτρως (Eur., *Frag.*); see also *excessively* *Allowance*: P. μέτρον, τό (Plat., *Rep.* 621A), V. μέτρημα, τό. *Time, rhythm*: P. and V. ῥυθμός, ὁ. *Metre*: Ar. and P. μέτρον, τό. *Dance*: see *dance*. *Legislative act*: P. and V. ψήφισμα, τό. *Measures, policy* : P. προαίρεσις, ἡ. *Take measures*, v. : P. and V. βουλεύεσθαι. *Take extreme measures* : P. and V. ἀνήκεστον τι δρᾶν, P. ἀνήκεστόν τι βουλεύειν (Thuc. 1, 132). *In like measure* : P. and V. ἐξ ἴσου. *He contributed in some small measure to . . .* : P. μέρος τι συνεβάλετο (gen.). *Have hard measure*, v. : P. and V. κᾰκῶς πάσχειν. *Measure for measure* : P. ἴσα ἀντ' ἴσων ; see *tit for tat*. *Repay measure for measure* : V. τὸν αὐτὸν . . . τίσασθαι τρόπον (Æsch., *Theb.* 638). *Requite in equal measure* : P. τοῖς ὁμοίοις ἀμύνεσθαι (acc.).

Measure, v. trans. P. and V. μετρεῖν, σταθμᾶσθαι (Plat.), συμμετρεῖσθαι, ἀνᾰμετρεῖν (or mid.), V. σταθμᾶν (mid. also in P.), ἐκμετρεῖν (or mid.) (also Xen. but rare P.). *Measure out* : P. and V. μετρεῖν, P. διαμετρεῖν, V. ἐκμετρεῖν (or mid.) (also Xen. but rare P.). *Have measured out to one* : P. μετρεῖσθαι, διαμετρεῖσθαι.

Measured, adj. *Slow* : P. and V. βρᾰχύς. *Stately* : P. and V. σεμνός. *Rhythmical* : Ar. and P. εὔρυθμος ; see *rhythmical*.

Measureless, adj. P. and V. ἄπειρος, Ar. and P. ἀπέραντος, V. μῡρίος (also Plat. but rare P.). *Inconceivable* : P. and V. ἀμήχᾰνος ; see *immeasurable*.

Measurement, subs. *Act of measuring* : P. μέτρησις, ἡ. *Measure* : P. and V. μέτρον, τό. *Thus they got the measurement for their ladders* : P. τὴν συμμέτρησιν . . . τῶν κλιμάκων οὕτως ἔλαβον (Thuc. 3, 20).

Measuring rod, subs. Use P. and V. κᾰνών, ὁ.

Meat, subs. *Flesh* : P. and V. κρέᾰς, τό, or pl. *Food generally* : P. and V. τροφή, ἡ, σῖτος, ὁ.

Meat-hook, subs. Ar. κρεάγρα, ἡ.

Mechanic, adj. *Manual* : P. and V. βᾰ́ναυσος, Ar. and P. χειροτεχνικός.

Mechanic, subs. *Workman* : Ar. and P. χειροτέχνης, ὁ, V. χειρῶναξ, ὁ (Soph. and Eur., *Frag.*).

Mechanical, adj. See *mechanic*. *Natural, spontaneous* : P. and V. αὐτόμᾰτος.

Mechanically, adv. *Spontaneously* : P. ἀπο ταὐτομάτου.

Mechanism, subs. *Construction* : P. σύστασις, ἡ, σύνταξις, ἡ.

Meddle, v. intrans. Ar. and P. πολυπραγμονεῖν, V. περισσᾶ δρᾶν, πράσσειν τι πλέον (Eur., *Frag.*), Ar. and V. πράσσειν πολλά. *Meddle with* : P. and V. κῑνεῖν (acc.), ἅπτεσθαι (gen.), V. ἐκκῑνεῖν (acc,), ψαύειν (gen.), θιγγάνειν (gen.), ἐπιψαύειν (gen.) ; see *touch*, *tamper*.

Meddlesome, adj. Ar. and P. πολυπράγμων, P. περίεργος, φιλοπράγμων.

Meddlesomeness, subs. Ar. and P. πολυπραγμοσύνη, ἡ, P. φιλοπραγμοσύνη, ἡ.

Mediate, v. intrans. P. βραβεύειν, διαιτᾶν. *Mediate between* : P. διαιτᾶν (dat.). *Mediate on* : P. and V. βρᾰβεύειν (acc.), P. διαιτᾶν (acc.).

Mediation, subs. Ar. and P. δίαιτα, ἡ, P. δίκη, ἡ, V. βρᾰβεία, ἡ. *Reconciliation* : P. and V. σῠναλλᾰγή, ἡ ; see *arbitration*.

Mediator, subs. P. and V. βρᾰβεύς, ὁ (Plat.), διαλλακτής, ὁ, P. διαιτητής, ὁ, μέσος δικαστής, ὁ, ἐπιγνώμων, ὁ, βραβευτής, ὁ, V. διαλλακτήρ, ὁ.

Medical, adj. P. ἰατρικός. *Medical man*, subs. : see *doctor*. *Medical attendance* : P. and V. θερᾰπεία, ἡ. *Medical science* : P. ἡ ἰατρική.

Medically, adv. *Attend medically*, v. trans. : P. and V. θερᾰπεύειν (acc. .

Medicinal, adj. P. φαρμακευτικός. *Healing* : Ar. and V. παιώνιος, V. ἀκεσφόρος ; see *healing*.

Medicine, subs. P. and V. φάρμᾰκον, τό, ἴᾱμα, τό, ἴᾱσις, ἡ, V. ἀκέσμᾰτα, τά. *Remedy* : V. ἄκος, τό, μῆχος, τό. *Medical science* : P. ἡ ἰατρική.

Mediocre, adj. P. and V. φαῦλος ; see *poor*.

Mediocrity, subs. P. and V. φαυλότης, ἡ (Eur., *Frag.*).

Meditate, v. trans. *Plan, intend*: P. and V. βουλεύειν, νοεῖν, ἐννοεῖν, Ar. and P. δἴανοεῖσθαι, ἐπῐνοεῖν. V. intrans. *Reflect*: P. and V. ἐνθῡμεῖσθαι, νοεῖν (or mid.), ἐννοεῖν (or mid.), συννοεῖν (or mid.), ἐπισκοπεῖν, φροντίζειν, λογίζεσθαι, σκοπεῖν (V. also mid.), P. ἐκλογίζεσθαι. *Meditate on*: P. and V. ἐνθῡμεῖσθαι (acc.; P. also gen.), ἐννοεῖν (or mid.) (acc.), συννοεῖν (or mid.) (acc.), λογίζεσθαι (acc.), P. ἐκλογίζεσθαι (acc.), V. ἑλίσσειν (acc.), νωμᾶν (acc.), καλχαίνειν (acc.); see *reflect upon*.

Meditation, subs. P. and V. σύννοια, ἡ, ἐνθῡ́μησις, ἡ (Eur., *Frag.*), φροντίς, ἡ (rare P.), P. ἔννοια, ἡ. *Speculation*: P. θεωρία, ἡ.

Meditative, adj. P. σύννους; see *thoughtful*.

Medium, subs. *Means to an end*: P. and V. πόρος, ὁ. *Circulating medium, currency*: P. and V. νόμισμα, τό. *Medium of exchange*: P. σύμβολον τῆς ἀλλαγῆς ἕνεκα (Plat., *Rep.* 371B).

Medium, adj. *Moderate*: P. and V. μέτριος.

Medley, subs. P. συρφετός, ὁ.

Meed, subs. *Reward*: P. and V. μισθός. *Penalty*: P. and V. ἐπῐτίμιον, τό; see *reward*. *Meed of valour*: P. and V. ἀριστεῖα, τά (rare sing.), V. καλλιστεῖα, τά (rare sing.). *Meed of beauty*: V. καλλιστεῖα, τά (rare sing.). *Win the meed of valour*, v.: P. and V. ἀριστεύειν (Plat.). *Win the meed of beauty*: V. καλλιστεύεσθαι.

Meek, adj. P. and V. πρᾶος, ἤπιος, ἵμερος, ἐπιεικής, V. πρευμενής, πέπων, Ar. and P. μᾰλᾰκός, Ar. and V. μαλθᾰκός; see *gentle*.

Meekly, adv. P. and V. ἠπίως, P. πράως, V. πρευμενῶς, Ar. and V. μαλθᾰκῶς; see *gently*.

Meekness, subs. P. πραότης, ἡ, ἐπιείκεια, ἡ, V. πρευμένεια, ἡ, εὐοργησία, ἡ; see *gentleness*.

Meet, adj. *Fitting, suitable*: P. and V. ἐπῐτήδειος, σύμφορος, πρόσφορος. *Opportune*: P. and V. καίριος, ἐπῐκαιρος, V. εὔκαιρος, *Becoming*: P. and V. εὐπρεπής, σύμμετρος, πρέπων, προσήκων, εὐσχήμων, κᾰθήκων, Ar. and P. πρεπώδης, V. ἐπεικώς, προσεικώς, συμπρεπής. *It is meet*, v.: P. and V. πρέπει, προσήκει, ἁρμόζει.

Meet, v. trans. *Encounter (persons)*: P. and V. τυγχάνειν (gen.), συντυγχάνειν (dat.; V. gen.), ἐντυγχάνειν (dat.), ἀπαντᾶν (dat.), σῠναντᾶν (dat.) (Xen., also Ar.), P. περιτυγχάνειν (dat.), Ar. and P. ἐπῐτυγχάνειν (dat. or gen.), V. ἀντᾶν (dat.), σῠναντιάζειν (dat.), ὑπαντιάζειν (dat.), σῠνάντεσθαι (dat.), ἀντῐκῠρεῖν (dat.). *Meet (things; e.g., disasters)*: P. and V. τυγχάνειν (gen.), ἐντυγχάνειν (dat.), ἐμπίπτειν (εἰς, acc.), περῐπίπτειν (dat.), Ar. and V. κῠρεῖν (gen.), V. συγκῠρεῖν (dat.), ἀντᾶν (dat.). *Experience*: P. and V. χρῆσθαι (dat.). *Face*: P. and V. ὑπέχειν, ὑφίστασθαι; see *face*. *Light on*: see *light on*. *Meet in battle*: P. and V. ἀπαντᾶν (dat.), συμφέρεσθαι (dat.), συμβάλλειν (dat.), ἀντῐτάσσεσθαι (dat.), V. συμβάλλειν μάχην (dat.); see also *engage*. *Have an interview with*: P. and V. σῠνέρχεσθαι (dat.), συγγίγνεσθαι (dat.); see *interview*. *Deal with*: P. and V. ὁμῑλεῖν (dat.), προσομῑλεῖν (dat.); see *have dealings with*, under *dealings*. *Meet (accusation)*: P. and V. ἀντῐλέγειν (dat.). *It is not at all easy to meet the tactics of these men*: P. οὐ πάνυ ἐστὶ ῥᾴδιον ταις τούτων παρασκευαῖς ἀνταγωνίζεσθαι (Dem. 1078). *Have you met me on ground where I am unassailable in everything?* P. οὐ μὲν ἐγὼ ἀθῷος ἅπασι . . . ἐνταῦθα ἀπήντηκας; (Dem. 269). *Meet the wishes and views of each*: P. τῆς ἑκάστου βουλησέως τε καὶ δόξης τυχεῖν (Thuc. 2, 35). *Meet folly* *with folly*: V. ἀντιτείνειν νήπι' ἀντὶ νηπίων (Eur., *Med.* 891). V. intrans. *Come together*: P. and V. σῠνέρχεσθαι. *Meet* (of things): P. συμβάλλειν εἰς ταὐτό. *Where branching roads meet*: V. ἔνθα δίστομοι . . . συμβάλλουσιν . . . ὁδοί (Soph., *O. C.* 900). *Meet for discussion*: Ar. and P. συγκᾰθῆσθαι. *Meet beforehand*: P. προαπαντᾶν (absol.). *Meet with*: P. and V. τυγχᾰ́νειν (gen.), προστυγχᾰ́νειν (gen.), Ar. and V. κῠρεῖν (gen.); see *light on, encounter*. Met., *experience*: P. and V. χρῆσθαι (dat.). *We happened to meet with a storm*: P. ἐτύχομεν χειμῶνί τινι χρησάμενοι (Antiphon, 131).

Meeting, subs. V. ᾰ̓πάντημα, τό, σῠνάντησις, ἡ. *Coming together*: P. and V. ὁμῑλία, ἡ, σῠνουσία, ἡ. *Conflict*: see *conflict*. *Interview*: P. and V. σῠ́νοδος, ἡ; see *interview*. *Public meeting, assembly*: P. and V. σύλλογος, ὁ; see *assembly*. *Committee meeting*: P. συνέδριον, τό. *There was a meeting of the Ecclesia*: P. Ἐκκλησία ἦν. *Hold a meeting*, v.: P. and V. σύλλογον ποιεῖσθαι. *Meeting place of three roads*, subs.: P. and V. τρίοδος, ἡ.

Meetly, adv. See *fitly*.

Melancholy, adj. *Dejected*: P. and V. ἄθῡμος (Xen.), V. δύσθῡμος, κᾰτηφής, δύσφρων. *Be melancholy*, v.: P. and V. ᾰ̓θῡμεῖν, V. δυσθῡμεῖσθαι. *Sad, unhappy*: P. and V. τᾰλαίπωρος, ἄθλιος, οἰκτρός, Ar. and V. τᾰ́λᾱς, τλήμων, V. δυστᾰ́λᾱς; see *sad*. *Lamentable*: P. and V. ἄθλιος, πικρός, οἰκτρός, βᾰρύς, V. δύσφορος (also Xen. but rare P.), πολύστονος, πανδάκρῡτος, εὐδάκρῡτος, δυσθρήνητος, πάγκλαυτος; see *sad*. *Melancholy (of looks)*: P. and V. σκυθρωπός, V. στυγνός.

Melancholy, subs. *Dejection*: P. and V. ᾰ̓θῡμία, ἡ, δυσθῡμία, ἡ (Plat.). *Grief*: P. ταλαιπωρία, ἡ, Ar. and V. ἄλγος, τό, ἄχος, τό, V. δύη, ἡ. πῆμα, τό, πημονή, ἡ, οἰζῡ́ς, ἡ, πένθος, τό (in P., *outward signs of mourning*); see *sadness*.

Melée, subs. P. and V. θόρῠβος, ὁ, P. ταραχή, ἡ. *Encounter*: Ar. and P. σύνοδος, ἡ, V. συμβολή, ἡ.

Mellifluous, adj. Use P. and V. ἡδῠ́ς; see *sweet*.

Mellow, adj. *Ripe*: P. and V. πέπων (Æsch., *Frag.*).

Mellow, v. trans. P. and V. πεπαίνειν (Xen. and Eur., *Frag.*). Met., *soften*: Ar. and V. μᾰλάσσειν, V. μαλθάσσειν. V. intrans. Ar. πεπαίνειν.

Melodious, adj. P. ἐμμελής, Ar. and P. εὔρυθμος, V. εὔφωνος, μελῳδός.

Melodiously, adv. P. ἐμμελῶς, εὐρύθμως.

Melodiousness, subs. P. εὐρυθμία, ἡ.

Melodrama, subs. Use Ar. and P. τρᾰγῳδία, ἡ.

Melodramatic, adj. Ar. τρᾰγῳδῐκός, Ar. and P. τρᾰγῐκός.

Melodramatically, adv. P. τραγικῶς. *Repeat melodramatically*, v. trans.: P. τραγῳδεῖν (acc.).

Melody, subs. *Tune*: P. and V. μέλος, τό. *Song*: P. and V. μέλος, τό, μελῳδία, ἡ, ᾠδή, ἡ, V. ἀοιδή, ἡ, μολπή, ἡ; see *song*. *Melodiousness*: P. εὐρυθμία, ἡ.

Melt, v. trans. P. and V. τήκειν, Ar. and P. διᾰτήκειν (Xen.). *Melt away*: P. and V. ἐκτήκειν, P. ἀποτήκειν. *Melt down (metals, etc.)*: P. συγχωνεύειν, καταχωνεύειν, P. and V. τήκειν. *Melt together*: P. συντήκειν. Met., *soften*: Ar. and V. μᾰλάσσειν, V. μαλθάσσειν; see *soften*. V. intrans. P. and V. τήκεσθαι, συντήκεσθαι, Ar. and P. διᾰτήκεσθαι (Xen.). Met., *pine away*: Ar. and V. τήκεσθαι, V. ἐκτήκεσθαι, συντήκεσθαι; see *pine*. *My heart melts at my mother's lamentations and hers I melt by my wailing*: V. ἐκτέτηκα καρδίαν θρηνήσοισι μητρὸς τήνδε τ' ἐκτήκω γόοις (Eur., *Hec.* 433). *Relent*: Ar. and

V. μᾰλάσσεσθαι, V. μαλθάσσεσθαι; see *relent*. *Melt away*: Ar. and P. διᾰτήκεσθαι (Xen.); met., P. and V. διαρρεῖν, ἀπορρεῖν. *That you may get me out before I melt away*: Ar. ἵν' ἐξέλῃς με πρὶν διερρυηκέναι (*Vesp.* 1156). *Melt* of a crowd): P. and V. διᾰλύεσθαι.

Melted, adj. Use P. and V. τηκτός.

Melting, adj. Met., of a glance: V. θελκτήριος.

Member, subs. *Limb*: P. and V. κῶλον, τό (Plat.). *Members, limbs*: P. and V. μέλη, τά, V. γυῖα, τά. *I saw Philip willing to lose any member that fortune chose to deprive him of*: P. ἑώρων . . . Φίλιππον . . . πᾶν ὅτι βουληθείη μέρος ἡ τύχη τοῦ σώματος παρελέσθαι τοῦτο προϊέμενον (Dem. 247). *Member of the Boulé*: Ar. and P. βουλευτής, ὁ.

Membrane, subs. P. ὑμήν, ὁ (Arist.).

Memento, subs. P. and V. μνημεῖον, τό, V. μνῆμα, τό.

Memoirs, subs. P. ἀπομνημονεύματα (Xen.).

Memorable, adj. P. ἀξιομνημόνευτος; see *remarkable*. *Ever to be remembered*: P. and V. ἀείμνηστος.

Memorandum, subs. P. ὑπόμνημα, τό.

Memorial, subs. P. and V. μνημεῖον, τό, Ar. and P. μνημόσῠνον, τό, P. ὑπόμνημα, τό, V. μνῆμα, τό. *Memorial stone*: Ar. and P. στήλη, ἡ. *Document*: use Ar. and P. γράμμᾰτα, τά; see *document*.

Memory, subs. P. and V. μνήμη, ἡ, μνεία, ἡ, V. μνῆστις, ἡ. *Having a good memory*, adj.: Ar. and P. μνημονῐκός, P. and V. μνήμων. *Having a bad memory*: Ar. and P. ἐπῐλήσμων. *Speak from memory*: P. μνημονικῶς εἰπεῖν (Æschin. 33).

Menace, subs. P. and V. ἀπειλή, ἡ, V. ἀπειλήματα, τά; see *danger*. *Did you come to Decelea and fortify it as a menace to your own country?* P. ἦλθες εἰς Δεκέλειαν καὶ ἐπετείχισας τῇ πατρίδι τῇ σεαυτοῦ; (Andoc. 13, 35).

Menace, v. trans. P. and V. ἀπειλεῖν (τί τινι); see *threaten*. Met., of dangers, etc.: P. and V. ἐφίστασθαι (dat.).

Menacing, adj. P. ἀπειλητικός; see *dangerous, threatening*.

Mend, v. trans. *Repair*: P. ἐπισκευάζειν. *Mend clothes*: P. ἱμάτια, ἐξακεῖσθαι (Plat.). *Improve, put right*: Ar. and P. ἐπᾰνορθοῦν, P. and V. ἐξορθοῦν. *Make up for*: P. and V. ἀκεῖσθαι (acc.), ἀνᾰλαμβάνειν (acc.), ἰᾶσθαι (acc.), ἐξῐᾶσθαι (acc.). *It does not mend matters to . . .*: V. οὐκ ἄκος (infin.), P. and V. οὐκ ὠφελεῖ (infin.). V. intrans. *Improve*: Ar. and P. ἐπῐδῐδόναι, P. and V. προκόπτειν. *Mend in health*: P. ῥαΐζειν.

Mendacious, adj. P. and V. ψευδής, Ar. ψευδολόγος.

Mendaciously, adv. P. and V. ψευδῶς.

Mendacity, subs. P. ψευδολογία, ἡ.

Mendicant, subs. P. and V. πτωχός, ὁ, ἀγύρτης, ὁ. Fem., V. ἀγύρτρια, ἡ.

Mendicant, adj. P. and V. πτωχῐκός, Ar. and V. πτωχός, V. θῠροκόπος.

Mendicity, subs. Ar. and P. πτωχεία, ἡ.

Menial, subs. Masc., P. and V. οἰκέτης, ὁ, ὑπηρέτης, ὁ, δοῦλος, ὁ, V. λάτρῐς, ὁ, οἰκεύς, ὁ, Ar. and V. δμώς, ὁ; see *servant*. Fem., P. and V. ὑπηρέτῐς, ἡ, V. δμωή, ἡ, δμωΐς, ἡ, οἰκέτῐς, ἡ.

Menial, adj. P. and V. δούλειος (Plat. but rare P.), δοῦλος (Plat. but rare P.), Ar. and P. δουλῐκός, δουλοπρεπής. *A menial life*: V. οἰκέτης βίος. *Menial fare*: V. θῆσσα τράπεζα. *Perform menial duties*, v.: P. and V. θητεύειν.

Mental, adj. As opposed to *visible*: P. νοητός (Plat.). *Of the mind*: use P. and V. τοῦ νοῦ, τῆς ψυχῆς.

Mention, subs. P. and V. μνεία, ἡ, P. μνήμη, ἡ. *Make mention of*: P. μνείαν ποιεῖσθαι (gen. or περί gen.),

V. μνείαν ἔχειν (gen.); see *mention*, v.

Mention, v. trans. P. and V. μνησθῆναι (aor. pass. μιμνήσκειν) (gen. or περί gen.), ἐπιμνησθῆναι (aor. pass. ἐπιμιμνήσκειν) (gen. or περί gen.), P. μνημονεύειν, ὑπομιμνήσκειν, διαμνημονεύειν, V. μνήσασθαι (1st aor. mid. μιμνήσκειν) (gen.), ὑπομνησθῆναι (aor. pass. ὑπομιμνήσκειν) (περί gen.). *Speak of*: P. and V. λέγειν (acc.), εἰπεῖν (acc.), φράζειν (acc.), V. ἐννέπειν (acc.). *Worth mentioning*, adj.: P. ἀξιόλογος, ἀξιομνημόνευτος.

Mentionable, adj. P. and V. ἔκφορος, Ar. and V. λεκτός, V. ῥητός.

Mentor, subs. *Adviser*: P. and V. σύμβουλος, ὁ. *Chastener*: P. and V. κολαστής, ὁ, ἐπῐτῑμητής, ὁ, P. σωφρονιστής, ὁ.

Mercantile, adj. Ar. and P. ἐμπορῐκός.

Mercenary, adj. *Hired for wages*: Ar. and P. μισθωτός. *Venal*: Ar. and P. δωροδόκος. *Grasping*: P. and V. φῐλάργῠρος, αἰσχροκερδής.

Mercenary, subs. *Hireling*: use adj., Ar. and P. μισθωτός, μισθοφόρος. *Mercenary troops*: P. ξένοι, οἱ, μισθοφόροι, οἱ, ἐπίκουροι, οἱ. *Of mercenaries*, adj.: Ar. and P. ξενῐκός, P. ἐπικουρικός. *Maintain mercenaries*, v.: P. ξενοτροφεῖν (absol.). *Raise mercenaries*: P. ξενολογεῖν (absol.).

Mercenary leader, subs. P. ξεναγός, ὁ. *Be a mercenary leader*, v.: P. ξεναγεῖν (absol.).

Merchandise, subs. P. ὤνια, τά, ἀγοράσματα, τά, ἀγώγιμα, τά, P. and V. ἐμπολή, ἡ (Xen., Ar. and Eur., *Cycl.* 254), V. ἐμπόλημα, τό (Eur., *Cycl.* 137); see *wares*.

Merchant, subs. P. and V. ἔμπορος, ὁ. *Huckster*: P. and V. κάπηλος, ὁ.

Merchantman, subs. P. ναῦς στρογγύλη, ἡ, πλοῖον στρογγύλον, τό, πλοῖον φορτηγικόν, τό, Ar. γαῦλος, ὁ, Ar. and P. ὁλκάς, ἡ.

Merciful, adj. *Compassionate*: P. and V. φῐλοικτίρμων (Plat.), P. ἐλεεινός, Ar. and P. ἐλεήμων. *Gentle*: P. and V. πρᾶος, ἤπιος, φῐλάνθρωπος, ἐπιεικής, V. πρευμενής. *Indulgent*: P. and V. συγγνώμων.

Mercifully, adv. *Compassionately*: V. ἐλεινῶς. *Gently*: P. and V. ἠπίως, P. φιλανθρώπως, πράως, V. εὐφρόνως, πρευμενῶς.

Mercifulness, subs. See *mercy*. *Gentleness*: P. πραότης, ἡ, φιλανθρωπία, ἡ, ἐπιείκεια, ἡ, V. πρευμένεια, ἡ.

Merciless, adj. P. and V. σχέτλιος, σκληρός, πικρός, P. ἀπαραίτητος, V. νηλής, δυσπᾰραίτητος, ἀνοικτίρμων (Soph., *Frag.*), δῠσάλγητος, Ar. and V. ἄτεγκτος, ἄνοικτος; see *cruel*.

Mercilessly, adv. P. and V. πικρῶς, P. ἀνηλεῶς, σχετλίως. V. νηλεῶς, ἀνοίκτως, ἀναλγήτως; see *cruelly*.

Mercilessness, subs. P. and V. πικρότης, ἡ, P. ἀγνωμοσύνη, ἡ; see *cruelty*.

Mercurial, adj. P. πολύτροπος.

Mercy, subs. *Pity*: P. and V. ἔλεος, ὁ, οἶκτος, ὁ (Thuc. 7. 77). *Pardon*: P. and V. συγγνώμη, ἡ, V. σύγγνοια, ἡ. *Mercifulness*: P. ἐπιείκεια, ἡ, αἴδεσις, ἡ, P. and V. αἰδώς, ἡ. *Obtain mercy*: V. αἰδοῦς τυγχάνειν (Eur., *H. F.* 301). *Ask for mercy*: P. and V. πᾰρίεσθαι (absol.). *Show mercy*: P. and V. αἰδεῖσθαι (absol.) (Dem. 983; Eur., *Med.* 349). *Have mercy on, pity*: P. and V. ἐλεεῖν οἰκτείρειν; see *pity*. *Pardon*: P. and V. συγγιγνώσκειν (dat.). *Spare*: P. and V. φείδεσθαι (gen.). *Have at one's mercy*: P. and V. ὑποχείριον λαμβάνειν (acc.), V. χείριον λαμβάνειν (acc.). *At the mercy of*: P. and V. ἐπί (dat.). *Leave a matter at the mercy of the speakers' capacity*: P. ἐπὶ τῇ τῶν λεγόντων δυνάμει τὸ πρᾶγμα καταστῆσαι (Dem., 596). *He is at the mercy of the speaker*: V. ἐστὶ τοῦ λέγοντος (Soph., *O. R.* 917), cf., Ar. μὴ τοῦ λέγοντος ἴσθι (*Eq.* 860). *Being always at the* *mercy of their assailants*: P. ὄντες ἀεὶ τῶν ἐπιτιθεμένων (Plat., *Pol.* 307E). (*I think*) *that the virtues of many should not be at the mercy of one man*: P. μὴ ἐν ἑνὶ ἀνδρὶ πολλῶν ἀρετὰς κινδυνεύεσθαι (Thuc. 2, 35).

Mere, subs. *Lake*: P. and V. λίμνη, ἡ.

Mere, adj. P. ψιλός. *Being a mere lad*: P. μειρακύλλιον ὢν κομιδῇ (Dem. 539). Absol., *unmixed*: P. ἁπλοῦς, ἄκρατος.

Merely, adv. Use P. and V. οὐδὲν ἄλλο πλήν. *Only*: P. and V. μόνον; see *only*.

Meretricious, adj. *Attractive*: P. ἐπαγωγός, προσαγωγός, ἐφολκός. *Specious*: P. and V. εὐπρεπής.

Meretriciously, adv. *Speciously*: P. and V. εὐπρεπῶς.

Meretriciousness, subs. *Speciousness*: P. εὐπρέπεια, ἡ.

Merge, v. trans. *Make to grow together*: P. συμφύειν. *Mix together*: P. and V. συμμιγνύναι, συγκεραννύναι. *Mix in*: P. ἐγκεραννύναι (τι εἴς τι). V. intrans. *Grow together*: P. συμφύεσθαι; see *change*.

Merit, subs. *Excellence*: P. and V. ἀρετή, ἡ. *Deserts*: P. and V. ἀξία, ἡ. *Credit*: P. and V. δόξᾰ, ἡ. *Service*: P. and V. ὑπηρέτημα, τό, P. εὐεργεσία, ἡ, εὐεργέτημα, τό, ὑπούργημα, τό, V. ὑπουργία, ἡ. *The case would have been tried on its own merits*: P. τὸ πρᾶγμα ἂν ἐκρίνετο ἐφ' αὑτοῦ (Dem. 303). *Claim the merit of*, v.: Ar. and P. προσποιεῖσθαι (acc. or gen.). *Beyond one's merits*: P. and V. ὑπὲρ τὴν ἀξίαν.

Merit, v. trans. See *deserve*.

Merited, adj. P. and V. ἄξιος, V. ἐπάξιος. *Just*: P. and V. δίκαιος.

Meritorious, adj. P. and V. χρηστός, ἄμεμπτος, ἀνεπίληπτος.

Meritoriously, adv. *Well*: P. and V. εὖ, κᾰλῶς.

Merrily, adv. P. and V. εὐθύμως (Xen.), ἡδέως, P. ἱλαρῶς (Xen.).

Merriment, subs. P. and V. εὐθῡμία, ἡ (Xen.). *Joy, delight*: P. and V. χᾰρά, ἡ, ἡδονή, ἡ, τέρψῐς, ἡ, χαρμονή, ἡ (also Plat. but rare P.), V. χάρμᾰ, τό. *Revelry*: P. and V. κῶμος, ὁ. *Good cheer*: Ar. and P. εὐωχία, ἡ, P. εὐπάθεια, ἡ. *Laughter*: P. and V. γέλως, ὁ. *Sport*: P. and V. παιδιά, ἡ.

Merry, adj. P. and V. ἡδύς, περῐχᾰρής (Plat.), γεγηθώς (Dem. but rare P.). Of looks: P. and V. φαιδρός, V. λαμπρός, φαιδρωπός, εὐπρόσωπος (also Xen. but rare P.). *Cheerful*: P. εὔθυμος, Ar. and P. ἱλᾰρός (Xen.). *Making glad*: V. εὔφρων, P. and V. ἡδύς. *Loving sport*: Ar. and P. φῐλοπαίσμων. *Make merry*, v. intrans.: P. and V. εὐωχεῖσθαι (Eur., *Cycl.*), κωμάζειν; see *revel*. *Rejoice*: P. and V. χαίρειν, τέρπεσθαι, εὐφραίνεσθαι. *Make merry over*: P. and V. γελᾶν ἐπί (dat.); see *laugh at*.

Merry-making, subs. P. and V. κῶμος, ὁ, Ar. and P. εὐωχία, ἡ; see *feast*.

Mesh, subs. P. and V. βρόχος, ὁ; see also *net*.

Mess, subs. *Confusion*: P. ἀταξία, ἡ. *Litter*: Ar. φορῡτός, ὁ. *Make a mess of, mismanage*: P. κᾰκῶς διατιθέναι (acc.). *In a mess, at random*: use adv., P. and V. εἰκῇ, φύρδην (Xen.), P. χύδην. *In disorder*: P. ἀτάκτως, οὐδενὶ κόσμῳ. *Stain*: V. κηλίς, ἡ; see also *dirt*. *Meal taken in common*: Ar. and P. συσσίτια, τά.

Mess, v. trans. *Defile*: P. and V. μιαίνειν. *Make a mess of*: P. κακῶς διατιθέναι (acc.). V. intrans. *Take food with others*: Ar. and P. συσσῑτεῖν. *Mess with* (*another*): Ar. and P. συσσῑτεῖν (dat.).

Message, subs. P. and V. ἄγγελμα, τό, Ar. and P. ἀγγελία, ἡ, P. ἀπαγγελία, ἡ, V. κηρῡκεύμᾰτα, τά. *Word*: P. and V. λόγος, ὁ, φήμη, ἡ (rare P.). *You have heard all my message*: V. τὰ μὲν παρ' ἡμῶν παντ' ἔχεις (Eur., *Phoen.* 953). *Send a message*, v.: P. and V. ἐπιστέλλειν (absol.). *Taking one's own message*, adj.: P. and V. αὐτάγγελος. *Proclamation*: P. and V. κήρυγμα, τό.

Messenger, subs. P. and V. ἄγγελος, ὁ, or ἡ, V. πομπός, ὁ, τρόχις, ὁ. *Messenger sent to consult an oracle or attend a festival*: P. and V. θεωρός, ὁ, V. θεοπρόπος, ὁ. *Herald*: P. and V. κῆρυξ, ὁ.

Messmate, subs. Ar. and P. σύσσῖτος, ὁ, P. σύσκηνος, ὁ. Fem., Ar. συσκηνητήρια, ἡ. *Be messmate with*, v.: P. συσκηνεῖν (dat. or absol.).

Messroom, subs. P. and V. συσσίτιον, τό (in P. always pl.).

Metal, subs. Use *copper*, *iron*, *silver*, *gold*, *etc.* *Metals*: P. μεταλλεῖα, τά (Plat., *Legg.* 678D; cf., Plat., *Critias*, 114E). *Molten metal*: V. μύδρος, ὁ.

Metal work, subs. P. χαλκεία, ἡ.

Metal worker, subs. Ar. and P. χαλκεύς, ὁ.

Metamorphosis, subs. See *change*. *To suffer metamorphosis*, v.: P. μετασχηματίζεσθαι.

Metaphor, subs. P. μεταφορά, ἡ. *Speak in metaphors*: use P. δι' εἰκόνων λέγειν.

Metaphorically, adv. Use P. δι' εἰκόνων.

Metaphysical, adj. *Pertaining to metaphysics*: P. θεολογικός (Arist.). *Existing only in the mind*: P. νοητός (Plat.).

Metaphysics, subs. P. ἡ θεολογική (Arist.), ἡ πρώτη φιλοσοφία (Arist.). *Philosophy*: P. φιλοσοφία, ἡ.

Meteor, subs. Use *star*.

Meteorological, adj. Ar. and P. μετέωρος.

Meteorologist, subs. P. μετεωρολόγος, ὁ.

Meteorology, subs. P. μετεωρολογία, ἡ.

Mete out, v. trans. *Distribute*: P. and V. νέμειν, διᾰδῐδόναι; see *distribute*. *Measure out*: P. and V. μετρεῖν, P. διαμετρεῖν. *Mete out (punishment, etc.)*: see *inflict*.

Methinks, v. Ar. and V. δοκῶ (rare P.). *Methinks you will win my heart*: V. θέλξειν μ' ἔοικας (Æsch., *Eum.* 900). *Methought in my sleep that I dwelt in Argos*: V. ἔδοξ' ἐν ὕπνῳ . . . οἰκεῖν ἐν Ἄργει (Eur., *I. T.* 44).

Method, subs. *System*: P. μέθοδος, ἡ. *Way, manner*: P. and V. τρόπος, ὁ, ὁδός, ἡ. *Means*: P. and V. πόρος, ὁ. *Orderliness*: P. εὐταξία, ἡ.

Methodical, adj. *Precise*: P. and V. ἀκρῖβής. *Orderly*: Ar. and P. εὔτακτος.

Methodically, adv. *Precisely*: P. and V. ἀκρῖβῶς. *In an orderly manner*: P. and V. εὐτάκτως.

Metre, subs. Ar. and P. μέτρον, τό. *Put into metre*, v. trans.: P. ἐντείνειν (acc.) (Plat.), εἰς μέτρα τιθέναι (acc.) (Plat.).

Metrical, adj. P. ἔμμετρος.

Metrically, adv. Use P. ἐν μέτρῳ.

Metropolis, subs. *Capital*: use P. and V. πόλῐς (Thuc. 2, 15). *Mother city (of colonies)*: P. μητρόπολις, ἡ.

Mettle, subs. *Spirit*: P. and V. θῡμός, ὁ, φρόνημα, τό, Ar. and V. λῆμα, τό. *Put on one's mettle, arouse*: P. and V. ἐγείρειν, ἐξεγείρειν, V. ὀρνύναι, Ar. and V. ζωπῠρεῖν; see also *encourage*, *challenge*.

Mettlesome, adj. Ar. and P. νεᾱνῐκός, P. θυμοειδής.

Mew, v. trans. *Confine*: P. and V. εἵργειν, κᾰτείργειν; see *confine*.

Miasma, subs. *Defilement*: P. and V. μίασμα, τό. *Disease*: P. and V. νόσος, ἡ, νόσημα, τό.

Miasmatic, adj. P. and V. νοσώδης.

Mid, adj. See *middle*.

Mid, prep. P. and V. ἐν (dat.), ἐν μέσῳ (gen.). *Between*: P. and V. ἐν μέσῳ (gen.), μεταξῠ (gen.), P. διὰ μέσου (gen.).

Mid-day, subs. P. and V. μεσημβρία, ἡ. *Up till mid-day*: P. μέχρι μέσου ἡμέρας (Thuc. 3, 80). *Of mid-day*, adj.: P. and V. μεσημβρῐνός.

Middle, adj. P. and V. μέσος. *Adopt a middle course in one's speech*: P. τὰ μεταξὺ λέγειν (Dem. 202.). *A man of the middle class*: P. μέσος πολίτης, ὁ. *The shrine at earth's middle point*: V. μεσόμφᾰλον ἵδρῡμα (Æsch., *Choe*. 1036). *The middle point of the earth*: P. and V. ὀμφᾰλός, ὁ (Plat., *Rep*. 427c).

Middle, subs. P. and V. τὸ μέσον. *In the middle of the city*: P. and V. ἐν μέσῃ τῇ πόλει. *Rising in the middle of dinner*: P. ἐξαναστάντες μεταξὺ δειπνοῦντες (Dem. 284). *Break up a party in the middle*: P. μεταξὺ διαλῦσαι τὴν συνουσίαν (Plat., *Prot*. 336E). *Be at the middle*, v.: P. and V. μεσοῦν. *They put the small boats in the middle*: P. τὰ λεπτὰ πλοῖα . . . ἐντὸς ποιοῦνται (Thuc. 2, 83). *Waist*: see *waist*.

Middle-age, subs. P. ἡ καθεστηκυῖα ἡλικία.

Middle-aged, adj. V. ἔξηβος, P. οἱ ὄντες ἐν τῇ καθεστηκυίᾳ ἡλικίᾳ (Thuc. 2, 36).

Middle-class, adj. P. and V. μέτριος; see under *middle*.

Middleman, subs. P. and V. κάπηλος, ὁ.

Middling, adj. P. and V. μέτριος.

Midge, subs. See *gnat*.

Midland, adj. P. μεσόγεως. *Midland country*: P. μεσογεία, ἡ.

Midnight, subs. Ar. and P. μέσαι νύκτες (Ar., *Vesp*. 218).

Midriff, subs. P. διάφραγμα, τό.

Midst, subs. *In the midst of*: see *mid*.

Midsummer, subs. P. θέρος μεσοῦν (Thuc. 5, 57).

Midway, adv. *In the middle*: P. and V. μεταξύ. *Midway between*: P. and V. ἐν μέσῳ (gen.).

Midwife, subs. Ar. and P. μαῖα, ἡ. *Act as midwife to*, v.: Ar. and P. μαιεύεσθαι (acc.), V. λοχεύειν (acc.).

Midwifery, subs. P. μαιεία, ἡ, μαίευσις, ἡ. *Skilled in midwifery*, adj.: P. μαιευτικός.

Mien, subs. P. and V. σχῆμα, τό; see also *appearance*.

Might, v. intrans. *Be able*: P. and V. δύνασθαι, ἔχειν; see *able*. As a mild form of command: use V. ἄν (with optative). *Might have*: see *may have*, under *may*. *As might well have been, as is probable*: P. and V. ὡς εἰκός. *You might have, it was open to you*: P. and V. ἐξῆν σοι (infin.), πᾰρῆν σοι (infin.), πᾰρεῖχέ σοι (infin.); see under *open*. *But for so and so the Phocians might have been saved*: P. εἰ μὴ διὰ τὸ καὶ τὸ ἐσώθησαν ἂν οἱ Φωκεῖς (Dem. 364).

Might, subs. *Strength*: P. and V. δύνᾰμις, ἡ, ἰσχῦς, ἡ, ῥώμη, ἡ, V. σθένος, τό, ἀλκή, ἡ, μένος, τό (also Plat. but rare P.); see *strength*. *Power, authority*: P. and V. κρᾰ́τος, τό, δύνᾰμις, ἡ, ἰσχῦς, ἡ, ἐξουσία, ἡ. V. σθένος, τό. *Rule*: P. and V. ἀρχή, ἡ, κρᾰ́τος, τό. *With might and main*: P. κατὰ κράτος, παντὶ σθένει, Ar. κᾰτᾰ̀ τὸ καρτερόν; see *vigorously*. *Might*, as opposed to *right*: P. and V. βία, ἡ, ἰσχῦς, ἡ, τὸ καρτερόν.

Mightily, adv. *Greatly*: P. and V. μέγᾰ, μεγᾰ́λᾰ, σφόδρᾰ, κάρτᾰ (Plat., but rare P.); see *greatly*. *Strongly*: P. ἰσχυρῶς, P. and V. ἐρρωμένως; see *vigorously*.

Mighty, adj. P. and V. μέγᾰς. *Powerful*: P. and V. δῠνᾰτός, Ar. and V. μεγασθενής, ἄλκῐμος (rare P.). *Strong*: P. and V. μέγᾰς, ἰσχῡρός, V. κρᾰταιός, ὄβρῐμος, ἐγκρᾰτής (in P. only used of places), σθενᾰρός, P. ἐρρωμένος, Ar. and V. παγκρᾰτής, καρτερός (in P. only used of places). *Mightier*: use also V. φέρτερος (no positive).

Migrate, v. intrans. P. μετανίστασθαι, ἀπανίστασθαι, Ar. and P. ἀνοικίζεσθαι, μετᾰχωρεῖν.

Migration, subs. P. and V. ἀνάστᾰσις, ἡ, P. μετανάστασις, ἡ, μετοικία, ἡ.

Migratory, adj. P. πλανητός, V. πλᾰνήτης, Ar. and V. νομάς; see *wandering*.

Mild, adj. *Gentle*: P. and V. πρᾶος, ἤπιος, φῐλάνθρωπος, ἥμερος, ἐπιεικής, V. πρευμενής, πέπων. *Soft*: P. and V. λεῖος (Plat.), Ar. and P. μᾰλᾰκός, Ar. and V. μαλθᾰκός. *Quiet*: P. and V. ἥσῠχος, ἡσυχαῖος (Plat.), P. ἡσύχιος, ἠρεμαῖος. *Moderate*: P. and V. μέτριος. *Of climate*: P. εὐκράς, μετρίως κεκραμένος, V. εὔκρᾱτος (Eur., *Frag.*).

Mildew, subs. P. ἐρυσίβη, ἡ.

Mildly, adv. *Gently*: P. and V. ἠπίως, P. πράως, φιλανθρώπως, V. εὐφρόνως, πρευμενῶς; see *gently*. *Softly*: Ar. and P. μᾰλᾰκῶς, Ar. and V. μαλθᾰκῶς. *Moderately*: P. and V. μετρίως.

Mildness, subs. P. πραότης, ἡ, φιλανθρωπία, ἡ, ἐπιείκεια, ἡ, V. πρευμένεια, ἡ, εὐοργησία, ἡ. *Of climate*: P. εὐκρασία, ἡ. *Quiet*: Ar. and P. ἡσῠχία, ἡ.

Mile, subs. Ar. and P. express by στάδιον = *one-eighth of a mile*.

Militant, adj. See *warlike*.

Military, adj. P. πολεμικός, Ar. and P. στρᾰτιωτῐκός. *Military matters*: P. τὰ πολεμικά, τὰ στρατιωτικά. *Be of military age*: P. ἐν τῇ ἡλικίᾳ εἶναι. *Military age*: P. στρατιωτική ἡλικία, ἡ (Xen.), στρατεύσιμος ἡλικία ἡ (Xen.).

Militate against, v. P. ἀσύμφορος εἶναι (εἰς, acc., or πρός, acc.). *It militates against the reconciliation he would gladly make with the Olynthians*: P. πρὸς τὰς καταλλαγὰς ἃς ἂν ἐκεῖνος ποιήσαιτο ἄσμενος πρὸς Ὀλυνθίους ἐναντίως ἔχει (Dem. 10).

Militia, subs. Use Ar. and P. περίπολοι, οἱ (lit., *reserves kept to guard the frontiers*).

Milk, subs. P. and V. γᾰλᾰ, τό. *Pour mingled draughts of honey and milk*: V. μελίκρατ' ἄφες γάλακτος (Eur., *Or.* 115).

Milk, v. trans. Ar. and V. ἀμέλγειν (Eur., *Cycl.* 389), V. ἐξᾰμέλγειν (Eur., *Cycl.* 209) (in pass.). *Milk cows*: P. βδάλλειν (Plat., *Theaet.* 174D).

Milk-white, adj. Use V. πάλλευκος; see *white*.

Mill, subs. *Machine for grinding*: Ar. and V. μύλη, ἡ (Soph., *Frag.*). *Place where the mill stands*: P. and V. μῠλών, ὁ (Eur., *Cycl.* 240).

Miller, subs. P. μυλωθρός, ὁ.

Millet, subs. P. μελίνη, ἡ, κόγχρος, ὁ (Xen.).

Milliner, subs. P. οἱ περὶ τὸν γυναικεῖον κόσμον (Plat., *Rep.* 373C).

Millinery, subs. Use P. and V. κόσμος, ὁ; see *dress*.

Million, subs. Lit., use P. ἑκατὸν μυριάδες. *Indefinitely large number*: P. and V. μῡριάς, ἡ.

Million, adj. Use P. ἑκατὸν μυριάδες (gen.). *Indefinitely large number*: P. and V. μῡρίοι.

Mill stone, subs. P. λίθος μυλιάς, ὁ.

Milt, subs. Ar. and P. σπλήν, ὁ.

Mime, subs. *Actor*: P. μῖμος, ὁ. *Play*: P. μῖμος, ὁ (Arist.).

Mimic, adj. *Imitative*: P. μιμητικός. *Pretended*: P. προσποιητός; see *fictitious*.

Mimic, subs. *Imitator*: P. μιμητής, ὁ.

Mimic, v trans. P. and V. μῑμεῖσθαι; see *imitate parody*.

Mimicry, subs. *Imitation*: Ar. and P. μίμησις, ἡ.

Mina, subs. Ar. and P. μνᾶ, ἡ. *Worth ten minae*, adj: Ar. δεκάμνους.

Minatory, adj. Use P. and V. δεινός. *Menacing*: P. ἀπειλητικός.

Mince, v. trans. *Cut up small*: P. κερματίζειν. V. intrans. *Walk affectedly*: V. ἁβρὸν βαίνειν, σαυλοῦσθαι (Eur., *Cycl.* 40). *I have plainly stated all that I think without mincing matters*: P. ἃ γιγνώσκω πάνθ' ἁπλῶς, οὐδὲν ὑποστειλάμενος, πεπαρρησίασμαι (Dem. 54).

Mincing, adj. Ar. and P. τρῠφερός, P. and V. κομψός. *Be mincing*, v.: P. and V. τρῠφᾶν.

Mind, subs. *Intellectual principle*: P. and V. νοῦς, ὁ. *Thought, intelligence*: P. and V. γνώμη, ἡ, Ar. and P. διάνοια, ἡ, Ar. and V. φρήν, ἡ, or pl. (rare P.). *Memory*: P. and V. μνήμη, ἡ, μνεία, ἡ. *Soul, spirit*: P. and V. ψῡχή, ἡ, θῡμός, ὁ, φρόνημα, τό (rare P.). *Intention, purpose*: P. and V. γνώμη, ἡ, ἀξίωμα, τό, βούλευμα, τό, ἔννοια, ἡ, ἐπῖνοια, ἡ, Ar. and P. διάνοια, ἡ, V. φρόνησις, ἡ. *Bear in mind, remember*, v. trans.: P. and V. μνησθῆναι (1st aor. pass. of μιμνήσκειν) (acc. or gen.); see *remember, heed*. *Bear in mind a favour*: P. and V. χάρῖν ἀπομιμνήσκεσθαι. *Call to mind*, v. trans.: see *remember, remind*. *Change one's mind*: see under *change*. *Have a mind to*: Ar. and P. διᾰνοεῖσθαι (infin.), P. and V. ἐννοεῖν (infin.), νοεῖν (infin.). *Keep in mind*: P. and V. σῴζειν, φῠλάσσειν (or mid.); see *remember, ponder*. *Make up one's mind*: P. and V. βουλεύειν, γιγνώσκειν; see *resolve*. *Put in mind*: see *remind*. *To one's mind, to one's liking*: Ar. and P. κᾰτὰ νοῦν, P. and V. κᾰτὰ γνώμην.

Mind, v. trans. *Look after*: Ar. and P. ἐπῐμέλεσθαι, P. and V. ἐπιστρέφεσθαι (gen.), φροντίζειν (gen.), τημελεῖν (acc. or gen.) (Plat. but rare P.), κήδεσθαι (gen.) (also Ar. but rare P.), V. μέλεσθαι (gen.). *Attend to*: P. and V. θερᾰπεύειν (acc.), V. κηδεύειν (acc.). *Mind (flocks, etc.)*: P. and V. νέμειν (Eur., *Cycl.* 28), ποιμαίνειν, P. νομεύειν, V. προσνέμειν (Eur., *Cycl.* 36), φέρβειν, ἐπιστᾰτεῖν (dat.). *Beware of*: P. and V. φῠλάσσεσθαι (acc.), εὐλᾰβεῖσθαι (acc.), ἐξευλᾰβεῖσθαι (acc.), P. διευλαβεῖσθαι (acc.), V. φρουρεῖσθαι (acc.). *Dislike*: see *dislike*. *Heed, notice*: Ar. and P. προσέχειν (dat.), προσέχειν τὸν νοῦν (dat.), P. and V. νοῦν ἔχειν πρός (acc. or dat.); see *heed*. *Obey*: P. and V. πείθεσθαι (dat.), πειθαρχεῖν (dat.); see *obey*. *Be angry at*: Ar. and P. ἀγᾰνακτεῖν (dat.), P. χαλεπῶς φέρειν (acc.), P. and V. ἄχθεσθαι (dat.), V. δυσφορεῖν (dat.), πικρῶς φέρειν (acc.). *Mind them not and pay no heed*: V. ἀλλ' ἀμελίᾳ δὸς αὐτὰ καὶ φαύλως φέρε (Eur., *I. A.* 850). *Mind one's own business*: P. τὰ αὑτοῦ πράσσειν. *Yourself mind what is your own affair*: Ar. ἀλλ' αὐτὸς ὅ γε σόν ἐστιν οἰκείως φέρε (*Thesm.* 197). V. intrans. *Object, be angry*: Ar. and P. ἀγᾰνακτεῖν; see under *angry*. *I do not mind*: P. and V. οὔ μοι μέλει. *Never mind*: Ar. μὴ μελέτω σοι. *Forbear and mind not*: V. ἔασον μηδέ σοι μελησάτω (Æsch., *P. V.* 332). *Take care*: P. and V. εὐλᾰβεῖσθαι, ἐξευλᾰβεῖσθαι, φῠλάσσεσθαι. *Mind you play the man*: V. ὅπως ἀνὴρ ἔσει (Eur., *Cycl.* 595; c.f. also Æsch., *P. V.* 68; Eur., *I. T.* 321), same construction in Ar. and P. *Take care that*: P. and V. φροντίζειν ὅπως (aor. subj. or fut. indic.), P. ἐπιμέλεσθαι ὅπως (aor. subj. or fut. indic.), Ar. and P. τηρεῖν ὅπως (aor. subj. or fut. indic.). *Mind that you yourself suffer no harm by your going*: V. πάπταινε δ' αὐτὸς μή τι πημανθῇς ὁδῷ (Æsch., *P. V.* 334). *Beware that*: see *beware*.

Minded, adj. *Like minded*: P. ὁμονοητικός, ὁμογνώμων. *Be minded, be disposed*: P. and V. ἔχειν, P. διακεῖσθαι. *Be minded to*: Ar. and P. διᾰνοεῖσθαι (infin.), P. and V. νοεῖν (infin.), ἐννοεῖν (infin.).

Mindful, adj. P. and V. μνήμων.

Mine, adj. P. and V. ἐμός, in V. sometimes use ἁμός (lit. *our*).

Mine, subs. Ar. and P. μέταλλον, τό, ἐργαστήριον, τό. *Silver mines*: P. ἀργύρεια μέταλλα, τά, ἔργα ἀργύρεια, τά, or ἀργύρεια, τά alone. *A mine* *of silver:* V. ἀργύρου πηγή (Æsch., *Pers.* 238). *Underground passage:* P. ὑπόνομος, ὁ (Thuc. 2, 76).

Mine, v. trans. P. μεταλλεύειν. *Undermine:* Ar. and P. διορύσσειν.

Miner, subs. P. μεταλλεύς, ὁ. *Miners:* P. οἱ ἐκ τῶν ἀργυρείων (Dem. 668).

Mineral, subs. See *metal.*

Mingle, v. trans. P. and V. μιγνύναι, συμμιγνύναι, ἀναμιγνύναι, κεραννύναι, συγκεραννύναι; see *mix. Confound:* P. and V. φύρειν (Plat.), συγχεῖν, κυκᾶν (Plat.), Ar. and P. συγκυκᾶν (Plat.). *Mingled with, defiled with:* P. and V. πεφυρμένος (dat.) (Xen.), συμπεφυρμένος (dat.) (Plat.), V. ἀναπεφυρμένος (dat.). V. intrans. Use pass. of verbs given. *Coincide:* P. and V. συμπίπτειν, V. συμπίτνειν. *Mingle with, have intercourse with:* P. and V. συμμίγνυσθαι (dat.), P. ἐπιμιγνύναι, or pass. (dat.), Ar. and P. συμμιγνύναι (dat.); see *intercourse. Mingle with (a crowd):* P. and V. ἀναμίγνυσθαι (dat.).

Mingled, adj. P. and V. σύμμικτος, συμμιγής (Plat.), μιγάς, Ar. and P. μικτός (Plat.). *Confounded:* V. σύμφυρτος.

Minimise, v. trans. *Lessen:* P. ἐλασσοῦν, μειοῦν (Xen.). *Disparage:* P. and V. διαβάλλειν, P. διασύρειν.

Mining, subs. P. μεταλλεία, ἡ. *Of mining,* adj.: P. μεταλλικός.

Minion, subs. *Servant, slave:* P. and V. δοῦλος, ὁ; see *servant. Hireling:* use adj., Ar. and P. μισθωτός, μισθοφόρος.

Minish, v. trans. See *diminish. Be minished, waste away:* P. and V. μαραίνεσθαι, φθίνειν (Plat.), V. ἀποφθίνειν, καταφθίνειν, ἐκτήκεσθαι, συντήκεσθαι, κατασκέλλεσθαι, Ar. and P. κατατήκεσθαι (Xen.), Ar. and V. τήκεσθαι.

Minister, subs. *Servant:* P. and V. ὑπηρέτης, ὁ, V. πρόσπολος, ὁ or ἡ; see *servant. One who looks after anything:* Ar. and P. ἐπιμελητής, ὁ, P. θεραπευτής, ὁ. *One who ministers at a temple:* P. θεραπευτής, ὁ, Ar. and V. πρόπολος, ὁ or ἡ; see *priest. Consul accredited to a foreign state:* P. and V. πρόξενος, ὁ. *Ministers, those in office:* P. οἱ ἐπὶ τοῖς πράγμασιν.

Minister, v. trans. *Supply:* P. and V. παρέχειν, πορίζειν, ἐκπορίζειν, παρασκευάζειν; see *supply. Minister to:* P. and V. θεραπεύειν (acc.), ὑπηρετεῖν (dat.), διακονεῖν (dat.). *Gratify:* P. and V. χαρίζεσθαι (dat.). *Show kindness to:* P. and V. εὐεργετεῖν (acc.). *Minister to (the sick):* P. and V. θεραπεύειν (acc.), V. κηδεύειν (acc.). *Minister to a god:* P. θεραπεύειν (acc.), P. and V. λατρεύειν (dat.).

Ministering, adj. *Beneficent:* P. and V. φιλάνθρωπος, χρηστός; see *kind.*

Ministrant, subs. Ar. and P. θεράπων, ὁ, V. πρόσπολος, ὁ or ἡ, Ar. and V. πρόπολος, ὁ or ἡ.

Ministration, subs. *Service:* P. διακονία, ἡ, P. and V. ὑπηρέτημα, τό; see *service. Ministration on the sick:* P. and V. θεραπεία, ἡ, V. παιδαγωγία, ἡ. *On a god:* P. θεραπεία, ἡ, θεράπευμα, τό.

Ministry, subs. See *ministration. Body of ministers:* use P. and V. οἱ ἐν τέλει, P. οἱ ἐπὶ τοῖς πράγμασιν.

Minor, adj. *Less:* P. and V. ἐλάσσων; see *less. Small, petty:* P. and V. μικρός, σμικρός, βραχύς; see *petty.*

Minor, subs. *One under age:* use P. and V. παῖς, ὁ or ἡ (Thuc. 2, 80), or use adj., P. and V. νέος; see also *ward.*

Minority, subs. *The fewer in number:* P. and V. οἱ ἐλάσσονες. *Childhood:* P. παιδεία, ἡ. *Youth:* P. and V. νεότης, ἡ.

Minstrel, subs. P. and V. ῥαψῳδός, ὁ (Plat.), ᾠδός, ὁ (Plat.), V. ἀοιδός, ὁ, ὑμνοποιός, ὁ. *Poet:* P. and V. ποιητής, ὁ (Eur., *Frag.*), V. μουσοποιός, ὁ.

Minstrelsy, subs. P. ῥαψῳδία, ἡ

(Plat.). *Song:* P. and V. ᾠδή, ἡ, μελῳδία, ἡ.
Mint, v. trans. Ar. κόπτεσθαι.
Minted money, subs. P. and V. νόμισμα, τό, Ar. κόμμᾰ, τό.
Mint mark, subs. Ar. κόμμᾰ, τό.
Minute, adj. P. and V. μικρός, σμικρός, βρᾰχύς; see *small. Exact:* P. and V. ἀκρῑβής.
Minute, subs. *Small space of time:* P. ἀκᾰρὲς χρόνου; see *moment. In a minute, presently:* P. and V. αὐτίκα, Ar. and P. αὐτίκᾰ δὴ μάλᾰ, αὐτίκᾰ μάλᾰ. *Immediately:* P. and V. εὐθύς, εὐθέως; see *immediately.*
Minutely, adv. P. and V. ἀκρῑβῶς.
Minuteness, subs. *Smallness:* P. μικρότης, ἡ, σμικρότης, ἡ. *Exactitude:* P. ἀκρίβεια, ἡ.
Miracle, subs. P. and V. θαῦμα, τό. *Portent:* P. and V. τέρᾰς, τό (Plat.).
Miraculous, adj. *Wonderful:* P. and V. θαυμαστός, Ar. and P. θαυμάσιος. *Divine:* P. and V. θεῖος. *Superhuman:* V. οὐ κᾰτ' ἄνθρωπον.
Miraculously, adv. *Wonderfully:* P. and V. θαυμαστά, P. θαυμαστῶς, Ar. and P. θαυμᾰσίως. *By divine interposition:* P. θείως (Xen.), P. and V. θείᾳ τύχῃ, V. ἐκ θείας τύχης, Ar. κᾰτᾰ θεῖον.
Mire, subs. P. and V. πηλός, ὁ βόρβορος, ὁ.
Mirror, subs. P. and V. κάτοπτρον, τό, V. ἔνοπτρον, τό.
Mirror, v. trans. *Reflect:* P. ἐμφαίνειν.
Mirth, subs. P. and V. εὐθῡμία, ἡ (Xen.). *Joy:* P. and V. χᾰρά, ἡ, ἡδονή, ἡ, τέρψις, ἡ, χαρμονή, ἡ (also Plat. but rare P.), V. χάρμᾰ, τό *Laughter:* P. and V. γέλως, ὁ. *Sport:* P. and V. παιδιά, ἡ. *Revelry:* P. and V. κῶμος, ὁ.
Mirthful, adj. *Merry, joyful:* P. and V. ἡδύς, περῐχᾰρής (Plat.), γεγηθώς (Dem. but rare P.). *Cheerful:* P. εὔθυμος, Ar. and P. ἱλᾰρός (Xen.). *Making glad:* V. εὔφρων, P. and V. ἡδύς. *Sportive:* Ar. and P. φῐλοπαίσμων. *Laughable:* P. and V. γέλοιος, V. γελωτοποιός (Æsch., *Frag.*), Ar. and P. κᾰτᾰγέλαστος.
Mirthfully, adv. *Cheerfully:* P. and V. εὐθῡ́μως (Xen.), ἡδέως, P. ἱλαρῶς (Xen.). *Laughably:* P. γελοίως. *In sport:* P. ἐν παιδιᾷ.
Mirthfulness, subs. See *mirth.*
Mirthless, adj. *Joyless:* P. and V. ἀτερπής (rare P.).
Miry, adj. P. and V. θολερός, P. βορβορώδης, πηλώδης; see *dirty.*
Mis, prefix. In compounds use παρα (*mislead:* P. and V. πᾰράγειν) or δυσ (*misshapen:* V. δύσμορφος), or use adv., κᾰκῶς (*mismanage:* P. and V. κᾰκῶς πράσσειν).
Misadventure, subs. P. ἀτύχημα, τό, δυστύχημα, τό; see *misfortune.*
Misanthrope, subs. Use adj., P. μισάνθρωπος.
Misanthropic, adj. P. μισάνθρωπος.
Misanthropy, subs. P. μισανθρωπία, ἡ.
Misapply, v. trans. P. ἀποχρῆσθαι (dat.).
Misapprehend, v. trans. Use P. and V. ἁμαρτάνειν (gen.).
Misapprehension, subs. P. and V. ἁμαρτία, ἡ; see *mistake.*
Misappropriate, v. trans. see *steal.*
Misappropriation, subs. Use *peculation.*
Misbecome, v. trans. P. and V. οὐ πρέπειν (dat.), οὐ προσήκειν (dat.).
Misbecoming, adj. P. and V. ἀσχήμων, P. ἀπρεπής, V. δυσπρεπής, ἀεικής, αἰκής.
Misbegotten, adj. *Bastard:* P. and V. νόθος, V. νοθᾱγενής.
Misbehave, v. intrans. P. and V. ἀκοσμεῖν, ἀσχημονεῖν, πλημμελεῖν.
Misbehaviour, subs. P. ἀσχημοσύνη, ἡ, P. and V. ἀκοσμία, ἡ.
Miscalculate, v. trans. P. and V. ἁμαρτάνειν (gen.), ψεύδεσθαι (gen.). Absol., P. παραλογίζεσθαι.
Miscalculation, subs. P. παράλογος,

ἡ. *Mistake:* P. and V. ἁμαρτία, ἡ.

Miscall, v. trans. V. ψευδωνύμως κἄλεῖν (Æsch., *P. V.* 85).

Miscalled, adj. Use V. ψευδώνῠμος.

Miscarriage, subs. *Failure:* P. and V. σφάλμἄ, τό, P. πταῖσμα, τό. *Miscarriage of justice:* P. and V. ἀδίκημα, τό. *Abortion:* P. ἄμβλωσις, ἡ. *Cause a miscarriage to:* P. ἀμβλίσκειν (acc.), P. and V. ἐξαμβλοῦν (acc.).

Miscarry, v. intrans. *Fail:* P. and V. κἄκῶς χωρεῖν, οὐ προχωρεῖν; see *fail. Have a miscarriage:* Ar. and P. ἐξαμβλοῦσθαι.

Miscellaneous, adj. P. and V. παντοῖος, σύμμικτος, Ar. and P. παντοδᾰπός.

Mischance, subs. P. and V. πάθος, τό, πάθημα, τό, σφάλμἄ, τό, κἄκόν, τό, συμφορά, ἡ, P. ἀτύχημα, τό, δυστύχημα, τό, ἀτυχία, ἡ, δυστυχία, ἡ, πταῖσμα, τό.

Mischief, subs. *Harm, injury:* P. and V. βλάβη, ἡ, βλάβος, τό, ζημία, ἡ, V. πῆμα, τό, πημονή, ἡ, ἄτη, ἡ. *Evil:* P. and V. κἄκόν, τό. *Ill-doing:* P. and V. πᾰνουργία, ἡ, P. κακουργία, ἡ. *Piece of mischief:* P. κακούργημα, τό. *Do (a person) a mischief:* P. and V. βλάπτειν (acc.), κἄκοῦν (acc.), κἄκουργεῖν (acc.), ἀδῐκεῖν (acc.), Ar. and V. πημαίνειν (acc.) (also Plat. but rare P.); see *injure. Make mischief between, set by the ears:* Ar. and P. διιστάναι (acc.). *I fear she may be up to some mischief:* Ar. δέδοικα μή τι δρᾷ νεώτερον (Eccl. 338). *Sauciness:* P. and V. ὕβρῐς, ἡ. *Spite:* P. and V. φθόνος, ὁ; see *spite.*

Mischievous, adj. *Harmful:* P. ζημιώδης, ἐπιζήμιος, βλαβερός, ἀνεπιτήδειος, P. and V. ἀσύμφορος, κἄκός, κἄκοῦργος, νοσώδης, V. λῡμαντήριος, Ar. and V. ἀτηρός. *Ill-doing:* P. and V. πᾰνοῦργος, κἄκοῦργος. *Spiteful:* P. and V. φθονερός, ἐπίφθονος. *Malevolent:* P. and V. δύσνους, δυσμενής, Ar. and P. κἄκόνους, κἄκοήθης, V. δύσφρων, κἄκόφρων. *Troublesome:* Ar. and P. χᾰλεπός. *Saucy:* P. ὑβριστικός. *Full of spirits:* Ar. and P. νεᾶνῐκός. *Cunning:* P. and V. ἐπίτριπτος; see *cunning.*

Mischievously, adv. *Harmfully:* P. ἀνεπιτηδείως, P. and V. κἄκῶς. *Maliciously:* P. φθονερῶς, ἐπι, φθόνως. *Wickedly:* P. κακούργως: Ar. and P. πᾰνούργως. *Saucily* - P. ὑβριστικῶς. *Wantonly:* Ar. and P. νεᾶνῐκῶς.

Misconceive, v. trans. P. and V. ψεύδεσθαι (gen.), P. οὐκ ὀρθῶς οἴεσθαι (Thuc. 1, 20); see *mistake.*

Misconception, subs. P. and V. ἁμαρτία, ἡ; see *mistake.*

Misconduct, subs. P. ἀσχημοσύνη, ἡ, P. and V. ἀκοσμία, ἡ. *Evil-doing:* P. κακουργία, ἡ.

Misconduct, v. trans. *Mismanage:* P. and V. κἄκῶς πράσσειν. *Misconduct oneself, misbehave:* P. and V. ἀσχημονεῖν, ἀκοσμεῖν, πλημμελεῖν. *Do wrong:* Ar. and P. κἄκουργεῖν.

Misconstrue, v. trans. Use P. οὐκ ὀρθῶς ὑπολαμβάνειν.

Miscount, v. trans. See *miscalculate.*

Miscreant, subs. Use adj., P. and V. κἄκοῦργος, πᾰνοῦργος, V. λεωργός, παντουργός; see also *rascal.*

Misdeed, subs. P. and V. ἀδίκημα, τό, ἀδικία, ἡ, P. κακουργία, ἡ, κακούργημα, τό. *Sin:* P. and V. ἁμαρτία, ἡ, V. ἐξᾰμαρτία, ἡ, ἀμπλάκημα, τό, P. ἁμάρτημα, τό.

Misdemeanour, subs. P. κακουργία, ἡ, κακούργημα, τό. *Fault:* P. πλημμέλεια, ἡ, πλημμέλημα, τό; see *fault.*

Misdirect, v. trans. P. and V. πᾰράγειν.

Miser, subs. Use adj., P. and V. αἰσχροκερδής.

Miserable, adj. P. and V. τᾰλαίπωρος, ἄθλιος, οἰκτρός, μοχθηρός (Plat.), Ar. and V. τάλᾱς, τλήμων, πολύπονος, V. δυστάλᾱς. *Utterly* *miserable:* Ar. and V. πᾰνάθλιος, V. παντάλᾱς, παντλήμων. *Dejected:* P. and V. ἄθῡμος (Xen.), V. δύσθῡμος, δύσφρων. *Wretched, unfortunate:* P. and V. δυστῠχής, δυσδαίμων, ἀτῠχής (Eur., *Heracl.* 460, but rare V.), V. ἄμοιρος (also Plat. but rare P.), ἄμμορος, Ar. and V. σχέτλιος, δύστηνος, δείλαιος (rare P.), V. δάϊος μέλεος, ἄνολβος, Ar. κᾰκοδαίμων; see *unhappy. Distressing:* P. and V. βᾰρῠ́ς, ὀχληρός, λῡπηρός, κᾰκός, ἀνῑᾱρός, ἀλγεινός, ἐπαχθής, δυσχερής, ἄθλιος, Ar. and P. χᾰλεπός, V. δύσφορος (also Xen. but rare P.), λυπρός, ἀχθεινός (also Xen. but rare P.), δῠ́σοιστος. *Lamentable:* V. πολύστονος, πανδάκρῡτος, εὐδάκρῡτος, πάγκλαυτος, δυσθρήνητος. *Sorry, mean:* P. and V. φαῦλος, κᾰκός, Ar. and P. μοχθηρός, πονηρός, V. δείλαιος. *Inefficient:* P. and V. φαῦλος, κᾰκός, εὐτελής, Ar. and P. πονηρός.

Miserably, adv. P. and V. ἀθλίως, οἰκτρῶς, V. τλημόνως. *Unfortunately:* P. and V. δυστῠχῶς, κᾰκῶς, P. ἀτυχῶς, V. δυσπότμως. *In wretched plight:* P. and V. κᾰκῶς, P. μοχθηρῶς, πονηρῶς. *Inefficiently:* P. and V. κᾰκῶς, φαύλως. *Despondently:* P. ἀθύμως (Xen.), δυσθύμως (Plat.).

Miserliness, subs. P. and V. αἰσχροκέρδεια, ἡ, P. φιλοκέρδεια, ἡ. *Stinginess:* Ar. and P. φειδωλία, ἡ.

Miserly, adj. P. and V. αἰσχροκερδής, φῐλάργῠρος, Ar. and P. φῐλοκερδής. *Stingy:* Ar. and P. φειδωλός.

Misery, subs. P. ταλαιπωρία, ἡ, κακοπάθεια, ἡ, ἀθλιότης, ἡ, κακοπραγία, ἡ, P. and V. αἰκία, ἡ; see also *misfortune, suffering. Dejection:* P. and V. ἀθῡμία, ἡ, δυσθῡμία, ἡ (Plat.). *Grief:* P. and V. λῡ́πη, ἡ, ἀνία, ἡ, V. δύη, ἡ, πῆμα, τό, πημονή, ἡ, οἰζῠ́ς, ἡ, πένθος, τό (in P. = *outward signs of mourning*): Ar. and V. ἄλγος, τό, ἄχος, τό.

Misfortune, subs. P. and V. δυσπραξία, ἡ, πάθος, τό, πάθημα, τό, συμφορά, ἡ, κᾰκόν, τό, P. ἀτύχημα, τό, δυστύχημα, τό, V. πάθη, ἡ, πῆμα, τό, πημονή, ἡ. *Misfortunes:* P. and V. κᾰκά, τά, V. τὰ δύσφορα; see *troubles. Unluckiness:* P. ἀτυχία, ἡ, δυστυχία, ἡ, δυσδαιμονία, ἡ.

Misgive, v. trans. (*My heart*) *misgives* (*me*): use *fears, doubts.*

Misgiving, subs. *Doubt:* P. and V. ἀπορία, ἡ. *Fear:* P. and V. φόβος, ὁ, δεῖμα, τό, δέος, τό; see *fear. Hesitation:* P. and V. ὄκνος, ὁ. *Scruple:* P. and V. ἐνθῡ́μιον, τό.

Misgovern, v. trans. Use P. and V. κᾰκῶς ἄρχειν (gen.), or substitute for ἄρχειν any other word given for *govern.*

Misguide, v. trans. P. and V. πᾰρᾰ́γειν.

Misguided, adj. Use P. ἄλογος, ἀλόγιστος, V. δυσλόγιστος; see *foolish, rash.*

Mishap, subs. See *misfortune.*

Misjudge, v. trans. Use P. and V. οὐκ ὀρθῶς κρίνειν. *Wrong:* P. and V. ἀδῐκεῖν.

Mislay, v. trans. See *lose.*

Mislead, v. trans. P. and V. πᾰρᾰ́γειν, πλᾰνᾶν, P. παρακρούεσθαι; see also *deceive.*

Misleading, adj. *Deceptive:* P. ἀπατηλός. *False:* P. and V. ψευδής.

Misletoe, subs. P. ἰξός, ὁ (Arist.).

Mismanage, v. trans. P. and V. κᾰκῶς πράσσειν, Ar. and P. κᾰκῶς διοικεῖν. *Be mismanaged:* Ar. and P. ἐξᾰμαρτᾰ́νεσθαι.

Mismanagement, subs. *Incapacity:* P. and V. φαυλότης, ἡ (Eur., *Frag.*), P. μοχθηρία, ἡ.

Misname, v. trans. V. ψευδωνῠ́μως κᾰλεῖν (Æsch., *P. V.* 85)

Misnamed, adj. Use V. ψευδώνῠμος.

Misplace, v. trans. *Disturb:* P. and V. κῑνεῖν. *Lose:* Ar. and P. ἀποβάλλειν.

Misplaced, adj. *Unseasonable* : P. and V. ἄκαιρος. *Unreasonable* : P. ἄλογος, ἀλόγιστος.

Misreckon, v. trans. See *miscalculate*.

Misreckoning, subs. See *mistake*.

Misrepresent, v. trans. P. and V. διαστρέφειν. *Slander* : P. and V. διᾰβάλλειν, Ar. and P. σῡκοφαντεῖν. *Give a false impression of* : P. κακῶς εἰκάζειν περί (gen.) (Plat, *Rep.* 377E).

Misrepresentation, subs. P. and V. διᾰβολή, ἡ, Ar. and P. σῡκοφαντία, ἡ; see *slander*. *Open to misrepresentation*, adj. : P. εὐδιάβολος.

Misrule, subs. P. and V. ἀνομία, ἡ, ἀναρχία, ἡ, V. τὸ ἄναρχον, P. ἀταξία, ἡ.

Miss, v. trans. *Fail in attaining* : P. and V. σφάλλεσθαι (gen.), ἀποσφάλλεσθαι (gen.), ἁμαρτάνειν (gen.), P. διαμαρτάνειν (gen.), V. ἀμπλᾰκεῖν (2nd aor.) (gen.). *Miss, not to meet* : P. and V. ἁμαρτάνειν (gen.), P. διαμαρτάνειν (gen.). *Fail in hitting* : P. and V. ἁμαρτάνειν (gen.), P. διαμαρτάνειν (gen.), ἀποτυγχάνειν (gen.), V. ἀμπλᾰκεῖν (gen.) (2nd aor.). *Miss one's opportunities* : P. ἀπολείπεσθαι τῶν καιρῶν ; see *let slip*. *Miss one's way* : P. διαμαρτάνειν τῆς ὁδοῦ (Thuc. 1, 106), or use P. and V. πλᾰνᾶσθαι (absol.). *Have we entirely missed the way?* Ar. τῆς ὁδοῦ τὸ παράπαν ἡμαρτήκαμεν; (*Pl.* 961). *Feel the loss of* : P. and V. ποθεῖν (rare P.). *A man when he dies is missed from the house, the loss of women is but slight* : V. ἀνὴρ μὲν ἐκ δόμων θανὼν ποθεινὸς, τὰ δὲ γυναικῶν ἀσθενῆ (Eur., *I. T.* 1005). *Miss being killed* : P. ἐκφεύγειν τὸ ἀποθανεῖν ; see *escape*. *I just missed being killed* : P. παρὰ μικρὸν ἦλθον ἀποθανεῖν (Isoc. 388E). *Miss, not to hit* : P. and V. ἁμαρτάνειν, P. ἀποτυγχάνειν ; see *fail*. *Miss out* : see *omit*.

Misshapen, adj. P. and V. ἄμορφος, V. δύσμορφος ; see *ugly*.

Misshapenness, subs. V. ἀμορφία, ἡ; see *ugliness*.

Missile, subs. P. and V. βέλος, τό (rare P.) ; see also *dart*.

Missing, adj. *Gone, disappeared* : P. and V. ἀφᾰνής, Ar. and V. φροῦδος (rare P.), V. ἄφαντος. *Be missing, be lost*, v. : P. and V. ἀφᾰνίζεσθαι. *Be absent* : P. and V. ἀπεῖναι. *Be wanting, fail* : P. and V. ἐκλείπειν, ἐλλείπειν, Ar. and P. ἐπῐλείπειν, Ar. and V. λείπειν (rare P.).

Mission, subs. Ar. and V. στόλος, ὁ. *Task* : P. and V. ἔργον, τό, P. πραγματεία, ἡ. *Aim* : P. προαίρεσις, ἡ. *Embassy* : Ar. and P. πρεσβεία, ἡ. *Body of ambassadors* : P. and V. πρέσβεις, οἱ, Ar. and P. πρεσβεία, ἡ, V. πρεσβεύμᾰτα, τά. *Go on a mission*, v. : P. and V. πέμπεσθαι, V. στέλλεσθαι. *Go as ambassador* : Ar. and P. πρεσβεύειν. *Sacred embassy (to a shrine, etc.)* : P. θεωρία, ἡ; see *envoy*.

Missionary, subs. *Ambassador* : P. πρεσβευτής, ὁ, pl. P. and V. πρέσβεις, οἱ ; see also *messenger, envoy*.

Missive, subs. P. and V. ἐπιστολή, ἡ; see *letter*.

Misstate, v. trans. Use P. and V. ψεύδεσθαι περί (gen.) ; see also *misrepresent*.

Misstatement, subs. P. ψευδολογία, ἡ, see *lie*.

Mist, subs. Ar. and P. ὁμίχλη, ἡ (Plat.). *Cloud* : P. and V. νέφος, τό. Met., *darkness* : P. and V. σκότος, ὁ or τό.

Mistake, v. trans. *Be wrong about things* : P. and V. σφάλλεσθαι (gen.), ψεύδεσθαι (gen.), ἁμαρτάνειν (gen.), P. διαμαρτάνειν (gen.). *Not to recognise* : P. and V. ἀγνοεῖν (acc.). *Be mistaken* : P. and V. ἁμαρτάνειν, ἐξᾰμαρτάνειν, ψεύδεσθαι, σφάλλεσθαι, P. διαμαρτάνειν, διαψεύδεσθαι, πταίειν ; see *err*.

Mistake, subs. P. and V. ἁμαρτία, ἡ, σφάλμᾰ, τό, P. ἁμάρτημα, τό, διαμαρτία, ἡ. *Going astray* : P. and

V. πλάνη, ἡ; see *error*. *Join in a mistake*: P. συνεξαμαρτάνειν (absol. or dat. of person). *Make a mistake*: see *err*.

Mistaken, adj. See under *mistake*. *Incorrect*: P. and V. οὐκ ὀρθός. *False*: P. and V. ψευδής.

Mistakenly, adv. *Incorrectly*: P. and V. οὐκ ὀρθῶς. *Falsely*: P. and V. ψευδῶς.

Mistletoe, subs. ἰξός, ὁ (Arist.).

Mistress, subs. P. and V. δεσπότις, ἡ (Plat.), δέσποινα, ἡ (Dem. and Plat.), Ar. and V. ἄνασσα, ἡ; see *queen*. *Preceptress*: P. and V. διδάσκαλος, ἡ. *Mistress of a house*: P. οἰκονόμος, ἡ, P and V. οἰκουρός, ἡ. *Mistress of, skilled in*: use adj., P. and V. ἔμπειρος (gen.), ἐπιστήμων (gen.); see *skilled*. *Concubine*: Ar. and P. παλλακή, ἡ, ἑταίρα, ἡ.

Mistrust, v. trans. P. and V. ἀπιστεῖν (acc. of thing, dat. of person) *Suspect*: P. and V. ὑποπτεύειν.

Mistrust, subs. P. and V. ἀπιστία, ἡ. *Suspicion*: P. and V. ὑποψία, ἡ.

Mistrustful, adj. P. and V. ἄπιστος. *Suspicious*: P. and V. ὕποπτος.

Mistrustfully, adv. P. ἀπίστως. *Suspiciously*: P. ὑπόπτως.

Misty, adj. *Cloudy*: P. συννέφελος, Ar. περινέφελος. *Dim*: V. ἀμαυρός; see *dim*. Met., *obscure*: P. and V. ἀφανής.

Misunderstand, v. trans. P. οὐκ ὀρθῶς ὑπολαμβάνειν, οὐκ ὀρθῶς, οἴεσθαι (Thuc. 1, 20); see also *mistake*. *Hear wrongly*: P. παρακούειν (acc. or absol.).

Misunderstanding, subs. *Mistake*: P. and V. ἁμαρτία, ἡ, P. διαμαρτία, ἡ; see *mistake*. *Quarrel*: P. and V. διαφορά, ἡ; see *quarrel*.

Misusage, subs. *Ill-usage*: P. and V. ὕβρις, ἡ, αἰκία, ἡ, ὕβρισμα, τό.

Misuse, v. trans. P. ἀποχρῆσθαι (dat.). *Ill-treat*: P. and V. αἰκίζεσθαι, λυμαίνεσθαι (acc. or dat.), λωβᾶσθαι (Plat.); see *injure*.

Mite, subs. *Small coin*: use Ar. and P. χαλκοῦς, ὁ.

Mitigate, v. trans *Stop*: P. and V. παύειν. *Lighten*: P. and V. ἐπικουφίζειν, ἀπαντλεῖν (Plat.), V. ἐξευμαρίζειν. *Soften*: P. and V. πραΰνειν. *Lull to rest*: P. and V. κοιμίζειν (Plat.), V. κοιμᾶν. *Remit*: Ar. and P. ἀφιέναι. *Remedy*: P. and V. ἀκεῖσθαι.

Mitigating, adj. *Alleviating*: V. παυστήριος, παυσίλυπος. *Admit of mitigating circumstances*: P. ἔχειν τι συγγνώμης.

Mitigation, subs. *Alleviation*: P. and V. ἀνάπαυλα, ἡ, παῦλα, ἡ (Plat.), παραψυχή, ἡ (rare P.), P. παραμύθιον, τό, κούφισις, ἡ (Thuc.), V. ἐνακούφισις, ἡ. *Relief*: P. and V. ἀναπνοή, ἡ (Plat.), V. ἀμπνοή, ἡ, P. ῥᾳστώνη, ἡ. *Remedy*: V. ἄκος, τό; see *remedy*: *Remission*: P. ἄφεσις, ἡ. *Excuse*: P. and V. πρόφασις, ἡ.

Mix, v. trans. P. and V. μιγνύναι, συμμιγνύναι, ἀναμιγνύναι, κεραννύναι, συγκεραννύναι, Ar. and P. ἀνακεραννύναι. *Confound*: P. and V. φύρειν (Plat.), συγχεῖν, κυκᾶν (Plat.), Ar. and P. συγκυκᾶν (Plat.). *The draught is mixed*: V. ἀνακίρναται ποτόν (Soph., *Frag.*). *Mixed with, defiled with*: P. and V. πεφυρμένος (dat.) (Xen.), συμπεφυρμένος (dat.) (Plat.), V. ἀναπεφυρμένος (dat.). *Mix in*: P. ἐγκεραννύναι. *Mix up*: Ar. and P. καταμιγνύναι. *Confuse*: P. and V. συγχεῖν. V. intrans. *Coincide*: P. and V. συμπίπτειν, V. συμπίτνειν. *Mix with, have intercourse with*: P. and V συμμίγνυσθαι (dat.), P. ἐπιμιγνύναι (or pass.) (dat.), Ar. and P. συμμιγνύναι (dat.); see under *intercourse*. *Mix with (a crowd)*: P. and V. ἀναμίγνυσθαι (dat.).

Mixed, adj. P. and V. σύμμικτος, συμμιγής, μιγάς, Ar. and P. μικτός (Plat.). *Confounded*: V. σύμφυρτος.

Mixing-bowl, subs. P. and V. κρατήρ, ὁ.

Mixture, subs P. and V. κρᾶσις, ἡ, σύγκρᾱσις, ἡ (Eur., *Frag.*), P. μῖξις (Plat.), σύμμιξις, ἡ (Plat.). *The dialect was a mixture of Chalcidian and Dorian:* P. φωνὴ μεταξὺ τῆς τε Χαλκιδέων καὶ Δωρίδος ἐκράθη (Thuc. 6, 5).

Mizzle, subs. and v. intrans. See *drizzle.*

Moan, subs. P. and V. οἰμωγή, ἡ (Thuc.), στόνος, ὁ (Thuc.), P. ὀλόφυρσις, ἡ, Ar. and P. ὀλοφυρμός, ὁ, V. οἴμωγμα, τό, στεναγμός, ὁ (Plat. also but rare P.), κωκῡτός, ὁ, κωκῡμᾰτα, τά, Ar. and V. γόος, ὁ, or pl., στέναγμα, τό; see *groan.* Of inanimate things: P. and V. ψόφος, ὁ.

Moan, v. trans. See *bemoan.* V. intrans. P. and V. στένειν (Dem. 300 and 308), στενάζειν (Dem. 835), ἀνοιμώζειν (Thuc. 3, 113), V. αἰάζειν, φεύζειν, ἀναστένειν, κᾰταστένειν, ἀνᾰκωκῡειν, ἀνᾰμυχθίζεσθαι, ἐξοιμώζειν, κᾰτοιμώζειν, ἀποιμώζειν, ἀνολολύζειν, P. ὀλοφύρεσθαι, ἀνολοφύρεσθαι, Ar. and V. οἰμώζειν, ἀποιμώζειν, γοᾶσθαι, κωκῡειν. *Moan in low tones:* Ar. and V. ὑποστένειν, V. ὑποστενάζειν. Of inanimate things: P. and V. ψοφεῖν.

Moat, subs. P. and V. τάφρος, ἡ, ὄρυγμα, τό.

Mob, subs. P. and V. ὄχλος, ὁ, πλῆθος, τό, P. συρφετός, ὁ (Plat.).

Mob, v. trans. Ar. and P. θορῠβεῖν (dat.); see also *hustle.*

Mobile, adj. *Light:* P. and V. ἐλαφρός (Xen.), Ar. and V. κοῦφος. *Lightly equipped:* P. and V. εὐστᾰλής.

Mobilisation, subs. P. and V. ἄθροισις, ἡ, συλλογή, ἡ (Xen.).

Mobilise, v. trans. P. and V. ἀγείρειν, συλλέγειν, ἀθροίζειν; see *collect.*

Mobility, subs. *Lightness:* P. κουφότης, ἡ, ἐλαφρότης, ἡ. *Quickness:* P. ταχύτης, ἡ.

Mock, adj. *Pretended:* P. προσποιητός, P. and V. πλαστός (Xen.).

Mock, v. trans. P. and V. σκώπτειν (Eur., *Cycl.* 675, absol.), Ar. and P. χλευάζειν, ἐπισκώπτειν, τωθάζειν, V. κερτομεῖν. *Laugh at:* P. and V. γελᾶν (ἐπί, dat., or dat. alone), κᾰτᾰγελᾶν (gen.), ἐπεγγελᾶν (dat.), V. ἐγγελᾶν (dat., or κᾰτά, gen.), διᾰγελᾶν (acc.), ἐγκᾰτιλλώπτειν (dat.). *Insult:* P. and V. ὑβρίζειν (acc. or εἰς, acc.), ἐφυβρίζειν (acc., dat., or εἰς, acc.) (rare P.), προπηλᾰκίζειν, P. ἐπηρεάζειν (dat.), Ar. and V. κᾰθυβρίζειν (acc. or gen.). *Baffle:* P. and V. σφάλλειν, P. ἐκκρούειν. *Mock* (a person or a thing): Ar. and V. ἐνυβρίζειν (acc. of person, dat. of thing, or absol.).

Mocker, subs. P. and V. ὑβριστής, ὁ, V. γελαστής, ὁ, ἐγγελαστής, ὁ.

Mockery, subs. P. and V. γέλως, ὁ, κᾰτᾰγέλως, ὁ, V. κερτόμησις, ἡ, P. χλευασία, ἡ, χλευασμός, ὁ. *Insult:* P. and V. ὕβρις, ἡ. *Object of mockery:* P. and V. γέλως, ὁ, κᾰτᾰγέλως, ὁ, V. ὕβρισμα, τό, ἐπίχαρμα, τό.

Mocking, adj. V. κέρτομος.

Mode, subs. *Fashion, mode of dress:* P. and V. σκευή, ἡ. *Mode of life:* P. and V. δίαιτα, ἡ, P. διαιτήματα, τά.

Model, subs. P. and V. πᾰράδειγμα, τό.

Model, v. trans. P. and V. πλάσσειν, P. τυποῦν, ἐκτυποῦν.

Modeller, subs. P. πλαστής, ὁ.

Modelling, subs. *The art of modelling:* P. ἡ πλαστική.

Moderate, adj. P. and V. μέτριος, P. ἔμμετρος. *Self-restrained:* P. and V. σώφρων, μέτριος. Politically, *the moderate party:* P. οἱ διὰ μέσου (Thuc. 8, 75). *Be moderate*, v.: P. μετριάζειν, P. and V. σωφρονεῖν.

Moderate, v. trans. *Relax:* P. and V. ἀνῑέναι, P. ἐπανιέναι. *Check:* P. and V. κᾰτέχειν, ἐπέχειν; see *check.* V. intrans. P. and V. λωφᾶν, ἀνῑέναι, P. ἐπανιέναι.

Moderately, adv. P. and V. μετρίως, μέσως, P. ἐμμέτρως. *Soberly:* P.

and V. σωφρόνως, *Tolerably*: Ar. and P. ἐπιεικῶς.

Moderation, subs. P. μετριότης, ἡ, P. and V. τὸ μέτριον. *Self-restraint*: P. and V. τὸ σῶφρον, τὸ σωφρονεῖν, Ar. and P. σωφροσῠ́νη, ἡ.

Modern, adj. P. and V. καινός, νέος. *Modern times*: use P. and V. ὁ νῦν χρόνος.

Modernise, v. trans. P. νεωτερίζειν περί (acc.).

Modest, adj. P. and V. αἰδοῖος (Plat.), σώφρων, P. αἰσχυντηλός, αἰδήμων (Xen.), V. αἰδόφρων. *Moderate*: P. and V. μέτριος; see also *poor*. *Not boastful*: V. ἄκομπος, ἀκόμπαστος. *Reasonable*: P. and V. εὔλογος. *Simple*: P. and V. ἁπλοῦς. *Becoming*: P. and V. εὐπρεπής. *Orderly, decent*: P. and V. κόσμιος.

Modestly, adv. P. αἰσχυντηλῶς, αἰδημόνως (Xen.), P. and V. σωφρόνως. *Moderately*: P. and V. μετρίως. *Reasonably*: P. and V. εὐλόγως. *Decently*: Ar. and P. κοσμίως, V. εὐσχήμως. *B comingly*: P. and V. εὐπρεπῶς.

Modesty, subs. P. and V. αἰδώς, ἡ, αἰσχῠ́νη, ἡ. *Decency*: P. and V. εὐκοσμία, ἡ, τὸ κόσμιον.

Modification, subs. See *change*. *Remission*: P. ἄφεσις, ἡ. *Relaxation*: P. ἄνεσις, ἡ.

Modify, v. trans. See *change*. *Remit*: Ar. and P. ἀφῑέναι. *Relax*: P. and V. ἀνῑέναι; see *relax*.

Modulate, v. trans. Ar. and P. ἐντείνεσθαι, P. ἁρμόζειν.

Modulation, subs. Ar. and P. τόνος, ὁ.

Moiety, subs. See *half*, *part*.

Moist, adj. P. and V. ὑγρός, διάβροχος, νοτερός (Eur., *I. T.* 1042), V. ὑδρηλός.

Moisten, v. trans. P. and V. ὑγραίνειν (Plat.), τέγγειν (Plat.), βρέχειν (Plat.), δεύειν (Plat.), νοτίζειν (Plat. and Æsch., *Frag.*), V. ὑγρώσσειν. *Sprinkle*: V. ῥαίνειν. *Sprinkle with water*: V. ὑδραίνειν; see *sprinkle*.

Moisture, subs. P. and V. νοτίς, ἡ (Plat.), ἰκμάς, ἡ (Plat., *Tim.* 76B), Ar. and V. δρόσος, ἡ, P. τὸ ὑγρόν.

Molar, subs. Ar. γόμφιος, ὁ.

Mole, subs. *Pier*: P. χῶμα, τό, χηλή, ἡ. *Animal*: Ar. σκάλοψ, ὁ.

Molest, v. trans. Ar. and P. πράγμᾰτα πᾰρέχειν (dat.), ἐνοχλεῖν (acc. or dat.), P. and V. ὄχλον πᾰρέχειν (dat.), λῡπεῖν, Ar. and V. τείρειν, V. ὀχλεῖν. *Injure*: see *injure*. *Meddle with*: P. and V. κῑνεῖν, ἅπτεσθαι (gen.); see *meddle*.

Molestation, subs. *Annoyance, bother*: P. and V. ὄχλος, ὁ. *In peace, without molestation*: Ar. and P. κᾰθ' ἡσῠχίαν. *Injury*: see *injury*.

Mollify, v. trans. P. and V. πρᾱΰνειν, θέλγειν (Plat. but rare P.), P. παραμυθεῖσθαι, V. πᾰρηγορεῖν, μαλθάσσειν, Ar. and V. μᾰλάσσειν: see *soothe*.

Molten, adj. P. κεχυμένος, P. and V. τηκτός.

Moment, subs. *The right moment*: P. and V. καιρός, ὁ. *Small space of time*: Ar. ἀκᾰρὲς χρόνου. *He expected that they would not keep still a moment*: P. (ἤλπιζεν) οὐδένα χρόνον ἡσυχάσειν αὐτούς (Thuc. 2, 84). *At the very moment*: P. and V. αὐτίκᾰ, Ar. and P. αὐτόθεν. *In a moment*: P. and V. αὐτίκᾰ, Ar. and P. αὐτίκᾰ δὴ μάλᾰ. *At once*: P. and V. εὐθύς, εὐθέως; see *immediately*. *For the moment*: P. τὸ παραυτίκα. *On the spur of the moment*: P. and V. φαύλως, P. ἀπὸ βραχείας διανοίας (Thuc. 3. 36), ἐξ ἐπιδρομῆς, ἐξ ὑπογυίου. Met., *importance*: P. and V. ῥοπή, ἡ. *Be of moment*, v.: P. and V. διᾰφέρειν.

Momentarily, adv. P. and V. αὐτίκᾰ, πᾰραυτίκᾰ, Ar. and P. πᾰραχρῆμα. *Always*: P. and V. ἀεί.

Momentary, adj. P. and V. ὁ αὐτίκᾰ, ὁ πᾰραυτίκᾰ, P. ὁ παράχρημα.

Momentous, adj. P. and V. μέγιστος, πολλοῦ ἄξιος, P. διάφορος.

Momentum, subs. P. and V. ὁρμή, ἡ, Ar. and P. ῥῑμή, ἡ, V. ῥῑπή, ἡ.

Monarch, subs. P. and V. μόναρχος, ὁ; see *king*.

Monarchical, adj. P. μοναρχικός.

Monarchy, subs. P. and V. μοναρχία, ἡ; see also *kingship, rule*.

Monetary, adj. *Financial*: P. χρηματιστικός.

Money, subs. P. and V. χρήμᾰτα, τά, Ar. and P. ἀργύριον, τό, V. ἄργῠρος, ὁ. *Gold*: P. and V. χρῡσός, ὁ. *Riches*: P. and V. πλοῦτος, ὁ. *Currency*: P. and V. νόμισμα, τό. *Make money*, v.: P. χρηματίζεσθαι (absol.); see under *make*. *Ready money*, subs.: Ar. and P. ἀργύριον, τό (Dem. 867). *Convert into money*, v.: P. ἐξαργυρίζειν (acc.).

Moneyed, adj. P. and V. πλούσιος; see *rich*.

Money maker, subs. P. χρηματιστής, ὁ.

Money making, subs. P. χρηματισμός, ὁ.

Monger, subs. *Dealer in*: use Ar. and P. πώλης (only used when compounded), e.g., *fishmonger*: Ar. ἰχθῠοπώλης, ὁ.

Mongrel, adj. *Mixed*: P. and V. σύμμικτος. *Half-foreign*: P. and V. μιξοβάρβᾰρος (Xen.); see also *monstrous*.

Monition, subs. See *admonition*.

Monkey, subs. Ar. and P. πίθηκος, ὁ. *Play the monkey*, v.: Ar. ὑποπῐθηκίζειν. *Monkey antics*: Ar. πῐθηκισμοί, οἱ.

Monopolise, v. trans. *Appropriate*: P. οἰκειοῦν (or mid.), σφετερίζειν. *Claim for oneself*: P. ἀντιποιεῖσθαι (gen.), Ar. and P. ἀντῐλαμβάνεσθαι (gen.).

Monotonous, adj. *Wearisome*: P. and V. βᾰρύς, ὀχληρός; see *continuous*.

Monotonously, adv. *Wearily*: P. ἐπιπόνως; see also *continuously*.

Monotony, subs. *Weariness*: P. and V. κόπος, ὁ. *Satiety*: P. and V. κόρος, ὁ (Plat.), πλησμονή, ἡ (Plat.).

Monsoon, subs. Use *storm*.

Monster, subs. *Beast*: Ar. and P. θηρίον, τό, P. and V. θήρ, ὁ, Ar. and V. κνώδᾰλον, τό, V. δακος, τό, κύων, ὁ, sometimes κᾰκόν, τό. *Fabulous monsters*: P. φύσεις μεμυθολογημέναι (Plat.). *Sea monster*: V. κῆτος, τό (Eur., *Frag.*). *Portent*: P. and V. τέρᾰς, τό (Plat.). Met., of a person: Ar. and P. θηρίον, τό.

Monstrosity, subs. P. and V. τέρᾰς, τό (Plat.).

Monstrous, adj. *Huge*: P. and V. ὑπερφυής (Æsch., *Frag.*), P. ὑπερμεγεθής; see *huge*. *Unnatural*: P. and V. ἄτοπος, Ar. and P. ἀλλόκοτος. *Horrible*: P. and V. δεινός, σχέτλιος, ἀμήχᾰνος, P. πάνδεινος, V. δάϊος, ἔκπαγλος. *A form half-human, a monstrous portent*: V. σύμμικτον εἶδος κἀποφώλιον τέρας (Eur., *Frag.*). *Monstrous shapes, half men, half beasts*: V. μιξόθηρες φῶτες (Eur., *Ion*, 1161). *The monstrous four-legged brood of Centaurs*: V. τετρασκαλὲς ὕβρισμα κενταύρων γένος (Eur., *H. F.* 181).

Monstrously, adv. Ar. and P. ὑπερφυῶς, P. ἀτόπως. *Horribly*: P. and V. δεινῶς.

Month, subs. P. and V. μήν, ὁ, V. σελήνη, ἡ (lit., *moon*). *A period of three months*: V. τρίμηνος χρόνος, ὁ. *The last day of the month*: Ar. and P. ἕνη καὶ νέα.

Monthly, adj. P. and V. ἔμμηνος.

Monument, subs. P. and V. μνημεῖον, τό, μνῆμα, τό. *Trophy*: P. and V. τροπαῖον, τό, or pl. *Memorial pillar*: Ar. and P. στήλη, ἡ. *Tomb*: see *tomb*. Met., *example*: P. and V. πᾰράδειγμα, τό. *A monument of, a marvel of*: P. and V. θαῦμα (gen.).

Monumental, adj. *Extravagant, huge*: P. ὑπερμεγέθης, ὑπέρμετρος.

Monumentally, adv. See *extravagantly.*

Mood, subs. P. and V. τρόπος, ὁ, ἦθος, τό, ὀργή, ἡ. *Why do you pass thus from one mood to another*: V. τί δ' ὧδε πηδᾷς ἄλλοτ' εἰς ἄλλους τρόπους (Eur., *Tro.* 67).

Moodily, adv. P. δυσκόλως.

Moodiness, subs. Ar. and P. δυσκολία, ἡ.

Moody, adj. P. and V. δύσκολος, δῠσάρεστος, δυσχερής, P. δύστροπος. *Be moody*, v.: Ar. and P. δυσκολαίνειν, σχετλιάζειν, P. δυσχεραίνειν, V. δυσθῡμεῖσθαι.

Moon, subs. P. and V. σελήνη, ἡ, V. μήνη, ἡ, Ar. σεληναία, ἡ. *Full moon*: P. and V. πανσέληνος, ἡ, V. κύκλος πανσέληνος, ὁ. *He said it was full moon*: P. (ἔφη) εἶναι πανσέληνον (Andoc. 6). *New moon*: Ar. and P. νουμηνία, ἡ.

Moonless, adj. P. ἀσέληνος.

Moonlight, subs. Use *moon*. *It was bright moonlight*: P. ἦν μὲν σελήνη λαμπρά (Thuc. 7, 44).

Moonstruck, adj. See *mad.*

Moor, subs. Use *hill.*

Moor, v. trans. P. and V. ὁρμίζειν; see *anchor*. *Be moored*: P. and V. ὁρμίζεσθαι, ὁρμεῖν. *Be moored against (a place)*: P. ἐφορμεῖν (dat.). *Be moored at a place*: P. προσορμίζεσθαι (absol.). *Be moored opposite to*: P. ἀνθορμεῖν (dat.).

Mooring, subs. P. and V. ὅρμος, ὁ; see *anchorage.*

Mooring cables, subs. V. χᾰλῑνωτήρια, τά, πρυμνήσια, τά.

Moot, v. trans. *Introduce*: P. and V. πᾰρᾰφέρειν, προσφέρειν, ἐπάγειν, εἰσάγειν, εἰσφέρειν, P. προφέρειν. *This proposal was first mooted in the camp*: P. ἐκινήθη πρότερον ἐν τῷ στρατοπέδῳ τοῦτο (Thuc. 8, 48).

Moot, adj. *Doubtful*: P. ἀμφισβητήσιμος, V. ἀμφίλεκτος.

Mop, subs. *Broom*: Ar. κόρημα, τό. *Sponge*: Ar. and V. σπόγγος, ὁ, Ar. and P. σπογγιά, ἡ.

Mop, v. trans. *Sponge*: Ar. and P. σπογγίζειν. *Wipe*: Ar. and P. ἀπομάσσειν, Ar. περιψῆν.

Mope, v. intrans. Ar. and V. τήκεσθαι, V. συντήκεσθαι, ἐκτήκεσθαι, Ar. and P. κᾰτᾰτήκεσθαι (Xen.); see *pine.*

Moping, adj. *Miserable*: P. and V. ἄθλιος, τᾰλαίπωρος. *Despondent*: P. and V. ἄθῡμος; see *melancholy.*

Moping, subs. See *melancholy.*

Moral, adj. *Ethical*: P. ἠθικός (Arist.). *Moral principles*: P. τῶν πραξέων αἱ ἀρχαί (Dem. 21). *Just, right*: P. and V. ὀρθός, δίκαιος, ὅσιος, εὐσεβής; see *just*. *Proper, becoming*: P. and V. εὐπρεπής, προσήκων, πρέπων. *On moral grounds*: P. κᾰτᾰ δίκην (Thuc. 7, 57). *The moral law*: use P. and V. θεῖος νόμος, ὁ.

Moral, subs. *Lesson taught*: P. διδασκαλία, ἡ. *I have enlarged on the position of our city to point this moral that* . . .: P. ἐμήκυνα τὰ περὶ τῆς πόλεως διδασκαλίαν ποιούμενος . . . (with acc. and infin.) (Thuc. 2, 42). *Example*: P. and V. πᾰράδειγμα, τό. *The cruel violence to his eyes was the work of heaven and a moral to Greece*: V. αἱ θ' αἱματωποὶ δεργμάτων διαφθοραὶ θεῶν σόφισμα κἀπίδειξις Ἑλλάδι (Eur., *Phoen.* 870).

Moralise, v. intrans. *Talk solemnly*: P. σεμνολογεῖσθαι, V. σεμνομῡθεῖν. *Moralise on*: P. φιλοσοφεῖν περί (acc.). *Speak truisms*: P. ἀρχαιολογεῖν.

Morality, subs. *Justice*: P. and V. τὸ δίκαιον, P. δικαιοσύνη, ἡ. *Equity*: P. ἐπιείκεια, ἡ. *Conduct*: P. and V. πρᾶξις, ἡ. *Righteousness*: P. and V. εὐσέβεια, ἡ, P. ὁσιότης, ἡ. *Divine law*: P. and V. θεῖος νόμος, ὁ.

Morally, subs. *Justly*: P. and V. ὀρθῶς, δικαίως. *According to divine law*: P. κατὰ τὸν θεῖον νόμον. *By nature, in character*: P. and V. φύσει.

Morals, subs. P. and V. ἤθη, τά, τρόποι, οἱ.

Morass, subs. See *marsh*.

Morbid, adj. *Diseased*: P. and V. νοσώδης. Met., P. and V. οὐχ ὑγιής, σαθρός.

Morbidly, adv. P. οὐχ ὑγιῶς.

More, adj. P. and V. πλείων. *More or less*: P. ἢ πλείων ἢ ἐλάσσων (Dem. 330).

More, adv. P. and V. πλεῖον, πλέον. To form comparatives: P. and V. μᾶλλον. With numerals: Ar. and P. πλεῖν. *More than half were found to be Carians*: P. ὑπὲρ ἥμισυ Κᾶρες ἐφάνησαν (Thuc. 1, 8). *More zealous than wise*: V. πρόθῡμος μᾶλλον ἢ σοφωτέρα (Eur., *Med.* 485). *With more zeal than love*: V. προθύμως μᾶλλον ἢ φίλως (Æsch., *Ag.* 1591). *More worthy than rich*: P. βελτίων ἢ πλουσιώτερος (Lys. 153). *All the more*: P. and V. τοσούτῳ μᾶλλον, τοσῷδε μᾶλλον. *The more I believe, the more I am at a loss what to do*: P. ὅσῳ μᾶλλον πιστεύω τοσούτῳ μᾶλλον ἀπορῶ ὅτι χρήσωμαι (Plat., *Rep.* 368B). *Doing things that it is a great disgrace even to speak of, much more for respectable people to perpetrate*: P. τοιαῦτα ποιοῦντες ἃ πολλὴν αἰσχύνην ἔχει καὶ λέγειν μὴ ὅτι γε δὴ ποιεῖν ἀνθρώπους μετρίους (Dem. 1262). *Many times more*, adj.: P. πολλαπλάσιος. *More and more*: P. ἐπὶ πλέον, V. μᾶλλον μᾶλλον (Eur., *I. T.* 1406). *Further*: P. and V. ἔτῐ, πέρᾱ, περαιτέρω. *Longer*: P. and V. ἔτῐ. *No more, no longer*: P. and V. οὐκέτῐ, μηκέτῐ. *No more of this*: P. οὕτω περὶ τούτων, ταῦτα μὲν οὖν οὕτως (Isoc.), P. and V. τοιαῦτα μὲν δὴ ταῦτα, V. τούτων μὲν οὕτω, τοιαῦτα μὲν τάδ' ἐστί; see *so much for that* under *much*.

Moreover, adv. *Besides*: P. and V. πρὸς τούτοις, ἐπὶ τούτοις, ἔτῐ, V. καὶ πρός, πρός (rare P.), Ar. and P. προσέτῐ. *To add a fresh statement*: P. καὶ δὴ καί.

Moribund, adj. *Weak, decrepit*: P. and V. ἀσθενής, Ar. σαπρός; see also *old*.

Morn, subs. See *morning*.

Morning, subs. *Dawn*: P. and V. ἕως, ἡ. *Time just before daybreak*: P. and V. ὄρθρος, ὁ, P. περίορθρον, τό. *Day*: P. and V. ἡμέρα, ἡ, V. ἦμαρ, τό. *Early in the morning*: Ar. and P. πρῴ, ἕωθεν, ἐξ ἑωθῐνοῦ. *In the morning*, adj.: use P. and V. ἑωθῐνός (Eur., *Rhes.* 771 and Soph., *Frag.*), V. ἑῷος, Ar. and P. ὄρθριος. *Of morning*, adj.: V. ἑῷος, Ar. and P. ὄρθριος.

Morning star, subs. P. Ἑωσφόρος, ὁ (Plat., *Tim.* 38D).

Morose, adj. P. and V. δύσκολος δυσχερής, δῠσάρεστος, P. δύστροπος.

Morosely, adv. P. δυσκόλως.

Moroseness, subs. Ar. and P. δυσκολία, ἡ.

Morrow, subs. *The morrow*: P. and V. ἡ αὔριον, ἡ αὔριον ἡμέρα, V. ἡ ἐς αὔριον ἡμέρα. *To-morrow*, adv.: P. and V. αὔριον.

Morsel, subs. P. ψωμός, ὁ (Xen.), Ar. τόμος, ὁ. *Part*: P. and V. μέρος τό, P. μόριον, τό. *Dainty morsel*: P. and V. ὄψον, τό (Æsch., *Frag.*).

Mortal, adj. *Subject to death*: P. and V. θνητός (Plat.), V. βρότειος. *Deadly*: P. and V. θᾰνᾰ́σῐμος. *Of a blow*: P. and V. καίριος (Xen.). *Human*: see *human*. *Seeing them stricken with mortal wounds she cried aloud*: V. τετρωμένους δ' ἰδοῦσα καιρίας σφαγάς ᾤμωξεν (Eur., *Phoen.* 1431). Met., of fear: P. and V. δεινός; of enmity: P. and V. ἄσπονδος.

Mortal, subs. Use P. and V. ἄνθρωπος, ὁ or ἡ. *Mortals*: Ar. and V. θνητοί, οἱ, βροτοί, οἱ (once in sing., Plat., *Rep.* 566D, but rare P.), P. and V. ἐφήμεροι, οἱ (Plat.). *Like to no race of mortal men*: V. ὅμοιος οὐδενὶ σπαρτῶν γένει (Æsch, *Eum.* 410). *Of mortals*, adj.: V. βρότειος, βροτήσιος; see *human*.

Mortality, subs. P. and V. φθορά,

ἡ (Thuc. 2, 47), P. φθόρος, ὁ (Thuc. 2, 51); see *death*.

Mortally, adv. P. θανασίμως, V. καιρίως. *I am mortally wounded*: V. πέπληγμαι καιρίαν πληγήν (Æsch., *Ag.* 1343. *He was not yet struck mortally*: V. οὐ γὰρ ἐς καιρὸν τυπεὶς ἐτύγχανε (Eur., *And.* 1120). Met., *exceedingly*: P. ἰσχυρῶς, P. and V. πολύ.

Mortar, subs. *Lime*: P. and V. πηλός, ὁ. *Carry mortar*, v.: Ar. πηλοφορεῖν (absol.). *Jar for pounding in*: Ar. θυεία, ἡ.

Mortgage, v. trans. Ar. and P. τῐθέναι, P. ἀποτιμᾶν, ὑποτιθέναι. *Be mortgaged*: P. ὑποκεῖσθαι.

Mortgage, subs. *Something pledged*: P. ὑποθήκη, ἡ, ἀποτίμημα, τό, Ar. and P. ἐνέχῠρον, τό; see *pledge*. *Act of mortgaging*: P. ἀποτίμησις, ἡ. *Lend on mortgage*, v.: P. ἀποτιμᾶσθαι, ὑποτίθεσθαι. *Mortgage on land*: P. ἔγγειος τόκος, ὁ.

Mortgagee, subs. Use P. ὁ θείς.

Mortgager, subs. Use P. ὁ θέμενος.

Mortgaging, subs. P. ἀποτίμησις, ἡ.

Mortification, subs. P. σηπεδών, ἡ. Met., see *annoyance*.

Mortify, v. trans. See *annoy, humiliate*. V. intrans. *Become gangrened*: P. σφακελίζειν, P. and V. σήπεσθαι.

Mosquito, subs. Ar. ἐμπίς, ἡ; see *gnat*.

Mossy, adj. Use *green, soft*.

Most, adj. P. and V. πλεῖστος. *Make the most of, turn to account*: P. and V. χρῆσθαι (dat.). *Exaggerate*: P. ἐπὶ τὸ μεῖζον δεινοῦν; see *exaggerate*. *For the most part*: see *mostly*. *Most people*: P. and V. οἱ πολλοί.

Most, adv. P. and V. μάλιστα, πλεῖστον. To form superlatives: P. and V. μάλιστα. *At most*: P. ἐπὶ πλεῖστον. *To buy for a drachma at most*: P. εἰ πάνυ πολλοῦ δρᾰχμῆς . . . πρίασθαι (Plat., *Ap.* 26D).

Mostly, adv. P. and V. τὰ πλεῖστα, P. ὡς ἐπὶ πολύ, τὰ πολλὰ, ὡς τὰ πολλά, V. τὰ πλείω.

Moth, subs. *Clothes moth*: Ar. σής, ὁ. *Moth that burns itself in the flame*: V. πῡραύστης, ὁ (Æsch., *Frag.*).

Mother, subs. P. and V. μήτηρ, ἡ, V. ἡ τίκτουσα, Ar. and V. ἡ τεκοῦσα. *Of or from a mother*: Ar. and V. μητρόθεν. *On the mother's side*: P. and V. πρὸς μητρός, V. μητρόθεν: P. κατὰ τὴν μητέρα (Thuc. 1, 127). *Mother of all* (as adj.): V. παμμήτωρ. *Mother of arts* (as adj.): V. μουσομήτωρ. *Mother of iron* (as adj.): V. σῐδηρομήτωρ. *Having the same mother*, adj.: Ar. and P. ὁμομήτριος. *Mother city*, subs: P. μητρόπολις, ἡ. *Mother wit*: P. οἰκεία σύνεσις (Thuc. 1, 138). *Of a mother*, adj.: P. and V. μητρῷος.

Motherhood, subs. P. and V. τὸ τίκτειν (Soph., *El.* 770). *Oh, sorrows of motherhood*: V. ὦ παιδοποιοὶ συμφοραί (Eur., *Rhes.* 980). *How great a thing is motherhood*: Ar. οἷον τὸ τεκεῖν (Lys. 884).

Mother-in-law, subs. P. and V. πενθερά, ἡ (Soph., *Frag.*).

Motherless, adj. P. and V. ἀμήτωρ (Plat., *Sym.* 180D).

Motherly, adj. *Of a mother*: P. and V. μητρῷος. Met., see *kind*.

Motion, subs. P. κίνησις, ἡ. *Motion from one place to another*: P. φορά, ἡ. *Set in motion*: P. and V. κῑνεῖν. *Set (troops) in motion*: P. ἀνιστάναι (acc.). *When he sees the army in motion*: P. ὡς ὁρᾷ τὸ στράτευμα κινούμενον (Thuc. 5, 10). *Proposal*: P. and V. ψήφισμα, τό, Ar. and P. γνώμη, ἡ *Make a motion*: P. γνωμὴν προτιθέναι, γνωμὴν εἰσφέρειν. *Put a motion to the vote*: P. γνώμην ἐπιψηφίξειν.

Motion, v. intrans. *Make signs*: P. and V. σημαίνειν, P. ἐπινεύειν, Ar. and V. νεύειν. *Motion away*: V. ἐκνεύειν (acc.).

Motionless, adj. P. and V. ἀκίνητος, ἥσῠχος, ἡσῠχαῖος (Plat.); see *quiet*.

Motive, subs. P. and V. ὁρμή, ἡ. *Purpose:* P. προαίρεσις, ἡ. *From interested motives:* P. and V. ἐπὶ κέρδεσι. *With what motive?* P. τί βουλόμενος; (lit., *wishing what*). *What seek you and with what motive are you here?* V. τί δ' ἐξερευνᾷς καὶ τί βουληθεὶς πάρει (Soph., *El.* 1100).

Motley, adj. P. and V. παντοῖος, σύμμικτος. *Variegated:* P. and V. ποικίλος. *A motley crowd:* P. συρφετός, ὁ.

Mottled, adj. P. and V. ποικίλος, Ar. and V. αἰόλος, V. στικτός, κατάστικτος, Ar. ποικιλόμορφος.

Motto, subs. Use P. and V. ἐπίγραμμα, τό.

Mould, subs. *Earth:* P. and V. γῆ, ἡ, Ar. and V. ἄρουρα, ἡ (also Plat. but rare P.), γαῖα, ἡ. *Clod:* Ar. and V. βῶλος, ἡ (also Xen.). *Decay:* P. and V. εὐρώς, ὁ. *Pattern:* P. and V. τύπος, ὁ. *Anything moulded:* Ar. and P. πλάσμα, τό.

Mould, v. trans. P. and V. πλάσσειν. *Cast:* Ar. and P. χοανεύειν. *Stamp with an impression:* P τυποῦν.

Moulder, v. intrans. P. and V σήπεσθαι, τήκεσθαι (Plat.), ἀπορρεῖν, Ar. and P. κατασήπεσθαι, V. μυδᾶν.

Mouldering, adj. See *mouldy.*

Mouldiness, subs. *Decay:* P. and V. εὐρώς, ὁ, P. σαπρότης, ἡ, σηπεδών, ἡ.

Mouldy, adj. Ar. and P. σαπρός.

Moult, v. intrans. Ar. and P. πτερορρυεῖν. *Where are your feathers? They've moulted off:* Ar. ποῦ τὰ πτέρα; ἐξερρύηκε . . . (*Av.* 103).

Mound, subs. *Bank of earth:* P. and V. χῶμα, τό, P. χοῦς, ὁ, πρόσχωσις, ἡ. *Natural mound:* P. and V. ὄχθη, ἡ (Xen.), Ar. and V, ὄχθος, ὁ. *Barrow to mark a burial place:* P. and V. τάφος, ὁ, Ar. and V. τύμβος, ὁ, V. χῶμα, τό (rare P.), κολώνη, ἡ, πυρά, ἡ, Ar. and P. σῆμα, τό. *Throw up a mound:* P. χῶμα χοῦν.

Mounded, adj. V. χωστός. *Make a mounded tomb:* V. τάφον χοῦν (Soph., *Ant.* 80).

Mount, subs. See *mountain.*

Mount, v. trans. *Make to mount:* P. ἀναβιβάζειν, ἐπαναβιβάζειν. *Go up:* Ar. and P. ἀναβαίνειν ἐπί (acc.), V. ἀμβαίνειν πρός (acc.) (Eur., *Hec.* 1263), Ar. ἐπαναβαίνειν ἐπί (acc.). *Scale:* P. and V. ἐπιβαίνειν (gen.), ὑπερβαίνειν, ἐπεμβαίνειν (dat. or ἐπί acc.) (Plat.), Ar. ἐπαναβαίνειν ἐπί (acc.). *Mount a horse, chariot, etc:* Ar. and P. ἀναβαίνειν ἐπί (acc.). *Chariot:* V. εἰσβαίνειν (acc.). Met., *Mount a play:* use Ar. and P. χορηγεῖν. Absolutely, *go up:* P. and V. ἀνέρχεσθαι, Ar. and P. ἀναβαίνειν, V. ἀμβαίνειν. *Be lifted up:* P. and V. αἴρεσθαι, ἄνω φέρεσθαι. *Be raised in air:* Ar. and P. μετεωρίζεσθαι. *Those who mount horses:* V. ἵππων ἐπεμβάται οἱ.

Mounted, adj. *On horseback:* P. and V. ἔφιππος, Ar. and V. ἱπποβάμων, or use V. ἱππότης, ἱππευτής. *A mounted man,* subs.: P. ἀναβάτης, ὁ, V. ἀμβάτης, ὁ. *One mounted on a chariot:* V. ἁρμάτων ἐπεμβάτης ὁ. *Mounted archer:* Ar. and P. ἱπποτοξότης, ὁ. *Mounted on:* V. ἐμβεβώς (dat.), ἐπεμβάς (acc.), ἐπεμβεβώς (acc.). *Mounted on a colt:* V. ἐπὶ πώλου βεβώς.

Mountain, subs. P. and V. ὄρος, τό. *Hill:* P. and V. λόφος, ὁ, V. πάγος, ὁ, αἶπος, τό; see *hill.* *The mountains, the heights:* P. and V. τὰ ἄκρα, P. τὰ μετέωρα. *Of the mountains,* adj.: P. and V. ὄρειος (Plat.). *Haunting the mountains:* Ar. and V. ὀρειβάτης (Ar. in form ὀριβάτης), V. ὀρέστερος, ὀρέσκοος. *Inhabiting mountains:* P. ὀρεινός.

Mountaineers, subs. P. οἱ ὀρεινοί (Thuc. 2, 96).

Mountainous, adj. P. and V. ὑψηλός, P. ὀρεινός.

Mountain-torrent, subs. Ar. and P. χαράδρα, ἡ; see *torrent.*

Mountebank, subs. P. and V. γόης,

ὁ, μάγος, ὁ, ἀγύρτης, ὁ, Ar. φέναξ, ὁ. *Juggler* : P. θαυματοποιός, ὁ.

Mourn, v. trans. and absol. P. and V. ὀδύρεσθαι, ἀποδύρεσθαι, πενθεῖν, θρηνεῖν, ἀποκλάειν (or mid.), στένειν (rare P. but used Dem. 300 and 308), στενάζειν (Dem. 835, but rare P.), δακρύειν, κλάειν (or mid. in V.), P. ὀλοφύρεσθαι, ἀπολοφύρεσθαι, ἀνολοφύρεσθαι, Ar. and V. οἰμώζειν, κωκύειν, ἀποιμώζειν, γοᾶσθαι, V. ἐξοιμώζειν (absol.), κἀτοιμώζειν, ἀνἀκωκύειν, δύρεσθαι, θρηνῳδεῖν, ἀνολολύζειν, ἀναστένειν, κἀταστένειν. *Mourn for, miss, regret* : P. and V. ποθεῖν (rare P.). *Mourn for one dead* : P. and V. πενθεῖν (acc.), κόπτεσθαι (acc.), V. ἀποκόπτεσθαι. *Mourn over* : see *lament over*.

Mourner, subs. Fem., V. πενθήτρια, ἡ.

Mournful, adj. *Dejected* : P. and V. ἄθυμος (Xen.), V. δύσθυμος, κἀτηφής, δύσφρων. *Sad, unhappy* : P. and V. τἀλαίπωρος, ἄθλιος, οἰκτρός, Ar. and V. τάλας, τλήμων, V. δυστάλας. *Lamentable* : P. and V. ἄθλιος, πικρός, οἰκρτός, βἄρύς, V. δύσφορος (also Xen. but rare P.), πολύστονος, πανδάκρυτος, εὐδάκρυτος, δυσθρήνητος, πάγκλαυτος ; see *sad*.

Mournfully, adv. *Dejectedly* : P. ἀθύμως (Xen.), δυσθύμως (Plat.), P. and V. ἀθλίως, πικρῶς, οἰκτρῶς.

Mournfulness, subs. *Dejection* : P. and V. ἀθυμία, ἡ, δυσθυμία, ἡ (Plat.). *Grief* : P. ταλαιπωρία, ἡ, V. πῆμα, τό, πημονή, ἡ ; see *grief, sadness*.

Mourning, subs. See *lamentation*. *Outward tokens of sorrow* : P. and V. πένθος, τό, V. κουρά, ἡ (lit., *shaving of the head*), πένθημα, τό. *Assume mourning*, v. : P. and V. πενθεῖν. *Join in assuming mourning* : P. and V. συμπενθεῖν (dat.). *Honour with mourning and all other usual rites* : P. τιμᾶν . . . ἐσθήμασί τε καὶ τοῖς ἄλλοις νομίμοις (Thuc. 3, 58). *Mourning garments* : V. μελάμπεπλος στολή, ἡ. *His head shaved in sign of mourning for his daughter* : V. κουρᾷ . . . θυγατρὸς πενθίμῳ κεκαρμένος (Eur., *Or*. 458). *Of mourning*, adj. : V. πένθιμος, πενθητήριος.

Mouse, subs. Ar. and P. μῦς, ὁ, V. σμίνθος, ὁ (Æsch., *Frag*.).

Mouth, subs. P. and V. στόμἄ, τό. *Mouth of a river, cave, etc.* : P. and V. στόμἄ, τό, στόμιον, τό, P. ἐκβολή, ἡ. *A cave with two mouths* : V. δίστομος πέτρα, ἡ, ἀμφιτρὴς αὔλιον, τό. *Way out* : P. and V. ἔξοδος, ἡ. *Way in* : P. and V. εἴσοδος, ἡ. *Be in every one's mouth* : V. διὰ στόμα εἶναι. *By word of mouth* : P. ἀπὸ στόματος, P. and V. ἀπὸ γλώσσης (Thuc. 7, 10). *What is inside and written in the folds of the letter I will tell you by word of mouth* : V. τἄνοντα κἀγγεγραμμέν' ἐν δέλτου πτυχαῖς λόγῳ φράσω σοι (Eur., *I. T.* 760). *Take the words out of one's mouth*, v. : Ar. and P. ὑφάρπαζειν (absol.), P. ὑπολαμβάνειν (absol.), V. ἁρπάζειν (acc.) (Eur., *H. F.* 535).

Mouthe, v. trans. *Speak tragically* : P. τραγῳδεῖν. *Speak pompously* : P. σεμνολογεῖν, V. σεμνομῦθεῖν. *Mouthing at me with her hideous snakes* : V. δειναῖς ἐχίδναις εἰς ἔμ' ἐστομωμένη (Eur., *I. T.* 287).

Mouther, subs. P. σεμνολόγος, ὁ ; see *ranter*.

Mouthpiece, subs. *Bit* : P. and V. στόμιον, τό (Xen.). *Mouthpiece of a musical instrument* : P. γλῶσσα, ἡ. Met. : see *agent*.

Move, v. trans. P. and V. κῖνεῖν. Met., *affect* : P. and V. ἅπτεσθαι (gen.), P. κατακλᾶν, V. ἀνθάπτεσθαι (gen.), θιγγάνειν (gen.), ψαύειν (gen.). *Overcome* : P. and V. θέλγειν (Plat. but rare P.), τέγγειν (Plat. but rare P.), Ar. and V. μἄλάσσειν, V. μαλθάσσειν, νῑκᾶν. *Be moved, affected* : use also P. and V. κάμπτεσθαι, P. κατακάμπτεσθαι, P. μαλακίζεσθαι, V. μαλθἄκίζεσθαι. *Induce* : P. and V. ἐπάγειν, προάγειν, προτρέπειν ; see *induce*. *Disturb* : P. and V. τἄράσσειν ; see *disturb*.

Move a resolution: P. and V. γρᾰ́φειν (acc. or absol.); see *introduce*. *Move heaven and earth*, met.: V. πάντα κινῆσαι πέτρον (Eur., *Heracl.* 1002). V. intrans. P. and V. κῑνεῖσθαι. *Go*: P. and V. χωρεῖν, Ar. and V. βαίνειν. *Come and go*: P. and V. φοιτᾶν, ἐπιστρέφεσθαι, ἀναστρέφεσθαι, V. στρωφᾶσθαι. *Move (in the game of draughts)*: P. φέρειν (absol.) (Plat. *Rep.* 487c). *Change one's dwelling*: P. and V. μεθίστασθαι, V. μετοικεῖν, P. διοικίζεσθαι. *Move out of a dwelling place*: Ar. and P. ἐξοικίζεσθαι. *Move from the country (to the city) (for protection)*: P. σκευαγωγεῖν ἐκ τῶν ἀγρῶν (Dem. 237).

Move, subs. *Plan*: P. and V. βούλευμα, τό, P. ἐπιβουλή, ἡ; see *plan*. *Change of dwelling*: P. διοίκισις, ἡ.

Moveable, adj. Use *light*.

Moveables, subs. See *furniture*.

Mover, subs. *Proposer*: P. and V. ὁ γρᾰ́φων. *Prime mover*: P. and V. ἡγεμών, ὁ, or ἡ, P. ἐξηγητής, ὁ.

Movement, subs. P. κίνησις, ἡ; see *motion*. *Political movement*: P. κίνησις, ἡ, νεωτερισμός, ὁ. *Going*: V. βᾰσις, ἡ. *Musical movement*: P. βάσις, ἡ. *He stationed scouts in case the ships should after all make a movement in any direction*: P. σκοποὺς κατεστήσατο . . . εἰ ἄρα ποι κινοῖντο αἱ νῆες (Thuc. 8, 100).

Moving, adj. *Piteous*: P. and V. οἰκτρός, P. ἐλεεινός, Ar. and V. ἐλεινός.

Movingly, adv. P. and V. οἰκτρῶς, P. ἐλεεινῶς, Ar. and V. ἐλεινῶς.

Moving spirit, subs. *Moving spirit in any enterprise*: P. and V. ἡγεμών, ὁ, or ἡ (gen.), P. ἐξηγητής, ὁ (gen.).

Mow, v. trans. P. and V. θερίζειν, V. ἐξᾰμᾶν. Met., *mow down*: V. θερίζειν. *Fell*: P. and V. κᾰτᾰβάλλειν.

Mower, subs. P. θεριστής, ὁ.

Much, adj. P. and V. πολύς, Ar. and P. συχνός. *Abundant*: P. and V. ἄφθονος; see *abundant*. *Frequent*: P. and V. πυκνός. *Countless*: V. μῡρίος (also Plat. but rare P.). *So much*: P. and V. τοσοῦτος, τοσόσδε, V. τόσος (rare P.). *How much*, interrog.: P. and V. πόσος; indirect: P. and V. ὅσος, ὁπόσος. *Too much*: P. and V. περισσός; see *excessive*. *Twice as much*: V. δὶς τόσος; see *twice*. *Four times as much*: P. τετράκις τοσοῦτος (Plat., *Meno*. 83B).

Much, adv. P. and V. πολύ, Ar. and V. πολλά. *Exceedingly*: P. and V. σφόδρᾰ, Ar. and V. κάρτᾰ (rare P.). With comparatives: P. and V. πολύ, πολλῷ. *Too much*: see *excessively*. *Make much of, consider important*, v.: P. περὶ πολλοῦ ποιεῖσθαι (acc.); see *value*. *Make much of (a person)*: Ar. and P. θερᾰπεύειν (acc.); see *flatter*. *So much*: P. and V. τοσοῦτον, τοσοῦτο, τοσόνδε. With comparatives: P. and V. τόσῳ (rare P.), τοσούτῳ, τοσῷδε. *So much for that*: P. and V. τοιαῦτα μὲν δὴ ταῦτα, P. ταῦτα μὲν οὖν οὕτω, περὶ τούτων τοσαῦτα εἰρήσθω, Ar. καὶ ταῦτα δὴ ταῦτα, V. τούτων μὲν οὕτως, τοιαῦτα μὲν τάδ' ἐστί.

Mud, subs. P. and V. πηλός, ὁ, βόρβορος, ὁ.

Muddle, subs. P. ταραχή, ἡ, ἀταξία, ἡ.

Muddle, v. trans. *Throw into confusion*: P. and V. τᾰράσσειν, συντᾰράσσειν, συγχεῖν. *Perplex*: P. and V. τᾰράσσειν, θράσσειν (Plat. but rare P.), συντᾰράσσειν ἐκπλήσσειν. *Mismanage*: P. and V. κάκως πράσσειν. *Be mismanaged*: Ar. and P. ἐξᾰμαρτάνεσθαι.

Muddy, adj. P. and V. θολερός, P. πηλώδης, βορβορώδης; see also *dirty*.

Muffle, v. trans. P. and V. περῐκᾰλύπτειν (Plat.), Ar. and V. κᾰλύπτειν, V. συγκᾰλύπτειν (rare P.). *She lies muffled in her robes*: V. κεῖται συγκεκλῃμένη πέπλοις (Eur., *Hec.* 487).

Muffled, adj. Of sound. See *noiseless, faint.*

Mug, subs. See *cup.*

Muggy, adj. *Close:* Ar. and P. πνῖγηρός; see also *damp.*

Mulberry, subs. V. μόρον, τό (Æsch., *Frag.*).

Mulct, v. trans. See *fine. Therefore they mulcted him in those ten talents:* P. διὸ τούτῳ τῶν δέκα ταλάντων ἐτίμησαν (Dem. 862).

Mule, subs. P. ἡμίονος, ὁ, or ἡ, Ar. ὀρεύς, ὁ. *Of a mule*, adj.: P. ὀρικός. *A team of mules:* P. ὀρικὸν ζεῦγος.

Muleteer, subs. Ar. and P. ὀρεωκόμος, ὁ.

Mulish, adj. See *obstinate.*

Multifarious, adj. P. and V. παντοῖος, ποικίλος, Ar. and P. παντοδᾰπός.

Multifariously, adv. P. παντοίως, παντοδαπῶς.

Multiplication, subs. P. πολλαπλασίωσις, ἡ. *Increase:* P. αὔξησις; see *increase.*

Multiplicity, subs. P. and V. πλῆθος, τό; see *abundance.*

Multiply, v. trans. P. πολλαπλασιοῦν. *Increase:* P. and V. αὐξᾰ́νειν; see *increase.* V. intrans. *Increase:* P. and V. αὔξεσθαι, αὐξᾰ́νεσθαι; see *increase. Swarm:* V. πληθύειν (Plat. but rare P.).

Multitude, subs. *Great number:* P. and V. πλῆθος, τό. *Crowd:* P and V. ὄχλος, ὁ, σύνοδος, ἡ, σύλλογος, ὁ, ὅμῑλος, ὁ, V. ὁμήγῠρις, ἡ, ὁμῑλία, ἡ. *The multitude* (contemptuously): P. and V. ὄχλος, ὁ, πλῆθος, τό, οἱ πολλοί.

Multitudinous, adj. P. and V. πολύς, ὑπέρπολυς, P. παμπληθής, Ar. and P. πάμπολυς, V. μῡρίος (also Plat. but rare P.).

Mum, adj. See *silent.*

Mumble, v. intrans. Ar. τονθορύζειν, μαστᾰρύζειν.

Mummer, subs. *Entertainer:* use P. and V. γελωτοποιός, ὁ. *Charlatan:* P. and V. γόης, ὁ.

Mummery, subs. *Buffoonery:* P. γελωτοποιία, ἡ (Xen.). *Hocus-pocus:* P. γοητεία, ἡ.

Mummify, v. trans. P. τᾰρῑχεύειν.

Mummy, subs. V. τᾰ́ρῑχος, ὁ, or τό (Soph., *Frag.*).

Munch, v. trans. Ar. and P. τρώγειν, Ar. κᾰτατρώγειν, Ar. and V. βρῡ́κειν (Eur., *Cycl.*).

Mundane, adj. *Connected with mortals:* P. and V. ἀνθρώπειος, P. ἀνθρώπινος, V. θνητός (rare P.).

Municipal, adj. Use P. πολιτικός. *Public:* Ar. and P. δημόσιος.

Municipality, subs. P. and V. πόλῐς, ἡ.

Munificence, subs. *Generosity:* P. ἀφθονία, ἡ, ἐλευθεριότης, ἡ. *Abundance:* P. ἀφθονία, ἡ, εὐπορία, ἡ.

Munificent, adj. P. φιλόδωρος, Ar. μεγᾰλόδωρος. *Ungrudging:* V. ἄφθονος. *Abundant:* P. and V. ἄφθονος, V. ἐπίρρῠτος.

Munificently, adv. P. φιλοδώρως. *Abundantly:* P. and V. ἀφθόνως (Eur., *Frag.*).

Munitions of war, subs. P. παρασκευή, ἡ.

Murder, subs. P. and V. φόνος, ὁ, σφᾰγή, ἡ, Ar. and V. φοναί, αἱ. *Commit a murder:* V. αἷμα πράσσειν, αἷμα ἐργάζεσθαι. *Be accused of murder:* P. ἐφ' αἵματι φεύγειν (Dem. 548). *The taint of murder:* V. μιαιφόνον μῦσος. *The guilt of child murder:* V. τεκνοκτόνον μῦσος. *Murder of kindred:* P. ἐμφύλιον αἷμα (Plat.), V. ἔμφῡλον αἷμα, αἷμα κοινόν, αἷμα γενέθλιον, αὐθέντης φόνος. *Laws concerning murder:* P. φονικοὶ νόμοι. *Trial for murder:* P. δίκαι φονικαί.

Murder, v. trans. P. and V. φονεύειν, μιαιφονεῖν, V. ἀνδροκτονεῖν, ἀνθρωποσφᾰγεῖν; see also *kill.* Met., *spoil:* P. λυμαίνεσθαι. *Murder a part* (*in acting*): P. ἐπιτρίβειν (Dem. 288). *Murder one's children:* V. παιδοκτονεῖν (absol.). *Help in murdering:* V. συμφονεύειν (τινί τινα).

Murderer, subs. P. and V. φονεύς, ὁ, αὐτόχειρ, ὁ, αὐθέντης, ὁ, P. ἀνδροφόνος, ὁ, V. αὐτοέντης, ὁ, αὐτοφόντης, ὁ, ἀνδροφόντης, ὁ, σφᾰγεύς, ὁ, πᾰλαμναῖος, ὁ, ἀνθρωποκτόνος, ὁ, μιαιφόνος, ὁ. *Be a murderer*, v.: V. βροτοκτονεῖν. *Murderer of one's children*: V. παιδοκτόνος, ὁ. *Murderer of a father*: P. πατροφόνος, ὁ (Plat.), Ar. and P. πατρᾰλοίας, ὁ, V. πατροφόντης, ὁ, πατροκτόνος, ὁ. *Murderer of a mother*: P. and V. μητρᾰλοίας, ὁ, μητροκτόνος, ὁ (Plat. but rare P.), V. μητροφόντης, ὁ.

Murdering one's children, adj. V. παιδοκτόνος.

Murderous, adj. P. φονικός, Ar. and V. φοίνιος, V. ἀνδροκτόνος (Eur., *Cycl.* 22), ἀνδροφθόρος, πολύ̆φονος, φῐλαίμᾰτος, πολυκτόνος, βροτοκτόνος, ἀνδροκμής, Ar. φόνιος; see *deadly*. *Murderous onslaught*, subs.: V. θᾰνᾰ́σῐμον χείρωμα. *Murderous hands*: V. χέρες ξῐφοκτόνοι, αἱ.

Murdress, subs. P. and V. φονεύς, ἡ, V. μιαιφόνος, ἡ.

Murkiness, subs. P. and V. σκότος, ὁ, or τό, Ar. and V. κνέφᾰς, τό (also Xen. but rare P.), ὄρφνη, ἡ. *Murkiness of the underworld*: V. ζόφος, ὁ, Ar. and V. ἔρεβος, τό.

Murky, adj. P. and V. σκοτεινός, V. κνεφαῖος, ὀρφναῖος, δνοφώδης, μελαμβᾰθής, λῡγαῖος, δῡσαίθριος; see *dark*.

Murmur, subs. P. and V. ψόφος, ὁ. *Complaint*: P. σχετλιασμός, ὁ. *Clamour*: P. καταβοή, ἡ, θροῦς, ὁ, P. and V. θόρῠβος, ὁ. *The confused murmur of Persian speech*: V. Περσίδος γλώσσης ῥόθος (Æsch., *Pers.* 406). *Without a murmur, readily*: use adj., P. and V. ἑκών; see *readily*.

Murmur, v. intrans. P. and V. ψοφεῖν; see *whisper*. *Complain*: Ar. and P. σχετλιάζειν, γρύζειν. *Murmur of a crowd*: Ar. and P. θορῠβεῖν, V. ἐπιρροθεῖν. *I never ceased to murmur the words I would fain have spoken to your face*: V. οὔποτ' ἐξελίμπανον θρυλοῦσ' ἅ γ' εἰπεῖν ἤθελον κατ' ὄμμα σόν (Eur., *El.* 909). *Murmur against (a person)*: V. ῥοθεῖν (dat.), ἐπιρροθεῖν (acc.). *Murmur at, be annoyed at*: P. and V. ἄχθεσθαι (dat.), P. χαλεπῶς φέρειν (acc.), V. πικρῶς φέρειν (acc.). *All the Argives murmured in assent thereto*: V. πάντες δ' ἐπερρόθησαν Ἀργεῖοι τάδε (Eur., *Phoen.* 1238).

Murrain, subs. Use P. and V. νόσος, ἡ, νόσημα, τό, λοιμός, ὁ; see *curse*.

Muscle, subs. Ar. and P. νεῦρον, τό. *Sinew*: V. τένων, ὁ. *Strength of body*: P. and V. εὐεξία, ἡ (Eur., *Frag.*).

Muscular, adj. Of muscles: P. νευρώδης. *Brawny*: P. and V. εὐτρᾰφής; see *strong*.

Muse, subs. P. and V. Μοῦσα, ἡ.

Muse, v. intrans. See *meditate*.

Music, subs. Ar. and P. μουσῐκή, ἡ, Ar. and V. μοῦσα, ἡ (Eur., *Alc.* 344). *Tune*: P. and V. μέλος, τό, μελῳδία, ἡ. *Set to music*, v. trans.: P. ἐντείνειν; see under *set*.

Musical, adj. Of music: Ar. and P. μουσῐκός. *Melodious*: P. ἐμμελής, Ar. and P. εὔρυθμος, V. εὔφωνος, μελῳδός. *Skilled in music*: Ar. and P. μουσῐκός. *Fond of singing*: Ar. φῐλῳδός.

Musical instrument, subs. P. and V. ὄργᾰνον, τό.

Musically, adv. Ar. and P. μουσῐκῶς. *Melodiously*: P. ἐμμελῶς, εὐρύθμως.

Musician, subs. Use adj., Ar. and P. μουσῐκός.

Muslin, subs. Use P. and V. σινδών, ἡ.

Mussel, subs. *Shellfish*: Ar. and P. κόγχη, ἡ (Xen.), V. κόγχος, ὁ (Æsch., *Frag.*), μῦς, ὁ (Æsch., *Frag.*).

Must, v. *I must*: use P. and V. δεῖ με, χρή με, ἀνάγκη ἐστί μοι (or omit ἐστι), ἀναγκαῖόν ἐστί μοι (or omit ἐστι). *This must be the sign of Zeus descending in thunder*: Ar. οὐκ ἔσθ' ὅπως τοῦτ' ἔστι τὸ τέρας οὐ Διὸς καταιβάτου (*Pax.* 42), or use P.

and V. verbal in τέος. *I wished first to learn what must be done*: V. πρώτιστ' ἔχρῃζον ἐκμαθεῖν τί πρακτέον (Soph., *O. R.* 1439). *You must have drawn up this indictment to make trial of us*: P. οὐκ ἔστιν ὅπως σὺ . . . οὐχὶ ἀποπειρώμενος ἡμῶν ἐγράψω τὴν γραφὴν ταύτην (Plat., *Ap.* 27E). *They must be wrong*: P. κινδυνεύουσιν ἁμαρτάνειν. *I love my own children, else I must be mad*: V. φιλῶ ἐμαυτοῦ τέκνα. μαινοίμην γὰρ ἄν (Eur., *I. A.* 1256). *These doctrines must be harmful*: P. ταῦτ' ἂν εἴη βλαβερά (Plat., *Ap.* 30B).

Must, subs. *Must of wine*: Ar. τρύξ, ἡ.

Mustard, subs. Ar. νᾶπυ, τό.

Muster, v trans. *Collect*: P. and V. συλλέγειν, σῠνᾰ́γειν, ἀθροίζειν, σῠναθροίζειν, συγκᾰλεῖν, ἀ̆γείρειν, P. συναγείρειν. *Review*: P. and V. ἐξετάζειν. V. intrans. P. and V. σῠνέρχεσθαι, σῠνίστασθαι. *Muster to the help of*: Ar. and P. συμβοηθεῖν (ἐπί, acc. or εἰς, acc.). *Muster up*, met.: P. συναγείρειν.

Muster, subs. P. and V. σύλλογος, ὁ, σῠ́νοδος, ἡ, V. ἄθροισμα, τό. *Act of mustering*: P. and V. συλλογή, ἡ, ἄθροισις, ἡ. *Review*: P. ἐξέτασις, ἡ. *Gathering the full muster of your friends*: V. τῶν φίλων πλήρωμ' ἀθροίσας (Eur., *Ion*, 663). *In full muster*: use adv., P. πανδημεί, πανστρατιᾷ, V. πανδημίᾳ.

Muster roll, subs. Ar. and P. κᾰτᾰ́λογος, ὁ.

Mustiness, subs. *Rottenness*: P. σαπρότης, ἡ.

Musty, adj. *Rotten*: Ar. and P. σαπρός.

Mutability, subs. P. τὸ ἀστάθμητον.

Mutable, adj. P. ἀκατάστατος, Ar. and P. ἀστάθμητος. *Fickle*: P. and V. ἄπιστος; see *fickle*.

Mutation, subs. *Interchange*: P. and V. πᾰραλλᾰγή, ἡ, V. διαλλᾰγή, ἡ. *Succession*: P. and V. διᾰδοχή, ἡ.

Mute, adj. P. and V. ἄφωνος, V. ἄφθογγος, ἄφθεγκτος, ἄναυδος, ἀ̆φώνητος, ἀ̆πόφθεγκτος; see also *silent*.

Mutely, adv. V. ἄφωνα (Æsch., *Pers.* 819); see also *silently*.

Mutilate, v. trans. *Mangle*: P. and V. σπᾰράσσειν (Plat.), V. σπᾶν, κνάπτειν, ἀρτᾰμεῖν, διαρτᾰμεῖν, Ar. and V. διασπᾶσθαι, διασπᾰράσσειν, κᾰταξαίνειν. *Tear in pieces*: V. διᾰφέρειν, Ar. and V. διᾰφορεῖν. *Outrage*: P. and V. λῡμαίνεσθαι (acc. or dat.), αἰκίζεσθαι, λωβᾶσθαι (Plat.). *Cut parts off*: P. περικόπτειν (acc.), Met., *cut short*: P. and V. συντέμνειν, κολούειν.

Mutilated, adj. Use V. διασπᾰ́ρακτος. *Mutilated remains*: V. σπᾰράγμᾰτα, τά.

Mutilation, subs. *Mangling*: V. σπᾰραγμός, ὁ, σπᾰ́ραγμα, τό. *Outrage, ill treatment*: P. and V. αἰκία, ἡ, λῠ́μη, ἡ (Plat.), λώβη, ἡ (Plat.), αἴκισμα, τό. *Cutting up*: V. σχισμός, ὁ. *Cutting parts off*: P. περικοπή, ἡ. *Disablement*: P. πήρωσις, ἡ.

Mutineers, subs. Use Ar. and P. οἱ στᾰσιάζοντες.

Mutinous, adj. P. στασιωτικός, στασιαστικός; see *disobedient*.

Mutinously, adv. P. στασιαστικῶς.

Mutiny, subs. P. and V. στᾰ́σῐς, ἡ; see *revolt*.

Mutiny, v. intrans. Ar. and P. στᾰσιάζειν; see *revolt*.

Mutter, v. trans. and absol. *Whisper*: Ar. and P. ψῐθῠρίζειν. *Mumble* (absol.): Ar. τονθορύζειν, μαστᾰρύζειν. *Make a sound* (absol.): P. and V. ψοφεῖν. *Murmur*: Ar. and P. θορῠβεῖν, γρύζειν. *Complain*: Ar. and P. σχετλιάζειν. *Make a low sound*: Ar. and V. μύζειν.

Muttering, subs. *Noise*: P. and V. ψόφος, ὁ. *Complaint*: P. σχετλιασμός, ὁ. *Murmur*: P. and V. θόρῠβος, ὁ; see *murmur*.

Mutton, subs. P. ἄρνεια, τά (Xen.).

Mutual, adj. Use P. and V. πρὸς ἀλλήλους. *Common*: P. and V.

κοινός, V. ξῡνός. *Mutual relations*: P. ἡ πρὸς ἀλλήλους χρεία, (Plat., *Rep.* 372A). *Want of mutual intercourse*: P. ἀμιξία ἀλλήλων (Thuc. 1, 3). *Mutual destruction*: V. θάνᾰτος αὐτόχειρ (Eur., *Phoen.* 880), P. ἀλληλοφθορία, ἡ (Plat.). *Die by mutual blows*: V. θνήσκειν ἐκ χερῶν αὐτοκτόνων (Æsch., *Theb.* 805), or θνήσκειν διπλῇ χερί (Soph., *Ant.* 14).

Mutually, adv. Use P. and V. πρὸς ἀλλήλους.

Muzzle, subs. P. κημός, ὁ (Xen.).

Muzzle, v. trans. P. κημοῦν (Xen.), Ar. φῑμοῦν. Met., P. στόμα (τινός), συρράπτειν, V. γλῶσσάν τινος ἐγκλῄειν; see *curb*, *gag*.

My, adj. P. and V. ἐμός, V. also use ἁμός (lit., *our*).

Myriad, subs. P. and V. μῡριάς, ἡ (Eur., *Bacch.* 745), as adj., use P. and V. μῡρίοι.

Myrmidons, subs. *Henchmen*: Ar. and P. θεράποντες, οἱ, P. and V. θέρᾰπες, οἱ (Xen.), V. ὀπᾱδοί, οἱ, ὀπάονες, οἱ, πρόσπολοι, οἱ; see *henchman*, *servant*.

Myrrh, subs. Ar. and V. σμύρνᾰ, ἡ.

Myrtle, subs. P. and V. μυρσίνη, ἡ, Ar. μύρτος, ἡ.

Myrtle berry, subs. Ar. and P. μύρτον, τό.

Myrtle grove, subs. Ar. μυρσῖνών, ὁ.

Myself, pron. Emphatic: P. and V. αὐτός. Reflexive: P. and V. ἐμαυτόν. Sometimes in V. αὑτόν, ἑαυτόν.

Mysterious, adj. *Secret*: P. and V. κρυπτός; see *secret*. *Obscure*: P. and V. ἀσᾰφής, ἀφᾰνής, ἄδηλος. *Dark*: P. and V. αἰνιγμᾰτώδης, V. δυσμᾰθής, ἄσημος, ἀξύμβλητος, ἄσκοπος, αἰολόστομος, ἐπάργεμος, δυστόπαστος, δυστέκμαρτος, δύσεύρετος, ψελλός, αἰνικτός, Ar. and P. ἀτέκμαρτος. *Not to be spoken*: P. and V. ἄρρητος, ἀπόρρητος. *Not to be meddled with*: P. and V. ἀκίνητος (Plat.).

Mysteriously, adv. *Secretly*: P. and V. λάθρᾱ, λαθραίως (rare P.); see *secretly*. *Hint mysteriously at*: Ar. and P. αἰνίσσεσθαι (acc., or εἰς acc.), P. ὑπαινίσσεσθαι (acc.), ὑποσημαίνειν (acc.), παραδηλοῦν (acc.). *Obscurely*: P. ἀσαφῶς, Ar. and V. ποικίλως, V. δυσκρίτως, αἰνικτηρίως.

Mystery, subs. P. and V. κρυπτόν, τό. *Dark saying*: P. and V. αἴνιγμα, τό, αἰνιγμός, ὁ (Plat.). *Secret*: Ar. and P. ἀπόρρητον, τό, or pl., V. ἄρρητα, τά; see *secret*. *Mysteries, mystic rites*: P. and V. μυστήρια, τά, ὄργια, τά, τέλη, τά, τελεταί, αἱ, P. τὰ μυστικά, V. μυστῐκὸν τέλος (Æsch., *Frag.*). *Of the mysteries*, adj.: Ar. and V. μυστῐκός. *Initiate in mysteries*, v. trans: Ar. and P. τελεῖν, μυεῖν. *Initiation in mysteries*, subs.: P. and V. τελετή, ἡ. *One initiated in mysteries*: Ar. and P. μύστης, ὁ.

Mystic, adj. *Connected with the mysteries*: Ar. and V. μυστῐκός; see *mysterious*, *magic*.

Mystification, subs. P. and V. πλάνη, ἡ; see *confusion*.

Mystify, v. trans. P. and V. πλᾰνᾶν, ἐκπλήσσειν; see *confuse*.

Myth, subs. *Story, legend*: P. and V. λόγος, ὁ, μῦθος, ὁ, φήμη, ἡ, V. αἶνος, ὁ, P. μυθολόγημα, τό; see *legend*. *Fiction*: P. and V. μῦθος, ὁ. *Falsehood*: P. and V. ψεῦδος τό.

Mythical, adj. P. μυθώδης, μυθικός. *Mythical monsters*: P. φύσεις μεμυθολογημέναι (Plat.). Met., *false*: P. and V. ψευδής.

Mythological, adj. P. μυθώδης, μυθικός.

Mythology, subs. P. μυθολογία, ἡ.

N

Nag, subs. See *horse*.

Nag, v. intrans. Use P. and V. ἐρίζειν.

Nagging, adj. Use P. and V. φῐλόψογος (Plat.), P. φιλολοίδορος.

Nail, subs. *On the hand or foot*: P. and V. ὄνυξ, ὁ. *For fastening*: Ar and P. ἧλος, ὁ (Plat., *Phaedo*, 83D). *Rivet*: P. and V. γόμφος, ὁ (Plat., *Tim.* 43A). *Peg for hanging things*: Ar. and V. πάσσᾰλος, ὁ (Eur., *Heracl.* 698). *Studded with nails*, adj.: V. εὔγομφος.

Nail, v. trans. P. προσηλοῦν, Ar. and V. προσπασσᾰλεύειν, V. πασσᾰλεύειν.

Naive, adj. P. and V. ἁπλοῦς. *Guileless*: P. ἄκακος, Ar. and P. ἄδολος, V. ἀφυής (Soph., *Phil.* 1014).

Naively, adv. P. and V. ἁπλῶς. *Guilelessly*: P. ἀδόλως.

Naivete, subs. P. ἁπλότης, ἡ. *Guilelessness*: P. τὸ ἀπειρόκακον.

Naked, adj. P. and V. γυμνός. Fem., adj.: V. γυμνάς. *Of country, bare*: P. ψιλός. *Desolate*: P. and V. ἐρῆμος. *Mere, unsupported*: P. ψιλός. *Open, manifest*: P. and V. σᾰφής, φᾰνερός, ἐμφᾰνής. *Barefaced*: P. and V. ἀναιδής.

Nakedly, adv. *Openly*: P. and V. σᾰφῶς, ἐμφᾰνῶς, Ar. and P. φᾰνερῶς. *Shamelessly*: P. and V. ἀναιδῶς.

Nakedness, subs. Use P. and V. τὸ γυμνόν. *Desolation*: P. and V. ἐρημία, ἡ.

Name, subs. P. and V. ὄνομα, τό, V. κληδών, ἡ. *Reputation*: P. and V. δόξᾰ, ἡ, ὄνομα, τό, κλέος (rare P.), V. βᾶξις, ἡ, φᾰτις, ἡ. *Good name*: P. and V. ἀξίωμα, τό, εὐδοξία, ἡ, Ar. and V. εὔκλεια, ἡ, κῦδος, τό, V. κληδών, ἡ; see *fame*. *Have a good name*, v.: P. and V. εὖ ἀκούειν, κᾰλῶς ἀκούειν, V. εὖ κλύειν, κᾰλῶς κλύειν. *Memory*: P. and V. μνήμη, ἡ. *Give a name*: P. and V. ὄνομα τίθεσθαι. *Giving one's name to*: use adj., P. and V. ἐπώνῠμος (gen.). *By name*: use adv., P. ὀνομαστί. *Having a like name*, adj.: Ar. and P. ὁμώνῠμος, V. σῠνώνῠμος. *Having many names*: Ar. and P. πολυώνῠμος. *A name derived from another*: V. ὄνομα πᾰρώνῠμον (Æsch., *Eum.* 8). *Having a false name*: V. ψευδώνῠμος. *By a false name*: use adv., V. ψευδωνῠμως. *Call names*, v.: see *abuse*. *Be called by a new name*: P. μετονομάζεσθαι. *In name*, as opposed to *in reality*: see *nominally*.

Name, v. trans. *Call*: P. and V. κᾰλεῖν, ὀνομάζειν, ἐπονομάζειν, λέγειν, εἰπεῖν, προσειπεῖν, προσᾰγορεύειν, V. προσεννέπειν, κικλήσκειν, κλῄζειν (also Xen. but rare P.); see *call*. *Mention*: P. and V. λέγειν, εἰπεῖν; see *mention*. *Appoint*: P. and V. κᾰθιστάναι, προστάσσειν; see *appoint*. *Name after (a person)*: P. and V. ἐπονομάζειν (τινά τινος). *Named after*: use adj., P. and V. ἐπώνῠμος (gen. or dat.). *The city shall be named after you*: V. ἐπώνυμος δὲ σοῦ πόλις κεκλήσεται (Eur., *El.* 1275).

Nameless, adj. P. and V. ἀνώνῠμος. *Inglorious*: P. and V. ἄτῑμος, ἀδόκῐμος, ἀφᾰνής, ἀκλεής, ἀνώνῠμος, P. ἄδοξος, V. ἄσημος, δυσκλεής (also Xen.). *Unspeakable*: P. and V. ἄρρητος, ἀπόρρητος, P. ἀμύθητος, V. ἄφραστος, Ar. οὐ φᾰτός, Ar. and V. ἀνωνόμαστος; see *unspeakable*.

Namely, adv. Use P. and V. τοῦτ' ἐστί, or λέγω (*I mean*).

Namesake, subs. *One having same name*: use adj., Ar. and P. ὁμώνῠμος (gen. or dat.), V. αὐτεπώνῠμος (gen.).

Nap, subs. *Of cloth*: V. μαλλός, ὁ, λάχνη, ἡ, Ar. and V. πόκος, ὁ, κρόκη, ἡ. *They are done for, like garments that have lost their nap*: V. τρίβωνες ἐκβαλόντες οἴχονται κρόκας (Eur., *Frag.*).

Nap, subs. *Sleep*: see *sleep*.

Nape, subs. Use *neck*.

Napkin, subs. P. and V. χειρόμακτρον τό (Xen. and Soph, *Frag.*), Ar. ἡμῐτῠβιον, τό.

Napping, adj. Met.; see *off one's guard*, under *guard*.

Narcotic, adj. *Stilling pain*: V. νώδῠνος, παυσίλῡπος.

Narcotic, subs. Use P. μανδραγόρας,

ὁ. *Potion:* P. and V. φάρμᾰκον, τό.

Nard, subs. P. and V. μῠ́ρον, τό.

Narrate, v. trans. P. and V. λέγειν, ἐξηγεῖσθαι, διέρχεσθαι, ἐπεξέρχεσθαι, φράζειν, ἐξειπεῖν, Ar. and P. διηγεῖσθαι, διεξέρχεσθαι, V. ἐκφράζειν, πῐφαύσκειν (Æsch.). *Narrate to the end:* P. and V. διᾰπεραίνειν.

Narration, subs. P. διήγησις, ἡ, διέξοδος, ἡ.

Narrative, subs. P. and V. λόγος, ὁ, μῦθος, ὁ (Plat.), V. αἶνος, ὁ.

Narrator, subs. Use P. and V. ὁ λέγων, etc.

Narrow, adj. P. and V. στενός, V. στενόπορος. Met., *illiberal:* P. μικρόψυχος. *Narrow means:* P. and V. πενία, ἡ, ἀπορία, ἡ; see *poverty*. *Have a narrow escape from:* use P. and V. μόλις φεύγειν (acc.). *So narrow was your escape.* V. ὧδ' ἔβητ' ἐπὶ ξυροῦ (Eur., *H. F.* 630). *So narrow an escape had Mitylene:* P. παρὰ τοσοῦτον ἡ Μυτιλήνη ἦλθε κι δύνου (Thuc. 3, 49). *I had a narrow escape from being killed:* P. παρὰ μικρὸν ἦλθον ἀποθανεῖν (Isoc. 388E).

Narrow, v. trans. P. and V. σῠνάγειν. *Cut down:* P. and V. συστέλλειν, συντέμνειν. V. intrans. P. and V. σῠνάγεσθαι, συστέλλεσθαι.

Narrowly, adv. *With difficulty, only, just:* P. and V. μόλις, μόγις, Ar. and P. χᾰλεπῶς; see under *difficulty*. *Narrowly escape:* see under *narrow*. *Minutely:* P. and V. ἀκρῑβῶς.

Narrow-minded, adj. P. μικρόψυχος.

Narrow-mindedness, subs. P. μικροψυχία, ἡ, βραχύτης γνώμης, ἡ (Thuc. 3, 42).

Narrowness, subs. P. στενότης, ἡ. *Want of room:* P. στενοχωρία, ἡ. *Narrowness of means:* see *poverty*. *Narrow-mindedness:* P. μικροψυχία, ἡ. *Minuteness:* P. ἀκρίβεια, ἡ.

Narrows, subs. P. and V. πορθμός, ὁ, V. στενωπός, ἡ; see *strait*.

Nastily, adv. *Unpleasantly:* P. ἀηδῶς. *Ill-temperedly:* P. δυσκόλως.

Nastiness, subs. P. ἀηδία, ἡ. *Ill-temper:* Ar. and P. δυσκολία, ἡ.

Nasty, adj. P. ἀηδής, P. and V. βᾰρῠ́ς. *Disgusting:* Ar. and P. βδελῠρός. *Ill-tempered:* P. and V. δύσκολος.

Natal, adj. P. and V. γενέθλιος.

Nation, subs. *Foreign nation:* P. and V. ἔθνος, τό. *Race:* P. and V. γένος, τό, φῦλον, τό. *Whole body of citizens:* use P. and V. πόλῐς, ἡ, οἱ πολῖται. *The law of nations:* P. ὁ κοινὸς ἁπάντων ἀνθρώπων νόμος (Dem. 639).

National, adj. *Public, general:* P. and V. κοινός, P. δημοτελής. As opposed to *foreign:* P. and V. ἐγχώριος, ἐπῐχώριος, P. ἔνδημος.

Nationalise, v. trans. P. δημεύειν.

Nationality, subs. P. and V. γένος, τό. *Of what nationality*, interr. adj.: P. and V. ποδᾰπός; Indirect: P. ὁποδαπός.

Native, adj. *Inborn:* P. and V. ἔμφῠτος (Eur., *Frag.*), σύμφῠτος, V. ἐγγενής, συγγενής, σύγγονος. Opposed to *foreign:* P. and V. ἐγχώριος, ἐπῐχώριος, P. ἔνδημος, V. ἐγγενής, γενέθλιος. *Living in a country:* P. and V. ἐγχώριος, ἐπῐχώριος, ἐντοπος (Plat.). *According to your native customs:* V. κατὰ νόμους τοὺς οἴκοθεν (Æsch., *Supp.* 390). *Unhewn* (*of rock in its native state*): V. ἀσκέπαρνος, ἄξεστος, αὐτόκτῐτος.

Native, subs. *Citizen:* P. and V. πολίτης, ὁ, ἀστός, ὁ. *Inhabitant:* P. and V. οἰκήτωρ, ὁ, οἰκητής, ὁ (Plat.); see *inhabitant*. *Be a native of*, v.: see *inhabit*. *Natives, indigenous inhabitants:* P. and V. αὐτόχθονες, οἱ.

Native land, subs. P. and V. πατρῐ́ς, ἡ, Ar. and V. πάτρα, ἡ, V. ἑστιοῦχος γαῖα, ἡ. *Of one's native land*, adj.: P. and V. πάτριος, πατρῷος.

Nativity, subs. See *birth, birthday*.

Natty, adj. See *neat*.

Natural, adj. Opposed to *artificial*: P. αὐτοφυής (of a harbour). *Not produced by external agency*: P. and V. αὐτόμᾰτος. *He awaits his natural end*: P. τὸν αὐτόματον θάνατον περιμένει (Dem. 296). *Implanted by nature*: P. and V. ἔμφῠτος (Eur., *Frag.*), σύμφῠτος, V. ἐγγενής, συγγενής, σύγγονος. *Reasonable, to be expected*: P. and V. εἰκώς, εὔλογος. *As is natural*: P. and V. ὡς εἰκός, Ar. οἷον εἰκός. *This is neither reasonable nor natural*: P. οὔτ' εὔλογον οὔτ' ἔχον ἐστὶ φύσιν τοῦτό γε (Dem. 25). *Simple, unstudied*: P. and V. ἁπλοῦς.

Naturalise, v. trans. *Introduce*: P. and V. εἰσφέρειν; see *implant*. *Naturalised alien*, subs.: P. and V. μέτοικος, ὁ, or ἡ.

Naturally, adv. *By nature*: P. and V. φῠ́σει. *According to nature*: P. κατὰ φύσιν. *Without external interference*: P. ἀπὸ ταυτομάτου. *As is to be expected*: P. and V. εἰκότως, ὡς εἰκός. *Unaffectedly*: P. and V. ἁπλῶς. *By one's own powers*: P. and V. οἴκοθεν.

Natural phenomena, subs. P. πάθη, τά (Plat.).

Natural philosopher, subs. P. φυσιόλογος, ὁ (Arist.).

Natural philosophy, subs. P. φυσιολογία, ἡ (Arist.).

Natural ties, subs. P. and V. ἀνάγκη.

Nature, subs. P. and V. φῠ́σῐς, ἡ. *Created things*: P. γένεσις, ἡ (Plat.). *The world*: P. κόσμος, ὁ. *Disposition*: P. and V. τρόπος, ὁ, ἦθος, τό, φῠ́σῐς, ἡ. *Kind, class*: P. and V. γένος, τό. *Of what nature*, interr. adj.: P. and V. ποῖος; indirect: P. and V. ὁποῖος. *Of such a nature*, adj.: P. and V. τοιοῦτος, τοιόσδε. *By nature*: P. and V. φῠ́σει. *Being ill-starred by nature*: V. συγγενῶς δύστηνος ὤν (Eur., *H. F.* 1293). *It isn't human nature that I should have neglected all my own affairs*: P. οὐ γὰρ ἀνθρωπίνῳ ἔοικε τὸ ἐμὲ τῶν μὲν ἐμαυτοῦ ἁπάντων ἠμεληκέναι (Plat., *Ap.* 31B).

Naught, subs. P. and V. οὐδέν, μηδέν, οὔτῐ (rare P.), μήτῐ (rare P.). *Bring to naught*, v. trans.: P. and V. ἀναιρεῖν, κᾰθαιρεῖν; see *destroy*. *How we are brought to nought*: V. ὡς ἐς τὸ μηδὲν ἥκομεν (Eur., *Hec.* 622). *Come to naught*: V. ἐπὶ μηδὲν ἔρχεσθαι; see *fail, perish*. *Set at naught*: P. and V. κᾰταφρονεῖν (acc. or gen.), ὑπερφρονεῖν (acc. or gen.); see *despise*. *Disregard*: P. and V. ἀμελεῖν (gen.), πᾰρᾰμελεῖν (gen.), κᾰτᾰμελεῖν (gen.), P. ἐν οὐδένι λόγῳ ποιεῖσθαι, V. δι' οὐδένος ποιεῖσθαι, ἀκηδεῖν (gen.); see *disregard*.

Naughtily, adv. Ar. and P. νεᾱνῐκῶς, P. and V. κᾰκῶς.

Naughtiness, subs. P. and V. ὕβρῐς, ἡ, P. and V. κάκη, ἡ.

Naughty, adj. P. and V. κᾰκός. *Mischievous*: Ar. and P. νεᾱνῐκός.

Nausea, subs. *Loathing*: P. ἀηδία, ἡ. *Satiety*: P. and V. κόρος, ὁ (Plat.), πλησμονή, ἡ (Plat.). *Suffer from nausea (sickness)*, v.: Ar. and P. ναυτιᾶν (Plat.).

Nautical, adj. P. and V. ναυτῐκός. *Acquainted with the sea*: P. and V. θᾰλάσσιος.

Naval, adj. P. and V. ναυτῐκός. *Naval force*: P. νηΐτης στρατός, ὁ (Thuc.). *Naval station*: P. and V. ναύσταθμον, τό (Eur, *Rhes.*); see *harbour*.

Nave, subs. *Nave of a wheel*: V. χνοαί, αἱ, or use V. σῦριγξ, ἡ.

Navel, subs. P. and V. ὀμφᾰλός, ὁ (Plat.)

Navigable, adj. *Fit for navigation*: P. πλώϊμος, V. πλώσῐμος.

Navigate, v. trans. *Steer*: P. and V. κῠβερνᾶν, Ar. and V. ναυστολεῖν. *Sail over*: P. and V. πλεῖν (acc.). Absol., *take to the sea*: P. πλωΐζειν.

Navigation, subs. *Steering*: P. κυβέρνησις, ἡ, ἡ, κυβερνητική. *Voyage*: P. and V. πλοῦς, ὁ. *Sea-*

manship: P. ναυτιλία, ἡ. *When navigation became more feasible*: P. ἤδη πλωιμωτέρων ὄντων (Thuc. 1, 7).

Navigator, subs. P. and V. κυβερνήτης, ὁ; see *pilot*.

Navvy, subs. Use *labourer*.

Navy, subs. Ar. and P. ναυτικόν, τό, or use P. and V. νῆες, αἱ.

Nay, adv. P. and V. οὐ, οὐχ, οὐχί. *Nay more*: P. and V. καὶ μήν. *Nay rather*: P. and V. ἀλλὰ μήν, μὲν οὖν. *Nay but*: P. and V. ἀλλ' οὖν.

Near, adj. P. ὅμορος, P. and V. πρόσχωρος, Ar. and V. πλησίος, ἀγχιτέρμων, γείτων (rare P. as adj.), πάραυλος, or use adv.; see also *neighbouring*. *Close, even*: P. and V. ἰσόρροπος, P. ἀντίπαλος. *Short as a near way*: P. and V. σύντομος. *Mean, stingy*: Ar. and P. φειδωλός. *Near relationship*: P. ἀναγκαία συγγένεια, ἡ; see under *near*, adv. *Nearest* (*of relationship*): V. ἄγχιστος. *One's nearest and dearest*: P. and V. τὰ φίλτατα. *Near sighted*: see under *short*.

Near, adv. P. and V. ἐγγύς, πλησίον, πέλας (rare P.), ὁμοῦ (rare P.), Ar. and V. ἆσσον, V. ἀγχοῦ (Soph., *Frag.*), ἐγγύθεν. *From near at hand*: P. and V. ἐγγύθεν. *Almost*: see *nearly*. *It is impossible for the city to exact an adequate retribution or anywhere near it*: P. οὐκ ἔνι τῇ πόλει δίκην ἀξίαν λαβεῖν οὐδ' ἐγγύς (Dem. 229). *Near akin to*: V. ἀγχιστόρος (gen.) (Æsch., *Frag.*). *By relationship each was nearer to each than I*: P. γένει ἕκαστος ἑκάστῳ μᾶλλον οἰκεῖος ἦν ἐμοῦ (Dem. 321).

Near, prep. P. and V. ἐγγύς (gen. or dat.), ὁμοῦ (dat.) (rare P.), πρός (dat.), ἐπί (dat.), V. πέλας (gen.), πλησίον (gen.), ἄγχι (gen.), Ar. and V. ἆσσον (gen.). *Stand near*, v.: P. and V. παρίστασθαι (dat. or absol.), ἐφίστασθαι (dat., or ἐπί dat., or absol.), προσίστασθαι (dat. or absol.). *Be near*: P. and V. πλησιάζειν (absol., or with dat.). *Bring near*: V. χρίμπτειν (τί τινι). *Dwelling near the city*, adj.: V. ἀγχίπτολις. *Near* (*in relationship*): P. and V. ἐγγύς (gen.). *Round about*: P. and V. περί (acc.), V. ἀμφί (acc.) (rare P.).

Near, v. trans. *Approach*: P. and V. προσέρχεσθαι (πρός, acc., V. also dat. alone), P. προσχωρεῖν (dat.), V. πελάζειν (or pass.) (dat.) (also Xen. but rare P.), πλησιάζεσθαι (dat.), ἐμπελάζειν (or pass.), (gen. or dat.), ἐγχρίμπτειν (dat.), χρίμπτεσθαι (dat.), Ar. and V. προσέρπειν; see *approach*.

Nearly, adv. Ar. and P. ὀλίγου, P. ὀλίγου δεῖν, μικροῦ, P. and V. σχεδόν. *All but*: P. and V. ὅσον οὔπω, P. ὅσον οὐ. *About*, with numbers: P. μάλιστα, ὡς, or use prep., P. ἀμφί (acc.), περί (acc.), P. and V. εἰς (acc.). *Closely*: see *closely*.

Nearness, subs. *Nearness of relationship*: see *relationship*.

Neat, adj. *Orderly*: P. and V. εὔκοσμος, κόσμιος. *Unmixed* (*of wine*: P. and V. ἄκρατος, Ar. and V. εὔζωρος. *Clever, well devised*: P. and V. κομψός, Ar. and P. χαρίεις.

Neatherd, subs. See *herdsman*.

Neatly, adv. *In an orderly way*: Ar. and P. κοσμίως. *Cleverly*: Ar. and P. κομψῶς, P. χαριέντως.

Neatness, subs. P. and V. εὐκοσμία, ἡ, Ar. and P. κοσμιότης, ἡ.

Nebulous, adj. *Obscure*: P. and V. ἀφανής; see *obscure*. *Cloudy*: P. συννέφελος, Ar. περινέφελος.

Necessarily, adv. P. and V. ἀναγκαίως, P. κατ' ἀνάγκην. *By constraint*: P. and V. ἀνάγκῃ, ἐξ ἀνάγκης.

Necessary, adj. P. and V. ἀναγκαῖος. *It is necessary*: P. and V. δεῖ, χρή, χρεών (rare P.), ἀνάγκη, ἀνάγκη ἐστί, ἀναγκαῖόν ἐστι, ἀναγκαίως ἔχει. *Necessaries*: P. and V. τὰ ἀναγκαῖα, τὰ δέοντα, P. τὰ ἐπιτήδεια.

Necessitate, v. intrans. *Require, have need of*: P. and V. δεῖσθαι (gen.). *Compel*: P. and V. ἀναγκάζειν; see *compel*.

Necessitous, adj. P. and V. πένης, ἄπορος; see *poor*. *Be necessitous*, v.: P. ἀπόρως διακεῖσθαι.

Necessity, subs. P. and V. ἀνάγκη, ἡ. *Need*: P. and V. χρεία, ἡ. *Necessities*: P. and V. τὰ ἀναγκαῖα (V. τἀναγκαῖα).

Neck, subs. P. and V. αὐχήν, ὁ, τράχηλος, ὁ. *Throat*: P. and V. σφᾰγαί, αἱ, V. δέρη, ἡ, Ar. and V. λαιμός, ὁ, or pl. *Neck of land*: P. and V. ἰσθμός, ὁ, αὐχήν, ὁ (Xen. and Eur., *El.* 1288). *Break one's neck*, v.: Ar. ἐκτρᾰχηλίζεσθαι. *Stiff-necked*, adj.: see *obstinate*.

Necklace, subs. P. and V. ὅρμος, ὁ (Eur.. *Frag.*), V. δέραια, τά; see also *collar*.

Necromancer, subs. V. ψῡχᾰγωγός, ὁ; see *magician*.

Necromancy, subs. Use *magic*. *Practice necromancy*, v.: Ar. and P. ψῡχᾰγωγεῖν.

Nectar, subs. Ar. and P. νέκτᾰρ, τό.

Need, subs. P. and V. χρεία, ἡ. *Lack*: P. and V. σπᾰνις, ἡ, ἀπορία, ἡ, ἐρημία, ἡ, P. ἔνδεια, ἡ, V. ἀχηνία, ἡ. *Poverty*: P. and V. πενία, ἡ, ἀπορία, ἡ, P. ἔνδεια, ἡ. *What is needful*: P. and V. τὸ δέον, τὰ δέοντα. *Necessity*: P. and V. ἀνάγκη, ἡ. *Difficulties*: P. and V. τὰ δεινά. *In time of need*: P. and V. ἐν τῷ δέοντι, V. ἐν δέοντι. *There is need of*, v.: P. and V. δεῖ (gen.). *There is further need of*: P. προσδεῖ (gen.). *Be in need of*: see *need*. *Be in need, be poor*: P. and V. πένεσθαι, ἀπορεῖν. *Needs*: P. and V. τὰ ἀναγκαῖα (V. τἀναγκαῖα), τὸ δέον, τὰ δέοντα.

Need, v. trans. P. and V. δεῖσθαι (gen.), V. χᾰτίζειν (gen.), χρῄζειν (gen.). *Lack*: P. and V. σπᾰνίζειν (gen.) (also pass. in V.), ἀπορεῖν (gen.), P. ἐνδεῖν (or mid.) (gen.), V. πένεσθαι (gen.). *Be deficient in*: P. and V. ἐλλείπειν (gen.), ἀπολείπεσθαι (gen.), V. λείπεσθαι (gen.). *Needing*: use also V. κεχρημένος (gen.). *Need in addition*: P. προσδεῖσθαι (gen.). *You need not*: use P. and V. οὐ δεῖ σε (infin.).

Needful, adj. *Necessary*: P. and V. ἀναγκαῖος. *If it is needful*: P. and V. εἰ δεῖ, εἴ τι δεῖ. *What is needful*: P. and V. τὸ δέον, τὰ δέοντα. *Lacking*: P. and V. ἐνδεής, P. ἐλλιπής.

Neediness, subs. P. and V. ἀπορία, ἡ, πενία, ἡ; see *poverty*.

Needle, subs. P. ῥαφίς, ἡ (late).

Needless, adj. *Vain, useless*: P. and V. μᾰταιος, ἀνωφελής; see *useless*. *Excessive*: P. and V. περισσός; see *excessive*.

Needlessly, adv. Use P. and V. οὐδὲν δέον (*there being no necessity*). *Uselessly*: P. and V. μᾰτην, ἄλλως, V. μᾰταίως. *Excessively*: P. and V. περισσῶς; see *excessively*.

Needlework, subs. *Embroidery*: P. and V. ποίκιλμα, τό.

Needy, adj. P. and V. πένης, ἄπορος, V. χρεῖος; see *poor*.

Nefarious, adj. P. and V. κᾰκός, πονηρός, ἀνόσιος, μιᾰρός, αἰσχρός, κᾰκοῦργος, πᾰνοῦργος.

Nefariously, adv. P. and V. κᾰκῶς, αἰσχρῶς, Ar. and P. μιᾰρῶς, πᾰνούργως, P. κακούργως, V. ἀνοσίως.

Nefariousness, subs. P. and V. πονηρία, ἡ; see *wickedness*.

Negation, subs. P. ἀπόφασις, ἡ (Plat.). *Stationariness signifies the negation of motion*: P. ἡ στάσις ἀπόφασις τοῦ ἰέναι βούλεται εἶναι (Plat, *Crat.* 426D). *Denial*: P. and V. ἄρνησις, ἡ.

Negative, adj. *Answer in the negative*: P. and V. οὐ φάναι, οὐ φάσκειν, ἀποφᾰναι. *Deny*: P. and V. ἀρνεῖσθαι, ἀπαρνεῖσθαι, ἐξαρνεῖσθαι; see *deny*.

Negative, v. trans. *Not to accept*: P. and V. οὐ δέχεσθαι.

Neglect, v trans. P. and V. ἀμελεῖν (gen.), πᾰρᾰμελεῖν (gen.), κᾰτᾱμελεῖν (gen. or absol.), πăρέρχεσθαι; see *disregard*. *Leave on one side*: P. and V. πăρῑέναι (acc.), πăρăλείπειν (acc.), ἀνῑέναι (acc.). *Despise*: P. and V. κăταφρονεῖν (acc. or gen.), ὑπερφρονεῖν (acc. or gen.), P. ὀλιγωρεῖν (gen.); see *despise*. *Let go by*: P. and V. ἀφῑέναι. *Neglected*: use also P. and V. ἀτημέλητος (Xen.), V. ἀπημελημένος.

Neglect, subs. P. ἀμέλεια, ἡ, ὀλιγωρία, ἡ, P. and V. ῥᾳθῡμία, ἡ. *Want of practice*: P. ἀμελετησία, ἡ.

Neglectful, adj. Ar. and P. ἀμελής, P. and V. ῥᾴθῡμος; see *careless*.

Neglectfully, adv. P. ἀμελῶς, ῥᾳθύμως, ὀλιγώρως; see *heedlessly*.

Negligence, subs. P. and V. ῥᾳθῡμία, ἡ, P. ἀμέλεια, ἡ, ῥᾳστώνη, ἡ, ἀφυλαξία, ἡ.

Negligent, adj. Ar. and P. ἀμελής, P. ἀφρόντιστος (Xen.), ἀπερίσκεπτος, P. and V. ῥᾴθῡμος; see *heedless*. *Remiss*: P. and V. ἀνειμένος, Ar. and P. μăλăκός, Ar. and V. μαλθăκός. *Off one's guard*: P. and V. ἀφύλακτος, ἄφρακτος (Thuc.).

Negligently, adv. P. ἀμελῶς, ῥᾳθύμως, P. and V. ἀφροντίστως (Xen.), V. ἀφρασμόνως; see also *slackly*.

Negotiate, v. trans. P. χρηματίζεσθαι περί (acc.), P. and V. πράσσειν (acc.). *Negotiate a thing with a person*: Ar. and P. χρημăτίζειν (dat. of pers., περί gen. of thing). Absol., P. λόγους ποιεῖσθαι. *Negotiate with*: P. and V. πράσσειν (dat.). *Those who negotiated this peace*: P. οἱ πρεσβεύσαντες ταύτην τὴν εἰρήνην (Isoc., *Pan.* 78A).

Negotiation, subs. *Transaction of business*: P. πραγματεία, ἡ. *Conference, talk*: P. and V. λόγοι, οἱ. *Sending heralds*: P. ἐπικηρυκεία, ἡ, V. ἐπῐκηρῡκεύμăτα, τά. *Enter into negotiations with*: P. λόγους προσφέρειν (dat.), P. and V. πράσσειν (dat., or εἰς, acc., or absol.) *Of states*: Ar. and P. ἐπῐκηρῡκεύεσθαι (dat., or πρός, acc.), P. διακηρυκεύεσθαι πρός (acc.). *Since in spite of prolonged negotiations they obtained no satisfactory settlement from the Athenians*: P. ἐπειδὴ ἐξ Ἀθηναίων ἐκ πολλοῦ πράσσοντες οὐδὲν ηὕροντο ἐπιτήδειον (Thuc. 1, 58).

Negotiator, subs. Use P. and V. ὁ πράσσων. *Envoy*: P. πρεσβευτής, ὁ, pl. P. and V. πρέσβεις, οἱ. *Go-between*: P. διάγγελος, ὁ.

Negro, subs. Use adj., P. μελάγχρως, or μέλας ἄνθρωπος.

Negro, adj. V. μελάμβροτος (Eur., *Frag.*).

Neigh, v. intrans. P. χρεμετίζειν.

Neigh, subs. Ar. χρεμετισμός, ὁ, P. and V. φρύαγμα, τό (Xen.).

Neighbour, subs. P. and V. γείτων, ὁ, or ἡ, ἀστῡγείτων, ὁ, or ἡ (rare P.), or use adj., P. and V. πρόσχωρος, πăροικος, P. ὅμορος, περίχωρος, πρόσοικος, V. ἔποικος. *One's neighbour* (in the widest sense): P. and V. ὁ πλησίον, ὁ πέλăς. *One's neighbour at table*: P. ὁ παρακαθιζόμενος. *Be a neighbour*, v.: Ar. and P. γειτνιᾶν, P. παροικεῖν.

Neighbour, v. trans. P. and V. γειτονεῖν (dat.) (Plat. but rare P.), Ar. and P. γειτνιᾶν (dat.), P. παροικεῖν (dat.); see *border on*.

Neighbourhood, subs. *The country round*: use P. and V. ἡ πέριξ γῆ. *The neighbours*: P. and V. οἱ γείτονες; see *neighbour*. *In the neighbourhood of*: see *near*.

Neighbouring, adj. P. and V. πρόσχωρος, πăροικός, P. ὅμορος, πρόσοικος, Ar. and P. πλησιόχωρος, V. γείτων (rare P. as adj.), ἀστῡγείτων (not as adj. in P.), συγγείτων, ἀγχῐτέρμων. *The neighbouring islands*: P. νῆσοι αἱ περιοικίδες.

Neighbourless, adj. V. ἀγείτων.

Neighbourly, adj. P. and V. φῐλάνθρωπος, φῐλόφρων (Xen.).

Neither, adj. P. and V. οὐδέτερος (Eur., *Phoen.* 545; *Or.* 1577), P. μηδέτερος.

Neither . . . nor, conj. P. and V.

οὔτε . . . οὔτε, μήτε . . . μήτε, οὐδέ . . . οὐδέ, μηδέ . . . μηδέ.

Nemesis, subs. See *retribution*. *Personified*: P. and V. Ἀδραστεία, ἡ (Plat., *Rep.* 451A), V. Νέμεσις, ἡ.

Nephew, subs. P. ἀδελφιδοῦς, ὁ.

Nerve, subs. In physical sense: P. νεῦρον, τό (late). *Courage*: P. and V. θάρσος, τό, θράσος, τό, φρόνημα, τό, θυμός, ὁ, Ar. and V. λῆμα, τό. *Nerves* (*feelings generally*): use P. and V. ψυχή, ἡ.

Nerve, v. trans. *Encourage*: P. and V. θαρσύνειν, θρασύνειν, P. ἐπιρρωνύναι.

Nerveless, adj. *Weak*: P. and V. ἀσθενής, V. ἄναρθρος, ὑγρός, ἄναλκις. Met., *remiss*: Ar. and P. μαλακός, Ar. and V. μαλθακός.

Nervous, adj. *Cowardly*: P. and V. δειλός, ἄτολμος, V. ἄψυχος; see *cowardly*. *Afraid, fearful*: P. περιδεής, περίφοβος, φοβερός. *Vigorous*: P. and V. ἰσχυρός. *Make* (*one*) *nervous*: P. ἔκπληξιν παρέχειν τινί.

Nervously, adv. P. περιδεῶς, φοβερῶς.

Nervousness, subs. P. and V. φόβος, ὁ, δεῖμα, τό, δέος, τό; see *fear*.

Nescience, subs. See *ignorance*.

Nest, subs. Ar. and P. νεοσσία, ἡ, V. λέχος, τό, σκηνήματα, τά. *Wasp's nest*: Ar. and V. σφηκιά, ἡ. *Place of retreat*: P. and V. καταφυγή, ἡ.

Nestle, v. intrans. *Lie*: P. and V. κεῖσθαι. *Nestle to, cling to*: P. and V. ἔχεσθαι (gen.), ἀντεχέσθαι (gen.).

Nestling, subs. P. and V. νεοσσός, ὁ, Ar. νεόσσιον, τό.

Net, subs. *For fishing*: P. and V. δίκτυον, τό (Plat.). *For hunting*: P. and V. δίκτυον, τό (Plat.), βρόχος, ὁ (Plat.), ἄρκυς, ἡ (Plat.), V. ἀμφίβληστρον, τό, ἄγρευμα, τό. Met., V. ἄρκυς, ἡ, ἄγρευμα, τό; see also *toils*. *The man is caught in the net*: V. ἀνὴρ ἐς βόλον καθίσταται (Eur., *Bacch.* 847; cf., *Rhes.* 730). *Being caught within the net of fate*: V. ἐντὸς . . . οὖσα μορσίμων ἀγρευμάτων (Æsch., *Ag.* 1048). *He hath escaped from the midst of the net*: V. ἐκ μέσων ἀρκυστάτων ὤρουσεν (Æsch., *Eum.* 112). *Surround mith a net*, v.: P. περιστοιχίζεσθαι, V. περιστιχίζειν.

Net, v. trans. P. and V. αἱρεῖν, P. συμποδίζειν.

Net, adj. *Clear of deduction*: P. ἀτελής.

Nether, adj. V. νέρτερος, P. and V. χθόνιος (Plat. but rare P.), or use P. and V. ὁ κάτω, ὁ κάτωθεν, V. ὁ ἔνερθε, ὁ κατὰ χθονός. *The nether world*, subs.: P. and V. Ἅιδης, ὁ. *Nether darkness*: Ar. and V. ἔρεβος, τό, V. ζόφος, ὁ.

Nethermost, adj. Use P. and V. ἔσχατος.

Nettle, subs. Ar. ἀκαλήφη, ἡ.

Nettle, v. trans. P. and V. δάκνειν, Ar. and V. κνίζειν; see *annoy*.

Network, subs. Use P. πλέγμα, τό. *A network of*: use V. περιβολαί, αἱ (gen.), περιπτυχαί, αἱ (gen.), ἀμφίβληστρα (gen.).

Neutral, adj. *Impartial*: P. and V. κοινός. *Be neutral*, v.: P. ἐκποδὼν στῆναι ἀμφοτέροις, μηδετέροις ἀμύνειν. *Neutrals*: P. οἱ μηδὲ μεθ' ἑτέρων.

Neutralise, v. trans. *Render invalid*: P. ἄκυρον καθιστάναι.

Neutrality, subs. Use P. τὸ μηδετέροις ἀμύνειν.

Never, adv. P. and V. οὔποτε, μήποτε, Ar. and P. οὐδέποτε, μηδέποτε. *Never yet*: P. and V. οὐπώποτε, μηπώποτε, οὐδεπώποτε, μηδεπώποτε.

Nevertheless, conj. P. and V. ὅμως, μέντοι, V. ἔμπας.

New, adj. P. and V. νέος, καινός, Ar. and V. νεοχμός, V. νεόκοτος, νεώρης, νέορτος, ποταίνιος. *Additional, other*: P. and V. ἄλλος. *Fresh, recent*: P. and V. πρόσφατος, P. ὑπόγυιος. *New to, unaccustomed to*: P. ἀήθης (gen.). *Inexperienced in*: P. and V. ἄπειρος (gen.). *Adopt new manners*: V. μεθάρμοσαι τρόπους νέους (Æsch., *P. V.* 309). *Bear your new yoke*: V. καίνισον ζυγόν (Æsch., *Ag.* 1071).

New-born, adj. P. and V. νεογενής (Plat.), V. νεόγονος, νεογνός.

New-comer, subs. See *stranger*. *New comers*: P. οἱ ἐπελθόντες.

New-fangled, adj. P. and V. καινός.

Newly, adv. P. and V. νέον, νεωστί. *Just now*: P. and V. νῦν, ἄρτι, ἀρτίως, Ar. and P. ἔναγχος, V. ἁρμοῖ.

Newly-bought, adj. Ar. νεώνητος.

Newly-cut, adj. Ar. νεόκοπτος.

Newly-dealt, adj. Of blows: V. νεότομος.

Newly-delivered, adj. *Having just brought forth*: V. νεότοκος.

Newly-enriched, adj. Ar. and P. νεόπλουτος.

Newly-established, adj. Of a city: P. νεόκτιστος; of settlers: P. νεοκατάστατος.

Newly-flayed, adj. P. νεόδαρτος (Xen.).

Newly-fleshed, adj. Of a sword: V. νεόρραντος.

Newly-flowing, adj. V. νεόρρῠτος.

Newly-gotten wealth, subs. V. ἀρτίπλουτα χρήμᾰτα.

Newly-killed, adj. V. νεοσφᾰγής.

Newly-made, adj. P. νεουργός, V. καινοπηγής.

Newly-married, adj. V. νεόγᾰμος, νεόδμητος, νεοδμής, νεόζῠγος.

Newly-plucked, adj. V. νεόδρεπτος, νεόδροπος, νεοσπᾰ́ς.

Newly-reported, adj. V. νεάγγελτος.

Newly-shed, adj. Of blood: V. νεόφονος.

Newly-sown, adj. V. νεόσπορος.

Newly-traced, adj. Of footsteps: V. νεοχᾰ́ρακτος.

Newly-trapped, adj. V. νεαίρετος.

Newly-whetted, adj. V. νεηκονής.

Newly-yoked, adj. V. νεοζῠγής, νεόζυξ (Eur., *Frag.*).

New moon, subs. Ar. and P. νουμηνία, ἡ.

Newness, subs. P. καινότης, ἡ.

News, subs. P. and V. νέον τι, καινόν τι. *Intelligence*: P. and V. πύστῐς, ἡ (Thuc. but rare P.), V. πευθώ, ἡ. *Message*: P. and V. ἄγγελμα, Ar. and P. ἀγγελία, ἡ; see *message*. *Rumour, report*: P. and V. φήμη, ἡ, λόγος, ὁ, V. βᾰ́ξις, ἡ, κληδών, ἡ, κλέος, τό, Ar. and V. μῦθος, ὁ, φᾰ́τῐς, ἡ; see *tidings*. *News of*: P. ἀγγελια, ἡ (gen.). *Bringing good news*, adj.: V. εὐάγγελος. *Bring good news*, v.: Ar. and P. εὐαγγελίζεσθαι. *Sacrifices offered for good news*, subs.: Ar. εὐαγγέλια, τά. *Bringing bad news*, adj: V. κᾰκάγγελος.

Next, adv. *Near*: P. and V. ἐγγῠ́ς; see *near*. *After this or that*: P. and V. ἐντεῦθεν, ἔπειτα, εἶτα. *Next in order*: P. and V. ἑξῆς.

Next, prep. *Near*: P. and V. ἐγγῠ́ς (gen. or dat.); see *near*. *Alongside of*: P. and V. πᾰρᾰ́ (dat.). *Next to*: Ar. and P. ἑξῆς (gen. or dat.). *Be next to*: P. ἔχεσθαι (gen.). *Sit next to*: Ar. and P. πᾰρᾰκᾰθῆσθαι (dat.). *Next to, almost*, met.: P. and V. σχεδόν.

Next, adj. Of time: P. and V. ὁ ἐπιών, P. ὁ ἐπιγιγνόμενος. *On the next day*: P. τῇ ὑστεραίᾳ, τῇ ἐπιγιγνομένῃ ἡμέρᾳ, V. θᾰτέρᾳ (Soph., *O. R.* 782). *Next in order*: P. ὁ ἐφεξῆς, ὁ ἑξῆς, ὁ ἐχόμενος. *Be next of kin*, v.: P. and V. ἐγγῠ́τατα γένους εἶναι (cf., also Ar., *Av.* 1666), P. ἀγχιστεύειν. *The next world*: see under *world*.

Next best, adj. P. and V. δεύτερος. *The next best thing*: P. δεύτερος πλοῦς, ὁ (Plat., *Philebus*, 19c).

Nibble, v. trans. Ar. περιτρώγειν; see *gnaw*. *Nibble at*: Ar. πᾰρεσθίειν (gen.), πᾰρατρώγειν (gen.). *Have a taste of*: P. and V. γεύεσθαι (gen.).

Nice, adj. *Pleasant*: P. and V. ἀρεστός, ἡδῠ́ς. *Charming*: Ar. and P. χᾰρίεις, ἀστεῖος. *Subtle, refined*: P. and V. κομψός. *Accurate*: P. and V. ἀκρῑβής. *Fastidious*: P. δυσχερής, Ar. and P. τρῠφερός. *Be nice, fastidious*, v.: P. and V. τρῠφᾶν. Ironically: P. and V. χρηστός.

Nicely, adv. *Well*: P. and V. εὖ, κᾰλῶς. *Accurately*: P. and V. ἀκρῑβῶς. *Pleasingly*: P. and V. ἡδέως, P. χαριέντως. *Neatly*: Ar. and P. κομψῶς.

Niceness, subs. *Charm*: P. and V. χᾰρῐς, ἡ. *Accuracy*: P. ἀκρίβεια, ἡ. *Subtlety*: P. κομψεία, ἡ. *Fastidiousness*: P. and V. τρῠφή, ἡ.

Nicety, subs. See *niceness*. *To a nicety*: use adv., P. and V. ἀκρῑβῶς.

Niche, subs. Use Ar. and V. μῠχός, ὁ (rare P.).

Nick, subs. *Nick of time*: P. and V. καιρός, ὁ. *In the nick of time*: P. and V. καιρῷ, ἐν καιρῷ, ἐν τῷ δέοντι, εἰς δέον, ἐν κᾰλῷ, εἰς κᾰλόν, P. εὐκαίρως, V. πρὸς καιρόν, πρὸς τὸ καίριον, ἐν δέοντι, εἰς ἀρτῐκολλον, εἰς ἀκρῑβές, καιρίως (also Xen.).

Nickname, subs. Ar. and P. ἐπωνῠμία, ἡ.

Nickname, v. trans. P. and V. ἐπονομάζειν.

Niece, subs. Ar. and P. ἀδελφῐδῆ, ἡ.

Niggardly, adj. Ar. and P. φειδωλός, ἀνελεύθερος. *Greedy of money*: P. and V. αἰσχροκερδής, φῐλάργῠρος. *Scanty*: P. and V. σπάνιος, V. σπᾰνιστός. *Mean, shabby*: P. and V. φαῦλος, κᾰκός.

Niggardliness, subs. Ar. and P. φειδωλία, ἡ, P. and V. φειδώ, ἡ (rare P.) (Eur., *Frag.*). *Greed of money*: P. and V. αἰσχροκέρδεια, ἡ. *Scantiness*: P. and V. σπᾰνις, ἡ. *Shabbiness*: P. φαυλότης, ἡ.

Nigh, adj. and prep. See *near*.

Night, subs. P. and V. νύξ, ἡ, V. εὐφρόνη, ἡ. *Darkness*: P. and V. σκότος, ὁ, or τό; see *darkness*. *Of night*, adj.: Ar. and V. νύκτερος, V. ὀρφναῖος, Ar. and P. νυκτερῖνός, Ar. νυκτερήσιος. *At dead of night*: see under *dead*. *By night*: P. and V. νύκτωρ. *Whom must I meet? By night or by day?* V. τῷ συγγένωμαι; νύχιος ἢ καθ' ἡμέραν (Eur., *El.* 603). *Night battle*, subs.: P. νυκτομαχία, ἡ. *Debate by night*, v.: V. νυκτηγορεῖν (or mid.) (acc.). *At nightfall*: P. ὑπο νύκτα. *Mid-night*: Ar. and P. μέσαι νύκτες, αἱ (*Vesp.* 218). *Far into the night*: P. πόρρω τῶν νυκτῶν. *Pass the night*, v. intrans.: P. and V. αὐλίζεσθαι, V. νῠχεύειν (Eur., *Rhes.*). *All night*: use adj., V. πάννῠχος. *Appearing at night*, adj.: V. νυκτῐφαντος. *Haunting terrors of the night*: V. νυκτίπλαγκτα δείμᾰτα. *Protected by night*, adj.: V. νυκτιφρούρητος *Wandering by night*: Ar. νυκτοπεριπλᾰνητος.

Nightly, adj. Ar. and P. νυκτερῖνός, Ar. and V. νύκτερος, νῠχιος, Ar. ἐννῠχιος, V. ἔννῠχος. *Nightly festival*, subs.: Ar. and P. παννυχῐς, ἡ. *Celebrate a nightly festival*, v.: Ar. παννῠχίζειν (absol.).

Nightmare, subs. Use *vision*, *dream*.

Nightingale, subs. P. and V. ἀηδών, ἡ.

Nimble, adj. P. and V. ἐλαφρός (Xen.), Ar. and V. κοῦφος, V. λαιψηρός. *Swift*: P. and V. τᾰχῠς, Ar. and V. θοός, ὠκῠς, V. ὠκῠπους; see *swift*.

Nimbleness, subs. P. ἐλαφρότης, ἡ (Plat.). *Quickness*: P. and V. τᾰχος, τό, V. ὠκῠτης, ἡ.

Nimbly, adv. V. κούφως, Ar. ἐλαφρῶς.

Nine, adj. P. and V. ἐννέᾰ.

Nine hundred, adj. P. ἐνακόσιοι.

Nineteen, adj. P. ἐννεακαίδεκα.

Ninety, adj. P. ἐνενήκοντα.

Ninth, adj. P. and V. ἔνᾰτος (Soph., *El.* 707).

Nip, v. trans. *Press*: Ar. and P. θλίβειν. *Nip (of cold)*: use P. κάειν. *Nip in the bud*: P. and V. αἱρεῖν, κᾰθαιρεῖν, ἀναιρεῖν. *Nip a conspiracy in the bud*: P. καταπαύειν ἐπιβουλήν.

Nipple, subs. P. θηλή, ἡ, Ar. and P. τιτθός, ὁ, Ar. τιτθίον, τό. *Breast*: P. and V. μαστός, ὁ (Xen. but rare P.).

Nitre, subs. Ar. and P. λίτρον, τό.

No, adv. P. and V. οὐ, οὐκ, οὐχί, ἥκιστα, ἥκιστά γε. *Say no*: P. and V. οὐ φᾰ́ναι; see *deny*. *No thank you*: Ar. κάλλιστ' ἐπαινῶ (*Ran*. 508), πᾰ́νῠ κᾰλῶς (*Ran*. 512).

No, adj. P. and V. οὐδείς, μηδείς, οὔτις (rare P.), μήτις (rare P.). *No longer*: P. and V. οὐκέτῐ, μηκέτῐ.

Nobility, subs. *High birth*: P. and V. γενναιότης, ἡ, τὸ γενναῖον, εὐγένεια, ἡ (Plat.). *Eminence*: P. and V. τῑμή, ἡ, ἀξίωμα, τό, δόξᾰ, ἡ. *Nobility of character*: P. and V. γενναιότης, ἡ, τὸ γενναῖον, Ar. and P. ἀνδρᾰγᾰθία, ἡ, P. μεγαλοφροσύνη, ἡ. *Nobility of appearance*: P. and V. σεμνότης, ἡ. *The nobility, the nobles*: use P. οἱ δυνατώτατοι.

Noble, adj. Of birth: P. and V. γενναῖος, εὐγενής, Ar. and V. ἐσθλός, V. λαμπρὸς ἐς γένος. *Eminent*: P. and V. ἐκπρεπής. εὔδοξος, P. ἀξιόλογος, εὐδόκιμος, *Celebrated*: P. and V. λαμπρός, ὀνομαστός, ἐπίσημος, εὐκλεής; see *famous*. Of character: P. and V. γενναῖος, χρηστός, κᾰλός, P. μεγαλόφρων, Ar. and V. ἐσθλός, V. φέριστος, ὑπέρτατος, εὐγενής. Of appearance: P. and V. σεμνός.

Noble, subs. P. δυνατός, ὁ, P. and V. δῠνάστης, ὁ.

Nobleman, subs. See *noble*.

Nobleness, subs. See *nobility*.

Nobly, adv. Of birth: P. and V. γενναίως. Of character: P. and V. γενναίως, κᾰλῶς, εὐκλεῶς (Xen.), P. μεγαλοψύχως, V. εὐγενῶς. *Splendidly*: P. and V. λαμπρῶς.

Nobody, subs. P. and V. οὐδείς, μηδείς, οὔτῐς (rare P.), μήτῐς (rare P.). *A nobody*, met.: use P. οὐδένος ἄξιος, V. ὁ μηδὲν, ὁ μηδείς.

Nocturnal, adj. See *nightly*.

Nod, v. intrans. P. and V. νεύειν, ἐπῐνεύειν. *Give a signal*: P. and V. σημαίνειν. *Nod in assent*: Ar. and P. κᾰτᾰνεύειν, P. and V. ἐπῐνεύειν. *Be drowsy*: Ar. and V. νυστάζειν, P. ὑπονυστάζειν, V. βρίζειν.

Nod, subs. P. νεῦμα, τό; see *signal*.

Noise, subs. *Shouting*: P. and V. θόρῠβος, ὁ, βοή, ἡ, P. θροῦς, ὁ, V. κέλᾰδος, ὁ; see *shout*. *Noise of animals*: P. and V. φθέγμᾰ, τό (Plat.), φθόγγος, ὁ (Plat.), V. βοή, ἡ, φθογγή, ἡ. *Inarticulate sound*: P. and V. ψόφος, ὁ, ἠχή, ἡ (Plat. but rare P.), κτῠ́πος, ὁ (Plat. and Thuc. but rare P.) (also Ar.), V. βρόμος, ὁ, δοῦπος, ὁ (also Xen. but rare P.), ἀραγμός, ὁ, ἀράγμᾰτα, ὁ, Ar. and V. πᾰ́τᾰγος, ὁ. *Make a noise*, v.: P. and V. ψοφεῖν (absol.), P. ψόφον ποιεῖν (Thuc. 3, 22); see also *cry, shout, resound*.

Noise abroad, v. trans. P. and V. ἐκφέρειν, διασπείρειν, Ar. and V. θροεῖν, σπείρειν, P. διαθροεῖν (absol.). *Be noised abroad*: P. and V. θρῡλεῖσθαι, διέρχεσθαι, P. διαθρυλεῖσθαι (Xen.), V. κλῄζεσθαι, ὑμνεῖσθαι.

Noiseless, adj. V. ἄψοφος, ἀψόφητος; see *quiet*.

Noiselessly, adv. P. ἀψοφητί, V. ἀθορῠ́βως; see *quietly*.

Noisily, adv. Use P. μετὰ θορύβου.

Noisiness, subs. Use P. τὸ θορυβῶδες.

Noisome, adj. P. and V. βᾰρῠ́ς. *Pestilential*: P. and V. νοσώδης; see also *rank*.

Noisy, adj. P. θορυβώδης, V. πολύρροθος, ῥόθιος, Ar. θορῠβητῐκός.

Nomad, subs. or adj. Ar. and V. νομάς; see *wandering*.

Nominal, adj. *Pretended*: P. προσποιητός. *So called*: P. λεγόμενος, P. and V. κᾰλούμενος. *Trifling*: P. οὐδένος ἄξιος; see *trifling*.

Nominally, adv. As opposed to *really*: P. and V. λόγῳ, V. λόγοις (Eur., *El*. 47), τοῖς ὀνόμᾰσιν (Eur., *I. A*. 1115), τοῖς λόγοις (Eur., *Or*. 287). *As an excuse*: P. and V. πρόφᾰσιν.

Nominate, v. trans. See *appoint*. *Choose*: P. and V. αἱρεῖσθαι.

Nomination, subs. *Appointment*: P. and V. κᾰτάστᾰσις, ἡ. *Election to office*: P. αἵρεσις, ἡ.

Nonage, subs. *Childhood*: P. παιδεία, ἡ.

Nonce, subs. *For the nonce*: use P. πρὸς τὸ παρόν, εἰς τὸ παραχρῆμα.

Nonchalance, subs. Ar. and P. ἡσῠχία, ἡ.

Nonchalant, adj. P. and V. ἥσῠχος, ἡσῠχαῖος, P. ἡσύχιος.

Nonchalantly, adv. Ar. and P. κἄθ' ἡσῠχίαν.

Non-combatant, subs. *They removed the non-combatants with the women and children*: P. τοὺς ἀχρειοτάτους σὺν γυναιξὶ καὶ παισὶν ἐξεκόμισαν (Thuc. 2, 6).

Nondescript, adj. *Odd*: P. and V. ἄτοπος (Eur., *Frag.*). *Mixed up, confused*: P. and V. σύμμικτος, συμμῐγής, μῐγάς.

None, adj. P. and V. οὐδείς, μηδείς, οὔτῐς (rare P.), μήτῐς (rare P.). *None the less*: Ar. οὐδὲν ἧσσον (*Thesm.* 753); see *however*.

Nonentity, subs. *A person of no importance*: use P. οὐδένος ἄξιος, V. ὁ μηδέν, ὁ μηδείς.

Non-plus, v. trans. P. and V. τἄράσσειν, συντἄράσσειν, ἐκπλήσσειν, συγχεῖν.

Nonsense, subs. Ar. and P. λῆρος, ὁ, φλυᾱρία, ἡ, P. ληρήματα, τά, ὕθλος, ὁ, Ar. φλύᾱρος, ὁ. *Talk nonsense*, v.: P. and V. ληρεῖν, οὐδὲν λέγειν, Ar. and P. φλυᾱρεῖν, πἄρἄληρεῖν, Ar. ὑθλεῖν. *Absurdity*, subs.: Ar. and P. ἀτοπία, ἡ.

Nonsensical, adj. P. ληρώδης; see also *foolish*.

Non-suited, Be, v. intrans. P. δίκην οὐ λαγχάνειν (Dem. 951).

Nook, subs. Ar. and V. μῠχός, ὁ (rare P.); see *hiding-place*.

Noon, subs. P. and V. μεσημβρία, ἡ. *Of noon*, adj.: P. and V. μεσημβρῐνός; see *midday*.

Noose, subs. P. and V. βρόχος, ὁ (Dem. 744), V. αἰώρα, ἡ, ἀρτάνη, ἡ; see also *rope*. Met., *noose for hanging*: Ar. and V. ἀγχόνη, ἡ (rare P.).

Nor, conj. See *neither*.

Normal, adj. *According to rule*: P. and V. νόμῐμος. *Usual*: P. σύντροφος, Ar. and P. νομιζόμενος; see *usual*.

Normally, adv. *In the usual way*: P. and V. εἰωθότως, P. συνήθως. *Generally, for the most part*: P. ὡς ἐπὶ πολύ.

North, subs. *Northern region*: P. and V. ἄρκτος, ἡ (Plat.), P. βορρᾶς, ὁ, Ar. and P. βορέᾱς, ὁ. *To the north of*, P. πρὸς βορρᾶν (gen.).

Northern, adj. Ar. and P. βόρειος, V. βορραῖος, πρόσβορρος. Fem. adj., V. βορεάς (Æsch., *Frag.*). *The northern parts*: P. τὰ πρὸς βορρᾶν. *The inhabitants of Thrace, Scythia and the northern latitudes generally*: P. οἱ κατὰ Θράκην τε καὶ Σκυθικὴν καὶ σχεδόν τι κατὰ τὸν ἄνω τόπον (Plat., *Rep.* 435E).

Northward, adv. P. πρὸς βορέαν (Thuc. 2, 101). *To northward of*: see *to the north of*, under *north*.

North wind, subs. P. and V. βορρᾶς, ὁ, βορέᾱς, ὁ (Eur., *Cycl.* 329, also Ar.), Ar. and P. βόρειον, τό (*Vesp.* 265; Xen., *Cyn.* 8, 1).

Nose, subs. P. and V. ῥίς, ἡ, Ar. and V. μυκτήρ, ὁ (rare P.). *Hold one's nose*, v.: Ar. τὴν ῥῖνα ἐπιλαμβάνειν (*Plut.* 703). *Wipe one's nose*: P. and V. ἀπομύσσεσθαι (absol.) (Xen., Ar., Eur, *Cycl.* 561).

Nostril, subs. P. and V. ῥίς, ἡ, Ar. and V. μυκτήρ, ὁ (also Plat. but rare P.), Ar. and V. μύξᾰ, ἡ (Soph., *Frag.*). *With breath of snorting nostrils*: V. μυκτηροκόμποις πνεύμασιν (Æsch., *Theb.* 464).

Nostrum, subs. See *remedy*.

Not, adv. P. and V. οὐ, μή. *By no means*: P. and V. οὐδᾰμῶς, μηδᾰμῶς, V. οὔπως, μήπως; see under *means*. *Not even*: P. and V. οὐδέ . . . μηδέ. *Not yet*: P. and V. οὔπω, μήπω, οὐδέπω, μηδέπω. *I think not*: P. οὔ μοι δοκῶ, ἐγὼ μὲν οὐκ οἴομαι, V. οὐ δοκῶ (Eur., *And.* 670). *It seems not*: P. οὐ φαίνεται.

Notability, subs. P. περιφάνεια, ἡ; see *celebrity*.

Notable, adj. P. and V. περῐφᾰνής; see *celebrated*.

Notably, adv. *Especially*: P. and V. μᾰ́λιστα, P. ἐν τοῖς μάλιστα, διαφερόντως; see *especially*. *Famously*: P. and V. λαμπρῶς, περῐφᾰνῶς.

Notch, subs. *Incision*: P. τμῆμα, τό. *Mark*: P. and V. χᾰρακτήρ, ὁ. *Notch of the arrow*: V. γλῠφῐ́δες, αἱ.

Notch, v. trans. *Cut*: P. and V. τέμνειν, P. ἐπιτέμνειν. *Mark*: V. χᾰράσσειν.

Note, v. trans. P. and V. νοῦν ἔχειν πρός (acc. or dat.), ἐπισκοπεῖν, ἐννοεῖν (or mid.), νοεῖν (or mid.), Ar. and P. προσέχειν (dat.), προσέχειν τὸν νοῦν (dat.), Absol., P. and V. ἐνδέχεσθαι; see *notice*, *look at*. *Note down*: Ar. and P. συγγρᾰ́φειν.

Note, subs. *Reputation*: P. and V. δόξᾰ, ἡ, ἀξίωμα, τό. *Of note*: use *noted*, adj. *Worthy of note*: see *noteworthy*. *Attention*: P. and V. ἐπιστροφή, ἡ. *Take note of*: see *note*, v. *Letter*: P. and V. ἐπιστολή, ἡ, or pl., γράμμᾰτα, τά, γρᾰφή, ἡ, or pl. *Memorandum*: P. ὑπόμνημα, τό. *I had notes taken (of the words) as soon as ever I reached home*: P. ἐγραψάμην μὲν τότ' εὐθὺς οἴκαδ' ἐλθὼν ὑπομνήματα (Plat., *Theaet.* 142D). *In music*: Ar. and P. τόνος, ὁ. *Strike a jarring note*, v., met.: P. πλημμελεῖν.

Noted, adj. P. and V. εὔδοξος, περίβλεπτος, διαπρεπής, ἐκπρεπής, ὀνομαστός, λαμπρός, ἐπῐ́σημος, P. ἀξιόλογος, ἐπιφανής, εὐδόκιμος, περιβόητος, ἔνδοξος, διαφανής, ἐλλόγιμος, Ar. and V. κλεινός (Plat. also but rare P.), V. εὐκλεής, πρεπτός.

Noteworthy, adj. P. ἀξιόλογος, ἀξιομνημόνευτος.

Nothing, subs. P. and V. οὐδέν, μηδέν, οὔτῐ (rare P.), μήτῐ (rare P.). *Bring to nothing*, v. trans.: P. and V. ἀναιρεῖν, κᾰθαιρεῖν; see *destroy*. *Come to nothing*: V. ἐπὶ μηδὲν ἔρχεσθαι; see *fail*, *perish*. *Good for nothing*, adj.: see *useless*. *Make nothing of*, *make light of*, v.: P. and V. ῥᾳδίως φέρειν (acc.), V. κούφως φερεῖν (acc.). *Not to understand*: use P. and V. οὐ μανθᾰ́νειν. *Think nothing of*, v.: V. δι' οὐδένος ποιεῖσθαι (acc.), P. and V. ἐν πᾰρέργῳ τῐ́θεσθαι; see *disregard*. *For nothing*, *gratis*: Ar. and P. προῖκα, P. δωρεάν, P. and V. ἄμισθί.

Notice, subs. *Attention*: P. and V. ἐπιστροφή, ἡ. *Respectful treatment*: P. θεραπεια, ἡ. *Public warning*: P. πρόρρησις, ἡ. *Give public notice of*, v.: Ar. and P. προγρᾰ́φειν (acc.). *Proclamation*, subs.: P. and V. κήρυγμα, τό. *Give notice*, v.: P. and V. κηρύσσειν; see *proclaim*. *Escape notice (of)*: P. and V. λανθᾰ́νειν (acc. or absol.), P. διαλανθάνειν (acc. or absol.), V. λήθειν (acc. or absol.). *Take notice of*: see v. *notice*. *Pay respects to*: Ar. and P. θερᾰπεύειν (acc.). *Take no notice of*: see *disregard*. *At short notice*, *off hand*: P. and V. φαύλως, P. ἐξ ὑπογυίου. *Attacks are made at short notice*: P. ἐξ ὀλίγου . . . ἐπιχειρήσεις γίγνονται (Thuc. 2, 11).

Notice, v. trans. *Observe*, *perceive*: P. and V. μανθᾰ́νειν, αἰσθᾰ́νεσθαι (acc. or gen.), ἐπαισθᾰ́νεσθαι (acc. or gen.), γιγνώσκειν, P. καταμανθάνειν; see *perceive*. *Mark*: P. and V. νοῦν ἔχειν πρός (acc. or dat.), ἐννοεῖν (or mid.), νοεῖν (or mid.), Ar. and P. προσέχειν (dat.), προσέχειν τὸν νοῦν (dat.), P. κατανοεῖν. Absol., P. and V. ἐνδέχεσθαι. *Heed*: P. and V. ἐπισκοπεῖν (acc.), ἐπιστέφεσθαι (gen.), φροντίζειν (gen.); see *heed*. *Treat with respect*: Ar. and P. θερᾰπεύειν (acc.).

Noticeable, adj. *Considerable*: P. ἀξιόλογος; see *remarkable*. *Manifest*: P. and V. δῆλος, φᾰνερός, σαφής; see *manifest*.

Noticeably, adv. *Manifestly*: P. and V. σᾰφῶς, Ar. and P. φᾰνερῶς; see *manifestly, remarkably*.

Notification, subs. P. πρόρρησις, ἡ.

Notify, v. trans. See *inform, proclaim*.

Notion, subs. *Conceit, idea*: P. and V. δόξᾰ, ἡ, δόξασμα, τό, δόκησις, ἡ, ἔννοια, ἡ, V. δόκημα, τό. *Opinion*: P. and V. γνώμη, ἡ, δόξᾰ, ἡ, V. γνῶμα, τό, Ar. and P. διάνοια, ἡ. *Thought, plan*: Ar. and P. νόημα, τό, διάνοια, ἡ, P. and V. φροντίς ἡ (rare P.). *Mental picture*: P. and V. εἰκών, ἡ, P. εἴδωλον, τό. *Suspicion*: P. and V. ὑποψία, ἡ, ὑπόνοια, ἡ. *Have a notion (inkling) of*, v.: P. and V. ὑποπτεύειν (acc.), ὑπονοεῖν (acc.). *Form a notion of*: P. and V. νοεῖν (or mid.) (acc.), ὑπολαμβάνειν (acc.) (rare V.).

Notoriety, subs. P. περιφάνεια, ἡ.

Notorious, adj. P. περιβόητος, πολυθρύλητος, P. and V. περῐφᾰνής.

Notoriously, adv. P. περιβοήτως, P. and V. περῐφᾰνῶς.

Notwithstanding, conj. P. and V. ὅμως, μέντοι, V. ἔμπᾱς. Prep.: see *in spite of*, under *spite*.

Nought, subs. See *naught*.

Noun, subs. Ar. and P. ὄνομα, τό.

Nourish, v. trans. P. and V. τρέφειν, ἐκτρέφειν (Plat.), Ar. and V. βόσκειν, V. κηπεύειν, ἀτάλλειν, ἀλδαίνειν. Met., of feelings, *entertain*: P. and V. ἔχειν, τρέφειν (Plat.), φῠλάσσειν.

Nourishing, adj. P. τρόφιμος, V. εὐτρᾰφής, θρεπτήριος.

Nourishment, subs. P. and V. τροφή, ἡ; see *food*.

Novel, adj. P. and V. νέος, καινός, Ar. and V. νεοχμός; see *new*. *Strange*: Ar. and P. θαυμάσιος, P. and V. θαυμαστός.

Novelty, subs. P. καινότης, ἡ. *Something new*: use P. and V. καινόν, τι.

November, subs. P. Μαιμακτηριών, ὁ.

Novice, subs. Use adj., P. and V. ἄπειρος, P. ἀνεπιστήμων.

Now, adv. *At the present moment*: P. and V. νῦν, τὸ νῦν, τὰ νῦν, νυνί (Eur., *Supp.* 306, but rare V. also Ar.). *Just now*: P. and V. νῦν, ἄρτῐ, ἀρτίως, νέον, νεωστί; see under *just*. *Already*: P. and V. ἤδη. *As things are*: P. and V. νῦν. *Now . . . then*: Ar. and P. τότε μέν . . . τότε δέ, ποτὲ μέν . . . ποτὲ δέ, P. and V. τότε . . . ἄλλοτε. *Now and then, sometimes*: P. ἔστιν ὅτε, P. and V. ἐνίοτε (Eur., *Hel.* 1213), V. ἔσθ' ὅτε. *Till now*: see *hitherto*. As connecting particle: P. and V. οὖν, μὲν οὖν, γάρ. *Come now*: P. and V. φέρε, φέρε δή, ἄγε, εἶα, εἶα δή. *Now that*: see *since*.

No way, adv. P. and V. οὐδᾰμῶς, οὐδᾰμῇ, μηδᾰμῶς, μηδᾰμῇ, V. οὐδᾰμά, οὔπως, μήπως, Ar. and V. μηδᾰμά.

Nowhere, subs. P. and V. οὐδᾰμοῦ, οὐδᾰμῇ, μηδᾰμοῦ, μηδᾰμῇ. *To no place*: P. οὐδαμόσε, μηδαμόσε, Ar. and P. οὐδαμοῖ. *From nowhere*: P. οὐδαμόθεν, μηδαμόθεν.

Nowise, adv. See *no way*.

Noxious, adj. P. and V. νοσώδης, ἀσύμφορος, κᾰκός, V. λυγρός, λωβητός, λῡμαντήριος.

Nozzle, subs. P. ἀκροφύσιον, τό. *Projecting part*: P. τὸ προέχον.

Nucleus, subs. *Starting point*: P. and V. ἀφορμή, ἡ. *Beginning*: P. and V. ἀρχή, ἡ.

Nude, adj. P. and V. γυμνός.

Nudge, v. trans. Ar. ἐξαγκωνίζειν (absol.), or use *touch*.

Nudity, subs. P. and V. τὸ γυμνόν.

Nugatory, adj. P. ἄκυρος.

Nugget, subs. Use P. βῶλος, ἡ (Arist.). V. μυδρός ὁ.

Nuisance, subs. P. and V. κᾰκόν, τό. *Be a nuisance to*, v.: Ar. and P. πράγμᾰτα πᾰρέχειν (dat.), ἐνοχλεῖν (acc. or dat.).

Null and void, adj. P. ἄκυρος.

Nullify, v. trans. See *cancel*.

Numb, adj. P. ἀπονεναρκωμένος. *Dull*: P. and V. ἀμβλύς; see also *torpid*. *Be numb*, v.: P.

ναρκᾶν (Plat.). *Ah, me! I swoon and my limbs grow numb*: V. οἲ 'γὼ προλείπω, λύεται δέ μοι μέλη (Eur., *Hec.* 438). *So that my hand grew numb upon thy robes*: V. ὥστ' ἐνθανεῖν γε σοῖς πέπλοισι χεῖρ' ἐμήν (Eur., *Hec.* 246).

Numb, v. trans. *Dull*: P. and V. ἀμβλῠ́νειν, ἀπαμβλῠ́νειν, V. κᾰταμβλῠ́νειν.

Number, subs. P. and V. ἀριθμός, ὁ, ἀρίθμημα, τό. *Crowd, multitude*: P. and V. πλῆθος, τό, ὅμῑλος, ὁ, ὄχλος, ὁ, V. ἀνδροπλήθεια, ἡ. Of things: P. and V. πλῆθος, τό, ὄχλος, ὁ. *Things have been done by them so great in importance and so many in number*: P. τοιαῦτα αὐτοῖς τὸ μέγεθος καὶ τοσαῦτα τὸ πλῆθος εἴργασται (Lys. 120). *In numbers, (to surpass) in numbers*: P. and V. πλήθει. *To the number of*: P. and V. εἰς (acc.). *He was travelling with small numbers*: V. ἐχώρει βαιός (Soph., *O. R.* 750). *Equal in number*, adj.: P. ἰσοπληθής, ἰσάριθμος. *Numbers, poetry*: P. and V. νόμος, ὁ, or pl.; see *song*.

Number, v. trans. P. and V. ἀριθμεῖν, διᾰριθμεῖν (mid. in P.), P. ἐξαριθμεῖν, V. πεμπάζειν. *Calculate*: P. and V. λογίζεσθαι. *Number among*: P. and V. κᾰτᾰριθμεῖν (ἐν, dat. or μετά, gen.). *Be numbered among*: P. and V. τελεῖν εἰς (acc.), V. ἀριθμεῖσθαι (gen. or ἐν, dat.).

Numberless, adj. P. and V. ἀνᾰρίθμητος, V. ἀνάριθμος, ἀνήριθμος, μῡρίος (also Plat. but rare P.).

Numbness, subs. Ar and P. νάρκη, ἡ.

Numeral, subs. P. and V. ἀριθμός, ὁ.

Numeration, subs. Ar. and P. λογισμός, ὁ.

Numerically, adv. *On the score of numbers*: P. and V. ἀρίθμῳ. *Be numerically superior*: P. πλήθει προέχειν.

Numerous, adj P. and V. πολύς. *Very numerous*: P. παμπληθής, Ar. and P. πάμπολυς.

Nuptial, adj. P. and V. νυμφῐκός (Plat.) Ar. and P. γᾰμῐκός, Ar. and V. γᾰμήλιος, V. νυμφευτήριος, εὐναῖος, Ar. νυμφῐ́διος.

Nuptials, subs. P. and V. γάμος, ὁ, P. τὰ γαμικά, V. νυμφεῖα, τά, νύμφευμα, τό, εὐνήμᾰτα, τά, Ar. and V. ὑμέναιος, ὁ; see *marriage*.

Nurse, v. trans. *Suckle*: P. τιτθεύειν, θηλάζειν (or mid.); see *suckle*. *Bring up, rear*: P. and V. τρέφειν (or mid.), ἐκτρέφειν. *Tend (the sick)*: P. and V. θερᾰπεύειν, P. νοσηλεύειν; see *tend*. *Harbour (feelings, etc.)*: P. and V. τρέφειν (Plat.), φῠλάσσειν, ἔχειν. *Turn over and over in thought*: Ar. and V. βουκολεῖν (or mid.).

Nurse, subs. *Wet nurse*: P. and V. τῑθήνη, ἡ (Plat.), Ar. and P. τίτθη, ἡ. *Be a nurse*, v.: P. τιτθεύειν. *Generally*: P. and V. τροφός, ὁ, or ἡ, τροφεύς, ὁ, or ἡ. In voc., *good nurse*: Ar. and V. μαῖα. *One who waits on the sick*: P. θεραπευτής, ὁ. *A slave who attends on boys*: P. and V. παιδᾰγωγός, ὁ.

Nursery, subs. *Place for rearing children*: P. σηκός, ὁ (Plat., *Rep.* 460c).

Nursing, subs. *Attendance (on the sick)*: P. and V. θερᾰπεία, ἡ, V. παιδᾰγωγία, ἡ. *Wet nursing*: P. τιτθεία, ἡ.

Nursling, subs. P. and V. παίδευμα, τό (Plat.), θρέμμᾰ, τό (Plat.), P. τρόφιμος, ὁ, V. ἐκπαίδευμα, τό (Eur., *Cycl.* 601).

Nurture, v. trans. P. and V. τρέφειν, ἐκτρέφειν (Plat.), Ar. and V. βόσκειν, V. κηπεύειν, ἀτάλλειν, ἀλδαίνειν. Met., *harbour (feelings, etc.)*: P. and V. τρέφειν (Plat.), φῠλάσσειν, ἔχειν. *Bring up*: P. and V. τρέφειν (or mid.), ἐκτρέφειν.

Nurture, subs P. and V. τροφή, ἡ; see *food*.

Nurturing, adj. P. τρόφιμος, V. εὐτρᾰφής, θρεπτήριος.

Nut, subs. Ar. and P. κάρυον, τό (Xen.).

Nutriment, subs. P. and V. τροφή, ἡ; see *food*.
Nutritious, adj. P. τρόφιμος, V. εὐτρᾰφής, θρεπτήριος.
Nutshell, subs. Met., *in a nutshell, in a small compass*: P. ἐν κεφαλαίῳ.
Nymph, subs. P. and V. νύμφη, ἡ. *Nymphs of the stream*: V. πηγαῖοι κόραι, αἱ.

O

O, interj. P. and V. ὦ, V. ὠή. *Alas*: P. and V. οἴμοι, φεῦ. *O that*: see *would that*.
Oak, subs. P. and V. δρῦς, ἡ. *Tough as oak*, met.: Ar. πρίνῐνος (*Ach.* 180). *In the mountains where oaks grow*: Ar. ἐν ὄρεσι δρυογόνοισι (*Thesm.* 114).
Oak-coppice, subs. V. δρῡμός, ὁ.
Oaken, adj. V. δρῡΐνος.
Oar, subs. P. and V. κώπη, ἡ, ταρσός, ὁ (Thuc. 7, 40, but rare P.), Ar. and V. πλᾰ́τη, ἡ, V. ἐρετμόν, τό. *Equipment of oars*: V. κωπήρης στόλος (Æsch., *Pers.* 416). *Furnish the hands with oars*: V. ἐρετμοῦν χέρας (Eur., *Med.* 4). *Pull at the oar*, v.: Ar. and P. ἐμβάλλειν (absol.) (Xen.); see *row*. *Having one bank of oars*, adj.: P. μονόκροτος (Xen.). *Having two banks of oars*: P. δίκροτος (Xen.). *A ship with thirty oars*, subs.: P. τριακόντορος, ἡ. *A ship with fifty oars*: P. and V. ναῦς πεντηκόντορος ἡ (Eur., *Hel.* 1412).
Oared, adj. P. and V. κωπήρης, V. εὐήρετμος, πολύκωπος. *A two-oared boat*: P. ἀκάτιον ἀμφηρικόν (Thuc. 4, 67).
Oarsman, subs. Ar. and P. ἐρέτης, ὁ, P. πρόσκωπος, ὁ, V. κώπης ἄναξ, ὁ (Eur., *Cycl.* 86), ἐρετμοῦ ἐπιστάτης, ὁ (Eur., *Hel.* 1267).
Oasis, subs. P. ὄασις, ἡ (Hdt.).
Oath, subs. P. and V. ὅρκος, ὁ, or pl., ὅρκιον, τό (Thuc.), or pl., V. ὁρκώμᾰτα, τά. *Affidavit*: Ar. and P. ἀντωμοσία, ἡ, P. διωμοσία, ἡ. *This oath abides true*: V. ταδ' εὐόρκως ἔχει (Æsch., *Cho.* 979). *True oath*: V. εὐορκώμᾰτα, τά, *False oath*: P. ἐπιορκία, ἡ. *Administer an oath to*, v.: P. ἐξορκοῦν (acc. or absol.). *Agree to an oath*: V. σῠνομνῦναι (Soph., *Phil.* 1367). *Bind by an oath*: Ar. and P. ὁρκοῦν, P. ὅρκῳ καταλαμβάνειν, ὅρκῳ πιστοῦν (also mid. in V.), V. ὅρκῳ ζευγνῦναι, ὅρκοις περῐβάλλειν (Eur., *I. T.* 788). *By reason of the oaths whereby he was bound*: V. οὕνεχ' ὅρκων οἷσιν ἦν ἐπώμοτος (Soph., *Aj.* 1113). *We are bound by oaths*: V. ὅρκοις κεκλήμεθα (Eur., *Hel.* 977). *Bind oneself by oath*, v.: P. and V. διόμνυσθαι. *Deny on oath*: P. and V. ἀπομνῦναι, ἐξομνῦναι (or mid.). *Exchange oaths*: P. ὅρκους διδόναι καὶ δέχεσθαι. *The generals exchanged oaths to abide by the terms*: V. ὅρκους συνῆψαν ἐμμενεῖν στρατηλάται (Eur., *Phoen.* 1241). *Faithful to one's oath*, adj.: P. and V. εὔορκος. *Be faithful to one's oath*, v.: P. and V. εὐορκεῖν. *Faithfulness to one's oath*, subs.: P. εὐορκία, ἡ (Dem. 607). *False to one's oath*, adj.: Ar. and P. ἐπίορκος. *Be false to one's oath*, v.: Ar. and P. ἐπιορκεῖν. *Join in taking an oath*, v.: P. and V. σῠνομνῦναι. *On oath*: see under *oath*. *Take an oath, swear*, v.: P. and V. ὀμνῦναι, ἐπομνῦναι, διόμνυσθαι, κᾰτομνῦναι (or mid.), V. ὁρκωμᾰτεῖν, διομνῦναι. *Take (exact) an oath from*: P. ἀπολαμβάνειν ὅρκον παρά (gen.). *Under oath*: use adj., P. and V. ἔνορκος, V. ὅρκιος, διώμοτος, ἐπώμοτος. *Be under oath*, v.: P. and V. ὀμωμοκέναι (perf. act. of ὀμνύναι). *Witnessing oaths (applied to the gods)*, adj.: P. and V. ὅρκιος, V. ἐπώμοτος.
Oats, subs. Use P. and V. κρίθη, ἡ.
Obduracy, subs. P. αὐθάδεια, ἡ, σκληρότης, ἡ, Ar. and V. αὐθᾱδία, ἡ, V. αὐθᾱδίσμᾰτα, τά.
Obdurate, adj. P. and V. αὐθᾰ́δης, σκληρός, σχέτλιος; see also *harsh*.
Obdurately, adv. Ar. and P. αὐθᾰ́δως, P. σκληρῶς.

Obedience, subs. P. and V. πειθαρχία, ἡ. *Obedience to*: P. ἀκρόασις, ἡ (gen.).

Obedient, adj. P. and V. εὐπειθής (Plat.), κατήκοος (Plat.), V. εὐαρκτος, εὐπῐθής, πείθαρχος, φῐλήνιος; see *docile*.

Obediently, adv. P. εὐηνίως.

Obeisance, subs. P. προσκύνησις, ἡ. *Make obeisance*: P. and V. προσκῠνεῖν, Ar. and V. προσπίπτειν, V. προσπίτνειν; see *prostrate, worship*.

Obese, adj. See *fat*.

Obesity, subs. See *fatness*.

Obey, v. trans. P. and V. πείθεσθαι (dat.), πειθαρχεῖν (dat.), εἰσᾰκούειν (gen.) (Thuc. 1, 82 but rare P.), V. ἐπῐπείθεσθαι (absol.), Ar. and P. ὑπᾰκούειν (gen. or dat.), ἀκροᾶσθαι (gen.), Ar. and V. κλύειν (gen.), ἀκούειν (gen.). *Follow*: P. and V. ἕπεσθαι (dat.), ἐφέπεσθαι (dat.).

Object, subs. *Purpose*: P. and V. γνώμη, ἡ, βούλευμα, τό. *Aim*: P. and V. ὅρος, ὁ, P. προαίρεσις, ἡ. *With what object?* Ar. and P. ἵνᾰ τί; *The object of the wall was this*: P. ἦν τοῦ τείχους ἡ γνώμη αὕτη (Thuc. 8, 90). *I will readily show you what is the object of our sting*: Ar. ἥτις ἡμῶν ἐστιν ἡ 'πίνοια τῆς ἐγκεντρίδος ῥᾳδίως ἐγὼ διδάξω (*Vesp*. 1073). *With what object would you have sent for them?* P. τί καὶ βουλόμενοι μετεπέμπεσθ' ἂν αὐτούς; (Dem. 233). *Have the same object*: P. and V. ταὐτὰ βούλεσθαι. *Obtain one's object*: P. τὰ πράγματα ἀναιρεῖσθαι (Dem. 15). *Philip was in fear lest his object should elude him*: P. ἦν ὁ Φίλιππος ἐν φόβῳ . . . μὴ ἐκφύγοι τὰ πράγματα αὐτόν (Dem. 236). *Aim, thing aimed at*: P. σκοπός, ὁ (Plat., *Philib*. 60A). *Object of the senses*: P. αἰσθητόν, τό (Plat.).

Object, v. intrans. *Raise opposition*: P. and V. ἀντῐλέγειν, ἐναντιοῦσθαι, V. ἀντιοῦσθαι. *Be annoyed*: P. δυσχεραίνειν. *Object to*: P. and V. ἄχθεσθαι (dat.), Ar. and P. ἀγᾰνακτεῖν (dat.), P. χαλεπῶς φέρειν (acc.); see *dislike*. *Find fault with*: P. and V. μέμφεσθαι (acc. and dat.), P. καταμέμφεσθαι (acc.).

Objection, subs. *Opposition*: Ar. and P. ἀντιλογία, ἡ. *Counter argument*: P. ἀντίληψις, ἡ. *Dislike*: P. and V. δυσχέρεια, ἡ. *Raise objections*: use, *object*, v. *Be open to objection*: P. ἔγκλημα ἔχειν. *There is no objection to*: P. and V. οὐδεὶς φθόνος (infin.). *If you have no objection*: P. and V. εἰ σο δοκεῖ. *Blame*: P. and V. μέμψῐς, ἡ; see *blame*.

Objectionable, adj. P. and V. βᾰρύς, ἐπίφθονος, ἐπαχθής. *Blameworthy*: P. and V. μεμπτός.

Objectionableness, subs. P. ἀηδία, ἡ, βαρύτης, ἡ.

Objectionably, adv. P. ἀηδῶς.

Objurgation, subs. *Blame*: P. and V. μέμψῐς, ἡ, ψόγος, ὁ, αἰτία, ἡ, P. ἐπιτίμησις, ἡ; see also *abuse*.

Oblation, subs. See *offering*.

Obligation, subs. *Favour*: P. and V. χάρῐς, ἡ. *Be under an obligation*: P. and V. χάρῐν ὀφείλειν. *I should be under great obligation to them for this charge*: P. πολλὴν ἂν αὐτοῖς χάριν εἶχον ταύτης τῆς κατηγορίας (Lys. 145). *That you may not think yourselves under any obligation to this detestable creature*: P. ἵνα μηδ' ὀφείλειν οἴησθέ τι τῷ καταπτύστῳ τούτῳ (Dem. 570). *Duty*: P. and V. τὸ προσῆκον. *Compulsion*: P. and V. ἀνάγκη, ἡ.

Oblige, v. trans. *Do a favour to*: P. and V. χᾰρίζεσθαι (dat.), ὑπουργεῖν (dat.). *To oblige as a favour*: P. and V. πρὸς χάρῐν. *Oblige with a loan*: P. εὐπορεῖν (dat. of person, acc. of money). *Compel*: P. and V. ἀναγκάζειν; see *compel*. *Be obliged to, owe thanks to*: P. and V. χάρῐν ἔχειν (dat.), χάρῐν ὀφείλειν (dat.). *Be compelled to*: P. and V. ἀναγκάζεσθαι (infin.), V. ὀφείλειν (infin.) (rare P.). *I am obliged to*: use P. and V. δεῖ με (infin.), χρή με (infin.).

Obliging, adj. P. and V. φῐλάνθρωπος, εὐχερής, φῐλόφρων (Xen.), P. ῥᾴδιος.

Obligingly, adv. P. and V. φῐλοφρόνως (Plat.), P. φιλανθρώπως.

Oblique, adj. P. πλάγιος, V. λοξός (Eur., *Frag.*). *Crooked*: P. σκολιός. *Transverse at right angles*: P. ἐγκάρσιος.

Obliquely, adv. P. ἐκ πλαγίου. *Indirectly, not openly*: P. οὐ φανερῶς. *In a round about way*: V. πέριξ. *Hint at obliquely*, v.: P. παραδηλοῦν (acc.), ὑπαινίσσεσθαι (acc.), ὑποσημαίνειν (acc.), Ar. and P. αἰνίσσεσθαι (acc. or εἰς acc.).

Obliterate, v. trans. P. and V. ἀφᾰνίζειν, ἐξᾰλείφειν, συγχεῖν. *Obliterate the memory (of a thing)*: P. μνήμην ἀφαιρεῖσθαι (gen.). *Obliterate a disgrace*: P. ἀδοξίαν ἀποτρίβεσθαι (Dem. 12).

Obliteration, subs. Ar. and P. ἀφάνῐσις, ἡ.

Oblivion, subs. P. and V. λήθη, ἡ, V. λῆστις, ἡ.

Oblivious, adj. P. and V. ἀμνήμων. *Oblivious of*: P. and V. ἀμνήμων (gen.); see also *heedless*.

Oblong, adj. P. προμήκης.

Obloquy, subs. *Infamy*: P. and V. ἀτῑμία, ἡ, αἰσχῡ́νη, ἡ, ὄνειδος, τό, P. κακοδοξία, ἡ; see *infamy*. *Blame*: P. and V. μέμψῐς, ἡ, ψόγος, ὁ, αἰτία, ἡ; see *blame*. *Abuse*: P. and V. διᾰβολή, ἡ, Ar. and P. λοιδορία, ἡ, P. ἐπήρεια, ἡ; see *abuse*.

Obnoxious, adj. P. and V. βᾰρύς, δυσχερής, ἄχᾰρις (Plat. also Ar.), V. δυστερπής, P. ἀηδής; see *unpleasant*.

Obnoxiously, adj. P. ἀηδῶς.

Obnoxiousness, subs. P. βαρύτης, ἡ, ἀηδία, ἡ.

Obscene, adj. P. ἀκάθαρτος, ἀπρεπής, P. and V. ἀσχήμων, V. δυσπρεπής. *Foul*: P. and V. αἰσχρός. *Shameless*: P. and V. ἀναιδής, ἀναίσχυντος. *Ill-omened*: P. and V. κᾰκός, δύσφημος (Plat. but rare P.).

Obscenely, adv. P. ἀπρεπῶς. *Foully*: P. and V. αἰσχρῶς.

Obscenity, subs. P. ἀκαθαρσία, ἡ, ἀπρέπεια, ἡ, ἀσχημοσύνη, ἡ.

Obscure, adj. *Without light*: P. and V. σκοτεινός, P. σκοτώδης, V. ἀμαυρός, λῡγαῖος, κνεφαῖος, ὀρφναῖος, δνοφώδης, ἀνήλιος, ἀφεγγής, ἀναύγητος. *In shadow*: P. ἐπίσκιος (Plat.). *Hard to understand*: P. and V. ἀσᾰφής, ἄδηλος, ποικῐ́λος, αἰνιγμᾰτώδης, V. δυσμᾰθής, ἀσῠ́νετος, ἄσημος, ἄσκοπος, ἀξύμβλητος, αἰολόστομος, ἐπάργεμος, δυστόπαστος, δυστέκμαρτος, δῠσεύρετος, ψελλός, αἰνικτος, Ar. and P. ἀτέκμαρτος; see *unintelligible*. *Secret*: P. and V. κρυπτός, λαθραῖος, ἀφᾰνής, κρῠφαῖος, V. κρῠ́φιος. *An obscure rumour*: V. ἀμαυρὸς κληδών, ἡ. *Humble (of origin, etc.)*: P. and V. τᾰπεινός, φαῦλος, V. βρᾰχύς, βαιός, ἀμαυρός; see *mean*. *Inglorious*: P. and V. ἄτῑμος, ἀδόκῐμος, ἀφᾰνής, ἀκλεής ἀνώνῠμος, P. ἄδοξος, V. δυσκλεής (also Xen.), ἄσημος.

Obscure, v. trans. *Cast a shadow over*: P. ἐπισκοτεῖν (dat.), V. σκιάζειν (acc.), σκοτοῦν (acc.) (pass. used in Plat.). *Cause to disappear*: P. and V. ἀφᾰνίζειν. *Hide*: P. and V. κρύπτειν, συγκρύπτειν; see *hide*. *Make unintelligible, confuse*: P. and V. συγχεῖν. *Tarnish*: P. and V. αἰσχῡ́νειν, κᾰταισχῡ́νειν.

Obscurely, adv. *Unintelligibly*: P. ἀσαφῶς, V. δυσκρῐ́τως, αἰνικτηρίως, Ar. and V. ποικῐ́λως; see *unintelligibly*. *Ingloriously*: P. and V. ἀτῑ́μως, ἀκλεῶς, V. δυσκλεῶς.

Obscurity, subs. *Darkness*: P. and V. σκότος, ὁ, or τό, P. τὸ σκοτεινόν, Ar. and V. κνέφᾰς, τό (also Xen.), ὄρφνη, ἡ. *Unintelligibility*: P. ἀσάφεια, ἡ. *Baseness (of origin)*: P. and V. δυσγένεια, ἡ (Plat.), P. ταπεινότης, ἡ. *Ingloriousness*: P. and V. ἀδοξία, ἡ. *Obscurity of position*: P. ἀξιώματος ἀφάνεια (Thuc. 2, 37).

Obsequies, subs. P. and V. τάφος, ὁ, τᾰφή, ἡ, κῆδος, τό (Plat.). *Carrying out for burial*: P. and V. ἐκφορά, ἡ. *Funeral rites*: P. and V.

νόμῐμα, τά (Eur., *Hel.* 1277), P. τὰ νομιζόμενα; see *funeral.*

Obsequious, adj. P. θωπευτικός, Ar. θωπῐκός. *Slavish*: P. and V. δοῦλος (Plat.), Ar. and P. δουλῐκός, P. ἀνδραποδώδης; see *slavish. Humble*: P. and V. τᾰπεινός.

Obsequiously, adv. *Slavishly*: P. ἀνδραποδώδως.

Obsequiousness, subs. P. and V. θωπεία, ἡ.

Observable, adj. P. and V. φᾰνερός, δῆλος; see *visible.*

Observance, subs. *Attention*: P. and V. ἐπιστροφή, ἡ. *Observance of, practice of*: P. ἄσκησις, ἡ (gen.). *Religious observance*: P. θεραπεία τῶν θεῶν, ἡ. *Observances, ceremonies*: Ar. and P. τὰ νομιζόμενα; see *ceremony.*

Observant, adj. *Attentive, careful*: P. and V. ἐπῐμελής (Soph., *Frag.*). *Shrewd*: P. and V. σῠνετός, Ar. and P. φρόνῐμος. *Mindful*: P. and V. μνήμων.

Observantly, adv. *Attentively*. P. ἐπιμελῶς. *Shrewdly*: Ar. and P. φρονῐ́μως.

Observation, subs. See *detection. Contemplation*: P. θεωρία, ἡ. *Sight*: P. and V. ὄψῐς, ἡ. *Examination*: P. and V. σκέψῐς, ἡ. *Shrewdness*: P. and V. σῠ́νεσις, ἡ, τὸ σῠνετόν, γνώμη, ἡ, φρόνησις, ἡ. *Remark, speech*: P. and V. λόγος, ὁ, or pl.

Observe, v. trans. *Note*: P. and V. νοῦν ἔχειν πρός (acc. or dat.), ἐπισκοπεῖν, ἐννοεῖν (or mid.), νοεῖν (or mid.), Ar. and P. προσέχειν (dat.), προσέχειν τὸν νοῦν (dat.). Absol., P. and V. ἐνδέχεσθαι. *Perceive*: P. and V. μανθάνειν, αἰσθάνεσθαι (acc. or gen.), ἐπαισθάνεσθαι (acc. or gen.), γιγνώσκειν, P. καταμανθάνειν. *Look at, examine*: P. and V. ἐπισκοπεῖν, θεᾶσθαι, ἄναθρεῖν; see *examine, watch. Be on the watch for*: P. and V. φῠλάσσειν (acc.), προσδοκᾶν (acc.), Ar. and P. ἐπῐτηρεῖν (acc.), V. κᾰρᾱδοκεῖν (acc.) (also Xen.). *Watch*: P. and V. φῠλάσσειν, Ar. and V. ἐποπτεύειν; see *watch, behold. Comply with, keep*: P. and V. σώζειν, φῠλάσσειν, διᾰσώζειν, διᾰφῠλάσσειν. *Abide by*: P. and V. ἐμμένειν (dat.). *Celebrate*: P. and V. ἄγειν. *Make a remark*: P. and V. λέγειν, εἰπεῖν; see *say.*

Observer, subs. P. and V. θεᾱτής, ὁ, θεωρός, ὁ, ἐποπτής, ὁ.

Obsolete, adj. P. and V. ἀρχαῖος, πᾰλαιός, P. ἕωλος, ἀρχαιότροπος. *Your views are obsolete*: Ar. φρονεῖς ἀρχαϊκά (*Nub.* 821).

Obsoleteness, subs. P. and V. πᾰλαιότης, ἡ.

Obstacle, subs. P. ἐμπόδισμα, τό, ἐναντίωμα, τό, κώλυμα, τό, διακώλυμα, τό. *Be an obstacle to*: Ar. and P. ἐμπόδιος εἶναι (dat. of pers., gen. of thing.), P. and V. ἐμποδὼν εἶναι (dat.), ἐμποδὼν γίγνεσθαι (dat.). *Wherever any obstacle is in the way*: P. ᾗ ἂν ἐνστῇ τι (Dem. 1274). *The obstacle mentioned just now by Cebes is still there*: P. ἔτι ἐνέστηκε ὃ νῦν δὴ Κέβης ἔλεγε (Plat., *Phaedo*, 77B).

Obstetric, adj. P. μαιευτικός.

Obstinacy, subs. P. αὐθάδεια, ἡ, σκληρότης, ἡ, Ar. and V. αὐθᾱδία, ἡ, V. αὐθᾱδίσμᾰτα, τά.

Obstinate, adj. P. and V. αὐθάδης, σκληρός, Ar. αὐθᾱδῐκός, αὐθᾱδόστομος. Ar. and V. στερρός, V. περισκελής. Of things: P. ἰσχυρός, P. and V. ἄπορος, ἀμήχᾰνος (rare P.).

Obstinately, adv. Ar. and P. αὐθάδως, P. σκληρῶς.

Obstreperous, adj. P. ταραχώδης; see also *disobedient, noisy.*

Obstreperously, adv. P. ταραχώδως.

Obstreperousness, subs. See *disobedience, noise.*

Obstruct, v. trans. *Block up*: P. and V. φράσσειν, κλῄειν, συγκλῄειν, ἀποκλῄειν, P. ἐμφράσσειν, ἀποφράσσειν, Ar. and P. κᾰτακλῄειν. *Hinder*: P. and V. ἐμποδίζειν, ἐμποδὼν εἶναι (dat.), ἐμποδὼν γίγνεσθαι (dat.). *Prevent*: P. and V. κωλύειν; see *prevent*.

Obstruction, subs. *Impediment, obstacle*: P. ἐμπόδισμα, τό, ἐναντίωμα, τό. *Opposition*: P. ἐναντίωσις, ἡ.

Obtain, v. trans. P. and V. κτᾶσθαι, κἄτακτᾶσθαι, λαμβάνειν; see also *receive*. *Win for oneself*: P. and V. φέρεσθαι, ἐκφέρεσθαι, κομίζεσθαι, εὑρίσκεσθαι, Ar. and V. φέρειν (also Plat. but rare P.), εὑρίσκειν, V. ἄρνυσθαι (also Plat. but rare P.), ἀνύτεσθαι; see *win*. *Meet with*: P. and V. τυγχάνειν (gen.), προστυγχάνειν (gen. or dat.) (Plat.), Ar. and V. κῦρεῖν (gen.). *Obtain something for a person*: see *secure*. *Obtain by lot or destiny*: P. and V. λαγχάνειν (acc.), διᾶλαγχάνειν (acc.) (Plat.), κληροῦσθαι (acc. or gen.), V. ἀπολαγχάνειν (acc.), Ar. and V. ἐκλαγχάνειν (acc.). *Obtain in addition*: P. and V. ἐπικτᾶσθαι, προσλαμβάνειν, P. προσκτᾶσθαι. *Obtain in return*: P. ἀντιτυγχάνειν (gen.). *Help to obtain*: P. συγκτᾶσθαί (τινι), συγκατακτᾶσθαί (τινί τι). V. intrans. *The report obtains*: P. ὁ λόγος κατέχει; see *prevail*.

Obtainable, adj. P. καταληπτός. *Easy to obtain*: P. and V. εὔπορος.

Obtaining, subs. P. and V. λῆψις, ἡ (Soph., *Frag.*).

Obtrude, v. trans. Use P. and V. εἰσάγειν βίᾳ. V. intrans. *Intrude*: Ar. and P. εἰσβιάζεσθαι; see *intrude*.

Obtuse, adj. *Dull in intellect*: P. and V. σκαιός, ἀμᾶθής, νωθής, ἀφυής, P. ἀναίσθητος, δυσμαθής, βλακικός. Of an angle: P. ἀμβλύς.

Obtusely, adv. P. ἀναισθήτως.

Obtuseness, subs P. νώθεια, ἡ, ἀναισθησία, ἡ, δυσμάθεια, ἡ, βλακεία, ἡ, P. and V. ἀμᾶθία, ἡ.

Obviate, v. trans. *Prevent*: P. and V. κωλύειν, ἐμποδίζειν; see *prevent*, *meet*.

Obvious, adj. P. and V. δῆλος, ἔνδηλος, σἄφής, ἐναργής, λαμπρός, φἄνερός, διᾶφἄνής, ἐκφἄνής, ἐμφἄνής, περἴφἄνής, Ar. and P. εὔδηλος, κἄτάδηλος, P. ἐπιφανής, καταφανής, V. σἄφηνής; see *clear*.

Obviously, adv. P. and V. σἄφῶς, ἐμφἄνῶς, δηλἄδη, λαμπρῶς, περἴφἄνῶς, P. ἐπιφανῶς, διαφανῶς, Ar. and P. κἄτἄφἄνῶς, φἄνερῶς, V. σἄφηνῶς; see *clearly*.

Obviousness, subs. P. and V. σἄφήνεια, ἡ.

Occasion, subs. P. and V. καιρός, ὁ, ὥρα, ἡ. *If there be any occasion (need)*: P. ἤν τι δέῃ. *On occasions*: P. ἐπὶ καιρῶν. *On many occasions*: P. ἐπὶ πολλῶν; see *often*. *Occasion for, fitting time for*: P. and V. καιρός, ὁ (gen.), ὥρα, ἡ (gen.), ἀκμή, ἡ (gen.). *Pretext for*: P. and V. ἀφορμή, ἡ (gen.); see *pretext*. *There is no occasion for*: P. and V. οὐδὲν δεῖ (gen.). *There is no occasion to*: P. and V. οὐ δεῖ (infin.).

Occasion, v. trans. *Produce, cause*: P. and V. ποιεῖν, γεννᾶν, P. ἀπεργάζεσθαι; see *cause*. *Set in motion*: P. and V. κῖνεῖν.

Occasional, adj. *Rare*: P. and V. σπάνιος (Eur., *Frag.*), V. σπαρνός.

Occasionally, adv. *Sometimes*: P. and V. ἐνίοτε, P. ἔστιν ὅτε, V. ἔσθ' ὅτε. *Rarely*: P. and V. ὀλἴγάκἴς, P. σπανίως.

Occult, adj. *Secret*: P. and V. κρυπτός. *Mysterious*: P. and V. ἀσἄφής, ἀφἄνής, ἄδηλος; see *mysterious*. *Magic*: P. μαγευτικός.

Occupation, subs. *Business*: P. ἐργασία, ἡ, πραγματεία, ἡ, ἐπιτήδευμα, τό, μελέτημα, τό, Ar. and P. διατρἴβή, ἡ, P. and V. σπουδή, ἡ. *Craft, trade*: P. and V. τέχνη, ἡ, Ar. and P. χειρουργία, ἡ, V. χειρωναξία, ἡ. *Want of leisure*: P. ἀσχολία, ἡ. *Seizure*: P. κατάληψις, ἡ. *A being inhabited*: P. οἴκησις, ἡ, ἐνοίκησις, ἡ, κατοίκησις, ἡ. *The army of occupation*: use *garrison*.

Occupied, adj. P. and V. ἄσχολος (rare V.; Eur., *Or.* 93); see also under *occupy*, v.

Occupy, v. trans. *Take possession of:* Ar. and P. κᾰτᾰλαμβάνειν. *Hold:* P. and V. ἔχειν, κᾰτέχειν. *They themselves occupied the rest of the line (of battle):* P. τὸ ἄλλο αὐτοὶ ἐπεῖχον (Thuc.). *He occupies the end of the line:* V. τάξιν ἐσχάτην ἔχει (Soph., *Aj.* 4). *Dwell in:* P. and V. ἔχειν (acc.), νέμειν (rare P.) (acc.), νέμεσθαι (mid.) (acc.); see *inhabit.* *Employ (time, etc):* Ar. and P. διατρίβειν, κᾰτατρίβειν; see *spend.* *Engage (attention, etc.):* P. and V. κᾰτέχειν (Eur., *Alc.* 344). *The Athenians were occupied in Melos:* P. ἐν τῇ Μήλῳ οἱ Ἀθηναῖοι κατείχοντο (Thuc. 3, 94, cf., Soph., *Trach.* 249). *Occupy oneself:* Ar. and P. πραγμᾰτεύεσθαι, διατρίβειν. *Be occupied in:* P. πραγματεύεσθαι (acc., or περί, acc., or gen.), Ar. and P. διατρίβειν (ἐν, dat.), ἐνδιατρίβειν (dat.).

Occur, v. intrans. P. and V. συμβαίνειν, συμπίπτειν, πᾰρᾰπίπτειν, τυγχάνειν, συντυγχάνειν; see *happen.* *Occur (to the mind):* P. and V. πᾰρίστασθαι (dat.), ἐμπίπτειν (dat.), ἐπέρχεσθαι (acc. or dat.), εἰσέρχεσθαι (acc. or dat.).

Occurrence, subs. P. and V. συμφορά, ἡ, πάθος, τό, πάθημα, τό, Ar. and P. συντῠχία, ἡ.

Ocean, subs. *Open sea:* P. and V. πέλᾰγος, τό; see *sea.*

O'clock, adv. See under *clock.*

October, subs. P. Πυανεψιών, ὁ.

Oculist, subs. Use P. ὀφθαλμῶν ἰατρός, ὁ.

Odd, adj. P. and V. ἄτοπος (Eur., *Frag.*), Ar. and P. ἀλλόκοτος; see *strange.* Of number (as opposed to *even*): P. περισσός, ἀνάρτιος.

Oddity, subs. Ar. and P. ἀτοπία, ἡ.

Oddly, adv. P. ἀτόπως.

Odds, subs. *The excess:* use P. and V. τὸ περισσόν. *Lay odds,* v.: Ar. περῐδίδοσθαι (absol.). *Be at odds:* P. and V. ἐρίζειν, Ar. and P. διᾰφέρεσθαι; see *quarrel.* *It makes no odds:* P. and V. οὐδὲν διᾰφέρει; see *it is all one,* under *one.*

Ode, subs. P. and V. μέλος, τό, ᾠδή, ἡ, ὕμνος, ὁ, V. ἀοιδή, ἡ; see *song.*

Odious, adj. P. and V. ἐπίφθονος, ἐπαχθής, λῡπηρός, βᾰρύς, P. ἀηδής; see also *hateful.*

Odiously, adv. P. ἀηδῶς.

Odiousness, subs. P. βαρύτης, ἡ, ἀηδία, ἡ.

Odium, subs. P. and V. φθόνος, ὁ, P. ἀπέχθεια, ἡ, τὸ ἐπίφθονον. *Without odium:* as adj., P. ἀνεπίφθονος; adv., ἀνεπιφθόνως. *Incur odium,* v.: P. and V. ἀπεχθάνεσθαι.

Odoriferous, adj. P. and V. εὐώδης. *Ill-smelling:* P. and V. δῠσώδης.

Odour, subs. P. and V. ὀσμή, ἡ. *Bring a person into bad odour with,* v.: P. and V. διᾰβάλλειν τινὰ (dat. or εἰς, acc.). *Be in bad odour with:* P. and V. ἐπίφθονος εἶναι (dat.).

Of, prep. *About:* P. and V. περί (gen.), V. ἀμφί (gen. or dat.). *Of itself, spontaneously:* use adj., P. and V. αὐτόμᾰτος. *What of that?* P. and V. τί ταῦτα;

Off, prep. *Away from:* P and V. ἀπό (gen). *Out of:* P. and V. ἐκ (gen.). *Off (the coast):* P. and V. πρός (dat.), κᾰτά (acc.). *Off Laconia:* P. κατὰ τὴν Λακωνικήν (Thuc. 4, 2; cf., Thuc. 8, 86).

Off, adv. *Away:* P. and V. ἐκποδών, Ar. and P. πόρρω, V. πρόσω, πόρσω. *A long way off:* P. διὰ πολλοῦ. *Be off, be distant,* v.: P. and V. ἀπέχειν, P. διέχειν. *Be off, begone,* interj.: Ar. and V. ἔρρε, V. ἔρροις, Ar. ἄπᾰγε. *Off, gone:* Ar. and V. φροῦδος (also Antipho. but rare P.). *Be off, be gone,* v.: P. and V. οἴχεσθαι, ἀπαλλᾰγῆναι (2nd aor. pass. ἀπαλλάσσειν), ἀποίχεσθαι, V. ἐξοίχεσθαι, Ar. and V. διοίχεσθαι (also Plat. but rare P.), ἔρρειν (also Plat. but rare P.). *Be (well or badly) off:* P. and V. (εὖ or κᾰκῶς) ἔχειν. *Be badly off:* P. ἀπόρως διακεῖσθαι. *How are you off for* *friends* : V. πῶς δ' εὐμενείας (gen. sing.) . . . ἔχεις; (Eur., *Hel.* 313). *Come off*, v : see *occur*. Of a person, *come off* (*better* or *worse*) : P. and V. ἀπαλλάσσειν. *Cut off* : lit., P. and V. τέμνειν, κόπτειν, Ar. and P. ἀποτέμνειν, V. θερίζειν, ἀπᾶμᾶν; see under *cut*. *Intercept* : P. ἀπολαμβανειν, διαλαμβάνειν. *Destroy* : P. and V. κᾰθαιρεῖν; see *destroy*. *Get off* : see *escape*. *Be acquitted* : P. and V. φεύγειν, σώζεσθαι, Ar. and P. ἀποφεύγειν. *Keep off*, *ward off* : P. and V. ἀμῡνειν; see *ward off*. *Refrain* : P. and V. ἀπέχειν. *Lie off*, of a ship : P. ἐφορμεῖν (dat.); of an island : P. ἐπικεῖσθαι (dat. or absol.). *Make off*, *run away* : Ar. and P. ἀποδιδράσκειν. *Put off*, *defer* : P. and V. ἀποτίθεσθαι, εἰς αὖθις ἀνᾰβάλλεσθαι; see under *put*. *Take off* (*clothes*, *etc.*) : P. and V. ἐκδύειν, Ar. and P. ἀποδύειν. *Take off from oneself* : use mid. of verbs given. *Parody* : Ar. and P. κωμῳδεῖν (acc.).

Offal, subs. Use Ar. τρᾰχήλια, τά, V. κᾰθάρμᾰτα, τά.

Offence, subs. *Crime* : P. and V. ἀδῐκία, ἡ, ἀδίκημα, τό. *Sin* : P. and V. ἁμαρτία, ἡ, P. ἁμάρτημα, τό, πλημμέλημα, τό, V. ἐξάμαρτία, ἡ, ἀμπλάκημα, τό; see *sin*. *Affront* : P. and V. ὕβρῐς, ἡ, ὕβρισμα, τό. *Odium* : P. and V. φθόνος, ὁ, P. ἀπέχθεια, ἡ. *Anger*, *indignation* : P. ἀγανάκτησις, ἡ. *Give offence to*, v. : P. and V. ἀπεχθάνεσθαι (dat.); see *offend*. *Take offence* : Ar. and P. ἀγᾰνακτεῖν. *Take offence at* : Ar. and P. ἀγᾰνακτεῖν (dat.), P. χαλεπῶς φέρειν (acc.), προσκρούειν (dat.), V. πικρῶς φέρειν (acc.).

Offend, v. trans. *Annoy* : P. and V. λῡπεῖν; see *annoy*, *disgust*. *Come into conflict with* : P. προσκρούειν (dat.). *Insult* : P. and V. ὑβρίζειν; see *insult*. *Do wrong* : P. and V. ἁμαρτάνειν, ἐξᾰμαρτάνειν, πλημμελεῖν, V. ἀμπλᾰκεῖν (2nd aor.). (*Offend*) *against* : P. and V. (ἁμαρτάνειν) εἰς (acc.). *Be offended* : P. and V. ἄχθεσθαι, Ar. and P. ἀγᾰνακτεῖν; see *be annoyed*.

Offender, subs. Use adj., P. and V. κᾰκοῦργος. *The offender* : P. and V. ὁ αἴτιος, ὁ δράσας.

Offensive, adj. P. and V. βᾰρύς, ἐπαχθής, P. ἀηδής. *Causing jealousy* : P. and V. ἐπίφθονος. *In bad taste* : P. and V. πλημμελής, Ar. and P. ἄγροικος. *Insulting* : P. ὑβριστικός, V. κᾰκόστομος; see *abusive*. *Take the offensive* : P. ἐπιχειρεῖν (Thuc. 3, 12), προεπιχειρεῖν (Thuc. 6, 34). *Offensive and defensive alliance* : P. συμμαχία ὥστε τοὺς αὐτοὺς ἐχθροὺς καὶ φίλους νομίζειν (Thuc. 1, 44).

Offensively, adv. *Disgustingly* : P. ἀηδῶς. *In a way to cause jealousy* : P. ἐπιφθόνως. *In bad taste* : Ar. and P. ἀγροίκως. *Insultingly* : P. ὑβριστικῶς. *In a way to cause pain* : P. and V. ἀνῑαρῶς, λῡπηρῶς, P. δι' ἀχθηδόνα (Thuc. 4, 40).

Offensiveness, subs. P. ἀηδία, ἡ, βαρύτης, ἡ. *Rudeness* : P. and V. ὕβρῐς, ἡ.

Offer, v. trans. *Stretch forth* : P. and V. προτείνειν, ἐκτείνειν, ὀρέγειν. Met., *offer hope*, *advice*, *etc.* : P. and V. ὑποτείνειν; see *suggest*, *give*, *promise*. *Hand over* : P. and V. προσφέρειν, πᾰρέχειν, δῐδόναι. *Promise* : P. and V. ὑπισχνεῖσθαι; see *promise*. *Offer as a prize* : P. and V. προτῐθέναι, τῐθέναι, V. ἐκτῐθέναι (Soph., *Frag.*). *Dedicate* (*to a god*) : P. and V. ἀνᾰτῐθέναι. *Offer* (*a slave*) *for torture* : P. ἐκδιδόναι (acc.). *I offer myself to be questioned* : P. παρέχω ἐμαυτὸν ἐρωτᾶν (Plat., *Apol.* 33B). *He offers himself for trial* : P. καθίστησιν ἑαυτὸν εἰς κρίσιν (Thuc. 1, 131). *Offer prayer* : see *pray*. *Offer sacrifice* : P. and V. θύειν, P. ἱερὰ ποιεῖν, ἱεροποιεῖν, V. ῥέζειν, θυηπολεῖν (also Plat. but rare P.). *Offer to*, *undertake to* : P. and V. ὑφίστασθαι (infin.), ὑπισχνεῖσθαι (infin.), ἐπαγγέλλεσθαι (infin.), ἐξαγγέλλεσθαι (infin.); see *promise*. V. intrans. *Of opportunity*: P. and V. πᾰρᾰπίπτειν, P. παρατυγχάνειν.

Offer, subs. *Promise*: P. and V. ὑπόσχεσις, ἡ, P. ἐπαγγελία, ἡ.

Offering, subs. *Gift*: P. and V. δῶρον, τό. χάρις, ἡ, δωρεά, ἡ, δόσις, ἡ, ἔρᾰνος, ὁ, Ar. and V. δώρημα, τό (also Plat. but rare P.). *Dedicatory offering*: P. and V. ἀνάθημα, τό. *Sacrifice*: P. and V. θῦμα, τό, V. θύος, τό; see *sacrifice*. *Tears I gave and made solemn offering of my hair*: V. δάκρυα τ' ἔδωκα καὶ κόμης ἀπηρξάμην (Eur., *El.* 91.). *First fruits*: P. and V. ἀκροθίνια, τά (sing. sometimes in V.), ἀπαρχαί, αἱ (sing. Plat., *Prot.* 343B). *Bringing offerings of hair and libations from me*: V. κόμης ἀπαρχὰς καὶ χοὰς φέρουσ(α)' ἐμάς (Eur., *Or.* 96). *Offerings to the dead*: P. and V. ἐντάφια, τά, V. κτερίσμᾰτα, τά. *Burnt offerings*: V. ἔμπῠρα, τά. *Offerings thrown into the sea*: V. ποντίσμᾰτα, τά.

Off-hand, adj. *Brusque*: P. βραχύλογος.

Off-hand, adv. P. and V. φαύλως, P. ἐξ ἐπιδρομῆς, ἐξ ὑπογυίου. *On the spot*: P. and V. αὐτόθεν, αὐτίκα, πᾰραυτίκα.

Office, subs. P. and V. ἀρχή, ἡ (Eur., *And.* 699). *Honour*: P. and V. τιμή, ἡ. *Privilege*: P. and V. γέρᾰς, τό. *Hold office*: Ar. and P. ἀρχὴν ἄρχειν or ἄρχειν alone. *Having held high office*: P. μεγάλας ἀρχὰς ἄρξας (cf., Ar., *Vesp.* 619). *Petty office*: Ar. and P. ἀρχίδιον, τό. *Work, duty*: P. and V. ἔργον, τό, V. χρέος, τό, τέλος, τό, P. τάξις, ἡ. *Menial offices*: P. δουλικὰ διακονήματα (Plat.). *Function*: V. μοῖρα, ἡ (Æsch., *Eum.* 476). *Service, kindness*: P. and V. χάρις, ἡ. P. εὐεργεσία, ἡ, εὐεργέτημα, τό; see *service*. *Workroom*: Ar. and P. ἐργαστήριον, τό. *Last offices (to the dead)*: P. τὰ νομιζόμενα, V. κτερίσμᾰτα, τά, τὰ πρόσφορα; see *funeral*. *Pay last offices to*: P. τὰ νομιζόμενα ποιεῖν (dat.), V. ἀγᾰπᾶν (acc.) (Eur., *Supp.* 764, *Hel.* 937), ἀγᾰπάζειν (acc.) (Eur., *Phoen.* 1327.). *Are not the last offices being performed over her?* V. οὔκουν ἐπ' αὐτῇ πράσσεται τὰ πρόσφορα; (Eur., *Alc.* 148).

Officer, subs. *Magistrate*: Ar. and P. ἄρχων, ὁ. *Officer in an army*: use P. and V. λοχᾱγός, ὁ, Ar. and P. ταξίαρχος, ὁ. *Officer in a ship*: V. ναύαρχος, ὁ; see *captain*.

Official, subs. See *attendant, guard*.

Official, adj. *Done under authority*: P. and V. κύριος. *Public*: Ar. and P. δημόσιος.

Officially, adv. P. κυρίως. *Publicly*: P. δημοσίᾳ.

Officiate, v. intrans. Use P. and V. διᾱκονεῖν, ὑπηρετεῖν.

Officious, adj. Ar. and P. πολυπράγμων, P. φιλοπράγμων, περίεργος. *Be officious*: Ar. and P. πολυπραγμονεῖν, V. περισσᾶ δρᾶν, πράσσειν τι πλέον (Eur., *Frag.*), Ar. and V πράσσειν πολλά.

Officiousness, subs. Ar. and P. πολυπραγμοσύνη, ἡ, P. φιλοπραγμοσύνη, ἡ.

Offscouring, subs Lit.: V. κᾰθάρμᾰτα, τά. Used met., of persons: Ar. and P. κάθαρμα, τό, περίτριμμα, τό.

Offset, v. trans. *Compensate for*: P. ἀντίρροπος εἶναι (gen.); see *counterbalance*.

Offset, subs. Use adj., P. and V. ἀντίσταθμος, P. ἀντίρροπος.

Offshoot, subs. *Offshoot of a tree*: see *shoot*. *Offshoot of a tribe*: P. ἀπόδασμος, ὁ. *Offspring*: see *offspring*.

Offspring, subs. P. and V. ἔκγονος, ὁ, or ἡ. *Child*: P. and V. παῖς, ὁ, or ἡ, Ar. and V. τέκνον, τό (rare P.), τέκος, τό, γόνος, ὁ, V. γονή, ἡ, γέννημα, τό, γένεθλον, τό, σπέρμᾰ, τό, σπορά, ἡ, λόχευμα, τό (Eur. *H. F.* 252), τόκος, ὁ. *Scion*: Ar. and V. ἔρνος, τό, V. θάλος, τό, βλάστημα, τό, φῠτόν, τό; see *scion*. *Young (of animals)*: see *young*.

Oft, adv. See *often*.

Often, adv. P. and V. πολλάκις θἄμά (Plat.), P. συχνόν, Ar. and P. πυκνά, Ar. and V. πολλά. *Oftener*: P. πλεονάκις. *Oftenest*: P. πλειστάκις. *How often*, indirect: P. ὁσάκις. *As often as*: P. ὁσάκις. *As often as possible*: P. ὡς πλειστάκις.

Often-times, adv. See *often*.

Oft-times, adv. See *often*.

Ogle, v. trans. Use Ar. πἄρἄκύπτειν (absol.).

Ogre, subs. Use P. and V. Κύκλωψ, ὁ; see also *monster*.

Ogress, subs. Use Ar. Μορμώ, ἡ (also Xen.), Λἄμία, ἡ, Ar. and P. Ἔμπουσα, ἡ, μορμολῦκεῖον, τό.

Oh, interj. See *O*.

Oil, subs. Ar. and P. ἔλαιον, τό, V. ἄλειφα, τό. *Olive-oil*: V. λίπος ἐλαίας, τό (Soph., *Frag.*). *Scented oil*: P. and V. μύρον, τό; see *ointment*.

Oil, v. trans. Ar. and P. ἀλείφειν; see *anoint*.

Oil-flask, subs. Ar. and P. λήκῠθος, ἡ, ληκύθιον, τό.

Oily, adj. Ar. and P. λῐπἄρός. Met.; see *glib*.

Ointment, subs. P. ἄλειμμα, τό, ἀλοιφή, ἡ. *Scented ointment*: P. and V. μύρον, τό, Ar. μύρωμα, τό. *Healing ointment*: V. ἄλέξημα χριστόν (Æsch., *P. V.* 479). *Anoint with ointment*, v: Ar. μῠρίζειν, μῠροῦν.

Old, adj. *Aged*: P. and V. γεραιός, Ar. and V. πἄλαιός (rare P.), πἄλαιγενής, V. γηρἄλέος, γηραιός (rare P.), μακραίων. *Grow old*, v.: P. and V. γηράσκειν, Ar. and P. κἄτἄγηράσκειν. *Of the old*, adj.: Ar. and P. πρεσβῠτῐκός. *Of things, worn out*: P. and V. πἄλαιός (rare P.). With masc. subs., V. γέρων: with fem. subs., V. γραῖα. *Stale*: P. ἕωλος. *Antique*: P. and V. ἀρχαῖος, πἄλαιός, V. πἄλαίφἄτος. *Long existing*: P. and V. χρόνιος, V. δηναιός. *Belonging to former times*: P. and V. ὁ πρίν, ὁ πάλαι, ὁ πρόσθεν; see *former*. *Obsolete*: P. and V. ἀρχαῖος, πἄλαιός, P. ἕωλος, ἀρχαιότροπος. *Old in wealth*: V. ἀρχαιόπλουτος. *Of old*: see *formerly*. *From of old*: P. ἀπὸ παλαιοῦ. *How old*: indirect P. and V. ἡλίκος. *So old*: P. and V. τηλῐκοῦτος, τηλῐκόσδε. *Be seven years old*: P. ἑπτὰ ἐτῶν εἶναι (Xen.); see under *age*. *I am thirty-two years old*: P. δύο καὶ τριάκοντα ἔτη γέγονα (Dem. 564).

Old age, subs. P. and V. γῆρας, τό. *Tend in old age*, v. trans.: Ar. and V. γηροβοσκεῖν (acc.), P. γηροτροφεῖν (acc.); see under *tend*. *Cherishing in old age*, adj.: V. γηροβοσκός, γηροτρόφος.

Olden, adj. See *former*.

Older, adj. See *elder*.

Old-fashioned, adj. P. and V. πἄλαιός, ἀρχαῖος, P. ἀρχαιότροπος, Ar. ἀρχᾰϊκός, Ar. and P. πρεσβῠτῐκός. *Your notions are old-fashioned*: Ar. φρονεῖς ἀρχαϊκά (*Nub.* 821).

Old man, subs. P. and V. γέρων, ὁ, πρεσβύτης, ὁ (rare P.), Ar. and V. πρέσβῠς, ὁ. *Of an old man*, adj.: Ar. and P. πρεσβῠτῐκός.

Old woman, subs. P. and V. γραῦς, ἡ, πρεσβῦτις, ἡ (rare P.), γραῖα, ἡ (Plat., *Lys.* 205D, but rare P.), Ar. and P. γρᾴδιον, τό.

Oligarch, subs. Use adj., P. ὀλιγαρχικός.

Oligarchical, adj. P. ὀλιγαρχικός.

Oligarchically, adv. P. ὀλιγαρχικῶς.

Oligarchy, subs. P. ὀλιγαρχία, ἡ, δυναστεία, ἡ. *Be governed by an oligarchy*, v.: P. ὀλιγαρχεῖσθαι.

Olive, subs. P. and V. ἐλαία, ἡ. *Wild olive*: V. ἔλαιος, ὁ, Ar. κότῖνος, ὁ, or ἡ. *Sacred olive*: Ar. and P. μορία, ἡ. *Olive branch (carried by suppliants)*: P. and V. θαλλός, ὁ, ἱκετηρία, ἡ, V. κλάδος, ὁ, ἱκτηρία, ἡ.

Olive oil, subs. Ar. and P. ἔλαιον, τό V. λίπος ἐλαίας, τό (Soph., *Frag.*).

Omen, subs. *Omen (derived from birds)*: P. and V. οἰωνός, ὁ, Ar. and

V. ὄρνῖς, ὁ, or ἡ, V. πτερόν, τό, Ar. and V. σύμβολος, ὁ (also Xen.). *Derived from any sound* : P. and V. φήμη, ἡ, V. κληδών, ἡ, Ar. and V. φᾰτις, ἡ. *Portent* : P. and V. φάσμᾰ, τό, τέρᾰς, τό, σημεῖον, τό, V. σῆμα, τό. *I accept as an omen the crown that marks your victory* : V. οἰωνὸν ἐθέμην καλλίνικα σὰ στέφη (Eur., *Phoen.* 858). *With prosperous omen* : V. ὄρνῖθι . . . αἰσίῳ (Soph., *O. R.* 52; cf. also Ar., *Av.* 717-721). (*The mutilation*) *seemed an omen of the fate of the expedition* : P. (ἡ περικοπὴ) τοῦ ἔκπλου οἰωνὸς ἐδόκει εἶναι (Thuc. 6, 27). *Take the omens*, v.: P. οἰωνίζεσθαι (Xen.) (absol.), V. οἰωνοσκοπεῖν (absol.). *Have good omens* : Ar. and P. καλλιερεῖσθαι (absol.).

Ominous, adj. P. and V. κᾰκός, δυστῠχής, δύσφημος (Plat. but rare P.); see *ill-omened*. *Alarming* : P. and V. δεινός. *Dangerous* : P. ἐπικίνδυνος.

Ominously, adv. P. and V. κᾰκῶς, δυστῠχῶς. *Alarmingly* : P. and V. δεινῶς. *Dangerously* : P. and V. ἐπῐκινδῠνως.

Omission, subs. *Falling short* : P. ἔλλειμμα, τό.

Omit, v. trans. P. and V. ἐλλείπειν (Soph., *Aj.* 1379), πᾰρᾰλείπειν (Eur., *Hel.* 773 and 976), ἐκλείπειν, πᾰρῑέναι. *Let alone* : P. and V. ἐᾶν.

Omnipotent, adj. Ar. and V. παγκρᾰτής. *Absolute* (of a ruler): Ar. and P. αὐτοκρᾰτωρ.

Omniscient, adj. P. and V. πάνσοφος.

On, adv. *Forward* : P. πόρρω, V. πόρσω, πρόσω, P. and V. εἰς τὸ πρόσθεν. *Continuously* : Ar. and P. σῠνεχῶς *Go on* : lit., P. προέρχεσθαι; see *advance*. *Continue*: P. διατελεῖν, διαγίγνεσθαι, P. and V. καρτερεῖν. *Happen* : P. and V. γίγνεσθαι.

On, prep. Of place: P. and V. ἐπί (dat.). *Be on*, v.: P. and V. ἐπεῖναι (dat. or ἐπί dat.). Of time, *upon* : P. and V. ἐπί (dat.). *At* : P. and V. ἐν (dat.). *In addition to* : P. and V. ἐπί (dat.), πρός (dat.). *Concerning* : see *concerning*. *On account of* : see under *account*. *On behalf of* : see under *behalf*. *On condition that* : Ar. and P. ἐφ' ᾧτε (infin.), P. and V. ὥστε (infin.). *On these conditions* : P. and V. ἐπὶ τούτοις, ἐπὶ τοῖσδε. *Be on fire*, v.: P. and V. ἅπτεσθαι; see *burn*. *On foot* : use adj., P. and V. πεζός, or adv., P. πεζῇ. *On hand, ready to hand* : use adj., P. and V. πρόχειρος; see *near*. *On high* : use adv., P. and V. ἄνω, Ar. and P. ἐπᾰνω, V. ὑψοῦ, ἄρδην. *From on high* : P. and V. ἄνωθεν, V. ὑψόθεν (also Plat. but rare P.), ἐξῠπερθε, P. ἐπάνωθεν. *On the security of* : use prep., P. ἐπί (dat.). *Raise sixteen minae on anything* : P. λαβεῖν ἑκκαίδεκα μνᾶς ἐπί (dat.). *On a sudden* : see *suddenly*. *Call on* : see under *call*. *Depend on* : see under *depend*. (*Spend*) *on* : Ar. and P. (ἀνᾱλίσκειν) εἰς (acc.).

Once, adv. P. and V. ἅπαξ. *Once for all* : P. and V. εἰσάπαξ, P. καθάπαξ. *Once upon a time* : P. and V. ποτέ, ἤδη πότε, πάλαι ποτέ, V. ποτ' ἤδη; see *formerly*. *At once* : see *immediately*. *Together, alike* : P. and V. ἅμᾰ, ὁμοῦ, ὁμοίως, V. ὁμῶς.

One, adj. Of number: P. and V. εἷς. Indefinite pron.: P. and V. τις. *One of a pair* : P. and V. ὁ ἕτερος. *The one . . . the other* : P. and V. ὁ ἕτερος . . . ὁ ἕτερος. *I will bring witnesses to prove that he was one of the Ephors* : P. ὡς τῶν ἐφόρων ἐγένετο μάρτυρας παρέξομαι (Lys. 124). *Death is one of two things* : P. δυοῖν θάτερόν ἐστι τὸ τεθνάναι (Plat., *Ap.* 40c). *Eurymachus was one of them* : P. Εὐρύμαχος εἷς αὐτῶν ἦν (Thuc. 2, 5). *One . . . another* : P. and V. ὁ μὲν . . . ὁ δέ. *At one time . . . at* *another:* Ar. and P. τότε μὲν . . . τότε δέ, P. and V. τότε . . . ἄλλοτε. *One another, each other:* P. and V. ἀλλήλους (acc.). *Be at one:* see *agree.* *Become one with:* P. and V. συντήκεσθαι (dat.). *At one time, at the same time, together:* P. and V. ὁμοῦ, ἅμᾰ. *One by one:* P. καθ' ἕνα. *One day, once upon a time:* P. and V. ποτέ, πᾰλαι; see *formerly. Referring to the future:* P. and V. ποτέ, ἔπειτα. *With one voice, unanimously:* P. μιᾷ γνώμῃ, V. ἀθρόῳ στόμᾰτι; see *unanimously. 'Tis all one whether you desire to praise or blame me:* V. σὺ δ' αἰνεῖν εἴτε με ψέγειν θέλεις ὁμοῖον (Æsch., *Ag.* 1403). *It was all one whether the quantity drunk were more or less:* P. ἐν τῷ ὁμοίῳ καθειστήκει τό τε πλέον καὶ ἔλασσον ποτόν (Thuc., 2, 49).

One, subs. *The number one:* P. μονάς, ἡ.

One-eyed, adj. P. ἑτερόφθαλμος, V. μονώψ (Eur., *Cycl.*), μουνώψ (Æsch., *P. V.* 804).

Onerous, adj. P. and V. βᾰρύς, ἐπαχθής, δυσχερής, Ar. and P. χᾰλεπός, V. δύσφορος (also Xen. but rare P.); see also *grievous.*

Onerously, adv. P. βαρέως; see also *grievously.*

Onerousness, subs. P. βαρύτης, ἡ. *Grievousness:* P. and V. δυσχέρεια, ἡ, V. βᾰρος, τό.

Oneself, pron. Reflexive: P. and V. ἑαυτόν, αὑτόν. Emphatic.: P. and V. αὐτός; see under *self.*

One-sided, adj. *Unfair:* P. οὐ κοινός, ἀνεπιεικής.

Onion, subs. Ar. κρόμμυον, τό.

Onlooker, subs. P. and V. θεᾱτής, ὁ, θεωρός, ὁ.

Only, adj. P. and V. μόνος, V. μοῦνος, οἷος. *An only child:* V. μονογενὲς τέκνον. *An only daughter:* P. μονογενὴς θυγάτηρ, ἡ (Plat.).

Only, adv. P. and V. μόνον. *Not only:* P. and V. οὐ μόνον, P. οὐχ ὅτι, μὴ ὅτι. *Not only not:* P. οὐχ ὅπως (Lys. 185).

Only-begotten, adj. P. and V. μονογενής (Plat.).

Onset, subs. See *onslaught. See you not the onset of so many sorrows?* V. κακῶν τοσούτων οὐχ ὁρᾷς ἐπιρροάς; (Eur., *And.* 349).

Onslaught, subs. P. and V. προσβολή, ἡ, εἰσβολή, ἡ, P. ἐπίθεσις, ἡ, ἐπιχείρησις, ἡ, ἔφοδος, ἡ, ἐπιδρομή, ἡ. *A murderous onslaught:* V. θᾰνᾰσῖμον χείρωμα (Soph., *O. R.* 560).

Onus, subs. *Duty, task:* use P. and V. ἔργον, τό. *Labour:* P. and V. πόνος, ὁ.

Onward, adv. P. and V. εἰς τὸ πρόσθεν, P. πόρρω, V. πρόσω, πόρσω. *From this time onward:* P. and V. τἀπὸ τοῦδε; see *henceforth. Go onward:* P. and V. προβαίνειν, προχωρεῖν; see *advance.*

Ooze, subs. *Mud:* P. and V. βόρβορος, ὁ, πηλός, ὁ. *Oozing matter:* V. κηκίς, ἡ (Soph., *Ant.* 1008). *Trickle:* V. στᾰλαγμα, τό, στᾰγών, ἡ στάγμᾰ, τό, λῐβᾰδες, αἱ, Ar. and V. στᾰλαγμός, ὁ, ῥᾰνίς, ἡ. *Ooze of blood:* V. αἵματος ἀπορροαί, αἱ.

Ooze, v. intrans. *Flow:* P. and V. ῥεῖν. *Drip:* P. and V. στάζειν (Plat. but rare P.), κᾰταστάζειν (Xen. but rare P.), V. ἀποστάζειν, στᾰλάσσειν, διαρραίνεσθαι; see *drip.*

Oozy, adj. *Muddy:* P. and V. θολερός, P. πηλώδης, βορβορώδης. *Dank:* V. μῠδῶν.

Opaque, adj. Use Ar. and P. οὐ διᾰφᾰνής.

Ope, v. trans. See *open.*

Open, adj. *Sincere, frank:* P. and V. ἁπλοῦς, ἐλεύθερος, P. ἐλευθέριος. Of things, *free, open to all:* P. and V. κοινός. *Open to all-comers:* V. πάγξενος (Soph., *Frag.*). As opposed to *secret:* P. and V. ἐμφᾰνής, φᾰνερός, P. προφανής; see *manifest. Confessed:* P. ὁμολογούμενος. Of country, *treeless:* P. ψιλός. *Flat:* P. ὁμαλός. Of a door, gate, etc.: P. and V. ἀνεῳγμένος (Eur., *Hipp.* 56), V. ἀνασπαστός (Soph., *Ant.* 1186). *Unlocked*: P. and V. ἄκληστος. *Unfenced*: P. ἄερκτος (Lys.). Of space, as opposed to *shut in*: P. and V. κᾰθᾰρός. *In the open air*: use adj., P. and V. ὑπαίθριος, V. αἴθριος (Soph., *Frag.*), also P. ἐν ὑπαίθρῳ. *Live in the open*: P. θυραυλεῖν, ἐν καθαρῷ οἰκεῖν. *Open boat*: P. πλοῖον ἀστεγαστον. *Open order, march in open order*: P. ὄρθιοι πορεύεσθαι (Xen.). *The open sea*, subs.: P. and V. πέλᾰγος, τό. *In the open sea*: use adj., P. and V. πελάγιος, P. μετέωρος. *Keep in the open sea*, v.: P. μετεωρίζεσθαι. *Open space*, subs.: P. εὐρυχωρία, ἡ. *Wishing to attack in the open*: P. βουλόμενος ἐν τῇ εὐρυχωρίᾳ ἐπιθέσθαι (Thuc. 2, 83). *Exposed*: P. and V. γυμνός; see *exposed*. *Undecided*: P. ἄκριτος. *It is an open question*, v.: P. ἀμφισβητεῖται. *Open to, liable to*: P. ἔνοχος (dat.). *We say you will lay yourself open to these charges*: P. ταύταις φαμὲν σε ταῖς αἰτίαις ἐνέξεσθαι (Plat., *Crito*, 52A). *Be open to, admit of*, v.: P. and V. ἔχειν (acc.), P. ἐνδέχεσθαι (acc.). *Be open to a charge of*: P. and V. ὀφλισκάνειν (acc.). *Open to (conviction)*: use P. and V. ῥᾴδιος (πείθειν). *Open to doubt*: P. ἀμφισβητήσιμος; see *doubtful*. *It is open to, (allowable to)*, v.: P. and V. ἔξεστι (dat.), ἔνεστι (dat.), πάρεστι (dat.), πάρᾰ (dat.), πᾰρέχει (dat.), Ar. and P. ἐκγίγνεται (dat.), ἐγγίγνεται (dat.), P. ἐγχωρεῖ (dat.). *Get oneself into trouble with one's eyes open*: P. εἰς προὖπτον κακὸν αὑτὸν ἐμβαλεῖν (Dem. 32).

Open, v. trans. P. and V. ἀνοιγνύναι, ἀνοίγειν, διοιγνύναι, διοίγειν, V. οἰγνύναι, οἴγειν, ἀναπτύσσειν. *Keys opened the gates without mortal hand*: V. κλῇδες δ' ἀνῆκαν θύρετρ' ἄνευ θνητῆς χερός (Eur., *Bacch.* 448). *Open a little way*: Ar. and V. πᾰροιγνύναι, πᾰροίγειν. *Unfasten*: P. and V. λύειν, Ar. and V. χᾰλᾶν (rare P.). *Open (eyes or mouth)*: P. and V. λύειν, V. οἴγειν, ἐκλύειν. *He said no word in protest nor even opened his lips*: P. οὐκ ἀντεῖπεν οὐδὲ διῆρε τὸ στόμα (Dem. 375 and 405). *Open (a letter)*: P. and V. λύειν (Thuc. 1, 132). *Open (a letter) secretly*: P. ὑπανοίγειν. *Open old sores*: P. ἑλκοποιεῖν (absol.). *Open (a vein)*: P. σχάζειν (Xen.). *Begin, start*: P. and V. ἄρχειν (gen.); see *begin*. *Open a case (in law)*: P. and V. εἰσάγειν δίκην. *Disclose*: P. and V. ἀποκᾰλύπτειν, V. διαπτύσσειν (Plat. also but rare P.), ἀναπτύσσειν, ἀνοίγειν, Ar. and V. ἐκκᾰλύπτειν; see *disclose*. *If I shall open my heart to my present husband*: V. εἰ . . . πρὸς τὸν παρόντα πόσιν ἀναπτύξω φρένα (Eur., *Tro.* 657). V. intrans. P. and V. ἀνοίγνυσθαι, ἀνοίγεσθαι, διοίγνυσθαι, διοίγεσθαι. *Begin*: P. and V. ἄρχεσθαι. *A room having its entrance opening to the light*: P. οἴκησις . . . ἀναπεπταμένην πρὸς τὸ φῶς τὴν εἴσοδον ἔχουσα (Plat., *Rep.* 514A). *Open up (a country)*: P. and V. ἡμεροῦν; see *clear*.

Open-handed, adj. See *generous*.

Open-hearted, adj. See *frank*.

Opening, subs. *Act of opening*: P. ἄνοιξις, ἡ. *Hole*: Ar. and P. τρῆμα, τό. *Chasm*: P. and V. χάσμᾰ, τό. *Mouth, entrance*: P. and V. στόμᾰ, τό, στόμιον, τό, εἴσοδος, ἡ. *Opportunity*: P. and V. καιρός, ὁ. *If an opening is allowed*: P. and V. εἰ πᾰρείκει. *Opening for*: P. and V. ἀφορμή, ἡ (gen.). *Beginning*: P. and V. ἀρχή, ἡ. *Prelude*: P. and V. προοίμιον, τό, V. φροίμιον, τό.

Openly, adv. *Without concealment*: P. and V. ἐμφᾰνῶς, προδήλως, Ar. and P. φανερῶς, P. ἐκ τοῦ προφανοῦς, ἐκ τοῦ φανεροῦ, Ar. κᾰτὰ τὸ φᾰνερόν. *Vote openly*: P. ψῆφον φανερὰν διαφέρειν (Thuc. 4, 74). *Frankly*:

P. and V. ἁπλῶς, ἐλευθέρως, ἄντικρυς. *Outspokenly* : P. μετὰ παρρησίας, V. παρρησίᾳ. *Speak openly*, v. : P. παρρησιάζεσθαι

Open-mouthed, adj. Use Ar. and P. κεχηνώς (Perf. Past χάσκειν).

Openness, subs. *Frankness* : P. ἁπλότης, ἡ (Xen.). *Outspokenness* : P. and V. παρρησία, ἡ.

Operate, v. intrans. *Produce a result* : P. and V. ἐργάζεσθαι. *Perform a surgical operation* : P. and V. τέμνειν. *Carry on warlike operations* : P. and V. πολεμεῖν (rare V.).

Operation, subs. *Work* : P. and V. ἔργον, τό. *Virtue, operativeness* : V. δύνᾰσις, ἡ, ἰσχύς, ἡ. *In operation* : use adj., P. ἐνεργος. *Surgical operation* : P. and V. τομή, ἡ (Eur., *Frag.*). *Operations in war* : P. τὰ πολεμικά. *A most suitable place to use for our operations in Thrace* : P. ἐπικαιρότατον χωρίον πρὸς τὰ ἐπὶ Θρᾴκης ἀποχρῆσθαι (Thuc. 1, 68).

Operative, adj. *Effective* : P. and V. δραστήριος, V. πρακτήριος.

Operative, subs. See *workman*.

Ophthalmia, subs. Ar. and P. ὀφθαλμία, ἡ. *Suffer from ophthalmia*, v. : Ar. and P. ὀφθαλμιᾶν (Xen.).

Opiate, adj. *Stopping pain* : V. παυσίλῡπος, νώδῡνος.

Opiate, subs. Use P. and V. φάρμᾰκον, τό. *Sleeping-draught* : P. μανδραγόρας, ὁ.

Opine, v. intrans. P. and V. νομίζειν, ἡγεῖσθαι, οἴεσθαι, δοξάζειν.

Opinion, subs. P. and V. γνώμη, ἡ, δόξᾰ, ἡ, δόξασμα, τό, V. γνῶμα, τό. *Mere opinion, fancy* : P. and V. δόκησις, ἡ, V. δόκημα, τό. *Be a matter of opinion, be disputed*, v. : P. ἀμφισβητεῖσθαι. *In my opinion* : P. and V. ὡς ἐμοὶ δοκεῖ. *Form an opinion* : see *judge*. *I formed the same opinion* : P. καί μοι ταὐτὰ ταῦτα ἔδοξε (Plat., *Ap.* 21D). *Do not form an opinion* : V. μὴ πέραινε τὴν δόκησιν (Eur., *Or.* 636). *All who were of the same opinion* : P. ὅσοι τῆς αὐτῆς γνώμης ἦσαν (Thuc. 1, 113).

Opinionated, adj. *Obstinate* : P. and V. αὐθάδης.

Opponent, subs. P. and V. ἀντᾰγωνιστής, ὁ, V. ἀντηρέτης, ὁ, πᾰλαιστής, ὁ, ἐνστάτης, ὁ, or use adj., P. and V. ἐναντίος, P. ὑπεναντίος. *One's opponent in a legal action* : use adj., P. ἀντίδικος. *One who speaks on the opposite side* : use P. ὁ ἀντιλέγων.

Opportune, adj. P. and V. καίριος, ἐπίκαιρος, Ar. and V. αἴσιος, V. εὔκαιρος. *Fitting* : P. and V. σύμμετρος, πρέπων, προσήκων; see *fitting*.

Opportunely, adv. P. and V. καιρῷ, ἐν καιρῷ, εἰς καιρόν, ἐν τῷ δέοντι, εἰς δέον, ἐν κᾰλῷ, εἰς κᾰλον, V. πρὸς καιρὸν, πρὸς τὸ καίριον, ἐν δέοντι, εἰς ἀρτίκολλον, εἰς ἀκρῑβές, καιρίως (also Xen.), P. εὐκαίρως. *Fittingly* : P. and V. πρεπόντως, συμμέτρως, P. προσηκόντως, V. ἐναισίμως.

Opportunity, subs. P. and V. καιρός, ὁ. *Fitting time* : P. εὐκαιρία, ἡ. *Opportunity for* : P. and V. ἀφορμή, ἡ (gen.), V. εὐμάρεια, ἡ (gen.). *Watch for an opportunity against*, v. : P. καιροφυλακεῖν (acc.). *When opportunity offers* : P. εὖ παρασχόν (acc. absol.).

Oppose, v. trans. P. and V. ἐναντιοῦσθαι (dat.), ἀνθίστασθαι (dat.), ἀντῐτείνειν (dat.), P. ἀνταίρειν (dat.), ἐνίστασθαι (dat.), ἀντιπράσσειν (absol.), V. ἀντῐβαίνειν (dat.), ἀντιοῦσθαι (dat.). *Draw back, dissuade* : V. ἀντισπᾶν; see *dissuade*. *Oppose in battle* : P. and V. ἀντῐτάσσεσθαι (dat. or absol.). *The opposing (the enemy's) generals* : P. οἱ ἀντιστρατηγοί. *Set one against another* : P. and V. ἀντῐτῐθέναι, ἀντῐτάσσειν, P. ἀντικαθιστάναι. *Oppose (by word)* : P. and V. ἀντῐλέγειν (dat.), ἀντειπεῖν (dat.). *Be opposed, clash* : P. διαφωνεῖν.

Opposer, subs. Use P. ὁ ἀντιλέγων.

Opposite, adj. P. and V. ἐναντίος, use P. ἐξ ἐναντίας, or adv. P. ἀντιπέρας, καταντικρύ, V. κἄταντίον, P. and V. ἐναντίον. *Two waggons going in opposite directions brought up the stones*: P. δύο ἅμαξαι ἐναντίαι ἀλλήλαις τοὺς λίθους ἐπῆγον (Thuc. 1, 93, cf. Ar., *Av.* 1127). *On the opposite side of*: P. and V. πέρᾱν (gen.). *The mainland opposite*: P. ἡ ἤπειρος ἡ κατάντικρυ. *Encamp opposite*, v.: P. ἀντιστρατοπεδεύεσθαι (dat. or absol.). *Contrary*: P. and V. ἐναντίος, P. ὑπεναντίος, V. ἀντίος. *On the opposite side to that on which their men were scaling the wall*: P. ἐκ τοὔμπαλιν ἢ οἱ ἄνδρες αὐτῶν ὑπερέβαινον (Thuc. 3, 22). *The opposite, the contrary*: P. and V. τοὔμπᾰλιν, τοὐναντίον, τἀναντία. *Opposite to*: P. and V. ἐναντίος (dat.). *Overlooking*: V. κᾰτόψιος (gen.), ἀντίος (dat.) (also Plat. but rare P.).

Opposite, prep. *Over, against*: P. and V. κᾰτᾰ́ (acc.). *Face to face with*: P. and V. κᾰτὰ στόμᾰ (gen.). *In the presence of*: P. and V. ἐναντίον (gen.). *Facing*: P. ἀντιπέρας (gen.), καταντικρύ (gen.), P. and V. κᾰτᾰ́ (acc.).

Opposition, subs. P. ἐναντιότης, ἡ, ἐναντίωσις, ἡ. *Act of opposing*: P. ἐναντίωμα, τό. *Opposition (to a project)*: P. ἐναντίωσις (Thuc. 8, 50). *Hostility*: P. and V. ἔχθρα, ἡ; see *hostility*. *The opposition, the opposite party*: use P. and V. οἱ ἐναντίοι. *In opposition*: P. and V. ἐναντίον.

Oppress, v. trans. P. and V. πιέζειν. *Be oppressed*: also P. and V. βᾰρύνεσθαι. *Ill-treat*: P. and V. ἀδῐκεῖν, κᾰκοῦν. *Be oppressed by*: see *labour under*.

Oppression, subs. *Weight, burden*. Met., V. βᾰ́ρος, τό. *Injustice*: P. and V. ἀδῐκία, ἡ. *Melancholy*: P. and V. ἀθῡμία, ἡ, δυσθῡμία, ἡ (Plat.).

Oppressive, adj. P. and V. βᾰρύς. *Unjust*: P. and V. ἄδῐκος.

Oppressively, adv. P. βαρέως.

Oppressiveness, subs. P. βαρύτης, ἡ. Met., V. βᾰ́ρος, τό. *Injustice*: P. and V. ἀδῐκία, ἡ.

Opprobrious, adj. Ar. and P. διᾰ́βολος, P. βλάσφημος, V. λοίδορος (Eur., *Cycl.*), κᾰκόστομος, P. and V. κᾰκός. *Opprobrious words*: V. λόγοι ὀνειδιστῆρες.

Opprobriously, adv. P. διαβόλως, P. and V. κᾰκῶς.

Opprobrium, subs. P. and V. ὄνειδος, τό; see *disgrace*.

Optical, adj. Of the eyes: use P. and V. ὀφθαλμῶν (gen. pl.).

Option, subs. P. and V. αἵρεσις, ἡ.

Opulence, subs. P. and V. πλοῦτος, ὁ; see *wealth*.

Opulent, adj. P. and V. πλούσιος; see *rich*.

Opulently, adv. Ar. and V. πλουσίως; see *richly*.

Or, conj. P. and V. ἤ; see also *either, whether*. *Or rather*: P. μᾶλλον δέ; see under *rather*. *Worth little or nothing*: P. ὀλίγου τινὸς ἄξιος καὶ οὐδένος (Plat., *Ap.* 23A; but cf. ὀλίγα ἢ οὐδέν (Plat., *Ap.* 23C).

Oracle, subs. P. and V. χρηστήριον, τό, μαντεῖον, τό, μαντεία, ἡ, χρησμός, ὁ, χρησμῳδία, ἡ, Ar. and V. μάντευμα, τό, or pl. *Message from heaven*: P. and V. λόγος, ὁ, λόγια, τά, Ar. and V. φᾰ́τις, ἡ, θέσφᾰτον, τό, or pl. V. θέσπισμᾰ, τό, or pl. *Divine voice*: V. ὀμφή, ἡ. *Seat of the oracle*: P. and V. μαντεῖον, τό, or pl. V. χρηστήριον, τό, or pl. *Consult the oracle*, v.: P. and V. χρῆσθαι (dat.), μαντεύεσθαι (absol.). *The right of precedence in consulting the oracle*: P. προμαντεία, ἡ. *Deliver an oracle*: P. and V. χρῆν, ἀναιρεῖν, Ar. and P. χρησμῳδεῖν, V. ἐκχρῆν θεμιστεύειν (Eur., *Ion*, 371); see *prophesy*. *The oracles of Delphi*: V. τὰ πῡθόκραντα (Æsch., *Ag.* 1255). *Oracles given by the Pythian priestess*: V. μαντεύματα τὰ πῡθόχρηστα (Æsch., *Cho.* 900). *Loxias* *who speaks in Pythian oracles* : V. ὁ πῡθόμαντις Λοξίας (Æsch., *Cho.* 1030).

Oracle-monger, subs. Ar. and P. χρησμολόγος, ὁ, P. χρησμῳδός, ὁ.

Oracular, adj. P. and V. μαντῐκός, Ar. and P. μαντεῖος, V. χρηστήριος, θεσπιῳδός, θεσφᾰτηλόγος; see also *prophetic*. *Dark, enigmatic* : P. and V. αἰνιγμᾰτώδης, V. αἰνικτός, αἰολόστομος, ἀξύμβλητος; see *dark*.

Oracularly, adv. V. δυσκρῐ́τως, αἰνικτηρίως, Ar. and P. ποικῐ́λως.

Oral, adj. *Oral tradition* : P. αἱ ἀκοαὶ τῶν προγεγενημένων (Thuc. 1, 20).

Orally, adv. *By word of mouth* : P. ἀπὸ στόματος, P. and V. ἀπὸ γλώσσης. *By hearsay* : P. ἀκοῇ.

Orange, adj. Of colour: P. and V. ξανθός.

Orate, v. intrans. Ar. and P: δημηγορεῖν.

Oration, subs. P. and V. λόγος, ὁ, ῥῆσις, ἡ, P. δημηγορία, ἡ. *Make an oration* : P. λόγον ποιεῖσθαι, Ar. and P. δημηγορεῖν.

Orator, subs. P. and V. ῥήτωρ, ὁ. *Demagogue* : P. δημήγορος, ὁ.

Oratorical, adj. P. ῥητορικός. *Declamatory* : P. δημηγορικός, V. δημήγορος.

Oratorically, adv. P. ῥητορικῶς.

Oratory, subs. P. ῥητορική, ἡ, ῥητορεία, ἡ. *Practise oratory*, v.: P. ῥητορεύειν. *Shrine* : ἄδυτον τό.

Orb, subs. P. and V. κύκλος, ὁ.

Orbit, subs. P. and V. δρόμος, ὁ, ὁδός, ἡ, Ar. and P. περῐφορά, ἡ, V. διέξοδος, ἡ, στροφή, ἡ (Soph., *Frag.*), περιστροφή, ἡ (Soph., *Frag.*).

Orchard, subs. P. and V. κῆπος, ὁ, P. γῆ πεφυτευμένη (Dem. 491).

Ordain, v. trans. *Appoint* : P. and V. κᾰθιστᾰ́ναι, τάσσειν, προστάσσειν. *Set over* : P. and V. ἐφιστᾰ́ναι. *Establish* : P. and V. κᾰθιστᾰ́ναι, ἱστᾰ́ναι, ἱδρύειν, ποιεῖν, τῐθέναι, προτῐθέναι (or mid.). *Decree, command* : P. and V. κελεύειν, προστάσσειν, ἐπῐτάσσειν; see *command*.

Ordained by fate, adj. : V. μοιρόκραντος; see *fatal*.

Ordeal, subs. *Trial by ordeal* : see Soph., *Ant.* 264, 265. *Crisis* : P. and V. ἀγών, ὁ.

Order, subs. *Regularity* : P. and V. κόσμος, ὁ. *Arrangement* : P. and V. τάξῐς, ἡ, P. διάταξις, ἡ. *Order of battle* : P. and V. τάξῐς, ἡ, P. παράταξις, ἡ. *In good order* : use adj., P. and V. εὐτάκτως. *Retreat in good order* : P. συντεταγμένοι ἐπαναχωρεῖν. *Draw up in order of battle* : P. παρατάσσεσθαι (mid.) (acc.). *Be drawn up in order of battle* : Ar. and P. πᾰρᾰτάσσεσθαι (pass.). *They drew up in order against one another* : P. ἀντιπαρετάσσοντο. *In order, in succession* : P. and V. ἐφεξῆς, ἑξῆς. *Action, though in order of time subsequent to speaking and voting, in importance is prior and superior* : P. τὸ πράσσειν τοῦ λέγειν καὶ χειροτονεῖν ὕστερον ὂν τῇ τάξει πρότερον τῇ δυνάμει καὶ κρεῖσσόν ἐστι (Dem. 32). *Tell in order*, v. : V. στοιχηγορεῖν (acc.). *In order that* : P. and V. ὅπως (subj. or opt.), ἵνᾰ (subj. or opt.), ὡς (subj. or opt.). *Bring to order* : P. and V. ῥυθμίζειν (Plat.), σωφρονίζειν, Ar. and V. ἁρμόζειν. *Be the order of the day* : P. and V. κρᾰτεῖν, P. ἐπικρατεῖν; see *prevail*. *I am loyal to the established order* : P. εὔνους εἰμὶ τοῖς καθεστηκόσι πράγμασι (Lys. 145). *Class, kind* : P. and V. γένος, τό, P. ἔθνος, τό. *Social division* : P. and V. μερῐ́ς, ἡ. *Command* : P. πρόσταγμα, τό, ἐπίταγμα, τό, V. ἐντολή, ἡ (Plat. also but rare P.), κέλευσμα, τό, κελευσμός, ὁ, ἐφετμή, ἡ, ἐπιστολαί, αἱ. *Public command* : P. πρόρρησις, ἡ. *Give public orders* : P. and V. προειπεῖν; see *proclaim*.

Order, v. trans. *Regulate* : P. and V. κοσμεῖν, τάσσειν, συντάσσειν, Ar. and P. διᾰτῐθέναι, P. διακοσμεῖν, διατάσσειν, V. στοιχίζειν, διαστοιχίζεσθαι; see also *arrange*. *Order aright* : P. and V. εὖ τῐθέναι (or mid.), κᾰλῶς τῐθέναι (or mid.). *Order justly :* V. δῐκαίως τῐθέναι. *Command :* P. and V. κελεύειν (τινά τι), ἐπιστέλλειν (τινί τι), ἐπῐτάσσειν (τινί τι), προστάσσειν (τινί τι), ἐπισκήπτειν (τινί τι), Ar. and V. ἐφίεσθαι (τινί τι); see *command. Prescribe :* P. and V. ἐξηγεῖσθαι. *Give signal to :* P. and V. σημαίνειν (dat.). *Order about, domineer over :* P. and V. δεσπόζειν (gen. V. also acc.). *Join in ordering :* P. and V. συγκελεύειν (absol.).

Ordered, adj. *Regular :* Ar. and P. εὔρυθμος; see *orderly.*

Orderliness, subs. P. and V. εὐκοσμία, ἡ, Ar. and P. κοσμιότης, ἡ. *Discipline :* P. εὐταξία, ἡ.

Orderly, adj. P. and V. εὔκοσμος, κόσμιος, Ar. and P. εὔτακτος. *In an orderly way :* Ar. and P. κοσμίως, P. and V. εὐτάκτως, P. τεταγμένως.

Ordinance, subs. P. and V. νόμος, ὁ, νόμῐμον, τό, or pl., θεσμός, ὁ (rare P.). *Institution :* P. and V. κᾰτάστᾰσις, ἡ.

Ordinarily, adv. *Generally :* P. ὡς ἐπὶ πολύ, τὰ πολλά. *Customarily :* P. and V. εἰωθότως, P. συνήθως.

Ordinary, adj. *Customary :* P. and V. σῠνήθης, νόμῐμος, εἰωθώς, εἰθισμένος, ἠθάς (Dem. 605), P. σύντροφος, Ar. and V. νομιζόμενος. *Ordinary meeting of the Assembly :* Ar. and P. κῡρία Ἐκκλησία (as opposed to σύγκλητος Ἐκκλησία). *Plain, common :* P. and V. φαῦλος, μέτριος. *In no ordinary fashion :* V. οὔ τι φαύλως (Eur., *Phoen,* 111). *Everyday :* P. and V. ἐπῐτῠχών, τῠχών. *The ordinary man :* P. and V. ὁ τῠχών, ὁ ἐπῐτῠχών, P. ὁ ἐντυχών, V. ὁ ἐπιών. *You have spoken like some ordinary man :* V. εἴρηκας ἐπιτυχόντος ἀνθρώπου λόγους (Eur., *H. F.* 1248).

Ordure, subs. Ar. and P. κόπρος, ἡ, Ar. σκῶρ, τό.

Ore, subs. See *metal. Silver ore :* P. ἀργυρῖτις, ἡ (Xen.), or use V. ὑπάργῠρος πέτρα, ἡ (Eur., *Cycl.* 294).

Organ, subs. *Organ of sight, hearing, etc. :* P. ὄργανον, τό (Plat., *Theaet.* 185A). *Faculty :* P. δύναμις, ἡ.

Organisation, subs. *Arrangement :* P. διάθεσις, ἡ, διάταξις, ἡ. *Preparation :* Ar. and P. πᾰρασκευή, ἡ. *Constitution :* P. and V. κᾰτάστᾰσις, ἡ. *Political association :* P. σύστασις, ἡ, Ar. and P. σῠ́νοδος, ἡ.

Organise, v. trans. *Arrange :* Ar. and P. διᾰτῐθέναι, P. διακοσμεῖν, διατάσσειν, P. and V. κοσμεῖν, συντάσσειν. *Prepare :* P. and V. πᾰρασκευάζειν; see *prepare. Get up (by intrigue) :* P. συσκευάζειν, κατασκευάζειν, σκευωρεῖσθαι. *Frame :* Ar. and P. σῠνιστᾰ́ναι. *Bring together :* P. and V. σῠνᾰ́γειν. *He who has an organised force always with him :* P. ὁ ἔχων δύναμιν συνεστηκυῖαν ἀεὶ περὶ αὑτόν (Dem. 92).

Orgies, subs. *Mysteries :* P. and V. ὄργια, τά; see *mysteries. Bacchic revels :* P. and V. βακχεῖαι, αἱ (Plat.), V. βάκχευσις, ἡ, βάκχευμα, τό, or pl., βακχεῖον, τό (pl. in Ar.), τελεταὶ εὔϊοι αἱ. *Revel :* P. and V. κῶμος, ὁ. *Celebrate (orgies) :* P. ὀργιάζειν (acc.). *Indulge in Bacchic orgies :* P. and V. βακχεύειν (Plat.), V. βακχιάζειν.

Orient, adj. *Eastern* (of direction): V. ἀντήλιος. *Barbaric :* P. and V. βάρβᾰρος, P. βαρβαρικός. *The Orient*, used as a subs., i.e., *Eastern peoples :* P. and V. οἱ βάρβᾰροι, τὸ βάρβᾰρον.

Oriental, adj. P. and V. βάρβᾰρος, P. βαρβαρικός.

Orifice, subs. P. and V. πῠ́λη, ἡ. *Mouth :* P. and V. στόμᾰ, τό, στόμιον, τό. *Way out :* P. and V. ἔξοδος, ἡ. *Hole :* Ar. and P. τρῆμα, τό.

Origin, subs. *Beginning :* P. and V. ἀρχή, ἡ. *Cause :* P. and V. αἰτία, ἡ, Ar. and P. αἴτιον, τό. *Starting point :* P. and V. ἀφορμή, ἡ. *Source, root :* P. and V. πηγή, ἡ (Plat.), ῥίζᾰ, ἡ. *Birth, lineage :* P. and V.

γένος, τό, V. γονή, ἡ, σπορά, ἡ; see *lineage*. *Coming into being*: P. and V. γένεσις, ἡ.

Original, adj. *First*: P. and V. πρῶτος. *Ancient*: P. and V. ἀρχαῖος, ὁ ἐξ ἀρχῆς. *New*: P. and V. καινός. *Inventive*: P. and V. εὔπορος, Ar. and P. εὐμήχανος, πόριμος, τεχνικός.

Originality, subs. *Inventiveness*: P. ἐπιτέχνησις, ἡ, περιτέχνησις, ἡ. *Novelty*: P. καινότης, ἡ.

Originally, adv. P. and V. ἐξ ἀρχῆς, τὸ ἀρχαῖον (V. τἀρχαῖον).

Originate, v. trans. *Invent*: P. and V. εὑρίσκειν, ἐφευρίσκειν, ἀνευρίσκειν, ἐξευρίσκειν, V. ἐξανευρίσκειν. *Contrive*: P. and V. μηχανᾶσθαι, τεχνᾶσθαι, Ar. and V. μήδεσθαι; see *contrive, institute*. *Produce, cause*: P. and V. γεννᾶν, ποιεῖν, P. ἀπεργάζεσθαι. *Begin*: P. and V. ἄρχειν; see *begin*. V. intrans. *Arise*: P. and V. γίγνεσθαι, φαίνεσθαι. *Start*: P. and V. ὁρμᾶσθαι. *Begin*: P. and V. ἄρχεσθαι; see *begin*.

Originator, subs. *Ring-leader*: P. and V. ἡγεμών, ὁ or ἡ. *One who first starts*: P. and V. ἀρχηγός, ὁ or ἡ, V. ἀρχηγέτης, ὁ.

Orison, subs. Use *prayer*.

Ornament, subs. P. and V. κόσμος, ὁ, V. ἄγαλμα, τό. Concretely, of persons or things, *the glory, boast of*: P. and V. σχῆμα, τό, V. πρόσχημα, τό, ἄγαλμα, τό, αὔχημα, τό; see *glory*.

Ornament, v. trans. P. and V. κοσμεῖν, V. ἀγάλλειν, ἀσκεῖν, ἐξασκεῖν.

Ornamental, adj. *Beautiful*: P. and V. καλός; see *beautiful, becoming*.

Ornamentally, adv. P. and V. καλῶς; see also *becomingly*.

Ornate, adj. P. and V. λαμπρός, σεμνός; see *magnificent*.

Ornately, adv. P. and V. λαμπρῶς, σεμνῶς.

Ornateness, subs. P. λαμπρότης, ἡ, P. and V. σεμνότης, ἡ; see *magnificence*.

Orphan, subs. Use adj., P. and V. ὀρφανός. *Be an orphan*, v.: V. ὀρφανεύεσθαι. *Tend orphans*: V. ὀρφανεύειν (acc.). *Of an orphan*, adj.: P. ὀρφανικός.

Orphaned, adj. P. and V. ὀρφανός, V. ὠρφανισμένος, ἀπωρφανισμένος, εὖνις. *Deprived of one's father*: P. and V. ἀπάτωρ, V. πατροστερής. *Motherless*: P. and V. ἀμήτωρ (Plat.).

Orphanhood, subs. P. ὀρφανία, ἡ, V. ὀρφάνευμα, τό.

Oscillate, v. intrans. P. and V. αἰωρεῖσθαι. *Shake*: P. and V. σείεσθαι. *Toss up and down*: P. and V. σαλεύειν, P. ἀποσαλεύειν. Met., *hesitate, waver*: P. and V. ὀκνεῖν, κατοκνεῖν, P. ἀποκνεῖν.

Oscillation, subs. P. αἰώρησις, ἡ (Plat.). *Tossing*: Ar. and V. σάλος, ὁ. *Shock of earthquake*: P. and V. σεισμός, ὁ. Met., *hesitation*: P and V. ὄκνος, ὁ.

Osier, subs. P. οἶσος, ὁ (late), ἰτέα, ἡ (Hdt.). *Of osier*, adj.: P. οἰσύϊνος. *Shield made of osier*: V. ἰτέα, ἡ, ἴτυς ἡ (also Xen.).

Osprey, subs. Ar. φήνη, ἡ, Ar. and V. ἁλιάετος, ὁ (Eur., *Frag.*).

Ostensible, adj. *Pretended*: P. προσποιητός. *Seeming*: P. and V. δοκῶν.

Ostensibly, adv. *Nominally*: P. and V. πρόφασιν, λόγῳ; see *nominally*.

Ostentation, subs. *Showing off*: Ar. and P. ἐπίδειξις, ἡ. *Magnificence*: P. and V. σχῆμα, τό. *Boasting*: P. αὔχημα, τό (Thuc.), P and V. κόμπος, ὁ (Thuc.), Ar. and V. κομπάσματα, τά, V. γαύρωμα, τό. *Pride*: P. and V. ὄγκος, ὁ, P. ὑπερηφανία, ἡ, μεγαλαυχία, ἡ; see *boastfulness*.

Ostentatious, adj. *Boastful*: P. μεγαλόφρων, ὑπερήφανος, V. ὑπέρφρων, ὑπέρκοπος, Ar. and V. γαῦρος, Ar. and P. ἀλάζων; see *boastful*. *Plain, manifest*: P. and V. λαμπρός, φανερός, ἐμφανής.

Ostentatiously, adv. *Boastfully*: P. ὑπερηφάνως, μεγαλοφρόνως, V.

ὑπερκόπως; see *boastfully*. *Plainly, openly*: P. and V. λαμπρῶς, ἐμφᾰνῶς, Ar. and P. φᾰνερῶς.

Ostler, subs. P. ἱπποκόμος, ὁ; see *groom*.

Ostracise, v. trans. P. ὀστρακίζειν, ἐξοστρακίζειν.

Ostracism, subs. P. ὀστρακισμός, ὁ (Arist.).

Ostrich, subs. P. μέγας στροῦθος (Xen.); also στροῦθος, ὁ, alone in Ar.

Other, adj. Of two: P. and V. ἕτερος. Of more than two: P. and V. ἄλλος; see *another*. *The one . . . the other*: P. and V. ὁ μέν . . . ὁ δέ. *Each other*: P. and V. ἀλλήλους (acc. pl.). *At other times*: P. and V. ἄλλοτε. *Of others, other people's*: P. and V. ἀλλότριος. *On the other side of*: P. and V. τἀπέκεινα (gen.). *Somehow or other*: Ar. and P. ἁμῶς γέ πως, P. ὁπωσδήποτε. *Some one or other*: Ar. and P. ὁστῐσοῦν, P. ὁστισδήποτε, ὁστισδηποτοῦν. *At some time or other*: P. and V. ποτέ. *Sending for me with four others*: P. μεταπεμψάμενοί με πέμπτον αὐτόν (Plat., *Ap*. 32c).

Otherwise, adv. *In another way*: P. and V. ἄλλως. P. ἄλλῃ, Ar. and P. ἑτέρως, Ar. and V. ἑτέρᾳ.

Otherwise, conj. P. and V. εἰ δὲ μή; see *else*.

Otter, subs. P. ἔνυδρις, ἡ (Hdt.).

Ought, v. intrans. P. and V. ὀφείλειν. *I ought*: use also P. and V. πρέπει με or μοι, προσήκει με or μοι, χρή με.

Ought, subs. See *anything, aught*.

Ounce, subs. See *leopard*. *Weight*: P. reckon by δράχμη, *about quarter of an ounce*.

Our, adj. P. and V. ἡμέτερος (Eur., *Supp*. 535; *Or*. 60), V. ἁμός. *Our men, our soldiers*: P. οἱ ἡμέτεροι (Xen.).

Ourselves, pron. Emphatic: P. and V. αὐτοί. Reflexive. P. ἡμεῖς, αὐτούς, V. αὐτούς, ἑαυτούς (Eur., *Heracl*. 143).

Ousel, subs. Ar. κόψῐχος, ὁ.

Oust, v. trans. P. and V. ἐκβάλλειν, ἀπορρίπτειν, ὠθεῖν, ἐξωθεῖν, ἀπωθεῖν, V. ἐκρίπτειν.

Out, adv. *Outside*: P. and V. ἔξω, ἐκτός, Ar. and V. θύραζε. *From home*: P. and V. ἔξω, Ar. and V. θύρᾱσι, or use V. adj., θῠραῖος. *Out and out, thoroughly*: P. and V. παντελῶς, πάντως; see *thoroughly, utterly*. *Hear one out*: use P. and V. ἀκούειν πάντα.

Out, interj. See *away*. *Out upon you*: use Ar. and V. ἔρρε, V. ἔρροις. *Out upon him*: V. ἐρρέτω.

Outbalance, v. trans. P. and V. ὑπερβάλλειν; see *exceed, counterbalance*.

Out-bawl, v. trans. Ar. κᾰτᾰβοᾶν (acc.); see *bawl*.

Out-bid, v. trans. P. ὑπερβάλλειν.

Outbreak, subs. *Rebellion*: P. and V. στάσῐς, ἡ. *Outbreak of disease, etc.*: P. and V. προσβολή, ἡ; see *visitation*. *Immediately on the outbreak of hostilities*: P. (τοῦ πολέμου) εὐθὺς καθισταμένου (Thuc. 1. 1).

Out-building, subs. P. κλίσιον, τό.

Outburst, subs. See *outbreak*. *Outburst of applause*: P. and V. θόρῠβος, ὁ. *Outburst of anger*: see *burst, fit*.

Outcast, subs. *Exile*: P. and V. φῠγάς, ὁ or ἡ. *Pariah*: use adj., Ar. and P. ἀλῐτήριος.

Outcast, adj. See *exiled*. *Exposed* (of a child): V. ἔκβολος.

Outcry, subs. P. and V. θόρῠβος, ὁ. βοή, ἡ, κραυγή, ἡ. *Outcry against*: P. καταβοή, ἡ (gen.). *Raise an outcry against*, v.: P. καταβοᾶν (gen.).

Outdo, v. trans. P. and V. κρᾰτεῖν, ὑπερβάλλειν, προὔχειν (gen.), ὑπερέχειν (gen.), ὑπερφέρειν (acc. or (gen.), ὑπερθεῖν, P. διαφέρειν (gen.), περιεῖναι (gen.), ὑπεραίρειν (gen.). *Go beyond*: P. and V. πᾰρέρχεσθαι (acc.).

Outer, adj. Use P. and V. ὁ ἔξω.

Outermost, adj. Use P. and V. ἔσχᾰτος.

Outfit, subs. P. and V. πᾰρασκευή, ἡ, P. κατασκευή, ἡ. *Dress*: P. and V. σκευή, ἡ, στολή, ἡ (Plat.); see *dress*.

Outflank, v. trans. P. ὑπερέχειν (gen.), περιέχειν (absol.), περιίσχειν (absol.). *Be outflanked*: P. and V. κυκλοῦσθαι.

Outflow, subs. *Flowing out*: P. ἐκροή, ἡ, P. and V. ἀπορροή, ἡ. *Place of outflow*: see *outlet*.

Out-going, subs. P. and V. ἔξοδος, ἡ. *Expenditure*: P. and V. ἀνᾰλωμα, τό, δᾰπᾰνη, ἡ.

Outgrow, v. trans. Use *exceed*.

Out-house, subs. P. κλισίον, τό.

Outlandish, adj. P. and V. βάρβᾰρος. *Eccentric*: P. and V. ἄτοπος (Eur., *Frag.*), Ar. and P. ἀλλόκοτος.

Outlast, v. trans. See *outlive*.

Outlaw, subs. P. and V. φῠγάς, ὁ or ἡ.

Outlaw, v. trans. P. and V. ἐκκηρύσσειν; see *banish*.

Outlawed, adj. See *banished*.

Outlawry, subs. *A banishing*: P. ἔλασις, ἡ, ἐκβολή, ἡ. *Exile*: P. and V. φῠγή, ἡ.

Outlay, subs. P. and V. ἀνᾰλωμα, τό, δᾰπᾰνη, ἡ.

Outlet, subs. P. and V. ἔξοδος, ἡ, διέξοδος, ἡ, P. ἐκβολή, ἡ. *By sea*: P. and V. ἔκπλους, ὁ.

Outline, subs. P. ὑπογραφή, ἡ, περιγραφή, ἡ, σκιαργαφία, ἡ, τύπος, ὁ. *In outline*: P. ἐν τύπῳ, τύπῳ. *I see not clearly yet in some sort the outline of his form and a breast like to his*: V. ὁρῶ δῆτ' οὐ σαφῶς, ὁρῶ δέ πως μορφῆς τύπωμα στέρνα τ' ἐξῃκασμένα (Eur., *Phoen.* 161.).

Outline, v. trans. P. ὑπογράφειν, σκιαγραφεῖν.

Outlive, v. trans. Use P. ἐπιβιοῦν; see also *survive*. *He outlived (the beginning of the war) by two years and six months*: P. ἐπεβίω δύο ἔτη καὶ μῆνας ἕξ (Thuc. 2, 65). *I outlived the whole (of the war)*: P. ἐπεβίων διὰ παντὸς (τοῦ πολέμου) (Thuc. 5, 26),

Outlook, subs. *Place for watching*: P. περιωπή, ἡ, P. and V. σκοπιά, ἡ, V. σκοπή, ἡ (also Xen.). *Expectation*: P. προσδοκία, ἡ. *The future*: P. and V. τὸ μέλλον.

Outlying, adj. Use P. and V. ἔσχᾰτος; see *distant*.

Outmanœuvre, v. trans. In diplomacy: P. καταπολιτεύεσθαι (acc.).

Outnumber, v. trans. Use P. and V. πλήθει προὔχειν (gen).

Out of, prep. P. and V. ἐκ (gen.); before vowels, P. and V. ἐξ. *Out of doors*: use V. adj., θῠραῖος, or adv., P. and V. ἔξω, Ar. and V. θύρᾱσι. *Out of hand*: use *disobedient*, *offhand*. *Out of one's mind*: use *mad*. *Out of temper*: see *angry*. *Out of tune*: see *discordant*. *Out of the way*, adv.: P. and V. ἐκποδών. *Put out of the way*, v.: P. and V. ἀφᾰνίζειν; see *destroy*. *Eccentric*: P. and V. ἄτοπος (Eur., *Frag.*). *Desolate*: P. and V. ἐρῆμος; see *desolate*. *Distant*: P. and V. ἔσχᾰτος; see *distant*.

Outpost, subs. P. προφυλακή, ἡ. *Vedette*: P. πρόσκοπος, ὁ (Xen.). *Men on outpost duty*: P. προφύλακες, οἱ. *Military station*: P. περιπόλιον, τό, φυλακτήριον, τό, P. and V. φρουρά, ἡ, φρούριον, τό. *Fort in an enemy's country*: P. ἐπιτείχισμα, τό.

Outpour, v. trans. P. and V. χεῖν, ἐκχεῖν. *Outpour words*: see *utter*.

Outpouring, subs. *Outflow*: P. and V. ἀπορροή, ἡ. *Of a river*: Ar. προχοαί, αἱ. *Abundance*: P. ἀφθονία, ἡ, Ar. and P. περιουσία, ἡ.

Outrage, subs. P. and V. αἰκία, ἡ, αἴκισμα, τό, ὕβρις, ἡ, ὕβρισμα, τό, λώβη, ἡ (Plat.), λύμη, ἡ (Plat.). *Impudent act*: P. and V. ὕβρις, ἡ, ὕβρισμα, τό. *I will tell what outrage I suffered at their hands*: V. ἐξερῶ . . . ἅγωγ' ὑπ' αὐτῶν ἐξελωβήθην (Soph., *Phil.* 329).

Outrage, v. trans. P. and V. αἰκίζεσθαι (acc.), λῡμαίνεσθαι (acc. or dat.), λωβᾶσθαι acc.) (Plat.), ὑβρίζειν (acc. or εἰς acc.).

Outraged, adj. V. λωβητός.

Outrageous, adj. *Shameless:* P. and V. ἀναιδής. *Disgraceful:* P. and V. αἰσχρός. *Monstrous:* P. and V. δεινός, P. πάνδεινος; see *Monstrous. Excessive:* P. and V. περισσός.

Outrageously, adv. *Shamelessly:* P. and V. ἀναιδῶς. *Disgracefully:* P. and V. αἰσχρῶς. *Monstrously:* P. and V. δεινῶς; see *monstrously. Excessively:* P. and V. περισσῶς.

Outrageousness, subs. *Shamelessness:* P. and V. ἀναίδεια, ἡ. *Excess:* P. and V. ὑπερβολή, ἡ.

Outrider, subs. Use adj., P. πρόδρομος.

Outright, adv. P. and V. παντελῶς, πάντως, ἄντικρυς; see *altogether. Once for all:* P. and V. εἰσάπαξ, P. καθάπαξ. *Laugh outright:* P. ἐκγελᾶν.

Outrun, v. trans. P. and V. ὑπερθεῖν, V. ὑπερτρέχειν, P. προτρέχειν (gen.). *I felt my anger had outrun (itself):* V. ἐμάνθανον τὸν θυμὸν ἐκδραμόντα μοι (Soph., *O. C.* 438). *Get before:* P. and V. φθάνειν, προλαμβάνειν, P. προκαταλαμβάνειν.

Outset, subs. P. and V. ἀρχή, ἡ; see *beginning.*

Outshine, v. trans. Use *excel.*

Outside, prep. P. and V. ἔξω (gen.), ἐκτός (gen.), V. ἐκποδών (gen.) (also Xen. but rare P.); see *without. Except:* P. and V. πλήν (gen.), P. ἔξω (gen.), ἐκτός (gen.); see *except.*

Outside, adv. P. and V. ἔξω, ἐκτός, ἐκποδών, V. ἐκτόθεν. *From outside:* P. and V. ἔξωθεν, V. θύρᾱθεν, ἐκτόθεν.

Outside, adj. P. and V. ὁ ἔξω, ὁ ἔξωθεν; see also *foreign.*

Outside, subs. P. and V. τὸ ἔξω. *At the outside:* see *at most,* under *most. From the outside those thought wise are in high repute, but within they are the equals of other men:* V. ἔξωθέν εἰσιν οἱ δοκοῦντες εὖ φρονεῖν λαμπροί, τὰ δ' ἔνδον πᾶσιν ἀνθρώποις ἴσοι (Eur., *And.* 330).

Outsider, subs. See *stranger.*

Outskirts, subs. *Edge, border:* P. and V. κράσπεδα, τά (Xen.). *Extreme point:* use P. and V. τὰ ἔσχᾰτα. *Outskirts of a town:* P. προάστειον, τό, V. προάστιον, τό.

Outspoken, adj. *Frank:* P. and V. ἐλεύθερος, ἁπλοῦς. *Bold of speech:* V. ἐλευθερόστομος, θρᾰσύστομος. *Be outspoken,* v.: P. παρρησιάζεσθαι, V. ἐλευθεροστομεῖν, ἐξελευθεροστομεῖν, θρᾰσυστομεῖν.

Outspokenly, adv. P. and V. ἁπλῶς. P. μετὰ παρρησίας, V. παρρησίᾳ.

Outspokenness, subs. P. and V. παρρησία, ἡ.

Outspread, v. trans. P. and V. τείνειν, ἐκτείνειν, προτείνειν.

Outstanding, adj. *Left over:* P. and V. λοιπός, ἐπίλοιπος. *Outstanding debts:* P. τὰ ὀφειλόμενα.

Outstep, v. trans. P. and V. πᾰρᾰβαίνειν, ὑπερβαίνειν, P. ὑπερπηδᾶν, παρέρχεσθαι, V. ὑπερτρέχειν, πᾰρεξέρχεσθαι; see *transgress, overstep.*

Outstretch, v. trans. P. and V. τείνειν, ἐκτείνειν, προτείνειν.

Outstrip, v. trans. P. and V. ὑπερθεῖν, V. ὑπερτρέχειν. *Anticipate:* P. and V. φθάνειν, προφθάνειν, προλαμβάνειν, P. προκαταλαμβάνειν. *Surpass:* P. and V. κρᾰτεῖν, ὑπερβάλλειν, προὔχειν (gen.), ὑπερέχειν (gen.); see *surpass.*

Outvote, v. trans. Use P. and V. νῑκᾶν. *Being unable to combine and defend themselves through being outvoted, the allies were enslaved:* P. ἀδύνατοι ὄντες καθ' ἓν γενόμενοι διὰ πολυψηφίαν ἀμύνασθαι οἱ σύμμαχοι ἐδουλώθησαν (Thuc. 3, 10).

Outward, adj. Use P. and V. ὁ ἔξω. *Outward show,* subs.: P. and V. σχῆμα, τό, πρόσχημα, τό.

Outwardly, adv. Use P. and V. ἔξω. *Nominally:* P. and V. λόγῳ;

see *nominally*. *From the outside*: P. and V. ἔξωθεν.

Outweigh, v. trans. See *exceed*. *Be considered more important*: use P. περὶ πλείονος νομίζεσθαι. *Such a visitation of misfortune has come upon them as doubly to outweigh these (disasters)*: V. τοιάδ' ἐπ' αὐτοὺς ἦλθε συμφορὰ πάθους ὡς τοῖσδε καὶ δὶς ἀντισηκῶσαι ῥοπῇ (Æsch., *Pers.* 436).

Outwit, v. trans. *Deceive*: P. and V. ἀπᾰτᾶν, ἐξᾰπᾰτᾶν, κλέπτειν, V. πᾰρᾰπᾰτᾶν; see *deceive*. *Baffle*: P. and V. σφάλλειν.

Outwork, subs. P. προτείχισμα, τό.

Oval, adj. Use *round*.

Ovation, subs. *Merrymaking*: P. and V. κῶμος, ὁ. *Honour*: P. and V. τῑμή, ἡ. *Public thanksgiving*: P. and V. θῠσία, η.

Oven, subs. Ar. ἰπνός, ὁ, πνῑγεύς, ὁ.

Over, prep. P. and V. ὑπερ (acc. or gen.). *Upon*: P. and V. ἐπί (dat.). *Throughout*: P. and V. διᾰ (gen.), κᾰτᾰ (acc.), ἀνά (acc) (rare P.). *All over*: P. κατὰ πάντα. *Over a wide space*: P. ἐπὶ πολύ. *Across*: P. and V. ὑπέρ (gen.), διᾰ (gen.). *Beyond*: P. and V. ὑπέρ (acc.); see *beyond*. Met., *about*: P. and V. ὑπέρ (gen.), περί (acc. or gen.). (*Exult, etc.*) *over*: P. and V. ἐπί (dat.). *Of authority*: P. and V. ἐπί (dat.). *Set over*: P. and V. ἐφιστᾰναι (τινά τινι). *He pronounces over them a fitting eulogy*: P. λέγει ἐπ' αὐτοῖς ἔπαινον τὸν πρέποντα (Thuc. 2, 34). *Beyond, more than*: P. and V. ὑπέρ (acc.). *Fall over*: P. ἐπιπίπτειν (dat.). *Get over, surmount*: P. and V. ὑπερβαίνειν; see *surmount*. *Get over an illness*: see *recover*. *It is all over with me*: use P. and V. οἴχομαι (Plat.), ἀπόλωλα (perf. of ἀπολλύναι), V. ὄλωλα (perf. of ὀλλύναι); see *be undone*. *Be over, be finished*: P. and V. τέλος ἔχειν, τέλος λαμβᾰνειν, πᾰρελθεῖν (2nd aor. of παρέρχεσθαι), τελευτᾶν; see *end*. *Be over, remain over*: P. and V. περῐλείπεσθαι λείπεσθαι, P. περιεῖναι, Ar. and P. περῐγίγνεσθαι. *Hand over*: P. and V. πᾰρᾰδῐδόναι.

Over, adv. *Excessively, too much*: P. and V. ἄγᾱν, λῑᾱν, περισσῶς; see *excessively*. In compounds: P. and V. ὑπέρ. *Overmuch*: P. and V. ὑπέρπολυς. *Over and above, in addition to*: P. and V. πρός (dat.), ἐπί (dat.). *In addition*: Ar. and P. προσέτῐ, V. καὶ πρός, πρός (rare P.). *Over again*: see *again*. *Over against*: see *near, opposite*. *Over and over*: see *repeatedly*.

Overawe, v. trans. P. and V. φοβεῖν, ἐκφοβεῖν, ἐκπλήσσειν; see *frighten*.

Overbalance, v. trans. See *outweigh, counterbalance*. *Upset*: P. and V. ἀνατρέπειν, ἀναστρέφειν; see *upset*. V. intrans. *Be upset*: P. and V. ἀνατρέπεσθαι, ἀναστρέφεσθαι, V. ὑπτιοῦσθαι.

Overbearing, adj. P. and V. σεμνός, P. ὑπερήφανος, μεγαλόφρων, V. ὑπέρφρων, σεμνόστομος, ὑψηλόφρων (also Plat. but rare P.), ὑψήγορος, ὑπέρκοπος, Ar. and V. γαῦρος.

Overbearingly, adv. P. and V. σεμνῶς, P. ὑπερηφάνως, μεγαλοφρόνως, V. ὑψικόμπως, ὑπερκόπως.

Overboard, adv. *Cast overboard*, v. trans.: P. and V. ἐκβάλλειν. *Fall overboard*, v. intrans.: P. and V. ἐκπ πτειν.

Overburdened with, Be, v. trans. P. and V. βᾰρῠνεσθαι (dat.), πιέζεσθαι (dat.).

Overcast, adj. *Cloudy* (of the sky): P. συννέφελος, Ar. περινέφελος. Met., of looks: P. and V. σκυθρωπός, V. σῠνωφρυωμένος, στυγνός.

Overcome, v. trans. *Subdue*: P. and V. κᾰταστρέφεσθαι. *Conquer*: P. and V. νῑκᾶν, χειροῦσθαι, V. ὑπερβάλλεσθαι; see *conquer*. Met., *of feelings*: P. οὐκ ἐνδιδόναι (dat.), V. νῑκᾶν, οὐκ εἴκειν (dat.). *Check*: P. and V. κᾰτέχειν. *Master*: P. and V. κρᾰτεῖν (gen.). *Soothe* *charm* : P. and V. κηλεῖν. *Surmount* : P. and V. ἐκδύεσθαι (gen.), V. ἀντλεῖν, διαντλεῖν, ἐξαντλεῖν. *Be overcome, grow faint* : P. and V. κάμνειν (rare P.), προκάμνειν (rare P.), πᾰρίεσθαι, P. ἀποκάμνειν. *Be unmanned* : see under *unman*. *Be overcome (by feelings, etc.)* : P. and V. ἡσσᾶσθαι (gen.). V. νῑκᾶσθαι (gen.), Ar. and V. δᾰμασθῆναι (dat.) (2nd aor. pass. δαμάζειν), V. δᾰμῆναι (dat.) (2nd aor. pass. δαμάζειν).

Overcrowding, subs. *Want of room* : P. στενοχωρία, ἡ.

Overdo, v. trans. *Overdo a thing, go too far* : P. and V. ὑπερβάλλειν (absol.).

Overdue, adj. P. ὑπερήμερος.

Over-estimate, v. trans. Use P. περὶ πλείονος ποιεῖσθαι.

Overflow, v. trans. Ar. and P. κᾰτακλύζειν. Absol., P. ὑπεραίρειν (Dem. 1274); see also *inundate*. Met., *abound* : P. εὐπορεῖν, V. πληθύειν (also Plat. but rare P.), Ar. and V. βρύειν, θάλλειν. *Overflow with* : P. εὐπορεῖν, (gen. or dat.), V. πληθύειν (gen. or dat.) (Plat. also but rare P.), Ar. and V. βρύειν (gen. or dat.), P. and V. ῥεῖν (dat.); see *abound with*.

Overflow, subs. *Inundation* : P. κατακλυσμός, ὁ, ἐπίκλυσις, ἡ. Met., *surplus* : Ar. and P. περιουσία, ἡ.

Overflowing, adj. *Abundant* : P. and V. πολύς, ἄφθονος, V. ἐπίρρῠτος. *Overflowing with* : P. εὔπορος (dat.); see *rich*.

Overgrown, adj. P. and V. ὑπερφυής (Æsch., *Frag.*).

Overhang, v. trans. P. ὑπερτείνειν ὑπέρ (gen.), V. ὑπερτέλλειν (gen.). Met., *threaten* : P. and V. ἐφίστασθαι (dat.), P. ἐπηρτῆσθαι (perf. pass. of ἐπαρτᾶν) (absol.), ἐπικρέμασθαι (absol.); see *threaten*. *Jut, project* : P. and V. προὔχειν, Ar. and P. ἐξέχειν, P. ἀνέχειν.

Overhanging, adj. *Overhanging (of a rock)* : V. ἐπῆλυξ (Eur., *Cycl.*)

Overhaul, v. trans. *Repair* : P. ἐπισκευάζειν.

Overhear, v. trans. Ar. and P. ἐπᾰκούειν (acc., or gen., or absol.), κᾰτᾰκούειν (acc., or gen., or absol.), πᾰρᾰκούειν (acc. of thing, gen. of person).

Overjoyed, adj. P. and V. περῐχᾰρής (Plat.). *Be overjoyed,* v.: P. and V. ὑπερχαίρειν (Xen.).

Overlap, v. trans. P. ὑπερέχειν (gen.). *(Islands) overlapping and not in a line* : P. (νῆσοι) παραλλὰξ καὶ οὐ κατὰ στοῖχον κείμεναι (Thuc. 2, 102).

Overlay, v. trans. *Overlay with silver* : P. ἀργύρῳ περιαλείφειν. *Overlaid with brass,* adj.: Ar. ἐπίχαλκος. *Overlaid with gold* : P. ἐπίχρυσος (Xen.). *Be overlaid with iron,* v.: P. σιδηροῦσθαι.

Overload, v. trans. *The ship being overloaded* : P. γεγεμισμένης τῆς νεὼς μᾶλλον τοῦ δέοντος (Dem. 910).

Overlook, v. trans. *Command (a position)* : P. κεῖσθαι ὑπέρ (gen.). *Look towards* (of direction): P. ὁρᾶν πρός (acc.); see *face.*. *Project above* : P. and V. ὑπερέχειν (gen.). *He purified not the whole but as much of the island as was overlooked from the temple* : P. ἐκάθηρεν . . . οὐχ ἅπασαν ἀλλ' ὅσον ἀπὸ τοῦ ἱεροῦ ἐφεωρᾶτο τῆς νήσου (Thuc. 3, 104). *Watch, examine* : P. and V. ἐπισκοπεῖν, Ar. and P. ἐφορᾶν, Ar. and V. προσκοπεῖν (or mid.), ἐποπτεύειν, V. ἐπωπᾶν. *Take no notice of* : P. ὑπερορᾶν, παρορᾶν. *Neglect* : P. and V. ἀμελεῖν (gen.), πᾰρᾰμελεῖν (gen.), πᾰρέρχεσθαι; see. *neglect*. *Pardon* : P. and V. συγγιγνώσκειν (acc., gen., or dat.), συγγνώμην ἔχειν (gen.).

Overlooked, adj. In literal sense: P. ἐπιφανής (Thuc. 6, 96).

Overlooking, adj. In literal sense: V. κᾰτόψιος (gen.).

Overlord, subs. Use P. and V. ἡγεμών, ὁ.

Overlordship, subs. P. ἡγεμονία, ἡ.

Overmuch, adj. P. and V. περισσός, ὑπέρπολυς, P. ὑπέρμετρος, ὑπερμεγέθης.

Overmuch, adv. P. and V. ἄγᾱν, λίᾱν, περισσῶς, V. εἰς ὑπερβολήν, ὑπέρφευ, ὑπερμέτρως (Eur., *Frag.*), P. καθ' ὑπερβολήν; see *excessively*.

Overpower, v. trans. P. and V. κατᾰστρέφεσθαι, χειροῦσθαι, κᾰτέχειν; see *overcome*. *Force*: P. and V. βιάζεσθαι.

Overpowering, adj. *Irresistable*: Ar. and P. ἄμᾰχος (Plat.), P. ἀνυπόστατος, P. and V. δύσμᾰχος, V. ἀδήρῑτος, ἀπρόσμᾰχος, δυσπάλαιστος. *Intolerable*: P. and V. οὐκ ἀνεκτός, οὐκ ἀνασχετός (rare P.), P. ἀφόρητος; see *intolerable*.

Overrate, v. trans. Use P. περὶ πλείονος ποιεῖσθαι; see *exaggerate*.

Overreach, v. trans. P. πλεονεκτεῖν (gen.).

Overrule, v. trans. *Bring to nothing*: P. and V. ἀναιρεῖν.

Overrun, v. trans. In military sense: P. κατατρέχειν, καταθεῖν. *Traverse*: P. and V. περῐπολεῖν, διέρχεσθαι, ἐπέρχεσθαι; see *traverse*.

Oversea, adj. P. διαπόντιος.

Overseer, subs. P. and V. ἐπιστάτης, ὁ, ἐπίσκοπος, ὁ (Plat.), V. σκοπός, ὁ. *Manager*: Ar. and P. ἐπῐμελητής, ὁ, P. and V. τᾰμίᾱς, ὁ. *Make overseer of*, v.: P. and V. ἐφιστάναι (τινά τινι). *Be overseer of*: P. and V. ἐφίστασθαι (dat.).

Overset, v. trans. See *upset*.

Overshadow, v. trans. *Darken*: P. and V. συσκιάζειν, P. ἐπισκοτεῖν (dat.), V. σκιάζειν, σκοτοῦν (pass. used in Plat.). *Success overshadows these faults*: P. ἐπισκοτεῖ τούτοις τὸ κατορθοῦν (Dem. 23). *Threaten, impend over*: P. and V. ἐφίστασθαι (dat.). *Surpass*: P. and V. κρᾰτεῖν; see *surpass*.

Overshadowed, adj. V. κᾰτάσκιος, ὑπόσκιος (Æsch., *Frag.*).

Overshadowing, adj. Ar. and V. κᾰτάσκιος, V. σκιώδης, ἐπῆλυξ (Eur., *Cycl.*).

Overshoot, v. trans. Ar. ὑπερᾰκοντίζειν. *Overshoot the mark*: use P. and V. ὑπερβάλλειν (absol.). *Excel in shooting*: Ar. περῐτοξεύειν (acc.).

Oversight, subs. *Mistake*: P. and V. ἁμαρτία, ἡ. *Forgetfulness*: P. and V. λήθη, ἡ, *Shortcoming*: P. ἐλλείματα, τά.

Overspread, v. trans. Ar. and P. κᾰτᾰπετάννῡναι. *Numbness overspreads my hand*: Ar. νάρκη μου κατὰ τῆς χειρὸς καταχεῖται (*Vesp.* 713). *Occupy*: P. and V. κᾰτέχειν. *Traverse, go over*: P. and V. ἐπέρχεσθαι. *People*: P. and V. πληροῦν.

Overstate, v. trans. *Exaggerate*: P. τῷ λόγῳ αἴρειν, ἐπὶ τὸ μεῖζον δεινοῦν; see *exaggerate*.

Overstatement, subs. *Exaggeration*: P. δείνωσις, ἡ. *Extravagance*: P. and V. ὑπερβολή, ἡ.

Overstep, v. trans. P. and V. πᾰρᾰβαίνειν, ὑπερβαίνειν, ἐκβαίνειν, P. ὑπερπηδᾶν, παρέρχεσθαι, V. ὑπερτρέχειν, πᾰρεξέρχεσθαι; see also *transgress*. *Having overstepped the appointed time*: V. παρεὶς τὸ μόρσιμον (Eur., *Alc.* 939).

Overt, adj. P. and V. φᾰνερός, ἐμφᾰνής, P. προφανής.

Overtake, v. trans. *Come up with*: P. καταλαμβάνειν, ἐπικαταλαμβάνειν. *Get in front of*: P. and V. φθάνειν, προφθάνειν, προλαμβάνειν, P. προκαταλαμβάνειν. *Befall*: P. and V. κᾰτᾰλαμβάνειν, προσπίπτειν (dat.); see *befall*. *Surprise*: P. and V. αἱρεῖν, λαμβάνειν, κᾰτᾰλαμβάνειν, P. ἐπιλαμβάνειν. *Be overtaken by a storm*: P. and V. χειμάζεσθαι. *Be overtaken by a storm of wind*: P. ἁρπάζεσθαι ὑπ' ἀνέμου (Thuc. 6, 104).

Overthrow, subs. P. and V. ἀνάστᾰσις, ἡ, κᾰτασκᾰφή, ἡ, P. ἀνατροπή, ἡ. *Ruin, destruction*: P. and V. διαφθορά, ἡ, φθορά, ἡ, ὄλεθρος, ὁ, V. ἀποφθορά, ἡ. *Defeat*: P. ἧσσα, ἡ. *Overthrow (of a government)*: P. κατάλυσις, ἡ.

Overthrow, v. trans. P. and V

ἀναστρέφειν, ἀνατρέπειν, ἐξᾰνιστάναι, κᾰτᾰβάλλειν. *Destroy, ruin*: P. and V. κᾰθαιρεῖν, ἀπολλύναι, διαφθείρειν, V. κᾰταρρίπτειν; see *destroy*. *Overthrow (a government)*: P. and V. κᾰθαιρεῖν, Ar. and P. κᾰτᾰλύειν. *Conquer*: P. and V. νῑκᾶν, χειροῦσθαι.

Overtly, adv. P. and V. ἐμφᾰνῶς, προδήλως, Ar. and P. φᾰνερῶς, P. ἐκ τοῦ προφανοῦς, ἐκ τοῦ φανεροῦ.

Overtop, v. trans. P. and V. ὑπερέχειν (gen.). Met., see *excel*.

Overture, subs. P. and V. προοίμιον, τό, V. φροίμιον, τό. *Overtures, negotiations*: P. and V. λόγοι, οἱ, V. ἐπῑκηρῡκεύμᾰτα, τά. *Make overtures to*, v.: Ar. and P. ἐπῑκηρυκεύεσθαι (dat.), P. προσφέρειν λόγους (dat.), διακηρυκεύεσθαι πρός (acc.).

Overturn, v. trans. P. and V. ἀνατρέπειν, ἀναστρέφειν, κᾰτᾰβάλλειν, V. ἐξᾰναστρέφειν; see *upset*.

Overvalue, v. trans. Use P. περὶ πλείονος ποιεῖσθαι.

Overweening, adj. *Excessive*: P. and V. περισσός. *Extravagant*: Ar. and P. ὑπερφυής. *Haughty*: P. ὑπερήφανος, μεγαλόφρων, V. ὑπέρφρων, ὑπέρκοπος.

Overweeningly, adv. *Excessively*: P. and V. περισσῶς. *Extravagantly*: Ar. and P. ὑπερφυῶς. *Haughtily*: P. ὑπερηφάνως, μεγαλοφρόνως, V. ὑψῐκόμπως, ὑπερκόπως.

Overwhelm, v. trans. *Ruin, destroy*: P. and V. κᾰθαιρεῖν, διαφθείρειν; see *destroy*. *Flood, deluge*: P. and V. κᾰτακλύζειν. *Cover over*: Ar. and P. κᾰτᾰχωννύναι. *Overpower*: P. and V. κᾰτέχειν, χειροῦσθαι, κᾰταστρέφεσθαι. Met, *crush*: P. and V. πιέζειν. *Overwhelm (the feelings)*: P. καταπλήσσειν, P. and V. ἐκπλήσσειν. *Overwhelm with reproaches*: P. ὀνείδεσι περιβάλλειν, V. ἄρασσειν ὀνείδεσι, or use verb *reproach*.

Overwhelming, adj. *Excessive*: P. and V. περισσός. *Vast*: Ar. and P. ὑπερφυής. *Very large*: P. ὑπερμεγεθής. *Intolerable*: P. and V. οὐκ ἀνεκτός; see *intolerable*. *Win an overwhelming victory*: P. and V. πολὺ νῑκᾶν.

Overwhelmingly, adv. *Excessively*: P. and V. περισσῶς. *Vastly*: Ar. and P. ὑπερφυῶς, P. καθ' ὑπερβολήν, ὑπερβαλλόντως, V. εἰς ὑπερβολήν.

Overwrought, adj. See *weary*.

Owe, v. trans. P. and V. ὀφείλειν. *Owe in advance*: P. and V. προὐφείλειν. *Owe besides*: Ar. and P. προσοφείλειν. *Owe in return*: P. ἀντοφείλειν (absol.). *Continue to owe*: P. ἐποφείλειν (Thuc. 8, 5).

Owing to, prep. P. and V. διά (acc.). With feelings also: P. and V. ὑπό (gen.) (rare P.).

Owl, subs. Ar. and V. γλαῦξ, ἡ (Soph., *Frag.*).

Own, v. trans. *Have*: P. and V. ἔχειν. *Possess*: P. and V. κεκτῆσθαι (perf. of κτᾶσθαι), Ar. and V. πεπᾶσθαι (perf. of πάεσθαι) (also Xen. but rare P.). *Confess*: P. and V. ὁμολογεῖν (Soph., *Phil.* 980; Eur., *I. A.* 1142), P. προσομολογεῖν, συνομολογεῖν.

Own, adj. *Personal, private*: P. and V. οἰκεῖος, ἴδιος. *Love one's own productions*: P. and V. τὰ ἑαυτοῦ φῐλεῖν. *Of one's own accord*: use adj., P. and V. ἑκών, αὐτεπάγγελτος; see under *accord*. *Take as one's own*, v.: P. οἰκειοῦν (or mid.), σφετερίζεσθαι. *From one's own powers*: use adv. P. and V. οἴκοθεν.

Owner, subs. Use P. and V. ὁ κεκτημένος, ὁ ἔχων. *Landowner*: P. γεωμόρος, ὁ, V. γᾱμόρος, ὁ.

Ox, subs. P. and V. βοῦς, ὁ; see also *bull*. *Of an ox*, adj.: P. and V. βόειος, P. βοεικός. *Sacrifice oxen*, v.: V. βουσφᾰγεῖν, Ar. and V. βουθῡτεῖν. *On the altar where oxen are sacrificed*: Ar. βουθύτοις ἐπ' ἐσχάραις (*Av.* 1232).

Ox-herd, subs. See *herdsman*.

Ox-hide, adj. P. ὠμοβόειος (Xen.).

Ox-stall, subs. V. βούστᾰσις, ἡ, βούσταθμον, τό.

Oyster, subs. P. and V. ὄστρειον, τό (Æsch., *Frag.*).

P

Pabulum, subs. P. and V. τροφή, ἡ. *Fodder*: P. and V. χόρτος, ὁ (Xen.); see *fodder*.

Pace, subs. *Movement*: P. φορά, ἡ. *Pace in walking*: Ar. and V. βάσις, ἡ, βῆμα, τό. *Speed*: P. and V. τάχος, τό, σπουδή, ἡ. *Rush*: Ar. and P. ῥύμη, ἡ, V. ῥιπή, ἡ. *At a quick pace*: P. and V. δρόμῳ. *Keep pace with*: use P. and V. ἴσα βαίνειν (dat.). *Measure of length*: use P. ὄργυια, ἡ (Xen.), *about six feet*.

Pace, v. trans. *Traverse*: P. and V. περιπολεῖν, V. πολεῖν, στείβειν. Absol., *walk up and down*: Ar. and P. περιπατεῖν. *Walk*: P. and V. βαίνειν, Ar. and P. βαδίζειν (V. only Soph., *El.* 1502; Eur., *Phoen.* 544).

Pacific, adj. *Concerning peace*: Ar. and P. εἰρηνικός. *Mild, conciliatory*: P. and V. πρᾶος, φιλάνθρωπος, φιλόφρων (Xen.), P. ῥᾴδιος.

Pacifically, adv. P. εἰρηνικῶς. *In a conciliatory way*: P. φιλανθρώπως, P. and V. φιλοφρόνως (Plat.).

Pacification, subs. *Peace*: P. and V. εἰρήνη, ἡ; see also *reconciliation*. *Military pacification, reducing to order*: P. καταστροφή, ἡ.

Pacify, v. trans. *Appease*: P. and V. πραΰνειν, P. παραμυθεῖσθαι, V. παρηγορεῖν, θέλγειν (also Plat. but rare P.), μαλθάσσειν, Ar. and V. μαλάσσειν; see also *reconcile*. In military sense, *reduce to order*: P. and V. καταστρέφεσθαι.

Pack, subs. *Baggage*: Ar. and P. σκεύη, τά, V. σαγή, ἡ. *Wallet*: Ar. πήρα, ἡ. *Pack of hounds*: P. κυνηγέσιον, τό (Xen.). Contemptuously, *crew, rabble*: P. and V. ὄχλος, ὁ, γένος, τό, V. σπέρμα, τό.

Pack, v. trans. *Put together for transport*: P. συσκευάζειν (or mid.). *Fill*: P. and V. πληροῦν, ἐμπιπλάναι; see *fill*. *Compress*: P. συνωθεῖν. Met., *pack (a jury, etc.)*: P. παρασκευάζειν.

Package, subs. *Burden*: Ar. and P. φορτίον, τό; see *burden*.

Pack-animal, subs. P. ὑποζύγιον, τό, pl. also τὰ σκευοφόρα.

Pack-ass, subs. Ar. and P. κανθήλιος, ὁ.

Packed, adj. See *full*. *A packed audience, one brought together for a factious purpose*: P. οἱ ἐκ παρακλήσεως συγκαθήμενοι (Dem. 275).

Pack-saddle, subs. Ar. κανθήλια, τά.

Pact, subs. P. and V. σύμβασις, ἡ, συνθήκη, ἡ, or pl., σύνθημα, τό, P. ὁμολογία, ἡ.

Pad, v. trans. *Strew, cover*: P. and V. στορεννύναι.

Padding, subs. *Superfluous wording*: use Ar. στοιβή, ἡ.

Paddle, subs. See *oar*.

Paddle, v. intrans. See *row, bathe*.

Paddock, subs. P. and V. λειμών, ὁ, V. ὀργάς, ἡ (also Xen.).

Paean, subs. *Song of triumph*: P. and V. παιάν, ὁ. *Sing a paean*, v.: P. and V. παιωνίζειν, V. παιᾶνα ἐπεξιακχιάζειν, παιᾶνα ἐφυμνεῖν; see under *triumph*.

Page, subs. *Attendant*: P. and V. ὑπηρέτης, ὁ, Ar. and P. θεράπων, ὁ, V. ὀπάων, ὁ, ὀπαδός, ὁ, πρόσπολος, ὁ; see also *esquire*. *Writing*: P. and V. γραφή, ἡ. *All who con the pages of the past*: V. ὅσοι . . . γραφὰς . . . τῶν παλαιτέρων ἔχουσι (Eur., *Hipp.* 451). *Pages (of a letter)*: V. πτυχαί, αἱ, διαπτυχαί, αἱ.

Pageant, subs. P. and V. πομπή, ἡ, Ar. and P. θεωρία, ἡ, P. θεώρημα, τό.

Pageantry, subs. *Show, display*: P. and V. σχῆμα, τό, πρόσχημα, τό.

Pail, subs. Ar. and P. ἀγγεῖον, τό, Ar. and V. ἄγγος, τό, V. τεῦχος, τό.

Pain, subs. *Physical or mental pain*: P. and V. λύπη, ἡ, ἀνία, ἡ, ἀλγηδών, ἡ, ἄλγημα, τό (Dem. 1260), ὀδύνη, ἡ, Ar. and V. ἄλγος, τό, ἄχος, τό. *Mental pain*: P. ταλαιπωρία, ἡ, V. δύη, ἡ, πῆμα, τό, πημονή, ἡ, πένθος, τό, οἰζύς, ἡ. *Have a pain in one's finger*: P. τὸν δάκτυλον ἀλγεῖν (Plat., *Rep.* 462D). *In pain, suffering pain*: use adj., P. περιώδυνος. *Pains, trouble*: P. and V. σπουδή, ἡ, Ar. and P. μελέτη, ἡ. *Take pains*: P. and V. σπουδὴν ποιεῖσθαι, V. σπουδὴν τίθεσθαι, Ar. and P. μελετᾶν. *Pains and penalties*: use P. and V. ζημία, ἡ. *Free from pain*, adj.: P. and V. ἄλῡπος, V. ἀνωδῡνος, ἀπενθής, ἀπένθητος; see *painless*.

Pain, v. trans. *Pain (physically* or *mentally)*: P. and V. λῡπεῖν, ἀνῑᾶν, V. ἀλγῡνειν. *Distress, grieve*: also P. and V. δάκνειν, Ar. and P. ἀποκναίειν, Ar. and V. κνίζειν, πημαίνειν (also Plat. but rare P.), τείρειν, V. γυμνάζειν. *Be pained*: use also P. and V. ἀλγεῖν, ὀδῡνᾶσθαι.

Painful, adj. *Causing physical pain*: Ar. and P. ὀδῡνηρός, V. διώδῡνος. *Distressing*: P. and V. λῡπηρός, ἀνῑᾱρός, πικρός, βᾰρύς, V. λυπρός, δύσφορος (also Xen. but rare P.); see *grievous*.

Painfully, adv. P. and V. λῡπηρῶς, ἀλγεινῶς, πικρῶς, ἀνῑᾱρῶς (Xen.), V. λυπρῶς; see *grievously*. *With difficulty*: P. and V. μόλῑς, μόγῑς, Ar. and P. τᾰλαιπώρως, χᾰλεπῶς, P. ἐπιπόνως, V. δυσπετῶς.

Painless, adj. P. and V. ἄλῡπος (Plat.), ἄπονος, V. ἀλῡπητος. *Stopping pain*: V. νώδῡνος, παυσίλῡπος.

Painlessly, adv. P. ἀλύπως.

Painstaking, adj. P. φίλεργος, φιλόπονος. *Zealous*: P. and V. σπουδαῖος (Soph., *Frag.*). *Careful*: P. and V. ἐπῑμελής (Soph., *Frag.*).

Paint, v. trans. *Portray by picture*: Ar. and P. ζωγρᾰφεῖν, P. and V. γρᾰφειν. *Colour*: P. and V. γρᾰφειν (Dem. 415). Met., *describe*: P. and V. ἐπεξέρχεσθαι, διέρχεσθαι; see *describe*. *Variegate*: P. and V. ποικίλλειν.

Paint, subs. *Pigment*: P. χρῶμα, τό, φάρμακον, τό.

Painted, adj. V. γραπτός (Eur., *Frag.*). *Coloured*: P. and V. ποικίλος. Of women: Ar. and P. ἐντετριμμένος (Xen.).

Painter, subs. P. and V. γρᾰφεύς, ὁ, P. ζωγράφος, ὁ.

Painting, subs. *Art of painting*: P. ζωγραφία, ἡ, γραφική, ἡ, P. and V. γρᾰφή, ἡ. *Picture*: P. ζωγράφημα, τό, P. and V. γρᾰφή, ἡ, V. ἄγαλμα, τό, εἰκών, ἡ.

Pair, subs. *Team*: P. and V. σῠνωρίς, ἡ (Plat.), P. ζεῦγος, τό. Generally: P. συζυγία, ἡ, Ar. and V. ζεῦγος, τό, V. σῠνωρίς, ἡ, ζῠγόν, τό. *A pair of fair children*: V. εὔτεκνος σῠνωρίς, ἡ. *Wedded pair*: P. ζεῦγος, τό (Xen.).

Pair, v. intrans. P. and V. σῠνέρχεσθαι, συμμίγνυσθαι.

Palace, subs. Ar. and P. βᾰσίλεια, τά, or use *house*.

Palaestra, subs. P. and V. πᾰλαίστρα, ἡ.

Palanquin, subs. See *litter*.

Palatable, adj. Use P. and V. ἡδύς.

Palatably, adv. Use P. and V. ἡδέως.

Palate, subs. P. οὐρανός, ὁ (Arist.). *Sense of taste*: see under *taste*.

Palatial, adj. *Spacious*: P. and V. εὐρύς, μέγᾰς, μακρός. *Royal*: P. and V. βᾰσῐλῐκός; see *royal*. *Splendid*: P. and V. λαμπρὸς, Ar. and P. μεγᾰλοπρεπής.

Pale, subs. *Stake*: Ar. and P. χᾰραξ, ὁ or ἡ, P. σταυρός, ὁ, V. σκόλοψ, ὁ (also Xen. but rare P.).

Pale, adj. *Of complexion*: P. and V. ὠχρός, P. χλωρός. *White*: P. and V. λευκός, V. λευκανθής, πάλλευκος; see *white*.

Pale, v. intrans. *Turn pale, blanch*: Ar. and V. ὠχριᾶν; see *blanch*. Met., *become dim*: V. ἀμαυροῦσθαι; see *fade*.

Paleness, subs. P. ὠχρότης, ἡ.

Palfrey, subs. Use *horse.*

Paling, subs. *Fence:* P. and V. ἕρκος, τό, P. σταύρωμα, τό, χαράκωμα, τό. *Stake:* P. σταυρός, ὁ, Ar. and P. χἄραξ, ὁ or ἡ.

Palinode, subs. P. παλινῳδία, ἡ.

Palisade, subs. P. σταύρωμα, τό, χαράκωμα, τό.

Palisade, v. trans. P. σταυροῦν, ἀποσταυροῦν, περισταυροῦν, προσταυροῦν. *Palisade completely:* P. διασταυροῦν.

Palisading, subs. P. σταύρωσις, ἡ.

Pall, subs. *Shroud:* P. ἐντάφιον, τό, V. φἄρος, τό, φᾶρος, τό; see *covering, winding sheet. Covered with a pall:* P. ἐστρωμένος (Thuc. 2, 34).

Pall, v. intrans. *Cause satiety:* P. and V. κόρον ἔχειν.

Pallet, subs. *Pallet (for sleeping):* P. and V. στἴβάς, ἡ (Plat.), P. χαμεύνιον, τό (Plat.), Ar. and V. χἄμεύνη, ἡ; see *bed.*

Palliate, v. trans. *Call by specious names:* Ar. and P. ὑποκορίζεσθαι. *Gloss over:* P. and V. καλλΰνειν (acc.) (Plat.). *Pardon:* P. and V. συγγιγνώσκειν (acc., gen., or dat.), συγγνώμην ἔχειν (gen.). *Give an excuse for:* P. πρόφασιν διδόναι (infin.).

Palliation, subs. *Excuse:* P. and V. πρόφἄσις, ἡ, P. ἀπολογία, ἡ. *Pardon:* P. and V. συγγνώμη, ἡ, V. σύγγνοια, ἡ.

Palliative, subs. *Something that mitigates:* V. μείλιγμα, τό, θελκτήριον, τό. *Remedy:* P. and V. φάρμἄκον, τό, V. ἄκος, τό, μῆχος, τό.

Pallid, adj. P. and V. ὠχρός; see *pale.*

Pallor, subs. P. ὠχρότης, ἡ.

Palm, subs. *Palm of the hand:* P. θέναρ, τό (Aristotle). *Palm tree:* P. φοῖνιξ, ὁ or ἡ (Xen.). *Palm of victory:* use P. and V. ἀριστεῖα, τά, στέφἄνος, ὁ, or use *victory* alone. *Carry off the palm,* v.: P. and V. ἀριστεύειν (absol.).

Palm off, v. trans. P. and V. ὑποβάλλεσθαι. *Palmed off, counterfeit:* P. and V. κίβδηλος, πλαστός (Xen.); see *counterfeit.*

Palpable, adj. *Perceptible by the senses:* P. αἰσθητός (Plat.). *Tangible:* P. ἁπτός (Plat.). *Manifest:* P. and V. λαμπρός, ἐμφἄνής, φἄνερός, σἄφής, ἐναργής; see *manifest.*

Palpably, adv. *Manifestly:* P. and V. λαμπρῶς, ἐμφἄνῶς, σἄφῶς, Ar. and P. φἄνερῶς; see *manifestly.*

Palpitate, v. intrans. P. and V. πηδᾶν, P. σφύζειν, V. ὀρχεῖσθαι. *Tremble:* P. and V. τρέμειν, φρίσσειν; see *tremble. Pant:* P. and V. σφᾰδάζειν (Xen.), ἀσπαίρειν (rare P.), V. ἀπασπαίρειν.

Palpitation, subs. P. πήδησις, ἡ, V. πήδημα, τό. *Trembling:* P. and V. τρόμος, ὁ (Plat.).

Palsied, adj. P. and V. ἀσθενής; see *weak. Be palsied,* v.: P. and V. πἄρίεσθαι, P. παραλύεσθαι, ἐκλύεσθαι, V. λΰεσθαι.

Palsy, subs. *Trembling:* P. and V. τρόμος, ὁ (Plat.). *Weakness:* P. ἀρρωστία, ἡ.

Palter, v. intrans. *Hesitate:* P. and V. ὀκνεῖν, κἄτοκνεῖν; see *hesitate. Palter with:* use *disregard.*

Paltriness, subs. P. φαυλότης, ἡ.

Paltry, adj. P. and V. φαῦλος, φλαῦρος, μικρός, σμικρός, βρἄχΰς, ἀσθενής, Ar. and V. βαιός, V. δείλαιος, P. ὀλίγου ἄξιος.

Pamper, v. trans. P. διαθρύπτειν, V. ἁβρΰνειν. *Gratify:* P. and V. χἄρίζεσθαι (dat.). *Be pampered:* use also P. and V. τρῠφᾶν, Ar. and V. χλἴδᾶν.

Pampered, adj. Ar. and P. τρῠφερός, P. and V. τρῠφῶν, V. ἁβρός.

Pamphlet, subs. Use P. and V. γράμμἄτα, τά.

Pan, subs. *Pan for frying:* Ar. τάγηνον, τό. Generally: use Ar. and P. ἀγγεῖον, τό.

Panacea, subs. Use *remedy.*

Pander, subs. *Flatterer:* Ar. and

P. κόλαξ, ὁ. *Minister*: P. and V. ὑπηρέτης, ὁ, διάκονος, ὁ. *Pimp*: Ar. and P. μαστροπός, ὁ or ἡ (Xen.), προᾰγωγός, ὁ.

Pander to, v. trans. P. and V. ὑποτρέχειν (acc.), ὑπέρχεσθαι (acc.); see *flatter*. *Gratify*: P. and V. χᾰρίζεσθαι (dat.).

Panegyric, subs. P. and V. ἔπαινος, ὁ, Ar. and P. ἐγκώμιον, τό.

Panegyrist, subs. P. ἐπαινέτης, ὁ.

Pang, subs. *Pain*: P. and V. λῡπή, ἡ, ὀδύνη, ἡ; see *pain*. With gen. following: P. and V. κέντρον, τό (Plat.), V. δῆγμα, τό. *Pangs of child birth*: see *labour*. *Pangs of hunger*: use P. πεῖνα, ἡ, P. and V. λῑμός, ὁ. *Regret, longing*: P. and V. πόθος, ὁ (rare P.).

Panic, subs. P. and V. ἔκπληξις, ἡ, P. ταραχή, ἡ; see also *fear*. *Strike with panic*, v.: P. and V. ἐκπλήσσειν; see *dismay*.

Panic-stricken, adj. Use P. and V. ἐκπλᾰγείς, ἐκπεπληγμένος.

Pannier, subs. Ar. κανθήλια, τά.

Pannikin, subs. Use Ar. and P. ἀγγεῖον, τό.

Panoply, subs. Ar. and P. πᾰνοπλία, ἡ, V. παντευχία, ἡ. *In full panoply*: P. πανοπλίᾳ, V. σὺν παντευχίᾳ, or use adj., V. πάνοπλος, agreeing with subject. *Show, splendour*: P. and V. σχῆμα, τό, πρόσχημα, τό.

Pant, v. intrans. P. and V. σφᾰδάζειν (Xen.), ἀσπαίρειν (rare P.), V. ἀπασπαίρειν. *Be out of breath*: P. and V. φῡσᾶν, V. φῡσιᾶν, ἀσθμαίνειν. *Pant for, long for*: P. and V. ἐπῐθῡμεῖν (gen.), ἐφίεσθαι (gen.), ποθεῖν (acc.), Ar. and V. ἱμείρειν (gen.), V. ἱμείρεσθαι (gen.).

Pant, subs P. and V. φύσημα, τό (also Ar. but rare P.).

Panther, subs. P. πάνθηρ, ὁ (Xen.).

Panting, adj. *Out of breath*: V. δύσπνους. *Panting breath*: V. πνεῦμα ἠρεθισμένον (Eur., *Med.* 1119), δύσπλητον φύσημα (Eur., *Phoen.* 1438); see *breathing*.

Panting, subs. P. δύσπνοια, ἡ (Xen.), P. and V. ἆσθμα, τό.

Pap, subs. *Breast*: P. and V. μαστός, ὁ (Xen. but rare P.), V. οὖθαρ, τό. *Soft food*: Ar. χόνδρος, ὁ.

Paper, subs. Use P. and V. πίναξ, ὁ (lit., *tablets for writing*): Ar. and V. δέλτος, ἡ; see *tablets, parchment*. *Papers, documents*: Ar. and P. γράμμᾰτα, τά. *Paper forces, existing only on paper*: P. ἐπιστολιμαῖοι δυνάμεις, αἱ (Dem. 45).

Papyrus, subs. V. βύβλος, ἡ.

Par, On a. Use adj., P. ἀντίπαλος, ἰσοπαλής.

Parable, subs. *Story*: P. and V. λόγος, ὁ, μῦθος, ὁ, V. αἶνος, ὁ. *Riddle*: P. and V. αἴνιγμα, τό, αἰνιγμός, ὁ. *Speak in parables*: P. δι' εἰκόνων λέγειν, P. and V. αἰνίσσεσθαι.

Parade, v. trans. *Review*: P. and V. ἐξετάζειν. *Draw up*: P. and V. τάσσειν. *Show off*: Ar. and P. ἐπῐδεικνῦναι (or mid.). V. intrans. *Be drawn up for review*: P. and V. ἐξετάζεσθαι, τάσσεσθαι.

Parade, subs. Of troops: P. ἐξέτασις, ἡ. *Display*: Ar. and P. ἐπίδειξις, ἡ. *Pomp*: P. and V. σχῆμα, τό, πρόσχημα, τό.

Paradise, subs. *Home of the blest*: use P. μακάρων νῆσοι, αἱ (Plat.), V. μᾰκᾰ́ρων αἶα, ἡ (Eur.), μᾰκᾰ́ρων νῆσος, ἡ (Eur.).

Paradox, subs. P. παράδοξον, τό, ἄτοπον, τό. *State a paradox*: P. ἄτοπον λέγειν (Plat., *Euthyd.* 286D).

Paradoxical, adj. P. παράδοξος, ἄτοπος.

Paradoxically, adv. P. παραδόξως.

Paragon, subs. *Model*: P. and V. πᾰρᾰ́δειγμα, τό.

Parallel, adj. *Parallel to*: use prep., P. and V. πᾰρᾰ́ (acc. of motion, dat. of rest). Met., *like*: P. and V. ὅμοιος, ἴσος, P. παρόμοιος, παραπλήσιος. *Parallel straight lines*; P. παράλληλοι, αἱ (Arist.).

Parallel, v. trans. *Equal:* P. and V. ἰσοῦσθαι (dat.), ἐξῐσοῦσθαι (dat.).

Paralyse, v. trans. *Impair:* P. and V. βλάπτειν; see *impair*. *Dull:* P. and V. ἀμβλῡ́νειν, ἀπαμβλῡ́νειν, V. κᾰταμβλῡ́νειν. *Be paralysed:* P. παραλύεσθαι, ἐκλύεσθαι, V. λῡ́εσθαι, P. and V. πᾰρῑ́εσθαι. *Grow torpid:* P. ναρκᾶν.

Paralysis, subs. *Weakness:* P. ἀρρωστία, ἡ. *Torpor:* Ar. and P. νάρκη, ἡ.

Paramount, adj. P. and V. κῡ́ριος, Ar. and P. αὐτοκρᾰ́τωρ.

Paramountcy, subs. P. and V. κῦρος, τό, κρᾰ́τος, τό, P. ἡγεμονία, ἡ.

Paramour, subs. Ar. and P. μοῖχος, ὁ, V. κοινόλεκτρος, ὁ, ἀνὴρ ἔπακτος, ἀνὴρ θῦραῖος. *A wife is wont to imitate her lord and take a paramour:* V. μιμεῖσθαι θέλει γυνὴ τὸν ἄνδρα, χᾰ́τερον κτᾶσθαι φίλον (Eur., *El.* 1037).

Parapet, subs. P. παραφράγματα, τά, V. γεῖσα, τά, P. and V. ἔπαλξις, ἡ.

Paraphernalia, subs. Use Ar. and P. σκεύη, τά, πᾰρασκευή, ἡ.

Paraphrase, v. trans. Use P. and V. ἑρμηνεύειν (*interpret*).

Parasite, subs. *Flatterer:* Ar. and P. κόλαξ, ὁ.

Parasol, subs. Ar. σκιᾰ́δειον, τό.

Parcel, subs. *Burden:* Ar. and P. φορτίον, τό. *Portion:* P. and V. μοῖρα, ἡ; see *portion*, *allotment*.

Parcel, v. trans. See *distribute*.

Parch, v. trans. *Dry:* P. and V. ξηραίνειν (Eur., *Cycl.* 575), P. ἀποξηραίνειν, Ar. στᾰθεύειν, ἀφαύειν, *Wither:* P. and V. ἰσχναίνειν. κᾰτισχναίνειν; see *wither*. *Burn:* P. and V. κάειν, θερμαίνειν; see *burn*. *Parched by the sun's bright flame:* V. σταθευτὸς ἡλίου φοίβῃ φλογί (Æsch., *P. V.* 22). *Be parched with thirst:* Ar. δίψῃ ἀφαναίνεσθαι (*Eccles.* 146).

Parched, adj. *Dry:* P. and V. ξηρός, P. αὐχμηρός. *Withered:* Ar. and P. ἰσχνός. *Thirsty:* V. δίψιος.

Parching, adj. *Hot:* P. and V. θερμός, V. δίψιος.

Parchment, subs. Use P. and V. διφθέραι, αἱ (Eur., *Frag.*).

Pard, subs. See *leopard*.

Pardon, v. trans. P. and V. συγγιγνώσκειν (dat. of pers., acc., gen., or dat. of thing), συγγνώμην ἔχειν (dat. of pers., gen. of thing), συγγνώμων εἶναι (dat. of pers., gen. of thing), V. σύγγνοιαν ἴσχειν (absol.). *Overlook:* P. ὑπεροpᾶν. *Be remiss in punishing (a person):* V. χᾰλᾶν (dat.). *Be pardoned:* P. and V. συγγνώμης τυγχᾰ́νειν.

Pardon, subs. P. and V. συγγνώμη, ἡ, V. σύγγνοια, ἡ. *A free pardon:* P. ἄδεια, ἡ; see also *mercy*, *amnesty*. *Beg pardon*, v.: P. and V. πᾰρίεσθαι (absol.), P. παραιτεῖσθαι (absol.). *I ask your pardon for this:* V. σὲ δὲ παραιτοῦμαι τόδε (Eur., *I. A.* 685).

Pardonable, adj. P. συγγνώμων, Ar. and V. συγγνωστός. *Be pardonable:* P. and V. συγγνώμην ἔχειν.

Pare, v. trans. *Cut:* P. and V. τέμνειν. *Cut down, curtail:* P. and V. συντέμνειν.

Parent, subs. P. and V. γονεύς, ὁ, τοκεύς, ὁ, γεννητής, ὁ (Plat.). *Parents:* also use V. οἱ φῡ́σαντες, οἱ γεννήσαντες, οἱ τίκτοντες, οἱ τεκόντες, οἱ φῡτεύσαντες. *Cherish one's parents in old age*, v.: Ar. and V. γηροβοσκεῖν (acc.), P. γηροτροφεῖν (acc.); see *tend*. *Cherishing parents in old age*, adj.: V. γηροβοσκός, γηροτρόφος. *A parent's curse:* V. γενέθλιοι ἀραί αἱ.

Parentage, subs. P. and V. γένος, τό, γενεά, ἡ (Plat., Eur., *Frag.*, and Ar.), V. γονή, ἡ, γένεθλον, τό, σπέρμᾰ, τό, σπορά, ἡ.

Parenthesis, subs. P. παρενθήκη, ἡ (Hdt.).

Pariah, subs. Use adj., Ar. and P. ἀλῐτήριος. *No one spoke with him as being a pariah:* P. ὥσπερ ἀλιτηρίῳ οὐδεὶς ἀνθρώπων διελέγετο (Lys. 137).

Paring, subs. *What is peeled off*: Ar. and P. λέμμᾰ, τό.

Parish, subs. Use Ar. and P. δῆμος, ὁ.

Parishioner, subs. Use Ar. and P. δημότης, ὁ.

Parity, subs. *Equality*: P. and V. τὸ ἴσον, P. ἰσότης, ἡ.

Park, subs. P. παράδεισος, ὁ (Xen.). *Enclosure round a temple*: P. and V. ἄλσος, τό (Plat.), τέμενος, τό. *Garden*: P. and V. κῆπος, ὁ.

Parlance, subs. P. λέξις, ἡ; see *language*. *In common parlance, as the saying goes*: P. τὸ λεγόμενον.

Parley, subs. P. and V. λόγοι, οἱ.

Parley, v. intrans. *Parley with*: V. εἰς λόγους ἔρχεσθαι (dat.) (cf., Ar., *Nub.* 470), διᾰ λόγων ἀφικνεῖσθαι (dat.), P. κοινολογεῖσθαι (dat.); see *confer*.

Parliament, subs. Use Ar. and P. Ἐκκλησία, ἡ. *Senate*: Ar. and P. βουλή, ἡ.

Parliament-house, subs. Use Ar. and P. Πνύξ, ἡ. *Senate-house*: P. and V. βουλευτήριον, τό.

Parlous, adj. P. and V. κᾰκός, φαῦλος, δείλαιος (rare P.), Ar. and P. μοχθηρός. *Be in a parlous state*: P. and V. κᾰκῶς ἔχειν, P. φαύλως διακεῖσθαι.

Parochial, adj. P. and V. ἔνδημος.

Parody, v. trans. Ar. and P. κωμῳδεῖν.

Parody, subs. Ar. and P. κωμῳδία, ἡ.

Parole, subs. *Word of honour*: P. and V. πίστῖς, ἡ; see also *oath*. *Keep (a prisoner) on parole*: P. ἐν φυλακῇ ἀδέσμῳ ἔχειν (Thuc. 3, 34).

Paroxysm, subs. *Convulsion*: P. and V. σπασμός, ὁ, P. σφαδασμός, ὁ (Plat.), V. σπᾰραγμός, ὁ.

Parricidal, adj. V. πατροκτόνος.

Parricide, subs. *Murderer of one's father*: P. πατροφόνος, ὁ (Plat.), Ar. and P. πατρᾰλοίας, ὁ, V. πατροφόντης, ὁ, πατροκτόνος, ὁ. *Be a parricide*, v.: V. πατροκτονεῖν. *Murder of a father*: use P. and V. πατρὸς φόνος, ὁ.

Parrot, subs. P. ψιττάκη, ἡ (Aristotle).

Parry, v. trans. *Ward off from oneself*: P. and V. ἀμΰνεσθαι, εὐλᾰβεῖσθαι. *Parry a question*: P. διακρούεσθαι, ὑπεξίστασθαι.

Parsimonious, adj. Ar. and P. φειδωλός. *Covetous*: P. and V. αἰσχροκερδής, φῐλάργῠρος, Ar. and P. φῐλοκερδής.

Parsimoniously, adv. P. φειδωλῶς.

Parsimony, subs. Ar. and P. φειδωλία, ἡ, V. φειδώ (Eur., *Frag.*, rare P.). *Covetousness*: P. and V. αἰσχροκέρδεια, ἡ, P. φιλοκέρδεια, ἡ.

Parsley, subs. Ar. σέλῖνον, τό.

Part, subs. *Portion, share*: P. and V. μέρος, τό, μοῖρα, ἡ, P. μόριον, τό, V. λᾰ́χος, τό. *Division*: P. and V. μερίς, ἡ, μέρος, τό, μοῖρα, ἡ. *Direction*: see *direction*. *Part in a play*: P. σχῆμα, τό. *I did not abandon the part of a patriot in the hour of danger*: P. ἐγὼ τὴν τῆς εὐνοίας τάξιν ἐν τοῖς δεινοῖς οὐκ ἔλιπον (Dem. 286). *It is a wise man's part*: P. and V. σοφοῦ ἀνδρός ἐστι or σοφοῦ πρὸς ἀνδρός ἐστι. *The part of an accomplice*: V. τὸ συνδρῶν χρέος (Eur., *And.* 337). *In part*: P. μέρος τι; see *partly*. *For my part*: V. τοὐμὸν μέρος. *I for my part*: P. and V. ἔγωγε. *For the most part*: P. ὡς ἐπὶ πολύ, τὰ πολλά. *You have no part in*: P. and V. οὐ σοὶ μέτεστι (gen.). *Take part in*: P. and V. κοινωνεῖν (gen.), κοινοῦσθαι (acc. or gen.), μετέχειν (gen.), σῠναίρεσθαι (acc. or gen.); see *share*. *Take (a person's) part*: P. and V. εὐνοεῖν (τινί), τᾰ́ (τινος) φρονεῖν, P. εὐνοϊκῶς ἔχειν (τινί); see *side with*. *Take in good part*: P. and V. ῥᾳδίως φέρειν (acc.). *Parts, natural capacity*: P. and V. δῠνᾰμις, ἡ. *Character*: P. and V. ἦθος, τό, τρόπος, ὁ, or pl. *Cleverness*: P. and V. σοφία, ἡ, φρόνησις, ἡ; see *cleverness*. *Quarters*: P. and V. τόποι, οἱ. *Be in foreign parts*, v.: Ar. and P.

ἀποδημεῖν. *From all parts*: see *from every direction*, under *direction*.

Part, v. trans. *Separate*: P. and V. χωρίζειν, σχίζειν, διείργειν, διᾰλαμβάνειν, διαιρεῖν, διιστάναι (Eur., *Frag.*), Ar. and P. διᾰχωρίζειν, διασπᾶν, V. νοσφίσαι (1st aor. act. of νοσφίζεσθαι), P. διασχίζειν. *Cut off*: P. ἀπολαμβάνειν, διαλαμβάνειν. *Separate locally* (*as a dividing line*): P. and V. σχίζειν. *About the river Tanaus that parts the borders of the Argive land and the soil of Sparta*: V. ἀμφὶ ποταμὸν Ταναὸν Ἀργείας ὅρους τέμνοντα γαίας Σπαρτιάτιδός τε γῆς (Eur., *El.* 410). V. intrans. *Fork* (*of a road*): P. and V. σχίζεσθαι. *Break*: P. and V. ῥήγνυσθαι; see *break*. *Of themselves the fetters parted from their feet*: V. αὐτόματα δ' αὐταῖς δεσμὰ διελύθη ποδῶν (Eur., *Bacch.* 447). *Be separated, go different ways*: P. and V. χωρίζεσθαι, ἀφίστασθαι, διίστασθαι, Ar. and P. διακρίνεσθαι. *When we parted*: P. ἐπειδὴ ἀπηλλάγημεν (Dem. 1169). *Part from*: P. and V. ἀφίστασθαι (gen.), V. ἀποζεύγνυσθαι (gen.) (Eur., *H. F.* 1375). *Part with*: P. and V. ἀπαλλάσσεσθαι (gen.), ἀφίστασθαι (gen.), ἀπολείπεσθαι (gen.). *Be deprived of*: see under *deprive*. *Give*: see *give*.

Partake of, v. trans. *Have share in*: P. and V. μετέχειν (gen.), μετᾰλαμβάνειν (gen.), συμμετέχειν (gen.); see *share in*. *Eat*: see *eat*.

Partaker, subs. See *partner*.

Partial, adj. *In part*: use adv., *partially*. *Biassed*: P. οὐ κοινός. *Biassed favourably* (of persons): P. and V. εὔνους. *Biassed unfavourably*: P. and V. δύσνους, Ar. and P. κᾰκόνους.

Partiality, subs. P. and V. εὔνοια, ἡ.

Partially, adv. *In part*: P. μέρος τι; see *partly*.

Participant, subs. Use P. and V. κοινωνός, ὁ or ἡ; see *partner*.

Participate in, v. trans. P. and V. μετέχειν (gen.), συμμετέχειν (gen.), μετᾰλαμβάνειν (gen.), κοινοῦσθαι (gen.), κοινωνεῖν (gen.); see *share in*.

Participating in, adj. P. and V. μέτοχος (gen.).

Participation, subs. P. μετάληψις, ἡ. *Participation in*: P. and V. κοινωνία, ἡ (gen.), Ar. and P. μετουσία, ἡ (gen.), P. μετάληψις (gen.).

Particle, subs. *Piece cut off*: P. τμῆμα, τό. *Had he had a particle of evidence for the charges he trumped up against me*: P. εἴ γ' εἶχε στιγμὴν ἢ σκιὰν τούτων ὧν κατεσκεύαζε κατ' ἐμοῦ (Dem. 552).

Particular, adj. *Distinctive, different*: P. and V. διάφορος; see *especial*. *Private, personal*: P. and V. οἰκεῖος, ἴδιος. *Careful*: P. and V. ἐπῐμελής (Soph., *Frag.*). *Exact*: P. and V. ἀκρῑβής. *Fastidious*: P. δυσχερής. *Hard to please*: P. and V. δυσάρεστος. *A sacrifice about which he was most particular*: P. περὶ ἣν μάλιστα ἐκεῖνος θυσίαν ἐσπούδαζε (Isae. 70). As opposed to *universal*: ὁ καθ' ἕκαστον (Arist.). *Particulars*: see *details*. *Whether one violates one's duty to the gods and the rights of men, be it in a small or greater particular, the principle is the same*: P. τὸ εὐσεβὲς καὶ τὸ δίκαιον ἄν τ' ἐπὶ μικροῦ ἄν τ' ἐπὶ μείζονος παραβαίνῃ τὴν αὐτὴν ἔχει δύναμιν (Dem. 114).

Particularly, adv. *Especially*: P. and V. μάλιστα, οὐχ ἥκιστα, P. ἐν τοῖς μάλιστα, διαφερόντως, V. ἐξόχως. With a clause following: P. and V. ἄλλως τε καί, V. ἄλλως τε πάντως καί.

Parting, subs. P. and V. ἀπαλλᾰγή, ἡ. *Separation*: P. χωρισμός, ὁ. *Parting of roads*: P. σχίσις, ἡ. *A parting in a road*: V. σχιστὴ ὁδός.

Partisan, subs. P. ἑταῖρος, ὁ (Thuc. 8, 65). *One who favours* (*a party*): use adj., P. and V. εὔνους. *The partisans of Pisander*: P.

οἱ ἀμφὶ τὸν Πείσανδρον (Thuc. 8, 65), οἱ περὶ τὸν Πείσανδρον (Thuc. 8, 67; cf., Ar. *Vesp.* 1302). *The partisans of Athens*: P. οἱ τὰ Ἀθηναίων φρονοῦντες.

Partisanship, subs. *Faction*: P. and V. στάσις, ἡ. *Partiality*: P. and V. εὔνοια, ἡ.

Partition, v. trans. *Divide*: P. and V. διαιρεῖν, διαλαμβάνειν, P. μερίζειν. *Distribute*: P. and V. νέμειν; see *distribute*.

Partition, subs. *Division*: P. and V. διαίρεσις, ἡ. *Distribution*: P. νομή, ἡ, διανομή, ἡ. *A hut divided into two by a partition*: P. διπλῇ διαφράγματι καλύβη (Thuc. 1, 133).

Partly, adv. P. μέρος, τι. *Partly . . . partly*: P. and V. τὰ μέν . . . τὰ δέ, τῇ μὲν . . . τῇ δέ.

Partner, subs. P. and V. κοινωνός, ὁ or ἡ, συνεργός, ὁ or ἡ, συλλήπτωρ, ὁ, μέτοχος, ὁ or ἡ, σύννομος, ὁ or ἡ, V. σύνθακος, ὁ or ἡ, συνεργάτης, ὁ. Fem., συνεργάτις, ἡ, P. συναγωνιστής, ὁ; see *companion*. *Of a husband or wife*: P. and V. σύννομος, ὁ or ἡ; see *consort*. *A noble partner of my bed*: V. ὦ γενναῖα συγκοιμήματα (Eur., *And.* 1273).

Partnership, subs. P. and V. κοινωνία, ἡ. *Partnership in*: P. and V. κοινωνία, ἡ (gen.), Ar. and P. μετουσία, ἡ (gen.).

Partridge, subs. Ar. and V. πέρδιξ, ὁ or ἡ (Soph., *Frag.*).

Parturition, subs. P. and V. τόκος, ὁ, or pl. (Plat.); see *birth*.

Party, subs. *Group of people*: P. and V. σύστασις, ἡ. *Faction*: P. and V. στάσις, ἡ. *Political party*: Ar. and P. σύνοδος, ἡ. *The ties of party*: P. τὸ συγγενὲς τοῦ ἑταιρικοῦ (Thuc. 3, 82). *The Syracusan party*: P. οἱ τὰ Συρακοσίων φρονοῦντες. *Phrynichus' party*: Ar. οἱ περὶ Φρύνιχον (*Vesp.* 1302). *Be a party to*: P. and V. μετέχειν (gen.); see *share in*. *Be jointly responsible for*: P. and V. συναίτιος εἶναι (gen.), μεταίτιος εἶναι (gen.). *Become a party to a treaty*: P. εἰς σπονδὰς εἰσιέναι (Thuc. 5, 40). *Be an interested party (not to be impartial)*: P. οὐ κοινὸς εἶναι. *The parties to a contract*: P. οἱ συμβάλλοντες. *The parties to a suit*: P. οἱ ἀντίδικοι. *Be a party to a suit*, v.: Ar. and P. ἀντιδικεῖν. *Social party*: Ar. and P. συνουσία, ἡ, σύνοδος, ἡ. *Drinking party*: Ar. and P. συμπόσιον, τό; see also *feast*.

Party-coloured, adj. P. and V. ποικίλος.

Party leader, subs. P. and V. προστάτης, ὁ.

Party spirit, subs. P. and V. στάσις, ἡ, P. φιλονεικία, ἡ. *Be animated by party spirit*, v.: P. φιλονεικεῖν.

Party walls, subs. P. κοινοὶ τοῖχοι (Thuc. 2, 3).

Parvenu, subs. Use adj., Ar. νεόπλουτος, cf., οἱ δ' οὔποτ' ἐλπίσαντες ἤμησαν καλῶς (Æsch., *Ag.* 1044), λαβὼν πένης ὣς ἀρτίπλουτα χρήματα (Eur., *Supp.* 742).

Pasquinade, subs. Ar. and P. ἴαμβοι, οἱ; see *caricature*.

Pass, v. trans. *Hand on*: P. and V. παραδιδόναι. *Passing (the children) on through a succession of hands*: V. διαδοχαῖς ἀμείβουσαι χερῶν (τέκνα) (Eur., *Hec.* 1159). *Pass (word or message)*: P. and V. παραφέρειν, παραγγέλλειν, παρεγγυᾶν (Xen.). *Go past*: P. and V. παρέρχεσθαι, P. παραμείβεσθαι (Plat.), Ar. and V. περᾶν, V. παραστείχειν. *Sail past*: P. παραπλεῖν, παρακομίζεσθαι. *Go beyond* (of time or place): P. and V. παρέρχεσθαι, Ar. and V. περᾶν (Eur., *And.* 102). *Having passed the appointed time*: V. παρεὶς τὸ μόρσιμον. *Their line had now all but passed the end of the Athenian wall*: P. ἤδη ὅσον οὐ παρεληλύθει τὴν τῶν Ἀθηναίων τοῦ τείχους τελευτὴν ἡ ἐκείνων τείχισις (Thuc. 7, 6). *Go through*: P. and V. διέρχεσθαι. *Cross*: P. and V. ὑπερβαίνειν, διαβάλλειν, διαπερᾶν, ὑπερβάλλειν, Ar. and P. διαβαίνειν, περαιοῦσθαι, διέρχεσθαι, P. διαπεραιοῦσθαι (absol.), διαπορεύεσθαι, Ar. and V. περᾶν, V. ἐκπερᾶν. *Pass* (*time*): P. and V. διάγειν (Eur., *Med.* 1355) (with acc. or absol.), τρίβειν, Ar. and P. διατρίβειν (with acc. or absol.), κατατρίβειν, V. ἐκτρίβειν, διαφέρειν, διεκπερᾶν, Ar. and V. ἄγειν. *Pass time in a place*: Ar. and P. ἐνδιατρίβειν (absol.). *Pass a short time with a person*: P. σμικρὸν χρόνον συνδιατρίβειν (dat.) (Plat., *Lys.* 204c). *Pass the night*: P. and V. αὐλίζεσθαι, V. νυχεύειν (Eur., *Rhes.*). *Pass* (*accounts*): P. ἐπισημαίνεσθαι (εὐθύνας) (Dem. 310). *Pass* (*a law*), of the lawgiver: P. and V. τιθέναι (νόμον); of the people: P. and V. τίθεσθαι (νόμον). *Pass sentence*: P. and V. ψῆφον φέρειν, ψῆφον διαφέρειν, ψῆφον τίθεσθαι, P. δίκην ψηφίζεσθαι. *Pass sentence on*: see *condemn*. *Never would they have lived thus to pass sentence on another man*: V. οὐκ ἄν ποτε δίκην κατ' ἄλλου φωτὸς ὧδ' ἐψήφισαν (Soph., *Aj.* 648). V. intrans. P. and V. ἔρχεσθαι, ἰέναι, χωρεῖν, Ar. and V. βαίνειν, στείχειν, περᾶν, V. ἕρπειν. μολεῖν (2nd aor. of βλώσκειν). *A goddess shall be struck by mortal hand unless she pass from my sight*: V. βεβλήσεταί τις θεῶν βροτησίᾳ χερὶ εἰ μὴ 'ξαμείψει χωρὶς ὀμμάτων ἐμῶν (Eur., *Or.* 271). *Let pass*: P. and V. ἐᾶν; see *admit, let slip*. *Go through*: P. and V. διέρχεσθαι. *Go by*: P. and V. παρέρχεσθαι, V. παρήκειν. *Go by* (*of time*): P. προέρχεσθαι. *Elapse*: P. and V. παρέρχεσθαι, διέρχεσθαι. *Expire*: P. and V. ἐξέρχεσθαι, ἐξήκειν; see also under *past*. *Disappear*: P. and V. ἀφανίζεσθαι, διαρρεῖν, ἀπορρεῖν, φθίνειν (Plat.). *Pass* (*of a law*): P. and V. νικᾶν. *Be enacted*: P. and V. κεῖσθαι. *Pass along*: P. ἐπιπαριέναι (acc.). *Pass away*: P. and V. ἀπέρχεσθαι, παρέρχεσθαι. *This decree caused the danger that lowered over the city to pass away like a cloud*: P. τοῦτο τὸ ψήφισμα τὸν τότε τῇ πόλει περιστάντα κίνδυνον παρελθεῖν ἐποίησεν ὥσπερ νέφος (Dem. 291). Met., *disappear*: P. and V. ἀφανίζεσθαι, διαρρεῖν, ἀπορρεῖν, φθίνειν (Plat.), Ar. and V. ἔρρειν (also Plat. but rare P.). *Have passed away, be gone*: P. and V. οἴχεσθαι, ὑποίχεσθαι, V. ἐξοίχεσθαι, Ar. and V. διοίχεσθαι (also Plat. but rare P.). *Pass by*: see *pass*, v. trans. Met., *neglect*: P. and V. ἀμελεῖν; see *neglect, omit*. *Pass from* (*life*): P. and V. ἀπαλλάσσεσθαι βίου, V. μεταστῆναι βίου. *Pass into*: see *enter*. *Change into*: P. μεταβαίνειν εἰς (acc.), μεταβάλλειν (εἰς acc., or ἐπί acc.); see *change*. *Pass off*: P. and V. ἐκβαίνειν, P. ἀποβαίνειν. *Pass away*: see *pass away*. *Pass on*: P. προέρχεσθαι, P. and V. προβαίνειν. *Pass out of*: V. ἐκπερᾶν (acc. or gen.). *Pass over, omit*: P. and V. παριέναι, παραλείπειν, ἐᾶν; see *omit*. *Pass over in silence*: P. and V. σιγᾶν (acc.), σιωπᾶν (acc.), V. διασιωπᾶν (acc.). *Slight*: see *slight*. *Pass through*: P. and V. διέρχεσθαι (acc.), V. διέρπειν (acc.), διαστείχειν (acc.), Ar. and V. διεκπερᾶν (acc.), διαπερᾶν (acc.) (rare P.). *Travel through*: Ar. and V. διαπερᾶν (acc.) (rare P.), P. διαπορεύεσθαι (acc.). *Pass through, into*: V. διεκπερᾶν εἰς (acc.). *Pierce*: see *pierce*. *Of time* (*pass through life, etc.*): P. and V. διέρχεσθαι (acc.), V. διαπερᾶν (also Xen. but rare P.). Met., *endure*: P. and V. διεξέρχεσθαι; see *endure*. *Bring to pass*: P. and V. ἀνύτειν, κατανύτειν, διαπράσσειν (or mid. in P.); see *accomplish*. *Come to pass*: P. and V. συμβαίνειν, συμπίπτειν, παραπίπτειν, γίγνεσθαι, τυγχάνειν, συντυγχάνειν; see *happen*.

Pass, subs. *Defile*: P. and V. εἰσβολή, ἡ, ἄγκος, τό (Xen.), P. στενόπορα, τά, στενά, τά, πάροδος, ἡ,

V. στενωπός, ἡ. *Safe conduct:* Ar. and P. δίοδος, ἡ, P. ἄδεια, ἡ, P. and V. ἀσφάλεια, ἡ. *Difficulty:* P. and V. ἀπορία, ἡ; see also *predicament. Having come to so sore a pass:* V. εἰς τὰς μεγίστας συμφορὰς ἀφιγμένος (Eur., *I. A.* 453.

Passable, adj. *Able to be crossed:* P. διαβατός, P. and V. εὔβᾰτος (Plat.), πορεύσῐμος (Plat.). *Moderately good:* P. and V. μέτριος.

Passably, adv. *Tolerably:* P. and V. μετρίως, Ar. and P. ἐπιεικῶς.

Passage, subs. *Journey:* P. and V. ὁδός, ἡ, πορεία, ἡ, V. πόρος, ὁ (rare P.); see *journey. Way:* P. and V. ὁδός, ἡ, Ar. and V. κέλευθος, ἡ; see *way. Crossing:* P. διάβασις, ἡ, Ar. and P. δίοδος, ἡ; by sea: P. διάπλους, ὁ, V. πορθμός, ὁ. *If anyone should dispute their passage:* P. εἴ τις . . . κωλυτὴς γίγνοιτο τῆς διαβάσεως (Thuc. 3, 23). *So that there was no passage by the side of the tower:* P. ὥστε πάροδον μὴ εἶναι παρὰ πύργον. *Wherever there is a passage:* P. ᾗ ἂν εὐοδῇ (Dem. 1274). *Channel:* P. and V. ὀχετός, ὁ; see *channel. Strait:* P. and V. πορθμός, ὁ; see *strait. Underground passage:* see *underground. Defile:* see *pass. Way out:* P. and V. ἔξοδος, ἡ. *Way through:* Ar. and P. δίοδος, ἡ, P. and V. διέξοδος, ἡ; by sea: P. διάπλους, ὁ. *Permission to pass:* Ar. and P. δίοδος, ἡ. *Grant a passage*, v.: P. and V. διῑέναι (διίημι) (acc. or absol.). *The people of Agrigentum allowed no passage through their territory:* P. Ἀκραγαντῖνοι οὐκ ἐδίδοσαν διὰ τῆς ἑαυτῶν ὁδόν (Thuc.). *Passage in a book:* use P. λόγος, ὁ. *Passage in a play:* Ar. and P. ῥῆσις, ἡ. *In many passages:* P. πολλαχοῦ.

Passage money, subs. Ar. and P. ναῦλος, ὁ, or ναῦλον, τό.

Passenger, subs. *Passenger on a ship:* P. ἐπιβάτης, ὁ. *Be a passenger*, v.: see *be on board*, under *board. Traveller:* P. and V. ὁδοιπόρος, ὁ.

Passing, subs. Met., see *death. Remark in passing*, v.: P. παραφθέγγεσθαι.

Passion, subs. *Emotion:* P. πάθος, τό, πάθημα, τό; see *emotion. Vehemence:* P. σφοδρότης, ἡ. *Anger:* P. and V. ὀργή, ἡ, θῡμός, ὁ, Ar. and V. χολή, ἡ, κότος, ὁ, μένος, τό, V. χόλος, ὁ, μῆνις, ἡ. *Love:* P. and V. ἔρως, τό, πόθος, ὁ (Plat. but rare P.), ἵμερος, ὁ (Plat. but rare P.). *Eagerness:* P. and V. σπουδή, ἡ, προθῡμία, ἡ. *Desire:* P. and V. ἐπῐθῡμία, ἡ.

Passionate, adj. P. and V. ὀξύς, Ar. and P. ἀκρᾰ́χολος, Ar. and V. ὀξύθῡμος, V. δύσοργος. *Excitable:* P. σφοδρός. *Impassioned:* P. and V. ἔντονος, σύντονος.

Passionately, adv. *Angrily:* P. and V. δι' ὀργῆς, πικρῶς, V. ὑπερθύμως, ὑπερκότως; see *angrily. Vehemently:* P. σφοδρῶς, συντόνως, ἐντόνως, P. and V. σφόδρᾰ.

Passionateness, subs. *Vehemence:* P. σφοδρότης, ἡ. *Quickness to anger:* V. ὀξῠθῡμία, ἡ.

Passive, adj. P. and V. ἀπράγμων, ἥσῠχος, ἡσῠχαῖος, P. ἡσύχιος. *Remain passive*, v.: P. and V. ἡσῠχάζειν.

Passively, adv. P. and V. ἡσύχῃ, ἡσύχως.

Passivity, subs. Ar. and P. ἡσῠχία, ἡ, Ar. ἀπραγμοσύνη, ἡ.

Passport, subs. Use P. ἄδεια, ἡ.

Password, subs. P. and V. σύνθημα, τό, P. σημεῖον, τό, V. σῆμα, τό, σύμβολον, τό.

Past, prep. P. and V. πᾰρᾰ́ (acc.). *Beyond:* P. and V. πέρᾱ (gen.). *Exceeding:* P. and V. ὑπέρ (acc.). *Past description:* use P. and V. κρείσσων λόγου, or V. κρείσσων ἢ λέξαι. *Past expectation:* P. and V. πᾰρ' ἐλπίδα, V. ἐκτὸς ἐλπίδος, ἔξω ἐλπίδος. *Past bearing:* use *intolerable*. In compounds: P. and

V. πᾰρά. *Go past:* P. and V. πᾰρέρχεσθαι.

Past, adj. *Gone, vanished:* Ar. and V. φροῦδος (rare P.). *Ancient:* P. and V. πᾰλαιός; see *ancient.* Of time: P. and V. πᾰρελθών, P. παρεληλυθώς. *Past time:* P. and V. ὁ πᾰρελθὼν χρόνος. *Be past, have gone by:* P. and V. πᾰρελθεῖν, V. πᾰροίχεσθαι. *Past actions:* P. τὰ γεγενημένα. *Things past and done:* V. ἐξειργασμένα, τά. *In the past:* use adv., P. and V. πάλαι.

Pastime, subs. P. and V. παιδιά, ἡ, διατρῐβή, ἡ.

Pastmaster (in), subs. Use adj., P. and V. ἄκρος (gen. or acc.).

Pastoral, adj. Ar. and V. νομάς, Ar. νόμιος.

Pastry, subs. P. πέμματα, τά.

Pasturage, subs. See *pasture.*

Pasture, subs. P. and V. νομή, ἡ, P. βοτάνη, ἡ. *Green food:* P. βοτάνη, ἡ; see *fodder. Nurslings of the pastures of Parnassus:* V. φυλλάδος Παρνησίας παιδεύματα (Eur., *And.* 1100). *Pasture for horses:* V. ἱπποφόρβιον, τό.

Pasture, v. trans. P. and V. νέμειν (Plat. and Eur., *Cycl.*), ποιμαίνειν (Plat.), P. νομεύειν (Plat.), V. προσνέμειν (Eur., *Cycl.*), φέρβειν. *Pasture on, feed on* (of cattle): P. and V. νέμεσθαι (acc. or absol.).

Pasture land, subs. V. γῆ φορβάς, ἡ (Soph., *Frag.*), or use P. and V. νομή, ἡ.

Pasturing, adj. V. νομάς. *Pasturing in the woodland:* V. ὑλόφορβος. *Pasturing herds:* V. ἀγέλαι βουνόμοι.

Pat, v. trans. P. and V. ψήχειν, Ar. and P. κᾰταψῆν (Xen.), V. κᾰταψήχειν, or use *touch.*

Patch, v. trans. *Repair:* P. ἐπισκευάζειν. *Patch clothes:* P. ἱμάτια ἐξακεῖσθαι (Plat.). *Cobble:* Ar. and P. ῥάπτειν; see *cobble. Patch up a truce:* P. and V. σύμβᾰσιν ποιεῖσθαι. *Patched up, unsound,* met.: P. and V. ὕπουλος.

Patchwork, subs. *Embroidery:* P. and V. ποίκιλμα, τό.

Pate, subs. Use *head.*

Patent, adj. P. and V. δῆλος, ἔνδηλος, σᾰφής, ἐναργής, φᾰνερός, ἐμφᾰνής, V. σᾰφηνής; see *clear.*

Patently, adv. P. and V. σᾰφῶς, ἐμφᾰνῶς, Ar. and P. φᾰνερῶς, V. σᾰφηνῶς; see *clearly.*

Paternal, adj. P. and V. πάτριος, πατρῷος, Ar. and P. πατρῐκός.

Paternity, subs. Use P. and V. τὸ φῠτεύειν, τὸ γεννᾶν.

Path, subs. P. and V. ὁδός, ἡ, V. τρῐ́βος, ὁ or ἡ (also Xen. but rare P.), οἶμος, ὁ or ἡ (also Plat. but rare P.), στῐ́βος, ὁ, πόρος, ὁ, Ar. and P. ἀτρᾰπός, ἡ, Ar. and V. κέλευθος, ἡ. *Orbit:* P. and V. δρόμος, ὁ, ὁδός, ἡ, Ar. and P. περῐφορά, ἡ, V. διέξοδος, ἡ, στροφή, ἡ (Soph., *Frag.*), περιστροφή, ἡ (Soph., *Frag.*). Met., *path of life:* P. and V. ὁδός, ἡ, P. ἀτραπός, ἡ, V. κέλευθος, ἡ.

Pathetic, adj. P. and V. οἰκτρός, P. ἐλεεινός, Ar. and V. ἐλεινός.

Pathetically, adv. P. and V. οἰκτρῶς, P. ἐλεεινῶς, Ar. and V. ἐλεινῶς.

Pathless, adj. P. ἀτριβής, P. and V. ἄβᾰτος, V. ἄστιπτος, ἀστῐβής.

Pathos, subs. *Misery:* P. κακοπάθεια, ἡ, ἀθλιότης, ἡ; see *misery. Emotion:* P. πάθος, τό, πάθημα, τό.

Pathway, subs. See *path.*

Patience, subs. *Endurance:* P. καρτερία, ἡ, καρτέρησις, ἡ. *Forgiveness:* P. and V. συγγνώμη, ἡ. *Gentleness:* P. πραότης, ἡ, Ar. and P. ἡσῠχία, ἡ; see *gentleness. Hear with patience:* P. μετ' εὐνοίας ἀκούειν (gen.).

Patient, adj. P. καρτερικός, V. τλήμων. *Humble:* P. and V. τᾰπεινός. *Forgiving:* P. and V. συγγνώμων. *Gentle, quiet:* P. and V. πρᾶος, ἥσῠχος, ἡσῠχαῖος. *Be patient,* v.: P. and V. καρτερεῖν, τολμᾶν, Ar. and V. τλῆναι (2nd aor. of τλᾶν) (also Isoc. but rare P.). *Keep quiet:* P. and V. ἡσῠχάζειν.

Acquiesce: P. and V. στέργειν, V. αἰνεῖν; see *acquiesce*. *Be patient of, acquiesce in*: P. and V. στέργειν (acc. or dat.), P. ἀγαπᾶν (acc. or dat.), V. αἰνεῖν (acc.); see also *endure*.

Patient, subs. See *invalid*.

Patiently, adv. V. τλημόνως. *Quietly*: P. and V. ἡσῠ́χως, ἡσῠχῇ. *Gently*: P. πρᾴως. *Humbly*: P. ταπεινῶς.

Patois, subs. Use *dialect*.

Patrician, adj. *High-born*: P. and V. γενναῖος, εὐγενής (Plat. and Thuc.), Ar. and V. ἐσθλός. *Patricians* (*as a party*), subs.: P. εὐπατρίδαι, οἱ.

Patrimony, subs. Ar. and P. τᾰ πατρῷα, V. πατρῐκή, ἡ (Eur., *Ion*, 1304).

Patriot, subs. P. ἀγαθὸς πολίτης, or use *patriotic*, adj.

Patriotic, adj. Ar. and P. φῐλόπολις, P. and V. εὔνους, V. φῐλόπτολις (Eur., *Rhes.*).

Patriotism, subs. P. τὸ φιλόπολι. *Good will*: P. and V. εὔνοια, ἡ.

Patrol, v. trans. P. and V. περῐπολεῖν. *The Syracusans were at once able to patrol the harbour without fear*: P. οἱ Συρακόσιοι τὸν λιμένα εὐθὺς παρέπλεον ἀδεῶς (Thuc. 7, 56). Absol., Ar. and P. ἐφοδεύειν (Xen.), Ar. κωδωνοφορεῖν.

Patrol, subs. Ar. and P. περίπολοι, οἱ. *Commander of a patrol*: P. περιπόλαρχος, ὁ.

Patron, subs. P. and V. ἐπιστᾰ́της, ὁ. *Protector*: P. and V. προστᾰ́της, ὁ, Ar. and V. πρόξενος, ὁ. *Without a patron*, adj.: V. ἀπρόξενος. *Be a patron to*, v.: Ar. and V. προξενεῖν (gen.). *Patron saint*: use P. and V. ἥρως, or use V. ἀρχηγός, ὁ (Soph., *O. C.* 60); see *tutelary*.

Patronage, subs. P. προστασία, ἡ.

Patroness, subs. V. πρόξενος, ἡ; see *protectress*.

Patronise, v. trans. P. and V. προστᾰτεῖν (gen.). *Attend frequently*: P. and V. φοιτᾶν εἰς, acc. or ἐπί (acc.), P. θαμίζειν εἰς (acc.). *Condescend to*: P. συγκαθιέναι (dat.).

Patronising, adj. Met., *insolent*: P. ὑπερήφανος.

Patter, subs. P. and V. ψόφος, ὁ, κτῠ́πος, ὁ (Plat. but rare P.). *Patter of rain*: P. and V. ψᾰκᾰ́ς, ἡ (Xen., also Ar.).

Patter, v. intrans. P. and V. ψοφεῖν, κτῠπεῖν (Plat. but rare P.). *Drip*: P. and V. στάζειν (Plat. but rare P.); see *drip*.

Pattern, subs. *Sample*: P. and V. δεῖγμα, τό, πᾰρᾰ́δειγμα, τό, P. ἐπίδειγμα, τό. *Example for imitation*: P. and V. πᾰρᾰ́δειγμα, τό. *Impression*: P. and V. τῠ́πος, ὁ. *Shape*: P. and V. ἰδέα, ἡ, εἶδος, τό; see *shape*.

Paucity, subs. P. ὀλιγότης, ἡ. *Paucity of men*: P. ὀλιγανθρωπία, ἡ. *Want, deficiency*: P. and V. σπᾰ́νις, ἡ; see *want*.

Paunch, subs. P. and V. γαστήρ, ἡ.

Pauper, subs. Use adj., P. and V. πένης; see also *beggar*.

Pauperise, v. trans. *Corrupt*: use P. and V. διαφθείρειν.

Pause, v. intrans. *Cease*: P. and V. παύεσθαι, λήγειν (Plat.). *Delay*: P. and V. μέλλειν, ἐπέχειν, ἐπίσχειν, βρᾰδῡ́νειν; see *delay*.

Pause, interj. P. and V. παῦε, ἐπίσχες, Ar. and P. ἔχε, V. ἴσχε, σχές, παῦσαι.

Pause, subs. P. and V. παῦλα, ἡ, ἀνᾰ́παυλα, ἡ, P. ἀνάπαυσις, ἡ. *Breathing space*: P. and V. ἀναπνοή, ἡ, V. ἀμπνοή, ἡ. *Delay*: P. and V. διατρῐβή, ἡ, τρῐβή, ἡ; see *delay*.

Pave, v. trans. *Pave the way for, conduce towards*, met.: P. προφέρειν εἰς (acc.). *While we pave the way for their empire*: P. τῆς ἀρχῆς προκοπτόντων ἐκείνοις (ἡμῶν) (Thuc. 4, 60). *At the same time paving the way for his recall to his native land*: P. ἅμα τὴν ἑαυτοῦ κάθοδον εἰς τὴν πατρίδα ἐπιθεραπεύων (Thuc. 8, 47).

Paved, adj. P. ἐστρωμένος (Hdt.). V. λῐθόστρωτος.

Pavilion, subs. P. and V. σκηνή, ἡ, V. σκηνώμᾰτα, τά (also Xen. but rare P.).

Paw, subs. Use *foot*.

Pawn, v. trans. P. ὑποτιθέναι, ἀποτιμᾶν, Ar. ἐνέχῡρον τῐθέναι. *Take in pawn*: P. ὑποτίθεσθαι, ἀποτιμᾶσθαι.

Paw the ground, v. trans. Use P. and V. σκιρτᾶν.

Pay, v. trans. P. and V. τΐνειν, ἐκτΐνειν, ἀποτΐνειν (Eur., *I. A.* 1169), τελεῖν, Ar. and P. φέρειν, ἀποδῐδόναι. *Pay in full*: V. πληροῦν, P. ἐκπληροῦν. *Bring in, yield*: P. προσφέρειν, φέρειν, P. and V. δῐδόναι. *Reward, requite*: P. and V. ἀμείβεσθαι; see *reward*. *Give wages*: P. μισθοδοτεῖν (dat. or absol.). *Be paid, receive as payment*: P. κομίζεσθαι (acc.). *Pay the penalty*: see under *penalty*. *Pay (debts)*: P. διαλύειν, Ar. and P. ἀποδῐδόναι. *Pay (honour, etc.)*: P. and V. νέμειν. *Pay property tax*: P. εἰσφέρειν, εἰσφορὰν τιθέναι. *Pay tribute*: Ar. and P. φόρον φέρειν; see *tribute*. *Help to pay*: P. συνεκτίνειν (absol.). *Profit*: Ar. and P. λῡσῐτελεῖν (dat.), V. λύειν τέλη (dat.), λύειν (dat.). *Pay back*: P. ἀνταποδιδόναι, P. and V. ἀντῐδῐδόναι. *Pay besides*: P. προσαποτίνειν. *Pay down*: Ar. and P. κᾰτᾰτῐθέναι, P. καταβάλλειν. *Pay for, provide money for*: Ar. and P. δᾰπᾰνᾶν εἰς (acc.). *Be punished for*: P. and V. δίκην δῐδόναι (gen.), δίκην τίνειν (gen.), δίκην ἐκτίνειν (gen.). *You shall pay for this*: use Ar. and P. οἰμώξει, Ar. and V. κλαύσει. *Pay off*: a debt, P. διαλύειν, Ar. and P. ἀποδῐδόναι; a person, P. διαλύειν (acc.) (Dem. 866). *Paid off*: P. ἀπόμισθος. *Pay out*: see *requite*. *Pay out (a rope)*: Ar. and V. ἐξῐέναι.

V. intrans. *Be profitable*: Ar. and P. λῡσῐτελεῖν, V. λύειν τέλη, or λύειν alone.

Pay, subs. P. and V. μισθός, ὁ. *Receipt of pay*: Ar. and P. μισθοφορά, ἡ. *Pay given in advance*: P. πρόδοσις, ἡ. *Extra pay*: P. ἐπιφορά, ἡ. *Do something for pay*: P. πράσσειν τι μισθοῦ (Dem. 242). *Without pay*, adj.: P. and V. ἄμισθος (Dem. 731); adv., P. and V. ἀμισθί. *Give pay*, v.: P. μισθοδοτεῖν (absol. or dat.). *Receive pay*: Ar. and P. μισθοφορεῖν. *In receipt of pay*: use adj., P. ἔμμισθος. *In receipt of full pay*: use adj., P. ἐντελόμισθος. *Be in any one's pay*, v.: Ar. and P. μισθοφορεῖν (dat.), or πᾰρά (dat.). *In the pay of*: Ar. and P. μισθωτός (gen.).

Paymaster, subs. P. μισθοδότης, ὁ, χορηγός, ὁ.

Payment, subs. *Act of paying*: P. ἀπόδοσις, ἡ, δόσις, ἡ, φορά, ἡ, ἔκτισις, ἡ. *Payment of wages*: P. μισθοδοσία, ἡ. *Pay*: P. and V. μισθός, ὁ; see *pay*. *Retribution*: P. and V. τίσις, ἡ (Plat.). *Upon the dead man hath now fallen a bitter payment of blood for blood*: V. αἷμα δ' αἵματος πικρὸς δανεισμὸς ἦλθε τῷ θανόντι νῦν (Eur., *El.* 857).

Peace, subs. P. and V. εἰρήνη, ἡ. *If any one makes peace for you*: P. ἐάν τις ὑμῖν τὴν εἰρήνην πράσσει (Andoc. 28). *Of peace*, adj.: Ar. and P. εἰρηνῐκός. *Make peace*: P. εἰρήνην ποιεῖσθαι, καταλύεσθαι (absol.). *Keep peace*: P. and V. εἰρήνην ἄγειν. *Truce*: P. and V. σπονδαί, αἱ. *Make peace with*: P. and V. σπένδεσθαι (dat.), P. καταλύεσθαι (dat.), συναλλάσσεσθαι (dat.). *Supporters of peace at any price*: P. οἱ ἀπράγμονες. *Quiet*: Ar. and P. ἡσῠχία, ἡ. *Calm*: P. and V. γᾰλήνη, ἡ (Plat.), εὐδία, ἡ. *I see peace after the storm*: V. ἐκ κυμάτων γὰρ αὖθις αὖ γαλήν' ὁρῶ (Eur., *Or.* 279). *Be at peace*, v.: P. and V. ἡσῠχάζειν. *In peace, untroubled*: use adj., P. and V. ἥσῠχος, ἡσῠχαῖος, V. ἕκηλος. *Silence*: P. and V. σῑγή, ἡ, σιωπή, ἡ. *Hold one's peace*, v: P. and V. σῑγᾶν, σιωπᾶν.

Peace, interj. P. and V. σίγᾱ, σιώπᾱ, V. σῖγα, ἔᾱ, ἔασον. *Abstain from* *evil words:* P. and V. εὐφήμει, V. εὔφημα φώνει.

Peaceable, adj. P. and V. ἥσυχος, ἡσυχαῖος, P. ἡσύχιος, Ar. and P. εἰρηναῖος. *Not meddlesome:* P. and V. ἀπράγμων.

Peaceableness, subs. Ar. and P. ἀπραγμοσύνη, ἡ; see *gentleness.*

Peaceably, adv. P. εἰρηνικῶς. *Calmly:* P. and V. ἡσύχως (rare P.), ἡσυχῇ.

Peaceful, adj. *Calm:* P. and V. ἥσυχος, ἡσυχαῖος, P. ἡσύχιος, V. γἄληνός. *Quiet:* P. ἠρεμαῖος, ἀτρεμής. Of disposition: Ar. and P. εὔκολος; see *gentle. Free from care:* P. and V. ἀπράγμων (Eur., *Frag.*), ἄπονος, V. ἕκηλος, ἄμοχθος; see *painless. Without a struggle:* V. ἀσφάδαστος. *Unwarlike:* P. and V. ἀπόλεμος (Plat.).

Peacefully, adv. P. εἰρηνικῶς. *Calmly:* P. and V. ἡσυχῇ, ἡσύχως (rare P.), Ar. and V. ἀτρέμᾰ (rare P.); see *calmly. Without trouble:* P. and V. ἀπραγμόνως (Eur., *Frag.*); see *painlessly.*

Peacefulness, subs. Ar. and P. ἡσυχία; see *peace.*

Peacock, subs. Ar. ταώς, ὁ.

Peak, subs. P. and V. κορῠφή, ἡ, V. ἄκρα, ἡ, ἄκρον, τό. *Peak of a helmet:* P. and V. λόφος, ὁ (Xen. also Ar.). *With two peaks,* adj.: V. δῐκόρῠφος.

Peal, v. trans. *Sound loudly:* V. κλάζειν. V. intrans. V. βρέμειν (also Ar. in mid.); see *resound. Cry aloud:* V. ὀρθιάζειν, ἐξορθιάζειν. *Thunder:* Ar. βροντᾶν.

Peal, subs. *Loud sound:* P. and V. ψόφος, ὁ, κτῠπος, ὁ (Plat. but rare P.), ἠχή, ἡ (Plat. but rare P.), V. βρόμος, ὁ; see *noise. Peal of thunder:* P. and V. βροντή, ἡ, V. βροντήμᾰτα, τά, βρόμος, ὁ. *Peal of laughter:* use P. and V. γέλως, ὁ.

Pear, subs. P. ἄπιον, τό (Plat.). *Wild pear:* Ar. ἀχράς, ἡ.

Peasant, subs. P. and V. αὐτουργός, ὁ, ἐργάτης, ὁ, V. ἀγρώστης, ὁ, χωρίτης, ὁ (Soph., *Frag.*), γήτης, ὁ, γᾱπόνος, ὁ. *Farmer:* Ar. and P. γεωργός, ὁ.

Peasantry, subs. Use Ar. and P. γεωργοί, οἱ, or pl. of other words given for peasant

Pease, subs. Ar. and P. ἐρέβινθοι, οἱ.

Pebble, subs. *Stone:* P. and V. λῐθος, ὁ; see *stone.*

Peccadillo, subs. P. πλημμέλημα, τό.

Peccant, adj. Use P. and V. πλημμελῶν (part. of πλημμελεῖν).

Peck, v. trans. *Bite:* P. and V. δάκνειν.

Peculate, v. trans. See *embezzle.*

Peculation, subs. P. and V. κλοπή, ἡ. *Be accused of peculation:* P. εὐθύνας ὀφλισκάνειν; see *embezzlement. Having been guilty of large peculations from you:* P. οὐκ ὀλίγα τῶν ὑμετερῶν ὑφῃρημένος (Lys. 142).

Peculiar, adj. *Personal, private:* P. and V. ἴδιος, οἰκεῖος, *Particular, distinctive:* P. and V. διάφορος. *New:* P. and V. καινός, νέος. *Strange, unusual:* P. and V. ἄτοπος (Eur., *Frag.*).

Peculiarity, subs. *Characteristic:* P. and V. ἴδιον, τό; see *characteristic. Strangeness:* Ar. and P. ἀτοπία, ἡ.

Peculiarly, adv. *Especially:* P. and V. μάλιστα, P. ἐν τοῖς μάλιστα, διαφερόντως. *Strangely:* P. ἀτόπως.

Pecuniary, adj. P. χρηματιστικός.

Pedagogue, subs. P. γραμματιστής, ὁ.

Pedant, subs. Use adj., P. μικρολόγος.

Pedantic, adj. Use P. μικρολόγος.

Pedantry, subs. Use P. μικρολογία, ἡ.

Peddle, v. intrans. P. and V. κᾰπηλεύειν. *Peddle with:* P. and V. κᾰπηλεύειν (acc.).

Pedestal, subs. Use P. and V. βάθρον, τό (Xen.), κρηπίς, ἡ.

Pedestrian, adj. P. and V. πεζός, as subs. use *traveller.*

Pedigree, subs. P. and V. γένος, τό.

Trace a pedigree, v.: P. γενεαλογεῖν. *The tracing of a pedigree*: P. γενεαλογία, ἡ. *For reference to tracing a pedigree*: see Plat., *Theaet.* 175A and B.

Pediment, subs. Ar. ἀετός, ὁ.

Pedlar, subs. P. and V. κάπηλος, ὁ.

Peel, subs. Ar. and P. λέμμα, τό.

Peel, v. trans. Ar. and V. ἀπολέπειν (Eur., *Cycl.*). *Strip off*: P. περιαιρεῖν.

Peep, v. intrans. Ar. and P. διακύπτειν (Xen.), Ar. παρακύπτειν, προκύπτειν, παραβλέπειν. *I peeped over their heads and saw*: P. ὑπερκύψας κατεῖδον (Plat., *Euthyd.* 271A). *Just appear*: P. ὑποφαίνειν. *Peep at*: P. and V. ὑποβλέπειν (acc.), Ar. and V. παραβλέπειν (acc.), V. παρεμβλέπειν εἰς (acc.).

Peep, subs. P. and V. βλέμμα, τό. *Allow a peep of*, v.: Ar. παραφαίνειν (with partitive gen.).

Peep-holes, subs. *Peep-holes (in a shield, to see ones's enemy through)*: V. κεγχρώματα, τά.

Peer, subs. *Equal in age*: Ar. and P. ἡλικιώτης, ὁ, P. and V. ἧλιξ, ὁ or ἡ, V. συνῆλιξ, ὁ or ἡ, ὁμῆλιξ, ὁ or ἡ. *Peers, noblemen* P. ὅμοιοι, οἱ (Dem. 489), ὁμότιμοι, οἱ (Xen.). *Grandee*: P. and V. δυνάστης, ὁ. *A match*: use adj., P. ἀντίπαλος. *Equal to*: see *equal*.

Peer, v. intrans. *Look around*: P. and V. περισκοπεῖν, V. παπταίνειν. *Peer at*: P. and V. ὑποβλέπειν (acc.), V. παρεμβλέπειν εἰς (acc.), Ar. and V. παραβλέπειν (acc.).

Peerless, adj. P. and V. ἄριστος, θαυμαστός, ἐξαίρετος, ἔκκριτος, ἐκπρεπής, διαπρεπής, V. ἔξοχος. *Peerless in beauty*: V. κάλλει ὑπερφέρων. *Peerless beauty*, subs.: V. καλλίστευμα, τό. *Unsurpassed*: P. ἀνυπέρβλητος.

Peevish, adj. P. and V. δύσκολος, δυσάρεστος, δυσχερής, Ar. and V. παλίγκοτος. *Be peevish*, v.: Ar. and P. δυσκολαίνειν.

Peevishly, adv. P. δυσκόλως.

Peevishness, subs. P. and V. δυσχέρεια, ἡ, Ar. and P. δυσκολία, ἡ.

Peg, subs. Ar. and V. πάσσαλος, ὁ. *Peg of a top*: P. κέντρον, τό. *For tightening strings in a musical instrument*: Ar. and P. κόλλοψ, ὁ (Plat.). *Fasten with pegs*, v.: V. πασσαλεύειν, Ar. and V. προσπασσαλεύειν.

Pelf, subs. *Gain*: P. and V. κέρδος, τό. *Money*: P. and V. χρήματα, τά, πλοῦτος, ὁ. *Love of pelf*: P. and V. αἰσχροκέρδεια, ἡ.

Pell, subs. Use *skin*.

Pellet, subs. *Pellet of lead*: use P. and V. μολυβδίς, ἡ.

Pell-mell, adv. P. οὐδένι κόσμῳ, ἀτάκτως, χύδην, ἀναμίξ, P. and V. εἰκῇ, φύρδην (Xen.), or use adj., P. and V. συμμιγής (Plat.), σύμμικτος. *They scattered all pell-mell*: V. πάντ' ἄνω τε καὶ κάτω διέφερον (Eur., *Bacch.* 753).

Pellucid, adj. P. and V. καθαρός, λαμπρός, εὐαγής (Plat. but rare P.), Ar. and P. διαφανής.

Pelt, subs. See *skin*.

Pelt, v. trans. P. and V. βάλλειν. Met., *pelt (with reproaches)*: Ar. and V. βάλλειν, V. ἰάπτειν, ἀράσσειν, P. περιβάλλειν.

Peltast, subs. P. and V. πελταστής, ὁ (Eur., *Rhes.*).

Pen, subs. P. γραφίς, ἡ, κάλαμος, ὁ (Plat., *Phaedrus*, 276C). *Fold*: V. σταθμός, ὁ, αὔλιον, τό (also Xen.), σηκός, ὁ, ἔπαυλα, τά.

Pen, v. trans. *Write*: P. and V. γράφειν. *Shut in*: P. and V. εἴργειν, κατείργειν, V. συνείργειν.

Penal, adj. *Liable to punishment*: P. ἐπιζήμιος.

Penalise, v. trans. P. and V. ζημιοῦν.

Penalty, subs. P. and V. ζημία, ἡ, τίσις, ἡ (Plat.), τιμωρία, ἡ, ἐπιτίμιον, or pl., V. ποινή, or pl. (rare P.), ἄποινα, τά (rare P.), ἀντίποινα, τά. *Incur a penalty*, v.: P. and V. ὀφλισκάνειν (absol. or acc. of penalty). *Pay the penalty (for)*:

P. and V. δίκην, or pl., δῐδόναι (gen.), δίκην, or pl., τῑ́νειν (gen.), δίκην, or pl., ἐκτῑ́νειν (gen.), or in V. substitute ποινήν or ἄποινα for δίκην, V. also δίκας πᾰρέχειν (absol.). *I bid you loose these fetters ere some one pay the penalty:* V. χαλᾶν κελευω δεσμὰ πρὶν κλάειν τινά (Eur., *And.* 577). *You shall pay the penalty, you shall smart for it:* Ar. and V. κλαύσει (fut. of κλάειν), Ar. and P. οἰμώξει (fut. of οἰμώζειν). *Extreme penalties:* P. αἱ ἔσχαται ζημίαι. *Assessment of damages:* Ar. and P. τίμημα, τό. *Impose a penalty,* v.: Ar. and P. τῑμᾶν. *Impose a further penalty:* P. προστιμᾶν.

Penance, subs. *Repentance:* P. and V. μετᾰμέλεια, ἡ (Eur., *Frag.*); see *repentance. Do penance for:* P. and V. δίκην, or pl., δῐδόναι (gen.).

Penchant, subs. See *inclination.*

Pendant, subs. Ar. and P. ἑλικτήρ, ὁ.

Pendent, adj. *Hanging:* V. κρεμαστός; see *pendulous.*

Pending, Be, v. intrans. Ar. and P. ἐνεστηκέναι (perf. of ἐνιστάναι); see *impend.*

Pendulous, adj. *Hanging in air:* Ar. and P. μετέωρος, Ar. and V. μετάρσιος.

Penetrate, v. trans. *Reach:* P. and V. ἐξικνεῖσθαι (gen.) (or absol.), P. ἐφικνεῖσθαι (gen.) (or absol.). *If prayers penetrate beneath the earth, he hears us:* V. εἴπερ γάρ εἴσω γῆς ἀκοντίζουσ' ἀραί κλύει (Eur., *Or.* 1241). *Pierce:* V. διᾰπερᾶν, διέρχεσθαι (acc. or gen.). *Break:* P. and V. ῥηγνῦναι (P. generally compounded), διαρρηγνῦναι. *Enter:* P. and V. εἰσέρχεσθαι (εἰς, acc., V. also acc. alone), εἰσδῦεσθαι (εἰς, acc., or V. acc. alone); see *enter. Discover:* P. and V. εὑρίσκειν, ἐφευρίσκειν, ἀνευρίσκειν, ἐξευρίσκειν, V. προσευρίσκειν. *See through, perceive:* P. and V. γιγνώσκειν, μανθάνειν, αἰσθάνεσθαι (acc. or gen.). *Be penetrated (by a feeling):* P. and V. κᾰτέχεσθαι, V. νῑκᾶσθαι.

Penetrating, adj. See *piercing* (of sound): P. and V. ὀξύς, V. λῐγύς (also Plat. but rare P.), ὄρθιος, πικρός, διάτορος; see *loud. Stinging:* Ar. and P. δρῑμύς. *Shrewd:* P. and V. σῠνετός, δεινός. Of looks: use Ar. and P. ὀξύς. *Bleak:* P. χειμερινός, Ar. and V. δυσχείμερος.

Penetration, subs. *Shrewdness:* P. and V. σύνεσις, ἡ, P. δεινότης, ἡ, ὀξύτης, ἡ.

Peninsula, subs. P. χερσόνησος, ἡ.

Penitence, subs. P. and V. μετᾰμέλεια, ἡ (Eur., *Frag.*), P. μετάνοια, ἡ, μετάμελος, ὁ, V. μετάγνοια, ἡ.

Penitent, adj. P. μεταμελείας μεστός. *Humble:* P. and V. τᾰπεινός. *Be penitent,* v.: P. and V. μετᾰγιγνώσκειν, P. μετανοεῖν, μεταμέλεσθαι. *I repent:* Ar. and P. μετᾰμέλει μοι.

Penitently, adv. *Humbly:* P. ταπεινῶς.

Penman, subs. Ar. and P. γραμμᾰτεύς, ὁ.

Pennant, subs. Use *flag.*

Penniless, adj. P. and V. ἄπορος, πένης, V. ἀχρήμων; see *poor.*

Penny, subs. Use Ar. and P. ὀβολός, ὁ (about. 1½d.).

Pension, subs. P. σύνταξις, ἡ; see *dole.*

Pensioner, subs. Use adj., P. ἔμμισθος.

Pensive, adj. P. σύννους. Of looks, etc.: P. and V. σκυθρωπός, V. στυγνός, σῠνωφρυωμένος. *Look pensive:* V. πεφροντικὸς βλέπειν.

Pensiveness, subs. P. and V. σύννοια, ἡ, φροντίς, ἡ (rare P.).

Penthouse, subs. *Screen of shields:* P. χελώνη, ἡ (Xen.).

Penurious, adj. Ar. and P. φειδωλός. *Scanty:* P. and V. σπάνιος, V. σπᾰνιστός, σπαρνός.

Penuriously, adv. P. γλισχρῶς, φειδωλῶς. *Scantily:* P. σπανίως.

Penuriousness, subs. Ar. and P. φειδωλία, ἡ. *Scantiness*: P. and V. σπᾰνῐς, ἡ.

Penury, subs. P. and V. ἀπορία, ἡ, πενία, ἡ, χρεία, ἡ, V. χρημᾰτων ἀχηνία, ἡ; see *poverty*.

People, subs. Ar. and V. λεώς, ὁ (also Plat. but rare P.), λᾱός, ὁ. *Of the people*, adj.: see *public*. *Citizens*: P. and V. πολῖται, οἱ, or πόλῐς, ἡ, used collectively. *Nation*: P. and V. ἔθνος, τό. *Commons*: P. and V. δῆμος, ὁ, πλῆθος, τό, οἱ πολλοί. *Leader of the people*: P. δημαγωγός, ὁ. *Common people, mob*: P. and V. ὄχλος, ὁ. *Has all power been given to the people?* V. δεδήμευται κράτος; (Eur., *Cycl.* 119). *A man of the people*: use adj., Ar. and P. δημοτῐκός, or V. δημότης ἀνήρ. *Inhabitants*: P. and V. οἱ ἐνοικοῦντες; see *inhabitant*. *People say*: P. and V. λέγουσι. *People would say*: P. and V. λέξειεν ἄν τις.

People, v. trans. *Fill*: P. and V. πληροῦν. *Settle with inhabitants*: P. and V. κᾰτοικίζειν, οἰκίζειν, ἀποικίζειν. *Who people the city of Cadmus with their children's children*: V. οἳ Κάδμου πόλιν τεκνοῦσι παίδων παισί (Eur., *H. F.* 6). *Settle in*: P. and V. ἐποικεῖν (acc.). *Inhabit*: P. and V. οἰκεῖν, κᾰτοικεῖν, ἐνοικεῖν (dat.), ἔχειν, νέμειν (rare P.), νέμεσθαι (mid.), Ar. and V. ναίειν.

Pepper, subs. P. πέπερι, τό (Aristotle).

Peradventure, adv. See *perhaps*.

Perambulate, v. trans. P. and V. περῐπολεῖν, ἀναστρέφεσθαι ἐν (dat.), V. ἐπιστρωφᾶσθαι, πολεῖν. V. intrans. *Walk*: Ar. and P. περῐπᾰτεῖν.

Perambulation, subs. P. περίπατος, ὁ.

Perceive, v. trans. P. and V. γιγνώσκειν, ἐπῐγιγνώσκειν, μανθάνειν, αἰσθάνεσθαι (acc. or gen.), ἐπαισθάνεσθαι (acc. or gen.), P. καταμανθάνειν, V. κᾰταισθάνεσθαι. *See*: P. and V. ὁρᾶν, κᾰθορᾶν; see *see*. *Observe, mark*: P. and V. ἐννοεῖν (or mid.), νοεῖν (or mid.), P. κατανοεῖν. *Perceive beforehand*: P. and V. προγιγνώσκειν, P. προνοεῖν, προαισθάνεσθαι.

Per cent. *One per cent tax*: Ar. and P. ἑκατοστή, ἡ (Xen.). *At ten per cent.*: P. ἐπὶ πέντε ὀβολοῖς (*five obols per mina per month*). *At twelve per cent.*: P. ἐπὶ δραχμῇ. *Money lent on bottomry at twelve and a half per cent.*: P. ναυτικὸν ἐπόγδοον (Dem. 1212). *Thirty three and a third per cent.*: P. τόκοι ἐπίτριτοι, οἱ (Aristotle.).

Perceptible, adj. *To be seen*: P. and V. θεᾱτός. *Clear, manifest*: P. and V. σᾰφής, ἐμφᾰνής, φᾰνερός. *Capable of being perceived by the senses* (*philosophical term*): P. αἰσθητός (Plat.). *Important enough to be noticed*: use P. ἀξιόλογος.

Perceptibly, adj. *Plainly, manifestly*: P. and V. σᾰφῶς, ἐμφᾰνῶς, Ar. and P. φᾰνερῶς.

Perception, subs. P. and V. αἴσθησις, ἡ, V. αἴσθημα, τό, P. φρόνησις, ἡ. *Good sense*: P. and V. γνώμη, φρόνησις, ἡ.

Perch, subs. Use P. and V. ἕδρα, ἡ. *Roost on a perch*: Ar. ἐπὶ ξύλου καθεύδειν (*Nub.* 1431).

Perch, v. intrans. P. and V. κᾰθῆσθαι, κᾰθίζειν, Ar. and V. ἕζομαι; see *settle*. *Perch upon*: Ar. ἐφέζεσθαι (dat.).

Perchance, adv. See *perhaps*.

Percipient, subs. P. αἰσθητής, ὁ (Plat.).

Percolate, v. intrans. P. διηθεῖσθαι.

Percussion, subs. *Noise*: P. and V. ψόφος, ὁ. *Impact*: use P. and V. προσβολή, ἡ, ἐμβολή, ἡ.

Perdition, subs. P. and V. ὄλεθρος, ὁ, φθορά, ἡ, διαφθορά, ἡ, P. ἐξώλεια, ἡ. *Consign to perdition*, v.: use *curse*. *Go to perdition* (as exclamation): Ar. and V. φθείρου, ἔρρε, ἄπερρε, V. ὄλοιο, οὐκ εἰς ὄλεθρον; οὐκ εἰς φθόρον; Ar. οἴμωζε.

Peregrination, subs. *Journey*: P.

and V. ὁδός, ἡ. *Travels abroad:* P. and V. ἐκδημία, ἡ, P. ἀποδημία, ἡ.

Peremptorily, adv. *Firmly:* P. ἰσχυρῶς. *Like a master:* P. δεσποτικῶς. *Though we do not peremptorily order you to do our bidding:* P. ἡμῶν . . . οὐκ ἀγρίως ἐπιταττόντων ποιεῖν ἃ ἂν κελεύωμεν (Plat., *Crito*, 52A).

Peremptoriness, subs. Use P. τὸ δεσποτικόν.

Peremptory, adj. P. δεσποτικός, Ar. and P. αὐτοκράτωρ. Of things: P. and V. ἀναγκαῖος. Of a command: P. ἰσχυρός. *A peremptory demand made on one's neighbours:* P. δικαίωσις τοῖς πέλας ἐπιτασσομένη (Thuc. 1, 141).

Perennial, adj. *Lasting a year:* P. and V. ἐνιαύσιος, ἐτήσιος, P. ἐπέτειος, V. ἔτειος. *Frequent:* P. and V. πυκνός, Ar. and P. συχνός. *Always flowing:* Ar. and P. ἀέναος (Plat.), V. ἀείρῦτος; see *flowing*.

Perennially, adv. *Every year:* P. κατ' ἐνιαυτόν; see *yearly*. *Frequently:* P. συχνόν, Ar. and P. πυκνᾰ́.

Perfect, adj. P. and V. τέλειος, τέλεος, παντελής, V. ἐκτελής. Of a victim, *without blemish:* V. ἐντελής. *Full:* P. and V. πλήρης. *Irreproachable:* P. and V. ἄμεμπτος, V. ἄμωμος, ἀμεμφής, ἄμομφος. *Complete, absolute:* P. ἁπλοῦς, ἄκρατος. *In one's prime:* see under *prime*.

Perfect, v. trans. *Make perfect:* P. τελεοῦν, V. τελειοῦν, P. and V. ἐκπονεῖν (or mid.), ἐξεργάζεσθαι; see *complete, work out*. *Finish off:* Ar. and P. ἀπεργάζεσθαι. *Accomplish:* P. and V. ἀνῡ́τειν, κᾰτᾰνῡ́τειν; see *accomplish*.

Perfection, subs. *End, completion:* P. and V. τέλος, τό. *Finishing off:* P. ἀπεργασία, ἡ. *Crowning point:* P. and V. ἀκμή, ἡ. *Come to perfection*, v.: P. and V. τελειοῦσθαι, P. τελεοῦσθαι. *Be at perfection*, v.: P. and V. ἀκμάζειν.

Perfectly, adv. *Altogether:* P. and V. πάντως, παντελῶς, Ar. and P. πᾰ́νυ, τελέως, P. ὅλως, παντάπασι, V. εἰς τὸ πᾶν; see *altogether*. *Irreproachably:* P. and V. ἀμέμπτως (Xen.).

Perfidious, adj. P. and V. ἄπιστος. *Perjured:* Ar. and P. ἐπίορκος.

Perfidiousness, subs. See *perfidy*.

Perfidy, subs. P. and V. ἀπιστία, ἡ. *Betrayal:* P. and V. προδοσία, ἡ. *Perjury:* P. ἐπιορκία, ἡ.

Perforate, v. trans. P. and V. τετραίνειν, τρῡπᾶν (Soph., *Frag.*).

Perforated, adj. P. τρητός.

Perforation, subs. *Act of perforation:* P. τρῆσις, ἡ. *Hole:* Ar. and P. τρῆμα, τό.

Perforce, adv. *By force:* P. and V. βίᾳ, βιαίως, πρὸς βίαν; see under *force*. *Necessarily:* P. and V. ἀνάγκῃ, ἀναγκαίως, P. κατ' ἀνάγκην.

Perform, v. trans. P. and V. πράσσειν, διαπράσσειν (or mid. in P.). ἐργάζεσθαι, ἐξεργάζεσθαι, ἐπεξέρχεσθαι. V. ἐκπράσσειν; see also *accomplish*. *Act in a play:* P. ὑποκρίνεσθαι, ἀγωνίζεσθαι; see *play*. *Play on a stringed instrument:* Ar. and P. ψάλλειν, *Perform on the flute:* P. and V. αὐλεῖν. *Perform sacrifice:* P. and V. θύειν, P. ἱερὰ ποιεῖν, ἱεροποιεῖν, V. ῥέζειν, θυηπολεῖν.

Performance, subs. *Act of performing:* P. and V. πρᾶξις, ἡ. *Act done:* P. and V. πρᾶγμα, τό, πρᾶξις, ἡ, ἔργον, τό. *Feat:* P. and V. ἀγώνισμα, τό.

Performer, subs. *One who does a thing:* P. and V. πράκτωρ, ὁ. *Actor:* Ar. and P. ὑποκρῑτής, ὁ; see *actor*. *Skilled artist:* P. τεχνίτης, ὁ.

Perfume, subs. P. and V. ὀσμή, ἡ, V. εὐοσμία, ἡ (Soph., *Frag.*). *Prepared scent:* P. and V. μῦρον, τό (Eur., *Or.* 1112). *Incense:* P. and V. θῡμιάμᾰτα, τά, V. ἐπῐθῡμιάμᾰτα, τά.

Perfumed, adj. P. and V. εὐώδης.

Perfumer, subs. P. μυροπώλης, ὁ. Fem., Ar. μῠρόπωλις, ἡ. *Perfumer's shop:* P. μυροπώλιον, τό.

Perfunctorily, adv. Use P. and V. φαύλως. *Do (a thing) perfunctorily*: P. ἐπισύρειν (acc.).

Perfunctoriness, subs. *Carelessness*: P. and V. ῥᾳθυμία, ἡ.

Perfunctory, adj. *Careless*: of persons, P. and V. ῥάθυμος; of things, P. and V. φαῦλος. *Not accurate*: P. and V. οὐκ ἀκριβής. *Involuntary*: P. ἀκούσιος, P. and V. οὐχ ἑκούσιος.

Perhaps, adv. P. and V. ἴσως, τάχα. To make an assertion less strong: P. and V. σχεδόν τι. *Perhaps I do not put your nature to shame*: V. σχεδόν τι τὴν σὴν οὐ καταισχύνω φύσιν (Soph., *El.* 609). *Perhaps you are right*: P. κινδυνεύεις ἀληθῆ λέγειν (Plat., *Sym.* 205D).

Peril, subs. P. and V. κίνδυνος, ὁ, τὸ δεινόν, or pl., ἀγών, ὁ. *Perilous enterprise*: P. and V. κινδύνευμα, τό (Plat.). *In time of peril*: P. and V. ἐν τοῖς δεινοῖς, ἐπὶ τοῖς δεινοῖς.

Perilous, adj. P. and V. δεινός, σφαλερός, P. ἐπικίνδυνος, παράβολος, Ar. and P. χαλεπός.

Perilously, adv. P. and V. ἐπικινδύνως.

Period, subs. P. περίοδος χρόνου (Plat., *Phaedo*, 107E). *Time*: P. and V. καιρός, ὁ, χρόνος, ὁ. *Cycle*: P. and V. κύκλος, ὁ. *End*: P. and V. τέλος, τό, τελευτή, ἡ, πέρας, τό. *Sentence* (grammatically): P. ῥῆμα, τό. *This period (of history) was omitted by all my predecessors*: P. τοῖς πρὸ ἐμοῦ ἅπασιν ἐκλιπὲς τοῦτο ἦν τὸ χωρίον (Thuc. 1, 97).

Periodical, adj. *Yearly*: P. ἐπέτειος.

Periodically, adv. P. and V. διὰ χρόνου. *Yearly*: P. κατ' ἐνιαυτόν.

Perish, v. intrans. *Be destroyed*: διαφθείρεσθαι, φθείρεσθαι, ἀπόλλυσθαι, ἐξόλλυσθαι, διόλλυσθαι, φθίνειν (Plat.), οἴχεσθαι (rare P.), ἀναλίσκεσθαι, ἐξαναλίσκεσθαι, V. ἀποφθίνειν, καταφθίνειν. *Die*: Ar. and P. ἀποθνήσκειν, P. and V. τελευτᾶν, ἀπαλλάσσεσθαι (with or without βίου), ἐκλείπειν βίον (βίον sometimes omitted in P.), V. θνήσκειν (rarely Ar.), κατθανεῖν (2nd aor. καταθνήσκειν) (rarely Ar.); see *die*. *Fade away*, met.: P. and V. ἀπορρεῖν, διαρρεῖν.

Perishable, adj. *Liable to death*: P. and V. θνητός (Plat.). *Weak*: P. and V. ἀσθενής.

Perjured, adj. Ar. and P. ἐπίορκος.

Perjure oneself, v. trans. Ar. and P. ἐπιορκεῖν, Ar. ψευδορκεῖν.

Perjurer, subs. Use adj., Ar. and P. ἐπίορκος.

Perjury, subs. P. ἐπιορκία, ἡ.

Permanence, subs. *Durability*: P. βεβαιότης, ἡ. *Never would there be permanence of any law*: V. οὐκ ἄν ποτε κατάστασις γένοιτ' ἂν οὐδένος νόμου (Soph., *Aj.* 1246).

Permanent, adj. P. and V. βέβαιος, P. μόνιμος, V. ἔμπεδος. *Be permanent*, v.: use P. and V. μένειν. *Lasting long*: P. and V. χρόνιος. *Eternal*: P. αἰώνιος, ἀΐδιος; see *eternal*.

Permanently, adv. P. and V. βεβαίως, V. ἐμπέδως. *For ever*: P. εἰς πάντα χρόνον, εἰς ἀΐδιον, V. εἰσαεί, εἰς τὸ πᾶν χρόνου; see *eternally*.

Permeate, v. trans. *Pass through*: P. and V. διέρχεσθαι, met., P. and V. κατέχειν. *Fill*: P. and V. πληροῦν.

Permissible, adj. *Lawful*: P. and V. ἔννομος, νόμιμος. *Permitted by divine law*: P. and V. ὅσιος. *It is permissible*: P. and V. θέμις ἐστί (or omit ἐστί) (rare P.), ὅσιον, ἔξεστι, πάρεστι, πάρα, πάρεικει, P. ἐγχωρεῖ, Ar. and P. ἐγγίγνεται, ἐκγίγνεται. *It is not permissible for you to kill him*: V. οὐκ ἔστ' ἀνυστὸν τόνδε σοὶ κατακτανεῖν (Eur., *Heracl.* 961).

Permit, v. trans. *Permit a person*: P. and V. ἐᾶν, ἐφιέναι (dat.), συγχωρεῖν (dat.), μεθιέναι (dat.), παριέναι (dat.), παρέχειν (dat.), Ar. and P. ἐπιτρέπειν (dat.). *Put up with (things)*: P. and V. ἀνέχεσθαι, Ar. and V. ἐξανέχεσθαι; see *endure*, *overlook*. *Permit to*: (with infin.), P. and V. ἐᾶν (acc.), πᾰριέναι (dat.), ἐφῑέναι (dat.); see *allow*. *It is permitted*: P. and V. ἔξεστι, πάρεστι, πάρᾰ, πάρείκει, P. ἐγχωρεῖ, Ar. and P. ἐγγίγνεται, ἐκγίγνεται. *Permit of*: P. ἐνδέχεσθαι (acc.).

Pernicious, adj. P. ζημιώδης, βλαβερός, ἐπιζήμιος, ἀνεπιτήδειος, P. and V. ἀσύμφορος, κᾰκός, κᾰκοῦργος, νοσώδης, V. λῡμαντήριος, Ar. and V. ἀτηρός.

Perniciously, adv. P. and V. κᾰκῶς, P. ἀνεπιτηδείως.

Peroration, subs. P. ἐπίλογος, ὁ (Aristotle).

Perpendicular, adj. P. and V. ὀρθός. *At right angles*: P. ἐγκάρσιος.

Perpetrate, v. trans. P. and V. πράσσειν, ἐργάζεσθαι, ἐξεργάζεσθαι, V. ἐκπράσσειν; see *accomplish*.

Perpetration, subs. P. and V. πρᾶξις, ἡ.

Perpetrator, subs. P. and V. πράκτωρ, ὁ, or use adj., P. and V. αἴτιος (*cause*), αὐτόχειρ. *Perpetrator of a murder*: P. and V. αὐτόχειρ φόνου; see *murderer*.

Perpetual, adj. *Frequent*: P. and V. πυκνός, Ar. and P. συχνός. *Incessant*: V. διᾰτελής. *Continuous*: P. συνεχής, ἐνδελεχής. *Eternal*: P. αἰώνιος, ἀΐδιος; see *continuous*.

Perpetually, adv. *Frequently*: P. συχνόν, Ar. and P. πυκνά, P. and V. πολλάκις, θᾰμά. *Without break*: Ar. and P. σῠνεχῶς, P. ἐνδελεχῶς. *Through all*: Ar. and P. διᾰ παντός.

Perpetuate, v. trans. *Establish*: P. βεβαιοῦν. *Perpetuated in the memory*: use adj., P. and V. ἀείμνηστος.

Perpetuity, subs. *In perpetuity*: P. εἰς ἀΐδιον, εἰς πάντα χρόνον. *Banishment in perpetuity*: P. ἀειφυγία, ἡ.

Perplex, v. trans. P. and V. τᾰράσσειν, θράσσειν (Plat. but rare P.), συντᾰράσσειν, ἐκπλήσσειν. *Be perplexed*: P. and V. ἀπορεῖν, ἀμηχᾰνεῖν (rare P.), πλᾰνᾶσθαι, V. συγχεῖσθαι, ἀλᾶσθαι, δυσμηχᾰνεῖν. *Perplexed*: use adj., P. and V. ἄπορος, ἀμήχᾰνος (rare P.).

Perplexing, adj. P. and V. ἄπορος, V. δῠσεύρετος, δυστέκμαρτος; see *baffling*.

Perplexity, subs. P. and V. ἀπορία, ἡ.

Perquisites, subs. Use P. τὰ ὑπάρχοντα.

Per se. Use P. αὐτὸς καθ' αὑτόν.

Persecute, v. trans. P. and V. ἐλαύνειν, V. ἐλαστρεῖν, τροχηλᾰτεῖν. *Pursue*: P. and V. διώκειν. *Injure*: P. and V. ἀδῐκεῖν, κᾰκῶς ποιεῖν, κᾰκοῦν. *Afflict, trouble*: P. and V. λῡπεῖν, V. γυμνάζειν, Ar. and V. τείρειν, πημαίνειν (also Plat. but rare P.). *Annoy*: P. and V. ὄχλον πᾰρέχειν (dat.), Ar. and P. ἐνοχλεῖν (acc. or dat.), V. ὀχλεῖν.

Persecution, subs. *Unjust treatment*: P. and V. ἀδῐκία, ἡ. *Infliction of injury*: P. κάκωσις, ἡ. *Harrying*: V. διωγμοί, οἱ. *Suffer persecution*: use P. and V. κᾰκῶς πάσχειν, ἀδῐκεῖσθαι.

Perseverance, subs. P. καρτερία, ἡ, καρτέρησις, ἡ. *Obstinacy*: P. αὐθάδεια, ἡ, Ar. and V. αὐθᾱδία, ἡ. *Practice*: Ar. and P. μελέτη, ἡ. *Industry*: P. φιλοπονία, ἡ, P. and V. σπουδή, ἡ.

Persevere, v. intrans. P. and V. καρτερεῖν, P. διατελεῖν, διαμένειν, ὑπομένειν. *Hold out*: P. and V. ἀντέχειν. *Persevere in*: P. ἐγκαρτερεῖν (dat.).

Persevering, adj. *Assiduous*: P. and V. λῐπᾰρής (Plat.), Ar. γλισχρός. *Industrious*: P. φιλόπονος, φιλεργός. *Obstinate*: P. and V. αὐθάδης, V. ἔμπεδος.

Perseveringly, adv. V. ἐμπέδως. *Obstinately*: Ar. and P. αὐθάδως. *Industriously*: P. φιλοπόνως. *Zealously*: P. and V. σπουδῇ. *Continuously*: Ar. and P. σῠνεχῶς.

Persiflage, subs. P. and V. παιδιά, ἡ, Ar. and P. σκῶμμα, τό.

Persist, v. intrans. P. and V. καρτερεῖν, P. διατελεῖν, διαμένειν, ὑπομένειν. *Persist in*: P. ἐγκαρτερεῖν (dat.). *Persist (in doing)*: P. and V. καρτερεῖν (part.).

Persistence, subs. P. καρτερία, ἡ, καρτέρησις, ἡ. *Obstinacy*: P. αὐθάδεια, ἡ, Ar. and V. αὐθᾱδία, ἡ.

Persistent, adj. *Obstinate*: P. and V. αὐθάδης, V. ἔμπεδος. Of things, *continuous*: P. συνεχής. *Incessant*: V. διᾰτελής. *Frequent*: P. and V. πυκνός. *Resolute*: P. and V. καρτερός; see *resolute*.

Persistently, adv. Ar. and P. αὐθάδως, V. ἐμπέδως. *Constantly*: Ar. and P. συνεχῶς, διᾰ παντός. *Always*: P. and V. ᾱ̓εί.

Person, subs. *Private, individual*: Ar. and P. ἰδιώτης, ὁ. *A person, any one*: use P. and V. enclitic τις. *In person*: use P. and V. αὐτός. *He came in person*: P. and V. αὐτὸς ἦλθε. *Bringing a message in person*: use adj., P. and V. αὐτάγγελος. *Personal appearance*: see under *personal*. *Body*: P. and V. σῶμα, τό, V. δέμᾰς, τό.

Personage, subs. *A person of importance*: use P. ἀξιόλογος τις or ἀνὴρ εὐδόκιμος.

Personal, adj. *One's own, private*: P. and V. ἴδιος οἰκεῖος. *Personal appearance*: P. and V. σῶμα, τό, εἶδος, τό, ἰδέα, ἡ, ὄψῐς, ἡ, V. δέμᾰς, τό. *Personal injury*: P. ὁ τοῦ σώματος αἰκισμός (Dem. 102). *Personal adornment*: P. σώματος σχηματισμός, ὁ (Plat.). *Personal property*: P. ἀφανὴς οὐσία, ἡ.

Personalities, subs. *Vulgar abuse*: P. πομπεία, ἡ; see *abuse*.

Personally, adv. *Privately*: P. and V. ἰδίᾳ. In person: P. and V. αὐτός. *I personally, I for my part*: P. and V. ἔγωγε.

Personate, v. trans. *Represent by acting*: P. ὑποκρίνεσθαι (acc.).

Personify, v. trans. *Represent as living*: use P. and V. ἔμψῡχον κᾰθιστάναι (acc.).

Perspicacity, subs. P. and V. πρόνοια, ἡ, σῠνεσις, ἡ, τὸ συνετόν, P. προμήθεια, ἡ, V. προμηθία, ἡ.

Perspicuity, subs. *Clearness*: P. and V. σᾰφήνεια, ἡ.

Perspicuous, adj. See *clear*.

Perspiration, subs. P. and V. ἱδρώς, ὁ.

Perspire, v. intrans. P. ἱδρῶν (Xen.), Ar. ἰδίειν.

Persuade, v. trans. P. and V. πείθειν, ᾰ̓νᾰπείθειν (Eur., *Hel.* 825), V. ἐκπείθειν. *Induce*: P. and V. προτρέπειν (or mid.), ἐπᾰ́γειν, ἐπαίρειν, προάγειν, P. ἐπισπᾶν; see *induce*. *Join in persuading*: P. συμπείθειν (absol. or with acc.).

Persuasion, subs. P. and V. πειθώ, ἡ.

Persuasive, adj. P. and V. πῐθᾰνός, V. εὐπειθής, πειστήριος; see also *attractive*.

Persuasively, adv. Ar. and P. πῐθᾰνῶς.

Persuasiveness, subs. P. πιθανότης, ἡ.

Pert, adj. P. ὑβριστικός, Ar. and V. νεᾱνῐκός, P. and V. θρᾰσῠς *Be pert*, v.: Ar. and P. νεᾱνιεύεσθαι.

Pertain to, v. trans. *Belong to*: P. and V. εἶναι (gen.), προσήκειν (dat.). *Appertain to*: P. and V. προσεῖναι (dat.), P. ἔχεσθαι (gen.).

Pertinacious, adj. *Obstinate*: P. and V. αὐθάδης, V. ἔμπεδος, Ar. γλισχρός, P. καρτερός.

Pertinaciously, adv. *Obstinately*: Ar. and P. αὐθάδως, V. ἐμπέδως; see also *persistently*.

Peruse, v. trans. Ar. and P. ᾰ̓νᾰγιγνώσκειν.

Pervade, v. trans. P. and V. διέρχεσθαι, V. διήκειν. Met., *permeate*: P. and V. κᾰτέχειν. *Fill*: P. and V. πληροῦν.

Perverse, adj. P. and V. δύσκολος, δυσχερής. *Contrary*: P. and V. ἐναντίος. *Obstinate*: P. and V. αὐθάδης.

Perversely, adv. P. δυσκόλως. *Contrarily*: P. and V. ἐναντίως. *Obstinately*: Ar. and P. αὐθάδως.

Perversion, subs. *Misleading*: P. παραγωγή, ἡ.

Perversity, subs. Ar. and P. δυσκολία, ἡ. *Obstinacy*: P. αὐθάδεια, ἡ, Ar. and V. αὐθᾱδία, ἡ.

Pervert, v. trans. P. and V. διαστρέφειν. *Corrupt*: P. and V. διαφθείρειν. *Mislead*: P. and V. πᾰρᾰ́γειν.

Pest, subs. *Disease*: P. and V. νόσος, ἡ, νόσημα, τό, λοιμός, ὁ. Met., *bane*: P. and V. κᾰκόν, τό, V. δήλημα, τό, πῆμα, τό; see *scourge*. *Of a person*: P. and V. λῡμεών, ὁ, V. πῆμα, τό, ἄτη, ἡ, λῦμα, τό, Ar. and P. ὄλεθρος, ὁ; see *curse*.

Pester, v. trans. P. and V. ὄχλον πᾰρέχειν (dat.), Ar. and P. ἐνοχλεῖν (acc. or dat.), πράγμᾰτα πᾰρέχειν (dat.), V. ὀχλεῖν.

Pestilence, subs. P. and V. νόσος, ἡ, νόσημα, τό, λοιμός, ὁ.

Pestilent, adj. Lit., P. and V. νοσώδης, P. λοιμώδης. *Troublesome*: P. and V. ὀχληρός. *A pestilent creature*: Ar. and P. ὄλεθρος, ὁ.

Pestilential, adj. P. and V. νοσώδης, P. λοιμώδης.

Pertinacity, subs. P. καρτερία, ἡ, καρτέρησις, ἡ. *Obstinacy*: P. αὐθάδεια, ἡ, Ar. and V. αὐθᾱδία, ἡ.

Pertinent, adj. P. and V. προσήκων, ἐπῐτήδειος, οἰκεῖος.

Pertinently, adv. P. προσηκόντως.

Pertly, adv. P. ὑβριστικῶς, Ar. and P. νεᾱνῐκῶς.

Pertness, subs. P. and V. ὕβρῐς, ἡ, θρᾰ́σος, τό.

Perturb, v. trans. P. and V. τᾰράσσειν, συντᾰράσσειν, ἐκπλήσσειν, θράσσειν (Plat. but rare P.); see also *frighten*.

Perturbation, subs. P. and V. ἔκπληξις, ἡ, P. ταραχή, ἡ, V. τᾰραγμός, ὁ, τᾰ́ραγμα, τό, ἀνᾰκίνησις, ἡ.

Pestle, subs. Ar. δοῖδυξ, ὁ, ἀλετρῐ́βᾰνος, ὁ.

Pet, subs. *Fit of anger*: P. and V. ὀργή, ἡ. *Darling*: P. and V. παιδῐκά, τά (Eur., *Cycl.* and Soph., *Frag.*), or use V. φῶς, τό, φάος, τό, τρῖβή, ἡ, Ar. and V. μέλημα, τό. *Tame animal*: use P. and V. θρέμμᾰ, τό.

Pet, v. trans. *Pamper*: P. διαθρύπτειν, V. ἁβρῡ́νειν. *Indulge*: P. and V. χᾰρίζεσθαι. *Soothe*: P. and V. θέλγειν (Plat. but rare P.).

Petal, subs. Use P. and V. φύλλον, τό.

Petition, subs. *Entreaty*: P. and V. προστροπή, ἡ, or pl. (rare P.), ἱκεσία, ἡ, P. δέησις, ἡ, ἀντιβολία, ἡ, ἀντιβόλησις, ἡ, ἱκετεία, ἡ; see also *prayer*. *Demand*: P. and V. ἀξίωσις, ἡ. *Letter*: P. and V. ἐπιστολή, ἡ, γράμμᾰτα, τά.

Petition, v. trans. *Entreat*: P. and V. αἰτεῖν, ἱκετεύειν, δεῖσθαι (gen.); see *pray*, *entreat*.

Petitioner, subs. *Prosecutor*: P. and V. ὁ διώκων.

Pet name, subs. P. ὑποκόρισμα, τό. *Call by pet names*, v.: Ar. and P. ὑποκορίζεσθαι (acc.).

Petrify, v. trans. Met., *with fear, etc.*: P. and V. ἐξιστᾰ́ναι, ἐκπλήσσειν. *Be petrified, paralysed*: P. and V. πᾰρίεσθαι, P. παραλύεσθαι, ἐκλύεσθαι, V. λῡ́εσθαι.

Pettifogger, subs. Ar. πραγμᾰτοδίφης, ὁ.

Pettifogging, adj. P. μικρολόγος. *Pettifogging discussions*: P. μικρολογίαι, αἱ (Plat.).

Pettiness, subs. P. μικρότης, ἡ, φαυλότης, ἡ. *Trifling*: P. μικρολογία, ἡ. *Small-mindedness*: P. μικροψυχία, ἡ, βραχύτης γνώμης, ἡ.

Pettish, adj. P. and V. δύσκολος, δυσχερής, δῠσᾰ́ρεστος.

Pettishly, adv. P. δυσκόλως.

Pettishness, subs. Ar. and P. δυσκολία, ἡ.

Petty, adj. P. and V. μικρός, σμικρός, φαῦλος, βρᾰχῠ́ς, λεπτός, ὀλῐ́γος, ἀσθενής, Ar. and V. βαιός. *Small-minded*: P. μικρόψυχος.

Petty-officer, subs. Ar. and P. ταξίαρχος, ὁ. *Be a petty officer*, v.: Ar. and P. ταξιαρχεῖν.

Petulance, subs. *Ill-temper*: Ar.

and P. δυσκολία, ἡ. *Rashness*: P. προπέτεια, ἡ, P. and V. θράσος, τό. *Acts of petulance*: P. νεανιεύματα, τά.

Petulant, adj. P. and V. δύσκολος. *Rash*: P. προπετής, P. and V. θρασύς. *Wanton*: Ar. and P. νεανικός. *Be petulant*, v.: Ar. and P. νεανιεύεσθαι.

Petulantly, adv. P. δυσκόλως. *Rashly*: P. προπετῶς.

Phalanx, subs. P. φάλαγξ, ἡ.

Phantasy, subs. See *fancy*.

Phantom, subs. *Apparition*: P. and V. φάσμα, τό, εἰκών, ἡ, εἴδωλον, τό, φάντασμα, τό, V. σκιά, ἡ, ὄψις, ἡ, δόκησις, ἡ. *Fancy, as opposed to reality*: P. εἴδωλον, τό. *Phantom framed of cloud*: V. νεφέλης ἄγαλμα (Eur., *Hel.* 1219).

Phantom, adj. *Unreal*: use P. and V. δοκῶν.

Pharmacy, subs. P. φαρμακεία, ἡ.

Phase, subs. *Phase of the heavenly bodies*: P. πάθος, τό. *Phase of a disease*: P. πάθος, τό, πάθημα, τό. *Incident*: P. and V. συμφορά, ἡ, πάθος, τό, πάθημα, τό, Ar. and P. συντυχία, ἡ. *Secondary event*: P. and V. πάρεργον, τό. *The earlier phases* (of a thing): use P. τὰ προγεγενημένα (gen.).

Phenomenal, adj. *Extraordinary*: P. and V. θαυμαστός, ἐξαίσιος (Plat.), Ar. and P. δαιμόνιος, θαυμάσιος, ὑπερφυής, V. ἔκπαγλος.

Phenomenally, adv. Ar. and P. θαυμασίως, ὑπερφυῶς, P. θαυμαστῶς.

Phenomenon, subs. P. πάθος. *Celestial phenomena*: Ar. and P. τὰ μετέωρα, P. τὰ οὐρανία πάθη, Ar. τὰ μετέωρα πράγματα.

Phial, subs. *Bottle*: Ar. and P. λήκυθος, ἡ, ληκύθιον, τό. *Jar*: Ar. and P. ἄγγος, τό, πρόχους, ἡ, V. τεῦχος, τό; see *jar*.

Philanthropic, adj. P. and V. φιλόφρων (Xen.), φιλάνθρωπος.

Philanthropically, adv. P. and V. φιλοφρόνως (Plat.), P. φιλανθρώπως.

Philanthropy, subs. P. φιλανθρωπία, ἡ.

Philippic, subs. *Accusation*: P. κατηγορία, ἡ. *Oration, speech*: P. and V. λόγος, ὁ, ῥῆσις, ἡ, P. δημηγορία, ἡ.

Philomel, subs. See *nightingale*.

Philosopher, subs. Use adj., P. and V. σοφός, P. φιλόσοφος.

Philosophic, adj. *Philosophical*: P. φιλόσοφος. *Calm, impassive*: P. and V. ἥσυχος, ἡσυχαῖος, P. ἡσύχιος.

Philosophically, adv. P. φιλοσόφως. *Calmly*: P. and V. ἡσυχῇ, ἡσύχως (rare P.).

Philosophise, v. intrans. P. φιλοσοφεῖν.

Philosophy, subs. P. φιλοσοφία, ἡ. *Wisdom*: P. and V. σοφία, ἡ, τὸ σοφόν. *Impassivity*: Ar. and P. ἡσυχία. *Bear a thing with philosophy*: P. and V. ῥᾳδίως φέρειν (acc.). *Leaving to others these subtle problems of philosophy*: V. ἄλλοις τὰ κομψὰ ταῦτ' ἀφεὶς σοφίσματα (Eur., *Frag.*).

Philtre, subs. P. and V. φίλτρον, τό, V. στέργημα, τό; see *potion*.

Phlegm, subs. P. φλέγμα, τό. *Impassivity*: Ar. and P. ἡσυχία, ἡ.

Phlegmatic, adj. P. and V. ἥσυχος, ἡσυχαῖος. *Idle*: P. and V. ἀπράγμων.

Phlegmatically, adv. P. and V. ἡσυχῇ, ἡσύχως, Ar. and P. καθ' ἡσυχίαν.

Phosphorescent, adj. Use *bright*.

Phrase, subs. P. and V. ῥῆμα, τό. *As the phrase is*: P. τὸ λεγόμενον; see *saying*.

Phraseology, subs. *Style of speaking*: P. λέξις, ἡ.

Phrensy, subs. See *frenzy*.

Phthisis, subs. P. φθόη, ἡ.

Physic, subs. *Medicine*: P. and V. φάρμακον, τό; see *medicine*.

Physic, v. trans. P. and V. φαρμακεύειν.

Physical, adj. *Physical infirmity*: use P. σώματος ἀρρωστία, ἡ.

Physical phenomena: P. πάθη, τά.

Physically, adv. *By nature*: P. and V. φύσει.

Physician, subs. P. and V. ἰατρός, ὁ (ῐ, Eur., *Hipp.* 296, *Tro.* 1232, and Ar., *Pl.* 406); see *healer.*

Physics, subs. *Natural philosophy*: P. φυσιολογία, ἡ (Aristotle), τὰ φυσικά (Aristotle).

Physiognomy, subs. *Face, look*: P. and V. πρόσωπον, τό, ὄψις, ἡ; see *face.*

Physique, subs. *Physical constitution*: P. and V. σῶμα, τό, σώμᾰτος φύσις, ἡ. *Strength*: P. and V. ἰσχύς, ἡ, ῥώμη, ἡ.

Pick, subs. See *pick-axe.* *Choicest portion*: P. and V. ἄνθος, τό, V. λωτίσμᾰτα, τά. *Take one's pick of*: V. λωτίζεσθαι (acc.), ἀπολωτίζειν (acc.), ἀκροθινιάζεσθαι (acc.).

Pick, v. trans. *Gather, cull*: P. and V. δρέπειν (or mid.) (Plat.). *Choose, pick out*: P. and V. ἐξαιρεῖν (or mid.), αἱρεῖσθαι, ἐκκρίνειν, προκρίνειν, P. ἐπιλέγεσθαι, V. κρίνειν, Ar. and P. ἀπολέγειν (or mid.), ἐκλέγειν (or mid.). *Pluck (deprive of hair, feathers, etc.)*: Ar. and V. τίλλειν, Ar. ἀποτίλλειν. *Pick a quarrel with*: P. and V. εἰς ἔριν ἀφικνεῖσθαι (dat.), V. ἔριν συμβάλλειν (dat.). *Pick holes in*, met.: P. and V. διᾰβάλλειν (acc.), P. διασύρειν (acc.). *Pick out*: see *pick.* *Diversify*: P. and V. ποικίλλειν. *Pick to pieces*: see *tear.* Met., P. διασύρειν. *Pick up*: P. and V. ἀναιρεῖσθαι, P. ἀναλαμβάνειν. *Take on board*: P. ἀναλαμβάνειν. Met., *meet with*: P. and V. ἐντυγχάνειν (dat.); see *meet.* *Resume*: P. ἀναλαμβάνειν. *Pick up a living*: P. βιοτεύειν, Ar. and P. ζῆν; see *make a living* under *living.* V. intrans. *Get better*: P. ἀναλαμβάνειν.

Pick-axe, subs. Ar. and P. σμῖνύη, ἡ, Ar. and V. δίκελλα, ἡ, μάκελλα, ἡ, V. γενῇς, ἡ, τύκος, ὁ, σίδηρος, ὁ.

Picked, adj. P. and V. ἐξαίρετος, ἔκκρῐτος, V. κρῐτός, λεκτός, P. ἔκλεκτος, ἀπόλεκτος. *Picked men*: use P. and V. λογάδες, αἱ. *Picked warriors of Greece*: V. Ἑλλάδος λωτίσματα, or λογάδες Ἑλλήνων.

Picket, subs. P. προφυλακή, ἡ. *Pickets*: P. προφύλακες, οἱ, πρόσκοποι, οἱ (Xen.).

Pickle, v. trans. P. ταριχεύειν (Plat.). *Pickled*: use adj., Ar. ὀξωτός.

Pickle, subs. Ar. τάρῑχος, ὁ or τό. Met., *embarrassment*: P. and V. ἀπορία, ἡ.

Pick-pocket, subs. Ar. and P. βαλλαντιοτόμος, ὁ. *Be a pick-pocket*, v.: P. βαλλαντιοτομεῖν.

Picture, subs. P. ζωγράφημα, τό, P. and V. γρᾰφή, ἡ, γράμμᾰ, τό, V. ἄγαλμα, τό, εἰκών, ἡ. Met., *representation*: P. and V. μίμημα, τό, εἰκών, ἡ. *Account, description*: P. and V. λόγος, ὁ. *Give a picture of, describe*, met.: P. and V. διέρχεσθαι, Ar. and P. διεξέρχεσθαι.

Picture, v. trans. *Describe*: see *describe.* *Picture to oneself*: P. and V. νοεῖν (or mid.), ἐννοεῖν (or mid.).

Picturesque, adj. *Beautiful*: P. and V. κᾰλός. *Notable*: P. ἀξιόλογος.

Piebald, adj. Use P. and V. ποικίλος, V. στικτός.

Piece, subs. *Part*: P. and V. μέρος, τό, μοῖρα, ἡ, P. μόριον, τό. *Portion cut off*: P. τμῆμα, τό. *Fragment*: V. θραῦσμα, τό, σπᾰραγμα, τό, ἀγή, ἡ. *Play*: Ar. and P. δρᾶμα, τό. *Piece of money*: Ar. and P. ἀργύριον, τό. *Piece of gold*: Ar. and P. χρῡσίον, τό. *Piece of copper*: Ar. χαλκίον, τό. *Of a piece, similar*, met.: P. and V. ὅμοιος, P. παραπλήσιος. *Of a piece with*: P. παρόμοιος (dat.), παραπλήσιος (dat.), P. and V. ὅμοιος (dat.). *Tear in pieces*: see under *piecemeal.* *Break in pieces*: P. and V. συντρίβειν (Eur., *Cycl.*), Ar. and V. θραύειν

(Plat. also but rare P.), V. συνθραύειν, σῠνᾰράσσειν, ἐρείκειν, P. διαθραύειν (Plat.). *Fall to pieces:* P. and V. διαρρεῖν. Met., Ar. and P. διᾰλῡ́εσθαι.

Piece, v. trans. *Piece together:* P. and V. συντῐθέναι, σῠναρμόζειν.

Piecemeal, adj. *Limb from limb:* P. κατὰ μέλη. *Tear piecemeal:* P. and V. σπᾰράσσειν (Plat.), Ar. and V. διασπᾶσθαι, διασπᾰράσσειν, V. ἀρτᾰμεῖν, διαρτᾰμεῖν, σπᾶν; see *tear. His limbs were tossed piecemeal from the ladder:* V. ἐκ δὲ κλιμάκων ἐσφενδονᾶτο χωρὶς ἀλλήλων μέλη (Eur., *Phoen.* 1182). Met., *in detail:* P. καθ' ἕκαστον.

Pier, subs. P. χῶμα, τό, χηλή, ἡ.

Pierce, v. trans. *Bore:* P. and V. τετραίνειν, τρῡπᾶν (Soph., *Frag.*), Ar. διατετραίνεσθαι. *Wound:* P. and V. τιτρώσκειν, τραυμᾰτίζειν; see *wound. Prick:* P. and V. κεντεῖν, V. χρίειν. *Go through:* V. διᾰπερᾶν, διέρχεσθαι (acc. or gen.); of an arrow, V. διαρροιζεῖν (gen.) (Soph., *Trach.* 558). *Enter:* P. and V. εἰσέρχεσθαι (εἰς, acc., or acc. alone in V.), εἰσδῠ́εσθαι (εἰς, acc., or acc. alone in V.). *Break:* P. and V. ῥηγνῦναι (in P. usually compounded), διαρρηγνῦναι. *Strike:* P. and V. βάλλειν; see *strike. Piercing his ankles through with iron points:* V. σφυρῶν σιδηρᾶ κέντρα διαπείρας μέσον (Eur., *Phoen.* 26). Met., *see through:* P. and V. γιγνώσκειν, μανθάνειν, αἰσθάνεσθαι (acc. or gen.). *Sting, pain:* P. and V. λῡπεῖν, δάκνειν. *Pierced with:* V. πεπληγμένος (dat.), P. and V. ἐκπεπληγμένος (dat.), ἐκπλᾰγείς (dat.).

Piercing, adj. Lit., V. διᾰ́τορος, διανταῖος. *Stinging:* P. and V. ὀξῠ́ς, Ar. and P. δρῑμῠ́ς, Ar. and V. ὀξύστομος. Of sound: P. and V. ὀξῠ́ς, V. λῐγῠ́ς (also Plat. but rare P.), ὄρθιος, πικρός, διᾰ́τορος, Ar. and V. ὑπέρτονος. Of sight: Ar. and P. ὀξῠ́ς.

Piercingly, adv. Of sound: V. τορῶς. Of sight: P. ὀξέως.

Piety, subs. P. and V. εὐσέβεια, ἡ, τὸ εὐσεβές, P. ὁσιότης, ἡ. *Filial affection:* P. φιλοστοργία, ἡ.

Pig, subs. P. and V. ὗς, ὁ or ἡ (Æsch., *Frag.*), V. σῦς ὁ, or ἡ (Eur., *Supp.* 316). *Hog:* P. and V. χοῖρος, ὁ (Æsch., *Frag.*). *Young pig:* Ar. and P. χοιρίδιον, τό, Ar. δελφᾰ́κιον, τό. *Of a pig,* adj.: Ar. and P. ὕειος, χοίρειος (Xen.).

Pigeon, subs. Use *dove.*

Piggish, adj. P. ὑηνός.

Piggishness, subs. Ar. ὑηνία, ἡ.

Pigment, subs. P. χρῶμα, τό, φάρμακον, τό.

Pigmy, subs. *Dwarf:* Ar. νᾶνος, ὁ.

Pigmy, adj. *Dwarfish:* Ar. νᾱνοφυής. Met.; see *small.*

Pig-sty, subs. Ar. χοιροκομεῖον, τό, or use V. σταθμός, ὁ.

Pike, subs. Use *lance.*

Pile, subs. *Stake:* P. σταυρός, ὁ, Ar. and P. χᾰ́ραξ, ὁ or ἡ, V. σκόλοψ, ὁ (also Xen.). *Heap:* Ar. and P. σωρός, ὁ (Xen.), Ar. and V. θωμός, ὁ, V. θῑ́ς, ὁ or ἡ. *Pile of stones:* V. λάϊνα ἐξογκώματα (Eur., *H. F.* 1332). *Amid a pile of arms:* V. σκύλων ἐν ὄχλῳ (Eur., *Hec.* 1014). *Funeral pile:* P. and V. πῠρά, ἡ, V. πυρκαία, ἡ.

Pile, v. trans. P. and V. νεῖν, P. συννεῖν. *Pile up (a mound):* P. and V. χοῦν. *Collect:* P. and V. συλλέγειν, συμφέρειν. *Pile arms:* P. ὅπλα τίθεσθαι. *Pile on:* P. and V. ἐπῐτῐθέναι (τί τινι), ἐπῐβάλλειν (τί τινι). *Axles were piled on axles and dead on dead:* V. ἄξονες τ' ἐπ' ἄξοσι νεκροί τε νεκροῖς ἐξεσωρεύονθ' ὁμοῦ (Eur., *Phoen.* 1194). *Pile up:* P. ἐπιπαρανεῖν, Ar. ἐπῐνεῖν. Met., see *increase. Piling up the banked clouds:* V. συντιθεὶς πυκνὸν νέφος (Eur., *Frag.*). *You see how many stones he has piled up over it (the cave):* Ar. ὁρᾷς ὅσους ἄνωθεν ἐπεφόρησε τῶν λίθων (*Pax.* 224).

Pilfer, v. trans. P. and V. ὑφαιρεῖν

ὑπεξαιρεῖν, Ar. and P. ὑφαρπάζειν, V. ὑποσπᾶν; see *steal*.

Pilferer, subs. P. and V. κλέπτης, ὁ, Ar. and P. λωποδύτης, ὁ; see *thief*.

Pilfering, subs. P. and V. κλοπή, ἡ; see *theft*.

Pilgrim, subs. *Traveller*: P. and V. ὁδοιπόρος, ὁ. *Stranger*: P. and V. ξένος, ὁ, V. ξεῖνος, ὁ. *Wanderer*: P. and V. πλᾰνήτης, ὁ, πλάνης, ὁ, V. ἀλήτης, ὁ.

Pilgrimage, subs. *Journey*: P. and V. ὁδός, ἡ, πορεία, ἡ, V. πόρος, ὁ. *Wandering*: P. and V. πλάνη, ἡ, V. πλάνημα, τό, ἀλητεία, ἡ, ἄλη, ἡ.

Pillage, v. trans. P. and V. πορθεῖν, ἐκπορθεῖν, διᾰπορθεῖν, ἁρπάζειν, ἀναρπάζειν, διαρπάζειν, σῦλᾶν, φέρειν, λῄζεσθαι, P. ἄγειν καὶ φέρειν, λῃστεύειν, διαφορεῖν, V. πέρθειν, ἐκπέρθειν (also Plat. but rare P.); see *plunder*, *ravage*. *Help to pillage*: V. συμπορθεῖν (τινί τινα). *Strip* (*the dead of arms*): P. and V. σκῦλεύειν.

Pillage, subs. *Act of*: P. and V. ἁρπᾰγή, ἡ (or pl. in V.), P. πόρθησις, ἡ, λῃστεία, ἡ, σύλησις, ἡ. *Booty*: P. and V. ἁρπᾰγή, ἡ, λεία, ἡ; see *booty*. *Destroying of crops, etc.*: P. τμῆσις, ἡ.

Pillar, subs. P. and V. κίων, ὁ, V. στῦλος, ὁ, σταθμός, ὁ, ὀρθοστάτης, ὁ. *Slab*: P. and V. στήλη, ἡ. *Memorial pillar*: Ar. and P. στήλη, ἡ. Met., *support*: V. ἔρεισμα, τό, στῦλος, ὁ.

Pillared, adj. V. περίστῦλος, ἀμφῐκίων.

Pillory, subs. Use Ar. and P. ξύλον, τό, P. and V. κλῳός, ὁ (Eur., *Cycl.* 235).

Pillory, v. trans. Met., *brand with disgrace*: P. εἰς στήλην γράφειν.

Pillow, subs. Ar. and P. προσκεφάλαιον, τό.

Pillow, v. trans. *Lean*: P. and V. κλίνειν, ἐρείδειν (Plat. but rare P.).

Pilot, subs. P. and V. κῠβερνήτης, ὁ, V. οἰᾶκοστρόφος, ὁ, πρυμνήτης, ὁ, νᾱοφύλαξ, ὁ (Soph., *Frag.*).

Pilot, v. trans. P. and V. κῠβερνᾶν, V. οἰᾶκοστροφεῖν. Met., see *guide*.

Pilotage, subs. P. κυβέρνησις, ἡ, ἡ κυβερνητική.

Pimp, subs. Ar. and P. μαστροπός, ὁ (Xen.), προᾰγωγός, ὁ.

Pimple, subs. Ar. and P. φλύκταινα, ἡ.

Pin, subs. V. περόνη, ἡ, περονίς, ἡ, πόρπη, ἡ. *Peg*: Ar. and P. πάσσᾰλος, ὁ. *Pin to fasten a bolt*: Ar. and P. βᾰλᾰνος, ἡ. *Linch pins*: V. ἐνήλᾰτα, τά.

Pin, v. trans. V. πορπᾶν. *Fasten down*: Ar. and V. προσπασσᾰλεύειν, V. πασσᾰλεύειν; see *fasten*. *Wearing their robes of Ida pinned with golden brooches*: V. Ἰδαῖα φάρη χρυσέαις ἐζευγμέναι πόρπαισι (Eur., *El.* 317). *Pin down*, met.: P. καταλαμβάνειν. *Pin one's faith to*: see *trust*. *They pin their hopes of deliverance to you*: P. τὰς ἐλπίδας τῆς σωτηρίας ἐν ὑμῖν ἔχουσι.

Pincers, subs. P. θερμαστρίς, ἡ (Aristotle).

Pinch, subs. *Squeeze*: Ar. and P. θλῖβειν, πιέζειν, P. συμπιέζειν. Met., *difficulty*: P. and V. ἀπορία, ἡ, τὸ ἄπορον. *Feel the pinch of hunger*: use P. and V. λῑμῷ πιέζεσθαι.

Pinchbeck, adj. *Spurious*: P. and V. κίβδηλος.

Pine, subs. P. and V. ἐλάτη, ἡ (Plat.), πεύκη, ἡ (Plat.), πίτῡς, ἡ (Plat. and Æsch., *Frag.*). *Of pine*: adj.: V. ἐλάτῐνος, πεύκῐνος.

Pine, v. intrans. P. and V. μᾰραίνεσθαι, φθίνειν (Plat.), V. ἀποφθίνειν, κᾰταφθίνειν, P. ἀπομαραίνεσθαι (Plat.). *Pine away*: Ar. and V. τήκεσθαι, V. ἐκτήκεσθαι, συντήκεσθαι, κᾰταξαίνεσθαι, κᾰτασκέλλεσθαι, αὐαίνεσθαι, Ar. and P. κᾰτατήκεσθαι (Xen.). *Pass away*: P. and V. ἀπορρεῖν, διαρρεῖν. *Pine for*: P. and V. ποθεῖν (acc.), Ar. and V. ἱμείρειν (gen.), (or mid.); see also *long for*. *Pined for*, adj.: P. and

V. ποθεινός (rare P.), εὐκτός (rare P.), V. πολύζηλος.

Pining, subs. P. and V. πόθος, ὁ (rare P.), ἵμερος, ὁ (Plat. but rare P.).

Pinion, subs. P. and V. πτέρυξ, ἡ, πτερόν, τό.

Pink, adj. Use *red*.

Pinnace, subs. *Light boat*: Ar. and P. κέλης, ὁ, P. κελήτιον, τό.

Pinnacle, subs. *Tower*: P. and V. πύργος, ὁ. *Top*: P. and V. κορυφή, ἡ. Met., *extreme point*: P. and V. ἀκμή, ἡ, ἄκρον, τό.

Pint, subs. Ar. and P. express by κοτύλη, ἡ (dry or liquid measure) equals about half-a-pint. *Two pints*: Ar. and P. χοῖνιξ, ἡ (dry measure). *Six pints*: Ar. and P. χοῦς, ὁ (liquid measure).

Pioneer, subs. P. and V. ἡγεμών, ὁ or ἡ, P. ὁδοποιός, ὁ (Xen.).

Pioneer, v. trans. P. and V. ἡγεῖσθαι (dat.).

Pious, adj. P. and V. εὐσεβής, ὅσιος, θεοσεβής. *Pious opinion, mere opinion*: P. and V. δόξα, ἡ, δόκησις, ἡ. *Mere aspiration*: P. εὐχή, ἡ.

Piously, adv. P. and V. εὐσεβῶς, ὁσίως, P. θεοσεβῶς (Xen.).

Pip, subs. *Of fruit*: P. πυρήν, ὁ (Hdt.).

Pipe, subs. *Hollow tube*: P. αὐλός, ὁ, αὐλών, ὁ, ὀχετός, ὁ. *The Athenians destroyed the pipes conveying fresh water which passed into the city underground*: P. οἱ Ἀθηναῖοι τοὺς ὀχετοὺς . . . οἳ ἐς τὴν πόλιν ὑπονομηδὸν ποτοῦ ὕδατος ἠγμένοι ἦσαν, διέφθειραν (Thuc. 6, 100). *Musical instrument*: P. and V. αὐλός, ὁ, P. σῦριγξ, ἡ (Plat.), V. λωτός, ὁ. *Play the pipe*, v.: P. and V. αὐλεῖν; see *pipe*, v. *All the house is filled with the strains of the pipe*: V. αὐλεῖται δὲ πᾶν μέλαθρον (Eur., *I. T.* 367). *Song of birds*: use P. and V. φθέγμα, τό, φθόγγος, ὁ, V. φθογγή, ἡ.

Pipe, v. intrans. *Play the pipe*: P. and V. αὐλεῖν. *Pipe to*: P. καταυλεῖν (gen.), Ar. προσαυλεῖν (*Eccl.* 892). *Pipe (of birds)*: P. and V. ᾄδειν, φθέγγεσθαι; see *sing*.

Piper, subs. Ar. and P. αὐλητής, ὁ, Ar. αὐλητήρ, ὁ; see *flute player*.

Piping, subs. P. αὔλησις, ἡ, Ar. and P. αὐλήματα, τά. *Piping on the flute*: Ar. and V. συρίγματα, τά; see *pipe*.

Pipkin, subs. Ar. and P. ἀγγεῖον, τό.

Pique, subs. *Offence, grudge*: P. and V. φθόνος, ὁ. *Annoyance*: P. and V. ἀχθηδών, ἡ, λύπη, ἡ. *Lover's pique*: P. ἐρωτικὴ λύπη, ἡ.

Pique, v. trans. P. and V. λυπεῖν, δάκνειν, Ar. and V. κνίζειν. *Be piqued*: P. and V. ἄχθεσθαι. *Pique a person's curiosity*: use P. and V. θαῦμα παρέχειν (dat.).

Piracy, subs. P. λῃστεία, ἡ, τὸ λῃστικόν.

Pirate, subs. P. and V. λῃστής, ὁ. *Be a pirate*: P. λῃστεύειν.

Piratical, adj. P. λῃστικός. *Piratical boat*: P. λῃστρὶς ναῦς, ἡ.

Pirouette, v. intrans. *Whirl round*: P. περιφέρεσθαι, V. ἑλίσσεσθαι, εἱλίσσεσθαι; see *whirl*.

Pit, subs. P. and V. βάραθρον, τό, ὄρυγμα, τό. *For catching prey*: use *snare*. *Pit of the stomach*: V. τὰ κοῖλα γαστρός (Eur., *Phoen.* 1411).

Pit, v. trans. *Match*: P. and V. ἀντιτάσσειν, P. συμβάλλειν, V. συνάγειν, συνάπτειν, Ar. and V. ἀντιτιθέναι; see *engage*. *Be pitted against*: P. ἀνταγωνίζεσθαι (dat.), P. and V. ἀντιτάσσεσθαι (dat. or πρός, acc.).

Pitch, v. trans. See *throw*. V. intrans. P. and V. πίπτειν; see *fall*. *Pitch a camp*: use *encamp*. *Pitch (a tent)*: P. πηγνύναι. *Pitch one's tent*: Ar. and P. σκηνᾶσθαι (absol.) (Andoc. 33).

Pitch, subs. *Pitch of the voice*: Ar. and P. τόνος, ὁ. Met., *come to such a pitch*: P. εἰς τοῦτο προήκειν. *Highest pitch*: use P. ἄκρον, τό.

Come to such a pitch of folly: P. and V. εἰς τοῦτο (εἰς τοσοῦτο, εἰς τόδε) μωρίας ἀφικνεῖσθαι, προβαίνειν. *They are come to such a pitch of ignorance*: P. εἰς τοσοῦτον ἀναισθησίας προήκουσι (Dem. 1233). *Tar*: P. and V. πίσσᾰ, ἡ (Æsch., *Frag.*). *Of pitch*, adj.: V. πισσήρης. *Cover with pitch*, v. trans.: Ar. and P. κᾰτᾰπισσοῦν (acc.).

Pitch-black, adj. See *black*.

Pitched battle, subs. P. μάχη ἐκ παρασκευῆς (Thuc. 5, 56), καρτερὰ μάχη.

Pitcher, subs. P. and V. ἀμφορεύς, ὁ (Eur., *Cycl.*), Ar. and P. ὑδρία, ἡ, ἀγγεῖον, τό, Ar. and V. πρόχους, ἡ, ἄγγος, τό, V. κῦτος, τό, τεῦχος, τό (also Xen. but rare P.), κρωσσοί, οἱ, Ar. καλπίς, ἡ.

Pitch-fork, subs. Ar. and P. σμῖνύη, ἡ, Ar. and V. δίκελλα, ἡ.

Pitchy, adj. *Of pitch*: V. πισσήρης. *Black*: see *black*.

Piteous, adj. P. and V. οἰκτρός, δυστῠχής, δυσδαίμων, ἄθλιος, τᾰλαίπωρος. P. ἐλεεινός, Ar. and V. ἐλεινός, V. ἔποικτος, ἐποίκτιστος; see also *miserable*.

Piteously, adv. P. and V. ἀθλίως, οἰκτρῶς, Ar. and P. τᾰλαιπώρως, P. ἐλεεινῶς, Ar. and V. ἐλεινῶς, V. τλημόνως; see *miserably*.

Piteousness, subs. P. ταλαιπωρία, ἡ, κακοπάθεια, ἡ, ἀθλιότης, ἡ, κακοπραγία, ἡ.

Pitfall, subs. *Ambush*: P. ἐνέδρα, ἡ; see *ambush*. *Trap*: P. and V. δόλος, ὁ (rare P.). *Snare* (*for beasts*): P. and V. πάγη, ἡ (Plat.), P. θήρατρον, τό (Xen.); see *snare*. *Danger*: P. and V. τὸ δεινόν, or pl.

Pith, subs. P. ἐγκέφαλος, ὁ (Xen.), μυελός, ὁ (Aristotle). Met., *chief point*: P. τὸ κεφάλαιον.

Pithily, adv. *Shortly*: P. and V. συντόμως.

Pithiness, subs. P. βραχυλογία, ἡ.

Pithy, adj. *Short in speech*: P. βραχύλογος. *Concise*: P. and V. σύντομος, P. συνεστραμμένος.

Pitiable, adj. P. and V. οἰκτρός, P. ἐλεεινός, Ar. and V. ἐλεινός.

Pitiably, adv. P. and V. οἰκτρῶς, P. ἐλεεινῶς, Ar. and V. ἐλεινῶς.

Pitiful, adj. *To be pitied*: see *piteous*. *Compassionate*: P. and V. φῐλοικτίρμων (Plat.), Ar. and P. ἐλεήμων, P. ἐλεεινός; see also *gentle*. *Poor, mean*: P. and V. κᾰκός, φαῦλος.

Pitifully, adv. See *piteously*. *Compassionately*: V. ἐλεινῶς. *Meanly*: P. and V. κᾰκως, φαύλως.

Pitifulness, subs. See *piteousness*. *Compassion*: P. and V. ἔλεος, ὁ, οἶκτος, ὁ (rare P.); see also *gentleness*. *Meanness*: P. φαυλότης, ἡ.

Pitiless, adj. P. and V. σχέτλιος, σκληρός, πικρός, P. ἀπαραίτητος, V. νηλής, δυσπᾰραίτητος, ἀνοικτίρμων (Soph., *Frag.*), δῠσάλγητος, Ar. and V. ἄνοικτος, ἄτεγκτος; see *cruel*.

Pitilessly, adv. P. and V. πικρῶς, P. ἀνηλεῶς, σχετλίως, V. νηλεῶς, ἀνοίκτως, ἀναλγήτως; see *cruelly*.

Pitilessness, subs. P. and V. πικρότης, ἡ, P. ἀγνωμοσύνη, ἡ; see *cruelty*.

Pittance, subs. *Dole*: V. μέτρημα, τό.

Pity, subs. P. and V. ἔλεος, ὁ, οἶκτος, ὁ (Thuc. 7, 77, but rare P.); see also *mercy*. *Appeal to pity*: P. and V. οἶκτος, ὁ, P. οἰκτιρμός, ὁ. *It would be a pity*: P. δεινὸν ἂν εἴη.

Pity, v. trans. P. and V. ἐλεεῖν, οἰκτείρειν, V. οἰκτίζειν (rare P.), κᾰτοικτίζειν, ἐποικτίζειν, ἐποικτείρειν, Ar. and V. κᾰτοικτείρειν, P. κατελεεῖν. *Pity in turn*: P. ἀντοικτίζειν (Thuc.), V. ἀντοικτείρειν.

Pitying, adj. See *pitiful*.

Pivot, subs. P. and V. στρόφιγξ, ὁ. Met., *turning point*: P. and V. ῥοπή, ἡ.

Placability, subs. P. πραότης, ἡ, P. and V. εὐμένεια, ἡ, V. πρευμένεια, ἡ.

Placable, adj. P. and V. πρᾶος, ἤπιος, εὐμενής, ἵλεως, V. πρευμενής.

Placably, adv. P. and V. ἠπίως, P. πράως, V. εὐφρόνως, πρευμενῶς.

Placard, subs. *Proclamation* : P. and V. κήρυγμα, τό. *Writing* : P. and V. γράμμᾰτα, τά.

Place, subs. P. and V. τόπος, ὁ, χώρα, ἡ, Ar. and P. χωρίον, τό, Ar. and V. χῶρος, ὁ. *Town, fortified place* : P. χωρίον, τό. *Position, site* : P. θέσις, ἡ. *Change places*, v. : P. διαμείβεσθαι τὰς χώρας (Plat.). *If only thirty votes had changed places I should stand acquitted* : P. εἰ τριάκοντα μόναι μετέπεσον τῶν ψήφων ἀπεπεφεύγη ἄν (Plat., *Rep*. 36A). *Keep in one's place* : P. μένειν κατὰ χώραν. *Your curl has fallen out of its place* : V. ἀλλ' ἐξ ἕδρας σοὶ πλόκαμος ἐξέστηχ' ὅδε (Eur., *Bacch*. 928). *Give place*, v. : see *yield*. *Till night give place to day* : V. ἕως ἂν νὺξ ἀμείψηται φάος (Eur., *Rhes*. 615). *Take place, happen* : P. and V. τυγχάνειν, συντυγχάνειν, συμβαίνειν, γίγνεσθαι, συμπίπτειν ; see *happen*. *Rank* : P. and V. τάξῐς, ἡ, ἀξίωμα, τό. *Appointment office* : P. and V. τάξῐς, ἡ. *Duty, task* : P. and V. ἔργον, τό, P. τάξις, ἡ. *It is your place to* : P. and V. σόν ἐστι (infin.), προσήκει σε or σοί (infin.). *Out of place* : use *inconvenient*. *It is not out of place to ask* : V. πυθέσθαι οὐδὲν ἐστ' ἔξω δρόμου (Æsch., *Choe*. 514). *Passage in a book* : P. λόγος, ὁ. *In place of* : P. and V. ἀντί (gen.).

Place, v. trans. P. and V. τῐθέναι. *Set* : P. and V. κᾰθίζειν. *Set up* : P. and V. ἱστᾰναι, ἱδρύειν ; see *put, set*. *Appoint* : P. and V. κᾰθιστᾰναι, προστάσσειν, τάσσειν. *Be placed* : P. and V. κεῖσθαι. *Place in an awkward position* : P. ἀπόρως διατιθέναι (τινά). *Be awkwardly placed* : P. ἀπόρως διακεῖσθαι ; see *situated*. *Place around* : Ar. and P. περῐτῐθέναι (τί τινι), P. and V. περῐβάλλειν (τί τινι), Ar. and V. ἀμφῐτῐθέναι (τί τινι), V. ἀμφῐβάλλειν (τί τινι). *Place on* : P. and V. ἐπῐτῐθέναι (τί τινι). *Place over* : P. and V. ἐφιστᾰναι (τί τινι). *Place value on* : see *value*, v.

Placid, adj. P. and V. ἥσῠχος, ἡσῠχαῖος, P. ἡσύχιος, V. ἕκηλος ; see *calm*.

Placidity, subs. Ar. and P. ἡσῠχία, ἡ, V. τὸ ἡσῠχαῖον.

Placidly, adv. P. and V. ἡσῠχῇ, ἡσῠχως (rare P.).

Plagiarise, v. trans. Use P. and V. μῑμεῖσθαι ; see *steal*.

Plague, subs. P. and V. λοιμός, ὁ, νόσος, ἡ, νόσημα, τό, P. λοιμώδης, νόσος, ἡ. For account of a plague see Thuc. 2, 47-51. *Plague of* : see *swarm*. Met., *bane* : P. and V. κᾰκόν, τό, V. δήλημα, τό, πῆμα, τό. As applied to a person : P. and V. λῡμεών, ὁ, V. πῆμα, τό, ἄτη, ἡ, λῦμα, τό, Ar. and P. ὄλεθρος, ὁ. *A plague on you* : Ar. and V. φθείρου, ἔρρε, ἄπερρε, Ar. οἴμωζε, ἔρρ' ἐς κόρᾰκας, V. ὄλοιο, οὐκ εἰς φθόρον ; οὐκ εἰς ὄλεθρον ;

Plague, v. trans. P. and V. ὄχλον πᾰρέχειν (dat.), Ar. and P. ἐνοχλεῖν (acc. or dat.), πράγμᾰτα πᾰρέχειν (dat.), V. ὀχλεῖν, Ar. and V. τείρειν ; see also *distress*.

Plague-spot, subs. Met., *defilement* : P. and V. μίασμα, τό, ἄγος, τό, V. λῦμα, τό, μῦσος, τό. *Canker* : P. and V. νόσος, ἡ ; see *canker*.

Plaice, subs. Ar. and P. use ψῆσσα, ἡ.

Plain, adj. *Level, flat* : P. ὁμαλός, ἐπίπεδος, V. λευρός. *Smooth* : P. and V. λεῖος. *Simple* : P. and V. ἁπλοῦς, P. εἰλικρινής. *Candid* : P. and V. ἁπλοῦς ; see *plain-spoken*. *In plain speech* : P. and V. ἁπλῶς, V. ὡς ἁπλῷ λόγῳ. *Not beautiful, ugly* : P. and V. αἰσχρός, P. μοχθηρός, V. δύσμορφος. *Without device* : V. ἄσημος. *Without embroidery (of stuffs)* : P. λεῖος (Thuc. 2, 97). *Easy to understand* : P. and V. εὐμᾰθής (Xen.), σᾰφής, V. σῠνετός, εὐσύμβολος, εὐσύμβλητος, εὔσημος. *Clear* : P. and V. δῆλος, ἔνδηλος, σᾰφής, ἐναργής, λαμπρός, φᾰνερός, διᾰφᾰνής, ἐκφᾰνής, ἐμφᾰνής, περῐφᾰνής, Ar. and P. εὔδηλος, κᾰτάδηλος, P. ἐπιφανής, καταφανής, V. σᾰφηνής, τορός, τρᾱνής, Ar. ἐπίδηλος. *Make plain*, v.: P. and V. σᾰφηνίζειν (Xen.), διᾰσᾰφεῖν (Plat.), V. ὀμμᾰτοῦν, ἐξομμᾰτοῦν, ἐκσημαίνειν; see *show*, *explain*.

Plain, subs. P. and V. πεδίον, τό, V. πλάξ, ἡ. *Of the plain*, adj.: P. and V. πεδιάς (Plat. but rare P.), P. πεδιεινός. *Gods that haunt the plain*: V. θεοὶ πεδιονόμοι.

Plain dealing, subs. Use *honesty*.

Plainly, adv. *Simply*: P. and V. ἁπλῶς. *Candidly*: P. and V. ἁπλῶς, ἄντικρυς, ἐλευθέρως. *Outspokenly*: P. μετὰ παρρησίας, V. παρρησίᾳ. *Speak plainly*, v.: P. παρρησιάζεσθαι. *Intelligibly*: P. and V. γνωρίμως. (*Speak*) *plainly*: P. and V. σᾰφῶς, V. τορῶς, τρᾱνῶς, σκεθρῶς. *Clearly*: P. and V. σᾰφῶς, ἐμφᾰνῶς, δηλᾰδή, λαμπρῶς, περῐφᾰνῶς, Ar. and P. φᾰνερῶς, κᾰτᾰφᾰνῶς, P. διαφανῶς, ἐπιφανῶς, V. σᾰφηνῶς, Ar. ἐπῐδήλως.

Plainness, subs. *Simplicity*: P. ἁπλότης, ἡ. *Outspokenness*: P. and V. παρρησία, ἡ. *Ugliness*: P. ἀσχημοσύνη, ἡ, V. ἀμορφία, ἡ. *Clearness*: P. and V. σᾰφήνεια, ἡ.

Plain-spoken, adj. P. and V. ἁπλοῦς, ἐλεύθερος, V. ἐλευθερόστομος. *Be plain-spoken*, v.: P. παρρησιάζεσθαι, V. ἐλευθεροστομεῖν, ἐξελευθεροστομεῖν.

Plain-spokenness, subs. P. and V. παρρησία, ἡ.

Plaint, subs. P. and V. ὀδυρμός, ὁ, οἶκτος, ὁ, οἰμωγή, ἡ (Thuc. but rare P.), στόνος, ὁ (Thuc. but rare P.), V. οἰκτίσμᾰτα, τά, οἴμωγμα, τό, Ar. and V. στέναγμα, τό; see *lamentation*.

Plaintiff, subs. Use P. and V. ὁ διώκων, P. ἀντίδικος, ὁ or ἡ. *Be plaintiff*, v.: P. and V. διώκειν.

Plaintive, adj. P. and V. οἰκτρός, P. ἐλεεινός, Ar. and V. ἐλεινός.

Plaintively, adv. P. and V. οἰκτρῶς, P. ἐλεεινῶς, Ar. and V. ἐλεινῶς.

Plait, v. trans. P. and V. πλέκειν, ἐμπλέκειν, συμπλέκειν.

Plait, subs. *Plait of hair*: Ar. and V. πλόκᾰμος, ὁ, V. πλόκος, ὁ; see *curl*.

Plaited, adj. P. and V. πλεκτός (Xen.). *Plaited work*: P. and V. πλέγμᾰ, τό, Ar. πλέκος, τό.

Plan, subs. P. and V. γνώμη, ἡ, βουλή, ἡ, βούλευμα, τό, ἔννοια, ἡ (Plat.), ἐπίνοια, ἡ, Ar. and P. διάνοια, ἡ; see also *devise*. *Outline*: P. ὑπογραφή, ἡ, τύπος, ὁ, περιγραφή, ἡ. *Way, method*: P. and V. τρόπος, ὁ, *Means*: P. and V. πόρος, ὁ.

Plan, v. trans. or absol. P. and V. βουλεύειν, νοεῖν, ἐννοεῖν, Ar. and P. διᾰνοεῖσθαι, ἐπῐνοεῖν. *Contrive*: P. and V. συντῐθέναι, μηχᾰνᾶσθαι, τεχνᾶσθαι, τεκταίνεσθαι, πορίζειν, ἐκπορίζειν; see *contrive*.

Plane, adj. In geometry: P. ἐπίπεδος.

Plane, subs. In geometry: P. ἐπίπεδον, τό. *Plane tree*: Ar. and P. πλᾰ́τᾰνος, ἡ. *Carpenter's plane*: P. ξυήλη, ἡ (Xen.).

Planet, subs. P. πλανήτης, ὁ.

Plank, subs. P. and V. ξύλον, τό. *Beam*: Ar. and P. δοκός, ἡ, P. κεραία, ἡ. *Plank of a ship*: V. δόρῠ, τό. *Gangway*: P. ἀποβάθρα, ἡ, V. σᾰνίς, ἡ, κλῖμαξ, ἡ, κλῑμακτήρ, ὁ.

Plant, subs. P. and V. φῠτόν, τό, V. φύλλον, τό, φυλλᾰ́ς, ἡ.

Plant, v. trans. P. and V. φῠτεύειν. *Sow*: P. and V. σπείρειν. *Fix*: P. and V. πηγνῠ́ναι, Ar. κᾰτᾰπηγνῠ́ναι. *Put down firmly*: P. and V. τῐθέναι (or mid.), ἐρείδειν (Plat. but rare P.), V. ἀντερείδειν. *Planting her foot against the side of the unhappy man*: V. πλεύραισιν ἀντιβᾶσα τοῦ δυσδαίμονος (Eur., *Bacch.* 1126). *Plant against*: P. and V. προσβάλλειν (τί τινι). *To plant against the towers a foothold of firm ladders*: V. προσφέρειν πύργοισι πηκτῶν κλιμάκων προσαμβάσεις (Eur., *Phoen.* 488). *Plant in*: Ar. and V. ἐναρμόζειν (τί τινι) (Eur.,

Phoen. 1413). *Planted at his post:* V. τάξιν ἐμβεβώς (Eur., *H. F.* 164). *Planted firmly:* Ar. and V. πηκτός. *Settle* (persons or things): P. and V. οἰκίζειν, κᾰτοικίζειν, ἱδρύειν, κᾰθιδρύειν. *Plant* (*a colony*): P. and V. κτίζειν, οἰκίζειν, κᾰτοικίζειν.

Plantation, subs. P. φυτευτήριον, τό. *Plantations of olives set in lines:* P. φυτευτήρια ἐλαιῶν περιστοίχων (Dem. 1251).

Plash, subs. V. πίτῠλος, ὁ, ῥόθος, ὁ.

Plash, v. intrans. V. ῥοθεῖν, καχλάζειν.

Plashing, adj. V. πολύρροθος, ῥόθιος. Fem. adj., V. ῥοθιάς. *With rythmic beat of plashing oar:* V. κώπης ῥοθιάδος συνεμβολῇ (Æsch., *Pers.* 396).

Plaster, v. trans. *Cover with stucco:* P. κονιᾶν. *Bedaub:* Ar. and P. ἀλείφειν, P. ἐπαλείφειν, περιαλείφειν, Ar. κᾰταπλάσσειν.

Plaster, subs. *Poultice:* Ar. κᾰτάπλασμα, τό. *Sticking plaster:* Ar. κηρωτή, ἡ.

Plastic, adj. P. πλαστικός, εὔπλαστος. *The plastic arts:* αἱ πλαστικαί τέχναι. Met., *impressionable:* Ar. and P. ἅπᾰλός.

Plate, subs. *Dish:* Ar. λεκᾰ́νη, ἡ, λοπᾰ́ς, ἡ. *Silver plate:* P. ἀργύριον ἄσημον. *Gold plate:* P. χρυσίον ἄσημον.

Plateau, subs. Use P. and V. πεδίον, τό; see *plain.*

Plated, adj. *Overlaid with gold:* P. ἐπίχρυσος (Xen.); see *overlay.*

Platform, subs. *Platform for speaking:* Ar. and P. βῆμα, τό, V. βάθρον, τό (Eur., *I. T.* 962).

Platitude, subs. Use P. and V. ἀρχαῖα, τά. *Talk platitudes*, v.: P. ἀρχαιολογεῖν.

Platter, subs. See *plate.*

Plaudit, subs. See *applause.*

Plausibility, subs. P. and V. τὸ εὔλογον, P. εὐπρέπεια, ἡ.

Plausible, adj. Of a speaker: see *persuasive. Specious:* P. and V. ἐπιεικής, εὔλογος, εὐπρεπής, κᾰλός, εὐσχήμων, εὐπρόσωπος.

Plausibly, adv. See *persuasively. Speciously:* P. and V. εἰκότως, εὐπρεπῶς.

Play, v. trans. *Act a part:* P. ὑποκρίνεσθαι. *Play Antigone:* P. Ἀντιγόνην ὑποκρίνεσθαι. *Play* (*a piece*): P. ὑποκρίνεσθαι, ἀγωνίζεσθαι (Dem. 418 and 449). *Play the second part:* Ar. δευτεριάζειν. *Play third rate parts:* P. τριταγωνιστεῖν. Met., *play the coward:* P. and V. κᾰκίζεσθαι, ψῡλοψῡχεῖν, P. μαλακίζεσθαι, ἀποδειλιᾶν. *Play the man:* P. ἀνδραγαθίζεσθαι. *Play a mean part:* P. and V. κᾰκύνεσθαι. *Play a part, pretend:* Ar. and P. προσποιεῖσθαι. *Play a game:* Ar. and P. παιδιὰν παίζειν. *Play a double game*, met.: P. ἐπαμφοτερίζειν. *Play the harp:* Ar. and P. κῐθᾰρίζειν. *Play the pipe:* P. and V. αὐλεῖν. *Play pipe to:* Ar. προσαυλεῖν (*Eccl.* 892). V. intrans. *Play* (*as children*): P. and V. παίζειν V. ἀθύρειν (also Plat. but rare P.). *Act in jest:* P. and V. παίζειν. *Play an instrument:* Ar. and P. ψάλλειν. *The flute girl played:* Ar. αὐλητρὶς ἐνεφύσησε (*Vesp.* 1219). *Gamble:* Ar. and P. κῠβεύειν. *Play at:* P. παίζειν (dat.). *Play at dice:* P. ἀστραγάλοις παίζειν (Plat., *Alci. I.* 110B). *Play into—not thinking they were playing into the hands of Agoratus:* P. οὐκ οἰόμενοι Ἀγοράτῳ συμπράσσειν (Lys. 138). *Play off—play off the Greeks one against another:* P. αὐτοὺς περὶ ἑαυτοὺς τοὺς Ἕλληνας κατατρῖψαι (Thuc. 8, 46). *Play on* (*play on words, etc.*): P. κομψεύεσθαι (acc.), V. κομψεύειν (acc.); see also *play upon. Play upon, turn to account:* P. and V. χρῆσθαι (dat.). *Play with, mock:* P. and V. παίζειν πρός (acc.), P. προσπαίζειν (dat.). V. intrans. *Move about:* P. and V. αἰωρεῖσθαι; see *move, hover.*

Play, subs. P. and V. παιδιά, ἡ. *Speak in play:* P. and V. παίζων εἰπεῖν. *Piece for acting:* Ar. and P. δρᾶμα, τό. *Give play to, exercise:*

Ar. and P. μελετᾶν, P. and V. γυμνάζειν. *Use, put into operation*: P. and V. χρῆσθαι (dat.). *Make a display of*: P. and V. ἐνδείκνυσθαι. *Call into play*: P. and V. κῑνεῖν, ἐγείρειν; see *evoke*. *Fair play*: P. ἐπιείκεια, ἡ.

Played out, adj. *Stale*: P. ἕωλος. *Antiquated*: P. and V. ἀρχαῖος, πᾰλαιός.

Player, subs. *Actor*: Ar. and P. ὑποκρῐτής, ὁ. *Third rate player*: P. τριταγωνιστής, ὁ. *Gambler*: P. and V. κῠβευτής, ὁ (Xen. and Soph., *Frag.*).

Play-fellow, subs. P. συμπαίστωρ, ὁ (Xen.). Fem., Ar. συμπαίστρια, ἡ; see *comrade*.

Playful, adj. Ar. and P. φῐλοπαίσμων, P. παιδικός.

Playfully, adv. Use P. μετὰ παιδιᾶς, παιδικῶς, or use P. and V. part. παίζων.

Playfulness, subs P. and V. παιδιά, ἡ.

Plaything, subs. Ar. and P. παίγνιον, τό, V. ἄθυρμα, τό (Eur., *Frag.*).

Playwright, subs. Use Ar. and P. δῐδάσκᾰλος, ὁ.

Plea, subs. *Defence*: P. ἀπολογία, ἡ. *Excuse*: P. and V. πρόφᾰσις, ἡ, λόγος, ὁ, σκῆψις, ἡ. *Plea of justice*: P. δικαίωμα, τό, δικαίωσις, ἡ, P. and V. δῐ́καιον, τό, or pl. *What plea shall quench a mother's tears?* V. μητρός . . . τε πηγὴν τίς κατασβέσει δίκη; (Æsch., *Theb.* 584). *On just grounds I urge this plea*: V. τῷ μὲν δικαίῳ τόνδ' ἁμιλλῶμαι λόγον (Eur., *Hec.* 271).

Plead, v. trans. *Urge in excuse*: P. προφᾰσίζεσθαι (also absol. in Ar.), P. and V. σκήπτειν (mid. in P.), προβάλλειν (mid. also in P.), προὔχεσθαι, προΐστασθαι (Eur., *Cycl.* 319), V. προτείνειν. *Plead one's cause*: Ar. and P. δῐκάζεσθαι. *Make a defence*: P. and V. ἀπολογεῖσθαι (Eur., *Bacch.* 41). *Plead guilty*: use *confess*. *Plead for, ask for*: P. and V. αἰτεῖν (acc.), αἰτεῖσθαι (acc.); see *ask*. *Beg off*: P. and V. ἐξαιτεῖσθαι (acc.). *Be advocate for*: P. and V. σῠνηγορεῖν (dat.), συνδῐκεῖν (dat.), ὑπερδῐκεῖν (gen.) (Plat.), P. συναγορεύειν (dat.), συνειπεῖν (dat.). *Mind how you plead for this man's acquittal*: V. πῶς γὰρ τὸ φεύγειν τοῦδ' ὑπερδικεῖς ὅρα (Æsch., *Eum.* 652). *Plead with*: see *entreat*.

Pleader, subs. *Advocate*: P. and V. σῠνήγορος, ὁ or ἡ, σύνδῐκος, ὁ or ἡ, P. παράκλητος, ὁ.

Pleading, subs. *Speech*: P. and V. λόγος, ὁ. *Skilled in pleading*, adj.: Ar. and P. δῐκᾱνῐκός. *Entreaty*: P. and V. προστροπή, ἡ, or pl. (rare P.), ἱκεσία, ἡ; see *entreaty*. *Special pleading*: use Ar. and P. σόφισμα, τό.

Pleading, adj. Use *suppliant*.

Pleasant, adj. P. and V. ἡδύς, τερπνός, V. χαρτός (Plat. also but rare P.), θῡμηδής, ἐφῑ́μερος, φῐ́λος, Ar. and P. γλῠκύς. *Charming*: Ar. and P. χᾰ́ρίεις; see *charming*. *Friendly, affable*: P. and V. φῐλάνθρωπος, φῐλόφρων (Xen.).

Pleasantly, adv. P. and V. ἡδέως. *Affably*. P. and V. φῐλοφρόνως (Plat.), P. φιλανθρώπως.

Pleasantness, subs. P. and V. χᾰ́ρῐς, ἡ, τέρψῐς, ἡ. *Affability*: P. φιλανθρωπία, ἡ.

Pleasantry, subs. P. and V. παιδιά, ἡ, Ar. and P. σκῶμμα, τό. *Indulge in pleasantry*, v.: Ar. and P. χᾰριεντίζεσθαι, P. and V. παίζειν; see *jest*.

Please, v. trans. P. and V. ἀρέσκειν (acc. or dat.), Ar. and V. ἀνδᾰ́νειν (dat.), V. προσσαίνειν, Ar. προσίεσθαι. *Gratify*: P. and V. χᾰρίζεσθαι. *Delight*: P. and V. τέρπειν, εὐφραίνειν. *If you please*: P. and V. εἰ δοκεῖ, εἰ σοὶ δοκεῖ, εἰ σοὶ φῐ́λον. *Be pleased*: P. and V. ἥδεσθαι, P. ἀρέσκεσθαι. *Be pleased with*: P. and V. ἥδεσθαι (dat.), χαίρειν (dat. or ἐπί, dat.), τέρπεσθαι (dat.), εὐφραίνεσθαι (dat.), ἀγάλλεσθαι (dat.) (rare P.).

Pleased, adj. P. and V. ἡδύς.

Pleasing, adj. P. and V. ἡδύς, ἀρεστός; see *pleasant*. *If the same course is pleasing to all*: V. εἰ πᾶσι ταὐτὸν πρᾶγμʼ ἀρεσκόντως ἔχει (Eur., *I. T.* 581).

Pleasingly, adv. P. and V. ἡδέως, ἀρεσκόντως (Plat.). *Pleasingly to me, in a way to give me pleasure*: P. and V. ἡδέως ἐμοί, V. φίλως ἐμοί.

Pleasurable, adj. See *pleasant*.

Pleasurably, adv. Use P. and V. καθʼ ἡδονήν, πρὸς ἡδονήν.

Pleasure, subs. P. and V. ἡδονή, ἡ. *Delight*: P. and V. τέρψις, ἡ, χαρά, ἡ, V. χαρμονή, ἡ (Plat. also but rare P.), χάρμα, τό. *Take pleasure in*: P. and V. ἥδεσθαι (dat.); see *delight in*. *Take pleasure in (doing a thing)*: P. and V. ἥδεσθαι (part.), χαίρειν (part.). *Such was the pleasure of the gods*: V. θεοῖς ἦν οὕτω φίλον. *If this be the pleasure of the gods*: P. εἰ ταύτῃ τοῖς θεοῖς φίλον (Plat., *Crito*, 43D). *It is my pleasure*: P. and V. δοκεῖ μοι. *A life of pleasure*: V. ἡδὺς αἰών (Eur., *Frag.*). *Doing pleasure to her lord*: V. χάριτα τιθεμένη πόσει (Eur., *El.* 61).

Pleasure ground, subs. *Garden*: P. and V. κῆπος, ὁ.

Plebeian, adj. *Base*: P. and V. ταπεινός, φαῦλος, κακός. *Democratic*: Ar. and P. δημοτικός. *The Plebeians*: use Ar. and P. δῆμος, ὁ.

Plebeian, subs. P. and V. δημότης, ὁ (Xen. also Ar.).

Pledge, v. trans. *Deposit as security*: P. ὑποτιθέναι, Ar. ἐνέχυρον τιθέναι. *Betroth*: P. and V. ἐγγυᾶν, V. κατεγγυᾶν; see *betroth*. *Pledge oneself, give security*: Ar. and P. ἐγγυᾶσθαι, P. and V. πίστιν διδόναι, πιστὰ διδόναι, V. πιστοῦσθαι. *Promise*: P. and V. ὑπισχνεῖσθαι, ἐπαγγέλλεσθαι, V. ὑπίσχεσθαι, ἐξαγγέλλεσθαι; see *promise*. *Drink a health to*: P. προπίνειν (dat.) (Xen.) (also absol., Ar., *Thesm.* 631). *He pledged him in the loving cup*: P. φιλοτησίας προὔπινε (Dem. 380). *Pledging many a bumper*: V. πυκνὴν ἄμυστιν . . . δεξιούμενοι (Eur., *Rhes.* 419).

Pledge, subs. P. and V. πίστις, ἡ, πιστόν, τό, or pl., V. πιστώματα, τά. *Bail, security*: P. and V. ἐγγύη, ἡ. *Something mortgaged*: Ar. and P. ἐνέχυρον, τό, σύμβολον, τό, P. ὑποθήκη, ἡ. *Hostage*: P. and V. ὅμηρος, ὁ or ἡ (Eur., *Or.* 1189), V. ῥύσιον, τό. *Seize as a pledge*: V. ῥυσιάζειν. *Promise*: P. and V. ὑπόσχεσις, ἡ. *Pledge ratified by giving the right hand*: P. and V. δεξιά, ἡ (Xen.), V. δεξίωμα, τό. *Give me your hand as pledge*: V. ἔμβαλλε χειρὸς πίστιν (Soph., *Phil.* 813). *Giving the right hand as pledge*: V. προσθεὶς χεῖρα δεξιάν (Soph., *Phil.* 942).

Plenary, adj. *Authoritative*: P. and V. κύριος. *Full, complete*: P. and V. παντελής.

Plenipotentiary, adj. Ar. and P. αὐτοκράτωρ, as subs. Ar. and P. πρεσβευτὴς αὐτοκράτωρ, ὁ.

Plenitude, subs. *Culminating point*: P. and V. ἀκμή, ἡ. *Be in its plenitude*, v.: P. and V. ἀκμάζειν.

Plenteous, adj. See *plentiful*.

Plenteously, adv. See *plentifully*.

Plenteousness, subs. See *plentifulness*.

Plentiful, adj. P. and V. ἄφθονος, πολύς, Ar. and P. συχνός, εὔπορος, V. ἐπίρρυτος. *Rich*: V. πλούσιος.

Plentifully, adv. P. and V. ἀφθόνως (Eur., *Frag.*), P. εὐπόρως. *Richly*: Ar. and V. πλουσίως.

Plentifulness, subs. P. εὐπορία, ἡ, ἀφθονία, ἡ, Ar. and P. περιουσία, ἡ.

Plenty, subs. P. εὐπορία, ἡ, ἀφθονία, ἡ, Ar. and P. περιουσία, ἡ. With gen. following, P. and V. πλῆθος, τό, V. βάρος, τό.

Plethora, subs. Ar. and P. περιουσία, ἡ. *Satiety*: P. and V. πλησμονή, ἡ, κόρος, ὁ.

Pleurisy, subs. Ar. πλευρῖτις, ἡ.

Pliable, adj. *Pliant*: P. and V.

ὑγρός, V. στρεπτός, P. καμπτός. *Docile :* P. εὐάγωγος, εὐήνιος, εὐμαθής, V. φῐλήνιος; see *docile. Impressionable :* Ar. and P. ἁπᾰλός.

Pliability, subs. P. ὑγρότης, ἡ. *Docility :* P. εὐμάθεια, ἡ.

Pliancy, subs. P. ὑγρότης, ἡ.

Pliant, adj. P. and V. ὑγρός; see *pliable.*

Plight, subs. V. πρᾶξις, ἡ. *Fortune :* P. and V. τῠ́χη, ἡ, συμφορά, ἡ. *Our present plight :* P. and V. τᾰ̀ νῦν πράγμᾰτα. *Too clearly I understand our present plight :* V. φρονῶ δὴ συμφορᾶς ἵν' ἕσταμεν (Soph., *Trach.* 1145). *Be in evil plight :* P. and V. κᾰκῶς ἔχειν, Ar. and P. ἀθλίως δῐᾰκεῖσθαι.

Plight, v. trans. See *pledge. Plighted word,* subs. : P. and V. πίστῐς, ἡ.

Plod, v. intrans. Use Ar. and P. βᾰδίζειν (rare V.). Met., see *labour.*

Plodding, adj. *Industrious :* P. φιλόπονος.

Plot, subs. *Plot of ground :* P. γήπεδον, τό (Plat.), V. γᾰ́πεδον, τό. *Seditious design :* P. ἐπιβουλή, ἡ, ἐπιβούλευμα, τό. *Trick :* P. and V. δόλος, ὁ (rare P.), τέχνημα, τό, μηχᾰναί, αἱ, σόφισμα, τό. *Intrigue :* P. κατασκεύασμα, τό. *Conspiracy :* Ar. and P. σῠνωμοσία, ἡ. *Plot (of a play) :* P. σύστασις, ἡ (Aristotle). *There are witnesses to prove that the whole thing was a plot :* P. ὡς δε παρεσκευάσθη ἅπαντα . . . μάρτυρές εἰσι (Lys. 132). *Join in a plot,* v : P. συστασιάζειν (absol.). *Be in the plot :* P. and V. σῠνειδέναι (absol.). *Be victim of a plot :* P. and V. ἐπῐβουλεύεσθαι (pass.).

Plot, v. trans. *Devise :* P. and V. συντῐθέναι, μηχᾰνᾶσθαι, τεχνᾶσθαι, βουλεύειν, Ar. and P. ἐπῐνοεῖν, Ar. and V. μήδεσθαι; see *devise. Conspire for :* P. ἐπιβουλεύειν (τι τινι). Absol., *form plots :* P. and V. ἐπῐβουλεύειν, V. μηχᾰνορρᾰφεῖν. *Be cunning :* Ar. and V. σοφίζεσθαι (Eur., *I. T.* 744). *Conspire :* P. and V. σῠνομνῠ́ναι. *Plot against :* P. and V. ἐπῐβουλεύειν (dat.). *Plot with, intrigue with :* P. and V. πράσσειν (dat., or πρός, acc., or εἰς, acc.). *Join in plotting :* V. συμφῠτεύειν (τι).

Plotter, subs. P. and V. σῠνωμότης, ὁ, V. ἐπῐβουλευτής, ὁ, or use *plotting,* adj.

Plotting, adj. P. ἐπίβουλος, V. μηχᾰνορρᾰ́φος.

Plotting, subs. P. κατασκευασμός, ὁ, ἐπιβούλευσις, ἡ.

Plough, subs. P. and V. ἄροτρον, τό (Æsch., *Frag.*).

Plough, v. trans. P. and V. ἀροῦν; see also *cultivate.* Met., *traverse :* Ar. and P. διᾰβαίνειν, P. and V. διᾰπερᾶν; see *traverse.*

Ploughing, subs. Ar. γῆς ἐργᾰσία, ἡ.

Plough land, subs. Use P. γῆ ἐργάσιμος, ἡ. Ar. and V. ἄρουρα, ἡ (also Plat. but rare P.).

Ploughman, subs. V. ἀροτήρ, ὁ, or use *farmer.*

Pluck, subs. Use *courage.*

Pluck, v. trans. *Cull :* P. and V. δρέπειν(or mid.) (Plat.). *Deprive (of hair, feathers, etc.) :* Ar. and V. τίλλειν, Ar. ἀποτίλλειν. Met., see *fleece. The females help to pluck out his feathers :* Ar. αἱ θήλειαι προσεκτίλλουσιν αὐτοῦ τὰ πτερά (*Av.* 286). *Seize hold of :* P. and V. λαμβᾰ́νεσθαι (gen.). *Pluck out :* P. and V. ἀποσπᾶν. *Newly plucked, newly gathered :* V. νεόδρεπτος, νεόδροπος, νεοσπᾰ́ς.

Plug, subs. Ar. βύσμᾰ, τό.

Plug, v. trans. Ar. βῠ́ειν, ἐμβῠ́ειν.

Plumage, subs. P. and V. πτέρωμα, τό (Plat. and Æsch., *Frag.*), πτερᾰ́, τά, Ar. πτέρωσις, ἡ. *Of like plumage,* adj. : P. and V. ὁμόπτερος (Plat.).

Plumb-line, subs. P. and V. κᾰνών, ὁ.

Plume, subs. P. and V. πτερόν, τό. *Plume on a helmet :* P. and V.

λόφος, ὁ (Xen. also Ar.), V. χαίτωμα, τό.

Plume oneself (on), v. trans. P. and V. φρονεῖν μέγᾰ (ἐπί, dat.), ἀγάλλεσθαι (dat., or ἐπί, dat.), ἁβρύνεσθαι (dat.) (Plat.), σεμνύνεσθαι (ἐπί, dat.), λαμπρύνεσθαι (dat.), P. φιλοτιμεῖσθαι (ἐπί, dat.), καλλωπίζεσθαι (dat., or ἐπί, dat.), Ar. and V. χλῐδᾶν (ἐπί, dat.), ἐπαυχεῖν (dat.).

Plummet, subs. *Line for testing perpendicularity*: P. and V. κᾰνών, ὁ.

Plump, adj. Ar. and P. πᾰχύς, πίων, σάρκῐνος, P. and V. εὐτρᾰφής (Plat.). *Tender*: Ar. and P. ἁπᾰλός.

Plumpness, subs. P. and V. πάχος, τό (Eur., *Cycl.*), P. παχύτης, ἡ.

Plunder, subs. *Booty*: P. and V. λεία, ἡ, ἁρπᾰγή, ἡ. *Act of plundering*: P. and V. ἁρπᾰγή, ἡ (or pl. in V.), P. πόρθησις, ἡ, λῃστεία, ἡ, σύλησις, ἡ. *Arms taken from a foe*: P. and V. σκῦλα, τά (sing. also in V.), σκῦλεύμᾰτα, τά, V. λάφῡρα, τά.

Plunder, v. trans. P. and V. πορθεῖν, ἐκπορθεῖν, διᾰπορθεῖν, ἁρπάζειν, ἀναρπάζειν, διαρπάζειν, σῡλᾶν, λῄζεσθαι, φέρειν, P. ἄγειν καὶ φέρειν, διαφορεῖν, λῃστεύειν, V. πέρθειν, ἐκπέρθειν (also Plat. but rare P.). *I am plundered*: Ar. ἄγομαι φέρομαι (*Nub.* 241). *Overrun*: P. κατατρέχειν, καταθεῖν. *Drive off plunder*: P. and V. λεηλᾰτεῖν (Xen.). *Strip the dead of arms*: P. and V. σκῡλεύειν. *Plunder in return*: V. ἀντῐπορθεῖν. *Help to plunder*: V. συμπορθεῖν (τινί τινα).

Plunderer, subs. P. and V. λῃστής, ὁ, V. σῡλήτωρ, ὁ, πορθήτωρ, ὁ, ἐκπορθήτωρ, ὁ, ἀναστᾰτήρ, ὁ.

Plundering, subs. P. and V. ἁρπᾰγή, ἡ (or pl. in V.), P. πόρθησις, ἡ, σύλησις, ἡ.

Plunge, v. trans. *Thrust, drive*: P. and V. κᾰθῑέναι, V. μεθῑέναι, βάλλειν, ἐμβάλλειν, ῑ̔έναι, ὠθεῖν; see *drive*. *Plunging my sword into my heart*: V. φάσγανον πρὸς ἧπαρ ἐξακοντίσας (Eur., *H. F.* 1149). *Dip* (*in water, etc.*): P. and V. βάπτειν. Met., *plunge* (*into misfortune, etc.*): P. and V. κᾰθιστᾰ́ναι εἰς (acc.). V. intrans. *Rear* (*of a horse*): P. and V. σκιρτᾶν (Plat.). *Struggle*: P. and V. σφᾰδᾴζειν (Xen.). *Rush*: P. and V. ὁρμᾶν, ὁρμᾶσθαι, V. ἀΐσσειν, ὀρούειν, Ar. and V. ᾄσσειν; see *rush*. *Leap*: P. and V. πηδᾶν (Plat.); see *leap*. *Plunge into, rush into*: P. and V. εἰσπίπτειν (εἰς, acc.; or V. acc. alone or dat. alone); see *rush*. *Divers plunged in and sawed these* (*stakes*) *off also*: P. καὶ τούτους (τοὺς σταυροὺς) κολυμβηταὶ δυόμενοι ἐξέπριον (Thuc. 7, 25).

Plunge, subs. *Leap*: V. πήδημα, τό. ἐκπήδημα, τό, ἅλμᾰ, τό (also Plat. but rare P.), σκίρτημα, τό. *Fall*: P. and V. πτῶμα, τό (Plat.), V. πέσημα, τό.

Ply, v. trans. Use P. and V. χρῆσθαι (dat.). *Wield*: P. and V. νέμειν (rare P.), V. νωμᾶν, πορσύνειν, ἀμφέπειν. *Work at*: P. and V. ἐργάζεσθαι (acc.). *Ply the foot in the dances*: V. ἑλίσσειν πόδα, ἐξελίσσειν ἴχνος (Eur., *Tro.* 3). *Ply the loom*: V. ἱστουργεῖν (absol.). *Ply with flattery*: see *flatter*. *Ply with questions*: P. and V. ἐξελέγχειν, ἐλέγχειν. *Ply with reproaches*: P. ὀνείδεσι περιβάλλειν (Dem. 740), V. ἀράσσειν, ὀνείδεσι. *Ply* (*with weapons*): P. and V. βάλλειν. V. intrans. *Go to and fro*: P. and V. φοιτᾶν.

Pneumonia, subs. P. περιπλευμονία, ἡ.

Poach, v. trans. See *steal*. *Poach on, intrude in*: P. ἐπεργάζεσθαι (acc.).

Poacher, subs. See *thief*.

Pocket, subs. *Bag*: Ar. σάκκος, ὁ, σακκίον, τό (also Xen.). Met., *money*: P. and V. χρήμᾰτα, τά.

Pocket, v. trans. Met., *claim for oneself*: Ar. and P. προσποιεῖσθαι (acc. or gen.). *Endure, put up* *with* : P. and V. στέργειν (acc. or dat.), Ar. and P. ἀγᾰπᾶν (acc. or dat.).

Pod, subs. Ar. and V. κάλυξ, ἡ.

Poem, subs. P. and V. ᾠδή, ἡ, P. ποίημα, τό, ποίησις, ἡ, Ar. and V. ἀοιδή, ἡ.

Poesy, subs. See *poetry*.

Poet, subs. P. and V. ποιητής, ὁ (Eur., *Frag.*), V. ἀοιδός, ὁ, μουσοποιός, ὁ; see *bard*.

Poetess, subs. P. ποιήτρια, ἡ (late).

Poetic, poetical, adj. P. ποιητικός.

Poetically, adv. P. ποιητικῶς.

Poetry, subs. Ar. and P. ποίησις, ἡ. *The art of poetry* : P. ἡ ποιητική. *Epic poetry* : Ar. and P. ἔπη, τά. *Lyric poetry* : Ar. and P. μέλη, τά. *Write poetry*, v. : Ar. and P. ποιεῖν.

Poignancy, subs. P. σφοδρότης, ἡ, P. and V. πικρότης, ἡ.

Poignant, adj. P. σφοδρός, P. and V. πικρός. *Extreme* : P. and V. ἔσχᾰτος.

Poignantly, adv. P. and V. πικρῶς.

Point, subs. *Sharp end of anything*: Ar. and V. ἀκμή, ἡ (Eur., *Supp.* 318). *Point of a spear* : P. and V. λογχή, ἡ (Plat., *Lach.* 183D). *Point of an arrow* : V. γλωχίς, ἡ. *Goad* : P. and V. κέντρον, τό. *Sharp point of rock* : V. στόνυξ, ὁ (Eur., *Cycl.*). *Since the land about Cynossema has a conformation coming to a sharp point* : P. τοῦ χωρίου τοῦ περὶ τὸ Κυνὸς σῆμα ὀξεῖαν καὶ γωνιώδη τὴν περιβολὴν ἔχοντος (Thuc. 8, 104). *Cape* : P. and V. ἄκρα, ἡ, P. ἀκρωτήριον, τό, V. ἀκτή, ἡ, προβλής, ὁ, Ar. and V. ἄκρον, τό, πρών, ὁ. *Meaning* : P. διάνοια, ἡ; see *meaning*. *Lead from the point* : P. ἀπάγειν ἀπὸ τῆς ὑποθεσέως (Dem. 416), or simply P. and V. πλᾰνᾶν. *Miss the point*: P. and V. πλᾰνᾶσθαι. *Beside the point* : P. ἔξω τοῦ πράγματος (Dem. 1318), Ar. and P. ἔξω τοῦ λόγου. *To the point* : P. πρὸς λόγον. *There is no point in* : P. οὐδὲν προὔργου ἐστί (with infin.). *A case in point* : P. and V. πᾰρᾰ́δειγμα, τό. *Question in discussion* : P. and V. λόγος, ὁ. *Disputed points* : P. τὰ διαφέροντα, τὰ ἀμφίλογα. *It is a disputed point* : P. ἀμφισβητεῖται. *The chief point* : P. τὸ κεφάλαιον. *A fresh point* : P. and V. καινόν τι. *I hear this is his chief point of defence* : P. ἀκούω . . . τοῦτο μέγιστον ἀγώνισμα εἶναι (Lys. 137, 8). *Highest point, zenith* : P. and V. ἀκμή, ἡ. *Be at its highest point*, v.: P. and V. ἀκμάζειν. *Carry one's point* : P. and V. νῑκᾶν, κρᾰτεῖν τῇ γνώμῃ. *Make a point, score a point* (*in an argument*) : P. and V. λέγειν τι. *Herein you give us a point* (*advantage*) *as in draughts* : V. ἓν μεν τοδ' ἡμῖν ὥσπερ ἐν πεσσοῖς δίδως κρεῖσσον (Eur., *Supp.* 409). *Turning point in a race-course* : P. and V. καμπή, ἡ. Met., *crisis* : P. and V. ἀκμή, ἡ, ἀγών, ὁ, ῥοπή, ἡ; see *crisis*. *To make known the country's weak points* : P. διδάσκειν ἃ πονηρῶς ἔχει τῶν πραγμάτων (Lys. 143, 7). *Strong points* : P. τὰ ἰσχυρότατα (Thuc. 5, 111). *Weak points* : P. τὰ σαθρά (Dem. 52). *The weak point in the walls* : V. τὸ νόσουν τειχέων (Eur., *Phoen.* 1097). *Point of view* : P. and V. γνώμη, ἡ, δόξᾰ, ἡ. *Point of conscience* : P. and V. ἐνθῡ́μιον, τό. *At this point* : P. and V. ἐνθᾰ́δε. *From that point* : P. and V. ἐντεῦθεν, ἐνθένδε. *Up to this point* : P. μέχρι τούτου. *I wish to return to the point from which I digressed into these subjects* : P. ἐπανελθεῖν ὁπόθεν εἰς ταῦτα ἐξέβην βούλομαι (Dem. 298). *I return to the point* : P. ἐκεῖσε ἐπανέρχομαι (Dem. 246). *In one point perplexity has assailed me* : V. ἔστιν γὰρ ᾗ ταραγμὸς ἐμπέπτωκέ μοι (Eur., *Hec.* 857). *Be on the point of, be about to* : P. and V. μέλλειν (infin.). *Whom I am on the point of seeing killed* : V. ὃν . . . ἐπ' ἀκμῆς εἰμὶ κατθανεῖν ἰδεῖν (Eur., *Hel.* 896). *Make a point of, see to it that*: P. ἐπιμέλεσθαι ὅπως (fut. indic. or aor. subj.).

Point, v. trans. *Sharpen*: Ar. and P. ἀκονᾶν (Xen.), Ar. and V. θήγειν. *Sharpen at the end*: V. ἐξἄποξΰνειν (Eur., *Cycl.*). *Direct*: P. and V. τείνειν. *Point out* or *point to*: P. and V. δεικνύναι, ἐπῐδεικνύναι, ἀποδεικνύναι, V. ἐκδεικνύναι, Ar. and P. φράζειν; see *show*. *Make known*: P. and V. δῐδάσκειν. V. intrans. *Be directed, tend*: P. and V. τείνειν, φέρειν, νεύειν; see *tend*. *It is impossible that the oracle points to this, but to something else more important*: Ar. οὐκ ἔσθ' ὅπως ὁ χρησμὸς εἰς τοῦτο ῥέπει ἀλλ' εἰς ἕτερόν τι μεῖζον (*Pl.* 51). *The cruel violence to his eyes was the work of heaven to point the moral to Greece*: V. αἵ θ' αἱματουργοὶ δεργμάτων διαφθοραί θεῶν σόφισμα κἀπίδειξις Ἑλλάδι (Eur., *Phoen.* 870).

Point-blank, adv. *Expressly*: P. διαρρήδην.

Pointed, adj. *Sharp*: P. and V. τομός (Plat.), V. ὀξΰθηκτος, θηκτός, συντεθηγμένος, τεθηγμένος, Ar. and V. ὀξύστομος; see *sharp*. *Clear, specific*: P. and V. σἄφής.

Pointedly, adv. *Explicitly*: P. διαρρήδην. *Clearly*: P. and V. σἄφῶς.

Pointless, adj. *Unprofitable*: P. and V. ἀσύμφορος. *Stale, insipid*: P. ἕωλος.

Poise, subs. *Way of carrying*: P. φορά, ἡ.

Poise, v. trans. *Weigh*: Ar. and P. ἱστἄναι. *Brandish*: P. and V. σείειν, Ar. and V. πάλλειν, κρᾰδαίνειν, τῑνάσσειν. *Swing*: P. αἰωρεῖν. *Be poised*: P. and V. αἰωρεῖσθαι. *Poised in air*: Ar. and P. μετέωρος, Ar. and V. μετάρσιος. *Bearing this pitcher poised on my head I go in search of water from the stream*: V. τόδ' ἄγγος τῷδ' ἐφεδρεῦον κάρᾳ φέρουσα πηγὰς ποταμίας μετέρχομαι (Eur., *El.* 55).

Poison, subs. P. and V. φάρμᾰκον, τό, V. ἰός, ὁ.

Poison, v. trans. P. and V. φαρμᾰκεύειν. *Cause to rot*: P. and V. σήπειν. Met., see *corrupt*. *Some even say he poisoned himself*: P. λέγουσί τινες καὶ ἑκούσιον φαρμάκῳ ἀποθανεῖν αὐτόν, (Thuc. 1, 138).

Poisoner, subs. P. and V. φαρμᾰκεύς, ὁ.

Poisoning, subs. P. φαρμακεία, ἡ.

Poisonous, adj. P. and V. νοσώδης.

Poke, v. trans. P. and V. κῑνεῖν, Ar. σκᾰλεύειν. *Poke fun at*: P. and V. παίζειν πρός (acc.).

Pole, subs. *Axis of earth's extremities*: P. πόλος, ὁ. *Piece of wood*: see *stake*. *Pole for pushing*: P. and V. κοντός, ὁ (Eur., *I. T.* 1350). *Pole of a carriage*: P. ῥυμός, ὁ (Hdt.). *A pair of poles*: P. διρρῡμία, ἡ (Æsch., *Frag.*).

Pole-axe, subs. Use *axe*.

Pole-cat, subs. Ar. γᾰλῆ, ἡ.

Polemic, adj. *Polemical*: P. ἐριστικός, φιλόνεικος.

Polemically, adv. P. ἐριστικῶς, φιλονείκως.

Police, subs. Use Ar. and P. οἱ τοξόται. *Heads of the police*: Ar. and P. οἱ ἕνδεκα. *Police officer*: P. ἀστυνόμος, ὁ. *Guardian*: P. and V. φύλαξ, ὁ. *Patrol*: Ar. and P. περίπολοι, οἱ.

Police, v. trans. *Guard*: P. and V. φῠλάσσειν. *Patrol*: P. and V. περῐπολεῖν.

Police station, subs. Use *prison*.

Policy, subs. *Course of action*: P. προαίρεσις, ἡ. *Public policy*: P. προαίρεσις, ἡ, πολιτεία, ἡ, πολίτευμα, τό. *Good policy*: P. and V. εὐβουλία, ἡ. *Bad policy*: P. and V. ἀβουλία, ἡ, Ar. and V. δυσβουλία, ἡ.

Polish, subs. *Smooth surface*: P. and V. λειότης, ἡ. Met., *love of refinement*: P. τὸ φιλόκαλον.

Mental culture : Ar. and P. παιδεία, ἡ, παίδευσις, ἡ. *Grace* : P. and V. χάρῐς, ἡ.

Polish, v. trans. P. λαμπρύνεσθαι (Xen.). Met., P. and V. παιδεύειν.

Polished, adj. Ar. and V. ξεστός. Met., P. and V. μουσῐκός, Ar. and P. φῐλόμουσος, P. φιλόκαλος, φιλότεχνος, πεπαιδευμένος. *Charming* : Ar. and P. χᾰρίεις, ἀστεῖος.

Polite, adj. Ar. and P. ἀστεῖος, χᾰρίεις. *Affable* : P. and V. εὐπροσήγορος, φῐλάνθρωπος, φῐλόφρων (Xen.), P. ῥᾴδιος, κοινός, εὐπρόσοδος. *Respectful* : P. and V. κόσμιος, V. αἰδοῖος, αἰδόφρων.

Politely, adv. P. χαριέντως. *Affably* : P. φιλανθρώπως, P. and V. φῐλοφρόνως (Plat.). *Respectfully* : Ar. and P. κοσμίως.

Politeness, subs. *Grace* : P. and V. χάρῐς, ἡ. *Affability* : P. εὐπροσηγορία, ἡ, φιλανθρωπία, ἡ. *Kind words* : V. εὐέπεια, ἡ. *Respectfulness* : P. and V. εὐκοσμία, ἡ.

Politic, adj. P. and V. σώφρων, Ar. and P. φρόνῐμος; see *wise*.

Political, adj. P. πολιτικός. *Political act* : P. πολίτευμα, τό, τὰ πεπολιτευμένα. *Enter political life* : P. πρὸς τὰ κοινὰ προσέρχεσθαι (Dem. 312).

Politically, adv. P. πολιτικῶς.

Politician, subs. P. and V. ῥήτωρ, ὁ, or use P. adj. πολιτικός. *Politicians* : P. οἱ πολιτευόμενοι.

Politics, subs. P. τὰ πολιτικά. *Science of politics* : P. πολιτική, ἡ.

Polity, subs. *Constitution* : Ar. and P. πολῑτεία, ἡ, P. κατάστασις, ἡ. *Form of government* : P. κόσμος, ὁ.

Poll, subs. Use *head*. *Decision by voting* : P. διαψήφισις, ἡ. *Those at the head of the poll* : P. οἷς ἂν πλείστη γένηται ψῆφος (Plat., *Legg.* 759D).

Poll, v. intrans. P. διαψηφίζεσθαι; see *vote*.

Pollen, subs. Ar. χνοῦς, ὁ.

Poll tax, subs. P. ἐπικεφάλαιον, τό (Aristotle).

Pollute, v. trans. *Sully* : P. and V. μιαίνειν, διαφθείρειν, P. καταρρυπαίνειν, V. χραίνειν (also Plat. but rare P.), κηλῖδοῦν, χρώζειν. *Infect* : P. ἀναπιμπλάναι. *Pollute with* : V. φύρειν (dat.) (Eur., *Hec.* 496). *Polluted with* : P. and V. συμπεφυρμένος (dat.) (Plat.), πεφυρμένος (dat.) (Xen.), V. ἀνᾰπεφυρμένος (dat.).

Polluted, adj. P. and V. μιᾰρός, V. μῠσᾰρός, P. ἀκάθαρτος. *Polluted in the sight of the goddess* : Ar. and P. ἀλῐτήριος τῆς θεοῦ. *Polluted in the eyes of the gods* : V. θεομῠσής. *Polluted with blood* : V. μιαιφόνος. *Blood guilty* : V. μιαιφόνος, παλαμναῖος, προστρόπαιος, P. ἐναγής.

Polluter, subs. V. μιάστωρ, ὁ, P. and V. λῡμεών, ὁ, P. διαφθορεύς, ὁ.

Pollution, subs. P. and V. μίασμα, ἄγος, τό (Thuc. 2, 13), V. μῦσος, τό, λῦμα, τό, κηλίς, ἡ. *A being polluted* : P. μιαρία, ἡ. Met., P. and V. κηλίς, ἡ. *Drive out a pollution* : V. ἀγηλᾰτεῖν, P. ἄγος ἐλαύνειν.

Poltroon, subs. Use *cowardly*, adj.

Poltroonery, subs. See *cowardice*.

Pomegranate, subs. P. and V. ῥόα, ἡ (Æsch., *Frag.*).

Pommel, v. trans. P. and V. τρίβειν, συντρίβειν (Eur., *Cycl.*).

Pomp, subs. P. and V. σχῆμα, τό, πρόσχημα, τό, χλῐδή, ἡ (Plat.), V. ἀγλάϊσμα, τό. *Magnificence* : P. and V. σεμνότης, ἡ, τὸ σεμνόν, P. λαμπρότης, ἡ. *There is no harm in the city's marshalling with horses and arms and all the pomp of war* : P. οὐδεμία βλαβὴ τοῦ τὸ κοινὸν κοσμηθῆναι καὶ ἵπποις καὶ ὅπλοις καὶ τοῖς ἄλλοις οἷς ὁ πόλεμος ἀγάλλεται (Thuc. 6, 41).

Pomposity, subs. P. and V. τὸ σεμνόν.

Pompous, adj. P. and V. σεμνός, Ar. σοβᾰρός. *Be pompous* : P. and V. σεμνῠ́νεσθαι.

Pompously, adv. P. and V. σεμνῶς. *Talk pompously* : P. σεμνολογεῖν, or mid., V. σεμνομῡθεῖν.

Pompousness, subs. P. and V. τὸ σεμνόν.

Pond, subs. Ar. and P. τέλμᾰ, τό.

Ponder, v. intrans. P. and V. ἐνθῡμεῖσθαι, νοεῖν (or mid.), ἐννοεῖν (or mid.), συννοεῖν (or mid.), φροντίζειν, λογίζεσθαι, ἐπισκοπεῖν, P. ἐκλογίζεσθαι. *Ponder on*: P. and V. ἐνθῡμεῖσθαι (acc., P. also gen.), ἐννοεῖν, or mid. (acc.), συννοεῖν, or mid. (acc.), λογίζεσθαι (acc.), ἐπισκοπεῖν (acc.), σκοπεῖν (acc., V. also mid.), P. ἐκλογίζεσθαι (acc.), V. ἑλίσσειν (acc.), νωμᾶν (acc.), καλχαίνειν (acc.).

Ponderosity, subs. *Heaviness*: P. βαρύτης, ἡ.

Ponderous, adj. P. and V. βᾰρύς, ἐμβρῑθής (Plat. but rare P.).

Ponderously, adv. P. βαρέως.

Poniard, subs. Ar. and P. ξῐφίδιον, τό, P. ἐγχειρίδιον, τό, P. and V. μᾰ́χαιρα, ἡ.

Pontifex, subs. ἀρχιερεύς, ὁ (late).

Pontoon, subs. P. and V. γέφῡρα, ἡ.

Pony, subs. Ar. and P. πωλίον, τό.

Pool, subs. Ar. and P. τέλμᾰ, τό; see *marsh*, *lake*.

Poop, subs. P. and V. πρύμνᾰ, ἡ, Ar. and V. πρυμνή, ἡ. *From the poop*: V. πρύμνηθεν.

Poor, adj. P. and V. πένης, ἄπορος, ἀσθενής (rare), V. ἀχρήμᾰτος, ἄπλουτος (Soph., *Frag.*), χρεῖος, ἀχρήμων. *The poor*: use also V. οἱ οὐκ ἔχοντες. *Poor in*: P. and V. ἐνδεής (gen.), P. ἐλλιπής (gen.), ἐπιδεής (gen.) (Plat.), V. χρεῖος (gen.). *Be poor*, v.: P. and V. πένεσθαι. *Be poor in*: V. πένεσθαι (gen.); see *be deficient in*, under *deficient*. *Indifferent*: P. and V. φαῦλος, μέτριος, φλαῦρος, εὐτελής. *Mean, shabby*: P. and V. κᾰκός, φαῦλος, Ar. and P. μοχθηρός. *Having a poor soil*: P. λεπτόγεως. *Incapable*: P. and V. φαῦλος, ἀφυής. *Miserable*: P. and V. ἄθλιος, τᾰλαίπωρος, δυστῠχής, δυσδαίμων, Ar. and V. τᾰ́λᾱς, τλήμων, V. δυστᾰ́λᾱς; see *miserable*.

Poorly, adj. *Ill*: P. and V. ἀσθενής. *Be poorly*, v.: P. and V. κάμνειν, ἀσθενεῖν, P. ἀρρωστεῖν, ἀσθενῶς διακεῖσθαι (Dem. 1225).

Poorly, adv. *Indifferently*: P. and V. μετρίως, φαύλως, P. μοχθηρῶς. *With no success*: P. and V. κᾰκῶς.

Poorness, subs. *Incapacity*: P. and V. φαυλότης, ἡ (Eur., *Frag.*), P. μοχθηρία, ἡ. *Wretchedness* (as opposed to *excellence*): P. φαυλότης, ἡ.

Poor-spirited, adj. P. μικρόψυχος.

Popinjay, subs. Met., use Ar. ταώς, ὁ (*Ach.* 63).

Poplar, subs. Ar. and V. λεύκη, ἡ, V. αἴγειρος, ἡ (Soph., *Frag.*).

Poppy, subs. Ar. and P. μήκων, ὁ.

Populace, subs. P. and V. πλῆθος, τό, δῆμος, ὁ, ὄχλος, ὁ.

Popular, adj. Of the people: Ar. and P. δημοτῐκός. *The popular voice*: V. δημόθρους φήμη, ἡ. *In favour with the people*: Ar. and P. δημοτῐκός. *Honoured*: P. and V. ἔντῑμος. *Courteous*: P. and V. φῐλάνθρωπος, φῐλόφρων (Xen.), P. κοινός. *For other reasons too the Athenians were no longer so popular in their government*: P. ἦσαν δέ πως καὶ ἄλλως οἱ Ἀθηναῖοι οὐκέτι ὁμοίως ἐν ἡδονῇ ἄρχοντες (Thuc. 1, 99). *Charming*: Ar. and P. χᾰρίεις. *Common, generally received*: P. and V. σῠνήθης, νόμῐμος. *Music in the popular sense*: P. ἡ δημώδης μουσική (Plat., *Phaedo*. 61A).

Popularity, subs. *Good-will*: P. and V. εὔνοια, ἡ. *Honour*: P. and V. τῑμή, ἡ. *Favour*: P. and V. χᾰ́ρῐς, ἡ.

Popularly, adv. *In a popular way*: P. δημοτικῶς. *Generally*: P. ὡς ἐπὶ πολύ.

Populate, v. trans. *Settle with inhabitants*: P. and V. οἰκίζειν, ἀποικίζειν, κᾰτοικίζειν; see *people*.

Population, subs. P. and V. πλῆθος, τό, or use *inhabitants*. *Want of population*: P. ὀλιγανθρωπία, ἡ, V. εναvδρία, ἡ.

Populous, adj. P. πολυάνθρωπος, Ar. πολυάνωρ.

Populousness, subs. P. πολυανθρωπία, ἡ (Xen.).

Porch, subs. Ar. and P. πρόθῠρον, τό, P. προστῷον, τό, V. πρόπῠλα, τά. *Colonnade*: Ar. and P. στοά, ἡ, Ar. στοιά, ἡ.

Porcupine, subs. P. ὕστριξ, ὁ or ἡ (Hdt.).

Pore, subs. V. πόρος, ὁ.

Porè over, v. trans. Use P. ἐπικύπτειν (εἰς, acc.) (late). *Devote oneself to*: P. and V. σπουδάζειν (acc., or περί (acc., or gen.).

Pork, subs. Ar. and P. χοίρεια κρέα, τά (Xen.).

Porous, adj. P. μανός, χαῦνος.

Porousness, subs. P. μανότης, ἡ, χαυνότης, ἡ (Xen.).

Porpoise, subs. Use Ar. and P. δελφίς, ὁ (Plat.).

Port, subs. P. and V. λῐμήν, ὁ, ὅρμος, ὁ, ναύσταθμον, τό (Eur., *Rhes.*), P. ἐπίνειον, τό. *Demeanour*: P. and V. σχῆμα, τό, τρόπος, ὁ (or pl.).

Portable, adj. P. and V. ἀγώγῐμος (Eur., *Cycl.*). *Portable property*: P. κατασκευή, ἡ.

Portal, subs. See *gate*.

Portend, subs. P. and V. φαίνειν, σημαίνειν, V. προσημαίνειν, προφαίνειν; see *augur*. *Prophesy*: P. and V μαντεύεσθαι, V. θεσπίζειν; see *prophesy*.

Portent, subs. P. and V. τέρᾰς, τό, φάσμᾰ, τό, σημεῖον, τό, V. σῆμα, τό; see *omen*.

Portentous, adj. Ar. and P. τερᾰτώδης. *Ominous*: P. and V. κᾰκός, δύσφημος (Plat. but rare P.). *Extraordinary*: P. and V. θαυμαστός, ἐξαίσιος (Plat.), Ar. and P. δαιμόνιος, θαυμᾰσιος; see *extraordinary*. *Terrible*: P. and V. δεινός.

Portentously, adv. *Ominously*: P. and V. κᾰκῶς. *Extraordinarily*: P. θαυμαστῶς, Ar. and P. θαυμᾰσίως; see *extraordinarily*. *Terribly*: P. and V. δεινῶς. *Beyond measure*: V. ὑπερμέτρως, ὑπέρφευ, Ar. and P. ὑπερφυῶς.

Porter, subs. P. and V. θῠρωρός, ὁ or ἡ (Plat.), φῠλαξ, ὁ or ἡ, P. πῠλωρός, ὁ or ἡ, πᾰραστᾰτης πῠλῶν, ὁ (Eur., *Rhes.*). *Carrier*: Ar. and P. σκευοφόρος, ὁ.

Portico, subs. Ar. and P. στοά, ἡ, Ar. στοιά, ἡ, Ar. and P. πρόθῠρον, τό, P. προστῷον, τό, V. πρόπῠλα, τά.

Portion, subs. *Share*: P. and V. μέρος, τό, μοῖρα, ἡ, P. μόριον, τό, V. λᾰχος, τό. *Division*: P. and V. μερίς, ἡ, μέρος, τό, μοῖρα, ἡ. *Allowance*: V. μέτρημα, τό. *Fate, destiny*: see *destiny*. *It is no longer our portion, poor wretches that we are, to behold god's light*: V. φέγγος εἰσορᾶν θεοῦ τόδ' οὐκέθ' ἡμῖν τοῖς ταλαιπώροις μέτα (Eur., *Or.* 1025). *Dowry*: P. προίξ, ἡ, P. and V. φερνή, ἡ. *Bridal gifts*: V. ἕδνα, τά (Eur., *And.* 2, 153, 873); see *dowry*. *Inheritance*: P. and V. κλῆρος, ὁ; see *inheritance*.

Portion, v. trans. *Distribute*: P. and V. νέμειν, διᾰδῐδόναι, P. ἐπινέμειν, ἀπονέμειν, κατανέμειν, Ar. and P. διᾰνέμειν, V. ἐνδᾰτεῖσθαι. *Measure out*: P. and V. μετρεῖν, P. διαμετρεῖν, V. ἐκμετρεῖν (or mid.) (also Xen. but rare P.). *Portion off, dower*: P. and V. ἐκδῐδόναι (or mid.). *Help to portion*: P. συνεκδιδόναι (τινί τινα).

Portioning, subs. *Dowering*: P. ἔκδοσις, ἡ.

Portliness, subs. P. παχύτης, ἡ.

Portly, adj. P. and V. εὐτρᾰφής (Plat.), Ar. and P. σάρκῐνος.

Portrait, subs. P. and V. εἰκών, ἡ, μῖμημα, τό; see *picture, description*.

Portray, v. trans. *Represent*: P. and V. εἰκάζειν, P. παραδεικνύναι. *Paint*: P. and V. γρᾰφειν, Ar. and P. ζωγρᾰφεῖν. *Describe*: P. and V. φράζειν, διέρχεσθαι; see *describe*.

Portress, subs. P. and V. φῠλαξ, ἡ, V. πῠλωρός, ἡ.

Pose, subs. *Attitude*: P. and V.

σχῆμα, τό, στάσις, ἡ. *Adopt an easy pose on your couch*: Ar. ὑγρὸν χύτλασον σεαυτὸν ἐν τοῖς στρώμασι (*Vesp*. 1213).

Pose, v. trans. *Puzzle*: P. εἰς ἀπορίαν καθιστάναι. V. intrans. P. σχηματίζεσθαι, Ar. σχημᾰτίζειν; see also *pretend*. *They pose as ignorant people*: P. σχηματίζονται ἀμαθεῖς εἶναι (Plat., *Prot*. 342B).

Posit, v. trans. *Assume as a basis*: P. ὑπολαμβάνειν, ὑποτίθεσθαι, τιθέναι, (or mid.). *Be posited*: P. ὑπάρχειν, ὑποκεῖσθαι, V. ὕπεῖναι.

Position, subs. *Site*: P. θέσις, ἡ. *Station*: P. and V. στάσις, ἡ. *Military station*: P. χωρίον, τό. *Post*: P. and V. τάξις, ἡ, Ar. and P. χώρα, ἡ; see *post*. *Attitude, posture*: P. and V. στάσις, ἡ, σχῆμα, τό. *Principle laid down*: P. θέσις, ἡ. *Rank*: P. and V. τάξις, ἡ, ἀξίωμα, τό; see *rank*. *Opinion*: P. and V. γνώμη, ἡ. *State of affairs*: P. and V. κᾰτάστᾰσις, ἡ. *Be in an awkward position*: P. ἀπόρως διακεῖσθαι. *He said the position of the Syracusans was worse than theirs*: P. τὰ Συρακοσίων ἔφη . . . ἔτι ἥσσω τῶν σφετέρων εἶναι (Thuc. 7, 48). *Seeing the position of affairs*: P. ἰδὼν ὡς εἶχε τὰ πράγματα (Thuc. 7, 42). *Take up a position (in military sense)*: P. and V. κᾰθῆσθαι, ἱδρύεσθαι, P. ἐγκαθέζεσθαι; see *encamp*.

Positive, adj. *Peremptory*: P. ἰσχυρός. *Exact*: P. and V. ἀκρῖβής. *Positive proofs*: P. ἀναμφισβήτητα τεκμήρια. *Obstinate*: P. and V. αὐθάδης; see *obstinate*. *Be positive, be confident*: P. and V. πεπεῖσθαι (perf. pass. of πείθειν).

Positively, adv. *Peremptorily*: P. ἰσχυρῶς. *Exactly*: P. and V. ἀκρῖβῶς. *Explicitly*: P. διαρρήδην, παγίως. *Without dispute*: P. ἀναμφισβητήτως.

Positiveness, subs. *Obstinacy*: P. αὐθάδεια, ἡ, Ar. and V. αὐθᾱδία, ἡ, *Confidence, belief*: P. and V. πίστις, ἡ.

Possess, v. trans. P. and V. ἔχειν, κεκτῆσθαι (perf. of κτᾶσθαι), Ar. and V. πεπᾶσθαι (perf. of πάεσθαι) (also Xen.). *Be master of*: P. and V. κρᾰτεῖν (gen.), V. κρᾰτύνειν (gen.). *Possess oneself of*: P. and V. ἐφάπτεσθαι (gen.); see *seize*. *Be possessed (by a god)*: P. and V. κᾰτέχεσθαι, ἐνθουσιᾶν, βακχεύειν (Plat.), V. δαιμονᾶν (also Xen. but rare P.). *She was possessed by Bacchus*: V. ἐκ Βακχίου κατείχετο (Eur., *Bacch*. 1124).

Possessed, adj. *Under supernatural influence*: P. and V. ἔνθεος (Plat.), P. ἐπίπνους (Plat.); see *inspired*. *Self-possessed*: P. ἐντρεχής; see *calm*. *Possessed of*: P. and V. ἐγκρᾰτής (gen.) (Plat.), κύριος (gen.), ἐπήβολος (gen.) (Plat.).

Possession, subs. *A possessing*: P. and V. κτῆσις, ἡ. *Thing possessed*: P. and V. κτῆμα, τό, κτῆσις, ἡ. *Full possession*: Ar. and V. παμπησία, ἡ. *Subjection to supernatural influence*: P. κατοκωχή, ἡ. *Take possession of*, v.: P. and V. κᾰτέχειν, κρᾰτεῖν (gen.), Ar. and P. κᾰτᾰλαμβᾰ́νειν. *Enter into possession of*: P. and V. ἐμβᾰτεύειν (εἰς, acc.; V. acc. alone). *Gain possession of*: P. and V. κρᾰτεῖν (gen.). *Possessions*: P. and V. χρήμᾰτα, τά, κτήμᾰτα, τά, οὐσία, ἡ; see *property*.

Possessor, subs. Use P. and V. ὁ ἔχων, ὁ κεκτημένος. *Landowner*: P. γεωμόρος, ὁ, V. γᾱμόρος, ὁ.

Possible, adj. P. and V. δῠνᾰτός. *Feasible*: V. ἀνυστός. *It is possible*: P. and V. πάρεστι, πάρᾰ, ἔνεστι, ἔνι, ἔξεστι, Ar. and P. ἐκγίγνεται, ἐγγίγνεται, P. ἐγχωρεῖ. *Be possible*: P. ἐνδέχεσθαι. *As fast as possible*: P. and V. ὡς τάχιστα. *As good as possible*: P. ὅτι ἄριστος. *As far as possible*: P. εἰς τὸ δυνατόν, κατὰ δύναμιν, P. and V. ὅσον δῠνᾰτόν, V. ὅσον μάλιστα.

Possibly, adv. *Perhaps*: P. and V. ἴσως, τάχα; see *perhaps*. *Can we possibly come to terms?* Ar. ἔσθ' ὅπως . . . ἐς λόγους ἔλθοιμεν; (*Vesp.* 471). *Can Alcestis possibly come to old age?* V. ἔστ' οὖν ὅπως Ἄλκηστις ἐς γῆρας μόλοι; (Eur., *Alc.* 52). *One could not possibly escape being ridiculous*: P. οὐκ ἔσθ' ὅπως ἄν τις φύγοι τὸ καταγέλαστος γενέσθαι (Plat., *Lach.* 184c.).

Post, subs. *Stake*: Ar. and P. χάραξ, ὁ or ἡ, P. σταυρός, ὁ, V. σκόλοψ, ὁ (also Xen. but rare P.). *Pillar*: P. and V. κίων, ὁ, V. στῦλος, ὁ, σταθμός, ὁ, ὀρθοστάτης, ὁ. *Door post*: Ar. and V. σταθμός, ὁ. *Post in a race-course to show where to turn*: P. and V. στήλη, ἡ (Xen.), καμπή, ἡ. *Position assigned one*: P. and V. τάξις, ἡ, Ar. and P. χώρα, ἡ. *Remain at one's post*: P. μένειν κατὰ χώραν. *Military position*: P. χωρίον, τό. *Guard-post*: P. and V. φρουρά, ἡ, φρούριον, τό, P. περιπόλιον, τό. *Messenger to carry despatches* (*in Persia*): P. ἄγγαρος, ὁ (Xen.).

Post, v trans. *Set up*: P. and V. κᾰθιστάναι. *Put in position*: P. and V. τάσσειν, προστάσσειν; see *station*. *Be posted up* (*of proclamations, etc.*): P. ἐκκεῖσθαι.

Posterior, adj. P. and V. ὕστερος. *Posterior to*: P. and V. ὕστερος (gen.).

Posterity, subs. *Descendant*: P. and V. ἔκγονος, ὁ or ἡ. *Later generations*: P. and V. οἱ ἔπειτα, P. οἱ ἐπιγιγνόμενοι, V. ὕστεροι, οἱ, μεθύστεροι, οἱ, ἔκγονα, τά, οἱ ἐπίσποροι.

Postern, subs. P. πυλίς, ἡ.

Post haste, adj. P. and V. ὡς τάχιστα; see *quickly*.

Posthumous, adj. *Posthumous renown*: P. ἡ εἰς τὸ ἔπειτα δόξα (Thuc. 2, 64).

Postpone, v. trans P. and V. ἀνᾰβάλλεσθαι (Eur., *Alc.* 526), εἰς αὖθις ἀποτίθεσθαι; see also *delay*.

Postponement, subs. P. and V. ἀνᾰβολή, ἡ, V. ἀμβολή, ἡ; see also *delay*.

Postulate, subs. P. ὁμολόγημα, τό.

Postulate, v. trans. *Assume*: P. ὑποτίθεσθαι, ὑπολαμβάνειν, τιθέναι (or mid.).

Posture, subs. P. and V. σχῆμα, τό. *Way of standing*: P. and V. στάσῐς, ἡ. *Way of sitting*: V. ἕδρα, ἡ, θάκημα, τό. *Suppliant posture*: V. ἕδρα προστρόπαιος (Æsch., *Eum.* 41).

Posture, v. intrans. P. σχηματίζεσθαι, Ar. σχημᾰτίζειν.

Pot, subs. Ar. and P. χύτρα, ἡ, Ar. κέρᾰμος, ὁ. *Pot for cooking*: Ar. and P. ἀγγεῖον, τό. *Caldron*: P. and V. λέβης, ὁ; see *caldron*. *Waterpot*: Ar. and P. ὑδρία, ἡ; see *jar*.

Potable, adj. P. and V. ποτός, P. πότιμος, V. εὔποτος.

Potash, subs. Ar. and P. λίτρον, τό.

Potation, subs. *Drinking*: P. πόσις, ἡ. *Drinking bout*: Ar. and P. συμπόσιον, τό, P. ποτός, ὁ. *Deep draught*: Ar. and V. ἄμυστις, ἡ (Eur., *Cycl.* and *Rhes.*).

Pot-bellied, adj. Ar. γαστρώδης.

Potency, subs. P. and V. δύνᾰμις, ἡ. *Of drugs*: V. δύνᾰσις, ἡ, ἰσχύς, ἡ.

Potent, adj. *Mighty*: P. and V. δυνᾰτός, Ar. and V. μεγασθενής, ἄλκῐμος (rare P.). *Strong*: P. and V. μέγᾰς, ἰσχῡρός, V. κρᾰταιός, ὄβρῐμος, ἐγκρᾰτής, καρτερός, παγκρᾰτής, σθενᾰρός, P. ἐρρωμένος; see *strong*. *Efficacious*: P. and V. δραστήριος.

Potentate, subs. P. and V. δυνάστης, ὁ; see *king, chief*.

Pother, subs. P. ταραχή, ἡ, P. and V. θόρῠβος, ὁ.

Potion, subs. P. and V. φάρμᾰκον, τό, ποτόν, τό. *Love potion*: P. and V. φίλτρον, τό, V. στέργημα, τό. *Remedy consisting in potions*: V. ἀλέξημα . . . πιστόν (Æsch., *P. V.* 479-480).

Potsherd, subs. P. ὄστρακον, τό.

Potter, subs. P. χυτρεύς, ὁ, Ar. and

P. κερᾰμεύς, ὁ. *Potter's earth:* P. κέρᾰμος, ὁ, P. and V. πηλός, ὁ. *Potter's wheel:* Ar. and P. τροχός, ὁ.

Pottery, subs. *Art of working in clay:* P. κεραμεία, ἡ, ἡ κεραμική. *Crockery:* Ar. κέρᾰμος, ὁ. *Of pottery*, adj.: Ar. and P. κερᾰμῐκός, Ar. χύτρειος. *Made of pottery:* P. κεραμεοῦς. *Potter's work-room:* P. κεραμεῖον, τό.

Pouch, subs. P. μάρσιπος, ὁ (Xen.), Ar. πήρα, ἡ, σάκκος, ὁ.

Poultice, subs. Ar. κᾰτάπλασμα, τό.

Poultry, subs. Use P. and V. ὄρνῑθες, οἱ or αἱ, Ar. and P. ὄρνεα, τά.

Pounce, v. intrans. P. and V. κᾰτασκήπτειν, Ar. and V. κᾰταίρειν, V. κᾰταιγίζειν; see *swoop*. *Pounce upon:* V. προσπτάσθαι (dat.), 1st aor. (προσπέτεσθαι). Met., P. ἐφίστασθαι (dat.) (cf. Dem. 43).

Pound, subs. *Of weight:* use P. μνᾶ. *Weighing a pound*, adj., use P. μνααῖος (Xen.). *As a sum of money:* use Ar. and P. μνᾶ, ἡ (*about* £4), τᾰ́λαντον, τό (*about* £240). For smaller sums make up by using: Ar. and P. δραχμή, ἡ (*about nine pence*).

Pound, v. trans. Ar. and P. τρῑ́βειν. *Bruise:* P. and V. τρῑ́βειν, συντρῑ́βειν (Eur., *Cycl.*). *Pound to a jelly, thrash:* P. and V. συντρῑ́βειν (Eur., *Cycl.*), συγκόπτειν (Eur., *Cycl.*).

Pour, v. trans. P. and V. χεῖν. *Pour forth:* P. and V. ἐκχεῖν. *Of a river pouring forth a stream:* Ar. and V. ἱέναι. *Pour forth (words, etc.):* P. and V. ἐκβάλλειν, V. ῥίπτειν, ἐκρίπτειν, ἀπορρίπτειν; see *utter*. *Pour in:* P. and V. ἐγχεῖν, Ar. and P. ἐπῐχεῖν, Ar. and V. ἐγκᾰνάσσειν (Eur., *Cycl.*), V. εἰσχεῖν (Eur., *Cycl.*), κᾰθῑέναι (τι εἰς τι). *Pouring in draught after draught:* V. ἐπεγχέων ἄλλην ἐπ' ἄλλῃ (supply ἄμυστιν) (Eur., *Cycl.* 423). *Pour libations:* see under *libation*. *Pour out:* P. and V. ἐκχεῖν, V. ἀφῑέναι. *Pour over:* Ar. and P. κᾰτᾰχεῖν (τί τινος), κᾰτασκεδαννῦναι (τί τινος), κᾰταντλεῖν (τί τινος), V. κᾰταστάζειν (τί τινος). V. intrans. P. and V. ῥεῖν. Met., *of crowds, etc.:* use P. and V. φέρεσθαι; see *rush*.

Pout, v. intrans. Use *frown*.

Poverty, subs. P. and V. πενία, ἡ, ἀπορία, ἡ, P. ἔνδεια, ἡ, ἀχρηματία, ἡ, V. χρημᾰ́των ἀχηνία, ἡ. *Poverty is a sad thing:* V. κακὸν τὸ μὴ 'χειν (ἔχειν) (Eur., *Phoen.* 405).

Poverty-stricken, adj. P. and V. φαῦλος, Ar. and P. μοχθηρός; see *squalid*.

Powder, subs. P. and V. κόνῑς, ἡ, Ar. and P. κονῑ́α, ἡ.

Powder, v. trans. *Pound:* Ar. and P. τρῑ́βειν. *Sprinkle:* see *sprinkle*.

Power, subs. *Capacity:* P. and V. δῠ́νᾰμις, ἡ. *Strength:* P. and V. δῠ́νᾰμις, ἡ, ἰσχῠ́ς, ἡ, ῥώμη, ἡ, V. σθένος, τό, ἀλκή, ἡ, μένος, τό (also Plat. but rare P.). *Greatness:* P. and V. μέγεθος, τό. *Rule:* P. and V. ἀρχή, ἡ, κρᾰ́τος, τό, δῠναστεία, ἡ. *Authority:* P. and V. ἐξουσία, ἡ, κῦρος, τό. *Power (of drugs):* V. δῠ́νᾰσις, ἡ, ἰσχῠ́ς, ἡ. *The powers that be:* P. and V. οἱ δῠνᾰ́μενοι. *In the power of*, prep.: P. and V. ἐπῐ́ (dat.). *In (any one's) power:* use adj., P. and V. ὑ̆ποχείριος, V. χείριος. *Those in power, in office:* P. and V. οἱ ἐν τέλει. *Possessed of full powers (of generals, ambassadors, etc.)*, adj.: Ar. and P. αὐτοκρᾰ́τωρ. *As far as lies in my power:* P. κατὰ δύναμιν. *As far as lay in their power you have been placed in serious danger:* P. τὸ ἐπὶ τούτοις εἶναι ἐν τοῖς δεινοτάτοις κινδύνοις καθεστήκατε (Thuc.). *Get a person into one's power:* P. and V. ὑ̆ποχείριον λαμβᾰ́νειν, (acc.), V. χείριον λαμβᾰ́νειν (acc.), P. ὑφ' ἑαυτῷ ποιεῖσθαι (acc.).

Powerful, adj. *Strong:* P. and V. μέγᾰς, ἰσχῡρός, V. κρᾰταιός, ὄβρῐμος, καρτερός, ἐγκρᾰτής, παγκρᾰτής, σθενᾰρός, P. ἐρρωμένος. *Mighty:* P. and V. δῠνᾰτός, Ar. and V. μεγασθενής, ἄλκῐμος (rare P.). *Efficacious:* P. and V. δραστήριος. *Convincing (of an argument):* P. and V. πῐθᾰνός; see *convincing*. *Impassioned:* P. σφοδρός. *Intense:* P. and V. ἔντονος, σύντονος. *Be powerful*, v.: P. and V. δῠ́νασθαι, ἰσχῠ́ειν, Ar. and V. σθένειν.

Powerfully, adv. *Strongly:* P. ἰσχυρῶς, Ar. and P. ἐρρωμένως. *Greatly:* P. and V. μέγᾰ, μεγᾰ́λᾰ, σφόδρᾰ, κάρτᾰ (Plat. but rare P.); see *greatly*. *Terribly:* P. and V. δεινῶς. *Intensely:* P. συντόνως, ἰσχυρῶς.

Powerless, adj. *Unable:* P. and V. ἀδῠ́νᾰτος. *Weak:* P. and V. ἀσθενής, ἀδῠ́νᾰτος, V. ἄναλκις. *You will become absolutely powerless to control the state:* P. παντάπασιν ἄκυροι πάντων ὑμεῖς γενήσεσθε (Dem. 342).

Powerlessness, subs. P. ἀδυναμία, ἡ, ἀρρωστία, ἡ. *Powerlessness to do wrong:* P. ἀδυναμία τοῦ ἀδικεῖν (Plat.), ἀρρωστία τοῦ ἀδικεῖν (Plat.).

Practicable, adj. P. and V. δῠνᾰτός, V. ἀνυστός. *It is practicable:* P. and V. πᾰρείκει.

Practical, adj. Ar. and P. πρακτῐκός.

Practically, adv. As opposed to *nominally:* P. and V. ἔργῳ. *Actually:* Ar. and P. ἀτεχνῶς. *Almost:* P. and V. σχεδόν. *Practically all:* ἅπας ὡς ἔπος εἰπεῖν (Dem., 765).

Practice, subs. *Habit, custom:* P. and V. ἔθος, τό, νόμος, ὁ, νόμῐμον, τό (generally pl.), P. ἐπιτήδευμα, τό, V. νόμισμα, τό. *Exercise:* Ar. and P. μελέτη, ἡ, P. ἄσκησις, ἡ, ἐπιτήδευσις, ἡ. As opposed to *theory:* P. τριβή, ἡ. *Want of practice:* P. ἀμελετησία, ἡ.

Practise, v. trans. *Exercise, train:* P. and V. ἀσκεῖν (Eur., *Rhes.*), γυμνάζειν, Ar. and P. μελετᾶν, ἐπασκεῖν. *Practise beforehand:* Ar. and P. προμελετᾶν. *Put in force:* P. and V. χρῆσθαι (dat.). *Practise (qualities, etc.):* P. and V. ἀσκεῖν, ἐπῐτηδεύειν, Ar. and P. ἐπασκεῖν, P. διαπονεῖν (or mid.). *Join in practising:* P. συνασκεῖν (acc.). Used absol. Ar. and P. μελετᾶν, P. γυμνάζεσθαι, ἐκμελετᾶν.

Practised, adj. *Skilled:* P. and V. ἔμπειρος, ἐπιστήμων, V. τρῖβων. *Practised in:* P. and V. ἔμπειρος (gen.), ἐπιστήμων (gen.), ἐντρῖβής (dat.), Ar. and V. τρῖβων (acc. or gen.); see *skilled in*.

Practitioner, subs. *Doctor:* P. and V. ἰατρός, ὁ.

Praetor, subs. P. στρατηγός, ὁ (late).

Praetorian, adj. P. στρατηγικός (late).

Praetorship, subs. P. στρατηγία, ἡ (late).

Praise, v. trans. P. and V. ἐπαινεῖν, P. ἐγκωμιάζειν, Ar. and V. εὐλογεῖν, V. αἰνεῖν (also Plat., *Rep.* 404D, but rare P.). *Celebrate in song:* P. and V. ᾄδειν, ὑμνεῖν. *Praise excessively:* Ar. and P. ὑπερεπαινεῖν.

Praise, subs. P. and V. ἔπαινος, ὁ, Ar. and P. ἐγκώμιον, τό, εὐλογία, ἡ, V. ἐπαίνεσις, ἡ, αἶνος, ὁ (Eur., *Hipp.* 484; *El.* 1062). *Glory:* P. and V. δόξᾰ, ἡ; see *glory*.

Praiser, subs. P. ἐπαινέτης, ὁ.

Praiseworthy, adj. P. ἐπαινετός (Plat.), P. and V. ἀνεπῐ́ληπτος, ἄμεμπτος, P. ἀνεπίφθονος.

Prance, v. intrans. P. and V. σκιρτᾶν (Plat.), ὑβρίζειν, P. γαυριᾶσθαι (Xen.).

Prank, subs. P. νεανίευμα, τό, P. and V. ὕβισμα, τό. *Play pranks:* Ar. and P. νεᾱνιεύεσθαι.

Pranked, adj. See *adorned*.

Prate, v. intrans. P. and V. λᾰλεῖν, θρῡλεῖν, Ar. and P. φλυᾱρεῖν, P. ἀδολεσχεῖν, V. πολυστομεῖν, φλῠ́ειν, Ar. φληνᾰφᾶν, στωμύλλεσθαι. *Prate not at me:* V. μὴ κώτιλλέ με (Soph., *Ant.* 756). *Prate of:* P. ἐκλαλεῖν (acc.).

Prater, subs. Ar. and P. ἀδολέσχης, ὁ,

V. λάλημα, τό, φλέδων, ὁ or ἡ, κωτίλος ἀνήρ, ὁ (Soph., *Frag.*).

Prating, subs. Ar. and P. λᾰλία, ἡ, ἀδολεσχία, ἡ, V. λᾰλήμᾰτα, τά. *Gossip*: V. λεσχαί, αἱ.

Prattle, v. intrans. *Chatter*: P. and V. λᾰλεῖν; see *chatter*. *Prattle* (*of children*): Ar. τραυλίζειν.

Prattle, subs. Ar. and P. λᾰλία, ἡ, V. λᾰλήμᾰτα, τά; see *chatter*.

Prattling, adj. P. and V. λάλος; see *chattering*.

Prawn, subs. Ar. κᾱρίς, ἡ.

Pray, v. trans. *Entreat*: P. and V. αἰτεῖν, πᾰραιτεῖσθαι, ἱκετεύειν, δεῖσθαι (gen.), λῑπᾰρεῖν, Ar. and P. ἀντῐβολεῖν, V. λίσσεσθαι, ἀντιάζειν, προσπίτνειν, προστρέπειν, προστρέπεσθαι, ἐξῐκετεύειν, Ar. and V. ἱκνεῖσθαι, ἄντεσθαι. *Offer prayer* (*to gods*): P. and V. εὔχεσθαι (dat. or πρός, acc. or absol.), ἐπεύχεσθαι (dat.), προσεύχεσθαι (dat. or absol. V. also acc.), V. ἐξεύχεσθαι (absol.), κᾰτεύχεσθαι (dat. or absol.), Ar. and V. ἀρᾶσθαι (dat. or absol.). *Pray with* (*another*): P. and V. σῠνεύχεσθαι (dat. or absol.), P. συνεπεύχεσθαι (absol.). *Pray for*: P. and V. εὔχεσθαι (acc.); see *ask for*. *They will pray for many blessings on their head*: P. πολλὰ ἀγαθὰ αὐτοῖς εὔξονται (Plat., *Phaedr.* 233E). *We shall be doing exactly what Philip would pray for*: P. ἃ ἂν εὔξαιτο Φίλιππος ποιήσομεν (Dem. 286). *Pray that you may not see one who has deceived and cheated you*: P. ἐξηπατηκότα . . . καὶ παρακεκρουμένον ἀπευχεσθε . . . ἰδεῖν (Dem. 71).

Pray, interj. To give emphasis: P. and V δή. *Pray do not*: P. and V. μὴ δῆτα (Dem. 574 and 575; Eur., *Med.* 336, also Ar.). *I pray* (*parenthetically*): V. λίσσομαι, Ar. and V. ἱκετεύω. *Give your attention to this I pray*: P. τούτῳ πάνυ μοι προσέχετε τὸν νοῦν (Dem.).

Prayer, subs. *Prayer to the gods*: P. and V. εὐχή, ἡ, Ar. and V. εὔγμᾰτα, τά, V. κᾰτεύγμᾰτα, τά, ἀρά, ἡ (Eur., *Phoen.* 1364; *Or.* 1241). *Entreaty* (generally): P. and V. προστροπή, ἡ. or pl. (rare P.), ἱκεσία, ἡ, V. λῐταί, αἱ, P. δέησις, ἡ, ἀντιβολία, ἡ, ἀντιβόλησις, ἡ, ἱκετεία, ἡ. *Goddess to whom the suffering offer prayer*: V. τοῖσι δυστυχοῦσιν εὐκταία θεός (Eur., *Or.* 214).

Preach, v. intrans. *Speak in public*: P. λόγον ποιεῖσθαι. *Recommend*: P. and V. πᾰραινεῖν.

Preamble, subs. P. and V. προοίμιον, τό, V. φροίμιον, τό.

Precarious, adj. P. ἐπισφαλής, ἐπικίνδυνος, ἀκροσφαλής. *The business yields a precarious income*: P. ἡ ἐργασία προσόδους ἔχει ἐπικινδύνους (Dem. 948).

Precariously, adv. P. and V. ἐπῐκινδῡνως.

Precaution, subs. P. and V. εὐλᾰβεια, ἡ, P. φυλακή, ἡ, περιωπή, ἡ. *Forethought*: P. and V. πρόνοια, ἡ, P. προμήθεια, ἡ, V. προμηθία, ἡ. *Take precautions*, v.: P. and V. φῠλάσσεσθαι, εὐλᾰβεῖσθαι, ἐξευλᾰβεῖσθαι, προμηθεῖσθαι, Ar. and P. προνοεῖν (or mid.), προβουλεύειν, P. φυλακὴν ποιεῖσθαι. *Take precautions against*: P. and V. φῠλάσσεσθαι (acc.), εὐλᾰβεῖσθαι (acc.), ἐξευλᾰβεῖσθαι (acc.), P. διευλαβεῖσθαι (acc.). *Want of precaution*: P. ἀφυλαξία, ἡ.

Precede, v. trans. *Lead way for*: P. and V. ἡγεῖσθαι (dat.). *Occur before*: P. προγίγνεσθαι πρό (gen.).

Precedence, subs. P. πρωτεῖον, τό, or pl., P. and V. πρεσβεῖα, τά. *Take precedence*, v.: P. πρωτεύειν, P. and V. πρεσβεύεσθαι (Plat.). *Yield precedence to*, v.: Ar. and P. πᾰρᾰχωρεῖν (dat.), V. ἐκχωρεῖν (dat.).

Precedent, subs. P. and V. πᾰρᾰδειγμα, τό. *Quote as a precedent*: P. παραδείγματι χρῆσθαι (dat.).

Preceding, adj. Use P. and V. ὁ πρόσθεν, ὁ πρίν. *On the day preceding the trial*: P. τῇ προτεραίᾳ τῆς δίκης (Plat., *Phaedo*, 58A). *The* *preceding remarks*: P. τὰ προειρημένα.

Precept, subs. *Maxim*: P. and V. λόγος, ὁ, πᾰροιμία, ἡ, γνῶμαι, αἱ. *Advice*: P. and V. βουλή, ἡ, πᾰραίνεσις, ἡ, P. συμβουλία, ἡ. *Admonition*: P. and V. νουθέτησις, ἡ, νουθέτημα, τό.

Preceptor, subs. P. and V. δῐδάσκᾰλος, ὁ, P. παιδευτής, ὁ.

Preceptress, subs. P. and V. δῐδάσκᾰλος, ἡ.

Precincts, subs. P. and V. περῐβολή, ἡ, κύκλος, ὁ, περίβολος, ὁ. *Precincts of a temple*: P. and V. τέμενος, τό, ἄλσος, τό. *Of the precincts*, adj.: V. τεμένιος. *Consecrate as precincts*, v.: P. τεμενίζειν.

Precious, adj. P. and V. τίμιος. *Costly*: P. πολυτελής. *Dear*: P. and V. φίλος, προσφῐλής. *Most precious possessions*: P. and V. τὰ τῑμιώτᾰτα. *Precious stone*: Ar. and P. λίθος, ὁ or ἡ, P. λιθίδιον, τό.

Precipice, subs. P. and V. κρημνός, ὁ, Ar. and V. σκόπελος, ὁ, V. σπῐλάς, ἡ, ἀγμός, ὁ. *Hemmed in with precipices*, adj.: V. ἀμφίκρημνος.

Precipitate, v. trans. *Hurl down*: P. and V. κᾰτᾰβάλλειν, P. κατακρημνίζειν, V. κᾰταρρίπτειν. *Hurry on*: P. and V. σπεύδειν, ἐπισπεύδειν.

Precipitate, adj. *Hasty*: of persons, P. προπετής, σφοδρός, ἀλόγιστος, Ar. and P. ἴτᾰμός; of things, P. ἀπερίσκεπτος, ἄσκεπτος, ἀλόγιστος; see *rash*.

Precipitately, adj. *Quickly*: P. and V. σπουδῇ, διὰ τάχους, ἐν τάχει. *Rashly*: P. προπετῶς, ἀσκέπτως; see *rashly*.

Precipitation, subs. P. and V. σπουδή, ἡ. *Rashness*: P. προπέτεια, ἡ.

Precipitous, adj. P. ἀπότομος (Plat.), ἀπόκρημνος, κρημνώδης, V. ὑψηλόκρημνος, αἰπύς, αἰπεινός, αἰπύνωτος, ὀκρίς. *A precipitous rock*: V. λισσὰς πέτρα, ἡ.

Precise, adj. P. and V. ἀκρῑβής. *Clear*: P. and V. σᾰφής, V. σᾰφηνής, τορός, τρᾱνής. Of manner: P. and V. σεμνός.

Precisely, adv. P. and V. ἀκρῑβῶς. *Clearly*: P. and V. σᾰφῶς, V. τορῶς, τρᾱνῶς, σκεθρῶς. Of manner: P. and V. σεμνῶς. *Absolutely*: Ar. and P. ἀτεχνῶς.

Preciseness, subs. P. ἀκρίβεια, ἡ. Of manner: P. and V. τὸ σεμνόν.

Precision, subs. P. ἀκρίβεια, ἡ.

Precocious, adj. P. προφερής.

Preconcert, v. trans. P. προπαρασκευάζειν. *Preconcerted*: use P. and V. προκείμενος.

Precursor, subs. Use adj. P. πρόδρομος (also Eur., *I. A.* 424, but the passage is doubtful).

Predatory, adj. P. ληστικός.

Predecessor, subs. *My predecessors*: P. οἱ πρὸ ἐμοῦ.

Predicable, subs. P. κατηγορία, ἡ (Aristotle).

Predicament, subs. P. and V. ἀπορία. *Be in a predicament*, v.: P. and V. ἀπορεῖν, ἀμηχᾰνεῖν (rare P.), P. ἀπόρως διακεῖσθαι. *Be in the same predicament*: P. γίγνεσθαι ἐν τῷ αὐτῷ συμπτώματι (Thuc. 4, 36).

Predicate, v. trans. P. κατηγορεῖν (Aristotle).

Predicate, subs. P. κατηγόρημα, τό (Aristotle), τὸ κατηγορούμενον (Aristotle).

Predict, v. trans. Ar. and P. προᾰγορεύειν, προειπεῖν, P. and V. προλέγειν, V. προσημαίνειν, προφαίνειν, προφωνεῖν. *Predict by oracles*: P. and V. μαντεύεσθαι, P. ἀπομαντεύεσθαι, Ar. and P. χρησμῳδεῖν, V. προμαντεύεσθαι (Eur., *Frag.*), θεσπίζειν, προθεσπίζειν, φημίζειν, Ar. and V. θεσπιῳδεῖν; see *prophesy*.

Prediction, subs. P. and V. λόγος, ὁ, λόγια, τά, Ar. and V. φᾰτις, ἡ, θέσφᾰτον, τό, or pl., V. θέσπισμα, τό, or pl., ἔπος, τό; see *prophecy*, *oracle*. *Oracle*: P. and V. χρηστήριον, τό, μαντεῖον, τό, μαντεία, ἡ, χρησμός, ὁ, χρησμῳδία, ἡ, Ar. and V. μάντευμα, τό, or pl. *Power of* *prediction* : P. and V. μαντεία, ἡ, μαντἴκή, ἡ.

Predilection, subs. *Friendly feeling* : P. and V. εὔνοια, ἡ. *Desire* : P. and V. ἐπῐθῡμία, ἡ.

Predispose, v. trans. P. προπαρασκευάζειν (Thuc. 2, 88).

Predominance, subs. *Mastery* : P. and V. κρᾰτος, τό. *Lordship* : P. ἡγεμονία, ἡ. *Precedence* : P. πρωτεῖον, τό, or pl., P. and V. πρεσβεῖα, τά. *Prevalence* : see *prevalence*.

Predominant, adj. P. and V. κρείσσων.

Predominate, v. intrans. P. and V. κρᾰτεῖν ; see *prevail*.

Pre-eminence, subs. *First place* : P. πρωτεῖον, τό, or pl., P. and V. πρεσβεῖα, τά. *Distinction* : P. and V. τίμη, ἡ, ἀξίωμα, τό, δόξᾰ, ἡ. *Superiority* : P. and V. ὑπερβολή, ἡ. *Advantage over another* : P. πλεονεξία, ἡ.

Pre-eminent, adj. P. and V. ἐκπρεπής, διαπρεπής, V. ἔξοχος, ὑπέροχος.

Pre-eminently, adv. P. and V. μάλιστα, οὐχ ἥκιστα, P. διαφερόντως, ἐν τοῖς μάλιστα, V. ἐξόχως.

Pre-exist, v. intrans. P. προϋπάρχειν.

Preface, subs. P. and V. προοίμιον, τό, V. φροίμιον, τό. *Say by way of preface*, v. : P. προοιμιάζεσθαι, V. φροιμιάζεσθαι.

Preface, v. trans. *Prefacing my speech with a few remarks on my views concerning our relations towards the king* : P. μικρὰ προειπὼν . . . ὡς ἔχω γνώμης περὶ τῶν πρὸς τὸν βασιλέα (Dem. 178).

Prefect, subs. P. ἔπαρχος, ὁ (late). *Of a prefect*, adj. : P. ἐπαρχικός (late).

Prefer, v. trans. P. and V. προτῑμᾶν, προκρίνειν, V. προτίειν, P. προαιρεῖσθαι. *Prefer to honour* : P. and V. προτῑμᾶν ; see *exalt*. *Prefer an accusation* : P. γραφὴν ἀποφέρειν (Dem. 423). *Prefer one thing to another* : P. and V. αἱρεῖσθαί (τι ἀντί τινος), P. (τι μᾶλλον ἤ τι), V. (τι πρόσθε τινός) (Eur., *Hel.* 952), προτῐθέναι (or mid. in V.) (τί τινος) (Thuc. 3, 39), V. (τί ἀντί τινος or τι πᾰρος τινος), P. προτιμᾶν (τί τινος or τι ἀντί τινος), προαιρεῖσθαι (τί τινος or τι πρό τινος), V. προλαμβᾰνειν (τι πρό τινος). *Prefer war to peace* : P. πόλεμον ἀντ' εἰρήνης μεταλαμβάνειν (Thuc. 1, 120). *Prefer Aphrodite to Bacchus* : V. τὴν 'Αφροδίτην πρόσθ' ἄγειν τοῦ Βακχίου (Eur., *Bacch.* 225). *Prefer not your words to mine* : V. μὴ 'πίπροσθε τῶν ἐμῶν τοὺς σοὺς λόγους θῇς (Eur., *Suppl.* 514). Absol. with infin. : P. and V. βούλεσθαι μᾶλλον, V. βούλεσθαι alone (Eur., *And.* 351).

Preferable, adj. P. and V. αἱρετώτερος (Æsch., *Frag.*), or use *better*.

Preferably, adv. See *better*. *Rather* : P. and V. μᾶλλον.

Preference, subs. *Choice* : P. and V. αἵρεσις, ἡ. *In preference to*, prep. : P. and V. πρό (gen.), V. πρόσθε (gen.), πᾰρος (gen.), P. ἔμπροσθεν (gen.) ; see *before*.

Preferment, subs. P. and V. ἀξίωμα, τό ; see *honour*.

Prefigure, v. trans. *Portend* : P. and V. φαίνειν, σημαίνειν, V. προφαίνειν, προσημαίνειν.

Pregnant, adj. P. and V. ἐγκύμων (Plat.). *Be pregnant*, v. : Ar. and P. κυεῖν, P. ἐν γαστρὶ φέρειν (Plat.), V. κύειν (Eur., *Frag.*) (rare P.).

Prejudge, v. trans. Ar. and P. προκαταγιγνώσκειν. *When you have heard all, decide ; do not prejudge the issue* : P. ἐπειδὰν ἅπαντα ἀκούσητε κρίνατε, μὴ πρότερον προλαμβάνετε (Dem. 44).

Prejudice, v. trans. *Dispose favourably* : P. εὖ διατιθέναι. *Dispose unfavourably* : P. κακῶς διατιθέναι. *Be prejudiced favourably* : P. εὖ διακεῖσθαι. *Be prejudiced unfavourably* : P. κακῶς διακεῖσθαι. *Hermocrates, wishing to prejudice them against the Athenians, spoke as follows* : P. ὁ 'Ερμοκρατὴς . . .

βουλόμενος προδιαβαλεῖν τοὺς 'Αθηναίους ἔλεγε τοιάδε (Thuc. 6, 75). *Ruin, impair*: P. and V. διαφθείρειν, βλάπτειν; see *impair*.

Prejudice, subs. *In favour of* (a person or thing): P. and V. εὔνοια, ἡ. *Against* (a person or thing): P. κακόνοια, ἡ; see *hostility*. *Dislike*: P. and V. φθόνος, ὁ. *Create a prejudice against*: P. φθόνον συνάγειν (dat.). *Injury*: P. and V. βλάβη, ἡ; *injury*.

Prejudicial, adj. P. and V. κἄκός; see *harmful*.

Prejudicially, adv. P. and V. κἄκῶς; see *harmfully*.

Preliminary, adj. *A preliminary examination before a magistrate*: P. ἀνάκρισις, ἡ. *Preliminary decree*: P. προβούλευμα, τό. *Preliminary remarks*: P. and V. προοίμιον, τό, V. φροίμιον, τό. *Mention as a preliminary*, v.: P. and V. ὑπειπεῖν (2nd aor.). *They find most of the preliminaries already completed by their partisans*: P. καταλαμβάνουσι τὰ πλεῖστα τοῖς ἑταίροις προειργασμένα (Thuc. 8, 65).

Prelude, subs. P. and V. προοίμιον, τό, V. φροίμιον, τό. *Strike up a prelude*, v.: Ar. ἀνᾰβάλλεσθαι. *Mention by way of prelude*: P. προοιμιάζεσθαι, V. φροιμιάζεσθαι.

Premature, adj. P. and V. ἄωρος.

Prematurely, adv. P. and V. πρῴ.

Premeditate, v. trans. Ar. and P. προβουλεύειν; see *intend*.

Premeditated, adj. See *intentional*.

Premeditation, subs. P. and V. πρόνοια, ἡ. *With premeditation*: see *intentionally*.

Premise, v. trans. P. and V. ὑπειπεῖν (2nd aor.), P. προοιμιάζεσθαι, V. φροιμιάζεσθαι.

Premise, subs. P. and V. προοίμιον, τό, V. φροίμιον, τό.

Premises, subs. See *house*.

Premiss, subs. In logic: P. πρότασις, ἡ (Aristotle).

Premium, subs. *Extra pay*: P. ἐπιφορά, ἡ.

Premonition, subs. *Suspicion*: P. and V. ὑποψία, ἡ, ὑπόνοια, ἡ. *Have a premonition*, v.: P. and V. μαντεύεσθαι.

Preoccupied, adj. *Meditative*: P. σύννους. *Grave*: P. and V. σεμνός. *Look preoccupied*: V. πεφροντικὸς βλέπειν (Eur., *Alc.* 773).

Preoccupy, v. trans. P. προκαταλαμβάνειν, προκατέχειν.

Preordain, v. trans. V. προτάσσειν. *Preordained*: P. and V. προκείμενος.

Preparation, subs. Ar. and P. πᾰρασκευή, ἡ.

Preparatory, adj. See *preliminary*.

Prepare, v. trans. P. and V. πᾰρασκευάζειν (or mid.), στέλλειν (rare P.) (or mid.), ἐξαρτύειν (or mid.), V. ὁπλίζειν (or mid.), P. κατασκευάζειν. *Dress* (*food, etc.*): P. and V. σκευάζειν (or mid.), V. ἀρτύειν (or mid.), ὁπλίζειν (or mid.), πορσύνειν (or mid.). *Make ready*: P. and V. πᾰρασκευάζειν (or mid.), ἑτοιμάζειν (or mid.), εὐτρεπίζειν (or mid.), Ar. and P. προχειρίζεσθαι, V. πορσύνειν (or mid.), ἐξευτρεπίζειν, πᾰρευτρεπίζειν. *Prepare beforehand*: P. προπαρασκευάζειν (or mid.). *Prepare in addition*: P. προσπαρασκευάζειν (or mid.). *Help to prepare*: P. συμπαρασκευάζειν (τινί τι), Ar. συσκευάζειν (τινι τι). *Prepare* (*a person*): P. παρασκευάζειν. *Provide*: P. and V. πᾰρασκευάζειν (or mid.), πᾰρέχειν (or mid.), πορίζειν (or mid.), ἐκπορίζειν (or mid.), V. πορσύνειν (or mid.). Absol. with infin.: P. and V. ἑτοῖμος εἶναι (infin.), πᾰρεσκευάσθαι (perf. infin. pass. of παρασκευάζειν) (P. ὡς and fut. participle., V. infin. or ὥστε infin.), V. ἐξαρτύεσθαι (infin.), ὁπλίζεσθαι (infin.). *Be about to*: P. and V. μέλλειν (infin.). *Prepare for*: P. παρασκευάζεσθαι (πρός, acc.).

Prepared, adj. P. and V. ἑτοῖμος, εὐτρεπής; see *ready*. *Be prepared for*: see *expect*.

Prepense, adj. *From malice pre-*

pense : P. and V. ἐκ προνοίας; see *intentionally*.

Preponderance, subs. *Excess* : P. and V. ὑπερβολή, ἡ. *Advantage* : P. πλεονεξία, ἡ.

Preponderate, v. intrans. *Exceed* : P. and V. ὑπερβάλλειν. *Prevail* : P. and V. κρᾰτεῖν, Ar. and P. ἐπικρᾰτεῖν.

Preponderating, adj. Use P. and V. κρείσσων.

Prepossessing, adj. *Attractive* : P. ἐπαγωγός, προσαγωγός, ἐφολκός. *Charming* : Ar. and P. χᾰρίεις, P. εὔχαρις, ἐπίχαρις.

Preposterous, adj. P. and V. ἄτοπος (Eur., *Frag.*). *Ridiculous* : P. and V. γέλοιος, Ar. and P. κᾰτᾰγέλαστος. *Unreasonable* : P. ἄλογος. *Monstrous* : P. πάνδεινος; see *monstrous*.

Preposterously, adv. P. ἀτόπως. *Ridiculously* : P. γελοίως, καταγελάστως. *Unreasonably* : P. ἀλόγως.

Preposterousness, subs. Ar. and P. ἀτοπία, ἡ. *Unreasonableness* : P. ἀλογία, ἡ.

Prerogative, subs. P. and V. γέρᾰς, τό, τῑμή, ἡ; see *office*. *Prerogatives, rights* : P. and V. πρεσβεῖον, τό, or pl.

Presage, v. trans. *Forebode* : P. and V. μαντεύεσθαι, P. ἀπομαντεύεσθαι. *Betoken, portend* : P. and V. σημαίνειν, φαίνειν, V. προσημαίνειν, προφαίνειν. *Presaging, prophetic of* : V. μάντῐς (gen.), πρόμαντις (gen.).

Prescience, subs. *Foreknowledge* : use P. τὸ προειδέναι. *Foresight* : P. and V. πρόνοια, ἡ.

Prescient, adj. V. πρόμαντις, μάντῐς. *Be prescient* : P. and V. προγιγνώσκειν, P. προειδέναι, προεπίστασθαι, V. προὐξεπίστασθαι.

Prescribe, v. trans. *Order* : P. and V. ἐπῐτάσσειν, προστάσσειν, τάσσειν, ἐπισκήπτειν. *Dictate* : P. and V. ἐξηγεῖσθαι. *Prescribe for (a patient, etc.)* : P. and V. θερᾰπεύειν (acc.).

Prescribed, appointed : P. and V. προκείμενος.

Prescription, subs. *Doctor's prescription* : P. σύγγραμμα, τό (Xen.). *Time limit after which a claim is disqualified* : P. προθεσμία, ἡ.

Presence, subs. P. and V. πᾰρουσία, ἡ. *Dignity* : P. and V. σεμνότης, ἡ. *In the presence of* : P. and V. ἐναντίον (gen.), V. ἀντίον (gen.); see *before*. *Into the presence of* : P. and V. πᾰρά (acc.), ὡς (acc.) (Eur., *El.* 409; *Hec.* 993). *Presence of mind* : P. and V. γνώμη, ἡ, φρόνησις, ἡ.

Present, adj. P. and V. πᾰρών, πᾰρεστηκώς, πᾰρεστώς. Of time, also: Ar. and P. ἐνεστώς. *In a place* : V. ἔντοπος. *Be present* : P. and V. πᾰρεῖναι, Ar. and P. πᾰρᾰγίγνεσθαι. *Happen to be present* : P. παρατυγχάνειν. *Stand near* : P. and V. πᾰρίστασθαι, Ar. and V. πᾰραστᾰτεῖν. *At present* : P. and V. νῦν, τὸ νῦν, P. ἐν τῷ παρόντι, τὸ νῦν εἶναι. *For the present* : P. and V. νῦν, τὸ νῦν, P. τὸ νῦν εἶναι (Plat., *Lach.* 201c). *Present circumstances* : P. and V. τὰ πᾰρόντα, τὰ κᾰθεστῶτα, τὰ πᾰρεστῶτα. *Under present circumstances* : P. and V. ἐκ τῶν πᾰρόντων.

Present, subs. *Gift* : P. and V. δῶρον, τό, δόσῐς, ἡ, δωρεά, ἡ, Ar. and V. δώρημα, τό (also Xen. but rare P.). *Make a present of, give up for no corresponding return* : P. and V. προπῑνειν (acc.); see *fling away*. *Present time* : P. and V. τὸ πᾰρόν; see adj.

Present, v. trans. *Introduce* : P. and V. προσᾰ́γειν, Ar. and V. πᾰρᾰ́γειν. *Afford* : P. and V. πᾰρέχειν. *Give* : P. and V. δῐδόναι, νέμειν, πᾰρέχειν; see *give*. *Present arms* : P. προβάλλεσθαι τὰ ὅπλα (Xen.). *Present oneself (at)* : P. and V. πᾰρεῖναι εἰς (acc.).

Presentiment, subs. Use *hope, fear*. *Have a presentiment* : P. and V. μαντεύεσθαι.

Presently, adv. *Soon*: P. and V. τάχᾰ, τάχῠ, ἐν τάχει, διὰ τάχους; see *soon*. *In the immediate future*: P. and V. αὐτίκᾰ, πᾰραυτίκᾰ. *After a time*: P. and V. διὰ χρόνου.

Preservation, subs. P. and V. σωτηρία, ἡ, φῠλᾰκή, ἡ.

Preservative, adj. P. and V. σωτήριος. As subs.: P. φυλακτήριον, τό.

Preserve, v. trans. P. and V. σώζειν, διᾰσώζειν, ἐκσώζειν, ἀποσώζειν (Plat.), P. περιποιεῖν; see *save*. *Guard*: P. and V. φῠλάσσειν, διᾰφῠλάσσειν, V. ἐκφῠλάσσειν, ῥύεσθαι. *Defend* (*as a tutelary deity*): P. and V. ἔχειν (acc.) (Dem. 274); see under *guard*. *Keep, maintain*, met.: P. and V. σώζειν, φῠλάσσειν. *Preserve* (*silence, etc.*): P. and V. ἔχειν. *Preserve* (*meat, etc.*): P. ταριχεύειν. *Store up*: Ar. and P. κᾰτᾰτίθεσθαι.

Preserver, subs. P. and V. σωτήρ, ὁ. Fem., σώτειρα, ἡ (Plat.).

Preside, v. intrans. *Hold office of president*: Ar. and P. ἐπιστᾰτεῖν, P. προεδρεύειν. *Preside over, be president of*: P. προεδρεύειν (gen.). *Preside over, superintend*: P. and V. ἐφίστασθαι (dat.), ἐπιστᾰτεῖν (gen. or dat.). *Be at head of*: P. and V. προστᾰτεῖν (gen.). *Guard as a tutelary deity*: P. and V. ἔχειν (acc.) (Dem. 274), P. λαγχάνειν (acc.) (Plat.), Ar. and V. προστᾰτεῖν (gen.), ἐπισκοπεῖν (acc.), V. ἀμφέπειν (acc.).

Presidency, subs. P. προστασία, ἡ. *Residence of magistrate*: P. ἀρχεῖον, τό.

President, subs. *President of the Assembly*: P. ἐπιστάτης, ὁ. Generally: P. πρόεδρος, ὁ, P. and V. προστάτης, ὁ.

Press, v. trans. Ar. and P. θλίβειν, πιέζειν, P. συμπιέζειν. *Embrace, cling to*: P. and V. ἔχεσθαι (gen.), ἀντέχεσθαι (gen.); see *cling*. *Foot pressed against foot*: V. ποὺς ἐπαλλαχθεὶς ποδί (Eur., *Heracl.* 836). *Touch*: P. and V. ἅπτεσθαι (gen.), V. θιγγάνειν (gen.) (also Xen. but rare P.); see *touch*. *Drive*: P. and V. ἐλαύνειν, ὠθεῖν. *Persuade, urge*: P. and V. πείθειν, ἀνᾰπείθειν, V. ἐκπείθειν; see *persuade*. *Press one's views*: P. ἰσχυρίζεσθαι, διισχυρίζεσθαι. *Some three people accused you before this man but did not press the charge*: P. τρεῖς σέ τινες γραψάμενοι πρότεροι τοῦδε οὐκ ἐπεξῆλθον (Dem. 501). *Oppress*: P. and V. πιέζειν. *Be oppressed*: also P. and V. βᾰρύνεσθαι. *Press hard*: P. and V. βιάζεσθαι. *Be hard pressed*: P. and V. πιέζεσθαι, βιάζεσθαι, πονεῖν, τᾰλαιπωρεῖν, κάμνειν, νοσεῖν (rare P.), Ar. and P. τᾰλαιπωρεῖσθαι, P. πονεῖσθαι. *His creditors were pressing him*: P. οἱ χρῆσται κατήπειγον αὐτόν (Dem. 894). *Be pressed for, lack*: P. and V. ἀπορεῖν (gen.); see *lack*. *Press into one's service*: P. and V. προστίθεσθαί (τινα), προσποιεῖσθαί (τινα), προσλαμβάνειν (τινά). V. intrans. See *crowd*. *Press on*, v. trans. and intrans: see *hurry*. *Press upon* (*an enemy*): Ar. and P. ἐγκεῖσθαι (dat. or absol.), P. and V. προσκεῖσθαι (dat.) ἐπῐκεῖσθαι (absol.). *Pursue*: P. and V. διώκειν; see *pursue*. *Be urgent with*: P. and V. προσκεῖσθαι (dat., V. acc. Eur., *I. A.* 814). *When the Sphinx pressed heavily upon the city with her ravaging*: V. ὡς ἐπεζάρει Σφὶγξ ἁρπαγαῖσι πόλιν (Eur., *Phoen.* 45).

Press, subs. *Close array*: P. and V. στῖφος, τό. *Crowd*: P. and V. ὄχλος, ὁ, πλῆθος, τό. *Press of business*: P. ἀσχολία, ἡ. *Press for cheeses*: V. τεῦχος, τό (Eur., *Cycl.* 208). *Pressed out* (*of cheese*), adj.: V. ἐξημελγμένος (Eur., *Cycl.* 209).

Pressing, adj. *Importunate*: P. and V. λῐπᾰρής (Plat.), ὀχληρός, Ar. γλισχρός. *Urgent*: P. and V. ἀναγκαῖος. *We shall find our enemies less likely to be pressing*:

P. ἧσσον ἐγκεισομένους τοὺς ἐναντίους ἕξομεν (Thuc. 1, 144).

Pressure, subs. *Necessity, compulsion* : P. and V. ἀνάγκη, ἡ. *Under pressure of* : P. and V. ὑπό (gen.). *Pressure of space* : P. στενοχωρία, ἡ. *Under pressure* : P. and V. ἀνάγκῃ, ἐξ ἀνάγκης. *Each people readily leaving their own country under pressure of neighbours growing more numerous with time* : P. ῥᾳδίως ἕκαστοι τὴν ἑαυτῶν ἀπολείποντες βιαζόμενοι ὑπό τινων ἀεὶ πλειόνων (Thuc. 1, 2).

Prestige, subs. P. and V. δόξα, ἡ, ὄνομα, τό, κλέος, τό (rare P.), εὐδοξία, ἡ, Ar. and V. εὔκλεια, ἡ, κῦδος, τό, V. κληδών, ἡ.

Presumably, adv. *To all seeming* : P. and V. ὡς δοκεῖ, ὡς ἔοικε.

Presume, v. intrans. *Imagine, suppose* : P. and V. δοξάζειν, P. ὑπολαμβάνειν. *Infer* : P. and V. εἰκάζειν, τεκμαίρεσθαι. *Give oneself airs* : P. and V. ἁβρύνεσθαι (Plat.), σεμνύνεσθαι; see under *airs*. *Be impertinent* : P. and V. ὑβρίζειν. *Presume upon* : P. πλεονάζειν (dat.). *Presume to* : P. and V. τολμᾶν (infin.), ἀξιοῦν (infin.), P. ἀποτολμᾶν (infin.).

Presumption, subs. *Inference* : P. ὑπόληψις, ἡ. *Impertinence* : P. and V. ὕβρις, ἡ, θράσος, τό.

Presumptive, adj. Use *expected*.

Presumptuous, adj. P. ὑβριστικός, P. and V. θρασύς.

Presumptuously, adv. P. ὑβριστικῶς.

Presumptuousness, subs. P. and V. ὕβρις, ἡ, θράσος, τό.

Presuppose, v. trans. *Take for granted, assume* : P. ὑπολαμβάνειν, ὑποτίθεσθαι; see *assume*.

Pretence, subs. P. and V. πρόσχημα, τό, πρόβλημα, τό, σχῆμα, τό. *Excuse* : P. and V. πρόφασις, ἡ, σκῆψις, ἡ. *Pretending* : P. προσποίησις, ἡ.

Pretend, v. trans. *Simulate* : Ar. and P. προσποιεῖσθαι. *Urge in excuse* : P. and V. σκήπτειν (mid. in P.). Absol., Ar. and P. προσποιεῖσθαι, σκήπτεσθαι. *Pretend to, claim* : P. μεταποιεῖσθαι (gen.), ἀντιποιεῖσθαι (gen.), Ar. and P. προσποιεῖσθαι (acc. or gen.). *Pretend to do a thing* : P. and V. λόγῳ ποιεῖν τι.

Pretended, adj. P. προσποιητός. *Sham* : P. and V. πλαστός (Xen.), V. ποιητός. *Seeming* as opposed to *real* : P. and V. δοκῶν.

Pretension, subs. P. προσποίησις, ἡ. *Importance* : P. and V. ὄγκος, ὁ. *False pretensions* : Ar. and P. ἀλαζονεία, ἡ. *Make pretensions* : Ar. and P. ἀλαζονεύεσθαι.

Pretentious, adj. P. and V. σεμνός.

Pretentiously, adv. P. and V. σεμνῶς.

Pretentiousness, subs. P. and V. τὸ σεμνόν. *I am sick of ambassadors and popinjays and such pretensiousness* : Ar. ἄχθομαι 'γὼ πρέσβεσι καὶ τοῖς ταῶσι τοῖς τ' ἀλαζονεύμασι (Ar., *Ach.* 62).

Preternatural, adj. *Divine* : P. and V. θεῖος. *Supernatural* : V. οὐ κατ' ἄνθρωπον. *Superhuman* : P. and V. μείζων ἢ κατ' ἄνθρωπον.

Preternaturally, adv. *By divine interposition* : P. θείᾳ μοίρᾳ (Plat.), P. and V. θείᾳ τύχῃ; see *interposition*. *Supernaturally* : V. οὐ κατ' ἄνθρωπον.

Pretext, subs. P. and V. πρόσχημα, τό, πρόβλημα, τό. *Excuse* : P. and V. πρόφασις, ἡ, σκῆψις, ἡ. *Occasion* : P. and V. ἀφορμή, ἡ. *On a small pretext* : V. ἐκ σμικροῦ λόγου. *Urge as a pretext*, v. : P. and V. σκήπτειν (mid. in P.), προβάλλειν (mid. also P.), προὔχεσθαι, προΐστασθαι (Eur., *Cycl.* 319), P. προφασίζεσθαι, προΐσχεσθαι, V. προτείνειν.

Prettily, adv. P. χαριέντως, Ar. and P. κομψῶς; see *beautifully*.

Prettiness, subs. *Charm* : P. and V. χάρις, ἡ. *Elegance* : P. κομψεία, ἡ; see *beauty*.

Pretty, adj. Ar. and P. χαρίεις.

Dainty : P. and V. κομψός; see also *beautiful*. *I have never yet heard a prettier scheme* : Ar. . . . μὴ 'γὼ νόημα κομψότερον ἤκουσά πω (*Ar.* 195). *Pretty well, moderately* : Ar. and P. ἐπιεικῶς, P. and V. μετρίως.

Prevail, v. intrans. *Gain the victory:* P. and V. νῑκᾶν, κρᾰτεῖν, Ar. and P. ἐπικρᾰτεῖν. *Get one's way* : P. and V. κρᾰτεῖν, νῑκᾶν. *Be frequent* : P. κατέχειν (Thuc. 3, 89), ἐπέχειν. *Be current* : P. and V. κρᾰτεῖν, ἰσχῡ́ειν, V. πληθῡ́ειν, P. ἐπικρατεῖν, περιτρέχειν, διαφέρειν (Thuc. 3, 83). *Be strong:* P. and V. κρᾰτεῖν, ἰσχῡ́ειν. *Be superior* : P. and V. κρᾰτεῖν, ῡ̔περβάλλειν, ῡ̔περφέρειν, προῦχειν, ῡ̔περέχειν, V. ῡ̔περτρέχειν. *Prevail over* : P. and V. νῑκᾶν (acc.), κρᾰτεῖν (acc. or gen.), Ar. and V. ἐπικρᾰτεῖν (gen.), V. ῡ̔περβάλλεσθαι, P. πλεονεκτεῖν (gen.). *Prevail upon* : P. and V. πείθειν (acc.), ἀνᾰπείθειν (acc.), V. ἐκπείθειν (acc.); see *persuade*.

Prevalence, subs. *Owing to the widespread prevalence of piracy* : P. διὰ τὴν λῃστείαν ἐπὶ πολὺ ἀντισχοῦσαν (Thuc. 1, 7).

Prevalent, adj. *Be prevalent*, v.: P. κατέχειν, ἐπέχειν, ἀντέχειν, περιτρέχειν.

Prevaricate, v. intrans. P. and V. ῡ̔ποστέλλεσθαι (Eur., *Or.* 607), P. διακρούεσθαι, Ar. and P. στρέφεσθαι.

Prevarication, subs. P. and V. στροφαί, αἱ, P. διάκρουσις, ἡ.

Prevent, v. trans. P. and V. κωλυειν, ἐπῐκωλῡ́ειν, εἴργειν, ἀπείργειν, ἐξείργειν, Ar. and P. κᾰτᾰκωλῡ́ειν, διᾰκωλῡ́ειν, P. ἀποκωλύειν, V. κᾰτείργειν. *Prevent from getting a hearing* : P. ἐκκλῄειν λόγου τυγχάνειν (Dem. 349). *Why did you prevent me from slaying with my bow a man who was my hated enemy* : V. τί μ' ἄνδρα πολέμιον ἐχθρόν τ' ἀφείλου μὴ κτανεῖν τόξοις ἐμοῖς (Soph., *Phil.* 1302). *But to prevent my deadly purpose hither comes Theseus* : V. ἀλλ' ἐμποδών μοι θανασίμων βουλευμάτων Θησεὺς ὅδ' ἕρπει (Eur., *H. F.* 1153). *Check* : P. and V. κᾰτέχειν, ἐπέχειν, Ar. and V. ἴσχειν (rare P.) V. ἐπίσχειν (rare P.), ἐρῡ́κειν, ἐξερυκειν, ἐρητῡ́ειν; see also *stop*.

Preventer, subs. P. κωλυτής, ὁ, διακωλυτής, ὁ.

Prevention, subs. P. διακώλυσις, ἡ. *Turning aside* : P. and V. ἀποτροπή, ἡ. *Obstacle* : P. κώλυμα, τό; see *obstacle*.

Preventive. As subs.: P. κώλυμα, τό. As adj.: P. διακωλυτικός. *Take preventive measures* : P. προπαρασκευάζειν.

Previous, adj. P. and V. πρότερος.

Previously, adv. P. and V. πρότερον. *Formerly* : P. and V. πρῐ́ν, τὸ πρῐ́ν, πρόσθεν, πρὸ τοῦ, Ar. and V. πᾰ́ρος, V. V. πᾰ́ροιθε; see *formerly*. *Previously mentioned* : P. προειρημένος.

Prey, subs. *Booty* : P. and V. λεία, ἡ, ἁρπᾰγή, ἡ. *Quarry* : P. and V. ἄγρα, ἡ, (Plat. but rare P.), ἄγρευμα, τό (Xen.), θήρα, ἡ (Xen.), V. θήρᾱμα, τό. *A prey for* (generally of persons) : V. σκῦλον, τό (dat.), ἕλωρ, τό (dat.), ἁρπᾰγή, ἡ (gen. or dat.), ἕλκημα, τό (gen.), διαφθορά, ἡ (dat.). *Victim to be devoured* : Ar. and V. φορβή, ἡ (dat.), V. θοίνη, ἡ (dat.), θοινᾱ́τηριον, τό (dat.); see under *food*. *Be a prey to, be haunted by*, met.: P. and V. σῠνεῖναι (dat.), σῠνέχεσθαι (dat.), ἐνέχεσθαι (dat.). *Be troubled by* : P. and V. νοσεῖν (dat.). *A prey to* : use adj., P. and V. σύνοικος (dat.) (Plat.). *They were ruined by falling a prey to personal quarrels* : P. ἐν σφίσι κατὰ τὰς ἰδίας διαφορὰς περιπεσόντες ἐσφάλησαν (Thuc. 2, 65). *They thought that the Athenians being engaged in a double war both against them and the Sicilian Greeks would fall an easier prey* : P. τοὺς Ἀθηναίους ἐνόμιζον διπλοῦν τὸν πόλεμον ἔχοντας πρός τε σφᾶς καὶ Σικελιώτας εὐκαθαιρετωτέρους ἔσεσθαι (Thuc. 7, 18).

Prey upon, v trans. *Trouble:* P. and V. λῡπεῖν, δάκνειν, πιέζειν, Ar. and V. τείρειν, πημαίνειν (also Plat. but rare P.), V. ὀχλεῖν. *Pillage:* P. and V. πορθεῖν, ἐκπορθεῖν, δῐαπορθεῖν, διαρπάζειν, ἀναρπάζειν.

Price, subs. Ar. and P. τῑμή, ἡ, P. ὠνή, ἡ, P. and V. ἀξία, ἡ, V. τῖμος, ὁ. *Pay:* P. and V. μισθός, ὁ. *What is the price of corn?* Ar. πῶς ὁ σῖτος ὤνιος; (*Ach.* 758). *When the price of corn went up:* P. ὅτε ὁ σῖτος ἐπετιμήθη (Dem. 918). *At what price?* P. and V. πόσου; *At a high price:* P. and V. πολλοῦ. *At the price of*, lit.: Ar. and P. ἐπί (dat.). Met., *in exchange for:* P. and V. ἀντί (gen.). *I would not buy at any price:* V. οὐκ ἂν πριαίμην οὐδένος λόγου (Soph., *Aj.* 477). *At any price:* see *at all costs*, under *cost*. *Put a price on a man's head:* P. χρήματα ἐπικηρύσσειν (dat.) (Dem. 347). *He put a price upon his head:* V. χρυσὸν εἶφ᾽ ὃς ἂν κτάνῃ (Eur., *El.* 33). *They set a price on their heads:* P. ἐπανεῖπον ἀργύριον τῷ ἀποκτείναντι (Thuc. 6, 60).

Price, v trans. P. τιμᾶν; see *value*.

Priceless, adj. P. and V. πολλοῦ ἄξιος, τῑμιώτᾰτος. *Costly:* P. πολυτελής.

Prick, v. trans. *Pierce:* P. and V. τετραίνειν. *Stab:* P. and V. κεντεῖν. *Sting:* Ar. and P. κεντεῖν, V. χρίειν. *Goad (a horse, etc.):* P. κεντρίζειν (Xen.). Met., *trouble:* P. and V. δάκνειν; see *trouble*. *Prick the ears:* V. ὀρθὸν οὖς ἱστάναι (Soph., *El.* 27).

Prick, subs. *Wound:* P. and V. τραῦμα, τό; see *wound*. *Sting:* P. and V. κέντρον, τό. *Bite:* Ar. and P. δῆγμα, τό (Xen.). Met., P. and V. κέντρον, τό; see *sting*. *You will not kick against the pricks:* V. οὔκουν . . . πρὸς κέντρα κῶλον ἐκτενεῖς (Æsch., *P. V.* 322). *Do not kick against the pricks:* V. πρὸς κέντρα μὴ λάκτιζε (Æsch., *Ag.* 1624).

Prickle, subs. Ar. ἄκανθα, ἡ.

Prickly, adj. P. ἀκανθώδης (Aristotle).

Pride, subs. In bad sense: P. and V. φρόνημα, τό, ὕβρῐς, ἡ, ὄγκος, ὁ, P. ὑπερηφανία, ἡ, ὑπεροψία, ἡ, μεγαλαυχία, ἡ, V. χλῐδή, ἡ, φρόνησις, ἡ. In good sense: P. and V. φρόνημα, τό, V. φρόνησις, ἡ (Eur., *Frag.*). *The pride of, boast of:* P. and V. σχῆμα, τό (Eur., *And.* 1), V. πρόσχημα, τό, ἄγαλμα, τό, φάος, τό, φῶς, τό, αὔχημα, τό. *Take pride in:* see *pride oneself on*. *Pride oneself on*, v.: P. and V. φρονεῖν μέγᾰ (ἐπί, dat.), ἀγάλλεσθαι (dat., or ἐπί, dat.), ἁβρῡ́νεσθαι (dat.) (Plat.), σεμνῡ́νεσθαι ἐπί (dat.), λαμπρῡ́νεσθαι (dat.), P. φιλοτιμεῖσθαι (dat., or ἐπί, dat.), καλλωπίζεσθαι (dat., or ἐπί, dat.), Ar. and V. χλῐδᾶν (ἐπί, dat.), ἐπαυχεῖν (dat.).

Priest, subs. P. and V. ἱερεύς, ὁ, V. ἱρεύς, ὁ. *Be a priest*, v.: P. ἱερᾶσθαι.

Priestess, subs. P. and V. ἱέρεια, ἡ, V. ἱερία, ἡ, θυηπόλος, ἡ (Eur., *I. T.* 1359), κληδοῦχος, ἡ. *Be priestess*, v.: P. ἱερᾶσθαι. *Be priestess of:* V. κληδουχεῖν (gen.). *Pythian priestess:* P. and V. Πῡθία, ἡ, προφῆτις, ἡ (Plat., *Phaedr.* 244A), πρόμαντις, ἡ, μάντῐς, ἡ.

Priesthood, subs. P. ἱερωσύνη, ἡ.

Priestly, adj. P. ἱερατικός.

Prim, adj. P. and V. σεμνός. *Orderly:* P. and V. κόσμιος.

Primacy, subs. *Precedence:* P. πρωτεῖον, τό, or pl., P. and V. πρεσβεῖα, τά. *Headship:* P. ἡγεμονία, ἡ. *Leadership:* P. προστασία, ἡ.

Primal, adj. P. and V. πρῶτος, V. πρώταρχος; see also *primeval*.

Primarily, adv. P. and V. τὸ μέγιστον.

Primary, adj. P. and V. πρῶτος.

Prime, adj. *Original:* P. and V. πρῶτος. *Excellent:* P. and V. σπουδαῖος. *Prime-mover:* P. and V. ἡγεμών, ὁ or ἡ, P. ἐξηγητής, ὁ. *Prime-mover in:* P. and V.

ἡγεμών, ὁ or ἡ (gen.), ἀρχηγός, ὁ or ἡ (gen.), P. ἐξηγητής, ὁ (gen.), V. ἀρχηγέτης, ὁ (gen.). *The prime mover in all this business* : P. ὁ πάντων τούτων ἀρχιτέκτων (Dem. 1018).

Prime, subs. *Prime of life* : P. and V. ἥβη, ἡ, ἀκμή, ἡ, ὥρα, ἡ, P. ὥρα ἡλικίας, Ar. and P. ἡλῐκία, ἡ. *Be in one's prime*, v. : P. and V. ἡβᾶν, ἀκμάζειν. Of things : P. and V. ἀκμάζειν. *In one's prime* : use also adj., P. and V. ὡραῖος, V. ἀκμαῖος, χλωρός, θᾰλερός, Ar. and P. νεᾱλής, Ar. ὡρῐκός. *Be past one's prime* : P. παρηβηκέναι (perf. of παρηβᾶν). *He who is past his prime* : V. ὁ ἔξηβος χρόνῳ (Æsch., *Theb.* 11).

Prime, v. trans. *Prepare a person* : P. κατασκευάζειν.

Primeval, adj. P. and V. ἀρχαῖος, πᾰλαιός, Ar. and V. πᾰλαιγενής, πᾰλαίφᾰτος. *Belonging to former times* : P. and V. ὁ πρίν, ὁ πάλαι, ὁ πρόσθεν.

Primitive, adj. P. and V. ἀρχαῖος, πᾰλαιός.

Primitiveness, subs. P. ἀρχαιότης, ἡ, P. and V. πᾰλαιότης, ἡ.

Primness, subs. P. and V. τὸ σεμνόν. *Orderliness* : Ar. and P. κοσμιότης, ἡ.

Primogenitor, subs. P. and V. ἀρχηγός, ὁ or ἡ, ἀρχηγέτης, ὁ.

Primogeniture, subs. P. and V. τὸ πρεσβεύειν. *Rights of primogeniture* : P. and V. πρεσβεῖα, τά (sing. Dem. 1003).

Primordial, adj. P. and V. πρῶτος, ἀρχαῖος.

Prince, subs. P. and V. δῠνάστης, ὁ, ἡγεμών, ὁ, προστάτης, ὁ, Ar. and V. ἄρχων, ὁ, ἐπιστάτης, ὁ (rare P.), ἄναξ, ὁ, κοίρᾰνος, ὁ, πρόμος, ὁ, τᾱγός, ὁ, V. ἀρχέλᾱος, ὁ (also Ar. in form ἀρχέλᾱς), βρᾰβεύς, ὁ, κύριος, ὁ, κρέων, ὁ, ἄνάκτωρ, ὁ, ἀρχηγός, ὁ, ἀρχηγέτης, ὁ, in pl. also use ἀριστῆς, οἱ ; see also *king*, *chief*.

Princely, adj. P. and V. βασῐλῐκός, ἀρχῐκός, βᾰσῐλειος, τῠραννῐκός, V. τύραννος.

Princess, subs. P. and V. βᾰσῐλίς, ἡ (Plat.), Ar. and V. ἄνασσα, ἡ, βᾰσῐλεια, ἡ, δέσποινα, ἡ; V. τύραννος, ἡ.

Principal, adj. *Chief* : P. and V. μέγιστος, πρῶτος. *Supreme* : P. and V. κύριος. *The principal point* : P. τὸ κεφάλαιον.

Principal, subs. *Capital* : P. τὸ κεφάλαιον, τὰ ὑπάρχοντα, ἀφορμή, ἡ, Ar. and P. τὰ ἀρχαῖα. *Lose one's principal* : P. τῶν ἀρχαίων ἀφίστασθαι (Dem. 13). *Ringleader* : P. and V. ἡγεμών, ὁ or ἡ ; see *ringleader*. *Superintendent* : P. and V. ἐπιστάτης, ὁ.

Principality, subs. *Kingdom* : P. and V. ἀρχή, ἡ. *Supreme power* : P. and V. ἀρχή, ἡ, κρᾰτος, τό, V. σκῆπτρα, τά, θρόνοι, οἱ.

Principally, adj. *Especially* : P. and V. μάλιστα, οὐχ ἥκιστα, P. διαφερόντως. *For the most part* : P. ὡς ἐπὶ πολύ.

Principle, subs. *Source, origin* : P. and V. ἀρχή, ἡ. *Cause* : P. and V. αἰτία, ἡ. *Legal principle* : P. ὑπόθεσις, ἡ (Dem. 1082). *Rule of action* : P. προαίρεσις, ἡ. *Standard* : P. and V. κᾰνών, ὁ, ὅρος, ὁ. *The principles and foundations of action* : P. τῶν πράξεων αἱ ἀρχαὶ καὶ αἱ ὑποθέσεις (Dem. 21). *This is the principle of democracy* : P. τοῦτό ἐστι δημοτικόν (Dem. 436). *To govern on oligarchic principles* : P. κατ' ὀλιγαρχίαν πολιτεύειν (absol.) (Thuc. 1, 19). *The cause and originating principle of existing things* : P. τὸ αἴτιον καὶ τὸ ἀρχηγὸν τῶν ὄντων (Plat., *Crat.* 401D).

Principled, adj. *High-principled* : P. and V. χρηστός, κᾰλός ; see *high-minded*.

Print, subs. *Impress, mark* : P. and V. χᾰρακτήρ, ὁ, τύπος, ὁ, V. χᾰραγμα, τό. *Print of the foot* : V. περιγρᾰφή, ἡ, ὑπογρᾰφή, ἡ, ἔκμακτρον, τό. *Foot-print* : P. and

V. ἴχνος, τό, V. στίβος, ὁ (also Xen.).

Print, v. trans. *Stamp*: P. and V. ἐπισημαίνειν, P. ἐνσημαίνεσθαι; see *impress*; *imprint*, *mark*. *Print* (*kisses*): P. and V. διδόναι, V. τιθέναι. *Newly-printed* (*of footmarks*): use adj., V. νεοχάρακτος.

Prior. adj. P. and V. πρότερος. *More important*: P. and V. πρεσβύτερος (rare P.). *By the law which orders that the male line has the prior claim*: P. νόμῳ ὃς κελεύει κρατεῖν τοὺς ἄρσενας (Isae. 85).

Priority, subs. *Precedence*: P. and V. πρεσβεῖα, τά.

Prise, v. trans. V. ἀναμοχλεύειν, μοχλοῖς τριανοῦν, μοχλεύειν, Ar. ἐκμοχλεύειν. *Join in prising*: Ar. συνεκμοχλεύειν (absol.).

Prison, subs. P. and V. εἱρκτή, ἡ, or pl., P. δεσμωτήριον, τό, εἱργμός, ὁ, V. ὁρκάναι, αἱ. *Public prison*: P. τὸ δημόσιον, V. πάνδημος στέγη, ἡ. *Imprisonment*: use P. and V. δεσμός, ὁ, or pl. *Be thrown into prison*: P. εἰς εἱρκτὴν εἰσπίπτειν (Thuc. 1, 131).

Prison, v. trans. See *imprison*.

Prisoner, subs. P. and V. δεσμώτης, ὁ, or use adj., Ar. and V. δέσμιος. *Prisoners*: P. οἱ δεδεμένοι. *Prisoner of war*: use adj., P. and V. αἰχμάλωτος, V. δουρίληπτος, δορίκτητος, δηάλωτος, P. δοριάλωτος (Isoc.). Fem., V. αἰχμαλωτίς. *Of prisoners*, adj.: V. αἰχμαλωτικός. *Take prisoner*, v.: P. ζωγρεῖν (acc.). *The rest of the population was recovered by the Olynthians through an exchange of prisoners*: P. τὸ ἄλλο ἐκομίσθη ὑπ' Ὀλυνθίων ἀνὴρ ἀντ' ἀνδρὸς λύθεις (Thuc. 5, 3).

Pristine, adj. *Former*: P. and V. ὁ πρίν, ὁ πρόσθεν, ὁ πάλαι, V. ὁ πάρος. *Ancient*: P. and V. ἀρχαῖος, παλαιός, V. παλαίφατος.

Privacy, subs. P. and V. ἐρημία, ἡ.

Private, adj. P. and V. ἴδιος, οἰκεῖος. *Private house*, subs.: P. ἴδιον οἰκοδόμημα. *Private life*: P. and V. δίαιτα, ἡ, P. ἴδιος βίος, ὁ. *Private person*: Ar. and P. ἰδιώτης, ὁ, V. ἔτης, ὁ. *Of a private person*, adj.: P. ἰδιωτικός. *Be a private person*, v.: P. ἰδιωτεύειν. *Private soldier*: Ar. and P. στρατιώτης, ὁ, P. ἰδιώτης, ὁ (Xen.).

Privateer, subs. P. and V. λῃστής, ὁ. *Piratical boat*: P. λῃστρὶς ναῦς, ἡ.

Privateering, subs. P. λῃστεία, ἡ, τὸ λῃστικόν.

Privately, adv. P. and V. ἰδίᾳ. *Secretly*: P. and V. λάθρᾳ.

Privation, subs. *A being deprived*: P. στέρησις, ἡ, ἀποστέρησις, ἡ, V. τὸ τητᾶσθαι. *Want*: P. and V. ἀπορία, ἡ; see *want*. *Famine*: P. and V. λιμός, ὁ, V. ἀσιτία, ἡ, P. σιτόδεια, ἡ.

Privilege, subs. P. and V. γέρας, τό. *Advantage*: P. and V. κέρδος, τό; see *advantage*, *prerogative*. *He alone among Athenians has the privilege of doing and saying what he likes*: P. τούτῳ μόνῳ Ἀθηναίων ἐξαίρετόν ἐστι καὶ ποιεῖν καὶ λέγειν . . . ὅτι ἂν βούληται (Lys. 116).

Privily, adv. P. and V. λάθρᾳ; see *secretly*.

Privy, adj. *Accessory*: P. and V. συναίτιος, κοινωνός; see *accessory*. *Acquainted with*: V. ἴστωρ (gen.) (also Plat. but rare P.). *Be privy to*, v.: P. and V. συνειδέναι (acc. or absol.).

Prize, subs. P. and V. ἆθλον, τό. *Take the prize*, v.: P. and V. ἀριστεύειν (Plat.). *Prize of victory*, subs.: P. and V. νικητήρια, τά, V. ἐπινίκια, τά. *First prize*: P. πρωτεῖα, τά (rare sing.). *Second prize*: P. δευτερεῖα, τά. *Third prize*: P. τριτεῖα, τά. *Prize of valour*: P. and V. ἀριστεῖα, τά (rare sing.), V. καλλιστεῖα, τά. *Win the prize of valour*, v.: P. and V. ἀριστεύειν (Plat.). *Prize of beauty*, subs.: V. καλλιστεῖα, τά (rare sing.). *Win the prize of beauty*, v.: V. καλλιστεύεσθαι. *Quarry*, subs.: P. and

V. ἄγρα, ἡ (Plat. but rare P.) ἄγρευμα, τό (Xen.), θήρα, ἡ (Xen.), V. θήρᾶμα, τό.

Prize, v. trans. P. περὶ πολλοῦ ποιεῖσθαι, περὶ παντὸς ἡγεῖσθαι, V. πολλῶν ἀξιοῦν. *Honour*: P. and V. τῖμᾶν. *Heed*: P. and V. ἐπιστρέφεσθαι (gen.), κήδεσθαι (gen.) (rare P.), φροντίζειν (gen.), V. ἐνᾰριθμεῖσθαι, προκήδεσθαι (gen.). *Prize-work, show-piece*: P. ἀγώνισμα, τό (Thuc. 1, 22).

Probability, subs. P. and V. τὸ εἰκός. *In all human probability you are exempt from the likelihood of dying to-morrow*: P. σὺ γὰρ ὅσα γε τἀνθρώπεια ἐκτὸς εἶ τοῦ μέλλειν ἀποθνήσκειν αὔριον (Plat., *Crito*, 46E). *In all probability*: P. κατὰ τὸ εἰκός, ὡς τὸ εἰκός, ἐκ τοῦ εἰκότος, P. and V. εἰκότως. *When in all human probability they may still survive*: P. οἷς παρὸν ἀνθρωπείως ἔτι σώζεσθαι (Thuc. 5, 103).

Probable, adj. P. and V. εὔλογος, P. ἀληθείᾳ ἐοικώς. *As is probable*: P. and V. ὡς ἔοικε, ὡς εἰκός.

Probably, adv. P. and V. εἰκότως, P. κατὰ τὸ εἰκόν, ὡς τὸ εἰκός, ἐκ τοῦ εἰκότος.

Probation, subs. *Trial*: P. and V. ἔλεγχος, ὁ.

Probationer, subs. *One not initiated*: use adj., P. ἀμύητος.

Probe, v. trans. *A wound*: Ar. μηλοῦν. *Examine*: P. and V. ζητεῖν, ἐξετάζειν, ἐλέγχειν, ἐξελέγχειν, ἐρευνᾶν, Ar. and P. ἀναζητεῖν, V. ἐξερευνᾶν.

Probity, subs. P. and V. χρηστότης, ἡ, P. ἁπλότης; see *honesty*.

Problem, subs. *Difficulty*: P. and V. ἀπορία, ἡ. *Matter*: P. and V. πρᾶγμα, τό. *In geometry*: P. πρόβλημα, τό. *Leaving to others these subtle problems of philosophy*: V. ἄλλοις τὰ κομψὰ ταῦτ' ἀφεὶς σοφίσματα (Eur., *Frag.*).

Problematical, adj. *Doubtful*: P. and V. ἀσᾰφής, ἄδηλος, ἀφᾰνής.

Proceed, v. intrans. *Go on* (of persons or things): P. and V. προβαίνειν, προχωρεῖν, χωρεῖν, P. προέρχεσθαι; see also *march, advance*. *Emanate*: P. and V. γίγνεσθαι. *Begin*: P. and V. ἄρχεσθαι; see *begin*. *I will proceed to the actions themselves which I have performed*: P. βαδιοῦμαι ἐπ' αὐτὰ ἃ πέπρακταί μοι (Dem. 244). *Proceed against (by law)*: see *prosecute*.

Proceeding, subs. *Act, deed*: P. and V. πρᾶγμα, τό, ἔργον, τό, πρᾶξις, ἡ, P. προαίρεσις, ἡ. *Proceedings, (legal)*: P. and V. δίκη, ἡ. *Take legal proceedings*: P. and V. εἰσάγειν δίκην. *Take proceedings against*: use *prosecute*.

Proceeds, subs. *That which accrues*: use P. τὸ γιγνόμενον; see also *income*.

Procedure, subs. *Way of action*: P. μέθοδος, ἡ.

Process, subs. *Method*: P. μέθοδος, ἡ. *Means*: P. and V. πόρος, or pl. *Course of action*: P. προαίρεσις, ἡ. *Action at law*: P. and V. δίκη, ἡ. *He should have inflicted the just penalty for murder by due process of law*: V. χρῆν αὐτὸν ἐπιθεῖναι μὲν αἵματος δίκην ὁσίαν διώκοντα (Eur., *Or.* 500). *In process of time*: P. τοῦ χρόνου περιιόντος.

Procession, subs. P. and V. πομπή, ἡ, P. ἔξοδος, ἡ, Ar. and P. πρόσοδος, ἡ. *Torch-light procession*: P. λαμπάς, ἡ (Plat., *Rep.* 328A), V. φᾶναί, αἱ (Eur., *Ion.* 550). *Form a procession*: Ar. and P. πομπὴν πέμπειν. *Lead a procession*, v.: P. πομπεύειν (absol.). *One who attends a procession*: P. πομπεύς, ὁ.

Proclaim, v. trans. P. and V. κηρύσσειν, ἀνᾰκηρύσσειν, προκηρύσσειν, προειπεῖν, ἀνειπεῖν, ἐκφέρειν, προσημαίνειν, P. προλέγειν, Ar. and P. ἀνᾰγορεύειν, V. ἐκκηρύσσειν, προυννέπειν, γεγωνεῖν, γεγωνίσκειν, προφωνεῖν, ἐκβάζειν, πῐφαύσκειν, Ar.

and V. θροεῖν ; see *announce.* *Proclaim a victor :* Ar. and P. ἀνακηρύσσειν (τινά). *If you proclaim this word (liberty) in the ears of Asia :* P. ἣν . . . τοὔνομα τοῦτο διασπείρῃς εἰς τὴν Ἀσίαν (Isoc. 103). *Proclaim in answer :* V. ἀντικηρύσσειν.

Proclamation, subs. P. and V. κήρυγμα, τό. *Banish by proclamation :* P. and V. ἐκκηρύσσειν (acc.). *Public proclamation of a person's services to the state :* P. ἀνάρρησις, ἡ (Dem. 244), κήρυγμα, τό (Dem. 267).

Proconsul, subs. P. ἀνθύπατος, ὁ (late).

Proconsular, adj. P. ἀνθυπατικός (late).

Proconsulate, subs. P. ἀνθυπατεία, ἡ (late).

Procrastinate, v. intrans. P. and V. μέλλειν, ὀκνεῖν, χρονίζειν, τρίβειν ; see *delay.*

Procrastination, subs. P. μέλλησις, ἡ, P. and V. ὄκνος, ὁ, τριβή, ἡ, διατριβή, ἡ ; see *delay.*

Procrastinator, subs. P. μελλητής, ὁ.

Procreate, v. trans. P. and V. γεννᾶν, τίκτειν, σπείρειν (Plat.). παιδοποιεῖν (or mid.) (used absol.), φυτεύειν (rare P.), φιτύειν (Plat. but rare P.), φύειν (rare P.), V. γείνασθαι (1st aor. of γείνεσθαι) (also Xen. but rare P.), τεκνοῦν (or mid.), ἐκφύειν, ἐκτεκνοῦσθαι, κατασπείρειν.

Procreation, subs. P. παιδοποιία, ἡ, τέκνωσις, ἡ, γένεσις, ἡ, P. and V. γέννησις, ἡ (Plat.), σπορά, ἡ (Plat.).

Procreator, subs. P. and V. γεννητής, ὁ (Plat.), γεννήτωρ, ὁ (Plat.), γονεύς, ὁ.

Procurable, adj. P. παρασκευαστός (Plat.). *Obtainable :* P. καταληπτός. *Easy to procure :* P. and V. εὔπορος.

Procure, v. trans. P. and V. κτᾶσθαι ; see *obtain.* *Win for oneself :* P. and V. φέρεσθαι, ἐκφέρεσθαι, κομίζεσθαι, εὑρίσκεσθαι, Ar. and V. φέρειν (also Plat. but rare P.), εὑρίσκειν, ἄρνυσθαι (also Plat. but rare P.), V. ἀνύτεσθαι, κομίζειν, P. περιποιεῖσθαι. *Provide :* P. and V. παρέχειν (or mid.), πορίζειν (or mid.); see *provide, secure.* *Bring about, contrive :* P. and V. μηχανᾶσθαι, P. παρασκευάζειν ; see *contrive.*

Procurement, subs. P. παρασκευή, ἡ.

Procurer, subs. Ar. and P. μαστροπός, ὁ (Xen.), προαγωγός, ὁ.

Procuress, subs. Ar. and P. μαστροπός, ἡ (Xen.).

Prodigal, adj. *Extravagant :* P. δαπανηρός, ἄσωτος. *Excessive,* adj.; P. and V. περισσός. *Be prodigal of :* P. and V. ἀφειδεῖν (gen.).

Prodigal, subs. Use P. and V. οἰκοφθόρος, ὁ (Eur., *Frag.*). *Be a prodigal,* v. : P. οἰκοφθορεῖν. *Abundant :* P. and V. ἄφθονος, V. ἐπίρρυτος.

Prodigality, subs. P. ἀσωτία, ἡ, πολυτέλεια, ἡ. *Abundance :* P. ἀφθονία, ἡ.

Prodigally, adv. *Wastefully :* P. ἀσώτως. *Unsparingly :* P. ἀφειδῶς. *Abundantly :* P. and V. ἀφθόνως (Eur., *Frag.*).

Prodigious, adj. *Portentous :* Ar. and P. τερατώδης. *Extraordinary :* Ar. and P. δαιμόνιος, θαυμάσιος, P. and V. ἀμήχανος, V. ἔκπαγλος ; see *extraordinary.* *Very large :* P. ὑπερμεγέθης.

Prodigiously, adv. *Extraordinarily :* Ar. and P. θαυμασίως, P. ἀμηχάνως.

Prodigiousness, subs. P. and V. μέγεθος, τό.

Prodigy, subs. P. and V. τέρας, τό ; see *portent, omen.*

Produce, v. trans. *Bring forward (witnesses, etc.) :* P. and V. παρέχειν, παρέχεσθαι. *Create, cause :* P. and V. γεννᾶν, ποιεῖν, τίκτειν (Plat.), V. τεύχειν, φυτεύειν, φιτύειν, ἀνιέναι, P. ἀπεργάζεσθαι ; see also *contrive.* *Produce* (in persons or things) : P.

and V. ἐντίκτειν (τινί τι) (Plat.); see *engender*. *Furnish forth*: P. and V. ἀποδεικνύναι. *Produce a will*: P. διαθήκην ἀποφαίνειν. *Bring out*: P. and V. ἐκφέρειν. *Yield, bring in*: P. προσφέρειν, φέρειν; see *yield*. *Produce (of the soil)*: P. and V. ἀνᾰδῐδόναι (Eur., *Frag.*), ἀνῑέναι (rare P.). *Produce (a play)*: of the poet, Ar. and P. δῐδάσκειν; of those who furnished the chorus, Ar. and P. χορηγεῖν (absol.). *Produce (a line) in geometry*: P. παρατείνειν.

Produce, subs. P. and V. καρπός, ὁ; see *fruit*. *Grain*: P. and V. σῖτος, ὁ. *Produce of the seasons*: P. τὰ ὡραῖα. *Produce (of money, etc.)*: P. ἐπικαρπία, ἡ.

Product, subs. *Natural products*: P. τὰ ἐκ τῆς γῆς φυόμενα, V. γῆς φῠτά, τά. *Work of labour*: P. and V. ἔργον, τό, V. ὄργᾰνον, τό, τέχνημα, τό, τέχνη, ἡ, πόνος, ὁ.

Production, subs. *Manufacture*: P. ἐργασία, ἡ, ποίησις, ἡ, ἀπεργασία, ἡ. *Bringing into being*: P. γένεσις, ἡ, γέννησις, ἡ. *Something produced*: P. ἔκγονον, τό (Plat., *Phaedr.* 275D).

Productive, adj. *Fertile*: P. and V. ἔγκαρπος (Plat.), εὔκαρπος (Plat.), πάμφορος (Plat.), Ar. and P. πολύκαρπος (Plat.), πολῠφόρος (Plat.), καρποφόρος (Xen.), Ar. and V. κάρπῐμος, πολύσπορος, V. καλλίκαρπος. *Making fruits grow*: V. καρποποιός (Eur., *Rhes.*). Of animals: P. γόνιμος, V. φῠτάλμιος, γενέθλιος. *Productive of, cause of*: P. and V. αἴτιος. *Be productive of*: use *produce*, v.

Productiveness, subs. *Fruitfulness of land*: P. πολυφορία, ἡ (Xen.). *Productiveness of animals*: P. πολυγονία, ἡ.

Proem, subs. P. and V. προοίμιον, τό, V. φροίμιον, τό.

Profane, adj. *Irreverent*: P. and V. ἄθεος, ἀνόσιος, ἀσεβής, δυσσεβής (rare P.), V. δύσθεος, ἄσεπτος. As opposed to *sacred*: P. and V. βέβηλος (Thuc. and Plat.), Ar. and P. ὅσιος.

Profane, v. trans. *Defile*: P. and V. μιαίνειν, V. χραίνειν (also Plat. but rare P.); see *defile*. *Act impiously towards*: P. and V. ἀσεβεῖν εἰς (acc.).

Profanity, subs. P. and V. ἀσέβεια, ἡ, P. ἀνοσιότης, ἡ, V. δυσσέβεια, ἡ. *Impious act*: P. ἀσέβημα, τό.

Profess, v. trans. P. and V. ἐπαγγέλλεσθαι. *Practise*: P. and V. ἐπῐτηδεύειν. *Claim*: P. μεταποιεῖσθαι (gen.), ἀντιποιεῖσθαι (gen.). *Be a professor of*: P. ἐπαΐειν (gen.) (Plat.). Absol., P. and V. ἐπαγγέλλεσθαι. *Boast*: P. ἐπικομπεῖν, V. αὐχεῖν (also Thuc. but rare P.); see *boast*. *Declare*: P. and V. ἐξειπεῖν, V. προὐννέπειν; see *declare*.

Professedly, adv. *Nominally*: P. and V. λόγῳ, πρόφᾰσιν; see *nominally*.

Profession, subs. *Vocation*: P. ἐπιτήδευμα, τό, P. and V. τέχνη, ἡ. *Promise*: P. and V. ὑπόσχεσις, ἡ. *What one claims to do*: P. ἐπάγγελμα, τό.

Professional, adj. As opposed to *lay*: Ar. and P. δεινός, P. πεπαιδευμένος. *Professional speaker*: P. and V. ῥήτωρ, ὁ.

Professor, subs. *Teacher*: P. and V. δῐδάσκᾰλος, ὁ. *Be a professor of*, v.: P. ἐπαΐειν (gen.) (Plat.).

Proffer, v. trans. *Bring forward*: P. and V. πᾰρέχειν (or mid.). *Offer*: P. and V. προτείνειν, ἐκτείνειν; see *offer*.

Proficiency, subs. *Skill*: P. and V. ἐπιστήμη, ἡ. *Experience*: P. and V. ἐμπειρία, ἡ. *Progress*: P. ἐπίδοσις, ἡ.

Proficient, adj. P. and V. δεινός, σοφός, ἐπιστήμων, ἔμπειρος. *Proficient in*: P. and V. ἐντρῐβής (dat.), ἐπιστήμων (gen.), ἔμπειρος (gen.); see *skilful*.

Proficiently, adv. P. and V. σοφῶς, P. ἐπιστημόνως; see *skilfully*.

Profit, subs. *Advantage*: P. and V.

ὠφέλεια, ἡ, ὄφελος, τό, ὄνησις, ἡ, Ar. and V. ὠφέλημα, τό, ὠφέλησις, ἡ; see *advantage*. *Gain*: P. and V. κέρδος, τό, λῆμμα, τό. *Profits* (*on investment*): P. ἐπικαρπία, ἡ. *They make a double profit out of the city*: P. διχόθεν καρποῦνται τὴν πόλιν (Dem. 614). *Ye have had no profit in my glorious deeds*: V. οὐκ ὤνασθε τῶν ἐμῶν καλῶν (Eur., *H. F.* 1368).

Profit, v. trans. P. and V. συμφέρειν (dat.), ὠφελεῖν (acc. or dat.), ὀνῖνάναι, (or mid.), Ar. and V. λῡσῐτελεῖν (dat.), V. τέλη λύειν (dat.), λύειν (dat.). *It profits*: P. and V. συμφέρει, ὠφελεῖ, Ar. and P. λῡσῐτελεῖ, V. τέλη λύει, λύει, ἀρήγει. Absol., *get advantage*: P. and V. κερδαίνειν, ὀνίνασθαι; see *gain*. *Profit by, turn to account*: P. and V. χρῆσθαι (dat.). *Have benefit of*: P. and V. ἀπολαύειν (gen.), καρποῦσθαι (acc.), ἐκκαρποῦσθαι (acc.).

Profitable, adj. Ar. and P. κερδᾰλέος, P. λυσιτελής, V. κέρδιστος (superlative). *Advantageous*: P. and V. σύμφορος, συμφέρων, πρόσφορος, Ar. and P. ὠφέλῐμος, Ar. and V. ὠφελήσῐμος, V. ὀνήσῐμος; see *advantageous*. *Be profitable*: use *profit*, v.

Profitably, adv. P. κερδαλέως, λυσιτελούντως. *Beneficially*: P. συμφόρως, χρησίμως, ὠφελίμως, συμφερόντως. *Well*: P. and V. εὖ, κᾰλῶς. *Conveniently*: P. and V. προὔργου.

Profitless, adj. P. and V. ἄχρηστος, ἄχρειος, ἀσύμφορος, ἀνόνητος, ἀνωφελής; see *unprofitable*.

Profitlessly, adv. See *unprofitably*.

Profligacy, subs. P. ἀκολασία, ἡ, ἀκράτεια, ἡ, Ar. and P. κάκία, ἡ, P. and V. ὕβρῐς, ἡ. *Shamelessness*: P. and V. ἀναίδεια, ἡ. *Lawlessness*: P. and V. ἀνομία, ἡ, ἀναρχία, ἡ.

Profligate, adj. P. and V. ἀκόλαστος, ἀχάλῑνος (Eur., *Frag.*), αἰσχρός, κᾰκός, ἀνειμένος, Ar. and P. ἀκρᾰτής. *Shameless*: P. and V. ἀναιδής. *Lawless*: P. and V. ἄνομος, ἄναρχος.

Profligately, adv. P. and V. αἰσχρῶς, κᾰκῶς, P. ἀκολάστως, ἀκρατῶς. *Shamelessly*: P. and V. ἀναιδῶς. *Lawlessly*: P. ἀνόμως.

Profound, adj. *Deep*: P. and V. βᾰθύς; see *deep*. *Abstruse*: P. and V. ποικῐλος, πολύπλοκος; see *abstruse*. *Wise*: P. and V. σοφός.

Profoundly, adv. Met., *much*: P. and V. πολύ, σφόδρᾰ, κάρτᾰ (Plat. but rare P.), P. ἰσχυρῶς. *Wisely*: P. and V. σοφῶς. *Abstrusely*: Ar. and V. ποικίλως.

Profundity, subs. *Depth*: P. and V. βάθος, τό; see *depth*. *Wisdom*: P. and V. σοφία, ἡ, σύνεσις, ἡ, τό συνετόν.

Profuse, adj. *Spending too much*: P. δαπανηρός, ἄσωτος. *Abundant*: P. and V. πολύς, ἄφθονος, V. ἐπίρρῠτος. *Generous, ungrudging*: V. ἄφθονος.

Profusely, adv. P. ἀσώτως. *Abundantly*: P. and V. ἀφθόνως (Eur., *Frag.*).

Profuseness, subs. P. ἀσωτία, ἡ. *Abundance*: P. ἀφθονία, ἡ, Ar. and P. περιουσία, ἡ, P. and V. πλῆθος, τό, V. βάρος, τό.

Progenitor, subs. *Ancestor*: P. and V. πρόγονος, ὁ. *One's progenitors*: use P. and V. οἱ πάλαι, οἱ πρόσθεν, P. οἱ ἄνωθεν, οἱ προπάτορες, V. οἱ πάρος. *Founder of a family*: P. and V. ἀρχηγός, ὁ, ἀρχηγέτης, ὁ.

Progeny, subs. P. and V. ἔκγονος, ὁ or ἡ. *Child*: P. and V. παῖς, ὁ or ἡ, Ar. and V. τέκνον, τό (rare P.), γόνος, ὁ, V. τόκος, ὁ, γονή, ἡ, γέννημα, τό, γένεθλον, τό, σπέρμᾰ, τό (rare P.), σπορά, ἡ. *Scion*: Ar. and V. ἔρνος, τό, V. θάλος, τό, βλάστημα, τό, φῠτόν, τό; see *scion*. *Young* (*of animals*): see *young*.

Prognosticate, v. trans. P. and V. προλέγειν, μαντεύεσθαι, Ar. and P. προᾰγορεύειν, προειπεῖν, V. προφαίνειν, προσημαίνειν; see *foretell*. *Foreknow*: P. and V. προγιγνώσκειν, P.

προειδέναι, προεπίστασθαι, V. προὐξεπίστασθαι.

Prognostication, subs. *Prophesy*: P. and V. λόγος, ὁ, λόγια, τά, Ar. and V. φάτις, ἡ; see *prediction*. *Art of prognosticating*: P. and V. μαντεία, ἡ, μαντική, ἡ.

Programme, subs. *Outline*: P. ὑπογραφή. *Policy*: P. προαίρεσις, ἡ.

Progress, subs. P. ἐπίδοσις, ἡ.

Progress, v. intrans. P. and V. προκόπτειν, Ar. and P. ἐπιδιδόναι. *Advance*: P. and V. προχωρεῖν.

Prohibit, v. trans. P. and V. οὐκ ἐᾶν, ἀπειπεῖν, Ar. and P. ἀπαγορεύειν, Ar. and V. ἀπαυδᾶν, V. ἀπεννέπειν; see also *prevent*.

Prohibited, adj. P. and V. ἀπόρρητος.

Prohibition, subs. P. ἀπόρρησις, ἡ.

Prohibitive, adj. *Excessive*: P. and V. περισσός.

Project, v. trans. Lit., use P. and V. προάγειν. Met., *plan*: P. and V. βουλεύειν; see *plan*. V. intrans. *Jut*: P. and V. προὔχειν, Ar. and P. ἐξέχειν, P. ἀνέχειν, ὑπερτείνειν. *Project above*: P. ὑπερέχειν (gen.) (Thuc. 7, 25). *Project over*: P. ὑπερτείνειν ὑπέρ (gen.) (Thuc. 2, 76).

Project, subs. *Plan*: P. and V. γνώμη, ἡ, βούλευμα, τό, ἔννοια, ἡ (Plat.), ἐπίνοια, ἡ; see *plan*. *Purpose*: P. προαίρεσις, ἡ.

Projectile, subs. P. and V. βέλος, τό (rare P.).

Projection, subs. P. πρόβολος, ὁ. *Projecting part*: P. τὸ πρόεχον. *Knob*: Ar. and P. τύλος, ὁ (Xen.).

Proletariat, subs. Use P. and V. δῆμος, ὁ, ὄχλος, ὁ, πλῆθος, τό, οἱ πολλοί.

Prolific, adj. Of animals: P. γόνιμος, V. φυτάλμιος. *Blessed with many offspring*: V. εὔτεκνος. Of plants, etc.: P. and V. πάμφορος (Plat.), εὔκαρπος (Plat.), Ar. and P. καρποφόρος (Xen.), πολύκαρπος (Plat.); see *fruitful*. Met., *frequent*: P. and V. πυκνός, Ar. and P. συχνός. *Prolific in, rich in*: P. and V. πλούσιος (gen.); see *full*. *Abundant*: P. and V. ἄφθονος.

Prolifically, adv. *Abundantly*: P. and V. ἀφθόνως (Eur., *Frag.*).

Prolix, adj. P. μακρολόγος, P. and V. μακρός. *Be prolix*, v.: P. and V. μακρηγορεῖν (Thuc.), P. μακρολογεῖν.

Prolixity, subs. P. μακρολογία, ἡ.

Prologue, subs. Ar. πρόλογος, ὁ. *Prelude*: P. and V. προοίμιον, τό, V. φροίμιον, τό.

Prolong, v. trans. P. and V. μηκύνειν, τείνειν, ἐκτείνειν, P. ἀποτείνειν. *Be prolonged (in time)*: P. and V. χρονίζεσθαι. *I thank old age for this favour only, that it has prolonged my life so far*: P. χάριν ἔχω τῷ γήρᾳ ταύτην μόνην, ὅτι προήγαγεν εἰς τοῦτό μου τὸν βίον (Isoc. 413A). *Prolonged, long*: P. and V. μακρός. *Lasting long*: P. and V. χρόνιος.

Promenade, subs. P. περίπατος, ὁ. *Place for walking*: P. and V. δρόμος, ὁ.

Promenade, v. intrans. Ar. and P. περιπατεῖν.

Prominence, subs. *He resembles you both in his snub nose and the prominence of his eyes*: P. προσέοικε σοὶ τήν τε σιμότητα καὶ τὸ ἔξω τῶν ὀμμάτων (Plat., *Theaet.* 143E). *Conspiciousness*: P. περιφάνεια, ἡ. *Celebrity*: P. and V. δόξα, ἡ, εὐδοξία, ἡ; see *celebrity*. *Give prominence to, lay stress on*: P. ἰσχυρίζεσθαι περί (gen.).

Prominent, adj. *Projecting*: use P. and V. προὔχων, Ar. and P. ἐξέχων. *Having prominent eyes*: P. ἐξόφθαλμος. *Conspicuous*: P. and V. περιφανής, ἐκπρεπής, διαπρεπής, P. καταφανής, ἐπιφανής; see *conspicuous*. *Be prominent, conspicuous*, v.: V. πρέπειν, Ar. and V. ἐμπρέπειν. *Celebrated*: P. and V. εὔδοξος, περίβλεπτος, P. ἀξιόλογος, εὐδόκιμος; see *celebrated*.

Prominently, adv. *Conspicuously*:

P. and V. περῐφᾰνῶς, P. ἐπιφανῶς.

Promiscuous, adj. P. and V. σύμμικτος, συμμῐγής (Plat.), μῐγάς, Ar. and P. 'μικτός (Plat.).

Promiscuously, adv. P. ἀναμίξ χύδην, P. and V. εἰκῆ, φύρδην (Xen.); see *pell-mell*.

Promise, v. trans. or absol. P. and V. ὑπισχνεῖσθαι, ἐπαγγέλλεσθαι, ἐπῐνεύειν, V. ὑπίσχεσθαι, σῠναινεῖν (also Xen.), αἰνεῖν, κᾰταινεῖν, P. κατεπαγγέλλεσθαι. Absol., P. and V. ὑφίστασθαι, P. ὑποδέχεσθαι, ἀναδέχεσθαι, V. ἐξαγγέλλεσθαι. *Pledge oneself*: Ar. and P. ἐγγυᾶσθαι. *Promise to be, be likely to be*: P. and V. μέλλειν (infin.). *Promise well*: P. and V. εὖ προχωρεῖν.

Promise, subs. P. and V. ὑπόσχεσις, ἡ, P. ἐπάγγελμα, τό. *Assurance, pledge*: P. and V. πίστῐς, ἡ, πιστόν, τό; see *pledge*. *Hope, expectation*: P. and V. ἐλπῐ́ς, ἡ.

Promising, adj. *Favourable*: P. and V. κᾰλός. *With good abilities*: P. and V. εὐφυής (Eur., *Frag.*).

Promontory, subs. P. and V. ἄκρα, ἡ, P. ἀκρωτήριον, τό, V. ἀκτή, ἡ, προβλής, ὁ, Ar. and V. ἄκρον, τό, πρών, ὁ.

Promote, v. trans. *Help on*: P. and V. σπεύδειν, ἐπισπεύδειν. With non-personal subject: P. προφέρειν εἰς (acc.). *Subserve*: P. and V. ὑπηρετεῖν (dat.). *Exalt in rank*: P. and V. αὐξάνειν, αὔξειν, αἴρειν, προτῑμᾶν, Ar. and V. ὀγκοῦν, τίμιον ἀνάγειν.

Promotion, subs. *Preparation*: Ar. and P. πᾰρασκευή, ἡ. *Initiation*: P. εἰσήγησις, ἡ. *Honour*: P. and V. τῑμή, ἡ.

Prompt, adj. *Ready*: P. and V. ἑτοῖμος. *Zealous*: P. and V. πρόθῡμος.

Prompt, v. trans. *Suggest*: P. and V. ὑποβάλλειν (τινί τι); see *suggest*. *Instigate*: Ar. and P. εἰσηγεῖσθαι; see *instigate*.

Prompter, subs. *Instigator*: P. εἰσηγητής, ὁ, ἐξηγητής, ὁ, P. and V. ἡγεμών, ὁ or ἡ.

Promptitude, subs. *Quickness*: P. and V. τάχος, τό. *Zeal*: P. and V. σπουδή, ἡ, προθῡμία, ἡ.

Promptly, adv. *Immediately*: P. and V. αὐτίκᾰ, πᾰραυτίκᾰ, εὐθύς, εὐθέως, Ar. and P. πᾰραχρῆμα; see also *quickly*. *With zeal*: P. and V. σπουδῇ, προθύμως.

Promptness, subs. See *promptitude*.

Promulgate, v. trans. *Proclaim*: Ar. and P. ἀνᾰγορεύειν, P. and V. ἀνειπεῖν. *Be promulgated, exposed to public view*: P. ἐκκεῖσθαι.

Prone, adj. P. and V. προπετής (Xen.), V. προνωπής; see also *prostrate*. Met., *inclined to*: P. προπετής πρός (acc.), V. προνωπής εἰς (acc.). *Be prone to*: (with infin.): P. and V. φῐλεῖν; see also *liable*. *A woman is weak and prone to tears*: V. γυνὴ δὲ θῆλυ κἀπὶ δακρύοις ἔφυ (Eur., *Med.* 928).

Proneness, subs. *Desire*: P. and V. ἐπῐθῡμία, ἡ. *Proneness to*: P. εὐχέρεια, ἡ (gen.).

Prong, subs. Use P. and V. κνώδων, ὁ (Xen.). *Fork with two prongs*: Ar. and V. δῐ́κελλα, ἡ.

Pronounce, v. trans. *Articulate*: P. and V. φθέγγεσθαι; see *utter*. *Express (an opinion)*: P. and V. ἀποφαίνεσθαι. *Pronounce sentence*, v.: P. and V. δῐκάζειν, διᾰγιγνώσκειν, P. διαδικάζειν; see *sentence*. *Pronounce sentence against*: P. and V. κᾰτᾰγιγνώσκειν (gen.), P. κατακρίνειν (gen.), καταψηφίζεσθαι (gen.).

Pronounced, adj. *Open unmistakeable*: P. and V. σᾰφής.

Pronunciation, subs. *Way of speaking*: use P. λέξις, ἡ.

Proof, subs. *Sign*: P. and V. σημεῖον, τό, τεκμήριον, τό, δεῖγμα, τό, P. ἔνδειγμα, τό, V. τέκμᾰρ, τό. *Evidence, witness*: P. and V. τεκμήριον, τό, P. μαρτύριον, τό. *Testimony*: Ar. and P. μαρτῠρία, ἡ, V. μαρτῠ́ρια, τά, μαρτῠ́ρημα, τό. *Test, trial*: P. and V. πεῖρα, ἡ, ἔλεγχος, ὁ, P. διάπειρα, ἡ (Dem. 1288). *Example*: P. and V. πᾰράδειγμα, τό. *Demonstration*: P. ἀπόδειξις, ἡ. *Make proof of*: P. and V. πειρᾶσθαι (gen.), γεύεσθαι (gen.) (Plat.). *Test*: P. and V. ἐλέγχειν, ἐξελέγχειν, Ar. and P. βᾰσᾰνίζειν; see *test*. *Make proof of some one's friendship*: P. λαμβάνειν τῆς φιλίας πεῖράν (τινος) (Dem. 663, cf. 1288). *Give proof of*: P. δεῖγμα ἐκφέρειν (gen.) (Dem. 679). *Those who have given proof of much virtue and moderation in their career*: P. οἱ . . . πολλὴν ἀρετὴν ἐν τῷ βίῳ καὶ σωφροσύνην ἐνδεδειγμένοι (Isoc. 147B). *I gave proof of the good will I bore him*: P. ἐπεδειξάμην τὴν εὔνοιαν ἣν εἶχον εἰς ἐκεῖνον (Isoc. 389B). *Proof against, unmoved by*: P. and V. ἀκῑνητος (dat.), Ar. and V. ἄτεγκτος (dat.); see *untouched*. *Proof against bribery*: use adj.; *incorruptible*. *Be proof against, keep out*: P. and V. στέγειν (acc.). Met., *not to yield to*: use P. and V. οὐκ εἴκειν (dat.).

Prop, subs. *Prop for a vine*: Ar. and P. χάραξ, ὁ or ἡ. Generally: P. and V. ἔρεισμα, τό (Plat.). Met., *support, stay*: V. ἔρεισμα, τό, στῦλος, ὁ; see *bulwark*.

Prop, v. trans. *Lean*: P. and V. κλῑνειν, V. ἐρείδειν (also Plat. but rare P.). *Support*: V. ἐρείδειν; see *support*.

Propaganda, subs. *Doctrine*: P. δόγμα, τό. *Persuasion*: P. and V. πειθώ, ἡ. *Faction*: P. and V. στάσῐς, ἡ. *Policy*: P. προαίρεσις, ἡ.

Propagate, v. trans. *Disseminate*: P. and V. διασπείρειν, ἐκφέρειν, διᾰδῐδόναι, Ar. and V. σπείρειν. *Beget (offspring)*: P. and V. γεννᾶν, τίκτειν, σπείρειν (Plat.); see *procreate*. Absol., P. and V. παιδοποιεῖν (or mid.). *Broach, introduce*: P. and V. κῑνεῖν, Ar. and P. εἰσηγεῖσθαι.

Propagation, subs. *Procreation*: P. παιδοποιία, ἡ, τέκνωσις, ἡ, γένεσις, ἡ, P. and V. γέννησις, ἡ (Plat.), σπορά, ἡ (Plat.). *Initiation*: P. εἰσήγησις, ἡ.

Propagator, subs. P. and V. γεννητής, ὁ (Plat.), γεννήτωρ, ὁ (Plat.), γονεύς, ὁ. *Initiator*: P. εἰσηγητής, ὁ.

Propel, v. trans. P. and V. ἐλαύνειν. *Move*: P. and V. κῑνεῖν.

Propensity, subs. *Impulse*: P. and V. ὁρμή, ἡ. *Disposition*: P. and V. γνώμη, ἡ; see *inclination*. *Propensity to*: P. εὐχέρεια (gen.). *Have a propensity to*: P. and V. φῐλεῖν (infin.), with subs., P. ἀποκλίνειν (εἰς acc. or πρός acc.); see *be liable to*. *Habit*: P. ἕξις, ἡ.

Proper, adj. *Fitting*: P. and V. εὐπρεπής, πρέπων, προσήκων σύμμετρος, εὐσχήμων, κᾰθήκων, Ar. and P. πρεπώδης, V. ἐπεικώς, προσεικώς, συμπρεπής. *It is proper*, v.: P. and V. πρέπει, προσήκει, ἁρμόζει. *Suitable*: P. and V. ἐπῐτήδειος, σύμφορος, πρόσφορος. *Opportune*: P. and V. καίριος, ἐπῐκαιρος, V. εὔκαιρος. *Proper to, suitable to*: P. οἰκεῖος (dat.). *Orderly*: P. and V. κόσμιος, εὔκοσμος, Ar. and P. εὔτακτος. *Ceremonious*: P. and V. σεμνός.

Properly, adv. *Fitly*: P. and V. εὐπρεπῶς, πρεπόντως, συμμέτρως, P. προσηκόντως, V. ἐναισίμως. *Suitably*: P. ἐπιτηδείως, συμφόρως. *Seasonably*: P. εὐκαίρως, P. and V. καιρίως (Xen.); see *seasonably*. *In an orderly way*: Ar. and P. κοσμίως, P. and V. εὐτάκτως.

Property, subs. P. and V. οὐσία, ἡ, χρήμᾰτα, τά, P. τὰ ὄντα; see also *wealth*. *Men of property*: use *rich*. *Inheritance*: P. and V. κλῆρος, ὁ, V. παγκληρία, ἡ, Ar. and V. παμπησία, ἡ. *Claim a property at law*: P. ἐπιδικάζεσθαι κλήρου. *Landed property*: P. οὐσία ἔγγειος, ἡ. *Personal property*: P. ἀφανὴς οὐσία, ἡ. *Portable property*: P.

κατασκευή, ἡ. *Real property* : P. φανερὰ οὐσία, ἡ. *Taxable property* : P. τίμημα, τό. Inherent quality in things (as colour, weight, etc.), P. πάθος, τό (Plat.), πάθημα, τό (Plat.); see *attribute*. *Characteristic* : P. and V. ἴδιον. *Theatrical properties* : Ar. σκευάρια, τά. *Property tax* : Ar. and P. εἰσφορά, ἡ. *Pay the property tax*, v. : P. εἰσφέρειν. *Join in paying property tax* : P. συνεισφέρειν.

Prophecy, subs. *Something predicted* : P. and V. λόγος, ὁ, λόγια, τά, Ar. and V. φάτις, ἡ, θέσφατον, τό, V. ἔπος, τό, θέσπισμα, τό, or pl. *Oracle* : P. and V. χρηστήριον, τό, μαντεῖον, τό, μαντεία, ἡ, χρησμός, ὁ, χρησμῳδία, ἡ, Ar. and V. μάντευμα, τό, or pl. *Art of prediction* : P. and V. μαντεία, ἡ, μαντική, ἡ. *True prophecy* : V. ὀρθομαντεία, ἡ. *The child foretold by prophecy* : V. μαντευτὸς γόνος (Eur., *Ion*, 1209).

Prophesy, v. trans. *Predict* : Ar. and P. προαγορεύειν, προειπεῖν, P. and V. προλέγειν, V. προσημαίνειν, προφαίνειν, προφωνεῖν. *Prophesy by oracles* : P. and V. μαντεύεσθαι, P. ἀπομαντεύεσθαι, Ar. and P. χρησμῳδεῖν, V. προμαντεύεσθαι, (Eur., *Frag.*), θεσπίζειν, προθεσπίζειν, φημίζειν, Ar. and V. θεσπιῳδεῖν. *It was prophesied to me* : V. ἐμοὶ . . . ἦν πρόφαντον (Soph., *Tr.* 1158). *Prophesying truly*, adj. : V. ἀληθόμαντις. *Prophesying falsely* : V. ψευδόμαντις.

Prophet, subs. P. and V. μάντις, ὁ, προφήτης, ὁ. *One who speaks by oracles* : Ar. and P. χρησμολόγος, ὁ, P. χρησμῳδός, ὁ. *Soothsayer* : P. τερατοσκόπος, ὁ, V. τερασκόπος, ὁ, Ar. and V. θυηπόλος, ὁ. *Augur* : V. οἰωνόμαντις, ὁ, οἰωνοσκόπος, ὁ. *Sure prophet* : use adj. V. ἀριστόμαντις. *Any one who predicts the future* : P. and V. μάντις, ὁ (Dem. 252).

Prophetess, subs. P. and V. μάντις, ἡ. *Pythian priestess* : P. and V. Πυθία, ἡ, προφῆτις, ἡ (Plat., *Phaedr.* 244A), πρόμαντις, ἡ, μάντις, ἡ. *Earth the first prophetess* : V. πρωτόμαντις Γαῖα (Æsch., *Eum.* 2).

Prophetic, adj. P. and V. μαντικός, Ar. and P. μαντεῖος, V. χρηστήριος, θεσπιῳδός, θεσφατηλόγος. *Prophetic souled* : V. θυμόμαντις. *Verily the fear of thy visions was prophetic* : V. ἦ κάρτα μάντις οὑξ ὀνειράτων φόβος (Æsch., *Choe.* 929). *Prophetic of* : V. μάντις (gen. or absol.), πρόμαντις (gen. or absol.). *Prophetic cry* : V. κληδών, ἡ, Ar. and V. φάτις, ἡ. *Prophetic voice (of a god)* : V. ὀμφή, ἡ.

Prophetically, adv. Ar. and P. μαντικῶς.

Propitiate, v. trans. *The gods* : P. ἱλάσκεσθαι (Plat.). *Appease* : P. and V. πραΰνειν, P. παραμυθεῖσθαι, V. παρηγορεῖν, θέλγειν (also Plat. but rare P.), μαλθάσσειν, Ar. and V. μαλάσσειν. *Please* : P. and V. ἀρέσκειν (acc. or dat.), Ar. and V. ἁνδάνειν (dat.); see *please*. *Soothe* : P. and V. κηλεῖν (Plat.). *Bring over to one's side* : P. and V. προσάγεσθαι, προστίθεσθαι, προσποιεῖσθαι, P. εὐτρεπίζεσθαι; see *win over*. *Persuade* : P. and V. πείθειν; see *persuade*.

Propitiation, subs. *Appeasing* : P. κήλησις, ἡ. *Atonement* : P. and V. καθαρμός, ὁ, λύσις, ἡ. *Something that propitiates* : V. θελκτήριον, τό, μείλιγμα, τό, μειλικτήρια, τά.

Propitiatory, adj. V. θελκτήριος, κηλητήριος, πρευμενής; see also *gentle*, *suppliant*.

Propitious, adj. P. and V. ἵλεως (sometimes scanned as dissyllable), φίλιος, εὔνους, εὐμενής, Ar. and V. φίλος, εὔφρων, πρόφρων, V. πρευμενής, P. εὐνοϊκός; see *friendly*. *Auspicious* : P. and V. καλός, εὔφημος (Plat.), εὐτυχής, V. δεξιός, εὐμενής, πρευμενής; see *favourable*.

Propitiously, adv. P. and V. εὐμενῶς, φιλοφρόνως (Plat.), P. φιλικῶς (Plat.), εὐνοϊκῶς, V. εὐφρόνως, πρευμενῶς. *Auspiciously:* P. and V. εὖ, κᾰλῶς, εὐτῠχῶς, εὐδαιμόνως, V. αἰσίως.

Proportion, subs. P. ἀναλογία, ἡ. *In proportion:* P. κατὰ λόγον. *In the same proportion:* P. κατὰ ταὐτά, κατὰ τὸν αὐτὸν λόγον, ἀνὰ τον αὐτὸν λογον. *In proportion to:* P. ἀνὰ λόγον (gen.). *Quota:* use P. and V. μέρος, τό. *Fair share:* P. and V. τὸ ἴσον. *Measure:* P. and V. μέτρον, τό. *Symmetry, harmony:* P. συμμετρία, ἡ.

Proportional, adj. P. ἀνάλογος.

Proportionate, adj. P. and V. σύμμετρος, P. ἔμμετρος; see also *proper. They agreed to pay money, a praportionate sum instead of ships:* P. χρήματα ἐτάξαντο ἀντὶ τῶν νεῶν τὸ ἱκνούμενον ἀνάλωμα φέρειν (Thuc. 1, 99).

Proportionately, adv. See *in proportion*, under *proportion.*

Proportioned, adj. *Well-proportioned:* see *graceful.*

Proposal, subs. P. and V. λόγος, ὁ, or pl. *Legislative proposal:* P. and V. ψήφισμα, τό, Ar. and P. γνώμη, ἡ. *Plan:* P. and V. γνώμη, ἡ, βουλή, ἡ, βούλευμα, τό; see *plan. Proposal of the Senate before ratification by the Assembly:* P. προβούλευμα, τό. *Make proposals for a truce:* P. προσφέρειν λόγον περὶ σπονδῶν (Thuc. 3, 109).

Propose, v. trans. *Put forward for consideration:* P. and V. ἐπάγειν, εἰσάγειν, εἰσφέρειν, προσφέρειν, προτῐθέναι. *Propose (a law or subject):* Ar. and P. εἰσηγεῖσθαι. *Propose a law:* P. and V. γράφειν (Eur., *Ion*, 443). *Propose a clause in addition:* P. προσγράφειν (acc.). *Propose for election:* P. προβάλλειν (Dem. 276). *Suggest:* P. and V. ὑποτῐθέναι (mid. more common in P.), ὑπειπεῖν, ὑποβάλλειν; see *suggest. Recommend:* P. and V. πᾰραινεῖν, συμβουλεύειν. *Intend:* P. and V. βουλεύειν, νοεῖν, ἐννοεῖν, Ar. and P. διᾰνοεῖσθαι, ἐπῐνοεῖν.

Proposer, subs. *Of a law:* P. ὁ γράφων. Generally: P. ἐξηγητής, ὁ.

Proposition, subs. See *proposal. Statement:* P. and V. λόγος, ὁ, ῥῆμα, τό.

Propound, v. trans. P. and V. προτῐθέναι, P. προφέρειν, Ar. and P. προτείνειν; see *propose.*

Propounder, subs. *Propounder of dark oracles:* V. αἰνικτὴρ θεσφᾰτων (Soph., *Frag.*).

Propraetor, subs. P. ἀντιστράτηγος, ὁ (late). *Be propraetor*, v.: ἀντιστρατηγεῖν (late).

Proprietor, subs. Use P. and V. ὁ κεκτημένος, ὁ ἔχων. *Landowner:* P. γεωμόρος, ὁ, V. γᾱμόρος, ὁ.

Proprietorship, subs. *Possession:* P. and V. κτῆσις, ἡ.

Propriety, subs. P. and V. τὸ κόσμιον, εὐκοσμία, ἡ, τὸ πρέπον, τὸ προσῆκον, P. εὐσχημοσύνη, ἡ. *Shame:* P. and V. αἰδώς, ἡ.

Prorogation, subs. *Breaking up of an assembly:* P. διάλυσις, ἡ.

Prorogue, v. trans. *Break up (an assembly):* P. and V. διᾰλῡ́ειν.

Prosaic, adj. *Commonplace:* P. and V. φαῦλος. *Unexciting:* Ar. and P. ψυχρός.

Proscribe, v. trans. *Outlaw:* P. and V. ἐκκηρύσσειν. *Interdict:* Ar. and P. ἀπᾰγορεύειν, P. and V. ἀπειπεῖν, V. ἀπεννέπειν; see *prohibit. Put on a list for punishment:* P. ἀπογράφειν. In technical sense of Latin *proscribere:* use P. προγράφειν (late).

Proscription, subs. *Outlawry, banishment:* P. and V. φῠγή, ἡ. *Prohibition:* P. ἀπόρρησις, ἡ. In technical sense of Latin *proscriptio:* P. προγραφή, ἡ (late).

Prose, subs. P. ψιλοὶ λόγοι, ἴδιοι λόγοι. *In prose:* use adj., Ar. and P. πεζῇ, P. ἰδίᾳ. *Narrate in prose:* P. καταλογάδην διηγεῖσθαι (acc.).

Prose, v. intrans. P. and V. μακρηγορεῖν (Thuc.), P. μακρολογεῖν, ἀρχαιολογεῖν; see also *moralise.*

Prosecute, v. trans. P. and V. μετέρχεσθαι. *Carry on*: Ar. and P. μεταχειρίζεσθαι, P. διαχειρίζειν. *Prosecure a war*: P. πόλεμον διαφέρειν. *Practise*: P. and V. ἀσκεῖν, ἐπιτηδεύειν. *Prosecute (legally)*: P. and V. διώκειν, μετέρχεσθαι, ἐπεξέρχεσθαι (dat.). *Be prosecuted*: P. and V. φεύγειν. *Prosecute for*: P. and V. διώκειν (τινά τινος), P. ἐπεξέρχεσθαι (τινί τι or τινί τινος). *Be prosecuted for*: P. and V. φεύγειν (gen.). *Prosecute inquiries about*: P. ἐπεξέρχεσθαι περί (gen.).

Prosecution, subs. *Management*: P. διαχείρισις, ἡ. *Legal prosecution*: P. δίωξις, ἡ. *Criminal prosecution*: Ar. and P. γραφή, ἡ. *Concretely, the prosecuting party*: use P. and V. ὁ διώκων.

Prosecutor, subs. P. and V. ὁ διώκων.

Prose-writer, subs. P. λογοποιός, ὁ.

Prosiness, subs. P. μακρολογία, ἡ.

Prospect, subs. *View*: P. and V. ὄψις, ἡ. *Range of view*: P. ἔποψις, ἡ. *Spectacle*: P. and V. θέα, ἡ, θέαμα, τό, ὄψις, ἡ, V. πρόσοψις, ἡ; see *view*. *Expectation*: P. προσδοκία, ἡ, P. and V. ἐλπίς, ἡ. *Ruin one's prospects*: P. διαφθείρειν τὰ πράγματα.

Prospective, adj. Use P. and V. μέλλων.

Prosper, v. trans. *Set in the right way*: P. and V. ὀρθοῦν, κατορθοῦν. *Help on*: P. and V. σπεύδειν, ἐπισπεύδειν. V. intrans. P. and V. εὖ πράσσειν, εὖ ἔχειν, εὖ φέρεσθαι (or substitute καλῶς for εὖ), εὐθενεῖν, εὐτυχεῖν, ὀρθοῦσθαι, κατορθοῦν (or pass.). *Prosper* (of persons only): P. and V. εὖ πάσχειν, εὐδαιμονεῖν, P. εὐπραγεῖν. *Flourish, bloom*: P. and V. ἀνθεῖν, ἀκμάζειν, θάλλειν (Plat. but rare P.). *Live in prosperity*: V. εὐημερεῖν. *Fare* (of things): P. and V. χωρεῖν, ἔχειν, προχωρεῖν.

Prospering, adj. Of wind: P. and V. οὔριος (Thuc. and Plat.); see *favourable*. *Prospering wind*, subs.: V. οὖρος, ὁ (also Xen.), P. οὔριος ἄνεμος, ὁ.

Prosperity, subs. P. and V. εὐπραξία, ἡ, Ar. and P. εὐτυχία, ἡ, P. εὐδαιμονία, ἡ, V. ὄλβος, ὁ (also Xen. but rare P.), εὐεστώ, ἡ, εὔσοια, ἡ. *Interest, advantage*: P. and V. τὸ συμφέρον, τὰ συμφέροντα.

Prosperous, adj. P. and V. εὐτυχής, εὐδαίμων, μακάριος, Ar. and V. μάκαρ, ὄλβιος, V. οὔριος. *Auspicious*, adj.: see *auspicious*.

Prosperously, adv.: P. and V. εὐτυχῶς, εὐδαιμόνως, μακαρίως, εὖ, καλῶς, V. αἰσίως. *Auspiciously*: see *auspiciously*.

Prostitute, v. trans. Met., *misuse*: P. ἀποχρῆσθαι (dat.) or use *sell, enslave, disgrace*. *Prostitute oneself, be a prostitute*: P. πορνεύειν.

Prostitute, subs. Ar. and P. πόρνη, ἡ.

Prostitution, subs. P. πορνεία, ἡ.

Prostrate, v. trans. P. and V. καταβάλλειν. *Prostrate oneself*: P. and V. προσκυνεῖν, Ar. and V. προσπίπτειν (also Xen. but rare P.), V. προσπίτνειν. *Prostrate oneself before*: P. and V. προσκυνεῖν (acc.), Ar. and V. προσπίπτειν (acc. or dat.), V. προσπίτνειν (acc. or dat.), Ar. and P. προκυλινδεῖσθαι (gen. or dat.). *Be prostrated (by illness)*: P. and V. κάμνειν, νοσεῖν. *Be prostrated (by grief), etc.*: P. and V. ἐκπλήσσεσθαι, πιέζεσθαι.

Prostrate, adj. V. χαμαιπετής. *Lie prostrate*, v.: P. and V. κεῖσθαι. *Fall prostrate*: P. and V. πίπτειν, καταπίπτειν (Eur., *Cycl.*). *The prostrate body of his dead father*: V. ὑπτίασμα κειμένου πατρός (Æsch., *Ag.* 1285).

Prostration, subs. *Obeisance*: P. προσκύνησις, ἡ. *Exhaustion*: P. and V. κόπος, ὁ, V. κάματος, ὁ.

Prosy, adj. P. μακρολόγος.

Protect, v. trans. *Guard*: P. and V. φυλάσσειν, φρουρεῖν, διαφυλάσσειν, περιστέλλειν, V. ἐκφυλάσσειν, ῥύεσθαι, Ar. and P. τηρεῖν. *Defend*: P. and V. ἀμύνειν (dat.). *Champion*: P. and V. προστατεῖν (gen.), προΐστασθαι (gen.), V. ὑπερστατεῖν (gen.); see *champion*. *Protect a place* (*as a tutelary deity does*): P. and V. ἔχειν (acc.) (Dem. 274), P. λαγχάνειν (acc.) (Plat.), Ar. and V. προστατεῖν (gen.), ἐπισκοπεῖν (acc.), V. ἀμφέπειν (acc.). *Shelter*: V. στέγειν (also Xen.), P. σκεπάζειν (Xen.). *Save*: P. and V. σώζειν, διασώζειν, ἐκσώζειν.

Protecting, adj. V. προστατήριος, ἀλεξητήριος, P. and V. σωτήριος. *Protecting the land, tutelary*: Ar. and P. πολιοῦχος (Plat.), P. and V. ἑστιοῦχος (Plat. also Ar.), V. δημοῦχος, πολισσοῦχος.

Protection, subs. *Guarding*: P. and V. φυλακή, ἡ, φρουρά, ἡ, τήρησις, ἡ (Eur., *Frag.*), V. φρούρημα, τό. *Safety*: P. and V. σωτηρία, ἡ. *Shelter*: P. σκέπη, ἡ (Plat.). *Place of refuge*: P. and V. καταφυγή, ἡ. *Fly for protection*: P. and V. καταφεύγειν. *Defence, bulwark*: P. and V. ἔρυμα, τό, ἔπαλξις, ἡ, V. ἕρκος, τό. Used concretely of a person: V. ἔρεισμα, τό, πύργος, ὁ. *Protection against*: P. and V. πρόβλημα, τό (gen.), V. ἔρυμα, τό (gen.), ῥῦμα, τό (gen.), ἔπαλξις, ἡ (gen.), ἀλκή, ἡ (gen.), P. προβολή, ἡ (gen.). *What protection will this be to me?* V. τί δὴ τόδ' ἔρυμά μοι γενήσεται; (Eur., *Phoen.* 983). *Laying aside their spears, the protection of their lord*: V. λόγχας δὲ θέντες δεσπότου φρουρήματα (Eur., *El.* 798). *Safe-guard*: P. φυλακή, ἡ, φυλακτήριον, τό.

Protector, subs. P. and V. φύλαξ, ὁ, φρουρός, ὁ. *Champion*: P. and V. προστάτης, ὁ; see *champion*. *Patron*: Ar. and V. πρόξενος, ὁ. *Tutelary protector*: P. and V. ἐπίσκοπος, ὁ (Plat.); see *tutelary*. *Saviour*: P. and V. σωτήρ, ὁ.

Protectorate, subs. P. προστασία, ἡ.

Protectress, subs. P. and V. φύλαξ, ἡ. *Tutelary protectress*: P. and V. σώτειρα, ἡ. *Patroness*: V. πρόξενος, ἡ.

Protest, v. intrans. *Speak in opposition*: P. and V. ἀντιλέγειν. *Declare emphatically*: P. διαμαρτύρεσθαι, P. and V. μαρτύρεσθαι; see *assert*. *Protest against*: use P. ἀγανακτεῖν ἐπί (dat.), σχετλιάζειν ἐπί (dat.). *Protest against restoring* (*him*) *to his country*: P. μαρτύρεσθαι . . . μὴ κατάγειν (Thuc. 8, 53).

Protest, subs. P. ἀντιλογία, ἡ, σχετλιασμός, ὁ (Thuc. 8, 53); see *remonstrance*. *Under protest*: use adj., P. and V. ἄκων, οὐχ ἑκών (lit., *unwilling*). *He refuses to surrender him to them in spite of their protests*: P. πολλὰ εἰποῦσι οὐκ ἐκδίδωσι (Thuc. 1, 137).

Protestation, subs. *Adjuration*: P. ἐπιμαρτυρία; see *protest*. *Make protestation*: see *protest*.

Prototype, subs. *Example*: P. and V. παράδειγμα, τό.

Protract, v. trans. P. and V. μηκύνειν, τείνειν, ἐκτείνειν, P. ἀποτείνειν. *Be protracted*: P. and V. χρονίζεσθαι. *Protracted*: use adj., P. and V. χρόνιος.

Protrude, v. intrans. *Project*: P. and V. προὔχειν, Ar. and P. ἐξέχειν.

Protuberance, subs. Use P. and V. ὄγκος, ὁ.

Protuberant, adj. Use P. and V. ὀγκώδης; see *prominent*.

Proud, adj. P. and V. σεμνός, ὑψηλός, P. ὑπερήφανος, μεγαλόφρων, V. ὑπέρφρων, σεμνόστομος, ὑψηλόφρων (also Plat. but rare P.), ὑψήγορος, ὑπέρκοπος, Ar. and V. γαῦρος. *Magnificent, splendid*: P. and V. σεμνός, λαμπρός, εὐπρεπής, Ar. and P. μεγαλοπρεπής. *Be proud*, v.: P. and V. φρονεῖν μέγα, ὑπερφρονεῖν, V. πνεῖν μεγάλα; see *be puffed up*, under *puff*. *Be proud of*: P. and V. φρονεῖν μέγα ἐπί (dat.), ἀγάλλεσθαι (dat. or ἐπί, dat.), ἁβρύνεσθαι (dat.) (Plat.), σεμνύνεσθαι ἐπί (dat.), λαμπρύνεσθαι (dat.), P. φιλοτιμεῖσθαι (dat. or ἐπί, dat.), Ar. and V. χλἴδᾶν (ἐπί, dat.), ἐπαυχεῖν (dat.), ὀγκοῦσθαι (dat.), ἐξογκοῦσθαι (dat.), γαυροῦσθαι (dat.).

Proudly, adv. P. and V. σεμνῶς, P. ὑπερηφάνως, μεγαλοφρόνως, V. ὑψἴκόμπως, ὑπερκόπως.

Prove, v. trans. *Make trial or proof of:* P. and V. πειρᾶσθαι (gen.), γεύεσθαι (gen.) (Plat.), Ar. and P. ἀποπειρᾶσθαι (gen.), Ar. and V. ἐκπειρᾶσθαι (gen.). *Test:* P. and V. ἐλέγχειν, ἐξελέγχειν, Ar. and P. δοκἴμάζειν, βἄσἄνίζειν. *Show:* P. and V. δεικνύναι, ἀποδεικνύναι, ἐνδείκνυσθαι, ἐπἴδεικνύναι, P. τεκμηριοῦν, Ar. and P. ἀποφαίνειν. *Bring home:* P. and V. ἐλέγχειν, ἐξέλεγχειν. *Prove oneself (a friend, etc.):* P. and V. πἄρέχειν ἑαυτόν (acc.). *Be proved (a friend, etc.):* P. and V. ἐξετάζεσθαι, φαίνεσθαι, ἐκφαίνεσθαι (rare P.), Ar. and P. ἀνἄφαίνεσθαι. *Be proved to have:* P. and V. φαίνεσθαι ἔχων. V. intrans. *Turn out:* P. and V. ἐξέρχεσθαι, ἐκβαίνειν, P. ἀποβαίνειν, V. ἐξήκειν; see *turn out.*

Provender, subs. *Forage:* P. and V. χόρτος, ὁ (Xen.), P. βοτάνη, ἡ; see *fodder. Food* (generally): P. and V. τροφή, ἡ, σῖτος, ὁ.

Proverb, subs. P. and V. πἄροιμία, ἡ, λόγος, ὁ, V. αἶνος, ὁ; see *saying. Speak in proverbs*, v.: P. παροιμιάζεσθαι.

Proverbial, adj. *Noised abroad:* P. περιβόητος, πολυθρύλητος.

Proverbially, adv. *As the saying goes:* use P. τὸ λεγόμενον, V. ὡς λόγος. *Confessedly:* P. ὁμολογουμένως.

Provide, v. trans. *Supply:* P. and V. πἄρέχειν (or mid.), πορίζειν (or mid.), ἐκπορίζειν (or mid.), πἄρασκευάζειν (or mid.), V. πορσύνειν. *Give:* P. and V. δἴδόναι. *Prepare:* P. and V. πἄρασκευάζειν (or mid.), ἑτοιμάζειν (or mid.), εὐτρεπίζειν (or mid.); see *prepare. Provide besides:* P. προσπορίζειν. *Provide against:* P. and V. φὔλάσσεσθαι (acc.), εὐλἄβεῖσθαι (acc.), V. εὐλάβειαν προτἴθεσθαι (gen.). With a clause instead of a subs.: use P. and V. φὔλάσσεσθαι, μή, or ὅπως, μή (with subj.), εὐλἄβεῖσθαι, μή, or ὅπως, μή (with subj.). *Provide for, cater for:* P. and V. τροφὴν πἄρέχειν (dat.); see *look after. Take measures for:* P. and V. φροντίζειν (gen.), προσκοπεῖν (acc.), P. προνοεῖσθαι (gen.), V. μέλεσθαι (gen.). *Providing only for their own interests:* P. τὸ ἐφ᾽ ἑαυτῶν μόνον προορώμενοι (Thuc. 1, 17). *To elect a board of Elders to provide for the emergency as occasion should require:* P. ἀρχήν τινα πρεσβυτέρων ἀνδρῶν ἑλέσθαι οἵτινες περὶ τῶν παρόντων ὡς ἂν καιρὸς ᾖ προβουλεύσουσι (Thuc. 8, 1). *Provided that:* P. and V. ὥστε (infin.), Ar. and P. ἐφ᾽ ᾧτε (infin.); or use *if*.

Providence, subs. *Forethought:* P. and V. πρόνοια, ἡ, P. προμήθεια, ἡ, V. προμηθία, ἡ. *Destiny:* P. and V. τὸ θεῖον, or use ὁ θεός, ὁ δαίμων.

Provident, adj. P. and V. εὔβουλος, Ar. and P. φρόνἴμος.

Providentially, adv. Use P. and V. θείᾳ τύχῃ, P. θείᾳ μοίρᾳ, V. ἐκ θείας τύχης, Ar. κἄτὰ θεῖον.

Provider, subs. P. ποριστής, ὁ, παρασκευαστής, ὁ.

Province, subs. *Satrapy:* P. σατραπεία, ἡ. In Roman sense: P. ἐπαρχία, ἡ (late). *Function:* P. and V. ἔργον, τό, τάξις, ἡ. *Part, division:* P. and V. μέρος, τό. *Provinces, country*, as opposed to *town:* use P. and V. χώρα, ἡ.

Provincial, adj. *Countrified:* P. and V. ἀρουραῖος (Æsch., *Frag.*).

Provision, subs. *Providing:* Ar. and P. πἄρασκευή, ἡ. *Provision of money:* P. χρημάτων πόρος, ὁ. *Make provision:* see *provide. Stock:* Ar. and P. πἄρασκευή, ἡ. *Provisions (of a law, bond, etc.):* P. τὰ γεγραμμένα. *Provisions, food:* P. and V. τροφή, ἡ, σῖτος, ὁ,

Ar. and P. σῖτία, τά, P. τὰ ἐπιτήδεια. *Money to buy provisions:* P. σιτηρέσιον, τό. *Truly a woman, if she will, can find much provision for a feast:* V. πολλά τοι γυνὴ χρῄζουσ' ἂν εὕροι δαιτὶ προσφορήματα (Eur., *El.* 422).

Provision, v. trans. See *equip.* *Provision oneself:* P. ἐπισιτίζεσθαι. *Well-provisioned with:* use adj., P. εὔπορος (dat.).

Provisional, adj. *On fixed terms:* use P. and V. ἐπὶ ῥητοῖς. *For the moment:* use P. and V. ὁ αὐτίκᾰ, ὁ πᾰραυτίκᾰ, P. ὁ παραχρῆμα.

Provisionally, adv. *On fixed terms:* P. and V. ἐπὶ ῥητοῖς. *For the moment:* P. εἰς τὸ παραχρῆμα.

Proviso, subs. P. and V. λόγοι, οἱ. *Clause in an agreement:* P. γράμμα, τό. *Agreement:* P. and V. σύμβᾰσις, ἡ; see *agreement.* *With this proviso:* P. and V. ἐπὶ τούτοις, ἐπὶ τοῖσδε. *With the proviso that:* Ar. and P. ἐφ' ᾧτε (infin.), P. and V. ὥστε (infin.).

Provocation, subs. P. παροξυσμός, ὁ. *We begin the war under provocation:* P. ἀδικούμενοι τὸν πόλεμον ἐγείρομεν (Thuc. 1, 121). *Nor do we attack without extreme provocation:* P. οὐδ' ἐπιστρατεύομεν μὴ καὶ διαφερόντως τι ἀδικούμενοι (Thuc. 1, 38).

Provocative, adj. P. παροξυντικός, P. and V. πικρός. *Provocative of (calling into play):* P. παρακλητικός (gen.), ἐγερτικός (gen.).

Provoke, v. trans. *Make angry:* P. and V. πᾰροξῡ́νειν, ὀργίζειν (Plat.); see *anger.* *Call into play:* P. and V. κῑνεῖν, πᾰρᾰκᾰλεῖν, ἐγείρειν.

Provoking, adj. *Tiresome:* P. and V. ὀχληρός, λῡπηρός; see *tiresome.*

Provokingly, adv. P. and V. λῡπηρῶς.

Prow, subs. P. and V. πρῷρα, ἡ. *From the prow:* P. πρῴραθεν. *Halting with prows turned to face the enemy (of ships):* P. ἴσχουσαι ἀντίπρῳροι (Thuc. 2, 91).

Prowess, subs. P. and V. ἀριστεία, ἡ; see *courage.* *Daring deed:* P. and V. τόλμημα, τό, κινδύνευμα, τό (Plat.), V. τόλμᾰ, ἡ (rare P.).

Prowl, v. intrans. Use P. and V. περῐπολεῖν. *Prowl around:* V. περῐπολεῖν (acc.) (Eur., *Rhes.* 773).

Proximity, subs. Use P. τὸ ἐγγὺς εἶναι.

Prudence, subs. P. and V. εὐβουλία, ἡ, γνώμη, ἡ, φρόνησις, ἡ, τὸ σῶφρον, τὸ σωφρονεῖν, Ar. and P. σωφροσύνη, ἡ. *Foresight:* P. and V. πρόνοια, ἡ, P. προμήθεια, ἡ, V. προμηθία, ἡ. *Caution:* P. and V. εὐλᾰ́βεια, ἡ.

Prudent, adj. P. and V. σώφρων, ἔμφρων, εὔβουλος, Ar. and P. φρόνῐμος. *Be prudent,* v.: P. and V. σωφρονεῖν. Of things: P. and V. σώφρων, ἔμφρων, Ar. and P. φρόνῐμος. *Cautious:* P. εὐλαβής. *More prudent:* V. προνούστερος.

Prudently, adv. P. and V. σωφρόνως, Ar. and P. φρονῐ́μως, V. φρονούντως, σεσωφρονισμένως.

Prudery, subs. P. and V. τὸ σεμνόν, V. σεμνότης, ἡ (Eur., *I. A.* 1344).

Prudish, adj. P. and V. σεμνός.

Prune, v. trans. Ar. and P. ἀποτέμνειν.

Pruning, subs. P. κουρά, ἡ.

Pruning-knife, subs. P. and V. δρέπᾰνον, τό (Eur., *Cycl.* 394).

Pruriency, subs. Use P. ἀκαθαρσία, ἡ.

Prurient, adj. Use P. ἀκάθαρτος.

Pry, v. intrans. *Be a busy-body:* Ar. and P. πολυπραγμονεῖν. *Look about:* P. and V. περισκοπεῖν, V. παπταίνειν. *Play the spy:* P. and V. κᾰτασκοπεῖν. *Pry into:* P. and V. ἐρευνᾶν; see *examine.*

Prying, adj. *Overbusy:* Ar. and P. πολυπράγμων, P. φιλοπράγμων. *Curious:* V. λίχνος (Eur., *Hipp.* 913); see *curious.*

Puberty, subs. P. and V. ἥβη, ἡ, Ar. and P. ἡλῐκία, ἡ.

Pubescent, adj. P. and V. ἡβῶν.

Public, adj. P. and V. κοινός, Ar. and P. δημόσιος, V. δήμιος, πάνδημος.

Open: P. and V. κοινός. *Paid by the public:* P. δημοτελής. *Public acts,* subs.: P. τὰ πεπολιτευμένα. *Public decree:* V. δημόπρακτος ψῆφος, ἡ. *Public exile:* V. φυγὴ δημήλατος, ἡ. *Public hangman:* use Ar. and P. ὁ δήμιος; see *executioner. Public life:* Ar. and P. πολιτεία, ἡ. *During the time of my public life:* P. καθ' οὓς ἐπολιτευόμην χρόνους (Dem. 248). *Enter public life:* P. πρὸς τὰ κοινὰ προσέρχεσθαι (Dem. 312). *Public man:* use adj., P. πολιτικός. *Politician:* P. and V. ῥήτωρ, ὁ. *Be a public man,* v.: Ar. and P. πολιτεύεσθαι, δημοσιεύειν. *From being inglorious and obscure they have become men of repute and public characters:* P. γεγόνασιν . . . ἐξ ἀνωνύμων καὶ ἀδόξων ἔνδοξοι καὶ γνώριμοι (Dem. 106). *Public upheaval:* V. δημόθρους ἀναρχία, ἡ. *The public:* P. and V. ὁ δῆμος, τὸ κοινόν, οἱ πολλοί *The public good:* P. and V. τὸ κοινόν. *For the public good:* P. and V. εἰς τὸ κοινόν. *At the public expense:* P. ἀπὸ κοινοῦ, δημοσίᾳ. *In public:* P. εἰς τὸ κοινόν, Ar. and P. εἰς τὸ μέσον, V. ἐς μέσον. *Make public,* v.: see *publish.*

Publican, subs. *Tax-gatherer:* Ar. and P. τελώνης, ὁ. *Inn-keeper:* P. πανδοκεύς, ὁ, Ar. and P. κάπηλος, ὁ.

Publication, subs. *Proclamation:* P. ἀνάρρησις, ἡ. *Betrayal:* P. μήνυσις, ἡ. *Book:* see *book.*

Public-house, subs. See *inn.*

Publicity, subs. *Notoriety:* P. περιφάνεια, ἡ. *Fame:* P. and V. δόξα, ἡ; see *fame. Bring into publicity:* P. and V. εἰς μέσον φέρειν, P. πρὸς φῶς ἄγειν, εἰς τὸ φανερὸν ἄγειν. *Light:* P. and V. φῶς, τό.

Publicly, adv. P. δημοσίᾳ. *In sight of all:* P. προδήλως. *He must speak publicly what he would say:* V. δεῖ δ' αὐτὸν λέγειν εἰς φῶς ὃ λέξει (Soph., *Phil.* 580).

Public speaker, subs. P. and V. ῥήτωρ, ὁ.

Public speaking, subs. P. ῥητορεία, ἡ. *The art of public speaking:* P. ῥητορική, ἡ.

Public spirit, subs. P. τὸ φιλόπολι; see *patriotism.*

Public-spirited, adj. Ar. and P. φιλόπολις, V. φιλόπτολις (Eur., *Rhes.*); see *patriotic.*

Publish, v. trans. *Announce:* P. and V. ἀνειπεῖν, ἀνακηρύσσειν, Ar. and P. ἀναγορεύειν. *Divulge:* P. and V. ἐκφέρειν. *Be published, exposed in a public place* (*as legal notices, etc.*): P. ἐκκεῖσθαι. *Publish* (*a book*): P. ἐκφέρειν, ἐκδιδόναι. *Publish not to many your present plight:* V. μὴ σπεῖρε πολλοῖς τὸν παρόντα δαίμονα (Soph., *Frag.*).

Pucker, subs. Ar. and P. ῥυτίς, ἡ.

Pucker, v. trans. *Pucker one's brows:* Ar. and P. τὰς ὀφρῦς ἀνασπᾶν.

Puckered, adj. P. and V. ῥυσός.

Puddle, subs. Use Ar. and P. τέλμα, τό.

Puerile, adj. P. and V. παιδικός, V. παιδνός, Ar. and V. νήπιος.

Puerility, subs. P. and V. παιδιά, ἡ, P. παιδεία, ἡ; see *folly.*

Puff, v. trans. P. and V. φυσᾶν. Met., *exaggerate:* P. λόγῳ αἴρειν. V. intrans. P. and V. φυσᾶν, V. φυσιᾶν. *Puff out one's cheeks:* P. τὰς γνάθους φυσᾶν (Dem. 442). *Puff out your right cheek:* φύσα τὴν γνάθον τὴν δεξιάν (Ar., *Thesm.* 221). *Puff up,* met.: P. and V. χαυνοῦν (Plat.), Ar. and V. ὀγκοῦν, V. ἐκχαυνοῦν, ἐξογκοῦν. *Be puffed up:* P. and V. φρονεῖν μέγα, Ar. and V. ὀγκοῦσθαι (also Xen.), Ar. ὀγκύλλεσθαι, V. πνεῖν μεγάλα, ἐξογκοῦσθαι; see *be proud,* under *proud. I was puffed up with folly:* V. ἐξηνεμώθην (ἐξανεμοῦν) μωρίᾳ (Eur., *And.* 938).

Puff, subs. P. and V. φύσημα, τό.

Puffed-up, adj. See *vain.*

Puffy, adj. P. ὀγκώδης.

Pugilist, subs. P. and V. πύκτης, ὁ.
Pugilistic, adj. P. πυκτικός.
Pugnacious, adj. P. φιλόνεικος.
Pugnaciously, adv. P. φιλονείκως.
Pugnacity, subs. P. φιλονεικία, ἡ.
Puissance, subs. See *power*.
Puissant, adj. See *powerful*.
Pule, v. intrans. Ar. and V. κνυζᾶσθαι (Soph., *Frag.*).
Pull, v. trans. P. and V. ἕλκειν, ἐφέλκειν, ἐπισπᾶν, Ar. and V. σπᾶν. Absol., *give a pull*: Ar. ὑποτείνειν (*Pax.* 458). *Row*: Ar. and P. ἐλαύνειν, V. ἐρέσσειν. *Pull away*: P. and V. ἀποσπᾶν, ἀφέλκειν. *Pull back*: P. and V. ἀνασπᾶν, Ar. and V. ἀντισπᾶν. *Pull down*: P. and V. κᾰθέλκειν, κᾰτασπᾶν. *Dismantle*: P. and V. ἀνασπᾶν, κᾰθαιρεῖν, P. περιαιρεῖν. *Pull from under*: P. and V. ὑποσπᾶν, Ar. and P. ὑφέλκειν. *Pull in an opposite direction*: P. ἀνθέλκειν, Ar. and V. ἀντισπᾶν. *Pull off*: P. and V. ἀποσπᾶν, ἀφέλκειν. *Strip off*: see *strip*. *Pull out*: P. and V. ἐξέλκειν (Plat. but rare P.), Ar. and V. ἐκσπᾶν. *Pull to*: P. ἐπισπᾶν. *Pull together*. *When might and right pull together, what pair more potent than this?* V. ὅπου γὰρ ἰσχὺς συζυγοῦσι καὶ δίκη, ποία ξυνωρὶς τῆσδε καρτερωτέρα; (Æsch., *Frag.*). *Pull up*: Ar. and P. ἀνέλκειν. *Uproot*: Ar. and P. ἐξορύσσειν, P. ἐκπρεμνίζειν; see *uproot*.
Pull, subs. Use *effort*.
Pullet, subs. Use P. and V. ὄρνῑς, ὁ or ἡ.
Pulley, subs. Ar. and P. τροχῐλία, ἡ; see *windlass*.
Pulsate, v. intrans. P. σφύζειν, P. and V. πηδᾶν, V. ὀρχεῖσθαι. *Shake*: P. and V. σείεσθαι, σᾰλεύειν.
Pulsation, subs. P. πήδησις, ἡ, V. πήδημα, τό. *Rhythmic motion*: V. πίτῠλος, ὁ.
Pulse, subs. Use P. and V. φλέψ, ἡ (lit., *vein*). *Pease*: Ar. and P. ἐρέβινθοι, οἱ, P. ὄσπρια, τά.
Pumice-stone, subs. Ar. κίσηρις, ἡ.
Pummel, v. trans. See *pommel*.
Pump, v. intrans. P. ἀντλεῖν. *Pump out*: P. ἐξαντλεῖν.
Pump, subs. Use *well*.
Pumpkin, subs. Ar. κολοκύντη, ἡ.
Pun, subs. Ar. and P. σκῶμμα, τό.
Punch, v. trans. *Make holes in*: P. and V. τετραίνειν (acc.). *Pommel*: P. and V. συντρῖβειν (Eur., *Cycl.*); see *hit*.
Punctilious, adj. P. and V. ἀκρῑβής. *Ceremonious*: P. and V. σεμνός.
Punctiliously, adv. P. and V. ἀκρῑβῶς. *Ceremoniously*: P. and V. σεμνῶς.
Punctiliousness, subs. P. ἀκρίβεια, ἡ. *Ceremoniousness*: P. and V. τὸ σεμνόν.
Punctual, adj. *Coming at the right moment*: P. and V. καίριος. *Exact, accurate*: P. and V. ἀκρῑβής.
Punctuality, subs. Use P. and V. τὸ καίριον. *Exactness*: P. ἀκρίβεια, ἡ.
Punctually, adv. *At the right time*: P. and V. εἰς καιρόν, ἐν καιρῷ.
Puncture, v. trans. P. and V. τετραίνειν.
Puncture, subs. Ar. and P. τρῆμα, τό.
Pungent, adj. Ar. and P. δρῖμύς; see *sharp*.
Puniness, subs. P. μικρότης, ἡ.
Punish, v. trans. *Punish* (persons): P. and V. κολάζειν, ζημιοῦν, τῑμωρεῖσθαι (rare in act.), μετέρχεσθαι, Ar. and V. τίνεσθαι, V. ἐπεξέρχεσθαι, ποινᾶσθαι; see *take vengeance on*, under *vengeance*. *Punish* (things): P. and V. κολάζειν, τῑμωρεῖν, V. ἐπεξέρχεσθαι, ἐπέρχεσθαι, μετέρχεσθαι; see *take vengeance for*, under *vengeance*. *Chasten*: P. and V. νουθετεῖν, σωφρονίζειν, ῥυθμίζειν (Plat.). *Punish besides*: P. προσζημιοῦν (acc.). *Punish first*: P. προτιμωρεῖσθαι (acc.). *Be punished*: P. and V. δίκην δῐδόναι; see *pay the penalty*, under *penalty*.
Punishable, adj. P. ἐπιζήμιος. *Punishable with*: see *liable to*.

Punisher, subs. P. and V. κολαστής, ὁ, ἐπῐτῑμητής, ὁ (Plat.), V. τῑμωρός, ὁ or ἡ (Eur., *Hec.* 790); see also *avenger.*

Punishment, subs. P. κόλασις, ἡ, P. and V. τῑμωρία, ἡ, τῐ́σῐς, ἡ (Plat.), ζημία, ἡ. *Chastening*: P. and V. νουθέτησις, ἡ, νουθέτημα, τό. *Penalty*: P. and V. ζημία, ἡ, τῐ́σῐς, ἡ (Plat.), ἐπῐτῑ́μιον, τό, or pl., V. ποινή, ἡ, or pl. (rare P.), ἄποινα, τά (rare P.), ἀντῐ́ποινα, τά; see *penalty. She vows to inflict death as a punishment for my being brought hither*: V. ἐπεύχεται ἐμῆς ἀγωγῆς ἀντιτίσεσθαι φόνον (Æsch., *Ag.* 1262).

Punt, subs. Use *boat.*

Puny, adj. P. and V. μικρός, σμικρός, ἀσθενής; see *small.*

Pupil, subs. Ar. and P. μᾰθητής, ὁ, P. φοιτητής, ὁ, P. and V. παίδευμα, τό (Plat.). *Be a pupil of*, v.: Ar. and P. φοιτᾶν εἰς (acc.). *Wish to become a pupil*, v.: Ar. μᾰθητιᾶν. *Pupil of the eye*, subs.: P. and V. κόρη, ἡ, V. γλήνη, ἡ.

Pupilage, subs. *Guardianship*: P. ἐπιτροπεία, ἡ. *Be in a state of pupilage*, v.: P. ἐπιτροπεύεσθαι.

Puppet, subs. P. κόρη, ἡ. *Clay figures*: P. πήλινοι, οἱ. Met., *slave*: P. and V. δοῦλος, ὁ. *Plaything*: Ar. and P. παίγνιον, τό.

Puppy, subs. Ar. and P. κῠνῐ́διον, τό, P. κυνάριον, τό, σκυλάκιον, τό, P. and V. σκῠ́λαξ, ὁ or ἡ.

Purblind, Be, v. P. ἀμβλυώσσειν.

Purchasable, adj. P. and V. ὠνητός; see *venal.*

Purchase, v. trans. P. and V. ὠνεῖσθαι (aor. πρίασθαι), Ar. and V. ἐμπολᾶν, Ar. and P. ἀγοράζειν. *Purchase one's safety*: use P. and V. σῴζεσθαι.

Purchase, subs. P. and V. ὠνή, ἡ. *Something bought*: P. and V. ἐμπολή, ἡ (Xen. and Eur., *Cycl.* 254), V. ἐμπόλημα, τό (Eur., *Cycl.* 137).

Pure, adj. *Clear*: P. and V. κᾰθᾰρός, λαμπρός; see *clear. Undefiled (morally)*: P. and V. κᾰθᾰρός, ὅσιος, εὐᾰγής (rare P.), ἀκήρᾱτος (rare P.), ἅγνος (rare P.), ἀκέραιος, V. ἀκραιφνής, ἄθικτος. *Be pure (undefiled)*, v.: P. and V. ἁγνεύειν, Ar. and P. κᾰθᾰρεύειν. *From pure motives*: use adv., P. καθαρῶς. *Absolute, sheer*: P. ἄκρατος, ἁπλοῦς, εἰλικρινής. *Mere*: P. ψιλός. *Without admixture*: P. ἄμικτος, ἄκρᾱτος. *Unmixed (of wine)*: P. and V. ἄκρᾱτος, Ar. and V. εὔζωρος.

Purely, adv. P. καθαρῶς. *Merely*: P. and V. οὐδὲν ἄλλο πλήν (gen.). *Absolutely*: P. and V. παντελῶς, πάντως, P. ὅλως, Ar. and P. ἀτεχνῶς.

Purgation, subs. See *purging.*

Purgative, adj. V. κᾰθάρσιος, P. καθαρτικός.

Purge, v. trans. P. and V. κᾰθαίρειν, ἐκκᾰθαίρειν, V. ἁγνίζειν, νίζειν, Ar. and P. διᾰκᾰθαίρειν. See also *wipe away.* In medical sense: P. καθαίρειν.

Purging, subs. *Purifying*: P. and V. κᾰθαρμός, ὁ, λῠ́σῐς, ἡ, P. κάθαρσις, ἡ. In medical sense: P. κάθαρσις, ἡ.

Purification, subs. P. and V. κᾰθαρμός, ὁ, λῠ́σῐς, ἡ, P. κάθαρσις, ἡ; see Plat., *Crat.* 405A and B. *Versed in purification*: V. ἀπομαγμᾰ́των ἴδρῐς (Soph., *Frag.*). *Water for purification*: P. and V. χέρνιψ, ἡ, or pl.

Purifier, subs. P. and V. κᾰθαρτής, ὁ.

Purify, v. trans. P. and V. κᾰθαίρειν. *Cleanse from guilt*: P. and V. κᾰθαίρειν, ἐκκᾰθαίρειν, V. ἁγνίζειν, ὁσιοῦν, Ar. and P. διᾰκᾰθαίρειν. *Purify with lustral water*: V. νίζειν. *Purify oneself*: P. καθαίρεσθαι (mid.), ἀφοσιοῦσθαι (mid.). *Be purified*: P. and V. ἁγνεύειν, V. ἁγνίζεσθαι. *We have long been purified of this (sin)*: V. πάλαι . . . ταῦτ᾽ ἀφιερώμεθα (Æsch., *Eum.* 451).

Purifying, adj. P. καθαρτικός, V. κᾰθάρσιος.

Purity, subs. P. καθαρότης, ἡ, ἁγνεία, ἡ, V. ἅγνευμα, τό.

Purling, adj. Use V. εὔροος.

Purloin, v. trans. P. and V. ὑφαιρεῖν, ὑπεξαιρεῖν, Ar. and P. ὑφαρπάζειν, V ὑποσπᾶν; see *steal*.

Purple, adj. P. and V. ἁλουργής, P. ἁλουργός (Plat.), φοινικοῦς (Xen.), V. πορφὔροῦς, φοινῖκόβαπτος.

Purple, subs. *Purple dye*: P. and V. πορφὔρα, ἡ, P. ὄστρειον, τό. *Purple cloak*: Ar. φοινῖκίς, ἡ (also Xen.). *Purple cloth*: V. πορφὔρα, ἡ. *Strewn with purple cloth*, adj.: V. πορφὔρόστρωτος. *Purple robe*: Ar. ἁλουργίς, ἡ.

Purport, subs. *Meaning*: P. and V. δὔνἄμις, ἡ, P. διάνοια, ἡ, βούλησις, ἡ; see *meaning*. *Such was the purport of Nicias' letter*: P. ἡ τοῦ Νικίου ἐπιστολή τοσαῦτα ἐδήλου (Thuc. 7, 16).

Purport, v. trans. See *mean*.

Purpose, subs. P. and V. γνώμη, ἡ, ἀξίωμα, τό, βούλευμα, τό, ἔννοια, ἡ, ἐπίνοια, ἡ, Ar. and P. διάνοια, ἡ, V. φρόνησις, ἡ. *Deliberate choice of action*: P. προαίρεσις, ἡ. *Make it one's purpose to*: P. προαιρεῖσθαι (infin.). *Keep to your present purpose*: V. σῶζε τὸν παρόντα νοῦν (Æsch., *P. V.* 392). *For this very purpose*: P. and V. ἐπ' αὐτὸ τοῦτο, P. εἰς αὐτὸ τοῦτο, αὐτοῦ τούτου ἕνεκα. *A sickle made for the purpose*: P. δρέπανον ἐπὶ τοῦτο εἰργασθέν (Plat., *Rep.* 353A). *For what purpose?* P. τοῦ ἕνεκα; P. and V. ἐπὶ τῷ; see *why*. *On purpose, deliberately*: P. and V. ἐκ προνοίας (Eur., *H. F.* 598), P. ἐκ παρασκευῆς, Ar. and P. ἐπίτηδες, ἐξεπίτηδες; see also *intentionally*. *Voluntarily*: P. and V. ἑκουσίως, V. ἐξ ἑκουσίας. *Done on purpose, voluntary* (of things): P. and V. ἑκούσιος. *To good purpose*: P. and V. εἰς καιρόν, V. πρὸς καιρόν. *To no purpose*: see *in vain*, under *vain*. *Without purpose, at random*: P. and V. εἰκῇ. *Vainly*: P. and V. μάτην, V. μᾰταίως. *Not without purpose*: V. οὐκ ἀφροντίστως.

Purpose, v. trans. or absol. With infin., P. and V. βουλεύειν, ἐννοεῖν, νοεῖν, Ar. and P. διᾰνοεῖσθαι, ἐπῐνοεῖν. *Be about to*: P. and V. μέλλειν (infin.).

Purposeless, adj. *Random*: V. εἰκαῖος (Eur., *Frag.*). *Vain*: P. and V. μάταιος, κενός, ἀνήνῠτος; see *vain*.

Purposely, adv. See *on purpose*, under *purpose*.

Purse, subs. Ar. and P. βαλλάντιον, τό.

Purse up, v. trans. Ar. σῠνάγειν; see *knit*.

Pursuance, subs. *In pursuance of*: P. and V. κᾰτά (acc.).

Pursue, v. trans. P. and V. διώκειν, P. ἐπιδιώκειν, καταδιώκειν, μεταδιώκειν; see also *follow*. *Join in pursuing*: P. συνδιώκειν (absol.). *Drive in pursuit*: P. and V, ἐλαύνειν, V. ἐλαστρεῖν, τροχηλᾰτεῖν. *Run after*: P. μεταθεῖν (acc.). *Hunt*: P. and V. θηρᾶν (or mid.) (Xen. also Ar.), θηρεύειν, ἀγρεύειν (Xen.), κῠνηγετεῖν (Xen. also Ar.), V. ἐκκῠνηγετεῖν; see also *follow*. *Seek eagerly*: P. and V. θηρεύειν, V. θηρᾶν (or mid.); see *seek*. *Pursue (virtue, etc.)*: P. and V. διώκειν (Eur., *Ion*, 440); see *practise*. *Be engaged in*: P. and V. ἀσκεῖν (acc.), ἐπῐτηδεύειν (acc.), Ar. and P. ἐπασκεῖν (acc.). *Pursue (an occupation)*: Ar. and P. μετᾰχειρίζεσθαι. *Pursue (a course of action)*: P. and V. μετέρχεσθαι (acc.). *Pursue a track*: P. ἴχνος μετέρχεσθαι. *By pursuing the argument in this way you might even fancy that physical strength is wisdom*: P. τούτῳ τῷ τρόπῳ μετιὼν καὶ τὴν ἰσχὺν οἰηθείης ἂν εἶναι σοφίαν (Plat., *Prot.* 350D). *Pursue (with vengeance)*: P. and V. μετέρχεσθαι (acc). *Pursue (an advantage)*: P. ἐπεξέρχεσθαι (dat.) (Thuc. 4, 14).

Pursuer, subs. P. and V. ὁ διώκων.

Pursuit, subs. P. δίωξις, ἡ, V. δίωγμα, τό (also Plat. but rare P.), διωγμός, ὁ, μεταδρομή, ἡ (also Xen.).

Hunt: P. and V. θήρα, ἡ (Plat.), ἄγρα, ἡ (Plat.); see *hunt*. *They harassed me ever with unresting pursuit*: V. δρόμοις ἀϊδρύτοισιν ἠλάστρουν μ' ἀεί (Eur., *I. T.* 971). *Eager pursuit*, met.: P. and V. θήρα, ἡ. *Practice*: P. ἄσκησις, ἡ, ἐπιτήδευσις, ἡ. *The pursuit of virtue*; P. ἀρετῆς ἐπιμέλεια, ἡ (Plat.). *Study, occupation*: P. ἐπιτήδευμα, τό, μελέτημα, τό, Ar. and P. διατρῐβή, ἡ. *In pursuit of*: P. and V. ἐπί (acc.).

Pursuivant, subs. Use *herald*, *escort*.

Purvey, v. trans. See *sell*. *Provide*: P. and V. πορίζειν; see *provide*.

Purveyor, subs. *Seller*: P. πρατήρ, ὁ. *Provider*: P. ποριστής, ὁ.

Push, v. trans. P. and V. ὠθεῖν. *Pushing* (*me*) *into the mud*: P. ῥαξάντες εἰς τὸν βόρβορον (Dem. 1259). *Jostle*: Ar. ὠστίζεσθαι (dat.). *Hurry on*: P. and V. σπεύδειν, ἐπισπεύδειν. *Importune*: P. and V. λῐπᾰρεῖν (Plat.); see *press*. Absol., *force one's way*: P. βιάζεσθαι. *Wishing to push their present success to the uttermost*: P. βουλόμενοι τῇ παρούσῃ τύχῃ ὡς ἐπὶ πλεῖστον ἐπεξελθεῖν (Thuc. 4, 14). *He who pushes to extremes his success in war*: P. ὁ ἐν πολέμῳ εὐτυχίᾳ πλεονάζων (Thuc. 1, 120). *Push oneself into*: Ar. and P. εἰσδύεσθαι εἰς (acc.). *Push away*: P. and V. ἀπωθεῖν, διωθεῖσθαι, V. ἐξᾰπωθεῖν. *Push back*: P. and V. ἀπωθεῖν, διωθεῖσθαι; see *repulse*. *Push forward*, (*as leader, etc.*): P. προτάσσειν. *Offer*: P. and V. προτείνειν; see *thrust forward*; v. intrans.: P. and V. ἐπείγεσθαι; see *advance, hurry*. *Push on*, v. intrans.: use *hurry, advance*. *Push off*, v. trans.: see *push away*. In nautical sense: P. and V. ἀπαίρειν; see *put out*. *Push over*: P. and V. κᾰτᾰβάλλειν.

Push, subs. P. ὠθισμός, ὁ. *Violence*: P. and V. βία, ἡ. Met., *energy, zeal*: P. and V. σπουδή, ἡ, προθῡμία, ἡ. *Effrontery*: P. and V. θρᾰσος, τό, ἀναίδεια, ἡ, ὕβρῐς, ἡ.

Pushful, adj. *Zealous*: P. and V. σπουδαῖος, πρόθῡμος. *Energetic*: P. and V. ὀξύς, δραστήριος, ἔντονος, σύντονος. *Shameless*: P. and V. θρᾰσύς, ἀναιδής, P. ὑβριστικός. *Forward*: V. πρόλεσχος.

Pushfulness, subs. See *push*.

Pusillanimity, subs. See *cowardice*. *Shrinking*: P. and V. ὄκνος, ὁ.

Pusillanimous, adj. See *cowardly*. *Shrinking*: P. ὀκνηρός.

Pusillanimously, adv. See *in a cowardly way*, under *cowardly*.

Pustule, subs. Ar. and P. φλύκταινα, ἡ.

Put, v. trans. P. and V. τῐθέναι. *Set up*: P. and V. κᾰθίζειν. *Appoint*: P. and V. κᾰθιστᾰναι, τάσσειν, προστάσσειν. *Be put*: P. and V. κεῖσθαι. *Put* (*a question*): P. and V. προτῐθέναι. *Put around*: P. and V. περῐβάλλειν, Ar. and P. περῐτῐθέναι, V. ἀμφῐβάλλειν, Ar. and V. ἀμφῐτῐθέναι. *Put aside*: see *put off, put away*. *Put aside a garment*: Ar. κᾰτᾰτίθεσθαι. Met., *put aside a feeling*: P. and V. ἀφῑέναι, μεθῑέναι, V. πᾰρῑέναι. *Put away*: Ar. and P. ἀποτίθεσθαι. *Set aside as reserve*: P. χωρὶς τίθεσθαι, Ar. and P. ἀποτίθεσθαι. *Divorce*: P. ἐκπέμπειν, ἐκβάλλειν. *Put away* (*in eating*): Ar. ἀποτίθεσθαι (*Eq.* 1219). Met., *dismiss a feeling*: P. and V. ἀφῑέναι, μεθῑέναι, V. πᾰρῑέναι. *Put before*: P. and V. προτῐθέναι; see *lay before*. *Put by*: see *put aside*. *Put by one*: P. and V. πᾰρᾰτίθεσθαι (Eur., *Cycl.* 390). *Put down*, lit.: P. and V. κᾰτᾰτῐθέναι (Eur., *Cycl.* 547). *As payment on deposit*: Ar. and P. κᾰτᾰτῐθέναι. *Put down to anyone's account*: P. and V. ἀνᾰφέρειν (τι εἴς τινά); see *impute*. *I voluntarily gave the sums spent and did not put them down* (*to the states account*): P. τἀνηλωμένα ἐπέδωκα καὶ οὐκ ἐλογιζόμην (Dem.

264). *Put an end to:* P. and V. κăθαιρεῖν, παύειν, λύειν, Ar. and P. κăτăπαύειν, κăτăλῦειν. *Help to put down:* P. συγκαταλύειν (acc.) *Subdue:* P. and V. κăταστρέφεσθαι, κăτεργάζεσθαι. *Put forth, germinate:* P. and V. φύειν; see *yield.* *Exert:* P. and V. χρῆσθαι (dat.); see *show.* *Put out to sea:* see *put out.* *Put forward as spokesman:* P. προτάσσειν. *Put forward for election:* P. προβάλλειν (Dem. 276). *Introduce:* P. and V. ἐπăγειν, εἰσăγειν, εἰσφέρειν, προσφέρειν, προτῐθέναι. *Put forward as an excuse:* P. and V. προβάλλειν (mid. also P.), προὔχεσθαι, προΐστασθαι (Eur., *Cycl.* 319), V. προτείνειν. *Put in:* P. and V. εἰστῐθέναι, ἐντῐθέναι, ἐμβάλλειν. *Put in, introduce* (*evidence*): P. ἐμβάλλειν. *Put in the witness box:* P. ἀναβιβάζειν (τινά). V. intrans. In nautical sense: P. and V. κăτăγεσθαι, P. σχεῖν (2nd aor. of ἔχειν), καταίρειν, προσβάλλειν. *Put in at:* P. σχεῖν (dat. or πρός, acc.) (2nd aor. of ἔχειν), προσβάλλειν (dat. or πρός, acc. or εἰς, acc.), ναῦν κατάγειν (εἰς, acc.), προσίσχειν (dat.), προσμίσγειν (dat.), καταίρειν (εἰς, acc.), κατίσχειν (εἰς, acc.), P. and V. προσσχεῖν (2nd aor. προσέχειν) (dat. or εἰς acc., V. also acc., alone), κăτăγεσθαι (εἰς, acc., V. acc. alone), V. κέλλειν (εἰς, acc., πρός, acc., ἐπί, acc., or acc. alone); see *touch at.* *Whoso puts in at this land:* V. ὃς ἂν κατέλθῃ τήνδε γῆν (Eur., *I. T.* 39). *Putting in at Malea:* V. Μαλέᾳ προσίσχων πρῷραν (Eur., *Or.* 362). *Put in mind:* see *remind.* *Put in practice:* P. and V. χρῆσθαι (dat.). *Put off* (*clothes*): P. and V. ἐκδύεσθαι, Ar. and P. ἀποδύεσθαι. *Postpone:* P. and V. ἀνăβάλλεσθαι (Eur., *Alc.* 526), εἰς αὖθις ἀποτῐθεσθαι. *If a man sins against you in any way you put off till another time your anger against him:* κἂν ὁτιοῦν τις εἰς ὑμᾶς ἐξαμάρτῃ τούτῳ τὴν ὀργὴν εἰς τἄλλα ἔχετε (Dem. 259). *Put out to sea:* see *put out.* *Evade:* P. ἐκκρούειν, διακρούεσθαι; see *evade.* *They put you off by saying he is not making war on the city:* P. ἀναβάλλουσιν ὑμᾶς λέγοντες ὡς ἐκεῖνός γε οὐ πολεμεῖ τῇ πόλει (Dem. 114). *I put them off, speaking them fair in word:* V. ἐγὼ δὲ διαφέρω λόγοισι μυθεύουσα (Eur., *H. F.* 76). *Put on:* P. and V. ἐπῐτῐθέναι, προστῐθέναι. *Put on* (*clothes, etc.*): P. and V. ἐνδύειν, περῐβάλλειν, Ar. and P. ἀμφιεννύναι, V. ἀμφῐβάλλειν, ἀμφῐδύεσθαι, Ar. and V. ἀμφῐτῐθέναι, ἀμπίσχειν. *Feign:* Ar. and P. προσποιεῖσθαι. *Put on,* adj.: P. προσποιητός. *Sham:* P. and V. πλαστός (Xen.), V. ποιητός. *Put out, cast out,* P. and V. ἐκβάλλειν. *Stretch out:* P. and V. ἐκτείνειν, προτείνειν. *Extinguish:* P. and V. σβεννύναι (Thuc. 2, 77), ἀποσβεννύναι, κăτασβεννύναι; see *quench.* *Put out* (*the eyes*): V. ἐκτρίβειν (Eur., *Cycl.* 475); see *blind.* *Put out* (*at interest* or *on contract*): P. ἐκδιδόναι. *Put out of the way:* P. and V. ὑπεξαιρεῖν, ἀφăνίζειν, P. ἐκποδὼν ποιεῖσθαι. *Annoy:* P. and V. ὄχλον πăρέχειν (dat.), Ar. and P. πράγμăτα πăρέχειν (dat.), ἐνοχλεῖν (acc. or dat.), V. ὀχλεῖν. *Disconcert:* P. and V. τăράσσειν, ἐκπλήσσειν. *Put out to sea:* P. and V. ἄπαίρειν, ἀνăγεσθαι, ἐξăνăγεσθαι, P. ἐπανάγεσθαι, ἀναγωγὴν ποιεῖσθαι, ἀναπλεῖν, αἴρειν. *Put out* (*against an enemy*): P. ἀντανάγεσθαι (absol.), ἀντανάγειν (absol.). *Put out in advance:* P. προανάγεσθαι. *Put out secretly:* P. ὑπεξανάγεσθαι. *Put out with others:* P. συνανάγεσθαι (absol.). *Put over, set in command:* P. and V. ἐφιστăναι (τινά τινι). *Put round:* see *put around.* *Put to:* see *shut.* *Though hard put to it, he got round unobserved:* P. χαλεπῶς τε καὶ μόλις περιελθὼν ἔλαθε (Thuc. 4, 36). *Put to sea:* see *put out.* *Put together:*

P. and V. συντῐθέναι. *Put under:* P. and V. ὑποβάλλειν (τί τινι) (Xen.). *Put up (to auction):* P. ἀποκηρύσσειν. *Put up (a person to speak):* P. ἐνιέναι (ἐνίημι) (Thuc. 6, 29). *Put forward:* P. προτάσσειν. *Put a person up to a thing:* use *encourage, suggest. Put up (for the night):* Ar. and P. κᾰτᾰλῡ́ειν. *Put up at (a house, etc.):* P. καταλύειν (εἰς, acc.); see *lodge. Put up with:* P. and V. φέρειν, ἀνέχεσθαι, ὑπέχειν, ὑφίστασθαι; see *endure. Acquiesce in:* P. and V. στέργειν (acc. or dat.), P. ἀγαπᾶν (acc. or dat.), V. αἰνεῖν (acc.). *Put upon:* see *put on.* Met., *oppress:* P. and V. ἀδῐκεῖν, κᾰκοῦν.

Putrefaction, subs. P. σηπεδών, ἡ. *Dankness, mould:* P. and V. εὐρώς, ὁ.

Putrefy, v. intrans. P. and V. σήπεσθαι, Ar. and P. κᾰτᾰσήπεσθαι; see *decay.*

Putrefying, adj. Ar. and P. σαπρός.

Putrescent, adj. See *putrid.*

Putrid, adj. Ar. and P. σαπρός.

Putridity, subs. P. σαπρότης, ἡ.

Puzzle, v. trans. P. εἰς ἀπορίαν καθιστάναι. *Confuse:* P. and V. τᾰράσσειν, ἐκπλήσσειν. *Lead astray:* P. and V. πλᾰνᾶν. *Be puzzled:* P. and V. ἀπορεῖν, ἀμηχᾰνεῖν (rare P.).

Puzzle, subs. *Difficulty:* P. and V. ἀπορία, ἡ. *Bewilderment:* P. and V. ἀπορία, ἡ, πλᾰ́νη, ἡ.

Puzzling, adj. P. and V. ἄπορος, ἀμήχᾰνος (rare P.).

Pygmy, adj. Use *small.*

Pyramid, subs. P. πυραμίς, ἡ (Plat.).

Pyre, subs. P. and V. πῠρά, ἡ, V. πυρκαιά, ἡ.

Python, subs. See *serpent.*

Pythoness, subs. *Pythian priestess:* see *priestess.*

Q

Qua, adv. *In so far forth as:* P. ᾗ (Plat.).

Quack, subs. Use P. and V. φθέγμᾰ, τό, φθόγγος, ὁ, V. φθογγή, ἡ. *Charlatan:* P. and V. γόης, ὁ, μάγος, ὁ, ἀγύρτης, ὁ. Fem., V. ἀγύρτρια, ἡ, Ar. φέναξ, ὁ, Ar. and P. ἀλάζων, ὁ. *Be a quack,* v.: Ar. and P. ἀλαζονεύεσθαι. *Quack doctor:* Ar. ἰᾱτροτέχνης, ὁ.

Quack, adj. Use *spurious.*

Quack, v. intrans. Use P. and V. φθέγγεσθαι.

Quackery, subs. P. γοητεία, ἡ, Ar. and P. ἀλαζονεία, ἡ, ἀλαζονεύμᾰτα, τά.

Quadrangular, adj. P. τετράγωνος.

Quadruped, subs. Ar. and P. τετρᾰ́πουν, τό.

Quadruple, adj. P. τετραπλάσιος.

Quaestor, subs. P. ταμίας, ὁ (late). *Be quaestor,* v.: P. ταμιεύειν (late).

Quaestorian, adj. P. ταμιευτικός (late).

Quaestorship, subs. P. ταμιεία, ἡ (late).

Quaff, v. trans. *Drain (a cup):* P. and V. ἐκπίνειν (Plat., *Symp.* 214A and Soph., *Frag.*), Ar. ῥοφεῖν. *Quaff a drink:* P. and V. ἐκπίνειν (Dem.), Ar. and V. ῥοφεῖν, ἕλκειν, V. σπᾶν, ἀνασπᾶν, Ar. ἐκροφεῖν; see *drink.*

Quagmire, subs. P. ἕλος, τό, Ar. and P. τέλμᾰ, τό. *Keeping his foot clear of the fatal quagmire:* V. ἔξω κομίζων ὀλεθρίου πηλοῦ πόδα (Æsch., *Choe.* 697).

Quail, subs. Ar. and P. ὄρτυξ, ὁ.

Quail, v. intrans. *Cower:* P. and V. κᾰταπτήσσειν, Ar. and V. πτήσσειν (Plat. also but rare P.), V. πτώσσειν; see *cower. Quail before:* P. and V. ὑποπτήσσειν (acc.), V. πτήσσειν (acc.). *Fear:* P. and V. φοβεῖσθαι, ὀρρωδεῖν, δεδοικέναι (perf. of δείδειν); see *fear. Hesitate:* P. and V. ὀκνεῖν.

Quaint, adj. P. and V. ἄτοπος (Eur., *Frag.*); see also *strange.*

Quaintly, adv. P. ἀτόπως.

Quaintness, subs. Ar. and P. ἀτοπία, ἡ.

Quake, v. intrans. P. and V. τρέμειν, φρίσσειν, V. τρέσαι (aor. of τρεῖν, also Plat. but rare P.). *Quake (of the earth)*: see under *earthquake*. *Palpitate*: V. ὀρχεῖσθαι; see *palpitate*.

Quaking, subs. P. and V. τρόμος, ὁ (Plat.). *Of the earth*: P. and V. σεισμός, ὁ; see *earthquake*.

Quaking, adj. Ar. and V. τρομερός.

Qualification, subs. *Capacity*: P. and V. δύνᾰμις, ἡ. *Have qualifications for*: P. εὐφυὴς εἶναι πρός (acc.). *Through lack of the qualifications necessary for competing*: P. κατὰ τὴν οὐκ ἐξουσίαν τῆς ἀγωνίσεως (Thuc. 5, 50). *Something added to limit a statement*: P. παράφθεγμα, τό. *Will you not cease adding qualifications?* P. οὐ παύσει παραφθεγγόμενος; (Plat., *Euthyd.* 296A).

Qualified, adj. *Competent*: P. and V. ἱκᾰνός. *Trained*: P. γεγυμνασμένος; see *skilled*. *Qualified by nature*: P. and V. εὐφυής (Eur., *Frag.*). *Qualified for*: P. εὐφυής πρός (acc.). *Qualified to*: (with infin.), P. and V. ἱκᾰνός (infin.), ἀξιόχρεως (infin.) (Eur., *Or.* 597).

Qualify, v. trans. *Give licence*: P. and V. ἐξουσίαν δῐδόναι (dat.). *Make suitable*: use P. ἐπιτήδειον καθιστάναι. *Be qualified to*: P. and V. ἱκᾰνὸς εἶναι (infin.); see *qualified*. *Modify*: see *modify*.

Quality, subs. *Value, worth*: P. and V. ἀξία, ἡ. *Inherent property* (as colour, weight, etc.): P. πάθος, τό (Plat.), πάθημα, τό (Plat.); see *attribute*. *Rank*: P. and V. ἀξίωμα, τό; see *rank*. *A person of quality*: P. ἀνὴρ εὐδόκιμος, ὁ. *Disposition*: P. διάθεσις, ἡ, ἕξις, ἡ. *Of what quality*: interrogative, P. and V. ποῖος; indirect, P. and V. ὁποῖος. *Characteristic*: P. and V. ἴδιον, τό.

Qualm, subs. *Feel a qualm of sickness*, v.: Ar. and P. ναυτιᾶν. *Qualm of conscience*: P. and V. ἐνθύμιον, τό; see *scruple*. *Hesitation*: P. and V. ὄκνος, ὁ. *Have qualms about*: P. and V. ὀκνεῖν (infin.), κᾰτοκνεῖν (infin.), V. αἰδεῖσθαι (infin.), ἅζεσθαι (infin.); see *scruple*.

Quandary, subs. P. and V. ἀπορία, ἡ.

Quantity, subs. *Number*: P. and V. ἀριθμός, ὁ, πλῆθος, τό. *Amount*: P. and V. πλῆθος, τό. *Measure*: P. and V. μέτρον, τό. *A quantity of*: use adj., P. and V. πολύς, Ar. and P. πάμπολυς.

Quarrel, subs. P. and V. ἔρῐς, ἡ, ἀγών, ὁ, διᾰφορά, ἡ, στάσῐς, ἡ, Ar. and V. νεῖκος, τό (also Plat.; Soph., 243A, but rare P.).

Quarrel, v. intrans. P. and V. ἐρίζειν, ἀγωνίζεσθαι, μάχεσθαι, V. δῐχοστᾰτεῖν, Ar. and P. διᾰφέρεσθαι, στᾰσιάζειν, P. διίστασθαι; see *dispute*. *Quarrel with*: P. and V. ἐρίζειν (dat. or πρός, acc.), ἀγωνίζεσθαι (dat. or πρός, acc.), μάχεσθαι (dat. or πρός, acc.), δῐχοστᾰτεῖν (πρός, acc.) (Plat. but rare P.), P. διαφέρεσθαι (dat. or πρός, acc.), Ar. and P. στᾰσιάζειν (dat. or πρός, acc.); see *be at enmity with*, under *enmity*.

Quarrelsome, adj. P. φιλόνεικος, φιλαπεχθήμων, ἐριστικός. *Be quarrelsome*, v.: P. φιλονεικεῖν.

Quarrelsomeness, subs. P. φιλονεικία, ἡ, φιλαπεχθημοσύνη, ἡ.

Quarry, subs. *Prey, booty*: P. and V. ἄγρα, ἡ (Plat. but rare P.), ἄγρευμα, τό (Xen.), θήρα, ἡ (Xen.), V. θήρᾱμα, τό. *Stone quarry*; P. ἐργαστήριον, τό, λιθοτομίαι, αἱ.

Quarry, v. trans. P. and V. τέμνειν.

Quart, subs. Express by: Ar. and P. κοτύλη, ἡ. (Dry or liquid measure) equals about one-half pint. (Dry measure): also use Ar. and P. χοῖνιξ, ἡ, equals about two pints.

Quarter, subs. *Fourth part*: use P. and V. τέταρτον μέρος. *Region*: P. and V. χώρα, ἡ, τόπος, ὁ, or pl. *Hand, direction*: P. and V. χείρ, ἡ. *From what quarter*: interrogative, P. and V. πόθεν; indirect, ὁπόθεν. *From another quarter*: P. and V. ἄλλοθεν. *From all* *quarters*: P. and V. πάντοθεν, Ar. and P. πανταχόθεν. *From no quarter*: P. οὐδαμόθεν. *From some quarter or other*: P. and V. ποθέν (enclitic). *All is well in that quarter*: V. καλῶς τά γ' ἐνθένδε (Eur., *Or.* 1277). *Quarter of a town*: P. μέρος, τό (Thuc. 2, 15), κώμη, ἡ. *Pardon*: P. and V. συγγνώμη, ἡ, V. σύγγνοια, ἡ. *Give quarter*: P. and V. φείδεσθαι (also with gen. of object). *Give no quarter (in battle)*: P. μηδαμῶς ζωγρεῖν (Plat., *Legg.* 868B).

Quarter, v. trans. *Billet*: P. καταστρατοπεδεύειν (Xen.), V. εὐνάζειν, κἄτευνάζειν (Eur., *Rhes.*); see *billet*. *Be quartered*: P. σκηνεῖν, V. κἄτευνάσθαι (perf. pass. of κἄτευνάζειν), (Eur., *Rhes.* 611).

Quarters, subs. *Lodging*: P. and V. κἄτἄλῠσις, ἡ. *Change of quarters*: P. μετοίκησις, ἡ. *Men's quarters (in a house)*: P. and V. ἀνδρών, ὁ (Xen.), P. ἀνδρωνῖτις, ἡ. *Women's quarters*: P. γυναικών, ὁ (Xen.), Ar. and P. γῠναικωνῖτις, ἡ. *Take up one's quarters at*: P. καταλύειν (εἰς, acc.), κατασκευάζεσθαι (ἐν, dat.) (Thuc. 2, 17); see *lodge*. *Bivouac*: P. and V. αὐλίζεσθαι, κἄταυλίζεσθαι (Xen.), P. ἐπαυλίζεσθαι, ἐναυλίζεσθαι (act. used once in V.). *At close quarters*: P. and V. ὁμόσε, P. συσταδόν. *Headquarters*: see *headquarters*. *The hind quarters (of an animal)*: Ar. and P. κωλῆ, ἡ (Xen.).

Quarter-staff, subs. Use *staff*.

Quash, v. trans. P. and V. κᾰθαιρεῖν, λῡ́ειν. *Rule out of court*: Ar. and P. διαγρᾰ́φειν. *Get a suit quashed*: P. διαγράφεσθαι δίκην (cf., Ar., *Nub.* 774).

Quaver, v. intrans. P. and V. τρέμειν.

Quaver, subs. P. and V. τρόμος, ὁ.

Quay, subs. P. χῶμα, τό, χηλή, ἡ.

Queen, subs. P. and V. βᾰσῐλίς, ἡ (Plat.), δεσπότῐς, ἡ (Plat.), V. τῠ́ραννος, ἡ, Ar. and V. δέσποινα, ἡ, ἄνασσα, ἡ, βᾰσίλεια, ἡ (Eur., *And.* 1055). *In invocations (to goddesses, etc.)*: Ar. and V. πότνια, ἡ, δέσποινα, ἡ (rare P.), ἄνασσα, ἡ (rare P.).

Queen-bee, subs. Use P. μήτρα, ἡ (Aristotle).

Queenly, adj. *Dignified*: P. and V. σεμνός. *Royal*: P. and V. βᾰσῐλῐκός, ἀρχῐκός, βᾰσίλειος, τῠραννῐκός, V. τῠ́ραννος.

Queer, adj. P. and V. ἄτοπος (Eur., *Frag.*); see *strange*.

Queerly, adv. P. ἀτόπως.

Queerness, subs. Ar. and P. ἀτοπία, ἡ.

Quell, v. trans. *Put down*: P. and V. κᾰταστρέφεσθαι, κᾰτεργάζεσθαι. *Check*: P. and V. κᾰτέχειν; see *check*.

Quench, v. trans. *Extinguish*: P. and V. σβεννῠ́ναι (Thuc. 2, 77), ἀποσβεννῠ́ναι, κᾰτασβεννῠ́ναι. *Quenched*: use also V. μαυρούμενος (Æsch., *Ag.* 296). *The Athenians on their side devised preventives so as to quench the fire*: P. οἱ Ἀθηναῖοι . . . ἀντεμηχανήσαντο σβεστήρια κωλύματα (Thuc., 7, 53). Met., P. and V. ἀποσβεννῠ́ναι, κᾰτασβεννῠ́ναι, σβεννῠ́ναι (Plat.). *Put down*: P. and V. κᾰτέχειν, κᾰθαιρεῖν, παύειν. *Glut, satisfy*: P. and V. ἐμπιπλᾰ́ναι, ἐκπιμπλᾰ́ναι; see *glut*. *Quench one's thirst*: P. and V. πίνειν. *From desire to quench their thirst*: P. τοῦ πιεῖν ἐπιθυμίᾳ (Thuc. 7, 84). *Strangers, could you point out a river stream whereat we might quench our thirst?* V. ξένοι φράσαιτ' ἂν νᾶμα ποτάμιον πόθεν δίψης ἄκος λάβοιμεν; (Eur., *Cycl.* 96). *A thirst that cannot be quenched*: P. δίψα ἄπαυστος, ἡ (Thuc. 2, 49).

Quenchless, adj. *Insatiable*: P. and V. ἄπληστος. *Ceaseless*: P. ἄπαυστος.

Quenchlessness, subs. *Insatiability*: P. and V. ἀπληστία, ἡ.

Querulous, adj. P. and V. δύσχολος, δῠσᾰ́ρεστος, δυσχερής, Ar. and V.

πᾰλίγκοτος. *Be querulous*, v.: Ar. and P. δυσκολαίνειν.

Querulously, adv. P. δυσκόλως.

Querulousness, subs. P. and V. δυσχέρεια, ἡ, Ar. and P. δυσκολία, ἡ.

Query, subs. See *question*.

Quest, subs. P. and V. ζήτησις, ἡ, ζήτημα, τό, V. ἔρευνα, ἡ. *Go in quest of*: P. and V. μετέρχεσθαι (acc.), ζητεῖν (acc.), ἐρευνᾶν (acc.), P. ἐπιζητεῖν (acc.), V. μεταστείχειν (acc.), μαστεύειν (acc.), Ar. and V. μᾰτεύειν (acc.), μεθήκειν (acc.); see *seek*. *Pursue, run after*: P. and V. θηρεύειν, V. θηρᾶν (or mid.).

Question, subs. *Something asked*: P. ἐρώτησις, ἡ, ἐρώτημα, τό, ἐπερώτησις, ἡ, ἐπερώτημα, τό. *Cross question*: P. and V. ἔλεγχος, ὁ. *Subject under discussion*: P. and V. λόγος, ὁ. *That would have been quite another question*: P. ἄλλος ἂν ἦν λόγος (Dem. 986, cf. 240). *Divert from the question*: P. ἀπάγειν ἀπὸ τῆς ὑποθέσεως (Dem. 416). *The case in question*: P. τὸ προκείμενον. *Point at issue*: P. and V. ἀγών, ὁ. *It is not a question of gallantry but of salvation*: P. οὐ περὶ ἀνδραγαθίας ὁ ἀγὼν . . . περὶ δὲ σωτηρίας (Thuc. 5, 101). *It is now no question of words but of your life*: V. λόγων γὰρ οὐ νῦν ἐστιν ἀγὼν ἀλλὰ σῆς ψυχῆς πέρι (Soph., *El.* 1491). *Difficulty*: P. and V. ἀπορία, ἡ. *Suspicion*: P. and V. ὑπόνοια, ἡ, ὑποψία, ἡ. *Call in question, suspect*, v.: P. and V. ὑποπτεύειν; see also *mistrust*. *Doubt*: P. ἀμφισβήτησις, ἡ. *Be called in question, be doubted*, v.: P. ἀμφισβητεῖσθαι. *Legal case*: P. and V. ἀγών, ὁ, δίκη, ἡ, V. κρῖμα, τό. *Put the question*, v.: Ar. and P. ἐπερωτᾶν. *Put the question to the vote*: P. ἐπιψηφίζειν.

Question, v. trans. P. and V. ἐρωτᾶν, ἐρέσθαι (2nd aor.), ἀνερωτᾶν, ἐπερέσθαι (2nd aor.), Ar. and P. ἐπερωτᾶν, V. ἱστορεῖν, ἀνιστορεῖν, ἐξιστορεῖν, ἐξερωτᾶν, ἐξερέσθαι (2nd aor.); see *ask*. *Cross examine*: P. and V. ἐλέγχειν, ἐξελέγχειν. *Suspect*: P. and V. ὑποπτεύειν. *Distrust*: P. and V. ἀπιστεῖν (acc. of thing; dat of person). V. intrans. *Be perplexed*: P. and V. ἀπορεῖν, ἀμηχᾰνεῖν (rare P.).

Questionable, adj. *Doubtful*: P. ἀμφισβητήσιμος, ἀμφίβολος, V. ἀμφίλεκτος. *Not clear*: P. and V. ἀσᾰφής, ἄδηλος, δύσκρῖτος. *Inconclusive*: P. ἄκριτος. *Suspected*: P. and V. ὕποπτος. *Not to be trusted*: P. and V. ἄπιστος. *Unfair*: P. and V. ἄδῐκος; see also *unwise*.

Questionably, adv. *Doubtfully*: P. ἐνδοιαστῶς, V. ἀμφῐλέκτως. *Not clearly*: P. ἀσαφῶς, Ar. and V. δυσκρῖτως. *In a suspicious way*: P. ὑπόπτως. *Unfairly*: P. and V. ἀδῐ́κως; see *unwisely*.

Quibble, v. intrans. P. and V. λεπτουργεῖν, P. and V. σοφίζεσθαι.

Quibble, subs. P. παραγωγή, ἡ, Ar. and P. σόφισμα, τό.

Quick, adj. P. and V. τᾰχύς, ὀξύς, Ar. and V. ὠκύς, τᾰχύπους, θοός, V. ὠκύπους, τᾰχύπορος, τᾰχύρροθος, σπερχνός, κραιπνός, λαιψηρός. *Active, nimble*: P. and V. ἐλαφρός (Xen.), Ar. and V. κοῦφος. *Hurried, quickly done*: P. and V. τᾰχύς. *Energetic*: P. and V. πρόθῡμος, σπουδαῖος, ἔντονος, σύντονος. *Quick in intellect*: Ar. and P. ὀξύς, P. and V. δρῖμύς (Plat. and Eur., *Cycl.*). *Quick-tempered*: P. and V. ὀξύς, Ar. and P. ἀκρᾰ́χολος, Ar. and V. ὀξύθῡμος, V. δύσοργος. *Alive*: P. and V. ζῶν, ἔμψυχος. *This cuts to the quick*: V. ξυρεῖ γὰρ ἐν χρῷ τοῦτο (Soph., *Aj.* 786).

Quick, interj. Use imperative of verbs *to hasten*.

Quicken, v. trans. *Hurry*: P. and V. σπεύδειν, ἐπισπεύδειν, ἐπείγειν, ὁρμᾶν, P. κατεπείγειν (intrans. in Ar.). *Urge on*: P. and V. ἐποτρῦ́νειν, ἐξοτρύνειν, V. ὀτρύνειν. *Bring to life*: P. ἀναβιώσκεσθαι. *Refresh*: P. and V. ἀναψῡ́χειν.

Quickly, adj. P. and V. ταχύ, ἐν τάχει, διὰ τάχους, σπουδῇ, Ar. and P. ταχέως, P. ὀξέως, V. τάχος, σὺν τάχει, ἐκ ταχείας, θοῶς; see *soon*. *As quickly as possible*: P. and V. ὡς τάχιστα, Ar. and V. ὡς τάχος, ὅσον τάχος.

Quickness, subs. P. and V. τάχος, τό, P. ταχύτης, ἡ, V. ὠκύτης, ἡ; see *speed*. *Quickness of hand*: P. εὐχέρεια, ἡ. *Quickness of intellect*: P. ὀξύτης, ἡ, δριμύτης, ἡ, ἀγχίνοια, ἡ. *Quickness in learning*: P. εὐμάθεια, ἡ. *Quickness of temper*: V. ὀξυθυμία, ἡ, τάχος φρενῶν, τό.

Quicksilver, subs. P. ἄργυρος χυτός, ὁ (Aristotle).

Quick-tempered, adj. See under *quick*.

Quick-witted, adj. See *quick*.

Quiescence, subs. Ar. and P. ἡσυχία, ἡ; see *quiet*.

Quiescent, adj. See *quiet*.

Quiet, subs. *Peace, tranquility*: Ar. and P. ἡσυχία, ἡ. *Calm*: P. and V. γαλήνη, ἡ, εὐδία, ἡ. *Peacefulness of disposition*: V. τὸ ἡσυχαῖον, Ar. and P. ἡσυχία, ἡ, ἀπραγμοσύνη, ἡ. *Silence*: P. and V. σιγή, ἡ, σιωπή, ἡ. *Keep quiet*, v.: P. and V. ἡσυχάζειν, V. ἡσύχως ἔχειν.

Quiet, adj. *Calm*: P. and V. ἥσυχος, ἡσυχαῖος, P. ἡσύχιος, V. γαληνός, P. ἠρεμαῖος, ἀτρεμής. *Of disposition*: Ar. and P. εὔκολος. *Free from care*: P. and V. ἀπράγμων (Eur., *Frag.*), V. ἕκηλος. *Silent*: V. σιγηλός, σιωπηλός. *Noiseless*: V. ἄψοφος, ἀψόφητος. *Be quiet*, v.: P. and V. ἡσυχάζειν, V. ἡσύχως ἔχειν. *Be silent*: P. and V. σιγᾶν, σιωπᾶν; see *keep silence*, under *silence*.

Quiet, v. trans. *Soothe*: P. and V. πραΰνειν, κηλεῖν (Plat.), Ar. and V. μαλάσσειν, V. μαλθάσσειν; see *soothe*. *Check, stop*: P. and V. παύειν, κατέχειν. *Put to sleep*: lit. and met., P. and V. κοιμίζειν (Plat.), V. κοιμᾶν. *Silence*: P. κατασιωπᾶν (Xen.).

Quietly, adv. P. and V. ἡσυχῇ, ἡσύχως (rare P.), Ar. and V. ἀτρέμα, Ar. and P. ἀτρέμας, ἠρέμα (Plat.). *Silently*: P. and V. σιγῇ, σιωπῇ, Ar. and V. σῖγα. *Noiselessly*: P. ἀψοφητί, V. ἀθορύβως. *Without trouble*: P. and V. ἀπραγμόνως.

Quietness, subs. P. ἡσυχότης, ἡ.

Quill, subs. *End of a feather*: P. καυλός, ὁ. *Quill feathers*: Ar. ὠκύπτερα, τά. *Feather*: P. and V. πτερόν, τό. *Pen*: P. γραφίς, ἡ.

Quill-driver, subs. Ar. and P. γραμματεύς, ὁ.

Quilt, subs. *Coverlet*: Ar. and P. στρώματα, τά, V. χλαῖνα, ἡ, φάρος, τό, φᾶρος, τό, στρωτὰ φάρη, τά.

Quilt, v. trans. *Stitch*: Ar. and P. ῥάπτειν. *Fold*: P. and V. πλέκειν. *Quilted, folded*: use P. and V. πλεκτός (Xen.).

Quinquennial, adj. P. πενταετής, Ar. πεντετής. *A quinquennial festival*: P. πεντετηρίς, ἡ.

Quinsy, subs. P. κυνάγχη, ἡ (Aristotle).

Quintessence, subs. *Best part*: P. and V. ἄνθος, τό, ἀκμή, ἡ.

Quip, subs. Ar. and P. σκῶμμα, τό.

Quire, subs. See *choir*.

Quit, v. trans. P. and V. λείπειν, ἀπολείπειν, ἐκλείπειν, καταλείπειν, προλείπειν, ἀμείβειν (Plat. but rare P.), P. μεταλλάσσειν, V. ἐκλιμπάνειν, ἐξαμείβειν. *Leave vacant*: P. and V. κενοῦν, ἐρημοῦν. *Get quit, get off*: P. and V. ἀπαλλάσσειν, V. ἐξαπαλλάσσεσθαι (rare P.). *Be quit of*: P. and V. ἀπαλλάσσεσθαι (gen.); see *rid*. *Quit oneself, (behave oneself)*: P. and V. παρέχειν ἑαυτόν (with adj. in acc.), γίγνεσθαι (with adj.).

Quite, adv. P. and V. πάντως, παντελῶς, πάντῃ, Ar. and P. πάνυ, ἀτεχνῶς, P. κατὰ πάντα, ὅλως. *Quite so* (in answer to a question): Ar. μάλιστα πάντων; see *assuredly*. *Quite the reverse*: P. πᾶν τοὐναντίον.

Quits, adj. *Be quits*, v.: use P.

ἐκ τοῦ ἴσου γίγνεσθαι. *Cry quits:* use P. ἐκ τοῦ ἴσου διίστασθαι (*separate on equal terms*).

Quittance, subs. *Quittance* (*from any obligation*): P. ἄφεσις, ἡ, ἀπαλλαγή, ἡ (Dem. 893). Generally, *relief, deliverance:* P. and V. ἀπαλλᾰγή, ἡ. *Give one quittance of any obligation:* P. ἀφιέναι (acc. of person; gen. of thing), ἀπαλλάσσειν (acc. of person; gen. of thing).

Quiver, subs. *Case to hold arrows:* P. and V. φᾰρέτρα, ἡ (Plat.). *Shaking:* P. and V. τρόμος, ὁ. *Convulsion:* P. and V. σπασμός, ὁ, P. σφαδασμός, ὁ, V. σπᾰραγμός, ὁ.

Quiver, v. intrans. *Tremble:* P. and V. τρέμειν, φρίσσειν; see *tremble. Palpitate:* P. and V. πηδᾶν, P. σφύζειν, V. ὀρχεῖσθαι. *Pant:* P. and V. σφᾰδάζειν (Xen.), ἀσπαίρειν (rare P.), V. ἀπασπαίρειν.

Quivering, adj. Ar. and V. τρομερός.

Qui vive, subs. *On the qui vive, excited:* P. μετέωρος, ὀρθὸς; see *excited. Be on the qui vive, on one's guard,* v.: P. φυλακὴν ἔχειν, V. ἐν εὐφῦλάκτῳ εἶναι.

Quixotic, adj. *Be quixotic, overhonest,* v.: P. ἀνδραγαθίζεσθαι.

Quixotism, subs. Use Ar. and P. ἀνδρᾰγᾰθία, ἡ.

Quoit, subs. V. δίσκος, ὁ (Eur., *Frag.*). *Throwing the quoit,* subs.: V. δίσκημα, τό (Soph., *Frag.*). *Be flung as a quoit,* v.: V. δισκεύεσθαι (Eur., *Ion,* 1268).

Quota, subs. *Share:* P. and V. μέρος, τό. *Pay one's quota, contribute:* P. εἰσφέρειν. *Contingent* (*of troops*): P. and V. τάξῐς, ἡ.

Quotation, subs. *Passage in a book:* P. λόγος, ὁ. *Passage in a play:* Ar. and P. ῥῆσις, ἡ.

Quote, v. trans. *Cite, bring forward:* P. and V. πᾰρᾰφέρειν, P. προφέρειν, or use *mention. Quote as authority:* P. παρατίθεσθαι.

Quoth, v. intrans. *Quoth I:* P. ἦν δ' ἐγώ. *Quoth he:* Ar. and P. ἦ δ' ὅς (Ar., *Vesp.* 795). *Quoth she:* P. ἦ δ' ἥ. *Quoth Ctessipus:* P. ἦ δ' ὃς ὁ Κτήσιππος (Plat.); see also *say.*

R

Rabble, subs. P. and V. ὄχλος, ὁ, πλῆθος, τό, P. συρφετός, ὁ (Plat.). *The rabble, the common people:* P. and V. τὸ πλῆθος, οἱ πολλοί.

Rabid, adj. *Mad:* P. and V. μᾰνιώδης, Ar. and P. μᾰνῐκός; see *mad. Violent:* P. σφοδρός.

Rabidly, adv. P. μανικῶς. *Violently:* P. and V. σφόδρᾰ.

Race, subs. *Family:* P. and V. γένος, τό, Ar. and V. γέννᾰ, ἡ, γενέα, ἡ (Eur., *Frag.*; also Plat. but rare P.), V. γονή, ἡ, σπέρμᾰ, τό, ῥίζᾰ, ἡ, ῥίζωμα, τό, σπορά, ἡ. *Tribe:* P. and V. ἔθνος, τό, φῦλον, τό. *Gods of the race:* P. and V. θεοὶ ὁμόγνιοι (Plat., V. θεοὶ γενέθλιοι, γενέται θεοί. *Zeus, god of the race:* P. and V. Ζεὺς ὁμόγνιος (Plat.). *Of the same race,* adj.: P. and V. ὁμόφῦλος. *The human race:* use P. and V. οἱ ἄνθρωποι, Ar. and V. βροτοί, οἱ, θνητοί, οἱ. *Running:* P. and V. δρόμος, ὁ, V. δρᾰ́μημα, τό. *Contest:* P. and V. ἀγών, ὁ, ἅμιλλα, ἡ, V. ἀγωνία, ἡ, ἆθλος, ὁ.

Race, v. trans. *Contend with:* see under *contend. Outstrip:* see *outstrip.* V. intrans. *Contend:* P. and V. ἀγωνίζεσθαι, ἁμιλλᾶσθαι, V. ἐξᾰγωνίζεσθαι, ἐξᾰμιλλᾶσθαι. *Run:* P. and V. τρέχειν; see *run. Hasten:* P. and V. ἁμιλλᾶσθαι (rare P.), φέρεσθαι; see *hasten.*

Race-course, subs. Ar. and P. στᾰ́διον, Ar. and V. δίαυλος, ὁ. *Race-course for chariots:* P. ἱππόδρομος, ὁ.

Race horse, subs. Ar. and P. κέλης, ὁ.

Racer, subs. P. and V. δρομεύς, ὁ, ἀγωνιστής, ὁ, P. σταδιοδρόμος, ὁ. *Race horse:* Ar. and P. κέλης, ὁ.

Racing, subs. *Running* : P. and V. δρόμος, ὁ. *Horse-racing* : Ar. and P. ἱπποδρομία, ἡ.

Rack, v. trans. *Torture* : Ar. and P. στρεβλοῦν; see *torture*. *Examine by rack* : Ar. and P. βᾰσᾰνίζειν. *Rack one's brains* : use *ponder*.

Rack, subs. Ar. and P. τροχός, ὁ. *Examination by rack* : Ar. and P. βᾰσᾰνος, ἡ. *Being stretched on the rack* : P. κατατεινόμενος ὑπὸ τῆς βασάνου (Dem. 1172). *Be on the rack*, met. : Ar. and P. πᾰρᾰτείνεσθαι; see *be distressed*, under *distress*, v.

Racket, subs. *Noise, shouting* : P. and V. θόρῠβος, ὁ, βοή, ἡ, P. θροῦς, ὁ, V. κέλᾰδος, ὁ; see *noise*.

Rackety, adj. *Noisy* : P. θορυβώδης. *Gay* : Ar. and P. νεᾱνῐκός.

Racy, adj. *Witty* : Ar. and P. χᾰρίεις. *Be racy of* : Ar. ὄζειν (gen.).

Radiance, subs. *Brightness* : P. λαμπρότης, ἡ. *Light* : P. and V. φῶς, τό; see *light*. Met., *cheerfulness* : P. and V. εὐθῡμία, ἡ (Xen.).

Radiant, adj. *Bright* : P. and V. λαμπρός, V. φαιδρός, εὐᾱγής (Plat. also but rare P.), φαεσφόρος, εὐφεγγής, σελασφόρος; see *bright*. Of looks: P. and V. φαιδρός, V. λαμπρός, φαιδρωπός, Ar. and V. εὐπρόσωπος (also Xen.).

Radiantly, adv. P. and V. λαμπρῶς, P. φαιδρῶς (Xen.). *Cheerfully* : P. and V. εὐθύμως (Xen.).

Radiate, v. intrans. *Distribute* : P. and V. διᾰδῐδόναι, διαφέρειν. *Move in a circle* : P. and V. κυκλεῖσθαι, στρέφεσθαι, P. περιφέρεσθαι. *Emit light* : see *shine*.

Radical, adj. *Complete, fundamental:* P. and V. παντελής. *Radicals (in politics)* : use P. οἱ νεωτερίζοντες.

Radically, adv. *Utterly* : P. and V. παντελῶς; see *utterly*. *From top to bottom* : P. and V. κᾰτ' ἄκρας.

Radish, subs. Ar. ῥᾰφᾰνίς, ἡ.

Radius, subs. *Circuit* : P. and V. κύκλος, ὁ, περίβολος, ὁ; see *circuit*.

Raft, subs. P. σχεδία, ἡ.

Rafter, subs. Ar. στρωτήρ, ὁ. *Beam* : Ar. and P. δοκός, ἡ. *Rafters, ceiling* : Ar. and P. ὀροφή, ἡ; see *roof*.

Rag, subs. Ar. and V. ῥάκος, τό, V. τρῦχος, τό, Ar. ῥάκιον, τό. *Rags* (of clothing) : Ar. and V. ῥάκη, τά, τρύχη, τά, λᾰκίδες, αἱ, V. λᾰκίσμᾰτα, τά, Ar. ῥᾴκια, τά. *Ragged state* : V. ἀχλαινία, ἡ, δυσχλαινία, ἡ. *Be in rags*, v. : Ar. ῥῠπᾶν. *Clothed in rags* : V. δυσείμᾰτος. *Torn to rags* : V. κᾰτερρᾰκωμένος.

Rage, subs. *Anger* : P. and V. ὀργή, ἡ, θῡμός, ὁ, Ar. and V. χολή, ἡ. κότος, ὁ, μένος, τό, V. θῡμώμᾰτα, τά, μῆνις, ἡ, χόλος, ὁ. *Madness* : P. and V. μᾰνία, ἡ, λύσσᾰ, ἡ (Plat. but rare P.), οἶστρος, ὁ (Plat. but rare P.), V. λυσσήμᾰτα, τά; see *madness*.

Rage, v. intrans. *Be angry* : P. and V. ὀργίζεσθαι, θῡμοῦσθαι (Plat. also Ar.), V. ὀργαίνειν, χολοῦσθαι, μηνῑειν. *Be mad* : P. and V. λυσσᾶν (Plat.), οἰστρᾶν (Plat.), βακχεύειν (Plat.), V. βακχᾶν, μαργαίνειν (Æsch., *Frag.*); see *be mad*, under *mad*. *The mortality raged unchecked* : P. ὁ φθόρος ἐγίγνετο οὐδένι κόσμῳ (Thuc. 2, 52).

Ragged, adj. V. τρῡχηρός, Ar. and V. δυσπῑνής. *Clothed in rags* : V. δυσείμᾰτος, κᾰτερρᾰκωμένος. *Ragged clothes* : P. ἱμάτια ῥαγέντα (Xen.). Of rowing, *not even* : P. ἀσυγκρότητος.

Raging, adj. See *frenzied*. *Raging fire* : V. πῦρ λαβρόν.

Raid, subs. P. and V. εἰσβολή, ἡ, P. καταδρομή, ἡ; see *attack*, *plunder*.

Raid, v. trans. P. and V. εἰσβάλλειν, εἰς (acc.); see *attack*, *plunder*.

Rail, subs. *Bar round a chariot or waggon* : P. and V. ἄντυξ, ἡ (Plat., *Theaet.* 207A, but rare P.). *Partition in law court* : Ar. and P. δρύφακτοι, οἱ (Xen.); see *fence*.

Rail, v. intrans. *Be abusive* : P.

κακολογεῖν, P. and V. ὑβρίζειν; see *abuse*. *Rail at*: see *abuse*. *Rail off*: P. ἀπολαμβάνειν, ἀποφράσσειν. *Fence round*: P. περισταυροῦν.

Railing, subs. P. and V. ὕβρῐς, ἡ, P. λοιδόρησις, ἡ, Ar. λοιδορησμός, ὁ; see *abuse*, *rail*, *fence*.

Railing, adj. P. φιλολοίδορος, V. λοίδορος (Eur., *Cycl.*); see *abusive*.

Raiment, subs. P. and V. ἐσθής, ἡ, ἐσθήμᾰτα, τά, κόσμος, ὁ, σκευή, ἡ, στολή, ἡ (Plat.), V. εἷμα, τό, στολμός, ὁ, στόλισμα, τό, ἀμφιβλήμᾰτα, τά, Ar. and V. πέπλος, ὁ, πέπλωμα, τό.

Rain, subs. Ar. and P. ὑετός, ὁ, ὕδωρ, τό. *Shower*: P. and V. ὄμβρος, ὁ (Plat., *Rep.* 359D). *Storm of rain*: P. and V. ἐπομβρία, ἡ (Dem. 1274, Æsch., *Frag.*, and Ar.), P. χειμὼν νοτερός, ὁ (Thuc. 3, 21). *Drizzle*: P. and V. ψᾰκάς, ἡ (Xen. also Ar.). *The rain that had fallen in the night*: P. τὸ ὕδωρ το γενόμενον τῆς νυκτός (Thuc. 2, 5). *There having been an extraordinary fall of rain*: P. ὕδατος ἐξαισίου γενομένου (Plat., *Critias*, 112A).

Rain, v. intrans. *It rains*: Ar. and P. ὕει (Xen.); see also *drizzle*. *Rain down*, v. trans.: met., Ar. and P. κᾰτᾰχεῖν; see *shower*.

Rain-bow, subs. P. ἶρις, ἡ (Plat., *Rep.* 616B).

Rainy, adj. Of rain: Ar. and V. ὄμβριος. *Bringing rain*: Ar. ὀμβροφόρος. *Loud with rain*: V. ὀμβροκτύπος. *A rainy and windy night*: P. νὺξ χειμέριος ὕδατι καὶ ἀνέμῳ (Thuc. 3, 22). *Wet*: P. νοτερός.

Raise, v. trans. *Lift*: P. and V. αἴρειν, ἐξαίρειν, ἀνάγειν, ἐπαίρειν, ἀνέχειν, ὀρθοῦν (rare P.), V. βαστάζειν, κᾰτορθοῦν, ὀρθεύειν (Eur., *Or.* 405), ἀνᾰκουφίζειν, Ar. and V. κουφίζειν (rare P.). *Make to stand, set up*: P. and V. ἀνιστάναι, ἐξᾰνιστάναι, ὀρθοῦν (rare P.). *She lies neither lifting her eyes nor raising her face from the ground*: V. κεῖται . . . οὔτ' ὄμμ' ἐπαιρουσ' οὔτ' ἀπαλλάσσουσα γῆς πρόσωπον (Eur., *Med.* 27). *Raise* (*in height*): P. and V. αἴρειν, Ar. and P. μετεωρίζειν. *Erect, build*: Ar. and P. οἰκοδομεῖν, P. κατασκευάζειν, V. τεύχειν. *Raise a temple, statue, etc.*: P. and V. ἱδρύειν (or mid.), V. κᾰθιδρύεσθαι; see *set up*. *Raise* (*me*) *a tomb*: V. χῶσον τύμβον (Eur., *I. T.* 702). *Raise* (*a trophy*): P. and V. ἱστάναι (or mid.). *Found*: P. and V. κτίζειν. *Exalt*: P. and V. αἴρειν, αὐξάνειν, αὔξειν, μεγᾰλύνειν, Ar. and V. ὀγκοῦν, πυργοῦν, V. ἀνάγειν. *Raise to honour*: V. τίμιον (τινά) ἀνάγειν. *Increase*: P. and V. αὐξάνειν, αὔξειν. *Stir up*: P. and V. κῑνεῖν, ἐγείρειν, V. ἀείρειν, ὀρνύναι. *Raise sedition*: V. στάσιν τῐθέναι. *Raise a cry*: V. κραυγὴν ἱστάναι, κραυγὴν τῐθέναι, ὀλολυγμὸν ἐπορθριάζειν, or use *shout*, v. *Raise* (*the dead*): P. and V. ἀνάγειν (Soph., *Frag.*), Ar. and P. ψῡχᾰγωγεῖν, V. ἀνιστάναι, ἐξᾰνιστάναι, ἐξεγείρειν. *Wails that raise the dead*: V. ψῡχᾰγωγοι γόοι. *Libations to raise the dead*: V. χοαὶ νεκρῶν ἀγωγοί. *Raise difficulties*: P. ἀμφισβητεῖν (absol.). *Raise* (*from a suppliant attitude*): P. and V. ἀνιστάναι, ἐξᾰνιστάναι, V. ἐξαίρειν. *Raise* (*hopes*): P. and V. πᾰρέχειν, ὑποτείνειν. *Raise* (*money*): P. and V. συλλέγειν. *Raise sixteen minae on a thing*: P. λαβεῖν ἑκκαίδεκα μνᾶς ἐπί (dat.). *Raise a quarrel*: V. στάσιν ἐπαίρεσθαι. *Raise* (*a question*): P. and V. ἐπάγειν, πᾰράγειν, εἰσφέρειν; see *bring forward*. *Raise* (*seed*): V. ἀνῑέναι; see *propagate*. *Raise* (*a siege*): use Ar. and P. διᾰλύειν. *Raise spirits of*: P. and V. θρᾰσύνειν (acc.); see *encourage*. *Raise* (*troops*): P. and V. συλλέγειν, σῠνάγειν, ἀθροίζειν; see *collect*. *When Hera raised against you the Tuscan race of pirates*: V. ἐπεὶ γὰρ

Ἥρα σοὶ γένος Τυρσηνικὸν λῃστῶν ἐπῶρσε (Eur., *Cycl.* 11). *Raise (the voice, etc.)*: P. ἐπαίρειν, Ar. and P. ἐντείνεσθαι. *Raise (a wall)*: P. and V. ὀρθοῦν, αἴρειν.

Raised, adj. *Elevated*: Ar. and P. μετέωρος, Ar. and V. μετάρσιος, V. πεδάρσιος.

Raisin, subs. P. ἀσταφίς, ἡ.

Raising, subs. *Production*: P. γένεσις, ἡ. *The raising of crops*: P. ἡ γένεσις τοῦ καρποῦ (Plat., *Rep.* 428c).

Rake, subs. V. ἁρπάγη, ἡ (Eur., *Cycl.* 33). *Roué*: use P. and V. ὑβριστής, ὁ.

Rake, v. trans. Met., *strike with missiles*: P. and V. βάλλειν. *Rake up, collect together*: P. συμφορεῖν.

Rakish, adj. P. ὑβριστικός. *Gay*: Ar. and P. νεᾱνικός.

Rakishly, adv. P. ὑβριστικῶς. *Gaily*: Ar. and P. νεᾱνικῶς.

Rally, v. trans. *Banter*: P. and V. παίζειν πρός (acc.), P. προσπαίζειν (dat.); see *mock*. *Collect*: P. and V. συλλέγειν, ἀθροίζειν, σῠνάγειν. *Recall from flight*: P. ἀναστρέφειν (Xen.). Met., *rally (one's powers)*: P. and V. συλλέγειν (acc.). *Restore to vigour*: P. ἀναλαμβάνειν. *Like a hunter your son rallies them for the fight*: V. ἀλλά νιν πάλιν κυναγὸς ὡσεὶ παῖς σὸς ἐξαθροίζεται (Eur., *Phoen.* 1168). V. intrans. *Rally (of troops)*: P. συστρέφεσθαι. *Turn at bay*: P. πρὸς ἀλκὴν τρέπεσθαι, V. ἐς ἀλκὴν ἐλθεῖν. *Recover oneself*: P. ἀναλαμβάνειν ἑαυτόν, (or omit ἑαυτόν), V. σύλλογον ψυχῆς λαβεῖν (Eur., *H. F.* 626).

Rallying-point, subs. Use P. and V. ἀφορμή, ἡ, P. ὁρμητήριον, τό. *They did not know where to find a rallying-point*: P. οὐκ ἠπίσταντο πρὸς ὅτι χρὴ χωρῆσαι (Thuc. 7, 44).

Ram, subs. Ar. and P. κρῑός, ὁ. *Like a ram*, adv.: Ar. κρῑηδόν. *Battering-ram*: P. and V. μηχᾰνή, ἡ, P. μηχάνημα, τό, κριός, ὁ. *Head of a ram*: P. ἐμβολή, ἡ. *Ship's ram*: P. ἔμβολος, ὁ.

Ram, v. trans. *Stuff, press*: P. εἴλειν (Plat.). *Ram in*: P. ἐνείλλειν (absol.). *Strike with a ram (of a ship)*: P. ἐμβάλλειν (dat.).

Ramble, v. intrans. *Wander about*: P. and V. περῐπολεῖν; see *wander*.

Ramble, subs. *Walk*: P. περίπατος, ὁ. *Journey*: P. and V. ὁδός, ἡ; see also *wandering*.

Rambling, adj. *Wide, spread out*: use P. and V. εὐρύς. *Distraught*: see *mad*.

Ramblingly, adv. *Disconnectedly*: P. and V. εἰκῇ.

Ramification, subs. *None of the rest protested any further because they were afraid when they saw the ramifications of the plot*: P. ἀντέλεγεν οὐδεὶς ἔτι τῶν ἄλλων δεδιὼς καὶ ὁρῶν πολὺ τὸ συνεστηκός (Thuc. 8, 66).

Ramming, subs. *Striking with a ram*: P. and V. ἐμβολή, ἡ.

Rampant, adj. *Wanton*: P. ὑβριστικός, V. κρῑθῶν, ὑβριστής (used adjectivally). *Excessive*: P. ὑπέρμετρος. *Be rampant, prevail*, v.: P. and V. κρᾰτεῖν; see *prevail*.

Rampantly, adv. P. καθ' ὑπερβολήν, V. ὑπερμέτρως (Eur., *Frag.*), ὑπέρφευ; see *excessively*.

Rampart, subs. *Mound*: P. and V. χῶμα, τό, P. χοῦς, ὁ. *Battlement*: P. and V. ἔρῠμα, τό, ἔπαλξις, ἡ, τεῖχος, τό; see *battlement, defence*.

Rancid, adj. Ar. and P. σαπρός.

Rancorous, adj. P. and V. πικρός, V. δύσφρων, κᾰκόφρων. *Spiteful*: P. and V. φθονερός, ἐπίφθονος; see *malicious, malignant*.

Rancorously, adv. P. and V. πικρῶς. *Spitefully*: P. φθονερῶς, ἐπιφθόνως.

Rancour, subs. P. and V. πικρότης, ἡ. *Spite*: P. and V. φθόνος, ὁ; see *malice*.

Random, adj. V. εἰκαῖος (Soph., *Frag.*); see also *chance*. *Scattered*: P. and V. σποράς, ἡ. *Empty, vain*:

P. and V. κενός, μάταιος. *At random:* P. and V. εἰκῇ, P. χύδην. *Off hand:* P. and V. φαύλως, P. ἐξ ἐπιδρομῆς, ἐξ ὑπογυίου. *Confusedly:* P. and V. φύρδην (Xen.).

Range, subs. *Row, line:* P. and V. στοῖχος, ὁ, τάξις, ἡ; see *row. Distance covered:* P. and V. βολή, ἡ, P. φορά, ἡ. *Within range of stones and darts:* P. μέχρι λίθου καὶ ἀκοντίου βολῆς (Thuc. 5, 65). *Since the boy ran within range of the javelin:* P. τοῦ παιδὸς ὑπὸ τὴν τοῦ ἀκοντίου φορὰν ὑποδραμόντος (Antipho. 121). *He is within range of hearing:* V. σύμμετρος γὰρ ὡς κλύειν (Soph., *O. R.* 84). *To within range of hearing:* P. εἰς ἐπήκοον (Xen.). *Riding up to within range of hearing:* P. προσελάσαντες ἐξ ὅσου τις ἔμελλεν ἀκούσεσθαι (Thuc. 7, 73). *Range of vision:* P. ἔποψις, ἡ. *Within range (of shooting):* use P. and V. ἐντὸς τοξεύμᾰτος. *Out of range (of shooting):* use P. and V. ἔξω τοξεύμᾰτος. *Scope:* P. προαίρεσις, ἡ. *Range of mountains:* use P. and V. ὄρος, τό.

Range, v. trans. *Draw up:* P. and V. τάσσειν, συντάσσειν, Ar. and P. πᾰρᾰτάσσειν. *On which side shall we range ourselves?* P. πρὸς τίνας παραταξόμεθα; (Dem. 198). *Range opposite:* P. and V. ἀντῐτάσσειν (τινά τινι). *Roam over, traverse:* P. and V. περῐπολεῖν (acc.), ἐπιστρέφεσθαι (acc.), ἐπέρχεσθαι (acc.), V. πολεῖν (acc.), ἀλᾶσθαι (acc.); see *traverse, tread. Range over (a subject):* P. and V. διέρχεσθαι (acc.). Absol., *extend:* P. and V. τείνειν. *Wander:* P. and V. περῐπολεῖν, φέρεσθαι, V. φοιτᾶν, στρέφεσθαι, στρωφᾶσθαι, ἐπιστρέφεσθαι; see *wander. Wherefore must I let my eye range everywhere:* V. ὧν οὕνεκ' ὄμμα πανταχῇ διοιστέον (Eur., *Phoen.* 265).

Rank, v. trans. *Class:* P. and V. τῐθέναι; see also *reckon.* V. intrans. *Rank with, be classed with:* P. and V. τελεῖν εἰς (acc.).

Rank, subs. *Condition, station:* P. and V. τάξις, ἡ, ἀξίωμα, τό. *High rank:* P. and V. ἀξίωμα, τό, δόξᾰ, ἡ, εὐδοξία, ἡ. *Nobility, high birth:* P. and V. γενναιότης, ἡ, τὸ γενναῖον, εὐγένεια, ἡ (Plat.). *Line of soldiers:* P. and V. τάξις, ἡ, Ar. and V. στίχες, αἱ, P. παράταξις, ἡ. *The front rank:* P. ἡ πρώτη τάξις. *Be in the front rank,* v.: Met., P. πρωτεύειν. *Rank and file* (as opposed to *officers*): use Ar. and P. οἱ στρᾰτιῶται. *When he failed to convince either the generals or the rank and file:* P. ὡς οὐκ ἔπειθεν οὔτε τοὺς στρατηγοὺς οὔτε τοὺς σρατιώτας (Thuc. 4, 4).

Rank, adj. *Ill-smelling:* P. and V. δυσώδης, Ar. and V. κᾰκοσμος (Æsch., *Frag.*). *Luxuriant:* P. and V. ἄφθονος, V. ἐπίρρῡτος. *Absolute, unadulterated:* P. ἄκρατος, ἁπλοῦς, εἰλικρινής.

Rankle, v. intrans. *Fester:* P. ἑλκοῦσθαι (Xen.), V. ἑλκαίνειν. Met., *cause annoyance:* P. and V. λῡπεῖν, δάκνειν, Ar. and V. κνίζειν.

Rankly, adv. *Offensively:* P. ἀηδῶς. *Luxuriantly:* P. and V. ἀφθόνως (Eur., *Frag.*).

Rankness, subs. *Rankness of smell:* V. δυσοσμία, ἡ, P. and V. ὀσμή, ἡ. *Offensiveness:* P. βαρύτης, ἡ. *Abundance:* P. ἀφθονία, ἡ. *Fruitfulness:* P. πολυφορία, ἡ (Xen.).

Rankling, adj. P. and V. ὕπουλος.

Ransack, v. trans. *Search:* P. and V. ἐρευνᾶν. *Plunder:* P. and V. πορθεῖν, ἁρπάζειν, ἀναρπάζειν; see *plunder.*

Ransom, subs. P. λύτρα, τά. *Payment for recovering a thing:* V. κόμιστρα, τά. *Ransoming:* P. λύσις, ἡ (Dem. 107). *Hold to ransom,* v.: V. ἀποινᾶσθαι (Eur., *Rhes.* 177).

Ransom, v. trans. *Get released:*

P. λύεσθαι. *Release for a ransom:* P. λυτροῦν, ἀπολύεσθαι, ἀπολυτροῦν. *Save:* P. and V. σώζειν; see *save.*

Rant, v. intrans. *Boast:* P. and V. μέγᾰ λέγειν, μέγᾰ εἰπεῖν, P. μεγαλαυχεῖσθαι, Ar. and P. ἀλαζονεύεσθαι; see *boast.* *Talk like a demagogue:* Ar. and P. δημηγορεῖν.

Rant, subs. *Boasting:* P. μεγαλαυχία, ἡ; see *boastfulness.* *Demagogue's talk:* P. δημηγορία, ἡ, V. στροφαὶ δημήγοροι, αἱ.

Ranter, subs. *Boaster:* Ar. and P. ἀλάζων, ὁ or ἡ, V. κομπός, ὁ (Eur., *Phoen.* 600). *Demagogue,* adj.: P. δημήγορος, ὁ, δημαγωγός, ὁ. *Be a ranter (on the stage),* v.: P. τραγῳδεῖν.

Ranting, adj. *Demagogic:* Ar. δημᾰγωγῐκός, V. δημήγορος.

Rap, v. trans. See *knock.*

Rap, subs. *Blow:* P. and V. πληγή, ἡ. *Not a rap (not at all):* use Ar. and P. οὐδ' ἄκᾰρῆ.

Rapacious, adj. Ar. and P. ἅρπαξ (Xen.). *Grasping:* P. πλεονεκτικός. *Insatiable:* P. and V. ἄπληστος. *Rapacious of money:* P. and V. φῐλάργῠρος, αἰσχροκερδής; see *greedy.*

Rapaciously, adv. *Graspingly:* P. πλεονεκτικῶς. *Insatiably:* P. ἀπλήστως.

Rapacity, subs. *Greed:* P. πλεονεξία, ἡ. *Insatiability:* P. and V. ἀπληστία. *Greed of money:* P. φιλοχρηματία, ἡ, P. and V. αἰσχροκέρδεια, ἡ.

Rape, subs. P. and V. ἁρπᾰγή, ἡ, or pl. *Abduction:* V. ἀγωγή, ἡ. *Violence to a woman:* P. ὕβρις, ἡ.

Rapid, adj. P. and V. τᾰχύς; see *quick.*

Rapidity, subs. P. and V. τάχος, τό, P. ταχύτης, ἡ, V. ὠκύτης, ἡ.

Rapidly, adv. P. and V. τᾰχύ, Ar. and P. τᾰχέως; see *quickly.*

Rapier, subs. P. and V. ξίφος, τό, V. φάσγᾰνον, τό, ἔγχος, τό, κνώδων, ὁ, ἀκμή, ἡ, σίδηρος, ὁ, Ar. and V. βέλος, τό. *Small sword:* P. and V. μάχαιρα, ἡ.

Rapine, subs. P. and V. ἁρπᾰγή, ἡ, P. πόρθησις, ἡ.

Rapture, subs. *Delight:* P. and V. ἡδονή, ἡ, τέρψις, ἡ, χᾰρά, ἡ, V. χαρμονή, ἡ (also Plat. but rare P.), χάρμᾰ, τό. *Zeal:* P. and V. σπουδή, ἡ, προθῡμία, ἡ. *Possession (by a god):* P. ἐνθουσιασμός, ὁ, κατοκωχή, ἡ.

Rapturous, adj. *Pleased:* P. and V. περῐχᾰρής. *Zealous, enthusiastic:* P. and V. πρόθῡμος. *Inspired:* P. and V. ἔνθεος.

Rapturously, adj. *Enthusiastically:* P. and V. σπουδῇ, προθῡ́μως.

Rare, adj. *Infrequent:* P. and V. σπάνιος (Eur., *Frag.*), V. σπαρνός. Opposed to *dense:* P. μανός. *Choice:* P. and V. ἐξαίρετος, ἔκκρῐτος; see *choice.* *Singular, preeminent:* P. and V. ἐκπρεπής, διαπρεπής, V. ἔξοχος.

Rarely, adv. *Infrequently:* P. σπανίως. *Seldom:* P. and V. ὀλῐγάκῐς.

Rarity, subs. *Lack:* P. and V. σπάνῐς, ἡ. Opposed to *density:* P. μανότης, ἡ.

Rascal, subs. Ar. and P. ἀλάζων, ὁ, φαρμᾰκός, ὁ, P. and V. μαστῑγίᾱς, ὁ (Soph., *Frag.* also Ar.) Ar. and V. κέντρων, ὁ (Soph., *Frag.*), Ar. κόβᾱλος, ὁ; see *villain.*

Rascality, subs. P. and V. πᾰνουργία, ἡ, P. κακουργία, ἡ; see *villainy.*

Rascally, adj. P. and V. κᾰκοῦργος, πᾰνοῦργος, ἐπίτρεπτος, μοχθηρός, V. λεωργός (also Xen.), παντουργός; see *villainous.*

Rase, v. trans. See *raze.*

Rash, subs. P. ἐρύθημα, τό.

Rash, adj. Of persons: P. προπετής, σφοδρός, θαρσαλέος, εὐχερής, ἀλόγιστος, P. and V. θρᾰσύς, σχέτλιος, θερμός, ἀσύνετος, ἄβουλος, τολμηρός, Ar. and P. ἰτᾰμός, V. θοῦρος, δυσλόγιστος, τλήμων, πάντολμος, Ar. and V. θούριος. *Unwary:* P. and V. ἀφύλακτος. Of things: P. ἀπερισκεπτος, ἄσκεπτος, ἀλόγιστος, P. and V. ἀσύνετος, ἄβουλος, νεᾱνῐκός,

Ar. and P. ἀνόητος, V. περισπερχής, ἄκρῐτος; see *reckless*. *Rash words*: V. νεᾱνίαι λόγοι, οἱ.

Rashly, adv. P. προπετῶς, ἀπερισκέπτως, ἀσκέπτως, ἀλογίστως, τολμηρῶς, εὐχερῶς, θαρσαλέως, ἰταμῶς, Ar. and P. ἀνοήτως, νεᾱνῐκῶς, P. and V. ἀφρόνως, ἀφροντίστως (Xen.), V. ἀβούλως. *Talk rashly*, v.: V. λαβροστομεῖν.

Rashness, subs. P. προπέτεια, ἡ, θρασύτης, ἡ, εὐχέρεια, ἡ, P. and V. ἀβουλία, ἡ, ἀσῠνεσία, ἡ (Eur., *Frag.*), θρᾰσος, τό, τόλμᾰ, ἡ, ἀφροσῠνη, ἡ, Ar. and V. δυσβουλία, ἡ. *Unwariness*: P. ἀφυλαξία, ἡ. *Rash act*: P. and V. κινδῡνευμα, τό, τόλμημα, τό, V. τόλμᾰ, ἡ (rare P.).

Rasor, subs. See *razor*.

Rasp, subs. P. ῥίνη, ἡ (Xen.).

Ratable, adj. *Subject to pay rates*: P. ὑποτελής.

Rate, subs. *Assessment*: P. σύνταξις, ἡ, σύνταγμα, τό. *Tax*: Ar. and P. τέλος, τό. *Price*: Ar. and P. τῑμή, ἡ, P. ὠνή, ἡ, P. and V. ἀξία, ἡ, V. τῖμος, ὁ; see *price*. *At the rate of*: Ar. and P. ἐπί (dat.). *At a high rate*: P. ἐπὶ πολλῷ. *Rate of interest*: see *per cent*. *At this rate, as things are going*: use P. and V. οὕτω, οὕτως, ταύτῃ. *At any rate*: γε, γοῦν, γε μήν, ἀλλά, ἀλλά . . . γε. *Rate of motion*: P. φορά, ἡ. *Speed*: P. and V. τάχος, τό.

Rate, v. trans. *Estimate, assess*: P. τάσσειν, συντάσσειν. *Rate highly, value*: P. περὶ πολλοῦ ποιεῖσθαι (acc.). *Reckon, consider*: P. and V. νομίζειν, ἡγεῖσθαι; see *consider*. *Be rated among*: P. and V. τελεῖν εἰς (acc.), P. συντελεῖν εἰς (acc.). *Blame*: P. and V. μέμφεσθαι (acc. or dat.), ψέγειν; see *blame*. *Abuse*: P. and V. κακῶς λέγειν; see *abuse*.

Rather, adv. P. and V. μᾶλλον. *I had rather* (with infin.): P. and V. βούλομαι μᾶλλον, or V. βούλομαι alone (Eur., *And.* 351). *Somewhat*: with adj. and adv., use *comparative*. *Rather weak*: P. and V. ἀσθενέστερος. *Nay rather*: P. and V. μὲν οὖν. *Let someone come forward and prove to me or rather to you that I am not speaking the truth*: P. παρελθών τις ἐμοί, μᾶλλον δὲ ὑμῖν δειξάτω ὡς οὐκ ἀληθῆ ταῦτ' ἐγὼ λέγω (Dem. 20).

Ratification, subs. P. κύρωσις, ἡ, V. κῦρος, τό.

Ratify, v. trans. P. and V. κῡροῦν, ἐπῐκῡροῦν, ἐμπεδοῦν (Plat. also Ar.), V. ἐχέγγυον ποιεῖν. *Ratify with a nod*: P. and V. ἐπῐνεύειν. *Ratify by voting*: P. ἐπιχειροτονεῖν.

Ratio, subs. See *proportion*.

Ratiocination, subs. P. συλλογισμός, ὁ.

Ration, subs. *Provisions*: P. and V. τροφή, ἡ, P. σιτηρέσιον, τό.

Rational, adj. *Endowed with reason*: use P. and V. λόγον ἔχων. *Sane*: P. and V. ἔμφρων; see *sane*. *Reasonable*: P. and V. εὔλογος.

Rationality, subs. P. and V. λόγος, ὁ; see *reasonableness*.

Rationally, adv. *Sanely*: P. ἐμφρόνως. *Reasonably*: P. and V. εὐλόγως.

Rattle, subs. *Instrument for making a noise*: Ar. and V. κρότᾰλον, τό (generally pl.). *Noise*: P. and V. ψόφος, ὁ, ἠχή, ἡ (Plat. but rare P.), κτῠπος, ὁ (Thuc. and Plat. but rare P.) (also Ar.), V. βρόμος, ὁ, δοῦπος, ὁ (Xen. also but rare P.), ἀραγμός, ὁ, ἀράγμᾰτα, τά, κροτησμός, ὁ, Ar. and V. πᾰτᾰγος, ὁ. *A man who talks much*: use Ar. and V. κρότᾰλον, τό (Eur., *Cycl.*).

Rattle, v. trans. *Clash together*: P. and V. συμβάλλειν. *Shake*: P. and V. σείειν. V. intrans. P. and V. ψοφεῖν, Ar. and V. κτῠπεῖν (also Plat. but rare P.). βρέμειν (Ar. in mid.), V. κλάζειν; see *clash*. Met., *of talking*: P. παταγεῖν (Plat., *Euthyd.* 293D). *Rattle off* (in speaking): Ar. ατωμύλλειν (acc.) (or mid.).

Raucous, adj. P. τραχύς; see *loud*.

Ravage, v. trans. *Plunder*: P. and

V. πορθεῖν, ἐκπορθεῖν, διᾰπορθεῖν, ἁρπάζειν, ἀναρπάζειν, διαρπάζειν, σῡλᾶν, λῄζεσθαι, φέρειν, P. ἄγειν καὶ φέρειν, διαφορεῖν, λῃστεύειν, V. πέρθειν, ἐκπέρθειν (also Plat. but rare P.). *Lay waste*: P. and V. δῃοῦν, τέμνειν, P. κείρειν, ἀδικεῖν, κακουργεῖν. *Ruin*: P. and V. διαφθείρειν; see *ruin*.

Ravage, subs. P. and V. ἁρπᾰγή (or pl. in V.), P. πόρθησις, ἡ. *Laying waste*: P. τμῆσις, ἡ. *Ruin*: P. and V. διαφθορά, ἡ; see *ruin*.

Ravager, subs. P. and V. λῃστής, ὁ V. σῡλήτωρ, ὁ, πορθήτωρ, ὁ, ἐκπορθήτωρ, ὁ. *One who ruins*: P. and V. λῡμεών, ὁ, V. ἀναστᾰτήρ, ὁ, λωβητήρ, ὁ.

Rave, v. intrans. P. and V. ἐξίστασθαι, λυσσᾶν (Plat. but rare P.), μαίνεσθαι, πᾰραφρονεῖν, πᾰρᾰνοεῖν, πᾰραλλάσσειν, ἐνθουσιᾶν (Plat.), Ar. and V. ἀλύειν, P. ἐνθουσιάζειν; see *be mad*, under *mad*.

Ravel, v. trans. See *tangle*.

Raven, subs. Ar. κόραξ, ὁ.

Raven, subs. *Insatiability*: P. and V. ἀπληστία, ἡ.

Raven, v. intrans. See *hunger*.

Ravening, adj. V. ὠμηστής, ὠμόσῑτος, κοιλογάστωρ. *Greedy*: P. and V. ἄπληστος, V. λαβρός, ἀδηφάγος.

Ravenous, adj. *Insatiable*: P. and V. ἄπληστος. *Greedy*: V. λαβρός. *Ravenous hunger*: V. νῆστις λῑμός, ὁ (Æsch., *Choe.* 250). *Be ravenous*, v.: Ar. βουλῑμιᾶν.

Ravenously, adv. *Insatiably*: P. ἀπλήστως. *Greedily*: V. λαβρῶς.

Ravenousness, subs. P. and V. ἀπληστία, ἡ.

Ravine, subs. P. and V. φάραγξ, ἡ, Ar. and P. χᾰράδρα, ἡ.

Raving, adj. P. and V. μᾰνιώδης, ἔμπληκτος, ἀπόπληκτος, V. ἐμμᾰνής (Plat. also but rare P.), μάργος (Plat. also but rare P.), μαργῶν, λυσσώδης; see *mad*.

Raving, subs. P. and V. μᾰνία, ἡ, λύσσᾰ, ἡ (Plat. but rare P.), V. λυσσήμᾰτα, τά; see *madness*.

Ravish, v. trans. *Plunder*: P. and V. πορθεῖν, ἐκπορθεῖν, διᾰπορθεῖν; see *plunder*. *Seize*: P. and V. ἁρπάζειν, ἀνάρπαζειν, ἀφάρπαζειν, διαρπάζειν, λῄζεσθαι; see also *devastate*. *Entrance, delight*: P. and V. εὐφραίνειν, τέρπειν. *Outrage* (*a woman*): P. and V. διαφθείρειν, λωβᾶσθαι (Plat.), P. καταισχύνειν, ὑβρίζειν, V. αἰσχῡ́νειν, διολλῡ́ναι.

Ravisher, subs. *Plunderer*: P. and V. λῃστής, ὁ, V. πορθήτωρ, ὁ, ἐκπορθήτωρ, ὁ, σῡλήτωρ, ὁ. *Corrupter*: P. and V. λῡμεών, ὁ.

Ravishing, adj. *Entrancing*: P. and V. ἡδύς, τερπνός, V. θῡμηδής, ἐφῑ́μερος, Ar. and V. γλῠκύς. *Soothing*: V. κηλητήριος, θελκτήριος.

Ravishingly, adv. P. and V. ἡδέως, P. χαριέντως: see *exceedingly*.

Ravishment, subs. *Delight*: P. and V. ἡδονή, ἡ, τέρψῐς, ἡ, χᾰρά, ἡ, V. χαρμονή, ἡ (Plat. also but rare P.). *Soothing, enchantmeut*: P. κήλησις, ἡ. *Outrage, rape*: P. ὕβρις, ἡ.

Raw, adj. Ar. and P. ὠμός. *Eating raw flesh*: V. ὠμηστής, ὠμόσῑτος, P. ὠμοφάγος. *Raw hides*: P. δέρρεις, αἱ. Met., *inclement*: P. χειμέριος, Ar. and V. δυσχείμερος. *Inexperienced*: P. and V. ἄπειρος. *Undisciplined*: P. ἄτακτος. *Raw* (*gold*): P. ἄπυρος (Hdt.).

Rawness, subs. *Inexperience*: P. and V. ἀπειρία, ἡ. *Want of discipline*: P. ἀταξία, ἡ.

Ray, subs. P. and V. αὐγή, ἡ (Plat.), ἀκτῑ́ς, ἡ (Plat.), V. βολή, ἡ, πέμφιξ, ἡ (Æsch., *Frag.*); see *flash*. *Hold out a ray of hope*: P. ὑποφαίνειν μικρὰν ἐλπίδα (Dem. 379).

Rayless, adj. V. ἀνήλιος, ἀναύγητος, ἀφεγγής; see *dark*.

Raze, v. trans. P. and V. κᾰτασκάπτειν, συγκᾰτασκάπτειν, κᾰθαιρεῖν, ἐξαιρεῖν (Eur., *I. A.* 1263). *Raze to the ground*: P. καθαιρεῖν εἰς ἔδαφος, κατασκάπτειν εἰς ἔδαφος.

Razing, subs. P. and V. κᾰτασκᾰφή, ἡ, P. καθαίρεσις, ἡ.

Razor, subs. Ar. and V. ξῠ́ρον, τό,

Ar. μάχαιρα, ἡ, μᾰχαιρίς, ἡ. *Carry a razor*, v.: Ar. ξυροφορεῖν.

Razor-case, subs. Ar. ξυροδόκη, ἡ.

Reach, v. trans. *Arrive at*: P. and V. ἀφικνεῖσθαι (εἰς, or ἐπί, acc., V. also acc. alone), εἰσᾰφικνεῖσθαι (εἰς, acc., V. also acc. alone), ἥκειν (εἰς, acc., V. also acc. alone), Ar. and V. ἱκνεῖσθαι (εἰς, acc., or acc. alone), V. ἱκᾰνειν (εἰς, acc. or acc. alone), ἐξικνεῖσθαι (εἰς, acc., ἐπί, acc., πρός, acc., or acc. alone). *Gain*: P. λαμβάνεσθαι (gen.), ἀντιλαμβάνεσθαι (gen.); see under *gain*. Used absol., P. and V. ἐξήκειν, ἐφήκειν, V. προσήκειν. *Reach with a missile*: P. ἐφικνεῖσθαι (gen. or absol.), δικνεῖσθαι (absol.). *Touch, affect*: P. and V. ἅπτεσθαι (gen.); see *touch*. *Attain*: P. and V. ἐξικνεῖσθαι (gen. or acc.), τυγχάνειν (gen.), ἐφάπτεσθαι (gen.), Ar. and V. ἀνθάπτεσθαι (gen.), κῠρεῖν (gen.), P. ἐφικνεῖσθαι (gen.); see *attain*. V. intrans. *Extend (of territory, etc.)*: P. and V. τείνειν, P. καθήκειν, διήκειν, ἐφικνεῖσθαι, προσήκειν (Xen.). *Reach down to*: P. καθίεσθαι πρός (acc.). *Cover a distance*: P. ἐπέχειν (Thuc. 2, 77). *If our money reach so far (be sufficient)*: P. ἂν ἐξικνῆται τὰ ἡμέτερα χρήματα (Plat., *Prot.* 311D). *Reach out, extend*: P. and V. προτείνειν, ἐκτείνειν, ὀρέγειν (Plat.). *Reach out after*: P. and V. ὀρέγεσθαι (gen.). *Reach safely*: see under *safely*.

Reach, subs. *Range of a missile*: P. and V. βολή, ἡ, P. φορά, ἡ. *Power, capacity*: P. and V. δύνᾰμις, ἡ. *Beyond the reach of*, prep.: use P. and V. ἔξω (gen.), ἐκτός (gen.). *In reach of*: P. and V. ἐντός (gen.). *In the reach of, in the power of*: P. and V. ἐπί dat.). *Within reach, ready to hand*, adj.: P. and V. πρόχειρος. *Reach (of a river)*, subs.: P. κέρας, τό.

Reaction, subs. P. ἐπιστροφή, ἡ (Thuc. 3, 71). *Change*: P. and V. μετᾰβολή, ἡ (Plat., *Rep.* 388E).

Reactionary, adj. *Mischievous, harmful*: P. and V. ἀσύμφορος, P. βλαβερός, ἀνεπιτήδειος. *The reactionary party*: use P. οἱ ὀλίγοι.

Read, v. trans. Ar. and P. ἀνᾰγιγνώσκειν. *Read one thing beside another*; P. παραναγιγνώσκειν (τί τινι). *Recite*: P. and V. λέγειν. *I am no prophet to read riddles aright*: V. οὐ μάντις εἰμι τἀφανῆ γνῶναι σαφῶς (Eur., *Hipp.* 346).

Readily, adv. P. ἑτοίμως, προχείρως. *Gladly*: P. and V. ἀσμένως. *Zealously*: P. and V. σπουδῇ, προθύμως, P. ὀξέως. *Intelligently*: P. εὐμαθῶς. *Off hand*: P. and V. φαύλως, P. ἐξ ἑτοίμου. *Easily, lightly*: P. and V. ῥᾳδίως, εὐμᾰρῶς (Plat.), εὐπετῶς, V. κούφως, δι' εὐπετείας, P. εὐχερῶς.

Readiness, subs. *A being ready*: P. ἑτοιμότης, ἡ. *Zeal*: P. and V. σπουδή, ἡ, προθῡμία, ἡ. *Proneness*: P. εὐχέρεια, ἡ. *Quickness of intelligence*: P. εὐμάθεια, ἡ, ὀξύτης, ἡ. *Ease*: P. and V. εὐμᾰρεια, ἡ. *Be in readiness*: P. and V. ἑτοῖμος εἶναι, πᾰρεσκευάσθαι (perf. infin. pass. παρασκευάζειν).

Reading, subs. P. ἀνάγνωσις, ἡ.

Ready, adj. *Prepared*: P. and V. ἑτοῖμος, εὐτρεπής. *Make ready*, v: P. and V. πᾰρασκευάζειν (or mid.); see *prepare*. *Willing*, adj.: P. and V. ἑτοῖμος. *Be ready*, v.: P. εὐτρεπῶς ἔχειν. *Ready for*: V. πρόχειρος (dat.). *Ready to*: P. and V. ἑτοῖμος (infin.), V. πρόχειρος (infin.). *Be ready to*, v.: use also P. and V. βούλεσθαι (infin.). *At hand*: P. and V. πρόχειρος, ἑτοῖμος. *Quick in intelligence*: Ar. and P. ὀξύς, P. εὐμαθής. *Zealous*: P. and V. πρόθῡμος. *Unhesitating*: P. ἀπροφάσιστος. *Easy*: P. and V. ῥᾴδιος, εὔπορος; see *easy*. *A ready tongue*: V. εὔτροχος γλῶσσα, ἡ. *Too ready with reproaches*: V. ἄγαν προνωπὴς εἰς τὸ λοιδορεῖν (Eur., *And.* 729).

Real, adj. *Genuine*: P. ἀληθινός,

ἀκίβδηλος, P. and V. γνήσιος; see *true*. *Real property*: P. φανερὰ οὐσία, ἡ. *Property in real estate*: P. οὐσία ἔγγειος, ἡ.

Realise, v. trans. *Perceive, feel*: P. and V. αἰσθάνεσθαι (acc. or gen.); see *perceive*. *Picture to oneself*: P. and V. νοεῖν (or mid.), ἐννοεῖν (or mid.). *Achieve*: P. and V. ἐξεργάζεσθαι, πράσσειν; see *achieve, accomplish*. *Correspond with*: P. and V. συμβαίνειν (dat.). *Equal*: P. and V. ἰσοῦσθαι (dat.), ἐξισοῦσθαι (dat.); see *equal*. *Understand*: P. and V. συνιέναι (acc. or gen.); see *understand, perceive*. *Turn into money*: P. ἐξαργυρίζειν.

Reality, subs. *Real existence*: P. οὐσία, ἡ. *Truth*: P. and V. ἀλήθεια, ἡ, V. νᾱμέρτεια, ἡ; see *ideal*. *In reality*: P. and V. ἔργῳ, as opposed to λόγῳ, *nominally*. *Such friends have the semblance not the reality (of friendship) who are not friends in time of trouble*: V. ὄνομα γὰρ ἔργον δ' οὐκ ἔχουσιν οἱ φίλοι οἱ μὴ 'πι ταῖσι συμφοραῖς ὄντες φίλοι (Eur., *Or*. 454).

Really, adv. *Genuinely*: P. ἀληθινῶς, ἀκιβδήλως, P. and V. γνησίως. As opposed to *nominally*: P. and V. ἔργῳ, V. ἔργοις. *Indeed, truly*: P. and V. ἀληθῶς, ὄντως, P. τῷ ὄντι, V. ἐτητύμως; see *truly*. *Is it so?* Ar. and V. ἀληθές;

Realm, subs. P. and V. ἀρχή, ἡ.

Reap, v. trans. P. and V. θερίζειν, V. ἐξᾰμᾶν, P. ἐκθερίζειν. *Reap the fruits of (as reward)*: P. and V. καρποῦσθαι, ἐκκαρποῦσθαι (Thuc. 5, 28), ἀπολαύειν (gen.), V. ἐπαυρέσθαι (gen.) (2nd aor. mid. of ἐπαυρίσκειν), καρπίζεσθαι (Eur., *Hipp*. 432). *You have reaped the fruits of his complaisance*: P. τῆς φιλανθρωπίας τοὺς καρποὺς κεκόμισθε (Dem. 304). *Reap a harvest*: καρπὸν θερίζειν (Plat., *Phaedr*. 260D), Ar. ἀμᾶν θέρος, V. ἐξᾰμᾶν θέρος, ἀμᾶσθαι θέρος. *That Greece may prosper and ye may reap the fruits of your resolve*: V. ὡς ἂν ἡ μὲν Ἑλλὰς εὐτυχῇ ὑμεῖς δ' ἔχηθ' ὅμοια τοῖς βουλεύμασιν (Eur., *Hec*. 330).

Reaper, subs. P. θεριστής, ὁ.

Reaping hook, subs. P. and V. δρέπᾰνον, τό (Eur., *Cycl*.).

Rear, subs. P. and V. τὸ ὄπισθεν (contracted τοὔπισθεν). *Those behind*: P. and V. οἱ ὄπισθεν, οἱ ὕστᾰτοι. *The rear of an army*: use also P. οὐρά, ἡ (Xen.). *In the rear*: P. κατὰ νώτου. *One who brings up the rear*: P. οὐραγός, ὁ (Xen.).

Rear, v. trans. *Raise up*: P. and V. ἀνιστάναι, ἐξᾰνιστάναι, ὀρθοῦν (rare P.); see *raise*. *Lift*: P. and V. αἴρειν, ἐπαίρειν, ἀνάγειν; see *lift*. *Bring up*: P. and V. τρέφειν (or mid.), ἐκτρέφειν, παιδεύειν, ἐκπαιδεύειν. *Bring up an orphan*: V. ὀρφᾰνεύειν (acc.). *Be reared in*: P. and V. ἐντρέφεσθαι (dat.). *Be reared with (another)*: P. and V. συντρέφεσθαι (dat.), συνεκτρέφεσθαι (dat.). *Beget*: see *beget*. *Rear (cattle, etc.)*: P. and V. τρέφειν. V. intrans. *Of a horse*: P. ἐξάλλεσθαι (Xen.), V. ἀνᾰχαιτίζειν.

Rear-guard, subs. P. ὀπισθοφύλακες, οἱ (Xen.). *Be the rear-guard*, v.: P. ὀπισθοφυλακεῖν (Xen.).

Rearing, subs. P. and V. τροφή, ἡ, παιδεία, ἡ; see also *begetting*. *Rearing of children*: P. παιδοτροφία, ἡ. *Rearing of horses*: P. ἱπποτροφία, ἡ. *Debt due for one's rearing*: P. and V. τροφεῖα, τά. *Yet she would but pay to the dead the debt due for her rearing*: V. καὶ μὴν τίνοι γ' ἂν τῇ τεθνηκυίᾳ τροφάς (Eur., *Or*. 109).

Rearward, adv. P. and V. εἰς τοὔπισθεν.

Reason, subs. *Rational faculty*: P. and V. λόγος, ὁ; use *mind*. *Cause*: P. and V. αἰτία, ἡ, Ar. and P. αἴτιον, τό. *Plea*: P. and V. λόγος, ὁ, πρόφᾰσις, ἡ, σκῆψις, ἡ. *In reason*: see *reasonably*. *Anything in reason*: P. ὁτιοῦν τῶν δυνατῶν.

It stands to reason: P. and V. εἰκός (ἐστι), εὔλογόν (ἐστι). *By reason of*: P. and V. διά (acc.), ἕνεκα (gen.), χάριν (gen.) (Plat.), V. εἵνεκα (gen.), Ar. and V. κᾶτι (gen.), οὕνεκα (gen.), sometimes in P. παρά (acc.) (Dem. 545). *For what reason?* P. and V. διὰ τί; τοῦ χάριν; V. ἐκ τίνος λόγου; see *why*. *For no reason*: V. ἐξ οὐδένος λόγου. *For other reasons*: P. and V. ἄλλως. *For many reasons we may expect victory*: P. κατὰ πολλὰ εἰκὸς ἐπικρατῆσαι (Thuc.).

Reason, v. intrans. P. and V. λογίζεσθαι, P. συλλογίζεσθαι. *Reason rightly*: P. and V. ὀρθῶς γιγνώσκειν.

Reasonable, adj. *Possessed of reason*: P. and V. λόγον ἔχων. *Sane*: P. and V. ἔμφρων; see *sane, sensible*. *Probable*: P. and V. εἰκώς. *Fair, equitable*: P. and V. ἐπιεικής, εὔλογος. *We should now be finding Philip more reasonable and far humbler*: P. ῥᾴονι καὶ πολὺ ταπεινοτέρῳ νῦν ἂν ἐχρώμεθα Φιλίππῳ (Dem. 11). *It is not reasonable*: P. and V. οὐ λόγον ἔχει. *Moderate*: P. and V. μέτριος. *At the most reasonable price possible*: P. ὡς ἀξιώτατον (Lys.).

Reasonableness, subs. P. ἐπιείκεια, ἡ, V. τοὐπιεικές.

Reasonably, adv. P. and V. εὐλόγως, εἰκότως. *Equitably*: P. ἐπιεικῶς. *Moderately*: P. and V. μετρίως, Ar. and P. ἐπιεικῶς.

Reasoner, subs. Ar. and P. λογιστής, ὁ.

Reasoning, subs. P. and V. λόγος, ὁ, Ar. and P. λογισμός, ὁ. *Ratiocination*: P. συλλογισμός, ὁ.

Reassure, v. trans. P. and V. θαρσύνειν, θρᾰσύνειν, πᾰρᾰκᾰλεῖν, Ar. and P. πᾰρᾰμῡθεῖσθαι, P. παραθαρσύνειν; see *encourage, comfort*.

Reave, v. trans. See *bereave*.

Rebel, subs. Use P. ὁ ἀφεστηκώς (perf. part. ἀφιστάναι), or use pl. οἱ στασιάζοντες. *I saw not that I was rearing two pests and rebels against my throne* V. οὐδ' ἐμάνθανον τρέφων δύ' ἄτα κἀπαναστάσεις θρόνων (Soph., *Ant.* 532).

Rebel, v. intrans. P. ἀφίστασθαι, μεθίστασθαι, Ar. and P. ἐπᾰνίστασθαι; see *revolt*. *Incite to rebel*: Ar. and P. ἀφιστάναι (acc.). *Join in rebellion*: P. συναφίστασθαι (absol. or dat.). *Be disobedient*: P. and V. ἀπειθεῖν. *Rebel against*: lit. or met., P. ἀφίστασθαι (gen.). *Disobey*: P. and V. ἀπειθεῖν (dat.); see *disobey*. *Rise against*: Ar. and P. ἐπᾰνίστασθαι (dat.).

Rebellion, subs. *Revolt*: P. ἀπόστασις, ἡ, P. and V. ἐπᾰνάστᾰσις. *Factiousness*: P. and V. στάσις. *Disobedience*: P. ἀνηκουστία, ἡ (Plat.), V. τὸ μὴ κλύειν.

Rebellious, adj. *Factious*: P. στασιωτικός, στασιαστικός. *Disobedient*: P. ἀπειθής; see *disobedient*. *Obstinate*: P. and V. αὐθάδης. *Hostile*: P. and V. ἐχθρός, δύσνους, δυσμενής.

Rebelliously, adv. *Factiously*: P. στασιαστικῶς.

Rebelliousness, subs. *Factiousness*: P. and V. στάσις, ἡ. *Contentiousness*: P. φιλονεικία, ἡ. *Obstinacy*: P. αὐθάδεια, ἡ, Ar. and V αὐθᾱδία, ἡ; see also *disobedience*.

Rebound, v. intrans. Ar. and P. ἀνᾰπηδᾶν. *Glance aside*: P. ἀπολισθάνειν, V. ἐξολισθάνειν.

Rebuff, v. trans. *Reject*: P. and V. ἀπωθεῖν (or mid.), πᾰρωθεῖν (or mid.), διωθεῖσθαι. *Affront*: P. and V. ὑβρίζειν.

Rebuff, subs. *Affront*: P. and V. ὕβρις, ἡ.

Rebuild, v. trans. P. and V. ἀνορθοῦν, ἀνιστάναι, P. ἀνοικοδομεῖν.

Rebuke, v. trans. P. and V. μέμφεσθαι (acc. or dat.), ἐπιπλήσσειν (dat. of person, acc. of thing), ψέγειν, P. καταμέμφεσθαι, κακίζειν, ἐπιτιμᾶν (dat. of person, acc. of thing), Ar. and V. μωμᾶσθαι.

Rebuke subs. P. and V. μέμψις, ἡ,

ψόγος, ὁ, P. ἐπιτίμησις, ἡ, Ar. and V. μομφή, ἡ.

Rebut, v. trans. *Clear from oneself (accusation, etc.)*: P. ἀπολύεσθαι (acc.). *Disprove*: P. and V. ἐλέγχειν, ἐξελέγχειν.

Recall, v. trans. P. ἀνακαλεῖν, μετακαλεῖν. *Recall from banishment*: P. and V. κᾰτᾰ́γειν. *Recall to life, raise from the dead*: P. and V. ἀνᾰ́γειν; see under *raise*. *Recall (to another's mind)*: P. and V. ἀνᾰμιμνήσκειν (τινά τι, or τινά τινος); see *remind*. *Remember*: P. and V. μνησθῆναι (aor. pass. μιμνήσκειν) (acc. or gen.), ἀνᾰμιμνήσκεσθαι (acc. or gen.); see *remember*. *I recalled some ancient memory*: V. μνήμην παλαιὰν ἀνεμετρησάμην τινά (Eur., *Ion*, 250). *Recant*: see *recant*.

Recall, subs. *Of exiles*: P. and V. κᾰ́θοδος, ἡ.

Recant, v. trans. P. ἀνατίθεσθαι, μετατίθεσθαι, P. and V. ἐκβάλλειν; see *retract*.

Recantation, subs. P. παλινῳδία, ἡ.

Recapitulate, v. trans. P. ἐπαναλαμβάνειν, ἀναλαμβάνειν, V. ἀνᾰμετρεῖσθαι.

Recapitulation, subs. P. ἐπάνοδος, ἡ.

Recast, v. trans. Ar. and P. ἀναπλάσσειν.

Recede, v. trans. P. and V. ἀνᾰχωρεῖν (Eur., *Rhes.*), Ar. and P. ἐπᾰνᾰχωρεῖν, ὑποχωρεῖν. *Of an inundation*: P. ὑπονοστεῖν. *Yield*: see *yield*. *I do not recede from my position*: P. οὐκ ἐξίσταμαι (Thuc. 2, 61).

Receding, adj. V. ἄψορρος.

Receipt, subs. *Quittance*: P. ἄφεσις, ἡ. *Act of receiving*: P. and V. λῆψις, ἡ. *Receipt of money*: V. ἀργύρου λᾰβή, ἡ (Æsch., *Supp.* 935). *Receipts, revenue*: P. and V. λῆμμα, τό, P. πρόσοδος, ἡ. *Receipt and expenditure*: P. λῆμμα καὶ ἀνάλωμα.

Receive, v. trans. *Take*: P. and V. δέχεσθαι, λαμβᾰ́νειν. *Receive from another*: P. and V. ἀπολαμβᾰ́νειν, ἐκλαμβᾰ́νειν, πᾰρᾰλαμβᾰ́νειν, ἐκδέχεσθαι, ἀποδέχεσθαι, Ar. and P. πᾰρᾰδέχεσθαι, V. ἀνᾰδέχεσθαι. *If there were another channel to receive (the water) again*: P. εἰ ἦν χαράδρα πάλιν ὑποδεχομένη (Dem. 1277). *Accept*: P. and V. δέχεσθαι, ἀποδέχεσθαι, ἐκδέχεσθαι, ἐνδέχεσθαι, Ar. and P. ὑποδέχεσθαι. *Win for oneself*: P. and V. φέρεσθαι κομίζεσθαι; see *win*. *Welcome*: P. and V. δέχεσθαι, προσδέχεσθαι, Ar. and P. ὑποδέχεσθαι. *Receive with hospitality*: P. and V. ξενίζειν, ξενοδοκεῖν (absol.), V. ξενοῦσθαι (mid.). *Admit*: P. and V. εἰσδέχεσθαι, V. πᾰρεισδέχεσθαι: see *admit*. *Receive (a wound)*: P. and V. λαμβᾰ́νειν, V. τυγχᾰ́νειν (gen.). *Receive (a suggestion) entertain*: P. and V. δέχεσθαι, προσδέχεσθαι, P. ὑποδέχεσθαι. *Receive beforehand*: P. προλαμβάνειν. *Receive in addition*: P. and V. προσλαμβᾰ́νειν. *Receive in return*: P. and V. ἀντῐλαμβᾰ́νειν, P. ἀνταπολαμβάνειν, V. ἀντῐδέχεσθαι.

Received, adj. *Generally received*: use *current*.

Recent, adj. P. and V. νέος, καινός, πρόσφᾰτος, P. ὑπόγυιος. V. ποταίνιος.

Recently, adv. *Just now*: P. and V. ἄρτῐ, ἀρτίως, νῦν, νέον, νεωστί, Ar. and P. ἔναγχος, V. ἀρμοῖ.

Receptacle, subs. P. and V. δοχή, ἡ, P. ὑποδοχή, ἡ, δεξαμενή, ἡ; see also *vessel*.

Reception, subs. P. and V. ὑποδοχή, ἡ, V. προσδέγμᾰτα, τά. *Welcome, entertainment*: P. and V. ὑποδοχή, ἡ; see *hospitality*.

Receptive, adj. *Impressionable*: Ar. and P. ἁπᾰλός.

Recess, subs. *Corner*: Ar. and V. μῠχός, ὁ (Thuc. also but rare P.). *Place of refuge*: P. and V. κᾰτᾰφῠγή, ἡ. *Hiding-place*: V. κευθμών, ὁ.

Recipient, subs. Use P. and V. ὁ δεχόμενος.

Reciprocal, adj. See *mutual*.

Reciprocate, v. trans. *Give in return*: P. and V. ἀντιδιδόναι.

Reciprocity, subs. P. τὸ ἀντιπεπονθός (Aristotle).

Recital, subs. *Reading*: P. ἀνάγνωσις, ἡ. *Account, report*: P. ἀπαγγελία, ἡ; see *description*.

Recitation, subs. P. ῥαψῳδία, ἡ. *The art of recitation*: P. ἡ ῥαψῳδική.

Recite, v. trans. *Describe*: P. and V. ἐξηγεῖσθαι, διέρχεσθαι; see *describe*. *Report*: P. and V. ἀπαγγέλλειν. *Rehearse*: P. and V. ἐξηγεῖσθαι, ὑμνεῖν. *Read*: Ar. and P. ἀνᾰγιγνώσκειν. *Repeat by heart*: Ar. and P. ῥαψῳδεῖν (absol. or acc.).

Reciter, subs. P. ῥαψῳδός, ὁ.

Reck of, v. trans. See *heed*.

Reckless, adj. Of persons: P. προπετής, σφοδρός, θαρσαλέος, εὐχερής, ἀλόγιστος, P. and V. θρᾰσύς, σχέτλιος, τολμηρός, ἀσύνετος, ἄβουλος, θερμός, V. θοῦρος, πάντολμος, δυσλόγιστος, τλήμων, Ar. πᾰρᾰβολος, Ar. and P. ἰτᾰμός, Ar. and V. θούριος. Of things: P. ἄσκεπτος, ἀπερίσκεπτος, ἀλόγιστος, P. and V. νεᾶνικός, V. ἄκρῐτος, περισπερχής; see *rash*. *Reckless accusations*: P. τολμηραὶ κατηγορίαι. *Reckless of, heedless of*: P. ἀμελής (gen.), ὀλίγωρος (gen.), V. ἄφροντις (gen.) (Eur., *Frag.*). *Unsparing of*: P. ἀφειδής (gen.). *Be reckless of* (*unsparing of*): P. and V. ἀφειδεῖν (gen.).

Recklessly, adv. P. προπετῶς, ἀσκέπτως, ἀπερισκέπτως, ἀλογίστως, τολμηρῶς, θαρσαλέως, ἰταμῶς, P. and V. ἀφρόνως, ἀφροντίστως (Xen.), V. ἀβούλως, Ar. and P. νεᾶνικῶς. *Thoughtlessly*: P. εὐχερῶς, ῥᾳδίως.

Recklessness, subs. P. προπέτεια, ἡ, θρασύτης, ἡ, εὐχέρεια, ἡ, P. and V. ἀβουλία, ἡ, θρᾰσος, τό, τόλμᾰ, ἡ, ἀφροσύνη, ἡ, Ar. and V. δυσβουλία, ἡ; see *rashness*.

Reckon, v. trans. *Count, number*: P. and V. ἀριθμεῖν, διᾰριθμεῖν (mid. in P.), P. ἐξαριθμεῖν, V. πεμπάζειν. *Calculate*: P. and V. λογίζεσθαι, P. ἐκλογίζεσθαι. *Hold, consider*: P. and V. ἡγεῖσθαι, νομίζειν; see *consider*. *Reckon among*: P. and V. κᾰτᾰριθμεῖν (ἐν dat. or μετά gen.). *Be reckoned among*: V. ἀριθμεῖσθαι (gen. or ἐν dat.); see *count*. *Reckon in, include in reckoning*: P. προσλογίζεσθαι. *Reckon on, trust*: P. and V. πιστεύειν (dat.). *Expect*: P. and V. προσδοκᾶν, προσδέχεσθαι. *When war comes to the city's vote no one longer reckons on his own death*: V. ὅταν γὰρ ἔλθῃ πόλεμος εἰς ψῆφον πόλεως οὐδεὶς ἔθ' αὑτοῦ θάνατον ἐκλογίζεται (Eur., *Supp.* 481). *Reckon up*: P. ἀναλογίζεσθαι, ἀναριθμεῖσθαι, καταριθμεῖσθαι; or use *reckon*. *Reckon with*. *But if you conquer you have the son of Peleus to reckon with*: V. νικῶν δ' ἔφεδρον παῖδ' ἔχεις τὸν Πηλέως (Eur., *Rhes.* 119).

Reckoner, subs. Ar. and P. λογιστής, ὁ.

Reckoning, subs. *Calculation*: P. and V. λόγος, ὁ, Ar. and P. λογισμός, ὁ. *Expectation*: P. and V. δόξᾰ, ἡ. *In sooth much have my hopes baulked me of my reckoning*: V. ἦ πολύ με δόξης ἐξέπαισαν ἐλπίδες (Eur., *H. F.* 460). *Be out of one's reckoning*, v.: P. and V. πλᾰνᾶσθαι, V. ἀλᾶσθαι (Soph., *Aj.* 23); see *err*. *Punishment*: P. and V. τῑμωρία, ἡ, τίσῐς, ἡ, ζημία, ἡ.

Reclaim, v. trans. (*Land*): P. and V. ἡμεροῦν, V. ἀνημεροῦν (Soph., *Frag.*), ἐξημεροῦν, κᾰθαίρειν, ἐκκᾰθαίρειν. *Civilise*: P. and V. ἡμεροῦν. *Get back*: P. and V. ἀπολαμβάνειν, V. ἀπολύζεσθαι. *Ask back*: P. and V. ἀπαιτεῖν.

Recline, v. trans. Ar. and P. κᾰτακλίνειν, P. and V. κλίνειν. V. intrans. *Lie down*: Ar. and P. κᾰτακλίνεσθαι, V. κλίνεσθαι. *Lie*: P. and V. κεῖσθαι. *Lie down*: Ar.

and P. κᾰτᾰκεῖσθαι. *A cloak soft to recline on:* Ar. σισύρα ἐγκατακλινῆναι μαλθακή (*Av.* 122).

Recluse, subs. Use adj., P. and V. ἐρῆμος.

Recognise, v. trans. P. and V. γιγνώσκειν, ἐπῐγιγνώσκειν, γνωρίζειν, P. ἀναγνωρίζειν, V. ἀνᾰγιγνώσκειν. *Perceive, discover:* P. and V. γιγνώσκειν, αἰσθάνεσθαι (acc. or gen.), ἐπαισθάνεσθαι (acc. or gen.), γνωρίζειν. *Confess:* see *confess.*

Recognisable, adj. P. and V. εὔγνωστος, εὐμᾰθής (Xen.).

Recognised, adj. *Admitted, confessed:* P. ὁμολογούμενος.

Recognition, subs. P. ἀναγνώρισις, ἡ. *From fear I failed in recognition of your face:* V. ἐκ τοι δείματος δυσγνωσίαν εἶχον προσώπου (Eur., *El.* 767). *Gratitude:* P. and V. χάρῐς, ἡ. *In recognition of:* use prep., P. and V. ἀντί (gen.).

Recoil, v. intrans. *Spring back:* Ar. and P. ἀνᾰπηδᾶν. *Shrink:* P. and V. ὀκνεῖν, κᾰτοκνεῖν, P. ἀποκνεῖν. *Recoil from* (with subs.): P. and V. ἀφίστασθαι (gen.); see *shrink from. Recoil from (doing a thing):* P. and V. ὀκνεῖν (infin.), κᾰτοκνεῖν (infin.), φεύγειν (infin.), V. ἀφίστασθαι (infin.). *Recoil (on one's own head):* use P. and V. πίπτειν, τρέπεσθαι. *Make to recoil:* P. and V. τρέπειν.

Recollect, v. trans. P. and V. μνησθῆναι (aor. pass. μιμνήσκειν) (acc. or gen.), μνημονεύειν (acc. or gen.); see *remember.*

Recollection, subs. P. ἀνάμνησις, ἡ. *Remembrance:* P. and V. μνήμη, ἡ, μνεία, ἡ, V. μνῆστις, ἡ.

Recommend, v. trans. *Advise:* P. and V. συμβουλεύειν (τί τινι), πᾰραινεῖν (τί τινι), ἐξηγεῖσθαι (τί τινι), Ar. and P. ὑποτίθεσθαι (τί τινι), εἰσηγεῖσθαι (τί τινι). *Recommend (to do a thing):* P. and V. συμβουλεύειν (dat. and infin.), πᾰραινεῖν (dat. and infin.), P. ὑποτίθεσθαι (dat. and infin.), V. αἰνεῖν (acc. and infin.), ἐπαινεῖν (acc. or dat. and infin.), βουλεύειν (dat. and infin.). *Introduce (a person):* P. συνιστάναι, προξενεῖν; see *introduce. Recommend oneself to (a person):* use εὐνοϊκῶς διατιθέναι (τινά). *The case thus put has something to recommend it:* P. ἔστι τοῦτο οὑτωσὶ μὲν ἀκοῦσαι λόγον τιν' ἔχον (Dem. 462).

Recommendation, subs. *Recommending:* P. and V. πᾰραίνεσις, ἡ; see *advice. Good will:* P. and V. εὔνοια, ἡ. *Praise:* P. and V. ἔπαινος, ὁ. *Advantage:* P. and V. κέρδος, τό.

Recompense, subs. P. and V. ἀμοιβή, ἡ (Plat. but rare P.), μισθός, ὁ; see *punishment, reward.*

Recompense, v. trans. P. and V. ἀμείβεσθαι. *Requite with evil:* P. and V. ἀμῡνεσθαι, ἀντᾰμῡνεσθαι, Ar. and V. ἀντᾰμείβεσθαι; see also *punish. Benefit in return:* Ar. and P. ἀντ' εὖ ποιεῖν (acc.). *Compensate for, make good:* P. and V. ἀκεῖσθαι, ἀνᾰλαμβάνειν.

Reconcile, v. trans. *Reconcile* (persons): P. and V. σῠναλλάσσειν, διαλλάσσειν, P. συνάγειν, συμβιβάζειν, διαλύειν (Dem. 555). *Be reconciled to:* also P. and V. κᾰταλλάσσεσθαι (dat.). *Help to reconcile:* P. συνδιαλλάσσειν. *Reconcile* (differences): P. διαλύειν (or mid.) (acc.), V. διᾰλῡέσθαι (gen.) (Eur., *Or.* 1679); see *settle. Reconcile* (difficulties): P. and V. εὖ τίθεσθαι, or substitute κᾰλῶς for εὖ. *How must I reconcile these things?* V. ποῦ χρὴ τίθεσθαι ταῦτα; (Soph., *Phil.* 451). *Reconcile oneself to:* see *endure.*

Reconciler, subs. P. and V. διαλλακτής, ὁ, V. διαλλακτήρ, ὁ.

Reconciliation, subs. P. and V. σῠναλλᾰγή, ἡ, διαλλᾰγή, ἡ, P. διάλυσις, ἡ.

Recondite, adj. See *abstruse.*

Reconnaisance, subs. P. and V. κᾰτασκοπή, ἡ, P. προσκοπή, ἡ.

Reconnoitre, v. trans. P. and V. κᾰτασκοπεῖν, θεᾶσθαι, κᾰτοπτεύειν (Xen.).

Reconnoitring, subs. P. and V. κᾰτασκοπή, ἡ. *For the purpose of reconnoitring:* P. κατὰ θέαν. *Reconnoitring-party:* P. πρόσκοποι, οἱ (Xen.).

Reconsider, v. trans. *Examine again:* P. ἐπανασκοπεῖν. *Change:* P. μετατίθεσθαι; see *repent.*

Reconsideration, subs. P. ἀναλογισμός, ὁ.

Reconstruct, v. trans. P. and V. ἀνορθοῦν; see *rebuild.*

Record, subs. *Memorial:* P. and V. μνημεῖον, τό, Ar. and P. μνημόσῠνον, τό, P. ὑπόμνημα, τό, V. μνῆμα, τό. *Worthy of record:* P. ἀξιομνημόνευτος, P. and V. ἄξιος μνήμης. *Register:* P. ἀπογραφή, ἡ, λεύκωμα, τό. *Tables on which treaties, etc., were recorded:* Ar. and P. στῆλαι, αἱ. *Records, archives:* P. and V. λόγοι, οἱ, γράμμᾰτα, τά. *Reputation:* P. and V. δόξᾰ, ἡ. *Feat:* P. and V. ἀγώνισμα, τό.

Record, v. trans. *Narrate:* P. and V. ἐξηγεῖσθαι, διέρχεσθαι, λέγειν; see *narrate. Mention:* P. and V. μνησθῆναι (aor. pass. of μιμνήσκειν) (gen. or περί gen.); see *mention. Write down:* P. and V. γράφειν, ἐγγράφειν, V. δελτοῦσθαι. *Record my words on the tablets of your mind:* V. θὲς δ' ἐν φρενὸς δέλτοισι τοὺς ἐμοὺς λόγους (Soph., *Frag.*). *Know this and record it in your mind:* V. ταῦτ' ἐπίστω καὶ γράφου φρενῶν ἔσω (Soph., *Phil.* 1325). *Record (it) on the unforgetting tablets of your mind:* V. ἐγγράφου σὺ μνήμοσιν δέλτοις φρενῶν (Æsch., *P. V.* 789).

Recorder, subs. Ar. and P. γραμμᾰτεύς, ὁ.

Recording, adj. *Mindful:* P. and V. μνήμων.

Recount, v. trans. P. and V. λέγειν, ἐξηγεῖσθαι, διέρχεσθαι, ἐπεξέρχεσθαι, φράζειν, ἐξειπεῖν, Ar. and P. διηγεῖσθαι, διεξέρχεσθαι, V. ἐκφράζειν, πῐφαύσκειν (Æsch.). *Recount to the end:* P. and V. διᾰπεραίνειν. *Recount in order:* V. στοιχηγορεῖν.

Recoup, v. trans. *Make good:* P. and V. ἀκεῖσθαι; see *compensate.*

Recourse, subs. P. ἀναφορά, ἡ. *Have recourse to:* P. and V. τρέπεσθαι (εἰς or πρός, acc.), P. καταφεύγειν (εἰς or πρός, acc.). *Have you recourse to dumb witnesses?* V. εἰς τοὺς ἀφώνους μάρτυρας φεύγεις; (Eur., *Hipp.* 1076).

Recover, v. trans. *Get back:* P. and V. ἀνᾰλαμβάνειν, ἀπολαμβάνειν, ἀνακτᾶσθαι, κομίζεσθαι (V. also act.), ἀνᾰσώζεσθαι, P. ἀνακομίζεσθαι, V. ἀπολάζυσθαι (Eur., *Hel.* 911). *Rescue:* P. and V. ἀνᾰσώζειν (or mid.). *Help to recover:* P. συνανασώζειν (τινί τι). *Make good:* P. and V. ἀκεῖσθαι, ἀνᾰλαμβάνειν. *Recover (money):* P. κομίζεσθαι. *Recover a loss:* V. ἀνάλωμα λᾰβεῖν (Eur., *Supp.* 776). *Recover one's sight:* Ar. and P. ἀναβλέπειν (absol.). *Recover (dead bodies after a fight):* P. and V. ἀναιρεῖσθαι. *Recover your breath:* V. πνεῦμ' ἄθροισον (Eur., *Phoen.* 851). *Restore to health, prosperity, etc.):* P. and V. ἀνορθοῦν, P. ἀναφέρειν. *I recovered myself (on the verge of a mistake):* P. ἀνέλαβον ἐμαυτόν (Plat., *Lys.* 210E). V. intrans. *Get better:* P. ἀναλαμβάνειν ἑαυτόν (or omit ἑαυτόν), ἀνίστασθαι, ῥαΐζειν, ἀναφέρειν, περιφεύγειν. *Recover from:* P. and V. λωφᾶν (gen.). *Revive:* P. and V. ἀναπνεῖν. Generally, *be saved:* P. and V. σώζεσθαι.

Recoverer, subs. *One who gets back:* V. κομιστής, ὁ.

Recovery, subs. *Revival:* P. and V. ἀναπνοή, ἡ (Plat.), ἀναψῡχή, ἡ (Plat.), P. ἀνάληψις, ἡ, V. ἀμπνοή, ἡ. *Relief:* P. ῥᾳστώνη, ἡ. *Recovery of the dead after a battle:* P. and V. ἀναίρεσις, ἡ. *Recovery of debts:* P. κομιδή, ἡ. *Making good:* P.

ἀνάληψις, ἡ. *We have a means of recovery from our misfortune:* V. ἀλλ' ἔστιν ἡμῖν ἀναφορὰ τῆς συμφορᾶς (Eur., *Or.* 414).

Recreant, adj. Use *cowardly.*

Recreation, subs. *Refreshment:* P. and V. ἀναψῡχή, ἡ (Plat.). *Amusement:* P. and V. παιδιά, ἡ, διατρῐβή, ἡ. *Relief:* P. ῥᾳστώνη, ἡ.

Recriminate, v. intrans. P. ἀντεγκαλεῖν; or use *abuse.*

Recrimination, subs. P. and V. ὄνειδος, τό, Ar. and P. λοιδορία, ἡ; see *abuse. Words of recrimination hurtled to and fro:* V. λόγοι . . . ἐρρόθουν κακοί (Soph., *Ant.* 259). *The envoys of each returned home without recrimination:* P. οἱ πρέσβεις ἑκατέρων ἀπῆλθον ἐπ' οἴκου ἀνεπικλήτως (Thuc. 1, 92).

Recriminatory, adj. Use V. ἐπίρροθος; see *abusive.*

Recrudescence, subs. See *renewal.*

Recruit, v. trans. *Get back (one's strength, etc.):* P. ἀναλαμβάνειν. *Recruit your strength:* V. σύλλεξαι σθένος (Eur., *Phoen.* 850) *Fill up:* P. and V. πληροῦν. *Collect:* P. and V. συλλέγειν, σῠνάγειν; see *collect. Recruit to one's standard, bring over:* P. and V. προσποιεῖσθαι (acc.), προσάγεσθαι (acc.).

Recruit, subs. *Inexperienced man:* use adj.; P. and V. ἄπειρος. *Recruits, additional forces:* P. οἱ προσγιγνόμενοι. *Recruit to a party:* use adj., P. and V. εὔνους. *Make recruits, win over:* P. and V. προσποιεῖσθαι (acc.), προσάγεσθαι (acc.). *Volunteer:* P. and V. ἐθελοντής, ὁ.

Rectification, subs. P. ἐπανόρθωμα, τό.

Rectify, v. trans. P. and V. διορθοῦν, ἐξορθοῦν, ἀνορθοῦν, Ar. and P. ἐπᾰνορθοῦν (or mid.).

Rectitude, subs. P. and V. χρηστότης, ἡ, P. ἁπλότης, ἡ, ἐπιείκεια, ἡ, V. τοὐπιεικές.

Recumbent, adj. Use P. and V. κείμενος, ὕπτιος. *Lying on the ground:* V. χᾰμαιπετής (also Plat. but rare P.).

Recuperate, v. intrans. See *recover.*

Recuperation, subs. See *recovery.*

Recur, v. intrans. *Return:* P. and V. ἐπᾰνέρχεσθαι, ἀνέρχεσθαι. *Happen:* P. and V. γίγνεσθαι. *Revolve:* P. περιφέρεσθαι.

Recurrence, subs. *Renewal:* P. ἀνανέωσις, ἡ.

Red, subs. Use P. and V. τὸ πυρσόν; see *purple.*

Red, adj. Ar. and P. ἐρυθρός, P. and V. πυρσός, V. μιλτόπρεπτος. *Crimson:* P. and V. ἁλουργής (Plat.), P. φοινικοῦς (Xen.), V. φοινῑκόβαπτος, φοίνιος, πορφῠροῦς, Ar. φοινῑκιοῦς; see also *purple. Of hair:* P. and V. πυρσός.

Redden, v. trans. V. φοινίσσειν. V. intrans. *Become red:* V. φοινίσσεσθαι, φοινίσσειν (Soph., *Frag.*). *Blush:* Ar. and P. ἐρυθριᾶν, P. ἀνερυθριᾶν, Ar. ὑπερυθριᾶν; see *blush.*

Reddish, adj. P. ὑπέρυθρος.

Redeem, v. trans. *Ransom:* P. λύεσθαι. *Deliver:* P. and V. λῡ́ειν, ἀπολῡ́ειν, ἀφῑέναι, ἐκλῡ́ειν, ἀπαλλάσσειν; see *deliver. Redeem (a promise):* use *accomplish. The promise was redeemed:* P. ἡ ὑπόσχεσις ἀπέβη (Thuc. 4, 39). *Make up for:* P. and V. ἀκεῖσθαι (acc.), ἀνᾰλαμβᾰ́νειν (acc.). *Redeem (something in pawn):* P. λύεσθαι. *Redeem a pledge in pawn:* P. ἐνέχυρον κομίζεσθαι.

Redeeming feature, subs. Use P. and V. κέρδος τό; see *good.*

Redemption, subs. *Deliverance:* P. and V. λῠ́σῐς, ἡ, ἀπαλλᾰγή, ἡ; see *deliverance. Salvation:* P. and V. σωτηρία, ἡ.

Red-hot, adj. P. and V. διᾰ́πῡρος (Plat., *Timae.* 58c; Eur., *Cycl.* 631), V. καυστός (Eur., *Cycl.* 633), ἐγκεκαυμένος (Eur., *Cycl.* 393), κεκαυμένος (Eur., *Cycl.* 457).

Redistribute, v. trans. P. ἀναδατεῖσθαι.

Redistributed, adj. P. ἀνάδαστος.

Redistribution, subs. P. ἀναδασμός, ὁ.

Red-legged, adj. (Of birds): V. φοινῑκοσκελής.

Redness, subs. P. ἐρύθημα, τό.

Redolent, adj. *Sweet-smelling*: P. and V. εὐώδης. *Be redolent of*: P. and V. ὄζειν (gen.).

Redouble, v. trans. *Increase*: P. ἐπιτείνειν.

Redoubt, subs. Use P. προτείχισμα, τό, or use *fort*.

Redoubtable, adj. *Terrible*: P. and V. δεινός; see *terrible*. *Brave*: P. and V. ἀνδρεῖος, θρᾰσύς; see *brave*.

Redound to, v. trans. *Conduce to*: P. and V. τείνειν (εἰς, acc.), συμβάλλεσθαι (εἰς, acc. or πρός, acc.), P. προφέρειν (εἰς, acc.). *Redound to one's credit*: P. and V. κόσμον φέρειν (τινί) (Thuc. 4, 17). (*I pray*) *that the gods put into the hearts of all of you what is likely to redound to the credit of your reputation publicly and your consciences individually*: P. ὅτι μέλλει συνοίσειν καὶ πρὸς εὐδοξίαν κοινῇ καὶ πρὸς εὐσέβειαν ἑκάστῳ, τοῦτο παραστῆσαι τοὺς θεοὺς πᾶσιν ὑμῖν (εὔχομαι) (Dem. 228).

Redress, v. trans. *Rectify*: P. and V. διορθοῦν, ἐξορθοῦν, ἀνορθοῦν, Ar. and P. ἐπανορθοῦν (or mid.). *Make good*: P. and V. ἀκεῖσθαι, ἀνᾰλαμβάνειν.

Redress, subs. *Amends*: P. and V. τίσῐς, ἡ, V. ποινή, ἡ (or pl.) (rare P.), ἄποινα, τά (rare P.). *Making good*: P. ἀνάληψις, ἡ, V. ἀνᾰφορά, ἡ. *Remedy*: V. ἄκος, τό, μῆχος, τό; see *remedy*.

Reduce, v. trans. *Lessen*: P. ἐλασσοῦν, μειοῦν (Xen.). *Cut down*: P. and V. συντέμνειν, συστέλλειν. *Subdue, put down*: P. and V. κᾰταστρέφεσθαι, κᾰτεργάζεσθαι, κᾰθαιρεῖν. *Reduce by warfare*: P. καταπολεμεῖν (acc.). *Reduce by siege*: P. ἐκπολιορκεῖν (absol.). *Reduce by hunger*: P. ἐκπολιορκεῖν λιμῷ (Thuc. 1, 134). *Get into one's power*: P. and V. χειροῦσθαι, ὑποχείριον λαμβάνειν, P. ὑφ' ἑαυτῷ ποιεῖσθαι, V. χείριον λαμβάνειν (Eur., *Cycl.*). *Reduce to order*: P. διακοσμεῖν, P. and V. κοσμεῖν. *Reduce to a state*: P. and V. κᾰθιστάναι (εἰς, acc.), P. κατάγειν (εἰς, acc.). *I was reduced to the depths of despair*: P. εἰς πολλὴν ἀθυμίαν κατέστην (Lys. 120). *You see how I am reduced by sickness*: P. ὁρᾶτε δὴ ὡς διάκειμαι ὑπὸ τῆς νόσου (Thuc. 7, 77). *Reduce* (*in bulk*): P. and V. ἰσχναίνειν (Plat.). *When the suffering was reduced*: V. ὅτε . . . ὁ μοχθος ἦν πέπων (Soph., *O. C.* 437).

Reduction, subs. *Subjugation*: P. καταστροφή, ἡ. *Lowering*: P. καθαίρεσις, ἡ.

Redundance, subs. Ar. and P. περιουσία, ἡ.

Redundant, adj. P. and V. περισσός. *Be redundant*, v.: P. περισσεύειν.

Redundantly, adv. P. and V. περισσῶς.

Red-winged, adj Ar. φοινῑκόπτερος.

Reecho, v. trans. *A sound*: V. ἀντιφθέγγεσθαι, ἀντᾰλᾰλάζειν; see *echo*. *Reecho* (*a sentiment*): use P. and V. ἐπαινεῖν; see *approve*.

Reed, subs. Ar. and P. κάλᾰμος, ὁ, Ar. and V. δόναξ, ὁ (Æsch., *Pers.* 494), Ar. σχοῖνος, ὁ or ἡ. *Where are the streams of Eurotas fair with reeds*: V. ἵνα ῥοαί τοῦ καλλιδόνακός εἰσιν Εὐρώτα (Eur., *Hel.* 492). *Made of reed*, adj.: Ar. and V. σχοίνῐνος. *Pipe, flute*: P. and V. αὐλός, ὁ, P. σῦριγξ, ἡ (Plat.), V. λωτός, ὁ. *Pen*: P. κάλαμος, ὁ.

Reef, subs. P. and V. ἕρμᾰ, τό, V. χοιράς, ἡ. *Reefing rope*: P. and V. κάλως, ὁ.

Reef, v. trans. Ar. συστέλλειν, V. στέλλειν, κᾰθῑέναι; see *lower*.

Reek, subs. *Steam, vapour*: P. ἀτμίς, ἡ (Plat.), V. ἀτμός, ὁ. *Smoke*: P. and V. καπνός, ὁ, Ar. and V. λιγνύς, ἡ. *Reek of incense*: P. and

V. θῡμιάμᾰτα, τά. *Reek of sacrifice:* Ar. κνῖσα, ἡ.

Reek, v. intrans. See *smoke*. *Make the altars reek with smoke:* V. κνῑσᾶν βωμούς (Eur., *Alc.* 1156; cf. Ar., *Av.* 1233). *Stink:* P. and V. ὄζειν. *Still the dark blood of my murdered sire reeks through the house:* V. αἷμα δʼ ἔτι πατρὸς κατὰ στέγας μέλαν σέσηπε (Eur., *El.* 318). *Reek with:* P. and V. ῥεῖν (dat.), V. στάζειν (dat.), κᾰταστάζειν (dat.), κᾰταρρεῖν (dat.), μῡδᾶν (dat.). *Reeking sacrifices:* V. ἔμπῡρα κνῑσωτά, τά. *Reeking with blood:* Ar. and V. αἱμᾰτοστᾰγής. *Reeking sword:* V. νεόρραντον ξίφος.

Reel, v. intrans. *Stagger:* Ar. and P. ἰλιγγιᾶν, σφάλλεσθαι (Xen.). *Give way before an attack:* P. κλίνεσθαι. *Make to reel (of an army):* V. κλῖνειν (Eur., *Supp.* 704). *Swoon:* P. λιποψυχεῖν, V. προλείπειν; see *swoon*. *Be distressed:* P. and V. κάμνειν. *Of the brain:* use *wander*.

Reeling, adj. P. and V. πᾰρᾰ́φορος.

Re-establish, v. trans. P. and V. ὀνορθοῦν.

Refection, subs. *Food:* P. and V. τροφή, ἡ, σῖτος, ὁ.

Refectory, subs. P. and V. συσσίτιον, τό.

Refer, v. trans. *Put down to:* P. and V. ἀνᾰφέρειν (τί τινι or τι εἴς τινα) (V. also ἀμφέρειν), προστῐθέναι (τί τινι), Ar. and P. ἐπᾰνᾰφέρειν (τι εἴς τινα), ἀνᾰτῐθέναι (τί τινι). *Bid a person consult:* P. ἐφιέναι τινά εἰς (acc.). *I will refer you to a speaker who is worthy of your trust:* P. εἰς ἀξιόχρεων ὑμῖν τὸν λέγοντα ἀνοίσω (Plat., *Ap.* 20E). *Hand over to some one's decision:* Ar. and P. ἐπιτρέπειν (τί τινι), ἀνᾰτῐθέναι (τί τινι), P. ἐφιέναι (τι εἴς τινα). *Refer to, allude to:* P. and V. λέγειν (acc.). *Refer to covertly:* Ar. and P. αἰνίσσεσθαι (acc. or εἰς, acc.), P. ὑπαινίσσεσθαι (acc.). *Betake oneself to:* P. φοιτᾶν (παρά, acc.). *That in case of dispute it might be possible to refer to these documents:* P. ἵνʼ εἴ τι ἐγίγνετο ἀμφισβητήσιμον ἦν εἰς τὰ γράμματα ταῦτʼ ἐπανελθεῖν (Dem. 837). *Have reference to:* P. and V. τείνειν (εἰς, acc.).

Referee, subs. P. and V. βρᾰβεύς, ὁ (Plat.); see *umpire*.

Reference, subs. *Handing over to another's decision:* P. ἐπιτροπή, ἡ. *Reference to, mention of:* P. and V. μνεία, ἡ. *In reference to:* P. and V. κᾰτᾰ́ (acc.), πρός (acc.). *Have reference to*, v.: P. and V. τείνειν (εἰς, acc.).

Refill, v. trans. P. ἀναπληροῦν.

Refine, v. trans. *Purify:* P. and V. κᾰθαίρειν. *Refine (gold):* Ar. ἀφεψειν. *Civilise:* P. and V. παιδεύειν, ἡμεροῦν. *Refine upon (a word or thought):* V. κομψεύειν (acc.) (Soph., *Ant.* 324). Absol., *practise refinements (subtle distinctions):* P. κομψεύεσθαι, P. and V. λεπτουργεῖν.

Refined, adj. *Pure, unmixed:* P. and V. κᾰθᾰρός. Of gold: P. ἄπεφθος (Thuc.), ἀκήρατος (Plat.). *Elegant:* Ar. and P. χᾰ́ρίεις, ἀστεῖος. *Accomplished:* P. and V. μουσῐκός, Ar. and P. φῐλόμουσος. *Artistic:* P. φιλόκαλος, φιλότεχνος. *Be refined*, v.: P. φιλοκαλεῖν. *Subtle:* P. and V. κομψός.

Refinement, subs. *Refining process (of gold):* P. ἕψησις, ἡ (Plat.). *Elegance:* P. and V. χᾰ́ρῐς, ἡ. *Love of art:* P. φιλοτεχνία, ἡ. *Luxury:* P. and V. τρῠφή, ἡ, χλῐδή, ἡ (Plat.). *Subtlety:* P. κομψεία, ἡ.

Refit, v. trans. P. ἐπισκευάζειν.

Refitting, subs. P. ἐπισκευή, ἡ.

Reflect, v. trans. *Reflect* (as a mirror): P. ἐμφαίνειν. *Show:* P. and V. φαίνειν; see *show*. Absol., *ponder:* P. and V. ἐνθῡμεῖσθαι, νοεῖν (or mid.), ἐννοεῖν (or mid.), συννοεῖν (or mid.), φροντίζειν, λογίζεσθαι, ἐπισκοπεῖν, σκοπεῖν (V. also mid.), P. ἐκλογίζεσθαι. *Reflect with oneself:* P. παρʼ ἑαυτῷ σκοπεῖν, πρὸς ἑαυτὸν ,λογίζεσθαι, πρὸς ἑαυτὸν ἐνθυμεῖσθαι, πρὸς ἑαυτὸν σκοπεῖν. *Reflect upon*: P. and V. ἐνθῡμεῖσθαι (acc. P. also gen.), ἐννοεῖν (or mid.) (acc.), συννοεῖν (or mid.) (acc.), λογίζεσθαι (acc.), σκοπεῖν (acc. V. also mid.), ἐπισκοπεῖν (acc.), P. ἐκλογίζεσθαι (acc.), V. ἑλίσσειν (acc.), νωμᾶν (acc.), καλχαίνειν (acc.). Met., *blame*: P. and V. μέμφεσθαι (acc. or dat.); see *blame*. *Bring into discredit*: P. εἰς ὑποψίαν καθιστάναι (acc.)

Reflection, subs. *Image*: P. and V. εἰκών, ἡ. *Reflections in water*: P. τὰ ἐν τοῖς ὕδασι φαντάσματα, ἐν ὕδασιν εἰκόνες. *A pale reflection of friendship* (as opposed to *reality*): V. ὁμιλίας κάτοπτρον (Æsch., *Ag.* 839). *Consideration*: P. and V. σκέψῐς, ἡ (Eur., *Hipp.* 1323), P. ἐπίσκεψις, ἡ. *Meditation*: P. and V. σύννοια, ἡ, ἐνθῡ́μησις, ἡ (Eur., *Frag.*), Ar. and V. φροντῐ́ς, ἡ (rare P.), P. ἔννοια, ἡ. *Reconsideration*: P. ἀναλογισμός, ὁ. *Blame*: P. and V. μέμψῐς, ἡ, ψόγος, ὁ. *Discredit*: P. and V. αἰσχύνη, ἡ, ὄνειδος, τό.

Reflective, adj. P. σύννους; see *thoughtful*.

Refluent, adj. V. πᾰλίρρους.

Reform, v. trans. P. and V. διορθοῦν, ἐξορθοῦν, ἀνορθοῦν, Ar. and P. ἐπανορθοῦν, Ar. ἐπῐ̀ τὸ βέλτῖον, τρέπειν. *Civilise*: P. and V. ἡμεροῦν; see *reclaim*. *Reform* (*politically*): P. νεωτερίζειν (acc. or περί, acc.). V. intrans. *Improve*: Ar. and P. ἐπῐδῐδόναι.

Reform, subs. P. ἐπανόρθωμα, τό. *Improvement*: P. ἐπίδοσις, ἡ. *Reform of the constitution*: P. νεωτερισμός, ὁ.

Reformer, subs. (Politically): use P. ὁ νεωτερίζων.

Refractoriness, subs. *Obstinacy*: P. αὐθάδεια, ἡ, Ar. and V. αὐθᾱδία, ἡ; see also *disobedience*.

Refractory, adj. *Obstinate*: P. and V. αὐθάδης; see also *disobedient*. *Unmanageable*: P. and V. ἄπορος.

Refrain, v. trans. P. and V. κᾰτέχειν; see *check*. V. intrans. P. and V. ἀπέχεσθαι, ἀφίστασθαι; see also *forbear*. *When you have learnt from me give advice. Till then refrain*: V. ὅταν μάθῃς μου νουθέτει, τανῦν δ' ἔα (Soph., *O. C.* 593). *Refrain from*: P. and V. ἀπέχεσθαι (gen.), ἀφίστασθαι (gen.). *Refrain from* (*doing*): P. and V. ἀπέχεσθαι (μή, infin.), V. ἀφίστασθαι (infin.). *I refrained from killing*: V. ἔσχον μὴ κτανεῖν.

Refresh, v. trans. P. and V. ἀναψῡ́χειν (Plat.), V. κᾰταψῡ́χειν. *Encourage*: P. ἐπιρρωννύναι; see *encourage*. *Refresh one's memory about a thing*: P. εἰς μνήμην ἀναλαμβάνειν τι. *Be refreshed*: P. and V. ἀναπνεῖν. *Refresh oneself*: P. ἀναλαμβάνειν ἑαυτόν.

Refreshing, adj. P. ἄκοπος (Plat.).

Refreshment, subs. P. and V. ἀναψῡχή, ἡ (Plat.). *Food*: P. and V. τροφή, ἡ, σῖτος, ὁ.

Reft of, adj. See *bereft*.

Refuge, subs. P. and V. κᾰτᾰφῠγή, ἡ, ἀποστροφή, ἡ, P. ἀποφυγή, ἡ, ἀναχώρησις, ἡ. *Place of refuge*: also V. πύργος, ὁ. *Fly for refuge*, v.: P. and V. κᾰτᾰφεύγειν. *Take refuge in, have recourse to*: P. and V. τρέπεσθαι (εἰς or πρός, acc.), P. καταφεύγειν (εἰς or πρός, acc.); see under *recourse*.

Refugee, subs. P. and V. φῠγάς, ὁ or ἡ; see *exile*.

Refulgence, subs. P. λαμπρότης, ἡ; see *brightness*.

Refulgent, adj. P. and V. λαμπρός; see *bright*.

Refund, v. trans. P. and V. ἀποδῐδόναι, P. ἀνταποδιδόναι.

Refurbish, v. trans. P. ἐπισκευάζειν.

Refusal, subs. *Refusal to give*: P. and V. φθόνος, ὁ, V. φθόνησις, ἡ. *Avoidance*: P. and V. φῠγή, ἡ; see *avoidance*. *Meet with a refusal*: P. διαμαρτάνειν (Dem. 401). *You shall meet with no refusal at my* *hands*: V. οὐκ ἄτιμος ἔκ γ' ἐμοῦ φανεῖ (Soph., *O. C.* 51).

Refuse, v. trans. *Decline*: P. and V. οὐ δέχεσθαι, ἀπωθεῖν (or mid.), πᾰρωθεῖν (or mid.), διωθεῖσθαι, ἀναίνεσθαι (Dem. and Plat. but rare P.), ἀρνεῖσθαι (Dem. 319), ἀπαρνεῖσθαι (Thuc. 6, 56), Ar. and P. οὐκ ἀποδέχεσθαι; see also *reject*. *Avoid*: P. and V. ἀφίστασθαι (gen.), εὐλᾰβεῖσθαι; see *avoid*. *Refuse an invitation*: P. ἐπαινεῖν (acc.) (Xen.). cf. Ar., *Ran.* 508). *Refuse to give*: P. and V. φθονεῖν (gen. V. also acc.). *Lo I stretch forth my hand and nothing shall be refused*: V. ἰδοὺ προτείνω, κοὐδὲν ἀντειρήσεται (Soph., *Trach.* 1184). *The ship shall take you and shall not be refused*: V. ἡ ναῦς γὰρ ἄξει κοὐκ ἀπαρνηθήσεται (Soph., *Phil.* 527). *Do not refuse when we are begging our first favour*: P. μὴ . . . ἡμῶν τήν γε πρώτην αἰτησάντων χάριν ἀπαρνηθεὶς γένῃ (Plat., *Soph.* 217C). *Refuse to* (with infin.): Ar. and P. οὐκ ἐθέλειν, Ar. and V. οὐ θέλειν, V. ἀναίνεσθαι. *Do not refuse to answer me this*: P. μὴ φθόνει μοι ἀποκρίνασθαι τοῦτο (Plat., *Gorg.* 489A). *Come to my house early to-morrow and don't refuse*: P. αὔριον ἕωθεν ἀφίκου οἴκαδε καὶ μὴ ἄλλως ποιήσῃς (Plat., *Lach.* 201B; cf. Ar., *Av.* 133).

Refuse, subs. P. and V. χλῆδος, ὁ (Dem. 1278, Æsch., *Frag.*). V. κᾰθάρμᾰτα, τά. Used Met., of persons: Ar. and P. κάθαρμα, τό, περίτριμμα, τό.

Refutation, subs. P. and V. ἔλεγχος, ὁ. *Refutation of a charge*: V. αἰτίας ἀποστροφή, ἡ.

Refute, v. trans. P. and V. ἐλέγχειν, ἐξελέγχειν, P. ἀπελέγχειν, διελέγχειν. *Easy to refute*, adj.: P. εὐέλεγκτος, εὐεξέλεγκτος.

Regain, v. trans. P. and V. ἀνακτᾶσθαι, ἀνᾰλαμβάνειν; see *recover*. *Regain confidence*: Ar and P. ἀνᾰθαρσεῖν (absol.).

Regal, adj. P. and V. βᾰσῐλῐκός, βᾰσίλειος, ἀρχῐκός, τῠραννῐκός, V. τύραννος.

Regale, v. trans. *Feast*: P. and V. ἑστιᾶν, εὐωχεῖν (Eur., *Cycl.* 346), V. δαινῦναι, θοινᾶν; see *feast*. *Delight*: P. and V. τέρπειν, εὐφραίνειν.

Regally, adv. P. βασιλικῶς (Xen.), τυραννικῶς.

Regard, subs. *Care*: P. and V. ἐπιστροφή, ἡ, σπουδή, ἡ, P. ἐπιμέλεια, ἡ, Ar. and P. μελέτη, ἡ, V. ὥρα, ἡ, Ar. and V. μέριμνα, ἡ, φροντίς, ἡ (rare P.); see *care*. *Respect, deference*: P. θεραπεία, ἡ; see *respect*. *Respectfulness*: V. αἰδώς, ἡ. *Pay regard to*: P. ἐπιμέλειαν ποιεῖσθαι (gen.), V. λόγον ἔχειν (gen.); see *regard*, v. *In regard to*: P. and V. κᾰτά (acc.), πρός (acc.); see *concerning*. *Love*: see *love*. *Look*: see *look*.

Regard, v. trans. *Heed, care for*: Ar. and P. ἐπῐμέλεσθαι (gen.), P. and V. ἐπιστρέφεσθαι (gen.), φροντίζειν (gen.), ἐντρέπεσθαι (gen.) (Plat. but rare P.), τημελεῖν (acc. or gen.) (Plat. but rare P.), V. μέλεσθαι (gen.), ὥραν ἔχειν (gen.), Ar. and V. προτῑμᾶν (gen.). *Pay respect to*: Ar. and P. θερᾰπεύειν. *Value*: P. περὶ πολλοῦ ποιεῖσθαι, P. and V. τῑμᾶν, κήδεσθαι (gen.) (rare P.), V. ἐνᾰριθμεῖσθαι, προκήδεσθαι (gen.). *Look upon*: P. and V. ἀποβλέπειν (εἰς, acc. or πρός, acc.), προσορᾶν (Plat. but rare P.); see *behold, watch*. *Consider*: P. and V. νομίζειν, ἡγεῖσθαι, ἄγειν, V. νέμειν.

Regarding, prep. P. and V. κᾰτά (acc.); see *concerning*.

Regardless, adj. Ar. and P. ἀμελής. *Regardless of*: P. ἀμελής (gen.), ὀλίγωρος (gen.), V. ἄφροντις (gen.) (Eur., *Frag.*); see *heedless*.

Regardlessly, adv. P. ἀμελῶς, P. and V. ἀφροντίστως (Xen.).

Regardlessness, subs. P. ἀμέλεια, ἡ; see *heedlessness*.

Regency, subs. *Guardianship*: P.

ἐπιτροπή, ἡ. *Theras held the regency in Sparta:* P. ἐπιτροπαίαν εἶχεν (ὁ Θήρας) τὴν ἐν Σπαρτῇ βασιλείαν (Hdt. 4, 147).

Regenerate, v. trans. *Save:* P. and V. σώζειν. *Make perfect:* use P. τελεοῦν, V. τελειοῦν.

Regeneration, subs. *Salvation:* P. and V. σωτηρία, ἡ.

Regenerator, subs. *Saviour:* P. and V. σωτήρ, ὁ.

Regent, subs. *Governor:* P. and V. ἄρχων, ὁ. *Guardian:* Ar. and P. ἐπίτροπος, ὁ. *He acted as regent for Pleistarchus, who though king was still a minor, being his cousin:* P. Πλείσταρχον . . . ὄντα βασιλέα καὶ νέον ἔτι ἀνεψιὸς ὢν ἐπετρόπευε (Thuc. 1, 132).

Regime, subs. *Established order:* P. and V. κᾰτάστᾰσις, ἡ. *Way of life:* P. and V. δίαιτα, ἡ. *Form of government:* P. κόσμος, ὁ.

Regimen, subs. *System of living:* P. and V. δίαιτα, ἡ.

Regiment, subs. Use P. and V. τάξις, ἡ, λόχος, ὁ.

Region, subs. P. and V. χώρα, ἡ, τόπος, ὁ, or pl. V. πλάξ, ἡ, Ar. and V. χῶρος, ὁ, or pl.

Register, subs. Ar. and P. κᾰτάλογος, ὁ, P. ἀπογραφή, ἡ, λεύκωμα, τό, πίναξ, ὁ.

Register, v. trans. P. ἀπογράφειν, ἀναγράφειν, Ar. and P. ἐγγρᾰ́φειν, ἐπιγρᾰ́φειν; see *enrol. Have (a name, etc.) registered:* P. ἐπιγράφεσθαι (mid.). *Register a vow:* use *swear*, v.

Registrar, subs. P. ἀναγραφεύς, ὁ.

Registration, subs. P. ἀπογραφή, ἡ, ἐπιγραφή, ἡ.

Regress, subs. *Return:* see *return. Way out:* P. and V. ἔξοδος, ἡ.

Regret, subs. *Remorse:* P. and V. μετᾰμέλεια, ἡ (Eur., *Frag.*), P. μετάνοια, ἡ, μετάμελος, ὁ, V. μετάγνοια, ἡ. *Sorrow for something lost or absent:* P. and V. πόθος, ὁ (Plat.). *Tears of regret:* V. ποθεινὰ δάκρυα, τά.

Regret, v. trans. *Repent of:* P. and V. μετᾰγιγνώσκειν (acc.). *I regret:* Ar. and P. μετᾰμέλει μοι (gen.). *They regretted that they had not accepted the proposals for a truce:* P. μετεμέλοντο τὰς σπονδὰς οὐ δεξάμενοι (Thuc., 4, 27). *Miss, feel the loss of:* P. and V. ποθεῖν (acc.). *Lament:* Ar. and P. ἀγᾰνακτεῖν (dat.), χᾰλεπαίνειν (dat.), V. πικρῶς φέρειν, δυσφορεῖν (dat.). *Rue:* V. ἀσχάλλειν (dat.) (Æsch., *P. V.* 764).

Regretful, adj. *Involuntary:* P. ἀκούσιος, P. and V. οὐχ ἑκούσιος, V. ἄκων. *Regretful tears:* V. ποθεινὰ δάκρυα.

Regretfully, adv. *Unwillingly:* use adj., P. and V. ἄκων, οὐχ ἑκών, in agreement with subject; see also *reluctantly.*

Regrettable, adj. *Untoward:* P. and V. δυσχερής; see *untoward.*

Regretted, adj. P. and V. ποθεινός.

Regular, adj. *Ordinary, customary:* P. and V. νόμῐμος, σῠνήθης, ἠθάς (Dem. 605), εἰωθώς, εἰθισμένος, P. σύντροφος, Ar. and P. νομιζόμενος. *Regular meeting of the Assembly:* Ar. and P. κῡρία Ἐκκλησία (as opposed to σύγκλητος Ἐκκλησία). *Symmetrical:* P. σύμμετρος. *Orderly:* P. and V. εὔκοσμος, κόσμιος, Ar. and P. εὔρυθμος. Met., *absolute:* P. ἁπλοῦς.

Regularity, subs. Ar. and P. κοσμιότης, ἡ, P. and V. εὐκοσμία, ἡ, ῥυθμός, ὁ. *Symmetry:* P. συμμετρία, ἡ.

Regularly, adv. *In an orderly way:* Ar. and P. κοσμίως, P. τεταγμένως. *In order:* P. and V. ἑξῆς, ἐφεξῆς. *Day by day:* P. and V. κᾰθ' ἡμέραν, V. κᾰτ' ἦμαρ. *Continually:* P. and V. ἀεί, Ar. and P. σῠνεχῶς. *Symmetrically:* P. συμμέτρως. *He cut down the pay so that three obols should be given instead of the Attic drachma and that not regularly:* P. τὴν μισθοφόραν συνέτεμεν ἀντὶ δραχμῆς Ἀττικῆς ὥστε τριώβολον καὶ τοῦτο μὴ συνεχῶς διδοσθαι (Thuc. 8, 45).

Regulate, v. trans. Ar. and P. διοικεῖν, τᾰμιεύειν, P. and V. οἰκεῖν, νέμειν, Ar. and V. ἁρμόζειν, V. νωμᾶν, πορσῡνειν; see *manage, govern*. *Fix, appoint*: P. and V. τάσσειν, προστάσσειν. *We cannot regulate the extent to which we wish our empire to reach*: P. οὐκ ἔστιν ἡμῖν ταμιεύεσθαι εἰς ὅσον βουλόμεθα ἄρχειν (Thuc. 6, 18). *Arrange in order*: P. διατάσσειν, V. στοιχίζειν, διαστοιχίζεσθαι, διασταθμᾶσθαι.

Regulation, subs. *Management*: P. διοίκησις, ἡ, διαχείρισις, ἡ. *Command*: see *command*. *Ordinance*: P. and V. νόμος, ὁ, θεσμός, ὁ (rare P.).

Rehabilitate, v. trans. *Restore*: P. and V. ἀνορθοῦν.

Rehearsal, subs. *Practice*: Ar. and P. μελέτη, ἡ.

Rehearse, v. trans. *Practise*: Ar. and P. μελετᾶν. *Narrate*: P. and V. λέγειν, ἐξηγεῖσθαι, διέρχεσθαι; see *narrate*. *Recite*: P. and V. ὑμνεῖν.

Reign, subs. P. and V. ἀρχή, ἡ, κρᾰτος, τό.

Reign, v. intrans. P. and V. βᾰσῐλεύειν, ἄρχειν, κρᾰτεῖν, δεσπόζειν, τῠραννεύειν, V. ἀνάσσειν, κοιρᾰνεῖν, κρᾰτῡνειν, Ar. and V. τῠραννεῖν. *Reign over*: use *govern*. *The reigning family*: P. ἡ τυραννικὴ οἰκία (Dem. 22).

Reimburse, v. trans. See *repay*. *Make good*: P. and V. ἀνᾰλαμβᾰνειν.

Reimbursement, subs. *Repayment*: P. ἀπόδοσις, ἡ.

Rein, subs. P. and V. ἡνία, ἡ, V. ῥῡτήρ, ὁ, ἱππόδεσμα, τά (Eur., *Hipp.* 1225). *Bridle*: P. and V. χᾰλῑνός, ὁ. *Give rein to*: Met., P. and V. χᾰρίζεσθαι (dat.).

Rein in, v. trans. P. and V. κᾰτέχειν; see *check*.

Reinforce, v. trans. *Come to help*: P. and V. βοηθεῖν (dat.), P. ἐπιβοηθεῖν (dat.), προσγίγνεσθαι (dat.), προσβοηθεῖν (dat.), παραγίγνεσθαι (dat.). Met., P. and V. βοηθεῖν (dat.). *Send help*: P. βοήθειαν πέμπειν.

Reinforcements, subs. P. βοήθεια, ἡ, βοηθοί, οἱ, οἱ προσγιγνόμενοι (Thuc. 2, 79). *We have no means of getting reinforcements for our crews*: P. οὐδ' ὁπόθεν ἐπιπληρωσόμεθα τὰς ναῦς ἔχομεν (Thuc. 7, 14). *It will be disgraceful to be forced to leave or afterwards send for reinforcements*: P. αἰσχρὸν βιασθέντας ἀπελθεῖν ἢ ὕστερον ἐπιμεταπέμπεσθαι (Thuc. 6, 21).

Reins, subs. *Kidneys*: Ar. and P. νεφροί, οἱ. Met., *heart*: P. and V. ψῡχή, ἡ, Ar. and V. καρδία, ἡ, κέαρ, τό, θῡμός, ὁ φρήν, ἡ, or pl. V. σπλάγχνον, τό, or pl., ἧπαρ, τό.

Reinspirit, v. trans. Use *encourage*.

Reinstate, v. trans. P. and V. κᾰτᾰγειν (τινά εἴς τι), κᾰθιστᾰναι (τινά εἴς τι).

Reinstatement, subs. *Return from exile*: P. and V. κᾰθοδος, ἡ.

Reiterate, v. trans. *Repeat*: P. ἐπαναπολεῖν, ἀναλαμβάνειν, ἐπαναλαμβάνειν, V. ἀνᾰπολεῖν, ἀνᾰμετρεῖσθαι. *Say over and over*: P. and V. θρῡλεῖν. *Assert emphatically*: P. ἰσχυρίζεσθαι, διισχυρίζεσθαι.

Reiteration, subs. *Recapitulation*: P. ἐπάνοδος, ἡ.

Reject, v. trans. *Not to choose*: P. ἀποκρίνειν. *Refuse*: P. and V. οὐ δέχεσθαι, ἀπωθεῖν (or mid.), πᾰρωθεῖν (or mid.), διωθεῖσθαι, ἀναίνεσθαι (Dem. and Plat. but rare P.). *Cast aside*: P. and V. ἀφῑέναι, ἐκβάλλειν, ἀποβάλλειν, ἀπορρίπτειν, V. ἐκρίπτειν. *Despise*: P. and V. κᾰταφρονεῖν (acc. or gen.), Ar. and V. ἀποπτῡειν; see *despise*. *Neglect*: P. and V. ἀμελεῖν (gen.), πᾰρᾰμελεῖν (gen.). *Dislike*: V. ἀποστέργειν; see *dislike*. *Reject by voting*: Ar. and P. ἀποχειροτονεῖν. *Reject (candidates for office) after scrutiny*. P. ἀποδοκιμάζειν.

Rejection, subs. *Avoidance:* P. and V. φυγή, ἡ; see *avoidance, refusal.*

Rejoice, v. trans. P. and V. εὐφραίνειν, τέρπειν, Ar. and V. προσγελᾶν (Æsch., *Eum.* 253). *Please:* P. and V. ἀρέσκειν (acc. or dat.), Ar. and V. ἀνδάνειν (dat.), προσσαίνειν, Ar. προσίεσθαι. V. intrans. P. and V. ἥδεσθαι, χαίρειν, γεγηθέναι, Ar. and V. τέρπεσθαι (rare P.). *Rejoice at:* P. and V. ἥδεσθαι (dat.), χαίρειν (dat. or ἐπί, dat.), ἐπιχαίρειν (dat.), γεγηθέναι (ἐπί, dat.) (Dem. 332, and Plat. but rare P.), P. ἐφήδεσθαι (dat.), γαυριᾶν (dat.), V. ὑπερχαίρειν (dat.), γαυροῦσθαι (dat.). *Rejoice with another:* P. and V. συνήδεσθαι (absol. or dat.), Ar. and P. συγχαίρειν (absol. or dat.), V. συγγεγηθέναι (dat.) (perf. of συγγηθεῖν).

Rejoicing, subs. P. and V. ἡδονή, ἡ, χαρά, ἡ; see *joy. An object for rejoicing:* use adj., P. ἐπίχαρτος, or subs., V. ἐπίχαρμα, τό.

Rejoin, v. trans. *Return to:* use P. ἐπανέρχεσθαι πρός (acc.) Absol., *answer:* P. and V. ἀποκρίνεσθαι (Eur., *Supp.* 516, *Bacch.* 1272), ἀντιτιθέναι, P. ὑπολαμβάνειν; see *answer. Make a defence:* P. and V. ἀπολογεῖσθαι (Eur., *Bacch.* 41).

Rejoinder, subs. *Answer:* P. and V. ἀπόκρισις, ἡ (Eur., *Frag.*), P. ὑπόληψις. *Defence:* P. ἀπολογία, ἡ.

Rejuvenate, v. trans. Ar. ἀνανεάζειν.

Rekindle, v. trans. Met., P. and V. ἀναζωπυρεῖν (Plat.), Ar. ἐκζωπυρεῖν; see *kindle.*

Relapse, v. intrans. P. ἀποκλίνειν. *Relapse into, be reduced to:* P. and V. καθίστασθαι (εἰς, acc.).

Relate, v. trans. *Narrate:* P. and V. λέγειν, ἐξηγεῖσθαι, διέρχεσθαι, ἐπεξέρχεσθαι, φράζειν, ἐξειπεῖν, Ar. and P. διηγεῖσθαι, διεξέρχεσθαι, V. ἐκφράζειν. *Relate to the end:* P. and V. διαπεραίνειν. *Relate to, have reference to:* P. and V. τείνειν εἰς (acc.).

Related, adj. *Related (by blood, etc.):* P. and V. ἀναγκαῖος, οἰκεῖος; see *kindred. Be related to:* P. and V. ἐγγύς εἶναι (dat. or gen.), προσήκειν (dat.). *Was he related to you?* V. μῶν προσῆκέ σοι; (Eur., *I. T.* 550). *Be more distantly related:* P. γένει ἀπωτέρω εἶναι (Dem. 1066).

Relation, subs. *Narration:* P. διήγησις, ἡ, διέξοδος, ἡ (Plat.); see also *narrative. Kindred:* use adj., P. and V. συγγενής, οἰκεῖος, ἀναγκαῖος, προσήκων, V. σύγγονος, ὁμόσπορος, σύναιμος, ὅμαιμος, ὁμαίμων; see *kindred. Relations:* P. and V. οἱ ἀναγκαῖοι, οἱ προσήκοντες, V. οἱ πρὸς αἵματος. *Polybus was no relation to you:* V. ἦν σοι Πόλυβος οὐδὲν ἐν γένει (Soph., *O. R.* 1016). *Relation by marriage:* P. and V. κηδεστής, ὁ, V. κήδευμα, τό, γαμβρός, ὁ, Ar. and V. κηδεμών, ὁ. *Intercourse:* P. and V. ὁμιλία, ἡ, κοινωνία, ἡ, P. ἐπιμιξία, ἡ; see *intercourse. Business relations:* P. τὰ συμβόλαια. *Mutual relations:* P. ἡ πρὸς ἀλλήλους χρεία (Plat., *Rep.* 372A). *Relations with a person:* P. and V. τὰ πρός τινα. *Women's relations with men are difficult:* V. τὰ γὰρ γυναικῶν δυσχερῆ πρὸς ἄρσενας (Eur., *Ion*, 398). *What relation is there between?* P. and V. τίς κοινωνία; with two genitives. *Have relations with,* v.: P. and V. ὁμιλεῖν (dat.), προσομιλεῖν (dat.), κοινωνεῖν (dat.); see *have intercourse with,* under *intercourse. I think we may find this important for discovering the nature of courage namely in what relation it stands to the other parts of virtue:* P. οἶμαι εἶναί τι ἡμῖν τοῦτο πρὸς τὸ ἐξευρεῖν περὶ ἀνδρείας, πρὸς τἄλλα μόρια τὰ τῆς ἀρετῆς πῶς ποτ' ἔχει (Plat., *Prot.* 353B).

Relationship, subs. P. and V. γένος, τό συγγένεια, ἡ, τὸ συγγενές, P. οἰκειότης, ἡ, V. συγγενεῖς ὁμιλίαι. *Ties of relationship:* P. τὰ τῆς συγγενείας ἀναγκαῖα (Dem. 1118), P. and V. ἀνάγκη, V. τὸ προσῆκον. *From his relationship to Atreus*: P. κατὰ τὸ οἰκεῖον Ἀτρεῖ (Thuc. 1, 9). *Nearness of relationship*: Ar. and P. ἀγχιστεία, ἡ, V. ἀγχιστεῖα, τά. *Relationship by marriage*: P. and V. κῆδος, τό, κήδευμα, τό, κηδεία, ἡ.

Relative, subs. See *relation*.

Relative, adj. As opposed to *absolute*: P. πρὸς ἡμᾶς (Aristotle). *Relative to, incident to*: Ar. and P. ἀκόλουθος (gen. or dat.). *Concerning*: see *concerning*.

Relatively, adv. *In relation to something*, opposed to *absolutely*: P. πρός τι (Aristotle). *Relatively to, in comparison with*: P. and V. πρός (acc.).

Relax, v. trans. *Loosen*: P. and V. ἀνῑέναι, χᾰλᾶν (Plat.), πᾰρῑέναι, μεθῑέναι, V. ἐξᾰνῑέναι. *Remit*: P. and V. ἀνῑέναι, μεθῑέναι, Ar. and V. ὑφῑέναι (gen.) (or mid.), P. ἐπανιέναι. *If for a moment we relax our precautions*: P. εἰ ἀφαιρήσομέν τι καὶ βραχὺ τῆς τηρήσεως (Thuc. 7, 13). *Relax one's anger*: Ar. ὀργῆς ἀνῑέναι, V. ὀργῆς ἐξᾰνῑέναι. *The law is relaxed*: V. ὁ νόμος ἀνεῖται (Eur., *Or.* 941). *Do not relax your hold of the common interests*: μὴ . . . τοῦ κοινοῦ τῆς σωτηρίας ἀφίεσθε (Thuc. 2, 60). *Be relaxed*: P. and V. πᾰρίεσθαι. *My limbs are relaxed*: V. λύεται . . . μέλη (Eur., *Hec.* 438). *They were sleeping all with their limbs relaxed*: V. ηὗδον δὲ πᾶσαι σώμασιν παρειμέναι (Eur., *Bacch.* 683). *Relax one's efforts through cowardice*: P. μαλακίζεσθαι, Ar. and P. μαλθᾰκίζεσθαι (Plat.). *Enervate*: Ar. and P. θρύπτειν (rare in Act.), P. διαθρύπτειν. V. intrans. P. and V. λωφᾶν, ἀνῑέναι, P. ἐπανιέναι.

Relaxation, subs. *Loosening*: P. ἄνεσις, ἡ, χάλασις, ἡ. *Abatement*: P. λώφησις, ἡ. *Recreation, rest*: P. and V. ἀνάπαυλα, ἡ, παῦλα, ἡ, P. ἄνεσις, ἡ. *Amusement*: P. and V. παιδιά, ἡ, διατρῐβή, ἡ.

Relay, subs. *Succession*: P. and V. δῐάδοχή, ἡ; see *relief*.

Release, v. trans. *Let go of*: P. and V. ἀφίεσθαι (gen.), Ar. and V. μεθίεσθαι (gen.). *Let fall*: P. and V. ἀφῑέναι. *Release one's grip*: P. and V. χᾰλᾶν. *Deliver*: P. and V. λύειν, ἀφῑέναι, ἐλευθεροῦν, ἀπαλλάσσειν, ἀπολύειν, ἐκλύειν (or mid.), V. ἐξᾰπαλλάσσειν; see *deliver*.

Release, subs. P. and V. ἀπαλλᾰγή, ἡ, λῠσις, ἡ, V. ἔκλῠσις, ἡ, ἐκτροπή, ἡ, P. ἀπόλυσις, ἡ, ἐλευθέρωσις, ἡ. *Salvation*: P. and V. σωτηρία, ἡ.

Relegate, v. intrans. P. and V. μεθῑέναι.

Relent, v. intrans. *Be softened*: P. ἐπικλασθῆναι (aor. pass. ἐπικλᾶν), μαλακίζεσθαι, V. μαλθᾰκίζεσθαι, μαλθάσσεσθαι, πεπανθῆναι (aor. pass. πεπαίνειν), P. and V. κάμπτεσθαι, τέγγεσθαι (Plat. but rare P.), Ar. and V. μᾰλάσσεσθαι. *Change one's mind*: P. and V. μετᾰγιγνώσκειν. *Show mercy*: P. and V. αἰδεῖσθαι. *Relent towards*: use *pity*.

Relentless, adj. P. and V. σχέτλιος, σκληρός, πικρός, P. ἀπαραίτητος, V. δυσπᾰραίτητος, νηλής, ἀνοικτίρμων (Soph., *Frag.*), δῠσάλγητος, Ar. and V. ἄνοικτος, ἄτεγκτος; see *cruel*.

Relentlessly, adv. P. and V. πικρῶς, P. ἀνηλεῶς, σχετλίως, V. νηλεῶς, ἀνοίκτως, ἀναλγήτως; see *cruelly*.

Relentlessness, subs. P. and V. πικρότης, ἡ, P. ἀγνωμοσύνη, ἡ; see *cruelty*.

Relevant, adj. P. and V. οἰκεῖος, προσήκων.

Relevantly, adv. P. προσηκόντως.

Reliability, subs. P. and V. πίστῐς, ἡ, τὸ πιστόν, P. πιστότης, ἡ, βεβαιότης, ἡ.

Reliable, adj. P. and V. πιστός, βέβαιος, ἀσφᾰλής, ἐχέγγυος, ἀξιόχρεως (Eur., *Or.* 597, but rare V.), P. ἀξιόπιστος.

Reliably, adv. P. and V. βεβαίως, ἀσφἄλῶς.

Reliance, subs. P. and V. πίστῖς, ἡ. *Self-reliance* : P. and V. θράσος, τό ; see *boldness*.

Reliant, adj. P. and V. θρᾰσύς, τολμηρός ; see *bold*.

Relic, subs. P. and V. λείψᾰνον (or pl.).

Relief, subs. *Alleviation* : P. and V. ἀναψῦχή, ἡ (Plat.), πᾰραψῦχή, P. παραμύθιον, τό, κούφισις, ἡ (Thuc.), V. ἀνᾰκούφῖσις, ἡ. *Cessation* : P. and V. ἀνάπαυλα, ἡ, παῦλα, ἡ. *Abatement* : P. λώφησις, ἡ. *Have relief from* : P. and V. λωφᾶν (gen.). *When his body hath relief from sickness* : V. ὅταν μὲν σῶμα κουφισθῇ νόσου (Eur., *Or.* 43). *Recreation* : P. ῥᾳστώνη, ἡ. *Breathing space* : P. and V. ἄναπνοή, ἡ (Plat.), V. ἀμπνοή, ἡ. *Relief from*. P. and V. ἀνάπαυλα, ἡ (gen.), παῦλα, ἡ (gen.), διάλῦσις, ἡ (gen.), V. ἀνᾰκούφῖσις, ἡ (gen.). *Riddance* : P. and V. λύσῖς, ἡ, ἀπαλλᾰγή, ἡ. *Help* : P. βοήθεια, ἡ. *Reliefs, relays.—Apportioning (the work) among themselves in reliefs* : P. διῃρημένοι κατ' ἀναπαύλας (Thuc. 2, 75). *When the Phocian general sent for the cavalry from Argura to act as reliefs* : P. ἐπειδὴ ὁ στρατηγὸς Φωκίων μετεπέμπετο τοὺς ἐξ 'Αργούρας ἱππέας ἐπὶ τὴν διαδοχήν (Dem. 567). *Fifty triremes set sail as reliefs and put in at Egypt* : P. πεντήκοντα τριήρεις διάδοχοι πλέουσαι ἐς Αἴγυπτον ἔσχον (Thuc. 1, 110). *In sculpture, work in relief* : P. ἐκτύπωμα, τό, V. τύποι, οἱ (Eur., *Phoen.* 1130). *Work in relief*, v. trans. : P. ἐκτυποῦν.

Relieve, v. trans. *Alleviate* : P. and V. ἐπῖκουφίζειν, ἀπαντλεῖν (Plat.), V. ἐξευμᾰρίζειν ; see *alleviate*. *Put a stop to* : P. and V. παύειν. *Comfort, cheer* : P. and V. πᾰρᾰμῦθεῖσθαι (Eur., *Or.* 298), V. πᾰρηγορεῖν. *Relieve from, free from* : P. and V. ἀφῖέναι (τινά τινος), ἀπαλλάσσειν (τινά τινος), ἀπολύειν (τινά τινος) (Eur., *Or.* 1236), V. κουφίζειν (τινά τινος) ; see *deliver*. *Relieve from labour* : V. μόχθου ἐπῖκουφίζειν. *Relieve from troubles* : V. ἀποκουφίζειν κᾰκῶν. *May the gods relieve you of your sickness* : V. καί σε δαίμονες νόσου μεταστήσειαν (Soph., *Phil.* 462). *Go to the help of* : P. and V. βοηθεῖν (dat.) ; see *help*. *They made their attacks taking turns to relieve* : P. ἀναπαύοντες ἐν τῷ μέρει τοὺς ἐπίπλους ἐποιοῦντο (Thuc. 4, 11). *Relieve a person of a duty, etc., take it over from him* : P. διαδέχεσθαι (τί τινι). *They did not relieve Nicias of the command* · P. τὸν Νικίαν οὐ παρέλυσαν τῆς ἀρχῆς (Thuc. 7, 16).

Reliever, subs. V. παυστήρ, ὁ ; see *deliverer*.

Relieving, adj. V. παυστήριος, λῦτήριος. *Relieving pain* : V. παυσίλῦπος, νώδῦνος.

Religion, subs. P. and V. τᾰ θεῖα. *Worship* : P. θεῶν θεραπεία, ἡ. *Religiousness* : P. and V. εὐσέβεια, ἡ.

Religious, adj. *Religious rites* : Ar. and P. τὰ ἱερά, P. and V. τᾰ θεῖα ; see *rites*. *Pious* : P. and V. εὐσεβής, ὅσιος, θεοσεβής.

Religiously, adv. *Piously* : P. and V. εὐσεβῶς, ὁσίως, P. θεοσεβῶς (Xen.).

Religiousness, subs. P. and V. εὐσέβεια, ἡ, τὸ εὐσεβές, P. ὁσιότης, ἡ.

Relinquish, v. trans. *Give up* : P. and V. ἀφίστασθαι (gen.), ἀφῖέναι, ἀνιέναι (acc. or gen.), μεθῖέναι, ἐξίστασθαι (gen.), V. διᾰμεθῖέναι ; see also *leave*. *Let go of* : P. and V. ἀφῖεσθαι (gen.), Ar. and V. μεθῖεσθαι (gen.). *I relinquish the command to him* : P. παρίημι αὐτῷ τὴν ἀρχήν (Thuc. 6, 23).

Relinquishment, subs. P. and V. ἀπόστᾰσις, ἡ.

Relish, v. trans. *Put up with* : P. and V. ἀνέχεσθαι ; see *endure*.

Not to relish : P. χαλεπῶς φέρειν; see *dislike*.

Relish, subs. *Seasoning* : Ar. and P. ἥδυσμα τό. *Dainty* : P. and V. ὄψον, τό (Æsch., *Frag.*). *Give a relish to, season*, v. : P. ἡδύνειν. *Have a relish for* : P. and V. ῥᾳδίως φέρειν; see *like*.

Reluctance, subs. *Hesitation* : P. and V. ὄκνος, ὁ. *Reluctance to take the field*: P. ἀπόκνησις τῶν στρατειῶν. *Unwillingness to grant a thing* : P. and V. φθόνος, ὁ. *From base reluctance to benefit any man* : V. φειδοῖ πονηρᾷ μηδέν' εὖ ποιεῖν βροτῶν (Eur., *Frag.*).

Reluctant, adj. Of persons: P. and V. ἄκων, οὐχ ἑκών. Of things: P. and V. οὐχ ἑκούσιος, P. ἀκούσιος, V. ἄκων. *Be reluctant to*, v. : P. and V. ὀκνεῖν (infin.), κᾰτοκνεῖν (infin.), P. ἀποκνεῖν (infin.).

Reluctantly, adv. P. and V. ἀκουσίως, οὐχ ἑκουσίως, P. ἀκόντως. *Do a thing reluctantly* : P. and V. ἄκων ποιεῖν τι. *With an effort* : Ar. and P. χᾰλεπῶς, P. and V. μόγῐς, μόλῐς. *He agreed reluctantly* : P. συνέφησε μόγις.

Rely on, v trans. P. and V. πείθεσθαι (dat.), πιστεύειν (dat.). *Relying on* : use adj., P. and V. πῐ́σῠνος (dat.) (Thuc.), V. πιστός (dat.).

Remain, v. intrans. *Abide* : P. and V. μένειν, πᾰρᾰμένειν, Ar. and P. κᾰτᾰμένειν, περῐμένειν, P. διαμένειν, ὑπομένειν, V. μίμνειν, προσμένειν; see *stay*. *Remain behind* : P. ὑπομένειν. *Remain on* : Ar. and P. ἐπῐμένειν (absol.). *Last* : P. and V. μένειν, πᾰρᾰμένειν, ἀντέχειν, P. συμμένειν, V. ζῆν, Ar. and P. διᾰγίγνεσθαι. *Hold good* : P. and V.. ἐμμένειν. *Be left* : P. and V. λείπεσθαι, Ar. and V. περῐλείπεσθαι. *Remain over* : P. περιεῖναι, Ar. and P. περῐγίγνεσθαι. *Hope remains* : P. ἐλπὶς ὕπεστι.

Remainder, subs. P. and V. τὸ λοιπόν, τἀπῐ́λοιπα (Dem. 361).

Remaining, adj. P. and V. λοιπός, ἐπῐ́λοιπος, Ar. and P. ὑπόλοιπος, περῐ́λοιπος.

Remains, subs. P. and V. λείψᾰνον, τό, or pl.

Remand, v. trans. *Put off* : P. and V. ἀνᾰβάλλεσθαι.

Remand, subs. P. and V. ἀνᾰβολή, ἡ.

Remark, subs. *Something said* : P. and V. λόγος, ὁ, or use *speech*. *Mention* : P. and V. μνεία, ἡ, P. μνήμη, ἡ.

Remark, v. trans. *Say* : P. and V. λέγειν, ἀγορεύειν; see *say*. *Notice* : P. and V. νοῦν ἔχειν πρός (acc.), P. κατανοεῖν; see *notice*. *Remark upon* : see *mention*.

Remarkable, adj. P. ἀξιόλογος. *Extraordinary* : P. and V. θαυμαστός, δεινός, ἀμήχᾰνος, Ar. and P. δαιμόνιος, θαυμάσιος, V. ἔκπαγλος. *Preeminent* : P. and V. ἐκπρεπής, διαπρεπής, V. ἔξοχος, ὑπέροχος.

Remarkably, adj. *Extraordinarily* : P. θαυμαστῶς, ἀμηχάνως, Ar. and P. θαυμᾰσίως. *Preeminently* : P. διαφερόντως, V. ἐξόχως.

Remediable, adj. P. ἰατός (Plat.), ἀκεστός (Antipho.), P. and V. ἰᾱ́σῐμος (Plat.).

Remedial, adj. *Stopping pain* : V. παυσῐ́λῡπος, νώδῠνος. *Advantageous* : P. and V. σύμφορος; see *profitable*.

Remedy, subs. P. and V. ἴᾱμα, τό, ἴᾱσις, ἡ, φάρμᾰκον, τό, V. ἄκος, τό, μῆχος, τό, ἀκέσμᾰτα, τά. *Remedy against* : P. and V. φάρμᾰκον, τό (gen.), λῠ́σῐς, ἡ (gen.), V. ἄκος, τό (gen.), μῆχος, τό (gen.). *We have a remedy for our distress* : V. ἀλλ' ἔστιν ἡμῖν ἀναφορὰ τῆς συμφορᾶς (Eur., *Or.* 414).

Remedy, v. trans. P. and V. ἰᾶσθαι, ἐξῐᾶσθαι, ἀκεῖσθαι. *To see how the present state of things may be remedied* : P. ὅπως τὰ παροντ' ἐπανορθωθήσεται σκοπεῖν.

Remember, v. trans. P. and V. μνησθῆναι (aor. pass. of μιμνήσκειν) (acc. or gen.), μεμνῆσθαι (perf. pass.

of μιμνήσκειν) (acc. or gen.), ἀνᾰμιμνήσκεσθαι (acc. or gen.), μνημονεύειν (acc. or gen.), P. ἀπομνημονεύειν, διαμνημονεύειν (acc. or gen.). *Keep in mind*: P. and V. σώζειν (or mid.), φῠλάσσειν (or mid.), P. διασώζειν. *As far as I remember*: P. ὡς ἐγὼ μνήμης ἔχω (Plat., *Hipp. Maj.* 302E). *Easy to remember*, adj.: P. εὐμνημόνευτος *Ever to be remembered*: P. and V. ἀείμνηστος; see *memorable*.

Remembering, adj. P. and V. μνήμων.

Remembrance, subs P. and V. μνήμη, ἡ, μνεία, ἡ, V. μνῆστις, ἡ. *Memorial*: P. and V. μνημεῖον, τό, Ar. and P. μνημόσῠνον, τό, P. ὑπόμνημα, τό, V. μνῆμα, τό.

Remind, v. trans. P. and V. ἀνᾰμιμνήσκειν (τινά τι or τινά τινος). P. ὑπομιμνήσκειν (τινά τι). *Remind again*: P. ἐπαναμιμνήσκειν (τινά τι).

Reminder, subs. *Memorial*: P. and V. μνημεῖον, τό, V. μνῆμα, τό, P. ὑπόμνημα, τό. *Reminding*: P. and V. ὑπόμνησις, ἡ.

Reminiscence, subs. P. ὑπόμνημα, τό.

Remiss, adj. P. and V. ἀνειμένος, Ar. and P. μᾰλᾰκός, P. ἀπρόθυμος, Ar. and V. μαλθᾰκός (rare P.). *Negligent*: P. and V. ῥᾴθῡμος, Ar. and P. ἀμελής, P. ἀφρόντιστος (Xen.). *Be remiss*, v.: P. μαλακίζεσθαι, Ar. and P. μαλθᾰκίζεσθαι (Plat.).

Remission, subs. P. ἄνεσις, ἡ; see *relief*. *Quittance*: P. ἄφεσις, ἡ. *Forgiveness* P. and V. συγγνώμη, ἡ, V. σύγγνοια, ἡ.

Remissly, adv. P. ἀπροθύμως, Ar. and P. μᾰλᾰκῶς, Ar. and V. μαλθᾰκῶς. *Negligently*: P. ἀμελῶς, ῥᾳθύμως, P. and V. ἀφροντίστως (Xen.).

Remissness, subs. P. and V. ῥᾳθῡμία, ἡ, P. ἀμέλεια, ἡ, ῥᾳστώνη, ἡ, ἀφυλαξία, ἡ.

Remit, v. trans. Ar. and P. ἀφῑέναι. *Relax*: P. and V. ἀνῑέναι, μεθιέναι, χᾰλᾶν (Plat.), πᾰρῑέναι, V. ἐξᾰνῑέναι; see *relax*. *Remit one's anger*: V. ὀργῆς ἐξᾰνῑέναι, Ar. ὀργῆς ἀνῑέναι. *Pardon*: P. and V. συγγιγνώσκειν; see *pardon*. *Send*: P. and V. πέμπειν.

Remnant, subs. P. and V. λείψᾰνον, τό, or pl.

Remodel, v. trans. Ar. and P. ἀναπλάσσειν; see *reform*.

Remonstrance, subs. P. ἀντιλογία, ἡ, σχετλιασμός, ὁ (Thuc. 8, 53); see *protest*. *You cease not despite my remonstrance*: V. καὶ ταῦτ' ἐμοῦ λέγοντος οὐκ ἀφίστασαι (Eur., *El.* 66). *Not without remonstrance on my part*: V. ἀλλ' οὐκ ἐπ' ἀρρήτοις γε τοῖς ἐμοῖς λόγοις (Soph., *Ant.* 556). *Let be, wasted are all words of remonstrance*: V. ἴτω· περισσοὶ πάντες οὑν μέσῳ λόγοι (Eur., *Med.* 819).

Remonstrate, v. intrans. *Speak in opposition*: P. and V. ἀντῐλέγειν. *Be annoyed*: P. χαλεπῶς φέρειν. *Remonstrate with, intercede with*: P. and V. πᾰραιτεῖσθαι (acc.). *Dissuade*: P. and V. ἀποστρέφειν (acc.), Ar. and P. ἀποτρέπειν (acc.), V. ἀντισπᾶν (acc.); see *dissuade*.

Remorse, subs. P. and V. μετᾰμέλεια, ἡ (Eur., *Frag.*), P. μετάνοια, ἡ, μετάμελος, ὁ, V. μετάγνοια, ἡ. *Pity*: P. and V. ἔλεος, ὁ, οἶκτος, ὁ (Thuc. but rare P.); see *pity*. *Feel remorse for*, v.: P. and V. μετᾰγιγνώσκειν (acc.). *I feel remorse for*: Ar. and P. μετᾰμέλει μοι (gen.). *Feel remorse* (absol), v.: P μεταμέλεσθαι, μετανοεῖν.

Remorseful, adj. P. μεταμελείας, μεστός (Plat., *Rep.* 577E); see *repentant*.

Remorseless, adj. P. and V. σχέτλιος, σκληρός, πικρός, P. ἀπαραίτητος, V. δυσπᾰραίτητος, νηλής, δῠσάλγητος. ἀνοικτίρμων (Soph., *Frag.*), Ar. and V. ἄνοικτος, ἄτεγκτος: see *cruel*.

Remorselessly, adv. P. and V. πικρῶς, P. ἀνηλεῶς, σχετλίως, V. νηλεῶς, ἀνοίκτως, ἀναλγήτως; see *cruelly*.

Remorselessness, subs. P. and V. πικρότης, ἡ, P. ἀγνωμοσύνη, ἡ; see *cruelty*.

Remote, adj. *Long*: P. and V. μακρός. *Far off*: V. ἔκτοπος, ἄποπτος, τηλουρός, τηλωπός; see *distant*. *Most remote*: P. and V. ἔσχᾰτος. *Remote from*: see *far from*. *From the remote past*: P. ἐκ παλαιτάτου (Thuc. 1, 18), πόρρωθεν. Met., *slight*: P. and V. ὀλίγος, βρᾰχύς, μικρός, σμικρός. *Not clear*: P. and V. ἀφᾰνής.

Remotely, adv. *Far off*: P. and V. μακρᾱν, P. ἄποθεν, Ar. and P. πόρρω, Ar. and V. ἄπωθεν, V. πρόσω, πόρσω, ἑκάς (also Thuc. but rare P.). *Being more remotely related*: P. γένει ἀπωτέρω ὄντες (Dem. 1066).

Remoteness, subs. P. ἀπόστασις, ἡ.

Remould, v. trans. Ar. and P. ἀναπλάσσειν; see *reform*.

Removable, adj. P. περιαιρετός (Thuc. 2, 13).

Removal, subs. *Migration*: P. and V. ἀνάστᾰσις, ἡ, P. μετάστασις, μετανάστασις. *Putting an end to*: P. καθαίρεσις, P. and V. διάλῠσις, ἡ. *On the fourth or fifth day after the removal of the men to the island*: P. τετάρτῃ ἢ πέμπτῃ ἡμέρᾳ μετὰ τὴν τῶν ἀνδρῶν εἰς τὴν νῆσον διακομιδήν (Thuc. 3, 76).

Remove, v. trans. *Carry away*: P. and V. ἀποφέρειν. *Shift, transfer*: P. and V. μεθιστᾰναι, μετᾰφέρειν, V. μεταίρειν; see *transfer*. *Remove from home*: P. and V. ἀνιστᾰναι, ἐξᾰνιστᾰναι, ἀποικίζειν, V. ἀφιδρύεσθαι; see *banish*. *Take away*: P. and V. ἀφαιρεῖν (or mid.), ἀναιρεῖν, πᾰραιρεῖν (or mid.), ἐξαιρεῖν (or mid.); see *withdraw*. *Strip off*: P. περιαιρεῖν. *Remove (feelings, etc.)*: P. and V. ἐξαιρεῖν, P. διαλύειν, V. ἀπαίρειν. *Put an end to*: P. and V. παύειν, κᾰθαιρεῖν, ἀναιρεῖν, λῡειν, Ar. and P. κᾰτᾰλῡειν, διᾰλῡειν. *Put out of the way*: P. and V. ὑπεξαιρεῖν, ἀφᾰνίζειν, P. ἐκποδὼν ποιεῖσθαι. *Help to remove*: V. σῠνεξαιρεῖν (acc.). *Remove secretly (from place of danger, etc.)*: P. and V. ὑπεκτίθεσθαι, ὑπεκπέμπειν, ἐκκλέπτειν, ἐκκομίζεσθαι, P. ὑπεκκομίζειν, V. ὑπεκλαμβάνειν, ὑπεκσῴζειν; see *rescue*. *Help to remove*: P. συνεκκομίζειν (τινά τινι). V. intrans. *Change one's dwelling*: P. μετανίστασθαι, ἀπανίστασθαι, Ar. and P. ἀνοικίζεσθαι, μετᾰχωρεῖν, P. and V. μεθίστασθαι, V. μετοικεῖν.

Remove, subs. *Distance, difference*: P. ἀπόστασις, ἡ. *Being many removes distant in relationship to Archiades*: P. πολλοστὸς εἰς τὴν τοῦ Ἀρχιάδου συγγένειαν προσήκων (Dem. 1086).

Remunerate, v. trans. P. and V. μισθὸν δῐδόναι (dat.), P. μισθοδοτεῖν (dat.).

Remuneration, subs. P. and V. μισθός, ὁ.

Rencounter, subs. See *encounter*.

Rend, v. trans. P. and V. κᾰταρρηγνῡναι, σπᾰράσσειν (Plat.), Ar. and V. κᾰταξαίνειν (also Xen.), διασπᾰράσσειν, διασπᾶσθαι, V. ῥηγνῡναι (rare P. uncompounded), σπᾶν, κνάπτειν, ἀρτᾰμεῖν, διαρτᾰμεῖν. *Rend in pieces*: V. διᾰφέρειν, Ar. and V. διᾰφορεῖν. *Rent*: see *rent*.

Render, v. trans. *Give*: P. and V. δῐδόναι, πᾰρέχειν, νέμειν, V. πορσῡνειν, πορεῖν (2nd aor. πόρειν), Ar. and V. ὀπάζειν. *Give back*: P. and V. ἀποδῐδόναι. *Interpret*: P. and V. ἐξηγεῖσθαι. *Render an account*: P. εὔθυναν διδόναι, λόγον ἀποφέρειν. *Make*: P. and V. ποιεῖν, κᾰθιστᾰναι, πᾰρέχειν (or mid.), P. παρασκευάζειν, ἀπεργάζεσθαι, Ar. and P. ἀποδεικνῡναι, ἀποφαίνειν, Ar. and V. τιθέναι rare P.), V. κτίζειν, τεύχειν. *Render oneself, become*: P. and V. γίγνεσθαι, κᾰθίστασθαι (pass.).

Rendering, subs. *Interpretation*: P. ἐξήγησις, ἡ.

Rendezvous, subs. P. and V. ἀφορμή, ἡ, P. ὁρμητήριον, τό.

Rending, subs. V. σπᾰραγμός, ὁ, σπάραγμα, τό.
Renegade, subs. *Traitor* : P. and V. προδότης, ὁ.
Renew, v. trans. P. and V. ἀι ἀνεοῦσθαι, P. ἐπανανεοῦσθαι. *Be renewed* : also P. ἀνακαινίζεσθαι.
Renewal, subs. P. ἀνανέωσις, ἡ.
Renounce, v. trans. P. and V. ἀπειπεῖν, ἀναίνεσθαι (Dem. and Plat. but rare P.), V. ἀπαυδᾶν (Eur., *Supp*. 343). *Disinherit* : P. ἀποκηρύσσειν. *Relinguish* : P. and V. ἀφίστασθαι (gen.), ἀφῑέναι, ἀνῑέναι (acc. or gen.), μεθῑέναι, ἐξίστασθαι (gen.), μεθίστασθαι (gen.). *Fling away* : P. προΐεσθαι. *Dismiss* : P. and V. χαίρειν ἐᾶν (acc.). *Reject* : P. and V. ἀπωθεῖν (or mid.); see *reject*. *I renounce the command in his favour* : P. παρίημι αὐτῷ τὴν ἀρχήν (Thuc. 6, 23).
Renovate, v. trans. *Repair* : P. ἐπισκευάζειν.
Renovation, subs. *Repair* : P. ἐπισκευή, ἡ.
Renown, subs. P. and V. δόξᾰ, ἡ, εὐδοξία, ἡ, ἀξίωμα, τό, κλέος, τό (rare P.), ὄνομα, τό, Ar. and V. εὔκλεια, ἡ, κῦδος, τό, V. κληδών, ἡ. *Honour*: P. and V. τῑμή, ἡ.
Renowned, adj. P. and V. περίβλεπτος, εὔδοξος, διαπρεπής, ἐκπρεπής, ὀνομαστός, λαμπρός, ἐπίσημος, P. ἐπιφανής, διαφανής, ἔνδοξος, εὐδόκιμος, ἐλλόγιμος, ἀξιόλογος, περιβόητος, Ar. and V. κλεινός (Plat. also but rare P.), V. εὐκλεής, πρεπτός. *Be renowned*, v: Ar. and P. εὐδοκῐμεῖν, P. and V. εὐδοξεῖν (Eur., *Rhes*.).
Rent, subs. *Tear* : Ar. and V. λᾰκίς, ἡ. *Rent in the earth* : P. and V. χάσμᾰ, τό. *Money paid for use of property* : P. μίσθωσις, ἡ, μίσθωμα, τό. *Rent of a house* : P. ἐνοίκιον, τό.
Rent, v. trans. *Hire for money* : Ar. and P. μισθοῦσθαι.
Rent, adj. V. δῐχορρᾰγής, διαρρώξ; see *torn*, under *tear*. *Mangled* : V. διασπᾰρακτος. *Rent by dogs* : V. κῠνοσπᾰρακτος.
Renunciation, subs. P. ἀπόρρησις, ἡ.
Reopen, v. trans. See *renew*. *Reopen a case already decided* : P. δίκην ἀνάδικον ποιεῖν (Dem. 1018).
Repair, subs. P. ἐπισκευή, ἡ.
Repair, v. trans. P. ἐπισκευάζειν, P. and V. ἀνορθοῦν. *Make good* : P. and V. ἀνᾰλαμβᾰνειν, ἀκεῖσθαι, ἰᾶσθαι, ἐξῑᾶσθαι. V. intrans. *Resort to* : see *resort*, *go*.
Repairer, subs. P. ἐπισκευαστής, ὁ.
Reparable, adj. P. ἀκεστός (Antipho.), P. and V. ἰάσῐμος (Plat.).
Reparation, subs. *Compensation* : P. and V. ἀμοιβή, ἡ (Plat.). *Atonemen* : P. and V. τίσις, ἡ (Plat.), V. ποινή, ἡ, or pl. (rare P.), ἄποινα, τά (Plat. also but rare P.). *Making good* : P. ἀνάληψις, ἡ, V. ἀνᾰφορά, ἡ. *Remedy* : V. ἄκος, τό. *Make reparation for* : see *atone for*. *Make good* : P. and V. ἀνᾰλαμβᾰνειν, ἀκεῖσθαι, ἐξῑᾶσθαι, ἰᾶσθαι.
Repartee, subs. *Answer* : P. and V. ἀπόκρῐσις, ἡ. *Wit* : P. χαριεντισμός, ὁ.
Repast, subs. *Meal* : P. and V. δεῖπνον, τό. *Feast* : P. and V. ἑστίᾱμα, τό (Plat.), θοίνη, ἡ (Plat.), δαίς, ἡ (Plat.), P. ἑστίασις, ἡ; see also *food*.
Repay, v. trans. *Pay back* : P. and V. ἀποδῐδόναι, ἀποτίνειν (Eur., *Or*. 655), P. ἀνταποδιδόναι. *Recompense*: P. and V. ἀμείβεσθαι. *Requite* : P. and V. ἀμύνεσθαι, ἀντᾰμύνεσθαι, Ar. and V. ἀντᾰμείβεσθαι; see also *punish*. *Repay with evil* : P. and V. ἀντιδρᾶν κᾰκῶς (τινά). *Repay with good* : Ar. and P. ἀντ' εὖ ποιεῖν (τινά), P. and V. εὖ πᾰθὼν ἀντιδρᾶν (τινά). *Repay measure for measure* : V. τὸν αὐτὸν . . . τίσασθαι τρόπον (Æsch., *Theb*. 638).
Repayment, subs. P. ἀπόδοσις, ἡ. *Recompense* : P. and V. ἀμοιβή, ἡ (Plat. but rare P.), μισθός, ὁ; see also *punishment*, *reward*.

Repeal, v. trans. P. and V. κᾰθαιρεῖν, λῡ́ειν, P. ἀναιρεῖν, Ar. and P. διᾰλῡ́ειν, κᾰτᾰλῡ́ειν.

Repeal, subs. P. διάλυσις, ἡ.

Repeat, v. trans. P. ἐπαναπολεῖν, ἀναλαμβάνειν, ἐπαναλαμβάνειν, V. ἀνᾰπολεῖν, ἀνᾰμετρεῖσθαι. *Say*: P. and V. λέγειν, εἰπεῖν. *Recite*: Ar. and P. ῥαψῳδεῖν. *Say over and over*: P. and V. ὑμνεῖν, θρῡλεῖν. *Renew*: P. and V. ἀνᾰνεοῦσθαι. *Divulge*: P. and V. ἐκφέρειν, μηνύειν; see *divulge*. *Repeat oneself*: use P. and V. ταὐτὰ λέγειν. *Repeat your questions and learn the truth fully*: V. ἐπανδίπλαζε καὶ σαφῶς ἐκμάνθανε (Æsch., *P. V.* 817).

Repeated, adj. *Frequent*: P. and V. πυκνός, πολῠ́ς, Ar. and P. συχνός.

Repeatedly, adv. P. and V. πολλάκῐς, θᾰμά (Plat.), P. συχνόν, συχνά, Ar. and V. πολλά, Ar. and P. πυκνά.

Repel, v. trans. P. and V. ἀπελαύνειν, ἀπωθεῖν (or mid.), ἀμύνεσθαι, διωθεῖσθαι, V. ἐξᾰμύνεσθαι; see *ward off*, *repulse*. *Rout*: P. and V. τρέπειν. *Reject*: P. and V. ἀπωθεῖν (or mid.), διωθεῖσθαι, πᾰρωθεῖν (or mid.), Ar. and V. ἀποπτύειν; see *reject*. *Disgust*: P. ἀηδίαν παρέχειν (dat.).

Repellent, adj. P. ἀηδής, P. and V. βᾰρῠ́ς, δυσχερής; see also *loathsome*.

Repent, v. intrans. P. and V. μετᾰγιγνώσκειν, P. μετανοεῖν, μεταμέλεσθαι. *I repent*: Ar. and P. μετᾰμέλει μοι. *Repent of*: P. and V. μετᾰγιγνώσκειν (acc.). *I repent of*: Ar. and P. μετᾰμέλει μοι (gen.). *They repented of not having accepted the proposals for a truce*: P. μετεμέλοντο τὰς σπονδὰς οὐ δεξάμενοι (Thuc. 4, 27). *He shall make such a marriage as ere long he shall repent of*: V. γαμεῖ γάμον τοιοῦτον ᾧ ποτ' ἀσχαλᾷ (Æsch., *P. V.* 764). *You would repent it should you lay hands (on them)*: V. κλάοις ἂν εἰ ψαύσειας (Æsch., *Supp.* 925). *You shall repent it*: Ar. and V. κλαύσει (fut. of κλάειν).

Repentance, subs. P. and V. μετᾰμέλεια, ἡ (Eur., *Frag.*), P. μετάνοια, ἡ, μετάμελος, ὁ, V. μετάγνοια, ἡ.

Repentant, adj. P. μεταμελείας μεστός (Plat., *Rep.* 577E). *Humbled*: P. and V. τᾰπεινός.

Repetition, subs. *Renewal*: P. ἀνανέωσις, ἡ. *Recapitulation*: P. ἐπάνοδος, ἡ. *Narration*: P. διήγησις, ἡ. *Recitation*: P. ῥαψῳδία, ἡ.

Repine, v. intrans. Ar. and P. σχετλιάζειν, P. and V. ἄχθεσθαι; see *be vexed*, under *vex*.

Repining, subs. P. and V. δυσχέρεια, ἡ; see *vexation*. *Regret*: P. and V. πόθος, ὁ (Plat.).

Replace, v. trans. *Put in place*: P. and V. κᾰθιστᾰ́ναι, V. κᾰταστέλλειν (Eur., *Bacch.* 933). *Put in stead*: P. ἀντικαθιστάναι. *He said that if they used (the money) to secure their safety they must replace an equal sum*: P. χρησαμένους ἐπὶ σωτηρίᾳ ἔφη χρῆναι μὴ ἐλάσσω ἀντικαταστῆσαι πάλιν (Thuc. 2, 13). *Bring back, restore (exiles, etc.)*: P. and V. κᾰτᾰ́γειν. *Be an equivalent for*: P. ἀντάξιος εἶναι; see *equal*. *Make good*: P. and V. ἀκεῖσθαι, ἀνάλαμβᾰ́νειν.

Replenish, v. trans. P. ἀναπληροῦν, V. ἐκπληροῦν, ἐκπιμπλᾰ́ναι; see *fill*.

Replenishment, subs. Use P. πλήρωσις, ἡ.

Replete, adj. P. and V. μεστός, πλήρης, πλέως, Ar. and P. ἀνάπλεως, P. ἔμπλεως, περίπλεως, V. ἔκπλεως (Eur., *Cycl.*); see also *full*. *Replete with*: use adj., given with gen.

Repletion, subs. P. and V. πλησμονή, ἡ (Plat.), κόρος, ὁ (Plat.).

Replica, subs. See *copy*.

Reply, v. intrans. P. and V. ἀποκρῑ́νεσθαι (Eur., *Supp.* 516; *Bacch.* 1272), ἀντῐλέγειν, ἀντειπεῖν, V. ἀνταυδᾶν, ἀντῐφωνεῖν, ἀμείβεσθαι, ἀντᾰμείβεσθαι. *Reply on behalf of another*: Ar. ὑπερᾰποκρῑ́νεσθαι (gen.). *Retort*:

P. ὑπολαμβάνειν. *Reply* (*of an oracle*): P. and V. χρῆν, ἀναιρεῖν; see under *oracle*. *Reply to* (*a charge*): P. and V. ἀπολογεῖσθαι πρός (acc.) (cf. Eur., *Bacch.* 41).

Reply, subs. P. and V. ἀπόκρῐσις, ἡ (Eur., *Frag.*). *Retort*: P. ὑπόληψις, ἡ. *Defence*: P. ἀπολογία, ἡ. *Oracular reply*: P. and V. χρησμός, ὁ, μαντεῖον, τό; see *oracle*.

Report, v. trans. *Announce*: P. and V. ἀγγέλλειν, ἀπαγγέλλειν, ἐξαγγέλλειν, διαγγέλλειν, ἀναγγέλλειν, ἐκφέρειν, P. ἀναφέρειν. *Relate*: P. and V. λέγειν, φράζειν, ἐξηγεῖσθαι, ἐξειπεῖν, διέρχεσθαι, ἐπεξέρχεσθαι, Ar. and P. διηγεῖσθαι, διεξέρχεσθαι, V. ἐκφράζειν. *Divulge*: P. and V. μηνύειν, ἐκφέρειν; see *divulge*. *Noise abroad*: P. and V. ἐκφέρειν, διασπείρειν, V. θροεῖν, σπείρειν. *Be reported, noised abroad*: V. κλῄζεσθαι, ὑμνεῖσθαι, P. and V. θρῡλεῖσθαι, διέρχεσθαι, P. διαθρυλεῖσθαι (Xen.). *I think we should sail to Mitylene before our presence is reported*: P. δοκεῖ μοι πλεῖν ἐπὶ Μυτιλήνην πρὶν ἐκπύστους γενέσθαι (Thuc. 3, 30). *They apprehended all whom they met that their presence should not be reported*: P. ὅσοις ἐπιτύχοιεν συνελάμβανον τοῦ μὴ ἐξάγγελτοι γενέσθαι (Thuc. 8, 14).

Report, subs. *Rumour*: P. and V. φήμη, ἡ, λόγος, ὁ, V. βάξῐς, ἡ, κληδών, ἡ, κλέος, τό, Ar. and V. μῦθος, ὁ, φάτῐς, ἡ. *Message*: Ar. and P. ἀγγελία, ἡ, P. ἀπαγγελία, ἡ, P. and V. ἄγγελμα, τό. *Account, narrative*: P. and V. λόγος, ὁ, μῦθος, ὁ (Plat.).

Reporter, subs. *One who announces*: P. and V. ἄγγελος, ὁ or ἡ.

Repose, subs. *Rest*, as opposed to *motion*: P. στάσις, ἡ. *Calm*: Ar. and P. ἡσῠχία, ἡ, V. τὸ ἡσῠχαῖον. *Peace*: P. and V. γᾰλήνη, ἡ (Plat.), εὐδία, ἡ. *Respite*: P. and V. παῦλα, ἡ, ἀνάπαυλα, ἡ; see *respite*. *Sleep*: P. and V. ὕπνος, ὁ.

Repose, v. trans. *Make to recline*: Ar. and P. κᾰτακλίνειν, P. and V. κλίνειν. *Make to rest*: P. and V. ἀνᾰπαύειν. *Place*: see *place*. *Repose confidence in*: P. and V. πίστιν ἔχειν (dat.). V intrans. *Lie down*: Ar. and P. κᾰτακλίνεσθαι. *Be quiet*: P. and V. ἡσῠχάζειν. *Rest*: P. and V. ἀνᾰπαύεσθαι. *Sleep*: P. and V. κᾰθεύδειν; see *sleep*.

Repository, subs. P. ἀποθήκη, ἡ.

Reprehend, v. trans. P. and V. μέμφεσθαι (acc. or dat.), ψέγειν, αἰτιᾶσθαι, ἐπαιτιᾶσθαι; see *blame*.

Reprehensible, adj. P. and V. μεμπτός, ἐπαίτιος, V. ἐπίμομφος, μωμητός, P. ψεκτός (Plat.).

Reprehensibly, adv. Use P. and V. κᾰκῶς.

Reprehension, subs. P. and V. μέμψῐς, ἡ, ψόγος, ὁ, αἰτία, ἡ; see *blame*.

Represent, v. trans. *Portray*: P. and V. εἰκάζειν, P. παραδεικνύναι. *Represent in a bad light*: P. κακῶς εἰκάζειν περί (gen.) (Plat., *Rep.* 377E). *Represent as*: P. κατασκευάζειν, Ar. and P. ἀποφαίνειν. *He will represent us as drunkards and brawlers*: P. ἡμᾶς . . . παροίνους μέν τινας καὶ ὑβριστὰς κατασκευάσει (Dem. 1261). *He tried to represent that I was the cause of what occurred in Euboea*: P. τῶν ἐν Εὐβοίᾳ πραγμάτων . . . ὡς ἐγὼ αἴτιός εἰμι κατεσκεύαζε (Dem. 550). *He has represented the rowers one and all as bowmen*: P. τοξότας γὰρ πάντας πεποίηκε τοὺς προσκώπους (Thuc. 1, 10; cf. Eur., *Tro.* 981). *Imitate*: P. and V. μῑμεῖσθαι, ἐκμῑμεῖσθαι (Xen. also Ar.). *Represent by imitation*: P. ἀπομιμεῖσθαι. *Represent* (*a character*): P. ὑποκρίνεσθαι. *Represent Antigone*: P. Ἀντιγόνην ὑποκρίνεσθαι. *When he represented the sorrows of Thyestes*: P. ὅτε μὲν τὰ Θυέστου . . . κακὰ ἠγωνίζετο (Dem. 449). *It is the special privilege of third-rate actors to represent kings and sceptered personages*: P.

ἐξαίρετόν ἐστιν ὥσπερ γέρας τοῖς τριταγωνισταῖς τὸ τοὺς τυράννους καὶ τοὺς τὰ σκῆπτρα ἔχοντας εἰσιέναι (Dem. 418). *Suggest*: Ar. and P. εἰσηγεῖσθαι; see *suggest*. *Point out, show*: P. and V. δεικνύναι, δηλοῦν; see *show*. *Represent a person, look after his interests*: P. and V. προξενεῖν (gen.). *Champion*: P. and V. προστᾰτεῖν (gen.). *I as representing the greatest city ask you to come to terms*: P. ἐγὼ . . . πόλιν μεγίστην παρεχόμενος . . . ἀξιῶ . . . συγχωρεῖν (Thuc. 4, 64). *I came forward though with no mandate to represent our house*: V. ἐξῆλθον οὐ ταχθεῖσα πρεσβεύειν γένους (Eur., *Herac.* 479).

Representation, subs. *Likeness*: P. and V. εἰκών, ἡ, μίμημα, τό, P. ἀφομοίωμα, τό. *Picture*: P. and V. γρᾰφή, ἡ; see *picture*. *Are you not satisfied of this that a name is a representation of a thing?* P. πότερον τοῦτο οὐκ ἀρέσκει σε τὸ εἶναι τὸ ὄνομα δήλωμα τοῦ πράγματος; (Plat., *Crat.* 433D). *Showing*: P. δήλωσις, ἡ. *Dramatic representation*: Ar. and P. δρᾶμα, τό. *Comic representation*: P. κωμῳδικὴ μίμησις. *Make representations to, make overtures to*: P. λόγους προσφέρειν (dat.).

Representative, subs. *One who looks after the interests of his countrymen in a foreign city*: P. πρόξενος, ὁ (also met. in V.). *Champion*: P. and V. προστᾰτης, ὁ.

Representative, adj. See *elective, typical*.

Repress, v. trans. *Check*: P. and V. κᾰτέχειν, ἐπέχειν, Ar. and V. ἴσχειν (rare P.), V. ἐπίσχειν (rare P.), ἐρῦκειν, ἐξερύκειν, ἐρητύειν, σχάζειν, κᾰταστέλλειν. *Subdue, crush*: P. and V. κᾰθαιρεῖν, κᾰταστρέφεσθαι, χειροῦσθαι, κᾰτεργάζεσθαι. *Put an end to*: P. and V. παύειν, κᾰθαιρεῖν.

Repression, subs. *Subjugation*: P. καταστροφή, ἡ. *Putting an end to*: P. καθαίρεσις, ἡ. *Deposition*: P. κατάλυσις, ἡ. *Control*: P. ἐγκράτεια, ἡ.

Reprieve, v. trans. *Put off*: P. and V. ἀνάβάλλεσθαι.

Reprieve, subs. *Putting off*: P. and V. ἀνᾰβολή, ἡ, V. ἀμβολή, ἡ. *Breathing space*: P. and V. ἀναπνοή, ἡ, V. ἀμπνοή, ἡ.

Reprimand, v. trans. P. and V. μέμφεσθαι (acc. or dat.); see *blame*.

Reprimand, subs. P. and V. μέμψῐς, ἡ; see *blame*.

Reprisal, subs. *Vengeance*: P. and V. τῑμωρία ἡ, τίσῐς, ἡ, V. ποινή, ἡ, or pl. (rare P.), ἄποινα, τά (rare P.), ἀντίποινα, τά. *Right of public reprisal (by seizing goods)*: P. σῦλαι, αἱ, σῦλα, τά (see Dem. 931). *Make reprisals*, v: P. and V. ἀμῡνεσθαι. *They gave the Lacedaemonians a more plausible pretext for making reprisals on the Athenians*: P. τοῖς Λακεδαιμονίοις εὐπροφάσιστον μᾶλλον τὴν αἰτίαν εἰς τοὺς Ἀθηναίους τοῦ ἀμύνεσθαι ἐποίησαν (Thuc. 6, 105).

Reproach, v. trans. *Abuse*: P. and V. ὀνειδίζειν, κᾰκῶς λέγειν, Ar. and V. κᾰκορροθεῖν, V. ἐξονειδίζειν, κᾰκοστομεῖν, δυσφημεῖν, δυστομεῖν, δεννάζειν, P. κακίζειν; see also *accuse, abuse*. *Blame*: P. and V. μέμφεσθαι (acc. or dat.), ψέγειν, αἰτιᾶσθαι, ἐπαιτιᾶσθαι; see *blame*. *Reproach with*: P. and V. ἐπιπλήσσειν (τί τινι), ἐπαιτιᾶσθαί (τινά τινος), μέμφεσθαί (τί τινι, V. also τινός τινι), ὀνειδίζειν (τί τινι).

Reproach, subs. P. and V. ὄνειδος, τό, V. δυσφημία, ἡ (Soph., *Frag.*). *Reproaches*: V. κᾰκά, τά. *Blame*: P. and V. μέμψῐς, ἡ, αἰτία, ἡ; see *blame*. *Disgrace*: P. and V. ὄνειδος, τό, αἰσχύνη, ἡ; see *disgrace*. Used concretely of a person: P. and V. ὄνειδος, τό, V. αἰσχύνη, ἡ. *Words of reproach*: V. λόγοι ὀνειδιστῆρες. *Call by way of reproach*, v: P. and V. ἀποκᾰλεῖν.

Reproachful, adj. *Abusive*: V. κἄκόστομος. *Angry, embittered*: P. and V. πικρός.

Reproachfully, adv. P. and V. πικρῶς.

Reprobate, subs. Use adj., P. and V. κἄκοῦργος, πᾰνοῦργος, or use *rascal*.

Reprobation, subs. Use *blame*.

Reproduce, v. trans. *Portray*: P. and V. εἰκάζειν. *Imitate*: P. and V. μῑμεῖσθαι, ἐκμῑμεῖσθαι (Xen. also Ar.), P. ἀπομιμεῖσθαι. *Generate*: see *generate*. *They reproduce a mother's shame*: V. ἐκφέρουσι . . . μητρῷ' ὀνείδη (Eur., *And.* 621).

Reproduction, subs. *Imitation*: Ar. and P. μίμησις, ἡ. *Copy*: P. and V. μίμημα, τό.

Reproof, subs. P. and V. μέμψῐς, ἡ, ψόγος, ὁ, αἰτία, ἡ, P. ἐπιτίμησις, ἡ, Ar. and V. μομφή, ἡ.

Reprove, v. trans. P. and V. μέμφεσθαι (acc. or dat.), ψέγειν, αἰτιᾶσθαι, ἐπαιτιᾶσθαι, P. δι' αἰτίας ἔχειν, κακίζειν, καταμέμφεσθαι, Ar. and V. μωμᾶσθαι.

Reptile, subs. P. and V. ἑρπετόν, τό (Xen. also Ar.).

Republic, subs. *Democracy*: Ar. and P. δημοκρᾰτία, ἡ. *State*: Ar. and P. πολῑτεία, ἡ, P. and V. πόλῐς, ἡ.

Republican, adj. Ar. and P. δημοτῐκός, δημοκρᾰτῐκός. *Be governed on republican principles*, v.: Ar. and P. δημοκρᾰτεῖσθαι.

Repudiate, v. trans. *Disclaim*: P. and V. ἀπαξιοῦν (Eur., *El.* 256). *Disown*: P. and V. ἀπειπεῖν, ἀναίνεσθαι (Dem. and Plat. but rare P.), V. ἀπεύχεσθαι (Æsch., *Eum.* 608). *Reject*: P. and V. ἀπωθεῖν (or mid.), πᾰρωθεῖν (or mid.), διωθεῖσθαι, Ar. and V. ἀποπτύειν. *Stand aloof from*: P. and V. ἀφίστασθαι (gen.), ἐξίστασθαι (gen.). *Disinherit*: P. ἀποκηρύσσειν. *Deny*: P. and V. ἀρνεῖσθαι, ἀπαρνεῖσθαι, ἐξαρνεῖσθαι, V. κᾰταρνεῖσθαι. *Repudiate a debt*: P. ἐξαρνεῖσθαι (Plat., *Rep.* 465c). *He repudiates the contract he swore to Athenodorus to observe*: P. ἃς ὤμοσε πρὸς τὸν Ἀθηνόδωρον συνθήκας ἔξαρνος γίγνεται (Dem. 677). *Nothing will prevent all contracts from being repudiated*: P. οὐδὲν κωλύσει ἅπαντα τὰ συμβόλαια διαλύεσθαι (Dem. 1297).

Repudiation, subs. *Denial*: P. and V. ἄρνησις, ἡ, P. ἐξάρνησις, ἡ. *Avoidance*: P. and V. φῠγή, ἡ. *Repudiation of debts*: P. χρεῶν ἀποκοπή, ἡ.

Repugnance, subs. P. ἀηδία, ἡ, P. and V. δυσχέρεια, ἡ, ἄση, ἡ (Plat. and Eur. but rare both P. and V.). *Hatred*: P. and V. μῖσος, τό; see *hatred*.

Repugnant, adj. P. and V. βᾰρύς, ἐπαχθής, P. ἀηδής; see also *hateful*.

Repulse, subs. P. and V. τροπή, ἡ. *Refusal*: P. and V. φθόνος, ὁ, V. φθόνησις, ἡ; see *refusal*.

Repulse, v. trans. *Rout*: P. and V. τρέπειν. *Ward off*: P. and V. ἀμύνεσθαι, V. ἐξᾰμύνεσθαι, ἀλέξεσθαι (also Xen. but rare P.). *How did you repulse the Argive spear from your gates*: V. πῶς γὰρ Ἀργείων δόρυ πυλῶν ἀπεστήσασθε (Eur., *Phoen.* 1086). *Beat off*: P. ἀποκρούεσθαι, ἐκκρούειν. *Drive away*: P. and V. ἀπελαύνειν, ἐλαύνειν, ἐξελαύνειν, ἐξωθεῖν (or mid.), ἀπωθεῖν (or mid.), διωθεῖσθαι, V. ἐξᾰπωθεῖν (Eur., *Rhes.*). *Reject*: P. and V. ἀπωθεῖν (or mid.), ἀπελαύνειν, πᾰρωθεῖν (or mid.), διωθεῖσθαι, Ar. and V. ἀποπτύειν; see *reject*.

Reputable, adj. P. and V. εὔδοξος, κᾰλός, P. εὐδόκιμος, V. εὐκλεής. *Respectable, honest*: P. and V. χρηστός.

Reputably, adv. P. εὐδόξως. *Well*: P. and V. εὖ, κᾰλῶς.

Reputation, subs. *What is said or thought of one*: P. and V. δόξᾰ, ἡ, ἀξίωμα, τό, φήμη, ἡ, V. βάξῐς, ἡ, φάτῐς, ἡ (Eur., *Frag.*). *Honour*: P. and V. τῑμή, ἡ, δόξᾰ, ἡ, εὐδοξία, ἡ, ἀξίωμα, τό, κλέος, τό (rare P.), ὄνομα, τό, Ar. and V. εὔκλεια, ἡ, κῦδος, τό, V. κληδών, ἡ.

Repute, subs. See *reputation*. *Hold in repute*, v.: P. and V. τῑμᾶν (acc.). *Be reputed*: P. and V. δόξαν ἔχειν, δοκεῖν. *Be in good repute*: P. and V. εὐδοξεῖν (Eur., *Rhes.*), κᾰλῶς ἀκούειν, Ar. and P. εὐδοκῐμεῖν. *Be in ill repute*: P. and V. κᾰκῶς ἀκούειν, V. κᾰκῶς κλύειν. *Be reputed just*: V. κλύειν δῐκαίως.

Request, v. trans. P. and V. αἰτεῖν (τινά τι) (or mid.), ἀπαιτεῖν (τινά τι) (or mid.), πᾰραιτεῖσθαί (τινά τι), δεῖσθαί (τινός τι), προσαιτεῖν (τινά τι), V. ἐξαιτεῖν (τινά τι) (or mid.), ἐπαιτεῖν (τινά τι) (or mid.). *Request* (*to do a thing*): P. and V. αἰτεῖν (τινά, infin.), ἀξιοῦν (τινά, infin.), δεῖσθαί (τινος, infin.), πᾰραιτεῖσθαί (τινα, infin.), V. ἀπαιτεῖν (τινά, infin.); see *ask*.

Request, subs. P. δέησις, ἡ, αἴτημα, τό, αἴτησις, ἡ, P. and V. χρεία, ἡ. *In request*: use adj., V. ζητητός, P. and V. ἔντῑμος.

Require, v. trans. *Need*: P. and V. δεῖσθαι (gen.), V. χρῄζειν (gen.), χᾰτίζειν (gen.). *Lack*: P. and V. σπᾰνίζειν (also pass. in V.) (gen.), ἀπορεῖν (gen.), P. ἐνδεῖν (or mid.) (gen.), V. πένεσθαι (gen.). *Demand* (with infin.): P. and V. ἀξιοῦν, δῐκαιοῦν, V. ἐπαξιοῦν. *Compel*: P. and V. ἀναγκάζειν; see *compel*. *Requisition*: P. and V. ἐπῐτάσσειν (τί τινι).

Requirement, subs. *Demand*: P. and V. ἀξίωσις, P. δικαίωμα, τό, δικαίωσις, ἡ. *Need*: P. and V. χρεία, ἡ. *Lack*: P. and V. σπᾰνις, ἡ, ἀπορία, ἡ, P. ἔνδεια, ἡ. *Command*: P. πρόσταγμα, τό, ἐπίταγμα, τό; see *command*. *What is required*: P. and V. τὰ δέοντα, τό δέον.

Requisite, adj. *Lacking*: P. and V. ἐνδεής, P. ἐλλιπής. *Necessary*: P. and V. ἀναγκαῖος. *Requisites*: P. and V. τὰ δέοντα, τὰ ἀναγκαῖα. *You have all the requisites for public life*: Ar. ἔχεις ἅπαντα πρὸς πολιτείαν ἃ δεῖ (*Eq.* 219).

Requisition, subs. *Command*: P. πρόσταγμα, τό, ἐπίταγμα, τό; see *command*.

Requisition, v. trans. P. and V. ἐπιτάσσειν (τί τινι), προστάσσειν (τί τινι), P. ἐπαγγέλλειν (τι).

Requital, subs. P. and V. ἀμοιβή, ἡ (Plat.). *Retaliation*: P. and V. τῐσις (Plat.), τῑμωρία, ἡ, V. ποινή, ἡ, or pl. (rare P.), ἄποινα, τά (rare P.), ἀντῐποινα, τά. *In requital for*: P. and V. ἀντί (gen.). *Make requital*: P. and V. ἀμῡνεσθαι, V. τῑνειν (Soph., *O. C.* 1203). *You shall give dead in requital for dead*: V. νέκυν νεκρῶν ἀμοιβὸν ἀντιδοὺς ἔσει (Soph., *Ant.* 1067).

Requite, v. trans. Persons: P. and V. ἀμείβεσθαι, ἀμῡνεσθαι, ἀντᾰμῡνεσθαι, Ar. and V. ἀντᾰμείβεσθαι. *Benefit in return*: Ar. and P. ἀντ' εὖ ποιεῖν, P. and V. εὖ πᾰθὼν ἀντιδρᾶν; see *reward*, *repay*. *Requite* (things): P. and V. ἀμείβεσθαι (Xen.). *Requite a favour*: V. ἀνθῠπουργῆσαι χάριν (Soph., *Frag.*), P. ἀποδιδόναι χάριν. *Requite* (with evil), persons: P. and V. τῑμωρεῖσθαι (acc.), Ar. and V. τῑνεσθαι (acc.), V. ἐκτίνεσθαι (acc.); see *punish*. *Requite* (things): see *avenge*. *Requite a person with evil*: P. and V. ἀντιδρᾶν κᾰκῶς (τινά), P. ἀνταδικεῖν. *I resolved to requite thus what I had suffered*: V. πεπονθὼς ἠξίουν τάδ' ἀντιδρᾶν (Soph., *O. C.* 953). *Be requited*: P. and V. ἀντῐπάσχειν.

Rescind, v. trans. P. and V. λῡειν, κᾰθαιρεῖν, P. ἀναιρεῖν, Ar. and P. κᾰτᾰλῡειν; see *cancel*, *revoke*.

Rescission, subs. P. κατάλυσις, ἡ.

Rescript, subs. Use P. παράγγελμα, τό.

Rescue, v. trans. *Save*: σώζειν, ἐκσώζειν, διᾰσώζειν, ἀποσώζειν, V. ῥῡεσθαι; see *save*. *Recover*, *get back safe*: v. trans: P. and V. ἀνᾰσώζειν (or mid.). *Deliver*: P. and V. λῡειν, ἀπολῡειν, ἐκλῡειν (or mid.), ἀφῑέναι, ἀπαλλάσσειν, ἐλευθεροῦν, ἐξαιρεῖσθαι, V. ἐξἄπαλλάσσειν. *Carry into safety*: P. and V. ὑπεκτῖθεσθαι, ὑπεκπέμπειν, ἐκκλέπτειν, ἐκκομίζεσθαι, P. ὑπεκκομίζειν, V. ὑπεκλαμβάνειν, ὑπεκσώζειν, κομίζειν. *Help to rescue (carry into safety)*: P. συνεκκομίζειν (τινά τινι). *Come and rescue*: P. and V. βοηθεῖν (dat.), Ar. and P. πἄρἄβοηθεῖν (dat.), P. ἐπιβοηθεῖν (dat.), V. βοηδρομεῖν (dat.). *Help in rescuing*: P. and V. συσσώζειν, σῠνεκσώζειν, P. συναφαιρεῖσθαι, συνδιασώζειν.

Rescue, subs. *Deliverance*: P. and V. λῠσῐς, ἡ, ἀπαλλἄγή, ἡ; see *deliverance*. *Help*: P. βοήθεια, ἡ; see *help*. *Come to the rescue*, v.: P. and V. βοηθεῖν, P. προσβοηθεῖν, ἐπιβοηθεῖν, Ar. and P. πἄρἄβοηθεῖν, V. βοηδρομεῖν.

Rescuer, subs. *Helper*: P. βοηθός, ὁ or ἡ, V. βοηδρόμος, ὁ or ἡ. *Saviour*: P. and V. σωτήρ, ὁ. Fem., P. and V. σώτειρα, ἡ.

Research, subs. P. and V. σκέψῐς, ἡ, P. ζήτησις, ἡ, ἐξέτασις, ἡ, ἐπίσκεψις, ἡ, V. ἔρευνα, ἡ.

Resemblance, subs. P. ὁμοιότης, ἡ.

Resemble, v. trans. P. and V. ἐοικέναι (dat.) (rare P.), ὁμοιοῦσθαι (dat.), ἐξομοιοῦσθαι (dat.), P. ἀφομοιοῦσθαι (dat.), Ar. and V. εἰκέναι (dat.) (collateral form of ἐοικέναι), προσεικέναι (dat.) (προσέοικε used twice in Plat.), V. πρέπειν (dat.); see also *equal*.

Resent, v. trans. P. and V. ἄχθεσθαι (dat.), Ar. and P. ἀγᾰνακτεῖν (dat.), P. δυσχεραίνειν (acc. or dat.), χαλεπῶς φέρειν, V. πικρῶς φέρειν, δυσφορεῖν (dat.), ἀσχάλλειν (acc. or dat.) (rare P.), ἀσχἄλᾶν (acc. or dat.).

Resentful, adj. P. and V. πικρός, Ar. and P. χἄλεπός; see also *angry*.

Resentfully, adv. P. and V. πικρῶς, Ar. and P. χἄλεπῶς; see also *angrily*.

Resentment, subs. P. and V. ὀργή, ἡ; see *anger*. *Annoyance*: P. and V. δυσχέρεια, ἡ.

Reservation, subs. *Condition, stipulation*: P. and V. λόγοι, οἱ. *With the reservation that, on condition that*: Ar. and P. ἐφ' ᾧτε (infin.), P. and V. ὥστε (infin.). *Without reservation, honestly*: P. and V. ἁπλῶς, P. ἀδόλως. *Absolutely, entirely*: P. and V. παντελῶς, πάντως. *I have spoken openly without reservation*: P. οὐδὲν ὑποστειλάμενος πεπαρρησίασμαι (Dem. 54).

Reserve, v. trans. *Set apart*: P. χωρὶς τίθεσθαι, ἐξαίρετον ποιεῖσθαι. *Defer*: P. and V. εἰς αὖθις ἀποτῖθεσθαι. *Keep back*: Ar. and P. ἀποτῖθεσθαι. *Be reserved*: P. ἀποκεῖσθαι. *Keep not the good reserving it for yourself alone*: V. μὴ μόνος τὸ χρηστὸν ἀπολαβὼν ἔχε (Eur., *Or.* 451).

Reserve, subs. *Resource*: P. ἀφορμή, ἡ. *Be in reserve (of resources)*: P. and V. ὑπάρχειν, ὑπεῖναι. *Troops in reserve*: P. οἱ ἐπίτακτοι. *Place in reserve*, v.: P. ἐπιτάσσεσθαι (Thuc. 6, 67). *Modesty*: P. and V. αἰδώς, ἡ. *Caution*: P. and V. εὐλάβεια, ἡ. *With reserve; (accept) with reserve*: P. and V. σχολῇ. *Reservation*: see *reservation*. *If I must speak the truth without reserve*: P. εἰ μηδὲν εὐλαβηθέντα τἀληθὲς εἰπεῖν δέοι (Dem. 280). *Quiet disposition*: Ar. and P. ἀπραγμοσῠνη, ἡ, ἡσῠχία, ἡ, V. τὸ ἡσῠχαῖον.

Reserved, adj. *Quiet*: P. and V. ἥσῠχος, ἡσῠχαῖος, P. ἡσύχιος. *Cautious*: P. εὐλαβής. *Modest*: P. and V. αἰδοῖος (Plat.), P. αἰσχυντηλός, αἰδήμων (Xen.). *Secretive*: P. κρυψίνους (Xen.), V. σῑγηλός, σιωπηλός.

Reservoir, subs. P. δεξαμενή, ἡ.

Reside, v. intrans. P. and V. οἰκεῖν, κἄτοικεῖν, οἰκίζεσθαι, ἀναστρέφεσθαι, Ar. and V. ναίειν, στρωφᾶσθαι; see *dwell*.

Residence, subs. *Stay, sojourn*: P. οἴκησις, ἡ, ἐνοίκησις, ἡ; see *sojourn*. *House*: P. and V. οἶκος, ὁ, οἴκησις, ἡ, οἴκημα, τό, Ar. and P. οἰκία, ἡ; see *house*.

Residency, subs. *Official dwelling place*: use P. ἀρχεῖον, τό.

Resident, subs. or adj. Use adj., P. and V. ἔνοικος, ἐπιχώριος, ἐγχώριος; see also *inhabitant*. *Resident alien*: P. and V. μέτοικος, ὁ or ἡ.

Residue, subs. *What is left*: P. and V. τὸ λοιπόν. *Surplus*: P. τὸ περισσόν. *Remains*: P. and V. λείψανον, τό, or pl.

Resign, v. trans. P. and V. ἀφίστασθαι (gen.), ἐξίστασθαι (gen.). *Abandon*: P. and V. μεθιέναι, ἀφίστασθαι (gen.), ἐξίστασθαι (gen.); see *renounce*. *Give up, hand over*: P. and V. πἄρἄδἴδόναι, ἐκδἴδόναι, ἐφιέναι. *Intrust*: Ar. and P. ἐπιτρέπειν. *Resign oneself to, hand oneself over to*: P. and V. πἄρέχειν ἑαυτόν (dat.). Met., *endure patiently*: P. and V. ῥᾳδίως φέρειν (acc.), V. καρτερεῖν (acc.).

Resignation, subs. *Gentleness*: Ar. and P. ἡσῦχία, ἡ. *Endurance*: P. καρτερία, ἡ, καρτέρησις, ἡ. *Endure with resignation*: P. and V. ῥᾳδίως φέρειν (acc.).

Resigned, adj. *Quiet, calm*: P. and V. ἥσῦχος, ἡσῦχαῖος. *Patient*: P. καρτερικός, V. τλήμων. *Be resigned*, v.: P. and V. καρτερεῖν, τολμᾶν, Ar. and V. τλῆναι (2nd aor. of τλᾶν) (also Isoc. but rare P.). *Be quiet*: P. and V. ἡσῦχάζειν. *Be resigned to*: use *endure, acquiesce in*.

Resignedly, adv. *Patiently*: V. τλημόνως. *Quietly*: P. and V. ἡσύχως, ἡσῦχῇ.

Resilient, adj. *Light*: P. and V. κοῦφος. *Pliant*: P. and V. ὑγρός.

Resin, subs. *Pitch*: P. and V. πίσσᾰ, ἡ (Æsch., *Frag.*).

Resinous, adj. Of pitch: V. πισσήρης. *Resinous wood*: P. δᾳ̂ς (Thuc. 7, 53).

Resist, v. trans. P. and V. ἐναντιοῦσθαι (dat.), ἀνθίστασθαι (dat.), ἀντιτείνειν (dat.), P. ἀνταίρειν (dat.), ἐνίστασθαι (dat.), ἀντιπράσσειν (absol.), V. ἀντιοῦσθαι (dat.), ἀντιβαίνειν (dat.). *Hold out against*: P. and V. ἀντέχειν (dat.), ὑφίστασθαι (acc.). *Resist by argument*: P. and V. ἀντιλέγειν (dat.), ἀντειπεῖν (dat.). *Be proof against* (of inanimate things): P. and V. στέγειν (acc.). Absol., *hold out*: P. and V. ἀντέχειν, καρτερεῖν, ὑφίστασθαι.

Resistance, subs. P. ἐναντίωμα, τό, ἐναντίωσις, ἡ. *Hostility*: P. and V. ἔχθρα, ἡ; see *opposition*.

Resistless, adj. P. and V. δύσμᾰχος (Plat.), ἀνίκητος (Plat.), Ar. and P. ἄμᾰχος (Plat.), P. δυσπολέμητος, V. δυσπάλαιστος, ἀπρόσμᾰχος, ἄδηρῖτος. *Not to be avoided*: P. and V. ἄφυκτος. *Impossible to deal with*: P. and V. ἄπορος, ἀμήχᾰνος (rare P.).

Resolute, adj. *Persistent*: P. and V. καρτερός, P. ἰσχυρός, V. ἔμπεδος. *Obstinate*. P. and V. αὐθάδης; see also *bold*. *Zealous*: P. and V. πρόθῦμος, ἄοκνος; see *unhesitating*.

Resolutely, adv. P. ἰσχυρῶς, V. ἐμπέδως. *Obstinately*: Ar. and P. αὐθάδως; see also *boldly*. *Zealously*: P. and V. προθῦμως.

Resolution, subs. *Breaking up*: P. διάλυσις, ἡ. *Persistence*: P. καρτερία, ἡ, καρτέρησις, ἡ. *Boldness*: P. and V. θράσος, τό; see *boldness*. *Determination*: P. and V. γνώμη, ἡ; see *resolve*. *Decree of the people*: P. and V. ψῆφος, ἡ, ψήφισμα, τό. Generally: P. δόγμα, τό. *Resolution of the Senate*: P. προβούλευμα, τό.

Resolve, v. trans. *Break up*: Ar. and P. διᾰλύειν. *Solve*: P. and V. λύειν. *Determine* (with infin.): P. and V. βουλεύειν, ἐννοεῖν, νοεῖν, γιγνώσκειν, P. γνώμην ποιεῖσθαι, Ar. and P. διᾰνοεῖσθαι, ἐπινοεῖν. *I have resolved* (with infin.): P. and V. δοκεῖ μοι, δέδοκταί μοι. *The Senate resolved*: Ar. and P. ἔδοξε τῇ βουλῇ.

Resolve, subs. P. and V. γνώμη, ἡ, βουλή, ἡ, βούλευμα, τό, V. γνῶμα, τό, φρόνησις, ἡ, Ar. and P. διάνοια, ἡ.

Resonance, subs. *Echo*: P. and V. ἠχώ, ἡ; see *echo*.

Resonant, adj. *Loud*: P. and V. μέγᾰς, V. λῐγύς (also Plat. but rare P.), διάτορος, γεγωνός; see *loud*. *Echoing*: V. ῥόθιος, πολύρροθος. *Clear-voiced*: P. λαμπρόφωνος.

Resort, v. intrans. P. and V. φοιτᾶν, τρέπεσθαι, P. προσφοιτᾶν. *Have recourse to*: P. and V. τρέπεσθαι (εἰς, acc. or πρός, acc.), P. καταφεύγειν (εἰς, acc. or πρός, acc.). *Resort to (for instruction)*: P. φοιτᾶν (πρός, acc. or παρά, acc.) (cf. Ar., *Eq*. 1235), P. πλησιάζειν (dat.).

Resort, subs. *Place of refuge*: P. and V. κᾰτᾰφῠγή, ἡ. *Place one frequents*: V. ἀναστροφή, ἡ, πορεύμᾰτα, τά, ἤθη, τά, Ar. and V. ἐπιστροφαί, αἱ; see also *abode*. *Hiding-place*: V. κευθμών, ὁ, μῠχός, ὁ.

Resound, v. intrans. P. and V. ψοφεῖν, ἐπηχεῖν (Plat. but rare P.), ἠχεῖν (Plat. but rare P.), κτῠπεῖν (Plat. but rare P. also Ar.), Ar. and V. βρέμειν (Ar. in mid.); see *echo*. *Resound with cries*: V. ἀνευφημεῖν.

Resource, subs. *Expedient*: P. and V. πόρος, ὁ, σόφισμα, τό, μηχᾰνή, ἡ, μηχάνημα, τό, τέχνημα, τό (Plat.). *Means of escape*: P. and V. ἀποστροφή, ἡ.

Resourceful, adj. P. and V. εὔπορος, Ar. and P. εὐμήχᾰνος, πόρῐμος, P. τεχνικός. *Clever*: P.. and V. σῠνετός.

Resources, subs. P. παρασκευή, ἡ. *Ways and means*: Ar. and P. ἐφόδιον, or pl., P. ἀφορμή, ἡ. *Income*: P. πρόσοδος, ἡ; see also *property*.

Respect, v. trans. P. and V. αἰδεῖσθαι, Ar. and V. κᾰταιδεῖσθαι. *Revere, worship*: P. and V. σέβειν, σέβεσθαι, Ar. and V. σεβίζειν, P. θεραπεύειν. *Honour*: P. and V. τῑμᾶν, ἐν τῑμῇ ἔχειν, P. περὶ πολλοῦ ποιεῖσθαι, ἐντίμως ἔχειν. *Heed*: P. and V. ἐντρέπεσθαι (gen.) (Plat. but rare P.), V. ἐνᾰριθμεῖσθαι, Ar. and V. προτῑμᾶν (gen.). *Leave alone*: P. and V. ἐᾶν (acc.). *Defer to*: P. and V. συγχωρεῖν (dat.), Ar. and P. πᾰρᾰχωρεῖν (dat.). *Acquiesce in*: P. and V. στέργειν (acc. or dat.); see *acquiesce*.

Respect, subs. *Honour*: P. and V. τῑμή, ἡ, ἀξίωμα, τό. *Deference*: P. θεραπεία, ἡ. *Respectfulness*: V. αἰδώς, ἡ. *Reverence*: V. σέβᾰς, τό. *Object of respect*: Ar. and V. σέβᾰς, τό. *Respect for*: V. ἐντροπή, ἡ (gen.), πρόνοια, ἡ (gen.). *Pay one's respects to*: Ar. and P. θερᾰπεύειν (acc.). *In respect to*, prep.: P. and V. κᾰτά (acc.), πρός (acc.). *Concerning*: P. and V. περί (acc. or gen.). *In some respects . . . in others*: P. and V. τᾰ μέν . . . τᾰ δέ. *In all respects*: P. and V. πανταχῇ, P. κατὰ πάντα.

Respectable, adj. *Honest*: P. and V. χρηστός. *Middle-class*: P. and V. μέτριος. *Orderly*: P. and V. κόσμιος, εὔκοσμος, Ar. and P. εὔτακτος. *Tolerable*: P. and V. μέτριος.

Respectability, subs. *Honesty*: P. and V. χρηστότης, ἡ. *Orderliness*: P. and V. εὐκοσμία, ἡ, Ar. and P. κοσμιότης, ἡ.

Respectably, adv. P. and V. μετρίως. *Decently*: Ar. and P. κοσμίως, P. and V. εὐτάκτως.

Respected, adj. See *revered*.

Respectful, adj. *Orderly*: P. and V. κόσμιος, εὔκοσμος. *Modest*: V. αἰδόφρων, P. and V. αἰδοῖος (Plat.); see *modest*.

Respectfully, adv. *In an orderly way*: Ar. and P. κοσμίως; see also *modestly*.

Respectfulness, subs. V. αἰδώς, ἡ. *Orderliness*: P. and V. εὐκοσμία, ἡ.

Respecting, prep. P. and V. περί (acc. or gen.); see *about*.

Respiration, subs. Ar. and P. ἀναπνοή, ἡ.

Respire, v. trans. P. and V. πνεῖν, P. ἀναπνεῖν.

Respite, subs. *Alleviation*: P. and V. ἀναψῦχή, ἡ (Plat.), πἄραψῦχή, ἡ, P. κούφισις, ἡ, V. ἀνἄκούφῐσις, ἡ. *Cessation*: P. and V. ἀνάπαυλα, ἡ, παῦλα, ἡ, διάλῦσις, ἡ; see *relief*. *Breathing space*: P. and V. ἀναπνοή, ἡ (Plat.), V. ἀμπνοή, ἡ. *Abatement*: P. λώφησις, ἡ. *Have respite from*: P. and V. λωφᾶν (gen.); see *relief*.

Respite, v. trans. *Give a breathing space*: use P. and V. ἀναπνοὴν δῐδόναι (dat.). *Put off*: P. and V. ἀνἄβάλλεσθαι.

Resplendence, subs. P. λαμπρότης, ἡ; see *magnificence*. *Brightness*: Ar. and V. σέλἄς, τό (also Plat. but rare P.); see *brightness*.

Resplendent, adj. P. and V. λαμπρός, σεμνός, εὐπρεπής, Ar. and P. μεγἄλοπρεπής. *Preeminent* P. and V. ἐκπρεπής, διαπρεπής, περῐφἄνής, V. ἔξοχος. *Bright*: P. and V. λαμπρός, V. φαιδρός; see *bright*.

Resplendently, adv. P. and V. λαμπρῶς, σεμνῶς, P. μεγαλοπρεπῶς. *Brightly*: P. and V. λαμπρῶς. *Preeminently*: V. ἐξόχως.

Respond, v. intrans. P. and V. ἀποκρῖνεσθαι; see *answer*. *Respond to, obey*: P. and V. πείθεσθαι (dat.), πειθαρχεῖν (dat.), Ar. and V. κλύειν (gen.), ἀκούειν (gen.), Ar. and P. ὑπἄκούειν (gen. or dat.). *Respond to (overtures)*: P. and V. δέχεσθαι (acc.), ἐνδέχεσθαι (acc.).

Respondent, subs. P. and V. ὁ φεύγων, P. ἀντίδικος, ὁ or ἡ.

Response, subs. P. and V. ἀπόκρῐσις, ἡ (Eur., *Frag.*). *Oracular response*: P. and V. χρησμός, ὁ, μαντεῖον, τό; see *oracle*.

Responsibility, subs. P. and V. αἰτία, ἡ. *Task*: P. and V. ἔργον, τό. *Duty*: P. τάξις, ἡ. *On one's own responsibility*: P. ἀφ' ἑαυτοῦ γνώμης, or ἀφ' ἑαυτοῦ (Thuc. 5, 60). *Take responsibility of, take on oneself*: P. ἐφ' ἑαυτὸν ἀναδέχεσθαι (acc.) (Dem. 704).

Responsible, adj. *Accountable*: P. and V. ὑπεύθῡνος, P. ὑπαίτιος, ὑπόλογος, ἔνοχος. *Responsible witnesses*: P. μάρτυρες ὑπόδικοι. *Responsible for, the cause of*: P. and V. αἴτιος (gen.). Of things (e.g. *a responsible post*): use *important*.

Responsive, adj. P. ἀντίφωνος (Plat.). *Responsive to, corresponding to*: P. and V. σύμμετρος (dat.), σῦνῳδός, V. προσῳδός (dat.). *Grateful*: P. εὐχάριστος (Xen.); see *grateful*. *Be responsive, show gratitude*: P. and V. χάρῐν εἰδέναι.

Rest, subs. P. and V. τὸ λοιπόν, τἀπίλοιπα. *For the rest*: as adv., P. λοιπόν. *The rest of*: use adj., P. and V. ὁ ἄλλος, ὁ λοιπός, ὁ ἐπίλοιπος, agreeing with subs. (e.g. *the rest of the army*, ὁ ἄλλος στρατός). As opposed to *motion*: P. στάσις, ἡ. *Calm*: Ar and P. ἡσῦχία, ἡ. *Sleep*: P. and V. ὕπνος, ὁ. *Put to rest*: Lit. and Met., P. and V. κοιμίζειν (Plat.), V. κοιμᾶν. *Leisure*: P. and V. σχολή, ἡ, P. ῥᾳστώνη, ἡ. *Respite*: P. and V. ἀνάπαυλα, ἡ, παῦλα, ἡ. *Rest from*, use words given above with gen.: also P. and V. διάλῦσις, ἡ (gen.), V. ἀνἄκούφῐσις, ἡ (gen.). *Breathing space*: P. and V. ἀναπνοή, ἡ (Plat.), V. ἀμπνοή, ἡ. *Bring spears to rest*: P. δόρατα εἰς προβολὴν καθιέναι (Xen., *An.* 6, 5, 15).

Rest, v. trans. *Repose*: P. and V. ἀνἄπαύειν. *Lean*: P. and V. κλῖνειν, ἐρείδειν (Plat. but rare P.). *Rest one's hopes on*: use *trust to*.
V. intrans. *Be stationary*: P. and V. ἑστἄναι (2nd perf. of ἵστάναι). *Remain*: P. and V. μένειν. *Rest (after labour)*: P. and V. ἀνἄπαύεσθαι, P. διαπαύεσθαι. *Rest from*: P. and V. ἀνἄπαύεσθαι (gen.), παύεσθαι (gen.), λήγειν (gen.), λωφᾶν (gen.). *Sleep*: P. and V. κἄθεύδειν; see *sleep*. *Keep quiet*:

P. and V. ἡσῠχάζειν. *Recline*: Ar. and P. κᾰτακλῑ́νεσθαι, V. κλῑ́νεσθαι. *Lie*: P. and V. κεῖσθαι. *Rest on* (*as a foundation*): P. ἐπικεῖσθαι (dat.). *Support oneself on*: Ar. and P. ἐπερείδεσθαι (dat.), P. ἀπερείδεσθαι (dat.). *From two beams resting on and projecting over the wall*: P. ἀπὸ κεραιῶν δύο ἐπικεκλιμένων καὶ ὑπερτεινουσῶν ὑπὲρ τοῦ τείχους (Thuc. 2, 76). *Statements resting on no basis of truth*: P. ἐπ' ἀληθείας οὐδεμιᾶς εἰρημένα (Dem. 230). *Rest with, depend on*: V. κεῖσθαι ἐν (dat.); see *depend on*. *We must let these things rest with the gods*: V. ἐς θεοὺς χρὴ ταῦτ' ἀναρτήσαντ' ἔχειν (Eur., *Phoen.* 705).

Restful, adj. P. ἄκοπος (Plat.). *Calm*: P. and V. ἥσῠχος; see *calm*.

Restfully, adv. P. and V. ἡσῠχῇ, ἡσῠ́χως.

Restfulness, subs. *Calm*: Ar. and P. ἡσῠχία, ἡ; see *calm*.

Resting-place, subs. P. καταγωγή, ἡ, Ar. and P. ἀνᾰ́παυλα, ἡ, Ar. and V. ἐκτροπή, ἡ (Eur., *Rhes.*, also Xen.); see also *tomb*.

Restitution, subs. P. ἀναγωγή, ἡ. *Giving back*: P. ἀπόδοσις, ἡ. *Amends*: see *amends*.

Restive, adj. P. and V. ὑβριστής, V. ἄστομος. *Be restive*: P. and V. σκιρτᾶν (Plat.). *Intractable*: Ar. and P. χᾰλεπός; see *intractable*.

Restiveness, subs. Use P. and V. ὕβρῐς, ἡ.

Restless, adj. Ar. and V. ἀΐδρυτος. *Turbulent*: ταραχώδης. *Busy*: Ar. and P. πολυπράγμων. *Wakeful*: P. and V. ἄγρυπνος, ἄϋπνος (Plat but rare P.), P. δυσυπνῶν (Plat.) (pres. part. of δυσυπνεῖν). *Fickle*: P. ἀκατάστατος; see *fickle*.

Restlessly, adv. P. ταραχωδῶς.

Restlessness, subs. P. ταραχή, ἡ, V. τᾰραγμός, ὁ, τᾰ́ραγμα, τό. *Bustle*: Ar. and P. πολυπραγμοσῠ́νη, ἡ. *Sleeplessness*: Ar. and P. ἀγρυπνία, ἡ.

Restoration, subs. *Giving back*: P. ἀπόδοσις, ἡ. *Setting up*: P. and V. κᾰτάστᾰσις, ἡ. *Of exiles*: P. and V. κᾰ́θοδος, ἡ. *Repair*: P. ἐπισκευή, ἡ. *Restoration to health*: P. ἀνάληψις, ἡ; see *recovery*.

Restorative, adj. Use P. and V. σωτήριος.

Restorative, subs. *Drug*: P. and V. φάρμᾰκον, τό.

Restore, v. trans. *Give back*: P. and V. ἀποδῐδόναι. *Bring back*: P. and V. ἀνᾰφέρειν, ἀνᾰ́γειν, P. ἐπανάγειν. *Restore* (*from exile*): P. and V. κᾰτᾰ́γειν, V. κᾰτοικίζειν. *Be restored*: P. and V. κᾰτέρχεσθαι. *Help to restore*: Ar. and P. συγκᾰτᾰ́γειν. *Rebuild*: P. and V. ἀνορθοῦν, ἀνιστᾰ́ναι, P. ἀνοικοδομεῖν. *Set up again*: P. and V. ἀνορθοῦν, P. ἐπανορθοῦν. *The Athenians will restore the great power of the city though now it has fallen*: P. οἱ Ἀθηναῖοι τὴν μεγάλην δύναμιν τῆς πόλεως καίπερ πεπτωκυῖαν ἐπανορθώσουσι (Thuc. 7, 77). *Restore* (*to health or prosperity*): P. ἀναφέρειν, ἀναλαμβάνειν, P. and V. ἀνορθοῦν. *Restore to life*: see *revive*. *Be restored*: P. ἀναφέρειν (absol.), ἀναλαμβάνειν ἑαυτόν (or omit ἑαυτόν), P. and V. ἀναπνεῖν; see *recover*. *Recover*: P. and V. ἀνᾰσῴζεσθαι. *Help to restore*: P. συνανασῴζειν (τινί τι).

Restorer, subs. V. κᾰταστᾰ́της, ὁ. *Saviour*: P. and V. σωτήρ, ὁ. Fem., σώτειρα, ἡ.

Restrain, v. trans. *Check*: P. and V. κᾰτέχειν, ἐπέχειν, Ar. and V. ἴσχειν (rare P.), V. ἐπίσχειν (rare P.), ἐξερῡ́κειν, ἐρῡ́κειν, ἐρητῡ́ειν, σχάζειν, κᾰταστέλλειν. *Hinder*: P. and V. κωλῡ́ειν, ἐπῐκωλῡ́ειν, ἀπείργειν; see *hinder*. *Stop*: P. and V. παύειν. *Control*: P. and V. κρᾰτεῖν (gen.). *Restrain oneself, be calm*: P. and V. ἡσῠχάζειν. *Restrain oneself from*: see *refrain from*.

Restraint, subs. *Self-restraint*: P. and V. τὸ σῶφρον, Ar. and P. σωφροσῠ́νη, ἡ, P. ἐγκράτεια, ἡ. *Modesty*: P. and V. αἰδώς, ἡ. *Without restraint*: P. οὐδένι κόσμῳ, ἀνέδην, ἀνειμένως. *Ward*: P. φυλακή, ἡ. *Keep under restraint*: P. ἐν φυλακῇ ἔχειν (acc.).

Restrict, v. trans. P. and V. ὁρίζειν; see *limit, prevent.*

Restriction, subs. *Limit, boundary*: P. and V. ὅρος, ὁ. *Due measure*: P. and V. μέτρον, τό. *Without restriction*: use adv., P. ἀνέδην, ἀνειμένως. *Prevention*: P. διακώλυσις, ἡ. *Prohibition*: P. ἀπόρρησις, ἡ. *Law, ordinance*: P. and V. νόμος, ὁ.

Result, subs. P. and V. συμφορά, ἡ, τέλος, τό, τελευτή, ἡ, ἔργον, τό. *The final result*: P. τὸ τελευταῖον ἐκβάν (Dem. 12). *The result will soon make it plain*: Ar. τοὔργον τάχ' αὐτὸ δείξει (Lys. 376). *When they saw the result of the sea battle*: P. ὡς ᾔσθοντο τὰ τῆς ναυμαχίας (Thuc. 8, 43). *We like the thing both for its own sake and its results*: P. αὐτό τε αὐτοῦ χάριν ἀγαπῶμεν καὶ τῶν ἀπ' αὐτοῦ γιγνομένων (Plat., *Rep.* 357c).

Result, v. intrans. P. and V. συμβαίνειν, συμπίπτειν, ἐκβαίνειν, P. ἀποβαίνειν, V. τελεῖν; see also *happen*. *Follow*: P. and V. ἕπεσθαι (dat.). *Result in*: P. and V. τελευτᾶν εἰς (acc.).

Resultant, adj. Use P. and V. ἑπόμενος.

Resume, v. trans. *Get back*: P. and V. ἀνᾰλαμβᾰ́νειν, ἀπολαμβᾰ́νειν. *Take up again, continue*: P. ἐπαναλαμβάνειν, ἀναλαμβάνειν. Absol., P. and V. ἐπᾰνέρχεσθαι. *Renew*: P. and V. ἀνᾰνεοῦσθαι, P. ἐπανανεοῦσθαι.

Resumption, subs. *Renewal*: P. ἀνανέωσις, ἡ.

Resurrection, subs. V. ἀνάστᾰσις, ἡ.

Resuscitate, v. trans. See *revive.*

Retail, v. trans. *Furnish*: P. and V. πᾰρέχειν (or mid.), πορίζειν (or mid.); see *furnish*. *Traffic in*: P. and V. κᾰπηλεύειν (acc.).

Retailer, subs. P. and V. κᾰ́πηλος, ὁ.

Retail-trading, subs. P. καπηλεία, ἡ.

Retain, v. trans. P. and V. ἔχειν, σῴζειν, φῠλάσσειν, διᾰσῴζειν. *Keep back*: P. and V. κᾰτέχειν. *Retain in the memory*: P. and V. σῴζειν (or mid.), φῠλάσσειν (or mid.), P. διασῴζειν. *Hire*: Ar. and P. μισθοῦσθαι. *In order that the orators whom the defendant has retained against me may not deceive you*: P. ἵνα μὴ ἐξαπατήσωσιν ὑμᾶς οἱ ῥήτορες οὓς οὑτοσὶ παρεσκεύασται ἐπ' ἐμέ (Dem. 1177, cf. also 1228).

Retainer, subs. P. and V. οἰκέτης, ὁ, ὑπηρέτης, ὁ, διάκονος, ὁ or ἡ, V. πρόσπολος, ὁ or ἡ, ὀπᾱδός, ὁ or ἡ, ὀπάων, ὁ, Ar. and P. θερᾰ́πων, ὁ, ἀκόλουθος, ὁ, Ar. and V. πρόπολος, ὁ or ἡ.

Retaining-fee, subs. Use *pay.*

Retaliate, v. trans. See *requite. Retaliate the existing discredit upon those who created it*: P. τὴν ὑπάρχουσαν αἰσχύνην εἰς τοὺς αἰτίους ἀπώσασθαι (Dem. 408). *Retaliate upon, injure in return*: P. and V. ἀντιδρᾶν κᾰκῶς (τινά), P. ἀνταδικεῖν (τινά). Absol., P. and V. ἀμῡ́νεσθαι, ἀντιδρᾶν. *Retaliate by returning evil for evil*: P. κακῶς πάσχων ἀμύνεσθαι ἀντιδρῶν κακῶς (Plat., *Crito*, 49D).

Retaliation, subs. P. and V. τῐ́σῐς, ἡ (Plat.), τῑμωρία, ἡ, V. ποινή, ἡ, or pl. (rare P.), ἄποινα, τά (rare P.), ἀντῐ́ποινα, τά; see *vengeance.*

Retard, v. trans. P. and V. ἐμποδίζειν; see *hinder.*

Retch, v. intrans. P. and V. ἐμεῖν (Plat. also Ar.).

Retching, subs. P. λύγξ, ἡ.

Retention, subs. P. κάθεξις, ἡ.

Retentive, adj. *Good at remembering*: P. and V. μνήμων. *Impressionable*: Ar. and P. ἁπᾰλός.

Reticence, subs. *Silence*: P. and V. σῑγή, ἡ, σιωπή, ἡ. *Modesty*: P. and V. αἰδώς, ἡ.

Reticent, adj. *Silent*: V. σῑγηλός, σιωπηλός. *Secretive*: P. κρυψίνους (Xen.). *Be reticent about*: P. and V. σῑγᾶν (acc.), σιωπᾶν (acc.), V. διᾰσιωπᾶν (acc.).

Retinue, subs. P. ἀκολουθία, ἡ (Plat.), or use P. οἱ περί τινα, Ar. and P. θερᾰ́ποντες, οἱ, V. θέρᾰπες, οἱ (also Xen.); see *attendant*. *No Argive was present but only his own retinue*: V. οὐδεὶς παρῆν Ἀργεῖος οἰκεία δὲ χείρ (Eur., *El.* 629).

Retire, v. intrans. *Retreat*: P. and V. ἀνᾰχωρεῖν (Eur., *Phoen.* 730; *Rhes.* 775), ὑποστρέφειν, Ar. and P. ἐπᾰνᾰχωρεῖν, ὑποχωρεῖν, P. ἀνάγειν (Xen.), ἐπανάγειν (Xen.; see *withdraw*. *Retire slowly*: Ar. and P. ὑπᾰ́γειν. *Depart*: P. and V. ἀπέρχεσθαι, ἀποχωρεῖν, P. ἀποκομίζεσθαι, V. μεθίστασθαι, ἀφέρπειν; see *depart*. *Retire from (a task, office, etc.)*: P. and V. ἀφίστασθαι (gen.); see *resign*. *When you made Iphicrites retire from the command*: P. ἐπειδὴ τὸν Ἰφικράτην ἀποστράτηγον ἐποιήσατε (Dem. 669).

Retired, adj. *Lonely*: P. and V. ἐρῆμος; see *lonely*.

Retirement, subs. *Retreat*: P. ἀναχώρησις, ἡ. *Departure*: P. and V. ἔξοδος, ἡ. P. ἀποχώρησις, ἡ. *Place of retirement*: P. and V. κᾰτᾰφῠγή, ἡ, P. ἀναχώρησις, ἡ. *Resting-place*: P. καταγωγή, ἡ, Ar. and P. ἀνᾰ́παυλα, ἡ, Ar. and V. ἐκτροπή, ἡ (Eur., *Rhes.*, also Xen.). *Solitude*: P. and V. ἐρημία, ἡ. *Peace, quiet*: Ar. and P. ἡσῠχία, ἡ. *Freedom from business*: Ar. and P. ἀπραγμοσῠ́νη, ἡ. *Living in retirement*, adj.: use P. and V. ἀπράγμων (Eur., *Frag.*).

Retiring, adj. *Going back*: V. ἄψορρος, πᾰλίσσῠτος. *Quiet*: P. and V. ἥσῠχος, ἡσῠχαῖος, ἀπράγμων (Eur., *Frag.*), P. ἡσύχιος; see *shy*.

Retort, v. intrans. P. ὑπολαμβάνειν, P. and V. ἀντῐτῐθέναι; see *answer*. *Retort a charge*: P. ἀντεγκαλεῖν, ἀντικατηγορεῖν.

Retort, subs. P. ὑπόληψις; see *answer*.

Retouch, v. trans. *Remodel*: Ar. and P. ἀναπλάσσειν.

Retrace, v. trans. *Turn back*: P. and V. ἀποστρέφειν. *Traverse*: see *traverse*. *Retrace in words or thought*: P. ἐπαναπολεῖν, V. ἀνᾰμετρεῖσθαι. *Retrace one's steps*: P. and V. ἐπᾰνέρχεσθαι; see *return*. *Turn back*: P. and V. ἀποστρέφειν, or pass.; see *turn back*.

Retract, v. trans. P. ἀνατίθεσθαι, P. and V. ἐκβάλλειν; see *unsay*. *I retract my former words*: V. καὶ τῶν παλαιῶν ἐξαφίσταμαι λόγων (Eur., *I. A.* 479). Absol., P. ἀνατίθεσθαι.

Retraction, subs. P. παλινῳδία, ἡ.

Retreat, v. intrans. P. and V. ἀνᾰχωρεῖν (Eur., *Phoen.* 730, *Rhes.* 775), ὑποστρέφειν, Ar. and P. ἐπᾰνᾰχωρεῖν, ὑποχωρεῖν, P. ἀνάγειν (Xen.), ἐπανάγειν (Xen.), V. νωτίζειν. *Retreat slowly*: Ar. and P. ὑπᾰ́γειν. *Depart*: P. and V. ἀπέρχεσθαι, ἀποχωρεῖν, P. ἀποκομίζεσθαι, V. μεθίστασθαι, ἀφέρπειν; see *depart*. *Retreat from an undertaking, back out of it*: P. and V. ἀφίστασθαι (gen.), ἐξίστασθαι (gen.).

Retreat, subs. P. ἀναχώρησις, ἡ. *Sound the retreat*: P. ἀνακαλεῖσθαι τῇ σάλπιγγι (Xen.). *Departure*: P. and V. ἔξοδος, ἡ, P. ἀποχώρησις, ἡ. *Place of retreat*: P. and V. κᾰτᾰφῠγή, ἡ, P. ἀναχώρησις, ἡ. *Hiding-place*: V. κευθμών, ὁ, μῠχός, ὁ. *Solitude*: P. and V. ἐρημία, ἡ. *Resting-place*: P. καταγωγή, ἡ, Ar. and P. ἀνᾰ́παυλα, ἡ, Ar. and V. ἐκτροπή, ἡ (Eur., *Rhes.*, also Xen.).

Retrench, v. trans. *Cut down*: P. and V. συντέμνειν, συστέλλειν. Absol., use P. δαπάνας συντέμνειν. *Retrenching generally with a view to economy*: P. τἄλλα . . . συστελλόμενοι εἰς εὐτέλειαν (Thuc. 8, 4).

Retrenchment, subs. *Economy:* Ar. and P. εὐτέλεια, ἡ. *Frugality:* Ar. and P. φειδωλία, ἡ. *To make some retrenchment in government expenses:* P. τῶν κατὰ τὴν πόλιν τι εἰς εὐτέλειαν σωφρονίσαι (Thuc. 8, 1).

Retributary, adj. See *retributive.*

Retribution, subs. *Punishment:* P. and V. τῖμωρία, ἡ, τίσῖς, ἡ (Plat.), ζημία, ἡ, P. κόλασις, ἡ, V. ποινή, ἡ, or pl. (rare P.), ἄποινα, τά (rare P.), ἀντίποινα, τά; see *penalty. Personified:* V. Νέμεσις, ἡ.

Retributive, adj. P. and V. τῖμωρός, V. τῖμάορος. *Retributive vengeance for the slaying of a father:* V. ἀντικτόνοι ποιναὶ . . . πατρός (Æsch., *Eum.* 464).

Retrieve, v. trans. P. and V. ἀνᾰλαμβάνειν, ἀκεῖσθαι, ἰᾶσθαι, ἐξῑᾶσθαι. *To retrieve some of our losses incurred through these men:* P. ἐπανορθοῦν τι . . . τῶν διὰ τούτους ἀπολωλότων (Dem. 74). *They would give much for an opportunity of retrieving their former sins against the Greeks:* P. πολλῶν ἂν χρημάτων . . . πρίασθαι γενέσθαι τιν' αὐτοῖς καιρὸν δι' οὗ τὰς προτέρας ἀναλύσονται πρὸς τοὺς Ἕλληνας ἁμαρτίας (Dem. 187).

Retrograde, adj. *Going back:* V. ἄψορρος, πᾰλίσσῦτος. *Make a retrograde movement,* v.: Ar. and P. ἐπᾰνᾰχωρεῖν. *A retrograde step:* Met., use P. ἐπὶ τὸ χεῖρον μεταβολή, ἡ.

Retrogression, subs. *Retreat:* P. ἀναχώρησις, ἡ. *Return to what is worse:* use P. ἐπὶ τὸ χεῖρον μεταβολή, ἡ.

Retrospect, subs. *Review, consideration:* P. and V. σκέψῐς, ἡ, P. ἐπίσκεψις, ἡ. *Memory:* P. and V. μνήμη, ἡ, μνεία, ἡ.

Return, v. trans. *Give back:* P. and V. ἀποδῐδόναι. *Give in return:* P. and V. ἀντῐδῐδόναι, P. ἀνταποδιδόναι. *Return a favour:* P. χάριν ἀποδιδόναι, V. ἀνθῡπουργῆσαι χάριν (Soph., *Frag.*). *Return evil for evil:* P. and V. ἀντιδρᾶν κᾰκῶς. *Return good for good:* P. and V. εὖ πᾰθὼν ἀντιδρᾶν; see *requite. In accounts, return as received or paid:* P. ἀναφέρειν, ἐπαναφέρειν. *Yield, bring in:* P. φέρειν, προσφέρειν; see *yield.* V. intrans. *Come or go back:* P. and V. ἐπᾰνέρχεσθαι, κομίζεσθαι, P. ἀνακομίζεσθαι, V. ἐπέρχεσθαι, νεῖσθαι (Soph., *Ant.* 33), νίσσεσθαι (Eur., *Phoen.* 1234). *Turn back:* P. and V. ἀναστρέφειν, ὑποστρέφειν, or pass., Ar. and P. ἐπᾰναστρέφειν. *Return home from a distance:* Ar. and V. νοστεῖν, P. and V. ἀπονοστεῖν (Eur., *I. T.* 731; Thuc. 7, 87, but rare P.). *May I never return home:* V. ἄνοστος εἴην (Eur., *I. T.* 751). *Return from exile:* P. and V. κᾰτέρχεσθαι. *Return with others:* P. συγκατέρχεσθαι (dat. or absol.). *Return (to a subject):* P. and V. ἐπᾰνέρχεσθαι, ἀνέρχεσθαι. *Return in safety to:* P. ἀνασώζεσθαι εἰς (acc.).

Return, subs. *Giving back:* P. ἀπόδοσις, ἡ. *Withdrawal:* P. ἀναχώρησις, ἡ. *Turning back:* P. and V. ἀναστροφή, ἡ. *Coming home:* V. νόστος, ὁ. *A safe return:* V. νόστῐμος σωτηρία, ἡ. *Return of exiles:* P. and V. κᾰ́θοδος, ἡ. *Revenue:* P. πρόσοδος, ἡ. *Furnish a return (list) of,* v: P. ἀποφέρειν (acc.), ἀπογράφειν (acc.). *Give in returns of (money coming in, etc.):* P. ἀποφαίνειν (acc.). *Recompense:* P. and V. ἀμοιβή, ἡ (Plat.), μισθός, ὁ. *For all this you and my mother have made me this return:* V. κἀντὶ τῶνδέ μοι χάριν τοιάνδε καὶ σὺ χἠ τεκοῦσ' ἠλλαξάτην (Eur., *Alc.* 660). *In return (in compounds):* P. and V. ἀντι e.g. *Requite in return:* P. and V. ἀντᾰμύνεσθαι. *In return for:* P. and V. ἀντί (gen.). *He shall receive violence in return for violence:* V. ἔργοισι δ' ἔργα διάδοχ' ἀντιλήψεται (Eur., *And.* 743).

Returning, adj. V. ἄψορρος, πᾰλίσσῠτος, πᾰλίντροπος, πᾰλίμπλαγκτος. *Returning home*: V. νόστῐμος.

Reveal, v. trans. *Show*: P. and V. φαίνειν, ἐκφαίνειν (Plat.), δηλοῦν, δεικνύναι, ἀποδεικνύναι, ἐπῐδεικνύναι, Ar. and P. ἀποφαίνειν, V. ἐκδεικνῦναι; see *show*. *Disclose*: P. and V. ἀποκᾰλύπτειν, Ar. and V. ἐκκᾰλύπτειν, V. ἀναπτύσσειν, διαπτύσσειν (also Plat. but. rare P.), ἀνοίγειν. *Publish, betray*: P. and V. ἐκφέρειν, μηνύειν, κᾰτειπεῖν, V. προμηνύειν.

Revealer, subs. P. and V. μηνῦτης, ὁ.

Revel, v. intrans. P. and V. εὐωχεῖσθαι (Eur., *Cycl.*), κωμάζειν. *Indulge in Bacchic revels*: P. and V. βακχεύειν (Plat.), βακχιάζειν; see *riot*. *Revel in*: see *exult*.

Revel, subs. See *revelry*. *Master of the revels*: P. ἄρχων τῆς πόσεως (Plat.). *Join the revels*, v.: P. and V. συμβακχεύειν (Plat.).

Revelation, subs. *Disclosure*: P. μήνυσις, ἡ. *What is revealed*: P. μήνυμα, τό. *Confession*: P. ὁμολογία, ἡ. *Object of wonder*: P. and V. θαῦμα, τό.

Reveller, subs. Ar. and P. κωμαστής, ὁ. *Fellow reveller*: Ar. σύγκωμος, ὁ or ἡ. *Bacchic reveller*: P. and V. βάκχος, ὁ (Plat.). Fem., P. and V. βάκχη, ἡ (Plat.), V. θυιάς, ἡ, μαινάς, ἡ. *Band of revellers*: P. and V. θίᾰσος, ὁ, V. κῶμος, ὁ.

Revelry, subs. P. and V. κῶμος, ὁ, Ar. and P. εὐωχία, ἡ; see *feast*. *Bacchic revelry*: P. and V. βακχεῖαι, αἱ (Plat.), V. βάκχευσις, ἡ, βάκχευμα, τό, or pl., βακχεῖον, τό (pl. in Ar.); see *Bacchanalia*.

Revenge, subs. P. and V. τῑμωρία, ἡ, τίσῐς, ἡ (Plat.), V. ποινή, ἡ, pl. (rare P.), ἄποινα, τά (rare P.), ἀντίποινα, τά; see *vengeance*. *Malice*: P. and V. φθόνος, ὁ. *Harbour revenge (against)*, v.: Ar. and P. μνησῐκᾰκεῖν (absol. or dat. of pers.).

Revenge, v. trans. *Take vengeance for*: P. and V. τῑμωρίαν λαμβάνειν (gen.), δίκην λαμβάνειν (gen.), V. ἐκδῐκάζειν, τίνεσθαι, ἐκτίνεσθαι, ἐκπράσσειν, ἄποινα (τά) μετῐέναι (gen.); see under *vengeance*. *Punish*: P. and V. κολάζειν; see *punish*. *Revenge oneself on*: P. and V. τῑμωρεῖσθαι (acc.), ἀντῐτῑμωρεῖσθαι (acc.), ἀμῡνεσθαι (acc.), Ar. and V. ἀντᾰμείβεσθαι (acc.); see *take vengeance on*, under *vengeance*.

Revengeful, adj. *Unforgetting*: P. and V. μνήμων; see *implacable*. *Be revengeful*, v.: Ar. and P. μνησῐκᾰκεῖν.

Revengefully, adv. See *implacably*.

Revenue, subs. P. πρόσοδος, ἡ, πόρος, ὁ. *Their sources of revenue were being cut off*: P. οἱ πρόσοδοι ἀπώλλυντο (Thuc. 7, 28). *Revenue commissioners*, subs.: P. σύνδικοι, οἱ.

Reverberate, v. intrans. P. and V. ἐπηχεῖν (Plat.); see *echo*.

Reverberation, subs. P. and V. ἠχώ, ἡ; see also *noise*.

Revere, v. trans. *Worship*: P. and V. σέβειν, σέβεσθαι, Ar. and V. σεβίζειν, P. θεραπεύειν. *Respect*: P. and V. αἰδεῖσθαι, Ar. and V. κᾰταιδεῖσθαι. *Honour*: P. and V. τῑμᾶν, ἐν τῑμῇ ἔχειν, P. ἐντίμως ἔχειν. *Heed*: P. and V. ἐντρέπεσθαι (gen.) (Plat. but rare P.), V. ἐνᾰριθμεῖσθαι, Ar. and V. προτῑμᾶν (gen.); see *heed*.

Revered, adj. P. and V. σεμνός, V. σεμνότῑμος, παντόσεμνος, αἰδοῖος, γεράσῐμος. *In invocations to goddesses*: use Fem. adj., Ar. and V. πότνια.

Reverence, v. trans. See *revere, respect*.

Reverence, subs. *Worship*: V. σέβᾰς, τό, P. θεραπεία, ἡ; see *worship*. *Object of reverence*: Ar. and V. σέβᾰς, τό. *Honour*: P. and V. τῑμή, ἡ. *Respectfulness*: V. αἰδώς, ἡ. *Reverence for*: V. ἐντροπή, ἡ (gen.), πρόνοια, ἡ (gen.). *Piety*: P. and V. εὐσέβεια, ἡ, τὸ εὐσεβές, P. ὁσιότης, ἡ.

Reverend, adj. P. and V. σεμνός, V. γεράσῐμος; see *revered*.

Reverent, adj. *Pious*: P. and V. εὐσεβής, ὅσιος, θεοσεβής. *Respectful*: V. αἰδόφρων, P. and V. αἰδοῖος (Plat.). *Solemn*: P. and V. σεμνός.

Reverently, adj. *Piously*: P. and V. εὐσεβῶς, ὁσίως, P. θεοσεβῶς (Xen.). *Solemnly*: P. and V. σεμνῶς.

Reverie, subs. P. and V. ὕπᾰρ, τό.

Reversal, subs. V. ἀναστροφή, ἡ. *Rescission*: P. κατάλυσις, ἡ. *Change*: P. and V. μετᾰβολή, ἡ, μετάστᾰσις, ἡ; see *change*.

Reverse, v. trans. P. and V. ἀναστρέφειν. *Change*: P. and V. μεταλλάσσειν; see *change*. *Be reversed*: P. περιίστασθαι. *Rescind*: P. and V. λύειν, κᾰθαιρεῖν, P. ἀναιρεῖν, Ar. and P. κᾰτᾰλύειν. *They entirely reversed this policy*: P. οἱ δὲ ταῦτα πάντα εἰς τοὐναντίον ἔπραξαν (Thuc. 2, 65).

Reverse, subs. *Something contrary*: P. and V. τοὐναντίον (or pl.), τοὔμπᾰλιν. *Quite the reverse of this*: P. πολὺ τοὐναντίον τούτου. *Things small and just and the reverse*: V. καὶ σμικρὰ καὶ δίκαια καὶ τἀναντία (Soph., *Ant.* 667). *Defeat*: P. and V. σφάλμᾰ, τό, P. ἧσσα, ἡ, ἀτύχημα, τό, πταῖσμα, τό. *Suffer a reverse*, v.: P. and V. ἡσσᾶσθαι, σφάλλεσθαι, P. προσκρούειν (Dem. 312). *Since you have suffered a reverse of fortune*: V. ἐπειδὴ περιπετεῖς ἔχεις τύχας (Eur., *And.* 982).

Reverse, adj. *Contrary*: P. and V. ἐναντίος.

Reversed, adj. *Upside down*: P. and V. ὕπτιος. *Changed*: V. περῐπετής.

Reversely, adv. P. and V. ἔμπᾰλιν, P. ἀνάπαλιν. *Contrariwise*: P. and V. ἐναντίως.

Reversion, subs. *Inheritance*: P. κληρονομία, ἡ.

Reversionary, subs. *Inheritor*: P. κληρονόμος, ὁ; see *heir*.

Revert, v. intrans. *Return to a subject*: P. and V. ἐπᾰνέρχεσθαι, ἀνέρχεσθαι. *Devolve on*: P. περιίστασθαι εἰς (acc.), ἀναχωρεῖν εἰς (acc.); see *devolve*. *Of property*: V. ἀφικνεῖσθαι (Eur., *Ion*, 1008).

Review, v. trans. *Scrutinize*: P. and V. ἐξετάζειν, ἐπισκοπεῖν, σκοπεῖν, διασκοπεῖν, ἐρευνᾶν; see *examine*. *Review in words, narrate*: P. and V. ἐξηγεῖσθαι, διέρχεσθαι, ἐπεξέρχεσθαι, Ar. and P. διηγεῖσθαι, διεξέρχεσθαι; see *narrate*. *Contemplate*: P. and V. θεωρεῖν, θεᾶσθαι, ἀθρεῖν. *Review* (*troops, fleet, etc.*): P. and V. ἐξετάζειν, P. θεωρεῖν (Xen.), θεᾶσθαι (Xen.). *Reconsider*: P. ἐπανασκοπεῖν.

Review, subs. *Examination*: P. and V. σκέψῐς, ἡ, P. ἐξέτασις, ἡ, ἐπίσκεψις, ἡ, V. ἔρευνα, ἡ. *Narration*: P. διήγησις, ἡ, διέξοδος, ἡ. *Review* (*of troops*): P. ἐξέτασις, ἡ. *Hold a review*: P. ἐξέτασιν ποιεῖσθαι.

Revile, v. trans. P. and V. κᾰκῶς λέγειν, διᾰβάλλειν, λοιδορεῖν (or mid. with dat.), ὑβρίζειν, ὀνειδίζειν, (dat.), P. κακίζειν, βασκαίνειν, βλασφημεῖν (εἰς, acc. or κᾰτᾰ́, gen.), ἐπηρεάζειν (dat.), V. ἐξονειδίζειν, κᾰκοστομεῖν, δυσφημεῖν, δεννάζειν, δυστομεῖν, κῡδάζεσθαι (dat.), Ar. and P. σῡκοφαντεῖν.

Reviling, subs. See *abuse*.

Revisal, subs. *Correction*: P. ἐπανόρθωμα, τό.

Revise, v. trans. *Examine*: see *examine*. *Correct*: P. and V. ἐξορθοῦν, διορθοῦν, ἀνορθοῦν, Ar. and P. ἐπᾰνορθοῦν, V. μεθαρμόζειν.

Revision, subs. *Examination*: see *examination*. *Correction*: P. ἐπανόρθωμα, τό.

Revisit, v. trans. Use *return to*.

Revival, subs. *Recovering*: P. and V. ἀναπνοή, ἡ (Plat.), ἀναψῡχή, ἡ (Plat.), P. ἀνάληψις, ἡ, V. ἀμπνοή, ἡ. *Resurrection*: V. ἀνάστᾰσις, ἡ. *Renewal*: P. ἀνανέωσις, ἡ.

Revive, v. trans. *Bring back to life*: P. ἀναβιώσκεσθαι. *Make to recover*:

P. ἀναφέρειν, P. and V. ἀνορθοῦν. *Refresh*: P. and V. ἀναψύχειν (Plat.), V. κἄταψύχειν. *Restore, bring back*: P. and V. ἄνᾰφέρειν, ἄνάγειν, P. ἐπανάγειν. *Set up again*: P. and V. ἀνορθοῦν, P. ἐπανορθοῦν. *Renew*: P. and V. ἄνᾰνεοῦσθαι, P. ἐπανανεοῦσθαι. *Rekindle*: P. and V. ἀναζωπῦρεῖν (Plat.), or use P. and V. κῑνεῖν, ἐγείρειν, ἐξεγείρειν. *Revive forgotten sorrows*: V. ἐκχυθέντα συλλέγειν ἀλγήματα (Eur., *Frag.*). *Encourage*: P. and V. θαρσῡνειν, θρᾰσῡνειν, πᾰρᾰκᾰλεῖν, P. ἐπιρρωννύναι; see *encourage*. *Revive a law-suit*: P. δίκην ἀνάδικον ποιεῖν (Dem. 1018). *Revive an argument*: P. λόγον ἀναλαμβάνειν (Plat., *Crito*. 46c). V. intrans. *Come to life again*: Ar. and P. ἀνᾰβιώσκεσθαι. *Recover*: P. ἀναλαμβάνειν ἑαυτόν (or omit ἑαυτόν), ἀνίστασθαι, ῥαΐζειν, ἀναφέρειν, περιφεύγειν, P. and V. ἀναπνεῖν. *Be saved*: P. and V. σώζεσθαι.

Revivify, v. trans. See *revive*.

Revocable, adj. P. μετακινητός (Thuc. 5, 21).

Revocation, subs. *Rescission*: P. κατάλυσις, ἡ.

Revoke, v. trans. P. and V. λύειν, κᾰθαιρεῖν, P. ἀναιρεῖν, Ar. and P. κᾰτᾰλύειν; see *cancel*. *They asked that the decree might be revoked*: Ar. ἐδέοντο τὸ ψήφισμ' ὅπως μεταστραφείη (*Ach*. 536).

Revolt, subs. P. ἀπόστασις, ἡ, P. and V. ἐπᾰνάστᾰσις, ἡ. *Disobedience*: P. ἀνηκουστία, ἡ (Plat.), V. τὸ μὴ κλύειν.

Revolt, v. trans. *Shock*: P. and V. ἐκπλήσσειν; see *disgust*. V. intrans. P. ἀφίστασθαι, μεθίστασθαι, Ar. and P. ἐπᾰνίστασθαι. *Incite to revolt*: Ar. and P. ἀφιστάναι (acc.). *Be disobedient*: P. and V. ἀπειθεῖν. *Revolt from*: P. ἀφίστασθαι ἀπό (gen.). *Revolt to*: P. ἀφίστασθαι πρός (acc.). *Join in revolting*: P. συναφίστασθαι (absol. or with dat.). *Revolt before*: P. προαφίστασθαι (absol.). Met, *revolt from, shrink from*: P. and V. ἀφίστασθαι (gen.), ἐξίστασθαι (gen.), ὀκνεῖν (acc.), V. ἐξᾰφίστασθαι (gen.); see *shrink from*. *Revolt (from doing a thing)*: P. and V. ὀκνεῖν (infin.), κᾰτοκνεῖν (infin.), V. ἀφίστασθαι (infin.), P. ἀποκνεῖν (infin.).

Revolting, adj. *Horrible*: P. and V. μιᾰρός, Ar. and P. βδελῠρός; see *loathsome*. *Fearful*: P. and V. δεινός, φοβερός.

Revolution, subs. *Revolving motion*: P. φορά, ἡ, περιτροπή, ἡ, περιαγωγή, ἡ, Ar. and P. περῐφορά, ἡ, P. and V. στροφή, ἡ. *Cycle*: P. and V. κύκλος, ὁ, P. περίοδος, ἡ, V. περιδρομή, ἡ. *Political upheaval*: P. νεωτερισμός, ὁ, μετάστασις, ἡ. *Faction*: P. and V. στάσῐς, ἡ, P. στασιασμός, ὁ. *Change*: P. and V. μετᾰβολή, ἡ, μετάστᾰσις, ἡ, V. ξένωσις, ἡ. *Cause a revolution*: P. νεωτερίζειν, νεώτερόν τι ποιεῖν.

Revolutionary, adj. P. νεωτεροποιός. *Factious*: στασιαστικός, στασιωτικός. *Revolutionary tendencies*: P. νεωτεροποιΐα, ἡ.

Revolutionise, v. trans. P. νεωτερίζειν, (περί acc. or acc. alone), νεοχμοῦν (acc.), Ar. and P. καινοτομεῖν (absol. or περί, acc.). *Be revolutionised*: Ar. and P. μετᾰπίπτειν.

Revolutionist, subs. Use adj., P. νεωτεροποιός.

Revolve, v. trans. *Ponder*: P. and V. ἐνθῡμεῖσθαι (acc. P. also gen.), ἐννοεῖν (or mid.), συννοεῖν (or mid.), λογίζεσθαι, σκοπεῖν (V. also mid.), ἐπισκοπεῖν, P. ἐκλογίζεσθαι, V. ἑλίσσειν, νωμᾶν, καλχαίνειν, βάλλειν. V. intrans. *Move in a circle*: P. and V. κυκλεῖσθαι, στρέφεσθαι, P. περιστρέφεσθαι, περιφέρεσθαι, V. ἑλίσσεσθαι, εἱλίσσεσθαι; see *spin, roll*.

Revulsion, subs. *Revulsion of feeling*: P. μετάνοια, ἡ, V. μετάγνοια, ἡ; see *repentance*. *Reaction*: P. ἐπιστροφή, ἡ.

Reward, subs. *Recompense:* P. and V. ἀμοιβή, ἡ (Plat.), μισθός, ὁ. *Penalty:* P. and V. ἐπιτίμιον, τό or pl., ἐπίχειρα, τά, V. ἄποινα, τά (rare P.), ποινή, ἡ (or pl. rare P.), ἀντίποινα, τά; see *penalty*. *Guerdon, privilege:* P. and V. γέρας, τό. *Prize:* P. and V. ἆθλον, τό. *Reward for bringing (a thing):* V. κόμιστρα, τά (gen.). *Reward for giving information:* P. μήνυτρα, τά. *Serving as a reward*, adj.: V. ἀντίμισθος. *Without reward:* V. ἄμισθος, adv., Ar. and P. προῖκα, P. and V. ἀμισθί. *In reward for:* use prep., ἀντί (gen.).

Reward, v. trans. *Reward a person:* P. and V. ἀμείβεσθαι, ἀμύνεσθαι, ἀνταμύνεσθαι, Ar. and V. ἀνταμείβεσθαι. *Benefit in return:* Ar. and P. ἀντ' εὖ ποιεῖν, P. and V. εὖ παθὼν ἀντιδρᾶν; see *requite*. *May the gods reward you with requital of blessings:* θεοὶ δέ σοι ἐσθλῶν ἀμοιβὰς ἀντιδωρησαίατο (Eur., *Hel.* 158). *Reward (things):* P. and V. ἀμείβεσθαι (Xen.); see *requite*.

Rhapsodise, v. intrans. Ar. and P. ῥαψῳδεῖν. Met., *talk big:* P. and V. μέγα λέγειν, V. κομπεῖν (rare P.); see *boast*.

Rhapsodist, subs. P. ῥαψῳδός, ὁ.

Rhapsody, subs. P. ῥαψῳδία, ἡ, met., P. αὔχημα, τό, P. and V. κόμπος, ὁ (Thuc.).

Rhetoric, subs. P. ῥητορική, ἡ, ῥητορεία, ἡ. *Practise rhetoric*, v.: P. ῥητορεύειν.

Rhetorical, adj. P. ῥητορικός. *Declamatory:* P. δημηγορικός, V. δημήγορος.

Rhetorically, adv. P. ῥητορικῶς.

Rhetorician, subs. P. and V. ῥήτωρ, ὁ.

Rheum, subs. P. ῥεύματα, τά. *Cold in the head:* P. κατάρρους, ὁ.

Rhythm, subs. P. and V. ῥυθμός, ὁ.

Rhythmic, rhythmical, adj. Ar. and P. εὔρυθμος. *Rhythmic beat of oar:* V. κώπης συνεμβολή (Æsch., *Pers.* 396).

Rhythmically, adv. P. and V. εὐρύθμως, P. μετὰ ῥυθμοῦ, ἐν ῥυθμῷ. *Be rowed rhythmically:* V. παγκρότως ἐρέσσεσθαι (Æsch., *Supp.* 723).

Rib, subs. P. and V. πλευρά, ἡ (rare in sing.), Ar. and V. πλευρον, τό (rare in sing.).

Ribald, adj. Ar. and P. βωμολόχος. *Employ ribald abuse*, v.: P. πομπεύειν.

Ribaldry, subs. P. βωμολοχία, ἡ, πομπεία, ἡ. *Ribaldries:* Ar. βωμολοχεύματα, τά.

Riband, subs. See *ribbon*.

Ribbon, subs. P. ταινία, ἡ. *Chaplet:* P. and V. στέφανος, τό, στέμμα, τό (Plat. but rare P.), V. στέφος, τό, πλόκος, ὁ, πλέγματα, τά, Ar. στεφάνη, ἡ; see *fillet*.

Rice, subs. P. ὄρυζον, τό (late), ὄρυζα, ἡ (late).

Rich, adj. P. and V. πλούσιος, ἀφνειός, πολύχρυσος, ζάχρυσος, ζάπλουτος, πολυκτήμων, πάμπλουτος (Soph., *Frag.*), Ar. and P. εὔπορος. *Rich by inheritance:* P. and V. ἀρχαιόπλουτος, P. παλαιόπλουτος. *Exceeding rich:* P. and V. ὑπέρπλουτος (Plat.). *Fat, oily:* P. and V. πίων, Fem. also in V. πίειρα. *Fertile:* P. and V. πάμφορος (Plat.), εὔκαρπος (Plat.), Ar. and V. κάρπιμος, πολύσπορος, V. καλλίκαρπος; see *fertile*. *Abundant:* P. and V. πολύς, ἄφθονος, V. ἐπίρρυτος. *Splendid:* P. and V. λαμπρός. *Be rich, wealthy*, v.: P. and V. πλουτεῖν, P. εὐπορεῖν. *The rich:* P. and V. οἱ πλούσιοι, P. οἱ εὔποροι, Ar. and V. οἱ ἔχοντες. *Rich in:* P. and V. πλούσιος (gen.), P. εὔπορος (dat.), V. πολυκτήμων (gen.), φλέων (dat.). *Be rich in*, v.: P. and V. πλουτεῖν (gen. or dat.) (Plat.), P. εὐπορεῖν (gen. or dat.); see *abound in*.

Riches, subs. P. and V. πλοῦτος, ὁ, χρήματα, τά, P. εὐπορία, ἡ.

Richly, adj. P. εὐπόρως, Ar. and V. πλουσίως. *Well*: P. and V. εὖ. *Abundantly*: P. and V. ἀφθόνως (Eur., *Frag.*). *Splendidly*: P. and V. λαμπρῶς. Met., *richly* (*deserve*): use P. and V. πάντως; see *thoroughly*. *Richly dressed*, adj.: V. εὐείμων.

Richness, subs. *Fertility*: P. πολυφορία, ἡ (Xen.). *Splendour*: P. λαμπρότης, ἡ.

Rid, v. trans. *Deliver*: P. and V. ἀπαλλάσσειν, λύειν, ἀπολύειν, ἐκλύειν, ἀφιέναι, ἐλευθεροῦν, V. ἐξαπαλλάσσειν. *Rid oneself of*: P. ἀπολύεσθαι (acc. or gen.). *Be or get rid of*: P. and V. ἀπαλλάσσειν (acc.), ἀπαλλάσσεσθαι (gen.), ἐξαπαλλάσσεσθαι (Thuc. 4, 28, but rare P.), P. ἀποπέμπεσθαι (Thuc. 3, 4). *Remove*: P. and V. μεθιστάναι, ἀφιστάναι; see *remove*. *Put out of the way*: P. and V. ὑπεξαιρεῖν, ἀφανίζειν, P. ἐκποδὼν ποιεῖσθαι. *Not to be got rid of*, adj.: V. δύσπεμπτος.

Riddance, subs. *Deliverance*: P. and V. λύσις, ἡ, ἀπαλλαγή, ἡ, V. ἔκλυσις, ἡ, P. ἀπόλυσις, ἡ.

Ridden, adj. *Be bed-ridden*, v: Ar. and P. κατακλίνεσθαι.

Riddle, v. trans. See *pierce*.

Riddle, subs. P. and V. αἴνιγμα, τό, αἰνιγμός, ὁ (Plat. but rare P.). *Difficulty*: P. and V. ἀπορία, ἡ. *I am no prophet to read riddles aright*: V. οὐ μάντις εἰμὶ τἀφανῆ γνῶναι σαφῶς (Eur., *Hipp.* 346). *Speak in riddle*, v.: P. and V. αἰνίσσεσθαι.

Riddling, adj. *Hard to make out*: P. and V. αἰνιγματώδης, V. αἰνικτός; see *obscure*. *Speaking in riddles*: V. ποικιλῳδός, ῥαψῳδός.

Ride, v. trans. *Ride* (*horses*): P. and V. ἐλαύνειν, Ar. and P. ἱππάζεσθαι. V. intrans. P. and V. ἐλαύνειν, Ar. and P. ἱππάζεσθαι, ὀχεῖσθαι (Dem. 570). *Be carried* (*in a carriage, etc.*): P. and V. φέρεσθαι, Ar. and P. ὀχεῖσθαι. *Ride in a chariot*: P. ἐπὶ ἅρματος ὀχεῖσθαι. *I should have ridden on a mule saddle*: P. ἐπ' ἀστράβης ἂν ὠχούμην (Lys. 169; cf. Dem. 558). *Riding in a chariot*: V. ἐπὶ . . . ἀπήνης ἐμβεβώς (Soph., *O. R.* 802). *Ride along*: P. and V. παριππεύειν (acc. or absol.). *Ride down*: V. καθιππάζεσθαι, καθιππεύειν, P. καταπατεῖν. *Ride out*: P. ἐξελαύνειν. *Ride out against* (*an enemy*): P. ἀντεπεξελαύνειν (absol.). *Ride past*: P. παρελαύνειν (acc.) (Xen.). *Ride rough-shod over*: Met., P. and V. πατεῖν (Plat. also Ar.) (acc.), P. καταπατεῖν (acc.), V. καθιππάζεσθαι (acc.). *Ride round*: P. περιελαύνειν (acc.). *Ride up*: P. προσελαύνειν, προσιππεύειν. *Ride at anchor*: P. and V. ὀχεῖσθαι, ὁρμεῖν.

Ride, subs. *Journey*: P. and V. ὁδός, ἡ, πορεία, ἡ, Ar. and V. ἵππευμα, τό, or pl.; see *riding*.

Rider, subs. P. and V. ἱππεύς, ὁ, V. ἱππότης, ὁ, ἱππηλάτης, ὁ, Ar. and V. ἱππονώμας, ὁ. *One riding in a chariot*: V. ἐπεμβάτης, ὁ. *Riders of horses*: V. ἵππων ἐπεμβάται, οἱ. *Addition, adding a rider to your decree*: P. προσγράψαντες τῷ ψηφίσματι (Dem. 192).

Ridge, subs. P. and V. λόφος, ὁ, κορυφή, ἡ, V. δειράς, ἡ. *Ridge of rock, reef*: P. and V. ἕρμα, τό, V. χοιράς, ἡ. *On the ridge of this tomb*: V. τύμβου 'πὶ νώτοις τοῦδε (Eur., *Hel.* 984). *Furrow*: Ar. and P. ὁλκός, ὁ (Xen.), Ar. and V. ἄλοξ, ἡ.

Ridicule, subs. P. and V. γέλως, ὁ, κἀταγέλως, ὁ, V. κερτόμησις, ἡ, P. χλευασία, ἡ, χλευασμός, ὁ. *Insult*: P. and V. ὕβρις, ἡ. *Object of ridicule*: P. and V. γέλως, ὁ, κἀταγέλως, ὁ, V. ὕβρισμα, τό. *They turned the matter into ridicule*: P. εἰς γέλωτα ἔτρεπον τὸ πρᾶγμα (Thuc. 6, 35).

Ridicule, v. trans. P. and V. σκώπτειν (Eur., *Cycl.* 675, absol.), Ar. and P. χλευάζειν, ἐπισκώπτειν, τωθάζειν, V. κερτομεῖν. *Satirise:* Ar. and P. κωμῳδεῖν, P. ἐπικωμῳδεῖν. *Laugh at:* P. and V. γελᾶν ἐπί (dat. or dat. alone); see *mock. Insult:* P. and V. ὑβρίζειν (acc. or εἰς, acc.).

Ridiculous, adj. P. and V. γέλοιος, Ar. and P. κᾰτᾰγέλαστος, V. γελωτοποιός (Æsch., *Frag.*). *Supremely ridiculous:* P. ὑπεργέλοιος. *Absurd:* P. and V. ἄτοπος (Eur., *Frag.*).

Ridiculously, adv. P. γελοίως, καταγελάστως. *Absurdly:* P. ἀτόπως.

Ridiculousness, subs. *Absurdity:* Ar. and P. ἀτοπία, ἡ.

Riding, subs. *Horsemanship:* Ar. and P. ἱππᾰσία, ἡ, ἱππῐκή, ἡ, Ar. and V. ἵππευμα, τό, or pl. *Riding of horses:* P. ἵππων ὄχησις, ἡ (Plat.). *Good for riding,* adj.: P. ἱππάσιμος (Xen.). *Used to riding:* Ar. and P. ἱππῐκός. *Unused to riding:* P. ἄφιππος.

Riding, adj. *Mounted:* P. and V. ἔφιππος, Ar. and V. ἱπποβάμων, or use V. ἱππότης, ἱππευτής; see *mounted.*

Rife, adj. *Be rife,* v.: P. and V. κρᾰτεῖν, ἰσχύειν, P. ἐπιτρέχειν, περιτρέχειν, διαφέρειν (Thuc. 3, 83), V. πληθύειν. *Be frequent:* P. κατέχειν (Thuc. 3, 89), ἐπέχειν.

Riff-raff, subs. Use Ar. and P. κάθαρμα, τό, περίτριμμα, τό. *Mob:* P. and V. ὄχλος, ὁ, P. συρφετός, ὁ (Plat.).

Rifle, v. trans. *Rob:* P. and V. ἁρπάζειν, ἀναρπάζειν, διαρπάζειν; see *plunder.*

Rift, subs. P. and V. χάσμᾰ, τό.

Rig, v. trans. *Fit out:* P. and V. σκευάζειν, P. κατασκευάζειν. Met., *influence by intrigue:* P. κατασκευάζειν.

Rigging, subs. *Rigging of ships:* Ar. and P. σκεύη, τά. *Rigging of a market:* P. συνεργία, ἡ; see Dem. 1285.

Right, adj. *Correct, true:* P. and V. ἀληθής, ὀρθός, V. νᾱμερτής; see *true. Fit, proper:* P. and V. εὐπρεπής, πρέπων, προσήκων, εὐσχήμων, σύμμετρος, κᾰθήκων, Ar. and P. πρεπώδης, V. προσεικώς, ἐπεικώς, συμπρεπής. *Just:* P. and V. δῐκαιος, ἔνδῐκος, ὀρθός, ἴσος, ἔννομος, ἐπιεικής. *What is right, duty:* see *duty.* (*It is*) *right, lawful:* P. and V. ὅσιον, θεμῐτόν (negatively) (rare P.), θέμῐς (rare P.), V. δίκη. *Reasonable, fair:* P. and V. εἰκός. *This too is right:* V. ἔχει δὲ μοῖραν καὶ τόδε (Eur., *Hipp.* 988). *Deserved,* adj.: P. and V. ἄξιος, δῐκαιος, V. ἐπάξιος. *Be right,* v.: P. and V. ὀρθῶς γιγνώσκειν. *Hit the mark:* P. and V. τυγχᾰνειν. *Come right,* v.: P. and V. ὀρθοῦσθαι, κᾰτορθοῦσθαι, εὖ ἔχειν, κᾰλῶς ἔχειν. *Thinking that the future will come right of itself:* P. τὰ μέλλοντα αὐτόματ' οἰόμενοι σχήσειν καλῶς (Dem. 11). *Put right,* v.: P. and V. ἐξορθοῦν, διορθοῦν, κᾰτορθοῦν, ἀνορθοῦν, Ar. and P. ἐπᾰνορθοῦν. *In one's right mind,* adj.: P. and V. ἔννους, ἔμφρων; see *sane. Right* as opposed to *left:* P. and V. δεξιός. *The right hand:* P. and V. δεξιά, ἡ. *On the right:* P. and V. ἐν δεξιᾷ, Ar. and P. ἐκ δεξιᾶς, or use adj., V. ἐνδέξιος (Eur., *Cycl.* 6). *To the right of you:* V. ἐν δεξιᾷ σου (Eur., *Cycl.* 682). *Straight, direct:* P. and V. εὐθύς, ὀρθός. Adverbially: P. and V. εὐθύ, occasionally εὐθύς. *Right out,* (*destroy, kill*) *right out:* P. and V. ἄρδην; see *utterly. Thinking there was a way right through to the outside:* P. οἰόμενοι . . . εἶναι . . . ἄντικρυς δίοδον εἰς τὸ ἔξω (Thuc. 2, 4). *Right through,* prep.: V. διαμπάξ (gen.) (also used in Xen. as adv.), διαμπερές (gen.) (also used in Plat. as adv.). *Right angle:* P. ὀρθὴ γωνία, ἡ. *At right angles:* use adj., P. ἐγκάρσιος.

Right, subs. *Justice:* P. and V. τὸ δῐκαιον, θεμῐς, ἡ (rare P.), P.

δικαιοσύνη, ἡ, V. τὸ μᾰδῐκεῖν, τοὔνδῐκον (Eur., *Frag.*). *Legal right*: P. and V. δῐ́κη, ἡ. *Prerogative*: P. and V. γέρᾰς, τό; see *prerogative*. *Rights*: P. and V. τὰ δῐ́καια. *Just claim*: P. δικαίωμα, τό. *Have a right to*: P. and V. δῐ́καιος εἶναι (infin.) (Eur., *Heracl.* 142), Ar. and P. ἄξιος εἶναι (infin.). *By rights*: use *rightly*. *Put to rights*: see *put right*, under *right*.

Right, v. trans. P. and V. ἐξορθοῦν, διορθοῦν, κᾰτορθοῦν, Ar. and P. ἐπᾰνορθοῦν. *Set upright*: P. and V. ὀρθοῦν. *Guide aright*: see under *guide*. *A ship strained forcibly by the sheet sinks, but rights again, if one slackens the rope*: V. καὶ ναῦς γὰρ ἐνταθεῖσα πρὸς βίαν ποδί ἔβαψεν, ἔστη δ' αὖθις ἢν χαλᾷ πόδα (Eur., *Or.* 706).

Righteous, adj. P. and V. δῐ́καιος, ἔνδῐκος, ὀρθός, V. πάνδῐκος; see *just*. *Pious*: P. and V. εὐσεβής, ὅσιος. *Good, honest*: P. and V. κᾰλός, χρηστός.

Righteously, adv. P. and V. δῐκαίως, ἐνδῐ́κως, ὀρθῶς, V. πανδῐ́κως. *Piously*: P. and V. εὐσεβῶς, ὁσίως; see *rightly*. *Honestly*: P. and V. εὖ, κᾰλῶς.

Righteousness, subs. *Justice*: P. and V. τὸ δῐ́καιον, P. δικαιοσύνη, ἡ, ἐπιείκεια, ἡ, V. τὸ μᾰδῐκεῖν, τοὔνδῐκον (Eur., *Frag.*), τοὐπιεικές. *Piety*: P. and V. εὐσέβεια, ἡ, τὸ εὐσεβές, P. ὁσιότης, ἡ.

Rightful, adj. *Lawful*: P. and V. νόμῐμος. *Genuine*: P. and V. γνήσιος.

Rightfully, adv. *Lawfully*: P. and V. κᾰτὰ νόμους; see *lawfully*, *justly*.

Rightly, adv. P. and V. ὀρθῶς, V. κᾰτ' ὀρθόν. *Truly*: P. and V. ἀληθῶς; see *truly*. *Reasonably*: P. and V. εἰκότως. *Justly*: P. and V. δῐκαίως, ἐνδῐκῶς, ὀρθῶς, P. ἴσως, ἐπιεικῶς, Ar. and V. ἐν δῐ́κῃ, V. πρὸς δῐ́κης, σὺν δίκῃ, δῐ́κῃ; see *justly*. *Well, properly*: P. and V. εὖ. *Deservedly*: P. and V. ἀξίως, V. ἐπαξίως, κᾰταξίως.

Right-minded, adj. See *sensible*.

Rightness, subs. Ar. and P. ὀρθότης, ἡ; see *truth*.

Rigid, adj. *Hard*: P. and V. σκληρός, στερεός, V. στυφλός, περισκελής, Ar. and V. στερρός. *Stern*: P. and V. σκληρός, σχέτλιος, τρᾱχῠ́ς, Ar. and P. χᾰλεπός. Of things: P. ἰσχυρός. *Obstinate*: P. and V. αὐθάδης. *Firm, secure*: P. and V. βέβαιος, ἀσφᾰλής.

Rigidity, subs. *Hardness*: P. σκληρότης, ἡ, στερεότης, ἡ. *Rigidity of the muscles*: P. τέτανος, ὁ. *Sternness*: P. χαλεπότης, ἡ; see *sternness*. *Obstinacy*: P. αὐθάδεια, ἡ, σκληρότης, ἡ, Ar. and V. αὐθᾱδία, ἡ.

Rigidly, adv. *Hardly*: Ar. and P. σκληρῶς. *Securely, firmly*: P. and V. βεβαίως, ἀσφᾰλῶς. *Obstinately*: Ar. and P. αὐθάδως, P. σκληρῶς.

Rigmarole, subs. Use P. ὕθλος, ὁ (Plat.).

Rigorous, adj. *Stern*: P. and V. σκληρός. πικρός, σχέτλιος, τρᾱχῠ́ς, Ar. and V. χᾰλεπός; see also *pitiless*. Of climate: P. χειμέριος, Ar. and V. δυσχείμερος. *Exact, accurate*: P. and V. ἀκρῑβής.

Rigorously, adv. *Sternly*: P. σκληρῶς, σχετλίως, P. and V. πικρῶς; see *pitilessly*. *Exactly, accurately*: P. and V. ἀκρῑβῶς.

Rigour, subs. *Sternness*: P. σκληρότης, ἡ, χαλεπότης, ἡ, V. τρᾱχῠ́της, ἡ, P. and V. πικρότης, ἡ. *Of climate*: see *cold*.

Rill, subs. P. and V. ῥοή, ἡ, ῥεῦμα, τό, ῥεῖθρον, τό, ῥοῦς, ὁ (V. ῥόος), V. χεῦμα, τό, ῥέος, τό, νασμός, ὁ, Ar. and V. νᾶμα, τό (also Plat. but rare P.); see *stream*.

Rim, subs. *Edge*: P. χεῖλος, τό; see also *lip*. *The rim of anything*: use adj., P. and V. ἄκρος agreeing with subs., e.g., *the rim of the cup*: P. and V. ἄκρα κύλιξ. *Of* *a shield* : V. περίδρομος, ὁ, ἴτυς, ἡ. *Of a cup* : V. κρᾶτα (acc. sing.) (Soph., *O. C.* 473); see *lip*.

Rime, subs. P. and V. πάχνη, ἡ (Plat.).

Rimmed, adj. V. περίδρομος. *Black rimmed* : V. μελάνδετος (used of a shield).

Rind, subs. *Peel* : Ar. and P. λέμμᾰ, τό. *Bark* : P. φλοιός, ὁ (Xen.). *Of cheese* : Ar. σκῖρον, τό.

Ring, subs. *Circle* : P. and V. κύκλος, ὁ. *For the finger* : Ar. and P. δακτῦλιος, ὁ. *Signet-ring* : P. and V. σφρᾱγίς, ἡ. *Hoop of a ring*: P. and V. σφενδόνη, ἡ. *Ring of people* : P. and V. κύκλος, ὁ. *In a ring* : P. and V. κύκλῳ, πέριξ (rare P.), ἐν κύκλῳ. *Standing in a ring*: use adv., P. and V. περιστᾰδόν. *Arena* : P. ἀγών, ὁ. *Enter the ring*, v. : P. and V. εἰσέρχεσθαι, Ar. and P. κᾰτᾰβαίνειν.

Ring, v. trans. See *encircle*. *Ring money to see if it is good* : Ar. κωδωνίζειν, Met., P. διακωδωνίζειν. *Ring a bell* : use P. and V. κροτεῖν. V. intrans. *Clash* : P. and V. ἠχεῖν (Plat.), ψοφεῖν ; see *clash*. *Ring in the ears* : V. βοᾶν ἐν ὠσί (Æsch., *Pers.* 605). *Ring out terror* : V. κτῠπεῖν φόβον (Eur., *Rhes.* 308). *Bells ring out terror* : V. κλάζουσι κώδωνες φόβον (Æsch., *Theb.* 386).

Ringing, subs. P. and V. ψόφος, ὁ, κτῠπος, ὁ (also Ar. but rare P.), Ar. and V. πᾰτᾰγος, ὁ, V. κλαγγή, ἡ, ἄραγμός, ὁ, δοῦπος, ὁ (rare P.), βρόμος, ὁ, ἄράγμᾰτα, τά.

Ringleader, subs. P. and V. ἡγεμών, ὁ or ἡ, P. ἐξηγητής, ὁ.

Ringlet, subs. Ar. and V. πλόκᾰμος, ὁ, βόστρῠχος, ὁ, V. φόβη, ἡ, πλόκος, ὁ. *Of a fop* : Ar. κῐκιννος, ὁ.

Rinse, v. trans. *Clean* : P. and V. κᾰθαίρειν. *Wash (clothes, etc.)* : Ar. and P. πλῠνειν ; see *wash*.

Riot, subs. *Disorder* : P. and V. ἀκοσμία, ἡ, θόρῠβος, ὁ, P. ταραχή, ἡ, V. τᾰραγμός, ὁ, τᾰραγμα, τό. *Rising of the populace* : use P. and V. στᾰσις, ἡ. *Revelry* : P. and V. κῶμος, ὁ, Ar. and P. εὐωχία, ἡ ; see *revelry*. *Run riot* : see under v.

Riot, v. intrans. *Be disorderly* : P. and V. ἀκοσμεῖν. *Run riot, go to excess* : P. and V. ὑπερβάλλειν, V. ἐκτρέχειν. *Revel* : P. and V. κωμάζειν, εὐωχεῖσθαι (Eur., *Cycl.*) ; see *revel*. *Wanton* : P. and V. ὑβρίζειν, V. χλῐειν, Ar. and V. χλῐδᾶν. *Nor were the halls of Menelaus enough for your wantonness to riot in* : V. οὐδ᾽ ἦν ἱκανά σοι τὰ Μενέλεω μέλαθρα ταῖς σαῖς ἐγκαθυβρίζειν τρυφαῖς (Eur., *Tro.* 996). *Rise against the government* : Ar. and P. στᾰσιάζειν.

Rioter, subs. Use Ar. and P. ὁ στᾰσιάζων. *Reveller* : Ar. and P. κωμαστής, ὁ. *Wanton* : P. and V. ὑβριστής, ὁ.

Riotous, adj. P. στασιωτικός, στασιαστικός. *Noisy* : P. θορυβώδης. *Disorderly* : V. ἄκοσμος, P. ταραχώδης ; see *disorderly*. *Riotous conduct* : P. and V. ὕβρῐς, ἡ. *Their private means through idleness are lost and wasted in riotous living* : V. τὰ δ᾽ ἐν δόμοις δαπάναισι φροῦδα διαφυγόνθ᾽ ὑπ᾽ ἀργίας (Eur., *H. F.* 591).

Rip, v. trans. See *tear*.

Ripe, adj. P. and V. ὡραῖος, πέπων (Æsch., *Frag.*, Xen. also Ar.). *Ripe in years* : see *grown*. *Brought to perfection* : P. and V. τέλειος. τέλεος. *Ready, prepared* : P. and V. ἕτοιμος. *Be ripe*, v. : P. and V. ἀκμάζειν, P. ἐν ἀκμῇ εἶναι. *Trained, experienced* : P. γεγυμνασμένος. *Ripe for marriage* : P. and V. ὡραῖος, V. ὡραῖος γάμων.

Ripen, v. trans. P. and V. πεπαίνειν (Eur., *Frag.*, Xen.). V. intrans. *Of grapes* : V. ἀποπερκοῦσθαι (Soph., *Frag.*), Ar. πεπαίνειν. *Come to perfection* : P. and V. ἀκμάζειν.

Ripeness, subs. *Perfection* : P. and V. ἀκμή, ἡ. *Ripeness of age* : see *prime*.

Ripple, subs. Use *wave*. *The countless ripples of the sea surge*: V. ποντίων . . . κυμάτων ἀνήριθμον γέλασμα (Æsch., *P. V.* 89).

Ripple, v. trans. *Break into ripples*: use V. λευκαίνειν (Eur., *Cycl.* 17).
V. intrans. Use P. and V. ῥεῖν.

Rise, v. intrans. *Get up from sitting, etc.*: P. and V. ἀνίστασθαι, ἐξᾰνίστασθαι, V. ὀρθοῦσθαι, Ar. and P. ἐπᾰνίστασθαι. *Of an assembly*: P. and V. ἀνίστασθαι. *Rise from one's seat in honour of a person*: Ar. and P. ὑπᾰνίστασθαι (dat.) (Xen.). *Rise from bed*: P. and V. ἀνίστασθαι, ἐξᾰνίστασθαι, V. ἐπαντέλλειν (Æsch., *Ag.* 27). *Awake*: P. and V. ἐγείρεσθαι, ἐξεγείρεσθαι. *Rise from the dead*: P. and V. ἀνίστασθαι, V. ἐξᾰνέρχεσθαι. *Go up*: P. and V. ἀνέρχεσθαι. *Ascend*: P. and V. αἴρεσθαι, ἄνω φέρεσθαι. *What shall I tell of first? The dust that rose to heaven?* V. τί πρῶτον εἴπω πότερα τὴν ἐς οὐρανὸν κόνιν προσαντέλλουσαν (Eur., *Supp.* 687). *Of the sun, etc.*: Ar. and P. ἀνᾰτέλλειν, P. ἀνίσχειν, V. ἀνέρχεσθαι. *Of ground*: use P. μετέωρος εἶναι. *Grow, increase*: P. and V. αὐξάνεσθαι, αὔξεσθαι, P. ἐπαυξάνεσθαι, Ar. and P. ἐπῐδῐδόναι, V. ὀφέλλεσθαι. *When the price of corn rose*: P. ὅτε ὁ σῖτος ἐπετιμήθη (Dem. 918, cf. 1208). *Prices had risen*: P. αἱ τιμαὶ ἐπετέταντο (Dem. 1290). *Come to pass*: P. and V. συμβαίνειν, συμπίπτειν; see *occur*. *Come into being*: P. and V. φαίνεσθαι, γίγνεσθαι, Ar. and P. ἀνᾰφαίνεσθαι, V. ὀρωρέναι (perf. of ὀρνύναι). *Rise in rebellion*: Ar. and P. ἐπᾰνίστασθαι. *Rise against*: Ar. and P. ἐπᾰνίστασθαι (dat.). *Of a river*: P. ἀναδιδόναι (Hdt.). *Rise in a place*: use P. and V. ῥεῖν ἐκ (gen.). *Of a wind*: use P. and V. γίγνεσθαι (Thuc. 1, 54). *Project*: P. and V. προὔχειν, Ar. and P. ἐξέχειν; see *project*. *A black rock rising high above the ground*: V. μέλαινα πέτρα γῆς ὑπερτέλλουσ' ἄνω (Eur., *Hec.* 1010).

Rise, subs. *Increase*: P. ἐπίδοσις, ἡ. *Growth*: P. αὔξησις, ἡ. *Origin*: P. and V. ἀρχή, ἡ. *Of the sun, etc.*: P. ἀνατολή, ἡ, V. ἀντολή, ἡ, or pl. *Of a star*: P. ἐπιτολαί, αἱ. *At sun rise*: P. ἅμ' ἡλίῳ ἀνέχοντι (Xen.), V. ἡλίου τέλλοντος.

Risible faculties. See *risibility*.

Risibility, subs. P. and V. γέλως, ὁ.

Rising, adj. Of ground: Ar. and P. μετέωρος, P. ἀνάντης, προσάντης, P. and V. ὄρθιος. *The rising generation*: P. and V. οἱ νέοι, οἱ νεώτεροι.

Rising, subs. *Of the sun, etc.*: see *rise*. *Rebellion*: P. and V. ἐπᾰνάστᾰσις, ἡ.

Risk, subs. P. and V. κίνδῡνος, ὁ, τό δεινόν, or pl., ἀγών, ὁ. *Dangerous enterprise*: P. and V. κινδῡ́νευμα, τό (Plat.). *Without risk*, adj.: P. ἀκίνδυνος, adv., P. and V. ἀκινδῡ́νως. *Run risks*: Ar. and P. κινδῡνεύειν, πᾰρᾰκινδῡνεύειν, ἀποκινδῡνεύειν, P. διακινδυνεύειν, κίνδυνον ἀναρρίπτειν, V. τρέχειν ἀγῶνα, κίνδῡνον ἀνᾰβάλλειν, κίνδῡνον ῥίπτειν. *I withdrew the money for them at the risk of my life*: P. ἐξεκόμισα αὐτοῖς τὰ χρήματα κινδυνεύσας περὶ τοῦ σώματος (Isoc. 388A). *Share a risk with others*, v.: P. συγκινδυνεύειν (absol. or dat.), συνδιακινδυνεύειν μετά (gen.).

Risk, v. trans. *Hazard*: Ar. and P. πᾰρᾰβάλλεσθαι, πᾰρᾰκινδῡνεύειν, κινδῡνεύειν (dat. or περί, gen.), P. ὑποτιθέναι, V. πᾰραρρίπτειν, προβάλλειν, προτείνειν; see also *endanger*. *Risk everything*: P. διακινδυνεύειν (absol.). *Risking war against the Argives*: V. κυβεύων τὸν πρὸς Ἀργείους Ἄρη (Eur., *Rhes.* 446). *Who will risk incurring reproaches*: V. τίς παραρρίψει . . . ὀνείδη λαμβάνων (Soph., *O. R.* 1493).

Risky, adj. *Precarious*: P. ἐπισφαλής, ἐπικίνδυνος, ἀκροσφαλής. *Dangerous*: P. and V. δεινός, σφᾰλερός, P. ἐπικίνδυνος, παράβολος. *Venturesome*: Ar. πᾰρᾰ́βολος, P. φιλοκίνδυνος.

Rite, subs. P. and V. τελετή, ἡ, or pl., τέλος, τό, or pl., Ar. and P. τὰ νομιζόμενα, τὰ ἱερά, V. ἱρά. *Mystic rites*: P. and V. μυστήρια, τά; see *mysteries*. *Bacchic rites*: V. βακχεύμᾰτα, τά, τελεταὶ εὔιοι, αἱ; see *bacchanalia*. *Do you perform your rites by day or night?* τὰ δʼ ἱρὰ νύκτωρ ἢ μεθʼ ἡμέραν τελεῖς; (Eur., *Bacch.* 485). *Begin the rites*: V. κᾰτάρχεσθαι, P. κατάρχεσθαι τῶν ἱερῶν (cf. Ar., *Av.* 959), προκατάρχεσθαι τῶν ἱερῶν, Ar. and P. ἀπάρχεσθαι (Xen.). *Begin the rites by taking the meal from the baskets*: V. ἐξάρχου κανᾶ (Eur., *I. A.* 435). *He shall begin the rites with offering of meal and lustrations*: V. προχύτας χέρνιβάς τʼ ἐνάρξεται (Eur., *I. A.* 955). *President of the rites*: P. ἱεροποιός, ὁ.

Ritual, subs. See *rites*.

Rival, subs. P. and V. ἀντᾰγωνιστής, ὁ, V. πᾰλαιστής, ὁ, ἀντηρέτης, ὁ; see *competitor*, or use adj., V. ἀνθᾰ́μιλλος, Ar. and V. ἀντῐ́πᾰλος. *Opponent*: use adj., P. and V. ἐναντίος. *Rival in love*: Ar. and P. ἀντεραστής, ὁ. *Rival in art*: use adj., Ar. and P. ἀντῐ́τεχνος. *Rival in a husband's affection*: use adj., V. σύγγᾰμος (Eur., *And.* 182).

Rival, adj. *Conflicting*: P. and V. ἐναντίος, Ar. and V. ἀντῐ́πᾰλος.

Rival, v. trans. *Compete with*: P. and V. ἀγωνίζεσθαι (dat. or πρός, acc.), ἁμιλλᾶσθαι (dat. or πρός, acc.), ἐρίζειν (dat.), V. ἐξᾰγωνίζεσθαι (dat.), ἐξᾰμιλλᾶσθαι (dat.); see *contend with*. *Do you rival Themistocles?* Ar. σὺ Θεμιστοκλεῖ ἀντιφερίζεις; (*Eq.* 813). *Emulate*: P. and V. ζηλοῦν (acc.), P. ζηλοτυπεῖν (acc.), φιλονεικεῖν (dat. or πρός, acc.). *Equal*: P. and V. ἰσοῦσθαι (dat.), ἐξισοῦσθαι (dat.). *Imitate*: P. and V. μῑμεῖσθαι; see *imitate*.

Rivalry, subs. P. and V. ἔρις, ἡ, ἀγών, ὁ, ἅμιλλα, ἡ, ζῆλος, ὁ, P. φιλονεικία, ἡ, ζηλοτυπία, ἡ, ζηλώματα, τά, ζήλωσις, ἡ. *A life of rivalry*: V. πολύζηλος βίος (Soph., *O. R.* 381). *An object of rivalry*: use adj., P. ἐφαμιλλος, Ar. and P. περῐμᾰ́χητος.

Riven, adj. P. and V. σχιστός (Plat.), V. δῐχορρᾰγής, διαρρώξ.

River, subs. P. and V. ποτᾰμός, ὁ. *Stream*: P. and V. ῥοή, ἡ, ῥεῦμα, τό, ῥεῖθρον, τό, ῥοῦς, ὁ (ῥόος, in V.), V. ῥέος, τό; see *stream*. *Of a river*, adj.: Ar. and V. ποτᾰ́μιος.

Rivet, subs. P. and V. γόμφος, ὁ (Plat., *Timae.* 43A). *Nail*: Ar. and P. ἧλος, ὁ (Plat., *Phaedo*, 83D).

Rivet, v. trans. *Nail*: P. προσηλοῦν, Ar. and V. προσπασσᾰλεύειν, V. πασσᾰλεύειν. *Be riveted*: Ar. and V. γομφοῦσθαι, V. ἐφηλοῦσθαι. Met., *rivet the attention*: P. and V. κᾰτέχειν; see *fix*. *Rivet one's gaze on*: see *fix*.

Rivulet, subs. P. and V. ῥοή, ἡ; see *stream*.

Road, subs. P. and V. ὁδός, ἡ. *Path*: V. τρῐ́βος, ὁ or ἡ (also Xen. but rare P.), οἶμος, ὁ or ἡ (also Plat. but rare P.), στῐ́βος, ὁ, πόρος, ὁ, Ar. and P. ἀτρᾰπός, ἡ, Ar. and V. κέλευθος, ἡ. *Carriage road*: V. ἁμάξῐτος, ἡ (also Xen. with ὁδός), ἁμαξήρης τρῐ́βος, ὁ or ἡ. *Place where three roads meet*: P. and V. τρίοδος, ἡ (Plat.). *Make roads*: P. ὁδοὺς τέμνειν. *Road making*, adj.: V. κελευθοποιός.

Roadstead, subs. P. and V. ναύσταθμον, τό (Eur., *Rhes.*); see *harbour*.

Roam, v. trans. *Traverse*: P. and V. περῐπολεῖν (Plat.), ἐπιστρέφεσθαι, V. πολεῖν, ἀλᾶσθαι, ἐμβᾰτεύειν (acc. or gen.). V. intrans. P. and V. περῐπολεῖν (Plat. and Isoc.), πλᾰνᾶσθαι, ἀλᾶσθαι (Dem. 440, also Isoc.), V. οἰχνεῖν, στρέφεσθαι, στρωφᾶσθαι, ἀλαίνειν, ἀλητεύειν, ἀναστρωφᾶσθαι, φοιτᾶν. *Roam about:* Ar. and P. περῐνοστεῖν.

Roaming, subs. P. and V. πλάνη, ἡ, πλάνος, ὁ, V. πλάνημα, τό, ἄλη, ἡ, ἀλητεία, ἡ, δρόμος, ὁ.

Roaming, adj. See *wandering*.

Roar, subs. *Bellow:* P. and V. μῡκᾶσθαι (Ar. also but rare P.), Ar. and V. βρῡχᾶσθαι, V. ἐκβρῡχᾶσθαι, P. ἀναβρυχᾶσθαι. *Shout, bawl:* P. and V. βοᾶν, ἀνᾰβοᾶν; see *shout.* Of inanimate things: P. and V. ψοφεῖν, ἐπηχεῖν (Plat. but rare P.), ἠχεῖν (Plat. but rare P.), κτῠπεῖν (Plat. but rare P.) (also Ar.), V. βρέμειν (Ar. also in mid.).

Roar, subs. *Bellow:* V. μύκημα, τό. *Noise of animals:* P. and V. φθέγμᾰ, τό (Plat.), φθόγγος, ὁ (Plat.), V. βοή, ἡ, φθογγή, ἡ. *Shout:* P. and V. βοή, ἡ, κραυγή, ἡ; see *shout. Inarticulate sound:* P. and V. ψόφος, ὁ, ἠχή, ἡ (Plat. but rare P.), κτύπος, ὁ (Plat. and Thuc. but rare P.) (also Ar.), V. βρόμος, ὁ, δοῦπος, ὁ (also Xen. but rare P.), ἀραγμός, ὁ, ἀράγμᾰτα, τά, Ar. and V. πάτᾰγος, ὁ.

Roaring, adj. V. βρύχιος, ῥόθιος, πολύρροθος.

Roast, v. trans. Ar. and P. ὀπτᾶν, φρύγειν, Ar. and V. ἐξοπτᾶν (Eur., *Cycl.*). *Roast in ashes:* Ar. and P. σποδίζειν, Ar. ἐμπῠρεύειν. *Roast an ox whole:* Ar. βοῦν ἀπανθρᾰκίζειν ὅλον (*Ran.* 506).

Roast, adj. P. and V. ὀπτός.

Rob, v. trans. *Deprive:* P. and V. ἀφαιρεῖν (τινί ·τι), ἀφαιρεῖσθαί (τινά τι), ἀποστερεῖν (τινά τινος, or acc. of thing if standing alone), στερεῖν (τινά· τινος), στερίσκειν (τινά τινος), σῡλᾶν (τινά τι), ἀποσῡλᾶν (τινά τι), V. ἀποστερίσκειν (τινά τινος); see *deprive. Help a person in robbing:* P. συναποστερεῖν (τινά τινος, with dat. of person helped). *Be robbed of:* use also P. and V. στέρεσθαι (gen.), V. τητᾶσθαι (gen.). *Pillage:* P. and V. πορθεῖν, ἐκπορθεῖν, διᾰπορθεῖν, ἁρπάζειν, ἀναρπάζειν, διαρπάζειν, σῡλᾶν, φέρειν, λῄζεσθαι, P. ἄγειν καὶ φέρειν, λῃστεύειν, διαφορεῖν, V. πέρθειν, ἐκπέρθειν (also Plat. but rare P.); see *plunder.* Absol., *be a robber:* Ar. and P. λωποδῠτεῖν.

Robber, subs. P. and V. λῃστής, ὁ, Ar. and P. λωποδῠ́της, ὁ, Ar. ἅρπαξ, ὁ. *Plunderer:* V. σῡλήτωρ, ὁ, πορθήτωρ, ὁ, ἐκπορθήτωρ, ὁ; see also *thief.*

Robbery, subs. P. and V. ἁρπᾰγή, ἡ (or pl. in V.), P. πόρθησις, ἡ, λῃστεία, ἡ, σύλησις, ἡ. *Theft:* P. and V. κλοπή, ἡ; see *theft.*

Robe, subs. *Dress:* P. and V. ἐσθής, ἡ, ἐσθήμᾰτα, τά, κόσμος, ὁ, σκευή, ἡ, στολή, ἡ (Plat.), V. εἷμα, τό, στολμός, ὁ, Ar. and V. πέπλος, ὁ, πέπλωμα, τό; see *dress.*

Robe, v. trans. *Clothe:* P. and V. ἐνδῠ́ειν, περῐβάλλειν, Ar. and P. ἀμφιεννῠ́ναι, Ar. and V. ἀμφῐτῐθέναι, ἀμπίσχειν, ἀμπέχειν, V. ἀμφῐβάλλειν, περιστέλλειν; see *dress. Robe oneself:* P. and V. ἐνδῠ́εσθαι. *Adorn:* P. and V. κοσμεῖν. Met., *encircle:* P. and V. περῐβάλλειν, V. ἀμπίσχειν, ἀμπέχειν, ἀμφῐβάλλειν.

Robust, adj. P. ἐρρωμένος; see *strong.*

Robustly, adv. P. and V. ἐρρωμένως.

Robustness, subs. P. and V. ἰσχῠ́ς, ἡ, ῥώμη, ἡ.

Rock, subs. P. and V. πέτρα, ἡ. *Stone:* P. and V. λίθος, ὁ, V. χερμάς, ἡ, πέτρος, ὁ; see *stone. Crag:* P. and V. ἄκρα, ἡ, κρημνός, ὁ, V. λέπᾰς, τό, σπῐλάς, ἡ ἀγμός, ὁ, Ar. and P. σκόπελος, ὁ. *Ridge of rock:* V. χοιράς, ἡ. *Of rock*, adj.: V. πετραῖος, πετρώδης, πέτρῐνος, λεπαῖος, πετρήρης. *Of stone:* V. λᾱ́ϊνος, Ar. and P. λίθῐνος. *Hurled from a rock:* V. πετρορρῐφής. *Roofed with rock:* V. πετρηρεφής. *Whence she shall be hurled with a plunge from the rock:* V. ὅθεν πετραῖον ἅλμα δισκευθήσεται (Eur., *Ion*, 1268).

Rock, v. trans. *Move*: P. and V. κῑνεῖν. *Shake*: P. and V. σείειν. *Move to and fro*: V. σᾰλεύειν. V. intrans. *Move*: P. and V. κῑνεῖσθαι. *Shake*: P. and V. σείεσθαι. *Move to and fro*: P. and V. σᾰλεύειν, P. ἀποσαλεύειν. *Wave*: P. and V. αἰωρεῖσθαι; see *toss*.

Rockiness, subs. *Of ground*: P. τραχύτης, ἡ.

Rocking, subs. *Oscillation*: Ar. and V. σάλος, ὁ. *Of the earth (in an earthquake)*: P. and V. σεισμός, ὁ.

Rocky, adj. Of ground: P. and V. πετρώδης, τρᾱχύς, V. κρᾰταίλεως, λεπαῖος; see *rugged*. Of rock: see under *rock*.

Rod, subs. *Staff*: Ar. and P. ῥάβδος, ἡ, βακτηρία, ἡ, V. βάκτρον, τό. *For chastising*: Ar. and P. ῥάβδος, ἡ. *For measuring, etc.*: P. and V. κᾰνών, ὁ.

Rodomontade, subs. *Boasting*: Ar. and P. ἀλαζονεία, ἡ.

Roe, subs. See *deer*.

Rogue, subs. P. and V. μαστῑγίᾱς, ὁ (Soph., *Frag.*, also Ar.), Ar. and V. κέντρων, ὁ (Soph., *Frag.*), Ar. κόβᾱλος, ὁ. *Quack, cheat*: Ar. and P. ἀλάζων, ὁ, P. and V. ἀγύρτης, ὁ; see *quack*.

Roguery, subs. P. and V. πᾰνουργία, ἡ: see *mischief*. *Piece of roguery*: P. and V. τόλμημα, τό. *Insolence*: P. and V. ὕβρῐς, ἡ.

Roguish, adj. *Rascally*: P. and V. κᾰκοῦργος, πᾰνοῦργος, ἐπίτριπτος, V. παντουργός. Met., *full of youthful spirit*: Ar. and P. νεᾱνῐκός: see *mischievous*.

Roisterer, subs. Ar. and P. κωμαστής, ὁ. *Band of roisterers*: P. and V. θίᾰσος, ὁ, V. κῶμος, ὁ.

Roistering, subs. P. and V. κῶμος, ὁ.

Roistering, adj. Use Ar. and P. νεᾱνῐκός.

Role, subs. *Part in a play*: P. σχῆμα, τό; see *part*. *Play role of*: P. ὑποκρίνεσθαι (acc.); see *play*.

Roll, v. trans. P. and V. κῠλινδεῖν (Xen.), V. ἑλίσσειν, εἱλίσσειν (once Ar.). *Turn, make revolve*: P. and V. στρέφειν, P. περιφέρειν, V. ἀναστρέφειν, Ar. and V. κυκλεῖν. *Fold*: V. συμπτύσσειν. *Roll the eyes*: V. διᾰφέρειν κόρας, ἐγκυκλοῦν ὀφθαλμόν, ὄμμα ἀναστρέφειν. V. intrans. *Turn over and over*: P. and V. κῠλινδεῖσθαι, Ar. and V. also κῠλίνδεσθαι (Soph., *Frag.*). *Revolve*: P. and V. κυκλεῖσθαι, στρέφεσθαι, P. περιστρέφεσθαι, περιφέρεσθαι, V. ἑλίσσεσθαι, εἱλίσσεσθαι; see *spin*. *Sway as a ship*: P. and V. σᾰλεύειν, P. ἀποσαλεύειν; see also *reel*. *Roll against*: Ar. προσκῠλῑ́ειν τί τινι (*Vesp.* 202). *Roll down*: P. κατακυλινδεῖσθαι (Xen.). *Roll out*, v. trans.: Ar. ἐκκῠλίνδειν. *Roll out of*: V. ἐκκῠλίνδεσθαι (gen.). *Time as it rolls on*: V. οὑπιρρέων χρόνος.

Roll, subs. *Swaying motion*: Ar. and V. σάλος, ὁ. *Register*: Ar. and P. κᾰτᾰλογος, ὁ. *Records, archives*: P. and V. λόγοι, οἱ, γράμμᾰτα, τά. *Roll (of drums)*: use V. κτῠ́πος, ὁ (Eur., *Bacch.* 513). *Roll of bread*: use Ar. κόλλᾰβος, ὁ.

Roller, subs. Use *wheel*.

Rollick, v. intrans. P. and V. κωμάζειν.

Rollicking, adj. Ar. and P. φῐλοπαίσμων. *Gay*: Ar. and P. νεᾱνῐκός.

Rolling, adj. Of the eye: V. διάστροφος.

Rolling, subs. *Of the eyes*: V. στροφαὶ (ὀμμάτων).

Rollock, subs. See *rowlock*.

Romance, subs. *Story*: P. and V. λόγος, ὁ, μῦθος, ὁ; see *story*. *Love*: P. and V. ἔρως, ὁ. *Mere fiction* (as opposed to *truth*): P. and V. μῦθος, ὁ.

Romance, v. intrans. P. μυθολογεῖν. *Invent stories*: P. λογοποιεῖν.

Romantic, adj. *Legendary*: P. μυθώδης. *Dealing with love*: P. ἐρωτικός. *Beautiful*: P. and V. κᾰλός. *Charming*: Ar. and P. χᾰρίεις. *Fond of beauty*: P. φιλόκαλος.

Romp, v. intrans. P. and V. παίζειν; see *play*.

Roof, subs. P. and V. ὄροφος, ὁ, Ar. and P. τέγος, τό, ὀροφή, ἡ. *Tiling*: Ar. and P. κέρᾰμος, ὁ. *Roof of the mouth*: P. οὐρανός ὁ (Aristotle). *Living under the same roof*, adj.: P. ὁμωρόφιος, or use V. ἐφέστιος, σῠνέστιος. *Sheltered by a roof*: P. and V. ὑπόστεγος.

Roof, v. trans. P. and V. ἐρέφειν (Dem. 426, also Ar.), Ar. κᾰτερέφειν, or use *cover*.

Roofed, adj. P. κατάστεγος, P. and V. κᾰτηρεφής (Plat., *Critias*, 116B, but rare P.). *Roofed with stone*: V. πετρηρεφής.

Roofless, adj. V. ἀνόροφος.

Rook, subs. Use Ar. κόραξ, ὁ.

Room, subs. P. and V. οἴκημα, τά, οἶκος, ὁ, Ar. and V. δόμος, ὁ, δῶμα, τό, μέλαθρον, τό or pl, V. στέγη, ἡ, στέγος, τό, Ar. and P. δωμᾰ́τιον, τό, οἰκίδιον; see *chamber*. *Interval*: P. διάλειμμα, τό, διάστημα, τό. *Vacant space*: P. and V. χώρα, ἡ. *Plenty of room*: P. εὐρυχωρία, ἡ. *Want of room*: P. στενοχωρία, ἡ. *Have room for*: P. and V. χωρεῖν (acc.) (Eur., *Hipp.* 941). *Make room (for)*: Ar. and P. πᾰρᾰχωρεῖν (dat.), ὑποχωρεῖν (dat.), V. ἐκχωρεῖν (dat.). *In the room of*: P. and V. ἀντί (gen.). *Opportunity, scope*: P. and V. καιρός, ὁ. *There is room for*: use P. and V. δεῖ (gen.).

Roomy, adj. Use P. and V. εὐρύς.

Roost, v. intrans. *Perch*: P. and V. κᾰθῆσθαι, κᾰθίζειν. *Roost upon*: Ar. ἐφέζεσθαι (dat.). *Roost on a perch*: Ar. ἐπὶ ξύλου κᾰθεύδειν (*Nub.* 1431).

Root, subs. P. and V. ῥίζᾰ, ἡ. *Trunk*: Ar. and P. στέλεχος, τό. Met., *origin*: P. and V. πηγή, ἡ, ῥίζᾰ, ἡ. *Beginning*: P. and V. ἀρχή, ἡ. *Family*: P. and V. γένος, τό, V. σπέρμᾰ, τό, ῥίζᾰ, ἡ, ῥίζωμα, τό; see *family*. *Root of a number*: P. πυθμήν, ὁ (Plat.). *Square root*: P. δύναμις, ἡ (Plat.). *End from which something has been cut*: P. and V. τομή, ἡ. *From a small seed a great root may spring*: V. σμικροῦ γένοιτ' ἂν σπέρματος μέγας πυθμήν (Æsch., *Choe.* 204). *Take root*: P. ῥιζοῦσθαι (Xen.), καταρριζοῦσθαι (Plat.). *Root and branch, utterly*: use adj., P. and V. πρόρριζος (also Ar. rare P.), Ar. and V. αὐτόπρεμνος, or adv., V. πρυμνόθεν: see *utterly*.

Root out, v. trans. *Pull up by the roots*: P. ἐκπρεμνίζειν, V. ἐκθαμνίζειν. Met., P. and V. ἀναιρεῖν, κᾰθαιρεῖν, V. ἐκτρίβειν, ἐκθαμνίζειν; see *destroy*. *Having all his house utterly rooted out*: V. γένους ἅπαντος ῥίζαν ἐξημημένος (ἐξαμᾶν) (Soph., *Aj.* 1178).

Rooted, adj. *Be rooted*: P. and V. ῥιζοῦσθαι, P. καταρριζοῦσθαι. *Rooted in earth*: V. γῆθεν ἐρριζωμένος (Soph., *O. C.* 1591). *Be fixed*: P. and V. πεπηγέναι (perf. of πηγνύναι). Met., *stubborn, intractable*: P. ἰσχυρός; see *innate*.

Rope, subs. P. and V. κᾰ́λως, ὁ, πεῖσμα, τό (Plat.), δεσμός, ὁ, P. σπάρτον, τό, Ar. and P. τόνος, ὁ, κᾰλῴδιον, τό, V. ἀρτᾰ́νη, ἡ, πλεκτή, ἡ. *Noose*: P. and V. βρόχος, ὁ. *Rope for mooring*: V. χᾰλῑνωτήρια, τά, πρυμνήσια, τά. *Sheet*: Ar. and V. πούς, ὁ.

Rope-seller, subs. Ar. στυππειοπώλης, ὁ.

Rosary, subs. P. ῥοδωνιά, ἡ.

Rose, subs. Ar. and P. ῥόδον, τό (Dem. 615). *Full of roses*, adj.: Ar. πολύρροδος.

Rostrum, subs. Ar. and P. βῆμα, τό, V. βάθρον, τό (Eur., *I. T.* 962). *Mount the rostrum*: P. ἀναβαίνειν ἐπὶ τὸ βῆμα, or Ar. and P. ἀνᾰβαίνειν alone.

Rosy, adj. See *red*.

Rot, v. trans. P. and V. σήπειν. V. intrans. P. and V. σήπεσθαι, τήκεσθαι (Plat.), V. μῦδᾶν ; see *decay*. *Rot away*: Ar. and P. κᾰτᾰσήπεσθαι.

Rot, subs. P. σηπεδών, ἡ. *Decay, mould*: P. and V. εὐρώς, ὁ. *In wood*: Ar. τερηδών, ἡ. *Mildew*: P. ἐρυσίβη, ἡ. *Rust*: P. ἰός, ὁ.

Rotate, v. intrans. P. and V. κυκλεῖσθαι, στρέφεσθαι, P. περιφέρεσθαι, περιστρέφεσθαι, V. ἑλίσσεσθαι, εἱλίσσεσθαι, Ar. and V. στροβεῖσθαι.

Rotation, subs. *Revolution*: P. φορά, ἡ, περιτροπή, ἡ, περιαγωγή, ἡ, Ar. and P. περῐφορά, ἡ, P. and V. στροφή, ἡ. *In rotation, in succession*: use adv., P. and V. ἑξῆς, ἐφεξῆς.

Rote, subs. *Learn by rote*, v.: P. and V. ἐκμανθάνειν. *Repeat by rote*: P. and V. θρῦλεῖν.

Rotten, adj. P. and V. σαθρός, Ar. and P. σαπρός. Met., P. and V. σαθρός, ὕπουλος.

Rottenness, subs. P. σαπρότης, ἡ; see *rot*.

Rotund, adj. See *round, fat*.

Rotundity, subs. See *roundness, fatness*.

Rough, adj. Opposed to *smooth*: P. and V. τρᾱχύς. Of ground: P. and V. τρᾱχύς, P. χαλεπός, V. στυφλός. Of sound: P. τραχύς. Of taste: P. and V. πικρός, Ar. and P. δρῑμύς, P. στρυφνός, αὐστηρός. *Stormy*: P. χειμέριος, Ar. and V. δυσχείμερος, V. λαβρός, δυσκῦμαντος. *Unkempt*: P. and V. αὐχμηρός, Ar. and V. δυσπῐνής, V. αὐχμώδης; see *squalid*. Of manners, *harsh*: P. and V. τρᾱχύς, πικρός, σκληρός, σχέτλιος; see *harsh*. *Boorish*: Ar. and P. ἄγροικος; see *rude*. *Rough (leather)*: Ar. ἄψηκτος. *Cheap, worthless*: P. and V. φαῦλος. *A rough outline*: P. ὑπογραφή, ἡ, τύπος, ὁ; see *outline*. *Not worked up*: use P. οὐκ ἀπειργασμένος.

Roughen, v. trans. P. τραχύνειν. V. intrans. P. τραχύνεσθαι.

Roughly, adv. *Harshly*: P. and V. πικρῶς, Ar. and P. χᾰλεπῶς, P. τραχέως; see *harshly*. *Boorishly*: Ar. and P. ἀγροίκως. *In outline*: P. τύπῳ, ἐν τύπῳ. *Off-hand*: P. and V. φαύλως; see *off-hand*. *A cup roughly made of wood*: V. αὐτόξυλον ἔκπωμα (Soph., *Phil.* 35).

Roughness, subs. Opposed to *smoothness*: P. τραχύτης, ἡ. *Of ground*: P. τραχύτης, ἡ, χαλεπότης, ἡ. *Of taste*: P. αὐστηρότης, ἡ. *Of manner*: P. and V. πικρότης, ἡ, P. χαλεπότης, ἡ, V. τρᾱχύτης, ἡ; see *harshness*. *Boorishness*: P. ἀγροικία, ἡ. *Want of refinement*: P. and V. ἀμουσία, ἡ (Eur., *Frag.*), P. ἀπαιδευσία, ἡ.

Rough-shod, adj. *Ride rough-shod over*: Met., P. and V. πᾰτεῖν (Plat. also Ar.) (acc.), P. καταπατεῖν (acc.), V. κᾰθιππάζεσθαι (acc.).

Round, adj. Ar. and P. κυκλοτερής, P. περιφερής, σφαιροειδής, P. and V. εὔκυκλος (Plat.), V. εὔτορνος, ἀμφίτορνος, κυκλωτός, κύρτος, Ar. and V. γογγύλος (Æsch., *Frag.*), Ar. and P. στρογγύλος.

Round, adv. *All round*: P. and V. πέριξ (rare P.), κύκλῳ, ἐν κύκλῳ. *Standing round*: P. and V. περιστᾰδόν. In compounds: P. and V. περι; e.g., *stand round*: P. and V. περιίστασθαι. Distributively: δια; e.g., *hand round*: P. and V. διᾰδῐδόναι. *Bring round, persuade*, met.: P. and V. πείθειν. *Carry round*: P. and V. περῐφέρειν. *Come round, return in a circle*: Ar. and P. περιέρχεσθαι. Met., *be persuaded*: P. and V. πείθεσθαι. *Change round*: P. περιίστασθαι. *Get round, cajole*: P. and V. ὑπέρχεσθαι.

Round, prep. P. and V. περί (acc. or dat.), V. ἀμφί (rare P.) (acc. or dat.), πέριξ (acc.). *A place which had a wall all round it*: P. χωρίον ᾧ κύκλῳ τειχίον περιῆν (Thuc. 7, 81). *A road runs all round it:* P. κυκλόθεν ὁδὸς περιέχει (Lys. 110).

Round, subs. *Circle:* P. and V. κύκλος, ὁ. *Succession:* P. and V. διᾰδοχή, ἡ. *Round of a ladder:* see *rung*. *The ordinary round of affairs:* P. τὰ ἐγκύκλια (Isoc.). *Go one's rounds, patrol:* Ar. and P. ἐφοδεύειν (Xen.), Ar. κωδωνοφορεῖν.

Round, v. trans. Ar. and P. τορνεύειν. *Round (a point) in navigation:* P. περιβάλλειν (acc.), ὑπερβάλλειν (acc.). *Round off:* Met., Ar. and P. τορνεύειν, P. ἀποτορνεύειν.

Roundabout, adj. *Long:* P. and V. μακρός. *In a roundabout way*, adv.: use V. πέριξ (Eur., *And.* 448).

Rounded, adj. See *round*. Met., of phrases: Ar. and P. στρογγῠ́λος.

Roundly, adv. *(Abuse roundly, etc.):* use P. and V. σφόδρᾰ; see *vehemently*.

Roundness, subs. P. στρογγυλότης, ἡ.

Rouse, v. trans. *Rouse from sleep:* P. and V. ἐγείρειν, ἐξεγείρειν, Ar. and P. ἐπεγείρειν, ἀνεγείρειν (Xen.). *Soon will they rouse from slumber yon sleeper:* V. τάχα μεταστήσουσ' ὕπνου τόνδ' ἡσυχάζοντα (Eur., *Or.* 133). *Excite (persons or feelings):* P. and V. ἐγείρειν, ἐξεγείρειν, κῑνεῖν, ἐπαίρειν, ἐξαίρειν, ὁρμᾶν, ἐξορμᾶν, πᾰρᾰκᾰλεῖν, Ar. and V. ζωπῠρεῖν, V. ἐξάγειν, ὀρνῡ́ναι, ἐκκῑνεῖν. *Rouse (a feeling, etc.) in a person:* P. and V. ἐμβάλλειν (τί τινι), ἐντίκτειν (τί τινι) (Plat.), ἐντῐθέναι (τί τινι), P. ἐμποιεῖν (τί τινι), V. ἐνορνῡ́ναι (τί τινι).

Rousing, adj. See *encouraging*. *Hearty:* P. and V. πρόθῡμος.

Rout, subs. P. and V. τροπή, ἡ. *Band of revellers:* P. and V. θίᾰσος, ὁ, V. κῶμος, ὁ. *Putting to rout*, adj.: V. τροπαῖος (absol. or with gen.).

Rout, v. trans. P. and V. τρέπειν (or mid. in the aor.), εἰς φῠγὴν, κᾰθιστᾰ́ναι, V. ἀπονωτίζειν; see *scatter*.

Route, subs. Use *road*.

Routine, subs. *Manner of life:* P. and V. δίαιτα, ἡ. *Habit:* P. and V. ἔθος, τό, P. συνήθεια, ἡ, ἐπιτήδευμα, τό. *Mere routine*, as opposed to *knowledge of theory:* P. τριβή, ἡ (Plat.).

Rove, v. trans. *Traverse:* P. and V. περῐπολεῖν (Plat.), V. πολεῖν, ἀλᾶσθαι; see *roam*. V. intrans. P. and V. περῐπολεῖν, πλᾰνᾶσθαι, ἀλᾶσθαι, V. οἰχνεῖν, ἀλαίνειν, ἀλητεύειν; see *roam*.

Rover, subs. P. and V. πλᾰ́νης, ὁ, πλᾰνήτης, ὁ, V. ἀλήτης, ὁ.

Roving, adj. P. πλανητός (Plat.), V. πλᾰνήτης, διάδρομος, πολῠ́δονος, φοιτᾰ́ς, Ar. and V. νομᾰ́ς.

Roving, subs. P. and V. πλᾰ́νη, ἡ, πλᾰ́νος, ὁ, V. πλᾰ́νημα, τό, ἄλη, ἡ, ἀλητεία, ἡ, δρόμος, ὁ.

Row, subs. *Line:* P. and V. στοῖχος, ὁ τάξις, ἡ, P. στίχος, ὁ; see *line*. *In a row:* P. and V. ἑξῆς, ἐφεξῆς. *Layer:* P. ἐπιβολή ἡ (Thuc. 3, 20). *The fruitful rows of the vine:* V. βακχίου . . . ὄρχᾰτοι ὀπωρῑνοί (Eur., *Frag.*).

Row, v. trans. or absol. Ar. and P. ἐλαύνειν, V. ἐρέσσειν. *Soldiers who row their own transports:* P. αὐτερέται, οἱ (they were generally rowed by the crews). *Pull at the oar:* Ar. and P. ἐμβάλλειν (Xen.).

Rowdy, adj. Ar. and P. νεᾱνῐκός.

Rowel, subs. P. and V. κέντρον, τό.

Rower, subs. Ar. and P. ἐρέτης, ὁ, P. πρόσκωπος, ὁ, V. κώπης ἄναξ, ὁ (Eur., *Cycl.* 86), ἐρετμοῦ ἐπιστάτης, ὁ (Eur., *Hel.* 1267). *In warships were three tiers of rowers:* (1) θρᾱνῖται, οἱ, (2) ζῠγῖται, οἱ, (3) θᾰλᾰ́μιοι, οἱ.

Rowing, adj. *Oared:* P. and V. κωπήρης, V. εὐήρετμος, πολῠ́κωπος. *A two-oared rowing boat:* P. ἀκάτιον ἀμφηρικόν (Thuc. 4, 67).

Rowing, subs. P. εἰρεσία, ἡ. *The art of rowing*: P. ἐρετική, ἡ (Plat.).

Rowing-benches, subs. See *benches*.

Rowlock, subs. V. σκαλμός, ὁ. *Lash the oar to the rowlock*: V. τροποῦσθαι κώπην ἀμφὶ σκαλμόν (Æsch., *Pers.* 376).

Royal, adj. P. and V. βᾰσῐλῐκός, ἀρχῐκός, βᾰσῐ́λειος (Thuc. 1, 132), τῠραννῐκός, V. τῠ́ραννος. *Magnificent*: P. and V. σεμνός; see *magnificent*.

Royally, adv. P. τυραννικῶς. *Magnificently*: P. and V. σεμνῶς; see *magnificently*.

Royalty, subs. P. and V. ἀρχή, ἡ, κρᾰ́τος, τό, τῠραννίς, ἡ. *Royal person*: P. and V. βᾰσῐλεύς, ὁ; see *king*, or use V. τῠραννίς, *concretely* (Æsch., *Choe.* 973). *Tax*: Ar. and P. τέλος, τό.

Rub, v. trans. P. and V. τρῑ́βειν. *Smear*: Ar. and P. ἀλείφειν, P. ἐπαλείφειν, Ar. πᾰρᾰλείφειν, V. χρίειν, προχρίειν; see *anoint*. *Rub against* . . . *rubbing flint against flint I produced with pain a dim spark*: V. ἀλλ' ἐν πέτροισι πέτρον ἐκτρίβων μόλις ἔφην' ἄφαντον φῶς (Soph., *Phil.* 296). *Rub away*: P. and V. τρῑ́βειν, Ar. and P. κᾰτατρῑ́βειν. *Rub down* (*as a horse*): Ar. and P. κᾰταψῆν (Xen.), P. and V. ψήχειν (Xen. also Ar.), V. κᾰταψήχειν, κτενίζειν. *Rub off*: Ar. and V. ἀποψῆν; see *wipe away*. *Rub out*: P. and V. ἐξᾰλείφειν, P. ἀπαλείφειν. *Erase*: P. ἐκκολάπτειν; see *erase*. *Hard to rub out*, adj.: P. δυσέκνιπτος, V. δύσνιπτος. *Rub up, polish*: P. λαμπρύνεσθαι (Xen.).

Rub, subs. *Rubbing*: P. τρῖψις, ἡ. Met., *difficulty*: P. and V. ἀπορία, ἡ; see *difficulty*.

Rubbing, subs. P. τρῖψις, ἡ.

Rubbish, subs. Ar. φορῡτός, ὁ. *Debris*: V. ἐρείπια, τά. *Refuse*: P. and V. χλῆδος, ὁ (Dem. 1278, and Æsch., *Frag.*). *Nonsense*: P. ὕθλος, ὁ; see *nonsense*.

Rubble, subs. Ar. and P. χᾰ́λιξ, ὁ or ἡ.

Rubicund, adj. See *red*.

Rudder, subs. P. and V. πηδᾰ́λιον, τό, or pl., V. οἴαξ, ὁ (also Plat. but rare P.), πλῆκτρα, τά (Soph., *Frag.*).

Ruddiness, subs. P. ἐρύθημα, τό.

Ruddy, adj. Ar. and P. ἐρυθρός, P. and V. πυρσός; see *red*.

Rude, adj. *Not worked up*: use P. οὐκ ἀπειργασμένος; see *rough*. *Cheap, worthless*: P. and V. φαῦλος. *Insulting*: P. ὑβριστικός. *Untaught*: P. and V. ἄμουσος, ἀμᾰθής, σκαιός, Ar. and P. ἀπαίδευτος, ἀγροῖκος, φορτῐκός. *Barbarous*: P. and V. βάρβᾰρος. *Unskilful*: P. and V. ἄπειρος, V. ἄκομψος. *Be rude*, v.: P. ἀγροικίζεσθαι (Plat.). *Harsh*: P. and V. τρᾱχύς, πικρός. *Stormy*: P. χειμέριος, Ar. and V. δυσχείμερος; see *stormy*.

Rudely, adv. *In outline*: P. τύπῳ, ἐν τύπῳ. *Roughly, cheaply*: P. and V. φαύλως. *Insultingly*: P. ὑβριστικῶς. *Boorishly*: Ar. and P. ἀγροίκως, σκαιῶς, P. φορτικῶς, ἀμούσως, P. and V. ἀπαιδεύτως, Ar. σκαιῶς. *Harshly*: P. and V. πικρῶς, P. τραχέως. *Unskilfully*: P. ἀπείρως.

Rudeness, subs. *Insult*: P. and V. ὕβρῐς, ἡ, ὕβρισμα, τό. *Boorishness*: P. ἀγροικία, ἡ, ἀπαιδευσία, ἡ, P. and V. ἀμουσία, ἡ, σκαιότης, ἡ. *Worthlessness*: P. and V. φαυλότης, ἡ. *Harshness*: P. and V. πικρότης, ἡ.

Rudiment, subs. *Beginning, origin*: P. and V. ἀρχή, ἡ; see *element*.

Rudimentary, adj. *Simple*: P. and V. ἁπλοῦς. *Easy*: P. and V. ῥᾴδιος. *Primal*: P. and V. πρῶτος.

Rue, subs. Ar. πήγᾰνον, τό.

Rue, v. trans. *Repent of*: P. and V. μετᾰγιγνώσκειν (acc.). *Have cause to regret*: V. ἀσχάλλειν (dat.) (Æsch., *P. V.* 764); see *repent*, *regret*.

Rueful, adj. P. and V. ἄθλιος, οἰκτρός; see *sad*.

Ruefully, adv. P. and V. ἀθλίως, οἰκτρῶς; see *sadly*.

Ruefulness, subs. See *sadness*. *Repentance*: P. and V. μετᾰμέλεια, ἡ (Eur., *Frag.*); see *repentance*.

Ruffian, subs. P. and V. ὑβριστής, ὁ; see also *rogue*.

Ruffianly, adj. P. ὑβριστικός. *Violent* (*of deeds*): P. and V. βίαιος.

Ruffle, v. trans. *Disturb*: P. and V. τᾰράσσειν; see *disturb*. *Agitate*: P. and V. κῑνεῖν; see *agitate*. *Anger*: P. and V. ὀργίζειν (Plat.), πᾰροξῡ́νειν; see *anger*.

Rug, subs. Ar. and P. δᾰπῐ́δες, αἱ (Xen.), στρῶμα, τό, Ar. τᾰ́πης, ὁ, V. εἷμα, τό, φᾰ́ρος, τό, φᾶρος, τό.

Rugged, adj. P. and V. τρᾱχύς, P. χαλεπός, V. κᾰταρρώξ, κρᾰταίλεως, λεπαῖος, στυφλός. *Rocky*: P. and V. πετρώδης. *Precipitous*: P. ἀπότομος (Plat.), ἀπόκρημνος, κρημνώδης, V. ὀκρῑ́ς; see *precipitous*. Met., *harsh*: P. and V. τρᾱχύς; see *harsh*.

Ruggedness, subs. P. τραχύτης, ἡ, χαλεπότης, ἡ.

Ruin, subs. *Destruction*: P. and V. ὄλεθρος, ὁ, φθορά, ἡ, διαφθορά, ἡ, V. ἀποφθορά, ἡ. *Overthrow*: P. and V. ἀνάστᾰσις, ἡ, κᾰτασκᾰφή, ἡ, P. καθαίρεσις, ἡ, V. ἀναστροφή, ἡ. *Loss*: P. and V. ζημία, ἡ, βλᾰβή, ἡ, βλᾰ́βος, τό. *That which ruins*: P. and V. ὄλεθρος, ὁ, κᾰκόν, τό, V. πῆμα, τό, ἄτη, ἡ, σῖνος, τό. *Ruins, fallen buildings*: P. οἰκίαι καταπεπτωκυῖαι. *Wreckage* (*of ships*): P. and V. ναυᾰ́για, τά, V. ἀγαί, αἱ: (*of other things besides*): V. ἐρείπια, τά, ναυᾰ́για, τά. *Ruins of, all that is left of*: P. and V. λείψᾰνον, or pl. (gen.). *Lay in ruins*, v.: P. and V. ἐξᾰνιστᾰ́ναι, κᾰτασκᾰ́πτειν. *Fall in ruins*: Ar. and P. κᾰταρρεῖν, P. περικαταρρεῖν; see *fall*. *A doom of utter ruin*: V. πάμφθαρτος μόρος (Æsch., *Choe.* 296). *You unhappy city are involved in this ruin*: V. σύ τʼ ὦ τάλαινα συγκατασκάπτει πόλις (Eur., *Phoen.* 884). (*I seemed to see*) *all the house dashed in ruins to the ground from top to bottom*: V. πᾶν ἐρείψιμον στέγος βεβλημένον πρὸς οὖδας ἐξ ἄκρων σταθμῶν (Eur., *I. T.* 48).

Ruin, v. trans. *Destroy*: P. and V. φθείρειν, διαφθείρειν, κᾰταφθείρειν (Plat. but rare P.), ἀπολλῡ́ναι, διολλῡ́ναι, ἐξολλῡ́ναι, ἀποφθείρειν (Thuc. but rare P.), V. ὀλλῡ́ναι, ἐξᾰπολλῡ́ναι, διεργάζεσθαι, ἐξεργάζεσθαι, Ar. and P. ἐπιτρῑ́βειν; see *destroy*. *Mar, spoil*: P. and V. διαφθείρειν, λῡμαίνεσθαι (acc. or dat.), Ar. and V. διᾰλῡμαίνεσθαι. *Injure*: P. and V. βλάπτειν, κᾰκοῦν, διαφθείρειν; see *injure, corrupt*. *Corrupt*: P. and V. διαφθείρειν, λῡμαίνεσθαι (acc. or dat.); see *corrupt*. *Be ruined*: P. and V. ἀπολωλέναι (2nd perf. ἀπολλύναι), ἐξολωλέναι (2nd perf. ἐξολλύναι) (Plat.), σφάλλεσθαι, V. ὀλωλέναι (2nd perf. ὀλλύναι), διαπεπορθῆσθαι (perf. pass. διαπορθεῖν), ἔρρειν (rare P.); see *undone*. *Be brought to ruin*: V. ἀτᾶσθαι.

Ruined, adj. *Fallen in ruins*: P. καταπεπτωκώς, V. ἐρείψῐμος. *Utterly ruined*: Met., Ar. and P. ἐξώλης, P. προώλης, V. πᾰνώλης, ἐξεφθαρμένος, πολύφθορος, ἄϊστος, Ar. and V. φροῦδος, πᾰνώλεθρος.

Ruiner, subs. P. and V. λῡμεών, ὁ, P. διαφθορεύς, ὁ, διαλυτής, ὁ, V. ἀναστᾰτήρ, ὁ, λωβητήρ, ὁ.

Ruinous, adj. *In ruins*: P. καταπεπτωκώς, V. ἐρείψῐμος. *Causing ruin*: P. and V. ὀλέθριος (Plat. but rare P.), Ar. and V. ἀτηρός, V. πολυφθόρος, πᾰνώλης, πᾰνώλεθρος, λῡμαντήριος; see *destructive, harmful*. Met., P. and V. δεινός.

Rule, subs. *Rod for measuring*: P. and V. κᾰνών, ὁ. *Rule of conduct*: P. and V. κᾰνών, ὁ, ὅρος, ὁ. *Law*: P. and V. νόμος, ὁ, θεσμός, ὁ (rare P.). *War never proceeds by rule of thumb*: P. ἥκιστα πόλεμος ἐπὶ ῥητοῖς χωρεῖ (Thuc. 1. 122). *Standard*: P. and V. κᾰνών, ὁ, P. κριτήριον, τό. *As a rule*: see *generally*. *Government, power*: P. and V. ἀρχή, ἡ, κρᾰ́τος, τό, δῠναστεία, ἡ, V. σκῆπτρον, τό, or pl., θρόνος, ὁ, or pl. *Kingship:* Ar. and P. βᾰσῐλεία, ἡ, P. and V. μοναρχία, ἡ (rare P.), P. and V. τῠραννίς, ἡ.

Rule, v. trans. *Trace, draw:* use P. ἄγειν (Aristotle). *Check:* P. and V. κᾰτέχειν, ἐπέχειν, Ar. and V. ἴσχειν (rare P.), V. ἐπίσχειν (rare P.). *Govern:* P. and V. ἄρχειν (gen. V. also dat.), κρᾰτεῖν (gen.), κοσμεῖν, V. κρᾰτῠνειν (gen.), εὐθῠνειν, ναυκληρεῖν, κραίνειν (gen.). *Rule over as king:* P. and V. τῠραννεύειν (gen.), βᾰσῐλεύειν (gen.) (Eur., *El.* 12), δεσπόζειν (gen. or acc., Eur., *H. F.* 28) (Plat. but rare P.), V. ἀνάσσειν (gen.), κοιρᾰνεῖν (gen.), τᾱγεῖν (gen.), Ar. and V. τῠραννεῖν (absol.). *Rule among:* P. and V. ἐνδῠναστεύειν (dat. on P. παρά, dat.). *Administer:* P. and V. οἰκεῖν, νέμειν (Thuc. 8, 70), κῠβερνᾶν, Ar. and P. διοικεῖν, τᾰμιεύειν, μετᾰχειρίζεσθαι, P. διαχειρίζειν, διακυβερνᾶν (Plat.), V. νωμᾶν. *Be current prevail:* P. and V. κρᾰτεῖν; see *prevail.* *The ruling price:* P. ἡ καθεστηκυῖα τιμή. *Rule out of court:* P. ἀπογιγνώσκειν. *Quash:* Ar. and P. διαγρᾰφειν.

Ruler, subs. P. and V. ἄρχων, ὁ, ὕπαρχος, ὁ. *Lord:* P. and V. δῠνάστης, ὁ; see also *magistrate.* *King:* P. and V. βᾰσῐλεύς, ὁ, Ar. and V. ἄναξ, ὁ, κοίρᾰνος, ὁ, V. ἀνάκτωρ, ὁ, κύριος, ὁ; see also *chief.* *Tyrant:* P. and V. τύραννος, ὁ, μόναρχος, ὁ, δεσπότης, ὁ.

Ruling, adj. *Royal:* P. and V. ἀρχῐκός, βᾰσῐλειος; see *royal.* *Authoritative:* P. and V. κύριος. *Current:* see *current.*

Ruling, subs. See *decision, authority.*

Rumble, subs. P. and V. κτῠπος, ὁ (Thuc. and Plat. but rare P.) (also Ar.), V. βρόμος, ὁ; see *noise.*

Rumble, v. intrans. P. and V. κτῠπεῖν (Plat. but rare P.) (also Ar.), V. βρέμειν (also Ar. in mid.); see *resound.*

Ruminate, v. intrans. P. μηρυκάζειν (Aristotle). Met., see *meditate.*

Rumination, subs. See *meditation.*

Rummage, v. trans. *Search:* P. and V. ἐρευνᾶν. *Rummage about:* Ar. and P. κυπτάζειν περί (acc.).

Rumour, subs. P. and V. φήμη, ἡ, λόγος, ὁ, V. βάξῐς, ἡ, κληδών, ἡ, κλέος, τό, Ar. and V. φᾰτις, ἡ, μῦθος, ὁ.

Rump, subs. Ar. πῡγή, ἡ, ὄρρος, ὁ, πρωκτός, ὁ, V. γλουτός, ὁ (Soph., *Frag.*).

Rumple, v. trans. Use P. and V. συγχεῖν.

Run, v. trans. *Run (a wall in any direction):* P. ἄγειν (Thuc. 6, 99), ἐξάγειν (Dem. 1278, Thuc. 1, 93), προάγειν (Dem. 1279). (*He said*) *that the shaft ran right through the eighth whorl:* τὴν ἠλακάτην διὰ μέσου τοῦ ὀγδόου (σφονδύλου) διαμπερὲς ἐληλάσθαι (Plat., *Rep.* 616E). *Run a risk:* V. τρέχειν ἀγῶνα; see under *risk.* *Run (a candidate), put forward:* use P. προτάσσειν. *Run a race:* use *race,* v. *Enter for a competition:* see *enter.* V. intrans. P. and V. τρέχειν, θεῖν (Eur., *Ion,* 1217, but rare V.). *Hasten:* P. and V. ὁρμᾶν, ὁρμᾶσθαι, ἐπείγεσθαι, ἵεσθαι (rare P.), ἁμιλλᾶσθαι (rare P.), φέρεσθαι; see *hasten.* *Of a ship:* P. πλεῖν, V. τρέχειν. *Run before a fair breeze:* V. ἐξ οὐρίων τρέχειν (Soph., *Aj.* 1083). *As the story runs:* V. ὡς ἔχει λόγος, or P. ὡς ὁ λόγος ἐστί. *Flow, drip:* P. and V. ῥεῖν; see *drip.* *Run about,* v. trans.: Ar. and P. περιτρέχειν (acc. or absol.), περῐθεῖν (acc. or absol.), διατρέχειν (absol.), P. διαθεῖν (absol.). *Run after, pursue:* P. and V. διώκειν, P. ἐπιδιώκειν, καταδιώκειν; see *pursue.* *Run along:* P. παραθεῖν (absol.). *Run away:* P. and V. ἐκδιδράσκειν (Eur., *Heracl.* 14), Ar. and P. ἀποδιδράσκειν, ἀποτρέχειν (Xen.). *Desert:* Ar. and P. αὐτομολεῖν, P. ἀπαυτομολεῖν. *Fly:* P. and V. φεύγειν. *Let one's anger run away with one:* use P. and V. ὀργῇ ἐκφέρεσθαι. *Run away from*: see *avoid*. *Run before* (*in advance*): P. προθεῖν (absol.), προτρέχειν (gen. or absol.). *Run down* (*a ship*), v. trans.: Ar. and P. κᾰτᾰδύειν. *Collide with*: P. προσπίπτειν (dat.); see *collide*. Met., *slander*: P. and V. δῐᾰβάλλειν, P. διασύρειν. V. intrans. P. καταθεῖν, Ar. and P. κᾰτατρέχειν. *Run forward*: P. προτρέχειν. *Run in, into*, v. intrans.: Ar. and P. εἰστρέχειν (εἰς, acc.); see *dash into*. *Run off*: see *run away*. *Flow off*: P. and V. ἀπορρεῖν. *Run out*: Ar. and P. ἐκτρέχειν, ἐκθεῖν (Xen.); see *rush out*. *Run over, knock down*, v. trans.: P. and V. κᾰτᾰβάλλειν. *Overrun*: P. κατατρέχειν, καταθεῖν. Met., *describe*: P. and V. διέρχεσθαι, ἐπεξέρχεσθαι, Ar. and P. διεξέρχεσθαι. *Run quickly over*: P. ἐπιτρέχειν. *Run riot, go to excess*, v. intrans.: P. and V. ὑπερβάλλειν, ἐξέρχεσθαι, ἐπεξέρχεσθαι, V. ἐκτρέχειν. *Wanton*: P. and V. ὑβρίζειν. *Run round*, v. trans.: Ar. and P. περιτρέχειν (acc. or absol.), περῐθεῖν (acc. or absol.). Of inanimate things as a wall: P. περιθεῖν. *Run through*, v. trans.: Ar. and P. διατρέχειν (acc.) (Thuc. 4, 79). *Pierce*: see *pierce*. Met., *run through an argument, etc.*: P. διατρέχειν (acc.); see *run over*. *Spend*: P. and V. ἀνᾱλίσκειν, ἀνᾱλοῦν. *Squander*: P. and V. ἐκχεῖν (Plat.), V. ἀντλεῖν, διασπείρειν, *Run up*: Ar. and P. προστρέχειν, P. προσθεῖν. *Run with, drip with*: P. and V. ῥεῖν (dat.), V. στάζειν (dat.), κᾰταστάζειν (dat.), κᾰταρρεῖν (dat.); see *drip*. *Abound with*: see *abound*.

Run, subs. P. and V. δρόμος, ὁ, V. δρᾰ́μημα, τό, τρόχος, ὁ. *At a run*: P. and V. δρόμῳ, or use Ar. and V. adj., δρομαῖος. *Voyage*: P. and V. πλοῦς, ὁ. *In the long run*: P. and V. **τέλος, διὰ χρόνου**; see *at last*, under *last*. *The common run of people*: P. and V. τὸ πλῆθος, οἱ πολλοί.

Runaway, subs. P. αὐτόμολος, ὁ, P. and V. δρᾱπέτης, ὁ (Plat., *Men.* 97E). *Be a runaway*, v.: P. δραπετεύειν. *Runaway slave*: P. δοῦλος ἀφεστώς.

Rung, subs. P. and V. βάθρον, τό, Ar. and V. κλῑμακτήρ, ὁ, V. ἐνήλᾰτα, τά. *Rungs of a ladder*: V. κλῑ́μᾰκος προσαμβᾰ́σεις.

Runner, subs. P. and V. δρομεύς, ὁ (Eur., *El.* 824); see *racer*. *One who runs in a race*: P. σταδιοδρόμος, ὁ. *Long-distance runner*: P. δολιχοδρόμος, ὁ. *One who runs with a message*: P. ἡμεροδρόμος, ὁ, V. τρόχῐς, ὁ; see *messenger*. *A swift runner*: V. τᾰχὺς βᾰδιστής (Eur., *Med.* 1182).

Running, subs. P. and V. δρόμος, ὁ, V. δρᾰ́μημα, τό. *Running away*: see *flight*.

Running, adj. Ar. and V. δρομαῖος. *Good at running*: P. δρομικός. Of water: V. ῥῠτός, ἀείρῠτος, P. ναματιαῖος; see *flowing*. Of a sore: P. and V. ἔμπυος. *Consecutively, in order*: P. and V. ἐφεξῆς, ἑξῆς.

Rupture, subs. *Breach of peace, etc.*: P. σύγχυσις, ἡ. *Of friendship, etc.*: P. and V. διᾰ́λῠσις, ἡ. *Fracture*: P. ῥῆγμα, τό.

Rural, adj. Ar. and P. ἄγροικος, V. ἀγρώστης (Soph., *Frag.*), ἄγραυλος. *Provincial*: P. and V. ἀρουραῖος (Æsch., *Frag.*). *Agrarian*: Ar. and P. γεωργῐκός.

Ruse, subs. P. and V. ἀπᾰ́τη, ἡ, δόλος, ὁ (rare P.); see *trick*.

Rush, subs. P. and V. ὁρμή, ἡ, Ar. and P. ῥύμη, ἡ, V. ῥῑπή, ἡ. *Run*: P. and V. δρόμος, ὁ, V. δρᾰ́μημα, τό. *Inroad*: P. ἐπιδρομή, ἡ. *With a rush*: P. and V. δρόμῳ. *Sally*: P. ἐκδρομή, ἡ; see *sally*. *Impetuosity*: P. and V. προθῡμία, ἡ, σπουδή, ἡ. *Reed*: Ar. and P. κᾰ́λᾰμος, ὁ, Ar. and V. δόναξ, ὁ (Æsch., *Pers.* 494), Ar. σχοῖνος, ὁ or ἡ. *A bed of rushes*: Ar. στῐβὰς σχοίνων (*Pl.* 541). *Made of rushes*, adj.: Ar. and V. σχοίνῐνος.

Rush, v. trans. *Carry headlong*: P. and V. ἐξάγειν, προάγειν. *Rush (a position)*: P. κατὰ κράτος αἱρεῖν. V. intrans. ὁρμᾶν, ὁρμᾶσθαι, ἵεσθαι (rare P.), φέρεσθαι, Ar. and V. ᾄσσειν (rare P.), ἐπᾴσσειν (also Plat. but rare P.), ὄρνυσθαι, V. ἐφορμαίνειν, ἀΐσσειν, ὀρούειν, θοάζειν, σῠθῆναι (1st aor. pass. of σεύειν); see *hasten, run*. *Rush headlong to one's doom*: V. εἰς θάνᾰτον ἐκνεύειν (Eur., *Phoen.* 1268). *Rush across*: Ar. and V. διᾴσσειν (absol. or gen.). *Rush away*: V. ἀπᾴσσειν, Ar. ἐκσπεύδειν. *Rush down*: Ar. and P. κᾰτατρέχειν, P. καταθεῖν. *Swoop*: V. κᾰταιγίζειν, P. and V. κᾰτασκήπτειν (rare P.); see *swoop*. *Rush forth*: P. and V. ἐξορμᾶσθαι, ἐκπίπτειν, Ar. ἐξᾴσσειν. *Rush forward, rush up*: Ar. and P. προστρέχειν. *Rush in*: Ar. and P. εἰστρέχειν, εἰσπηδᾶν, P. and V. εἰσπίπτειν, V. εἰσπαίειν; see *burst in*. *Rush into*: P. and V. εἰσπίπτειν (P. εἰς, acc. V. dat. alone), V. εἰσορμᾶσθαι (acc.), ἐπεισπίπτειν (acc. or dat.) (also Xen. but rare P.), Ar. and P. εἰσπηδᾶν (εἰς, acc.); see *dash into*. *Rush out*: see *rush forth*. *Rush to*: P. προσπηδᾶν πρός (acc.). *Rush up*: Ar. and P. προστρέχειν. *Rush upon*: see *attack*.

Rushing, adj. V. θοῦρος, ἐπίσσῦτος, Ar. and V. θούριος; see *impetuous*. Of a noise: V. ῥόθιος. *Swooping*: V. λαβρός, κᾰταιβάτης.

Russet, adj. *Brown*: P. ὄρφνινος. *Tawny*: P. and V. ξανθός, Ar. and V. ξουθός; see also *red*.

Rust, subs. P. ἰός, ὁ.

Rust, v. trans. *Be spoiled*: P. and V. διαφθείρεσθαι.

Rustic, adj. Ar. and P. ἄγροικος, V. ἄγραυλος, ἀγρώστης (Soph., *Frag.*). See *rural*.

Rustic, subs. Ar. and P. ἄγροικος, ὁ, γεωργός, ὁ, P. and V. αὐτουργός, ὁ, ἐργάτης, ὁ, V. ἀγρώστης, ὁ, χωρίτης, ὁ (Soph., *Frag.*), γήτης, ὁ, γᾱπόνος, ὁ.

Rusticity, subs. P. ἀγροικία, ἡ; see *boorishness*.

Rustle, v. intrans. Ar. and P. ψῐθῠρίζειν, P. and V. ψοφεῖν.

Rustle, subs. P. and V. ψόφος, ὁ, Ar. and V. ῥοῖβδος, ὁ, Ar. ῥοιζήμᾰτα, τά.

Rusty, adj. Use *old, squalid*.

Rut, subs. *Furrow*: Ar. and P. ὁλκός, ὁ (Xen.), Ar. and V. ἄλοξ, ἡ.

Ruth, subs. See *pity*.

Ruthless, adj. See *pitiless*.

Ruthlessly, adv. See *pitilessly*.

Ruthlessness, subs. See *pitilessness*.

S

Sable, adj. P. and V. μέλᾱς, V. κελαινός, ἐρεμνός, μελάγχῐμος, μελάμπεπλος.

Sabre, subs. Use *sword*.

Sacerdotal, adj. P. ἱερατικός.

Sack, subs. Ar. σάκκος, ὁ, P. and V. ἀσκός, ὁ, θύλᾰκος, ὁ (Eur., *Cycl.*). *Pillage*: P. and V. ἁρπᾰγή, ἡ, or pl. in V., P. πόρθησις, ἡ. *Capture*: P. and V. ἅλωσις, ἡ.

Sack, v. trans. P. and V. πορθεῖν, ἐκπορθεῖν, δῐαπορθεῖν, ἁρπάζειν, ἀναρπάζειν, διαρπάζειν, σῦλᾶν, φέρειν, λῄζεσθαι, P. ἄγειν καὶ φέρειν, λῃστεύειν, διαφορεῖν, V. πέρθειν, ἐκπέρθειν (also Plat. but rare P.); see *plunder*. *Sack in return*: V. ἀντῐπορθεῖν.

Sacred, adj. P. and V. ἱερός, ὅσιος (when contrasted with ἱερός, ὅσιος = *profane, secular*), σεμνός, V. ἱρός, ἁγνός, σεπτός, Ar. and P. ἅγιος. *Sacred to*: P. and V. ἱερός (gen.), V. ἱρός (gen.); see *consecrated*. *Inviolable*: P. and V. ἄσῦλος, V. ἀσύλητος; see *inviolable*. *Sacred war*: P. ὁ ἱερὸς πόλεμος (Thuc. 1, 112), πόλεμος Ἀμφικτυονικός (Dem. 275). *Sacred rites*: see *rites*.

Sacredness, subs. Use P. and V. τὸ σεμνόν, σεμνότης, ἡ, Ar. and V. σέβᾰς, τό. *Inviolability*: V. ἀσῡλία, ἡ.

Sacrifice, subs. P. and V. θῠσία, ἡ, θῦμα, τό; see also *rite, slaughter. Victim*: P. and V. θῦμα, τό, σφᾰ́γιον, τό (generally pl.), Ar. and P. ἱερεῖον, τό, Ar. and V. σφᾰγεῖον, τό, V. θύος, τό, θῠτήριον, τό, πρόσφαγμα, τό χρηστήριον, τό; see *victim*. For account of sacrifice see Eur., *Electra*, 800 to 838). *Fit for sacrifice* (*of a beast*), adj.: Ar. θῑ́σῐμος. *Burnt offering*: V. ἔμπῡρα, τά. *Initiatory sacrifice*: P. and V. προτέλεια, τά (Plat.), Ar. προθῡ́μᾰτα, τά. *Make sacrifice*: P. and V. θῡ́ειν, P. ἱερὰ ποιεῖν, ἱεροποιεῖν, V. ῥέζειν, θυηπολεῖν (also Plat. but rare P.). *Make rich sacrifice*: V. πολυθύτους τεύχειν σφαγάς (Soph., *Tr.* 756). *Sacrifices at crossing* (*a river, etc.*): P. διαβατήρια, τά (Thuc. 5, 54). *Obtain favourable omens in a sacrifice*, v.: Ar. and P. καλλιερεῖσθαι. *The flame of sacrifice*: V. θυηφᾰ́γος φλόξ ἡ (Æsch., *Ag.* 597). *The altar of sacrifice*: V. δεξῑ́μηλος ἐσχᾰ́ρα ἡ (Eur., *And.* 1138). *On the altar of sacrifice*: Ar. βουθύτοις ἐπ' ἐσχάραις (*Av.* 1232). *The town is filled with sacrifices by my seers to rout the enemy and save the city*: V. θυηπολεῖται δ' ἄστυ μάντεων ὕπο τροπαῖα τ' ἐχθρῶν καὶ πόλει σωτήρια (Eur., *Heracl.* 401). *On days of sacrifice*: V. βουθύτοις ἐν ἤμασι (Æsch., *Choe.* 261). *Magistrates who look after sacrifices*: P. ἱεροποιοί, οἱ. *The reek of sacrifice*: Ar. ἱερόθῡτος καπνός, ὁ; see *reek*. Met., *loss*: P. ἀποβολή, ἡ. *You alone of the Greeks ought to make this sacrifice for us*: P. ὀφείλετε μόνοι τῶν Ἑλλήνων τοῦτον τὸν ἔρανον (Isoc. 307E).

Sacrifice, v. trans. P. and V. θύειν (ῠ Eur., *El.* 1141), V. σφάζειν, ἐκθύειν, ῥέζειν, ἔρδειν. *Have sacrificed*: P. and V. θυεσθαι (mid.). *Sacrifice after*: V. ἐπισφάζειν. *Sacrifice before*: P. and V. προθῡ́ειν, V. προσφάζειν. *Sacrifice over*: V. ἐπισφάζειν (τινά τινι). *Sacrifice with another*: P. and V. συνθῡ́ειν (absol. or dat.). Absol., *do sacrifice*: see under *sacrifice*, subs.: *Sacrifice bulls*: V. ταυροκτονεῖν. *Sacrifice sheep*: Ar. and V. μηλοσφᾰγεῖν. *Sacrifice oxen*: V. βουσφᾰγεῖν, Ar. and V. βουθῠτεῖν. Met., *give up* (*persons or things*): P. and V. προδῐ́δοναι, P. προΐεσθαι. *Give up* (*things*): P. and V. προπῑ́νειν. *Expend*: P. and V. ἀνᾱλίσκειν. *Lose*: Ar. and P. ἀποβάλλειν. *Sacrifice* (*one thing to another*): P. ὕστερον νομίζειν (τι πρός τι), V. ἱστᾰ́ναι (τι ὄπισθέ τινος). *I did not sacrifice the rights of the many to the favour of the few rich*: P. οὐ τὰς παρὰ τῶν πλουσίων χάριτας μᾶλλον ἢ τὰ τῶν πολλῶν δίκαια εἱλόμην (Dem. 263). *Sacrificing the welfare of your country to the delight and gratification of hearing scandal*: P. τῆς ἐπὶ ταῖς λοιδορίαις ἡδονῆς καὶ χάριτος τὸ τῆς πόλεως συμφέρον ἀνταλλασσόμενοι (Dem. 273).

Sacrificer, subs. V. θῠτήρ, ὁ, or use Ar. and V. θυηπόλος, ὁ.

Sacrificial, adj. Ar. and V. βούθῠτος, θυηπόλος, V. θυστᾰ́ς (with fem. substantives). *Sacrificial bowl*: Ar. and V. σφᾰγεῖον, τό. *Sacrificial knife*: V. σφᾰγῖ́ς, ἡ, σφᾰγεύς, ὁ.

Sacrilege, subs. *Robbing of temples*: P. ἱεροσυλία, ἡ. *Commit sacrilege*, v.: Ar. and P. ἱεροσῡλεῖν. *Impiety*: P. and V. ἀσέβεια, ἡ, V. δυσσέβεια, ἡ. *Act of impiety*: P. ἀσέβημα. *Commit impiety*, v.: P. and V. ἀσεβεῖν, V. δυσσεβεῖν, θεοβλᾰβεῖν.

Sacrilegious, adj. P. and V. ἄθεος, ἀνόσιος, ἀσεβής, δυσσεβής (Dem. 332 but rare P.), V. δύσθεος, ἄσεπτος. *Sacrilegious man*, subs.: Ar. and P. ἱερόσῡλος, ὁ.

Sacrilegiously, adv. P. and V. ἀθέως, V. ἀνοσίως.

Sacrosanct, adj. P. and V. ἄσῡλος, V. ἄσῡλητος; see *inviolable*.
Sacrosanctity, subs. V. ἀσῡλία, ἡ; see *inviolability*.
Sad, adj. *Dejected*: P. and V. ἄθῡμος (Xen.), V. δύσθῡμος, κᾰτηφής, δύσφρων. *Very sad*: P. περίλυπος. *Be sad*, v.: P. and V. ἀθῡμεῖν, V. δυσθῡμεῖσθαι. *Unhappy, unfortunate*: P. and V. τᾰλαίπωρος, ἄθλιος, οἰκτρός, δυστῠχής, δυσδαίμων, ἀτῠχής (rare V.), Ar. and V. τάλᾱς, τλήμων, σχέτλιος, δύστηνος, δείλαιος, δύσμορος (also Antipho. but rare P.), δύσποτμος, V. δάϊος, ἄμοιρος (also Plat. but rare P.), ἄμμορος, μέλεος, ἄνολβος, δύσμοιρος, Ar. κᾰκοδαίμων. *Distressing*: P. and V. βᾰρύς, λῡπηρός, ἀνῑαρός, V. δύσφορος (also Xen. but rare P.), λυπρός, πολύστονος, πανδάκρῡτος, εὐδάκρῡτος, πάγκλαυτος, δυσθρήνητος, δύσοιστος, ἀχθεινός (also Xen. but rare P.). Of looks: P. and V. σκυθρωπός, V. στυγνός; see *gloomy*.
Sadden, v. trans. *Pain*: P. and V. λῡπεῖν, ἀνῑᾶν, V. ἀλγύνειν; see *grieve*.
Saddle, v. trans. P. ἐπισάττειν (Xen.). Met., see *distress*. *Saddled with debt*, adj.: Ar. and P. ὑπόχρεως.
Saddle, subs. P. ἐφίππιον, τό (Xen.). *A saddle used by women and effeminate men*: P. ἀστράβη, ἡ.
Saddler, subs. *Leather-worker*: Ar. and P. σκῡτοτόμος, ὁ. *Saddler's shop*: P. ἡνιοποιεῖον τό (Xen.).
Sadly, adv. *Dejectedly*: P. ἀθύμως (Xen.), δυσθύμως (Plat.). *Miserably*: P. and V. ἀθλίως, οἰκτρῶς, V. τλημόνως; see *grievously*. *Unfortunately*: P. and V. δυστῠχῶς, κᾰκῶς, P. ἀτυχῶς, V. δυσπότμως. *Distressingly*: P. and V. λῡπηρῶς, ἀλγεινῶς, ἀνῑαρῶς, κᾰκῶς, πικρῶς, V. λυπρῶς.
Sadness, subs. *Dejection*: P. and V. ἀθῡμία, ἡ, δυσθῡμία, ἡ (Plat.). *Grief*: P. and V. λύπη, ἡ, ἀνία, ἡ, Ar. and V. ἄλγος, τό. ἄχος, τό, V. δύη, ἡ, πῆμα, τό, πημονή, ἡ, οἰζύς, ἡ, πένθος, τό (in P. outward signs of mourning). *Misfortune*: P. and V. δυσπραξία, ἡ; see *misfortune*. *Misery*: P. ταλαιπωρία, ἡ, κακοπάθεια, ἡ, ἀθλιότης, ἡ, κακοπραγία, ἡ.
Safe, adj. P. and V. σῶς. *Safe and sound*: P. σῶς καὶ ὑγιής (Thuc. 3, 34). *Unharmed*: P. and V. ἀσφᾰλής. *Saving*: P. and V. σωτήριος; see also *harmless*. *Free from risk*: P. ἀκίνδῡνος. *Trustworthy*: P. and V. πιστός, ἀσφᾰλής, ἐχέγγυος (Thuc. but rare P.), βέβαιος, φερέγγυος (Thuc. but rare P.), P. ἀξιόπιστος.
Safe, subs. *Chest*: P. and V. θήκη, ἡ, Ar. and V. ἄγγος, τό; see *chest*.
Safe-conduct, subs. P. and V. ἀσφάλεια, ἡ, Ar. and P. δίοδος, ἡ, P. ἄδεια, ἡ.
Safe-guard, subs. P. φυλακή, ἡ, φυλακτήριον, τό. *Mutual fear is the only safe-guard in an alliance*: P. τὸ ἀντίπαλον δέος μόνον πιστὸν εἰς συμμαχίαν (Thuc. 3, 11). *Safe-guard against*: P. and V. πρόβλημα, τό (gen.), V. ἀλκή, ἡ (gen.); see *defence*.
Safe-keeping, subs. P. and V. φῠλᾰκή, ἡ. *Put into some one's safe-keeping*: P. παρά τινι κατατίθεσθαι (τι).
Safely, adv. *Without danger*: P. and V. ἀκινδύνως. *Securely*: P. and V. ἀσφᾰλῶς, βεβαίως. *Bring safety to*, v. trans.: V. σώζειν (εἰς, or πρός, acc.), ἐκσώζειν (εἰς, or πρός acc.). *Reach safely*: P. and V. σώζεσθαι (εἰς, acc. or πρός, acc.), V. ἐκσώζεσθαι (εἰς, acc. or πρός, acc.), P. διασώζεσθαι (εἰς, acc. or πρός, acc.).
Safety, subs. P. and V. σωτηρία, ἡ, ἀσφάλεια, ἡ. *Protection*: P. and V. φῠλᾰκή, ἡ. *Giving safety*, adj.: P. and V. σωτήριος.
Saffron, subs. Ar. κρόκος, ὁ. *Woman's dress dyed in saffron*: Ar. κροκωτός, ὁ.

Saffron, adj. See *yellow*.

Sag, v. intrans. P. ἰζάνειν.

Sagacious, adj. P. and V. σοφός, σώφρων, ἔμφρων, δρῖμύς (Eur., *Cycl.*), σῦνετός, ἔννους, πυκνός (Plat.), P. ἀγχίνους, Ar. and P. φρόνῐμος, ὀξύς. Of things: P. and V. σοφός, σώφρων, ἔμφρων, Ar. and P. φρόνῐμος.

Sagaciously, adv. P. and V. σοφῶς, σωφρόνως, Ar. and P. φρονίμως, P. ἐμφρόνως.

Sagacity, subs. P. and V. γνώμη, ἡ, φρόνησις, ἡ, σύνεσις, ἡ, τὸ σῶφρον, τὸ σῦνετόν, Ar and P. σωφροσύνη, ἡ; see *prudence, foresight*.

Sage, subs. P. and V. σοφιστής, ὁ, or use adj, P. and V. σοφός. *Herb*: Ar. σφἄκος, ὁ.

Sage, adj. P. and V. σοφός, Ar. and P. φρόνῐμος; see *sagacious*. *Learned*: Ar. and P. πολῠμᾰθής. *Grave*: P. and V. σεμνός.

Sagely, adv. P. and V. σοφῶς; see *sagaciously*. *Gravely*: P. and V. σεμνῶς.

Sail, subs. P. and V. ἱστίον, τό (generally pl., sing. in Plat., *Parm.*, 131B and C), V. λαῖφος, τό. *Set sail*: P. and V. ἀπαίρειν, ἀνάγεσθαι, ἐξᾰνάγεσθαι, P. ἐπανάγεσθαι, ἀναγωγὴν ποιεῖσθαι, V. ἐξῑέναι κἄλως; see *put out*. *Shorten sail*: Ar. and V. ὑφίεσθαι (absol.): see also *furl*. *How I may set a prosperous sail to the sea-girt land of Cyprus*: V. ὅπη νεὼς στείλαιμ' ἂν οὔριον πτερὸν εἰς γῆν ἐναλίαν Κύπρον (Eur., *Hel.* 147). *Voyage*: P. and V. πλοῦς, ὁ; see *voyage*.

Sail, v. trans. *Sail (a boat)*: P. and V. κῠβερνᾶν. *Sail (the sea, etc.)*: P. and V. πλεῖν (acc.), V. ναυστολεῖν (acc.). V. intrans. P. and V. πλεῖν, ναυτίλλεσθαι (also Plat. but rare P.), Ar. and V. ναυσθλοῦσθαι (also Ar.), ναυστολεῖν. (*of a ship*): P. πλεῖν, V. τρέχειν. *Sail fast*: P. ταχυναυτεῖν. *Put to sea*: P. and V. ἀνάγεσθαι, ἐξᾰνάγεσθαι, ἀπαίρειν, P. ἐπανάγεσθαι, ἀναγωγὴν ποιεῖσθαι, ἀναπλεῖν; see *put out*. *Sail across*: Ar. and P. διαπλεῖν (absol. or acc.). *Sail against*: P. ἐπιπλεῖν (dat. or absol.), προσπλεῖν (dat. or absol.). *Sail along the coast*: P. παραπλεῖν (absol.). *Sail away*: Ar. and P. ἀποπλεῖν, P. and V. ἐκπλεῖν. *Sail back*: P. ἐπαναπλεῖν. *Sail from*: P. and V. ἀπαίρειν (ἀπό, gen. or V. also gen. alone). *Sail home*: P. καταπλεῖν. *Sail in* or *into*: P. and V. εἰσπλεῖν (εἰς, acc. or V. acc. alone or absol.). *Sail in to attack*: P. ἐπεισπλεῖν (absol.). *Sail in front*: P. προπλεῖν (absol.). *Sail on board*: P. ἐπιπλεῖν (ἐπί, gen. or absol.), ἐμπλεῖν (absol.). *Sail round*: Ar. and P. περιπλεῖν (acc. or absol.). *Sail out*: P. and V. ἐκπλεῖν. *Sail over*: P. and V. πλεῖν (acc.), V. ναυστολεῖν (acc.). *Sail up*: P. προσπλεῖν. *Sail up stream*: P. ἀναπλεῖν (Thuc. 1, 104). *Sail with*: P. and V. συμπλεῖν (absol. or dat.), P. συνεκπλεῖν (absol. or dat.).

Sailing, adj. *Fit for sailing*: P. πλώῐμος. *Furnished with sails*: V. λῑνόπτερος.

Sailing, subs. *Seamanship*: P. ναυτιλία, ἡ, τὸ ναυτικόν; see *navigation*. *Voyage*: P. and V. πλοῦς, ὁ. *A setting sail*: P. ἀναγωγή, ἡ. *Sailing along the coast*: P. παράπλους, ὁ. *Sailing in*: P. εἴσπλους, ὁ. *Sailing out*: P. and V. ἔκπλους, ὁ. *Sailing round*: P. περίπλους, ὁ. *Sailing to land*: P. κατάπλους, ὁ. *Good time for sailing*: P. and V. πλοῦς, ὁ, V. εὔπλοια, ἡ. *The season for sailing*: P. ἡ ὡραία (Dem. 1292). *Prevention from sailing*: P. and V. ἄπλοια, ἡ. *When sailing was now become easier*: P. ἤδη πλωιμωτέρων ὄντων (Thuc. 1, 7).

Sailor, subs. P. and V. ναύτης, ὁ, ναυβάτης (Thuc. 8, 44, but rare P.), V. ναυτίλος, ὁ, ποντοναύτης, ὁ (Soph., *Frag.*), Ar. and V. πλωτήρ (Eur.,

Hel. 1070) (also Plat. but rare P.). *Of sailors*, adj.: P. and V. ναυτικός. *Sailor folk:* V. ἐνάλιος λεώς, ὁ. *Fellow sailor:* see under *fellow.*

Saint, subs. *Patron saint:* use P. and V. ἥρως, ὁ, or use V. ἀρχηγός, ὁ (Soph., *O. C.* 60). *Saintly man:* use adj.

Saintly, adj. P. and V. εὐσεβής, θεοσεβής.

Sake, subs. *For the sake of:* P. and V. ἕνεκα (gen.), διά (acc.), χάριν (gen.) (Plat.), V. εἵνεκα (gen.), Ar. and V. οὕνεκα (gen.), ἕκατι (gen.). *For my sake:* P. and V. ἐμὴν χάριν (Plat.). *On behalf of:* P. and V. ὑπέρ (gen.).

Salaam, subs. P. προσκύνησις, ἡ.

Salaam, v. intrans. P. and V. προσκυνεῖν.

Salaried, adj. P. ἔμμισθος.

Salary, subs. P. and V. μισθός, ὁ; see *pay.*

Sale, subs. P. and V. πρᾶσις, ἡ (Soph., *Frag.*). *On sale, for sale:* use adj., Ar. and P. ὤνιος, P. πράσιμος, P. and V. ὠνητός. *Put up for sail*, v.: P. ὑποκηρύσσεσθαι.

Salesman, subs. P. πρατήρ, ὁ.

Salient, adj. *Important:* P. διάφορος, ἀξιόλογος.

Saline, adj. P. and V. ἁλμυρός.

Saliva, subs. P. σίαλον, τό (Xen.).

Sallow, adj. P. and V. ὠχρός, P. χλωρός.

Sallowness, subs. P. ὠχρότης, ἡ.

Sally, subs. P. ἐκδρομή, ἡ, ἐπεκδρομή, ἡ, ἐκβοήθεια, ἡ, ἐπιδρομή, ἡ, ἔξοδος, ἡ, ἐπέξοδος, ἡ. *By sea:* P. and V. ἔκπλους, ὁ. *Make a sally*, v: P. ἐπεκθεῖν, ἐκβοηθεῖν; see *sally forth.* *Sally of wit:* Ar. and P. σκῶμμα, τό.

Sally, v. intrans. *Sally forth:* Ar. and P. ἐκτρέχειν, ἐκθεῖν (Xen.), P. ἐπεκθεῖν.

Saloon, subs. P. and V. οἴκημα, τό, οἶκος, ὁ, Ar. and V. μέλαθρον, τό, or pl.

Salt, subs. Ar. and P. ἅλς, ὁ, or pl. *Be worth one's salt:* use P. ἄξιος λόγου εἶναι.

Salt, adj. P. and V. ἁλμυρός.

Salt, v. trans. P. ταριχεύειν (Plat.).

Salt-fish, subs. Ar. τάριχος, ὁ or τό.

Salubrious, adj. P. ὑγιεινός.

Salubriously, adv. P. ὑγιεινῶς.

Salubriousness, subs. P. τὸ ὑγιεινόν.

Salutary, adj. P. and V. ὑγιής. *Expedient:* P. and V. χρήσιμος, πρόσφορος, σύμφορος; see *expedient.*

Salutation, subs. P. and V. πρόσρησις, ἡ, P. πρόσρημα, τό, V. πρόσφθεγμα, τό, προσφώνημα, τό. *Kiss:* P. and V. φίλημα, τό (Xen.). *Embrace:* V. ἀσπάσματα, τά; see *embrace.*

Salute, v. trans. *Accost:* P. and V. προσαγορεύειν, προσειπεῖν, V. αὐδᾶν, προσαυδᾶν, προσφωνεῖν, προσφθέγγεσθαι, ἐννέπειν, προσεννέπειν, προσηγορεῖν; see *address.* *Welcome:* P. and V. ἀσπάζεσθαι, δεξιοῦσθαι; see *greet.* *Kiss:* P. and V. φιλεῖν, Ar. and V. κυνεῖν; see *kiss.*

Salvage, subs. *Things saved from wreck:* use P. τὰ περιγενόμενα. *Things left:* P. and V. λείψανα, τά. *Will ye receive the salvage of the Greek ship?* V. ἐκβολὰς νεὼς Ἑλληνίδος δέξεσθε; (referring to shipwrecked people) (Eur., *I. T.* 1424).

Salvation, subs. P. and V. σωτηρία, ἡ. *Deliverance:* P. and V. λύσις, ἡ, ἀπαλλαγή, ἡ.

Salve, subs. *Ointment:* P. ἄλειμμα, τό, ἀλοιφή, ἡ, P. and V. μύρον, τό, Ar. κηρωτή, ἡ. *A healing salve:* V. ἀλέξημα χριστόν (Æsch., *P. V.* 479). Met., *something that appeases:* V. θελκτήριον, τό, μείλιγμα, τό. *Remedy:* P. and V. φάρμακον, τό; see *remedy.*

Salve, v. trans. *Anoint:* Ar. and P. ἀλείφειν, P. ἐπαλείφειν, V. χρίειν, προχρίειν. Met., *appease:* P. and V. κηλεῖν, θέλγειν (Plat. but rare P.). *Heal:* P. and V. ἰᾶσθαι, ἀκεῖσθαι; see *heal.*

Salver, subs. Use Ar. σανίδιον, τό.

Same, adj. P. and V. ὁ αὐτός; see also *like.* *At the same time*, adv.:

P. and V. ἅμᾰ, ὁμοῦ, V. ὁμῶς. *In the same way*: P. and V. ὡσαύτως, V. αὔτως; see *similarly*. *At the same time as*: P. and V. ἅμᾰ (dat.). *Having the same father and mother*: P. ὁμοπάτριος καὶ ὁμομήτριος. *If (the wall) were to be advanced further it made it the same thing for them whether they fought and won continually or never fought at all*: P. εἰ προέλθοι (τὸ τεῖχος) ταὐτὸν ἤδη ἐποίει αὐτοῖς νικᾶν τε μαχομένοις διὰ παντὸς καὶ μηδὲ μάχεσθαι (Thuc. 7, 6). *It is the same to me whether you desire to praise or blame me*: V. σὺ δ' αἰνεῖν εἴτε με ψέγειν θέλεις ὁμοῖον (Æsch., *Ag.* 1403). *It was all the same whether the quantity drunk were more or less*: P. ἐν τῷ ὁμοίῳ καθειστήκει τό τε πλέον καὶ ἔλασσον ποτόν (Thuc. 2, 49).

Samely, adj. *Insipid*: P. ἕωλος.

Sameness, subs. *Similarity*: P. ὁμοιότης, ἡ.

Samite, subs. Use P. and V. σινδών, ἡ.

Sample, subs. P. and V. δεῖγμα, τό, πᾰράδειγμα, τό. *Give a sample of one's conduct*: P. δεῖγμα ἐκφέρειν περὶ αὑτοῦ (Dem. 344).

Sample, v. trans. *Have a taste of*: P. and V. γεύεσθαι (gen.).

Sanctification, subs. *Purification*: P. and V. κᾰθαρμός, ὁ, P. κάθαρσις, ἡ. *Holiness*: P. and V. εὐσέβεια, ἡ, P. ὁσιότης, ἡ.

Sanctify, adj. P. and V. κᾰθῐερεύειν, V. ἁγνίζειν, Ar. and V. κᾰθοσιοῦσθαι, Ar. and P. κᾰθᾰγίζειν, P. ἱεροῦν. *Purify*: P. and V. κᾰθαίρειν; see *purify*.

Sanctimonious, adj. P. and V. σεμνός.

Sanctimoniously, adv. P. and V. σεμνῶς.

Sanctimoniousness, subs. P. and V. τὸ σεμνόν.

Sanction, subs. *Ratification*: P. κύρωσις, ἡ. *Authority, permission*: P. and V. ἐξουσία, ἡ. *Penalty*: P. and V. ζημία, ἡ.

Sanction, v. trans. *Ratify*: P. and V. κῡροῦν, ἐπῐκῡροῦν, ἐμπεδοῦν (Plat. also Ar.), V. ἐχέγγυον ποιεῖν. *Approve of*: P. and V. ἐπαινεῖν (acc.); see *approve*, see also *allow*. *Sanction by a nod*: P. and V. ἐπῐνεύειν. *Confirm*: P. βεβαιοῦν.

Sanctity, subs. *Sacredness*: Ar. and V. σέβᾰς, τό, V. ἀσῡλία ἡ. *Holiness, piety*: εὐσέβεια, ἡ.

Sanctuary, subs. *Temple*: P. and V. νεώς, ὁ, ἱερόν, τό, ἄδῠτον, τό, Ar. and V. νᾱός, ὁ; see *temple*. *Place of refuge*: P. and V. κᾰτᾰφῠγή, ἡ, ἀποστροφή, ἡ, P. ἀποφυγή, ἡ; see *refuge*. *Fly for sanctuary to a temple*: P. πρὸς ἱερόν ἱκέτης καθέζεσθαι. *Rights of sanctuary*: use P. and V. ἄδεια, ἡ. *Protection*: P. and V. φῠλᾰκή, ἡ.

Sand, subs. P. ἄμμος, ἡ (Plat.), Ar. and V. ψάμᾰθος, ἡ (Soph., *Aj.* 1064). *Shingle*: P. κάχληξ, ὁ. *Dust*: P. and V. κόνῑς, ἡ.

Sandal, subs. Ar. and P. ὑπόδημα, τό, Ar. and V. πέδῑλον, τό (Eur., *Frag.*).

Sandy, adj. P. ὑπόψαμμος (Xen.). Of colour: P. and V. ξανθός.

Sane, adj. P. and V. ἔννους, ἔμφρων, V. φρενήρης, ἀρτίφρων (also Plat. but rare P.). Of things: P. and V. ἔμφρων; see *wise*. *Be sane*, v.: P. and V. φρονεῖν, εὖ φρονεῖν, ὀρθῶς φρονεῖν, V. κᾰλῶς φρονεῖν, ὀρθᾰ φρονεῖν, Ar. and P. ὑγιαίνειν.

Sanely, adv. P. ἐμφρόνως.

Saneness, subs. See *sanity*.

Sang-froid, subs. Ar. and P. ἡσῠχία, ἡ.

Sanguinary, adj. *Blood thirsty*: P. φονικός, Ar. and V. φοίνιος, δᾱφοινός, φῐλαίμᾰτος; see *cruel*. *Murderous*: V. ἀνδροκτόνος, ἀνδροφθόρος, πολῠφονος, πολυκτόνος, βροτοκτόνος; see *murderous*. Of a battle: use P. καρτερός.

Sanguine, adj. *Hopeful*: P. and V. εὔελπις; see *cheerful*.

Sanitary, adj. P. ὑγιεινός.

Sanity, subs. P. and V. τὸ φρονεῖν. *Mind*: P. and V. νοῦς, ὁ, Ar. and V. φρήν, ἡ, or pl. (rare P.).
Sap, subs. Use Ar. and P. χῡλός, ὁ; see *juice*.
Sap, v. trans. *Undermine*: Ar. and P. διορύσσειν. Met., P. διορύσσειν. *Make plots against*: P. and V. ἐπῐβουλεύειν (dat.). *Take away gradually*: P. and V. ὑπεξαιρεῖν. *Wither*: see *wither*. *Drink, drain*: P. and V. ἐκπῑνειν.
Sapience, subs. See *wisdom*.
Sapient, adj. See *wisdom*.
Sapiently, adv. See *wisely*.
Sapless, adj. *Dry*: Ar. and P. αὖος, ἰσχνός; see *dry*.
Sapling, subs. Ar. and P. κλῆμα, τό. *Plant*: P. and V. φῠτόν, τό.
Sarcasm, subs. *Jest*: Ar. and P. σκῶμμα, τό. *Mockery*: P. χλευασία, ἡ, χλευασμός, ὁ.
Sarcastic, adj. *Bitter*: P. and V. πικρός.
Sarcastically, adv. *Bitterly*: P. and V. πικρῶς. *Jestingly*: P. μετὰ παιδιᾶς.
Sarcophagus, subs. See *coffin, tomb*.
Sardonically, adv. *He laughed very sardonically*: P. ἀνεκάγχασε . . . μάλα σαρδάνιον (Plat., *Rep.* 337A).
Sash, subs. Use *belt*.
Satchel, subs. Use *bag*.
Sate, v. trans. See *satiate*.
Satellite, subs. *Attendant*: P. and V. διάκονος, ὁ, ὑπηρέτης, ὁ, Ar. and P. θερἄπων, ὁ, ἀκόλουθος, ὁ; see *attendant*. *Slave*: P. and V. δοῦλος, ὁ. *Flatterer*: Ar. and P. κόλαξ, ὁ.
Satiate, v. trans. P. and V. ἐμπιπλἄναι, ἐκπιμπλἄναι, πληροῦν, P. ἀποπιμπλάναι, ἀποπληροῦν. *Be satiated with*: P. and V. πλησθῆναι (1st aor. pass. of πιμπλάναι) (gen.), Ar. and V. κορεσθῆναι (1st aor. pass. of κορεννύναι) (gen.), V. κόρον ἔχειν (gen.). *Satiated with*: P. and V. μεστός (gen.), P. διακορής (gen.) (Plat.), V. ἔκπλεως (gen.) (Eur., *Cycl.*).
Satiety, subs. P. and V. κόρος, ὁ (Plat.), πλησμονή, ἡ (Plat.).
Satire, subs. *Satiric poem*: Ar. and P. ἴαμβοι, οἱ. *Mockery*: P. χλευασία, ἡ. *Sport*: P. and V. παιδιά, ἡ.
Satirical, adj. *Bitter*: P. and V. πικρός.
Satirically, adv. *Bitterly*: P. and V. πικρῶς. *Jestingly*: P. μετὰ παιδιᾶς.
Satirise, v. trans. *Mock*: Ar. and P. χλευάζειν; see *mock*. *Make firm of*: Ar. and P. κωμῳδεῖν (acc.), P. διακωμῳδεῖν (acc.).
Satirist, subs. Use Ar. and P. ὁ κωμῳδῶν.
Satisfaction, subs. *Act of satisfying*: P. πλήρωσις, ἡ. *Pleasure*: P. and V. ἡδονή, ἡ. *Atonement, expiation*: P. and V. κἄθαρμός, ὁ, λὕσῐς, ἡ. *Compensation*: P. and V. τῐσῐς, ἡ; see *compensation*. *Give satisfaction for*: see *pay penalty*, under *penalty*. *Payment*: P. ἀπόδοσις, ἡ.
Satisfactorily, adv. P. and V. κἄτὰ γνώμην, Ar. and P. κἄτὰ νοῦν. *Well*: P. and V. εὖ, κἄλῶς.
Satisfactory, adj. Ar. and P. ἀγἄπητός. *Pleasing*: P. and V. ἀρεστός, ἡδύς. *According to one's liking*: use P. and V. κἄτὰ γνώμην, Ar. and P. κἄτὰ νοῦν. *Since in spite of long negotiations they could get no satisfactory settlement from the Athenians*: P. ἐπειδὴ ἐξ' Ἀθηναίων ἐκ πολλοῦ πράσσοντες οὐδὲν ηὕροντο ἐπιτήδειον (Thuc. 1, 58).
Satisfied, adj. *Pleased*: P. and V. ἡδύς. *I am satisfied*: P. and V. ἀρκεῖ μοι, ἐξαρκεῖ μοι, Ar. and P. ἀπόχρη μοι; see *content*. *Be satisfied with*: P. and V. στέργειν (acc. or dat.), P. ἀγἄπᾶν (acc. or dat.), V. αἰνεῖν (acc.), ἡδέως ἔχειν (acc.).
Satisfy, v. trans. *Satiate*: P. and V. ἐκπιμπλἄναι, ἐμπιπλἄναι, P. ἀποπιμπλάναι, ἀποπληροῦν. *Pay*: P. διαλύειν; see *pay*. *Please*: P. and V. ἀρέσκειν (acc. or dat.), Ar.

and V. ἁνδάνειν (dat.). *Appease*: P. and V. πρᾱΰνειν; see *appease*. *Convince*: P. and V. πείθειν. *Be enough for*: P. and V. ἀρκεῖν (dat.), ἐξαρκεῖν (dat.), Ar. and P. ἀποχρῆν (dat.). *Neither Greece nor alien land is big enough to satisfy the man's ambition*: P. οὔθ' ἡ Ἑλλάς οὔθ' ἡ βάρβαρος τὴν πλεονεξίαν χωρεῖ τἀνθρώπου (Dem. 118).

Satrap, subs. P. σατράπης, ὁ.

Satrapy, subs. P. σατραπεία, ἡ.

Saturate, v. trans. *Wet*: P. and V. τέγγειν (Plat.), δεύειν (Plat.); see *wet*.

Saturated, adj. P. and V. διάβροχος. *Full*: P. and V. μεστός.

Saturnalia, subs. P. Σατορνάλια, τά (late).

Saturnine, adj. *Gloomy*: P. and V. σκυθρωπός, V. στυγνός; see *gloomy*.

Satyr, subs. Ar. and P. Σάτῠρος, ὁ.

Satyric, adj. Ar. and P. Σᾰτῠρῐκός. *Satyric play*, subs.: Ar. σάτῠρος, ὁ, P. σατυρικὸν δρᾶμα (Plat.).

Sauce, subs. Ar. and P. ἥδυσμα, τό, ὄψον, τό, κᾰτᾰχυσμα, τό.

Saucer, subs. Ar. ὀξῠβάφον, τό.

Saucily, adv. P. ὑβριστικῶς.

Sauciness, subs. P. and V. ὕβρῐς, ἡ.

Saucy, adj. P. ὑβριστικός, Ar. and P. νεᾱνῐκός.

Saunter, v. intrans. Ar. and P. περῐνοστεῖν, or use *wander*. *Loiter*: P. and V. βρᾰδύνειν; see *loiter*.

Sausage, subs. Ar. χορδή, ἡ, χόρδευμα, τό, φύσκη, ἡ ἀλλᾶς, ὁ.

Sausage-seller, subs. Ar. ἀλλαντοπώλης, ὁ. *Be a sausage-seller*, v.: Ar. ἀλλαντοπωλεῖν.

Savage, subs. Use adj., P. and V. βάρβᾰρος.

Savage, adj. Of savages: P. and V. βάρβᾰρος. *Fierce, cruel*: P. and V. ὠμός, ἄγριος, ἀγνώμων, δεινός, πικρός, σκληρός, σχέτλιος, τρᾱχύς, Ar. and P. χᾰλεπός, V. ὠμόφρων, δῠσάλγητος. *Beast-like*: P. and V. θηριώδης (Eur., *Or.* 524). *Savage looking*: V. δεινώψ, ἀγριωπός; see *fierce*. *Unapproachable*: P. and V. ἄμικτος, V. ἄπλᾱτος, ἀπροσήγορος. *Uncivilised*: V. ἀνήμερος; see *wild*.

Savagely, adv. Ar. and P. χᾰλεπῶς, P. ὠμῶς, σχετλίως, P. and V. πικρῶς; see *cruelly*.

Savageness, subs. P. ἀγριότης, ἡ, χαλεπότης, ἡ, P. and V. ὠμότης, ἡ.

Savagery, subs. See *savageness*.

Savant, subs. P. and V. σοφιστής, ὁ, or use adj., P. and V. σοφός.

Save, v. trans. P. and V. σώζειν, ἀποσώζειν (Plat.), διᾰσώζειν, ἐκσώζειν, P. περιποιεῖν. *Guard, preserve*: P. and V. φῠλάσσειν, διᾰφῠλάσσειν, V. ἐκφῠλάσσειν, ῥύεσθαι. *Deliver*: P. and V. ἐλευθεροῦν, λύειν, ἀφῑέναι, ἀπαλλάσσειν, ἐκλύειν (or mid.), ἀπολύειν, ἐξαιρεῖσθαι, V. ἐξᾰπαλλάσσειν. *Save (by removing from the scene of danger)*: P. and V. ὑπεκτίθεσθαι, V. ὑπεκλαμβάνειν, ὑπεκσώζειν; see *rescue*. *Help in saving*: P. and V. συσσώζειν, σῠνεκσώζειν, P. συναφαιρεῖσθαι, συνδιασώζειν. *Having no mother, brother or kindred to save me from this calamity*: V. οὐ μητέρ' οὐκ ἀδελφὸν οὐδὲ συγγενῆ μεθορμίσασθαι τῆσδ' ἔχουσα συμφορᾶς (Eur., *Med.* 257). *Reserve, put by*: Ar. and P. ἀποτίθεσθαι. *Be saved from a wreck (of goods)*: P. περιγίγνεσθαι; see *survive*. *Be sparing of*: P. and V. φείδεσθαι (gen.). *Save money* (absol.): Ar. and P. φείδεσθαι (*Pl.* 247). *Save up*: Ar. and P. ἀποτίθεσθαι.

Save, prep. *Except*: P. and V. πλήν (gen.); see *except*.

Save, conj. P. and V. πλήν, πλὴν εἰ, εἰ μή, P. ὅτι μή, ἀλλ' ἤ. *Save that*: Ar. and P. πλὴν ὅτι.

Saving, subs. P. and V. σωτηρία, ἡ. *Reward for saving*: V. κόμιστρα, τά.

Saving, prep. See *save*.

Saving, adj. *Frugal*: Ar. and P. φειδωλός. *Bringing safety*: P.

and V. σωτήριος. *Delivering*: V. λῡτήριος, ἐκλῡτήριος.

Savings, subs. Use P. τὰ ἀποκείμενα.

Saviour; subs. P. and V. σωτήρ, ὁ. Fem., σώτειρα, ἡ (Plat.).

Savour of, v.: Met., Ar. and P. ὄζειν (gen.).

Savour, subs. *Smell*: P. and V. ὀσμή, ἡ; see also *reek*. *How sweet a savour of pig's flesh has blown towards me*: Ar. ὡς ἡδύ μοι προσέπνευσε χοιρείων κρεῶν (*Ran*. 338).

Savoury, adj. *Fragrant*: P. and V. εὐώδης. *Savoury meat*, subs.: P. and V. ὄψον, τό (Æsch., *Frag*., also Ar.).

Saw, subs. Ar. and V. πρίων, ὁ. *Proverb*: see *maxim, saying*.

Saw, v. trans. P. and V. πρίειν. *Saw in two*: Ar. and P. διαπρίειν. *Saw off*: Ar. and P. ἐκπρίειν.

Sawdust, subs. V. πρίονος ἐκβρώμᾰτα (Soph., *Tr*. 699), Ar. πᾰραπρίσμᾰτα, τά.

Sawn, adj. V. πριστός (Eur., *Frag*.).

Sawyer, subs. *Carpenter*: P. and V. τέκτων, ὁ.

Say, v. trans. P. and V. λέγειν, εἰπεῖν, φάσκειν, φᾰναι, V. ἐννέπειν, φωνεῖν, μῡθεῖσθαι, βάζειν, Ar. and V. ἐξαυδᾶν (or mid.), αὐδᾶν (or mid.); see *speak*. *Declare*: P. and V. φράζειν; see *declare*. *Utter*: P. and V. φθέγγεσθαι; see *utter*. *Say beforehand*: P. and V. προλέγειν, Ar. and P. προᾰγορεύειν. *Said he*: see under *quoth*.

Saying, subs. P. and V. λόγος, ὁ, πᾰροιμία, ἡ, φήμη, ἡ, V. αἶνος, ὁ. *Sayings, maxims*: P. and V. γνῶμαι, αἱ. *As the saying is*: P. τὸ λεγόμενον, ὡς ἔπος εἰπεῖν, V. ὡς εἰπεῖν ἔπος, ὡς λόγος (Eur., *Phoen*. 396). *Rumour*: P. and V. φήμη, ἡ, λόγος, ὁ, V. βάξῐς, ἡ, κληδών, ἡ, κλέος, τό, Ar. and V. φᾰτῐς, ἡ, μῦθος, ὁ. *Word*: see *word*.

Scab, subs. P. ψώρα, ἡ (Plat.). *Suffer from scab*, v: P. ψωρᾶν (Plat.).

Scabbard, subs. P. and V. κολεός, ὁ (Xen.), V. περῐβολαί, αἱ.

Scabby, adj. P. ψωραλέος (Xen.).

Scaffold, subs. *Woodwork*: P. ξύλωσις, ἡ. Met., *place of execution*: use Ar. and V. ἐπίζηνον τό (lit. *executioner's block*). *Be brought to the scaffold, put to death*: P. θανατοῦσθαι.

Scaffolding, subs. *Woodwork*: P. ξύλωσις, ἡ.

Scald, v. trans. *Burn*: P. and V. κάειν; see also *boil*.

Scald, subs. *Bard*.

Scale, subs. Ar. λεπῐ́ς, ἡ (used of fish scales in Hdt.). *In a scale, in order*: P. and V. ἐφεξῆς. *Of a balance*: Ar. and P. πλάστιγξ, ἡ. *Pair of scales*: Ar. and V. τᾰ́λαντον, τό, σταθμός, ὁ, P. ζυγόν, τό, Ar. and P. τρῠτᾰ́νη, ἡ. *Turn of the scale*, met.: P. and V. ῥοπή, ἡ. *It is right to put our devotion in the past in the scale against our present sin, if after all it has been a sin*: P. δίκαιον ἡμῶν τῆς νῦν ἁμαρτίας, εἰ ἄρα ἡμάρτηται, ἀντιθεῖναι τὴν τότε προθυμίαν (Thuc. 3, 56). *When you throw money into one side of the scale it at once carries with it and weighs down the judgment to its own side*: P. ὅταν ἐπὶ θάτερα ὥσπερ εἰς τρυτάνην ἀργύριον προσενέγκῃς οἴχεται φέρον καὶ καθείλκυκε τὸν λογισμὸν ἐφ' αὑτό (Dem. 60). *That he may not strengthen either party by throwing his weight into the scale*: P. ὅπως μηδετέρους προσθέμενος ἰσχυροτέρους ποιήσῃ (Thuc. 8, 87). *You throw in a weight too small to turn the scale in favour of your friends*: V. σμικρὸν τὸ σὸν σήκωμα προστίθης φίλοις (Eur., *Her*. 690).

Scale, v. trans. *Weigh*: Ar. and P. ἱστᾰ́ναι; see *weigh*. *Scale down*: see *reduce*. *Climb*: P. and V. ῠ̔περβαίνειν, ἐπῐβαίνειν (gen.), ἐπεμβαίνειν, (dat. or ἐπί acc.) (Plat.), Ar. ἐπᾰνᾰβαίνειν, ἐπί (acc.).

Scalene, adj. P. σκαληνός (Plat.).

Scaling, subs. *To prevent the scaling of our walls:* V. ἀμύνειν τειχέων προσαμβάσεις (Eur., *Phoen.* 744). *He is planning the scaling of our towers:* V. ἐκεῖνος προσβάσεις τεκμαίρεται πύργων (Eur., *Phoen.* 181). *Scaling ladder:* P. and V. κλῖμαξ, ἡ, or use V. κλῖμᾰκος προσαμβᾰσεις, κλῖμᾰκων προσαμβᾰσεις.

Scalp, v. trans. P. ἀποδέρειν (Hdt.).

Scalp, subs. P. ἀπόδερμα (Hdt. τό), V. χειρόμακτρον τό (Soph., *Frag.*). *Stripped of his scalp in Scythian fashion:* V. Σκυθιστὶ χειρόμακτρον ἐκκεκαρμένος (Soph., *Frag.*).

Scalpel, subs. Use P. τομεύς, ὁ.

Scaly, adj. P. λεπιδωτός (Hdt.).

Scamp, subs. Use adj., P. οὐδένος ἄξιος; see *rascal.*

Scamp, v. trans. P. ἐπισύρειν.

Scamper, v. intrans. See *run.*

Scan, v. trans. P. and V. σκοπεῖν, ἐπισκοπεῖν, ἀθρεῖν, ἀναθρεῖν, θεωρεῖν, θεᾶσθαι, ἀποβλέπειν (εἰς, or πρός, acc.), προσβλέπειν (acc.) (Plat.), P. ἐπιβλέπειν (πρός, or ἐπί, acc.).

Scandal, subs. *Disgrace:* P. and V. αἰσχύνη, ἡ, ἀτῖμία, ἡ, ὄνειδος, τό, V. αἶσχος, τό. *Calumny:* P. and V. διᾰβολή, ἡ, Ar. and P. σῡκοφαντία, ἡ, P. βασκανία, ἡ, βλασφημία, ἡ. *Gossip:* Ar. and P. λᾰλία, ἡ, V. λᾰλήμᾰτα, τά, λεσχαί, αἱ. *Woman is a creature that loves scandal:* φιλόψογον δὲ χρῆμα θηλειῶν ἔφυ (Eur., *Phoen.* 198).

Scandalise, v. trans. P. and V. ἐκπλήσσειν. *Be scandalised at:* P. χαλεπῶς φέρειν (acc.).

Scandalous, adj. *Disgraceful:* P. and V. αἰσχρός, ἐπονείδιστος, ἀνάξιος. *Base:* P. and V. κᾰκός, πονηρός. *Calumnious:* Ar. and P. διάβολος, βάσκᾰνος, P. βλάσφημος, συκοφαντικός, V. λοίδορος (Eur., *Cycl.*).

Scandalously, adv. P. and V. αἰσχρῶς, ἀναξίως, P. ἐπονειδίστως. *Basely:* P. and V. κᾰκῶς, πονηρῶς. *Calumniously:* P. διαβόλως, συκοφαντικῶς.

Scant, adj. P. and V. σπάνιος, V. σπᾰνιστός, σπαρνός. *Little, slight:* P. and V. ὀλίγος, βραχύς, Ar. and V. βαιός. *Deficient:* P. and V. ἐνδεής, P. ἐλλιπής.

Scantily, adv. P. σπανίως. *Deficiently:* P. ἐνδεῶς. *Here and there:* P. σποράδην.

Scantiness, subs. P. ὀλιγότης, ἡ. *Lack, dearth:* P. and V. σπάνις, ἡ. *Deficiency:* P. ἔνδεια, ἡ. *Scantiness of population:* P. ὀλιγανθρωπία, ἡ.

Scanty, adj. See *scant.*

Scape, v. trans. and intrans. See *escape.*

Scape goat, subs. Use Ar. and P. κᾰθαρμα, τό, φαρμᾰκός, ὁ. *I am ready to die as a scape goat for my country:* V. θνήσκειν ἕτοιμος πατρίδος ἐκλυτήριον (Eur., *Phoen.* 969).

Scar, subs. *Mark of a wound:* P. and V. οὐλή, ἡ, V. σήμαντρον, τό. *Crag:* P. and V. ἄκρα, ἡ, κρημνός, ὁ, V. λέπᾰς, τό, σπῐλάς, ἡ, ἀγμός, ὁ, Ar. and V. σκόπελος, ὁ.

Scar, v. trans. *Wound:* P. and V. τιτρώσκειν; see *wound.* *Scarred:* V. ἐσφρᾱγισμένος (Eur., *I. T.* 1372).

Scarce, adj. P. and V. σπάνιος: *Deficient:* P. and V. ἐνδεής, P. ἐλλιπής.

Scarce, adv. See *scarcely.*

Scarcely, adv. *Barely, with difficulty:* P. and V. μόλις, μόγις, Ar. and P. χᾰλεπῶς. *Recently, just:* P. and V. ἄρτι, ἀρτίως, Ar. and P. ἔναγχος; see *just.* Equivalent to *not:* P. and V. σχολῇ.

Scarcity, subs. P. and V. σπάνις, ἡ. *Deficiency:* P. ἔνδεια, ἡ. *Want:* P. and V. ἀπορία, ἡ, σπάνις, ἡ; see *want.*

Scare, v. trans. P. and V. φοβεῖν, ἐκφοβεῖν, τᾰράσσειν, ἐκπλήσσειν, διαπτοεῖν (Plat.), P. καταπλήσσειν, Ar. and P. κᾰτᾰφοβεῖν. *Scare away* (*birds*): Ar. and P. ἀποσοβεῖν (Xen.), Ar. σοβεῖν.

Scare, subs. P. and V. φόβος, ὁ, ἔκπληξις, ἡ, δεῖμα, τό, δέος, τό; see *fear*.

Scared, adj. P. περιδεής, περίφοβος, φοβερός.

Scarf, subs. P. ταινία, ἡ.

Scarlet, adj. P. and V. ἁλουργής (Plat.), P. φοινικοῦς (Xen.), V. φοινῑκόβαπτος, πορφῠροῦς; see *red*.

Scarlet, subs. P. and V. πορφῠ́ρα, ἡ; see *purple*.

Scarp, v. trans. *Dig*: P. and V. ὀρύσσειν.

Scathe, subs. See *harm*.

Scathless, adj. P. and V. ἀκέραιος, ἀθῷος, ἀκραιφνής. *Safe*: P. and V. σῶς; see *unharmed*.

Scatter, v. trans. P. and V. σκεδαννῠ́ναι, διασκεδαννῠ́ναι, ἀποσκεδαννῠ́ναι. *Be scattered*: P. ἀποσκίδνασθαι (Thuc. 6, 98). *Spread about*: P. and V. σπείρειν (Thuc. 2, 27), διασπείρειν. *Cast about*: P. and V. διᾰδῐδόναι, διᾰφέρειν, διασπείρειν, V. ἐνδᾰτεῖσθαι, Ar. and V. σπείρειν (not used, metaphorically in P.). *My feathered shafts and bow are scattered on the ground*: V. πτερωτά τ' ἔγχη τόξα τ' ἔσπαρται πέδῳ (Eur., *H. F.* 1098). *Break up*: P. and V. διᾰλῡ́ειν. *Rout*: P. and V. τρέπειν. *Scatter to the winds*: Met., V. σκεδαννῠ́ναι, ἀποσκεδαννῠ́ναι, Ar. and V. διασκεδαννῠ́ναι, Ar. ἐκσκεδαννῠ́ναι. *Scatter over*: Ar. and P. κᾰτασκεδαννῠ́ναι (τί τινος).

V. intrans. Use passive of verbs given.

Scattered, adj. Use P. διεσπασμένος, P. and V. σποράς. *In scattered groups*: P. σποράδην.

Scaur, subs. See *scar*.

Scene, subs. *Sight, view*: P. and V. ὄψῐς, ἡ, θέα, ἡ, θέᾱμα, τό; see *sight*. *Place*: P. and V. τόπος, ὁ. *Painting*: P. and V. γρᾰφή, ἡ, γράμμᾰ, τό, P. ζωγράφημα, τό, V. ἄγαλμα, τό, εἰκών, ἡ. *In a theatre*: P. σκηνή, ἡ. *Night fell upon the scene*: P. νὺξ ἐπεγένετο τῷ ἔργῳ (Thuc. 4, 25). *He made his way not to the scene of action but to the armed men in the procession*: P. οὐκ ἐπὶ τὸ γενόμενον ἀλλ' ἐπὶ τοὺς πομπέας ὁπλίτας . . . ἐχώρησε (Thuc. 6, 58).

Scenery, subs. *Country*: P. and V. χώρα, ἡ. *Place*: P. and V. τόπος, ὁ. *Sight, view*: P. and V. ὄψῐς, ἡ, θέα, ἡ, θέᾱμα, τό; see *sight*. *In a play*: P. σκηνή, ἡ.

Scent, subs. *Power of smelling*: P. ὄσφρησις, ἡ. *Smell, perfume*: P. and V. ὀσμή, ἡ. *Sweet scent*: P. εὐωδία, ἡ. *Track*: P. and V. ἴχνος, τό. *On the scent*: P. and V. κᾰτ' ἴχνος. *Having a keen scent*, adj.: V. εὔρῑς. *Scents, essences*: P. and V. μῠ́ρον, τό.

Scent, v. trans. *Anoint with ointment*: Ar. μῠρίζειν, μῠροῦν. *Perceive by smell*: P. and V. ὀσφραίνεσθαι (gen. or absol.) (Eur., *Cycl.*). *Scent out, track out*: P. and V. ἰχνεύειν, V. ῥῑνηλᾰτεῖν; see *track*. *I scent out a despotism such as Hippias set up*: Ar. ὀσφραίνομαι τῆς Ἱππίου τυραννίδος (Lys. 619). *Have an inkling of*: P. and V. μαντεύεσθαι (acc.).

Scented, adj. See *fragrant*.

Sceptic, adj. See *sceptical*. *The sceptics*: P. οἱ σκεπτικοί (late).

Sceptical, adj. *Incredulous*: P. ἄπιστος. *Suspicious*: P. and V. ὕποπτος.

Sceptically, adv. *Incredulously*: P. ἀπίστως. *Suspiciously*: P. ὑπόπτως.

Scepticism, subs. *Incredulity*: P. and V. ἀπιστία, ἡ. *Suspicion*: P. and V. ὑποψία, ἡ.

Sceptre, subs. Ar. and V. σκῆπτρον, τό, or pl. (in P. only used in reference to tragedy as Dem. 418 or in a quotation from Homer as Plato., *Gorg.* 526c). Met., *kingly power*: P. and V. ἀρχή, ἡ, κράτος, τό, V. σκῆπτρον, τό, or pl., θρόνος, ὁ, or pl.; see *rule*.

Schedule, subs. P. ἀπογραφή, ἡ.
Schedule, v. trans. P. ἀπογράφειν.
Scheme, subs. *Plan*: P. and V. γνώμη, ἡ, βουλή, ἡ, βούλευμα, τό, ἔννοια, ἡ (Plat.), ἐπίνοια, ἡ, Ar. and P. διάνοια, ἡ; see *undertaking*. *Device*: P. and V. μηχάνημα, τό, πόρος, ὁ, μηχανή, ἡ, τέχνημα, τό, σόφισμα, τό. *Plot*: P. ἐπιβουλή, ἡ, ἐπιβούλευμα, τό. *Trick*: P. and V. δόλος, ὁ (rare P.). *Intrigue*: P. κατασκεύασμα, τό. *Conspiracy*: Ar. and P. σῠνωμοσία, ἡ. *Outline*: P. τύπος, ὁ; see *outline*.
Scheme, v. trans. *Devise*: P. and V. μηχᾰνᾶσθαι, τεχνᾶσθαι, βουλεύειν; see *devise*. *Scheme for*: P. ἐπιβουλεύειν (τί τινι). Absol., *form plots*: P. and V. ἐπῐβουλεύειν, V. μηχᾰνορρᾰφεῖν. *Be cunning*: Ar. and V. σοφίζεσθαι (Eur., *I. A.* 744). *Conspire*: P. and V. σῠνομνύναι. *Scheme against*: P. and V. ἐπῐβουλεύειν (dat.). *Scheme with, intrigue with*: P. and V. πράσσειν (dat. or πρός, acc. or εἰς, acc.).
Schemer, subs. V. ἐπῐβουλευτής, ὁ. *Conspirator*: P. and V. σῠνωμότης, ὁ, or use adj. *scheming*.
Scheming, adj. P. ἐπίβουλος, V. μηχᾰνορράφος.
Scheming, subs. P. κατασκευασμός, ὁ, ἐπιβούλευσῐς, ἡ.
Schism, subs. *Quarrel*: P. and V. ἔρῐς, ἡ, στάσῐς, ἡ. *Factious body*: use P. and V. στάσῐς, ἡ.
Schismatic, adj. Use P. στασιαστικός, στασιωτικός.
Scholar, subs. *Pupil*: Ar. and P. μᾰθητής, ὁ, P. φοιτητής, ὁ, P. and V. παίδευμα, τό (Plat.). *Learned man*: P. and V. σοφιστής, ὁ, σοφός, ὁ.
Scholarly, adj. P. πεπαιδευμένος, φιλόσοφος, P. and V. μουσῐκός. Of things: P. φιλόσοφος.
Scholarship, subs. *Education*: Ar. and P. παίδευσις, ἡ. *Literature, etc.*: P. and V. μουσῐκή, ἡ (Eur., *Frag.*). *Learning*: P. πολυμαθία, ἡ.
School, subs. P. διδασκαλεῖον, τό. *Go to school*, v.: Ar. and P. φοιτᾶν, εἰς διδασκάλου φοιτᾶν. *Where did you go to school as a boy?* Ar. παῖς ὢν ἐφοίτας ἐς τίνος διδασκάλου; (*Eq.* 1235). *Attend school with another*, v.: Ar. and P. συμφοιτᾶν. *Slave who took boys to school*: P. and V. παιδᾰγωγός, ὁ. *Wrestling-school*: P. and V. πᾰλαίστρα, ἡ. *School of philosophers, etc., the school of Protagoras*: P. οἱ ἀμφὶ Πρωταγόραν (Plat.). *In a word I say that our city taken as a whole is the school of Greece*: P. συνελὼν . . . λέγω τὴν . . . πᾶσαν πόλιν τῆς Ἑλλάδος παίδευσιν εἶναι (Thuc. 2, 41).
School, v. trans. *Teach*: P. and V. δῐδάσκειν, παιδεύειν; see *educate*. *Chasten*: P. and V. νουθετεῖν, ῥυθμίζειν (Plat.), σωφρονίζειν. *Control*: P. and V. κρᾰτεῖν (gen.). *Check*: P. and V. κᾰτέχειν, ἐπέχειν.
School-fellow, subs. P. συμφοιτητής, ὁ, συμμαθητής, ὁ.
Schooling, subs. *Education*: Ar. and P. παίδευσις, ἡ. *Instruction*: P. and V. μάθησις, ἡ. *Chastening*: P. and V. νουθέτημα, τό, νουθέτησις, ἡ.
School-master, subs. P. and V. δῐδάσκᾰλος, ὁ, P. γραμματιστής, ὁ.
School-mistress, subs. P. and V. δῐδάσκᾰλος, ἡ.
School-room, subs. P. παιδαγωγεῖον, τό.
Schooner, subs. Use Ar. and P. τριήρης, ἡ.
Science, subs. P. and V. ἐπιστήμη, ἡ. *A particular branch of knowledge*: Ar. and P. μάθημα, τό.
Scientific, adj. Of persons: P. ἐπιστήμων. *Loving science*: P. φιλόσοφος. Of things, *connected with science*: P. φιλόσοφος. *Skilful*: P. τεχνικός.
Scientifically, adv. P. ἐπιστημόνως. *Philosophically*: P. φιλοσόφως. *Skilfully*: P. τεχνικῶς.
Scimiter, subs. Use *sword*.
Scintilla, subs. *Had he had a jot or scintilla of evidence for the*

charges he trumped up against me would he have allowed this? P. ἆρ' ἂν εἴ γ' εἶχε στιγμὴν ἢ σκιὰν τούτων ὧν κατεσκεύαζε κατ' ἐμοῦ τοῦτ' ἂν εἴασε (Dem. 552).

Scintillate, v. trans. See *sparkle*.

Scintillation, subs. See *sparkle*, *brightness*.

Scion, subs. *Offspring*: P. and V. ἔκγονος, ὁ or ἡ, Ar. and V. ἔρνος, τό, V. θάλος, τό, βλάστημα, τό, φυτόν, τό, ῥίζωμα, τό, φίτυμα, τό; see *child*.

Scissors, subs. Ar. and V. ψαλίδες, αἱ (Soph., *Frag.*).

Scoff, v. intrans. P. and V. σκώπτειν (Eur., *Cycl.*), Ar. and P. χλευάζειν, ἐπισκώπτειν, τωθάζειν, V. κερτομεῖν. *Scoff at*: use verbs given with acc. *Insult*: P. and V. ὑβρίζειν (εἰς, acc. or acc. alone), ἐφυβρίζειν (acc., dat. or εἰς, acc.) (rare P.); see *insult*. *Laugh at*: P. and V. γελᾶν (ἐπί, dat. or dat. alone), καταγελᾶν (gen.), ἐπεγγελᾶν (dat.), V. ἐγγελᾶν (dat. or κατά, gen.), διαγελᾶν (acc.), ἐγκατιλλώπτειν (dat.).

Scoff, subs. P. χλευασία, ἡ, χλευασμός, ὁ; see *scoffing*.

Scoffer, subs. P. and V. ὑβριστής, ὁ, V. γελαστής, ὁ, ἐγγελαστής, ὁ.

Scoffing, adj. V. κέρτομος.

Scoffing, subs. P. and V. γέλως, ὁ, καταγέλως, ὁ, P. χλευασία, ἡ, χλευασμός, ὁ, V. κερτόμησις, ἡ. *Insult*: P. and V. ὕβρις, ἡ.

Scold, v. trans. *Blame*: P. and V. μέμφεσθαι (acc. or dat.), ψέγειν (acc.); see *blame*. *Abuse*: P. and V. ὀνειδίζειν, κακῶς λέγειν, λοιδορεῖν, P. κακίζειν; see *abuse*.

Scold, subs. Use adj., P. φιλολοίδορος, P. and V. φιλαίτιος.

Scolding, subs. *Blame*: P. and V. μέμψις, ἡ, ψόγος, ὁ; see *blame*. *Abuse*: Ar. and P. λοιδορία, ἡ; see *abuse*. *Reproach*: P. and V. ὄνειδος, τό.

Scoop, v. trans. *Shovel*: Ar. and P. ἄμη, ἡ (Xen.). *Chisel*: Ar. and P. σμίλη, ἡ.

Scoop, v. trans. *Dig*: P. and V. σκάπτειν, ὀρύσσειν. *Scoop out*, *hollow out*: P. κοιλαίνειν. *Scooped out*: P. ἐξεγλυμμένος (Plat.) (ἐκγλύφειν).

Scope, subs. *Purpose*: P. προαίρεσις, ἡ. *Limit*: P. and V. ὅρος, ὁ. *Outside the scope of*: P. and V. ἔξω (gen.). *Permission, licence*: P. and V. ἐξουσία, ἡ. *Opportunity, occasion*: P. and V. καιρός, ὁ, ἀφορμή, ἡ, or pl. *I found no course open save to bear my pain, but much scope for this, my son*: V. ηὕρισκον οὐδὲν πλὴν ἀνιᾶσθαι παρόν, τούτου δὲ πολλὴν εὐμάρειαν, ὦ τέκνον. (Soph., *Phil.* 283).

Scorch, v. trans. *Parch, dry up*: P. and V. ξηραίνειν (Eur., *Cycl.*, Plat. in pass.), συναναίνειν (Eur., *Cycl.*, Plat. in pass.), P. ἀποξηραίνειν, Ar. σταθεύειν. *Scorch all round (of lightning)*: Ar. περιφλύειν. *Burn*: P. and V. κάειν, θερμαίνειν; see *burn*. *Scorched by the sun's bright flame*: V. σταθευτὸς ἡλίου φοίβῃ φλογί (Æsch., *P. V.* 22).

Scorching, adj. *Hot*: P. and V. θερμός. *Fiery*: V. πυρπόλος, αἰθαλοῦς; see *fiery*.

Scorching-heat, subs. P. and V. καῦμα, τό.

Score, subs. *Account*: Ar. and P. λογισμός, ὁ. *Number*: P. and V. ἀριθμός, ὁ. *On the score of, as far as concerns*: P. and V. ἕνεκα (gen.), V. οὕνεκα (gen.) (*And.* 759). *Yes, on that score fortune favours you*: V. μάλιστα· τοὐκείνου μὲν εὐτυχεῖς μέρος (Eur., *Hec.* 989). *So he encouraged them thus on the score of money*: P. χρήμασι μὲν οὖν οὕτως ἐθάρσυνεν αὐτούς (Thuc. 2, 13). *Put down to one's score*: P. and V. ἀναφέρειν (τί τινι, or τι εἴς τινα); see *impute*. *A score*: see *twenty*.

Score, v. trans. *Score a point, victory, etc.*: P. and V. νικᾶν. *In argument*: use P. and V. λέγειν τι.

Scorn, subs. *Pride*: P. and V. φρόνημα, τό, ὕβρῐς, ἡ, ὄγκος, ὁ, P. ὑπερηφανία, ἡ, μεγαλαυχία, ἡ, V. χλῐδή, ἡ, φρόνησις, ἡ. *Contempt*: P. καταφρόνησις, ἡ, ὀλιγωρία, ἡ, ὑπεροψία, ἡ. *An object of scorn, a disgrace*: P. and V. ὄνειδος, τό, V. αἰσχύνη, ἡ.

Scorn, v. trans. *Despise*: P. and V. κᾰταφρονεῖν (acc. or gen.), ὑπερφρονεῖν (acc. or gen.), P. ὀλιγωρεῖν (gen.), ὑπερορᾶν (acc. or gen.), Ar. and V. ἀποπτύειν. *Neglect*: P. and V. ἀμελεῖν (gen.), πᾰρᾰμελεῖν (gen.). *Dishonour*: P. and V. ἀτῑμάζειν, V. ἐξᾰτῑμάζειν, ἀτίζειν; see *dishonour*. *Reject*: P. and V. ἀπωθεῖν (or mid.); see *reject*. *Scorn to do a thing*: use P. and V. οὐκ ἀξιοῦν (infin.).

Scornful, adj. P. and V. σεμνός, ὑψηλός, P. ὀλίγωρος, ὑπερήφανος, μεγαλόφρων, ὑπεροπτικός, V. ὑπέρφρων, ὑπέρκοπος, ὑψηλόφρων, ὑψήγορος, σεμνόστομος, Ar. and V. γαῦρος. *Scornful of*: P. ὑπεροπτικός (gen.), ὀλίγωρος (gen.).

Scornfully, adv. P. καταφρονητικῶς, ὑπερηφάνως, ὀλιγώρως, V. ὑπερκόπως, ὑψῐκόμπως.

Scorpion, subs. P. and V. σκορπίος, ὁ (Æsch., *Frag.*), P. φαλάγγιον, τό, Ar. φάλαγξ, ἡ.

Scotch, v. trans. See *wound*.

Scot-free, adv. P. and V. ἀθῷος, ἀζήμιος, P. ἀπαθής, ἀτιμώρητος, V. γεγηθώς, ἄκλαυτος; see *with impunity*, under *impunity*. *Let off scot-free*: P. ἀθῷόν (τινα) παριέναι.

Scoundrel, subs. P. and V. μαστῑγίᾱς, ὁ (Soph., *Frag.*, also Ar.), Ar. and V. κέντρων, ὁ (Soph., *Frag.*), or use adj., P. and V. πᾰνοῦργος, κᾰκοῦργος.

Scour, v. trans. *Clean*: P. and V. ἐκκᾰθαίρειν, κᾰθαίρειν; see *clean*. *Overrun*: P. κατατρέχειν, καταθεῖν. *Traverse*: P. and V. περῐπολεῖν, διέρχεσθαι, ἐπέρχεσθαι; see *traverse*.

Scourge, subs. *Whip*: P. and V. μάστιξ, ἡ, V. μάραγνα, ἡ (Eur., *Rhes.*). Met., P. and V. κᾰκόν, τό, σκηπτός, ὁ (Dem. 292), V. ἄτη, ἡ, πῆμα, τό, δήλημα, τό, μάστιξ, ἡ. *Of a person*: P. and V. λῡμεών, ὁ, ἀλάστωρ, ὁ, V. πῆμα, τό, λῦμα, τό, ἄτη, ἡ; see *curse*. *Plague*: P. and V. νόσος, ἡ, νόσημα, τό, λοιμός, ὁ. *Vengeance*: P. and V. τίσις, ἡ (Plat.), τῑμωρία, ἡ; see *vengeance*.

Scourge, v. trans. Ar. and P. μαστῑγοῦν; see *beat*. *Punish*: P. and V. κολάζειν, τῑμωρεῖσθαι (rare in act.); see *punish*.

Scourging, subs. *Blows*: P. and V. πληγαί, αἱ.

Scouring, subs. See *off-scouring*.

Scout, subs. P. and V. σκοπός, ὁ (Thuc. 8, 100 and 103), κᾰτάσκοπος, ὁ, V. ὀπτήρ, ὁ, κᾰτοπτήρ, ὁ, κᾰτόπτης, ὁ, προὐξερευνητὴς ὁδοῦ, ὁ (Eur., *Rhes.*).

Scout, v. trans. *Reject*: P. and V. ἀπωθεῖν (or mid.), πᾰρωθεῖν (or mid.); see *reject*. *Despise*: P. and V. κᾰταφρονεῖν (acc. or gen.), Ar. and V. ἀποπτύειν; see *despise, disregard*. *Reconnoitre*: P. and V. κᾰτασκοπεῖν, κᾰτοπτεύειν (Xen.).

Scouting, subs. P. and V. κᾰτασκοπή, ἡ.

Scowl, subs. V. ὀφρύων νέφος, τό, στυγνὴ ὀφρῦς, ἡ, σύστᾰσις φρενῶν, ἡ, τὸ σῠνεστὸς φρενῶν, P. and V. τὸ σκυθρωπόν; see *frown*.

Scowl, v. intrans. Ar. and P. σκυθρωπάζειν, V. σκυθράζειν. *Scowl on*: Met., P. and V. ἄχθεσθαι (dat.), Ar. and P. ἀγᾰνακτεῖν (dat.), P. χαλεπῶς φέρειν (acc.), V. πικρῶς φέρειν (acc.); see *frown*.

Scowling, adj. P. and V. σκυθρωπός, V. στυγνός, σῠνωφρυωμένος.

Scramble, v. intrans. *Jostle*: Ar. ὠστίζεσθαι. *Every man is scrambling for a front seat*: Ar. εἰς τὴν προεδρίαν πᾶς ἀνὴρ ὠστίζεται (*Ach.* 42). *By pushing and scrambling he got round unobserved*: P. χαλεπῶς καὶ μόλις περιελθὼν ἔλαθε (Thuc. 4, 36). *Scramble up*: see *climb*.

Scramble, subs. *Jostling*: P. ὠθισμός, ὁ. *Confusion*: P. ταραχή, ἡ, P. and V. θόρῠβος, ὁ. *Competition*: P. φιλονεικία, P. and V. ἔρῐς, ἡ, ἀγών, ὁ, ἅμιλλα, ἡ. *Rush*: P. ἐπιδρομή, ἡ.

Scrap, subs. *Fragment*: V. θραῦσμα, τό, σπᾰ́ραγμα, τό, ἀγή, ἡ; see *fragment*. *Morsel*: P. ψωμός, ὁ (Xen.). *Piece cut off*: P. τμῆμα, τό, Ar. τόμος, ὁ. *Scraps*: P. περιτμήματα, τά. *One who picks up scraps of gossip*: P. σπερμολόγος, ὁ.

Scrape, v. trans. Ar. and P. ξεῖν. *Shave*: P. and V. ξῠρεῖν. *Scrape away*: V. διᾰμᾶν (acc.), P. διᾰμᾶσθαι (acc.) (Thuc. 4, 26). *Scrape together (a livelihood, etc.)*: P. and V. συλλέγειν.

Scrape, subs. *Difficulty, trouble*: P. and V. ἀπορία, ἡ; see *trouble*. *What a scrape I have got myself into*: Ar. εἰς οἷ' ἐμαυτὸν εἰσεκύλισα πράγματα (*Thesm*. 651, cf. 766).

Scraper, subs. *Strigil*: Ar. and V. ψήκτρα, ἡ, Ar. and P. στλεγγίς, ἡ (Plat.).

Scrapings, subs. P. κνίσματα, τά. *Filings*: V. ῥῑνήμᾰτα, τά (Eur., *Frag*.).

Scratch, v. trans. P. κνῆν. *Scratch oneself*: P. κνῆσθαι. *Wound on the surface*: P. ἐπιτέμνειν; see *wound*. *Scratch out*: see *erase*.

Scratch, subs. *Surface wound*: P. ἐπιτομή, ἡ; see *wound*. *Scratching*: P. κνῆσις, ἡ.

Scream, v. intrans. P. and V. βοᾶν, ἀνᾰβοᾶν, κεκρᾱγέναι (perf. of κράζειν) (also Ar. rare P.), φθέγγεσθαι, ὀλολύζειν (rare P.), Ar. and P. ἀνακρᾰγεῖν (2nd aor. ἀνακράζειν), Ar. and V. θροεῖν, λάσκειν, ᾱ̓ῡτεῖν, V. ἰώζειν, αὔειν, ἀνολολύζειν, φωνεῖν, θωΰσσειν, ἐξορθιάζειν, ὀρθιάζειν, κλάζειν. *Of animals*: P. and V. φθέγγεσθαι, V. κλάζειν.

Scream, subs. P. and V. βοή, ἡ, κραυγή, ἡ, ὀλολῡγή, ἡ (also Ar. rare P.), V. ὀλολυγμός, ὁ, ᾱ̓ῡτή, ἡ, ἰῡγή, ἡ, ἰυγμός, ὁ, Ar. and V. βόᾱμα τό. *Voice*: P. and V. φωνή, ἡ, φθέγμᾰ, τό (rare P.); see *voice*. *Of animals*: P. and V. φθέγμᾰ, τό, φθόγγος, ὁ, V. φθογγή, ἡ, βοή, ἡ, κλαγγή, ἡ. *Shouting, din*: P. and V. θόρῠβος, ὁ, V. κέλᾰδος, ὁ.

Screech, subs. and v. intrans. See *scream*.

Screech-owl, subs. Use *owl*.

Screen, subs. P. προκάλυμμα, τό, παραφράγματα, τά, P. and V. πρόβλημα, τό. Met., *cloak*: P. προκάλυμμα, τό, παραπέτασμα, τό. *Pretext, excuse*: P. and V. πρόσχημα, τό, πρόβλημα, τό. *Defence*: P. and V. πρόβλημα, τό; see *defence*.

Screen, v. trans. *Put as a screen in front*: P. and V. προκᾰλύπτεσθαί (τί τινος or P. τι πρό τινος). *Hide*: P. and V. κρύπτειν, ἀποκρύπτειν, Ar. and V. κᾰλύπτειν, V. συγκᾰλύπτειν (rare P.), ἀμπέχειν, ἀμπίσχειν, σῠναμπέχειν; see *hide*. *Defend*: P. and V. προστᾰτεῖν (gen.), προΐστασθαι (gen.). *Protect*: P. and V. φῠλάσσειν; see *protect*. *Cloak*: Met., P. and V. ῠ̔ποστέλλεσθαι, P. ἐπηλυγάζεσθαι, V. περιστέλλειν (or mid.); see *cloak*. *(We saw) the king himself holding his hand over his face to screen his eyes*: V. ἄνακτα δ' αὐτὸν ὀμμάτων ἐπίσκιον χεῖρ' ἀντέχοντα κρατός (Soph., *O. C.* 1650).

Screw, subs. *Peg in a musical instrument*: Ar. and P. κόλλοψ, ὁ.

Screw up, v. trans. *Screw up a musical instrument*: P. ἐπιτείνειν, στρεβλοῦν.

Scribble, v. trans. P. and V. γρᾰ́φειν.

Scribbler, subs. *Clerk*: Ar. and P. γραμμᾰτεύς, ὁ. *Author*: P. λογοποιός, ὁ.

Scribe, subs. Ar. and P. γραμμᾰτεύς, ὁ. *Writer*: P. λογοποιός, ὁ, λογογράφος, ὁ.

Scrip, subs. *Wallet*: Ar. πήρα, ἡ; see *bag*.

Scrivener, subs. Ar. and P. γραμμᾰτεύς, ὁ.

Scroll, subs. *Book:* P. and V. βίβλος, ἡ, V. πτυχαί βίβλων, αἱ.

Scrub, v. trans. *Sponge:* Ar. and P. σπογγίζειν; see *clean, rub.*

Scrub, subs. Ar. and P. τὸ δᾰσύ (Xen.). *Thicket:* Ar. and V. λόχμη, ἡ. *Bush:* P. and V. θάμνος, ὁ. *Brushwood:* P. and V. ὕλη, ἡ. *Covered with scrub, brushwood,* adj.: Ar. and P. δᾰσύς (Thuc. 4, 29), P. λοχμώδης (Thuc. 3, 107).

Scruple, subs. P. and V. ἐνθύμιον, τό. *Hesitation:* P. and V. ὄκνος, ὁ. *Causing scruples,* adj.: P. and V. ἐνθύμιος. *The Athenians and the greater number bade the generals wait because they had scruples (about going):* οἱ Ἀθηναῖοι οἵ τε πλείους ἐπισχεῖν ἐκέλευον τοὺς στρατηγοὺς ἐνθύμιον ποιούμενοι (Thuc. 7, 50). *Have scruples about (doing a thing):* P. and V. ὀκνεῖν (infin.), κᾰτοκνεῖν, (infin.), V. αἰδεῖσθαι (part.); see *scruple,* v.

Scruple, v. intrans. (With infin.), P. and V. ὀκνεῖν, κᾰτοκνεῖν, V. αἰδεῖσθαι, ἅζεσθαι (Eur., *Heracl.* 600).

Scrupulous, adj. *Pious:* P. and V. εὐσεβής. *Keeping one's oath:* P. and V. εὔορκος. *Trustworthy:* P. and V. πιστός; see *trustworthy. Exact:* P. and V. ἀκρῑβής. *Inclined to hesitate:* P. ὀκνηρός.

Scrupulously, adv. *Piously:* P. and V. εὐσεβῶς. *Trustworthily:* P. πιστῶς. *Exactly:* P. and V. ἀκρῑβῶς.

Scrupulousness, subs. *Piety:* P. and V. εὐσέβεια, ἡ. *Trustworthiness:* P. and V. πίστῐς, ἡ, τὸ πιστόν. *Exactness:* P. ἀκρίβεια, ἡ. *Hesitation:* P. and V. ὄκνος, ὁ. *Feeling of shame:* P. and V. αἰδώς, ἡ.

Scrutinise, v. trans. *Examine:* P. and V. ἐξετάζειν, ζητεῖν, σκοπεῖν, διασκοπεῖν, ἀναθρεῖν, θεᾶσθαι, Ar. and P. ἀναζητεῖν; see *examine. Search:* P. and V. ἐρευνᾶν, V. ἐξερευνᾶν, P. διερευνᾶν. *Look closely at:* P. and V. βλέπειν (εἰς, acc.), ἀποβλέπειν, εἰς (acc. or πρός, acc.).

Scrutiniser, subs. P. δοκιμαστής, ὁ.

Scrutiny, subs. *Official scrutiny:* P. δοκιμασία, ἡ. *Serve in the cavalry without undergoing the proper scrutiny:* P. ἀδοκίμαστος ἱππεύειν. *Examination of accounts:* Ar. and P. εὔθῡνα, ἡ. *Examination:* P. ἐξέτασις, ἡ, ζήτησις, ἡ, ἐπίσκεψις, ἡ, P. and V. σκέψῐς, ἡ, V. ἔρευνα, ἡ.

Scud, v. intrans. P. and V. φέρεσθαι, ἵεσθαι (rare P.).

Scuffle, subs. *Strife:* P. and V. ἀγών, ὁ, ἅμιλλα, ἡ. *Jostling:* P. ὠθισμός, ὁ.

Scull, subs. P and V. κρᾱνίον, τό (Eur., *Cycl.*), or use *head. It crushed the suture of his scull:* V. ῥαφὰς ἔρρηξεν ὀστέων (Eur., *Phoen.* 1159).

Scullion, subs. *Servant:* P. and V. παῖς, ὁ; see *servant.*

Sculptor, subs. P. ἀγαλματοποιός, ὁ, ἀνδριαντοποιός, ὁ.

Sculpture, subs. P. ἀνδριαντοποιία, ἡ. *Carved work:* use P. and V. ποίκιλμα, τό.

Sculpture, v. trans. Ar. and P. γλῠ́φειν.

Scum, subs. *Foam:* P. and V. ἀφρός, ὁ (Plat., *Tim.* 83D). *Spray:* P. and V. ζᾰ́λη, ἡ (Plat.), V. πέλᾰνος, ὁ. *Lees:* Ar. τρύξ, ἡ. Met., *of worthless people:* Ar. and P. περίτριμμα, τό, κᾰ́θαρμα, τό.

Scurrility, subs. P. and V. διᾰβολή, Ar. and P. λοιδορία, ἡ, P. ἐπήρεια, ἡ, βλασφημία, ἡ, βασκανία, ἡ; see *abuse.*

Scurrilous, adj. Ar. and P. διᾰ́βολος, βάσκᾰνος, P. βλάσφημος, V. λοίδορος (Eur., *Cycl.*), κᾰκόστομος; see *abusive.*

Scurrilously, adv. P. διαβόλως; see *abusively.*

Scurry, subs. and v. intrans. See *rush.*

Scurvily, adj. P. and V. αἰσχρῶς, φαύλως, κᾰκῶς, P. μοχθηρῶς

Scurvy, adj. P. and V. αἰσχρός, κᾰκός, φαῦλος, Ar. and P. μοχθηρός.

Scuttle, v. trans. *A ship*: P. διακόπτειν πλοίου ἔδαφος (Dem. 883). V. intrans. *Run away*: Ar. and P. ἀποδιδράσκειν.

Scymetar, subs. Use *sword*.

Scythe, subs. P. and V. δρέπᾰνον, τό (Eur., *Cycl.* 394). *Scythe-maker*: Ar. δρεπᾰνουργός, ὁ.

Scythed, adj. P. δρεπανηφόρος (Xen.).

Sea, subs. P. and V. θᾰλασσα, ἡ, Ar. and V. πόντος, ὁ (used in P. in geographical designations e.g., ὁ Εὔξεινος πόντος, rarely otherwise), Ar. and V. ἅλς, ἡ, V. ἅλμη, ἡ. *Open sea, high sea*: P. and V. πέλᾰγος, τό. Met., *sea (of difficulties, etc.)*: P. and V. τρῐκῡμία, ἡ (Plat., *Euthyd.* 293A), πέλᾰγος, τό (Plat., *Prot.* 338A), V. κλῠδων, ὁ. *Of the sea*, adj.: P. and V. θᾰλάσσιος, V. πελᾰγιος, ἅλιος (Eur., *Hel.* 774), Ar. and V. πόντιος, ἐνᾰλιος. *In the open sea*: use adj., P. and V. πελᾰγιος, P. μετέωρος. *At sea, be at sea*: P. θαλασσεύειν. Met., P. and V. ἀπορεῖν; see *be at a loss*, under *loss*. *Die at sea*: V. ἐνᾰλιος θᾰνεῖν (Eur., *Hel.* 1066). *By the sea*, adj.: P. παραθαλάσσιος, ἐπιθαλάσσιος, ἐπιθαλασσίδιος, P. and V. πᾰρᾰλιος, πᾰρᾰλος, ἀκταῖος (Thuc.), V. ἐπάκτιος, πῠράκτιος. *Command the sea*, v.: P. θαλασσοκρατεῖν. *Commanding the sea*, adj.: P. θαλασσοκράτωρ. *Convey by sea*, v. trans.: Ar. and V. ναυστολεῖν, ναυσθλοῦν; see *convey*. *Defeat at sea*: P. καταναυμαχεῖν (acc.). *Go by sea*: P. and V. πλεῖν, Ar. and V. ναυστολεῖν, ναυσθλοῦσθαι. *Put to sea*, v. intrans.: P. and V. ἀνᾰγεσθαι, ἐξᾰνᾰγεσθαι, ἀπαίρειν, P. ἐπανάγεσθαι, ἀναγωγὴν ποιεῖσθαι, ἀναπλεῖν, αἴρειν. *Putting out to sea*, subs.: P. ἀναγωγή, ἡ: *against an enemy*: P. ἐπαναγωγή, ἡ. *Supreme at sea*, adj.: P. ναυκράτωρ, θαλασσοκράτωρ. *Be supreme at sea*, v.; P. θαλασσοκρατεῖν. *When the Greeks took more readily to the sea*: P. ἐπειδὴ οἱ Ἕλληνες μᾶλλον ἐπλώϊζον (Thuc. 1, 13). *Tossed by the sea*, adj.: V. θᾰλασσόπλαγκτος.

Sea-board, subs. P. ἡ παραλία, ἡ παραθαλασσία; see *coast*.

Sea-coast, subs. See *coast*.

Seafarer, subs. P. and V. ναύτης, ὁ; see *sailor*.

Seafaring, adj. Ar. and V. ναυτῐλος, V. ναύπορος. *Connected with the sea* (of a people): P. θαλάσσιος (Thuc. 1, 142). *Seafaring folk*: V. ἐνᾰλιος λεώς, ὁ, ναυτῐκὸς λεώς, ὁ.

Sea-fight, subs. P. ναυμαχία, ἡ. *Engage in a sea fight*, v.: Ar. and P. ναυμᾰχεῖν, P. διαναυμαχεῖν. *Defeat in a sea fight*: P. καταναυμαχεῖν (acc.).

Sea-girt, adj. V. περίρρῠτος (once: P. Thuc. 4, 64), ἁλίρροθος, ἀμφίκλυστος, ἁλίστονος.

Sea-going, adj. See *seafaring*.

Seal, v. trans. *Mark, brand*: P. and V. ἐπῐσημαίνειν. *Stamp with a seal*: Ar. and P. σημαίνειν (or mid.). *Set seal on*: P. ἐπισφραγίζεσθαι (dat.). *Help in sealing*: P. συσσημαίνεσθαι (acc.). *Seal up*: Ar. and P. κᾰτᾰσημαίνεσθαι (acc.), P. παρασημαίνεσθαι, V. σφρᾱγίζεσθαι (Eur., *Frag.*) (acc.), ἀποσφρᾱγίζεσθαι (acc.), Ar. σφρᾱγῖδα ἐπῐβάλλειν (dat.). *Sealed up*: V. κᾰτεσφραγισμένος, ἐσφρᾱγισμένος. Met., *seal the lips*: P. ἐμφράσσειν στόμα, V. ἐγκλῄειν στόμα, ἐγκλῄειν γλῶσσαι. *My doom is sealed*: P. and V. ἀπόλωλα; see *be undone*.

Seal, subs. (*Animal*): Ar. φώκη, ἡ. *Die for impressing*: P. and V. σφρᾱγίς, ἡ. *Impression of a seal*: V. σφρᾱγισμα, τό, σήμαντρα, τά, σημαντήριον, τό, Ar. and P. σημεῖον, τό (Dem. 1035). *Small seal*: Ar. σφρᾱγῖδιον, τό. *Break seal*: V. σημαντήριον διαφθείρειν, or use P. and V. λύειν, V. ἀνῐέναι.

Seal-ring, subs. P. and V. σφρᾱγίς, ἡ, Ar. and P. δακτῠλιος, ὁ.

Seam, subs. Use P. and V. ῥᾰφή, ἡ; see also *scar*.

Seam, v. trans. *Wound*: P. and V. τιτρώσκειν. *Seamed with scars*: V. σημάντροισιν ἐσφραγισμένος (Eur., *I. T.* 1372).

Seaman, subs. P. and V. ναύτης, ὁ; see *sailor*. *Of seamen*, adj.: P. and V. ναυτῐκός.

Seamanship, subs. Ar. and P. ναυτῐλία, ἡ, P. ἡ ναυτική, τὸ ναυτικόν.

Seaport, subs. P. and V. λῐμήν, ὁ, P. ἐπίνειον, τό; see *harbour*.

Sear, adj. P. and V. ξηρός, Ar. and P. ἰσχνός; see *withered, parched*.

Sear, v. trans. *Wither*: P. and V. ἰσχναίνειν (Plat.), κᾰτισχναίνειν (Plat.); see *wither, parch. Blunt*: P. and V. ἀμβλΰνειν, ἀπαμβλΰνειν, V. κᾰταμβλΰνειν.

Search, v. trans. *Examine (a place)*: P. and V. ἐρευνᾶν (Eur., *Hec.* 1174), Ar. μᾰτεύειν. *Every side has been searched*: V. πᾶν ἐστίβηται πλεῦρον (Soph., *Aj.* 874). *Seek*: P. and V. ζητεῖν, ἐρευνᾶν, V. ἐξερευνᾶν. *Examine*: P. and V. ἐξετάζειν, σκοπεῖν, διασκοπεῖν. *Seek for*: P. and V. μετέρχεσθαι (acc.), ζητεῖν (acc.), ἐρευνᾶν (acc.), P. ἐπιζητεῖν (acc.), Ar. and V. μεθήκειν (acc.), V. μᾰτεύειν (acc.), μαστεύειν (acc.), μεταστείχειν (acc.), μετοίχεσθαι (acc.). *Track*: P. and V. ἰχνεύειν (acc.) (Plat.), V. ἐξιχνεύειν (acc.); see *track*. *Search beforehand*: V. προὐξερευνᾶν (acc.).

Search, subs. P. and V. ζήτησις, ἡ, ζήτημα, τό, V. ἔρευνα, ἡ. *Make search for*: V. ἔρευναν ἔχειν (gen.). *In search of*: P. and V. κᾰτᾰ́ (acc.). *Why send you not someone in search of the man?* V. πῶς . . . ἀνδρὸς κατὰ ζήτησιν οὐ πέμπεις τινά; (Soph., *Trach.* 54).

Searcher, subs. P. ζητητής, ὁ, V. μαστήρ, ὁ.

Searching, adj. *Keen*: Ar. and P. ὀξῠ́ς. *Minute, exact*: P. and V. ἀκρῑβής. *Searching of heart, repentance*: P. and V. μετᾰμέλεια, ἡ (Eur., *Frag.*); see *repentance*.

Seared, adj. *Blunted*: P. and V. ἀμβλῠ́ς.

Sea-room, subs. Use P. εὐρυχωρία, ἡ. *Want of sea-room*: P. στενοχωρία, ἡ.

Sea-shore, subs. See *shore*.

Sea-sick, adj. *Be sea-sick*, v.: Ar. and P. ναυτιᾶν.

Season, subs. *Division of the year*: P. and V. ὥρα, ἡ. *Convenient time*: P. and V. καιρός, ὁ, ὥρα, ἡ. *Season of marriage*: V. γάμων ἀκμή, ἡ. *The fruits of the season*: P. τὰ ὡραῖα. *In season*: see *seasonably*. *Out of season*: see *unseasonably*.

Season, v. trans. *Spice*: P. ἡδύνειν. *Accustom*: P. and V. ἐθίζειν; see *accustom*. *Season (wood)*: use P. and V. ξηραίνειν.

Seasonable, adj. P. and V. καίριος, ἐπῐ́καιρος, V. εὔκαιρος, αἴσιος. *Fitting*: P. and V. σύμμετρος, πρέπων, προσήκων; see *fitting*. *Mature*: P. and V. ὡραῖος.

Seasonably, adv. P. εὐκαίρως, P. and V. καιρίως (Xen.), καιρῷ, ἐν καιρῷ, εἰς καιρόν, εἰς δέον, ἐν τῷ δέοντι, ἐν κᾰλῷ, εἰς κᾰλόν, V. πρὸς καιρόν, πρὸς τὸ καίριον, ἐν δέοντι. *In the nick of time*: V. εἰς ἀρτῐ́κολλον, εἰς ἀκρῑβές. *Fittingly*: P. and V. συμμέτρως, πρεπόντως, P. προσηκόντως, V. ἐναισῐ́μως; see *fitly*.

Seasoned, adj. Of wood: P. and V. ξηρός. *Experienced*: P. and V. ἔμπειρος, ἐπιστήμων; see *experienced*. *Our navy was at first in fine condition both as regards the seasoned nature of the ships and the health of the crews*: P. τὸ ναυτικὸν ἡμῶν τὸ μὲν πρῶτον ἤκμαζε καὶ τῶν νεῶν τῇ ξηρότητι καὶ τῶν πληρωμάτων τῇ σωτηρίᾳ (Thuc. 7, 12).

Seasoning, subs. Ar. and P. ἥδυσμα, τό, ὄψον, τό.

Seat, subs. *Something to sit on*: Ar. and V. ἕδρα, ἡ (rare P.), θᾶκος, ὁ (Plat. also but rare P.), V. θάκημα, τό. *Chair:* Ar. and P. δίφρος, ὁ. *Seat of state:* P. and V. θρόνος, ὁ. *Seats in the theatre reserved for Senators:* Ar. βουλευτῐκόν, τό. *Allot seats in a theatre:* P. θέαν κατανέμειν (Dem. 234). *Front seat:* Ar. and P. προεδρία, ἡ. *Bench:* P. and V. βάθρον, τό. *Seat for rowers:* V. ζῠγά, τά, σέλμᾰτα, τά, ἑδώλια, τά. *Place, position:* P. and V. ἕδρα, ἡ. *About the seat of the liver:* P. περὶ τὴν τοῦ ἥπατος ἕδραν (Plat., *Tim.* 67B). *Abode:* Ar. and V, ἕδρα, ἡ, V. ἀναστροφή, ἡ, ἤθη, τά. ἑδώλια, τά; see *dwelling, house. Seat of worship:* V. ἕδη, τά (also Plat. but rare P.); see also *temple. Seat of the oracle:* P. and V. μαντεῖον, τό, or pl., V. χρηστήριον, τό, or pl.

Seat, v. trans. P. and V. κᾰθίζειν, V. ἵζειν, ἱδρῡ́ειν, ἐξιδρῡ́ειν. *Seat on the throne:* P. εἰς τὸν θρόνον ἐγκαθίζειν (τινά) (Plat., *Rep.* 553C). *Seat beside one:* P. συμπαρακαθίζεσθαι (τινά). *Seat at meals:* Ar. and P. κᾰτακλῑ́νειν (acc.). *Hold, have room for:* P. and V. χωρεῖν (acc.). *Be seated:* see *sit.*

Seated, adj. Ar. and V. ἑδραῖος (rare P.). *Seated on a car:* V. ἐπῐ̀ ἀπήνης ἐμβεβώς. *Seated on a colt:* V. ἐπῐ̀ πώλου βεβώς.

Sea-tossed, adj. V. θᾰλασσόπλαγκτος.

Sea-urchin, subs. P. ἐχῖνος θαλάσσιος, ὁ (Plat.).

Sea-washed, adj. See *sea-girt.*

Sea-water, subs. P. and V. ἅλμη, ἡ.

Sea-weed, subs. P. φυκία, τά.

Sea-worthy, adj. P. πλώϊμος.

Secede, v. intrans. P. and V. ἀφίστασθαι.

Secession, subs. P. ἀπόστασις, ἡ.

Seclude, v. trans. See *shut out, hide.*

Secluded, adj. P. and V. ἐρῆμος; see *desolate.*

Seclusion, subs. P. and V. ἐρημία, ἡ.

Second, adj. P. and V. δεύτερος. *Second to, inferior to:* P. and V. ὕστερος (gen.), ἥσσων (gen.), χείρων (gen.). *Second thoughts:* V. ὕστεραι γνῶμαι, δεύτεραι φροντῐ́δες. *A second time:* P. and V. δεύτερον, τὸ δεύτερον; see *again. In the seconl place:* see *secondly. At second hand, speak at second hand:* V. λέγειν κλύων ἄλλων (Eur., *Heracl.* 847; cf. also Eur., *Or.* 532-533). *Hear at second hand:* V. λόγους ἄλλων κλύειν (Æsch., *Pers.* 266), or παρ' ἀγγέλων ἄλλων ἀκούειν (Soph., *O. R.* 6). *Having Ischander to play second fiddle:* P. Ἴσχανδρον ἔχων . . . δευτεραγωνιστήν (Dem. 344). *Second cousin:* see under *cousin. Second prize:* P. δευτερεῖα, τά.

Second, v. trans. *Help on:* P. and V. σπεύδειν, ἐπισπεύδειν. With personal object: P. and V. πᾰρεῖναι (dat.), Ar. and P. σῠνᾰγωνίζεσθαι, πᾰρᾰγίγνεσθαι (dat.), V. πᾰραστᾰτεῖν (dat.); see *help. Speak on behalf of:* P. and V. σῠνηγορεῖν (dat.), P. συναγορεύειν (dat.), συνειπεῖν (dat. or absol.). *They were incensed against those of the orators who had seconded the expedition:* P. χαλεποὶ ἦσαν τοῖς συμπροθυμηθεῖσι τῶν ῥητόρων τὸν ἔκπλουν (Thuc. 8, 1). *The sailors sang a hymn to second the prayers of the maiden:* V. ναῦται δ' ἐπηυφήμησαν εὐχαῖσιν κόρης παιᾶνα (Eur., *I. T.* 1403).

Second, subs. See *moment.*

Secondary, adj. *Subordinate:* P. and V. πᾰ́ρεργος, V. δεύτερος. (*Treat*) *as secondary:* P. and V. ἐν πᾰρέργῳ (ποιεῖσθαι, or τῐ́θεσθαι) (acc.), V. πᾰ́ρεργον ποιεῖσθαι (Eur., *El.* 63). *All else that a woman may suffer is secondary:* V. τὰ μὲν γὰρ ἄλλα δεύτερ' ἂν πάσχοι γυνή (Eur., *And.* 372). *Secondary to:* P. ὕστερος πρός (acc.), V. ἥσσων (gen.), or use prep., ὄπισθε(ν) (gen.). *Second best:* P. and V. δεύτερος.

Seconder, subs. P. ὁ συνειπών; see also *helper*.

Secondly, adv. P. and V. δεύτερον, τὸ δεύτερον, εἶτα, ἔπειτα.

Second-rate, adj. See *inferior*. *Unworthy*: P. and V. ἀνάξιος.

Secrecy, subs. Use P. and V. τὸ κρυπτόν. *Silence*: P. and V. σῖγή, ἡ, σιωπή, ἡ.

Secret, subs. Ar. and P. ἀπόρρητον, τό, or pl., P. and V. τὸ κρυπτόν (Eur., *I. A.* 1140), V. ἄρρητα, τά. *Mystery*: P. and V. ἀκίνητα, τά. *Be in the secret*, v.: P. and V. σῠνειδέναι. *It was no secret*: P. οὐκ ἦν ἀφανῆ (Dem. 231).

Secret, adj. *Not to be divulged*: P. and V. ἄρρητος, ἀπόρρητος. *Not to be meddled with*: P. and V. ἀκίνητος (Plat.). *Clandestine*: P. and V. κρυπτός, ἀφᾰνής, λαθραῖος, κρῠφαῖος (Plat.), V. κρύφιος, σκότιος; see *stealthy*. *Keep secret*: P. and V. σῖγᾶν (acc.), σιωπᾶν (acc.), V. διᾰσιωπᾶν (acc.). *In secret*: see *secretly*.

Secretary, subs. Ar. and P. γραμμᾰτεύς, ὁ.

Secrete, v. trans. P. and V. κρύπτειν; see *hide*.

Secretive, adj. *Reticent*: P. κρυψίνους (Xen.). *Silent*: V. σῖγηλός, σιωπηλός.

Secretiveness, subs. *Silence*: P. and V. σῖγή, ἡ, σιωπή, ἡ.

Secretly, adv. P. and V. λάθρᾳ, λαθραίως (rare P.), P. ἀφανῶς, κρύφα, Ar. and P. κρύβδην, V. κρῠφῇ (also Xen.), κρῠφαιως, κρύβδᾰ. *They were secretly annoyed*: P. ἀδήλως ἤχθοντο (Thuc. 1, 92).

Sect, subs. P. σύστασις, ἡ. *Faction*: P. and V. στάσῐς, ἡ. *The sect of, the followers of*: use P. οἱ ἀμφί (acc.). *Belong to the sect of*: use P. and V. φρονεῖν τὰ (gen.).

Sectarian, adj. *Factious*: P. στασικός, στασιωτικός.

Section, subs. *Part*: P. and V. μέρος, τό, μοῖρα, ἡ, P. μόριον, τό. *Piece cut off*: P. τμῆμα, τό.

Secular, adj. P. and V. βέβηλος (rare P.). As opposed to ἱερός, *sacred*, use Ar. and P. ὅσιος.

Secure, v. trans. *Render safe*: P. βεβαιοῦν. *Secure for oneself*: P. βεβαιοῦσθαι. *Strengthen*: P. κρατύνειν. *Occupy*: P. and V. κᾰτέχειν, Ar. and P. κᾰτᾰλαμβᾰνειν. *Fix*: P. and V. πηγνῦναι. *Fasten*: P. and V. κλῄειν, συγκλῄειν; see *fasten*. *Make fast*: see *bind*. *Make firm*: P. and V. ἐμπεδοῦν (Plat. but rare P.). *Obtain*: P. and V. κτᾶσθαι, κᾰτακτᾶσθαι, λαμβᾰνειν, φέρεσθαι, κομίζεσθαι, εὑρίσκεσθαι; see *obtain*. *Secure as helper*: P. and V. προσλαμβᾰνειν. *Secure something for a person*: P. and V. πᾰρέχειν (τί τινι), P. παρασκευαζειν (τί τινι), περιποιεῖν (τί τινι). *Secure a person an opportunity*: P. ἐξουσίαν τινὶ παρασκευάζειν. *This service secured you the victory over the Æginetans*: P. ἡ εὐεργεσία αὕτη . . . πάρεσχεν ὑμῖν Αἰγινητῶν ἐπικράτησιν (Thuc. 1, 41). *Secure the independence of the rest*: P. τῶν ἄλλων μετελθεῖν τὴν ἐλευθερίαν (Thuc. 1, 124). *Trusting to the hoplites on deck to secure them the victory*: P. πιστεύοντες τοῖς ἐπὶ τοῦ καταστρώματος ὁπλίταις εἰς τὴν νίκην (Thuc. 1, 49). *Having secured the opening of the gates long before*: P. ἐκ πολλοῦ τεθεραπευκότες τὴν ἄνοιξιν τῶν πυλῶν (Thuc. 4, 67).

Secure, adj. P. and V. βέβαιος, ἀσφᾰλής. *Free from risk*: P. ἀκίνδυνος. *Safe*: P. and V. σῶς. *Trustworthy*: P. and V. πιστός, ἀσφᾰλής, βέβαιος, ἐχέγγυος (Thuc. but rare P.), φερέγγυος (Thuc. but rare P.). *Free from fear*: V. ἕκηλος. *Strong* (*of places*): P and V. ὀχῠρός, P. ἐχυρός, καρτερός; see *strong*. *Firm*: V. ἔμπεδος; see *firm*.

Securely, adv. P. and V. βεβαίως, ἀσφᾰλῶς, V. ἐμπέδως. *Without danger*: P. and V. ἀκινδῡνως.

Security, subs. *Safety:* P. and V. σωτηρία, ἡ, ἀσφάλεια, ἡ. *Protection:* P. and V. φῠλᾰκή, ἡ. *Pledge:* P. and V. πίστῐς, ἡ, πιστόν, τό, or pl., V. πιστώμᾰτα, τά. *Give security or pledge:* P. and V. πίστιν δῐδόναι, πιστὰ δῐδόναι. *Bail:* P. and V. ἐγγυή, ἡ; see *bail*. *Something mortgaged:* Ar. and P. ἐνέχῡρον, τό, σύμβολον, τό, P. ὑποθήκη, ἡ. *Give security*, v.: Ar. and P. ἐγγυᾶσθαι, P. κατεγγυᾶσθαι. *Give security for a person:* P. ἐγγυᾶσθαι (acc.), διεγγυᾶν (acc.). *Seize as security:* P. κατεγγυᾶν, Ar. and P. ἐνεχῠράζειν (or mid.). *Leaving the pay still due as security:* P. ὑπολιπόντες εἰς ὁμηρείαν τὸν προσοφειλόμενον μισθόν (Thuc. 8, 45). *Give as security for a mortgage*, v.: P. ὑποτιθέναι. *Hostage:* see *hostage*. *One who gives security for another:* Ar. and P. ἐγγυητής, ὁ. *On good security:* use adj., P. ἔγγυος.

Sedan, subs. P. φορεῖον, τό. *I came home in a sedan:* P. φοράδην ἦλθον οἴκαδε (Dem. 1263).

Sedate, adj. P. and V. ἥσῠχος, ἡσῠχαῖος, P. ἡσύχιος. *Shy:* P. and V. αἰδοῖος, P. αἰσχυντηλός. *Dignified:* P. and V. σεμνός.

Sedately, adv. *Quietly:* P. and V. ἡσῠχῇ, ἡσύχως (rare P.). *Modestly:* P. αἰσχυντηλῶς. *With dignity:* P. and V. σεμνῶς.

Sedateness, subs. *Quiet:* Ar. and P. ἡσῠχία, ἡ. *Modesty:* P. and V. αἰδώς, ἡ. *Dignity:* P. and V. σεμνότης, ἡ, τὸ σεμνόν.

Sedentary, adj. P. ἑδραῖος (Plat.).

Sedge, subs. *Rush:* Ar. and P. κάλᾰμος, ὁ, Ar. and V. δόναξ, ὁ, Ar. σχοῖνος, ὁ or ἡ.

Sediment, subs. P. ὑποστάθμη, ἡ (Plat.). *Of wine:* Ar. τρύξ, ἡ.

Sedition, subs. *Rebellion:* P. ἀπόστασις, ἡ, P. and V. ἐπᾰνάστᾰσις, ἡ. *Faction:* P. and V. στάσῐς, ἡ, P. στασιασμός, ὁ. *Revolution:* P. νεωτερισμός, ὁ. *Political stir:* P. κίνησις, ἡ.

Seditious, adj. P. στασιαστικός, στασιωτικός. *Be seditious*, v.: P. νεωτερίζειν.

Seditiously, adv. P. στασιαστικῶς.

Seditiousness, subs. P. and V. στάσῐς, ἡ. *Contentiousness:* P. φιλονεικία, ἡ. *Desire for revolution:* νεωτερισμός, ὁ.

Seduce, v. trans *Corrupt:* P. and V. διαφθείρειν. *Bribe:* P. διαφθείρειν, δεκάζειν, Ar. and P. πείθειν, ἀνᾰπείθειν; see *bribe*. *Turn away from allegiance:* Ar. and P. ἀφιστάναι, P. παραιρεῖσθαι. *Take away by stealth:* P. ὑπολαμβάνειν. *If they should endeavour by more pay to seduce the mercenaries among your sailors:* P. εἰ χρημάτων μισθῷ μείζονι πειρῷντο ὑμῶν ὑπολαβεῖν τοὺς ξένους τῶν ναυτῶν (Thuc. 1, 143). *Deceive:* P. and V. πᾰράγειν, ἀπᾰτᾶν; see *deceive*. *Debauch:* P. and V. διαφθείρειν, λωβᾶσθαι, P. καταισχύνειν, V. αἰσχύνειν, διολλύναι.

Seducer, subs. P. διαφθορεύς, ὁ, V. αἰσχυντήρ, ὁ.

Seduction, subs. P. and V. διαφθορά, ἡ. *Enticement:* P. ἐπαγωγή, ἡ; see *enticement*.

Seductive, adj. P. ἐπαγωγός, ἐφολκός, προσαγωγός; see *charming*.

Seductively, adv. P. χαριέντως; see *charmingly*.

Seductiveness, subs. P. and V. χάρῐς, ἡ; see *charm*.

Sedulous, adj. P. φιλόπονος, φιλεργός, V. πολῠ́πονος. *Zealous:* P. and V. σπουδαῖος (Soph., *Frag.*), πρόθῡμος. *Persevering:* P. and V. λῐπᾰρής (Plat.), Ar. γλισχρός, V. ἔμπεδος. *Continuous:* P. συνεχής.

Sedulously, adv. P. φιλοπόνως. *Zealously:* P. and V. σπουδῇ, προθύμως, P. σπουδαίως. *Perseveringly:* V. ἐμπέδως.

Sedulousness, subs. P. φιλοπονία, ἡ, φιλεργία, ἡ. *Zeal:* P. and V. σπουδή, ἡ, προθῡμία, ἡ. *Practice:* Ar. and P. μελέτη, ἡ.

See, v. trans. P. and V. ὁρᾶν (or mid. in V.), ἐφορᾶν, κᾰθορᾶν (or mid. in V.), προσορᾶν (Plat.), V. εἰσορᾶν (or mid.) (rare P.). *Behold:* P. and V. σκοπεῖν, θεᾶσθαι, θεωρεῖν, ἀθρεῖν, V. προσλεύσσειν, προσδέρκεσθαι, εἰσδέρκεσθαι, Ar. and V. λεύσσειν, δέρκεσθαι, ἐποπτεύειν; see *look. Perceive:* P. and V. γιγνώσκειν, μανθάνειν, αἰσθάνεσθαι (acc. or gen.), ἐπαισθάνεσθαι (acc. or gen.), P. καταμανθάνειν, V. καταισθάνεσθαι. *Reflect:* P. and V. σκοπεῖν, ἐπισκοπεῖν, φροντίζειν, νοεῖν (or mid.), ἐννοεῖν (or mid.). Absol., *have sight:* Ar. and V. βλέπειν, P. and V. ὁρᾶν. *See about, attend to:* P. and V. θεραπεύειν (acc.), Ar. and P. ἐπιμέλεσθαι (gen.), P. and V. φροντίζειν (gen.), κήδεσθαι (gen.), V. μέλεσθαι (gen.). *See after:* see *see about. See at a glance:* P. συνορᾶν. *See from a distance:* V. ἐξορᾶν, also an aor., ἐξάπιδεῖν (Soph., *O. C.* 1648). *See in* (a person or thing): Ar. and P. ἐνορᾶν (τί τινι or ἔν τινι). *See off:* P. and V. προπέμπειν. *See through:* P. διορᾶν. Met., *understand. See to:* see *attend to. See to it that:* P. and V. φροντίζειν ὅπως (aor. subj. or fut. indic.), P. ἐπιμέλεσθαι ὅπως (aor. subj. or fut. indic.), πράσσειν ὅπως (aor. subj. or fut. indic.); see *mind. See to it that we die nobly:* V. ἀλλ' ὅπως θανούμεθα κάλλιστα (Eur., *I. T.* 321).

See, interj. Ar. and V. ἰδού; see *behold.*

Seed, subs. P. and V. σπέρμα, τό. Met., *offspring:* V. σπέρμα, τό, σπορά, ἡ; see *offspring. Generative seed:* P. and V. σπέρμα, τό (Plat.), V. σπορά, ἡ. *Origin:* P. and V. ἀρχή, ἡ, πηγή, ἡ, ῥίζα, ἡ. *Germ:* P. and V. σπέρμα, τό. *Family race:* P. and V. γένος, τό, V. γονή, ἡ, σπορά, ἡ; see *race.*

Seedling, subs. *Plant:* P. and V. φυτόν, τό.

Seed-time, subs. P. σπόρος, ὁ (Plat.), V. σπορά, ἡ, ἄροτος, ὁ.

Seeing, conj. *Seeing that:* see *since.*

Seek, v. trans. *Search for:* P. and V. ζητεῖν (acc.), ἐρευνᾶν (acc.), V. ἐξερευνᾶν (acc.). *Seek for:* P. and V. μετέρχεσθαι (acc.), ζητεῖν (acc.), ἐρευνᾶν (acc.), P. ἐπιζητεῖν (acc.), Ar. and V. μεθήκειν (acc.), ματεύειν (acc.), V, μαστεύειν (acc.), μεταστείχειν (acc.), μετοίχεσθαι (acc.). *Seek after, seek to get:* P. and V. θηρεύειν (acc.), μετέρχεσθαι (acc.), ζητεῖν (acc.), V. θηρᾶν (or mid.); see also *desire. Track:* P. and V. ἰχνεύειν (Plat.); see *track. Have recourse to:* P. and V. τρέπεσθαι πρός (acc.), or εἰς (acc.). With infin., P. and V. ζητεῖν, V. ματεύειν, μαστεύειν. *Be eager* (with infin.): P. and V. σπεύδειν, σπουδάζειν, προθυμεῖσθαι; see under *eager. They will come seeking a union that may not be sought:* V. ἥξουσι θηρεύοντες οὐ θηρασίμους γάμους (Æsch., *P. V.* 858).

Seeker, subs. P. ζητητής, ὁ, V. μαστήρ, ὁ.

Seeking, subs. See *search. It is not of my seeking:* P. οὔ μοι βουλομένῳ ἐστί.

Seem, v. intrans. P. and V. φαίνεσθαι. As opposed to *reality:* P. and V. δοκεῖν. *Seem to* (with infin.): Ar. and V. ἐοικέναι. *As it seems:* P. and V. ὡς ἔοικε. *It seems good* (*to*): P. and V. δοκεῖ (absol. or dat.). *It seems good to me also:* P. and V. συνδοκεῖ μοι.

Seeming, subs. P. and V. τὸ δοκεῖν. *To all seeming:* see *seemingly.*

Seeming, adj. P. and V. δοκῶν. *Pretended:* P. προσποιητός.

Seemingly, adv. P. and V. ὡς ἔοικε. As opposed to *truly:* P. and V. δῆθεν, λόγῳ.

Seemliness, subs. P. and V. εὐκοσμία, ἡ, τὸ κόσμιον, τὸ πρέπον, τὸ προσῆκον, Ar. and P. κοσμιότης, ἡ, P. εὐσχημοσύνη, ἡ. *Comeliness:* P. and V. εὐμορφία, ἡ (Plat.), P. εὐπρέπεια, ἡ; see *comeliness.*

Seemly, adv. P. and V. εὐπρεπής, εὐσχήμων, πρέπων, προσήκων, Ar.

and P. πρεπώδης, V. ἐπεικώς, προσεικώς, συμπρεπής. *Orderly*: P. and V. κόσμιος, εὔκοσμος. *Comely*: P. and V. εὐπρεπής, εὐειδής (Plat.), V. εὔμορφος, Ar. and V. εὐφυής; see *comely*.

Seen, adj. See *visible*.

Seer, subs. P. and V. μάντις, ὁ; see *prophet*.

Seer-craft, subs. P. and V. μαντική, ἡ; see *prophecy*.

Seethe, v. trans. P. and V. ἕψειν (Eur., *Cycl.*). V. intrans. P. and V. ζεῖν.

Segment, subs. P. τμῆμα, τό.

Seize, v. trans. P. and V. λαμβάνειν, ἁρπάζειν, ἀναρπάζειν, συναρπάζειν, V. καθαρπάζειν, συμμάρπτειν (Eur., *Cycl.*), Ar. and V. συλλαμβάνειν, μάρπτειν. *Carry off*: P. and V. ἀφαρπάζειν, ἐξαρπάζειν, ἁρπάζειν, συναρπάζειν, ἀναρπάζειν, V. ἐξαναρπάζειν; see *carry off*. *Take hold of*: P. and V. λαμβάνεσθαι (gen.), ἐπιλαμβάνεσθαι (gen.), ἀντιλαμβάνεσθαι (gen.), ἅπτεσθαι (gen.), ἀνθάπτεσθαι (gen.), ἐφάπτεσθαι (gen.), Ar. and V. λάζυσθαι (acc.), V. ἀντιλάζυσθαι (gen.). *Arrest, apprehend*: P. and V. συλλαμβάνειν, συναρπάζειν (Lys.). *Seize a place, occupy it*: Ar and P. καταλαμβάνειν. *Seize property for payment*: P. ἐπιλαμβάνεσθαι (gen.). *I have my property seized*: Ar. τὰ χρήματ' ἐνεχυράζομαι (*Nub.* 241). *Seize as a pledge*: V. ῥυσιάζειν (acc.). Met., *grasp (meaning, etc.)*: P. and V. ὑπολαμβάνειν (rare V.), P. καταλαμβάνειν; see *grasp*. *Of desire seizing a person*: P. and V. ἐμπίπτειν (dat.). *Of disease seizing a person*: P. and V. ἅπτεσθαι (gen.), ἀνθάπτεσθαι (gen.), ἐμπίπτειν (dat.), ἐπιλαμβάνειν (acc.), P. ἐπιπίπτειν (dat.).

Seizure, subs. *Carrying off*: P. and V. ἁρπαγή, ἡ, or pl. *Occupation*: P. κατάληψις, ἡ. *Arrest*: P. σύλληψις, ἡ; see *arrest*. *Distraint*: P. ἐνεχυρασία, ἡ. *Attack (of disease)*: P. and V. προσβολή, ἡ, P. καταβολή, ἡ, ἀντίληψις, ἡ. *Right of seizure in war*: P. σῦλαι, αἱ, or σῦλα, τά.

Seldom, adv. P. and V. ὀλιγάκις, P. σπανίως.

Select, v. trans. P. and V. ἐξαιρεῖν (or mid.), αἱρεῖσθαι, ἐκκρίνειν, προκρίνειν, Ar. and P. ἐκλεγειν (or mid.), ἀπολέγειν (or mid.), V. κρίνειν, P. ἐπιλέγεσθαι. *Elect to office*: P. and V. αἱρεῖσθαι, Ar. and P. χειροτονεῖν.

Select, adj. P. and V. ἔκκριτος, ἐξαίρετος, V. κριτός, λεκτός, P. ἐκλεκτός, ἀπόλεκτος. *Select troops*: P. and V. λογάδες, αἱ.

Selection, subs. P. and V. αἵρεσις, ἡ, P. ἐκλογή, ἡ. *Selection to office*: P. χειροτονία, ἡ. *Selection by lot*: P. and V. κλήρωσις, ἡ.

Self, pron. P. and V. αὐτός. *By oneself*: P. and V. αὐτὸς καθ' αὑτόν. *Of itself*: P. ἀπὸ ταὐτομάτου. *Come to oneself*: V. ἐν αὑτῷ γίγνεσθαι; see *recover*. *Consider each point by itself*: P. ἕκαστον ἐφ' ἑαυτοῦ σκοπεῖν (Dem. 370).

Self-abasement, subs. *Shame*: P. κατήφεια, ἡ.

Self-command, subs. See *self-control*.

Self-complacency, subs. *Vanity*: P. χαυνότης, ἡ (Plat.).

Self-complacent, adj. *Vain*: Ar. and P. χαῦνος (Plat.).

Self-conceit, subs. P. χαυνότης, ἡ (Plat.); see *conceit*.

Self-confidence, subs. P. and V. θράσος, τό; see *boldness*.

Self-confident, adj. P. and V. θρασύς; see *bold*.

Self-confidently, adv. Ar. and P. θρασέως; see *boldly*.

Self-conscious, adj. *Shy*: P. and V. αἰδοῖος.

Self-consciousness, subs. P. and V. αἰδώς, ἡ.

Self-contained, adj. *Self-sufficient*: P. and V. αὐτάρκης.

Self-control, subs. P. ἐγκράτεια, ἡ.

Self-controlled, adj. P. ἐγκρατής.
Self-defence, subs. *Kill in self-defence*: P. ἀποκτείνειν ἀμυνόμενος (Dem. 636).
Self-denial, subs. Ar. and P. σωφροσύνη, P. and V. τὸ σῶφρον, τὸ σωφρονεῖν.
Self-detected, adj. V. αὐτόφωρος.
Self-evident, adj. *A self-evident proposition*: P. ἀξίωμα, τό (Aristotle).
Self-importance, subs. P. and V. τὸ σεμνόν.
Self-important, adj. P. and V. σεμνός.
Self-imposed, adj. P. and V. ἑκούσιος, αὐθαίρετος; see *voluntary*.
Self-indulgence, subs. P. and V. τρῠφή, ἡ, χλῐδή, ἡ (Plat.). *Intemperance*: P. ἀκολασία, ἡ, ἀκράτεια, ἡ.
Self-indulgent, adj. Ar. and P. τρῠφερός. *Intemperate*: P. and V. ἀκόλαστος, Ar. and P. ἀκρᾰτής; see *intemperate*. *Be self-indulgent*, v.: P. and V. τρῠφᾶν, Ar. and V. χλῐδᾶν, V. χλίειν.
Self-inflicted, adj. *Self-inflicted death*: V. αὐτόχειρ σφᾰγή, ἡ; see *suicide*.
Selfish, adj. P. πλεονεκτικός. *Personal, private*: P. and V. οἰκεῖος, ἴδιος. *For selfish ends*: P. δι' ἴδια κέρδη.
Selfishly, adv. P. πλεονεκτικῶς.
Selfishness, subs. P. πλεονεξία, ἡ. *Selfish act*: P. πλεονέκτημα, τό.
Self-opiniationed, adj. P. and V. αὐθάδης. *Be self-opiniated*, v.: P. αὐθαδίζεσθαι, ἀπαυθαδίζεσθαι.
Self-possessed, adj. P. ἐντρεχής.
Self-reliance, subs. P. and V. θράσος, τό; see *boldness*.
Self-reliant, adj. P. and V. θρᾰσύς; see *bold*.
Self-respect, subs. *Modesty*: P. and V. αἰδώς, ἡ.
Self-restraint, subs. P. ἐγκράτεια, ἡ.
Self-satisfied, adj. See *self-complacent*.
Self-seeker, subs. P. πλεονέκτης, ὁ.
Self-seeking, adj. P. πλεονεκτικός.
Self-seeking, subs. P. πλεονεξία, ἡ.
Self-sown, adj. V. αὐτόσπορος (Æsch., *Frag.*).
Self-sufficiency, subs. P. αὐτάρκεια, ἡ.
Self-sufficient, adj. P. and V. αὐταρκής.
Self-summoned, adj. V. αὐτόκλητος.
Self-will, subs. P. αὐθάδεια, ἡ, Ar. and V. αὐθᾱδία, ἡ, V. αὐθᾱδίσμᾰτα, τά.
Self-willed, adj. P. and V. αὐθάδης, V. αὐτόβουλος.
Sell, v. trans. Ar. and P. πωλεῖν, (aor., Ar. and P. ἀποδόσθαι, perf., P. πεπρακέναι, pass. also P. πιπράσκεσθαι, aor., P. and V. πρᾱθῆναι, perf., P. and V. πεπρᾶσθαι), Ar. and V. περνᾶναι, (found in pres. part. περνάς (Eur., *Cycl.* 271), 3rd sing. pres. pass. πέρναται (Ar., *Eq.* 176).) *Traffic in*: Ar. and V. ἐμπολᾶν, ἀπεμπολᾶν, διεμπολᾶν, V. ὀδᾶν (Eur., *Cycl.*), ἐξοδᾶν (Eur., *Cycl.*).
Seller, subs. P. πρατήρ, ὁ. In compounds: use πώλης, e.g., *perfume seller*: P. μυροπώλης, ὁ.
Selling, subs. P. and V. πρᾶσις, ἡ (Soph., *Frag.*).
Semblance, subs. *Appearance* as opposed to *reality*: P. and V. δόκησις, ἡ, V. δόκημα, τό. *Pretence*: P. and V. σχῆμα, τό, πρόσχημα, τό. *Under semblance of*: P. ἐπὶ προφάσει (gen.). *Image*: P. and V. εἰκών, ἡ; see *image*, *appearance*.
Seminary, subs. Use *school*.
Senate, subs. P. and V. βουλή, ἡ. *Senate house*: P. and V. βουλευτήριον, τό. *Spartan senate*: P. and V. γερουσία, ἡ. *Resolution of the senate*: P. προβούλευμα, τό.
Senator, subs. Ar. and P. βουλευτής, ὁ. *Be a senator*, v.: P. βουλεύειν. *Seats in the theatre reserved for senators*: Ar. βουλευτῐκόν, τό.
Senatorial, adj. P. βουλευτικός.
Send, v. trans. P. and V. πέμπειν, ἀποστέλλειν, V. στέλλειν, ἰάλλειν, πορεύειν, Ar. and V. ἱέναι. *Hurl*;

P. and V. βάλλειν, ῥίπτειν, ἀφῑέναι; see *hurl*. *Send across*: Ar. and P. διᾰπέμπειν, περαιοῦν. *Send against*: P. ἐπιπέμπειν (τί τινι). *Send away*: P. and V. ἐκπέμπειν, Ar. and P. ἀποπέμπειν. *Dismiss*: P. and V. ἀφῑέναι; see *dismiss*. *Send away in secret*: P. and V. ὑπεκπέμπειν. *Send along the coast*: P. παραπέμπειν. *Send back*: Ar. and P. ἀποπέμπειν. *Send before*: see *send in advance*. *Send for*: Ar. and P. μετᾰπέμπεσθαι (acc.), P. and V. μετᾰπέμπειν (acc.) (Thuc. 4, 30; 6, 88; 7, 42, but rare P.), V. πέμπεσθαι (acc.), στέλλειν (acc.), στέλλεσθαι (acc.). *Send someone for*: V. πέμπεσθαί τινα (ἐπί, acc.). *Send for from* (*a place*): V. ἐκπέμπειν (acc.), ἐκπέμπεσθαι (acc.). *Send for reinforcements*: P. ἐπιμεταπέμπεσθαι (absol.). *Send forth*: see *send out*. *Emit*: P. and V. ἀνῑέναι, ἀνᾰδῐδόναι (Eur., *Frag.*), ἐξιέναι, ἀφῑέναι, ἐκβάλλειν, V. προπέμπειν, ἐκπέμπειν, ἐξᾰνῑέναι, μεθῑέναι. *Send in*: P. and V. εἰσπέμπειν. *Send in addition*: P. ἐπιπέμπειν, προσεπιστέλλειν. *Send in advance*: P. and V. προπέμπειν, P. προαποστέλλειν, προαποπέμπειν. *Send in answer or exchange*: P. and V. ἀντῐπέμπειν. *Send out*: P. and V. ἐκπέμπειν, ἀποστέλλειν; see *send away*. *Send out* (*on an expedition*): use also V. ἐξορμᾶν. *Send over*: Ar. and P. διᾰπέμπειν. *Send round*: P. περιπέμπειν. *Send round word*: P. περιαγγέλλειν. *Send to*: P. and V. προσπέμπειν. *Send up*: Ar. and P. ἀνᾰπέμπειν (also of sending up country). *Throw up*: P. and V. ἀνῑέναι, ἀνᾰδῐδόναι (Eur., *Frag.*); see *send forth*. *Send upon*: P. ἐπιπέμπειν (τί τινι). *Send with*: P. and V. συμπέμπειν (τινά τινι), P. συναποστέλλειν (τινά τινι). *Send word, send a message*: P. and V. ἐπιστέλλειν. *Announce*: P. and V. ἀγγέλλειν; see *announce*.

Sender, subs. V. πομπός, ὁ. *Sender of blessings*: V. πομπὸς . . . τῶν ἐσθλῶν (Æsch., *Choe.* 147).

Sending, subs. P. and V. πομπή, ἡ, P. πέμψις, ἡ. *At the sending of Eurystheus*: V. Εὐρυσθέως πομπαῖσι (Eur., *H. F.* 580).

Seneschal, subs. Use P. and V. τᾰμίᾱς, ὁ.

Senile, adj. P. and V. γεραιός.

Senility, subs. P. and V. γῆρας, τό.

Senior, adj. P. and V. πρεσβῠτερος. *Be senior*, v: P. and V. πρεσβεύειν.

Seniority, subs. Use P. and V. τὸ πρεσβεύειν. *Rights of seniority*: use P. and V. πρεσβεῖον, τό, or pl.

Sensation, subs. *Perception*: P. and V. αἴσθησις, ἡ, V. αἴσθημα, τό. *Feeling*: P. πάθος, τό, πάθημα, τό. *Object of wonder*: P. and V. θαῦμα, τό. *Astonishment*: P. and V. ἔκπληξις, ἡ, θαῦμα, τό.

Sensational, adj. *Extraordinary*: P. and V. θαυμαστός, δεινός; see *extraordinary*.

Sense, subs. *Perception*: P. and V. αἴσθησις, ἡ, V. αἴσθημα, τό, P. φρόνησις, ἡ. *The senses*: P. αἰσθήσεις, αἱ. *Good sense*: P. and V. γνώμη, ἡ, φρόνησις, ἡ, εὐβουλία, ἡ; see *wisdom*. *Understanding*: P. and V. νοῦς, ὁ, γνώμη, ἡ, σῠνεσις, ἡ, Ar. and P. διάνοια, ἡ, Ar. and V. φρήν, ἡ, or pl. (rare P.). *A person of sense*: use *sensible*, adj. *Have sense*: P. and V. νοῦν ἔχειν. *Meaning*: P. and V. δῠνᾰμις, ἡ (Soph., *O. R.* 938), P. διάνοια, ἡ, βούλησις, ἡ. *Take in a certain sense*, v.: P. ἐκλαμβάνειν (acc.), ὑπολαμβάνειν (acc.). *Lose one's senses, faint*: P. λιποψυχεῖν, V. προλείπειν; see *faint*. *Be mad*: P. and V. ἐξίστασθαι, πᾰραφρονεῖν; see under *mad*. *Out of one's senses*: use adj., P. ἔκφρων, P. and V. μᾰνιώδης, ἔμπληκτος; see *mad*. *In one's senses*: use adj., P. and V. ἔμφρων, ἔννους, V. φρενήρης, ἀρτίφρων (also Plat. but rare P.).

Be in one's senses, v.: P. and V. φρονεῖν, εὖ φρονεῖν, P. ἐντὸς αὑτοῦ εἶναι (Dem. 913); see *be sane*, under *sane*. *Come to one's senses*, v.: P. and V. ἔννους γίγνεσθαι.

Senseless, adj. *Dull*: P. and V. νωθής, ἀμαθής, σκαιός, ἀφυής, P. ἀναίσθητος. *Foolish* (of persons or things): P. and V. μῶρος, εὐήθης, ἠλίθιος (Eur., *Cycl.* 537), ἀσύνετος, ἄβουλος, ἀμαθής, Ar. and P. ἀνόητος, ἀβέλτερος, V. κενόφρων. Of persons: P. and V. ἄνους, ἄφρων, V. κακόφρων. *Become senseless, faint*: P. λιποψυχεῖν, V. προλείπειν; see *faint*.

Senselessly, adv. P. and V. εὐήθως, ἀφρόνως, P. ἠλιθίως, μώρως (Xen.), Ar. and P. ἀνοήτως, εὐηθικῶς, V. ἀβούλως, ἀσύνετα.

Senselessness, subs. P. and V. μωρία, ἡ, ἄνοια, ἡ, ἀμαθία, ἡ, ἀφροσύνη, ἡ, ἀβουλία, ἡ, ἀσυνεσία, ἡ (Eur., *Frag.*), P. ἀβελτερία, ἡ, ἠλιθιότης, ἡ, εὐήθεια, ἡ, V. εὐηθία, ἡ, Ar. and V. δυσβουλία, ἡ.

Sensibility, subs. *Feeling*: P. πάθος, τό, πάθημα, τό. *Quickness to perceive*: P. εὐαισθησία, ἡ.

Sensible, adj. *In one's senses*: P. and V. ἔμφρων, ἔννους, V. φρενήρης, ἀρτίφρων (also Plat. but rare P.). *Be sensible*, v.: P. and V. φρονεῖν, εὖ φρονεῖν, ὀρθῶς φρονεῖν: see *sane*. *Prudent*: P. and V. σώφρων, ἔμφρων, εὔβουλος, Ar. and P. φρόνιμος. Of things: P. and V. σώφρων, ἔμφρων, Ar. and P. φρόνιμος. *Be sensible*, v.: P. and V. σωφρονεῖν. *Be sensible of*: see *perceive*. *Noticeable*: use P. ἀξιόλογος.

Sensibly, adv. P. and V. σωφρόνως. Ar. and P. φρονίμως, P. ἐμφρόνως, νουνεχόντως, V. φρονούντως, σεσωφρονισμένως.

Sensitive, adj. P. εὐαίσθητος. *Impressionable, tender*: Ar. and P. ἁπαλός. *Being already less sensitive to the grief they each felt at their domestic losses*: P. ὧν περὶ τὰ οἰκεῖα ἕκαστος ἤλγει ἀμβλύτεροι ἤδη ὄντες (Thuc. 2, 65). *Easily angered*: P. and V. ὀξύς; see *quick to anger*, under *angry*.

Sensitiveness, subs. P. εὐαισθησία, ἡ. *Tenderness*: P. ἁπαλότης, ἡ. *Quickness of temper*: V. ὀξυθυμία, ἡ.

Sensual, adj. Of the body, *sensual pleasures*: P. αἱ τοῦ σώματος ἡδοναί. *Self-indulgent*: Ar. and P. τρυφερός, V. ἁβρός. *Intemperate*: P. and V. ἀκόλαστος, Ar. and P. ἀκρατής, V. μάργος; see *wanton*, *amatory*.

Sensualist, subs. Use adj., Ar. and P. τρυφερός. *Be a sensualist*, v.: P. and V. τρυφᾶν; see *wanton*.

Sensuality, subs. *Self-indulgence*: P. and V. τρυφή, ἡ, ἁβρότης, ἡ (Plat.). *Intemperance*: P. ἀκολασία, ἡ, ἀκράτεια, ἡ, V. μαργότης, ἡ. *Wantonness*: P. and V. ὕβρις, ἡ; see *wantonness*.

Sensually, adv. *Intemperately*: P. ἀκολάστως, ἀκρατῶς.

Sensuous, adj. *Affecting the senses like a spell*: V. κηλητήριος, θελκτήριος.

Sentence, subs. Grammatically: P. ῥῆμα, τό. *Legal decision*: P. and V. κρίσις, ἡ, P. διάγνωσις, ἡ, διάκρισις, ἡ; see *decision*. *Condemnation*: P. κατάγνωσις, ἡ. *Sentence of death*: V. ψῆφος ὀλεθρία (Æsch., *Theb.* 198). *Sentence of condemnation*: P. ἡ καθαιροῦσα ψῆφος (Lys. 133). *Pass sentence*: P. and V. ψῆφον φέρειν, ψῆφον διαφέρειν, δικάζειν, διαγιγνώσκειν, P. διαδικάζειν. *Pass sentence against*: see *condemn*.

Sentence, v trans. *Condemn*: P. and V. καταγιγνώσκειν (gen.), P. κατακρίνειν (gen.), καταψηφίζεσθαι (gen.); see *condemn*.

Sententious, adj. Use P. and V. σεμνός, Ar. γνωμότυπος.

Sententiously, adv. Use P. and V. σεμνῶς. *Talk sententiously*: P. σεμνολογεῖσθαι, V. σεμνομυθεῖν.

Sententiousness, subs. P. and V τὸ σεμνόν.

Sentient, adj. P. αἰσθητικός.

Sentiment, subs. *Opinion:* P. and V. γνώμη, ἡ, δόξᾰ, ἡ, δόξασμα, τό, V. γνῶμα, τό. *Word:* P. and V. λόγος, ὁ; see *word*. *Pity:* P. and V. οἶκτος, ὁ, ἔλεος, ὁ.

Sentimental, adj. *Soft, tender:* Ar. and P. μᾰλᾰκός. Ar. and V. μαλθᾰκός. *Full of pity:* P. and V. φῐλοικτίρμων (Plat.), Ar. and P. ἐλεήμων. *Amatory:* P. ἐρωτικός.

Sentinel, subs. P. and V. φῠ́λαξ, ὁ, φρουρός, ὁ. *Stand sentinel*, v.: Ar. and P. προφῠλάσσειν.

Sentry, subs. See *sentinel*.

Separable, adj. P. χωριστός (Aristotle).

Separate, v. trans. P. and V. χωρίζειν, σχίζειν, διείργειν (Eur., *Frag.*), διᾰλαμβάνειν, διαιρεῖν, διιστᾰ́ναι (Eur., *Frag.*), Ar. and P. διᾰχωρίζειν (Plat.), διασπᾶν, V. νοσφῐ́σαι (1st aor. of νοσφίζεσθαι), P. διασχίζειν; see *part, cut*. *Cut off:* P. ἀπολαμβάνειν, διαλαμβάνειν. *Separate off:* P. ἀφορίζεσθαι. *Distinguish:* P. and V. διορίζειν, κρῑ́νειν, Ar. and P. διακρῑ́νειν. *Be separated, be apart:* P. διέχειν, P. and V. ἀπέχειν. V. intrans. *Go different ways:* P. and V. χωρίζεσθαι, ἀφίστασθαι, διίστασθαι, Ar. and P. διακρῑ́νεσθαι. *When we separated:* P. ἐπειδὴ ἀπηλλάγημεν (Dem. 1169). *Break up (of a meeting, etc.):* P. and V. διᾰλῡ́εσθαι (Eur., *I. A.* 495). *Fork (of a road, etc.):* P. and V. σχίζεσθαι. *Separate from:* P. and V. ἀφίστασθαι (gen.), V. ἀποζεύγνυσθαι (gen.) (Eur., *H. F.* 1375).

Separate, adj. P. κεχωρισμένος. *Different:* P. and V. διάφορος. *Private:* P. and V. οἰκεῖος, ἴδιος.

Separately, adv. P. and V. χωρίς, δῐ́χᾰ. *Privately:* P. and V. ἰδίᾳ. *Each by itself:* P. καθʼ ἕκαστον.

Separation, subs. *Separating:* P. and V. διαίρεσις, ἡ, P. χωρισμός, ὁ. *Parting:* P. and V. ἀπαλλᾰγή, ἡ. *Breaking up:* P. διάλυσις, ἡ.

September, subs. P. Βοηδρομιών, ὁ.

Sepulchral, adj. P. ἐπικήδειος, V. κήδειος, ἐπῐτύμβιος. Met., of a voice: use P. and V. βᾰρύς.

Sepulchre, subs. *Tomb:* Ar. and P. σῆμα, τό, P. and V. τάφος, ὁ, Ar. and V. τύμβος, ὁ, χῶμα, τό (rare P.); see *tomb*.

Sepulture, subs. P. and V. τάφος, ὁ, τᾰφή, ἡ, V. κᾰτασκᾰφαί, αἱ; see *burial*.

Sequel, subs. P. and V. συμφορά, ἡ, τέλος, τό, τελευτή, ἡ, ἔργον, τό. *Result:* P. τὸ ἀποβαῖνον; see *result*.

Sequence, subs. *Succession:* P. and V. διᾰδοχή, ἡ. *In sequence:* P. and V. ἑξῆς, ἐφεξῆς.

Sequestered, adj. P. and V. ἐρῆμος; see *lonely*.

Sequestrate, v. trans. *Confiscate:* P. δημεύειν, δημοσιοῦν, δημοσιεύειν (Xen.).

Sequestration, subs. *Confiscation:* P. δήμευσις, ἡ.

Serene, adj. P. and V. ἥσῠχος, ἡσῠχαῖος, P. ἡσύχιος. *Quiet:* P. ἠρεμαῖος, ἀτρεμής. Of weather: P. εὔδιος (Xen.), V. γᾰληνός, εὐήνεμος, Ar. and V. νήνεμος. *Free from care:* V. ἕκηλος.

Serenely, adv. P. and V. ἡσῠχῇ, ἡσῠ́χως (rare P.); see *quietly*.

Serenity, subs. Ar. and P. ἡσῠχίᾳ, ἡ; see *calm*.

Serf, subs. P. θής, ὁ, P. and V. πενέστης, ὁ; see *slave*. *Be a serf*, v: P. and V. θητεύειν. *Put up with the living of a serf:* V. θῆσσαν τράπεζαν αἰνέσαι (Eur., *Alc.* 2).

Serfdom, subs. See *slavery*.

Seriatim, adj. *Each point by itself:* P. καθʼ ἕκαστα. *In order:* P. and V. ἑξῆς, ἐφεξῆς.

Series, subs. *Succession:* P. and V. διᾰδοχή, ἡ. *Row:* P. στίχος, ὁ. *In a series:* use adv., P. and V. ἑξῆς, ἐφεξῆς.

Serious, adj. *Earnest:* P. and V. σπουδαῖος (Soph., *Frag.*), ἔντονος, σύντονος; see also *eager*. *Be serious*, v.: P. and V. σπουδάζειν. *Important:* P. διάφορος. Of looks:

P. and V. σεμνός. *Look serious:* V. σεμνὸν βλέπειν. *Terrible:* P. and V. δεινός. *Dangerous:* P. ἐπικίνδυνος. *Difficult to deal with:* P. and V. ἄπορος, ἀμήχᾰνος (rare P.), Ar. and P. χᾰλεπός. *Of a wound:* P. and V. καίριος (Xen.). *Heavy, severe:* P. and V. βᾰρύς.

Seriously, adv. P. σπουδαίως, ἐντόνως, συντόνως; see *eagerly*. *To speak not seriously but in jest:* P. εἰπεῖν οὐ σπουδάζων ἀλλὰ παίζων. *Terribly:* P. and V. δεινῶς. *Dangerously:* P. and V. ἐπῐκινδῡνως. *Be seriously wounded:* P. πολλὰ τραυματίζεσθαι (Thuc. 4, 12). *He took the war seriously:* P. οὐκ ἐκ παρέργου τὸν πόλεμον ἐποιεῖτο (Thuc. 7, 27).

Seriousness, subs. *Earnestness:* P. and V. σπουδή, ἡ. *Gravity, importance:* P. and V. μέγεθος, τό. *Terribleness:* P. δεινότης, ἡ. *Of looks:* P. and V. τὸ σεμνόν.

Sermon, subs. *Instruction:* P. διδαχή, ἡ; see *instruction*. *Exhortation:* P. παρακέλευσις, ἡ; see *exhortation*.

Serpent, subs. P. and V. ἔχιδνα, ἡ (Plat.), ὄφῐς, ἡ (Plat. also Ar.), Ar. and V. δρᾰκων, ὁ, ἑρπετόν, τό, P. ἔχις, ὁ (Plat.), V. δρᾰκαινα, ἡ. *Changed into a serpent:* use V. ἐκδρᾰκοντωθείς.

Serpentine, adj. V. ἑλικτός.

Serrated, adj. P. πριονωτός (Aristotle).

Serried, adj. P. and V. συντεταγμένος, Ar. and P. πᾰρᾰτεταγμένος. *Thronging:* P. and V. πυκνός, ἀθρόος.

Servant, subs. P. and V. ὑπηρέτης, ὁ, οἰκέτης, ὁ, διάκονος, ὁ, V. λάτρῐς, ὁ or ἡ, οἰκεύς, ὁ, Ar. and P. θεράπων, ὁ (pl., also V. θέρᾰπες, οἱ), ἀκόλουθος, ὁ. V. πρόσπολος, ὁ or ἡ, ὀπάων, ὁ, ὀπᾱδός, ὁ or ἡ, Ar. and V. πρόπολος, ὁ or ἡ, Ar. ἀμφίπολος, ὁ or ἡ. *Slave:* P. and V. δοῦλος, ὁ, Ar. and V. δμώς, ὁ. *Servant who attends on boys:* P. and V. παιδᾰγωγός, ὁ. *Maid-servant:* P. and V. ὑπηρέτῐς, ἡ, P. θεράπαινα, ἡ, θεραπαινίς, ἡ, V. οἰκέτῐς, ἡ, πρόσπολος, ἡ, λάτρῐς, ἡ. *Slave:* P. and V. δούλη, ἡ, V. δμώη, ἡ (also Xen. but rare P.), δμωΐς, ἡ. *Be a servant,* v.: see *serve*.

Serve, v. trans. *Wait on:* P. and V. ὑπηρετεῖν (dat.), διᾱκονεῖν (dat.), λατρεύειν (dat.) (Isoc.), θερᾰπεύειν (acc.), V. προσπολεῖν (dat.). *Be a slave to:* P. and V. δουλεύειν (dat.), θητεύειν (dat.). *Serve the gods:* P. and V. λατρεύειν (dat.), P. θεραπεύειν (acc.); see *worship*. *Help, assist:* P. and V. ὠφελεῖν (acc. or dat.), ἐπωφελεῖν (acc.), ἐπαρκεῖν (dat.), ὑπηρετεῖν (dat.), ἐξῠπηρετεῖν (dat.), ὑπουργεῖν (dat.); see *help*. *Benefit:* P. and V. εὐεργετεῖν, εὖ ποιεῖν, εὖ δρᾶν; see *benefit*. *Minister, supply:* P. and V. πᾰρέχειν (or mid.), πορίζειν (or mid.); see *supply*. *Treat:* P. and V. χρῆσθαι (dat.). *Repay:* P. and V. ἀμείβεσθαι, ἀμῡνεσθαι, ἀντᾰμῡνεσθαι, Ar. and V. ἀντᾰμείβεσθαι. *Serve at table:* see *serve up*. *Serving his own illegal ends:* P. τῇ ἑαυτοῦ παρανομίᾳ ἐξῠπηρετῶν (Lys. 122). *Serve in an office:* Ar. and P. ἀρχὴν ἄρχειν. *Serve in turn:* V. ἀντῐδουλεύειν (dat.). Absolutely, *be a servant:* P. and V. ὑπηρετεῖν, διᾱκονεῖν. *Be a slave:* P. and V. δουλεύειν, θητεύειν. *Serve in the army:* P. and V. στρᾰτεύειν (or mid.). *Serve in a jury:* Ar. and P. δῐκάζειν. *Be enough:* P. and V. ἀρκεῖν, ἐξαρκεῖν; see *suffice*. *Serve as an example:* P. and V. πᾰρᾰδειγμα ἔχειν. *Evils serve as an example to the good:* V. τὰ γὰρ κακά παραδεῖγμα τοῖς ἐσθλοῖσιν . . . ἔχει (Eur., *El.* 1084). *Serve for, do instead of:* P. and V. ἀντί τινος εἶναι (Thuc. 2, 3). *Serve out, measure out:* P. and V. μετρεῖν, P. διαμετρεῖν, V. ἐκμετρεῖν (or mid.) (also Xen. but rare P.). *Requite:* P. and V. ἀμείβεσθαι, ἀμῡνεσθαι, ἀντᾰμῑνεσθαι, Ar. and V. ἀντᾰμείβεσθαι; see also *punish*. *Serve to, contribute to:* P. and V. συμβάλλεσθαι (εἰς, acc.,

V. gen.). *Help towards a result:* P. προσφέρειν (εἰς, acc.). *Serve up:* Ar. and P. πᾰρᾰτῐθέναι, V. προτῐθέναι (also Ar. in mid.).

Service, subs. P. διακονία, ἡ, Ar. and P. ὑπηρεσία, ἡ, P. and V. λατρεία, ἡ (Plat.), θερᾰπεία, ἡ, θερᾰπευμα, τό (Eur., *H. F.* 633), ὑπηρέτημα, τό, V. λατρεύμᾰτα, τά, δούλευμα, τό. *Benefit, favour:* P. χᾰρῐς, ἡ, ὠφέλεια, ἡ, P. εὐεργεσία, ἡ, εὐεργέτημα, τό, ὑπούργημα, τό, Ar. and V. ὠφέλημα, τό, V. ὑπουργία, ἡ. *Worship of the gods:* P. θεραπεία, ἡ, θεράπευμα, τό, λατρεία, ἡ. *Overseer of the religious services:* P. τῆς πρὸς τοὺς θεοὺς ἐπιμελείας . . . προστάτης (Dem. 618). *Ritual:* P. and V. τελετή, ἡ, or pl., τέλος, τό, or pl. *Use, employment:* P. and V. χρεία, ἡ. *Duty, function:* P. and V. ἔργον, τό, χρεία, ἡ (Dem. 319), V. χρέος, τό, τέλος, τό. *It is the future or the present that requires the services of a counsellor:* P. τὸ μέλλον ἢ τὸ παρὸν τῆς τοῦ συμβούλου τάξιν ἀπαιτεῖ (Dem. 292). *Be at any one's service:* use P. and V. πρόχειρος εἶναι (dat.). *Secure the services of a person:* P. and V. χρῆσθαί (τινι). *Service in the army:* P. στρατεία, ἡ, Ar. and P. στρᾰτιά, ἡ. *Be of an age for service:* P. ἐν τῇ ἡλικίᾳ εἶναι. *Foreign service:* ἔξοδος ἔκδημος, ἡ (Thuc. 2, 10), ἔκδημοι στρατεῖαι, αἱ (Thuc. 1, 15). *Evasion of service:* Ar. and P. ἀστρᾰτεία, ἡ. *Evading service, or exempt from it:* Ar. and P. ἀστρᾰτευτος. *Fit for service (of ships):* P. πλώϊμος. *In active service (of ships):* P. ἐνεργός.

Serviceable, adj. P. and V. χρήσῐμος, χρηστός, σύμφορος, πρόσφορος, ἐπῐτήδειος, Ar. and P. ὠφέλῐμος, προὔργου, Ar. and V. ὠφελησῐμος.

Serviceably, adj. P. and V. προὔργου, P. συμφόρως, χρησίμως, ὠφελίμως, συμφερόντως.

Servile, adj. P. and V. δοῦλος (Plat. but rare P.), δούλειος (Plat. but rare P.), Ar. and P. δουλῐκός, P. δουλοπρεπής, ἀνδραποδώδης, V. δούλιος. *Flattering:* P. κολακευτικός. *Base:* P. ἀνελεύθερος.

Servilely, adv. P. ἀνδραποδώδως.

Servility, subs. *Slavery:* P. and V. δουλεία, ἡ. *Flattery:* P. and V. θωπεία, ἡ, P. κολακεία, ἡ. *Baseness:* P. ἀνελευθερία, ἡ.

Serving-man, subs. See *servant.*

Serving-woman, subs. See *maid servant.*

Servitor, subs. Ar. and P. θερᾰπων, ὁ.

Servitude, subs. P. and V. δουλεία, ἡ; see *slavery.*

Sesame, subs. Ar. and P. σήσᾰμον, τό (Xen.).

Session, subs. *Meeting:* P. συνέδριον, τό; see *sitting. Be in session:* P. καθῆσθαι, συνεδρεύειν.

Set, subs. *Faction, clique:* P. and V. στᾰσῐς, ἡ. *Arrangement:* P. and V. τάξῐς, ἡ. *Number:* P. and V. ἄριθμος, ὁ. *Class:* P. and V. γένος, τό, εἶδος, τό. *Set (of sun):* P. and V. δύσῐς, ἡ, δυσμαί, αἱ; see *sunset. Set back, failure:* P. πταῖσμα, τό; see *failure. Set off:* use adj., P. ἀντάξιος; see *compensating,* under *compensate,* v.

Set, adj. *Stationary:* P. στάσιμος. *Fixed, appointed:* P. and V. προκείμενος. *Resolute:* P. and V. καρτερός, V. ἔμπεδος. *Be set on:* P. and V. προθῡμεῖσθαι (infin.), σπουδάζειν (infin.); see *be eager,* under *eager. Set speech:* P. συνεχὴς ῥῆσις, ἡ; see also *harangue. On set terms:* P. and V. ἐπὶ ῥητοῖς. *Of set purpose:* see *on purpose,* under *purpose.*

Set, v. trans. P. and V. τῐθέναι, ἱστᾰναι. *Make to sit:* P. and V. κᾰθίζειν, V. ἵζειν, ἱδρῡειν, ἐξιδρῡειν. *Appoint:* P. and V. κᾰθιστᾰναι (or mid.), τάσσειν, προστάσσειν *Lay down (limits, etc.):* P. and V. ὁρίζειν. *Fix:* P. and V. πηγνῡναι. *Set (as a task):* P. and V. προτῐθέναι (τί τινι), προστῐθένα (τί τινι), προστάσσειν (τί τινι), ἐπῐτάσσειν (τί τινι), ἐπῐβάλλειν (τί τινι), προσβάλλειν (τί τινι). *Set to music:* P. ἐντείνειν (Plat., *Prot.* 326B). *Words set to music:* P. λόγος ᾀδόμενος (Plat., *Rep.* 398D). *Set (in a particular direction):* use *guide. I set you in the track that is best:* V. ἐς τὸ λῷστον ἐμβιβάζω σ' ἴχνος (Eur., *H. F.* 856) *Set an example:* P. παράδειγμα διδόναι. *Set one's heart on:* see *desire. To obtain that on which you have set your hearts:* P. κατασχεῖν ἐφ' ἃ ὥρμησθε (Thuc. 6, 9). *Be set on (a thing):* see *desire.* V. intrans. *Of the sun:* P. and V. δῠνειν, δύεσθαι (Plat., *Pol.* 269A), V. φθίνειν. *Become fixed:* P. and V. πήγνυσθαι. *Set about:* P. and V. ἅπτεσθαι (gen.), ἐγχειρεῖν (dat.), ἐπῐχειρεῖν (dat.), αἱρεσθαι (acc.), ἀναιρεῖσθαι (acc.); see *undertake. Set against, plant against:* P. and V. προσβάλλειν (τί τινι). *Match one against another:* P. and V. ἀντῐτάσσειν (τινά τινι, or τινα πρός τινα). Met., *make hostile:* P. ἐκπολεμεῖν. *Set one thing in the balance against another:* P. ἀντιτάσσεσθαι (τί τινι, or τι πρός τι), P. and V. ἀντῐτῐθέναι (τί τινος). *Set apart:* P and V. ἀπολαμβάνειν (Eur., *Or.* 451); see *set aside, separate. Set aside:* P. χωρὶς τίθεσθαι, ἀποχωρίζειν. *Except:* P. and V. ἐξαιρεῖν; see also *reject, disregard. Set at defiance:* see *defy. Set at naught:* P. and V. ἀμελεῖν (gen.), πᾰρᾰμελεῖν (gen.), κᾰτᾰμελεῖν (gen.), P. παρορᾶν (acc.), ἐν οὐδένι λόγῳ ποιεῖσθαι (acc.), V. δι' οὐδένος ποιεῖσθαι (acc.), ἀκηδεῖν (gen.); see *disregard. Set before:* P. and V. προτῐθέναι. *Set on table:* Ar. and P. πᾰρᾰτῐθέναι. *Set down:* Ar. and P. κᾰτᾰβάλλειν. *Set down (to anyone's account):* P. and V. ᾰνᾰφέρειν (τί τινι, or τι εἴς τινα); see *impute. Set eyes on:* see *behold. Set foot on:* P. and V. ἐμβαίνειν (P. εἰς, acc., V. acc., gen. or dat.), ἐπῐβαίνειν (gen.), V. ἐπεμβαίνειν (acc., gen. or dat.), ἐμβᾰτεύειν (acc. or gen.). *Set forth:* P. and V. προτῐθέναι. *Narrate:* P. and V. διέρχεσθαι, ἐπεξέρχεσθαι; see *narrate;* v. intrans.: see *set out. Set in, begin,* v. intrans.: P. and V. ἄρχεσθαι; see *begin. Set off, be equivalent to:* P. ἀντάξιος εἶναι (gen.); see also *balance. Adorn:* P. and V. κοσμεῖν; see *adorn;* v. intrans.: see *set out. Set on, urge against anyone:* P. and V. ἐφῐέναι (τί τινι), V. ἐπῐσείειν (τί τινι), P. ἐπιπέμπειν (τί τινι); see also *encourage, launch against. Put on:* P. and V. ἐφιστᾰναι. *Set on fire:* see *burn. Set on foot:* P. and V. προτῐθέναι; see *institute. Begin:* P. and V. ἄρχειν (gen.); see *begin. Set on table:* Ar. and P. πᾰρᾰτῐθέναι, V. προτῐθέναι (also Ar. in mid.). *Set out, expose, put out:* P. and V. προτῐθέναι; v. intrans.: *start:* P. and V. ὁρμᾶν, ὁρμᾶσθαι, ἀφορμᾶν, ἀφορμᾶσθαι, ἐξορμᾶν, ἐξορμᾶσθαι, ἀπαίρειν, V. στέλλεσθαι, ἀποστέλλεσθαι; see *start. Set over:* P. and V. ἐφιστᾰναι (τινά τινι). *Set right:* see *correct. Set round:* P. περιιστάναι. *Set sail:* P. and V. ἀνᾰγεσθαι, ἐξᾰνᾰγεσθαι, ἀπαίρειν, P. ἐπανάγεσθαι; see under *sail. Set the fashion of, be the first to introduce:* P. and V. ἄρχειν (gen.). *Set to, he set the army to the work of fighting:* P. καθίστη εἰς πόλεμον τὸν στρατόν (Thuc. 2, 75). *The servants all set their hands to work:* V. δμῶες πρὸς ἔργον πάντες ἵεσαν χέρας (Eur., *El.* 799). *Set to work:* P. and V. ἔργου ἔχεσθαι (Thuc. 1, 49); see also *begin. Every man set to work:* V. πᾶς ἀνὴρ ἔσχεν πόνον (Eur., *I. T.* 309). *They set to and fought:* P. καταστάντες ἐμάχοντο (Thuc. 1, 49). *Set up:* P. and V. ἱστᾰναι, ἀνιστᾰναι, ὀρθοῦν (rare P.): *(a trophy)* P. and V. ἱστᾰναι, ἀνιστᾰναι.

(*Temple, altar, etc.*): P. and V. ἱδρύειν (or mid.), V. κᾰθιδρύεσθαι. *Set up in a place*: P. and V. ἐγκᾰθιστάναι (τί τινι), V. ἐγκᾰθιδρύειν (τί τινι). *They are setting up a brazen statue to Philip*: P. Φίλιππον χαλκοῦν ἵστασι (Dem. 425). *Be set up* (*of a statue*): P. ἀνακεῖσθαι. *Appoint* (*as a government, etc.*): P. and V. κᾰθιστάναι; see *appoint*. *Set up in a place*: P. and V. ἐγκᾰθιστάναι (τί τινι). *Help to set up*: P. and V. συγκᾰθιστάναι (acc.). *Bring forward*: P. and V. προτῐθέναι; see *introduce*. *Set up a shout*: V. κραυγὴν ἱστάναι (Eur., *Or*. 1529), κραυγὴν τῐθέναι (Eur., *Or*. 1510), P. κραυγῇ χρῆσθαι (Thuc. 2, 4). *Set up as, pretend to be*: Ar. and P. προσποιεῖσθαι (infin.). *Set up in* (*business*): P. κατασκευάζεσθαι (with acc. *of the business*). *Set upon*: P. and V. προσβάλλειν (acc. and dat.); see *set on*. *Attack*: see *attack*.

Setting, subs. *Metal surrounding a stone in a ring*: P. and V. σφενδόνη, ἡ. *Environment*: use P. τὰ περιόντα. *Setting of the sun*: P. and V. δύσῐς, ἡ, δυσμαί, αἱ.

Settle, v. trans. *Establish*: P. and V. κᾰθιστάναι, ἱστάναι; see *establish*. *Plant, make to dwell*: P. and V. οἰκίζειν, ἱδρύειν, κᾰθιδρύειν, κᾰτοικίζειν. *Settle* (*a person*) *in a place*: P. and V. ἐγκᾰθιστάναι (τινά τινι). *Settle* (*colonies, etc.*): P. and V. κᾰτοικίζειν, οἰκίζειν, κτίζειν; see *found*. *Confirm*: P. and V. κῡροῦν, ἐπῐκῡροῦν, P. and V. βεβαιοῦν; see *confirm*. *Bring to an end*: P. and V. παύειν, περαίνειν; see *end*. *Decide determine*: P. and V. διᾰγίγνωσκειν; see *decide*. *Settle* (*differences*): P. and V. εὖ or κᾰλῶς τῐθέναι (or mid.), P. λύεσθαι, κατατίθεσθαι, διαλύεσθαι, Ar. and P. κᾰτᾰλύεσθαι. *Settle* (*matters*) *to one's liking*: V. τῐθέναι κᾰτὰ γνώμην (Eur., *And*. 737). *Put in order*: Ar. and P. διᾰτῐθέναι, P. διακοσμεῖν. *Reduce to order by force of arms*: P. and V. κᾰταστρέφεσθαι. *Settle* (*an account*), *pay*: P. διαλύειν.

V. intrans. *Become settled*: Ar. and P. κᾰθίστασθαι. *Establish oneself*: P. and V. ἱδρύεσθαι, κᾰτοικιζεσθαι, κᾰθιδρύεσθαι; see *dwell*. *Settle in a place*: P. ἐνοικίζεσθαι (mid.) (absol.). *The disease settled on the stomach*: P. ἡ νόσος εἰς τὴν καρδίαν ἐστήριξε (Thuc. 2, 49). *The poison of hatred settling on the heart*: V. δυσφρὼν ἰὸς καρδίαν προσήμενος (Æsch., *Ag*. 834). *Of a bird or insect, etc.*: P. ἵζειν, Ar. and V. ἕζεσθαι. *Settle on*: P. ἐνιζειν (dat.), V. προσιζάνειν (πρός, acc.), προσίζειν (dat.), Ar. ἐφέζεσθαι (dat.). *Sink to the bottom, subside*: P. ἱζάνειν, ἵζεσθαι. Met., *come to an agreement*: P. and V. συμβαίνειν, συντῐθεσθαι. *It is settled*: V. ἄρᾱρε. *I have settled, resolved*: P. and V. δοκεῖ μοι, δέδοκταί μοι. *Settle down*: use *settle*. *Grow calm*: P. and V. ἡσῠχάζειν. *Greece was still subject to migrations and colonisations so that it was unable to settle down and increase*: P. ἡ Ἑλλὰς ἔτι μετανίστατό τε καὶ κατῳκίζετο ὥστε μὴ ἡσυχάσασα αὐξηθῆναι (Thuc. 1, 12). *They settled down to a state of war*: P. καταστάντες ἐπολέμουν (Thuc. 2, 1). *Settle on*: see under *settle*. *Agree upon*: P. and V. συντῐθεσθαι (acc.). *Settle with, agree with*: P. and V. συντῐθεσθαι (dat.). *Pay off*: P. διαλύειν (acc.) (Dem. 866). *It is natural to suppose that he settled with Aphobus in the presence of these same witnesses*: P. εἰκὸς . . . τοῦτον . . . τῶν αὐτῶν τούτων παρόντων διαλύσασθαι πρὸς Ἄφοβον (Dem. 869, cf. also 987).

Settled, adj. Ar. and P. κᾰθεστηκώς; see also *calm*.

Settlement, subs. *Establishment of a colony* (*etc.*): P. κτίσις, ἡ, οἴκισις, ἡ, κατοίκισις, ἡ. *Colony*: P. and V. ἀποικία. *Settlement of*

Athenian citizens abroad: P. κληρουχία, ἡ. *Sojourn in a foreign land*: P. and V. μετοικία, ἡ. *Setting in order*: P. διακόσμησις, ἡ. *Settlement* (*of disputes, etc.*): P. διάλυσις, ἡ. *Of debts*: P. διάλυσις, ἡ. *Subjugation by force of arms*: P. καταστροφή, ἡ. *Agreement*: P. and V. σύμβἄσις, ἡ, σύνθημα, τό, σύνθῆκαι, αἱ, P. ὁμολογία, ἡ. *Confirmation*: P. βεβαίωσις, ἡ.

Settler, subs. *Colonist*: Ar. and P. ἄποικος, ὁ or ἡ, ἔποικος, ὁ or ἡ, P. οἰκήτωρ, ὁ; see also *inhabitant*. *Fellow settler*: P. σύνοικος, ὁ. *Settler in a foreign country*: P. and V. μέτοικος, ὁ or ἡ. *Coloniser*: P. οἰκιστής, ὁ, Ar. and V. κτίστωρ, ὁ. *Be a settler in a foreign country*, v.: P. and V. μετοικεῖν. *Athenian recepient of land abroad*: P. κληροῦχος, ὁ.

Seven, adj. P. and V. ἑπτᾰ́. *With seven gates*: V. ἑπτᾰ́πῠλος. *With seven mouths or openings*: V. ἑπτάστομος. *The seven openings in the walls*: V. ἑπτᾰτειχεῖς ἔξοδοι, αἱ. *A host led by seven spearmen*: V. στόλος ἑπτᾰ́λογχος, ὁ. *Seven times*, adv.: Ar. and P. ἑπτᾰ́κις. *With seven towers*, adj.: V. ἑπτᾰ́πυργος. *Seven years old*: Ar. and P. ἑπτέτης.

Seventh, adj. P. and V. ἕβδομος.

Seventy, adj. P. ἑβδομήκοντα.

Sever, v. trans. P. and V. σχίζειν, ἀποσχίζειν. *Separate*: P. and V. χωρίζειν; see *separate*. *Break off*: Ar. and P. διᾰλῡ́ειν, P. and V. λῡ́ειν. *Cut*: P. and V. τέμνειν, διᾰτέμνειν; see *cut*. *Cut off*: P. and V. τέμνειν, Ar. and P. ἀποτέμνειν, V. θερίζειν, ἀπᾰμᾶν. *Severing the neck from the body*: V. τράχηλον σώματος χωρὶς τεμών (Eur., *Bacch.* 241). *Divide*: P. and V. διαιρεῖν, διᾰλαμβᾰ́νειν. *Be severed from*: P. and V. ἀφίστασθαι (gen.).

Several, adj. *Some few*: P. ὀλίγοι τινές. *They sailed away to their several cities*: P. ἀπέπλευσαν . . . ὡς ἕκαστοι κατὰ πόλεις (Thuc. 1, 89).

Severally, adv. Use P. καθʼ ἕκαστον.

Severance, subs. *Cutting*: P. and V. τομή, ἡ. *Parting*: P. and V. ἀπαλλᾰγή, ἡ. *Separation*: P. χωρισμός, ὁ. *Breaking off*: P. and V. διᾰ́λῠσις, ἡ.

Severe, adj. P. and V. τρᾱχῠ́ς, πικρός, σκληρός, σχέτλιος, ἀγνώμων, βᾰρῠ́ς, Ar. and P. χᾰλεπός; see *cruel*. *Take severe measures against*: P. νεώτερόν τι ποιεῖν (εἰς, acc.); see *violent*. Of looks: P. and V. σκυθρωπός, V. στυγνός. *Solemn*: P. and V. σεμνός. *Stubbornly contested*: P. καρτερός, ἰσχυρός. Of natural phenomena: use P. and V. μέγᾰς. Of weather: Ar. and P. χᾰλεπός. *A severe season*: P. χαλεπὴ ὥρα (Plat., *Prot.* 344D). *Hard to bear*: P. and V. οὐκ ἀνεκτός, P. ἀφόρητος, V. δῠ́σοιστος, δύσφορος, ἄφερτος; see *intolerable*. *Terrible*: P. and V. δεινός. *Grievous*: P. and V. βᾰρῠ́ς; see *grievous*.

Severed, adj. *Cut off*: V. τομαῖος. *Severed at the neck*: Ar. and V. λαιμότμητος.

Severely, adv. *Harshly*: P. and V. πικρῶς, P. τραχέως, σκληρῶς, σχετλίως, Ar. and P. χᾰλεπῶς. *Terribly*: P. and V. δεινῶς. *Solemnly*: P. and V. σεμνῶς. *Much*: P. and V. πολῠ́. *Exceedingly*: P. and V. σφόδρᾰ, Ar. and V. κάρτᾰ (rare P.). *Be severely wounded*: P. πολλὰ τραυμᾰτίζεσθαι (Thuc. 4, 12).

Severity, subs. P. and V. πῐκρότης, ἡ, P. χαλεπότης, ἡ, σκληρότης, ἡ, V. τρᾱχῠ́της, ἡ. *Terribleness*: P. δεινότης, ἡ.

Sew, v. trans. Ar. and P. ῥάπτειν. *Sew up*: P. συρράπτειν. *Sew up a wound*: P. ῥάπτειν.

Sewing, subs. P. ῥαφή, ἡ.

Sex, subs. P. γένος, τό, Ar. φῦλον, τό (Xen.). *The male sex*: P. and

V. οἱ ἄρσενες, τὸ ἄρσεν. *The female sex*: P. and V. τὸ θῆλυ, P. θήλεια φύσις, ἡ, V. θῆλυς σπορά, ἡ, τὸ θῆλυ γένος. *Of the male sex*, adj.: P. and V. ἄρσην. *Of the female sex*: P. and V. θῆλυς, V. θηλύσπορος. *Great is your glory if you do not fall below the standard of your sex*: P. τῆς . . . ὑπαρχούσης φύσεως μὴ χείροσι γενέσθαι ὑμῖν μεγάλη ἡ δόξα (Thuc. 2, 45). *Sparing neither age nor sex*: see Thuc. 7, 29.

Sexual, adj. *Sexual intercourse*: P. συνουσία, ἡ, ἀφροδίσια, τά.

Shabbily, adv. P. and V. φαύλως, κἄκῶς, P. μοχθηρῶς.

Shabbiness, subs. *Of appearance*: P. φαυλότης, ἡ, V. δυσχλαινία, ἡ. *Of conduct*: P. and V. πονηρία, ἡ, κἄκη, ἡ, Ar. and P. μοχθηρία, ἡ.

Shabby, adj. P. and V. φαῦλος, κἄκός, Ar. and P. μοχθηρός. Of conduct: P. and V. κἄκός, φαῦλος πονηρός.

Shackle, subs. P. and V. πέδη, ἡ; see *fetter*.

Shackle, v. trans. Ar. and P. συμποδίζειν, P. and V. πεδᾶν (Plat. but rare P.), ποδίζειν (Soph., *Frag.*, and Xen.); see *bind*. *Hinder*: P. and V. ἐμποδίζειν, ἐμποδὼν εἶναι (dat.).

Shade, subs. P. and V. σκιά, ἡ. *Darkness, gloom*: P. and V. σκότος, ὁ or τό; see *darkness*. *Covering*: P. στέγασμα, τό. *Phantom*: P. and V. φάσμᾰ, τό, εἴδωλον, τό, εἰκών, ἡ, φάντασμα, τό, V. σκιά, ἡ, ὄψῐς, ἡ, δόκησις, ἡ. *The shades, the under-world*: P. and V. οἱ κἄτω, οἱ κάτωθεν, V. οἱ νέρτεροι, οἱ ἐνέρτεροι, οἱ κἄτὰ χθονός; see *dead*. *The land of shades*: P. and V. Ἅιδης, ὁ. *In the shade*, adj.: P. ἐπίσκιος, V. κἄτάσκιος; see *shady*. *Throw into the shade, eclipse*, v.: met., P. and V. ὑπερφέρειν (gen.), προὔχειν (gen.); see *surpass*. *Bring down, humble*: P. and V. κἄθαιρεῖν.

Shade, v. trans. *Overshadow*: P. and V. συσκιάζειν, P. ἐπισκοτεῖν (dat.), V. σκιάζειν, σκοτοῦν (pass. used in Plat.). *(We saw) the king himself holding his hand before his face to shade his eyes*: ἄνακτα δ' αὐτὸν ὀμμάτων ἐπίσκιον χεῖρ' ἀντέχοντα κρατός (Soph., *O. C.* 1650).

Shaded, adj. See *shady*. *Shaded with pines*: V. πεύκαισι συσκιάζων (Eur., *Bacch.* 1052).

Shading, adj. *Overshadowing*: Ar. and V. κἄτάσκιος, V. σκιώδης, ἐπῆλυξ (Eur., *Cycl.*).

Shadow, subs. P. and V. σκιά, ἡ. Met., *of one reduced to a shadow*: V. σκιά, ἡ, εἴδωλον, τό. *We old men are nought but sound and shape and creep about like shadows of a dream*: V. γέροντες οὐδέν ἐσμεν ἄλλο πλὴν ψόφος καὶ σχῆμ'· ὀνείρων δ' ἕρπομεν μιμήματα (Eur., *Frag.*). *Jot, tittle*: see *jot*. *Fight with shadows*, v.: P. σκιαμαχεῖν.

Shadow forth, v. trans. *Adumbrate*: P. σκιαγραφεῖν. *Portend*: P. and V. φαίνειν, σημαίνειν; see *portend*.

Shadowing, adj. See *overshadowing*.

Shadowy, adj. *Faint, dim*: P. ἀμυδρός, V. ἀμαυρός, P. and V. ἀσἄφής. *Empty*: P. and V. κενός. *Spectral*: Ar. and P. σκιοειδής. *Shadowy spectres*: P. σκιοειδῆ φαντάσματα (Plat.). *Dark*: P. and V. σκοτεινός, P. σκοτώδης; see *dark*. *Vague, ill-defined*: P. and V. ἀσἄφής, ἄδηλος, V. ἄσημος; see *obscure*.

Shady, adj. P. σύσκιος (Plat.), ἐπίσκιος (Plat.), V. κἄτάσκιος, ὑπόσκιος (Æsch., *Frag.*), Ar. and V. δάσκιος. *Dark with leaves*: Ar. and V. μελάμφυλλος.

Shaft, subs. *Shaft of a spear*: Ar. and V. κάμαξ, ὁ or ἡ, P. ῥάβδος, ἡ (Xen.). *Shaft of a carriage*: P. ῥυμός, ὁ (Hdt.); see *pole*. *Weapon*: P. and V. βέλος, τό (rare P.); see *dart*. *Arrow*: P. and V. τόξευμα, τό, οἰστός, ὁ (rare P.), βέλος, τό (rare P.), V. ἰός, ὁ, ἄτρακτος, ἡ, πτερόν, τό; see *arrow*.

Shaggy, adj. Ar. and P. λάσιος, δᾰσύς, V. δάσκιος, εὔθριξ, δαυλός (Æsch., *Frag.*). *With shaggy beard:* Ar. δᾰσῠπώγων. *With shaggy breast:* V. δᾰσύστερνος. *Become shaggy*, v.: Ar. δᾰσύνεσθαι.

Shake, v. trans. P. and V. σείειν, Ar. and V. τῑνάσσειν, V. διᾰτῑνάσσειν, P. διασείειν. *Brandish:* P. and V. σείειν, ἀνᾰσείειν, Ar. and V. πάλλειν, κρᾰδαίνειν, τῑνάσσειν, V. ἀνᾰτῑνάσσειν. *Shake one's head:* Ar. and P. ἀνᾰνεύειν. *Affect, overcome:* P. and V. νῑκᾶν, P. κατακλᾶν. *Shake a person's resolution:* use Ar. and P. ἀποτρέπειν τινά; see *dissuade*. *Upset:* P. and V. ἀνατρέπειν; see *upset*. *The trident that shakes the earth:* V. γῆς τῑνάκτειρα τρίαινα ἡ. *Shake down:* P. κατασείειν. *Shake in front of one:* P. and V. προσείειν. *Shake off:* lit., Ar. and P. ἀποσείεσθαι (Xen.), V. ἀποτῑνάσσειν; see *throw*. Met., Ar. and P. ἀποσείεσθαι (Plat., *Gorg.* 484A), P. and V. ἀποβάλλειν, ἐκβάλλειν. *Shake out:* Ar. ἐκσείειν (in pass.).

V. intrans. P. and V. σείεσθαι. *Tremble:* P. and V. τρέμειν, φρίσσειν; see *quake*.

Shaking, adj. Ar. and V. τρομερός.

Shaking, subs. *Trembling:* P. and V. τρόμος, ὁ. *Shaking with cold:* P. ῥῖγος, τό; see *quaking*.

Shaky, adj. *Weak:* P. and V. ἀσθενής.

Shallop, subs See *boat*.

Shallow, adj. P. and V. οὐ βᾰθύς. *Shallow-brained:* see *foolish*.

Shallowness, subs. *Shallowness of mind:* P. βραχύτης γνώμης, ἡ.

Shallows, subs. P. βραχέα, τά, τέναγος, τό.

Sham, adj. *Pretended:* P. προσποιητός, P. and V. πλαστός (Xen.). V. ποιητός. *Spurious:* P. and V. κίβδηλος, Ar. and P. πᾰρᾰσημος.

Sham, subs. *Pretence:* P. and V. πρόσχημα, τό, πρόβλημα, τό. *Excuse:* P. and V. πρόφᾰσις, ἡ, σκῆψις, ἡ. *Forgery:* P. πλάσμα, τό.

Sham, v. trans. *Feign:* Ar. and P. προσποιεῖσθαι.

Shamble, v. intrans. Use V. εἰλῡ́εσθαι.

Shame, subs. P. and V. αἰδώς, ἡ. αἰσχύνη, ἡ, P. κατήφεια, ἡ (Thuc. 7, 75). *Disgrace:* P. and V. ἀτῑμία, ἡ, δύσκλεια, ἡ (Thuc. and Plat.), ἀδοξία, ἡ, ὄνειδος, τό, αἰσχύνη, ἡ, V. αἶσχος, τό. *Feel shame:* P. and V. αἰσχῡ́νεσθαι; see *be ashamed*, under *ashamed*. *Feel shame before:* P. and V. αἰδεῖσθαι (acc.), αἰσχῡ́νεσθαι (acc.), κᾰταισχῡ́νεσθαι (acc.), Ar. and V. κᾰταιδεῖσθαι (acc.). *Put to shame:* see *shame*, v. *Think it a shame:* P. δεινὸν ποιεῖσθαι, Ar. and P. δεινᾰ ποιεῖν. *It is a shame:* P. and V. αἰσχρόν ἐστι, δεινόν ἐστι.

Shame, v. trans. P. and V. αἰσχῡ́νειν, κᾰταισχῡ́νειν.

Shame-faced, adj. *Modest:* P. and V. αἰδοῖος (Plat.), P. αἰσχυντηλός, αἰδήμων (Xen.). *Ashamed:* V. κᾰτηφής.

Shame-facedly, adv. P. αἰσχυντηλῶς, αἰδημόνως (Xen.).

Shame-facedness, subs. P. and V. αἰδώς, ἡ.

Shameful, adj. *Disgraceful:* P. and V. αἰσχρός, ἐπονείδιστος, κᾰκός, ἀνάξιος. *Unseemly:* V. ἀεικής, αἰκής. *Ignominious:* P. and V. κᾰκός, ἄτῑμος, V. δυσκλεής (also Xen.). *Unbecoming:* P. and V. ἀσχήμων, V. δυσπρεπής.

Shamefully, adv. P. and V. αἰσχρῶς, κᾰκῶς, ἀναξίως, P. ἐπονειδίστως. *Ignominiously:* P. and V. κᾰκῶς, ἀτίμως, ἀκλεῶς, V. δυσκλεῶς.

Shameless, adj. P. and V. ἀναιδής, ἀναίσχυντος, θρᾰσύς, V. πάντολμος, παντότολμος.

Shamelessly, adv. P. and V. ἀναιδῶς, P. ἀναισχύντως. *Behave* *shamelessly*, v.: Ar. and P. ἀναισχυντεῖν.

Shamelessness, subs. P. and V. ἀναίδεια, ἡ, ὕβρῐς, ἡ, θρᾰ́σος, τό, Ar. and P. ἀναισχυντία, ἡ.

Shank, subs. Use *leg*.

Shanty, subs. P. and V. σκηνή, ἡ, P. καλύβη, ἡ, κλισίον, τό.

Shape, subs. P. and V. εἶδος, τό, ἰδέα, ἡ, μορφή, ἡ (Plat.), σχέσῐς, ἡ, σχῆμα, τό, φύσῐς, ἡ, τύπος, ὁ, V. μόρφωμα, τό. *Appearance*: P. and V. ὄψῐς, ἡ, V. πρόσοψις, ἡ. *Phantom*: P. and V. φάσμᾰ, τό, φάντασμα, τό (Plat.); see *phantom*.

Shape, v. trans. *Mould*: P. and V. πλάσσειν, P. τυποῦν (Plat.). *Contrive*: P. and V. μηχᾰνᾶσθαι, τεχνᾶσθαι, τεκταίνεσθαι; see *contrive*. *Shape (with a chisel)*: Ar. τῠκίζειν. *Shape (the mind)*: P. and V. παιδεύειν; see *instruct*.

Shapeless, adj. P. ἄμορφος. *Formless*: P. ἀσχημάτιστος.

Shapeliness, subs. P. and V. εὐμορφία, ἡ (Plat.); see *beauty*.

Shapely, adj. V. εὔμορφος; see *beautiful*.

Shard, subs. See *sherd*.

Share, subs. P. and V. μέρος, τό, μοῖρα, ἡ, P. μόριον, τό, V. λάχος, τό. *Partnership*: P. and V. κοινωνία, ἡ, Ar. and P. μετουσία, ἡ. *Have an equal share in*, v.: P. ἰσομοιρεῖν (gen.). *You have no share in*: P. and V. οὐ σοὶ μέτεστι (gen.). *Without a share in*, adj.: P. and V. ἄμοιρος (gen.) (Plat.), P. ἀκοινώνητος (gen.) (Plat.), V. ἄμμορος (gen.). *Take your share of our trouble in turn*: V. ἀντιλάζου καὶ πόνων ἐν τῷ μέρει (Eur., *Or*. 452). *Ask for a share in*: Ar. and P. μεταιτεῖν (acc. or absol.). *Take a share in (by way of assisting)*: P. and V. συλλαμβάνειν (gen.), συμπράσσειν (acc.), V. συμπονεῖν (dat.); see *share*, v.

Share, v. trans. *Give a share in*: P. and V. μετᾰδῐδόναι (gen.). *Share a thing with another (give another a share of)*: P. ἐπικοινωνεῖν (τινί τι, or τινί τινος). *Share by lot*: V. διᾰλαγχάνειν (acc.) (also Xen.). *Take a share in*: P. and V. κοινωνεῖν (gen.), κοινοῦσθαι (acc. or gen.), μετέχειν, (gen.), μετᾰλαμβάνειν (gen.), συμμετέχειν (gen. also Plat. absol. but rare P.), σῠναίρεσθαι (acc. or gen.), V. συμμετίσχειν; see also *aid*. *Share another's feelings*: P. συμπάσχειν (absol.); see *sympathise*.

Sharer, subs. P. and V. κοινωνός, ὁ or ἡ. *Fellow-worker*: P. and V. σῠνεργός, ὁ or ἡ, συλλήπτωρ, ὁ, V. συνεργάτης, ὁ, fem., σῠνεργάτῐς, ἡ, P. συναγωνιστής, ὁ; see *partner*.

Sharing, subs. *Receiving a share*: P. μετάληψις, ἡ. *Giving a share*: P. μετάδοσις, ἡ (Xen.).

Sharing in, adj. P. and V. μέτοχος (gen.).

Sharp, adj. *For cutting*: P. and V. τομός (Plat.), V. ὀξύθηκτος, θηκτός, συντεθηγμένος, τεθηγμένος, Ar. and V. ὀξύς, ὀξύστομος. *Stinging (of taste)*: P. and V. πικρός, Ar. and P. δρῖμύς, P. ὀξύς. *Giving pain*: Ar. and P. ὀδῠνηρός, V. διώδῠνος. *Bitter (of words, etc.)*: P. and V. πικρός, V. τεθηγμένος. Of sight: Ar. and P. ὀξύς. Of wits: Ar. and P. ὀξύς, P. and V. δρῖμύς (Plat. and Eur., *Cycl*.), see *clever*. Of sound: P. and V. ὀξύς, V. λῐγύς (also Plat. but rare P.), ὄρθιος, πικρός, διάτορος, Ar. and V. ὑπέρτονος. *Quick*: P. and V. τᾰχύς; see *quick*. *Getting more than one's share*: P. πλεονεκτικός.

Sharpen, v. trans. *Whet*: Ar. and P. ἀκονᾶν (Xen.), Ar. and V. θήγειν. *Point*: V. ἐξᾰποξύνειν (Eur., *Cycl*.). *Aggravate*: P. and V. πᾰροξύνειν, V. ὀξύνειν; see *aggravate*.

Sharpened, adj. Use V. θηκτός, τεθηγμένος, συντεθηγμένος; see *sharp*.

Sharper, subs. P. πλεονέκτης, ὁ.

Sharply, adv. *Painfully*: P. and V. πικρῶς. *Keenly*: P. ὀξέως.

Bitterly: P. and V. πικρῶς. *Loudly*: P. and V. μέγᾰ, μεγάλᾰ, V. τορῶς. *Cleverly*: P. ὀξέως; see *cleverly*. *Angrily*: P. and V. δι' ὀργῆς; see *angrily*. *Quickly*: P. ὀξέως. *Trickily*: P. πλεονεκτικῶς.

Sharpness, subs. P. ὀξύτης, ἡ. *Bitterness*: P. and V. πικρότης, ἡ. *Anger*: P. and V. ὀργή, ἡ; see *anger*. *Of sight or wits*: P. ὀξύτης, ἡ. *Over-sharpness*: P. περίνοια, ἡ. *Of sound*: P. ὀξύτης, ἡ. *Sharp-practice*: P. πλεονεξία, ἡ.

Sharp-practice, subs. P. πλεονεξία, ἡ. *Piece of sharp-practice*: P. πλεονέκτημα, τό.

Sharp-sighted, adj. Ar. and P. ὀξύς. *Be sharp-sighted*, v.: Ar. and P. ὀξὺ βλέπειν.

Sharp-witted, adj. Ar. and P. ὀξύς, P. and V. δρῖμύς (Plat. and Eur., *Cycl.*); see *clever*.

Shatter, v. trans. P. and V. ῥηγνύναι (P. generally compounded), ἀπορρηγνύναι, κᾰταρρηγνύναι, κᾰταγνύναι, συντρίβειν (Eur., *Cycl.*), Ar. and V. θραύειν (also Plat. and Ar. but rare P.), V. συνθραύειν, σῠνᾰράσσειν, ἀγνύναι, διᾰπᾰλύνειν, P. διαθραύειν. *Be shattered*: use pass. of verbs given, also V. διαρραίεσθαι. *Shatter the health of a person*: P. διαθρύπτειν (τινά).

Shave, v. trans. P. and V. ξύρεῖν. *Cut the hair*: P. κείρειν. *Cut off one's own hair*: P. and V. κείρεσθαι, Ar. and P. ἀποκείρεσθαι. *Shaved*: V. ξῠρήκης, Ar. and V. κεκαρμένος. *With head shaved*: V. κρᾶτ' ἀπεσκυθισμένη (Eur., *Tro.* 1026). *(You see) my head and hair shaved with the razor*: (ὁρᾷς) κρᾶτα πλόκαμόν τ' ἐσκυθισμένον ξυρῷ (Eur., *El.* 241). *Wont you look ridiculous with only one-half of your face shaved?* Ar. οὔκουν καταγέλαστος δῆτ' ἔσει τὴν ἡμίκραιραν τὴν ἑτέραν ψιλὴν ἔχων; (*Thesm.* 226). *Shave off*: Ar. ἀποξῠρεῖν. *Graze, touch*: P. and V. ἅπτεσθαι (gen.), *Always just shaving past in their ships*: P. ἐν χρῷ ἀεὶ παραπλέοντες (Thuc. 2, 84). *Have a narrow shave*: see *narrow escape*, under *narrow*.

Shaven, adj. See *shaved*, under *shave*.

Shaver, subs. P. κουρεύς, ὁ.

Shavings, subs. Ar. φορῡτός, ὁ.

Shawl, subs. Use *cloak*.

Sheaf, subs. P. δράγμα, τό (Xen.).

Shear, v. trans. P. and V. κείρειν, τέμνειν; see also *shorn*. *Shear (sheep)*: Ar. πεκτεῖν. Met., *fleece*: Ar. πεκτεῖν. *You have shorn off your hair*: V. κόμας ἀπέθρισας (1st aor. of ἀποθερίζειν (Eur., *Hel.* 1188). *A lock of shorn hair*: V. κουρὰ τρῐχός, ἡ.

Shearing, subs. *Close-shearing of the hair*: V. κουρὰ ξῠρήκης, ἡ.

Shears, subs. Use *knife, scissors*.

Sheath, subs. P. and V. κολεός, ὁ (Xen.), V. περῐβολαί, αἱ.

Sheathe, v. trans. P. and V. κρύπτειν, περῐβάλλειν; see *cover*. *Sheathe your body in armour*: V. πυκάζου τεύχεσιν δέμας σέθεν (Eur., *Rhes.* 90).

Shed, subs. P. καλύβη, ἡ, κλισίον, τό.

Shed, v. trans. *Distribute*: P. and V. διᾰδῐδόναι; see *scatter*. *Emit*: P. and V. ἀνῑέναι, ἀνᾰδῐδόναι, ἐξιέναι, ἀφῑέναι, V. ἐξᾰνιέναι. *Shed feathers*: Ar. and P. πτερορρυεῖν. *Shed (tears)*: P. and V. ἐκχεῖν (Plat.), V. χεῖν, λείβειν, προῑέναι, ἐκβάλλειν, ἐλαύνειν (Eur., *Supp.* 96), ἀποδῐδόναι, ἐξᾰνῑέναι, μεθῑέναι. P. ἀφιέναι, Ar. and V. βάλλειν. *Nor did I shed tears from my eyes*: οὔτ' ἀπ' ὀμμάτων ἔσταξα πηγάς (Eur., *H. F.* 1354). *Shed tears over*: V. κᾰταστάζειν δάκρῠ (gen.). Met., see *lament*. *Shed tears, weep*: P. and V. δακρῡ́ειν; see *weep*. *Shed blood*: V. αἷμα χεῖν, αἷμα ἐκχεῖν, αἷμα πράσσειν. In prose use *kill*. *My mother's blood* *has been shed by me*: V. εἴργασται δ' ἐμοὶ μητρῷον αἷμα (Eur., *Or.* 284).

Shed, adj. Of blood: V. χῠτός.

Sheen, subs. P. μαρμαρυγή, ἡ (Plat.); see *flash, brightness.*

Sheeny, adj. *Bright*: P. and V. λαμπρός; see *bright. Glossy*: Ar. and P. λῐπᾰρός. *Variegated*: P. and V. ποικῐλος, Ar. and V. αἰόλος.

Sheep, subs. Ar. and P. πρόβᾰτον, το (rare sing.), Ar. and V. οἶς, ὁ or ἡ, βοτόν, τό. *Flock of sheep*: P. and V. ποίμνη, ἡ, ποίμνιον, τό, βοσκήμᾰτα, τά, V. νομεύμᾰτα, τά, Ar. and V. μῆλα, τά, βοτά, τά. *Of sheep*, adj.: V. μήλειος. *Sacrifice sheep*, v.: Ar. and V. μηλοσφᾰγεῖν. *Sheep dog*: V. κύων βοτήρ, ὁ.

Sheep-fold, subs. V. σταθμός, ὁ, αὖλιον, τό (also Xen.), σηκός, ὁ, ἔπαυλα, τά.

Sheepish, adj. See *shy.*

Sheepishly, adv. See *shyly.*

Sheepishness, subs. See *shyness.*

Sheep-rearing, adj. V. μηλοτρόφος.

Sheep-pen, subs. See *sheep-fold.*

Sheep-seller, subs. Ar. προβᾰτοπώλης, ὁ.

Sheep-skin, subs. Ar. and P. ἀρνᾰκίς, ἡ (Plat.).

Sheer, adj. *Precipitous*: P. ἀπότομος (Plat.), ἀπόκρημνος, κρημνώδης, V. ὑψηλόκρημνος, αἰπύνωτος, ὀκρίς, αἰπύς, αἰπεινός. *A sheer crag*: V. λισσὰς πέτρα, ἡ. *Absolute*: P. εἰλικρινής, ἁπλοῦς, ἄκρατος.

Sheet, subs. *For beds*: Ar. and P. στρώμᾰτα, τά, V. χλαῖνα, ἡ, φάρος, τό, φᾶρος, τό, εἷμα, τό, στρωτὰ φάρη, τά. *Linen*: P. and V. λίνον, τό. *Winding sheet*: P. ἐντάφιον, τό, V. φᾶρος, τό, φάρος, τό, πέπλος, ὁ. *The rope that regulates the sail*: Ar. and V. πούς, ὁ. *Pages of a letter*: V. πτῠχαί, αἱ, διαπτῠχαί, αἱ; see *page. Sheet of water*: P. and V. λίμνη, ἡ. *Sheets of rain*: P. πολὺς ὑετός.

Shelf, subs. *Shelf of rock*: V. χοιράς, ἡ; see *ridge.*

Shell, subs. *Shell of an egg*: V. ὄστρᾰκον, τό (Æsch., *Frag.*), Ar. λεπίς, ἡ. *A white egg-shell*: V. τεῦχος νεοσσῶν λευκόν (Eur., *Hel.* 258). *Having just come out of the shell*: V. ἄρτι γυμνὸς ὀστράκων (Æsch., *Frag.*). *Of a tortoise*: Ar. δέρμᾰ, τό. *Of a fish*: P. and V. ὄστρειον, τό. *Husk*: Ar. and P. λέμμᾰ, τό; see *husk. Shell trumpet*: V. κόχλος, ὁ. Met., *cover, case*: Ar. and P. ἔλυτρον, τό (Plat.), P. and V. κύτος, τό *Shell fish*: P. and V. ὄστρειον, τό (Æsch., *Frag.*), Ar. and P. κόγχη, ἡ (Xen.), V. μῦς, ὁ (Æsch., *Frag*.), κόγχος, ὁ (Æsch., *Frag.*).

Shelter, subs. P. σκέπη, ἡ (Plat.), σκέπασμα, τό (Plat.). *I have a secure shelter in this rock*: V. ἐν τῇδε πέτρᾳ στέγν' ἔχω σκηνώματα (Eur., *Cycl.* 324). *Want of shelter*: P. τὸ ἀστέγαστον. *A shelter for the purple fishers*: V. πορφῠρευτικαὶ στέγαι (Eur., *I. T.* 263). *Protection*: P. and V. φῠλᾰκή, ἡ, σωτηρία, ἡ. *Shelter from*: P. and V. πρόβλημα, τό (gen.), V. ἔρῠμα, τό (gen.), ῥῦμα, τό (gen.), ἔπαλξις, ἡ (gen.), ἀλκή, ἡ (gen.), P. προβολή, ἡ (gen.). *Place of refuge*: P. and V. κᾰτᾰφῠγή, ἡ, ἀποστροφή, ἡ, V. πύργος, ὁ. *Fly for shelter*, v.: P. and V. κᾰτᾰφεύγειν. *Place to lodge*: P. and V. κᾰτάλῠσις, ἡ, V. ξενόστᾰσις, ἡ. Met., *take shelter behind*: P. προβάλλεσθαί, τι, προτείνεσθαί, τι (Lit., *put something before as an excuse*). *Under shelter of*: see *under cover of*, under *cover.*

Shelter, v. trans. P. σκεπάζειν (Xen.), P. and V. στέγειν (Xen.). *Protect*: P. and V. φῠλάσσειν, διᾰφῠλάσσειν; see *protect. Shelter oneself behind*: see *take shelter behind*, under *shelter.*

Sheltered, adj. *Under shelter*: P. and V. ὑπόστεγος, V. ὕπαυλος. *A sheltered haven*: V. λιμὴν εὐήνεμος, ὁ (Eur., *And.* 749).

Sheltering, adj. V. στεγνός (Eur., *Cycl.*). *A sheltering rock*: V. πέτρα ἐπῆλυξ ἡ (Eur., *Cycl.* 680).

Shelve, v. trans. *Put aside*: Ar. and P. ἀποτίθεσθαι. V. intrans. See *slope*.

Shelving, adj. P. ἐπικλινής.

Shepherd, subs. P. and V. ποιμήν, ὁ, νομεύς, ὁ, V. ποιμάνωρ, ὁ.

Shepherd, v. trans. P. and V. ποιμαίνειν, νέμειν, P. νομεύειν, V. προσνέμειν, φέρβειν. Met., see *tend*.

Sherd, subs. Ar. and P. ὄστρᾰκον, τό.

Sheriff, subs. Use Ar. and P. δήμαρχος, ὁ.

Shew, v. trans. See *show*.

Shield, subs. P. and V. ἀσπίς, ἡ, V. σάκος, τό, κύκλος, ὁ. *Small shield*: Ar. and V. πέλτη, ἡ. *Wicker shield*: P. γέρρον, τό (Xen.), V. ἰτέα, ἡ, ἴτῠς, ἡ (also Xen.). *Soldiers armed with wicker shields*: P. γερροφόροι, οἱ. Met., *protection*: V. σάκος, τό (Æsch., *Supp.* 190); see *defence*. *Arm oneself with a shield*, v.: Ar. ἐνασπῐδοῦσθαι. *With white shield*, adj.: V. λεύκασπις. *With golden shield*: V. χρῠσασπις. *One who throws his shield away*: Ar. ἀσπῐδᾰποβλής, ὁ.

Shield, v. trans. *Cover*: P. and V. κρύπτειν, συγκρύπτειν; see *cover*. *Shelter*: P. σκεπάζειν (Xen.). *Protect*: P. and V. φῠλάσσειν, φρουρεῖν, διᾰφῠλάσσειν, V. ἐκφῠλάσσειν; see *protect*. *Defend*: P. and V. ἀμύνειν, (dat.) Ar. and P. ἐπᾰμύνειν (dat.). *Champion*: P. and V. προστᾰτεῖν (gen.), προΐστασθαι (gen.).

Shield-bearer, subs. *Squire*: P. and V. ὑπασπιστής, ὁ (Xen.), V. ἱπασπιστήρ, ὁ. *Serve as shield-bearer*, v. trans.: V. ὑπασπίζειν (dat.).

Shield-bearing, adj. V. ἀσπῐδηφόρος, σᾰκεσφόρος, ἀσπῐδοῦχος, φέρασπις.

Shield-factory, subs. P. ἀσπιδοπηγεῖον, τό.

Shift, subs. *Artifice*: P. and V. ἀπᾰτή, ἡ, δόλος, ὁ (rare P.), σόφισμα, τό, μηχᾰνημα, τό; see *artifice*, *device*. *Shifts*, *evasions*: P. and V. στροφαί, αἱ, P. διαδύσεις, αἱ, ἐκδύσεις, αἱ. *Relay—Apportioning (the work) in shifts*: P. διηρημένοι κατ' ἀναπαύλας (Thuc. 2, 75); see *relief*. *Undergarment*: use Ar. χῐτώνιον, τό, Ar. and P. χῐτωνίσκος, ὁ.

Shift, v. trans. *Move*: P. and V. κῑνεῖν. *Transfer*: P. and V. μεταστρέφειν, μεθιστᾰναι, μετᾰφέρειν, V. μεταίρειν, P. περιιστάναι; see *transfer*. *Move to another place*: Ar. and P. μετᾰβῐβάζειν. *Shift the blame on to*: P. and V. αἰτίαν ἀνᾰφέρειν εἰς (acc.). *Thinking that the guilt, which had been due to their sin before, had been shifted again to the Athenians*; P. νομίσαντες τὸ παρανόμημα ὅπερ καὶ σφίσι πρότερον ἡμάρτητο αὖθις εἰς τοὺς Ἀθηναίους . . . περιεστάναι (Thuc. 7, 18). *Change*: P. and V. μετᾰβάλλειν; see *change*. V. intrans. *Change*: P. and V. μεταστρέφεσθαι, μεθίστασθαι, μετᾰπίπτειν, P. περιίστασθαι; see *change*. *Change places*: P. μετακεῖσθαι. *Shift one's quarters*: P. μετανίστασθαι, P. and V. μεθίστασθαι, ἀνίστασθαι, ἐξᾰνίστασθαι, V. μετοικεῖν; see *move*. *At sea*: P. μεθορμίζεσθαι. *Maintain oneself*: P. βιοτεύειν, P. and V. διαζῆν; see *make a living*, under *living*. *Shift about*: P. and V. στρέφεσθαι. *Shift one's ground*: P. μεταβαίνειν (Plat.).

Shiftiness, subs. *Changeableness*: P. τὸ ἀστάθμητον. *Cunning*: Ar. πυκνότης, ἡ, P. and V. πᾰνουργία, ἡ.

Shifting, adj. Ar. and P. ἀστάθμητος, P. ἀκατάστατος. *Full of variety*: P. and V. ποικίλος.

Shiftless, adj. P. and V. ἄπορος, ἀμήχᾰνος (rare P.).

Shiftlessly, adv. P. and V. ἀπόρως.

Shiftlessness, subs. P. and V. ἀπορία, ἡ.

Shifty, adj. *Changeable:* Ar. and P. ἀστάθμητος, P. ἀκατάστατος; see *changeable*. *Untrustworthy:* P. and V. ἄπιστος. *Cunning:* P. and V. ποικίλος (Plat.), πυκνός (Plat.), πᾰνοῦργος.

Shilling, subs. Use Ar. and P. δραχμή (about 10d.).

Shilly-shally, v. intrans. Ar. στραγγεύεσθαι.

Shin, subs. Ar. ἀντικνήμιον, τό.

Shine, v. intrans. P. and V. ἐκλάμπειν (Plat.), λάμπειν (Plat.), ἀστράπτειν (Plat.), στίλβειν (Plat.), V. αἴθειν, αἴθεσθαι, μαρμαίρειν, Ar. and V. φλέγειν, λάμπεσθαι, Ar. διαστίλβειν.

Shingle, subs. P. κάχληξ, ὁ. *Seashore:* Ar. and P. αἰγιᾰλός, ὁ (rare P.).

Shininess, subs. *Smoothness:* P. and V. λειότης, ἡ. *Brightness:* P. λαμπρότης, ἡ.

Shining, adj. P. and V. λαμπρός, Ar. and V. παμφαής, φαεννός, V. φαεσφόρος, φλογωπός, φλογώψ, φοῖβος, εὐφεγγής, καλλῐφεγγής, σελασφόρος, φαιδρός; see *bright*. *Glossy:* Ar. and P. λῐπᾰρός.

Ship, subs. P. and V. ναῦς, ἡ. *Boat:* P. and V. πλοῖον, τό, σκάφος, τό (Dem. 128), V. πορθμίς, ἡ, κύμβη, ἡ (Soph., *Frag.*), δόρυ, τό, Ar. and P. ἄκατος, ἡ, κέλης, ὁ, πλοιάριον, τό (Xen.), P. κελήτιον, τό, λέμβος, ὁ, ἀκάτιον, τό. *Trireme:* Ar. and P. τριήρης, ἡ. *Ship of war:* P. and V. ναῦς μακρά (Æsch., *Pers.* 380), P. πλοῖον μακρόν. *Of a ship*, adj.: P. and V. ναυτῐκός, V. νᾱΐος. *Ringed with ships:* Ar. and V. ναύφρακτος. *Visited by ships:* V. ναύπορος.

Ship, v. trans. *Put on board:* P. εἰσβιβάζειν, ἐπιβιβάζειν, ἐμβιβάζειν, ἐντιθέναι, P. and V. εἰστῐθέναι (Xen.), V. ἐμβήσειν, fut. ἐμβῆσαι, 1st aor. of ἐμβαίνειν. *Ship (water):* V. δέχεσθαι (Æsch., *Theb.* 796). *Carry by ship:* P. and V. πορθμεύειν, Ar. and P. διάγειν, Ar. and V. ναυστολεῖν, ναυσθλοῦν, V. πορεύειν (rare P. in act.). *Ship across:* P. διαβιβάζειν (τινά).

Ship-builder, subs. P. ναυπηγός, ὁ.

Ship-building, subs. P. and V. ναυπηγία, ἡ (Eur., *Cycl.*). *Wood for ship-building:* P. ξύλα ναυπηγήσιμα, τά. *Be engaged in ship-building*, v.: Ar. and P. ναυπηγεῖσθαι.

Shipmaster, subs. P. and V. ναύκληρος, ὁ.

Ship-mate, subs. P. and V. συνναύτης, ὁ, σύμπλους, ὁ, V. συνναυβᾰ́της, ὁ.

Ship-owner, subs. P. and V. ναύκληρος, ὁ. *Be ship-owner*, v.: Ar. and P. ναυκληρεῖν.

Ship-owning, subs. P. ναυκληρία, ἡ.

Shipping, subs. Use Ar. and P. τὸ ναυτῐκόν, or use *ships*.

Shipwreck, subs. P. and V. ναυᾱγία, ἡ. *Suffer shipwreck*, v.: P. ναυαγεῖν. Met., use *be ruined*.

Shipwreck, v. trans. Use *ruin*, *destroy*.

Ship-wrecked, adj. P. and V. ναυᾱγός (Xen.), V. ναύφθορος. *Shipwrecked mariners:* V. ναυτίλοι ἐφθαρμένοι (Eur., *I. T.* 276).

Ship-wright, subs. P. ναυπηγός, ὁ.

Ship-yard, subs. P. and V. νεώριον, τό or pl., Ar. and P. νεώσοικος, ὁ.

Shire, subs. *District:* Ar. and P. δῆμος, ὁ.

Shirk, v. trans. P. and V. ἀφίστασθαι (gen.), Ar. and P. ἀποδιδράσκειν (acc.), Ar. and P. διᾰδῠ́εσθαι (acc.), P. ἀποκνεῖν (acc.); see *avoid*. Absol., P. and V. ὀκνεῖν, κᾰτοκνεῖν, P. ἀποκνεῖν, Ar. and P. ἀνᾰδῠ́εσθαι, Ar. διᾰδιδράσκειν. *Shirk through indolence:* P. ἀπορρᾳθυμεῖν (absol.). *Shirk through cowardice:* P. ἀποδειλιᾶν (absol.).

Shirking, subs. P. ἀπόδρασις, ἡ, ἀπόκνησις, ἡ.

Shirt, subs. Ar. and P. χῐτωνίσκος, ὁ.

Shiver, v. trans. P. and V. ῥηγνύναι (P. generally compounded), ἀπορρηγνύναι, κἄταρρηγνύναι, κἄταγνύναι, συντρίβειν (Eur., *Cycl.*), Ar. and V. θραύειν (also Plat. but rare P.), V. συνθραύειν, σὔνἄράσσειν, ἀγνύναι, διἄπἄλύνειν, P. διαθραύειν. *Be shivered*: use pass. of verbs given, also V. διαρραίεσθαι. *Scatter in pieces*: V. σκεδαννύναι. V. intrans. *Shiver with cold*: Ar. and P. ῥῖγῶν (Plat.), V. ῥῖγεῖν. *Tremble*: P. and V. τρέμειν, φρίσσειν, V. τρέσαι (aor. of τρεῖν, also Plat. but rare P.).

Shiver, subs. P. and V. τρόμος, ὁ (Plat.), φρίκη, ἡ (Plat. and Eur., *Tro.* 1026). *Shiver from cold*: P. ῥῖγος, τό (Plat.).

Shivering, adj. Ar. and V. τρομερός.

Shivering, subs. See *shiver*.

Shoal, subs. *Draught of fishes*: V. βόλος, ὁ. *In shoals*: use adj., P. and V. ἀθρόος, agreeing with subject.

Shoals, subs. *Shallows*: P. βράχεα, τά, τέναγος, τό.

Shock, subs. *Blow*: P. and V. πληγή, ἡ, V. πλῆγμα, τό. *Wound*: P. and V. τραῦμα. *Shock to the feelings*: P. and V. ἔκπληξις, ἡ. *Earthquake shock*: P. and V. σεισμός, ὁ, γῆς σεισμός, ὁ, V. σεισμὸς χθονός, ὁ. *Suffer from shock (of earthquake)*, v.: P. σείεσθαι, κινεῖσθαι, V. σεισθῆναι σάλῳ (Eur., *I. T.* 46). *There was a shock of earthquake*: P. ἔσεισε (absol.). *Shock of battle*: Ar. and P. σύνοδος, ἡ, V. συμβολή, ἡ. *Sudden excitation of feeling*: P. σεισμός, ὁ (Plat., *Legg.* 791A). *Fear*: P. and V. φόβος, ὁ; see *fear*.

Shock, v. trans. *Horrify*: P. and V. ἐκπλήσσειν. *Offend*: P. and V. λῦπεῖν. *Disgust*: P. ἀηδίαν παρέχειν (dat.); see *disgust*. *Frighten*: P. and V. φοβεῖν; see *frighten*. *Be shocked at*: P. χαλεπῶς φέρειν (acc.), P. and V. ἄχθεσθαι (dat.), ἐκπλήσσεσθαι (dat.).

Shocking, adj. P. and V. δεινός, σχέτλιος. *Offensive*: P. and V. βἄρύς, ἐπαχθής, P. ἀηδής.

Shockingly, adv. P. and V. δεινῶς.

Shod, adj. *Be shod*, v.: Ar. and P. ὑποδεῖσθαι. *Having only their left foot shod*: P. τὸν ἀριστερὸν πόδα μόνον ὑποδεδεμένοι (Thuc. 3, 22).

Shoddy, adj. P. and V. φαῦλος, εὐτελής.

Shoe, subs. *Slipper*: Ar. and P. ἐμβάς, ἡ (Isaeus). *Boot*: V. ἀρβὔλή, ἡ, Ar. κόθορνος, ὁ. *Sandal*: Ar. and P. ὑπόδημα, τό, Ar. and V. πέδῖλον, τό (Eur., *Frag.*). *Woman's shoes*: Ar. περῐβἄρίδες, αἱ. *Make shoes*: P. ὑποδήματα σκυτοτομεῖν (Plat.). *Put shoes on*: Ar. and P. ὑποδεῖσθαι. *Take shoes off (another)*: Ar. and P. ὑπολύειν: *(off oneself)*: Ar. and P. ὑπολύεσθαι. *Let one quickly take off my shoes*: V. ὑπαί τις ἀρβύλας λύοι τάχος (Æsch., *Ag.* 944).

Shoeless, adj. See *bare-footed*.

Shoemaker, subs. Ar. and P. σκῦτοτόμος, ὁ, νευρορράφος, ὁ, σκῦτεύς, ὁ. *Be a shoemaker*, v.: Ar. and P. σκῦτοτομεῖν, κασσύειν.

Shoemaker's shop, subs. P. σκυτοτομεῖον, τό.

Shoemaking, subs. P. σκυτοτομία, ἡ, σκυτική, ἡ, σκυτοτομική, ἡ. *Of shoemaking*, adj.: Ar. and P. σκῦτοτομῐκός.

Shoot, v. trans. *Discharge*: P. and V. ἀφῑέναι, μεθῑέναι (rare P.), βάλλειν, ῥίπτειν, Ar. and V. ἱέναι, V. ἰάπτειν, *Hit with a missile*: P. and V. βάλλειν, ἀκοντίζειν. *Hit with an arrow*: P. and V. τοξεύειν. *Shoot down (with a javelin)*: P. κατακοντίζειν: *(with an arrow)*: Ar. and P. κἄτἄτοξεύειν. Absol., *shoot with the bow*: P. and V. τοξεύειν: *with the javelin*: P. and V. ἀκοντίζειν, V. ἐξἄκοντίζειν (Eur., *Supp.* 456, in met. sense). *Your mind's wisdom has shot its bolt*: καί σου τὸ σῶφρον ἐξετόξευσεν φρενός

(Eur., *And.* 365). *Shot by an arrow*: V. τοξευτός. *Shoot at, aim at*: P. and V. στοχάζεσθαι (gen.). *With an arrow*: P. and V. τοξεύειν (P. εἰς, acc., V. acc alone or gen.). *Shoot out*: Ar. and V. προβάλλειν. Met., *of words*: see *utter*. *Shoot up*: P. and V. ἀνῑέναι, ἀνᾰδῐδόναι (Eur., *Frag.*); see *emit*; v. intrans., *dart*: P. and V. ὁρμᾶν, ὁρμᾶσθαι, ἵεσθαι (rare P.), φέρεσθαι, Ar. and V. ᾄσσειν (rare P.), V. ἀΐσσειν; see *rush*. *Of a star*: P. ᾄσσειν (Plat., *Rep.* 621B), Ar. θεῖν (*Pax.* 839); see *shooting*. *Bud*: P. and V. βλαστᾰ́νειν (rare P.), P. ἐκβλαστάνειν (Plat.). *Shoot ahead*: P. προτρέχειν, P. and V. φθᾰ́νειν. *Shoot down, swoop down*, v. intrans.: P. and V. κᾰτασκήπτειν (rare P.); see *swoop*. *Shoot out, dart out*: P. and V. ἐξορμᾶσθαι. *Jut out*: P. and V. προὔχειν. *Shoot through*: Ar. and V. διᾴσσειν (gen.) (Soph., *Trach.* 1083, Ar. absol.). *Shoot up, grow*: P. and V. βλαστᾰ́νειν (rare P.), P. ἐκβλαστάνειν (Plat.), ἀναφύεσθαι (Plat.).

Shoot, subs. P. and V. πτόρθος, ὁ (Plat.), βλάστη, ἡ (Plat.), βλάστημα, τό (Isoc.), V. ἔρνος, τό (Eur., *Med.* 1213), P. φυτευτήριον, τό. Met., *offspring*: see *offspring*.

Shooter, subs. *Archer*: P. and V. τοξότης, ὁ. *With javelin*: P. ἀκοντιστής, ὁ, V. ἀκοντιστήρ, ὁ.

Shooting, subs. *With the bow*: P. ἡ τοξική (Plat.). *With the javelin*: P. ἀκοντισμός, ὁ (Xen.), ἀκόντισις, ἡ (Xen.).

Shooting, adj. Of a star: Ar. διατρέχων, P. διαθέων (Aristotle), διᾴσσων (Aristotle). *Far shooting*: V. ἑκηβόλος.

Shop, subs. P. πωλητήριον, τό (Xen.), Ar. and P. ἐργαστήριον, τό. In compounds use the ending -εῖον, e.g. *shoemaker's shop*: P. σκυτοτομεῖον. *Booths*: P. γέρρα, τά, Ar. and P. σκηναί, αἱ.

Shop, v. intrans. Ar. and P. ἀγοράζειν.

Shore, subs. P. and V. ἀκτή, ἡ (rare P.), Ar. and P. αἰγιᾰλός, ὁ (rare P.). *Coast*: P. and V. πᾰρᾰλία γῆ. *Where waves break*: P. and V. ῥᾱχία, ἡ (Thuc.), V. ῥηγμῑν, ὁ. *From the shore*: V. χερσόθεν (Eur., *Hel.* 1269). *By the shore*, adj.: P. and V. πᾰρᾰ́λιος, πᾰ́ρᾰλος, ἀκταῖος (Thuc.), V. ἐπάκτιος, πᾰράκτιος, P. παραθαλάσσιος, ἐπιθαλάσσιος, ἐπιθαλασσίδιος; see *coast*. *Ashore*: see *ashore*.

Shorn, adj. V. κούρῑμος, τομαῖος; see under *shear*. *Shaved*: V. ξῠρήκης, ἐσκῠθισμένος, ἀπεσκῠθισμένος, Ar. and V. κεκαρμένος. *A lock of shorn hair*: V. κουρὰ τρῐχός, ἡ.

Short, adj. P. and V. βρᾰχῠ́ς. *At so short a distance*: P. διὰ τοσούτου. *Concise*: P. and V. σύντομος, βρᾰχῠ́ς. *Little (in amount, time, etc.)*: P. and V. βρᾰχῠ́ς, ὀλῐ́γος, μικρός, σμικρός, Ar. and V. βαιός. Of stature: P. and V. μικρός, σμικρός. *Deficient*: P. and V. ἐνδεής, P. ἐλλιπής. *Short of, deficient in*: P. and V. ἐνδεής (gen.); see *deficient*. *Except*: P. and V. πλήν (gen.). *Less than*: with numerals use participle, P. δέων (gen.). *Come short*, v.: P. ἐλασσοῦσθαι; see also *lack*. *Come short of, be deficient in*: P. and V. ἐλλείπειν (gen.), ἀπολείπεσθαι (gen.), V. λείπεσθαι (gen.). *Fall short, give out*: P. and V. ἐκλείπειν, ἐλλείπειν, V. λείπειν, Ar. and P. ἐπῐλείπειν. *Fall short of, be inferior to*: P. ἐλλείπειν (gen.), ὑστερίζειν (gen.), ὑστερεῖν (gen.), P. and V. ἡσσᾶσθαι (gen.), λείπεσθαι (gen.) (rare P.). *They reflected how far they had fallen short of their covenant*: P. ἐσκόπουν ὅσα ἐξελελοίπεσαν τῆς συνθήκης (Thuc. 5, 42). *If you persist in sitting idle, letting your zeal stop short at murmuring and commending*: P. εἰ καθεδεῖσθε ἄχρι τοῦ θορυβῆσαι καὶ ἐπαινέσαι σπουδάζοντες (Dem. 109). *At short notice:* P. and V. φαύλως; see *off-hand.* *In short:* see *shortly.* *To sum up:* P. ὅλως, P. and V. ἁπλῶς. *Cut short, abridge,* v.: P. and V. συντέμνειν. *To cut a long story short:* P. ἵνα, ὡς ἐν κεφαλαίῳ εἰπεῖν, συντέμω. *Cut short, shorten:* P. and V. συντέμνειν, συστέλλειν, κολούειν. *Cut short (a person), make to stop:* P. and V. παύειν; see also *interrupt.* *Short (of temper):* P. and V. ὀξύς; see *quick.* *Short of breath:* V. δύσπνους. *Short comings,* subs.: P. ἐλλείματα, τά. *You will make up for your past short comings:* P. τὰ κατερρᾳθυμημένα πάλιν ἀναλήψεσθε (Dem. 42). *Short cut:* P. ἡ σύντομος (Xen.). *By the shortest cut:* P. τὰ συντομώτατα (Thuc. 2, 97).

Shorten, v. trans. P. and V. συντέμνειν, συστέλλειν, κολούειν, P. εἰς ἔλασσον συντέμνειν. *Shorten sail:* see *furl.*

Short-lived, adj. P. βραχύβιος (Plat.), ὀλιγοχρόνιος (Plat.), P. and V. ἐφήμερος.

Shortly, adv. *Concisely:* P. and V. συντόμως, συλλήβδην. *In few words:* P. διὰ βράχεων. P. and V. ἐν βρᾰχεῖ, V. βρᾰχεῖ μύθῳ. *To sum up:* P. συνελόντι. *Soon:* P. and V. τάχᾰ, ἐν τάχει; see *soon.* *Shortly afterwards:* P. οὐ πολλῷ ὕστερον, Ar. and P. ὀλίγον ὕστερον. *Shortly before:* P. ὀλίγῳ ἔμπροσθεν.

Shortness, subs. P. βραχύτης, ἡ. *Shortness of time:* P. ὀλιγότης, ἡ. *Deficiency:* P. ἔνδεια, ἡ; see *deficiency.* *Shortness of breath:* P. and V. ἆσθμα, τό, P. δύσπνοια, ἡ (Xen.).

Short-sighted, adj. Use V. βρᾰχὺ βλέπων (Eur., *Ion,* 744). *Be short-sighted,* v.: P. ἀμβλυώσσειν, ἀμβλὺ ὁρᾶν, βραχύ τι ὁρᾶν. Met., *unwise:* P. and V. ἄβουλος, ἀσύνετος; see *foolish.*

Short-sightedness, subs. P. ἀμβλυωπία, ἡ. Met.. P. and V. ἀσῠνεσία, ἡ, ἀβουλία, ἡ; see *folly.*

Short-spoken, adj. P. βραχύλογος.

Shot, subs. *Mark aimed at:* P. and V. σκοπός, ὁ. *Range of a missile:* P. and V. βολή, ἡ, P. φορά, ἡ; see *range.* *Within bowshot:* P. and V. ἐντὸς τοξεύμᾰτος. *Out of bowshot:* P. and V. ἔξω τοξεύμᾰτος. *Take without firing a shot:* use P. αὐτοβοεὶ αἱρεῖν (acc.).

Shot, adj. *Variegated:* P. and V. ποικίλος; see *variegated.*

Shoulder, subs. P. and V. ὦμος, ὁ. *Take on one's own shoulders,* v.: use *assume.*

Shoulder, v. trans. P. and V. αἴρειν, φέρειν; see *bear, assume.* *Shoulder away:* P. ὑποπαρωθεῖν (acc.); see *jostle.*

Shoulder-blade, subs. P. ὠμοπλάτη, ἡ (Xen.).

Shoulder-strap, subs. V. ἐπωμίς, ἡ.

Shout, v. intrans. P. and V. βοᾶν, ἀνᾰβοᾶν, κεκρᾱγέναι (perf. of κράζειν) (also Ar. rare P.), ὀλολύζειν (also Ar. rare P.), Ar. and P. ἀνακρᾰγεῖν (2nd aor. of ἀνακράζειν), θορῠβεῖν, V. ἀλᾰλάζειν (also Xen.), ἀνᾰλᾰλάζειν (also Xen.), ἀνολολύζειν, αὔειν, ἰύζειν, φωνεῖν, θωΰσσειν, Ar. and V. θροεῖν, λάσκειν, ἀῡτεῖν; see *cry.* *Utter a shout of triumph:* see under *triumph.* *Shout down:* Ar. κᾰτᾰβοᾶν (acc.). *Be shouted down:* P. καταθορυβεῖσθαι (Plat.).

Shout, subs. P. and V. βοή, ἡ, κραυγή, ἡ. θόρῠβος, ὁ, ὀλολῡγή (also Ar. rare P.), V. ὀλολυγμός, ὁ, ἀῡτή, ἡ, κέλᾰδος, ὁ, Ar. and V. βόᾱμα, τό; see *cry.* *Shout of triumph:* P. and V. παιάν, ὁ, V. ὀλολυγμός, ὁ; see under *triumph.* *Take (a place) at the first shout:* P. αὐτοβοεὶ αἱρεῖν (acc.).

Shove, v. trans. P. and V. ὠθεῖν; see also *jostle.* *Shove one's way:* P. βιάζεσθαι (absol.); see *force.* *Shove away:* P. and V. ἀπωθεῖν. *Shove off (of a boat),* v. intrans.; use P. and V. ἀπαίρειν.

Shove, subs. P. ωθισμός, ὁ.

Shovel, subs. Ar. and P. ἅμη, ἡ (Xen.).

Shovel, v. trans. *Heap up*: P. συννεῖν, Ar. ἐπῖνεῖν; see *heap*. *Shovel away, clear away*: P. ἐκκαθαίρειν.

Show, v. trans. P. and V. φαίνειν, δεικνῦναι, δηλοῦν, σημαίνειν (Plat.), ἐπῐδεικνῦναι, ἀποδεικνῦναι, ἐκφαίνειν (Plat.), V. ἐκδεικνῦναι, ἐκσημαίνειν, Ar. and V. προφαίνειν, Ar. and P. ἀποφαίνειν. *Make clear*: P. and V. σᾰφηνίζειν (Xen.), διᾰσᾰφεῖν (Plat.); see *explain*. *Prove*: P. and V. δεικνῦναι, ἀποδεικνῦναι, ἐνδείκνυσθαι, ἐπῐδεικνῦναι, Ar. and P. ἀποφαίνειν. *Bring home*: P. and V. ἐλέγχειν, ἐξελέγχειν. *Be shown, proved*: P. and V. ἐξετάζεσθαι, φαίνεσθαι, ἐκφαίνεσθαι (rare P.), Ar. and P. ἀνᾰφαίνεσθαι. *Display, exhibit, give proof of*: P. and V. ἐνδείκνυσθαι (acc.), πᾰρέχειν (or mid.) (acc.), προτῐθεσθαι (acc.), Ar. and P. ἐπῐδείκνυσθαι (acc.), V. τῐθεσθαι (acc.), Ar. and V. ἐνδῐδόναι (Eur., *Hel.* 508, *And.* 225). *Employ*: use P. and V. προσφέρειν, χρῆσθαι (dat.). *Inform*: P. and V. δῐδάσκειν. *Show beforehand*: P. and V. προδεικνῦναι, V. προσημαίνειν, προφαίνειν, P. προδηλοῦν. *Show forth*: V. πῐφαύσκειν (Æsch.); see *declare*. *Show off*: Ar. and P. ἐπῐδεικνῦναι (or mid.) (acc. or absol.). *Show oneself (brave, etc.)*: P. and V. πᾰρέχειν ἑαυτόν. *Show (a person) the way*: P. and V. ἡγεῖσθαί (τινι, or absol.), ὑφηγεῖσθαί (τινι or absol.), V. ὁδηγεῖν (acc. or absol.), ὁδοῦ κᾰτάρχειν (absol.), ἐξῡφηγεῖσθαι (absol.); see *lead*. *Show up*: P. ἐνδεικνύναι (acc.) (Dem. 126); see *denounce*.

Show, subs. P. ἀπόδειξις, ἡ, Ar. and P. ἐπῐδειξις, ἡ; see *manifestation*. *Showing off*: Ar. and P. ἐπῐδειξις, ἡ. *Pomp, magnificence*: P. and V. σχῆμα, τό, πρόσχημα, τό. *Pageant*: P. and V. πομπή, ἡ, Ar. and P. θεωρία, ἡ, P. θεώρημα, τό. *Spectacle*: P. and V. θέα, ἡ, θέᾱμα, τό; see *spectacle*. *Make a show*: P. and V. λαμπρῡνεσθαι. *Make a show of (doing)*: see *pretend*. *Pretence*: P. and V. προσχῆμα, τό, σχῆμα, τό. *Show of hands*: P. χειροτονία, ἡ, διαχειροτονία, ἡ.

Shower, subs. P. and V. ὄμβρος, ὁ (Plat., *Rep.* 359D). *Storm of rain*: P. and V. ἐπομβρία, ἡ (Dem. 1274, Æsch., *Frag.* and Ar.). *Rain*: Ar. and P. ὑετός, ὁ, ὕδωρ, τό. *Storm*: P. and V. χειμών, ὁ. *Drizzle*: P. and V. ψᾰκάς, ἡ (Xen. also Ar.). Met., *abundance*: see *abundance*. Met., *of weapons, etc.*: V. νῐφάς, ἡ; see also *storm*. *Borne down by a ceaseless shower of weapons from all sides*: V. πυκνῇ δὲ νιφάδι πάντοθεν σποδούμενος (Eur., *And.* 1129). *He crept up beneath a shower of stones*: V. πετρούμενος ἀνεῖρπε (Eur., *Phoen.* 1177). *With showers of stones*: V. πετρῶν ἀραγμοῖς (Eur., *Phoen.* 1143). *The light armed troops on either hand prevented them with a shower of darts*: P. οἱ ψιλοὶ ἑκατέρωθεν βάλλοντες εἶργον (Thuc. 4, 33). *Shower of tears*: V. πηγή, ἡ, νοτίς, ἡ, πλημμῡρίς, ἡ, ἐπιρροή, ἡ (Eur., *Frag.*), νᾶμα, τό.

Shower, v. trans. *Pour*: P. and V. χεῖν. *Shower over*: P. and V. κᾰτᾰχεῖν (τί τινος). *I take and shower these confetti over you*: Ar. τὰ καταχύσματα ταυτὶ καταχέω σου λαβοῦσα (*Pl.* 789). *Shower down upon*: use P. and V. δῐδόναι. *Shower (blows, etc.)*: use P. and V. δῐδόναι; see *deal*.

Showily, adv. P. and V. εὐπρεπῶς.

Showiness, subs. P. εὐπρέπεια, ἡ.

Showy, adj. P. and V. εὐπρεπής; see also *splendid*.

Shred, subs. P. τμῆμα, τό, V. θραῦσμα, τό, σπᾰραγμα, τό, ἀγή, ἡ, Ar. and V. ῥάκος, τό. *Shreds*: P. περιτμήματα, τά. Met., see *jot, scintilla*.

Shred, v. trans. V. ἐντέμνειν; see *cut*.

Shrewish, adj. Use P. and V. φῐλόψογος, φῐλαίτιος. *Bad-tempered:* P. δύστροπος, V. δῠ́σοργος, P. and V. πικρός.

Shrewishness, subs. Use P. and V. πικρότης, ἡ, Ar. and P. δυσκολία, ἡ.

Shrewd, adj. P. and V. δεινός, σοφός, σῠνετός, δρῑμῠ́ς (Plat. and Eur., *Cycl.*), Ar. and P. φρόνῐμος, ὀξῠ́ς, P. ἀγχίνους; see *sagacious. Clear:* P. and V. σᾰφής; see also *sharp.* Of things: P. and V. σοφός, Ar. and P. φρόνῐμος.

Shrewdly, adv. P. and V. σοφῶς, Ar. and P. φρονίμως. *Clearly:* P. and V. σᾰφῶς; see *sharply.*

Shrewdness, subs. P. and V. σοφία, ἡ, σῠ́νεσις, ἡ, γνώμη, ἡ, φρόνησις, ἡ, τὸ σῠνετόν. *Foresight:* P. and V. πρόνοια, ἡ, P. προμήθεια, ἡ, V. προμηθία, ἡ.

Shriek, subs. See *scream.*

Shriek, v. intrans. See *scream.*

Shrill, adj. P. and V. ὀξῠ́ς, V. λῐγῠ́ς (also Plat. but rare P.), ὄρθιος, πικρός, ὀξῠ́μολπος, Ar. and V. ὑπέρτονος. *Raise a shrill cry of triumph:* V. ὀλολυγμὸν ἐπορθιάζειν (Æsch., *Ag.* 28). *Utter shrill cries*, v.: V. ὀρθιάζειν.

Shrillness, subs. P. ὀξύτης, ἡ.

Shrill-voiced, adj. Ar. λῐγύφθογγος; see *loud-voiced.*

Shrilly, adv. P. and V. μέγᾰ, μεγάλᾰ, V. τορῶς, λῐγῠ́. *In a loud voice:* P. μεγάλῃ φωνῇ.

Shrimp, subs. Ar. κᾱρῐ́ς, ἡ.

Shrine, subs. P. and V. νεώς, ὁ, ἱερόν, τό, ἄδῠτον, τό, V. ἵδρῡμα, τό (also Plat. but rare P.), ἀνάκτορον, τό, σηκός, ὁ, Ar. and V. νᾱός ὁ; see *temple. Oracular shrine:* P. and V. μαντεῖον, τό, or pl., V. χρηστήριον, τό, or pl.

Shrine, v. trans. See *enshrine, consecrate.*

Shrink, v. trans. *Contract:* P. and V. συστέλλειν, σῠνᾰ́γειν. *Shrivel:* P. and V. ἰσχναίνειν (Plat.); see *waste.* V. intrans. *Contract:* P. and V. σῠνᾰ́γεσθαι, συστέλλεσθαι. *Fade:* P. and V. μᾰραίνεσθαι; see *waste. Hesitate:* P. and V. ὀκνεῖν, κᾰτοκνεῖν, P. ἀποκνεῖν, Ar. and P. ἀνᾰδῠ́εσθαι. *Shrink from:* P. and V. ἀφίστασθαι (gen.), ἐξίστασθαι (acc. or gen.), ὀκνεῖν (acc.), V. ἐξᾰφίστασθαι (gen.), P. ἀποκνεῖν (acc.). *Shrink from (doing a thing):* P. and V. ὀκνεῖν (infin.), κᾰτοκνεῖν (infin.), φεύγειν (infin.), V. ἀφίστασθαι (infin.), P. ἀποκνεῖν (infin.).

Shrinkage, subs. *Contraction:* P. συναγωγή, ἡ.

Shrinking, subs. P. and V. ὄκνος, ὁ. *Shrinking from:* P. ἀπόκνησις, ἡ (gen.).

Shrinking, adj. P. ὀκνηρός.

Shrive, v. trans. Use *purify.*

Shrivel, v. trans. P. and V. μᾰραίνειν, ἰσχναίνειν (Plat.), κᾰτισχναίνειν (Plat.); see *wither.* V. intrans. P. and V. μᾰραίνεσθαι, ἰσχναίνεσθαι (Plat.), κᾰτισχναίνεσθαι (Plat.); see *wither.*

Shrivelled, adj. Ar. and P. ἰσχνός, λεπτός. *Withered:* P. and V. ξηρός. *Wrinkled:* P. and V. ῥῡσός.

Shroud, subs. P. ἐντάφιον, τό, V. φᾶρος, τό, φᾶρος, τό, πέπλος, ὁ; see *winding sheet.*

Shroud, v. trans. See *hide.*

Shrub, subs. P. and V. θάμνος, ὁ.

Shrubbery, subs. Use V. φυλλᾴς, ἡ; see *arbour.*

Shrug, v. trans. Use P. and V αἴρειν.

Shrunken, adj. Ar. and P. ἰσχνός; see *lean.*

Shudder, v. intrans. P. and V. τρέμειν, φρίσσειν, V. τρέσαι (aor. of τρεῖν, also Plat. but rare P.). *Shudder at:* use verbs given with the acc. or use *fear.*

Shudder, subs. P. and V. τρόμος, ὁ (Plat.), φρίκη, ἡ (Plat. and Eur., *Tro.* 1026).

Shuffle, v. trans. Use *mix.* V. intrans. *Limp:* P. χωλαίνειν, χωλεύεσθαι, V. εἱλῠ́εσθαι. Met., *prevaricate*: Ar. and P. στρέφεσθαι, P. διακρούεσθαι; see *prevaricate*.

Shuffling, adj. *Prevarication*: P. and V. στροφαί, αἱ, P. διάκρουσις, ἡ.

Shun, v. trans. P. and V. φεύγειν, ἐκφεύγειν, διᾰφεύγειν, ἀποφεύγειν, ἀφίστασθαι (gen.), ἐξίστασθαι (acc. or gen.), εὐλᾰβεῖσθαι, Ar. and V. ἀποστρέφεσθαι (also Xen.), V. φυγγᾰ́νειν, ἐκφυγγᾰ́νειν, ἀλύσκειν, ἐξᾰλύσκειν. *Avoid meeting a person*: Ar. and P. ἐκτρέπεσθαι (acc.). *Desire to shun*: V. φευξείειν (acc.).

Shut, v. trans. P. and V. κλῄειν, συγκλῄειν, ἀποκλῄειν, Ar. and P. κᾰτακλῄειν. *Put to*: P. προστιθέναι. *Fasten* (*door, etc.*): Ar. and V. πακτοῦν, V. πῠκάζειν. *Block up*: P. and V. φράσσειν, P. ἐμφράσσειν, ἀποφράσσειν. *Shut the eyes* (*of another*): P. συλλαμβάνειν (Plat.), V. συμβάλλειν, σῠναρμόζειν, σῠνάπτειν, P. and V. συγκλῄειν. *Shut one's eyes*: P. and V. μύειν, P. συμμύειν (Plat.), Ar. κᾰτᾰμύειν. *Shut one's eyes to, wink at*, met.: Ar. and P. περιορᾶν (acc.). *Shut one's mouth*: V. ἐγκλῄειν στόμᾰ, P. ἐμφρασσειν στόμα; see *close*. *Lo I am silent and shut my mouth*: V. ἰδοὺ σιωπῶ κἀπιλάζυμαι στόμα (Eur., *And.* 250). V. intrans. P. and V. κλῄεσθαι, συγκλῄεσθαι. *Shut in*: P. and V. εἴργειν, κᾰτείργειν, ἐγκλῄειν (Plat.), V. σῠνείργειν. *Shut off*: P. ἀπολαμβάνειν. *Shut out*: P. and V. ἐκκλῄειν, ἀποκλῄειν, εἴργειν, ἐξείργειν, ἀπείργειν. *Shut up*: Ar. and P. κᾰτακλῄειν; see *imprison*. *Shut up in*: Ar. and P. κᾰτακλῄειν εἰς (acc.).

Shuttle, subs. Use P. and V. κερκίς, ἡ (Plat.), σπᾰ́θη, ἡ.

Shy, adj. P. αἰσχυντηλός. *Cautious*: P. εὐλαβής. *Protagoras at first was shy*: P. τὸ μὲν οὖν πρῶτον ἐκαλλωπίζετο ἡμῖν ὁ Πρωταγόρας (Plat. Prot. 333D). *He was shy pretending he did not wish to speak*: P. ἐθρύπτετο ὡς δὴ οὐκ ἐπιθυμῶν λέγειν (Plat., *Phaedr.* 228c). *Be shy of* (*doing a thing*): P. and V. αἰσχῡ́νεσθαι (infin. or part.), ἐπαισχῡ́νεσθαι (infin. or part.), V. αἰδεῖσθαι (infin. or part.). *Fight shy of*: P. and V. εὐλᾰβεῖσθαι (acc.); see *avoid*.

Shyly, adv. P. αἰσχυντηλῶς. *Cautiously*: P. and V. εὐλᾰβῶς.

Shyness, subs. P. and V. αἰδώς, ἡ, αἰσχῡ́νη, ἡ. *Caution*: P. and V. εὐλᾰ́βεια, ἡ.

Sick, adj. P. νοσώδης, P. and V. ἀσθενής. *Be sick*, v.: P. and V. νοσεῖν, κάμνειν, ἀσθενεῖν, P. ἀρρωστεῖν. *Be sick with another*: V. συννοσεῖν (dat. or absol.). *Be sick, vomit*: P. and V. ἐμεῖν (Plat.). *Suffer from nausea*: Ar. and P. ναυτιᾶν (Plat.). *Sick of*: P. διακορής (gen.) (Plat.). *Be sick of*: P. and V. ἄχθεσθαι (dat.).

Sicken, v. trans. *Disgust*: P. ἀηδίαν παρέχειν (dat.). *Fall sick*: P. and V. νοσεῖν.

Sickening, adj. P. ἀηδής; see *disgusting*.

Sickle, subs. P. and V. δρέπᾰνον, τό (Eur., *Cycl.* 394).

Sickle-maker, subs. Ar. δρεπᾰνουργός, ὁ.

Sickle-shaped, adj. P. δρεπανοειδής.

Sickliness, subs. P. ἀσθένεια, ἡ, ἀρρωστία, ἡ; see *sickness*.

Sickly, adj. P. and V. ἀσθενής. Met., *morbid*: P. and V. οὐχ ὑγιής.

Sickness, subs. *Disease*: P. and V. νόσος, ἡ, νόσημα, τό, P. ἀσθένεια, ἡ, ἀρρωστία, ἡ, ἀρρώστημα, τό. *Plague*: P. and V. λοιμός, ὁ. *Suffer from sickness, nausea*, v.: Ar. and P. ναυτιᾶν (Plat.). *Free from sickness*, adj.: P. and V. ἄνοσος. *This being the time of year when men are most liable to sickness*: P. τῆς ὥρας τοῦ ἐνιαυτοῦ ταύτης οὔσης ἐν ᾗ ἀσθενοῦσιν ἄνθρωποι μάλιστα (Thuc. 7, 47).

Side, subs. *Of animals*: P. and V. πλευρά, ἡ (generally pl.), Ar. and V. πλευρόν, τό (generally pl.).

From the side: V. πλευρόθεν. *Of things*: P. πλευρά, ἡ (Plat.), V. πλευρόν, τό, πλευρώμᾰτα, τά. *Of a ship*: P. and V. τοῖχος, ὁ (Thuc. 7, 36). *Of a triangle*: P. πλευρά, ἡ (Plat.). *Flank*: P. and V. λᾰγών, ἡ (Xen. also Ar.). *Edge, border*: P. χεῖλος, τό; see *edge*. *Region, quarter, direction*: P. and V. χείρ, ἡ. *On which side?* V. ποτέρας τῆς χερός; (Eur., *Cycl.* 681). *On the right side*: P. and V. ἐν δεξιᾷ, Ar. and P. ἐκ δεξιᾶς, or use adj., V. ἐνδέξιος (Eur., *Cycl.* 6); see *right*. *On the left side*: P. ἐν ἀριστερᾷ, V. ἐξ ἀριστερᾶς; see *left*. *On this side*: P. and V. ταύτῃ, τῇδε. *On that side*: P. and V. ἐκεῖ, ἐνταῦθα. *On this side and on that*: P. ἔνθα μὲν . . . ἔνθα δέ, P. and V. ἔνθεν κἄνθεν, V. ἄλλῃ . . . κἄλλῃ, ἐκεῖσε κἀκεῖσε, κἀκεῖσε καὶ τὸ δεῦρο; see *hither and thither*, under *thither*. *On which of two sides?*: P. ποτέρωθι; *On all sides*: Ar. and P. πάντῃ, P. and V. πανταχοῦ, πανταχῇ, V. ἁπανταχοῦ, ἁπανταχῇ. *From all sides*: P. and V. πάντοθεν (Plat., Andoc. Isae.), Ar. and P. πανταχόθεν. *Friends passing out to them from this side and from that*: V. παρεξιόντες ἄλλος ἄλλοθεν φίλων (Eur., *Phoen.* 1248). *On the father's side* (*of relationship*): P. and V. πατρόθεν, πρὸς πατρός, V. τὰ πατρόθεν. *On the mother's side*: P. and V. πρὸς μητρός, V. μητρόθεν (Eur., *Ion*, 672), P. κατὰ τὴν μητέρα (Thuc. 1, 127). *On the opposite side of*: P. and V. πέρᾱν (gen.). *By the side of*: P. and V. πρός (dat.); see *near*. *From both sides*: P. ἀμφοτέρωθεν. *Shaking her hair and head from side to side*: V. σείουσα χαίτην κρᾶτά τ' ἄλλοτ' ἄλλοσε (Eur., *Med.* 1191). *On the other sid*: V. τἀπὶ θάτερα (Eur., *Bacch.* 1129), P. and V. τἀπέκεινα (also with gen.), P. τὰ ἐπὶ θάτερα (gen.) (Thuc. 7, 84). *Side by side*: use together. *We twain shall lie in death side by side*: V. κεισόμεσθα δε νεκρὼ δύ' ἑξῆς (Eur., *Hel.* 985). *Party, faction*: P. and V. στᾰσις, ἡ. *I should like to ask the man who severely censures my policy, which side he would have had the city take*: P. ἔγωγε τὸν μάλιστ' ἐπιτιμῶντα τοῖς πεπραγμένοις ἡδέως ἂν ἐροίμην τῆς ποίας μερίδος γενέσθαι τὴν πόλιν ἐβούλετ' ἄν (Dem. 246). *Attach to one's side*, v.: P. and V. προσποιεῖσθαι, προσᾰγεσθαι προστίθεσθαι. *Change sides*: P. μεθίστασθαι. *Take sides* (*in a quarrel*): P. διίστασθαι, συνίστασθαι πρὸς ἑκατέρους (Thuc. 1, 1); see *side with*, v. *Take sides with* (*in a private quarrel*): P. συμφιλονεικεῖν (dat.). *You preferred the side of the Athenians*: P. εἵλεσθε μᾶλλον τὰ 'Αθηναίων (Thuc. 3, 63). *On the side of, in favour of*: P. and V. πρός (gen.) (Plat., *Prot.* 336D). *I am quite on the father's side*: V. κάρτα δ' εἰμὶ τοῦ πατρός (Æsch., *Eum.* 738). *There are two sides to everything that is done and said*: P. πᾶσίν εἰσι πράγμασι καὶ λόγοις δύο προσθῆκαι (Dem. 645). *Leave on one side*: P. and V. πᾰριέναι; see *omit*.

Side, adj. P. πλάγιος. *Side issue*: P. and V. πᾰρεργον, τό.

Side, v. intrans. *Side with*: P. and V. προστίθεσθαι (dat.), φρονεῖν (τά τινος), ἵστασθαι μετᾰ (gen.), Ar. and P. σῠνᾰγωνίζεσθαι (dat.), Ar. and V. συμπᾰραστᾰτεῖν (dat.); see *favour*. *Be friendly to*: P. and V. εὐνοεῖν (dat.), P. εὐνοϊκῶς, διακεῖσθαι πρός (acc.). *Side with the Athenians*: P. 'Αττικίζειν. *Side with the Persians*: P. Μηδίζειν.

Sided, adj. *One-sided*: see *biassed*.

Side-dish, subs. Ar. and P. πᾰροψίς, ἡ (Xen.).

Side-glance, subs. *Give a side-glance*, v.: Ar. πᾰρᾰκύπτειν, πᾰραβλέπειν.

Sidelong, adj. P. πλάγιος, σκολιός.

Sideways, adv. P. εἰς πλάγιον, εἰς πλάγια. *Look at a thing side-ways*: P. ἐκ πλαγίου θεᾶσθαί τι (Plat., *Rep.* 598A).

Sidle, v. intrans. *Sidle up to*: met., P. and V. ὑπέρχεσθαι (acc.).

Siege, subs. P. πολιορκία, ἡ. *Lay siege to*: P. πολιορκεῖν (acc.). *Met*, use *seek*. *Take by siege*: P. ἐκπολιορκεῖν (acc.). *An equal number of whom saw the siege out*: P. ὧν οὐκ ἐλάσσονες διεπολιόρκησαν (Thuc. 3, 17). *They were thought to be skilful at siege operations*: P. τειχομαχεῖν ἐδόκουν δυνατοί εἶναι (Thuc. 1, 102). *Leisurely engaged in siege operations*: P. καθ' ἡσυχίαν τειχομαχοῦντες (Thuc. 8, 103).

Siesta, subs. See *sleep*.

Sieve, subs. Ar. and P. κόσκῐνον, τό.

Sift, v. trans. *Separate*: P. and V. διᾰλαμβάνειν, Ar. and P. διασπᾶν; see *separate*. *Distinguish*: Ar. and P. διακρῑ́νειν, P. and V. κρῑ́νειν, διᾰγιγνώσκειν; see *distinguish*. *Test*: Ar. and P. βᾰσᾰνίζειν; see *test*. *Accept (evidence) without sifting*: P. ἀβασανίστως δέχεσθαι (Thuc. 1, 20).

Sigh, v. intrans. P. and V. στένειν (Dem. 300 and 308) (but rare P.), στενάζειν (Dem. 835, but rare P.), ἀνοιμώζειν (Thuc. but rare P.), V. ἀναστένειν, ἐξοιμώζειν, κᾰτοιμώζειν, Ar. and V. οἰμώζειν, ἀποιμώζειν; see *groan*. *Of the wind*: use P. and V. ψοφεῖν.

Sigh, subs. P. and V. στόνος, ὁ (Thuc. but rare P.) οἰμωγή, ἡ (Thuc. but rare P.), V. οἴμωγμα, τό; see *groan*. *Of the wind*: use P. and V. ψόφος, ὁ.

Sight, subs. *Power of seeing*: P. and V. ὄψῐς, ἡ, πρόσοψις, ἡ. *Eye*: P. and V. ὀφθαλμός, ὁ, ὄψῐς, ἡ, ὄμμᾰ, τό (Thuc. and Plat. but rare P.); see *eye*. *Range of sight*: P. ἔποψις, ἡ. *Have sight*, v.: P. and V. ὁρᾶν, Ar. and V. βλέπειν. *Recover one's sight*: Ar. and P. ἀναβλέπειν (absol.). *His sight is opened and made clear*: V. ἐξωμμάτωται καὶ λελάμπρυνται κόρας (Soph., *Frag.*). *Spectacle*: P. and V. θέα, ἡ, θέᾱμα, τό, θεωρία, ἡ, ὄψῐς, ἡ, V. πρόσοψις, ἡ (Eur., *Or.* 952). *At sight, off-hand*: P. and V. φαύλως; see *off-hand*. *In sight*, adj.: P. κάτοπτος, V. ἐπόψιος, προσόψιος. *Be in sight*, v.: P. and V. φαίνεσθαι; see *visible*. *In sight of*, prep.: P. and V. ἐναντίον (gen.). *Looking over*, adj.: V. κᾰτόψιος (gen.). *Out of sight*: V. ἄποπτος, Ar. and V. ἐξώπιος. *Out of sight of*: V. ἐξώπιος (gen.). *Come in sight*: P. and V. εἰς ὄψιν ἔρχεσθαι. *Lose sight of*: see *overlook*. *Lose sight of land*: P. ἀποκρύπτειν γῆν (Plat.). *That I may not by passing from point to point lose sight of the present matter*: P. ἵνα μὴ λόγον ἐκ λόγου λέγων τοῦ παρόντος ἐμαυτὸν ἐκκρούσω (Dem. 329).

Sight, v. trans. See *spy, see*.

Sightless, adj. P. and V. τυφλός, V. ἄμαυρος, σκοτεινός, ἄδερκτος, ὀμμᾰτοστερής.

Sight-seeing, subs. P. and V. θεωρία, ἡ.

Sight-seer, subs. P. and V. θεᾱτής, ὁ.

Sign, subs. *Nod*: P. νεῦμα, τό, V. σῆμα, τό; see *signal*. *Signal for battle, etc.*: Ar. and P. σημεῖον, τό, V. σῆμα, τό. *Proof, token*: P. and V. σημεῖον, τό, τεκμήριον, τό, σύμβολον, τό, V. τέκμᾰρ, τό; see *proof*. *Signs in writing*: V. συνθήμᾰτα, τά; see *writing*. *Portent*: P. and V. τέρᾰς, τό, φάσμᾰ, τό, σημεῖον, τό, V. σῆμα, τό. *Omen from birds*: P. and V. οἰωνός, ὁ, Ar. and V. ὄρνῑς, ὁ or ἡ, V. πτερόν, τό, Ar. and V. σύμβολος, ὁ (also Xen.). *Omen from sounds*: P. and V. φήμη, ἡ, V. κληδών, ἡ, Ar. and V. φᾰ́τῐς, ἡ. *Heavenly sign*: V. σῆμα, τό, σημεῖον, τό.

Sign, v. trans. *Sign (a document) and witness its being sealed* : P. γράφειν καὶ συσσημαίνεσθαι (Dem. 928): see also *seal*. *Sign accounts (pass them)* : P. εὐθύνας ἐπισημαίνεσθαι (lit., *seal*). *Make a sign, signal* : P. and V. σημαίνειν, Ar. and V. νεύειν.

Signal, v. trans. P. and V. σημαίνειν. *Signal by fire* : P. φρυκτωρεῖν, P. and V. πυρσεύειν (Xen.). *Sixty Athenian ships were signalled as approaching from Leucas* : P. ἐφρυκτωρήθησαν ἑξήκοντα νῆες Ἀθηναίων προσπλέουσαι ἀπὸ Λευκάδος (Thuc. 3, 80). *Signal the enemy with treasonable intent* : P. παραφρυκτωρεύεσθαι.

Signal, subs. Ar. and P. σημεῖον, τό, P. νεῦμα, τό, V. σῆμα, τό. *Give a secret signal* : P. νεύματι ἀφανεῖ χρῆσθαι (Thuc. 1, 134). *Brasidas seeing the signal came up at the double* : P. ὁ Βρασίδας ἰδὼν τὸ σύνθημα ἔθει δρόμῳ (Thuc. 4, 112). *Give signal*, v.; P. and V. σημαίνειν; see *sign*. *Give signal for retreat* : P. σημαίνειν ἀναχώρησιν (Thuc. 5, 10). *The signal for silence was given by the trumpet* : P. τῇ σάλπιγγι σιωπὴ ὑπεσημάνθη (Thuc. 6, 32). *At a given signal* : P. ἀπὸ σημείου ἑνός. *Fire signal* : P. and V. φρυκτός, ὁ, or pl.; see *beacon*. *A succession of signal fires* : V. ἐκδοχὴ πομποῦ πυρός (Æsch., *Ag*. 299).

Signal, adj. P. and V. λαμπρός, V. ἔξοχος. *Win a signal victory* : P. and V. πολὺ νῑκᾶν, P. παρὰ πολὺ νικᾶν.

Signalise, v. trans. Use P. and V. λαμπρὸν κᾰθιστάναι, or use *celebrate*. *Signalise oneself* : P. and V. λαμπρὸς γίγνεσθαι.

Signaller, subs. *One who signals by fire beacons* : P. and V. φρυκτωρός, ὁ.

Signalling, subs. *By beacon-fires* : P. and V. φρυκτωρία, ἡ.

Signally, adv. P. and V. λαμπρῶς, V. ἐξόχως.

Signature, subs. *Name* : P. and V. ὄνομα, τό. *Writing* : P. and V. γρᾰφαί, αἱ. *Append one's signature* : see *sign*.

Signet, subs. *Signet-ring* : P. and V. σφρᾱγίς, ἡ; see *seal-ring*.

Significance, subs. *Importance* : P. and V. μέγεθος, τό. *Influence, power of affecting things* : P. and V. ῥοπή, ἡ. *Meaning* : P. and V. δῠνᾰμις, ἡ, P. διάνοια, ἡ, βούλησις, ἡ; see *meaning*.

Significant, adj. *Worth noting* : P. ἀξιόλογος. *Conveying a meaning* : P. σημαντικός (Aristotle). *Be significant of*, v.: use *show*.

Signification, subs. See *significance*.

Signify, v. trans. *Show* : P. and V. σημαίνειν (Plat.), δηλοῦν, δεικνύναι; see *show*. *Mean* : Ar. and P. νοεῖν, δύνασθαι; see *mean*. *Matter* : P. and V. διᾰφέρειν.

Silence, subs. P. and V. σῑγή, ἡ, σιωπή, ἡ. *Abstinence from ill-omened words* : P. and V. εὐφημία, ἡ. *In silence* : P. and V. σῑγῇ, σιωπῇ, V. σῖγα. *Keep silence* : P. and V. σῑγᾶν, σιωπᾶν, διᾰσιωπᾶν (Xen.), V. σῑγὴν ἔχειν, σῖγα ἔχειν, σῑγὴν πᾰρέχειν, P. κατασιωπᾶν. *Pass over in silence*, v.: P. and V. σῑγᾶν (acc.), σιωπᾶν (acc.), V. διᾰσιωπᾶν (acc.). *If need be I will keep silence on these matters* : V. σιγὴν γὰρ, εἰ χρή, τῶνδε θήσομαι πέρι (Eur., *Med*. 66). *Proclaim silence through the host* : V. σῖγα κηρῦξαι στρατῷ (Eur., *Phoen*. 1224). *The signal for silence was given by the trumpet* : P. τῇ σάλπιγγι σιωπὴ ὑπεσημάνθη (Thuc. 6, 32). *His silence gives consent* : V. φησὶν σιωπῶν (Eur., *Or*. 1592); see *consent*. *Break silence* : P. and V. ῥηγνύναι φωνήν, V. ῥηγνύναι αὐδήν.

Silence, interj P. and V. σίγᾱ, σιώπᾱ, V. σῖγα. *Abstain from evil words* : P. and V. εὐφήμει.

Silence, v. trans. P. κατασιωπᾶν (Xen.). *Make to cease* : P. and V. παύειν.

Silent, adj. V. σῖγηλός, σιωπηλός. *Dumb*: P. and V. ἄφωνος, V. ἄφθεγκτος, ἄφθογγος, ἄναυδος, ἀφώνητος, ἀπόφθεγκτος. *Noiseless*: V. ἄψοφος, ἀψόφητος. *Quiet*: P. and V. ἥσῠχος, ἡσῠχαῖος, P. ἡσύχιος. *Be silent*: see *keep silence*, under *silence*. *Abstaining from ill-omened words*: Ar. and V. εὔφημος.

Silently, adv. P. and V. σῖγῇ, σιωπῇ, V. σῖγα. *Noiselessly*: P. ἀψοφητί.

Silk, subs. Use P. and V. σινδών, ἡ, lit., *fine cloth*.

Silk-worm, subs. P. βομβύξ, ὁ (Aristotle).

Sillily, adv. *Foolishly*: P. and V. εὐήθως, ἀφρόνως, P. ἠλιθίως, μώρως (Xen.), Ar. and P. ἀνοήτως, εὐηθῐκῶς; see *foolishly*.

Silliness, subs. P. and V. μωρία, ἡ, ἄνοια, ἡ, ἀμᾰθία, ἡ, ἀφροσύνη, ἡ, ἀβουλία, ἡ, ἀσῠνεσία, ἡ (Eur., *Frag.*), P. ἠλιθιότης, ἡ, ἀβελτερία, ἡ, εὐήθεια, ἡ, βλακεία, ἡ, V. εὐηθία, ἡ, Ar. and V. δυσβουλία, ἡ.

Silly, adj. Of persons or things: P. and V. μῶρος, εὐήθης, ἠλίθιος (Eur., *Cycl.* 537), ἀσῠνετος, ἄβουλος, ἀμᾰθής, Ar. and P. ἀνόητος, ἀβέλτερος, V. κενόφρων. Of persons only: P. and V. ἄνους, ἄφρων, σκαιός, V. κᾰκόφρων.

Silt, subs. P. πρόσχωσις, ἡ. *They (the islands) serve to bind the silt together*: P. ἀλλήλαις τῆς προσχώσεως σύνδεσμοι γίγνονται (Thuc. 2, 102).

Silt up, v. intrans. P. προσχοῦν. Met., P. καταχωννύναι. *The river is always silting up*: P. ὁ ποταμὸς προσχοῖ ἀεί (Thuc. 2, 102).

Silver, subs. P. and V. ἄργῠρος, ὁ. *Piece of silver money*: Ar. and P. ἀργύριον, τό, V. ἄργῠρος, ὁ. *Small piece of silver*: Ar. and P. ἀργῠρίδιον, τό. *Worth its weight in silver*, adj.: V. ἰσάργῠρος.

Silver, adj. P. and V. ἀργῠροῦς (Æsch., *Frag.*), V. ἀργῠρήλᾰτος. *Containing silver (of rock, etc.)*: P. and V. ὑπάργῠρος (Xen.). *Of solid silver*: V. πᾰνάργῠρος (Soph., *Frag.*). *With silver feet (of a stool)*: P. ἀργυρόπους.

Silver-gold, subs. P. and V. ἤλεκτρον, τό.

Silver mines, subs. P. ἀργύρεια μέταλλα, τά, ἔργα ἀργύρεια, τά (Dem. 568), ἀργύρεια, τά.

Silver ore, subs. P. ἀργυρῖτις, ἡ (Xen.).

Silver-plate, subs. P. ἀργύριον ἄσημον.

Silver-smith, subs. *Metal-worker*: Ar. and P. χαλκεύς, ὁ.

Similar, adj. P. and V. ὅμοιος, V. ὁμόστολος; see *like*. *Equal*: P. and V. ἴσος. *Nearly similary*: P. παρόμοιος, παραπλήσιος.

Similarity, subs. P. ὁμοιότης, ἡ.

Similarly, adv. P. and V. ὁμοίως, ὁμοῖα, ὁμοῖον, ὡσαύτως, P. παραπλησίως.

Simile, subs. Ar. and P. εἰκών, ἡ.

Similitude, subs. P. and V. εἰκών, ἡ; see *likeness*.

Simmer, v. intrans. P. and V. ζεῖν.

Simper, v. intrans. Ar. and P. θρύπτεσθαι, P. and V. τρῠφᾶν.

Simpering, adj. Use Ar. and P. τρῠφερός.

Simple, adj. P. and V. ἁπλοῦς. *Sheer, absolute*: P. εἰλικρινής, ἁπλοῦς, ἄκρατος. *Guileless*: P. ἄκακος, Ar. and P. ἄδολος, V. ἀφυής (Soph., *Phil.* 1014). *Foolish*: P. and V. εὐήθης; see *foolish*. *Easily deceived*: P. εὐεξαπάτητος, εὐαπάτητος.

Simple, subs. See *remedy*.

Simple-minded, adj. See *simple*.

Simpleton, subs. P. βλάξ, ὁ or ἡ.

Simplicity, subs. P. ἁπλότης, ἡ. *While congratulating you on your simplicity we do not admire your ignorance*: P. μακαρίσαντες ὑμῶν τὸ ἀπειρόκακον οὐ ζηλοῦμεν τὸ ἄφρον (Thuc. 5, 105). *Ease*: P. and V. εὐμάρεια, ἡ. *Folly*: P. εὐήθεια, ἡ, V. εὐηθία, ἡ; see *folly*.

Simplify, v. trans. *Make simple*: P. and V. ἁπλοῦν ποιεῖν. *Disentangle*: P. and V. λύειν, V. ἐξελίσσειν. *Make clear*: P. and

V. σᾰφηνίζειν (Xen.), διᾰσᾰφεῖν (Plat.).

Simply, adv. P. and V. ἁπλῶς. *Guilelessly*: P. ἀδόλως, P. and V. ἁπλῶς. *Absolutely*: Ar. and P. ἀτεχνῶς, P. ὅλως. *Nothing but*: P. and V. οὐδὲν ἄλλο πλὴν (gen.).

Simulate, v. trans. Ar. and P. προσποιεῖσθαι; see *feign*.

Simulated, adj. P. προσποιητός. *Sham*: P. and V. πλαστός (Xen.), V. ποιητός. *Seeming (as opposed to real)*: P. and V. δοκῶν; see *counterfeit*.

Simultaneously, adv. P. and V. ἅμᾰ.

Sin, v. intrans. P. and V. ἁμαρτᾰ́νειν, ἐξᾰμαρτᾰ́νειν, ἀδῐκεῖν, ἀσεβεῖν, κᾰκουργεῖν, πᾰνουργεῖν, πλημμελεῖν, V. ἀμπλᾰκεῖν (2nd aor.), δυσσεβεῖν, P. παρανομεῖν. *(Sin) against*: P. and V. εἰς (acc.); see *transgress*. *Sinning against*, adj.: Ar. and P. ἀλῐτήριος (gen.).

Sin, subs. P. and V. ἁμαρτία, ἡ, ἀδῐκία, ἡ, ἀδίκημα, τό (Eur., *Ion*, 325), κᾰκόν, τό, or pl., P. ἁμάρτημα, τό, πλημμέλημα, τό, κακουργία, ἡ, V. ἐξᾰμαρτία, ἡ, ἀμπλάκημα, τό; see *wickedness*. *Impiety*: P. and V. ἀσέβεια, ἡ, V. δυσσέβεια, ἡ. *Impious act*: P. ἀσέβημα, τό. *Sins*: use also V. τὰ ἡμαρτημένα.

Since, prep. P. and V. ἐκ (gen.), ἀπό (gen.). *After*: P. and V. μετᾰ́ (acc.). *Since then*: P. and V. ἐξ ἐκείνου· *A country uninjured since the Persian war*: P. χώρα ἀπαθὴς οὖσα ἀπὸ τῶν Μηδικῶν. (Thuc. 8, 24.)

Since, adv. *Because*: P. and V. ὅτῐ, P. διότι, V. οὕνεκα, ὁθούνεκα. *Seeing that*: P. and V. ἐπεί, ἐπείπερ, ἐπειδή, ὡς, Ar. and P. ἐπειδήπερ, V. εὖτε. *From the time when*: P. and V. ἐξ οὗ, ἀφ' οὗ, ἐξ ὅτου, V. ἀφ' οὗπερ, ἐξ οὗτε, ἐπεί, P. ἐπειδήπερ, Ar. and V. ἐξ οὗπερ. *Ago, from this time*: use P. and V. ἐκ τούτου, ἐκ τοῦδε. *From that time*: P. and V. ἐξ ἐκείνου. *Where ever since the gods possess a court honest and loyal*: ἵν' εὐσεβεστάτη ψῆφος βεβαία τ' ἐστὶν ἔκ γε τοῦ θεοῖς (Eur., *El.* 1262).

Sincere, adj. *Genuine*: P. ἀληθινός. Of character: P. and V. ἁπλοῦς, Ar. and P. ἄδολος. *Free from falsehood*: P. and V. ἀψευδής (Plat.).

Sincerely, adv. P. ἀληθινῶς. *Without guile*: P. and V. ἁπλῶς, P. ἀδόλως. *Really*: P. and V. ὄντως, ἀληθῶς, P. τῷ ὄντι; see *really*.

Sincerity, subs. *Truth*: P. and V. ἀλήθεια, ἡ, τἀληθές. *Of character*: P. ἁπλότης, ἡ.

Sinew, subs. V. τένων, ὁ. *Muscle*: Ar. and P. νεῦρον, τό.

Sinewy, adj. *Brawny*: P. and V. εὐτρᾰφής; see *strong*.

Sinful, adj. P. and V. ἄδῐκος, ἀνόσιος, ἄνομος, ἄθεος, ἀσεβής, κᾰκός, δυσσεβής (Dem. but rare P.), V. δύσθεος, ἔκδῐκος, P. ἀλιτηριώδης, ἀλιτήριος; see *wicked*.

Sinfully, adv. P. and V. κᾰκῶς, ἀθέως, V. ἀνοσίως; see *wickedly*.

Sinfulness, subs. P. and V. ἀσέβεια, ἡ, P. ἀνοσιότης, ἡ, V. δυσσέβεια, ἡ; see *sin*.

Sing, v. trans. or absol. P. and V. ᾄδειν, ὑμνεῖν, Ar. and P. μελῳδεῖν (Plat.), V ἀείδειν, ὑμνῳδεῖν, κᾰτᾴδειν, Ar. and V. μέλπειν; see *chant*. *Of birds*: P. and V. ᾄδειν, V. κλαγγάνειν (Soph., *Frag*.), εὐστομεῖν, Ar. μελῳδεῖν; see *warble*. *Sing in turn*: V. ἀντικλάζειν (acc.). *Celebrate in song*: P. and V. ᾄδειν, ὑμνεῖν, V. ἀείδειν.

Singe, v. trans. Ar. and V. ἀφεύειν (Æsch., *Frag*.); see *burn*.

Singer, subs. P. and V. ᾠδός, ὁ (Plat.), ῥαψῳδός, ὁ (Plat.), V. ἀοιδός, ὁ; see *minstrel*.

Singing, subs. P. and V. ᾠδή, ἡ; see *song*.

Single, adj. *Simple*: P. and V. ἁπλοῦς. *Alone*: P. and V. μόνος, V. μοῦνος, οἶος. As opposed to *double* ; P. and V. ἁπλοῦς. *Honest* : P. and V. ἁπλοῦς. *In single file* : P. ἐφ' ἑνός (Xen.). *The Athenians having their ships arranged in single file* : P. οἱ Ἀθηναῖοι κατὰ μίαν ναῦν τεταγμένοι (Thuc. 2, 84). *Unmarried (of the man)* : P. and V. ἄγαμος, V. ἄζυξ. *An unmarried youth* : P. and V. ἤθεος, ὁ (Plat.). Of the woman : P. and V. ἄνανδρος (Plat.), V. ἄζυξ. *Unmarried maiden:* P. and V. παρθένος, ἡ (Plat.) ; see *virgin.*

Single, v. trans. *Single out* : P. and V. ἐξαιρεῖν (or mid.), ἐκκρίνειν, προκρίνειν ; see *choose. Singled out, chosen* : P. and V. ἐξαίρετος, ἔκκρῐτος, P. ἀπόλεκτος, ἐκλεκτός, V. κρῐτός, λεκτός.

Single combat, subs. P. μονομαχία, ἡ (Hdt.). *Engage in single combat with*, v. : P. and V. μονομᾰχεῖν (absol. or dat.). *By single combat:* V. μονομᾰ́χου δι' ἀσπίδος, μονομᾰ́χῳ δορί. *To guide the ranks or the spear in single combat?* V. λόχων ἀνάσσειν, ἢ μονοστόλου δορός ; (Eur., *Phoen.* 742). *Champions in single combat* : V. μονομᾰ́χοι προστᾰ́ται οἱ.

Single-handed, adj. Use P. and V. μόνος, εἷς, V. μοῦνος, οἷος ; see *alone.*

Single-minded, adj. P. and V. ἁπλοῦς ; see *honest.*

Singleness, subs. P. ἁπλότης, ἡ ; see *honesty.*

Singly, adj. *One by one* : P. καθ' ἕνα. *Each separately* : P. καθ' ἕκαστον. *By oneself* : P. and V. αὐτός, κᾰθ' αὑτόν. *Unaided, alone* : use adj. : P. and V. μόνος, εἷς, V. μοῦνος.

Singular, adj. *Preeminent* : P. and V. ἐκπρεπής, διαπρεπής, V. ἔξοχος, ὑπέροχος. *Strange* : P. and V. θαυμαστός, δεινός, ἄτοπος (Eur., *Frag.*) ; see *strange.*

Singularity, subs. *Eccentricity* : Ar. and P. ἀτοπία, ἡ.

Singularly, adv. *Preeminently* : P. διαφερόντως, ἐν τοῖς μάλιστα, P. and V. μάλιστα, V. ἐξόχως. *Eccentrically* : P. ἀτόπως. *Strangely:* P. and V. δεινῶς, θαυμαστᾰ́.

Sinister, adj. *Inauspicious* : P. and V. κᾰκός, δυστῠχής, δύσφημος (Plat. but rare P.), V. κᾰκόγλωσσος, σκαιός, εὐώνῠμος (Æsch., *P. V.* 490). *Evil* : P. and V. κᾰκός, ἀνόσιος, πᾰνοῦργος, πάγκᾰκος. *Malign, harmful* : P. and V. ἀσύμφορος, κᾰκοῦργος, Ar. and V. ἀτηρός ; see *harmful. Dangerous* : P. and V. δεινός, Ar. and P. χᾰλεπός. *Spiteful* : P. and V. φθονερός, ἐπίφθονος ; see *malevolent.*

Sink, v. trans. *Sink (a ship)* : Ar. and P. κᾰτᾰδῡ́νειν. *Put an end to* : Ar. and P. διᾰλῡ́ειν, κᾰτᾰλῡ́ειν ; see *end. Let down* : P. and V. κᾰθῑέναι. *Dig* : P. and V. ὀρύσσειν, σκάπτειν. *Make to incline* : V. κᾰταρρέπειν, P. and V. κλῑ́νειν. V. intrans. *Subside, settle down* : P. ἱζάνειν. *Sink under the earth* : P. δύεσθαι κατὰ τῆς γῆς (Plat., *Phaedo*, 112c). *Of the sun* : P. and V. δῠ́εσθαι, δῡ́νειν ; see *set. Of a ship* : Ar. and P. κᾰτᾰδῠ́εσθαι, V. βάπτειν (Eur., *Or.* 707). *Incline downwards* : P. and V. ῥέπειν. Met., *be weighed down* : P. and V. πιέζεσθαι, βᾰρῡ́νεσθαι. *Fall* : P. and V. πίπτειν, κᾰτᾰπίπτειν (Eur., *Cycl.*), V. πίτνειν. *Fail in strength:* V. προλείπειν ; see *fail. Already she is sinking and like to die* : V. ἤδη προνωπής ἐστι καὶ ψυχορραγεῖ (Eur., *Alc.* 143). *His head sinks back* : V. ὑπτιάζεται κάρα (Soph., *Phil.* 822). *I sink backwards into the arms of my maidens and swoon away* : V. ὑπτία δὲ κλίνομαι . . . πρὸς δμωαῖσι κἀποπλήσσομαι (Soph., *Ant.* 1188). *She sinks back with trembling limbs* : V. λεχρία πάλιν χωρεῖ τρέμουσα κῶλα (Eur., *Med.* 1168). *Of ground dipping* : see under *dip. Fall away* : P. and V. διαρρεῖν, ἀπορρεῖν; see *fade. Deteriorate* : P. ἀποκλίνειν, ἐκπίπτειν ; see *degenerate.*

Sink into inaction: P. ἐπὶ τὸ ῥᾳθυμεῖν ἀποκλίνειν (Dem. 13). *Sunk in* (met.): use P. and V. μεστός (gen.); see *full of*. *Be sunk in love*: V. ἐντήκεσθαι τῷ φιλεῖν (Soph., *Trach.* 463); see *absorbed in*. *Be sunk in ignorance*: P. ἐν ἀμαθίᾳ μολύνεσθαι (Plat., *Rep.* 535E). *Sink into, be instilled into*, met.: P. καταδύεσθαι εἰς (acc.), V. ἐντήκεσθαι (dat.). *Sink into insignificance*: P. ἐν οὐδενὶ λόγῳ εἶναι.

Sinless, adj. P. and V. κᾰθᾰρός, ἁγνός (rare P.), ὅσιος, εὐᾶγής (rare P.), ἀκήρᾰτος (rare P.), ἀκέραιος, V. ἀκραιφνής, ἄθικτος, P. ἀναμάρτητος; see *guiltless, pious*.

Sinlessly, adv. P. καθαρῶς, P. and V. εὐσεβῶς, ὁσίως.

Sinlessness, subs. P. καθαρότης, ἡ, P. and V. εὐσέβεια, ἡ, τὸ εὐσεβές.

Sinner, subs. Use adj., P. and V. κᾰκοῦργος, or use participles of verb *sin*, P. and V. ὁ ἁμαρτάνων, ὁ ἐξᾰμαρτάνων.

Sin-offering, subs. Ar. and P. κάθαρμα, τό, or use *propitiation*.

Sinuous, adj. *Winding*: V. ἑλικτός. *Curved*: P. and V. καμπύλος (Plat.); see *curved*.

Sip, v. trans. P. and V. γεύεσθαι (lit., *taste*); see also *drink*.

Sir, subs. *In addressing a man*: P. and V. ἄνθρωπε. *My good sir*: P. and V. ὦ τᾶν, P. ὦ γενναῖε, Ar. and P. ὦ δαιμόνιε.

Sire, subs. *Father*: P. and V. πᾰτήρ, ὁ, γεννήτωρ, ὁ (Plat.); see *father*. *Of animals*: P. and V. ὁ ἄρσην (lit. *the male*). *Stallion*: P. and V. ὀχεῖον, τό (Æsch., *Frag.*).

Sister, subs. P. and V. ἀδελφή, ἡ, V. κᾰσιγνήτη, ἡ, κᾰσίγνητος, ἡ, κάσις, ἡ, ὅμαιμος, ἡ, ὁμαίμων, ἡ, ὁμόσπορος, ἡ, σύναιμος, ἡ, σύγγονος, ἡ. *Own sister*: V. συγκᾰσιγνήτη, ἡ. *Of a sister*, adj.: V. κᾰσίγνητος, ἀδελφός.

Sisterhood, subs. *O Ismene joined to me in sisterhood*: V. ὦ κοινὸν αὐτάδελφον Ἰσμήνης κάρα (Soph., *Ant.* 1).

Sisterly, adj. See *of a sister*, under *sister*, or use *affectionate*.

Sit, v. trans. P. and V. κᾰθίζειν, V. ἵζειν, ἱδρύειν; see *seat*. *At meals*: Ar. and P. κᾰτακλίνειν. V. intrans. P. and V. κᾰθῆσθαι, κᾰθίζειν, κᾰθέζεσθαι, Ar. and V. ἵζειν (also Plat. but rare P.), ἵζεσθαι, ἕζεσθαι, V. ἧσθαι, κᾰθιζᾰ́νειν, ἱδρῦσθαι (perf. pass. of ἱδρύειν), θᾰκεῖν, θάσσειν. *Sit at meals*: Ar. and P. κᾰτακλίνεσθαι. *Sit in an official capacity*: P. καθῆσθαι, καθίζειν, καθίζεσθαι. *With others*: Ar. and P. συγκᾰθῆσθαι. *Sit at*: V. ἐφῆσθαι (acc. or dat.), προσῆσθαι (dat.), προσίζειν (acc.), πᾰρῆσθαι (dat.). *Sit by*: see *sit at*. *Sit by a person*: Ar. and P. πᾰρᾰκᾰθῆσθαι (dat. or absol.), πᾰρᾰκᾰθίζεσθαι (dat. or absol.), P. συμπαρακαθίζεσθαι μετά (gen); transitively, see *seat*. *Sit by as assessor*: see *assessor*. *Sit down*: P. and V. κᾰθῆσθαι; use *sit*. *Sit down before a town* (*to besiege it*): P. προσκαθέζεσθαι (acc.), προσκαθῆσθαι (acc.); see *besiege*. *Sit idle*: P. and V. κᾰθῆσθαι, V. θάσσειν. *Sit near*: see *sit at, sit by*. *Sit on*: use P. and V. verb, *sit* with, εἰς (acc.), or V. ἐνθᾰκεῖν (dat.), ἐφῆσθαι (dat.), κᾰθίζειν (acc.), Ar. and P. κᾰθίζειν ἐπί (acc.). *Make to sit on*: P. ἐγκαθίζειν (τινὰ εἴς τι). *Sit together*: P. and V. συγκᾰθῆσθαι, P. συγκαθέζεσθαι. *At meals*: Ar. συγκᾰτακλίνεσθαι. *Sit up*: P. ἀνακαθίζεσθαι. *Keep awake*: P. ἀγρυπνεῖν. *Sit up for, watch for*: P. and V. τηρεῖν (acc.).

Site, subs. P. θέσις, ἡ, or use *place*.

Sitting, subs. P. and V. ἕδρα, ἡ, V. θάκημα, τό. *Session*: P. συνέδριον, τό. *Immediately after the sitting*: V. εὐθὺς ἐξ ἕδρας (Soph., *Aj.* 780). *Sitting idle*: P. and V. ἕδρα, ἡ. *Sitting by*: V. προσεδρία, ἡ.

Sitting near, adj. V. πάρεδρος (dat.).

Sitting together, adj. V. σύνεδρος.
Sitting with, adj. V. σύνθᾰκος (dat.).
Situated, adj. P. and V. κείμενος. *Be situated*, v.: P. and V. κεῖσθαι. Of affairs, etc.: use P. and V. ἔχειν. *Do not drive to despair all others situated as I am*: P. μὴ τοὺς ἄλλους τοὺς ὁμοίως ἐμοὶ διακειμένους ἀθυμῆσαι ποιήσητε (Lys. 168).
Situation, subs. P. θέσις, ἡ. Met., see *plight, state*. *State of affairs*: P. and V. κᾰτάστᾰσις, ἡ. *Post*: P. and V. τάξις, ἡ. *Place*: P. and V. τόπος, ὁ, χώρα, ἡ, Ar. and P. χωρίον, τό, Ar. and V. χῶρος, ὁ. *An exposed situation*: P. χωρίον χειμερινόν (Thuc. 2, 70). *Place in an awkward situation*: P. ἀπόρως διατιθέναι (τινά). *Be placed in an awkward situation*: P. ἀπόρως διακεῖσθαι.
Six, adj. P. and V. ἕξ. *Six years old*: Ar. and P. ἑξέτης. *Lasting six years*: P. ἑξέτης. *Six times*: P. ἑξάκις.
Sixteen, adj. Ar. and P. ἑκκαίδεκᾰ.
Sixteenth, adj. P. ἑκκαιδέκατος.
Sixth, adj. P. and V. ἕκτος.
Sixtieth, adj. P. ἑξήκοστος.
Sixty, adj. P. and V. ἑξήκοντα (Soph., *Frag.*).
Size, subs. *Magnitude*: P. and V. μέγεθος, τό. *Amount*: P. and V. πλῆθος, τό. *Number*: P. and V. ἀριθμός, ὁ. *Bulk*: P. and V. ὄγκος, ὁ (Plat.). *Measure*: P. and V. μέτρον, τό.
Skein, subs. Ar. τολύπη, ἡ.
Skeleton, subs. *Bones*: P. and V. ὀστᾶ, τά. Met., *of one very thin*: V. σκιά, ἡ, εἴδωλον, τό. *Outline*: P. σκιαγραφία, ἡ; see *outline*. *Frame*: P. and V. κύτος, τό (Plat.).
Sketch, subs. *Picture*: P. and V. γρᾰφή, ἡ, γράμμᾰ, τό, P. ζωγράφημα, τό, V. ἄγαλμα, τό, εἰκών, ἡ. *Account, description*: P. and V. λόγος, ὁ. *Outline*: P. and V. σκιαγραφία, ἡ; see *outline*.
Sketch, v. trans. *Describe*: P. and V. διέρχεσθαι; see *describe*. *Describe in outline*: P. σκιαγραφεῖν.
Sketchily, adv. *In outline*: P. τύπῳ, ἐν τύπῳ.
Skewer, subs. Ar. and P. ὀβελίσκος, ὁ (Xen.), V. ὀβελός, ὁ (Eur., *Cycl.*), ἀμφώβολος, ὁ.
Skiff, subs. Ar. and P. ἄκᾰτος, ἡ, κέλης, ὁ, P. and V. πλοῖον, τό, V. πορθμίς, ἡ; see *boat*.
Skilful, adj. P. and V. δεινός, σοφός, ἀγᾰθός, ἄκρος (Plat.), Ar. and P. δεξιός, V. εὔχειρ, P. τεχνικός; see *skilled*. Of things, *well wrought*: P. and V. κᾰλός, ποικίλος, V. δαίδᾰλος. *Clever, artistic*: P. τεχνικός. *Accomplished*: P. and V. μουσικός; see *accomplished*.
Skilfully, adv. P. and V. σοφῶς, V. οὐκ ἀφρασμόνως, P. ἐπιστημόνως. *Well*: P. and V. κᾰλῶς, εὖ. *Artistically*: P. τεχνικῶς.
Skilfulness, subs. See *skill*.
Skill, subs. *Cleverness*: P. and V. τέχνη, ἡ, σοφία, ἡ, P. δεινότης, ἡ, Ar. and P. δεξιότης, ἡ. *Experience*: P. and V. ἐμπειρία, ἡ. *Skill in*: P. and V. ἐμπειρία, ἡ (gen.). *Art*: P. and V. τέχνη, ἡ.
Skilled, adj. *Qualified*: P. γεγυμνασμένος. *Experienced*: P. and V. ἔμπειρος, ἐπιστήμων, Ar. and V. τρίβων. *Skilled in*: ἐπιστήμων (gen.), ἔμπειρος (gen.), ἐντρίβής (dat.), Ar. and V. τρίβων (acc. or gen.), V. ἴδρις (gen.); see *versed*. *Skilled in speaking*: P. and V. δεινὸς λέγειν, V. μουσικὸς λέγειν.
Skim, v. trans. *Pass lightly over*: V. ποτᾶσθαι ὑπέρ (gen.), νωτίζειν (acc.), ψαίρειν (acc.), ἐξακρίζειν (acc.); see *fly*. Met., *run through hurriedly*: P. ἐπιτρέχειν περί (gen.). *Taste of*: P. and V. γεύεσθαι (gen.). *Skim the cream of, pick out the best*, met.: V. λωτίζεσθαι (acc.), ἀπολωτίζειν (acc.), ἀκροθινιάζεσθαι (acc.). *They skim off the part of the milk which rises to the top and consider it more valuable (than the rest)*:

P. τὸ μὲν αὐτοῦ (τοῦ γάλακτος) ἐπιστάμενον ἀπαρύσαντες ἡγεῦνται εἶναι τιμιώτερον (Hdt. 4, 2). *Skim through:* Ar. and V. διᾰπέτεσθαι (acc. or διά, gen.). *Skim through the air:* Ar. διατρέχειν τὸν ἀέρα *Av.* 1409).

Skim, subs. Use P. τὸ ἐφιστάμενον (Hdt.).

Skimp, v. trans. P. ἐπισύρειν. *Not skimping the work, but furnishing (the ships) in the best manner possible:* P. οὐδ' ἀφοσιούμενος ἀλλ' ὡς οἷόν τ' ἄριστα παρασκευαζόμενος (Isaeus, 67, 20).

Skin, subs. *Of men:* Ar. and V. χρώς, ὁ (rare P.), χροιά, ἡ, P. τὸ ἔξωθεν σῶμα (Thuc. 2, 49). *Of an animal, hide:* P. and V. δέρμᾰ, τό, βύρσᾰ, ἡ, δορά, ἡ (Plat.), V. δέρος, τό, δέρᾱς, τό, ῥῑνός, ἡ (Eur., *Rhes.*). *Dressed skins:* P. and V. διφθέραι, αἱ (Eur., *Frag.*). *Undressed skins:* P. δέρρεις, αἱ. *Shield of hide:* Ar. ῥῑνός, ἡ. *Garment of skins:* V. σῐσυρνώδης στόλος, ὁ (Soph., *Frag.*). *Garment of goat-skin:* Ar. and P. διφθέρα, ἡ. *Skin for holding wine:* P. and V. ἀσκός, ὁ. *Skin of a serpent:* V. χῐτών, ὁ (Eur., *I. T.* 288). *Escape with a whole skin:* see *with impunity*, under *impunity.*

Skin, v. trans. Ar. and P. δέρειν, ἀποδέρειν (Xen.), ἐκδέρειν (Plat., *Euthydemus*, 301. d.), absol. also, V. βύρσαν ἐκδέρειν (Eur., *El.* 824).

Skin-deep, adj. P. ἐπιπόλαιος.

Skin-flint, subs. Use adj., P. and V. αἰσχροκερδής, φῐλάργῠρος, Ar. and P. φῐλοκερδής, φειδωλός.

Skinniness, subs. P. λεπτότης, ἡ.

Skinny, adj. Ar. and P. λεπτός, ἰσχνός. *Withered:* P. and V. ξηρός.

Skip, v. trans. *Shirk:* P. and V. ἀφίστασθαι (gen.); see *shirk*. *Omit:* P. and V. πᾰρῑέναι; see *omit*. V. intrans. *Leap:* P. and V. σκιρτᾶν (Plat.), πηδᾶν (Plat.), ἐκπηδᾶν (Plat.), ἅλλεσθαι (Plat.), V. θρώσκειν, ἐκθρώσκειν. *Dance:* P. and V. χορεύειν; see *dance.*

Skip, subs. *Jump:* V. πήδημα, τό; see *jump.*

Skipper, subs. P. and V. ναύκληρος, ὁ.

Skirmish, v. intrans. P. ἀκροβολίζεσθαι.

Skirmish, subs. P. ἀκροβολισμός, ὁ, ἀκροβόλισις, ἡ (Xen.). *Skirmish between orators:* P. ἀψιμαχία ῥητόρων (Æschin.).

Skirmisher, subs. P. ἀκροβολιστής, ὁ (Xen.), ἔκδρομος, ὁ.

Skirmishing parties, subs. P. ἐκδρομαί, αἱ (Thuc. 4, 127).

Skirt, subs. See *dress*. Met., *border:* P. and V. κράσπεδα, τά (Xen. also Ar.); see *border.*

Skirt, v. trans. P. and V. ὁρίζειν (acc.). *Be near, border on:* P. and V. προσκεῖσθαι (dat.), P. ἔχεσθαι (gen.).

Skittish, adj. P. ὑβριστικός, or use P. and V. ὑβριστής (with masc. nouns). *Restive:* V. ἄστομος. *Be skittish*, v.: P. and V. σκιρτᾶν (Plat.).

Skittishness, subs. P. and V. ὕβρῐς, ἡ.

Skulk, v. intrans. *Lie in ambush:* P. ἐνεδρεύειν, ἐλλοχᾶν, P. and V. λοχᾶν. *Lie hid:* V. κεύθειν, κεκευθέναι, Ar. and P. κᾰτᾰδεδῡκέναι (perf. of καταδύειν); see *lurk*. *Shirk duty:* Ar. and P. ἀνᾰδύεσθαι (absol.). *Play the runaway:* P. δραπετεύειν.

Skulker, subs. *Runaway:* P. and V. δρᾱπέτης, ὁ (Plat.).

Skull, subs. P. and V. κρᾱνίον, τό (Eur., *Cycl.*), or use *head.*

Skurry, subs. *Haste:* P. and V. σπουδή, ἡ. *Confusion:* P. and V. θόρῠβος, ὁ.

Skurry, v. intrans. *Run about:* Ar. and P. διατρέχειν; see *hasten*. *Be in confusion:* Ar. and P. θορῠβεῖν.

Sky, subs. P. and V. οὐρᾰνός, ὁ, αἰθήρ, ὁ (Plat.); see *heaven*. *Clear* *sky*: Ar. and P. αἰθρία, ἡ (Xen.). *Under the open sky*: use adj., P. and V. ὑπαίθριος, V. αἴθριος (Soph., *Frag.*), P. ἐν ὑπαίθρῳ. *In the sky*, adj.: P. and V. οὐράνιος.

Sky-high, adj. Ar. and P. μετέωρος, Ar. and V. μετάρσιος.

Slab, subs. P. and V. στήλη, ἡ.

Slack, adj. *Loose*: Ar. and P. χᾰλᾰρός, P. and V. ἀνειμένος. *Unenergetic*: P. ἀπρόθυμος, ὀκνηρός, P. and V. βρᾰδύς. *Supine*: Ar. and P. μᾰλᾰκός. *Indolent*: P. and V. ἀργός, ῥᾴθῡμος, P. ἄπονος. *Small, little*: P. and V. ὀλίγος.

Slacken, v. trans. P. and V. χᾰλᾶν, ἀνῑέναι, P. ἐπανιέναι, V. ἐξᾰνῑέναι; see *relax*. V. intrans. P. ἐπανιέναι. *Abate*: P. and V. λωφᾶν, ἀνῑέναι.

Slackening, subs. P. ἄνεσις, ἡ, χάλασις, ἡ. *Abatement*: P. λώφησις, ἡ.

Slackly, adv. *Without energy*: P. ἀπροθύμως. *Indolently*: P. ἀργῶς. *Supinely*: Ar. and P. μᾰλᾰκῶς.

Slackness, subs. P. χαλαρότης, ἡ (Xen.). *Indolence*: P. and V. ἀργία, ἡ, ῥᾳθῡμία, ἡ, P. ῥᾳστώνη, ἡ. *Supineness*: P. μαλακία, ἡ. *Leisure*: P. and V. σχολή, ἡ.

Slain, adj. see *dead, fallen*.

Slake, v. trans. See *quench*.

Slam, v. trans. P. ἐπαράσσειν (Plat.).

Slander, subs. P. and V. διᾰβολή, ἡ, Ar. and P. λοιδορία, ἡ, σῡκοφαντία, ἡ, P. βασκανία, ἡ, βλασφημία, ἡ, κακηγορία, ἡ.

Slander, v. trans. P. and V. διᾰβάλλειν, λοιδορεῖν (or mid. with dat.), Ar. and P. σῡκοφαντεῖν, P. βασκαίνειν, V. κᾰκοστομεῖν; see *abuse*. *Utter slander*: (absol.), P. βλασφημεῖν.

Slanderer, subs. Ar. and P. σῡκοφάντης, ὁ.

Slanderous, adj. Ar. and P. διάβολος, βάσκᾰνος, P. βλάσφημος, συκοφαντικός, κακήγορος (Plat.), V. λοίδορος (Eur., *Cycl.*), κᾰκόστομος, P. and V. κᾰκός; see *abusive*.

Slanderously, adv. P. and V. κᾰκῶς, P. διαβόλως, συκοφαντικῶς.

Slang, subs. Use P. πομπεία, ἡ.

Slanting, adj. P. πλάγιος, V. λοξός.

Slant-wise, adv. P. εἰς πλάγια.

Slap, v. trans. P. and V. τύπτειν. *Slap in the face*: P. ἐπὶ κόρρης τύπτειν.

Slap, subs. *Blow*: P. and V. πληγή, ἡ; see *blow*. *Slap in the face*: Ar. and P. κόνδῠλος, ὁ.

Slash, v. trans. *Cut*: P. and V. τέμνειν, P. ἐπιτέμνειν; see *cut*. *Wound*: P. and V. τιτρώσκειν, τραυμᾰτίζειν; see *wound*.

Slash, subs. *Cut*: P. and V. τομή, ἡ. *Wound*: P. and V. τραῦμα, τό.

Slashing, adv. Met., use P. and V. πικρός.

Slate, subs. *Tile*: Ar. and P. κέρᾰμος, ὁ, κερᾰμίς, ἡ. *For writing*: use P. and V. πίναξ, ὁ; see *tablet*.

Slatternly, adj. *Untidy*: P. and V. ἀνειμένος. *Unwashed*: Ar. and V. ἄλουτος, Ar. ἄπλῠτος; see also *squalid*.

Slaughter, subs. P. and V. σφᾰγή, ἡ. V. πρόσφαγμα τό. *Murder*: P. and V. φόνος, ὁ, Ar. and V. φοναί, αἱ.

Slaughter, v. trans. P. and V. σφάζειν, φονεύειν; see *kill, murder*.

Slaughterer, subs. *Murderer*: P. and V. φονεύς, ὁ, V. σφᾰγεύς, ὁ; see *murderer*.

Slaughterous, adj. P. φονικός, Ar. and V. φοίνιος, V. πολύφονος; see *murderous*.

Slave, subs. P. and V. δοῦλος, ὁ, V. δούλευμα, τό. *Familiarly*: P. and V. παῖς, ὁ or ἡ (Soph., *Trach.* 54), Ar. and P. παιδίσκη, ἡ. *Young slave*: Ar. and P. παιδᾰ́ριον, τό. *Public slave*: Ar. and P. δημόσιος, ὁ. *Slave taken in war*: Ar. and P. ἀνδρᾰ́ποδον, τό, Ar. and V. δμώς, ὁ. *Female slave*: P. and V. δούλη, ἡ. *Taken in war*: V. δμωή, ἡ (also Xen. but rare P.), δμωΐς, ἡ. *Servant*: P. and V.

ὑπηρέτης, ὁ; see *servant*. *Be a slave to*: P. and V. δουλεύειν (dat.), λατρεύειν (dat.). *A slave to*: Met., P. and V. δοῦλος (gen.), ἥσσων (gen.), ἡσσημένος (gen.). *Like a slave*, adj.: V. ἀντίδουλος. *Unprotected by slaves*: V. ἄδουλος.

Slave-dealer, subs. Ar. and P. ἀνδρᾰποδιστής, ὁ.

Slave-dealing, subs. P. ἀνδραποδισμός, ὁ.

Slaver, subs. P. σίαλον, τό (Xen.); see *foam*.

Slavery, subs. P. and V. δουλεία, ἡ, V. τὸ δοῦλον. *The day of slavery*: V. δούλειον ἦμαρ τό. *Sell into slavery*: P. ἀνδραποδίζειν, ἐξανδραποδίζειν. *Selling into slavery*: P. ἀνδραποδισμός, ὁ.

Slavish, adj. P. and V. δοῦλος (Plat. but rare P.), δούλειος (Plat. but rare P.), Ar. and P. δουλῐκός, P. δουλοπρεπής, ἀνδραποδώδης, V. δούλιος. *Base*: P. ἀνελεύθερος.

Slavishly, adv. P. ἀνδραποδώδως.

Slavishness, subs. *Flattery*: P. and V. θωπεία, ἡ; see *flattery*. *Baseness*: P. ἀνελευθερία, ἡ.

Slay, v. trans. P. and V. ἀποκτείνειν, φονεύειν, ἀνᾱλίσκειν, ἀνᾱλοῦν, ἐξᾰνᾱλίσκειν, σφάζειν, ἐπισφάζειν, ἀπολλύναι, ἐξολλύναι, διολλύναι, κᾰτεργάζεσθαι, Ar. and V. κτείνειν (also Plat. but rare P.), V. κᾰτακτείνειν, ὀλλύναι, ἐξᾰπολλύναι, διαπράσσειν, ἐκπράσσειν, διεργάζεσθαι, ἐξεργάζεσθαι, κᾰτασφάζειν, κᾰτᾰφονεύειν, καίνειν (also Xen.), ἐναίρειν, ἐνᾰρίζειν, νοσφίσαι (1st aor. of νοσφίζειν), αἱρεῖν (Eur., *Hec.* 886), Ar. and P. ἀποσφάζειν, P. ἀποκτιννύναι, διαχρῆσθαι.

Slayer, subs. P. and V. φονεύς, ὁ or ἡ, αὐτόχειρ, ὁ, αὐθέντης, ὁ; see *murderer*.

Slaying, subs. P. and V. φόνος, ὁ, σφᾰγή, ἡ; see *murder*.

Sledge-hammer, subs. See *hammer*.

Sleek, adj. Ar. and P. λῐπᾰρός; see *fat*. *Make sleek*, v.: P. and V. πῑαίνειν (pass. in Plat.); see *fatten*.

Sleep, subs. P. and V. ὕπνος, ὁ. *Seen in sleep* (*of visions*), adj.: V. ἐνύπνιος. *Vision seen in sleep*: P. and V. ἐνύπνιον, τό; see *dream*, *vision*.

Sleep, v. intrans. P. and V. κᾰθεύδειν, κοιμᾶσθαι (Plat. but rare P. also Ar.), εὕδειν (Plat. but rare P. also Ar.), ὑπνώσσειν (Plat. but rare P.), Ar. and P. κᾰτᾰδαρθᾰ́νειν, V. βρίζειν, εὐνάζεσθαι, Ar. κᾰτᾰκοιμᾶσθαι. *Pass the night*: P. and V. αὐλίζεσθαι, V. νῠχεύειν (Eur., *Rhes.*). *Lull to sleep*: P. and V. κοιμίζειν (Plat.), V. εὐνάζειν, κοιμᾶν, P. κατακοιμίζειν (Plat.). *Fall asleep*: V. εἰς ὕπνον πίπτειν. *Fall asleep afterwards*: P. ἐπικαταδαρθάνειν (Thuc. 4, 133). *Sleep with another*: P. and V. συγκᾰθεύδειν (dat.), V. συγκοιμᾶσθαι (dat.), σῠνευνάζεσθαι (dat.), σῠνεύδειν (dat.), Ar. συγκᾰτᾰδαρθᾰ́νειν (dat.).

Sleeper, subs. Use P. and V. ὁ κᾰθεύδων, etc. *Soon will they rouse yon sleeper from his slumber*: V. τάχα μεταστήσουσ᾽ ὕπνου τόνδ᾽ ἡσυχάζοντα (Eur., *Or.* 133).

Sleepiness, subs. P. χάσμη, ἡ.

Sleeping-draught, subs. Use P. μανδραγόρας, ὁ; see *opiate*.

Sleepless, adj. P. and V. ἄγρυπνος, V. ἄϋπνος (also Plat. but rare P.), ὀψίκοιτος (lit. *late in sleeping*). *Be sleepless*, v.: P. ἀγρυπνεῖν.

Sleeplessly, adv. V. ἐγερτί.

Sleeplessness, subs. Ar. and P. ἀγρυπνία, ἡ.

Sleepy, adj. P. ὑπνώδης. *Be sleepy*, v.: P. and V. ὑπνώσσειν (Plat. but rare P.), Ar. and P. νυστάζειν, P. ὑπονυστάζειν, V. βρίζειν; see *yawn*.

Sleet, subs. *Hail*: P. and V. χᾰ́λαζα, ἡ; see also *rain*.

Sleeve, subs. P. χειρίς, ἡ (Xen.). *Having sleeves*, adj.: P. χειριδωτός (Hdt.). *A tunic without sleeves*: Ar. and P. ἐξωμίς, ἡ (Xen.).

Sleight, subs. *Dexterity, skill*: P. and V. τέχνη, ἡ. *Deception*: P. and

V. ἀπάτη, ἡ, δόλος, ὁ (rare P.). *Trick*: P. and V. στροφή, ἡ; see *trick*. *Conjuring*: P. θαυματοποιία, ἡ, μαγγάνεια, ἡ; see *conjuring*.

Slender, adj. *Thin*: Ar. and P. λεπτός, ἰσχνός. *Small, insignificant*: P. and V. μικρός, σμικρός, λεπτός, ὀλίγος, ἀσθενής, βραχύς, Ar. and V. βαιός. *Deficient*: P. and V. ἐνδεής, P. ἐλλιπής. *Scanty*: P. and V. σπάνιος, V. σπανιστός, σπαρνός.

Slenderly, adv. *Scantily*: P. σπανίως. *Deficiently*: P. ἐνδεῶς. *In a small way*: P. βραχέως.

Slenderness, subs. P. λεπτότης, ἡ. *Scantiness*: P. ὀλιγότης, ἡ, P. and V. σπάνις, ἡ, ἀπορία, ἡ. *Deficiency*: P. ἔνδεια, ἡ.

Slice, subs. P. τμῆμα, τό (Plat.), περιτμῆμα, τό (Plat.), Ar. τόμος, ὁ.

Slice, v. trans. P. and V. τέμνειν; see *cut, divide*.

Slide, v. intrans. *Slip*: P. and V. ὀλισθάνειν. *Slide off*: Ar. and P. ἀπολισθάνειν, Ar. and V. ἐξολισθάνειν. *Let a thing slide*: Met., P. and V. παριέναι (acc.), μεθιέναι (acc.); see *let slip*, under *slip*. *It is necessary to consider how to prevent your shutting your eyes and letting everything slide still further*: P. δεῖ σκοπεῖν ὅπως μὴ προελθόντα ἔτι πορρωτέρω λήσει πάνθ' ὑμᾶς (Dem. 66).

Slight, subs. *Insult*: P. and V. ὕβρις, ἡ. *Dishonour*: P. and V. ἀτιμία, ἡ. *Contempt*: P. ὀλιγωρία, ἡ.

Slight, v. trans. *Despise*: P. and V. καταφρονεῖν (acc. or gen.), ὑπερφρονεῖν (acc. or gen.), P. ὀλιγωρεῖν (gen.), Ar. and V. ἀποπτύειν. *Dishonour*: P. and V. ἀτιμάζειν, παρέρχεσθαι, V. ἀτίζειν. *Neglect, disregard*: P. and V. ἀμελεῖν (gen.), παραμελεῖν (gen.), καταμελεῖν (gen.), P. ἐν οὐδένι λόγῳ ποιεῖσθαι (acc.), V. δι' οὐδένος ποιεῖσθαι (acc.), ἐν σμικρῷ ποιεῖσθαι (acc.), ἐν εὐχερεῖ τίθεσθαι (acc.); see *disregard*. *Pass over*: P. and V. παριέναι (acc.).

Slight, adj. *Slender*: Ar. and P. λεπτός. *Small in stature*: P. and V. μικρός, σμικρός, βραχύς. *Insignificant*: P. and V. μικρός, σμικρός, λεπτός, ὀλίγος, ἀσθενής, βραχύς, Ar. and V. βαιός. *Not worth speaking of*: P. οὐκ ἄξιος λόγου.

Slightly, adv. P. and V. ὀλίγον, μικρόν, σμικρόν, V. βαιόν, Ar. and P. ἠρέμα (Plat.). With comparatives: P. and V. μικρῷ, σμικρῷ, Ar. and P. ὀλίγῳ. *Moderately*: P. and V. μέσως, μετρίως.

Slightness, subs. P. λεπτότης, ἡ, μικρότης, ἡ. *Smallness*: P. ὀλιγότης, ἡ.

Slily, adv. See *slyly*.

Slim, adj. Ar. and P. λεπτός; see *thin*.

Slime, subs. *Clay, mud*: P. and V. πηλός, ὁ, βόρβορος, ὁ. *Dirt*: V. λύματα, τά.

Slimness, subs. P. λεπτότης, ἡ.

Slimy, adj. *Slippery*: P. ὀλισθηρός. *Muddy*: P. and V. θολερός, P. βορβορώδης, πηλώδης.

Sling, subs. P. and V. σφενδόνη, ἡ.

Sling, v. trans. See *hang, cast*. Absol., *use the sling*: P. and V. σφενδονᾶν.

Slinger, subs. P. σφενδονήτης, ὁ.

Slinging, subs. *Using the sling*: P. σφενδόνησις, ἡ.

Slink, v. intrans. *Slink off*: P. καταδύεσθαι, ὑπεξέρχεσθαι, Ar. ὑπαποτρέχειν, V. ἀφέρπειν; see *steal*.

Slip, subs. *Of a plant*: Ar. and P. κλῆμα, τό. *Slipping*: P. ὀλίσθημα, τό (Plat.). *Fall*: P. and V. πτῶμα, τό (Plat.), V. πέσημα, τό. *Mistake*: P. and V. ἁμαρτία, ἡ, σφάλμα, τό, P. διαμαρτία, ἡ; see *mistake*. *A slip of the tongue*. P. γλώσσης ἁμάρτημα, τό (Antipho.). *Make a slip, stumble*, v.: P. and V. πταίειν. *Make a mistake*: P. and V. ἁμαρτάνειν; see *err*. *Give (one) the slip*: Ar. and P. διολισθάνειν (τινά).

Slip, v. trans. *Let loose*: P. and V. χᾰλᾶν, ἀνῑέναι. *Slip one's cables*: use P. and V. ἀπαίρειν; see *set sail*. *Let slip, launch*: P. and V. ἐφῑέναι; see *launch, release, drop*. Met., P. and V. μεθῑέναι, ἀφῑέναι, πᾰρῑέναι. *Let an opportunity slip*: P. παριέναι καιρόν (Dem.), ἀφιέναι καιρόν (Dem.). *Slip one's memory*: see *escape*. V. intrans. P. and V. ὀλισθάνειν. *Stumble*: P. and V. πταίειν. *Fall*: P. and V. πίπτειν, κᾰτᾰπίπτειν (Eur., *Cycl.*). *Make a mistake*: see *err*. *Slip away*: P. ὑπεξέρχεσθαι, καταδύεσθαι, Ar. and P. διᾰδῠ́εσθαι, Ar. ῠ̔πᾰποτρέχειν, P. and V. ῠ̔πεκφεύγειν, ἐκδῠ́εσθαι, V. ἀφέρπειν. *Slip by*: Ar. πᾰρᾰδῠ́εσθαι. *Slip in*, v. trans.: see *insert*, v. intrans.: Ar. and P. εἰσδῠ́εσθαι (εἰς, acc. or absol.), ῠ̔ποδῠ́εσθαι (absol.), P. and V. ῠ̔πορρεῖν (πρός, acc. or V. dat. alone), P. παραδύεσθαι (εἰς, acc.), παρεμπίπτειν (εἰς, acc.). *Slip in among the oars*: P. εἰς τοὺς ταρσοὺς ὑποπίπτειν (Thuc. 7, 40). *Slip off*: Ar. and V. ἐξολισθάνειν, Ar. and P. ἀπολισθάνειν. *Fall off*: P. περιρρεῖν. *Slip off (one's clothes)*: P. and V. ἐκδῠ́εσθαι (acc.), Ar. and P. ἀποδῠ́εσθαι (acc.). *Slip on (one's clothes)*: P. and V. ἐνδῠ́εσθαι (acc.). *Slip out*: see *slip away*. *Fall out*: P. and V. πᾰραρρεῖν. *Slip out of*: P. and V. ἐκδῠ́εσθαι (acc. or gen.), V. ῠ̔πεκδῠ́εσθαι (acc.) (Eur., *Cycl.*); see *escape*. *Slip past*: Ar. πᾰρᾰδῠ́εσθαι (absol.). *Slip through*: Ar. and P. διᾰδῠ́εσθαι (acc. or διᾰ́, gen.). *Slip through one's fingers*: Ar. and P. διολισθάνειν τινά; see *escape*.

Slipper, subs. P. βλαῦται, αἱ (Plat.), Ar. βλαυτία, τά, περσικαί, αἱ; see also *shoe*.

Slippery, adj. P. ὀλισθηρός. Met., P. and V. σφᾰλερός, P. ὀλισθηρός.

Slit, subs. *Hole*: Ar. and P. τρῆμα, τό. *Cut*: P. τμῆμα, τό.

Slit, v. trans. P. and V. τέμνειν; see *cut, divide*.

Sloop, subs. Use *boat*.

Slope, subs. P. and V. λόφος, ὁ, V. κλῑτῠ́ς, ἡ. *Since the city lay on a slope*: P. οὔσης τῆς πόλεως πρὸς λόφον (Thuc. 4, 110). *On a gentle slope*: P. ἐν ἠρέμα προσάντει (Plat.).

Slope, v. intrans. *Of ground*: P. ἐπικλινὴς εἶναι. Generally, *slope into a thing*: P. νεύειν εἰς (acc.).

Sloping, adj. P. ἐπικλινής. *Sloping up*: P. ἀνάντης, προσάντης, P. and V. ὄρθιος, Ar. and P. μετέωρος. *Sloping down*: Ar. and P. κᾰτάντης.

Sloppy, adj. P. ὑδατώδης.

Slops, subs. *Water used for washing*: Ar. ἀπόνιπτρον, τό, λούτριον, τό.

Slosh, subs. *Mud*: P. and V. πηλός, ὁ, βόρβορος, ὁ. *Water*: P. and V. ῠ̔́δωρ, τό.

Sloshy, adj. *Muddy*: P. πηλώδης, βορβορώδης. *Dirty*: P. and V. θολερός. *Watery*: P. ὑδατώδης.

Slot, subs. *Hole*: Ar. and P. τρῆμα; see *hole*.

Sloth, subs. P. and V. ἀργία, ἡ, ῥᾳθῡμία, ἡ, P. ῥᾳστώνη, ἡ. *Leisure*: P. and V. σχολή, ἡ.

Slothful, adj. P. and V. ἀργός, ῥᾴθῡμος, P. ἄπονος.

Slothfully, adv. P. ἀργῶς.

Slothfulness, subs. See *sloth*.

Slouch, v. intrans. *Stoop*: Ar. and P. κύπτειν.

Slouching, adj. Ar. κῡφός; see *bent*.

Slough, subs. *Bog*: P. ἕλος, τό, Ar. and P. τέλμᾰ, τό. *Skin of a serpent*: V. χῐτών, ὁ (Eur., *I. T.* 288).

Slovenly, adj. Of things: use P. and V. ἀνειμένος; see also *dirty*. Of persons, *careless*: Ar. and P. ἀμελής; see *careless*. *Do a thing in a slovenly way*, v.: P. ἐπισύρειν (acc.); see *skimp*. *In a slovenly way*: use P. ἀνέδην, οὐδένι κόσμῳ, χύδην.

Slow, adj. P. and V. βρᾰδῠ́ς, σχολαῖος (Soph., *Frag.*). Of the mind: P.

and V. ἀμᾰθής, νωθής, ἀφυής, Ar. and P. δυσμᾰθής. *Be slow*, v.: P. and V. βρᾰδύνειν; see *delay*. *Be slow to*: P. and V. ὀκνεῖν (infin.); see *hesitate*. *Be slow to do a thing*: P. and V. σχολῇ ποιεῖν τι.

Slowly, adv. P. βραδέως, σχολαίως, P. and V. σχολῇ.

Slowness, subs. P. βραδύτης, ἡ, σχολαιότης, ἡ. *Delay*: P. and V. μονή, ἡ, τρῐβή, ἡ, διατρῐβή, ἡ. *Hesitation*: P. and V. ὄκνος, ὁ; see *delay*. *Of mind*: P. and V. ἀμᾰθία, ἡ, P. βλακεία, ἡ (Plat.), νώθεια, ἡ (Plat.).

Sluggish, adj. *Slow*: P. and V. βρᾰδύς. Of the mind: P. and V. ἀμᾰθής, νωθής; see *slow*, *torpid*.

Sluggishly, adv. *Slowly*: P. βραδέως.

Sluggishness, subs. *Slowness*: P. βραδύτης, ἡ. *Of mind*: P. and V. ἀμᾰθία, ἡ, P. νώθεια, ἡ (Plat.); see also *torpor*.

Sluice, subs. *Channel*: P. and V. ὀχετός, ὁ, P. αὐλών, ὁ (Plat.), Ar. ὑδρορρόα, ἡ.

Slumber, subs. and v. intrans. See *sleep*.

Slumberous, adj. See *sleepy*.

Slur, subs. *Disgrace*: P. and V. ὄνειδος, τό, αἰσχῡ́νη, ἡ, ἀτῑμία, ἡ, δύσκλεια, ἡ (Thuc., *Plat.*), V. αἶσχος, τό. *Cast a slur on*: P. and V. αἰσχῡ́νειν (acc.), κᾰταισχῡ́νειν (acc.), Ar. and P. αἰσχύνην περιάπτειν (dat.).

Slur over, v. trans. *Gloss over, palliate*: P. and V. καλλύνειν (acc.) (Plat.). *Call by specious names*: Ar. and P. ὑποκορίζεσθαι (acc.). *Pass over in silence*: P. and V. σῑγᾶν (acc.), σιωπᾶν (acc.), V. διᾰσιωπᾶν (acc.).

Slush, subs. P. and V. πηλός, ὁ, βόρβορος, ὁ.

Slushy, adj. P. πηλώδης, ὁ, βορβορώδης, ὁ, ὑδατώδης. *Turbid*: P. and V. θολερός.

Sly, adj. *Crafty*: P. and V. ἐπίτριπτος, πᾰνοῦργος, Ar. and V. δόλιος; see *crafty*. *On the sly*: P. and V. λάθρᾳ.

Slyly, adv. Ar. and V. δόλῳ, P. πανούργως; see *craftily*.

Slyness, subs. P. and V. πᾰνουργία, ἡ; see *craft*.

Smack, v. trans. See *hit*. *Smack of*: Met., Ar. ὄζειν (gen.). *Smack one's lips over*: Met., see *exult over*.

Smack, subs. *Blow*: P. and V. πληγή, ἡ; see *blow*. *Box-on-the ear*: Ar. and P. κόνδῠλος, ὁ. *Boat*: P. and V. πλοῖον, τό; see *boat*.

Small, adj. P. and V. μικρός, σμικρός. *Slender*: P. and V. μικρός, σμικρός, λεπτός, ὀλῐ́γος, ἀσθενής, βρᾰχύς, Ar. and V. βαιός.

Smallness, subs. P. μικρότης, ἡ, σμικρότης, ἡ. *Scantiness*: P. ὀλιγότης, ἡ.

Smart, adj. *Showy*: P. and V. εὐπρεπής. *Brilliant*: P. and V. λαμπρός. *Witty, clever*: Ar. and P. χᾰρίεις, P. and V. κομψός (Plat. and Eur.). *Quick in mind*: Ar. and P. ὀξύς, P. and V. δρῑμύς (Plat. and Eur., *Cycl.*).

Smart, subs. *Pain*: P. and V. λύπη, ἡ, ἀνία, ἡ, ἀλγηδών, ἡ, ἄλγημα, τό (Dem. 1260), ὀδύνη, ἡ, Ar. and V. ἄλγος, τό, ἄχος, τό; see *pain*. *Sting*: P. and V. κέντρον, τό (Plat.), V. θάλπος, τό.

Smart, v. intrans. P. and V. ἀλγεῖν, ὀδῡνᾶσθαι. *Be stung*: Met., P. and V. δάκνεσθαι. *Smart for a thing*: P. and V. δίκην δῐδόναι (gen.). *You shall smart for it*: Ar. and V. κλαύσει (fut. of κλάειν), Ar. and P. οἰμώξει (fut. of οἰμώζειν).

Smarten, v. trans. *Make bright*: P. λαμπρύνειν (Xen.).

Smartly, adv. *Showily*: P. and V. εὐπρεπῶς. *Brightly*: P. and V. λαμπρῶς. *Wittily*: P. χαριέντως. *Quickly*: P. ὀξέως.

Smartness, subs. *Showiness*: P. εὐπρέπεια, ἡ. *Brightness*: P. λαμπρότης, ἡ. *Wit*: P. χαριεντισμός, ὁ. *Quickness*: P. ὀξύτης, ἡ·

Smash, v. trans. P. and V. ἀπορρηγνύναι, κἀταρρηγνύναι, κἀταγνύναι, συντρίβειν (Eur., *Cycl.*), Ar. and V. θραύειν (also Plat. but rare P.); see *shatter*.

Smash, subs. *Upset*: P. and V. ἀνάστἄσις, ἡ. *Crash*: see *crash*.

Smattering, subs. *A smattering of*: use P. ὀλίγον τι (gen.).

Smear, v. trans. Ar. and P. ἀλείφειν, περιἄλείφειν, P. ἐπαλείφειν, V. χρίειν, προχρίειν; see *anoint*.

Smell, v. trans. *Perceive by smell*: P. and V. ὀσφραίνεσθαι (gen. or absol.) (Eur., *Cycl.*). V. intrans. *Emit a smell*: P. and V. ὄζειν. *Smell of*: Ar. and P. ὄζειν (gen.). *Smell out*: see *scent out*.

Smell, subs. *Sense of smell*: P. ὄσφρησις, ἡ. *Odour*: P. and V. ὀσμή, ἡ. *Foul smell*: V. δυσοσμία, ἡ. *With keen sense of smell*, adj.: V. εὐρίς.

Smelling, adj. *Fragrant*: P. and V. εὐώδης. *Evil smelling*: P. and V. δυσώδης, Ar. and V. κἄκοσμος (Æsch. and Soph., *Frag.*).

Smelt, v. trans. P. συγχωνεύειν, καταχωνεύειν; see also *refine*.

Smile, v. intrans. Ar. and P. μειδιᾶν, P. ὑπογελᾶν (Plat.). *Laugh*: P. and V. γελᾶν. *Smile at*: P. and V. γελᾶν ἐπί (dat.); see *laugh at*. *Smile upon*: Ar. and P. ἐπἴγελᾶν (dat.), P. and V. προσγελᾶν (acc.) (Plat. also Ar.). Met., *when fortune smiles*: V. ὅταν δ' ὁ δαίμων εὐροῇ (Æsch., *Pers.* 601). *Smile upon, help forward*: P. and V. σπεύδειν, ἐπισπεύδειν. *Be friendly to*: P. and V. εὐνοεῖν (dat.).

Smile, subs. *Laugh*: P. and V. γέλως, ὁ, V. γέλασμα, τό. *With a broad smile on his face*: P. πάνυ μειδιάσας τῷ προσώπῳ (Plat., *Euthyd.* 275E). Met., *favour*: P. and V. εὔνοια, ἡ, εὐμένεια, ἡ, V. πρευμένεια, ἡ.

Smiling, adj. Use P. and V. φἴλόφρων (Xen.), φἴλάνθρωπος. Of looks: P. and V. φαιδρός, Ar. and V. εὐπρόσωπος (also Xen.), V. λαμπρός, φαιδρωπός; see *cheerful*. *Making glad*: P. and V. ἡδύς, V. εὔφρων.

Smilingly, adv. P. and V. φἴλοφρόνως (Plat.), ἡδέως; see *cheerfully*.

Smirch, v. trans. P. and V. αἰσχύνειν, κἄταισχύνειν, V. κηλῖδοῦν.

Smirch, subs. *Disgrace*: P. and V. αἰσχύνη, ἡ, ὄνειδος, τό, κηλίς, ἡ (Antipho.).

Smirk, v. intrans. Ar. and P. θρύπτεσθαι, P. καλλωπίζεσθαι.

Smite, v. trans. P. and V. κρούειν, τύπτειν, κόπτειν, πἄτάξαι (1st aor. of πατάσσειν), Ar. and V. παίειν (rare P.), θείνειν, ἀράσσειν; see also *destroy*. *Be smitten*: P. and V. πληγῆναι (2nd aor. pass. of πλήσσειν). *Smite with a missile*: P. and V. βάλλειν. *Smite with a javelin*: P. and V. ἀκοντίζειν. *Smite with a loud noise*: P. and V. κροτεῖν (acc.). *Clash together*: P. and V. συμβάλλειν. Met., *smite (with fear, etc.)*: P. and V. ἐκπλήσσειν. *Afflict*: P. and V. πιέζειν, κἄκοῦν, λῡπεῖν; see *afflict*. *Be smitten (with disease, etc.)*: P. and V. σῠνέχεσθαι (dat.). *Chasten*: P. and V. κολάζειν, σωφρονίζειν, ῥυθμίζειν (Plat.); see *chasten*.

Smiter, subs. See *destroyer*. *Punisher*: P. and V. κολαστής, ὁ, P. σωφρονιστής, ὁ.

Smith, subs. Ar. and P. χαλκεύς, ὁ, V. σἴδηροτέκτων, ὁ. *Be a smith*, v.: Ar. and P. χαλκεύειν. *A smith's craft*: P. χαλκεία, ἡ.

Smithy, subs. P. χαλκεῖον, τό.

Smock-frock, subs. Ar. κἄτωνάκη, ἡ.

Smoke, subs. P. and V. καπνός, ὁ. *Thick smoke*: Ar. and V. λιγνύς, ἡ. *Vapour*: P. ἀτμίς, ἡ (Plat.), V. ἀτμός, ὁ. *Incense smoke*: P. and V. θῡμιάμἄτα, τά.

Smoke, v. trans. *Choke with smoke*: P. καπνίζειν, Ar. τύφειν, ἐντύφειν. *Make black*: V. αἰθἄλοῦν. *Make the altars smoke with offerings*:

V. κνῑσᾶν βωμούς (Eur., *Alc.* 1156; cf. Ar., *Av.* 1233). V. intrans. *Make a smoke:* Ar. and V. τῦφειν. *Be full of smoke:* Ar. καπνίζειν. *Smoulder:* V. τῦφειν, τῦφεσθαι. *Steam:* P. and V. ἀτμίζειν (Xen., Soph., *Frag.*).

Smoky, adj. V. πολύκαπνος.

Smooth, adj. P. and V. λεῖος, V. λευρός. *Glossy:* Ar. and P. λῐπᾰρός. *Level:* P. ὁμαλός. *Polished:* Ar. and V. ξεστός. Of the sea: V. ἀκύμων, γᾰληνός; see *calm.* Met., *soft, gentle:* P. and V. λεῖος (Plat.), πρᾶος, ἥσῠχος, ἤπιος, Ar. and P. μᾰλᾰκός, Ar. and V. μαλθᾰκός. *Easy:* P. and V. ῥᾴδιος, εὐπετής (Plat.); see *easy. Affable:* see *affable.*

Smooth, v. trans. P. λειαίνειν (Plat.). *Level:* P. ὁμαλύνειν (Plat.). *Smooth the brow:* Ar. χαλᾶν μέτωπον (*Vesp.* 655). *Smooth your brow:* V. μέθες νυν ὀφρύν (Eur., *I. A.* 648). *Smoothing your angered brow:* V. στυγνὴν ὀφρὺν λύσασα (Eur., *Hipp.* 290). *Soften:* P. and V. πρᾱΰνειν; see *soften. Calm:* P. and V. κοιμίζειν (Plat.), V. κοιμᾶν. *While at the same time we smooth the way to empire for them:* P. τῆς ἀρχῆς ἅμα προκοπτόντων ἐκείνοις (Thuc. 4, 60).

Smoothly, adv. P. λείως. *Calmly:* P. and V. ἡσῠχῇ, ἡσύχως. *Easily:* P. and V. ῥᾳδίως, εὐπετῶς; see *easily. Gently:* P. and V. ἠπίως, P. πράως, Ar. and P. μᾰλᾰκῶς, Ar. and V. μαλθᾰκῶς.

Smoothness, subs. P. and V. λειότης, ἡ. *Calm of weather:* P. and V. εὐδία, ἡ; see *calm. Gentleness:* P. πραότης, ἡ, V. πρευμένεια, ἡ.

Smooth-tongued, adj. Ar. and V. εὔγλωσσος (Æsch., *Supp.* 775), Ar. εὔπορος, V. εὔτροχος. *A smooth tongue:* Ar. λίσπη γλῶσσα (*Ran.* 826).

Smother, v. trans. Ar. and P. πνῑ́γειν, ἀποπνῑ́γειν. Met., *check:* P. and V. κᾰτέχειν. *Smother with smoke:* Ar. τυφειν, ἐντῦφειν.

Smoulder, v. intrans. V. τῦφειν, τῦφεσθαι. *Steam:* P. and V. ἀτμίζειν (Xen.).

Smudge, v. trans. See *stain.*

Smuggle, v. trans. *Smuggle away:* P. and V. ἐκκλέπτειν, Ar. and V. ἀπεμπολᾶν; see *remove. Smuggle in:* P. and V. λάθρᾱ εἰσπέμπειν, V. πᾰρεμπολᾶν.

Smutch, v. trans. See *soil.*

Snaffle, subs. V. φῑμοί, οἱ.

Snail, subs. P. κοχλίας, ὁ (Aristotle). *Snail shell:* V. στρᾰ́βηλος, ὁ or ἡ (Soph., *Frag.*).

Snake, subs. P. and V. ἔχιδνα, ἡ (Plat.), ὄφῐς, ἡ (Plat. also Ar.), Ar. and V. δρᾰ́κων, ὁ, ἑρπετόν, τό, P. ἔχις, ὁ (Plat.), V. δρᾰ́καινα, ἡ; see *serpent.*

Snaky, adj. P. ὀφεώδης (Plat.), V. δρᾰκοντώδης. *With snaky hair:* V. δρᾰκοντόμαλλος.

Snap, v. trans. *Bite:* P. and V. δάκνειν. *Snap at:* V. ὀδὰξ αἱρεῖν (acc.), Ar. ὀδὰξ λᾰβέσθαι (gen.); see *bite. Snap up:* P. and V. ἀναρπάζειν. *Break off:* P. and V. ἀπορρηγνῦναι, P. ἀνακλᾶν, κατακλᾶν, Ar. συγκλᾶν; see *break off.* V. intrans. Use passives of verbs given. *If his tackling strained or snapped entirely:* P. πονησάντων αὐτῷ τῶν σκευῶν ἢ καὶ συντριβέντων ὅλως (Dem. 293). *Snap one's fingers at:* Met., see *disregard.*

Snap, subs. *Bite:* P. and V. δῆγμα, τό (Xen. also Ar.). *Sharp noise:* P. and V. κρότος, ὁ.

Snare, subs. P. and V. πᾰ́γη, ἡ (Plat.). *Net:* P. and V. ἄρκῠς, ἡ (Plat.), δίκτυον, τό (Xen. also Ar.), βρόχος, ὁ (Plat.); see also *net, trap, toils. Trap:* P. θήρατρον, τό (Xen.). Met., P. and V. δόλος, ὁ (rare P.), σόφισμα, τό, ἀπᾰ́τη, ἡ. *Ambush:* P. ἐνέδρα, ἡ, V. λόχος, ὁ. *Lay a snare for:* P. ἐνεδρεύειν (acc.), ἐλλοχᾶν (acc.), V. λοχᾶν (acc.).

Snare, v. trans. P. and V. αἱρεῖν,

Ar. and P. συμποδίζειν; see also *deceive*. *Lie in wait for*: P. ἐνεδρεύειν (acc.), V. λοχᾶν (acc.).

Snarl, v. intrans. *Show the teeth*: Ar. σεσηρέναι (perf. of σαίρειν). *When the cities you ruled saw you snarling and showing your teeth at one another*: Ar. ἐπειδὴ 'γνωσαν ὑμᾶς αἱ πόλεις ὧν ἤρχετε ἠγριωμένους ἐπ' ἀλλήλοισι καὶ σεσηρότας (*Pax*. 619).

Snatch, v. trans. P. and V. ἁρπάζειν, ἀναρπάζειν, σῠναρπάζειν, V. κᾰθαρπάζειν, συμμάρπτειν (Eur., *Cycl.*), Ar. and V. μάρπτειν. *Seize hold of*: P. and V. λαμβάνεσθαι (gen.), Ar. and V. λάζυσθαι (acc.), V. ἀντῐλάζυσθαι (gen.); see *seize*. *Snatch away*: P. and V. ἁρπάζειν, ἀναρπάζειν, ἀφαρπάζειν, σῠναρπάζειν, ἐξαρπάζειν, V. ἐξᾰναρπάζειν.

Sneak, v. intrans. Use Ar. and P. σῡκοφαντεῖν. *Lie hid*: P. καταδεδυκέναι (perf. of καταδύειν), V. κεύθειν, κεκευθέναι. *Sneak away*: P. ὑπεξέρχεσθαι; see *slip away*.

Sneak, subs. Use Ar. and P. σῡκοφάντης, ὁ; see also *traitor*.

Sneaking, adj. *Secret*: P. and V. λαθραῖος. *Mean*: use P. συκοφαντικός.

Sneer, v. intrans. P. and V. σκώπτειν (Eur., *Cycl.* 675), Ar. and P. χλευάζειν, ἐπισκώπτειν, V. κερτομεῖν. *Laugh*: P. and V. γελᾶν; see *mock*. *Be insulting*: P. and V. ὑβρίζειν. *Sneer at*: Ar. and P. χλευάζειν (acc.), ἐπισκώπτειν (acc.), V. κερτομεῖν (acc.); see *mock. mock at, despise*.

Sneer, subs. *Mockery*: P. χλευασία, ἡ, χλευασμός, ὁ, V. κερτόμησις, ἡ. *Laughter*: P. and V. γέλως, ὁ, κᾰτᾰγέλως, ὁ. *Insult*: P. and V. ὕβρῐς, ἡ.

Sneeze, v. intrans. Ar. and P. πταίρειν.

Sneeze, subs. Ar. and P. πταρμός, ὁ.

Sniff, v. trans. Use P. and V. ἕλκειν. *Smell*: P. and V. ὀσφραίνεσθαι (gen. or absol.) (Eur., *Cycl.*). V. intrans. *Snort*: P. and V. φῡσᾶν, V. φῡσιᾶν.

Sniff, subs. *Snort*: P. and V. φύσημα, τό (also Ar. but rare P.).

Snivel, v. intrans. P. κορυζᾶν. *Whimper*: Ar. and V. κνυζεῖσθαι (Soph., *Frag.*); see also *cry*.

Snood, subs. Ar. and V. μίτρα, ἡ.

Snore, v. intrans. P. and V. ῥέγκειν.

Snort, v. intrans. P. and V. φῡσᾶν, V. φῡσιᾶν, ῥέγχειν (Eur., *Rhes.* 785), ἐμβρῑμᾶσθαι. *Snort with rage*: Ar. βρῑμᾶσθαι. *With breath of snorting nostrils*: V. μυκτηροκόμποις πνεύμασι (Æsch., *Theb.* 464).

Snort, subs. P. and V. φύσημα, τό (also Ar. but rare P.), V. φῡσιάμᾰτα, τά, φρυάγμᾰτα, τά.

Snout, subs. Ar. ῥυγχίον, τό (*Ach.* 744).

Snow, subs. P. and V. χιών, ἡ, V. νῐφάς, ἡ. *It snows*, v.: Ar. and P. νίφει (Xen.), P. ἐπινίφει (Xen.). *It was winter and there was a little snow*: P. χειμὼν ἦν καὶ ὑπένιφε (Thuc. 4, 103). *Had it not snowed all over Thrace*: Ar. εἰ μὴ κατένιψε χιόνι τὴν Θρᾴκην ὅλην (*Ach.* 138). *When it snows*: P. ὅταν νίφῃ ὁ θεός (Xen., *Cyn.* 8), or ὅταν ἐπινίφῃ (Xen., *Cyn.* 8). *Snow-covered*, adj.: V. νῐφοστῐβής, χιόνι κᾰτάρρῡτος (Eur., *And.* 215), Ar. νῐφόεις, νῐφόβολος, χιονόβλητος.

Snow-flake, subs. V. νῐφάς, ἡ. *Flakes of snow*: V. χιόνος βολαί (Eur., *Bacch.* 662).

Snow-white, adj. Use *white*.

Snowy, adj. *A snowy night*: P. νὺξ ὑπονιφομένη (Thuc. 3, 23). Of colour: use *white*.

Snub, v. trans. *Humble*: P. ταπεινοῦν; see also *insult*.

Snub, subs. *Insult*: P. and V. ὕβρῐς, ἡ; see *slight*.

Snub-nosed, adj. Ar. and P. σῑμός. *The possession of a snub-nose*, subs.: P. σιμότης, ἡ.

Snuff, v. trans. *Inhale*: use P. and V. ἕλκειν.

Snug, adj. *Water-tight*: P. στεγανός, V. στεγνός (Eur., *Cycl.* 324). *Comfortable, pleasant*: P. and V. ἡδύς. *Warm*: P. and V. θερμός.

Snugly, adv. *Pleasantly*: P. and V. ἡδέως.

So, adv. *Thus*: P. and V. οὕτως, οὕτω, ὧδε, ταύτῃ, τῇδε; see *thus*. With adj. and adv.: P. and V. οὕτως, οὕτω, ὧδε. *Not even so*: P. and V. οὐδὲ ὥς, μηδὲ ὥς. *Similarly*: P. and V. ὁμοίως, ὁμοῖα, ὡσαύτως, ὁμοῖον. *Accordingly*: P. and V. οὖν, οὐκοῦν, τοίγἄρ, τοίνῠν, τοιγἄροῦν, Ar. and V. νῠν (enclitic); see *therefore*. *After all*: P. and V. ἄρᾰ, V. ἆρα. *So and so, such and such a person*: Ar. and P. ὁ δεῖνα. *Such and such a thing*: Ar. and P. τὸ δεῖνα. *You ought to have done so and so and not the other*: P. ἔδει τὸ καὶ τὸ ποιῆσαι καὶ τὸ μὴ ποιῆσαι (Dem. 128). *So be it*: P. and V. οὕτως γένοιτο (Æsch., *Theb.* 526). *So called*: P. λεγόμενος, P. and V. κᾰλούμενος, V. κεκλημένος (Æsch., *Eum.* 658). *So far, to such an extent*: P. and V. εἰς τοσοῦτο, εἰς τοσοῦτον; see under *far*. *And so forth*: P. καὶ πᾶν ὅτι τοιοῦτον. *So great*: see under *great*. *So many*: see under *many*. *So that*: P. and V. ὥστε, V. ὡς. *So then, after all*: P. and V. ἄρᾰ, V. ἆρα. *So to speak*: P. ὡς ἔπος εἰπεῖν, V. ὡς εἰπεῖν ἔπος.

Soak, v. trans. P. and V. βάπτειν (Plat.). *Wet*: P. and V. τέγγειν (Plat.), βρέχειν (Plat.), δεύειν (Plat.), V. διαβρέχειν (Æsch., *Frag.*); see *wet*. *Soak through, percolate*: P. διηθεῖσθαι.

Soaking, adj. P. and V. διάβροχος.

Soap, subs. Ar. and P. ῥύμμᾰ, τό. *Grease*: see *grease*.

Soap, v. trans. See *wash, grease*.

Soar, v. intrans. *Be carried*: P. and V. φέρεσθαι. *Fly*: P. and V. πέτεσθαι. *Be lifted on high*: Ar. and P. μετεωρίζεσθαι.

Soaring, adj. Ar. and P. μετέωρος, Ar. and V. μετάρσιος.

Sob, v. intrans. Ar. λύζειν, or use *groan*.

Sob, subs. V. ποιφύγμᾰτα, τά, or use *groan*. *They wept shaken with sobs*: V. λύγδην ἔκλαον (Soph., *O. C.* 1621).

Sober, adj. As opposed to *drunk*: P. and V. νήφων (Plat.). *Abstaining from wine*: P. and V. ἄοινος (Plat.). *Be sober*, v.: P. and V. νήφειν. *Temperate*: P. and V. σώφρων. *Calm*: P. and V. ἥσῠχος, ἡσῠχαῖος. *Orderly*: Ar. and P. εὔτακτος. *In sober earnest, truly*: P. and V. ἀληθῶς. *Be in sober earnest*, v.: P. and V. σπουδάζειν.

Sober, v. trans. P. and V. σωφρονίζειν; see *chasten*. *Be sobered*: P. and V. σωφρονεῖν.

Soberly, adv. *Temperately*: P. ἐγκρατῶς. *Discreetly*: P. and V. σωφρόνως, V. σεσωφρονισμένως. *Calmly*: P and V. ἡσῠχῇ, ἡσῠχως (rare P.). *In an orderly manner*: P. and V. εὐτάκτως.

Soberness, subs. See *sobriety*.

Sobriety, subs. *Self-control*: P. ἐγκράτεια, ἡ. *Discretion*: P. and V. τὸ σῶφρον, τὸ σωφρονεῖν, Ar. and P. σωφροσῠνη, ἡ. *Calmness*: Ar. and P. ἡσῠχία, ἡ.

Sociability, subs. P. εὐπροσηγορία, ἡ, φιλανθρωπία, ἡ. *Their hatreds, their loves and sociabilities* (*of birds*): V. ἔχθραι τε καὶ στέργηθρα καὶ συνεδρίαι (Æsch., *P. V.* 492).

Sociable, adj. *Affable*: P. and V. εὐπροσήγορος, φῐλάνθρωπος, φῐλόφρων (Xen.), P. εὐπρόσοδος, ῥᾴδιος, κοινός.

Sociably, adv. P. and V. φῐλοφρόνως (Plat.), P. φιλανθρώπως.

Social, adj. *Gregarious*: P. ἀγελαῖος, Ar. and P. σύννομος. *Civic*: P. πολιτικός. *Social intercourse*: P. and V. κοινωνία, ἡ, σῠνουσία, ἡ, ὁμῐλία, ἡ. *While enjoying social intercourse without causing offence*:

P. ἀνεπαχθῶς τὰ ἴδια προσομιλοῦντες (Thuc. 2, 37). *Social gathering, party*: Ar. and P. σῠνουσία, ἡ; see *party*.

Socialism, subs. Use P. νεωτερισμός, ὁ.

Socialist, subs. Use adj., P. νεωτεροποιός.

Society, subs. P. ἡ τῶν ἀνθρώπων, κοινωνία. *Association, club*: Ar. and P. σύνοδος, ἡ, P. ἑταιρεία, ἡ, σύστασις, ἡ. *Company*: P. and V. σῠνουσία, ἡ, ὁμῑλία, ἡ, κοινωνία, ἡ; see *company*. *Delight in anyone's society*: use P. and V. ἥδεσθαι σῠνών τινι. *Learn also to be a boon-companion and a man of society*: Ar. προσμάνθανε συμποτικὸς εἶναι καὶ συνουσιαστικός (*Vesp.* 1208).

Socket, subs. Ar. στροφεύς, ὁ. *Of a joint*: Ar. κοτῠληδών, ἡ. *Seizing him by the foot where the joint works in the socket*: V. μάρψας ποδός νιν ἄρθρον ᾗ λυγίζεται (Soph., *Trach.* 779).

Sod, subs. P. and V. πόα, ἡ; see *grass*. *Meadow*: P. and V. λειμών, ὁ.

Soda, subs. P. χαλαστραῖον, τό, Ar. and P. λίτρον, τό.

Sodden, adj. P. and V. διάβροχος, use P. and V. βεβρεγμένος, βρεχθείς, V. τετηκώς (Eur., *Cycl.* 246).

Soever, adv. *Added to relatives*: P. δήποτε, δηποτοῦν, P. and V. ποτε (enclitic).

Soft, adj. Ar. and P. ἁπᾰλός, μᾰλᾰκός, Ar. and V. μαλθᾰκός. *Supple*: P. and V. ὑγρός. *Gentle, quiet*: P. and V. ἥσῠχος; see *gentle*. *Tender*: V. τέρην. *Effeminate*: Ar. and P. τρῠφερός, ἁπᾰλός, V. ἁβρός. *Foolish*: P. and V. εὐηθής. *Impressionable*: Ar. and P. ἁπᾰλός. Of sound: P. and V. λεῖος.

Soften, v. trans. P. μαλάσσειν. *Knead*: P. and V. ὀργάζειν. *Appease*: P. and V. πρᾱΰνειν, Ar. and P. πᾰρᾰμῡθεῖσθαι, V. θέλγειν (also Plat. but rare P.), πᾰρηγορεῖν, μαλθάσσειν, Ar. and V. μᾰλάσσειν; see *soothe*. *Charm*: P. and V. κηλεῖν. *Be softened*: use also P. and V. τέγγεσθαι (Plat. but rare P.), V. μαλθᾰκίζεσθαι, πεπανθῆναι (1st aor. pass. of πεπαίνειν). *Mitigate*: P. and V. ἐπῐκουφίζειν, ἀπαντλεῖν (Plat.), V. ἐξευμᾰρίζειν; see *mitigate*. *Soften down, gloss over*: Ar. and P. ὑποκορίζεσθαι; see *gloss over*.

Softened, adj. *Assuaged*: use V. πέπων, fem. πέπειρα.

Soft-hearted, adj. See *compassionate, gentle*.

Softly, adv. Ar. and P. μᾰλᾰκῶς, Ar. and V. μαλθᾰκῶς; see also *delicately*. *Quietly*: P. and V. ἡσῠχῇ, ἡσύχως (rare P.); see *gently*.

Softness, subs. P. μαλακότης, ἡ (Plat.), ἁπαλότης, ἡ (Plat.). *Suppleness*: P. ὑγρότης, ἡ. *Effeminacy*: P. and V. τρῠφή, ἡ, ἁβρότης, ἡ, P. μαλακία, ἡ. *Quiet*: Ar. and P. ἡσῠχία, ἡ. *Folly*: P. εὐήθεια, ἡ, V. εὐηθία, ἡ.

Soft-spoken, adj. See *glib, flattering*.

Soil, subs. *Earth*: P. and V. γῆ, ἡ, Ar. and V. ἄρουρα, ἡ (also Plat. but rare P.); see *earth*. *Excellence of soil*: P. ἀρετὴ γῆς (Thuc. 1, 2). *Having a poor soil*, adj.: P. λεπτόγεως (Thuc. 1, 2). *Land*: P. and V. γῆ, Ar. and V. γαῖα, ἡ, χθών, ἡ, πέδον, τό, V. οὖδας, τό, αἶα, ἡ; see *land, ground*. *Mud*: P. and V. πηλός, ὁ, βόρβορος, ὁ. *Dirt*: see *dirt*. Met., *stain*: P. and V. κηλῖς, ἡ.

Soil, v. trans. P. μιαίνειν, διαφθείρειν, P. καταρρυπαίνειν, V. χραίνειν, κηλῖδοῦν, χρώζειν. *With soot*: V. αἰθᾰλοῦν; see *defile*. Met., P. and V. αἰσχῡ́νειν, κᾰταισχῡ́νειν.

Soiled, adj. See *dirty*.

Sojourn, v. intrans. P. and V. οἰκεῖν; see *dwell, lodge*. *Remain*: P. and V. μένειν. *Stay*: Ar. and P. ἐπῐδημεῖν.

Sojourn, subs. *Dwelling*: P. οἴκησις, ἡ, ἐνοίκησις, ἡ. *Stay*: P. ἐπιδημία, ἡ. *Sojourn in a foreign land*: P. and V. μετοικία, ἡ. *Spending one's time*: P. and V. μονή, ἡ, διατρῐβή, ἡ.

Sojourner, subs. *Inhabitant*: P. and V. ἔνοικος, ὁ or ἡ; see *inhabitant*. *Sojourner in a foreign land*: P. and V. μέτοικος, ὁ or ἡ. *Be a sojourner in a foreign land*, v.: P. and V. μετοικεῖν.

Solace, v. trans. P. and V. πᾰρᾰμῡθεῖσθαι (Eur., *Or.* 298), V. πᾰρηγορεῖν. *Soothe, assuage*: P. and V. πρᾱΰνειν, θέλγειν (Plat. but rare P.). *Lighten*: P. and V. ἐπῐκουφίζειν, V. ἐξευμᾰρίζειν.

Solace, subs. P. παραμυθία, ἡ, παραμύθιον, τό, P. and V. πᾰραψῡχή, ἡ (rare P.). *Means of assuaging*: V. ἀνᾰκούφῐσις, ἡ; see *alleviation*. *Hope*: P. and V. ἐλπῐ́ς, ἡ.

Solder, v. trans. Ar. and P. κολλᾶν.

Soldier, subs. Ar. and P. στρᾰτιώτης, ὁ, V. αἰχμητής, ὁ (Eur., *Or.* 754, also Plat., *Rep.* 411B but rare P.), ἀσπιστήρ, ὁ; see *warrior*. *Be a soldier*, v: P. and V. στρᾰτεύειν (or mid.). *Heavy armed soldier*: P. and V. ὁπλῖτης, ὁ. *Of a soldier*, adj.: Ar. and P. στρᾰτιευτῐκός. *Fund for soldier's pay*: P. τὰ στρατιωτικά (Dem. 31).

Soldiering, subs. P. and V. στρᾰτεία, ἡ; see *service*.

Soldierly, adj. Ar. and P. στρᾰτιωτῐκός.

Soldiery, subs. Use P. τὸ στρατιωτικόν.

Sole, subs. *Fish*: Ar. and P. use ψῆσσα, ἡ.

Sole, adj. *Only*: P. and V. μόνος, V. μοῦνος; see *only*.

Solecism, subs. P. σολοικισμός, ὁ (Aristotle). *Commit solecisms*, v.: P. σολοικίζειν.

Solely, adv. *Only*: P. and V. μόνον.

Solemn, adj. P. and V. σεμνός; see also *serious*. *Be solemn*, v.: P. and V. σεμνῠ́νεσθαι. *Look solemn*: V. σεμνὸν βλέπειν. *They bound all the soldiers by the most solemn oaths*: P. ὥρκωσαν πάντας τοὺς στρατιώτας τοὺς μεγίστους ὅρκους (Thuc. 8, 75).

Solemnise, v. trans. P. and V. ἄγειν, τελεῖν.

Solemnity, subs. P. and V. σεμνότης, ἡ, τὸ σεμνόν. *Ceremony*: see *rite*.

Solicit, v. trans. P. and V. αἰτεῖν (τινά τι), ἀπαιτεῖν (τινά τι), δεῖσθαι (τινός τι); see *beg*. *Solicit in marriage*: P. and V. μνηστεύειν; see *court*.

Solicitation, subs. *Entreaty*: P. αἴτησις, ἡ, δέησις, ἡ, αἴτημα, τό; see *entreaty*.

Solicitor, subs. Use adj., Ar. and P. δῐκᾱνῐκός.

Solicitous, adj. See *anxious*.

Solicitously, adv. See *anxiously*.

Solicitude, subs. See *anxiety*.

Solid, adj. P. and V. στερεός, Ar. and V. στερρός. *Thick*: P. and V. πυκνός. *Hard (of ground)*: P. and V. στερεός, V. στυφλός, P. στέριφος; see *hard*. Of solid silver: V. πᾰνάργῠρος (Soph., *Frag.*). *Compact*: P. εὐπαγής. *Secure*: P. and V. βέβαιος. *The ice had not frozen solid*: P. κρύσταλλος ἐπεπήγει οὐ βέβαιος (Thuc. 3, 23). *United*: P. and V. ἀθρόος. Of geometrical figures: P. στερεός. Met., *secure, firm*: P. and V. βέβαιος, ἀσφᾰλής, V. ἔμπεδος.

Solidarity, subs. See *solidity*. *Strength*: P. and V. ἰσχῡ́ς, ἡ; see *strength*. *Unanimity*: P. ὁμόνοια, ἡ.

Solidify, v. trans. P. and V. πηγνῦναι. V. intrans. P. and V. πηγνύσθαι.

Solidity, subs. P. στερεότης, ἡ.

Solidly, adv. *Securely*: P. and V. βεβαίως.

Solitary, adj. P. and V. ἐρῆμος. *Inhospitable*: V. ἀπάνθρωπος, ἀγείτων. *Alone*: P. and V. μόνος, V.

μοῦνος, οἶος, μονάς, μονόρρυθμος, οἰόζωνος, μονόστολος, μονοστῐβής.

Solitude, subs. P. and V. ἐρημία, ἡ.

Solo, subs. Ar. and P. μονῳδία, ἡ. *Sing a solo*, v.: Ar. μονῳδεῖν.

Solstice, subs. P. τροπαί, αἱ. *About the time of the winter solstice*: P. περὶ ἡλίου τροπὰς τὰς χειμερινάς (Thuc. 7, 16).

Soluble, adj. P. λυτός (Plat.), τηκτός (Plat.).

Solution, subs. *Dissolving*: P. λύσις, ἡ, διάλυσις, ἡ. *Of a difficulty*: P. λύσις, ἡ (Dem. 703). *Way out*: P. and V. ἔξοδος, ἡ.

Solve, v. trans. P. and V. λύειν, Ar. and P. διᾰλύειν. *Solve a riddle*: V. διειπεῖν, μανθάνειν, γιγνώσκειν, εἰδέναι.

Solvent, subs. *For washing*: Ar. and P. ῥύμμᾰ, τό.

Solvent, adj. *Able to pay*: use P. ἱκανὸς διαλύειν.

Sombre, adj. Of colour: P. and V. μέλᾱς, V. κελαινός, ἐρεμνός, μελάγχῐμος. *Dark*: P. and V. σκοτεινός; see *dark*. *Mourning*: V. πένθῐμος, πενθητήριος.

Sombreness, subs. *Darkness*: P. and V. σκότος, ὁ or τό; see *gloom*.

Some, adj. P. and V. τις (enclitic). *Some people*: Ar. and P. ἔνιοι, V. ἔστιν οἵ. *Some . . . others*: P. and V. οἱ μὲν . . . οἱ δέ, ἄλλοι . . . ἄλλοι.

Somebody, subs. See *someone*.

Some day, adv. P. and V. ποτε (enclitic).

Somehow, adv. P. and V. πως (enclitic). *Somehow or other*: Ar. and P. ἁμωγέπως, ἀμηγέπη, ὁπωσδήποτε, ὁπωσοῦν.

Someone, subs. Use P. and V. τις (enclitic). *Be someone (of importance)*: P. and V. εἶναί τις. *Someone or other*: P. ὁστισδήποτε, ὁστισδηποτοῦν, Ar. and P. ὁστῐσοῦν. *So and so*: Ar. and P. ὁ δεῖνα.

Something, subs. P. and V. τι (enclitic). *Something or other*: Ar. and P. ὁτιοῦν. *(The accusation) is something of this sort*: P. τοιαύτη τίς ἐστιν (ἡ κατηγορία) (Plat., *Ap.* 19C).

Sometime, adv. *At sometime or other*: P. and V. ποτε (enclitic).

Sometimes, adv. P. and V. ἐνίοτε (Eur., *Hel.* 1213), V. ἔσθ' ὅτε, P. ἔστιν ὅτε. *In some places*: P. ἔστιν ᾗ, V. ἔστιν οὗ (Eur., *Or.* 638). *Sometimes . . . at others*: P. and V. τότε . . . ἄλλοτε, Ar. and P. τότε μέν . . . τότε δέ, ποτὲ μέν . . . ποτε δέ.

Somewhat, adv. *A little*: P. and V. ὀλῐ́γον, μικρόν, σμικρόν; see *a little*. *Somewhat deaf*: Ar. and P. ὑπόκωφος. With adj. and adv.: use P. and V. comparative. *Though it be somewhat laughable to say so*: P. εἰ καὶ γελοιότερον εἰπεῖν (Plat., *Ap.* 30E).

Somewhere, adv. P. and V. που (enclitic). *From somewhere*: P. and V. ποθεν (enclitic).

Somewhither, adv. P. and V. ποι (enclitic).

Somnolence, subs. P. χάσμη, ἡ.

Somnolent, adj. See *sleepy*.

Son, subs. P. and V. παῖς, ὁ, Ar. and V. κόρος, ὁ (rare P.), τέκνον, τό (rare P.), τέκος, τό, γόνος, ὁ, V. γονή, ἡ, σπέρμᾰ, τό, σπορά, ἡ, τόκος, ὁ; see *child*.

Song, subs. P. and V. ᾠδή, ἡ, μελῳδία, ἡ, ὕμνος, ὁ, μέλος, τό, Ar. and P. ᾆσμα, τό (Dem. and Plat.), Ar. and V. ἀοιδή, ἡ, μολπή, ἡ (Eur., *Supp.* 773), V. ὑμνῳδία, ἡ. *Like a song*: use adv., V. μολπηδόν (Æsch., *Pers.* 389). *Strain*: Ar. and P. νόμος, ὁ. *Of birds*: P. and V. φθέγμᾰ, τά, φθόγγος, ὁ, φθογγή, ἡ. *Song of victory*: P. and V. παιάν, ὁ; see *paean*.

Songster, subs. P. and V. ᾠδός, ὁ, V. ἀοιδός, ὁ, ὑμνοποιός, ὁ.

Songstress, subs. V. ἀοιδός, ἡ, ὑμνοποιός, ἡ. *The riddling songstress, the Sphinx*: V. ἡ ποικιλῳδὸς Σφίγξ (Soph., *O. R.* 130).

Son-in-law, subs. P. and V. κηδεστής, ὁ, V. γαμβρός, ὁ.

Sonorous, adj. See *loud*. *Boastful, proud*: P. and V. σεμνός, ὑψηλός, V. ὑπερκόπος, ὑψήγορος.

Soon, adv. P. and V. τάχᾰ, τᾰχύ, ἐν τάχει, διᾰ τάχους, V. σὺν τάχει, ἐκ τᾰχείας, θοῶς, τάχος, Ar. and P. τᾰχέως. *Soon after*: P. οὐ πολλῷ ὕστερον, Ar. and P. ὀλίγον ὕστερον. *As soon as possible*: P. and V. ὡς τάχιστα, Ar. and V. ὡς τάχος, ὅσον τάχος. *As soon as*: P. and V. ἐπεὶ τάχιστα, ὡς τάχιστα, Ar. and V. ὅπως τάχιστα, P. ἐπειδὴ τάχιστα. *How soon? Within what time?* use P. and V. τίνος χρόνου; (Eur., *Or.* 1211). *Too soon, prematurely*: P. and V. πρῴ.

Sooner, adv. See *rather*.

Soot, subs. Ar. ἄσβολος, ἡ, V. ψόλος, ὁ (Æsch., *Frag.*). *Blacken with soot*, v.: V. αἰθᾰλοῦν.

Sooth, subs. See *truth*. *In sooth, truly*: P. and V. ἦ, Ar. and V. κάρτᾰ (rare P.), δῆτα, V. ἦ κάρτᾰ; see *really, verily*. *For sooth*, ironically: P. and V. δῆθεν.

Soothe, v. trans. P. and V. πρᾱΰνειν, θέλγειν (Plat. but rare P.), P. καταπραΰνειν, παραμυθεῖσθαι, V. πᾰρηγορεῖν, μαλθάσσειν, συνθάλπειν, πᾰρευκηλεῖν, Ar. and V. μᾰλάσσειν; see *comfort*. *Do not soothe me with false words*: μὴ . . . σύνθαλπε μύθοις ψευδέσιν (Æsch., *P. V.* 685). *Charm*: P. and V. κηλεῖν. *Lull to sleep*: Lit. and Met., P. and V. κοιμίζειν (Plat.), V. κοιμᾶν. *Mitigate*: P. and V. ἐπῐκουφίζειν, ἀπαντλεῖν (Plat.), V. ἐξευμᾰρίζειν.

Soothing, adv. P. and V. ἤπιος, V. κηλητηριος, θελκτήριος. *Soothing pain*: V. πανσίλῡπος, νώδῠνος. *The soothing power of my tongue*: V. γλώσσης ἐμῆς μείλιγμα (Æsch., *Eum.* 886). *Sweet soothing power of sleep*: V. ὦ φιλον ὕπνου θέλγητρον (Eur., *Or.* 211).

Soothsayer, subs. See *prophet*.

Soothsaying, subs. See *prophecy*.

Sooty, adj. V. πολῠκαπνος, or use *black*. *Make sooty*, v.: V. αἰθαλοῦν.

Sop, v. trans. *Soak*: P. and V. βάπτειν.

Sop, subs. *Dainty morsel*: P. and V. ὄψον, τό (Æsch., *Frag.*). Met., use P. and V. δῶρον, τό.

Sophism, subs. Ar. and P. σόφισμα, τό.

Sophist, subs. Ar. and P. σοφιστής, ὁ. *Play the sophist*, v.: P. and V. σοφίζεσθαι (Eur., *I. A.* 744).

Sophistical, adj. P. σοφιστικός, ἐριστικός.

Sophistically, adv. P. σοφιστικῶς, ἐριστικῶς.

Sophistry, subs. P. ἡ σοφιστική, ἡ ἐριστική. *Sophistries*: Ar. and P. σοφίσμᾰτα, τά.

Soporific, adj. *Staying pain*: V. πανσίλῡπος, νωδῠνος.

Soporific, subs. use P. and V. φάρμᾰκον, τό. *Sleeping-draught*: P. μανδραγόρας, ὁ.

Sorcerer, subs. P. and V. μάγος, ὁ, φαρμᾰκεύς, ὁ, γόης, ὁ, ἐπῳδός, ὁ, V. ἀοιδός, ὁ.

Sorceress, subs. Ar. φαρμᾰκίς, ἡ, V. ἀοιδός, ἡ.

Sorcery, subs. P. ἡ μαγευτική, φαρμακεία, ἡ, V. μᾰγεύμᾰτα, τά; see *magic*. *Use sorcery*, v.: V. μᾰγεύειν, Ar. μαγγᾰνεύειν.

Sordid, adj. *Poor, mean*: P. and V. κᾰκός, φαῦλος, Ar. and P. μοχθηρός. *Base*: P. and V. αἰσχρός, κᾰκός, πονηρός, μοχθηρός, φαῦλος, ἀνάξιος, Ar. and P. ἀγεννής. *Illiberal*: P. ἀνελεύθερος. *Niggardly*: P. and V. αἰσχροκερδής, φῐλάργῠρος, Ar. and P. φῐλοκερδής, φειδωλός.

Sordidly, adv. *Poorly, meanly*: P. and V. φαύλως, κᾰκῶς. *Basely*: P. and V. αἰσχρῶς, κᾰκῶς, πονηρῶς, φαύλως, ἀγεννῶς. *Illiberally*: P. ἀνελευθέρως (Xen.). *Stingily*: P. γλισχρῶς, φειδωλῶς.

Sordidness, subs. *Shabbiness*: P. φαυλότης, ἡ. *Baseness*: P. and V. πονηρία, ἡ, κάκη, ἡ, P. κακότης, ἡ, φαυλότης, ἡ, Ar. and P. κᾰκία, ἡ, μοχθηρία, ἡ. *Stinginess*: P. and

V. αἰσχροκέρδεια, ἡ, Ar. and P. φειδωλία, ἡ, P. φιλοκέρδεια, ἡ.

Sore, subs. P. and V. ἕλκος, τό. *Open old sores*, v : P. ἑλκοποιεῖν.

Sore, adj. *Causing pain* : Ar. and P. ὀδυνηρός, V. διώδῠνος. *Distressing:* P. and V. λῡπηρός, ἀνῑᾱρός, πικρός, βᾰρύς, V. δύσφορος (also Xen. but rare P.), λυπρός: see *grievous*, *distressing*. *A sore point, something that gives offence* : use P. and V. ἐπίφθονον. *Be sore, be annoyed* : Ar. and P. ἀγᾰνακτεῖν ; see *annoyed*.

Sorely, adv. *Severely* : P. and V. δεινῶς, P. ἰσχυρῶς. *Much* : P. and V. πολύ. *Exceedingly* : P. and V. σφόδρᾰ, Ar. and V. κάρτᾰ (rare P.). *Painfully* : P. and V. λῡπηρῶς, πικρῶς, ἀνῑᾱρῶς (Xen.), V. λυπρῶς ; see *grievously*. *Be sorely pressed* : P. and V. πιέζεσθαι, βιάζεσθαι, πονεῖν, τᾰλαιπωρεῖν ; see under *press*.

Soreness, subs. *Bitterness* : P. and V. πικρότης, ἡ. *Terribleness* : P. δεινότης, ἡ. *Annoyance* : P. and V. δυσχέρεια, ἡ, ἀχθηδών, ἡ ; see *anger*.

Sorriness, subs. *Meanness* : P. φαυλότης, ἡ. *Squalor* : V. πῖνος, ὁ.

Sorrow, subs. *Grief* : P. and V. λύπη, ἡ, ἀνία, ἡ, Ar. and V. ἄλγος, τό, ἄχος τό, V. δύη, ἡ, πῆμα, τό, πημονή, ἡ, οἰζύς, ἡ, πένθος, τό (in P. *outward signs of mourning*), P. ταλαιπωρία, ἡ. *Sorrows, troubles* : P. and V. κᾰκά, τά, πάθη, τά, πᾰθήμᾰτα, τά, V. δύσφορα, τά, πήμᾰτα, τά, πημοναί, αἱ, Ar. and V. πόνοι, οἱ ; see *troubles*. *Free from sorrow*, adj. : V. ἀπήμων, ἀπενθής. *With sorrow should I see them drunk with wine* : V. λυπρῶς νιν εἰσίδοιμ' ἂν ἐξῳνωμένας (Eur., *Bacch.* 814). *To your sorrow then shall you lay hands on them* : P. κλάων ἄρ' ἅψει τῶνδε (Eur., *Heracl.* 270). *Repentance* : P. and V. μετᾰμέλεια, ἡ (Eur., *Frag.*), P. μετάνοια, ἡ, μετάμελος, ὁ, V. μετάγνοια, ἡ.

Sorrow, v. intrans. P. and V. πενθεῖν, ὀδύρεσθαι, ἀποδύρεσθαι ; see *lament*. *Be grieved* : P. and V. λῡπεῖσθαι, ἀνιᾶσθαι, V. ἀλγύνεσθαι, Ar. and V. τείρεσθαι, πημαίνεσθαι (rare P.) ; see *grieve*. *Sorrow over* : see *lament*.

Sorrowful, adj. *Distressing* : P. λῡπηρός, ἀνῑᾱρός, πικρός, βᾰρύς, Ar. and V. δύστηνος, V. λυπρός, δύσφορος (also Xen. but rare P.), δύσοιστος, πολύστονος ; see *sad*. *Miserable* : P. and V. ἄθλιος, οἰκτρός, δυστῠχής, δυσδαίμων, τᾰλαίπωρος : see *miserable*. *Dejected* : P. and V. ἄθῡμος (Xen.), V. δύσθῡμος, κᾰτηφής, δύσφρων. *Be sorrowful, dejected*, v. : P. and V. ἀθῡμεῖν, V. δυσθῡμεῖσθαι.

Sorrowfully, adj. P. and V. ἀθλίως, οἰκτρῶς, V. τλημόνως. *Unfortunately* : P. and V. δυστῠχῶς, V. δυσπότμως. *Dejectedly* : P. ἀθύμως (Xen.), δυσθύμως (Plat.). *Grievously* : P. and V. λῡπηρῶς, ἀλγεινῶς, πικρῶς, ἀνῑᾱρῶς (Xen.), V. λυπρῶς.

Sorrowfulness, subs. P. ταλαιπωρία, ἡ, ἀθλιότης, ἡ. *Dejection* : P. and V. ἀθῡμία, ἡ, δυσθῡμία, ἡ (Plat.).

Sorry, adj. *Mean, shabby* : P. and V. φαῦλος, κᾰκός, Ar. and V. δείλαιος (rare P.), Ar. and P. μοχθηρός. *Repentant* : P. μεταμελείας μεστός. *Be sorry for, repent of* : P. and V. μετᾰγιγνώσκειν (acc.) ; see *repent of*. *Pity* : P. and V. ἐλεεῖν ; see *pity*. *Lament, regret* : Ar. and P. ἀγᾰνακτεῖν (dat.), V. πικρῶς φέρειν (acc.), δυσφορεῖν (dat.) ; see *regret*.

Sort, subs. P. and V. γένος, τό, εἶδος, τό, ἰδέα, ἡ. *Manner* : P. and V. τρόπος, ὁ, V. ῥυθμός, ὁ. *Nature* : P. and V. φύσις, ἡ. *Of what sort*, adj. interrog. : P. and V. ποῖος ; indirect., P. and V. οἷος, ὁποῖος. *Of all sorts* : P. and V. παντοῖος, Ar. and P. παντοδᾰπός. *Of such a sort* : P. and V. τοιοῦτος, τοιόσδε, P. τοιουτότροπος. *Of another sort* : P. ἀλλοῖος. *What sort of a man do you think your father was* : P. ποῖόν τιν' ἡγεῖ τὸν πατέρα τὸν σεαυτοῦ εἶναι (Dem. 954).

Sort, v. trans. Ar. and P. διᾰτῐθέναι; see *arrange*

Sortie, subs. See *sally*.

Sort out, v. trans. See *choose*.

Sot, subs. Use P. οἰνόφλυξ, ἡ or ὁ (Xen.), Ar. φῐλοπότης, ὁ.

Sottish, adj. See *drunken*, *drunk*.

Sottishness, subs. P. and V. μέθη, ἡ.

Sough, subs. P. and V. ψόφος, ὁ.

Sough, v. intrans. P. and V. ψοφεῖν.

Soul, subs. P. and V. ψῡχή, ἡ. *Seat of the feelings*: P. and V. ψῡχή, ἡ, Ar. and V. θῡμός, ὁ, φρήν, ἡ, or pl., καρδία, ἡ, κέαρ, τό, V. ἧπαρ, τό, σπλάγχνον, τό, or pl. *Conducting the souls of the dead*, adj.: V. ψῡχόπομπος.

Soul-stirring, adj. *Passionate*: P. σφοδρός.

Sound, subs. *Made by any animal*: P. and V. φωνή, ἡ, φθόγγος, ὁ (Plat.), φθέγμᾰ, τό (Plat.), V. φθογγή, ἡ, ἠχώ, ἡ; see *voice*. *Inarticulate*: P. and V. ψόφος, ὁ, ἠχή, ἡ (Plat. but rare P.), Ar. and V. ἠχώ, ἡ. *Sound of trumpet*: see *blare*. *Loud sound*: P. and V. ψόφος, ὁ, ἠχή, ἡ (Plat. but rare P.), κτῠ́πος, ὁ (Plat. and Thuc. but rare P. also Ar.), V. βρόμος, ὁ, δοῦπος, ὁ (also Xen. but rare P.), ἄραγμός, ὁ, ἀράγμᾰτα, τά, Ar. and V. πᾰ́τᾰγος, ὁ. *Of a musical instrument*: P. and V. φωνή, ἡ, Ar. and P. κροῦμα, τό. *Make a sound*, v.: P. and V. ψοφεῖν. *To the sound of*: P. and V. ὑπό (gen.) (Thuc. 5, 70).

Sound, v. trans. *A musical instrument*: Ar. and P. ψάλλειν; see *play*. *Make to clash*: P. and V. συμβάλλειν. *Make to sound*: V. ἠχεῖν. *Sound a person's praises*: use *praise*. *Sound (retreat)*: P. σημαίνειν (acc.); see *signal*. *The trumpet sounded*: P. ἐσάλπιγξε (Xen.), P. and V. ἐσήμηνε (Eur., *Heracl.* 830). *Make trial of*: P. and V. πειρᾶσθαι (gen.), P. διακωδωνίζειν; see *trial*. *Ring (money)*: Ar. κῳδωνίζειν. *Take a sounding*: P. καθιέναι (Plat., *Phaedo*. 112E). *All had been sounded as to their views*: P. πάντες ἦσαν ἐξεληλεγμένοι (Dem. 233). V. intrans. P. and V. φθέγγεσθαι, V. φωνεῖν, Ar. and V. ἠχεῖν (Plat. but rare P.). *Make a noise*: P. and V. ψοφεῖν, κτῠπεῖν (Plat. but rare P.), ἠχεῖν (Plat. but rare P.), ἐπηχεῖν (Plat. but rare P.), Ar. and V. βρέμειν (Ar. in mid.). *Sound (of a trumpet)*: P. and V. φθέγγεσθαι, P. ἐπιφθέγγεσθαι (Xen.), V. κελᾰδεῖν (Eur., *Phoen.* 1102). *Seem*: P. and V. δοκεῖν; see *seem*. *This sounds like an absurdity*: P. ἔοικε τοῦτο . . . ἀτόπῳ (Plat., *Phaedo*, 62C).

Sound, subs. *Narrow passage of sea*: P. and V. πορθμός) ὁ; see *strait*.

Sound, adj. *Healthy*: P. and V. ῠ̔γιής. *Safe and sound*: P. σῶς καὶ ὑγιής (Thuc.). Of a ship uninjured: P. ὑγιής (Thuc. 8, 107); see *uninjured*. *Vigorous*: P. ἰσχυρός. *Be sound*, v.: Ar. and P. ῠ̔γιαίνειν. *Sound in limb and mind*: P. ἀρτιμελής τε καὶ ἀρτίφρων (Plat., *Rep*. 536B).

Sounding, adj. See *loud*. *High sounding*: P. and V. σεμνός, ὑψηλός, V. ὑψήγορος, ῠ̔πέρκοπος.

Soundly, adv. P. ὑγιῶς. *Correctly*: P. and V. ὀρθῶς. *Vigorously*: P. ἰσχυρῶς.

Soundness, subs. P. and V. ῠ̔γίεια, ἡ (Eur., *Or.* 235). *Correctness*: Ar. and P. ὀρθότης, ἡ.

Soup, subs. Ar. and P. ἔτνος, τό (Plat.), Ar. ζωμός, ὁ.

Sour, adj. *Unripe*: Ar. and P. ὠμός (Xen.). Of taste: P. and V. πικρός, Ar. and P. δρῑμῠ́ς, στρυφνός, P. ὀξύς, αὐστηρός. *Sour wine*: Ar. τροπίᾱς οἶνος, ὁ. Of temper: P. and V. δύσκολος, δῠσάρεστος, δυσχερής, P. αὐστηρός, Ar. and V. πᾰλίγκοτος; see also *angry*. Of looks: P. and V. σκυθρωπός, V. στυγνός. *Sour temper*: Ar. θῡμὸς ὀξίνης, ὁ, θῡμὸς ὀμφᾰκίᾱς, ὁ.

Sour, v. trans. *Embitter*: P. and V. πᾰροξῡ́νειν, V. ὀξῡ́νειν; see *embitter*.

Source, subs. *Of rivers, etc.*: P. and V. πηγή, ἡ, κρήνη, ἡ, Ar. and V. κρουνός, ὁ. *Origin*: P. and V. ἀρχή, ἡ, πηγή, ἡ (Plat.), ῥίζᾰ, ἡ. *From what source*, interrog.: P. and V. πόθεν; see *whence*. *From another source*: P. and V. ἄλλοθεν.

Sourly, adv. P. and V. πικρῶς.

Sourness, subs. P. αὐστηρότης, ἡ. *Of temper*: P. and V. πικρότης, ἡ. Ar. and P. δυσκολία, ἡ, P. αὐστηρότης, ἡ; see *anger*.

Souse, v. trans. See *steep*.

South, subs. Use P. and V. νότος, ὁ. *Face the south*: P. πρὸς νότον τετράφθαι (perf. pass. τρέπειν) (Thuc. 2, 15). *To the south of*: P. and V. πρὸς νότον (gen.).

Southern, adj. Ar. and P. νότιος, P. and V. ὁ πρὸς νότον, μεσημβρῐνός.

Southward, adv. P. and V. πρὸς νότον, V. πρὸς νότου πνοάς (Æsch., *Frag.*).

South wind, subs. P. and V. νότος, ὁ (Æsch., *Frag.*).

Souvenir, subs. P. and V. μνημεῖον, τό, Ar. and P. μνημόσῠνον, τό, P. ὑπόμνημα, τό, V. μνῆμα, τό.

Sovereign, adj. P. and V. κῡ́ριος. *Potent efficacious*: P. and V. δραστήριος. *Sovereign throne*: V. θρόνοι πᾰ́ναρχοι. *Sovereign power*: V. παντελὴς μοναρχία, ἡ.

Sovereign, subs. P. and V. βᾰσῐλεύς, ὁ; see *king*, *chief*.

Sovereignty, subs. ἀρχή, ἡ, κρᾰ́τος, τό, μοναρχία, ἡ (rare P.), δῠναστεία, ἡ, V. θρόνοι, οἱ, σκῆπτρα, τά. *Despotism*: P. and V. τῠραννίς, ἡ. *Of one state over another*: P. ἡγεμονία ἡ.

Sow, subs. P. and V. ὗς, ἡ (Æsch., *Frag.*).

Sow, v. trans. *Sow seed*: P. and V. σπείρειν, κᾰτασπείρειν (Plat.), P. καταβάλλειν. *Nor ought one to sow the seeds of such mischiefs in the city even though there be not yet any likelihood of a crop*: P. ἀλλ' οὐδὲ σπέρμα δεῖ καταβάλλειν ἐν τῇ πόλει οὐδένα τοιούτων πραγμάτων, οὐδ' εἰ μή πω ἂν ἐκφύοι (Dem. 748). *What a harvest of sorrow did you sow for me ere you perished*: V. ὅσας ἀνίας μοι κατασπείρας φθίνεις (Soph., *Aj.* 1005). *Sow the fields*: P. and V. σπείρειν. Met., *Propagate*: P. and V. σπείρειν (Plat.), V. κᾰτασπείρειν; see *beget*. *Disseminate*: P. and V. διασπείρειν, διᾰδῐδόναι, ἐκφέρειν, Ar. and V. σπείρειν.

Sower, subs. P. and V. ὁ σπείρων.

Sowing, subs. *Seed-time*: P. σπόρος, ὁ (Plat.), V. σπορά, ἡ, ἄροτος, ὁ.

Sown, adj. *Sown land*: V. σπορητός, ὁ. *Sprung from the sown teeth of the dragon (used of the Thebans)*: V. σπαρτός. *Newly sown*: V. νεόσπορος.

Space, subs. *Room*: P. and V. χῶρος, ὁ. *A space of eight feet*: P. ὀκτώπουν χωρίον (Plat., *Men.* 82E). *Plenty of space*: P. εὐρυχωρία, ἡ. *Want of space*: P. στενοχωρία, ἡ. *Country*: P. and V. χώρα, ἡ. *In a small space*: P. ἐν ὀλίγῳ. *Have space for*, v.: P. and V. χωρεῖν (acc.). *Time*: P. and V. χρόνος, ὁ. *Space of, length of*: use P. and V. πλῆθος, τό (gen.). *After a space*: P. and V. διὰ χρόνου. *Within the space of a short time*: P. ἐντὸς οὐ πολλοῦ χρόνου (Plat.). *Interval*: P διάλειμμα, τό, διάστημα, τό; see *interval*. *Space between two towers*: P. μεταπύργιον, τό. *Space between two armies*: V. μεταίχμιον, τό.

Spacious, adj. P. and V. εὐρῠ́ς, μακρός, μέγᾰς.

Spaciousness, subs. Use P. and V. μέγεθος, τό.

Spade, subs. Ar. and P. σμῑνύη, ἡ, Ar. and V. δῐ́κελλα, ἡ, V. γενῄς, ἡ.

Span, v. trans. *With a bridge*: P. and V. ζευγνῠ́ναι, P. γεφυροῦν (Plat.).

Span, subs. *As a measure*: P. σπιθαμή, ἡ. *Of time*: P. and V.

κύκλος, ὁ P. περίοδος, ἡ. *Compass* : P. and V. περίβολος, ὁ ; see *compass*.

Spangle, v. trans. Use P. and V. ποικίλλειν, P. διαποικίλλειν.

Spangled, adj. P. and V. ποικίλος, Ar. and V. αἰόλος. *Star-spangled night* : V. ἡ ποικιλείμων νύξ (Æsch., *P. V.* 24).

Spar, subs. *Beam* : Ar. and P. δοκός, ἡ, P. κεραία, ἡ. *Of a ship* : V. δόρῠ, τό, or use κορμοὶ ναυτῐκοί (Eur., *Hel.* 1601). *Spars for oars*: Ar. and P. κωπῆς, οἱ. *Piece of wreckage* : P. and V. ναυᾰγια, τά, V. ἀγή, ἡ, θραῦσμα, τό.

Spar, v. intrans. P. σκιαμαχεῖν, χειρονομεῖν ; see *box*. *Spar with (a person)* : V. ἀντᾰνίστασθαί τινι ἐς χεῖρας (Soph., *Tr.* 441).

Spare, v. trans. P. and V. φείδεσθαι (gen.). *Be sparing of* : P. and V. φείδεσθαι (gen.). *Give* : P. and V. δῐδόναι ; see *give*. *Not to grudge* : P. and V. οὐ φθονεῖν (gen. of thing, dat. of person). *Refrain from* : P. and V. ἀπέχεσθαι (gen.), ἀφίστασθαι (gen.). *Spare (to do a thing)*: P. and V. ἀπέχεσθαι (μὴ infin.), V. ἀφίστασθαι (infin.) ; see *refrain*.

Spare, adj. *Lean* : Ar. and P. ἰσχνός, λεπτός. *Wasted* : P. and V. ξηρός. *Scanty* : P. and V. σπᾰνιος, V. σπᾰνιστός, σπαρνός. *Surplus* : P. and V. περισσός. *Seamanship is a branch of art and does not admit of being studied as a mere pastime in spare moments* : P. τὸ ναυτικὸν τέχνης ἐστι . . . καὶ οὐκ ἐνδέχεται ὅταν τύχῃ ἐκ παρέργου μελετᾶσθαι (Thuc. 1, 142).

Sparely, adv. *Scantily* : P. σπανίως. *Frugally* : P. φειδωλῶς.

Sparing, subs. P. and V. φειδώ, ἡ (Thuc. and Eur., *Frag.*).

Sparing, adj. Ar. and P. φειδωλός. *Scanty* : P. and V. σπᾰνιος.

Sparingly, adv. P. φειδωλῶς. *Scantily* : P. σπανίως.

Sparingness, subs. Ar. and P. φειδωλία, ἡ, P. and V. φειδώ (Thuc. and Eur., *Frag.*).

Spark, subs. Ar. σπινθήρ, ὁ. *Rubbing flint against flint I produced with pain a dim spark* : V. ἀλλ' ἐν πέτροισι πέτρον ἐκτρίβων μόλις ἔφην' ἄφαντον φῶς (Soph., *Phil.* 296). *Tinder wood for striking a spark* : P. and V. τὰ πῡρεῖα (Plat., *Rep.* 435A ; Soph., *Phil.* 36). Met., *a spark of* : use P. and V. τι (enclitic), with gen. *A gay spark* : P. and V. νεᾱνίᾱς, ὁ.

Sparkle, v. intrans. P. and V. ἐκλάμπειν (Plat.), λάμπειν (Plat.), ἀστράπτειν (Plat.), στίλβειν (Plat.), Ar. and V. λάμπεσθαι, φλέγειν, V. μαρμαίρειν ; see *shine*.

Sparkle, subs. P. μαρμαρυγή, ἡ (Plat.) ; see *flash*.

Sparkling, adj. P. and V. λαμπρός, Ar. and V. φαεννός, παμφαής, αἴθων ; see *bright*. Met., *gay* : Ar. and P. νεᾱνῐκός ; see *gay*.

Sparrow, subs. Ar. στροῦθος, ὁ.

Sparse, adj. P. and V. σπᾰνιος ; see *scant*.

Sparsely, adv. P. σπανίως. *Here and there* : P. σποράδην.

Sparseness, subs. P. ὀλιγότης, ἡ. *Lack* : P. and V. σπᾰνῐς, ἡ ; see *scantiness*. *Sparseness of population* : P. ὀλιγανθρωπία, ἡ.

Spasm, subs. P. and V. σπασμός, ὁ (Thuc. 2, 49), V. σπᾰραγμός, ὁ, P. σφαδασμός, ὁ (Plat.).

Spasmodic, adj. *Convulsive* : V. ἀντίσπαστος. *Scanty* : P. and V. σπᾰνιος.

Spasmodically, adv. *At random* : P. and V. εἰκῇ ; see *sparsely*.

Spatter, v. trans. Ar. and V. ῥαίνειν. *Soil* : P. and V. μιαίνειν ; see *soil*.

Spawn, subs. *Of fish* : use Ar. and P. ᾠά, τά (Aristotle). *Seed* : P. and V. σπέρμᾰ, τό (Plat.), V. σπορά, ἡ.

Speak, v. trans. and absol. P. and V. λέγειν, εἰπεῖν, ἀγορεύειν, Ar. and V. αὐδᾶν (or mid.), ἐξαυδᾶν (or mid.), V. ἐννέπειν, μῡθεῖσθαι, βάζειν, φημίζειν, θροεῖν, φωνεῖν; see *say*. *Utter*: P. and V. ἱέναι, ἀφῑέναι; see *utter*. *Explain, tell*: P. and V. φράζειν. *Break silence*: P. and V. φθέγγεσθαι. *So to speak*: P. ὡς ἔπος εἰπεῖν, V. ὡς εἰπεῖν ἔπος. *Speak a language*: P. and V. γλῶσσαν ἱέναι. *Speak a language badly (of a foreigner)*: P. σολοικίζειν (absol.). *Speak in public*: P. and V. λέγειν, Ar. and P. δημηγορεῖν, P. λόγον ποιεῖσθαι. *Speak against*: P. and V. κᾰτηγορεῖν (gen.); see *accuse, blame*. *Oppose*: P. and V. ἀντῐλέγειν (dat.), ἀντειπεῖν (dat.). *Speak for, recommend*: P. προξενεῖν (acc.). *Support*: P. συνειπεῖν (dat.). *Speak of*: P. and V. λέγειν (acc.), εἰπεῖν (acc.), φράζειν (acc.), V. ἐννέπειν (acc.); see *mention*. *Speak out*: P. and V. ἐξειπεῖν. *Be outspoken*: P. παρρησιάζεσθαι. *Speak to*: see *accost*. *Speak with*: Ar. and P. διᾰλέγεσθαι (dat.).

Speakable, adj. Ar. and V. λεκτός, V. ῥητός.

Speaker, subs. P. and V. ῥήτωρ, ὁ. *Be a speaker*, v.: P. ῥητορεύειν. *President of the assembly*: P. ἐπιστάτης, ὁ. *A speaker's tricks*: V. στροφαὶ δημήγοροι αἱ.

Speaking, subs. P. and V. λόγος, ὁ. *Public speaking*: P. ῥητορεία, ἡ, δημηγορία, ἡ. *Art of speaking*: P. ῥητορική, ἡ. *Right of speaking*: P. and V. λόγος, ὁ. *Way of speaking*: Ar. and P. διᾰλεκτος, ἡ (Dem. 982).

Spear, subs. P. and V. δόρῠ, τό, βέλος, τό (rare P.), παλτόν, τό (Xen. and Æsch., *Frag.*), Ar. and P. ἀκόντιον, τό, V. ἄκων, ὁ, βέλεμνον, τό, αἰχμή, ἡ, μεσάγκῠλον, τό, Ar. and V. λόγχη, ἡ. *For striking fish*: P. τριόδους, ὁ (Plat.). *Short spear*: Ar. and P. δορᾰτιον, τό. *Contest with the spear*: V. δορῑπετὴς ἀγωνία, ἡ. *Fallen by the spear*, adj.: V. δορῑπετής. *Spear head*, subs.: P. and V. λόγχη, ἡ (Plat.). *Throw the spear*, v.: P. and V. ἀκοντίζειν. *Hit or wound with spear*: P. and V. ἀκοντίζειν (acc.), P. κατακοντίζειν (acc.). *Armed with spear*, adj.: V. δορῠφόρος. *With golden spear*: Ar. and V. χρῡσόλογχος. *Brandishing the spear*: V. δορυσσοῦς δορυσσόος. *Spear-maker*: subs.: Ar. δορυξός, ὁ, V. λογχοποιός, ὁ.

Spearman, subs. P. ἀκοντιστής, ὁ, V. ἀκοντιστήρ, ὁ, αἰχμητής, ὁ (Eur., also Plat. but rare P.), Ar. and P. λογχοφόρος, ὁ (Xen.).

Special, adj. P. διάφορος, P. and V. ἐξαίρετος, V. ἔξοχος. *Private, personal*: P. and V. οἰκεῖος, ἴδιο. *Chosen*: P. and V. ἐξαίρετος, ἔκκρῐτος; see *picked*.

Specialise, v. trans. *Make distinctions*: Ar. and P. διακρίνειν. *Determine, fix*: P. and V. ὁρίζειν, διορίζειν. *Be a specialist in*: P. ἐπαΐειν (gen.) (Plat.).

Specialist, subs. Use P. ὁ ἐπαΐων (Plat.).

Speciality, subs. *Characteristic*: P. and V. ἴδιον, τό.

Specially, adv. P. διαφερόντως; see *especially*.

Special-pleading, subs. *Sophistry*: Ar. and P. σοφίσμᾰτα, τά.

Species, subs. As opposed to *genus*: P. εἶδος, τό. *Kind*: see *kind*. *The human species*: P. ἡ ἀνθρωπίνη φύσις.

Specific, subs. See *remedy*.

Specific, adj. *Clear, fixed*: P. and V. σαφής. *For this specific purpose*: P. and V. ἐπ' αὐτὸ τοῦτο.

Specifically, adv. *Clearly*: P. and V. σᾰφῶς. *Expressly*: P. διαρρήδην. *By name*: P. ὀνομαστί.

Specify, v. trans. *Determine*: P. and V. ὁρίζειν, διορίζειν. *Mention by name*: P. and V. ὀνομάζειν.

Specimen, subs. P. and V. δεῖγμα, τό, πᾰρᾰδειγμα, τό, P. ἐπίδειγμα, τό. *Give a specimen of*: Ar. and P. ἐπῐδεικνῦναι (or mid.) (acc.). *You gave a specimen of your valour*: P. ἔδωκας σαυτοῦ πεῖραν ἀρετῆς (Plat., *Lach.* 189B).

Specious, adj. P. and V. ἐπιεικής, εὔλογος, εὐπρεπής, εὐσχήμων, κἄλός, εὐπρόσωπος; see also *attractive.*

Speciously, adv. P. and V. εἰκότως, εὐπρεπῶς, Ar. and P. εὐλόγως; see also *attractively.*

Speciousness, subs. P. and V. τὸ εὔλογον, P. εὐπρέπεια, ἡ.

Speckled, adj. P. and V. ποικίλος, Ar. and V. αἰόλος, V. στικτός, κἄτάστικτος.

Spectacle, subs. P. and V. θέα, ἡ, θέᾶμα, τό, θεωρία, ἡ, ὄψἴς, ἡ, V. πρόσοψις, ἡ (Eur., *Or.* 952). *Show, pageant*: P. and V. πομπή, ἡ, Ar. and P. θεωρία, ἡ, P. θεώρημα, τό. *Fond of spectacles*, adj.: P. φιλοθεάμων.

Spectacular, adj. *Impressive*: P. and V. σεμνός.

Spectator, subs. P. and V. θεᾶτής, ὁ, θεωρός, ὁ, ἐπόπτης, ὁ. *At a show*: P. and V. θεᾶτής, ὁ, θεωρός, ὁ. *Be a spectator*, v.: P. and V. θεᾶσθαι, θεωρεῖν.

Spectral, adj. Ar. and P. σκιοειδής. *Dim, faint*: P. ἀμυδρός, V. ἀμαυρός; see *dim.*

Spectre, subs. P. and V. φάσμᾰ, τό, εἰκών, ἡ, εἴδωλον, τό, φάντασμα, τό, V. σκιά, ἡ, δόκησις, ἡ, ὄψἴς, ἡ.

Speculate, v. intrans. *Guess*: P. and V. εἰκάζειν, δοξάζειν, τοπάζειν; see *guess. Philosophise*: P. φιλοσοφεῖν. *Speculate on, consider*: P. and V. σκοπεῖν (acc.); see *consider. Examine scientifically*: P. φιλοσοφεῖν (acc.), θεωρεῖν (acc.). *People who speculate for a high return (of interest)*: P. οἱ δανειζόμενοι ἐπὶ μεγάλοις τόκοις (Dem. 13).

Speculation, subs. *Philosophic contemplation*: P. θεωρία, ἡ. *Guess*: P. and V. δόξᾰ, ἡ; see *guess. Leaving to others these subtle speculations*: ἄλλοις τὰ κομψὰ ταῦτ' ἀφεὶς σοφίσματα (Eur., *Frag.*).

Speculative, adj. *Philosophical*: P. φιλόσοφος. *Concerned with speculation*: P. θεωρητικός. *Doubtful, problematical*: P. and V. ἀφᾰνής, ἀσᾰφής, ἄδηλος.

Speculator, subs. *One who guesses*: P. δοξαστής, ὁ, εἰκαστής, ὁ. *Philosopher*: P. φιλόσοφος, ὁ.

Speech, subs. *Articulate sound*: P. and V. φωνή, ἡ, φθέγμᾰ, τό, V. φώνημα, τό; see *voice. Word*: P. and V. λόγος, ὁ, ῥῆμα, τό, ῥῆσις, ἡ; see *word. Language*: P. and V. γλῶσσα, ἡ, φωνή, ἡ, V. φᾰτἴς, ἡ. *Way of speaking*: Ar. and P. διᾰλεκτος, ἡ. *Speech in a play*: Ar. and P. ῥῆσις, ἡ. *Public speech*: P. and V. λόγος, ὁ, ῥῆσις, ἡ, P. δημηγορία, ἡ. *Have speech with*: Ar. and P. διᾰλέγεσθαι (dat. or πρός, acc.). *Make a speech*: P. and V. λέγειν, Ar. and P. δημηγορεῖν, P. λόγον ποιεῖσθαι. *Composer of speeches*: P. λογογράφος, ὁ, λογοποιός, ὁ. *Composition of speeches*: P. λογογραφία, ἡ. *Freedom of speech*: P. and V. παρρησία, ἡ.

Speechless, adj. P. and V. ἄφωνος, V. ἄφθογγος, ἀπόφθεγκτος, ἀφώνητος, ἄναυδος.

Speechlessly, adv. V. ἄφωνα (Æsch., *Pers.* 819).

Speechlessness, subs. P. ἀφωνία, ἡ, P. and V. ἀφᾰσία, ἡ.

Speed, v. trans. *Hasten*: P. and V. ὁρμᾶν, σπεύδειν, ἐπισπεύδειν, ἐπείγειν. *Help on*: P. and V. σπεύδειν, ἐπισπεύδειν; see *help. Prosper*: P. and V. ὀρθοῦν, κἄτορθοῦν. *Speed on the way*: P. and V. πέμπειν, προπέμπειν. *Speed on a message*: P. and V. πᾰραγγέλλειν. V. intrans. P. and V. ὁρμᾶν, ὁρμᾶσθαι, ἐπείγεσθαι, ἵεσθαι (rare P.), ἁμιλλᾶσθαι (rare P.), φέρεσθαι, Ar. and V. τείνειν, ἐγκονεῖν, τᾰχῡνειν, σπεύδειν (rare P.), ᾄσσειν (rare P.), ἐπᾴσσειν (rare P.), ὄρνυσθαι, V. σπέρχεσθαι, ἀΐσσειν, ὀρούειν, ἐφορμαίνειν, θοάζειν, σῠθῆναι (aor. pass. of σεύειν), ἐπισπεύδειν; see also *run.* Met., *fare (of things)*: P. and V. χωρεῖν, ἔχειν. *Of persons*: P. and V. πράσσειν, ἔχειν, πάσχειν.

Speed away, fly away : P. and V. ἀνᾰπέτεσθαι (Plat.), ἐκπέτεσθαι (Plat.), διᾰπέτεσθαι (Plat.), Ar. and P. ἀποπέτεσθαι (Plat.). *Rush away*: V. ἀπᾴσσειν. *Speed through, fly through* : Ar. and V. διᾰπέτεσθαι (acc.). *Rush through* : Ar. and V. διᾴσσειν (gen. Ar. absol.).

Speed, subs. *Rate of motion* : P. φορά, ἡ. *Hurry* : P. and V. σπουδή, ἡ, τάχος, τό, P. ταχύτης, ἡ, V. ὠκύτης, ἡ. *Speed of foot* : V. ποδώκεια, ἡ (also Xen.). *At full speed, at a run* : P. and V. δρόμῳ, or use adj., Ar. and V. δρομαῖος. *As speedily as possible* : P. and V. ὡς τάχιστα ; see under *speedily*.

Speedily, adv. P. and V. τάχᾰ, τᾰχύ, ἐν τάχει, διὰ τάχους, σπουδῇ, V. σὺν τάχει, ἐκ τᾰχείας, θοῶς, τάχος, Ar. and P. τᾰχέως, P. ὀξέως. *As speedily as possible* : P. and V. ὡς τάχιστα, Ar. and V. ὡς τάχος, ὅσον τάχος.

Speeding, adj. *Bringing on one's way* : V. πόμπῐμος, πομπαῖος, ὠκύπομπος, εὔπομπος. Of a breeze : P. and V. οὔριος.

Speedy, adj. P. and V. τᾰχύς ; see *quick*.

Spell, subs. P. and V. ἐπῳδή, ἡ, V. κήλημα, τό, θέλκτρον, τό, θέλγητρον, τό, θελκτήριον, τό, κηλητήριον, τό. *Magic* : P. μαγγανεύματα, τὰ, V. μᾰγεύμᾰτα, τά. *Use spells*, v. : Ar. μαγγᾰνεύειν, V. μᾰγεύειν. *Potion* : P. and V. φάρμᾰκον, τό, P. and V. φίλτρον, τό ; see *potion*. *Use of potions* : P. φαρμακεία, ἡ. *Remove by spells*, v. : P. and V. ἐξεπᾴδειν. *Mutter spells* : P. and V. ἐπᾴδειν (Eur., *I. A.* 1212).

Spell-bound, adj. Use participle, P. and V. κηλούμενος, κηληθείς.

Spelt, subs. P. ὄλυραι, αἱ (Dem. 100).

Spend, v. trans. *Use up* : P. and V. ἀνᾱλίσκειν, ἀνᾱλοῦν, P. καταναλίσκειν. *Use* : P. and V. χρῆσθαι (dat.). *Spend (money)* : P. and V. ἀνᾱλίσκειν, ἀνᾱλοῦν, Ar. and P. δᾰπᾰνᾶν. *Spend in addition* : P. προσαναλίσκειν. *Spend beforehand*: P. προαναλίσκειν. (*Spend*) *on* : Ar. and P. (ἀνᾱλίσκειν), εἰς, acc. *Spend* (*time*) : P. and V. διάγειν (Eur., *Med.* 1355) (with acc. or absol.), τρίβειν, Ar. and P. διατρίβειν (with acc. or absol.), κᾰτατρίβειν, Ar. and V. ἄγειν, V. ἐκτρίβειν, διᾰφέρειν, διεκπερᾶν ; see *pass*. *Be spent, be weary* : P. and V. κάμνειν (rare P.), προκάμνειν (rare P.) ; see *flag*. *The night is far spent* : P. πόρρω τῶν νυκτῶν ἐστί. *When it (the people) has spent its rage* : V. ὅταν ἀνῇ πνοάς (Eur., *Or.* 700) ; see *exhaust*.

Spend-thrift, subs. Use adj., P. δαπανηρός, ἄσωτος.

Spew, v. trans. See *vomit*.

Sphere, subs. *Ball* : P. σφαῖρα, ἡ, P. and V. κύκλος, ὁ. *Rank, position* : P. and V. τάξῐς, ἡ. *Turn, part* : P. and V. μέρος τό. *Circuit* : P. and V. περῐβολή, ἡ. *Department* : P. and V. τάξῐς, ἡ. *Sphere of action* : P. προαίρεσις, ἡ. *Limit* : P. and V. ὅρος, ὁ. *The wise man should make alliance in his own sphere* : V. κῆδος καθ' αὑτὸν τὸν σοφὸν κτᾶσθαι χρεών (Eur., *Frag.*).

Spherical, adj. : P. σφαιροειδής ; see *round*.

Spice, subs. *For flavouring* : Ar. and P. ἥδυσμα, τό, V. ἀρτῡμᾰτα, τά (Æsch., *Frag.*). *Herb* : P. ἄρωμα, τό (Xen.). *Scent* : P. and V. ὀσμή, ἡ.

Spice, v. trans. P. ἡδύνειν.

Spick and span, adj. Use P. and V. λαμπρός.

Spicy, adj. P. and V. ἡδῠς. *Fragrant*: P. and V. εὐώδης.

Spider, subs. P. ἀράχνη, ἡ (Aristotle, also used in Attic V. but only in lyric passages). *Venomous spider*: P. φαλάγγιον, τό (Plat.), Ar. φάλαγξ, ἡ. *Spider's web* : P. ἀράχνιον, τό (Aristotle).

Spigot, subs. Ar. βῦσμᾰ, τό.

Spike, subs. *Point:* V. ἀκμή, ἡ. *Point of a spear:* P. and V. λόγχη, ἡ (Plat.). *Butt end of a spear:* P. στύραξ, ὁ, στυράκιον, τό.

Spiked, adv. *Sharp:* V. ὀξύθηκτος; see *pointed.*

Spill, v. trans. P. and V. ἐκχεῖν. *Upset:* P. and V. ἀνατρέπειν, ἀναστρέφειν. *Cause to stumble:* P. and V. σφάλλειν. *Let fall:* P. and V. ἐκβάλλειν. *Spill* (*blood*): see *shed.*

Spill, subs. *Stumble, fall:* P. and V. σφάλμᾰ, τό, P. πταῖσμα, τό. *Have a spill,* v.: P. and V. πταίειν, σφάλλεσθαι.

Spin, v. trans. P. and V. νεῖν; see also *weave. Of destiny spinning the threads of life:* P. and V. ἐπικλώθειν (Plat. and Eur., *Or.* 12). *Make to revolve:* P. and V. στρέφειν, Ar. and V. κυκλεῖν, στροβεῖν, V. ἑλίσσειν, εἱλίσσειν (once Ar.) δῑνεῖν (also pass. in Plat. but rare P.). V. intrans. *Revolve:* P. and V. κυκλεῖσθαι, στρέφεσθαι, P. περιστρέφεσθαι, περιφέρεσθαι, V. ἑλίσσεσθαι, εἱλίσσεσθαι, Ar. and V. στροβεῖσθαι. *Spin out:* Met., P. and V. μηκῡ́νειν, τείνειν, ἐκτείνειν, P. ἀποτείνειν, ἀπομηκύνειν.

Spinal, adj. P. and V. νωτιαῖος.

Spindle, subs. Ar. and P. ἄτρακτος, ἡ (Plat., *Rep.* 616c).

Spine, subs. P. and V. ῥᾰ́χῐς, ἡ (Plat.), σφόνδῠλοι, οἱ (Plat.), V. ἄκανθα, ἡ, νωτιαῖα ἄρθρα, τά. *Of the spine,* adj.: P. and V. νωτιαῖος.

Spinner, subs. *Spinner of wool:* P. ταλασιουργός, ὁ or ἡ (Plat.).

Spinning, subs. P. νῆσις, ἡ (Plat.). *Art of spinning:* ἡ νηστική (Plat.). *Wool spinning:* P. ταλασία, ἡ, ταλασιουργία, ἡ. *Of or for wool spinning,* adj.: P. ταλασιουργικός. *Revolution:* see *revolution.*

Spinster, subs. Use adj., P. and V. ἄνανδρος; see also *maiden.*

Spiral, adj. V. ἑλικτός.

Spirit, subs. *Soul:* P. and V. ψῡχή, ἡ. *High spirit, ardour:* P. and V. θῡμός, ὁ, φρόνημα, τό, Ar. and V. λῆμα, τό; see *courage. Are you not far removed from Solon in spirit?* P. ἆρ' οὐ πολὺ τοῦ Σόλωνος ἀποστατεῖς τῇ γνώμῃ; (Dem. 488). *Intention, wish:* P. and V. βούλησις, ἡ, Ar. and P. διᾰ́νοια, ἡ. *Divine power:* P. and V. δαίμων, ὁ or ἡ. *Evil spirit:* P. and V. κᾰκὸς δαίμων, cf. Æsch., *Pers.* 354. *Apparition:* P. and V. φάσμᾰ, τό, εἴδωλον, τό, εἰκών, ἡ, φάντασμα, τό, V. σκιά, ἡ, ὄψῐς, ἡ, δόκησις, ἡ.

Spirit away, v. trans. *Conjure away:* P. and V. ἐξεπᾴδειν. *Put out of the way:* P. and V. ἀφᾰνίζειν, ὑπεξαιρεῖν.

Spirited, adj. P. θυμοειδής; see *bold. Vigorous:* P. and V. νεᾱνῐκός. *Energetic:* P. σφοδρός.

Spiritless, adj. *Dejected:* P. and V. ἄθῡμος (Xen.), V. δύσθυμος, βᾰρύψῡχος; see also *cowardly.*

Spiritual, adj. *Concerning the soul:* P. ψυχικός (Aristotle). *Concerning the gods:* P. and V. θεῖος. *Holy:* P. and V. ἱερός.

Spirt, v. and subs. See *spurt.*

Spit, subs. *For piercing meat, etc.:* V. ὀβελός, ὁ, ἀμφώβολος, ὁ. *Little spit:* Ar. and P. ὀβελίσκος, ὁ. *Tongue of land:* P. and V. αὐχήν, ὁ (Xen. and Eur., *El.* 1288), ἰσθμός, ὁ. *Point of rock:* V. στόνυξ, ὁ (Eur., *Cycl.* 401).

Spit, v. trans. *Pierce with a spit:* Ar. ἀνᾰπείρειν, ἀνᾰπηγνύναι; see *pierce.* V. intrans. P. and V. πτύειν (Xen.). *Spit at:* P. καταπτύειν (gen.), διαπτύειν (acc.). *Spit out:* Ar. ἐκπτύειν.

Spite, subs. P. and V. φθόνος, ὁ. *Ill-will:* P. and V. δύσνοια, ἡ, δυσμένεια, ἡ, P. ἀπέχθεια, ἡ, κακόνοια, ἡ. *Bitterness:* P. and V. πικρότης, ἡ. *In spite of* (a person): P. and V. βίᾳ (gen.), V. πρὸς βίαν (gen.). *Yet in spite of such disadvantages I brought into alliance with you Euboeans, Achaeans, etc.:* P. ἀλλ' ὅμως ἐκ τοιούτων ἐλασσωμάτων ἐγὼ συμμάχους μὲν ὑμῖν ἐποίησα Εὐβοέας Ἀχαιούς, κ.τ.λ. (Dem. 306). (*The people*) *did not elect you in spite of your fine voice*: P. οὐ σὲ ἐχειροτόνησε καίπερ εὔφωνον ὄντα (Dem. 320).

Spiteful, adj. P. and V φθονερός, ἐπίφθονος *Unfriendly*: P. and V. δύσνους, δυσμενής, Ar. and P. κᾰκόνους, κᾰκοήθης, V. δύσφρων, κᾰκόφρων. *Bitter*: P. and V. πικρός.

Spitefully, adv. P. φθονερῶς, ἐπιφθόνως. *Maliciously*: P. and V. πικρῶς.

Spitefulness, subs. See *spite*.

Spittle, subs. P. σίαλον, τό (Xen.).

Splash, v. trans. See *wet*, *sprinkle*. V. intrans. V. ῥοθεῖν. *Splash with the oar*: Ar. πῐτῠλεύειν.

Splash, subs. V. πῐ́τῠλος, ὁ, ῥόθος, ὁ.

Spleen, subs. Ar. σπλήν, ὁ. Met., *of anger*: see *anger*.

Splendid, adj. P. and V. λαμπρός, σεμνός, εὐπρεπής, Ar. and P. μεγᾰλοπρεπής; see also *bright*.

Splendidly, adv. P. and V. λαμπρῶς, σεμνῶς, P. μελαγοπρεπῶς.

Splendour, subs. P. λαμπρότης, ἡ, μεγαλοπρέπεια, ἡ, P. and V. σεμνότης, ἡ, τὸ σεμνόν. *Pomp*: P. and V. σχῆμα, τό, πρόσχημα, τό, V. ἀγλάϊσμα, τό, χλῐδή, ἡ; see also *brightness*, *glory*.

Splice, v. trans. P. and V. σῠνάπτειν; see *join*.

Splinter, subs. *Piece torn off*: V. θραῦσμα, τό, ἀγή, ἡ. *Piece of wreckage*: P. and V. ναυάγια, τά.

Splinter, v. trans. P. and V. κᾰταγνῦναι, Ar. and V. θραύειν (also Plat. but rare P.), V. συνθραύειν, ἀγνῦναι; see *shiver*, *break*. V. intrans. See *shiver*, *break*.

Split, v. trans. *Cleave*: P. and V. σχίζειν, τέμνειν, διᾰτέμνειν, P. διασχίζειν. *Break*: P. and V. κᾰταρρηγνῦναι, κᾰταγνῦναι; see *break*. *Divide*: P. and V. διαιρεῖν, διᾰλαμβάνειν; see *divide*. *Split hairs*, met.: P. and V. λεπτουργεῖν, Ar. λεπτολογεῖν. *Split up small*: P. κερματίζειν, κατακερματίζειν. V. intrans. P. and V. διίστασθαι, σχίζεσθαι. *Split up*, *crack*: P. and V. κᾰτάγνυσθαι, V. ἄγνυσθαι; see *break*. *Be at variance*: P. διίστασθαι, Ar. and P. στᾰσιάζειν, V. δῐχοστᾰτεῖν. *Separate*, *go different ways*: P. and V. διίστασθαι, χωρίζεσθαι, Ar. and P. διακρῐ́νεσθαι. *Split with rage*, met.: Ar. and P. διαρρήγνυσθαι.

Split, adj. *Cleft*: P. and V. σχιστός (Plat.). *Split in two*: V. διαρρώξ, δῐχορρᾰγής.

Split, subs. *Hole*: Ar. and P. τρῆμα, τό. *Chasm*: P. and V. χάσμᾰ, τό. Met., *division*, *variance*: P. and V. στᾰ́σῐς, ἡ. *Quarrel*: P. and V. ἔρῐς, ἡ, διᾰφορά, ἡ.

Splutter, v. intrans. *Hiss*: P. and V. σῡρίζειν.

Spoil, v. trans. *Plunder*: P. and V. πορθεῖν, διᾰπορθεῖν, ἐκπορθεῖν, ἁρπάζειν, ἀναρπάζειν, διαρπάζειν, σῡλᾶν, λῄζεσθαι, φέρειν, P. ἄγειν καὶ φέρειν, διαφορεῖν, λῃστεύειν, V. πέρθειν, ἐκπέρθειν (also Plat. but rare P.); see *plunder*. *Strip the dead of arms*: P. and V. σκῡλεύειν. *Ravage*: P. and V. δῃοῦν, τέμνειν, P. κείρειν, κακουργεῖν, ἀδικεῖν. *Deprive*: P. and V. ἀποστερεῖν. V. ἀποστερίσκειν; see *deprive*. *Ruin*, *injure*: P. and V. διαφθείρειν, λῡμαίνεσθαι (acc. or dat.); see *injure*. *We will entreat him not to spoil the meeting*: P. δεησόμεθα αὐτοῦ . . . μὴ διαφθείρειν τὴν συνουσίαν (Plat., *Prot.* 338D). *Pamper*: P. διαθρύπτειν, V. ἁβρῡ́νειν. *Be spoiled*, *pampered*: P. and V. τρῠφᾶν. *Disgrace*: P. and V. αἰσχῡ́νειν, κᾰταισχῡ́νειν, μιαίνειν. V. intrans. *Be injured*: P. and V. διαφθείρεσθαι. *Be spoiling* (*be eager*) *for a fight*, P. πολεμησείειν; *at sea*, P. ναυμαχησείειν.

Spoil, subs. *Plunder*: P. and V. λεία, ἡ, ἁρπᾰγή, ἡ. *Arms taken from* *the dead*: P. and V. σκῦλα, τά, σκῦλεύματα, τά, V. λᾰφῦρα, τά. *Booty, prey*: P. and V. ἄγρα, ἡ (Plat. but rare P.), ἄγρευμα, τό (Xen.); see *prey*.

Spoiler, subs. P. and V. λῃστής, ὁ, V. σῦλήτωρ, ὁ, πορθήτωρ, ὁ, ἐκπορθήτωρ, ὁ, ἀναστᾰτήρ, ὁ.

Spoiling, subs. *Plundering*: P. and V. ἁρπᾰγή, ἡ, P. πόρθησις, ἡ, σύλησις, ἡ. *Ruining*: P. and V. διαφθορά, ἡ.

Spoken, adj. *That may be spoken*: V. ῥητός, Ar. and V. λεκτός.

Spokesman, subs. Use *speaker, interpreter*. *Put forward as a spokesman*, v.: P. προτάσσειν (acc.).

Spoliation, subs. P. and V. ἁρπᾰγή, ἡ, P. λῃστεία, ἡ, πόρθησις, ἡ, σύλησις, ἡ. *Deprivation*. P. στέρησις, ἡ, ἀποστέρησις, ἡ.

Sponge, subs. Ar. and P. σπογγιά, ἡ, Ar. and V. σπόγγος, ὁ.

Sponge, v. trans. Ar. and P. σπογγίζειν. *Sponge upon*, met.: P. and V. ὑποτρέχειν (acc.), ὑπέρχεσθαι (acc.).

Spongy, adv. P. σομφός (Aristotle).

Sponsor, subs. Ar. and P. ἐγγυητής, ὁ; see *security*.

Spontaneity, subs. *Zeal*: P. and V. σπουδή, ἡ, προθῡμία, ἡ. *Initiative, daring*: P. and V. τόλμᾰ, ἡ.

Spontaneous, adj. *Automatic, acting of itself*: P. and V. αὐτόμᾰτος. *Voluntary*: P. and V. ἑκούσιος, αὐθαίρετος, αὐτεπάγγελτος.

Spontaneously, adv. *Without external agency*: P. ἀπὸ τοῦ αὐτομάτου. *Voluntarily*: P. and V. ἑκουσίως, or use adj.

Spoon, subs. Ar. and P. τορύνη, ἡ.

Sporadic, adj. P. and V. σποράς.

Sporadically, adv. P. σποράδην.

Sport, subs. *Play*: P. and V. παιδιά, ἡ. *In drunken sport*: P. μετὰ παιδιᾶς καὶ οἴνου (Thuc. 6, 28). *Speak in sport* (as opposed to *in earnest*): P. and V. παίζων λέγειν. *Amusement*: P. and V. διατρῐβή, ἡ. *Hunting*: P. and V. θήρα, ἡ (Plat.), ἄγρα, ἡ (Plat.), V. κῠνηγία, ἡ. Met., *sport of, plaything of*: Ar. and P. παίγνιον, τό (gen.), or use *prey*. *Object of mockery*: P. and V. γέλως, ὁ, κᾰτᾰγέλως, ὁ, V. ὕβρισμα, τό.

Sport, v. intrans. P. and V. παίζειν, V. ἀθύρειν (also Plat. but rare P.). *Frisk about*: P. and V. σκιρτᾶν.

Sportive, adj. Ar. and P. φῐλοπαίσμων, P. παιδῐκός. Met., *merry*: V. εὔφρων.

Sportively, adv. P. παιδικῶς.

Sportsman, subs. *Athlete*: P. and V. ἀθλητής, ὁ (Eur., *Frag.*). *Hunter*: P. and V. κῠνηγέτης, ὁ, V. κῠνᾱγός, ὁ.

Sportsmanship, subs. *Hunting*: P. ἡ θηρευτική, κυνηγέσιον, τό.

Spot, subs. P. and V. τόπος, ὁ, χώρα, ἡ, Ar. and P. χωρίον, τό, Ar. and V. χῶρος, ὁ. *The weak spots* (*in anything*): P. τὰ σαθρά. *Stain, defilement*: P. and V. κηλίς, ἡ; see *stain*. *On the spot* (*place*): P. and V. αὐτοῦ, Ar. and P. αὐτόθῐ. *From the spot*: P. and V. αὐτόθεν. *To the spot*: Ar. and P. αὐτόσε. *On the spot* (*of time*): P. and V. αὐτίκᾰ, πᾰραυτίκᾰ; see *immediately*.

Spot, v. trans. *Stain*: P. and V. μιαίνειν; see *stain*.

Spotless, adj. *Pure*: P. and V. κᾰθᾰρός, ἀκήρᾰτος (rare P.), ἁγνός (rare P.), ἀκέραιος, V. ἀκραιφνής, ἄθικτος; see *pure*. Of a victim for sacrifice: V. ἐντελής.

Spotlessly, adv. P. κᾰθᾰρῶς, P. and V. ἀμέμπτως.

Spotlessness, subs. P. καθαρότης, ἡ, ἁγνεία, ἡ, V. ἅγνευμα, τό.

Spotted, adj. *Dappled*: P. and V. ποικῐλος, Ar. and V. αἰόλος, V. στικτός, κᾰτάστικτος.

Spouse, subs. *Husband*: P. and V. ἀνήρ, ὁ, Ar. and V. πόσῐς, ὁ, V. ἀκοίτης, ὁ, εὐνᾰτωρ, ὁ, σύλλεκτρος, ὁ, σύνᾰορος, ὁ; see *husband*. *Wife*: P. and V. γῠνή, ἡ, Ar. and V. ἄλοχος, ἡ, V. σύνευνος, ἡ, ἄκοιτις, ἡ, σύλλεκτρος, ἡ, εὖνις, ἡ, δάμαρ, ἡ; see *wife.*

Spousals, subs. See *marriage, betrothal.*

Spout, v. intrans. P. and V. ἀπορρεῖν, V. κηκίειν; see *spurt.* V. trans. V. φυσᾶν, ἐκφυσᾶν, ἐκφυσιᾶν. Met., *declaim:* Ar. and P. ῥαψῳδεῖν (acc. or absol.).

Spout, subs. *Nozzle:* use P. τὸ προέχον. *Pipe:* P. αὐλός, ὁ.

Sprain, v. trans. *Dislocate:* Ar. ἐκκοκκίζειν. *He has sprained his ankle:* Ar. τὸ σφύρον ἐξεκόκκισε *Ach.* 1179). *Be sprained:* P. διαστρέφεσθαι. *Have one's feet sprained:* V. τοὺς πόδας σπασθῆναι (aor. pass. of σπᾶν) (Eur., *Cycl.* 638).

Sprain, subs. P. στρέμμα, το, σπάσμα, τό.

Sprawl, v. intrans. *Lie:* P. and V. κεῖσθαι. *Be stretched:* P. and V. τείνεσθαι

Sprawling, adj. Use P. and V. ὕπτιος, V. πάρaορος.

Spray, subs. P. and V. ἀφρός, ὁ (Plat. *Tim.* 83D), ζάλη, ἡ (Plat.), V. πέλανος, ὁ.

Spread, subs. *Increase:* P. ἐπίδοσις, ἡ.

Spread, v. trans. *Stretch out:* P. and V. τείνειν, ἐκτείνειν. *Strew:* P. and V. στορεννύναι, Ar. and V. στορνύναι. *Circulate* (*rumours, etc.*): P. and V. διαγγέλλειν, διασπείρειν, Ar. and V. σπείρειν, P. κατασκεδαννύναι. *Spread reports* (absol.): P. διαθροεῖν, λογοποιεῖν. *Diffuse:* P. and V. διασπείρειν, διαδιδόναι, V. ἐνδατεῖσθαι, Ar. and V. σπείρειν. *Spread* (*a table, etc.*): use Ar. and P. παρατιθέναι. *Let a rich table be spread for you:* V. σοὶ πλουσία τράπεζα κείσθω (Soph., *El.* 361). *Spread out:* Ar. διαπεταννύναι. *Stretch out:* P. and V. τείνειν, ἐκτείνειν. *Spread out the hands:* V. ἀναπτύσσειν χέρας. *Lengthen:* P. and V. τείνειν, ἐκτείνειν, μηκύνειν; see *prolong.* *Spread over:* Ar. and P. καταπεταννύναι (τινά τινι), V. ὑπερτείνειν (τί τινος). *Spread under:* P. and V. ὑποστορεννύναι (Xen., also Ar.). V. intrans. *Extend:* P. and V. τείνειν. *To prevent the earth from spreading far:* P. ὅπως μὴ διαχέοιτο ἐπὶ πολὺ τὸ χῶμα (Thuc. 2, 75). *Afterwards it* (*the plague*) *spread also to the upper city:* P. ὕστερον δὲ καὶ εἰς τὴν ἄνω πόλιν ἀφίκετο (Thuc. 2, 48). *Spread* (*of rumours, etc.*): P. and V. διέρχεσθαι, V. ἐπέρχεσθαι. *Increase:* Ar. and P. ἐπιδιδόναι. *Spread among* (*of rumours, etc.*): P. and V. διέρχεσθαι (acc.), V. διήκειν (acc.). *Spread over* (*of a disease*): P. ἐπινέμεσθαι (acc.) (Thuc. 2, 54). *Spread round:* P. περιτείνεσθαι.

Spread, adj. Of a bed: V. στρωτός. *Ill-spread:* V. κακόστρωτος.

Sprig, subs. *Branch:* P. and V. πτόρθος, ὁ (Plat.), κλών, ὁ (Plat.); see *branch.* *Plucking sprigs of tender myrtle for his head:* V. δρέπων τερείνης μυρσίνης κάρᾳ πλόκους (Eur., *El.* 778).

Sprightliness, subs. P. and V. εὐθυμία, ἡ (Xen.).

Sprightly, adv. Ar. and P. ἱλαρός (Xen.), P. εὔθυμος. *Sprightly* (*of looks*): P. and V. φαιδρός, V. λαμπρός, φαιδρωπός, Ar. and V. εὐπρόσωπος (also Xen.). *Making glad:* P. and V. ἡδύς, V. εὔφρων. *Loving sport:* Ar. and P. φιλοπαίσμων.

Spring, subs. *Season of year:* P. and V. ἔαρ, τό, ὥρα, ἡ. *Of spring,* adj.: P. ἐαρινός (Xen.), Ar. and V. ἠρινός. *Spring time, bloom,* met.: P. and V. ὥρα, ἡ, ἀκμή, ἡ. *Spring* (*of water*): P. and V. πηγή, ἡ, κρήνη, ἡ, Ar. and V. νᾶμα, τό (also Plat. but rare P.), κρουνός, ὁ, V. νασμός, ὁ, νοτίς, ἡ, κρηναῖον γάνος. *Of a spring,* adj.: P. and V. πηγαῖος (Plat. but rare P.), V. κρηναῖος. *Spring, source, origin,* met.: P. and V. ἀρχή, ἡ, πηγή, ἡ

(Plat.). ῥίζᾰ, ἡ. *Spring, leap*: V. πήδημα, τό, ἅλμᾰ, τό (also Plat. but rare P.), ἐκπήδημα, τό, σκίρτημα, τό.

Spring, v. intrans. *Issue*: P. and V. ἐκβαίνειν, συμβαίνειν, γίγνεσθαι. *Spring from*: P and V. γίγνεσθαι ἐκ (gen.), φύεσθαι, ἐκ (gen.), V. ἐκφύεσθαι (gen.), ἐκγίγνεσθαι (gen.). *Spring up*: P. and V. ἀνίεσθαι; see *grow*. *Come into being*: P. and V. φαίνεσθαι, γίγνεσθαι, Ar. and P. ἀνᾰφαίνεσθαι. *Those of the sophists who have lately sprung up*: P. οἱ ἄρτι τῶν σοφιστῶν ἀναφυόμενοι (Isoc. 295A). *Spring up among*: P. ἐγγίγνεσθαι (dat.). *Spring, leap*: P. and V. πηδᾶν (Plat.), ἅλλεσθαι (Plat.), ἐκπηδᾶν (Plat.), σκιρτᾶν (Plat.), V. θρώσκειν, ἐκθρώσκειν. *Spring aside*: P. ἀποπηδᾶν (Plat.). *Spring down*: P. καταπηδᾶν (Xen.). *Spring off*: Ar. and V. ἀφάλλεσθαι (ἐκ, gen.). *Spring on*: P. and V. ἐνάλλεσθαι (dat. or εἰς, acc. or absol.), Ar. and P. ἐπῐπηδᾶν (dat.), V. ἐνθρώσκειν (dat.), ἐπενθρώσκειν (dat.), ἐπιθρώσκειν (gen.). *Spring out*: P. and V. ἐκπηδᾶν (Plat.), V. ἐκθρώσκειν; see *dash out*. *Spring over*: Ar. ὑπερπηδᾶν (acc.), Ar. and P. δῐᾰπηδᾶν (acc. or absol.), V. ὑπερθρώσκειν (acc. or gen.). *Spring up*: Ar. and V. ἀνᾴσσειν, Ar. and P. ἀνᾰπηδᾶν. *Spring a leak*: use V. ἄντλον δέχεσθαι. *Many torches sprang into light*: V. πολλοὶ ἀνῆλθον . . . λαμπτῆρες (Æsch., *Choe.* 536).

Sprinkle, v. trans. V. ῥαίνειν, πᾰλύνειν, Ar. πάσσειν, προσραίνειν. *Wet*: P. and V. τέγγειν (Plat.), ὑγραίνειν (Plat.), βρέχειν (Plat.), νοτίζειν (Plat. and Æsch., *Frag.*), V. ὑδραίνειν, ὑγρώσσειν. *Sprinkle in*: P. ἐμπάσσειν. *Sprinkle over*: P. ἐπιπάσσειν, V. κᾰταστάζειν. *Sprinkle with blood*: P. and V. κᾰθαιμάσσειν (Plat.); see under *blood*. *Sprinkling with your hand the waters of Achelous from golden vessels*: V. ἐκ χρυσηλάτων τευχέων χερὶ σπείρουσαν Ἀχελῴου δρόσον (Eur., *And.* 166). *Sprinkling the altars with the same lustral water*: Ar. μιᾶς ἐκ χέρνιβος βωμοὺς περιρραίνοντες (*Lys.* 1129).

Sprinkling, subs. P. περίρρανσις, ἡ (Plat. *Crat.* 405B). *Sprinkling of rain*: P. and V. ψᾰκάς, ἡ (Xen., also Ar.); see *drop*. *Vessel for sprinkling*: V. ἀπορραντήριον, τό.

Sprout, v. intrans. P. and V. βλαστάνειν (rare P.), V. ἐξορμενίζειν (Soph., *Frag.*), κλημᾰτοῦσθαι (Soph., *Frag.*). *Of hair*: V. ἀντέλλειν (ἀνατέλλειν) (Æsch., *Theb.* 535).

Sprout, subs. P. and V. βλάστημα, τό (Isoc.), βλάστη, ἡ (Plat.), πτόρθος, ὁ (Plat.), V. ἔρνος, τό.

Sprouting, subs. *In the sprouting of the ear*: V. κάλυκος ἐν λοχεύμασι (Æsch., *Ag.* 1392). *About the time of the sprouting of the ear*: P. περὶ σίτου ἐκβολήν (Thuc. 4, 1).

Spruce, adj. P. and V. εὐπρεπής, κᾰλός, Ar. and P. χᾰρίεις. *Make oneself look spruce*: Ar. and P. καλλωπίζεσθαι. *Orderly*: P. and V. κόσμιος, εὔκοσμος.

Spruceness, subs. *Beauty*: P. and V. κάλλος, τό, P. εὐπρέπεια, ἡ.

Spume, subs. See *foam*.

Spur, subs. Lit. and Met., P. and V. κέντρον, τό. *Of a cock*: Ar. πλῆκτρον, τό. *Reproaches are as a spur to the wise*: V. ὀνείδη τοῖς σώφροσιν ἀντίκεντρα γίγνεται (Æsch., *Eum.* 136). *On the spur of the moment*: P. ἀπὸ βραχείας διανοίας; see *off-hand*.

Spur, v. trans. Lit. and Met., P. and V. κεντεῖν, P. κεντρίζειν (Xen.). *Urge on*: P. and V. ἐπῐκελεύειν, ἐγκελεύειν, ἐποτρύνειν; see *urge on*.

Spurious, adj. Of coin: P. and V. κίβδηλος, Ar. and P. πᾰράσημος. Met., *counterfeit*: P. and V. κίβδηλος, Ar. and P. πᾰράσημος, P. νόθος. *Feigned, sham*: P. and V. πλαστός (Xen.), V. ποιητός, P.

προσποιητός; see *fictitious*. *Supposititious*: V. ὑπόβλητος, πλαστός, P. ὑποβολιμαῖος.

Spurn, v. trans. *With the foot*: P. and V. λακτίζειν, V. ἀπολακτίζειν. *If he should spurn me from his knees I should incur a further pain*: P. εἰ . . . γονάτων ἀπώσαιτ' ἄλγος αὖ προσθείμεθ' ἄν (Eur., *Hec.* 742). *Trample on*: P. and V. πᾰτεῖν (Plat. also Ar.) (acc.), P. καταπατεῖν (acc.), V. κᾰθιππάζεσθαι (acc.), λὰξ πᾰτεῖν (acc.); see *trample*. *Despise*: P. and V. κᾰταφρονεῖν (acc. or gen.), ὑπερφρονεῖν (acc. or gen.), P. ὀλιγωρεῖν (gen.), ὑπερορᾶν (acc. or gen.), Ar. and V. ἀποπτύειν. *Neglect*: P. and V. ἀμελεῖν (gen.), πᾰρᾰμελεῖν (gen.); see *disregard*.

Spurt, v. trans. V. φῡσᾶν, ἐκφῡσᾶν, ἐκφῡσιᾶν. V. intrans. P. and V. ἀπορρεῖν, V. κηκίειν. *Spurt up*: V. ἀναζεῖν. *Streams of blood spurted into the sea*: V. αἵματος δ' ἀπορροαί ἐς οἶδμ' ἐσηκόντιζον (Eur., *Hel.* 1587). *Spurt over*: Ar. and P. κᾰτᾰχεῖν (τί τινος), V. κᾰταστάζειν (τί τινος). *Rush forward*: P. προτρέχειν.

Spurt, subs. V. ἀπορροή, ἡ, κηκῖς, ἡ, φύσημα, τό (Eur., *I. A.* 1114). *Rush*: P. and V. δρόμος, ὁ, ὁρμή, ἡ.

Sputter, v. intrans. *In the fire*: V. ἀναπτύειν.

Spy, subs. P. and V. κᾰτάσκοπος, ὁ, σκοπός, ὁ (Thuc. 8, 100 and 103), V. ὀπτήρ, ὁ, κᾰτοπτήρ, ὁ, κᾰτόπτης, ὁ; see *scout*.

Spy, v. trans. See *behold*. *Spy out*: P. and V. κᾰτασκοπεῖν (acc.), κᾰτοπτεύειν (acc.) (Xen.), V. παπταίνειν (acc.). *Spy upon*: see *watch*. *Spying upon my track*: V. δεδορκὼς τοὺς ἐμοὺς κατὰ στίβους (Æsch., *P. V.* 679).

Spying, subs. P. and V. κᾰτασκοπή, ἡ.

Squabble, subs. and v. intrans. See *quarrel*.

Squad, subs. See *squadron*.

Squadron, subs. P. and V. τάξῐς, ἡ. *Squadron (of horse or ships)*: P. τέλος, τό; see *troop*.

Squalid, adj. P. and V. αὐχμηρός, Ar. and V. δυσπῑνής, ἄλουτος, V. πῑνώδης, αὐχμώδης. *Be squalid*, v.: Ar. and P. αὐχμεῖν. *Miserable, wretched*: P. and V. φαῦλος, κᾰκός, Ar. and P. μοχθηρός, πονηρός, V. δείλαιος.

Squalidly, adv. P. and V. κᾰκῶς, P. μοχθηρῶς, πονηρῶς.

Squall, subs. *Of wind*: P. πολὺς ἄνεμος, Ar. and P. πρηστήρ, ὁ (Xen.). *Storm*: P. and V. χειμών, ὁ, V. χεῖμα, τό, Ar. and V. τῡφώς, ὁ, θύελλα, ἡ; see *storm*.

Squall, subs. and v. intrans. See *scream*.

Squalor, subs. Ar. and P. αὐχμός, ὁ, V. ἀλουσία, ἡ, πῖνος, ὁ, P. ῥύπος, τό: see *uncleanness*.

Squander, v. trans. P. and V. ἐκχεῖν, V. ἀντλεῖν, διασπείρειν. *Spend*: P. and V. ἀνᾱλίσκειν, ἀνᾱλοῦν. *Fling away*: P. and V. προπῑνειν, P. προΐεσθαι. *Squander one's property*: P. οἰκοφθορεῖν (Plat.).

Squandering, subs. *Expenditure*: P. and V. ἀνάλωμα, τό. *Squandering of one's property*: P. οἰκοφθορία, ἡ (Plat.).

Square, adj. P. τετράγωνος.

Square, subs. P. τετράγωνον, τό. *Carpenter's implement*: P. γωνία, ἡ (Plat.). *Square number*: P. τετράγωνος ἀριθμός, ὁ. *Square root*: P. δύναμις, ἡ. *Collecting the heavy-armed troops into a square*: P. συναγαγὼν . . . εἰς τετράγωνον τάξιν τοὺς ὁπλίτας (Thuc. 4, 125). *Be drawn up in square*, P. ἐν πλαισίῳ τετάχθαι (Thuc. 7, 78).

Square, v. trans. P. τετραγωνίζειν. *Huge stones squared in the cutting*: P. μεγάλοι λίθοι καὶ ἐν τομῇ ἐγγώνιοι (Thuc. 1, 93). *Square (with), correspond with*: P. and V. συμβαίνειν (dat.), συμπίπτειν (dat.), συντρέχειν (dat.), συμφέρειν, or pass. (dat.), P. συμφωνεῖν (dat.); see *correspond.*

Squash, v. trans. *Squeeze*: Ar. and P. θλίβειν, πιέζειν.

Squat, v. intrans. P. ὀκλάζειν (Xen.).

Squat, adj. See *short.*

Squeak, v. intrans. P. and V. ψοφεῖν. *Squeak of animals*: use P. and V. φθέγγεσθαι, V. κλάζειν.

Squeak, subs. P. and V. ψόφος, ὁ. *Squeak of an animal*: P. and V. φθέγμᾰ, τό, φθόγγος, ὁ; see *cry.*

Squeal, subs. and v. intrans. See *cry.*

Squeamish, adj. *Hesitating*: P. ὀκνηρός; see *scrupulous.*

Squeamishness, subs. *Hesitation*: P. and V. ὄκνος, ὁ; see *scruple.*

Squeeze, v. trans. Ar. and P. πιέζειν, θλίβειν, P. συμπιέζειν (Plat.). *Compress*: P. συνωθεῖν (Plat.). *Embrace*: P. and V. ἔχεσθαι (gen.), ἀντέχεσθαι (gen.), λαμβᾰ́νεσθαι (gen.); see *embrace*. *Squeeze through*: Ar. and P. διᾰδύεσθαι διᾰ́ (gen.).

Squib, subs. *Pasquinade*: Ar. and P. ἴαμβοι, οἱ.

Squinting, adj. Ar. ἰλλός.

Squire, subs. P. and V. ὑπηρέτης, ὁ, ὑπασπιστής, ὁ (Xen.), V. ὀπᾱδός, ὁ, ὀπᾱ́ων, ὁ, ὑπασπιστήρ, ὁ.

Squirt, v. trans. V. φῡσᾶν, ἐκφῡσᾶν, ἐκφῡσιᾶν, or use *pour*. *Squirt over*: Ar. and P. κᾰτᾰχεῖν (τί τινος) κᾰτασκεδαννῠ́ναι (τί τινος). V. intrans. Use P. and V. ἀπορρεῖν, V. κηκῑ́ειν.

Stab, v. trans. P. and V. κεντεῖν.

Stab, subs. *Blow*: P. and V. πληγή, ἡ; see *blow*. *Wound*: P. and V. τραῦμα, τό.

Stability, subs. P. βεβαιότης, ἡ. *Safety*: P. and V. ἀσφᾰ́λεια, ἡ, σωτηρία, ἡ. *Steadfastness*: P. καρτερία, ἡ, καρτέρησις, ἡ. *The city will be thought to be fickle and lacking in stability*: P. μεταβάλλεσθαι δόξει καὶ οὐδὲν ἔχειν πιστὸν ἡ πόλις (Dem. 205).

Stable, adj. *Firm*: P. and V. βέβαιος, ἀσφᾰλής, ἰσχῡρός. V. ἔμπεδος. *Steadfast*: P. and V. καρτερός, P. μόνιμος. *Trustworthy*: P. and V. πιστός, ἀσφᾰλής, βέβαιος, ἐχέγγυος (Thuc. but rare P.). φερέγγυος (Thuc. but rare P.).

Stable, subs. V. σταθμός, ὁ, ἱππόστᾰσις, ἡ, μάνδρα, ἡ (Soph., *Frag.*); see *stall*. *Crib*: P. and V. φάτνη, ἡ.

Stable, v. trans. *Take and stable these steeds*: V. τούσδ' ὄχους . . . φάτναις ἄγοντες πρόσθετε (Eur., *El.* 1135).

Stablish, v. trans. See *establish.*

Stack, subs. See *heap.*

Stack, v. trans. See *collect, heap.* *Stack arms*: P. ὅπλα τίθεσθαι.

Stade, subs. Ar. and P. στᾰ́διον, τό.

Staff, subs. Ar. and P. ῥᾰ́βδος, ἡ, βακτηρία, ἡ, V. βάκτρον, τό, σκῆπτρον, τό, Ar. σκῑ́πων, ὁ, βακτήριον, τό, met.; see *support*. *The staff* (*of a general*): use P. οἱ περί (στρατηγόν).

Stag, subs. P. and V. ἔλᾰφος, ὁ. *Fawn*: Ar. and V. νεβρός, ὁ.

Stage, subs. *Landing-stage*: P. χῶμα, τό. *On a journey*: P. σταθμός, ὁ (Xen.). *Theatre*: Ar. and P. θέᾱτρον, τό. *Stage in a theatre*: Ar. and P. σκηνή, ἡ. *On the stage*: P. ἐπὶ τῆς σκηνῆς. Met., *the next stage*: P. τὸ ἑξῆς, τὸ ἐφεξῆς, lit., *the thing next in order*. *The last stage of*: use adj., P. and V. ἔσχᾰτος, agreeing with subs. *Succession*: P. and V. διᾰδοχή, ἡ.

Stage, adj. *Theatrical*: use P. ἀπὸ τῆς σκηνῆς.

Stage, v. trans. *Produce on the stage* (*of a play*): Ar. and P. δῐδάσκειν. *Furnish the properties* (*for a play*): Ar. and P. χορηγεῖν (dat.).

Stagger, v. intrans. Ar. and P. ἰλιγγιᾶν, σφάλλεσθαι (Xen.). *Reel before an attack*: P. κλίνεσθαι; see *reel*. *Swoon*: P. λιποψυχεῖν. V. προλείπειν; see *swoon*. *She staggers back*: V. λεχρία πάλιν χωρεῖ (Eur., *Med.* 1168). *Be distressed:* P. and V. κάμνειν; see *labour.* V. trans. P. and V. ἐκπλήσσειν, ἐξιστάναι, P. καταπλήσσειν; see *dismay.*

Stagger, subs. P. ἴλιγγος, ὁ.

Staggering, adj. *Reeling:* P. and V. πάράφορος.

Staging, subs. *Of a play:* P. χορηγία, ἡ.

Stagnant, adj. P. στάσιμος (Xen.). *When the lake gets stagnant:* Ar. ὅταν μὲν ἡ λίμνη καταστῇ (*Eq.* 865).

Stagnate, v. intrans. Met., P. and V. ἀργεῖν.

Stagnation, subs. Met., P. and V. ἀργία, ἡ.

Staid, adj. P. and V. σεμνός, κόσμιος.

Staidly, adv. P. and V. σεμνῶς, Ar. and P. κοσμίως.

Staidness, subs. P. and V. τὸ σεμνόν, εὐκοσμία, ἡ, Ar. and P. κοσμιότης, ἡ.

Stain, v. trans. *Dye:* P. and V. βάπτειν. *Defile:* P. and V. μιαίνειν, P. καταρρυπαίνειν, V. χραίνειν (also Plat. but rare P.), κηλῖδοῦν, χρώζειν; see *defile. Mar, disgrace:* P. and V. αἰσχύνειν, κăταισχῦνειν, λῡμαίνεσθαι (acc. or dat.).

Stain, subs. *Taint:* P. and V. κηλίς, ἡ. *Defilement* (*of blood*): P. and V. μίασμα, τό, ἄγος, τό, V. μύσος, τό, λῦμα, τό, κηλίς, ἡ. *Disgrace:* P. and V. αἰσχύνη, ἡ, ὄνειδος, τό, ἀτῑμία, ἡ, V. αἶσχος, τό. *Dye:* P. and V. βăφή, ἡ, Ar. and P. βάμμă, τό; see *dye. Colour:* P. and V. χρῶμα, τό; see *colour.*

Stainless, adj. P. and V. κăθăρός, Met., P. and V. κăθăρός, ἀκήρăτος (rare P.), ἁγνός (rare P.), ἀκέραιος, ἄμεμπτος, V. ἀκραιφνής, ἄθικτος; see *pure.*

Stainlessly, adv. P. καθαρῶς, P. and V. ἀμέμπτως.

Stainlessness, subs. P. καθαρότης, ἡ, ἁγνεία, ἡ, V. ἅγνευμα, τό.

Stair, subs. P. ἀναβαθμός, ὁ (Hdt.). *Step, rung:* P. and V. βάθρον, τό; see *step.*

Staircase, subs. Use P. and V. κλῖμαξ, ἡ (lit., *ladder*).

Stake, subs. *Pile:* Ar. and P. χάραξ, ὁ or ἡ, P. σταυρός, ὁ, V. σκόλοψ, ὁ (also Xen.). *Who is it that is about to face the stake or stoning?* V. τίς ἔσθ' ὁ μέλλων σκόλοπος ἢ λευσμοῦ τυχεῖν; (Eur., *Frag.*). *Something contended for:* P. and V. ἀγών, ὁ. *Play for high stakes:* P. περὶ μεγάλων ἀγωνίζεσθαι (Thuc. 8, 52). *Pledge:* Ar. and P. ἐνέχῡρον, τό. *Be at stake*, v.: Ar. and P. κινδῡνεύειν, P. κινδυνεύεσθαι, P. and V. ἀγωνίζεσθαι; see *be in danger*, under *danger.*

Stake, v. trans. *Stake out, fix by boundaries:* P. and V. ὁρίζειν (or mid.). *Hazard:* Ar. and P. πăρăβάλλεσθαι, πăρăκινδῡνεύειν, κινδῡνεύειν (dat. or περί, gen. or cognate acc.), V. πăραρρίπτειν, προβάλλειν, P. ὑποτιθέναι; see *wager.*

Stale, adj. Ar. and P. σαπρός. Met., P. ἕωλος, P. and V. ἀρχαῖος, πăλαιός.

Staleness, subs. Met., P. and V. πăλαιότης, ἡ, P. ἀρχαιότης, ἡ.

Stalk, v. trans. *Hunt:* P. and V. θηρᾶν (or mid.) (Xen.); see *hunt.* V. intrans. P. and V. βăδίζειν (rare V.), Ar. and V. βαίνειν; see *go, walk. Swagger about:* Ar. and P. περῐνοστεῖν.

Stalk, subs. *Of a plant, etc.:* Ar. and P. καυλός, ὁ (Plat.). *Of corn:* P. καλάμη, ἡ (Xen.).

Stall, subs. *Crib:* P. and V. φάτνη, ἡ. *Stable:* V. σταθμός, ὁ, μάνδρα, ἡ (Soph., *Frag.*). ἱππόστăσις, ἡ, στăσῐς, ἡ (Eur., *Frag.*); see *fold. Ox-stall:* V. βούστăσις, ἡ, βούσταθμον, τό. *Booth* (*in a market place, etc.*): P. γέρρα, τά, Ar. and P. σκηναί, αἱ. *Stalls in the theatre:* Ar. βουλευτῐκόν, τό (*Av.* 794).

Stall, v. trans. See *stable.*

Stallion, subs. P. and V. ὀχεῖον, τό (Æsch., *Frag.*).

Stalwart, adj. *Stout*: P. and V. εὐτρᾰφής, P. βλοσυρός; see also *strong*. *Broad backed*: V. πλᾰτύς, εὐρύνωτος.

Stamina, subs. *Strength*: P. and V. ἰσχύς, ἡ, ῥώμη, ἡ; see *strength*. *Spirit*: P. and V. θυμός, ὁ, Ar. and V. λῆμα, τό.

Stammer, v. intrans. P. ψελλίζεσθαι, Ar. τραυλίζειν.

Stamp, v. trans. P. ἐνσημαίνεσθαι (τί τινι), P. and V. ἐπῐσημαίνειν (or mid.) (τι). *Stamp a mark on*: P. χαρακτῆρα ἐπιβάλλειν (dat.). *Stamp on the mind*: see *impress*. *Stamp money*: Ar. κόπτεσθαι. *Brand*: Ar. and P. στίζειν. *Stamp with approval*: P. ἐπισημαίνεσθαι, or use P. and V. ἐπαινεῖν. *Strike (with noise)*: P. and V. κρούειν. *Stamp the feet*: Ar. κτῠπεῖν τοῖν ποδοῖν. *Stamped down, trodden down*: use adj., V. στιπτός, P. ἀπόκροτος.

Stamp, subs. *Impression*: P. and V. χᾰρακτήρ, ὁ, τύπος, ὁ. *Stamp on a coin*: P. and V. χᾰρακτήρ, ὁ, Ar. κόμμᾰ, τό. *That on which something is stamped*: P. ἐκμαγεῖον, τό. *He seems to be a man of inferior stamp*: Ar. ἔοικε δ' εἶναι τοῦ πονηροῦ κόμματος (*Pl*. 862).

Stamped, adj. Of money: P. ἐπίσημος.

Stampede, subs. *Flight*: P. and V. φῠγή, ἡ. *Panic*: P. and V. ἔκπληξις, ἡ.

Stampede, v. trans. P. and V. εἰς φυγὴν καθιστάναι, τρέπειν (or mid.).

Stanch, v. trans. P. and V. παύειν.

Stanch, adj. P. and V. βέβαιος, πιστος, ἀσφᾰλής, P. ἀξιόπιστος.

Stanchion, subs. *Prop*: P. and V. ἔρεισμα, τό.

Stanchly, adv. P. βεβαίως, πιστῶς.

Stanchness, subs. P. and V. πίστῐς, ἡ, P. πιστότης, ἡ.

Stand, subs. *Position, station*: P. and V. στάσῐς, ἡ. *Post*: P. and V. τάξῐς, ἡ. *Make a stand, remain at one's post*: P. μένειν κατὰ χώραν. *Take one's stand with, side with*: P. and V. ἵστασθαι μετά (gen.); see *side*. *Take one's stand on*: Met., P. ἰσχυρίζεσθαι (dat.). *Halt*: P. ἐπίσχεσις, ἡ; see *halt*. *Base*: P. and V. βάσῐς, ἡ (Plat.); see *base*.

Stand, v. trans. *Set up*: P. and V. ἱστάναι; see also *lean*. *Set upright*: P. and V. ὀρθοῦν (rare P.). *Post*: P. and V. τάσσειν, προστάσσειν. *Endure*: P. and V. φέρειν, ἀνέχεσθαι, ὑπέχειν, ὑφίστασθαι, P. ὑπομένειν; see *endure*.

V. intrans. P. and V. ἵστασθαι. *Stand upright*: P. and V. ὀρθοῦσθαι (rare P.). *Be situated*: P. and V. κεῖσθαι. *Be in a certain state*: P. and V. ἔχειν. *The matter stands thus*: P. and V. ἔχει οὕτως. *Halt*: P. and V. ἵστασθαι; see also *stop*. *Maintain one's ground*: P. and V. μένειν, ὑφίστασθαι, P. ὑπομένειν. *Hold good*: P. and V. μένειν, ἐμμένειν. *Be valid*: P. and V. κῦριος εἶναι. *Stand still*: P. and V. ἡσῠχάζειν, V. ἡσύχως ἔχειν. *Stand against, oppose*: P. and V. ἐναντιοῦσθαι (dat.), ἀνθίστασθαι (dat.), ἀντῐτείνειν (dat.); see *oppose*. *Stand aside*: P. and V. ἀφίστασθαι, ἐξίστασθαι. *Stand by*: P. and V. πᾰρίστασθαι, πᾰρεῖναι, V. πᾰραστᾰτεῖν; see also *help*. *Stand by (to help)*: V. συγγίγνεσθαι (dat.). *Abide by*: P. and V. ἐμμένειν (dat.). *Stand near*: P. and V. πᾰρίστασθαι (dat.), ἐφίστασθαι (dat.), προσίστασθαι (dat.) (Plat.), Ar. and V. πᾰραστᾰτεῖν (dat.). *Standing by*, adv.: V. πᾰραστᾰδόν. *Stand by and see a person injured*: use Ar. and P. περιορᾶν τινὰ ἀδῐκούμενον. *Stand off*: P. and V. ἀφίστασθαι. *Stand on, stand on one's defence*: P. and V. ἀμύνεσθαι. *In case at law*: Ar. and P. ἀπολογεῖσθαι. *Stand on ceremony*: P. and V. σεμνύνεσθαι. *Stand on end*: P. ὀρθός ἵστασθαι (Plat.), V. ὄρθιος ἑστηκέναι. *Stand one's ground*: P. and V. μένειν, ὑφίστασθαι, P. κατὰ χώραν μένειν, ὑπομένειν. *Stand out, be conspicuous:* P. and V. φἄνερὸς εἶναι. *Project:* P. and V. προὔχειν, Ar. and P. ἐξέχειν, P. ἀνέχειν. *Stand over:* P. and V. ἐφίστασθαι (dat.). *Be reserved:* P. ἀποκεῖσθαι. *Let stand over:* P. and V. ἐᾶν (acc.); see *defer*. *Stand round:* P. and V. περιίστασθαι (Eur., *Bacch.* 1106), V. ἀμφίστασθαι. *Standing round,* adj.: P. and V. περιστἄδόν. *Stand to, abide by:* P. and V. ἐμμένειν (dat.), P. μένειν ἐπί (dat.). *It stands to reason:* P. and V. εὔλογόν ἐστι, εἰκός (ἐστι). *Stand up:* P. and V. ἀνίστασθαι; see *rise*. *Stand up for:* see *defend*. *Stand upon:* see *stand on*.

Standard, subs. *Measure, criterion:* P. and V. κἄνών, ὁ, ὅρος, ὁ, P. κριτήριον, τό. *Measuring by false standards of judgment:* V. γνώμης πονηροῖς κανόσιν ἀναμετρούμενος (Eur., *El.* 52). *Banner:* P. σημεῖον, τό (Xen.).

Standing, adj. *Stagnant:* P. στάσιμος (Xen.). *Standing corn:* use P. and V. καρπός, ὁ, Ar. and V. στἄχῦς, ὁ. *Standing army:* P. δύναμις συνεστηκυῖα (Dem. 92). *Standing upright:* use adj., P. and V. ὀρθός, V. ὄρθιος, or adv., V. ὀρθοστἄδην.

Standing, subs. *Rank:* P. and V. τάξῐς, ἡ; see *rank*. *Of long standing:* use adj., P. and V. χρόνιος.

Standstill, subs. *Be at a standstill,* v.: use P. and V. ἀργεῖν, ἡσῠχάζειν. *Each man thought that things had come to a standstill wherever he could not individually be present:* P. ἐν τούτῳ κεκωλῦσθαι ἐδόκει ἑκάστῳ τὰ πράγματα ᾧ μή τις αὐτὸς παρέσται (Thuc. 2, 8).

Staple, adj. P. and V. κύριος.

Star, subs. P. and V. ἀστήρ, ὁ, ἄστρον, τό. *Constellation:* V. σῆμα, τό, σημεῖον, τό. *Dog star:* V. κυών, ὁ (Soph., *Frag.*), Σείριος κυών, ὁ (Soph., *Frag.*). For reference to stars see Eur., *Ion*, 1147-1158). *Falling star:* V. διοπετὴς ἀστήρ, ὁ (Eur., *Frag.*). *Reaching the stars,* adj.: V. ἀστρογείτων.

Stare, v. intrans. P. and V. ἀθρεῖν, θεᾶσθαι, ἀποβλέπειν; see *gaze*. *Stare at:* P. and V. βλέπειν εἰς (acc.), ἀποβλέπειν εἰς (acc.).

Stare, subs. P. and V. βλέμμα, τό, V. δέργμα, τό.

Star-gazer, subs. P. μετεωροσκόπος, ὁ, or use P. μετεωρολόγος, ὁ, μετεωρολέσχης, ὁ, Ar. μετεωροσοφιστής, ὁ.

Staring, adj. Use *prominent*.

Stark, adj. P. and V. στερεός, Ar. and V. στερρός. *Absolute:* P. ἁπλοῦς, ἄκρατος, εἰλικρινής. With adj., *absolutely:* P. and V. πάντως, Ar. and P. ἀτεχνῶς.

Starry, adj. V. ἀστερωπός, Ar. ἀστεροειδής.

Start, v. trans. *Begin, be the first to do a thing:* P. and V. ἄρχειν (gen.), ὑπάρχειν (gen.), κἄτάρχειν (acc. or gen.), P. προϋπάρχειν (gen.). *Start something of one's own:* P. and V. ἄρχεσθαι (gen.), κἄτάρχειν (acc. or gen.) (or mid.), ὑπάρχειν (gen.). *Take in hand:* P. and V. ἐπῐχειρεῖν (dat.), ἐγχειρεῖν (dat.), αἱρεσθαι (acc.). *Set up:* Ar. and P. ἐνίστασθαι. *Establish:* P. and V. κἄθιστάναι, Ar. and P. κἄτἄδεικνύναι. *Make to set out:* P. and V. ἐξορμᾶν. *Start* (*a quarry in hunting*): V. ἐκκῑνεῖν. *Set in motion:* P. and V. ὁρμᾶν, κῑνεῖν. V. intrans. *Begin:* P. and V. ἄρχεσθαι; see *begin*. *The city if once it start well goes on increasing:* P. πολιτεία ἐάνπερ ἅπαξ ὁρμήσῃ εὖ ἔρχεται . . . αὐξανομένη (Plat., *Rep.* 424A). *Set out:* P. and V. ὁρμᾶν, ὁρμᾶσθαι, ἀφορμᾶν, ἀφορμᾶσθαι, ἐξορμᾶν, ἐξορμᾶσθαι, ἀπαίρειν, V. στέλλεσθαι, ἀποστέλλεσθαι. With ships or land forces: P. αἴρειν. *Starting with this force they sailed round:* P. ἄραντες τῇ παρασκευῇ ταύτῃ περιέπλεον (Thuc. 2, 23). *I would have you save the money with which I started*: V. σῶσαί σε χρήμαθ' οἷς συνεισῆλθον θέλω (Eur., *Hec.* 1012). *Be startled*: P. and V. φρίσσειν, τρέμειν, ἐκπλήσσεσθαι. *Start up*: P. and V. ἀνίστασθαι, ἐξᾰνίστασθαι, P. ἀνατρέχειν, Ar. and V. ἀνᾴσσειν (also Xen. but rare P.). *To start with, at first*: P. and V. τὸ πρῶτον; see under *first*.

Start, subs. *Beginning*: P. and V. ἀρχή, ἡ. *Journey*: P. and V. ὁδός, ἡ. *Putting out to sea*: P. ἀναγωγή, ἡ. *Get a start*, v.: P. and V. φθάνειν, προφθάνειν. *Get the start of*: P. and V. φθάνειν (acc.), προφθάνειν (acc.), προλαμβάνειν (acc.), P. προκαταλαμβάνειν (acc.). *The trireme had a start of about a day and a night*: P. (ἡ τριήρης) προεῖχε ἡμέρᾳ καὶ νυκτὶ μάλιστα (Thuc. 3, 49). *Let me and him have a fair start that we may benefit you on equal terms*: Ar. ἄφες ἀπὸ βαλβίδων ἐμὲ καὶ τουτονὶ ἵνα σ' εὖ ποιῶμεν ἐξ ἴσου (*Eq.* 1159). *Shudder*: P. and V. τρόμος, ὁ. *Give one a start*: use P. and V. ἔκπληξιν πᾰρέχειν (dat.).

Starting point, subs. P. and V. ἀφορμή, ἡ. *Starting point in a race*: (also met.), Ar. and V. βαλβῖς, ἡ, P. ὕσπληξ, ἡ. *Come to the point whence starts the sorrow of your life* V. ἕρπε πρὸς βαλβῖδα λυπηρὰν βίου (Eur., *Med.* 1245). *Beginning*: P. and V. ἀρχή, ἡ. *Source*: P. and V. ἀρχή, ἡ. πηγή, ἡ (Plat.), ῥίζᾰ, ἡ. *Cause*: P. and V. αἰτία, ἡ, Ar. and P. αἴτιον, τό.

Startle, v. trans. P. and V. ἐκπλήσσειν, τᾰράσσειν; see *frighten*, *agitate*.

Startling, adj. P. and V. δεινός.

Starvation, subs. P. and V. λῑμός, ὁ, V. ἀσῑτία, ἡ, P. λιμοκτονία, ἡ (Plat.).

Starve, v. trans. Use P. and V. λῑμῷ ἀποκτείνειν, P. λιμοκτονεῖν (Plat.). V. intrans. *Abstain from food*: P. and V. ἀσῑτεῖν. *Die of hunger*: P. and V. λῑμῷ διαφθείρεσθαι. *Starve out (a town)*: use P. ἐκπολιορκεῖν (acc.)

Starving, adj. P. and V. ἄσῑτος, V. λῑμοθνής, νῆστις βορᾶς.

State, subs. *Condition*: P. and V. κᾰτάστᾰσις, ἡ, P. ἕξις, ἡ, διάθεσις, ἡ. *Be in a certain state*, v.: Ar. and P. διᾰκεῖσθαι, P. and V. ἔχειν. *Good state*: P. and V. εὐεξία, ἡ (Eur., *Frag.*). *Bad state*: P. καχεξία, ἡ. *Plight*: V. πρᾶξις, ἡ; see *plight*. *Which of us are going to a better state (life or death) is unknown*: P. ὁπότεροι ἡμῶν ἔρχονται ἐπὶ ἄμεινον πρᾶγμα ἄδηλον (Plat., *Ap.* 42A). *Such being the state of things*: P. and V. οὕτως ἐχόντων. *State of mind, feeling*: P. πάθος, τό, πάθημα, τό. *Pomp*: P. and V. σχῆμα, τό, πρόσχημα, τό, χλῐδή, ἡ (Plat.). *Magnificence*: P. and V. σεμνότης, ἡ, P. λαμπρότης, ἡ; see *pomp*. *Body politic*: P. and V. πόλῐς, ἡ, τὸ κοινόν, Ar. and P. πολῑτεία, ἡ. *Enter the service of the state*: P. πρὸς τὰ κοινὰ προσέρχεσθαι (Dem. 312). *State affairs*: P. and V. τὰ πράγμᾰτα, P. τὰ πολιτικά, τὰ κοινά. *Paid by the state*, adj.: P. δημοτελής. *State secret*: Ar. and P. ἀπόρρητον τό.

State, v. trans. *Declare*: P. and V. λέγειν, φράζειν, διειπεῖν (Plat.); see *declare*.

State, adj. *Public*: P. and V. κοινός, Ar. and P. δημόσιος, V. δήμιος, πάνδημος; see *public*.

Stateliness, subs. P. and V. σεμνότης, ἡ, τὸ σεμνόν.

Stately, adj. P. and V. σεμνός.

Statement, subs. P. and V. λόγος, ὁ. *Recital*: P. διήγησις, ἡ, ἐξήγησις, ἡ. *Statement of accounts*: Ar. and P. εὔθῡνα, or pl.

Statesman, subs. Ar. and P. ῥήτωρ, ὁ, P. πολιτικός, ὁ. *Be a statesman*, v.: Ar. and P. πολῑτεύεσθαι.

Statesmanlike, adj. P. πολιτικός.

Statesmanship, subs. P. τὸ πολιτικόν.

Station, subs. *Position* : P. and V. στᾰσῐς, ἡ. *Situation* : P. θέσις, ἡ. *Post* : P. and V. τάξῐς, ἡ. *Rank* : P. and V. τάξῐς, ἡ, ἀξίωμα, τό. *Stage on a journey* : P. σταθμός, ὁ (Xen.). *Guard, post* : P. φυλακτήριον, τό. *Naval station*: P. and V. ναύσταθμον, τό (Eur., *Rhes.*).

Station, v. trans. P. and V. τάσσειν, προστάσσειν, κᾰθιστᾰναι. *Station in front* : P. προτάσσειν. *Station in reserve* : P. ἐπιτάσσεσθαι (Thuc. 6, 67).

Stationary, adj. P. στάσιμος. *Be stationary*, v. : P. and V. ἑστηκέναι, ἑστάναι (perf. infin. of ἱστάναι).

Statuary, subs. P. ἀγαλματοποιός, ὁ, ἀνδριαντοποιός, ὁ. *Art of carving statues* : P. ἀνδριαντοποιία, ἡ.

Statue, subs. *Of a human being* : P. and V. εἰκών, ἡ, ἄγαλμα, τό, Ar. and P. ἀνδριάς, ὁ. *Of a god* : P. and V. ἄγαλμα, τό, Ar. and V. βρέτᾰς, τό, V. ξόᾰνον, τό.

Stature, subs. *Height* : P. and V. μέγεθος, τό. *Body* : P. and V. σῶμα, τό, V. δέμᾰς, τό. *Shape, appearance* : P. and V. εἶδος, τό, ἰδέα, ἡ, σχῆμα, τό ; see *shape*.

Status, subs. P. and V. τάξῐς, ἡ. *Undergo a trial concerning one's civil status* : P. περὶ τοῦ σώματος ἀγωνίζεσθαι. *Loss of civil status* : P. and V. ἀτῑμία, ἡ. *Deprived of civil status*, adj. : Ar. and P. ἄτῑμος. *Deprive of civil status*, v. : Ar. and P. ἀτῑμοῦν. *He is not one to maintain the status quo in respect of his conquests* : P. οὐκ οἷός ἐστιν ἔχων ἃ κατέστραπται μένειν ἐπὶ τούτων (Dem. 42).

Statutable, adj. *Amenable to punishment* : use P. ζημίᾳ ἔνοχος.

Statute, subs. P. and V. νόμος, ὁ. *Ordinance* : P. and V. νόμῐμον, τό, θεσμός, ὁ (rare P.). *Statute of limitations* : use P. προθεσμία, ἡ (Dem. 269).

Statutory, adj. *Laid down, appointed* : use P. and V. κείμενος, προκείμενος.

Staunch, adj. See *stanch*.

Staunchly, adv. See *stanchly*.

Staunchness, subs. See *stanchness*.

Stave, subs. *Pole* : P. and V. κοντός, ὁ ; see also *stick*. *Stave in*, v. : P. and V. συντρίβειν ; see *break*. *Stave off* : P. and V. ἀπέχειν, ἀποτρέπειν, ἀποστρέφειν, ἀπωθεῖν. *Ward off* : P. and V. ἀμῡνειν, εἴργειν. *Get rid of* : P. and V. ἀπαλλάσσεσθαι (gen.) ; see also *postpone*.

Stay, subs. *Support, prop* : P. and V. ἔρεισμα, τό. Met., V. ἔρεισμα, τό, στῦλος, ὁ ; see also *bulwark*. *Well, this too is a pleasant stay against hunger* : V. ἀλλ' ἡδὺ λιμοῦ καὶ τόδε σχετήριον (Eur., *Cycl.* 135). *Rope, forestay* : V. πρότονος, ὁ. *Sojourn* : P. ἐπῐδημία, ἡ. *Spending one's time* : P. and V. μονή, ἡ, διατρῐβή, ἡ. *Putting off* : P. and V. ἀνᾰβολή, ἡ, V. ἀμβολή, ἡ ; see *delay*. *Hindrance* : P. κώλυμα, τό, ἐμπόδισμα, τό ; see *hindrance*.

Stay, v. trans. *Halt* : P. and V. ἱστᾰναι. *Hinder* : P. and V. κωλῡειν, ἐμποδίζειν, ἐπῐκωλῡειν ; see *hinder*. *Check* : P. and V. κᾰτέχειν, ἐπέχειν, Ar. and V. ἴσχειν (rare P.) ; see *check*. *Put an end to* : P. and V. παύειν, περαίνειν ; see *end*. *Postpone* : P. and V. ἀνᾰβάλλεσθαι, εἰς αὖθις ἀποτίθεσθαι. *Stay one's hand* : P. and V. ἀπέχεσθαι, ἀφίστασθαι. V. intrans. *Halt* : P. and V. ἵστασθαι. *Wait* : P. and V. ἐπέχειν ; see also *delay*. *Sojourn* : Ar. and P. ἐπῐδημεῖν. *Dwell* : P. and V. οἰκεῖν, κᾰτοικεῖν ; see *dwell*. *Lodge* : Ar. and P. κᾰτᾰλῡειν, P. κατάγεσθαι. *Remain* : P. and V. μένειν, πᾰρᾰμένειν, ἀνᾰμένειν, περῐμένειν, Ar. and P. κᾰτᾰμένειν, P. διαμένειν, ὑπομένειν, V. μίμνειν, προσμένειν, ἀμμένειν.

Stay, interj. P. and V. παῦε, ἐπίσχες, Ar. and P. ἔχε, V. παῦσαι, ἴσχε, σχές.

Stay-at-home, adj. P. ἔνδημος.

Stayer, subs. V. παυστήρ, ὁ, or use adj., παυστήριος.

Stead, subs. *Instead of*: P. and V. ἀντί (gen.). *How was it you did not wake me at once instead of sitting by me in silence?* P. πῶς οὐκ εὐθὺς ἐπήγειράς με, ἀλλὰ σιγῇ παρακάθησαι (Plat., *Crito*, 43A). *Stand one in good stead*: P. and V. ὠφελεῖν (acc. or dat.), συμφέρειν (dat.), Ar. and P. λῡσῐτελεῖν (dat.); see *profit, help*.

Steadfast, adj. P. and V. βέβαιος, ἀκῑ́νητος (Plat.), καρτερός, P. μόνιμος, V. ἔμπεδος. *Trustworthy*: P. and V. βέβαιος, πιστός, ἀσφᾰλής, φερέγγυος (Thuc. but rare P.), P. ἀξιόπιστος. *Be steadfast*, v.: P. and V. καρτερεῖν.

Steadfastly, adv. P. and V. βεβαίως, V. ἐμπέδως. *Firmly*: P. and V. βεβαίως, ἀσφᾰλῶς, V. ἐμπέδως, ἀρᾱρότως (also Plat. but rare P.). *Faithfully*: P. πιστῶς.

Steadfastness, subs. P. βεβαιότης, ἡ, καρτερία, ἡ, καρτέρησις, ἡ. *Faithfulness*: P. and V. πίστῐς, ἡ, P. πιστότης, ἡ.

Steadily, adv. P. and V. βεβαίως, ἀσφᾰλῶς, V. ἐμπέδως. *Continuously*: use Ar. and P. διᾰ παντός.

Steadiness, subs. P. βεβαιότης, ἡ.

Steady, adj. *Stationary*: P. στάσιμος. *Steadfast*: P. and V. βέβαιος, καρτερός, P. μόνιμος, V. ἔμπεδος; see *steadfast*. *Remain steady, stand firm*: P. ὑπομένειν, P. and V. καρτερεῖν, μένειν. *Settled*: Ar. and P. κᾰθεστηκώς. *Continuous*: P. ἄπαυστος, V. διᾰτελής. *Frequent, constant*: P. and V. πυκνός. *Respectable*: P. and V. χρηστός, κόσμιος.

Steady, v. trans. *Check*: P. and V. κᾰτέχειν; see *check*. *Chasten*: P. and V. σωφρονίζειν. *He cannot steady his breathing*: V. ἀμπνοὰς οὐ σωφρονίζει (Eur., *H. F.* 869).

Steal, v. trans. P. and V. κλέπτειν, ἐκκλέπτειν; see *filch*. *Take away*: P. and V. ἀφαιρεῖν, πᾰραιρεῖν. *Carry off*: P. and V. ἁρπάζειν, ἀναρπάζειν, σῠναρπάζειν, σῡλᾶν, Ar. and V. μάρπτειν. *Steal a march on, anticipate*: P. and V. φθᾰ́νειν (acc.), προφθᾰ́νειν (acc.), προλαμβᾰ́νειν (acc.). *Trick*: P. and V. πᾰρέρχεσθαι. V. intrans. *Creep*: P. and V. ἕρπειν, V. ὑπέρχεσθαι. *Steal away*, v. trans.: P. and V. ἐκκλέπτειν, ὑπεκτίθεσθαι, ἐκκομίζεσθαι, P. ὑπεκκομίζειν, V. ὑπεκλαμβᾰ́νειν. *Help to steal away*: V. σῠνεκκλέπτειν (acc.). *Take away*: P. and V. ὑφαιρεῖν, πᾰραιρεῖν (or mid.), ἐξαιρεῖν (or mid.). *Steal away*, v. intrans.: P. ὑπεξέρχεσθαι, καταδύεσθαι, Ar. and P. διᾰδύεσθαι, Ar. ὑπᾰποτρέχειν, P. and V. ὑπεκφεύγειν, ἐκδῠ́εσθαι, V. ἀφέρπειν. *Steal in*: Ar. and P. εἰσδῠ́εσθαι, ὑποδῠ́εσθαι (met., *of abuses, etc.*), P. and V. ὑπορρεῖν. *Steal into*: Ar. and P. εἰσδύεσθαι (εἰς, acc.), P. παραδύεσθαι (εἰς, acc.) (met., *of abuses, etc.*), P. and V. ὑπορρεῖν (πρός, acc. or V. dat. alone); see *slip in*. *Steal on*: Ar. and P. προσέρπειν. *Steal over* (*of sensations stealing over one*): P. and V. ἐπέρχεσθαι (acc.), V. ὑπέρχεσθαι (acc.), ὑφέρπειν (acc.), ἀμφῐβαίνειν (acc.).

Stealing, subs. P. and V. κλοπή, ἡ; see *theft*.

Stealth, subs. *By stealth*: P. and V. λάθρᾳ, λαθραίως (rare P.), P. κρύφα, Ar. and P. κρύβδην, V. κρῠφῇ (also Xen.), κρῠφαίως, κρύβδᾰ.

Stealthily, adv. See *by stealth*, under *stealth*.

Stealthy, adj. *Secret*: P. and V. λαθραῖος, κρῠφαῖος (Plat.), κρυπτός, ἀφᾰνής, V. κρῠ́φιος, σκότιος, κλωπῐκός (Eur., *Rhes.*). *Slow*: P. and V. βρᾰδῠ́ς.

Steam, subs. *Vapour*: P. ἀτμίς, ἡ (Plat.), V. ἀτμός, ὁ. *Smoke*: P. and V. καπνός, ὁ; see *smoke, foam*.

Steam, v. intrans. P. and V. ἀτμίζειν (Xen. and Soph., *Frag.*); see *smoke*.

Steed, subs. See *horse*.

Steel, subs. Use P. and V. σίδηρος; see *iron, brass*. Met., use *sword*.

Steel, adj. Use P. and V. σιδηροῦς; see *iron, brazen*.

Steel, v. trans. *Nerve, encourage*: P. and V. θαρσύνειν, θρᾰσύνειν, P. ἐπιρρωννύναι. *Steel oneself*: P. and V. θαρσεῖν. *Steel oneself against, reject*: P. and V. ἀπωθεῖν, or mid.; see *reject*. *Steel oneself to* (with infin.): P. and V. ἀξιοῦν (infin.), V. τολμᾶν (infin.), Ar. and V. τλῆναι (2nd aor. of τλᾶν) (infin); see *have the heart to*, under *heart*. *Come steel yourself, heart of mine*: V. ἀλλ' εἶ' ὁπλίζου καρδία (Eur., *Med.* 1242). *Steeled against, unmoved by*: Ar. and V. ἄτεγκτος (dat.) (Æsch., *Frag.*).

Steep, v. trans. *Dip*: P. and V. βάπτειν. *Wet*: P. and V. τέγγειν (Plat.), βρέχειν (Plat.), δεύειν (Plat.). *Mix*: P. and V. φῡρᾶν. *Steeped in*: Met., P. and V. μεστός (gen.), πλέως (gen.), πλήρης (gen.).

Steep, adj. P. and V. ὄρθιος. *Sloping*: P. ἐπικλινής. *Sloping up*: P. ἀνάντης, προσάντης. *Sloping down*: Ar. and P. κᾰτάντης. *Precipitous*: P. ἀπότομος, ἀπόκρημνος, κρημνώδης, V. αἰπύς, αἰπύνωτος, αἰπεινός, ὀκρίς, ὑψηλόκρημνος; see *precipitous*.

Steep, subs. P. and V. λόφος, ὁ, V. πάγος, ὁ, αἶπος, τό; see also *crag, hill*. *Aid us with right good will as we drag our fortunes up the steep*: V. ἕλκουσι δ' ἡμῖν πρὸς λέπας τὰς συμφορας σπουδῇ σύναψαι (Eur., *Hel.* 1443).

Steer, subs. P. and V. μόσχος, ὁ; see *bull, ox*.

Steer, v. trans. P. and V. κῠβερνᾶν, V. οἰᾱκοστροφεῖν, Ar. and V. ναυστολεῖν. *Guide, direct*: P. and V. εὐθύνειν, ἀπευθύνειν, P. κατευθύνειν, V. ἐπῑθύνειν, ἰθύνειν, ὀρθοῦν. *Manage*: P. and V. κῠβερνᾶν, P. διακυβερνᾶν; see *manage*.

Steerer, subs. See *steersman*.

Steering, subs. P. κυβέρνησις, ἡ. *The art of steering*: P. ἡ κυβερνητική.

Steersman, subs. P. and V. κῠβερνήτης, ὁ, V. οἰᾱκοστρόφος, ὁ, πρυμνήτης, ὁ, νᾱοφύλαξ, ὁ (Soph., *Frag.*).

Stem, subs. *Branch, shoot*: P. and V. πτόρθος, ὁ (Plat.), κλών, ὁ (Plat.). *Trunk*: Ar. and P. στέλεχος, τό, πρέμνον, τό. *Root*: P. and V. ῥίζᾰ, ἡ. Met., *family*: P. and V. γένος, τό, V. σπέρμᾰ, τό, ῥίζᾰ, ἡ, ῥίζωμα, τό; see *stock*.

Stem, v. trans. P. and V. κᾰτέχειν, παύειν; see *check*.

Stench, subs. P. and V. ὀσμή, ἡ, V. δυσοσμία, ἡ.

Stentorian, adj. P. and V. μέγᾰς, λαμπρός, V. διᾱτορος; see *loud*.

Step, subs. *Of a ladder, etc.*: P. and V. βάθρον, τό (Lys.). *Rung*: Ar. and V. κλῑμακτήρ, ὁ, V. ἐνήλᾰτα, τά. *Steps of ladders*: V. κλῑμάκων προσαμβάσεις αἱ. *Shall we mount the steps of the house*: V. πότερα δωμάτων προσαμβάσεις ἐκβησόμεσθα (Eur., *I. T.* 97). *Flight of steps*: P. ἀναβαθμός, ὁ (Hdt.). *Act of stepping*: Ar. and V. βᾰσις, ἡ, βῆμα, τό. *Step in the dance*: Ar. χορείας βάσις. *Steps in dancing*: P. and V. σχήμᾰτα, τά (Eur., *Cycl.* 221). *Footstep*: P. and V. ἴχνος, τό, V. στίβος, ὁ (also Xen.). *Let us turn our steps from this path*: V. ἔξω τρίβου τοῦδ' ἴχνος ἀλλαξώμεθα (Eur., *El.* 103). *Foot*: P. and V. πούς, ὁ, βᾰσις, ἡ (Plat. but rare P.), V. ἔμβᾰσις, ἡ. *Manner of walking*: P. βαδισμός, ὁ, βάδισμα, τό, Ar. and P. βᾰδισις, ἡ (Xen.), V. ἤλῠσις, ἡ. *Proceeding, measure*: P. and V. πρᾶγμα, τό, P. προαίρεσις, ἡ. *Take steps*, v.: P. and V. βουλεύεσθαι. *Step by step*: Ar. and P. βᾰδην (Xen.). *Gradually*: Ar. and P. κᾰτᾰ μικρόν, P. κατὰ βραχύ, κατ' ὀλίγον. *Make a false step*: P. and V. ἁμαρτᾰνειν, σφάλλεσθαι, πταίειν, P. διαμαρτάνειν. *Follow in one's steps*: use *imitate*.

Step, v. intrans. P. and V. βαδίζειν (also Ar. rare V.), Ar. and V. βαίνειν, στείχειν, πατεῖν. *Step in the dance:* P. βαίνειν, ἐμβαίνειν (Plat., *Alci I.* 108A and c); see *dance. Step forward:* see *advance. Step forth from:* P. and V. ἐκβαίνειν (ἐκ, gen. or gen. alone). *Step upon, set foot on:* P. and V. ἐπιβαίνειν (gen.), ἐμβαίνειν (P. εἰς, acc. V. acc. gen. or dat.), V. ἐπεμβαίνειν (acc. gen. or dat.), ἐμβατεύειν (acc. or gen.).

Step-child, subs. P. and V. πρόγονος, ὁ or ἡ. *Step-children:* V. τέκνα τὰ πρόσθε (Eur., *Alc.* 309).

Step-daughter, subs. P. and V. πρόγονος, ἡ.

Step-father, subs. P. and V. κηδεστής, ὁ.

Step-mother, subs. P. and V. μητρυιά, ἡ.

Step-son, subs. P. and V. πρόγονος, ὁ.

Sterile, adj. *Desolate:* P. and V. ἐρῆμος. *Barren(of land):* P. and V. ἄκαρπος. Of females: see *barren. Vain, barren of result:* P. ἄπρακτος, P. and V. ἀνήνυτος (Plat.). *Empty:* P. and V. μάταιος, κενός.

Sterility, subs. *Desolation:* P. and V. ἐρημία, ἡ; see *barrenness.*

Sterling, adj. See *true, genuine.*

Stern, subs. P. and V. πρύμνα, ἡ, Ar. and V. πρύμνη, ἡ. *From the stern,* adv.: V. πρύμνηθεν. *Of the stern,* adj.: V. πρυμνήσιος, πρυμνήτης. *With shapely stern:* V. εὔπρυμνος.

Stern, adj. P. and V. τραχύς, πικρός, σκληρός, σχέτλιος, ἀγνώμων, βαρύς, Ar. and P. χαλεπός; see *cruel, unsociable, stubborn. Stern (of looks):* P. and V. σκυθρωπός, V. στυγνός. Met., *difficult:* Ar. and P. χαλεπός; see *difficult.*

Sternly, adv. P. and V. πικρῶς, P. τραχέως, σκληρῶς, σχετλίως, Ar. and P. χαλεπῶς. *Stubbornly:* P. σκληρῶς.

Sternness, subs. P. and V. πικρότης, ἡ, P. χαλεπότης, ἡ, σκληρότης, ἡ, V. τραχύτης, ἡ.

Stew, v. trans. P. and V. ἕψειν, Ar. πνίγειν.

Steward, subs. P. and V. τἄμίας, ὁ (Eur., *Ion,* 55). *Guardian, overseer:* P. and V. ἐπίσκοπος, ὁ, ἐπιστάτης, ὁ, Ar. and P. ἐπιμελητής, ὁ, ἐπίτροπος, ὁ. *Steward of the games:* P. ἀγωνοθέτης, ὁ, V. ἀγωνάρχης, ὁ, P. and V. βραβεύς, ὁ (Plat.). *Be steward of the games,* v.: P. ἀγωνοθετεῖν.

Stewardship, subs. P. ταμιεία, ἡ.

Stick, subs. *Staff:* Ar. and P. ῥάβδος, ἡ, βακτηρία, ἡ, V. βάκτρον, τό, σκῆπτρον, τό, Ar. σκίπων, ὁ. βακτήριον, τό. *Twig:* P. and V. κλών, ὁ; see *brushwood. Dry sticks for lighting fires:* P. and V. πυρεῖα, τά (Plat. and Soph.). *He raised his stick against him:* P. ἐπανήρατο τὴν βακτηρίαν (Thuc. 8, 84).

Stick, v. trans. *Glue:* Ar. and P. κολλᾶν. *Fasten, attach:* P. and V. συνάπτειν, προσάπτειν; see *fasten. Fix:* P. and V. πηγνύναι. *Pierce:* see *pierce, wound.* V. intrans. *Remain:* P. and V. μένειν. *Be fixed:* P. and V. πεπηγέναι (2nd perf. act. of πηγνύναι). *Stick in:* Ar. ἐμπεπηγέναι (2nd perf. of ἐμπηγνύναι). *Hesitate, scruple:* P. and V. ὀκνεῖν, κατοκνεῖν. *Be embarrassed:* P. and V. ἀπορεῖν. *Stick at, hesitate at:* P. and V. ὀκνεῖν (acc.), ἀφίστασθαι (gen.); see *shrink from. Stick at nothing:* P. and V. πᾶν ποιεῖν, πανουργεῖν. *Stick out, stretch out,* v. trans., P. and V. προτείνειν; v. intrans., *project:* P. and V. προὔχειν, Ar. and P. ἐξέχειν. *Stick to, cling to:* P. and V. ἔχεσθαι (gen.), ἀντέχεσθαι (gen.). *Abide by:* P. and V. ἐμμένειν (dat.). *Attach to:* P. and V. προσεῖναι (dat.), προσγίγνεσθαι (dat.), προσκεῖσθαι (dat.). *Stick together:* Ar. and P. συνίστασθαι.

Stickiness, subs. Use P. τὸ γλίσχρον.

Stickler, subs. *Be a stickler for:* use P. and V. σπουδάζειν περί (gen.).

Sticky, adj. P. γλίσχρος, γλοιώδης.

Stiff, adj. P. and V. σκληρός. *Hard*: P. and V. στερεός, Ar. and V. στερρός, V. στυφλός, περισκελής. *Not moving easily*: P. δύσφορος. *Grow stiff* or *numb*: see *numb*. *Firm, stubborn*: P. and V. σκληρός, αὐθάδης. *Formal, ceremonious*: P. and V. σεμνός. *Difficult*: Ar. and P. χᾰλεπός.

Stiffen, v. trans. *Make compact*: P. and V. πηγνῡ́ναι. *Confirm*: P. βεβαιοῦν. *Encourage*: P. and V. θρᾰσῡ́νειν, θαρσῡ́νειν, P. ἐπιρρωννύναι. V. intrans. *Grow fixed*: P. and V. πεπηγέναι (2nd perf. act. of πηγνύναι).

Stiffly, adv. P. σκληρῶς. *Stubbornly*: Ar. and P. αὐθάδως, P. σκληρῶς. *Ceremoniously*: P. and V. σεμνῶς.

Stiff-necked, adj. P. and V. αὐθάδης, σκληρός, Ar. and V. στερρός, V. περισκελής.

Stiffness, subs. P. στερεότης, ἡ. *Stiffness of the muscles*: Ar. and P. τέτᾰνος, ὁ; see *numbness*. *Obstinacy*: P. σκληρότης, ἡ, αὐθάδεια, ἡ, Ar. and V. αὐθᾱδία. *Ceremoniousness*: P. and V. τὸ σεμνόν.

Stifle, v. trans. *Choke*: Ar. and P. πνῑ́γειν, ἀποπνῑ́γειν. *Check*: P. and V. κᾰτέχειν. *Put down*: P. and V. παύειν, Ar. and P. κᾰτᾰλῡ́ειν. *Prevent*: P. and V. κωλῡ́ειν. *Put to rest*: P. and V. κοιμίζειν (Plat.).

Stifling, adj. Ar. and P. πνῑγηρός. *Stifling heat*: Ar. and P. πνῖγος, τό.

Stigma, subs. *Disgrace*: P. and V. αἰσχῡ́νη, ἡ, ὄνειδος, τό, ἀτῑμία, ἡ, V. αἶσχος, τό. *Taint*: P. and V. κηλῑ́ς, ἡ.

Stigmatise, v. trans. *Blame*: P. and V. μέμφεσθαι (acc. or dat.); see *blame, accuse*. *Stigmatise as*: P. and V. ἀποκᾰλεῖν (acc.); see also *denounce*.

Stiletto, subs. See *dagger*.

Still, adj. *Quiet*: P. and V. ἥσῠχος, ἡσῠχαῖος, P. ἡσύχιος, V. γᾰληνός, P. ἠρεμαῖος, ἀτρεμής. *Silent*: V. σῑγηλός, σιωπηλός. *Noiseless*: V. ἄψοφος, ἀψόφητος. *Keep still*, v.: P. and V. ἡσῠχάζειν, V. ἡσῠ́χως ἔχειν. *Be silent*: P. and V. σῑγᾶν, σιωπᾶν; see *keep silence*, under *silence*.

Still, v. trans. *Put to sleep*, lit. and met.: P. and V. κοιμίζειν (Plat.), V. κοιμᾶν. *Soothe*: P. and V. πρᾱῡ́νειν, κηλεῖν (Plat.); see *soothe*. *Stop*: P. and V. παύειν. *Check*: P. and V. κᾰτέχειν. *Silence*: P. κατασιωπᾶν (Xen.).

Still, adv. P. and V. ἔτῐ. *Still further*: Ar. and P. προσέτῐ. *However*: P. and V. ὅμως, V. ἔμπᾱς. *And yet*: P. and V. καίτοι.

Stillness, subs. Ar. and P. ἡσῠχία, ἡ. *Calm*: P. and V. γᾰλήνη, ἡ, εὐδία, ἡ. *Silence*: P. and V. σῑγή, ἡ, σιωπή, ἡ.

Stilted, adj. Use P. and V. σεμνός.

Stimulant, subs. P. and V. κέντρον, τό. *Wine*: P. and V. οἶνος, ὁ.

Stimulate, v. trans. *Encourage*: P. and V. θαρσῡ́νειν, θρᾰσῡ́νειν, ἐπαίρειν, P. ἐπιρρωννύναι, παροξύνειν; see *encourage*. *Cheer on*: P. and V. ἐπῐκελεύειν, ἐγκελεύειν, ἐποτρῡ́νειν (Thuc.), προτρέπειν (or mid.). *Excite*: P. and V. πᾰρᾰκᾰλεῖν, κῑνεῖν, Ar. and V. ζωπῠρεῖν; see *excite*.

Stimulation, subs. *Encouragement*: P. παρακέλευσις, ἡ, παράκλησις, ἡ, V. πᾰρᾰκέλευσμα, τό. *Stirring up*: V. ἀνᾰκῑ́νησις, ἡ.

Stimulative, adj. P. προτρεπτικός.

Stimulus, adj. P. and V. κέντρον, τό; see *encouragement*.

Sting, v. trans. P. and V. κεντεῖν, V. χρίειν. Met., P. and V. δάκνειν; see *vex, anger*. *Things that sting the heart*: V. καρδίας δηκτήρια (Eur., *Hec.* 235).

Sting, subs. Lit., *that which stings*: P. and V. κέντρον, τό, Ar. ἐγκεντρίς, ἡ. *Wound produced by sting*: Ar. and P. δῆγμα, V. θάλπος, τό, χᾰ́ραγμα, τό (*of a serpent's sting*). Met., P. and V. οἶστρος, ὁ (Plat.), κέντρον, τό. *Bitterness:* P. and V. πικρότης, ἡ. *Furnished with a sting:* P. κεκεντρωμένος (Plat.). *Without a sting (of drones):* P. ἄκεντρος (Plat.).

Stingily, adv. P. φειδωλῶς, γλισχρῶς.

Stinginess, subs. Ar. and P. φειδωλία, ἡ; see *meanness.*

Stinging, adj. Lit., P. and V. πικρός, Ar. and V. ὀξύστομος; see *sharp. Pungent:* Ar. and P. δριμύς, P. ὀξύς. *Giving pain:* Ar. and P. ὀδυνηρός, V. διώδυνος. Met., P. and V. πικρός, V. τεθηγμένος.

Stingy, adj. Ar. and P. φειδωλός; see *mean.*

Stink, subs. P. and V. ὀσμή, ἡ, V. δυσοσμία, ἡ.

Stink, v. intrans. P. and V. ὄζειν.

Stinking, adj. P. and V. δυσώδης, Ar. and V. κάκοσμος (Æsch. and Soph., *Frag.*).

Stint, v. trans. *Grudge:* P. and V. φθονεῖν (τινί τινος), V. μεγαίρειν (τινί τινος). *Curtail:* P. and V. συντέμνειν, συστέλλειν. *Be grudging of:* P. and V. φείδεσθαι (gen.). *Be stinted of:* P. and V. σπᾰνίζειν (gen.), V. σπᾰνίζεσθαι (gen.). *Stinted of:* V. ἐπεσπᾰνισμένος (gen.).

Stint, subs. *Grudging:* P. and V. φθόνος, ὁ. *Deficiency, lack:* P. and V. σπᾰνις, ἡ, ἀπορία, ἡ; see *lack. Limit:* P. and V. μέτρον, τό.

Stinted, adj. P. and V. σπᾰνιος, V. σπᾰνιστός, ἐπεσπᾰνισμένος.

Stipend, subs. P. and V. μισθός, ὁ.

Stipulate, v. intrans. P. and V. συμβαίνειν, συντίθεσθαι, P. ὁμολογεῖν.

Stipulation, subs. *Covenant:* P. and V. σύμβᾰσις, ἡ, σύνθημα, τό, συνθῆκαι, αἱ, P. ὁμολογία, ἡ; see also *condition.*

Stir, v. trans. *Move:* P. and V. κινεῖν. *Rouse:* P. and V. ἐγείρειν, ἐξεγείρειν, ἐπαίρειν, πᾰρᾰκᾰλεῖν, ὁρμᾶν, ἐξορμᾶν, ἐξαίρειν, κινεῖν, Ar. and V. ζωπῠρεῖν, V. ἐξάγειν, ὀρνύναι, ἐκκινεῖν. *Stir with a spoon:* Ar. τορύνειν. *Stir or rouse (a feeling, etc., in a person):* P. and V. ἐμβάλλειν (τι τινι), V. ἐνορνύναι (τί τινι); see *rouse.* V. intrans. P. and V. κινεῖσθαι. *Fear not, naught is stirring in the host:* V. μηδὲν φοβηθῇς· οὐδὲν ἐν στρατῷ νεόν (Eur., *Rhes.* 616). *Stir up,* v. trans.: use *stir. Stir up (as mud):* Ar. and V. τυρβάζειν (acc.) (Soph., *Frag.*). *Mix together:* P. and V. κῠκᾶν (Plat.), Ar. and P. συγκῠκᾶν (Plat.). *Stir up to rebellion:* Ar. and P. ἀφιστάναι (acc.).

Stir, subs. P. κίνησις, ἡ. *Noise, confusion:* P. and V. θόρῠβος, ὁ, P. ταραχή, ἡ, V. τᾰραγμός, ὁ, τᾰραγμα, τό. *Political disturbance:* P. κίνησις, ἡ, P. and V. στάσις, ἡ.

Stirring, adj. *Impassioned:* P. σφοδρός. *Dangerous:* P. and V. δεινός, Ar. and P. χᾰλεπός. *Stirring of memory,* subs.: V. ἀνᾰκίνησις φρενῶν.

Stitch, v. trans. Ar. and P. ῥάπτειν, κασσύειν. *Stitched:* use adj., V. πολύρρᾰφος. *Stich up,* v. trans.: P. συρράπτειν.

Stithy, subs. *Anvil:* V. ἄκμων, ὁ (Soph., *Frag.*). *Forge:* P. χαλκεῖον, τό.

Stock, subs. *Trunk:* Ar. and P. στέλεχος, τό. *Family line:* P. and V. γένος, τό, Ar. and V. γέννᾰ, ἡ, V. σπέρμᾰ, τό, ῥίζᾰ, ἡ, ῥίζωμα, τό, πυθμήν, ὁ, σπορά, ἡ, Ar. and P. γενεά, ἡ (Plat. but rare P.). *Of the same stock,* adj.: P. and V. ὁμόφῡλος. *From the same stock,* adv.: V. ὁμόθεν (also Xen.). *Furniture, chattels:* Ar. and P. σκεύη, τά, P. κατασκευή, ἡ. *Equipment:* P. and V. πᾰρασκευή, ἡ. *Cattle:* see *cattle. Stock in trade:* use P. and V. πᾰρασκευή, ἡ. *Take stock of, inventory,* v. trans: P. ἀπογράφειν (acc.). *Examine:* P. and V. ἐξετάζειν; see *examine.*

Stock, v. trans. *Furnish:* P. and V. σκευάζειν, πᾰρασκευάζειν, P. κατασκευάζειν; see *equip.*

Stockade, subs. P. and V. ἕρκος, τό (Plat.), P. σταύρωμα, τό, χαράκωμα, τό.

Stocks, subs. *Supports for ships in building*: Ar. and P. δρύοχοι, οἱ (Plat.). *Instrument for punishment*: P. ποδοκάκη, ἡ, Ar. and P. ξύλον, τό.

Stoical, adj. *Calm*: P. and V. ἥσυχος, ἡσυχαῖος. *Patient, enduring*: P. καρτερικός.

Stoicism, subs. *Calmness*: Ar. and P. ἡσυχία, ἡ. *Patience*: P. καρτερία, ἡ, καρτέρησις, ἡ.

Stolen, adj. V. κλοπαῖος. *Secret, clandestine*: P. and V. κρυπτός, ἀφανής, λαθραῖος; see *secret*.

Stolid, adj. *Calm*: P. and V. ἥσυχος, ἡσυχαῖος, P. ἡσύχιος. *Resolute*: P. and V. καρτερός, P. ἰσχυρός, V. ἔμπεδος. *Dull, stupid*: P. and V. νωθής, ἀμαθής, ἀφυής, P. ἀναίσθητος.

Stolidity, subs. *Calmness*: Ar. and P. ἡσυχία, ἡ. *Resolution*: P. καρτερία, ἡ, καρτέρησις, ἡ. *Dullness*: P. νώθεια, ἡ, ἀναισθησία, ἡ.

Stolidly, adv. *Calmly*: P. and V. ἡσυχῇ, ἡσύχως (rare P.). *Resolutely*: P. ἰσχυρῶς, V. ἐμπέδως. *Dully, stupidly*: P. ἀναισθήτως.

Stomach, subs. P. and V. γαστήρ, ἡ, P. καρδία, ἡ (Thuc. 2, 49), Ar. and P. κοιλία, ἡ, V. νηδύς, ἡ. Met., *appetite*: P. and V. γαστήρ, ἡ (Soph., *Frag.*).

Stomach, v. trans. See *endure*.

Stone, subs. P. and V. λίθος, ὁ, V. πέτρος, ὁ (rare P.). *Hurling upon his head a stone that would fill a waggon*: V. λᾶαν ἐμβαλὼν κάρᾳ ἁμαξοπληθῆ (Eur., *Phoen.* 1157). *Stone for throwing*: also V. χερμάς, ἡ. *Round stone for rolling on to an enemy*: P. ὀλοίτροχος, ὁ (Xen.). *Stone for building*: P. and V. λίθος, ὁ. *Collect stones for building*, v.: P. λιθοφορεῖν. *Precious stone*: Ar. and P. λίθος, ὁ or ἡ, P. λιθίδιον, τό; see *jewel*. *Whetstone*: see *whetstone*. *Leave no stone unturned*: V. πάντα κινῆσαι πέτρον (Eur., *Heracl.* 1002), P. use πᾶν ποιεῖν (Plat., *Ap.* 39A). *Stone of fruit*: P. πυρήν, ὁ (Hdt.). *Memorial stone*: Ar. and P. στήλη, ἡ. *Suffer from stone* (*in medical sense*), v.: P. λιθιᾶν.

Stone, adj. *Made of stone*: Ar. and P. λίθινος, V. πετραῖος, πετρώδης, πέτρινος, λάϊνος. *Roofed with stone*: V. πετρηρεφής. *Paved with stone*: V. λιθόστρωτος.

Stone, v. trans. P. and V. λεύειν, Ar. and P. κάταλεύειν, P. καταλιθοῦν. *Be stoned also*: V. πετροῦσθαι. *Stone* (*fruit*): Ar. and V. κοκκίζειν (Ar., *Frag.* and Æsch., *Frag.*).

Stoner, subs. V. λευστήρ, ὁ.

Stone-mason, subs. P. λιθολόγος, ὁ, Ar. and P. λιθουργός, ὁ. *Stone-mason's shop*: P. λιθουργεῖον, τό. *Stone-mason's tools*: P. σιδήρια λιθουργά, τά (Thuc. 4, 4).

Stone-quarry, subs. P. λιθοτομίαι, αἱ, ἐργαστήριον, τό.

Stone-work, subs. *Stones*: P. and V. λίθοι, οἱ. *Walls*: P. and V. τείχη, τά.

Stoniness, subs. *Of ground, roughness*: P. τραχύτης, ἡ, χαλεπότης, ἡ.

Stoning, subs. V. λευσμός, ὁ, πέτρωμα, τό. *Of stoning*, adj.: V. λεύσιμος. *Death by stoning*: V. λευστὴρ μόρος, ὁ. *Death sentence by stoning*: V. λεύσιμος δίκη, ἡ. *Public stoning*: V. δημόλευστος φόνος, ὁ, or δημορριφεῖς λεύσιμοι ἀραί, αἱ. *Lest she should come to death by stoning*: V. μὴ . . . ἐς πετρῶν ἔλθῃ βολάς (Eur., *Or.* 59).

Stony, adj. P. and V. πετρώδης, V. κραταίλεως, λεπαῖος. *Rough*: P. and V. τραχύς, P. χαλεπός, V. στυφλός. Met., *fierce*: P. and V. ἄγριος.

Stony-hearted, adj. P. and V. σχέτλιος, V. ἐκ πέτρας εἰργασμένος, or use V. σιδηρόφρων, Ar. and P. σιδηροῦς; see *cruel, relentless*.

Stool, subs. *Small chair*: P. σκολύθριον, τό (Plat.). *Chair*: Ar. and P. δίφρος, ὁ.

Stoop, v. trans. *Bow, bend*: P. and V. κλίνειν. V. intrans. Ar. and P. κύπτειν, ἐγκύπτειν, ἐπῐκύπτειν (Xen.). *Stoop down*: Ar. and P. ἐγκύπτειν, ἐπῐκύπτειν. *As he stooped down*: V. τοῦ δὲ νεύοντος κάτω (Eur., *El.* 839). *Stoop forward*: P. προνεύειν, Ar. προκύπτειν. *Stoop over*: Ar. and P. προσκύπτειν. *Stoop to, condescend to*: P. συγκαθιέναι (dat. or absol.). With infin. P. and V. ἀξιοῦν, δῐκαιοῦν, V. τολμᾶν, Ar. and V. τλῆναι (2nd aor. of τλᾶν).

Stooping, adj. Ar. κῡφός, V. προνωπής, διπλοῦς. *I must drag to meet my friends stooping spine and failing knee*: V. πρός γε τοὺς φίλους ἐξελκτέον διπλῆν ἄκανθαν καὶ παλίρροπον γόνυ (Eur., *El.* 491).

Stop, v. trans. *Put an end to*: P. and V. παύειν, ἀνᾰπαύειν, ἀποπαύειν (Plat. but rare P.), Ar. and P. κᾰτᾰπαύειν. *Prevent*: P. and V. κωλύειν, ἐπῐκωλύειν, εἴργειν, ἀπείργειν, ἐξείργειν, Ar. and P. κᾰτᾰκωλύειν, διᾰκωλύειν, P. ἀποκωλύειν, V. κᾰτείργειν. *Check*: P. and V. ἐπέχειν, κᾰτέχειν, Ar. and V. ἴσχειν (rare P.), V. ἐπίσχειν (rare P.), ἐρύκειν, ἐξερύκειν, ἐρητύειν. *Interrupt*: Ar. and P. διᾰλύειν; see *interrupt*. *Cease from*: P. and V. παύεσθαι (gen.), ἀνᾰπαύεσθαι (gen.), ἀνῑέναι (acc. or gen.); see *cease from*. *Delay*: P. and V. ἀνᾰβάλλεσθαι; see *delay*. *Stop the clock*: P. ἐπίλαβε τὸ ὕδωρ (Lys. 166). *Stop (a person's) mouth*: P. ἐμφράσσειν στόμα, Ar. ἐπῐβύειν στόμᾰ; see *close*. V. intrans. *Cease*: P. and V. παύεσθαι, ἀνᾰπαύεσθαι, λήγειν (Plat.), ἐπέχειν (Dem. 1108), ἐκλείπειν, V. ἐκλιμπάνειν, ἐκλήγειν, P. ἀπολήγειν (Plat.); see *cease*. *Halt*: P. ἐφίστασθαι, P. and V. ἵστασθαι. *Rest, remain*: P. and V. μένειν; see *remain*. *Take rest*: P. and V. ἀνᾰπαύεσθαι, P. διαπαύεσθαι (Plat.). *Lodge*: Ar. and P. κᾰτᾰλύειν, P. κατάγεσθαι. *Stop up (a hole)*: Ar. βύειν, ἐμβύειν, ἐπῐβύειν, πακτοῦν. *Block up*: P. and V. φράσσειν, κλῄειν, συγκλῄειν, ἀποκλῄειν, P. ἐμφράσσειν, ἀποφράσσειν, Ar. and P. κᾰτακλῄειν.

Stop, interj. P. and V. παῦε, ἐπίσχες, Ar. and P. ἔχε, V. παῦσαι, ἴσχε, σχές.

Stop, subs. *Cessation*: P. and V. παῦλα, ἡ, ἀνάπαυλα, ἡ, διάλῡσις, ἡ, P. ἀνάπαυσις, ἡ. *Delay*: P. and V. μονή, ἡ, τρῐβή, ἡ, διατρῐβή, ἡ, P. ἐπιμονή, ἡ; see *delay*. *Halt*: P. ἐπίστασις, ἡ (Xen.), ἐπίσχεσις, ἡ. *Obstacle*: P. κώλυμα, τό; see *obstacle*. *Put a stop to*: use *stop*, v.

Stoppage, subs. See *stop*.

Stopper, subs. Ar. βύσμᾰ, τό.

Store, subs. *Abundance*: P. εὐπορία, ἡ, ἀφθονία, ἡ, Ar. and P. περιουσία, ἡ, also with gen. following, P. and V. πλῆθος, τό, V. βάρος, τό. *Store of wealth*: V. πλούτου πόρος, ὁ. *Stock*: P. and V. πᾰρασκευή, ἡ. *Warehouse*: Ar. and P. ἐμπόριον, τό. *Depository*: P. ἀποθήκη, ἡ, ταμιεῖον, τό. *Treasure*: P. and V. θησαυρός, ὁ, V. θησαύρισμα, τό; see *treasure*. *General store where anything can be bought*: P. παντοπώλιον, τό. *Stores, provisions*: P. ἐπιτήδεια, τά; see *provisions*. *Be in store*, v.: P. ἀποκεῖσθαι. *Threaten*: P. and V. ἐπεῖναι, ἐφίστασθαι; see *threaten*. *Be in store for*: P. ἀποκεῖσθαι (dat.). *Await*: P. and V. μένειν (acc.), ἀνᾰμένειν (acc.), V. ἀμμένειν (acc.), ἐπαμμένειν (acc.); see *await*. *Lay up a store of*: Ar. and P. κᾰτᾰτίθεσθαι (acc.). *Set store by*: see *value*.

Store, v. trans. Ar. and P. κᾰτᾰτῐθεσθαι, ἀποτίθεσθαι, (Xen.), P. and V. θησαυρίζειν (or mid.) (Plat. and Soph., *Frag.*). *Be stored up*: P. ἀποκεῖσθαι. *Store up for oneself (gratitude, etc.)*, met.: P. κατατίθεσθαι; for passive, use P. ἀποκεῖσθαι. *Store up in mind, etc.*: P. and V. σώζειν, φῠλάσσειν, V. θυμῷ βάλλειν.

Store house, subs. P. ἀποθήκη, ἡ, ταμιεῖον, τό.

Store keeper, subs. P. and V. τᾰμίᾱς, ὁ.

Store room, subs. P. οἴκημα, τό.

Store ship, subs. P. σιταγωγὸς ναῦς, ἡ.

Storey, subs. P. οἴκημα, τό (Xen.). *With one storey*, adj.: P. μονόκωλος (Hdt.). *With three storeys*: P. τριώροφος (Hdt.). *With four storeys*: P. τετρώροφος (Hdt.).

Storied, adj. P. ἐλλόγιμος, P. and V. ὀνομαστός; see *famous*.

Stork, subs. Ar. and P. πελαργός, ὁ. *Young stork*: Ar. πελαργῐδεύς, ὁ.

Storm, subs. P. and V. χειμών, ὁ, Ar. and V. θύελλα, ἡ, τῡφώς, ὁ, V. χεῖμα, τό, σκηπτός, ὁ. *Storm of rain*: P. χειμὼν νοτερός; see *shower*. *Storm of wind*: P. πολὺς ἄνεμος, ὁ, Ar. and P. πρηστήρ, ὁ (Xen.), V. φῡσήμᾰτα, τά. For reference to storms, see Soph., *Ant.* 417-421; Thuc. 3, 22. Met., P. and V. σκηπτός, ὁ, V. χειμών, ὁ. *Storm (of troubles)*: use P. and V. πέλᾰγος, τό (Plat.), τρῐκῡμία, ἡ (Plat.), V. κλύδων, ὁ. *Storm of weapons*: V. νῐφάς, ἡ; see *shower*. *Coming forward amid a storm of protest and remonstrance*: P. παρελθὼν πρὸς πολλὴν ἀντιλογίαν καὶ σχετλιασμόν (Thuc. 8, 53). *Be caught in a storm*, v.: lit. and met., P. and V. χειμάζεσθαι. *When the god raises a storm*: V. θεοῦ χειμάζοντος (Soph., *O. C.* 1503). *Take by storm*: P. βίᾳ αἱρεῖν, κατὰ κράτος αἱρεῖν.

Storm, v. intrans. *Rage, be angry*: P. and V. ὀργίζεσθαι, θῡμοῦσθαι; see under *angry*. *Be mad*: P. and V. λυσσᾶν (Plat.), οἰστρᾶν (Plat.), βακχεύειν (Plat.); see under *mad*. *Storm against, attack with words*, met.: P. and V. ἐπιπλήσσειν, P. καθάπτεσθαι (gen.); see *accuse*. V. trans. *Attack*: P. and V. προσβάλλειν (dat.); see *attack*. *Take by storm*: P. κατὰ κράτος αἱρεῖν, βίᾳ αἱρεῖν.

Storming, subs. P. and V. προσβολή, ἡ; see *attack*.

Storm-tossed, adj. *Be storm-tossed*, lit. and met.: P. and V. χειμάζεσθαι, σᾰλεύειν.

Stormy, adj. P. χειμέριος, Ar. and V. δυσχείμερος, V. λαβρός, δυσκύμαντος. *Angry, bitter*: P. and V. πικρός. *Vehement*: P. σφοδρός; see *vehement*, *impetuous*.

Story, subs. P. and V. λόγος, ὁ, μῦθος, ὁ. *Falsehood*: P. and V. ψεῦδος, τό, ψύθος, τό. *To cut a long story short*: P. τί δεῖ τὰ πολλὰ λέγειν (Dem. 278). *That is another story*: P. ἕτερος λόγος οὗτος (Dem. 240). *Tell stories*, v.: P. λογοποιεῖν, μυθολογεῖν. *Lie*: see *lie*. *Floor*: see *storey*.

Story teller, subs. P. λογοποιός, ὁ, μυθολόγος, ὁ. *Liar*: P. and V. ψευστής, ὁ.

Story telling, subs. P. μυθολογία, ἡ.

Stout, adj. *Fat*: P. and V. εὐτρᾰφής (Plat.), Ar. and P. πᾰχύς, πίων, σάρκῐνος. *Strong*: P. and V. μέγᾰς, ἰσχῡρός, V. κρᾰταιός, ὄβρῐμος, ἐγκρᾰτής, σθενᾰρός, Ar. and V. παγκρᾰτής, καρτερός, P. ἐρρωμένος. *Brave*: P. and V. ἀνδρεῖος; see *brave*.

Stout-hearted, adj. V. εὐκάρδιος; see *brave*.

Stoutly, adv. *Strongly*: P. ἰσχυρῶς, P. and V. ἐρρωμένως. *Vigorously*: P. and V. σφόδρᾰ, κάρτᾰ (Plat. but rare P.), P. ἰσχυρῶς. *Bravely*: P. and V. ἀνδρείως; see *bravely*.

Stoutness, subs. P. and V. πάχος, τό (Eur., *Cycl.*), P. παχύτης, ἡ. *Strength*: P. and V. ἰσχύς, ἡ, ῥώμη, ἡ; see *strength*. *Bravery*: P. and V. ἀνδρεία, ἡ; see *bravery*.

Stow, v. trans. Ar. and P. κᾰτᾰτίθεσθαι; see *set*. *Stow away*: Ar. and P. ἀποτίθεσθαι. *Put away into a place of safety*: P. and V. ἐκτίθεσθαι. *Be stowed away*: P. ὑπεκκεῖσθαι.

Straddle, v. trans. P. and V.

κᾰθῆσθαι ἐπί (gen.). *Straddling*: V. ἐμβεβώς (acc.).

Straggle, v. intrans. *Wander*: P. and V. πλᾰνᾶσθαι. *Be scattered*: P. and V. σκεδάννυσθαι.

Stragglers, subs. Use P. and V. οἱ πλᾰνώμενοι.

Straggling, adj. *Scattered*: P. and V. σποράς.

Straight, adj. Opposed to *crooked*: P. and V. εὐθύς. *Direct*: P. and V. εὐθύς, ὀρθός. *Tidy*: see *tidy*. *Put straight, correct*, v. trans.: Ar. and P. ἐπᾰνορθοῦν, P. and V. διορθοῦν, ἐξορθοῦν, ἀνορθοῦν. *Arrange, settle*: P. and V. εὖ τῐθέναι, εὖ τῐθεσθαι, κᾰλῶς τῐθέναι, κᾰλῶς τῐθεσθαι.

Straight, adv. *Of direction*: P. and V. εὐθύ, εὐθύς (rare). *Straight for*: Ar. and P. εὐθύ (gen.), V. εὐθύς (gen.). *Lamachus said they ought to sail straight for Syracuse*: P. Λάμαχος ἄντικρυς ἔφη χρῆναι πλεῖν ἐπὶ Συρακόυσας (Thuc. 6, 49). *Straight on*: P. πόρρω, V. πρόσω, πόρσω. *Onward*: P. and V. εἰς τὸ πρόσθεν.

Straighten, v. trans. P. and V. εὐθύνειν, ἀπευθύνειν, V. κᾰτορθοῦν. *Set right*: P. and V. κᾰτορθοῦν, ἀνορθοῦν, ἐξορθοῦν, διορθοῦν. *Straighten (the limbs of the dead)*: V. ἐκτείνειν; see *compose*.

Straightforward, adj. P. and V. ὀρθός, ἁπλοῦς, εὐθύς; see *honest, frank*.

Straightforwardly, adv. P. and V. ὀρθῶς, ἁπλῶς; see *honestly, frankly*.

Straightforwardness, subs. P. ἁπλότης, ἡ; see *honesty, frankness*.

Straightness, subs. ὀρθότης, ἡ (Aristotle).

Straightway, adj. P. and V. εὐθύς, εὐθέως, αὐτίκᾰ, πᾰραυτίκᾰ, Ar. and P. πᾰραχρῆμα, αὐτόθεν, V. ἄφᾰρ (rare).

Strain, v. trans. *Stretch, tight*: P. and V. ἐντείνειν, P. συντείνειν, ἐπιτείνειν. *Overexert*: P. ἐντείνεσθαι. *Sprain*: Ar. ἐκκοκκίζειν; see *sprain*. *Strain every nerve*: Met., P. παρατείνεσθαι εἰς τοὔσχατον (Thuc. 3, 46). *Filter*: P. διηθεῖν. *Clasp*: P. and V. ἀσπάζεσθαι, V. ὑπαγκᾰλίζεσθαι; see *clasp*. *Strain to one*: Ar. and V. προσέλκεσθαι. *Take your son in your arms and strain him to you*: V. λαβὲ σὸν παῖδ' ἐν ἀγκάλαισι καὶ προσελκύσαι (Eur., *Hipp.* 1431). *Strain him to you*: V. προσελκύσαι νιν (Eur. *I. A.* 1452). Met., *distort*: P. and V. διαστρέφειν; see *distort*. *Strain oneself, make an effort*: P. and V. τείνειν, P. διατείνεσθαι, συντείνειν, or pass., ἐντείνεσθαι, V. ἐντείνειν. V. intrans. *Make an effort*: P. and V. τείνειν, P. συντείνειν, V. ἐντείνειν; see *strain oneself*. *They strained with their feet against the wave*: V. οἱ δ' ἐκαρτέρουν πρὸς κῦμα λακτίζοντες (Eur., *I. T.* 1395). *If his tackling strained or snapped entirely*: P. πονησάντων αὐτῷ τῶν σκευῶν ἢ καὶ συντριβέντων ὅλως (Dem. 293).

Strain, subs. *Tension*: P. διάτασις, ἡ. *Exertion*: P. and V. πόνος, ὁ, Ar. and V. μόχθος, ὁ. *Anxiety*: P. and V. φροντίς, ἡ; see *fear*. *Sprain (of the limbs)*: P. στρέμμα, τό, σπάσμα, τό. *Manner*: P. and V. τρόπος, ὁ. *In this strain*: P. and V. οὕτως; see *thus*. *In music*: P. and V. νόμος, ὁ, μέλος, τό. *Breed*: P. and V. γένος, τό. *Strained relations*: use P. and V. διᾰφορά, ἡ; see *quarrel, hostility*.

Strait, subs. *Narrow sea passage*: P. and V. στενόν, τό, πορθμός, ὁ, πόρος, ὁ, V. γνᾰθος, ἡ, στενωπός, ἡ, αὐλών, ὁ, δίαυλος, ὁ. *They shall inhabit the plains that front the straight between two continents*: V. ἀντίπορθμα δ' ἠπείροιν δυοῖν πέδια κατοικήσουσι (Eur., *Ion*, 1585). *Straits, difficulties*: P. and V. ἀπορία, ἡ, ἄπορον, τό, or pl., V. ἀμήχᾰνον, τό, or pl., P. τὰ δυσχερῆ; see also *misfortune*. *Be in straits*, v.: P. and V. ἀπορεῖν, ἀμηχᾰνεῖν (rare P.). *Into what straits of* *necessity have we fallen*: V. εἰς οἷ' ἀνάγκης ζεύγματ' ἐμπεπτώκαμεν (Eur., *I. A.* 443). *The maintenance of his mercenaries will land him in great straits*: P. εἰς στενὸν κομιδῇ τὰ τῆς τροφῆς τοῖς ξένοις αὐτῷ καταστήσεται (Dem. 15).

Strait, adj. *Narrow*: P. and V. στενός, V. στενόπορος.

Straiten, v. trans. *Narrow*: P. and V. σῠνάγειν, συστέλλειν. *Press hard*: P. and V. πιέζειν. *Be straitened, be hard pressed*: P. and V. πονεῖν, τᾰλαιπωρεῖν; see under *press*. *Straitened circumstances*: P. and V. ἀπορία, ἡ; see *poverty*. *Being in straitened circumstances*: V. ἐν σμικροῖσιν ὤν. *Be in straightened circumstances*, v.: P. and V. ἀπορεῖν.

Strait-laced, adj. Use P. and V. σεμνός.

Straitly, adv. *Strictly*: P. ἰσχυρῶς, P. and V. σφόδρᾰ. *Expressly*: P. διαρρήδην.

Strand, subs. See *shore*. *Of a rope*: Ar. and P. τόνος, ὁ (Xen.).

Strand, v. trans. *Cast ashore*: P. and V. ἐκφέρειν, V. ἐκβάλλειν. *Be stranded, cast ashore*: P. and V. ἐκπίπτειν. Met., *be in difficulties*: P. and V. ἀπορεῖν, ἀμηχᾰνεῖν (rare P.).

Stranded, adj. *Cast ashore*: V. ἔκβλητος.

Strange, adj. *Novel*: P. and V. καινός, νέος, P. ἀήθης, V. νεόκοτος, Ar. and V. νεοχμός. *Foreign*: P. and V. ἀλλότριος, ἀλλόφῡλος, ὀθνεῖος, V. ξένος, ἀλλόθρους, ἀλλόχρως, Ar. and P. ξενῐκός. *Barbarous*: P. and V. βάρβᾰρος. *Astonishing*: P. and V. δεινός, θαυμαστός, περισσός, ἀμήχᾰνος, Ar. and P. θαυμάσιος, ὑπερφυής, V. ἔκπαγλος. *Odd*: P. and V. ἄτοπος (Eur., *Frag.*), Ar. and P. ἀλλόκοτος, ἔκτοπος (Plat.).

Strangely, adv. Ar. and P. θαυμᾰσίως, ὑπερφυῶς, P. θαυμαστῶς, ἀμηχάνως, P. and V. δεινῶς. *Oddly*: P. ἀτόπως.

Strangeness, subs. *Novelty*: P. καινότης, ἡ. *Oddness*: Ar. and P. ἀτοπία, ἡ. *My son, what ails you? what is the meaning of this strangeness?* V. ὦ παῖ τί πάσχεις; τίς ὁ τρόπος ξενώσεως τῆσδε; (Eur., *H. F.* 965).

Stranger, subs. P. and V. ξένος, ὁ, ἀγνώς, ὁ or ἡ, ὀθνεῖος, ὁ or ἡ (Isaeus), V. ξεῖνος, ὁ, V. ἔπηλυς, ὁ or ἡ, P. ἐπηλύτης, ὁ. Fem. subs. also: P. and V. ξένη, ἡ. *Killing strangers*, adj.: V. ξενοκτόνος, ξενοφόνος. *Banish strangers*, v.: Ar. ξενηλᾰτεῖν. *Banishment of strangers*, subs.: P. ξενηλασία, ἡ. *Conduct strangers*, v.: P. ξεναγεῖν. *A stranger to*: use adj., P. and V. ἀγνώς (dat.). Met., *unacquainted with*: P. and V. ἄπειρος (gen.), ἀμᾰθής (gen.), V. ἄϊδρις (gen.). *I am a stranger to the mode of speech used here*: P. ξένως ἔχω τῆς ἐνθάδε λέξεως (Plat., *Apol.* 17D).

Strangle, v. trans. P. and V. ἄγχειν, ἀπάγχειν, Ar. and P. πνῑ́γειν, ἀποπνῑ́γειν. Met., *put an end to*: P. and V. παύειν, Ar. and P. κᾰτᾰλῡ́ειν.

Strangling, subs. Ar. and V. ἀγχόνη, ἡ (rare P.).

Strap, subs. P. and V. ἱμάς, ὁ, ῥῡτήρ, ὁ, V. χᾰλῑνός, ὁ (Eur., *Cycl.* 461). *A strap to go round the breast*: V. μασχᾰλιστήρ, ὁ. *Shoe strap*: Ar. ζῠγόν, τό.

Strap, v. trans. P. and V. δεῖν; see *fasten*.

Strapping, adj. *Well grown*: P. and V. εὐτρᾰφής; see *fat*.

Stratagem, subs. P. and V. ἀπάτη, ἡ, σόφισμα, τό, μηχάνημα, τό, δόλος, ὁ (rare P.), Ar. and P. κλέμμᾰ, τό; see *trick*.

Strategic, adj. P. στρατηγικός.

Strategically, adv. Ar. στρᾰτηγῐκῶς.

Strategy, subs. P. στρατηγία, ἡ; see also *stratagem*.

Straw, subs. Ar. and P. κάλᾰμος, ὁ (Plat.), P. καλάμη, ἡ (Xen.). *Bed of straw*: P. and V. στῐβάς, ἡ.

Straw, v. trans. See *spread.*

Stray, v. trans. P. and V. πλᾰνᾶσθαι, ἀλᾶσθαι περῐπολεῖν; see *wander. Go wrong:* P. and V. ἁμαρτάνειν, ἐξᾰμαρτάνειν, σφάλλεσθαι. *Of the mind:* P. and V. πλᾰνᾶσθαι. *This lock of hair has strayed from its place:* V. ἐξ ἕδρας σοι πλόκαμος ἐξέστηχ' ὅδε (Eur., *Bacch.* 928).

Stray, adj. *Chance:* P. and V. ὁ τῠχών, ὁ ἐπῐτῠχών, ὁ προστῠχών, ὁ συντῠχών. *Random:* V. εἰκαῖος. *At random:* use adv. P. and V. εἰκῇ.

Streak, v. trans. *Variegate:* P. and V. ποικίλλειν, P. διαποικίλλειν. *Having his hair just streaked with white:* V. χνοάζων ἄρτι λευκανθὲς κάρα (Soph., *O. T.* 742).

Streak, subs. *Variegation:* P. and V. ποίκιλμα, τό. *Beam of light:* V. βολή, ἡ; see *beam.*

Streaky, adj. P. and V. ποικῐ́λος.

Stream, subs. P. and V. ῥοή, ἡ, ῥεῦμα, τό, ῥεῖθρον, τό (Thuc.), ῥοῦς, ὁ (ῥόος in V.), V. ῥέος, τό, χεῦμα, τό, ἐπιρροή, ἡ, λῐβάδες, αἱ; see *flow. Stream of lava:* P. ῥύαξ, ὁ; see *lava. River:* P. and V. ποτᾰμός, ὁ. *Spring:* P. and V. πηγή, ἡ, κρήνη, ἡ, Ar. and V. νᾶμα, τό (also Plat. but rare P.), V. νασμός, ὁ; see *spring. Of a stream*, adj.: P. and V. πηγαῖος (Plat.), V. κρηναῖος. *Current:* P. ῥεῦμα, τό (Thuc. 2, 102), ῥοή, ἡ (Plat., *Crat.* 402A). *Down stream, with the stream:* P. κατὰ ῥοῦν, Ar. κατὰ κῦμα . . . οὔριον (*Eq.* 433). *Flow with a strong stream:* P. and V. πολὺς ῥεῖν, P. μέγας ῥεῖν. Met., *stream of people:* V. ῥεῦμα, τό; see *crowd. In streams:* use adj.: P. and V. ἀθρόος, πολῠ́ς, πυκνός. *Stream of blood:* V. ῥοή, ἡ, ἀπορροή, ἡ, κρουνός, ὁ. *Stream of tears:* V. πηγή, ἡ, πλημμῡρίς, ἡ, νᾶμα, τό, ἐπιρροή, ἡ (Eur., *Frag.*), νοτῐ́ς, ἡ. *In streams:* P. and V. ἀστακτῐ́. *My tears fell in streams:* P. ἀστακτί ἐχώρει τὰ δάκρυα (Plat., *Phaedo*, 117C). *Stream of words:* see under *torrent. The stream of time:* V. οὐπιρρέων χρόνος. (Æsch. Eum. 853).

Stream, v. intrans. *Flow:* P. and V. ῥεῖν; see *flow. Be carried along:* P. and V. φέρεσθαι. *Drip:* P. and V. λείβεσθαι (Plat. but rare P.), κᾰταστάζειν (Xen.), στάζειν (Plat. but rare P.), V. ἀποστάζειν, στᾰλάσσειν, διαρραίνεσθαι. *Stream from (a thing):* P. and V. ἀπορρεῖν. *Stream in:* P. and V. ἐπιρρεῖν. *Stream with:* P. and V. ῥεῖν (dat.), V. στάζειν (dat.), κᾰταστάζειν (dat.), κᾰταρρεῖν (dat.), μῠδᾶν (dat.). *Float in air:* P. and V. φέρεσθαι, V. ᾄσσεσθαι, ἀΐσσειν, ᾄσσειν; see also *trail.* Met., *of people coming together:* P. and V. σῠνέρχεσθαι, P. συρρεῖν (Xen.). *Stream down:* Ar. and P. κᾰταρρεῖν.

Streaming, adj. V. κᾰταρρυής. Met., *long extended:* V. τᾰναός, κεχῠμένος.

Street, subs. P. and V. ὁδός, ἡ, Ar. and V. ἄγυια, ἡ (Eur., *Or.* 761). *The man in the street:* P. and V. ὁ τῠχών, ὁ ἐπῐτῠχων, ὁ προστῠχών, P. ὁ παρατυχών, ὁ ἐντυχών.

Strength, subs. P. and V. δῠνᾰμις, ἡ, ἰσχῠ́ς, ἡ, ῥώμη, ἡ, V. σθένος, τό, ἀλκή, ἡ, κῖκυς, ἡ (Æsch., *Frag.*), μένος, τό (also Plat. but rare P.). *Authority:* P. and V. ἀρχή, ἡ, κρᾰ́τος, τό, δῠνᾰμις, ἡ, ἐξουσία, ἡ. *Military strength, numbers:* P. δύναμις, ἡ, πλῆθος, τό; see *force. In full strength, unimpaired:* use adj., P. and V. ἀκραιφνής. *Have strength*, v.: P. and V. ἰσχῡ́ειν, ἐρρῶσθαι (perf. pass. of ῥωννύναι), V. σωκεῖν (Æsch., *Eum.* 36). *Have strength to:* see *be able,* under *able. On the strength of:* use adj., P. and V. πῐ́σῠνός (dat.) (lit., *trusting to*).

Strengthen, v. trans. P. κρατύνειν (or mid.). *Confirm:* P. βεβαιοῦν. *Encourage:* P. and V. θρᾰσῠ́νειν, θαρσῠ́νειν, P. ἐπιρρωννύναι; see *encourage.*

Strengthless, adj. See *weak*.

Strenuous, adj. P. and V. ἔντονος, σύντονος, ὀξύς, πρόθῡμος, σπουδαῖος, δραστήριος, P. σφοδρός. *Strong, intense*: P. ἰσχυρός.

Strenuously, adv. P. and V. προθύμως, σπουδῇ, σφόδρα, P. σπουδαίως, ἐντόνως, συντόνως. *Strongly*: P. ἰσχυρῶς.

Strenuousness, subs. P. and V. προθῡμία, ἡ, σπουδή, ἡ, P. σφοδρότης, ἡ.

Stress, subs. *Stress of circumstances*: P. and V. ἀναγκή, ἡ. *Need*: P. and V. χρεία, ἡ. *Stress of weather*: P. and V. ἄπλοια, ἡ. *Lay stress on*, v.: Ar. and P. ἐγκεῖσθαι (dat.), P. ἰσχυρίζεσθαι περί (gen.).

Stretch, v. trans. P. and V. τείνειν, ἐντείνειν. *Spread*: P. and V. στορεννύναι, Ar. and V. στορνύναι. *Thy body moulded by the skilful hands of craftsmen shall lie stretched upon my couch*: V. σοφῇ δὲ χειρὶ τεκτόνων δέμας τὸ σόν εἰκασθὲν ἐν λέκτροισιν ἐκταθήσεται (Eur., *Alc.* 348). *Stretch out*: P. and V. τείνειν, προτείνειν, ἐκτείνειν. *Offer*: P. and V. ὀρέγειν. *Lengthen*: P. and V. τείνειν, ἐκτείνειν, μηκύνειν, P. ἀποτείνειν. *Stretch over*: V. ὑπερτείνειν (τί τινος). *Stretch under, spread under*: P. and V. ὑποστορεννύναι (Xen. also Ar.). *Stretch oneself*: Ar. σκορδῑνᾶσθαι. V. intrans. P. and V. τείνειν, P. καθήκειν, διήκειν. *Stretch alongside*: P. παρατείνειν (absol.), παρήκειν (absol.), Ar. παρατείνεσθαι (absol.).

Stretch, subs. *Length*: P. and V. μῆκος, τό. *Expanse*: κύκλος, ὁ; see *expanse*. *Open space*: P. εὐρυχωρία, ἡ. *Plain*: P. and V. πεδίον, τό, V. πλάξ, ἡ. *They pass . . . over the level stretches of plain*: V. χωροῦσι . . . πεδίων ὑποτάσεις (Eur., *Bacch.* 748). *At a stretch, by an effort*: P. μετὰ πολλοῦ πόνου, V. πολλῷ πόνῳ; see under *effort*. *At one time*: P. and V. ἅμα. *Continuously*: Ar and P. συνεχῶς. *Keep on the stretch*, v. trans.: P. κατατείνειν.

Stretcher, subs. P. and V. κλίνη, ἡ.

Strew, v. trans. P. and V. στορεννύναι, Ar. and V. στορνύναι; see *spread*. *Sprinkle*: V. ῥαίνειν, παλύνειν; see *sprinkle*. *Strew under*: P. and V. ὑποστορεννύναι (Xen. also Ar.). *Strewn with purple*, adj.: V. πορφυρόστρωτος.

Stricken, adj. See *miserable*. *Stricken in years*: P. πόρρω τῆς ἡλικίας, V. ἐν γήρᾳ βαρύς, σὺν γήρᾳ βαρύς. *Stricken with disease*: V. νόσῳ βαρύς.

Strict, adj. *Exact*: P. and V. ἀκριβής. *Rigorous, stern*: P. and V. σκληρός, σχέτλιος; see *stern*.

Strictly, adv. *Exactly*: P. and V. ἀκριβῶς. *Sternly*: P. σκληρῶς. *Explicitly*: P. διαρρήδην.

Strictness, subs. *Exactness*: P. ἀκρίβεια, ἡ. *Sternness*: P. σκληρότης, ἡ.

Strictures, subs. See *abuse, blame*.

Stride, v. intrans. Ar. and P. διαβαίνειν (Ar.), V. βαίνειν.

Stride, subs. Ar. and V. βῆμα, τό, βάσις, ἡ. *When he has taken this immense stride*: Ar. τοσόνδε δ' αὐτοῦ βῆμα διαβεβηκότος (*Eq.* 77).

Strife, subs. P. and V. ἔρις, ἡ, διαφορά, ἡ, Ar. and V. νεῖκος, τό (also Plat. but rare P.), V. δῆρις, ἡ. *Faction*: P. and V. στάσις, ἡ. *Contest*: P. and V. ἀγών, ὁ, μάχη, ἡ, ἅμιλλα, ἡ.

Strigil, subs. Ar. and V. ψήκτρα, ἡ, Ar. and P. στλεγγίς, ἡ (Plat.).

Strike, v. trans. P. and V. κρούειν, τύπτειν, κόπτειν, πατάξαι (1st aor. of πατάσσειν), Ar. and V. παίειν (rare P.), θείνειν, ἀράσσειν; see also *collide with*. *Strike with a missile*: P. and V. βάλλειν. *With a javelin*: P. and V. ἀκοντίζειν. *Be struck*: P. and V. πληγῆναι (aor. pass. of πλήσσειν). Met., *strike (with fear, etc.)*: P. and V. ἐκπλήσσειν. *Be struck by, be astonished at*: P. and V. θαυμάζειν (acc.). *Strike (one)*, *occur to* (*one*): P. and V. παρίστασθαι (dat.) ἐμπίπτειν (dat.), ἐπέρχεσθαι, (acc. or dat.), εἰσέρχεσθαι (acc. or dat.). *Astonish*: use P. and V. θαῦμα παρέχειν (dat.). *Strike a bargain, covenant*: P. and V. συμβαίνειν; see *covenant*. *Strike a coin*: Ar. κόπτεσθαι. *Strike a light. Rubbing stone against stone I struck with pain a dim light*: ἀλλ' ἐν πέτροισι πέτρον ἐκτρίβων μόλις ἔφην' ἄφαντον φῶς (Soph., *Phil.* 296). *Strike a treaty*: Ar. and P. σπονδὰς ποιεῖσθαι, P. and V. σπένδεσθαι, V. σπονδὰς τέμνειν. *Strike against*: P. and V. παίειν πρός (dat.); see *collide with*. *Strike down*: P. and V. καταβάλλειν. *Strike in, interrupt*, v. intrans: P. ὑπολαμβάνειν. *Strike in return*: Ar. and P. ἀντιτύπτειν. *Strike on*: see *strike upon*. *Strike out, erase*: P. and V. ἐξαλείφειν, P. ἐκκολάπτειν. *Strike out a new line*: Ar. and P. καινοτομεῖν. *Strike up* (*a tune*, *etc.*): Ar. ἀναβάλλεσθαι (absol.). *Strike upon. The sound of trouble in the house strikes upon my ears*: V. φθόγγος οἰκείου κακοῦ βάλλει δι' ὤτων (Soph., *Ant.* 1187).

Striking, adj. *Signal*: P. and V. λαμπρός. *Conspicuous*: P. and V. ἐκπρεπής, διαπρεπής, V. εὐπρεπτος, ἔξοχος. *Weighty*: P. and V. σεμνός.

String, subs. *Thong*: P. and V. ἱμάς, ὁ. *Small cord*: Ar. and P. καλῴδιον, τό, Ar. σπαρτίον, τό. *String of things*: Ar. and P. ὁρμαθός, ὁ. *String of dry figs*: Ar. ἰσχάδων ὁρμαθός. *String of a musical instrument*: P. χορδή, ἡ. *Bowstring*: P. and V. νευρά, ἡ (Xen.), V. θῶμιγξ, ὁ. *Don't let them have two strings to their bow*: P. μὴ ἐπὶ δυοῖν ἀγκύροιν ὁρμεῖν ἐᾶτε (Dem. 1295). *Moved by strings* (*of puppets*), adj.: P. νευρόσπαστος (Xen.). *Series*: P. and V. διαδοχή, ἡ. *Row*: P. and V. στοῖχος, ὁ.

String, v. trans. *String together*: Ar. and P. συνείρειν; see also *strung*.

Stringent, adj. P. ἰσχυρός.

Stringently, adv. P. ἰσχυρῶς.

Strip, subs. P. τμῆμα, τό, V. σπάραγμα, τό, Ar. τόμος, ὁ. *Hanging themselves with strips made from their clothes*: P. ἐκ τῶν ἱματίων παραιρήματα ποιοῦντες ἀπαγχόμενοι (Thuc. 4, 48).

Strip, v. trans. *Bare*: P. and V. γυμνοῦν. *Take clothes off* (from another): Ar. and P. ἀποδύειν, P. and V. ἐκδύειν; (from oneself): Ar. and P. ἀποδύεσθαι, P. and V. ἐκδύεσθαι; see v. intrans. *Strip* (*the dead of arms*): P. and V. σκυλεύειν (Eur., *Phoen.* 1417). *They bade him strip the rose garden of its buds*: P. ἐκέλευον τὴν ῥοδωνίαν βλαστάνουσαν ἐκτίλλειν (Dem. 1251). *Remove*: P. and V. ἀφαιρεῖν, P. περιαιρεῖν. *Stripped of money and allies*: P. περιῃρημένος χρήματα καὶ συμμάχους (Dem. 37). *He stripped all equally of honour, power and freedom*: P. ὁμοίως ἁπάντων τὸ ἀξίωμα, τὴν ἡγεμονίαν, τὴν ἐλευθερίαν περιείλετο (Dem. 246). *Plunder*: P. and V. συλᾶν; see *plunder*. *Empty*: P. and V. κενοῦν, ἐρημοῦν, ἐξερημοῦν, ἐκκενοῦν (Plat.), V. ἐκκεινοῦν. *Strip bare*: P. ψιλοῦν, Ar. and V. ἀποψιλοῦν. *Deprive*: P. and V. ἀποστερεῖν, στερεῖν, στερίσκειν; see *rob*. *Strip off*: P. περιαιρεῖν. *Strip off the skin*: Ar. and P. δέρειν, ἀποδέρειν (Xen.), P. and V. ἐκδέρειν (Plat.). *They stripped off the roof*: P. τὸν ὄροφον ἀφεῖλον or διεῖλον. V. intrans. *Take one's clothes off*: P. and V. ἐκδύεσθαι, γυμνοῦσθαι, Ar. and P. ἀποδύεσθαι. *Let us strip, sirs, for this business*: Ar. ἐπαποδυώμεθ', ἄνδρες, τουτῳὶ τῷ πράγματι (*Lys.* 615).

Stripe, subs. *Blow*: P. and V. πληγή, ἡ, V. πλῆγμα, τό. *Variegation*: P. and V. ποίκιλμα, τό.

Stripe, v. trans. P. and V. ποικίλλειν, P. διαποικίλλειν.

Striped, adj. P. and V. ποικίλος, Ar. and V. αἰόλος.

Stripling, subs. Ar. and P. μειράκιον, τό, μειρᾰκύλλιον, τό, P. μειρακίσκος, ὁ; see *boy*. *A stripling warrior*: V. ἀνδρόπαις ἀνήρ, ὁ (Æsch., *Theb.* 533).

Stripping the dead, subs. P. νεκροσυλία, ἡ.

Strive, v. intrans. *Exert oneself*: P. and V. σπουδάζειν, τείνειν, ὁρμᾶσθαι, P. διατείνεσθαι, συντείνειν (or pass.), ἐντείνεσθαι, V. ἐντείνειν. *Contend*: P. and V. ἀγωνίζεσθαι, ἁμιλλᾶσθαι, V. ἐξᾰγωνίζεσθαι, ἐξᾰμιλλᾶσθαι; see *struggle*. *Try* (with infin. following): P. and V. πειρᾶν (or mid.), ἐγχειρεῖν, ἐπῐχειρεῖν. *Strive after*: P. and V. μετέρχεσθαι (acc.), θηρεύειν (acc.), ζητεῖν (acc.), V. θηρᾶν (or mid.) (acc.). *Strive for*: see *strive after*. *Desire*: P. and V. ὀρέγεσθαι (gen.), ἐφίεσθαι (gen.); see *desire*.

Striving, subs. *Effort*: P. and V. πόνος, ὁ, Ar. and V. μόχθος, ὁ; see *effort*. *Striving after*: P. and V. ἐπῐθῡμία, ἡ; see *desire*.

Stroke, subs. *Blow*: P. and V. πληγή, ἡ, V. πλῆγμα, τό. Met., (*of fortune, etc.*): V. πληγή, ἡ. *Stroke of good fortune*: P. and V. εὐτῠ́χημα, τό. *Stroke of bad fortune*: P. and V. συμφορά, ἡ, P. δυστῠ́χημα, τό. *Attack, visitation*: P. and V. προσβολή, ἡ; see *visitation*. *Stroke of an oar* (*plash*): V. πίτῠλος, ὁ. ῥόθος, ὁ. *At one stroke*: V. ἐν μιᾷ πληγῇ. *Keeping stroke they raised a shout and dashed upon them*: P. ἀπὸ ἑνὸς κελεύσματος ἐμβοήσαντες ἐπ' αὐτοὺς ὥρμησαν (Thuc. 2, 92).

Stroke, v. trans. P. and V. ψήχειν, Ar. and P. κᾰταψῆν, V. κᾰταψήχειν; see also *touch*.

Stroll, v. intrans. *Walk*: Ar. and P. περῐπᾰτεῖν. *Wander*: P. and V. περῐπολεῖν; see *wander*. *Stroll about*: Ar. and P. περῐνοστεῖν.

Stroll, subs. *Walk*: P. περίπατος, ὁ.

Strolling, adj. P. πλανητός, Ar. and V. νομάς; see *roving*. *A strolling imposter*: P. and V. ἀγύρτης, ὁ. Fem., V. ἀγύρτρια, ἡ.

Strong, adj. *Mighty*: P. and V. μέγᾰς. *Powerful*: P. and V. δῠνᾰτός, Ar. and V. μεγασθενής, ἄλκῐμος (rare P.). *Physically strong*: P. and V. ἰσχῡρός, V. κρᾰταιός, ὄβρῐμος, ἐγκρᾰτής (in P. used of defences), σθενᾰρός, Ar. and V. παγκρᾰτής, καρτερός (in P. used of defences), P. ἐρρωμένος. *Stronger*: use also V. φέρτερος no positive. *Stout, solid*: P. στεριφός; see *solid*. *Firm, secure*: P. and V. βέβαιος. *Trustworthy*: P. and V. βέβαιος, ἀσφᾰλής, P. ἐχυρός. *Of defences, ground, etc.*: P. and V. ὀχῡρός, ἰσχῡρός, ἐρυμνός, P. καρτερός, ἐχυρός. *Cogent*: P. ἀναγκαῖος. *Energetic*: P. and V. ἔντονος, σύντονος. *Efficacious*: P. and V. δραστήριος. *Vehement*: P. σφοδρός. *Of natural phenomena*: P. and V. πολῠ́ς, μέγᾰς. *Of a smell*: use P. βαρύς. *A strong wind*: P. ἄνεμος μέγας. *A strong proof*: P. μέγα τεκμήριον. *Be strong, powerful*, v.: P. and V. δύνασθαι, ἰσχῠ́ειν, ἐρρῶσθαι (perf. pass. of ῥωννύναι), Ar. and V. σθένειν. *Be strong* (*in body*): P. and V. ἰσχῠ́ειν, ἐρρῶσθαι (perf. infin. of ῥωννύναι), Ar. and V. εὐσωμᾰτεῖν, V. εὐσθενεῖν (Eur., *Cycl.*); see *be vigorous*, under *vigorous*. *With a strong hand*: use P. and V. βίᾳ. *Strong points*: P. τὰ ἰσχύροτατα (Thuc. 5, 111). *Take strong measures*: use P. and V. ἀνήκεστόν τι δρᾶν. *Have strong views on*: P. and V. σπουδάζειν περί (gen.).

Stronghold, subs. P. and V. ἔρῠμα, τό; see *defence*. *Strongholds, fastnesses*: P. τὰ καρτερά, τὰ ἐχυρά.

Strongly, adv. P. and V. ἐρρωμένως, P. ἰσχυρῶς. *Vigorously*: P. and V. σφόδρᾰ, κάρτᾰ (Plat. but rare P.), μάλᾰ, P. ἰσχυρῶς. *Energetic-*

ally : P. ἐντόνως, συντόνως. *I put the case as strongly as I can* : P. ὡς δύναμαι μάλιστα κατατείνας λέγω (Plat., *Rep.* 367B). *Urge strongly*, v. intrans. : P. ἰσχυρίζεσθαι, διισχυρίζεσθαι.

Strong-minded, adj. P. and V. καρτερός, P. ἰσχυρός. *Obstinate* : P. and V. αὐθάδης, σκληρός.

Strong-willed, adj. See *strong-minded*.

Structure, subs. *Organisation* : P. and V. κατάστασις, ἡ P. σύστημα, τό. *Fittings* : V. ἁρμόσματα, τά ; see *frame*.

Struggle, subs. *Contest* : P. and V. ἀγών, ὁ, μάχη, ἡ, ἅμιλλα, ἡ, V. ἀγωνία, ἡ, πάλαισμα, τό, ἆθλος, ὁ, δῆρις, ἡ. *Convulsion* : P. and V. σπασμός, ὁ, P. σφαδασμός, ὁ (Plat.), V. σπαραγμός, ὁ. *Agitation* : P. ἀγωνία, ἡ. *Time of stress or trial* : P. and V. ἀγών, ὁ, V. ἆθλος, ὁ. *Labour effort* : P. and V. πόνος, ὁ, Ar. and V. μόχθος, ὁ, V. ἆθλος, ὁ. *With a struggle, with difficulty* : use adv., P. and V. μόλις, μόγις, Ar. and P. χαλεπῶς ; see under *difficulty*. *Without a struggle (with no convulsive effort)* : use adj., V. ἀσφάδαστος. *Without a struggle (without the necessity of fighting)* : P. ἀμαχεί, ἀκονιτί.

Struggle, v. trans. *Contend* : P. and V. ἀγωνίζεσθαι, μάχεσθαι, διαμάχεσθαι (Eur., *Alc.* 694), ἀθλεῖν, ἁμιλλᾶσθαι, V. ἐξαγωνίζεσθαι, ἐξαμιλλᾶσθαι. *Use violence* : P. and V. βιάζεσθαι. *Exert oneself* : P. and V. σπουδάζειν, τείνειν, ὁρμᾶσθαι, P. διατείνεσθαι, συντείνειν (or pass.), ἐντείνεσθαι, V. ἐντείνειν. *Try* (with infin. following) : P. and V. πειρᾶν (or mid.), ἐγχειρεῖν, ἐπιχειρεῖν ; see *try*. *Labour* : P. and V. πονεῖν, μοχθεῖν (rare P.), ἀθλεῖν (rare P.) ; see *labour*. *Writhe, be convulsed* : P. and V. σφαδάζειν (Xen.), V. σπᾶσθαι. *Hard to struggle against*, adj. : V. δυσπάλαιστος ; see *invincible*.

Struggling, adj. Ar. and V. πολύπονος.

Strumpet, subs. Ar. and P. πόρνη, ἡ.

Strung, adj. *Highly strung, excited:* P. and V. σύντονος, ἔντονος, P. σφοδρός.

Strut, v. intrans. P. σοβεῖν, V. ἐπ' ἄκρων ὁδοιπορεῖν (Soph., *Aj.* 1230). *Give oneself airs* : P. and V. σεμνύνεσθαι, ἁβρύνεσθαι (Plat.) ; see under *airs*.

Stubble, subs. Ar. and P. κάλαμος, ὁ (Plat.), P. καλάμη, ἡ (Xen.).

Stubborn, adj. *Hard, stiff* : P. and V. σκληρός, στερεός, Ar. and V. στερρός, V. στυφλός, περισκελής. *Self-willed* : P. and V. αὐθάδης. Of diseases, etc. : P. ἰσχυρός. *Stubbornly contested, of a battle* : P. καρτερός, ἰσχυρός.

Stubbornly, adv. P. σκληρῶς. *Obstinately* : Ar. and P. αὐθάδως, P. σκληρῶς. *Strongly, firmly* : P. ἰσχυρῶς.

Stubbornness, subs. *Stiffness* : P. στερεότης, ἡ. *Obstinacy* : P. σκληρότης, ἡ, αὐθάδεια, ἡ, Ar. and V. αὐθαδία, ἡ. *Acts of stubbornness* : V. αὐθαδίσματα, τά.

Stucco, subs. P. κονίαμα, τό (Aristotle).

Stucco, v. trans. P. κονιᾶν.

Stuccoed, adj. P. κονιατός (Xen.).

Stud, v. trans. *Variegate* : P. and V. ποικίλλειν, P. διαποικίλλειν.

Stud, subs. *For fastening* : use P. and V. γόμφος, ὁ. *Keep a stud (of horses)*, v. : P. ἱπποτροφεῖν.

Studded, adj. P. and V. ποικίλος. *Studded with nails* : V. εὔγομφος. *Studded with iron* : Ar. and V. σιδηροβριθής (Eur., *Frag.*).

Student, subs. Ar. and P. μαθητής, ὁ, P. φοιτητής, ὁ. *Student of* : P. μαθητής, ὁ (gen.).

Studied, adj. Use P. ἐκ παρασκευῆς, Ar. and P. ἐπίτηδες. *They shedding tears with studied purpose* : οἱ δ' ἐκβαλόντες δάκρυα ποιητῷ τρόπῳ (Eur., *Hel.* 1547). *Assuming a studied look to hide his knowledge of the disaster* : P. ἀδήλως τῇ ὄψει πλασάμενος πρὸς τὴν συμφοράν (Thuc. 6, 58).

Studio, subs. *Workshop*: Ar. and P. ἐργαστήριον, τό.

Studious, adj. P. φιλόπονος, φιλεργός, V. πολύπονος. *Eager for knowledge*: P. φιλομαθής. *Zealous*: P. and V. σπουδαῖος, πρόθυμος.

Studiously, adv. P. φιλοπόνως. *Zealously*: P. and V. σπουδῇ, προθύμως. *Purposely, intentionally*: P. and V. ἐκ προνοίας, P. ἐκ παρασκευῆς, Ar. and P. ἐπίτηδες.

Studiousness, subs. P. φιλοπονία, ἡ. *Zeal*: P. and V. σπουδή, ἡ, προθυμία, ἡ. *Desire for knowledge*: P. φιλομάθεια, ἡ.

Study, v. trans. *Learn*: P. and V. μανθάνειν. *Practise*: P. and V. ἀσκεῖν, ἐπιτηδεύειν, Ar. and P. μελετᾶν. *Devote oneself to*: P. and V. σπουδάζειν περί (acc. or gen.), P. σχολάζειν (dat.), Ar. and P. διατρίβειν (ἐν, dat., περί, acc. or ἐπί, dat.), Ar. and P. ἐπιμέλεσθαι (gen.). *Be careful of, regard*: P. and V. θεραπεύειν (acc.); see *regard*. *Examine*: P. and V. σκοπεῖν, ἐξετάζειν; see *examine*. With infin. following use *try*. *Study how to do a thing*: P. φιλοσοφεῖν ὅπως (fut. indic.). *Study scientifically*: P. φιλοσοφεῖν (acc.).

Study, subs. Ar. and P. μάθημα, τό. *Act of learning*: P. and V. μάθησις, ἡ. *Practice*: Ar. and P. μελετή, ἡ, P. ἄσκησις, ἡ, ἐπιτήδευσις, ἡ, ἐπιτήδευμα, τό. *The study of virtue*: P. ἀρετῆς ἐπιμέλεια, ἡ. *Occupation*: Ar. and P. διατριβή, ἡ, P. and V. σπουδή, ἡ; see *occupation*. *Examination*: P. and V. σκέψις, ἡ, P. ἐξέτασις, ἡ.

Stuff, v. trans. *Fill*: P. and V. πληροῦν, ἐμπιπλάναι; see *fill*. *Press, ram*: P. εἴλλειν (Plat.). *Pack close*: P. συνωθεῖν. *Embalm*: P. ταριχεύειν. *In cookery*: P. ὀνθολεύειν (late). *Stuff in, ram in*: P. ἐνειλλειν (absol.). *Stuff up*: Ar. βύειν, ἐμβύειν, ἐπιβύειν, πακτοῦν.

Stuff, subs. *Cloth*: P. and V. ὕφασμα, τό. *Cloths embroidered and plain and stuffs beside*: P. ὑφαντά τε καὶ λεῖα καὶ ἡ ἄλλη κατασκευή (Thuc. 2, 97).

Stultify, v. trans. P. ἄκυρον καθιστάναι (Lys. 115).

Stumble, v. intrans. Lit. and met., P. and V. πταίειν, σφάλλεσθαι, Ar. and P. προσπταίειν. *Stumble against* or *over*: P. and V. πταίειν πρός (dat.), P. προσπταίειν (dat.). *Stumble upon*: see *light upon*.

Stumble, subs. Lit., and met., P. πταῖσμα, τό. Met., P. and V. σφάλμα, τό.

Stump, subs. *End left when something is cut off*: P. and V. τομή, ἡ. *Trunk*: Ar. and P. στέλεχος, τό, πρέμνον, τό, Ar. and V. κορμός, ὁ.

Stun, v. trans. *Drive out of one's senses*: P. and V. ἐξιστάναι, ἐκπλήσσειν, P. καταπλήσσειν. *Deafen*: P. ἐκκωφοῦν, Ar. ἐκκωφεῖν. *Be stunned, faint*: P. λιποψυχεῖν; see *faint*.

Stunt, v. trans. P. and V. κολούειν, συντέμνειν.

Stunted, adj. *Short*: P. and V. μικρός, σμικρός, βραχύς.

Stupefaction, subs. *Wonder*: P. and V. ἔκπληξις, ἡ, θαῦμα, τό, θάμβος, τό (rare P.). *Stupor*: P. ἀναισθησία, ἡ.

Stupefy, v. trans. *Drive out of one's senses*: P. and V. ἐξιστάναι, ἐκπλήσσειν, P. καταπλήσσειν. *Dull*: P. and V. ἀμβλύνειν, ἀπαμβλύνειν, V. καταμβλύνειν. *Lull to sleep*: P. and V. κοιμίζειν (Plat.), V. κοιμᾶν. *Stupefy with smoke*: Ar. τύφειν.

Stupendous, adj. Ar. and P. δαιμόνιος, θαυμάσιος, ὑπερφυής, P. and V. θαυμαστός, ἐξαίσιος (Plat.), ἀμήχανος, V. ἔκπαγλος.

Stupendously, adv. Ar. and P. θαυμασίως, ὑπερφυῶς, P. θαυμαστῶς, ἀμηχάνως, V. ὑπερμέτρως (Eur., *Frag.*).

Stupendousness, subs. *Greatness*: P. and V. μέγεθος, τό. *Excess*: P. and V. ὑπερβολή, ἡ.

Stupid, adj. *Dull*: P. and V. νωθής, ἀμαθής, ἀφυής, Ar. and P. δυσμαθής, ἐμβρόντητος, P. ἀναίσθητος, βλακικός. *Foolish* (of persons or things): P. and V. μῶρος, εὐήθης, ἠλίθιος (Eur., *Cycl.* 537), ἀσύνετος, ἄβουλος, ἀμαθής, Ar. and P. ἀνόητος, ἀβέλτερος, V. κενόφρων; (of persons only): P. and V. ἄνους, ἄφρων, σκαιός, V. κακόφρων.

Stupidity, subs. *Dullness*: P. βλακεία, ἡ, νώθεια, ἡ, δυσμάθεια, ἡ, ἀναισθησία, ἡ. *Folly*: P. and V. μωρία, ἡ, ἄνοια, ἡ, ἀμαθία, ἡ, ἀφροσύνη, ἡ, ἀβουλία, ἡ, ἀσυνεσία, ἡ (Eur., *Frag.*), P. ἠλιθιότης, ἡ, ἀβελτερία, ἡ, εὐήθεια, ἡ, βλακεία, ἡ, V. εὐηθία, ἡ, Ar. and V. δυσβουλία, ἡ.

Stupidly, adv. *Dully*: P. ἀναισθήτως. *Foolishly*: P. and V. εὐήθως, ἀφρόνως, P. ἠλιθίως, μώρως (Xen.), Ar. and P. ἀνοήτως, εὐηθικῶς, Ar. βλακικῶς.

Stupify, v. trans. See *stupefy*.

Stupor, subs. P. ἀναισθησία, ἡ. *Wonder*: P. and V. ἔκπληξις, ἡ, θαῦμα, τό, θάμβος, τό (rare P.).

Sturdily, adv. *Strongly*: P. and V. ἐρρωμένως, P. ἰσχυρῶς. *Bravely*: P. and V. ἀνδρείως; see *bravely*.

Sturdiness, subs. *Strength*: P. and V. ἰσχύς, ἡ, ῥώμη, ἡ; see *strength*. *Physical vigour*: P. and V. εὐεξία, ἡ (Eur. *Frag.*). *Bravery*: P. and V. ἀνδρεία, ἡ; see *bravery*.

Sturdy, adj. *Well-nurtured*: P. and V. εὐτραφής, Ar. and P. παχύς. *Strong*: P. and V. μέγας, ἰσχυρός, V. κραταιός, Ar. and V. καρτερός; see *strong*. *Brave*: P. and V. ἀνδρεῖος; see *brave*. Of things, *vigorous*: P. ἰσχυρός.

Stutter, v. intrans. P. ψελλίζεσθαι, Ar. τραυλίζειν.

Sty, subs. Ar. χοιροκομεῖον, τό, V. σταθμός, ὁ.

Style, subs. *Manner*: P. and V. τρόπος, ὁ. *Diction*: P. λέξις, ἡ.

Style, v. trans. P. and V. καλεῖν, λέγειν, εἰπεῖν; see *call*.

Stylish, adj. Use Ar. and P. χαρίεις.

Stylishly, adv. P. χαριέντως.

Suasion, subs. P. and V. πειθώ, ἡ.

Suave, adj. P. and V. φιλόφρων (Xen.), εὐπροσήγορος, P. εὐπρόσοδος, ῥᾴδιος, κοινός. *Smooth-tongued*: Ar. and V. εὔγλωσσος. *Gentle*: P. and V. λεῖος, πρᾶος, ἤπιος; see *gentle*.

Suavely, adv. P. and V. φιλοφρόνως (Plat.). *Gently*: P. and V. ἠπίως, P. πράως; see *gently*.

Suavity, subs. P. εὐπροσηγορία, ἡ, V. εὐέπεια, ἡ. *Gentleness*: P. πραότης, ἡ, V. πρευμένεια, ἡ.

Subdue, v. trans. *Reduce*: P. and V. καταστρέφεσθαι, κατεργάζεσθαι, καθαιρεῖν. *Overcome*: P. and V. νικᾶν, χειροῦσθαι, V. ὑπερβάλλεσθαι. *Master*: P. and V. κρατεῖν (gen.). *Be subdued, tamed*: use also Ar. and V. δαμῆναι (2nd aor. pass. δαμάζειν), V. δαμασθῆναι (1st aor. pass. δαμάζειν). *Get into one's power*: P. and V. χειροῦσθαι, αἱρεῖν, ὑποχείριον λαμβάνειν, P. ὑφ' ἑαυτῷ ποιεῖσθαι, V. χείριον λαμβάνειν (Eur., *Cycl.*). *Make to cease*: P. and V. παύειν. *Calm, soothe*: P. and V. κηλεῖν, κοιμίζειν; see *soothe*. *Check*: P. and V. κατέχειν; see *check*. *Humble*: P. and V. καθαιρεῖν, συστέλλειν, κολούειν, Ar. and V. ἰσχναίνειν; see *humble*. *Easy to subdue*, adj.: P. and V. εὐχείρωτος (Xen.).

Subdued, adj. *Humble*: P. and V. ταπεινός.

Subject, adj. *Under another's power*: P. and V. ὑποχείριος, V. χείριος. *Obedient*: P. and V. ὑπήκοος. *Subject to*: P. and V. ὑποχείριος (gen.), ὑπήκοος (gen. or dat.). *Tributary*: P. ὑποτελής. *Liable to*: see under *liable*.

Subject, subs. *Theme*: P. and V. λόγος, ὁ, P. ὑπόθεσις, ἡ. *Subject of investigation*: P. σκέμμα, τό. *Matter, affair*: P. and V. χρῆμα, τό;

see *matter*. As opposed to *predicate*: τὸ ὑποκείμενον (Aristotle). *Providing posterity with subjects for song*: V. ἀοιδὰς δόντες ὑστέροις βροτῶν (Eur., *Tro.* 1245, cf. Eur., *Supp.* 1225). *Be a subject of dispute*, v.: P. ἀμφισβητεῖσθαι. *Nothing to do with the subject*: P. οὐδὲν πρὸς λόγον, ἔξω τοῦ πράγματος. *Subject to your approval*: P. and V. εἰ σοὶ δοκεῖ. *Subjects, those governed*: P. and V. οἱ ὑπήκοοι, P. οἱ ἀρχόμενοι. *Be subjects*, v.: P. and V. ἄρχεσθαι. *Be subjects of*: Ar. and P. ὑπᾰκούειν (absol. or with dat. or gen.).

Subject, v. trans. *Bring into subjection*: P. and V. κᾰταστρέφεσθαι, κᾰτεργάζεσθαι; see *reduce*, *enslave*. *Expose*: P. and V. ὑποβάλλειν (τινά τινι); see *expose*. *Be subjected to malicious accusations*: use Ar. and P. σῡκοφαντεῖσθαι.

Subjection, subs. *Subjugation*: P. καταστροφή, ἡ. *Bring into subjection*: P. and V. κᾰταστρέφεσθαι; see *reduce*. *In subjection to*, prep.: P. and V. ὑπό (dat.), adj., P. and V. ὑπήκοος (gen. or dat.),. ὑποχείριος (dat.), V. χείριος (absol.). *Enslavement*: P. δούλωσις, ἡ, καταδούλωσις, ἡ, ἀνδραποδισμός, ὁ.

Subject matter, subs. See *subject*.

Subjoin, v. trans. P. ὑπογράφειν (absol.).

Subjugate, v. trans. *Reduce*: P. and V. κᾰταστρέφεσθαι, κᾰτεργάζεσθαι, κᾰθαιρεῖν. *Enslave*: P. and V. δουλοῦν (or mid.), P. καταδουλοῦν (or mid.), ἀνδραποδίζειν (or mid.). *Bring under one's power*: P. and V. χειροῦσθαι, ὑποχείριον λαμβάνειν, P. ὑφ' ἑαυτῷ ποιεῖσθαι, V. χείριον λαμβάνειν (Eur., *Cycl.*). *Overcome*: P. and V. νῑκᾶν; see *overcome*.

Subjugation, subs. *Reduction*: P. καταστροφή, ἡ. *Enslavement*: P. δούλωσις, ἡ, καταδούλωσις, ἡ, ἀνδραποδισμός, ὁ.

Subjugator, subs. P. καθαιρέτης, ὁ.

Sublime, adj. *High in air*: P. and V. ὑψηλός, Ar. and P. μετέωρος, Ar. and V. μετάρσιος. *Majestic*: P. and V. σεμνός, ὑψηλός (Plat.). *Splendid*: Ar. and P. μεγᾰλοπρεπής.

Sublimely, adv. P. and V. σεμνῶς. *Splendidly*: P. μεγαλοπρεπῶς.

Sublimity, subs. P. and V. σεμνότης, ἡ, τὸ σεμνόν, Ar. and V. σέβᾰς, τό. *Splendour*: P. μεγαλοπρέπεια, ἡ.

Sublunary, adj. P. ἐπίγειος (Plat.). *Mortal*: P. and V. θνητός (Plat.). *Human*: P. and V. ἀνθρώπειος, V. βρότειος.

Submerge, v. trans. *Flood*: P. κατακλύζειν; see *flood*. *Drown*: P. καταποντίζειν; see *drown*. *Be submerged (be drowned)*: P. καταποντοῦσθαι. *Dip*: P. and V. βάπτειν.

Submersion, subs. *Flood*: P. κατακλυσμός, ὁ, ἐπίκλυσις, ἡ. *Dipping*: P. and V. βᾰφή, ἡ.

Submission, subs. P. ὕπειξις, ἡ. *Patience*: P. καρτερία, ἡ, καρτέρησις, ἡ. *Obedience*: P. and V. πειθαρχία, ἡ. *Humility*: P. ταπεινότης, ἡ. *Reduce to submission*: see *subdue*.

Submissive, adj. *Humble*: P. and V. τᾰπεινός. *Slavish*: P. and V. δοῦλος (Plat. but rare P.), P. δουλοπρεπής, V. δούλιος; see *slavish*. *Patient*: P. καρτερικός, V. τλήμων.

Submissively, adv. *Humbly*: P. ταπεινῶς. *Patiently*: V. τλημόνως.

Submissiveness, subs. P. ταπεινότης, ἡ.

Submit, v. trans. *Bring to someone to decide*: Ar. and P. ἐπιτρέπειν (τί τινι), P. ἐφιέναι (τί εἴς τινα); see *refer*. *Submit a resolution to the people*: P. γνώμην εἰσενεγκεῖν εἰς τὸν δῆμον (Thuc. 8, 67). *Submit to the vote*: P. ἐπιψηφίζειν (τι). *Submit one's accounts to inspection*: P. τὰς εὐθύνας διδόναι. V. intrans. *Yield*: P. and V. εἴκειν, ὑπείκειν, συγχωρεῖν, Ar. and P. πᾰρᾰχωρεῖν; see *yield*. *Submit to, endure*: P. and V. φέρειν, ἀνέχεσθαι, ὑπέχειν, ὑφίστασθαι, P. ὑπομένειν, Ar. and V. τλῆναι (2nd aor. of τλᾶν) (Plat. also but rare P.), ἐξᾰνέχεσθαι, V. καρτερεῖν; see *endure*. *Acquiesce in*: P. and V. στέργειν (acc. or dat.), V. αἰνεῖν (acc.); see *acquiesce*. *Obey as a subject*: Ar. and P. ὑπᾰκούειν (dat. or gen.).

Subordinate, adj. P. ὑπηρετικός, *Secondary*: P. and V. πᾰρεργος, V. δεύτερος; see *secondary*. *Inferior*: P. and V. ἥσσων, χείρων. *Subject*: P. and V. ὑπήκοος, ὑποχείριος. *A subordinate lieutenant*: P. and V. ὕπαρχος, ὁ.

Subordinate, v. trans. *Put one thing lower than another*: P. ὕστερόν τι νομίζειν πρός (τι), V. ἱστᾰναι τι ὄπισθέ τινος.

Subordination, subs. *Obedience*: P. and V. πειθαρχία, ἡ. *Orderliness*: P. εὐταξία, ἡ.

Suborn, v. trans. P. and V. εἰσπέμπειν, V. ὑφῑέναι, P. ὑποπέμπειν, παρασκευάζειν, κατασκευάζειν.

Suborned, adj. V. ὑπόβλητος.

Subpœna, subs. *Summons*: use Ar. and P. κλῆσις, ἡ.

Subpœna, v. trans. Use Ar. and P. κᾰλεῖν, κλητεύειν, P. ἀνακαλεῖν.

Subscribe, v. trans. *Write under*: P. ὑπογράφειν. *Sign*: see *sign*. *Contribute*: P. συντελεῖν, εἰσφέρειν. *One who subscribes to a friendly society*: P. πληρωτὴς ἐράνου (Dem. 574).

Subscription, subs. P. εἰσφορά, ἡ, ἔρανος, ὁ; or use simply *money*.

Subsequent, adj. P. and V. ὕστερος. *Be subsequent, come after*, v.: Ar. and P. ἐπῐγίγνεσθαι.

Subsequently, adv. P. and V. ὕστερον, ἔπειτα.

Subserve, v. trans. P. and V. ὑπηρετεῖν (dat.). *Promote*: P. προφέρειν εἰς (acc.).

Subservience, subs. *Suitability*: P. ἐπιτηδειότης, ἡ. *Humility*: P. ταπεινότης, ἡ.

Subservient, adj. *Subordinate, subject*: P. and V. ὑπήκοος, ὑποχείριος. *Ever subservient to the powers that be*: V. ὑπὸ τοῖς δυναμένοισιν ὢν ἀεί (Eur., *Or*. 889). *Humble*: P. and V. τᾰπεινός. *Slavish*: P. and V. δοῦλος (Plat. but rare P.); see *slavish*. *Secondary*: P. and V. πᾰρεργος, V. δεύτερος; see *secondary*. *Conducive to*: P. ὑπουργός (dat.) (Xen.).

Subserviently, adj. *Humbly*: P. ταπεινῶς. *Slavishly*: P. ἀνδραποδώδως. *Suitably*: P. ἐπιτηδείως.

Subside, v. intrans. *Fall in*: P. ἱζάνειν. *Become calm*: P. and V. ἡσῠχάζειν. *Abate*: P. and V. λωφᾶν, ἀνῑέναι. *Of a flood*: P. ὑπονοστεῖν.

Subsidence, subs. *Abatement*: P. λώφησις, ἡ.

Subsidiary, adj. *Helping*: P. and V. ἐπίκουρος. *Secondary*: P. and V. πᾰρεργος, V. δεύτερος. *Subsidiary to*: P. ὕστερος πρός (acc.); see *subordinate*. *Subsidiary troops*: P. and V. ἐπίκουροι οἱ.

Subsidise, v. trans. Use P. and V. χρήμᾰτα πᾰρέχειν (dat.). *Suborn*: P. and V. εἰσπέμπειν; see *suborn*. *Bribe*: Ar. and P. πείθειν.

Subsidy, subs. *Money*: P. and V. χρήμᾰτα, τά. *Bribe*: P. and V. μισθός, ὁ.

Subsist, v. intrans. *Make a living*: Ar. and P. ζῆν, P. βιοτεύειν, P. and V. διαζῆν.

Subsistence, subs. P. and V. βίος, ὁ, Ar. and V. βίοτος, ὁ. *Food*: P. and V. τροφή, ἡ.

Substance, subs. Philosophically: P. οὐσία, ἡ (Aristotle). *Composition*: P. σύστασις, ἡ. *Be composed of (any substance)*: P. συνίστασθαι ἐκ (gen.), συγκεῖσθαι ἐκ (gen.). *Subject matter*: P. ὑπόθεσις, ἡ. *Reality*: P. and V. ἀλήθεια, ἡ. *Sum total*: P. κεφάλαιον, τό. *Property*: P. and V. οὐσία, ἡ, χρήμᾰτα, τά, P. τὰ ὄντα; see *property*. *Men of substance*: P. and V. οἱ πλούσιοι, Ar. and V. οἱ ἔχοντες.

Substantial, adj. *Solid*: P. and V. στερεός. *Thick*: P. and V. πυκνός. *Large*: P. and V. μέγᾰς. *Rich*:

P. and V. πλούσιος; see *rich*. *Plentiful*: P. and V. ἄφθονος. *Genuine*: P. ἀληθινός. *Reasonable*: P. and V. ἐπιεικής, εὔλογος. *Secure*: P. and V. βέβαιος.

Substantially, adv. *Really, genuinely*: P. ἀληθινῶς, τῷ ὄντι. *Practically, actually*: Ar. and P. ἀτεχνῶς. *Securely*: P. and V. βεβαίως.

Substantiate, v. trans. P. βεβαιοῦν, ἐπαληθεύειν.

Substantiation, subs. P. βεβαίωσις, ἡ.

Substantive, subs. *Noun*: Ar. and P. ὄνομα, τό.

Substitute, v. trans. *Change*: P. and V. μεταλλάσσειν, διαλλάσσειν, ἀνταλλάσσειν, ἀμείβειν (Plat. but rare P.). *Choose instead*: P. and V. ἀνθαιρεῖσθαι. *Introduce instead*: P. ἀντεισάγειν. *Give in exchange*: P. and V. ἀντιδιδόναι (Eur., *I. T.* 28). *Substitute a child (by fraud)*: P. and V. ὑποβάλλεσθαι.

Substitute, subs. Use V. adj. ἀντίσταθμος (Soph., *El.* 571). *Successor*: use P. and V. adj., διάδοχος. *Changeling*: V. διάλλαγμα, τό, or use P. adj. ὑποβολιμαῖος. *The multitude is but a sorry kind of substitute for a true friend*: V. ἀλόγιστον δέ τι τὸ πλῆθος ἀντάλλαγμα γενναίου φίλου (Eur., *Or.* 1156). *The goddesses promised me that Admetus should escape immediate death, if he found a substitute to die for him and satisfy the nether powers*: V. ᾔνεσαν δέ μοι θεαί Ἄδμητον Ἅιδην τὸν παραυτίκ' ἐκφυγεῖν ἄλλον διαλλάξαντα τοῖς κάτω νεκρόν (Eur., *Alc.* 12).

Subtend, v. intrans. P. ὑποτείνειν.

Subterfuge, subs. P. and V. στροφή, ἡ; see *trick*.

Subterranean, adj. P. κατάγειος, V. κατασκαφής, κατῶρυξ. *Nether*: P. and V. χθόνιος (Plat. but rare P.), V. νέρτερος. *Subterranean passage*: P. ὑπόνομος, ὁ; see *underground*.

Subterraneous, adj. See *subterranean*. *Subterraneous thunder*: V. βροντήματα χθόνια, τά.

Subtle, adj. P. and V. κομψός, πυκνός, ποικίλος, Ar. and P. χαρίεις. *Delicate*: P. and V. λεπτός. *Not though the philosophy has been framed by subtlest wits*: V. οὐδ' εἰ δι' ἄκρων τὸ σοφὸν ηὕρηται φρενῶν (Eur., *Bacch.* 203).

Subtlety, subs. P. ποικιλία, ἡ. *Delicacy*: Ar. and P. λεπτότης, ἡ. *By subtlety, by craft*: Ar. and V. δόλῳ; see *craft*.

Subtly, adj. Ar. and P. κομψῶς, P. χαριέντως. *Delicately*: P. λεπτῶς. *Craftily*: Ar. and V. δόλῳ; see *craftily*. *Reason subtly*, v. intrans.: P. and V. σοφίζεσθαι.

Subtract, v. trans. P. and V. ἀφαιρεῖν. *Be subtracted*: P. ἀπογίγνεσθαι.

Subtraction, subs. P. ἀφαίρεσις, ἡ.

Suburb, subs. P. προάστειον, τό, περιοικίς, ἡ, V. προάστιον, τό.

Suburban, adj. *Near the city*: V. ἀστυγείτων. Met., *provincial*: P. and V. ἀρουραῖος.

Subvention, subs. *Pay*: P. and V. μισθός, ὁ. *Money*: P. and V. χρήματα, τά.

Subversion, subs. See *overthrow*.

Subversive, adj. P. ἀνατρεπτικός. *Subversive of*: P. ἀνατρεπτικός (gen.). *Harmful*: P. and V. ἀσύμφορος; see *harmful*.

Subvert, v. trans. See *overthrow*. *Corrupt*: P. and V. διαφθείρειν; see *corrupt*.

Subway, subs. P. ὑπόνομος, ὁ.

Succeed, v. trans. P. διαδέχεσθαι (dat. or absol.). *Be successor*: see under *successor*. *Follow*: P. and V. ἕπεσθαι (dat.); see *follow*. *Task succeeded task*: V. ἔργου δ' ἔργον ἐξημείβετο (Eur., *Hel.* 1533). *Lo, wonder succeeds wonder*: V. καὶ μὴν ἀμείβει καινὸν ἐκ καινῶν τόδε (Eur., *Or.* 1503). *Another sorrow bidding woe succeed woe diverts my thoughts therefrom*: V. παρακαλεῖ δ' ἐκεῖθεν αὖ λύπη τις ἄλλη διάδοχος κακῶν κακοῖς (Eur., *Hec.* 587). *Woe succeeding woe*: V. κακὸν κακῷ διάδοχον (Eur., *And.* 802). V. intrans. *Be successful, of persons or things:* P. and V. ὀρθοῦσθαι, εὐτῠχεῖν, κᾰτορθοῦν (or pass.), εὖ φέρεσθαι; see *answer. Of persons only:* P. and V. τυγχᾰ́νειν, P. κατατυγχάνειν, ἐπιτυγχάνειν. *When he didn't succeed:* P. ὡς αὐτῷ οὐ προὐχώρει (Thuc. 1, 109). *Of things only:* P. and V. εὖ χωρεῖν, προχωρεῖν. *Succeed in:* P. and V. δῠ́νασθαι (infin.), ἔχειν (infin.); see *be able,* under *able. Come next:* Ar. and P. ἐπῐγίγνεσθαι. *Succeeding:* P. and V. ἐπιών; see under *succeeding. Succeed to, inherit:* P. and V. πᾰρᾰλαμβᾰ́νειν (acc.).

Succeeding, adj. *Coming after:* P. and V. ἐπιών, Ar. and P. ἐπῐγιγνόμενος. *Later:* P. and V. ὕστερος. *Succeeding generations:* P. οἱ ἐπιγιγνόμενοι, V. οἱ ὕστεροι, οἱ μεθύστεροι, P. and V. οἱ ἔπειτα. *Taking one's turn:* P. and V. διᾰ́δοχος.

Success, subs. P. τὸ ὀρθούμενον, τὸ κατορθοῦν. *A piece of good fortune:* P. and V. εὐτῠ́χημα, τό. *Good fortune:* P. and V. εὐπραξία, ἡ, Ar. and P. εὐτῠχία, ἡ; see *fortune.*

Successful, adj. P. and V. εὐτῠχής. *Effectual:* P. ἐπιτυχής. *Prosperous:* P. and V. εὐδαίμων, μακᾰ́ριος, εὐτῠχής; see *prosperous.*

Successfully, adv. P. and V. εὖ, κᾰλῶς. *Effectually:* P. ἐπιτυχῶς. *Prosperously:* P. and V. εὐτῠχῶς, εὐδαιμόνως, μᾰκᾰρίως; see *prosperously.*

Successfulness, subs. See *success.*

Succession, subs. P. and V. διᾰδοχή, ἡ, ἐκδοχή, ἡ. *A succession of signal fires:* V. ἐκδοχὴ πομποῦ πυρός (Æsch., *Ag.* 299), or πυρὸς πᾰραλλαγαί αἱ (Æsch., *Ag.* 490). *In succession:* P. κατὰ διαδοχήν; see *successively. In succession to one another:* P. ἐκ διαδοχῆς ἀλλήλοις (Dem. 45). *Right of succession:* Ar. and P. ἀγχιστεία, ἡ. *By right of succession:* V. γένους κατ' ἀγχιστεῖα (Soph., *Ant.* 174). *Be next in succession, next of kin:* P. and V. ἐγγῠ́τᾰτα γένους εἶναι, P. ἀγχιστεύειν.

Successive, adj. P. and V. διᾰ́δοχος. *Frequent:* P. and V. πυκνός.

Successively, adv. P. and V. ἑξῆς, ἐφεξῆς. *Night successively brings and banishes trouble:* V. νὺξ . . . εἰσάγει καὶ νὺξ ἀπωθεῖ διαδεδεγμένη πόνον (Soph., *Trach.* 29).

Successor, subs. P. and V. ὁ ἐπιών, or use adj., διᾰ́δοχος. *Heir:* P. κληρόνομος, ὁ, V. ἔγκληρος, ὁ. *Mindarus came from Lacedaemon as Astyochus' successor in the command:* P. Μίνδαρος διάδοχος τῆς Ἀστυόχου ναυαρχίας ἐκ Λακεδαίμονος ἐπῆλθε (Thuc. 8, 85). *Successors, succeeding generations:* see under *succeeding.*

Succinct, adj. P. and V. βρᾰχύς, σύντομος; see *concise.*

Succinctly, adv. P. and V. συντόμως, συλλήβδην; see *concisely.*

Succinctness, subs. P. συντομία, ἡ; see *conciseness.*

Succour, v. trans. See *help.*

Succour, subs. See *help.*

Succourer, subs. See *helper.*

Succouring, adj. See *helping.*

Succulent, adj. *Juicy:* P. ἔγχυμος. *Succulent morsel:* P. and V. ὄψον, τό (Æsch., *Frag.*).

Succumb, v. intrans. *Faint, flag:* P. and V. ἀπειπεῖν, πᾰρίεσθαι, κάμνειν (rare P.), προκάμνειν (rare P.), P. ἀπαγορεύειν, παραλύεσθαι, ἐκλύεσθαι, ἀποκάμνειν. *Die:* P. and V. τελευτᾶν; see *die. Yield:* P. and V. εἴκειν; see *yield.*

Such, adj. P. and V. τοιοῦτος, τοιόσδε, Ar. and V. τοῖος. *Of such a kind:* P. τοιουτότροπος. *So large:* P. and V. τοσοῦτος, τοσόσδε, V. τόσος (rare P.), P. τηλικοῦτος, τηλικόσδε. *Of such an age:* P. and V. τηλῐκοῦτος, τηλῐκόσδε. *Such as,* rel. pron.: P. and V. οἷος, οἷόσπερ, Ar. and P. ἡλῐ́κος.

Suck, v. trans. V. σπᾶν (Æsch., *Choe.* 533), ἀνασπᾶν, ἀφέλκειν, Ar.

and V. ῥοφεῖν, ἕλκειν. *Suck the breast*: V. μαστὸν ἀμφῐχάσκειν. *Suck milk*: ἐξᾰμέλγειν γάλᾰ. *Give suck*: see *suckle*.

Sucker, subs. Ar. μοσχῐ́διον, τό; see *shoot*.

Suckle, v. trans. P. τιτθεύειν, θηλάζειν (or mid.), V. μαστοῖς ὑφῑέσθαι (acc.). *Like a ewe suckling her lamb*: V. ὕπαρνος γάρ τις ὥς (Eur., *And.* 557).

Suckling, subs. P. γαλάθηνον, τό (Hdt.). *Babe*: V. βρέφος, τό; see *babe, nursling*.

Sudden, adj. Ar. and P. αἰφνῐ́διος, P. ἐξαιφνίδιος, V. ἀφνῐ́διος, ἐπίσσῡτος, πρόσπαιος. *Unexpected*: P. and V. ἀπροσδόκητος, Ar. and V. ἄελπτος.

Suddenly, adv. P. and V. ἄφνω, ἐξαίφνης, P. ἐξαπιναίως, αἰφνιδίως, Ar. and P. ἐξᾰπῐ́νης. *Unexpectedly*: P. ἐξ ἀπροσδοκήτου, V. ἀέλπτως; see *unexpectedly*.

Suddenness, subs. Use P. and V. τὸ ἀπροσδόκητον.

Sue, v. trans. *Bring before the courts*: P. εἰς δίκην ὑπάγειν: see *bring to trial*, under *trial*. *Accuse*: P. and V. κᾰτηγορεῖν (gen.); see *accuse*. *Why have you never yet sued me for the rent of the house you said you let to me as being your own property?* P. διὰ τί οὐδεπώποτέ μοι ἔλαχες ἐνοικίου δίκην τῆς οἰκίας ἧς ἔφασκες μισθῶσαί μοι ὡς σαυτοῦ οὖσαν; (Dem. 1179). *Beg for*: see *ask*. *Woo*: P. and V. μνηστεύειν (acc.).

Suet, subs. P. στέαρ, τό (Xen.).

Suffer, v. trans. P. and V. πάσχειν (acc. or absol.). *Endure*: P. and V. φέρειν, ἀνέχεσθαι, ὑπέχειν, ὑφίστασθαι, P. ὑπομένειν, V. καρτερεῖν, Ar. and V. ἐξᾰνέχεσθαι, ἀνατλῆναι (2nd aor. of ἀνατλᾶν) (also Plat. but rare P.), τλῆναι (2nd aor. of τλᾶν) (also Isoc. but rare P.). *Suffer to the end*: P. and V. διᾰφέρειν, V. ἀντλεῖν, διαντλεῖν, ἐξαντλεῖν, ἐκκομίζειν. *Put up with*: P. and V. στέργειν (acc. or dat.), V. αἰνεῖν (acc.). *Suffer beforehand*: P. προπάσχειν (acc. or absol.). *Suffer in return*: P. and V. ἀντῐπάσχειν (acc. or absol.). *Allow (a person)*: P. and V. ἐᾶν, ἐφῑέναι (dat.), μεθῑέναι (dat.), πᾰρῑέναι (dat.); see *allow*. V. intrans. *Be in pain*: P. and V. ἀλγεῖν, λῡπεῖσθαι. *Be distressed*: P. and V. πονεῖν, πιέζεσθαι, κάμνειν, P. κακοπαθεῖν, V. μογεῖν, Ar. and V. τείρεσθαι; see under *distress*. *Suffer for, pay penalty for*: P. and V. δῐ́κην δῐδόναι (gen.). *Endure suffering for another*: P. and V. ὑπερπονεῖν (acc. of thing suffered) (Plat.), V. ὑπερκάμνειν (gen. of person). *You shall suffer for it*: Ar. οἰμώξει, Ar. and V. κλαύσει. *Suffer from (illness, etc.)*: P. and V. νοσεῖν (dat.), πονεῖν (dat.), κάμνειν (dat.); see *labour under*. *They suffered at the same time from hunger and thirst*: P. λιμῷ ἅμα καὶ δίψει ἐπιέζοντο (Thuc. 7, 87). *The ships which had suffered from the storm he repaired*: P. τὰς ναῦς ὅσαι ἐπόνησαν ὑπὸ τοῦ χειμῶνος ἐπεσκεύαζε (Thuc. 6, 104). *Suffer loss*: P. and V. ζημιοῦσθαι (absol.), P. ἐλασσοῦσθαι (absol.). *Suffer with another*: P. and V. συνδυστῠχεῖν.

Sufferance, subs. *Permission*: P. and V. ἐξουσία, ἡ.

Suffering, adj. P. and V. τᾰλαίπωρος, ἄθλιος, οἰκτρός, μοχθηρός (Plat.), Ar. and V. τάλᾱς, τλήμων, πολῠ́πονος, V. δυστάλᾱς.

Suffering, subs. *Pain*: P. and V. λύπη, ἡ, ἀνία, ἡ; see *pain, sorrow*. *Sufferings*: P. and V. κᾰκά, τά, πάθη, τά, πᾰθήμᾰτα, τά, V. ἆθλος, ὁ, or pl., Ar. and V. μόχθος, ὁ, or pl., πόνος, ὁ, or pl.; see *troubles*.

Suffice, v. intrans. P. and V. ἀρκεῖν, ἐξαρκεῖν, Ar. and P. ἀποχρῆν, V. ἀπαρκεῖν, κᾰταρκεῖν.

Sufficiency, subs. P. ἱκανότης, ἡ (Plat.).

Sufficient, adj. P. and V. ἱκᾰνός, ἀρκῶν, P. διαρκής, V. ἐξαρκής.

Sufficiently, adv. P. and V. ἅλις, ἅδην (Plat.), ἀρκούντως, P. ἱκανῶς, ἀποχρώντως, Ar. and P. ἐξαρκούντως.

Suffocate, v. trans. Ar. and P. πνίγειν, ἀποπνίγειν.

Suffocating, adj. Ar. and P. πνιγηρός.

Suffocation, subs. Ar. and P. πνῖγος, τό.

Suffrage, subs. *Vote*: P. and V. ψῆφος, ἡ. *Voting by show of hands*: P. χειροτονία, ἡ.

Suffuse, v. trans. *Wet*: P. and V. τέγγειν (Plat.); see *wet*. *Steal over*: V. ὑπέρχεσθαι (acc.), ὑφέρπειν (acc.); see *steal over*. *Suffused with tears*, adj.: V. διάβροχος.

Suggest, v. trans. P. and V. ὑποτῐθέναι (Thuc. 4, 65, more commonly mid. in P.), ὑποτείνειν (Thuc. 8, 48, Dem. 625, more commonly mid. in P.), ὑποβάλλειν, ὑπειπεῖν, V. ἐξῠπειπεῖν, ὑφιστάναι (Soph., *Aj.* 1091). *Remind of*: P. and V. ἀνᾰμιμνήσκειν (τι), P. ὑπομιμνήσκειν (τι). *Recommend*: P. and V. συμβουλεύειν, πᾰραινεῖν, ἐξηγεῖσθαι, Ar. and P. εἰσηγεῖσθαι.

Suggester, subs. P. ἐξηγητής, ὁ. *Adviser*: P. and V. σύμβουλος, ὁ.

Suggestion, subs. P. ὑποθήκη, ἡ. *Proposal*: P. and V. λόγος, ὁ. *Advice*: P. and V. πᾰραίνεσις, ἡ, βουλή, ἡ, γνώμη, P. συμβουλία, ἡ. *Reminding*: P. and V. ὑπόμνησις, ἡ. *At the suggestion of the Megarians they wished to make an attempt on the Peiraeus*: P. ἐβούλοντο διδαξάντων Μεγαρέων ἀποπειρᾶσαι τοῦ Πειραιῶς (Thuc. 2, 93). *He was sent at my suggestion*: P. τῇ ἐμῇ γνώμῃ ἐπέμπετο (Antiphon, 132). *Have a suggestion of*, met.: Ar. and P. ὄζειν (gen.).

Suggestive, adj. *Be suggestive of, resemble*, v: P. and V. ἐοικέναι (dat.). *Recall*: P. and V. ἀνᾰμιμνήσκειν (τινά τι, or τινά τινος).

Suicidal, adj. *Killing oneself*: V. αὐτοσφᾰγής (Eur., *Phoen.* 1316). *Ruinous*: P. and V. ὀλέθριος (Plat. but rare P.), ἀσύμφορος, V. πᾰνώλης, πᾰνώλεθρος, Ar. and V. ἀτηρός.

Suicide, subs. *Self destruction*: P. θάνατος αὐθαίρετος, ὁ (Xen.), V. αὐτόχειρ σφᾰγή, ἡ. *Commit suicide*: P. and V. ἀποκτείνειν ἑαυτόν, P. ἑκούσιος ἀποθνήσκειν (Thuc. 1, 138). *Self murderer*: P. αὐθέντης, ὁ.

Suit, subs. *Law suit*: P. and V. ἀγών, ὁ, δίκη, ἡ. *Courtship*: V. μνηστεύμᾰτα, τά. *Entreaty*: P. and V. χρεία, ἡ; see *entreaty*. *Follow suit*: use P. and V. ταὐτὰ ποιεῖν. *Suit of clothes*: use Ar. and P. ἱμάτια, τά. *Suit of armour*: Ar. and P. πᾰνοπλία, ἡ, V. παντευχία, ἡ.

Suit, v. trans. *Fit, adapt*: P. and V. ἐφαρμόζειν (Xen.), σῠναρμόζειν, προσαρμόζειν, Ar. and P. ἐναρμόζειν. *Be convenient*: use P. and V. ἐπῐτήδειος εἶναι. *Become*: P. and V. πρέπειν (dat.), ἁρμόζειν (dat.), προσήκειν (dat.). *These verses will now suit me to apply to you*: P. κατὰ σοῦ τὰ ἰαμβεῖα ταῦθ' ἁρμόσει νῦν ἐμοί (Dem. 417). *Correspond with*: P. and V. συμβαίνειν (dat. or absol.), συντρέχειν (dat. or absol.); see *correspond*.

Suitability, subs. P. ἐπιτηδειότης, ἡ, or use P. and V. τὸ ἐπῐτήδειον.

Suitable, adj. P. and V. ἐπῐτήδειος, σύμφορος, πρόσφορος, σύμμετρος, P. ἔμμετρος. *Opportune*: P. and V. καίριος, ἐπῐκαιρος, V. εὔκαιρος. *Suitable to*: P. οἰκεῖος (dat.). *Becoming*: P. and V. εὐπρεπής, πρέπων, προσήκων, Ar. and P. πρεπώδης, V. συμπρεπής, ἐπεικώς, προσεικώς; see *becoming*.

Suitably, adv. P. ἐπιτηδείως, συμφόρως, ἐμμέτρως, P. and V. συμμέτρως. *Becomingly*: P. and V. εὐπρεπῶς, πρεπόντως, P. προσηκόντως, V. ἐναισῐμως.

Suite, subs. P. ἀκολουθία, ἡ (Plat.), or use Ar. and P. θερᾰποντες, οἱ, V. θέρᾰπες, οἱ (also Xen.); see *attendant*. *A (man's) suite*: use P. οἱ περί (τινα).

Suitor, subs. *In a law suit*: P. ἀντίδικος, ὁ or ἡ. *Wooer*: P. and V. μνηστήρ, ὁ (found in Thuc. and Plat. but only in reference to the Odyssean suitors), V. πἄλαιστής, ὁ (Æsch., *Ag.* 1206).

Sulk, v. intrans. Ar. and P. δυσκολαίνειν.

Sulkily, adv. P. δυσκόλως.

Sulkiness, subs. Ar. and P. δυσκολία, ἡ.

Sulky, adj. P. and V. δύσκολος; see *peevish*.

Sullen, adj. P. and V. δύσκολος, δῠσάρεστος, δυσχερής, P. δύστροπος, V. στυγνός. Of looks: P. and V. σκυθρωπός, V. στυγνός, δύσφρων, σῠνωφρυωμένος. *Look sullen*, v.: Ar. and P. σκυθρωπάζειν, V. σκυθράζειν.

Sullenly, adv. P. δυσκόλως.

Sullenness, subs. Ar. and P. δυσκολία, ἡ. *Of looks*: V. στῠγος, τό, or use P. and V. τὸ σκυθρωπόν; see also *frown*.

Sully, v. trans. P. and V. μιαίνειν, διαφθείρειν, P. καταρρυπαίνειν, V. χραίνειν (also Plat. but rare P.), χρῴζειν, κηλῖδοῦν; see *defile*. Met., P. and V. αἰσχῡνειν, κᾰταισχῡνειν.

Sulphur, subs. P. θεῖον, τό.

Sultriness, subs. *Heat*: P. and V. καῦμα, τό, θάλπος, τό. *Suffocating heat*: Ar. and P. πνῖγος, τό.

Sultry, adj. *Hot*: P. and V. θερμός. *Stifling*: Ar. and P. πνῑγηρός.

Sum, subs. *Amount*: P. δύναμις, ἡ, P. and V. ἀριθμός, ὁ, πλῆθος, τό. *Calculation*: Ar. and P. λογισμός, ὁ. *The sum total*: P. and V. ὁ πᾶς ἀριθμός, πλῆθος, τό (Dem. 815), τὸ σύμπᾰν, P. κεφάλαιον, τό. *Main point*: P. κεφάλαιον, τό.

Sum, v. trans. *Sum up*: P. κεφαλαιοῦν (acc.) (or mid.). *To sum up*: P. συνελόντι, ὡς ἐν κεφαλαίῳ εἰπεῖν. *I entreat you to sum up all the arguments*: P. δέομαι τὰ εἰρημένα ἅπαντα ἀναπεμπάσασθαι (Plat., *Lysis.* 222E). *In this, all whereof I spoke, is summed up*: V. ἐνταῦθα γάρ μοι κεῖνα συγκομίζεται (Soph., *O. C.* 585).

Summarily, adv. *In brief*: P. ἐν κεφαλαίῳ; see *briefly*. *On the spot*: P. and V. αὐτίκᾰ, πᾰραυτίκᾰ, αὐτόθεν, Ar. and P. πᾰραχρῆμα. *Arrest summarily*, v.: P. ἀπάγειν (acc.).

Summarise, v. trans. P. κεφαλαιοῦν (or mid.).

Summary, subs. P. κεφάλαιον, τό.

Summary, adj. *Acting on one's own authority*: Ar. and P. αὐτοκρᾰτωρ. *Violent*: P. and V. βίαιος. *Summary arrest*, subs.: P. ἀπαγωγή, ἡ.

Summer, subs. P. and V. θέρος, τό. *Of summer*, adj.: P. θερινός.

Summersault, subs. *Turn a summersault*, v.: P. κυβιστᾶν.

Summit, subs. *Top*: P. and V. κορῠφή, ἡ, ἄκρον, τό, V. ἄκρα, ἡ; see *top*. Met., *highest point*: P. and V. ἀκμή, ἡ, ἄκρον, τό. *Be at the summit*, v.: P. and V. ἀκμάζειν.

Summon, v. trans. P. and V. κᾰλεῖν, προσκᾰλεῖν, P. ἀνακαλεῖν: see *call*, *invoke*. *Call in*: Ar. and P. πᾰρᾰκᾰλεῖν, P. προσπαρακαλεῖν. *Send for*: Ar. and P. μετᾰπέμπεσθαι (acc.), P. and V. μετᾰπέμπειν (Thuc. but rare P.); see *send for*. *Summon from a place*: V. ἐκπέμπειν, ἐκπέμπεσθαι. *Summon into court*: Ar. and P. κᾰλεῖν, κλητεύειν, προσκᾰλεῖν, P. ἀνακαλεῖν.

Summoner, subs. P. and V. κλητήρ, ὁ.

Summons, subs. *Invocation*: P. ἀνάκλησις, ἡ; see *invocation*. *Summons into court*: Ar. and P. κλῆσις, ἡ, πρόσκλησις, ἡ. *Command*: V. κέλευσμα, τό; see *command*. *Prayer*: P. and V. εὐχή, ἡ; see *prayer*. *Come at the summons of a messenger*: V. ἥκειν ὑπάγγελος (Æsch., *Choe.* 838).

Sumpter, subs. Use adj., Ar. and P. σκευοφόρος.

Sumptuous, adj. P. πολυτελής. *Precious*: P. and V. τίμιος.

Splendid: P. and V. λαμπρός; see *splendid*. *Luxurious:* Ar. and P. τρῠφερός, V. ἁβρός. *Rich (of things):* V. πλούσιος.

Sumptuously, adv. P. πολυτελῶς. *Splendidly:* P. and V. λαμπρῶς. *Richly:* Ar. and V. πλουσίως.

Sumptuousness, subs. P. πολυτέλεια, ἡ. *Splendour:* P. λαμπρότης, ἡ. *Luxury:* P. and V. τρῠφή, ἡ, ἁβρότης, ἡ (Plat.).

Sun, subs. P. and V. ἥλιος, ὁ, or use V. λαμπάς, ἡ, Φοῖβος, ὁ. *Facing the sun*, adj.: V. ἀντήλιος, P. προσήλιος (Xen.). *Smitten by the sun:* V. ἡλιόβλητος.

Sunbeam, subs. P. and V. αὐγή, ἡ (Plat. but rare P., also Ar.), ἀκτίς, ἡ (Plat. but rare P., also Ar.), σέλᾰς, τό (Plat. but rare P., also Ar.), V. βολή, ἡ, πέμφιξ, ἡ (Æsch., *Frag.*).

Sunburnt, adj. P. ἡλιωμένος (Plat.), V. κελαινός.

Sunder, v. trans. *Separate:* P. and V. χωρίζειν, σχίζειν, διᾰλαμβάνειν, διείργειν, διαιρεῖν, διιστάναι, V. νοσφίσαι (1st aor. act. of νοσφίζεσθαι), Ar. and P. διασπᾶν; see *separate*. *Cut:* P. and V. τέμνειν; see *cut*.

Sunder, adv. *In sunder:* P. and V. χωρίς, δίχᾰ, P. διχῇ. *Tear asunder:* P. and V. διᾰτέμνειν, Ar. and V. διᾰφορεῖν, V. διᾰφέρειν; see *tear*.

Sundial, subs. Ar. and P. πόλος, ὁ (Hdt.). *Shadow of sundial:* Ar. στοιχεῖον, τό. *The rod that throws the shadow:* P. γνώμων, ὁ (Hdt.); see Hdt. 2, 109.

Sunken, adj. *Hollow, fallen in:* Ar. and P. λᾰγᾰρός (Xen.). *Sunken reef:* P. and V. ἕρμᾰ, τό.

Sunk in. See under *sink*.

Sunless, adj. V. ἀνήλιος, ἀναύγητος, ἀφεγγής; see *dark*.

Sunlight, subs. See *sunshine*.

Sunnily, adv. V. εὐηλίως.

Sunny, adj. Ar. and P. εὐήλιος (Xen.), V. πρόσειλος, P. προσήλιος (Xen.).

Sunrise, subs. P. ἡλίου ἀνατολή, ἡ, V. ἡλίου ἀντολή, ἡ, or pl. *At sunrise:* P. ἅμ' ἡλίῳ ἀνέχοντι (Xen.), V. ἡλίου τέλλοντος.

Sunset, subs. P. and V. ἡλίου δύσις, ἡ, P. ἡλίου δυσμαί, αἱ, V. δυσμαί, αἱ. *Before sunset:* P. πρὸ ἡλίου δύντος (Dem. 197).

Sunshine, subs. P. εἵλησις, ἡ (Plat.), Ar. εἵλη, ἡ, V. ἀκτὶς ἡλιῶτις, ἡ, or use *light*.

Sup, v. intrans. Use Ar. and P. δειπνεῖν.

Superabundance, subs. Ar. and P. περιουσία, ἡ; see *abundance*.

Superabundant, adj. P. and V. περισσός; see *abundant*.

Superabundantly, adv. P. and V. περισσῶς; see *abundantly*, *excessively*.

Superannuated, adj. P. ἔξωρος. *Old:* P. and V. γεραιός: see *old*. *Old-fashioned:* P. and V. ἀρχαῖος, πᾰλαιός, P. ἀρχαιότροπος. *The superannuated, those too old to serve in the ranks:* P. οἱ ἔξω τοῦ καταλόγου (Xen.).

Superb, adj. P. and V. σεμνός, λαμπρός, ἐκπρεπής, Ar. and P. μεγᾰλοπρεπής.

Superbly, adv. P. and V. σεμνῶς, λαμπρῶς, P. μεγαλοπρεπῶς.

Superbness, subs. P. and V. σεμνότης, ἡ, τὸ σεμνόν, P. λαμπρότης, ἡ, μεγαλοπρέπεια, ἡ.

Supercargo, subs. P. περίνεως, ὁ, ἐπιβάτης, ὁ.

Supercilious, adj. P. and V. σεμνός, ὑψηλός, P. ὑπερήφανος, μεγαλόφρων, ὑπεροπτικός, V. ὑπέρφρων, ὑπέρκοπος; see *proud*.

Superciliously, adv. P. and V. σεμνῶς, P. ὑπερηφάνως, μεγαλοφρόνως, ὑπεροπτικῶς (Xen.), V. ὑπερκόπως.

Superciliousness, subs. P. and V. φρόνημα, τό, ὕβρις, ἡ, ὄγκος, ὁ, P. ὑπερηφανία, ἡ, ὑπεροψία, ἡ; see *pride*.

Supererogation, subs. *It is a work of supererogation:* P. περίεργόν ἐστι.

Superficial, adj. *In geometry:* P.

ἐπίπεδος. Met., *skin deep*: P. ἐπιπόλαιος. *Not exact*: P. and V. οὐκ ἀκρῑβής.

Superficially, adv. Met., *not exactly*: P. and V. οὐκ ἀκρῑβῶς. *At random*: P. and V. εἰκῇ.

Superficies, subs. P. ἐπίπεδον, τό.

Superfine, adj. P. and V. λεπτός.

Superfineness, subs. Ar. and P. λεπτότης, ἡ.

Superfluity, subs. Ar. and P. περιουσία, ἡ.

Superfluous, adj. P. and V. περισσός, P. περίεργος. *Be superfluous*, v.: P. and V. περισσεύειν.

Superfluously, adv. P. and V. περισσῶς. *Excessively*: P. and V. ἄγᾱν, λῑ́ᾱν; see *excessively*.

Superhuman, adj. Use V. οὐ κἄτ' ἄνθρωπον, or P. and V. μείζων ἢ κἄτ' ἄνθρωπον (Isoc.). *Divine*: P. and V. θεῖος.

Superimpose, v. trans. See *impose*.

Superinduce, v. trans. *Shed over*: Ar. and P. κἄτἄχεῖν (τί τινος).

Superintend, v. trans. P. and V. ἐπιστἄτεῖν (dat. or gen.), ἐφίστασθαι (dat.). *Look after*: P. and V. θερἄπεύειν (acc.), Ar. and P. ἐπῐμέλεσθαι (gen.); see *look after*, *manage*.

Superintendence, subs. *Attention*, *care*: P. ἐπιμέλεια, ἡ, P. and V. θερἄπεία, ἡ; see *care*, *management*.

Superintendent, subs. P. and V. ἐπιστἄ́της, ὁ, ἐπίσκοπος, ὁ (Plat.), V. σκοπός, ὁ. *Manager*: P. and V. τἄμίᾱς, ὁ, Ar. and P. ἐπῐμελητής, ὁ.

Superior, adj. P. and V. κρείσσων, P. καθυπέρτερος, V. ὑπέρτερος; see *better*. *Superior to*: P. and V. κρείσσων (gen.), V. ὑπέρτερος (gen.). *Superior to bribery*, *above taking bribes*: P. χρημάτων κρείσσων. *Be superior*, *win the day*: P. and V. κρἄτεῖν, νῑκᾶν; see *win*. *One's superiors*: P. and V. οἱ κρείσσονες.

Superiority, subs. P. and V. ὑπερβολή, ἡ, τὸ κρεῖσσον. *Victory*: P. and V. νίκη, ἡ, κρἄτος, τό. *Have superiority over*: P. and V. κρἄτεῖν (gen.). *Superiority in numbers*: P. περιουσία, ἡ (Thuc. 5, 71).

Superlative, adj. P. and V. ἐκπρεπής, διαπρεπής, V. ἔξοχος, ὑπέροχος.

Superlatively, adv. P. and V. μᾰ́λιστα, οὐχ ἥκιστα, P. διαφερόντως, ἐν τοῖς μάλιστα, V. ἐξόχως.

Supernal, adj. *Celestial*: Ar. and P. μετέωρος, P. and V. οὐρᾰ́νιος.

Supernatural, adj. *Divine*: P. and V. θεῖος. *Superhuman*: P. and V. μείζων ἢ κατ' ἄνθρωπον, V. οὐ κἄτ' ἄνθρωπον. *Sent from heaven*: V. θεόσσῡτος, θέορτος, θεήλᾰτος.

Supernaturally, adv. P. and V. θείᾳ τῠ́χῃ; see *by divine interposition*, under *interposition*.

Supernumerary, adj. P. and V. περισσός. As subs. *supercargo*: P. περίνεως, ὁ, ἐπιβάτης, ὁ. *Supernumeraries*: P. οἱ προσγιγνόμενοι. *You have been reduced to the position of servants and supernumeraries*: P. ἐν ὑπηρέτου καὶ προσθήκης μέρει γεγένησθε (Dem. 37).

Superscribe, v. trans. Ar. and P. ἐπιγρᾰ́φειν.

Superscription, subs. P. ἐπιγραφή, ἡ, P. and V. ἐπίγραμμα, τό.

Supersede, v. trans. *Deprive of office*: P. παραλύειν (τινά) τῆς ἀρχῆς. *Be successor to*: P. διαδέχεσθαι (dat.). *Cancel*: P. and V. λῡ́ειν, κᾰθαιρεῖν.

Supersession, subs. *Deposition*: P. κατάλυσις, ἡ.

Superstition, subs. *Divination*: P. and V. μαντεία, ἡ, μαντῐκή, ἡ, P. θειασμός, ὁ. *Worship*: P. θεραπεία, ἡ. *Being too liable to superstition and such like things*: P. ἄγαν θειασμῷ καὶ τῷ τοιούτῳ προσκείμενος (Thuc. 7, 50).

Superstitious, adj. *Liable to superstition*: use P. θειασμῷ προσκείμενος. *Easily deceived*: P. εὐεξαπάτητος. *Most of the Athenians urged the generals to wait, being superstitious about the matter*: P. οἱ 'Αθηναῖοι οἱ πλείους ἐπισχεῖν ἐκἔλευον τοὺς στρατηγοὺς ἐνθύμιον ποιούμενοι (Thuc. 7, 50).

Supervene, v. intrans. Ar. and P. ἐπῐγίγνεσθαι, or use *happen*.

Supervise, v. trans. P. and V. ἐπιστᾰτεῖν (dat. or acc.), ἐφίστασθαι (dat.). *Look after*: P. and V. θερᾰπεύειν (acc.), Ar. and P. ἐπῐμέλεσθαι (gen.); see *look after*, *manage*. *Inspect*: P. and V. ἐπισκοπεῖν, Ar. and V. ἐποπτεύειν (rare P.).

Supervision, subs. *Care*: P. and V. θερᾰπεία, ἡ, P. ἐπιμέλεια, ἡ; see *care*, *management*.

Supervisor, subs. P. and V. ἐπιστᾰ́της, ὁ, ἐπίσκοπος, ὁ (Plat.). *Manager*: P. and V. τᾰμίᾱς, ὁ, Ar. and P. ἐπιμελητής, ὁ.

Supine, adj. *Lying on one's back*: P. and V. ὕπτιος. *Slack*: Ar. and P. μᾰλᾰκός. *Lazy*: P. and V. ἀργός, ῥᾴθῡμος, P. ἄπονος. *Heedless*: Ar. and P. ἀμελής, P. ὀλίγωρος. *Sit supine*, *sit doing nothing*, v.: P. and V. κᾰθῆσθαι.

Supinely, adv. *Lazily*: P. ἀργῶς, ῥᾳθύμως. *Heedlessly*: P. ἀμελῶς, ὀλιγώρως. *Slackly*: Ar. and P. μᾰλᾰκῶς. *Quietly*: P. and V. ἡσῠχῇ, ἡσῠ́χως (rare P.).

Supineness, subs. *Laziness*: P. and V. ἀργία, ἡ, ῥᾳθῡμία, ἡ. *Heedlessness*: P. ἀμέλεια, ἡ, ῥαστῴνη, ἡ. *Slackness*: P. μαλακία, ἡ. *Calmness*: Ar. and P. ἡσῠχία, ἡ.

Supper, subs. Ar. and V. δόρπον, τό (Æsch., *Frag.*); see *dinner*.

Supplant, v. trans. *Oust*: P. and V. ἐκβάλλειν; see also *succeed*.

Supple, adj. P. and V. ὑγρός, V. στρεπτός.

Supplement, subs. P. and V. προσθήκη, ἡ.

Supplement, v. trans. *Complete*: P. and V. ἐκπληροῦν, P. ἀναπληροῦν. *Add something to*: P. and V. προστῐθέναι τι (dat.).

Supplementary, adj. Use P. προσγιγνόμενος.

Suppleness, subs. P. ὑγρότης, ἡ.

Suppliant, adj. V. ἱκέσιος, ἱκτήριος, προστρόπαιος (rare P.), also with masc. subs. ἱκτήρ. *Importunate*: V. λῑπᾰρής. *Humble*: P. and V. τᾰπεινός. *Suppliant attitude*: V. ἕδρα, ἡ, θᾰ́κημα, τό.

Suppliant, subs. P. and V. ἱκέτης, ὁ, V. προστρόπαιος, ὁ or ἡ, πρόστροπος, ὁ or ἡ, προστᾰ́της, ὁ (Soph., *O. C.* 1171), ἀφίκτωρ, ὁ, προσίκτωρ, ὁ, Fem., V. ἱκέτῐς, ἡ. *Protecting suppliants*, adj.: V. ἱκέσιος, also with masc. subs. V. ἱκτήρ. *Receiving suppliants*: V. ἱκετᾱδόκος. *Approach as a suppliant*, v.: Ar. and V. ἱκνεῖσθαι (acc.), V. προσικνεῖσθαι (acc.). *Bough of olive carried by suppliants*: P. and V. ἱκετηρία, ἡ, θαλλός, ὁ, V. κλᾰ́δος, ὁ, ἱκτηρία, ἡ.

Supplicate, v. trans. P. and V. ἱκετεύειν, Ar. and P. ἀντῐβολεῖν, Ar. and V. ἱκνεῖσθαι, ἄντεσθαι, V. ἀντιάζειν, λίσσεσθαι, προστρέπειν, προστρέπεσθαι, προσπίτνειν, ἐξῐκετεύειν. *Beg*: P. and V. αἰτεῖν, δεῖσθαι (gen.). *Importune*: P. and V. λῑπᾰρεῖν. *Pray (to the gods)*: P. and V. εὔχεσθαι (dat. or πρός, acc.), ἐπεύχεσθαι (dat.), προσεύχεσθαι (dat.), V. ἐξεύχεσθαι (absol.), κᾰτεύχεσθαι (dat.), Ar. and V. ἀρᾶσθαι (dat. or absol.) (Eur., *Heracl.* 851). *Supplicate the gods*: (absol.), P. ἐπιθειάζειν.

Supplication, subs. *Entreaty*: P. and V. προστροπή, ἡ, or pl. (rare P.), ἱκεσία, ἡ, V. λῐταί, αἱ, ἄφιξις, ἡ, P. ἀντιβολία, ἡ, ἀντιβόλησις, ἡ, ἱκετεία, ἡ. *Method of supplication*: P. ἱκέτευμα, τό (Thuc. 1, 137). *Make supplication*: P. ἱκετηρίαν τιθέναι. *Prayer to the gods*: P. ἐπιθειασμός, ὁ, P. and V. εὐχή, ἡ, Ar. and V. εὔγμᾰτα, τά, V. κᾰτεύγμᾰτα, τά, ἀρά, ἡ (Eur., *Phoen.* 1364).

Supplier, subs. P. ποριστής, ὁ.

Supply, v. trans. P. and V. πᾰρέχειν (or mid.), πορίζειν (or mid. in P.), ἐκπορίζειν (or mid. in P.), πᾰρασκευάζειν. *Equip* : P. and V. σκευάζειν, πᾰρασκευάζειν, στέλλειν (rare P.), ἐξαρτύειν, V. ὁπλίζειν, ἐξοπλίζειν, ἐκστέλλειν, P. κατασκευάζειν. *Give* : P. and V. δῐδόναι, ἐνδῐδόναι. *Supply in addition* : P. προσπαρέχειν (or mid.), προσπορίζειν. *Supply in return* : P. ἀντιπαρέχειν.

Supply, subs. Ar. and V. πᾰρασκευή, ἡ.

Supplies, subs. *Of money* : P. and V. πόροι, οἱ. *Provisions* : P. and V. τροφή, ἡ, σῖτος, ὁ, Ar. and P. σῖτία, τά, P. τὰ ἐπιτήδεια ; see *provisions*. *Get supplies, forage*, v. : P. ἐπισιτίζεσθαι.

Support, v. trans. *Lean, rest* : P. and V. ἐρείδειν (Plat. but rare P.) ; see *lean*. *Support oneself on* : Ar. and P. ἐπερείδεσθαι (dat.), P. ἀπερείδεσθαι (dat.). *Supporting your figure on a staff* : Ar. διερεισαμένη τὸ σχῆμά τῇ βακτηρίᾳ (*Eccles*. 150). Met., *maintain, feed* : P. and V. τρέφειν, βόσκειν (Thuc. 7, 48, but rare P.), V. φερβειν, P. διατρέφειν (Dem. 419). *Support oneself, make a living* : Ar. and P. ζῆν, P. and V. διαζῆν, P. βιοτεύειν, V. συλλέγειν βίον. *Hold out* : P. and V. ἀντέχειν. *Preserve* : P. and V. σώζειν, διᾰσώζειν, φῠλάσσειν, διᾰφῠλάσσειν ; see *defend*. *Reinforce* : P. and V. βοηθεῖν (dat.) ; see *reinforce*. *Help* : P. and V. ὠφελεῖν (acc. or dat.) ; see *help*. *Endure* : P. and V. ἀνέχεσθαι, φέρειν ; see *endure*. *Substantiate* : P. βεβαιοῦν. *Support in the courts or council-chamber (a person or course of action)* : P. συναγορεύειν (acc. or dat.), P. and V. σῠνηγορεῖν (dat.), ὑπερδῐκεῖν (gen.) (Plat.). *Support a person as advocate* : P. and V. σῠνηγορεῖν (dat.), συνδῐκεῖν (dat.), P. συνειπεῖν (dat.). *Did you support those in favour of death or did you oppose?* P. πότερον συνηγόρευες τοῖς κελεύουσιν ἀποκτεῖναι ἢ ἀντέλεγες; (Lys. 122). *Support the policy of the state* : P. τοῖς κοινῇ δόξασι βοηθεῖν. *Side with (a party or person)* : P. and V. εὐνοεῖν (dat.). *Stand by* : see *aid*. *Support the Lacedaemonians* : P. τὰ Λακεδαιμονίων φρονεῖν (Thuc. 5, 84), or use P. Λακωνίζειν. *I support your cause*: V. εὖ φρονῶ τὰ σά (Soph., *Aj*. 491). *Support the Athenians* : P. Ἀττικίζειν. *Support the Persians* : P. Μηδίζειν. *The party among the Athenians who supported them* : P. οἱ αὐτοῖς τῶν Ἀθηναίων συμπράσσοντες (Thuc. 3, 36).

Support, subs. *Prop* : P. and V. ἔρεισμα, τό (Plat.). *Pillar* : V. στῦλος, ὁ ; see *pillar*. *The steps of an old man are wont to wait upon the support of another's hand* : V. τοὺς . . . πρεσβύτου φιλεῖ χειρὸς θυραίας ἀναμένειν κουφίσματα (Eur., *Phoen*. 847). Met., *of a person* : V. ἔρεισμα, τό, στῦλος, ὁ ; see *bulwark*. *Sustenance* : P. and V. τροφή, ἡ, βίος, ὁ, Ar. and V. βίοτος, ὁ. *Help*: P. βοήθεια, ἡ. *Advocacy* : P. συνηγορία, ἡ. *In support of* : use prep., P. and V. ὑπέρ (gen.). *Preservation* : P. and V. φῠλᾰκή, ἡ, σωτηρία, ἡ. *Confirmation* : P. βεβαίωσις, ἡ. *Favour, good-will* : P. and V. εὔνοια, ἡ. *Support of the Athenians* : P. Ἀττικισμός, ὁ. *Support of the Persians* : P. Μηδισμός, ὁ. *Support of the Lacedaemonians* : P. Λακωνισμός, ὁ (Xen.).

Supportable, adj. See *tolerable*.

Supporter, subs. *Guardian* : P. and V. φύλαξ, ὁ or ἡ. *Saviour* : P. and V. σωτήρ, ὁ. Fem., σώτειρα, ἡ (Plat.). *Supporter of a party or cause* : use adj. P. and V. εὔνους. *Win over as supporter*, v. : P. and V. προσποιεῖσθαι, προσᾰγεσθαι ; see under *win*. *Get as supporter of a resolution* : P. σύμψηφον λαμβάνειν (τινά) (Dem. 206).

Suppose, v. trans. *Conceive in the mind* : P. and V. νοεῖν (or mid.), ἐννοεῖν (or mid.) ; see *conceive*. *Fancy* : P. and V.

δοξάζειν. *Assume* : P. ὑπολαμβάνειν, ὑποτίθεσθαι ; see *assume*. *Suspect* : P. and V. ὑποπτεύειν, ὑπονοεῖν ; see *suspect*. *Infer* : P. and V. εἰκάζειν, τεκμαίρεσθαι, συμβάλλειν, τοπάζειν, V. ἐπεικάζειν. *Think* : (absol.), P. and V. νομίζειν, ἡγεῖσθαι, οἴεσθαι, δοξάζειν. *I suppose, perhaps* : use P. and V. που (enclitic), δήπου, Ar. and P. δήπουθεν. *Well suppose* : use Ar. and V. καὶ δή.

Ath. *Do thou receive my gift.*
Cho. *Well, suppose I have received it, what honour awaits me?*
ΑΘ. δέχου δὲ σύ.
ΧΟ. καὶ δὴ δέδεγμαι. τίς δέ μοι τιμὴ μένει (Æsch., *Eum.* 893; *cf.* also Eur., *Hel.* 1059; *Med.* 386).

Supposing, conj. *If* : P. and V. εἰ, ἐάν, ἤν ; see *if*.

Supposition, subs. *Assumption* : P. ὑπόληψις, ἡ, ὑπόθεσις, ἡ, θέσις, ἡ. *Opinion* : P. and V. γνώμη, ἡ, δόξα, ἡ ; see *opinion*. *Fancy, imagination* : P. and V. δόξα, ἡ, δόκησις, ἡ, δόξασμα, τό, ἔννοια, ἡ, V. δόκημα, τό. *Mere supposition*, as opposed to *reality* : P. and V. δόξα, ἡ, δόκησις, ἡ. *Suspicion* : P. and V. ὑπόνοια, ἡ, ὑποψία, ἡ.

Supposititious, adj. P. ὑποβολιμαῖος, V. ὑπόβλητος, πλαστός.

Suppress, v. trans. *Reduce, put down* : P. and V. καταστρέφεσθαι, κατεργάζεσθαι, καθαιρεῖν. *Check* : P. and V. κατέχειν ; see *check*. *Put an end to* : P. and V. παύειν, Ar. and P. διαλύειν, καταλύειν, καταπαύειν, *Keep secret* : P. and V. κρύπτειν, ἐπικρύπτεσθαι, κλέπτειν, ὑποστέλλεσθαι ; see *hide*. *Suppress the truth* : P. διακλέπτειν τὴν ἀλήθειαν (Dem. 846).

Suppression, subs. *Putting down, subjugation* : P. καταστροφή, ἡ. *Putting an end to* : P. κατάλυσις, ἡ.

Suppurate, v. intrans. P. ἑλκοῦσθαι (Xen.), V. ἑλκαίνειν.

Suppurating, adj. P. and V. ἔμπυος.

Suppuration, subs. P. ἕλκωσις, ἡ, V. νοσηλεία, ἡ.

Supremacy, subs. *Rule* : P. and V. ἀρχή, ἡ, κράτος, τό, δυναστεία, ἡ ; see *sovereignty*. *Sovereignty of one state over another* : P. ἡγεμονία, ἡ.

Supreme, adj. *First in degree* : P. and V. πρῶτος, Ar. and V. ὑπέρτατος. As epithet of Zeus : V. ὕψιστος, ὕπατος. *Having supreme authority* : P. and V. κύριος, Ar. and P. αὐτοκράτωρ. *Supreme over* : P. and V. κύριος (gen.). *Supreme power* : P. and V. ἀρχή, ἡ, κράτος, τό, κῦρος, τό ; see *sovereignty*. *Utmost* : P. and V. ἔσχατος, τελευταῖος, V. ὕψιστος. *Topmost* : P. and V. ἄκρος. *Supreme in skill* : P. and V. ἄκρος.

Supremely, adv. *Exceedingly* : P. ὑπερβαλλόντως, διαφερόντως, P. and V. σφόδρα, μάλα, κάρτα (Plat. but rare P.), V. εἰς ὑπερβολήν, ἐξόχως.

Surds, subs. P. ἄρρητα, τά.

Sure, adj. *Trustworthy* : P. and V. βέβαιος, πιστός, ἀσφαλής, φερέγγυος (Thuc. but rare P.), ἐχέγγυος (Thuc. but rare P.). *Firm* : P. and V. βέβαιος, V. ἔμπεδος ; see *firm*. *Free from falsehood* : P. and V. ἀψευδής (Plat.). *Unerring* : P. and V. ἄφυκτος. *Exact* : P. and V. ἀκριβής. *Clear* : P. and V. σαφής ; see *clear*. *There is no sure mark to show true manhood* : V. οὐκ ἔστ' ἀκριβὲς οὐδὲν εἰς εὐανδρίαν (Eur., *El.* 367). *Be sure, be convinced* : P. and V. πεπεῖσθαι (perf. pass. of πείθειν), πιστεύειν, Ar. and V. πεποιθέναι (2nd perf. act. of πείθειν), V. πιστοῦσθαι. *Be sure, know for certain* : P. and V. σαφῶς εἰδέναι, Ar. and V. σάφα εἰδέναι (rare P.), *Be sure to* : P. and V. φροντίζειν ὅπως (aor. subj. or fut. indic.). *Be sure you play the man* : V. ὅπως ἀνὴρ ἔσει ; see under *mind*. *Be sure to, be likely to* : P. and V. μέλλειν (infin.). *Make sure, ascer-*

tain: P. and V. μανθάνειν, πυνθάνεσθαι, γιγνώσκειν. *Make sure of, know exactly*: P. and V. ἀκρῑβοῦν (acc.). *Test*: P. and V. ἐλέγχειν, ἐξελέγχειν. *Secure*: P. and V. κτᾶσθαι, εὑρίσκεσθαι; see *secure*. *To be sure*, adverbial phrase: see *surely*.

Surely, adv. *Securely*: P. and V. ἀσφἄλῶς, βεβαίως, V. ἐμπέδως *Exactly*: P. and V. ἀκρῑβῶς. *To be sure, of course*: Ar. and P. δήπουθεν, P. and V. δήπου. *Assuredly, in answer to a question*: P. and V. πῶς γὰρ οὔ; μάλιστά γε, Ar. and P. ἀμέλει, κομῐδῇ γε, V. καὶ κάρτἄ, καὶ κάρτἄ γε. *In oaths and asseverations, that one will surely do a thing*: P. and V. ἦ μήν (fut. infin.). *Verily*: P. and V. ἦ, Ar. and V. κάρτἄ (rare P.), V. ἦ κάρτἄ. *Certainly*: P. and V. δή, V. θήν (rare). *You are surely voicing your wishes*: V. σὺ θὴν ἃ χρῄζεις . . . ἐπιγλωσσᾷ (Æsch., *P. V.* 928). In questions expecting the answer "no": use P. and V. μή, ἆρα μή, μῶν. *Surely you will be able to secure no stronger proof?* P. ἆρα μή τι μεῖζον ἕξεις λαβεῖν τεκμήριον; *Surely you are making no plan?* V. μῶν τι βουλεύει νέον; (Soph., *Phil.* 1229). *To express surprise*: use P. and V. οὔ τί που. *You surely do not intend to give it him?* V. οὔ τί που δοῦναι νοεῖς (Soph., *Phil.* 1233). *You surely don't think that the question has been sufficiently discussed?* P. οὔ τι που οἴει . . . ἱκανῶς εἰρῆσθαι περὶ τοῦ λόγου; (Plat., *Rep.* 362D).

Surety, subs. *Bail*: P. and V. ἐγγύη, ἡ. *A person acting as surety*: Ar. and P. ἐγγυητής, ὁ. *Pledge*: P. and V. πίστῐς, ἡ, πιστόν, τό, or pl., V. πιστώμἄτα, τά. *Give surety, offer bail*, v.: Ar. and P. ἐγγυᾶσθαι, P. κατεγγυᾶσθαι.

Surf, subs. P. and V. ῥόθιον, τό (Thuc. 4, 10), ῥᾶχία, ἡ (Thuc. 4, 10), κλῠδώνιον, τό (Thuc. 2, 84), V. φλοῖσβος, ὁ, ῥηγμῑν, ὁ. *Spray*: P. and V. ἀφρός, ὁ (Plat.), ζάλη, ἡ (Plat.), V. πέλἄνος, ὁ.

Surface, subs. P. τὸ ἐπιπολῆς, or use V. νῶτον, τό (back). *The surface of the body*: P. τὸ ἔξωθεν σῶμα (Thuc. 2, 49). *On the surface, superficial*, adj.: P. ἐπιπολαῖος. *Superficies*: P. ἐπίπεδον, τό.

Surfeit, subs. P. and V. κόρος, ὁ (Plat.), πλησμονή, ἡ (Plat.).

Surfeit, v. trans. P. and V. ἐμπιπλἄναι, ἐκπιμπλάναι, πληροῦν, P. ἀποπιμπλάναι, ἀποπληροῦν. *Be surfeited with*: P. and V. πλησθῆναι (1st aor. pass. of πιμπλάναι) (gen.), Ar. and V. κορεσθῆναι (1st aor. pass. of κορεννύναι) (gen.), V. κόρον ἔχειν (gen.). *Surfeited with*: P. and V. μεστός (gen.), P. διακορής (gen.) (Plat.), V. ἔκπλεως (gen.) (Eur., *Cycl.*); see *full*.

Surge, subs. P. and V. κλῠδων, ὁ, κλῠδώνιον, τό, κῦμα, τό; see *surf*. *Heaving*: Ar. and V. οἶδμα, τό, σάλος, ὁ.

Surge, v. intrans. P. κυμαίνειν. *Heave up and down*: P. and V. σἄλεύειν. Met., P. and V. κῡμαίνειν ζεῖν, Ar. and V. ἐπιζεῖν; see *boil*.

Surgeon, subs. Use P. and V. ἰ̄ατρός; see *doctor*.

Surgery, subs. *Cutting of limbs*: P. and V. τομή, ἡ (Eur., *Frag.*). *Doctor's room*: P. ἰατρεῖον, τό. *It is not like a wise physician to mumble charms over a sore that calls for surgery*: V. οὐ πρὸς ἰατροῦ σοφοῦ θρηνεῖν ἐπῳδὰς πρὸς τομῶντι πήματι (Soph., *Aj.* 582).

Surging, adj. Use P. and V. ζέων (pres. part. of ζεῖν).

Surlily, adv. P. δυσκόλως.

Surliness, subs. Ar. and P. δυσκολία, ἡ; see *sullenness*.

Surly, adj. P. and V. δύσκολος; see *sullen*.

Surmise, subs. P. and V. δόξᾰ, ἡ, δόκησις, ἡ, δόξασμα, τό. *Suspicion*: P. and V. ὑπόνοια, ἡ, ὑποψία, ἡ. *Do not accuse me without cause on a vague surmise*: V. γνώμῃ ἀδήλῳ μή με χωρὶς αἰτιῶ (Soph., *O. R.* 608).

Surmise, v. trans. and absol. *Guess*: P. and V. εἰκάζειν, συμβάλλειν, τεκμαίρεσθαι, δοξάζειν, τοπάζειν, V. ἐπεικάζειν. *Divine*: P and V. μαντεύεσθαι. *Suspect*: P. and V. ὑπονοεῖν, ὑποπτεύειν, Ar. and P. ὑποτοπεῖν (or mid.).

Surmount, v. trans. *Cross*: P. and V. ὑπερβαίνειν, διᾰβάλλειν, ὑπερβάλλειν, διᾰπερᾶν; see *cross*. Met, *surmount (difficulties, etc.)*: P. and V. ἐκδύεσθαι (gen.); see *escape*. *Bear to the end*: P. and V. διᾰφέρειν, V. ἀντλεῖν, διαντλεῖν, ἐξαντλεῖν, ἐκκομίζειν.

Surname, subs. P. ἐπίκλησις, ἡ, Ar. and P. ἐπωνῠμία, ἡ.

Surname, v. trans. P. ἐπικαλεῖν, P. and V. ἐπονομάζειν.

Surpass, v. trans. P. and V. κρᾰτεῖν, ὑπερβάλλειν, προὔχειν (gen.), ὑπερέχειν (gen.), ὑπερφέρειν (acc. or gen.), ὑπερθεῖν, P. διαφέρειν (gen.), περιεῖναι (gen.), ὑπεραίρειν, Ar. and P. περῐγίγνεσθαι (gen.), V. ὑπερτρέχειν. *Go beyond*: P. and V. πᾰρέρχεσθαι (acc.). *Exceed*: P. and V. ὑπερβάλλειν, P. ὑπερβαίνειν, ὑπεραίρειν.

Surpassing, adj. P. and V. ἐκπρεπής, διαπρεπής, V. ἔξοχος, ὑπέροχος.

Surpassingly, adv. P. ὑπερβαλλόντως, διαφερόντως, Ar. and P. ὑπερφυῶς, V. ἐξόχως, εἰς ὑπερβολήν; see *exceedingly*.

Surplus, subs. Ar. and P. περιουσία, ἡ, P. τὸ περισσόν. *There would have been a surplus of three talents for the city*: P. τρία τάλαντα ἂν περιεγένετο τῇ πόλει (Lys. 185).

Surplus, adj. P. and V. περισσός, P. περισσεύων (pres. part. of περισσεύειν).

Surprise, subs. P. and V. θαῦμα, τό, θάμβος, τό (Thuc. and Plat. but rare P.). *Dismay*: P. and V. ἔκπληξις, ἡ. *Something new*: P. and V. νέον τι, καινόν τι. *The surprises of war*: P. τοῦ πολέμου ὁ παράλογος (Thuc. 1, 78). (In military sense), *surprise of a position*: P. κλοπή, ἡ (Xen.). *By surprise, unexpectedly*: P. ἐξ ἀπροσδοκήτου. *Take by surprise*, v.: use P. and V. κᾰτᾰλαμβᾰνειν; see *surprise*, v. *Attack unexpectedly*: P. ἀπροσδοκήτῳ τινὶ ἐπιτίθεσθαι. *Taken by surprise, off one's guard*: use adj., P. and V. ἀφῠλακτος, ἄφρακτος (Thuc.), P. ἀπαράσκευος.

Surprise, v. trans. P. and V. θαῦμα πᾰρέχειν (dat.). *Dismay*: P. and V. ἐκπλήσσειν, P. καταπλήσσειν. *Be surprised*: P. and V. θαυμάζειν, ἀποθαυμάζειν, V. θαμβεῖν. *Come upon suddenly, overtake*: P. and V. κᾰτᾰλαμβᾰνειν, αἱρεῖν, λαμβᾰνειν, P. ἐπιλαμβάνειν; see *overtake*. *Catch in the act*: P. and V. λαμβᾰνειν, κᾰτᾰλαμβᾰνειν (Eur., *Cycl.*), αἱρεῖν, φωρᾶν, ἐπ' αὐτοφώρῳ λαμβᾰνειν, P. καταφωρᾶν. *Surprised in the act*: V. ἐπίληπτος. *They took alarm and sought to surprise (the enemy)*: P. δείσαντες προκαταλαβεῖν ἐβούλοντο (Thuc. 3, 3). *Surprise a position* (in military sense): Ar. and P. κᾰτᾰλαμβᾰνειν, P. προκαταλαμβάνειν.

Surprising, adj. P. and V. θαυμαστός, δεινός, Ar. and P. θαυμάσιος. *Novel*: P. and V. καινός, νέος.

Surprisingly, adv. P. θαυμαστῶς, Ar. and P. θαυμᾰσίως, P. and V. δεινῶς.

Surrender, v. trans. *Hand over*: P. and V. πᾰρᾰδῐδόναι, ἐνδῐδόναι. *Betray*: P. and V. προδῐδόναι, Ar. and P. κᾰταπροδῐδόναι, προϊέναι (or mid.). *Relinquish*: P. and V. ἀφίστασθαι (gen.), ἐξίστασθαι (gen.); see *relinquish*. *Fling away wantonly*: P. and V. προπίνειν, P. προΐεσθαι. V. intrans. *Yield, give way*: P. παραδιδόναι ἑαυτόν; see *yield*.

Surrender, subs. P. παράδοσις, ἡ. *Betrayal*: P. and V. προδοσία, ἡ. *Demand (a man's) surrender*: P. ἐξαιτεῖν (τινα). *Terms of surrender*: P. ὁμολογία, ἡ.

Surreptitious, adj. P. and V. κρυπτός, ἀφᾰνής, λαθραῖος, κρῠφαῖος (Plat.); see *secret*.

Surreptitiously, adv. P. and V. λάθρᾳ, λαθραίως, Ar. and P. κρύβδην; see *secretly*.

Surround, v. trans. *Encircle*: P. and V. κυκλοῦσθαι, περῐβάλλειν, V. ἀμπέχειν, ἀμπίσχειν, ἀμφῐβάλλειν, περιπτύσσειν; see *encircle*. *Be spread round*: V. ἀμφῐβαίνειν. *Surround an enemy*: P. περικλῄειν (or mid.), P. and V. κυκλοῦσθαι; see also *besiege*. *Surround with a wall*: Ar. and P. περῐτειχίζειν. *Stand around*: P. and V. περιίστασθαι (Eur., *Bacch*. 1106), V. ἀμφίστασθαι. Met., *of dangers, etc.*: P. περιίστασθαι (dat.); see *threaten*. *Be around*: P. περιεῖναι (acc.), περιέχειν (acc.); see *enclose*. *Put around*: Ar. and P. περῐτῐθέναι (τί τινι), περιάπτειν (τί τινι), Ar. and V. ἀμφῐτῐθέναι (τί τινι).

Surrounding, adj. *Neighbouring*: P. ὅμορος, Ar. and P. πλησιόχωρος, also with fem. subs., P. περιοικίς; see *neighbouring*. *The surrounding country*: use P. and V. ἡ πέριξ γῆ. *War assimilates most men's passions to their surroundings*: P. πόλεμος . . . πρὸς τὰ παρόντα τὰς ὀργὰς τῶν πολλῶν ὁμοιοῖ (Thuc. 3, 82).

Surveillance, subs. P. and V. φῠλᾰκή, ἡ. *Keep under surveillance*: P. ἐν φυλακῇ ἔχειν.

Survey, v. trans. P. and V. ἐφορᾶν, σκοπεῖν, ἐπισκοπεῖν, ἀθρεῖν, ἀναθρεῖν, θεᾶσθαι, θεωρεῖν, Ar. and V. ἐποπτεύειν; see *behold*. *Measure* (*land*): Ar. and P. γεωμετρεῖν (acc. or absol.). *Measure* (generally): P. and V. μετρεῖν. *Examine*: P. and V. ἐξετάζειν, διασκοπεῖν; see *examine*.

Survey, subs. *Examination*: P. ἐξέτασις, ἡ, ἐπίσκεψις, ἡ, P. and V. σκέψῐς, ἡ. *Measurement*: P. μέτρησις, ἡ.

Surveyor, subs. P. ὁδοποιός, ὁ.

Survive, v. trans. Use P. περιγίγνεσθαι ἐκ (gen.). *Survive an illness*: P. περιφεύγειν (absol.). Absol., P. ἐπιβιοῦν, περιγίγνεσθαι, περιεῖναι. *Get away in safety*: P. and V. σώζεσθαι. *Remain, be left*: P. and V. λείπεσθαι, Ar. and V. περῐλείπεσθαι. *The survivors*: P. οἱ περιγιγνόμενοι, οἱ περιόντες.

Susceptible, adj. Ar. and P. ἁπᾰλός, *Be susceptible of, admit of*: P. ἐνδέχεσθαι (acc.).

Susceptibility, subs. *Tenderness*: P. ἁπαλότης, ἡ. *Susceptibilities*: use *feelings*.

Suspect, v. trans. P. and V. ὑπονοεῖν, ὑποπτεύειν, ὑφορᾶσθαι, Ar. and P. ὑποτοπεῖν (or mid.). *Surmise*: P. and V. εἰκάζειν, τοπάζειν, τεκμαίρεσθαι; see *surmise*. *Divine*: P. and V. μαντεύεσθαι. *Be suspected in return*: P. ἀνθυποπτεύεσθαι.

Suspect, subs. Use adj., P. and V. ὕποπτος.

Suspected, adj. P. and V. ὕποπτος.

Suspend, v. trans. *Hang*: P. and V. κρεμαννύναι. *Be suspended in air*: P. and V. αἰωρεῖσθαι; see *hover*. *He is suspended in air*: V. ἀέρι ποτᾶται. *Make fast*: P. and V. ἀρτᾶν. *Put off*: P. and V. ἀνᾰβάλλεσθαι. *Put an end to*: P. and V. παύειν. *Depose*: P. and V. παύειν, Ar. and P. κᾰτᾰλύειν. *Put down*: P. and V. κᾰθαιρεῖν, Ar. and P. διᾰλύειν. *Suspend* (*hostilities*): Ar. and P. κᾰτᾰλύεσθαι (acc. or absol.). *Suspended in air*, adj.: Ar. and P. μετέωρος, Ar. and V. μετάρσιος, V. κρεμαστός.

Suspense, subs. P. and V. ἀπορία, ἡ. *Be in suspense*, v.: P. and V. ἐπαίρεσθαι, ἀναπτεροῦσθαι (Xen. also Ar.), P. αἰωρεῖσθαι. *Be in doubt*: P. and V. ἀπορεῖν, ἀμηχᾰνεῖν (rare P.). *In suspense*, adj.: P. μετέωρος, ὀρθός.

Suspension, subs. *Hanging in air*: P. αἰώρησις, ἡ (Plat.). *Putting an end to*: P. κατάλυσις, ἡ, P. and V. διάλῠσις, ἡ. *Suspension of hostilities*: P. διάλυσις πολέμου; see *truce*.

Putting off: P. and V. ἀνᾰβολή, ἡ, V. ἀμβολή, ἡ.

Suspicion, subs. P. and V. ὑπόνοια, ἡ, ὑποψία, ἡ (Eur., *Hel.* 1549), P. τὸ ὕποπτον. *Entertain no suspicions of me*: V. εἰς ὕποπτα μὴ μόλῃς ἐμοί (Eur., *El.* 345). *Viewed without suspicion*, adj.: P. ἀνύποπτος.

Suspicious, adj. *Suspecting*: P. and V. ὕποπτος. *Being suspicious, it would seem, that Troy would be taken*: V. ὕποπτος ὢν δὴ Τρωικῆς ἁλώσεως (Eur., *Hec.* 1135). *Viewed with suspicion*: P. and V. ὕποπτος.

Suspiciously, adv. P. ὑπόπτως.

Suspiciousness, subs. P. and V. ὑποψία, ἡ, or use τὸ ὕποπτον.

Sustain, v. trans. *Lean, rest*: P. and V. ἐρείδειν (also Plat. but rare P.); see *support*. *Maintain, feed*: P. and V. τρέφειν, P. διατρέφειν; see *maintain*. *Keep, preserve*: P. and V. σώζειν, φῠλάσσειν; see *preserve*. *Come to the help of*: P. and V. βοηθεῖν (dat.). *Endure*: P. and V. ἀνέχεσθαι, φέρειν; see *endure*. *Hold out against*: P. and V. ἀντέχειν (dat.), V. καρτερεῖν (acc.). *Sustain a loss*: P. and V. ζημιοῦσθαι, P. ἐλασσοῦσθαι.

Sustenance, subs. *Food*: P. and V. τροφή, ἡ, σῖτος, ὁ; see *food*. *Livelihood*: P. and V. βίος, ὁ, Ar. and V. βίοτος, ὁ. *Obtain sustenance, support oneself*: P. and V. διαζῆν, P. βιοτεύειν, Ar. and P. ζῆν.

Sutlers, subs. P. σκευοφόροι, οἱ, ἀκόλουθοι, οἱ (Xen.), ὄχλος, ὁ (Xen.).

Suture, subs. P. and V. ῥᾰφή, ἡ.

Suzerain, subs. Use adj., P. and V. κύριος; see also *king*.

Suzerainty, subs. P. ἡγεμονία, ἡ; see *sovereignty*.

Swaddle, v. trans. V. σπαργᾰνοῦν.

Swaddling clothes, subs. Ar. and V. σπάργᾰνα, τά.

Swagger, v. intrans. P. νεανιεύεσθαι, σοβεῖν (Dem. 565). *Swagger about*: Ar. and P. περῐνοστεῖν (Dem. 421).

Swaggering, adj. Ar. σοβᾰρός.

Swain, subs. *Young man*: P. and V. νεᾱνίᾱς, ὁ. *Lover*: P. and V. ἐραστής, ὁ.

Swallow, subs. P. and V. χελῑδών, ἡ (Plat. also Ar.).

Swallow, v. trans. P. and V. κᾰτᾰπίνειν (Eur., *Cycl.* 219; Plat., *Euthy.* pp. 6A). *Drink*: P. and V. πίνειν, ἐμπίνειν (Xen. also Ar.). *Swallow greedily*: Ar. and V. ῥοφεῖν. *Swallow up, waste, devour*: P. κατεσθίειν. *Consume*: P. and V. ἀνᾱλίσκειν, Ar. κᾰτᾰπίνειν. *Engulf*: P. and V. κᾰτακλύζειν.

Swamp, subs. P. and V. λίμνη, ἡ, Ar. and P. τέλμᾰ, τό, P. ἕλος, τό.

Swamp, v. trans. P. and V. κᾰτακλύζειν. *When the sea swamps the boat effort is useless*: P. ἐπειδὰν ἡ θάλαττα ὑπέρσχῃ μάταιος ἡ σπουδή (Dem. 128). *Outnumber*: use P. and V. πλήθει προὔχειν (gen.).

Swampy, adj. P. ἑλώδης, λιμνώδης.

Swan, subs. P. and V. κύκνος, ὁ (Plat.). *Swanlike*: V. κυκνόμορφος. *Swansong*: see Æsch., *Ag.* 1444.

Sward, subs. *Grass*: P. and V. πόα, ἡ, χλόη, ἡ, Ar. and V. ποία, ἡ (Eur., *Cycl.*). *Meadow*: P. and V. λειμών, ὁ.

Swarm, v. intrans. P. and V. συλλέγεσθαι, σῠνέρχεσθαι, ἀθροίζεσθαι, σῠναθροίζεσθαι. *Come in crowds*: V. πληθύειν (rare P.). *Swarm with*: V. πλήθειν (gen.); see *abound*. *Be full of*: P. and V. γέμειν (gen.). *Swarming with*: P. and V. μεστός (gen.); see *full of*.

Swarm, subs. *Swarm of bees*: P. and V. σμῆνος, τό (Plat. and Soph., *Frag.*, also Ar.), Ar. and P. ἑσμός, ὁ (Plat.). Generally of persons or things: P. and V. ἑσμός, ὁ (Plat.). *Crowd*: P. and V. ὄχλος, ὁ, ὅμῑλος, ὁ; see *crowd*. *A swarm of dragons*: V. δρακονθόμιλος συνοικία (Æsch., *Supp.* 267). *In swarms*: use adj., P. and V. ἀθρόος.

Swarthy, adj. P. μελάγχρως (Plat.), μέλας (Dem. 537), V. κελαινός, ἐρεμνός, μελάγχῐμος.

Swath, subs. *Sheaf*: P. δράγμα, τό (Xen.).

Swathe, subs. *Bandage*: V. τελᾰμών, ὁ, Ar. λαμπᾰδιον, τό, ὀθόνια, τά.

Swathe, v. trans. See *wrap*.

Sway, subs. *Motion*: P. φορά, ἡ. *Tossing motion*: Ar. and V. σᾰλος, ὁ, P. αἰώρησις, ἡ (Plat.). *Influence*: P. and V. δῠνᾰμις, ἡ. *Rule, authority*: P. and V. ἀρχή, ἡ, κρᾰτος, τό; see *rule*. *Bear sway*, v.: see *rule*.

Sway, v. trans. *Move*: P. and V. κῑνεῖν. *Move to and fro*: P. αἰωρεῖν. *Persuade*: P. and V. πείθειν, ἐπᾰγειν; see *persuade*. *Rule*: P. and V. ἄρχειν (gen.), κρᾰτεῖν (gen.); see *rule*. *Influence*: P. and V. ῥοπὴν ἔχειν (gen.). *Manage*: P. and V. νέμειν, V. νωμᾶν, κραίνειν, πορσῡνειν, ἀμφέπειν. V. intrans. *Swing to and fro*: P. and V. αἰωρεῖσθαι. *Toss up and down*: P. and V. σᾰλεύειν. *Sway with*: P. συναιωρεῖσθαι (Plat.). *Sink*: P. and V. ῥέπειν. *Labour, be distressed*: P. and V. κάμνειν (rare P.), προκάμνειν (rare P.); see *faint*.

Swaying, adj. *Suspended*: V. κρεμαστός.

Swear, v. intrans. P. and V. ὀμνῦναι, κᾰτομνῦναι (or mid.), ἐπομνῦναι, διόμνυσθαι, V. διομνῦναι, ὁρκωμᾰτεῖν; see *vow*. *Deny by oath*: P. and V. ἀπομνῦναι, ἐξομνῦναι (or mid.). *Swear an oath*: P. and V. ὀμνῦναι ὅρκον. *All the Samians who were of age swore the same oath together*: P. συνώμοσαν Σαμίων πάντες τὸν αὐτόν ὅρκον οἱ ἐν τῇ ἡλικίᾳ (Thuc. 8, 75). *Swear beforehand*: P. and V. προομνῦναι. *Swear by*: P. and V. ὀμνῦναι (acc.), ἐπομνῦναι (acc.), V. ὁρκωμᾰτεῖν (acc.), Ar. and V. κᾰτομνῦναι (acc.). *Swear in, bind by oath*: Ar. and P. ὁρκοῦν; see under *oath*. *Swear to*: P. and V. ὀμνῦναι (acc.), ἐπομνῦναι (acc.). *Swear together*: Ar. and P. σῠνεπομνῦναι (acc. or absol.) (Xen.). *Swear truly*: P. and V. εὐορκεῖν. *Swear falsely*: Ar. and P. ἐπιορκεῖν, Ar. ψευδορκεῖν. *Use bad language, curse*: Ar. and P. κᾰτᾰρᾶσθαι; see *curse*. *Swear at*: use *curse, abuse*. *Sworn, under oath*, adj.: P. and V. ἔνορκος, V. ὅρκιος, διώμοτος, ἐπώμοτος.

Swearing, subs. *Oath*: P. and V. ὅρκος, ὁ or pl., ὅρκιον, τό (Thuc.) or pl., V. ὁρκώμᾰτα, τά; see *oath*. *Bad language, curse*: P. and V. ἀρά, ἡ; see also *abuse*.

Sweat, subs. P. and V. ἱδρώς, ὁ. *Letting the sweat stream from his body*: V. ἱδρῶτα σώματος στάζων ἄπο (Eur., *Bacch*. 620).

Sweat, v. intrans. P. ἱδρῶν (Xen.), Ar. ἰδῑειν. *Labour*: P. and V. πονεῖν, μοχθεῖν (rare P.), κάμνειν (rare P.).

Sweep, v. trans. Ar. and P. κορεῖν, V. σαίρειν. *Clear, reclaim*: P. and V. ἡμεροῦν, V. ἀνημεροῦν (Soph., *Frag*.), ἐξημεροῦν, κᾰθαίρειν, ἐκκᾰθαίρειν. *Drive*: P. and V. ἐλαύνειν, ἄγειν, σῠνάγειν. *Overrun*: P. κατατρέχειν, καταθεῖν. *Sweep the strings of a musical instrument*: Ar. and P. ψάλλειν (absol.), or use *touch*. *He swept piracy from the sea*: τὸ λῃστικὸν καθῄρει ἐκ τῆς θαλάσσης (Thuc. 1, 4). *Did not women slay the children of Ægyptus and sweep Lemnos utterly of her men?* V. οὐ γυναῖκες εἷλον Αἰγύπτου τέκνα καὶ Λῆμνον ἄρδην ἀρσένων ἐξῴκισαν; (Eur., *Hec*. 886). *Sweep away*: P. ἐκκαθαίρειν, V. σαίρειν. *Remove*: P. and V. πᾰραιρεῖν. *Sweep over*: P. and V. ἐπέρχεσθαι (acc. or dat.), V. intrans. *Rush*: P. and V. ὁρμᾶν, ὁρμᾶσθαι, ἵεσθαι (rare P.), φέρεσθαι; see *rush, swoop*. *Move slowly*: P. and V. βᾰδίζειν (rare V.), Ar. and V. βαίνειν. *Stream*: P. and V. φέρεσθαι; see *stream*.

Sweep, subs. *Rush*: P. and V.

ὁρμή, ἡ, Ar. and P. ῥύμη, ἡ, V. ῥῑπή, ἡ, P. φορά, ἡ.

Sweeping, adj. *Streaming:* V. τᾰναός, κεχῠμένος. Met., of an assertion, *general:* P. and V. κοινός, V. πάγκοινος. *Excessive:* P. and V. περισσός.

Sweepings, subs. Ar. φορῡτός, ὁ. Used met., *of a person:* Ar. and P. κάθαρμα, τό, περίτριμμα, τό. *The sweepings of the market-place:* P. περίτριμμα ἀγορᾶς (Dem. 269).

Sweet, adj. *To the taste:* P. and V. ἡδύς, γλῠκύς. Generally, *pleasant:* P. and V. ἡδύς, τερπνός, V. χαρτός (Plat. also but rare P.), θῡμηδής, ἐφῑμερος, φίλος, Ar. and V. γλῠκύς. *Charming:* Ar. and P. χᾰρίεις; see *charming.* Of disposition, *gentle:* P. and V. πρᾶος, ἤπιος, Ar. and P. εὔκολος; see *gentle. Fresh (of water):* P. and V. ποτός, P. πότιμος, V. εὔποτος. *Pure:* P. and V. κᾰθᾰρός; see *pure.*

Sweeten, v. trans. P. ἡδύνειν.

Sweetheart, subs. P. and V. ἐραστής, ὁ.

Sweetly, adv. P. and V. ἡδέως.

Sweetmeats, subs. Ar. and P. τρᾰγήμᾰτα, τά, P. πέμματα, τὰ, ἔνθρυπτα, τά, V. πεπτά, τά (Eur., *Frag.*).

Sweetness, subs. P. γλυκύτης, ἡ (Plat.). *Pleasantness:* P. and V. χᾰρῐς, ἡ. *Of disposition:* P. εὐκολία, ἡ; see *gentleness.*

Sweet-tempered, adj. Ar. and P. εὔκολος; see *gentle.*

Swell, v. trans. *Increase:* P. and V. αὐξάνειν, αὔξειν, P. ἐπαυξάνειν, V. ἀλδαίνειν. *Puff up:* P. and V. φῡσᾶν, Ar. and P. ὀγκοῦν, V. ἐξογκοῦν; see *puff up.* V. intrans. Ar. and P. οἰδεῖν, P. and V. ἀνοιδεῖν (Plat.), σπαργᾶν (Plat.), V. ἐξοιδεῖν (Eur., *Cycl.*). *Of fruit:* Ar. οἰδάνειν. *Increase:* P. and V. αὐξάνεσθαι, αὔξεσθαι, P. ἐπαυξάνεσθαι, V. ὀφέλλεσθαι. *The stream of the Asopus was much swollen:* P. ὁ Ἀσωπὸς . . . ἐρρύη μέγας (Thuc. 2, 5). *Swell with anger:* use P. and V. ζεῖν, κῡμαίνειν (Plat.). *Swell with milk:* P. and V. σπαργᾶν. *Swell with pride:* P. and V. φρονεῖν μέγᾰ, ὑπερφρονεῖν, V. πνεῖν μεγάλᾰ. *Be puffed up:* Ar. and V. ὀγκοῦσθαι (also Xen.), V. ἐξογκοῦσθαι, Ar. ὀγκύλλεσθαι. *Swell with passion:* P. and V. σφρῐγᾶν, P. σπαργᾶν. *Swell with waves:* P. κυμαίνειν (Plat.).

Swell, subs. *Of the sea:* Ar. and V. οἶδμα, τό, σάλος, ὁ, or use *wave.*

Swelling, adj. P. ὀγκώδης. Met., *proud, boastful:* P. and V. σεμνός, ὑψηλός, P. ὑπερήφανος; see *proud.*

Swelling, subs. P. οἴδημα, τό. *Act of swelling:* P. οἴδησις, ἡ.

Swelter, v. intrans. *Wallow:* P. καλινδεῖσθαι. *Be choked:* Ar. and P. πνίγεσθαι.

Sweltering, adj. Ar. and P. πνῑγηρός.

Swerve, subs. P. and V. ἐκτροπή, ἡ.

Swerve, v. intrans. *Turn aside:* P. and V. ἀποτρέπεσθαι, ἐκτρέπεσθαι, P. παρατρέπεσθαι, ἐκκλίνειν. *Wander:* P. and V. πλᾰνᾶσθαι. *Swerve from a purpose:* P. and V. ἀφίστασθαι (gen.), ἐξίστασθαι (gen.). *Had not my mind swerved from its purpose:* V. εἰ μὴ . . . φρένες . . . γνώμης ἀπῇξαν (ἀπᾴσσειν) (Soph., *Aj.* 447). *Swerve from the direction of its true course (of a javelin):* P. ἔξω τῶν ὅρων τῆς αὑτοῦ πορείας ἐκφέρεσθαι (Antipho. 121).

Swift, subs. *Swallow:* P. and V. χελῑδών, ἡ (Plat. also Ar.).

Swift, adj. P. and V. τᾰχύς, ὀξύς, Ar. and V. ὠκύς, θοός, τᾰχύπους, V. ὠκύπους, τᾰχύπορος, τᾰχύρροθος, σπερχνός, κραιπνός, λαιψηρός. With fem. nouns also V. δρομάς (Eur., *Bacch.* 731). *Hurried, quickly done:* P. and V. τᾰχύς. *Active:* P. and V. ἐλαφρός (Xen.), Ar. and V. κοῦφος.

Swift-footed, adj. P. and V. ποδώκης (rare P.), Ar. and V. τᾰχύπους, V. ὠκύπους.

Swiftly, adv. P. and V. τᾰχύ, ἐν

τᾰ́χει, διᾰ̀ τᾰ́χους, σπουδῇ, Ar. and P. τᾰχέως, P. ὀξέως, V. τᾰ́χος, σὺν τᾰ́χει, ἐκ τᾰχείας, θοῶς.

Swiftness, subs. P. and V. τᾰ́χος, τό, P. ταχύτης, ἡ, V. ὠκῠ́της, ἡ. *Hurry*: P. and V. σπουδή, ἡ. *Swiftness of foot*: V. ποδώκεια, ἡ (also Xen.).

Swift-winged, adj. V. τᾰχύπτερος, ὠκύπτερος.

Swill, v. trans. P. and V. ἐκπῑ́νειν (Dem.), Ar. and V. ῥοφεῖν, ἕλκειν, V. σπᾶν, ἀνασπᾶν; see *drink*. *Take a long draught*: V. ἀμυστίζειν (Eur., *Cycl.*).

Swim, v. trans. Ar. and P. νεῖν. *Swim to*: P. προσνεῖν (absol.), εἰσνεῖν (absol.). *Swim away* or *out*: P. and V. ἐκνεῖν (absol.), P. ἀποκολυμβᾶν (absol.), Ar. and V. ἐκκολυμβᾶν (gen.). *Be dizzy*: Ar. and P. ἰλιγγιᾶν, σκοτοδῑνιᾶν. *Able to swim*, adj.: P. νευστικός (Plat.).

Swimming, subs. *Dizziness*: P. ἴλιγγος, ὁ, σκοτοδινία, ἡ.

Swimming bath, subs. P. κολυμβήθρα, ἡ.

Swindle, v. trans. P. παρακρούεσθαι, Ar. πᾰρᾰκόπτειν; see *cheat*.

Swindle, subs. P. and V. ἀπᾰ́τη, ἡ; see *cheat*.

Swindler, subs. P. ἀπατεών, ὁ, P. and V. γόης, ὁ; see *cheat*.

Swindling, subs. P. παράκρουσις, ἡ, P. and V. πᾰνουργία, ἡ; see *fraud*.

Swine, subs. P. and V. ὗς, ὁ or ἡ, V. σῦς, ὁ or ἡ (Eur., *Supp.* 316). *Hog*: P. and V. χοῖρος, ὁ (Æsch., *Frag.*). *Of swine*, adj.: Ar. and P. ὕειος, χοίρειος (Xen.). *The blood of slaughtered swine*: V. αἷμα χοιρόκτονον (Æsch., *Frag.*).

Swineherd, subs. P. συβώτης, ὁ (Plat.).

Swing, v. trans. P. αἰωρεῖν, Ar. and V. κυκλεῖν, V. διᾰφέρειν, σφενδονᾶν; see *whirl*. *Move*: P. and V. κῑνεῖν. *Brandish*: P. and V. σείειν, Ar. and V. πάλλειν, κρᾰδαίνειν, τῑνάσσειν. *Swing round*: V. διᾰφέρειν, σφενδονᾶν. V. intrans. P. and V. αἰωρεῖσθαι; see *hover*. *Be hung up*: P. and V. κρέμασθαι. *Be hanged*: V. κρεμασθῆναι (1st aor. pass. of κρεμαννύναι), P. and V. κρέμασθαι. *Toss up and down*: P. and V. σᾰλεύειν.

Swing, subs. P. αἰώρα, ἡ (Plat.). *Swinging motion*: P. αἰώρησις, ἡ (Plat.). *Action of a body in motion*: P. φορά, ἡ, Ar. and P. ῥῠ́μη, ἡ, V. ῥῑπή, ἡ. *Throw*: P. and V. βολή, ἡ.

Swinging, adj. *Suspended*: V. κρεμαστός.

Swinish, adj. P. ὑηνός (Plat.).

Swinishness, subs. Ar. ὑηνία, ἡ.

Swipe, subs. Ar. κηλώνειον, τό.

Switch, subs. *Twig*: Ar. and P. κλῆμα, τό; see *twig*. *Rod*: Ar. and P. ῥάβδος, ἡ.

Swollen, adj. P. ὀγκώδης.

Swoon, subs. V. φρενῶν κᾰταφθορά (Æsch., *Choe.* 211). *Speechlessness*: P. and V. ἀφᾰσία, ἡ.

Swoon, v. intrans. P. λιποψυχεῖν, P. and V. ἐκθνήσκειν (Plat.), V. προλείπειν, ἀποπλήσσεσθαι, Ar. ὡρᾱκιᾶν. *I swoon and my limbs fail*: V. προλείπω λύεται δέ μοι μέλη (Eur., *Hec.* 438).

Swoop, subs. Ar. and P. ῥῠ́μη, ἡ, V. ῥῑπή, ἡ.

Swoop, v. intrans. P. and V. κᾰτασκήπτειν (rare P.), ἀποσκήπτειν, Ar. and V. κᾰταίρειν, V. σκήπτειν, ἐπισκήπτειν, κᾰταιγίζειν. *Swoop upon*: P. and V. κᾰτασκήπτειν εἰς (acc.), ἀποσκήπτειν εἰς (acc.), Ar. and V. κᾰταίρειν εἰς (acc.), V. προσπέτεσθαι (dat.).

Swooping, adj. V. λαβρός; see *rushing*. *The swooping thunderbolt*: V. κᾰταιβᾰ́της κεραυνός, ὁ (Æsch., *P. V.* 359).

Sword, subs. P. and V. ξῐ́φος, τό, V. φάσγᾰνον, τό, ἔγχος, τό, κνώδων, ὁ, σῐ́δηρος, ὁ, Ar. and V. βέλος, τό. *Persian sword*: P. ἀκινάκης, ὁ (Dem. 741). *Small sword*: P. and V. μᾰ́χαιρα, ἡ, Ar. and P. ξῐφῐ́διον, τό. Met., *war*: P. and

V. πόλεμος, ὁ, Ar. and V. Ἄρης, ὁ (ᾰ, rarely ᾱ). *Put to the sword*: use *kill*. *Carrying a sword*, adj.: V. ξιφήρης, ξιφηφόρος. *Drawing the sword*: V. ξιφουλκός. *Slain by the sword*: V. σιδηροκμής. *Slaying with the sword*: ξιφοκτόνος. *A combat with swords*: V. ξιφηφόρος ἀγών, ὁ (Ag., *Choe*. 584).

Sword maker, subs. Ar. and P. μᾰχαιροποιός, ὁ, Ar. ξιφουργός, ὁ. *Sword maker's factory*: P. μαχαιροποιεῖον, τό.

Sworn, adj. See under *swear*.

Sybarite, subs. Use adj., Ar. and P. τρῠφερός.

Sycophancy, subs. See *flattery*.

Sycophant, subs. See *flatterer*.

Syllable, subs. P. and V. συλλᾰβή, ἡ. *Not to utter a syllable*: P. οὐδὲ φθέγγεσθαι; see under *utter*. *Not a syllable*: Ar. and P. οὐδὲ γρῦ; see *not a word*, under *word*.

Syllogise, v. intrans. P. συλλογίζεσθαι (Aristotle).

Syllogism, subs. P. συλλογισμός, ὁ (Aristotle).

Sylph, subs. Use P. and V. νύμφη, ἡ, κόρη, ἡ.

Sylvan, adj. P. ὑλώδης. *Rustic*: Ar. and P. ἄγροικος, V. ἄγραυλος.

Symbol, subs. *Token*: P. and V. σημεῖον, τό, τεκμήριον, τό, σύμβολον, τό, V. τέκμᾰρ, τό. *Device*: P. and V. σημεῖον, τό, V. σῆμα, τό, ἐπίσημα, τό. *Similitude*: P. and V. εἰκών, ἡ. *Model, outline*: P. τύπος, ὁ. *Allegory*: P. ὑπόνοια, ἡ (Plat.).

Symbolical, adj. *Allegorical*: P. ἐν ὑπονοίαις πεποιημένος (Plat., *Rep*. 378D).

Symbolically, adv. *By means of images*: P. δι' εἰκόνων.

Symbolise, v. trans. *Represent*: P. and V. εἰκάζειν. *Be symbolic of, give specimen of*: use P. and V. πᾰρᾰδειγμα δῐδόναι (gen.).

Symmetrical, adj. P. σύμμετρος. *Shapely*: V. εὔμορφος.

Symmetrically, adv. P. συμμέτρως.

Symmetry, subs. P. συμμετρία, ἡ. *Regularity*: P. and V. ῥυθμός, ὁ. *Shapeliness*: P. and V. εὐμορφία, ἡ (Plat.).

Sympathetic, adj. *Friendly*: P. and V. εὔνους, φῐλόφρων (Xen.), φῐλάνθρωπος, φῐ́λιος, εὐμενής, P. εὐνοϊκός; see *friendly*. *Pitiful, compassionate*: P. and V. φῐλοικτίρμων (Plat.), Ar. and P. ἐλεήμων, P. ἐλεεινός; see also *gentle*. *Impressionable*: Ar. and P. ἁπᾰλός.

Sympathetically, adv. *In a friendly way*: P. and V. εὐμενῶς, φῐλοφρόνως (Plat.), P. φιλικῶς, φιλανθρώπως, εὐνοϊκῶς, V. εὐφρόνως, φῐ́λως (also Xen. but rare P.); see under *friendly*. *Compassionately*: V. ἐλεινῶς.

Sympathise, v. intrans. *In sorrow*: P. συλλῡπεῖσθαι, P. and V. σῠναλγεῖν. *In joy*: P. and V. σῠνήδεσθαι, Ar. and V. συγχαίρειν. *Sympathise with* (a person or thing), *in sorrow*: P. and V. σῠναλγεῖν (dat.), P. συνάχθεσθαι (dat. or ἐπί dat. of thing), συλλυπεῖσθαι (dat.), V. συμπονεῖν (dat.), σῠνασχᾰλᾶν (dat.), σῠνωδίνειν (dat.), συγκάμνειν (dat.); *in joy*: P. and V. σῠνήδεσθαι (dat.), Ar. and P. συγχαίρειν (dat.), P. συνευφραίνεσθαι (dat.), V. συγγεγηθέναι (perf. of συγγηθεῖν) (dat.). *Be friendly to, favour*: P. and V. εὐνοεῖν (dat.); see *favour*. *Sympathise with a policy* or *party*: see *support*. *Pity*: P. and V. ἐλεεῖν, οἰκτείρειν; see *pity*.

Sympathy, subs. *Good will*: P. and V. εὔνοια, ἡ, εὐμένεια, ἡ, P. φιλοφροσύνη, ἡ (Plat.). *Kindliness*: P. φιλανθρωπία, ἡ. *Pity*: P. and V. ἔλεος, ὁ, οἶκτος, ὁ (rare P.). *Congratulation*: P. μακαρισμός, ὁ. *The public sympathies inclined considerably to the side of the Lacedaemonians more (than to that of their opponents)*: P. ἡ δὲ εὔνοια παρὰ πολὺ ἐποίει τῶν ἀνθρώπων μᾶλλον ἐς τοὺς Λακεδαιμονίους (Thuc. 2, 8). *Seeing you let fall tears* *from your eyes I felt pity and myself shed tears in sympathy with you*: V. ἐγώ σ᾽ ἀπ᾽ ὄσσων ἐκβαλόντ᾽ ἰδὼν δάκρυ ᾤκτειρα καὐτὸς ἀντάφηκα σοὶ πάλιν (Eur., *I. A.* 477).

Symphony, subs. P. συμφωνία, ἡ, Ar. and P. ἁρμονία, ἡ.

Symptom, subs. P. and V. σημεῖον, τό, τεκμήριον, τό, V. συμβόλαιον, τό. *With no premonitory symptoms*: P. ἀπ᾽ οὐδεμιᾶς προφάσεως (Thuc. 2, 49).

Symptomatic, adj. *Be symptomatic of*, v.: use *portend, show*.

Synchronise with, v. trans. Use P. κατὰ τὸν αὐτὸν χρόνον γίγνεσθαι (dat.).

Synod, subs. P. συνέδριον, τό; see *assembly, council*.

Synonymous, adj. P. συνώνυμος (Aristotle).

Synonyms, subs. P. συνώνυμα, τά (Aristotle).

Synopsis, subs. *Bird's eye view*: P. σύνοψις, ἡ (Plat.). *Summary*: P. κεφάλαιον, τό.

Syringe, subs. P. κλυστήρ, ὁ (Hdt.).

Syrup, subs. Use P. and V. μέλι, τό (*honey*). *Juice*: see *juice*.

System, subs. *Method*: P. μέθοδος, ἡ; see *method*. *Constitution*: P. and V. κατάστασις, ἡ, P. σύστασις, ἡ; see *constitution*. *Bodily constitution*: use P. and V. τὸ σῶμα. *Policy*: P. προαίρεσις, ἡ. *Order*: P. and V. κόσμος, ὁ. *Anything that forms an organised whole*: P. κόσμος, ὁ.

Systematic, adj. *Orderly*: P. and V. κόσμιος, εὔκοσμος. *Constant*: Ar. and P. συχνός.

Systematically, adv. *In an orderly way*: Ar. and P. κοσμίως. *Constantly*: P. συχνόν. *Intentionally*: P. and V. ἐκ προνοίας.

Systematisation, subs P διάταξις, ἡ, διακόσμησις, ἡ, διάθεσις, ἡ.

Systematise, v. trans. Ar. and P. διατιθέναι, P. διατάσσειν, διακοσμεῖν.

T

Table, subs. P. and V. τράπεζα, ἡ. Met., *board*: P. and V. τράπεζα, ἡ. *The pleasures of the table*: P. αἱ περὶ ἐδωδὰς ἡδοναί (Plat., *Rep.* 389 E). *You deign to feed at the same table*: V. συντράπεζον ἀξιοῖς ἔχειν βίον (Eur., *And.* 658). *Tables of the law*: Ar. and P. κύρβεις, αἱ or οἱ, P. ἄξονες, οἱ. *Tables on which treaties, etc., were written*: Ar. and P. στήλη, ἡ. *List*: Ar. and P. κατάλογος, ὁ; see *list*.

Tablet, subs. *For writing on*: P. and V. πίναξ, ὁ, Ar. and V. δέλτος, ἡ, Ar. and P. σανίδες, αἱ, πινάκιον, τό, σανίδιον, τό, γραμματεῖον, τό, Ar. πινακίσκος, ὁ. *Memorial tablet*: Ar. and P. στήλη, ἡ. *Write on tablets*, v. trans.: V. δελτοῦσθαι (acc.). *Tablets on which laws were written*: see *tables*.

Taboo, v. trans. See *forbid*.

Tabulate, v. trans. *Inventory*: P. ἀπογράφειν. *Arrange in order*: P. διακοσμεῖν.

Tacit, adj. P. and V. ἀφανής; see *secret*.

Tacitly, adv. P. ἀφανῶς, ἐκ τοῦ ἀφανοῦς; see *secretly*.

Taciturn, adj. P. κρυψίνους (Xen.). *Silent*: V. σιωπηλός, σιγηλός.

Taciturnity, subs. *Silence*: P. and V. σιγή, ἡ, σιωπή, ἡ.

Tack, v. trans. See *attach*. V. intrans. P. and V. ὑποστρέφειν, ἐπιστρέφειν.

Tack, subs. See *course*.

Tacking, subs. P. ἐπιστροφή, ἡ.

Tackle, subs. Ar. and P. σκεύη, τά, P. κατασκευή, ἡ; see *tackling*.

Tackle, v. trans. See *handle*.

Tackling, subs. Ar. and P. σκεύη, τά. *They smell of pitch and ship's tackling*: Ar. ὄζουσι πίττης καὶ παρασκευῆς νεῶν (*Ach.* 190.).

Tact, subs. Ar. and P. δεξιότης, ἡ. *Kindness*: P. φιλανθρωπία, ἡ. *Want of tact*: P. πλημμέλεια, ἡ. *You show tact in refusing to name them*:

V. εὐπαίδευτα δ' ἀποτρέπει λέγειν (Eur., *Or.* 410).

Tactful, adj. Ar. and P. ἐμμελής. *Kindly*: P. and V. φιλάνθρωπος.

Tactfully, adv. P. ἐμμελῶς. *Kindly*: P. φιλανθρώπως.

Tactician, subs. Use adj., P. τακτικός (Xen.).

Tactics, subs. P. τὰ τακτικά (Xen.). *Generalship*: P. τὰ στρατηγούμενα. *Way of fighting*: P. μάχη, ἡ (Xen.). Generally, *statagem*: P. and V. τέχναι, αἱ, μηχάνημα, τό, μηχαναί, αἱ. *Intrigue*: P. παρασκευή, ἡ.

Tactless, adj. P. and V. πλημμελής, σκαιός, ἄμουσος, Ar. and P. φορτικός.

Tactlessly, adv. P. πλημμελῶς, ἀμούσως, φορτικῶς, Ar. and P. σκαίως.

Tactlessness, subs. P. πλημμέλεια, ἡ, P. and V. σκαιότης, ἡ, ἀμουσία, ἡ (Eur., *Frag.*).

Tag, subs. *Of poetry, end of a verse*: P. ἀκροτελεύτιον, τό (Thuc. 2, 17). *Tags of poetry*: Ar. ἐπύλλια, τά.

Tail, subs. Ar. and P. κέρκος, ὁ, V. οὐρά, ἡ (Eur., *Rhes.* 784), οὐραῖα, τά (Eur., *Ion*, 1154). *Wag the tail*: see under *wag*. *Put the tail between the legs*: V. οὐρὰν ὑπίλλειν (Eur., *Frag.*). *Turn tail*, Met.: P. and V. ὑποστρέφειν.

Tailor, subs. P. ἀκεστής, ὁ (Xen.).

Tailoring, subs. P. ἱματιουργική, ἡ (Plat.).

Taint, subs. *Disease*: P. and V. νόσος, ἡ, νόσημα, τό. *Corruption*: P. and V. διαφθορά, ἡ. *Taint (of guilt)*: P. and V. μίασμα, τό, ἄγος, τό, V. μύσος, τό, λῦμα, τό, κηλίς, ἡ. *Disgrace*: P. and V. αἰσχύνη, ἡ, κηλίς, ἡ, V. αἶσχος, τό. *Pollution*: P. μιαρία, ἡ.

Taint, v. trans. *Infect*: P. ἀναπιμπλάναι. *Defile*: P. and V. μιαίνειν, P. καταρρυπαίνειν, V. χραίνειν (also Plat. but rare P.), κηλῖδοῦν, χρώζειν; see *defile*. *Corrupt*: P. and V. διαφθείρειν. *Mar*: P. and V. αἰσχύνειν, καταισχύνειν, λῡμαίνεσθαι (acc. or dat.).

Tainted, adj. *Diseased*: P. and V. νοσώδης. *Defiled*: P. and V. μιἄρός, Ar. and V. μῠσἄρός. *Tainted with*: P. ἀνάπλεως (gen.), P. and V. πλέως (gen.), V. πλήρης (gen.). *Tainted with blood*: V. μιαιφόνος, πᾰλαμναῖος, προστρόπαιος (rare P.), P. ἐναγής.

Take, v. trans. P. and V. λαμβάνειν, αἱρεῖν; see *catch*. *Take (a town)*: P. and V. αἱρεῖν. *Be taken*: P. and V. ἁλίσκεσθαι. *Help in taking*: P. and V. σὔνεξαιρεῖν (acc.). *Easy to take*, adj.: P. εὐάλωτος, P. and V. ἁλώσιμος, ἁλωτός. *Take in the act*: P. and V. αἱρεῖν, λαμβάνειν, κᾰτᾰλαμβάνειν (Eur., *Cycl.*); see *catch*. *Overtake*: P. and V. κᾰτᾰλαμβάνειν. *Receive*: P. and V. δέχεσθαι; see *receive*. *Carry*: P. and V. φέρειν, κομίζειν, ἄγειν; see *bring*. *Lead*: P. and V. ἄγειν. *Choose*: P. and V. αἱρεῖσθαι, ἐξαιρεῖν (or mid.); see *choose*. *Seize*: P. and V. λαμβάνειν, ἁρπάζειν, ἀναρπάζειν, συναρπάζειν, V. κᾰθαρπάζειν, συμμάρπτειν (Eur., *Cycl.*), Ar. and V. μάρπτειν, συλλαμβάνειν; see *seize*. *Take as helper or ally*: P. and V. προσλαμβάνειν (acc.). *Hire*: Ar. and P. μισθοῦσθαι. *Use up*: P. and V. ἀνᾱλίσκειν. *This (cloak) has taken easily a talent's worth of wool*: Ar. αὕτη γέ τοι ἐρίων τάλαντον καταπέπωκε ῥᾳδίως (*Vesp.* 1146). *Take the road leading to Thebes*: P. τὴν εἰς Θήβας φέρουσαν ὁδὸν χωρεῖν (Thuc. 3, 24). *Take in thought, apprehend*: P. καταλαμβάνειν, P. and V. ἅπτεσθαι (gen.), σῠνῑέναι (acc. or gen.); see *grasp*. *Interpret in a certain sense*: P. ἐκλαμβάνειν (acc.), ὑπολαμβάνειν (acc.); see *construe*. *Take advantage of, turn to account*: P. and V. χρῆσθαι (dat.). *Enjoy*: P. and V. ἀπολαύειν (gen.). *Get the advantage of*: P. πλεονεκτεῖν (gen.). *Take after, resemble*: P. and V.

ἐοικέναι (dat.) (rare P.), ὁμοιοῦσθαι (dat.), ἐξομοιοῦσθαι (dat.); see *resemble*. *Take arms*: see *take up arms*. *Take away*: P. and V. ἀφαιρεῖν (or mid.), πἄραιρεῖν (or mid.), ἐξαιρεῖν (or mid.), V. ἐξἄφαιρεῖσθαι; see also *deprive*. *Remove*: P. and V. μεθιστάναι; see *remove*. *Lead away*: P. and V. ἀπάγειν. *Take away secretly*: P. and V. ὑπεκτίθεσθαι; see under *remove*. *Take away besides*: P. προσαφαιρεῖσθαι. *Take care, take care of*: see under *care*. *Take down*, lit.: P. and V. κἄθαιρεῖν. Met., *humble*: P. and V. κἄθαιρεῖν, συστέλλειν, Ar. and V. ἰσχναίνειν; see *humble*. *Reduce in bulk*: P. and V. ἰσχναίνειν (Plat.). *Take down in writing*: P. and V. γράφειν, Ar. and P. συγγράφειν. *Take effect, gain one's end*: P. ἐπιτυγχάνειν. *Be in operation*: use P. ἐνεργὸς εἶναι. *Take for, assume to be so and so*: P. ὑπολαμβάνειν (acc.). *Take from*: see *take away*. *Detract from*: P. ἐλασσοῦν (gen.). *Take heart*: P. and V. θαρσεῖν, θρἄσύνεσθαι, V. θαρσύνειν, P. ἀναρρωσθῆναι (aor. pass. of ἀναρρωννύναι). *Take heed*: see under *heed, care*. *Take hold of*: see *seize*. *Take in, enclose*: Ar. and P. περῖλαμβάνειν. *Furl*: Ar. συστέλλειν, V. στέλλειν, κἄθῑέναι. *Receive in one's house*: P. and V. δέχεσθαι; see *receive*. *Cheat*: see *cheat*. *Take in hand*: Ar. and P. μετἄχειρίζειν (or mid.), P. and V. ἐγχειρεῖν (dat.), ἐπῐχειρεῖν (dat.), ἅπτεσθαι (gen.), ἀναιρεῖσθαι (acc.), αἱρεσθαι (acc.). *Take in preference*: V. προλαμβάνειν (τι πρό τινος); see *prefer*. *Take leave of*: P. and V. χαίρειν ἐᾶν (acc.), χαίρειν λέγειν (acc.); see under *leave*. *Take notice*: see *notice*. *Take off, strip off*: P. περιαιρεῖν. *Take off (clothes) from another*: P. and V. ἐκδύειν, Ar. and P. ἀποδύειν. *From oneself*: P. and V. ἐκδύεσθαι, Ar. and P. ἀποδύεσθαι. *Take off (shoes) for another*: Ar. and P. ὑπολύειν. *For oneself*: Ar. and P. ὑπολύεσθαι. *Let one quickly take off my shoes*: V. ὑπαί τις ἀρβύλας λύοι τάχος (Æsch., *Ag*. 944). *Imitate*: P. and V. μῑμεῖσθαι; see *imitate*. *Parody*: Ar. and P. κωμῳδεῖν (acc.). *Take on oneself*: see *undertake, assume*. *Are these men to take on themselves the results of your brutality and evil-doing?* P. οὗτοι τὰ τῆς σῆς ἀναισθησίας καὶ πονηρίας ἔργα ἐφ' αὑτοὺς ἀναδέξωνται; (Dem. 613). *Take out*, v. trans.: P. and V. ἐξάγειν. *Pick out*: P. and V. ἐξαιρεῖν. *Extract*: P. and V. ἐξέλκειν (Plat. but rare P.). *Take over*: P. and V. πἄρᾰλαμβάνειν, ἐκδέχεσθαι. *Take pains*: P. and V. σπουδὴν ποιεῖσθαι, Ar. and P. μελετᾶν, V. σπουδὴν τίθεσθαι. *Take part in*: see under *part*. *Take place*: see under *place*. *Take root*: P. ῥιζοῦσθαι (Xen.). *Take the air, walk*: Ar. and P. περῐπἄτεῖν. *Take the field*: see under *field*. *Take time*: see under *time*. *Take to, have recourse to*: P. and V. τρέπεσθαι (πρός, acc. or εἰς, acc.). *Take to flight*: see under *flight*. *When the Greeks took more to the sea*: P. ἐπειδὴ οἱ Ἕλληνες μᾶλλον ἐπλώιζον (Thuc. 1, 13). *Taking to the mountains*: P. λαβόμενοι τῶν ὀρῶν (Thuc. 3, 24). *Take a fancy to*: P. φιλοφρονεῖσθαι (acc.) (Plat.). *Desire*: P. and V. ἐπῐθῡμεῖν (gen.); see *desire*. *Take to heart*: P. ἐνθύμιόν τι ποιεῖσθαι. *Be vexed at*: P. and V. ἄχθεσθαι (dat.), P. χαλεπῶς φέρειν (acc.), V. πικρῶς φέρειν (acc.); see *be vexed*, under *vex*. *Take to wife*: P. λαμβάνειν (acc.); see *marry*. *Take up*: P. and V. ἀναιρεῖσθαι, P. ἀναλαμβάνειν. *Lift*: P. and V. αἴρειν; see *lift*. *Resume*: P. ἀναλαμβάνειν, ἐπαναλαμβάνειν. *Succeed to*: P. διαδέχεσθαι (acc.). *Take in hand*: Ar. and P. μετἄχειρίζειν (or mid.), P. and V. ἐγχειρεῖν (dat.), ἐπῐχειρεῖν (or dat.), ἅπτεσθαι (gen.), αἱρεῖσθαι (acc.), ἀναιρεῖσθαι (acc.). *Practise:* P. and V. ἀσκεῖν, ἐπιτηδεύειν: see *practise*. *Use up:* P. and V. ἀνᾱλίσκειν. *Nor should we be able to use our whole force together since the protection of the walls has taken up a considerable part of our heavy-armed troops:* P. οὐδὲ συμπάσῃ τῇ στρατιᾷ δυναίμεθ' ἂν χρήσασθαι ἀπαναλωκυίας τῆς φυλακῆς τῶν τειχῶν μέρος τι τοῦ ὁπλιτικοῦ (Thuc. 7, 11). *Take up arms:* P. and V. πόλεμον αἱρεσθαι. *Take up arms against:* V. ὅπλα ἐπαίρεσθαι (dat.).

Taking, subs. *Capture:* P. and V. ἅλωσις, ἡ, P. αἵρεσις, ἡ.

Taking, adj. See *charming, attractive.*

Takings, subs. *Revenue:* P. πρόσοδος, ἡ.

Tale, subs. P. and V. λόγος, ὁ, μῦθος, ὁ. *Legend:* P. and V. λόγος, ὁ, μῦθος, ὁ, φήμη, ἡ, V. αἶνος, ὁ. *Account, number:* P. and V. ἀριθμός, ὁ, πλῆθος, τό. *Full tale:* P. and V. πλήρωμα, τό. *Tell tales:* use Ar. and P. σῡκοφαντεῖν. *Old wives' tales:* P. γραῶν ὕθλος, ὁ (Plat., *Theaet.* 176B). *If the vote condemns you, you will soon tell another tale:* V. εἴ σε μάρψει ψῆφος ἄλλ' ἐρεῖς τάχα (Æsch., *Eum.* 597).

Tale bearer, subs. P. and V. μηνῡτής, ὁ, Ar. and P. σῡκοφάντης, ὁ.

Tale bearing, subs. P. μήνυσις, ἡ, Ar. and P. σῡκοφαντία, ἡ.

Talent, subs. *Sum of money:* Ar. and P. τάλαντον, τό. *Worth one talent*, adj.: P. ταλαντιαῖος. *Worth two talents:* P. διτάλαντος. *Capacity:* P. and V. δύνᾰμις. *Cleverness:* P. δεινότης, ἡ. *Mental powers:* P. φρόνησις, ἡ. *Have a talent for:* P. εὐφυὴς εἶναι (εἰς, acc. or πρός, acc.).

Talisman, subs. Use *charm.*

Talk, v. intrans. Ar. and P. δῐᾰλέγεσθαι. *Talk about:* P. διαλέγεσθαι περί (gen.). *Speak of, mean:* P. and V. λέγειν (acc.), φράζειν (acc.), V. ἐννέπειν (acc.); see *mean*. *Talk over* (a person); see *persuade*; (a thing): see *discuss*. *Talk to:* Ar. and P. δῐᾰλέγεσθαι (dat. or πρός, acc.), V. διὰ λόγων ἀφικνεῖσθαι (dat.); see *converse with*. *Chatter:* P. and V. λᾰλεῖν, θρῡλεῖν, Ar. and P. φλυᾱρεῖν, P. ἀδολεσχεῖν, V. πολυστομεῖν, Ar. φληνᾰφᾶν, στωμύλλεσθαι. *Blab:* P. and V. ἐκλᾰλεῖν (Eur., *Frag.*).

Talk, subs. *Conversation:* P. διάλεκτος, ἡ, διάλογος, ὁ, P. and V. λόγος, ὁ, or pl., V. βάξις, ἡ (Eur., *Med.* 1374). *Intercourse:* P. and V. ὁμῑλία, ἡ, κοινωνία, ἡ, σῠνουσία, ἡ. *Gossip:* V. λέσχαι, αἱ. *Chatter:* Ar. and P. λᾰλιά, ἡ, ἀδολεσχία, ἡ, V. λᾰλήμᾰτα, τά, P. πολυλογία, ἡ. *Be the talk of the town*, v.: use P. and V. θρῡλεῖσθαι.

Talkative, adj. P. and V. λάλος, P. πολύλογος, V. στόμαργος, πολύγλωσσος, ἀθῠρόγλωσσος, Ar. λᾰλητικός.

Talkativeness, subs. Ar. and P. λᾰλιά, ἡ, V. γλωσσαλγία, ἡ; see *chatter.*

Talker, subs. *Chatterbox:* Ar. and P. ἀδολέσχης, ὁ, V. λάλημα, τό, φλέδων, ὁ or ἡ.

Talking, adj. Of the oaks of Dodona: V. πολύγλωσσος, προσήγορος.

Tall, adj. P. and V. μέγᾰς; see also *high.*

Tallness, subs. P. and V. μέγεθος, τό; see also *height.*

Tallow, subs. P. στέαρ, τό (Xen.).

Tally, v. intrans. P. and V. συμβαίνειν, σῠντρέχειν, συμπίπτειν, V. συμβάλλεσθαι, συμπίτνειν, συγκόλλως ἔχειν; see *correspond.*

Tally, subs. P. and V. σύμβολον, τό.

Talon, subs. P. and V. ὄνυξ, ὁ, V. χηλαί, αἱ. *With crooked talons*, adj.: V. γαμψῶνυξ.

Tamable, adj. Use P. εὐάγωγος, εὐήνιος; see *docile*.

Tame, adj. P. and V. τῐθᾰσός (Soph., *Frag.*), ἥμερος, P. χειροήθης, Ar. ἠθάς. *Dull, unexciting*: Ar. and P. ψῡχρός.

Tame, v. trans. P. and V. ἡμεροῦν, P. τιθασεύειν. *Break in*: V. δᾰμάζειν, πωλοδαμνεῖν; see *break in*. *Subdue*: P. and V. κᾰθαιρεῖν, κᾰταστρέφεσθαι, χειροῦσθαι; see *subdue*.

Tamely, adv. *Dully*: Ar. and P. ψῡχρῶς. *Quietly, calmly*: P. and V. ἡσῠχῇ, ἡσῠχως (rare P.). *Submit tamely to*: P. and V. στέργειν (acc. or dat.), P. ἀγαπᾶν (acc. or dat.), V. αἰνεῖν (acc.).

Tamer, subs. Ar. τῐθᾰσευτής, ὁ.

Taming, subs. P. τιθασεία, ἡ.

Tamper with, v. trans. *Meddle with*: P. and V. ἅπτεσθαι (gen.), κῑνεῖν (acc.), V. ψαύειν (gen.), ἐπιψαύειν (gen.), θιγγάνειν (gen.), ἐκκῑνεῖν (acc.). *Tamper with* (persons) *intrigue with*: P. and V. πράσσειν (dat. or πρός, acc. or εἰς, acc.). *Suborn*: P. παρασκευάζειν, κατασκευάζειν. *Intrigue with* (things): P. παρασκευάζειν (acc.), κατασκευάζειν (acc.), σκευωρεῖσθαι (acc.). *Tamper with* (*the laws*): P. λυμαίνεσθαι (acc.), μεταποιεῖν (acc.) (Dem. 268). *Tamper with the currency*: P. τὸ νόμισμα διαφθείρειν. *Tamper with* (*documents*), *open secretly*: P. ὑπανοίγειν.

Tan, v. intrans. *Be a tanner*: Ar. βυρσοδεψεῖν. *Tanned by the sun*: P. ἡλιωμένος (Plat.).

Tangible, adj. *That may be touched*: P. ἁπτός (Plat.). Met., *clear*: P. and V. σᾰφής, φᾰνερός.

Tangle, v. trans. P. and V. πλέκειν, ἐμπλέκειν, συμπλέκειν. *Impede*: P. and V. ἐμποδίζειν; see *entangle*. *Confuse*: P. and V. συγχεῖν.

Tangle, subs. Use P. and V. πλοκή, ἡ, V. περιπλοκή, ἡ. *Confusion*: P. and V. σύγχῠσις, ἡ. Met., *difficulty*: P. and V. ἀπορία, ἡ.

Tank, subs. P. δεξαμενή, ἡ, Ar. and P. λάκκος, ὁ.

Tankard, subs. See *cup*.

Tanner, subs. Ar. and P. βυρσοδέψης, ὁ, Ar. σκῠλοδέψης, ὁ.

Tantalise, v. trans. *Annoy*: P. and V. λῡπεῖν, ἀνῑᾶν; see *annoy*. *Disappoint*: P. παρακρούειν; see *disappoint*.

Tantalising, adj. P. and V. ὀχληρός, δυσχερής; see *annoying*.

Tantamount, adj. *Be tantamount to, be equivalent to*: Ar. and P. δῠνασθαι (acc.).

Tap, v. trans. *Strike*: P. and V. κρούειν, κόπτειν; see *strike*. *Touch*: P. and V. ἅπτεσθαι (gen.). *Broach*: use P. and V. τετραίνειν. *Tap at* (*a door*): Ar. and P. κρούειν (acc.), κόπτειν (acc.), πᾰτάξαι (acc.) (1st aor. of πατάσσειν).

Tap, subs. *Blow*: P. and V. πληγή, ἡ. *Pipe*: P. αὐλός, ὁ, αὐλών, ὁ, ὀχετός, ὁ.

Taper, adj. *Thin*: Ar. and P. λεπτός.

Taper, subs. Use *torch*.

Taper, v. intrans. Use P. and V. σῠνάγεσθαι, συντέμνεσθαι.

Tapestry, subs. *Hangings*: Ar. τάπης, ὁ, πᾰρᾰπετάσμᾰτα, τά. *Cloth*: P. and V. ὕφασμα, τό.

Tar, subs. P. and V. πίσσᾰ, ἡ (Æsch., *Frag.*). *Cover with tar*, v. trans.: Ar. and P. κᾰτᾰπισσοῦν.

Tardily, adv. P. and V. σχολῇ, P. βραδέως, σχολαίως.

Tardiness, subs. P. βραδύτης, , σχολαιότης, ἡ. *Delay*: P. and V. μονή, ἡ, τρῐβή, ἡ, διατρῐβή, ἡ. *Hesitation*: P. and V. ὄκνος, ὁ; see *delay*.

Tardy, adj. P. and V. βρᾰδύς, σχολαῖος (Soph., *Frag.*). *Be tardy*, v.: P. and V. βρᾰδύνειν; see *delay*.

Tare, subs. Ar. αἶρα, ἡ.

Targe, subs. See *target*.

Target, subs. *Small shield*: Ar. and V. πέλτη, ἡ. *Wicker shield*: P. γέρρον, τό (Xen.), V. ἴτέα, ἡ, ἴτῡς, ἡ (also Xen.). *Object aimed at*: P. and V. σκοπός, ὁ.

Targeteer, subs. P. and V. πελταστής, ὁ (Eur., *Rhes.*).

Tariff, subs. *Customs, duties*: Ar. and P. τέλη, τά. *Prices*: Ar. and P. τῑμαί, αἱ.

Tarn, subs. See *lake*.

Tarnish, v. trans. P. and V. μιαίνειν. Met., P. and V. αἰσχῡ́νειν, κᾰταισχῡ́νειν, λῡμαίνεσθαι (acc. or dat.), διαφθείρειν, V. χραίνειν (also Plat. but rare P.), κηλῑδοῦν, χρώζειν, P. καταρρυπαίνειν.

Tarnish, subs. *Dirt*: Ar. and P. αὐχμός, ὁ, P. ῥύπος, τό, V. πῖνος, ὁ. Met., *disgrace*: P. and V. κηλίς, ἡ, αἰσχῡ́νη, ἡ, V. αἶσχος, τό.

Tarnished, adj. *Dirty*: P. and V. αὐχμηρός, Ar. and V. δυσπῑνής, V. πῑνώδης, αὐχμώδης. Met., *a tarnished reputation*: P. and V. ἀτῑμία, ἡ; see *disgrace*.

Tarry, v. intrans. *Remain*: P. and V. μένειν, πᾰρᾰμένειν, Ar. and P. κᾰτᾰμένειν, περῐμένειν, V. μίμνειν; see *remain*. *Delay*: P. and V. μέλλειν, χρονίζειν, σχολάζειν, τρῑ́βειν, ἐπέχειν, ἐπίσχειν, βρᾰδῡ́νειν (Plat., *Polit.* 277B), V. κᾰτασχολάζειν; see *delay*.

Tarrying, subs. See *delay*.

Tart, adj. P. and V. πικρός, Ar. and P. δρῑμῠ́ς, στρυφνός, P. ὀξύς, αὐστηρός. Met., P. and V. πικρός, P. αὐστηρός.

Tartarean, adj. P. and V. χθόνιος (Plat.), V. νέρτερος.

Tartarus, subs. Ar. and V. Τάρτᾰρος, ὁ.

Tartly, adv. P. and V. πικρῶς.

Tartness, subs. P. αὐστηρότης, ἡ. Met., P. and V. πικρότης, ἡ, P. αὐστηρότης, ἡ.

Task, subs. P. and V. ἔργον, τό, πόνος, ὁ, Ar. and V. μόχθος, ὁ, V. σπουδή, ἡ (Plat. also but rare P.), χρέος, τό, τέλος, τό; see *duty, work*. *Take to task*, v.: P. and V. ἐλέγχειν (Æsch., *Choe.* 919); see *blame, question*.

Task, v. trans. *Exercise*: P. and V. γυμνάζειν. *Question*: P. and V. ἐλέγχειν, ἐξελέγχειν. *Task with*: P. and V. αἰτιᾶσθαί (τινά τινος); see *accuse*.

Taskmaster, subs. P. and V. δεσπότης, ὁ, ἐπιστᾰ́της, ὁ. *Your taskmaster is stern*: V. οὑπῐτιμητής γε τῶν ἔργων βαρύς (Æsch., *P. V.* 77).

Tassel, subs. P. θύσανος, ὁ (Hdt.). *Fringe*: Ar. and V. κράσπεδα, τά.

Taste, v. trans. P. and V. γεύεσθαι (gen.), P. ἀπογεύεσθαι (gen.). Of things, *to taste sweet*: use P. and V. ἡδέως ἔχειν. Met., *have a taste of, experience*: P. and V. γεύεσθαι (gen.). *To have had a taste of*: P. and V. γεγεῦσθαι (gen.), πεπειρᾶσθαι (gen.) (perf. infin. mid. of πειρᾶν) (Eur., *Frag.*), P. διαπεπειρᾶσθαι (gen.) (perf. infin. mid. of διαπειρᾶν).

Taste, subs. P. γεῦσις, ἡ (Aristotle). *Tongue*: P. and V. γλῶσσα, ἡ (Plat., *Theaet.* 159D). *The sense of taste*: P. ἡ διὰ τῆς γλώσσης δύναμις (Plat., *Theaet.* 185C). *That which is tasted*: Ar. and V. γεῦμα, τό (Eur., *Cycl.*). *Give a taste of*: P. and V. γεύειν (τινά τινος). *To one's taste*: use P. and V. κᾰτὰ γνώμην, Ar. and P. κατὰ νοῦν. *Elegance*: P. and V. χᾰ́ρῐς, ἡ. *Culture*: P. τὸ φιλόκαλον. *Have a taste for*: P. εὐφυὴς εἶναι (εἰς, acc. or πρός, acc.). *In good taste*, adj.: Ar. and P. ἐμμελής. *In bad taste*: P. and V. πλημμελής. *Lacking in taste*: P. ἀπειρόκαλος.

Tasteful, adj. Of persons: P. φιλόκαλος, φιλότεχνος. *Accomplished*: P. and V. μουσῐκός. Of things, *elegant*: Ar. and P. χᾰρίεις.

Tastefully, adv. *Artistically*: Ar. and P. μουσῐκῶς. *Elegantly*: P. χαριέντως.

Tastefulness, subs. *Love of art*: P. φιλοτεχνία, ἡ. *Elegance*: P. and V. χᾰ́ρῐς, ἡ.

Tasteless, adj. P. ἀπειρόκαλος. *Insipid*: Ar. and P. ψῡχρός, P. ἕωλος.

Tastelessly, adv. P. ἀπειροκάλως. *Insipidly*: Ar. and P. ψῡχρῶς.

Tastelessness, subs. *Want of artistic feeling*: P. ἀπειροκαλία, ἡ.

Tattered, adj. Of clothes: P. ῥαγείς (Xen.), V. τρῡχηρός, Ar. and V. δυσπῐνής. *Clothed in rags*: V. δῠσείμᾰτος, κᾰτερρᾰκωμένος.

Tatters, subs. Ar. and V. ῥάκη, τά, τρῦχη, τά, λᾰκίδες, αἱ, V. λᾰκίσμᾰτα, τά, Ar. ῥάκια, τά.

Tattle, subs. Ar. and P. λῆρος, ὁ, φλυᾱρία, ἡ, P. ὕθλος, ὁ, ληρήματα, τά. *Chatter*: Ar. and P. λᾰλία, ἡ, ἀδολεσχία, ἡ, V. λᾰλήμᾰτα, τά. *Gossip*: V. λέσχαι, αἱ.

Tattle, v. intrans. P. and V. ληρεῖν, Ar. and P. φλυᾱρεῖν, πᾰρᾰληρεῖν, Ar. ὑθλεῖν. *Chatter*: P. and V. λᾰλεῖν, θρῡλεῖν; see *chatter*.

Tattler, subs. Ar. and P. ἀδολέσχης, ὁ, V. λάλημα, τό, φλέδων, ὁ or ἡ.

Tattling, adj. P. and V. λάλος, V. στόμαργος, πολύγλωσσος, ὀθῠρόγλωσσος.

Tattoo, v. trans. Ar. and P. στίζειν.

Taunt, v. trans. *Mock*: P. and V. σκώπτειν (Eur., *Cycl.* 675, absol.), Ar. and P. χλευάζειν, ἐπισκώπτειν, τωθάζειν, V. κερτομεῖν. *Laugh at*: P. and V. ἐπεγγελᾶν (dat.); see *mock*. *Reproach*: P. and V. ὀνειδίζειν (acc. or dat.); see *reproach*. *Taunt with*: P. and V. ὀνειδίζειν (τί τινι), ἐπιπλήσσειν (τί τινι).

Taunt, subs. *Reproach*: P. and V. ὄνειδος, τό. *Mockery*: P. and V. γέλως, ὁ, κᾰτᾰγέλως, ὁ, P. χλευασία, ἡ, χλευασμός, ὁ, V. κερτόμησις, ἡ. *Insult*: P. and V. ὕβρῐς, ἡ.

Taut, adj. Use P. ἐπιτεταμένος. *Make taut*: P. and V. τείνειν, ἐντείνειν.

Tavern, subs. Ar. and P. κᾰπηλεῖον, τό; see *inn*.

Tavern keeper, subs. Ar. and P. κάπηλος, ὁ; see *innkeeper*.

Tawdry, adj. Use P. and V. φαῦλος, εὐτελής. *Showy*: P. and V. εὐπρεπής. *Vulgar*: Ar. and P. φορτῐκός.

Tawny, adj. P. and V. ξανθός, Ar. and V. ξουθός. *With tawny wings*: V. ξουθόπτερος.

Tax, subs. *Duty*: Ar. and P. τέλος, τό. *Tribute*: Ar. and P. φόρος, ὁ, P. and V. δασμός, ὁ (rare P.). *Property-tax*: Ar. and P. εἰσφορά, ἡ. *Pay property-tax*, v.: P. εἰσφέρειν. *Join in paying property-tax*: P. συνεισφέρειν.

Tax, v. trans. P. φόρον ἐπιτάσσειν (dat.). Met., *exercise*: P. and V. γυμνάζειν. *Use up*: P. and V. ἀνᾱλίσκειν. *Question, accuse*: P. and V. ἐλέγχειν, ἐξελέγχειν. *Tax with*: P. and V. αἰτιᾶσθαί (τινά τινος), ἐπαιτιᾶσθαί (τινά τινος); see *accuse*.

Taxable, adj. P. ὑποτελής. *Taxable property*: P. τίμημα, τό.

Taxation, subs. See *tax*. *Liable to taxation*: P. ὑποτελής, φόρου ὑποτελής.

Tax-collecting, subs. P. τελωνία, ἡ.

Tax-collector, subs. Ar. and P. τελώνης, ὁ. *Be tax-collector*, v.: P. τελωνεῖν (Dem. 719).

Teach, v. trans. *Instruct*: P. and V. δῐδάσκειν, ἐκδῐδάσκειν, παιδεύειν, ἐκπαιδεύειν, V. φρενοῦν, Ar. and P. ἀνᾰδῐδάσκειν. *Bring up*: P. and V. τρέφειν, ἐκτρέφειν. *Teach (things)*: P. and V. δῐδάσκειν, ἐκδῐδάσκειν. *Teach (a person a thing)*: P. and V. δῐδάσκειν (τινά τι), ἐκδῐδάσκειν (τινά τι), P. παιδεύειν (τινά τι). *Have (a person) taught*: P. and V. δῐδάσκεσθαι (acc.), P. παιδεύεσθαι (acc.), V. ἐκδῐδάσκεσθαι (acc.). *Teach beforehand*: P. and V. προδῐδάσκειν. *Teach in addition*: P. προσδιδάσκειν, ἐπεκδιδάσκειν.

Teachable, adj. Of persons: P. εὐμαθής. Of things (capable of being imparted by teaching): P. and V. δῐδακτός, P. μαθητός, παιδευτός.

Teacher, subs. P. and V. δῐδάσκᾰλος, ὁ or ἡ, P. παιδευτής, ὁ.

Teaching, subs. P. διδασκαλία, ἡ, διδαχή, ἡ, Ar. and P. παίδευσις, ἡ,

V. δίδαξις, ἡ. *Doctrine*: P. δόγμα, τό. *Time is the wisest mode of teaching*: V. ὁ γὰρ χρόνος δίδαγμα ποικιλώτατον (Eur., *Frag.*).

Team, subs. P. ζεῦγος, τό, Ar. ζευγάριον, τό. Of horses in particular: P. and V. σῠνωρίς, ἡ (Plat.). *They placed in the road waggons without their teams*: P. ἁμάξας ἄνευ τῶν ὑποζυγίων εἰς τὰς ὁδοὺς καθίστασαν (Thuc. 2, 3). *Keep teams of horses*, v.: P. καταζευγοτροφεῖν.

Teamster, subs. P. and V. ζευγηλάτης, ὁ (Xen. and Soph., *Frag.*).

Tear, v. trans. P. and V. κᾰταρρηγνῠναι, σπᾰράσσειν (Plat.), Ar. and V. διασπᾶσθαι, κᾰταξαίνειν (also Xen.), διασπᾰράσσειν, V. σπᾶν, ῥηγνύναι (rare P. uncompounded), κνάπτειν, ἀρτᾰμεῖν, διαρτᾰμεῖν. *Tear in pieces*: V. διᾰφέρειν, Ar. and V. διᾰφορεῖν. *Drag*: P. and V. ἕλκειν. *He shall not tear you from your purpose*: V. οὐ . . . σε . . . παρασπάσει γνώμης (Soph. *O. C.* 1185). *Pluck (deprive of feathers etc.)*: Ar. and V. τίλλειν, Ar. ἀποτίλλειν. *Snatch*: P. and V. ἁρπάζειν, ἀναρπάζειν, σῠναρπάζειν, V. κᾰθαρπάζειν, συμμάρπτειν (Eur., *Cycl.*), Ar. and V. μάρπτειν. *Tear away*: P. and V. ἀποσπᾶν, ἀφέλκειν, V. ἀποσπᾰράσσειν. *Break off*: V. ἀποθραύειν. *So that they could hardly tear themselves away*: P. ὥστε . . . μὴ ῥᾳδίως ἀφορμᾶσθαι (Thuc. 7, 75). *Tear (one's clothes)*: P. and V. ῥηγνῦναι (acc.) (rare P.). *Be torn (of clothes)*: V. στημορρῠγεῖν, Ar. πᾰυαρρήγνυσθαι. *Tear down*: P. and V. ἀνασπᾶν, κᾰτασπᾶν. *Tear down the roof*: Ar. τὸ τέγος κατάσκαπτε (*Nub.* 1488). *Snatch down*: V. κᾰθαρπάζειν. *Tear (one's hair)*: V. σπᾶν (acc.). *Tear off*: P. and V. ἀποσπᾶν, ἀφέλκειν, V. ἀποσπᾰράσσειν, P. περιρρηγνύναι. *Snatch off*: P. and V. ἀφαρπάζειν. *Tear open*: P. and V. ἀναρρηγνῦναι; see *break open*. *Tear out*: P. and V. ἐξέλκειν, Ar. and V. ἐκσπᾶν. *I will tear out your entrails*: Ar. ἐξαρπάσομαί σου . . . τἄντερα (*Eq.* 708). *Tear up*: P. and V. ἀνασπᾶν, V. ἐξᾰνασπᾶν, ἀνασπᾰράσσειν. *Uproot*: P. ἐκπρεμνίζειν, V. ἐκθαμνίζειν. Met., *destroy*: P. and V. κᾰθαιρεῖν. *Torn, tattered*, adj.: P. ῥαγείς (Xen.), V. τρῡχηρός, Ar. and V. δυσπῖνής. *Mangled*: V. διασπᾰρακτος. *Torn by dogs*: V. κῠνοσπᾰρακτος. *Torn remains*: V. σπᾰράγμᾰτα, τά. *Rent, broken*: V. δῐχορρᾰγής, διαρρώξ. *Be torn with (emotions)*: use P. and V. τᾰράσσεσθαι (dat.), συντᾰράσσεσθαι (dat.). *Torn into raw pieces*: Ar. ὠμοσπᾰρακτος.

Tear, v. intrans. See *rush*.

Tear, subs. *Rent*: Ar. and V. λακίς, ἡ. P. and V. δάκρῠ, τό, δάκρυον τό (Plat., *Tim.* 83D, rare P.). *Tears, weeping*: Ar. and V. κλαύμᾰτα, τά, V. δακρῠμᾰτα, τά, or use V. πηγή, ἡ, νοτίς, ἡ. *A shower of tears bedimming the eyes*: V. ὀφθαλμότεγκτος πλημμῠρίς, ἡ. *Shed tears*, v.: P. and V. δακρῠειν, κλάειν (Dem. 431), V. ἐκδακρύειν, δακρυρροεῖν. *Tears of joy steal from my eyes*: V. γεγηθὸς ἕρπει δάκρυον ὀμμάτων ἄπο (Soph., *El.* 1231). *Without a tear or a groan*: V. ἄκλαυστος ἀστένακτος (Eur., *Alc.* 173). *Without tears*: P. ἀδακρυτί. *Do your work without lamentation and tears if you be really son of mine*: V. ἀστένακτος κἀδάκρυτος εἴπερ εἶ τοῦδ᾽ ἀνδρὸς ἔργον (Soph., *Trach.* 1200). *To pass no day without tears*: P. μηδεμίαν ἡμέραν ἀδάκρυτος διάγειν (Isoc. 391).

Tearful, adj. Ar. and V. πολῠδακρυς, V. δακρύρροος. *Given to tears*: V. φῐλοίκτιστος. *Wet with tears*: V. διάβροχος. *Melancholy*: P. and V. ἄθλιος, τᾰλαίπωρος, Ar. and V. τάλᾱς, τλήμων, V. δυστάλᾱς; see *sad*. *Lamentable*: P. and V. οἰκτρός, ἄθλιος, V. πολύστονος, πανδάκρῡτος, εὐδάκρῡτος, πάγκλαυτος; see *lamentable*.

Tearfully, adv. V. φιλοστόνως. *Dejectedly:* P. ἀθύμως (Xen.), δυσθύμως (Plat.). *Lamentably:* P. and V. ἀθλίως, οἰκτρῶς, V. τλημόνως.

Tearfulness, subs. *Dejection:* P. and V. ἀθυμία, ἡ, δυσθυμία, ἡ (Plat.). *Misery:* P. ἀθλιότης, ἡ; see *sadness.*

Tearing, subs. V. σπάραγμα, τό, σπαραγμός, ὁ.

Tearless, adj. P. and V. ἀδάκρυτος (Isoc.), V. ξηρός, ἄκλαυστος, ἄδακρυς.

Tease, v. trans. *Card:* P. and V. ξαίνειν, P. κνάπτειν. Met., P. ἐρεσχηλεῖν (acc. or dat.) (Plat.). *Annoy:* P. and V. ὄχλον πἄρέχειν (dat.), λῡπεῖν, ἀνιᾶν, Ar. and V. κνίζειν; see *annoy.*

Teasel, subs. P. ἀσπάλαθος, ὁ.

Teasing, subs. *Annoyance:* P. and V. ἀχθηδών, ἡ, ὄχλος, ὁ.

Teasing, adj. *Annoying:* P. and V. βἄρύς, ὀχληρός, δυσχερής; see *annoying.*

Teat, subs. Ar. and P. τιτθός, ὁ, Ar. τιτθίον, τό, P. θηλή, ἡ. *Breast:* P. and V. μαστός, ὁ (Xen.), V. οὖθαρ, τό.

Technical, adj. P. τεχνικός.

Te deum, subs. *Hymn of thanksgiving:* use P. and V. παιάν, ὁ.

Tedious, adj. *Long:* P. and V. μακρός. *Irksome:* P. and V. ὀχληρός, βἄρύς, δυσχερής, Ar. κἄμἄτηρός. *Slow:* P. and V. βρἄδύς, σχολαῖος (Soph., *Frag.*).

Tediously, adv. *Slowly:* P. βραδέως, σχολαίως.

Tediousness, subs. *Slowness:* P. βραδύτης, ἡ. *Irksomeness:* P. βαρύτης, ἡ.

Tedium, subs. *Weariness:* P. and V. κόπος, ὁ, P. ταλαιπωρία, ἡ, V. κάμἄτος, ὁ; see also *tediousness.*

Teem, v. intrans. *Abound:* P. εὐπορεῖν, V. πληθύειν (Plat. also but rare P.), Ar. and V. βρύειν, θάλλειν. *Teem with:* P. εὐπορεῖν (gen. or dat.), ἀκμάζειν (dat.), V. πληθύειν (gen. or dat.) (Plat. also but rare P.), πλήθειν (gen.), Ar. and V. βρύειν (gen. or dat.). *Flow with:* P. and V. ῥεῖν (dat.). *The cities are teeming with a rabble of mixed breeds:* P. ὄχλοις συμμίκτοις πολυανδροῦσιν αἱ πόλεις (Thuc. 6, 17).

Teeming, adj. *Pregnant:* P. and V. ἐγκύμων (Plat.). *Teeming with arms:* V. ἐγκύμων τευχέων (Eur., *Tro.* 11). *Abundant:* P. and V. πολύς, ἄφθονος, Ar. and P. συχνός, V. ἐπίρρῡτος. *Fruitful:* P. and V. ἔγκαρπος (Plat.), εὔκαρπος (Plat.), Ar. and P. καρποφόρος (Xen.); see *fruitful. Rich:* V. πλούσιος. *Teeming with, rich in:* P. and V. πλούσιος (gen.); see *rich in.*

Telegraph, v. trans. See *signal.*

Tell, v. intrans. *Narrate:* P. and V. λέγειν, ἐξηγεῖσθαι, διέρχεσθαι, ἐπεξέρχεσθαι, φράζειν, ἐξειπεῖν, Ar. and P. διηγεῖσθαι, διεξέρχεσθαι, V. ἐκφράζειν, πῐφαύσκειν (Æsch.). *Tell to the end:* P. and V. διἄπεραίνειν. *Say:* P. and V. λέγειν, εἰπεῖν; see *say. Betray:* P. and V. μηνύειν, ἐκφέρειν. *Show:* P. and V. φαίνειν, ἐκφαίνειν (Plat.), δηλοῦν, δεικνύναι, ἀποδεικνύναι; see *show. Reveal:* P. and V. ἀποκἄλύπτειν, Ar. and V. ἐκκἄλύπτειν, V. ἀναπτύσσειν, διαπτύσσειν (also Plat. but rare P.), ἀνοίγειν. *Command:* P. and V. κελεύειν; see *command.* V. intrans. *Count, be of importance:* P. and V. διἄφέρειν.

Telling, subs. See *narration.*

Telling, adj. *Convincing:* P. and V. πῐθἄνός, P. ἀναγκαῖος, V. εὐπειθής, πειστήριος.

Tellingly, adv. Ar. and P. πῐθἄνῶς.

Tell tale, subs. P. and V. μηνῡτής, ὁ, V. μηνῡτήρ, ὁ.

Temerity, subs. P. προπέτεια, ἡ, θρασύτης, ἡ, εὐχέρεια, ἡ, P. and V. ἀβουλία, ἡ, ἀσῡνεσία, ἡ (Eur., *Frag.*), θράσος, τό, τόλμἄ, ἡ, ἀφροσύνη, ἡ, Ar. and V. δυσβουλία, ἡ. *Rash act:* P. and V. τόλμημα, τό, κινδύνευμα, τό.

Temper, subs. P. and V. τρόπος, ὁ, or pl., ἦθος, τό, φύσις, ἡ. *Mood:*

P. and V. ὀργή, ἡ, or pl. *Good temper*: P. εὐκολία, ἡ. *Good tempered*, adj.: Ar. and P. εὔκολος *Bad temper*: Ar. and P. δυσκολία. *Bad tempered*: P. and V. δύσκολος.

Temper, v. trans. *Blend*: P. and V. κεραννύναι, συγκεραννύναι. *Temper metal*: P. βάπτειν (cf. Soph., *Aj.* 651). *Mitigate*: P. and V. ἐπικουφίζειν; see *mitigate*. *Tempered by fire (of iron)*: V. ὀπτὸς ἐκ πυρός (Soph., *Ant.* 475).

Temperament, subs. P. and V. τρόπος, ὁ, φύσις, ἡ, ἦθος, τό. *Mood*: P. and V. ὀργή, ἡ, or pl. *Disposition*: P. διάθεσις, ἡ.

Temperance, subs. P. and V. τὸ μέτριον, τὸ σῶφρον, τὸ σωφρονεῖν, P. μετριότης, ἡ, Ar. and P. σωφροσύνη, ἡ. *Self-control*: P. ἐγκράτεια, ἡ.

Temperate, adj. Of climate: P. εὐκρᾱς (Plat. also met. Eur., *Frag.*), V. εὔκρᾱτος (Eur., *Frag.*). *Moderate*: P. and V. μέτριος, σώφρων; see *sober*.

Temperately, adv. P. and V. μετρίως. *Soberly*: P. and V. σωφρόνως, σεσωφρονισμένως, P. ἐγκρατῶς.

Temperateness, subs. *Of climate*: P. εὐκρασία, ἡ (Plat.); see also *temperance*.

Temperature, subs. P. and V. κρᾶσις, ἡ (Plat., *Phaedo*, 111B; Eur., *Frag.*); see *heat, cold*. *The temperature was regulated to exclude suffering*. P. τὸ τῶν ὡρῶν ἄλυπον ἐκέκρατο (Plat., *Polit.* 272A).

Tempest, subs. P. and V. χειμών, ὁ, Ar. and V. θύελλα, ἡ, τῡφώς, ὁ, V. χεῖμα, τό, σκηπτός, ὁ; see *storm*.

Tempest-tossed, Be, v. intrans. P. and V. χειμάζεσθαι, σᾰλεύειν.

Tempestuous, adj. P. χειμέριος, Ar. and V. δυσχείμερος, V. λαβρός, δυσκύμαντος; see *stormy*.

Temple, subs. P. and V. νεώς, ὁ, ἱερόν, τό, ἄδυτον, τό, Ar. and V. νᾱός, ὁ, V. ἵδρῡμα, τό (also Plat. but rare P.), σκηνή, ἡ, σηκός, ὁ, ἀνάκτορον, τό, ἱρόν, τό. *Seat of worship*: V. ἕδη, τά (also Plat. but rare P.), ἕδρα, ἡ. *Seat of an oracle*: P. and V. μαντεῖον, τό, or pl., V. χρηστήριον, τό, or pl. *Standing before the temple*, adj.: V. πρόνᾱος.

Temple guards, subs. V. νᾱοφύλᾰκες, οἱ.

Temples, subs. *Of the head*: Ar. κρότᾰφος, ὁ.

Temporal, adj. See *secular*.

Temporarily, adv. Use P. εἰς τὸ παραυτίκα.

Temporise, v. intrans. *Come to terms*: P. and V. συμβαίνειν. *Delay*: P. and V. μέλλειν; see *delay*. *Yield*: P. and V. εἴκειν; see *yield*.

Temporary, adj. *Lasting a short time*: P. ὀλιγοχρόνιος. *Ephemeral*: P. and V. ἐφήμερος (Plat.). *For the moment*: P. and V. ὁ αὐτίκα, ὁ πᾰραυτίκᾰ. *Take temporary measures*: use P. εἰς τὸ παραυτίκα βουλεύεσθαι.

Tempt, v. intrans. *Induce*: P. and V. προτρέπειν (or mid.), ἐπᾰγειν (or mid.), ἐπαίρειν, προάγειν, P. ἐπισπᾶν. *Persuade*: P. and V. πείθειν, ἀνᾰπείθειν, V. ἐκπείθειν. *Make trial of*: P. and V. πειρᾶσθαι (gen.), Ar. and P. ἀποπειρᾶσθαι (gen.), P. διαπειρᾶσθαι (gen.), πεῖραν λαμβάνειν (gen.), Ar. and V. ἐκπειρᾶσθαι (gen.).

Temptation, subs. *Bait*: P. and V. δέλεαρ, τό, Ar. δελέασμα, τό.

Tempting, adj. See *attractive*.

Ten, subs. *The number ten*: V. δεκάς, ἡ.

Ten, adj. P. and V. δέκᾰ. *Lasting ten years*: P. δεκέτης, δεκαέτης. *In the space of ten years*: V. δεκασπόρῳ χρόνῳ (Eur., *Tro.* 20). *A space of ten years*: P. χρόνος δεκαέτηρος (Plat.). *Ten years old*: P. δεκέτης. Fem. Ar. and P. δεκέτῐς. *Ten times*, adv.: P. δεκάκις. *Ten feet long*, adj.: Ar. δεκᾰπους. *Worth ten minae*: Ar.

δεκάμνους. *Ten thousand*: see under *thousand*.

Tenable, adj. Of a military position, *strong*: P. and V. ὀχῡρός; see *strong*. Of an argument: P. ἀνέλεγκτος.

Tenacious, adj. *Sticky*: P. γλισχός. *Importunate*: P. and V. λῐπἄρής. *Mindful*: P. and V. μνήμων. *Be tenacious of, cling to*: P. and V. ἔχεσθαι (gen.), ἀντέχεσθαι (gen.), P. γλίχεσθαι (gen.). *Obstinate*: P. and V. αὐθάδης; see *obstinate*. *Having a tenacious memory*: Ar. and P. μνημονῐκός, P. and V. μνήμων.

Tenaciously, adv. Ar. and P. γλισχρῶς. *Importunately*: P. λιπαρῶς (Plat.). *Obstinately*: Ar. and P. αὐθάδως.

Tenacity, subs. *Endurance*: P. καρτερία, ἡ, καρτέρησις, ἡ. *Obstinacy*: P. αὐθάδεια, ἡ, Ar. and V. αὐθᾶδία, ἡ.

Tenancy, subs. P. μίσθωσις, ἡ.

Tenant, subs. P. μισθωτής, ὁ.

Tenantless, adj. See *untenanted*.

Tend, v. trans. P. and V. θεράπεύειν (Eur., *Bacch.* 932, *Phoen.* 1686), τημελεῖν (acc. or gen.) (Plat. but rare P.), V. κηδεύειν; see *foster*. *Care for*: Ar. and P. ἐπῐμέλεσθαι (gen.), κήδεσθαι (gen.) (rare P.). *Wait on (as on a child)*: P. and V. παιδᾰγωγεῖν (acc.) (Plat.). *Tend in old age*: P. γηροτροφεῖν (acc.), Ar. and V. γηροβοσκεῖν (acc.), γεροντᾰγωγεῖν (acc.) (Soph., *Frag.*). *Tending in old age*, adj.: V. γηρόβοσκος, γηροτρόφος. *Tend in stead*: V. ἀντῐκηδεύειν. *Tend (flocks, etc.)*: P. and V. ποιμαίνειν (also met., *of children*), νέμειν (Eur., *Cycl.* 28), P. νομεύειν, V. προσνέμειν (Eur., *Cycl.* 36), φέρβειν, ἐπιστᾰτεῖν (dat.). *Tend cattle*; V. βουφορβεῖν (absol.).
V. intrans. *Lead in a certain direction*: P. and V. τείνειν, φέρειν. *Tend towards, have a tendency towards*: P. and V. τείνειν (πρός, acc. or εἰς, acc.), νεύειν (εἰς, acc.), ῥέπειν (πρός, acc., εἰς, acc. or ἐπί, acc.), P. συντείνειν (πρός, acc., εἰς, acc. or ἐπί, acc.). *Contribute to*: P. and V. συμβάλλεσθαι (εἰς, acc., V. gen.). *Have a leaning towards*: P. ἀποκλίνειν πρός (acc.); see *be liable to*, under *liable*.

Tendance, subs. P. and V. θερᾰπεία, ἡ (Eur., *I. T.* 314), θεράπευμα, τό (Eur., *H. F.* 633), V. κηδεύμᾰτα, τά (Eur., *Or.* 795); see *attendance*. *Care*: P. ἐπιμέλεια, ἡ. *Attendance on the sick*: P. and V. θερᾰπεία, ἡ, V. προσεδρία, ἡ, παιδᾰγωγία, ἡ.

Tendency, subs. *Drift*: P. φορά, ἡ. *Have a tendency towards*: see under *tend*. *Be inclined to*: P. and V. φύεσθαι (infin.); see *be liable to*, under *liable*.

Tender, subs. *Of flocks and herds*: see *shepherd, herdsman*. *Small boat in attendance on a ship*: P. ὑπηρετικόν, τό.

Tender, v. trans. *Offer*: P. and V. προτείνειν, ἐκτείνειν, ὀρέγειν. *Afford*: P. and V. πᾰρέχειν, προσφέρειν. *Suggest*: P. and V. ὑποτείνειν; see *suggest*. *Tender an oath to*: P. ἐξορκοῦν (acc. or absol.).

Tender, adj. V. τέρην. *Soft*: Ar. and P. ἁπᾰλός, μᾰλᾰκός, Ar. and V. μαλθᾰκός. *Weak*: P. and V. ἀσθενής; see *weak*. *Effeminate*: Ar. and P. τρῠφερός, ἁπᾰλός, V. ἁβρός, Ar. and V. θῆλυς. *Gentle*: P. and V. πρᾶος, ἤπιος; see *gentle*. *Affectionate*: P. and V. προσφῐλής, φῐλόφρων (Xen.), V. φίλος; see *loving*. *A tender glance of the eye*: V. ὄμματος θελκτήριον τόξευμα (Æsch., *Supp.* 1004). *Of tender years*: use *young*. *Painful*: Ar. and P. ὀδῠνηρός, V. διώδῠνος.

Tender-hearted, adj. See *gentle*.

Tender-heartedness, subs. See *gentleness*.

Tenderly, adv. Ar. and P. μᾰλᾰκῶς, Ar. and V. μαλθᾰκῶς. *Gently*: P. and V. ἠπίως; see *gently*. *Lovingly*: P. and V. φῐλοφρόνως (Plat.), V. φίλως.

Tenderness, subs. P. ἁπαλότης, ἡ (Plat.). *Softness :* P. μαλακότης, ἡ (Plat.). *Effeminacy :* P. and V. τρῠφή, ἡ, ἁβρότης, ἡ, P. μαλακία, ἡ. *Weakness :* P. and V. ἀσθένεια, ἡ (rare V.). *Gentleness :* P. πρᾳότης, ἡ; see *gentleness. Affection, good-will :* P. and V. εὔνοια, ἡ. *Pain :* P. and V. ὀδύνη, ἡ, λύπη, ἡ; see *pain.*

Tendon, subs. V. τένων, ὁ.

Tendril, subs. Ar. and P. κλῆμα, τό, P. and V. κλών, ὁ.

Tenement, subs. P. συνοικία, ἡ; see *house.*

Tenet, subs. P. δόγμα, τό; see *opinion.*

Tenfold, adj. P. δεκαπλοῦς, δεκαπλάσιος.

Tenor, subs. *Purport :* P. προαίρεσις, ἡ. *Course of life :* P. and V. βίος, ὁ. *Drift :* P. φορά, ἡ. *Meaning :* P. and V. δύνᾰμις, ἡ, P. διάνοια, ἡ, βούλησις, ἡ. *Keeping as near as possible to the general tenor of the words actually spoken :* P. ἐχόμενος ὅτι ἐγγύτατα τῆς συμπάσης γνώμης τῶν ἀληθῶς λεχθέντων (Thuc. 1, 22).

Tension, subs. P. διάτασις, ἡ (Plat.). *Stiffness of the muscles :* Ar. and P. τέτᾰνος, ὁ (Plat.). Met., *danger :* P. and V. κίνδῡνος, ὁ. *Disagreement :* P. and V. διᾰφορά, ἡ.

Tent, subs. P. and V. σκηνή, ἡ, σκηνώμᾰτα, τά (Xen.). *Small tent :* P. σκηνίδιον, τό. *Now to your tents :* V. νῦν μὲν καταυλίσθητε (Eur., *Rhes.* 518). *Pitch one's tent*, v.: Ar. and P. σκηνᾶσθαι; see *encamp.*

Tentatively, adv. *Experimentally :* P. τριβῇ καὶ ἐμπειρίᾳ (Plat., *Phaedrus*, 270B).

Tenterhooks, subs. *On tenterhooks*, met.: use adj., P. μετέωρος, ὀρθός. *Be on tenterhooks*, v.: P. αἰωρεῖσθαι, Ar. and P. ἐπαίρεσθαι, P. and V. ἀναπτεροῦσθαι (Xen.). *Keep on tenterhooks :* P. and V. ἀναπτεροῦν (acc.) (Plat.).

Tenth, adj. P. and V. δέκᾰτος.

Tenuity, subs. *Thinness :* P. λεπτότης, ἡ. *Paucity :* P. ὀλιγότης, ἡ.

Tenure, subs. *Lease :* P. μίσθωσις, ἡ. *Tenure of office :* use P. and V. ἀρχή, ἡ.

Tepid, adj. See *warm.*

Terebinth, subs. P. τέρμινθος, ἡ (Aristotle). *Of terebinth*, adj.: P. τερμίνθινος (Xen., *Anab.* 4, 4).

Tergiversation, subs. *Defection :* P. ἀπόστασις, ἡ. *Changeableness, fickleness :* P. τὸ ἀστάθμητον. *Shifting :* P. στροφαί, αἱ.

Term, subs. *Word, expression :* P. and V. λόγος, ὁ, ῥῆμα, τό. *Limit :* P. and V. ὅρος, ὁ. *Term of life :* P. and V. αἰών, ὁ. *In logic or mathematics :* P. ὅρος, ὁ (Aristotle). *Terms, conditions :* P. and V. λόγοι, οἱ. *Agreement :* P. and V. σύμβᾰσις, ἡ, P. ὁμολογία, ἡ. *Covenant :* P. and V. συνθῆκαι, αἱ, σύνθημα, τό. *Terms of surrender :* P. ὁμολογία, ἡ. *On fixed terms :* P. and V. ἐπὶ ῥητοῖς. *On these terms :* P. and V. ἐπὶ τούτοις (Eur., *Rhes.* 157), ἐπὶ τοῖσδε (Eur., *Alc.* 375, *Hel.* 838); see under *condition. On what terms ?* P. and V. ἐπὶ τῷ; (Eur., *Hel.* 1234). *Bring to terms:* P. and V. πᾰρίστασθαι (acc.). *Come to terms :* P. and V. συμβαίνειν, P. ἔρχεσθαι εἰς σύμβασιν, συμβαίνειν καθ' ὁμολογίαν, ὁμολογεῖν. *Make terms :* P. and V. συμβαίνειν, σύμβᾰσιν ποιεῖσθαι, P. καταλύεσθαι; see also *make a treaty*, under *treaty. On equal terms :* P. ἐξ ἴσου, ἐπὶ τῇ ἴσῃ. *On tolerable terms :* P. μετρίως. *We could not agree save on the terms declared :* V. οὐ γὰρ ἂν συμβαῖμεν ἄλλως ἢ 'πὶ τοῖς εἰρημένοις (Eur., *Phoen.* 590). *They thought they were all departing without making terms :* P. πάντας ἐνόμισαν ἀπιέναι ἀσπόνδους (Thuc. 3, 111). *On friendly terms :* P. εὐνοϊκῶς, οἰκείως. *Be on friendly terms with :* P. οἰκείως ἔχειν (dat.), εὐνοϊκῶς διακεῖσθαι πρός (acc.); see *familiar.* *Be on bad terms with*: P. ἀηδῶς ἔχειν (dat.). *Keep on good terms with* (*a person*): Ar. and P. θερᾰπεύειν (acc.). *I had been on quite affectionate terms with this man*: P. τούτῳ πάνυ φιλανθρώπως ἐκεχρήμην ἐγώ (Dem. 411).

Term, v. trans. P. and V. κᾰλεῖν, λέγειν, εἰπεῖν; see *call*.

Termagant, subs. Use *shrewish*, adj.

Terminate, v. trans. *Bound*: P. and V. ὁρίζειν. *Put an end to*: P. and V. περαίνειν; see *end*. V. intrans. See *end*.

Termination, subs. *End*: P. and V. τέλος, τό, τελευτή, ἡ; see *end*. *Last letters of a word*: P. τὰ τελευταῖα (Hdt.).

Terminology, subs. P. ὀνομασία, ἡ. *Names*: P. and V. ὀνόμᾰτα, τά.

Terrace, subs. *Colonnade*: Ar. and P. στοά, ἡ.

Terraced, adj. *Sloping*: P. ἐπικλινής; see *sloping*.

Terra firma, subs. Use P. and V. γῆ, ἡ, V. χέρσος, ἡ.

Terrestrial, adj. P. ἐπίγειος. *Moral*: P. and V. θνητός, V. βρότειος, βροτήσιος. *Human*: P. and V. ἀνθρώπειος, P. ἀνθρώπινος.

Terrible, adj. P. and V. δεινός, φοβερός, φρῑκώδης (Dem. 644), V. δύσχῑμος, ἔμφοβος, σμερδνός. *With terrible looks*: V. δεινώψ; see *grim*.

Terribleness, subs. P. δεινότης, ἡ.

Terribly, adv. P. and V. δεινῶς.

Terrify, v. trans. P. and V. φοβεῖν, ἐκφοβεῖν, διαπτοεῖν (Plat.), ἐκπλήσσειν, Ar. and P. κᾰτᾰφοβεῖν, P. καταπλήσσειν. *Be terrified*: use also V. δειμᾰτοῦσθαι (also Ar. in act.), ἐπτοῆσθαι (perf. pass. of πτοεῖν); see *fear*.

Territory, subs. P. and V. χώρα, ἡ. *Kingdom*: P. and V. ἀρχή, ἡ. *Land*: γῆ, ἡ; see *land*. *Boundary*: P. and V. ὅρος, ὁ.

Terror, subs. P. and V. φόβος, ὁ, ἔκπληξις, ἡ, ὀρρωδία, ἡ, δεῖμα, τό, δέος, τό, V. τάρβος τό, τρόμος, ὁ (also Plat. but rare P.).

Terrorism, subs. *Violence*: P. and V. ὕβρῐς, ἡ; see *lawlessness*.

Terse, adj. P. συνεστραμμένος, βραχύλογος; see *concise*.

Tersely, adv. See *concisely*.

Terseness, subs. P. βραχυλογία, ἡ; see *conciseness*.

Tertian, subs. P. τριταῖος, ὁ.

Tesselated, adj. *Variegated*: P. and V. ποικίλος.

Test, subs. P. and V. πεῖρα, ἡ, ἔλεγχος, ὁ, P. διάπειρα, ἡ (Dem. 1049), Ar. and P. βάσᾰνος, ἡ. *The bow is no test of a man's courage*: V. ἀνδρὸς δ' ἔλεγχος οὐχὶ τόξ' εὐψυχίας (Eur., *H. F.* 162). *Examination as to fitness for office*: P. δοκιμασία, ἡ. *Criterion*: P. and V. κᾰνών, ὁ, ὅρος, ὁ, P. κριτήριον, τό. *Put to the test*: use *test*, v.

Test, v. trans. P. and V. ἐλέγχειν, ἐξελέγχειν, Ar. and P. δοκῐμάζειν, βᾰσᾰνίζειν. *Make proof of*: P. and V. πειρᾶσθαι (gen.), Ar. and P. ἀποπειρᾶσθαι (gen.), Ar. and V. ἐκπειρᾶσθαι (gen.); see *tempt*. *Ring* (*money*): Ar. κωδωνίζειν. Met., P. διακωδωνίζειν.

Testament, subs. Ar. and P. διᾰθήκη, ἡ; see *will*.

Testator, subs. Use P. ὁ διατιθέμενος.

Testify, v. trans. *Bear witness to a thing*: P. and V. μαρτῠρεῖν (acc.), ἐκμαρτῠρεῖν (acc. P. absol.). *Call upon to testify*: P. and V. μαρτύρεσθαί (τινα). *Show, prove*: P. and V. δεικνύναι, δηλοῦν, P. τεκμηριοῦν; see *prove*.

Testily, adv. P. δυσκόλως.

Testimony, subs. Ar. and P. μαρτῠρία, ἡ, V. μαρτύρια, τά, μαρτύρημα, τό. *Proof*: P. and V. τεκμήριον, τό, σημεῖον, τό, P. μαρτύριον, τό; see *evidence*.

Testiness, subs. Ar. and P. δυσκολία, ἡ.

Testy, adj. P. and V. δύσκολος, Ar. and P. χᾰλεπός; see *peevish*.

Tetanus, subs. Ar. and P. τέτᾰνος, ὁ.

Tête-à-tête, subs. Use P. and V. λόγοι, οἱ.

Tether, v. trans. P. and V. ποδίζειν (Xen. and Soph., *Frag.*), δεῖν (Eur., *Rhes.* 617).

Tether, subs. Met., *limit:* P. and V. ὅρος, ὁ.

Tetrarch, subs. P. τέτραρχος, ὁ (late), τετράρχης, ὁ (late).

Tetrarchy, subs. P. and V. τετραρχία, ἡ.

Text, subs. *Passage in a book:* P. λόγος, ὁ. *Passage in a play:* Ar. and P. ῥῆσις, ἡ. *Subject matter:* P. ὑπόθεσις, ἡ; see *subject.*

Textile, adj. P. ὑφαντικός. *The textile arts:* use P. ἡ ὑφαντική (Plat.).

Texture, subs. *In weaving:* P. and V. ὑφή, ἡ (Plat.). *Composition:* P. and V. κᾰτάστᾰσις, ἡ, P. σύνταξις, ἡ, σύστασις, ἡ.

Than, conj. P. and V. ἤ, or use genitive case.

Thane, subs. Use P. and V. δῠνάστης, ὁ; see *chief.*

Thank, v. trans. P. and V. χᾰ́ρῐν ἔχειν (dat.), χᾰ́ρῐν εἰδέναι (dat.). *That they may have this too to thank you for:* P. ἵνα καὶ τοῦτό σου ἀπολαύσωσι (Plat. *Crito,* 54A). *No thank you:* use Ar. κᾰλῶς (*Ran.* 888, cf. *Ran.* 508).

Thankful, subs. *Grateful:* P. εὐχάριστος (Xen.). *Unforgetting:* P. and V. μνήμων, V. πολύμνηστος.

Thankfully, adv. Use P. μετὰ χάριτος.

Thankfulness, subs. *Gratitude:* P. and V. χᾰ́ρῐς, ἡ; see *gratitude, joy.*

Thankless, adj. *Ungrateful:* P. and V. ἀχᾰ́ριστος (Xen. and Eur., *Hec.* 254), V. δυσχᾰ́ριστος (Æsch., *Frag.*) *Forgetful:* P. and V. ἀμνήμων. *Unpleasing:* P. and V. ἄχᾰρις (Plat. also Ar.). *Odious:* P. and V. ἐπίφθονος, βᾰρῠ́ς; see *odious.*

Thanklessness, subs. *Ingratitude:* P. ἀχαριστία, ἡ. *Forgetfulness:* P. and V. λήθη, ἡ. *Odiousness:* use P. τὸ ἐπίφθονον.

Thank-offering, subs. P. χαριστήρια, τά (Xen.), P. and V. χᾰ́ρῐς, ἡ (Plat.); see also *sacrifice.*

Thanks, subs. P. and V. χᾰ́ρῐς, ἡ. *Decline with thanks:* P. ἐπαινεῖν (acc.) (Xen.), cf. Ar., *Ran.* 508. *No thank you:* see under *no.*

Thanksgiving, subs. *Festival:* P. and V. ἑορτή, ἡ. *Sacrifice:* P. and V. θῠσία, ἡ; see *festival.*

That, pron. P. and V. ἐκεῖνος, Ar. and V. κεῖνος. *At that place:* P. and V. ἐκεῖ. *From that place:* P. and V. ἐκεῖθεν, V. κεῖθεν. *To that place:* P. and V. ἐκεῖσε, Ar. and V. κεῖσε. *In that case:* P. ἐκείνως. *In that way:* P. ἐκείνῃ, Ar. and V. κείνῃ (Eur., *Alc.* 529). *And that too:* P. and V. καὶ ταῦτα (Æsch., *Eum.* 112).

That, conj. After verbs of saying: P. and V. ὅτῐ, ὡς, V. ὁθούνεκα, οὕνεκα. *In order that:* P. and V. ἵνᾰ, ὅπως, ὡς. *So that:* P. and V. ὥστε. *In that, because:* P. and V. ὅτῐ, V. ὁθούνεκα, οὕνεκα, P. διότι.

Thatch, subs. and v. trans. Use *roof.*

Thaw, v. trans. *Melt:* P. and V. τήκειν, Ar. and P. διᾰτήκειν (Xen.). V. intrans. P. and V. τήκεσθαι, συντήκεσθαι, Ar. and P. διᾰτήκεσθαι (Xen.).

Theatre, subs. Ar. and P. θέᾱτρον, τό.

Theatrical, adj. *Connected with the theatre:* use P. ἀπὸ τῆς σκηνῆς (Dem. 288). Met., *pompous:* P. and V. σεμνός. *Tragic:* Ar. and P. τρᾰγῐκός, Ar. τρᾰγῳδῐκός.

Theatrically, adv. P. τραγικῶς. *Pompously:* P. and V. σεμνῶς. *Declaim theatrically,* v.: P. τραγῳδεῖν (acc.).

Theft, subs. P. and V. κλοπή, ἡ, P. κλωπεία, ἡ. *Something stolen:* P. and V. κλέμμᾰ, τό.

Their, adj. Latin *suus:* Ar. and P. σφέτερος.

Them, pron. See under *they*.
Theme, subs. See *subject*.
Themselves, pron. See under *they*.
Then, adv. *At that time*: P. and V. τότε, ἐνταῦθα. *At that moment*: P. and V. τηνῐκαῦτα. *After that*: P. and V. ἔπειτα, εἶτα. *From then*: P. and V. ἐνθένδε. *Since then*: P. and V. ἐξ ἐκείνου. *Until then*: P. μέχρι τότε. *Now . . . then*: P. and V. τότε . . . ἄλλοτε, Ar. and P. τότε μέν . . . τότε δέ, ποτὲ μέν . . . ποτὲ δέ. *Now and then, sometimes*: P. ἔστιν ὅτε, P. and V. ἐνίοτε (Eur., *Hel.* 1213), V. ἔσθ' ὅτε. *In that case*: P. ἐκείνως.
Then, conj. *Therefore*: P. and V. οὖν οὐκοῦν, τοίνῠν, τοίγᾰρ; see *therefore*. In questions: P. and V. δῆτα. In strong prohibitions: P. and V. δῆτα (Dem. 574 and 575; Eur., *Med.* 336). *After all*: P. and V. ἄρᾰ, V. ἆρα. *Come then*: P. and V. φέρε, φέρε δή, ἄγε, εἶα, εἶα δή; see *come*.
Thence, adv. *From there*: P. and V. ἐκεῖθεν, ἐντεῦθεν, ἐνθένδε, V. ἔνθεν (rare P.), κεῖθεν.
Thenceforth, adv. P. and V. ἐντεῦθεν, ἐνθένδε, V. τοὐντεῦθεν, τοὐνθένδε, Ar. ἐντευθενί. *For the future*: P. and V. τὸ λοιπόν; see under *future*.
Thenceforward, adv. See *thenceforth*.
Theology, subs. P. θεολογία, ἡ.
Theoretical, adj. *Speculative*, as opposed to *practical*: P. θεωρητικός (Aristotle). *Assumed as a basis of reasoning*: use P. ὑποκείμενος.
Theoretically, adv. As opposed to *really, in fact*: use P. and V. λόγῳ, λόγῳ μέν.
Theory, subs. *Opinion*: P. and V. δόξᾰ, ἡ. *Supposition*: P. ὑπόθεσις, ἡ. *Theory* as opposed to *practice*: P. γνῶσις, ἡ (Plat., *Polit.* 259E). *Science*: P. and V. ἐπιστήμη, ἡ.
Therapeutics, subs. P. ἡ θεραπευτική (Plat.).
There, adv. P. and V. ἐκεῖ, ἐνταῦθα. *On the spot*: P. and V. αὐτοῦ, Ar. and P. αὐτόθῐ. *To that place*: P. and V. ἐκεῖσε; see *thither*. *To the very spot*: Ar. and P. αὐτόσε. *You there*: Ar. and V. οὗτος (*Pl.* 439), οὗτος σύ (*Av.* 1199).
Thereabout, adv. Use P. and V. ἐνταῦθά που; see *near, nearly*.
Thereafter, adv. P. and V. ἔπειτα, εἶτα; see *hereafter*. *Thenceforth*: P. and V. ἐντεῦθεν, ἐνθένδε; see *thenceforth*.
Thereat, adv. P. and V. ἐπὶ τούτοις, ἐπὶ τῷδε (Eur., *Or.* 887). *Immediately*: P. and V. αὐτίκᾰ; see *immediately*.
Therefore, conj. P. and V. οὖν, οὐκοῦν, τοίνῠν, τοίγᾰρ, τοιγᾰροῦν, Ar. and V. νῠν (enclitic), Ar. and P. τοιγάρτοι. *For which reason*: P. and V. ἀνθ' ὧν, P. διό, διόπερ, ὧν ἕνεκα, V. ὧν οὕνεκα. *For this reason*: V. τούτων χᾰ́ρῐν, ἐκ τῶνδε. Before imperatives: P. and V. πρὸς ταῦτα (Thuc. 4, 87; Ar. *Nub.* 990 and 1433), V. πρὸς τᾰ́δε.
Therefrom, adv. P. and V. ἐνθένδε, ἐντεῦθεν. *From the spot*: P. and V. αὐτόθεν.
Therein, adv. P. and V. ἐνταῦθα; see *there*.
Thereupon, adv. See *thereat, then*.
Thesis, subs. P. θέσις, ἡ.
Thews, subs. *Strength*: P. and V. ἰσχῠ́ς, ἡ, ῥώμη, ἡ, V. ἀλκή, ἡ, σθένος, τό.
They, pron. P. and V οὗτοι, οἵδε, ἐκεῖνοι, Ar. and V. κεῖνοι. *Them*: P. and V. αὐτούς, V. νιν (enclitic), σφε (enclitic) (also Ar., *Eq.* 1020). *Themselves*, emphatic, P. and V. αὐτοί; indirect reflexive, P. σφᾶς; direct reflexive, P. and V. ἑαυτούς, αὑτοῦς, P. σφᾶς αὐτούς. *Of themselves*: see *spontaneously*.
Thick, adj. P. and V. πυκνός. *Solid*: P. and V. στερεός, P. στέριφος, Ar. and V. στερρός. *Stout*: Ar. and P. πᾰχῠ́ς. *Compact*: P. εὐπαγής. *Crowded*: P. and V.

πυκνός, ἀθρόος. *Muddy:* P. and V. θολερός. *Curdled:* V. πηκτός (Eur., *Cycl.*). Of hair: Ar. and P. λάσιος, δάσύς, V. δάσκιος, ζαπληθής (Æsch., *Pers.* 316), ταρφύς (Æsch., *Theb.* 535), εὔθριξ. *Thick (with trees):* Ar. and P. δάσύς, P. λάσιος, Ar. and V. δάσκιος. *The thick of:* use adj., P. and V. μέσος, in agreement with subs.

Thicken, v. trans. Use Ar. and P. πάχύνειν. *Solidify:* P. and V. πηγνύναι. V. intrans. Ar. and P. πάχύνεσθαι. *Become solid:* P. and V. πήγνυσθαι. Met., *increase:* P. and V. αὐξάνεσθαι; see *increase.*

Thicket, subs. P. and V. θάμνος, ὁ, Ar. and V. λόχμη, ἡ, V. δρῦμός, ὁ.

Thick-headed, adj. P. and V. ἀμάθής, νωθής, Ar. πάχύς; see *stupid.*

Thickly, adv. *In crowds:* use adj., P. and V. πυκνός, ἀθρόος. *Thickly populated,* adj.: P. πολυάνθρωπος.

Thickness, subs. P. and V. πάχος, τό (Eur., *Cycl.*), P. παχύτης, ἡ. *Density:* Ar. and P. πυκνότης, ἡ. *Solidity:* P. στερεότης, ἡ.

Thick-set, adj. *Compact:* P. εὐπαγής. *Stout:* P. and V. εὐτρἄφής.

Thick-skinned, adj. P. and V. ἀμάθής. *Coarse:* Ar. and P. ἄγροικος. *Heedless:* P. and V. ῥάθῦμος.

Thief, subs. P. and V. κλέπτης, ὁ, κλώψ, ὁ (Xen.), Ar. and P. λωποδύτης, ὁ, P. φώρ, ὁ, V. κλοπεύς, ὁ.

Thieve, v. intrans. P. and V. κλέπτειν; see *steal.*

Thieving, subs. P. and V. κλοπή, ἡ, P. κλωπεία, ἡ.

Thievish, adj. P. and V. κλωπἶκός (Plat., Eur., *Rhes.*). *Have a thievish look:* Ar. κλέπτον βλέπειν (*Vesp.* 900).

Thievishness, subs. P. τὸ κλωπικόν (Plat.).

Thigh, subs. P. and V. μηρός, ὁ (Plat., *Timae.* 74E) *Thigh bones:* Ar. and V. μηρία, τά.

Thin, v. trans. P. and V. ἰσχναίνειν (Plat.); see *reduce.*

Thin, adj. *Lean:* Ar. and P. ἰσχνός, λεπτός. *Withered:* P. and V. ξηρός. Opposed to, *thick, close:* P. μανός. *Scanty:* P. and V. σπάνιος. Met., *poor:* P. and V. φαῦλος.

Thine, adj. P. and V. σός.

Thing, subs. P. and V. χρῆμα, τό. *Matter:* P. and V. πρᾶγμα, τό, πρᾶξις, ἡ, χρῆμα, τό, Ar. and V. πρᾶγος, τό, V. χρέος, τό. *Chattel:* Ar. and P. σκεῦος, τό. *Are you not satisfied of this that a name is the representation of a thing:* P. πότερον τοῦτο οὐκ ἀρέσκει σε τὸ εἶναι τὸ ὄνομα δήλωμα τοῦ πράγματος (Plat.; *Crat.* 433D). Met., *creature:* P. and V. φῦτόν, τό (Plat.); see *creature. Things, goods:* P. and V. χρήμἄτα, τά, Ar. and P. σκεύη, τά.

Think, v. trans. *Consider, hold:* P. and V. νομίζειν, ἡγεῖσθαι, ἄγειν, V. νέμειν, P. ὑπολαμβάνειν (Dem. 1228). *Be thought, considered:* P. and V. δοκεῖν. Absol., *think that,* with clause following: P. and V. ἡγεῖσθαι, νομίζειν, οἴεσθαι, Ar. and V. δοκεῖν (rare P.). *Reflect:* P. and V. φρονεῖν, ἐνθῦμεῖσθαι, συννοεῖν (or mid.), ἐννοεῖν (or mid.), νοεῖν (or mid.), φροντίζειν. *The man who does not say what he thinks:* P. ὁ μὴ λέγων ἃ φρονεῖ (Dem. 319, cf. Eur., *I. A.* 476). *As I think:* P. and V. ὡς ἐμοὶ δοκεῖ. *Methinks:* see *methinks. I think not:* P. οὔ μοι δοκῶ, V. οὐ δοκῶ (Eur., *And.* 670). *Think fit:* see under *fit. Think highly of:* see *value. Think ill of:* see *despise. Think of, reflect on:* P. and V. ἐνθῦμεῖσθαι (acc. P. also gen.), ἐννοεῖν (or mid.) (acc.), συννοεῖν (or mid.) (acc.); see *reflect. Devise:* P. and V. μηχἄνᾶσθαι, τεχνᾶσθαι; see *devise. Think of doing a thing:* see *intend. Think out:* P. and V. ἐκφροντίζειν; see *devise.*

Think over : use P. and V. βουλεύεσθαι περί (gen.) ; see *reflect on*. *Think with a person* : P. συννοεῖσθαι (absol.) ; see *agree*.

Thinkable, adj. P. νοητός (Plat.).

Thinker, subs. Use P. and V. σοφιστής, ὁ, or use adj., P. φιλόσοφος, P. and V. σοφός.

Thinking, subs. See *thought*, *opinion*. *Be of the same way of thinking* : P. τῆς αὐτῆς γνώμης εἶναι (Thuc. 5, 46).

Thinly, adv. *Scantily* : P. σπανίως. *Here and there* : P. σποράδην. *Thinly inhabited*, adj. : P. ὀλιγάνθρωπος (Xen.).

Thinness, subs. P. λεπτότης, ἡ. *Scantiness* : P. ὀλιγότης, ἡ. *Thinness of population* : P. ὀλιγανθρωπία, ἡ.

Thin-skinned, adj. Use Ar. and P. ἁπαλός.

Third, adj. P. and V. τρίτος, also with words expressing *day*, V. τριταῖος. *To arrive on the third day* : P. τριταῖος ἀφικνεῖσθαι (Thuc. 3, 3). *For the third time* : P. and V. τρίτον, P. τὸ τρίτον. *In the third place* : P. and V. τρίτον. *The third prize* : P. τριτεῖα, τά. *The third generation* : V. τριτόσπορος γονή, ἡ (Æsch., *Pers.* 818). *Third-rate actor* : P. τριταγωνιστής, ὁ. *Play third-rate parts*, v. : P. τριταγωνιστεῖν.

Third, subs. P. τριτημόριον, τό. *Two-thirds* : P. τὰ δύο μέρη.

Thirdly, adv. P. and V. τρίτον, τό.

Thirst, subs. P. and V. δίψᾰ, ἡ (Æsch., *Choe.* 756, but the passage is doubtful), δίψος, τό (Æsch., *Pers.* 484, where there is a variant δίψῃ for δίψει). *Thirst for*, met. : see *desire*.

Thirst, v. intrans. P. and V. διψῆν (Soph., *Frag.*). *Thirst for* : P. διψῆν (gen.) ; see *desire*.

Thirstily, adv. Use *greedily*.

Thirstiness, subs. See *thirst*.

Thirsty, adj. Use P. and V. διψῶν (Soph., *Frag.*), V. δίψιος. *Be thirsty*, v. : P. and V. διψῆν (Soph., *Frag.*).

Thirteen, adj. Ar. and P. τρισκαίδεκα, P. τρεισκαίδεκα. *Thirteen years old*, adj. : P. τρισκαιδεκέτης.

Thirteenth, adj. P. τρισκαιδέκατος.

Thirtieth, adj. P. τριακοστός.

Thirty, adj. Ar. and P. τριάκοντα. *Thirty years old*, or *lasting thirty years*, adj. : P. τριακονταέτης. *A thirty years' truce* : Ar. and P. τριᾱκοντούτῐδες σπονδαί, αἱ, P. τριακοντούτεις σπονδαί, αἱ, or τριακονταέτεις σπονδαί, αἱ. *Thirty thousand*, adj. : P. and V. τρισμῡ́ριοι.

Thirty, subs. V. τριᾱκάς, ἡ.

This, adj. P. and V. οὗτος, ὅδε, Ar. and P. οὑτοσί. *By this, by this time* : P. and V. ἤδη. *Up to this time* : P. and V. εἰς τὸ νῦν, δεῦρ' ἀεί (Plat.), δεῦρο (Plat.), P. μέχρι τοῦ νῦν, V. ἐς τοδ' ἡμέρας ; see *hitherto*. *In this place* : P. and V. ἐνθάδε, ἐνταῦθα, τῇδε ; see *here*. *From this place* : P. and V. ἐνθένδε, ἐντεῦθεν ; see *hence*. *To this place* : P. and V. ἐνθάδε, δεῦρο ; see *hither*. *In this way* : P. and V. οὕτω, οὕτως, ὧδε ; see *thus*.

Thither, adv. P. and V. ἐκεῖσε, ἐνθάδε, ἐνταῦθα, Ar. and V. κεῖσε. *Hither and thither* : V. ἐκεῖσε κἀκεῖσε, κἀκεῖσε καὶ τὸ δεῦρο, Ar. δευρὶ καὖθις ἐκεῖσε (*Ran.* 1077) ; see *on this side and on that*, under *side*. *To the very spot* : Ar. and P. αὐτόσε.

Thistle, subs. Use Ar. and V. ἄκανθα, ἡ.

Tho, conj. See *though*.

Thole, subs. V. σκαλμός, ὁ.

Thong, subs. P. and V. ἱμάς, ὁ, ῥῡτήρ, ὁ, V. χᾰλῑνός, ὁ (Eur., *Cycl.* 461) ; see *whip*.

Thorn, subs. V. πᾰλίουρος, ὁ (Eur., *Cycl.* 394), Ar. and V. ἄκανθα, ἡ (Soph., *Frag.*) ; see *bush*. *Prickle* : Ar. ἄκανθα, ἡ. *Card on thorns (as a torture)* : P. ἐπ' ἀσπαλάθων κνάπτειν (Plat., *Rep.* 616A).

Thorny, adj. P. ἀκανθώδης (Aristotle). Met., Ar. and P. χᾰλεπός.

Thorough, adj. *Complete:* P. and V. τέλειος, τέλεος; see *complete*. *Absolute:* P. ἁπλοῦς, ἄκρατος. *Entire:* P. and V. ὅλος. *Exact, accurate:* P. and V. ἀκρῑβής.

Thoroughbred, adj. P. and V. γενναῖος, εὐγενής (Plat.).

Thoroughfare, subs. *Road:* P. and V. ὁδός, ἡ. *Carriage road:* V. ἁμάξῐτος, ἡ (also Xen. with ὁδός); see *road*. *Passage:* Ar. and P. δίοδος, ἡ, P. and V. διέξοδος, ἡ. *Way out:* P. and V. ἔξοδος, ἡ.

Thorough-going, adj. P. ἁπλοῦς, ἄκρατος. *Extreme:* P. and V. ἔσχᾰτος. *Entire:* P. and V. ὅλος.

Thoroughly, adv. *Entirely:* P. and V. πάντως, πάντῃ, παντελῶς, P. ὅλως. *Exactly, accurately:* P. and V. ἀκρῑβῶς.

Thoroughness, subs. *Exactness:* P. ἀκρίβεια, ἡ.

Though, conj. P. and V. καίπερ, περ (enclitic). (Both take the participle and are used when the subject of the main and subordinate clause are the same.) *Even if:* P. and V. εἰ καί, κεἰ, ἐὰν καί, ἢν καί, κἄν. *Though* is often expressed by the genitive absolute. *Rash girl! though Creon has forbidden it?* V. ὦ σχετλία, Κρέοντος ἀντειρηκότος; (Soph., *Ant.* 47). *Not though:* P. and V. οὐδ' εἰ, οὐδ' ἐάν, οὐδ' ἤν. *As though, as if:* P. and V. ὡσπερεί.

Thought, subs. *Concept:* P. and V. ἔννοια, ἡ, Ar. and P. νόημα, τό, διάνοια, ἡ, P. διανόημα, τό. *Mind, intellectual principle:* P. and V. νοῦς, ὁ. *Intelligence:* P. and V. γνώμη, ἡ, Ar. and P. διάνοια, ἡ, Ar. and V. φρήν, ἡ (rare P.), or pl. *Plan, idea:* Ar. and P. νόημα, τό, διάνοια, ἡ, P. and V. φροντίς, ἡ (rare P.). *Opinion:* P. and V. δόξᾰ, ἡ, γνώμη, ἡ; see *opinion*. *Intention:* P. and V. γνώμη, ἡ, ἔννοια, ἡ, ἐπίνοια, ἡ, βούλευμα, τό, Ar. and P. διάνοια, ἡ, V. φρόνησις, ἡ. *Reflection:* P. and V. σύννοια, ἡ, ἐνθύμησις, ἡ (Eur., *Frag.*), P. ἔννοια, ἡ, Ar. and V. φροντίς, ἡ (rare P.). *Care:* see *care*. *Take thought*, v.: see *deliberate, care*. *Thoughts:* P. and V. φρονήμᾰτα, τά (Plat.). *A thought has just occurred to me:* V. ἄρτι γὰρ μ' εισῆλθέ τι (Eur., *El.* 619).

Thoughtful, adj. *Meditative:* P. σύννους. *Look thoughtful:* V. πεφροντικὸς βλέπειν (Eur., *Alc.* 773). *Prudent:* P. and V. σώφρων, σῠνετός, εὔβουλος; see *prudent*, Ar. and P. φρόνῐμος. *Considerate:* P. and V. φῐλάνθρωπος, φῐλόφρων (Xen.), P. εὐγνώμων; see *kind*.

Thoughtfully, adv. *Prudently:* P. and V. σωφρόνως, Ar. and P. φρονίμως. *Considerately:* P. and V. φῐλοφρόνως (Plat.), P. φιλανθρώπως; see *kindly*. *Slowly:* P. βραδέως.

Thoughtfulness, subs. *Reflection:* P. and V. σύννοια, ἡ. *Prudence:* P. and V. φρόνησις, ἡ, γνώμη, ἡ, εὐβουλία, ἡ; see *prudence*. *Foresight:* P. and V. πρόνοια, ἡ, P. προμήθεια, ἡ, V. προμηθία, ἡ. *Considerateness:* P. φιλανθρωπία, ἡ, εὐγνωμοσύνη, ἡ; see *kindness*.

Thoughtless, adj. *Careless:* P. and V. ῥᾴθῡμος; see *heedless*. *Imprudent:* P. and V. ἀσῠ́νετος, ἄβουλος, P. ἀλόγιστος, V. κᾰκόφρων (Eur., *I. A.* 391); see *rash*. *Inconsiderate:* P. and V. ἀγνώμων. *Light-hearted:* V. κουφόνους.

Thoughtlessly, adv. P. ῥᾳθύμως, P. and V. ἀφροντίστως (Xen.); see *heedlessly*. *Lightly:* P. and V. κούφως. *Imprudently:* P. ἀλογίστως, Ar. ἀπερῐμερίμνως; see *rashly*. *Inconsiderately:* P. ἀγνωμόνως. *At random:* P. and V. εἰκῇ.

Thoughtlessness, subs. *Carelessness:* P. and V. ῥᾳθῡμία, ἡ. *Imprudence:* P. and V. ἀβουλία, ἀσῠνεσία (Eur., *Frag.*); see *rashness*. *Inconsiderateness:* P. ἀγνωμοσύνη, ἡ.

Thousand, adj. P. and V. χίλιοι (Eur., *El.* 2, *I. T.* 10). *Commander of a thousand men*, subs.: P. and V. χῑλίαρχος, ὁ (Xen.). *Lasting a thousand years*, adj.: P. χιλιέτης. *Two thousand*: P. δισχίλιοι, *Ten thousand*: P. and V. μύριοι. *Commander of ten thousand men*, subs.: P. μυρίαρχος, ὁ (Xen.), V. μῡριόνταρχος, ὁ. *A city of ten thousand inhabitants*: P. πόλις μυρίανδρος, ἡ. *Twenty thousand*: P. δισμύριοι. Indefinitely large number: P. and V. μῡρίοι (often used in sing.). *Thousands of times*: Ar. and P. μῡριάκις. *A thousand times wiser*: V. μῡρίῳ σοφώτερος (Eur., *And.* 701). *You will see a thousand times better*: P. μυρίῳ βέλτιον ὄψεσθε (Plat., *Rep.* 520C).

Thousand, subs. P. and V. χῑλιάς, ἡ. *Ten thousand*: P. and V. μῡριάς, ἡ. Any indefinitely large number: P. and V. μῡριάς (Eur., *Bacch.* 745).

Thousandth, adj. P. χιλιοστός. *Ten thousandth*: Ar. and P. μῡριοστός.

Thraldom, subs. P. and V. δουλεία ἡ; see *slavery*.

Thrall, subs. *Slave*: P. and V. δοῦλος, ὁ; see *slave*. *Slavery*: see *slavery*.

Thrash, v. trans. *Beat*: Ar. and P. μαστῑγοῦν, Ar. ἀλοᾶν; see *beat*. *Thrash corn*: see *thresh*. *Thrash out*, met.: use P. and V. διᾰπεραίνειν.

Thrashing, subs. P. and V. πληγαί, αἱ (*blows*).

Thread, subs. Ar. and V. κλωστήρ, ὁ, V. μίτος, ὁ, P. νῆμα, τό (Plat.). *Made of thread*, adj.: V. εὔμῑτος, μῑτώδης. *The long threads of raw flax*: V. ὠμολίνου μακροὶ τόνοι (Æsch., *Frag.*). *Hang by a thread*, met.: P. ἐπὶ ῥοπῆς εἶναι, V. ἐν ῥοπῇ κεῖσθαι, ἐπὶ ξυροῦ βεβηκέναι (perf. of βαίνειν) or βῆναι (aor. of βαίνειν). *Yet his life hangs by a thread*: V. δέδορκε μέντοι φῶς ἐπὶ σμικρᾶς ῥοπῆς (Eur., *Hipp.* 1163). *Lose the thread*: see *digress*. *I lose the thread*: V. ἐκ δρόμου πεσὼν τρέχω (Æsch., *Ag.* 1245).

Thread, v. trans. *String together*: Ar. and P. σῡνείρειν. *Pass, make one's way through*: P. and V. διέρχεσθαι, διᾰπερᾶν. *Thread the dance*: V. ἑλίσσειν (absol.). *Where bands of sea-maidens thread the dance with fair steps*: V. ἔνθα Νηρῄδων χόροι κάλλιστον ἴχνος ἐξελίσσουσιν ποδός (Eur., *Tro.* 2).

Threadbare, adj. *Torn*: P. ῥαγείς (Xen.), V. τρῡχηρός, Ar. and V. δυσπῑνής. *Stale*: P. and V. ἀρχαῖος, πᾰλαιός, P. ἕωλος.

Threat, subs. P. and V. ἀπειλή, ἡ, V. ἀπειλήμᾰτα, τά.

Threat, v. trans. See *threaten*.

Threaten, v. trans. P. and V. ἀπειλεῖν (dat.). *Threaten with*: P. and V. ἀπειλεῖν (τί τινι). Absol., P. and V. ἀπειλεῖν, Ar. and V. ἐπᾰπειλεῖν, V. κᾰτᾰπειλεῖν. Met., *impend over*: P. and V. ἐφίστασθαι (dat.). Absol., *impend*: P. and V. ἐφίστασθαι, P. ἐπηρτῆσθαι (perf. pass. of ἐπαρτᾶν), ἐπικρέμασθαι, Ar. and P. ἐνεστηκέναι (perf. of ἐνιστάναι). *Be about to occur*: P. and V. μέλλειν. *Threaten a place (in military sense)*: P. ἐγκεῖσθαι (dat.).

Threatening, adj. *Using threats*: P. ἀπειλητικός. *Dangerous*: P. and V. δεινός, Ar. and P. χᾰλεπός, P. ἐπικίνδυνος. *Inspiring fear*: P. and V. δεινός. *Impending, imminent*: Ar. and P. ἐνεστώς. *About to take place*: P. and V. μέλλων.

Threateningly, adv. P. and V. δεινῶς. *Dangerously*: P. and V. ἐπῐκινδύνως.

Three, adj. P. and V. τρεῖς, τρισσοί (rare P. but found in Dem. 1208; Plat., *Gorg.* 477B; *Rep.* 435B), V. τρίπτῠχοι. *Three times*: P. and V. τρίς. *Three times as much*: Ar. and P. τριπλάσιος. *In three ways*:

P. τριχῇ. *Divide into three*: P. τριχῇ διαιρεῖν. *Worth three drachmas*, adj.: Ar. τρίδραχμος. *With three bodies*: V. τρῐσώμᾰτος.

Three-cornered, adj. P. and V. τρῐ́γωνος.

Three-fold, adj. V. τριπλοῦς; see *triple*. *With three forms*: V. τρῐ́μορφος.

Three-headed, adj. V. τρίκρᾱνος, Ar. τρῐκέφᾰλος.

Three hundred, adj. Ar. and P. τριᾱκόσιοι. *Three hundred ships*: V. τριᾱκάδες δέκα ναῶν (Æsch., *Pers.* 339).

Three, subs. *The number three*: P. τριάς, ἡ.

Threnody, subs. P. and V. θρῆνος, ὁ (Plat.), V. θρηνήμᾰτα, τά, P. θρηνῳδία, ἡ (Plat.).

Thresh, v. trans. P. ἀλοᾶν, V. ξαίνειν.

Threshing floor, subs. P. ἅλως, ὁ (Xen.).

Threshold, subs. V. ὀδός, ὁ (Soph., *O. C.* 1590), βᾱλός, ὁ (Æsch., *Choe.* 571). *Entrance*: P. and V. εἴσοδος, ἡ, εἰσβολή, ἡ, V. εἴσβᾰσις, ἡ. *Beginning*: P. and V. ἀρχή, ἡ.

Thrice, adv. P. and V. τρῐ́ς. *Thrice as much*: Ar. and P. τριπλᾰ́σιος.

Thrift, subs. Ar. and P. φειδωλία, ἡ. *Temperance*: P. and V. τὸ σῶφρον.

Thriftily, adv. P. φειδωλῶς. *Temperately*: P. and V. μετρίως, σωφρόνως. *Sparsely*: P. σπανίως.

Thriftless, adj. P. δαπανηρός, ἄσωτος.

Thriftlessly, adv. P. ἀσώτως.

Thriftlessness, subs. P. ἀσωτία, ἡ, πολυτέλεια, ἡ.

Thrifty, adj. Ar. and P. φειδωλός. *Temperate*: P. and V. μέτριος, σώφρων. Of things, *sparse*: P. and V. σπᾰ́νιος, V. σπᾰνιστός.

Thrill, v. trans. P. and V. κῑνεῖν, ἀναπτεροῦν (Plat.), τᾰράσσειν, συντᾰράσσειν; see *excite*. V. intrans. Use pass. of verbs, giving also P. and V. φρίσσειν, ἐπτοῆσθαι (perf. pass. πτοεῖν) (Plat.).

Thrill, subs. *Shiver*: P. and V. τρόμος, ὁ (Plat.), φρίκη, ἡ (Plat.). *Shock*: P. and V. ἔκπληξις, ἡ. *Sting*: Ar. and P. δῆγμα, τό; see *sting*. *Thrill of joy*: use *joy*.

Thrilling, adj. P. and V. δεινός.

Thrive, v. intrans. P. and V. εὖ πράσσειν, εὖ ἔχειν, εὖ φέρεσθαι (or substitute κᾰλῶς for εὖ), εὐθενεῖν, εὐτῠχεῖν, ὀρθοῦσθαι, κᾰτορθοῦσθαι. Of persons only: P. and V. εὖ πάσχειν, εὐδαιμονεῖν, P. εὐπραγεῖν. *Flourish, bloom*: P. and V. ἀνθεῖν, ἀκμάζειν, θάλλειν (Plat. but rare P.).

Thriving, adj. P. and V. εὐτῠχής, εὐδαίμων, Ar. and V. ὄλβιος; see *prosperous*.

Throat, subs. P. and V. σφᾰγαί, αἱ (Thuc. 4, 48). *Gullet*: P. and V. φᾰ́ρυγξ, ἡ (rare ὁ) (Thuc. 2, 49; (Eur., *Cycl.* 410), Ar. and V. λαιμός, ὁ, or pl.; see *gullet*. *Neck*: P. and V. αὐχήν, ὁ, τρᾰ́χηλος, ὁ, V. δέρη, ἡ. *Cut the throat of a victim*: P. and V. σφάζειν (acc. of the victim). *Sore throat*: P. βράγχος, ὁ (Thuc. 2, 49).

Throb, v. intrans. P. σφύζειν, P. and V. πηδᾶν, V. ὀρχεῖσθαι. *Pant*: P. and V. σφᾰδάζειν (Xen.), ἀσπαίρειν (rare P.), V. ἀπασπαίρειν.

Throb, subs. P. πήδησις, ἡ, V. πήδημα, τό.

Throe, subs. V. ὠδῖς, ἡ; see *pain, labour*. *Be in the throes of labour*, v.: P. and V. ὠδίνειν (Plat.); see under *labour*. *Be in the throes of*, v.: met., P. and V. κάμνειν (dat.), σῠνέχεσθαι (dat.), σῠνεῖναι (dat.).

Throne, subs. P. and V. θρόνος, ὁ, Ar. and V. ἕδρα, ἡ. Met., *rule*: P. and V. ἀρχή, ἡ, κρᾰ́τος, τό, τῠραννῐ́ς, ἡ, or use V. θρόνος, ὁ, or pl., σκῆπτρον, τό, or pl.; see *kingship, rule*. *Restore to the throne*: P. κατάγειν ἐπὶ βασιλείᾳ.

Throned, adj. *Seated*: P. and V. κᾰθήμενος.

Throng, subs. P. and V. ὄχλος, ὁ, πλῆθος, τό, σύλλογος, ὁ, σῠ́νοδος, ἡ, ὅμῑλος, ὁ, V. ὁμήγῠρις, ἡ, ὁμῑλία, ἡ.

Throng, v. trans. P. and V. πληροῦν.

Be thronged with: P. and V. γέμειν (gen.); see *be full of*, under *full*.
V. intrans. P. and V. σῠνέρχεσθαι, ἀθροίζεσθαι, σῠναθροίζεσθαι. *Throng round*: P. περιρρεῖν (acc.).

Thronged, adj. P. and V. πλήρης; see *full*.

Thronging, adj. P. and V. ἀθρόος, πυκνός.

Throstle, subs. See *thrush*.

Throttle, v. trans. P. and V. ἄγχειν, ἀπάγχειν, Ar. and P. πνῑγειν, ἀποπνῑγειν.

Throttling, subs. V. ἀγχόνη, ἡ (Eur., *H. F.* 154).

Through, prep. P. and V. διά (gen.). *Owing to*: P. and V. διά (acc.). *With states of feeling*: P. and V. ὑπό (gen.). *All join forces through fear*: P. πάντα . . . ὑπὸ δεοὺς συνίσταται (Thuc. 6, 33). *Through anger*: V. ὀργῆς ὕπο (Eur., *I. A.* 335). *Throughout, of place*: P. and V. διά (gen.), κᾰτᾰ́ (acc.), ἀνά (acc.) (Thuc. 4, 72, Dem. 1277, but rare P.). *Of time*: P. and V. διά (gen.). *Right through*: V. διαμπερές (gen.), διαμπάξ (gen.).

Through, adv. *Right through*: P. and V. διαμπερές (Plat., *Phaedo*, 111E, *Rep.* 616E), διαμπάξ (Xen.). *Thinking there was a way right through to the outside*: P. οἰόμενοι . . . εἶναι . . . ἀντίκρυς δίοδον εἰς τὸ ἔξω (Thuc. 2, 4). *Through and through, completely*: P. and V. παντελῶς, πάντως, διᾰ τέλους, V. διαμπάξ. *All through*: P. and V. διᾰ τέλους, Ar. and P. διᾰ παντός, P. κατὰ πάντα; see *throughout*. *Carry through*, v.: see *accomplish*. *Fall through, fail*: P. and V. κᾰκῶς χωρεῖν, οὐ προχωρεῖν. *Go through*: P. and V. διέρχεσθαι (acc.), Ar. and V. διᾰπερᾶν (acc.) (rare P.), V. διέρπειν (acc.), διαστείχειν (acc.); see under *go*. Met., see *endure*.

Throughout, prep. *Of place*: P. and V. διά (gen.), κᾰτᾰ́ (acc.), ἀνά (acc.) (Thuc. 4, 72, Dem. 1277, but rare P.). *Of time*: P. and V. διά (gen.).

Throughout, adv. *In every part*: P. and V. πανταχοῦ, πανταχῇ, Ar. and P. πάντῃ, P. ἑκασταχοῦ, V. ἁπανταχοῦ, ἁπανταχῇ. *Of time, all through*: P. and V. διᾰ τέλους, Ar. and P. διᾰ παντός. *The lucky are not lucky all through*: οἱ δ' εὐτυχοῦντες διὰ τέλους οὐκ εὐτυχεῖς (Eur., *H. F.* 103).

Throw, v. trans. P. and V. βάλλειν, ῥίπτειν, ἀφῑέναι, μεθῑέναι (rare P.), Ar. and V. ἱέναι, V. δῐκεῖν (2nd aor.), ἰάπτειν. *Throw in wrestling*: Ar. and P. κᾰτᾰπᾰλαίειν (the passage in Eur., *I. A.* 1013, is doubtful), P. and V. κᾰτᾰβάλλειν. *Trip up*: P. ὑποσκελίζειν. *Throw (a rider)*: P. and V. ἀνᾰχαιτίζειν, Ar. and P. ἀποσείεσθαι (Xen.), P. ἀναβάλλειν (Xen.). *Throw the javelin*: P. and V. ἀκοντίζειν. *Throw about*: Ar. and P. διαρριπτεῖν (Xen.). *Throw around*: P. and V. περῐβάλλειν, Ar. and V. ἀμφῐτῐθέναι, V. ἀμφῐβάλλειν. *Throw aside*: P. and V. ἀποβάλλειν, ἐκβάλλειν, ἀπορρίπτειν, μεθῑέναι, ἀφῑέναι, V. ἐκρίπτειν. *Lose wilfully*: P. and V. ἀποβάλλειν, P. προΐεσθαι. *Reject*: P. and V. ἀπωθεῖν (or mid.), πᾰρωθεῖν (or mid.), διωθεῖσθαι; see *reject*. *Throw away*: P. and V. ἀποβάλλειν, ἀπορρίπτειν; see *throw aside*. *Throw back the head*: P. and V. ἀνᾰκύπτειν (Eur., *Cycl.* 212, also Ar.). *His head is thrown back*: V. κάρα . . . ὑπτιάζεται (Soph., *Phil.* 822). *Throw down*: P. and V. κᾰτᾰβάλλειν, V. κᾰταρρίπτειν. *Throw down one's arms*: P. and V. ὅπλα ἀφῑέναι. *Throw down upon*: V. ἐγκᾰτασκήπτειν (τί τινι), ἐπεμβάλλειν (τι). *Bring low*: P. and V. κᾰθαιρεῖν; see also *upset*. *Be thrown from a chariot*: V. ἐκκῠλίνδεσθαι (gen.) (Soph., *O. R.* 812). *Throw in* or *into*: P. and V. εἰσβάλλειν, ἐμβάλλειν; see also *insert*. *Throw fire into*: P. and

V. πῦρ ἐνῑέναι εἰς (acc.). *Throw oneself into*: P. and V. εἰσπίπτειν (P. εἰς, acc., V. dat. alone); see *rush into*. *Throw in one's lot with*: P. συνίστασθαι (dat.), P. and V. ἵστασθαι μετά (gen.). *Throw into (a state of feeling)*: P. and V. κăθιστάναι εἰς (acc.). *Throw into confusion*: P. and V. συγχεῖν, τăράσσειν, συντăράσσειν; see *confound*. *Throw in one's teeth*: P. and V. ὀνειδίζειν (τί τινι). *Throw off (clothes)*: P. and V. ἐκδύεσθαι, Ar. and P. ἀποδύεσθαι. *Throw away*: P. and V. ἀποβάλλειν, ἐκβάλλειν. *Reject*: P. and V. ἀπωθεῖν (or mid.), πăρωθεῖν (or mid.); see *reject*. Met., *throw off a feeling, etc.*: P. and V. ἀφῑέναι, μεθῑέναι. *Shake off*, met.: Ar. and P. ἀποσείεσθαι (Plat., *Gorg.* 484A). *Throw off the yoke of*: use P. and V. ἀφίστασθαι (gen.) (lit., *revolt from*), or use *be rid of*, see *rid*. *Throw on*: P. and V. ἐπῐβάλλειν (τί τινι). *Throw blame on*: P. αἰτίαν ἀνατιθέναι (dat.); see *impute*. *Throw oneself on (another's mercy, etc.)*: P. παρέχειν ἑαυτόν (lit., *yield oneself up*). *Throw out*: P. and V. ἐκβάλλειν, ἀποβάλλειν; see *cast out*. *Be thrown out*: P. and V. ἐκπίπτειν, V. ἐκπίτνειν. *Reject*: P. and V. ἀπωθεῖν (or mid.), πăρωθεῖν (or mid.). *Throw out a proposal, vote against it*: Ar. and P. ἀποχειροτονεῖν. *Throw out (words)*: P. and V. ἐκβάλλειν, V. ῥίπτειν, ἐκρίπτειν, ἀπορρίπτειν. *Throw over, throw round*: P. and V. περῐβάλλειν, V. ἀμφῐβάλλειν. Met., *betray*: P. and V. προδῐδόναι. *Fling away*: P. προΐεσθαι; see *resign*. *Throw round*: P. and V. περῐβάλλειν, V. ἀμφῐβάλλειν, Ar. and V. ἀμφῐτῐθέναι. *As a defence*: P. προσπεριβάλλειν. *Throw up*: P. and V. ἀνăδῐδόναι (Eur., *Frag.*), ἀνῑέναι. *Cast ashore*: P. and V. ἐκφέρειν, V. ἐκβάλλειν; see under *ashore*. *Cast up in one's teeth*: P. and V. ὀνειδίζειν (τί τινι). *Throw up earth*: P. ἀναβάλλειν χοῦν (Thuc., 4, 90), P. and V. χοῦν. *They proceeded to throw up an embankment against the city*: P. χῶμα ἔχουν πρὸς τὴν πόλιν (Thuc. 2, 75). *These are the defences I threw up to protect Attica*: P. ταῦτα προὐβαλόμην πρὸ τῆς Ἀττικῆς (Dem. 325). Met., *throw up (a post, etc.)*: P. and V. ἐξίστασθαι (gen.), ἀφίστασθαι (gen.); see *resign*. *Throw upon*: see *throw on, throw down upon*. *Throw oneself upon*: see *attack*.

Throw, subs. P. ῥῖψις, ἡ. *Range*: P. and V. βολή, ἡ. *Of the dice*: V. βολή, ἡ, βλῆμα, τό. *Day by day you make your throw adventuring war against the Argives*: V. ἡμέραν ἐξ ἡμέρας ῥίπτεις κυβεύων τὸν πρὸς Ἀργείους Ἄρη (Eur., *Rhes.* 445). *I trust that it* (the people) *will yet throw a different cast of the dice*: V. ἔτ' αὐτὸν ἄλλα βλήματ' ἐν κύβοις βαλεῖν πέποιθα (Eur., *Supp.* 330). *Of a quoit*: V. δίσκημα, τό (Soph., *Frag.*). In wrestling; P. and V. πάλαισμα, τό. *If you be matched and receive a fatal throw*: V. εἰ παλαισθεὶς πτῶμα θανάσιμον πεσεῖ (Eur., *El.* 686).

Thrum, v. intrans. *Play a stringed instrument*: Ar. and P. ψάλλειν.

Thrush, subs. Ar. κίχλη, ἡ.

Thrust, v. trans. P. and V. ὠθεῖν; see *push*. *Plunge a weapon into*: see *drive*. *Thrust away*: P. and V. ἀπωθεῖν, διωθεῖσθαι, V. ἐξăπωθεῖν. *Thrust forward, put forward*: P. and V. προτείνειν; as leader, etc.: P. προτάσσειν. *For a long time each of us has been thrusting the other forward*: P. πάλαι ἡμῶν ἑκατέρος . . . τὸν ἕτερον προωθεῖ (Plat., *Phaedo*, 84D). *Thrust off, put out from land*: P. and V. ἀπαίρειν; see *put out*.

Thrust, subs. *Push*: P. ὠθισμός, ὁ. *Blow*: P. and V. πληγή, ἡ.

Thud, subs. P. and V. ψόφος, ὁ,

V. δοῦπος, ὁ (also Xen. but rare P.).

Thumb, subs. No separate word; use *finger*. *Under the thumb of*: met., use adj., P. and V. ὑπήκοος (gen. or dat.), ὑποχείριος (dat.); or prep., P. and V. ὑπό (dat.).

Thumb, v. trans. *Thumb (a book)*: use Ar. and P. πᾰτεῖν (*Av.* 471; Plat., *Phaedr.* 273A).

Thump, v. trans. P. and V. κρούειν; see *strike*.

Thump, subs. *Blow*: P. and V. πληγή, ἡ. *Noise*: P. and V. ψόφος, ὁ; see *noise*.

Thunder, subs. P. and V. βροντή, ἡ (Thuc. 2, 77; Plat., *Rep.* 621B). *Clap of thunder*: P. and V. βροντή, ἡ, V. βροντήμᾰτα, τά, βρόμος, ὁ. *Noise*: P. and V. ψόφος, ὁ; see *noise*.

Thunder, v. intrans. Ar. βροντᾶν (*Nub.* 580). *Make a noise*: P. and V. ψοφεῖν; see *crash*. *Thunder in speech*: Ar. βροντᾶν (*Ach.* 531).

Thunderbolt, subs. P. and V. κεραυνός, ὁ, σκηπτός, ὁ; see *bolt*. *Of a thunderbolt*, adj.: V. κεραύνιος. *Struck by the thunderbolt*: V. κεραύνιος. *Oh Zeus, who hurlest the thunderbolt*: Ar. ὦ Ζεῦ κεραυνοβρόντα (*Pax*, 376). *Blast with the thunderbolt*, v.: P. κεραυνοῦν (Plat.). *His might was blasted with the thunderbolt*: V. ἐξεβροντήθη σθένος (Æsch., *P. V.* 362).

Thunderstruck, adj. Ar. and P. ἐμβρόντητος, V. ἐπιβρόντητος. *Be thunderstruck*, v.: P. ἐμβροντᾶσθαι (Xen.). Met., *be astonished*: P. and V. ἐκπλήσσεσθαι; see *wonder*.

Thus, adv. P. and V. οὕτω, οὕτως, ὧδε, ταύτῃ, τῇδε, Ar. and P. οὑτωσί, ὡδί. *Not even thus*: P. and V. οὐδ᾽ ὥς, μηδ᾽ ὥς. *Even thus*: P. καὶ ὥς. *But let it be thus*: V. ἀλλ᾽ ὣς γενέσθω (Eur., *Tro.* 721; *I. T.* 603).

Thwart, v. trans. *Baffle*: P. and V. σφάλλειν. *Prevent*: P. and V. ἐμποδίζειν; see *prevent*. *Confound*: P. and V. συγχεῖν. *Be thwarted of*: P. and V. ψεύδεσθαι (gen.), σφάλλεσθαι (gen.), ἀποσφάλλεσθαι (gen.), ἁμαρτάνειν (gen.).

Thwarts, subs. *Seats for rowers*: V. ζῦγά, τά, σέλμᾰτα, τά, ἑδώλια, τά.

Thy, adj. P. and V. σός, or use V. σέθεν; e.g., κασίγνητος σέθεν, *thy brother* (Eur., *El.* 840; very common in Eur.). *Do you realise your sad plight?* V. αἰσθάνει κακῶν σέθεν; (Eur. *Tro.* 744).

Thyme, subs. Ar. θύμον, τό. *Wild thyme*: Ar. ἕρπυλλος, ὁ.

Thyrsus, subs. Ar. and V. θύρσος, ὁ (*Ran.* 1211; Eur., *Bacch.* 188).

Thyself, pron. Reflexive: P. and V. σαυτόν, σεαυτόν, sometimes in V. αὑτόν, ἑαυτόν. Emphatic: P. and V. αὐτός.

Tiara, subs. P. and V. τιάρᾱ, ἡ (Plat. and Soph., *Frag.*); see *crown*.

Ticket, subs. P. and V. σύμβολον, τό.

Tickle, v. trans. P. κνῆν (Plat.), γαργαλίζειν (Plat.). *Amuse*: Ar. and P. γέλωτα πᾰρέχειν (dat.), V. γέλωτα τῐθέναι (dat.). *Gratify*: P. and V. χᾰρίζεσθαι (dat.). *Please*: P. and V. ἀρέσκειν (acc or dat.), Ar. and V. ἁνδάνειν (dat.). *If ye say ought to tickle the mob*: V. ἤν τοῖσι πολλοῖς πρὸς χάριν λέγητέ τι (Eur., *Hec.* 257). *They composed (history) with a view to tickle the ears rather than tell the truth*: P. συνέθεσαν ἐπὶ τὸ προσαγωγότερον τῇ ἀκροάσει ἢ ἀληθέστερον (Thuc. 1, 21). V. intrans. P. γαργαλίζεσθαι (Plat.); see *itch*.

Tickling, subs. P. κνῆσις, ἡ, γαργαλισμός, ὁ (Plat.), Ar. γάργᾰλος, ὁ.

Tide, subs. *Current*: P. ῥεῦμα, τό (Thuc. 2, 102), ῥοή, ἡ (Plat., *Crat.* 402A). *With the tide*: P. κατὰ ῥοῦν. *Flow with a strong tide*, v.: P. and V. πολὺς ῥεῖν. *Be at high tide*, v.: use P. μέγας ῥεῖν. *Swell, wave*: P. and V. κῦμα, τό. *Return of the tide*: P. κύματος ἐπαναχώρησις

(Thuc. 3, 89). *Flood tide:* use P. θάλασσα κυματωθεῖσα (cf. Thuc. 3, 89). *Ebb and flow:* V. δίαυλοι κῡμάτων, οἱ. *Ebb:* V. πᾰλίρροια, ἡ, παλιρροίᾱ, ἡ (Soph., *Frag.*). Met., P. and V. κῦμα, κλύδων, ὁ. *Drift:* P. φορά, ἡ.

Tide over, v. trans. *Settle satisfactorily:* P. and V. εὖ τῐθέναι (or mid.), κᾰλῶς τίθεσθαι (or mid.).

Tidings, subs. *Message:* Ar. and P. ἀγγελία, ἡ, P. and V. ἄγγελμα, τό, P. ἀπαγγελία, ἡ, V. κηρῡκεύμᾰτα, τά. *News:* P. and V. νέον τι, καινόν τι. *Intelligence:* P. and V. πύστῐς, ἡ (Thuc. but rare P.), V. πευθώ, ἡ. *Rumour:* P. and V. φήμη, ἡ, λόγος, ὁ, V. βᾶξις, ἡ, κληδών, ἡ, κλέος, τό, Ar. and V. μῦθος, ὁ, φάτῐς, ἡ. *Tidings of capture:* V. βᾶξις ἁλώσῐμος, ἡ (Æsch., *Ag.* 10). *Bring good tidings,* v.: Ar. and P. εὐαγγελίζεσθαι. *Sacrifice offered for good tidings:* Ar. εὐαγγέλια, τά. *Bringing good tidings,* adj.: V. εὐάγγελος. *Bringing bad tidings:* V. κᾰκάγγελος.

Tidily, adv. Ar. and P. κοσμίως.

Tidiness, subs. P. and V. εὐκοσμία ἡ.

Tidy, adj. P. and V. εὔκοσμος, κόσμιος.

Tidy, v. trans. Use P. and V. κοσμεῖν, P. διακοσμεῖν.

Tie, subs. *Fastening:* P. and V. δεσμός, ὁ, σύνδεσμος, ὁ, ἅμμᾰ, τό (Plat.), V. ἁρμός, ὁ. Met., *bond of union:* P. and V. δεσμός, ὁ, σύνδεσμος, ὁ. *Duty:* P. and V. τὸ προσῆκον. *Ties of relationship* or *friendship:* P. and V. ἀνάγκη, ἡ, κῆδος, κηδεύμᾰτα, V. τὸ προσῆκον; see *relationship. The ties formed with Creon:* V. κῆδος ἐς Κρέοντ' ἀνημμένον (Eur., *H. F.* 35). *Old ties are forgotten in the face of new:* V. παλαιὰ καινῶν λείπεται κηδευμάτων (Eur., *Med.* 76). *Motherhood is a strong tie:* V. δεινὸν τὸ τίκτειν (Soph., *El.* 770; Eur., *I. A.* 917; cf. Ar., *Lys.* 884). *Relationship is a strong tie:* V. τὸ συγγενές γὰρ δεινόν (Eur., *And.* 985). *Hindrance:* P. ἐμπόδιον, τό; see *burden. Equality of number:* use P. and V. ἴσος ἀριθμος, ὁ.

Tie, v. trans. *Bind:* P. and V. δεῖν, συνδεῖν, V. ἐκδεῖν. *Attach:* P. and V. σῠνάπτειν, προσάπτειν, κᾰθάπτειν (Xen.), ἀνάπτειν, Ar. and V. ἐξάπτειν, V. ἐξᾰνάπτειν; see *fasten. Hinder:* P. and V. ἐμποδίζειν; see *shackle.* V. intrans. *Be equal:* P. ἰσάζειν. *Tie down (by oaths, etc.),* met.: P. καταλαμβάνειν; see under *oath. Tie up (what has come down),* v. trans: Ar. and V. ἀναστέλλεσθαι.

Tier, subs. *Layer:* P. ἐπιβολή, ἡ; see *row. In tiers, in order:* use P. and V. ἑξῆς, ἐφεξῆς.

Tiger, subs. P. τίγρις, ἡ (Arist.).

Tight, adj. P. ἐπιτεταμένος. *Firm:* P. and V. βέβαιος. *Tightly packed:* P. and V. πυκνός. *Water-tight:* see *waterproof.*

Tighten, v. trans. P. and V. τείνειν, ἐντείνειν, P. ἐπιτείνειν, συντείνειν. *Draw together:* P. and V. σῠνάγειν. *He dies when the noose is tightened:* P. τέθνηκεν ἐπισπασθέντος τοῦ βρόχου (Dem. 744). *Tightened noose:* V. ἐπισπαστοὶ βρόχοι (Eur., *Hipp.* 783).

Tightening, subs. P. ἐπίτασις, ἡ.

Tightly, adv. *Firmly:* P. and V. βεβαίως. *(Grasp) tightly:* P. and V. ἀπρίξ (Plat.).

Tightness, subs. P. διάτασις, ἡ.

Tile, subs. Ar. and P. κερᾰμίς, ἡ, κέρᾰμος, ὁ.

Tiling, subs. Ar. and P. κέρᾰμος, ὁ; see *roof.*

Till, conj. P. and V. ἕως, P. μέχρι, μέχρι οὗ, ἕωσπερ, V. ἔστε (also Plat., *Symp.* 211c, but rare P.). *Before:* P. and V. πρίν.

Till, prep. P. μέχρι (gen.), ἄχρι (gen.), (rare) and V. εἰς (acc.). *Till then, in the meantime:* P. and V. τέως. *Up to that time:* P. μέχρι τότε. *Till late:* P. ἕως ὀψέ. *Till to-day:* V. ἐς τόδ' ἡμέρας (Eur., *Alc.* 9).

Till, v. trans. P. ἐργάζεσθαι, ἐξεργάζεσθαι, P. and V. γεωργεῖν (Eur., *Rhes.* 176), V. γᾱπονεῖν (Eur., *Rhes.* 75). *Plough*: P. and V. ἀροῦν.

Tillage, subs. Ar. and P. ἐργᾰσία, ἡ, P. γεωργία, ἡ. *Land for tillage*: P. γῆ ἐργάσιμος, Ar. and V. ἄρουρα, ἡ (also Plat. but rare P.).

Tiller, subs. V. ἀροτήρ, ὁ; or use *farmer*. *Rudder*: P. and V. πηδᾰλιον, τό, or pl., V. οἴαξ, ὁ (also Plat. but rare P.), πλῆκτρα, τά (Soph., *Frag.*).

Tilt, v. trans. *Lean*: P. and V. κλῑνειν, ἐρείδειν (Plat. but rare P.); see *lean*. *Upset*: P. and V. ἀνατρέπειν, ἀναστρέφειν. *Raise*: P. and V. αἴρειν; see *raise*. V. intrans. P. and V. ῥέπειν. *Be upset*: P. and V. ἀνατρέπεσθαι, ἀναστρέφεσθαι. Met., *joust*: use *contend*.

Tilt, subs. *At full tilt, at a run*: P. and V. δρόμῳ, or use adj., Ar. and V. δρομαῖος.

Tilth, subs. *Cultivated land*: Ar. and V. ἄρουρα (also Plat. but rare P.), γύαι, οἱ.

Tilt-waggon, subs. Ar. and P. ἁρμᾰμαξα, ἡ (Xen.).

Timber, subs. P. and V. ξῠλον, τό; see *wood*. *Tree*: P. and V. δένδρον, τό. *Made of timber*, adj.: P. ξύλινος, V. δούρειος (also Plat. but rare P.), Ar. δούριος. *Woodwork*: P. ξύλωσις, ἡ.

Timbered, adj. *Well-timbered*: use P. ὑλώδης; see *wooded*.

Time, subs. *Time of day*: P. and V. ὥρα, ἡ; see *hour*. *What time is it?* Ar. and P. πηνῖκα ἐστί; *About what time died he?* Ar. πηνίκ' ἄττ' ἀπώλετο; (*Av.* 1514). Generally: P. and V. χρόνος, ὁ, V. ἡμέρα, ἡ. *Time of life*: Ar. and P. ἡλῐκία, ἡ, V. αἰών, ὁ. *Occasion*: P. and V. καιρός, ὁ. *Generation*: P. and V. αἰών, ὁ, Ar. and P. ἡλῐκία, ἡ. *Time for*: P. and V. ὥρα, ἡ (gen. or infin.), καιρός, ὁ (gen. or infin.), ἀκμή, ἡ (gen. or infin.). *Delay*: P. and V. μονή, ἡ, τρῖβή, ἡ, διατρῖβή, ἡ; see *delay*. *Leisure*: P. and V. σχολή, ἡ. *Want of time*: P. ἀσχολία, ἡ. *There is time, opportunity*, v.: P. ἐγχωρεῖ. *It is open*: P. and V. πᾰρέχει, ἔξεστι, πᾰρεστι. *After a time, after an interval*: P. and V. διὰ χρόνου. *Eventually*: P. and V. χρόνῳ, V. χρόνῳ ποτέ, σὺν χρόνῳ, ἐν χρόνῳ. *Seeing my friend after a long time*: V. χρόνιον εἰσιδὼν φίλον (Eur., *Or.* 475). *As time went on*: P. χρόνου ἐπιγιγνομένου (Thuc. 1, 126). *At another time*: P. and V. ἄλλοτε. *At times, sometimes*: P. and V. ἐνίοτε (Eur., *Hel.* 1213), V. ἔσθ' ὅτε, P. ἔστιν ὅτε. *At one time*: see *once*. *At one time . . . at another*: P. and V. τότε . . . ἄλλοτε, Ar. and P. τότε μέν . . . τότε δέ, ποτὲ μεν . . . ποτὲ δέ. *At the present time*: P. and V. νῦν; see *now*. *At some time or other*: P. and V. ποτε (enclitic). *At times I would have (food) for the day, at others not*: V. ποτὲ μὲν ἐπ' ἦμαρ εἶχον, εἶτ' οὐκ εἶχον ἄν (Eur., *Phoen.* 401). *At the time of*: P. παρά (acc.). *To enforce the punishment due by law at the time of the commission of the offences*: P. ταῖς ἐκ τῶν νόμων τιμωρίαις παρ' αὐτὰ τἀδικήματα χρῆσθαι (Dem. 229). *At that time*: see *then*. *At what time?* P. and V. πότε; *At what hour?* Ar. and P. πηνῖκα; indirect, Ar. and P. ὁπότε, P. and V. ὁπηνῖκᾰ. *For a time*: P. and V. τέως. *For all time*: P. and V. ἀεί, διὰ τέλους; see *for ever*, under *ever*. *For the third time*: P. and V. τρῖτον; P. τὸ τρίτον. *From time immemorial*: P. ἐκ παλαιτάτου. *From time to time*: P. and V. ἀεί. *Have time*, v.: P. and V. σχολάζειν, σχολὴν ἔχειν. *In time, after a time*: P. and V. διὰ χρόνου, χρόνῳ, V. χρόνῳ ποτέ, σὺν χρόνῳ, ἐν χρόνῳ. *At the right moment*: P. and V. καιρῷ, ἐν καιρῷ, εἰς καιρὸν, καιρίως (Xen.), εἰς δέον, ἐν τῷ δέοντι, ἐν κἄλῷ, εἰς καλόν, V. πρὸς καιρόν, πρὸς τὸ καίριον, ἐν δέοντι; see *seasonably*. *They wanted to get the work done in time*: P. ἐβούλοντο φθῆναι ἐξεργασάμενοι (Thuc. 8, 92). *In the time of*: Ar. and P. ἐπί (gen.). *Lose time*, v.: see *waste time*. *Save time*: use P. and V. θάσσων εἶναι (*be quicker*). *Take time, be long*: P. and V. χρονίζειν, χρόνιος εἶναι, *involve delay*: use P. μέλλησιν ἔχειν. *It will take time*: P. χρόνος ἐνέσται. *To another time, put off to another time*: P. and V. εἰς αὖθις ἀποτίθεσθαι. *Waste time*, v.: P. and V. μέλλειν, χρονίζειν, σχολάζειν, τρῖβειν, βρᾰδΰνειν, Ar. and P. διατρῖβειν; see *delay*. *Times, the present*: P. and V. τὰ νῦν, P. τὰ νῦν καθεστῶτα. *Many times*: P. and V. πολλάκις. *Three times*: P. and V. τρίς. *A thousand times wiser*: V. μυρίῳ σοφώτερος (Eur., *And.* 701); see under *thousand*. *How many times as much?* adj.: P. ποσαπλάσιος; *four times as much*: P. τετραπλάσιος, τετράκις τοσοῦτος (Plat., *Men.* 83B). *Four times four are sixteen*: P. τεττάρων τετράκις ἐστὶν ἑκκαίδεκα (Plat., *Men.* 83C). *How many feet are three times three?* τρεῖς τρὶς πόσοι εἰσὶ πόδες; (Plat., *Men.* 83E).

Time, subs. *Rhythm*: P. and V. ῥυθμός, ὁ. *Keeping time*, adj.: Ar. and P. εὔρυθμος. *Give the time (to rowers)*, v.: P. κελεύειν (dat.). *One who gives the time (to rowers)*: P. and V. κελευστής, ὁ.

Time, v. trans. *Arrange*: P. and V. τίθεσθαι. *Measure*: P. and V. μετρεῖν. *Well-timed*, adj.: see *timely*. *Ill-timed*: P. and V. ἄκαιρος.

Time-honoured, adj. Use *ancient*, *venerable*.

Time-limit, subs. *For bringing a case into court*: P. προθεσμία, ἡ.

Timeliness, subs. P. εὐκαιρία, ἡ.

Timely, adj. P. and V. καίριος, ἐπίκαιρος, V. εὔκαιρος, αἴσιος; see *seasonable*.

Timepiece, subs. Ar. κλεψύδρα, ἡ.

Time server, subs. *Flatterer*: Ar. and P. κόλαξ, ὁ.

Timid, adj. P. φοβερός, περιδεής. *Cowardly*: P. and V. δειλός, ἄτολμος, Ar. and P. μᾰλᾰκός, Ar. and V. μαλθᾰκός, V. ἄψυχος, ἄναλκις, ἄσπλαγχνος, κᾰκόσπλαγχνος, φῐλόψῡχος; see *cowardly*.

Timidity, subs. P. and V. δειλία, ἡ, ἀνανδρία, ἡ, P. ἀτολμία, ἡ, V. ἀψῡχία, ἡ, κᾰκανδρία, ἡ; see *cowardice*. *Fear*: P. and V. φόβος, ὁ, δέος, τό, δεῖμα, τό; see *fear*.

Timidly, adv. P. φοβερῶς. *In a cowardly way*: P. ἀνάνδρως.

Timocracy, subs. P. τιμοκρατία, ἡ (Plat.), τιμαρχία, ἡ (Plat.).

Timocratic, adj. P. τιμοκρατικός.

Timorous, adj. See *timid*.

Timorously, adv. See *timidly*.

Timorousness, subs. See *timidity*.

Tin, subs. P. κασσίτερος, ὁ (Plat., *Critias*, 116B).

Tincture, v. trans. *Taint*: P. and V. μιαίνειν; see *taint*, *mix*.

Tinder, subs. Use P. and V. πῦρεῖα, τά. *Firewood*: Ar. and P. φρύγᾰνα, τά.

Tinge, v. trans. *Colour*: P. χρώζειν (Plat.); see *colour*. *Dye*: P. and V. βάπτειν. *Mix*: P. and V. φύρειν (Plat.); see *mix*. *Diversify*: P. and V. ποικίλλειν, P. διαποικίλλειν.

Tinge, subs. *Colour*: P. and V. χρῶμα, τό, χροά, ἡ (Plat.), Ar. and V. χροιά, ἡ.

Tingle, v. intrans. P. ὀδάξειν (Xen.); see also *burn*. *Desire*: P. and V. ἐπῐθῡμεῖν, ἐφίεσθαι. *Itch*: Ar. and P. κνησιᾶν.

Tingling, subs. *Tickling*: P. γαργαλισμός, ὁ (Plat.), κνῆσις, ἡ, Ar. γάργᾰλος, ὁ. *Prick, sting*: V. θάλπος, τό.

Tinkle, v. trans. *Shake*: P. and V. σείειν. V. intrans. P. and V. κροτεῖν, ψοφεῖν.

Tinkle, subs. P. and V. ψόφος, ὁ.

Tinsel, subs. Met., *ornament*: P. and V. κόσμος, ὁ, *Show*: P. and V. σχῆμα, τό, πρόσχημα, τό.

Tinsel, adj. *Showy*: use P. and V. εὐπρεπής.

Tint, subs. P. and V. χρῶμα, τό, χροά, ἡ (Plat.), Ar. and V. χροιά, ἡ.

Tint, v. trans. P. χρώζειν (Plat.). *Dye*: P. and V. βάπτειν.

Tiny, adj. P. and V. μικρός, σμικρός, V. ἀήσυρος (used of ants, Æsch., *P. V.* 452). *Young*: V. τυτθός (Æsch., *Frag.*); see *young*.

Tip, subs. *Sharp end of anything*: Ar. and V. ἀκμή, ἡ (Eur., *Supp.* 318). *Tips of wings*: Ar. πτερύγων ἀκμαί (*Ran.* 1353). *Tip of a spear*: P. and V. λόγχη, ἡ (Plat., *Lach.* 183D). *Tip of an arrow*: V. γλωχίς, ἡ. *The tip of anything*: use adj., P. and V. ἄκρος, agreeing with subs. *The tips of one's fingers*: P. χεῖρες ἄκραι (Plat.), cf. V. ἄκρα χείρ (Eur., *Hel.* 1444). *Scraping away the earth with the tips of their fingers*: V. ἄκροισι δακτύλοισι διαμῶσαι χθόνα (Eur., *Bacch.* 709). *The tip of one's tongue*: see under *tongue*. *Tip-toe*: see under *tiptoe*.

Tip, v. trans. *Lift, raise*: P. and V. αἴρειν; see *raise*. *Lean*: P. and V. κλίνειν. *Tip up, upset*: P. and V. ἀνατρέπειν, ἀναστρέφειν; see *upset*.

Tipple, v. intrans. P. and V. μεθύειν (Eur., *Cycl.*), μεθύσκεσθαι (Eur., *Cycl.*).

Tippler, subs. Ar. φῐλοπότης, ὁ.

Tippling, subs. P. φιλοποσία, ἡ; see *drunkenness*.

Tipsiness, subs. P. and V. μέθη, ἡ.

Tipsy, adj. *Drunk*: P. and V. μεθύων (Eur., *Cycl.*), μεθυσθείς (Eur., *Cycl.*), Ar. and V. πεπωκώς; see also *drunken*.

Tip-toe, subs. P. and V. ἄκρος πούς, V. ἄκρος δάκτῠλος, ὁ. *On tip-toe*: V. ἐπ' ἄκρων (Soph., *Aj.* 1230), ἄκροισι δακτύλοισι (Eur., *I. T.* 266). *Tread on tip-toe*: P. ἄκρῳ ποδὶ ἐπιβαίνειν (Plat., *Lach.* 183B). *Standing on tip-toe*: V. ὄνυχας ἐπ' ἄκρους στάς (Eur., *El.* 840). *Walking on tip-toe*: V. ἐν δ' ἄκροισι βὰς ποσί (Eur., *Ion*, 1166). *On the tip-toe of excitement*, adj.: P. μετέωρος, ὀρθός. *All the rest of Greece was on the tip-toe of excitement at the conflict of the leading states*: P. ἡ ἄλλη Ἑλλὰς πᾶσα μετέωρος ἦν συνιουσῶν τῶν πρώτων πόλεων (Thuc. 2, 8). *Be on the tip-toe of excitement*, v.: Ar. and P. ἐπαίρεσθαι, P. αἰωρεῖσθαι, P. and V. ἀναπτεροῦσθαι (Xen. also Ar.).

Tirade, subs. *Accusation*: P. and V. ἔγκλημα, τό, P. κατηγορία, ἡ; see *accusation*. *Speech*: P. and V. ῥῆσις, ἡ, P. δημηγορία, ἡ.

Tire, v. trans. *Adorn*: P. and V. κοσμεῖν, V. σχημᾰτίζεσθαι; see *adorn*. *Fatigue*: P. and V. τρύχειν (only pass. used in P.), πιέζειν, Ar. and P. ἀποκναίειν, κᾰτατρῖβειν, P. ἐκτρυχοῦν, V. τρῦειν (also used in Plat. but rare P.), Ar. and V. τείρειν, V. γυμνάζειν. *Distress*: P. and V. ὄχλον πᾰρέχειν (dat.), Ar. and P. ἐνοχλεῖν (acc. or dat.), πράγμᾰτα πᾰρέχειν (dat.), V. ὀχλεῖν, P. διοχλεῖν. *Be tired*: P. and V. κάμνειν (rare P.), ἀπειπεῖν, τρῦχεσθαι, P. ἀποκάμνειν, καταπονεῖσθαι, Ar. and V. τείρεσθαι, Ar. κοπιᾶν, V. κᾰταξαίνεσθαι. *Tire of*: P. ἐκκάμνειν (acc.). *Be sated with*: P. and V. πλησθῆναι (gen.) (1st aor. pass. of πιμπλάναι), Ar. and V. κορεσθῆναι (gen.) (1st aor. pass. of κορεννύναι), V. κόρον ἔχειν (gen.). *Be disgusted with*: P. and V. ἄχθεσθαι (dat.), P. χαλεπῶς φέρειν (acc.). *Tire out*, v. trans.: P. τρίβειν, Ar. and P. κᾰτατρίβειν; see *tire*.

Tired, adj. See *weary*.

Tireless, adj. V. ἄτρῡτος, P. ἄκοπος, Ar. ἀκᾰμᾰτος.

Tiresome, adj. P. and V. βᾰρύς,

ὀχληρός, λῡπηρός, δυσχερής, Ar. and P. χᾰλεπός; see *troublesome*.

Tiresomely, adv. P. and V. λῡπηρῶς;

Tiresomeness, subs. P. βαρύτης, ἡ.

Tire-woman, subs. Ar. and P. κομμώτρια, ἡ.

Tiring, adj. P. and V. βᾰρύς.

Tissue, subs. *Cloth*: P. and V. ὕφασμα, τό. *Fine cloth*: P. and V. σινδών, ἡ. *Embroidery*: P. and V. ποίκιλμα, τό. *A dress embroidered with gold tissue*: P. κόσμος χρυσόπαστος, ὁ (Dem. 127). *A tissue of*: V. περιπλοκαί αἱ (gen.).

Tit for Tat, *repay tit for tat*: V. τὸν αὐτὸν . . . τίσασθαι τρόπον (Æsch., *Theb.* 638), παθὼν ἀντιδρᾶν (Eur., *And.* 438). *Requite (a person) tit for tat*: P. τοῖς ὁμοίοις ἀμύνεσθαι (acc.). *Get tit for tat*: P. and V. ἀντῐπάσχειν.

Tithe, subs. Ar. and P. δεκάτη, ἡ. *Exact tithes from*, v.: P. δεκατεύειν (acc.).

Titillate, v. trans. and intrans. See *tickle*.

Titillation, subs. See *tickling*.

Title, subs. *Name*: P. and V. ὄνομα, τό, P. ἐπίκλησις, ἡ, V. κληδών, ἡ. *Honour*: P. and V. τῑμή, ἡ. *Prerogative*: P. and V. γέρᾰς, τό. *Reputation*: P. and V. δόξᾰ, ἡ, κλέος, τό. *Claim*: see *claim, right*. *Do you not see that Philip's very titles are utterly alien to this (liberty)?* P. οὐχ ὁρᾶτε Φίλιππον ἀλλοτριωτάτας ταύτῃ καὶ τὰς προσηγορίας ἔχοντα; (Dem. 71).

Title-deeds, subs. *Documents*: Ar. and P. γράμμᾰτα, τά.

Titter, subs. P. and V. γέλως, ὁ; see *laugh*.

Titter, v. intrans. P. and V. γελᾶν; see *laugh*.

Tittle, subs. See *jot*.

Tittle-tattle, subs. See *gossip*.

Titular, subs. Use P. ὁ λεγόμενος.

To, prep. P. and V. πρός (acc.), ἐπί (acc.). *Straight to*: Ar. and P. εὐθύ (gen.), V. εὐθύς (gen.). *Into*: P. and V. εἰς (acc.), ἐς (acc.). *Towards*: P. and V. ἐπί (gen.). *To (a person)*: P. and V. πρός (acc.), πᾰρά (acc.), ὡς (acc.) (Eur., *El.* 409; *Hec.* 993). *To the sound of*: P. and V. ὑπό (gen.). *In addition to*: P. and V. πρός (dat.), ἐπί (dat.). *In comparison with*: P. and V. πρός (acc.). *In preference to*: P. and V. πρό (gen.), V. πρόσθε (gen.), πάρος (gen.). *To and fro, up and down*: P. and V. ἄνω κάτω, ἄνω τε καὶ κάτω. *Backwards and forwards*: V. πάλιν τε καὶ πρόσω (Eur., *Hec.* 958). *On this side and on that*: V. ἐκεῖσε κἀκεῖσε, κἀκεῖσε καὶ τὸ δεῦρο.

Toad, subs. P. φρύνη, ἡ (Aristotle). *Frog*: Ar. and P. βάτρᾰχος, ὁ (Plat.).

Toady, subs. Ar. and P. κόλαξ, ὁ.

Toady, v. trans. P. and V. θωπεύειν, ὑπέρχεσθαι, ὑποτρέχειν, Ar. and P. ὑποπίπτειν, κολᾰκεύειν; see *flatter*.

Toadyism, subs. P. and V. θωπεία, ἡ, P. κολακεία, ἡ; see *flattery*.

Toast, v. trans. *Drink a health to*: P. προπίνειν (dat.) (Xen.) (also Absol. Ar., *Thesm.* 631); see *pledge*.

Tocsin, subs. *Alarm-bell*: P. and V. κώδων, ὁ or ἡ.

To-day, adv. Ar. and P. τήμερον, V. σήμερον, ἐν τῇδ' ἡμέρᾳ, τῇδ' ἐν ἡμέρᾳ. *Till to-day*: V. ἐς τόδ' ἡμέρας.

To-day, subs. P. and V. ἥδε ἡ ἡμέρα (or omit article in V.), ἡ νῦν ἡμέρα. *Till to-day*: P. ἄχρι τῆς τήμερον ἡμέρας (Dem. 118).

Toe, subs. P. and V. δάκτῠλος, ὁ (Xen., *An.* 5, 4; and Eur., *I. T.* 266, also Ar.), Ar. δακτῠλίδιον, τό.

Toga, subs. τήβεννα, ἡ (late).

Together, adv. P. and V. ἅμᾰ, ὁμοῦ, V. ὁμαρτῇ. *Alike*: P. and V. ἅμᾰ, ὁμοῦ, ὁμοίως, V. ὁμῶς. *In common*: P. and V. κοινῇ, εἰς κοινόν, V. κοινῶς, εἰς τὸ κοινόν (Eur., *Tro.* 696), ξῡνῇ. *In a body*: use adj., P. and V. ἀθρόος. *Together with*: P. and V. ἅμᾰ (dat.), ὁμοῦ (dat.) (Thuc. 7, 19, but rare P.).

Toil, v. intrans. P. and V. ἐργάζεσθαι, πονεῖν, ἐκπονεῖν, κάμνειν (rare P.), μοχθεῖν (rare P.); see *labour*. *Toil at*: P. and V. ἐργάζεσθαι (acc.), σπουδάζειν (acc.), V. πονεῖν (acc.) (rare P.), μοχθεῖν (acc.). *Toil for (on behalf of)*: V. ὑπερκάμνειν (gen.), προκάμνειν (gen.) ὑπερπονεῖσθαι (gen.).

Toil, subs. P. and V. πόνος, ὁ, Ar. and V. μόχθος, ὁ, V. μοχθήμᾰτα, τά, ἆθλος, ὁ, κάμᾰτος, ὁ. *Work*: P. and V. ἔργον, τό. *Exertion*: P. and V. σπουδή, ἡ. *Industry*: P. φιλοπονία, ἡ.

Toilet, subs. *Adornment of the person*: use P. καλλωπισμός, ὁ.

Toils, subs. *Snare*: P. and V. πᾰγη, ἡ (Plat.). Met., P. and V. ἀρκῠς, ἡ (Plat.), δίκτυον, τό (Xen. also Ar.), βρόχος, ὁ (Plat.). *Trap*: P. θήρατρον, τό (Xen.); see *snare*. Met., V. ἀρκῠς, ἡ, ἄγρευμα, τό; see also *net*. *In the toils of justice*: V. τῆς δίκης ἐν ἕρκεσιν (Æsch., *Ag.* 1611). *In the midst of the toils*: V. ἐν μέσοις ἀρκυστάτοις (Soph., *El.* 1476). *I drove him into the toils of woe*: V. εἰσέβαλλον εἰς ἕρκη κακά (Soph., *Aj.* 60). *Rushing into the meshes of the toils*: V. ἐσπεσοῦσα δικτύων βρόχους (Eur., *Or.* 1315).

Toilsome, adj. Ar. and P. ἐπίπονος, χᾰλεπός, P. and V. βᾰρῠς, προσάντης (Plat.), V. πολῠπονος, δυσπόνητος; see *laborious*.

Toilsomely, adv. *With difficulty*: Ar. and P. χᾰλεπῶς, τᾰλαιπώρως, P. ἐπιπόνως, V. δυσπετῶς, P. and V. μόγῐς, μόλῐς; see *laboriously*.

Toilsomeness, subs. P. βαρύτης, ἡ.

Token, subs. P. and V. σύμβολον, τό, σημεῖον, τό, τεκμήριον, τό, V. τέκμᾰρ, τό. *Counter*: P. and V. σύμβολον, τό.

Tolerable, adj. P. and V. φορητός, ἀνεκτός (both generally with negatives but see Dem. 652 and Thuc. 7, 77), ἀνασχετός (generally with negative, rare P. but found Thuc. 1, 118), Ar. and V. τλητός (with negative), P. οἰστός (Thuc.). *Reasonable*: P. and V. ἐπιεικής, εὔλογος. *Moderate*: P. and V. μέτριος.

Tolerably, adv. *Endurably*: P. ἀνεκτῶς (Isoc. 208). *Moderately*: P. and V. μετρίως, μέσως, Ar. and P. ἐπιεικῶς.

Tolerance, subs. *Patience*: P. καρτερία, ἡ, καρτέρησις, ἡ. *Making allowances*: P. and V. συγγνώμη, ἡ. *Kindness*: P. φιλανθρωπία, ἡ; see *kindness*.

Tolerant, adj. *Patient*: P. καρτερικός, V. τλήμων. *Kind*: P. and V. φῐλάνθρωπος; see *kind*. *Be tolerant of, acquiesce in*: P. and V. στέργειν (acc. or dat.); see *acquiesce*, *endure*, *forgive*. *Forgiving*: P. and V. συγγνώμων.

Tolerantly, adv. *Patiently*: V. τλημόνως. *Kindly*: P. φιλανθρώπως; see *kindly*.

Tolerate, v. trans. *Endure*: P. and V. φέρειν, ἀνέχεσθαι, ὑφίστασθαι, P. ὑπομένειν, V. καρτερεῖν, Ar. and V. τλῆναι (2nd aor. of τλᾶν) (Isoc. also but rare P.), ἀνατλῆναι (2nd aor. of ἀνατλᾶν) (Plat. also but rare P.), ἐξᾰνέχεσθαι; see *endure*. *Permit, overlook*: P. ὑπερορᾶν. *Pardon*: P. and V. συγγιγνώσκειν (dat. of pers., acc., gen., or dat. of thing).

Toleration, subs. *Permission*: P. and V. ἐξουσία, ἡ. *Pardon*: P. and V. συγγνώμη, ἡ; see also *tolerance*.

Toll, subs. Ar. and P. τέλος, τό, P. τελωνικά, τά; see *tribute*.

Toll, v. trans. *Of a bell*: use P. and V. κροτεῖν. V. intrans. Use P. and V. ἠχεῖν (Plat.), ψοφεῖν.

Toll-collecting, subs. P. τελωνία, ἡ.

Toll-collector, subs. Ar. and P. τελώνης, ὁ. *Be a toll-collector*, v.: P. τελωνεῖν (Dem. 719).

Tomb, subs. P. and V. θήκη, ἡ, μνῆμα, τό, τάφος, ὁ (Dem. 187 and 426), Ar. and P. σῆμα, τό, Ar.

and V. τᾰφή, ἡ, τύμβος, ὁ, V. χῶμα, τό (rare P.), τύμβευμα, τό. *One who rifles tombs*: Ar. τυμβώρῠχος, ὁ.

Tomb-stone, subs. Ar. and P. στήλη, ἡ.

Tome, subs. Use *book*.

Tomfoolery, subs. Ar. and P. λῆρος, ὁ, φλυᾱρία, ἡ, P. ὕθλος, ὁ.

To-morrow, adv. P. and V. αὔριον. *The morrow*, subs.: P. and V. ἡ αὔριον, ἡ αὔριον ἡμέρα, V. ἡ ἐς αὔριον ἡμέρα. *The day after to-morrow*: P. ἡ τρίτη. *On the day after to-morrow*: P. τῇ ἔνῃ. *Till the day after to-morrow*: Ar. εἰς ἔνην (*Ach.* 172), εἰς τρίτην ἡμέραν (*Lys.* 612).

Tone, subs. *Pitch of voice*: Ar. and P. τόνος, ὁ. *Voice*: P. and V. φωνή, ἡ. *Lower your tone*: Ar. ὕφεσθε τοῦ τόνου (*Vesp.* 337). *The tone of the cry is all confused*: V. πᾶν γὰρ μίγνυται μέλος βοῆς (Eur., *El.* 756). *Good state of health*: P. and V. εὐεξία, ἡ (Eur., *Frag.*). *State, condition*: P. and V. κᾰτάστᾰσις, ἡ.

Tone down, v. trans. *Reduce*: P. and V. συστέλλειν. *Call by pretty names*: Ar. and P. ὑποκορίζεσθαι. V. intrans. Met., *become humble*: Ar. and V. ὑφίεσθαι.

Tongs, subs. P. θερμαστρίς, ἡ (Aristotle).

Tongue, subs. P. and V. γλῶσσα, ἡ, often P. and V. στόμᾰ (*mouth*). *Speech, language*: P. and V. γλῶσσα, ἡ, φωνή, ἡ, V. φᾰτις, ἡ, φθόγγος, ὁ. *Have on the tip of one's tongue*: V. διὰ γλώσσης ἔχειν, cf. ἀνὰ στόμ' ἀεὶ καὶ διὰ γλώσσης ἔχειν (Eur., *And.* 95), and ἔχειν διὰ στόμα (Ar., *Lys.* 855). *Give tongue*, v.: P. and V. κλαγγαίνειν (Xen.); see *bark*. *Give tongue to evil words*: V. ἐπιγλωσσᾶσθαι κακά. *Hold one's tongue*: P. and V. σῑγᾶν, σιωπᾶν; see *keep silence*, under *silence*. *Tie (a person's) tongue*: P. ἐμφράσσειν στόμα, Ar. ἐπῐβύειν στόμᾰ. *Wield a ready tongue*, v.: Ar. γλωττοστροφεῖν. *Tongue of a balance*: Ar. and P. τρῠτάνη, ἡ. *Tongue of a musical instrument*: P. γλῶσσα, ἡ. *Tongue of land*: P. and V. ἰσθμός, ὁ, αὐχήν, ὁ (Xen. and Eur., *El.* 1288).

To-night, subs. P. and V. ἥδε ἡ νύξ. In verse article may be omitted.

Tonnage, subs. *A boat of 500 talents tonnage*: P. πλοῖον . . . εἰς πεντακόσια τάλαντα ἄγον μέτρα (Thuc. 4, 118).

Tonsure, subs. V. κουρά, ἡ.

Tonsured, adj. Use adj., V. ξῠρήκης, Ar. and V. κεκαρμένος; see *shaved*.

Too, adj. P. and V. ἄγᾱν, λίᾱν, περισσῶς; see *excessively*. *Thinking myself really too honest to obtain safety by resorting to these courses*: P. ἡγησάμενος ἐμαυτὸν τῷ ὄντι ἐπιεικέστερον ἢ ὥστε εἰς ταῦτ' ἰόντα σώζεσθαι (Plat., *Ap.* 36B). *Also, in addition*: P. and V. καί. *Further*: P. and V. ἔτῐ, Ar. and P. προσέτῐ. *And that too*: P. and V. καὶ ταῦτα.

Tool, subs. P. ἐργαλεῖον, τό, σιδήριον, τό, P. and V. ὄργᾰνον, τό σίδηρος, ὁ (Thuc. 4, 69). Met., *hireling*: use adj., Ar. and P. μισθωτός. *Slave*: P. and V. δοῦλος, ὁ. *It is plain if he be acquitted now that he will be his (Philip's) tool against you*: δῆλός ἐστιν ἄνπερ ἐκφύγῃ νῦν καθ' ὑμῶν ὑπάρξων ἐκείνῳ (Dem. 377).

Tooth, subs. P. and V. ὀδούς, ὁ. *With the teeth*, adv.: Ar. and V. ὀδάξ. *With a single tooth*, adj.: V. μονόδους. *Have one's teeth set on edge*, v.: P. αἱμωδιᾶν (Aristotle). *Set the teeth on edge*, met.: use *disgust*. *Show the teeth*: Ar. σεσηρέναι (perf. of σαίρειν). *Take the bit in the teeth*: P. ἐνδάκνειν χαλινόν (Plat.), V. ἐνδάκνειν στόμια. *Tooth of a wedge*: V. σφηνὸς γνάθος, ἡ (Æsch., *P. V.* 64). *Cast in one's teeth*: P. and V. ἐπιπλήσσειν (τί τινι), ἐπαιτιᾶσθαί (τινά τινος), ὀνειδίζειν (τί τινι).

Toothless, adj. Ar. νωδός.

Toothsome, adj. P. and V. γλῠκύς. *A toothsome morsel*: P. and V. ὄψον, τό (Æsch., *Frag.*).

Top, subs. *Crest*: P. and V. κορῠφή, ἡ, ἄκρον, τό, V. ἄκρα, ἡ, P. ἀκρωνυχία, ἡ (Xen.). *The top of*, use adj., P. and V. ἄκρος, agreeing with subs. *The top of the mound*: V. ἄκρα κολώνη (Soph., *El.* 894). *On the top of the declivity*: P. ἐπ' ἄκροις τοῖς κρημνοῖς (Thuc., 6, 97). *The surface*: P. τὸ ἐπιπολῆς. *On the top of*: Ar. and P. ἐπῐπολῆς (gen.). Met., *in addition to*: P. and V. πρός (dat.), ἐπί (dat.). *On the top, above*: P. and V. ἄνω. *To the top, upwards*: P. and V. ἄνω. *From top to bottom*: P. and V. κᾰτ' ἄκρας; see *utterly*. Met., *the highest point*: P. and V. ἀκμή, ἡ, ἄκρον, τό. *Child's toy*: P. στρόβιλος, ὁ, Ar. βέμβιξ, ἡ.

Top, v. trans. P. and V. ὑπερέχειν (gen.); see *excel, exceed*.

Top, adj. P. and V. ἄκρος. *Foremost*: P. and V. πρῶτος.

Toper, subs. Ar. φῐλοπότης, ὁ.

Top-heavy, adj. *The building becoming top-heavy suddenly collapsed*: P. τὸ οἴκημα λαβὸν μεῖζον ἄχθος ἐξαπίνης κατερράγη (Thuc. 4, 115).

Topic, subs. P. and V. λόγος, ὁ. *Matter*: P. and V. πρᾶγμα, τό. *Be a topic of general talk*, v.: P. and V. θρῡλεῖσθαι.

Topmost, adj. P. and V. ἄκρος (Soph., *Aj.* 1277). See *Foremost*.

Topography, subs. *Acquainted with the topography of a place*: use P. ἔμπειρος τῆς χώρας.

Topple, v. trans. *Throw down*: P. and V. κᾰτᾰβάλλειν, V. κᾰταρρίπτειν. *Bring low*: P. and V. κᾰθαιρεῖν. *Upset*: P. and V. ἀνατρέπειν, ἀναστρέφειν. V. intrans. *Fall*: P. and V. πίπτειν, κᾰτᾰπίπτειν (Eur., *Cycl.*). *Collapse*: P. and V. συμπίπτειν, Ar. and P. κᾰταρρήγνυσθαι, κᾰταρρεῖν.

Topsy-turvy, adj. *Bottom upwards*: P. and V. ὕπτιος. *Turn topsy-turvy*: P. ἄνω κάτω στρέφειν; see *upside down*. *Disordered*: P. ταραχώδης.

Tor, subs. See *hill, rock*.

Torch, subs. P. and V. λαμπάς, ἡ, Ar. and P. δᾴς, ἡ, V. δᾶλός, ὁ, πᾶνός, ὁ (rare Æsch., *Ag.* 284; Eur., *Rhes.* 988), πεύκη, ἡ, πύρσος, ὁ, λαμπτήρ, ὁ. *Bear a torch*, v.: V. δᾳδουχεῖν, πυρφορεῖν. *Torch-light procession*: P. λαμπάς, ἡ (Plat., *Rep.* 328A), V. φᾰναί, αἱ (Eur., *Rhes.* 943; *Ion*, 550).

Torch bearer, subs. V. λαμπᾰδηφόρος, ὁ.

Torment, v. trans. P. and V. λῡπεῖν, ἀνῑᾶν, Ar. and V. κνίζειν; see *vex, distress*. *Harass*: P. and V. πιέζειν, δάκνειν, αἰκίζεσθαι, Ar. and V. τείρειν, πημαίνειν (rare P.), V. γυμνάζειν.

Torment, subs. *Pain*: P. and V. λύπη, ἡ, ἀνῑα, ἡ, ἀλγηδών, ἡ, ἄλγημα, τό, ὀδύνη, ἡ, Ar. and V. ἄλγος, τό, ἄχος, τό. *Distress*: P. ταλαιπωρία, V. δύη, ἡ, πῆμα, τό, πημονή, ἡ; see *torture*.

Torn, adj. See under *tear*.

Tornado, subs. P. and V. χειμών, ὁ, Ar. and V. θύελλα, ἡ, τῡφώς, ὁ, V. χεῖμα, τό. *Storm of wind*: P. πολὺς ἄνεμος, ὁ, Ar. and P. πρηστήρ, ὁ (Xen.).

Torpid, adj. *Numb*: P. ἀπονεναρκωμένος; see *numb, stiff*. *Be torpid*, v.: P. ναρκᾶν (Plat.). *Dull, without feeling*: P. and V. ἀμβλύς. *Sluggish*: P. and V. νωθής, V. νωχελής. *Unenergetic*: P. ἀπρόθυμος, ὀκνηρός. *Make torpid, dull*: P. and V. ἀμβλύνειν, ἀπαμβλύνειν, V. κᾰταμβλύνειν.

Torpidness, subs. See *torpor*.

Torpor, subs. Ar. and P. νάρκη, ἡ. *Want of sensation*: P. ἀναισθησία, ἡ. *Want of energy*: P. and V. ὄκνος; ὁ, see *idleness*. *I like not his extreme torpor*: V. οὐ γάρ μ' ἀρέσκει τῷ λίαν παρειμένῳ (Eur., *Or.* 210).

Torque, subs. See *necklace*.

Torrent, subs. P. χείμαρρος, ὁ, ῥύαξ, ὁ, V. ῥεῖθρον χείμαρρον, τό; see *stream*. *This whole plot would have burst like a torrent over the city*: P. ὥσπερ χείμαρρος ἂν ἅπαν τοῦτο τὸ πρᾶγμα εἰς τὴν πόλιν εἰσέπεσε (Dem., 278). *Of a torrent*, adj.: V. χείμαρρος. *Torrent bed*: Ar. and P. χᾰράδρα, ἡ. Met., of words: Ar. κρουνός, ὁ. *When Pytho grew bold and poured forth a torrent of invective against you, I did not give way*: P. ἐγὼ μὲν τῷ Πύθωνι θρασυνομένῳ καὶ πολλῷ ῥέοντι καθ' ὑμῶν οὐχ ὑπεχώρησα (Dem. 272).

Torrid, adj. P. and V. θερμός; see *hot*.

Tortoise, subs. Ar. and V. χελώνη, ἡ (Soph., *Frag.*).

Tortoise shell, subs. P. χελώνιον, τό (Aristotle).

Tortuous, adj. *Crooked*; P. σκολιός (Plat.), P. and V. καμπῦλος (Plat.). *Distorted*: V. διάστροφος. *Deceitful*: P. and V. ποικῖλος, διπλοῦς, P. σκολιός (Plat.), V. ἑλικτός, πλᾰ́γιος. *Hard to understand*: P. and V. ᾰ̓σᾰφής; see *obscure*. *Having crooked thoughts never sound, but tortuous every way*: V. ἑλικτὰ κοὐδὲν ὑγιὲς ἀλλὰ πᾶν πέριξ φρονοῦντες (Eur., *And.* 448). *I have said these things, mother, taking each by itself, devising no tortuous mode of speech*: V. ταῦτ' αὔθ' ἕκαστα, μῆτερ, οὐχὶ περιπλοκὰς λόγων ἀθροίσας εἶπον (Eur., *Phoen.* 494).

Tortuously, adv. *In a round about way*: V. πέριξ. *Cunningly*: Ar. and V. δόλῳ. *Act tortuously*: P. πράσσειν σκολία (Plat.).

Torture, v. trans. *Rack*: Ar. and P. στρεβλοῦν, βᾰσᾰνίζειν, P. διαστρεβλοῦν. *Ill-treat*: P. and V. αἰκίζεσθαι; see *ill-treat*. Met., P. and V. λῡπεῖν, ᾰ̓νῑᾶν; see *distress*. *Be tortured, be on the rack*: use also Ar. and P. πᾰρᾰτείνεσθαι.

Torture, subs. Ar. and P. βᾰ́σᾰνος, ἡ. *Rack*: Ar. and P. τροχός, ὁ. *Ill-treatment*: P. and V. αἰκία, ἡ, αἴκισμα, τό. Met., P. and V. λῡ́πη, ἡ, ᾰ̓νία, ἡ; see *distress, pain*. *Put to the torture*, v.: P. ἀναβιβάζειν ἐπὶ τὸν τροχόν. *Be put to the torture*: P. ἐπὶ τὸν τροχὸν ἀναβαίνειν, Ar. and P. ἐπὶ τοῦ τροχοῦ στρεβλοῦσθαι. *Demand for torture*: P. ἐξαιτεῖν (acc.). *Offer (a slave) for torture*: P. ἐκδιδόναι.

Torturer, subs. P. βασανιστής, ὁ.

Torturing, adj. Met., P. and V. λῡπηρός, πικρός, ἀλγεινός, βᾰρύς, V. λυπρός, λῡμαντήριος; see *distressing*.

Toss, v. trans. *Throw*: P. and V. βάλλειν, ῥίπτειν, V. δῖκεῖν (2nd aor.); see *throw*. *Brandish*: P. and V. σείειν, Ar. and V. πάλλειν, κρᾰδαίνειν, τῑνάσσειν. *Rock*: P. and V. σείειν, V. σᾰλεύειν. *Swing*: V. σφενδονᾶν, διᾰφέρειν, Ar. and V. κυκλεῖν, P. αἰωρεῖν. *Toss the head*: Ar. κερουτιᾶν (*Eq.* 1344). *Toss to and fro*: V. διασφαιρίζειν. Ar. and V. στροβεῖν. *Toss off*: see *quaff*. *Extemporise*: P. αὐτοσχεδιάζειν. V. intrans. *Turn over and over*: Ar. στρέφεσθαι (*Nub.* 36), ῥιπτάζεσθαι (*Lys.* 27). *Be disturbed*: Ar. and V. στροβεῖσθαι. *Toss about at sea*: P. ἀποσαλεύειν. *Rock to and fro*: P. and V. σᾰλεύειν. *Wave*: P. and V. αἰωρεῖσθαι. *Be tossed as in a storm*, met.: P. and V. χειμάζεσθαι, σᾰλεύειν. *Tossed on the sea*: V. θᾰλασσόπλαγκτος, θᾰλάσσῃ ἐναιωρούμενος (Eur., *Cycl.* 700).

Toss, subs. *Throw*: P. ῥῖψις, ἡ. *Range*: P. and V. βολή, ἡ.

Tossing, subs. Of the sea: Ar. and V. σᾰ́λος, ὁ. *Heaving motion*: P. αἰώρησις, ἡ (Plat.).

Total, adj. P. and V. ὅλος, πᾶς, ἅπᾱς, V. πρόπᾱς.

Total, subs. P. and V. ὁ πᾶς ἄριθμος, πλῆθος τό (Dem. 815), τὸ σύμπᾰν, P. κεφάλαιον, τό.

Totally, adv. P. and V. πάντως, παντελῶς, P. ὅλως; see *altogether*.

Tot down, v. trans. Ar. and P. συγγρᾰφειν.

Totter, v. intrans. P. and V. σείεσθαι. *Stagger*: Ar. and P. ἰλιγγιᾶν, σφάλλεσθαι (Xen.). *Swoon*: P. λιποψυχεῖν, V. προλείπειν. *Reel before an attack*: P. κλίνεσθαι; see *reel*. *Tremble*: P. and V. τρέμειν. *Be in distress*: P. and V. κάμνειν, πονεῖν; see *labour*. *The house long left in decay totters to its fall*: V. χρόνῳ δ' ἀργῆσαν ἤμυσε στέγος (Soph., *Frag.*).

Tottering, adj. Ar. and V. τρομερός.

Tot up, v. trans. *Calculate*: P. and V. λογίζεσθαι; see *count*. *Tot up to, amount to*, v. intrans.: P. γίγνεσθαι.

Touch, subs. *Sense of*: P. ἁφή, ἡ, ἐπαφή, ἡ. *Blow*: P. and V. πληγή, ἡ. *A touch of*, met.: use τι, e. g., *a touch of suspicion*: P. and V. ὑπονοίας τι. *Be in touch with*: P. and V. ὁμῑλεῖν (dat). *Get into touch with (an enemy)*: P. and V. ὁμόσε χωρεῖν (dat.). *Bring into touch with, adapt*: P. and V. προσαρμόζειν; see *adapt*. *Put the finishing touch to*: see under *finishing*.

Touch, v. trans. P. and V. ἅπτεσθαι (gen.), ἐφάπτεσθαι (gen.) (Plat.), V. θιγγάνειν (gen.) (also Xen.), προσθιγγάνειν (gen.), ψαύειν (gen.) (rare P.), ἐπιψαύειν (gen.), προσψαύειν (absol.), ποτιψαύειν (absol.), χρώζειν (acc.) (Eur., *Phoen.* 1625). Met., *affect, move*: P. and V. ἅπτεσθαι (gen.), V. ἀνθάπτεσθαι (gen.), θιγγᾰνειν (gen.), ψαύειν (gen.); see *affect*. *Overcome*: P. κατακλᾶν, P. and V. θέλγειν (Plat. but rare P.), τέγγειν (Plat. but rare P.), V. νῑκᾶν. *Soften*: V. μαλθάσσειν, Ar. and V. μᾰλάσσειν. *Take in hand*: P. and V. ἅπτεσθαι (gen.), ἐγχειρεῖν (dat.), ἐπῐχειρεῖν (dat.), Ar. and P. μετᾰχειρίζειν (or mid.), V. θιγγᾰνειν (gen.) (also Xen. but rare P.), προσθιγγᾰνειν (gen.), ψαύειν (gen.), ἐπιψαύειν (gen.). *Touch at, put in at*: P. and V. προσσχεῖν (2nd aor. of προσέχειν) (dat. or εἰς, acc. or V. acc. alone), P. σχεῖν (2nd aor. of ἔχειν) (dat. or πρός, acc.), V. ψαύειν (gen.) (Eur., *Or.* 369); see under *put in*. *Touch on*: see *touch upon*. *Border on*: P. ἔχεσθαι (gen.). *Touch up, work up*: Ar. and P. ἀπεργάζεσθαι. *Touch upon*: P. and V. ἅπτεσθαι (gen.) (Eur., *Hec.* 586), P. ἐπιλαμβάνεσθαι (gen.) (Plat., *Rep.* 449D); see *discuss, skim*.

Touching, prep. See *concerning*. *Touching your question*: V. ὃ δ' οὖν ἐρωτᾶτε (Æsch., *P. V.* 226).

Touching, adj. *Piteous*: P. and V. οἰκτρός.

Touchingly, adv. *Piteously*: P. and V. οἰκτρῶς.

Touch-stone, subs. Ar. and P. βᾰσᾰνος, ἡ, P. λίθος, ἡ (Plat., *Gorg.* 486D).

Tough, adj. P. and V. στερεός, Ar. and V. στερρός, V. στυφλός, περισκελής. *Stubborn*: P. and V. σκληρός, αὐθάδης. *Tough as maple*: Ar. σφενδάμνῖνος (*Ach.* 181). *Tough as oak*: Ar. πρῖνῖνος (*Ach.* 180).

Toughly, adv. P. σκληρῶς.

Toughness, subs. P. στερεότης, ἡ. *Obstinacy*: P. σκληρότης, ἡ.

Tour, subs. P. and V. πορεία, ἡ; see *journey*.

Tourist, subs. See *traveller, stranger*.

Tournament, subs. P. and V. ἀγών, ὁ, ἅμιλλα, ἡ.

Tourney, subs. See *tournament*.

Tourney, v. intrans. P. and V. ἀγωνίζεσθαι, ἁμιλλᾶσθαι.

Tow, subs. P. στυππεῖον, τό (Xen.). *Seller of tow*: Ar. στυππειοπώλης, ὁ.

Tow, v. trans. P. and V. ἕλκειν, ἐφέλκειν. *Take in tow*: P. ἀναδεῖσθαι (Thuc. 2, 92). *They did not take the hulls in tow*: P. τὰ σκάφη οὐχ εἷλκον ἀναδούμενοι (Thuc. 1, 50). *Be towed along the shore*: P. ἀπὸ κάλω παραπλεῖν (Thuc. 4, 25).

Towards, prep. P. and V. πρός (acc.), ἐπί (gen.). *With personal objects*: P. and V. πρός (acc.); see *to*. Met., *of feelings towards*:

P. and V. πρός (acc.), εἰς (acc.). *Of time, about:* P. and V. περί (acc.), V. ἀμφί (acc.) (rare P.). *Towards dawn:* P. ἐπὶ τὴν ἕω (Thuc. 2, 84). *Straight towards:* Ar. and P. εὐθύ (gen.), V. εὐθύς (gen.).

Towel, subs. P. and V. χειρόμακτρον, τό (Xen. and Soph., *Frag.*), Ar. ἡμῐτύβιον, τό.

Tower, subs. P. and V. πύργος, ὁ, V. πύργωμα, τό. *Space between two towers:* P. μεταπύργιον, τό. Met., *tower of strength:* V. πύργος, ὁ, ἔρῠμα, τό; see *bulwark*. *Watch tower:* see *watch tower*. *He hurled him from the flat top of a tower:* V. ἀπ' ἄκρας ἧκε πυργώδους πλακός (Soph., *Tr.* 273). *Fortify with towers*, v.: V. πυργοῦν (acc.). *With seven towers*, adj.: V. ἑπτάπυργος.

Tower, v. intrans. P. and V. αἴρεσθαι, Ar. and P. μετεωρίζεσθαι. *Tower over:* V. ὑπερτέλλειν (gen.). *Excel:* P. and V. ὑπερέχειν (gen.); see *excel*. *(The pine) towered upright far into the sky:* V. (ἐλάτη) ὀρθὴ δ' ἐς ὀρθὸν αἰθέρ' ἐστηρίζετο (Eur., *Bacch.* 1073). *We saw a wave that towered to heaven:* V. εἴδομεν κῦμ' οὐρανῷ στηρίζον (Eur., *Hipp.* 1206). *A fame that towers to heaven:* V. οὐρανῷ στηρίζον . . . κλέος (Eur., *Bacch.* 972).

Towered, adj. V. ὑψίπυργος, καλλῐπύργωτος, Ar. and V. καλλίπυργος.

Towering, adj. P. and V. ὑψηλός, V. ὑψίπυργος, ὀρθόκρᾱνος, ὑψαύχην, ὑψῐγέννητος; see *high*. *In a towering passion:* use adj., P. περιοργής. *Towering to the stars:* V. ἀστρογείτων. *So that they left in flight the towering steep of the battlements:* V. ὥστ' ἐπάλξεων λιπεῖν ἐρίπνας φυγάδας (Eur., *Phoen.* 1167).

To wit, adv. See *namely*.

Town, subs. P. and V. ἄστῠ, τό. *City:* P. and V. πόλῐς, ἡ, V. πτόλῐς, ἡ. *Of the town,* as opposed to *country,* adj.: P. and V. ἀστῐκός.

Town clerk, subs. Ar. and P. γραμμᾰτεύς, ὁ.

Town council, subs. Ar. and P. βουλευτήριον, τό (Thuc. 2, 15).

Town hall, subs. P. ἀρχεῖον, τό. *The town hall at Athens:* Ar. and P. πρῠτᾰνεῖον, τό, P. θόλος, ἡ.

Towns folk, subs. P. and V. ἀστοί, οἱ. *Citizens:* P. and V. πολῖται, οἱ.

Township, subs. P. and V. πόλισμα, τό.

Townsman, subs. P. and V. ἀστός, ὁ, πολῖτης, ὁ. Opposed to *countryman:* V. ἀστίτης, ὁ (Soph., *Frag.*).

Toy, subs. Ar. and P. παίγνιον, τό, V. ἄθυρμα, τό (Eur., *Frag.*).

Toy with. V. P. and V. παίζειν πρός (acc.).

Trace, v. trans. *Track:* P. and V. ἰχνεύειν, μετέρχεσθαι, V. ἐξιχνεύειν, ἰχνοσκοπεῖν, ἐξιχνοσκοπεῖν (or mid.), μαστεύειν, μεταστείχειν, Ar. and V. μᾰτεύειν. *See, perceive:* P. and V. ὁρᾶν; see *perceive*. *Trace in a person or thing:* Ar. and P. ἐνορᾶν τί τινι, or τι ἔν τινι. *Embroider:* P. and V. ποικίλλειν. *Draw, etc.:* P. and V. γράφειν. *Trace under:* P. ὑπογράφειν (Plat., *Prot.* 326D). *Trace in outline:* P. σκιαγραφεῖν, ὑπογράφειν. *Trace to, ascribe to:* P. and V. ἀνᾰφέρειν (τι εἴς τινα). *Trace one's decent:* P. γενεαλογεῖν. *Both the families of Hercules and Achaemenes trace their descent to Perseus son of Zeus:* P. τὸ Ἡρακλέους τε γένος καὶ τὸ Ἀχαιμένους εἰς Περσέα τὸν Διὸς ἀναφέρεται (Plat., *Alci. I.* 120E). *Trace one's descent to Hercules:* P. ἀναφέρειν εἰς Ἡρακλέα (Plat., *Theaet.* 175A). *I will trace back their lineage for you:* V. πάλιν δὲ τῶνδ' ἄνειμι σοὶ γένος (Eur., *Heracl.* 209).

Trace, subs. P. and V. ἴχνος, τό. *Track:* V. στίβος, ὁ (also Xen.). *A trace of,* met.: use P. and V. τι. *A trace of anger:* P. and V. ὀργῆς τι; see *jot*. *So that not even a* *trace of the walls is visible*: V. ὥστ' οὐδ' ἴχνος γε τειχέων εἶναι σαφές (Eur., *Hel.* 108).

Traceable, adj. *Visible*: P. and V. δῆλος, φᾰνερός; see *attributable*.

Trace horse, subs. Ar. and V. σειρᾱφόρος, ὁ, V. σειραῖος ἵππος, ὁ.

Tracery, subs. P. and V. ποίκιλμα, τό, P. ποικιλία, ἡ.

Traces, subs. *Straps*: use P. and V. ἱμάντες, οἱ.

Trachea, subs. Ar. and V. λάρυγξ, ὁ (Eur., *Cycl.*).

Tracing, subs. *Outline*: P. ὑπογραφή, ἡ. *To write by following the tracing of the lines*: P. γράφειν κατὰ τὴν ὑφήγησιν τῶν γραμμῶν (Plat., *Prot.* 326D).

Track, subs. *Trace*: P. and V. ἴχνος, τό, V. στίβος, ὁ (also Xen.). *On the track*: P. and V. κᾰτ' ἴχνος, P. κατὰ πόδας. *Path*: P. and V. ὁδός, ἡ, V. τρίβος, ὁ or ἡ (also Xen. but rare P.), οἶμος, ὁ or ἡ (also Plat. but rare P.), στίβος, ὁ. πόρος, ὁ, Ar. and P. ἀτρᾰπός, ἡ, Ar. and V. κέλευθος, ἡ.

Track, v. trans. P. and V. ἰχνεύειν (Plat.), μετέρχεσθαι, V. ἐξιχνεύειν, ἰχνοσκοπεῖν, ἐξιχνοσκοπεῖν (or mid.), μαστεύειν, μεταστείχειν, Ar. and V. μᾰτεύειν. *Pursue*: P. and V. διώκειν, θηρᾶν (or mid.) (Xen.), θηρεύειν; see *pursue*. *Track by scent*: V. ῥινηλᾰτεῖν (acc.).

Tracker, subs. V. μαστήρ, ὁ.

Trackless, adj. P. ἀτριβής, P. and V. ἄβᾰτος, V. ἄστιπτος, ἀστῐβής, δῠσεύρετος.

Tract, subs. *Wide stretch of country*: V. πλάξ, ἡ; see *expanse*. *Plain*: P. and V. πεδίον, τό. *Country, space*: P. and V. χώρα, ἡ. *Open space*: P. εὐρυχωρία, ἡ. *Place*: P. and V. τόπος, ὁ. *Circumference*: P. and V. κύκλος, ὁ, περῐβολή, ἡ, περίβολος, ὁ.

Tractability, subs. P. εὐμάθεια, ἡ. *Obedience*: P. and V. πειθαρχία, ἡ; see also *gentleness*.

Tractable, adj. P. εὐάγωγός, εὐμαθής, εὐήνιος, V. εὔαρκτος, φῐλήνιος. *Obedient*: P. and V. εὐπειθής (Plat.), κᾰτήκοος (Plat.), V. εὐπῐθής, πείθαρχος. *Tame*: P. and V. τῐθᾰσός (Soph., *Frag.*), ἥμερος, P. χειροήθης, Ar. ἠθάς.

Traction, subs. *Haulage*: P. ὁλκή, ἡ (Plat.).

Trade, subs. Ar. and P. ἐμπορία, ἡ, P. ἐργασία, ἡ. *Money making*: P. χρηματισμός, ὁ. *Exchange*: P. ἀλλαγή, ἡ; see *exchange*. *Business*: P. ἐργασία, ἡ, πραγματεία, ἡ, ἀσχολία, ἡ, ἐπιτήδευμα, τό. *Handicraft*: Ar. and P. χειρουργία, ἡ, P. and V. τέχνη, ἡ, V. χειρωναξία, ἡ. *Being engaged in trade by sea*: P. ἐπὶ τῆς ἐργασίας ὢν τῆς κατὰ θάλασσαν (Dem. 893). *Be engaged in trade by sea*: P. κατὰ θάλασσαν ἐργάζεσθαι (Dem. 1297). *Ply a petty trade*, v.: P. and V. κᾰπηλεύειν. *Of trade*, adj.: Ar. and P. ἐμπορῐκός.

Trade, v. intrans. P. ἐμπορεύεσθαι, ἐργάζεσθαι. *Make money*: P. χρηματίζεσθαι. *Trade in a small way*: P. and V. κᾰπηλεύειν. *Trade in*: Ar. and V. ἐμπολᾶν (acc.), διεμπολᾶν (acc.), ἀπεμπολᾶν (acc.). *Buy*: P. and V. ὠνεῖσθαι, Ar. and P. ἀγοράζειν; see *buy*. *Sell*: Ar. and P. πωλεῖν; see *sell*. *Trade upon, put to use*, met.: P. and V. χρῆσθαι (dat.). *Take advantage of*: P. and V. ἀπολαύειν (gen.). *Trade with*: Ar. ἀγοράζειν πρός (acc.).

Trader, subs. P. and V. ἔμπορος, ὁ.

Tradesman, subs. P. and V. κάπηλος ὁ (Soph., *Frag.*). *Money maker*: P. χρηματιστής, ὁ.

Trade winds, subs. P. ἐτησίαι, οἱ.

Trading station, subs. Ar. and P. ἐμπόριον, τό.

Tradition, subs. *Story*: P. and V. λόγος, ὁ, μῦθος, ὁ. *Hearsay*: P. ἀκοή, ἡ. *Memory*: P. and V. μνήμη, ἡ. *Hand down by tradition*, v.: P. and V. πᾰρᾰδῐδόναι. *Handing down by tradition*: P. παράδοσις, ἡ. *Those who have received the* *clearest accounts by tradition from their predecessors*: P. οἱ τὰ σαφέστατα . . . μνήμῃ παρὰ τῶν πρότερον δεδεγμένοι (Thuc. 1, 9). *The earliest of those whom we know by tradition*: P. παλαίτατος ὧν ἀκοῇ ἴσμεν (Thuc. 1, 4). *The traditions of our fathers, which we possess as a heritage coeval with our years, no reasoning shall overthrow*: V. πατρίους παραδοχὰς ἅς θ' ὁμήλικας χρόνῳ κεκτήμεθ' οὐδεὶς αὐτὰ καταβαλεῖ λόγος (Eur., *Bacch*. 201).

Traditional, adj. *Handed down*: P. παραδεδομένος. *Legendary*: P. μυθώδης. *Customary*: P. and V. σῠνήθης, νόμῐμος; see *customary*. *Traditional accounts of past events*: P. αἱ ἀκοαί τῶν προγεγενημένων (Thuc. 1, 20).

Traditionally, adv. *By hearsay*: P. ἀκοῇ. *By memory*: P. and V. μνήμῃ.

Traduce, v. trans. P. and V. διᾰβάλλειν; see *slander*.

Traffic, subs. *Trade*: Ar. and P. ἐμπορία, ἡ. *Crowd, press*: P. and V. ὄχλος, ὁ.

Traffic, v. intrans. P. ἐμπορεύεσθαι, ἐργάζεσθαι. *Traffic for gain*: V. ἐξεμπολᾶν κέρδος (Soph., *Phil*. 303). *Traffic in*: Ar. and V. ἐμπολᾶν (acc.), διεμπολᾶν (acc.), ἀπεμπολᾶν (acc.), V. ὁδᾶν (acc.) (Eur., *Cycl*.), ἐξοδᾶν (acc.) (Eur., *Cycl*.). *Traffic with, trade with*: Ar. ἀγοράζειν πρός (acc.). Met., *intrigue with*: P. and V. πράσσειν εἰς (acc.) or πρός (acc.); see *intrigue*. *Long have I been bought and trafficked in*: V. ἐξημπόλημαι κἀκπεφόρτισμαι πάλαι (Soph., *Ant*. 1036).

Trafficking, subs. *Selling*: P. and V. πρᾶσις, ἡ (Soph., *Frag*.). *Buying*: P. and V. ὠνή, ἡ (Soph., *Frag*.). Met., *intrigue*: P. παρασκευή, ἡ.

Tragedian, subs. *Tragic actor*: Ar. and P. τρᾰγῳδός, ὁ. *Tragic poet*: Ar. and P. τρᾰγῳδός, ὁ, τρᾰγῳδοποιός, ὁ, τρᾰγῳδοδῐδάσκᾰλος, ὁ.

Tragedy, subs. Ar. and P. τρᾰγῳδία, ἡ. Met., *calamity*: P. and V. συμφορά, ἡ, κᾰκόν, τό, πᾰθος, τό, πᾰθημα, τό. *Act a tragedy*, v.: Ar. and P. τρᾰγῳδεῖν.

Tragic, adj. *Connected with tragedy*: Ar. and P. τρᾰγῐκός, τρᾰγῳδῐκός. Met., *sad*: P. and V. βᾰρύς, ἄθλιος, τᾰλαίπωρος; see *sad*.

Tragical, adj. See *tragic*.

Tragically, adv. P. τραγικῶς. Met., *in a sad way*: P. and V. ἀθλίως; see *sadly*. *Narrate tragically*, v.: P. τραγῳδεῖν (acc.).

Trail, subs. *Track*: P. and V. ἴχνος, τό, V. στῐ́βος, ὁ (also Xen.). *On the trail*: P. and V. κᾰτ' ἴχνος, P. κατὰ πόδας. *Trail of fire*: V. φλογὸς πώγων, ὁ (Æsch., *Ag*. 306).

Trail, v. trans. *Let drag*: P. and V. ἕλκειν (Plat., *Rep*. 365c), V. ἐξέλκειν. V. intrans. P. and V. φέρεσθαι, ἕλκεσθαι (Plat., *Tim*. 91E). *Stream*: V. ᾄσσειν, ἀΐσσειν, ᾄσσεσθαι. *Letting his dress trail to his ankles*: P. θοἰμάτιον καθεὶς ἄχρι τῶν σφυρῶν (Dem. 442).

Trailing, subs. P. ἕλξις, ἡ.

Trailing, adj. *Of a robe*: P. and V. ποδήρης (Xen.). *Of hair*: V. τᾰναός, κεχῠμένος.

Train, v. trans. P. and V. ἀσκεῖν (Eur., *Rhes*. 947), κᾰταρτῐ́ειν (Plat.), γυμνάζειν. *Teach, bring up*: P. and V. παιδεύειν, ἐκπαιδεύειν, τρέφειν, ἐκτρέφειν, παιδᾰγωγεῖν. *Tame*: P. and V. ἡμεροῦν, P. τιθασεύειν. *Break in*: V. δᾰμάζειν, πωλοδαμνεῖν. *Direct*: P. and V. εὐθῡ́νειν. *Lead*: P. and V. ἄγειν.

Train, subs. *Sucession*: P. and V. διᾰδοχή, ἡ. *Troop, band*: V. στόλος, ὁ; see *troop*. *Retinue*: P. ἀκολουθία, ἡ (Plat.), or use Ar. and P. θερᾰ́ποντες, οἱ, V. θέρᾰπες, οἱ (also Xen.); see *attendant*. *Bringing in my train many grievous troubles*: V. πολλὰς ἐφέλκων συμφορὰς ἀμηχάνους (Eur., *Med*. 552). *Exile brings many troubles in its train*: V. πόλλ' ἐφέλκεται φυγὴ κακὰ ξὺν αὐτῇ (Eur., *Med*. 461).

Trained, adj. P. γεγυμνασμένος. *Experienced*: P. and V. ἔμπειρος; see *versed*.

Trainer, subs. P. γυμναστής, ὁ, Ar. and P. παιδοτρίβης, ὁ. *Like a trainer*: use adv.: Ar. παιδοτριβικῶς.

Training, subs. *Exercise*: Ar. and P. μελέτη, ἡ, P. ἄσκησις, ἡ, γυμνασία, ἡ. *Physical training*: P. σωμασκία, ἡ. *Trainer's art*: P. ἡ παιδοτριβική. *Experience*: P. and V. ἐμπειρία, ἡ. *Education*: P. and V. παιδεία, ἡ, P. παιδαγωγία, (Plat.). *Lack of training*: P. and V. ἀπειρία, ἡ. *Wealth and luxury in excess are found to be bad training for giving men courage*: V. κακόν τι παίδευμ' ἦν ἄρ' εἰς εὐανδρίαν ὁ πλοῦτος ἀνθρώποισιν αἵ τ' ἄγαν τρυφαί (Eur., *Frag.*).

Training school, subs. P. and V. γυμνάσιον, τό. *Wrestling school*: P. and V. πάλαίστρα, ἡ.

Trait, subs. P. and V. ἴδιον τό (Eur., *El.* 633); see *characteristic*.

Traitor, subs. P. and V. προδότης, ὁ.

Traitorous, adj. *Faithless*: P. and V. ἄπιστος. *Perjured*: Ar. and P. ἐπίορκος.

Traitress, subs. Ar. and P. προδότις, ἡ.

Trammel, subs. *Bond, fetter*: P. and V. δεσμός, ὁ, πέδη, ἡ; see also *net*. Met., Ar. and P. ἐμπόδιον, τό; see *impediment*.

Trammel, v. trans. *Fetter*: Ar. and P. συμποδίζειν, P. and V. πεδᾶν (Plat. but rare P.), ποδίζειν (Xen. and Soph., *Frag.*); see *bind*. Met., P. and V. ἐμποδίζειν, ἐμπόδων εἶναι (dat.).

Tramp, v. trans. *Wander over*: P. and V. περιπολεῖν (acc.), ἐπιστρέφεσθαι (acc.), ἐπέρχεσθαι (acc.), V. πολεῖν (acc.), ἀλᾶσθαι (acc.). Absol., *wander*: P. and V. περιπολεῖν, πλανᾶσθαι, ἀλᾶσθαι; see *wander*. *March*: P. and V. πορεύεσθαι, ἰέναι. *Go*: P. and V. χωρεῖν, Ar. and V. βαίνειν. *Make a noise*: P. and V. ψοφεῖν. See *stamp*.

Tramp, subs. *Step*: Ar. and V. βάσις, ἡ, βῆμα, τό. *Noise of feet*: V. κρότος, ὁ. *Beggar*: P. and V. πτωχός, ὁ, ἀγύρτης, ὁ.

Trample, v. trans. P. and V. πάτεῖν (acc.) (Plat. also Ar.), P. καταπατεῖν (acc.). *Trample down*: P. καταπατεῖν (acc.), P. and V. πάτεῖν (acc.) (Plat. also Ar.); see *tread down*. *Trample on*: P. and V. πάτεῖν (acc.) (Plat. also Ar.), V. ἐπεμβαίνειν (dat.), προσεμβαίνειν (dat.). *Trample under foot*: P. and V. πάτεῖν (acc.) (Plat. also Ar.), P. καταπατεῖν (acc.), V. λὰξ πάτεῖν (acc.), λάγδην πάτεῖν (acc.) (Soph., *Frag.*); see *spurn*. *Ride down*: V. κάθιππεύειν, κάθιππάζεσθαι.

Trampling, subs. V. πάτησμός, ὁ (Æsch., *Ag.* 963). *Trampling down of life*: V. ἀπολακτισμοὶ βίου *Supp.* 937).

Trance, subs. Use P. and V. ὕπνος, ὁ; see also *dream*. *He said he fell into a trance*: P. ἔφη . . . οὗ ἐκβῆναι τὴν ψυχήν (Plat., *Rep.* 614B).

Tranquil, adj. P. and V. ἥσυχος, ἡσυχαῖος, P. ἡσυχίος. *Quiet*: P. ἀτρεμής, ἠρεμαῖος. *Peaceable* (*of disposition*): Ar. and P. εὔκολος. *Free from care*: P. and V. ἀπράγμων (Eur., *Frag.*), V. ἕκηλος; see *painless*. As opposed to *rough*: P. εὔδιος (Xen.), V. γαληνός, εὐήνεμος, Ar. and V. νήνεμος. *Waveless*: V. ἀκύμων. *Be tranquil*: P. and V. ἡσυχάζειν; see *calm*.

Tranquilise, v. trans. *Calm*: P. and V. πρᾱΰνειν, Ar. and V. μαλάσσειν, V. μαλθάσσειν. *Check*: P. and V. παύειν. *Lull to rest*: P. and V. κοιμίζειν (Plat.), V. κοιμᾶν. *Reduce to order*: P. and V. καταστρέφεσθαι.

Tranquility, subs. Ar. and P. ἡσυχία, ἡ, V. τὸ ἡσυχαῖον. *Peace*: P. and V. γαλήνη, ἡ, εὐδία, ἡ. *Of weather*: P. and V. εὐδία, ἡ, γαλήνη, ἡ, P. νηνεμία, ἡ.

Tranquilly, adv. P. and V. ἡσῠχῇ, ἡσῠ́χως (rare P.), Ar. and P. ἀτρέμᾰς, ἠρέμᾰ (Plat.), Ar. and V. ἀτρέμᾰ (rare P.). *Without care, peacefully*: P. and V. ἀπραγμόνως; see *painlessly*.

Transact, v. trans. P. and V. πράσσειν, διαπράσσειν (or mid. in P.), ἐπεξέρχεσθαι, ἐργάζεσθαι, ἐξεργάζεσθαι; see *accomplish*. *Transact business*: P. χρηματίζειν (or mid.).

Transaction, subs. *Act of performing*: P. and V. πρᾶξις, ἡ, P. διάπραξις, ἡ. *Thing done*: P. and V. πρᾶγμα, τό, πρᾶξις, ἡ, ἔργον, τό. *Business transactions*: P. συμβόλαια, τά; see also *dealings*.

Transcend, v. trans. *Surpass*: P. and V. ὑπερφέρειν (acc. or gen.), κρᾰτεῖν, ὑπερβάλλειν, προὔχειν (gen.), ὑπερθεῖν, P. διαφέρειν (gen.); see *surpass*. *Exceed*: P. and V. ὑπερβάλλειν, P. ὑπερβαίνειν.

Transcendent, adj. P. and V. ἐκπρεπής, διαπρεπής, V. ἔξοχος, ὑπέροχος.

Transcendental, adj. *To be apprehended only by the mind*: P. νοητός (Plat.).

Transcendently, adv. P. διαφερόντως, ὑπερβαλλόντως, Ar. and P. ὑπερφυῶς, V. ἐξόχως, εἰς ὑπερβολήν; see *exceedingly*.

Transcending, adj. Use adj., P. and V. κρείσσων (gen.).

Transcribe, v. trans. *Copy (documents, etc.)*: P. ἀναγράφειν. *Have transcribed*: P. ἀπογράφεσθαι; see *copy*. *Getting the letters transcribed from the Assyrian characters*: P. τὰς ἐπιστολὰς μεταγραψάμενοι ἐκ τῶν Ἀσσυρίων γραμμάτων (Thuc. 4, 50).

Transcriber, subs. P. ἀναγραφεύς, ὁ.

Transcript, subs. *Copy*: P. ἀντίγραφον, τό.

Transcription, subs. P. ἀπογραφή, ἡ.

Transfer, v. trans. P. and V. μεθιστάναι, μεταστρέφειν, μετᾰφέρειν, V. μεταίρειν. *Be transferred*: Ar. and P. μεταπίπτειν (Plat., *Ap.* 36A). *Move to another place*: Ar. and P. μετᾰβῐβάζειν, P. μετακομίζειν. *Hand over*: P. and V. πᾰρᾰδῐδόναι. *Transfer the blame to*: P. and V. αἰτίαν ἀνᾰφέρειν εἰς (acc.). *Carry across*: P. διαβιβάζειν, P. and V. πορθμεύειν.

Transferable, adj. P. παραδοτός (Plat.).

Transference, subs. P. and V. μετάστᾰσις, ἡ. *Handing over*: P. παράδοσις, ἡ.

Transfigure, v. trans. See *transform*.

Transfix, v. trans. *Pierce*: V. διᾰπερᾶν, διέρχεσθαι (acc. or gen.); see *pierce*. *Be transfixed (with horror, etc.)*: P. and V. ἐκπλήσσεσθαι.

Transform, v. trans. *Change form of anything*: P. μετασχηματίζειν (acc.), P. and V. μεταρρυθμίζειν (acc.) (Plat.). *Change*: P. and V. ἀλλοιοῦν, μετᾰφέρειν, μετᾰτῐθέναι, μετᾰβάλλειν, ἀλλάσσειν, μεταλλάσσειν; see *change*. *Transform yourself again to what you were*: Ar. πάλιν μετασκεύαζε σαυτὴν αὖθις ἥπερ ἦσθα (*Eccl.* 499).

Transformation, subs. P. and V. μετᾰβολή, ἡ, μετάστᾰσις, ἡ; see *change*.

Transgress, v. trans. P. and V. πᾰρᾰβαίνειν, ὑπερβαίνειν, συγχεῖν, P. λύειν, διαλύειν, παρέρχεσθαι, ὑπερπηδᾶν, V. ὑπερτρέχειν, πᾰρεξέρχεσθαι. *Transgress the law*: P. παρανομεῖν (absol.), or νόμον παρανομεῖν. Absol., *sin*: P. and V. ἁμαρτάνειν, ἐξᾰμαρτάνειν, ἀδῐκεῖν, ἀσεβεῖν, κᾰκουργεῖν, πᾰνουργεῖν, πλημμελεῖν, V. ἀμπλᾰκεῖν (2nd aor.), δυσσεβεῖν, P. παρανομεῖν.

Transgression, subs. *Infringement*: P. σύγχυσις, ἡ. *Transgression of the law*: P. παρανομία, ἡ, παρανόμημα, τό. *Sin*: P. and V. ἁμαρτία, ἡ, ἀδῐκία, ἡ, ἀδῐ́κημα, τό (Eur., *Ion*, 325), κᾰκόν, τό, P. ἁμάρτημα, τό, κακουργία, ἡ, πλημμέλημα, τό, V. ἐξᾰμαρτία, ἡ, ἀμπλᾰ́κημα, τό. *Impiety*: P. and V. ἀσέβεια, ἡ, V. δυσσέβεια, ἡ. *Impious act*: P.

ἀσέβημα, τό. *Transgressions, sins:* V. τὰ ἡμαρτημένα.

Transgressor, subs. Use adj., P. and V. κᾰκοῦργος, or participles, P. and V. ὁ ἁμαρτάνων, etc.

Transient, adj. P. and V. ἐφήμερος. *Lasting a short time:* P. ὀλιγοχρόνιος (Plat.). *Soon passing:* P. and V. πτηνός (Plat.). *Momentary:* P. and V. ὁ αὐτίκᾰ, ὁ πᾰραυτίκᾰ.

Transit, subs. *Crossing:* P. διάβασις, ἡ; see *passage.*

Transition, subs. *Change:* P. and V. μετᾰβολή, ἡ; see *change.*

Transitory, adj. P. and V. ἐφήμερος. *Fleeting:* P. and V. πτηνός (Plat.). *Lasting a short time:* P. ὀλιγοχρόνιος (Plat.).

Translate, v. trans. P. μετάφερειν; see *transcribe.*

Translucent, adj. Ar. and P. διᾰφᾰνής; see *clear.*

Transmarine, adj. P. διαπόντιος.

Transmigrate, v. intrans. P. μετανίστασθαι.

Transmigration, subs. P. μετανάστασις, ἡ, μετοίκησις (Plat., *Ap.* 40c). For reference to *transmigration of souls,* see Plat., *Rep.* 620A-D).

Transmission, subs. *Conveyance:* P. and V. ἀγωγή, ἡ, P. κομιδή, ἡ, διακομιδή, ἡ. *Handing on:* P. παράδοσις, ἡ. *Successive passing on:* P. and V. διᾰδοχή, ἡ, V. πᾰραλλᾰγή, ἡ (Æsch., *Ag.* 490).

Transmit, v. trans. Ar. and P. διᾰκομίζειν, διᾰπέμπειν. *Hand on:* P. and V. διᾰδῐδόναι. *Hand down:* P. and V. πᾰρᾰδῐδόναι.

Transmute, v. trans. P. and V. ἀλλοιοῦν; see *change.*

Transmutation, subs. P. ἀλλοίωσις, ἡ.

Transparency, subs. P. διαφάνεια, ἡ. *Clearness, perspicuity:* P. and V. σᾰφήνεια, ἡ. Met., *simplicity (of character, etc.):* P. ἁπλότης, ἡ.

Transparent, adj. Ar. and P. διᾰφᾰνής. *Clear, perspicuous:* P. and V. σᾰφής, δῆλος, διᾰφᾰνής, V. σᾰφηνής; see *clear.* Met., *simple (of character, etc.):* P. and V. ἁπλοῦς.

Transparently, adv. *Clearly:* P and V. σᾰφῶς, P. διαφανῶς, V. σᾰφηνῶς; see *clearly.* Met., *simply, frankly:* P. and V. ἁπλῶς.

Transpire, v. intrans. P. and V. συμβαίνειν, γίγνεσθαι; see *happen. Be discovered:* see *discover.*

Transplant, v. trans. *Transplant flowers, etc.:* P. μετακηπεύειν (Aristotle). *Transplant (a population):* P. and V. ἀνιστᾰναι, ἐξᾰνιστᾰναι.

Transport, v. trans. *Remove:* P. and V. μεθιστᾰναι, μετᾰφέρειν, μεταστρέφειν, V. μεταίρειν. *Move to another place:* Ar. and P. μετᾰβῐβάζειν, P. μετακομίζειν. *Banish:* P. and V. ἐξορίζειν; see *banish. Carry across:* P. διαβιβάζειν, P. and V. πορθμεύειν. Met., *delight:* P. and V. τέρπειν, εὐφραίνειν. *Be transported (by feelings):* P. and V. ἐκφέρεσθαι, ἐκπλήσσεσθαι, P. ἐξάγεσθαι, V. φέρεσθαι (Eur., *H. F.* 1246), πεπλῆχθαι (perf. pass. of πλήσσειν), πληγῆναι (2nd aor. pass. of πλήσσειν).

Transport, subs. *Conveyance:* P. and V. ἀγωγή, ἡ, P. κομιδή, ἡ, διακομιδή, ἡ. *Troopship:* P. στρατιῶτις, ἡ. *Cavalry transport:* P. ναῦς ἱππαγωγός, ἡ, or Ar. and P. ἱππᾰγωγός, ἡ (alone). *Corn transport:* P. ναῦς σιτηγός, ἡ, ναῦς σιταγωγός, ἡ. *Hoplite transport:* P. ναῦς ὁπλιταγωγός, ἡ. *Rapture:* P. and V. ἡδονή, ἡ, χᾰρά, ἡ; see *joy. Possession (by a god):* P. ἐνθουσιασμός, ὁ, κατοκωχή, ἡ. *Transport of madness:* P. and V. μᾰνία, ἡ, λύσσᾰ, ἡ (Plat. but rare P.), οἶστρος, ὁ (Plat. but rare P.); see *madness, fit.*

Transportation, subs. *Exile:* P. and V. φῠγή, ἡ; see *banishment, transport.*

Transpose, v. trans. P. παραλλάσσειν, ὑπερβατὸν τιθέναι (Plat., *Prot.* 343E). P. and V. μετᾰτῐθέναι.

Transposition, subs. P. παραλλαγή, ἡ, μετάθεσις, ἡ.

Transship, v. trans. P. μετεμβιβάζειν. V. intrans. *Pass from one ship to another*: P. μετεκβαίνειν.

Transverse, adj. *At right angles*: P. ἐγκάρσιος. *Oblique*: P. πλάγιος, V. λοξός (Eur., *Frag.*).

Transversely, adv. *Obliquely*: P. ἐκ πλαγίου. *Cross-wise*: P. φορμηδόν.

Trap, subs. P. θήρατρον, τό (Xen.). *Snare*: P. and V. πάγη, ἡ (Plat.), Ar. πάγίς, ἡ. *Net*: P. and V. ἄρκυς, ἡ (Plat.), δίκτυον, τό (Xen. also Ar.), βρόχος, ὁ (Plat.); see also *toils*. Met., P. and V. δόλος, ὁ (rare P.), ἀπάτη, ἡ, σόφισμα, τό. *Ambush*: P. ἐνέδρα, ἡ, V. λόχος, ὁ. *Lay a trap for*, v.: P. ἐνεδρεύειν (acc.), ἐλλοχᾶν (acc.), V. λοχᾶν (acc.). *Shall I set the same trap for her?* V. ἀλλ' ἢ τὸν αὐτὸν τῇδ' ὑποστήσω δόλον; (Eur., *El.* 983).

Trap, v. trans. P. and V. αἱρεῖν, P. συμποδίζειν; see also *deceive*, *catch*. *Lie in wait for*: P. ἐνεδρεύειν (acc.), V. λοχᾶν (acc.). *Newly-trapped*, adj., V. νεαίρετος.

Trapezium, subs. P. τραπέζιον, τό (Aristotle).

Trappings, subs. *Trappings of horses*: P. and V. φάλαρα, τά (Xen.), V. ἀμπυκτῆρες, οἱ. *Ornaments*: P. and V. κόσμος, ὁ. *Dress*: P. and V. σκευή, ἡ, στολή, ἡ (Plat.), V. σάγή, ἡ. *Trappings of woe, mourning*: P. and V. πένθος, τό. *Trappings of the hair*: V. περιβολαὶ κόμης. *Trappings of the dead*: V. νεκρῶν ἀγάλματα. *Already are we arrayed in the trappings of death*: V. θανάτου τάδ' ἤδη περιβόλαι' ἀνήμμεθα (Eur., *H. F.* 549).

Traps, subs. *Belongings*: Ar. σκευάρια, τά, Ar. and P. σκεύη, τά, χρήματα, τά.

Trash, subs. *Nonsense*: P. ὕθλος, ὁ; see *nonsense*. *Rubbish*: Ar. φορυτός, ὁ; see *rubbish*.

Travail, subs. *Labour*: P. and V. λοχεία, ἡ (Plat.), τόκος, ὁ (or pl.) (Plat.), V. λοχεύματα, τά, ὠδίς, ἡ, γονή, ἡ. Met., see *distress*. *The pangs of travail*: V. λόχια νοσήματα, τά, ὠδίς, ἡ. *Be in travail*, v.: P. and V. ὠδίνειν (Plat.), V. λοχεύεσθαι. *A woman who has just been in travail*: Ar. and V. λεχώ, ἡ.

Travail, v. intrans. *Be in labour*: P. and V. ὠδίνειν (Plat.), V. λοχεύεσθαι. Met., *be distressed*: P. and V. κάμνειν, πονεῖν, ταλαιπωρεῖν; see under *distress*.

Travel, subs. P. and V. πορεία, ἡ, ὁδός, ἡ; see *journey*. *Travels abroad*: P. ἀποδημία, ἡ, P. and V. ἐκδημία, ἡ. *Be on one's travels*, v.: Ar. and P. ἀποδημεῖν, P. and V. ἐκδημεῖν. *On one's travels*, adj.: P. and V. ἔκδημος, V. θυραῖος.

Travel, v. intrans. P. and V. πορεύεσθαι, χωρεῖν, V. ἐμπορεύεσθαι, ὁδοιπορεῖν, στέλλεσθαι; see *go*. *Be conveyed*: P. and V. κομίζεσθαι. *Travel over*: V. ναυστολεῖν (acc.); see *traverse*. *Travel through*: P. διαπορεύεσθαι (acc.). *Travel with (another)*: P. and V. συμπορεύεσθαι (dat. or absol.).

Traveller, subs. P. and V. ὁδοιπόρος, ὁ (Dem. 439), V. ἔμπορος, ὁ. *Fellow traveller*: P. and V. σύνεμπορος, ὁ or ἡ (Plat.), V. συμπράκτωρ ὁδοῦ, ὁ. *They are constant travellers compared to you who are confirmed stay-at-homes*: P. ἀποδημηταί (εἰσι), πρὸς (ὑμᾶς) ἐνδημοτάτους (Thuc. 1, 70).

Travelling expenses, subs. Ar. and P. ἐφόδια, τά.

Travel-stained, adj. P. and V. αὐχμηρός; see *dirty*.

Traversable, adj. P. and V. πορεύσιμος (Plat.), εὔβατος (Plat.), εὔπορος, P. διαβατός, V. περάσιμος (Eur., *Frag.*).

Traverse, v. trans. *Range over*: P. and V. περιπολεῖν (acc.), ἐπιστρέφεσθαι (acc.), ἐπέρχεσθαι (acc.), V. πολεῖν (acc.), ἀλᾶσθαι (acc.), ἐμβατεύειν (acc. or gen.). *Sail over*: P. and

V. πλεῖν (acc.), V. ναυστολεῖν (acc.). *Go through*: P. and V. διέρχεσθαι (acc.), V. διέρπειν (acc.), διαστείχειν (acc.), P. διαπορεύεσθαι (acc.); see *go through*. *Cross*: P. and V. ὑπερβαίνειν, δῐαβάλλειν, δῐαπερᾶν, ὑπερβάλλειν, Ar. and P. δῐαβαίνειν, περαιοῦσθαι, Ar. and V. περᾶν, V. ἐκπερᾶν; see *cross*. *Go round*: Ar. and P. περιέρχεσθαι (acc.). *Travel over*: P. διαπορεύεσθαι (acc.), V. ναυστολεῖν (acc.). *Traverse (an argument)*: P. ἅπτεσθαι (gen.); see *deny*. *Ways to traverse the sea*: V. πόντου ναυστολήματα (Eur., *Supp.* 209).

Traversty, subs. *Burlesque*: Ar. and P. κωμῳδία, ἡ.

Traversty, v. trans. Ar. and P. κωμῳδεῖν.

Tray, subs. Ar. σᾰνίδιον, τό.

Treacherous, adj. P. and V. ἄπιστος, διπλοῦς, Ar. and V. δόλιος, V. fem. adj., δολῶπις. *Insecure*: P. and V. σφᾰλερός, P. ἐπισφαλής. *Perjured*: Ar. and P. ἐπίορκος. *Scheming*: P. ἐπίβουλος.

Treacherously, adv. Ar. and V. δόλῳ, P. ἐξ ἐπιβουλῆς, V. σὺν δόλῳ; see *by treachery*, under *treachery*.

Treachery, subs. P. and V. ἀπιστία, ἡ. *Perjury*: P. ἐπιορκία, ἡ. *Scheming*: P. ἐπιβουλή, ἡ. *Craft*: P. and V. δόλος, ὁ (rare P.). *By treachery*: Ar. and V. δόλῳ, V. δόλοις, σὺν δόλῳ, ἐν δόλῳ. *Betrayal*: P. and V. προδοσία, ἡ. *Take (a city, etc.) by treachery*: P. λαμβάνειν προδοσίᾳ. *He took the city by treachery*: P. (πόλιν) προδεδομένην κατέλαβε. *Do a thing treacherously*, v.: P. and V. κλέπτειν τι (Plat.).

Tread, v. trans. V. πᾰτεῖν, ἐμπᾰτεῖν, στείβειν, ἐπιστείβειν. *Set foot on*: P. and V. ἐμβαίνειν (P. acc., V. acc., gen., or dat.), ἐπῐβαίνειν (gen.), V. ἐπεμβαίνειν (acc., gen., or dat.), ἐμβᾰτεύειν (acc. or gen.), ἐπιστρέφεσθαι κᾰτᾰ (acc.). *Traverse*: P. and V. περῐπολεῖν (acc.); see *traverse*. *Tread the path of danger*: V. κίνδῡνον περᾶν (Æsch., *Choe.* 270). *Tread a measure*: P. and V. χορεύειν, V. ἑλίσσειν; see *dance*, *step*. V. intrans. Ar. and P. βᾰδίζειν (also Eur., *Phoen.* 544; Soph., *El.* 1502, but rare V.), Ar. and V. βαίνειν, στείχειν, πᾰτεῖν. *Tread down*: P. καταπατεῖν (acc.), P. and V. πᾰτεῖν (acc.) (Plat. also Ar.). *Trodden down, hard*: use adj., P. ἀπόκροτος, V. στιπτός. *The leaves are trodden down as if one dwelt herein*: V. στιπτή γε φυλλὰς ὡς ἐναυλίζοντί τῳ (Soph., *Phil.* 33). *Tread under foot*: see *trample under foot*. *Tread upon*: see *tread*, v. trans.

Tread, subs. *Step*: Ar. and V. βᾰσις, ἡ, βῆμα, τό. *Foot-step*: P. and V. ἴχνος, τό, V. στῖβος, ὁ (also Xen.). *Way of walking*: P. βαδισμός, ὁ, βάδισμα, τό, Ar. and P. βᾰδῐσις, ἡ (Xen.), V. ἤλῠσις, ἡ; see *step*. *Treading the earth*, adj., V. χθονοστῐβής, πεδοστῐβής.

Treason, subs. *Treachery*: P. and V. ἀπιστία, ἡ. *Betrayal*: P. and V. προδοσία, ἡ (Eur., *Hel.* 1633). *Plot*: P. ἐπιβουλή, ἡ. *Plot to upset the government*: P. νεωτερισμός, ὁ.

Treasonable, adj. *Form treasonable plots*: P. νεώτερον τι ποιεῖν. *Form treasonable plots with*: P. and V. πράσσειν (dat. or πρός, acc. or εἰς, acc.); see *intrigue*. *Liable to punishment*: P. ἐπιζήμιος.

Treasure, subs. P. and V. θησαυρός, ὁ, V. θησαύρισμα, τό, κειμήλιον, τό. *The long-buried treasure of the sons of Priam*: V. χρυσοῦ παλαιαὶ Πριαμιδῶν κατώρυχες (Eur., *Hec.* 1002). Met., P. and V. θησαυρός, ὁ, V. κειμήλιον, τό. *Money*: P. and V. χρήμᾰτα, τά, πλοῦτος, ὁ. *Of a beloved object*: use V. φάος, τό, φῶς, τό; see *darling*.

Treasure, v. trans. *Value highly*: P. περὶ πολλοῦ ποιεῖσθαι; see *value*. *Treasure up*: P. and V. θησαυρίζειν (or mid.) (Soph., *Frag.*), Ar. and P. κᾰτᾰτίθεσθαι. *Be treasured up*: P. ἀποκεῖσθαι. *A man who has father and mother treasured up in his house*: P. πατὴρ . . . ὅτῳ καὶ μητὴρ . . . ἐν οἰκίᾳ κεῖνται κειμήλιοι (Plat., *Leg.* 931A). *Preserve*: P. and V. σῴζειν, φῠλάσσειν; see *preserve.*

Treasure house, subs. V. θάλᾰμος, ὁ (Eur., *Frag.*); see *treasury.*

Treasurer, subs. P. and V. τᾰμίᾱς, ὁ, V. χρῡσοφύλαξ, ὁ.

Treasure-trove, subs. P. and V. ἕρμαιον, τό, εὕρημα, τό.

Treasury, subs. *Storehouse*: P. ταμιεῖον, τό. *Public treasury*: P. τὸ κοινόν, τὸ δημόσιον. *Paid by the public treasury*, adj.: P. δημοτελής.

Treat, v. trans. Use *handle*: P. and V. χρῆσθαι (dat.), P. διατιθέναι (or mid.), Ar. and P. μετᾰχειρίζειν (or mid.). *Treat well*: P. and V. εὖ ποιεῖν, εὖ δρᾶν, κᾰλῶς ποιεῖν, κᾰλῶς δρᾶν. *Treat ill*: P. and V. κᾰκῶς ποιεῖν, κᾰκῶς δρᾶν. *Be treated well*: P. and V. εὖ πάσχειν. *Be treated ill*: P. and V. κᾰκῶς πάσχειν. *Treat as of no account*: V. θέσθαι παρ' οὐδὲν (Eur., *I. T.* 732); see *disregard.* *Express in art*: P. ἀπεργάζεσθαι. *Treat medically*: P. and V. θερᾰπεύειν, V. κηδεύειν. *Receive with hospitality*: P. and V. δέχεσθαι, προσδέχεσθαι, ξενίζειν, ξενοδοκεῖν (Plat.) (absol.), Ar. and P. ὑποδέχεσθαι, V. ξενοῦσθαι. *Entertain, give pleasure to*: P. and V. τέρπειν (acc.). V. intrans. *Negotiate*: P. λόγους ποιεῖσθαι; see *negotiate.* *Come to terms*: P. and V. συμβαίνειν, σύμβᾰσιν ποιεῖσθαι. *Do business*: P. χρηματίζεσθαι. *Treat of*: P. πραγματεύεσθαι περί (gen.).

Treat, subs. *Entertainment, feast*: P. and V. ἑστίᾱμα, τό (Plat.); see *feast.* *Pleasure*: P. and V. τέρψῐς, ἡ, ἡδονή, ἡ. *Good cheer*: Ar. and P. εὐωχία, ἡ.

Treatise, subs. Use P. and V. λόγοι, οἱ.

Treatment, subs. *Medical treatment*: P. and V. θερᾰπεία, ἡ; see *tendance.* *Ill-treatment*: P. and V. αἰκία, ἡ, ὕβρῐς, ἡ, ὕβρισμα, τό. *Suffer ill-treatment*, v.: P. and V. κᾰκῶς πάσχειν. *Representation in art*: P. ἀπεργασία, ἡ.

Treaty, subs. P. and V. σπονδαί, αἱ. *Agreement*: P. and V. σύμβᾰσις, ἡ, συνθῆκαι, αἱ, σύνθημα, τό, P. ὁμολογία, ἡ; see also *oath.* For *text of a treaty* see Thuc. 5, 18. *Make a treaty*, v.: P. and V. σπένδεσθαι, V. σπονδὰς τέμνειν, Ar. and P. σπονδὰς ποιεῖσθαι. *Make treaty with*: P. and V. σπένδεσθαι (dat.). *Renew a treaty*: P. ἐπισπένδεσθαι (Thuc. 5, 22). *In treaty, in league with*, adj.: P. and V. ἔνσπονδος (gen. or dat.). *Under treaty, by terms of treaty*: P. and V. ὑπόσπονδος (Eur., *Phoen.* 81). *Included in a treaty*: P. ἔνσπονδος. *Excluded from treaty*: P. ἔκσπονδος. *Contrary to treaty*: P. παράσπονδος. *Act contrary to treaty*, v.: P. παρασπονδεῖν.

Treble, adj. V. τριπλοῦς. *Three times as much*: Ar. and P. τριπλάσιος.

Trebly, adv. P. and V. τρίς.

Tree, subs. P. and V. δένδρον, τό (Eur., *Frag.*). *Plant*: P. and V. φῠτόν, τό. *Lines of fruit-trees*: V. ὄρχᾰτοι ὀπωρῖνοί (Eur., *Frag.*). *Genealogy, descent*: P. and V. γένος, τό.

Treeless, adj. P. ψιλός; see *desolate.*

Tremble, v. intrans. P. and V. τρέμειν (Plat. and Antipho.), φρίσσειν, V. τρέσαι (1st aor. of τρεῖν) (also (Plat. but rare P.); see *shiver.* *Fear*: P. and V. φοβεῖσθαι, δεδοικέναι (perf. of δείδειν), ὀρρωδεῖν, ἐκφοβεῖσθαι; see *fear.* *Of the earth*: P. and V. σείεσθαι. *Tremble at*: P. and V. τρέμειν (acc.), V. τρέσαι (acc.) (1st aor. of τρεῖν) (rare P.).

Trembling, subs. P. and V. τρόμος, ὁ (Plat.). *Shiver*: P. and V. φρίκη, ἡ (Plat. and Eur., *Tro.*

1026); see *shiver*. *Of the earth*: P. and V. σεισμός, ὁ.

Trembling, adj. Ar. and V. τρομερός.

Tremendous, adj. *Terrible*, lit. or met.: P. and V. δεινός. *Alarming*, lit.: P. and V. δεινός, φοβερός, φρῑκώδης, V. δύσχῑμος, ἔμφοβος. Met., *great, vast*: P. and V. ἀμήχᾰνος, μέγιστος, ὑπερφυής (Æsch., *Frag.*), ὑπέρπολυς.

Tremendously, adv. *Terribly*, lit. and met.: P. and V. δεινῶς. *Exceedingly*: Ar. and P. ὑπερφυῶς, P. διαφερόντως, ἀμηχάνως, ὑπερβαλλόντως, P. and V. σφόδρᾰ, μᾰ́λᾰ, V. ἐξόχως.

Tremor, subs. P. and V. τρόμος, ὁ (Plat.); see *trembling*. *Convulsion*: P. and V. σπασμός, ὁ, P. σφαδασμός, ὁ (Plat.), V. σπᾰραγμός, ὁ.

Tremulous, adj. Ar. and V. τρομερός.

Trench, subs. P. and V. τάφρος, ἡ, ὄρυγμα, τό, V. αὐλών, ὁ. *Make a trench*, v.: P. ταφρεύειν; see *entrench*. *Trench-making*, subs.: P. ταφρεία, ἡ. *Trench upon*, v.: met. P. and V. ἅπτεσθαι (gen.), V. ψαύειν (gen.); see *trespass on*.

Trenchant, adj. *Vehement*: P. σφοδρός. *Bitter*: P. and V. πικρός. *Strong*: P. ἰσχυρός.

Trenchantly, adv. *Vehemently*: P. and V. σφόδρᾰ. *Bitterly*: P. and V. πικρῶς. *Strongly*: P. ἰσχυρῶς.

Trencher, subs. Ar. σᾰνίδιον, τό; see *dish*.

Trencherman, subs. Ar. γάστρῑς, ὁ.

Trend, subs. *Drift*: P. φορά, ἡ; see *drift*.

Trend, v. intrans. P. and V. φέρεσθαι; see *tend*.

Trepidation, subs. P. and V. ἔκπληξις, ἡ. *Confusion*: P. and V. θόρῠβος, ὁ, P. ταραχή, ἡ, V. τᾰραγμός, ὁ; see *confusion*. *Fear*: P. and V. φόβος, ὁ, δέος, τό, δεῖμα, τό; see *fear*.

Trespass, v. intrans. *Go beyond bounds*: P. πλεονάζειν. *Sin*: P. and V. ἁμαρτάνειν, ἐξᾰμαρτᾰ́νειν, ἀδῐκεῖν, V. ἀμπλᾰκεῖν (2nd aor.); see *sin*. *Take more than one's due*: P. πλεονεκτεῖν. *Trespass upon, encroach on*: P. ἐπεργάζεσθαι (acc.). *When the neighbours let in their cattle and trespassed on the land*: P. τῶν γειτόνων ἐπινεμόντων καὶ βαδιζόντων διὰ τοῦ χωρίου (Dem. 1274). *Set foot on*: P. and V. ἐμβαίνειν (P. εἰς, acc. V. acc., gen. or dat.), ἐπῐβαίνειν (gen.), V. ἐπεμβαίνειν (gen. or dat.), ἐμβᾰτεύειν (acc. or gen.). Met., *take advantage of*: P. and V. ἀπολαύειν (gen.), χρῆσθαι (gen.). *Meddle with*: P. and V. κῑνεῖν (acc.), ἅπτεσθαι (gen.); see *meddle with*.

Trespass, subs. *Encroachment*: P. ἐπεργασία, ἡ. *Charging the Megarians with trespass on the sacred land*: P. ἐπικαλοῦντες ἐπεργασίαν Μεγαρεῦσι τῆς γῆς τῆς ἱερᾶς (Thuc. 1, 139). *Taking advantage*: P. πλεονεξία, ἡ. *Sin*: P. and V. ἁμαρτία, ἡ, ἀδῐκία, ἡ, ἀδίκημα, τό; see *sin*.

Tress, subs. Ar. and V. πλόκᾰμος, ὁ, βόστρῠχος, ὁ, V. πλόκος, ὁ, φόβη, ἡ; see *hair*.

Trestle, subs. Use Ar. κιλλῑ́βᾱς, ὁ.

Triad, subs. P. τριάς, ἡ.

Trial, subs. *Judicial trial*: P. and V. δίκη, ἡ, ἀγών, ὁ, κρῐ́σῐς, ἡ. *Indictment*: Ar. and P. γρᾰφή, ἡ. *Preliminary trial*: P. ἀνάκρισις, ἡ, V. ἄγκρῐσις, ἡ. *Be on trial*: P. and V. κρῑ́νεσθαι, δῐκάζεσθαι, ἀγωνίζεσθαι. *Bring to trial*: P. and V. εἰς δίκην ἄγειν, P. εἰς δικαστήριον ἄγειν, ὑπάγειν εἰς δίκην, V. πρὸς τὴν δίκην ἄγειν. *Without a trial, untried*, adj.: P. and V. ἄκρῐτος (Eur., *Hipp.* 1056). *Test*: P. and V. πεῖρα, ἡ, ἔλεγχος, ὁ, P. διάπειρα, ἡ (Dem. 1288). *Be on trial*: P. and V. ἐλέγχεσθαι. *You all saw the ship on her trial*: P. πάντες ἑωρᾶθ' ὑμεῖς ἀναπειρωμένην τὴν ναῦν (Dem. 1229). *Make trial of, ring (like money)*: Ar. κωδωνίζειν (acc.). Met., P. διακωδωνίζειν (acc.). *Test*: P. and V. ἐλέγχειν (acc.), ἐξελέγχειν (acc.). *Try, make proof of*: P. and V. πειρᾶσθαι (gen.), Ar. and P. ἀποπειρᾶσθαι (gen.), P. διαπειρᾶσθαι (gen.), πεῖραν λαμβάνειν (gen.), Ar. and V. ἐκπειρᾶσθαι (gen.). *Contest, struggle*: P. and V. ἀγών, ὁ, ἅμιλλα, ἡ; see *contest*. *Danger*: P. and V. ἀγών, ὁ. *Affliction, distress*: P. and V. ἀγών, ὁ, V. ἆθλος, ὁ, Ar. and P. πόνος, ὁ; see *trouble*.

Triangle, subs. P. τρίγωνον, τό. *Musical instrument*: P. τρίγωνον, τό, V. τρίγωνος, ὁ (Soph., *Frag.*).

Tribe, subs. P. and V. ἔθνος, τό, φῦλον, τό, γένος, τό. *Division of people*: Ar. and P. φυλή, ἡ. *Divided into tribes*, adj.: V. ἐπίφυλιος (Eur., *Ion.* 1577). Contemptuously *crew*: P. and V. ὄχλος, ὁ, γένος, τό, V. σπέρμα, τό (Eur., *Hec.* 254). *The whole tribe of prophets*: V. τὸ μαντικὸν πᾶν σπέρμα (Eur., *I. A.* 520).

Tribesman, subs. Ar. and P. φυλέτης, ὁ.

Tribulation, subs. P. and V. κακόν, τό, δυσπραξία, ἡ, ἀγών, ὁ, Ar. and V. πόνοι, οἱ; see *trouble*.

Tribunal, subs. Ar. and P. δικαστήριον, τό, V. ψῆφος, ἡ (Eur., *I. T.* 945 and 969). *Platform*: Ar. and P. βῆμα, τό, V. βάθρον, τό (Eur., *I. T.* 962).

Tribunate, subs. P. δημαρχία, ἡ (late).

Tribune, subs. P. δήμαρχος, ὁ (late). *Be tribune*, v.: P. δημαρχεῖν (late). *Military tribune*: P. χιλίαρχος (late).

Tribunician, adj. P. δημαρχικός (late).

Tributary, adj. P. ὑποτελής, φόρου ὑποτελής; see *subject*. *Be tributary to*: P. συντελεῖν εἰς (acc.).

Tributary, subs. *Of a river, be tributary to*, use *discharge itself into*: P. ἐκβάλλειν, εἰς (acc.), ἐξιέναι (ἐξίημι), εἰς (acc.); see *discharge*.

Tribute, subs. Ar. and P. φόρος, ὁ, P. and V. δασμός, ὁ (rare P.), P. φορά, ἡ, σύνταξις, ἡ. *Pay tribute to*: Ar. and P. φόρον φέρειν, P. φόρον ἀποφέρειν, φόρον ὑποτελεῖν, or ὑποτελεῖν (absol.), Ar. φόρον ἀπάγειν. Met., *pay a tribute to* (*in words*): use *praise*.

Trice, subs. *In a trice*: Ar. ἐν ἀκαρεῖ χρόνου; see also *immediately*.

Trick, subs. P. and V. ἀπάτη, ἡ, δόλος, ὁ (rare P.), στροφή, ἡ, σόφισμα, τό, μηχάνημα, τό, μηχαναί, αἱ, V. τέχνη, ἡ, τέχνημα, τό, πλοκαί, αἱ, Ar. and P. κλέμμα, τό, πάλαισμα, τό, Ar. and V. τέχνασμα, τό (also Xen.); see also *artifice*. *Play tricks*, v.: Ar. and P. τεχνάζειν. *Sport*: P. and V. παίζειν. *Play tricks on*: use P. and V. παίζειν πρός (acc.).

Trick, v. trans. P. and V. ἀπατᾶν, ἐξαπατᾶν, κλέπτειν, Ar. and P. φενακίζειν, P. παρακρούεσθαι, Ar. and V. δολοῦν, V. φηλοῦν, παραπατᾶν, ἐκκλέπτειν; see *defraud*, *baffle*.

Trick out, v. intrans. P. and V. ποικίλλειν, κοσμεῖν, V. ἀσκεῖν, ἐξασκεῖν, ἐκπονεῖν, περιστέλλειν. *A speech tricked out in fine phrases and words*: P. κεκαλλιεπημένοι λόγοι ῥήμασί τε καὶ ὀνόμασι (Plat., *Ap.* 17B).

Trickery, subs. P. and V. ἀπάτη, ἡ, P. παράκρουσις, ἡ, ἐξαπάτη, ἡ, Ar. and P. φενακισμός, ὁ; see *trick*. *Juggling*: P. γοητεία, ἡ.

Trickle, v. intrans. P. and V. λείβεσθαι (Plat. but rare P.); see *drip*. *Flow*: P. and V. ῥεῖν. *Percolate*: P. ἠθεῖσθαι (Plat.). *Trickle over*: V. καταστάζειν (gen.).

Trickle, subs. *Drop*: V. σταγών, ἡ, στάγμα, τό; see *drop*. *Flow*: V. ἐπιρροή, ἡ; see *flow*.

Trickster, subs. P. ἀπατεών, ὁ, Ar. and P. σοφιστής, ὁ, V. φηλήτης, ὁ. *Juggler*: P. and V. γόης, ὁ, μάγος, ὁ, ἀγύρτης, ὁ, Ar. φέναξ, ὁ.

Tricky, adj. *Deceitful*: P. ἀπατηλός, Ar. and V. δόλιος; see *deceitful*. *Dangerous*: P. and V. σφαλερός.

Trident, subs. Ar. and V. τρίαινα, ἡ. *With golden trident*, adj.: Ar. χρῡσοτρίαινος.

Tried, adj. *Experienced*: P. and V. ἔμπειρος. *Trusty*: P. and V. πιστός, βέβαιος.

Triennial, adj. P. τριετής. *Triennial festival*: P. τριετηρίς, ἡ.

Trierarch, subs. Ar. and P. τριήραρχος, ὁ. *Be a trierach*, v.: Ar. and P. τριηραρχεῖν.

Trierarchy, subs. P. τριηραρχία, ἡ.

Trifle, subs. *Something*: P. and V. τι (enclitic). *Something small*: P. ὀλίγον τι. *Something of no value*: P. and V. καπνός, ὁ (lit., *smoke*), Ar. and P. λῆρος, ὁ (Dem. 36; Ar., *Lys.* 860), φλυᾱρία, ἡ (Plat., *Hipp. Maj.* 304B). *Split hairs over trifles*: Ar. περὶ καπνοῦ στενολεσχεῖν (*Nub.* 320).

Trifle, v. intrans. P. and V. παίζειν. *Talk nonsense*: P. and V. οὐδὲν λέγειν, ληρεῖν, Ar. and P. φλυᾱρεῖν, Ar. ὑθλεῖν. *Split hairs*: P. and V. λεπτουργεῖν, Ar. λεπτολογεῖν. *Trifle with, mock*: P. and V. παίζειν πρός (acc.), P. προσπαίζειν (dat.); see *mock*. *Treat lightly*: P. περὶ ὀλίγου ποιεῖσθαι; see *disregard*.

Trifler, subs. Ar. and P. ἀδολέσχης, ὁ; see *babbler*.

Trifling, adj. *Slight*: P. and V. λεπτός, μικρός, σμικρός, ὀλῐ́γος, βρᾰχῠ́ς, Ar. and V. βαιός; see *slight*. *Not worth speaking of*: P. οὐκ ἄξιος λόγου. *Frivolous*: P. ληρώδης. *Think of trifling importance*: use *disregard*.

Trifling, subs. P. and V. παιδιά, ἡ. *Laziness*: P. and V. ῥᾳθῡμία, ἡ; see *laziness*. *Nonsense*: Ar. and P. ἀδολεσχία, ἡ, λῆρος, ὁ, φλυᾱρία, ἡ. *Frivolity*: P. μικρολογία, ἡ. *Delay*: P. and V. διατρῐβή, ἡ; see *delay*.

Triglyph, subs. V. τρίγλῠφοι, αἱ.

Trim, adj. P. and V. κόσμιος, εὔκοσμος, κομψός. *In trim, ready*: P. and V. ἕτοιμος, εὐτρεπής.

Trim, v. intrans. *Clip*: P. and V. κείρειν. *Adorn*: P. and V. κοσμεῖν; see *adorn*. *Variegate*: P. and V. ποικίλλειν. *Make equal*: P. ἐπανισοῦν. *Keep upright*: P. and V. ὀρθοῦν. *For the sake of trimming the balance that he might not strengthen either party by throwing his weight into the scale*: P. ἀνισώσεως ἕνεκα ὅπως μηδετέρους προσθέμενος ἰσχυροτέρους ποιήσῃ (Thuc. 8, 87). *Trim a lamp*: Ar. λύχνον προβῠ́ειν (*Vesp.* 249). Absol., *shift from one party to another*: P. ἐπαμφοτερίζειν, αὐτομολεῖν.

Trimly, adv. Ar. and P. κοσμίως.

Trimming, subs. *Adornment*: P. and V. κόσμος, ὁ. *Fringe*: Ar. and V. κράσπεδα, τά; see *fringe*. *Clipping of hair, foliage, etc.*: P. and V. κουρά, ἡ (Plat.).

Trimness, subs. P. and V. εὐκοσμία, ἡ, Ar. and P. κοσμιότης, ἡ.

Trinket, subs. *Jewel*: Ar. and P. λῐ́θος, ὁ or ἡ. *Gold*: P. and V. χρῡσός, ὁ. *Adornment*: P. and V. κόσμος, ὁ; see *ornament*.

Trip, v. trans. P. and V. σφάλλειν, P. ὑποσκελίζειν. V. intrans. P. and V. σφάλλεσθαι, πταίειν, Ar. and P. προσπταίειν. *Make a mistake*: P. and V. ἁμαρτᾰ́νειν, σφάλλεσθαι; see *err*. *Move, step*: Ar. and P. βᾰδίζειν (rare V.), Ar. and V. βαίνειν, στείχειν, πᾰτεῖν. *Trip in the dance*: V. ἑλίσσειν; see *dance*. *Trip over*: P. and V. πταίειν πρός (dat.), P. προσπταίειν (dat.).

Trip, subs. *Stumble*: P. πταῖσμα, τό; see *stumble*. *Journey*: P. and V. πορεία, ἡ. *Going on a journey*: P. ἀποδημία, ἡ. *Go on a trip*, v.: Ar. and P. ἀποδημεῖν.

Triple, adj. V. τριπλοῦς. *Three times as much*: Ar. and P. τριπλᾰ́σιος. *Three fold*: V. τρίπτῠχος, τρῐ́μοιρος. *Triple-bodied*: V. τρῐσώμᾰτος.

Triply, adv. P. and V. τρῐ́ς.

Tripod, subs. P. and V. τρῐ́πους, ὁ.

Tripping, adj. *Glib*: Ar. and V. εὔγλωσσος, Ar. εὔπορος, V. εὔτροχος.

Trireme, subs. Ar. and P. τριήρης, ἡ. *Of triremes*, adj.: P. τριηρικός. *Captain of a trireme*: Ar. and P. τριήραρχος, ὁ. *Trireme builder*: P. τριηροποιός, ὁ.

Trite, adj. P. and V. ἀρχαῖος, πᾰλαιός, P. ἕωλος. *Utter trite statements*, v.: P. ἀρχαιολογεῖν. *'Tis a trite saying, yet will I declare it*: V. πάλαι μὲν οὖν ὑμνηθὲν ἀλλ' ὅμως ἐρῶ (Eur., *Phoen.* 438). *In the words of the trite saying, I declare that is best for a man not to have been born*: V. ἐγὼ τὸ μὲν δὴ πανταχοῦ θρυλούμενον κράτιστον εἶναι φημὶ μὴ φῦναι βροτῷ (Eur., *Frag.*).

Triumph, subs. *Victory*: P. and V. νίκη, ἡ, κρᾰ́τος, τό; see also *glory*. *Triumph over*: P. and V. νίκη, ἡ (gen.), κρᾰ́τος, τό (gen.). *Boastfulness*: P. and V. ὄγκος, ὁ, P. μεγαλαυχία, ἡ, V. τὸ γαῦρον, Ar. and V. κομπάσμᾰτα, τά; see *boast, boastfulness*. *Rejoicing*: P. and V. χᾰρά, ἡ; see *joy*. *Public festival*: P. and V. ἑορτή, ἡ, θῠσία, ἡ. *Procession*: P. and V. πομπή, ἡ. *Shout of triumph*: V. ὀλολυγμός, ὁ. *Song of triumph*: P. and V. παιάν, ὁ. *Raise song of triumph*, v.: P. and V. παιωνίζειν (absol.), Ar. and V. ὀλολύζειν (absol.), ἐπολολύζειν (absol.), V. παιᾶνα ἐπεξιακχιάζειν, παιᾶνα ἐφυμνεῖν, ἀνολολύζειν (absol.).

Triumph, v. intrans. *Be victorous*: P. and V. νῑκᾶν, κρᾰτεῖν; see *conquer*. *Triumph over, conquer*: P. and V. νῑκᾶν (acc.), κρᾰτεῖν (acc. or gen.), Ar. and P. ἐπικρᾰτεῖν (gen.). *Set up a trophy over*: P. and V. τροπαῖον (or pl.) ἱστάναι (or mid.) (gen.). *Boast*: P. and V. μέγᾰ λέγειν, P. μεγαλαυχεῖσθαι, V. αὐχεῖν (also Thuc. but rare P.); see *boast*. *Rejoice*: P. and V. χαίρειν, γεγηθέναι (rare P.), ἥδεσθαι. *Triumph over, rejoice over*: P. and V. ἐπῐχαίρειν (dat.), χαίρειν (dat. or ἐπί, dat.); see *rejoice at*, under *rejoice*.

Triumphal, adj. Ar. and V. καλλίνῑκος, V. νῑκηφόρος.

Triumphant, adj. *Winning the day*: P. and V. κρείσσων, V. ὑπέρτερος, νῑκηφόρος (also Plat. but rare P.). *Rejoicing*: P. and V. γεγηθώς (rare P.). *Be triumphant*: use *triumph*, v.

Trivial, adj. P. and V. λεπτός, μικρός, σμικρός, ὀλίγος, φαῦλος, βρᾰχύς, ἀσθενής, Ar. and V. βαιός; see *trifling*. *Not worth speaking of*: P. οὐκ ἄξιος λόγου. *Frivolous*: P. ληρώδης.

Triviality, subs. *Pettiness*: P. μικρότης, ἡ, φαυλότης, ἡ. *Frivolity*: P. μικρολογία, ἡ. *Nonsense*: Ar. and P. λῆρος, ὁ, φλυᾱρία, ἡ. *Trivialities*: see *trifles*.

Trochee, subs. P. τροχαῖος, ὁ.

Trodden, adj. See under *tread*.

Troop, subs. *Company*: P. and V. ὅμῑλος, ὁ, σύλλογος, ὁ, σύστᾰσις, ἡ, V. χόρος ὁ (rare P.), στόλος, ὁ, λόχος, ὁ, ὁμῑλία, ἡ, ὁμηγυρίς, ἡ, πᾰνήγῠρις, ἡ. *Troop of soldiers*: P. and V. τάξις, ἡ, λόχος, ὁ. *Troop of cavalry*: P. τέλος, τό, ἴλη, ἡ (Xen.).

Troop, v. intrans. P. and V. σῠνέρχεσθαι, P. συρρεῖν; see *flock*.

Trooper, subs. *Horse soldier*: P. and V. ἱππεύς, ὁ.

Troops, subs. *Soldiers*: Ar. and P. στρᾰτιῶται, οἱ. *Army*: P. and V. στρᾰτός, ὁ, στρᾰ́τευμα, τό, Ar. and P. στρᾰτιά, ἡ.

Troop-ship, subs. P. στρατιῶτις, ἡ, ναῦς ὁπλιταγωγός, ἡ.

Trophy, subs. P. and V. τροπαῖον, or pl. *Memorial*: P. and V. μνημεῖον, τό, V. μνῆμα, τό. *Set up a trophy over*: P. and V. τροπαῖον (or pl.) ἱστάναι (or mid.) (gen.). *Trophies of the chase*: V. ἀγρεύμᾰτα, τά (Eur., *Bacch.* 1241).

Trot, v. intrans. P. διατροχάζειν (Xen.), or use *run*.

Trot, subs. P. and V. δρόμος, ὁ.

Trotting, adj. Use Ar. and V. δρομαῖος.

Troth, subs. P. and V. πίστῐς, ἡ, πιστόν, τό, or pl., V. πιστωμᾰτα, τά. *Pledge ratified by giving the right hand*: P. and V. δεξιά, ἡ (Xen.), V. δεξίωμα, τό. *Pledge one's troth*: P. and V. πίστιν δῐδόναι, πιστὰ δῐδόναι, V. πιστοῦσθαι.

Troubadour, subs. Use P. and V. ῥαψῳδός, ὁ, ᾠδός, ὁ, V. ἀοιδός, ὁ; see *minstrel*.

Trouble, subs. *Anxiety*: P. and V. φροντῐ́ς, ἡ, Ar. and V. μέριμνα, ἡ, V. σύννοια, ἡ, μέλημα, τό, ὄτλος, ὁ. *Distress*: P. and V. λῡ́πη, ἡ, ἀχθηδών, ἡ, ἀνῐ́α, ἡ. *Sorrow*: P. ταλαιπωρία, ἡ, Ar. and V. πόνος, ὁ, ἄχος, τό, V. πῆμα, τό, ἆθλος, ὁ, πημονή, ἡ, δύη, ἡ, οἰζῠ́ς, ἡ. *Bother*: P. and V. ὄχλος, ὁ, δυσχέρεια, ἡ, Ar. and P. πράγμᾰτα, τά. *Free from trouble*, adj.: V. ἀπήμων, ἀπενθής. *You would have been free from all subsequent troubles*: P. πάντων τῶν μετὰ ταῦτ' ἂν ἦτε ἀπηλλαγμένοι πραγμάτων (Dem. 11). *Labour, effort*: P. and V. πόνος, ὁ, Ar. and V. μόχθος, ὁ, V. ἆθλος, ὁ, κάμᾰτος, ὁ. *Without trouble*: P. ἀκονιτί, ἀπόνως, V. ἀμοχθί, P. and V. ἀπραγμόνως (Eur., *Frag.*). *With little trouble*: V. βρᾰχεῖ σὺν ὄγκῳ. *Take trouble*, v.: P. and V. σπουδάζειν; see *take pains*, under *pains*. *Difficulty doubt*: P. and V. ἀπορία, ἡ. Met., *of sickness*: P. πόνος, ὁ (Thuc. 2, 49), or use P. and V. τὸ κᾰκόν. *Cause trouble*, v.: Ar. and P. πράγμᾰτα πᾰρέχειν, P. παραλυπεῖν; see *trouble*, v. *Be in trouble*: P. and V. ἀπορεῖν, ἀμηχᾰνεῖν (rare P.), P. κακοπαθεῖν. *Be troubled*: P. and V. πονεῖν, κάμνειν. *Get oneself into trouble*: P. εἰς κακὸν αὑτον ἐμβάλλειν (Dem. 32). *Zeal, energy*: P. and V. σπουδή, ἡ. *Troubles, difficulties*: P. and V. κᾰκά, τά, πᾰ́θη, πᾰθήμᾰτα, τά, P. τὰ δυσχερῆ, τὰ ἄπορα, V. τἀμήχᾰνον, τὰ δύσφορα, τὰ δυσφόρως ἔχοντα, μοχθήμᾰτα, τό, πᾰθαί, αἱ, Ar. and V. πόνοι, οἱ. *Disturbance*: P. ταραχή, ἡ, V. τᾰραγμός, ὁ, τᾰ́ραγμα, τό.

Trouble, v. trans. *Disturb*: P. and V. τᾰράσσειν, θράσσειν (Plat. but rare ι.), ὄχλον πᾰρέχειν (dat.), Ar. and P. ἐνοχλεῖν (acc. or dat.), πράγμᾰτα πᾰρέχειν (dat.), V. ὀχλεῖν, Ar. and V. στροβεῖν, κλονεῖν, P. διοχλεῖν. *Distress*: P. and V. λῡπεῖν, ἀνῑᾶν, Ar. and P. ἀποκναίειν; see *distress*. *I do not trouble*: P. and V. οὔ μοι μέλει. *Trouble about*: P. and V. σπουδάζειν περί or ὑπέρ (gen.), φροντίζειν (gen.), P. περὶ πολλοῦ ποιεῖσθαι, V. σπουδὴν ἔχειν (gen.). *Not to trouble about*: use *disregard*. *Be troubled, be in doubt*: P. and V. ἀπορεῖν, ἀμηχᾰνεῖν (rare P.). *Be distressed*: P. and V. κάμνειν, βᾰρῡ́νεσθαι, πονεῖν; see under *distress*.

Troubled, adj. See *gloomy, stormy*.

Troubler, subs. V. τᾰράκτωρ, ὁ.

Troublesome, adj. P. and V. βᾰρῠ́ς, ὀχληρός, δυσχερής, λῡπηρός, κᾰκός, ἀνῑᾱρός, ἐπαχθής, προσάντης (Plat.), Ar. and P. χᾰλεπός, ἐπῐ́πονος, P. πραγματώδης, V. ἀχθεινός (also Xen. but rare P.), ἐμβρῑθής (Soph., *Frag.*), πολῠ́πονος, δυσπόνητος, λυπρός. *Difficult to deal with*: P. and V. ἄπορος. *Unruly*: P. ὀχλώδης; see *unruly*.

Troublesomely, adv. P. and V. λῡπηρῶς, κᾰκῶς, ἀλγεινῶς, ἀνῑᾱρῶς (Xen.).

Troublesomeness, subs. P. βαρύτης, ἡ, P. and V. δυσχέρεια, ἡ.

Troublous, adj. P. and V. κᾰκός; see *troublesome*.

Trough, subs. Ar. σκᾰ́φη, ἡ. *For kneading*: Ar. and P. κάρδοπος, ἡ, μάκτρα, ἡ (Xen.). *For drinking*: V. πίστρον, τό (Eur., *Cycl.* 29).

Trounce, v. trans. Ar. ῥαβδίζειν; see *beat*.

Trousers, subs. Ar. and V. θῠ́λᾰκοι, οἱ (Eur., *Cycl.* 182), P. ἀναξυρίδες, αἱ (Xen.).

Trowel, subs. Ar. ὑπᾰγωγεύς, ὁ (*Av.* 1149).

Truant, subs. P. and V. δρᾱπέτης, ὁ (Plat.). *Runaway* : P. αὐτόμολος, ὁ. *Play truant* : δραπετεύειν (Plat.).

Truce, subs. Ar. and P. ἐκεχειρία, ἡ, P. ἀνοκωχή, ἡ. *Treaty* : P. and V. σπονδαί, αἱ; see *treaty*. *Proposals for a truce* : P. λόγοι συμβατικοί, λόγοι συμβατήριοι. *Make a truce*, v.: P. and V. σπένδεσθαι. *Break truce* : P. παρασπονδεῖν. *Under a flag of truce* : use adj., P. and V. ὑπόσπονδος, V. ἔνσπονδος. *Without a flag of truce* : use adv., P. ἀκηρυκτί. *Contrary to terms of truce*, adj.: P. παράσπονδος. *Included in a truce* : P. ἔνσπονδος. *Excluded from truce* : P. ἔκσπονδος. *A truce to*, met.: P. and V. ἔᾱ (acc.).

Truceless, adj. P. and V. ἄσπονδος, P. ἀκήρυκτος.

Truckle to, v. trans. P. and V. ὑποτρέχειν (acc.), ὑπέρχεσθαι (acc.), Ar. and V. αἰκάλλειν (acc.), V. σαίνειν (acc.), θώπτειν (acc.), Ar. and P. ὑποπίπτειν (acc.); see *flatter*. *Gratify* : P. and V. χᾰρίζεσθαι (dat.).

Truckling, adj. P. θωπευτικός, Ar. θωπῐκός; see also *slavish*.

Truckling, subs. P. and V. θωπεία, ἡ, θωπεύμᾰτα, τά (Plat.).

Truculence, subs. P. and V. ὕβρῐς, ἡ; see *boastfulness*. *Fierceness* : P. and V. ὠμότης, ἡ.

Truculent, adj. P. ὑβριστικός. *Be truculent*, v.: P. and V. ὑβρίζειν. *Fierce* : P. and V. ὠμός, σχέτλιος; see also *boastful*.

Truculently, adv. P. ὑβριστικῶς. *Fiercely* : P. ὠμῶς, σχετλίως; see also *boastfully*.

True, adj. P. and V. ἀληθής, ὀρθός, Ar. and V. ἔτῠμος (also Plat., *Phaedr.* 260E, but rare P.), ἐτήτῠμος, V. νᾱμερτής. *Unlying* : P. and V. ἀψευδής, V. σᾰφής. *Genuine* : P. and V. γνήσιος, P. ἀληθινός, ἀκίβδηλος. *Faithful* : P. and V. πιστός, βέβαιος. *True-born* : P. and V. γνήσιος, V. ἰθᾱγενής. *True story, as opposed to a myth* : P. λόγος, ὁ opposed to μῦθος (Plat., *Gorg.* 523A). *Come true, be fulfilled*, v.: P. and V. ἐκβαίνειν, V. ἐξέρχεσθαι, ἐξήκειν, P. ἀποβαίνειν.

Truism, subs. P. and V. ἀρχαῖα, τά. *What is this truism you utter?* V. ποῖον τοῦτο πάγκοινον λέγεις; (Soph., *Ant.* 1049).

Truly, adv. P. and V. ἀληθῶς, ὡς ἀληθῶς, ὀρθῶς, V. κᾰτ' ὀρθόν, ἐτητύμως, ὡς ἐτητύμως, Ar. ἐτύμως. *In fact, really* : P. and V. ὄντως. *Genuinely* : P. and V. γνησίως, P. ἀληθινῶς, ἀκιβδήλως. *Guilelessly* : P. ἀδόλως. *Of course*, ironically: P. and V. δῆθεν. In maxims: P. and V. τοι (enclitic). In emphatic assertion: P. and V. δή; see also *verily, really*.

Trump, subs. P. and V. σάλπιγξ, ἡ.

Trump, v. trans. *Trump up* : P. and V. πλάσσειν, P. κατασκευάζειν, συσκευάζειν, συμπλάσσειν, ἐξ ἐπιβουλῆς συντιθέναι; see *concoct*. *Trump up cases* : Ar. δῐκορρᾰφεῖν. *Trumping up a petty charge and accusation* : V. ἔγκλημα μικρὸν αἰτίαν τ' ἑτοιμάσας (Soph., *Trach.* 361).

Trumpery, adj. P. and V. φαῦλος, P. οὐκ ἀξιόλογος; see *trifling*.

Trumpet, subs. P. and V. σάλπιγξ, ἡ. *Silence was proclaimed by sound of trumpet* : P. τῇ σάλπιγγι σιωπὴ ὑπεσημάνθη (Thuc. 6, 32). *Sound the trumpet*, v.: P. σαλπίζειν (Xen.). *The trumpet sounded* : P. ἐσάλπιξε (Xen.), P. and V. ἐσήμηνε (Eur., *Her.* 830).

Trumpeter, subs. P. σαλπιγκτής, ὁ.

Truncate, v. trans. P. and V. συντέμνειν, κολούειν.

Truncheon, subs. Ar. and P. ῥάβδος, ἡ; see *staff*.

Trundle, v. trans. P. and V. κῠλινδεῖν (Xen. also Ar.); see *roll*.

Trunk, subs. *Trunk of human body*: P. and V. κῦτος, τό (Plat.). *Trunk of a tree*: Ar. and P. στέλεχος, τό, πρέμνον, τό, Ar. and V. κορμός, ὁ. *Box*: P. and V. θήκη, ἡ; see *box*.

Truss, v. trans. Use ὀβελοῖς πηγνῦναι (Eur., *Cycl.* 302, or use *bind*).

Trust, subs. P. and V. πίστῐς, ἡ. *Boldness, confidence*: P. and V. θρᾰσος, τό, θάρσος, τό. *Assurance*: P. and V. πίστῐς, ἡ. *Hope*: P. and V. ἐλπίς, ἡ. *Something committed to one*: P. παρακαταθήκη, ἡ. *Till then we will keep* (*your land*) *on trust*: P. μέχρι τοῦδε ἕξομεν παρακαταθήκην (Thuc. 2, 72). *Charge committed to one's care*: V. μέλημα, τό; see *task, duty*. *Credit*: P. and V. πίστῐς, ἡ. *Take on trust* (*without examination*): P. ἀβασανίστως δέχεσθαι (acc.), (Thuc. 1, 20).

Trust, v. trans. P. and V. πιστεύειν (dat.), πείθεσθαι (dat.). *Be confident*: P. and V. θαρσεῖν. *Trust to, base one's confidence on*: P. and V. πιστεύειν (dat.), P. ἰσχυρίζεσθαι (dat.). *Trusting to*, adj.: P. and V. πίσῦνος (dat.) (Thuc.), V. πιστός (dat.). *Intrust*: Ar. and P. ἐπιτρέπειν, P. πιστεύειν, διαπιστεύειν, ἐγχειρίζειν, V. εἰσχειρίζειν; see *intrust*. Absol., *hope*: P. and V. ἐλπίζειν. *Be confident*: P. and V. πιστεύειν, θαρσεῖν, πείθεσθαι; see under *confident*.

Trustee, subs. Ar. and P. ἐπίτροπος, ὁ, κηδεμών, ὁ (Dem. 988); see *guardian*. *Be trustee*, v.: Ar. and P. ἐπιτροπεύειν.

Trusteeship, subs. P. ἐπιτροπεία, ἡ, ἐπιτρόπευσις, ἡ.

Trustful, adj. *Credulous*: P. εὐεξαπάτητος. *Simple*: P. and V. εὐήθης; see also *guileless*.

Trustfully, adv. Ar. εὐπίστως; see also *guilelessly*.

Trustfulness, subs. P. and V. πίστῐς, ἡ.

Trustily, adv. P. πιστῶς.

Trustiness, subs. P. and V. πίστῐς, ἡ, P. πιστότης, ἡ.

Trustworthily, adv. P. πιστῶς.

Trustworthiness, subs. P. and V. πίστῐς, ἡ, P. πιστότης, ἡ.

Trustworthy, adj. P. ἀξιόπιστος, P. and V. ἐχέγγυος (Thuc. but rare P.), φερέγγυος (Thuc. but rare P.), Ar. and P. ἀξιόχρεως (also Eur., but rare V.).

Trusty, adj. P. and V. πιστός, βέβαιος, ἀσφᾰλής; see *trustworthy*.

Truth, subs. P. and V. ἀλήθεια, ἡ, τἀληθές. *Correctness*: Ar. and P. ὀρθότης, ἡ, V. νᾱμέρτεια, ἡ. *Speak truth*, v.: P. and V. ἀληθεύειν, ἀψευδεῖν (Plat.). *In truth*: P. and V. ὄντως, P. τῷ ὄντι; see *truly*. *Of a truth* (in maxims): P. and V. τοι (enclitic). *Verily*: P. and V. ἦ, V. ἦ κάρτᾰ, Ar. and V. κάρτᾰ (rare P.); see *really, verily*.

Truthful, adj. P. and V. ἀληθής. *Exact*: P. and V. ἀκρῑβής. *Not false*: P. and V. ἀψευδής; see *true*.

Truthfully, adv. P. and V. ἀληθῶς. *Exactly*: P. and V. ἀκρῑβῶς; see *truly*.

Truthfulness, subs. P. and V. ἀλήθεια, ἡ, τἀληθές. *Exactness*: P. ἀκρίβεια, ἡ.

Try, v. trans. *Make proof of*: P. and V. πειρᾶσθαι (gen.), Ar. and P. ἀποπειρᾶσθαι (gen.), P. διαπειρᾶσθαι (gen.), πεῖραν λαμβάνειν (gen.), Ar. and V. ἐκπειρᾶσθαι (gen.). *Test, examine*: P. and V. ἐλέγχειν, ἐξελέγχειν, Ar. and P. δοκῐμάζειν, βᾰσᾰνίζειν; see *test*. *Essay*: P. and V. πειρᾶσθαι (gen.), γεύεσθαι (gen.). *Try* (*a case in court, etc.*): P. and V. κρίνειν, δῐκάζειν. *Have one's case tried*: P. and V. κρίνεσθαι, δῐκάζεσθαι, ἀγωνίζεσθαι. *Tax*: P. and V. γυμνάζειν. *Distress*: P. and V. πιέζειν, Ar. and V. τείρειν; see *distress*. *Undertake, attempt*: P. and V. ἐπῐχειρεῖν (dat.), ἐγχειρεῖν (dat.). Absol., P. and V. πειρᾶν (or mid.), ἐπῐχειρεῖν, ἐγχειρεῖν.

Trying, subs. *Endeavour*: P. and V. πεῖρα, ἡ; see *attempt*.

Trying, adj. *Wearing*: P. and V. βᾰρύς, Ar. and P. χᾰλεπός; see *irksome*.

Trysting, adj. *Appointed*: use P. and V. προκείμενος.

Tub, subs. Ar. and V. σκάφη, ἡ (Æsch., *Frag.*), Ar. and P. ἀγγεῖον, τό. Especially for washing: Ar. πύελος, ἡ.

Tube, subs. P. αὐλός, ὁ, αὐλών, ὁ, ὀχετός, ὁ; see *pipe*. *Funnel*: P. χώνη, ἡ, Ar. χοάνη, ἡ.

Tubular, adj. Use P. and V. κοῖλος.

Tuck, subs. *Fold*: V. στολίδες, αἱ. *Fold of the dress over the bosom*: Ar. and V. κόλπος, ὁ.

Tuck up, v. trans. Ar. and V. ἀναστέλλεσθαι, Ar. συστέλλεσθαι.

Tuft, subs. *Of hair*: Ar. and P. κρώβῠλος, ὁ. *Tuft of grass*: use simply *grass*.

Tug, v. trans. P. and V. ἕλκειν, ἐφέλκειν, ἐπισπᾶν, Ar. and V. σπᾶν; see *pull*. *Exert oneself*: P. and V. τείνειν; see under *exert*. *Give a tug*: Ar. ὑποτείνειν (*Pax*, 458).

Tug, subs. *Effort*: P. and V. πόνος, ὁ. *Struggle*: P. and V. ἀγών, ὁ; see *struggle*. *Tug of war*, met.: use P. and V. ἀγών, ὁ.

Tuition, subs. See *teaching*.

Tumble, v. trans. P. and V. κῠλινδεῖν (Xen. also Ar.); see *roll*. *Tumble a person in the mud*: P. ῥάσσειν (τινὰ), εἰς τὸν βόρβορον (Dem. 1259). V. intrans. *Fall*: P. and V. πίπτειν; see *fall*. *Roll*: P. and V. κῠλινδεῖσθαι, also Ar. and V. κῠλίνδεσθαι (Soph., *Frag.*). *Be a tumbler*: P. κυβιστᾶν. *Tumble down*: Ar. and P. κᾰταρρεῖν; see *fall*. *Tumble off*: P. and V. ἐκπίπτειν, V. ἐκκῠλίνδεσθαι, ἐκκῠβιστᾶν, ἐκνεύειν; see *fall off*.

Tumble, subs. See *fall*.

Tumbler, subs. V. κῠβιστητήρ, ὁ. *Be a tumbler*, v.: P. κυβιστᾶν. *Glass*: see *cup*.

Tumbrel, subs. Use P. and V. ἅμαξα, ἡ.

Tumid, adj. P. ὀγκώδης.

Tumour, subs. P. οἴδημα, τό, φῦμα, τό.

Tumult, subs. P. and V. θόρῠβος, ὁ, ὄχλος, ὁ, P. ταραχή, ἡ, V. τᾰραγμός, ὁ, τάραγμα, τό; see *noise*. *Sedition*: P. and V. στάσις, ἡ. *Throw into a tumult*, v.: P. and V. συγχεῖν, τᾰράσσειν, συντᾰράσσειν. *Be in a tumult (politically)*: Ar. and P. στᾰσιάζειν.

Tumultuous, adj. *Disorderly*: P. ταραχώδης, ἄτακτος, ἀσύντακτος, V. ἄκοσμος, οὐκ εὔκοσμος. *Mixed together*: P. and V. συμμῐγής, σύμμικτος, μῐγάς.

Tumultuously, adv. P. ἀτάκτως, ταραχώδως, οὐδένι κόσμῳ. *At random*: P. and V. εἰκῇ, φύρδην (Xen.), P. χύδην.

Tumultuousness, subs. P. and V. ἀκοσμία, ἡ, P. ἀταξία, ἡ; see *tumult*.

Tumulus, subs. See *mound*.

Tun, subs. *Cask*: P. and V. πίθος, ὁ (Eur., *Cycl.* 217).

Tune, subs. P. and V. μέλος, τό, νόμος, ὁ. *In tune*, adj.: P. ἐμμελής; see *harmonious*. *Out of tune*: P. and V. πλημμελής, P. ἀνάρμοστος. *Sing out of tune*, v.: P. ἀπᾴδειν (Plat.). *To the tune of*: P. and V. ὑπό (gen.). *These men take bribes to the tune of 50 talents*: Ar. οὗτοι μὲν δωροδοκοῦσιν κατὰ πεντήκοντα τάλαντα (*Vesp.* 669).

Tune, v. trans. P. ἁρμόζειν (Plat.). Met., see *adapt*. *A lyre that is tuned*: P. ἡρμοσμένη λύρα (Plat.). *Tune up, strike up*: Ar. ἀνᾰβάλλεσθαι (absol.).

Tuneful, adj. P. ἐμμελής, V. μελῳδός, εὔφωνος, Ar. and P. εὔρυθμος; see *harmonious*.

Tunefully, adv. P. ἐμμελῶς, εὐρύθμως.

Tunefulness, subs. Ar. and P. ἁρμονία, ἡ, P. εὐρυθμία, ἡ.

Tunic, subs. P. and V. χῐτών, ὁ

(Eur., *I. T.* 288; Soph., *Trach.* 769), V. ἐπενδύτης, ὁ (Soph., *Frag.*), Ar. and P. χῐτωνίσκος, ὁ.

Tunnel, subs. P. ὑπόνομος, ὁ.

Tunnel, v. trans. Use Ar. and P. διορύσσειν.

Tunny, subs. V. θύννος, ὁ, πηλᾰμύς, ἡ (Soph., *Frag.*).

Turban, subs. Use Ar. and V. μίτρα, ἡ.

Turbid, adj. P. and V. θολερός.

Turbot, subs. Ar. and P. use ψῆσσα, ἡ.

Turbulence, subs. P. and V. θόρῠβος, P. ταραχή, ἡ; see *tumult. Sedition:* P. and V. στάσῐς, ἡ.

Turbulent, adj. P. ταραχώδης, ὀχλώδης, θορυβώδης, V. λαβρός; see *unruly. Intemperate:* P. and V. ἀκόλαστος. *Seditious:* P. στασιαστικός, στασιωτικός.

Turbulently, adv. P. ταραχώδως. *Seditiously:* P. στασιαστικῶς.

Turf, subs. *Grass:* P. and V. πόα, ἡ, χλόη, ἡ, Ar. and V. ποία, ἡ (Eur., *Cycl.* 333). *Pasturage:* P. βοτάνη, ἡ. *Meadow:* P. and V. λειμών, ὁ; see *meadow.* Met., *horse racing:* Ar. and P. ἱπποδρομία, ἡ.

Turfy, adj. Use V. εὔλειμος; see *grassy.*

Turgid, adj. P. ὀγκώδης. *Pompous:* P. and V. σεμνός.

Turgidity, subs. Use P. and V. ὄγκος, ὁ, τὸ σεμνόν.

Turgidly, adv. P. and V. σεμνῶς.

Turmoil, subs. P. and V. θόρῠβος, ὁ, ὄχλος, ὁ, P. ταραχή, ἡ, V. τᾰραγμός, ὁ, τᾰραγμα, τό.

Turn, v. trans. P. and V. τρέπειν, στρέφειν, ἐπιστρέφειν. *Change:* P. and V. μετᾰφέρειν, μετᾰβάλλειν, μεταστρέφειν; see *change. Translate:* P. μεταφέρειν. *Let us turn our steps from this path:* V. ἔξω τρίβου τοῦδ' ἴχνος ἀλλαξώμεθα (Eur., *El.* 103). *Turn a corner:* Ar. and V. κάμπτειν. *Where are you turning your head?* Ar. τὴν κεφάλην ποῖ περιάγεις (*Pax*, 682). *Turn one's neck:* P. περιάγειν τὸν αὐχένα (Plat., *Rep.* 515c). *Direct (towards an object):* P. and V. ἐπέχειν (τί τινι, or τι ἐπί τινι). *Turn on a lathe:* Ar. and P. τορνεύειν. Met., *round off (a phrase):* Ar and P. τορνεύειν, P. ἀποτορνεύειν. *Spin:* P. and V. στρέφειν; see *spin.* V. intrans. P. and V. τρέπεσθαι, στρέφεσθαι, ἐπιστρέφεσθαι. *Change:* P. and V. μεταστρέφεσθαι, P. περιίστασθαι; see *change. Wend:* P. and V. τρέπεσθαι; see *wend. Spin, revolve:* P. and V. κυκλεῖσθαι, στρέφεσθαι, P. περιστρέφεσθαι; see *spin. Turn in the race-course:* V. κάμπτειν (Soph., *El.* 744). *Become:* P. and V. γίγνεσθαι. *Turn about:* see *turn back. Turn against, estrange,* v. trans.: P. ἀλλοτριοῦν, ἀπαλλοτριοῦν. *Embroil:* Ar. and P. διιστάναι. *Betray:* P. and V. προδῐδόναι. *Turn aside:* P. and V. ἀποτρέπειν, ἀποστρέφειν. *Turn from its course:* P. παρατρέπειν, P. and V. ἐκτρέπειν, ὑπεκτρέπειν, V. πᾰρεκτρέπειν, διαστρέφειν; see *divert. Turn aside,* v. intrans.: P. and V. ἐκτρέπεσθαι, ὑπεκτρέπεσθαι, ἀποτρέπεσθαι, ἀποστρέφειν (or pass.), P. παρατρέπεσθαι, ἐκκλίνειν. *Turn away:* see *turn aside. Turn back,* v. trans.: P. and V. ἀποτρέπειν. *Send back:* Ar. and P. ἀποπέμπειν. *Deter:* P. and V. ἀποστρέφειν, Ar. and P. ἀποτρέπειν, V. πᾰρασπᾶν. *Turn back,* v. intrans. P. and V. ἀποστρέφειν (or pass.), ὑποστρέφειν (or pass.), ἀναστρέφειν, Ar. and P. ἐπᾰναστρέφειν. *Turn from,* v. trans., *deter:* Ar. and P. ἀποτρέπειν; see *deter;* v. intrans., V. ἀποτρέπεσθαι (acc.), Ar. and V. ἀποστρέφεσθαι (acc.) (also Xen.), P. ἀποτρέπεσθαι ἐκ (gen.). *Desist from:* P. and V. ἀφίστασθαι (gen.), ἐξίστασθαι (gen.), V. μεθίστασθαι (gen.). *Turn into, change into,* v. trans.: P. μεταλλάσσειν (εἰς, acc.). *Become,* v. intrans.: P. and V. γίγνεσθαι. *Turn into a beast:* V. ἐκθηριοῦσθαι.

Change into : P. μεταβαίνειν εἰς (acc.), μεταβάλλειν εἰς (acc.) or ἐπί (acc.). *Turn out, manufacture*, v. trans. : see *manufacture*. *Turn out of doors* : P. and V. ἐκβάλλειν, ἀνιστάναι, ἐξανιστάναι. *Be turned out of doors* : P. and V. ἐκπίπτειν. *Drive out* : P. and V. ἐλαύνειν, ἐξελαύνειν, ἐκβάλλειν ; see *banish*. *Depose* : P. and V. ἐκβάλλειν, P. παραλύειν ; see *depose*. *Turn out, result*, v. intrans. : P. and V. ἐκβαίνειν, τελευτᾶν, ἐξέρχεσθαι, P. ἀποβαίνειν, V. τελεῖν, ἐξήκειν, ἐκτελευτᾶν, Ar. and P. συμφέρεσθαι. *Turn over, hand over*, v. trans. : P. and V. πᾰρᾰδῐδόναι, Ar. and P. ἐπιτρέπειν. *Upset* : P. and V. ἀνατρέπειν, ἀναστρέφειν ; see *upset*. *Turn over in one's mind* : see *ponder*. *Turn over a new leaf* : V. μεθαρμόζεσθαι βελτίω βίον (Eur., *Alc.* 1157). *Turn round*, v. trans. : P. and V. ἀνᾰκυκλεῖν (pass. in Plat.), ἐπιστρέφειν, περιάγειν (Eur., *Cycl.* 686). *Turn round*, v. intrans. : P. and V. ἐπιστρέφειν (or pass.), ὑποστρέφειν, μεταστρέφεσθαι. *Change* : P. περιίστασθαι. *Not turning round*, adj. : V. ἄστροφος (Soph., *O. C.* 490). *Turn tail* : P. and V. ὑποστρέφειν, V. νωτίζειν ; see *fly*. *Turn to, have recourse to* : P. and V. τρέπεσθαι πρός (acc.), P. καταφεύγειν εἰς, or πρός (acc.), V. φεύγειν εἰς (acc.). *Turn to account* : P. and V. χρῆσθαι (dat.). *Turn upside down*, v. trans. : P. and V. ἄνω κάτω στρέφειν ; see under *upside*. *Upset* : P. and V. ἀναστρέφειν, ἀνατρέπειν. *Turn upside down, be upset*, v. intrans. : P. and V. ἀναστρέφεσθαι, ἀνατρέπεσθαι. *Capsize*: V. ὑπτιοῦσθαι.

Turn, subs. *Change* : P. and V. μετᾰβολή, ἡ, μετάστᾰσις, ἡ ; see *change*. *Opportunity* : P. and V. ὥρα, ἡ, καιρός, ὁ. *Turn of the scale*, met. : P. and V. ῥοπή, ἡ. *Twist, trick* : P. and V. στροφή, ἡ. *He will wait the turn of events* : P. προσεδρεύσει τοῖς πράγμασι (Dem. 14). *Good turn, service* : P. and V. χάρῐς, ἡ, P. εὐεργεσία, ἡ, V. ὑπουργία, ἡ ; see *service*. *Do (one) a good turn* : P. and V. εὖ ποιεῖν (acc.), εὖ δρᾶν (acc.). *Bad turn, injury* : P. and V. κᾰκόν, τό ; see *injury*. *Do (one) a bad turn* : P. and V. κᾰκῶς ποιεῖν (acc.), κᾰκῶς δρᾶν (acc.). *The pair had hardly taken two or three turns (in walking) when Clinias enters* : P. οὔπω τούτω δύ' ἢ τρεῖς δρόμους περιεληλυθότε ἤτην καὶ εἰσέρχεται Κλεινίας (Plat., *Euthyd.* 273A). *Duty coming round by rotation* : P. and V. μέρος, τό. *By turns* : P. and V. ἐν μέρει, ἐν τῷ μέρει, P. κατὰ μέρος, V. ἀνᾰ μέρος. *In order* : P. and V. ἐφεξῆς, ἑξῆς. *By relays* : P. κατ' ἀναπαύλας. *Alternately* : P. and V. πᾰραλλάξ. *In turn* : P. and V. ἐν μέρει, ἐν τῷ μέρει. *I will speak in your turn* : P. ἐγὼ ἐρῶ ἐν τῷ σῷ μέρει (Plat., *Symp.* 185D). *In return* : P. and V. αὖ, αὖθις. In compounds : use ἀντι, e.g. *hear in turn* : P. and V. ἀντᾰκούειν (Xen.). *Be captured in turn* : V. αὖθις ἀνθᾰλίσκεσθαι. *Out of turn* : P. παρὰ τὸ μέρος (Xen.). *They took it in turns to sleep and do the rowing* : P. οἱ μὲν ὕπνον ᾑροῦντο κατὰ μέρος, οἱ δὲ ἤλαυνον (Thuc. 3, 49). *Taking one's turn* : use adj., P. and V. διάδοχος.

Turning, subs. *Bend* : P. καμπτήρ, ὁ (Xen.) ; see *bend*. *Turning point in the race-course* : P. and V. καμπή, ἡ, στήλη, ἡ (Xen.). Met., *crisis* : P. and V. ῥοπή, ἡ. *Go round the turning-point*, v. : V. κάμπτειν (Soph., *El.* 744). *Revolution* : P. and V. στροφή, ἡ. *Change* : P. and V. μετᾰβολή, ἡ ; see *change*.

Turnip, subs. Ar. γογγῠλίς, ἡ.

Turpitude, subs. P. and V. πονηρία, ἡ, Ar. and P. μοχθηρία, ἡ ; see *wickedness*.

Turret, subs. P. and V. πύργος, ὁ, ἔπαλξις, ἡ.

Turretted, adj. Ar. and V. καλλίπυργος, V. ὑψίπυργος, καλλῐπύργωτος.

Tusk, subs. Use P. and V. ὀδούς, ὁ.

Tussle, subs. P. and V. ἀγών, ὁ, ἀγωνία, ἡ, ἅμιλλα, ἡ, V. πᾰλαισμα, τό, ἆθλος, ὁ; see *struggle*.

Tutelage, subs. *Guardianship*: P. ἐπιτροπεία, ἡ. *Protection*: P. and V. φῠλᾰκή, ἡ.

Tutelary, adj. P. and V. σωτήριος, V. προστᾰτήριος, ἀλεξητήριος. *Protecting a country, as epithet of some god*: Ar. and P. πολιοῦχος (Plat.), P. and V. ἑστιοῦχος (Plat. also Ar.), V. δημοῦχος, πολισσοῦχος. *Be tutelary of*, v.: P. and V. ἔχειν (acc.) (Dem. 274), P. λαγχάνειν (acc.) (Plat.), Ar. and V. προστᾰτεῖν (gen.), ἐπισκοπεῖν (acc.), V. ἀμφέπειν (acc.). *Tutelary guardian*, subs.: P. and V. ἐπίσκοπος, ὁ or ἡ (Plat.). *The neighbouring fields claim Colonus as their tutelary hero*: V. οἱ πλήσιοι γύαι . . . Κολωνὸν εὔχονται σφίσιν ἀρχηγὸν εἶναι (Soph., *O. C.* 58; cf. Plat., *Tim.* 21E).

Tutor, subs. P. and V. παιδᾰγωγός, ὁ. *Teacher*: P. and V. δῐδάσκᾰλος, ὁ. *Guardian*: Ar. and P. ἐπίτροπος, ὁ.

Twaddle, subs. See *nonsense*.

Twain, adj. See *two*. *In twain*: P. and V. δίχᾰ, P. διχῇ. *Cleave in twain*, v.: V. ῥᾰχίζειν; see *cleave*.

Twang, v. trans. P. and V. ψάλλειν. V. intrans. Ar. and V. κλάζειν.

Twang, subs. *Noise*: P. and V. ψόφος, ὁ, V. κλαγγή, ἡ. *Twanging of the bow*: V. ψαλμός, ὁ (Eur. in lyrical passage).

Tweezers, subs. P. θερμαστρίς, ἡ (Aristotle).

Twelfth, adj. P. δωδέκατος.

Twelve, adj. P. and V. δώδεκα. *Twelve times*, adv.: Ar. and P. δωδεκάκις.

Twentieth, adj. P. εἰκοστός.

Twenty, adj. Ar. and P. εἴκοσι.

Twice, adv. P. and V. δίς. *Twice as large as*: Ar. and P. διπλάσιος (gen.). *Twice as well*: P. διπλασίῳ ἄμεινον. *Twice as great, or twice as much*, adj.: P. δὶς τοσοῦτος (Thuc. 6, 37), V. δὶς τόσος. *Twice as much*, adv.: V. δὶς τόσως, Ar. διπλᾰσίως μᾶλλον (*Av.* 1578). *Your father's house, glorious before, you have now made twice as glorious*: V. πατρὸς δὲ καὶ πρὶν εὐκλεᾶ δόμον νῦν δὶς τόσως ἔθηκας εὐκλεέστερον (Eur., *Rhes.* 159). *Surely these troubles are twice as many instead of single*: V. ἆρ' ἐστι ταῦτα δὶς τόσ' ἐξ ἁπλῶν κακά; (Soph., *Aj.* 277).

Twig, subs. P. and V. κλών, ὁ (Plat.), πτόρθος, ὁ (Plat.). *Of vine*: Ar. and P. κλῆμα, τό; see *bough*. *Twigs to make bird's nests*: Ar. κάρφη, τά.

Twilight, subs. *Time just before dawn*: P. and V. ὄρθρος, ὁ, P. τό περίορθρον. *Darkness*: Ar. and V. κνέφᾰς, τό (also Xen.).

Twin, adj. P. δίδυμος (Plat.).

Twine, subs. *Thread*: Ar. and V. κλωστήρ, ὁ, V. μίτος, ὁ, P. νῆμα, τό; see *string*.

Twine, v. trans. P. and V. πλέκειν, συμπλέκειν, ἐμπλέκειν, V. ἑλίσσειν, εἱλίσσειν. *Cast around*: P. and V. περῐβάλλειν, V. ἀμφῐβάλλειν; see *embrace*. *Twining my hands about your knee*: V. ἑλίξας ἀμφὶ σὸν χεῖρας γόνυ (Eur., *Phoen.* 1622). *Twined in each other's arms*: V. ἐπ' ἀλλήλοισιν ἀμφικείμενοι (Soph., *O. C.* 1620). *Lay hold of her twining your arms about her*: V. λάβεσθέ μοι τῆσδ' ἀμφελίξαντες χέρας (Eur., *And.* 425). *Their bodies twined with twisted withes*: V. στρεπταῖς λύγοισι σῶμα συμπεπλεγμένοι (Eur., *Cycl.* 225). *Twined with thronging snakes*: V. πεπλεκτανημένος πυκνοῖς δράκουσι (Æsch., *Choe.* 1049).

Twinge, subs. *Spasm*: P. and V. σπασμός, ὁ; see *spasm*. *Pain*: P. and V. λύπη, ἡ, ὀδύνη, ἡ. *Twinge of conscience, scruple*: P. and V. ἐνθύμιον, τό. *Repentance*: P. and

V. μεταμέλεια, ἡ (Eur., *Frag.*); see *repentance.*

Twinkle, v. intrans. P. and V. ἀστράπτειν; see *flash.*

Twinkle, subs. P. and V. ἀστραπή, ἡ (Plat.); see *flash.*

Twinkling, adj. Ar. and V. αἰόλος. *Variegated:* P. and V. ποικίλος; see *flashing.*

Twirl, v. trans. P. and V. στρέφειν, Ar. and V. κυκλεῖν, στροβεῖν, V. ἑλίσσειν, εἱλίσσειν (once Ar.). V. intrans. P. and V. στρέφεσθαι, κυκλεῖσθαι, P. περιφέρεσθαι, περιστρέφεσθαι, Ar. and V. στροβεῖσθαι, V. ἑλίσσεσθαι, εἱλίσσεσθαι. *Eddy:* P. and V. δινεῖσθαι (Plat. but rare P.).

Twirl, subs. P. and V. στροφή, ἡ. *Eddy:* P. and V. δίνη, ἡ (Plat. but rare P.).

Twist, v. trans. *Turn:* P. and V. στρέφειν, Ar. and V. κυκλεῖν, V. ἑλίσσειν, εἱλίσσειν (once Ar.). *Sprain:* see *sprain. Plait:* P. and V. πλέκειν, συμπλέκειν. *Turn aside:* P. and V. παραστρέφειν. *Distort*, lit. and met.: P. and V. διαστρέφειν. Met., also P. and V. λυμαίνεσθαι. *Twist (a man's) hands behind him:* Ar. and V. ἀποστρέφειν χέρας. V. intrans. P. and V. στρέφεσθαι, V. ἑλίσσεσθαι (also Plat., *Theaet.* 194B, but rare P.), εἱλίσσεσθαι; see *wriggle.*

Twist, subs. *Turn:* P. and V. στροφή, ἡ. *Knot:* P. and V. ἅμμα, τό (Plat.). *Sprain:* P. στρέμμα, τό, σπάσμα, τό. *Trick:* P. and V. στροφή, ἡ. *Twists and turns:* Ar. λυγισμοὶ καὶ στροφαί (*Ran.* 775). *Anything twisted:* P. and V. πλέγμα, τό, πλοκή, ἡ (Plat.).

Twisted, adj. P. and V. πλεκτός (Xen.), πολύπλοκος (Plat.), V. ἑλικτός. *Distorted:* V. διάστροφος. *Crooked:* P. σκολιός (Plat.). *Bent:* P. and V. καμπύλος (Plat.), V. στρεπτός; see *curved.*

Twit, v. trans. See *taunt.*

Twitch, v. trans. *Pull hold of:* P. and V. λαμβάνεσθαι (gen.). V. intrans. *Be convulsed:* P. and V. σφαδάζειν (Xen.), V. σπᾶσθαι.

Twitch, subs. *Twitching:* P. and V. σπασμός, ὁ, P. σφαδασμός, ὁ (Plat.); see *convulsion. A convulsive twitching:* V. ἄδαγμος ἀμφίσπαστος (Soph., *Trach.* 770).

Twitter, v. intrans. Ar. πιππίζειν, V. εὐστομεῖν; see *sing. Twitter round:* Ar. ἀμφιτιττυβίζειν (acc.).

Two, adj. P. and V. δύο, δισσοί, (Dem. 199, also Plat. and Isoc.), V. διπλοῦς, Ar. and V. δίπτυχοι. *The number two:* P. δυάς, ἡ. *Two together:* P. σύνδυο. *I think I have made more money than any two other sophists together that you like to name:* P. οἶμαι ἐμὲ πλείω χρήματα εἰργάσθαι ἢ ἄλλους σύνδυο οὕστινας βούλει τῶν σοφιστῶν (Plat., *Hipp. Maj.* 282E). *In two:* P. and V. δίχα, P. διχῇ. *Cut in two:* P. τέμνειν δίχα. *In two ways:* P. διχῇ. *Two-fifths:* P. τῶν πέντε αἱ δύο μοῖραι.

Two-edged, adj. Ar. and V. ἀμφήκης, V. δίστομος, δίθηκτος, ἀμφιπλήξ, ἀμφιδέξιος.

Two-fold, adj. P. and V. διπλοῦς, Ar. and P. διπλάσιος, V. δίπτυχος.

Two-formed, adj. P. and V. διφυής (of a centaur: also in Plat. of Pan.).

Two-handled, adj. Of a jar: P. δίωτος.

Two-headed, adj. V. ἀμφίκρανος.

Two-hundred, adj. P. διακόσιοι.

Two-legged, adj. P. and V. δίπους, V. δίβαμος.

Two-oared, adj. P. ἀμφηρικός.

Type, subs. *Sign, badge:* P. and V. σύμβολον, τό, σημεῖον, τό; see *sign. Similitude:* P. and V. εἰκών, ἡ. *Model, outline:* P. τύπος, ὁ. *Class, kind:* P. and V. γένος, τό, εἶδος, τό, ἰδέα, ἡ. *Example:* P. and V. παράδειγμα, τό; see *example.*

Typhoon, subs. Use *storm.*

Typical, adj. *Allegorical*: P. ἐν ὑπονοίᾳ πεποιημένος. *Characteristic*: see *characteristic*. *Be typical of, give a specimen of*: P. παράδειγμα διδόναι (gen.).

Typically, *in accordance with one's nature*: P. κατὰ φύσιν.

Typify, v. trans. *Give example of*: P. παράδειγμα διδόναι (gen.). *Suggest*: P. and V. ὑποτῐθέναι (more common in mid. in P.). *Represent*: see *represent*.

Tyrannical, adj. P. and V. τῠραννῐκός, P. δεσποτικός, V. τῠ́ραννος.

Tyrannically, adv. P. τυραννικῶς, δεσποτικῶς.

Tyrannise, v. intrans. P. and V. τῠραννεύειν, δεσπόζειν. *Tyrannise over*: P. and V. δεσπόζειν (gen.); see *lord it over, rule*.

Tyrannous, adj. See *tyrannical*.

Tyrannously, adv. See *tyrannically*.

Tyranny, subs. P. and V. τῠραννῐ́ς, ἡ, P. δεσποτεία, ἡ.

Tyrant, subs. P. and V. τῠ́ραννος, ὁ, δεσπότης, ὁ; see *king*. *Be governed by tyrants*, v.: P. and V. τῠραννεῖσθαι, P. τυραννεύεσθαι, δεσπόζεσθαι. *Be tyrant of*, V.: P. and V. τῠραννεῖν (gen.). *Free from tyrants*, adj.: P. ἀτυράννευτος.

Tyro, subs. Use adj., P. and V. ἄπειρος.

U

Ubiquitous, Be, v. intrans. use P. and V. πανταχοῦ πᾰρεῖναι.

Udder, subs. P. and V. μαστός, ὁ (Xen. and Eur., *Cycl.* 207), V. οὖθαρ, τό.

Ugliness, subs. P. αἶσχος, τό, ἀσχημοσύνη, ἡ, V. ἀμορφία, ἡ; see *unpleasantness*.

Ugly, adj. P. and V. αἰσχρός (Plat. also Ar.), δῠσειδής (Plat. and Soph., *Frag.*), P. μοχθηρός, V. δύσμορφος, δυσπρόσοπτος, δυσθέᾱτος; see *unpleasant*.

Ulcer, subs. P. and V. ἕλκος, τό.

Ulcerate, v. intrans. P. ἑλκοῦσθαι (Xen.), V. ἑλκαίνειν.

Ulceration, subs. P. ἕλκωσις, ἡ.

Ulcered, adj. Use P. and V. ἔμπυος; see *festering*.

Ulterior, adj. *Ulterior motives, seeking one's own advantage*: P. πλεονεξία, ἡ. *Have ulterior motives, seek one's own advantage*, v.: P. πλεονεκτεῖν. *Entertain secret designs*: P. λανθάνειν τι ἐπιβουλεύων. *Without ulterior motives*: use adv. P. ἀδόλως. *With ulterior motives, for the sake of gain*: use P. and V. ἐπὶ κέρδει, V. ἐπὶ κέρδεσι.

Ultimate, adj. *Final*: P. and V. τελευταῖος, ἔσχᾰτος. *Occurring after a long time*: V. χρόνιος.

Ultimately, adv. *At last*: P. and V. τέλος, V. εἰς τέλος; see *at last*, under *last*. *After a time*: P. and V. χρόνῳ, διὰ χρόνου, V. χρόνῳ ποτέ, σὺν χρόνῳ, ἐν χρόνῳ.

Ultimatum, subs. Use *command*. For instances of an ultimatum, see Thuc. 1, 127; 1, 139.

Umbrage, subs. *Shade*: P. and V. σκιά, ἡ. *Leafage*: Ar. and V. φυλλᾱ́ς, ἡ, V. φόβη, ἡ. *Take umbrage*: P. χαλεπῶς φέρειν; see *be annoyed*, under *annoy*.

Umbrageous, adj. P. σύσκιος (Plat.), ἐπίσκιος (Plat.), V. κᾰτάσκιος, ὑπόσκιος (Æsch., *Frag.*), Ar. and V. δάσκιος. *Dark with leaves*: Ar. and V. μελάμφυλλος.

Umbrella, subs. Ar. σκιᾱ́δειον, τό.

Umpire, subs. *Arbitrator*: P. and V. βρᾰβεύς, ὁ (Plat.), διαλλακτής, ὁ, P. διαιτητής, ὁ, V. διαλλακτήρ, ὁ; see *arbitrator*. *Umpire in a race*: P. and V. βρᾰβεύς, ὁ, P. ῥαβδοῦχος, ὁ.

Umpire, v. intrans. See *arbitrate*.

Unabashed, adj. *Shameless*: P. and V. ἀναιδής, ἀναίσχυντος, θρᾰσῠ́ς.

Unabated, adj. *Unyielding*: P. ἰσχυρός, V. ἔμπεδος. *Firm, secure*: P. and V. βέβαιος. *Persevering*: P. and V. λῐπᾰρής (Plat.), Ar. γλισχρός. *Ceaseless*: P. ἄπαυστος; see *incessant*.

Unable, adj. P. and V. ἀδύνατος. *Be unable*, v.: P. ἀδυνατεῖν.

Unabolished, adj. *In force*: P. and V. κύριος.

Unacceptable, adj. P. and V. βἄρύς. δυσχερής, P. ἀηδής; see *disagreeable*.

Unaccomodating, adj. *Ill-tempered*: P. and V. δύσκολος, Ar. and P. χἄλεπός.

Unaccompanied, adj. See *alone*. *Without music*: P. ψιλός.

Unaccomplished, adj. P. and V. ἀτελής, ἀνήνὔτος (Dem. 209), V. ἀργός, ἄκραντος. *Without accomplishments*: P. and V. ἀμἄθής, ἄμουσος.

Unaccountable, adj. *Strange*: P. and V. θαυμαστός; see *strange*, *unreasonable*. *Not clear*: P. and V. ἀσἄφής, ἄδηλος.

Unaccountably, adv. P. θαυμαστῶς. *In a way that is not clear*: P. ἀσαφῶς (Thuc. 4, 125).

Unaccustomed, adj. *Inexperienced*: P. and V. ἄπειρος, P. ἀνεπιστήμων. *Unusual*: P. and V. νέος, καινός, P. ἀήθης. *Unaccustomed to*: P. and V. ἄπειρος (gen.), ἀπἄθής (gen.), ἀήθης (gen.), P. ἀνεπιστήμων (gen.).

Unacquainted, adj. Of persons: P. and V. ἀγνώς. *Unacquainted with*, *unversed in*: P. and V. ἄπειρος (gen.), ἀμἄθής (gen.), V. ἄϊδρις (gen.), P. ἀνεπιστήμων (gen.); see *ignorant*. *Be unacquainted with*, v: P. ἀπείρως ἔχειν (gen.).

Unadapted, adj. P. ἀνεπιτήδειος.

Unadorned, adj. *Simple*: P. and V. ἁπλοῦς. *Uncrowned*: V. ἄστεπτος, P. ἀστεφάνωτος.

Unadulterated, adj. P. ἀκίβδηλος. *Unmixed*: P. and V. ἄκρᾶτος. *Sheer*: P. ἁπλοῦς, ἄκρατος, εἰλικρινής.

Unaffected, adj. *Unmoved*: P. and V. ἀκίνητος, Ar. and V. ἄτεγκτος. *Simple*: P. and V. ἁπλοῦς, V. ἀφυής, Ar. and P. ἄδολος.

Unaffectedly, adv. *Simply*: P. and V. ἁπλῶς. *Guilelessly*: P. ἀδόλως. *Genuinely*: P. ἀληθινῶς, ἀκιβδήλως; see *really*.

Unaffianced, adj. P. ἀνέκδοτος.

Unaffrighted, adj. See *fearless*.

Unaided, adj. *Alone*, *by one's own exertions*: P. and V. μόνος, V. μοῦνος.

Unallotted, adj. V. ἄκληρος (Eur., *Tro.* 32).

Unalloyed, adj. P. ἄκρατος, ἀκίβδηλος; see *pure*.

Unalterable, adj. P. and V. ἀκίνητος, P. ἀμετάστατος. *Firm*: P. and V. βέβαιος, V. ἔμπεδος. *Ratified*: P. and V. κύριος. *Unalterable doom*: V. τελεία ψῆφος.

Unalterably, adv. *Firmly*: P. and V. βεβαίως, V. ἐμπέδως, P. ἀκινήτως; see *immovably*. *Authoritatively*: P. κυρίως.

Unambiguous, adj. P. ἀναμφισβήτητος.

Unambiguously, adv. P. ἀναμφισβητήτως.

Unambitious, adj. P. ἀφιλότιμος, P. and V ἀπράγμων (Eur., *Frag.*). *Humble*: P. and V. τἄπεινός.

Unambitiously, adv. *Humbly*: P. ταπεινῶς. *Quietly*: P. and V. ἀπραγμόνως.

Unamenable, adj. *Not responsible*: P. ἀνεύθυνος, Ar. and P. ἀνῠπεύθῠνος. *Disobedient*: P. ἀπειθής; see *disobedient*, *unruly*.

Unamiability, subs. Ar. and P. δυσκολία, ἡ, P. and V. πικρότης, ἡ.

Unamiable, adj. P. and V. δύσκολος, δῠσάρεστος, δυσχερής, πικρός.

Unamiably, adv. P. δυσκόλως, P. and V πικρῶς.

Unaneled, adj. See *unhouseled*.

Unanimity, subs. P. ὁμόνοια, ἡ, συμφωνία, ἡ (Plat.).

Unanimous, adj. P. ὁμογνώμων, ὁμονοητικός. *Be unanimous*, v.: P. ὁμονοεῖν, ὁμογνωμονεῖν; see *harmonious*.

Unanimously, adv. P. μιᾷ γνώμῃ, ἐκ μιᾶς γνώμης, Ar. and P. ὁμοθῡμἄδόν, Ar. ἐξ ἑνὸς λόγου (*Pl.* 760). *With one voice*: V. ἀθρόῳ στόμᾰτι, Ar. and P. ἐξ ἑνὸς στόμᾰτος; see under *voice.*

Unanswerable, adj. P. ἀνέλεγκτος, ἀνεξέλεγκτος.

Unanswerably, adv. P. ἀνεξελέγκτως (Xen.).

Unappeasable, adj. P. ἀπαραίτητος, V. δυσπᾰραίτητος, Ar. and V. ἄτεγκτος; see *merciless.*

Unapproachable, adj. P. and V. ἄβᾰτος, P. δυσπρόσοδος, V. ἄπλᾱτος; see *inaccessible.* Of a person: V. ἄπλᾱτος, ἀπροσήγορος, δυσπρόσοιστος, δυσπρόσῑτος, P. δυσπρόσοδος, P. and V. ἄμικτος. *Be unapproachable:* P. ἀπροσοίστως ἔχειν.

Unapt, adj. P. and V. ἀφυής.

Unarmed, adj. P. ἄοπλος, P. and V. γυμνός, ψῑλός, V. ἄσκευος, ἀτευχής, ἀσίδηρος (Eur., *Bacch.* 736).

Unashamed, adj. *Shameless:* P. and V. ἀναιδής, ἀναίσχυντος. *Guiltless:* P. and V. κᾰθᾰρός, ἀθῷος; see *guiltless.*

Unasked, adj. *Uncalled:* P. and V. ἄκλητος. *Of one's own accord, voluntarily:* use P. and V. ἑκών, αὐτεπάγγελτος, ἐθελοντής; see *voluntarily*

Unaspiring, adj. P. ἀφιλότιμος. *Humble:* P. and V. τᾰπεινός.

Unassailable, adj. Ar. and V. ἄμᾰχος, V. ἀπρόσμᾰχος; see *invincible, unapproachable.* Of an argument: Ar. ἀκᾰτάβλητος. *Unassailable by one's neighbours:* P. ἄληπτος τοῖς πέλας (Thuc. 1, 37). *Not liable to blame:* P. and V. ἀνεπίληπτος. *Have you met me on ground where my case is held by all to be unassailable?* P. οὗ ἐγὼ μὲν ἀθῷος ἅπασι . . . ἐνταῦθα ἀπήντηκας; (Dem. 269).

Unassisted, adj. *Alone, by one's own exertions:* P. and V. μόνος, V. μοῦνος.

Unassuming, adj. *Simple:* P. and V. ἁπλοῦς. *Humble:* P. and V. τᾰπεινός; see *modest.*

Unatoned, adj. P. and V. ἀκᾰθαρτος.

Unattached, adj. *Separate:* P. κεχωρισμένος. *Private:* P. and V. οἰκεῖος, ἴδιος. *Not enrolled in any alliance:* P. ἄγραφος (Thuc. 1, 40).

Unattainable, adj. P. and V. ἀδύνατος, V. οὐ θηράσῐμος.

Unattempted, adj. P. ἀπείρατος.

Unattended, adj. *Alone:* P. and V. μόνος, V. μοῦνος, μονοστῐβής.

Unattested, adj. P. ἀμάρτυρος, V. ἀμαρτύρητος.

Unattractive, adj. See *unpleasant.*

Unauthenticated, adj. *Unattested:* P. ἀμάρτυρος, V. ἀμαρτύρητος.

Unauthorised, adj. *Irresponsible:* P. ἀνεύθυνος, Ar. and P. ἀνῡπεύθῡνος. *Unauthorised by:* use prep., P. and V. ἄνευ (gen.).

Unavailable, adj. *Not at hand:* P. and V. οὐ πρόχειρος.

Unavailing, adj. P. and V. μάταιος, κενός, ἀνωφελής, P. ἀνίατος; see *vain.*

Unavenged, adj. P. ἀτίμωρητος.

Unavoidable, adj. *Necessary:* P. and V. ἀναγκαῖος. *Inevitable:* P. and V. ἄφυκτος.

Unavoidably, adv. *Perforce:* P. and V. ἀναγκαίως, ἀνάγκῃ, ἐξ ἀνάγκης.

Unaware, adj. P. and V. οὐκ εἰδώς. *Unaware of:* V. ἄϊδρις (gen.). *Be unaware of,* v.: P. and V. ἀγνοεῖν (acc.); see *unconscious. Unawares, off one's guard:* P. and V. ἀφύλακτος, ἄφρακτος (Thuc.), P. ἀπροσδόκητος, ἀπαράσκευος. *Do a thing unawares:* P. and V. λανθάνειν τι ποιῶν. *Unknowingly:* P. and V. λάθρᾳ.

Unbar, v. trans. Ar. and V. χᾰλᾶν (rare P.), V. διᾰχᾰλᾶν. *Undo:* P. and V. λύειν, ἐκλύειν.

Unbare, v. trans. See *bare, disclose.*

Unbearable, adj. P. and V. οὐκ ἀνεκτός, οὐ φορητός, οὐκ ἀνασχετός (rare P.), P. ἀφόρητος, Ar. and V. οὐ τλητός, V. οὐχ ὑπόστᾰτός, δύσοιστος, δύσφορος, ἄτλητος, ἄφερτος; see also *grievous.*

Unbearably, adv. P. οὐκ ἀνεκτῶς (Xen.); see *grievously.*

Unbeaten, adj. See *unconquerable.*

Unbecoming, adj. P. and V.

ἀσχήμων, P. ἀπρεπής, V. ἀεικής, αἰκής, δυσπρεπής. *Disorderly*: V. ἄκοσμος.

Unbecomingly, adv. P. ἀπρεπῶς. *Behave unbecomingly*: P. and V. ἀκοσμεῖν, ἀσχημονεῖν.

Unbefitting, adj. P. ἀνεπιτήδειος; see *unbecoming*.

Unbefriended, adj. P. and V. ἄφῐλος.

Unbegotten, adj. P. ἀγένητος.

Unbeknown, adj. See *unknown*.

Unbelief, subs. P. and V. ἀπιστία, ἡ. *Suspicion*: P. and V. ὑπόνοια, ἡ, ὑποψία, ἡ. *Impiety*: P. and V. ἀσέβεια, ἡ, V. δυσσέβεια, ἡ.

Unbelieving, adj. P. ἄπιστος. *Suspicious*: P. and V. ὕποπτος. *Impious*: P. and V. ἀσεβής, δυσσεβής (rare P.).

Unbeloved, adj. P. and V. ἄφῐλος; see *hated*.

Unbend, v. trans. See *relax*. V. intrans. *Sport*: P. and V. παίζειν. *Condescend*: P. συγκαθιέναι.

Unbending, adj. *Inflexible, stern*: P. and V. τρᾱχύς, πικρός, σκληρός, σχέτλιος, ἀγνώμων, βᾰρύς, Ar. and P. χᾰλεπός. *Not to be moved*: P. ἀπαραίτητος, V. δυσπᾰραίτητος, Ar. and V. ἄτεγκτος; see *inexorable*. *Stubborn*: P. and V. σκληρός, στερεός, Ar. and V. στερρός, V. στυφλός, περισκελής. *Self-willed*: P. and V. αὐθάδης. *Pompous*: P. and V. σεμνός.

Unbetrothed, adj. P. ἀνέκδοτος.

Unbiassed, adj. P. and V. ἴσος, κοινός. *Fair, just*: P. and V. ὀρθός, δίκαιος, ἐπιεικής.

Unbidden, adj. *Uninvited*: P. and V. ἄκλητος; see *unasked*. *Not ordered*: P. and V. ἀκέλευστος.

Unbind, v. trans. P. and V. λύειν, ἐκλύειν; see *loose*.

Unblameable, adj. P. and V. ἄμεμπτος, ἀνεπίληπτος, V. ἄμωμος, ἀμεμφής, ἄμομφος. *Guiltless*: P. and V. ἀναίτιος.

Unblemished, adj. *Perfect*: V. ἐντελής. *Pure*: P. and V. κᾰθᾰρός; see *pure*. *Free from reproach*: P. and V. ἄμεμπτος, ἀνεπίληπτος, V. ἀμεμφής; see *blameless*.

Unblessed, adj. *Accursed*: P. and V. μιᾰρός; see also *accursed, unhappy*.

Unblushing, adj. P. and V. ἀναιδής, ἀναίσχυντος; see *shameless*.

Unblushingly, adv. P. and V. ἀναιδῶς, P. ἀναισχύντως.

Unboastful, adj. V. ἄκομπος, ἀκόμπαστος.

Unbolt, v. trans. Ar. and V. χᾰλᾶν, V. διᾰχᾰλᾶν. *Undo*: P. and V. λύειν, ἐκλύειν.

Unborn, adj. P. and V. ἀγέννητος (Plat.), V. ἄγονος (Eur., *Phoen.* 1598). *Unborn babe*: P. κύημα, τό, V. κῦμα τό. *Unborn generations*: use P. οἱ μη γεγονότες; see *posterity*.

Unbound by oath, adj. P. and V. ἀνώμᾰτος.

Unbounded, adj. P. and V. ἄπειρος; see *boundless*.

Unbreakable, adj. P. ἄλυτος (Plat.), ἀδιάλυτος (Plat.), V. ἄρρηκτος, δύσλῠτος, δῠσεξήνυστος.

Unbribed, adj. P. ἀδιάφθορος.

Unbridled, adj. P. and V. ἀχάλῑνος (Eur., *Frag.*), ἀνειμένος. *Licentious*: P. and V. ἀκόλαστος, Ar. and P. ἀκρᾰτής; see *licentious*.

Unbroken, adj. V. ἄρρωξ, ἄθραυστος. *Whole, unimpaired*: P. and V. ἀκέραιος, ἀκραιφνής. *Unsubdued*: P. ἀχείρωτος. *Continuous*: P. συνεχής. *Incessant*: P. ἄπαυστος, V. διᾰτελής; see *uninterrupted*. *With unbroken front* (*of an army*): use P. συνεστραμμένος.

Unbrokenly, adv. Ar. and P. σῠνεχῶς.

Unbuckle, v. trans. P. and V. λύειν.

Unburden, v. trans. See *free, ease*.

Unburied, adj. P. and V. ἄτᾰφος, V. ἄθαπτος.

Unbusinesslike, adj. P. ἄπειρος τῶν πραγμάτων (Dem. 1273).

Uncalled for, adj. *Improper*: P. ἀπρεπής.

Uncared for, adj. P. ἀθεράπευτος

(Xen.), P. and V. ἀτημέλητος, V. ἀπημελημένος. *Be uncared for*, v.: P. and V. ἀμελεῖσθαι.

Unceasing, adj. P. ἄπαυστος; see *ceaseless*.

Unceasingly, adv. See *ceaselessly*.

Uncensured, adj. P. and V. ἄμεμπτος, ἀνεπίληπτος.

Uncertain, adj. *Doubtful, ambiguous*: P. ἀμφίβολος, ἀμφισβητήσιμος, V. ἀμφίλεκτος, δίχόμῡθος. *Hesitating*: P. ὀκνηρός, P. and V. ἄπορος, ἀμήχᾰνος (rare P.), V. ἀμφίβουλος, δίφροντις. *Be uncertain*, v.: P. and V. ἀπορεῖν, ἀμηχᾰνεῖν. *Not clear*: P. and V. ἀσᾰφής, ἄδηλος, ἀφᾰνής, δύσκρῑτος. *Inconclusive*: P. ἄκριτος. *Unstable*: Ar. and P. ἀστάθμητος, P. and V. ἄπιστος; see *fickle*.

Uncertainty, subs. *Doubt, dispute*: P. ἀμφισβήτησις, ἡ. *Perplexity*: P. and V. ἀπορία, ἡ. *Want of clearness*: P. and V. τὸ ἀφᾰνές (Eur., *Alc.* 785). *Instability*: P. τὸ ἀστάθμητον. *Uncertainties*: P. and V. τὰ ἀφᾰνῆ (by crasis τἀφᾰνῆ).

Unchallenged, adj. *Unquestioned*: P. ἀνέλεγκτος, ἀνεξέλεγκτος.

Unchangeable, adj. P. ἀμετάστατος, μόνιμος, P. and V. βέβαιος, ἀκίνητος, V. ἔμπεδος.

Unchangeableness, subs. P. βεβαιότης, ἡ.

Unchangeably, adv. P. and V. βεβαίως, V. ἐμπέδως, ἀρᾱρότως (also Plat. but rare P.).

Uncharitable, adj. P. and V. ἀγνώμων.

Uncharitableness, subs. P. ἀγνωμοσύνη, ἡ.

Unchaste, adj. P. and V. ἄναγνος, P. ἀκάθαρτος.

Unchastened, adj. V. ἀγύμναστος.

Unchastity, subs. *Adultery*: P. μοιχεία, ἡ.

Unchecked, adj. *Unbridled*: P. and V. ἀχάλῑνος (Eur., *Frag.*); see *unbridled*.

Uncivil, adj. Ar. and P. ἄγροικος. *In bad taste*: P. and V. πλημμελής.

Uncivilised, adj. P. and V. βάρβᾰρος, P. ἐκβεβαρβαρωμένος, V. ἀνήμερος. *Rude, unlettered*: P. and V. ἄμουσος, βάρβᾰρος, Ar. and P. ἀπαίδευτος. *Wild*: P. and V. ἄγριος; see *wild*.

Uncivilly, adv. Ar. and P. ἀγροίκως.

Uncle, subs. P. and V. θεῖος, ὁ (Eur., *Or.* 674; *I. T.* 930). Also father's brother: P. πατράδελφος, ὁ.

Unclean, adj. *Dirty*: P. and V. θολερός. *Squalid*: P. and V. αὐχμηρός, Ar. and V. δυσπῐνής, ἄλουτος, V. πῑνώδης, αὐχμώδης; see *squalid*. Met., *impure*: P. and V. ἄναγνος, ἀνόσιος, P. ἀκάθαρτος. *Men with unclean hands*: P. ἄνθρωποι μὴ καθαροὶ χεῖρας (Antipho. 139, 7; cf. 130, 30). *Polluted*: P. and V. μιᾰρός, V. μῡσᾰρός; see *polluted*.

Uncleanliness, subs. See *uncleanness*.

Uncleanly, adj. P. and V. αἰσχρός; see also *unclean*.

Uncleanness, subs. *Squalor*: Ar. and P. αὐχμός, ὁ, V. ἀλουσία, ἡ, πίνος, ὁ, P. ῥύπος, τό. Met., P. ἀκαθαρσία, ἡ. *A being polluted*: P. μιαρία, ἡ. Met., *pollution*: P. and V. μίασμα, τό; see *pollution*.

Uncleansed, adj. V. ἀφοίβαντος; see *unclean*.

Unclose, v. trans. *Open*: P. and V. ἀνοιγνύναι, ἀνοίγειν; see *open*. *Loose*: P. and V. λύειν.

Unclosed, adj. P. and V. ἄκληστος.

Unclothe, v trans. Ar. and P. ἀποδύειν, P. and V. ἐκδύειν.

Unclothed, adj. P. and V. γυμνός.

Unclouded, adj. Of weather: P. εὔδιος (Xen.), V. γᾰληνός; see *fair*. *Unclouded sky*: Ar. and P. αἰθρία, ἡ. *Unclouded weather*: use P. and V. εὐδία, ἡ. *Free from care*: see *untroubled*. Of looks: use P. and V. φαιδρός, V. λαμπρός, φαιδρωπός, Ar. and V. εὐπρόσωπος (also Xen.).

Uncoil, v. trans. Ar. and P. ἀνελίσσειν, V. ἐξελίσσειν; see *unfold*.

Uncoined, adj. P. ἄσημος.

Uncombed, adj. V. ἀκτένιστος; see *squalid*.

Uncomeliness, subs. P. αἶσχος, τό, ἀσχημοσύνη, ἡ, V. ἀμορφία, ἡ.

Uncomely, adj. P. and V. αἰσχρός (Plat. also Ar.), δῠσειδής (Plat. and Soph., *Frag.*), P. μοχθηρός, V. δύσμορφος, δυσπρόσοπτος, δυσθέᾱτος.

Uncomfortable, adj. *Unpleasant*: P. and V. δυσχερής, βᾰρύς, κᾰκός, P. ἀηδής. *Embarrassing*: P. and V. ἄπορος. *Be uncomfortable, of persons*: P. κακοπαθεῖν, P. and V. κᾰκῶς ἔχειν; see *be distressed*, under *distress*.

Uncomfortableness, subs. *Unpleasantness*: P. and V. δυσχέρεια, ἡ, P. ἀηδία, ἡ, βαρύτης, ἡ. *Embarrassment*: P. and V. ἀπορία, ἡ; see *embarrassment*.

Uncomfortably, adv. P. and V. κᾰκῶς. *Embarrassingly*: P. and V. ἀπόρως.

Uncommon, adj. *Strange*: P. and V. δεινός, θαυμαστός; see *strange*. *Novel*: P. and V. καινός, νέος, P. ἀήθης, V. νεόκοτος, Ar. and V. νεοχμός. *Especial*: P. διάφορος, V. ἔξοχος.

Uncommonly, adv. P. διαφερόντως, V. ἐξόχως.

Uncommonness, subs. *Novelty*: P. καινότης, ἡ.

Uncommunicative, adj. P. κρυψίνους (Xen.). *Silent*: V. σῑγηλός, σιωπηλός; see *cautious*.

Uncompanionable, adj. See *unsociable*.

Uncompassionate, adj. See *pitiless*.

Uncomplaining, adj. See *patient*.

Uncomplainingly, adv. See *patiently*.

Uncomplimentary, adj. See *abusive*.

Uncompounded, adj. P. ἀσύνθετος (Plat.).

Uncompromising, adj. P. and V. σχέτλιος, σκληρός, αὐθάδης; see *stern*. Of things: P. ἰσχυρός.

Unconcern, subs. *Calmness*: Ar. and P. ἡσῠχία, ἡ; see *heedlessness*.

Unconcerned, adj. *Calm*: P. and V. ἥσῠχος, ἡσῠχαῖος, P. ἡσύχιος; see *heedless*.

Unconcernedly, adv. *Calmly*: P. and V. ἡσῠχῇ, ἡσῠχως (rare P.), Ar. and V. ἀτρέμᾰ (rare P.), Ar. and P. ἀτρέμᾰς. *Peacefully, without care*: P. and V. ἀπραγμόνως (Eur., *Frag.*).

Unconditionally, adv. *Surrender to a person unconditionally*: use P. παρέχειν ἑαυτόν (τινι) χρῆσθαι ὅ,τι βούλεται.

Unconfirmed, adj. *Unattested*: P. ἀμάρτυρος, V. ἀμάρτῠρητος. *Vague*: P. and V. ἀσᾰφής.

Unconfuted, adj. P. ἀνέλεγκτος, ἀνεξέλεγκτος.

Uncongenial, adj. *Unsuitable*: P. ἀνεπιτήδειος, P. and V. ἀσύμφορος. *Unpleasant*: P. and V. βᾰρύς, ἐπίφθονος, P. ἀηδής.

Unconnected, adj. P. and V. οὐ προσήκων. *Incoherent*: P. and V. ἀσᾰφής.

Unconnectedly, adv. *At random*: P. and V. εἰκῇ.

Unconquerable, adj. P. and V. δύσμᾰχος, ἀνίκητος, Ar. and P. ἄμᾰχος (Plat.), P. δυσπολέμητος, V. δυσπάλαιστος, ἀπρόσμᾰχος, ἀδήρῑτος. *Impossible to deal with*: P. and V. ἄπορος, ἀμήχᾰνος (rare P.). *Obstinate*: see *obstinate*.

Unconquered, adj. P. ἀήσσητος.

Unconscionable, adj. P. and V. ἀμήχᾰνος; see *excessive*.

Unconscious, adv. *Not knowing*: P. and V. οὐκ εἰδώς. *Unconscious of*: V. ἄϊδρις (gen.). *Be unconscious of, not to know*, v.: P. and V. ἀγνοεῖν (acc.). *Not to perceive*: P. and V. οὐκ αἰσθᾰνεσθαι. *Off one's guard*: P. and V. ἀφῠλακτος, ἄφρακτος (Thuc.), P. ἀπροσδόκητος, ἀπαράσκευος. *Become unconscious, faint*, v.: P. λιποψυχεῖν, V. προλείπειν; see *faint*.

Unconsciously, adv. P. and V. λάθρᾱ. *Do a thing unconsciously*:

P. and V. λανθάνειν ποιῶν τι, V. λήθειν ποιῶν τι.

Unconsciousness, subs. *Ignorance:* P. and V. ἄγνοια, ἡ (sometimes in V. ἀγνοίᾱ, ἡ); see *ignorance. Insensibility:* P. ἀναισθησία, ἡ. *Numbness:* Ar. and P. νάρκη, ἡ.

Unconsecrated, adj. P. and V. βέβηλος (Thuc. and Plat.).

Unconsidered, adj. *Unvalued:* P. οὐδένος ἄξιος, P. and V. φαῦλος, V. ἀνᾰρίθμητος. *Not thought out:* Ar. and P. ἄσκεπτος. *Rash:* P. ἀπερίσκεπτος, ἀλόγιστος, V. ἄκρῐτος; see *rash.*

Unconstitutional, adj. P. and V. πᾰράνομος.

Unconstitutionally, adv. P. παρανόμως.

Unconstrained, adj. *Free:* P. and V. ἐλεύθερος. *Allowed to go free:* P. and V. ἀνειμένος. *Voluntary:* P. and V. ἑκούσιος, αὐθαίρετος.

Unconsummated, adj. P. and V. ἀτελής, ἀνήνῠτος, V. ἄκραντος, ἀργός.

Uncontaminated, adj. P. and V. κᾰθᾰρός, ἀκέραιος, ἀκήρᾰτος (rare P.), ἁγνός (rare P.), V. ἀκραιφνής, ἄθικτος: see *pure. Be uncontaminated*, v.: P. and V. ἁγνεύειν, Ar. and P. κᾰθᾰρεύειν.

Uncontested, adj. *Not disputed:* P. ἀναμφισβήτητος. *An uncontested law suit:* P. ἐρήμη δίκη. *Unquestioned:* P. ἀνέλεγκτος, ἀνεξέλεγκτος.

Uncontrollable, adj. Ar. and P. ἀκρᾰτής. *Unbridled:* P. and V. ἀχάλῑνος (Eur., *Frag.*). *Violent:* P. and V. ἄκρᾱτος. *Disobedient:* P. ἀπειθής, δυσπειθής; see *unruly.*

Uncontrovertible, adj. P. ἀνέλεγκτος, ἀνεξέλεγκτος.

Unconvinced, adj. *Unbelieving:* P. ἄπιστος.

Uncorrected, adj. P. ἀδιόρθωτος. *Unreproved:* P. ἀνεπίπληκτος (Plat.).

Uncorroborated, adj. *Unattested:* P. ἀμάρτυρος, V. ἀμαρτύρητος.

Uncorrupted, adj. P. ἀδιάφθορος, ἀδιάφθαρτος; see *pure, incorruptible, uninjured.*

Uncorruptible, adj. P. ἀδιάφθορος, ἀδιάφθαρτος; see *incorruptible.*

Uncouple, v. trans. P. and V. λύειν; see *unyoke.*

Uncourted, adj. V. ἀσπούδαστος (Eur., *Frag.*).

Uncourteous, adj. See *discourteous.*

Uncourtly, adj. Ar. and P. ἄγροικος; see *boorish.*

Uncouth, adj. Ar. and P. ἀλλόκοτος, P. and V. ἄτοπος (Eur., *Frag.*), βάρβᾰρος; see *strange.*

Uncouthly, adv. P. ἀτόπως.

Uncouthness, subs. Ar. and P. ἀτοπία, ἡ.

Uncover, v. trans. P. and V. ἐκκᾰλύπτειν (Plat. also Ar.), ἀνᾰκᾰλύπτειν (Xen.), ἀποκᾰλύπτειν (Plat.); see *open, disclose. Bare:* P. and V. γυμνοῦν.

Uncovered, adj. V. ἀκάλυπτος, ἀκᾰλῠφής. *Bare:* P. and V. γυμνός. *Giving no shelter:* P. ἀστέγαστος.

Uncreated, adj. P. and V. ἀγέννητος (Plat.).

Uncredited, adj. P. and V. ἄπιστος.

Uncrowned, adj. *Ungarlanded:* P. ἀστεφάνωτος, V. ἄστεπτος.

Unctuous, adj. *Oily:* Ar. and P. λῐπᾰρός. Met., *giving oneself airs:* P. and V. σεμνός.

Uncultivated, adj. *Wild:* P. and V. ἄγριος; see *uncivilised, wild. Fallow:* P. ἀργός. *Unsown:* P. ἄσπορος. *Unploughed:* V. ἀνήροτος.

Uncultured, adj. P. and V. ἄμουσος. *Vulgar:* P. ἀπειρόκαλος; see *boorish.*

Uncurbed, adj. P. and V. ἀχάλῑνος (Eur., *Frag.*), ἀνειμένος; see *unbridled.*

Uncut, adj. Of hair: Ar. ἄκουρος, V. ἀκήρᾰτος; see *unhewn, unmown.*

Undamaged, adj. P. and V. ἀκέραιος, ἀκραιφνής; see *uninjured.*

Undaunted, adj. P. and V. ἄφοβος, θρᾰσύς, τολμηρός, εὔψῡχος, V. θρᾰσύσπλαγχνος, ἄταρβής, ἄτρεστος, P. ἀνέκπληκτος; see *bold, fearless.*

Undauntedly, adv. Ar. and P.

ἀδεῶς, V. εὐθαρσῶς, θρᾰσυσπλάγχνως, ἀδειμάντως, ἀτρέστως, ἄτρεστα; see *boldly*.

Undauntedness, subs. P. and V. θάρσος, τό, V. εὐανδρία, ἡ, εὐτολμία, ἡ, P. ἀφοβία, ἡ.

Undecayed, adj. P. and V. ἀγήρως; see *immortal*.

Undeceive, v. trans. *Tell (a person) the truth*: use P. and V. ἀληθὲς λέγειν (τινί). *Make plain*: P. and V. διᾰσᾰφεῖν (Plat.), σᾰφηνίζειν (Xen.).

Undecided, adj. *Hesitating*: P. and V. ἄπορος, ἀμήχᾰνος (rare P.), P. ὀκνηρός, V. ἀμφίβουλος. δίφροντις. *Be undecided*, v.: P. and V. ἀπορεῖν, ἀμηχᾰνεῖν (rare P.). *Inconclusive*: P. ἄκριτος. *Not clear*: P. and V. ἀσᾰφής, ἀφᾰνής, ἄδηλος, δύσκρῐτος. *Ambiguous*: P. ἀμφίβολος, ἀμφισβητήσιμος, V. ἀμφίλεκτος, δῐχόμῡθος. *Untried (of a case at law)*: P. ἄκριτος. *Doubtful in result (of a battle)*: P. (μάχη) ἀγχώμαλος, ἡ, P. and V. (μάχη) ἰσόρροπος, ἡ (ἀγών) ἰσόρροπος, ὁ.

Undecidedly, adv. *Hesitatingly*: P. ὀκνηρῶς (Xen.).

Undecked, adj. *Uncrowned*: V. ἄστεπτος; see *unadorned*. *Of a boat without a deck*: P. ἀστέγαστος,

Undefeated, adj. P. ἀήσσητος.

Undefended, adj. P. and V. ἄφρακτος, ἀφύλακτος, ἀφρούρητος. *Of an action at law, an undefended case*: P. δίκη ἐρήμη (δίκη often omitted).

Undefiled, adj. P. and V. κᾰθᾰρός, ἀκέραιος, ἀκήρᾰτος (rare P.). ἁγνός, V. ἀκραιφνής, ἄθικτος; see *pure*. *Be undefiled*, v.: P. and V. ἁγνεύειν, Ar. and P. κᾰθᾰρεύειν.

Undefinable, adj. *Vague*: P. and V. ἀσᾰφής, ἄδηλος, Ar. and P. ἀτέκμαρτος; see *vague*. *Indeterminate*: P. ἀόριστος.

Undefined, adj. P. ἀόριστος.

Undeniable, adj. P. ἀναμφισβήτητος; see *clear*, *certain*, *undisputed*.

Undeniably, adv. See *undoubtedly*.

Undeplored, adj. V. ἄκλαυτος, ἀνοίμωκτος.

Undepraved, adj. P. ἀδιάφθορος, ἀδιάφθαρτος; see *pure*.

Under, adv. P. and V. κάτω, V. ἔνερθε(ν), νέρθε(ν). *From under*: P. and V. κάτωθεν. *Be or lie under*: P. and V. ὑπεῖναι. Adjectivally, *inferior to*: P. and V. ἥσσων (gen.), ὕστερος (gen.). *Subject to*: P. and V. ὑπήκοος (gen. or dat.), ὑποχείριος (dat.), V. χείριος (absol.). *Keep under, subdue*, v.: P. and V. χειροῦσθαι; see *subdue*. *The underworld*: P. and V. Ἅιδης, ὁ, or use P. and V. οἱ κάτω, οἱ κάτωθεν, V. οἱ ἔνερθε, οἱ νέρτεροι, οἱ ἐνέρτεροι, οἱ κᾰτὰ χθονός; see under *world*. *From the underworld*: P. and V. κάτωθεν, V. ἔνερθε(ν), νέρθε(ν). *In the underworld*: P. and V. κάτω, ἐκεῖ, ἐν Ἅιδου, V. νέρθε(ν), ἔνερθε(ν). *Of the underworld*, adj.: P. and V. χθόνιος (Plat. but rare P.), V. νέρτερος. *To the underworld*: P. and V. εἰς Ἅιδου, ἐκεῖσε.

Under, prep. *Of motion under*: Ar. and P. ὑπό (acc.). *Of rest*: P. and V. ὑπό (gen. or dat., but dat. rare in P.). *Of subjection*: P. and V. ὑπό (dat.). *Below*: P. and V. ὑπό (gen.), Ar. and P. ὑπένερθε (gen.), V. ἔνερθε(ν) (gen.), νέρθε(ν) (gen.), κάτω (gen.). *In accordance with*: P. and V. κᾰτά (acc.). *I am not amenable to the laws under which I was summarily arrested*: P. καθ' οὓς ἀπήχθην οὐκ ἔνοχός εἰμι τοῖς νόμοις (Antipho. 139, 27). *Under a name*: P. ἐπ' ὀνόματος. *To abide by the name under which he adopted you*: P. μένειν ἐφ' οὗ σὲ ἐποιήσατο ὀνόματος (Dem. 1003). *Under arms*: P. and V. ἐν ὅπλοις. *Under fire, be under fire*: use P. and V. βάλλεσθαι (lit., *be shot at*). *Under ground*: P. ὑπὸ γῆς, V. ὑπὸ χθονός, κᾰτὰ χθονός, κάτω γῆς, κάτω χθονός, Ar. κᾰτὰ τῆς γῆς (*Pl.* 238). *Under sentence*: use *condemned*. *Under* *way, get under way*, v.: P. and V. ἀπαίρειν, αἴρειν (V. in mid.); see *set sail.*

Underbred, adj. Ar. and P. ἄγροικος, P. and V. ἄμουσος. Of things, *tactless*: P. and V. πλημμελής; see *boorish.*

Undercurrent, subs. Met., *there is an undercurrent of envy*: P. ὕπεστί τις φθόνος (Dem. 330).

Underestimate, v. trans. Use P. περὶ ἐλάσσονος ποιεῖσθαι.

Undergird, v. trans. *Undergird (a ship)*: P. ζευγνύναι (Thuc. 1, 29).

Undergo, v. trans. P. and V. ὑπέχειν, φέρειν, ὑφίστασθαι, P. ὑπομένειν; see *endure.*

Underground, adj. P. κατάγειος, V. κᾰτασκᾰφής, κᾰτῶρυξ. *Nether*: P. and V. χθόνιος (Plat. but rare P.), V. νέρτερος. *Underground passage*, subs.; P. ὑπόνομος, ὁ. *Underground vault*: V. ψᾰλίς, ἡ (Soph., *Frag.*). *By underground pipes*: use adv. ὑπονομηδόν (Thuc. 6, 100). *Dwell underground*: V. κᾰτῶρυξ ναίειν (Æsch., *P. V.* 452).

Undergrowth, subs. *Brushwood*: P. and V. ὕλη, ἡ. *Thicket*: Ar. and P. λόχμη, ἡ. *Bush*: P. and V. θάμνος, ὁ. *Covered with undergrowth*: Ar. and P. δᾰσύς, P. λοχμώδης.

Underhand, adj. *Deceitful*: P. and V. διπλοῦς, P. ἀπατηλός, Ar. and V. δόλιος. *Secret*: P. and V. κρυπτός, λαθραῖος, κρῠφαῖος (Plat.), V. κρύφιος, σκότιος. *In an underhand way*: Ar. and V. δόλῳ, V. ἐν δόλῳ, σὺν δόλῳ. *Secretly*: P. and V. λάθρᾱ.

Underlie, v. trans. P. ὑποκεῖσθαι (dat.), P. and V. ὑπεῖναι (dat.).

Underling, subs. P. and V. ὑπηρέτης, ὁ; see *servant. Lieutenant*: P. and V. ὕπαρχος, ὁ.

Undermine, v. trans. Ar. and P. διορύσσειν, P. and V. κᾰτασκάπτειν, συγκᾰτασκάπτειν. *He undermines and prises open the door*: V. σκάπτει μοχλεύει θύρετρα (Eur., *H. F.* 999). Met., P. διορύσσειν, Ar. and V. ὑπέρχεσθαι. *Our position has been undermined in our several cities*: P. διορωρύγμεθα κατὰ πόλεις (Dem. 118).

Undermost, adj. P. κατώτατος (Xen.), or use P. ὁ κατωτάτω.

Underneath, adv. P. and V. κάτω; see *below.*

Underneath, prep. *Of rest*: P. and V. ὑπό (gen. or dat. but dat. rare in P.). *Of motion*: Ar. and P. ὑπό (acc.). *Below*: P. and V. ὑπό (gen.), Ar. and P. ὑπένερθε (gen.), V. ἔνερθε(ν) (gen.), νέρθε(ν) (gen.), κάτω (gen.).

Underrate, v. trans. *Think little of*: P. περὶ ὀλίγου ποιεῖσθαι; see *disregard, despise. Depreciate*: P. and V. διᾰβάλλειν, P. διασύρειν.

Under-secretary, subs. P. ὑπογραμματεύς, ὁ. *Act as under-secretary*, v.: P. ὑπογαμματεύειν.

Understand, v. trans. P. and V. μανθάνειν, ἐπαΐειν, συνιέναι (acc. or gen.), ἐννοεῖν (or mid.), ὑπολαμβάνειν (Eur., *I. A.* 523, but rare V.), P. καταλαμβάνειν, καταμανθάνειν, κατανοεῖν, συννοεῖν; see *grasp. Take, interpret (in a certain sense)*: P. ἐκλαμβάνειν, ὑπολαμβάνειν. *Supply in thought*: P. προσυπακούειν. *Easy to understand*, adj.: P. and V. εὐμᾰθής (Xen.), σᾰφής, V. εὔσημος, εὐσύμβολος, εὐσύμβλητος, σύνετός; see *intelligible.*

Understanding, subs. *Reason*: P. and V. λόγος, ὁ. *Mind, sense*: P. and V. νοῦς, ὁ, γνώμη, ἡ, σύνεσις, ἡ. Ar. and P. διάνοια, ἡ, Ar. and V, φρήν, ἡ, or pl. (rare P.). *Perception*: P. and V. αἴσθησις, ἡ, P. φρόνησις, ἡ, V. αἴσθημα, τό. *Experience*: P. and V. ἐμπειρία, ἡ. *Knowledge*: P. and V. ἐπιστήμη, ἡ.

Understanding, adj. P. and V. σύνετός, Ar. and P. φρόνῐμος. *Experienced*: P. and V. ἔμπειρος, ἐπιστήμων. *Without understanding*: use adj., P. and V. ἀσύνετος, V. ἀξῠνήμων; see *foolish.*

Understate, v. trans. *Disparage*: P. and V. διαβάλλειν, P. διασύρειν. *Make too little of*: use P. περὶ ἐλάσσονος ποιεῖσθαι.

Undertake, v. trans. P. and V. ἐγχειρεῖν (dat.), ἐπιχειρεῖν (dat.), αἴρεσθαι, ἀναιρεῖσθαι, ὑφίστασθαι ἅπτεσθαι (gen.), Ar. and P. μεταχειρίζεσθαι, P. ἀντιλαμβάνεσθαι (gen.). *Of mine own will I undertook this labour*: V. ἐγὼ 'θελοντὴς τῷδ' ὑπεζύγην πόνῳ (Soph., *Aj.* 24). *Undertake in addition*: P. προσαναιρεῖσθαι. *Undertake with another*: P. and V. συναίρεσθαι (τί τινι). *Promise*, trans. or absol.: P. and V. ὑπισχνεῖσθαι, ἐπαγγέλλεσθαι, ἐπινεύειν, V. ὑπίσχεσθαι, συναινεῖν (also Xen.), αἰνεῖν, καταινεῖν, P. κατεπαγγέλλεσθαι; see *promise*. Absol., P. and V. ὑφίστασθαι, P. ὑποδέχεσθαι, ἀναδέχεσθαι, V. ἐξαγγέλλεσθαι. *Be willing*: Ar. and P. ἐθέλειν, Ar. and V. θέλειν.

Undertaker, subs. *Coffin maker*: Ar. σοροπηγός, ὁ.

Undertaking, subs. P. and V. ἐγχείρημα, τό, πεῖρα, ἡ, P. ἐπιχείρημα, τό, ἐπιχείρησις, ἡ, ἐπιβολή, ἡ; see *scheme*. *Daring attempt*: P. and V. τόλμημα, τό, κινδύνευμα, τό, V. τόλμα, ἡ (rare P.). *Promise*: P. and V. ὑπόσχεσις, ἡ. *Pledge*: P. and V. πίστις, ἡ; see *pledge*.

Undertone, subs. See *whisper*.

Undervalue, v. trans. P. περὶ ἐλάσσονος ποιεῖσθαι. *Despise*: P. and V. καταφρονεῖν (acc. or gen.); see *despise*. *Disparage*: P. and V. διαβάλλειν, P. διασύρειν.

Underwood, subs. P. and V. ὕλη, ἡ; see *undergrowth*.

Underworld, subs. See under *world*.

Undeserved, adj. P. and V. ἀνάξιος.

Undeservedly, adv. P. and V. ἀναξίως (Eur., *And.* 99), οὐ κατ' ἀξίαν, P. παρὰ τὴν ἀξίαν.

Undeserving, adj. P. and V. ἀνάξιος.

Undesigned, adj. See *unintentional*.

Undesignedly, adv. See *unintentionally*.

Undesirable, adj. P. and V. ἀσύμφορος; see *harmful*.

Undetected, adj. Use adv., P. and V. λάθρᾳ. *Be undetected*, v.: P. and V. λανθάνειν. *Do a thing undetected*: P. and V. λανθάνειν τι ποιῶν, or λανθάνων τι ποιεῖν.

Undetermined, adj. P. ἀόριστος. *Inconvulsive*: P. ἄκριτος. *Disputable*: P. ἀμφισβητήσιμος, V. ἀμφίλεκτος. *Hesitating*: P. and V. ἄπορος, V. ἀμφίβουλος, δίφροντις.

Undeveloped, adj. See *uncultivated*. *Imperfect*: P. and V. ἀτελής. *Unexercised*: P. and V. ἀγύμναστος.

Undeviating, adj. *Firm*: P. and P. βέβαιος, V. ἔμπεδος. *Inevitable*: P. and V. ἄφυκτος. *Continuous*: P. συνεχής.

Undigested, adj. P. ἄπεπτος (Aristotle). Met., *at random*: use adv., P. and V. εἰκῇ.

Undignified, adj. See *unbecoming*. *Unworthy*: P. and V. ἀνάξιος. *Mean*: P. and V. αἰσχρός, φαῦλος.

Undiluted, adj. P. and V. ἄκρατος. Met., *sheer*: P. ἄκρατος, ἁπλοῦς, εἰλικρινής.

Undiscerning, adj. P. ἀναίσθητος; see *senseless*. *Blind*, met.: V. τυφλός.

Undisciplined, adj. P. ἄτακτος, ἀσύντακτος. *Be undisciplined*, v.: P. ἀτακτεῖν. *Unchastened*: V. ἀγύμναστος.

Undiscoverable, adj. P. ἀνεύρετος, ἀνεξεύρετος, V. δυστέκμαρτος, δύσευρετος; see *obscure*.

Undiscriminating, adj. *Undiscerning*: P. ἀναίσθητος. *Indiscriminate*: see *indiscriminate*.

Undisguised, adj. *Plain*: P. and V. σαφής, δῆλος, ἐμφανής; see *plain*, *open*. *Sheer, unadulterated*: P. ἁπλοῦς.

Undisguisedly, adv. P. ἀπαρακαλύπτως; see *openly*.

Undismayed, adj. P. and V. ἄφοβος; see *undaunted*.

Undisputed, adj. P. ἀναμφισβήτητος, ὁμολογούμενος, οὐκ ἀντίλεκτος; see *certain. Undisputed succession:* P. ἀγχιστεία ἀνεπίδικος, ἡ (Isae.).

Undistinguishable, adj. See *indistinguishable.*

Undistributed, adj. P. ἀνέμητος.

Undisturbed, adj. *Calm:* P. and V. ἥσυχος, ἡσυχαῖος, P. ἡσύχιος; see *untroubled. Be undisturbed,* v.: P. and V. ἡσυχάζειν. *Free from care:* V. ἕκηλος, P. and V. ἀπράγμων (Eur., *Frag.*). *Go, that my coming words may reach this man undisturbed:* V. στεῖχ' ὡς ἀθορύβως οὑπιὼν ἡμῖν λόγος πρὸς τόνδ' ἵκηται (Eur., *Or.* 630). *Undisturbed by:* see *free from. Undisturbed by faction:* P. ἀστασίαστος.

Undivided, adj. *Undistributed:* P. ἀνέμητος. *Not portioned out:* V. ἄδαστος. *Whole:* see *whole.*

Undivulged, adj. *Untold:* P. and V. ἄρρητος. *Not to be divulged:* P. and V. ἄρρητος, ἀπόρρητος.

Undo, v. trans. P. and V. λύειν, ἐκλύειν. *Help to undo:* V. συλλύειν. *Unbar:* Ar. and V. χαλᾶν (rare P.), V. διαχαλᾶν. *Unfold:* Ar. and P. ἀνελίσσειν, V. ἐξελίσσειν, ἀναπτύσσειν; see *unfold. Slacken:* P. and V. χαλᾶν, ἀνιέναι, P. ἐπανιέναι. V. ἐξανιέναι. *Undo (shoes):* Ar. and P. ὑπολύειν. *Cancel:* P. and V. καθαιρεῖν, λύειν, Ar. and P. διαλύειν, P. ἄκυρον καθιστάναι; see *cancel. Destroy:* P. and V. καθαιρεῖν; see *destroy. Ruin:* P. and V. διαφθείρειν; see *ruin. Make undone:* P. ἀγένητον τιθέναι (Plat., *Prot.* 324B). *(I go) to undo my former sins:* V. λύσων ὅσ' ἐξήμαρτον ἐν τῷ πρὶν χρόνῳ (Soph., *Phil.* 1224).

Undoing, subs. See *ruin.*

Undone, adj. P. and V. ἀγένητος, V. ἀργός, P. ἄπρακτος. *Unfinished:* P. and V. ἀτελής; see *unaccomplished. Untouched, not put in hand:* P. ἀργός (Plat., *Euthyd.* 272A). *Ruined:* Ar. and V. φροῦδος; see *ruined. Be undone, be ruined:* P. and V. ἀπολωλέναι (2nd perf. of ἀπολλύναι), ἐξολωλέναι (2nd perf. of ἐξολλύναι) (Plat.), σφάλλεσθαι, οἴχεσθαι (Plat.), φθείρεσθαι, V. διόλλυσθαι, ὀλωλέναι (2nd perf. of ὀλλύναι), διαπεπορθῆσθαι (perf. pass. of διαπορθεῖν), διαπεπράχθαι (perf. pass. of διαπράσσειν), ἐξειργάσθαι (perf. pass of ἐξεργάζεσθαι), ἐξεφθάρθαι (perf. pass. of ἐκφθείρειν), ἔρρειν (rare P.), Ar. and V. διοίχεσθαι, οὐκέτ' εἶναι, οὐδὲν εἶναι.

Undoubted, adj. P. ἀναμφισβήτητος, ὁμολογούμενος; see *undisputed. Clear:* P. and V. σαφής, φανερός, ἐμφανής; see *clear. Sure:* P. and V. βέβαιος.

Undoubtedly, adv. P. ἀναμφισβητήτως, ὁμολογουμένως, V. οὐ διχορρόπως, οὐκ ἀμφιλέκτως. *Clearly:* P. and V. σαφῶς, ἐμφανῶς; see *clearly.* In answer to a question, *certainly:* P. and V. μάλιστά γε; see *certainly, surely.*

Undowered, adj. P. ἄπροικος.

Undreamt of, adj. P. and V. ἀμήχανος, V. ἄφραστος.

Undress, v. trans. Ar. and P. ἀποδύειν, P. and V. ἐκδύειν. *Undress oneself:* Ar. and P. ἀποδύεσθαι, P. and V. ἐκδύεσθαι.

Undressed, adj. P. and V. γυμνός. *Untanned:* Ar. ἄψηκτος. *Undressed skins,* subs.: P. δέρρεις, αἱ (Thuc. 2, 75).

Undrilled, adj. P. ἄτακτος. *Unexercised:* P. and V. ἀγύμναστος.

Undrinkable, adj. P. and V. οὐ ποτός, P. οὐ πότιμος.

Undue, adj. P. and V. οὐ προσήκων, οὐ πρέπων; see *unfair. Excessive:* P. and V. περισσός. *Undue influence:* P. and V. πειθώ, ἡ.

Undulate, v. intrans. P. and V. αἰωρεῖσθαι; see *toss.*

Undulation, subs. P. αἰώρησις, ἡ (Plat.); see *tossing.*

Unduly, adv. *Improperly:* P. οὐ προσηκόντως; see *unfairly. Excessively:* P. and V. ἄγαν, περισσῶς, λίαν; see *excessively. Influence unduly,* v.: use P. and V. πείθειν.

Undutiful, adj. P. ἄστοργος. *Disobedient:* P. ἀπειθής, δυσπειθής; see *disobedient, impious. Wicked:* P. and V. κἄκός.

Undutifulness, subs. *Disobedience:* P. ἀνηκουστία, ἡ; see *impiety.*

Undying, adj. *Immortal:* P. and V. ἀθάνᾰτος, Ar. and V. ἄφθῖτος. *Eternal:* P. ἀΐδιος, αἰώνιος. *Ageless:* P. and V. ἀγήρως. *Ever-memorable:* P. and V. ἀείμνηστος.

Unearned, adj. *Undeserved:* P. and V. ἀνάξιος. *Got without labour:* P. ἄπονος.

Unearth, v. trans. *Discover:* P. and V. εὑρίσκειν, ἀνευρίσκειν; see *discover, dig up.*

Unearthly, adj. *Divine:* P. and V. θεῖος. *Beyond the range of man:* V. οὐ κἄτ' ἄνθρωπον P. and V. μείζων ἢ κἄτ' ἄνθρωπον. *Horrible:* P. and V. δεινός, φρῖκώδης.

Uneasily, adv. *In fear:* P. περιδεῶς, V. σὺν φόβοις. *Uncomfortably:* P. and V. κἄκῶς. *With difficulty:* Ar. and P. χᾰλεπῶς. *Awkwardly:* P. and V. ἀπόρως.

Uneasiness, subs. *Anxiety:* P. and V. φροντίς, ἡ; see *anxiety. Fear:* P. and V. φόβος, ὁ; see *fear. Awkwardness:* P. and V. ἀπορία, ἡ.

Uneasy, adj. *Anxious:* P. μετέωρος. *Afraid:* P. περίφοβος, περιδεής. *Be uneasy, be anxious,* v.; P. and V. φροντίζειν, V. κηραίνειν. *Be uneasy about, fear for:* P. and V. φοβεῖσθαι περί (dat.); see under *fear. Be uneasy, be uncomfortable:* P. κακοπαθεῖν, P. and V. κἄκῶς ἔχειν. *Unpleasant:* P. and V. βᾰρύς. *Awkward:* P. and V. ἄπορος,

Unedifying, adj. P. and V. ἀσύμφορος; see *mischievous.*

Uneducated, adj. P. and V. ἄμουσος, ἀμᾰθής, Ar. and P. ἀπαίδευτος, P. ἀγράμματος.

Unembarrassed, adj. *Undisturbed:* P. and V. ἥσῠχος, P. ἡσύχιος. *Unencumbered:* see *unencumbered.*

Unemployed, adj. P. and V. ἀργός.

Unenchanted, adj. P. ἀκήλητος (Plat.).

Unencumbered, adj. *Unmortgaged:* P. ἐλεύθερος. Met., *free:* P. and V. ἐλεύθερος; see *free.*

Unending, adj. P. ἄπαυστος, Ar. and P. ἀπέραντος. *Boundless:* P. and V. ἄπειρος, V. ἀτέρμων. *Incessant:* V. διᾱτελής. *Continuous:* P. συνεχής. *Eternal:* P. ἀΐδιος, αἰώνιος. *Frequent:* Ar. and P. σῠχνός, P. and V. πυκνός.

Unendurable, adj. P. and V. οὐκ ἀνεκτός, οὐκ ἀνασχετός (rare P.), οὐ φορητός, V. οὐχ ὑποστᾰτός, δύσοιστος, δύσφορος, ἄτλητος, ἄφερτος, P. ἀφόρητος, Ar. and V. οὐ τλητός.

Unendurably, adv. P. οὐκ ἀνεκτῶς (Xen.).

Unenlightened, adj. Ar. and P. ἀπαίδευτος; see *ignorant.*

Unenterprising, adj. P. and V. ἄτολμος, ἀπράγμων. *Hesitating:* P. ὀκνηρός.

Unenviable, adj. P. ἀζήλωτος, V. ἄζηλος.

Unenvied, adj. V. ἀφθόνητος.

Unequal, adj. P. ἄνισος. *Uneven:* P. and V. ἀνώμᾰλος (Eur., *Frag.*).

Unequalled, adj. *Pre-eminent:* P. and V. ἐκπρεπής, διαπρεπής, V. ἔξοχος. *Choice:* P. and V. ἐξαίρετος, ἔκκρῖτος; see *choice. Not to be surpassed:* P. ἀνυπέρβλητος.

Unequally, adv. P. ἀνίσως.

Unequivocal, adj. *Clear:* P. and V. σᾰφής, ἐμφᾰνής, see *clear. Indisputable:* P. ἀναμφισβήτητος.

Unequivocally, adv. P. and V. σᾰφῶς, ἐμφᾰνῶς; see *clearly. Indisputably:* P. ἀναμφισβητήτως.

Unerring, adj. *Not to be avoided:* P. and V. ἄφυκτος. *Sure:* P. and V. ἀσφᾰλής, βέβαιος. *Well-aimed:* V. εὔσκοπος, εὔστοχος. *Truthful:* P. and V. ἀψευδής (Plat.).

Unerringly, adv. *Surely:* P. and V. ἀσφᾰλῶς.

Uneven, adj. P. and V. ἀνώμᾰλος

(Met. in Eur., *Frag.*). *Rough*: P. and V. τρᾱχύς, P. χαλεπός. Of number, odd: P. περισσός, ἀνάρτιος. *Unequal*: P. ἄνισος.

Unevenly, adv. P. ἀνωμάλως. *Unequally*: P. ἀνίσως.

Unevenness, subs. P. ἀνωμαλία, ἡ. *Roughness, of ground*: P. τραχύτης, ἡ, χαλεπότης, ἡ.

Unexamined, adj. P. ἀνεξέταστος.

Unexampled, adj. *Extraordinary*: P. and V. θαυμαστός, δεινός, ἀμήχᾰνος; see *unparalleled*. *Pre-eminent*: P. and V. ἐκπρεπής, διαπρεπής, V. ἔξοχος. *New*: P. and V. καινός.

Unexceptionable, adj. P. and V. ἄμεμπτος, οὐ μεμπτός, ἀνεπίληπτος.

Unexercised, adj. *Undrilled*: P. and V. ἀγύμναστος. *Undisciplined*: P. ἄτακτος.

Unexpected, adj. P. and V. ἀπροσδόκητος, ἀδόκητος (Eur., *H. F.* 92), ἀνέλπιστος, Ar. and V. ἄελπτος, V. ποταίνιος, ἀφρόντιστος (Æsch., *Ag.* 1377). *Paradoxical*: P. παράδοξος. *Sudden*: Ar. and P. αἰφνίδιος, P. ἐξαιφνίδιος, V. ἀφνίδιος, ἐπίσσῠτος, πρόσπαιος. *From causes unexpected and unforeseen*: V. ἐξ ἀέλπτων κἀπρομηθήτων (Æsch., *Supp.* 357).

Unexpectedly, adv. P. ἐξ ἀπροσδοκήτου, ἀδοκήτως, V. ἀέλπτως, P. and V. πᾰρὰ λόγον, πᾰρ' ἐλπίδα, πᾰρ' ἐλπίδας. *Suddenly*: P. and V. ἄφνω, ἐξαίφνης, P. ἐξαπιναίως, αἰφνιδίως, Ar. and P. ἐξᾰπίνης.

Unexpiated, adj. P. and V. ἀκάθαρτος.

Unexplored, adj. *Unexamined*: P. ἀνεξέταστος. *Unsearched*: P. and V. ἀνερεύνητος. *Undiscovered*: P. ἀνεύρετος.

Unexpressed, adj. *Unspoken*: P. and V. ἄρρητος.

Unextinguishable, adj. See *inextinguishable*.

Unfading, adj. *Immortal*: P. and V. ἀθάνᾰτος, Ar. and V. ἄφθῐτος. *Ageless*: P. and V. ἀγήρως. *Eternal*: P. αἰώνιος, ἀΐδιος. *Ever-remembered*: P. and V. ἀείμνηστος.

Unfailing, adj. *Sure*: P. and V. πιστός, ἀσφᾰλής, ἐχέγγυος (Thuc. but rare P.), φερέγγυος (Thuc. but rare P.). *Incessant*: V. διᾰτελής; see *incessant*.

Unfailingly, adv. P. and V. ἀσφᾰλῶς; see *always*.

Unfair, adj. P. ἀνεπιεικής. *Unequal*: P. ἄνισος. *Unjust*: P. and V. ἄδῐκος, οὐκ ὀρθός; see *unjust*. *Unreasonable*: P. ἄλογος.

Unfairly, adv. *Unequally*: P. ἀνίσως. *Unjustly*: P. and V. ἀδίκως; see *unjustly*.

Unfairness, subs. P. ἀνεπιείκεια, ἡ. *Injustice*: P. and V. ἀδῐκία, ἡ; see *injustice*.

Unfaithful, adj. P. and V. ἄπιστος. *Perjured*: Ar. and P. ἐπίορκος. *Crafty*: Ar. and V. δόλιος; see *crafty*.

Unfaithfully, adv. *Craftily*: P. ἐξ ἐπιβουλῆς, Ar. and V. δόλῳ; see *craftily*.

Unfaithfulness, subs. P. and V. ἀπιστία, ἡ. *Perjury*: P. ἐπιορκία, ἡ.

Unfaltering, adj. P. and V. ἄοκνος, P. ἀπροφάσιστος; see *resolute*.

Unfalteringly, adv. P. ἀπροφασίστως; see *resolutely*.

Unfamiliar, adj. *New*: P. and V. νέος, καινός, P. ἀήθης, V. νεόκοτος, Ar. and V. νεοχμός. *Unknown*: Ar. and V. ἄγνωτος, P. and V. ἄγνως. *Unfamiliar with*: P. and V. ἄπειρος (gen.), ἀμᾰθής (gen.), P. ἀήθης (gen.), ἀνεπιστήμων (gen.).

Unfamiliarity, subs. *Novelty*: P. καινότης, ἡ. *Lack of knowledge*: P. ἀήθεια, ἡ, ἀνεπιστημοσύνη, ἡ, P. and V. ἀπειρία, ἡ, V. ἀηθία, ἡ. *Unfamiliarity with*: P. ἀήθεια, ἡ (gen.), ἀνεπιστημοσύνη, ἡ (gen.), P. and V. ἀπειρία, ἡ (gen.), V. ἀηθία, ἡ (gen.).

Unfashionable, adj. *Old-fashioned*: P. and V. ἀρχαῖος, πᾰλαιός; see *old-fashioned*.

Unfasten, v. trans. P. and V. λύειν; see *undo*.

Unfastened, adj. *Streaming*: P. and V. ἀνειμένος; see *loose*.

Unfathomable, adj. *Measureless*: P. ἄμετρος, Ar. and V. ἀμέτρητος. *Boundless*: P. and V. ἄπειρος, Ar. and P. ἀπέραντος, V. μυρίος (also Plat. but rare P.), Ar. and V. ἄβυσσος. *Hard to understand*: see *inexplicable, obscure*.

Unfavourable, adj. *Unfriendly*: P. and V. δύσνους, Ar. and P. κακόνους, V. δύσφρων, κακόφρων; see *hostile*. *Unsuitable*: P. and V. ἀσύμφορος. *Inauspicious*: P. and V. κακός, δυστυχής, δύσφημος (Plat. but rare P.), V. κακόγλωσσος, σκαιός, εὐώνυμος (Æsch., *P. V.* 490); see *inauspicious*.

Unfavourableness, subs. *Unfriendliness*: P. and V. δύσνοια, ἡ, δυσμένεια, ἡ, P. κακόνοια, ἡ.

Unfavourably, adv. *In a hostile way*: P. πολεμίως, ἐναντίως. *Inauspiciously*: P. and V. κακῶς, δυστυχῶς. *Unsuitably*: P. ἀσυμφόρως (Xen.).

Unfeathered, adj. P. and V. ἀπτήν (Plat. and Æsch., *Frag.* also Ar.), V. ἄπτερος.

Unfeeling, adj. P. and V. ἀγνώμων, πικρός, V. δυσάλγητος; see *cruel*.

Unfeelingly, adv.. P. and V. πικρῶς, V. ἀναλγήτως; see *cruelly*. *Behave unfeelingly*, v.: P. ἀγνωμονεῖν.

Unfeelingness, subs. P. ἀγνωμοσύνη, ἡ, ἀνεπιείκεια, ἡ; see *cruelty*.

Unfeigned, adj. *Genuine*: P. ἀληθινός, ἀκίβδηλος. *Sincere*: P. and V. ἁπλοῦς, Ar. and P. ἄδολος.

Unfeignedly, adv. P. ἀληθινῶς, ἀκιβδήλως. *Without guile*: P. and V. ἁπλῶς, P. ἀδόλως.

Unfelt, adj. P. ἀναίσθητος.

Unfenced, adj. P. ἄερκτος (Lys.); see *unguarded*.

Unfermented, adj. P. ἄζυμος.

Unfettered, adj. *Unbridled*: P. and V. ἀχάλινος (Eur., *Frag.*), ἀνειμένος. *Free*: P. and V. ἐλεύθερος.

Unfilial, adj. P. ἄστοργος. *Wicked*: P. and V. κακός. *Disobedient*: P. ἀπειθής, δυσπειθής; see *impious*.

Unfinished, adj. P. and V. ἀτελής; see *unaccomplished*.

Unfit, adj. P. and V. ἀχρεῖος, οὐχ ἱκανός, ἀσύμφορος, P. ἀνεπιτήδειος. *Unworthy*: P. and V. ἀνάξιος. *Unbecoming*: P. and V. ἀσχήμων; see *unbecoming*.

Unfitness, subs. P. ἀχρηστία, ἡ.

Unfix, v. trans. P. and V. λύειν.

Unflagging, adj. P. and V. ἄοκνος; see *resolute, incessant*.

Unflattered, adj. V. ἀθώπευτος.

Unflattering, adj. P. ὑβριστικός.

Unfledged, adj. P. and V. ἀπτήν (Plat. and Æsch., *Frag.*, also Ar.), V. ἄπτερος. *Unfledged young*: P. and V. νεοσσός, ὁ.

Unflinching, adj. P. and V. ἄοκνος, P. ἀπροφάσιστος; see *resolute*.

Unflinchingly, adv. P. ἀπροφασίστως; see *resolutely*.

Unfold, v. trans. Ar. and P. ἀνελίσσειν, V. ἐξελίσσειν, ἀναπτύσσειν, διαπτύσσειν (Plat. also but rare P.). *Undo*: P. and V. λύειν. *Disclose*: P. and V. φαίνειν, ἐκφαίνειν (Plat.), δηλοῦν; see *disclose*. *Reveal*: P. and V. ἀποκαλύπτειν, Ar. and V. ἐκκαλύπτειν, V. διαπτύσσειν (Plat. also but rare P.), ἀναπτύσσειν, ἀνοίγειν. *Narrate*: P. and V. ἐξηγεῖσθαι, διέρχεσθαι; see *narrate*.

Unforeseen, adj. P. and V. ἀπροσδόκητος; see *unexpected*. *Not guarded against*: P. ἀπροφύλακτος.

Unforgetful, adj. P. and V. μνήμων.

Unforgiving, adj. P. ἀσυγγνώμων; see *harsh*. *Unforgetting*: P. and V. μνήμων.

Unforgotten, adj. *Ever-remembered*: P. and V. ἀείμνηστος.

Unfortified, adj. P. ἀτείχιστος; see *unguarded*.

Unfortunate, adj. P. and V. δυσδαίμων, δυστυχής, ἀτυχής (Eur., (*Heracl.* 460, but rare V.), Ar. and V. δύσποτμος, δύσμορος (also Antipho. but rare P.), V. ἄμοιρος (also Plat. but rare P.), ἄμμορος, δύσμοιρος, ἄνολβος, Ar. κακοδαίμων. *Inauspicious*: see *inauspicious*. *Unhappy*: P. and V. τἄλαίπωρος, ἄθλιος, οἰκτρός, Ar. and V. τλήμων, τάλᾱς, σχέτλιος, δύστηνος, V. δάϊος, δυστάλᾱς; see *miserable*. *Awkward, embarrassing*: P. and V. ἄπορος, Ar. and P. χἄλεπός. *Bad*: P. and V. κἄκός, πονηρός. *Be unfortunate*, v.: Ar. and P. ἀτῠχεῖν, P. and V. δυστῠχεῖν.

Unfortunately, adv. P. and V. κἄκῶς, δυστῠχῶς, ἀθλίως, οἰκτρῶς, V. δυσπότμως, τλημόνως, P. ἀτυχῶς. *By some evil chance*: use P. and V. κἄκῇ τύχῃ. *Inauspiciously*: see *inauspiciously*.

Unfounded, adj. *False*: P. and V. ψευδής. *Empty vain*: P. and V. μάταιος, κενός.

Unfrequented, adj. P. and V. ἐρῆμος. *Pathless*: P. ἀτριβής, P. and V. ἄβᾰτος, V. ἄστιπτος, ἀστῐβής.

Unfriended, adj. P. and V. ἄφῐλος.

Unfriendliness, subs. P. and V. δυσμένεια, ἡ, δύσνοια, ἡ, P. κακόνοια, ἡ. *Hostility*: P. and V. ἔχθρα, ἡ, ἔχθος, τό (Thuc.), P. ἀπέχθεια, ἡ.

Unfriendly, adj. P. and V. δύσνους, δυσμενής, Ar. and P. κἄκόνους, V. δύσφρων, κἄκόφρων. *Hostile*: P. and V. πολέμιος, ἐχθρός, ἐναντίος, P. ὑπεναντίος, V. ἀνάρσιος, Ar. and V. πᾰλίγκοτος.

Unfruitful, adj. Of land: P. and V. ἄκαρπος. Of females: P. and V. ἄτοκος (Plat.), V. ἄτεκνος, ἄγονος (also Plat. met.), ἀκύμων, χέρσος, στεῖρος, Ar. and P. στέρῐφος; see *barren*. *Childless*: P. and V. ἄπαις. *Vain, barren of result*: P. ἄπρακτος, P. and V. ἀνήνῠτος. *Empty*: P. and V. κενός, μάταιος.

Unfruitfully, adv. See *uselessly*.

Unfruitfulness, subs. See *barrenness*. *Uselessness*: P. ἀχρηστία, ἡ.

Unfulfilled, adj. P. and V. ἀτελής, ἀνήνῠτος, V. ἀργός, ἄκραντος; see *undone*.

Unfurl, v. trans. *Loose*: P. and V. λύειν; see *spread*.

Ungainliness, subs. P. ἀσχημοσύνη, ἡ, V. ἀμορφία, ἡ. *Clumsiness*: P. and V. σκαιότης, ἡ.

Ungainly, adj. P. and V. δυσειδής (Plat. and Soph., *Frag.*), P. μοχθηρός, V. δύσμορφος; see *ugly*. *Clumsy*: P. and V. σκαιός.

Ungallant, adj. *Boorish*: Ar. and P. ἄγροικος; see *ungallant*.

Ungarlanded, adj. V. ἄστεπτος, P. ἀστεφάνωτος.

Ungarrisoned, adj. P. ἀφρούρητος.

Ungathered, adj. Of a harvest: P. ἀσυγκόμιστος (Xen.).

Ungenerous, adj. Ar. and P. ἀνελεύθερος, ἀγεννής.

Ungenerously, adv. P. ἀνελευθέρως (Xen.), P. and V. ἀγεννῶς.

Ungentle, adj. Of birth; P. and V. τἄπεινός, φαῦλος, κἄκός, Ar. and P. ἀγεννής, Ar. and V. δυσγενής, V. ἀγέννητος. *Harsh*: P. and V. πικρός, τρᾱχύς, ἀγνώμων, βἄρύς; see *harsh*.

Ungentleness, subs. *Of birth*: P. and V. δυσγένεια, ἡ. *Harshness*: P. and V. πικρότης, ἡ, V. τρᾱχύτης, ἡ, P. ἀγνωμοσύνη, ἡ; see *harshness*.

Ungently, adv. See *harshly*.

Ungodliness, subs. P. and V. ἀσέβεια, ἡ, P. ἀνοσιότης, ἡ, V. δυσσέβεια, ἡ; see *wickedness*.

Ungodly, adj. P. and V. ἄθεος, ἀνόσιος, ἀσεβής, ἄναγνος, δυσσεβής (Dem. 332, but rare P.), V. δύσθεος, ἄσεπτος; see *wicked*.

Ungovernable, adj. V. δύσαρκτος. *Unbridled*: P. and V. ἀχάλῑνος (Eur. *Frag.*), ἀνειμένος, Ar. and P. ἀκρἄτής. Of anger: P. and V. ἄκρᾱτος.

Ungovernably, adv. P. ἀκρατῶς.

Ungraceful, adj. P. and V. ἀσχήμων, P. ἀπρεπής.

Ungracefully, adv. P. ἀπρεπῶς.

Ungracefulness, subs. P. ἀσχημοσύνη, ἡ.

Ungracious, adj. *Unpleasant*: P. ἀχάριστος, P. and V. ἄχἄρις (Plat.

also Ar.). *Odious*: P. and V. ἐπίφθονος, βᾰρύς; see *odious*. Of persons, *ill-tempered*: P. and V. δύσκολος, δυσχερής, δῠσάρεστος, ἀγνώμων.

Ungraciously, adv. P. ἀχαρίστως. *Ill-temperedly*: P. δυσκόλως.

Ungraciousness, subs. P. ἀχαριστία, ἡ.

Ungrateful, adj. P. and V. ἀχάριστος (Eur., *Hec.* 254), V. δυσχάριστος (Æsch., *Frag.*). *Unremembering*: P. and V. ἀμνήμων. *Unpleasing*: P. and V. ἄχᾰρις (Plat. also Ar.), P. ἀχάριστος; see *unpleasant*. *Odious*: P. and V. βᾰρύς, ἐπίφθονος; see *odious*.

Ungratefully, adv. P. ἀχαρίστως.

Ungratefulness, subs. P. ἀχαριστία, ἡ. *Forgetfulness*: P. and V. λήθη, ἡ.

Ungrounded, adj. *False*: P. and V. ψευδής. *Idle*: P. and V. κενός, μᾰ́ταιος.

Ungrudging, adj. *Munificent*: P. φιλόδωρος, Ar. μεγᾰλόδωρος. *Bountiful*: V. ἄφθονος. *Abundant*: P. and V. ἄφθονος, πολύς, V. ἐπίρρῡτος.

Ungrudgingly, adv. *Munificently*: P. φιλοδώρως. *Abundantly*: P. and V. ἀφθόνως (Eur., *Frag.*).

Unguarded, adj. P. and V. ἄφρακτος, ἀφύλακτος, P. ἀφρούρητος. *Unwatched*: P. and V. ἀφύλακτος, P. ἄφρουρος. *Exposed, not covered with armour*: P. and V. γυμνός; see *unarmed*. *Unwalled*: P. ἀτείχιστος. *Off one's guard*: P. and V. ἀφύλακτος, ἄφρακτος (Thuc.), P. ἀπαράσκευος, ἀπροσδόκητος.

Unguardedly, adv. *At random, without thinking*: P. and V. εἰκῇ.

Unguent, subs. P. ἄλειμμα, τό, ἀλοιφή, ἡ. *Scented ointment*: P. and V. μύρον, τό, Ar. μύρωμα, τό.

Unhallowed, adj. *Unconsecrated*: P. and V. βέβηλος (Thuc. and Plat.). *Impure*: P. and V. ἀνόσιος, μιᾰρός, αἰσχρός, ἄναγνος, P. ἀκάθαρτος. *Impious*: P. and V. ἀσεβής, ἄθεος, δυσσεβής (rare P.), V. δύσθεος, ἄσεπτος.

Unhand, v. trans. P. and V. ἀφίεσθαι (gen.), Ar. and V. μεθίεσθαι (gen.).

Unhappily, adv. *Unfortunately*: P. and V. κᾰκῶς, δυστῠχῶς. V. δυσπότμως, παγκάκως, P. ἀτυχῶς; see *inauspiciously*. *Sorrowfully*: P. and V. ἀθλίως, οἰκτρῶς, V. τλημόνως. *In wretched plight*: P. and V. κᾰκῶς, P. πονηρῶς, μοχθηρῶς. *Dejectedly*: P. ἀθύμως (Xen.), δυσθύμως (Plat.). *By some evil chance*: P. and V. κᾰκῇ τύχῃ.

Unhappiness, subs. *Misfortune*: P. and V. δυσπραξία, ἡ, πάθος, τό, πάθημα, τό, συμφορά, ἡ, κᾰκόν, τό, V. πάθη, ἡ, πῆμα, τό, πημονή, ἡ; see *misfortune*. *Troubles*: P. and V. κᾰκά, τά; see *troubles*. *Misery*: P. ταλαιπωρία, ἡ, κακοπάθεια, ἡ, ἀθλιότης, ἡ, κακοπραγία, ἡ, P. and V. αἰκία, ἡ. *Dejection*: P. and V. ἀθῡμία, ἡ, δυσθῡμία, ἡ (Plat.). *Grief*: P. and V. λύπη, ἡ, ἀνία, ἡ, Ar. and V. ἄλγος, τό, ἄχος, τό, V. δύη, ἡ, πῆμα, τό, πημονή, ἡ, οἰζύς, ἡ, πένθος, τό.

Unhappy, adj. *Unfortunate*: P. and V. δυσδαίμων, δυστῠχής, ἀτῠχής (Eur., *Heracl.* 460 but rare V.), Ar. and V. δύσποτμος, δύσμορος (also Antipho. but rare P.), V. ἄμοιρος (also Plat. but rare P.), ἄμμορος, ἄνολβος, δύσμοιρος, Ar. κᾰκοδαίμων; see *sad*. *Inauspicious*: see *inauspicious*. *Miserable*: P. and V. τᾰλαίπωρος, ἄθλιος, οἰκτρός, Ar. and V. τλήμων, τάλᾱς, σχέτλιος, δύστηνος, δείλαιος (rare P.), πᾰνάθλιος, V. δάϊος, μέλεος, δυστάλᾱς, παντάλᾱς, παντλήμων. *Dejected*: P. and V. ἄθῡμος (Xen.); see *dejected*. *Lamentable*: P. and V. οἰκτρός, ἄθλιος, κᾰκός, V. πανδάκρῡτος; see *lamentable*.

Unharmed, adj. *Safe*: P. and V. σῶς, ἀσφᾰλής. *Uninjured*: P. and V. ἀβλᾰβής (Plat.), ἀκέραιος, ἀκραιφνής, ἀθῷος (Eur., *Bacch.* 672), ἀκήρατος (rare P.), ἀπήμων (Plat. but rare P.), V. ἄνατος, P. ἀπαθής. *Unwounded* : P. and V. ἄτρωτος (Plat.).

Unharness, v. trans. P. and V. λύειν, P. ὑπολύειν.

Unhealthiness, subs. *Sickness* : P. and V. νόσος, ἡ; see *sickness*. *Insalubriousness* : use P. and V. τὸ νοσῶδες.

Unhealthy, adj. *Ill* : P. and V. νοσώδης. *Insalubrious* : P. and V. νοσώδης. *She heard the place was unhealthy* : P. τὸ χωρίον ἐπυνθάνετο νοσῶδες εἶναι (Isoc. 388D).

Unheard, adj. *Untried, without a hearing* : P. and V. ἄκριτος (Eur., *Hipp.* 1056). *Unheard of* : P. ἀνήκουστος. *Strange* : P. and V. καινός, ἄτοπος (Eur., *Frag.*); see *strange*. *Sending no message* : V. ἀκήρυκτος (Soph., *Trach.* 45).

Unheeded, adj. *Uncared for* : P. and V. ἀτημέλητος (Xen.), V. ἀπημελημένος. *Disregarded* : V. ἀνάριθμητος. *Be unheeded*, v. : use *be disregarded*.

Unheeding, adj. See *heedless*.

Unhesitating, adj. P. and V. ἄοκνος, P. ἀπροφάσιστος. *Zealous* : P. and V. πρόθυμος; see *zealous*, *resolute*.

Unhesitatingly, adv. P. ἀπροφασίστως. *Zealously* : P. and V. προθύμως; see *zealously*, *resolutely*.

Unhewn, adj. P. οὐ συνειργασμένος (Thuc. 1, 93), V. ἀσκέπαρνος, ἄξεστος. *There was an old fort there made of unhewn stones* : P. ἔρυμα αὐτόθι ἦν παλαιὸν λίθων λογάδην πεποιημένον (Thuc. 4, 31).

Unhinge, v. trans. *Send out of one's mind* : P. and V. ἐκπλήσσειν, ἐξιστάναι; see *madden*.

Unhinged, adj. See *mad*.

Unhired, adj. V. ἄμισθος.

Unholiness, subs. P. and V. ἀσέβεια, ἡ, ἀνοσιότης, ἡ, V. δυσσέβεια, ἡ; see *wickedness*.

Unholy, adj. P. and V. ἄθεος, ἀνόσιος, ἀσεβής, ἄναγνος, δυσσεβής (rare P.), V. δύσθεος, ἄσεπτος. *Unconsecrated* : P. and V. βέβηλος (Thuc. and Plat.).

Unhonoured, adj. P. and V. ἄτιμος, ἀκλεής, V. δυσκλεής (also Xen.); see also *inglorious*.

Unhoped for, adj. P. and V. ἀνέλπιστος, V. ἄελπτος; see *unexpected*.

Unhouseled, disappointed, unaneled, cf. Soph., ἔχεις δὲ τῶν κάτωθεν ἐνθάδ' αὖ θεῶν ἄμοιρον ἀκτέριστον ἀνόσιον νέκυν (*Ant.* 1070).

Unhurt, adj. *Safe* : P. and V. σῶς, ἀσφαλής. *Unwounded* : P. and V. ἄτρωτος (Plat.). *Uninjured* : P. and V. ἀβλαβής (Plat.), ἀκέραιος, ἀκραιφνής, ἀθῷος (Eur., *Bacch.* 672), ἀκήρατος (rare P.), ἀπήμων (Plat. but rare P.), V. ἄνατος, P. ἀπαθής.

Unification, subs. P. συναγωγή, ἡ. *A union of smaller towns under a capital city* : P. συνοίκισις, ἡ (Thuc. 3, 3).

Unify, v. trans. *Bring together* : P. and V. συνάγειν. *Unite a number of small towns under a capital city* : P. συνοικίζειν (Thuc. 2, 15; 3, 2).

Uniform, adj. *Like* : P. and V. ὅμοιος, P. παραπλήσιος; see *similar*. *Regular, ordinary* : P. and V. συνήθης; see *regular*. *Accordant* : P. σύμμετρος. *Uniform with* : P. σύμμετρος (dat.). *Orderly* : P. and V. εὔκοσμος, κόσμιος, Ar. and P. εὔρυθμος.

Uniform, subs. *Dress* : P. and V. σκευή, ἡ; see *dress*.

Uniformity, subs. *Regularity* : P. and V. ῥυθμός, ὁ; see *symmetry*.

Uniformly, adv. See *regularly*.

Unimaginable, adj. See *inconceivable*.

Unimpaired, adj. *Safe* : P. and V. σῶς, ἀσφαλής. *Uninjured* : P. and V. ἀκέραιος, ἀκραιφνής; see *uninjured*. *Not less* : P. and V. οὐκ ἐλάσσων.

Unimpassioned, adj. *Cold* : P. and V. ψυχρός. *Calm* : P. and V. ἥσυχος, ἡσυχαῖος, P. ἡσύχιος.

Unimpeachable, adj. P. ἀνέλεγκτος, ἀνεξέλεγκτος.

Unimpeded, adj. See *free*.

Unimportant, adj. P. and V. λεπτός, βρἄχύς; see *trifling*. *Not worth talking of*: P. οὐκ ἀξιόλογος. *Consider unimportant*: V. πἄρ' οὐδὲν ἄγειν; see *disregard*.

Unimpressed, adj. *Unmoved*: P. and V. ἀκίνητος; see *unmoved*.

Unimproving, adj. *Harmful*: P. and V. ἀσύμφορος.

Unincumbered, adj. See *unencumbered*.

Uninfected, adj. P. ἀδιάφθορος, ἀδιάφθαρτος; see *uninjured*.

Uninfluenced, adj. P. and V. ἀκίνητος; see *unmoved*.

Uninfluential, adj. P. and V. ἀδύνἄτος; see *obscure*.

Uninformed, adj. See *ignorant*. *Ignorant and uninformed*: P. σκαιὸς καὶ ἀνήκοος (Dem. 441).

Uninhabitable, adj. P. ἀοίκητος.

Uninhabited, adj. P. and V. ἐρῆμος, P. ἀοίκητος; see *desolate*.

Uninitiated, adj. P. and V. ἀτέλεστος, P. ἀμύητος. *Uninitiated in Bacchic rites*: V. ἀβάκχευτος or ἀτέλεστος τῶν βακχευμἄτων. *Ignorant of*: P. and V. ἄπειρος (gen.).

Uninjured, adj. *Safe*: P. and V. σῶς, ἀσφᾰλής. *Unharmed*: P. and V. ἀβλᾰβής (Plat.), ἀκέραιος, ἀκραιφνής, ἀθῷος (Eur., *Bacch.* 672), ἀκήρἄτος (rare P.), ἀπήμων (Plat. but rare P.), V. ἄνᾰτος, P. ἀπαθής. *Unwounded*: P. and V. ἄτρωτος (Plat.). *A country uninjured since the Median War*: P. χώρα ἀπαθὴς οὖσα ἀπὸ τῶν Μηδικῶν (Thuc. 8, 24).

Uninstructed, adj. *Uneducated*: P. and V. ἄμουσος, ἀμᾰθής, Ar. and P. ἀπαίδευτος, P. ἀγράμματος; see also *ignorant*.

Unintelligent, adj. *Dull*: P. and V. ἀμᾰθής, ἀσύνετος, ἀφυής, νωθής, Ar. and P. δυσμᾰθής, P. ἀναίσθητος, βλακικός; see *foolish*.

Unintelligible, adj. P. and V. ἀσᾰφής, ἄδηλος, V. δυσμᾰθής, ἀσύνετος, ἄσκοπος, ἀξύμβλητος, αἰολόστομος, ἐπάργεμος, δυστόπαστος, δύσεύρετος, δυστέκμαρτος, ψελλός, ἄσημος, βεβαρβαρωμένος (Soph., (*Ant.* 1002), Ar. and P. ἀτέκμαρτος, P. δυσκαταμάθητος. *Riddling*: P. and V. αἰνιγμᾰτώδης, V. αἰνικτός. *Intricate*: P. and V. ποικίλος.

Unintelligibly, adv. P. ἀσαφῶς, δυσκαταμαθήτως, V. δυσκρίτως, αἰνικτηρίως, Ar. and V. ποικίλως.

Unintended, adj. See *unintentional*.

Unintentional, adj. P. ἀκούσιος, P. and V. οὐχ ἑκούσιος, V. ἄκων.

Unintentionally, adv. P. and V. ἀκουσίως or use P. and V. ἄκων, οὐχ ἑκών agreeing with subject. *To do a thing intentionally*: P. and V. ἄκων ποιεῖν τι.

Uninteresting, adj. *Not worth telling*: P. οὐκ ἄξιος λέγειν. *Not worth hearing*: P. οὐκ ἄξιος ἀκούειν.

Uninterred, adj. See *unburied*.

Uninterrupted, adj. *Continuous*: P. συνεχής, ἐνδελεχής. *Incessant*: P. ἄπαυστος, V. διᾰτελής. *Frequent*: P. and V. πυκνός. *Without a break*: Ar. and P. σῠνεχής (*Eq.* 21).

Uninterruptedly, adv. Ar. and P. σῠνεχῶς, P. ἐνδελεχῶς, V. διᾰνεκῶς (Æsch., *Ag.* 319). *Unobstructedly*: P. ἀκωλύτως. *Through all*: Ar. and P. διὰ παντός. *In order*: P. and V. ἑξῆς, ἐφεξῆς.

Uninvestigated, adj. P. ἀνεξέταστος.

Uninvited, adj. P. and V. ἄκλητος, P. ἀπαράκλητος; see *voluntary*.

Uninviting, adj. P. and V. ἄχᾰρις (Plat. also Ar.); see *unpleasant*.

Union, subs. *Blending*: P. and V. κρᾶσις, ἡ. *Joining together*: P. σύζευξις, ἡ. *League*: Ar. and P. σῠνωμοσία, ἡ, P. σύστασις, ἡ, τὸ συνώμοτον. *Alliance*: Ar. and P. συμμᾰχία, ἡ. *Club*: P. σύστασις, ἡ, ἑταιρεία, ἡ, Ar. and P. σύνοδος, ἡ. *Political centralisation of small towns under a capital city*: P. συνοίκισις, ἡ (Thuc. 3, 3). *Agreement, unanimity*: P. ὁμόνοια, ἡ, συμφωνία, ἡ (Plat.). *Marriage:* P. and V. γάμος, ὁ; see *marriage*. *Connection by marriage:* P. and V. κῆδος, τό, κήδευμα, τό (Plat.). *Bond of union:* P. δεσμός, ὁ, σύνδεσμος, ὁ. *Association:* P. and V. κοινωνία, ἡ, ὁμιλία, ἡ; see *association, friendship*.

Unique, adj. *Pre-eminent:* P. and V. ἐκπρεπής, διαπρεπής, V. ἔξοχος, ὑπέροχος. *Choice:* P. and V. ἐξαίρετος, ἔκκριτος; see *choice*. *New:* P. and V. καινός.

Unison, subs. *Harmony:* Ar. and P. ἁρμονία, ἡ. *In unision:* adj., P. ἐμμελής; adv., P. ἐμμελῶς; see also *unanimously*. *Lo! here are friends to chant in unison with my lament:* V. αἵδ' αὖ πάρεισι τοῖς ἐμοῖς θρηνήμασι φίλαι συνῳδοί (Eur., *Or.* 132).

Unit, subs. *Number one:* P. μονάς, ἡ.

Unite, v. trans. *Join:* P. and V. συνάπτειν, συναρμόζειν, συνδεῖν, V. συναρτᾶν. *Bring together:* P. and V. συνάγειν, P. συνιστάναι, V. συναλλάσσειν. *Hold together:* P. and V. συνέχειν. *Unite in marriage:* P. and V. συζευγνύναι (Xen.), V. ζευγνύναι; see *marry*. *Uniting me in marriage with Hercules:* V. εὐνὴν Ἡρακλεῖ συνοικίσας (Eur., *H. F.* 68). *United to Helenus in bonds of wedlock:* V. Ἑλένῳ συναλλαχθεῖσαν εὐναίοις γάμοις (Eur., *And.* 1245). V. intrans. *Come together:* P. and V. συνέρχεσθαι, εἰς ταὐτὸν ἔρχεσθαι. *Agree together:* P. ὁμονοεῖν. *League together:* Ar. and P. συνίστασθαι, P. and V. συνομνύναι, συνέρχεσθαι.

Unity, subs. *Unanimity:* P. ὁμόνοια, ἡ, συμφωνία, ἡ (Plat.).

Universal, adj. *Common:* P. and V. κοινός; see *general*. *All:* P. and V. πᾶς ἅπᾶς. *All together:* P. and V. σύμπᾶς. *Whole:* P. and V. ὅλος. *Speaking of virtue as a universal* (as opposed to a particular aspect of it): P. κατὰ ὅλου εἰπὼν ἀρετῆς πέρι (Plat., *Men.* 77A).

Universally, adv. Ar. and P. διὰ παντός. *Everywhere:* P. and V. πανταχοῦ; see *everywhere, generally*. *In every way:* P. and V. πανταχῇ.

Universe, subs. P. κόσμος, ὁ; see *world*. *The inhabited world:* P. ἡ οἰκουμένη.

Unjust, adj. P. and V. ἄδικος, οὐκ ὀρθός, V. ἔκδικος.

Unjustifiable, adj. Use *unjust, inexcusable:* Ar. and V. οὐ σύγγνωστος, P. οὐ συγγνώμων. *Be inexcusable:* P. and V. οὐ συγγώμην ἔχειν.

Unjustifiably, adv. Use *unjustly*.

Unjustly, adv. P. and V. ἀδίκως, οὐκ ὀρθῶς, V. ἐκδίκως, πάρα δίκην (Eur., *Frag.*), πέρα δίκης, δίκης ἄτερ. *Act unjustly,* v.: P. and V. ἀδικεῖν.

Unkempt, adj. Of hair: V. ἀκτένιστος. *Squalid:* P. and V. αὐχμηρός, Ar. and V. δυσπινής, ἄλουτος, V. πινώδης, αὐχμώδης. *Wild:* V. ἔνθηρος. *Be unkempt,* v.: Ar. and P. αὐχμεῖν.

Unkind, adj. P. and V. ἀγνώμων, πικρός, σχέτλιος, σκληρός, Ar. and P. χἄλεπός; see *cruel*.

Unkindly, adv. P. and V. πικρῶς, Ar. and P. χἄλεπῶς, P. σχετλίως, σκληρῶς; see *cruelly*.

Unkindly, adj. See *unkind, grudging*.

Unkindness, subs. P. and V. πικρότης, ἡ, P. ἀγνωμοσύνη, ἡ, σκληρότης, ἡ, χαλεπότης, ἡ.

Unknowable, adj. P. ἄγνωστος (Plat.).

Unknowing, adj. P. and V. οὐκ εἰδώς; see *unconscious*. *Not intending:* P. and V. ἄκων, οὐχ ἑκών. *Ignorant of:* P. and V. ἀμἄθής (gen.), ἄπειρος (gen.), V. ἀΐστωρ (gen.), ἄϊδρις (gen.).

Unknowingly, adv. Use adj., *unknowing*. *Unintentionally:* P. and V. ἀκουσίως, οὐχ ἑκουσίως; see *unconsciously*.

Unknown, adj. P. and V. ἀγνώς, ἄδηλος, Ar. and V. ἄγνωτος; see also *unintelligible*. *Unfamiliar, new:*

P. and V. νέος, καινός, P. ἀήθης, V. νεόκοτος, Ar. and V. νεοχμός. *Obscure, inglorious:* P. and V. ἀφᾰνής, ἀνώνῠμος. *Unknown to, without the knowledge of:* Ar. and V. λάθρᾱ (gen.), P. κρύφα (gen.), V. σῑγῇ (gen.).

Unlaboured, adj. *Untilled:* P. ἀργός, V. ἀνήροτος.

Unlace, v. trans. P. and V. λύειν.

Unlade, v. trans. *Unlade (a cargo):* P. ἐξαιρεῖσθαι.

Unladylike, adj. P. and V. ἀσχήμων; see *unbecoming*.

Unlamented, adj. V. ἄκλαυτος, ἀνοίμωκτος.

Unlawful, adj. P. and V. ἄνομος, πᾰράνομος (Eur., *Med.* 1121). *Wicked:* P. and V. κᾰκός, ἀνόσιος; see *wicked*. *Unjust:* P. and V. ἄδῐκος, οὐκ ὀρθός. V. ἔκδῐκος. *Illegitimate:* P. and V. νόθος, V. νοθᾱγενής. *Unlawful act:* P. παρανόμημα, τό.

Unlawfully, adv. P. ἀνόμως, παρανόμως. *Wickedly:* P. and V. κᾰκῶς, V. ἀνοσίως; see *wickedly*. *Unjustly:* P. and V. ἀδίκως, οὐκ ὀρθῶς, V. ἐκδίκως. *Act unlawfully*, v.: P. παρανομεῖν.

Unlawfulness, subs. P. and V. ἀνομία, ἡ, P. παρανομία, ἡ. *Wickedness:* P. ἀνοσιότης, ἡ; see *wickedness*. *Injustice:* P. and V. ἀδῐκία, ἡ.

Unlearn, v. trans. P. ἀπομανθάνειν, Ar. and P. μετᾰμανθάνειν.

Unlearned, adj. P. and V. ἀμᾰθής, ἄμουσος, Ar. and P. ἀπαίδευτος, P. ἀγράμματος.

Unless, conj. P. and V. εἰ μή, ἐὰν μή, ἢν μή, πλὴν εἰ, πλὴν ἐάν; see *except*.

Unlet, adj. P. ἀμίσθωτος.

Unlettered, adj. P. and V. ἀμᾰθής, ἄμουσος, Ar. and P. ἀπαίδευτος, P. ἀγράμματος.

Unlighted, adj. (*Without a lamp*): V. ἄλυχνος (Eur., *Frag.*).

Unlike, adj. P. ἀνόμοιος; see *different*.

Unlikely, adj. *It is unlikely:* P. and V. οὐκ εἰκός ἐστι or omit ἐστι.

Unlikeness, subs. P. ἀνομοιότης, ἡ; see *difference*.

Unlimited, adj. P. and V. ἄπειρος, Ar. and P. ἀπέραντος, P. ἄμετρος, V. μῡρίος (also Plat. but rare P.). *Abundant:* P. and V. ἄφθονος; see *abundant*.

Unload, v. trans. *Take out a cargo:* P. ἐξαιρεῖσθαι.

Unlock, v. trans. P. and V. λύειν, Ar. and V. χᾰλᾶν, V. διᾰχᾰλᾶν; see *open*. *Disclose:* P. and V. ἐκφέρειν, V. διαπτύσσειν (Plat. also but rare P.), ἀναπτύσσειν; see *disclose*.

Unlocked, adj. P. and V. ἄκληστος.

Unlooked for, adj. See *unexpected*.

Unloose, v. trans. *Undo:* P. and V. λύειν, ἐκλύειν. *Unbar:* Ar. and V. χᾰλᾶν, V. διᾰχᾰλᾶν. *Free:* P. and V. λύειν, ἀφῑέναι, ἐκλύειν; see *free*. *Unhand:* P. and V. ἀφίεσθαι (gen.), Ar. and V. μεθίεσθαι (gen.).

Unlovable, adj. P. and V. δύσκολος, δυσάρεστος.

Unloved, adj. P. and V. ἄφῐλος; see *hated*.

Unloveliness, subs. P. ἀσχημοσύνη, ἡ, V. ἀμορφία, ἡ. *Unpleasantness:* P. ἀηδία, ἡ, P. and V. δυσχέρεια, ἡ.

Unlovely, adj. V. δυσφῐλής; see *ugly, hateful*.

Unloving, adj. P. ἄστοργος; see *harsh*.

Unluckily, adv. P. and V. κᾰκῶς, δυστῠχῶς, ἀθλίως, οἰκτρῶς, V. δυσπότμως, τλημόνως, P. ἀτυχῶς; see *unhappily*. *Inauspiciously:* P. and V. κᾰκῶς, δυστῠχῶς.

Unluckiness, subs. P. ἀτυχία, ἡ, δυστυχία, ἡ; see *misfortune*.

Unlucky, adj. P. and V. δυσδαίμων, δυστῠχής, ἀτῠχής (Eur., *Heracl.* 460, but rare V.), Ar. and V. δύσποτμος, δύσμορος (also Antipho. but rare P.), V. ἄμοιρος (also Plat. but rare P.), δύσμοιρος, ἄμμορος, ἄνολβος, Ar. κᾰκοδαίμων; see *unhappy*. *Inauspicious:* P. and V. κᾰκός, δυστῠχής, δύσφημος (Plat. but rare P.), V. κᾰκόγλωσσος, σκαιός, εὐώνῠμος (Æsch., *P. V.* 490).

Unmaidenly, adj. V. ἀπαρθένευτος; see *unbecoming*.

Unmake, v. trans. *Cancel*: P. and V. κᾰθαιρεῖν, λῡ́ειν; see *cancel*. *Bring low*: P. and V. κᾰθαιρεῖν, κᾰτᾰβάλλειν, συστέλλειν, V. κλῑ́νειν; see *bring low*, under *low*. *Destroy*: P. and V. διαφθείρειν; see *destroy*. *Undo*: P. ἀγένητον τιθέναι (Plat.).

Unman, v. trans. *Dishearten*: P. εἰς ἀθυμίαν καθιστάναι. *Break down*: P. and V. κᾰτακλᾶν (Eur., *Cycl.* 677), V. κᾰκίζειν (Eur., *I. A.* 1436), θηλῡ́νειν (Eur., *Frag.* also Xen.), P. διαθρύπτειν. *In sooth you will unman me*: V. ἔκ τοί με τήξεις (Eur., *Or.* 1047). *Be unmanned*: P. and V. κᾰκίζεσθαι, P. μαλακίζεσθαι, ἐπικλασθῆναι (aor. pass. of ἐπικλᾶν), διαθρύπτεσθαι, ἀποθρύπτεσθαι. *Be disheartened*: P. and V. ἀθῡμεῖν. *If any one see you unmanned, he will not praise you*: V. εἴ σ' ὄψεταί τις θῆλυν ὄντ' οὐκ αἰνέσει (Eur., *H. F.* 1412).

Unmanageable, adj. P. δυσμεταχείριστος. *Awkward*: P. and V. ἀμήχᾰνος, ἄπορος. *Disobedient*: P. ἀπειθής (also used of a ship, Thuc. 2, 84); see *unruly*, *restive*.

Unmanageably, adv. P. and V. ἀπόρως.

Unmanliness, subs. P. and V. ἀνανδρία, ἡ, τρῠφή, ἡ, P. μαλακία, ἡ, V. ἀψῡχία, ἡ; see *cowardice*.

Unmanly, adj. Ar. and P. μᾰλᾰκός, τρῠφερός, P. ἄνανδρος, Ar. and V. μαλθᾰκός (also Plat. but rare P.). *Womanish*: P. and V. γῠναικεῖος, V. γῠναικόμῑμος, γῠναικόφρων, θηλῠ́νους; see *effeminate*.

Unmannerliness, subs. P. and V. ἀμουσία, ἡ (Eur., *Frag.*), P. ἀπαιδευσία, ἡ, ἀγροικία, ἡ.

Unmannerly, adj. Ar. and P. ἄγροικος, ἀπαίδευτος, P. and V. σκαιός.

Unmarked, adj. P. and V. ἄσημος.

Unmarred, adj. See *unspoilt*.

Unmarried, adj. Of a man: P. and V. ἄγαμος, ἤθεος (Plat.), V. ἄζυξ (Eur., *I. A.* 805). Of a woman: P. and V. ἄνανδρος, V. ἄγᾰμος, ἄνυμφος, ἀνῠμέναιος, ἄδμητος, ἄλεκτρος, Ar. and V. ἄζυξ; see *unbetrothed*. *Unmarried girl*: P. and V. παρθένος, ἡ. *Be unmarried* (*of a maiden*), v.: V. παρθενεύεσθαι.

Unmask, v. trans. See *expose*.

Unmatched, adj. *Pre-eminent*: P. and V. ἐκπρεπής, διαπρεπής, V. ἔξοχος, ὑπέροχος. *Choice*: P. and V. ἐξαίρετος, ἔκκρῐτος; see *choice*. *Not to be surpassed*: P. ἀνυπέρβλητος.

Unmeaning, adj. *Empty*: P. and V. κενός, μάταιος; see *vain*, *unintelligible*.

Unmeasured, adj. P. ἄμετρος, Ar. and V. ἀμέτρητος. *Boundless*: P. and V. ἄπειρος, Ar. and P. ἀπέραντος, V. μῡρίος (also Plat. but rare P.); see *unfathomable*. *Abundant*: P. and V. ἄφθονος, V. ἐπίρρῠτος. (*To blame, etc.*) *in unmeasured terms*: use P. and V. πολλά, P. ἰσχυρῶς; see *vigorously*.

Unmeet, adj. *Unbecoming*: P. and V. ἀσχήμων; see *unbecoming*.

Unmelted, adj. P. ἄτηκτος.

Unmentionable, adj. P. and V. ἄρρητος, ἀπόρρητος, P. ἀμύθητος, V. ἄφραστος; see *unspeakable*.

Unmerciful, adj. P. and V. σχέτλιος, σκληρός, πικρός, P. ἀπαραίτητος, V. νηλής, δυσπᾰραίτητος, ἀνοικτίρμων (Soph., *Frag.*), δῠσάλγητος, Ar. and V. ἄτεγκτος, ἄνοικτος; see *cruel*.

Unmercifully, adv. P. and V. πικρῶς, P. ἀνηλεῶς, σχετλίως, V. νηλεῶς, ἀνοίκτως, ἀναλγήτως; see *cruelly*. Met., *vigorously*: use P. and V. πολλά, P. ἰσχυρῶς; see *vigorously*.

Unmercifulness, subs. P. and V. πικρότης, ἡ, P. ἀγνωμοσύνη, ἡ; see *cruelty*.

Unmerited, adj. P. and V. ἀνάξιος.

Unmeritedly, adv. P. and V. ἀναξίως.

Unmindful, adj. P. and V. ἀμνήμων. *Unmindful of*: P. and V. ἀμνήμων (gen.). *Forgetful*: Ar. and P. ἐπῐλήσμων. *Be unmindful (of)*, v.: P. and V. ἀμνημονεῖν (gen. or absol.); see *forget*.

Unmistakable, adj. *Clear*: P. and V. σᾰφής, δῆλος, φᾰνερός; see *clear*. *Undoubted*: P. ἀναμφισβήτητος; see *undisputed*.

Unmistakably, adv. *Clearly*: P. and V. σᾰφῶς, Ar. and P. φᾰνερῶς; see *clearly*. *Without doubt*: P. ἀναμφισβητήτως, V. οὐ δῐχορρόπως, οὐκ ἀμφῐλέκτως.

Unmitigated, adj. P. ἄκρατος, ἁπλοῦς, εἰλικρινής.

Unmixed, adj. Of wine: P. and V. ἄκρᾱτος, Ar. and V. εὔζωρος. Generally: P. ἄκρατος, ἄμικτος. *Pure, sheer*: P. ἄκρατος, ἁπλοῦς.

Unmolested, adj. P. ἀκίνητος; see *untouched, undisturbed*.

*Unmoor, v. trans. P. ἐξορμίζειν.

Unmortgaged, adj. P. ἐλεύθερος.

Unmounted, adj. *Not on horseback*: use P. and V. πεζός, Ar. and V. ἄνιππος.

Unmourned, adj. V. ἄκλαυτος, ἀνοίμωκτος.

Unmoved, adj. *Uninfluenced*: P. and V. ἀκίνητος, Ar. and V. ἄτεγκτος; see *untouched*.

Unmown, adj. V. ἄτομος, ἀκήρᾰτος.

Unmusical, adj. P. and V. ἄμουσος; see *discordant*.

Unmuzzle, v. trans. Use P. and V. λῡ́ειν.

Unnamed, adj. P. and V. ἀνώνῠμος.

Unnatural, adj. *Inhuman*: P. and V. ἄγριος, θηριώδης, P. μισάνθρωπος; see *cruel*. *Horrible*: P. and V. ἀνόσιος, μιᾰρός, ἄνομος; see *horrible, monstrous*. *Superhuman*: V. οὐ κᾰτ᾽ ἄνθρωπον, P. and V. μείζων ἢ κᾰτ᾽ ἄνθρωπον (Isoc.). *Unreasonable*: P. ἄλογος. *An unnatural mother*: V. μήτηρ ἀμήτωρ (Soph., *El.* 1154).

Unnaturally, adv. *Contrary to nature*: P. and V. πᾰρὰ φύσιν (Eur., *Phoen.* 395). *Not unnaturally, not unreasonably*: P. οὐκ ἀπεικότως.

Unnavigable, adj. P. ἄπλους.

Unnecessarily, adv. *There being no need*: use P. and V. οὐδὲν δέον. *Uselessly*: P. and V. μάτην; see *in vain*, under *vain*. *Excessively*: P. and V. περισσῶς; see *excessively*.

Unnecessary, adj. P. and V. οὐκ ἀναγκαῖος. *Vain, useless*: P. and V. κενός, μάταιος, ἀνωφελής; see *vain*. *Excessive*: P. and V. περισσός.

Unneighbourly, adj. Use *unfriendly, unsociable*.

Unnerve, v. trans. See *unman*.

Unnoticed, adj. *Unheeded*: V. ἀνᾰρίθμητος, ἀπημελημένος, P. and V. ἀτημέλητος (Xen.). *Be unnoticed*, v.: P. and V. ἀμελεῖσθαι. *Be unobserved*: P. and V. λανθάνειν, V. λήθειν; see *unobserved*.

Unnumbered, adj. P. and V. ἀνᾰρίθμητος, V. ἀνάριμθμος, ἀνήριθμος, μῡρίος (also Plat. but rare P.).

Unobjectionable, adj. P. ἀνεπίφθονος.

Unobservant, adj. P. ἀπερίσκεπτος; see *blind*.

Unobserved, adj. Use adv., P. and V. λάθρᾱ. *Do a thing unobserved*: P. and V. λανθάνειν ποιῶν τι, V. λήθειν ποιῶν τι. *Unobserved by*: use Ar. and V. λάθρᾱ (gen.), P. κρύφα (gen.).

Unobstructed, adj. *Continuous*: P. συνεχής. See *clear*.

Unobstructedly, adv. P. ἀκωλύτως. *Continuously*: Ar. and P. σῠνεχῶς.

Unobtrusive, adj. See *modest*. *Moderate*: P. and V. μέτριος.

Unoccupied, adj. *At leisure, idle*: P. and V. ἀργός. *Be unoccupied*, v.: P. and V. ἡσῠχάζειν, σχολάζειν, σχολὴν ἔχειν. *Be idle*: P. and V. ἀργεῖν. *Desolate*: P. and V. ἐρῆμος; see *desolate, empty*.

Unoffending, adj. P. ἀνεπίφθονος. *Guiltless*: P. and V. ἀναίτιος, ἀθῷος.

Unofficial, adj. *Private*: P. and V. ἴδιος.

Unofficially, adv. *Privately*: P. and V. ἰδίᾳ. *They determined to send to the Athenians unofficially and sound them*: P. ἔδοξεν αὐτοῖς . . . ἄνευ κηρυκείου προσπέμψαι τοῖς Ἀθηναίοις καὶ πεῖραν ποιήσασθαι (Thuc. 1, 53).

Unopposed, adj. Use P. οὐδένος κωλύοντος. *None speaking in opposition*: P. οὐδένος ἀντιλέγοντος.

Unorganised, adj. P. ἀσύντακτος.

Unostentatious, adj. See *modest*, *moderate*.

Unpack, v. trans. *Take out*: P. ἐξαιρεῖσθαι. *Get ready*: P. and V. εὐτρεπίζειν.

Unpaid, adj. *Without pay*: P. and V. ἄμισθος (Dem. 731), P. ἀπόμισθος. *Unpaid bills*: see *debts*.

Unpalatable, adj. P. ἀηδής; see *unpleasant*.

Unparalleled, adj. P. οὐδένι ἐοικώς (Thuc. 7, 71). *Unparalleled disasters*: παθήματα οἷα οὐχ ἕτερα (Thuc. 1, 23). *Peerless*: P. and V. ἐκπρεπής, διαπρεπής, V. ἔξοχος; see *peerless*. *Choice*: P. and V. ἐξαίρετος, ἔκκρῐτος. *Unsurpassed*: P. ἀνυπέρβλητος. *New, strange*: P. and V. καινός.

Unpardonable, adj. Ar. and V. οὐ σύγγνωστος, P. οὐ συγγνώμων. *Be unpardonable*, v.: P. and V. οὐ συγγνώμην ἔχειν. *Disgraceful*: P. and V. αἰσχρός.

Unpatriotic, adj. Ar. and P. οὐ φῐλόπολις. *Ill-disposed*: P. and V. δύσνους, Ar. and P. κᾰκόνους, or use P. and V. τῇ πόλει δύσνους.

Unpeopled, adj. P. and V. ἐρῆμος, V. ἀπάνθρωπος; see *desolate*.

Unperceived, adj. Use adv., P. and V. λάθρᾳ. *Do a thing unperceived*: P. and V. λανθάνειν ποιῶν τι, or V. λήθειν ποιῶν τι. *Unperceived by*: use Ar. and V. λάθρᾳ (gen.), P. κρύφα (gen.).

Unperformed, adj. P. and V. ἀτελής, ἀνήνῠτος, V. ἀργός, ἄκραντος; see *undone*.

Unphilosophic, adj. P. ἀφιλόσοφος.

Unpillaged, adj. See *unplundered*.

Unpitied, adj. V. νηλεής, or use adv., V. ἀνοίκτως; see *unwept*.

Unpitying, adj. See *pitiless*.

Unpleasant, adj. P. and V. δυσχερής, ἀτερπής, ἄχᾰρις (Plat. also Ar.), βᾰρύς, P. ἀχάριστος, ἀηδής, V. δυστερπής. *Odious*: P. and V. ἐπίφθονος. *In bad taste*: P. and V. πλημμελής. *Hard to endure*: P. and V. οὐκ ἀνεκτός; see *intolerable*.

Unpleasantly, adv. P. ἀηδῶς. *Intolerably*: P. οὐκ ἀνεκτῶς (Xen.).

Unpleasantness, subs. P. and V. δυσχέρεια, ἡ, P. ἀηδία, ἡ. *Odiousness*: P. βαρύτης, ἡ. Met., *quarrel*: see *quarrel*.

Unpleasing, adj. See *unpleasant*.

Unploughed, adj. V. ἀνήροτος, P. ἀργός.

Unplundered, adj. P. and V. ἀκέραιος, ἀπόρθητος (Lys.); see *unravaged*.

Unpolished, adj. *Not worked up*: P. οὐκ ἀπειργασμένος. *Unwrought*: V. ἄξεστος. Met., P. and V. ἄμουσος, ἀμᾰθής, Ar. and P. ἄγροικος, ἀπαίδευτος. *Unlettered*: P. ἀγράμματος, V. ἄκομψος.

Unpolluted, adj. See *undefiled*, *pure*.

Unpopular, adj. P. and V. ἐπίφθονος.

Unpopularity, subs. P. and V. φθόνος, ὁ, P. ἀπέχθεια, ἡ, τὸ ἐπίφθονον. *Incur unpopularity*, v.: P. and V. ἀπεχθάνεσθαι.

Unpractised, adj. P. and V. ἀγύμναστος, ἄπειρος, P. ἀμελέτητος. *Unpractised in*: P. and V. ἄπειρος (gen.), ἀγύμναστος (gen.); see *unversed*.

Unprecedented, adj. *New, strange*: P. and V. καινός. *Extraordinary*: P. and V. θαυμαστός.

Unprejudiced, adj. P. and V. ἴσος, κοινός. *Fair, just*: P. and V. ὀρθός, δίκαιος, ἐπιεικής.

Unpremeditated, adj. See *unintentional*. *Unstudied*: P. and V. ἁπλοῦς.

Unpremeditatedly, adv. Use P. and V. οὐκ ἐκ προνοίας; see *unintentionally*.

Unprepared, adj. P. ἀπαράσκευος. *Off one's guard:* P. and V. ἀφύλακτος, ἄφρακτος (Thuc.), P. ἀπαράσκευος, ἀπροσδόκητος. *Be unprepared for, not to expect,* v.: P. and V. οὐ προσδοκᾶν.

Unprepossessing, adj. *Ugly:* P. and V. δυσειδής (Plat. and Soph., *Frag.*); see *ugly*. *Unpleasant:* P. ἀχάριστος.

Unpretentious, adj. See *modest*. *Simple:* P. and V. ἁπλοῦς.

Unprincipled, adj. P. and V. πᾰνοῦργος, κᾰκός; see *wicked*.

Unproductive, adj. P. ἀργός.

Unprofaned, adj. P. and V. ἀκήρᾰτος, ἀκέραιος, κᾰθᾰρός; see *undefiled, inviolable.*

Unprofessional, adj. *Lay:* P. ἰδιωτικός; see *unworthy*.

Unprofitable, adj. P. ἀλυσιτελής, ἄκαρπος, P. and V. ἀνόνητος, ἀνωφελής, ἄχρηστος, ἀχρεῖος, ἀσύμφορος, V. ἀνωφέλητος (also Xen.), ἀκάρπωτος. *Vain:* P. and V. κενός, μᾰταιος, P. ἄπρακτος.

Unprofitableness, subs. P. ἀχρηστία ἡ.

Unprofitably, adv. P. ἀλυσιτελῶς (Xen.), P. and V. ἀνόνητα (Plat., *Rep.* and Eur., *El.* 507). *In vain:* P. and V. μάτην, ἄλλως, διὰ κενῆς, V. μᾰταίως, ἄκραντα; see *in vain*, under *vain*.

Unpromising, adj. *Without talent:* P. and V. ἀφυής. *Poor in quality:* P. and V. φαῦλος; see *poor*.

Unpropitious, adj. *Unfavourable:* P. and V. δύσνους, δυσμενής, V. ἀνάρσιος, Ar. and V. πᾰλίγκοτος; see *hostile*. *Inauspicious* (*of omens, etc.*): P. and V. κᾰκός, δυστῠχής, δύσφημος, V. κᾰκόγλωσσος, σκαιός, εὐώνῠμος (Æsch., *P. V.* 490); see *inauspicious*. *The omens were unpropitious:* P. οὐκ ἐκαλλιερεῖτο (Xen.). *Unsuitable:* P. ἀνεπιτήδειος; see *unsuitable*.

Unpropitiously, adv. *In a hostile way:* P. δυσμενῶς. *Inauspiciously:* P. and V. κᾰκῶς, δυστῠχῶς.

Unprotected, adj. P. and V. ἄφρακτος, ἀφύλακτος, P. ἀφρούρητος. *With none to take one's part:* P. ἀτιμώρητος. *Unprotected by armour:* P. and V. γυμνός; see *unarmed*.

Unproved, adj. *Unexamined:* P. ἀνεξέταστος. *Unattested:* P. ἀμάρτυρος, V. ἀμαρτύρητος. *It leaves their courage unproved:* P. ἀνεξέλεγκτον . . . τὸ ἀνδρεῖον ἔχει (Thuc. 4, 126).

Unprovoked, adj. *Voluntary:* P. and V. ἑκούσιος. *Do a thing unprovoked:* P. and V. ἄρχειν τινός, or πρότερός τι ποιεῖν. *They attacked us unprovoked:* P. ἐπέθεντο ἡμῖν οὐκ ἀδικούμενοι (Thuc. 3, 39).

Unpunished, adj. P. and V. ἀζήμιος, ἀθῷος, P. ἀτιμώρητος, ἀπαθής. *With impunity:* P. and V. χαίρων, V. γεγηθώς, ἄκλαυτος, or use adv. P. νηποινεί; see *impunity*.

Unpurified, adj. P. and V. ἀκάθαρτος: see *unclean, polluted.*

Unqualified, adj. *Unfit:* P. and V. οὐχ ἱκᾰνός. *Absolute:* P. ἄκρατος; see *absolute*.

Unquenchable, adj.: P. ἄπαυστος.

Unquestionable, adj. P. ἀναμφισβήτητος, ἀνέλεγκτος, ἀνεξέλεγκτος, οὐκ ἀντίλεκτος. *Admitted:* P. ὁμολογούμενος.

Unquestionably, adv. P. ἀναμφισβητήτως, V. οὐκ ἀμφῐλέκτως, οὐ δῐχορρόπως. *Confessedly:* P. ὁμολογουμένως.

Unquestioning, adj. *Unhesitating:* P. and V. ἄοκνος, P. ἀπροφάσιστος.

Unquestioningly, adv. P. ἀπροφασίστως. *Without proof:* P. ἀβασανίστως.

Unravaged, adj. P. and V. ἀκέραιος, ἀπόρθητος (Lys.), V. ἄδῃος; see *uninjured*.

Unravel, v. trans. P. and V. λύειν. *Unfold:* Ar. and P. ἀνελίσσειν, V. ἐξελίσσειν, ἀναπτύσσειν, διαπτύσσειν (also Plat. but rare P.); see also *reveal*.

Unreadily, adv. *Without eagerness:* P. ἀπροθύμως.

Unreadiness, subs. *Hesitation* : P. and V. ὄκνος, ὁ.

Unready, adj. *Unprepared* : P. ἀπαράσκευος. *Off one's guard* : P. and V. ἀφύλακτος, ἄφρακτος (Thuc.); see *unprepared*. *Backward, hesitating* : P. ἀπρόθυμος, ὀκνηρός.

Unreal, adj. *False* : P. and V. ψευδής. *Imaginary* : P. and V. δοκῶν, οὐκ ὤν. *Unsound* : P. and V. ὕπουλος.

Unreasonable, adj. P. ἄλογος, ἀνεπιεικής, ἀλόγιστος.

Unreasonableness, subs. P. ἀλογία, ἡ.

Unreasonably, adv. P. ἀλόγως, ἀλογίστως. *Unnaturally* : P. ἀπεικότως. *Contrary to reason* : P. παραλόγως.

Unreasoning, adj. P. ἄλογος, ἀλόγιστος, V. δυσλόγιστος. *Rash* : P. ἀπερίσκεπτος; see *rash*. *Be thrown into an unreasoning panic* : P. ἀσαφῶς ἐκπλήγνυσθαι (Thuc. 4, 125).

Unrebuked, adj. P. and V. ἄμεμπτος.

Unreclaimed, adj. V. ἀνήμερος. *Wild* : P. and V. ἄγριος.

Unrecognisable, adj. P. and V. δύσκρῐτος (Plat.), V. δυσμᾰθής; see *indistinguishable, indistinct*.

Unrecompensed, adj. See *unrewarded*.

Unreconcilable, adj. *Implacable* : P. ἀπαραίτητος, V. δυσπᾰραίτητος, P. and V. σχέτλιος; see *irreconcilable*.

Unrecorded, adj. P. ἄγραφος, V. ἄγραπτος; see *unknown, unsung, unremembered*.

Unredressed, adj. P. ἀδιόρθωτος.

Unrefined, adj. Ar. and P. ἄγροικος, ἀπαίδευτος; see *vulgar*.

Unreflecting, adj. P. ἀλόγιστος, ἀπερίσκεπτος; see *rash*.

Unreflectingly, adv. P. ἀπερισκέπτως.

Unrefreshed, adj. *Faint* : P. ἄρρωστος; see *faint*.

Unrefuted, adj. P. ἀνέλεγκτος, ἀνεξέλεγκτος.

Unregarded, adj. *Uncared for* : P. and V. ἀτημέλητος (Xen.), V. ἀναρίθμητος, ἀπημελημένος. *Be unregarded*, v. : P. and V. ἀμελεῖσθαι; see *disregard*.

Unregenerate, adj. *Sinful* : P. and V. κᾰκός; see *sinful*.

Unregistered, adj. P. ἄγραφος.

Unregulated, adj. P. ἄτακτος. *Allowed to go free* : P. and V. ἀνειμένος. *Licentious* : Ar. and P. ἀκρᾰτής.

Unrehearsed, adj. P. ἀμελέτητος.

Unrelenting, adj. *Pitiless* : P. ἀπαραίτητος, V. δυσπᾰραίτητος; see *pitiless*. *Remembering* : P. and V. μνήμων.

Unrelentingly, adv. See *pitilessly*.

Unremedied, adj. P. ἀδιόρθωτος.

Unrelieved, adj. *Unmixed* : P. ἄκρατος, ἄμικτος.

Unremembered, adj. V. ἀμνήμων. *Be unremembered, pass away*, v. : P. and V. διαρρεῖν; see *fade*.

Unremitting, adj. *Continuous* : P. συνεχής. *Constant* : P. and V. πυκνός. *Much* : P. and V. πολύς.

Unremittingly, adv. *Continuously*: Ar. and P. σῠνεχῶς.

Unrenowned, adj. P. and V. ἀνώνῠμος, ἄτιμος, ἀδόκῐμος; see *obscure*.

Unrepealed, adj. *In force* : P. and V. κύριος.

Unrepentant, adj. *Obstinate, hardened* : P. and V. σκληρός. *Unmoved* : P. and V. ἀκίνητος.

Unrepented, adj. P. ἀμεταμέλητος.

Unrepressed, adj. *Unbridled* : P. and V. ἀχάλῑνος (Eur., *Frag.*), ἀνειμένος. *Unsubdued* : P. ἀχείρωτος.

Unrequited, adj. *Without pay* : P. and V. ἄμισθος (Dem. 731), or use adv. : P. and V. ἀμισθί. *Unpunished* : P. and V. ἀζήμιος; see *unpunished*. *Useless* : P. and V. ἀνωφελής; see *useless*.

Unreserved, adj. *Frank* : P. and V. ἁπλοῦς, ἐλεύθερος. *Plain* : P. and V. σᾰφής, ἐμφᾰνής; see *plain*. *Unrestrained* : P. and V. ἀνειμένος.

Unreservedly, adv. *Frankly* : P.

and V. ἁπλῶς, ἐλευθέρως. *Outspokenly:* P. μετὰ παρρησίας, V. παρρησίᾳ. *Speak unreservedly*, v. P. παρρησιάζεσθαι. *Plainly:* P. and V. σἄφῶς, ἐμφἄνῶς. *Without restraint:* P. ἀνέδην, ἀνειμένως.

Unresisting, adj. *Yielding, pliant:* P. and V. ὑγρός. *Weak, soft:* Ar. and P. μἄλἄκός, Ar. and V. μαλθἄκός.

Unrest, subs. P. ταραχή, ἡ, V. τἄραγμός, ὁ, τάραγμα, τό. *Political unrest:* P. κίνησις, ἡ, P. and V. στἄσῐς, ἡ.

Unrestrained, adj. *Unbridled:* P. and V. ἀχἄλῖνος (Eur., *Frag.*), ἀνειμένος: see *lawless*. *Licentious:* P. and V. ἀκόλαστος, Ar. and P. ἀκρἄτής.

Unrestrainedly, adv. P. ἀνέδην, ἀνειμένως.

Unrestricted, adj. *Unlimited:* P. ἄμετρος. *Unrestrained:* P. and V. ἀνειμένος. *Free:* P. and V. ἐλεύθερος.

Unrevenged, adj. P. ἀτιμώρητος.

Unrewarded, adj. *Without pay:* P. and V. ἄμισθος, or use adv., P. and V. ἀμισθί.

Unrighteous, adj. P. and V. ἄδῐκος, οὐκ ὀρθός, ἀνόσιος, V. ἔκδῐκος *Wicked:* P. and V. κἄκός, πονηρός; see *wicked*. *Impious:* P. and V. ἀσεβής, ἄθεος δυσσεβής (Dem. but rare P.), V. δύσθεος. *Unlawful:* P. and V. ἄνομος, πἄράνομος.

Unrighteously, adv. P. and V. ἀδίκως, οὐκ ὀρθῶς, V. ἐκδίκως. ἀνοσίως; see *unjustly*. *Wickedly:* P. and V. κἄκῶς, πονηρῶς. *Impiously:* P. and V. ἀθέως. *Unlawfully:* P. ἀνόμως, παρανόμως. *Act unrighteously*, v.: P. and V. ἀδῐκεῖν, ἀσεβεῖν, V. δυσσεβεῖν.

Unrighteousness, subs. P. and V. ἀδῐκία, ἡ, P. ἀνοσιότης, ἡ. *Wickedness:* P. and V. κάκη, ἡ, πονηρία, ἡ; see *wickedness*. *Impiety:* P. and V. ἀσέβεια, ἡ, V. δυσσέβεια, ἡ. *Lawlessness:* P. and V. ἀνομία, ἡ, P. παρανομία, ἡ.

Unripe, adj. Ar. and P. ὠμός (Xen.), Ar. οὐ πέπων. Met., P. and V. ἄωρος. *Unripe grape*, subs.: V. ὄμφαξ, ἡ.

Unrivalled, adj. *Unsurpassed:* P. ἀνυπέρβλητος. *Pre-eminent:* P. and V. ἐκπρεπής, διαπρεπής, V ἔξοχος, ὑπέροχος; see *peerless*. *Choice:* P. and V. ἐξαίρετος, ἔκκρῐτος; see *choice*.

Unrobe, v. trans. P. and V. ἐκδύειν, Ar. and P. ἀποδύειν. V. intrans. P. and V. ἐκδύεσθαι, Ar. and P. ἀποδύεσθαι.

Unrobed, adj. P. and V. γυμνός.

Unroll, v. intrans. Ar. and P. ἀνελίσσειν, V. ἐξελίσσειν, ἀναπτύσσειν, διαπτύσσειν (also Plat. but rare P.).

Unroof, v. trans. P. ὄροφον ἀφαιρεῖν (gen.) (Thuc. 1, 134).

Unruffled, adj. P. and V. ἥσῠχος, ἡσῠχαῖος, P. ἡσύχιος; see *calm*.

Unruliness, subs. P. and V. ἀναρχία, ἡ, ἀνομία, ἡ, V. τὸ ἄναρχον. *Disorder:* P. and V. ἀκοσμία, ἡ, P. ταραχή, ἡ; see *disorder*. *Licentiousness:* P. and V. ὕβρῐς, ἡ, P. ἀκολασία, ἡ, ἀκράτεια, ἡ. *Disobedience:* P. ἀνηκουστία, ἡ (Plat.), v. τὸ μὴ κλύειν.

Unruly, adj. P. and V. ἄναρχος. *Lawless:* P. and V. ἄνομος. *Disorderly:* P. ταραχώδης, ἄτακτος, ὀχλώδης, V. ἄκοσμος, οὐκ εὔκοσμος. *Be unruly*, v.: P. and V. ἀκοσμεῖν, P. ἀτακτεῖν. *Licentious:* P. and V. ἀκόλαστος, ἀχἄλῖνος (Eur., *Frag.*), Ar. and P. ἀκρἄτής, P. ὑβριστικός. *Unmanageable:* P. δυσμεταχείριστος. *Disobedient:* P. ἀπειθής, δυσπειθής; see *disobedient*. *Restive:* P. and V. ὑβριστής, V. ἄστομος. *Be unruly*, v.: P. and V. σκιρτᾶν.

Unsacked, adj. P. and V. ἀπόρθητος (Lys.); see *unravaged*.

Unsacrificed, adj. P. ἄθυτος.

Unsafe, adj. *Insecure:* P. ἐπικίνδυνος. *Precarious:* P. and V. σφἄλερός, P. ἐπισφαλής. *Causing danger:* P. ἐπικίνδυνος. *Perilous:* P. παράβολος, Ar. and P. χἄλεπός, P. and V. δεινός.

Unsafely, adv. P. and V. ἐπικινδύνως.

Unsaid, adj. P. and V. ἄρρητος.

Unsaleability, subs. P. ἀπρασία, ἡ.

Unsaleable, adj. P. ἄπρατος.

Unsated, adj. P. and V. ἄπληστος.

Unsatisfactorily, adv. *Badly*: P. and V. φαύλως, κᾰκῶς, P μοχθηρῶς. *Injuriously*: P. ἀσυμφόρως (Xen.).

Unsatisfactoriness, subs. *Incompetence*: P. and V. φαυλότης, ἡ. *Irksomeness*: P. βαρύτης, ἡ.

Unsatisfactory, adj. *Bad*: P. and V. κᾰκός, φαῦλος. *Annoying*: P. and V. βᾰρύς. *Injurious*: P. and V. ἀσύμφορος. *Incompetent*: P. and V. φαῦλος; see *incompetent*

Unsatisfied, adj. See *dissatisfied*. *Insatiable*: P. and V. ἄπληστος.

Unsavoury, adj. *Evil-smelling*: P. and V. δῠσώδης, Ar. and V. κάκοσμος (Æsch., *Frag.*). *Unpleasant*: P. and V. δυσχερής, P. ἀηδής

Unsay, v. trans. *Retract*: P. ἀνατίθεσθαι, P. and V. ἐκβάλλειν; see *retract*. *Unsay this curse*: V. ἀπεύχου ταῦτα (Eur., *Hipp.* 891).

Unscathed, adj. *Safe*: P. and V σῶς, ἀσφᾰλής. *Uninjured*: P. and V. ἀβλᾰβής (Plat.), ἀκέραιος, ἀκραιφνής, ἀκήρᾰτος (rare P.), ἀθῷος (Eur., *Bach.* 672), ἀπήμων (Plat. but rare P.), V. ἄνᾱτος, P. ἀπαθής; see also *unpunished*.

Unscientific, adj. P. ἀφιλόσοφος, ἄτεχνος.

Unscrupulous, adj. P. and V. τολμηρός, θρᾰσύς, V. πάντολμος, παντότολμος. *Wicked*: P. and V. κᾰκός, πᾰνοῦργος, πονηρός, V παντουργός. *Reckless*: P. and V. εὐχερής; see *reckless*.

Unscrupulously, adv. P. τολμηρῶς. *Recklessly*: P. εὐχερῶς. *Basely*: P. and V. κάκῶς, πονηρῶς, Ar. and P. πᾰνούργως.

Unscrupulousness, subs. P. and V. θράσος, τό, τόλμᾰ, ἡ, P. θρασύτης, ἡ. *Recklessness*: P. εὐχέρεια, ἡ. *Baseness*: P. and V. κάκη, ἡ, πονηρία, ἡ, πᾰνουργία, ἡ.

Unseal, v. trans. P. and V. λύειν; see *open*.

Unseasonable, adj. P. and V. ἄκαιρος, V. ἔξωρος. *Premature*: P. and V. ἄωρος.

Unseasonableness, subs. P. ἀκαιρία, ἡ.

Unseasonably, adv. P. ἀκαίρως, ἀπὸ καιροῦ, παρὰ καιρόν, πέρα τοῦ καιροῦ (Dem. 208), V. ἄκαιρα, καιροῦ πέρᾱ. *Prematurely*: P. and V. πρῴ.

Unseaworthy, adj. P. ἄπλους.

Unseat, v. trans. *Throw a rider*: P. and V. ἀνᾰχαιτίζειν, Ar. and P. ἀποσείεσθαι (Xen.), P. ἀναβάλλειν (Xen.).

Unsecured, adj. See *unguarded*, *unlocked*.

Unseemliness, subs. P. ἀσχημοσύνη, ἡ, ἀπρέπεια, ἡ.

Unseemly, adj. P. and V. ἀσχήμων, P. ἀπρεπής, V. ἀεικής, αἰκής, δυσπρεπής; see *shameful*. *Disorderly* V. ἄκοσμος. *Act in an unseemly way*, v.: P and V. ἀσχημονεῖν. *Be disorderly*: P. and V. ἀκοσμεῖν.

Unseen, adj. P. and V. ἀφᾰνής, ἄδηλος, V. ἄφαντος. *Invisible*: P. ἀόρατος. *Unnoticed*: use adv. P. and V. λάθρᾱ. *Do a thing unseen*, v.: use P. and V. λανθάνειν ποιῶν τι. *Unseen by*, *without the knowledge of*: Ar. and V. λάθρᾱ (gen.), P. κρύφα (gen.).

Unselfish, adj. Use P. and V. φῐλάνθρωπος; see *kind*, *generous*.

Unselfishly, adv. P. φιλανθρώπως; see *kindly*, *generously*.

Unselfishness, subs. P. φιλανθρωπία, ἡ; see *kindness*, *generosity*.

Unserviceable, adj. See *useless*.

Unsettle, v. trans. P. and V. τᾰράσσειν, συντᾰράσσειν, θράσσειν (Plat. but rare P); see *disturb*, *agitate*.

Unsettled, adj. P. ἀκατάστατος. *Restless*: P. ταραχώδης. *Rainy*: P. νοτερός. *Undetermined*: P. ἀόριστος. *Inconclusive*: P. ἄκριτος.

Unshackled, adj. P. and V. ἀνειμένος; see *unbridled*, *free*.

Unshaken, adj. P. and V. βέβαιος, ἀσφἄλής, V. ἔμπεδος; see *firm*.
Unshattered, adj. V. ἀρρώξ, ἄθραυστος; see *unbroken*.
Unshaven, adj. Ar. ἄκουρος; see *uncut*.
Unsheathe, v. trans. *Draw*: P. and V. σπᾶσθαι (Xen. also Ar.), V. σπᾶν, ἕλκειν, ἐξέλκειν.
Unship, v. trans. P. ἐξαιρεῖσθαι.
Unshod, adj. Ar. and P. ἀνῠπόδητος, V. ἀνάρβῠλος (Eur., *Frag.*), νηλῐπους.
Unshorn, adj. Ar. ἄκουρος, V. ἀκήρᾰτος.
Unshrinking, adj. P. and V. ἄοκνος, P. ἀπροφάσιστος; see *resolute*.
Unshrinkingly, adv. P. ἀπροφασίστως; see *resolutely*.
Unsifted, adj. *Unexamined*: P. ἀνεξέταστος.
Unsightliness, subs. P. ἀσχημοσύνη, ἡ; see *ugliness*.
Unsightly, adj. P. and V. δῠσειδής (Plat. and Eur., *Frag.*), V. δυσπρόσοπτος; see *ugly*.
Unskilful, adj. P. ἄτεχνος, ἀνεπιστήμων, P. and V. ἄπειρος, ἀμᾰθής, V. φλαυρουργός. *Incompetent*: P. and V. φαῦλος, κᾰκός, Ar. and P. ἀδῠνατος, πονηρός, μοχθηρός.
Unskilfully, adv. P. ἀπείρως, ἀνεπιστημόνως. *Roughly*: P. and V. φαύλως. *Not unskilfully*: V. οὐκ ἀφρασμόνως (Æsch., *Pers.* 417).
Unskilfulness, subs. P. ἀτεχνία, ἡ, ἀνεπιστημοσύνη, ἡ, P. and V. ἀπειρία, ἡ.
Unskilled, adj. See *unskilful*, *unversed*. *Unskilled in*: P. and V. ἄπειρος (gen.), ἀμᾰθής (gen.). *You are unskilled in speaking*: Ar. ἀδύνατος εἶ λέγειν (Ar., *Nub.* 1077). *I am unskilled to plead a cause before the multitude*: V. ἐγὼ δ' ἄκομψος εἰς ὄχλον δοῦναι λόγον (Eur., *Hipp.* 986).
Unsociable, adj. P. ἀκοινώνητος, ἀνομίλητος, δυσκοινώνητος, P. and V. ἄμικτος. *Unapproachable*: P. δυσπρόσοδος, V. ἄπλᾱτος, ἀπροσήγορος, δυσπρόσοιστος, δυσπρόσῐτος. *Be unsociable*: P. ἀπροσοίστως ἔχειν.
Unsoiled, adj. P. and V. κᾰθᾰρός, ἀκήρᾰτος (rare P.); see *pure*, *clean*.
Unsold, adj. P. ἄπρατος.
Unsolicited, adj. *Unasked*, *uninvited*: P. and V. ἄκλητος, P. ἀπαράκλητος. *Of one's own accord*: P. and V. ἑκών, αὐτεπάγγελτος, ἐθελοντής. *Voluntary*: P. and V. αὐθαίρετος.
Unsophisticated, adj. P. and V. ἁπλοῦς; see *simple*. *Rude*: Ar. and P. ἄγροικος.
Unsound, adj. P. and V. σαθρός, ὕπουλος, οὐχ ὑγιής. *Rotten*: Ar. and P. σαπρός. *Be unsound in mind*, v.: P. and V. οὐ φρονεῖν; see *be mad*, under *mad*.
Unsoured, adj. *Uncorrupted*: P. ἀδιάφθορος, ἀδιάφθαρτος.
Unsown, adj. P. ἄσπορος.
Unsparing, adj. *Abundant*: P. and V. ἄφθονος, πολύς; see *abundant*. *Munificent*: V. ἄφθονος. *Extravagant*: P. δαπανηρός, ἄσωτος. *Excessive*: P. and V. περισσός. *Be unsparing of*, v.: P. and V. ἀφειδεῖν (gen.).
Unsparingly, adv. P. ἀφειδῶς. *Abundantly*: P. and V. ἀφθόνως (Eur., *Frag.*). *Extravagantly*: P. ἀσώτως. *Excessively*: P. and V. περισσῶς
Unspeakable, adj. P. and V. ἄρρητος, ἀπόρρητος, P. ἀμύθητος, V. ἄφραστος. *Indescribable*: P. ἀμύθητος, P. and V. κρείσσων λόγου, Ar. οὐ φᾰτός, Ar. and V. ἀνωνόμαστος. *Extraordinary*: P. and V. ἀμήχᾰνος.
Unspeakably, adv. P. ἀμηχάνως. *Exceedingly*: P. and V. σφόδρᾰ, P. διαφερόντως; see *exceedingly*.
Unspoiled, adj. P. ἀδιάφθορος, ἀδιάφθαρτος. *Pure*: P. and V. κᾰθᾰρός, ἀκήρᾰτος (rare P.). *Unharmed*: P. and V. ἀκέραιος, ἀκραιφνής; see *unharmed*.
Unspoken, adj. P. and V. ἄρρητος.

Unspotted, adj. *Uncorrupted*: P. ἀδιάφθορος, ἀδιάφθαρτος. *Pure*: P. and V. κᾰθᾰρός, ἀκέραιος, ἀκήρᾰτος (rare P.); see *pure*.

Unstable, adj. P. and V. σφᾰλερός, Ar. and P. ἀστάθμητος. *Fickle*: P. and V. ἔμπληκτος; see *fickle*. *Untrustworthy*: P. and V. ἄπιστος.

Unstained, adj. *Uncorrupted*: P. ἀδιάφθορος, ἀδιάφθαρτος. *Pure*: P. and V. κᾰθᾰρός, ἀκέραιος, ἀκήρᾰτος (rare P.); see *pure*.

Unstamped, adj. Of money: P. ἄσημος.

Unsteadily, adv. P. σφαλερῶς. *Irresolutely*: P. ὀκνηρῶς (Xen.).

Unsteadiness, subs. *Trembling*: P. and V. τρόμος, ὁ (Plat.). *Irresolution*: P. and V. ὄκνος, ὁ. *Fickleness*: P. τὸ ἀστάθμητον.

Unsteady, adj. *Trembling*: Ar. and V. τρομερός. *Not to be depended on*: P. and V. σφᾰλερός. *Fickle*: P. and V. ἔμπληκτος, Ar. and P. ἀστάθμητος; see *fickle*. *Unsettled*: P. ἀκατάστατος. Of breathing: V. μετάρσιος, cp. Eur., *H. F.* 1093; see *laboured*.

Unstinted, adj. P. and V. ἄφθονος; see *abundant, rich*.

Unstintedly, adv. P. and V. ἀφθόνως (Eur., *Frag.*); see *richly*.

Unstring, v. trans. P. and V. χᾰλᾶν, ἀνῑέναι. *Be unstrung*, met.: see *unmanned*.

Unstudied, adj. *Simple*: P. and V. ἁπλοῦς.

Unsubdued, adj. P. ἀχείρωτος; see *unconquerable, unconquered*.

Unsubmissive, adj. P. and V. στερεός, σκληρός, Ar. and V. στερρός, V. περισκελής. *Self-willed*: P. and V. αὐθάδης. *Disobedient*: P. δυσπειθής, ἀπειθής.

Unsubstantial, adj. *Shadowy, spectral*: Ar. and P. σκιοειδής. *Dim*: P. ἀμυδρός, V. ἀμαυρός. *Empty*: P. and V. κενός. *Light, flitting*: P. and V. κοῦφος, πτηνός (Plat.). *Without body*: P. ἀσώματος. *Lightly moving*: Ar. and V. αἰόλος.

Unsubstantiated, adj. *Unattested*: P. ἀμάρτυρος, V. ἀμαρτύρητος. *Bare, without proof*: P. ψιλός (Dem. 830).

Unsuccessful, adj. *Not accomplishing one's object*: P. ἄπρακτος, ἀτελής (Plat.). Of things: P. and V. ἀνήνῠτος; see *fruitless*. *Unfortunate*: P. and V. ἀτῠχής (rare V.), δυστῠχής; see *unfortunate*. *Be unsuccessful (of things)*: P. and V. κᾰκῶς χωρεῖν, οὐ προχωρεῖν; see *fail*.

Unsuccessfully, adv. *Without accomplishing anything*: P. ἀπράκτως, V. ἀνηνύτως. *Badly*: P. and V κᾰκῶς. *Unfortunately*: P. and V. δυστῠχῶς, P. ἀτυχῶς; see also *in vain*, under *vain*.

Unsuccessfulness, subs. P. and V. δυσπραξία, ἡ, P. ἀπραξία, ἡ.

Unsuckled, adj. Ar. ἄθηλος.

Unsuitability, subs. P. ἀχρηστία, ἡ. *Unseemliness*: P. ἀσχημοσύνη, ἡ, ἀπρέπεια, ἡ.

Unsuitable, adj. P. and V. ἀχρεῖος, οὐχ ἱκᾰνός, ἀσύμφορος, P. ἀνεπιτήδειος. *Unworthy*: P. and V. ἀνάξιος. *Unbecoming*: P. and V. ἀσχήμων, P. ἀπρεπής; see *unseemly*.

Unsuitably, adv. P. ἀνεπιτηδείως. *Unbecomingly*: P. ἀπρεπῶς.

Unsullied, adj. P. ἀδιάφθορος, ἀδιάφθαρτος. *Pure*: P. and V. κᾰθᾰρός, ἀκήρᾰτος (rare P.), ἀκέραιος; see *pure*.

Unsung, adj. *Inglorious*: P. and V. ἀκλεής (Plat.), ἀνώνῠμος; see *inglorious*.

Unsupported, adj. *Unattested*: P. ἀμάρτυρος, V. ἀμαρτύρητος. *Bare, without proof*: P. ψιλός (Dem. 830). *Unaided, alone*: P. and V. μόνος, V. μοῦνος.

Unsurmountable, adj. P. and V. ἄπορος, ἀμήχᾰνος (rare P.).

Unsurpassed, adj. P. ἀνυπέρβλητος, V. οὐχ ὑπερτοξεύσῐμος (Æsch., *Supp.* 473). *Pre-eminent*: P. and V. ἐκπρεπής, διαπρεπής, V. ἔξοχος, ὑπέροχος; see *peerless*.

Unsuspected, adj. P. ἀνύποπτος; see *unexpected*.

Unsuspectedly, adv. See *unexpectedly*. *Secretly*: P. and V. λάθρᾳ.

Unsuspecting, adj. *Easily deceived*: P. εὐαπάτητος, εὐεξαπάτητος. *Off one's guard*: P. and V. ἀφύλακτος.

Unsuspectingly, adv. P. ἀνυπόπτως.

Unsuspicious, adj. See *unsuspecting*.

Unswayed, adj. See *untouched*.

Unswept, adj. Ar. ἀκόρητος.

Unswerving, adj. P. and V. βέβαιος, P. ἀμετάστατος, μόνιμος, V. ἔμπεδος.

Unswervingly, adv. P. and V. βεβαίως, V. ἐμπέδως, ἀρᾱρότως (also Plat. but rare P.).

Unsworn, adj. P. and V. ἀνώμοτος.

Unsymmetrical, adj. P. ἀσύμμετρος.

Unsympathetic, adj. P. and V. ἀγνώμων, V. δῠσάλγητος; see *harsh*. *Hostile*: P. and V. δυσμενής, δύσνους.

Unsympathetically, adv. V. ἀναλγήτως; see *harshly*. *In a hostile way*: P. δυσμενῶς, ἐχθρῶς.

Untainted, adj. P. ἀδιάφθορος, ἀδιάφθαρτος. *Pure*: P. and V. κᾰθᾰρός, ἀκέραιος, ἀκήρᾰτος (rare P.); see *pure*.

Untaken, adj. Of a town: P. ἀνάλωτος.

Untamable, adj. *Intractable*: P. and V. σκληρός. *Savage*: P. and V. ἄγριος. *Invincible*: P. and V. δύσμᾰχος, ἀνίκητος; see *invincible*. *Unbridled*: P. and V. ἀκόλαστος, Ar. and P. ἀκρᾰτής; see *unbridled*.

Untamed, adj. P. ἀχείρωτος. *Wild*: P. and V. ἄγριος, V. ἀνήμερος.

Untanned, adj. Ar. ἄψηκτος; see *undressed*.

Untarnished, adj. P. and V. ἀκέραιος, ἀκήρᾰτος (rare P.); see *pure*.

Untaught, adj. P. ἀδίδακτος. *Unlettered*: P. and V. ἀμᾰθής, Ar. and P. ἀπαίδευτος; see *ignorant*.

Unteach, v. trans. P. ἀναδιδάσκειν.

Unteachable, adj. P. and V. οὐ δῐδακτός. *Slow at learning*: Ar. and P. δυσμᾰθής; see *dull*.

Untempered, adj. P. ἄκρατος: see *unmixed*.

Untenable, adj. P. and V. ἄπορος; see *assailable*. *Easy to be taken*: P. ἁλώσῐμος.

Untenanted, adj. P. and V. ἐρῆμος, κενός. *Depopulated*: P. and V. ἀνάστᾰτος.

Unterrified, adj. See *undaunted*.

Untested, adj. P. ἀνεξέταστος, ἀνεξέλεγκτος, ἀνέλεγκτος, Ar. ἀκωδώνιστος.

Unthankful, adj. See *ungrateful*.

Unthankfully, adv. See *ungratefully*.

Unthankfulness, subs. See *ingratitude*.

Unthinking, adj. P. ἄλογος, ἀλόγιστος, V. δυσλόγιστος; see *rash*, *unintentional*.

Unthinkingly, adv. P. and V. ἀφροντίστως (Xen.); see *rashly*, *unconsciously*, *unintentionally*.

Unthrifty, adj. P. ἄσωτος; see *lavish*.

Untidily, adv. *Pell-mell*: P. οὐδένι κόσμῳ, χύδην; see *pell-mell*.

Untidiness, subs. *Disorder*: P. and V. ἀκοσμία, ἡ.

Untidy, adj. P. and V. ἀνειμένος. *Disorderly*: P. ἄτακτος, ἀσύντακτος, V. ἄκοσμος.

Untie, v. trans. P. and V. λύειν, ἐκλύειν.

Until, conj. and prep. See *till*.

Untilled, adj. P. ἀργός, V. ἀνήροτος.

Untimeliness, subs. P. ἀκαιρία, ἡ.

Untimely, adj. P. and V. ἄκαιρος, V. ἔξωρος. *Premature*: P. and V. ἄωρος.

Untiring, adj. *Tireless*: V. ἄτρῡτος, P. ἄκοπος, Ar. ἀκᾰμᾰτος. *Continuous*: P. συνεχής.

Untiringly, adv. *Continuously*: Ar. and P. σῠνεχῶς.

Untithed, adj. Ar. ἀδεκᾰτευτος.

Untitled, adj. P. and V. ἀνώνῠμος; see *obscure*.

Unto, prep. See *to*.

Untold, adj. P. and V. ἄρρητος. *Extraordinary:* P. and V. ἀμήχᾰνος. *Unnumbered:* P. and V. ἀνᾰρίθμητος, V. ἀνάριθμος, ἀνήριθμος, μῡρίος (also Plat. but rare P.).

Untouched, adj. V. ἄθικτος. *Unharmed:* P. and V. ἀθῷος, ἀκέραιος, ἀκήρᾰτος (rare P.), ἀκραιφνής; see *inviolable*. *Not meddled with:* P. and V. ἀκίνητος. *Not taken in hand:* P. ἀργός (Plat. *Euthyd.* 272A). *Uninfluenced:* P. and V. ἀκίνητος, Ar. and V. ἄτεγκτος. *Untouched by thought of gain:* V. κερδῶν, ἄθικτος (Æsch., *Eum.* 704). *No man is untouched by (free from) misfortunes:* V. οὐδεὶς δὲ θνητῶν ταῖς τύχαις ἀκήρατος (Eur., *H. F.* 1314).

Untoward, adj. P. and V. δυσχερής, φλαῦρος, πλημμελής, P. ἀνεπιτήδειος, Ar. and P. δύσκολος. *If anything untoward occurs:* P. ἤν τι συμβῇ.

Untowardly, adv. P. πλημμελῶς; see *amiss*.

Untowardness, subs. P. δυσχέρεια, ἡ.

Untractable, adj. See *intractable*.

Untrained, adj. P. and V. ἀγύμναστος, P. ἀμελέτητος. *Inexperienced:* P. and V. ἄπειρος. *Undisciplined:* P. ἄτακτος, ἀσύντακτος

Untrammelled, adj. P. and V. ἀνειμένος; see *free*.

Untravelled, adj. *Untrodden:* P. and V. ἄβᾰτος, V. ἀστῐβής, ἄστιπτος. *Desolate:* P. and V. ἐρῆμος; see *desolate*. *Stay-at-home:* P. ἔνδημος.

Untraversed, adj. *Pathless:* P. and V. ἄβᾰτος, P. ἀτριβής, V. ἀστῐβής, ἄστιπτος. *Desolate:* P. and V. ἐρῆμος; see *desolate*

Untried, adj. *Unattempted:* P. ἀπείρατος. *Inexperienced:* P. and V. ἄπειρος. *Of a person on trial:* P. and V. ἄκρῐτος (Eur., *Hipp.* 1056). *Of a case on trial:* P. ἄκριτος. *Unexercised:* P. and V. ἀγύμναστος. *Untested:* Ar. ἀκωδώνιστος.

Untrodden, adj. P. and V. ἄβᾰτος, V. ἀστῐβής, ἄστιπτος; see *pathless*. *Desolate:* P. and V. ἐρῆμος; see *desolate*.

Untroubled, adj. *Calm:* P. ἡσύχιος, P. and V. ἥσῠχος, ἡσῠχαῖος. *Free from care:* P. and V. ἀπράγμων (Eur., *Frag.*), ἄπονος, V. ἕκηλος, ἄμοχθος. *Painless:* P. and V. ἄλῡπος, V. ἀλῡ́πητος. *Peaceful:* V. γᾰληνός.

Untrue, adj. P. and V. ψευδής.

Untruly, adv. P. and V. ψευδῶς.

Untrustworthiness, subs. P. and V. ἀπιστία, ἡ. *Fickleness:* P. τὸ ἀστάθμητον.

Untrustworthy, adj. P. and V. ἄπιστος, σφᾰλερός. *Fickle:* Ar. and P. ἀστάθμητος.

Untruth, subs. P. and V. ψεῦδος, τό, V. ψῦθος, τό. *Speak untruths*, v.: P. and V. ψεύδεσθαι; see *lie*.

Untruthful, adj. P. and V. ψευδής.

Untruthfully, adv. P. and V. ψευδῶς.

Unturned, adj. *Not turning back:* V. ἄστροφος (Æsch., *Cho.* 99).

Untutored, adj. *Inexperienced:* P. and V. ἄπειρος. *Rude:* P. and V. ἄμουσος, ἀμᾰθής, Ar. and P. ἀπαίδευτος, P. ἀγράμματος. *Unexercised:* P. and V. ἀγύμναστος.

Untwine, v. trans. *Unroll:* Ar. and P. ἀνελίσσειν, V. ἐξελίσσειν. *Loose:* P. and V. λύειν, ἐκλύειν.

Untwist, v. trans. *Unroll:* Ar. and P ἀνελίσσειν, V. ἐξελίσσειν. *Loose:* P. and V. λύειν, ἐκλύειν.

Unused, adj. *Unused to:* P. and V. ἄπειρος (gen.), P. ἀήθης (gen.); see *unversed in*.

Unusual, adj. P. ἀήθης. *New:* P. and V. νέος, καινός, V. νεόκοτος, Ar. and V. νεοχμός. *Strange:* P. and V. δεινός, θαυμαστός; see *strange*. *Odd:* P. and V. ἄτοπος (Eur., *Frag.*).

Unusually, adv. P. παρὰ τὸ εἰωθός. *Strangely:* P. and V. δεινῶς; see *strangely*.

Unutterable, adj. P. and V. ἄρρητος, ἀπόρρητος, P. ἀμύθητος, V. ἄφραστος. *Indescribable :* P. ἀμύθητος, P. and V. κρείσσων λόγου, Ar. οὐ φᾰτός, Ar. and V. ἀνωνόμαστος. *Extraordinary :* P. and V. ἀμήχᾰνος.

Unutterably, adv. P. ἀμηχάνως. *Exceedingly :* P. and V. σφόδρᾰ, P. διαφερόντως ; see *exceedingly.*

Unvanquished, adj. P. ἀήσσητος. *Unsubdued :* P. ἀχείρωτος ; see *unconquerable.*

Unvaried, adj. *Continuous :* P. ἐνδελεχής, συνεχής. *Same :* P. and V. ὁ αὐτός.

Unvarnished, adj. *Simple :* P. and V. ἁπλοῦς. *Sheer, absolute :* P. ἁπλοῦς, ἄκρατος ; see *sheer.*

Unvarying, adj. *Unchanging :* P. ἀμετάστατος. *Sure, firm :* P. and V. βέβαιος, V. ἔμπεδος. *Continuous:* P. ἐνδελεχής, συνεχής. *Same :* P. and V. ὁ αὐτός.

Unvaryingly, adv. *Surely, firmly :* P. and V. βεβαίως, V. ἐμπέδως. *Continuously :* Ar. and P. σῠνεχῶς. *Always :* P. and V. ἀεί ; see *always. Through all :* Ar. and P. διὰ παντός.

Unveil, v. trans. P. and V. ἐκκᾰλύπτειν (Plat. also Ar.), ἀνᾰκᾰλύπτειν (Xen.), ἀποκᾰλύπτειν (Plat.); see *reveal.*

Unveiled, adj. V. ἀκᾰλυπτος, ἀκᾰλῠφής.

Unversed in, adj. P. and V. ἄπειρος (gen.), ἀμᾰθής (gen.), ἀγύμναστος (gen.), P. ἀνεπιστήμων (gen.), ἀήθης (gen.). *Unversed in crime :* V. αἰσχρῶν ἀργός (Æsch., *Theb.* 411).

Unvexed, adj. P. and V. ἄλῡπος (Plat.), V. ἀλύπητος.

Unviolated, adj. See *inviolate.*

Unwalled, adj. P. ἀτείχιστος, V. ἄτοιχος.

Unwarily, adv. P. ἀφυλάκτως (Xen.). *Rashly :* P. ἀπερισκέπτως, ἀλογίστως, P. and V. ἀφροντίστως (Xen.); see *rashly.*

Unwariness, subs. P. ἀφυλαξία, ἡ ; see *rashness.*

Unwarlike, adj. P. and V. ἀπόλεμος (Plat., *Rep.* 456A) ; see *cowardly, peaceful.*

Unwarned, adj. P. ἀνουθέτητος. *Off one's guard :* P. and V. ἀφῠλακτος ; see under *guard.*

Unwarped, adj. *Uncorrupted :* P. ἀδιάφθορος, ἀδιάφθαρτος. *Straight forward :* P. and V. ὀρθός.

Unwarrantable, adj. *Unfair :* P. ἀνεπιεικής, P. and V. οὐκ ὀρθός. *Improper :* P. ἀπρεπής. *Unjust :* P. and V. ἄδῐκος. *Unlawful :* P. and V. ἄνομος, πᾰράνομος. *Unreasonable :* P. ἄλογος.

Unwarrantably, adv. P. and V. οὐκ ὀρθῶς. *Improperly :* P. ἀπρεπῶς. *Unjustly :* P. and V. ἀδῐκως. *Unlawfully :* P. ἀνόμως, παρανόμως. *Unreasonably :* P. ἀλόγως.

Unwary, adj. P. and V. ἀφῠλακτος ; see *rash. Off one's guard :* P. and V. ἀφῠλακτος, ἄφρακτος (Thuc.), P. ἀπαράσκευος, ἀπροσδόκητος.

Unwashed, adj. Ar. and V. ἄλουτος, Ar. ἄπλῠτος.

Unwatched, adj. P. and V. ἀφύλακτος, P. ἄφρουρος.

Unwatchful, adj. P. and V. ἀφύλακτος ; see *unwary, rash.*

Unwatchfulness, subs. P. ἀφυλαξία, ἡ : see *rashness.*

Unwavering, adj. *Firm, sure :* P. and V. βέβαιος, V. ἔμπεδος. *Unhesitating :* P. and V. ἄοκνος, P. ἀπροφάσιστος. *Continuous :* P. συνεχής, ἐνδελεχής.

Unwaveringly, adv. *Firmly :* P. and V. βεβαίως, V. ἐμπέδως. *Unhesitatingly:* P. ἀπροφασίστως. *Continuously :* Ar. and P. σῠνεχῶς, P. ἐνδελεχῶς. *Always :* P. and V. ἀεί.

Unwearied, adj. P. ἄκοπος, V. ἄτρῡτος, Ar. ἀκάμᾰτος.

Unweave, v. trans. P. and V. λύειν, ἐκλύειν. *Unfold :* Ar. and P. ἀνελίσσειν, V .ἐξελίσσειν ; see *unfold.*

Unwedded, adj. See *unmarried.*

Unweighed, adj. *Unconsidered :* Ar. and P. ἄσκεπτος. *Unexamined :* P. ἀνεξέταστος.

Unwelcome, adj. P. and V. ἄχᾰρις, P. ἀηδής, ἀχάριστος; see *unpleasant*.
Unwell, adj. See *ill*.
Unwept, adj. V. ἄκλαυτος, ἀνοίμωκτος.
Unwholesome, adj. P. and V. νοσώδης, ἀσύμφορος.
Unwieldiness, subs. P. and V. ὄγκος, ὁ.
Unwieldy, adj. P. ὑπέρογκος, V. εὔογκος (Eur., *Frag.*); see *bulky*, *excessive*.
Unwilling, adj. P. and V. ἄκων, οὐχ ἑκών. *Involuntary*: P, ἀκούσιος, P. and V. οὐχ ἑκούσιος, ἄκων.
Unwillingly, adv. P. and V. ἀκουσίως, οὐχ ἑκούσιως, P. ἀκόντως, or use adj., *unwilling*.
Unwind, v. trans. Ar. and P. ἀνελίσσειν, V. ἐξελίσσειν. *Undo*: P. and V. λῡ́ειν, ἐκλῡ́ειν.
Unwinged, adj. P. and V. ἀπτήν (Plat. and Æsch., *Frag.*, also Ar.), V. ἄπτερος.
Unwisdom, subs. P. and V. ἀβουλία, ἡ, ἄνοια, ἡ, ἀφροσῡ́νη, ἡ; see *folly*.
Unwise, adj. P. and V. ἄβουλος, ἀσῡ́νετος; see *foolish*.
Unwisely, adv. P. and V. ἀφρόνως, V. ἀβούλως, ἀσῡ́νετα; see *foolishly*.
Unwitnessed, adj. P. ἀμάρτυρος; see *unattested*.
Unwitting, adj. *Unconscious*: P. and V. οὐκ εἰδώς. *Unintending*: P. and V. ἄκων, οὐχ ἑκών. *Involuntary*: P. ἀκούσιος, P. and V. οὐχ ἑκούσιος, V. ἄκων.
Unwittingly, adv. *Unconsciously*: P. and V. λάθρᾱ. *Do a thing unwittingly*: P. and V. λανθάνειν ποιῶν τι, V. λήθειν ποιῶν τι. *Unintentionally*: P. and V. ἀκουσίως, οὐχ ἑκουσίως, P. ἀκόντως, or use *unwitting*, adj.
Unwomanly, adj. *Unbecoming*: P. and V. ἀσχήμων. *Unmaidenly*: V. ἀπαρθένευτος.
Unwonted, adj. P. ἀήθης. *Novel*: P. and V. καινός, νέος; see *strange*.
Unwontedly, adv. P. ἀήθως, παρὰ τὸ εἰωθός; see *strangely*.
Unwontedness, subs. *Novelty*: P. καινότης, ἡ; see *strangeness*.
Unwooded, adj. See *treeless*.
Unwooed, adj. V. ἀσπούδαστος (Eur., *Frag.*).
Unworkmanlike, adj. P. ἄτεχνος.
Unworldliness, subs. P. and V. εὐσέβεια, ἡ; see *quixotism*.
Unworldly, adj. P. and V. εὐσεβής; see *quixotic*.
Unworthily, adv. P. and V. ἀναξίως; see *basely*. *Incompetently*: P. and V. φαύλως.
Unworthiness, subs. *Baseness*: P. and V. πονηρία, ἡ; see *baseness*. *Incompetence*: P. and V. φαυλότης, ἡ (Eur., *Frag.*).
Unworthy, adj. P. and V. ἀνάξιος. *Unworthy of*: P. and V. ἀνάξιος (gen.); see *worthless*. *Base*: P. and V. πονηρός; see *base*. *Incompetent*: P. and V. φαῦλος.
Unwounded, adj. P. and V. ἄτρωτος (Plat.). *Safe and sound*: P. and V. σῶς; see *unhurt*.
Unwrap, v. trans. P. and V. ἐκκᾰλύπτειν (Plat. also Ar.), ἀνᾰκᾰλύπτειν (Xen.), ἀποκᾰλύπτειν (Plat.). *Bare*: P. and V. γυμνοῦν. *Unfold*: Ar. and P. ἀνελίσσειν, V. ἐξελίσσειν.
Unwritten, adj. P. ἄγραφος, V. ἄγραπτος.
Unwrought, adj. *Unhewn*: V. ἀσκέπαρνος, ἄξεστος, P. οὐ συνειργασμένος (Thuc. 1, 93); see *unhewn*.
Unyielding, adj. See *firm*, *obstinate*.
Unyoke, v. trans. P. ὑπολῡ́ειν (Thuc. 4, 128). *Loose*: P. and V. λῡ́ειν.
Up, prep. P. and V. ἐπί (acc.). *Up stream*: P. ἀνὰ ῥόον (Hdt.). *Up hill*: V. πρὸς αἶπος, P. πρὸς ἄναντες, πρὸς ὄρθιον (Xen.). *Up and down, throughout*: P. and V. κᾰτά (acc.), ἀνά (acc.) (Thuc. 4, 72; Dem. 1277, but rare P.). *Up to*: P. and V. ἐπί (acc.). *As far as*: P. μέχρι (gen.). *Up to a certain point*: P. μέχρι του (Dem. 11). *Up to this time*: P. μέχρι τοῦδε, V. ἐς

τόδ' ἡμέρας (Eur., *Alc.* 9), P. and V. δεῦρο (Plat. and Eur., *Heracl.* 848); see *hitherto*. *Come up with, reach*: P. and V. ἐξικνεῖσθαι (gen.); see *reach*. *Overtake*: P. ἐπικαταλαμβάνειν; see *overtake*. *Well up in, versed in*: P. and V. ἔμπειρος (gen.). *Be well up in an author*: Ar. and P. πᾰτεῖν (acc.) (Ar., *Av.* 471 and Plat., *Phaedr.* 273A)

Up, adv. P. and V. ἄνω, Ar. and P. ἐπᾰνω. *Up and down*: P. and V. ἄνω κᾰτω, ἄνω τε καὶ κᾰτω, P. ἄνω καὶ κάτω. *Hither and thither*: see under *thither*. *The up country*: P. ἡ μεσογεία; see *inland*. *Go up country*, v.: P. ἀνέρχεσθαι (Thuc. 8, 50), ἀναβαίνειν. *Be up (of time), be passed*: P. and V. πᾰρελθεῖν (2nd aor. of παρέρχεσθαι). *Go up*: P. and V. ἀνέρχεσθαι, Ar. and P. ἀνᾰβαίνειν. *Set up*: see under *set*. *Stand up*: P. and V. ἀνίστασθαι; see *rise*. *It is all up with me*: use P. and V. οἴχομαι (Plat.); see *be undone*. *Shall we say it was all up with these things?* P. πάντα ἔρρειν ταῦτα . . . φήσομεν; (Plat. *Legg.* 677c).

Upbear, v. trans. P. and V. αἴρειν; see *lift, maintain*.

Upbringing, subs. See *bringing up*.

Upbraid, v. trans. P. and V. μέμφεσθαι (acc. or dat.), ψέγειν (acc.); see *blame, accuse, reproach*.

Upheaval, subs. *Earthquake*: P. and V. σεισμός, ὁ. *Overthrow*: P. and V. ἀνάστᾰσις, ἡ; see *overthrow*. *Political upheaval*: P. κίνησις, ἡ, μετάστασις, ἡ, νεωτερισμός, ὁ.

Upheave, v. trans. *Lift*: P. and V. αἴρειν, ἐπαίρειν; see *lift*. *Overthrow*: P. and V. ἀναστρέφειν, ἐξᾰνιστᾰναι; see *overthrow*. *Tear up*: P. and V. ἀνασπᾶν; see *tear up*.

Uphill, adj. P. προσάντης, ἀνάντης, ἐπικλινής, P. and V. ὄρθιος. Met., P. and V. προσάντης; see *arduous*.

Uphold, v. trans. *Hold up*: P. and V. ἀνέχειν. *Lift*: P. and V. αἴρειν, ἐπαίρειν, ἀνᾰγειν. *Maintain*: P. and V. σώζειν, διᾰσώζειν, φῠλάσσειν, διᾰφῠλάσσειν; see *defend*. *Cling to*: P. and V. ἀντῐλαμβᾰνεσθαι (gen.).

Upholder, subs. P. and V. φύλαξ, ὁ or ἡ. *Champion*: P. and V. προστᾰτης, ὁ. *Saviour*: P. and V. σωτήρ, ὁ. Fem., P. and V. σώτειρα, ἡ.

Upholsterer, subs. P. κλινοποιός, ὁ.

Upholstery, subs. *Hangings*: Ar. τᾰπης, ὁ, πᾰρᾰπετάσμᾰτα, τά. *Furniture*: Ar. and P. σκευή, τά. *Wood for upholstery*: P. ξύλα κλίνεια, τά.

Uplands, subs. P. and V. τὰ ἄκρα, P. τὰ μετέωρα, ὑψηλὰ χωρία τά; see *hill*.

Uplift, v. trans. P. and V. αἴρειν, ἐπαίρειν, ἀνέχειν, ἀνᾰγειν; see *lift, raise*.

Uplifting, subs. V. ὑπτίασμα, τό. *With womanish uplifting of the hands*: V. γυναικομίμοις ὑπτιάσμασιν χερῶν (Æsch., *P. V.* 1005).

Upon, prep. P. and V. ἐπί (dat.); see *on*. *Of time*: P. and V. ἐπί (dat.). *In addition to*: P. and V. ἐπί (dat.), πρός (dat.). *Fall upon (a sword)*: V. πίπτειν περί (dat.), (Soph., *Aj.* 828). *Call upon*: see *call on, call upon*, under *call*.

Upper, adj. Use P. and V. ὁ ἄνω. *The upper city*: P. ἡ ἄνω πόλις. *Get the upper hand*, v.: P. and V. κρᾰτεῖν, κρείσσων εἶναι, P. ἐπιπολάζειν, πλεονεκτεῖν. *Having the upper hand*, adj.: P. καθυπέρτερος, V. ὑπέρτερος.

Upper-room, subs. Ar. and P. ὑπερῷον, τό.

Uppermost, adj. P. and V. ἄκρος. *Bottom uppermost*: P. and V. ὕπτιος. *Be uppermost, be on the top*, v.: P. ἐπιπολάζειν. *Say what comes uppermost*: P. λέγειν ὅ,τι τύχοι (Dem. 1037).

Upright, adj. P. and V. ὀρθός, V. ὄρθιος. *Standing upright*, adv.:

V. ὀθροστάδην. *Walk upright:* P. πορεύεσθαι ὀρθόν (Plat.), ὀρθὸς βαδίζειν (Plat.). Met., *honest:* P. and V. χρηστός, ὀρθός, ἴσος, ἐπιεικής; see *honest.*

Uprightly, adv. *Erectly:* V. ὀρθοστάδην, or use adj. *Upright, honestly,* met.: P. and V. ὀρθῶς, P. ἴσως, ἐπιεικῶς; see *honestly.*

Uprightness, subs. *Erectness:* P. ὀρθότης, ἡ (Xen.). *Honesty:* P. and V. χρηστότης, ἡ, P. ἐπιείκεια, ἡ; see *honesty.*

Uprising, subs. See *rising, rise.*

Uproar, subs. P. and V. θόρυβος, ὁ, P. θροῦς, ὁ; see *noise, shout, confusion. Make an uproar,* v.: Ar. and P. θορυβεῖν.

Uproarious, adj. P. ταραχώδης, ὀχλώδης, θορυβώδης, V. λαβρός.

Uproariously, adv. P. ταραχώδως.

Uproot, v. trans. P. ἐκπρεμνίζειν, Ar. and V. ἐξορύσσειν, V. ἐκθαμνίζειν. *Destroy:* P. and V. ἀναιρεῖν, καθαιρεῖν, V. ἐκτρίβειν, ἐκθαμνίζειν, ἐξαϊστοῦν; see *destroy. Having all his house utterly uprooted:* V. γένους ἅπαντος ῥίζαν ἐξημημένος (ἐξαμᾶν) (Soph., *Aj.* 1178).

Upset, v. trans. P. and V. ἀνατρέπειν, ἀναστρέφειν, σφάλλειν, ἀναχαιτίζειν, V. ἐξαναστρέφειν. *Even a slight failure upsets and ruins everything:* P. καὶ μικρὸν πταῖσμα ἅπαντα ἀνεχαίτισε καὶ διέλυσε (Dem. 20). *Throw into confusion:* P. and V. ταράσσειν, συνταράσσειν, θράσσειν (Plat. but rare P.); see *confound. Bring to naught:* P. and V. συγχεῖν, σφάλλειν, P. ἐκκρούειν. V. intrans. P. and V. ἀνατρέπεσθαι, ἀναστρέφεσθαι, V. ἐξαναστρέφεσθαι, ὑπτιοῦσθαι. *Upset out of:* V. κυλισθεὶς ἐκ (gen.). *Be upset out of:* V. ἐκκυλίνδεσθαι (gen.) (Soph., *O. R.* 812).

Upshot, subs. See *result.*

Upside down, adj. P. and V. ὕπτιος.

Upside down, adv. P. and V. ἄνω τε καὶ κάτω, ἄνω κάτω, P. ἄνω καὶ κάτω. *Turn (upside down):* P. and V. ἄνω κάτω στρέφειν or for στρέφειν substitute in verse τρέπειν, τιθέναι, P. ἄνω καὶ κάτω ποιεῖν.

Upstart, subs. *Parvenu:* use adj. Ar. νεόπλουτος: see *parvenu. Insolent man:* P. and V. ὑβριστής, ὁ.

Upturn, v. trans. P. ἀναβάλλειν. *Upturned,* adj.: P. and V. ὕπτιος. *With upturned nose:* Ar. and P. σιμός

Upward, adv. P. and V. ἄνω, Ar. and P. ἐπάνω.

Urban, adj. P. and V. ἀστικός.

Urbane, adj. Ar. and P. ἀστεῖος, χαρίεις; see *polite.*

Urbanely, adv. P. χαριέντως; see *politely.*

Urbanity, subs. See *politeness.*

Urge, v. trans. *Persuade:* P. and V. πείθειν, ἀναπείθειν (Eur., *Hel.* 825), V. ἐκπειθειν. *Induce:* P. and V. προτρέπειν (or mid.), ἐπάγειν, προάγειν, ἐπαίρειν, P. ἐπισπᾶν. *Incite:* P. and V. ὁρμᾶν, ἐξορμᾶν, ἐπικελεύειν, ἐγκελεύειν, ἐποτρύνειν (Thuc.), ἐξοτρύνειν (Thuc.), P. ἐνάγειν, V. ὀτρύνειν, ἐπισείειν, ὀρνύναι, ἐπεγκελεύειν (Eur., *Cycl.*); see also *rouse, advise. Protest in argument:* P. ἰσχυρίζεσθαι, διισχυρίζεσθαι, διαμάχεσθαι. *Hurry on:* P. and V. ἐπείγειν, σπεύδειν, ἐπισπεύδειν, P. κατεπείγειν, V. ἐπισπέρχειν (rare P.). *They sought to urge on the war:* P. ἐνῆγον πόλεμον (Thuc. 1, 67). *Urge against:* V. ἐπορνύναι (τινά τινι) (Eur., *Cycl.* 12). *Urge as an excuse:* P. and V. σκήπτειν (mid in P.), προβάλλειν (mid. also in P.), προὔχεσθαι, προΐστασθαι (Eur., *Cycl.* 319), P. προφασίζεσθαι, προΐσχεσθαι, V. προτείνειν. *On just grounds, I urge this plea:* V. τῷ μὲν δικαίῳ τόνδ' ἁμιλλῶμαι λόγον (Eur., *Hec.* 271). *Urge a claim:* P. δικαίωσιν προφέρειν (Thuc. 5, 17).

Urgency, subs. *Need:* P. and V. χρεία, ἡ. *Necessity:* P. and V. ἀνάγκη, ἡ; see also *entreaty.*

Urgent, adj. *Necessary*: P. and V. ἀναγκαῖος. *Important*: P. διάφορος, P. and V. μέγιστος; see *important*. *Importunate*: P. and V. λῐπᾰρής, ὀχληρός, Ar. γλισχρός. *Be urgent*: Ar. and P. ἐγκεῖσθαι, P. πολὺς ἐγκεῖσθαι, P. and V. προσκεῖσθαι (Eur., *I. A.* 814). *Be urgent with*: see *urge, entreat*.

Urgently, adv. *Importunately*: P. λιπαρῶς (Plat.), V. πρὸς τὸ λῐπᾰρές.

Urn, subs. *Urn for receiving votes*: Ar. and P. κᾰδισκος, ὁ, Ar. κᾰδος, ὁ, P. ὑδρία, ἡ. *Cinerary urn*: P. λάρναξ, ἡ, V. τεῦχος, τό, ἄγγος, τό, κῦτος, τό, χαλκός, ὁ, λέβης, ὁ, τῠπωμα, τό.

Usage, subs. See *treatment*. *Way of using*: P. and V. χρεία, ἡ. *Custom*: see *custom*.

Use, v. trans. P. and V. χρῆσθαι (dat.). *Treat*: P. and V. χρῆσθαι (dat.), Ar. and P. μετᾰχειρίζειν (or mid.), P. διατιθέναι (or mid.). *Use well, treat well*: P. and V. εὖ ποιεῖν, εὖ δρᾶν, κᾰλῶς ποιεῖν, κᾰλῶς δρᾶν. *Use ill, treat ill*: P. and V. κᾰκῶς ποιεῖν, κᾰκῶς δρᾶν. *Be well used, well treated*: P. and V. εὖ πάσχειν. *Be ill-used, ill-treated*: P. and V. κᾰκῶς πάσχειν. *Use in addition*: P. προσχρῆσθαι (dat.). *Use to the full*: P. ἀποχρῆσθαι (dat.). *Use up*: P. καταχρῆσθαι (acc.), ἀπαναλίσκειν, καταναλίσκειν, P. and V. ἀνᾱλίσκειν. *Accustom*: P. and V. ἐθίζειν, P. συνεθίζειν. *Be used to*: with infin., P. and V. ἐθίζεσθαι, εἰωθέναι, φῐλεῖν; see also *used to*, adj.

Use, subs. *Usance*: P. and V. χρεία, ἡ, P. χρῆσις, ἡ. *Be in use*: P. ἐν χρείᾳ εἶναι (Plat.). *Advantage*: P. and V. χρεία, ἡ, ὄφελος, τό; see *advantage*. *Be of use*, v.: P. and V. ὠφελεῖν, συμφέρειν, ὀνῖνάναι, Ar. and P. λῡσῐτελεῖν, V. τέλη λύειν; see *profit*. *Make good use of*: P. and V. κᾰλῶς τῐθεσθαι (acc.). *Custom*: see *custom*.

Used to, adj. *Familiar with*: P. and V. ἔμπειρος (gen.); see *familiar*. *Accustomed to*: P. συνήθης (dat.), V. ἠθᾰς (gen.), P. ἐθάς (gen.) (Thuc. 2, 44).

Useful, adj. P. and V. χρήσῐμος, χρηστός, σύμφορος, πρόσφορος, ἐπῐτήδειος, Ar. and P. ὠφέλῐμος, προὔργου, Ar. and V. ὠφελήσῐμος.

Usefully, adv. P. and V. προὔργου, P. συμφόρως, χρησίμως, ὠφελίμως, συμφερόντως.

Usefulness, subs. P. χρῆσις, ἡ; see *advantage*.

Useless, adj. P. and V. ἄχρηστος, ἄχρειος, ἀνόνητος, ἀνωφελής, ἀσύμφορος, ἀνήνῠτος (Dem. 209), P. ἀλυσιτελής, V. ἀνωφέλητος (also Xen.). *Fruitless*: P. ἄπρακτος, ἄκαρπος, V. ἀκάρπωτος. *Vain*: P. and V. κενός, μᾰταιος.

Uselessly, adv. P. ἀλυσιτελῶς (Xen.), P. and V. ἀνόνητα (Plat., *Rep.*, and Eur., *El.* 507). *In vain*: P. and V. μᾰτην, ἄλλως, διᾰ κενῆς, V. μᾰταίως, ἄκραντα; see *in vain*, under *vain*.

Uselessness, subs. P. ἀχρηστία, ἡ.

Usher, subs. *Attendant*: Ar. and P. θεράπων, ὁ; see *attendant*. *Attendant on children*: P. and V. παιδᾰγωγός, ὁ. *School master*: P. γραμματιστής, ὁ.

Usher in, v. trans. *Bring in*: P. and V. εἰσᾰγειν; see *introduce*. Met., *start, begin*: P. and V. ἄρχειν (gen.).

Usual, adj. P. and V. σῠνήθης, εἰωθώς, νόμῐμος, εἰθισμένος, ἠθᾰς (Dem. 605), P. σύντροφος, Ar. and P. νομιζόμενος. *It is usual*: P. and V. νομίζεται. *Such things as are usual*: V. οἷάπερ νομίζεται (Æsch., *Ag.* 1046).

Usually, adv. *In the usual way*: P. and V. εἰωθότως, P. συνήθως. *For the most part*: P. ὡς ἐπὶ πολύ. *As usually happens*: P. οἷα φιλεῖ γίγνεσθαι (Thuc. 7, 79).

Usufruct, subs. P. ἐπικαρπία, ἡ. *Enjoy the usufruct of*, v.: P. and V. καρποῦσθαι (acc.).

Usurer, subs. Ar. and P. χρήστης, ὁ. *Miser*: use adj., P. and V. αἰσχροκερδής.

Usurp, v. trans. *Seize by violence*: use P. and V. βίᾳ λαμβάνειν. *Arrogate to oneself*: Ar. and P. προσποιεῖσθαι (acc. or gen.), P. ἀντιποιεῖσθαι (gen.). *Meddle with*: see *meddle*.

Usurpation, subs. *Assumption*: P. προσποίησις, ἡ. *Graspingness*: P. πλεονεξία, ἡ. *Tyranny*: P. and V. τυραννίς, ἡ.

Usurper, subs. *Tyrant*: P. and V. τύραννος, ὁ. *One who claims more than his due*: P. πλεονέκτης, ὁ.

Usurious, adj. Of a person: P. and V. αἰσχροκερδής.

Usuriousness, subs. *Base greed*: P. and V. αἰσχροκέρδεια, ἡ.

Usury, subs. P. τοκισμός, ὁ (Xen.). *Money-lending*: P. and V. δανεισμός, ὁ. *Interest*: Ar. and P. τόκος, ὁ. *Practise usury*, v.: P. τοκίζειν.

Utensil, subs. Ar. and P. σκεῦος, τό, P. and V. ὄργανον, τό; see *implement, vessel*

Utilise, v. trans. P. and V. χρῆσθαι (dat.). *Take advantage of*: P. and V. ἀπολαύειν (gen.).

Utilitarian, adj. See *profitable*.

Utility, subs. P. and V. χρεία, ἡ, τὸ σύμφερον; see *profit, advantage*.

Utmost, adj. *Furthest*: P. and V. ἔσχατος. *Extreme*: P. and V. ἔσχατος, τελευταῖος; see *extreme*. *Very great*: P. and V. μέγιστος, V. ὑπέρτατος. *To the utmost*: P. εἰς τὸ ἔσχατον, V. εἰς τοὔσχατον.

Utopia, subs. *Visionary scheme*: P. εὐχή, ἡ.

Utopian, adj. *Impracticable*: P. and V. ἄπορος, ἀμήχανος (rare P.).

Utter, adj. *Extreme*: P. and V. ἔσχατος, τελευταῖος. *Very great*: P. and V. μέγιστος, V. ὑπέρτατος. *Entire*: P. and V. παντελής; see *entire*.

Utter, v. trans. P. and V. ἱέναι, ἀφιέναι, φθέγγεσθαι, V. μεθιέναι, χεῖν, θωΰσσειν, γηρύεσθαι, Ar. and V. χάσκειν, λάσκειν, ἐκχεῖν; see also *speak, proclaim*. *Fling out*: P. and V. ἐκβάλλειν, V. ῥίπτειν, ἐκρίπτειν, ἀπορρίπτειν. *Utter by way of reproach*: Ar. and V. ἐπιγλωσσᾶσθαι. *No one dared utter a syllable*: P. ἐτόλμησεν οὐδεὶς . . . ῥῆξαι φωνήν (Dem. 126). *I thought I had suffered justly for having uttered a word*: P. ἡγούμην δίκαια πεπονθέναι ὅτι ἔγρυξα (Plat., *Euthyd.* 301A). *Not to utter a syllable*: P. οὐδὲ φθέγγεσθαι. *Disclose*: P. and V. ἐκφέρειν, μηνύειν; see *disclose*.

Utterance, subs. *Way of speaking*: P. λέξις, ἡ. *Voice*: P. and V. φωνή, ἡ, φθέγμα, τό, V. φώνημα, τό; see *voice*. *Speech*: P. and V. λόγος, ὁ, ῥῆμα, τό, ῥῆσις, ἡ; see *speech*. *Tongue*: P. and V. γλῶσσα, ἡ. *Mouth*: P. and V. στόμα, τό.

Utterly, adj. *Extremely*: P. and V. σφόδρα, μάλα, Ar. and V. κάρτα (rare P.), V. ἐξόχως, P. διαφερόντως. *Absolutely*: Ar. and P. ἀτεχνῶς. *Wholly*: P. and V. πάντως, παντελῶς, ἄρδην (Dem. 360), Ar. and P. πάνυ, P. ὅλως, παντάπασι, V. εἰς τὸ πᾶν, τὸ πάμπαν, παμπήδην. *From top to bottom*: P. and V. κατ' ἄκρας. *Root and branch*: use adj., P. and V. πρόρριζος (also Ar. rare P.), Ar. and V. αὐτόπρεμνος, or use adv., V. πρυμνόθεν.

Uttermost, adj. P. and V. ἔσχατος, τελευταῖος; see *utmost*.

Uxorious, adj. See *affectionate*.

V

Vacancy, subs. *Empty space*: P. τὸ κενόν. *Emptiness*: P. κενότης, ἡ. *Room, place*: P. and V. χώρα, ἡ. *Dulness of mind*: P. νώθεια, ἡ, ἀναισθησία, ἡ; see also *madness*.

Vacant, adj. *Empty*: P. and V. κενός. *Unlet*: P. ἀμίσθωτος. *Desolate*: P. and V. ἐρῆμος. *Dull (of mind)*: P. ἀναίσθητος, P. and

V. νωθής; see *mad, foolish*. *Be vacant, be at leisure*, v.: P. and V. σχολὴν ἔχειν, σχολάζειν.

Vacantly, adv. *Dully*: P. ἀναισθήτως; see *madly, foolishly*.

Vacate, v. trans. P. and V. κενοῦν, ἐρημοῦν; see *leave*.

Vacation, subs. *Leisure*: P. and V. σχολή, ἡ.

Vacillate, v. intrans. *Be in doubt*: P. ἐνδοιάζειν, διστάζειν (Plat.), ἀμφιγνοεῖν. *Be perplexed*: P. and V. ἀπορεῖν, ἀμηχᾰνεῖν (rare P.). *Delay*: P. and V. μέλλειν, χρονίζειν, σχολάζειν, τρῖβειν; see *delay*. *Shrink*: P. and V. ὀκνεῖν, κᾰτοκνεῖν, P. ἀποκνεῖν.

Vacillating, adj. P. ὀκνηρός. *Wavering, undecided*: V. ἀμφίβουλος, δίφροντις. *Perplexed*: P. and V. ἄπορος, ἀμήχᾰνος (rare P.). *Slow*: P. and V. βρᾰδύς.

Vacillation, subs. *Perplexity*: P. and V. ἀπορία, ἡ. *Shrinking*: P. and V. ὄκνος, ὁ. *Delay*: P. and V. διατρῐβή, ἡ, τρῐβή, ἡ, μονή, ἡ, P. μέλλησις, ἡ; see *delay*.

Vacuity, subs. P. κενότης, ἡ; see *vacancy*.

Vacuum, subs. P. τὸ κενόν, τὸ διάκενον.

Vagabond, subs. *Wanderer*: P. and V. πλᾰνήτης, ὁ, πλάνης, ὁ, V. ἀλήτης, ὁ. *Rogue*: P. and V. ἀγύρτης, ὁ. Fem., V. ἀγύρτρια, ἡ; see *beggar*. *Quack, cheat*: Ar. and P. ἀλάζων, ὁ; see *quack*.

Vagabond, adj. *Wandering*: P. πλανητός (Plat.), V. πλᾰνήτης, διάδρομος, πολύ̆δονος, φοιτάς, Ar. and V. νομάς.

Vagary, subs. *Whim*: P. and V. ὁρμή, ἡ. *Desire*: P. and V. ἐπῐθυμία, ἡ. *Wandering*: P. and V. πλάνη, ἡ.

Vagrancy, subs. P. and V. πλάνη, ἡ, V. ἄλη, ἡ, ἀλητεία, ἡ; see *wandering*.

Vagrant, adj. P. πλανητός (Plat.), V. πλᾰνήτης, διάδρομος, πολύ̆δονος, φοιτάς, Ar. and V. νομάς.

Vagrant, subs. P. and V. πλᾰνήτης, ὁ, πλάνης, ὁ, V. ἀλήτης, ὁ; see *beggar, rogue*.

Vague, adj. P. and V. ἀσᾰφής, ἀφᾰνής, ἄδηλος, Ar. and P. ἀτέκμαρτος; see *obscure, undecided*. *Faint, dim*: P. ἀμυδρός, V. ἀμαυρός.

Vaguely, adv. P. ἀσαφῶς, V. δυσκρῐ́τως.

Vagueness, subs. P. ἀσάφεια, ἡ.

Vain, adj. *Puffed up*: P. and V. σεμνός, ὑψηλός, P. ὑπερήφανος, μεγαλόφρων, ὀγκώδης, V. ὑπέρφρων, σεμνόστομος, ὑψηλόφρων (also Plat. but rare P.), ὑψήγορος, ὑπέρκοπος, Ar. and P. χαῦνος (Plat.), Ar. and V. γαῦρος. *Be vain*, v.: P. and V. φρονεῖν μέγᾰ, V. πνεῖν μεγᾰ́λᾰ, ἐξογκοῦσθαι, Ar. and V. ὀγκοῦσθαι (also Xen.), Ar. ὀγκύλλεσθαι; see *be proud*, under *proud*. *Make vain*: see *puff up*. *Useless, ineffectual*: P. and V. κενός, μᾰ́ταιος, ἀνωφελής, ἀνήνῠτος, V. ἀνωφέλητος (also Xen.), P. ἄπρακτος. *In vain*: P. and V. μᾰ́την, ἄλλως, διᾰ̀ κενῆς (Eur., *Tro.* 753), V. μᾰταίως, ἐν κενοῖς (Soph. *Aj.* 971), ἄκραντα. *This is all in vain*: V. τοῦτ' ἀνηνύ̆τως ἔχει (Soph., *Frag.*). *Be in vain*, v.: V. μᾰτᾶν.

Vainglorious, adj. Ar. and P. ἀλάζων, P. μεγαλόφρων, ὑπερήφανος, V. ὑπέρφρων, ὑψήγορος, Ar. and V. γαῦρος; see *vain, boastful*.

Vaingloriously, adv. P. μεγαλοφρόνως, ὑπερηφάνως, V. ὑψῐκόμπως, ὑπερκόπως, P. and V. σεμνῶς.

Vainglory, subs. P. μεγαλαυχία, ἡ, ὑπερηφανία, ἡ, τὸ κομπῶδες, V. τὸ γαῦρον, P. and V. ὄγκος, ὁ; see *vanity*.

Vainly, adv. *Proudly*: P. and V. σεμνῶς, P. μεγαλοφρόνως, ὑπερηφάνως, V. ὑψῐκόμπως, ὑπερκόπως. *Ineffectually*: see *in vain*, under *vain*.

Vale, subs. See *valley*.

Valedictory, adj. *Last*: P. and V. ὕστᾰτος, τελευταῖος, Ar. and V. πᾰνύστᾰτος.

Valetudinarian, subs. Use adj., P. ἄρρωστος.

Valetudinarianism, subs. P. νοσοτροφία, ἡ.

Valiant, adj. See *brave, fearless.*

Valiantly, adv. See *bravely, fearlessly.*

Valid, adj. P. and V. κύριος. *Convincing:* P. and V. πιθανός; see *convincing. Make valid, ratify*, v.: P. and V. κυροῦν; see *ratify. Be valid:* P. and V. ἰσχύειν.

Validity, subs. P. and V. κῦρος, τό.

Validly, adv. P. κυρίως.

Valley, subs. P. and V. νάπη, ἡ (Plat. and Xen. but rare P.), νάπος, τό (Xen. but rare P.), ἄγκος, τό (Xen. but rare P.), Ar. and V γύαλα, τά, αὐλών, ἡ (Soph., *Frag.*), V. πτυχαί, αἱ, Ar. κόλπος, ὁ. *The valley of Argos:* V. τὸ κοῖλον Ἄργος. *The valley of Elis:* P. ἡ κοίλη Ἦλις (Thuc. 2, 25). *With many valleys*, adj.: V. πολύπτυχος. *Woodland valleys:* V. ναπαῖαι πτυχαί, αἱ.

Valorous, adj. See *brave, fearless.*

Valorously, adv. See *bravely, fearlessly.*

Valour, subs. P. and V. ἀρετή, ἡ, ἀνδρεία, ἡ, V. τὸ ἐσθλόν; see *bravery, fearlessness.*

Valuable, adj. P. and V. τίμιος. *Costly:* P. πολυτελής; see also *useful.*

Valuation, subs. P. and V. τίμημα, τό, P. τίμησις, ἡ.

Value, subs. P. and V. ἀξία, ἡ. *Price:* Ar. and P. τιμή, ἡ, V. τῖμος ὁ; see also *advantage. Of value, useful:* use adj., P. and V. χρήσιμος, χρηστός, σύμφορος; see *useful. Of no value:* use adj., P. and V. ἄχρηστος, ἀχρεῖος; see *useless, valueless. Be of value, be of importance*, v.: P. and V. διαφέρειν.

Value, v. trans. *Make valuation of:* Ar. and P. τιμᾶν (acc.). *The whole property is valued at more than a talent:* P. ἅπαντα πλέονος ἢ ταλάντου τετίμηται (Lys. 148). *Esteem:* P. and V. τιμᾶν. *Prize:* P. περὶ πολλοῦ ποιεῖσθαι, περὶ παντὸς ἡγεῖσθαι, V. πολλῶν ἀξιοῦν· (Æsch., *Supp.* 490). *Heed:* P. and V. ἐπιστρέφεσθαι (gen.), φροντίζειν (gen.), κήδεσθαι (gen.) (also Ar. rare P.), V. ἐναριθμεῖσθαι, προκήδεσθαι (gen.); see *heed. Hold, consider:* P. and V. ἡγεῖσθαι, ἄγειν; see *consider.*

Valued, adj. *Honoured:* P. and V. τίμιος, ἔντιμος. *Dear:* P. and V. φίλος.

Valueless, adj. *Worthless, cheap:* P. and V. εὐτελής, φαῦλος. *Useless:* P. and V. ἄχρηστος, ἄχρειος; see *useless. Worth nothing:* P. οὐδένος ἄξιος.

Vamp up, v. trans. P. κατασκευάζειν (acc.).

Vampire, subs. *Hobgoblin:* Ar. and P. Ἔμπουσα, ἡ, μορμολυκεῖον, τό; see *Hobgoblin. One who drinks blood:* Ar. αἱματοπώτης, ὁ (*Eq.* 198), or use adj., V. αἱματορρόφος. *Extortioner*, subs.: use adj., V. αἰσχροκερδής.

Van, subs. *Of an army:* P. τὸ ἡγούμενον. *Waggon:* P. and V. ἅμαξα, ἡ.

Vandalism, subs. *Boorishness:* P. ἀπαιδευσία, ἡ.

Vanguard, subs. P. προφυλακή, ἡ, προφύλακες, οἱ.

Vanish, v. intrans. P. and V. ἀφανίζεσθαι, ἐξίτηλος εἶναι, ἐξίτηλος γίγνεσθαι, ἀφανής εἶναι, ἀφανής γίγνεσθαι, Ar. and V. ἔρρειν (rare P.), V. ἄφαντος ἔρρειν; see also *melt. To have vanished:* P. and V. οἴχεσθαι, V. ἄφαντος οἴχεσθαι. *Make to vanish:* P. and V. ἀφανίζειν. Met., *fade:* P. and V. διαρρεῖν, ἀπορρεῖν, φθίνειν (Plat.), P. ἐκρεῖν.

Vanished, adj. P. and V. ἀφανής, Ar. and V φροῦδος (rare P.), V. ἄφαντος. *Destroyed:* V. ἄϊστος.

Vanity, subs. *Pride:* P. and V. φρόνημα, τό, ὕβρις, ἡ, ὄγκος, ὁ, P. ὑπερηφανία, ἡ, μεγαλαυχία, ἡ, ὑπεροψία, ἡ, χαυνότης, ἡ, V. χλιδή, ἡ, φρόνησις, ἡ. *Folly:* P. and V.

ἄνοια, ἡ, ἀφροσύνη, ἡ; see *folly*. *Fickleness*: P. τὸ ἀστάθμητον. *Vanities, trifles*: P. and V. καπνός, ὁ, Ar. and P. φλυᾱρία, ἡ; see *trifle*.

Vanquish, v. trans. *Conquer*: P. and V. νῑκᾶν, κρᾰτεῖν (acc. or gen.), χειροῦσθαι, Ar. and P. ἐπικρᾰτεῖν (gen.), περῐγίγνεσθαι (gen.), P. περιεῖναι (gen.), V. ὑπερβάλλεσθαι; see *conquer*. *Be vanquished*: P. and V. ἡσσᾶσθαι, νῑκᾶσθαι, κρᾰτεῖσθαι. *The vanquished*: use P. and V. οἱ ἥσσονες.

Vantage, subs. P. πλεονεξία, ἡ, P. and V. ὑπερβολή, ἡ. *That he might not occupy the posts of vantage, and make himself master of Thrace*: P. ἵνα μὴ προλαβὼν ἐκεῖνος τοὺς ἐπικαίρους τῶν τόπων κύριος τῆς Θρᾴκης καταστταίη (Dem. 234).

Vapour, subs. P. ἀτμίς, ἡ (Plat.), V. ἀτμός, ὁ. *Smoke*: P. and V. καπνός, ὁ. *Spray*: P. and V. ζᾰ́λη, ἡ (Plat.), V. πέλᾰνος, ὁ; see *spray*. *Vapour bath*: P. πυρία, ἡ (Hdt.).

Vapouring, subs. *Boasting*: P. κουφολογία, ἡ, P. and V. κόμπος, ὁ (Thuc. but rare P.), V. γαύρωμα, τό, Ar. and V. κομπάσμᾰτα, τά; see *boastfulness*.

Vapouring, adj. *Boastful*: P. κομπώδης (Thuc.), Ar. and V. γαῦρος; see *boastful*.

Vapourous, adj. *Light*: P. and V. κοῦφος.

Variable, adj. P. ἀκατάστατος, Ar. and P. ἀστάθμητος. *Fickle*: P. and V. ἔμπληκτος. *Not to be trusted*: P. and V. ἄπιστος; see *changeable*. *Varied*: P. and V. ποικῐ́λος.

Variableness, subs. P. τὸ ἀστάθμητον.

Variance, subs. *Quarrel*: P. and V. διᾰφορά, ἡ, ἔρῐς, ἡ, ἔχθρα, ἡ, στᾰ́σῐς, ἡ, Ar. and V. νεῖκος, τό (also Plat., Soph., 243A, but rare P.). *Be at variance*: P. δίστασθαι, στασιωτικῶς ἔχειν, Ar. and P. διᾰφέρεσθαι, στᾰσιάζειν, V. δῐχοστᾰτεῖν. *Of things*: P. διαφωνεῖν, V. δῐχοστᾰτεῖν. *Be at variance with, quarrel with*: P. and V. ἐρίζειν (dat. or πρός, acc.), ἀγωνίζεσθαι (dat. or πρός, acc.), δῐχοστᾰτεῖν (πρός, acc.) (Plat.), P. διαφέρεσθαι (dat. or πρός, acc.), διαφόρως ἔχειν (dat.), ἀλλοτρίως διακεῖσθαι (πρός, acc.), Ar. and P. στᾰσιάζειν (dat. or πρός, acc.); see *be at enmity with*, under *enmity*. *Of things, clash with*: P. διαφωνεῖν (dat.). *At variance with, at enmity with*, adj.: P. and V. διᾰ́φορος (dat.). *Alien from*: P. ἀλλότριος (gen.). *Set at variance*, v.: P. διασπᾶν (acc.), πρὸς αὑτοὺς ταράσσειν, Ar. and P. διιστᾰ́ναι (acc.); see *embroil*.

Variation, subs. *Change*: P. and V. μετᾰβολή, ἡ, μετάστᾰσις, ἡ, μεταλλᾰγή, ἡ (Eur., *Frag.*); see *change*. *Variety*: P. ποικιλία, ἡ.

Varied, adj. P. and V. ποικῐ́λος. *Of all kinds*: P. and V. παντοῖος, Ar. and P. παντοδᾰπός.

Variegate, v. trans. P. and V. ποικίλλειν, P. διαποικίλλειν, καταποικίλλειν; see *adorn*.

Variegated, adj. P. and V. ποικῐ́λος, Ar. and V. αἰόλος. *Of all kinds*: Ar. ποικῐλόμορφος, P. and V. παντοῖος, Ar. and P. παντοδᾰπός. *Dappled*: V. στικτός, κᾰτάστικτος.

Variety, subs. P. ποικιλία, ἡ. *Change*: P. and V. μετᾰβολή, ἡ; see *change*. *Kind, sort*: P. and V. γένος, τό, εἶδος, τό, V. ἰδέα, ἡ.

Various, adj. P. and V. ποικῐ́λος, Ar. and V. αἰόλος. *Of all kinds*: P. and V. παντοῖος, Ar. and P. παντοδᾰπός. *Many*: P. and V. πολῠ́ς, πυκνός. *Different*: P. and V. διᾰ́φορος. *They fled in various directions*: use P. and V. ἄλλοι ἄλλοσε ἔφυγον.

Variously, adv. *In all ways*: P. παντοίως, παντοδαπῶς. *Differently*: P. διαφόρως. *Intricately*: Ar. and V. ποικῐ́λως.

Varlet, subs. *Servant*: P. and V. παῖς, ὁ; see *servant*.

Varnish, v. trans. *Embellish*: P. and V. ποικίλλειν, κοσμεῖν. Met., see *gloss over*.

Vary, v. trans. P. and V. ποικίλλειν, P. διαποικίλλειν, καταποικίλλειν. *Change*: P. and V. μετᾰβάλλειν, μεθιστᾰναι; see *change*. V. intrans. P. and V. μεθίστασθαι, μετᾰπίπτειν; see *change*.

Vase, subs. See *jar*.

Vassal, subs. *Under-ruler*: P. and V. ὕπαρχος, ὁ. *Subject*: use adj., P. and V. ὑποχείριος, ὑπήκοος; see *subject*. *Slave*: P. and V. δοῦλος; see *serf*.

Vassalage, subs. *Slavery*: P. and V. δουλεία, ἡ.

Vast, adj. P. and V. μέγᾰς, μέγιστος, ὑπερφυής (Æsch., *Frag.*), P. ὑπερμεγεθής, ὑπέρμετρος, πάμμεγας, ὑπέρογκος, Ar. and V. ἄβυσσος, V. ἄσπετος (Eur., *Tro.* 78, but rare), Ar. ὑπέρμεγας. Mock-heroically: Ar. πελώριος. *Extraordinary*: P. and V. θαυμαστός, ἀμήχᾰνος, V. ἔκπαγλος; see *extraordinary*. Of number or measure: P. and V. πολύς, ὑπέρπολυς, Ar. and P. πάμπολυς, V. μῡρίος (also Plat. but rare P.). *Countless*: P. and V. ἀνᾰρίθμητος, V. ἀνάριθμος, ἀνήριθμος.

Vastly, adv. P. and V. μέγᾰ, μέγιστα. *Extraordinarily*: Ar. and P. ὑπερφυῶς, θαυμᾰσίως, P. θαυμαστῶς, ἀμηχάνως, V. εἰς ὑπερβολήν. *Exceedingly*: P. and V. σφόδρᾰ, Ar. and V. κάρτᾰ (rare P.), V. ἐξόχως; see *exceedingly*. *Much*: P. and V. πολύ, Ar. and V. πολλά.

Vastness, subs. P. and V. μέγεθος, τό, πλῆθος, τό. *Bulk*: P. and V. ὄγκος, ὁ.

Vasty, adj. See *vast*.

Vat, subs. ληνός, ἡ (Theocritus and late P.).

Vaticination, subs. See *prophecy*.

Vault, subs. *Underground room*: P. οἴκησις κατάγειος, ἡ, V. κᾰτῶρυξ, ἡ. *Hiding-place*: V. κευθμών, ὁ. *Cave*: P. σπήλαιον, τό (Plat.); see *cave*. *Crypt*: V. ψᾰλίς, ἡ (in Plat., *Legg.* 947D, the reading is doubtful). *Arch*: P. ἀψίς, ἡ (also Ar., *Thesm.* 53 in metaphorical sense). *The vault of heaven*: P. ἡ ὑπουράνιος ἀψίς (Plat., *Phaedr.* 247B), V. οὐρᾰνοῦ ἀναπτυχαί, αἱ (Soph., *Frag.*), or use Ar. and V. κύκλος, ὁ. *Tomb*: see *tomb*. *Leap*: see *leap*.

Vault, v. trans. *Leap over*: Ar. ὑπερπηδᾶν (acc.), Ar. and P. διᾰπηδᾶν (acc. or absol.), V. ὑπερθρώσκειν (acc. or gen.). V. intrans. *Leap*: P. and V. πηδᾶν (Plat.), ἅλλεσθαι (Plat.), V. θρώσκειν, ἐκθρώσκειν; see *leap*..

Vaulted, adj. Use P. and V. κᾰτηρεφής (Plat. but rare P.), V. πετρηρεφής.

Vaunt, v. trans. P. ἐπικομπεῖν (Thuc.), V. κομπεῖν (rare P.), κομπάζειν (rare P.), Ar. and V. ἐπαυχεῖν (dat.), V. ἐξεύχεσθαι (acc.), γαυροῦσθαι (acc.); see *boast of*. *Pride oneself on*: P. and V. ἀγάλλεσθαι (dat. or ἐπί dat.), ἁβρύνεσθαι (dat.) (Plat.); see *pride*. Absol., P. and V. μέγᾰ λέγειν, μέγᾰ εἰπεῖν, P. μεγαλαυχεῖσθαι, ἐπικομπεῖν (Thuc.), Ar. and P. ἀλαζονεύεσθαι, V. αὐχεῖν (also Thuc. but rare P.), κομπεῖν (rare P.), κομπάζειν (rare P.); see *boast*.

Vaunt, subs P. αὔχημα, τό (Thuc.), P. and V. κόμπος, ὁ (Thuc. but rare P.), Ar. and V. κομπάσμᾰτα, τά, V. γαύρωμα, τό.

Vaunter, subs. Ar. and P. ἀλάζων, ὁ or ἡ, V. κομπός, ὁ (Eur., *Phoen.* 600).

Vaunting, adj. See *boastful*.

Vaunting, subs. P. κουφολογία, ἡ, μεγαλαυχία, ἡ, V. τὸ γαῦρον; see *boastfulness*.

Vauntingly, adv. P. μεγαλοφρόνως, V. ὑψῐκόμπως, ὑπερκόπως.

Veal, subs. P. κρέα μόσχεια, τά (Xen.).

Vedette, subs. P. πρόσκοπος, ὁ (Xen.). *Vedettes*: P. προφύλακες, οἱ, προφυλακή, ἡ.

Veer, v. intrans. P. and V. μετᾰπίπτειν. *Change round:* P. περιίστασθαι, μεταβάλλειν.

Vegetable, subs. Ar. and P. λάχᾰνον, τό (Dem. 1225). *Plant:* P. and V. φῠτόν, τό. *Going out to cut vegetables:* P. ἐπὶ λαχανισμὸν ἐξελθόντες (Thuc. 3, 111).

Vegetable, adj. P. φυτικός (Aristotle).

Vegetable market, subs. Ar. τὰ λάχᾰνα (Lys. 557).

Vegetable seller, subs. Ar. λᾰχᾰνόπωλις, ἡ, λᾰχᾰνοπωλήτρια, ἡ.

Vegetate, v. intrans. *Be idle:* P. and V. ἀργεῖν.

Vegetation, subs. *Plants:* P. and V. φῠτά, τά. *Trees:* P. and V. δένδρα, τά.

Vehemence, subs. P. σφοδρότης, ἡ. *Eagerness:* P. and V. σπουδή, ἡ, προθῡμία, ἡ.

Vehement, adj. P. σφοδρός, P. and V. θερμός. *Eager:* P. and V. ἔντονος, σύντονος, ὀξύς; see *eager*. *Vigorous:* P. and V. νεᾱνῐκός; see *vigorous*.

Vehemently, adv. P. and V. σφόδρᾰ, P. σφοδρῶς. *Eagerly:* P. ἐντόνως, συντόνως. *Vigorously:* P. ἰσχυρῶς, Ar. and P. νεᾱνῐκῶς; see *vigorously*. *Attack vehemently:* Ar. and P. ἐγκεῖσθαι (dat.), P. πολὺς ἐγκεῖσθαι.

Vehicle, subs. P. and V. ὄχημα, τό (Plat.), P. πορεῖον, τό (Plat.); see *carriage*. *Way, means:* P. and V. πόρος, ὁ. *Instrument:* P. and V. ὄργᾰνον, τό.

Veil, subs. Ar. and P. κάλυμμα, τό, or pl. Met., *cloak:* P. παραπέτασμα τό, προκάλυμμα, τό. *Draw veil over*, v: P. ἐπικαλύπτειν; see *conceal*. *To cast a veil of darkness over my deeds:* V. περικαλύψαι τοῖσι πράγμασι σκότον (Eur., *Ion.* 1522).

Veil, v. trans. Ar. and V. κᾰλύπτειν, V. συγκᾰλύπτειν (rare P.). *Veil oneself:* Ar. and P. ἐγκᾰλύπτεσθαι (mid.), V. προκᾰλύπτεσθαι (mid.), Ar. and V. κᾰλύπτεσθαι (mid.). *Conceal:* P. and V. κρύπτειν, ἀποκρύπτειν; see *conceal, cover*. *Cloak, screen:* P. ἐπηλυγάζεσθαι, ἐπικαλύπτειν; see *cloak*.

Veiled, adj. See *secret*. *Make veiled allusion to:* Ar. and P. αἰνίσσεσθαι (acc. or εἰς, acc.); see *hint at*.

Vein, subs. P. and V. φλέψ, ἡ. *Of metal:* P. φλέψ, ἡ (Xen.), V. πηγή, ἡ. *Variegation:* P. ποικιλία, ἡ, P. and V. ποίκιλμα, τό. *Manner:* P. and V. τρόπος, ὁ. *Open (a vein):* P. σχάζειν (φλέβα) (Xen.).

Vein, v. trans. *Variegate:* P. and V. ποικίλλειν, P. διαποικίλλειν.

Veined, adj. *Variegated:* P. and V. ποικῐλος.

Vellum, subs. Use P. and V. διφθέρα, ἡ.

Velocity, subs. P. φορά, ἡ. *Swiftness:* P. and V. σπουδή, ἡ, τάχος, τό, P. ταχύτης, ἡ, V. ὠκῦτης, ἡ. *Rush:* Ar. and P. ῥύμη, ἡ; see *rush*.

Venal, adj. *Taking bribes:* Ar. and V. δωροδόκος. *On sale:* Ar. and P. ὤνιος. *Hired:* Ar. and P. μισθωτός (Dem. 124).

Venality, subs. P. δωροδοκία, ἡ, δωροδόκημα, τό.

Vend, v. trans. See *sell*.

Vendible, adj. *Able to be bought:* P. and V. ὠνητός.

Vendor, subs. P. πρατήρ, ὁ.

Veneer, subs. *Outside show:* P. and V. πρόσχημα; see *show*.

Venerable, adj. P. and V. σεμνός, V. γεράσῐμος, παντόσεμνος, σεμνότῑμος, αἰδοῖος; see *ancient, hoary*.

Venerably, adv. P. and V. σεμνῶς.

Venerate, v. trans. P. and V. σέβειν, σέβεσθαι, τῑμᾶν, προσκῠνεῖν, Ar. and V. σεβίζειν, P. θεραπεύειν. *Respect:* P. and V. αἰδεῖσθαι, Ar. and V. κᾰταιδεῖσθαι. *Honour:* P. and V. τῑμᾶν, ἐν τῑμῇ ἔχειν, P. ἐντίμως ἔχειν. *Heed:* P. and V. ἐντρέπεσθαι (gen.) (Plat. but rare P.), Ar. and V. προτῑμᾶν (gen.), V. ἐνᾰριθμεῖσθαι; see *heed*.

Venerated, adj. P. and V. σεμνός; see *venerable*.

Veneration, subs. *Worship:* V.

σέβᾰς, τό, P. θεραπεία, ἡ; see *worship*. *Object of veneration*: Ar. and P. σέβᾰς, τό. *Honour*: P. and V. τῑμή, ἡ. *Respectfulness*: V. αἰδώς, ἡ. *Piety*: P. and V. εὐσέβεια, ἡ, τὸ εὐσεβές, P. ὁσιότης, ἡ. *Veneration for, regard for*: V. ἐντροπή, ἡ (gen.), πρόνοια, ἡ (gen.); see *regard*.

Venereal, adj. P. ἀφροδίσιος.

Vengeance, subs. P. and V. τῑμωρία, ἡ, τῐ́σῐς, ἡ (Plat.), V. ποινή, ἡ, or pl. (rare P.), ἄποινα, τά (rare P.), ἀντῐ́ποινα, τά. *The day of vengeance*: V. ἡμέρα δῐκηφόρος (Æsch., *Ag.* 1577). *Vengeance would have fallen on Aegisthus at last*: V. δίκη τ' ἂν ἦλθεν Αἰγίσθῳ ποτε (Eur., *El.* 42). *Take vengeance (on)*, v.: P. and V. τῑμωρεῖσθαι (acc. or absol.), ἀμῡ́νεσθαι (acc. or absol.), ἀντᾰμῡ́νεσθαι (acc. or absol.), ἀντῐτῑμωρεῖσθαι (acc. or absol.), μετέρχεσθαι (acc.), Ar. and V. ἀντᾰμείβεσθαι (acc. or absol.), τῐ́νεσθαι (acc.), V. ἀποτῐ́νεσθαι (acc.) (Eur., *Ion*, 972), ποινᾶσθαι (acc.), δῐ́κας αἴρεσθαι πᾰρά (gen.), ἀποτῐ́νεσθαι δῐ́κην (acc. or absol.); see *punish*. *Take vengeance for*, v.: P. and V. ἀμῡ́νεσθαι (acc.), τῑμωρίαν λαμβᾰ́νειν (gen.), δῐ́κην λαμβᾰ́νειν (gen.), τῐ́σιν λαμβᾰ́νειν (gen.), V. ἄποινα μετέρχεσθαι (gen.), ἀντῐ́ποινα πράσσειν (gen.), τῐ́νεσθαι (acc.), ἐκτῐ́νεσθαι (acc.), ἐκπράσσειν (acc.), ἐκδῐκάζειν (acc.), Ar. ἀποτῐ́νεσθαι (acc.); see *punish*.

Vengeful, adj. *Remembering*: P. and V. μνήμων. *Be vengeful*, v: Ar. and P. μνησῐκᾰκεῖν. *Implacable*: P. and V. πικρός, P. ἀπαραίτητος, V. δυσπᾰραίτητος; see *implacable*.

Vengefully, adv. P. and V. πικρῶς; see *implacably*.

Vengefulness, subs. P. and V. πικρότης, ἡ; see *implacability*.

Venial, adj. P. συγγνώμων, Ar. and V. συγγνωστός,

Venison, subs. P. ἐλάφεια κρέα, τά (Xen.).

Venom, subs. *Poison*: P. and V. φάρμᾰκον, τό, V. ἰός, ὁ. *Malice*: P. and V. φθόνος, ὁ. *Bitterness*: P. and V. πικρότης, ἡ.

Venomous, adj. *Poisonous*: P. and V. νοσώδης. *Malignant*: P. and V. πικρός.

Venomously, adv *Malignantly*: P. and V. πικρῶς.

Vent, subs. *Way of escape*: P. and V. ἔξοδος, ἡ. *Opportunity*: P. and V. ἀφορμή, ἡ. *Give vent to, put into action*: P. and V. χρῆσθαι (dat.). *Be carried away by*: P. and V. ἐκφέρεσθαι (dat.); see *vent*, v. *Express*: P. and V. ἀποφαίνεσθαι; see *express*. *Utter*: P. and V. ἀφῑέναι, V. γεγωνεῖν, γεγωνίσκειν, Ar. and V. ἐξαυδᾶν (or mid.), αὐδᾶν (or mid.); see *utter*. *Show*: P. and V. φαίνειν, δηλοῦν, δεικνῦναι; see *show*.

Vent, v. trans. P. and V. ἀφῑέναι. *Vent one's wrath on a person*: P. τὴν ὀργὴν ἀφιέναι εἰς (acc.) (Dem. 74), ὀργὴν ἐφίεναι (dat.) (Plat., *Legg.* 731D) (cp. Eur., *Hec.* 1128), V. θῡμὸν ἀφῑέναι εἰς (acc.) (Soph., *Ant.* 1088), ἐπιρρέπειν μῆνιν (dat.) (Æsch., *Eum.* 888); see *visit*. *He vented upon them a frightful curse*: V. ἐκ δ' ἔπνευσ' αὐτοῖς ἀρὰς δεινάς (Eur., *Phoen.* 876). *Vent not your bitter wrath upon this land*: V. τῇ γῇ τῇδε μὴ βαρὺν κότον σκήψησθε (Æsch., *Eum.* 800).

Vent hole, subs. Ar. ὀπή, ἡ.

Ventilate, v. trans. *Bring forward*: P. and V. ἐκφέρειν, προσφέρειν, ἐπᾰ́γειν. *Stir up*: P. and V. κῑνεῖν.

Venture, v. trans. *Risk, hazard*: Ar. and P. πᾰρᾰβάλλεσθαι, κινδῡνεύειν (dat. or περί, gen.), πᾰρᾰκινδῡνεύειν (acc.), P. ὑποτιθέναι, V. πᾰραρρίπτειν, προβάλλειν, προτείνειν; see *risk*. *Venture everything*: P. διακινδυνεύειν (absol.). *Dare*: P. and V. τολμᾶν, V. τλῆναι (2nd aor. of τλᾶν) (rare P.). *Venture to*: with infin. P. and V. τολμᾶν, Ar. and V. τλῆναι (2nd aor. of τλᾶν), P. ἀποτολμᾶν. *Run a risk*: Ar.

and P. κινδῡνεύειν, πᾰρᾰκινδῡνεύειν, ἀποκινδῡνεύειν, V. τρέχειν ἀγῶνα; see under *risk*.

Venture, subs. *Risk*: P. and V. κίνδῡνος, ὁ, τὰ δεινά, ἀγών, ὁ. *Dangerous enterprise*: P. and V. κινδῡνευμα, τό (Plat.); see *enterprise*.

Venturer, subs. P. κινδυνευτής, ὁ, τολμητής, ὁ.

Venturesome, adj. Ar. πᾰρᾰβολος, P. φιλοκίνδυνος. *Bold*: P. and V. τολμηρός, θρᾰσύς; see *bold*. *Hazardous*: P. and V. δεινός, σφᾰλερός, P. ἐπικίνδυνος, παράβολος.

Venturesomeness, subs. P. and V. τόλμᾰ, ἡ, θρᾰσος, τό; see *boldness*.

Veracious, adj. P. and V. ἀληθής, ἀψευδής, ὀρθός; see *true*.

Veraciously, adv. P. and V. ἀληθῶς, ὀρθῶς; see *truly*.

Veracity, subs. P. and V. ἀλήθεια, ἡ, τἀληθές; see *truth*.

Verandah, subs. Use Ar. and P. πρόθῠρον, το, or pl.

Verb, subs. P. ῥῆμα, τό.

Verbatim, adv. P. and V. ἀκρῑβῶς.

Verbally, adv. *By word of mouth*: P. ἀπὸ στόματος, P. and V. ἀπὸ γλώσσης (Thuc. 7, 10).

Verbiage, subs. *Style*: P. λέξις, ἡ.

Verbose, adj. *Long*: P. and V. μακρός. *Long-winded*: P. μακρολόγος. *Be verbose*, v.: P. and V. μακρηγορεῖν (Thuc.), P. μακρολογεῖν.

Verbosity, subs. P. μακρολογία, ἡ.

Verdant, subs. P. and V. χλωρός.

Verdure, subs. *Green grass*: P. and V. χλόη, ἡ, πόα, ἡ, Ar. and V. ποία, ἡ (Eur., *Cycl.*). *Lose its verdure* (*of a branch*): V. ἐκλείπειν χλόην (Eur., *Ion*, 1435).

Verdict. subs. *Legal decision*: P. and V. δίκη, ἡ. Generally: κρίσις, ἡ; see *judgment*. *Secure a verdict*: P. δίκην αἱρεῖν, καταδικάζεσθαι. *Secure a verdict against a person*: P. δίκην καταδικάζεσθαι (gen.), or omit δίκην, Ar. and P. αἱρεῖν (acc.). *Have a verdict against one*: use v.: P. and V. ἁλίσκεσθαι. *Deliver a verdict*: P. and V. κρίνειν, δικάζειν. *Deliver a verdict against a person*: see *condemn*. *Deliver a verdict in a person's favour*: see *acquit*.

Verge, subs. Use adj. P. and V. ἔσχᾰτος, ἄκρος, in agreement with substantive. *We are come to the utmost verge of ruin*: V. ἐς ἄκραν ἥκομεν γράμμην κακῶν (Eur., *Frag.*); see *extremity*. *Be on the verge of, be about to*: P. and V. μέλλειν (infin.). *On the verge of, all but*: P. and V. ὅσον οὐ.

Verge, v. intrans. *Face, look*: P. τετράφθαι (perf. pass. of τρέπειν); see *face*. *Tend*: P. and V. τείνειν, νεύειν, ῥέπειν, P. συντείνειν. *Verge on, tend towards*: P. and V. τείνειν (πρός, acc. or εἰς, acc.); see *tend*. *Border on*: P. ἔχεσθαι (gen.).

Verification, subs. P. βεβαίωσις, ἡ; see *evidence*. *Accept without verification*: P. ἀβασανίστως δέχεσθαι (Thuc. 1, 20).

Verify, v. trans. P. ἐπαληθεύειν. *Confirm*: P. βεβαιοῦν.

Verily, adv. *Really, in sooth*: P. and V. ἦ, Ar. and V. κάρτᾰ (rare P.), δῆτα, V. ἦ κάρτᾰ. In oaths (etc.): P. and V. ἦ μήν. In maxims: P. and V. τοι (enclitic).

Verisimilitude, subs. P. and V. τὸ εἰκός; see *probability*.

Verity, subs. P. and V. ἀλήθεια, ἡ; see *truth*.

Vermilion, subs. and adj. See *red*.

Vermin, subs. *Creeping thing*: use P. and V. ἑρπετόν, τό (Xen. also Ar.).

Vernacular, adj. *Native*: P. and V. ἐπῐχώριος. *Native language*: use P. and V. ἐπῐχώριος γλῶσσα, ἡ.

Vernal, adj. P. ἐαρινός (Xen.), Ar. and V. ἠρῐνός.

Versatile, adj. P. πολύτροπος.

Versatility, subs. P. τὸ πολύτροπον, εὐτραπελία, ἡ (Isoc.). *With the greatest versatility*: P. μάλιστα εὐτραπέλως (Thuc. 2, 41).

Verse, subs. *Metre*: Ar. and P. μέτρον, τό. *Line of poetry*: Ar. and

P. στίχος, ὁ, ἔπος, τό. *In verse*, adj. : P. ἔμμετρος. *Verses* : P. μέτρα, τά (Plat., *Lysis*. 205A). *Hexameter verses* : P. ἔπη ἑξάμετρα (Plat., *Legg*. 810E).

Versed in, adj. P. and V. ἔμπειρος (gen.), ἐπιστήμων (gen.), ἐντρῖβής (dat.), Ar. and V. τρίβων (acc. or gen.), V. ἴδρις (gen.). *Versed in speaking* : P. and V. δεινὸς λέγειν, V. μουσῖκὸς λέγειν. *I am not versed in the customs of Greece* : V. λέλειμμαι τῶν ἐν Ἕλλησιν νόμων (Eur., *Hel*. 1246).

Versify, v. trans. P. ἐντείνειν (Plat., *Phaedo*, 60D), εἰς μέτρα τιθέναι (Plat. *Legg*. 669D).

Version, subs. *Explanation* : P. ἑρμηνεία, ἡ, V. ἑρμήνευμα, τό, or pl. *Account* : P. and V. λόγος, ὁ.

Vertebra, subs. P. and V. σφόνδῦλος, ὁ; see *spine*.

Vertex, subs. *Top, crest* : P. and V. κορῠφή, ἡ, ἄκρον, τό, V. ἄκρα, ἡ. *Point of a triangle* : P. τὸ ὀξύ (Hdt. 2, 17). Met., *highest point* : P. and V. ἀκμή, ἡ, ἄκρον, τό; see *extremity*.

Vertical, adj. P. and V. ὀρθός; see *upright*.

Vertigo, subs. See *dizziness*.

Very, adv. P. and V. μάλᾰ, σφόδρᾰ, Ar. and V. κάρτᾰ (rare P.). *Much*: P. and V. πολύ, Ar. and V. πολλά. *Exceedingly* : P. ὑπερβαλλόντως, ἀμηχάνως, διαφερόντως, Ar. and P. ὑπερφυῶς, V. ἐξόχως. *The very man, the man himself* : use P. and V. αὐτὸς ἀνήρ. *The very same* : P. and V. ὁ αὐτός, αὐτός. *This very thing* : P. and V. αὐτὸ τοῦτο, τοῦτ' αὐτό. *On the very day*, adv.: P. and V. αὐθήμερον. *At the very moment* : P. and V. αὐτίκᾰ, Ar. and P. αὐτόθεν. *On the very spot* : P. and V. αὐτοῦ. *From the very spot* : P. and V. αὐτόθεν. *To the very spot* : Ar. and P. αὐτόσε.

Vessel, subs. Ar. and P. ἀγγεῖον, τό, Ar. and V. ἄγγος, τό, V. τεῦχος, τό (also Xen. but rare P.), κύτος, τό; see *jar*. *Sacrificial vessel, to catch the victim's blood* : Ar. and V. σφᾰγεῖον, τό. *Sacred vessels used in processions* : P. πομπεῖα, τά. *Brazen vessel* : P. χαλκεῖον, τό, Ar. and P. χάλκωμα, τό. *Boat* : P. and V. πλοῖον, τό, Ar. and P. ἄκᾰτος, ἡ; see *boat*. *Ship* : P. and V. ναῦς, ἡ.

Vest, subs. P. and V. χἴτών, ὁ; see *tunic*.

Vest, v. trans. See *invest*. *Be vested in, be intrusted* : Ar. and P. ἐπιτρέπεσθαι (dat.). *Be centred in* : see under *centre*. *Belong to* : P. and V. ὑπάρχειν (dat.).

Vestal virgins, subs. P. αἱ θυηπόλοι παρθένοι (late), Ἑστιάδες Παρθένοι αἱ (late).

Vestibule, subs. Ar. and P. πρόθῠρον, τό, or pl., V. πρόπῠλα, τά. *Forecourt* : V. πᾰραστάς, ἡ, or pl., θῠρών, ὁ.

Vestige, subs. P. and V. ἴχνος, τό; see also *jot*.

Vestments, subs. See *clothes*.

Vesture, subs. See *clothes*.

Vetch, subs. P. ὄροβος, ὁ.

Veteran, subs. Use adj., P. and V. ἔμπειρος. *Old* : P. and V. γεραιός.

Veto, v. trans. P. and V. ἀπειπεῖν; see *forbid*.

Veto, subs. P. ἀπόρρησις, ἡ.

Vex, v. trans. P. and V. λῡπεῖν, ἀνῑᾶν, δάκνειν, ὄχλον πᾰρέχειν (dat.), Ar. and P. ἐνοχλεῖν (acc. or dat.), πράγμᾰτα πᾰρέχειν (dat.), ἀποκναίειν, Ar. and V. κνίζειν, V. ὀχλεῖν, γυμνάζειν, ἀλγύνειν, P. διοχλεῖν. *Harass* : P. and V. πιέζειν. *Be vexed*: P. and V. λῡπεῖσθαι, ἀνῑᾶσθαι, βᾰρύνεσθαι, δάκνεσθαι. ἄχθεσθαι, Ar. and P. ἀγᾰνακτεῖν, P. δυσχεραίνειν, χαλεπῶς φέρειν, Ar. βᾰρέως φέρειν; see *be distressed*, under *distress*. *Be vexed at*: P. and V. ἄχθεσθαι (dat.), δυσφορεῖν (acc. or dat.), Ar. and P. χᾰλεπαίνειν (dat.), ἀγᾰνακτεῖν (dat.), P. δυσχεραίνειν (acc., dat. or ἐπί, dat.), χαλεπῶς φέρειν (acc. or dat.), V. λυπρῶς φέρειν (acc.), πικρῶς φέρειν (acc.), δυσφόρως ἄγειν (acc.), ἐπάχθεσθαι (dat.), ἀσχάλλειν (acc. or dat.) (rare P.); see *be angry at*, under *angry*.

Vexation, subs. *Distress*: P. and V. λύπη, ἡ, ἀνία, ἡ, δυσχέρεια, ἡ, ἀχθηδών, ἡ, P. ἀγανάκτησις, ἡ; see *distress, trouble*. *Anger*: P. and V. ὀργή, ἡ; see *anger*.

Vexatious, adj. P. and V. βᾰρύς, ὀχληρός, δυσχερής, λῡπηρός, ἀνῑᾱρός, κᾰκός, ἐπαχθής, προσάντης (Plat.), Ar. and P. χᾰλεπός, ἐπίπονος, P. πραγματώδης, V. ἀχθεινός (also Xen. but rare P.), ἐμβρῑθής (Soph., *Frag.*), πολύπονος, δυσπόνητος, λυπρός, δύσφορος (also Xen. but rare P.). *Things vexatious to the spirit*: V. καρδίας δηκτήρια (Eur., *Hec.* 235).

Vexatiously, adv. P. and V. λῡπηρῶς, ἀνῑᾱρῶς (Xen.), ἀλγεινῶς, κᾰκῶς.

Vexatiousness, subs. P. and V. δυσχέρεια, ἡ, P. βαρύτης, ἡ.

Viaduct, subs. Use *bridge*.

Vial, subs. See *phial*. *Pour out the vials of one's wrath on*: see *visit one's anger on*.

Viands, subs. P. and V. σῖτος, ὁ, τροφή, ἡ; see *food*.

Vibrate, v. intrans. *Shake*: P. and V. σείεσθαι; see *oscillate*. *Tremble*: P. and V. τρέμειν. *Throb*: P. and V. πηδᾶν, P. σφύζειν, V. ὀρχεῖσθαι.

Vibration, subs. *Trembling* P. and V. τρόμος, ὁ (Plat.). *Earthquake*: P. and V. σεισμός, ὁ. *Oscillation*: Ar. and V. σάλος, ὁ.

Vice, subs. P. and V. κάκη, ἡ, πονηρία, ἡ, τὸ κᾰκοῦργον, Ar. and P. κᾰκία, ἡ, μοχθηρία, ἡ, P. κακότης, ἡ; see *sin, wickedness*.

Vice-admiral, subs. (*Of the Spartan fleet*): P. ἐπιστολεύς, ὁ (Xen.).

Vicegerent, subs. *Lieutenant*: P. and V. ὕπαρχος, ὁ. *Satrap*: P. σατράπης, ὁ.

Viceroy, subs. *Lieutenant*: P. and V. ὕπαρχος, ὁ. *Satrap*: P. σατράπης, ὁ.

Vice-versa, adv. *Contrariwise*: P. and V. ἐναντίως.

Vicinity, subs. *The country round*: use P. and V. ἡ πέριξ γῆ. *The neighbours*: P. and V. οἱ γείτονες; see *neighbour*. *In the vicinity of*: use *near*.

Vicious, adj. P. and V. κᾰκός, πονηρός, κᾰκοῦργος, φαῦλος, αἰσχρός, μοχθηρός; see *wicked*. *Unworthy*: P. and V. ἀνάξιος. *Ill-tempered*: P. and V. δύσκολος, πικρός. *Intractable*: Ar. and P. χᾰλεπός.

Viciously, adv. P. and V. κᾰκῶς, αἰσχρῶς; see *wickedly*. *Angrily*: P. and V. πικρῶς, Ar. and P. χᾰλεπῶς; see *angrily*.

Viciousness, subs. See *vice*. *Bitterness*: P. and V. πικρότης, ἡ. *Of a horse*: P. χαλεπότης, ἡ (Xen.).

Vicissitude, subs. *Change*: P. and V. μετᾰβολή, ἡ, μετάστᾰσις, ἡ; see *change*. *Accidents of life*: P. and V. συμφορά, ἡ, πᾰθη, τά, πᾰθήμᾰτα, τά, V. πᾰθαι, αἱ.

Victim, subs. *Sacrifice*: P. and V. θῦμα, τό, σφάγιον, τό (generally pl.), Ar. and P. ἱερεῖον, τό, Ar. and V. σφᾰγεῖον, τό, V. θύος, τό, θῡτήριον, τό, πρόσφαγμα, τό, χρηστήριον, τό. *Animal for slaughter*: Ar. and V. βοτόν, τό. *Severed portions of victims*: Ar. and P. τόμια, τά. Met., *the victim* as opposed to *the agent*: P. and V. ὁ πάσχων. *One who is wronged*: P. and V. ὁ ἀδῐκούμενος. *You will depart hence, the victim not of us, the laws, but of men*: P. ἠδικημένος ἄπει . . . οὐχ ὑφ' ἡμῶν τῶν νόμων ἀλλ' . ὑπ' ἀνθρώπων (Plat., *Crito*, 54B). *Be the victim* (*of misfortune, etc.*), v.: P. and V. περῐπίπτειν (dat.), ἐμπίπτειν (εἰς, acc.); see *fall into*. *Be victim*, as opposed to *the agent*: P. and V. πάσχειν. *I was the victim of circumstances*: P. ἡσσήθην τῇ τύχῃ. *Be the victim of a plot*, P. and V. ἐπῐβουλεύεσθαι (pass.). *Be victim of malicious accusations*: Ar. and P. σῡκοφαντεῖσθαι. *An easy victim*: V. εὐμᾰρὲς χείρωμα, τό (Æsch., *Ag.* 1326).

Victimise, v. trans. See *cheat*, *worry*.

Victor, subs. P. and V. ὁ κρᾰτῶν, ὁ νῑκῶν, ὁ κρείσσων. *Victor in the Olympian games*: P. Ὀλυμπιονίκης, ὁ. *Be victor in the Olympian games*, v.: P. Ὀλύμπια νικᾶν.

Victorious, adj. *Conquering*: P. and V. κρείσσων, P. ἐπικρατής, καθυπέρτερος, V. νῑκηφόρος (also Plat., *Rep.* 621D, but rare P.), ὑπέρτερος. *Connected with victory*: Ar. and V. καλλίνῑκος, V. νῑκηφόρος. *Victorious over*: V. ὑπέρτερος (gen.), καλλίνῑκος (gen.). Met., P. and V. κρείσσων (gen.). *Be victorious*: P. and V. νῑκᾶν, κρᾰτεῖν, P. ἐπικρατεῖν; see *conquer*. *Be victorious in turn*: V. ἀντινῑκᾶν. *Be victorious over*: see *conquer*.

Victory, subs. P. and V. νίκη, ἡ, κρᾰτος, τό. *Win a victory*: P. and V. νῑκᾶν, κρᾰτεῖν. *Win a great victory*: P. and V. πολὺ νικᾶν, P. παρὰ πολὺ νικᾶν. *Each side claimed the victory*: P. ἑκάτεροι νικᾶν ἠξίουν (Thuc. 1, 55), ἑκάτεροι τὴν νίκην προσεποιήσαντο (Thuc. 1, 54). *Prize of victory*: P. and V. νῑκητήριον, τό (in P., pl. and generally so in V.), V. ἐπινίκια, τά. *Offer sacrifices for victory*: P. ἐπινίκια θύειν. *Win a victory whose fruit is tears*: V. δάκρυα νῑκηφορεῖν (Eur., *Bacch.* 1147).

Victual, v. trans. P. and V. τροφὴν πᾰρέχειν (dat.); see *feed*. *Victual oneself*: P. ἐπισιτίζεσθαι.

Victuals, subs. P. and V. τροφή, ἡ, σῖτος, ὁ; see *food*.

Vidette, subs. See *vedette*.

Vie (with), v. intrans. P. and V. ἀγωνίζεσθαι (dat. or πρός, acc.), ἁμιλλᾶσθαι (dat. or πρός, acc.), ἐρίζειν (dat.), μάχεσθαι (dat. or πρός, acc.), V. ἐξᾰγωνίζεσθαι (dat.), ἐξᾰμιλλᾶσθαι (dat.), P. διαμιλλᾶσθαι (dat. or πρός, acc.), ἀνταγωνίζεσθαι (dat.). *What is now left of the land can vie with any other in richness and fertility*: P. τὸ νῦν αὐτῆς (γῆς) λείψανον ἐνάμιλλόν ἐστι πρὸς ἥντινοῦν τῷ πάμφορον εὔκαρπόν τε εἶναι (Plat., *Critias*, 110E).

View, subs. P. and V. ὄψῐς, ἡ. *Range of view*: P. ἔποψις, ἡ. *Spectacle*: P. and V. θέα, ἡ, θέᾱμα, τό, θεωρία, ἡ, ὄψῐς, ἡ, V. πρόσοψις, ἡ. *He had a seat that gave a view of all his host*: V. ἕδραν γὰρ εἶχε παντὸς εὐαγῆ στρατοῦ (Æsch., *Pers.* 466). *Picture*: P. and V. γρᾰφή, ἡ; see *picture*. *In view, in sight*: P. κάτοπτος, V. ἐπόψιος, προσόψιος. *Be in view*, v.: P. and V. φαίνεσθαι. *In view of, overlooking*: use adj. V. κᾰτόψιος (gen.). *In sight of*: P. and V. ἐναντίον (gen.). *In consequence of*: P. and V. διά (acc.), ἕνεκα (gen.), V. εἵνεκα (gen.); see *because of*. *In the light of*: P. and V. πρός (acc.). *Examination, survey*: P. and V. σκέψῐς, ἡ, P. ἐπίσκεψις, ἡ. *Opinion*: P. and V. δόξᾰ, ἡ, γνώμη, ἡ, δόξασμα, τό, V. γνῶμα, τό. *In my view*: P. and V. ὡς ἐμοὶ δοκεῖ. *All who held the same political views*: P. ὅσοι τῆς αὐτῆς γνώμης ἦσαν (Thuc. 1, 113). *Have in view, intend*, v.: P. and V. νοεῖν, ἐννοεῖν; see *intend*. *Supposition*: P. ὑπόθεσις, ἡ. *Point of view*: use *opinion*. *From my point of view*: P. τὸ κατ' ἐμέ.

View, v. trans. *Survey*: P. and V. σκοπεῖν, ἐπισκοπεῖν, ἀθρεῖν, ἀναθρεῖν, θεᾶσθαι, θεωρεῖν, ἐφορᾶν, Ar. and V. ἐποπτεύειν; see *behold*. *Examine*: P. and V. ἐξετάζειν, διασκοπεῖν; see *examine*. *Judge, consider*: P. and V. γιγνώσκειν, κρῑνειν; see *consider*.

Vigil, subs. P. and V. φῠλᾰκή, ἡ, φρουρά, ἡ, τήρησις, ἡ (Eur., *Frag.*). *Eve*: P. ἡ προτεραία (gen.).

Vigilance, subs. P. and V. εὐλάβεια, ἡ, P. φυλακή, ἡ, περιωπή, ἡ. *Want of vigilance*: P. τὸ ἀφύλακτον, ἀφυλαξία, ἡ. *Forethought*: P. and V. πρόνοια, ἡ, P. προμήθεια, ἡ,

V. προμηθία, ἡ. *Trouble:* P. and V. πόνος, ὁ; see *labour.* *Sleeplessness:* Ar. and P. ἀγρυπνία, ἡ.

Vigilant, adj. P. εὐλαβής, προμηθής. *Sleepless:* P. and V. ἄγρυπνος, V. ἄϋπνος (also Plat. but rare P.). *Be vigilant,* v.: P. and V. εὐλᾰβεῖσθαι, προμηθεῖσθαι; see *take precautions,* under *precaution.* *Be sleepless:* P. ἀγρυπνεῖν.

Vigilantly, adv. P. and V. εὐλᾰβῶς; see *laboriously.*

Vigorous, adj. *Strong:* P. and V. ἰσχῡρός, Ar. and V. παγκρᾰτής, καρτερός, V. κρᾰταιός, ὄβρῐμος, ἐγκρᾰτής, σθενᾰρός, P. ἐρρωμένος. *In one's prime:* P. and V. ὡραῖος, V. ἀκμαῖος, θᾰλερός, χλωρός, Ar. ὡρῐκός, Ar. and P. νεᾱλής. *Effective:* P. and V. δραστήριος. *Energetic:* P. and V. ἔντονος, σύντονος, ὀξύς. *Vehement:* P. σφοδρός, P. and V. νεᾱνῐκός; see *vehement.* *Be vigorous,* v.: P. and V. ἀκμάζειν, ἰσχύειν, σφρῐγᾶν, ἡβᾶν, Ar. and V. εὐσωμᾰτεῖν, V. εὐσθενεῖν (Eur., *Cycl.*). *Take vigorous measures:* see *exert oneself.*

Vigorously, adv. *Strongly:* P. and V. ἐρρωμένως, P. ἰσχυρῶς, ἐγκρατῶς. *Energetically:* P. and V. σπουδῇ, P. ἐντόνως, συντόνως. *Vehemently:* P. and V. σφόδρᾰ, P. σφοδρῶς, Ar. and P. νεᾱνῐκῶς. *Attack vigorously* (with words): P. πολὺς ἐγκεῖσθαι (dat.).

Vigour, subs. *Strength:* P. and V. ῥώμη, ἡ, ἰσχύς, ἡ, V. σθένος, τό, ἀλκή, ἡ, κῖκυς, ἡ (Æsch., *Frag.*). *Zeal, energy:* P. and V. σπουδή, ἡ, προθῡμία, ἡ. *Full vigour, prime:* P. and V. ἀκμή, ἡ; see *prime.* *In full vigour, unimpaired:* use adj., P. and V. ἀκραιφνής.

Vile, adj. *Base:* P. and V. αἰσχρός, κᾰκός, πονηρός, φαῦλος, κᾰκοῦργος. *Worthless:* P. and V. εὐτελής, φαῦλος. *Disgusting:* P. and V. μιᾰρός, βᾰρύς, P. ἀηδής. *Mean* (of birth, rank, etc.): P. and V. τᾰπεινός; see *mean.*

Vilely, adv. P. and V. αἰσχρῶς, κᾰκῶς. *Badly, worthlessly:* P. and V. κᾰκῶς, φαύλως. *Meanly:* P. ταπεινῶς.

Vileness, subs. P. and V. πονηρία, ἡ, κάκη, ἡ, Ar. and P. κᾰκία, ἡ, μοχθηρία, ἡ. Of rank, birth, etc.: P. ταπεινότης, ἡ; see *meanness.* *Worthlessness:* P. and V. φαυλότης, ἡ.

Vilification, subs. See *abuse.*

Vilify, v. trans. See *abuse.*

Villa, subs. Use *house.* *Estate in the country:* P. and V. ἀγρος, ὁ, or pl.

Village, subs. P. κώμη, ἡ.

Villager, subs. P. and V. κωμήτης, ὁ.

Villain, subs. Use adj., P. and V. κᾰκοῦργος, πᾰνοῦργός, V. λεωργός (also Xen.); see *villainous, rascal.*

Villainous, adj. P. and V. κᾰκοῦργος πᾰνοῦργος, αἰσχρός, κᾰκός, μιᾰρός, V. παντουργός, Ar. and P. παμπόνηρος. *Bad in quality:* P. and V. φαῦλος, κᾰκός, φλαῦρος, Ar. and P. μοχθηρός.

Villainously, adv. P. and V. κᾰκῶς, αἰσχρῶς, Ar. and P. πᾰνούργως. *Badly, poorly:* P. and V. κᾰκῶς, φαύλως, P. μοχθηρῶς.

Villainy, subs. P. and V. πᾰνουργία, ἡ, τὸ πᾰνοῦργον, τὸ κᾰκοῦργον, P. κακουργία, ἡ. *Piece of villainy:* P. κακουργημα, τό. *Practise villainy,* v.: P. and V. πᾰνουργεῖν, Ar. and P. κᾰκουργεῖν.

Villein, subs. P. and V. πενέστης, ὁ, P. θής, ὁ; see *serf.*

Vindicate, v. trans. *Justify, defend* (*an action*): P. ἀπολογεῖσθαι περί (gen.); see *defend.* *Vindicate oneself:* Ar. and P. ἀπολογεῖσθαι. *Vindicate* (*a person's*) *freedom:* P. ἐξαιρεῖσθαί (τινα) εἰς ἐλευθερίαν. *Guard:* P. and V. φῠλάσσειν, σώζειν; see *guard, defend.*

Vindication, subs. *Justification:* P. ἀπολογία, ἡ. *Defence, protection:* P. and V. φῠλᾰκή, ἡ, σωτηρία, ἡ.

Vindictive, adj. *Remembering.* P. and V. μνήμων. *Be vindictive,* v.: Ar. and P. μνησῐκᾰκεῖν. *Implacable,* adj.: P. and V. πικρός, P.

ἀπαραίτητος, V. δυσπαραίτητος; see *implacable*.

Vindictively, adv. P. and V. πικρῶς; see *implacably*.

Vindictiveness, subs. P. and V. πικρότης, ἡ; see *implacability*.

Vine, subs. P. and V. ἄμπελος, ἡ, Ar. οἰνάνθη, ἡ. *Vine clusters*: P. and V. βότρυς, ὁ. *Young vine*: Ar. ἀμπελίς, ἡ. *A friend to the vine*, adj.: Ar. φιλάμπελος. *Rich in vines*: V. εὔβοτρυς, εὐάμπελος (Eur., *Frag.*). *I have wreathed it round with the clustering green of the vine*: V. ἀμπέλου δέ νιν πέριξ ἐγὼ 'κάλυψα βοτρυώδει χλόῃ (Eur., *Bacch.* 11).

Vine-dresser, subs. Ar. ἀμπελουργός, ὁ.

Vine-dressing, subs. P. ἡ ἀμπελουργική.

Vinegar, subs. P. and V. ὄξος, τό. *Jar for vinegar*: V. ὀξηρὸν ἄγγος (Soph., *Frag.*).

Vine-prop, subs. Ar. and P. χάραξ, ὁ or ἡ.

Vineyard, subs. P. ἀμπελών, ὁ.

Vintage, subs. P. τρύγητος, ὁ. Met., see *harvest*.

Violate, v. trans. P. and V. παραβαίνειν, ὑπερβαίνειν, συγχεῖν, P. λύειν, διαλύειν, παρέρχεσθαι, ὑπερπηδᾶν, V. ὑπερτρέχειν, παρεξέρχεσθαι. *Violate the law*: P παρανομεῖν, or νόμον παρανομεῖν. *Defile*: P. and V. μιαίνειν; see *defile*. *Ravish*: P. and V. διαφθείρειν; see *ravish*.

Violation, subs. *Transgression*: P. σύγχυσις, ἡ. *Violation of the law*: P. παρανομία, ἡ, παρανόμημα, τό. *In violation of*: use prep., P. and V. παρά (acc.). *Ravishment, rape*: P. ὕβρις, ἡ.

Violator, subs. *Breaker*: P. διαλυτής, ὁ. *Corrupter*: P. and V. λυμεών, ὁ.

Violence, subs. *Force*: P. and V. βία, ἡ. V. τὸ καρτερόν, P. βιαιότης, ἡ. *Rush*: Ar. and P. ῥύμη, ἡ. *Outrage*: P. and V. ὕβρις, ἡ, ὕβρισμα, τό. *Vehemence*: P. σφοδρότης, ἡ. *By violence, by force*: P. and V. βίᾳ, πρὸς βίαν, βιαίως, V. ἐκ βίας, κατ' ἰσχύν, σθένει, πρὸς τὸ καρτερόν, πρὸς ἰσχύος κράτος; see under *force*. *Act of violence*: V. χείρωμα, τό. *Do acts of violence*, v.: P. χειρουργεῖν. *Use violence*: P. and V. βιάζεσθαι (mid.). *Suffer violence*: P. and V. βιάζεσθαι (pass.). *Do violence to oneself, kill oneself*: P. βιάζεσθαι ἑαυτόν (Plat.). *Do a violence to, take violent measures against*: P. and V. ἀνήκεστόν τι δρᾶν (acc.) (Eur., *Med.* 283), P. νεώτερόν τι ποιεῖν εἰς (acc.), ἀνήκεστόν τι βουλεύειν περί (gen.). *Do no violence to*: V. δρᾶν μηδὲν . . . νεώτερον (acc.) (Eur., *Rhes.* 590), μηδὲν νέον δρᾶν (acc.) (Eur., *Bacch.* 362). *Blow with great violence* (*of wind*): P. μέγας ἐκπνεῖν (Thuc. 6, 104). *Their escape was due to the violence of the storm*: P. ἐγένετο ἡ διάφευξις αὐτοῖς διὰ τοῦ χειμῶνος τὸ μέγεθος (Thuc. 3, 23).

Violent, adj. P. and V. βίαιος. *Compulsory*: P. and V. ἀναγκαῖος, P. βίαιος. *Of natural phenomena*: P. ἰσχυρός. *Insolent*: P. ὑβριστικός, or use P. and V. ὑβριστής. *Vehement*: P. σφοδρός. Of pain: P. σφοδρός, P. and V. δεινός. Of words: V. σφριγῶν, P. σφοδρός. *Boisterous*: P. ταραχώδης, V. λαβρός. Of the passions: P. and V. ἄκρατος. *Be violent*, v.: P. and V. βιάζεσθαι. *Be insolent*: P. and V. ὑβρίζειν. *Be vehement*: V. σφοδρύνεσθαι. *Take violent measures against*: P. νεώτερόν τι ποιεῖν εἰς (acc.), ἀνήκεστόν τι βουλεύειν περί (gen.), P. and V. ἀνήκεστόν τι δρᾶν (acc.) (Eur., *Med.* 283); see under *violence*. *Die a violent death*: P. βιαίως ἀποθνήσκειν, V. θνήσκειν βιαίως.

Violently, adv. P. and V. βιαίως. *Vehemently*: P. σφοδρῶς, P. and V. σφόδρα. *Insolently*: P. ὑβριστικῶς.

Violet, subs. P. ἴον, τό (Dem. 615). *Crowned with violets*, adj.: Ar. ἰοστέφανος.

Violet, subs. and adj. Of colour: see *purple*.

Viper, subs. P. and V. ἔχιδνα, ἡ, P. ἔχις, ὁ (Plat.); see *snake*.

Virgin, subs. *Girl:* P. and V. παρθένος, ἡ, κόρη, ἡ, παῖς, ἡ, Ar. and V. νεᾶνις, ἡ; see *girl*. *Unmarried girl:* P. and V. παρθένος, ἡ. *Be a virgin*, v.: V. παρθενεύεσθαι.

Virgin, adj. *Untouched:* P. and V. ἀκήρᾰτος.

Virginal, adj. Ar. and V. παρθένειος, V. παρθένος. *Untouched:* P. and V. ἀκήρᾰτος; see *chaste*.

Virginity, subs. P. παρθενία, ἡ, V. παρθενεία, ἡ, κορεύμᾰτα, τά. *Chastity:* P. ἁγνεία, ἡ, V. ἅγνευμα, τό.

Virile, adj. Ar. and P. ἀνδρῐκός; see *brave*, *strong*.

Virility, subs. See *manhood*.

Virtually, adv. Opposed to *nominally:* P. and V. ἔργῳ. *Really:* P. and V. ὄντως. *Almost:* P. and V. σχεδόν; see *almost*.

Virtue, subs. Of persons or things: P. and V. ἀρετή, ἡ. *Goodness:* P. and V. χρηστότης, ἡ, τὸ χρηστόν (Eur., *Supp.* 866). *Chastity:* P. ἁγνεία, ἡ, V. ἅγνευμα, τό. *Of drugs:* V. δῠνᾰσις, ἡ, ἰσχῡς, ἡ.

Virtuous, adj. P. and V. ἀγᾰθός, χρηστός, κᾰλός, ἄμεμπτος; see *good*. *Chaste:* P. and V. ἁγνός, κᾰθᾰρός.

Virtuously, adv. P. and V. εὖ, κᾰλῶς, ἀμέμπτως (Xen.). *Chastely:* P. ἁγνῶς (Xen.). *Act virtuously* (in a contemptuous sense), v.: P. ἀνδραγαθίζεσθαι.

Virtuousness, subs. P. and V. χρηστότης, ἡ; see *virtue*.

Virulence, subs. *Malignity:* P. and V. πικρότης, ἡ.

Virulent, adj. *Malignant:* P. and V. πικρός. Of a disease, etc.: P. ἰσχυρός.

Virulently, adv. *Malignantly:* P. and V. πικρῶς.

Virus, subs. See *poison*.

Visage, subs. *Face:* P. and V. ὄψῐς, ἡ, πρόσωπον, τό; see *face*. *Look:* P. and V. βλέμμᾰ, τό; see *look*.

Viscous, adj. P. γλισχρός, γλοιώδης.

Visible, adj. P. and V. φᾰνερός, δῆλος, P. κάτοπτος, V. ἐπόψιος, προσόψιος. *Conspicuous:* P. καταφανής, ἐπιφανής; see *conspicuous*. *That may be seen:* P. and V. θεᾱτός. Philosophically, *visible to the eye* (as opposed to *mental*): P. ὁρατός. *Clear:* P. and V. σᾰφής. *Be visible*, v.: P. καταφαίνεσθαι, καθορᾶσθαι, P. and V. φαίνεσθαι. *Many feet of horses and men are visible under the gate as if they were coming out:* P. ὑπὸ τὰς πύλας ἵππων τε πόδες πολλοὶ καὶ ἀνθρώπων ὡς ἐξιόντων ὑποφαίνονται (Thuc. 5, 10).

Visibly, adj. *Plainly:* P. and V. ἐμφᾰνῶς, σᾰφῶς; see *plainly*.

Vision, subs. *Power of sight:* P. and V. ὄψῐς, ἡ, πρόσοψις, ἡ. *Eye:* P. and V. ὀφθαλμός, ὁ, ὄψῐς, ἡ, ὄμμᾰ, τό (Thuc. and .Plat. but rare P.). *Range of sight:* P. ἔποψις, ἡ. *Spectacle:* P. and V. θέα, ἡ, θέᾱμα, τό, θεωρία, ἡ, ὄψῐς, ἡ, V. πρόσοψις, ἡ (Eur., *Or.* 952). *Apparition:* P. and V. φάσμᾰ, τό, εἰκών, ἡ, εἴδωλον, τό, φάντασμα, τό, V. σκιά, ἡ, ὄψῐς, ἡ, δόκησις, ἡ. *Dream:* P. and V. ὄνᾰρ, τό; see *dream*. *Waking vision:* P. and V. ὕπᾰρ, τό; see Plat. *Rep.* 574E.

Visionary, adj. *Impracticable:* P. and V. ἄπορος, ἀμήχᾰνος (rare P.). *Imaginary* (as opposed to *real*): P. and V. δοκῶν. *Visionary scheme:* P. εὐχή ἡ.

Visionary, subs. *Star-gazer:* P. μετεωροσκόπος, ὁ; see *star-gazer*. *Be a visionary, indulge in dreams*, v.: Ar. and P. ὀνειροπολεῖν.

Visit, subs. P. and V. εἴσοδος, ἡ.

Visit, v. trans. P. and V. ἐπέρχεσθαι (acc.) (Thuc. 8, 54), φοιτᾶν (πᾰρά, acc. or πρός, acc.), προσέρχεσθαι πρός (acc.), P. ἐπιφοιτᾶν (εἰς, acc.), Ar. and V. εἰσφοιτᾶν (acc.). *Come and see:* P. and V. ἐπισκοπεῖν (acc.). *Go around:* Ar. and P. περιέρχεσθαι (acc.). *Haunt:* P. and V. φοιτᾶν (εἰς, acc. or ἐπί, acc.), V. ἐνστρέφειν

(Eur., *Ion*, 300). *Visit a patient:* P. εἰσέρχεσθαι (dat.) (Dem. 307). *Visit with punishment:* P. and V. μετέρχεσθαι, V. ἐπεξέρχεσθαι, ἐπέρχεσθαι; see *punish*. *The anger of the goddess hath visited you:* V. ὀργαὶ δ' ἐς σ' ἀπέσκηψαν θεᾶς (Eur., *Hipp.* 438). *Had I not visited my comrades' murder on you:* V. εἰ μή σ' ἑταίρων φόνον ἐτιμωρησάμην (Eur., *Cycl.* 695). *How soon the goddesses have visited your mother's blood upon you:* V. ὡς ταχύ μετῆλθόν σ' αἷμα μητέρος θεαί (Eur., *Or.* 423). *Visit anger on the city:* V. ἐπιρρέπειν μῆνιν πόλει (Æsch., *Eum.* 888); see *vent*. *I will visit this land with my wrath:* V. βαρεῖα χώρᾳ τῇδ' ὁμιλήσω (Æsch., *Eum.* 720). *Be visited with, haunted by:* P. and V. σῦνεῖναι (dat.), σῦνέχεσθαι (dat.). *A couch not visited by dreams:* V. εὐνὴ ὀνείροις οὐκ ἐπισκοπουμένη (Æsch., *Ag.* 13).

Visitation, subs. P. and V. προσβολή, ἡ, σκῆπτος, ὁ. *Visitation of disease:* V. νόσου σῦναλλᾰγή, ἡ (Soph., *O.R.* 960). *Visitation of fever:* P. καταβολὴ πυρετοῦ, ἡ (Dem. 118). *Misfortune:* P. and V. συμφορά, ἡ, κᾰκόν, τό.

Visitor, subs. *Guest:* P. and V. ξένος, ὁ.

Vista, subs. *View:* P. ἔποψις, ἡ.

Vital, adj. *Connected with life:* use P. and V. ψῡχῆς (gen. of ψῡχή). *Vital part*, subs.: use P. καίριον, τό (Xen.). *Struck in a vital part:* V. ἐς καιρὸν τῠπείς (Eur., *And.* 1120). *Important*, adj.: P. διάφορος. *Be vital, be important*, v.: P. and V. διᾰφέρειν. *Essential:* P. and V. ἀναγκαῖος.

Vitality, subs. *Life:* P. and V. ψῡχή, ἡ. *Grit:* P. and V. θῡμός, ὁ. *Strength:* P. and V. ἰσχύς, ἡ, ῥώμη, ἡ. *Possess vitality, be strong*, v.: P. and V. ἰσχῡ́ειν.

Vitally, adv. *In a vital part:* V. καιρίως; see *mortally*. *Importantly:* P. διαφερόντως.

Vitiate, v. trans. *Corrupt:* P. and V. διαφθείρειν. *Infect:* P. ἀναπιμπλάναι. *Defile:* P. and V. μιαίνειν, V. χραίνειν (also Plat. but rare P.); see *defile*. *Nullify:* P. ἄκυρον καθιστάναι; see *cancel*.

Vitiated, adj. *Diseased:* P. and V. νοσώδης. *Defiled:* P. and V. μιᾰρός, Ar. and V. μῠσᾰρός. *Vitiated with:* P. ἀνάπλεως (gen.), P. and V. πλέως (gen.), V. πλήρης (gen.).

Vitiation, subs. P. and V. διαφθορά, ἡ.

Vituperation, subs. See *abuse*, *blame*.

Vituperative, adj. See *abusive*.

Vivacious, adj. Ar. and P. νεᾱνῐκός, P. εὔθυμος. Of looks: P. and V. φαιδρός; see *cheerful*.

Vivaciously, adv. P. and V. εὐθῡ́μως (Xen.).

Vivacity, subs. P. and V. εὐθῡμία, ἡ (Xen.); see *joy*.

Vivid, adj. *Clear:* P. and V. σᾰφής, V. σᾰφηνής; see *clear*.

Vividly, adv. P. and V. σᾰφῶς, V. σᾰφηνῶς; see *clearly*.

Vividness, subs. P. and V. σᾰφήνεια, ἡ.

Vocal, adj. *Of the voice:* P. and V. φωνῆς (gen. sing. of φωνή). *Endowed with voice:* P. and V. φωνήεις (rare in both). Of the Oaks of Dodona: V. προσήγορος, (Æsch. P. V. 832), πολύγλωσσος (Soph. Trach. 1168).

Vocalist, subs. *Singer:* P. and V. ᾠδός, ὁ (Plat.); see *singer*.

Vocation, subs. P. and V. τέχνη, ἡ, P. ἐπιτήδευμα, τό; see *occupation*.

Vociferate, v. intrans. P. and V. βοᾶν, ἀνᾰβοᾶν; see *shout*.

Vociferation, subs. P. and V. βοή, ἡ; see *shout*.

Vociferous, adj. P. θορυβώδης; see *loud*.

Vociferously, adv. P. and V. μέγᾰ, μεγάλᾰ; see *loudly*.

Vogue, subs. *Be in vogue*, v.: P. and V. κρᾰτεῖν, ἰσχῡ́ειν, P. ἐπικρατεῖν, περιτρέχειν, διαφέρειν, V.

πληθύειν. *Come into vogue*: P. ἐκνικᾶν.

Voice, subs. P. and V. φωνή, ἡ, φθέγμᾰ, τό (Plat.), φθόγγος, ὁ (Plat.), V. φθογγή, ἡ, αὐδή, ἡ, φώνημα, τό, γήρῡμα, τό, Ar. and V. γῆρυς, ἡ, ἠχώ, ἡ; see *sound, cry*. *Prophetic voice*: V. κληδών, ἡ, ὀμφή, ἡ (also in acc. sing. ὄπα, Eur., *Hipp.* 1321; *Or.* 1669). Of animals: P. and V. φθέγμᾰ, τό (Plat.), φθόγγος, ὁ (Plat.), V. φθογγή, ἡ, βοή, ἡ. *Have a voice in*, met.: P. and V. μετέχειν (gen.); see *share*. *Have a loud voice*: P. μέγα φθέγγεσθαι. *A fine voice*, subs.: P. εὐφωνία, ἡ (Dem. 450). *Having a fine voice*, adj.: Ar. and P. εὔφωνος. P. καλλίφωνος (Plat.). *Give the voice play*, v.: P. φωνασκεῖν. *Voice production*, subs.: P. φωνασκία, ἡ. *With one voice*: see *unanimously, together*. *They all cried with one voice*: Ar. οἱ δ' ἐξ ἑνὸς στόματος ἅπαντες ἀνέκραγον (*Eq.* 670). *They all din into us with one voice*: P. πάντες ἐξ ἑνὸς στόματος ὑμνοῦσι (Plat., *Rep.* 364A). *With one voice*: V. ἀθρόῳ στόμᾰτι (Eur., *Bacch.* 725).

Voice, v. trans. *Give utterance to*: P. and V. φθέγγεσθαι (acc.), V. φωνεῖν (acc.); see *express*.

Voiceless, adj. P. and V. ἄφωνος, V. ἄφθεγκτος, ἄφθογγος, ἄναυδος, ἀφώνητος, ἀπόφθεγκτος; see *dumb, silent*.

Void, adj. P. and V. κενός, P. διάκενος. *Desolate*: P. and V. ἐρῆμος. *Void of*: P. and V. κενός (gen.), ἐρῆμος (gen.); see *free from*. *Having no legal force*: P. ἄκυρος. *Vain, useless*: P. and V. κενός, μᾰ́ταιος.

Void, subs. P. τὸ κενόν, τὸ, διάκενον. *Feeling of loss*: P. and V. πόθος, ὁ (Plat.).

Volatile, adj. *Light*: P. and V. κοῦφος, ἐλαφρός. *Flitting*: P. and V. πτηνός (Plat.). *Fickle*: P. ἀκατάστατος; see *fickle*. *Light-headed*: V. κουφόνους.

Volcanic, adj. V. πῠρίστακτος. *Volcanic rock*: V. πυρίστακτος πέτρα, ἡ (Eur., *Cycl.* 298). *Volcanic eruption*: see Thuc. 3, 116; Plat., *Phaedo*, 111E.

Volcano, subs. Use *mountain*. See under *volcanic*.

Volition, subs. *Will*: P. and V. βούλησις, ἡ. *Choice*: P. and V. αἵρεσις, ἡ. *Determination*: P. and V. γνώμη, ἡ.

Volley, subs. *Shower of weapons*: V. νῐφάς, ἡ; see *shower*. *In a volley, altogether*: use adj., P. and V. ἀθρόος.

Volubility, subs. *Glibness*: Ar. and V. εὐγλωσσία, ἡ (Eur., *Frag.*), P. εὔροια, ἡ. *Chattering*: P. πολυλογία, ἡ, V. γλωσσαλγία, ἡ; see *chatter*.

Voluble, adj. *Glib*: Ar. and V. εὔγλωσσος (Æsch., *Supp.* 775), Ar. εὔπορος, V. εὔτροχος. *Chattering*: P. and V. λάλος, P. πολύλογος, V. πολύγλωσσος; see *chattering*.

Volume, subs. P. and V. βίβλος, ἡ; see *book*. *Bulk*: P. and V. ὄγκος, ὁ. *Volumes of smoke*: use P. and V. πολὺς καπνός, ὁ.

Voluminous, adj. *Long*: P. and V. μακρός. *Abundant*: P. and V. πολύς, πυκνός. *Twisted, wreathed*: P. and V. πολύπλοκος (Plat.), V. ἑλικτός.

Voluntarily, adv. P. and V. ἑκουσίως, V. ἐξ ἑκουσίας, ἑκουσίῳ τρόπῳ (Eur., *Med.* 751), or use adj. agreeing with subject, P. and V. ἑκών, αὐτεπάγγελτος, ἐθελοντής. *Voluntarily I subjected myself to this charge*: V. κἀγὼ 'θελοντὴς τῷδ' ὑπεζύγην πόνῳ (Soph., *Aj.* 24).

Voluntary, adj. Of things: P. and V. ἑκούσιος, αὐθαίρετος, V. ἑκών. Of persons: P. and V. ἐθελοντής.

Volunteer, subs. P. and V. ἐθελοντής, ὁ. *As a volunteer*: use adv. P. ἐθελοντί (Thuc. 8, 2), ἐθελοντηδόν (Thuc 8, 98). *Uninvited*: use adj., P. ἀπαράκλητος (Thuc. 2, 98).

Volunteer, v. trans. *Offer*: P. and V. ἐπαγγέλλεσθαι. Absol., P. and V. ὑφίστασθαι; see *undertake*.

Voluptuary, subs. Use adj., Ar. and P. τρῠφερός. *Be a voluptuary*, v.: P. and V. τρῠφᾶν.

Voluptuous, adj. Ar. and P. τρῠφερός, V. ἁβρός. *Costly*: P. and V. τίμιος. *Soft*: Ar. and P. μᾰλᾰκός, Ar. and V. μαλθᾰκός.

Voluptuously, adv. See *luxuriously*.

Voluptuousness, subs. P. and V. τρῠφή, ἡ, χλῐδή, ἡ (Plat.), ἁβρότης, ἡ (Plat.), P. τὸ ἁβροδίαιτον (Thuc. 1, 6); see *luxury*.

Vomit, v. trans. and absol. P. and V. ἐμεῖν (Plat., *Phaedrus*, 268B), Ar. and P. ἐξεμεῖν. *Vomit forth*: Ar. and P. ἐξεμεῖν, P. and V. ἐμεῖν, V. ἐρυγγάνειν (Eur., *Cycl.* 523). Met., P. and V. ἀνῑέναι, ἀνᾰδῐδόναι; see *emit*.

Vomiting, subs. P. λύγξ, ἡ (Thuc. 2, 49).

Voracious, adj. P. λίχνος, V. λαβρός, μάργος, μαργῶν. *Insatiable*: P. and V. ἄπληστος. *Voracious of*: P. and V. ἄπληστος (gen.). *Grasping*: P. πλεονεκτικός.

Voraciously, adv. V. λαβρῶς. *Insatiably*: P. ἀπλ στως. *Graspingly*: P. πλεονεκτικῶς.

Voracity, subs. P. λιχνεία, ἡ, γαστριμαργία, ἡ, λαιμαργία, ἡ, V. τὸ μάργον; see *greed*. *Insatiability*: P. and V. ἀπληστία, ἡ. *Taking more than one's share*: P. πλεονεξία, ἡ.

Vortex, subs. P. and V. δίνη, ἡ. Met., use *danger*.

Votary, subs. P. θεραπευτής, ὁ. *Lover*: P. and V. ἐραστής, ὁ. *Unjust is the goddess. And many a prosperous home and city hath she entered and left to the ruin of her votaries*: V. ἄδικος ἡ θεός· πολλοὺς δ' ἐς οἴκους καὶ πόλεις εὐδαίμονας εἰσῆλθε κἀξῆλθ' ἐπ' ὀλέθρῳ τῶν χρωμένων (Eur., *Phoen.* 532).

Vote, subs. P. and V. ψῆφος, ἡ; see *ballot*. *Decree*: P. and V. ψήφισμα, τό, ψῆφος, ἡ. *Motion, proposal*: Ar. and P. γνώμη, ἡ. *Decision*: P. διαψήφισις, ἡ. *Vote by show of hands*: P. χειροτονία, ἡ, διαχειροτονία, ἡ. *Put the vote*, v.: P. ψῆφον ἐπάγειν. *Put to the vote*: P. ἐπιψηφίζειν (acc.). *Put the vote to*: P. ψῆφον διδόναι (dat.) (Dem. 1303). *Cast one's vote*: P. and V. ψῆφον φέρειν, ψῆφον τίθεσθαι. *Cast one's vote in favour of*: P. and V. ψῆφον προστίθεσθαι (dat.). *Verdict where the votes are equal*, subs.: ἰσόψηφος δίκη, ἡ (Æsch., *Eum.* 795). *Manufacturing votes*, adj.: V. ψηφοποιός (Soph., *Aj.* 1135).

Vote, v. trans. Ar. and P. ψηφίζεσθαι (acc.). V. intrans. P. and V. ψῆφον φέρειν, ψῆφον τίθεσθαι, ψηφίζεσθαι (rare V.), P. διαψηφίζεσθαι. *Vote by show of hands*: Ar. and P. χειροτονεῖν, P. διαχειροτονεῖν. *Vote against*: Ar. and P. ἀντῐχειροτονεῖν (absol.), ἀποχειροτονεῖν (acc.). *They voted against (the letter) being sent*: P. ἀπεψηφίσαντο (τὴν ἐπιστολὴν) μὴ πέμπειν (Dem. 396). *Vote for (person or thing)*: Ar. and P. χειροτονεῖν (acc.). *Vote for (thing)*: Ar. and P. ψηφίζεσθαι (acc.). *Vote for a person's acquittal*: P. ἀποχειροτονεῖν (gen.), ἀποψηφίζεσθαι (gen.). *Vote for a person's condemnation*: P. καταψηφίζεσθαι (gen.), καταχειροτονεῖν (gen.). *Vote in addition*: P. προσψηφίζεσθαι (absol.). *Vote on a person's side*: Ar. συμψηφίζεσθαι (dat.). *Voting on a person's side*, adj.: P. σύμψηφος, ὁμόψηφος. *Having equal rights of voting*: P. and V. ἰσόψηφος.

Voting-urn, subs. See *urn*.

Votive, adj. P. and V. εὐκταῖος (Plat., also Ar.). *Votive offering*, P. and V. ἀνᾰθημα, τό, V. εὐκταία, τά. *Dedicate (as a votive offering)*, v.: P. and V. ἀνᾰτῐθέναι (acc.).

Vouch for, v. *Guarantee*: Ar. and P. ἐγγυᾶσθαι (acc.). *Confirm*: P. βεβαιοῦν (acc.). *Attest*, *bear witness to* : P. and V. μαρτῠρεῖν (acc.), συμμαρτῠρεῖν (acc.).

Vouchsafe, v. trans. *Grant* : P. and V. δῐδόναι; see *give*. With infin., *deign* : P. and V. ἀξιοῦν, δῐκαιοῦν; see *deign*.

Vow, subs. P. and V. εὐχή, ἡ, V. κᾰτεύγμᾰτα, τά; see *prayer*. *Promise* : P. and V. ὑπόσχεσις, ἡ. *Pledge* : P. and V. πίστῐς, ἡ, πιστόν, τό, or pl.; see *pledge*. *Make vows*, v.: P. and V. εὔχεσθαι, ἐπεύχεσθαι.

Vow, v. trans. Ar. and V. εὔχεσθαι. *Dedicate* : P. and V. ἀνᾰτῐθέναι. *Promise* : P. and V. ὑπισχνεῖσθαι, ἐπαγγέλλεσθαι; see *promise*. V. intrans. P. and V. εὔχεσθαι, ἐπεύχεσθαι. *Declare* : Ar. and V. εὔχεσθαι, V. ἐξεύχεσθαι, ἐπεύχεσθαι (also Plat. but rare P.), αὐχεῖν (also Thuc. but rare P.), ἐξαυχεῖν; see *boast, swear*.

Vowels, subs. P. τὰ φωνήεντα (Plat.), V. φωνοῦντα, τά (Eur., *Frag*.).

Voyage, subs. P. and V. πλοῦς, ὁ, πόρος, ὁ, στόλος, ὁ, V. ναυκληρία, ἡ. *A good voyage* : V. εὔπλοια, ἡ.

Voyage, v. intrans. P. and V. πλεῖν, Ar. and V. ναυστολεῖν, ναυσθλοῦσθαι, V. ναυτίλλεσθαι (also Plat. but rare P.); see *sail*.

Voyager, subs. V. ἔμπορος, ὁ; see *traveller, sailor*.

Vulgar, adj. *Common, low* : Ar. and P. φορτῐκός, ἀγοραῖος. *Uneducated* : P. and V. ἄμουσος, ἀμᾰθής, Ar. and P. ἀπαίδευτος, P. ἀγράμματος. *Boorish* : Ar. and P. ἄγροικος. *Wanting in taste* : P. ἀπειρόκαλος. *Mean, base* : P. and V. φαῦλος. *Mechanical* : P. and V. βᾰναυσος (Plat., *Theaet*. 176c; Soph. *Aj*. 1121). *The vulgar, the common people*, subs.: P. and V. οἱ πολλοί, πλῆθος, τό, ὄχλος, ὁ.

Vulgarity, subs. *Ignorance* : P. and V. ἀμουσία, ἡ, P. ἀπαιδευσία, ἡ. *Boorishness* : P. ἀγροικία, ἡ. *Want of taste* : P. ἀπειροκαλία, ἡ.

Vulgarly, adv. Ar. and P. ἀγροίκως, P. φορτικῶς. *Usually, for the most part* : P. ὡς ἐπὶ τὸ πολύ.

Vulnerable, adj. P. and V. τρωτός (Xen., and Eur., *Hel*. 810). *Unprotected, exposed* : P. and V. γυμνός. *Assailable* : P. ἐπίμαχος, εὐεπίθετος.

Vulture, subs. Ar. and V. γύψ, ὁ (Eur., *And*. 75). *Hawk* : P. and V. ἱέραξ, ὁ (Plat.), V. κίρκος, ὁ.

W

Wade, v. intrans. *Cross* : Ar. and P. διᾰβαίνειν; see *swim*. *Wade through, go through a long list, etc.*, met.: P. and V. διέρχεσθαι (acc.). *Wade through slaughter* : V. διὰ φόνου χωρεῖν (Eur., *And*. 175). *Your whole house shall wade through blood* : V. πᾶς σὸς οἶκος βήσεται δι᾽ αἵματος (Eur., *Phoen*. 20).

Waft, v. trans. P. and V. φέρειν, V. οὐρίζειν, ἐπουρίζειν. *Be wafted* : P. and V. φέρεσθαι, Ar. and P. ἐπουρίζειν (Plat.). *The breezes waft the wreathes of incense smoke* : Ar. θυμιαμάτων δ᾽ αὖραι διαψαίρουσι πλεκτάνην καπνοῦ (*Av*. 1716).

Wafting, adj. P. and V. οὔριος (Thuc. and Plat.), V. πόμπῐμος, ὠκύπομπος, εὔπομπος, πομπαῖος. *A wafting breeze* : V. οὖρος, ὁ (also Xen.).

Wag, v. trans. *Shake* : P. and V. σείειν. *Wag the tail* : P. διασείειν οὐρᾷ (Xen.), διασαίνειν (absol.) (Xen.), V. σαίνειν (absol.), Ar. κέρκῳ σαίνειν (*Eq*. 1031). *Wag the tongue* : V. ἀπογυμνάζειν στόμᾰ (Æsch., *Theb*. 441).

Wag, subs. See *jester*.

Wage, v. trans. P. and V. αἱρεσθαι, ποιεῖσθαι, τίθεσθαι, P. διαφέρειν. *Wage war* : P. and V. πολεμεῖν (absol.). *Wage war with* : P. and V. πολεμεῖν (dat. or πρός, acc.).

Wage, subs. P. and V. μισθός, ὁ, ἐπῐχειρα, τά; see *pay*. *Penalty* :

P. and V. ἐπιτίμιον, τό; see *penalty*. *Receipt of wages*: Ar. and P. μισθοφορά, ἡ. *Earn wages*, v.: P. and V. μισθαρνεῖν, Ar. and P. μισθοφορεῖν.

Wage-earning, subs. P. μισθαρνία, ἡ.

Wage-earning, adj. Ar. and P. μισθοφόρος.

Wager, subs. *Stake, pledge*: Ar. and P. ἐνέχυρον, τό. *Contest*: P. and V. ἀγών, ὁ. *Lay a wager*: Ar. περιδίδοσθαι (absol.).

Wager, v. trans. *Risk, hazard*: Ar. and P. παραβάλλεσθαι, V. παραρρίπτειν; see *risk*. Absol., *make a bet*: Ar. περιδίδοσθαι. *I am willing to wager my head*: Ar. ἐθέλω περὶ τῆς κεφαλῆς περιδόσθαι (*Eq*. 791).

Waggon, subs. P. and V. ἅμαξα, ἡ. *Waggon road*: V. ἁμάξιτος, ἡ (Xen. with ὁδός), ἁμαξήρης τρίβος, ὁ or ἡ. *Toy waggon*: Ar. ἁμαξίς, ἡ.

Waif, subs. *Wanderer*: P. and V. πλανήτης, ὁ, πλάνης, ὁ, V. ἀλήτης, ὁ.

Wail, v. intrans. P. and V. ὀδύρεσθαι, ἀποδύρεσθαι, κλάειν (or mid. in V.), πενθεῖν, θρηνεῖν, ἀποκλάειν (or mid.), δακρύειν, στένειν (Dem. but rare P.), στενάζειν (Dem. but rare P.), ἀνοιμώζειν (Thuc. 3, 113, but rare P.), Ar. and V. γοᾶσθαι, κωκύειν, οἰμώζειν, ἀποιμώζειν, V. ἀναστένειν, καταστένειν, ἀνακωκύειν, θρηνωδεῖν, ἐξοιμώζειν, κατοιμώζειν, ἀνολολύζειν, δύρεσθαι, λακάζειν, αὔειν, P. ἀπολοφύρεσθαι, ἀνολοφύρεσθαι, ὀλοφύρεσθαι. *Beat the breast*: P. and V. κόπτεσθαι, V. ἀποκόπτεσθαι.

Wail, subs. P. and V. οἰμωγή, ἡ (Thuc.), στόνος, ὁ (Thuc.), ὀδυρμός, ὁ (Isoc. and Plat.), Ar. and P. ὀλοφυρμός, ὁ, P. ὀλόφυρσις, ἡ, V. οἴμωγμα, τό, στεναγμός, ὁ (also Plat. but rare P.), ὀδύρματα, τά, κωκυτός, ὁ, κωκύματα, τά, Ar. and V. στέναγμα, τό, γόος, ὁ (or pl.); see *lamentation*. *Dirge*: P. and V. θρῆνος, ὁ (Plat.), P. θρηνῳδία, ἡ (Plat.), V. θρηνήματα, τά.

Wailing, subs. See *wail*.

Wain, subs. See *waggon*.

Waist, subs. *Hold by the waist*: use P. and V. μέσον ἔχειν (τινά). *You hold me by the waist*: V. μέσον μ' ὀχμάζεις (Eur., *Or*. 265). *Seize by the waist*: P. ἁρπάζειν (τινά) μέσον (Dem. 1252). *Middle*: use P. and V. ὀμφαλός, ὁ (lit. navel).

Wait, v. intrans. P. and V. μένειν, παραμένειν, ἐπιμένειν, ἀναμένειν, Ar. and P. καταμένειν, περιμένειν, P. διαμένειν, ὑπομένειν, V. μίμνειν, προσμένειν, ἀμμένειν. *The chances of war will not wait*: P. τοῦ πολέμου οἱ καιροὶ οὐ μενετοί (Thuc. 1, 142). *Delay*: P. and V. μέλλειν βραδύνειν (Plat.), τρίβειν, χρονίζειν, σχολάζειν, ἐπέχειν, ἐπίσχειν, P. διαμέλλειν, Ar. and P. διατρίβειν, V. κατασχολάζειν. *Be on the look out*: P. and V. τηρεῖν, προσδοκᾶν, φρουρεῖν, φυλάσσειν, Ar. and P. ἐπιτηρεῖν, V. καραδοκεῖν (also Xen.); see *watch*. *You have kept dinner waiting an age*: Ar. δειπνεῖν κατακωλύεις πάλαι (*Ach*. 1088). *Serve*: P. and V. διακονεῖν. *Wait for*: P. and V. μένειν (acc.), ἀναμένειν (acc.), προσδέχεσθαι (acc.), Ar. and P. περιμένειν (acc.), P. ὑπομένειν (acc.), V. προσμένειν (acc.) (rare P. as Thuc. 6, 44), ἀμμένειν (acc.), ἐπαμμένειν (acc.), μίμνειν (acc.), ἐκδέχεσθαι (acc.), Ar. ἐπαναμένειν (acc.). *Watch for*: P. and V. τηρεῖν (acc.), προσδοκᾶν (acc.), Ar. and P. ἐπιτηρεῖν (acc.), V. καραδοκεῖν (acc.) (also Xen.); see *watch*. *Wait on, attend on*: P. and V. θεραπεύειν (acc.); see *attend, serve*. *Follow on* (*as a consequence*): P. and V. ἕπεσθαι (dat.), συνέπεσθαι (dat.), P. ἀκολουθεῖν (dat.). *Wait for*: P. and V. προσδοκᾶν (acc.); see *wait for*. *He will wait on events*: P. προσεδρεύσει τοῖς πράγμασι (Dem. 14).

Wait, subs. See *delay*. *Lie in wait*: P. and V. λοχᾶν, P. ἐλλοχᾶν, ἐνεδρεύειν. *Lie in wait for*: P. and V. φυλάσσειν (acc.), ἐφεδρεύειν (dat.) (Eur., *Rhes.* 768), P. ἐλλοχᾶν (acc.), ἐνεδρεύειν (acc.), V. λοχᾶν (acc.). *With ships*: P. ναυλοχεῖν (acc.). *An ambush of armed men lay in wait for him*: V. τῷ δὲ ξιφήρης ἄρ' ὑφειστήκει λόχος (Eur., *And.* 1114).

Waiting, subs. *Delay*: P. μέλλησις, ἡ, P. and V. διατρῐβή, ἡ, τρῐβή, ἡ; see *delay*. *Service*: P. διακονία, ἡ; see *service*.

Waiting maid subs. See *maidservant*.

Waive, v. trans. *Let pass*: P. and V. ἐᾶν. *Renounce*: P. and V. ἀφίστασθαι (gen.); see *renounce*.

Wake, subs. *In the wake of*: P. and V. ὄπισθεν (gen.), V. ὄπισθε (gen.); see *behind*. *Follow in the wake*: Ar. and P. ἐπῐγίγνεσθαι; see *follow*.

Wake, v. trans. P. and V. ἐγείρειν, ἐξεγείρειν, Ar. and P. ἐπεγείρειν, ἀνεγείρειν (Xen.). *Arouse*: P. and V. ἐγείρειν, ἐξεγείρειν, πἄρἄκἄλεῖν, κῑνεῖν; see *stir*. *Wake from the dead*: see *raise*. V. intrans. P. and V. ἐγείρεσθαι, ἐξεγείρεσθαι.

Wakeful, adj. P. and V. ἄγρυπνος, V. ἄϋπνος (also Plat. but rare P.), ὀψῐκοιτος (lit., *late in sleeping*). *Be wakeful*, v.: P. ἀγρυπνεῖν, Ar. διαγρυπνεῖν.

Wakefully, adv. V. ἐγερτί (Eur., *Rhes.* 524).

Wakefulness, subs. Ar. and P. ἀγρυπνία, ἡ.

Waking, adj. *Awake*: P. and V. ἐγρηγορώς. *Waking vision*: P. and V. ὕπἄρ, τό.

Waking, subs. *Rousing*: P. ἔγερσις, ἡ (Plat.). *Arising from sleep*: V. ἀνάστἄσις, ἡ (Soph., *Phil.* 276).

Walk, v. intrans. Ar. and P. περῐπἄτεῖν, Ar. and V. πἄτεῖν. *Move slowly*: P. and V. βἄδίζειν (Soph., *El.* 1502; Eur., *Phoen.* 544, but rare V.). *Step*: Ar. and V. βαίνειν, στείχειν, πἄτεῖν. *Travel*: P. and V. πορεύεσθαι, V. ὁδοιπορεῖν; see *travel*. *Wander*: P. and V. πλἄνᾶσθαι; see *wander*. *Walk with*: P. συμπεριπατεῖν (dat.).

Walk, subs. *Act of walking*: P. περίπατος, ὁ. *Way of walking, gait*: P. βαδισμός, ὁ, βάδισμα, τό, Ar. and P. βάδῐσις, ἡ (Xen.), V. ἤλῠσις, ἡ, κέλευθος, ἡ. *Place for walking*: P. περίπατος, ὁ (Xen.). *Path*: Ar. and P. ἀτρἄπός, ἡ, Ar. and V. κέλευθος, ἡ; see *path*. *Walk in life*: P. and V. ὁδός, ἡ, P. ἀτραπός, ἡ, V. κέλευθος, ἡ; see also *life, business*.

Walker, subs. *A good walker*: P. ἀνὴρ εὔζωνος, ὁ (Thuc. 2, 97) or use adj. Ar. βἄδιστῐκός (*Ran.* 128).

Walking, subs. See *walk*.

Walking, adj. *On foot*: P. and V. πεζός. *Walking the earth*: V. πεδοστῐβής, χθονοστῐβής.

Walking stick, subs. Ar. and P. ῥάβδος, ἡ, βακτηρία, ἡ, V. βάκτρον, τό, σκῆπτρον, τό, Ar. σκῖπων, ὁ, βακτήριον, τό.

Wall, subs. P. and V. τεῖχος, τό. *Wall of a house*: P. and V. τοῖχος, ὁ, Ar. and P. τειχίον, τό. *Cyclopean walls*: V. Κυκλώπων βάθρα, τά (Eur., *H. F.* 944), Κυκλώπια, τά (Eur., *H. F.* 998; cp. also *H. F.* 15). *Cross wall*: P. παρατείχισμα, τό, ὑπότείχισμα, τό. *Build a cross wall*: P. ἐγκάρσιον τεῖχος ἄγειν (Thuc. 6, 99). *Go to the wall*, v. met.: P. ἐλασσοῦσθαι.

Wall, v. trans. Ar. and P. τειχίζειν. *Wall in*: Ar. and P. διἄτειχίζειν, περῐτειχίζειν. *Wall off*: Ar. and P. ἀποτειχίζειν, P. διοικοδομεῖν. *Some were even walled up in the temple of Dionysus and left to die*: P. οἱ δέ τινές καὶ περιοικοδομηθέντες ἐν τοῦ Διονύσου τῷ ἱερῷ ἀπέθανον (Thuc. 3, 81). *Wall round*: Ar. and P. περῐτειχίζειν.

Walled, adj. P. τετειχισμένος; see also *towered*. *Walled in, beleaguered*: P. τειχήρης; see *beleaguered*.

Wallet, subs. Ar. πήρα, ἡ; see *bag.*

Wallow, v. intrans. Ar. and P. κυλινδεῖσθαι, P. καλινδεῖσθαι; see *roll.* *Wallow in ignorance:* P. ἐν ἀμαθίᾳ μολύνεσθαι (Plat., *Rep.* 535E). *Wallow at the feet of:* Ar. and P. προκυλινδεῖσθαι (dat. or gen.).

Walnut, subs. Ar. and P. κάρυον, τό (Xen.).

Wan, adj. P. and V. ὠχρός, P. χλωρός. *Be wan*, v.: Ar. and V. ὠχριᾶν.

Wand, subs. Ar. and P. ῥάβδος, ἡ, V. σκῆπτρον, τό; see *stick.* *Withy wand:* V. λύγος, ἡ (Eur., *Cycl.*).

Wander, v. intrans. P. and V. πλανᾶσθαι, περιπολεῖν (Plat. and Isoc.), ἀλᾶσθαι (Dem. 440, also Isoc.), V. οἰχνεῖν, στρέφεσθαι, στρωφᾶσθαι, ἀναστρωφᾶσθαι, ἀλαίνειν, ἀλητεύειν, φοιτᾶν. Met., *wander in mind or conversation:* P. and V. πλανᾶσθαι, V. ἀλᾶσθαι, ἀλαίνειν, Ar. and V. ἀλύειν (Ar. *Vesp.* 111); see *be mad*, under *mad.* *My thoughts wandered:* V. ἐξέβην γὰρ ἄλλοσε (Eur., *I. T.* 781). *Letting my thoughts wander to the time when. . . .* V. ἐκεῖσε τὸν νοῦν δοὺς ὅτε . . . (Eur., *Ion*, 1370). *Wander about:* Ar. and P. περινοστεῖν. *We have wandered from the point:* P. ἀπὸ τοῦ προτεθέντος λόγου πεπλανήμεθα (Plat., *Polit.* 263A); see *digress.* *Wandering from:* V. πλαγχθείς (gen.) (aor. part. pass.). *Wander over:* P. and V. περιπολεῖν (Plat.) (acc.), ἐπιστρέφεσθαι (acc.), V. πολεῖν (acc.), ἀλᾶσθαι (acc.), ἐμβατεύειν (acc. or gen.).

Wanderer, subs. P. and V. πλανήτης, ὁ, πλάνης, ὁ, V. ἀλήτης, ὁ.

Wandering, adj. P. πλανητός (Plat.), V. πλανήτης, διάδρομος, πολύδονος, φοιτάς, Ar. and V. νομάς. Of the mind: see *mad.*

Wandering, subs. P. and V. πλάνη, ἡ, πλάνος, ὁ, V. πλάνημα, τό, ἄλη, ἡ, ἀλητεία, ἡ, δρόμος, ὁ. *Of mind:* P. and V. πλάνη, ἡ, V. πλάνος, ὁ, πλάνημα, τό, ἄλη, ἡ (also Plat., *Crat.* 421B, where the word is used to supply an etymology); see *madness.*

Wanderingly, adv. *At random:* P. and V. εἰκῇ.

Wane, v. intrans. P. and V. φθίνειν. Met., P. and V. ἀπορρεῖν, διαρρεῖν, μαραίνεσθαι, φθίνειν (Plat.), V. ἀποφθίνειν, καταφθίνειν; see *fade, fail.*

Wanness, subs. P. ὠχρότης, ἡ.

Want, subs. P. and V. χρεία, ἡ. *Lack:* P. and V. σπάνις, ἡ, ἀπορία, ἡ, ἐρημία, ἡ, P. ἔνδεια, ἡ, V. ἀχηνία, ἡ. *Poverty:* P. and V. πενία, ἡ, ἀπορία, ἡ, P. ἔνδεια, ἡ. *To roam in want:* V. βιοστερὴς χωρεῖν (Soph., *O. C.* 747). *Desire:* P. and V. ἐπιθυμία, ἡ. *Yearning for something absent:* P. and V. πόθος, ὁ (Plat. but rare P.); see *desire.* *Wants, necessaries:* P. and V. τὸ δέον, τὰ δέοντα. *For want of a little word I was left to wander in exile:* V. ἀλλ' ἔπους σμικροῦ χάριν φυγὰς . . . ἠλώμην (Soph., *O. C.* 443).

Want, v. trans. *Lack:* P. and V. σπανίζειν (gen.) (also pass. in V.), ἀπορεῖν (gen.), P. ἐνδεῖν (or mid.) (gen.), V. πένεσθαι (gen.). *Be deficient in:* P. and V. ἐλλείπειν (gen.), ἀπολείπεσθαι (gen.), V. λείπεσθαι (gen.). *Require:* P. and V. δεῖσθαι (gen.), V. χρῄζειν (gen.), χατίζειν (gen.). *Wanting:* use also V. κεχρημένος (gen.). *Want besides,* P. προσδεῖσθαι (gen.). *Desire:* P. and V. ἐπιθυμεῖν (gen.), ἐφίεσθαι (gen.), ὀρέγεσθαι (gen.); see *desire.* Absol. or with infin.: P. and V. ἐπιθυμεῖν, βούλεσθαι, Ar. and P. ἐθέλειν; see *wish.*

Wanting, adj. *Deficient:* P. and V. ἐνδεής, P. ἐλλιπής. *Be wanting*, v.: P. and V. ἐλλείπειν, ἐκλείπειν, V. λείπειν, Ar. and P. ἐπιλείπειν. *Little is wanting:* P. ὀλίγου δεῖ (infin.). *Wanting in:* P. and V. ἐνδεής (gen.), P. ἐλλιπής (gen.), ἐπιδεής (gen.), V. χρεῖος (gen.). *Be wanting in:* P. and V. ἐλλείπειν (gen.), ἀπολείπεσθαι (gen.), V. λείπεσθαι (gen.).

Wanton, adj. P. ὑβριστικός, ἀσελγής, V. μάργος. *Shameless*: P. and V. ἀναιδής. *Luxurious*: Ar. and P. τρῠφερός ; see *luxurious*. *Unbridled*: P. and V. ἀκόλαστος ; see *unbridled*. *Restive*: P. and V. ὑβριστής, V. ἄστομος. *Overfed* (of an animal) : V. κρῖθῶν.

Wanton, v. intrans. P. and V. ὑβρίζειν, τρῠφᾶν, P. ἀσελγαίνειν, V. χλίειν, Ar. and V. χλῐδᾶν, Ar. and P. ἀκολασταίνειν. *Wanton in*: V. ἐγκᾰθυβρίζειν (dat.) (Eur., *Tro.* 997). *Be skittish*: P. and V. σκιρτᾶν.

Wanton, subs. P. and V. ὑβριστής, ὁ, or use adj.

Wantonly, adv. P. ὑβριστικῶς, Ar. and P. ἀσελγῶς. *Shamelessly*: P. and V. ἀναιδῶς. *Unprovoked*: see *gratuitously*. *She sped wantonly to another land*: V. ἐξεκώμασε . . . εἰς ἄλλην χθόνα (Eur., *And.* 603). *Intemperately*: P. ἀκολάστως, ἀκρατῶς.

Wantonness, subs. P. and V. ὕβρῐς, ἡ, τρῠφή, ἡ, P. ἀσέλγεια, ἡ, V. μαργότης, ἡ, χλῐδή, ἡ. *Shamelessness*: P. and V. ἀναίδεια, ἡ.

War, subs. P. and V. πόλεμος, ὁ, Ar. and V. Ἄρης, ὁ (ᾰ, rarely ᾱ) ; see *hostility*. *The Persian War*: P. τὰ Μηδικά (Thuc. 1, 97). *Of war*, adj. : P. πολεμικός, Ar. and P. πολεμιστήριος, V. ἀρείφᾰτος. *War chariot*, subs.: P. ἅρμα πολεμιστήριον (Plat.). *Ship of war*: P. and V. ναῦς μακρά, ἡ, P. πλοῖον μακρόν, τό. *Wage war*, v. : P. and V. πολεμεῖν ; see *war*, v. *Wage war against*: P. and V. πολεμεῖν (dat., or πρός, acc.), P. ἀντιπολεμεῖν (dat. or absol.), προσπολεμεῖν (absol.). *Desire war*: P. πολεμησείειν. *Join in waging war*: P. συμπολεμεῖν (absol., or with dat., or μετά, gen.). *Go to war*: P. εἰς πόλεμον καθίστασθαι ; see *take the field*, under *fied*. *Crush by war*: P. καταπολεμεῖν (acc.). *More difficult to make war upon*: P. χαλεπώτεροι προσπολεμεῖν (Thuc. 7, 51). *Take prisoner in war*: P. ζωγρεῖν (acc.). *Prisoner of war*: use adj., P. and V. αἰχμάλωτος, V. δουρίληπτος, δορίκτητος, δῃάλωτος, P. δοριάλωτος (Isoc.) ; see under *prisoner*.

War, v. intrans. P. and V. πολεμεῖν, V. αἰχμάζειν. *War with*: P. and V. πολεμεῖν (dat., or πρός, acc.) ; see *wage war against*, under *war*, subs. *Contend with*: P. and V. μάχεσθαι (dat., or πρός, acc.) ; see *contend*.

Warble, v. trans. or absol. Ar. and P. μινῠρίζειν, Ar. and V. μινύρεσθαι. *Sing*: P. and V. ᾄδειν, ὑμνεῖν, Ar. and P. μελῳδεῖν (Plat.), Ar. and V. μέλπειν, V. ἀείδειν, ὑμνῳδεῖν, κατᾴδειν. Of birds: P. and V. ᾄδειν, Ar. and P. μινῠρίζειν, Ar. διαμινύρεσθαι, μελῳδεῖν, V. κλαγγάνειν, εὐστομεῖν.

Warbler, subs. P. and V. ᾠδός, ὁ (Plat.), V. ἀοιδός, ὁ.

Warbling, subs. See *song*.

War-cry, subs. P. and V. βοή, ἡ. *Raise the war-cry*: P. and V. ἐπᾰλᾰλάζειν (Xen.), ἀνᾰλᾰλάζειν (Xen.).

Ward, v. trans. *Defend*: P. and V. ἀμύνειν (dat.). *Guard*: P. and V. φυλάσσειν, φρουρεῖν ; see *guard*. *Ward off*: P. and V. ἀμύνειν (τί τινι), ἀπέχειν (τί τινος), ἀπείργειν (τι), V. ἀρκεῖν (τί τινι), ἀρήγειν (τί τινι), Ar. and P. ἀπᾰμύνειν (τι). *To ward off the foeman's spear from the mother who bore him*: V. εἴργειν τεκούσῃ μητρὶ πολέμιον δόρυ (Æsch., *Theb.* 416). *Ward off from oneself*: P. and V. ἀμύνεσθαι (acc.), V. ἐξᾰμύνεσθαι (acc.), ἀλέξεσθαι (acc.) (also Xen. but rare P.). *Warding off the darts*: V. φρουρούμενος βέλεμνα (Eur., *And.* 1135). *He held his arms before him and warded off the blows*: V. προὔτεινε τεύχη κἀφυλάσσετ' ἐμβολάς (Eur., *And.* 1130). *Avert*: P. and V. ἀποτρέπειν, ἀποστρέφειν, ἀπωθεῖν ; see *avert*. *Repel*: P. and V. ἀπελαύνειν, διωθεῖσθαι, ἀπωθεῖν ; see *repel*.

Ward, subs. *Protection*: P. and V. φῠλᾰκή, ἡ. *Confinement*: P. φυλακή, ἡ; see *guard*. *Put in ward*: P. εἰς φυλακὴν ποιεῖσθαι. *Watch*: P. and V. φῠλᾰκή, ἡ, φρουρά, ἡ, V. φρούρημα, τό; see *watch*. *Division of a town*: P. κώμη, ἡ; see *quarter*. *One left without parents*: use adj., P. and V. ὀρφᾰνός, ὁ or ἡ. *Be a ward*, v.: use P. ἐπιτροπεύεσθαι.

War-dance, subs. P. and V. πυρρῐ́χη, ἡ.

Warden, subs. See *warder*, *overseer*.

Warder, subs. P. and V. φῠ́λαξ, ὁ or ἡ, φρουρός, ὁ, ἐπίσκοπος, ὁ (Plat. but rare P.), προστᾰ́της, ὁ; see *guard*. *Porter*: P. and V. θῠρωρός, ὁ or ἡ (Plat.), V. πῠλωρός, ὁ or ἡ. *You must be warder of this goddess' temple*: V. δεῖ τῆσδε κληδουχεῖν θεᾶς (Eur., *I. T.* 1463). *Warder of Hera's temple*: V. κληδοῦχος Ἥρας (Æsch., *Supp.* 291).

Wardship, subs. See *guardianship*.

Ware, adj. See *aware*.

Warehouse, subs. P. ἀποθήκη, ἡ.

Wares, subs. P. ὤνια, τά, ἀγοράσματα, τά, ἀγώγιμα, τά, P. and V. ἐμπολή, ἡ (Xen., Ar. and Eur., *Cycl.* 254), V. ἐμπόλημα, τό (Eur., *Cycl.* 137). *Small wares*: P. and V. ῥῶπος, ὁ (Æsch., *Frag.*).

Warfare, subs. P. and V. πόλεμος, ὁ, Ar. and V. Ἄρης, ὁ (ᾰ rarely ᾱ), V. δόρῠ, τό; see *war*. *Way of fighting*: P. μάχη, ἡ (Xen.).

Warily, adv. P. and V. εὐλᾰβῶς. *Act warily*, v.: P. and V. εὐλᾰβεῖσθαι.

Wariness, subs. P. and V. εὐλάβεια, ἡ, P. φυλακή, ἡ. *Forethought*: P. and V. πρόνοια, ἡ, P. προμήθεια, ἡ, V. προμηθία, ἡ.

Warlike, adj. P. and V. μᾰ́χῐμος (Soph., *Frag.*), P. πολεμικός, Ar. and V. ἄλκῐμος (rare P.); see *brave*. *Fond of war*: P. φιλοπόλεμος *Connected with war*: P. and V. πολέμιος, P. πολεμικός, Ar. and P. πολεμιστήριος, V. ἀρείφᾰτος.

Warm, v. trans. P. and V. θερμαίνειν, θάλπειν (Xen. also Ar.). Met., P. and V. θερμαίνειν, P. διαθερμαίνειν, Ar. and V. θάλπειν; see *fire*, *heat*. V. intrans. *Be eager*: P. and V. σπουδάζειν, προθῡμεῖσθαι; see under *eager*. *Get warm*: Ar. ἀλεαίνειν.

Warm, adj. P. and V. θερμός. *Equable*: P. εὐκρᾱ́ς (Plat. also Met. in Eur., *Frag.*), V. εὔκρᾱτος (Eur., *Frag.*). *Impetuous*: P. and V. ἔντονος, σύντονος, ὀξῠ́ς, P. σφοδρός, Ar. and V. θερμός. *Vigorous*: P. ἰσχυρός. *Hot-tempered*: P. and V. ὀξῠ́ς, V. δῠ́σοργος, Ar. and V. ὀξῠ́θῡμος. *Friendly*: P. and V. φῐλόφρων (Xen.). *Zealous*: P. and V. σπουδαῖος (Soph., *Frag.*), πρόθῡμος.

Warm-hearted, adj See *kind*.

Warmly, adv. P. θερμῶς. *Impetuously*: P. ἐντόνως, συντόνως. *Angrily*: P. ὀργίλως, V. ῠ̔περθῡ́μως. *In a friendly way*: P. and V. φῐλοφρόνως (Plat.). *Gladly*: P. and V. ἀσμένως. *Vehemently*: P. and V. σφόδρᾰ; see *vehemently*. *Zealously*: P. and V. σπουδῇ, προθῡ́μως.

Warmth, subs. P. θερμότης, ἡ, Ar. ἀλέα, ἡ. *Heat*: P. and V. καῦμα, τό, θάλπος, τό (Xen.); see *heat*. *Zeal*: P. and V. σπουδή, ἡ, προθῡμία, ἡ. *Vehemence*: P. σφοδρότης, ἡ. *Anger*: P. and V. ὀργή, ἡ, θῡμός, ὁ; see *anger*.

Warn, v. trans. *Admonish*: P. and V. νουθετεῖν, πᾰραινεῖν (dat.), δῐδάσκειν, συμβουλεύειν (dat.), V. πᾰρηγορεῖν; see *advise*. *Tell beforehand*: Ar. and P. προλέγειν (dat.), προᾰγορεύειν (dat.); see *order*. *Warn one against doing a thing*: P. and V. πᾰραινεῖν, etc., τινὶ μὴ, (infin.). *Warn a person against another*: use *bid one beware of*. *Portend*: see *portend*.

Warning, adj. See *prophetic*.

Warning, subs. *Admonition*: P. and V. πᾰραίνεσις, ἡ, νουθέτημα, τό, νουθέτησις, ἡ. *Advice*: P. and V. βουλή, ἡ, πᾰραίνεσις, ἡ, P. συμβουλία, ἡ. *Hint, clue*: V. φρᾰδαί, αἱ. *Lesson, example*: P. and V. πᾰρᾰ́δειγμα, τό, ἐπίδειξις, ἡ (Eur., *Phoen.* 871). *Evil deeds serve as an example and visible warning to the good*: V. τὰ γὰρ κακά παράδειγμα τοῖς ἐσθλοῖσιν εἴσοψίν τ' ἔχει (Eur., *El.* 1084).

Warp, subs. P. and V. ἱστός, ὁ, Ar. and P. στήμων, ὁ. *Threads of the warp*: V. ἤτρια, τά (also in Plat., *Phaedrus*, 268A, used generically in the sing.).

Warp, v. trans. Lit. and met., P. and V. διαστρέφειν. Met., P. and V. λῦμαίνεσθαι, V. πᾰραλλάσσειν; see *corrupt*.

Warped, adj. V. διάστροφος. Met., *crooked, askew*: P. σκολιός (Plat.), V. πλάγιος. *Unsound*: P. and V. οὐχ ὑγιής.

Warrant, subs. *Authority*: P. and V. ἐξουσία, ἡ. *Plea*: P. δικαίωμα, τό, δικαίωσις, ἡ, P. and V. δίκαιον, τό, or pl. *Assurance, security*: P. and V. πίστῐς, ἡ, πιστόν, τό, or pl., V. πιστώμᾰτα, τά; see *security*.

Warrant, v. trans. *Authorise*: use P. ἐξουσίαν διδόναι (dat.). *Demand, require*: P. and V. δεῖσθαι (gen.). *Answer for*: Ar. and P. ἐγγυᾶσθαι (acc.). *Justify*: see *justify*. *I warrant*: use Ar. and V. σᾰ́φ' οἶδα (lit., *I know clearly*, rare P.).

Warring, adj. P. and V. ἐναντίος.

Warrior, subs. Ar. and P. στρᾰτιώτης, ὁ, V. αἰχμητής, ὁ (Eur., *Or.* 754, also Plat., *Rep.* 411B but rare P.), ἀσπιστήρ, ὁ, ἀσπῐδίτης, ὁ (Soph., *Frag.*), τευχηστής, ὁ, or use adj., V. ἀσπῐδηφόρος. *Be a warrior*, v.: V. αἰχμάζειν. *Hoplite*: P. and V. ὁπλίτης, ὁ.

War-ship, subs. P. and V. ναῦς μακρά, ἡ (Æsch., *Pers.* 380), P. πλοῖον μακρόν, τό.

Wary, adj. P. εὐλαβής, προμηθής; see *cautious*.

Was, v. See under *be*.

Wash, v. trans. *The body*: P. and V. λούειν (or mid.). *Washed*: also V. ἐκλελουμένος (Æsch., *Frag.*). *Hands and feet*: V. νίζειν, Ar. and P. ἀπονίζειν. *I wash my hands of what has been done*: P. ἀφίσταμαι τῶν πεπραγμένων (Dem. 350). *Wash (clothes, etc.)*: Ar. and P. πλύνειν. *Cleanse by washing*: P. and V. ἀπονίζειν (Plat., Ar., and Eur., *Tro.* 1153), Ar. and P. ἀπολούειν. Met., *cleanse*: P. and V. κᾰθαίρειν, ἐκκᾰθαίρειν, V. ἁγνίζειν, νίζειν, Ar. and P. διᾰκᾰθαίρειν. *Wash with silver, etc.*: see *overlay*. *White-wash*: see *white-wash*. *Be washed by the sea*: P. περικλύζεσθαι. *In caverns which the dark sea washes with its waves*: V. κατ' ἄντρ' ἃ πόντος νοτίδι διακλύζει μέλας (Eur., *I. T.* 107). *Washed by the sea*, adj.: V. περίρρῠτος (once in Thuc. 4, 64), ἁλίρροθος, ἀμφίκλυστος, ἁλίστονος. *Wash ashore*, v.: P. and V. ἐκφέρειν, V. ἐκβάλλειν. *Be washed ashore*: P. and V. ἐκπίπτειν. *Washed ashore*, adj.: V. ἔκβλητος. *Wash away, remove by washing*, v.: P. ἀποπλύνειν. *Inundate*: see *inundate*. Met., P. and V. ἐκνίζειν (Dem. 274), V. νίζειν, κλύζειν (Eur., *I. T.* 1193). *Wash out*: Ar. and P. ἐκπλῦνειν, P. ἐκκλύζειν. *That can be washed out*, adj.: P. and V. ἔκπλῠτος. *Not to be washed out*: P. δυσέκνιπτος, V. δύσνιπτος. Of dyes: P. δευσοποιός. *Wash over*: see *inundate*. V. intrans. *Bathe*: P. and V. λοῦσθαι.

Wash, subs. *Bath*: P. and V. λουτρόν, τό. *Swell, wave*: P. and V. κῦμα, τό, Ar. and V. οἶδμα, τό, σᾰ́λος, ὁ.

Washerwoman, subs. Ar. πλυντρίς, ἡ, V. φαιδυντρία, ἡ.

Washing, subs. P. πλύσις, ἡ. *The art of washing*: P. ἡ πλυντική (Plat.). *Purification*: P. and V. κᾰθαρμός, ὁ, P. κάθαρσις, ἡ, ἀπόλουσις, ἡ; see *purification*.

Wash-tub subs. Ar. πύελος ἡ.

Wasp, subs. Ar. and P. σφήξ, ὁ (Plat., *Phaedo*, 82B).

Wasp-like, adj. Ar. σφηκώδης.

Wasp's nest, subs. Ar. and V. σφηκιά, ἡ (Eur., *Cycl.* 475), Ar. ἀνθρήνιον, τό.

Wassail, subs. *Feasting:* Ar. and P. εὐωχία, ἡ; see *feast, revelry.*

Waste, v. trans. *Devastate, ravage:* P. and V. δῃοῦν, τέμνειν (Eur., *Hec.* 1204), P. κείρειν, ἀδικεῖν, κακουργεῖν. *Plunder:* P. and V. πορθεῖν, ἐκπορθεῖν, δῐαπορθεῖν, ἁρπάζειν, ἀναρπάζειν, διαρπάζειν, σῡλᾶν, λῄζεσθαι, φέρειν, P. ἄγειν καὶ φέρειν, διαφορεῖν, λῃστεύειν, V. πέρθειν, ἐκπέρθειν (also Plat. but rare P.). *Make desolate:* P. and V. ἐρημοῦν, ἐξερημοῦν. *Wear out:* P. and V. τρῡ́χειν (only pass. in P.), Ar. and P. ἀποκναίειν, κᾰτατρῑ́βειν, P. ἐκτρυχοῦν, V. τρύειν (pass. also in Plat. but rare P.), Ar. and V. τείρειν, V. γυμνάζειν. *Wither, make to pine:* P. and V. μᾰραίνειν, V. ἀμαυροῦν (also Xen. but rare P.), αὐαίνειν, συντήκειν, ἐκτήκειν, Ar. and V. τήκειν; see *wither. Wasted with sickness:* V. πᾰρειμένος νόσῳ (Eur., *Or.* 881). *Spend:* P. and V. ἀνᾱλίσκειν, ἀνᾱλοῦν. *Spend (money):* Ar. and P. δᾰπᾰνᾶν. *You waste words:* V. λόγους ἀναλοῖς (Eur., *Med.* 325). *Wasted are all words of remonstrance:* V. περισσοὶ πάντες οὑν μέσῳ λογοι. (Eur. Med. 819). *Squander:* P. and V. ἐκχεῖν, V. ἀντλεῖν, διασπείρειν. *Waste one's substance:* P. οἰκοφθορεῖν (Plat.). *Their private means through idleness are wasted and lost in riotous living:* V. τὰ δ' ἐν δόμοις δαπάναισι φροῦδα διαφυγόνθ' ὑπ' ἀργίας (Eur., *H. F.* 591). *Let slip, throw away:* P. and V. ἀποβάλλειν, P. προΐεσθαι. *Waste time:* P. χρόνον κατατρίβειν, χρόνον ἐμποιεῖν, or use P. and V. μέλλειν (absol.), χρονίζειν (absol.), Ar. and P. διατρῖβειν (absol.), Ar. τριψημερεῖν (absol.); see *delay. They wasted time before it (the town):* P. ἄλλως ἐνδιάτριψαν χρόνον περὶ αὐτὴν (Thuc. 2, 18; cp. Ar., *Ran.* 714). *That no time may be wasted in the operations:* P. ἵνα μηδεὶς χρόνος ἐγγένηται τοῖς πράγμασι (Dem. 445). *Waste one's labour, do more than is necessary:* P. περιεργάζεσθαι, V. περισσᾰ πράσσειν, περισσᾰ δρᾶν.

Waste away, v. intrans. P. and V. μᾰραίνεσθαι, τρῡ́χεσθαι, φθῐ́νειν (Plat.), P. ἀπομαραίνεσθαι (Plat.), V. ἀποφθῐ́νειν, κᾰταφθίνειν, ἐκτήκεσθαι, συντήκεσθαι, κᾰταξαίνεσθαι, κᾰτασκέλλεσθαι, αὐαίνεσθαι, Ar. and V. τήκεσθαι, Ar. and P. κᾰτᾰτήκεσθαι (Xen.). *Pass away:* P. and V. ἀπορρεῖν, διαρρεῖν.

Waste, adj. *Desolate:* P. and V. ἐρῆμος. *Useless:* P. and V. κενός, ἀνωφελής, μᾰ́ταιος; see *vain. Excessive:* P. and V. περισσός (Soph., *Ant.* 780). *They treated the agreement as so much waste paper:* P. ἡγοῦντο εἶναι τὴν συγγραφὴν ἄλλως ὕθλον καὶ φλυαρίαν (Dem. 931).

Waste, subs. *Desolation:* P. and V. ἐρημία, ἡ. *Expenditure:* P. and V. ἀνάλωμα, τό. *This is a foolish waste of breath:* V. σκαιόν γε τἀνάλωμα τῆς γλώσσης τόδε (Eur., *Supp.* 547). *Extravagance:* P. ἀσωτία, ἡ. *Waste of time:* P. χρόνου διατριβή, ἡ, or use P. and V. διατρῐβή, ἡ alone; see *delay*

Wasted, adj. *Withered:* P. and V. ξηρός, Ar. and P. σαπρός, αὖος, ἰσχνός. *Wrinkled:* P. and V. ῥυσός. *Desolate:* P. and V. ἐρῆμος, ἀνάστᾰτος.

Wasteful, adj. *Extravagant:* P. ἄσωτος. *Useless:* P. and V. ἀνωφελής; see *useless. Excessive:* P. and V. περισσός. *Expensive:* P. δαπανηρός.

Wastefully, adv. P. ἀσώτως.

Wastefulness, subs. P. ἀσωτία, ἡ.

Waster, subs. V. πορθήτωρ, ὁ, ἐκπορθήτωρ, ὁ, ἀναστᾰτήρ, ὁ; see *ravager.*

Wasting, subs. *Fading.* P. φθορά, ἡ; see *decay. Devastation:* P. πόρθησις, ἡ, τμῆσις, ἡ. *Depopulation:* P. and V. ἀνάστᾰσις, ἡ. *Plundering:* P. and V. ἁρπᾰγή, ἡ.

Wastrel, subs. See *prodigal.*

Watch, subs. *Guard*: P. and V. φῠλᾰκή, ἡ, φρουρά, ἡ, τήρησις, ἡ (Eur., *Frag.*), V. φρούρημα, τό. *Watch by a sick bed*: V. προσεδρία, ἡ (Eur., *Or.* 93). *One who watches*: P. and V. φύλαξ, ὁ or ἡ, φρουρός, ὁ. *Body of watchers*: P, and V. φρουρά, ἡ, φρούριον, τό, V. φρούρημα, τό. *Division of the night*: P. and V. φῠλᾰκή, ἡ (Xen. and Eur., *Rhes.* 765). *Caution*: P. and V. εὐλᾰ́βεια, ἡ, P. φυλακή, ἡ. *Scouting*: P. and V. κᾰτασκοπή, ἡ. *Be on the watch*: P. and V. φῠλάσσειν, φρουρεῖν, Ar. and P. τηρεῖν, P. φυλακὴν ἔχειν, V. ἐν εὐφῠλάκτῳ εἶναι, φῠλᾰκὰς ἔχειν (Eur., *And.* 961); see *watch*, v. *I see a sword keeping watch over my daughter's neck*: V. ὁρῶ . . . ξίφος ἐμῆς θυγατρὸς ἐπίφρουρον δέρῃ (Eur., *Or.* 1575).

Watch, v. trans. *Guard*: P. and V. φῠλάσσειν, φρουρεῖν, V. ἐκφῠλάσσειν, Ar. and P. τηρεῖν. *Observe carefully*: Ar. and P. τηρεῖν, ἐφορᾶν, P. and V. φῠλάσσειν, ἐπισκοπεῖν, Ar. and V. ἐποπτεύειν, προσκοπεῖν (or mid.), V. ἐπωπᾶν, Ar. κᾰτᾰφῠλάσσειν; see *behold, observe. Dercylus watched him during the night at Pherae*: P. Δερκύλος αὐτὸν ἐν Φεραῖς τὴν νύκτα ἐφύλασσε (Dem. 396). Absol., *lie awake*: P. ἀγρυπνεῖν, Ar. διαγρυπνεῖν *Keep watch*: P. and V. φῠλάσσειν, φρουρεῖν, Ar. and P. τηρεῖν, ἐπῐτηρεῖν, P. διατηρεῖν, παρατηρεῖν. *Watching to see on which side victory would declare itself*: P. περιορώμενοι ὁποτέρων ἡ νίκη ἔσται (Thuc. 4, 73). *Be on one's guard*: P. and V. φῠλάσσεσθαι, εὐλᾰβεῖσθαι; see under *guard*. *Keep watch on*: P. and V. ἐφορμεῖν (dat.) (Dem. 30). *Sit and watch*: P. and V. προσεδρεύειν (dat.). *Watching by the hapless dead*: V. πᾰ́ρεδρος ἀθλίῳ νεκρῷ (Eur., *Or.* 83). *Watch for*: P. and V. φῠλάσσειν (acc.), προσδοκᾶν (acc.), τηρεῖν (acc.), Ar. and P. ἐπῐτηρεῖν (acc.), V. κᾰρᾱδοκεῖν (acc. also Xen.). *Lie in wait for*: P. and V. ἐφεδρεύειν (dat.); see under *wait*, subs. *He watches his opportunity against our city*: P. καιροφυλακεῖ τὴν πόλιν ἡμῶν (Dem. 678). *Watching one's opportunity*: V. καιρὸν εὐλαβούμενος (Eur., *Or.* 699). *Watch over*, v. trans.: P. and V. ἐπισκοπεῖν (acc.), προστᾰτεῖν (gen.), Ar. and V. ἐποπτεύειν (acc.); see *protect, superintend. Watch over* (*of tutelary deities*): P. and V. ἔχειν (acc.) (Dem. 274), P. λαγχάνειν (acc.) (Plat.), Ar. and V. προστᾰτεῖν (gen.), ἐπισκοπεῖν (acc.), V. ἀμφέπειν (acc.). *Tend* (*flocks, etc.*): see *tend*.

Watcher, subs. P. and V. φύλαξ, ὁ or ἡ, φρουρός, ὁ, ἐπίσκοπος, ὁ (Plat. but rare P.), V. σκοπός, ὁ (also Xen.). *Day watcher*: use adj., Ar. and V. ἡμεροσκόπος, ὁ. *Spectator*: P. and V. θεᾱτής, ὁ, θεωρός, ὁ, ἐπόπτης, ὁ. *Scout*: P. and V. κᾰτάσκοπος, ὁ, σκοπός, ὁ (Thuc. 8, 100 and 103), V. ὀπτήρ, ὁ, κᾰτοπτήρ, ὁ, κᾰτόπτης, ὁ; see *scout*.

Watch fire, subs. P. πυρά, τά, V. πυρσά, τά. *Fire signal, beacon*: P. and V. φρυκτός, ὁ; see *beacon*.

Watchful, adj. *Sleepless*: P. and V. ἄγρυπνος, V. ἄϋπνος (also Plat. but rare P.). *Cautious*: P. εὐλαβής, προμηθής; see *cautious. Overlooking*: V. ἐπόψιος.

Watchfully, adv. *Wakefully*: V. ἐγερτί (Eur., *Rhes.* 524). *Cautiously*: P. and V. εὐλᾰβῶς.

Watchfulness, subs. *Wakefulness*: Ar. and P. ἀγρυπνία, ἡ. *Caution*: P. and V. εὐλᾰ́βεια, ἡ, P. φυλακή, ἡ. *Forethought*: P. and V. πρόνοια, ἡ, P. προμήθεια, ἡ, V. προμηθίᾳ, ἡ.

Watchman, subs. See *watcher, porter*.

Watch-tower, subs. P. and V. σκοπιά, ἡ (Eur., *Hel.* 769), V. σκοπή, ἡ (also Xen.), P. περιωπή, ἡ.

Watch-word, subs. P. and V. σύνθημα, τό (Eur., *Phoen.* 1140; *Rhes.* 521), P. σημεῖον, τό, V. σῆμα, τό, σύμβολον, τό. *Pass (the watch word)*, v.: P. and V. πᾰραγγέλλειν, πᾰρᾰφέρειν, πᾰρεγγυᾶν (Xen.).

Water, subs. P. and V. ὕδωρ, τό, or use Ar. and V. δρόσος, ἡ, νᾶμα, τό (also Plat. but rare P.), V. χεῦμα, τό, νασμός, ὁ, νοτίς, ἡ (also Plat. but rare P.), ποτόν, τό; see also *stream, river*. *Water for drinking*: P. and V. ποτόν, τό. *Sea*: P. and V. θάλασσα, ἡ; see *sea*. *Go by water*: P. and V. πλεῖν, Ar. and V. ναυστολεῖν, ναυσθλοῦσθαι. *Convey by water*: P. and V. πορθμεύειν, Ar. and V. ναυστολεῖν, ναυσθλοῦν; see *convey*. *A draught of water*: V. πῶμα ὑδρηχόον (Eur., *Frag.*). *Lustral water*: P. and V. χέρνιψ, ἡ. *Streams of water*: V. λῐβάδες ὑδρηλαί (Æsch., *Pers.* 613). *Living in water, aquatic*, adj.: Ar. and P. ἔνυδρος. *Under water*: P. ὕφυδρος. *Vessels for water*: V. κρωσσοὶ ὑδρηλοί, οἱ (Eur., *Cycl.* 89). *Water for washing*: V. νίπτρα, τά. *Draw (water)*, v.: Ar. and P. ἀρύτειν (or mid.). *Get water*: P. ὑδρεύεσθαι. *The task of getting water*: P. ὑδρεία, ἡ.

Water, v. trans. P. and V. ἄρδειν (Plat.), V. ἀρδεύειν, ὑγραίνειν. *Sprinkle with water*: V. ὑδραίνειν; see *sprinkle*. *Give to drink*: P. ποτίζειν (acc.) (Plat.).

Water-course, subs. Ar. ὑδρορρόα, ἡ; see *channel*.

Water-drinker, subs. P. ὑδροπότης, ὁ (Xen.). *Be a water-drinker*, v.: P. ὑδροποτεῖν (Plat.).

Watered, adj. V. κᾰτάρρῠτος. *Watered with streams*: V. ὕδασι διάβροχος (Eur., *Bacch.* 1051).

Waterfall, subs. V. κᾰτᾰβασμός, ὁ; see *cataract*.

Water-log, v. trans. Ar. and P. κᾰτᾰδύειν.

Waterman, subs. Ar. and V. πορθμεύς, ὁ.

Water-pot, subs. Ar. and P. ὑδρία, ἡ; V. κρωσσὸς ὑδρηλός ὁ; see *jar*.

Waterproof, adj. P. στεγανός, V. στεγνός (Eur., *Cycl.* 324). *Be waterproof*, v.: P. and V. στέγειν.

Water-tight, adj. See *waterproof*.

Watery, adj. P. ὑδατώδης, P. and V. ὑγρός, V. ὑδρηλός, εὔυδρος (Eur., *Rhes.* 927). Of the sea: P. and V. θᾰλάσσιος; see under *sea*. *A watery grave*: V. Ἅιδης πόντιος, ὁ (Æsch., *Ag.* 667).

Wattle, subs. *Pliant twig*: V. λῠγος, ἡ (Eur., *Cycl.* 225).

Wattled, adj. P. and V. πλεκτός, V. στρεπτός.

Wattling, subs. P. and V. πλέγμᾰ, τό.

Wave, v. trans. P. and V. σείειν, ἀνᾰσείειν. *Wave in front of one*: P. and V. προσείειν. *They waved their hands in the air*: P. τὰς χεῖρας ἀνέσεισαν (Thuc. 4, 38). *Swing*: P. αἰωρεῖν, Ar. and V. κυκλεῖν, V. διᾰφέρειν, σφενδονᾶν; see *whirl*. *Brandish*: P. and V. σείειν, Ar. and V. πάλλειν, κρᾰδαίνειν, τῑνάσσειν. V. intrans. *Give direction by signs*: P. ἐπινεύειν, Ar. and V. νεύειν. *This man is no longer the same, he waves me back*: V. ἀνὴρ ὅδ' οὐκέθ' αὑτός, ἐκνεύει πάλιν (Eur., *Phoen.* 920). *Swing*: P. and V. αἰωρεῖσθαι. *Be hung up*: P. and V. κρέμασθαι. *Toss up and down*: P. and V. σᾰλεύειν. *Stream, float in air*: P. and V. φέρεσθαι, V. ᾄσσεσθαι. ἀΐσσειν, ᾄσσειν.

Wave, subs. *Wavy motion*: P. αἰώρησις, ἡ. *Motion*: P. φορά, ἡ. *Billow*: P. and V. κῦμα, τό, κλύδων, ὁ, κλῠδώνιον, τό. *Surf*: P. and V. ῥόθιον, τό (Thuc. 4, 10, ῥᾰχία, ἡ (Thuc. 4, 10), V. φλοῖσβος, ὁ, ῥηγμίν, ὁ. *Swell*: Ar. and V. οἶδμα, τό, σάλος, ὁ. *Big wave*: P. and V. τρῐκῠμία, ἡ (Plat.). *Shore washed by waves*: V. ἀκτὴ κῠμοδέγμων ἡ (Eur., *Hipp.* 1173).

Waveless, adj. V. ἀκύμων (Eur. *I. T.* 1444).

Waver, v. intrans. P. ἐνδοιάζειν, διστάζειν (Plat.), ἀμφιγνοεῖν. *Be perplexed* P. and V. ἀπορεῖν, ἀμηχᾰνεῖν (rare P.). *Delay:* P. and V. μέλλειν, τρίβειν: see *delay*. *Shrink:* P. and V. ὀκνεῖν, κἄτοκνεῖν, P. ἀποκνεῖν. *He made our left wing waver:* V. ἔκλινε γὰρ κέρας τὸ λαιὸν ἡμῶν (Eur., *Supp.* 704).

Wavering, adj. *Undecided:* V. ἀμφίβουλος, δίφροντις. *Others on the mainland yield us a wavering allegiance:* P. ἄλλοι τινὲς κατὰ τὰς ἠπείρους ἐνδοιαστῶς ἀκροῶνται (Thuc. 6, 10). *Perplexed:* P. and V. ἄπορος, ἀμήχᾰνος (rare P.). *Vacillating:* P. ὀκνηρός. *Slow:* P. and V. βρᾰδύς.

Wavering, subs. *Perplexity:* P. and V. ἀπορία, ἡ. *Delay:* P. and V. διατρῐβή, ἡ, τρῐβή, ἡ; see *delay*. *Shrinking* P. and V. ὄκνος, ὁ.

Waving, subs. *Brandishing:* P. ἐπανάσεισις, ἡ (Thuc. 4, 126).

Wax, subs. Ar. and P. κηρός, ὁ, κηρίον, τό. *(I tell you) that nothing has been so securely sealed that you cannot break the wax:* Ar. μηδὲν οὕτως εὖ σεσημάνθαι τὸ μὴ οὐχὶ τοὺς ῥύπους ἀνασπάσαι *Lys.* 1198).

Wax, v. intrans. *Increase:* P. and V. αὐξάνεσθαι, αὔξεσθαι, P. ἐπαυξάνεσθαι, Ar. and P. ἐπῐδῐδόναι, V. ὀφέλλεσθαι. *Flourish:* P. and V. εὐθενεῖν, θάλλειν (Plat. but rare P.); see *flourish*. *Become:* P. and V. γίγνεσθαι.

Waxen, adj. Ar. and P. κήρῐνος. *The waxen comb of the brown bee:* V. ξουθῆς μελίσσης κηρόπλαστον ὄργανον (Soph., *Frag.*).

Way, subs *Path:* P. and V. ὁδός, ἡ, V. τρίβος, ὁ or ἡ (also Xen. but rare P.), οἶμος, ὁ or ἡ (also Plat. but rare P.), στίβος, ὁ, πόρος, ὁ, Ar. and P. ἀτρᾰπός, ἡ, Ar. and V. κέλευθος, ἡ. *The ways (haunts) of men:* V. πορεύμᾰτα βροτῶν (Æsch., *Eum.* 239). *Omens by the way:* V. ἐνόδιοι σύμβολοι, οἱ (Æsch., *P. V.* 487). *Right of way:* Ar. and P. δίοδος, ἡ. *Way in:* P. and V. εἴσοδος, ἡ. *Way in (by sea):* P. εἴσπλους, ὁ; see *entrance*. *Way out:* P. and V. ἔξοδος, ἡ also met., see *escape*). *Way out (by sea):* P. and V. ἔκπλους, ὁ. *Way through:* Ar. and P. δίοδος, ἡ, P. and V. διέξοδος, ἡ. *Way through (by sea):* P. διάπλους, ὁ. *In the way:* use adv., P. and V. ἐμποδών. *They will get in each other's way:* P. ἐν σφίσιν αὐτοῖς ταράξονται (Thuc. 7, 67). *Get in the way of:* see *collide with*. *Out of the way:* use adv., P. and V. ἐκποδών. *Put out of the way:* see *remove*. *Remote:* see *remote*. Met., *extraordinary:* P. and V. ἄτοπος (Eur., *Frag.*); see *extraordinary*. *They will suffer no out of the way punishment:* P. οὐδὲν μεῖζον τῶν ὑπαρχόντων πείσονται (Lys. 103). *Get out of the way, stand aside,* v.: P. and V. ἐξίστασθαι; see *give way*. *Get one's way:* P. and V. νῑκᾶν, κρᾰτεῖν. *Have your way since such is the will of all:* V. νικᾶτ' ἐπειδὴ πᾶσιν ἁνδάνει τάδε (Eur., *Rhes.* 137). *Make a way,* v.: P. ὁδοποιεῖν. *Make one's way:* P. and V. πορεύεσθαι; see *go*. *Advance, gain ground:* P. and V. προκόπτειν. *Make way;* see *give way*. *Force one's way:* P. βιάζεσθαι; see under *force*. *Give way, collapse:* Ar. and P. κἄταρρεῖν, κἄταρρήγνυσθαι. *Flag:* see *flag*. Met., *yield:* P. and V. εἴκειν, ὑπείκειν, συγχωρεῖν, ἐκχωρεῖν, V. πᾰρείκειν, Ar. and P. πᾰρᾰχωρεῖν, ὑποχωρεῖν, P. ὑποκατακλίνεσθαι. *Be conquered:* P. and V. ἡσσᾶσθαι. *Give way a little:* P. ὑπενδιδόναι (absol.). *Give way to:* P. and V. ἐνδῐδόναι (dat.) (Eur., *Tro.* 687), συγχωρεῖν (dat.), εἴκειν (dat.), ὑπείκειν (dat.), Ar. and P. ὑποχωρεῖν (dat.), πᾰρᾰχωρεῖν (dat.), V. ἐκχωρεῖν (dat.), προσχωρεῖν (dat.), ἐξίστασθαι (dat.). P. ὑποκατακλίνεσθαι (dat.); see under *give, indulge, yield*. *Get under way,* v. trans: P. and V.

αἴρειν (Eur., *Hec.* 1141); v. intrans.: P. and V. ἀπαίρειν, P. αἴρειν. *Put to sea:* P. and V. ἀνᾰγεσθαι, ἐξ-ανᾰγεσθαι; see *put out.* *Show the way:* P. and V. ἡγεῖσθαί (τινι, or absol.), ὑφηγεῖσθαί (τινι, or absol.); see under *show.* *Work one's way:* use *advance.* *Method, manner:* P. and V. τρόπος, ὁ, ὁδός, ἡ. *Ways, customs:* P. and V. ἤθη, τά; see *customs.* *Ways and means:* P. and V. πόρος, ὁ; see *resources.* *Way of life:* P. and V. ὁδός, ἡ, P. ἀτραπός, ἡ, V. κέλευθος, ἡ; see *life.* *In what way:* see *how.* *In this way:* P. and V. ταύτῃ, τῇδε; see *thus.* *In that way:* P. ἐκείνῃ, V. κείνῃ (Eur., *Alc.* 529). *In another way:* P. and V. ἄλλως; see under *another.* *In a kind of way:* P. and V. τρόπον τινά. *In every way:* P. and V. πανταχῇ, P. πανταχῶς. *In many ways:* P. πολλαχῶς. *In some way:* Ar. and P. πῃ (enclitic). *In some ways . . . in others:* P. and V. τῇ μέν . . . τῇ δέ (Eur., *Or.* 356). *In some way or other:* Ar. and P. ἀμωσγέπως; see *somehow.* *By way of,* prep.: lit. and met., P. and V. κατά (acc.).

Wayfarer, subs. P. and V. ὁδοιπόρος, ὁ; see *traveller.*

Waylay, v. trans. V. λοχᾶν, P. ἐλλοχᾶν, ἐνεδρεύειν; see *lie in wait for,* under *wait.* *Watch for:* P. and V. τηρεῖν (acc.), Ar. and P. ἐπιτηρεῖν (acc.); see *watch for.*

Wayside, adj. V. ἐνόδιος.

Wayward, adj. *Changeable:* P. εὐμετάβολος, ὀξύρροπος; see *changeable.* *Fickle:* P. and V. ἔμπληκτος; see *fickle.* *Unstable:* P. and V. σφᾰλερός, Ar. and P. ἀστάθμητος. *Perverse:* P. and V. δύσκολος, δυσχερής, δυσάρεστος.

Waywardly, adv. *Perversely:* P. δυσκόλως.

Waywardness, subs. *Changeableness:* P. τὸ ἀστάθμητον. *Perversity:* Ar. and P. δυσκολία, ἡ.

Way-worn, adj. *Travel-stained:* P. and V. αὐχμηρός, Ar. and V. δυσπινής, ἄλουτος, V. πινώδης, αὐχμώδης.

We, pron. P. and V. ἡμεῖς.

Weak, adj. P. and V. ἀσθενής, V. ἀμαυρός. *Physically weak* P. and V. ἀσθενής, P. ἄρρωστος, V. ἄναλκις, ἄναρθρος. *Failing, limp:* V. ὑγρός, ἔκλυτος. *Be weak,* v.: P. and V. ἀσθενεῖν, P. ἀρρωστεῖν. *Weak in power:* P. and V. ἀδύνατος, ἀσθενής. Of cities: also P. and V. μικρός, σμικρός. *The weaker party,* subs.: P. and V. ὁ ἥσσων, ὁ ἐλάσσων. *Soft, effeminate,* adj.: Ar. and P. μᾰλᾰκος, Ar. and V. μαλθᾰκός (also Plat. but rare P.). *Foolish:* P. and V. εὐήθης; see *foolish.* *Poor:* P. and V. φαῦλος, κᾰκός. *Small:* P. and V. μικρός, σμικρός, λεπτός, ἀσθενής, ὀλίγος. *Hesitating:* P. ὀκνηρός, ἀπρόθυμος. *Having weak sight:* see *short-sighted.* *The weak spots,* subs.: P. τὰ σαθρά (Dem. 52). *I should find out, I think, where his weak points are:* P. εὕροιμ' ἂν οἶμαι ὅπῃ σαθρός ἐστι (Plat., *Euthyphro,* 5B; cp. also Dem. 24). *Know you what part of your tale is weakest?* V. οἶσθ' οὖν ὃ κάμνει τοῦ λόγου μάλιστά σοι; (Eur., *Ion,* 363). *That where the wall was weak armed help might be forthcoming from near at hand:* V. ὡς τῷ νοσοῦντι τειχέων εἴη δορὸς ἀλκὴ δι' ὀλίγου (Eur., *Phoen.* 1097). *'Tis sweet to empty a cup of this into a weaker draught:* V. ἐπεισβαλεῖν ἡδὺ σκύφον τοῦδ' ἀσθενεστέρῳ ποτῷ (Eur., *El.* 498).

Weaken, v. trans. *Impair:* P. and V. βλάπτειν, διαφθείρειν, φθείρειν, λῡμαίνεσθαι acc. or dat.), P. κακοῦν, V. ἀμαυροῦν; see *enervate.* *Break down:* P. and V. κᾰταγνύναι. *Dull:* P. and V. ἀμβλύνειν, ἀπαμβλύνειν, V. κᾰταμβλύνειν. *Lessen:* P. ἐλασσοῦν.

Weakling, subs. Use adj., P. and V. ἀσθενής. *Play the weakling,* v.: P. μαλακίζεσθαι, P. and V. μαλθᾰκίζεσθαι (Plat.).

Weakly, adv. P. ἀσθενῶς. *Foolishly:* P. and V. εὐήθως; see *foolishly.* *Hesitatingly:* P. ἀπροθύμως, ὀκνηρῶς. *Without energy:* Ar. and P. μᾰλᾰκῶς, Ar. and V. μαλθᾰκῶς.

Weak-minded, adj. P. and V. ἀμᾰθής, ἀφυής; see *foolish, dull.*

Weakness, subs. P. and V. ἀσθένεια, ἡ (rare V.), P. ἀρρωστία, ἡ. *Powerlessness:* P. ἀδυνασία, ἡ. *Want of energy* P. μαλακία. ἡ. *Worthlessness* P. and V. φαυλότης, ἡ. *Defect:* P. and V. ἁμαρτία, ἡ; see *defect.* *This is a source of weakness to most states:* V. ἐν τῷδε γὰρ κάμνουσιν αἱ πολλαὶ πόλεις (Eur., *Hec.* 306).

Weal, subs. *Prosperity:* P. and V. εὐπραξία, ἡ, Ar. and P. εὐτῠχία, ἡ; see *prosperity.* *Interest, advantage:* P. and V. τὸ συμφέρον, τὰ συμφέροντα. *Blister:* Ar. and P. φλύκταινα, ἡ; see also *wound.*

Wealth, subs. P. and V. πλοῦτος, ὁ, χρήμᾰτα, τά, P. εὐπορία, ἡ *Abundance:* P. and V. πλῆθος, τό, P. ἀφθονία, ἡ; see *abundance.*

Wealthily, adv. Ar. and V. πλουσίως, P. εὐπόρως. *Abundantly:* P. and V. ἀφθόνως (Eur., *Frag.*).

Wealthy, adj. P. and V. πλούσιος, V. ἀφνειός, πολύχρῡσος, πολυκτήμων, ζάχρῡσος, ζάπλουτος, πάμπλουτος (Soph., *Frag.*), Ar. and P. εὔπορος; see *rich.* *Abundant* P. and V. πολύς, ἄφθονος, V. ἐπίρρῡτος.

Wean, v. trans. Met., see *deter.* *Be weaned from, unlearn:* P. ἀπομανθάνειν (acc.).

Weapon, subs. P. and V. ὅπλισμα, τό (Plat.), ὅπλον, τό (Eur., *H. F.* 161 and 570; Plat., *Lach.* 183D, but rare in the sing.). *Missile:* P. and V. βέλος, τό (rare P.); see *dart.* *Arms, weapons:* P. and V. ὅπλα, τά, V. τεύχη, τά. *Contrivance:* P. and V. μηχᾰνή, ἡ, τέχνημα, τό (Plat.), μηχάνημα, τό, σόφισμα, τό.

Weaponless, adj. See *unarmed.*

Wear, v. trans. *Of clothes, weapons, etc.:* P. and V. φορεῖν, ἔχειν. *Wear arms:* (absol.), P. σιδηροφορεῖν (or mid.). *Wear out:* P. and V. τρίβειν, Ar. and P. κᾰτατρίβειν, met.; see *weary.* *Worn by chariot wheels:* V. ἐπημαξευμένος τροχοῖσι (Soph., *Ant.* 251); see *beaten.* *Wear away:* P. and V. τρίβειν, Ar. and P. κᾰτατρίβειν. V. intrans. *Last:* P. and V. ἀντέχειν; see *last.* *Wear away:* P. and V. τρίβεσθαι, Ar. and P. κᾰτατρίβεσθαι. *Wear off, pass away:* P. and V. ἀπορρεῖν, διαρρεῖν; see *fade.* *Wear out (clothes):* Ar. and P. κᾰτατρίβειν. *Exhaust:* P. and V. τρύχειν (only pass. in P.), Ar. and P. ἀποκναίειν, κᾰτατρίβειν, P. ἐκτρυχοῦν, τρίβειν, V. τρῡ́ειν (pass. also in Plat. but rare P.), Ar. and V. τείρειν, V. γυμνάζειν. *Be worn out, of clothes:* Ar. and P. κᾰτατρίβεσθαι. Met., P. and V. τρύχεσθαι, πιέζεσθαι, Ar. and V. τείρεσθαι, V. κᾰταξαίνεσθαι; see *waste away.* *Flag, faint:* P. ἀπαγορεύειν, παραλύεσθαι, ἀποκάμνειν, Ar. and P. τᾰλαιπωρεῖσθαι, κᾰτατρίβεσθαι, P. and V. ἀπειπεῖν, κάμνειν (rare P.); see *flag.*

Wear and tear, subs. P. ἀποτριβή, ἡ.

Wearily, adv. *With difficulty:* Ar. and P. χᾰλεπῶς, P. ἐπιπόνως; see under *difficulty.*

Weariness, subs. P. and V. κόπος, ὁ, P. ταλαιπωρία, ἡ, V. κᾰ́μᾰτος, ὁ.

Wearing apparel, subs. See *dress.*

Wearisome, adj. P. and V. βᾰρύς, ὀχληρός, λῡπηρός, δυσχερής, Ar. and P. χᾰλεπός, ἐπίπονος, Ar. κᾰμᾰτηρός; see *troublesome, laborious.*

Wearisomeness, subs. P. βαρύτης, ἡ, P. and V. δυσχέρεια, ἡ.

Weary, adj. P. and V. τᾰλαίπωρος. *Laborious:* Ar. and P. ἐπίπονος; see *troublesome, laborious.* *Be weary,* v.: P. and V. κάμνειν (rare P.), ἀπειπεῖν, τρύχεσθαι, P. ἀποκάμνειν, καταπονεῖσθαι, Ar. and V. τείρεσθαι, Ar. κοπιᾶν, V. κᾰταξαίνεσθαι, Ar. and P. τᾰλαιπωρεῖσθαι, κᾰτατρίβεσθαι. *Be weary of:* P.

ἐκκάμνειν (acc.). *Be sated with:* P. and V. πλησθῆναι (gen.) (1st aor. pass. of πιμπλάναι), Ar. and V. κορεσθῆναι (gen.) (1st aor. pass. of κορεννύναι), V. κόρον ἔχειν (gen.). *Be disgusted with:* P. and V. ἄχθεσθαι (dat.), P. χαλεπῶς φέρειν (acc.), V. πικρῶς φέρειν (acc.).

Weary, v. trans. P. and V. τρῦχειν (only pass. in P.), πιέζειν, Ar. and P. ἀποκναίειν, κἄτατρίβειν, P. ἐκτρυχοῦν, V. τρῦειν (pass. also used in Plat., but rare P.), Ar. and V. τείρειν, V. γυμνάζειν. *Disgust:* P. and V. ὄχλον πἄρέχειν (dat.), Ar. and P. ἐνοχλεῖν (acc. or dat.), πράγμἄτα πἄρέχειν (dat.), V. ὀχλεῖν, P. διοχλεῖν.

Wearying, adj. V. ἀνδροκμής; see *tiresome, laborious.*

Weasel, subs. Ar. γἄλῆ, ἡ.

Weather, subs. *Air:* P. and V. ἀήρ, ὁ (Plat.). *Sky:* P. and V. οὐρἄνός, ὁ. *Season:* P. and V. ὥρα, ἡ. *Clear weather:* P. αἰθρία, ἡ (Xen.). *Rainy weather:* use *rain. Fair weather:* use *calm. Bad weather:* use *storm. When the weather favoured our sailing:* P. ἐπειδὴ . . . πλοῦς ἡμῖν ἐγένετο (Antiphon, 132). *Stress of weather:* P. and V. ἄπλοια, ἡ. *Meet bad weather,* v.: P. and V. χειμάζεσθαι. *Exposed to the weather, in the open air:* P. and V. ὕπαίθριος, V. αἴθριος (Soph., *Frag.*), or use P. ἐν ὑπαίθρῳ.

Weather, v. trans. *Hold out against:* P. and V. ἀντέχειν (dat.). *If you harken to me you will make your city weather the storm:* V. κἂν μὲν πίθῃ μοι κυμάτων ἄτερ πόλιν σὴν ναυστολήσεις (Eur., *Supp.* 473).

Weather-beaten, adj. *Sunburnt:* P. ἡλιωμένος (Plat.), V. κελαινός.

Weather-bound, adj. P. and V. ἀπλοίᾳ χρώμενος (Eur., *I. A.* 88).

Weave, v. trans. P. and V. ὑφαίνειν (Eur., *Ion,* 1417) (acc. or absol.), V. κρέκειν, ἱστουργεῖν (absol.); see also *plait. Woven:* see *woven.* Met., *devise:* P. and V. πλέκειν, V. ἐμπλέκειν, ῥάπτειν, κἄταρράπτειν, μηχἄνορρἄφεῖν; see *devise.*

Weaver, subs. P. ὑφάντης, ὁ, met.; see *deviser.*

Weaving, subs. P. ἱστουργία, ἡ, ἡ ὑφαντική, P. and V. ὑφαί, αἱ (Plat.). *Woven fabric:* P. and V. ὑφαί, αἱ (Plat.), ὕφασμα, τό, πλοκή, ἡ (Plat.), V. ἐξύφασμα, τό. *Of weaving,* adj.: P. ὑφαντικός.

Web, subs. *Something woven:* P. and V. ὑφαί, αἱ (Plat.), ὕφασμα, τό (Plat.), πλοκή, ἡ (Plat.), V. ἐξύφασμα, τό. *Spider's web:* P. ἀράχνιον, τό (Aristotle). *Net:* V. ἀρκύς, ἡ, ἄγρευμα, τό; see *toils. Device:* P. and V. σόφισμα, τό, μηχάνημα, τό; see *device. Web of deceit:* V. πλοκαί, αἱ, περιπλοκαί, αἱ.

Wed, v. trans. *Of the man:* P. and V. γἄμεῖν, ἄγεσθαι, Ar. and V. μίγνυσθαι (dat.), V. νυμφεύειν (dat.) (rare P.). *Of the woman:* P. and V. γἄμεῖσθαι (dat.), V. νυμφεύειν, or pass. (dat.). *Unite in marriage,* v. trans. P. and V. συζευγνῦναι (Xen.), V. ζευγνῦναι, πἄραζευγνῦναι, (Eur., *Frag.*), νυμφεύειν; see also *betroth.* Absol., *of the man:* P. and V. γἄμεῖν. *Of the woman:* P. and V. γἄμεῖσθαι. *Of either:* V. νυμφεύειν (Eur., *Med.* 313). *Wedded wife:* V. ὁμόλεκτρος γῦνή, ἡ, εὐναία δάμἄρ, ἡ (Æsch., *Frag.*). *Wedded lord:* V. εὐναῖος πόσις, ὁ (Eur., *Frag.*).

Wedding, subs. P. and V. γάμος, ὁ, P. τὰ γαμικά, V. νυμφεῖα, τά, νύμφευμα, τό, εὐνήμἄτα, τά, Ar. and V. ὑμέναιος, ὁ; see *marriage.*

Wedding, adj. P. and V. νυμφἴκός, Ar. and P. γἄμἴκός, Ar. and V. γἄμήλιος, V. νυμφευτήριος, Ar. νυμφἴδιος.

Wedding feast, subs. P. and V. γάμος, ὁ (Eur., *Hel.* 1439), or pl., P. γαμηλία, ἡ; see *marriage feast.*

Wedding gifts, subs. V. ἕδνα, τά (Eur., *And.* 2 and 153), φερναί, αἱ (Eur., *Med* 956); see *dowry.*

Wedge, subs. Ar. and V. σφήν, ὁ.

Military formation: P. ἔμβολον, τό (Xen.).

Wedge, v. trans. *Fix*: P. and V. πηγνύναι.

Wedlock, subs. P. and V. γάμος, ὁ (or pl.), V. νυμφεῖα, τά, νυμφεύμἄτα, τά, εὐνήμἄτα, τά, εὐνή, ἡ, or pl.; see *marriage*.

Wee, adj. See *small*.

Weed, subs. *Plant*: P. and V. φῠτόν, τό. Met., *poison*: P. and V. φάρμἄκον, τό; see *poison*.

Weed, v. trans. *Clear*: P. and V. ἡμεροῦν, V. ἐξημεροῦν, ἀνημεροῦν; see *clear*. *Weed out, remove*: P. and V. ἐξαιρεῖν, P. ἐκκαθαίρειν (Plat., *Euthyphro*. 3A); see *remove, root out*.

Weeds, subs. *Mourning garments*: P. and V. πένθος, τό; see *mourning*.

Ween, v. intrans. P. and V. οἴεσθαι; see *suppose*. *I ween*: use particle, P. and V. που (enclitic), δήπου, Ar. and P. δήπουθεν.

Weep, v. intrans. *Shed tears*: P. and V. δακρύειν, κλάειν, V. δακρυρροεῖν, ἐκδακρύειν. *Lament*, v. trans. or absol., P. and V. ὀδύρεσθαι, ἀποδύρεσθαι, πενθεῖν, θρηνεῖν, δακρύειν, κλάειν (or mid. in V.), ἀποκλάειν (or mid.), στένειν (rare P.), στενάζειν (rare P.); see *lament*. *Weep for*: V. δακρυρροεῖν (gen. or ἐπί, dat.). *Weep for beforehand*: V. προκλάειν (acc.). *Weep over*: Ar. and P. ἐπῐδακρύειν (absol.), V. ἐπιστένειν (dat.), ἐπιστενάζειν (dat.), ἐποιμώζειν (dat.), ἐπῐκωκύειν (dat.), or use *lament*, v. trans. *Weep with another*: V. συνδακρύειν (absol.).

Weeping, subs. P. and V. δάκρυα, τά, Ar. and V. κλαύμἄτα, τά, V. δακρύμἄτα, τά; see *tears, lamentation*.

Weft, subs. Ar. and P. κρόκη, ἡ.

Weigh, v. trans. *Weigh in the scales*: Ar. and P. ἱστάναι. *Weigh one set of pleasures against another*: P. ἡδέα πρὸς ἡδέα ἱστάναι (Plat., *Prot.* 356B). *Let him repeat another sentence and weigh it against mine*: Ar. ἀλλ' ἕτερον εἰπάτω τι κἀντιστησάτω (*Ran.* 1389). *Casting eyes on two and weighing them in his hands*: V. δισσούς γ' ἀθρήσας κἀπῐβαστάσας χεροῖν (Eur., *Cycl.* 379). Generally, *measure*: P. and V. μετρεῖν, σταθμᾶσθαι, συμμετρεῖσθαι; see *measure*. *Examine*: P. and V. ἐξετάζειν, σκοπεῖν, διασκοπεῖν; see *examine*. *Ponder on*: P. and V. ἐνθῡμεῖσθαι (acc.), λογίζεσθαι (acc.); see under *ponder*. *Compare*: P. and V. εἰκάζειν, ἀπεικάζειν, ἀντῐτῐθέναι; see *compare*. V. intrans. *Have a certain weight*: P. ἔχειν σταθμόν. *To weigh forty talents*: P. ἔχειν τεσσαράκοντα τάλαντα σταθμόν (Thuc. 2, 13). *Weigh a mina*: P. ἄγειν μνᾶν (Dem. 617). *Have weight, influence*: P. and V. ῥοπὴν ἔχειν, δύνἄμιν ἔχειν (Eur., *Phoen.* 440). *When they have seen that all else has weighed less with you than the law*: P. πάντα τἄλλα παρ' ὑμῖν ἑορακότες ἀσθενέστερα τοῦ νόμου γεγενημένα. *Weigh down*, v. trans.: P. βαρύνειν, V. κἄταρρέπειν, βρῑθειν (Æsch., *Pers.* 346). *Be weighed down*: P. and V. ῥέπειν, V. βρῑθειν (or pass.) (also Plat., *Phaedrus*, 247B, but rare P.). Met., *oppress*: P. and V. πιέζειν; see *oppress, trouble*. *Weigh upon, trouble the mind*, met.: P. and V. ἐνθύμιος εἶναι (dat.); see *trouble*. *Be weighted with*: V. βρῑθειν (or pass.) (dat.).

Weighing, subs. *The art of weighing*: P. ἡ στατική (Plat.).

Weight, subs. P. and V. σταθμός, ὁ (Eur., *Bacch.* 811). *Giving a vast weight of gold*: V. μυρίον γε δοὺς χρυσοῦ σταθμόν (Eur., *Bacch.* 811). *Worth its weight in silver*, adj.: V. ἰσάργῠρος. *Weights and measures*: V. μέτρα . . . καὶ μέρη σταθμῶν (Eur., *Phoen.* 541; cp. Ar. *Av.* 1040-1041). *Leaden weight*, subs.: P. and V. μολυβδίς, ἡ (Soph., *Frag.*). *Heaviness*: P. βαρύτης, ἡ, V. βάρος, τό. *Burden*: P. and

V. ἄχθος, τό, Ar. and V. βάρος, τό, V. βρῖθος, τό. *Bulk:* P. and V. ὄγκος, ὁ. *Dignity:* P. and V. ὄγκος, ὁ; see *dignity*. *Importance:* P. and V. ῥοπή, ἡ. *Have weight, influence:* P. and V. ῥοπὴν ἔχειν, δύνᾰμιν ἔχειν; see *weigh*, v. *Of persons:* P. and V. δύνασθαι, ἰσχύειν, V. βρίθειν. *The same words coming from obscure speakers have not the same weight as when they come from men of note:* V. λόγος γὰρ ἔκ τ' ἀδοξούντων ἰὼν κἀκ τῶν δοκούντων αὐτὸς οὐ ταὐτὸν σθένει (Eur., *Hec.* 294). *Gifted with more weight of prowess than of sense:* V. μείζον' ὄγκον δορὸς ἔχοντες ἢ φρενῶν (Eur., *Tro.* 1158).

Weightily, adv. *Heavily:* P. βαρέως. *Earnestly:* P. σπουδαίως.

Weightiness, subs. See *weight*.

Weighty, adj. *Heavy:* P. and V. βᾰρύς, ἐμβρῑθής (Plat. but rare P.). *Important:* P. διάφορος, ἀξιόλογος, P. and V. πολλοῦ ἄξιος. *Earnest:* P. and V. σπουδαῖος.

Weird, adj. *Supernatural:* P. and V. θεῖος, V. οὐ κᾰτ' ἄνθρωπον. *Strange:* P. and V. ἄτοπος (Eur., *Frag.*), καινός.

Weirdly, adv. See *strangely*.

Welcome, v. trans. *Greet:* P. and V. ἀσπάζεσθαι, δεξιοῦσθαι, P. φιλοφρονεῖσθαι (Plat.); see *greet*. *I bid the herald welcome:* V. χαίρειν δὲ τὸν κήρυκα προὐννέπω (Soph., *Trach.* 227). *Accept:* see *accept*. *Treat hospitably:* P. and V. δέχεσθαι, προσδέχεσθαι, ξενίζειν, ξενοδοκεῖν (Plat.) (absol.), Ar. and P. ὑποδέχεσθαι, V. ξενοῦσθαι. *Welcome back:* P. καταδέχεσθαι. *Welcome (things), receive gladly:* P. and V. ἀσπάζεσθαι.

Welcome, interj. P. and V. χαῖρε.

Welcome, subs. *Reception:* P. and V. ὑποδοχή, ἡ, V. προσδέγμᾰτα, τά. *I accept with thanks this man's welcome to his home:* V. αἰνῶ μὲν οὖν τοῦδ' ἀνδρὸς ἐσδοχὰς δόμων (Eur., *El.* 396). *Good-will:* P. and V. εὔνοια, ἡ, P. φιλοφροσύνη, ἡ (Plat.).

Welcome, adj. *Acceptable:* P. and V. ἡδύς, ἀρεστός, V. φίλος; see *acceptable*. *Longed for:* P. and V. ποθεινός. *Welcome to me came the renowned son of Zeus and Alcmena:* V. ἀσμένῃ δέ μοι ὁ κλεινὸς ἦλθε Ζηνὸς Ἀλκμήνης τε παῖς (Soph., *Trach.* 18). *I am surprised that my arrival is not welcome to you:* P. θαυμάζω . . . εἰ μὴ ἀσμένοις ὑμῖν ἀφῖγμαι (Thuc. 4, 85).

Weld, v. trans. Ar. and P. κολλᾶν. *Weld together:* Ar. and P. συγκολλᾶν, συγκροτεῖν.

Welded, adj. P. and V. κολλητός.

Welfare, subs. *Prosperity:* P. and V. εὐπραξία, ἡ, Ar. and P. εὐτῠχία, ἡ; see *prosperity*. *Interests:* P. and V. τὸ συμφέρον, τὰ συμφέροντα.

Welkin, subs. P. and V. οὐρᾰνός, ὁ; see *heaven*.

Well, adv. P. and V. εὖ, κᾰλῶς. *Correctly:* P. and V. ὀρθῶς. *Well then:* P. and V. εἶεν, τί οὖν. *Come then:* P. and V. ἄγε, φέρε, ἴθῐ, φέρε δή; see *come*. *Well, let them shout:* Ar. οἱ δ' οὖν βοώντων (*Ach.* 186). *Well, let them laugh:* V. οἱ δ' οὖν γελώντων (Soph., *Aj.* 961). *If they listen to our representations, well and good:* P. ἢν μὲν εἰσακούσωσί τι πρεσβευομένων ἡμῶν, ταῦτα ἄριστα (Thuc. 1, 82). *Well, but* (introducing an objection): P. ἀλλὰ νὴ Δία (Dem. 755). *Well, suppose:* Ar. and V. καὶ δή; see under *suppose*. *Well, then* (introducing a new point): P. τί δέ (Plat., *Crito*, 49c). *As well, further:* P. and V. ἔτῐ; see *besides*. *At the same time:* P. and V. ἅμᾰ, ὁμοῦ. *As well as, together with:* P. and V. ἅμᾰ (dat.), ὁμοῦ (dat.) (rare P.). *Be well in health:* Ar. and P. ὑγιαίνειν, P. and V. εὖ ἔχειν. *It is well:* P. and V. εὖ ἔχει, κᾰλῶς ἔχει.

Well, subs. Ar. and P. φρέαρ, τό. *Dig a well,* v.: Ar. φρεωρῠχεῖν.

Well, v. intrans. *Gush:* P. and V

ῥεῖν, ἀπορρεῖν, στάζειν (Plat. but rare P.), V. κηκίειν, ἐκπηδᾶν. Of tears: P. and V. λείβεσθαι (Plat.). *Tears well from my eyes*: V. ἐκ δ' ὀμμάτων πηγαὶ κατερρώγασι (Eur., *Alc.* 1067). *Welling tears*: V. χλωρὰ δάκρυα (Eur., *Med.* 922). *A welling spring of water*: V. δροσώδης ὕδατος νοτίς (Eur., *Bacch.* 705).

Well-aimed, adj. V. εὔσκοπος, εὔστοχος.

Well-behaved, adj. P. and V. κόσμιος; see *orderly*.

Well-being, subs. See *prosperity*.

Well-born, adj. P. and V. γενναῖος, εὐγενής (Plat.), Ar. and V. ἐσθλός, V. λαμπρὸς ἐς γένος.

Well-bred, adj. Ar. and P. ἀστεῖος, χᾰρίεις, ἐμμελής.

Well-disposed, adj. P. and V. εὔνους, εὐμενής, φίλιος; see *friendly*. *Be well-disposed to*, v.: P. and V. εὐνοεῖν (dat.); see *side with*.

Well-doer, subs. P. and V. εὐεργέτης, ὁ. Fem., P. and V. εὐεργέτις, ἡ. *Virtuous man*: use adj., P. and V. χρηστός.

Well-doing, subs. *Benefaction*: P. and V. ὑπηρέτημα, τό, P. εὐεργεσία, ἡ, εὐεργέτημα, τό; see *service*. *Virtue*: P. and V. ἀρετή, ἡ, χρηστότης, ἡ, τὸ χρηστόν.

Well done, interj. Ar. and P. εὖγε.

Well-favoured, adj. P. and V. κᾰλός; see *beautiful*.

Well-furnished, adj. Ar. and P. εὔπορος, V. εὐστᾰλής.

Well-grown, adj. Ar. and V. εὐφυής.

Well-informed, adj. Ar. and P. πολῠμᾰθής.

Well-intentioned, adj. P. εὐγνώμων.

Well-known, adj. *Famous*: P. and V. εὔδοξος, ὀνομαστός, λαμπρός; see *famous*. *Familiar*: P. and V. εὔγνωστος, γνωστός, P. γνώριμος, V. εὐμᾰθής (also Xen.).

Well-meaning, adj. P. εὐγνώμων.

Well-nigh, adv. See *nearly*.

Well off, adj. See *rich, prosperous*.

Well read, adj. Ar. and P. πολῠμᾰθής.

Welter, v. intrans. See *wallow, roll*.

Well-timed, adj. See *seasonable*.

Well wisher, subs. Use adj., P. and V. εὔνους, Ar. and V. εὔφρων; see *friendly*. *Be a well wisher to*, v.: P. and V. εὐνοεῖν (dat.); see *side with*.

Wen, subs. See *tumour*.

Wench, subs. See *girl, maid*.

Wend, v. intrans. P. and V. τρέπεσθαι; see *go*.

West, subs. P. and V. ἑσπέρα, ἡ. *West wind*: P. ζέφυρος, ὁ (Aristotle).

Westerly, adj. See *western*.

Western, adj. P. ἑσπέριος, V. ἕσπερος,

Westward, adv. P. and V. πρὸς ἑσπέραν, P. πρὸς ἡλίου δύσιν, V. πρὸς δύνοντος ἡλίου, πρὸς δυσμαῖς (Æsch., *Pers.* 232).

Wet, v. trans. P. and V. ὑγραίνειν (Plat.), τέγγειν (Plat.), βρέχειν (Plat.), δεύειν (Plat.) νοτίζειν (Plat. and Æsch, *Frag.*), V. ὑγρώσσειν *Sprinkle*: V. ῥαίνειν; see *sprinkle*. *Water*: V. ὑγραίνειν; see *water*.

Wet, adj. P. and V. ὑγρός, διάβροχος, νοτερός, V. ὑδρηλός. *Rainy*: see *rainy*. *Wet with tears*: V. διάβροχος. *Watery*: see *watery*.

Wet, subs. *Moisture*: P. and V. νοτίς, ἡ (Plat.), ἰκμάς, ἡ (Plat.), Ar. and V. δρόσος, ἡ, P. τὸ ὑγρόν. *Rain*: see *rain*.

Wether, subs. Ar. and P. κριός, ὁ.

Wet nurse, subs. Ar. and P. τίτθη, ἡ, P. and V. τῐθήνη, ἡ (Plat.); see *nurse*.

Whale, subs. Ar. and V. κῆτος, τό (Eur., *Frag.*).

Wharf, subs. P. χῶμα, τό; see *pier*.

What, pron. P. and V. τί. Indirect: P. and V. ὅ,τῐ. *At what place*: see *where*. *At what time*: see *when*. *In what way*: see *how*. *Of what sort*: see under *sort*. *What then*: P. and V. τί μήν.

Whatever, whatsoever, pron. Ar.

and P. ὁτιοῦν. *Nothing whatever:* Ar. and P. οὐδ' ὁτιοῦν.

Wheat, subs. Ar. and P. πῦρός, ὁ; see *corn*. *Sell wheat*, v.: P. πυροπωλεῖν.

Wheaten, adj. P. and V. πύρῐνος (Xen. and Eur., *Frag.*). *Wheaten cake:* Ar. πῡρᾰμοῦς, ὁ.

Wheat meal, subs. Ar. and P. ἄλευρα, τά.

Wheedle, v. trans. See *coax*.

Wheedling, subs. and adj. See *coaxing*.

Wheel, subs. P. and V. τροχός, ὁ, V. κύκλωμα, τό (Eur., *Phoen.* 1185). *Be broken on the wheel*, v.: P. ἐπὶ τοῦ τροχοῦ στρεβλοῦσθαι. *Broken on the wheel*, adj.: V. ἁρμᾰτήλᾰτος (Of Ixion) (Eur., *H. F.* 1297). *I saw the death of Hector dragged at the wheel:* V. σφαγὰς μὲν Ἕκτορος τροχηλάτους κατεῖδον (Eur., *And.* 399). *Potter's wheel:* Ar. and P. τροχός, ὁ. Military term, *sudden change of direction:* P. ἐπιστροφή, ἡ.

Wheel, v. trans. P. and V. στρέφειν, ἐπιστρέφειν. *Spin:* Ar. and V. κυκλεῖν, στροβεῖν, V. ἑλίσσειν, εἱλίσσειν (once Ar.), δῑνεῖν (also Plat. in pass. but rare P.). V. intrans. *Change direction* (*of fleets, armies, etc.*): P. and V. ὑποστρέφειν, Ar. and P. ἀναστρέφειν (or pass.), ἐπᾰναστρέφειν (or pass.). *Spin:* P. and V. κυκλεῖσθαι, στρέφεσθαι, P. περιστρέφεσθαι, περιφέρεσθαι, V. ἑλίσσεσθαι, εἱλίσσεσθαι, Ar. and V. στροβεῖσθαι.

Wheeled, adj. V. εὔτροχος, εὔκυκλος, Ar. and V. τροχήλᾰτος.

Wheelwright, subs. Ar. ἁμαξουργός, ὁ. *Be a wheelwright*, v.: Ar. τροχοποιεῖν.

Wheeze, v. intrans. See *pant*.

Wheezing, subs. See *panting*.

Whelm, v. trans. See *overwhelm*.

Whelp, subs. P. and V. σκύλαξ, ὁ or ἡ, Ar. and V. σκύμνος, ὁ or ἡ.

Whelp, v. intrans. P. and V. τίκτειν.

When, adv. Interrogative: P. and V. πότε. Indirect or relative: Ar. and P. ὁπότε. *At what hour:* Ar. and P. πηνίκᾰ. Indirect or relative: P. and V. ὁπηνίκᾰ. Relative: P. and V. ὅτε, ὡς, ἡνίκᾰ, V. εὖτε, Ar. and V. ὅπως. *After that:* P. and V. ἐπεί, ἐπειδή, ἐπήν (with subj.), ἐπειδάν (with subj.), P. ἐπάν (with subj.).

Whence, adv. Interrogative: P. and V. πόθεν. Indirect: P. and V. ὁπόθεν. Relative: P. and V. ὅθεν, Ar. and V. ὅθενπερ, V. ἔνθεν (also Xen. but rare P.).

Whencesoever, adv. P. ὁπόθεν.

Whenever, whensoever, adv. P. and V. ὁπότᾰν (with subj.), ἡνίκ' ἄν (with subj.), ὅτᾰν (with subj.), ὅτανπερ (with subj.), Ar. and P. ὁπότε, V. εὖτ' ἄν (with subj.).

Where, adv. Interrogative: P. and V. ποῦ. Indirect: P. and V. ὅπου, V. ἔνθᾰ, Ar. and V. ἵνᾰ (rare P.). Relative: P. and V. οὗ, ὅπου, ὅπῃ, ᾗ, οὗπερ, P. ἵναπερ (rare), V. ἔνθᾰ (rare P.), ἔνθαπερ (also Thuc. 6, 32 but rare P.), Ar. and V. ἵνᾰ (rare P.).

Whereas, adv. P. ὅπου; see *since*. *But:* P. and V. δέ.

Wherefore, adv. Interrogative: P. and V. τί; see *why*. Relative, *for which reason:* P. and V. ἀνθ' ὧν, P. διό, διόπερ, ὧν ἕνεκα, V. ὧν οὕνεκα. *Therefore*, before imperatives: P. and V. πρὸς ταῦτα (Thuc. 4, 87; Ar., *Nub.* 990 and 1433), V. πρὸς τάδε; see *therefore*.

Wheresoever, wherever, adv. P. and V. ὅπου, ὅπουπερ, ὅπῃ (Thuc. 3, 1). ὅπου ἄν (with subj.), ὅπουπερ ἄν (with subj.). *In as many places as:* P. ὁσαχοῦ (Dem. 682).

Whet, v. trans. Ar. and P. ἀκονᾶν (Xen.), Ar. and V. θήγειν.

Whetted, adj. V. θηκτός, τεθηγμένος, συντεθηγμένος. *Newly-whetted*, adj.: V. νεηκονής.

Whether, adv. P. and V. εἰ. With two alternatives: P. and V. πότερον . . . ἤ, πότερα . . . ἤ, or use P.

and V. εἴτε . . . εἴτε, P. ἐάν τε . . . ἐάν τε.

Whetstone, subs. V. θηγάνη, ἡ.

Whey, subs. Use P. ὀρὸς, ὁ.

Which, adj. Interrogative: P. and V. τίς; Indirect: P. and V. ὅστις. Relative: P. and V. ὅς, ὅστις, ὅσπερ. *Which of two*, interrogative: P. and V. πότερος; indirect: P. and V. ὁπότερος. *In which of two ways*, interrogative: P. ποτέρως; indirect: P. ὁποτέρως.

Whichever, whichsoever, adj. P. and V. ὅστις, ὅστις ἄν (with subj.), ὃς ἄν (with subj.), P. ὅστις δήποτε, Ar. and P. ὁστισοῦν, ὅστις περ. *Whichever of two*: P. and V. ὁπότερος.

Whiff, subs. Ar. and V. φύσημα, τό; see *blast, breath.*

While, conj. P. and V. ἕως, ἐν ᾧ, Ar. and P. ἐν ὅσῳ, V. ἔστε (also Xen.). *For a while*, adv.: P. and V. τέως. *For a long while*: P. and V. μακρὸν χρόνον; see *long*. *It is worth while*: P. and V. ἄξιόν ἐστι (or omit ἐστι) (with infin.).

While, v. trans. *While away*: P. and V. τρίβειν, διάγειν; see *spend.*

Whim, subs. *Desire*: P. and V. ἐπιθυμία, ἡ. *Impulse*: P. and V. ὁρμή, ἡ. *Mood*: P. and V. ἦθος, τό, ὀργή, ἡ; see *caprice.*

Whimper, v. intrans. Ar. and V. κνυζεῖσθαι (Soph., *Frag.*).

Whimsical, adj. *Hard to please*: P. and V. δύσκολος, δυσάρεστος. *Absurd*: P. and V. ἄτοπος (Eur., *Frag.*), γέλοιος. *Producing laughter*: V. γελωτοποιός (Æsch., *Frag.*).

Whimsicality, subs. Ar. and P. ἀτοπία, ἡ.

Whimsically, adv. P. ἀτόπως, γελοίως.

Whine, v. intrans. *Whimper*: Ar. and V. κνυζεῖσθαι (Soph., *Frag.*); see *cry.*

Whining, subs. See *cry, lamentation.*

Whinny, v. intrans. P. χρεμετίζειν.

Whinnying, subs. Ar. χρεμετισμός, ὁ, P. and V. φρύαγμα, τό (Xen.).

Whip, subs. P. and V. μάστιξ, ἡ, V. μάραγνα, ἡ (Eur., *Rhes.*). *Leather whip*: Ar. and P. σκῦτος, τό. *Carrying a whip*, adj.: P. μαστιγοφόρος.

Whip, v. trans. Ar. and P. μαστιγοῦν; see *beat*. *Whip out a sword, etc.*: see *draw.*

Whir, subs. Ar. and V. ῥοῖβδος, ὁ, Ar. ῥοιζήματα, τά.

Whir, v. intrans. See *hurtle.*

Whirl, v. trans. *Swing*: P. αἰωρεῖν, Ar. and P. κυκλεῖν, V. διαφέρειν, σφενδονᾶν. *Spin*: P. and V. στρέφειν, Ar. and V. κυκλεῖν, στροβεῖν, V. ἑλίσσειν, εἱλίσσειν (once Ar.), δινεῖν (Plat. in pass. but rare P.). V. intrans. *Swing*: P. and V. αἰωρεῖσθαι. *Spin*: P. and V. κυκλεῖσθαι, στρέφεσθαι, P. περιστρέφεσθαι, περιφέρεσθαι, Ar. and V. στροβεῖσθαι, V. ἑλίσσεσθαι, εἱλίσσεσθαι.

Whirl, subs. P. φορά, ἡ, περιαγωγή, ἡ, P. and V. στροφή, ἡ, V. δίνη, ἡ (Plat. also but rare P.), Ar. and P. δίνευμα, τό (Xen.). *Rush*: P. and V. ὁρμή, ἡ; see *rush*. *Turmoil*: P. and V. θόρυβος, ὁ.

Whirlpool, subs. V. δίνη, ἡ (also Plat., *Craty!.* 439C, but rare P.).

Whirlwind, subs. Ar. and P. πρηστήρ, ὁ (Xen.), Ar. and V. θύελλα, ἡ, τυφώς, ὁ, V. χεῖμα, τό; see *storm.*

Whisk, v. trans. See *seize, carry.* *Whisk away*: P. and V. ἀναρπάζειν; see *carry off.*

Whisper, subs. *Murmur*: P. and V. ψόφος, ὁ. *In a whisper, in a low voice*: use P. and V. σιγῇ, V. σῖγα. *Not even a whisper*: Ar. and P. οὐδὲ γρῦ; see *not a word*, under *word.*

Whisper, v. trans. Ar. and P. ψιθυρίζειν (acc. or absol.). Absol. *Murmur*: P. and V. ψοφεῖν; see *murmur*. *Whisper to*: Ar. ἐντρυλλίζειν (dat.) (*Thesm.* 341). *He said something stooping to whisper*: P. ἔλεγεν ἄττα προσκεκυφώς (Plat., *Rep.* 449B). *Ever whispering in your ear words to embitter you*: V. εἰς οὖς ἀεὶ πέμπουσα μύθους ἐπὶ τὸ δυσμενέστερον (Eur., *Or.* 616). *I would fain whisper the words to you*: V. ἐς οὖς γὰρ τοὺς λόγους εἰπεῖν θέλω (Eur., *Ion*, 1521). *He whispered in the ears of each words of estrangement*: V. εἰς οὖς ἑκάστῳ δυσμενεῖς ηὖδα λόγους (Eur., *And.* 1091).

Whistle, v. intrans. P. and V. σῡρίζειν. *Make a noise*: P. and V. ψοφεῖν.

Whistle, subs. Use P. and V. ψόφος, ὁ. Ar. and V. σῖριγμα, τό. *Instrument for whistling*: Ar. νίγλᾰρος, ὁ (*Ach.* 554).

Whit, subs. *Not a whit*: Ar. and P. οὐδ' ὁτιοῦν.

White, adj. P. and V. λευκός, V. λευκανθής, πάλλευκος. *Bright*: Ar. and V. ἀργής, V. ἀργηστής. *Pale*: P. and V. ὠχρός, P. χλωρός. *Be white*, v.: Ar. and V. ὠχριᾶν. *White with age*, adj.: P. and V. πολιός (Plat., *Parm.* 127B), V. λευκός, λευκανθής. *White swan*: V. πολιόχρως κύκνος, ὁ (Eur., *Bacch.* 1364). *Wreathed with white*: V. λευκοστεφής.

White, subs. Ar. and P. τὸ λευκόν. *Dressed in white*: Ar. ἠμφιεσμένος λευκά (*Thesm.* 840; cp. *Ach.* 1024). *An assembly dressed in white*: Ar. λευκοπληθὴς . . . ἐκκλησία (*Eccles.* 387).

White-armed, adj. V. λευκόπηχυς.

White-crested, adj. Ar. λευκόλοφος.

White-fleeced, adj. Ar. λευκόθριξ.

White lead, subs. Ar. and P. ψῐμίθιον, τό. *Be powdered with white lead*, v.: P. ψιμυθιοῦσθαι.

Whiten, v. trans. P. λευκοῦν, V. λευκαίνειν (Eur., *Cycl.* 17). *Cover with whitewash*: P. κονιᾶν (Dem. 36). *Have one's face whitened*: P. τὸ πρόσωπον ἐψιμυθιῶσθαι (Lysias, 93).

Whiteness, subs. P. λευκότης, ἡ.

Whitening, subs. Ar. and P. ψῐμίθιον, τό.

White-steeded, adj. V. λεύκιππος, λευκόπωλος.

Whitewash, v. trans. P. κονιᾶν (Dem. 36). Met., *gloss over*: Ar. and P. ὑποκορίζεσθαι (acc.); see *gloss over*.

Whitewashed, adj. P. κονιατός (Xen.), ἐξαληλιμμένος (Thuc. 3, 20).

White-winged, adj. V. λευκόπτερος.

Whither, adv. Interrogatively: P. and V. ποῖ; Indirect: P. and V. ὅποι, ἵνᾰ (rare P.). Relative: P. and V. οἷ, οἷπερ, ὅποι, V. ἔνθᾰ. *Whither of two directions*, indirect: P. ὁποτέρωσε. *Whithersoever*: P. and V. ὅποι, ὅποιπερ, ὅποι ποτέ, ὅποι ἄν (with subj.), ὅποιπερ ἄν (with subj.).

Whittle down, v. trans. *Abridge*: P. and V. συντέμνειν.

Whizz, subs. P. and V. ψόφος, ὁ; see *rush*.

Whizz, v. intrans. P. and V. ψοφεῖν. *Whistle*: P. and V. σῡρίζειν; see also *rush*. *Whizz through*: V. διαρροιζεῖν (gen.) (Soph., *Trach.* 568).

Who, pron. Interrogative: P. and V. τίς; Indirect: P. and V. ὅστῐς. Relative: P. and V. ὅς, ὅσπερ, ὅστῐς, V. ὅστε (rare in V. only used in P. in certain phrases such as ἐφ' ᾧτε).

Whoever, pron. P. and V. ὅστῐς, ὃς ἄν (with subj.), ὅστῐς ἄν (with subj.), Ar. and P. ὁστῐσοῦν, ὅστισπερ, P. ὁστισδήποτε, ὁστισδηποτοῦν.

Whole, adj. P. and V. ὅλος. *All*: P. and V. πᾶς, ἅπᾱς, V. πρόπᾱς. *All together*: P. and V. σύμπᾱς. *My husband has been absent seven whole months*: Ar. ὁ δ' ἐμὸς (ἄπεστι) τελέους ἑπτὰ μῆνας (*Lys.* 104). *Uninjured*: P. and V. σῶς, ἀβλᾰβής (Plat.), ἀκέραιος, ἀκραιφνής, ἀκήρᾰτος; see *uninjured*.

Wholesale, adj. *Indiscriminate, promiscuous*: P. and V. σύμμικτος, συμμῖγής (Plat.), μῖγάς. *Promiscuously*, adv.: P. and V. φύρδην, P. χύδην; see also *utterly*.

Wholesale dealer, subs. P. and V. ἔμπορος, ὁ.

Wholesale dealing, subs. Ar. and P. ἐμπορία, ἡ.

Wholesome, adj. P. ὑγιεινός; see *salutary*.

Wholesomely, adv. P. ὑγιεινῶς.

Wholesomeness, subs. P. τὸ ὑγιεινόν.

Wholly, adv. P. and V. πάντως, παντελῶς, ἄρδην (Dem. 360), Ar. and P. πάνυ, P. ὅλως, παντάπασι, V. εἰς τὸ πᾶν, τὸ πάμπαν, παμπήδην; see *utterly*.

Whoop, subs. P. and V. βοή, ἡ.

Whoop, v. intrans. P. and V. βοᾶν.

Whore, subs. Ar. and P. πόρνη, ἡ.

Whoredom, subs. P. πορνεία, ἡ.

Whorl, subs. P. σφόνδυλος, ὁ.

Whosoever, pron. See *whoever*.

Why, adv. Interrogative: P. and V. τί, τοῦ χάριν (Dem. 490), P. διὰ τί, τοῦ ἕνεκα (Dem. 1104), ἀντὶ τίνος (Plat., *Lys*. 208E), V. πρός τί, ἀντὶ τοῦ, εἰς τί, τί χρῆμα, τίνος ἕκατι, ἐκ τοῦ (Eur., *El*. 246), τίνος χάριν. *For what purpose*: P. and V. ἐπὶ τῷ (Soph., *Aj*. 797). Indirect: P. διότι, V. ἀνθ' ὅτου, or use the direct forms. *Why not*: V. τί μή. *Why so*: Ar. τιή.

Wick, subs. Ar. θρυαλλίς, ἡ.

Wicked, adj. P. and V. κακός, κακοῦργος, πανοῦργος, πάγκακος, πονηρός, αἰσχρός, μοχθηρός, φλαῦρος, φαῦλος. *Impious*: P. and V. ἀνόσιος, ἀσεβής, ἄθεος, δυσσεβής (rare P.), V. δύσθεος; see *impious*. *Unlawful*: P. and V. ἄνομος, παράνομος, ἄδικος, V. ἔκδικος. *Sinful*: P. ἀλιτήριος, ἀλιτηριώδης. *Be wicked*, v.: P. and V. πανουργεῖν. *Be impious*: P. and V. ἀσεβεῖν, V. δυσσεβεῖν. *Act unlawfully*: P. παρανομεῖν.

Wickedly, adv. P. and V. κακῶς, αἰσχρῶς, P. κακούργως, V. παγκάκως, Ar. and P. πανούργως. *Impiously*: P. and V. ἀθέως, V. ἀνοσίως. *Unlawfully*: P. ἀνόμως, παρανόμως. *Unjustly*: P. and V. ἀδίκως, οὐκ ὀρθῶς, V. ἐκδίκως.

Wickedness, subs. P. and V. κάκη, ἡ, πανουργία, ἡ, τὸ κακοῦργον, πονηρία, ἡ, Ar. and P. κακία, ἡ, μοχθηρία, ἡ, P. κακότης, ἡ, κακουργία, ἡ; see *sin*. *Injustice*: P. and V. ἀδικία, ἡ. *Impiety*: P. and V. ἀσέβεια, ἡ, V. δυσσέβεια, ἡ, P. ἀνοσιότης, ἡ. *Lawlessness*: P. and V. ἀνομία, P. παρανομία, ἡ.

Wicker, adj. Use P. and V. πλεκτός (Xen.). *Of ozier*, adj.: P. οἰσΰϊνος. *Wicker shield*: P. γέρρον, τό (Xen.), V. ἰτέα, ἡ, ἴτυς, ἡ (also Xen.). *Soldiers armed with wicker shields*: P. γερροφόροι, οἱ.

Wicker work, subs. Use P. and V. πλέγμα, τό, Ar. πλέκος, τό.

Wicket, subs. P. πυλίς, ἡ; see *door*.

Wide, adj. P. and V. εὐρύς, V. εὐρωπός, Ar. and V. πλατύς. Of a river: V. πλατύρρους; see *broad*. *Far and wide, everywhere*: P. and V. πανταχοῦ, πανταχῇ, Ar. and P. πάντῃ, V. ἁπανταχοῦ, ἁπανταχῇ. *From far and wide*: P. and V. παντόθεν, Ar. and P. πανταχόθεν. *Be wide of the mark*, v.: P. and V. ἁμαρτάνειν; see *err*.

Widely, adv. *Over a wide extent*: P. ἐπὶ πολύ; see *far and wide*, under *wide*.

Widen, v. trans. P. εὐρύνειν (Xen.), πλατύνειν (Xen.).

Wide-spread, adj. Use P. ἐπὶ πολύ. *Owing to the wide spread prevalence of piracy*: P. διὰ τὴν λῃστείαν ἐπὶ πολὺ ἀντισχοῦσαν (Thuc. 1, 7).

Widow, subs. P. and V. χήρα, ἡ, or use adj., P. and V. ἄνανδρος (Plat.). *Be a widow*, v.: P. and V. χηρεύειν.

Widow, v. trans. V. χηροῦν (Eur., *Cycl*. 304); see *desolate*.

Widowed, adj. See *desolate*.

Widowhood, subs. P. χηρεία, ἡ. *Pass one's life in widowhood*: P. καταχηρεύειν τὸν βίον (Dem. 852).

Width, subs. P. and V. εὖρος, τό, Ar. and P. πλάτος, τό. *Of equal width with*, adj.: P. ἰσοπλατής (dat.).

Wield, v. trans. P. and V. νέμειν (rare P.), V. νωμᾶν, ἀμφέπειν, πορσύνειν. *Manage*: P. and V. οἰκεῖν, Ar. and P. μεταχειρίζεσθαι, διοικεῖν, P. διαχειρίζειν; see *manage*. *Wield the sceptre*: V. σκῆπτρον φορεῖν.

Wife, subs. P. and V. γυνή, ἡ, Ar. and V. ἄλοχος, ἡ. V. σύνευνος, ἡ, ἄκοιτις, ἡ, σύλλεκτρος, ἡ, εὖνις, ἡ, δάμαρ, ἡ, συνευνέτις, ἡ, σύνάορος, ἡ, ὁμευνέτις, ἡ, σύζυγος, ἡ, εὐνάτειρα, ἡ, εὐνήτρια, ἡ. *Take to wife*, v trans.: P. λαμβάνειν; see *marry*. *Have to wife*: P. and V. ἔχειν (Thuc 2, 29, Dem. 949; Eur., *I. A* 701). *Old wives' tales*: P. γραῶν ὕθλος, ὁ (Plat., *Theaet.* 176B); see also *nonsense*.

Wifeless, adj. V. ἀγύναιξ (Soph., *Frag.*).

Wifely, adj. P. and V. γυναικεῖος.

Wig, subs. P. πρόσθετοι κόμαι, αἱ.

Wight, subs. Ar. and V. φώς, ὁ; see *man*.

Wild, adj. *Not cultivated*: P. and V. ἄγριος (also of animals). Of country: P. ἄγροικος (Thuc. 3, 106). *Desolate*: P. and V. ἐρῆμος; see *desolate*. *Savage* P. and V. βάρβαρος, V. ἀνήμερος. *Fierce* P. and V. ὠμός, ἄγριος, δεινός, σχέτλιος; see *savage*. *Mad*: P. and V. μανιώδης: see *mad*. *Left at large*: P. and V. ἄφετος, ἀνειμένος. *Beastlike* P. and V. θηριώδης. *Ungovernable*: Ar and P. ἀκρατής, P. and V ἀκόλαστος, ἀχάλινος, ἀνειμένος. Of passions: P. and V. ἄκρατος. *Make wild*, v. trans.: V. ἀγριοῦν, ἐξαγριοῦν. *Be made wild*: P. and V. ἀγριοῦσθαι (Xen. also Ar.), ἐξαγριοῦσθαι Plat.), ἀπαγριοῦσθαι (Plat.). *Alas, brother, your eye grows wild*: V. οἴμαι κασίγνητ' ὄμμα σὸν ταράσσεται (Eur., *Or.* 253).

Wilder, v. trans. See *bewilder*.

Wilderness, subs. P. and V. ἐρημία, ἡ.

Wild-eyed, adj V. ἀγριωπός.

Wildly, adv. *Savagely*: Ar. and P. χαλεπῶς, P. ὠμῶς, σχετλίως, P. and V. πικρῶς. *Madly*: P. μανικῶς. *Ungovernably*: ἀκρατῶς. *Unrestrainedly*: P. ἀνέδην, ἀνειμένως. *At random*: P. and V. εἰκῆ.

Wildness, subs. P. ἀγριότης, ἡ. *Madness*: P. and V. μανία, ἡ, τὸ μανιῶδες; see *madness*.

Wile, subs. P. and V. ἀπάτη, ἡ, δόλος, ὁ (rare P.), στροφή, ἡ, σόφισμα, τό, V. τέχνη, ἡ; see *trick*. *Cunning, craft*: P. and V. πανουργία, ἡ, Ar. πυκνότης, ἡ.

Wilful, adj. *Changeable*: P. εὐμετάβολος, ἀκατάστατος, Ar. and P. ἀστάθμητος; see *fickle*. *Not to be relied on*: P. and V. ἄπιστος. *Obstinate*: P. and V. αὐθάδης, P. δύστροπος; see *obstinate, intractable*. *Ill-tempered*: P. and V. δύσκολος, δυσάρεστος, δυσχερής.

Wilfully, adv. *Obstinately*: Ar. and P. αὐθάδως, P. σκληρῶς. *On purpose*: P. and V. ἐκ προνοίας, P. ἐκ παρασκευῆς, Ar. and P. ἐπίτηδες, ἐξεπίτηδες; see *intentionally*.

Wilfulness, subs. *Fickleness*: P. τὸ ἀστάθμητον. *Obstinacy*: P. αὐθάδεια, ἡ, σκληρότης, ἡ, Ar. and V αὐθαδία, ἡ, V. αὐθαδίσματα, τά.

Wiliness, subs. *Craftiness*: P. and V. πανουργία, ἡ, Ar. πυκνότης, ἡ.

Will, subs. *Volition*: P. and V. βούλησις, ἡ, P. βούλημα, τό. *Purpose*: P. and V. γνώμη, ἡ, βούλευμα, τό, ἔννοια, ἡ, ἐπίνοια, ἡ, ἀξίωμα, τό, Ar. and P. διάνοια, ἡ, V. φρόνησις, ἡ, γνῶμα, τό. *Testament*: Ar. and P. διαθήκη, ἡ, P. διάθεσις, ἡ. *Make a will*: P. διατίθεσθαι. *Dispose of by will*: P. διατίθεσθαι (acc.). *Leave by will*: Ar. and P. καταλείπειν, V. λείπειν (Eur., *Alc.* 688). *Good will* P. and V. εὔνοια, ἡ, εὐμένεια, ἡ; see *good will*. *Ill-will*: P. and V. δύσνοια, ἡ, δυσμένεια, ἡ; see *enmity*. *Envy*: P. and V. φθόνος, ὁ. *It is my will*: P. and V. δοκεῖ μοι, δέδοκται μοι.

Will, v. trans. *Resolve*: P. and V. βουλεύειν; see *resolve*. *Enjoin*: P. and V. προστάσσειν (τί τινι); see *enjoin*. *Bequeath by will*: Ar. and P. καταλείπειν, V. λείπειν. *Dispose of by will*: P. διατίθεσθαι (acc.).

Willing, adj. Of persons: P. and V. ἑκών, ἄσμενος. *Of one's own accord:* P. and V. αὐτεπάγγελτος, ἐθελοντής. Of things, *voluntary:* P. and V. ἑκούσιος, αὐθαίρετος, V. ἑκών. *Zealous:* P. and V. πρόθῡμος, ἑτοῖμος; see *zealous. Be willing,* v.: P. and V. βούλεσθαι, ἑτοῖμος εἶναι; see *wish.*

Willingly, adv. P. and V. ἡδέως, ἀσμένως. *Voluntarily:* P. and V. ἑκουσίως; see *voluntarily. Zealously:* P. and V. προθύμως, σπουδῇ.

Willingness, subs. *Readiness, zeal:* P. and V. σπουδή, ἡ, προθῡμία, ἡ.

Willow, subs. P. ἰτέα, ἡ (Hdt.). *Of willow,* adj.: P. ἰτέϊνος (Hdt.). *Willow twigs for binding:* V. λύγοι, αἱ (Eur., *Cycl.*).

Wily, adj. P. and V. πᾰνοῦργος, ποικῐ́λος (Plat.), ἐπίτριπτος, πυκνός (Plat.), διπλοῦς (Plat.), Ar. and V. δόλιος, αἱμύλος (once in Plat.), V. πᾰλιντρῐβής, μηχᾰνορρᾰ́φος. Fem., V. δολῶπις.

Win, v. trans. *Obtain:* P. and V. κτᾶσθαι, κᾰτακτᾶσθαι; see *obtain. Earn for oneself:* P. and V. φέρεσθαι, ἐκφέρεσθαι, εὑρίσκεσθαι κομίζεσθαι, Ar. and V. φέρειν (also Plat. but rare P.), εὑρίσκειν, V. κομίζειν, ἄρνυσθαι (also Plat. but rare P.), ἀνύτεσθαι, P. περιποιεῖσθαι; see *gain. Meet with:* P. and V. τυγχᾰ́νειν (gen.), προστυγχάνειν (gen. or dat.) (Plat.), Ar. and V. κῠρεῖν (gen.). *Win by labour:* V. ἐκπονεῖν (acc.), ἐκμοχθεῖν (acc.). *I trust that I shall win this glory:* V. πέποιθα τοῦτ' ἐπισπάσειν κλέος (Soph., *Aj.* 769). *Win a victory:* P. and V. νῑκᾶν νίκην, P. κρατεῖν νίκην. *Win a case:* P. δίκην αἱρεῖν, or αἱρεῖν alone. *Win one's way, advance with effort:* P. βιάζεσθαι. *Be the conqueror,* absol.: P. and V. νῑκᾶν, κρᾰτεῖν, P. περιεῖναι, ἐπικρατεῖν; see *conquer. Win over to oneself,* v. trans.: P. and V. προσποιεῖσθαι, προσᾰ́γεσθαι, προστῐ́θεσθαι, P. εὐτρεπίζεσθαι, ἐπάγεσθαι, ὑπάγεσθαι. *Win over to some one else:* P. προσποιεῖν (τινά τινι).

Wince, v. intrans. P. and V. ὀκνεῖν, κᾰτοκνεῖν, P. ἀποκνεῖν.

Wind, subs. P. and V. ἄνεμος, ὁ, πνεῦμα, τό, Ar. and V. πνοή, ἡ (rare P.), αὔρα, ἡ (also Plat. but rare P.). *Blast:* Ar. and V. φῡ́σημα, τό, V. ἄημα, τό, ἄησις, ἡ. *Fair wind:* V. οὖρος, ὁ (also Xen.), P. οὔριος ἄνεμος, ὁ. *Before the wind:* V. κᾰτ' οὖρον. *East wind:* P. and V. ἀπηλιώτης, ὁ. *North wind:* P. and V. βορρᾶς, ὁ, βορέᾱς, ὁ (Eur., *Cycl.* 329; also Ar.). *South wind:* P. and V. νότος, ὁ (Æsch., *Frag.*). *West wind:* P. ζέφυρος, ὁ (Arist.). *Trade winds:* P. ἐτησίαι, οἱ. *Sheltered from the wind,* adj.: V. ὑπήνεμος (also Xen.). *A haven sheltered from the wind:* V. λῐμὴν εὐήνεμος (Eur., *And.* 749). *Fling to the winds:* met., see *reject. Fling his garlands to the winds and storms:* V. στέμματ' ἀνέμοις καὶ θυέλλαισιν μέθες (Eur., *Bacch.* 350). *Your praises of the Phrygians I fling to the winds:* V. Φρυγῶν ἐπαινέσεις ἀνέμοις φέρεσθαι παραδίδωμι (Eur., *Tro.* 418). *Flatulence:* P. φῦσαι, αἱ (Plat.). *Breath:* P. and V. πνεῦμα, τό, Ar. and V. πνοή, ἡ (rare P.), φύσημα, τό (also Plat. but rare P.), V. ἀμπνοή, ἡ. *Get wind of,* v.: P. προαισθάνεσθαι (gen. or absol.).

Wind, subs. See *bend.*

Wind, v. trans. *Blow (horn, etc.):* P. and V. φῡσᾶν. *Wind into a ball:* Ar. τολῡπεύειν (absol.). *Twine:* P. and V. πλέκειν, συμπλέκειν, ἐμπλέκειν, V. ἑλίσσειν, εἱλίσσειν. *Spin:* Ar. and V. κυκλεῖν. *Cast around:* P. and V. περῐβάλλειν, V. ἀμφῐβάλλειν: see *twine, twist.* V. intrans. *Twist:* P. and V. κυκλεῖσθαι, V. ἑλίσσεσθαι (also Plat. but rare P.), εἱλίσσεσθαι. *Pass slowly:* P. and V. βᾰδίζειν (rare V.), Ar. and V. βαίνειν, στείχειν. *Wind up:* see *finish. Wind round:* P. περιελίσσειν (τι περί τι). *Wind (oneself) round*: P. περιελίσσεσθαι (περί, acc. or absol.) (Plat.), περιπτύσσεσθαι (Plat.) (absol.); see *surround*, *embrace*.

Wind-bound, adj. Use P. and V. ἀπλοίᾳ χρώμενος.

Wind-fall, subs. P. and V. ἕρμαιον, τό, εὕρημα, τό.

Winding, adj. V. ἑλικτός, P. σκολιός (of a river) (Hdt.). *Curved*: P. and V. καμπύλος (Plat.); see *curved*.

Winding, subs. See *curve*.

Winding-sheet, subs. P. ἐντάφιον, τό, V. φᾶρος, τό, φᾶρος, τό, πέπλος, ὁ. *By no wife's hand were they laid out in their winding-sheet*: V. οὐ δάμαρτος ἐν χεροῖν πέπλοις συνεστάλησαν (Eur., *Tro.* 377).

Wind instrument, subs. P. and V. αὐλός, ὁ.

Windlass, subs. Ar. and P. τροχῖλία, ἡ. *Draw up by a windlass*, v.: P. ὀνεύειν (Thuc. 7, 25).

Windless, adj. Ar. and V. νήνεμος.

Windlessness, subs.: P. νηνεμία, ἡ.

Window subs. Ar. and P. θυρίς, ἡ

Windpipe, subs. Ar. and V. λάρυγξ, ὁ (Eur., *Cycl.*), P. ἀρτηρία, ἡ, V. πλεύμονος ἀρτηρία, ἡ, πνεύματος διαρροαί, αἱ.

Windward, adv. Use adj. P. προσήνεμος (Xen.).

Windy, adj. V. διήνεμος. *A rainy and windy night* P. νὺξ χειμέριος ὕδατι καὶ ἀνέμῳ (Thuc. 3, 22). *Long-winded*: P. and V. μακρός, P. μακρολόγος.

Wine, subs. P. and V. οἶνος, ὁ, V. βάκχος, ὁ, βάκχιος, ὁ, μέθυ, τό. *Wine cups* V. οἰνηρὰ τεύχη, τά. *Foam of wine*: V οἰνωπὸς ἄχνη, ἡ. *Drunk with wine*: use V. οἰνωθείς, ᾠνωμένος, κᾰτοινος; see *drunk*. *Flushed with wine*, adj.: V. οἰνωπός. *Rich in wine* P. πολύοινος. *Rich in grapes*: V. εὔβοτρυς, πολύβοτρυς *Abstaining from wine*: P. and V. ἄοινος (Plat.) *Abstain from wine*, v.: P. and V. νήφειν. *Peace offerings without wine*: V. νηφάλια μειλίγματα (Æsch., *Eum.* 107). *Make wine from sharp unripe grapes*: V. τεύχειν ἀπ' ὄμφακος πικρᾶς οἶνον (Æsch., *Ag.* 970).

Wine bibber, subs. P. οἰνόφλυξ, ὁ or ἡ (Xen.), or use adj. P. φίλοινος (Plat.); see also *drunken*.

Wine bibbing, subs. P. οἰνοφλυγία, ἡ (Xen.); see also *drunkenness*.

Wine cellar, subs. P. οἰνών, ὁ (Xen.).

Wine cooler, subs. P. ψυκτήρ, ὁ (Plat.).

Wineless, adj. V. ἄοινος, νηφάλιος. *Drinking no wine*: P. and V. ἄοινος (Plat.), νήφων (Plat.).

Wine skin, subs. P. and V. ἀσκός, ὁ.

Wing, subs. P. and V. πτέρυξ, ἡ, πτερόν, τό. *Wing of an army*: P. and V. κέρᾰς, τό. *Post on the wings*: P. ἐκ πλαγίου τάσσειν (Thuc. 7, 6). *Wings (on the stage)*: P. παρασκήνια, τά (Dem. 520). *Flap the wings*, v.: Ar. πτερῠγίζειν (absol.). *Furnish with wings*, v. trans.: Ar. and P. πτεροῦν (Plat.). *Grow wings*, v. intrans.: P. πτεροφυεῖν (Plat.). *Take wing*: see *fly away*. *Now have past blessings taken wing and flown*: V. καὶ νῦν ἐκεῖνα μὲν θανόντ' ἀνέπτατο (Eur., *H. F.* 69). *I renounce my quarrel with you, let it take wing and go*: V. μεθίημι νεῖκος τὸ σόν· ἴτω δ' ὑπόπτερον (Eur., *Hel.* 1236).

Wing, v. trans. *Furnish with wings*: Ar. and P. πτεροῦν. *Wing one's flight*: use P. and V. πέτεσθαι; see *fly*.

Winged, adj. P. and V. πτερωτός (Plat.), πτηνός (Plat.), ὑπόπτερος (Plat.), Ar. and V. εὔπτερος, πτεροῦς, V. πετηνός, κᾰτάπτερος, Ar. πτεροφόρος, πτέρῖνος. *A winged arrow*: V. κομήτης ἰός, ὁ (Soph., *Trach.* 567). *Golden-winged*, adj.: Ar. χρῡσόπτερος. *Swift-winged*: V. τᾰχύπτερος, ὠκύπτερος. *White-winged*: V. λευκόπτερος. *Yellow-winged*: V. ξουθόπτερος.

Wingless, adj. P. and V. ἀπτήν (Plat. and Æsch., *Frag*, also Ar.), V. ἄπτερος.

Wink, v. intrans. P. and V. σκαρμᾰδύσσειν (Xen. and Eur., *Cycl.* 626); see also *shut the eyes*, under *shut*. *Without winking* use adv. P. ἀσκαρμαδυκτί (Xen.), or adj., Ar. ἀσκαρμάδυκτος (*Eq.* 292). *Wink at. shut one's eyes to*, met.: Ar. and P. περιορᾶν (acc.); see *allow*.

Wink, subs. *He doesn't see a wink of sleep the whole night*: Ar. ὕπνου δ' ὁρᾷ τῆς νυκτὸς οὐδὲ πασπάλην (*Vesp.* 91).

Winner, subs. P. and V. ὁ νῑκῶν, ὁ κρᾰτῶν, ὁ κρείσσων.

Winning, adj. *Victorious*: P. and V. κρείσσων, P. ἐπικρατής, καθυπέρτερος, V. ὑπέρτερος. *The winning side*: P. and V. οἱ κρεισσονες, οἱ κρᾰτοῦντες. *Attractive*: P. ἐπαγωγός, προσαγωγός, ἐφολκός. *Charming*: Ar. and P. χᾰρίεις, P. εὔχαρις, ἐπίχαρις. *Delightful*: P. and V. τερπνός, ἡδύς; see *delightful*. *Persuasive*: P. and V. πῐθᾰνός, V. εὐπειθής πειστήριος.

Winningly, adv. P. χαριέντως, P. and V. ἡδέως.

Winnow, v. trans. P. λικμᾶν (Xen.), ἀναλικμᾶν (Plat.), Ar. and P. βράσσειν (Plat.). Met., see *separate*.

Winnowing-fan, subs. V. λίκνον, τό (Soph., *Frag.*), πτύον, τό (Æsch., *Frag.*).

Winsome, adj. *Charming*: Ar. and P. χᾰρίεις, P. εὔχαρις, ἐπίχαρις.

Winsomely, adv. P. χαριέντως.

Winsomeness, subs. P. and V. χᾰρῐς, ἡ.

Winter, subs. P. and V. χειμών, ὁ, V. χεῖμα, τό. *Of winter*, adj.: P. χειμερινός. *Winter quarters*: P. χειμάδιον, τό (Dem. 49). *Go into winter quarters*, v.: P. χειμάζειν (Xen.).

Winter, v. intrans. *Pass the winter*: Ar. and P. χειμάζειν, P. ἐπιχειμάζειν, διαχειμάζειν, παραχειμάζειν.

Wintry, adj. Ar. and P. χειμέριος, P χειμερινός, Ar. and V. δυσχείμερος.

Wipe, v. trans. Ar. and P. ἀπομάσσειν, Ar. περιψῆν. *Wipe one's nose*: P. and V. ἀπομύσσειν (Plat., and Eur., *Cycl.* 562; also mid. in Ar.). *Sponge*: Ar. and P. σπογγίζειν; see also *clean*. *Wipe away*: Ar. and V. ἀποψῆν, ἐξομοργνῦναι (or mid.), Ar. ἀπομόργνυσθαι, V. ἐκμάσσειν; met., see *wipe out*. *Wipe down*: Ar. and P. κᾰταψῆν, P. and V. ψήχειν (also Ar.); see *rub down*. *Wipe out* (met., *destroy*): P. and V. ἐξᾰλείφειν, κᾰθαιρεῖν, ἀφᾰνίζειν; see *destroy*. *Obliterate*: P. and V. ἐξᾰλείφειν, ἀφᾰνίζειν. *Wipe out a disgrace from another*: P. ἀπολύειν. *Wipe out a disgrace from oneself*: P. ἀπολύεσθαι. *I will wipe out from my life the dishonour that awaits me*: V. δύσκλειαν ἣ μένει μ' ἀπώσομαι βίου (Eur., *H. F.* 1152).

Wisdom, subs. P. and V. σοφία, ἡ, τὸ σοφόν. *Good sense*: P. and V. φρόνησις, ἡ, γνώμη, ἡ, νοῦς, ὁ, εὐβουλία, ἡ, τὸ σῶφρον, τὸ σωφρονεῖν, σύνεσις, ἡ, Ar. and P. σωφροσύνη, ἡ. *Expediency*: P. and V. τὸ συμφέρον. *Love wisdom*, v.: P. φιλοσοφεῖν. *Love of wisdom*, subs.: P. φιλοσοφία, ἡ. *Loving wisdom*, adj.: P. φιλόσοφος.

Wise, adj. P. and V. σοφός. *Very wise*: P. and V. πάνσοφος (Plat.), Ar. and P. ὑπέρσοφος (Plat.). *Sensible*: P. and V. σώφρων, ἔμφρων, εὔβουλος, συνετός, V. ἀρτίφρων (also Plat. but rare P.), φρενήρης, ὀρθόβουλος, Ar. and P. φρόνῐμος. Of things: P. and V. σοφός, σώφρων, ἔμφρων, Ar. and P. φρόνῐμος. *Be wise*, v.: P. and V. φρονεῖν, εὖ φρονεῖν, σωφρονεῖν, V. ὀρθῶς φρονεῖν.

Wise, subs. *Way*: P. and V. τρόπος, ὁ; see *way*. *In what wise*: see *how*.

Wiseacre, subs. Use P. and V. σοφιστής, ὁ; or adj., P. and V. σοφός.

Wisely, adv. P. and V. σοφῶς. *Sensibly*: P. and V. σωφρόνως, Ar. and P. φρονίμως, P. ἐμφρόνως, νουνεχόντως, V. φρονούντως, σεσωφρονισμένως.

Wish, subs. P. and V. βούλησις, ἡ, P. βούλημα, τό. *Desire*: P. and V. ἐπῐθῡμία, ἡ; see *desire*. *If it is your wish*: P. εἰ σοί βουλομένῳ ἐστί, εἰ σοί ἡδομένῳ ἐστί. *Request*: P. and V. χρεία, ἡ. *Mere wish, aspiration*: P. εὐχή, ἡ. *Good wishes*: P. and V. εὔνοια, ἡ; see *good will*. *Change one's wishes*: V. μετεύχεσθαι (Eur., *Med.* 600). *Impulse*: P. and V. ὁρμή, ἡ. *According to one's wishes*: P. and V. κᾰτὰ γνώμην, Ar. and P. κᾰτὰ νοῦν.

Wish, v. trans. or intrans. P. and V. βούλεσθαι, Ar. and P. ἐθέλειν, Ar. and V. θέλειν. *Desire*: P. and V. ἐπῐθῡμεῖν, ἐφίεσθαι, Ar. and V. χρῄζειν (rare P.), μενοινᾶν (Eur., *Cycl.* 448), V. προσχρῄζειν, ἱμείρειν, ἱμείρεσθαι, ποθεῖν, ἐρᾶν, ἔρασθαι; see *desire*. *Join in wishing*: P. and V. συμβούλεσθαι (dat.) (Plat.), Ar. and V. συνθέλειν (absol.). *Wish for*: P. and V. ἐπῐθῡμεῖν (gen.), ἐφίεσθαι (gen.), V. χρῄζειν (gen.), προσχρῄζειν (gen.), χᾰτίζειν (gen.), μενοινᾶν (acc.) (Soph., *Aj.* 341); see *desire*. *Yearn for*: P. and V. ποθεῖν (acc.), Ar. and V. ἱμείρειν (gen.), V. ἱμείρεσθαι (gen.). *Be enamoured of*: P. and V. ἐρᾶν (gen.), Ar. and V. ἔρασθαι (gen.). *Seek*: P. and V. ζητεῖν. *Desire ardently*: P. γλίχεσθαι (gen.). *Do you wish me to speak*: use P. and V. βούλει εἴπω (aor. subj.).

Wist, v. intrans. See *know*.

Wistful, adj. V. ποθεινός; see *sad*.

Wistfully, adv. See *sadly*.

Wistfulness, subs. P. and V. πόθος ὁ (Plat. but rare P.), ἵμερος, ὁ (Plat. but rare P.); see *sadness*.

Wit, subs. *Cleverness*: P. and V. σύνεσις, ἡ, τὸ σῠνετόν, σοφία, ἡ, P. δεινότης, ἡ, Ar. and P. δεξιότης, ἡ. *Intellect, mind*: P. and V. νοῦς, ὁ, φρόνησις, ἡ, γνώμη, ἡ, Ar. and P. διᾰνοια, ἡ, Ar. and V. φρήν, ἡ, or pl. (rare P.). *Mother wit*: P. οἰκεία σύνεσις (Thuc 1, 138). *Conversational cleverness*: P. χαριεντισμός, ὁ, εὐτραπελία, ἡ. *A witty person*: use adj., P. and V. γέλοιος (Eur., *Frag.*), Ar. and P. χᾰρίεις, ἀστεῖος. *Play the wit*, v.: Ar. and P. χᾰριεντίζεσθαι. *Be at one's wit's end*: P. and V. ἀπορεῖν, ἀμηχᾰνεῖν (rare P.), P. ἄπορος καθεστηκέναι, ἐν ἀπόρῳ ἔχεσθαι. *At one's wit's end*, adj.: P. and V. ἄπορος, ἀμήχᾰνος (rare P.). *Lose one's wits*: P. and V. ἐξίστασθαι, οὐ φρονεῖν, πᾰραφρονεῖν; see *be mad*, under *mad*. *With one's wits about one*, adj.: Ar. and P. ὀξῠ́ς, P. and V. δρῑμῠ́ς (Plat. and Eur., *Cycl.*); see *clever*.

Witch, subs. Ar. φαρμᾰκίς, ἡ, V. ἀοιδός, ἡ. *Old woman*: P. and V. γραῦς, ἡ, γραῖα, ἡ, Ar. and P. γρᾴδιον, τό.

Witchcraft, subs. P. φαρμακεία, ἡ, ἡ μαγευτική, V. μᾰγεύμᾰτα, τά; see *magic*. *Use witchcraft*, v.: V. μᾰγεύειν, Ar. μαγγᾰνεύειν. *Quackery*: P. γοητεία, ἡ. *Enchantment*: P. κήλησις, ἡ.

Witchery, subs. *Grace*: P. and V. χᾰρῐς, ἡ.

Witching, adj. Ar. and P. χᾰρίεις, P. εὔχαρις, ἐπίχαρις, V. θελκτήριος. *Solemn*: P. and V. σεμνός; see also *beautiful, magic*.

With, prep. P. and V. μετᾰ́ (gen.), σῠ́ν (dat.) (Dem. 823, but rare in P. except in a few phrases, as σὺν ὅπλοις). *Together with*: P. and V. ᾰ̔́μᾰ (dat.), ὁμοῦ (dat.) (rare P.). *Be with*, v.: P. and V. σῠνεῖναι (dat. or absol.). *Bring one into odium with* use P. and V. διᾰβάλλειν τινά (dat., or πρός, acc.). (*Engage, fight*) *with*: P. and V. πρός (acc.).

Withal, adv. *At the same time*: P. and V. ᾰ̔́μᾰ.

Withdraw, v. trans. P. and V.

ὑφαιρεῖν (Eur., *Rhes.* 834), πἄραιρεῖν, ὑπεξαιρεῖν, ὑποσπᾶν. *Draw back:* Ar. ἀνασπᾶν; see *draw back. Retract:* P. ἀνατίθεσθαι (acc. or absol.), P. and V. ἐκβάλλειν (acc.). *I withdraw my former words:* V. καὶ τῶν παλαιῶν ἐξἄφιστἄμαι λόγων (Eur., *I. A.* 479). *Draw off:* P. and V. ἀπάγειν, Ar. and P. ὑπάγειν, V. ὑπεξάγειν. *When we had withdrawn our steps from this house:* V. ἐπεὶ μελάθρων τῶνδ' ἀπήραμεν πόδα (Eur., *El.* 774). *Keep apart:* P. and V. ἐξαιρεῖν (or mid.). *Remove, secretly:* P. and V. ὑπεκτίθεσθαι, ὑπεκπέμπειν, ἐκκλέπτειν, ἐκκομίζεσθαι, P. ὑπεκκομίζειν, V. ὑπεκλαμβάνειν, ὑπεκσώζειν. *Withdraw (a case at law):* P. διαγράφεσθαι (δίκην). V. intrans. *Retire:* P. and V. ἀνἄχωρεῖν (Eur., *Phoen.* 730, *Rhes.* 775), ὑποστρέφειν, ἀποχωρεῖν, Ar. and P. ἐπἄνἄχωρεῖν, ὑποχωρεῖν; see *depart. Of an army:* P. ἀπανίστασθαι, ἐπανάγειν (Xen.), ἀνάγειν Xen.); see *retreat. Withdraw privily:* P. ὑπεξέρχεσθαι *Withdraw from (business, etc.):* P. and V. ἀφίστασθαι (gen.), ἐξίστασθαι (gen.); see *renounce. The Athenians withdrew from the conference:* P. οἱ μὲν Ἀθηναῖοι μετεχώρησαν ἐκ τῶν λόγων (Thuc. 5, 112). *We have withdrawn from Amphipolis in Philip's favour:* P. Φιλίππῳ . . . Ἀμφιπόλεως παρακεχωρήκαμεν (Dem. 63). *Cities from which the king withdrew in favour of the Greeks:* P. πόλεις . . . ὧν βασιλεὺς . . . ἀπέστη τοῖς Ἕλλησι (Dem. 198).

Withdrawal, subs. *Leading away:* P. ἀπαγωγή, ἡ (Xen.). *Retirement* P. ἀναχώρησις, ἡ. *Departure:* P. ἀποχώρησις, ἡ, P. and V. ἔξοδος, ἡ. *Retraction:* P. παλινῳδία, ἡ.

Withe, subs. V. λύγοι, αἱ (Eur., *Cycl.* 225).

Wither, v. trans. P. and V. μἄραίνειν, ἰσχναίνειν (Plat.), κἄτισχναίνειν (Plat.), V. ἀμαυροῦν (also Xen. but rare P.), αὐαίνειν, συντήκειν, ἐκτήκειν, Ar. and V. τήκειν. V. intrans. P. and V. μἄραίνεσθαι, φθίνειν (Plat.), ἰσχναίνεσθαι (Plat.), κἄτισχναίνεσθαι (Plat.), P. ἀπομαραίνεσθαι (Plat.), V. ἀποφθίνειν, κἄταφθίνειν, ἐκτήκεσθαι, συντήκεσθαι, κἄταξαίνεσθαι, κἄτασκέλλεσθαι, αὐαίνεσθαι, Ar. and V. τήκεσθαι, Ar. and P. κἄτἄτήκεσθαι (Xen.). Met., *pass away:* P. and V. ἀπορρεῖν, διαρρεῖν. *Lose bloom:* Ar. and P. ἀπανθεῖν.

Withered, adj. P. and V. ξηρός, Ar. and P. σαπρός, αὖος ἰσχνός. *Wrinkled:* P. and V. ῥῑσός.

Withering, adj. *Hot:* P. and V. θερμός; see *fiery.* Met., P. and V. πικρός.

Withers, subs. P. ἀκρωμία, ἡ (Xen.).

Withhold, v. trans. *Keep off:* P. and V. ἀπέχειν. *Check:* P. and V. ἐπέχειν, κἄτέχειν; see *check. Grudge:* P. and V. φθονεῖν (dat. of pers., gen. of thing) see *grudge. Take away:* P. and V. ἀφαιρεῖν, πἄραιρεῖν. *Withhold*, interj.: see *hold.*

Within, prep. P. and V. εἴσω (gen.), ἔσω (gen.), ἐντός (gen.), ἔνδον (gen.) (Plat. but rare P.), V. ἔσωθεν (gen.) (Eur., *I. T.* 1389). *Within reach:* use adj., P. and V. πρόχειρος. Of distance: see *near. Within bowshot:* P. and V. ἐντὸς τοξεύμἄτος. Of time, degree: Ar. and P. ἐντός (gen.), or of time, use P. and V. gen. alone. *Within a short time:* P. ἐντὸς οὐ πολλοῦ χρόνου. *Within what time will Hermione come to the house?* V. ἥξει δ' ἐς οἴκους Ἑρμιόνη τίνος χρόνου; (Eur., *Or.* 1211). *If they do not go to law within five years:* P. ἐὰν μὴ πέντε ἐτῶν δικάσωνται (Dem. 989). *He came within an ace of being killed:* P παρὰ μικρὸν ἦλθεν ἀποθανεῖν (Isoc. 388).

Within, adv. P. and V. ἐντός, εἴσω, ἔσω. *In the house:* P. and V. ἔνδον, οἴκοι, κἄτ' οἶκον. *From within:* P. and V. ἔσωθεν, ἔνδοθεν.

Without, prep. *Outside:* P. and V. ἔξω (gen.), ἐκτός (gen.), V. ἔξωθεν (gen.), ἐκποδών (gen.) (also Xen. but rare P.). *Apart from:* P. and V. ἄνευ (gen.). χωρίς (gen.), V. δῐ́χᾰ (gen.), νόσφῐ(ν) (gen.) (Æsch., *Supp.* 239, but rare), ἄτερ (gen.), ἄτερθεν (gen.); see also *free from.* *Except:* P. and V. πλήν (gen); see *except.* With a clause. *Going hence without persuading the city:* P. ἀπιόντες ἐνθένδε . . . μὴ πείσαντες τὴν πόλιν (Plat., *Crito* 49E). *We shall not be able to get Oropus without allowing the Lacedaemonians to subdue the Peloponnese:* P. μὴ Λακεδαιμονίους ἐῶντες τὴν Πελοπόννησον καταστρέψασθαι οὐχ οἷοί τε ἐσόμεθα Ὠρωπὸν λαβεῖν (Dem. 206). *It is possible to humble the Thebans without making the Lacedaemonians powerful:* P. ἔστι Θηβαίους ταπεινοὺς ποιεῖν ἄνευ τοῦ Λακεδαιμονίους ἰσχυροὺς καθιστάναι (Dem. 208).

Without, adv. P. and V. ἔξω, ἐκτός, ἐκποδών, V. ἔκτοθεν. *From without:* P. and V. ἔξωθεν, V. θῠ́ρᾱθεν, ἔκτοθεν. *Those without:* P. and V. οἱ ἔξω, οἱ ἔξωθεν, V. οἱ θῠ́ρᾱθεν. *Do without, be lacking in,* v.: P. and V. δεῖσθαι (gen.). *Give up:* P. and V. μεθῑέναι (acc.), ἀφίστασθαι (gen.); see *renounce.* *Dismiss:* P. and V. χαίρειν ἐᾶν (acc.). *Let go:* P. and V. ἐᾶν (acc.).

Withstand, v. trans. P. and V. ἐναντιοῦσθαι (dat.), ἀνθίστασθαι (dat.), ἀντῐτείνειν (dat.), P. ἀνταίρειν (dat.), ἐνίστασθαι (dat.), V. ἀντῐβαίνειν (dat.); see *resist.* *Face:* P. and V. ὑφίστασθαι, ἀντέχειν (dat.), P. ὑπομένειν; see *face.* Absol., *hold out:* P. and V. ἀντέχειν, καρτερεῖν, ὑφίστασθαι.

Witless, adj. P. and V. ἄνους, ἄφρων, σκαιός, ἀμᾰθής; see *foolish, dull.*

Witlessly, adv. P. and V. ἀφρόνως; see *foolishly.*

Witlessness, subs. P. and V. ἄνοια, ἡ, ἀφροσύνη, ἡ, ἀμᾰθία, ἡ; see *folly, dulness.*

Witness, subs. *One who gives evidence:* P. and V. μάρτῠς, ὁ or ἡ. *Eye witness:* P. αὐτόπτης, ὁ, ὀπτήρ, ὁ, P. and V. ἐπόπτης, ὁ, V. κᾰτόπτης, ὁ; see *spectator.* *One taken to witness:* use adj., V. σῠνίστωρ (also Thuc. 2, 74, but rare P.). *Without witness, unattested,* adj.: P. ἀμάρτυρος, V. ἀμαρτῠ́ρητος. *(Do a thing) without witnesses:* P. (πράσσειν) ἀμαρτύρως (Dem. 869). *Evidence:* Ar. and P. μαρτῠρία, ἡ, V μαρτύρια, τά, μαρτῠ́ρημα, τό; see *evidence.* *Call to witness,* v.: P. and V. μαρτῠ́ρεσθαι (acc.), Ar. and P. ἐπῐμαρτῠ́ρεσθαι (acc.). *Protest:* P. διαμαρτύρεσθαι. *He consenting thereto and calling the gods to witness:* V. ὅδ' αἰνέσας ταῦθ' ὁρκίους τε δοὺς θεούς (Eur., *Phoen.* 481). *Bear witness:* see under *witness,* v. *False witness:* P. ψευδομαρτυρία, ἡ. *One who gives false witness:* P. ψευδόμαρτυς, ὁ.

Witness, v. trans. *Behold:* P. and V. ἀθρεῖν, θεᾶσθαι, θεωρεῖν; see *behold.* *Witness a document:* see under *sign.* *Give evidence, bear witness:* P. and V. μαρτῠρεῖν, ἐκμαρτῠρεῖν. *Bear witness to:* P. and V. μαρτῠρεῖν (τινί τι), ἐκμαρτῠρεῖν (τι), P. ἐπιμαρτυρεῖν (τινί τι). *My husband needs none to bear witness to his renown:* V. οὑμὸς δ' ἀμαρτύρητος εὐκλεὴς πόσις (Eur., *H. F.* 290). *Bear witness in favour of a person:* P. and V. συμμαρτῠρεῖν (dat. of person, acc. of thing or absol.). *Bear witness against a person* P. καταμαρτυρεῖν (gen. or absol.) *Bear witness besides:* P. προσμαρτυρεῖν. *Bear false witness against:* P. καταψευδομαρτυρεῖσθαι (gen or absol.). *Bear false witness:* P. ψευδομαρτυρεῖν.

Witness box, subs. Use Ar. and P. βῆμα, τό. *Go into the witness box,* v.: P. ἀναβαίνειν. *Put into the witness box:* P. ἀναβιβάζειν (acc.).

Witticism, subs. Ar. and P. σκῶμμα,

τό, ἀστεῖον, τό (Dem. 689). *Indulge in witticisms*, v.: Ar. and P. χᾰριεντίζεσθαι.

Wittily, adv. P. χαριέντως.

Wittiness, subs. P. χαριεντισμός, ὁ.

Wittingly, adv. Use adj. P. and V. εἰδώς. *Do a thing wittingly*: P. and V. εἰδώς τι πράσσειν; see *intentionally*.

Witty, adj. Ar. and P. χᾰρίεις, ἀστεῖος; see *laughable*.

Wizard, subs. P. and V. φαρμᾰκεύς, ὁ, ἐπῳδός, ὁ, μάγος, ὁ, γόης, ὁ, V. ἀοιδός, ὁ.

Wizened, adj. P. and V. ῥῡσός.

Woe, subs. P. and V. πάθος, τό, πάθημα, τό, λύπη, ἡ, ἀνία, ἡ; see *sorrow*. *Woes, troubles*: P. and V. κᾰκά, τά, P. τὰ δυσχερῆ, V. τὰ δύσφορα, τὰ δυσφόρως ἔχοντα, Ar. and V. πόνοι, οἱ; see *trouble*.

Woe, interj. P. and V. φεῦ, οἴμοι, πᾰπαῖ, ἰού, Ar. and V. αἰαῖ, ἰώ. *Woe for*: P. and V. φεῦ (gen.), Ar. and V. οἴμοι (gen.), V. ἰώ (gen.). *Cry woe*, v. intrans.: Ar. and V. οἰμώζειν, V. φεῦξαι (1st aor. of φεύζειν), αἰάζειν.

Woebegone, adj. P. and V. ἄθῡμος (Xen.), V. δύσθῡμος, κᾰτηφής, δύσφρων; see *miserable, squalid*.

Woeful, adj. *Sad*: P. and V. ἄθλιος, οἰκτρός, τᾰλαίπωρος, δυστῠχής, δυσδαίμων, ἀτῠχής (rare V.), Ar. and V. τάλᾱς, σχέτλιος, δύστηνος, δείλαιος (rare P.), τλήμων, δύσμορος (also Antipho. but rare P.), δύσποτμος, δάϊος, ἄμοιρος (also Plat. but rare P.), ἄμμορος, μέλεος, ἄνολβος; see *unhappy*. *Lamentable, distressing*: P. and V. βᾰρύς, λῡπηρός, ἀνῑᾱρός, V. δύσφορος (also Xen. but rare P.), δύσοιστος, λυπρός, πολύστονος, πανδάκρῡτος, εὐδάκρῡτος, πάγκλαυτος, δυσθρήνητος. Of looks: P. and V. σκυθρωπός, V. στυγνός; see *gloomy*.

Woefully, adv. *Dejectedly*: P. ἀθύμως (Xen.), δυσθύμως (Plat.). *Miserably*: P. and V. ἀθλίως, οἰκτρῶς, V. τλημόνως. *Unfortunately*: P. and V. δυστῠχῶς, κᾰκῶς, P. ἀτυχῶς, V. δυσπότμως, παγκάκως. *Distressingly*: P. and V. λῡπηρῶς, ἀλγεινῶς, ἀνιᾱρῶς (Xen.), κᾰκῶς.

Woefulness, subs. *Dejection*: P. and V. ἀθῡμία, ἡ, δυσθῡμία, ἡ. *Misfortune*: P. and V. δυσπραξία, ἡ; see *misfortune*. *Unhappiness*: P. ταλαιπωρία, ἡ, ἀθλιότης, ἡ; see *woe, unhappiness*.

Wold, subs. P. and V. λόφος, ὁ; see *hill*.

Wolf, subs. P. and V. λύκος, ὁ. *Of a wolf*, adj.: V. λύκειος. *Wolf's skin*: V. δορὰ λύκειος ἡ (Eur., *Rhes.* 208). *Slaying wolves*, adj.: V. λῠκοκτόνος.

Wolfish, adj. Of a wolf: V. λύκειος. Met., see *greedy*.

Woman, subs. P. and V. γῠνή, ἡ. *Old woman*: P. and V. γραῦς, ἡ, γραῖα, ἡ, Ar. and P. γρᾴδιον, τό. *Young woman*: see *girl*. *Feeble women and little children*: P. γύναια καὶ παιδάρια (Dem. 361). *Crowds of women*: V. σύλλογοι γῠναικοπληθεῖς (Eur., *Alc.* 951). *Women's quarters*: P. γυναικών, ὁ (Xen.), Ar. and P. γῠναικωνῖτις, ἡ. *If she be a true woman*: V. εἴπερ γυναικῶν ἐστι τῶν ἄλλων μία (Eur., *Med.* 945). *Warfare wherein women are the slayers*: V. θηλυκτόνος Ἄρης (Æsch., *P. V.* 860) Of a woman, adj. P. and V. γῠναικεῖος. *Woman shaped*: V. θηλύμορφος, γῠναικόμορφος. *Woman voiced*: Ar. γῠναικοφωνος. *Play the woman*, v.: Ar. γῠναικίζειν; see *be unmanned*.

Womanhood, subs. *Maturity*: P. and V. ἥβη, ἡ, ὥρα, ἡ, Ar. and P. ἡλῐκία, ἡ.

Womanish, adj. *Effeminate*: Ar. and P. μᾰλᾰκός, τρῠφερός, P. ἄνανδρος, Ar. and V. μαλθᾰκός (also Plat. but rare P.), P. and V. γῠναικεῖος, V. γῠναικόμῑμος, γῠναικόφρων (Eur., *Frag.*), θηλύνους, Ar. θηλύφρων.

Womankind, subs. P. and V. τὸ

θῆλυ, γῠναῖκες, αἱ, V. τὸ θῆλυ γένος, θῆλυς σπορά, ἡ, P. θήλεια φύσις, ἡ, Ar. τὸ γῠναικεῖον φῦλον (*Thesm.* 786).

Womanly, adj. P. and V. γῠναικεῖος.

Womb, subs. P. and V. γαστήρ, ἡ, V. νηδύς, ἡ, σπλάγχνον, τό or pl. (*Bear*) *in the womb*: use V. ὑπὸ ζώνης (φέρειν), ἐντὸς ζώνης (φέρειν).

Wonder, subs. P. and V. θαῦμα, τό, ἔκπληξις, ἡ, θάμβος, τό (Thuc. and Plat. but rare P.). *That which causes wonder*: P. and V. θαῦμα, τό. *Portent*: P. and V. τέρᾰς, τό.

Wonder, v. intrans. P. and V. θαυμάζειν, ἀποθαυμάζειν, V. θαμβεῖν; see *marvel*. *Wonder at*: P. and V. θαυμάζειν (acc.), ἀποθαυμάζειν (acc.), V. θαμβεῖν (acc.); see *marvel at*.

Wonderful, adj. P. and V. θαυμαστός, δεινός, ἀμήχᾰνος, Ar. and P. θαυμάσιος, ὑπερφυής, V. ἔκπαγλος. *New*: P. and V. καινός, νέος, V. νεόκοτος, Ar and V. νεοχμός. *Portentous*: Ar. and P. τερᾰτώδης.

Wonderfully, adv. P. and V. δεινῶς, Ar. and P. θαυμᾰσίως, ὑπερφυῶς, P. θαυμαστῶς, ἀμηχάνως.

Wondrous, adj. See *wonderful*.

Wondrously, adv. See *wonderfully*.

Wont, subs. P. and V. ἔθος, τό, νόμος, ὁ, νόμῐμον, τό (generally pl.), P. συνήθεια, ἡ; see *custom*. *Be wont to* (with infin.): P. and V. φῐλεῖν. (infin.), εἰωθέναι (infin.), ἐθίζεσθαι (infin.). *Too freely have you let your tongue wag as is your wont*: V. ἄγαν ἐφῆκας γλῶσσαν ὡς τὸ σύμφυτον (Eur., *Andr.* 954).

Wonted, adj. P. and V. σύνήθης, εἰωθώς, εἰθισμένος, ἠθάς (Dem. 605), νόμῐμος, P. σύντροφος, Ar. and P. νομιζόμενος; see *usual*.

Woo, v. trans. P. and V. μνηστεύειν (Plat.). *Seek a person's favour*: Ar. and P. θερᾰπεύειν (acc.).

Wood, subs. *Forest*: P. and V. ὕλη, ἡ; see also *thicket*. *Timber*: P. and V. ὕλη, ἡ (Æsch., *Ag.* 497), ξύλον, τό. *Wood of a ship*: V. δόρυ, τό. *Fire wood*: Ar. and P. φρύγᾰνα, τά. *Brush-wood*: Ar. and P. κληματίδες, αἱ, P and V. ὕλη, ἡ. *In the deep foliage of the wood*: V. ὕλης ἐν βᾰθυξύλῳ φόβῃ (Eur., *Bacch.* 1138). *Roaming through woods*, adj.: Ar. ὑλοδρόμος.

Wood-carrier, subs. Ar. ὑληφόρος, ἡ.

Wood-cutter, subs. V. ὑλουργός, ὁ.

Wood-cutting, subs. P. δρυοτομική, ἡ (Plat.).

Wooded, adj. P. ὑλώδης, Ar. and P. δᾰσύς, Ar. and V. δάσκιος.

Wooden, adj. P. ξυλινός, V. δούρειος (also Plat. but rare P.), Ar. δούριος.

Woodland, subs. P. and V. ὕλη, ἡ. *Woodland glens*: V. νάπαιαι πτῠχαί.

Wood-pecker, subs. Ar. δρῠκολάπτης, ὁ, δρύοψ, ὁ, πελεκᾶς, ὁ.

Woodwork, subs. P. ξύλωσις, ἡ.

Woody, adj. P. ὑλώδης, Ar. and P. δᾰσύς, Ar. and V. δάσκιος.

Wooer, subs. P. and V. μνηστήρ, ὁ (found in Thuc. and Plat. but only in reference to the Odyssean suitors), V. πᾰλαιστής, ὁ (Æsch., *Ag.* 1206).

Woof, subs. Ar. and P. κρόκη, ἡ.

Wooing, subs. V. μνηστεύμᾰτα, τά.

Wool, subs. Ar. and P. ἔριον, τό, or pl., V. λῆνος, τό. *Flock of wool*: Ar. and V. κρόκη, ἡ, V. μαλλός, ὁ, λάχνη, ἡ; see *flock*. *Fleece*: Ar. and P. κῴδιον, τό, Ar. and V. πόκος, ὁ. *Wreathed with white wool*, adj.: V λευκοστεφής.

Wool-comber, subs. Use P. and V. κνᾰφεύς, ὁ or ἡ.

Wool-combing, subs. Use P. ἡ κναφευτική, V. κτενισμός, ὁ.

Woollen, adj. P. ἐρεοῦς.

Woolly, adj. Ar. οὖλος, V. εὔποκος, Ar. and V. εὔερος.

Word, subs. P. and V. λόγος, ὁ, ῥῆμα, τό, ἔπος, τό (rare P.), μῦθος, ὁ (rare P.). *Speech*: P. and V. λόγος, ὁ, ῥῆμα, τό, ῥῆσις, ἡ; see *utterance*. In grammar: Ar. and P. ὄνομα, τό. As opposed to, *deed*:

P. and V. λόγος, ὁ, ἔπος, τό. *Message, tidings:* Ar. and P. ἀγγελία, ἡ, P. and V. ἄγγελμα, τό; see *tidings. Intelligence:* P. and V. πύστῐς, ἡ (Thuc. but rare P.), V. πευθώ, ἡ. *Rumour:* P. and V. φήμη, ἡ, λόγος, ὁ, V. βᾰξις, ἡ, κληδών, ἡ, κλέος, τό, Ar. and V. μῦθος, ὁ, φᾰτις, ἡ. *Word of command:* P. παράγγελσις, ἡ, τὰ παραγγελλόμενα. *Pass round the word of command,* v : P. and V. πᾰραγγέλλειν. *Faith, promise:* P and V. πίστῐς, ἡ, πιστόν, τό, or pl.; see *pledge. Give one's word:* P. and V. πίστῐν δῐδόναι; see *promise. Keep (one's word), abide by:* P. and V. ἐμμένειν (dat.). *Send word,* v.: P. and V. ἀγγέλλειν; see *announce. Send round word,* P. περιαγγέλλειν. *He has remained already fifteen months without sending word:* V. ἤδη δέκα μῆνας πρὸς ἄλλοις πεντ' ἀκήρυκτος μένει (Soph., *Trach.* 44). *In a word:* use adv., P. and V. ἁπλῶς, P. ὅλως. *To sum up:* P. συνελόντι, ὡς ἐν κεφαλαίῳ εἰπεῖν. *Briefly:* P. and V. συντόμως, συλλήβδην, ἐν βρᾰχεῖ. *In word,* as opposed to *in deed:* P. and V. λόγῳ, V. λόγοις (Eur., *El.* 47), τοῖς ὀνόμᾰσιν (Eur., *I. A.* 1115), τοῖς λόγοις (Eur., *Or.* 287). *As an excuse:* P. and V. πρόφᾰσιν. *In so many words:* P. and V. ἁπλῶς. *Expressly:* P. διαρρήδην, P. and V. ἄντικρυς. *Not writing it in so many words, but wishing to make this plain:* P. οὐ τούτοις τοῖς ῥήμασι γράψας ταῦτα δὲ βουλόμενος δεικνύναι (Dem. 239). *By word of mouth:* P. ἀπὸ στόματος, P. and V. ἀπὸ γλώσσης. *By hearsay:* P. ἀκοῇ. *Word for word:* Ar. κᾰτ' ἔπος. *Exactly:* P. and V. ἀκρῑβῶς. *Do you answer word for word:* V. ἔπος δ' ἀμείβου πρὸς ἔπος (Æsch., *Eum* 586). *Not to utter a word:* P. οὐδὲ φθέγγεσθαι, Ar. and P. οὐδὲ γρύζειν. *No one dared to utter a word:* P. ἐτόλμησεν οὐδεὶς . . . ῥῆξαι φωνήν (Dem. 126). *I thought I had suffered justly for having dared to utter a word:* P. ἡγούμην δίκαια πεπονθέναι ὅτι ἔγρυξα (Plat., *Euthyd.* 301A). *Not a word:* Ar. and P. οὐδὲ γρῦ. *Not a word about:* P. οὐδὲ μικρὸν ὑπέρ (gen.) (Dem. 352), οὐδὲ γρῦ περί (gen.) (Dem. 353).

Word, v. trans. Use P. and V. λέγειν. *Vaguely worded:* V. δυσκρῑτως εἰρημένος.

Wordy, adj. *Long-winded:* P. and V. μακρός, P. μακρολόγος. *Chattering:* P. πολύλογος; see *chattering. Wordy warfare:* V. ἐπίρροθα κᾰκᾰ (Soph., *Ant.* 413); see *dispute.*

Work, subs. P. and V. ἔργον, τό. *Toil, labour:* P. and V. πόνος, ὁ, Ar. and V. μόχθος, ὁ, V. μοχθήμᾰτα, τά, ἆθλος, ὁ, κάμᾰτος, ὁ. *Thing made:* P. and V. ἔργον, τό, V. ὄργᾰνον, τό, πόνος, ὁ. *Work of art:* Ar. and P. σκεῦος, τό, V. τέχνη, ἡ, τέχνημα, τό, P. ἐργασία, ἡ. *Duty, function:* P. and V. ἔργον, τό; see *duty. Handicraft:* P. and V. τέχνη, ἡ, Ar. and P. χειρουργία, ἡ, P. χειροτεχνία, ἡ, V. χειρωναξία, ἡ. *Occupation:* P. ἐργασία, ἡ, πραγματεία, ἡ, ἐπιτήδευμα, τό, Ar. and P. διατρῐβή, ἡ, P. and V. σπουδή, ἡ. *Needle-work:* P. and V. ποίκιλμα, τό; see *embroidery. Composition, writing:* P. σύγγραμμα, τό. *Book:* P. and V. βίβλος, ἡ. *Set to work:* see under *set. Begin:* P. and V. ἄρχεσθαι. *Military works, earthwork:* P. and V. ἔρῦμα, τό; see *defences. Mound:* P. χῶμα, τό, χοῦς, ὁ, πρόσχωσις, ἡ.

Work, v. trans. *Mould, fashion:* P. and V. πλάσσειν. *Knead:* P. and V. ὀργάζειν (Soph., *Frag.*). *Cultivate (the soil):* P. ἐργάζεσθαι, ἐξεργάζεσθαι, P. and V. γεωργεῖν (Eur., *Rhes.* 176, absol.), V. γᾱπονεῖν (Eur., *Rhes.* 75). *Work a mine:* P. ἐργάζεσθαι μέταλλον (Dem. 977). *Work (stone or other materials):* P. ἐργάζεσθαι. *Make* *by work* : P. and V. ἐργάζεσθαι, ἐξεργάζεσθαι, ἐκπονεῖν, V. ἐκμοχθεῖν, Ar. and P. ἀπεργάζεσθαι. *Cause, bring about* : P. and V. μηχανᾶσθαι, ποιεῖν, P. ἀπεργάζεσθαι, V. τεύχειν ; see *contrive*. *Produce* : P. and V. γεννᾶν, τίκτειν (Plat.), V. φῠτεύειν, φῑτύειν ; see *produce*. *Embroider*: P. and V. ποικίλλειν, P. καταποικίλλειν. *He works his auger with double thongs* : V. διπλοῖν χαλινοῖν τρύπανον κωπηλατεῖ (Eur., *Cycl*. 461) V. intrans. *Labour* : P. and V. ἐργάζεσθαι, πονεῖν, ἐκπονεῖν, κάμνειν (rare P.), μοχθεῖν (rare P.). *Be an artisan* : P. δημιουργεῖν. *Avail, do good* : P. and V. ὠφελεῖν; see *avail*. *Work at* : P. and V. ἐργάζεσθαι (acc.), σπουδάζειν (acc.), διαπονεῖν (acc.), V. πονεῖν (acc.) (rare P.), μοχθεῖν (acc.). *Work for (on behalf of)* : V. ὑπερκάμνειν (gen.), προκάμνειν (gen.), ὑπερπονεῖσθαι (gen.). *Work off* : P. ἀποτρίβεσθαι. *Work one's way* : use *advance*. *Work out* : P. and V. ἐκπονεῖν (or mid.) (acc.), ἐξεργάζεσθαι (acc.), διαπονεῖν (or mid.) (acc.), V. ἐκμοχθεῖν (acc.), Ar. and P. ἀπεργάζεσθαι (acc.). *Come to the end of* : V. ἀντλεῖν, ἐξαντλεῖν, διαντλεῖν. *Work round* : see *come round*. *Work round in the rear of an enemy* : P. περιιέναι κατὰ νώτου (Thuc. 4, 36). *Work up* : Ar. and P. ἀπεργάζεσθαι (acc.), P. and V. σπουδάζειν (acc.), ἐκπονεῖν (acc.). *Work upon, turn to account* : P. and V. χρῆσθαι (dat.) ; see *influence*. *He so worked upon the jury that they would not even hear a word from us* : P. οὕτω διέθηκε τοὺς δικαστὰς ὥστε φωνὴν μηδ' ἡντινοῦν ἐθέλειν ἀκούειν ἡμῶν (Dem. 1103). *Work with others* : P. and V. συμπονεῖν (dat.) (Xen.), V. συμμοχθεῖν (dat.), συγκάμνειν (dat.).

Worker, subs. See *workman*. Met., see also *contriver*. *Worker in metals* : Ar. and P. χαλκεύς, ὁ.

Working, subs. *Cultivation* : Ar. and P. ἐργασία, ἡ. *Working in metals* : P. χαλκεία, ἡ.

Workman, subs. P. and V. δημιουργός, ὁ, ἐργάτης, ὁ, Ar. and P. χειροτέχνης, ὁ, V. χειρῶναξ, ὁ. *Carpenter* : P. and V. τέκτων, ὁ.

Workmanlike, adj. P. δημιουργικός. *In workmanlike fashion* : use adv., Ar. δημιουργικῶς.

Workmanship, subs. P. δημιουργία, ἡ. *Skill, art* : P. and V. τέχνη, ἡ.

Workshop, subs. Ar. and P. ἐργαστήριον, τό.

World, subs. *The inhabited globe* : P. ἡ οἰκουμένη. *The earth* : P. and V. γῆ ; see *earth*. *All men* : P. and V. πάντες. *The whole Greek world* : P. τὸ Ἑλληνικόν. *The Universe* : P. κόσμος, ὁ. *In this world* : P. and V. ἐνθάδε, ἄνω, V. ἄνωθεν. *In this world and the next*: V. κἀκεῖ κἀνθάδε, P. καὶ ἐνθάδε καὶ ἐν Ἅιδου (Plat., *Gorg*. 525B). *If in the next world, so also in this* : P. εἴπερ ἐκεῖ κἀνθάδε (Plat., *Rep*. 451B). *Gentle in this world he is gentle in the next* : Ar. ὁ δ' εὔκολος μὲν ἐνθάδ' εὔκολος δ' ἐκεῖ (Ar., *Ran*. 82). *The under-world* : P. and V. Ἅιδης, ὁ. *In the under-world* : P. and V. κάτω, ἐκεῖ, ἐν Ἅιδου, V. νέρθε(ν), ἔνερθε(ν). *From the under-world* : P. and V. κάτωθεν, V. ἔνερθε(ν), νέρθε(ν). *To the under-world* : P. and V. εἰς Ἅιδου, ἐκεῖσε. *Of the under-world*, adj.: P. and V. χθόνιος (Plat. but rare P.), V. νέρτερος. *Those in the under-world* : P. and V. οἱ κάτω, οἱ κάτωθεν, οἱ ἐκεῖ, V. οἱ ἔνερθε, οἱ νέρτεροι, οἱ ἐνέρτεροι, οἱ κατὰ χθονός ; see *dead*. *If after all those in the under-world have any perception of what happens in this* : P. εἰ ἄρα τοῖς ἐκεῖ φρόνησίς ἐστι περὶ τῶν ἐνθάδε γιγνομένων (Isoc. 308B). *Where in the world ?* P. and V. ποῦ γῆς ; *Nowhere in the world* : P. γῆς οὐδαμοῦ (Plat., *Rep*. 592A). *In the world, anywhere* : P. and V. που (enclitic). *Not for the world* : P. and V. οὐδαμῶς.

Worldliness, subs. P. and V. ἀσέβεια, ἡ, V. δυσσέβεια, ἡ.

Worldly, adv. *Human*: P. and V. ἀνθρώπειος, P. ἀνθρώπινος. *Impious*: P. and V. ἀσεβής, V. δυσσεβής (rare P.). *Ungodly*: P. and V. ἄθεος. *Worldly goods*: P. and V. χρήμᾰτα, τά; see *property*.

Worm, subs. P. εὐλή, ἡ (Hdt. and Aristotle). *Creeping thing*: P. and V. ἑρπετόν, τό.

Worm, v. trans. *Worm one's way into*: Ar. and P. εἰσδύεσθαι (εἰς, acc.); see *steal into*. *Worm one's way into a person's favour*: P. and V. ὑποτρέχειν (τινά), ὑπέρχεσθαι (τινά).

Wormwood, subs. P. ἀψίνθιον, τό (Xen.).

Worn, adj. *Torn, ragged*: P. ῥαγείς (Xen.), V. τρῡχηρός, Ar. and V. δυσπῑνής. *Worn out*: P. and V. σαθρός. *Effete*: P. ἀπειρηκώς; see under *wear out*, v.

Worry, v. trans. *Like a dog*: P. ἕλκειν (Plat., *Rep.* 539B). Generally: P. and V. ὄχλον πᾰρέχειν (dat.), Ar. and P. ἐνοχλεῖν (acc. or dat.), πράγμᾰτα πᾰρέχειν (dat.), V. ὀχλεῖν, P. διοχλεῖν, παραλυπεῖν; see *trouble*. V. intrans. See *fret*.

Worry, subs. *Anxiety*: P. and V. φροντίς, ἡ, Ar. and V. μέριμνα, ἡ, V. σύννοια, ἡ, μέλημα, τό. *Distress*: P. and V. λύπη, ἡ, ἀνία, ἡ, ἀχθηδών, ἡ. *Bother*: P. and V. ὄχλος, ὁ, δυσχέρεια, ἡ.

Worse, adj. P. and V. κᾰκίων, χείρων. *Inferior*: P. and V. ἥσσων. *Come off worse*, v.: P. ἐλασσοῦσθαι; see *have the worst of it*, under *worst*. *My malady ever flourishes and grows worse*: V. ἡ δ' ἐμὴ νόσος ἀεὶ τέθηλε κἀπὶ μεῖζον ἔρχεται (Soph., *Phil.* 259).

Worse, adv. P. and V. κᾰ́κῑον, Ar. and P. χεῖρον.

Worship, subs. P. θεραπεία, ἡ, θεράπευμα, τό, λατρεία, ἡ. *Honour*: P. and V. τῑμή, ἡ V. σέβᾰς, τό. *Religion*: P. and V. τὰ θεῖα. *Ritual*: P. and V. τελετή, ἡ, or pl., τέλος, τό, or pl.; see *rite*. *Mystic rites*: P. and V. μυστήρια, τά; see *mysteries*. *Community of worship*: V. κοινοβωμία, ἡ (Æsch., *Supp.* 222). *Love*: P. and V. ἔρως, ὁ.

Worship, v. trans. P. and V. σέβειν, σέβεσθαι, Ar. and V. σεβίζειν, P. θεραπεύειν. *Adore*: P. and V. προσκῠνεῖν; see *love*. *Fall down at or before*: Ar. and V. προσπίπτειν (acc. or dat.) (also Xen. but rare P.). *Worship in addition*: V. προσσέβειν.

Worshipful, adj. P. and V. σεμνός; see *revered*.

Worshipper, subs. P. θεραπευτής, ὁ; see *votary*, *lover*.

Worst, adj. P. and V. κάκιστος, P. χείριστος. *Extreme*: P. and V. ἔσχᾰτος; see *extreme*. *Have the worst of it*: P. ἐλασσοῦσθαι, ἔλασσον ἔχειν, P. and V. ἡσσᾶσθαι.

Worst, v. trans. P. and V. χειροῦσθαι; see *conquer*. *Be worsted*: P. and V. ἡσσᾶσθαι, ἥσσων εἶναι.

Worth, adj. P. and V. ἄξιος (absol. or gen.). *It is worth while*: P. and V. ἄξιόν ἐστι (or omit ἐστι). *Equivalent to*: P. ἀντάξιος (gen.). *Worth having*, adj.: P. and V. σπουδαῖος. *Worth its weight in silver*: V. ἰσάργῠρος. *You would have thought the addition of our power to yours worth much expenditure and much gratitude*: P. ὑμεῖς ἂν πρὸ πολλῶν χρημάτων καὶ χάριτος ἐτιμήσασθε δύναμιν ὑμῖν προσγενέσθαι (Thuc. 1, 33). *A man who is worth anything at all*: P. ἀνὴρ ὅτου τι καὶ σμικρὸν ὄφελός ἐστι (Plat., *Ap.* 28B). *The stater of Cyzicus was worth there twenty-eight Attic drachmae*: P. ὁ Κυζικηνὸς (στατὴρ) ἐδύνατο ἐκεῖ καὶ ὄκτω δραχμὰς Ἀττικάς (Dem. 914).

Worth, subs. *Value*: P. and V. ἀξία, ἡ. *Price*: Ar. and P. τῑμή, ἡ, V. τῖμος, ὁ. *Honour, estimation*: P. and V. ἀξίωμα, τό, τῑμή, ἡ.

Worthily, adv. P. and V. ἀξίως, V.

ἐπαξίως, κᾰταξίως. *Well*: P. and V. κᾰλῶς, ἀμέμπτως (Xen.).

Worthiness, subs. P. and V. χρηστότης, ἡ.

Worthless, adj. *Useless*: P. and V. ἄχρηστος, ἄχρειος. ἀνωφελής, P. ἀλυσιτελής see *useless*. *Poor, bad*: P. and V. φαῦλος, κᾰκός, εὐτελής, ἀνάξιος, P. οὐδένος ἄξιος.

Worthlessly, adv. *Uselessly*: P. ἀλυσιτελῶς (Xen.); see *uselessly*. *In vain*: P. and V. μάτην, ἄλλως; see *in vain*, under *vain*. *Unworthily*: P. and V. ἀναξίως. *Poorly*: P. and V. φαύλως.

Worthlessness, subs. P. ἀχρηστία, ἡ. *Unworthiness, baseness*: P. and V. πονηρία, ἡ; see *baseness*. *Poorness (of quality)*: P. and V. φαυλότης, ἡ.

Worthy, adj. P. and V. ἄξιος, ἐπάξιος (Plat.), V. κᾰτάξιος. *Worthy of*: P. and V. ἄξιος (gen.), ἐπάξιος (gen.), V. κᾰτάξιος (gen.). *Think one worthy of*, v.: P. and V. ἀξιοῦν (τινά τινος). *Deserved*: P. and V. ἄξιος, V. ἐπάξιος. *Just*: P. and V. δίκαιος. *Good, excellent*: P. and V. χρηστός, ἄμεμπτος. *Whoso wishes to lead a worthy life*: V. ὅστις μὴ κακῶς οἰκεῖν θέλει (Eur., *And*. 180).

Worthy, subs. *Renowned person*: use adj.: P. εὐδόκιμος; see *renowned*.

Wot, v. intrans. See *know*.

Would that, v. trans. Referring to a future wish: P. and V. εἴθε (opt.), εἰ γάρ (opt.), V. εἰ (opt.), Ar. and V. πῶς ἄν (opt.). Referring to a past wish: P. and V. εἴθε (imperf. or aor. indic.), εἰ γάρ (imperf. or aor indic.), ὤφελον (infin.), εἴθ' ὤφελον (infin.), εἰ γὰρ ὤφελον (infin.).

Wound, subs. P. and V. τραῦμα, τό, ἕλκος, τό (Plat., *Alci. I.* 115B). Met., P. and V. τραῦμα, τό, V. ἕλκος, τό. *Distress*: P. and V. λύπη, ἡ, ἀνία, ἡ; see *distress*, *indignation*. *Blow*: P. and V. πληγή, ἡ, V. πλῆγμα, τό. *Scar*: P. and V. οὐλή, ἡ, V. σήμαντρον, τό. *Without a wound*, adj.: P and V. ἄτρωτος (Plat.). *Nor do blazoned devices deal wounds*: V. οὐδ' ἑλκοποιὰ γίγνεται τὰ σήματα (Æsch., *Theb*. 398). *Who faces the swift wound of the spear*: V. ὃς . . . ἀντιδέρκεται δορὸς ταχεῖαν ἄλοκα (Eur., *H. F.* 163).

Wound, v. trans. P. and V. τιτρώσκειν, τραυμᾰτίζειν, P. κατατραυματίζειν, V. ἑλκοῦν, οὐτᾰσαι (1st aor. of οὐτάζειν). *Wounded*: use also V. οὐτασμένος. *Wounded in the back*: V. νῶτον χᾰραχθείς (Eur., *Rhes*. 73). *Scarred*: V. ἐσφρᾱγισμένος (Eur., *I. T.* 1372). Met., *Distress*: P. and V. λῡπεῖν, ἀνιᾶν.

Wounded man, subs.: P. τραυματίας, ὁ.

Woven, adj. P. and V. ὑφαντός. *Twisted*: P. and V. πλεκτός (Xen.). *Well-woven*: V. εὔπηνος.

Wrack, subs. *Seaweed*: P. φυκία, τά.

Wraith, subs. See *phantom*. *Reft of his ships and of thy wraith*: V. νεῶν στερηθεὶς τοῦ τε σοῦ μιμήματος (Eur., *Hel*. 875).

Wrangle, v. intrans. P. and V. ἐρίζειν, Ar and P. στᾰσιάζειν, διᾰφέρεσθαι; see *quarrel*.

Wrap, v. trans. *Fold*: V. συμπτύσσειν. *Encompass*: P. and V. περῐβάλλειν, Ar. and P. ἀμπέχειν (rare P.), V. περιπτύσσειν, ἀμφῐβάλλειν. *Cover*: Ar. and V. κᾰλύπτειν, V. συγκᾰλύπτειν (rare P.), P. and V. περῐκᾰλύπτειν; see *cover*. *Conceal*: P. and V. κρύπτειν, ἀποκρύπτειν; see *conceal*. *Wrap up*: Ar. ἐντῡλίσσειν. *Wrapped round, muffled*: V. συγκεκλῃμένος (Eur., *Hec*. 487). *The legs wrapped in fat*: V. κνίσῃ κῶλα συγκαλυπτά (Æsch., *P. V.* 496). *The thighs lay outside the fat that had wrapped them*: V. μηροὶ καλυπτῆς ἐξέκειντο πιμελῆς (Soph., *Ant*. 1011). *Be wrapped in*: Ar. and P. ἐγκᾰλύπτεσθαι (dat.). *With feet wrapped* *in felt and sheepskins*: P. ἐνειλιγμένος τοὺς πόδας εἰς πίλους καὶ ἀρνακίδας (Plat., *Sym.* 220B).

Wrap, subs. *Cloak*: P. ἐφεστρίς, ἡ (Xen.), V. στέγαστρον, τό; see *cloak*.

Wrapping, subs. See *wrap*. *Wrapping to cover up arms*: Ar. and V. σάγμᾰ, τό, or pl. *Covering*: P. and V. περίβολος, ὁ, V. περῐβολή, ἡ; see *covering*.

Wrath, subs. P. and V. ὀργή, ἡ, θῡμός, ὁ; see *anger*. *Quick to wrath*, adj.: P. and V. ὀξῠ́ς, Ar. and P. ἀκράχολος, Ar. and V. ὀξῠ́θῡμος.

Wrath, Be, v. intrans. See *be angry*, under *angry*.

Wrathful, adj. Ar. and P. χᾰλεπός, V. ἔγκοτος; see *angry*. *Quick to wrath*: P. and V. ὀξῠ́ς, Ar. and P. ἀκράχολος, Ar. and V. ὀξῠ́θῡμος, V. δῠ́σοργος.

Wrathfully, adv. See *angrily*.

Wreak, v. trans. *Inflict*: P. and V. ἐπῐβάλλειν, προστῐθέναι; see *inflict*. *Wreak vengeance on*: see *take vengeance on*, under *vengeance*.

Wreath, subs. V. πλέγμᾰ, τό, πλόκος, ὁ, Ar. and V. πλεκτάνη, ἡ. *Garland* P. and V. στέφᾰνος, ὁ, στέμμᾰ, τό (Plat. but rare P.), V. στέφος, τό; see *fillet*. *Wreath of smoke*: Ar. πλεκτάνη καπνοῦ (*Av.* 1717).

Wreathe, v. trans. *Crown*: P. and V. στέφειν (Plat. but rare P.), στεφᾰνοῦν, V. ἐκστέφειν, ἀναστέφειν, κᾰταστέφειν, ἐξᾰναστέφειν, ἐρέφειν, πῠκάζειν, στεμμᾰτοῦν; see *crown*. *Twist, twine*. P. and V. πλέκειν, συμπλέκειν, ἐμπλέκειν, V. ἑλίσσειν εἱλίσσειν. *Cast around*: P. and V. περῐβάλλειν, V. ἀμφῐβάλλειν; see *embrace, twine*. *Wreathed, crowned*: use adj., V. περιστεφής, κᾰταστεφής, πολυστεφής. *Twisted*: P. and V. πλεκτός (Xen.), πολύπλοκος (Plat.), V. ἑλικτός.

Wreathing, adj. Of smoke: V. αἰόλος.

Wreck, v. trans. *Destroy*: P. and V. φθείρειν, διαφθείρειν; see *destroy, ruin, overthrow*. *Be wrecked*, lit.: P. ναυαγεῖν; see *shipwrecked*. Met., P. and V. σφάλλεσθαι; see *be ruined*, under *ruin*.

Wreck, subs. *Shipwreck*: P. and V. ναυᾱγία, ἡ. Met., *ruin*: P. and V. ὄλεθρος, ὁ, φθορά, ἡ, διαφθορά, ἡ, V. ἀποφθορά, ἡ; see *ruin*. *Saving one from the wreck of many hopes*: V. πολλῶν ῥαγεισῶν ἐλπίδων μιᾶς τυχών (Æsch., *Ag.* 505). *Wreckage*: P. and V. ναυάγια, τά, V. ἄγαί, αἱ; see *wreckage*.

Wreckage, subs. P. and V. ναυάγια, τά, V. ἄγαί, αἱ. *Ruins in general*: V ἐρείπια, τά, ναυάγια, τά. *Wreckage of the ship*: V. νᾱὸς ἔκβολα, τά Eur., *Hel.* 422).

Wrecked, adj. P. and V. ναυᾱγός (Xen.), V. ναύφθορος; see *shipwrecked*.

Wrecker, subs. Met., P. and V. λῡμεών, ὁ, P. διαφθορεύς, ὁ, V. λωβητήρ, ὁ, ἀναστᾰτήρ, ὁ.

Wren, subs. Ar. ὀρχῖλος, ὁ.

Wrench, v. trans. *Pull*: P. and V. ἕλκειν, Ar. and V. σπᾶν. *Twist*: P. and V. στρέφειν. *Tear away*: P. and V. ἀποσπᾶν, ἀφέλκειν, V. ἀποσπᾰράσσειν. *Snatch*: P. and V. ἁρπάζειν, ἀναρπάζειν, σῠναρπάζειν, V. κᾰθαρπάζειν. *Strain, dislocate*: Ar. ἐκκοκκίζειν; see *sprain*. *Distort*: P. and V. διαστρέφειν; see *distort*. *Wrench with a lever*: V. μοχλεύειν, ἀνᾰμοχλεύειν; see *prise*. *Wrench aside*: V. πᾰρασπᾶν. *Wrench off*: P. and V. ἀποσπᾶν, ἀφέλκειν, V. ἀποσπᾰράσσειν. *Snatch off*: P. and V. ἀφαρπάζειν.

Wrench, subs. *Strain*: P. στρέμμα, τό, σπάσμα, τό. *Effort*: P. and V. πόνος, ὁ.

Wrest, v. trans. *Take away*: P. and V. σῡλᾶν, ἐξαιρεῖσθαι, βίᾳ ἐξαιρεῖσθαι; see *take away*. *Snatch*: P. and V. ἁρπάζειν, ἀναρπάζειν, V. κᾰθαρπάζειν. *Snatch away*: P. and V. ἀφαρπάζειν. *Dis-*

tort: P. and V. διαστρέφειν; see *distort*.

Wrestle, v. intrans. P. and V. πᾰλαίειν. *Contend*: P. and V. ἀγωνίζεσθαι, ἁμιλλᾶσθαι. *Wrestle with*: P. προσπαλαίειν (dat.); see *contend with*. *Wrestle with (perils)*: P. and V. ἀθλεῖν (acc.) (Plat.). *Strong is wine and hard to wrestle with*: V. δεινὸς γὰρ οἶνος καὶ παλαίεσθαι βαρύς (Eur., *Cycl.* 678).

Wrestler, subs. P. and V. πᾰλαιστής, ὁ.

Wrestling, subs. P. and V. πάλαισμα, τό, πᾰλη, ἡ. *A fall in wrestling*: V. πάλαισμα, τό.

Wrestling school, subs. P. and V. πᾰλαίστρα, ἡ.

Wretch, subs. Use adj., P. and V. κᾰκοῦργος, πᾰνοῦργος, μιᾰρός; see *villain*, *rascal*. *Unhappy man*: use *wretched*, adj.

Wretched, adj. *Unhappy*: ἄθλιος, οἰκτρός, τᾰλαίπωρος, δυστῠχής, δυσδαίμων, ἀτῠχής (rare V.), Ar. and V. δύσποτμος, δύσμορος (also Antipho. but rare), τάλᾱς, τλήμων, σχέτλιος, δύστηνος, δείλαιος (rare P.), πᾰνάθλιος, V. δάϊος, μέλεος, δυστάλᾱς, παντάλᾱς, παντλήμων, ἄμοιρος (also Plat. but rare P.), ἄμμορος, ἄνολβος, Ar. κᾰκοδαίμων. *Dejected*: P. and V. ἄθῡμος (Xen.); see *dejected*. *Lamentable, distressing*: P. and V. βᾰρύς, λῡπηρός, ἀνῑᾱρός, κᾰκός, ἄθλιος, V. δύσφορος (also Xen. but rare P.), δύσοιστος, λυπρός, πολύστονος, πανδάκρῡτος, εὐδάκρῡτος, πάγκλαυτος, δυσθρήνητος; see also *troublesome*. *Wretched that I am*: Ar. οἴμοι κᾰκοδαίμων, οἴμοι δείλαιος. *Poor, mean*: P. and V. φαῦλος, κᾰκός, Ar. and P. μοχθηρός, πονηρός, V. δείλαιος.

Wretchedly, adv. *Unhappily*: P. and V. ἀθλίως, οἰκτρῶς, V. τλημόνως. *Unfortunately*: P. and V. κᾰκῶς. δυστῠχῶς, V. δυσπότμως, P. ἀτυχῶς. *Dejectedly*: P. ἀθύμως (Xen.), δυσθύμως (Plat.). *Meanly, poorly*: P. and V. κᾰκῶς, P. πονηρῶς, μοχθηρῶς.

Wretchedness, subs. P. ἀθλιότης, ἡ, ταλαιπωρία, ἡ, κακοπραγία, ἡ, κακοπάθεια, ἡ, P. and V. αἰκία, ἡ. *Misfortune*: P. and V. δυσπρᾱξία, ἡ; see *misfortune*. *Dejection*: P. and V. ἀθῡμία, ἡ, δυσθῡμία, ἡ (Plat.). *Meanness*: P. φαυλότης, ἡ.

Wriggle, v. intrans. Ar. and P. λῠγίζεσθαι (act. in Ar.), P. ἰλυσπᾶσθαι, V. εἰλῡεσθαι. *Shift about*: P. and V. στρέφεσθαι. *Wriggle out of*, met.: Ar. and P. διᾰδῡεσθαι (acc. or absol.); see *escape*.

Wright, subs. *Carpenter*: P. and V. τεκτων, ὁ.

Wring, v. trans. *Twist*: P. and V. στρέφειν. *Squeeze together*: P. συμπιέζειν. *Extort*: P. and V. ἐξαιρεῖσθαι, βίᾳ ἐξαιρεῖσθαι: see *extort*. *Wring one's hands in sign of grief*: use P. and V. κόπτεσθαι (lit., *beat the breast*). *Harass, vex*: P. and V. πιέζειν, λῡπεῖν, V. ἀλγῡνειν, γυμνάζειν, Ar. and V. πημαίνειν, τείρειν.

Wrinkle, subs. Ar. and P. ῥῠτίς, ἡ.

Wrinkle, v. trans. *Wrinkle one's brow*: Ar. and P. τὰς ὀφρῦς ἀνασπᾶν.

Wrinkled, adj. P. and V. ῥῡσός.

Wrist, subs. V. καρπός, ὁ (also Xen.).

Writ, subs. P. and V. λόγοι οἱ; see *writing*. *Writ to apprehend a person*: P. ἀπαγωγή, ἡ (Lysias). *Writ of ejectment*: P. ἐξούλης δίκη, ἡ.

Write, v. trans. P. and V. γράφειν. *Write books, etc.*: see *compose*. *Give an account of in writing*: P. συγγράφειν (acc.). *Write poetry*: Ar. and P. ποιεῖν. *Inscribe*: Ar. and P. ἐπιγράφειν, P. ἀναγράφειν. *Write down*: Ar. and P. συγγράφειν, P. and V. γράφειν. *They wrote him down an enemy of theirs and their allies*: P. ἐχθρὸν αὑτῶν ἀνέγραψαν καὶ τῶν συμμάχων αὐτόν (Dem. 122). *Write in addition*: Ar. and P. πᾰρᾰγράφειν, P. προσγράφειν, προσπαραγράφειν. *Write in* *answer* : see *answer*. *Write in* or *on* : P. and V. ἐγγρᾰ́φειν. *Which (wanderings) you must write on the recording tablets of your mind* : V. ἣν (πλάνη) ἐγγράφου σὺ μνήμοσιν δέλτοις φρενῶν (Æsch., *P. V.* 789 ; cp. Soph., *Phil.* 1325). *A tablet with signs written upon it* : V. δέλτος ἐγγεγραμμένη συνθήματα (Soph., *Trach.* 157). *Write underneath* : P. ὑπογράφειν (τί τινι).

Writer, subs. P. συγγραφεύς, ὁ ; see *author*, *poet*. *Clerk* : Ar. and P. γραμμᾰτεύς, ὁ.

Writhe, v. intrans. P. and V. στρέφεσθαι ; see *wriggle*. *Wallow*. Ar. and P. κῠλινδεῖσθαι ; see *wallow* *Writhing with their bodies in sympathy with their thoughts they passed a terrible time through the extremity of their fear* : P. τοῖς σώμασιν αὐτοῖς ἴσα τῇ δόξῃ περιδεῶς συναπονεύοντες ἐν τοῖς χαλεπώτατα διῆγον (Thuc. 7, 71). *He writhed now upon the ground, now in mid air* : V. ἐσπᾶτο γὰρ πέδονδε καὶ μετάρσιος (Soph., *Trach.* 786).

Writing, subs. *Act of writing* : P. γραφή, ἡ. *What is written* : P. and V. γρᾰφή, ἡ, or pl., γράμμᾰτα, τά. *Composition* : P. σύγγραμμα, τό ; see *book*, *composition*.

Wrong, adj. *Incorrect* : P. and V. οὐκ ὀρθός. *False* : P. and V. ψευδής. *Unjust* : P. and V. ἄδῐκος, οὐκ ὀρθός, V. ἔκδῐκος. *Wicked* : P. and V. κᾰκός, πονηρός, μοχθηρός, πᾰνοῦργος ; see *wicked*. *Impious* : P. and V. ἀνόσιος, ἀσεβής, ἄθεος, δυσσεβής (rare P.), V. δύσθεος. *Unlawful* : P. and V. ἄνομος, πᾰράνομος. *Sinful* : P. ἀλιτήριος, ἀλιτηριώδης. *Do wrong*, v. : P. and V. ἀδῐκεῖν, κᾰκουργεῖν. *Act unlawfully* : P. παρανομεῖν. *Be impious* : P. and V. ἀσεβεῖν, V. δυσσεβεῖν. *Be wicked*: P. and V. πᾰνουργεῖν. *Sin* : P. and V. ἁμαρτάνειν, ἐξᾰμαρτάνειν, πλημμελεῖν, V. ἀμπλᾰκεῖν (2nd aor). *Do wrong to* : see *wrong*, v. *Be wrong*, *make a mistake* : P. and V. ἁμαρτάνειν, ἐξᾰμαρτάνειν, σφάλλεσθαι, ψεύδεσθαι, P. διαψεύδεσθαι, διαμαρτάνειν, πταίειν. *Be wrong in one's views* : P. γνώμης ἁμαρτάνειν (Thuc. 1, 33). *Go wrong*, of things : P. and V. κᾰκῶς χωρεῖν, οὐ προχωρεῖν. *Go wrong*, *miss one's way* : see under *miss*.

Wrong, subs. *Injustice* : P. and V. ἀδῐκία, ἡ, τὸ ἄδῐκον, τᾰ̓δῐκα, τὸ ἀδῐκεῖν (V. τᾰ̓δῐκεῖν). *Act of injustice*: P. and V. ἀδίκημα, τό. *Injury* : P. and V. βλᾰβή, ἡ, βλᾰ́βος, τό ; see *injury*. *Evil* : P. and V. κᾰκόν, τό. *Sin* : P. and V. ἁμαρτία, ἡ, P. ἁμάρτημα, τό, πλημμέλημα, τό, V. ἐξᾰμαρτία, ἡ, ἀμπλάκημα, τό. *Wickedness* : P. and V. κάκη, ἡ, πᾰνουργία, ἡ, τὸ κᾰκοῦργον, πονηρία, ἡ, Ar. and P. κᾰκία, ἡ ; see *wickedness*.

Wrong, v trans. P. and V. ἀδῐκεῖν, κᾰκῶς ποιεῖν, κᾰκῶς δρᾶν, κᾰκοῦν, κᾰκουργεῖν; see *injure*. *Be wronged* : P. and V. κᾰκῶς πάσχειν, ἀδῐκεῖσθαι. *Join in wronging* : P. συναδικεῖν (dat. or absol.). *Be wronged at the same time* : P. συναδικεῖσθαι. *Wrong in return* : P. ἀνταδικεῖν (acc.), ἀντικακουργεῖν (acc.); see *retaliate*.

Wrong-doer, subs. Use adj., P. and V. πᾰνοῦργος, κᾰκοῦργος, V. παντουργός, λεωργός (also Xen. but rare P.), or use participles, P. and V. ὁ ἀδῐκῶν, ὁ ἁμαρτάνων.

Wrong-doing, subs. P. and V. πᾰνουργία, ἡ, τὸ κᾰκοῦργον ; see *wickedness*, *sin*. *Injustice* : P. and V. ἀδῐκία, ἡ, ἀδίκημα, τό, τὸ ἀδῐκεῖν (V. τᾰ̓δῐκεῖν) ; see *wrong*.

Wrongful, adj. P. and V. πᾰράνομος; see *unjust*, *wicked*.

Wrongfully, adv. P. παρανόμως ; see *unjustly*, *wickedly*.

Wrongfulness, subs. P. παρανομία, ἡ ; see *injustice*, *wickedness*.

Wrong-headed, adj. *Perverse* : P. and V. δύσκολος, δυσχερής. *Obstinate* : P. and V. αὐθάδης.

Wrong-headedness, subs. *Perversity* : Ar. and P. δυσκολία, ἡ.

Obstinacy : P. αὐθάδεια, ἡ, Ar. and V. αὐθᾱδία, ἡ.

Wrongly, adv. P. and V. οὐκ ὀρθῶς. *Falsely* : P. and V. ψευδῶς *Wickedly* : P. and V. κᾰκῶς, P. κακούργως ; see *wickedly*.

Wroth, adj. See *angry*.

Wrought, adj. Of stone, etc.: P. εἰργασμένος Thuc. 1, 93). *Made of wrought metal* : V. εὐκρότητος *Wrought with the hammer* : V. σφῡρήλᾰτος.

Wry, adj. *Crooked* : P. σκολιός (Plat.). *Distorted* : V. διάστροφος.

Y

Yap, v. intrans. Use *bark*.

Yard, subs *Measure of length, express by* : P. and V. πῆχυς, ὁ (Eur., *Cycl.*) (about half a yard) : see *cubit*. For longer measures: use P. and V. πλέθρον, τό 'about 33 yds.), or Ar. and P. στάδιον, τό (about 200 yds.). *Court-yard* : P. and V. αὐλή, ἡ (Plat.) ; see *court-yard*. *Farm-yard* : V. αὔλιον, τό (Eur., *Cycl.* also Xen.).

Yard-arm, subs. P. κεραία, ἡ.

Yard-measure, subs. P. and V. κᾰνών, ὁ, Ar. πῆχυς, ὁ (*Ran.* 799).

Yarn, subs. P. νῆμα, τό (Plat.), Ar. and V. κλωστήρ, ὁ, V. μίτος, ὁ. Met., see *story*.

Yawn, subs. P. χάσμη, ἡ, Ar. χάσμημα, τό.

Yawn, v. intrans. Ar. and P. χάσκειν, χασμᾶσθαι. Met., *of an opening* : P. and V. διίστασθαι, P. ῥήγνυσθαι.

Yawning, adj. *Abysmal* : Ar. and V. ἄβυσσος. *Yawning gulf* : P and V. χάσμᾰ, τό, V. βάθος, τό, χάρυβδις, ἡ, Ar. and V. βῠθός, ὁ.

Ye, pron. P and V. ὑμεῖς.

Yea, adv. See *yes*.

Yean, v. intrans. P. and V. τίκτειν.

Year, subs. P. and V. ἔτος, τό, ἐνιαυτός, ὁ ; see *season*. *A year old*, adj. : P. ἐνιαύσιος. *Lasting a year* : P. and V. ἐνιαύσιος, ἐτήσιος, P ἐπέτειος (Dem. 651), V. ἔτειος. *This year* : use adv., Ar. τῆτες. *Last year* : use adv., Ar. and P. πέρῠσι(ν). *Of last year*, adj. : Ar. and P. περῠσινός. *The year before last* : use adv., P. προπέρυσι(ν). *Every year* : P. κατὰ ἔτος ἕκαστον, κατ' ἐνιαυτόν, V. πᾶν ἔτος. *Twice a year* : P. δὶς τοῦ ἐνιαυτοῦ. *In a space of ten years* : V. δεκασπόρῳ χρόνῳ (Eur., *Tro.* 20). *A space of ten years* : P. χρόνος δεκαέτηρος, ὁ (Plat.). *Having been a year gone* : V. ἐνιαύσιος βεβώς (Soph., *Trach.* 165). *Saved after many years* : V. πολυετὴς σεσωσμένος (Eur., *Or.* 473).

Yearling, adj. P. ἔτειος (Xen.).

Yearly, adj. Ar. and P ἐπέτειος, V. ἔτειος, P. and V. ἐνιαύσιος, ἐτήσιος.

Yearly, adv. P. κατ' ἐνιαυτόν, κατὰ ἔτος ἕκαστον, V. πᾶν ἔτος.

Yearn, v. intrans. P. and V. ποθεῖν, ἱμείρειν, ἱμείρεσθαι. *Yearn for* P. and V. ποθεῖν (acc.), Ar. and V. ἱμείρειν (gen.), V. ἱμείρεσθαι (gen.) ; see *desire*. *Yearned for*, adj. : P. and V. ποθεινός (rare P.), εὐκτός (rare P.)

Yearning, subs. P. and V. πόθος, ὁ (Plat. but rare P.), ἵμερος, ὁ (Plat. but rare P.) ; see *desire*.

Yell, subs. P. and V. βοή, ἡ, κραυγή, ἡ, ὀλολῡγή, ἡ (also Ar., rare P.), V. ἰῡγή, ἡ ; see *scream*.

Yell, v. intrans. P. and V. βοᾶν, ἀνᾰβοᾶν, κεκρᾱγέναι (perf of κράζειν), (rare P.), ὀλολύζειν (rare P.), V. ἰύζειν ; see *scream*.

Yellow, subs. *Yellow colour* : P. χρῶμα ξανθόν (Plat.).

Yellow, adj. P and V. ξανθός. Ar. and V. ξουθός. *Pale* : P. and V. ὠχρός, P. χλωρός. Of sand : V. χλωρός (Soph., *Aj.* 1064). *Golden* : see *golden*. *Yellow-haired* : P. and V. ξανθός. *Yellow-winged* : V. ξουθόπτερος.

Yelp, v. intrans. P. and V. ὑλακτεῖν ; see *bark*.

Yelp, subs. P. ὑλαγμός, ὁ (Xen.), V. ὕλαγμα, τό; see *bark*.

Yeoman, subs. P. and V. αὐτουργός, ὁ, ἐργάτης, ὁ; see *farmer*.

Yes, adv. P. and V. ναί, ναιχί, πῶς γὰρ οὔ; μάλιστα, μάλιστά γε. *Assuredly*: Ar. and P. κομιδῇ γε, ἀμέλει, πάνυ γε, V. καὶ κάρτα, καὶ κάρτα γε. In dialogue: P. and V. γε enclitic.

ION. *Did Athena in truth lift him from the ground?*
CRE. *Yes, into her maiden hands:*
ΙΩ. ἦ καὶ σφ' Ἀθάνα γῆθεν ἐξανείλετο;
ΚΡΕ. ἐς παρθένους γε χεῖρας (Eur., *Ion*, 269).

Yes for: P. and V. γάρ.

HEL. *Is the opinion that ye hold so sure?*
TEUC. *Yes! for I saw her with mine own eyes and my mind sees her now.*
ἙΛ οὕτω δοκεῖτε τὴν δόκησιν ἀσφαλῆ;
ΤΕ. αὐτὸς γὰρ ὄσσοις εἰδόμην καὶ νοῦς ὁρᾷ. (Eur., *Hel.* 121).

Of a truth: P. and V. γε (enclitic), γοῦν, γε δή. To add emphasis: P. and V. δή, δῆτα. *Say yes*, v.: see *assent, affirm*.

Yesterday, adv. P. and V. ἐχθές, Ar. and P. χθές. *Of yesterday*, adj.: Ar. and P. χθιζινός. *The day before yesterday*, adv.: Ar. and P. πρώην. *Yesterday or the day before*: P. πρώην καὶ χθές, χθὲς καὶ πρώην, Ar. χθές τε καὶ πρώην (Ran. 726). *Having come hither yesterday from the Erechthidae*: V. Ἐρεχθειδῶν ἄπο δεῦρ' ἐκκομισθεὶς τῆς πάροιθεν ἡμέρας (Eur., *Phoen.* 852).

Yet, adv. *Still*: P. and V. ἔτι. *Further*: P. and V. ἔτι, Ar. and P. προσέτι. *Nevertheless*: P. and V. μέντοι. *However*: P. and V. ὅμως, V. ἔμπας. *And yet*: P. and V. καίτοι. *Not yet*: P. and V. οὔπω, μήπω, οὐδέπω, μηδέπω. *Never yet*: P. and V. οὐπώποτε, οὐδεπώποτε, μηπώποτε, μηδεπώποτε.

Yew, subs. P. μῖλαξ, ἡ (Plat.). The word is also found in Eur., *Bacch.* 703, and Aristophanes, *Nub.* 1007, but apparently with a different meaning.

Yield, subs. *Produce*: P. and V. καρπός, ὁ. *Of money, etc.*: P. ἐπικαρπία, ἡ.

Yield, v. trans. *Produce (of the soil, etc.)*: P. and V. ἀνᾰδῐδόναι (Eur., *Frag.*), ἀνῑέναι. *Bring in*: P. προσφέρειν, φέρειν, P. and V. δῐδόναι (Eur., *Hec.* 595). *Yield a rich harvest*: V. εὔκαρπον ἐκβάλλειν στάχυν (Eur., *Bacch.* 750). *Give up*: P. and V. πᾰρῑέναι, ἐκδῐδόναι, ἀφῑέναι, πᾰρᾰδῐδόναι. *Concede*: P. and V. συγχωρεῖν, P. ὁμολογεῖν, V. εἴκειν; see *allow*. V. intrans. *Give way*: P. and V. εἴκειν, ὑπείκειν, συγχωρεῖν, ἐκχωρεῖν, Ar. and P. πᾰρᾰχωρεῖν, ὑποχωρεῖν, V. πᾰρείκειν, P. ὑποκατακλίνεσθαι. *Be conquered*: P. and V. ἡσσᾶσθαι. *Yield to*: P. and V. ἐνδῐδόναι (dat.) (Eur., *Tro.* 687), συγχωρεῖν (dat.), εἴκειν (dat.), ὑπείκειν (dat.), Ar. and P. ὑποχωρεῖν (dat.), πᾰρᾰχωρεῖν (dat.), V. ἐκχωρεῖν (dat.), προσχωρεῖν (dat.), ἐξίστασθαι (dat.), P. ὑποκατακλίνεσθαι (dat.). *Yield a little*: P. ὑπενδιδόναι (absol.). *Yield to feelings*: P. and V. εἴκειν (dat.), ἡσσᾶσθαι (gen.), P. ἐνδιδόναι (dat.). *Give play to*: P. and V. χρῆσθαι (dat.). *Indulge*: P. and V. χᾰρίζεσθαι (dat.).

Yielding, adj. *Pliant*: P. and V. ὑγρός. *Soft*, lit. and met.: Ar. and P. ἁπᾰλός, μᾰλᾰκός, Ar. and V. μαλθᾰκός. *Docile*: P. εὐάγωγος, εὐήνιος, V. φῐλήνιος. *Good-tempered*: Ar. and P. εὔκολος.

Yoke, subs. P. and V. ζῠγόν, τό, V. ζευγλαί, αἱ, ζευκτήριον, τό. Met., see *burden*. *Team, pair*: P. ζεῦγος, τό, P. and V. σῠνωρίς, ἡ, Ar. ζευγάριον, τό; see *pair*. *New to the yoke*, adj.: V. νεόζυξ (Eur., *Frag.*), νεοζῠγής. *Shake off the yoke of*, met.: P. and V. ἀφίστασθαι (gen.); see *be rid of*, under *rid*.

Yoke, v. trans. P. and V. ζευγνύναι (rare P. uncompounded), ὑποζευγνύναι (Plat.), V. ἐπιζευγνύναι, ἐνζευγνύναι. *Yoke beside*: V. πἄραζευγνύναι. *Unite in marriage*: P. and V. συζευγνύναι (Xen.), V. ζευγνύναι, πἄραζευγνύναι. *Join*: P. and V. σῠνάπτειν, σῠναρμόζειν, συδεῖν, V. σῠναρτᾶν; see *attach*. *He is yoked with a cruel doom*: V. ἄτῃ συγκατέζευκται κακῇ (Soph., *Aj.* 123).

Yoked, adj. V. ζῠγωτός, ζῠγηφόρος, Ar. ζύγιος.

Yoke fellow, subs. Use adj., P. ὁμόζυξ (Plat.), σύζυξ (Plat.), V. σύζῠγος, σειρᾱφόρος, V. σῠνάορος; see *partner*.

Yoke strap, subs. Ar. and V. λέπαδνα, τά.

Yolk, subs. P. λέκιθος, ἡ (Aristotle), ὠχρόν, τό (Aristotle).

Yon, adj. P. and V. ἐκεῖνος, Ar. and V. κεῖνος.

Yonder, adj. P. and V. ἐκεῖνος, Ar. and V. κεῖνος.

Yonder, adv. P. and V. ἐκεῖ. *Far off*: P. and V. μακρᾱν; see *far*. *From yonder*: P. and V. ἐκεῖθεν, V. κεῖθεν.

Yore, adv. *Of yore*: P. and V. πρίν, τὸ πρίν, πάλαι, ποτέ; see *formerly*. *In days of yore*: P. ἐν τοῖς ἄνωθεν χρόνοις, ἐν τοῖς ἄνω χρόνοις.

You, pron. Singular: P. and V. σύ. Plural: P. and V. ὑμεῖς. *You there*: Ar. and V. οὗτος σύ, οὗτος.

Young, adj. P. and V. νέος, Ar. and P. νεᾶλής. Of things: with masc. nouns, Ar. and V. νεᾶνίας; with fem. nouns, V. νεᾶνις; see *youthful*. *New born*: P. and V. νεογενής (Plat.), V. νεογνός, νεόθηλος, νεόγονος. *So young*: P. and V. τηλῐ́κοῦτος, τηλῐκόσδε. *In one's infancy*: P. and V. νήπιος, V. τυτθός. *In one's prime*: P. and V. ὡραῖος, V. ἀκμαῖος, χλωρός, θαλερός, Ar. and P. νεᾶλής, Ar. ὡρῐκός. *Be young (in one's prime)*, v.: P. and V. ἡβᾶν, ἀκμάζειν. *Be young* (generally): V. νεάζειν. *A sweet sight is a child enjoying youth with its young father*: V. συννεάζων ἡδὺ παῖς νέῳ πατρί (Eur., *Frag.*). *Grow young again*, v.: P. and V. ἀνηβᾶν. *Befitting the young*: see *childish, youthful*. *Younger*: P. and V. νεώτερος. *The younger*: use also V. ὁ νεάζων.

Young, subs. *Of animals*: P. and V. θρέμμᾰ, τό (Plat.), V. γονή, ἡ, τόκος, ὁ, νεοσσός, ὁ. *Whelp*: P. and V. σκύλαξ, ὁ or ἡ, Ar. and V. σκύμνος, ὁ or ἡ. *Foal*: P. and V. πῶλος, ὁ or ἡ. *Of birds*: P. and V. νεοσσός, ὁ. *Infant*: see *infant*. *The young in the womb before birth*: V. κῦμα, τό, P. κύημα, τό.

Young man, subs. See *youth*.

Your, adj. Ar. and P. ὑμέτερος. *Thy*: P. and V. σός.

Yourself, pron. Emphatic: P. and V. αὐτός. Reflexive: P. and V. σαυτόν, σεαυτόν, sometimes V. αὑτόν, ἑαυτόν. *By yourself*: use adj., *alone*. *Come to yourself*: V. ἐν σαυτῷ γενοῦ (Soph., *Phil.* 950), *Yourselves*, emphatic: P. and V. αὐτοί. Reflexive: P. ὑμᾶς αὐτούς, V. sometimes ἑαυτούς, αὑτούς.

Youth, subs. P. and V. νεότης, ἡ (Eur., *Frag.*), V. τὸ νεάζον (Soph., *Trach.* 144). *Prime of life*: P. and V. ἀκμή, ἡ, ἥβη, ἡ, ὥρα, ἡ, P. ὥρα ἡλικίας, Ar. and P. ἡλῐκία, ἡ; see *manhood*. *Be in the prime of youth*, v.: P. and V. ἡβᾶν, ἀκμάζειν. *From one's youth up*: P. ἐκ παιδός, ἐκ νέου. *Renew one's youth, grow young again*: P. and V. ἀνηβᾶν. *The strength of youth renewed*: V. ἀνηβητηρία ῥώμη (Eur., *And.* 552). *Spend one's youth in*: v.; V. ἐγκᾰθηβᾶν (absol.). Concretely, *body of youths*: P. ἡλικία, ἡ, Ar. and V. ἥβη, ἡ.

Youth, subs. *Young man*: P. and V. νεᾶνίας, ὁ, Ar. and P. νεᾶνίσκος, ὁ. *Stripling:* Ar. and P. μειράκιον, τό, P. μειρᾰκίσκος, ὁ; see *lad.* *Unmarried youth:* P. and V. ἤθεος ὁ (Plat.).

Youthful, adj. *Young:* P. and V. νέος, Ar. and P. νεᾱλής. *In one's prime:* P. and V. ὡραῖος, ἡβῶν, V. ἀκμαῖος, χλωρός, θᾰλερός, Ar. and P. νεᾱλής. Of things *befitting a youth:* P. μειρακιώδης, νεοπρεπής, P. and V. νεᾱνῐκός, νέος; see *childish.* *Youthful rashness:* V. νέον θράσος (Æsch., *Pers.* 744). *On your youthful shoulders:* V. νεανίαις ὤμοισι (Eur., *Hel.* 1562). *Youthful form:* V. ἡβητὴς τῦπος, ὁ (Eur., *Heracl* 858). *Dragged by thousands of youthful hands:* V. μυριάσι χειρῶν ἀγόμενοι νεανίδων (Eur., *Bacch.* 745) *Play youthful pranks,* v.: Ar. and P. νεᾱνιεύεσθαι.

Z

Zany, subs. *Clown:* P. and V. γελωτοποιός, ὁ, P. βλάξ, ὁ or ἡ, or use *foolish,* adj.

Zeal, subs. P. and V. σπουδή, ἡ, προθῡμία, ἡ; see *rivalry.*

Zealous, adj. *Earnest:* P. and V. σπουδαῖος (Soph., *Frag.*), ἔντονος, σύντονος. *Eager:* P. and V. πρόθῡμος, ὀξύς; see *eager.* *Ready:* P. and V. ἑτοῖμος. *Be zealous:* P. and V. σπεύδειν, σπουδάζειν, προθῡμεῖσθαι, ὁρμᾶσθαι, V. μαίεσθαι, ἐκπροθῡμεῖσθαι. *Be zealous for:* P. and V. σπουδάζειν (acc.), σπεύδειν (acc.); see *desire.* *Zealous for:* use also V. λελιμμένος (gen.), μαιμῶν (gen.).

Zealously, adv. P. and V. σπουδῇ, P. σπουδαίως, ἐντόνως, συντόνως. *Eagerly:* P. and V. προθύμως.

Zealousness, subs. See *zeal.*

Zenith, subs. Met., *highest point:* P. and V. ἀκμή, ἡ. *Be at its zenith,* v.: P. and V. ἀκμάζειν.

Zest, subs. *Zeal:* P and V. σπουδή, ἡ, προθῡμία, ἡ. *Pleasure:* P. and V. ἡδονή, ἡ.

Zig-zag, adj. P. σκολιός.

Zone, subs. *Girdle:* P. and V. ζώνη, ἡ (Plat.), V. ζωστήρ, ὁ, Ar. and V. ζῶμα, τό, P. διάζωμα, τό, Ar. ζώνιον, τό. *Region:* P. and V. τόπος, ὁ, or pl., χώρα, ἡ; see *region.*

VOCABULARY OF PROPER NAMES

A

Abdera. Ἄβδηρα, τά. *Man of Abdera*: Ἀβδηρίτης, -ου, ὁ.

Abrocomas. Ἀβροκόμας, -ου, ὁ.

Abydos. Ἄβυδος, ἡ. *Man of Abydos*: Ἀβυδηνός, ὁ.

Academy. Ἀκᾰδημεία, ἡ.

Acamas. Ἀκάμᾱς, -αντος, ὁ.

Acanthus. Ἄκανθος, ἡ. *Of Acanthus*, adj.: Ἀκάνθιος.

Acarnania. Ἀκαρνανία, ἡ. *Man of Acarnania*: Ἀκαρνάν, -ᾶνος, ὁ. *Acarnanian*, adj.: Ἀκαρνανικός.

Acastus. Ἄκαστος, ὁ, or say, *son of Pelias*.

Acesines (River). Ἀκεσίνης, -ου, ὁ.

Achaea. Ἀχᾱΐα, ἡ. *An Achaean*: Ἀχαιός, ὁ. *Achaean*, adj.: Ἀχαιῐκός. Fem. adj., Ἀχαιΐς, -ΐδος; see also *Greek*.

Achaemenes. Ἀχαιμένης, -ους, ὁ. *Descendant of Achaemenes*: Ἀχαιμενίδης, -ου, ὁ.

Acharnae. Ἀχαρναί, αἱ. *Man of Acharnae*: Ἀχαρνεύς, -έως, ὁ. *Of Acharnae*, adj.: Ἀχαρνῐκός.

Achelous (River). Ἀχελῷος, ὁ.

Acheron (River). Ἀχέρων, -οντος, ὁ. *Of Acheron*, adj.: Ἀχερόντιος (Ar.). Ἀχερούσιος (Thuc. and Eur.). Fem. adj., Ἀχερουσιάς, -άδος.

Achillas. Ἀχιλλᾶς, -ᾶ, ὁ.

Achilles. Ἀχιλλεύς, -έως, ὁ, or say, *son of Peleus*, or *son of Thetis*. *Of Achilles*, adj.: Ἀχίλλειος.

Acilius. Ἀκύλιος, ὁ.

Acrisius. Ἀκρίσιος, ὁ.

Acrocorinthus. Ἀκροκόρινθος, ὁ.

Actaeon. Ἀκταίων, -ωνος or -ονος, ὁ, in V. also Ἀκτέων, -έωνος, ὁ.

Acte. Ἀκτή, ἡ.

Actium. Ἄκτιον, τό.

Actor. Ἄκτωρ, -ορος, ὁ.

Adeimantus. Ἀδείμαντος, ὁ.

Adige (River). Ἀτισών, -ῶνος, ὁ.

Admetus. Ἄδμητος, ὁ, or use Φερητίδης, -ου, or say, *son of Pheres*. *Of Admetus*, adj.: Ἀδμήτειος.

Adonis. Ἄδωνις, -ῐδος, ὁ. *Feast of Adonis*: Ἀδώνια, τά.

Adramyttium. Ἀτραμύττιον, τό.

Adrastea. Ἀδράστεια, ἡ

Adrastus. Ἄδραστος, ὁ.

Adriatic Sea. Ἀδρίας, -ου, ὁ, or use, ὁ κόλπος ὁ Ἰόνιος. *Of the Adriatic*, adj.: Ἀδριατικός.

Aea. Αἶα, ἡ.

Aeacus. Αἰᾰκός, ὁ, or say, *son of Aegina*. *Of Aeacus*, adj.: Αἰάκειος. *Descendant of Aeacus*: Αἰᾰκίδης, -ου, ὁ.

Aedui. Ἔδουοι, οἱ.

Aeetes. Αἰήτης, -ου, ὁ.

Aegaleos (Mt.). Αἰγάλεως, -εω, ὁ.

Aegean Sea. Τὸ Αἰγαῖον, or ὁ Αἰγαιος, or Αἰγαῖον πέλᾰγος, or V. Αἰγαῖος πόρος.

Aegeus. Αἰγεύς, -έως, ὁ, or say, *son of Pandion*.

Aegialeus. Αἰγιᾰλεύς, -έως, ὁ, or say, *son of Adrastus*.

Aegina (Nymph). Αἴγῑνα, ἡ, or say, *daughter of Asopus.*
Aegina (Island). Αἴγῑνα, ἡ, called also, Οἰνώνη (Eur., *I. A.* 699). *Man of Aegina:* Αἰγῑνήτης, -ου, ὁ. *Of Aegina,* adj.: Αἰγῑναῖος.
Aegisthus. Αἴγισθος, ὁ, or say, *son of Thyestes.*
Aegyptus. Αἴγυπτος, ὁ.
Aemilius. Αἰμύλιος, ὁ.
Aeneas. Αἰνείᾱς, -ου, ὁ, in V. sometimes Αἰνέᾱς, -ου (scanned either as three syllables or two), or say, *son of Anchises.*
Aenus. Αἶνος, ἡ. *Of Aenus,* adj.: Αἴνιος.
Aeolis (District). Αἰολίς, -ίδος, ἡ. *An Aeolian:* Αἰολεύς, -έως, ὁ. *Aeolian,* adj.: Αἰολικός. Fem. adj., Αἰολίς, -ίδος.
Aeolus. Αἴολος, ὁ.
Aerope. Ἀερόπη, ἡ.
Aeschines. Αἰσχΐνης, -ου, ὁ.
Aeschylus. Αἰσχύλος, ὁ.
Aesculapius. See *Asclepius.*
Aesop. Αἴσωπος, ὁ. *Of Aesop,* adj.: Αἰσωπῐκός (Ar.).
Aethiopia. See *Ethiopia.*
Aethra. Αἴθρα, ἡ.
Aetolia. Αἰτωλία, ἡ, V. γῆ Αἰτωλΐς (-ΐδος), ἡ. *An Aetolian:* Αἰτωλός, ὁ. Fem., Αἰτωλΐς, -ΐδος, ἡ. *Aetolian,* adj.: Αἰτωλικός. Fem. adj.: Αἰτωλΐς, -ΐδος.
Africa, African. See *Libya, Libyan.*
Africanus. Ἀφρικανός, ὁ.
Agamemnon. Ἀγᾰμέμνων, -ονος, ὁ, or use Ἀτρείδης, -ου, ὁ, or say, *son of Atreus.* *Of Agamemnon,* adj.: Ἀγᾰμεμνόνειος.
Agasias. Ἀγασίας, -ου, ὁ.
Agathon. Ἀγάθων, -ωνος, ὁ.
Agave. Ἀγαύη, ἡ, or say, *daughter of Cadmus.*
Agenor. Ἀγήνωρ, -ορος, ὁ.
Agesilaus. Ἀγησίλᾱος, ὁ.
Agesipolis. Ἀγησίπολις, -ιδος, ὁ.
Agis. Ἆγις, -ιδος, ὁ.
Aglaurus. Ἄγλαυρος, ἡ, or say, *daughter of Cecrops.*
Agrigentum. Ἀκρᾰ́γᾱς, -αντος, ὁ. *Of Agrigentum,* adj.: Ἀκραγαντῖνος.
Agrippa. Ἀγρίππας, -α, ὁ.
Agrippina. Ἀγριππίνη, ἡ.
Agyrrhius. Ἀγύρριος, ὁ.
Ahala. Ἄλας, -α, ὁ.
Ahenobarbus. Ἀηνόβαρβος, ὁ.
Ajax. Αἴᾱς, -αντος, ὁ, or say, *son of Telamon, son of Oileus.*
Alba. Ἄλβη, ἡ. *People of Alba:* Ἀλβανοί, οἱ.
Alban (Lake). Ἀλβανὶς (-ίδος) λίμνη, ἡ.
Alcaeus. Ἀλκαῖος, ὁ.
Alcamenes. Ἀλκαμένης, -ους, ὁ.
Alcathous. Ἀλκᾰ́θους, -ου, ὁ.
Alcestis. Ἄλκηστις, -ΐδος, ἡ, or say, *daughter of Pelias.*
Alcibiades. Ἀλκῐβιᾰ́δης, -ου, ὁ.
Alcidas. Ἀλκΐδας, -ου, ὁ.
Alcinous. Ἀλκΐνους, -ου, ὁ.
Alcmaeon. Ἀλκμαίων, -ωνος, ὁ, or say, *son of Amphiaraus, Descendant of Alcmaeon:* Ἀλκμαιωνΐδης, -ου, ὁ.
Alcmena. Ἀλκμήνη, ἡ, or say, *daughter of Electryon.*
Aleppo. See *Beroea.*
Aleus. Ἄλεος, ὁ.
Alexander. Ἀλέξανδρος, ὁ, see also *Paris.*
Alexandria. Ἀλεξάνδρεια, ἡ. *Man of Alexandria:* Ἀλεξανδρεύς, -έως, ὁ.
Allia (River). Ἀλίας, -α, ὁ.
Allobroges. Ἀλλοβρίγες, -ων, οἱ.
Alope. Ἀλόπη, ἡ.
Alphesiboea. Ἀλφεσΐβοια, ἡ (ε lengthened Soph., *Frag.* 796).
Alpheus (River). Ἀλφειός, ὁ, V. also Ἀλφεός, ὁ (Eur., *El.* 781).
Alps (Mts.). Ἄλπεις, -εων, αἱ.
Althaea. Ἀλθαία, ἡ.
Alyattes. Ἀλυάττης, -ου, ὁ.
Amanus (Mt.). Ἀμᾱνος, ὁ.
Amasis. Ἄμᾱσις, -εως, ὁ.
Amathus. Ἀμᾰθοῦς, -οῦντος, ὁ. *Of Amathus,* adj.: Ἀμαθούσιος.
Amazon. Ἀμαζών, -όνος, ἡ.
Ambracia. Ἀμπρᾰκία, ἡ. *An Ambracian:* Ἀμπρακιώτης, -ου, ὁ. *Ambracian,* adj.: Ἀμπρακικός. Fem.

adj. : Ἀμπρακιῶτις, -ιδος. *The Ambracian Gulf* : ὁ Ἀμπρακικὸς κόλπος.

Ameinias. Ἀμεινίας, -ου, ὁ.

Ameinocles. Ἀμεινοκλῆς, -κλέους, ὁ.

Ammon. Ἄμμων, -ωνος, ὁ.

Amompharetus. Ἀμομφάρετος, ὁ.

Amorges. Ἀμόργης, -ου, ὁ.

Amphiaraus. Ἀμφιάρεως (sometimes scanned as four syllables, Eur., *Supp.* 158), -εω, ὁ, V. also Ἀμφιάρᾱος (Eur., *Phoen.* 173), or use Οἰκλείδης, -ου, ὁ, or say, *son of Oecles.*

Amphilochia. Ἀμφιλοχία, ἡ. *Amphilochian*, adj. : Ἀμφιλοχικός. *The Amphilochians* : Ἀμφίλοχοι, οἱ.

Amphilochus. Ἀμφίλοχος, ὁ, or say, *son of Amphiaraus.*

Amphion. Ἀμφίων, -ονος, ὁ.

Amphipolis. Ἀμφίπολις, -εως, ἡ. *Man of Amphipolis* : Ἀμφιπολίτης, ου, ὁ.

Amphissa. Ἄμφισσα, ἡ. *Man of Amphissa* : Ἀμφισσεύς, -έως, ὁ.

Amphitryon. Ἀμφιτρύων, -ωνος, ὁ, or say, *son of Alcaeus.*

Amulius. Ἀμούλιος, ὁ.

Amyclae. Ἀμύκλαι, αἱ. *Of Amyclae*, adj. : Ἀμυκλαῖος.

Amyntas. Ἀμύντας, -ου, ὁ.

Amyntor. Ἀμύντωρ, -ορος, ὁ.

Anacreon. Ἀνακρέων, -οντος, ὁ.

Anactoria. Ἀνακτορία, ἡ. *People of Anactoria* : Ἀνακτόριοι, οἱ.

Anaea. Ἄναια, τά. *Man of Anaea*: Ἀναιίτης, -ου, ὁ. Fem. adj., Ἀναιῖτις, -ιδος.

Anapus (River). Ἄνᾱπος, ὁ.

Anaxagoras. Ἀναξαγόρας, -ου, ὁ.

Anaxibius. Ἀναξίβιος, ὁ.

Anaximander. Ἀναξίμανδρος, ὁ.

Ancaeus. Ἀγκαῖος, ὁ.

Anchises. Ἀγχίσης, -ου, ὁ.

Andocides. Ἀνδοκίδης, -ου ὁ.

Andraemon. Ἀνδραίμων, -ονος ὁ,, (Æsch., *Frag.*).

Androcles. Ἀνδροκλῆς, -κλέους, ὁ.

Andromache. Ἀνδρομάχη, ἡ, or say, *daughter of Eetion.*

Andromeda. Ἀνδρομέδᾱ, ἡ (Ar., *Thesm.* 1012, 1070, etc.), or say, *daughter of Cepheus.*

Andros. Ἄνδρος, ἡ. *Of Andros*, adj. : Ἄνδριος.

Androtion. Ἀνδροτίων, -ωνος, ὁ.

Anio (River). Ἀνίων, -ωνος, ὁ.

Antalcidas. Ἀνταλκίδας, -ου, ὁ.

Antandros. Ἄντανδρος, ἡ. *Of Antandrus*, adj. : Ἀντάνδριος.

Antenor. Ἀντήνωρ, -ορος, ὁ.

Anthemus. Ἀνθεμοῦς, -οῦντος, ὁ.

Anticlea. Ἀντίκλεια, ἡ.

Anticyra. Ἀντικῦρα, ἡ. *Man of Anticyra* : Ἀντικυρεύς, -έως, ὁ.

Antigone. Ἀντῐγόνη, ἡ, or say, *daughter of Oedipus.*

Antigonus. Ἀντίγονος, ὁ.

Antilochus. Ἀντίλοχος, ὁ, or say, *son of Nestor.*

Antimachus. Ἀντίμᾰχος, ὁ.

Antioch. Ἀντιόχεια, ἡ. *Man of Antioch* : Ἀντιοχεύς, -έως, ὁ.

Antiochus. Ἀντίοχος, ὁ.

Antipater. Ἀντίπατρος, ὁ.

Antiphon. Ἀντῐφῶν, -ῶντος, ὁ.

Antisthenes. Ἀντισθένης, -ους, ὁ.

Antium. Ἄντιον, τό. *People of Antium* : Ἀντιᾶται, οἱ.

Antonius. Ἀντώνιος, ὁ.

Anytus. Ἄνῠτος, ὁ.

Apaturia (Feast). Ἀπᾰτούρια, τά.

Apelles. Ἀπελλῆς, -οῦ, ὁ.

Aphetae. Ἀφεταί, αἱ.

Aphidnae. Ἀφίδναι, αἱ. *Of Aphidnae*, adj. : Ἀφιδναῖος.

Aphrodite. Ἀφροδίτη, ἡ, or use in V. Κύπρις, -ῐδος, ὁ, or say, *daughter of Dione. Feast of Aphrodite* : Ἀφροδίσια, τά.

Apidanus (River). Ἀπῐδᾰνός, ὁ.

Apis. Ἆπις, -ιδος, or -εως, ὁ.

Apollo. Ἀπόλλων, -ωνος, ὁ, acc. sometimes Ἀπόλλω (even in prose, Thuc. 4, 97, Dem. 274,and Xen.), Ar. and V. use also Φοῖβος, ὁ, V. Λοξίᾱς, -ου, ὁ, or say, *son of Leto. The Sun* : Ἥλιος, ὁ. *Temple of Apollo* : Ἀπολλώνιον, τό.

Apollonia. Ἀπολλωνία, ἡ. *Man of Apollonia* : Ἀπολλωνιάτης, -ου, ὁ.

Appius. Ἄππιος, ὁ.
Apuleius. Ἀπουλήιος, ὁ.
Aquilius. Ἀκύλλιος, ὁ.
Aquinus. Ἀκύινος, ὁ.
Arabia. Ἀρᾰβία, ἡ. *An Arab*: Ἄραψ, -ᾰβος, ὁ or ἡ. *Arabs*: also Ἀράβιοι, οἱ. *Arabian*, adj.: Ἀραβικός.
Arar (River). Ἄραρ, -αρος, ὁ.
Araspas. Ἀράσπας, -ου, ὁ.
Aratus. Ἄρᾱτος, ὁ.
Araxes (River). Ἀράξης, -ου, ὁ.
Arcadia. Ἀρκᾰδία, ἡ. *An Archadian*: Ἀρκάς, -ᾰδος, ὁ or ἡ. *Arcadian*, adj.: Ἀρκαδικός.
Arcesilaus. Ἀρκεσΐλᾱος, ὁ.
Archedamus. Ἀρχέδᾱμος, ὁ.
Archelaus. Ἀρχέλᾱος, ὁ.
Archestratus. Ἀρχέστρατος, ὁ.
Archias. Ἀρχίας, -ου, ὁ.
Archilochus. Ἀρχίλοχος, ὁ.
Archimedes. Ἀρχιμήδης, -ους, ὁ.
Arcturus. Ἀρκτοῦρος, ὁ.
Arctus. Ἄρκτος, ἡ.
Areopagus. ἡ ἐξ Ἀρείου πάγου βουλή, or ἡ ἐν Ἀρείῳ πάγῳ βουλή.
Ares. Ἄρης, -εως (gen sometimes Ἄρεος, in V.), A sometimes long (Æsch., *Theb.* 244 and 469). *Of Ares*, adj.: Ἄρειος.
Arethusa (Fountain). Ἀρέθουσα, ἡ.
Argilus. Ἄργιλος, ἡ. *Of Argilus*, adj.: Ἀργίλιος.
Arginusae. Ἀργινοῦσαι, αἱ.
Argo (Ship). Ἀργώ, -οῦς, ἡ. *Of Argo*, adj.: Ἀργῷος.
Argolis. See under *Argos*.
Argos. Ἄργος, τό. *From Argos*: V. Ἀργόθεν. *The Argives*: Ἀργεῖοι, οἱ, in V. use also Πελασγοί, οἱ, Δᾰναΐδαι, οἱ, Μῡκηναῖοι, οἱ. *Argive*, adj.: Ἀργεῖος. In V. use also Πελασγός, Πελασγῐκός. Fem. adj., Ἀργολΐς, -ΐδος. *In the Argive dialect* or *fashion*, adv.: V. Ἀργολιστί. *Argolis*: ἡ Ἀργεία, or ἡ Ἀργολΐς, -ΐδος, V. also Πελασγία, ἡ.
Argus. Ἄργος, -ου, ὁ.
Ariadne. Ἀριάδνη, ἡ, or say, *daughter of Minos*.
Ariaeus. Ἀριαῖος, ὁ.
Arimaspi. Ἀρῐμασποί, οἱ.
Ariminum. Ἀρίμενον, τό.
Ariobarzanes. Ἀριοβαρζάνης, -ους, ὁ.
Arion. Ἀρΐων, -ονος, ὁ.
Ariovistus. Ἀριόβυστος, ὁ.
Aristaeus. Ἀρισταῖος, ὁ, V. also Ἀριστέᾱς, -ου, ὁ (Eur., *Bacch.* 1227).
Aristagoras. Ἀρισταγόρας, -ου, ὁ.
Aristarchus. Ἀρίσταρχος, ὁ.
Aristeus. Ἀριστεύς, -έως, ὁ.
Aristides. Ἀριστείδης, -ου, ὁ.
Aristippus. Ἀρίστιππος, ὁ.
Aristogeiton. Ἀριστογείτων, -ονος, ὁ.
Ariston. Ἀρίστων, -ωνος, ὁ.
Aristonymus. Ἀριστώνυμος, ὁ.
Aristophanes. Ἀριστοφάνης, -ους, ὁ.
Aristotle. Ἀριστοτέλης, -ους, ὁ.
Armenia. Ἀρμενία, ἡ. *Armenian*, adj.: Ἀρμένιος.
Arne. Ἄρνη, ἡ.
Arpi. Ἄρποι, οἱ.
Arrhibaeus. Ἀρριβαῖος, ὁ.
Arsaces. Ἀρσάκης, -ου, ὁ. *Descendant of Arsaces*: Ἀρσᾰκΐδης, -ου, ὁ.
Artabanus. Ἀρτάβᾱνος, ὁ.
Artabazus. Ἀρτάβαζος, ὁ.
Artaphernes. Ἀρταφέρνης, -ους, ὁ, V. Ἀρταφρένης, -ους, ὁ (Æsch., *Pers.* 776).
Artaxata. Ἀρτάξατα, τά.
Artaxerxes. Ἀρταξέρξης, -ου, ὁ.
Artemis. Ἄρτεμις, -ΐδος, ἡ, or say, *daughter of Leto*.
Artemisia. Ἀρτεμῑσία, ἡ.
Artemisium. Ἀρτεμίσιον, τό.
Aruns. Ἄρρων, -ωνος, ὁ.
Arverni. Ἄρβερνοι, οἱ.
Ascalon. Ἀσκάλων, -ωνος, ὁ. *Inhabitant of Ascalon*: Ἀσκαλωνίτης, -ου, ὁ.
Ascanius. Ἀσκάνιος, ὁ.
Asclepius. Ἀσκλήπιος, ὁ. *Descendant of Asclepius*: Ἀσκληπιάδης, -ου, ὁ, V. Ἀσκληπῑδης, -ου, ὁ (Soph., *Phil.* 1333).
Asculum. Ἄσκλον, τό.
Asea. Ἀσέα, ἡ. *People of Asea*: Ἀσεᾶται, οἱ.
Ashdod. Ἄζωτος, ἡ.
Asia. Ἀσία, ἡ, V. γῆ Ἀσΐς (-ΐδος), ἡ (Æsch., *Pers.* 249), Ἀσιάς (-ᾰδος)

χθών, ἡ (Eur., *Ion*, 74), ᾽Ασιὰς γῆ, ἡ (Eur., *Ion*, 1586), or ᾽Ασιάς, ἡ, alone (Eur., *Ion*, 1356), or ᾽Ασιᾶτις (-ῐδος) γῆ, ἡ (Eur., *And.* 1). *The continent of Asia :* ἤπειρος ᾽Ασῖς, ἡ (Æsch., *P. V.* 735). *Asiatic*, adj. : ᾽Ασιανός. Fem. adj., V. ᾽Ασιάς (-ᾰδος), ᾽Ασιᾶτις (-ῐδος) (Eur., *Tro.* 1219 ; *El.* 315), ᾽Ηπειρῶτις (-ῐδος) (Eur., *And.* 159). *The people of Asia :* οἱ ᾽Ασιανοί.

Asine. ᾽Ασίνη, ἡ. *Of Asine*, adj. : ᾽Ασιναῖος.

Asopius. ᾽Ασώπιος, ὁ.

Asopus (River). ᾽Ασωπός, ὁ. *Daughter of Asopus :* ᾽Ασωπίς, -ῐδος, ἡ. *Of Asopus*, adj. : ᾽Ασώπιος.

Aspasia. ᾽Ασπᾰσία, ἡ.

Aspendus. ῎Ασπενδος, ἡ. *Of Aspendus*, adj. : ᾽Ασπένδιος.

Assinarus (River). ᾽Ασσίνᾰρος, ὁ.

Assyria. ᾽Ασσῠρία, ἡ. *Assyrian*, adj. : ᾽Ασσύριος.

Astacus. ῎Αστᾰκος, ὁ. *Of Astacus*, adj. : ᾽Αστάκειος (Soph., *Frag.*).

Astyages. ᾽Αστυᾰ́γης, -ους, ὁ.

Astyanax. ᾽Αστυᾰ́ναξ, -ακτος, ὁ, or say, *son of Hector.*

Astyochus. ᾽Αστύοχος, ὁ.

Atalanta. ᾽Ατᾰλάντη, ἡ.

Atarneus. ᾽Αταρνεύς, έως, ὁ. *Territory of Atarneus :* ἡ ᾽Αταρνῖτις (-ιδος) χώρα.

Ate. ῎Ατη, ἡ.

Athamas. ᾽Αθάμᾱς, -αντος, or say, *son of Aeolus.*

Athena. ᾽Αθήνη, ἡ, ᾽Αθηναία, ἡ, ᾽Αθηνᾶ, ἡ. In Ar. and V. also Παλλάς, -ᾰ́δος, ἡ, in V. also ᾽Αθάνᾱ, ἡ, or say, *daughter of Zeus :* see also *Tritogenia. Statue of Athena :* Παλλάδιον, τό.

Athenagoras. ᾽Αθηναγόρας, -ου, ὁ.

Athens. ᾽Αθῆναι, αἱ, in Ar. also Κρᾰναά, ἡ, or Κρᾰναὰ πόλις, ἡ, or say, *city of Cecrops, city of Theseus, city of Erechtheus. At Athens :* ᾽Αθήνησι. *From Athens :* ᾽Αθήνηθεν. *To Athens :* ᾽Αθήναζε. *Athenian*, adj. : ᾽Αθηναῖος ; see also *Attic. The Athenians :* use also in V. Κεκροπίδαι, οἱ, ᾽Ερεχθεῖδαι, οἱ, Θησεῖδαι, οἱ, in Ar. Κρᾰναοί, οἱ.

Athos. ῎Αθως, -ω, ὁ. *Of Athos*, adj. : ῎Αθωος.

Atlantic (Sea). τὸ ᾽Ατλαντικὸν Πέλαγος, or, ἡ ᾽Ατλαντίς (-ίδος) Θάλασσα.

Atlas. ῎Ατλας, -αντος, ὁ (either the Hero or the Mt.). *Of Atlas*, adj. : ᾽Ατλαντῐκος.

Atossa. ῎Ατοσσα, -ης, ἡ.

Atropos. ῎Ατροπος, ἡ.

Atreus. ᾽Ατρεύς, -έως, ὁ. *Son of Atreus :* ᾽Ατρείδης, -ου, ὁ.

Attica. ᾽Αττῐκή, ἡ, or V. γῆ ᾽Ατθίς (-ῐδος), ἡ, or ᾽Ατθίς (-ῐδος), ἡ alone, or say, *the land of Cecrops, the land of Theseus. Attic*, adj : ᾽Αττῐκός. Fem. adj., ᾽Ατθίς, -ῐδος.

Atys. ῎Ατυς, -υος, ὁ.

Auge. Αὔγη, ἡ, or say, *daughter of Aleus.*

Augeas. Αὐγείας, -ου, ὁ.

Augustus. Σεβαστός, ὁ.

Aulis. Αὐλίς, -ῐδος, ἡ.

Aurora. ῞Εως, -ω, ἡ.

Autonoe. Αὐτονόη, ἡ, or say, *daughter of Cadmus.*

Aventine Hill. τὸ ᾽Αβεντῖνον, or ὁ ᾽Αβεντῖνος λόφος.

Axius (River). ῎Αξιος, ὁ.

Azov, Sea of. ἡ Μαιῶτις (-ιδος) λίμνη. *Entrance to the Sea of Azov :* Αὐλὼν Μαιωτῐκός, ὁ (Æsch., *P. V.* 731).

B

Babylon. Βᾰβῠλών, -ῶνος, ἡ. *Babylonia :* Βαβυλωνία, ἡ. *Babylonian*, adj. : Βαβυλώνιος.

Bacchus. Βάκχος, ὁ, Διόνῡσος, ὁ, Ar. and V. Βρόμιος, ὁ, ῎Ιακχος, ὁ (Eur., *Bacch.* 725; Ar., *Ran.* 320, 398), V. Βάκχιος, ὁ, Θέοινος, ὁ (Æsch., *Frag.*) ; see *Dionysus. Temple of Bacchus :* Βακχεῖον, τό. *Bacchic*, adj. : see *Bacchanalian.*

Bacis. Βάκῐς, -ῐδος, ὁ.

Bactria. Βακτρία, ἡ. *Bactrian*, adj. : Βάκτριος. *The Bactrians :* Βάκτριοι, οἱ, Βακτριανοί, οἱ (Xen.).

Baetis (River). Βαῖτις, -ιος, ὁ.
Baiae. Βαΐαι, αἱ.
Barca. Βάρκη, ἡ. *Of Barca*, adj.: Βαρκαῖος.
Battus. Βάττος, ὁ.
Bedriacum. Βητριακόν, τό.
Bel. Βῆλος, ὁ.
Belgae. Βέλγαι, οἱ.
Bellerophon. Βελλεροφόντης, -ου, ὁ.
Beroea. (*In Syria, the later Aleppo*). Βέροια, ἡ. (*In Macedonia*): Βέροια, ἡ.
Bestia. Βηστίας, -α, ὁ.
Beyrout. Βηρυτός, ἡ.
Bias. Βίας, -αντος, ὁ.
Bibulus. Βίβλος, ὁ.
Bisaltae. Βισάλται, οἱ. *Of the Bisaltae*, adj.: Βισαλτικός.
Bistones. Βίστονες, οἱ.
Bithynia. Βῑθῡνία, ἡ. *Bithynian*, adj.: Βῑθῡνός. Fem. adj., Βιθυνίς, -ίδος.
Black Sea. See *Euxine*.
Boeotia. Βοιωτία, ἡ (-οι, sometimes scanned as short). *A Boeotian*: Βοιωτός, ὁ. *Boeotian*, adj.: Βοιώτιος (-οι, sometimes scanned as short). Fem. adj., Βοιωτίς, -ίδος (Xen.).
Bolbe (Lake). Βόλβη, ἡ.
Boreas. Βορέᾱς, -ου, ὁ, Βορρᾶς, -ᾶ, ὁ.
Borysthenes (River). Βορυσθένης, -ους, ὁ.
Bosphorus. Βόσπορος, ὁ. *Of the Bosphorus*, adj.: V. Βοσπόρειος (Soph., *Frag.*). *Dweller by the Bosphorus*: V. Βοσπορίτης, ὁ (Soph., *Frag.*).
Bottiaea. Βοττιαία, ἡ (Thuc. 2, 100), Βοττία, ἡ (Thuc. 2, 99), ἡ Βοττική. *The Bottiaeans*: Βοττιαῖοι, οἱ. *Bottiaean*, adj.: Βοττικός.
Branchidae. Βραγχῖδαι, αἱ.
Brasidas. Βρᾱσίδᾱς, -ου, ὁ. *Of Brasidas*, adj.: Βρασίδειος.
Brauron. Βραυρών, -ῶνος, ὁ. *To Brauron*: Βραυρῶνάδε (Ar.). *Of Brauron*, adj.: Βραυρώνιος.
Brennus. Βρέννος, ὁ.
Briareus. Βριάρεως, -εω, ὁ.
Britain. Βρεττανία, ἡ. *A Britain*: Βρεττανός, ὁ.
Brixellum. Βρίξιλλον, τό.
Brundisium. Βρεντέσιον, τό. *Inhabitant of Brundisium*: Βρεντεσῖνος, ὁ.
Brutii. Βρέττιοι, οἱ.
Brutus. Βροῦτος, ὁ.
Bucephalus. Βουκεφάλας, -α, ὁ.
Budorum. Βούδορον, τό.
Busiris. Βούσῑρις, -εως, ὁ.
Byzantium. Βυζάντιον, τό. *Byzantine*, adj.: Βυζάντιος.

C

Cacyparis (River). Κακύπαρις, -εως, ὁ.
Cadiz. Γάδειρα, τά. *Of Cadiz*, adj.: Γαδειραῖος, Γαδειρικός.
Cadmea. Καδμεία, ἡ.
Cadmus. Κάδμος, ὁ, or say, *son of Agenor*. *Of Cadmus*, adj.: Καδμεῖος. *Land of Cadmus*: γῆ Καδμηΐς (-ιδος) (Thuc. 1, 12).
Caeadas. Καιάδας, -ου, ὁ.
Caecilius. Κεκίλιος, ὁ.
Caecina. Κεκίνας, -α, ὁ.
Caepio. Καιπίων, -ωνος, ὁ.
Caesar. Καῖσαρ, -αρος, ὁ.
Caicus (River) Κάϊκος, ὁ (Æsch., *Frag.* and Xen.).
Caius. Γάϊος, ὁ.
Calchas. Κάλχᾱς, -αντος, ὁ, or say, *son of Thestor*.
Calchedon. See *Chalcedon*.
Callias. Καλλίας, -ου, ὁ.
Callicratidas. Καλλικρατίδας, -ου, ὁ.
Callimachus. Καλλίμᾰχος, ὁ.
Calliope. Καλλιόπη, ἡ.
Callixenus. Καλλίξενος, ὁ.
Calpe. Κάλπη, ἡ.
Calpurnia. Καλπουρνία, ἡ.
Calpurnius. Καλπούρνιος, ὁ.
Calvinus. Καλβῖνος, ὁ.
Calydon. Κᾰλῠδών, -ῶνος, ἡ (Eur., *Frag.*). *Of Calydon*, adj.: Καλυδώνιος.
Calypso. Κᾰλυψώ, -οῦς, ἡ.
Camarina. Κᾰμάρῑνα, ἡ. *Of Camarina*, adj.: Καμαριναῖος.
Cambyses. Καμβύσης, -ου, ὁ.

Camillus. Κάμιλλος, ὁ.
Camirus. Κάμειρος, ἡ.
Campania. Καμπανία, ἡ.
Campus Martius. τὸ Ἄρειον πεδίον, or τὸ πεδίον τοῦ Ἄρεως.
Cannae. Κάνναι, αἱ.
Canopus. Κάνωβος, ὁ. *Man of Canopus*: Κανωβίτης, -ου, ὁ. *Of Canopus*, adj.: Κανωβικός.
Canusium. Κανύσιον, τό.
Capaneus. Κᾰπᾰνεύς, -έως, ὁ.
Caphereus (Cape). Κᾰφηρεύς, -έως, ὁ. *Of Caphereus*, adj.: Κᾰφήρειος.
Capitol. *The Capitol at Rome*: Καπιτώλιον, τό. *Capitoline*, adj.: Καπιτωλῖνος.
Cappadocia. Καππᾰδοκία, ἡ. *Man of Cappadocia*: Καππᾰδόκης, -ου, ὁ.
Capua. Καπύη, ἡ.
Carbo. Κάρβων, -ωνος, ὁ.
Carcinus. Καρκῖνος, ὁ.
Cardia. Καρδία, ἡ. *Man of Cardia*: Καρδιανός, ὁ.
Caria. Κᾱρία, ἡ. *A Carian*: Κάρ, Κᾱρός, ὁ. *Carian*, adj.: Κᾱρῐκός. Fem. adj., Κάειρα.
Carnea (Festival). Κάρνεια, τά. *Mouth of the Carnea*: ὁ Καρνεῖος μήν.
Carrhae. Κάρραι, αἱ.
Carthage. Καρχηδών, -όνος, ἡ. *Carthaginian*, adj.: Καρχηδόνιος, Καρχηδονιακός.
Caryae. Καρύαι, αἱ.
Carystus. Κᾰ́ρυστος, ἡ. *Of Carystus*, adj.: Κᾰρύστιος.
Casca. Κάσκας, -α, ὁ.
Caspian. *The Caspian Sea*: ἡ Κασπία θάλασσα.
Cassander. Κάσανδρος, ὁ.
Cassandra. Κᾱσάνδρα, ἡ.
Castalia. Κασταλία, ἡ.
Castor. Κάστωρ, -ορος, ὁ.
Catana. Κᾰτάνη, ἡ. *Of Catana*, adj.: Καταναῖος.
Catiline. Κατιλίνας, -α, ὁ.
Cato. Κάτων, -ωνος, ὁ.
Catulus. Κάτλος, ὁ.
Caucasus (Mt.). Καύκᾰσος, ὁ or τὸ Καυκάσιον ὄρος.
Caunus. Καῦνος, ἡ. *Of Caunus*, adj.: Καύνιος.
Cayster (River). Κάϋστρος, ὁ (Xen.). *The Plain of Cayster*: Καΰστριον πεδίον (Ar., *Ach.* 68), τὸ Καΰστρου πεδίον (Xen., *Cyro.* II. 1, 5).
Cebriones. Κεβριόνης, -ου, ὁ.
Cecrops. Κέκροψ, -οπος, ὁ. *Of Cecrops*, adj.: Κεκρόπιος. Fem. adj., Κεκροπίς, -ίδος. *Descendant of Cecrops*: Κεκροπίδης, -ου, ὁ.
Celaenae. Κελαιναί, αἱ. *Man of Celaenae*: Κελαινεύς, -έως, ὁ.
Celer. Κέλερ, -ερος, ὁ.
Celeus. Κελεός, ὁ.
Celt, Celtic. See *Kelt, Keltic.*
Cenaeum (Cape). Κηναῖον, τό. *Of Cenaeum*, adj.: Κηναῖος.
Cenchrea. Κεγχρειά, ἡ, or Κεγχρειαί, αἱ.
Centaur. Κένταυρος, ὁ. *Of a centaur*, adj.: Κενταυρικός. V. adj., Κενταύρειος.
Ceos. Κέως, -ω, ἡ. *Of Ceos*, adj.: Κεῖος.
Cephallenia. Κεφαλληνία, ἡ. *A Cephallenian*: Κεφαλλήν, -ῆνος, ὁ.
Cephalus. Κέφᾰλος, ὁ.
Cepheus. Κηφεύς, -έως, ὁ.
Cephisophon. Κηφῑσοφῶν, -ῶντος, ὁ.
Cephissus (River). Κηφῑσός, ὁ.
Ceramicus. Κερᾰμεικός, ὁ.
Cerasus. Κερασοῦς, -οῦντος, ὁ. *Of Cerasus*, adj.: Κερασούντιος.
Cerberus. Κέρβερος, ὁ.
Ceres. See *Demeter.*
Cethegus. Κέθηγος, ὁ.
Chabrias. Χαβρίας, -ου, ὁ.
Chaereas. Χαιρέας, -ου, ὁ.
Chaerephon. Χαιρεφῶν, -ῶντος, ὁ.
Chaeronea. Χαιρώνεια, ἡ. *Man of Chaeronea*: Χαιρωνεύς, -έως, ὁ.
Chalcedon. Χαλκηδών, -όνος, ἡ. *Of Chalcedon*, adj.: Χαλκηδόνιος.
Chalcideus. Χαλκιδεύς, -έως, ὁ.
Chalcidice. Χαλκῐδῐκή, ἡ. *Of Chalcidice*, adj.: Χαλκῐδῐκός. *People of Chalcidice*: Χαλκῐδῆς, οἱ.
Chalcis. Χαλκίς, -ίδος, ἡ. *Man of Chalcis*: Χαλκιδεύς, -έως, ὁ. *Of Chalcis*, adj.: Χαλκῐδῐκός.
Chaldaean, adj. Χαλδαϊκός. *A Chaldaean*: Χαλδαῖος, ὁ.

Chalybes. Χάλῠβες, οἱ.
Chaonia. Χᾱονία, ἡ. *The Chaonians*: Χάονες, οἱ.
Chaos. Χάος, -ους, τό.
Chares. Χάρης, -ητος, ὁ.
Charicles. Χαρικλῆς, -κλέους, ὁ.
Charmides. Χαρμί ιης, -ου, ὁ.
Charminus. Χαρμῖνος, ὁ.
Charmion. Χάρμιον, τό.
Charon. Χάρων, -ωνος, ὁ.
Charybdis. Χάρυβδις, -εως, ἡ.
Cheilon. Χείλων, -ωνος, ὁ.
Cheirisophus. Χειρίσοφος, ὁ.
Cheiron. Χείρων, -ωνος, ὁ.
Chersonese. Χερσόνησος, ἡ. *Of the Chersonese*, adj. : Χερσονήσιος. *Man of the Chersonese* : Χερσονησιτης, -ου, ὁ.
Chimaera. Χίμαιρα, ἡ.
Chios. Χίος, ἡ. *Chian*, adj.: Χῖος.
Chiron. See *Cheiron*.
Choaspes (River). Χοάσπης, -ου, ὁ.
Chrysa. Χρῦση, ἡ.
Chryseis. Χρῡσηΐς, -ΐδος, ἡ.
Chryses. Χρύσης, -ου, ὁ.
Chrysippus. Χρύσιππος, ὁ.
Chrysis. Χρῡσίς, -ίδος, ἡ.
Chrysopolis. Χρῡσόπολις, -εως, ὁ.
Chrysothemis. Χρῡσόθεμις, -ιδος, ἡ, or say, *daughter of Agamemnon*.
Cicero. Κικέρων, -ωνος, ὁ.
Cilicia. Κῐλῐκία, ἡ. *A Cilician*: Κίλιξ, -ῐκος, ὁ. *Cilician*, adj.: Κῐλίκιος. Fem. adj., Κίλισσα.
Cimbri. Κίμβροι, οἱ. *Cimbric*, adj.: Κιμβρικός.
Cimmeria. Κιμμερία γῆ, ἡ. *The Cimmerians*: Κιμμέριοι, οἱ. *Cimmerian*, adj.: Κιμμερῐκός.
Cimon. Κίμων, -ωνος, ὁ.
Cineas. Κινέας, -ου, ὁ.
Cinna. Κίννας, -α, ὁ.
Circe. Κίρκη, ἡ.
Circeii. Κιρκαῖον, τό.
Cisseus. Κισσεύς, -έως, ὁ.
Cithaeron (Mt.). Κῐθαιρών, -ῶνος, ὁ. *Of Cithaeron*, adj.: V. Κῐθαιρώνειος, Ar. Κῐθαιρώνιος.
Citium. Κίτιον, τό. *Man of Citium* : Κιτιεύς, -ῶς, ὁ.
Clarus. Κλάρος, ἡ. *Of Clarus*, adj.: Κλάριος.
Claudius. Κλαύδιος, ὁ.
Clazomenae. Κλαζομεναί, αἱ. *Of Clazomenae*, adj.: Κλαζομένιος.
Cleaenetus. Κλεαίνετος, ὁ.
Cleander. Κλέανδρος, ὁ.
Cleanor. Κλεάνωρ, -ορος, ὁ.
Clearchus. Κλέαρχος, ὁ.
Cleinias. Κλεινίας, -ου, ὁ.
Cleisthenes. Κλεισθένης, -ους, ὁ.
Cleitophon. Κλειτοφῶν, -ῶντος, ὁ.
Cleitus. Κλεῖτος, ὁ.
Cleombrotus. Κλεόμβροτος, ὁ.
Cleomenes. Κλεομένης, -ους, ὁ.
Cleon. Κλέων, -ωνος, ὁ.
Cleonae. Κλεωναί, αἱ. *Of Cleonae*, adj.: Κλεωναῖος.
Cleonymus. Κλεώνυμος, ὁ.
Cleopatra. Κλεοπάτρα, ἡ.
Cleophon. Κλεοφῶν, -ῶντος, ὁ.
Clio. Κλειώ, -οῦς, ἡ.
Clitus. See *Cleitus*.
Clodius. Κλώδιος, ὁ.
Clotho. Κλωθώ, -οῦς, ἡ.
Clusium. Κλούσιον, τό. *Of Clusium*, adj.: Κλουσῖνος.
Clytaemnestra. Κλῠταιμνήστρα, ἡ, or say, *daughter of Leda*.
Cnemus. Κνῆμος, ὁ.
Cnidus. Κνίδος, ἡ. *Of Cnidius*, adj.: Κνίδιος.
Cnossus. See *Gnossus*.
Cocceius. Κοκκήιος, ὁ.
Cocles. See under *Horatius*.
Cocytus (River). Κωκῡτός, ὁ.
Codrus. Κόδρος, ὁ.
Colchis. Κολχίς, -ίδος, ἡ. *A Colchian*: Κόλχος, ὁ. *Colchian*, adj.: Κολχῐκός. Fem. adj., Κολχίς, -ίδος.
Colonae. Κολωναί, αἱ.
Colonus. Κολωνός, ὁ.
Colophon. Κολοφῶν, -ῶνος, ἡ. *Of Colophon*, adj.: Κολοφώνιος.
Colossae. Κολοσσαί, αἱ.
Commagene. Κομμαγηνή, ἡ.
Conon. Κόνων, -ωνος, ὁ.
Constantinople. See *Byzantium*.
Copais (Lake). Κωπᾱΐς (ΐδος) λίμνη, ἡ. *People of Lake Copais*: Κωπαιῆς, -έων, οἱ. *Eel from*

Lake Copais: ἔγχελυς Κωπᾷς (-ᾷδος), ἡ.

Cora. Κόρη, ἡ; see *Persephone*, or say, *daughter of Demeter*.

Corcyca. Κέρκῡρα, ἡ. *Of Corcyra*, adj.: Κερκυραῖος, Κερκυραϊκός.

Cordova. Κορδύβη, ἡ.

Corinth. Κόρινθος, ἡ. *Corinthian*, adj.: Κορίνθιος. *The Corinthian Gulf*: ὁ Κορινθιακὸς Κόλπος (Xen., *Hell.* VI, II. 9).

Cornelia. Κορνηλία, ἡ.

Cornelius. Κορνήλιος, ὁ.

Coronea. Κορώνεια, ἡ. *Of Coronaea*, adj.: Κορωναῖος.

Coronus. Κόρωνος, ὁ.

Corsica. Κύρνος, ἡ. *Corsican*, adj.: Κύρνιος.

Corybantes. Κορύβαντες, οἱ.

Corycian Cave. Κωρῦκίς (-ίδος) πέτρα, ἡ (Æsch., *Eum.* 22).

Corycus. Κώρῦκος, ὁ.

Cos. Κῶς, Κῶ, ἡ. *Of Cos*, adj.: Κῷος.

Cotta. Κόττας, -α, ὁ.

Cotys. Κότυς, -υος, ὁ.

Cranaa. Κρᾰναά, ἡ; see *Athens*.

Cranon. Κράνων, -ωνος, ἡ. *Of Cranon*, adj.: Κρανώνιος.

Cratinus. Κρᾰτῖνος, ὁ.

Cremona. Κρεμώνη, ἡ.

Creon. Κρέων, -οντος, ὁ, or say, *son of Menoeceus*. *Of Creon*, adj.: Κρεοντεῖος.

Crete. Κρήτη, ἡ. *A Cretan*: Κρής, Κρητός, ὁ. *Cretan*, adj.: Κρητῐκός, V. Κρήσιος. Fem. adj., Κρῆσσα. *In Cretan fashion*: Κρητῐκῶς (Ar., *Ecc.* 1164).

Creusa. Κρέουσα, ἡ.

Creusis. Κρεῦσις, -ιος, ἡ (Xen.).

Crimea. ἡ Ταυρική. *People of the Crimea*: Ταῦροι, οἱ; see *Tauris*.

Crisa. Κρῖσα, ἡ. *Of Crisa*, adj.: Κρῖσαῖος.

Critias. Κρῐτίας, -ου, ὁ.

Crito. Κρίτων, -ωνος, ὁ.

Croesus. Κροῖσος, ὁ.

Crommyon. Κρομμύων, -ωνος, ὁ. *Of Crommyon*, adj.: Κρομμυώνιος.

Cronus. Κρόνος, ὁ. *Son of Cronus*: Κρονίδης, -ου, ὁ. *As old-fashioned as Cronus*: Ar. and P. Κρονῐκός.

Croton. Κρότων, -ωνος, ἡ. *Man of Croton*: Κροτωνιάτης, -ου, ὁ. *Of Croton*, fem. adj.: Κροτωνιᾶτις, -ιδος.

Ctesias. Κτησίας, -ου, ὁ.

Ctesiphon. Κτησιφῶν, -ῶντος, ὁ.

Cumae. See *Cyme*.

Cunaxa. Κούναξα, τά.

Cupid. Ἔρως, -ωτος, ὁ, or say, *son of Aprodite*.

Curds. Καρδοῦχοι, οἱ.

Curio. Κουρίων, -ωνος, ὁ.

Curium. Κούριον, τό. *Man of Curium*: Κουριεύς, -ιῶς, ὁ.

Curtius. Κούρτιος, ὁ. *Lacus Curtius*: Κουρτίου λάκκος, ὁ.

Cyanean Rocks. See *Symplegades*.

Cyaxares. Κυαξάρης, gen. -ου, or -ους (both found in Xen.), ὁ.

Cybele. Κῠβέλη, ἡ; see *Demeter*.

Cyclades. Κυκλάδες νῆσοι, αἱ, or omit νῆσοι.

Cyclops. Κύκλωψ, -ωπος, ὁ. *Cyclopean*, adj.: Κυκλώπειος, Κυκλώπιος.

Cycnus. Κύκνος, ὁ.

Cydnus (River). Κύδνος, ὁ.

Cydonia. Κυδωνία, ἡ. *Man of Cydonia*: Κυδωνιάτης, -ου, ὁ.

Cyllene (Mt.). Κυλλήνη, ἡ.

Cylon. Κῠλων, -ωνος, ὁ.

Cyme. Κύμη, ἡ. *Of Cyme*, adj.: Κυμαῖος.

Cynoscephalae. Κυνὸς Κεφαλαί, αἱ.

Cynossema. Κυνὸς σῆμα, τό.

Cynosura. Κυνοσούρα, ἡ.

Cynthus (Mt.). Κύνθος, ὁ. *Of Cynthus*, adj.: Κύνθιος.

Cynuria. Κυνουρία, ἡ.

Cyprus. Κύπρος, ἡ. *Cyprian*, adj.: Κύπριος. *The Cyprian goddess*: Κυπρίς, -ίδος; see *Aphrodite*. *Born in Cyprus*, adj.: (*of Aphrodite*), Κυπρογένεια.

Cypselus. Κύψελος, ὁ.

Cyrene. Κῡρήνη, ἡ. *Of Cyrene*, adj.: Κυρηναῖος.

Cyrus. Κῦρος, ὁ. *Of Cyrus*, adj.: Κύρειος.

Cythera. Κύθηρα, τά. *Of Cythera*, adj.: Κυθήριος.

Cyzicus. Κύζικος, ἡ. *Man of Cyzicus*: Κυζικηνός, ὁ. *Of Cyzius*, adj.: Κυζικηνικός (Ar.). Κυζικηνός.

D

Daedalus. Δαίδᾰλος, ὁ.

Dalmatia. Δαλμᾰτία, ἡ. *Dalmatian*, adj.: Δαλματικός.

Damascus. Δᾰμασκός, ἡ.

Danae. Δᾰνάη, ἡ.

Danai. Δᾰναοί, οἱ; see *Greeks*.

Danaus. Δᾰναός, ὁ. *Sons of Danaus*: Δᾰναΐδαι, οἱ. *Daughters of Danaus*: Δᾰναΐδες, αἱ.

Danube (River). Ἴστρος, ὁ.

Daphnae. Δαφναί, αἱ.

Dardanus. The Town: Δάρδᾰνος, ἡ. *Man of Dardanus*: Δαρδανεύς, -έως, ὁ. The Hero: Δάρδᾰνος, ὁ.

Darius. Δάρειος, ὁ.

Dascylium. Δασκύλειον, τό, or Δασκύλιον, τό. *Of Dascylium*, fem. adj.: Δασκυλῖτις, -ιδος.

Datis. Δᾶτις, -ιδος, ὁ.

Daulis. Δαυλίς, -ίδος, ἡ. *Territory of Daulis*: Δαυλία, ἡ.

Death. Θάνᾰτος, ὁ, Ἅιδης, -ου, ὁ.

Decelea. Δεκέλεια, ἡ. *From Decelea*: Δεκελειόθεν. *Man of Decelea*: Δεκελεύς, -έως, ὁ. *Decelean*, adj.: Δεκελεικός.

Deianira. Δηᾴνειρα, ἡ, or say, *daughter of Oeneus*.

Deidamia. Δηιδάμεια, ἡ.

Deioces. Δηιόκης, -ου, ὁ.

Deiphobus. Δηΐφοβος, ὁ.

Delos. Δῆλος, ἡ. *Delian*, adj.: Δήλιος, Δηλιακός (Thuc. 3, 104). Fem. adj., Δηλιάς, -άδος. *Delian festival*: τὰ Δήλια. *Temple of Delian Apollo*: τὸ Δήλιον.

Delphi. Δελφοί, οἱ. *A Delphian*: Δελφός, ὁ. Fem. Δελφίς, -ίδος, ἡ. *Delphian*, adj.: Δελφικός. Fem. adj., Δελφίς, -ίδος.

Delta. Δέλτα (indeclinable), τό.

Demaratus. Δημάρᾱτος, ὁ.

Demeter. Δημήτηρ (gen. Δήμητρος), ἡ, or use V. Δηώ, -οῦς, ἡ; see also *Cybele*. *Of Demeter*, adj.: Δημήτριος (Æsch., *Frag.* 44).

Demophon. Δημοφῶν, -ῶντος, ὁ, or say, *son of Theseus*.

Demosthenes. Δημοσθένης, -ους, ὁ.

Demus. Δῆμος, ὁ.

Dercylidas. Δερκυλίδας, -ου, ὁ.

Derdas. Δέρδας (gen. -ου, or -α) (Xen.), ὁ.

Dexippus. Δέξιππος, ὁ.

Deucalion. Δευκᾰλίων, -ωνος, ὁ.

Diagoras. Διᾰγόρας, -ου, ὁ.

Diana. See *Artemis*.

Dictynna. Δίκτυννα, ἡ.

Diitrephes. Διιτρέφης, -ους, ὁ.

Dindymon (Mt.). Δίνδῠμον, τό. *The mother goddess of Dindymon*: Δινδυμήνη μήτηρ, ἡ; see *Cybele*, *Demeter*.

Dio. Δίων, -ωνος, ὁ.

Diodotus. Διόδοτος, ὁ.

Diogenes. Διογένης, -ους, ὁ.

Diomed. Διομήδης, -ους, ὁ, or say, *son of Tydeus*.

Diomedon. Διομέδων, -οντος, ὁ.

Dione. Διώνη, ἡ.

Dionysius. Διονύσιος, ὁ.

Dionysus. Διόνῡσος, ὁ; see *Bacchus*. *Feast of Dionysus*: Διονύσια, τά. *Temple of Dionysus*: Διονύσιον, τό. *Theatre of Dionysus*: Διονυσιακὸν Θέατρον, τό.

Diopeithes. Διοπείθης, -ους, ὁ.

Dioscuri. Διόσκοροι, οἱ, Διοσκόρω, τώ; see *Castor*, *Pollux*. *Temple of the Dioscuri*: Διοσκόρειον, τό.

Diotimus. Διότῑμος, ὁ.

Dium. Δῖον, τό.

Dirce. Δίρκη, ἡ. *Of Dirce*, adj.: Διρκαῖος.

Dneiper (River). See *Borysthenes*.

Doberus. Δόβηρος, ἡ.

Dodona. Δωδώνη, ἡ. Heteroclite gen. and dat.: Δωδῶνος (Soph., *Frag.*), Δωδῶνι (Soph., *Trach.* 172). *Of Dodona*, adj.: Δωδωναῖος. Fem. adj., Δωδωνίς, -ίδος.

Dolon. Δόλων, -ωνος, ὁ.

Dolonci. Δολογκοί, οἱ.

Dolopia. Δολοπία, ἡ. *Dolopes*: Δόλοπες, οἱ.
Domitian. Δομιτιανός, ὁ.
Domitius. Δομίτιος, ὁ.
Don (River). See *Tanais*.
Dorian, adj. Δωρῐκός. Fem. adj, Δωρῖς, -ῐ́δος. *A Dorian*, subs.: Δωριεύς, -ῶς, ὁ. Fem., Δωρῖς, -ῐ́δος, ἡ. *In Dorian fashion*, adv.: Δωριστί (Ar.).
Doric. See *Dorian*.
Dorieus. Δωριεύς (gen. -ιέως Xen., *Hell.* I. 1).
Doris. Δωρῖς, -ῐ́δος, ἡ. *People of Doris*: Δωριῆς, -ῶν, οἱ.
Doriscus. Δόρισκος, ὁ.
Dorus. Δῶρος, ὁ.
Draco. Δρᾰ́κων, -οντος, ὁ.
Drusus. Δροῦσος, ὁ.
Dyme. Δύμη, ἡ.
Dyrrachium. Δυρράχιον, τό, later name of *Epidamnus*.

E

Earth. See *Gaea*.
Ecbatana. Ἐκβᾰ́τᾰνα, τά.
Echinades (Islands). Ἐχῑνᾰ́δες, αἱ.
Echinus. Ἐχῑνοῦς, -οῦντος, ὁ.
Echion. Ἐχῑ́ων, -ονος, ὁ.
Echo. Ἠχώ, -οῦς, ἡ.
Edonian, adj. Ἠδωνικός. *An Edonian*, Ἠδωνός, ὁ. Pl. also Ἠδῶνες (Thuc. 2, 99, etc.). *Land of the Edonians*: Ἠδωνίς (-ῐ́δος) αἶα, ἡ (Æsch., *Pers.* 495).
Eetion. Ἠετίων, -ωνος, ὁ.
Eetionea. Ἠετιονεία, ἡ.
Egeria. Ἠγερία, ἡ.
Egesta. Ἔγεστα, ἡ. *Of Egesta*, adj.: Ἐγεσταῖος.
Egypt. Αἴγυπτος, ἡ. *Of Egypt*, adj.: Αἰγύπτιος. *In the Egyptian language*, adv.: Αἰγυπτιστί.
Eileithyia. Εἰλείθυια, ἡ.
Eion. Ἠϊών, -όνος, ἡ.
Eiras. Εἰράς, -ᾰ́δος, ἡ.
Elaeus. Ἐλαιοῦς, -οῦντος, ὁ. *Of Elaeus*, adj.: Ἐλαιούσιος.
Elatea. Ἐλάτεια, ἡ.
Elea. Ἐλέα, ἡ. *Eleatic*, adj.: Ἐλεατικός.
Electra. Ἠλέκτρα, ἡ, or say, *daughter of Agamemnon*.
Electryon. Ἠλεκτρύων, -ονος, or -ωνος, ὁ.
Elephantine. Ἐλεφαντίνη, ἡ.
Eleusis. Ἐλευσῖς, -ῖνος, ἡ. *At Eleusis*: Ἐλευσῖνι. *From Eleusis*: Ἐλευσινόθεν. *To Eleusis*: Ἐλευσίναδε. *Eleusinian*, adj.: Ἐλευσίνιος.
Eleutherae. Ἐλευθεραί, αἱ.
Elis. Ἦλις, -ιδος, ἡ. *Of Elis*, adj.; Ἠλεῖος.
Elymi. Ἔλυμοι, οἱ.
Elysium. Ἠλύσιον πεδίον, τό; see *Islands of the Blest*.
Empedocles. Ἐμπεδοκλῆς, -κλέους, ὁ.
Empusa. Ἔμπουσα, ἡ.
Enceladus. Ἐγκέλᾰδος, ὁ.
Endius. Ἔνδιος, ὁ.
Endymion. Ἐνδῠμίων, -ωνος, ὁ.
Enipeus. Ἐνῑπεύς, -έως, ὁ.
Enyalius (War god). Ἐνῡᾰ́λιος, ὁ.
Enyo. Ἐνῡώ, -οῦς, ἡ.
Epaminondas. Ἐπαμεινώνδας, -ου, ὁ.
Epaphus. Ἔπᾰφος, ὁ.
Epeus. Ἐπειός, ὁ.
Ephesus. Ἔφεσος, ἡ. *Ephesian*, adj.: Ἐφέσιος.
Ephialtes. Ἐφιάλτης, -ου, ὁ.
Epicharmus. Ἐπίχαρμος, ὁ.
Epictetus. Ἐπίκτητος, ὁ.
Epicurus. Ἐπίκουρος, ὁ.
Epidamnus. Ἐπίδαμνος, ἡ. *People of Epidamnus*: Ἐπιδάμνιοι, οἱ.
Epidaurus (*in Argolis*), Ἐπῐ́δαυρος, ἡ. *Of Epidaurus*, adj.: Ἐπῐδαύριος. *Epidaurus* (*in Laconia*): Ἐπίδαυρος Λιμηρά, ἡ.
Epigoni. Ἐπῐ́γονοι, οἱ.
Epimenides. Ἐπιμενίδης, -ου, ὁ.
Epimetheus. Ἐπῑμηθεύς, -έως, ὁ.
Epipolae. Ἐπιπολαί, αἱ.
Epirus. Ἤπειρος, ἡ. *Man of Epirus*: Ἠπειρώτης, ὁ. *Of Epirus*, adj.: Ἠπειρωτικός.
Epyaxa. Ἐπύαξα, ἡ.
Erasinades. Ἐρᾰσῑνᾰ́δης, -ου, ὁ.
Erasinus (River). Ἐρασῖνος, ὁ.

Erato. Ἐρᾰτώ, -οῦς, ἡ.
Erebus. Ἔρεβος, -ους, τό.
Erechtheus. Ἐρεχθεύς, -έως, ὁ. *Descendants of Erechtheus:* Ἐρεχθεῖδαι, οἱ.
Eresus. Ἐρεσός, ἡ.
Eretria. Ἐρέτρια, ἡ. *Man of Eretria:* Ἐρετριεύς, -ιῶς, ὁ. *Eretrian,* adj. : Ἐρετρικός, Ἐρετριαῖος.
Eriboea. Ἐρίβοια, ἡ.
Erichthonius. Ἐριχθόνιος, ὁ, or say, *son of Hephaestus.*
Eridanus (River). Ἠρῐδᾰνός, ὁ.
Erineus (River). Ἐρινεός, ὁ.
Erinnys. See *Fury.*
Eriphyle. Ἐρῐφῡλη, ἡ.
Eros. Ἔρως, -ωτος, ὁ.
Erymanthus (Mt.). Ἐρύμανθος, ὁ. *Of Erymanthus,* adj. : Ἐρῠμάνθιος.
Erythrae. Ἐρυθραί, αἱ. *Of Erythrae,* adj. : Ἐρυθραῖος.
Eryx. Ἔρυξ, -ῠκος, ὁ. *Of Eryx,* adj. : Ἐρυκῖνος, ὁ.
Eteocles. Ἐτεοκλῆς, -κλέους, ὁ, V. also Ἐτεοκλέης (Æsch., *Theb.* 6), or say, *son of Oedipus.*
Eteoclus. Ἐτέοκλος ὁ.
Eteonicus. Ἐτεόνῑκος, ὁ.
Ethiopia. Αἰθιοπία, ἡ. *An Ethiopian:* Αἰθιόψ, -οπος, ὁ. *Ethiopian,* adj. : Αἰθιοπικός, V. adj., Αἰθιόπιος (Eur., *Frag.* 349). Fem. adj., Αἰθιοπίς, -ίδος (Eur., *Frag.* 228).
Etna (Mt.). Αἴτνη, ἡ. *Of Etna,* adj. : Αἰτναῖος.
Etruria. Τυρσηνία, ἡ. *An Etruscan:* Τυρσηνός, ὁ. *Etruscan,* adj. : Τυρσηνῐκός, V. also Τυρσηνός. Fem. adj., Τυρσηνίς, -ίδος.
Etruscan. See under *Etruria.*
Euboea. Εὔβοια, ἡ. *A Euboean:* Εὐβοεύς, -οῶς, ὁ. *Euboean,* adj. : Εὐβοϊκός, V. Εὐβοικός. Fem. adj. : Εὐβοίς, -ίδος, heteroclite acc. Εὐβοῖδα.
Eubulus. Εὔβουλος, ὁ.
Eucleides. Εὐκλείδης, -ου, ὁ.
Eucles. Εὐκλῆς, -κλέους, ὁ.
Eumenides. See *Furies.*
Eumolpus. Εὔμολπος, ὁ. *Descendants of Eumolpus:* Εὐμολπίδαι, οἱ.
Euphemus. Εὔφημος, ὁ.
Euphrates. Εὐφράτης, -ου, ὁ.
Euphron. Εὔφρων, -ονος, ὁ.
Eupolis. Εὔπολις, -ῐδος, ὁ.
Euripides. Εὐρῑπίδης, -ου, ὁ. *Of Euripides,* adj. : Εὐρῑπίδειος.
Euripus. Εὔρῑπος, ὁ.
Europe. Εὐρώπη, ἡ, V. also Εὐρωπία, ἡ.
Eurotas (River). Εὐρώτᾱς, -ᾱ (Eur., *Hel.* 493), ὁ.
Eurybiades. Εὐρυβιάδης, -ου, ὁ.
Eurycleia. Εὐρύκλεια, ἡ.
Eurycles. Εὐρυκλῆς, -κλέους, ὁ.
Euryelus (Hill). Εὐρύηλος, ὁ.
Eurydice. Εὐρῠδίκη, ἡ.
Eurylochus. Εὐρύλοχος, ὁ.
Eurymachus. Εὐρῠμᾰχος, ὁ (Æsch., *Frag.*).
Eurymedon (River or General). Εὐρυμέδων, -οντος, ὁ.
Euryptolemus. Εὐρυπτόλεμος, ὁ.
Eurysaces. Εὐρῠσάκης, -ους, ὁ, or say, *son of Ajax.*
Eurystheus. Εὐρυσθεύς, -έως, ὁ, or say, *son of Sthenelus.*
Eurytus. Εὔρῠτος, ὁ. *Of Eurytus,* V. adj. : Εὐρύτειος.
Euthydemus. Εὐθύδημος, ὁ.
Euthyphro. Εὐθύφρων, -ονος, ὁ.
Euxine Sea. ὁ Εὔξεινος πόντος, or ὁ Πόντος alone, or V. Εὔξενος πόντος, ὁ (Eur., *Rhes.* 428), Εὔξενος πόρος, ὁ (Eur., *I. T.* 1388), Εὔξεινος πόρος, ὁ (Eur., *And.* 1262).
Evadne. Εὐάδνη, ἡ.
Evagoras. Εὐαγόρας, -ου, ὁ.
Evander. Εὔανδρος, ὁ.
Evenor. Εὐήνωρ, -ορος, ὁ.
Evenus (River). Εὔηνος, ὁ.

F

Fabius. Φάβιος, ὁ.
Fabricius. Φαβρίκιος, ὁ.
Falerii. Φαλερίοι, οἱ.
Fate. Μοιρα, ἡ.
Faunus. Φαῦνος, ὁ.
Faustulus. Φαύστυλος, ὁ.
Favonius. Φαώνιος, ὁ
Fetiales. Φητιαλεῖς, οἱ.

Fidenae. Φιδήνη, ἡ. *People of Fidenae*: Φιδηνᾶται, οἱ.
Flamininus. Φλαμίνινος, ὁ.
Flaminius. Φλαμίνιος, ὁ.
Flavius. Φλαούιος, ὁ.
Florius. Φλῶρος, ὁ.
Fortune. Τύχη, ἡ (Eur., *Ion*, 1514).
Fregellae. Φρέγελλα, ἡ. *People of Fregellae*: Φρεγελλᾶνοι, οἱ.
Fulvius. Φούλβιος, ὁ.
Furius. Φούριος, ὁ.
Fury. Ἐρῑνύς, -ύος, ἡ. *The Furies*: use also Εὐμενίδες, αἱ, Κῆρες αἱ (Eur., *El.* 1252).

G

Gadatas. Γαδάτας, -α, ὁ.
Gaea (Earth regarded as a goddess). Γαῖα, ἡ, Γῆ, ἡ, Χθών, -ονός, ἡ. *Born of Gaea*, adj.: Γηγενής, -οῦς.
Galatia. Γᾰλᾰτία, ἡ. *A Galatian*: Γᾰλάτης, -ου, ὁ.
Galba. Γάλβας, -α, ὁ.
Galepsus. Γαληψός, ἡ.
Gallic. See under *Gaul*.
Ganymede. Γᾰνῠμήδης, -ου, ὁ.
Garonne (River) Γαρούνας, -α, ὁ.
Gaul. Γᾰλᾰτία, ἡ. *A Gaul*: Γᾰλάτης, -ου, ὁ. *Gallic*, adj.: Γᾰλᾰτῐκός. *Cisalpine Gaul*: ἡ ἐντὸς Ἄλπεων Γαλατια. *Transalpine Gaul*: ἡ ἐκτὸς Ἄλπεων Γαλατία.
Gaza. Γάζα, ἡ.
Ge. See *Gaea*.
Gela (City). Γέλᾱ, -ᾱς, ἡ. *Of Gela*, adj.: Γελῷος.
Gela (River). Γέλας, -α, ὁ (Thuc. 6, 4).
Gelo. Γέλων, -ωνος, ὁ.
Geraestus. Γεραιστός, ἡ. *Of Geraestus*, adj.: Γεραίστιος.
Gerania (Mt.). Γερανία, ἡ.
Germany. Γερμανία, ἡ. *A German*: Γερμανός, ὁ. *German*, adj.: Γερμανικός.
Geryon. Γηρυόνης, -ου, ὁ (Ar., *Ach.* 1082), or Γηρυών, -όνος, ὁ (Æsch., *Ag.* 870).
Getae. Γέται, οἱ.
Giant. Γίγᾱς, -αντος, ὁ, or use in Ar. and V. Γηγενής, -οῦς, ὁ; see *Titan*.
Gibraltar. Κάλπη, ἡ.
Gisco. Γέσκων, -ωνος, ὁ.
Glaucia. Γλαυκίας, -α, ὁ.
Glaucon. Γλαύκων, -ωνος, ὁ.
Glaucus. Γλαῦκος, ὁ.
Gnossus. Κνωσσός, ἡ. *Of Gnossus*, adj.: Κνώσσιος.
Gobryas. Γωβρύας, -ου, ὁ.
Gomphi. Γόμφοι, οἱ
Gonatas (*Antigonus*). Γονατᾶς, -ᾶ, ὁ.
Gonnus. Γόννος, ὁ.
Gordium. Γόρδιον, τό.
Gorgias. Γοργίας, -ου, ὁ.
Gorgon. Γοργώ, -οῦς, ἡ, heteroclite acc. in Ar. and V. Γοργόνα, gen. Γοργόνος, nom. pl. Γοργόνες, or use V. Φορκίς, -ίδος, ἡ, or say, *daughter of Phorcys*. *Of the Gorgons*, adj.: Γοργόνειος, Γόργειος.
Gortyna. Γορτῦνη, ἡ. *Of Gortyna*, adj.: Γορτῡνιος.
Goths. Use *Getae*.
Gracchus. Γράγχος, ὁ.
Graces, The. Χᾰρῐτες, αἱ.
Granicus (River). Γρᾱνῑκός, ὁ.
Greece. Ἑλλάς, ἄδος, ἡ. *A Greek*: Ἕλλην, -ηνος, ὁ. *Greek woman*: Ἑλληνίς, -ίδος, ἡ. *Greek*, adj.: Ἑλληνῐκός, in V. also Ἕλλην, -ηνος. Fem. adj., V. Ἑλληνίς, -ίδος (rare P.), Ἑλλάς, -ἄδος. *In Greek fashion*, adv.: Ἑλληνῐκῶς. *Speak Greek*, v.: Ἑλληνίζειν. *In Greek, in the Greek language*, adv.: Ἑλληνιστί. *The whole Greek world*: Ar. and V. οἱ Πᾰνέλληνες. *The Greeks*: Ἕλληνες, οἱ, also in V. use Ἀχαιοί, οἱ. Δᾰναοί, οἱ, Πελασγοί, οἱ.
Gyges. Γύγης, -ου, ὁ.
Gylippus. Γύλιππος, ὁ.
Gyrton. Γύρτων, -ωνος, ἡ. *Of Gyrton*, adj.: Γυρτώνιος.
Gythium. Γύθιον, τό, or Γύθειον, τό.

H

Hades. Αἵδης, -ου, ὁ; see *Pluto*.
Haemon. Αἵμων, -ονος, ὁ.

Haemus (Mt.). Αἶμος, ὁ.
Hagnon. Ἅγνων, -ωνος, ὁ.
Haliartus. Ἁλίαρτος, ἡ. *Of Haliartus*, adj.: Ἁλιάρτιος.
Halicarnassus. Ἁλικαρνασσός, ἡ. *Man of Halicarnassus*: Ἁλικαρνασσεύς, -έως, ὁ.
Halies. Ἁλιεῖς, -ιέων, οἱ.
Halys (River). Ἅλυς, -υος, ὁ.
Hamilcar. Ἀμίλκας, -α, ὁ.
Hannibal. Ἀννίβας (gen. -α Xen., *Hell.* I, I. 37, -ου Plutarch), ὁ. *Hannibalic*, adj.: Ἀννιβαϊκός.
Hanno. Ἄννων, -ωνος, ὁ.
Harmodius. Ἁρμόδιος, ὁ.
Harmonia. Ἁρμονία, ἡ, or say, *daughter of Aphrodite*, or *daughter of Ares.*
Harpagus. Ἅρπᾰγος, ὁ.
Harpies. Ἅρπυιαι, αἱ.
Hasdrubal. Ἀσδρούβας, -α, ὁ.
Hebe. Ἥβη, ἡ, or say, *daughter of Hera.*
Hebrew, adj. Ἑβραῖος. *In the Hebrew language*, adv.: Ἑβραϊστί.
Hebrus (River). Ἕβρος, ὁ.
Hecataeus. Ἑκαταῖος, ὁ.
Hecate. Ἑκᾰ́τη, ἡ. *Temple of Hecate*: Ἑκᾰτεῖον, τό.
Hector. Ἕκτωρ, -ορος, ὁ, or say, *son of Priam. Of Hector*, adj.: Ἑκτόρειος (Eur., *Rhes.* 762).
Hecuba. Ἑκᾰ́βη, ἡ, or say, *daughter of Cisseus.*
Hegesipyle. Ἡγησιπύλη, ἡ.
Helen. Ἑλένη, ἡ, or use in V. Τυνδᾰρίς, -ίδος, ἡ, or say, *daughter of Tyndareus*, or *daughter of Zeus.*
Helenus. Ἕλενος, ὁ.
Helicon (River). Ἑλῐκών, -ῶνος, ὁ.
Heliopolis. Ἡλίου πόλις, ἡ. *Men of Heliopolis*: Ἡλιοπολῖται, οἱ.
Hell. Αἴδης, -ου, ὁ, or use *Tartarus, Acheron.*
Hellanicus. Ἑλλάνῑκος, ὁ.
Helle. Ἕλλη, ἡ.
Hellen. Ἕλλην, -ηνος, ὁ.
Hellenic. See *Greek*, under *Greece.*
Hellespont. Ἑλλήσποντος, ὁ, or use Πόντος, ὁ, alone, or in V. Ἕλλης πορθμός, ὁ. *Of the Hellespont*, adj.: Ἑλλησπόντιος, Ἑλλησποντικός (Xen.). Fem. adj., Ἑλλησποντῐ́ς, -ῐ́δος (Soph., *Frag.*).
Helos. Ἕλος, -ους, τό.
Helot. Εἵλως, -ωτος, ὁ, or Εἱλώτης, -ου, ὁ. *Of Helots*, adj.: Εἱλωτικός.
Helvetii. Ἑλβήττιοι, οἱ.
Helvidius. Ἑλβίδιος. ὁ.
Hephaestion. Ἡφαιστίων, -ωνος, ὁ.
Hephaestus. Ἥφαιστος, ὁ. *Temple of Hephaestus*: Ἡφαιστεῖον, τό. *Festival of Hephaestus*: Ἡφαίστεια, τά. *Made by Hephaestus*, adj.: V. Ἡφαιστότευκτος (Soph.).
Hera. Ἥρα, ἡ. *Temple of Hera*: Ἡραῖον, τό.
Heraclea. Ἡράκλεια, ἡ. *People of Heraclea*: Ἡρακλεῶται, οἱ. *Territory of Heraclea*: Ἡρακλεῶτις, -ιδος, ἡ.
Heracleidae. See under *Heracles.*
Heracleides. Ἡρακλείδης, -ου, ὁ.
Heracles. Ἡρακλῆς, ὁ, V. also Ἡρακλέης, ὁ, voc. Ἡρακλεῖς, V. also Ἡρακλέες, gen. Ἡρακλέους, V. also Ἡρακλῆος (Eur., *Heracl.* 541), or say, *son of Alcmena. Of Heracles*, adj.: Ἡράκλειος. *Descendants of Heracles* (*Heracleidae*: Ἡρακλεῖδαι, οἱ. *Temple of Heracles*: Ἡρακλεῖον, τό. *Pillars of Heracles*: Ἡρακλεῖαι στῆλαι, αἱ.
Heraclitus. Ἡράκλειτος, ὁ. *Of Heraclitus*, adj.: Ἡρακλείτειος.
Heraea. Ἡραία, ἡ. *Men of Heraea*: Ἡραιῆς, -έων, οἱ.
Herculaneum. Ἡράκλανον, τό.
Hercules. See *Heracles.*
Hermes. Ἑρμῆς, -οῦ, ὁ, or say, *son of Maia. Temple of Hermes*: Ἑρμαῖον, τό. *Statues of Hermes*: Ἑρμαῖ, οἱ. *Small figure of Hermes*: Ἑρμήδιον, τό (Ar., *Pax.* 924).
Hermione. (*Daughter of Helen*): Ἑρμιόνη, ἡ, or say, *daughter of Helen. Hermione* (City): Ἑρμιόνη, ἡ, or use V. Ἑρμιὼν πόλις, ἡ (Eur., *H. F.* 615). *Man of Hermione*: Ἑρμιονεύς, -έως, ὁ. *Of Hermione*, adj.: Ἑρμιόνιος. Fem. adj., Ἑρμιονίς, -ίδος.
Hermippus. Ἕρμιππος, ὁ.

Hermocrates. Ἑρμοκράτης, -ους, ὁ.
Hermus (River). Ἕρμος, ὁ.
Herod, Herodes. Ἡρώδης, -ου, ὁ.
Herodotus. Ἡρόδοτος, ὁ.
Hesiod. Ἡσίοδος, ὁ.
Hesperides. Ἑσπερίδες, αἱ.
Hesperus. Ἕσπερος, ὁ.
Hiempsal. Ἰάμψας, -α, ὁ.
Hiero. Ἱέρων, -ωνος, ὁ.
Hieronymus. Ἱερώνυμος, ὁ.
Hierophon. Ἱεροφῶν, -ῶντος, ὁ.
Himera. Ἱμέρα, ἡ. *Of Himera*, adj.: Ἱμεραῖος.
Hipparchus. Ἵππαρχος, ὁ.
Hippias. Ἱππίας, -ου, ὁ.
Hippocrates. Ἱπποκρατης, -ους, ὁ.
Hippodamia. Ἱπποδάμεια, ἡ, or say, *daughter of Oenomaus.*
Hippolytus. Ἱππόλῠτος, ὁ, or say, *son of the Amazon.*
Hippomedon. Ἱππομέδων, -οντος, ὁ. Gen. scanned Ἱππŏμέδοντος (Æsch., *Theb.* 488), or say, *son of Talaus.*
Histiaea. Ἱστιαία, ἡ. (Old name of Oreus.)
Histiaeus. Ἱστιαῖος, ὁ.
Homer. Ὅμηρος, ὁ. *Of Homer*, adj.: Ὁμήρειος, Ὁμηρικός.
Horatius. Ὡράτιος, ὁ. *Horatius Cocles*: Κόκλιος Ὡράτιος, ὁ.
Hortensius. Ὀρτήσιος, ὁ.
Horus. Ὧρος, ὁ.
Hours, The. Ὧραι, αἱ (Ar., *Pax.* 456).
Hyacinthus. Ὑάκινθος, ὁ. *Feast of Hyacinthus*: Ὑακίνθια, τά.
Hyades. Ὑάδες, αἱ (Eur., *Ion*, 1156).
Hybla. Ὕβλα, ἡ. *Of Hybla*, adj.: Ὑβλαῖος
Hyccara. Ὕκκαρα, τά. *Of Hyccara*, adj.: Ὑκκαρικός.
Hydaspes (River). Ὑδάσπης, -ου, ὁ.
Hylas. Ὕλᾱς, -ου, ὁ.
Hyllus. Ὕλλος, ὁ, or say, *son of Heracles.*
Hymen. Ὑμήν, -ένος, ὁ, Ὑμέναιος, ὁ.
Hyperbolus. Ὑπέρβολος, ὁ.
Hypereides. Ὑπερείδης, -ου, ὁ.
Hyrcania. Ὑρκᾱνία, ἡ. *Hyrcanian*, adj: Ὑρκάνιος.
Hysiae. Ὑσιαί, αἱ.
Hystaspes. Ὑστάσπης, -ου, ὁ.

I

Iacchus. See *Bacchus.*
Ialysus. Ἰηλυσός, ἡ.
Iapetus. Ἰᾰπετός, ὁ.
Iapygia. Ἰαπυγία, ἡ. *Iapygians*: Ἰᾱ́πῠγες, οἱ.
Iasus. Ἴασος, ἡ. *Of Iasus*, adj.: Ιασικός.
Iberia. See *Spain.*
Ibycus. Ἴβῠκος, ὁ.
Icarius. Ἰκᾰ́ριος, ὁ.
Icarus. Ἴκᾰρος, ὁ. *The Icarian Sea*: τὸ Ἰκάριον πέλαγος.
Iconium. Ἰκόνιον, τό.
Ida (Mt.). Ἴδη, ἡ. *Of Ida*, adj.: Ἰδαῖος.
Idas. Ἴδᾱς -α, ὁ.
Idomene. Ἰδομένη, ἡ.
Idomeneus. Ἰδομενεύς, -έως, ὁ.
Ilissus (River) Ἰλῑσός, ὁ.
Iliad (*the*): Ἰλιάς, -άδος, ἡ.
Ilium. Ἴλιον, τό; see *Troy. Ilian, of Ilium*, adj.: Ἴλιος. *Country of Ilium* Ἰλιάς (-άδος) χώρα, ἡ.
Illyrian, An. Ἰλλῠ́ριος, ὁ. *Of the Illyrians*, adj.: Ἰλλυρικός.
Imbros. Ἴμβρος, ἡ. *Of Imbros*, adj.: Ἴμβριος.
Inachus. Ἴνᾰχος ὁ. *Of Inachus*, adj.: Ἰνάχειος.
Inaros. Ἰνάρως, -ω, ὁ.
India. Ἰνδικὴ χώρα, ἡ (Hdt.), Ἰνδία, ἡ (Plat.), ἡ Ἰνδική (Plutarch). *An Indian*: Ἰνδός, ὁ. *Indian*, adj.: Ἰνδικός. *The Indian Ocean*: ἡ Ἐρυθρὰ Θάλασσα.
Ino. Ἰνώ, -οῦς, ἡ, or say, *daughter of Cadmus*, called also *Leucothea.*
Insubres. Ἴνσομβρες, -ων, οἱ.
Iolaus. Ἰόλᾱος, ὁ, or Ἰόλεως, -ω, ὁ.
Iolcus. Ἰωλκός, ἡ. *Of Iolcus*, adj.: Ἰώλκιος.
Iole. Ἰολη, ἡ, or say, *daughter of Eurytus.*

Ion. Ἴων, -ωνος, ὁ.
Ionia Ἰωνία, ἡ. *An Ionian* : Ἴων, -ωνος, ὁ. *Ionians* : also Ἰάονες, οἱ (Æsch., *Pers.* 178). *Ionian*, adj. : Ἰωνικός. Fem. adj., Ἰάς, -ἄδος. *In Ionian fashion*, adv. : Ἰωνικῶς (Ar.). *The Ionian Gulf* : Ἰόνιος Κόλπος, ὁ.
Iophon. Ἰοφῶν, -ῶντος, ὁ.
Iphiclus. Ἴφικλος, ὁ.
Iphicrates. Ἰφικράτης, -ους, ὁ.
Iphigenia. Ἰφιγένεια, ἡ, or V. Ἰφιγόνη, ἡ (Eur., *El.* 1023), or say, *daughter of Agamemnon.*
Iphis. Ἶφις, ὁ.
Iphitus. Ἴφιτος, ὁ, or say, *son of Eurytus.*
Iras. See *Eiras.*
Ireland. Ἰουερνία, ἡ, or Ἰέρνη, ἡ.
Iris. Ἶρις, -ιδος, ἡ.
Isaeus. Ἰσαῖος, ὁ.
Isis. Ἶσις, -ιδος, ἡ.
Isker (River). Ὄσκιος, ὁ.
Ismene. Ἰσμήνη, ἡ.
Ismenias. Ἰσμηνίας, -ου, ὁ.
Ismenus (River). Ἰσμηνός, ὁ. *Of Ismenus*, adj. : Ἰσμήνιος.
Isocrates. Ἰσοκράτης, -ους, ὁ.
Issus. Ἰσσοί, οἱ (Xen., *An.* I, II. 24).
Ister (River). See *Danube.*
Isthmus. Ἰσθμός, ὁ. *At the Isthmus:* Ἰσθμοῖ. *Of the Isthmus*, adj. : Ἴσθμιος. *Isthmian Games* : Ἴσθμια, τά.
Istone (Mt.). Ἰστώνη, ἡ.
Istria. Ἰστρία, ἡ. *Of Istria*, adj. : Ἰστριανός.
Italus. Ἰταλός, ὁ.
Italy. Ἰταλία, ἡ. *Italians* : Ἰταλοί, οἱ. *Greek inhabitants of Italy* : Ἰταλιῶται, οἱ. *Italian*, adj.: Ἰταλικός Fem. adj. : Ἰταλιῶτις, -ιδος.
Ithaca. Ἰθάκη, ἡ. *An Ithacan* : Ἰθἄκος. *Ithacan*, adj. : Ἰθακήσιος.
Ithome. Ἰθώμη, ἡ. *Man of Ithome* : Ἰθωμήτης, ὁ.
Itys. Ἴτυς, -υος, ὁ, or say, *son of Tereus.*
Ixion. Ἰξίων, -ονος, or say, *son of Phlegyas.*

J

Janiculum (Hill). Ἰανοῦκλον, τό.
Janus. Ἰανός, ὁ.
Jason. Ἰάσων, -ονος, ὁ.
Jerusalem. Ἱεροσόλυμα, τά.
Jew, Jewish. See under *Judaea.*
Jocasta. Ἰοκάστη, ἡ.
Juba. Ἰόβας, -α, ὁ.
Judaea. Ἰουδαία, ἡ. *A Jew:* Ἰουδαῖος, ὁ. *Jewish* : Ἰουδαϊκός.
Jugurtha. Ἰουργούθας, -α, ὁ.
Julius. Ἰούλιος, ὁ.
Junius. Ἰούνιος, ὁ.
Juno. See *Hera.*
Juppiter. See *Zeus.*
Justice. Δίκη, ἡ.

K

Kelts. Κελτοί, οἱ. *Keltic*, adj. : Κελτικός.
Kurds. Καρδοῦχοι, οἱ. *Kurdish* adj. : Καρδούχιος.

L

Labdacus. Λάβδἄκος, ὁ. *Of Labdacus*, adj.: Λαβδἄκειος.
Labdalum. Λάβδαλον, τό.
Lacedaemon. Λἄκεδαίμων, ἡ; see also *Sparta.* *A Lacedaemonian* : Λάκων, -ωνος, ὁ. Fem., Λάκαινα, ἡ. *The Lacedaemonians*: Λἄκεδαιμόνιοι, οἱ. *Laconia* : ἡ Λἄκωνική, or χώρα Λάκαινα, ἡ (Hdt. and V.), or Λἄκεδαίμων γῆ, ἡ (Eur., *Hel.* 474).
Laches. Λάχης, -ητος, ὁ.
Lachesis. Λάχεσις, -εως, ἡ.
Laconia. See under *Lacedaemon.*
Laconian, adj. Λἄκωνικός, also in V. with masc. subs., Λάκων, -ωνος; with fem. subs., Λάκαινα; see *Spartan.*
Lade. Λάδη, ἡ.
Laelius. Λαίλιος, ὁ.
Laertes. Λαέρτης, -ου, ὁ, also in V. Λαέρτιος, ὁ (Soph., *Phil.* 87; *Aj.* 101; Eur., *Rhes.* 669), Λάρτιος, ὁ (Soph.,

Aj. 1; Eur., *Tro.* 421; Ar., *Pl.* 312).
Laestygones. Λαιστρύγονες, οἱ.
Laevinus. Λαίβινος, ὁ.
Lais. Λαΐς, -ΐδος, ἡ.
Laius. Λάϊος, ὁ, or say, *son of Labdacus.*
Lamachus. Λάμᾰχος, ὁ.
Lamia. Λᾰμία, ἡ.
Lampsacus. Λάμψᾰκος, ἡ. *Man of Lampsacus:* Λαμψακηνός, ὁ.
Laomedon. Λᾱομέδων, -οντος, ὁ.
Lapithae. Λᾰπίθαι, οἱ. *One of the Lapithae:* Λᾰπίθης, ὁ.
Larissa. Λάρῑσα, ἡ. *Of Larissa,* adj: Λαρισσαῖος.
Latins. Λατῖνοι, οἱ. *In the Latin language,* adv.: Ῥωμαϊστί.
Latona. See *Leto.*
Laurium. Λαύρειον, τό, or Λαύριον, τό. *Of Laurium,* adj.: Λαυρειωτῐκός (Ar., *Av.* 1106).
Lavinium. Λαβίνιον, τό.
Lebadea. Λεβάδεια ἡ.
Lebanon (Mt.). Λίβᾰνος, ὁ.
Lebedus. Λέβεδος, ἡ.
Lechaeum. Λέχαιον, τό.
Leda. Λήδᾱ, -ᾱς, ἡ, or use Θεστιάς, -άδος, ἡ, or say, *daughter of Thestius.*
Lemnos. Λῆμνος, ἡ. *Of Lemnos,* adj.: Λήμνιος.
Lentulus. Λέντλος, ὁ.
Leon. Λέων, -οντος. ὁ.
Leonidas. Λεωνίδας, -ου, ὁ.
Leontini. Λεοντῖνοι, οἱ. *Man of Leontini:* Λεοντῖνος, ὁ.
Leotychides. Λεωτυχίδης, -ου, ὁ.
Lepreum. Λέπρεον, τό. *People of Lepreum:* Λεπρεᾶται, οἱ.
Lerna. Λέρνη, ἡ. *Of Lerna,* adj.: Λερναῖος.
Lesbos. Λέσβος, ἡ. *Of Lesbos,* adj.: Λέσβιος.
Lethe. Λήθη, ἡ.
Leto. Λητώ, -οῦς, ἡ. *Of Leto,* adj.: Λητῷος.
Leucas. Λευκάς, -άδος, ἡ. *Leucadian* adj.: Λευκάδιος.
Leucothea. Λευκοθέα, ἡ, *another name of Ino:* see *Ino.*
Leuctra. Λεῦκτρα, τά. *Of Leuctra,* adj.: Λευκτρικός.
Liburni. Λιβυρνοί, οἱ. *Liburnian,* adj.: Λῐβυρνῐκός (Æsch., *Frag.*).
Libya. Λῐβύη, ἡ. *A Libyan:* Λίβῠς, -υος, ὁ. *Libyan,* adj.: Ar. and P. Λῐβῠκός, V. Λῐβυστῐκός, also with masc. subs., Λίβῠς, -υος; with fem. subs., Λίβυσσα.
Lichas. Λίχᾱς, ὁ, gen. -ου (Thuc. 5, 22), -ᾱ (Æsch., *Frag.* 30).
Licinia. Λικιννία, ἡ.
Licinius. Λικίννιος, ὁ.
Liguria. ἡ Λιγυστική. *A Ligurian:* Λίγῠς, -υος. *Ligurian,* adj.: Λῐγυστῐκός. Fem adj., in V. Λίγυστις, -ῐδος (Eur., *Tro.* 437).
Lilybaeum. Λιλύβαιον, τό.
Lincoln. Λίνδον, τό.
Lindus. Λίνδος, ἡ. *Of Lindus,* adj.: Λίνδιος.
Lipara. Λιπάρα, ἡ. *Of Lipara,* adj.: Λιπαραῖος.
Liris (River). Λίρις, -ιος, ὁ.
Livius or **Livy.** Λίβιος, ὁ.
Locris. Λοκρίς, -ῐδος, ἡ. *People of Locris:* Λοκροί, οἱ. *Of Locris,* fem. adj.: Λοκρίς, -ίδος.
Loire (River). Λείγηρ -ηρος, ὁ.
London. Λονδίνη, ἡ.
Lotophagi. Λωτοφάγοι, ὁ.
Lucania. Λευκανία, ἡ. *A Lucanian:* Λευκανός, ὁ.
Lucca. Λούκη, ἡ.
Lucilius. Λουκίλλιος, ὁ.
Lucius. Λεύκιος, ὁ.
Lucretia. Λουκρητία, ἡ.
Lucretius. Λουκρήτιος, ὁ.
Lucullus. Λεύκουλλος, ὁ.
Luperci. Λούπερκοι, οἱ. *Lupercalia (festival):* Λουπερκάλια, τά.
Lusitania. Λυσιτανία, ἡ. *People of Lusitania:* Λυσιτανοί, οἱ.
Lutatius. Λουτάτιος, ὁ.
Lycabettus (Mt.). Λυκάβηττος, ὁ.
Lycaon. Λῠκάων, -ονος, ὁ.
Lycaonia. Λυκαονία, ἡ. *Lycaonians:* Λῠκάονες, οἱ.
Lyceum. Λύκειον, τό.
Lycia. Λῠκία, ἡ. *Lycian,* adj.: Λύκιος.

Lycidas. Λῡκίδᾱς, -ου, ὁ.
Lycomedes. Λῡκομήδης, -ους, ὁ.
Lycophron. Λυκόφρων, -ονος, ὁ.
Lycurgus. Λῡκοῦργος, ὁ.
Lycus. Λύκος, ὁ.
Lydia. Λῡδία, ἡ. *A Lydian*: Λῡδός, ὁ. *Lydian*, adj : Λύδιος, in V. also Λῡδός.
Lygdamis. Λύγδαμις, -εως, ὁ.
Lyncestae. Λυγκησταί, οἱ.
Lyncus. Λύγκος, ὁ. The Town: Λύγκος, ἡ.
Lyrnesus. Λυρνησός, ἡ. *Of Lyrnesus*, adj.: Λυρνήσιος.
Lysander. Λύσανδρος, ὁ.
Lysias. Λῡσίᾱς, -ου, ὁ.
Lysicles. Λῡσικλῆς, -κλέους, ὁ.
Lysimachus. Λῡσίμᾰχος, ὁ.
Lysippus. Λύσιππος ὁ.
Lysis. Λῦσῐς, -ῐδος, ὁ,
Lysistrata. Λῡσιστράτη, ἡ.
Lysistratus. Λῡσίστρᾰτος, ὁ.

M

Macaria. Μᾰκᾰρία, ἡ.
Macedonia. Μακεδονία, ἡ. *A Macedonian*: Μᾰκεδών, -όνος, ὁ. *Macedonian*, adj : Μακεδονικός.
Machaon. Μᾰχάων, -ονος, ὁ, or say, *son of Asclepius*.
Macrones. Μάκρωνες, οἱ.
Maeander (River) Μαίανδρος, ὁ.
Maecenas. Μαικήνας, -α, ὁ.
Maenalus (Mt.). Μαίνᾰλον, τό. *Of Maenalus*, adj.: Μαινάλιος.
Maeonia. Μαιονία, ἡ. *Maeonians*: Μαίονες, οἱ.
Maeotis (Lake). See *Azov*.
Magnesia. Μαγνησία, ἡ. *Man of Magnesia*: Μάγνης, -ητος, ὁ. *Magnesian*, adj.: Μαγνητικός. Fem adj. in V Μαγνῆτις, -ῐδος.
Mago. Μάγων, -ωνος, ὁ.
Maia. Μαῖα, ἡ, in V. also Μαιάς, -ᾶδος (Eur., *Hel.* 1670).
Malea (Cape) Μαλέα, ἡ.
Malis. Μηλίς, -ῐδος, ἡ. *Malian Gulf*: Μηλιεὺς κόλπος, ὁ, or Μηλιακὸς κόλπος, ὁ. *A Malian*. Μηλιεύς, -ιῶς, ὁ.
Mandane. Μανδάνη, ἡ.
Mania. Μᾱνια, ἡ.
Manlius. Μάλλιος, ὁ.
Mantinea. Μαντίνεια, ἡ. *A Mantinean*: Μαντινεύς, -έως, ὁ. *Mantinean*, adj : Μαντινικός.
Marathon. Μᾰρᾱθών, -ῶνος, ὁ. *Of Marathon*, adj.: Μᾰρᾰθώνιος.
Mardonius. Μαρδόνιος, ὁ.
Marea. Μάρεια, ἡ.
Maro. Μαρων, -ωνος, ὁ.
Marpessa. Μάρπησσα, ἡ.
Mars. See *Ares*.
Marseilles. Μασσαλία, ἡ. *People of Marseilles*: Μασσαλιῶται, οἱ.
Marsi. Μαρσοί, οἱ. *Marsian*, adj.: Μαρσικός.
Marsyas. Μαρσύας, -ου, ὁ.
Masinissa. Μασσανάσσης, -ου, ὁ.
Mauretania. Μαυρουσία, ἡ. *Mauretanians*: Μαυρούσιοι, οἱ.
Mausolus. Μαύσωλος, ὁ.
Medea. Μήδεια, ἡ, or say, *daughter of Aeetes*.
Media. Μηδία, ἡ. *A Mede*: Μῆδος, ὁ. *Median*, adj.: Μηδῐκός.
Mediterranean ἡ παρ' ἡμῖν θάλασσα (Plat.), ἥδε ἡ Θάλασσα (Hdt.).
Medusa. Μέδουσα ἡ; see *Gorgon*.
Megabates. Μεγαβάτης, -ου, ὁ.
Megabazus. Μεγάβαζος, ὁ.
Megabyzus. Μεγάβυζος, ὁ.
Megacles. Μεγακλῆς, -κλέους, ὁ or in Ar. also Μεγακλέης, -κλέους, ὁ.
Megalopolis. Μεγάλη πόλις, ἡ. *People of Megalopolis*: Μεγαλοπολῖται, οἱ. *Of Megalopolis*, adj.: Μεγαλοπολιτικός.
Megara. (*Wife of Heracles*): Μεγᾰρα, ἡ. *Megara* (*City*): Μέγᾰρα, τά, or say Νίσου πόλις (Eur., *H. F.* 954). *At Megara*: Μεγᾰροῖ. *From Megara*: Μεγᾰρόθεν. *To Megara*: Μεγᾰραδε. *A Megarian*: Μεγᾰρεύς, -έως, ὁ. *Megarian*, adj.: Μεγᾰρῐκός. Fem. adj., Μεγαρίς, -ίδος. *The Megarid*: Μεγαρίς, -ίδος, ἡ.
Megareus. Μεγᾰρεύς, -έως, ὁ, or say, *son of Creon*.
Melampus. Μελάμπους, -ποδος, ὁ.
Melanippe. Μελᾰνίππη, ἡ.

Melanippus. Μελάνιππος, ὁ, or say, *son of Astacus.*
Meleager. Μελέαγρος, ὁ, or say, *son of Oeneus.*
Meletus. Μέλητος, ὁ.
Melissa. Μέλισσα, ἡ.
Melos. Μῆλος, ἡ. *Of Melos*, adj.: Μήλιος.
Memnon. Μέμνων, -ονος, ὁ.
Memphis. Μέμφῖς, -ῐδος, ἡ.
Menander. Μένανδρος, ὁ.
Mende. Μένδη, ἡ. *Of Mende*, adj.: Μενδαῖος.
Menelaus. Μενέλᾱος, ὁ, Μενέλεως, -ω, ὁ (sometimes scanned as three syllables, Eur., *Hel.* 131), or use Ἀτρείδης, -ου, ὁ, or say, *son of Atreus.*
Menenius. Μενήνιος, ὁ.
Meno. Μένων, -ωνος, ὁ.
Menoeceus. Μενοικεύς, -έως, ὁ.
Menoetius. Μενοίτιος, ὁ.
Mercury. See *Hermes.*
Meriones. Μηριόνης, -ου, ὁ.
Merope. Μερόπη, ἡ.
Merops. Μέροψ, -οπος, ὁ.
Mesopotamia. Μεσοποταμία, ἡ.
Messala. Μεσσάλας, -α, ὁ.
Messana. See *Messene.*
Messapians. Μεσσάπιοι, οἱ.
Messene. Μεσσήνη, ἡ. *Messenian*, adj.: Μεσσήνιος. *Messenia:* Μεσσηνία, ἡ, Μεσσηνίς (-ίδος) γῆ, ἡ.
Metapontum. Μεταπόντιον, τό. *People of Metapontum:* Μεταποντῖνοι, οἱ, or Μεταπόντιοι, οἱ.
Metaurus (River). Μέταυρος, ὁ.
Metellus. Μέτελλος, ὁ.
Methone. Μεθώνη, ἡ. *Of Methone*, adj.: Μεθωναῖος.
Methydrium. Μεθύδριον, τό. *Man of Methydrium:* Μεθυδριεύς, -ιῶς, ὁ.
Methymna. Μήθυμνα, ἡ. *Of Methymna*, adj.: Μηθυμναῖος.
Meton. Μέτων, -ωνος, ὁ.
Midas. Μῑ́δᾱς, -ου, ὁ.
Midias. Μειδίας, -ου, ὁ.
Milan. Μεδιόλανον, τό.
Miletus. Μῑ́λητος, ἡ. *Of Miletus*, adj.: Μῑλήσιος.
Milo. Μῑ́λων, -ωνος, ὁ.
Miltiades. Μιλτιάδης, -ου, ὁ.
Mindarus. Μίνδᾰρος, ὁ.
Minerva. See *Athena.*
Minoa. Μινώα, ἡ.
Minos. Μῑ́νως, -ω, ὁ
Minotaur. Μῑνώταυρος, ὁ, or use Ταῦρος Κνώσσιος, ὁ (Eur., *H. F.* 1327).
Minturnae. Μιντούρνη, ἡ. *Of Minturnae*, adj.: Μιντουρνήσιος.
Minucius. Μινούκιος, ὁ.
Minyae. Μῑνύαι, οἱ. *Of the Minyae*, adj.: Μινύειος.
Mithra. Μίθρης, -ου, ὁ.
Mithridates. Μιθριδᾱ́της, -ου, ὁ. *Mithridatic*, adj.: Μιθριδατικός.
Moeris (Lake). ἡ Μοῖρις (-ιδος) λίμνη.
Molossia. Μολοσσία, ἡ (Eur., *And.* 1248), or Μολοσσία γῆ, ἡ (Eur., *And.* 1244). *Molossians:* Μολοσσοί, οἱ. *Molossian*, adj.: Μολοσσῖκός (Soph., *Frag.*), Μολοσσός (Æsch., *P. V.* 829).
Molycreum. Μολύκρειον, τό.
Moon. See *Selene.*
Morsimus. Μόρσῐμος, ὁ.
Motye. Μοτύη, ἡ.
Mummius. Μόμμιος, ὁ.
Munychia. Μουνυχία, ἡ. *At Munychia:* Μουνυχίασι. *To Munychia:* Μουνυχίαζε.
Murena. Μουρρήνας, -α, ὁ.
Musaeus. Μουσαῖος, ὁ.
Muse. Μοῦσα, ἡ.
Mycale. Μῠκᾰ́λη, ἡ.
Mycalessus. Μυκαλησσός, ἡ. *Of Mycalessus*, adj.: Μυκαλήσσιος.
Mycenae. Μῠκῆναι, αἱ. *Of Mycenae*, adj.: Μῠκηναῖος. Fem. adj., Μῠκηνῑ́ς, -ῖδος.
Myconus. Μῠ́κονος, ἡ.
Mygdonia. Μυγδονία, ἡ.
Mylasa. Μύλασα, τά.
Myrcinus. Μύρκινος, ἡ. *Of Myrcinus*, adj.: Μυρκίνιος.
Myrmidons. Μυρμῐδόνες, οἱ. *Army of Myrmidons:* Στρᾰτὸς Μυρμῐδών (-όνος), ὁ (Eur., *I. A.* 1353).
Myronides. Μῠρωνῑ́δης, -ου, ὁ
Mysia. Μῡσία, ἡ. *A Mysian:* Μῡσός, ὁ. *Mysian*, adj.: Μῡ́σιος.

Mytilene. Μῠτῐλήνη, ἡ. *Of Mytilene,* adj.: Μυτιληναῖος.
Myus. Μυοῦς, -οῦντος, ὁ. *Of Myus,* adj.: Μυούσιος.

N

Naid. Ναΐς, -ΐδος, ἡ.
Naples. Νέα πόλις, ἡ, or Νεάπολις, -εως, ἡ. *People of Naples:* Νεαπολῖται, οἱ.
Narbo. Νάρβων, -ωνος, ἡ.
Nasica. Νᾱσῑκᾶς, -ᾶ, ὁ.
Naucratis. Ναύκρᾰτις, -εως, ἡ. *Of Naucratis,* adj.: Ναυκρατιτικός.
Naupactus. Ναύπακτος, ἡ. *Of Naupactus:* Ναυπάκτιος.
Nauplia. Ναυπλία, ἡ. *Of Nauplia,* adj.: in V. use Ναύπλιος, Ναυπλίειος.
Nauplius. Ναύπλιος, ὁ.
Naxos. Νάξος, ἡ. *Of Naxos,* adj.: Νάξιος.
Neco. Νεκῶς, -ῶ, ὁ.
Negropont. See *Euboea.*
Neleus. Νηλεύς, -έως, ὁ.
Nemea. Νεμέα, ἡ. *At Nemea:* Νεμέᾳ. *Nemean,* adj.: Νέμειος.
Nemesis. Νέμεσις, -εως, ἡ.
Neocleides. Νεοκλείδης, -ου, ὁ.
Neocles. Νεοκλῆς, -κλέους, ὁ.
Neon. Νέων, -ωνος, ὁ.
Neoptolemus. Νεοπτόλεμος, ὁ (often scanned as four syllables), or say, *son of Achilles.*
Nepos. Νέπως, -ωτος, ὁ.
Neptune. See *Poseidon.*
Nereid. Νηρῄς, -ῇδος, ἡ, or V. Νηρηΐς, -ΐδος, ἡ.
Nereus. Νηρεύς, -έως, ὁ. *Daughter of Nereus:* see *Nereid.*
Nero. Νέρων, -ωνος, ὁ.
Nervii. Νέρβιοι, οἱ.
Nessus. Νέσσος, ὁ.
Nestor. Νέστωρ, -ορος, ὁ, or say, *son of Neleus. Of Nestor,* adj.: Νεστόρειος.
Nestus (River). Νέστος, ὁ.
Niceratus. Νικήρατος, ὁ.
Nicias. Νῑκίᾱς, -ου, ὁ.
Nicomedes. Νικομήδης, -ους, ὁ.
Nicomedia. Νικομήδεια, ἡ.
Nicostratus. Νῑκόστρᾰτος, ὁ.
Night. Νύξ, Νυκτός, ἡ.
Nile (River). Νεῖλος, ὁ. *The land of the Nile:* Χθὼν Νειλῶτις (-ῐδος), ἡ (Æsch., *P. V.* 813).
Nineveh. Νῖνος, ἡ. *Of Nineveh,* adj.: Νίνιος.
Niobe. Νιόβη, ἡ, or say, *daughter of Tantalus.*
Nisaea. Νίσαια, ἡ.
Nisibis. Νίσιβις, -εως, ἡ.
Nisus. Νῖσος, ὁ.
Nitocris. Νίτωκρις, -εως, ἡ.
Nola. Νῶλα, ἡ. *People of Nola:* Νωλανοί, οἱ.
Norbanus. Νωρβανός, ὁ.
Notium. Νότιον, τό.
Numa. Νομᾶς, -ᾶ, ὁ.
Numantia. Νομαντία, ἡ. *People of Numantia:* Νομαντῖνοι, οἱ.
Numidians. Νομάδες, οἱ. *Numidian,* adj.: Νομαδικός. *Numidia:* use ἡ Νομαδική.
Numitor. Νομήτωρ, -ορος, ὁ.
Nursia. Νοῦρσα, τά.
Nymph. Νύμφη, ἡ; see *Naid, Nereid.*
Nysa. Νῦσα, ἡ. *Of Nysa,* adj.: Νύσιος.

O

Ocean. Ὠκεᾰνός, ὁ.
Octavia. Ὀκταουία, ἡ.
Octavianus. Ὀκταουιανός, ὁ.
Octavius. Ὀκταούιος, ὁ.
Odeum. Ὠιδεῖον, τό.
Odomantes. Ὀδόμαντες, οἱ (Ar.), or Ὀδόμαντοι, οἱ (Thuc.).
Odryssians. Ὀδρύσαι, οἱ. *An Odryssian:* Ὀδρύσης, -ου, ὁ (Thuc., II. 95)
Odysseus. Ὀδυσσεύς, -έως, ὁ, or say, *son of Laertes.*
Odyssey. Ὀδυσσεία, ἡ.
Oeagrus. Οἴαγρος, ὁ.
Oeax. Οἴαξ, -ᾱκος, ὁ
Oecalia. Οἰχᾰλία, ἡ.
Oecles. Οἰκλῆς, -κλέους, ὁ. *Son of Oecles:* Οἰκλείδης, -ου, ὁ.

Oedipus. Οἰδίπους, ὁ (gen. P. Οἰδίποδος, V. Οἰδίπου), or say, *son of Laius.*
Oeneus. Οἰνεύς, -έως, ὁ, or say, *son of Parthaon.*
Oeniadae. Οἰνιάδαι, αἱ.
Oenoe. Οἰνόη, ἡ.
Oenomaus. Οἰνόμαος, ὁ.
Oenone. Οἰνώνη, ἡ.
Oenophyta. Οἰνόφυτα, τά.
Oenotria. Οἰνωτρία, ἡ.
Oeta (Mt.). Οἴτη, ἡ. *Of Oeta*, adj.: Οἰταῖος.
Oileus. Οἰλεύς, -έως, ὁ.
Olen. Ὠλήν, -ένος, ὁ.
Olenus. Ὤλενος, ἡ.
Olorus. Ὄλορος, ὁ.
Olpae. Ὄλπαι, αἱ. *Of Olpae*, adj.: Ὀλπαῖος.
Olympia. Ὀλυμπία, ἡ. *At Olympia*: Ar. and P. Ὀλυμπίᾱσι. *To Olympia*: P. Ὀλυμπίαζε. *Olympic*, adj.: Ὀλυμπῐκός, Ὀλυμπιακός (Thuc.). *Olympic games*: Ὀλύμπια, τά. *A victor in the Olympic games*: Ὀλυμπιονῑ́κης, -ου, ὁ. *An Olympiad* (period of four years between each celebration of the games): Ὀλυμπιάς, -άδος, ἡ.
Olympias. Ὀλυμπιάς, -άδος, ἡ.
Olympus (Mt.). Ὄλυμπος, ὁ *Olympian*, adj.: Ὀλύμπιος. Fem. adj., Ὀλυμπιᾰ́ς, -ᾰ́δος. *Temple of Olympian Zeus*: Ὀλυμπιεῖον, τό.
Olynthus. Ὄλυνθος, ἡ. *Of Olynthus*, adj.: Ὀλύνθιος.
Omphale. Ὀμφᾰ́λη, ἡ.
Oneum (Mt.). Ὄνειον, τό.
Opus. Ὀποῦς, -οῦντος, ὁ. *Of Opus*, adj.: Ὀπούντιος.
Orchomenus. Ὀρχομενός, ὁ or ἡ. *Of Orchomenus*, adj.: Ὀρχομένιος.
Orestes Ὀρέστης, -ου, ὁ, or say, *son of Agamemnon. Of Orestes*, adj.: Ὀρέστειος. *Tragedy of Orestes*: Ὀρεστεία, ἡ.
Oreus. Ὠρεός, ἡ (later name of *Histiaea*). *People of Oreus*: Ὠρεῖται, οἱ.
Oricum. Ὠρικόν, τό.
Orion. Ὠρίων, -ωνος, ὁ (ῐ Eur., *Cycl.* 213; *Ion*, 1153).
Orithyia. Ὠρείθυια, ἡ.
Orneae. Ὀρνεαί, αἱ. *People of Orneae*: Ὀρνεᾶται, οἱ.
Orontes (River). Ὀρόντης, -ου, ὁ.
Oropus. Ὠρωπός, ἡ. *Of Oropus*, adj.: Ὠρώπιος.
Orpheus. Ὀρφεύς, -έως, ὁ. *Of Orpheus*, adj.: Ὀρφικός (Hdt.), Ὀρφειος (Plat.).
Orsilochus. Ὀρσῐ́λοχος, ὁ.
Osiris. Ὄσῑρις, -ῐδος, ὁ.
Ossa (Mt.). Ὄσσα, ἡ.
Ostia. Ὠστία, ἡ.
Otho. Ὄθων, -ωνος, ὁ.
Othrys (Mt.). Ὄθρυς, -υος, ὁ.
Otus. Ὦτος, ὁ.
Oxus (River). Ὦξος, ὁ.

P

Paches. Πάχης, -ητος, ὁ.
Pachynus (Cape). Πᾰ́χῡνος, ὁ.
Pactolus (River). Πακτωλός, ὁ.
Padua. Πατάβιον, τό.
Paeligni. Πελιγνοί, οἱ.
Paeon. Παιών, -ῶνος, ὁ.
Paeonia. Παιονία, ἡ. *A Paeonian*: Παίων, -ονος, ὁ. *Paeonian*, adj.: Παιονικός. Fem. adj., Παιονίς, -ίδος.
Pagasae. Πᾰγᾰσαί, αἱ.
Pagondas. Παγώνδας, -ου, ὁ.
Palaemon. Πᾰλαίμων, -ονος, ὁ, or say, *son of Ino.*
Palamedes. Πᾰλᾰμήδης, -ους, ὁ or say, *son of Nauplius.*
Palatine Hill. Παλάτιον, τό, or Παλλάντιον, τό.
Palermo. See *Panormus.*
Palestine. Παλαιστίνη, ἡ.
Pallantium. Παλλάντιον, τό. *People of Pallantium*: Παλλαντιῆς, -έων, οἱ.
Pallas (Hero). Πάλλᾱς, -αντος, ὁ. *Son of Pallas*: Παλλαντῐ́δης, -ου, ὁ.
Pallas (Goddess): Παλλᾰ́ς, -ᾰ́δος, ἡ; see *Athena.*
Pallene. Παλλήνη, ἡ. *Man of Pallene*: Παλληνεύς, -έως, ὁ. *The Isthmus of Pallene*: ὁ Ἰσθμὸς τῆς Παλλήνης.

Pamphilus. Πάμφῖλος, ὁ.
Pamphylia. Παμφῦλία, ἡ. *A Pamphylian*: Πάμφῖλος, ὁ. *Pamphylian*, adj.: Παμφύλιος.
Pan. Πάν, Πᾶνός, ὁ.
Panactum. Πάνακτον, τό.
Panaetius. Πᾶναίτιος, ὁ.
Panathenaea (Festival). Πᾶνᾶθήναια, τά. *The Panathenaic procession*: Παναθηνάϊκὴ πομπή (Thuc. I, 20).
Pandarus. Πάνδᾶρος, ὁ.
Pandion. Πανδίων, -ονος, ὁ.
Pandora. Πανδώρα, ἡ.
Pandrosus. Πάνδροσος, ἡ, or say, *daughter of Cecrops*.
Pangaeus (Mt.). Παγγαῖος, ὁ, or Παγγαῖον ὄρος, τό, or in V. Παγγαῖον λέπας, τό, or Παγγαίου πέτρα, ἡ.
Pannonia. Παννονία, ἡ. *Pannonian*, adj.: Παννονικός.
Panormus. Πάνορμος, ἡ (Modern Palermo).
Pansa. Πάνσας, -α, ὁ.
Pantacyas (River). Παντακύας, -ου, ὁ.
Panticapeum. Παντικαπεῖον, τό.
Paphlagonia. Παφλαγονία, ἡ. *A Paphlagonian*: Παφλᾶγών, -όνος, ὁ. *Paphlagonian*, adj.: Παφλαγονικός.
Paphos. Πᾰφος, ἡ. *Of Paphos*, adj.: Πάφιος.
Papirius. Παπείριος, ὁ.
Paralus. *State vessel at Athens used for embassies to shrines*: Πάρᾰλος, ἡ.
Paris (City). Λευκετία, ἡ. *Paris* (son of Priam): Πάρῐς, ῐδος, ὁ, or use Ἀλέξανδρος, ὁ.
Parmenides. Παρμενίδης, -ου, ὁ.
Parmenio. Παρμενίων, -ωνος, ὁ.
Parnassus (Mt.). Παρνᾱσός, ὁ. *Of Parnassus*, adj.: Παρνάσιος. Fem. adj., in V. Παρνᾱσῐ́ς, -ῐ́δος (Æsch., *Choe.* 563).
Parnes (Mt.). Πάρνης, -ηθος, ὁ.
Paros. Πάρος, ἡ. *Parian*, adj.: Πάριος.
Parrhasia. Παρρᾰσία, ἡ. *Of Parrhasia*, adj: P. and V. Παρρᾰ́σιος, P. Παρρασικός.
Parthaon. Παρθάων, -ονος, ὁ (Eur., *Frag.*), or say, *son of Agenor*.
Parthenius (Mt.). ὄρος Παρθένιον, τό (Eur., *Frag* 696).
Parthenopaeus. Παρθενοπαῖος, ὁ (ε lengthened in Æsch., *Theb.* 547, and Eur., *Supp.* 899), or say, *son of Atalanta*.
Parthia. Παρθία, ἡ. *A Parthian*: Πάρθος, ὁ. *Parthian*, adj.: Παρθικός. *In the Parthian language*, adv.: Παρθιστί.
Parysatis. Παρύσατις, -ιδος, ἡ.
Pasargadae. Πασαργάδαι, αἱ.
Pasion. Πασίων, -ωνος, ὁ.
Pasiphae. Πᾱσῐφάη, ἡ.
Patmos. Πάτμος, ἡ.
Patrae (Modern Patras). Πατραί, αἱ. *Man of Patrae*: Πατρεύς, -έως, ὁ.
Patroclus. Πάτροκλος, ὁ, or say, *son of Menoetius*.
Paulinus. Παυλῖνος, ὁ.
Pausanias. Παυσανίας, -ου, ὁ.
Pedaritus. Πεδάριτος, ὁ.
Pedasa. Πήδᾰσα, τά. *Man of Pedasa*: Πηδασεύς, -έως, ὁ.
Pegae. Πηγαί, αἱ.
Pegasus. Πήγᾰσος, ὁ (Eur., *Frag.*).
Pelasgia. Πελασγία, ἡ. *Pelasgi*: Πελασγοί, οἱ. *A Pelasgian*: Πελασγιώτης, ὁ. Fem., Πελασγιῶτις, -ῐδος, ἡ, or Πελασγῐ́ς, -ῐ́δος, ἡ. *Pelasgic*, adj.: Πελασγῐκός.
Peleus. Πηλεύς, -έως, ὁ, or say, *son of Aeacus*.
Pelias. Πελίᾱς, -ου, ὁ. *Daughters of Pelias*: V. Πελιάδες κόραι, αἱ, or Πελιάδες, αἱ alone.
Pelion (Mt). Πήλιον, τό. *Of Mount Pelion*, adj.: Πηλιωτῐκός (Soph., *Frag.*). Fem. adj., Πηλιῶτις, -ῐδος (Eur., *Med.* 484).
Pella. Πέλλα, ἡ. *Of Pella*, adj.: Πελλαῖος.
Pellene. Πελλήνη, ἡ. *Man of Pellene*: Πελληνεύς, -έως, ὁ.
Pelopidas. Πελοπίδας, -ου, ὁ.
Peloponnese. Πελοπόννησος, ἡ, in V. use also Ἀπία γῆ, ἡ. *Peloponnesian*, adj.: Πελοποννήσιος.
Pelops. Πέλοψ, -οπος, ὁ, or say, *son of Tantalus*. *Of Pelops*, adj.:

Πελόπιος. *Descendant of Pelops:* Πελοπίδης, -ου, ὁ.

Pelorus (Cape). Πέλωρος, ὁ or Πελωρίς, -ίδος, ἡ.

Pelusium. Πηλούσιον, τό. *Of Pelusium*, adj.: Πηλουσιακός.

Penelope. Πηνελόπη, ἡ, or say, *daughter of Icarius.*

Peneus (River). Πηνειός, ὁ.

Pentheus. Πενθεύς, -έως, ὁ, or say, *son of Echion.*

Peparethus. Πεπάρηθος, ἡ. *Of Peparethus*, adj.: Πεπαρήθιος.

Perdiccas. Περδίκκας, -ου, ὁ.

Pergamum. *Citadel of Troy:* Πέργἄμον, τό, or pl.; see *Troy. Pergamum (town):* Πέργαμον, τό Sometimes Πέργαμος, ἡ (Xen., *Hell.* III, I. 6). *Of Pergamum*, adj.: Περγαμηνός.

Periander. Περίανδρος, ὁ.

Pericles. Περικλῆς, -κλέους, ὁ, Ar. also Περικλέης, -κλέους, ὁ.

Periclymenus. Περικλῦμενος, ὁ, or say, *son of Neleus.*

Perinthus. Πέρινθος, ἡ. *Of Perinthus*, adj.: Περίνθιος.

Perrhaebia. Περραιβία, ἡ. *The Perrhaebians:* Περραιβοί, οἱ.

Persephone. Περσεφόνη, ἡ, Plat. Φερρέφαττα, ἡ, Ar. and V. Φερσέφασσα, ἡ, V. Περσέφασσα, ἡ (Æsch., *Choe.* 490; Soph., *Ant.* 894), or say, *daughter of Demeter*; see also *Cora.*

Perses. Πέρσης, -ου, ὁ.

Perseus. Περσεύς, -έως, ὁ, or say, *son of Danae. Descendants of Perseus:* Περσεῖδαι, οἱ.

Persia. ἡ Περσική, Περσὶς (-ίδος) γῆ, ἡ. *A Persian:* Πέρσης, -ου, ὁ. Fem., Περσίς, -ίδος, ἡ. *Persian*, adj.: Περσϊκός. Fem. adj., Περσίς, -ίδος. *In the Persian language*, adv.: Περσιστί.

Phaeacians. Φαίᾶκες, οἱ.

Phaeax. Φαῖαξ, -ᾶκος, ὁ.

Phaedo. Φαίδων, -ωνος, ὁ.

Phaedra. Φαίδρα, ἡ, or say, *daughter of Minos.*

Phaedria. Φαιδρία, ἡ.

Phaedrus. Φαῖδρος, ὁ.

Phaethon. Φαέθων, -οντος, ὁ, or say, *son of Apollo.*

Phalerum. Φάληρον, τό. *To Phalerum:* Φάληρόνδε. *From Phalerum:* Φαληρόθεν. *Man of Phalerum:* Φαληρεύς, -έως, ὁ. *Of Phalerum*, adj.: Φᾰληρϊκός.

Pharnabazus, Φαρνάβαζος, ὁ.

Pharnaces. Φαρνάκης, -ου, ὁ.

Pharos. Φάρος, ἡ.

Pharsalus. Φάρσᾱλος, ἡ. *Pharsalia:* Φαρσᾱλία, ἡ. *Pharsalian*, adj.: Φαρσάλιος.

Phaselis. Φασηλίς, -ίδος, ἡ. *People of Phaselis:* Φασηλῖται, οἱ.

Phasis (River). Φᾶσις, -ιος, ὁ. *Of the Phasis*, adj.: Φᾱσιᾱνός (Ar. and Xen.), Φᾱσιᾱνϊκός (Ar.).

Pheia. Φειά, ἡ.

Phemius. Φήμιος, ὁ.

Pherae. Φεραί, αἱ. *Of Pherae*, adj: Φεραῖος.

Pheres. Φέρης, -ητος, ὁ. *Son of Pheres:* Φερητίδης, -ου, ὁ; see *Admetus.*

Phidias. Φειδίας, -ου, ὁ.

Phidippides. Φειδιππίδης, -ου, ὁ.

Phido. Φείδων, -ωνος, ὁ.

Philae. Φίλαι, αἱ.

Philammon. Φῐλάμμων, -ονος, ὁ.

Philebus. Φίληβος, ὁ.

Philemo. Φιλήμων, -ονος, ὁ.

Philip. Φίλιππος, ὁ. *Of Philip*, adj.: Φιλιππικός.

Philippi. Φίλιπποι, οἱ.

Philiscus. Φίλισκος, ὁ.

Philo. Φίλων, -ωνος, ὁ.

Philocrates. Φῐλοκράτης, -ους, ὁ.

Philoctetes. Φῐλοκτήτης, -ου, ὁ, or say, *son of Poeas.*

Philomela. Φῐλομήλη, ἡ, or say, *daughter of Pandion.*

Philopoemen. Φιλοποίμην, -ενος, ὁ.

Phineus. Φῖνεύς, -έως, ὁ.

Phlegethon (River). Φλεγέθων, -οντος, ὁ. Plat. gives the name as Πυριφλεγέθων, -οντος, ὁ.

Phlegra. Φλέγρα, ἡ. *The Plain of Phlegra:* τὸ Φλέγρας πεδίον (Ar., *Av.* 824), Φλεγραία πλάξ (Æsch., *Eum.* 295).

Phlegyas. Φλεγύᾱς, -αντος, ὁ (Eur., *Frag.* 424).
Phlius. Φλιοῦς, -οῦντος, ὁ. *Of Phlius*, adj.: Φλιάσιος.
Phocaea. Φώκαια, ἡ. *Man of Phocaea*: Φωκαιεύς, -έως, ὁ. *Phocaean*, fem. adj.: Φωκαΐς, -ίδος.
Phocion. Φωκίων, -ωνος, ὁ.
Phocis. Φωκΐς, -ΐδος, ἡ *A Phocian*: Φωκεύς, -έως, ὁ. *Phocian*, adj.: Φώκιος, Φωκῐκός. Fem. adj.: Φωκΐς, -ΐδος.
Phocus. Φῶκος, ὁ.
Phoebe. Φοίβη, ἡ.
Phoebidas. Φοιβίδας (gen. -ου or -α) (Xen.), ὁ.
Phoebus. Φοῖβος, ὁ; see *Apollo*.
Phoenicia. Φοινίκη, ἡ, in V. also γῆ Φοίνισσα, ἡ. *A Phoenician*: Φοῖνιξ, -ῑκός, ὁ. *Phoenician*, adj.: Φοινῑκῐκός. Fem. adj.: Φοίνισσα.
Phoenix. Φοῖνιξ, ῑκος, ὁ, or say, *son of Amyntor*.
Pholoe (Mt.). Φολόη, ἡ.
Phorbas. Φόρβᾱς, -αντος, ὁ.
Phorcys. Φόρκῡς, -υος, ὁ, or Φόρκος, ὁ (Soph., *Frag.*). *Daughter of Phorcys*: Φορκίς, -ίδος, ἡ; see *Gorgon*.
Phormio. Φορμίων, -ωνος, ὁ.
Phrixus. Φρίξος, ὁ.
Phrygia. Φρῠγία, ἡ. *A Phrygian*: Φρύξ -ῠγός, ὁ. *Phrygian*, adj.: Φρύγιος.
Phryne. Φρύνη, ἡ.
Phrynichus. Φρῡνῐχος, ὁ. *Of Phrynichus*, adj.: Φρῡνίχειος (Ar.).
Phthia. Φθία, ἡ, V. also Γαῖα Φθῑάς (-άδος)· ἡ (Eur., *And.* 925). *Man of Phthia*: Φθιώτης, -ου, ὁ. *Of Phthia*, fem. adj.: Φθιῶτις, -ίδος, or Φθῑάς, -άδος. *Land of Phthia*: Φθιῶτις (-ιδος), ἡ (Thuc. 1, 3).
Phyle. Φῡλή, ἡ. *Of Phyle*, adj.: Φῡλάσιος (Ar., *Ach.* 1028).
Picenum. Πικηνίς, -ίδος, ἡ, or Πικηνὶς (-ίδος) χώρα, ἡ. *People of Picenum*: Πικηνοί, οἱ.
Pieria. Πιερία, ἡ. *The Pierians*: Πίερες, οἱ. *Pierian*, adj.: Πιερικός.
Pigres. Πίγρης, -ητος, ὁ.
Pindar. Πίνδᾰρος, ὁ. *Of Pindar* adj.: Πινδάρειος (Ar.).
Pindus (Mt.). Πίνδος, ὁ.
Piraeus. Πειρᾱεύς, -ῶς, ὁ.
Pirene (Fountain). Πειρήνη, ἡ.
Pirithous. Πειρίθους, -ου, ὁ, V. also Περίθους, -ου, ὁ (Soph., *O. C.* 1594).
Pisa. Πῖσα, ἡ. *People of Pisa*: Πισᾶται, οἱ. *Of Pisa*, fem adj.: Πῑσᾶτις, -ῐδος.
Pisander. Πείσανδρος, ὁ.
Pisidia. Πισιδία, ἡ. *A Pisidian*: Πισίδης, -ου, ὁ.
Pisistratus. Πεισίστρᾰτος, ὁ. *Son of Pisistratus*: Πεισιστρᾰτίδης, -ου, ὁ.
Piso. Πείσων, -ωνος, ὁ.
Pissuthnes. Πισσούθνης, -ου, ὁ.
Pittacus. Πιττᾰκός, ὁ.
Pittheus. Πιτθεύς, -έως, ὁ.
Placentia. Πλακεντία, ἡ.
Plancus. Πλάγχος, ὁ.
Plataea. Πλάταια, ἡ (Thuc., II, 2), or Πλᾰταιαί, αἱ (Thuc. II, 7). *At Plataea*: Πλαταιᾶσι. *A Plataean*: Πλαταιεύς, -έως, ὁ. *Plataean*, adj.: Πλαταιικός. Fem. adj.: Πλαταιΐς, -ίδος.
Plato. Πλάτων, -ωνος, ὁ.
Pleiad. Πλειάς, -ἄδος, ἡ.
Pleistarchus. Πλείσταρχος, ὁ.
Pleistoanax. Πλειστοάναξ, -ακτος, ὁ.
Pleistus (River). Πλειστός, ὁ.
Plemmyrium. Πλημμύριον, τό.
Pleuron. Πλευρών, -ῶνος, ἡ.
Plutarch. Πλούταρχος, ὁ.
Pluto. Πλούτων, -ωνος, ὁ; see *Hades*.
Plutus. Πλοῦτος, ὁ.
Pnyx. Πνύξ, Πυκνός, ἡ.
Po (River). Ἠρῐδᾰνός, ὁ. *Later*: Πάδος, ὁ.
Poeas. Ποίᾱς, -αντος, ὁ (οι sometimes scanned short, Soph., *Phil.* 329).
Poecile Stoa. Ποικιλὴ στοά (Dem. 1106).
Pollux. Πολῠδεύκης, -ους, ὁ; see *Dioscuri*.
Polybius. Πολύβιος, ὁ.
Polybus. Πόλῠβος, ὁ.
Polycrates. Πολυκράτης, -ους, ὁ.
Polydeuces. See *Pollux*.

Polydorus. Πολύδωρος, ὁ.
Polygnotus. Πολύγνωτος, ὁ.
Polyhymnia. Πολυμνία, ἡ.
Polymestor. Πολυμήστωρ, -ορος, ὁ.
Polynices. Πολυνείκης, -ους, ὁ, or say, *son of Oedipus.*
Polyphemus. Πολύφημος, ὁ.
Polyxena. Πολυξένη, ἡ.
Pompeii. Πομπήιοι, οἱ.
Pompey. Πομπήιος, ὁ.
Pompilius. Πομπίλιος, ὁ.
Pomponius. Πομπώνιος, ὁ.
Pontus. Πόντος, ὁ. *Pontic,* adj.: Ποντικός.
Pontus, The. See *Euxine.*
Porphyrio. Πορφυρίων, -ωνος, ὁ.
Porsenna. Πορσίνας, -α, ὁ.
Portugal. See *Lusitania.*
Porus. Πῶρος, ὁ.
Poseidon. Ποσειδῶν, -ῶνος, ὁ, heteroclite acc. in Ar. and V. Ποσειδῶ. *Temple of Poseidon:* Ποσειδώνιον, τό.
Postumius. Ποστούμιος, ὁ.
Potidaea. Ποτίδαια, ἡ. *Man of Potidaea:* Ποτιδαιάτης, -ου, ὁ. *Of Potidaea,* adj.: Ποτιδαιατικός.
Praeneste. Πραινεστόν, τό. *People of Praeneste:* Πραινεστῖνοι, οἱ.
Prasiae. Πρᾰσιαί, αἱ.
Priam. Πριᾰμος, ὁ. *Son of Priam:* Πριᾰμίδης, -ου, ὁ.
Priene. Πριήνη, ἡ. *Man of Priene:* Πριηνεύς, -έως, ὁ.
Procles. Προκλῆς, -κλέους, ὁ.
Procne. Πρόκνη, ἡ, or say, *daughter of Pandion.*
Proconnesus. Προκόννησος, ἡ. *Of Proconnesus,* adj.: Προκοννήσιος.
Procris. Πρόκρῐς, -ῐδος, ἡ.
Procrustes. Προκρούστης, -ου, ὁ.
Proculeius. Προκλήιος, ὁ.
Prodicus. Πρόδῐκος, ὁ.
Proetus. Προῖτος, ὁ.
Prometheus. Προμηθεύς, -έως, ὁ, or say, *son of Iapetus.*
Propontis. Προποντίς, -ίδος, ἡ.
Proserpine. See *Persephone.*
Protagoras. Πρωταγόρας, -ου, ὁ. *Of Protagoras,* adj.: Πρωταγόρειος.
Protesilaus. Πρωτεσίλᾱος, ὁ, or Πρωτεσίλεως, -ω, ὁ (Thuc. 8, 102), or say, *son of Iphiclus.*
Proteus. Πρωτεύς, -έως, ὁ.
Proxenus. Πρόξενος, ὁ.
Prusias. Προυσίας, -ου, ὁ.
Psammetichus. Ψαμμήτιχος, ὁ.
Ptolemy. Πτολεμαῖος, ὁ.
Publicius. Ποπλίκιος, ὁ.
Publicola. Ποπλικόλας, -α, ὁ.
Publius. Πόπλιος, ὁ.
Pydna. Πύδνα, ἡ. *Of Pydna,* adj.: Πυδναῖος.
Pylades. Πῠλάδης, -ου, ὁ, or say, *son of Strophius.*
Pylae. *Thermopylae:* Πύλαι, αἱ.
Pylos. Πύλος, ἡ. *Of Pylos,* adj.: Πύλιος.
Pyramus. Πῡρᾰμος, ὁ.
Pyrenees (Mt.). Πυρήνη ὄρος, τό, gen. Πυρήνης ὄρους.
Pyrilampes. Πῡρῐλάμπης, -ου, ὁ.
Pyriphthgethon (River). See *Phlegethon.*
Pyrrha. Πύρρα, ἡ.
Pyrrhus. Πύρρος, ὁ. *Son of Achilles:* see *Neoptolemus.*
Pythagoras. Πυθαγόρας, -ου, ὁ. *The Pythagoreans:* Πυθαγορικοί, οἱ.
Pytho. Πῡθώ, -οῦς, ἡ. *At Pytho:* Πῡθοῖ. *To Pytho:* Πῡθώδε. *Pythian,* adj.: Πύθιος, Πῡθῐκός. *Pythian Games:* Πύθια, τά. *Pythian Priestess:* Πῡθία, ἡ. *Prophesying at Pytho,* adj.: Πῡθόμαντις. *Delivered at Pytho* (*of Oracles*), adj.: Πῡθόχρηστος. *Temple of Pythian Apollo:* Πύθιον, τό.
Pythodorus. Πυθόδωρος, ὁ.

Q

Quintilius. Κυντίλιος, ὁ.
Quintus. Κόϊντος, ὁ.
Quirinal Hill. ὁ Ἐνυάλιος λόφος.
Quirinus. Κυρῖνος, ὁ, also called Ἐνυάλιος, ὁ.
Quirites. Κυρῖται, οἱ.

R

Ravenna. Ῥάβεννα, ἡ.
Red Sea. Ἐρυθρὰ Θάλασσα, ἡ.
Remus. Ῥῶμος, ὁ.
Rex. Ῥῆξ, Ῥηγός, ὁ.
Rhadamanthus. Ῥᾰδάμανθυς, -υος, ὁ.
Rhamnus. Ῥαμνοῦς, -οῦντος, ὁ *Of Rhamnus*, adj.: Ῥαμνούσιος.
Rhea. Ῥέα, ἡ.
Rhegium. Ῥήγιον, τό. *People of Rhegium*: Ῥηγῖνοι, οἱ.
Rhenea. Ῥήνεια, ἡ.
Rhesus. Ῥῆσος, ὁ.
Rhine (River). Ῥῆνος, ὁ.
Rhium. Ῥίον, τό.
Rhodes. Ῥόδος, ἡ. *Of Rhodes*, adj.: Ῥόδιος.
Rhodope (Mt.). Ῥοδόπη, ἡ.
Rhodopis. Ῥοδῶπις, -ιος, ἡ.
Rhoeteum. Ῥοίτειον, τό.
Rhone (River). Ῥοδᾰνός, ὁ.
Rome. Ῥώμη, ἡ. *A Roman*: Ῥωμαῖος. *Roman*, adj.: Ῥωμαϊκός.
Romulus. Ῥώμυλος, ὁ.
Roscius. Ῥώσκιος, ὁ.
Roxana. Ῥωξάνη, ἡ.
Rubicon (River). Ῥουβίκων, -ωνος, ὁ.
Rufus. Ῥοῦφος, ὁ.

S

Sabines. Σαβῖνοι, οἱ.
Sacae. Σάκαι, οἱ.
Sadyattes. Σαδυάττης, -ου, ὁ.
Sais. Σάϊς, -εως, ἡ. *Man of Sais*: Σαΐτης, -ου, ὁ. *Of Sais*, adj.: Σαϊτικός.
Salaminia. *State vessel at Athens used for embassies to shrines*: Σᾰλᾰμῑνία, ἡ.
Salamis. Σᾰλᾰμίς, -ῖνος, ἡ, or use V. νῆσος Αἴαντος, ἡ (Æsch., *Pers.* 368). *Of Salamis*, adj.: Σᾰλᾰμίνιος.
Salii. Σάλιοι, οἱ.
Sallust. Σαλούστιος, ὁ.
Salmoneus. Σαλμωνεύς, -έως, ὁ, or say, *son of Aeolus.*
Salmydesus. Σαλμῡδησσος, ἡ. *Of Salmydesus*, adj.: Σαλμῡδήσιος.
Samnites. Σαυνῖται, οἱ. *Of the Samnites*, adj.: Σαυνιτικός.
Samos. Σᾰμος, ἡ. *Of Samos*, adj.: Σᾰμιος.
Samothrace. Σᾰμοθρᾴκη, ἡ. *Men of Samothrace*: Σᾰμόθρᾳκες, οἱ. *Samothracian*, adj.: Σαμοθρᾴκιος, Σαμοθρᾳκικός.
Sane. Σάνη, ἡ.
Sappho. Σαπφώ, -οῦς, ἡ.
Saracens. Σαρακηνοί, οἱ.
Sardanapallus. Σαρδᾰνᾰπαλλος, ὁ.
Sardinia. Σαρδώ, -οῦς, ἡ. *Sardinian*, adj: Σαρδόνιος, Σαρδονικός.
Sardis. Σάρδεις, gen. Σάρδεων (sometimes scanned as two syllables), αἱ. *Of Sardis*, adj.: Σαρδιᾱνός, Ar. Σαρδιᾱνῑκός.
Sarmatians. Σαυρομάται, οἱ.
Saronic (Gulf). ὁ Σαρωνικὸς κόλπος, V. ὁ Σᾰρωνῑκὸς πορθμός (Æsch., *Ag.* 306), or Σᾰρωνῑκὸς πόντος, ὁ (Eur., *Hipp.* 1200).
Sarpedon. Σαρπηδών, -όνος, ὁ.
Saturn. See *Cronus*.
Saturninus. Σατόρνῑνος, ὁ.
Satyr. Σᾰτῠρος, ὁ. *Of a Satyr*, adj.: Σατυρικός.
Scaevola. Σκαιβόλας, -α, ὁ.
Scamander (River). Σκᾰμανδρος, ὁ. *Of Scamander*, adj.: Σκᾰμάνδριος.
Sciathus. Σκίᾰθος, ἡ.
Scione. Σκιώνη, ἡ. *Of Scione*, adj.: Σκιωναῖος.
Scipio. Σκηπίων, -ωνος, ὁ.
Sciron. Σκείρων, -ωνος, ὁ. *The Scironian Rocks*: Σκειρωνῑδες πέτραι, αἱ.
Scirus. Σκῖρος, ἡ. *Men of Scirus*: Σκιρῖται, οἱ. *Territory of Scirus*: Σκίριτις (-ιδος), ἡ.
Scopas. Σκόπας, -α, ὁ (Xen., *Hell.* VI, I. 7).
Scotland. Καληδονία, ἡ. *People of Scotland*: Καληδόνιοι, οἱ.
Scotusa. Σκότουσα, ἡ. *Of Scotusa*, adj.: Σκοτουσαῖος.
Scribonia. Σκριβωνία, ἡ.
Scylla. Σκύλλᾰ, ἡ.
Scyrus. Σκῦρος, ἡ. *Of Scyrus*, adj.: Σκύριος.

Scythia. ἡ Σκυθική. *A Scythian*: Σκύθης, -ου, ὁ. Fem., Σκύθαινα, ἡ. *Scythian*, adj.: Σκυθικός, in V. also Σκύθης, -ου. *In the Scythian language* or *fashion*, adv.: Σκυθιστί.
Segesta. See *Egesta*.
Seine (River). Σηκοάνας, -α, ὁ.
Selene. Σελήνη, ἡ, or Σεληναία, ἡ.
Seleucia. Σελεύκεια, ἡ. *Man of Seleucia*: Σελευκεύς, -έως, ὁ.
Seleucidae. Σελευκίδαι, οἱ.
Seleucus. Σέλευκος, ὁ.
Selinus. Σελῖνοῦς, -οῦντος, ὁ. *Of Selinus*, adj.: Σελινούντιος.
Sellasia. Σελλασία, ἡ.
Selli. Σελλοί, οἱ.
Selymbria. Σηλυμβρία, ἡ. *Man of Selymbria*: Σηλυμβιανός, ὁ.
Semele. Σεμέλη, ἡ, or say, *daughter of Cadmus*.
Semiramis. Σεμίρᾰμις, -εως, ἡ.
Sempronius. Σεμπρώνιος, ὁ.
Sennacherib. Σαναχάριβος, ὁ.
Sennones. Σέννωνες, οἱ.
Sequani. Σηκουανοί, οἱ.
Seriphus. Σέρῖφος, ἡ. *Of Seriphus*, adj.: Σερίφιος.
Serreum. Σέρρειον, τό.
Sertorius. Σερτώριος, ὁ.
Servilius. Σερβίλιος, ὁ.
Servius. Σέρβιος, ὁ.
Sesostris. Σέσωστρις, -εως, ὁ.
Sestius. Σήστιος, ὁ.
Sestos. Σῆστος, ἡ. *Of Sestos*, adj.: Σήστιος.
Seuthes. Σεύθης, -ου, ὁ.
Sibyl. Σίβυλλα, ἡ.
Sicambri. Σούγουμβροι, οἱ.
Sicani. Σῐκᾱνοί, οἱ. *Sicania*: Σικανία, ἡ. *Of the Sicani*, adj.: Σικανικός.
Sicely. Σῐκελία, ἡ. *A Sicilian*, non-Greek: Σίκελος, ὁ; Greek: Σικελιώτης, -ου, ὁ. *Sicilian*, adj.: Σῐκελῐκός, V. Σίκελος (Eur., *Cycl*. 95).
Sicyon. Σῐκυών, -ῶνος, ἡ or ὁ (Xen.). *Sicyonian*, adj.: Σικυώνιος.
Sidon. Σῑδών, -ῶνος, ἡ. *Of Sidon*, adj.: Σῑδώνιος.
Sigeum. Σίγειον, τό.
Silenus. Σειληνός, ὁ.
Silvia. Σιλουία, ἡ.
Simo. Σίμων, -ωνος, ὁ.
Simois (River). Σῐμόεις, -εντος, ὁ. *Land of Simois*: Σῐμοῦντις (-ῐδος), γῆ, ἡ (Ar., *Thes*. 110).
Simonides. Σῐμωνίδης, -ου, ὁ.
Sinis. Σίνῐς, -ῐδος, ὁ.
Sinope. Σῐνώπη, ἡ. *Man of Sinope*: Σινωπεύς, -έως, ὁ.
Sintians. Σιντοί, οἱ.
Siphae. Σῖφαι, αἱ.
Siphnus. Σίφνος, ἡ. *Of Siphnus*, adj.: Σίφνιος.
Sipylus (Mt.). Σίπῠλος, ὁ.
Siren. Σειρήν, -ῆνος, ἡ.
Sisyphus. Σίσῠφος, ὁ. *Of Sisyphus*, adj.: Σῑσύφειος.
Sitalces. Σῐτάλκης, -ου, ὁ.
Sithonia. Σῑθωνία, ἡ.
Sleep. Ὕπνος, ὁ.
Smerdis. Σμέρδις, -εως, ὁ (in Æsch., *Pers*. 774 called Μέρδις).
Smyrna. Σμύρνα, ἡ. *Of Smyrna*, adj.: Σμυρναῖος.
Soli. Σόλοι, οἱ. *Of Soli*, adj.: Σόλιος.
Sollium. Σόλλιον, τό.
Solois. Σολόεις, -εντος, ὁ.
Solon. Σόλων, -ωνος, ὁ.
Sophaenetus. Σοφαίνετος, ὁ.
Sophocles. Σοφοκλῆς, -κλέους, ὁ. Ar. also Σοφοκλέης, -κλεους, ὁ.
Sosias. Σωσίας, -ου, ὁ.
Sostrata. Σωστράτη, ἡ.
Spain. Ἰβηρία, ἡ. *Spaniards*: Ἴβηρες, οἱ. *Spanish*, adj.: Ἰβηρικός.
Sparta. Σπάρτη, ἡ: see *Lacedaemon*. *A Spartan*: Σπαρτιάτης, -ου, ὁ; fem. Σπαρτιᾶτις, -ῐδος, ἡ. *Spartan*, adj.: Σπαρτιᾱτῐκός; fem. adj. Σπαρτιᾶτις (-ῐδος). *Land of Sparta*: V. Σπαρτιᾶτις (-ῐδος) χθών, ἡ.
Spartolus. Σπάρτωλος, ἡ.
Sperceus (River). Σπερχειός, ὁ.
Sphacteria. Σφακτηρία, ἡ.
Sphinx. Σφίγξ, Σφιγγός, ἡ.
Sphodrias. Σφοδρίας, -ου, ὁ.
Spurius. Σπόριος, ὁ.
Stagirus. Στάγειρος, ἡ. *Man of Stagirus*: Σταγειρίτης, -ου, ὁ.
Statira. Στάτειρα, ἡ.
Stesichorus. Στησίχορος, ὁ.

Sthenelaidas. Σθενελαΐδας, -ου, ὁ.
Sthenelus. Σθένελος, ὁ, or say, *son of Perseus.*
Sthenoboea. Σθενόβοια, ἡ.
Stoics. Στωικοί, οἱ.
Stratonice. Στρᾰτονίκη, ἡ.
Stratus. Στράτος, ἡ. *People of Stratus*: Στράτιοι, οἱ.
Strombichides. Στρομβιχίδης, -ου, ὁ.
Strongyle. Στρογγύλη, ἡ.
Strophius. Στρόφιος, ὁ.
Struthas. Στρούθας, -ου, ὁ.
Strymon (River). Στρῡμών, -όνος, ὁ.
Stymphalian Lake. Στυμφᾱλίς (-ίδος) λίμνη, ἡ. *Stymphalian*, adj.: Στυμφάλιος.
Styx (River). Στύξ, Στῠγός, ἡ. *Of Styx*, adj.: Στύγιος.
Suetonius. Σουητώνιος, ὁ.
Suevi. Σούηβοι, οἱ.
Sulla. Σύλλας, -α, ὁ.
Sulpicius. Σουλπίκιος, ὁ.
Sunium (Cape). Σούνιον, τό. *Man of Sunium*: Σουνιεύς, -ιῶς, ὁ. *Of Sunium*, adj.: Σουνιακός.
Sun. Ἥλιος, ὁ; see *Apollo.*
Sura. Σουρας, -α, ὁ.
Susa. Σοῦσα, τά. *Of Susa*, adj.: Σούσιος. Fem. adj.: Σουσίς, -ίδος.
Sybaris (River). Σύβαρις, -εως, ὁ.
Sybaris (Town). Σύβᾰρις, -εως, ἡ. *Man of Sybaris*: Σῠβᾰρίτης, -ου, ὁ. *Woman of Sybaris*: Σῠβᾰρῖτις, -ίδος, ἡ. *Of Sybaris*, adj.: Σῠβᾰρῑτικός.
Sybota. Σύβοτα, τά.
Syennesis. Συέννεσις, -ιος (Xen., *An.* I, II, 23), ὁ.
Syme. Σύμη, ἡ.
Symplegades (Rocks). Συμπληγάδες, αἱ, or Πέτραι Συμπληγάδες, αἱ, also called Κυάνεαι Πέτραι.
Syracuse. Σῠρᾱκοῦσαι, αἱ. *Syracusan*, adj.: Σῠρᾱκόσιος.
Syria. Σῠρία, ἡ. *A Syrian*: Σύρος, ὁ. *Syrian*, adj.: Σύριος. *In the Syrian language*, adv.: Συριστί.

T

Taenarus (Cape). Ταίνᾰρος, ἡ.
Talaus. Τᾰλαός, ὁ.
Talthybius. Ταλθύβιος, ὁ.
Tanagra. Τάναγρα, ἡ. *Of Tanagra*, adj.: Ταναγραῖος, Ταναγρικός.
Tanais (River). Τάναϊς, -ιδος, ὁ.
Tanaus (River). Τᾰναός, ὁ.
Tantalus. Τάντᾰλος, ὁ. *Of Tantalus*, adj.: Ταντάλειος.
Taochi. Τάοχοι, οἱ.
Taphii. Τᾰφίοι, οἱ.
Tarentum. Τάρας, -αντος, ὁ. *Of Tarentum*, adj.: Ταραντῖνος.
Tarpeia. Ταρπηία, ἡ.
Tarpeian (Rock). Ταρπήιος λόφος, ὁ.
Tarquinii. Ταρκύνιοι, οἱ.
Tarquinius. Ταρκύνιος, ὁ. *Tarquinius Superbus*: Ταρκύνιος Σούπερβος, ὁ.
Tarsus. Ταρσός, ἡ, or Ταρσοί, οἱ (Xen., *An.* I, II. 26). *Man of Tarsus*: Ταρσεύς, -έως, ὁ.
Tartarus. Τάρτᾰρος, ὁ; see *Hell.*
Tartessus. Ταρτησσός, ἡ. *Of Tartessus*, adj.: Ταρτήσσιος.
Tatius. Τάτιος, ὁ.
Tauris. Ταυρῐκή, ἡ, Ταυρῐκὴ χθών, ἡ (Eur., *I T.* 85). *People of Tauris*: Ταῦροι, οἱ.
Tauromenium. Ταυρομένιον, τό. *People of Tauromenium*: Ταυρομενῖται, οἱ.
Taurus (Mt.). Ταῦρος, ὁ.
Taygetus (Mt.). Τᾱΰγετον, τό.
Tecmessa. Τέκμησσα, ἡ, or say, *daughter of Teleutas.*
Tegea. Τεγέα, ἡ. *Man of Tegea*: Τεγεάτης, -ου, ὁ. *Of Tegea*, adj.: Τεγεατικός. Fem. adj., Τεγεᾶτις, -ιδος.
Telamon. Τελᾰμών, -ῶνος, ὁ, or say, *son of Aeacus. Of Telamon*, adj.: Τελᾰμώνιος.
Telemachus. Τηλέμᾰχος, ὁ, or say, *son of Odysseus.*
Telephus. Τήλεφος, ὁ.
Teleutas. Τελευτᾶς, -αντος, ὁ.
Teleutias. Τελευτίας, -ου, ὁ.
Tellis. Τέλλις. -ιδος, ὁ.
Temenus. Τήμενος, ὁ. *Descendant of Temenus*: Τημενίδης, -ου, ὁ.
Tempe. Τέμπη, τά.

Tenchteri. Τεντερῖται, οἱ.
Tenedos. Τένεδος, ἡ. *Of Tenedos*, adj.: Τενέδιος.
Tenos. Τῆνος, ἡ. *Of Tenos*, adj.: Τήνιος.
Teos. Τέως, -ω, ἡ. *Of Teos*, adj.: Τήιος.
Teres. Τήρης, -ου, ὁ.
Tereus. Τηρεύς, -έως, ὁ.
Terminus. Τέρμων, -ονος, ὁ.
Terpsichore. Τερψιχόρα, ἡ.
Tethys. Τηθύς, -υος, ἡ.
Teucer. Τεῦκρος, ὁ, or say, *son of Telamon.*
Teucri. Τευκροί, οἱ. *Land of the Teucri:* Τευκρίς (-ίδος) γῆ; see *Troy.*
Teutons. Τεύτονες, οἱ.
Thales. Θᾰλῆς, Θάλεω, ὁ.
Thamyras. Θάμῠρας, -ου, ὁ, or Θάμῠρις, -ῐδος, ὁ, or say, *son of Philammon.*
Thapsacus. Θάψᾰκος, ἡ. *People of Thapsacus:* Θαψακηνοί, οἱ.
Thapsus. Θάψος, ἡ.
Thasos. Θᾰσος, ἡ. *Of Thasos*, adj.: Θᾰσιος.
Thaumas. Θαύμᾱς, -αντος, ὁ.
Thebes (In Egypt). Θῆβαι, αἱ. *Of Thebes*, adj.: Θηβαϊκός. *Territory of Thebes:* Θηβαΐς, -ίδος, ἡ.
Thebes (In Boeotia). Θῆβαι, αἱ, in V. sometimes Θήβη, ἡ, or say, *city of Cadmus. At Thebes:* Θήβησι. *To Thebes:* Θήβαζε. *A Theban:* Θηβαῖος, ὁ, V. also Καδμεῖος, ὁ. *Born at Thebes*, adj.: V. Θηβᾱγενής, -οῦς. *Theban*, adj.: Θηβαῖος, Θηβαϊκός, V. Καδμεῖος. Fem. adj., Θηβαΐς, -ίδος. *Territory of Thebes:* Θηβαΐς, -ίδος, ἡ.
Themis. Θέμῐς, -ῐδος, ἡ.
Themistocles. Θεμιστοκλῆς, -κλέους, ὁ.
Theoclymenus. Θεοκλύμενος, ὁ, or say, *son of Proteus.*
Theodorus. Θεόδωρος, ὁ.
Theodosia. Θεοδοσία, ἡ.
Theogenes. Θεογένης, -ους, ὁ.
Theognis. Θέογνις, -ῐδος, ὁ.
Theonoe. Θεονόη, ἡ, or say, *daughter of Proteus.*
Theopompus. Θεόπομπος, ὁ.
Thera. Θήρα, ἡ.
Theramenes. Θηρᾱμένης, -ους, ὁ.
Therapne. Θεράπνη, ἡ, or Θεράπναι, αἱ.
Therma (later Thessalonica). Θέρμη, ἡ. *The Thermaic Gulf:* ὁ Θερμαῖος Κόλπος.
Thermodon (River). Θερμώδων, -οντος, ὁ.
Thermopylae. Θερμοπύλαι, αἱ, or Πύλαι, αἱ.
Theron. Θήρων, -ωνος, ὁ.
Thersites. Θερσίτης, -ου, ὁ.
Theseus. Θησεύς, -έως, ὁ, or say, *son of Aegeus. Descendant of Theseus:* Θησείδης, -ου, ὁ. *Festival of Theseus:* Θησεῖα, τά. *Land of Theseus:* χθὼν Θησῆς (-ῗδος), ἡ (Æsch., *Eum.* 1026). *Temple of Theseus:* Θησεῖον, τό.
Thesmophoria (Festival). Θεσμοφόρια, τά.
Thespiae. Θεσπιαί, αἱ. *Man of Thespiae:* Θεσπιεύς, -ιῶς, ὁ. *Of Thespiae*, adj.: Θεσπικός.
Thespis. Θέσπις, -εως, ὁ.
Thesprotia. Θεσπρωτίς, -ίδος, ἡ, or ἡ Θεσπρωτὶς γῆ. *A Thesprotian:* Θεσπρωτός, ὁ.
Thessalonica. See *Therma.*
Thessalus. Θεσσαλός, ὁ.
Thessaly. Θεσσᾰλία, ἡ. *A Thessalian:* Θεσσᾰλός, ὁ. Fem. Θεσσᾰλῗς, -ῗδος, ἡ. *Thessalian*, adj.: Θεσσᾰλῐκός, V. Θεσσᾰλός. Fem. adj., Θεσσᾰλῗς, -ῗδος.
Thestor. Θέστωρ, -ορος, ὁ. *Of Thestor*, adj.: Θεστόρειος.
Thestius. Θέστιος, ὁ. *Daughter of Thestius:* Θεστιάς, -ᾰδος; see *Leda.*
Thetis. Θέτῐς, -ῐδος, ἡ, or say, *daughter of Nereus. Of Thetis*, adj.: Θετῐδειος.
Thimbron. Θίμβρων, -ωνος, ὁ.
Thisbae. Θίσβαι, αἱ.
Thisbe. Θίσβη, ἡ.
Thoas. Θόᾱς, -αντος, ὁ.
Thrace. Ar. and P. Θρᾴκη, ἡ, V. Θρῄκη, ἡ. *A Thracian:* Ar. and P. Θρᾷξ, Θρᾳκός, ὁ, V. Θρῇξ, Θρῃκός,

ὁ. Fem., Ar. and P. Θρᾷσσα, ἡ, V. Θρῇσσα, ἡ. *Thracian*, adj.: Ar. and P. Θρᾴκιος, V. Θρῄκιος.
Thrasybulus. Θρᾰσύβουλος, ὁ.
Thrasyllus. Θράσυλλος, ὁ.
Thria. Θρία, ἡ. *At Thria*: Θριάσι (Xen., *Hell.* V, IV. 21). *To Thria*: Θριῶζε (Thuc. 1, 114). *Thriasian Plain*: τὸ Θριάσιον πεδίον (Thuc. 2, 19).
Thucydides. Θουκῡδίδης, -ου, ὁ.
Thurii. Θούριοι, οἱ (founded on the site of *Sybaris*). *People of Thurii*: Θούριοι, οἱ.
Thyestes. Θυέστης, -ου, ἡ. *Of Thyestes*, adj.: Θυέστειος (Ar.).
Thymbra. Θύμβρα, ἡ. *Of Thymbra*, adj.: Θυμβραῖος.
Thyni. Θῡνοί, οἱ.
Thyrea. Θυρέα, ἡ. *Territory of Thyrea*: Θυρεᾶτις, -ιδος, ἡ.
Tibareni. Τιβαρηνοί, οἱ.
Tiber. Θύμβρις, -ιδος, ὁ, or Τίβερις, -εως, ὁ.
Tiberius. Τιβέριος, ὁ.
Tigranes. Τιγράνης, -ου, ὁ.
Tigranocerta. Τιγρανόκερτα, τά.
Tigris (River). Τίγρης, -ητος, ὁ.
Timasion. Τιμασίων, -ωνος, ὁ.
Timocrates. Τιμοκράτης, -ους, ὁ.
Timoleon. Τιμολέων, -οντος, ὁ.
Timon. Τίμων, -ωνος, ὁ.
Timotheus. Τῑμόθεος, ὁ.
Tiresias. Τειρεσίᾶς, -ου, ὁ.
Tiribazus. Τιρίβαζος, ὁ.
Tiro. Τίρων, -ωνος, ὁ.
Tiryns. Τίρυνς, -υνθος, ἡ. *Of Tiryns*, adj.: Τῑρύνθιος.
Tisamenus. Τισαμενός, ὁ.
Tisias. Τισίας, -ου, ὁ.
Tissaphernes. Τισσαφέρνης, -ου, ὁ.
Titan. Τῑτάν, -ᾶνος, ὁ; see *Giant*. Fem. Τῑτᾱνίς, -ίδος, ἡ. *Of a Titan*, adj.: Τιτανικός.
Tithonus. Τῑθωνός, ὁ.
Tithraustes. Τιθραύστης, -ου, ὁ.
Titus. Τίτος, ὁ.
Tityus. Τίτυός, ὁ.
Tlepolemus. Τληπόλεμος, ὁ, or say, *son of Heracles*.
Tmolus (Mt.). Τμῶλος, ὁ.
Tolmides. Τολμίδης, -ου, ὁ.
Tolumnius. Τολούμνιος, ὁ.
Torone. Τορώνη, ἡ. *Of Torone*, adj.: Τορωναῖος.
Torquatus. Τορκούατος, ὁ.
Trachis. Τρᾱχίς, -ῖνος, ἡ. *Territory of Trachis*: Τρᾱχῑνία, ἡ. *Of Trachis*, adj.: Τρᾱχίνιος.
Tralles. Τράλλεις, -εων, αἱ.
Trapezus. Τραπεζοῦς, -οῦντος, ὁ. *Of Trapezus*, adj.: Τραπεζούντιος.
Trasymene (Lake). Τρασυμένη Λίμνη, ἡ.
Trebia (River). Τρεβίας, -α, ὁ.
Triballi. Τριβαλλοί, οἱ.
Trinacria. Τρινακρία, ἡ.
Triopium (Cape). Τριόπιον, τό.
Triphylia. Τριφυλία, ἡ. *Of Triphylia*, adj.: Τριφύλιος. Fem. adj., Τριφυλίς, -ίδος.
Triptolemus. Τριπτόλεμος, ὁ, or say, *son of Celeus*.
Tritogenia. *Name of Athena*: Τρῑτογενής, -οῦς, ἡ (Ar.), Τρῑτογένεια, ἡ (Ar.).
Triton. Τρίτων, -ωνος, ὁ.
Troad. See under *Troy*.
Troezen. Τροιζήν, -ῆνος, ἡ. *Of Troezen*, adj.: Τροιζήνιος. Fem. adj., Τροιζηνίς, -ίδος.
Trogilus. Τρώγιλος, ὁ.
Trojan. See under *Troy*.
Trophonius. Τροφώνιος, ὁ.
Troy. Τροία, ἡ; see *Ilium*, *Pergamum*. *From Troy*: V. Τροίᾱθεν. *A Trojan*: Τρώς, Τρωός, ὁ; fem. Τρῳάς, -ᾴδος, ἡ, in V. use also *Phrygian*, *Teucri*, *Ilian*. *Trojan*, adj.: Τρωϊκός. Fem. adj., Τρῳάς, -ᾴδος. *Troad*: Τρῳάς, -ᾴδος, ἡ, or γῆ Τρῳάς, -ᾴδος, ἡ, or Τρῳὰς (-ᾴδος) χθών, ἡ.
Tuscany, Tuscan. See *Etruria*, *Etruscan*.
Tusculum. Τοῦσκλον, τό. *People of Tusculum*: Τουσκλᾶνοι, οἱ.
Tydeus. Τῡδεύς, -έως, ὁ, or say, *son of Oeneus*: dat., Τῡδῆι (Eur., *Supp.* 136).
Tyndareus. Τυνδάρεως, -εω, ὁ (scanned as three syllables). *Of Tyndareus*, V. adj.: Τυνδάρειος. *Descendant of*

Tyndareus: Τυνδᾰρίδης, -ου, ὁ. *Daughter of Tyndareus*: Τυνδᾰρίς, -ίδος, ἡ; see *Helen*.
Typhoeus. Τῡφώς, -ῶ, ὁ (Æsch., *P. V.* 370; Ar., *Eq.* 511, *Nub.* 336).
Typhon. Τῡφῶν, -ῶνος, ὁ (Eur., *H. F.* 1272).
Tyre. Τύρος, ἡ. *Of Tyre*, adj.: Τύριος.
Tyrrhenian. See *Etruscan*.

U

Ulysses. See *Odysseus*.
Umbria. Ὀμβρική, ἡ. *People of Umbria*: Ὀμβρικοί, οἱ.
Urania. Οὐρανία, ἡ.
Uranus. Οὐρᾰνός, ὁ.
Usipetes. Οὔσιπαι, οἱ.
Utica. Ἰτύκη, ἡ. *Of Utica*, adj.: Ἰτυκαῖος.

V

Valens. Οὐάλης, -λεντος, ὁ.
Valeria. Οὐαλερία, ἡ.
Valerius. Οὐαλέριος, ὁ.
Varro. Οὐάρρων, -ωνος, ὁ, or Βάρρων, -ωνος, ὁ.
Varus. Οὔαρος, ὁ.
Vatinius. Οὐατίνιος, ὁ.
Veii. Οὐηίοι, οἱ, or Βήιοι, οἱ. *People of Veii*: Οὐηίοι, οἱ.
Velia. Ὑελη, ἡ, later called Ἐλέα; see *Elea*.
Veneti. Ἐνετοί, οἱ.
Venus. See *Aphrodite*.
Venusia. Βενυσία, ἡ.
Vergilia. Οὐεργιλία, ἡ.
Vergilius. Οὐεργίλιος, ὁ.
Verres. Βέρρης, -ου, ὁ.
Vespasian. Οὐεσπασίανος, ὁ.
Vesta. Ἑστία, ἡ.
Victory. Νίκη, ἡ.
Vindex. Οὐίνδιξ, -ικος, ὁ.
Vitellius. Οὐιτέλλιος, ὁ.
Voconius. Βοκώνιος, ὁ.
Volsci. Οὐολοῦσκοι, οἱ.
Volumnia. Οὐολουμνία, ἡ.
Vulcan. See *Hephaestus*.

X

Xanthias. Ξανθίᾱς, -ου, ὁ.
Xanthippe. Ξανθίππη, ἡ.
Xanthippus. Ξάνθιππος, ὁ.
Xenias. Ξενίας, -ου, ὁ.
Xenocleidas. Ξενοκλείδας, -ου, ὁ.
Xenocles. Ξενοκλῆς, -κλέους, ὁ, Ar. also Ξενοκλέης, -κλέους, ὁ.
Xenophanes. Ξενοφάνης, ους, ὁ.
Xenophon. Ξενοφῶν, -ῶντος, ὁ.
Xerxes. Ξέρξης, -ου, ὁ.
Xuthus. Ξοῦθος, ὁ.

Z

Zab (River). Ζάβατος, ὁ.
Zacynthus. Ζᾰκυνθος, ἡ. *Of Zacynthus*, adj.: Ζᾰκύνθιος.
Zancle. Ζάγκλη, ἡ. *Of Zancle*, adj.: Ζαγκλαῖος.
Zeno. Ζήνων, -ωνος, ὁ.
Zephyrus. Ζέφῠρος, ὁ.
Zethus. Ζῆθος, ὁ.
Zeus. Ζεύς, ὁ; (acc. P. and V. Δίᾰ, or V. Ζῆνα; gen. P. and V. Διός, or V. Ζηνός; dat. P. and V. Διί, or V. Ζηνί), or say, Κρονίδης, -ου, ὁ, or use *son of Cronus*. *From Zeus*: V. Διόθεν. *Of Zeus*, V. adj.: Δῖος. *Born of Zeus*, V. adj.: Διογενής, -οῦς. *Fallen from Zeus*: V. adj.: Διοπετής, -οῦς. *Given by Zeus*, V. adj.: Διόσδοτος. *Festival of Zeus at Athens*: Ar. and P. Διίσια, τά, Ar. Διπόλεια, τά.
Zeuxis. Ζεῦξις, -εως, ὁ.
Zopyrus. Ζώπυρος, ὁ.
Zoroaster. Ζωροάστρης, -ου, ὁ.